PREPARAÇÃO • CONHECIMENTO • APROVAÇÃO

CÓDIGO *interativo* ALFACON

CARREIRAS POLICIAIS

PF - PRF - PC
DEPEN - PM

Diretor Presidente
Evandro Guedes

Diretor da Editora/Operações e Gestão
Javert Falco

Diretor de Marketing/TI
Jadson Siqueira

Coordenador Editorial
Wilza Castro

Editores de Texto
Mariana Castro

Mateus Ruhmke Vazzoller

Tatiane Zmorzenski

Supervisor de Editoração
Alexandre Rossa

Capa, Projeto Gráfico e Diagramação
Alexandre Rossa

G829cacp

GRECO, Rogério (Org.) - **Código Interativo AlfaCon - Carreiras Policiais 2020.** Cascavel: Editora AlfaCon, 2020.

816 p 20,5 x 27,5

ISBN: 978-85-8339-498-3

Código Interativo. Vade Mecum. Carreiras Policiais. Direito Constitucional. Constituição Federal. Direito Administrativo. Código Penal. Código de Processo Penal. Código de Trânsito Brasileiro. CTB. Direitos Humanos. Leis Especiais. Legislação Institucionais. Súmulas Vinculantes, STJ e STF. Pacote Anticrime. Concurso Público. AlfaCon.

CDU: 34

Dúvidas?
Acesse: www.alfaconcursos.com.br/atendimento

Núcleo Editorial:
Rua: Paraná, nº 3193, Centro - Cascavel/PR
CEP: 85.810-010

Núcleo Comercial/Centro de Distribuição:
Rua: Dias Leme, nº 489, Mooca - São Paulo/SP
CEP: 03118-040

SAC: (45) 3037-8888

Data de fechamento 1ª impressão: 28/01/2020

EDITORA
AlfaCon
Concursos Públicos

www.alfaconcursos.com.br/apostilas

PREFÁCIO

O Código AlfaCon é um anseio antigo dos alunos, e foi contemplado e condensado em um livro específico, evitando assim que o concursando estude de forma errada, visando a aumentar a eficácia de sua preparação!

Eu, pessoalmente, organizei as primeiras edições, que foram sucesso absoluto entre os concurseiros de todo o Brasil. Contudo, é com imenso prazer e satisfação que passei, a partir desta edição, a coordenação a um dos maiores ícones dos concursos públicos do direito penal e de toda área jurídica.

Rogério Greco nada mais é que um dos meus heróis, o qual me norteou por toda a graduação e nos concursos públicos! Anos mais tarde, veio a se transformar no principal professor no curso da carreira de Delegado do AlfaCon, e de meu ídolo se transformou em um grande amigo.

Por isso, é com imenso prazer - e uma emoção que não cabe no peito – que anuncio o grande Rogério Greco como coordenador desta obra, que levará você ao tão sonhado cargo público.

Agradeço a Deus, a minha família e à humildade do meu ídolo por ter aceitado em me suceder neste livro!

Obrigado Greco pelo caráter irretocável.

Evandro Guedes

APRESENTAÇÃO

Prezado (a) amigo (a).

Parabéns por adquirir este Código Interativo AlfaCon, um dos melhores e mais modernos existentes no mercado editorial. Ele será uma importante ferramenta a ser utilizada para o seu sucesso profissional.

Em uma área extremamente competitiva como é a de concursos públicos, a utilização de um material correto, atualizado, de fácil compreensão agilizará consideravelmente a sua aprovação. Digo isso com a experiência de quem permaneceu por 30 (trinta) anos no Ministério Público de Minas Gerais e leciona em cursos preparatórios para concursos públicos desde o ano de 1994.

O Código Interativo AlfaCon foi pensado e projetado com o fim de facilitar nossos estudos. A leitura e a análise daquilo que chamamos de "lei seca" têm fundamental importância para o conhecimento e o aprendizado de todos os conteúdos exigidos nos concursos públicos. Na verdade, a "lei seca" é o nosso ponto de partida, de onde é construída a maioria das teorias.

Assim, o estudo conjugado das leis, em associação com as lições trazidas pela doutrina, por meio de livros e aulas, cria uma fórmula infalível para quem almeja um cargo público, cujo único modo de acesso é o concurso público, que, diga-se de passagem, é o mais democrático critério de todos, posto que somente o mérito é aplicado.

Por isso, não desista, insista, persista, que sua aprovação acontecerá da forma mais rápida possível.

Espero que goste do material que está à sua disposição e dele faça uso constante, mesmo após a sua aprovação no concurso público almejado, uma vez que o Código Interativo AlfaCon também é fundamental para os profissionais que atuam na área do Direito.

Forte abraço.

Rogério Greco

A obra Código Interativo AlfaCon - Carreiras Policiais 2020, traz diferenciais para facilitar seu estudo e aprimorar ainda mais o seu conhecimento.

Texto de Lei selecionado e direcionado exclusivamente para o seu estudo.

Título I - Dos Crimes Contra a Pessoa

Capítulo I - Dos Crimes Contra a Vida

Homicídio simples

Art. 121. Matar alguem:

Pena. reclusão, de seis a vinte anos.

Caso de diminuição de pena

§ 1º Se o agente comete o crime impelido por motivo de relevante valor social ou moral, ou sob o domínio de violenta emoção, logo em seguida a injusta provocação da vítima, o juiz pode reduzir a pena de um sexto a um terço.

Homicídio qualificado

§ 2° Se o homicídio é cometido:

I. mediante paga ou promessa de recompensa, ou por outro motivo torpe;

II. por motivo futil;

III. com emprego de veneno, fogo, explosivo, asfixia, tortura ou outro meio insidioso ou cruel, ou de que possa resultar perigo comum;

IV. à traição, de emboscada, ou mediante dissimulação ou outro recurso que dificulte ou torne impossivel a defesa do ofendido;

V. para assegurar a execução, a ocultação, a impunidade

los do sistema de transporte coletivo. (Redação dada pela Lei nº 12.899, de 2013)

TÍTULO III - DAS MEDIDAS DE PROTEÇÃO

CAPÍTULO I - DAS DISPOSIÇÕES GERAIS

Art. 43. As medidas de proteção ao idoso são aplicáveis sempre que os direitos reconhecidos nesta Lei forem ameaçados ou violados:

I. por ação ou omissão da sociedade ou do Estado;

II. por falta, omissão ou abuso da família, curador ou entidade de atendimento;

III. em razão de sua condição pessoal.

Estatuto do Idoso

Além do número da lei, há também o nome "popular" para facilitar a pesquisa.

Destaque nas principais atualizações publicadas no último ano.

§ 1 Equipara-se à atividade comercial ou industrial, para efeito deste artigo, qualquer forma de prestação de serviços, fabricação ou comércio irregular ou clandestino, inclusive o exercido em residência.

§ 2º Incorre na mesma pena quem vende ou entrega arma de fogo, acessório ou munição, sem autorização ou em desacordo com a determinação legal ou regulamentar, a agente policial disfarçado, quando presentes elementos probatórios razoáveis de conduta criminal preexistente. (Incluído pela Lei nº 13.964, de 24.12.2019)

TRÁFICO INTERNACIONAL DE ARMA DE FOGO

Art. 18. Importar, exportar, favorecer a entrada ou saída do território nacional, a qualquer título, de arma de fogo, acessório ou munição, sem autorização da autoridade competente:

Pena - reclusão, de 8 (oito) a 16 (dezesseis) anos, e multa. (Redação dada pela Lei nº 13.964, de 24.12.2019)

Parágrafo único. Incorre na mesma pena quem vende ou entrega arma de fogo, acessório ou munição, em operação de importação, sem autorização da autoridade competente, a agente policial disfarçado, quando presentes elementos probatórios razoáveis de conduta criminal preexistente. (Incluído pela Lei nº 13.964, de 24.12.2019)

Art. 19. Nos crimes previstos nos arts. 17 e 18, a pena é aumentada da metade se a arma de fogo, acessório ou munição forem de uso proibido ou restrito.

278 **DECRETO-LEI Nº 2.848, DE 7 DE DEZEMBRO DE 1940**

Anotações

Redução dos prazos de prescrição

Art. 115. São reduzidos de metade os prazos de prescrição quando o criminoso era, ao tempo do crime, menor de 21 (vinte e um) anos, ou, na data da sentença, maior de 70 (setenta) anos.(Redação dada pela Lei nº 7.209, de 11.7.1984)

Causas impeditivas da prescrição

Art. 116. Antes de passar em julgado a sentença final, a prescrição não corre: (Redação dada pela Lei nº 7.209, de 11.7.1984)

I. enquanto não resolvida, em outro processo, questão de que dependa o reconhecimento da existência do crime; (Redação dada pela Lei nº 7.209, de 11.7.1984)

II. enquanto o agente cumpre pena no exterior; (Incluído pela Lei nº 13.964, de 24.12.2019)

III. na pendência de embargos de declaração ou de recursos aos Tribunais Superiores, quando inadmissíveis; e (Incluído pela Lei nº 13.964, de 24.12.2019)

IV. enquanto não cumprido ou não rescindido o acordo de não persecução penal. (Incluído pela Lei nº 13.964, de 24.12.2019)

Parágrafo único. Depois de passada em julgado a sentença condenatória, a prescrição não corre durante o tempo em que o condenado está preso por outro motivo. (Redação dada pela Lei nº 7.209, de 11.7.1984)

Causas interruptivas da prescrição

Art. 117. O curso da prescrição interrompe-se: (Redação dada pela Lei nº 7.209, de 11.7.1984)

I. pelo recebimento da denúncia ou da queixa; (Redação dada pela Lei nº 7.209, de 11.7.1984)

II. pela pronúncia; (Redação dada pela Lei nº 7.209, de 11.7.1984)

III. pela decisão confirmatória da pronúncia; (Redação dada pela Lei nº 7.209, de 11.7.1984)

IV. pela publicação da sentença ou acórdão condenatórios recorríveis; (Redação dada pela Lei nº 11.596, de 2007).

V. pelo início ou continuação do cumprimento da pena; (Redação dada pela Lei nº 9.268, de 1º.4.1996)

VI. pela reincidência. (Redação dada pela Lei nº 9.268, de 1º.4.1996)

§ 1º. Excetuados os casos dos incisos V e VI deste artigo, a interrupção da prescrição produz efeitos relativamente a todos os autores do crime. Nos crimes conexos, que sejam objeto do mesmo processo, estende-se aos demais a interrupção relativa a qualquer deles. (Redação dada pela Lei nº 7.209, de 11.7.1984)

§ 2º. Interrompida a prescrição, salvo a hipótese do inciso V deste artigo, todo o prazo começa a correr, novamente, do dia da interrupção. (Redação dada pela Lei nº 7.209, de 11.7.1984)

Art. 118. As penas mais leves prescrevem com as mais graves. (Redação dada pela Lei nº 7.209, de 11.7.1984)

Art. 119. No caso de concurso de crimes, a extinção da punibilidade incidirá sobre a pena de cada um, isoladamente. (Redação dada pela Lei nº 7.209, de 11.7.1984)

Perdão judicial

Art. 120. A sentença que conceder perdão judicial não será considerada para efeitos de reincidência. (Redação dada pela Lei nº 7.209, de 11.7.1984)

Anotações

Código Penal - Parte Especial

Título I - Dos Crimes Contra a Pessoa

Capítulo I - Dos Crimes Contra a Vida

Homicídio simples

Art. 121. Matar alguem:

Pena. reclusão, de seis a vinte anos.

Caso de diminuição de pena

§ 1º Se o agente comete o crime impelido por motivo de relevante valor social ou moral, ou sob o domínio de violenta emoção, logo em seguida a injusta provocação da vítima, o juiz pode reduzir a pena de um sexto a um terço.

Homicídio qualificado

§ 2° Se o homicídio é cometido:

I. mediante paga ou promessa de recompensa, ou por outro motivo torpe;

II. por motivo futil;

III. com emprego de veneno, fogo, explosivo, asfixia, tortura ou outro meio insidioso ou cruel, ou de que possa resultar perigo comum;

IV. à traição, de emboscada, ou mediante dissimulação ou outro recurso que dificulte ou torne impossivel a defesa do ofendido;

V. para assegurar a execução, a ocultação, a impunidade ou vantagem de outro crime:

Pena. reclusão, de doze a trinta anos.

Feminicídio (incluído pela lei nº 13.104, De 2015)

VI. contra a mulher por razões da condição de sexo feminino: (Incluído pela Lei nº 13.104, de 2015)

VII. contra autoridade ou agente descrito nos arts. 142 e 144 da Constituição Federal, integrantes do sistema prisional e da Força Nacional de Segurança Pública, no exercício da função ou em decorrência dela, ou contra seu cônjuge, companheiro ou parente consanguíneo até terceiro grau, em razão dessa condição: (Incluído pela Lei nº 13.142, de 2015)

Pena. reclusão, de doze a trinta anos.

§ 2º-A Considera-se que há razões de condição de sexo feminino quando o crime envolve: (Incluído pela Lei nº 13.104, de 2015)

I. violência doméstica e familiar; (Incluído pela Lei nº 13.104, de 2015)

II. menosprezo ou discriminação à condição de mulher. (Incluído pela Lei nº 13.104, de 2015)

Homicídio culposo

§ 3º Se o homicídio é culposo: (Vide Lei nº 4.611, de 1965)

Pena. detenção, de um a três anos.

Aumento de pena

§ 4º No homicídio culposo, a pena é aumentada de 1/3 (um terço), se o crime resulta de inobservância de regra técnica de profissão, arte ou ofício, ou se o agente deixa de prestar imediato socorro à vítima, não procura diminuir as consequências do seu ato, ou foge para evitar prisão em flagrante. Sendo doloso o homicídio, a pena é aumentada de 1/3 (um terço) se o crime é praticado contra pessoa menor de 14 (quatorze) ou maior de 60 (sessenta) anos. (Redação dada pela Lei nº 10.741, de 2003)

§ 5º. Na hipótese de homicídio culposo, o juiz poderá deixar de aplicar a pena, se as consequências da infração atingirem o próprio agente de forma tão grave que a sanção penal se torne desnecessária. (Incluído pela Lei nº 6.416, de 24.5.1977)

§ 6º A pena é aumentada de 1/3 (um terço) até a metade se o crime for praticado por milícia privada, sob o pretexto de prestação de serviço de segurança, ou por grupo de extermínio. (Incluído pela Lei nº 12.720, de 2012)

As páginas das leis apresentam duas colunas, espaço para anotações.

App Alfacon Notes

Neste livro você encontra o **AlfaCon Notes** que é um App perfeito para registrar suas **anotações de leitura**, mantendo tudo **organizado e acessível** em seu smartphone. Deixe **sua leitura mais prática** e armazene tudo que puder! Viva a experiência Alfacon Notes. É só seguir o passo a passo para instalação do App.

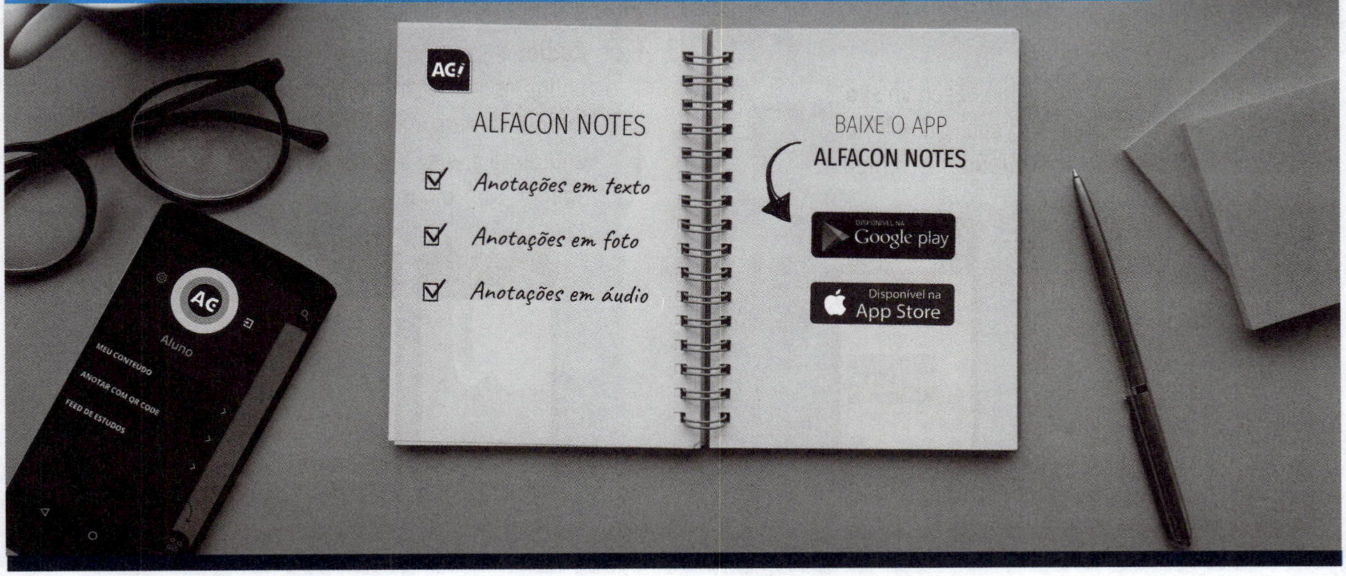

Passo 01:

Instale o **Aplicativo AlfaCon Notes** em seu smartphone.

DISPONÍVEL NA Google play

Disponível na App Store

Passo 02:

Faça o cadastro na plataforma **AlfaCon** ou entre com seu Facebook.

Passo 03:

Você terá acesso ao seu Feed de estudos, no qual poderá encontrar todas as suas anotações.

App AlfaCon Notes

Para criar uma nova anotação, clique no ícone localizado no canto inferior direito da tela.

Passo 04:

Cada tópico de seu livro contém **um Código QR** ao lado.

App AlfaCon Notes

Escolha o tópico e faça a leitura do Código QR utilizando o aplicativo AlfaCon Notes para registrar sua anotação.

Passo 05:

Pronto! Agora você poderá escolher o formato de suas anotações:

Texto:

Basta clicar no campo ***"Escreva sua anotação"*** e digitar seu comentário, **relacionado ao conteúdo** escolhido.

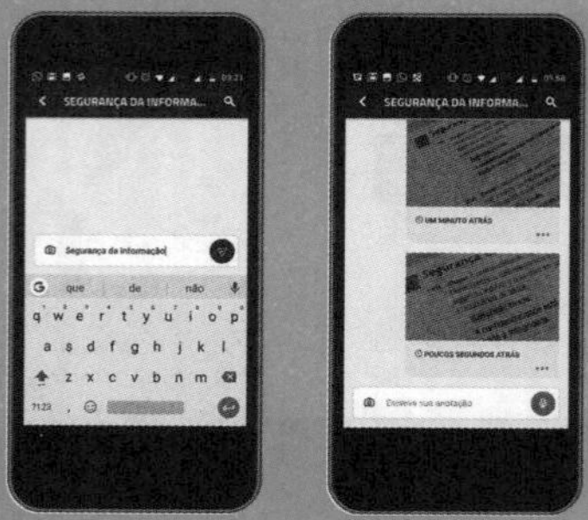

Áudio:

Clique no ícone ***"microfone"***, na lateral inferior direita, mantenha o ícone pressionado enquanto grava suas considerações de voz sobre o tópico que está lendo.

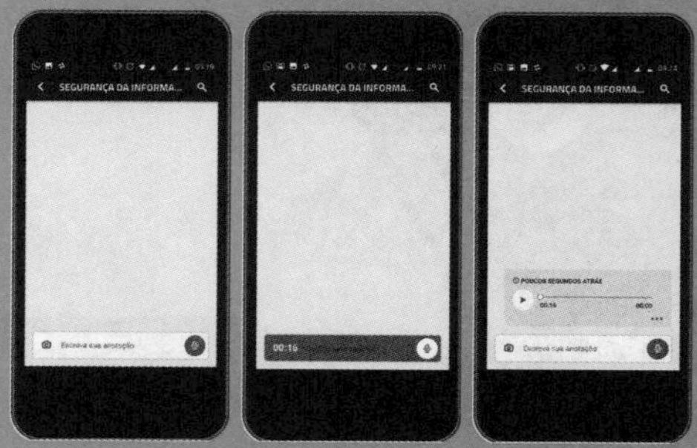

Foto:

1) Clique no ícone, na lateral **inferior esquerda**.

2) **Fotografe** as anotações realizadas durante sua leitura.

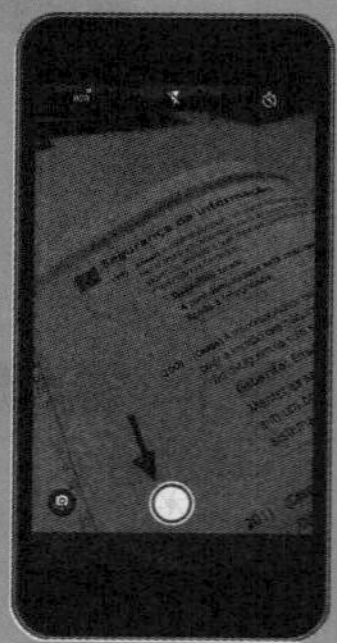

3) Envie no ícone na lateral **inferior direita**.

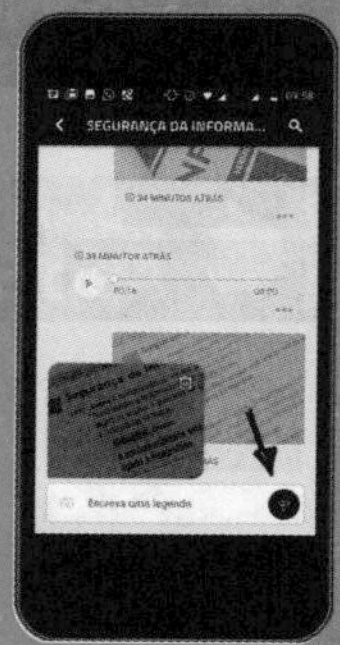

» Agora você tem suas **anotações organizadas** e sempre à mão. Elas ficarão **disponíveis** em seu smartphone.

» Pronto para essa **nova experiência?** Então, baixe o app **AlfaCon Notes** e crie suas anotações.

Mais que um livro. É uma experiência!

SUMÁRIO GERAL

PREPARAÇÃO • CONHECIMENTO • APROVAÇÃO

CONSTITUIÇÃO FEDERAL

SUMÁRIO

ANOTAÇÕES

1. CONSTITUIÇÃO DA REPÚBLICA FEDERATIVA DO BRASIL

Constituição Federal

Nós, representantes do povo brasileiro, reunidos em assembleia Nacional Constituinte para instituir um Estado democrático, destinado a assegurar o exercício dos direitos sociais e individuais, a liberdade, a segurança, o bem-estar, o desenvolvimento, a igualdade e a justiça como valores supremos de uma sociedade fraterna, pluralista e sem preconceitos, fundada na harmonia social e comprometida, na ordem interna e internacional, com a solução pacífica das controvérsias, promulgamos, sob a proteção de Deus, a seguinte Constituição da República Federativa do Brasil.

TÍTULO I - DOS PRINCÍPIOS FUNDAMENTAIS

Art. 1º A República Federativa do Brasil, formada pela união indissolúvel dos Estados e Municípios e do Distrito Federal, constitui-se em Estado democrático de direito e tem como fundamentos:

I. a soberania;

II. a cidadania;

III. a dignidade da pessoa humana;

IV. os valores sociais do trabalho e da livre iniciativa; (Vide Lei nº 13.874, de 2019)

V. o pluralismo político.

Parágrafo único. Todo o poder emana do povo, que o exerce por meio de representantes eleitos ou diretamente, nos termos desta Constituição.

Art. 2º São Poderes da União, independentes e harmônicos entre si, o Legislativo, o Executivo e o Judiciário.

Art. 3º Constituem objetivos fundamentais da República Federativa do Brasil:

I. construir uma sociedade livre, justa e solidária;

II. garantir o desenvolvimento nacional;

III. erradicar a pobreza e a marginalização e reduzir as desigualdades sociais e regionais;

IV. promover o bem de todos, sem preconceitos de origem, raça, sexo, cor, idade e quaisquer outras formas de discriminação.

Art. 4º A República Federativa do Brasil rege-se nas suas relações internacionais pelos seguintes princípios:

I. independência nacional;

II. prevalência dos direitos humanos;

III. autodeterminação dos povos;

IV. não-intervenção;

V. igualdade entre os Estados;

VI. defesa da paz;

VII. solução pacífica dos conflitos;

VIII. repúdio ao terrorismo e ao racismo;

IX. cooperação entre os povos para o progresso da humanidade;

X. concessão de asilo político.

Parágrafo único. A República Federativa do Brasil buscará a integração econômica, política, social e cultural dos povos da América Latina, visando à formação de uma comunidade latino-americana de nações.

TÍTULO II - DOS DIREITOS E GARANTIAS FUNDAMENTAIS

CAPÍTULO I- DOS DIREITOS E DEVERES INDIVIDUAIS E COLETIVOS

Art. 5º Todos são iguais perante a lei, sem distinção de qualquer natureza, garantindo-se aos brasileiros e aos estrangeiros residentes no País a inviolabilidade do direito à vida, à liberdade, à igualdade, à segurança e à propriedade, nos termos seguintes:

ANOTAÇÕES

I. homens e mulheres são iguais em direitos e obrigações, nos termos desta Constituição;

II. ninguém será obrigado a fazer ou deixar de fazer alguma coisa senão em virtude de lei;

III. ninguém será submetido a tortura nem a tratamento desumano ou degradante;

IV. é livre a manifestação do pensamento, sendo vedado o anonimato;

V. é assegurado o direito de resposta, proporcional ao agravo, além da indenização por dano material, moral ou à imagem;

VI. é inviolável a liberdade de consciência e de crença, sendo assegurado o livre exercício dos cultos religiosos e garantida, na forma da lei, a proteção aos locais de culto e a suas liturgias;

VII. é assegurada, nos termos da lei, a prestação de assistência religiosa nas entidades civis e militares de internação coletiva;

VIII. ninguém será privado de direitos por motivo de crença religiosa ou de convicção filosófica ou política, salvo se as invocar para eximir-se de obrigação legal a todos imposta e recusar-se a cumprir prestação alternativa, fixada em lei;

IX. é livre a expressão da atividade intelectual, artística, científica e de comunicação, independentemente de censura ou licença;

X. são invioláveis a intimidade, a vida privada, a honra e a imagem das pessoas, assegurado o direito a indenização pelo dano material ou moral decorrente de sua violação;

XI. a casa é asilo inviolável do indivíduo, ninguém nela podendo penetrar sem consentimento do morador, salvo em caso de flagrante delito ou desastre, ou para prestar socorro, ou, durante o dia, por determinação judicial;

XII. é inviolável o sigilo da correspondência e das comunicações telegráficas, de dados e das comunicações telefônicas, salvo, no último caso, por ordem judicial, nas hipóteses e na forma que a lei estabelecer para fins de investigação criminal ou instrução processual penal;

XIII. é livre o exercício de qualquer trabalho, ofício ou profissão, atendidas as qualificações profissionais que a lei estabelecer;

XIV. é assegurado a todos o acesso à informação e resguardado o sigilo da fonte, quando necessário ao exercício profissional;

XV. é livre a locomoção no território nacional em tempo de paz, podendo qualquer pessoa, nos termos da lei, nele entrar, permanecer ou dele sair com seus bens;

XVI. todos podem reunir-se pacificamente, sem armas, em locais abertos ao público, independentemente de autorização, desde que não frustrem outra reunião anteriormente convocada para o mesmo local, sendo apenas exigido prévio aviso à autoridade competente;

XVII. é plena a liberdade de associação para fins lícitos, vedada a de caráter paramilitar;

XVIII. a criação de associações e, na forma da lei, a de cooperativas independem de autorização, sendo vedada a interferência estatal em seu funcionamento;

XIX. as associações só poderão ser compulsoriamente dissolvidas ou ter suas atividades suspensas por decisão judicial, exigindo-se, no primeiro caso, o trânsito em julgado;

XX. ninguém poderá ser compelido a associar-se ou a permanecer associado;

XXI. as entidades associativas, quando expressamente autorizadas, têm legitimidade para representar seus filiados judicial ou extrajudicialmente;

XXII. é garantido o direito de propriedade;

XXIII. a propriedade atenderá a sua função social;

XXIV. a lei estabelecerá o procedimento para desapropriação por necessidade ou utilidade pública, ou por interesse social, mediante justa e prévia indenização em dinheiro, ressalvados os casos previstos nesta Constituição;

XXV. no caso de iminente perigo público, a autoridade competente poderá usar de propriedade particular, assegurada ao proprietário indenização ulterior, se houver dano;

XXVI. a pequena propriedade rural, assim definida em lei, desde que trabalhada pela família, não será objeto de penhora para pagamento de débitos decorrentes de sua atividade produtiva, dispondo a lei sobre os meios de financiar o seu desenvolvimento;

XXVII. aos autores pertence o direito exclusivo de utilização, publicação ou reprodução de suas obras, transmissível aos herdeiros pelo tempo que a lei fixar;

XXVIII. são assegurados, nos termos da lei:

a) a proteção às participações individuais em obras coletivas e à reprodução da imagem e voz humanas, inclusive nas atividades desportivas;

b) o direito de fiscalização do aproveitamento econômico das obras que criarem ou de que participarem aos criadores, aos intérpretes e às respectivas representações sindicais e associativas;

XXIX. a lei assegurará aos autores de inventos industriais privilégio temporário para sua utilização, bem como proteção às criações industriais, à propriedade das marcas, aos nomes de empresas e a outros signos distintivos, tendo em vista o interesse social e o desenvolvimento tecnológico e econômico do País;

XXX. é garantido o direito de herança;

XXXI. a sucessão de bens de estrangeiros situados no País será regulada pela lei brasileira em benefício do cônjuge ou dos filhos brasileiros, sempre que não lhes seja mais favorável a lei pessoal do de cujus ;

XXXII. o Estado promoverá, na forma da lei, a defesa do consumidor;

XXXIII. todos têm direito a receber dos órgãos públicos informações de seu interesse particular, ou de interesse coletivo ou geral, que serão prestadas no prazo da lei, sob pena de responsabilidade, ressalvadas aquelas cujo sigilo seja imprescindível à segurança da sociedade e do Estado;

XXXIV. são a todos assegurados, independentemente do pagamento de taxas:

a) o direito de petição aos poderes públicos em defesa de direitos ou contra ilegalidade ou abuso de poder;

b) a obtenção de certidões em repartições públicas, para defesa de direitos e esclarecimento de situações de interesse pessoal;

XXXV. a lei não excluirá da apreciação do Poder Judiciário lesão ou ameaça a direito;

XXXVI. a lei não prejudicará o direito adquirido, o ato jurídico perfeito e a coisa julgada;

XXXVII. não haverá juízo ou tribunal de exceção;

XXXVIII. é reconhecida a instituição do júri, com a organização que lhe der a lei, assegurados:

a) a plenitude de defesa;

b) o sigilo das votações;

c) a soberania dos veredictos;

d) a competência para o julgamento dos crimes dolosos contra a vida;

XXXIX. não há crime sem lei anterior que o defina, nem pena sem prévia cominação legal;

XL. a lei penal não retroagirá, salvo para beneficiar o réu;

XLI. a lei punirá qualquer discriminação atentatória dos direitos e liberdades fundamentais;

XLII. a prática do racismo constitui crime inafiançável e imprescritível, sujeito à pena de reclusão, nos termos da lei;

XLIII. a lei considerará crimes inafiançáveis e insuscetíveis de graça ou anistia a prática da tortura, o tráfico ilícito de entorpecentes e drogas afins, o terrorismo e os definidos como crimes hediondos, por eles respondendo os mandantes, os executores e os que, podendo evitá-los, se omitirem;

ANOTAÇÕES

XLIV. constitui crime inafiançável e imprescritível a ação de grupos armados, civis ou militares, contra a ordem constitucional e o Estado democrático;

XLV. nenhuma pena passará da pessoa do condenado, podendo a obrigação de reparar o dano e a decretação do perdimento de bens ser, nos termos da lei, estendidas aos sucessores e contra eles executadas, até o limite do valor do patrimônio transferido;

XLVI. a lei regulará a individualização da pena e adotará, entre outras, as seguintes:

a) privação ou restrição da liberdade;

b) perda de bens;

c) multa;

d) prestação social alternativa;

e) suspensão ou interdição de direitos;

XLVII. não haverá penas:

a) de morte, salvo em caso de guerra declarada, nos termos do art. 84, XIX;

b) de caráter perpétuo;

c) de trabalhos forçados;

d) de banimento;

e) cruéis;

XLVIII. a pena será cumprida em estabelecimentos distintos, de acordo com a natureza do delito, a idade e o sexo do apenado;

XLIX. é assegurado aos presos o respeito à integridade física e moral;

L. às presidiárias serão asseguradas condições para que possam permanecer com seus filhos durante o período de amamentação;

LI. nenhum brasileiro será extraditado, salvo o naturalizado, em caso de crime comum, praticado antes da naturalização, ou de comprovado envolvimento em tráfico ilícito de entorpecentes e drogas afins, na forma da lei;

LII. não será concedida extradição de estrangeiro por crime político ou de opinião;

LIII. ninguém será processado nem sentenciado senão pela autoridade competente;

LIV. ninguém será privado da liberdade ou de seus bens sem o devido processo legal;

LV. aos litigantes, em processo judicial ou administrativo, e aos acusados em geral são assegurados o contraditório e a ampla defesa, com os meios e recursos a ela inerentes;

LVI. são inadmissíveis, no processo, as provas obtidas por meios ilícitos;

LVII. ninguém será considerado culpado até o trânsito em julgado de sentença penal condenatória;

LVIII. o civilmente identificado não será submetido a identificação criminal, salvo nas hipóteses previstas em lei;

LIX. será admitida ação privada nos crimes de ação pública, se esta não for intentada no prazo legal;

LX. a lei só poderá restringir a publicidade dos atos processuais quando a defesa da intimidade ou o interesse social o exigirem;

LXI. ninguém será preso senão em flagrante delito ou por ordem escrita e fundamentada de autoridade judiciária competente, salvo nos casos de transgressão militar ou crime propriamente militar, definidos em lei;

LXII. a prisão de qualquer pessoa e o local onde se encontre serão comunicados imediatamente ao juiz competente e à família do preso ou à pessoa por ele indicada;

LXIII. o preso será informado de seus direitos, entre os quais o de permanecer calado, sendo-lhe assegurada a assistência da família e de advogado;

LXIV. o preso tem direito à identificação dos responsáveis por sua prisão ou por seu interrogatório policial;

LXV. a prisão ilegal será imediatamente relaxada pela autoridade judiciária;

LXVI. ninguém será levado à prisão ou nela mantido quando a lei admitir a liberdade provisória, com ou sem fiança;

ANOTAÇÕES

ANOTAÇÕES

LXVII. não haverá prisão civil por dívida, salvo a do responsável pelo inadimplemento voluntário e inescusável de obrigação alimentícia e a do depositário infiel;

LXVIII. conceder-se-á habeas corpus sempre que alguém sofrer ou se achar ameaçado de sofrer violência ou coação em sua liberdade de locomoção, por ilegalidade ou abuso de poder;

LXIX. conceder-se-á mandado de segurança para proteger direito líquido e certo, não amparado por habeas corpus ou habeas data , quando o responsável pela ilegalidade ou abuso de poder for autoridade pública ou agente de pessoa jurídica no exercício de atribuições do poder público;

LXX. o mandado de segurança coletivo pode ser impetrado por:

a) partido político com representação no Congresso Nacional;

b) organização sindical, entidade de classe ou associação legalmente constituída e em funcionamento há pelo menos um ano, em defesa dos interesses de seus membros ou associados;

LXXI. conceder-se-á mandado de injunção sempre que a falta de norma regulamentadora torne inviável o exercício dos direitos e liberdades constitucionais e das prerrogativas inerentes à nacionalidade, à soberania e à cidadania;

LXXII. conceder-se-á habeas data :

a) para assegurar o conhecimento de informações relativas à pessoa do impetrante, constantes de registros ou bancos de dados de entidades governamentais ou de caráter público;

b) para a retificação de dados, quando não se prefira fazê-lo por processo sigiloso, judicial ou administrativo;

LXXIII. qualquer cidadão é parte legítima para propor ação popular que vise a anular ato lesivo ao patrimônio público ou de entidade de que o Estado participe, à moralidade administrativa, ao meio ambiente e ao patrimônio histórico e cultural, ficando o autor, salvo comprovada má-fé, isento de custas judiciais e do ônus da sucumbência;

LXXIV. o Estado prestará assistência jurídica integral e gratuita aos que comprovarem insuficiência de recursos;

LXXV. o Estado indenizará o condenado por erro judiciário, assim como o que ficar preso além do tempo fixado na sentença;

LXXVI. são gratuitos para os reconhecidamente pobres, na forma da lei:

a) o registro civil de nascimento;

b) a certidão de óbito;

LXXVII. são gratuitas as ações de habeas corpus e habeas data , e, na forma da lei, os atos necessários ao exercício da cidadania.

LXXVIII. a todos, no âmbito judicial e administrativo, são assegurados a razoável duração do processo e os meios que garantam a celeridade de sua tramitação. (Inciso acrescido pela Emenda Constitucional nº 45, de 2004)

§ 1º As normas definidoras dos direitos e garantias fundamentais têm aplicação imediata.

§ 2º Os direitos e garantias expressos nesta Constituição não excluem outros decorrentes do regime e dos princípios por ela adotados, ou dos tratados internacionais em que a República Federativa do Brasil seja parte.

§ 3º Os tratados e convenções internacionais sobre direitos humanos que forem aprovados, em cada Casa do Congresso Nacional, em dois turnos, por três quintos dos votos dos respectivos membros, serão equivalentes às emendas constitucionais. (Parágrafo acrescido pela Emenda Constitucional nº 45, de 2004)

§ 4º O Brasil se submete à jurisdição de Tribunal Penal Internacional a cuja criação tenha manifestado adesão. (Parágrafo acrescido pela Emenda Constitucional nº 45, de 2004)

ANOTAÇÕES

CAPÍTULO II - DOS DIREITOS SOCIAIS

Art. 6º São direitos sociais a educação, a saúde, a alimentação, o trabalho, a moradia, o transporte, o lazer, a segurança, a previdência social, a proteção à maternidade e à infância, a assistência aos desamparados, na forma desta Constituição. (Artigo com redação dada pela Emenda Constitucional nº 90, de 2015)

Art. 7º São direitos dos trabalhadores urbanos e rurais, além de outros que visem à melhoria de sua condição social:

I. relação de emprego protegida contra despedida arbitrária ou sem justa causa, nos termos de lei complementar, que preverá indenização compensatória, dentre outros direitos;

II. seguro-desemprego, em caso de desemprego involuntário;

III. fundo de garantia do tempo de serviço;

IV. salário mínimo, fixado em lei, nacionalmente unificado, capaz de atender às suas necessidades vitais básicas e às de sua família com moradia, alimentação, educação, saúde, lazer, vestuário, higiene, transporte e previdência social, com reajustes periódicos que lhe preservem o poder aquisitivo, sendo vedada sua vinculação para qualquer fim;

V. piso salarial proporcional à extensão e à complexidade do trabalho;

VI. irredutibilidade do salário, salvo o disposto em convenção ou acordo coletivo;

VII. garantia de salário, nunca inferior ao mínimo, para os que percebem remuneração variável;

VIII. décimo terceiro salário com base na remuneração integral ou no valor da aposentadoria;

IX. remuneração do trabalho noturno superior à do diurno;

X. proteção do salário na forma da lei, constituindo crime sua retenção dolosa;

XI. participação nos lucros, ou resultados, desvinculada da remuneração, e, excepcionalmente, participação na gestão da empresa, conforme definido em lei;

XII. salário-família pago em razão do dependente do trabalhador de baixa renda nos termos da lei; (Inciso com redação dada pela Emenda Constitucional nº 20, de 1998)

XIII. duração do trabalho normal não superior a oito horas diárias e quarenta e quatro semanais, facultada a compensação de horários e a redução da jornada, mediante acordo ou convenção coletiva de trabalho;

XIV. jornada de seis horas para o trabalho realizado em turnos ininterruptos de revezamento, salvo negociação coletiva;

XV. repouso semanal remunerado, preferencialmente aos domingos;

XVI. remuneração do serviço extraordinário superior, no mínimo, em cinquenta por cento à do normal;

XVII. gozo de férias anuais remuneradas com, pelo menos, um terço a mais do que o salário normal;

XVIII. licença à gestante, sem prejuízo do emprego e do salário, com a duração de cento e vinte dias;

XIX. licença-paternidade, nos termos fixados em lei;

XX. proteção do mercado de trabalho da mulher, mediante incentivos específicos, nos termos da lei;

XXI. aviso prévio proporcional ao tempo de serviço, sendo no mínimo de trinta dias, nos termos da lei;

XXII. redução dos riscos inerentes ao trabalho, por meio de normas de saúde, higiene e segurança;

XXIII. adicional de remuneração para as atividades penosas, insalubres ou perigosas, na forma da lei;

XXIV. aposentadoria;

XXV. assistência gratuita aos filhos e dependentes desde o nascimento até 5 (cinco) anos de idade em creches e pré-escolas; (Inciso com redação dada pela Emenda Constitucional nº 53, de 2006)

XXVI. reconhecimento das convenções e acordos coletivos de trabalho;

XXVII. proteção em face da automação, na forma da lei;

XXVIII. seguro contra acidentes de trabalho, a cargo do empregador, sem excluir a indenização a que este está obrigado, quando incorrer em dolo ou culpa;

XXIX. ação, quanto aos créditos resultantes das relações de trabalho, com prazo prescricional de cinco anos para os trabalhadores urbanos e rurais, até o limite de dois anos após a extinção do contrato de trabalho; (Inciso com redação dada pela Emenda Constitucional nº 28, de 2000)

a) (Alínea revogada pela Emenda Constitucional nº 28, de 2000)

b) (Alínea revogada pela Emenda Constitucional nº 28, de 2000)

XXX. proibição de diferença de salários, de exercício de funções e de critério de admissão por motivo de sexo, idade, cor ou estado civil;

XXXI. proibição de qualquer discriminação no tocante a salário e critérios de admissão do trabalhador portador de deficiência;

XXXII. proibição de distinção entre trabalho manual, técnico e intelectual ou entre os profissionais respectivos;

XXXIII. proibição de trabalho noturno, perigoso ou insalubre a menores de dezoito e de qualquer trabalho a menores de dezesseis anos, salvo na condição de aprendiz, a partir de quatorze anos; (Inciso com redação dada pela Emenda Constitucional nº 20, de 1998)

XXXIV. igualdade de direitos entre o trabalhador com vínculo empregatício permanente e o trabalhador avulso.

Parágrafo único. São assegurados à categoria dos trabalhadores domésticos os direitos previstos nos incisos IV, VI, VII, VIII, X, XIII, XV, XVI, XVII, XVIII, XIX, XXI, XXII, XXIV, XXVI, XXX, XXXI e XXXIII e, atendidas as condições estabelecidas em lei e observada a simplificação do cumprimento das obrigações tributárias, principais e acessórias, decorrentes da relação de trabalho e suas peculiaridades, os previstos nos incisos I, II, III, IX, XII, XXV e XXVIII, bem como a sua integração à previdência social. (Parágrafo único com redação dada pela Emenda Constitucional nº 72, de 2013)

Art. 8º É livre a associação profissional ou sindical, observado o seguinte:

I. a lei não poderá exigir autorização do Estado para a fundação de sindicato, ressalvado o registro no órgão competente, vedadas ao poder público a interferência e a intervenção na organização sindical;

II. é vedada a criação de mais de uma organização sindical, em qualquer grau, representativa de categoria profissional ou econômica, na mesma base territorial, que será definida pelos trabalhadores ou empregadores interessados, não podendo ser inferior à área de um Município;

III. ao sindicato cabe a defesa dos direitos e interesses coletivos ou individuais da categoria, inclusive em questões judiciais ou administrativas;

IV. a assembleia geral fixará a contribuição que, em se tratando de categoria profissional, será descontada em folha, para custeio do sistema confederativo da representação sindical respectiva, independentemente da contribuição prevista em lei;

V. ninguém será obrigado a filiar-se ou a manter-se filiado a sindicato;

VI. é obrigatória a participação dos sindicatos nas negociações coletivas de trabalho;

VII. o aposentado filiado tem direito a votar e ser votado nas organizações sindicais;

VIII. é vedada a dispensa do empregado sindicalizado a partir do registro da candidatura a cargo de direção ou representação sindical e, se eleito, ainda que suplente, até um ano após o final do mandato, salvo se cometer falta grave nos termos da lei.

ANOTAÇÕES

Parágrafo único. As disposições deste artigo aplicam-se à organização de sindicatos rurais e de colônias de pescadores, atendidas as condições que a lei estabelecer.

Art. 9º É assegurado o direito de greve, competindo aos trabalhadores decidir sobre a oportunidade de exercê-lo e sobre os interesses que devam por meio dele defender.

§ 1º A lei definirá os serviços ou atividades essenciais e disporá sobre o atendimento das necessidades inadiáveis da comunidade.

§ 2º Os abusos cometidos sujeitam os responsáveis às penas da lei.

Art. 10. É assegurada a participação dos trabalhadores e empregadores nos colegiados dos órgãos públicos em que seus interesses profissionais ou previdenciários sejam objeto de discussão e deliberação.

Art. 11. Nas empresas de mais de duzentos empregados, é assegurada a eleição de um representante destes com a finalidade exclusiva de promover-lhes o entendimento direto com os empregadores.

CAPÍTULO III - DA NACIONALIDADE

Art. 12. São brasileiros:

I. natos:

a) os nascidos na República Federativa do Brasil, ainda que de pais estrangeiros, desde que estes não estejam a serviço de seu país;

b) os nascidos no estrangeiro, de pai brasileiro ou de mãe brasileira, desde que qualquer deles esteja a serviço da República Federativa do Brasil;

c) os nascidos no estrangeiro de pai brasileiro ou de mãe brasileira, desde que sejam registrados em repartição brasileira competente ou venham a residir na República Federativa do Brasil e optem, em qualquer tempo, depois de atingida a maioridade, pela nacionalidade brasileira; (Alínea com redação dada pela Emenda Constitucional nº 54, de 2007)

II. naturalizados:

a) os que, na forma da lei, adquiram a nacionalidade brasileira, exigidas aos originários de países de língua portuguesa apenas residência por um ano ininterrupto e idoneidade moral;

b) os estrangeiros de qualquer nacionalidade residentes na República Federativa do Brasil há mais de quinze anos ininterruptos e sem condenação penal, desde que requeiram a nacionalidade brasileira. (Alínea com redação dada pela Emenda Constitucional de Revisão nº 3, de 1994)

§ 1º Aos portugueses com residência permanente no País, se houver reciprocidade em favor dos brasileiros, serão atribuídos os direitos inerentes ao brasileiro, salvo os casos previstos nesta Constituição. (Parágrafo com redação dada pela Emenda Constitucional de Revisão nº 3, de 1994)

§ 2º A lei não poderá estabelecer distinção entre brasileiros natos e naturalizados, salvo nos casos previstos nesta Constituição.

§ 3º São privativos de brasileiro nato os cargos:

I. de Presidente e Vice-Presidente da República;

II. de Presidente da Câmara dos Deputados;

III. de Presidente do Senado Federal;

IV. de Ministro do Supremo Tribunal Federal;

V. da carreira diplomática;

VI. de oficial das Forças Armadas;

VII. de Ministro de Estado da Defesa. (Inciso acrescido pela Emenda Constitucional nº 23, de 1999)

§ 4º Será declarada a perda da nacionalidade do brasileiro que:

I. tiver cancelada sua naturalização, por sentença judicial, em virtude de atividade nociva ao interesse nacional;

II. adquirir outra nacionalidade, salvo nos casos: (Inciso com redação dada pela Emenda Constitucional de Revisão nº 3, de 1994)

ANOTAÇÕES

ANOTAÇÕES

a) de reconhecimento de nacionalidade originária pela lei estrangeira; (Alínea acrescida pela Emenda Constitucional de Revisão nº 3, de 1994)

b) de imposição de naturalização, pela norma estrangeira, ao brasileiro residente em Estado estrangeiro, como condição para permanência em seu território ou para o exercício de direitos civis; (Alínea acrescida pela Emenda Constitucional de Revisão nº 3, de 1994)

Art. 13. A língua portuguesa é o idioma oficial da República Federativa do Brasil.

§ 1º São símbolos da República Federativa do Brasil a bandeira, o hino, as armas e o selo nacionais.

§ 2º Os Estados, o Distrito Federal e os Municípios poderão ter símbolos próprios.

CAPÍTULO IV - DOS DIREITOS POLÍTICOS

Art. 14. A soberania popular será exercida pelo sufrágio universal e pelo voto direto e secreto, com valor igual para todos, e, nos termos da lei, mediante:

I. plebiscito;

II. referendo;

III. iniciativa popular.

§ 1º O alistamento eleitoral e o voto são:

I. obrigatórios para os maiores de dezoito anos;

II. facultativos para:

a) os analfabetos;

b) os maiores de setenta anos;

c) os maiores de dezesseis e menores de dezoito anos.

§ 2º Não podem alistar-se como eleitores os estrangeiros e, durante o período do serviço militar obrigatório, os conscritos.

§ 3º São condições de elegibilidade, na forma da lei:

I. a nacionalidade brasileira;

II. o pleno exercício dos direitos políticos;

III. o alistamento eleitoral;

IV. o domicílio eleitoral na circunscrição;

V. a filiação partidária;

VI. a idade mínima de:

a) trinta e cinco anos para Presidente e Vice-Presidente da República e Senador;

b) trinta anos para Governador e Vice-Governador de Estado e do Distrito Federal;

c) vinte e um anos para Deputado Federal, Deputado Estadual ou Distrital, Prefeito, Vice-Prefeito e juiz de paz;

d) dezoito anos para Vereador.

§ 4º São inelegíveis os inalistáveis e os analfabetos.

§ 5º O Presidente da República, os Governadores de Estado e do Distrito Federal, os Prefeitos e quem os houver sucedido ou substituído no curso dos mandatos poderão ser reeleitos para um único período subsequente. (Parágrafo com redação dada pela Emenda Constitucional nº 16, de 1997)

§ 6º Para concorrerem a outros cargos, o Presidente da República, os Governadores de Estado e do Distrito Federal e os Prefeitos devem renunciar aos respectivos mandatos até seis meses antes do pleito.

§ 7º São inelegíveis, no território de jurisdição do titular, o cônjuge e os parentes consanguíneos ou afins, até o segundo grau ou por adoção, do Presidente da República, de Governador de Estado ou Território, do Distrito Federal, de Prefeito ou de quem os haja substituído dentro dos seis meses anteriores ao pleito, salvo se já titular de mandato eletivo e candidato à reeleição.

§ 8º O militar alistável é elegível, atendidas as seguintes condições:

I. se contar menos de dez anos de serviço, deverá afastar-se da atividade;

II. se contar mais de dez anos de serviço, será agregado pela autoridade superior e, se eleito, passará automaticamente, no ato da diplomação, para a inatividade.

ANOTAÇÕES

§ 9º Lei complementar estabelecerá outros casos de inelegibilidade e os prazos de sua cessação, a fim de proteger a probidade administrativa, a moralidade para o exercício do mandato, considerada a vida pregressa do candidato, e a normalidade e legitimidade das eleições contra a influência do poder econômico ou o abuso do exercício de função, cargo ou emprego na administração direta ou indireta. (Parágrafo com redação dada pela Emenda Constitucional de Revisão nº 4, de 1994)

§ 10. O mandato eletivo poderá ser impugnado ante a Justiça Eleitoral no prazo de quinze dias contados da diplomação, instruída a ação com provas de abuso do poder econômico, corrupção ou fraude.

§ 11. A ação de impugnação de mandato tramitará em segredo de justiça, respondendo o autor, na forma da lei, se temerária ou de manifesta má-fé.

Art. 15. É vedada a cassação de direitos políticos, cuja perda ou suspensão só se dará nos casos de:

I. cancelamento da naturalização por sentença transitada em julgado;

II. incapacidade civil absoluta;

III. condenação criminal transitada em julgado, enquanto durarem seus efeitos;

IV. recusa de cumprir obrigação a todos imposta ou prestação alternativa, nos termos do art. 5º, VIII;

V. improbidade administrativa, nos termos do art. 37, § 4º.

Art. 16. A lei que alterar o processo eleitoral entrará em vigor na data de sua publicação, não se aplicando à eleição que ocorra até um ano da data de sua vigência. (Artigo com redação dada pela Emenda Constitucional nº 4, de 1993)

CAPÍTULO V - DOS PARTIDOS POLÍTICOS

Art. 17. É livre a criação, fusão, incorporação e extinção de partidos políticos, resguardados a soberania nacional, o regime democrático, o pluripartidarismo, os direitos fundamentais da pessoa humana e observados os seguintes preceitos:

I. caráter nacional;

II. proibição de recebimento de recursos financeiros de entidade ou governo estrangeiros ou de subordinação a estes;

III. prestação de contas à Justiça Eleitoral;

IV. funcionamento parlamentar de acordo com a lei.

§ 1º É assegurada aos partidos políticos autonomia para definir sua estrutura interna e estabelecer regras sobre escolha, formação e duração de seus órgãos permanentes e provisórios e sobre sua organização e funcionamento e para adotar os critérios de escolha e o regime de suas coligações nas eleições majoritárias, vedada a sua celebração nas eleições proporcionais, sem obrigatoriedade de vinculação entre as candidaturas em âmbito nacional, estadual, distrital ou municipal, devendo seus estatutos estabelecer normas de disciplina e fidelidade partidária. (Parágrafo com redação dada pela Emenda Constitucional nº 97, de 2017)

§ 2º Os partidos políticos, após adquirirem personalidade jurídica, na forma da lei civil, registrarão seus estatutos no Tribunal Superior Eleitoral.

§ 3º Somente terão direito a recursos do fundo partidário e acesso gratuito ao rádio e à televisão, na forma da lei, os partidos políticos que alternativamente: ("Caput" do parágrafo com redação dada pela Emenda Constitucional nº 97, de 2017)

I. obtiverem, nas eleições para a Câmara dos Deputados, no mínimo, 3% (três por cento) dos votos válidos, distribuídos em pelo menos um terço das unidades da Federação, com um mínimo de 2% (dois por cento) dos votos válidos em cada uma delas; ou (Inciso acrescido pela Emenda Constitucional nº 97, de 2017)

II. tiverem elegido pelo menos quinze Deputados Federais distribuídos em pelo menos um terço das unidades da Federação. (Inciso acrescido pela Emenda Constitucional nº 97, de 2017)

§ 4º É vedada a utilização pelos partidos políticos de organização paramilitar.

§ 5º Ao eleito por partido que não preencher os requisitos previstos no § 3º deste artigo é assegurado o mandato e facultada a filiação, sem perda do mandato, a outro partido que os tenha atingido, não sendo essa filiação considerada para fins de distribuição dos recursos do fundo partidário e de acesso gratuito ao tempo de rádio e de televisão. (Parágrafo acrescido pela Emenda Constitucional nº 97, de 2017)

TÍTULO III - DA ORGANIZAÇÃO DO ESTADO

CAPÍTULO I - DA ORGANIZAÇÃO POLÍTICO-ADMINISTRATIVA

Art. 18. A organização político-administrativa da República Federativa do Brasil compreende a União, os Estados, o Distrito Federal e os Municípios, todos autônomos, nos termos desta Constituição.

§ 1º Brasília é a Capital Federal.

§ 2º Os Territórios Federais integram a União, e sua criação, transformação em Estado ou reintegração ao Estado de origem serão reguladas em lei complementar.

§ 3º Os Estados podem incorporar-se entre si, subdividir-se ou desmembrar-se para se anexarem a outros, ou formarem novos Estados ou Territórios Federais, mediante aprovação da população diretamente interessada, através de plebiscito, e do Congresso Nacional, por lei complementar.

§ 4º A criação, a incorporação, a fusão e o desmembramento de Municípios, far-se-ão por lei estadual, dentro do período determinado por lei complementar federal, e dependerão de consulta prévia, mediante plebiscito, às populações dos Municípios envolvidos, após divulgação dos Estudos de Viabilidade Municipal, apresentados e publicados na forma da lei. (Parágrafo com redação dada pela Emenda Constitucional nº 15, de 1996)

Art. 19. É vedado à União, aos Estados, ao Distrito Federal e aos Municípios:

I. estabelecer cultos religiosos ou igrejas, subvencioná-los, embaraçar-lhes o funcionamento ou manter com eles ou seus representantes relações de dependência ou aliança, ressalvada, na forma da lei, a colaboração de interesse público;

II. recusar fé aos documentos públicos;

III. criar distinções entre brasileiros ou preferências entre si.

CAPÍTULO II - DA UNIÃO

Art. 20. São bens da União:

I. os que atualmente lhe pertencem e os que lhe vierem a ser atribuídos;

II. as terras devolutas indispensáveis à defesa das fronteiras, das fortificações e construções militares, das vias federais de comunicação e à preservação ambiental, definidas em lei;

III. os lagos, rios e quaisquer correntes de água em terrenos de seu domínio, ou que banhem mais de um Estado, sirvam de limites com outros países, ou se estendam a território estrangeiro ou dele provenham, bem como os terrenos marginais e as praias fluviais;

IV. as ilhas fluviais e lacustres nas zonas limítrofes com outros países; as praias marítimas; as ilhas oceânicas e as costeiras, excluídas, destas, as que contenham a sede de Municípios, exceto aquelas áreas afetadas ao serviço público e a unidade ambiental federal, e as referidas no art. 26, II; (Inciso com redação dada pela Emenda Constitucional nº 46, de 2005)

V. os recursos naturais da plataforma continental e da zona econômica exclusiva;

ANOTAÇÕES

VI. o mar territorial;

VII. os terrenos de marinha e seus acrescidos;

VIII. os potenciais de energia hidráulica;

IX. os recursos minerais, inclusive os do subsolo;

X. as cavidades naturais subterrâneas e os sítios arqueológicos e pré-históricos;

XI. as terras tradicionalmente ocupadas pelos índios.

§ 1º É assegurada, nos termos da lei, à União, aos Estados, ao Distrito Federal e aos Municípios a participação no resultado da exploração de petróleo ou gás natural, de recursos hídricos para fins de geração de energia elétrica e de outros recursos minerais no respectivo território, plataforma continental, mar territorial ou zona econômica exclusiva, ou compensação financeira por essa exploração. (Redação dada pela Emenda Constitucional nº 102, de 2019)

§ 2º A faixa de até cento e cinquenta quilômetros de largura, ao longo das fronteiras terrestres, designada como faixa de fronteira, é considerada fundamental para defesa do território nacional, e sua ocupação e utilização serão reguladas em lei.

Art. 21. Compete à União:

I. manter relações com Estados estrangeiros e participar de organizações internacionais;

II. declarar a guerra e celebrar a paz;

III. assegurar a defesa nacional;

IV. permitir, nos casos previstos em lei complementar, que forças estrangeiras transitem pelo território nacional ou nele permaneçam temporariamente;

V. decretar o estado de sítio, o estado de defesa e a intervenção federal;

VI. autorizar e fiscalizar a produção e o comércio de material bélico;

VII. emitir moeda;

VIII. administrar as reservas cambiais do País e fiscalizar as operações de natureza financeira, especialmente as de crédito, câmbio e capitalização, bem como as de seguros e de previdência privada;

IX. elaborar e executar planos nacionais e regionais de ordenação do território e de desenvolvimento econômico e social;

X. manter o serviço postal e o correio aéreo nacional;

XI. explorar, diretamente ou mediante autorização, concessão ou permissão, os serviços de telecomunicações, nos termos da lei, que disporá sobre a organização dos serviços, a criação de um órgão regulador e outros aspectos institucionais; (Inciso com redação dada pela Emenda Constitucional nº 8, de 1995)

XII. explorar, diretamente ou mediante autorização, concessão ou permissão:

a) os serviços de radiodifusão sonora e de sons e imagens; (Alínea com redação dada pela Emenda Constitucional nº 8, de 1995)

b) os serviços e instalações de energia elétrica e o aproveitamento energético dos cursos de água, em articulação com os Estados onde se situam os potenciais hidroenergéticos;

c) a navegação aérea, aeroespacial e a infra-estrutura aeroportuária;

d) os serviços de transporte ferroviário e aquaviário entre portos brasileiros e fronteiras nacionais, ou que transponham os limites de Estado ou Território;

e) os serviços de transporte rodoviário interestadual e internacional de passageiros;

f) os portos marítimos, fluviais e lacustres;

XIII. organizar e manter o Poder Judiciário, o Ministério Público do Distrito Federal e dos Territórios e a Defensoria Pública dos Territórios; (Inciso com redação dada pela Emenda Constitucional nº 69, de 2012, publicada no DOU de 30/3/2012, produzindo efeitos 120 dias após a publicação)

ANOTAÇÕES

ANOTAÇÕES

XIV. organizar e manter a polícia civil, a polícia penal, a polícia militar e o corpo de bombeiros militar do Distrito Federal, bem como prestar assistência financeira ao Distrito Federal para a execução de serviços públicos, por meio de fundo próprio; (Redação dada pela Emenda Constitucional nº 104, de 2019)

XV. organizar e manter os serviços oficiais de estatística, geografia, geologia e cartografia de âmbito nacional;

XVI. exercer a classificação, para efeito indicativo, de diversões públicas e de programas de rádio e televisão;

XVII. conceder anistia;

XVIII. planejar e promover a defesa permanente contra as calamidades públicas, especialmente as secas e as inundações;

XIX. instituir sistema nacional de gerenciamento de recursos hídricos e definir critérios de outorga de direitos de seu uso;

XX. instituir diretrizes para o desenvolvimento urbano, inclusive habitação, saneamento básico e transportes urbanos;

XXI. estabelecer princípios e diretrizes para o sistema nacional de viação;

XXII. executar os serviços de polícia marítima, aeroportuária e de fronteiras; (Inciso com redação dada pela Emenda Constitucional nº 19, de 1998)

XXIII. explorar os serviços e instalações nucleares de qualquer natureza e exercer monopólio estatal sobre a pesquisa, a lavra, o enriquecimento e reprocessamento, a industrialização e o comércio de minérios nucleares e seus derivados, atendidos os seguintes princípios e condições:

a) toda atividade nuclear em território nacional somente será admitida para fins pacíficos e mediante aprovação do Congresso Nacional;

b) sob regime de permissão, são autorizadas a comercialização e a utilização de radioisótopos para a pesquisa e usos medicinais, agrícolas e industriais; (Alínea com redação dada pela Emenda Constitucional nº 49, de 2006)

c) sob regime de permissão, são autorizadas a produção, comercialização e utilização de radioisótopos de meia-vida igual ou inferior a duas horas; (Alínea acrescida pela Emenda Constitucional nº 49, de 2006)

d) a responsabilidade civil por danos nucleares independe da existência de culpa; (Primitiva alínea c renomeada pela Emenda Constitucional nº 49, de 2006)

XXIV. organizar, manter e executar a inspeção do trabalho;

XXV. estabelecer as áreas e as condições para o exercício da atividade de garimpagem, em forma associativa.

Art. 22. Compete privativamente à União legislar sobre:

I. direito civil, comercial, penal, processual, eleitoral, agrário, marítimo, aeronáutico, espacial e do trabalho;

II. desapropriação;

III. requisições civis e militares, em caso de iminente perigo e em tempo de guerra;

IV. águas, energia, informática, telecomunicações e radiodifusão;

V. serviço postal;

VI. sistema monetário e de medidas, títulos e garantias dos metais;

VII. política de crédito, câmbio, seguros e transferência de valores;

VIII. comércio exterior e interestadual;

IX. diretrizes da política nacional de transportes;

X. regime dos portos, navegação lacustre, fluvial, marítima, aérea e aeroespacial;

XI. trânsito e transporte;

XII. jazidas, minas, outros recursos minerais e metalurgia;

XIII. nacionalidade, cidadania e naturalização;

XIV. populações indígenas;

ANOTAÇÕES

XV. emigração e imigração, entrada, extradição e expulsão de estrangeiros;

XVI. organização do sistema nacional de emprego e condições para o exercício de profissões;

XVII. organização judiciária, do Ministério Público do Distrito Federal e dos Territórios e da Defensoria Pública dos Territórios, bem como organização administrativa destes; (Inciso com redação dada pela Emenda Constitucional nº 69, de 2012, publicada no DOU de 30/3/2012, produzindo efeitos 120 dias após a publicação)

XVIII. sistema estatístico, sistema cartográfico e de geologia nacionais;

XIX. sistemas de poupança, captação e garantia da poupança popular;

XX. sistemas de consórcios e sorteios;

XXI. normas gerais de organização, efetivos, material bélico, garantias, convocação, mobilização, inatividades e pensões das polícias militares e dos corpos de bombeiros militares; (Redação dada pela Emenda Constitucional nº 103, de 2019)

XXII. competência da polícia federal e das polícias rodoviária e ferroviária federais;

XXIII. seguridade social;

XXIV. diretrizes e bases da educação nacional;

XXV. registros públicos;

XXVI. atividades nucleares de qualquer natureza;

XXVII. normas gerais de licitação e contratação, em todas as modalidades, para as administrações públicas diretas, autárquicas e fundacionais da União, Estados, Distrito Federal e Municípios, obedecido o disposto no art. 37, XXI, e para as empresas públicas e sociedades de economia mista, nos termos do art. 173, § 1º, III; (Inciso com redação dada pela Emenda Constitucional nº 19, de 1998)

XXVIII. defesa territorial, defesa aeroespacial, defesa marítima, defesa civil e mobilização nacional;

XXIX. propaganda comercial.

Parágrafo único. Lei complementar poderá autorizar os Estados a legislar sobre questões específicas das matérias relacionadas neste artigo.

Art. 23. É competência comum da União, dos Estados, do Distrito Federal e dos Municípios:

I. zelar pela guarda da Constituição, das leis e das instituições democráticas e conservar o patrimônio público;

II. cuidar da saúde e assistência pública, da proteção e garantia das pessoas portadoras de deficiência;

III. proteger os documentos, as obras e outros bens de valor histórico, artístico e cultural, os monumentos, as paisagens naturais notáveis e os sítios arqueológicos;

IV. impedir a evasão, a destruição e a descaracterização de obras de arte e de outros bens de valor histórico, artístico ou cultural;

V. proporcionar os meios de acesso à cultura, à educação, à ciência, à tecnologia, à pesquisa e à inovação; (Inciso com redação dada pela Emenda Constitucional nº 85, de 2015, republicada no DOU de 3/3/2015)

VI. proteger o meio ambiente e combater a poluição em qualquer de suas formas;

VII. preservar as florestas, a fauna e a flora;

VIII. fomentar a produção agropecuária e organizar o abastecimento alimentar;

IX. promover programas de construção de moradias e a melhoria das condições habitacionais e de saneamento básico;

X. combater as causas da pobreza e os fatores de marginalização, promovendo a integração social dos setores desfavorecidos;

XI. registrar, acompanhar e fiscalizar as concessões de direitos de pesquisa e exploração de recursos hídricos e minerais em seus territórios;

XII. estabelecer e implantar política de educação para a segurança do trânsito.

Parágrafo único. Leis complementares fixarão normas para a cooperação entre a União e os Estados, o Distrito Federal e os Municípios, tendo em vista o equilíbrio do desenvolvimento e do bem-estar em âmbito nacional. (Parágrafo único com redação dada pela Emenda Constitucional nº 53, de 2006)

Art. 24. Compete à União, aos Estados e ao Distrito Federal legislar concorrentemente sobre:

I. direito tributário, financeiro, penitenciário, econômico e urbanístico; (Vide Lei nº 13.874, de 2019)

II. orçamento;

III. juntas comerciais;

IV. custas dos serviços forenses;

V. produção e consumo;

VI. florestas, caça, pesca, fauna, conservação da natureza, defesa do solo e dos recursos naturais, proteção do meio ambiente e controle da poluição;

VII. proteção ao patrimônio histórico, cultural, artístico, turístico e paisagístico;

VIII. responsabilidade por dano ao meio ambiente, ao consumidor, a bens e direitos de valor artístico, estético, histórico, turístico e paisagístico;

IX. educação, cultura, ensino, desporto, ciência, tecnologia, pesquisa, desenvolvimento e inovação; (Inciso com redação dada pela Emenda Constitucional nº 85, de 2015, republicada no DOU de 3/3/2015)

X. criação, funcionamento e processo do juizado de pequenas causas;

XI. procedimentos em matéria processual;

XII. previdência social, proteção e defesa da saúde;

XIII. assistência jurídica e defensoria pública;

XIV. proteção e integração social das pessoas portadoras de deficiência;

XV. proteção à infância e à juventude;

XVI. organização, garantias, direitos e deveres das polícias civis.

§ 1º No âmbito da legislação concorrente, a competência da União limitar-se-á a estabelecer normas gerais. (Vide Lei nº 13.874, de 2019)

§ 2º A competência da União para legislar sobre normas gerais não exclui a competência suplementar dos Estados. (Vide Lei nº 13.874, de 2019)

§ 3º Inexistindo lei federal sobre normas gerais, os Estados exercerão a competência legislativa plena, para atender a suas peculiaridades. (Vide Lei nº 13.874, de 2019)

§ 4º A superveniência de lei federal sobre normas gerais suspende a eficácia da lei estadual, no que lhe for contrário. (Vide Lei nº 13.874, de 2019)

CAPÍTULO III - DOS ESTADOS FEDERADOS

Art. 25. Os Estados organizam-se e regem-se pelas Constituições e leis que adotarem, observados os princípios desta Constituição.

§ 1º São reservadas aos Estados as competências que não lhes sejam vedadas por esta Constituição.

§ 2º Cabe aos Estados explorar diretamente, ou mediante concessão, os serviços locais de gás canalizado, na forma da lei, vedada a edição de medida provisória para a sua regulamentação. (Parágrafo com redação dada pela Emenda Constitucional nº 5, de 1995)

§ 3º Os Estados poderão, mediante lei complementar, instituir regiões metropolitanas, aglomerações urbanas e microrregiões, constituídas por agrupamentos de Municípios limítrofes, para integrar a organização, o planejamento e a execução de funções públicas de interesse comum.

Art. 26. Incluem-se entre os bens dos Estados:

ANOTAÇÕES

I. as águas superficiais ou subterrâneas, fluentes, emergentes e em depósito, ressalvadas, neste caso, na forma da lei, as decorrentes de obras da União;

II. as áreas, nas ilhas oceânicas e costeiras, que estiverem no seu domínio, excluídas aquelas sob domínio da União, Municípios ou terceiros;

III. as ilhas fluviais e lacustres não pertencentes à União;

IV. as terras devolutas não compreendidas entre as da União.

Art. 27. O número de Deputados à assembleia Legislativa corresponderá ao triplo da representação do Estado na Câmara dos Deputados e, atingido o número de trinta e seis, será acrescido de tantos quantos forem os Deputados Federais acima de doze.

§ 1º Será de quatro anos o mandato dos Deputados Estaduais, aplicando-se-lhes as regras desta Constituição sobre sistema eleitoral, inviolabilidade, imunidades, remuneração, perda de mandato, licença, impedimentos e incorporação às Forças Armadas.

§ 2º O subsídio dos Deputados Estaduais será fixado por lei de iniciativa da assembleia Legislativa, na razão de, no máximo, setenta e cinco por cento daquele estabelecido, em espécie, para os Deputados Federais, observado o que dispõem os arts. 39, § 4º, 57, § 7º, 150, II, 153, III, e 153, § 2º, I. (Parágrafo com redação dada pela Emenda Constitucional nº 19, de 1998)

§ 3º Compete às Assembléias Legislativas dispor sobre seu regimento interno, polícia e serviços administrativos de sua secretaria, e prover os respectivos cargos.

§ 4º A lei disporá sobre a iniciativa popular no processo legislativo estadual.

Art. 28. A eleição do Governador e do Vice-Governador de Estado, para mandato de quatro anos, realizar-se-á no primeiro domingo de outubro, em primeiro turno, e no último domingo de outubro, em segundo turno, se houver, do ano anterior ao do término do mandato de seus antecessores, e a posse ocorrerá em primeiro de janeiro do ano subsequente, observado, quanto ao mais, o disposto no art. 77. ("Caput" do artigo com redação dada pela Emenda Constitucional nº 16, de 1997)

§ 1º Perderá o mandato o Governador que assumir outro cargo ou função na administração pública direta ou indireta, ressalvada a posse em virtude de concurso público e observado o disposto no art. 38, I, IV e V. (Parágrafo único transformado em § 1º pela Emenda Constitucional nº 19, de 1998)

§ 2º Os subsídios do Governador, do Vice-Governador e dos Secretários de Estado serão fixados por lei de iniciativa da assembleia Legislativa, observado o que dispõem os arts. 37, XI, 39, §4º, 150, II, 153, III, e 153, § 2º, I. (Parágrafo acrescido pela Emenda Constitucional nº 19, de 1998)

CAPÍTULO IV - DOS MUNICÍPIOS

Art. 29. O Município reger-se-á por lei orgânica, votada em dois turnos, com o interstício mínimo de dez dias, e aprovada por dois terços dos membros da Câmara Municipal, que a promulgará, atendidos os princípios estabelecidos nesta Constituição, na Constituição do respectivo Estado e os seguintes preceitos:

I. eleição do Prefeito, do Vice-Prefeito e dos Vereadores, para mandato de quatro anos, mediante pleito direto e simultâneo realizado em todo o País;

II. eleição do Prefeito e do Vice-Prefeito realizada no primeiro domingo de outubro do ano anterior ao término do mandato dos que devam suceder, aplicadas as regras do art. 77, no caso de Municípios com mais de duzentos mil eleitores; (Inciso com redação dada pela Emenda Constitucional nº 16, de 1997)

III. posse do Prefeito e do Vice-Prefeito no dia 1º de janeiro do ano subsequente ao da eleição;

IV. para a composição das Câmaras Municipais, será observado o limite máximo de: ("Caput" do inciso com redação dada pela Emenda Constitucional nº 58, de 2009)

ANOTAÇÕES

ANOTAÇÕES

a) 9 (nove) Vereadores, nos Municípios de até 15.000 (quinze mil) habitantes; (Alínea com redação dada pela Emenda Constitucional nº 58, de 2009)

b) 11 (onze) Vereadores, nos Municípios de mais de 15.000 (quinze mil) habitantes e de até 30.000 (trinta mil) habitantes; (Alínea com redação dada pela Emenda Constitucional nº 58, de 2009)

c) 13 (treze) Vereadores, nos Municípios com mais de 30.000 (trinta mil) habitantes e de até 50.000 (cinquenta mil) habitantes; (Alínea com redação dada pela Emenda Constitucional nº 58, de 2009)

d) 15 (quinze) Vereadores, nos Municípios de mais de 50.000 (cinquenta mil) habitantes e de até 80.000 (oitenta mil) habitantes; (Alínea acrescida pela Emenda Constitucional nº 58, de 2009)

e) 17 (dezessete) Vereadores, nos Municípios de mais de 80.000 (oitenta mil) habitantes e de até 120.000 (cento e vinte mil) habitantes; (Alínea acrescida pela Emenda Constitucional nº 58, de 2009)

f) 19 (dezenove) Vereadores, nos Municípios de mais de 120.000 (cento e vinte mil) habitantes e de até 160.000 (cento e sessenta mil) habitantes; (Alínea acrescida pela Emenda Constitucional nº 58, de 2009)

g) 21 (vinte e um) Vereadores, nos Municípios de mais de 160.000 (cento e sessenta mil) habitantes e de até 300.000 (trezentos mil) habitantes; (Alínea acrescida pela Emenda Constitucional nº 58, de 2009)

h) 23 (vinte e três) Vereadores, nos Municípios de mais de 300.000 (trezentos mil) habitantes e de até 450.000 (quatrocentos e cinquenta mil) habitantes; (Alínea acrescida pela Emenda Constitucional nº 58, de 2009)

i) 25 (vinte e cinco) Vereadores, nos Municípios de mais de 450.000 (quatrocentos e cinquenta mil) habitantes e de até 600.000 (seiscentos mil) habitantes; (Alínea acrescida pela Emenda Constitucional nº 58, de 2009)

j) 27 (vinte e sete) Vereadores, nos Municípios de mais de 600.000 (seiscentos mil) habitantes e de até 750.000 (setecentos e cinquenta mil) habitantes; (Alínea acrescida pela Emenda Constitucional nº 58, de 2009)

k) 29 (vinte e nove) Vereadores, nos Municípios de mais de 750.000 (setecentos e cinquenta mil) habitantes e de até 900.000 (novecentos mil) habitantes; (Alínea acrescida pela Emenda Constitucional nº 58, de 2009)

l) 31 (trinta e um) Vereadores, nos Municípios de mais de 900.000 (novecentos mil) habitantes e de até 1.050.000 (um milhão e cinquenta mil) habitantes; (Alínea acrescida pela Emenda Constitucional nº 58, de 2009)

m) 33 (trinta e três) Vereadores, nos Municípios de mais de 1.050.000 (um milhão e cinquenta mil) habitantes e de até 1.200.000 (um milhão e duzentos mil) habitantes; (Alínea acrescida pela Emenda Constitucional nº 58, de 2009)

n) 35 (trinta e cinco) Vereadores, nos Municípios de mais de 1.200.000 (um milhão e duzentos mil) habitantes e de até 1.350.000 (um milhão e trezentos e cinquenta mil) habitantes; (Alínea acrescida pela Emenda Constitucional nº 58, de 2009)

o) 37 (trinta e sete) Vereadores, nos Municípios de 1.350.000 (um milhão e trezentos e cinquenta mil) habitantes e de até 1.500.000 (um milhão e quinhentos mil) habitantes; (Alínea acrescida pela Emenda Constitucional nº 58, de 2009)

p) 39 (trinta e nove) Vereadores, nos Municípios de mais de 1.500.000 (um milhão e quinhentos mil) habitantes e de até 1.800.000 (um milhão e oitocentos mil) habitantes; (Alínea acrescida pela Emenda Constitucional nº 58, de 2009)

q) 41 (quarenta e um) Vereadores, nos Municípios de mais de 1.800.000 (um milhão e oitocentos mil) habitantes e de até 2.400.000 (dois milhões e quatrocentos mil) habitantes; (Alínea acrescida pela Emenda Constitucional nº 58, de 2009)

ANOTAÇÕES

r) 43 (quarenta e três) Vereadores, nos Municípios de mais de 2.400.000 (dois milhões e quatrocentos mil) habitantes e de até 3.000.000 (três milhões) de habitantes; (Alínea acrescida pela Emenda Constitucional nº 58, de 2009)

s) 45 (quarenta e cinco) Vereadores, nos Municípios de mais de 3.000.000 (três milhões) de habitantes e de até 4.000.000 (quatro milhões) de habitantes; (Alínea acrescida pela Emenda Constitucional nº 58, de 2009)

t) 47 (quarenta e sete) Vereadores, nos Municípios de mais de 4.000.000 (quatro milhões) de habitantes e de até 5.000.000 (cinco milhões) de habitantes; (Alínea acrescida pela Emenda Constitucional nº 58, de 2009)

u) 49 (quarenta e nove) Vereadores, nos Municípios de mais de 5.000.000 (cinco milhões) de habitantes e de até 6.000.000 (seis milhões) de habitantes; (Alínea acrescida pela Emenda Constitucional nº 58, de 2009)

v) 51 (cinquenta e um) Vereadores, nos Municípios de mais de 6.000.000 (seis milhões) de habitantes e de até 7.000.000 (sete milhões) de habitantes; (Alínea acrescida pela Emenda Constitucional nº 58, de 2009)

w) 53 (cinquenta e três) Vereadores, nos Municípios de mais de 7.000.000 (sete milhões) de habitantes e de até 8.000.000 (oito milhões) de habitantes; e (Alínea acrescida pela Emenda Constitucional nº 58, de 2009)

x) 55 (cinquenta e cinco) Vereadores, nos Municípios de mais de 8.000.000 (oito milhões) de habitantes; (Alínea acrescida pela Emenda Constitucional nº 58, de 2009)

V. subsídios do Prefeito, do Vice-Prefeito e dos Secretários Municipais fixados por lei de iniciativa da Câmara Municipal, observado o que dispõem os arts. 37, XI, 39, § 4º, 150, II, 153, III, e 153, § 2º, I; (Inciso com redação dada pela Emenda Constitucional nº 19, de 1998)

VI. o subsídio dos Vereadores será fixado pelas respectivas Câmaras Municipais em cada legislatura para a subsequente, observado o que dispõe esta Constituição, observados os critérios estabelecidos na respectiva Lei Orgânica e os seguintes limites máximos: (Inciso acrescido pela Emenda Constitucional nº 1, de 1992 e com nova redação dada pela Emenda Constitucional nº 25, de 2000)

a) em Municípios de até dez mil habitantes, o subsídio máximo dos Vereadores corresponderá a vinte por cento do subsídio dos Deputados Estaduais; (Alínea acrescida pela Emenda Constitucional nº 25, de 2000)

b) em Municípios de dez mil e um a cinquenta mil habitantes, o subsídio máximo dos Vereadores corresponderá a trinta por cento do subsídio dos Deputados Estaduais; (Alínea acrescida pela Emenda Constitucional nº 25, de 2000)

c) em Municípios de cinquenta mil e um a cem mil habitantes, o subsídio máximo dos Vereadores corresponderá a quarenta por cento do subsídio dos Deputados Estaduais; (Alínea acrescida pela Emenda Constitucional nº 25, de 2000)

d) em Municípios de cem mil e um a trezentos mil habitantes, o subsídio máximo dos Vereadores corresponderá a cinquenta por cento do subsídio dos Deputados Estaduais; (Alínea acrescida pela Emenda Constitucional nº 25, de 2000)

e) em Municípios de trezentos mil e um a quinhentos mil habitantes, o subsídio máximo dos Vereadores corresponderá a sessenta por cento do subsídio dos Deputados Estaduais; (Alínea acrescida pela Emenda Constitucional nº 25, de 2000)

f) em Municípios de mais de quinhentos mil habitantes, o subsídio máximo dos Vereadores corresponderá a setenta e cinco por cento do subsídio dos Deputados Estaduais; (Alínea acrescida pela Emenda Constitucional nº 25, de 2000)

VII. o total da despesa com a remuneração dos vereadores não poderá ultrapassar o montante de cinco por cento da receita do município; (Inciso acrescido pela Emenda Constitucional nº 1, de 1992)

ANOTAÇÕES

VIII. inviolabilidade dos Vereadores por suas opiniões, palavras e votos no exercício do mandato e na circunscrição do Município; (Primitivo inciso VI renumerado pela Emenda Constitucional nº 1, de 1992)

IX. proibições e incompatibilidades, no exercício da vereança, similares, no que couber, ao disposto nesta Constituição para os membros do Congresso Nacional e, na Constituição do respectivo Estado, para os membros da assembleia Legislativa; (Primitivo inciso VII renumerado pela Emenda Constitucional nº 1, de 1992)

X. julgamento do Prefeito perante o Tribunal de Justiça; (Primitivo inciso VIII renumerado pela Emenda Constitucional nº 1, de 1992)

XI. organização das funções legislativas e fiscalizadoras da Câmara Municipal; (Primitivo inciso IX renumerado pela Emenda Constitucional nº 1, de 1992)

XII. cooperação das associações representativas no planejamento municipal; (Primitivo inciso X renumerado pela Emenda Constitucional nº 1, de 1992)

XIII. iniciativa popular de projetos de lei de interesse específico do Município, da cidade ou de bairros, através de manifestação de, pelo menos, cinco por cento do eleitorado; (Primitivo inciso XI renumerado pela Emenda Constitucional nº 1, de 1992)

XIV. perda do mandato do Prefeito, nos termos do art. 28, parágrafo único. (Primitivo inciso XII renumerado pela Emenda Constitucional nº 1, de 1992)

Art. 29-A. O total da despesa do Poder Legislativo Municipal, incluídos os subsídios dos Vereadores e excluídos os gastos com inativos, não poderá ultrapassar os seguintes percentuais, relativos ao somatório da receita tributária e das transferências previstas no § 5º do art. 153 e nos arts. 158 e 159, efetivamente realizado no exercício anterior: ("Caput" do artigo acrescido pela Emenda Constitucional nº 25, de 2000)

I. 7% (sete por cento) para Municípios com população de até 100.000 (cem mil) habitantes; (Inciso acrescido pela Emenda Constitucional nº 25, de 2000).e com nova redação dada pela Emenda Constitucional nº 58, de 2009)

II. 6% (seis por cento) para Municípios com população entre 100.000 (cem mil) e 300.000 (trezentos mil) habitantes; (Inciso acrescido pela Emenda Constitucional nº 25, de 2000).e com nova redação dada pela Emenda Constitucional nº 58, de 2009)

III. 5% (cinco por cento) para Municípios com população entre 300.001 (trezentos mil e um) e 500.000 (quinhentos mil) habitantes; (Inciso acrescido pela Emenda Constitucional nº 25, de 2000).e com nova redação dada pela Emenda Constitucional nº 58, de 2009)

IV. 4,5% (quatro inteiros e cinco décimos por cento) para Municípios com população entre 500.001 (quinhentos mil e um) e 3.000.000 (três milhões) de habitantes; (Inciso acrescido pela Emenda Constitucional nº 25, de 2000).e com nova redação dada pela Emenda Constitucional nº 58, de 2009)

V. 4% (quatro por cento) para Municípios com população entre 3.000.001 (três milhões e um) e 8.000.000 (oito milhões) de habitantes; (Inciso acrescido pela Emenda Constitucional nº 58, de 2009)

VI. 3,5% (três inteiros e cinco décimos por cento) para Municípios com população acima de 8.000.001 (oito milhões e um) habitantes. (Inciso acrescido pela Emenda Constitucional nº 58, de 2009)

§ 1º A Câmara Municipal não gastará mais de setenta por cento de sua receita com folha de pagamento, incluído o gasto com o subsídio de seus Vereadores. (Parágrafo acrescido pela Emenda Constitucional nº 25, de 2000)

§ 2º Constitui crime de responsabilidade do Prefeito Municipal:

I. efetuar repasse que supere os limites definidos neste artigo;

II. não enviar o repasse até o dia vinte de cada mês; ou

III. enviá-lo a menor em relação à proporção fixada na Lei Orçamentária. (Parágrafo acrescido pela Emenda Constitucional nº 25, de 2000)

§ 3º Constitui crime de responsabilidade do Presidente da Câmara Municipal o desrespeito ao § 1º deste artigo. (Parágrafo acrescido pela Emenda Constitucional nº 25, de 2000)

Art. 30. Compete aos Municípios:

I. legislar sobre assuntos de interesse local;

II. suplementar a legislação federal e a estadual no que couber;

III. instituir e arrecadar os tributos de sua competência, bem como aplicar suas rendas, sem prejuízo da obrigatoriedade de prestar contas e publicar balancetes nos prazos fixados em lei;

IV. criar, organizar e suprimir Distritos, observada a legislação estadual;

V. organizar e prestar, diretamente ou sob regime de concessão ou permissão, os serviços públicos de interesse local, incluído o de transporte coletivo, que tem caráter essencial;

VI. manter, com a cooperação técnica e financeira da União e do Estado, programas de educação infantil e de ensino fundamental; (Inciso com redação dada pela Emenda Constitucional nº 53, de 2006)

VII. prestar, com a cooperação técnica e financeira da União e do Estado, serviços de atendimento à saúde da população;

VIII. promover, no que couber, adequado ordenamento territorial, mediante planejamento e controle do uso, do parcelamento e da ocupação do solo urbano;

IX. promover a proteção do patrimônio histórico-cultural local, observada a legislação e a ação fiscalizadora federal e estadual.

Art. 31. A fiscalização do Município será exercida pelo Poder Legislativo municipal, mediante controle externo, e pelos sistemas de controle interno do Poder Executivo municipal, na forma da lei.

§ 1º O controle externo da Câmara Municipal será exercido com o auxílio dos Tribunais de Contas dos Estados ou do Município ou dos Conselhos ou Tribunais de Contas dos Municípios, onde houver.

§ 2º O parecer prévio, emitido pelo órgão competente, sobre as contas que o Prefeito deve anualmente prestar, só deixará de prevalecer por decisão de dois terços dos membros da Câmara Municipal.

§ 3º As contas dos Municípios ficarão, durante sessenta dias, anualmente, à disposição de qualquer contribuinte, para exame e apreciação, o qual poderá questionar-lhes a legitimidade, nos termos da lei.

§ 4º É vedada a criação de tribunais, Conselhos ou órgãos de contas municipais.

CAPÍTULO V - DO DISTRITO FEDERAL E DOS TERRITÓRIOS

Seção I - Do Distrito Federal

Art. 32. O Distrito Federal, vedada sua divisão em Municípios, reger-se-á por lei orgânica, votada em dois turnos com interstício mínimo de dez dias, e aprovada por dois terços da Câmara Legislativa, que a promulgará, atendidos os princípios estabelecidos nesta Constituição.

§ 1º Ao Distrito Federal são atribuídas as competências legislativas reservadas aos Estados e Municípios.

§ 2º A eleição do Governador e do Vice-Governador, observadas as regras do art. 77, e dos Deputados Distritais coincidirá com a dos Governadores e Deputados Estaduais, para mandato de igual duração.

ANOTAÇÕES

ANOTAÇÕES

§ 3º Aos Deputados Distritais e à Câmara Legislativa aplica-se o disposto no art. 27.

§ 4º Lei federal disporá sobre a utilização, pelo Governo do Distrito Federal, da polícia civil, da polícia penal, da polícia militar e do corpo de bombeiros militar. (Redação dada pela Emenda Constitucional nº 104, de 2019)

Seção II - Dos Territórios

Art. 33. A lei disporá sobre a organização administrativa e judiciária dos Territórios.

§ 1º Os Territórios poderão ser divididos em Municípios, aos quais se aplicará, no que couber, o disposto no Capítulo IV deste Título.

§ 2º As contas do Governo do Território serão submetidas ao Congresso Nacional, com parecer prévio do Tribunal de Contas da União.

§ 3º Nos Territórios Federais com mais de cem mil habitantes, além do Governador, nomeado na forma desta Constituição, haverá órgãos judiciários de primeira e segunda instâncias, membros do Ministério Público e defensores públicos federais; a lei disporá sobre as eleições para a Câmara Territorial e sua competência deliberativa.

CAPÍTULO VI - DA INTERVENÇÃO

Art. 34. A União não intervirá nos Estados nem no Distrito Federal, exceto para:

I. manter a integridade nacional;

II. repelir invasão estrangeira ou de uma unidade da Federação em outra;

III. por termo a grave comprometimento da ordem pública;

IV. garantir o livre exercício de qualquer dos Poderes nas unidades da Federação;

V. reorganizar as finanças da unidade da Federação que:

a) suspender o pagamento da dívida fundada por mais de dois anos consecutivos, salvo motivo de força maior;

b) deixar de entregar aos Municípios receitas tributárias fixadas nesta Constituição dentro dos prazos estabelecidos em lei;

VI. prover a execução de lei federal, ordem ou decisão judicial;

VII. assegurar a observância dos seguintes princípios constitucionais:

a) forma republicana, sistema representativo e regime democrático;

b) direitos da pessoa humana;

c) autonomia municipal;

d) prestação de contas da administração pública, direta e indireta.

e) aplicação do mínimo exigido da receita resultante de impostos estaduais, compreendida a proveniente de transferências, na manutenção e desenvolvimento do ensino e nas ações e serviços públicos de saúde. (Alínea acrescida pela Emenda Constitucional nº 14, de 1996 e com nova redação dada pela Emenda Constitucional nº 29, de 2000)

Art. 35. O Estado não intervirá em seus Municípios, nem a União nos Municípios localizados em Território Federal, exceto quando:

I. deixar de ser paga, sem motivo de força maior, por dois anos consecutivos, a dívida fundada;

II. não forem prestadas contas devidas, na forma da lei;

III. não tiver sido aplicado o mínimo exigido da receita municipal na manutenção e desenvolvimento do ensino e nas ações e serviços públicos de saúde; (Inciso com redação dada pela Emenda Constitucional nº 29, de 2000)

IV. o Tribunal de Justiça der provimento a representação para assegurar a observância de princípios indicados na Constituição estadual, ou para prover a execução de lei, de ordem ou de decisão judicial.

ANOTAÇÕES

Art. 36. A decretação da intervenção dependerá:

I. no caso do art. 34, IV, de solicitação do Poder Legislativo ou do Poder Executivo coacto ou impedido, ou de requisição do Supremo Tribunal Federal, se a coação for exercida contra o Poder Judiciário;

II. no caso de desobediência a ordem ou decisão judiciária, de requisição do Supremo Tribunal Federal, do Superior Tribunal de Justiça ou do Tribunal Superior Eleitoral;

III. de provimento, pelo Supremo Tribunal Federal, de representação do Procurador-Geral da República, na hipótese do art. 34, VII, e no caso de recusa à execução de lei federal. (Inciso com redação dada pela Emenda Constitucional nº 45, de 2004)

IV. (Revogado pela Emenda Constitucional nº 45, de 2004)

§ 1º O decreto de intervenção, que especificará a amplitude, o prazo e as condições de execução e que, se couber, nomeará o interventor, será submetido à apreciação do Congresso Nacional ou da assembleia Legislativa do Estado, no prazo de vinte e quatro horas.

§ 2º Se não estiver funcionando o Congresso Nacional ou a assembleia Legislativa, far-se-á convocação extraordinária, no mesmo prazo de vinte e quatro horas.

§ 3º Nos casos do art. 34, VI e VII, ou do art. 35, IV, dispensada a apreciação pelo Congresso Nacional ou pela assembleia Legislativa, o decreto limitar-se-á a suspender a execução do ato impugnado, se essa medida bastar ao restabelecimento da normalidade.

§ 4º Cessados os motivos da intervenção, as autoridades afastadas de seus cargos a estes voltarão, salvo impedimento legal.

CAPÍTULO VII - DA ADMINISTRAÇÃO PÚBLICA

Seção I - Disposições Gerais

Art. 37. A administração pública direta e indireta de qualquer dos Poderes da União, dos Estados, do Distrito Federal e dos Municípios obedecerá aos princípios de legalidade, impessoalidade, moralidade, publicidade e eficiência e, também, ao seguinte: ("Caput" do artigo com redação dada pela Emenda Constitucional nº 19, de 1998)

I. os cargos, empregos e funções públicas são acessíveis aos brasileiros que preencham os requisitos estabelecidos em lei, assim como aos estrangeiros, na forma da lei; (Inciso com redação dada pela Emenda Constitucional nº 19, de 1998)

II. a investidura em cargo ou emprego público depende de aprovação prévia em concurso público de provas ou de provas e títulos, de acordo com a natureza e a complexidade do cargo ou emprego, na forma prevista em lei, ressalvadas as nomeações para cargo em comissão declarado em lei de livre nomeação e exoneração; (Inciso com redação dada pela Emenda Constitucional nº 19, de 1998)

III. o prazo de validade do concurso público será de até dois anos, prorrogável uma vez, por igual período;

IV. durante o prazo improrrogável previsto no edital de convocação, aquele aprovado em concurso público de provas ou de provas e títulos será convocado com prioridade sobre novos concursados para assumir cargo ou emprego, na carreira;

V. as funções de confiança, exercidas exclusivamente por servidores ocupantes de cargo efetivo, e os cargos em comissão, a serem preenchidos por servidores de carreira nos casos, condições e percentuais mínimos previstos em lei, destinam-se apenas às atribuições de direção, chefia e assessoramento; (Inciso com redação dada pela Emenda Constitucional nº 19, de 1998)

VI. é garantido ao servidor público civil o direito à livre associação sindical;

VII. o direito de greve será exercido nos termos e nos limites definidos em lei específica; (Inciso com redação dada pela Emenda Constitucional nº 19, de 1998)

VIII. a lei reservará percentual dos cargos e empregos públicos para as pessoas portadoras de deficiência e definirá os critérios de sua admissão;

IX - a lei estabelecerá os casos de contratação por tempo determinado para atender a necessidade temporária de excepcional interesse público; (Vide Emenda constitucional nº 106, de 2020)

IX. a lei estabelecerá os casos de contratação por tempo determinado para atender a necessidade temporária de excepcional interesse público;

X. a remuneração dos servidores públicos e o subsídio de que trata o § 4º do art. 39 somente poderão ser fixados ou alterados por lei específica, observada a iniciativa privativa em cada caso, assegurada revisão geral anual, sempre na mesma data e sem distinção de índices; (Inciso com redação dada pela Emenda Constitucional nº 19, de 1998)

XI. a remuneração e o subsídio dos ocupantes de cargos, funções e empregos públicos da administração direta, autárquica e fundacional, dos membros de qualquer dos Poderes da União, dos Estados, do Distrito Federal e dos Municípios, dos detentores de mandato eletivo e dos demais agentes políticos e os proventos, pensões ou outra espécie remuneratória, percebidos cumulativamente ou não, incluídas as vantagens pessoais ou de qualquer outra natureza, não poderão exceder o subsídio mensal, em espécie, dos Ministros do Supremo Tribunal Federal, aplicando-se como limite, nos Municípios, o subsídio do Prefeito, e nos Estados e no Distrito Federal, o subsídio mensal do Governador no âmbito do Poder Executivo, o subsídio dos Deputados Estaduais e Distritais no âmbito do Poder Legislativo e o subsídio dos Desembargadores do Tribunal de Justiça, limitado a noventa inteiros e vinte e cinco centésimos por cento do subsídio mensal, em espécie, dos Ministros do Supremo Tribunal Federal, no âmbito do Poder Judiciário, aplicável este limite aos membros do Ministério Público, aos Procuradores e aos Defensores Públicos; (Inciso com redação dada pela Emenda Constitucional nº 41, de 2003)

XII. os vencimentos dos cargos do Poder Legislativo e do Poder Judiciário não poderão ser superiores aos pagos pelo Poder Executivo;

XIII. é vedada a vinculação ou equiparação de quaisquer espécies remuneratórias para o efeito de remuneração de pessoal do serviço público; (Inciso com redação dada pela Emenda Constitucional nº 19, de 1998)

XIV. os acréscimos pecuniários percebidos por servidor público não serão computados nem acumulados para fins de concessão de acréscimos ulteriores; (Inciso com redação dada pela Emenda Constitucional nº 19, de 1998)

XV. o subsídio e os vencimentos dos ocupantes de cargos e empregos públicos são irredutíveis, ressalvado o disposto nos incisos XI e XIV deste artigo e nos arts. 39, § 4º, 150, II, 153, III, e 153, § 2º, I; (Inciso com redação dada pela Emenda Constitucional nº 19, de 1998)

XVI. é vedada a acumulação remunerada de cargos públicos, exceto, quando houver compatibilidade de horários, observado em qualquer caso o disposto no inciso XI: ("Caput" do inciso com redação dada pela Emenda Constitucional nº 19, de 1998)

a) a de dois cargos de professor;

b) a de um cargo de professor com outro, técnico ou científico;

c) a de dois cargos ou empregos privativos de profissionais de saúde, com profissões regulamentadas; (Alínea com redação dada pela Emenda Constitucional nº 34, de 2001)

XVII. a proibição de acumular estende-se a empregos e funções e abrange autarquias, fundações, empresas públicas, sociedades de economia mista, suas subsidiárias, e sociedades controladas, direta ou indiretamente, pelo poder público; (Inciso com redação dada pela Emenda Constitucional nº 19, de 1998)

XVIII. a administração fazendária e seus servidores fiscais terão, dentro de suas áreas de competência e jurisdição, precedência sobre os demais setores administrativos, na forma da lei;

XIX. somente por lei específica poderá ser criada autarquia e autorizada a instituição de empresa pública, de sociedade de economia mista e de fundação, cabendo à lei complementar, neste último caso, definir as áreas de sua atuação; (Inciso com redação dada pela Emenda Constitucional nº 19, de 1998)

XX. depende de autorização legislativa, em cada caso, a criação de subsidiárias das entidades mencionadas no inciso anterior, assim como a participação de qualquer delas em empresa privada;

XXI. ressalvados os casos especificados na legislação, as obras, serviços, compras e alienações serão contratados mediante processo de licitação pública que assegure igualdade de condições a todos os concorrentes, com cláusulas que estabeleçam obrigações de pagamento, mantidas as condições efetivas da proposta, nos termos da lei, o qual somente permitirá as exigências de qualificação técnica e econômica indispensáveis à garantia do cumprimento das obrigações.

XXII. as administrações tributárias da União, dos Estados, do Distrito Federal e dos Municípios, atividades essenciais ao funcionamento do Estado, exercidas por servidores de carreiras específicas, terão recursos prioritários para a realização de suas atividades e atuarão de forma integrada, inclusive com o compartilhamento de cadastros e de informações fiscais, na forma da lei ou convênio. (Inciso acrescido pela Emenda Constitucional nº 42, de 2003)

§ 1º A publicidade dos atos, programas, obras, serviços e campanhas dos órgãos públicos deverá ter caráter educativo, informativo ou de orientação social, dela não podendo constar nomes, símbolos ou imagens que caracterizem promoção pessoal de autoridades ou servidores públicos.

§ 2º A não-observância do disposto nos incisos II e III implicará a nulidade do ato e a punição da autoridade responsável, nos termos da lei.

§ 3º A lei disciplinará as formas de participação do usuário na administração pública direta e indireta, regulando especialmente:

I. as reclamações relativas à prestação dos serviços públicos em geral, asseguradas a manutenção de serviços de atendimento ao usuário e a avaliação periódica, externa e interna, da qualidade dos serviços;

II. o acesso dos usuários a registros administrativos e a informações sobre atos de governo, observado o disposto no art. 5º, X e XXXIII;

III. a disciplina da representação contra o exercício negligente ou abusivo de cargo, emprego ou função na administração pública. (Parágrafo com redação dada pela Emenda Constitucional nº 19, de 1998)

§ 4º Os atos de improbidade administrativa importarão a suspensão dos direitos políticos, a perda da função pública, a indisponibilidade dos bens e o ressarcimento ao erário, na forma e gradação previstas em lei, sem prejuízo da ação penal cabível.

§ 5º A lei estabelecerá os prazos de prescrição para ilícitos praticados por qualquer agente, servidor ou não, que causem prejuízos ao erário, ressalvadas as respectivas ações de ressarcimento.

§ 6º As pessoas jurídicas de direito público e as de direito privado prestadoras de serviços públicos responderão pelos danos que seus agentes, nessa qualidade, causarem a terceiros, assegurado o direito de regresso contra o responsável nos casos de dolo ou culpa.

§ 7º A lei disporá sobre os requisitos e as restrições ao ocupante de cargo ou emprego da administração direta e indireta que possibilite o acesso a informações privilegiadas. (Parágrafo acrescido pela Emenda Constitucional nº 19, de 1998)

§ 8º A autonomia gerencial, orçamentária e financeira dos

ANOTAÇÕES

ANOTAÇÕES

ANOTAÇÕES

órgãos e entidades da administração direta e indireta poderá ser ampliada mediante contrato, a ser firmado entre seus administradores e o poder público, que tenha por objeto a fixação de metas de desempenho para o órgão ou entidade, cabendo à lei dispor sobre:

I. o prazo de duração do contrato;

II. os controles e critérios de avaliação de desempenho, direitos, obrigações e responsabilidade dos dirigentes;

III. a remuneração do pessoal. (Parágrafo acrescido pela Emenda Constitucional nº 19, de 1998)

§ 9º O disposto no inciso XI aplica-se às empresas públicas e às sociedades de economia mista, e suas subsidiárias, que receberem recursos da União, dos Estados, do Distrito Federal ou dos Municípios para pagamento de despesas de pessoal ou de custeio em geral. (Parágrafo acrescido pela Emenda Constitucional nº 19, de 1998)

§ 10. É vedada a percepção simultânea de proventos de aposentadoria decorrentes do art. 40 ou dos arts. 42 e 142 com a remuneração de cargo, emprego ou função pública, ressalvados os cargos acumuláveis na forma desta Constituição, os cargos eletivos e os cargos em comissão declarados em lei de livre nomeação e exoneração. (Parágrafo acrescido pela Emenda Constitucional nº 20, de 1998)

§ 11. Não serão computadas, para efeito dos limites remuneratórios de que trata o inciso XI do caput deste artigo, as parcelas de caráter indenizatório previstas em lei. (Parágrafo acrescido pela Emenda Constitucional nº 47, de 2005)

§ 12. Para os fins do disposto no inciso XI do caput deste artigo, fica facultado aos Estados e ao Distrito Federal fixar, em seu âmbito, mediante emenda às respectivas Constituições e Lei Orgânica, como limite único, o subsídio mensal dos Desembargadores do respectivo Tribunal de Justiça, limitado a noventa inteiros e vinte e cinco centésimos por cento do subsídio mensal dos Ministros do Supremo Tribunal Federal, não se aplicando o disposto neste parágrafo aos subsídios dos Deputados Estaduais e Distritais e dos Vereadores. (Parágrafo acrescido pela Emenda Constitucional nº 47, de 2005)

§ 13. O servidor público titular de cargo efetivo poderá ser readaptado para exercício de cargo cujas atribuições e responsabilidades sejam compatíveis com a limitação que tenha sofrido em sua capacidade física ou mental, enquanto permanecer nesta condição, desde que possua a habilitação e o nível de escolaridade exigidos para o cargo de destino, mantida a remuneração do cargo de origem. (Incluído pela Emenda Constitucional nº 103, de 2019)

§ 14. A aposentadoria concedida com a utilização de tempo de contribuição decorrente de cargo, emprego ou função pública, inclusive do Regime Geral de Previdência Social, acarretará o rompimento do vínculo que gerou o referido tempo de contribuição. (Incluído pela Emenda Constitucional nº 103, de 2019)

§ 15. É vedada a complementação de aposentadorias de servidores públicos e de pensões por morte a seus dependentes que não seja decorrente do disposto nos §§ 14 a 16 do art. 40 ou que não seja prevista em lei que extinga regime próprio de previdência social. (Incluído pela Emenda Constitucional nº 103, de 2019)

Art. 38. Ao servidor público da administração direta, autárquica e fundacional, no exercício de mandato eletivo, aplicam-se as seguintes disposições: ("Caput" do artigo com redação dada pela Emenda Constitucional nº 19, de 1998)

I. tratando-se de mandato eletivo federal, estadual ou distrital, ficará afastado de seu cargo, emprego ou função;

II. investido no mandato de Prefeito, será afastado do cargo, emprego ou função, sendo-lhe facultado optar pela sua remuneração;

III. investido no mandato de Vereador, havendo compatibilidade de horários, perceberá as vantagens de seu cargo, emprego ou função, sem prejuízo da remuneração do cargo eletivo, e, não havendo compatibilidade, será aplicada a norma do inciso anterior;

ANOTAÇÕES

IV. em qualquer caso que exija o afastamento para o exercício de mandato eletivo, seu tempo de serviço será contado para todos os efeitos legais, exceto para promoção por merecimento;

V. na hipótese de ser segurado de regime próprio de previdência social, permanecerá filiado a esse regime, no ente federativo de origem. (Redação dada pela Emenda Constitucional nº 103, de 2019)

Seção II - Dos Servidores Públicos

(Redação dada pela Emenda Constitucional nº 18, de 1998)

Art. 39. A União, os Estados, o Distrito Federal e os Municípios instituirão, no âmbito de sua competência, regime jurídico único e planos de carreira para os servidores da administração pública direta, das autarquias e das fundações públicas. (Vide ADIN nº 2.135-4)

§ 1º A fixação dos padrões de vencimento e dos demais componentes do sistema remuneratório observará:

I. a natureza, o grau de responsabilidade e a complexidade dos cargos componentes de cada carreira;

II. os requisitos para a investidura;

III. as peculiaridades dos cargos. (Parágrafo com redação dada pela Emenda Constitucional nº 19, de 1998)

§ 2º A União, os Estados e o Distrito Federal manterão escolas de governo para a formação e o aperfeiçoamento dos servidores públicos, constituindo-se a participação nos cursos um dos requisitos para a promoção na carreira, facultada, para isso, a celebração de convênios ou contratos entre os entes federados. (Parágrafo com redação dada pela Emenda Constitucional nº 19, de 1998)

§ 3º Aplica-se aos servidores ocupantes de cargo público o disposto no art. 7º, IV, VII, VIII, IX, XII, XIII, XV, XVI, XVII, XVIII, XIX, XX, XXII e XXX, podendo a lei estabelecer requisitos diferenciados de admissão quando a natureza do cargo o exigir. (Parágrafo acrescido pela Emenda Constitucional nº 19, de 1998)

§ 4º O membro de Poder, o detentor de mandato eletivo, os Ministros de Estado e os Secretários Estaduais e Municipais serão remunerados exclusivamente por subsídio fixado em parcela única, vedado o acréscimo de qualquer gratificação, adicional, abono, prêmio, verba de representação ou outra espécie remuneratória, obedecido, em qualquer caso, o disposto no art. 37, X e XI. (Parágrafo acrescido pela Emenda Constitucional nº 19, de 1998)

§ 5º Lei da União, dos Estados, do Distrito Federal e dos Municípios poderá estabelecer a relação entre a maior e a menor remuneração dos servidores públicos, obedecido, em qualquer caso, o disposto no art. 37, XI. (Parágrafo acrescido pela Emenda Constitucional nº 19, de 1998)

§ 6º Os Poderes Executivo, Legislativo e Judiciário publicarão anualmente os valores do subsídio e da remuneração dos cargos e empregos públicos. (Parágrafo acrescido pela Emenda Constitucional nº 19, de 1998)

§ 7º Lei da União, dos Estados, do Distrito Federal e dos Municípios disciplinará a aplicação de recursos orçamentários provenientes da economia com despesas correntes em cada órgão, autarquia e fundação, para aplicação no desenvolvimento de programas de qualidade e produtividade, treinamento e desenvolvimento, modernização, reaparelhamento e racionalização do serviço público, inclusive sob a forma de adicional ou prêmio de produtividade. (Parágrafo acrescido pela Emenda Constitucional nº 19, de 1998)

§ 8º A remuneração dos servidores públicos organizados em carreira poderá ser fixada nos termos do § 4º. (Parágrafo acrescido pela Emenda Constitucional nº 19, de 1998)

§ 9º É vedada a incorporação de vantagens de caráter temporário ou vinculadas ao exercício de função de confiança ou de cargo em comissão à remuneração do cargo efetivo. (Incluído pela Emenda Constitucional nº 103, de 2019)

Art. 40. O regime próprio de previdência social dos servidores titulares de cargos efetivos terá caráter contributivo e solidário, mediante contribuição do respectivo ente federativo, de servidores ativos, de aposentados e de pensionistas, observados critérios que preservem o equilíbrio financeiro e atuarial. (Redação dada pela Emenda Constitucional nº 103, de 2019)

§ 1º O servidor abrangido por regime próprio de previdência social será aposentado: (Redação dada pela Emenda Constitucional nº 103, de 2019)

I. por incapacidade permanente para o trabalho, no cargo em que estiver investido, quando insuscetível de readaptação, hipótese em que será obrigatória a realização de avaliações periódicas para verificação da continuidade das condições que ensejaram a concessão da aposentadoria, na forma de lei do respectivo ente federativo; (Redação dada pela Emenda Constitucional nº 103, de 2019)

II. compulsoriamente, com proventos proporcionais ao tempo de contribuição, aos 70 (setenta) anos de idade, ou aos 75 (setenta e cinco) anos de idade, na forma de lei complementar; (Redação dada pela Emenda Constitucional nº 88, de 2015)

III. no âmbito da União, aos 62 (sessenta e dois) anos de idade, se mulher, e aos 65 (sessenta e cinco) anos de idade, se homem, e, no âmbito dos Estados, do Distrito Federal e dos Municípios, na idade mínima estabelecida mediante emenda às respectivas Constituições e Leis Orgânicas, observados o tempo de contribuição e os demais requisitos estabelecidos em lei complementar do respectivo ente federativo. (Redação dada pela Emenda Constitucional nº 103, de 2019)

§ 2º Os proventos de aposentadoria não poderão ser inferiores ao valor mínimo a que se refere o § 2º do art. 201 ou superiores ao limite máximo estabelecido para o Regime Geral de Previdência Social, observado o disposto nos §§ 14 a 16. (Redação dada pela Emenda Constitucional nº 103, de 2019)

§ 3º As regras para cálculo de proventos de aposentadoria serão disciplinadas em lei do respectivo ente federativo. (Redação dada pela Emenda Constitucional nº 103, de 2019)

§ 4º É vedada a adoção de requisitos ou critérios diferenciados para concessão de benefícios em regime próprio de previdência social, ressalvado o disposto nos §§ 4º-A, 4º-B, 4º-C e 5º. (Redação dada pela Emenda Constitucional nº 103, de 2019)

§ 4º-A. Poderão ser estabelecidos por lei complementar do respectivo ente federativo idade e tempo de contribuição diferenciados para aposentadoria de servidores com deficiência, previamente submetidos a avaliação biopsicossocial realizada por equipe multiprofissional e interdisciplinar. (Incluído pela Emenda Constitucional nº 103, de 2019)

§ 4º-B. Poderão ser estabelecidos por lei complementar do respectivo ente federativo idade e tempo de contribuição diferenciados para aposentadoria de ocupantes do cargo de agente penitenciário, de agente socioeducativo ou de policial dos órgãos de que tratam o inciso IV do caput do art. 51, o inciso XIII do caput do art. 52 e os incisos I a IV do caput do art. 144. (Incluído pela Emenda Constitucional nº 103, de 2019)

ANOTAÇÕES

§ 4º-C. Poderão ser estabelecidos por lei complementar do respectivo ente federativo idade e tempo de contribuição diferenciados para aposentadoria de servidores cujas atividades sejam exercidas com efetiva exposição a agentes químicos, físicos e biológicos prejudiciais à saúde, ou associação desses agentes, vedada a caracterização por categoria profissional ou ocupação. (Incluído pela Emenda Constitucional nº 103, de 2019)

§ 5º Os ocupantes do cargo de professor terão idade mínima reduzida em 5 (cinco) anos em relação às idades decorrentes da aplicação do disposto no inciso III do § 1º, desde que comprovem tempo de efetivo exercício das funções de magistério na educação infantil e no ensino fundamental e médio fixado em lei complementar do respectivo ente federativo. (Redação dada pela Emenda Constitucional nº 103, de 2019)

§ 6º Ressalvadas as aposentadorias decorrentes dos cargos acumuláveis na forma desta Constituição, é vedada a percepção de mais de uma aposentadoria à conta de regime próprio de previdência social, aplicando-se outras vedações, regras e condições para a acumulação de benefícios previdenciários estabelecidas no Regime Geral de Previdência Social. (Redação dada pela Emenda Constitucional nº 103, de 2019)

§ 7º Observado o disposto no § 2º do art. 201, quando se tratar da única fonte de renda formal auferida pelo dependente, o benefício de pensão por morte será concedido nos termos de lei do respectivo ente federativo, a qual tratará de forma diferenciada a hipótese de morte dos servidores de que trata o § 4º-B decorrente de agressão sofrida no exercício ou em razão da função. (Redação dada pela Emenda Constitucional nº 103, de 2019)

I. ao valor da totalidade dos proventos do servidor falecido, até o limite máximo estabelecido para os benefícios do regime geral de previdência social de que trata o art. 201, acrescido de setenta por cento da parcela excedente a este limite, caso aposentado à data do óbito; ou (Incluído pela Emenda Constitucional nº 41, 19.12.2003)

II. ao valor da totalidade da remuneração do servidor no cargo efetivo em que se deu o falecimento, até o limite máximo estabelecido para os benefícios do regime geral de previdência social de que trata o art. 201, acrescido de setenta por cento da parcela excedente a este limite, caso em atividade na data do óbito. (Incluído pela Emenda Constitucional nº 41, 19.12.2003)

§ 8º É assegurado o reajustamento dos benefícios para preservar-lhes, em caráter permanente, o valor real, conforme critérios estabelecidos em lei. (Redação dada pela Emenda Constitucional nº 41, 19.12.2003)

§ 9º O tempo de contribuição federal, estadual, distrital ou municipal será contado para fins de aposentadoria, observado o disposto nos §§ 9º e 9º-A do art. 201, e o tempo de serviço correspondente será contado para fins de disponibilidade. (Redação dada pela Emenda Constitucional nº 103, de 2019)

§ 10. A lei não poderá estabelecer qualquer forma de contagem de tempo de contribuição fictício. (Incluído pela Emenda Constitucional nº 20, de 15/12/98)

§ 11. Aplica-se o limite fixado no art. 37, XI, à soma total dos proventos de inatividade, inclusive quando decorrentes da acumulação de cargos ou empregos públicos, bem como de outras atividades sujeitas a contribuição para o regime geral de previdência social, e ao montante resultante da adição de proventos de inatividade com remuneração de cargo acumulável na forma desta Constituição, cargo em comissão declarado em lei de livre nomeação e exoneração, e de cargo eletivo. (Incluído pela Emenda Constitucional nº 20, de 15/12/98)

ANOTAÇÕES

ANOTAÇÕES

§ 12. Além do disposto neste artigo, serão observados, em regime próprio de previdência social, no que couber, os requisitos e critérios fixados para o Regime Geral de Previdência Social. (Redação dada pela Emenda Constitucional nº 103, de 2019)

§ 13. Aplica-se ao agente público ocupante, exclusivamente, de cargo em comissão declarado em lei de livre nomeação e exoneração, de outro cargo temporário, inclusive mandato eletivo, ou de emprego público, o Regime Geral de Previdência Social. (Redação dada pela Emenda Constitucional nº 103, de 2019)

§ 14. A União, os Estados, o Distrito Federal e os Municípios instituirão, por lei de iniciativa do respectivo Poder Executivo, regime de previdência complementar para servidores públicos ocupantes de cargo efetivo, observado o limite máximo dos benefícios do Regime Geral de Previdência Social para o valor das aposentadorias e das pensões em regime próprio de previdência social, ressalvado o disposto no § 16. (Redação dada pela Emenda Constitucional nº 103, de 2019)

§ 15. O regime de previdência complementar de que trata o § 14 oferecerá plano de benefícios somente na modalidade contribuição definida, observará o disposto no art. 202 e será efetivado por intermédio de entidade fechada de previdência complementar ou de entidade aberta de previdência complementar. (Redação dada pela Emenda Constitucional nº 103, de 2019)

§ 16 - Somente mediante sua prévia e expressa opção, o disposto nos §§ 14 e 15 poderá ser aplicado ao servidor que tiver ingressado no serviço público até a data da publicação do ato de instituição do correspondente regime de previdência complementar. (Incluído pela Emenda Constitucional nº 20, de 15/12/98)

§ 17. Todos os valores de remuneração considerados para o cálculo do benefício previsto no § 3° serão devidamente atualizados, na forma da lei. (Incluído pela Emenda Constitucional nº 41, 19.12.2003)

§ 18. Incidirá contribuição sobre os proventos de aposentadorias e pensões concedidas pelo regime de que trata este artigo que superem o limite máximo estabelecido para os benefícios do regime geral de previdência social de que trata o art. 201, com percentual igual ao estabelecido para os servidores titulares de cargos efetivos. (Incluído pela Emenda Constitucional nº 41, 19.12.2003)

§ 19. Observados critérios a serem estabelecidos em lei do respectivo ente federativo, o servidor titular de cargo efetivo que tenha completado as exigências para a aposentadoria voluntária e que opte por permanecer em atividade poderá fazer jus a um abono de permanência equivalente, no máximo, ao valor da sua contribuição previdenciária, até completar a idade para aposentadoria compulsória. (Redação dada pela Emenda Constitucional nº 103, de 2019)

§ 20. É vedada a existência de mais de um regime próprio de previdência social e de mais de um órgão ou entidade gestora desse regime em cada ente federativo, abrangidos todos os poderes, órgãos e entidades autárquicas e fundacionais, que serão responsáveis pelo seu financiamento, observados os critérios, os parâmetros e a natureza jurídica definidos na lei complementar de que trata o § 22. (Redação dada pela Emenda Constitucional nº 103, de 2019)

ANOTAÇÕES

§ 21. A contribuição prevista no § 18 deste artigo incidirá apenas sobre as parcelas de proventos de aposentadoria e de pensão que superem o dobro do limite máximo estabelecido para os benefícios do regime geral de previdência social de que trata o art. 201 desta Constituição, quando o beneficiário, na forma da lei, for portador de doença incapacitante. (Incluído pela Emenda Constitucional nº 47, de 2005) (Revogado pela Emenda Constitucional nº 103, de 2019) (Vide Emenda Constitucional nº 103, de 2019)

§ 22. Vedada a instituição de novos regimes próprios de previdência social, lei complementar federal estabelecerá, para os que já existam, normas gerais de organização, de funcionamento e de responsabilidade em sua gestão, dispondo, entre outros aspectos, sobre: (Incluído pela Emenda Constitucional nº 103, de 2019)

I. requisitos para sua extinção e consequente migração para o Regime Geral de Previdência Social; (Incluído pela Emenda Constitucional nº 103, de 2019)

II. modelo de arrecadação, de aplicação e de utilização dos recursos; (Incluído pela Emenda Constitucional nº 103, de 2019)

III. fiscalização pela União e controle externo e social; (Incluído pela Emenda Constitucional nº 103, de 2019)

IV. definição de equilíbrio financeiro e atuarial; (Incluído pela Emenda Constitucional nº 103, de 2019)

V. condições para instituição do fundo com finalidade previdenciária de que trata o art. 249 e para vinculação a ele dos recursos provenientes de contribuições e dos bens, direitos e ativos de qualquer natureza; (Incluído pela Emenda Constitucional nº 103, de 2019)

VI. mecanismos de equacionamento do deficit atuarial; (Incluído pela Emenda Constitucional nº 103, de 2019)

VII. estruturação do órgão ou entidade gestora do regime, observados os princípios relacionados com governança, controle interno e transparência; (Incluído pela Emenda Constitucional nº 103, de 2019)

VIII. condições e hipóteses para responsabilização daqueles que desempenhem atribuições relacionadas, direta ou indiretamente, com a gestão do regime; (Incluído pela Emenda Constitucional nº 103, de 2019)

IX. condições para adesão a consórcio público; (Incluído pela Emenda Constitucional nº 103, de 2019)

X. parâmetros para apuração da base de cálculo e definição de alíquota de contribuições ordinárias e extraordinárias. (Incluído pela Emenda Constitucional nº 103, de 2019)

Art. 41. São estáveis após três anos de efetivo exercício os servidores nomeados para cargo de provimento efetivo em virtude de concurso público. ("Caput" do artigo com redação dada pela Emenda Constitucional nº 19, de 1998)

§ 1º O servidor público estável só perderá o cargo:

I. em virtude de sentença judicial transitada em julgado;

II. mediante processo administrativo em que lhe seja assegurada ampla defesa;

III. mediante procedimento de avaliação periódica de desempenho, na forma de lei complementar, assegurada ampla defesa. (Parágrafo com redação dada pela Emenda Constitucional nº 19, de 1998)

§ 2º Invalidada por sentença judicial a demissão do servidor estável, será ele reintegrado, e o eventual ocupante da vaga, se estável, reconduzido ao cargo de origem, sem direito a indenização, aproveitado em outro cargo ou posto em disponibilidade com remuneração proporcional ao tempo de serviço. (Parágrafo com redação dada pela Emenda Constitucional nº 19, de 1998)

§ 3º Extinto o cargo ou declarada a sua desnecessidade, o servidor estável ficará em disponibilidade, com remuneração proporcional ao tempo de serviço, até seu adequado aproveitamento em outro cargo. (Parágrafo com redação dada pela Emenda Constitucional nº 19, de 1998)

§ 4º Como condição para a aquisição da estabilidade, é obrigatória a avaliação especial de desempenho por comissão instituída para essa finalidade. (Parágrafo acrescido pela Emenda Constitucional nº 19, de 1998)

Seção III - Dos Militares dos Estados, do Distrito Federal e dos Territórios

(Redação dada pela Emenda Constitucional nº 18, de 1998)

Art. 42 Os membros das Polícias Militares e Corpos de Bombeiros Militares, instituições organizadas com base na hierarquia e disciplina, são militares dos Estados, do Distrito Federal e dos Territórios. ("Caput" do artigo com redação dada pela Emenda Constitucional nº 18, de 1998)

§ 1º Aplicam-se aos militares dos Estados, do Distrito Federal e dos Territórios, além do que vier a ser fixado em lei, as disposições do art. 14, § 8º; do art. 40, § 9º; e do art. 142, §§ 2º e 3º, cabendo a lei estadual específica dispor sobre as matérias do art. 142, § 3º, inciso X, sendo as patentes dos oficiais conferidas pelos respectivos governadores. (Parágrafo com redação dada pela Emenda Constitucional nº 20, de 1998)

§ 2º Aos pensionistas dos militares dos Estados, do Distrito Federal e dos Territórios, aplica-se o que for fixado em lei específica do respectivo ente estatal. (Parágrafo com redação dada pela Emenda Constitucional nº 41, de 2003)

§ 3º Aplica-se aos militares dos Estados, do Distrito Federal e dos Territórios o disposto no art. 37, inciso XVI, com prevalência da atividade militar. (Incluído pela Emenda Constitucional nº 101, de 2019)

Seção IV - Das Regiões

Art. 43. Para efeitos administrativos, a União poderá articular sua ação em um mesmo complexo geoeconômico e social, visando a seu desenvolvimento e à redução das desigualdades regionais.

§ 1º Lei complementar disporá sobre:

I. as condições para integração de regiões em desenvolvimento;

II. a composição dos organismos regionais que executarão, na forma da lei, os planos regionais, integrantes dos planos nacionais de desenvolvimento econômico e social, aprovados juntamente com estes.

§ 2º Os incentivos regionais compreenderão, além de outros, na forma da lei:

I. igualdade de tarifas, fretes, seguros e outros itens de custos e preços de responsabilidade do poder público;

II. juros favorecidos para financiamento de atividades prioritárias;

III. isenções, reduções ou diferimento temporário de tributos federais devidos por pessoas físicas ou jurídicas;

IV. prioridade para o aproveitamento econômico e social dos rios e das massas de água represadas ou represáveis nas regiões de baixa renda, sujeitas a secas periódicas.

§ 3º Nas áreas a que se refere o § 2º, IV, a União incentivará a recuperação de terras áridas e cooperará com os pequenos e médios proprietários rurais para o estabelecimento, em suas glebas, de fontes de água e de pequena irrigação.

TÍTULO IV - DA ORGANIZAÇÃO DOS PODERES

CAPÍTULO I - DO PODER LEGISLATIVO

Seção I - Do Congresso Nacional

Art. 44. O Poder Legislativo é exercido pelo Congresso Nacional, que se compõe da Câmara dos Deputados e do Senado Federal.

ANOTAÇÕES

Parágrafo único. Cada legislatura terá a duração de quatro anos.

Art. 45. A Câmara dos Deputados compõe-se de representantes do povo, eleitos, pelo sistema proporcional, em cada Estado, em cada Território e no Distrito Federal.

§ 1º O número total de Deputados, bem como a representação por Estado e pelo Distrito Federal, será estabelecido por lei complementar, proporcionalmente à população, procedendo-se aos ajustes necessários, no ano anterior às eleições, para que nenhuma daquelas unidades da Federação tenha menos de oito ou mais de setenta Deputados.

§ 2º Cada Território elegerá quatro Deputados.

Art. 46. O Senado Federal compõe-se de representantes dos Estados e do Distrito Federal, eleitos segundo o princípio majoritário.

§ 1º Cada Estado e o Distrito Federal elegerão três Senadores, com mandato de oito anos.

§ 2º A representação de cada Estado e do Distrito Federal será renovada de quatro em quatro anos, alternadamente, por um e dois terços.

§ 3º Cada Senador será eleito com dois suplentes.

Art. 47. Salvo disposição constitucional em contrário, as deliberações de cada Casa e de suas comissões serão tomadas por maioria dos votos, presente a maioria absoluta de seus membros.

Seção II - Das Atribuições do Congresso Nacional

Art. 48. Cabe ao Congresso Nacional, com a sanção do Presidente da República, não exigida esta para o especificado nos arts. 49, 51 e 52, dispor sobre todas as matérias de competência da União, especialmente sobre:

I. sistema tributário, arrecadação e distribuição de rendas;

II. plano plurianual, diretrizes orçamentárias, orçamento anual, operações de crédito, dívida pública e emissões de curso forçado;

III. fixação e modificação do efetivo das Forças Armadas;

IV. planos e programas nacionais, regionais e setoriais de desenvolvimento;

V. limites do território nacional, espaço aéreo e marítimo e bens do domínio da União;

VI. incorporação, subdivisão ou desmembramento de áreas de Territórios ou Estados, ouvidas as respectivas Assembléias Legislativas;

VII. transferência temporária da sede do Governo Federal;

VIII. concessão de anistia;

IX. organização administrativa, judiciária, do Ministério Público e da Defensoria Pública da União e dos Territórios e organização judiciária e do Ministério Público do Distrito Federal; (Inciso com redação dada pela Emenda Constitucional nº 69, de 2012, publicada no DOU de 30/3/2012, produzindo efeitos 120 dias após a publicação)

X. criação, transformação e extinção de cargos, empregos e funções públicas, observado o que estabelece o art. 84, VI, b; (Inciso com redação dada pela Emenda Constitucional nº 32, de 2001)

XI. criação e extinção de Ministérios e órgãos da administração pública; (Inciso com redação dada pela Emenda Constitucional nº 32, de 2001)

XII. telecomunicações e radiodifusão;

XIII. matéria financeira, cambial e monetária, instituições financeiras e suas operações;

XIV. moeda, seus limites de emissão, e montante da dívida mobiliária federal.

XV. fixação do subsídio dos Ministros do Supremo Tribunal Federal, observado o que dispõem os arts. 39, § 4º; 150, II; 153, III; e 153, § 2º, I. (Inciso acrescido pela Emenda Constitucional nº 19, de 1998 e com nova redação dada pela Emenda Constitucional nº 41, de 2003)

Art. 49. É da competência exclusiva do Congresso Nacional:

ANOTAÇÕES

ANOTAÇÕES

I. resolver definitivamente sobre tratados, acordos ou atos internacionais que acarretem encargos ou compromissos gravosos ao patrimônio nacional;

II. autorizar o Presidente da República a declarar guerra, a celebrar a paz, a permitir que forças estrangeiras transitem pelo território nacional ou nele permaneçam temporariamente, ressalvados os casos previstos em lei complementar;

III. autorizar o Presidente e o Vice-Presidente da República a se ausentarem do País, quando a ausência exceder a quinze dias;

IV. aprovar o estado de defesa e a intervenção federal, autorizar o estado de sítio, ou suspender qualquer uma dessas medidas;

V. sustar os atos normativos do Poder Executivo que exorbitem do poder regulamentar ou dos limites de delegação legislativa;

VI. mudar temporariamente sua sede;

VII. fixar idêntico subsídio para os Deputados Federais e os Senadores, observado o que dispõem os arts. 37, XI, 39, § 4º, 150, II, 153, III, e 153, § 2º, I; (Inciso com redação dada pela Emenda Constitucional nº 19, de 1998)

VIII. fixar os subsídios do Presidente e do Vice-Presidente da República e dos Ministros de Estado, observado o que dispõem os arts. 37, XI, 39, § 4º, 150, II, 153, III, e 153, § 2º, I; (Inciso com redação dada pela Emenda Constitucional nº 19, de 1998)

IX. julgar anualmente as contas prestadas pelo Presidente da República e apreciar os relatórios sobre a execução dos planos de governo;

X. fiscalizar e controlar, diretamente, ou por qualquer de suas Casas, os atos do Poder Executivo, incluídos os da administração indireta;

XI. zelar pela preservação de sua competência legislativa em face da atribuição normativa dos outros Poderes;

XII. apreciar os atos de concessão e renovação de concessão de emissoras de rádio e televisão;

XIII. escolher dois terços dos membros do Tribunal de Contas da União;

XIV. aprovar iniciativas do Poder Executivo referentes a atividades nucleares;

XV. autorizar referendo e convocar plebiscito;

XVI. autorizar, em terras indígenas, a exploração e o aproveitamento de recursos hídricos e a pesquisa e lavra de riquezas minerais;

XVII. aprovar, previamente, a alienação ou concessão de terras públicas com área superior a dois mil e quinhentos hectares.

Art. 50. A Câmara dos Deputados e o Senado Federal, ou qualquer de suas Comissões, poderão convocar Ministro de Estado ou quaisquer titulares de órgãos diretamente subordinados à Presidência da República para prestarem, pessoalmente, informações sobre assunto previamente determinado, importando crime de responsabilidade a ausência sem justificação adequada. ("Caput" do artigo com redação dada pela Emenda Constitucional de Revisão nº 2, de 1994)

§ 1º Os Ministros de Estado poderão comparecer ao Senado Federal, à Câmara dos Deputados ou a qualquer de suas comissões, por sua iniciativa e mediante entendimentos com a Mesa respectiva, para expor assunto de relevância de seu Ministério.

§ 2º As Mesas da Câmara dos Deputados e do Senado Federal poderão encaminhar pedidos escritos de informação a Ministros de Estado ou a qualquer das pessoas referidas no caput deste artigo, importando em crime de responsabilidade a recusa, ou o não atendimento, no prazo de trinta dias, bem como a prestação de informações falsas. (Parágrafo com redação dada pela Emenda Constitucional de Revisão nº 2, de 1994)

ANOTAÇÕES

Seção III - Da Câmara dos Deputados

Art. 51. Compete privativamente à Câmara dos Deputados:

I. autorizar, por dois terços de seus membros, a instauração de processo contra o Presidente e o Vice-Presidente da República e os Ministros de Estado;

II. proceder à tomada de contas do Presidente da República, quando não apresentadas ao Congresso Nacional dentro de sessenta dias após a abertura da sessão legislativa;

III. elaborar seu regimento interno;

IV. dispor sobre sua organização, funcionamento, polícia, criação, transformação ou extinção dos cargos, empregos e funções de seus serviços, e a iniciativa de lei para fixação da respectiva remuneração, observados os parâmetros estabelecidos na lei de diretrizes orçamentárias; (Inciso com redação dada pela Emenda Constitucional nº 19, de 1998)

V. eleger membros do Conselho da República, nos termos do art. 89, VII.

Seção IV - Do Senado Federal

Art. 52. Compete privativamente ao Senado Federal:

I. processar e julgar o Presidente e o Vice-Presidente da República nos crimes de responsabilidade, bem como os Ministros de Estado e os Comandantes da Marinha, do Exército e da Aeronáutica nos crimes da mesma natureza conexos com aqueles; (Inciso com redação dada pela Emenda Constitucional nº 23, de 1999)

II. processar e julgar os Ministros do Supremo Tribunal Federal, os membros do Conselho Nacional de Justiça e do Conselho Nacional do Ministério Público, o Procurador-Geral da República e o Advogado-Geral da União nos crimes de responsabilidade; (Inciso com redação dada pela Emenda Constitucional nº 45, de 2004)

III. aprovar previamente, por voto secreto, após arguição pública, a escolha de:

a) magistrados, nos casos estabelecidos nesta Constituição;

b) Ministros do Tribunal de Contas da União indicados pelo Presidente da República;

c) Governador de Território;

d) presidente e diretores do Banco Central;

e) Procurador-Geral da República;

f) titulares de outros cargos que a lei determinar;

IV. aprovar previamente, por voto secreto, após arguição em sessão secreta, a escolha dos chefes de missão diplomática de caráter permanente;

V. autorizar operações externas de natureza financeira, de interesse da União, dos Estados, do Distrito Federal, dos Territórios e dos Municípios;

VI. fixar, por proposta do Presidente da República, limites globais para o montante da dívida consolidada da União, dos Estados, do Distrito Federal e dos Municípios;

VII. dispor sobre limites globais e condições para as operações de crédito externo e interno da União, dos Estados, do Distrito Federal e dos Municípios, de suas autarquias e demais entidades controladas pelo poder público federal;

VIII. dispor sobre limites e condições para a concessão de garantia da União em operações de crédito externo e interno;

IX. estabelecer limites globais e condições para o montante da dívida mobiliária dos Estados, do Distrito Federal e dos Municípios;

X. suspender a execução, no todo ou em parte, de lei declarada inconstitucional por decisão definitiva do Supremo Tribunal Federal;

XI. aprovar, por maioria absoluta e por voto secreto, a exoneração, de ofício, do Procurador-Geral da República antes do término de seu mandato;

XII. elaborar seu regimento interno;

XIII. dispor sobre sua organização, funcionamento, polícia, criação, transformação ou extinção dos cargos, empregos e funções de seus serviços, e a iniciativa de lei para fixação da respectiva remuneração, observados os parâmetros estabelecidos na lei de diretrizes orçamentárias; (Inciso com redação dada pela Emenda Constitucional nº 19, de 1998)

XIV. eleger membros do Conselho da República, nos termos do art. 89, VII.

XV. avaliar periodicamente a funcionalidade do Sistema Tributário Nacional, em sua estrutura e seus componentes, e o desempenho das administrações tributárias da União, dos Estados e do Distrito Federal e dos Municípios. (Inciso acrescido pela Emenda Constitucional nº 42, de 2003)

Parágrafo único. Nos casos previstos nos incisos I e II, funcionará como Presidente o do Supremo Tribunal Federal, limitando-se a condenação, que somente será proferida por dois terços dos votos do Senado Federal, à perda do cargo, com inabilitação, por oito anos, para o exercício de função pública, sem prejuízo das demais sanções judiciais cabíveis.

Seção V - Dos Deputados e dos Senadores

Art. 53. Os Deputados e Senadores são invioláveis, civil e penalmente, por quaisquer de suas opiniões, palavras e votos. ("Caput" do artigo com redação dada pela Emenda Constitucional nº 35, de 2001)

§ 1º Os Deputados e Senadores, desde a expedição do diploma, serão submetidos a julgamento perante o Supremo Tribunal Federal. (Parágrafo com redação dada pela Emenda Constitucional nº 35, de 2001)

§ 2º Desde a expedição do diploma, os membros do Congresso Nacional não poderão ser presos, salvo em flagrante de crime inafiançável. Nesse caso, os autos serão remetidos dentro de vinte e quatro horas à Casa respectiva, para que, pelo voto da maioria de seus membros, resolva sobre a prisão. (Parágrafo com redação dada pela Emenda Constitucional nº 35, de 2001)

§ 3º Recebida a denúncia contra o Senador ou Deputado, por crime ocorrido após a diplomação, o Supremo Tribunal Federal dará ciência à Casa respectiva, que, por iniciativa de partido político nela representado e pelo voto da maioria de seus membros, poderá, até a decisão final, sustar o andamento da ação. (Parágrafo com redação dada pela Emenda Constitucional nº 35, de 2001)

§ 4º O pedido de sustação será apreciado pela Casa respectiva no prazo improrrogável de quarenta e cinco dias do seu recebimento pela Mesa Diretora. (Parágrafo com redação dada pela Emenda Constitucional nº 35, de 2001)

§ 5º A sustação do processo suspende a prescrição, enquanto durar o mandato. (Parágrafo com redação dada pela Emenda Constitucional nº 35, de 2001)

§ 6º Os Deputados e Senadores não serão obrigados a testemunhar sobre informações recebidas ou prestadas em razão do exercício do mandato, nem sobre as pessoas que lhes confiaram ou deles receberam informações. (Parágrafo com redação dada pela Emenda Constitucional nº 35, de 2001)

§ 7º A incorporação às Forças Armadas de Deputados e Senadores, embora militares e ainda que em tempo de guerra, dependerá de prévia licença da Casa respectiva. (Parágrafo com redação dada pela Emenda Constitucional nº 35, de 2001)

§ 8º As imunidades de Deputados ou Senadores subsistirão durante o estado de sítio, só podendo ser suspensas mediante o voto de dois terços dos membros da Casa respectiva, nos casos de atos praticados fora do recinto do Congresso Nacional, que sejam incompatíveis com a execução da medida. (Parágrafo acrescido pela Emenda Constitucional nº 35, de 2001)

Art. 54. Os Deputados e Senadores não poderão:

I. desde a expedição do diploma:

ANOTAÇÕES

a) firmar ou manter contrato com pessoa jurídica de direito público, autarquia, empresa pública, sociedade de economia mista ou empresa concessionária de serviço público, salvo quando o contrato obedecer a cláusulas uniformes;

b) aceitar ou exercer cargo, função ou emprego remunerado, inclusive os de que sejam demissíveis ad nutum , nas entidades constantes da alínea anterior;

II. desde a posse:

a) ser proprietários, controladores ou diretores de empresa que goze de favor decorrente de contrato com pessoa jurídica de direito público, ou nela exercer função remunerada;

b) ocupar cargo ou função de que sejam demissíveis ad nutum , nas entidades referidas no inciso I, a ;

c) patrocinar causa em que seja interessada qualquer das entidades a que se refere o inciso I, a ;

d) ser titulares de mais de um cargo ou mandato público eletivo.

Art. 55. Perderá o mandato o Deputado ou Senador:

I. que infringir qualquer das proibições estabelecidas no artigo anterior;

II. cujo procedimento for declarado incompatível com o decoro parlamentar;

III. que deixar de comparecer, em cada sessão legislativa, à terça parte das sessões ordinárias da Casa a que pertencer, salvo licença ou missão por esta autorizada;

IV. que perder ou tiver suspensos os direitos políticos;

V. quando o decretar a Justiça Eleitoral, nos casos previstos nesta Constituição;

VI. que sofrer condenação criminal em sentença transitada em julgado.

§ 1º É incompatível com o decoro parlamentar, além dos casos definidos no regimento interno, o abuso das prerrogativas asseguradas a membro do Congresso Nacional ou a percepção de vantagens indevidas.

§ 2º Nos casos dos incisos I, II e VI, a perda do mandato será decidida pela Câmara dos Deputados ou pelo Senado Federal, por maioria absoluta, mediante provocação da respectiva Mesa ou de partido político representado no Congresso Nacional, assegurada ampla defesa. (Parágrafo com redação dada pela Emenda Constitucional nº 76, de 2013)

§ 3º Nos casos previstos nos incisos III a V, a perda será declarada pela Mesa da Casa respectiva, de ofício ou mediante provocação de qualquer de seus membros ou de partido político representado no Congresso Nacional, assegurada ampla defesa.

§ 4º A renúncia de parlamentar submetido a processo que vise ou possa levar à perda do mandato, nos termos deste artigo, terá seus efeitos suspensos até as deliberações finais de que tratam os §§ 2º e 3º. (Parágrafo acrescido pela Emenda Constitucional de Revisão nº 6, de 1994)

Art. 56. Não perderá o mandato o Deputado ou Senador:

I. investido no cargo de Ministro de Estado, Governador de Território, Secretário de Estado, do Distrito Federal, de Território, de Prefeitura de capital ou chefe de missão diplomática temporária;

II. licenciado pela respectiva Casa por motivo de doença, ou para tratar, sem remuneração, de interesse particular, desde que, neste caso, o afastamento não ultrapasse cento e vinte dias por sessão legislativa.

§ 1º O suplente será convocado nos casos de vaga, de investidura em funções previstas neste artigo ou de licença superior a cento e vinte dias.

§ 2º Ocorrendo vaga e não havendo suplente, far-se-á eleição para preenchê-la se faltarem mais de quinze meses para o término do mandato.

§ 3º Na hipótese do inciso I, o Deputado ou Senador poderá optar pela remuneração do mandato.

ANOTAÇÕES

ANOTAÇÕES

Seção VI - Das Reuniões

Art. 57. O Congresso Nacional reunir-se-á, anualmente, na Capital Federal, de 2 de fevereiro a 17 de julho e de 1º de agosto a 22 de dezembro. ("Caput" com redação dada pela Emenda constitucional nº 50, de 2006)

§ 1º As reuniões marcadas para essas datas serão transferidas para o primeiro dia útil subsequente, quando recaírem em sábados, domingos ou feriados.

§ 2º A sessão legislativa não será interrompida sem a aprovação do projeto de lei de diretrizes orçamentárias.

§ 3º Além de outros casos previstos nesta Constituição, a Câmara dos Deputados e o Senado Federal reunir-se-ão em sessão conjunta para:

I. inaugurar a sessão legislativa;

II. elaborar o regimento comum e regular a criação de serviços comuns às duas Casas;

III. receber o compromisso do Presidente e do Vice-Presidente da República;

IV. conhecer do veto e sobre ele deliberar.

§ 4º Cada uma das Casas reunir-se-á em sessões preparatórias, a partir de 1º de fevereiro, no primeiro ano da legislatura, para a posse de seus membros e eleição das respectivas Mesas, para mandato de 2 (dois) anos, vedada a recondução para o mesmo cargo na eleição imediatamente subsequente. (Parágrafo com redação dada pela Emenda constitucional nº 50, de 2006)

§ 5º A Mesa do Congresso Nacional será presidida pelo Presidente do Senado Federal, e os demais cargos serão exercidos, alternadamente, pelos ocupantes de cargos equivalentes na Câmara dos Deputados e no Senado Federal.

§ 6º A convocação extraordinária do Congresso Nacional far-se-á:

I. pelo Presidente do Senado Federal, em caso de decretação de estado de defesa ou de intervenção federal, de pedido de autorização para a decretação de estado de sítio e para o compromisso e a posse do Presidente e do Vice-Presidente da República;

II. pelo Presidente da República, pelos Presidentes da Câmara dos Deputados e do Senado Federal ou a requerimento da maioria dos membros de ambas as Casas, em caso de urgência ou interesse público relevante, em todas as hipóteses deste inciso com a aprovação da maioria absoluta de cada uma das Casas do Congresso Nacional. (Inciso com redação dada pela Emenda constitucional nº 50, de 2006)

§ 7º Na sessão legislativa extraordinária, o Congresso Nacional somente deliberará sobre a matéria para a qual foi convocado, ressalvada a hipótese do § 8º deste artigo, vedado o pagamento de parcela indenizatória, em razão da convocação. (Parágrafo com redação dada pela Emenda constitucional nº 50, de 2006)

§ 8º Havendo medidas provisórias em vigor na data de convocação extraordinária do Congresso Nacional, serão elas automaticamente incluídas na pauta da convocação. (Parágrafo acrescido pela Emenda Constitucional nº 32, de 2001)

Seção VII - Das Comissões

Art. 58. O Congresso Nacional e suas Casas terão comissões permanentes e temporárias, constituídas na forma e com as atribuições previstas no respectivo regimento ou no ato de que resultar sua criação.

§ 1º Na constituição das Mesas e de cada comissão, é assegurada, tanto quanto possível, a representação proporcional dos partidos ou dos blocos parlamentares que participam da respectiva Casa.

§ 2º Às comissões, em razão da matéria de sua competência, cabe:

I. discutir e votar projeto de lei que dispensar, na forma do regimento, a competência do plenário, salvo se houver recurso de um décimo dos membros da Casa;

ANOTAÇÕES

II. realizar audiências públicas com entidades da sociedade civil;

III. convocar Ministros de Estado para prestar informações sobre assuntos inerentes a suas atribuições;

IV. receber petições, reclamações, representações ou queixas de qualquer pessoa contra atos ou omissões das autoridades ou entidades públicas;

V. solicitar depoimento de qualquer autoridade ou cidadão;

VI. apreciar programas de obras, planos nacionais, regionais e setoriais de desenvolvimento e sobre eles emitir parecer.

§ 3º As comissões parlamentares de inquérito, que terão poderes de investigação próprios das autoridades judiciais, além de outros previstos nos regimentos das respectivas Casas, serão criadas pela Câmara dos Deputados e pelo Senado Federal, em conjunto ou separadamente, mediante requerimento de um terço de seus membros, para a apuração de fato determinado e por prazo certo, sendo suas conclusões, se for o caso, encaminhadas ao Ministério Público, para que promova a responsabilidade civil ou criminal dos infratores.

§ 4º Durante o recesso, haverá uma comissão representativa do Congresso Nacional, eleita por suas Casas na última sessão ordinária do período legislativo, com atribuições definidas no regimento comum, cuja composição reproduzirá, quanto possível, a proporcionalidade da representação partidária.

Seção VIII - Do Processo Legislativo

Subseção I - Disposição Geral

Art. 59. O processo legislativo compreende a elaboração de:

I. emendas à Constituição;

II. leis complementares;

III. leis ordinárias;

IV. leis delegadas;

V. medidas provisórias;

VI. decretos legislativos;

VII. resoluções.

Parágrafo único. Lei complementar disporá sobre a elaboração, redação, alteração e consolidação das leis.

Subseção II - Da Emenda à Constituição

Art. 60. A Constituição poderá ser emendada mediante proposta:

I. de um terço, no mínimo, dos membros da Câmara dos Deputados ou do Senado Federal;

II. do Presidente da República;

III. de mais da metade das Assembléias Legislativas das unidades da Federação, manifestando-se, cada uma delas, pela maioria relativa de seus membros.

§ 1º A Constituição não poderá ser emendada na vigência de intervenção federal, de estado de defesa ou de estado de sítio.

§ 2º A proposta será discutida e votada em cada Casa do Congresso Nacional, em dois turnos, considerando-se aprovada se obtiver, em ambos, três quintos dos votos dos respectivos membros.

§ 3º A emenda à Constituição será promulgada pelas Mesas da Câmara dos Deputados e do Senado Federal, com o respectivo número de ordem.

§ 4º Não será objeto de deliberação a proposta de emenda tendente a abolir:

I. a forma federativa de Estado;

II. o voto direto, secreto, universal e periódico;

III. a separação dos Poderes;

IV. os direitos e garantias individuais.

§ 5º A matéria constante de proposta de emenda rejeitada ou havida por prejudicada não pode ser objeto de nova proposta na mesma sessão legislativa.

ANOTAÇÕES

Subseção III - Das Leis

Art. 61. A iniciativa das leis complementares e ordinárias cabe a qualquer membro ou comissão da Câmara dos Deputados, do Senado Federal ou do Congresso Nacional, ao Presidente da República, ao Supremo Tribunal Federal, aos Tribunais Superiores, ao Procurador-Geral da República e aos cidadãos, na forma e nos casos previstos nesta Constituição.

§ 1º São de iniciativa privativa do Presidente da República as leis que:

I. fixem ou modifiquem os efetivos das Forças Armadas;

II. disponham sobre:

a) criação de cargos, funções ou empregos públicos na administração direta e autárquica ou aumento de sua remuneração;

b) organização administrativa e judiciária, matéria tributária e orçamentária, serviços públicos e pessoal da administração dos Territórios;

c) servidores públicos da União e Territórios, seu regime jurídico, provimento de cargos, estabilidade e aposentadoria; (Alínea com redação dada pela Emenda Constitucional nº 18, de 1998)

d) organização do Ministério Público e da Defensoria Pública da União, bem como normas gerais para a organização do Ministério Público e da Defensoria Pública dos Estados, do Distrito Federal e dos Territórios;

e) criação e extinção de Ministérios e órgãos da administração pública, observado o disposto no art. 84, VI; (Alínea com redação dada pela Emenda Constitucional nº 32, de 2001)

f) militares das Forças Armadas, seu regime jurídico, provimento de cargos, promoções, estabilidade, remuneração, reforma e transferência para a reserva. (Alínea acrescida pela Emenda Constitucional nº 18, de 1998)

§ 2º A iniciativa popular pode ser exercida pela apresentação à Câmara dos Deputados de projeto de lei subscrito por, no mínimo, um por cento do eleitorado nacional, distribuído pelo menos por cinco Estados, com não menos de três décimos por cento dos eleitores de cada um deles.

Art. 62. Em caso de relevância e urgência, o Presidente da República poderá adotar medidas provisórias, com força de lei, devendo submetê-las de imediato ao Congresso Nacional. ("Caput" do artigo com redação dada pela Emenda Constitucional nº 32, de 2001)

§ 1º É vedada a edição de medidas provisórias sobre matéria:

I. relativa a:

a) nacionalidade, cidadania, direitos políticos, partidos políticos e direito eleitoral;

b) direito penal, processual penal e processual civil;

c) organização do Poder Judiciário e do Ministério Público, a carreira e a garantia de seus membros;

d) planos plurianuais, diretrizes orçamentárias, orçamento e créditos adicionais e suplementares, ressalvado o previsto no art. 167, § 3º;

II. que vise a detenção ou sequestro de bens, de poupança popular ou qualquer outro ativo financeiro;

III. reservada a lei complementar;

IV. já disciplinada em projeto de lei aprovado pelo Congresso Nacional e pendente de sanção ou veto do Presidente da República. (Parágrafo acrescido pela Emenda Constitucional nº 32, de 2001)

§ 2º Medida provisória que implique instituição ou majoração de impostos, exceto os previstos nos arts. 153, I, II, IV, V, e 154, II, só produzirá efeitos no exercício financeiro seguinte se houver sido convertida em lei até o último dia daquele em que foi editada. (Parágrafo acrescido pela Emenda Constitucional nº 32, de 2001)

§ 3º As medidas provisórias, ressalvado o disposto nos §§ 11 e 12 perderão eficácia, desde a edição, se não forem convertidas em lei no prazo de sessenta dias, prorrogável, nos termos do § 7º, uma vez por igual período, devendo o Congresso Nacional disciplinar, por decreto legislativo, as relações jurídicas delas decorrentes. (Parágrafo acrescido pela Emenda Constitucional nº 32, de 2001)

§ 4º O prazo a que se refere o § 3º contar-se-á da publicação da medida provisória, suspendendo-se durante os períodos de recesso do Congresso Nacional. (Parágrafo acrescido pela Emenda Constitucional nº 32, de 2001)

§ 5º A deliberação de cada uma das Casas do Congresso Nacional sobre o mérito das medidas provisórias dependerá de juízo prévio sobre o atendimento de seus pressupostos constitucionais. (Parágrafo acrescido pela Emenda Constitucional nº 32, de 2001)

§ 6º Se a medida provisória não for apreciada em até quarenta e cinco dias contados de sua publicação, entrará em regime de urgência, subsequentemente, em cada uma das Casas do Congresso Nacional, ficando sobrestadas, até que se ultime a votação, todas as demais deliberações legislativas da Casa em que estiver tramitando. (Parágrafo acrescido pela Emenda Constitucional nº 32, de 2001)

§ 7º Prorrogar-se-á uma única vez por igual período a vigência de medida provisória que, no prazo de sessenta dias, contado de sua publicação, não tiver a sua votação encerrada nas duas Casas do Congresso Nacional. (Parágrafo acrescido pela Emenda Constitucional nº 32, de 2001)

§ 8º As medidas provisórias terão sua votação iniciada na Câmara dos Deputados. (Parágrafo acrescido pela Emenda Constitucional nº 32, de 2001)

§ 9º Caberá à comissão mista de Deputados e Senadores examinar as medidas provisórias e sobre elas emitir parecer, antes de serem apreciadas, em sessão separada, pelo plenário de cada uma das Casas do Congresso Nacional. (Parágrafo acrescido pela Emenda Constitucional nº 32, de 2001)

§ 10. É vedada a reedição, na mesma sessão legislativa, de medida provisória que tenha sido rejeitada ou que tenha perdido sua eficácia por decurso de prazo. (Parágrafo acrescido pela Emenda Constitucional nº 32, de 2001)

§ 11. Não editado o decreto legislativo a que se refere o § 3º até sessenta dias após a rejeição ou perda de eficácia de medida provisória, as relações jurídicas constituídas e decorrentes de atos praticados durante sua vigência conservar-se-ão por ela regidas. (Parágrafo acrescido pela Emenda Constitucional nº 32, de 2001)

§ 12. Aprovado projeto de lei de conversão alterando o texto original da medida provisória, esta manter-se-á integralmente em vigor até que seja sancionado ou vetado o projeto. (Parágrafo acrescido pela Emenda Constitucional nº 32, de 2001)

Art. 63. Não será admitido aumento da despesa prevista:

I. nos projetos de iniciativa exclusiva do Presidente da República, ressalvado o disposto no art. 166, §§ 3º e 4º;

II. nos projetos sobre organização dos serviços administrativos da Câmara dos Deputados, do Senado Federal, dos tribunais federais e do Ministério Público.

Art. 64. A discussão e votação dos projetos de lei de iniciativa do Presidente da República, do Supremo Tribunal Federal e dos Tribunais Superiores terão início na Câmara dos Deputados.

§ 1º O Presidente da República poderá solicitar urgência para apreciação de projetos de sua iniciativa.

§ 2º Se, no caso do § 1º, a Câmara dos Deputados e o Senado Federal não se manifestarem sobre a proposição, cada qual sucessivamente, em até quarenta e cinco dias, sobrestar-se-ão todas as demais deliberações legislativas da respectiva Casa, com exceção das que tenham prazo constitucional determinado, até que se ultime a votação. (Parágrafo com redação dada pela Emenda Constitucional nº 32, de 2001)

§ 3º A apreciação das emendas do Senado Federal pela Câmara dos Deputados far-se-á no prazo de dez dias, observado quanto ao mais o disposto no parágrafo anterior.

ANOTAÇÕES

ANOTAÇÕES

§ 4º Os prazos do § 2º não correm nos períodos de recesso do Congresso Nacional, nem se aplicam aos projetos de código.

Art. 65. O projeto de lei aprovado por uma Casa será revisto pela outra, em um só turno de discussão e votação, e enviado à sanção ou promulgação, se a Casa revisora o aprovar, ou arquivado, se o rejeitar.

Parágrafo único. Sendo o projeto emendado, voltará à Casa iniciadora.

Art. 66. A Casa na qual tenha sido concluída a votação enviará o projeto de lei ao Presidente da República, que, aquiescendo, o sancionará.

§ 1º Se o Presidente da República considerar o projeto, no todo ou em parte, inconstitucional ou contrário ao interesse público, vetá-lo-á total ou parcialmente, no prazo de quinze dias úteis, contados da data do recebimento, e comunicará, dentro de quarenta e oito horas, ao Presidente do Senado Federal os motivos do veto.

§ 2º O veto parcial somente abrangerá texto integral de artigo, de parágrafo, de inciso ou de alínea.

§ 3º Decorrido o prazo de quinze dias, o silêncio do Presidente da República importará sanção.

§ 4º O veto será apreciado em sessão conjunta, dentro de trinta dias a contar de seu recebimento, só podendo ser rejeitado pelo voto da maioria absoluta dos Deputados e Senadores. (Parágrafo com redação dada pela Emenda Constitucional nº 76, de 2013)

§ 5º Se o veto não for mantido, será o projeto enviado, para promulgação, ao Presidente da República.

§ 6º Esgotado sem deliberação o prazo estabelecido no § 4º, o veto será colocado na ordem do dia da sessão imediata, sobrestadas as demais proposições, até sua votação final. (Parágrafo com redação dada pela Emenda Constitucional nº 32, de 2001)

§ 7º Se a lei não for promulgada dentro de quarenta e oito horas pelo Presidente da República, nos casos dos §§ 3º e 5º, o Presidente do Senado a promulgará, e, se este não o fizer em igual prazo, caberá ao Vice-Presidente do Senado fazê-lo.

Art. 67. A matéria constante de projeto de lei rejeitado somente poderá constituir objeto de novo projeto, na mesma sessão legislativa, mediante proposta da maioria absoluta dos membros de qualquer das Casas do Congresso Nacional.

Art. 68. As leis delegadas serão elaboradas pelo Presidente da República, que deverá solicitar a delegação ao Congresso Nacional.

§ 1º Não serão objeto de delegação os atos de competência exclusiva do Congresso Nacional, os de competência privativa da Câmara dos Deputados ou do Senado Federal, a matéria reservada à lei complementar, nem a legislação sobre:

I. organização do Poder Judiciário e do Ministério Público, a carreira e a garantia de seus membros;

II. nacionalidade, cidadania, direitos individuais, políticos e eleitorais;

III. planos plurianuais, diretrizes orçamentárias e orçamentos.

§ 2º A delegação ao Presidente da República terá a forma de resolução do Congresso Nacional, que especificará seu conteúdo e os termos de seu exercício.

§ 3º Se a resolução determinar a apreciação do projeto pelo Congresso Nacional, este a fará em votação única, vedada qualquer emenda.

Art. 69. As leis complementares serão aprovadas por maioria absoluta.

Seção IX - Da Fiscalização Contábil, Financeira e Orçamentária

Art. 70. A fiscalização contábil, financeira, orçamentária, operacional e patrimonial da União e das entidades da administração direta e indireta, quanto à legalidade, legitimidade, economicidade, aplicação das subvenções e renúncia de receitas, será exercida pelo Congresso Nacional, mediante controle externo, e pelo sistema de controle interno de cada Poder.

ANOTAÇÕES

Parágrafo único. Prestará contas qualquer pessoa física ou jurídica, pública ou privada, que utilize, arrecade, guarde, gerencie ou administre dinheiros, bens e valores públicos ou pelos quais a União responda, ou que, em nome desta, assuma obrigações de natureza pecuniária. (Parágrafo único com redação dada pela Emenda Constitucional nº 19, de 1998)

Art. 71. O controle externo, a cargo do Congresso Nacional, será exercido com o auxílio do Tribunal de Contas da União, ao qual compete:

I. apreciar as contas prestadas anualmente pelo Presidente da República, mediante parecer prévio, que deverá ser elaborado em sessenta dias a contar de seu recebimento;

II. julgar as contas dos administradores e demais responsáveis por dinheiros, bens e valores públicos da administração direta e indireta, incluídas as fundações e sociedades instituídas e mantidas pelo poder público federal, e as contas daqueles que derem causa a perda, extravio ou outra irregularidade de que resulte prejuízo ao erário público;

III. apreciar, para fins de registro, a legalidade dos atos de admissão de pessoal, a qualquer título, na administração direta e indireta, incluídas as fundações instituídas e mantidas pelo poder público, excetuadas as nomeações para cargo de provimento em comissão, bem como a das concessões de aposentadorias, reformas e pensões, ressalvadas as melhorias posteriores que não alterem o fundamento legal do ato concessório;

IV. realizar, por iniciativa própria, da Câmara dos Deputados, do Senado Federal, de comissão técnica ou de inquérito, inspeções e auditorias de natureza contábil, financeira, orçamentária, operacional e patrimonial, nas unidades administrativas dos Poderes Legislativo, Executivo e Judiciário, e demais entidades referidas no inciso II;

V. fiscalizar as contas nacionais das empresas supranacionais de cujo capital social a União participe, de forma direta ou indireta, nos termos do tratado constitutivo;

VI. fiscalizar a aplicação de quaisquer recursos repassados pela União, mediante convênio, acordo, ajuste ou outros instrumentos congêneres, a Estado, ao Distrito Federal ou a Município;

VII. prestar as informações solicitadas pelo Congresso Nacional, por qualquer de suas Casas, ou por qualquer das respectivas comissões, sobre a fiscalização contábil, financeira, orçamentária, operacional e patrimonial e sobre resultados de auditorias e inspeções realizadas;

VIII. aplicar aos responsáveis, em caso de ilegalidade de despesa ou irregularidade de contas, as sanções previstas em lei, que estabelecerá, entre outras cominações, multa proporcional ao dano causado ao erário;

IX. assinar prazo para que o órgão ou entidade adote as providências necessárias ao exato cumprimento da lei, se verificada ilegalidade;

X. sustar, se não atendido, a execução do ato impugnado, comunicando a decisão à Câmara dos Deputados e ao Senado Federal;

XI. representar ao Poder competente sobre irregularidades ou abusos apurados.

§ 1º No caso de contrato, o ato de sustação será adotado diretamente pelo Congresso Nacional, que solicitará, de imediato, ao Poder Executivo as medidas cabíveis.

§ 2º Se o Congresso Nacional ou o Poder Executivo, no prazo de noventa dias, não efetivar as medidas previstas no parágrafo anterior, o Tribunal decidirá a respeito.

§ 3º As decisões do Tribunal de que resulte imputação de débito ou multa terão eficácia de título executivo.

§ 4º O Tribunal encaminhará ao Congresso Nacional, trimestral e anualmente, relatório de suas atividades.

Art. 72. A comissão mista permanente a que se refere o art. 166, § 1º, diante de indícios de despesas não autorizadas, ainda que sob a forma de investimentos não programados ou de subsídios não aprovados, poderá solicitar à autoridade governamental responsável que, no prazo de cinco dias, preste os esclarecimentos necessários.

§ 1º Não prestados os esclarecimentos, ou considerados estes insuficientes, a comissão solicitará ao Tribunal pronunciamento conclusivo sobre a matéria, no prazo de trinta dias.

§ 2º Entendendo o Tribunal irregular a despesa, a comissão, se julgar que o gasto possa causar dano irreparável ou grave lesão à economia pública, proporá ao Congresso Nacional sua sustação.

Art. 73. O Tribunal de Contas da União, integrado por nove Ministros, tem sede no Distrito Federal, quadro próprio de pessoal e jurisdição em todo o território nacional, exercendo, no que couber, as atribuições previstas no art. 96.

§ 1º Os Ministros do Tribunal de Contas da União serão nomeados dentre brasileiros que satisfaçam os seguintes requisitos:

I. mais de trinta e cinco e menos de sessenta e cinco anos de idade;

II. idoneidade moral e reputação ilibada;

III. notórios conhecimentos jurídicos, contábeis, econômicos e financeiros ou de administração pública;

IV. mais de dez anos de exercício de função ou de efetiva atividade profissional que exija os conhecimentos mencionados no inciso anterior.

§ 2º Os Ministros do Tribunal de Contas da União serão escolhidos:

I. um terço pelo Presidente da República, com aprovação do Senado Federal, sendo dois alternadamente dentre auditores e membros do Ministério Público junto ao Tribunal, indicados em lista tríplice pelo Tribunal, segundo os critérios de antiguidade e merecimento;

II. dois terços pelo Congresso Nacional.

§ 3º Os Ministros do Tribunal de Contas da União terão as mesmas garantias, prerrogativas, impedimentos, vencimentos e vantagens dos Ministros do Superior Tribunal de Justiça, aplicando-se-lhes, quanto à aposentadoria e pensão, as normas constantes do art. 40. (Parágrafo com redação dada pela Emenda Constitucional nº 20, de 1998)

§ 4º O auditor, quando em substituição a Ministro, terá as mesmas garantias e impedimentos do titular e, quando no exercício das demais atribuições da judicatura, as de juiz de Tribunal Regional Federal.

Art. 74. Os Poderes Legislativo, Executivo e Judiciário manterão, de forma integrada, sistema de controle interno com a finalidade de:

I. avaliar o cumprimento das metas previstas no plano plurianual, a execução dos programas de governo e dos orçamentos da União;

II. comprovar a legalidade e avaliar os resultados, quanto à eficácia e eficiência, da gestão orçamentária, financeira e patrimonial nos órgãos e entidades da administração federal, bem como da aplicação de recursos públicos por entidades de direito privado;

III. exercer o controle das operações de crédito, avais e garantias, bem como dos direitos e haveres da União;

IV. apoiar o controle externo no exercício de sua missão institucional.

§ 1º Os responsáveis pelo controle interno, ao tomarem conhecimento de qualquer irregularidade ou ilegalidade, dela darão ciência ao Tribunal de Contas da União, sob pena de responsabilidade solidária.

ANOTAÇÕES

§ 2º Qualquer cidadão, partido político, associação ou sindicato é parte legítima para, na forma da lei, denunciar irregularidades ou ilegalidades perante o Tribunal de Contas da União.

Art. 75. As normas estabelecidas nesta Seção aplicam-se, no que couber, à organização, composição e fiscalização dos Tribunais de Contas dos Estados e do Distrito Federal, bem como dos Tribunais e Conselhos de Contas dos Municípios.

Parágrafo único. As Constituições estaduais disporão sobre os Tribunais de Contas respectivos, que serão integrados por sete conselheiros.

CAPÍTULO II - DO PODER EXECUTIVO

Seção I - Do Presidente e do Vice-Presidente da República

Art. 76. O Poder Executivo é exercido pelo Presidente da República, auxiliado pelos Ministros de Estado.

Art. 77. A eleição do Presidente e do Vice-Presidente da República realizar-se-á, simultaneamente, no primeiro domingo de outubro, em primeiro turno, e no último domingo de outubro, em segundo turno, se houver, do ano anterior ao do término do mandato presidencial vigente. ("Caput" do artigo com redação dada pela Emenda Constitucional nº 16, de 1997

§ 1º A eleição do Presidente da República importará a do Vice-Presidente com ele registrado.

§ 2º Será considerado eleito Presidente o candidato que, registrado por partido político, obtiver a maioria absoluta de votos, não computados os em branco e os nulos.

§ 3º Se nenhum candidato alcançar maioria absoluta na primeira votação, far-se-á nova eleição em até vinte dias após a proclamação do resultado, concorrendo os dois candidatos mais votados e considerando-se eleito aquele que obtiver a maioria dos votos válidos.

§ 4º Se, antes de realizado o segundo turno, ocorrer morte, desistência ou impedimento legal de candidato, convocar-se-á, dentre os remanescentes, o de maior votação.

§ 5º Se, na hipótese dos parágrafos anteriores, remanescer, em segundo lugar, mais de um candidato com a mesma votação, qualificar-se-á o mais idoso.

Art. 78. O Presidente e o Vice-Presidente da República tomarão posse em sessão do Congresso Nacional, prestando o compromisso de manter, defender e cumprir a Constituição, observar as leis, promover o bem geral do povo brasileiro, sustentar a união, a integridade e a independência do Brasil.

Parágrafo único. Se, decorridos dez dias da data fixada para a posse, o Presidente ou o Vice-Presidente, salvo motivo de força maior, não tiver assumido o cargo, este será declarado vago.

Art. 79. Substituirá o Presidente, no caso de impedimento, e suceder-lhe-á, no de vaga, o Vice-Presidente.

Parágrafo único. O Vice-Presidente da República, além de outras atribuições que lhe forem conferidas por lei complementar, auxiliará o Presidente, sempre que por ele convocado para missões especiais.

Art. 80. Em caso de impedimento do Presidente e do Vice-Presidente, ou vacância dos respectivos cargos, serão sucessivamente chamados ao exercício da Presidência o Presidente da Câmara dos Deputados, o do Senado Federal e o do Supremo Tribunal Federal.

Art. 81. Vagando os cargos de Presidente e Vice-Presidente da República, far-se-á eleição noventa dias depois de aberta a última vaga.

§ 1º Ocorrendo a vacância nos últimos dois anos do período presidencial, a eleição para ambos os cargos será feita trinta dias depois da última vaga, pelo Congresso Nacional, na forma da lei.

ANOTAÇÕES

ANOTAÇÕES

§ 2º Em qualquer dos casos, os eleitos deverão completar o período de seus antecessores.

Art. 82. O mandato do Presidente da República é de quatro anos e terá início em primeiro de janeiro do ano seguinte ao da sua eleição. (Artigo com redação dada pela Emenda Constitucional nº 16, de 1997)

Art. 83. O Presidente e o Vice-Presidente da República não poderão, sem licença do Congresso Nacional, ausentar-se do País por período superior a quinze dias, sob pena de perda do cargo.

Seção II - Das Atribuições do Presidente da República

Art. 84. Compete privativamente ao Presidente da República:

I. nomear e exonerar os Ministros de Estado;

II. exercer, com o auxílio dos Ministros de Estado, a direção superior da administração federal;

III. iniciar o processo legislativo, na forma e nos casos previstos nesta Constituição;

IV. sancionar, promulgar e fazer publicar as leis, bem como expedir decretos e regulamentos para sua fiel execução;

V. vetar projetos de lei, total ou parcialmente;

VI. dispor, mediante decreto, sobre: (Inciso com redação dada pela Emenda Constitucional nº 32, de 2001)

a) organização e funcionamento da administração federal, quando não implicar aumento de despesa nem criação ou extinção de órgãos públicos; (Alínea acrescida pela Emenda Constitucional nº 32, de 2001)

b) extinção de funções ou cargos públicos, quando vagos; (Alínea acrescida pela Emenda Constitucional nº 32, de 2001)

VII. manter relações com Estados estrangeiros e acreditar seus representantes diplomáticos;

VIII. celebrar tratados, convenções e atos internacionais, sujeitos a referendo do Congresso Nacional;

IX. decretar o estado de defesa e o estado de sítio;

X. decretar e executar a intervenção federal;

XI. remeter mensagem e plano de governo ao Congresso Nacional por ocasião da abertura da sessão legislativa, expondo a situação do País e solicitando as providências que julgar necessárias;

XII. conceder indulto e comutar penas, com audiência, se necessário, dos órgãos instituídos em lei;

XIII. exercer o comando supremo das Forças Armadas, nomear os Comandantes da Marinha, do Exército e da Aeronáutica, promover seus oficiais-generais e nomeá-los para os cargos que lhes são privativos; (Inciso com redação dada pela Emenda Constitucional nº 23, de 1999)

XIV. nomear, após aprovação pelo Senado Federal, os Ministros do Supremo Tribunal Federal e dos Tribunais Superiores, os Governadores de Territórios, o Procurador-Geral da República, o presidente e os diretores do Banco Central e outros servidores, quando determinado em lei;

XV. nomear, observado o disposto no art. 73, os Ministros do Tribunal de Contas da União;

XVI. nomear os magistrados, nos casos previstos nesta Constituição, e o Advogado-Geral da União;

XVII. nomear membros do Conselho da República, nos termos do art. 89, VII;

XVIII. convocar e presidir o Conselho da República e o Conselho de Defesa Nacional;

XIX. declarar guerra, no caso de agressão estrangeira, autorizado pelo Congresso Nacional ou referendado por ele, quando ocorrida no intervalo das sessões legislativas, e, nas mesmas condições, decretar, total ou parcialmente, a mobilização nacional;

XX. celebrar a paz, autorizado ou com o referendo do Congresso Nacional;

XXI. conferir condecorações e distinções honoríficas;

ANOTAÇÕES

XXII. permitir, nos casos previstos em lei complementar, que forças estrangeiras transitem pelo território nacional ou nele permaneçam temporariamente;

XXIII. enviar ao Congresso Nacional o plano plurianual, o projeto de lei de diretrizes orçamentárias e as propostas de orçamento previstas nesta Constituição;

XXIV. prestar, anualmente, ao Congresso Nacional, dentro de sessenta dias após a abertura da sessão legislativa, as contas referentes ao exercício anterior;

XXV. prover e extinguir os cargos públicos federais, na forma da lei;

XXVI. editar medidas provisórias com força de lei, nos termos do art. 62;

XXVII. exercer outras atribuições previstas nesta Constituição.

Parágrafo único. O Presidente da República poderá delegar as atribuições mencionadas nos incisos VI, XII e XXV, primeira parte, aos Ministros de Estado, ao Procurador-Geral da República ou ao Advogado-Geral da União, que observarão os limites traçados nas respectivas delegações.

Seção III - Da Responsabilidade do Presidente da República

Art. 85. São crimes de responsabilidade os atos do Presidente da República que atentem contra a Constituição Federal e, especialmente, contra:

I. a existência da União;

II. o livre exercício do Poder Legislativo, do Poder Judiciário, do Ministério Público e dos Poderes constitucionais das unidades da Federação;

III. o exercício dos direitos políticos, individuais e sociais;

IV. a segurança interna do País;

V. a probidade na administração;

VI. a lei orçamentária;

VII. o cumprimento das leis e das decisões judiciais.

Parágrafo único. Esses crimes serão definidos em lei especial, que estabelecerá as normas de processo e julgamento.

Art. 86. Admitida a acusação contra o Presidente da República, por dois terços da Câmara dos Deputados, será ele submetido a julgamento perante o Supremo Tribunal Federal, nas infrações penais comuns, ou perante o Senado Federal, nos crimes de responsabilidade.

§ 1º O Presidente ficará suspenso de suas funções:

I. nas infrações penais comuns, se recebida a denúncia ou queixa-crime pelo Supremo Tribunal Federal;

II. nos crimes de responsabilidade, após a instauração do processo pelo Senado Federal.

§ 2º Se, decorrido o prazo de cento e oitenta dias, o julgamento não estiver concluído, cessará o afastamento do Presidente, sem prejuízo do regular prosseguimento do processo.

§ 3º Enquanto não sobrevier sentença condenatória, nas infrações comuns, o Presidente da República não estará sujeito a prisão.

§ 4º O Presidente da República, na vigência de seu mandato, não pode ser responsabilizado por atos estranhos ao exercício de suas funções.

Seção IV - Dos Ministros de Estado

Art. 87. Os Ministros de Estado serão escolhidos dentre brasileiros maiores de vinte e um anos e no exercício dos direitos políticos.

Parágrafo único. Compete ao Ministro de Estado, além de outras atribuições estabelecidas nesta Constituição e na lei:

I. exercer a orientação, coordenação e supervisão dos órgãos e entidades da administração federal na área de sua competência e referendar os atos e decretos assinados pelo Presidente da República;

II. expedir instruções para a execução das leis, decretos e regulamentos;

III. apresentar ao Presidente da República relatório anual de sua gestão no Ministério;

IV. praticar os atos pertinentes às atribuições que lhe forem outorgadas ou delegadas pelo Presidente da República.

Art. 88. A lei disporá sobre a criação e extinção de Ministérios e órgãos da administração pública. (Artigo com redação dada pela Emenda Constitucional nº 32, de 2001)

Seção V - Do Conselho da República e do Conselho de Defesa Nacional

Subseção I - Do Conselho da República

Art. 89. O Conselho da República é órgão superior de consulta do Presidente da República, e dele participam:

I. o Vice-Presidente da República;

II. o Presidente da Câmara dos Deputados;

III. o Presidente do Senado Federal;

IV. os líderes da maioria e da minoria na Câmara dos Deputados;

V. os líderes da maioria e da minoria no Senado Federal;

VI. o Ministro da Justiça;

VII. seis cidadãos brasileiros natos, com mais de trinta e cinco anos de idade, sendo dois nomeados pelo Presidente da República, dois eleitos pelo Senado Federal e dois eleitos pela Câmara dos Deputados, todos com mandato de três anos, vedada a recondução.

Art. 90. Compete ao Conselho da República pronunciar-se sobre:

I. intervenção federal, estado de defesa e estado de sítio;

II. as questões relevantes para a estabilidade das instituições democráticas.

§ 1º O Presidente da República poderá convocar Ministro de Estado para participar da reunião do Conselho, quando constar da pauta questão relacionada com o respectivo Ministério.

§ 2º A lei regulará a organização e o funcionamento do Conselho da República.

Subseção II - Do Conselho de Defesa Nacional

Art. 91. O Conselho de Defesa Nacional é órgão de consulta do Presidente da República nos assuntos relacionados com a soberania nacional e a defesa do Estado democrático, e dele participam como membros natos:

I. o Vice-Presidente da República;

II. o Presidente da Câmara dos Deputados;

III. o Presidente do Senado Federal;

IV. o Ministro da Justiça;

V. o Ministro de Estado da Defesa; (Inciso com redação dada pela Emenda Constitucional nº 23, de 1999)

VI. o Ministro das Relações Exteriores;

VII. o Ministro do Planejamento.

VIII. os Comandantes da Marinha, do Exército e da Aeronáutica. (Inciso acrescido pela Emenda Constitucional nº 23, de 1999)

§ 1º Compete ao Conselho de Defesa Nacional:

I. opinar nas hipóteses de declaração de guerra e de celebração da paz, nos termos desta Constituição;

II. opinar sobre a decretação do estado de defesa, do estado de sítio e da intervenção federal;

III. propor os critérios e condições de utilização de áreas indispensáveis à segurança do território nacional e opinar sobre seu efetivo uso, especialmente na faixa de fronteira e nas relacionadas com a preservação e a exploração dos recursos naturais de qualquer tipo;

IV. estudar, propor e acompanhar o desenvolvimento de iniciativas necessárias a garantir a independência nacional e a defesa do Estado democrático.

ANOTAÇÕES

§ 2º A lei regulará a organização e o funcionamento do Conselho de Defesa Nacional.

CAPÍTULO III - DO PODER JUDICIÁRIO

Seção I - Disposições Gerais

Art. 92. São órgãos do Poder Judiciário:

I. o Supremo Tribunal Federal;

I-A. o Conselho Nacional de Justiça; (Inciso acrescido pela Emenda Constitucional nº 45, de 2004)

II. o Superior Tribunal de Justiça;

II-A. o Tribunal Superior do Trabalho; (Inciso acrescido pela Emenda Constitucional nº 92, de 2016)

III. os Tribunais Regionais Federais e Juízes Federais;

IV. os Tribunais e Juízes do Trabalho;

V. os Tribunais e Juízes Eleitorais;

VI. os Tribunais e Juízes Militares;

VII. os Tribunais e Juízes dos Estados e do Distrito Federal e Territórios.

§ 1º O Supremo Tribunal Federal, o Conselho Nacional de Justiça e os Tribunais Superiores têm sede na Capital Federal. (Parágrafo acrescido pela Emenda Constitucional 45, de 2004)

§ 2º O Supremo Tribunal Federal e os Tribunais Superiores têm jurisdição em todo o território nacional. (Parágrafo acrescido pela Emenda Constitucional 45, de 2004)

Art. 93. Lei complementar, de iniciativa do Supremo Tribunal Federal, disporá sobre o Estatuto da Magistratura, observados os seguintes princípios:

I. ingresso na carreira, cujo cargo inicial será o de juiz substituto, mediante concurso público de provas e títulos, com a participação da Ordem dos Advogados do Brasil em todas as fases, exigindo-se do bacharel em direito, no mínimo, três anos de atividade jurídica e obedecendo-se, nas nomeações, à ordem de classificação; (Inciso com redação dada pela Emenda Constitucional nº 45, de 2004)

II. promoção de entrância para entrância, alternadamente, por antiguidade e merecimento, atendidas as seguintes normas:

a) é obrigatória a promoção do juiz que figure por três vezes consecutivas ou cinco alternadas em lista de merecimento;

b) a promoção por merecimento pressupõe dois anos de exercício na respectiva entrância e integrar o juiz a primeira quinta parte da lista de antiguidade desta, salvo se não houver com tais requisitos quem aceite o lugar vago;

c) aferição do merecimento conforme o desempenho e pelos critérios objetivos de produtividade e presteza no exercício da jurisdição e pela frequência e aproveitamento em cursos oficiais ou reconhecidos de aperfeiçoamento; (Alínea com redação dada pela Emenda Constitucional nº 45, de 2004)

d) na apuração de antiguidade, o tribunal somente poderá recusar o juiz mais antigo pelo voto fundamentado de dois terços de seus membros, conforme procedimento próprio, e assegurada ampla defesa, repetindo-se a votação até fixar-se a indicação; (Alínea com redação dada pela Emenda Constitucional nº 45, de 2004)

e) não será promovido o juiz que, injustificadamente, retiver autos em seu poder além do prazo legal, não podendo devolvê-los ao cartório sem o devido despacho ou decisão; (Alínea acrescida pela Emenda Constitucional nº 45, de 2004)

III. o acesso aos tribunais de segundo grau far-se-á por antiguidade e merecimento, alternadamente, apurados na última ou única entrância; (Inciso com redação dada pela Emenda Constitucional nº 45, de 2004)

ANOTAÇÕES

ANOTAÇÕES

IV. previsão de cursos oficiais de preparação, aperfeiçoamento e promoção de magistrados, constituindo etapa obrigatória do processo de vitaliciamento a participação em curso oficial ou reconhecido por escola nacional de formação e aperfeiçoamento de magistrados; (Inciso com redação dada pela Emenda Constitucional nº 45, de 2004)

V. o subsídio dos Ministros dos Tribunais Superiores corresponderá a noventa e cinco por cento do subsídio mensal fixado para os Ministros do Supremo Tribunal Federal e os subsídios dos demais magistrados serão fixados em lei e escalonados, em nível federal e estadual, conforme as respectivas categorias da estrutura judiciária nacional, não podendo a diferença entre uma e outra ser superior a dez por cento ou inferior a cinco por cento, nem exceder a noventa e cinco por cento do subsídio mensal dos Ministros dos Tribunais Superiores, obedecido, em qualquer caso, o disposto nos arts. 37, XI, e 39, § 4º; (Inciso com redação dada pela Emenda Constitucional nº 19, de 1998)

VI. a aposentadoria dos magistrados e a pensão de seus dependentes observarão o disposto no art. 40; (Inciso com redação dada pela Emenda Constitucional nº 20, de 1998)

VII. o juiz titular residirá na respectiva comarca, salvo autorização do tribunal; (Inciso com redação dada pela Emenda Constitucional nº 45, de 2004)

VIII. o ato de remoção ou de disponibilidade do magistrado, por interesse público, fundar-se-á em decisão por voto da maioria absoluta do respectivo tribunal ou do Conselho Nacional de Justiça, assegurada ampla defesa; (Redação dada pela Emenda Constitucional nº 103, de 2019)

VIII-A. a remoção a pedido ou a permuta de magistrados de comarca de igual entrância atenderá, no que couber, ao disposto nas alíneas a, b, c e e do inciso II; (Inciso acrescido pela Emenda Constitucional nº 45, de 2004)

IX. todos os julgamentos dos órgãos do Poder Judiciário serão públicos, e fundamentadas todas as decisões, sob pena de nulidade, podendo a lei limitar a presença, em determinados atos, às próprias partes e a seus advogados, ou somente a estes, em casos nos quais a preservação do direito à intimidade do interessado no sigilo não prejudique o interesse público à informação; (Inciso com redação dada pela Emenda Constitucional nº 45, de 2004)

X. as decisões administrativas dos tribunais serão motivadas e em sessão pública, sendo as disciplinares tomadas pelo voto da maioria absoluta de seus membros; (Inciso com redação dada pela Emenda Constitucional nº 45, de 2004)

XI. nos tribunais com número superior a vinte e cinco julgadores, poderá ser constituído órgão especial, com o mínimo de onze e o máximo de vinte e cinco membros, para o exercício das atribuições administrativas e jurisdicionais delegadas da competência do tribunal pleno, provendo-se metade das vagas por antiguidade e a outra metade por eleição pelo tribunal pleno; (Inciso com redação dada pela Emenda Constitucional nº 45, de 2004)

XII. a atividade jurisdicional será ininterrupta, sendo vedado férias coletivas nos juízos e tribunais de segundo grau, funcionando, nos dias em que não houver expediente forense normal, juízes em plantão permanente; (Inciso acrescido pela Emenda Constitucional nº 45, de 2004)

XIII. o número de juízes na unidade jurisdicional será proporcional à efetiva demanda judicial e à respectiva população; (Inciso acrescido pela Emenda Constitucional nº 45, de 2004)

XIV. os servidores receberão delegação para a prática de atos de administração e atos de mero expediente sem caráter decisório; (Inciso acrescido pela Emenda Constitucional nº 45, de 2004)

ANOTAÇÕES

XV. a distribuição de processos será imediata, em todos os graus de jurisdição. (Inciso acrescido pela Emenda Constitucional nº 45, de 2004)

Art. 94. Um quinto dos lugares dos Tribunais Regionais Federais, dos tribunais dos Estados, e do Distrito Federal e Territórios será composto de membros do Ministério Público, com mais de dez anos de carreira, e de advogados de notório saber jurídico e de reputação ilibada, com mais de dez anos de efetiva atividade profissional, indicados em lista sêxtupla pelos órgãos de representação das respectivas classes.

Parágrafo único. Recebidas as indicações, o tribunal formará lista tríplice, enviando-a ao Poder Executivo, que, nos vinte dias subsequentes, escolherá um de seus integrantes para nomeação.

Art. 95. Os juízes gozam das seguintes garantias:

I. vitaliciedade, que, no primeiro grau, só será adquirida após dois anos de exercício, dependendo a perda do cargo, nesse período, de deliberação do tribunal a que o juiz estiver vinculado e, nos demais casos, de sentença judicial transitada em julgado;

II. inamovibilidade, salvo por motivo de interesse público, na forma do art. 93, VIII;

III. irredutibilidade de subsídio, ressalvado o disposto nos arts. 37, X e XI, 39, § 4º, 150, II, 153, III, e 153, § 2º, I. (Inciso com redação dada pela Emenda Constitucional nº 19, de 1998)

Parágrafo único. Aos juízes é vedado:

I. exercer, ainda que em disponibilidade, outro cargo ou função, salvo uma de magistério;

II. receber, a qualquer título ou pretexto, custas ou participação em processo;

III. dedicar-se a atividade político-partidária.

IV. receber, a qualquer título ou pretexto, auxílios ou contribuições de pessoas físicas, entidades públicas ou privadas, ressalvadas as exceções previstas em lei; (Inciso acrescido pela Emenda Constitucional nº 45, de 2004)

V. exercer a advocacia no juízo ou tribunal do qual se afastou, antes de decorridos três anos do afastamento do cargo por aposentadoria ou exoneração. (Inciso acrescido pela Emenda Constitucional nº 45, de 2004)

Art. 96. Compete privativamente:

I. aos tribunais:

a) eleger seus órgãos diretivos e elaborar seus regimentos internos, com observância das normas de processo e das garantias processuais das partes, dispondo sobre a competência e o funcionamento dos respectivos órgãos jurisdicionais e administrativos;

b) organizar suas secretarias e serviços auxiliares e os dos juízos que lhes forem vinculados, velando pelo exercício da atividade correicional respectiva;

c) prover, na forma prevista nesta Constituição, os cargos de juiz de carreira da respectiva jurisdição;

d) propor a criação de novas varas judiciárias;

e) prover, por concurso público de provas, ou de provas e títulos, obedecido o disposto no art. 169, parágrafo único, os cargos necessários à administração da justiça, exceto os de confiança assim definidos em lei;

f) conceder licença, férias e outros afastamentos a seus membros e aos juízes e servidores que lhes forem imediatamente vinculados;

II. ao Supremo Tribunal Federal, aos Tribunais Superiores e aos Tribunais de Justiça propor ao Poder Legislativo respectivo, observado o disposto no art. 169:

a) a alteração do número de membros dos tribunais inferiores;

b) a criação e a extinção de cargos e a remuneração dos seus serviços auxiliares e dos juízos que lhes forem vinculados, bem como a fixação do subsídio de seus membros e dos juízes, inclusive dos tribunais inferiores, onde houver; (Alínea com redação dada pela Emenda Constitucional nº 41, 2003)

c) a criação ou extinção dos tribunais inferiores;

d) a alteração da organização e da divisão judiciárias;

III. aos Tribunais de Justiça julgar os juízes estaduais e do Distrito Federal e Territórios, bem como os membros do Ministério Público, nos crimes comuns e de responsabilidade, ressalvada a competência da Justiça Eleitoral.

Art. 97. Somente pelo voto da maioria absoluta de seus membros ou dos membros do respectivo órgão especial poderão os tribunais declarar a inconstitucionalidade de lei ou ato normativo do poder público.

Art. 98. A União, no Distrito Federal e nos Territórios, e os Estados criarão:

I. juizados especiais, providos por juízes togados, ou togados e leigos, competentes para a conciliação, o julgamento e a execução de causas cíveis de menor complexidade e infrações penais de menor potencial ofensivo, mediante os procedimentos oral e sumaríssimo, permitidos, nas hipóteses previstas em lei, a transação e o julgamento de recursos por turmas de juízes de primeiro grau;

II. justiça de paz, remunerada, composta de cidadãos eleitos pelo voto direto, universal e secreto, com mandato de quatro anos e competência para, na forma da lei, celebrar casamentos, verificar, de ofício ou em face de impugnação apresentada, o processo de habilitação e exercer atribuições conciliatórias, sem caráter jurisdicional, além de outras previstas na legislação.

§ 1º Lei federal disporá sobre a criação de juizados especiais no âmbito da Justiça Federal. (Parágrafo único acrescido pela Emenda Constitucional nº 22, de 1999 e transformado em § 1º pela Emenda Constitucional nº 45, de 2004)

§ 2º As custas e emolumentos serão destinados exclusivamente ao custeio dos serviços afetos às atividades específicas da Justiça. (Parágrafo acrescido pela Emenda Constitucional nº 45, de 2004)

Art. 99. Ao Poder Judiciário é assegurada autonomia administrativa e financeira.

§ 1º Os tribunais elaborarão suas propostas orçamentárias dentro dos limites estipulados conjuntamente com os demais Poderes na lei de diretrizes orçamentárias.

§ 2º O encaminhamento da proposta, ouvidos os outros tribunais interessados, compete:

I. no âmbito da União, aos Presidentes do Supremo Tribunal Federal e dos Tribunais Superiores, com a aprovação dos respectivos tribunais;

II. no âmbito dos Estados e no do Distrito Federal e Territórios, aos Presidentes dos Tribunais de Justiça, com a aprovação dos respectivos tribunais.

§ 3º Se os órgãos referidos no § 2º não encaminharem as respectivas propostas orçamentárias dentro do prazo estabelecido na lei de diretrizes orçamentárias, o Poder Executivo considerará, para fins de consolidação da proposta orçamentária anual, os valores aprovados na lei orçamentária vigente, ajustados de acordo com os limites estipulados na forma do § 1º deste artigo. (Parágrafo acrescido pela Emenda Constitucional nº 45, de 2004)

§ 4º Se as propostas orçamentárias de que trata este artigo forem encaminhadas em desacordo com os limites estipulados na forma do § 1º, o Poder Executivo procederá aos ajustes necessários para fins de consolidação da proposta orçamentária anual. (Parágrafo acrescido pela Emenda Constitucional nº 45, de 2004)

§ 5º Durante a execução orçamentária do exercício, não poderá haver a realização de despesas ou a assunção de obrigações que extrapolem os limites estabelecidos na lei de diretrizes orçamentárias, exceto se previamente autorizadas, mediante a abertura de créditos suplementares ou especiais. (Parágrafo acrescido pela Emenda Constitucional nº 45, de 2004)

ANOTAÇÕES

Art. 100. Os pagamentos devidos pelas Fazendas Públicas Federal, Estaduais, Distrital e Municipais, em virtude de sentença judiciária, far-se-ão exclusivamente na ordem cronológica de apresentação dos precatórios e à conta dos créditos respectivos, proibida a designação de casos ou de pessoas nas dotações orçamentárias e nos créditos adicionais abertos para este fim. ("Caput" do artigo com redação dada pela Emenda Constitucional nº 62, de 2009)

§ 1º Os débitos de natureza alimentícia compreendem aqueles decorrentes de salários, vencimentos, proventos, pensões e suas complementações, benefícios previdenciários e indenizações por morte ou por invalidez, fundadas em responsabilidade civil, em virtude de sentença judicial transitada em julgado, e serão pagos com preferência sobre todos os demais débitos, exceto sobre aqueles referidos no § 2º deste artigo. (Parágrafo com redação dada pela Emenda Constitucional nº 62, de 2009)

§ 2º Os débitos de natureza alimentícia cujos titulares, originários ou por sucessão hereditária, tenham 60 (sessenta) anos de idade, ou sejam portadores de doença grave, ou pessoas com deficiência, assim definidos na forma da lei, serão pagos com preferência sobre todos os demais débitos, até o valor equivalente ao triplo fixado em lei para os fins do disposto no § 3º deste artigo, admitido o fracionamento para essa finalidade, sendo que o restante será pago na ordem cronológica de apresentação do precatório. (Parágrafo com redação dada pela Emenda Constitucional nº 94, de 2016)

§ 3º O disposto no caput deste artigo relativamente à expedição de precatórios não se aplica aos pagamentos de obrigações definidas em leis como de pequeno valor que as Fazendas referidas devam fazer em virtude de sentença judicial transitada em julgado. (Parágrafo com redação dada pela Emenda Constitucional nº 62, de 2009)

§ 4º Para os fins do disposto no § 3º, poderão ser fixados, por leis próprias, valores distintos às entidades de direito público, segundo as diferentes capacidades econômicas, sendo o mínimo igual ao valor do maior benefício do regime geral de previdência social. (Parágrafo com redação dada pela Emenda Constitucional nº 62, de 2009)

§ 5º É obrigatória a inclusão, no orçamento das entidades de direito público, de verba necessária ao pagamento de seus débitos, oriundos de sentenças transitadas em julgado, constantes de precatórios judiciários apresentados até 1º de julho, fazendo-se o pagamento até o final do exercício seguinte, quando terão seus valores atualizados monetariamente. (Parágrafo com redação dada pela Emenda Constitucional nº 62, de 2009)

§ 6º As dotações orçamentárias e os créditos abertos serão consignados diretamente ao Poder Judiciário, cabendo ao Presidente do Tribunal que proferir a decisão exequenda determinar o pagamento integral e autorizar, a requerimento do credor e exclusivamente para os casos de preterimento de seu direito de precedência ou de não alocação orçamentária do valor necessário à satisfação do seu débito, o sequestro da quantia respectiva. (Parágrafo com redação dada pela Emenda Constitucional nº 62, de 2009)

§ 7º O Presidente do Tribunal competente que, por ato comissivo ou omissivo, retardar ou tentar frustrar a liquidação regular de precatórios incorrerá em crime de responsabilidade e responderá, também, perante o Conselho Nacional de Justiça. (Parágrafo acrescido pela Emenda Constitucional nº 62, de 2009)

§ 8º É vedada a expedição de precatórios complementares ou suplementares de valor pago, bem como o fracionamento, repartição ou quebra do valor da execução para fins de enquadramento de parcela do total ao que dispõe o § 3º deste artigo. (Parágrafo acrescido pela Emenda Constitucional nº 62, de 2009)

ANOTAÇÕES

ANOTAÇÕES

§ 9º No momento da expedição dos precatórios, independentemente de regulamentação, deles deverá ser abatido, a título de compensação, valor correspondente aos débitos líquidos e certos, inscritos ou não em dívida ativa e constituídos contra o credor original pela Fazenda Pública devedora, incluídas parcelas vincendas de parcelamentos, ressalvados aqueles cuja execução esteja suspensa em virtude de contestação administrativa ou judicial. (Parágrafo acrescido pela Emenda Constitucional nº 62, de 2009, e declarado inconstitucional, em controle concentrado, pelo Supremo Tribunal Federal, pela ADIN nº 4.357 e ADIN nº 4.425, publicadas no DOU de 2/4/2013, p. 1) (Vide modulação de efeitos da declaração de inconstitucionalidade decidida na Questão de Ordem na ADIN nº 4.357 e na Questão de Ordem na ADIN nº 4.425, publicadas no DOU de 15/4/2015, p. 1)

§ 10. Antes da expedição dos precatórios, o Tribunal solicitará à Fazenda Pública devedora, para resposta em até 30 (trinta) dias, sob pena de perda do direito de abatimento, informação sobre os débitos que preencham as condições estabelecidas no § 9º, para os fins nele previstos. (Parágrafo acrescido pela Emenda Constitucional nº 62, de 2009, e declarado inconstitucional, em controle concentrado, pelo Supremo Tribunal Federal, pela ADIN nº 4.357 e ADIN nº 4.425, publicadas no DOU de 2/4/2013, p. 1) (Vide modulação de efeitos da declaração de inconstitucionalidade decidida na Questão de Ordem na ADIN nº 4.357 e na Questão de Ordem na ADIN nº 4.425, publicadas no DOU de 15/4/2015, p. 1)

§ 11. É facultada ao credor, conforme estabelecido em lei da entidade federativa devedora, a entrega de créditos em precatórios para compra de imóveis públicos do respectivo ente federado. (Parágrafo acrescido pela Emenda Constitucional nº 62, de 2009)

§ 12. A partir da promulgação desta Emenda Constitucional, a atualização de valores de requisitórios, após sua expedição, até o efetivo pagamento, independentemente de sua natureza, será feita pelo índice oficial de remuneração básica da caderneta de poupança, e, para fins de compensação da mora, incidirão juros simples no mesmo percentual de juros incidentes sobre a caderneta de poupança, ficando excluída a incidência de juros compensatórios. (Parágrafo acrescido pela Emenda Constitucional nº 62, de 2009) (Expressões "índice oficial de remuneração básica da caderneta de poupança" e "independentemente de sua natureza" declaradas inconstitucionais, em controle concentrado, pelo Supremo Tribunal Federal, pela ADIN nº 4.357 e ADIN nº 4.425, publicadas no DOU de 2/4/2013, p. 1) (Vide modulação de efeitos da declaração de inconstitucionalidade decidida na Questão de Ordem na ADIN nº 4.357 e na Questão de Ordem na ADIN nº 4.425, publicadas no DOU de 15/4/2015, p. 1)

§ 13. O credor poderá ceder, total ou parcialmente, seus créditos em precatórios a terceiros, independentemente da concordância do devedor, não se aplicando ao cessionário o disposto nos §§ 2º e 3º. (Parágrafo acrescido pela Emenda Constitucional nº 62, de 2009)

§ 14. A cessão de precatórios somente produzirá efeitos após comunicação, por meio de petição protocolizada, ao tribunal de origem e à entidade devedora. (Parágrafo acrescido pela Emenda Constitucional nº 62, de 2009)

§ 15. Sem prejuízo do disposto neste artigo, lei complementar a esta Constituição Federal poderá estabelecer regime especial para pagamento de crédito de precatórios de Estados, Distrito Federal e Municípios, dispondo sobre vinculações à receita corrente líquida e forma e prazo de liquidação. (Parágrafo acrescido pela Emenda Constitucional nº 62, de 2009

§ 16. A seu critério exclusivo e na forma de lei, a União poderá assumir débitos, oriundos de precatórios, de Estados, Distrito Federal e Municípios, refinanciando-os diretamente. (Parágrafo acrescido pela Emenda Constitucional nº 62, de 2009)

ANOTAÇÕES

§ 17. A União, os Estados, o Distrito Federal e os Municípios aferirão mensalmente, em base anual, o comprometimento de suas respectivas receitas correntes líquidas com o pagamento de precatórios e obrigações de pequeno valor. (Parágrafo acrescido pela Emenda Constitucional nº 94, de 2016)

§ 18. Entende-se como receita corrente líquida, para os fins de que trata o § 17, o somatório das receitas tributárias, patrimoniais, industriais, agropecuárias, de contribuições e de serviços, de transferências correntes e outras receitas correntes, incluindo as oriundas do § 1º do art. 20 da Constituição Federal, verificado no período compreendido pelo segundo mês imediatamente anterior ao de referência e os 11 (onze) meses precedentes, excluídas as duplicidades, e deduzidas:

I. na União, as parcelas entregues aos Estados, ao Distrito Federal e aos Municípios por determinação constitucional;

II. nos Estados, as parcelas entregues aos Municípios por determinação constitucional;

III. na União, nos Estados, no Distrito Federal e nos Municípios, a contribuição dos servidores para custeio de seu sistema de previdência e assistência social e as receitas provenientes da compensação financeira referida no § 9º do art. 201 da Constituição Federal. (Parágrafo acrescido pela Emenda Constitucional nº 94, de 2016)

§ 19. Caso o montante total de débitos decorrentes de condenações judiciais em precatórios e obrigações de pequeno valor, em período de 12 (doze) meses, ultrapasse a média do comprometimento percentual da receita corrente líquida nos 5 (cinco) anos imediatamente anteriores, a parcela que exceder esse percentual poderá ser financiada, excetuada dos limites de endividamento de que tratam os incisos VI e VII do art. 52 da Constituição Federal e de quaisquer outros limites de endividamento previstos, não se aplicando a esse financiamento a vedação de vinculação de receita prevista no inciso IV do art. 167 da Constituição Federal. (Parágrafo acrescido pela Emenda Constitucional nº 94, de 2016)

§ 20. Caso haja precatório com valor superior a 15% (quinze por cento) do montante dos precatórios apresentados nos termos do § 5º deste artigo, 15% (quinze por cento) do valor deste precatório serão pagos até o final do exercício seguinte e o restante em parcelas iguais nos cinco exercícios subsequentes, acrescidas de juros de mora e correção monetária, ou mediante acordos diretos, perante Juízos Auxiliares de Conciliação de Precatórios, com redução máxima de 40% (quarenta por cento) do valor do crédito atualizado, desde que em relação ao crédito não penda recurso ou defesa judicial e que sejam observados os requisitos definidos na regulamentação editada pelo ente federado. (Parágrafo acrescido pela Emenda Constitucional nº 94, de 2016)

Seção II - Do Supremo Tribunal Federal

Art. 101. O Supremo Tribunal Federal compõe-se de onze Ministros, escolhidos dentre cidadãos com mais de trinta e cinco e menos de sessenta e cinco anos de idade, de notável saber jurídico e reputação ilibada.

Parágrafo único. Os Ministros do Supremo Tribunal Federal serão nomeados pelo Presidente da República, depois de aprovada a escolha pela maioria absoluta do Senado Federal.

Art. 102. Compete ao Supremo Tribunal Federal, precipuamente, a guarda da Constituição, cabendo-lhe:

I. processar e julgar, originariamente:

a) a ação direta de inconstitucionalidade de lei ou ato normativo federal ou estadual e a ação declaratória de constitucionalidade de lei ou ato normativo federal; (Alínea com redação dada pela Emenda Constitucional nº 3, de 1993)

b) nas infrações penais comuns, o Presidente da República, o Vice-Presidente, os membros do Congresso Nacional, seus próprios Ministros e o Procurador-Geral da República;

c) nas infrações penais comuns e nos crimes de responsabilidade, os Ministros de Estado e os Comandantes da Marinha, do Exército e da Aeronáutica, ressalvado o disposto no art. 52, I, os membros dos Tribunais Superiores, os do Tribunal de Contas da União e os chefes de missão diplomática de caráter permanente; (Alínea com redação dada pela Emenda Constitucional nº 23, de 1999)

d) o habeas corpus , sendo paciente qualquer das pessoas referidas nas alíneas anteriores; o mandado de segurança e o habeas data contra atos do Presidente da República, das Mesas da Câmara dos Deputados e do Senado Federal, do Tribunal de Contas da União, do Procurador-Geral da República e do próprio Supremo Tribunal Federal;

e) o litígio entre Estado estrangeiro ou organismo internacional e a União, o Estado, o Distrito Federal ou o Território;

f) as causas e os conflitos entre a União e os Estados, a União e o Distrito Federal, ou entre uns e outros, inclusive as respectivas entidades da administração indireta;

g) a extradição solicitada por Estado estrangeiro;

h) (Revogada pela Emenda Constitucional nº 45, de 2004)

i) o habeas corpus, quando o coator for Tribunal Superior ou quando o coator ou o paciente for autoridade ou funcionário cujos atos estejam sujeitos diretamente à jurisdição do Supremo Tribunal Federal, ou se trate de crime sujeito à mesma jurisdição em uma única instância; (Alínea com redação dada pela Emenda Constitucional nº 22, de 1999)

j) a revisão criminal e a ação rescisória de seus julgados;

l) a reclamação para a preservação de sua competência e garantia da autoridade de suas decisões;

m) a execução de sentença nas causas de sua competência originária, facultada a delegação de atribuições para a prática de atos processuais;

n) a ação em que todos os membros da magistratura sejam direta ou indiretamente interessados, e aquela em que mais da metade dos membros do tribunal de origem estejam impedidos ou sejam direta ou indiretamente interessados;

o) os conflitos de competência entre o Superior Tribunal de Justiça e quaisquer tribunais, entre Tribunais Superiores, ou entre estes e qualquer outro tribunal;

p) o pedido de medida cautelar das ações diretas de inconstitucionalidade;

q) o mandado de injunção, quando a elaboração da norma regulamentadora for atribuição do Presidente da República, do Congresso Nacional, da Câmara dos Deputados, do Senado Federal, da Mesa de uma dessas Casas Legislativas, do Tribunal de Contas da União, de um dos Tribunais Superiores, ou do próprio Supremo Tribunal Federal;

r) as ações contra o Conselho Nacional de Justiça e contra o Conselho Nacional do Ministério Público. (Alínea acrescida pela Emenda Constitucional nº 45, de 2004)

II. julgar, em recurso ordinário:

a) o habeas corpus , o mandado de segurança, o habeas data e o mandado de injunção decididos em única instância pelos Tribunais Superiores, se denegatória a decisão;

b) o crime político;

III. julgar, mediante recurso extraordinário, as causas decididas em única ou última instância, quando a decisão recorrida:

a) contrariar dispositivo desta Constituição;

b) declarar a inconstitucionalidade de tratado ou lei federal;

c) julgar válida lei ou ato de governo local contestado em face desta Constituição.

ANOTAÇÕES

d) julgar válida lei local contestada em face de lei federal. (Alínea acrescida pela Emenda Constitucional nº 45, de 2004)

§ 1º A arguição de descumprimento de preceito fundamental, decorrente desta Constituição, será apreciada pelo Supremo Tribunal Federal, na forma da lei. (Parágrafo único transformado em § 1º pela Emenda Constitucional nº 3, de 1993)

§ 2º As decisões definitivas de mérito, proferidas pelo Supremo Tribunal Federal, nas ações diretas de inconstitucionalidade e nas ações declaratórias de constitucionalidade, produzirão eficácia contra todos e efeito vinculante, relativamente aos demais órgãos do Poder Judiciário e à administração pública direta e indireta, nas esferas federal, estadual e municipal. (Parágrafo acrescido pela Emenda Constitucional nº 3, de 1993 e com nova redação dada pela Emenda Constitucional nº 45, de 2004))

§ 3º No recurso extraordinário o recorrente deverá demonstrar a repercussão geral das questões constitucionais discutidas no caso, nos termos da lei, a fim de que o Tribunal examine a admissão do recurso, somente podendo recusá-lo pela manifestação de dois terços de seus membros. (Parágrafo acrescido pela Emenda Constitucional nº 45, de 2004)

Art. 103. Podem propor a ação direta de inconstitucionalidade e a ação declaratória de constitucionalidade: ("Caput" do artigo com redação dada pela Emenda Constitucional nº 45, de 2004)

I. o Presidente da República;

II. a Mesa do Senado Federal;

III. a Mesa da Câmara dos Deputados;

IV. a Mesa de assembleia Legislativa ou da Câmara Legislativa do Distrito Federal; (Inciso com redação dada pela Emenda Constitucional nº 45, de 2004)

V. o Governador de Estado ou do Distrito Federal; (Inciso com redação dada pela Emenda Constitucional nº 45, de 2004)

VI. o Procurador-Geral da República;

VII. o Conselho Federal da Ordem dos Advogados do Brasil;

VIII. partido político com representação no Congresso Nacional;

IX. confederação sindical ou entidade de classe de âmbito nacional.

§ 1º O Procurador-Geral da República deverá ser previamente ouvido nas ações de inconstitucionalidade e em todos os processos de competência do Supremo Tribunal Federal.

§ 2º Declarada a inconstitucionalidade por omissão de medida para tornar efetiva norma constitucional, será dada ciência ao Poder competente para a adoção das providências necessárias e, em se tratando de órgão administrativo, para fazê-lo em trinta dias.

§ 3º Quando o Supremo Tribunal Federal apreciar a inconstitucionalidade, em tese, de norma legal ou ato normativo, citará, previamente, o Advogado-Geral da União, que defenderá o ato ou texto impugnado.

§ 4º (Parágrafo acrescido pela Emenda Constitucional nº 3, de 1993 e revogado pela Emenda Constitucional nº 45, de 2004)

Art. 103-A. O Supremo Tribunal Federal poderá, de ofício ou por provocação, mediante decisão de dois terços dos seus membros, após reiteradas decisões sobre matéria constitucional, aprovar súmula que, a partir de sua publicação na imprensa oficial, terá efeito vinculante em relação aos demais órgãos do Poder Judiciário e à administração pública direta e indireta, nas esferas federal, estadual e municipal, bem como proceder à sua revisão ou cancelamento, na forma estabelecida em lei.

ANOTAÇÕES

ANOTAÇÕES

§ 1º A súmula terá por objetivo a validade, a interpretação e a eficácia de normas determinadas, acerca das quais haja controvérsia atual entre órgãos judiciários ou entre esses e a administração pública que acarrete grave insegurança jurídica e relevante multiplicação de processos sobre questão idêntica.

§ 2º Sem prejuízo do que vier a ser estabelecido em lei, a aprovação, revisão ou cancelamento de súmula poderá ser provocada por aqueles que podem propor a ação direta de inconstitucionalidade.

§ 3º Do ato administrativo ou decisão judicial que contrariar a súmula aplicável ou que indevidamente a aplicar, caberá reclamação ao Supremo Tribunal Federal que, julgando-a procedente, anulará o ato administrativo ou cassará a decisão judicial reclamada, e determinará que outra seja proferida com ou sem a aplicação da súmula, conforme o caso. (Artigo acrescido pela Emenda Constitucional nº 45, de 2004)

Art. 103-B. O Conselho Nacional de Justiça compõe-se de 15 (quinze) membros com mandato de 2 (dois) anos, admitida 1 (uma) recondução, sendo: ("Caput" do artigo acrescido pela Emenda Constitucional nº 45, de 2004 e com nova redação dada pela Emenda Constitucional nº 61, de 2009)

I. o Presidente do Supremo Tribunal Federal; (Inciso acrescido pela Emenda Constitucional nº 45, de 2004 e com nova redação dada pela Emenda Constitucional nº 61, de 2009)

II. um Ministro do Superior Tribunal de Justiça, indicado pelo respectivo tribunal; (Inciso acrescido pela Emenda Constitucional nº 45, de 2004)

III. um Ministro do Tribunal Superior do Trabalho, indicado pelo respectivo tribunal; (Inciso acrescido pela Emenda Constitucional nº 45, de 2004)

IV. um desembargador de Tribunal de Justiça, indicado pelo Supremo Tribunal Federal; (Inciso acrescido pela Emenda Constitucional nº 45, de 2004)

V. um juiz estadual, indicado pelo Supremo Tribunal Federal; (Inciso acrescido pela Emenda Constitucional nº 45, de 2004)

VI. um juiz de Tribunal Regional Federal, indicado pelo Superior Tribunal de Justiça; (Inciso acrescido pela Emenda Constitucional nº 45, de 2004)

VII. um juiz federal, indicado pelo Superior Tribunal de Justiça; (Inciso acrescido pela Emenda Constitucional nº 45, de 2004)

VIII. um juiz de Tribunal Regional do Trabalho, indicado pelo Tribunal Superior do Trabalho; (Inciso acrescido pela Emenda Constitucional nº 45, de 2004)

IX. um juiz do trabalho, indicado pelo Tribunal Superior do Trabalho; (Inciso acrescido pela Emenda Constitucional nº 45, de 2004)

X. um membro do Ministério Público da União, indicado pelo Procurador-Geral da República; (Inciso acrescido pela Emenda Constitucional nº 45, de 2004)

XI. um membro do Ministério Público estadual, escolhido pelo Procurador-Geral da República dentre os nomes indicados pelo órgão competente de cada instituição estadual; (Inciso acrescido pela Emenda Constitucional nº 45, de 2004)

XII. dois advogados, indicados pelo Conselho Federal da Ordem dos Advogados do Brasil; (Inciso acrescido pela Emenda Constitucional nº 45, de 2004)

XIII. dois cidadãos, de notável saber jurídico e reputação ilibada, indicados um pela Câmara dos Deputados e outro pelo Senado Federal. (Inciso acrescido pela Emenda Constitucional nº 45, de 2004)

§ 1º O Conselho será presidido pelo Presidente do Supremo Tribunal Federal e, nas suas ausências e impedimentos, pelo Vice-Presidente do Supremo Tribunal Federal. (Parágrafo acrescido pela Emenda Constitucional nº 45, de 2004 e com nova redação dada pela Emenda Constitucional nº 61, de 2009)

ANOTAÇÕES

§ 2º Os demais membros do Conselho serão nomeados pelo Presidente da República, depois de aprovada a escolha pela maioria absoluta do Senado Federal. (Parágrafo acrescido pela Emenda Constitucional nº 45, de 2004 e com nova redação dada pela Emenda Constitucional nº 61, de 2009)

§ 3º Não efetuadas, no prazo legal, as indicações previstas neste artigo, caberá a escolha ao Supremo Tribunal Federal. (Parágrafo acrescido pela Emenda Constitucional nº 45, de 2004)

§ 4º Compete ao Conselho o controle da atuação administrativa e financeira do Poder Judiciário e do cumprimento dos deveres funcionais dos juízes, cabendo-lhe, além de outras atribuições que lhe forem conferidas pelo Estatuto da Magistratura:

I. zelar pela autonomia do Poder Judiciário e pelo cumprimento do Estatuto da Magistratura, podendo expedir atos regulamentares, no âmbito de sua competência, ou recomendar providências;

II. zelar pela observância do art. 37 e apreciar, de ofício ou mediante provocação, a legalidade dos atos administrativos praticados por membros ou órgãos do Poder Judiciário, podendo desconstituí-los, revê-los ou fixar prazo para que se adotem as providências necessárias ao exato cumprimento da lei, sem prejuízo da competência do Tribunal de Contas da União;

III. receber e conhecer das reclamações contra membros ou órgãos do Poder Judiciário, inclusive contra seus serviços auxiliares, serventias e órgãos prestadores de serviços notariais e de registro que atuem por delegação do poder público ou oficializados, sem prejuízo da competência disciplinar e correicional dos tribunais, podendo avocar processos disciplinares em curso, determinar a remoção ou a disponibilidade e aplicar outras sanções administrativas, assegurada ampla defesa; (Redação dada pela Emenda Constitucional nº 103, de 2019)

IV. representar ao Ministério Público, no caso de crime contra a administração pública ou de abuso de autoridade;

V. rever, de ofício ou mediante provocação, os processos disciplinares de juízes e membros de tribunais julgados há menos de um ano;

VI. elaborar semestralmente relatório estatístico sobre processos e sentenças prolatadas, por unidade da Federação, nos diferentes órgãos do Poder Judiciário;

VII. elaborar relatório anual, propondo as providências que julgar necessárias, sobre a situação do Poder Judiciário no País e as atividades do Conselho, o qual deve integrar mensagem do Presidente do Supremo Tribunal Federal a ser remetida ao Congresso Nacional, por ocasião da abertura da sessão legislativa. (Parágrafo acrescido pela Emenda Constitucional nº 45, de 2004)

§ 5º O Ministro do Superior Tribunal de Justiça exercerá a função de Ministro-Corregedor e ficará excluído da distribuição de processos no Tribunal, competindo-lhe, além das atribuições que lhe forem conferidas pelo Estatuto da Magistratura, as seguintes:

I. receber as reclamações e denúncias, de qualquer interessado, relativas aos magistrados e aos serviços judiciários;

II. exercer funções executivas do Conselho, de inspeção e de correição geral;

III. requisitar e designar magistrados, delegando-lhes atribuições, e requisitar servidores de juízos ou tribunais, inclusive nos Estados, Distrito Federal e Territórios. (Parágrafo acrescido pela Emenda Constitucional nº 45, de 2004)

§ 6º Junto ao Conselho oficiarão o Procurador-Geral da República e o Presidente do Conselho Federal da Ordem dos Advogados do Brasil. (Parágrafo acrescido pela Emenda Constitucional nº 45, de 2004)

§ 7º A União, inclusive no Distrito Federal e nos Territórios, criará ouvidorias de justiça, competentes para receber reclamações e denúncias de qualquer interessado contra membros ou órgãos do Poder Judiciário, ou contra seus serviços auxiliares, representando diretamente ao Conselho Nacional de Justiça. (Parágrafo acrescido pela Emenda Constitucional nº 45, de 2004)

Seção III - Do Superior Tribunal de Justiça

Art. 104. O Superior Tribunal de Justiça compõe-se de, no mínimo, trinta e três Ministros.

Parágrafo único. Os Ministros do Superior Tribunal de Justiça serão nomeados pelo Presidente da República, dentre brasileiros com mais de trinta e cinco e menos de sessenta e cinco anos, de notável saber jurídico e reputação ilibada, depois de aprovada a escolha pela maioria absoluta do Senado Federal, sendo: ("Caput" do parágrafo único com redação dada pela Emenda Constitucional nº 45, de 2004)

I. um terço dentre juízes dos Tribunais Regionais Federais e um terço dentre desembargadores dos Tribunais de Justiça, indicados em lista tríplice elaborada pelo próprio Tribunal;

II. um terço, em partes iguais, dentre advogados e membros do Ministério Público Federal, Estadual, do Distrito Federal e dos Territórios, alternadamente, indicados na forma do art. 94.

Art. 105. Compete ao Superior Tribunal de Justiça:

I. processar e julgar, originariamente:

a) nos crimes comuns, os Governadores dos Estados e do Distrito Federal, e, nestes e nos de responsabilidade, os desembargadores dos Tribunais de Justiça dos Estados e do Distrito Federal, os membros dos Tribunais de Contas dos Estados e do Distrito Federal, os dos Tribunais Regionais Federais, dos Tribunais Regionais Eleitorais e do Trabalho, os membros dos Conselhos ou Tribunais de Contas dos Municípios e os do Ministério Público da União que oficiem perante tribunais;

b) os mandados de segurança e os habeas data contra ato de Ministro de Estado, dos Comandantes da Marinha, do Exército e da Aeronáutica ou do próprio Tribunal; (Alínea com redação dada pela Emenda Constitucional nº 23, de 1999)

c) os habeas corpus, quando o coator ou paciente for qualquer das pessoas mencionadas na alínea a, ou quando o coator for tribunal sujeito à sua jurisdição, Ministro de Estado ou Comandante da Marinha, do Exército ou da Aeronáutica, ressalvada a competência da Justiça Eleitoral; (Alínea com redação dada pela Emenda Constitucional nº 23, de 1999)

d) os conflitos de competência entre quaisquer tribunais, ressalvado o disposto no art. 102, I, o , bem como entre tribunal e juízes a ele não vinculados e entre juízes vinculados a tribunais diversos;

e) as revisões criminais e as ações rescisórias de seus julgados;

f) a reclamação para a preservação de sua competência e garantia da autoridade de suas decisões;

g) os conflitos de atribuições entre autoridades administrativas e judiciárias da União, ou entre autoridades judiciárias de um Estado e administrativas de outro ou do Distrito Federal, ou entre as deste e da União;

h) o mandado de injunção, quando a elaboração da norma regulamentadora for atribuição de órgão, entidade ou autoridade federal, da administração direta ou indireta, excetuados os casos de competência do Supremo Tribunal Federal e dos órgãos da Justiça Militar, da Justiça Eleitoral, da Justiça do Trabalho e da Justiça Federal;

i) a homologação de sentenças estrangeiras e a concessão de exequatur às cartas rogatórias; (Alínea acrescida pela Emenda Constitucional nº 45, de 2004)

II. julgar, em recurso ordinário:

a) os habeas corpus decididos em única ou última instância pelos Tribunais Regionais Federais ou pelos tribunais dos Estados, do Distrito Federal e Territórios, quando a decisão for denegatória;

b) os mandados de segurança decididos em única instância pelos Tribunais Regionais Federais ou pelos tribunais dos Estados, do Distrito Federal e Territórios, quando denegatória a decisão;

c) as causas em que forem partes Estado estrangeiro ou organismo internacional, de um lado, e, do outro, Município ou pessoa residente ou domiciliada no País;

III. julgar, em recurso especial, as causas decididas, em única ou última instância, pelos Tribunais Regionais Federais ou pelos tribunais dos Estados, do Distrito Federal e Territórios, quando a decisão recorrida:

a) contrariar tratado ou lei federal, ou negar-lhes vigência;

b) julgar válido ato de governo local contestado em face de lei federal; (Alínea com redação dada pela Emenda Constitucional nº 45, de 2004)

c) der a lei federal interpretação divergente da que lhe haja atribuído outro tribunal.

Parágrafo único. Funcionarão junto ao Superior Tribunal de Justiça: ("Caput" do parágrafo único com redação dada pela Emenda Constitucional nº 45, de 2004)

I. a Escola Nacional de Formação e Aperfeiçoamento de Magistrados, cabendo-lhe, dentre outras funções, regulamentar os cursos oficiais para o ingresso e promoção na carreira; (Inciso acrescido pela Emenda Constitucional nº 45, de 2004)

II. o Conselho da Justiça Federal, cabendo-lhe exercer, na forma da lei, a supervisão administrativa e orçamentária da Justiça Federal de primeiro e segundo graus, como órgão central do sistema e com poderes correicionais, cujas decisões terão caráter vinculante. (Inciso acrescido pela Emenda Constitucional nº 45, de 2004)

Seção IV - Dos Tribunais Regionais Federais e dos Juízes Federais

Art. 106. São órgãos da Justiça Federal:

I. os Tribunais Regionais Federais;

II. os Juízes Federais.

Art. 107. Os Tribunais Regionais Federais compõem-se de, no mínimo, sete juízes, recrutados, quando possível, na respectiva região e nomeados pelo Presidente da República dentre brasileiros com mais de trinta e menos de sessenta e cinco anos, sendo:

I. um quinto dentre advogados com mais de dez anos de efetiva atividade profissional e membros do Ministério Público Federal com mais de dez anos de carreira;

II. os demais, mediante promoção de juízes federais com mais de cinco anos de exercício, por antiguidade e merecimento, alternadamente.

§ 1º A lei disciplinará a remoção ou a permuta de juízes dos Tribunais Regionais Federais e determinará sua jurisdição e sede. (Parágrafo único transformado em § 1º pela Emenda Constitucional nº 45, de 2004)

§ 2º Os Tribunais Regionais Federais instalarão a justiça itinerante, com a realização de audiências e demais funções da atividade jurisdicional, nos limites territoriais da respectiva jurisdição, servindo-se de equipamentos públicos e comunitários. (Parágrafo acrescido pela Emenda Constitucional nº 45, de 2004)

§ 3º Os Tribunais Regionais Federais poderão funcionar descentralizadamente, constituindo Câmaras regionais, a fim de assegurar o pleno acesso do jurisdicionado à justiça em todas as fases do processo. (Parágrafo acrescido pela Emenda Constitucional nº 45, de 2004)

Art. 108. Compete aos Tribunais Regionais Federais:

I. processar e julgar, originariamente:

ANOTAÇÕES

ANOTAÇÕES

ANOTAÇÕES

a) os juízes federais da área de sua jurisdição, incluídos os da Justiça Militar e da Justiça do Trabalho, nos crimes comuns e de responsabilidade, e os membros do Ministério Público da União, ressalvada a competência da Justiça Eleitoral;

b) as revisões criminais e as ações rescisórias de julgados seus ou dos juízes federais da região;

c) os mandados de segurança e os habeas data contra ato do próprio Tribunal ou de juiz federal;

d) os habeas corpus , quando a autoridade coatora for juiz federal;

e) os conflitos de competência entre juízes federais vinculados ao Tribunal;

II. julgar, em grau de recurso, as causas decididas pelos juízes federais e pelos juízes estaduais no exercício da competência federal da área de sua jurisdição.

Art. 109. Aos juízes federais compete processar e julgar:

I. as causas em que a União, entidade autárquica ou empresa pública federal forem interessadas na condição de autoras, rés, assistentes ou oponentes, exceto as de falência, as de acidentes de trabalho e as sujeitas à Justiça Eleitoral e à Justiça do Trabalho;

II. as causas entre Estado estrangeiro ou organismo internacional e Município ou pessoa domiciliada ou residente no País;

III. as causas fundadas em tratado ou contrato da União com Estado estrangeiro ou organismo internacional;

IV. os crimes políticos e as infrações penais praticadas em detrimento de bens, serviços ou interesse da União ou de suas entidades autárquicas ou empresas públicas, excluídas as contravenções e ressalvada a competência da Justiça Militar e da Justiça Eleitoral;

V. os crimes previstos em tratado ou convenção internacional, quando, iniciada a execução no País, o resultado tenha ou devesse ter ocorrido no estrangeiro, ou reciprocamente;

V-A. as causas relativas a direitos humanos a que se refere o § 5º deste artigo; (Inciso acrescido pela Emenda Constitucional nº 45, de 2004)

VI. os crimes contra a organização do trabalho e, nos casos determinados por lei, contra o sistema financeiro e a ordem econômico-financeira;

VII. os habeas corpus , em matéria criminal de sua competência ou quando o constrangimento provier de autoridade cujos atos não estejam diretamente sujeitos a outra jurisdição;

VIII. os mandados de segurança e os habeas data contra ato de autoridade federal, excetuados os casos de competência dos tribunais federais;

IX. os crimes cometidos a bordo de navios ou aeronaves, ressalvada a competência da Justiça Militar;

X. os crimes de ingresso ou permanência irregular de estrangeiro, a execução de carta rogatória, após o exequatur, e de sentença estrangeira, após a homologação, as causas referentes à nacionalidade, inclusive a respectiva opção, e à naturalização;

XI. a disputa sobre direitos indígenas.

§ 1º As causas em que a União for autora serão aforadas na seção judiciária onde tiver domicílio a outra parte.

§ 2º As causas intentadas contra a União poderão ser aforadas na seção judiciária em que for domiciliado o autor, naquela onde houver ocorrido o ato ou fato que deu origem à demanda ou onde esteja situada a coisa, ou, ainda, no Distrito Federal.

§ 3º Lei poderá autorizar que as causas de competência da Justiça Federal em que forem parte instituição de previdência social e segurado possam ser processadas e julgadas na justiça estadual quando a comarca do domicílio do segurado não for sede de vara federal. (Redação dada pela Emenda Constitucional nº 103, de 2019)

ANOTAÇÕES

§ 4º Na hipótese do parágrafo anterior, o recurso cabível será sempre para o Tribunal Regional Federal na área de jurisdição do juiz de primeiro grau.

§ 5º Nas hipóteses de grave violação de direitos humanos, o Procurador-Geral da República, com a finalidade de assegurar o cumprimento de obrigações decorrentes de tratados internacionais de direitos humanos dos quais o Brasil seja parte, poderá suscitar, perante o Superior Tribunal de Justiça, em qualquer fase do inquérito ou processo, incidente de deslocamento de competência para a Justiça Federal. (Parágrafo acrescido pela Emenda Constitucional nº 45, de 2004)

Art. 110. Cada Estado, bem como o Distrito Federal, constituirá uma seção judiciária, que terá por sede a respectiva capital, e varas localizadas segundo o estabelecido em lei.

Parágrafo único. Nos Territórios Federais, a jurisdição e as atribuições cometidas aos juízes federais caberão aos juízes da Justiça local, na forma da lei.

Seção V - Do Tribunal Superior do Trabalho, dos Tribunais Regionais do Trabalho e dos Juízes do Trabalho

(Denominação da Seção com redação dada pela Emenda Constitucional nº 92, de 2016)

Art. 111. São órgãos da Justiça do Trabalho:

I. o Tribunal Superior do Trabalho;

II. os Tribunais Regionais do Trabalho;

III. Juizes do Trabalho. (Inciso com redação dada pela Emenda Constitucional nº 24, de 1999)

§ 1º (Revogado pela Emenda Constitucional nº 45, de 2004)

§ 2º (Revogado pela Emenda Constitucional nº 45, de 2004)

§ 3º (Revogado pela Emenda Constitucional nº 45, de 2004)

Art. 111-A. O Tribunal Superior do Trabalho compor-se-á de vinte e sete Ministros, escolhidos dentre brasileiros com mais de trinta e cinco anos e menos de sessenta e cinco anos, de notável saber jurídico e reputação ilibada, nomeados pelo Presidente da República após aprovação pela maioria absoluta do Senado Federal, sendo: ("Caput" do artigo com redação dada pela Emenda Constitucional nº 92, de 2016)

I. um quinto dentre advogados com mais de dez anos de efetiva atividade profissional e membros do Ministério Público do Trabalho com mais de dez anos de efetivo exercício, observado o disposto no art. 94;

II. os demais dentre juízes dos Tribunais Regionais do Trabalho, oriundos da magistratura da carreira, indicados pelo próprio Tribunal Superior.

§ 1º A lei disporá sobre a competência do Tribunal Superior do Trabalho.

§ 2º Funcionarão junto ao Tribunal Superior do Trabalho:

I. a Escola Nacional de Formação e Aperfeiçoamento de Magistrados do Trabalho, cabendo-lhe, dentre outras funções, regulamentar os cursos oficiais para o ingresso e promoção na carreira;

II. o Conselho Superior da Justiça do Trabalho, cabendo-lhe exercer, na forma da lei, a supervisão administrativa, orçamentária, financeira e patrimonial da Justiça do Trabalho de primeiro e segundo graus, como órgão central do sistema, cujas decisões terão efeito vinculante. (Artigo acrescido pela Emenda Constitucional nº 45, de 2004)

§ 3º Compete ao Tribunal Superior do Trabalho processar e julgar, originariamente, a reclamação para a preservação de sua competência e garantia da autoridade de suas decisões. (Parágrafo acrescido pela Emenda Constitucional nº 92, de 2016)

Art. 112. A lei criará varas da Justiça do Trabalho, podendo, nas comarcas não abrangidas por sua jurisdição, atribuí-la aos juízes de direito, com recurso para o respectivo Tribunal Regional do Trabalho. (Artigo com redação dada pela Emenda Constitucional nº 45, de 2004)

Art. 113. A lei disporá sobre a constituição, investidura, jurisdição, competência, garantias e condições de exercício dos órgãos da Justiça do Trabalho. (Artigo com redação dada pela Emenda Constitucional nº 24, de 1999)

Art. 114. Compete à Justiça do Trabalho processar e julgar: ("Caput" do artigo com redação dada pela Emenda Constitucional nº 45, de 2004)

I. as ações oriundas da relação de trabalho, abrangidos os entes de direito público externo e da administração pública direta e indireta da União, dos Estados, do Distrito Federal e dos Municípios; (Inciso acrescido pela Emenda Constitucional nº 45, de 2004)

II. as ações que envolvam exercício do direito de greve; (Inciso acrescido pela Emenda Constitucional nº 45, de 2004)

III. as ações sobre representação sindical, entre sindicatos, entre sindicatos e trabalhadores, e entre sindicatos e empregadores; (Inciso acrescido pela Emenda Constitucional nº 45, de 2004)

IV. os mandados de segurança, habeas corpus e habeas data, quando o ato questionado envolver matéria sujeita à sua jurisdição; (Inciso acrescido pela Emenda Constitucional nº 45, de 2004)

V. os conflitos de competência entre órgãos com jurisdição trabalhista, ressalvado o disposto no art. 102, I, o; (Inciso acrescido pela Emenda Constitucional nº 45, de 2004)

VI. as ações de indenização por dano moral ou patrimonial, decorrentes da relação de trabalho; (Inciso acrescido pela Emenda Constitucional nº 45, de 2004)

VII. as ações relativas às penalidades administrativas impostas aos empregadores pelos órgãos de fiscalização das relações de trabalho; (Inciso acrescido pela Emenda Constitucional nº 45, de 2004)

VIII. a execução, de ofício, das contribuições sociais previstas no art. 195, I, a, e II, e seus acréscimos legais, decorrentes das sentenças que proferir; (Inciso acrescido pela Emenda Constitucional nº 45, de 2004)

IX. outras controvérsias decorrentes da relação de trabalho, na forma da lei. (Inciso acrescido pela Emenda Constitucional nº 45, de 2004)

§ 1º Frustrada a negociação coletiva, as partes poderão eleger árbitros.

§ 2º Recusando-se qualquer das partes à negociação coletiva ou à arbitragem, é facultado às mesmas, de comum acordo, ajuizar dissídio coletivo de natureza econômica, podendo a Justiça do Trabalho decidir o conflito, respeitadas as disposições mínimas legais de proteção ao trabalho, bem como as convencionadas anteriormente. (Parágrafo com redação dada pela Emenda Constitucional nº 45, de 2004)

§ 3º Em caso de greve em atividade essencial, com possibilidade de lesão do interesse público, o Ministério Público do Trabalho poderá ajuizar dissídio coletivo, competindo à Justiça do Trabalho decidir o conflito. (Parágrafo acrescido pela Emenda Constitucional nº 20, de 1998 e com nova redação dada pela Emenda Constitucional nº 45, de 2004)

Art. 115. Os Tribunais Regionais do Trabalho compõem-se de, no mínimo, sete juízes, recrutados, quando possível, na respectiva região, e nomeados pelo Presidente da República dentre brasileiros com mais de trinta e menos de sessenta e cinco anos, sendo: ("Caput" do artigo com redação dada pela Emenda Constitucional nº 45, de 2004)

I. um quinto dentre advogados com mais de dez anos de efetiva atividade profissional e membros do Ministério Público do Trabalho com mais de dez anos de efetivo exercício, observado o disposto no art. 94; (Inciso com redação dada pela Emenda Constitucional nº 45, de 2004)

II. os demais, mediante promoção de juízes do trabalho por antiguidade e merecimento, alternadamente. (Inciso com redação dada pela Emenda Constitucional nº 45, de 2004)

ANOTAÇÕES

§ 1º Os Tribunais Regionais do Trabalho instalarão a justiça itinerante, com a realização de audiências e demais funções de atividade jurisdicional, nos limites territoriais da respectiva jurisdição, servindo-se de equipamentos públicos e comunitários. (Parágrafo acrescido pela Emenda Constitucional nº 45, de 2004)

§ 2º Os Tribunais Regionais do Trabalho poderão funcionar descentralizadamente, constituindo Câmaras regionais, a fim de assegurar o pleno acesso do jurisdicionado à justiça em todas as fases do processo. (Parágrafo acrescido pela Emenda Constitucional nº 45, de 2004)

Art. 116. Nas Varas do Trabalho, a jurisdição será exercida por um juiz singular. ("Caput" do artigo com redação dada pela Emenda Constitucional nº 24, de 1999)

Parágrafo único. (Revogado pela Emenda Constitucional nº 24, de 1999)

Art. 117. (Revogado pela Emenda Constitucional nº 24, de 1999)

Seção VI - Dos Tribunais e Juízes Eleitorais

Art. 118. São órgãos da Justiça Eleitoral:

I. o Tribunal Superior Eleitoral;

II. os Tribunais Regionais Eleitorais;

III. os juízes eleitorais;

IV. as Juntas Eleitorais.

Art. 119. O Tribunal Superior Eleitoral compor-se-á, no mínimo, de sete membros, escolhidos:

I. mediante eleição, pelo voto secreto:

a) três juízes dentre os Ministros do Supremo Tribunal Federal;

b) dois juízes dentre os Ministros do Superior Tribunal de Justiça;

II. por nomeação do Presidente da República, dois juízes dentre seis advogados de notável saber jurídico e idoneidade moral, indicados pelo Supremo Tribunal Federal.

Parágrafo único. O Tribunal Superior Eleitoral elegerá seu Presidente e o Vice-Presidente dentre os Ministros do Supremo Tribunal Federal, e o corregedor eleitoral dentre os Ministros do Superior Tribunal de Justiça.

Art. 120. Haverá um Tribunal Regional Eleitoral na capital de cada Estado e no Distrito Federal.

§ 1º Os Tribunais Regionais Eleitorais compor-se-ão:

I. mediante eleição, pelo voto secreto:

a) de dois juízes dentre os desembargadores do Tribunal de Justiça;

b) de dois juízes, dentre juízes de direito, escolhidos pelo Tribunal de Justiça;

II. de um juiz do Tribunal Regional Federal com sede na capital do Estado ou no Distrito Federal, ou, não havendo, de juiz federal, escolhido, em qualquer caso, pelo Tribunal Regional Federal respectivo;

III. por nomeação, pelo Presidente da República, de dois juízes dentre seis advogados de notável saber jurídico e idoneidade moral, indicados pelo Tribunal de Justiça.

§ 2º O Tribunal Regional Eleitoral elegerá seu Presidente e o Vice-Presidente dentre os desembargadores.

Art. 121. Lei complementar disporá sobre a organização e competência dos Tribunais, dos juízes de direito e das Juntas Eleitorais.

§ 1º Os membros dos Tribunais, os juízes de direito e os integrantes das Juntas Eleitorais, no exercício de suas funções, e no que lhes for aplicável, gozarão de plenas garantias e serão inamovíveis.

§ 2º Os juízes dos Tribunais Eleitorais, salvo motivo justificado, servirão por dois anos, no mínimo, e nunca por mais de dois biênios consecutivos, sendo os substitutos escolhidos na mesma ocasião e pelo mesmo processo, em número igual para cada categoria.

ANOTAÇÕES

ANOTAÇÕES

§ 3º São irrecorríveis as decisões do Tribunal Superior Eleitoral, salvo as que contrariarem esta Constituição e as denegatórias de habeas corpus ou mandado de segurança.

§ 4º Das decisões dos Tribunais Regionais Eleitorais somente caberá recurso quando:

I. forem proferidas contra disposição expressa desta Constituição ou de lei;

II. ocorrer divergência na interpretação de lei entre dois ou mais Tribunais Eleitorais;

III. versarem sobre inelegibilidade ou expedição de diplomas nas eleições federais ou estaduais;

IV. anularem diplomas ou decretarem a perda de mandatos eletivos federais ou estaduais;

V. denegarem habeas corpus , mandado de segurança, habeas data ou mandado de injunção.

Seção VII - Dos Tribunais e Juízes Militares

Art. 122. São órgãos da Justiça Militar:

I. o Superior Tribunal Militar;

II. os Tribunais e juízes militares instituídos por lei.

Art. 123. O Superior Tribunal Militar compor-se-á de quinze Ministros vitalícios, nomeados pelo Presidente da República, depois de aprovada a indicação pelo Senado Federal, sendo três dentre oficiais-generais da Marinha, quatro dentre oficiais-generais do Exército, três dentre oficiais-generais da Aeronáutica, todos da ativa e do posto mais elevado da carreira, e cinco dentre civis.

Parágrafo único. Os Ministros civis serão escolhidos pelo Presidente da República dentre brasileiros maiores de trinta e cinco anos, sendo:

I. três dentre advogados de notório saber jurídico e conduta ilibada, com mais de dez anos de efetiva atividade profissional;

II. dois, por escolha paritária, dentre juízes-auditores e membros do Ministério Público da Justiça Militar.

Art. 124. À Justiça Militar compete processar e julgar os crimes militares definidos em lei.

Parágrafo único. A lei disporá sobre a organização, o funcionamento e a competência da Justiça Militar.

Seção VIII - Dos Tribunais e Juízes dos Estados

Art. 125. Os Estados organizarão sua Justiça, observados os princípios estabelecidos nesta Constituição.

§ 1º A competência dos tribunais será definida na Constituição do Estado, sendo a lei de organização judiciária de iniciativa do Tribunal de Justiça.

§ 2º Cabe aos Estados a instituição de representação de inconstitucionalidade de leis ou atos normativos estaduais ou municipais em face da Constituição estadual, vedada a atribuição da legitimação para agir a um único órgão.

§ 3º A lei estadual poderá criar, mediante proposta do Tribunal de Justiça, a Justiça Militar estadual, constituída, em primeiro grau, pelos juízes de direito e pelos Conselhos de Justiça e, em segundo grau, pelo próprio Tribunal de Justiça, ou por Tribunal de Justiça Militar nos Estados em que o efetivo militar seja superior a vinte mil integrantes. (Parágrafo com redação dada pela Emenda Constitucional nº 45, de 2004)

§ 4º Compete à Justiça Militar estadual processar e julgar os militares dos Estados, nos crimes militares definidos em lei e as ações judiciais contra atos disciplinares militares, ressalvada a competência do júri quando a vítima for civil, cabendo ao tribunal competente decidir sobre a perda do posto e da patente dos oficiais e da graduação das praças. (Parágrafo com redação dada pela Emenda Constitucional nº 45, de 2004)

§ 5º Compete aos juízes de direito do juízo militar processar e julgar, singularmente, os crimes militares cometidos contra civis e as ações judiciais contra atos disciplinares militares, cabendo ao Conselho de Justiça, sob a presidência de juiz de direito, processar e julgar os demais crimes militares. (Parágrafo acrescido pela Emenda Constitucional nº 45, de 2004)

ANOTAÇÕES

§ 6º O Tribunal de Justiça poderá funcionar descentralizadamente, constituindo Câmaras regionais, a fim de assegurar o pleno acesso do jurisdicionado à justiça em todas as fases do processo. (Parágrafo acrescido pela Emenda Constitucional nº 45, de 2004)

§ 7º O Tribunal de Justiça instalará a justiça itinerante, com a realização de audiências e demais funções da atividade jurisdicional, nos limites territoriais da respectiva jurisdição, servindo-se de equipamentos públicos e comunitários. (Parágrafo acrescido pela Emenda Constitucional nº 45, de 2004)

Art. 126. Para dirimir conflitos fundiários, o Tribunal de Justiça proporá a criação de varas especializadas, com competência exclusiva para questões agrárias. ("Caput" do artigo com redação dada pela Emenda Constitucional nº 45, de 2004)

Parágrafo único. Sempre que necessário à eficiente prestação jurisdicional, o juiz far-se-á presente no local do litígio.

CAPÍTULO IV - DAS FUNÇÕES ESSENCIAIS À JUSTIÇA

Seção I - Do Ministério Público

Art. 127. O Ministério Público é instituição permanente, essencial à função jurisdicional do Estado, incumbindo-lhe a defesa da ordem jurídica, do regime democrático e dos interesses sociais e individuais indisponíveis.

§ 1º São princípios institucionais do Ministério Público a unidade, a indivisibilidade e a independência funcional.

§ 2º Ao Ministério Público é assegurada autonomia funcional e administrativa, podendo, observado o disposto no art. 169, propor ao Poder Legislativo a criação e extinção de seus cargos e serviços auxiliares, provendo-os por concurso público de provas ou de provas e títulos, a política remuneratória e os planos de carreira; a lei disporá sobre sua organização e funcionamento. (Parágrafo com redação dada pela Emenda Constitucional nº 19, de 1998)

§ 3º O Ministério Público elaborará sua proposta orçamentária dentro dos limites estabelecidos na lei de diretrizes orçamentárias.

§ 4º Se o Ministério Público não encaminhar a respectiva proposta orçamentária dentro do prazo estabelecido na lei de diretrizes orçamentárias, o Poder Executivo considerará, para fins de consolidação da proposta orçamentária anual, os valores aprovados na lei orçamentária vigente, ajustados de acordo com os limites estipulados na forma do § 3º. (Parágrafo acrescido pela Emenda Constitucional nº 45, de 2004)

§ 5º Se a proposta orçamentária de que trata este artigo for encaminhada em desacordo com os limites estipulados na forma do § 3º, o Poder Executivo procederá aos ajustes necessários para fins de consolidação da proposta orçamentária anual. (Parágrafo acrescido pela Emenda Constitucional nº 45, de 2004)

§ 6º Durante a execução orçamentária do exercício, não poderá haver a realização de despesas ou a assunção de obrigações que extrapolem os limites estabelecidos na lei de diretrizes orçamentárias, exceto se previamente autorizadas, mediante a abertura de créditos suplementares ou especiais. (Parágrafo acrescido pela Emenda Constitucional nº 45, de 2004)

Art. 128. O Ministério Público abrange:

I. o Ministério Público da União, que compreende:

a) o Ministério Público Federal;

b) o Ministério Público do Trabalho;

c) o Ministério Público Militar;

d) o Ministério Público do Distrito Federal e Territórios;

II. os Ministérios Públicos dos Estados.

§ 1º O Ministério Público da União tem por chefe o Procurador-Geral da República, nomeado pelo Presidente da República dentre integrantes da carreira, maiores de trinta e cinco anos, após a aprovação de seu nome pela maioria absoluta dos membros do Senado Federal, para mandato de dois anos, permitida a recondução.

§ 2º A destituição do Procurador-Geral da República, por iniciativa do Presidente da República, deverá ser precedida de autorização da maioria absoluta do Senado Federal.

§ 3º Os Ministérios Públicos dos Estados e o do Distrito Federal e Territórios formarão lista tríplice dentre integrantes da carreira, na forma da lei respectiva, para escolha de seu Procurador-Geral, que será nomeado pelo Chefe do Poder Executivo, para mandato de dois anos, permitida uma recondução.

§ 4º Os Procuradores-Gerais nos Estados e no Distrito Federal e Territórios poderão ser destituídos por deliberação da maioria absoluta do Poder Legislativo, na forma da lei complementar respectiva.

§ 5º Leis complementares da União e dos Estados, cuja iniciativa é facultada aos respectivos Procuradores-Gerais, estabelecerão a organização, as atribuições e o estatuto de cada Ministério Público, observadas, relativamente a seus membros:

I. as seguintes garantias:

a) vitaliciedade, após dois anos de exercício, não podendo perder o cargo senão por sentença judicial transitada em julgado;

b) inamovibilidade, salvo por motivo de interesse público, mediante decisão do órgão colegiado competente do Ministério Público, pelo voto da maioria absoluta de seus membros, assegurada ampla defesa; (Alínea com redação dada pela Emenda Constitucional nº 45, de 2004)

c) irredutibilidade de subsídio, fixado na forma do art. 39, § 4º, e ressalvado o disposto nos arts. 37, X e XI, 150, II, 153, III, 153, § 2º, I; (Alínea com redação dada pela Emenda Constitucional nº 19, de 1998)

II. as seguintes vedações:

a) receber, a qualquer título e sob qualquer pretexto, honorários, percentagens ou custas processuais;

b) exercer a advocacia;

c) participar de sociedade comercial, na forma da lei;

d) exercer, ainda que em disponibilidade, qualquer outra função pública, salvo uma de magistério;

e) exercer atividade político-partidária: (Alínea com redação dada pela Emenda Constitucional nº 45, de 2004)

f) receber, a qualquer título ou pretexto, auxílios ou contribuições de pessoas físicas, entidades públicas ou privadas, ressalvadas as exceções previstas em lei. (Alínea acrescida pela Emenda Constitucional nº 45, de 2004)

§ 6º Aplica-se aos membros do Ministério Público o disposto no art. 95, parágrafo único, V. (Parágrafo acrescido pela Emenda Constitucional nº 45, de 2004)

Art. 129. São funções institucionais do Ministério Público:

I. promover, privativamente, a ação penal pública, na forma da lei;

II. zelar pelo efetivo respeito dos poderes públicos e dos serviços de relevância pública aos direitos assegurados nesta Constituição, promovendo as medidas necessárias a sua garantia;

III. promover o inquérito civil e a ação civil pública, para a proteção do patrimônio público e social, do meio ambiente e de outros interesses difusos e coletivos;

ANOTAÇÕES

IV. promover a ação de inconstitucionalidade ou representação para fins de intervenção da União e dos Estados, nos casos previstos nesta Constituição;

V. defender judicialmente os direitos e interesses das populações indígenas;

VI. expedir notificações nos procedimentos administrativos de sua competência, requisitando informações e documentos para instruí-los, na forma da lei complementar respectiva;

VII. exercer o controle externo da atividade policial, na forma da lei complementar mencionada no artigo anterior;

VIII. requisitar diligências investigatórias e a instauração de inquérito policial, indicados os fundamentos jurídicos de suas manifestações processuais;

IX. exercer outras funções que lhe forem conferidas, desde que compatíveis com sua finalidade, sendo-lhe vedada a representação judicial e a consultoria jurídica de entidades públicas.

§ 1º A legitimação do Ministério Público para as ações civis previstas neste artigo não impede a de terceiros, nas mesmas hipóteses, segundo o disposto nesta Constituição e na lei.

§ 2º As funções do Ministério Público só podem ser exercidas por integrantes da carreira, que deverão residir na comarca da respectiva lotação, salvo autorização do chefe da instituição. (Parágrafo com redação dada pela Emenda Constitucional nº 45, de 2004)

§ 3º O ingresso na carreira do Ministério Público far-se-á mediante concurso público de provas e títulos, assegurada a participação da Ordem dos Advogados do Brasil em sua realização, exigindo-se do bacharel em direito, no mínimo, três anos de atividade jurídica e observando-se, nas nomeações, a ordem de classificação. (Parágrafo com redação dada pela Emenda Constitucional nº 45, de 2004)

§ 4º Aplica-se ao Ministério Público, no que couber, o disposto no art. 93. (Parágrafo com redação dada pela Emenda Constitucional nº 45, de 2004)

§ 5º A distribuição de processos no Ministério Público será imediata. (Parágrafo acrescido pela Emenda Constitucional nº 45, de 2004)

Art. 130. Aos membros do Ministério Público junto aos Tribunais de Contas aplicam-se as disposições desta Seção pertinentes a direitos, vedações e forma de investidura.

Art. 130-A. O Conselho Nacional do Ministério Público compõe-se de quatorze membros nomeados pelo Presidente da República, depois de aprovada a escolha pela maioria absoluta do Senado Federal, para um mandato de dois anos, admitida uma recondução, sendo:

I. o Procurador-Geral da República, que o preside;

II. quatro membros do Ministério Público da União, assegurada a representação de cada uma de suas carreiras;

III. três membros do Ministério Público dos Estados;

IV. dois juízes, indicados um pelo Supremo Tribunal Federal e outro pelo Superior Tribunal de Justiça;

V. dois advogados, indicados pelo Conselho Federal da Ordem dos Advogados do Brasil;

VI. dois cidadãos de notável saber jurídico e reputação ilibada, indicados um pela Câmara dos Deputados e outro pelo Senado Federal.

§ 1º Os membros do Conselho oriundos do Ministério Público serão indicados pelos respectivos Ministérios Públicos, na forma da lei.

§ 2º Compete ao Conselho Nacional do Ministério Público o controle da atuação administrativa e financeira do Ministério Público e do cumprimento dos deveres funcionais de seus membros, cabendo-lhe:

I. zelar pela autonomia funcional e administrativa do Ministério Público, podendo expedir atos regulamentares, no âmbito de sua competência, ou recomendar providências;

II. zelar pela observância do art. 37 e apreciar, de ofício ou mediante provocação, a legalidade dos atos adminis-

ANOTAÇÕES

ANOTAÇÕES

trativos praticados por membros ou órgãos do Ministério Público da União e dos Estados, podendo desconstituí-los, revê-los ou fixar prazo para que se adotem as providências necessárias ao exato cumprimento da lei, sem prejuízo da competência dos Tribunais de Contas;

III. receber e conhecer das reclamações contra membros ou órgãos do Ministério Público da União ou dos Estados, inclusive contra seus serviços auxiliares, sem prejuízo da competência disciplinar e correicional da instituição, podendo avocar processos disciplinares em curso, determinar a remoção ou a disponibilidade e aplicar outras sanções administrativas, assegurada ampla defesa; (Redação dada pela Emenda Constitucional nº 103, de 2019)

IV. rever, de ofício ou mediante provocação, os processos disciplinares de membros do Ministério Público da União ou dos Estados julgados há menos de um ano;

V. elaborar relatório anual, propondo as providências que julgar necessárias sobre a situação do Ministério Público no País e as atividades do Conselho, o qual deve integrar a mensagem prevista no art. 84, XI.

§ 3º O Conselho escolherá, em votação secreta, um Corregedor nacional, dentre os membros do Ministério Público que o integram, vedada a recondução, competindo-lhe, além das atribuições que lhe forem conferidas pela lei, as seguintes:

I. receber reclamações e denúncias, de qualquer interessado, relativas aos membros do Ministério Público e dos seus serviços auxiliares;

II. exercer funções executivas do Conselho, de inspeção e correição geral;

III. requisitar e designar membros do Ministério Público, delegando-lhes atribuições, e requisitar servidores de órgãos do Ministério Público.

§ 4º O Presidente do Conselho Federal da Ordem dos Advogados do Brasil oficiará junto ao Conselho.

§ 5º Leis da União e dos Estados criarão ouvidorias do Ministério Público, competentes para receber reclamações e denúncias de qualquer interessado contra membros ou órgãos do Ministério Público, inclusive contra seus serviços auxiliares, representando diretamente ao Conselho Nacional do Ministério Público. (Artigo acrescido pela Emenda Constitucional nº 45, de 2004)

Seção II - Da Advocacia Pública

(Redação dada pela Emenda Constitucional nº 19, de 1998)

Art. 131. A Advocacia-Geral da União é a instituição que, diretamente ou através de órgão vinculado, representa a União, judicial e extrajudicialmente, cabendo-lhe, nos termos da lei complementar que dispuser sobre sua organização e funcionamento, as atividades de consultoria e assessoramento jurídico do Poder Executivo.

§ 1º A Advocacia-Geral da União tem por chefe o Advogado-Geral da União, de livre nomeação pelo Presidente da República dentre cidadãos maiores de trinta e cinco anos, de notável saber jurídico e reputação ilibada.

§ 2º O ingresso nas classes iniciais das carreiras da instituição de que trata este artigo far-se-á mediante concurso público de provas e títulos.

§ 3º Na execução da dívida ativa de natureza tributária, a representação da União cabe à Procuradoria-Geral da Fazenda Nacional, observado o disposto em lei.

Art. 132. Os Procuradores dos Estados e do Distrito Federal, organizados em carreira, na qual o ingresso dependerá de concurso público de provas e títulos, com a participação da Ordem dos Advogados do Brasil em todas as suas fases, exercerão a representação judicial e a consultoria jurídica das respectivas unidades federadas. ("Caput" do artigo com redação dada pela Emenda Constitucional nº 19, de 1998)

ANOTAÇÕES

Parágrafo único. Aos procuradores referidos neste artigo é assegurada estabilidade após três anos de efetivo exercício, mediante avaliação de desempenho perante os órgãos próprios, após relatório circunstanciado das corregedorias. (Parágrafo único acrescido pela Emenda Constitucional nº 19, de 1998)

Seção III - Da Advocacia

(Denominação da Seção com redação dada pela Emenda Constitucional nº 80, de 2014)

Art. 133. O advogado é indispensável à administração da justiça, sendo inviolável por seus atos e manifestações no exercício da profissão, nos limites da lei.

Seção IV - Da Defensoria Pública

(Seção acrescida pela Emenda Constitucional nº 80, de 2014)

Art. 134. A Defensoria Pública é instituição permanente, essencial à função jurisdicional do Estado, incumbindo-lhe, como expressão e instrumento do regime democrático, fundamentalmente, a orientação jurídica, a promoção dos direitos humanos e a defesa, em todos os graus, judicial e extrajudicial, dos direitos individuais e coletivos, de forma integral e gratuita, aos necessitados, na forma do inciso LXXIV do art. 5º desta Constituição Federal. ("Caput" do artigo com redação dada pela Emenda Constitucional nº 80, de 2014)

§ 1º Lei complementar organizará a Defensoria Pública da União e do Distrito Federal e dos Territórios e prescreverá normas gerais para sua organização nos Estados, em cargos de carreira, providos, na classe inicial, mediante concurso público de provas e títulos, assegurada a seus integrantes a garantia da inamovibilidade e vedado o exercício da advocacia fora das atribuições institucionais. (Parágrafo único transformado em § 1º pela Emenda Constitucional nº 45, de 2004)

§ 2º Às Defensorias Públicas Estaduais são asseguradas autonomia funcional e administrativa e a iniciativa de sua proposta orçamentária dentro dos limites estabelecidos na lei de diretrizes orçamentárias e subordinação ao disposto no art. 99, § 2º. (Parágrafo acrescido pela Emenda Constitucional nº 45, de 2004)

§ 3º Aplica-se o disposto no § 2º às Defensorias Públicas da União e do Distrito Federal. (Parágrafo acrescido pela Emenda Constitucional nº 74, de 2013)

§ 4º São princípios institucionais da Defensoria Pública a unidade, a indivisibilidade e a independência funcional, aplicando- se também, no que couber, o disposto no art. 93 e no inciso II do art. 96 desta Constituição Federal. (Parágrafo acrescido pela Emenda Constitucional nº 80, de 2014)

Art. 135. Os servidores integrantes das carreiras disciplinadas nas Seções II e III deste Capítulo serão remunerados na forma do art. 39, § 4º. (Artigo com redação dada pela Emenda Constitucional nº 19, de 1998)

TÍTULO V - DA DEFESA DO ESTADO E DAS INSTITUIÇÕES DEMOCRÁTICAS

CAPÍTULO I - DO ESTADO DE DEFESA E DO ESTADO DE SÍTIO

Seção I- Do Estado de Defesa

Art. 136. O Presidente da República pode, ouvidos o Conselho da República e o Conselho de Defesa Nacional, decretar estado de defesa para preservar ou prontamente restabelecer, em locais restritos e determinados, a ordem pública ou a paz social ameaçadas por grave e iminente instabilidade institucional ou atingidas por calamidades de grandes proporções na natureza.

§ 1º O decreto que instituir o estado de defesa determinará o tempo de sua duração, especificará as áreas a serem abrangidas e indicará, nos termos e limites da lei, as medidas coercitivas a vigorarem, dentre as seguintes:

I. restrições aos direitos de:

a) reunião, ainda que exercida no seio das associações;

b) sigilo de correspondência;

c) sigilo de comunicação telegráfica e telefônica;

II. ocupação e uso temporário de bens e serviços públicos, na hipótese de calamidade pública, respondendo a União pelos danos e custos decorrentes.

§ 2º O tempo de duração do estado de defesa não será superior a trinta dias, podendo ser prorrogado uma vez, por igual período, se persistirem as razões que justificaram a sua decretação.

§ 3º Na vigência do estado de defesa:

I. a prisão por crime contra o Estado, determinada pelo executor da medida, será por este comunicada imediatamente ao juiz competente, que a relaxará, se não for legal, facultado ao preso requerer exame de corpo de delito à autoridade policial;

II. a comunicação será acompanhada de declaração, pela autoridade, do estado físico e mental do detido no momento de sua autuação;

III. a prisão ou detenção de qualquer pessoa não poderá ser superior a dez dias, salvo quando autorizada pelo Poder Judiciário;

IV. é vedada a incomunicabilidade do preso.

§ 4º Decretado o estado de defesa ou sua prorrogação, o Presidente da República, dentro de vinte e quatro horas, submeterá o ato com a respectiva justificação ao Congresso Nacional, que decidirá por maioria absoluta.

§ 5º Se o Congresso Nacional estiver em recesso, será convocado, extraordinariamente, no prazo de cinco dias.

§ 6º O Congresso Nacional apreciará o decreto dentro de dez dias contados de seu recebimento, devendo continuar funcionando enquanto vigorar o estado de defesa.

§ 7º Rejeitado o decreto, cessa imediatamente o estado de defesa.

Seção II - Do Estado de Sítio

Art. 137. O Presidente da República pode, ouvidos o Conselho da República e o Conselho de Defesa Nacional, solicitar ao Congresso Nacional autorização para decretar o estado de sítio nos casos de:

I. comoção grave de repercussão nacional ou ocorrência de fatos que comprovem a ineficácia de medida tomada durante o estado de defesa;

II. declaração de estado de guerra ou resposta a agressão armada estrangeira.

Parágrafo único. O Presidente da República, ao solicitar autorização para decretar o estado de sítio ou sua prorrogação, relatará os motivos determinantes do pedido, devendo o Congresso Nacional decidir por maioria absoluta.

Art. 138. O decreto do estado de sítio indicará sua duração, as normas necessárias a sua execução e as garantias constitucionais que ficarão suspensas, e, depois de publicado, o Presidente da República designará o executor das medidas específicas e as áreas abrangidas.

§ 1º O estado de sítio, no caso do art. 137, I, não poderá ser decretado por mais de trinta dias, nem prorrogado, de cada vez, por prazo superior; no do inciso II, poderá ser decretado por todo o tempo que perdurar a guerra ou a agressão armada estrangeira.

§ 2º Solicitada autorização para decretar o estado de sítio durante o recesso parlamentar, o Presidente do Senado Federal, de imediato, convocará extraordinariamente o Congresso Nacional para se reunir dentro de cinco dias, a fim de apreciar o ato.

§ 3º O Congresso Nacional permanecerá em funcionamento até o término das medidas coercitivas.

ANOTAÇÕES

Art. 139. Na vigência do estado de sítio decretado com fundamento no art. 137, I, só poderão ser tomadas contra as pessoas as seguintes medidas:

I. obrigação de permanência em localidade determinada;

II. detenção em edifício não destinado a acusados ou condenados por crimes comuns;

III. restrições relativas à inviolabilidade da correspondência, ao sigilo das comunicações, à prestação de informações e à liberdade de imprensa, radiodifusão e televisão, na forma da lei;

IV. suspensão da liberdade de reunião;

V. busca e apreensão em domicílio;

VI. intervenção nas empresas de serviços públicos;

VII. requisição de bens.

Parágrafo único. Não se inclui nas restrições do inciso III a difusão de pronunciamentos de parlamentares efetuados em suas Casas Legislativas, desde que liberada pela respectiva Mesa.

Seção III - Disposições Gerais

Art. 140. A Mesa do Congresso Nacional, ouvidos os líderes partidários, designará Comissão composta de cinco de seus membros para acompanhar e fiscalizar a execução das medidas referentes ao estado de defesa e ao estado de sítio.

Art. 141. Cessado o estado de defesa ou o estado de sítio, cessarão também seus efeitos, sem prejuízo da responsabilidade pelos ilícitos cometidos por seus executores ou agentes.

Parágrafo único. Logo que cesse o estado de defesa ou o estado de sítio, as medidas aplicadas em sua vigência serão relatadas pelo Presidente da República, em mensagem ao Congresso Nacional, com especificação e justificação das providências adotadas, com relação nominal dos atingidos e indicação das restrições aplicadas.

CAPÍTULO II - DAS FORÇAS ARMADAS

Art. 142. As Forças Armadas, constituídas pela Marinha, pelo Exército e pela Aeronáutica, são instituições nacionais permanentes e regulares, organizadas com base na hierarquia e na disciplina, sob a autoridade suprema do Presidente da República, e destinam-se à defesa da Pátria, à garantia dos poderes constitucionais e, por iniciativa de qualquer destes, da lei e da ordem.

§ 1º Lei complementar estabelecerá as normas gerais a serem adotadas na organização, no preparo e no emprego das Forças Armadas.

§ 2º Não caberá habeas corpus em relação a punições disciplinares militares.

§ 3º Os membros das Forças Armadas são denominados militares, aplicando-se-lhes, além das que vierem a ser fixadas em lei, as seguintes disposições: (Parágrafo acrescido pela Emenda Constitucional nº 18, de 1998)

I. as patentes, com prerrogativas, direitos e deveres a elas inerentes, são conferidas pelo Presidente da República e asseguradas em plenitude aos oficiais da ativa, da reserva ou reformados, sendo-lhes privativos os títulos e postos militares e, juntamente com os demais membros, o uso dos uniformes das Forças Armadas; (Inciso acrescido pela Emenda Constitucional nº 18, de 1998)

II. o militar em atividade que tomar posse em cargo ou emprego público civil permanente, ressalvada a hipótese prevista no art. 37, inciso XVI, alínea "c", será transferido para a reserva, nos termos da lei; (Inciso acrescido pela Emenda Constitucional nº 18, de 1998 e com redação dada pela Emenda Constitucional nº 77, de 2014)

III. o militar da ativa que, de acordo com a lei, tomar posse em cargo, emprego ou função pública civil temporária, não eletiva, ainda que da administração indireta, ressalvada a hipótese prevista no art. 37, inciso XVI, alínea "c", ficará agregado ao respectivo quadro e somente poderá, enquanto permanecer nessa situação, ser promovido por

ANOTAÇÕES

ANOTAÇÕES

antiguidade, contando-se-lhe o tempo de serviço apenas para aquela promoção e transferência para a reserva, sendo depois de dois anos de afastamento, contínuos ou não, transferido para a reserva, nos termos da lei; (Inciso acrescido pela Emenda Constitucional nº 18, de 1998 e com redação dada pela Emenda Constitucional nº 77, de 2014)

IV. ao militar são proibidas a sindicalização e a greve; (Inciso acrescido pela Emenda Constitucional nº 18, de 1998)

V. o militar, enquanto em serviço ativo, não pode estar filiado a partidos políticos; (Inciso acrescido pela Emenda Constitucional nº 18, de 1998)

VI. o oficial só perderá o posto e a patente se for julgado indigno do oficialato ou com ele incompatível, por decisão de tribunal militar de caráter permanente, em tempo de paz, ou de tribunal especial, em tempo de guerra; (Inciso acrescido pela Emenda Constitucional nº 18, de 1998)

VII. o oficial condenado na justiça comum ou militar a pena privativa de liberdade superior a dois anos, por sentença transitada em julgado, será submetido ao julgamento previsto no inciso anterior; (Inciso acrescido pela Emenda Constitucional nº 18, de 1998)

VIII. aplica-se aos militares o disposto no art. 7º, incisos VIII, XII, XVII, XVIII, XIX e XXV, e no art. 37, incisos XI, XIII, XIV e XV, bem como, na forma da lei e com prevalência da atividade militar, no art. 37, inciso XVI, alínea "c"; (Inciso acrescido pela Emenda Constitucional nº 18, de 1998 e com redação dada pela Emenda Constitucional nº 77, de 2014)

IX. (Revogado pela Emenda Constitucional nº 41, de 2003)

X. a lei disporá sobre o ingresso nas Forças Armadas, os limites de idade, a estabilidade e outras condições de transferência do militar para a inatividade, os direitos, os deveres, a remuneração, as prerrogativas e outras situações especiais dos militares, consideradas as peculiaridades de suas atividades, inclusive aquelas cumpridas por força de compromissos internacionais e de guerra. (Inciso acrescido pela Emenda Constitucional nº 18, de 1998)

Art. 143. O serviço militar é obrigatório nos termos da lei.

§ 1º Às Forças Armadas compete, na forma da lei, atribuir serviço alternativo aos que, em tempo de paz, após alistados, alegarem imperativo de consciência, entendendo-se como tal o decorrente de crença religiosa e de convicção filosófica ou política, para se eximirem de atividades de caráter essencialmente militar.

§ 2º As mulheres e os eclesiásticos ficam isentos do serviço militar obrigatório em tempo de paz, sujeitos, porém, a outros encargos que a lei lhes atribuir.

CAPÍTULO III - DA SEGURANÇA PÚBLICA

Art. 144. A segurança pública, dever do Estado, direito e responsabilidade de todos, é exercida para a preservação da ordem pública e da incolumidade das pessoas e do patrimônio, através dos seguintes órgãos:

I. polícia federal;

II. polícia rodoviária federal;

III. polícia ferroviária federal;

IV. polícias civis;

V. polícias militares e corpos de bombeiros militares.

VI. polícias penais federal, estaduais e distrital. (Redação dada pela Emenda Constitucional nº 104, de 2019)

§ 1º A polícia federal, instituída por lei como órgão permanente, organizado e mantido pela União e estruturado em carreira, destina-se a: ("Caput" do parágrafo com redação dada pela Emenda Constitucional nº 19, de 1998)

I. apurar infrações penais contra a ordem política e social ou em detrimento de bens, serviços e interesses da União ou de suas entidades autárquicas e empresas públicas, assim como outras infrações cuja prática tenha repercussão interestadual ou internacional e exija repressão uniforme, segundo se dispuser em lei;

ANOTAÇÕES

II. prevenir e reprimir o tráfico ilícito de entorpecentes e drogas afins, o contrabando e o descaminho, sem prejuízo da ação fazendária e de outros órgãos públicos nas respectivas áreas de competência;

III. exercer as funções de polícia marítima, aeroportuária e de fronteiras; (Inciso com redação dada pela Emenda Constitucional nº 19, de 1998)

IV. exercer, com exclusividade, as funções de polícia judiciária da União.

§ 2º A polícia rodoviária federal, órgão permanente, organizado e mantido pela União e estruturado em carreira, destina-se, na forma da lei, ao patrulhamento ostensivo das rodovias federais. (Parágrafo com redação dada pela Emenda Constitucional nº 19, de 1998)

§ 3º A polícia ferroviária federal, órgão permanente, organizado e mantido pela União e estruturado em carreira, destina-se, na forma da lei, ao patrulhamento ostensivo das ferrovias federais. (Parágrafo com redação dada pela Emenda Constitucional nº 19, de 1998)

§ 4º Às polícias civis, dirigidas por delegados de polícia de carreira, incumbem, ressalvada a competência da União, as funções de polícia judiciária e a apuração de infrações penais, exceto as militares.

§ 5º Às polícias militares cabem a polícia ostensiva e a preservação da ordem pública; aos corpos de bombeiros militares, além das atribuições definidas em lei, incumbe a execução de atividades de defesa civil.

§ 5º-A. Às polícias penais, vinculadas ao órgão administrador do sistema penal da unidade federativa a que pertencem, cabe a segurança dos estabelecimentos penais. (Redação dada pela Emenda Constitucional nº 104, de 2019)

§ 6º As polícias militares e os corpos de bombeiros militares, forças auxiliares e reserva do Exército subordinam-se, juntamente com as polícias civis e as polícias penais estaduais e distrital, aos Governadores dos Estados, do Distrito Federal e dos Territórios. (Redação dada pela Emenda Constitucional nº 104, de 2019)

§ 7º A lei disciplinará a organização e o funcionamento dos órgãos responsáveis pela segurança pública, de maneira a garantir a eficiência de suas atividades.

§ 8º Os Municípios poderão constituir guardas municipais destinadas à proteção de seus bens, serviços e instalações, conforme dispuser a lei.

§ 9º A remuneração dos servidores policiais integrantes dos órgãos relacionados neste artigo será fixada na forma do § 4º do art. 39. (Parágrafo acrescido pela Emenda Constitucional nº 19, de 1998)

§ 10. A segurança viária, exercida para a preservação da ordem pública e da incolumidade das pessoas e do seu patrimônio nas vias públicas:

I. compreende a educação, engenharia e fiscalização de trânsito, além de outras atividades previstas em lei, que assegurem ao cidadão o direito à mobilidade urbana eficiente; e

II. compete, no âmbito dos Estados, do Distrito Federal e dos Municípios, aos respectivos órgãos ou entidades executivos e seus agentes de trânsito, estruturados em Carreira, na forma da lei. (Parágrafo acrescido pela Emenda Constitucional nº 82, de 2014)

TÍTULO VI - DA TRIBUTAÇÃO E DO ORÇAMENTO

CAPÍTULO I - DO SISTEMA TRIBUTÁRIO NACIONAL

Seção I - Dos Princípios Gerais

Art. 145. A União, os Estados, o Distrito Federal e os Municípios poderão instituir os seguintes tributos:

I. impostos;

II. taxas, em razão do exercício do poder de polícia ou pela utilização, efetiva ou potencial, de serviços públicos específicos e divisíveis, prestados ao contribuinte ou postos a sua disposição;

III. contribuição de melhoria, decorrente de obras públicas.

§ 1º Sempre que possível, os impostos terão caráter pessoal e serão graduados segundo a capacidade econômica do contribuinte, facultado à administração tributária, especialmente para conferir efetividade a esses objetivos, identificar, respeitados os direitos individuais e nos termos da lei, o patrimônio, os rendimentos e as atividades econômicas do contribuinte.

§ 2º As taxas não poderão ter base de cálculo própria de impostos.

Art. 146. Cabe à lei complementar:

I. dispor sobre conflitos de competência, em matéria tributária, entre a União, os Estados, o Distrito Federal e os Municípios;

II. regular as limitações constitucionais ao poder de tributar;

III. estabelecer normas gerais em matéria de legislação tributária, especialmente sobre:

a) definição de tributos e de suas espécies, bem como, em relação aos impostos discriminados nesta Constituição, a dos respectivos fatos geradores, bases de cálculo e contribuintes;

b) obrigação, lançamento, crédito, prescrição e decadência tributários;

c) adequado tratamento tributário ao ato cooperativo praticado pelas sociedades cooperativas.

d) definição de tratamento diferenciado e favorecido para as microempresas e para as empresas de pequeno porte, inclusive regimes especiais ou simplificados no caso do imposto previsto no art. 155, II, das contribuições previstas no art. 195, I e §§ 12 e 13, e da contribuição a que se refere o art. 239. (Alínea acrescida pela Emenda Constitucional nº 42, de 2003)

Parágrafo único. A lei complementar de que trata o inciso III, d, também poderá instituir um regime único de arrecadação dos impostos e contribuições da União, dos Estados, do Distrito Federal e dos Municípios, observado que:

I. será opcional para o contribuinte;

II. poderão ser estabelecidas condições de enquadramento diferenciadas por Estado;

III. o recolhimento será unificado e centralizado e a distribuição da parcela de recursos pertencentes aos respectivos entes federados será imediata, vedada qualquer retenção ou condicionamento;

IV. a arrecadação, a fiscalização e a cobrança poderão ser compartilhadas pelos entes federados, adotado cadastro nacional único de contribuintes. (Parágrafo único acrescido pela Emenda Constitucional nº 42, de 2003)

Art. 146-A. Lei complementar poderá estabelecer critérios especiais de tributação, com o objetivo de prevenir desequilíbrios da concorrência, sem prejuízo da competência de a União, por lei, estabelecer normas de igual objetivo. (Artigo acrescido pela Emenda Constitucional nº 42, de 2003)

Art. 147. Competem à União, em Território Federal, os impostos estaduais e, se o Território não for dividido em Municípios, cumulativamente, os impostos municipais; ao Distrito Federal cabem os impostos municipais.

Art. 148. A União, mediante lei complementar, poderá instituir empréstimos compulsórios:

I. para atender a despesas extraordinárias, decorrentes de calamidade pública, de guerra externa ou sua iminência;

II. no caso de investimento público de caráter urgente e de relevante interesse nacional, observado o disposto no art. 150, III, b .

ANOTAÇÕES

Parágrafo único. A aplicação dos recursos provenientes de empréstimo compulsório será vinculada à despesa que fundamentou sua instituição.

Art. 149. Compete exclusivamente à União instituir contribuições sociais, de intervenção no domínio econômico e de interesse das categorias profissionais ou econômicas, como instrumento de sua atuação nas respectivas áreas, observado o disposto nos arts. 146, III, e 150, I e III, e sem prejuízo do previsto no art. 195, § 6º, relativamente às contribuições a que alude o dispositivo.

§ 1º Os Estados, o Distrito Federal e os Municípios instituirão contribuição, cobrada de seus servidores, para o custeio, em benefício destes, do regime previdenciário de que trata o art. 40, cuja alíquota não será inferior à da contribuição dos servidores titulares de cargos efetivos da União. (Redação dada pela Emenda Constitucional nº 41, 19.12.2003) (Vide Emenda Constitucional nº 103, de 2019)

§ 2º As contribuições sociais e de intervenção no domínio econômico de que trata o caput deste artigo: (Parágrafo acrescido pela Emenda Constitucional nº 33, de 2001)

I. não incidirão sobre as receitas decorrentes de exportação; (Inciso acrescido pela Emenda Constitucional nº 33, de 2001)

II. incidirão também sobre a importação de produtos estrangeiros ou serviços; (Inciso acrescido pela Emenda Constitucional nº 33, de 2001 e com nova redação dada pela Emenda Constitucional nº 42, de 2003)

III. poderão ter alíquotas:

a) ad valorem, tendo por base o faturamento, a receita bruta ou o valor da operação e, no caso de importação, o valor aduaneiro;

b) específica, tendo por base a unidade de medida adotada. (Inciso acrescido pela Emenda Constitucional nº 33, de 2001)

§ 3º A pessoa natural destinatária das operações de importação poderá ser equiparada a pessoa jurídica, na forma da lei. (Parágrafo acrescido pela Emenda Constitucional nº 33, de 2001)

§ 4º A lei definirá as hipóteses em que as contribuições incidirão uma única vez. (Parágrafo acrescido pela Emenda Constitucional nº 33, de 2001)

Art. 149-A Os Municípios e o Distrito Federal poderão instituir contribuição, na forma das respectivas leis, para o custeio do serviço de iluminação pública, observado o disposto no art. 150, I e III.

Parágrafo único. É facultada a cobrança da contribuição a que se refere o caput, na fatura de consumo de energia elétrica. (Artigo acrescido pela Emenda Constitucional nº 39, de 2002)

Seção II - Das Limitações do Poder de Tributar

Art. 150. Sem prejuízo de outras garantias asseguradas ao contribuinte, é vedado à União, aos Estados, ao Distrito Federal e aos Municípios:

I. exigir ou aumentar tributo sem lei que o estabeleça;

II. instituir tratamento desigual entre contribuintes que se encontrem em situação equivalente, proibida qualquer distinção em razão de ocupação profissional ou função por eles exercida, independentemente da denominação jurídica dos rendimentos, títulos ou direitos;

III. cobrar tributos:

a) em relação a fatos geradores ocorridos antes do início da vigência da lei que os houver instituído ou aumentado;

b) no mesmo exercício financeiro em que haja sido publicada a lei que os instituiu ou aumentou;

c) antes de decorridos noventa dias da data em que haja sido publicada a lei que os instituiu ou aumentou, observado o disposto na alínea b; (Alínea acrescida pela Emenda Constitucional nº 42, de 2003)

IV. utilizar tributo com efeito de confisco;

ANOTAÇÕES

ANOTAÇÕES

V. estabelecer limitações ao tráfego de pessoas ou bens por meio de tributos interestaduais ou intermunicipais, ressalvada a cobrança de pedágio pela utilização de vias conservadas pelo poder público;

VI. instituir impostos sobre:

a) patrimônio, renda ou serviços, uns dos outros;

b) templos de qualquer culto;

c) patrimônio, renda ou serviços dos partidos políticos, inclusive suas fundações, das entidades sindicais dos trabalhadores, das instituições de educação e de assistência social, sem fins lucrativos, atendidos os requisitos da lei;

d) livros, jornais, periódicos e o papel destinado a sua impressão;

e) fonogramas e videofonogramas musicais produzidos no Brasil contendo obras musicais ou literomusicais de autores brasileiros e/ou obras em geral interpretadas por artistas brasileiros bem como os suportes materiais ou arquivos digitais que os contenham, salvo na etapa de replicação industrial de mídias ópticas de leitura a laser. (Alínea acrescida pela Emenda Constitucional nº 75, de 2013)

§ 1º A vedação do inciso III, b, não se aplica aos tributos previstos nos arts. 148, I, 153, I, II, IV e V; e 154, II; e a vedação do inciso III, c, não se aplica aos tributos previstos nos arts. 148, I, 153, I, II, III e V; e 154, II, nem à fixação da base de cálculo dos impostos previstos nos arts. 155, III, e 156, I. (Parágrafo com redação dada pela Emenda Constitucional nº 42, de 2003)

§ 2º A vedação do inciso VI, a, é extensiva às autarquias e às fundações instituídas e mantidas pelo poder público, no que se refere ao patrimônio, à renda e aos serviços vinculados a suas finalidades essenciais ou às delas decorrentes.

§ 3º As vedações do inciso VI, a, e do parágrafo anterior não se aplicam ao patrimônio, à renda e aos serviços relacionados com exploração de atividades econômicas regidas pelas normas aplicáveis a empreendimentos privados, ou em que haja contraprestação ou pagamento de preços ou tarifas pelo usuário, nem exoneram o promitente comprador da obrigação de pagar imposto relativamente ao bem imóvel.

§ 4º As vedações expressas no inciso VI, alíneas b e c, compreendem somente o patrimônio, a renda e os serviços relacionados com as finalidades essenciais das entidades nelas mencionadas.

§ 5º A lei determinará medidas para que os consumidores sejam esclarecidos acerca dos impostos que incidam sobre mercadorias e serviços.

§ 6º Qualquer subsídio ou isenção, redução de base de cálculo, concessão de crédito presumido, anistia ou remissão, relativas a impostos, taxas ou contribuições, só poderá ser concedido mediante lei específica, federal, estadual ou municipal, que regule exclusivamente as matérias acima enumeradas ou o correspondente tributo ou contribuição, sem prejuízo do disposto no artigo 155, § 2º, XII, g. (Parágrafo com redação dada pela Emenda Constitucional nº 3, de 1993)

§ 7º A lei poderá atribuir a sujeito passivo de obrigação tributária a condição de responsável pelo pagamento de imposto ou contribuição, cujo fato gerador deva ocorrer posteriormente, assegurada a imediata e preferencial restituição da quantia paga, caso não se realize o fato gerador presumido. (Parágrafo acrescido pela Emenda Constitucional nº 3, de 1993)

Art. 151. É vedado à União:

I. instituir tributo que não seja uniforme em todo o território nacional ou que implique distinção ou preferência em relação a Estado, ao Distrito Federal ou a Município, em detrimento de outro, admitida a concessão de incentivos fiscais destinados a promover o equilíbrio do desenvolvimento sócio-econômico entre as diferentes regiões do País;

ANOTAÇÕES

II. tributar a renda das obrigações da dívida pública dos Estados, do Distrito Federal e dos Municípios, bem como a remuneração e os proventos dos respectivos agentes públicos, em níveis superiores aos que fixar para suas obrigações e para seus agentes;

III. instituir isenções de tributos da competência dos Estados, do Distrito Federal ou dos Municípios.

Art. 152. É vedado aos Estados, ao Distrito Federal e aos Municípios estabelecer diferença tributária entre bens e serviços, de qualquer natureza, em razão de sua procedência ou destino.

Seção III - Dos Impostos da União

Art. 153. Compete à União instituir impostos sobre:

I. importação de produtos estrangeiros;

II. exportação, para o exterior, de produtos nacionais ou nacionalizados;

III. renda e proventos de qualquer natureza;

IV. produtos industrializados;

V. operações de crédito, câmbio e seguro, ou relativas a títulos ou valores mobiliários;

VI. propriedade territorial rural;

VII. grandes fortunas, nos termos de lei complementar.

§ 1º É facultado ao Poder Executivo, atendidas as condições e os limites estabelecidos em lei, alterar as alíquotas dos impostos enumerados nos incisos I, II, IV e V.

§ 2º O imposto previsto no inciso III:

I. será informado pelos critérios da generalidade, da universalidade e da progressividade, na forma da lei;

II. (Revogado pela Emenda Constitucional nº 20, de 1998)

§ 3º O imposto previsto no inciso IV:

I. será seletivo, em função da essencialidade do produto;

II. será não cumulativo, compensando-se o que for devido em cada operação com o montante cobrado nas anteriores;

III. não incidirá sobre produtos industrializados destinados ao exterior.

IV. terá reduzido seu impacto sobre a aquisição de bens de capital pelo contribuinte do imposto, na forma da lei. (Inciso acrescido pela Emenda Constitucional nº 42, de 2003)

§ 4º O imposto previsto no inciso VI do caput: ("Caput" do parágrafo com redação dada pela Emenda Constitucional nº 42, de 2003)

I. será progressivo e terá suas alíquotas fixadas de forma a desestimular a manutenção de propriedades improdutivas; (Inciso acrescido pela Emenda Constitucional nº 42, de 2003)

II. não incidirá sobre pequenas glebas rurais, definidas em lei, quando as explore o proprietário que não possua outro imóvel; (Inciso acrescido pela Emenda Constitucional nº 42, de 2003)

III. será fiscalizado e cobrado pelos Municípios que assim optarem, na forma da lei, desde que não implique redução do imposto ou qualquer outra forma de renúncia fiscal. (Inciso acrescido pela Emenda Constitucional nº 42, de 2003)

§ 5º O ouro, quando definido em lei como ativo financeiro ou instrumento cambial, sujeita-se exclusivamente à incidência do imposto de que trata o inciso V do caput deste artigo, devido na operação de origem; a alíquota mínima será de um por cento, assegurada a transferência do montante da arrecadação nos seguintes termos:

I. trinta por cento para o Estado, o Distrito Federal ou o Território, conforme a origem;

II. setenta por cento para o Município de origem.

Art. 154. A União poderá instituir:

I. mediante lei complementar, impostos não previstos no artigo anterior, desde que sejam não cumulativos e não tenham fato gerador ou base de cálculo próprios dos discriminados nesta Constituição;

II. na iminência ou no caso de guerra externa, impostos extraordinários, compreendidos ou não em sua competência tributária, os quais serão suprimidos, gradativamente, cessadas as causas de sua criação.

Seção IV – Dos Impostos dos Estados e do Distrito Federal

Art. 155. Compete aos Estados e ao Distrito Federal instituir impostos sobre: ("Caput" do artigo com redação dada pela Emenda Constitucional nº 3, de 1993)

I. transmissão causa mortis e doação, de quaisquer bens ou direitos; (Inciso com redação dada pela Emenda Constitucional nº 3, de 1993)

II. operações relativas à circulação de mercadorias e sobre prestações de serviços de transporte interestadual e intermunicipal e de comunicação, ainda que as operações e as prestações se iniciem no exterior; (Inciso com redação dada pela Emenda Constitucional nº 3, de 1993)

III. propriedade de veículos automotores. (Inciso com redação dada pela Emenda Constitucional nº 3, de 1993)

§ 1º O imposto previsto no inciso I: ("Caput" do parágrafo com redação dada pela Emenda Constitucional nº 3, de 1993)

I. relativamente a bens imóveis e respectivos direitos, compete ao Estado da situação do bem, ou ao Distrito Federal;

II. relativamente a bens móveis, títulos e créditos, compete ao Estado onde se processar o inventário ou arrolamento, ou tiver domicílio o doador, ou ao Distrito Federal;

III. terá a competência para sua instituição regulada por lei complementar:

a) se o doador tiver domicílio ou residência no exterior;

b) se o de cujus possuía bens, era residente ou domiciliado ou teve o seu inventário processado no exterior;

IV. terá suas alíquotas máximas fixadas pelo Senado Federal.

§ 2º O imposto previsto no inciso II, atenderá ao seguinte: ("Caput" do parágrafo com redação dada pela Emenda Constitucional nº 3, de 1993)

I. será não cumulativo, compensando-se o que for devido em cada operação relativa à circulação de mercadorias ou prestação de serviços com o montante cobrado nas anteriores pelo mesmo ou outro Estado ou pelo Distrito Federal;

II. a isenção ou não-incidência, salvo determinação em contrário da legislação:

a) não implicará crédito para compensação com o montante devido nas operações ou prestações seguintes;

b) acarretará a anulação do crédito relativo às operações anteriores;

III. poderá ser seletivo, em função da essencialidade das mercadorias e dos serviços;

IV. resolução do Senado Federal, de iniciativa do Presidente da República ou de um terço dos Senadores, aprovada pela maioria absoluta de seus membros, estabelecerá as alíquotas aplicáveis às operações e prestações, interestaduais e de exportação;

V. é facultado ao Senado Federal:

a) estabelecer alíquotas mínimas nas operações internas, mediante resolução de iniciativa de um terço e aprovada pela maioria absoluta de seus membros;

b) fixar alíquotas máximas nas mesmas operações para resolver conflito específico que envolva interesse de Estados, mediante resolução de iniciativa da maioria absoluta e aprovada por dois terços de seus membros;

VI. salvo deliberação em contrário dos Estados e do Distrito Federal, nos termos do disposto no inciso XII, g, as alíquotas internas, nas operações relativas à circulação de mercadorias e nas prestações de serviços, não poderão ser inferiores às previstas para as operações interestaduais;

ANOTAÇÕES

VII. nas operações e prestações que destinem bens e serviços a consumidor final, contribuinte ou não do imposto, localizado em outro Estado, adotar-se-á a alíquota interestadual e caberá ao Estado de localização do destinatário o imposto correspondente à diferença entre a alíquota interna do Estado destinatário e a alíquota interestadual; (Inciso com redação dada pela Emenda Constitucional nº 87, de 2015, publicada no DOU de 17/4/2015, em vigor na data de sua publicação, produzindo efeitos no ano subsequente e após 90 dias desta)

a) (Revogada pela Emenda Constitucional nº 87, de 2015, publicada no DOU de 17/4/2015, em vigor na data de sua publicação, produzindo efeitos no ano subsequente e após 90 dias desta)

b) (Revogada pela Emenda Constitucional nº 87, de 2015, publicada no DOU de 17/4/2015, em vigor na data de sua publicação, produzindo efeitos no ano subsequente e após 90 dias desta)

VIII. a responsabilidade pelo recolhimento do imposto correspondente à diferença entre a alíquota interna e a interestadual de que trata o inciso VII será atribuída: (Inciso com redação dada pela Emenda Constitucional nº 87, de 2015, publicada no DOU de 17/4/2015, em vigor na data de sua publicação, produzindo efeitos no ano subsequente e após 90 dias desta)

a) ao destinatário, quando este for contribuinte do imposto; (Alínea acrescida pela Emenda Constitucional nº 87, de 2015, publicada no DOU de 17/4/2015, em vigor na data de sua publicação, produzindo efeitos no ano subsequente e após 90 dias desta)

b) ao remetente, quando o destinatário não for contribuinte do imposto; (Alínea acrescida pela Emenda Constitucional nº 87, de 2015, publicada no DOU de 17/4/2015, em vigor na data de sua publicação, produzindo efeitos no ano subsequente e após 90 dias desta)

IX. incidirá também:

a) sobre a entrada de bem ou mercadoria importados do exterior por pessoa física ou jurídica, ainda que não seja contribuinte habitual do imposto, qualquer que seja a sua finalidade, assim como sobre o serviço prestado no exterior, cabendo o imposto ao Estado onde estiver situado o domicílio ou o estabelecimento do destinatário da mercadoria, bem ou serviço; (Alínea com redação dada pela Emenda Constitucional nº 33, de 2001)

b) sobre o valor total da operação, quando mercadorias forem fornecidas com serviços não compreendidos na competência tributária dos Municípios;

X. não incidirá:

a) sobre operações que destinem mercadorias para o exterior, nem sobre serviços prestados a destinatários no exterior, assegurada a manutenção e o aproveitamento do montante do imposto cobrado nas operações e prestações anteriores; (Alínea com redação dada pela Emenda Constitucional nº 42, de 2003)

b) sobre operações que destinem a outros Estados petróleo, inclusive lubrificantes, combustíveis líquidos e gasosos dele derivados, e energia elétrica;

c) sobre o ouro, nas hipóteses definidas no art. 153, § 5º;

d) nas prestações de serviço de comunicação nas modalidades de radiodifusão sonora e de sons e imagens de recepção livre e gratuita; (Alínea acrescida pela Emenda Constitucional nº 42, de 2003)

XI. não compreenderá, em sua base de cálculo, o montante do imposto sobre produtos industrializados, quando a operação, realizada entre contribuintes e relativa a produto destinado à industrialização ou à comercialização, configure fato gerador dos dois impostos;

XII. cabe à lei complementar:

a) definir seus contribuintes;

b) dispor sobre substituição tributária;

c) disciplinar o regime de compensação do imposto;

ANOTAÇÕES

ANOTAÇÕES

d) fixar, para efeito de sua cobrança e definição do estabelecimento responsável, o local das operações relativas à circulação de mercadorias e das prestações de serviços;

e) excluir da incidência do imposto, nas exportações para o exterior, serviços e outros produtos além dos mencionados no inciso X, a ;

f) prever casos de manutenção de crédito, relativamente à remessa para outro Estado e exportação para o exterior, de serviços e de mercadorias;

g) regular a forma como, mediante deliberação dos Estados e do Distrito Federal, isenções, incentivos e benefícios fiscais serão concedidos e revogados.

h) definir os combustíveis e lubrificantes sobre os quais o imposto incidirá uma única vez, qualquer que seja a sua finalidade, hipótese em que não se aplicará o disposto no inciso X, b; (Alínea acrescida pela Emenda Constitucional nº 33, de 2001)

i) fixar a base de cálculo, de modo que o montante do imposto a integre, também na importação do exterior de bem, mercadoria ou serviço. (Alínea acrescida pela Emenda Constitucional nº 33, de 2001)

§ 3º À exceção dos impostos de que tratam o inciso II do caput deste artigo e o art. 153, I e II, nenhum outro imposto poderá incidir sobre operações relativas a energia elétrica, serviços de telecomunicações, derivados de petróleo, combustíveis e minerais do País. (Parágrafo com redação dada pela Emenda Constitucional nº 33, de 2001)

§ 4º Na hipótese do inciso XII, h, observar-se-á o seguinte:

I. nas operações com os lubrificantes e combustíveis derivados de petróleo, o imposto caberá ao Estado onde ocorrer o consumo;

II. nas operações interestaduais, entre contribuintes, com gás natural e seus derivados, e lubrificantes e combustíveis não incluídos no inciso I deste parágrafo, o imposto será repartido entre os Estados de origem e de destino, mantendo-se a mesma proporcionalidade que ocorre nas operações com as demais mercadorias;

III. nas operações interestaduais com gás natural e seus derivados, e lubrificantes e combustíveis não incluídos no inciso I deste parágrafo, destinadas a não contribuinte, o imposto caberá ao Estado de origem;

IV. as alíquotas do imposto serão definidas mediante deliberação dos Estados e Distrito Federal, nos termos do § 2º, XII, g, observando-se o seguinte:

a) serão uniformes em todo o território nacional, podendo ser diferenciadas por produto;

b) poderão ser específicas, por unidade de medida adotada, ou ad valorem, incidindo sobre o valor da operação ou sobre o preço que o produto ou seu similar alcançaria em uma venda em condições de livre concorrência;

c) poderão ser reduzidas e restabelecidas, não se lhes aplicando o disposto no art. 150, III, b. (Parágrafo acrescido pela Emenda Constitucional nº 33, de 2001)

§ 5º As regras necessárias à aplicação do disposto no § 4º, inclusive as relativas à apuração e à destinação do imposto, serão estabelecidas mediante deliberação dos Estados e do Distrito Federal, nos termos do § 2º, XII, g. (Parágrafo acrescido pela Emenda Constitucional nº 33, de 2001)

§ 6º O imposto previsto no inciso III:

I. terá alíquotas mínimas fixadas pelo Senado Federal;

II. poderá ter alíquotas diferenciadas em função do tipo e utilização. (Parágrafo acrescido pela Emenda Constitucional nº 42, de 2003)

Seção V - Dos Impostos dos Municípios

Art. 156. Compete aos Municípios instituir impostos sobre:

I. propriedade predial e territorial urbana;

II. transmissão inter vivos , a qualquer título, por ato oneroso, de bens imóveis, por natureza ou acessão física, e de direitos reais sobre imóveis, exceto os de garantia, bem como cessão de direitos a sua aquisição;

ANOTAÇÕES

III. serviços de qualquer natureza, não compreendidos no art. 155, II, definidos em lei complementar. (Inciso com redação dada pela Emenda Constitucional nº 3, de 1993)

IV. (Revogado pela Emenda Constitucional nº 3, de 1993)

§ 1º Sem prejuízo da progressividade no tempo a que se refere o art. 182, § 4º, inciso II, o imposto previsto no inciso I poderá: (Parágrafo com redação dada pela Emenda Constitucional nº 29, de 2000)

I. ser progressivo em razão do valor do imóvel; e (Inciso acrescido pela Emenda Constitucional nº 29, de 2000)

II. ter alíquotas diferentes de acordo com a localização e o uso do imóvel. (Inciso acrescido pela Emenda Constitucional nº 29, de 2000)

§ 2.º O imposto previsto no inciso II:

I. não incide sobre a transmissão de bens ou direitos incorporados ao patrimônio de pessoa jurídica em realização de capital, nem sobre a transmissão de bens ou direitos decorrente de fusão, incorporação, cisão ou extinção de pessoa jurídica, salvo se, nesses casos, a atividade preponderante do adquirente for a compra e venda desses bens ou direitos, locação de bens imóveis ou arrendamento mercantil;

II. compete ao Município da situação do bem.

§ 3º Em relação ao imposto previsto no inciso III do caput deste artigo, cabe à lei complementar: ("Caput" do parágrafo com redação dada pela Emenda Constitucional nº 37, de 2002)

I. fixar as suas alíquotas máximas e mínimas; (Inciso acrescido pela Emenda Constitucional nº 3, de 1993 e com nova redação dada pela Emenda Constitucional nº 37, de 2002)

II. excluir da sua incidência exportações de serviços para o exterior; (Inciso acrescido pela Emenda Constitucional nº 3, de 1993)

III. regular a forma e as condições como isenções, incentivos e benefícios fiscais serão concedidos e revogados. (Inciso acrescido pela Emenda Constitucional nº 37, de 2002)

§ 4º (Revogado pela Emenda Constitucional nº 3, de 1993)

Seção VI - Da Repartição das Receitas Tributárias

Art. 157. Pertencem aos Estados e ao Distrito Federal:

I. o produto da arrecadação do imposto da União sobre renda e proventos de qualquer natureza, incidente na fonte sobre rendimentos pagos, a qualquer título, por eles, suas autarquias e pelas fundações que instituírem e mantiverem;

II. vinte por cento do produto da arrecadação do imposto que a União instituir no exercício da competência que lhe é atribuída pelo art. 154, I.

Art. 158. Pertencem aos Municípios:

I. o produto da arrecadação do imposto da União sobre renda e proventos de qualquer natureza, incidente na fonte sobre rendimentos pagos, a qualquer título, por eles, suas autarquias e pelas fundações que instituírem e mantiverem;

II. cinquenta por cento do produto da arrecadação do imposto da União sobre a propriedade territorial rural, relativamente aos imóveis neles situados, cabendo a totalidade na hipótese da opção a que se refere o art. 153, § 4º, III; (Inciso com redação dada pela Emenda Constitucional nº 42, de 2003)

III. cinquenta por cento do produto da arrecadação do imposto do Estado sobre a propriedade de veículos automotores licenciados em seus territórios;

IV. vinte e cinco por cento do produto da arrecadação do imposto do Estado sobre operações relativas à circulação de mercadorias e sobre prestações de serviços de transporte interestadual e intermunicipal e de comunicação.

Parágrafo único. As parcelas de receita pertencentes aos Municípios, mencionadas no inciso IV, serão creditadas conforme os seguintes critérios:

I. três quartos, no mínimo, na proporção do valor adicionado nas operações relativas à circulação de mercadorias e nas prestações de serviços, realizadas em seus territórios;

II. até um quarto, de acordo com o que dispuser lei estadual ou, no caso dos Territórios, lei federal.

Art. 159. A União entregará:

I. do produto da arrecadação dos impostos sobre renda e proventos de qualquer natureza e sobre produtos industrializados, 49% (quarenta e nove por cento), na seguinte forma: ("Caput" do inciso com redação dada pela Emenda Constitucional nº 84, de 2014, publicada no DOU de 3/12/2014, em vigor na data de sua publicação, com efeitos financeiros a partir de 1º de janeiro do exercício subsequente)

a) vinte e um inteiros e cinco décimos por cento ao Fundo de Participação dos Estados e do Distrito Federal;

b) vinte e dois inteiros e cinco décimos por cento ao Fundo de Participação dos Municípios;

c) três por cento, para aplicação em programas de financiamento ao setor produtivo das Regiões Norte, Nordeste e Centro-Oeste, através de suas instituições financeiras de caráter regional, de acordo com os planos regionais de desenvolvimento, ficando assegurada ao semi-árido do Nordeste a metade dos recursos destinados à região, na forma que a lei estabelecer;

d) um por cento ao Fundo de Participação dos Municípios, que será entregue no primeiro decêndio do mês de dezembro de cada ano; (Alínea acrescida pela Emenda Constitucional nº 55, de 2007)

e) 1% (um por cento) ao Fundo de Participação dos Municípios, que será entregue no primeiro decêndio do mês de julho de cada ano; (Alínea acrescida pela Emenda Constitucional nº 84, de 2014. publicada no DOU de 3/12/2014, em vigor na data de sua publicação, com efeitos financeiros a partir de 1º de janeiro do exercício subsequente)

II. do produto da arrecadação do imposto sobre produtos industrializados, dez por cento aos Estados e ao Distrito Federal, proporcionalmente ao valor das respectivas exportações de produtos industrializados;

III. do produto da arrecadação da contribuição de intervenção no domínio econômico prevista no art. 177, § 4º, 29% (vinte e nove por cento) para os Estados e o Distrito Federal, distribuídos na forma da lei, observada a destinação a que refere o inciso II, c, do referido parágrafo. (Inciso com redação dada pela Emenda Constitucional nº 44, de 2004)

§ 1º Para efeito de cálculo da entrega a ser efetuada de acordo com o previsto no inciso I, excluir-se-á a parcela da arrecadação do imposto de renda e proventos de qualquer natureza pertencente aos Estados, ao Distrito Federal e aos Municípios, nos termos do disposto nos arts. 157, I, e 158, I.

§ 2º A nenhuma unidade federada poderá ser destinada parcela superior a vinte por cento do montante a que se refere o inciso II, devendo o eventual excedente ser distribuído entre os demais participantes, mantido, em relação a esses, o critério de partilha nele estabelecido.

§ 3º Os Estados entregarão aos respectivos Municípios vinte e cinco por cento dos recursos que receberem nos termos do inciso II, observados os critérios estabelecidos no art. 158, parágrafo único, I e II.

§ 4º Do montante de recursos de que trata o inciso III que cabe a cada Estado, vinte e cinco por cento serão destinados aos seus Municípios, na forma da lei a que se refere o mencionado inciso. (Parágrafo acrescido pela Emenda Constitucional nº 42, de 2003)

Art. 160. É vedada a retenção ou qualquer restrição à entrega e ao emprego dos recursos atribuídos, nesta Seção, aos Estados, ao Distrito Federal e aos Municípios, neles compreendidos adicionais e acréscimos relativos a impostos.

ANOTAÇÕES

Parágrafo único. A vedação prevista neste artigo não impede a União e os Estados de condicionarem a entrega de recursos: (Parágrafo único com redação dada pela Emenda Constitucional nº 29, de 2000)

I. ao pagamento de seus créditos, inclusive de suas autarquias; (Inciso acrescido pela Emenda Constitucional nº 29, de 13/09/00)

II. ao cumprimento do disposto no art. 198, § 2º, incisos II e III. (Inciso acrescido pela Emenda Constitucional nº 29, de 2000)

Art. 161. Cabe à lei complementar:

I. definir valor adicionado para fins do disposto no art. 158, parágrafo único, I;

II. estabelecer normas sobre a entrega dos recursos de que trata o art. 159, especialmente sobre os critérios de rateio dos fundos previstos em seu inciso I, objetivando promover o equilíbrio sócio-econômico entre Estados e entre Municípios;

III. dispor sobre o acompanhamento, pelos beneficiários, do cálculo das quotas e da liberação das participações previstas nos arts. 157, 158 e 159.

Parágrafo único. O Tribunal de Contas da União efetuará o cálculo das quotas referentes aos fundos de participação a que alude o inciso II.

Art. 162. A União, os Estados, o Distrito Federal e os Municípios divulgarão, até o último dia do mês subsequente ao da arrecadação, os montantes de cada um dos tributos arrecadados, os recursos recebidos, os valores de origem tributária entregues e a entregar e a expressão numérica dos critérios de rateio.

Parágrafo único. Os dados divulgados pela União serão discriminados por Estado e por Município; os dos Estados, por Município.

CAPÍTULO II - DAS FINANÇAS PÚBLICAS

Seção I - Normas Gerais

Art. 163. Lei complementar disporá sobre:

I. finanças públicas;

II. dívida pública externa e interna, incluída a das autarquias, fundações e demais entidades controladas pelo poder público;

III. concessão de garantias pelas entidades públicas;

IV. emissão e resgate de títulos da dívida pública;

V. fiscalização financeira da administração pública direta e indireta; (Inciso com redação dada pela Emenda Constitucional nº 40, de 2003)

VI. operações de câmbio realizadas por órgãos e entidades da União, dos Estados, do Distrito Federal e dos Municípios;

VII. compatibilização das funções das instituições oficiais de crédito da União, resguardadas as características e condições operacionais plenas das voltadas ao desenvolvimento regional.

Art. 164. A competência da União para emitir moeda será exercida exclusivamente pelo banco central.

§ 1º É vedado ao banco central conceder, direta ou indiretamente, empréstimos ao Tesouro Nacional e a qualquer órgão ou entidade que não seja instituição financeira.

§ 2º O banco central poderá comprar e vender títulos de emissão do Tesouro Nacional, com o objetivo de regular a oferta de moeda ou a taxa de juros.

§ 3º As disponibilidades de caixa da União serão depositadas no banco central; as dos Estados, do Distrito Federal, dos Municípios e dos órgãos ou entidades do poder público e das empresas por ele controladas, em instituições financeiras oficiais, ressalvados os casos previstos em lei.

ANOTAÇÕES

ANOTAÇÕES

Seção II - Dos Orçamentos

Art. 165. Leis de iniciativa do Poder Executivo estabelecerão:

I. o plano plurianual;

II. as diretrizes orçamentárias;

III. os orçamentos anuais.

§ 1º A lei que instituir o plano plurianual estabelecerá, de forma regionalizada, as diretrizes, objetivos e metas da administração pública federal para as despesas de capital e outras delas decorrentes e para as relativas aos programas de duração continuada.

§ 2º A lei de diretrizes orçamentárias compreenderá as metas e prioridades da administração pública federal, incluindo as despesas de capital para o exercício financeiro subsequente, orientará a elaboração da lei orçamentária anual, disporá sobre as alterações na legislação tributária e estabelecerá a política de aplicação das agências financeiras oficiais de fomento.

§ 3º O Poder Executivo publicará, até trinta dias após o encerramento de cada bimestre, relatório resumido da execução orçamentária. (Vide Emenda constitucional nº 106, de 2020)

§ 4º Os planos e programas nacionais, regionais e setoriais previstos nesta Constituição serão elaborados em consonância com o plano plurianual e apreciados pelo Congresso Nacional.

§ 5º A lei orçamentária anual compreenderá:

I. o orçamento fiscal referente aos Poderes da União, seus fundos, órgãos e entidades da administração direta e indireta, inclusive fundações instituídas e mantidas pelo poder público;

II. o orçamento de investimento das empresas em que a União, direta ou indiretamente, detenha a maioria do capital social com direito a voto;

III. o orçamento da seguridade social, abrangendo todas as entidades e órgãos a ela vinculados, da administração direta ou indireta, bem como os fundos e fundações instituídos e mantidos pelo poder público.

§ 6º O projeto de lei orçamentária será acompanhado de demonstrativo regionalizado do efeito, sobre as receitas e despesas, decorrente de isenções, anistias, remissões, subsídios e benefícios de natureza financeira, tributária e creditícia.

§ 7º Os orçamentos previstos no § 5º, I e II, deste artigo, compatibilizados com o plano plurianual, terão entre suas funções a de reduzir desigualdades inter-regionais, segundo critério populacional.

§ 8º A lei orçamentária anual não conterá dispositivo estranho à previsão da receita e à fixação da despesa, não se incluindo na proibição a autorização para abertura de créditos suplementares e contratação de operações de crédito, ainda que por antecipação de receita, nos termos da lei.

§ 9º Cabe à lei complementar:

I. dispor sobre o exercício financeiro, a vigência, os prazos, a elaboração e a organização do plano plurianual, da lei de diretrizes orçamentárias e da lei orçamentária anual;

II. estabelecer normas de gestão financeira e patrimonial da administração direta e indireta, bem como condições para a instituição e funcionamento de fundos.

I. dispor sobre critérios para a execução equitativa, além de procedimentos que serão adotados quando houver impedimentos legais e técnicos, cumprimento de restos a pagar e limitação das programações de caráter obrigatório, para a realização do disposto nos §§ 11 e 12 do art. 166. (Redação dada pela Emenda Constitucional nº 100, de 2019)

ANOTAÇÕES

§ 10. A administração tem o dever de executar as programações orçamentárias, adotando os meios e as medidas necessários, com o propósito de garantir a efetiva entrega de bens e serviços à sociedade. (Incluído pela Emenda Constitucional nº 100, de 2019)

§ 11. O disposto no § 10 deste artigo, nos termos da lei de diretrizes orçamentárias: (Incluído pela Emenda Constitucional nº 102, de 2019)

I. subordina-se ao cumprimento de dispositivos constitucionais e legais que estabeleçam metas fiscais ou limites de despesas e não impede o cancelamento necessário à abertura de créditos adicionais;

II. não se aplica nos casos de impedimentos de ordem técnica devidamente justificados;

III. aplica-se exclusivamente às despesas primárias discricionárias.

§ 12. Integrará a lei de diretrizes orçamentárias, para o exercício a que se refere e, pelo menos, para os 2 (dois) exercícios subsequentes, anexo com previsão de agregados fiscais e a proporção dos recursos para investimentos que serão alocados na lei orçamentária anual para a continuidade daqueles em andamento. (Incluído pela Emenda Constitucional nº 102, de 2019)

§ 13. O disposto no inciso III do § 9º e nos §§ 10, 11 e 12 deste artigo aplica-se exclusivamente aos orçamentos fiscal e da seguridade social da União. (Incluído pela Emenda Constitucional nº 102, de 2019)

§ 14. A lei orçamentária anual poderá conter previsões de despesas para exercícios seguintes, com a especificação dos investimentos plurianuais e daqueles em andamento. (Incluído pela Emenda Constitucional nº 102, de 2019)

§ 15. A União organizará e manterá registro centralizado de projetos de investimento contendo, por Estado ou Distrito Federal, pelo menos, análises de viabilidade, estimativas de custos e informações sobre a execução física e financeira. (Incluído pela Emenda Constitucional nº 102, de 2019)

Art. 166. Os projetos de lei relativos ao plano plurianual, às diretrizes orçamentárias, ao orçamento anual e aos créditos adicionais serão apreciados pelas duas Casas do Congresso Nacional, na forma do regimento comum.

§ 1º Caberá a uma comissão mista permanente de Senadores e Deputados:

I. examinar e emitir parecer sobre os projetos referidos neste artigo e sobre as contas apresentadas anualmente pelo Presidente da República;

II. examinar e emitir parecer sobre os planos e programas nacionais, regionais e setoriais previstos nesta Constituição e exercer o acompanhamento e a fiscalização orçamentária, sem prejuízo da atuação das demais comissões do Congresso Nacional e de suas Casas, criadas de acordo com o art. 58.

§ 2º As emendas serão apresentadas na comissão mista, que sobre elas emitirá parecer, e apreciadas, na forma regimental, pelo plenário das duas Casas do Congresso Nacional.

§ 3º As emendas ao projeto de lei do orçamento anual ou aos projetos que o modifiquem somente podem ser aprovadas caso:

I. sejam compatíveis com o plano plurianual e com a lei de diretrizes orçamentárias;

II. indiquem os recursos necessários, admitidos apenas os provenientes de anulação de despesa, excluídas as que incidam sobre:

a) dotações para pessoal e seus encargos;

b) serviço da dívida;

c) transferências tributárias constitucionais para Estados, Municípios e o Distrito Federal; ou

III. sejam relacionadas:

a) com a correção de erros ou omissões; ou

b) com os dispositivos do texto do projeto de lei.

§ 4º As emendas ao projeto de lei de diretrizes orçamentárias não poderão ser aprovadas quando incompatíveis com o plano plurianual.

§ 5º O Presidente da República poderá enviar mensagem ao Congresso Nacional para propor modificação nos projetos a que se refere este artigo enquanto não iniciada a votação, na comissão mista, da parte cuja alteração é proposta.

§ 6º Os projetos de lei do plano plurianual, das diretrizes orçamentárias e do orçamento anual serão enviados pelo Presidente da República ao Congresso Nacional, nos termos da lei complementar a que se refere o art. 165, § 9º.

§ 7º Aplicam-se aos projetos mencionados neste artigo, no que não contrariar o disposto nesta Seção, as demais normas relativas ao processo legislativo.

§ 8º Os recursos que, em decorrência de veto, emenda ou rejeição do projeto de lei orçamentária anual, ficarem sem despesas correspondentes poderão ser utilizados, conforme o caso, mediante créditos especiais ou suplementares, com prévia e específica autorização legislativa.

§ 9º As emendas individuais ao projeto de lei orçamentária serão aprovadas no limite de 1,2% (um inteiro e dois décimos por cento) da receita corrente líquida prevista no projeto encaminhado pelo Poder Executivo, sendo que a metade deste percentual será destinada a ações e serviços públicos de saúde. (Parágrafo acrescido pela Emenda Constitucional nº 86, de 2015, publicada no DOU de 18/3/2015, em vigor na data de publicação, produzindo efeitos a partir da execução orçamentária do exercício de 2014)

§ 10. A execução do montante destinado a ações e serviços públicos de saúde previsto no § 9º, inclusive custeio, será computada para fins do cumprimento do inciso I do § 2º do art. 198, vedada a destinação para pagamento de pessoal ou encargos sociais. (Parágrafo acrescido pela Emenda Constitucional nº 86, de 2015, publicada no DOU de 18/3/2015, em vigor na data de publicação, produzindo efeitos a partir da execução orçamentária do exercício de 2014)

§ 11. É obrigatória a execução orçamentária e financeira das programações a que se refere o § 9º deste artigo, em montante correspondente a 1,2% (um inteiro e dois décimos por cento) da receita corrente líquida realizada no exercício anterior, conforme os critérios para a execução equitativa da programação definidos na lei complementar prevista no § 9º do art. 165. (Parágrafo acrescido pela Emenda Constitucional nº 86, de 2015, publicada no DOU de 18/3/2015, em vigor na data de publicação, produzindo efeitos a partir da execução orçamentária do exercício de 2014)

§ 12. A garantia de execução de que trata o § 11 deste artigo aplica-se também às programações incluídas por todas as emendas de iniciativa de bancada de parlamentares de Estado ou do Distrito Federal, no montante de até 1% (um por cento) da receita corrente líquida realizada no exercício anterior. (Redação dada pela Emenda Constitucional nº 100, de 2019)

§ 13. As programações orçamentárias previstas nos §§ 11 e 12 deste artigo não serão de execução obrigatória nos casos dos impedimentos de ordem técnica. (Redação dada pela Emenda Constitucional nº 100, de 2019)

§ 14. Para fins de cumprimento do disposto nos §§ 11 e 12 deste artigo, os órgãos de execução deverão observar, nos termos da lei de diretrizes orçamentárias, cronograma para análise e verificação de eventuais impedimentos das programações e demais procedimentos necessários à viabilização da execução dos respectivos montantes. (Redação dada pela Emenda Constitucional nº 100, de 2019)

ANOTAÇÕES

§ 16. Quando a transferência obrigatória da União para a execução da programação prevista nos §§ 11 e 12 deste artigo for destinada a Estados, ao Distrito Federal e a Municípios, independerá da adimplência do ente federativo destinatário e não integrará a base de cálculo da receita corrente líquida para fins de aplicação dos limites de despesa de pessoal de que trata o caput do art. 169. (Redação dada pela Emenda Constitucional nº 100, de 2019)

§ 17. Os restos a pagar provenientes das programações orçamentárias previstas nos §§ 11 e 12 poderão ser considerados para fins de cumprimento da execução financeira até o limite de 0,6% (seis décimos por cento) da receita corrente líquida realizada no exercício anterior, para as programações das emendas individuais, e até o limite de 0,5% (cinco décimos por cento), para as programações das emendas de iniciativa de bancada de parlamentares de Estado ou do Distrito Federal. (Redação dada pela Emenda Constitucional nº 100, de 2019)

II. encargos referentes ao serviço da dívida. (Incluído pela Emenda Constitucional nº 105, de 2019)

§ 2º Na transferência especial a que se refere o inciso I do caput deste artigo, os recursos: (Incluído pela Emenda Constitucional nº 105, de 2019)

I. serão repassados diretamente ao ente federado beneficiado, independentemente de celebração de convênio ou de instrumento congênere; (Incluído pela Emenda Constitucional nº 105, de 2019)

II. pertencerão ao ente federado no ato da efetiva transferência financeira; e (Incluído pela Emenda Constitucional nº 105, de 2019)

III. serão aplicadas em programações finalísticas das áreas de competência do Poder Executivo do ente federado beneficiado, observado o disposto no § 5º deste artigo. (Incluído pela Emenda Constitucional nº 105, de 2019)

§ 18. Se for verificado que a reestimativa da receita e da despesa poderá resultar no não cumprimento da meta de resultado fiscal estabelecida na lei de diretrizes orçamentárias, os montantes previstos nos §§ 11 e 12 deste artigo poderão ser reduzidos em até a mesma proporção da limitação incidente sobre o conjunto das demais despesas discricionárias. (Redação dada pela Emenda Constitucional nº 100, de 2019)

§ 19. Considera-se equitativa a execução das programações de caráter obrigatório que observe critérios objetivos e imparciais e que atenda de forma igualitária e impessoal às emendas apresentadas, independentemente da autoria. (Incluído pela Emenda Constitucional nº 100, de 2019)

§ 20. As programações de que trata o § 12 deste artigo, quando versarem sobre o início de investimentos com duração de mais de 1 (um) exercício financeiro ou cuja execução já tenha sido iniciada, deverão ser objeto de emenda pela mesma bancada estadual, a cada exercício, até a conclusão da obra ou do empreendimento. (Incluído pela Emenda Constitucional nº 100, de 2019)

Art. 166-A. As emendas individuais impositivas apresentadas ao projeto de lei orçamentária anual poderão alocar recursos a Estados, ao Distrito Federal e a Municípios por meio de: (Incluído pela Emenda Constitucional nº 105, de 2019)

I. transferência especial; ou (Incluído pela Emenda Constitucional nº 105, de 2019)

II. transferência com finalidade definida. (Incluído pela Emenda Constitucional nº 105, de 2019)

ANOTAÇÕES

ANOTAÇÕES

§ 1º Os recursos transferidos na forma do caput deste artigo não integrarão a receita do Estado, do Distrito Federal e dos Municípios para fins de repartição e para o cálculo dos limites da despesa com pessoal ativo e inativo, nos termos do § 16 do art. 166, e de endividamento do ente federado, vedada, em qualquer caso, a aplicação dos recursos a que se refere o caput deste artigo no pagamento de: (Incluído pela Emenda Constitucional nº 105, de 2019)

I. despesas com pessoal e encargos sociais relativas a ativos e inativos, e com pensionistas; e (Incluído pela Emenda Constitucional nº 105, de 2019)

§ 3º O ente federado beneficiado da transferência especial a que se refere o inciso I do caput deste artigo poderá firmar contratos de cooperação técnica para fins de subsidiar o acompanhamento da execução orçamentária na aplicação dos recursos. (Incluído pela Emenda Constitucional nº 105, de 2019)

§ 4º Na transferência com finalidade definida a que se refere o inciso II do caput deste artigo, os recursos serão: (Incluído pela Emenda Constitucional nº 105, de 2019)

I. vinculados à programação estabelecida na emenda parlamentar; e (Incluído pela Emenda Constitucional nº 105, de 2019)

II. aplicados nas áreas de competência constitucional da União. (Incluído pela Emenda Constitucional nº 105, de 2019)

§ 5º Pelo menos 70% (setenta por cento) das transferências especiais de que trata o inciso I do caput deste artigo deverão ser aplicadas em despesas de capital, observada a restrição a que se refere o inciso II do § 1º deste artigo. (Incluído pela Emenda Constitucional nº 105, de 2019)

Art. 167. São vedados:

I. o início de programas ou projetos não incluídos na lei orçamentária anual;

II. a realização de despesas ou a assunção de obrigações diretas que excedam os créditos orçamentários ou adicionais;

III – a realização de operações de créditos que excedam o montante das despesas de capital, ressalvadas as autorizadas mediante créditos suplementares ou especiais com finalidade precisa, aprovados pelo Poder Legislativo por maioria absoluta; (Vide Emenda constitucional nº 106, de 2020)

IV. a vinculação de receita de impostos a órgão, fundo ou despesa, ressalvadas a repartição do produto da arrecadação dos impostos a que se referem os arts. 158 e 159, a destinação de recursos para as ações e serviços públicos de saúde, para manutenção e desenvolvimento do ensino e para realização de atividades da administração tributária, como determinado, respectivamente, pelos arts. 198, § 2º, 212 e 37, XXII, e a prestação de garantias às operações de crédito por antecipação de receita, previstas no art. 165, § 8º, bem como o disposto no § 4º deste artigo; (Inciso com redação dada pela Emenda Constitucional nº 42, de 2003)

V. a abertura de crédito suplementar ou especial sem prévia autorização legislativa e sem indicação dos recursos correspondentes;

VI. a transposição, o remanejamento ou a transferência de recursos de uma categoria de programação para outra ou de um órgão para outro, sem prévia autorização legislativa;

VII. a concessão ou utilização de créditos ilimitados;

VIII. a utilização, sem autorização legislativa específica, de recursos dos orçamentos fiscal e da seguridade social para suprir necessidade ou cobrir déficit de empresas, fundações e fundos, inclusive dos mencionados no art. 165, 5º;

IX. a instituição de fundos de qualquer natureza, sem prévia autorização legislativa.

ANOTAÇÕES

X. a transferência voluntária de recursos e a concessão de empréstimos, inclusive por antecipação de receita, pelos Governos Federal e Estaduais e suas instituições financeiras, para pagamento de despesas com pessoal ativo, inativo e pensionista, dos Estados, do Distrito Federal e dos Municípios. (Inciso acrescido pela Emenda Constitucional nº 19, de 1998)

XI. a utilização dos recursos provenientes das contribuições sociais de que trata o art. 195, I, a, e II, para a realização de despesas distintas do pagamento de benefícios do regime geral de previdência social de que trata o art. 201. (Inciso acrescido pela Emenda Constitucional nº 20, de 1998)

XII. na forma estabelecida na lei complementar de que trata o § 22 do art. 40, a utilização de recursos de regime próprio de previdência social, incluídos os valores integrantes dos fundos previstos no art. 249, para a realização de despesas distintas do pagamento dos benefícios previdenciários do respectivo fundo vinculado àquele regime e das despesas necessárias à sua organização e ao seu funcionamento; (Incluído pela Emenda Constitucional nº 103, de 2019)

XIII. a transferência voluntária de recursos, a concessão de avais, as garantias e as subvenções pela União e a concessão de empréstimos e de financiamentos por instituições financeiras federais aos Estados, ao Distrito Federal e aos Municípios na hipótese de descumprimento das regras gerais de organização e de funcionamento de regime próprio de previdência social. (Incluído pela Emenda Constitucional nº 103, de 2019)

§ 1º Nenhum investimento cuja execução ultrapasse um exercício financeiro poderá ser iniciado sem prévia inclusão no plano plurianual, ou sem lei que autorize a inclusão, sob pena de crime de responsabilidade.

§ 2º Os créditos especiais e extraordinários terão vigência no exercício financeiro em que forem autorizados, salvo se o ato de autorização for promulgado nos últimos quatro meses daquele exercício, caso em que, reabertos nos limites de seus saldos, serão incorporados ao orçamento do exercício financeiro subsequente.

§ 3º A abertura de crédito extraordinário somente será admitida para atender a despesas imprevisíveis e urgentes, como as decorrentes de guerra, comoção interna ou calamidade pública, observado o disposto no art. 62.

§ 4º É permitida a vinculação de receitas próprias geradas pelos impostos a que se referem os arts. 155 e 156, e dos recursos de que tratam os arts. 157, 158, 159, I, a e b, e II, para prestação de garantia ou contragarantia à União e para pagamento de débitos para com esta. (Parágrafo acrescido pela Emenda Constitucional nº 3, de 1993)

§ 5º A transposição, o remanejamento ou a transferência de recursos de uma categoria de programação para outra poderão ser admitidos, no âmbito das atividades de ciência, tecnologia e inovação, com o objetivo de viabilizar os resultados de projetos restritos a essas funções, mediante ato do Poder Executivo, sem necessidade da prévia autorização legislativa prevista no inciso VI deste artigo. (Parágrafo acrescido pela Emenda Constitucional nº 85, de 2015, republicada no DOU de 3/3/2015)

Art. 168. Os recursos correspondentes às dotações orçamentárias, compreendidos os créditos suplementares e especiais, destinados aos órgãos dos Poderes Legislativo e Judiciário, do Ministério Público e da Defensoria Pública, ser-lhes-ão entregues até o dia 20 de cada mês, em duodécimos, na forma da lei complementar a que se refere o art. 165, § 9º. (Artigo com redação dada pela Emenda Constitucional nº 45, de 2004)

Art. 169. A despesa com pessoal ativo e inativo da União, dos Estados, do Distrito Federal e dos Municípios não poderá exceder os limites estabelecidos em lei complementar.

ANOTAÇÕES

§ 1º A concessão de qualquer vantagem ou aumento de remuneração, a criação de cargos, empregos e funções ou alteração de estrutura de carreiras, bem como a admissão ou contratação de pessoal, a qualquer título, pelos órgãos e entidades da administração direta ou indireta, inclusive fundações instituídas e mantidas pelo poder público, só poderão ser feitas: (Renumerado do parágrafo único, pela Emenda Constitucional nº 19, de 1998) (Vide Emenda constitucional nº 106, de 2020)

§ 1º A concessão de qualquer vantagem ou aumento de remuneração, a criação de cargos, empregos e funções ou alteração de estrutura de carreiras, bem como a admissão ou contratação de pessoal, a qualquer título, pelos órgãos e entidades da administração direta ou indireta, inclusive fundações instituídas e mantidas pelo poder público, só poderão ser feitas: (Parágrafo único transformado em § 1º com nova redação dada pela Emenda Constitucional nº 19, de 1998)

I. se houver prévia dotação orçamentária suficiente para atender às projeções de despesa de pessoal e aos acréscimos dela decorrentes; (Inciso acrescido pela Emenda Constitucional nº 19, de 1998)

II. se houver autorização específica na lei de diretrizes orçamentárias, ressalvadas as empresas públicas e as sociedades de economia mista. (Inciso acrescido pela Emenda Constitucional nº 19, de 1998)

§ 2º Decorrido o prazo estabelecido na lei complementar referida neste artigo para a adaptação aos parâmetros ali previstos, serão imediatamente suspensos todos os repasses de verbas federais ou estaduais aos Estados, ao Distrito Federal e aos Municípios que não observarem os referidos limites. (Parágrafo acrescido pela Emenda Constitucional nº 19, de 1998)

§ 3º Para o cumprimento dos limites estabelecidos com base neste artigo, durante o prazo fixado na lei complementar referida no caput, a União, os Estados, o Distrito Federal e os Municípios adotarão as seguintes providências:

I. redução em pelo menos vinte por cento das despesas com cargos em comissão e funções de confiança;

II. exoneração dos servidores não estáveis. (Parágrafo acrescido pela Emenda Constitucional nº 19, de 1998)

§ 4º Se as medidas adotadas com base no parágrafo anterior não forem suficientes para assegurar o cumprimento da determinação da lei complementar referida neste artigo, o servidor estável poderá perder o cargo, desde que ato normativo motivado de cada um dos Poderes especifique a atividade funcional, o órgão ou unidade administrativa objeto da redução de pessoal. (Parágrafo acrescido pela Emenda Constitucional nº 19, de 1998)

§ 5º O servidor que perder o cargo na forma do parágrafo anterior fará jus a indenização correspondente a um mês de remuneração por ano de serviço. (Parágrafo acrescido pela Emenda Constitucional nº 19, de 1998)

§ 6º O cargo objeto da redução prevista nos parágrafos anteriores será considerado extinto, vedada a criação de cargo, emprego ou função com atribuições iguais ou assemelhadas pelo prazo de quatro anos. (Parágrafo acrescido pela Emenda Constitucional nº 19, de 1998)

§ 7º Lei federal disporá sobre as normas gerais a serem obedecidas na efetivação do disposto no § 4º. (Parágrafo acrescido pela Emenda Constitucional nº 19, de 1998)

TÍTULO VII - DA ORDEM ECONÔMICA E FINANCEIRA

CAPÍTULO I - DOS PRINCÍPIOS GERAIS DA ATIVIDADE ECONÔMICA

Art. 170. A ordem econômica, fundada na valorização do trabalho humano e na livre iniciativa, tem por fim assegurar a todos existência digna, conforme os ditames da justiça social, observados os seguintes princípios:

I. soberania nacional;

II. propriedade privada;

III. função social da propriedade;

IV. livre concorrência;

V. defesa do consumidor;

VI. defesa do meio ambiente, inclusive mediante tratamento diferenciado conforme o impacto ambiental dos produtos e serviços e de seus processos de elaboração e prestação; (Inciso com redação dada pela Emenda Constitucional nº 42, de 2003)

VII. redução das desigualdades regionais e sociais;

VIII. busca do pleno emprego;

IX. tratamento favorecido para as empresas de pequeno porte constituídas sob as leis brasileiras e que tenham sua sede e administração no País. (Inciso com redação dada pela Emenda Constitucional nº 6, de 1995)

Parágrafo único. É assegurado a todos o livre exercício de qualquer atividade econômica, independentemente de autorização de órgãos públicos, salvo nos casos previstos em lei. (Vide Lei nº 13.874, de 2019)

Art. 171. (Revogado pela Emenda Constitucional nº 6, de 1995)

Art. 172. A lei disciplinará, com base no interesse nacional, os investimentos de capital estrangeiro, incentivará os reinvestimentos e regulará a remessa de lucros.

Art. 173. Ressalvados os casos previstos nesta Constituição, a exploração direta de atividade econômica pelo Estado só será permitida quando necessária aos imperativos da segurança nacional ou a relevante interesse coletivo, conforme definidos em lei.

§ 1º A lei estabelecerá o estatuto jurídico da empresa pública, da sociedade de economia mista e de suas subsidiárias que explorem atividade econômica de produção ou comercialização de bens ou de prestação de serviços, dispondo sobre: (Parágrafo com redação dada pela Emenda Constitucional nº 19, de 1998)

I. sua função social e formas de fiscalização pelo Estado e pela sociedade; (Inciso acrescido pela Emenda Constitucional nº 19, de 1998)

II. a sujeição ao regime jurídico próprio das empresas privadas, inclusive quanto aos direitos e obrigações civis, comerciais, trabalhistas e tributários; (Inciso acrescido pela Emenda Constitucional nº 19, de 1998)

III. licitação e contratação de obras, serviços, compras e alienações, observados os princípios da administração pública; (Inciso acrescido pela Emenda Constitucional nº 19, de 1998)

IV. a constituição e o funcionamento dos conselhos de administração e fiscal, com a participação de acionistas minoritários; (Inciso acrescido pela Emenda Constitucional nº 19, de 1998)

V. os mandatos, a avaliação de desempenho e a responsabilidade dos administradores. (Inciso acrescido pela Emenda Constitucional nº 19, de 1998)

§ 2º As empresas públicas e as sociedades de economia mista não poderão gozar de privilégios fiscais não extensivos às do setor privado.

§ 3º A lei regulamentará as relações da empresa pública com o Estado e a sociedade.

§ 4º A lei reprimirá o abuso do poder econômico que vise à dominação dos mercados, à eliminação da concorrência e ao aumento arbitrário dos lucros.

§ 5º A lei, sem prejuízo da responsabilidade individual dos dirigentes da pessoa jurídica, estabelecerá a responsabilidade desta, sujeitando-a às punições compatíveis com sua natureza, nos atos praticados contra a ordem econômica e financeira e contra a economia popular.

ANOTAÇÕES

ANOTAÇÕES

Art. 174. Como agente normativo e regulador da atividade econômica, o Estado exercerá, na forma da lei, as funções de fiscalização, incentivo e planejamento, sendo este determinante para o setor público e indicativo para o setor privado. (Vide Lei nº 13.874, de 2019)

§ 1º A lei estabelecerá as diretrizes e bases do planejamento do desenvolvimento nacional equilibrado, o qual incorporará e compatibilizará os planos nacionais e regionais de desenvolvimento.

§ 2º A lei apoiará e estimulará o cooperativismo e outras formas de associativismo.

§ 3º O Estado favorecerá a organização da atividade garimpeira em cooperativas, levando em conta a proteção do meio ambiente e a promoção econômico-social dos garimpeiros.

§ 4º As cooperativas a que se refere o parágrafo anterior terão prioridade na autorização ou concessão para pesquisa e lavra dos recursos e jazidas de minerais garimpáveis, nas áreas onde estejam atuando, e naquelas fixadas de acordo com o art. 21, XXV, na forma da lei.

Art. 175. Incumbe ao poder público, na forma da lei, diretamente ou sob regime de concessão ou permissão, sempre através de licitação, a prestação de serviços públicos.

Parágrafo único. A lei disporá sobre:

I. o regime das empresas concessionárias e permissionárias de serviços públicos, o caráter especial de seu contrato e de sua prorrogação, bem como as condições de caducidade, fiscalização e rescisão da concessão ou permissão;

II. os direitos dos usuários;

III. política tarifária;

IV. a obrigação de manter serviço adequado.

Art. 176. As jazidas, em lavra ou não, e demais recursos minerais e os potenciais de energia hidráulica constituem propriedade distinta da do solo, para efeito de exploração ou aproveitamento, e pertencem à União, garantida ao concessionário a propriedade do produto da lavra.

§ 1º A pesquisa e a lavra de recursos minerais e o aproveitamento dos potenciais a que se refere o caput deste artigo somente poderão ser efetuados mediante autorização ou concessão da União, no interesse nacional, por brasileiros ou empresa constituída sob as leis brasileiras e que tenha sua sede e administração no País, na forma da lei, que estabelecerá as condições específicas quando essas atividades se desenvolverem em faixa de fronteira ou terras indígenas. (Parágrafo com redação dada pela Emenda Constitucional nº 6, de 1995)

§ 2º É assegurada participação ao proprietário do solo nos resultados da lavra, na forma e no valor que dispuser a lei.

§ 3º A autorização de pesquisa será sempre por prazo determinado, e as autorizações e concessões previstas neste artigo não poderão ser cedidas ou transferidas, total ou parcialmente, sem prévia anuência do Poder concedente.

§ 4º Não dependerá de autorização ou concessão o aproveitamento do potencial de energia renovável de capacidade reduzida.

Art. 177. Constituem monopólio da União:

I. a pesquisa e a lavra das jazidas de petróleo e gás natural e outros hidrocarbonetos fluidos;

II. a refinação do petróleo nacional ou estrangeiro;

III. a importação e exportação dos produtos e derivados básicos resultantes das atividades previstas nos incisos anteriores;

IV. o transporte marítimo do petróleo bruto de origem nacional ou de derivados básicos de petróleo produzidos no País, bem assim o transporte, por meio de conduto, de petróleo bruto, seus derivados e gás natural de qualquer origem;

ANOTAÇÕES

V. a pesquisa, a lavra, o enriquecimento, o reprocessamento, a industrialização e o comércio de minérios e minerais nucleares e seus derivados, com exceção dos radioisótopos cuja produção, comercialização e utilização poderão ser autorizadas sob regime de permissão, conforme as alíneas b e c do inciso XXIII do caput do art. 21 desta Constituição Federal. (Inciso com redação dada pela Emenda Constitucional nº 49, de 2006)

§ 1º A União poderá contratar com empresas estatais ou privadas a realização das atividades previstas nos incisos I a IV deste artigo observadas as condições estabelecidas em lei. (Parágrafo com redação dada pela Emenda Constitucional nº 9, de 1995)

§ 2º A lei a que se refere o § 1º disporá sobre:

I. a garantia do fornecimento dos derivados de petróleo em todo o território nacional;

II. as condições de contratação;

III. a estrutura e atribuições do órgão regulador do monopólio da União; (Parágrafo acrescido pela Emenda Constitucional nº 9, de 1995)

§ 3º A lei disporá sobre o transporte e a utilização de materiais radioativos no território nacional. (Primitivo § 2º renumerado pela Emenda Constitucional nº 9, de 1995)

§ 4º A lei que instituir contribuição de intervenção no domínio econômico relativa às atividades de importação ou comercialização de petróleo e seus derivados, gás natural e seus derivados e álcool combustível deverá atender aos seguintes requisitos:

I. a alíquota da contribuição poderá ser:

a) diferenciada por produto ou uso;

b) reduzida e restabelecida por ato do Poder Executivo, não se lhe aplicando o disposto no art. 150,III, b;

II. os recursos arrecadados serão destinados:

a) ao pagamento de subsídios a preços ou transporte de álcool combustível, gás natural e seus derivados e derivados de petróleo;

b) ao financiamento de projetos ambientais relacionados com a indústria do petróleo e do gás;

c) ao financiamento de programas de infra-estrutura de transportes. (Parágrafo acrescido pela Emenda Constitucional nº 33, de 2001)

Art. 178. A lei disporá sobre a ordenação dos transportes aéreo, aquático e terrestre, devendo, quanto à ordenação do transporte internacional, observar os acordos firmados pela União, atendido o princípio da reciprocidade. ("Caput" do artigo com redação dada pela Emenda Constitucional nº 7, de 1995)

Parágrafo único. Na ordenação do transporte aquático, a lei estabelecerá as condições em que o transporte de mercadorias na cabotagem e a navegação interior poderão ser feitos por embarcações estrangeiras. (Parágrafo único acrescido pela Emenda Constitucional nº 7, de 1995)

Art. 179. A União, os Estados, o Distrito Federal e os Municípios dispensarão às microempresas e às empresas de pequeno porte, assim definidas em lei, tratamento jurídico diferenciado, visando a incentivá-las pela simplificação de suas obrigações administrativas, tributárias, previdenciárias e creditícias, ou pela eliminação ou redução destas por meio de lei.

Art. 180. A União, os Estados, o Distrito Federal e os Municípios promoverão e incentivarão o turismo como fator de desenvolvimento social e econômico.

Art. 181. O atendimento de requisição de documento ou informação de natureza comercial, feita por autoridade administrativa ou judiciária estrangeira, a pessoa física ou jurídica residente ou domiciliada no País dependerá de autorização do Poder competente.

CAPÍTULO II - DA POLÍTICA URBANA

Art. 182. A política de desenvolvimento urbano, executada pelo poder público municipal, conforme diretrizes gerais fixadas em lei, tem por objetivo ordenar o pleno desenvolvimento das funções sociais da cidade e garantir o bem-estar de seus habitantes.

§ 1º O plano diretor, aprovado pela Câmara Municipal, obrigatório para cidades com mais de vinte mil habitantes, é o instrumento básico da política de desenvolvimento e de expansão urbana.

§ 2º A propriedade urbana cumpre sua função social quando atende às exigências fundamentais de ordenação da cidade expressas no plano diretor.

§ 3º As desapropriações de imóveis urbanos serão feitas com prévia e justa indenização em dinheiro.

§ 4º É facultado ao poder público municipal, mediante lei específica para área incluída no plano diretor, exigir, nos termos da lei federal, do proprietário do solo urbano não edificado, subutilizado ou não utilizado que promova seu adequado aproveitamento, sob pena, sucessivamente, de:

I. parcelamento ou edificação compulsórios;

II. imposto sobre a propriedade predial e territorial urbana progressivo no tempo;

III. desapropriação com pagamento mediante títulos da dívida pública de emissão previamente aprovada pelo Senado Federal, com prazo de resgate de até dez anos, em parcelas anuais, iguais e sucessivas, assegurados o valor real da indenização e os juros legais.

Art. 183. Aquele que possuir como sua área urbana de até duzentos e cinquenta metros quadrados, por cinco anos, ininterruptamente e sem oposição, utilizando-a para sua moradia ou de sua família, adquirir-lhe-á o domínio, desde que não seja proprietário de outro imóvel urbano ou rural.

§ 1º O título de domínio e a concessão de uso serão conferidos ao homem ou à mulher, ou a ambos, independentemente do estado civil.

§ 2º Esse direito não será reconhecido ao mesmo possuidor mais de uma vez.

§ 3º Os imóveis públicos não serão adquiridos por usucapião.

CAPÍTULO III - DA POLÍTICA AGRÍCOLA E FUNDIÁRIA E DA REFORMA AGRÁRIA

Art. 184. Compete à União desapropriar por interesse social, para fins de reforma agrária, o imóvel rural que não esteja cumprindo sua função social, mediante prévia e justa indenização em títulos da dívida agrária, com cláusula de preservação do valor real, resgatáveis no prazo de até vinte anos, a partir do segundo ano de sua emissão, e cuja utilização será definida em lei.

§ 1º As benfeitorias úteis e necessárias serão indenizadas em dinheiro.

§ 2º O decreto que declarar o imóvel como de interesse social, para fins de reforma agrária, autoriza a União a propor a ação de desapropriação.

§ 3º Cabe à lei complementar estabelecer procedimento contraditório especial, de rito sumário, para o processo judicial de desapropriação.

§ 4º O orçamento fixará anualmente o volume total de títulos da dívida agrária, assim como o montante de recursos para atender ao programa de reforma agrária no exercício.

§ 5º São isentas de impostos federais, estaduais e municipais as operações de transferência de imóveis desapropriados para fins de reforma agrária.

Art. 185. São insuscetíveis de desapropriação para fins de reforma agrária:

I. a pequena e média propriedade rural, assim definida em lei, desde que seu proprietário não possua outra;

II. a propriedade produtiva.

Parágrafo único. A lei garantirá tratamento especial à propriedade produtiva e fixará normas para o cumprimento dos requisitos relativos a sua função social.

ANOTAÇÕES

Art. 186. A função social é cumprida quando a propriedade rural atende, simultaneamente, segundo critérios e graus de exigência estabelecidos em lei, aos seguintes requisitos:

I. aproveitamento racional e adequado;

II. utilização adequada dos recursos naturais disponíveis e preservação do meio ambiente;

III. observância das disposições que regulam as relações de trabalho;

IV. exploração que favoreça o bem-estar dos proprietários e dos trabalhadores.

Art. 187. A política agrícola será planejada e executada na forma da lei, com a participação efetiva do setor de produção, envolvendo produtores e trabalhadores rurais, bem como dos setores de comercialização, de armazenamento e de transportes, levando em conta, especialmente:

I. os instrumentos creditícios e fiscais;

II. os preços compatíveis com os custos de produção e a garantia de comercialização;

III. o incentivo à pesquisa e à tecnologia;

IV. a assistência técnica e extensão rural;

V. o seguro agrícola;

VI. o cooperativismo;

VII. a eletrificação rural e irrigação;

VIII. a habitação para o trabalhador rural.

§ 1º Incluem-se no planejamento agrícola as atividades agroindustriais, agropecuárias, pesqueiras e florestais.

§ 2º Serão compatibilizadas as ações de política agrícola e de reforma agrária.

Art. 188. A destinação de terras públicas e devolutas será compatibilizada com a política agrícola e com o plano nacional de reforma agrária.

§ 1º A alienação ou a concessão, a qualquer título, de terras públicas com área superior a dois mil e quinhentos hectares a pessoa física ou jurídica, ainda que por interposta pessoa, dependerá de prévia aprovação do Congresso Nacional.

§ 2º Excetuam-se do disposto no parágrafo anterior as alienações ou as concessões de terras públicas para fins de reforma agrária.

Art. 189. Os beneficiários da distribuição de imóveis rurais pela reforma agrária receberão títulos de domínio ou de concessão de uso, inegociáveis pelo prazo de dez anos.

Parágrafo único. O título de domínio e a concessão de uso serão conferidos ao homem ou à mulher, ou a ambos, independentemente do estado civil, nos termos e condições previstos em lei.

Art. 190. A lei regulará e limitará a aquisição ou o arrendamento de propriedade rural por pessoa física ou jurídica estrangeira e estabelecerá os casos que dependerão de autorização do Congresso Nacional.

Art. 191. Aquele que, não sendo proprietário de imóvel rural ou urbano, possua como seu, por cinco anos ininterruptos, sem oposição, área de terra, em zona rural, não superior a cinquenta hectares, tornando-a produtiva por seu trabalho ou de sua família, tendo nela sua moradia, adquirir-lhe-á a propriedade.

Parágrafo único. Os imóveis públicos não serão adquiridos por usucapião.

CAPÍTULO IV - DO SISTEMA FINANCEIRO NACIONAL

Art. 192. O sistema financeiro nacional, estruturado de forma a promover o desenvolvimento equilibrado do País e a servir aos interesses da coletividade, em todas as partes que o compõem, abrangendo as cooperativas de crédito, será regulado por leis complementares que disporão, inclusive, sobre a participação do capital estrangeiro nas instituições que o integram. (Artigo com redação dada pela Emenda Constitucional nº 40, de 2003)

I. (Revogado pela Emenda Constitucional nº 40, de 2003)

ANOTAÇÕES

ANOTAÇÕES

II. (Revogado pela Emenda Constitucional nº 40, de 2003)
III. (Revogado pela Emenda Constitucional nº 40, de 2003)
a) (Revogada pela Emenda Constitucional nº 40, de 2003)
b) (Revogada pela Emenda Constitucional nº 40, de 2003)
IV. (Revogado pela Emenda Constitucional nº 40, de 2003)
V. (Revogado pela Emenda Constitucional nº 40, de 2003)
VI. (Revogado pela Emenda Constitucional nº 40, de 2003)
VII. (Revogado pela Emenda Constitucional nº 40, de 2003)
VIII. (Revogado pela Emenda Constitucional nº 40, de 2003)

§ 1º (Revogado pela Emenda Constitucional nº 40, de 2003)

§ 2º (Revogado pela Emenda Constitucional nº 40, de 2003)

§ 3º (Revogado pela Emenda Constitucional nº 40, de 2003)

TÍTULO VIII - DA ORDEM SOCIAL

CAPÍTULO I - DISPOSIÇÃO GERAL

Art. 193. A ordem social tem como base o primado do trabalho, e como objetivo o bem-estar e a justiça sociais.

CAPÍTULO II - DA SEGURIDADE SOCIAL

Seção I - Disposições Gerais

Art. 194. A seguridade social compreende um conjunto integrado de ações de iniciativa dos poderes públicos e da sociedade, destinadas a assegurar os direitos relativos à saúde, à previdência e à assistência social.

Parágrafo único. Compete ao poder público, nos termos da lei, organizar a seguridade social, com base nos seguintes objetivos:

I. universalidade da cobertura e do atendimento;

II. uniformidade e equivalência dos benefícios e serviços às populações urbanas e rurais;

III. seletividade e distributividade na prestação dos benefícios e serviços;

IV. irredutibilidade do valor dos benefícios;

V. equidade na forma de participação no custeio;

VI. diversidade da base de financiamento, identificando-se, em rubricas contábeis específicas para cada área, as receitas e as despesas vinculadas a ações de saúde, previdência e assistência social, preservado o caráter contributivo da previdência social; (Redação dada pela Emenda Constitucional nº 103, de 2019)

VII. caráter democrático e descentralizado da administração, mediante gestão quadripartite, com participação dos trabalhadores, dos empregadores, dos aposentados e do Governo nos órgãos colegiados. (Inciso com redação dada pela Emenda Constitucional nº 20, de 1998)

Art. 195. A seguridade social será financiada por toda a sociedade, de forma direta e indireta, nos termos da lei, mediante recursos provenientes dos orçamentos da União, dos Estados, do Distrito Federal e dos Municípios, e das seguintes contribuições sociais:

I. do empregador, da empresa e da entidade a ela equiparada na forma da lei, incidentes sobre:

a) a folha de salários e demais rendimentos do trabalho pagos ou creditados, a qualquer título, à pessoa física que lhe preste serviço, mesmo sem vínculo empregatício;

b) a receita ou o faturamento;

c) o lucro; (Inciso com redação dada pela Emenda Constitucional nº 20, de 1998)

II. do trabalhador e dos demais segurados da previdência social, não incidindo contribuição sobre aposentadoria e pensão concedidas pelo regime geral de previdência social de que trata o art. 201; (Inciso com redação dada pela Emenda Constitucional nº 20, de 1998)

III. sobre a receita de concursos de prognósticos;

IV. do importador de bens ou serviços do exterior, ou de quem a lei a ele equiparar. (Inciso acrescido pela Emenda Constitucional nº 42, de 2003)

ANOTAÇÕES

§ 1º As receitas dos Estados, do Distrito Federal e dos Municípios destinadas à seguridade social constarão dos respectivos orçamentos, não integrando o orçamento da União.

§ 2º A proposta de orçamento da seguridade social será elaborada de forma integrada pelos órgãos responsáveis pela saúde, previdência social e assistência social, tendo em vista as metas e prioridades estabelecidas na lei de diretrizes orçamentárias, assegurada a cada área a gestão de seus recursos.

§ 3º A pessoa jurídica em débito com o sistema da seguridade social, como estabelecido em lei, não poderá contratar com o poder público nem dele receber benefícios ou incentivos fiscais ou creditícios.

§ 4º A lei poderá instituir outras fontes destinadas a garantir a manutenção ou expansão da seguridade social, obedecido o disposto no art. 154, I.

§ 5º Nenhum benefício ou serviço da seguridade social poderá ser criado, majorado ou estendido sem a correspondente fonte de custeio total.

§ 6º As contribuições sociais de que trata este artigo só poderão ser exigidas após decorridos noventa dias da data da publicação da lei que as houver instituído ou modificado, não se lhes aplicando o disposto no art. 150, III, b .

§ 7º São isentas de contribuição para a seguridade social as entidades beneficentes de assistência social que atendam às exigências estabelecidas em lei.

§ 8º O produtor, o parceiro, o meeiro e o arrendatário rurais e o pescador artesanal, bem como os respectivos cônjuges, que exerçam suas atividades em regime de economia familiar, sem empregados permanentes, contribuirão para a seguridade social mediante a aplicação de uma alíquota sobre o resultado da comercialização da produção e farão jus aos benefícios nos termos da lei. (Parágrafo com redação dada pela Emenda Constitucional nº 20, de 1998)

§ 9º As contribuições sociais previstas no inciso I do caput deste artigo poderão ter alíquotas diferenciadas em razão da atividade econômica, da utilização intensiva de mão de obra, do porte da empresa ou da condição estrutural do mercado de trabalho, sendo também autorizada a adoção de bases de cálculo diferenciadas apenas no caso das alíneas "b" e "c" do inciso I do caput. (Redação dada pela Emenda Constitucional nº 103, de 2019)

§ 10. A lei definirá os critérios de transferência de recursos para o sistema único de saúde e ações de assistência social da União para os Estados, o Distrito Federal e os Municípios, e dos Estados para os Municípios, observada a respectiva contrapartida de recursos. (Parágrafo acrescido pela Emenda Constitucional nº 20, de 1998)

§ 11. São vedados a moratória e o parcelamento em prazo superior a 60 (sessenta) meses e, na forma de lei complementar, a remissão e a anistia das contribuições sociais de que tratam a alínea "a" do inciso I e o inciso II do caput. (Redação dada pela Emenda Constitucional nº 103, de 2019)

§ 12. A lei definirá os setores de atividade econômica para os quais as contribuições incidentes na forma dos incisos I, b; e IV do caput, serão não-cumulativas. (Incluído pela Emenda Constitucional nº 42, de 19.12.2003)

§ 13. (Revogado). (Redação dada pela Emenda Constitucional nº 103, de 2019) (Revogado pela Emenda Constitucional nº 103, de 2019)

§ 14. O segurado somente terá reconhecida como tempo de contribuição ao Regime Geral de Previdência Social a competência cuja contribuição seja igual ou superior à contribuição mínima mensal exigida para sua categoria, assegurado o agrupamento de contribuições. (Incluído pela Emenda Constitucional nº 103, de 2019)

Seção II - Da Saúde

Art. 196. A saúde é direito de todos e dever do Estado, garantido mediante políticas sociais e econômicas que visem à redução do risco de doença e de outros agravos e ao acesso universal e igualitário às ações e serviços para sua promoção, proteção e recuperação.

Art. 197. São de relevância pública as ações e serviços de saúde, cabendo ao poder público dispor, nos termos da lei, sobre sua regulamentação, fiscalização e controle, devendo sua execução ser feita diretamente ou através de terceiros e, também, por pessoa física ou jurídica de direito privado.

Art. 198. As ações e serviços públicos de saúde integram uma rede regionalizada e hierarquizada e constituem um sistema único, organizado de acordo com as seguintes diretrizes:

I. descentralização, com direção única em cada esfera de governo;

II. atendimento integral, com prioridade para as atividades preventivas, sem prejuízo dos serviços assistenciais;

III. participação da comunidade.

§ 1º O sistema único de saúde será financiado, nos termos do art. 195, com recursos do orçamento da seguridade social, da União, dos Estados, do Distrito Federal e dos Municípios, além de outras fontes. (Parágrafo único transformado em § 1º pela Emenda Constitucional nº 29, de 2000)

§ 2º A União, os Estados, o Distrito Federal e os Municípios aplicarão, anualmente, em ações e serviços públicos de saúde recursos mínimos derivados da aplicação de percentuais calculados sobre: (Parágrafo acrescido pela Emenda Constitucional nº 29, de 2000)

I. no caso da União, a receita corrente líquida do respectivo exercício financeiro, não podendo ser inferior a 15% (quinze por cento); (Inciso acrescido pela Emenda Constitucional nº 29, de 2000, com redação dada pela Emenda Constitucional nº 86, de 2015, publicada no DOU de 18/3/2015, em vigor na data de publicação, produzindo efeitos a partir da execução orçamentária do exercício de 2014) (Vide art. 2º da Emenda Constitucional nº 86, de 2015)

II. no caso dos Estados e do Distrito Federal, o produto da arrecadação dos impostos a que se refere o art. 155 e dos recursos de que tratam os arts. 157 e 159, inciso I, alínea a, e inciso II, deduzidas as parcelas que forem transferidas aos respectivos Municípios; (Inciso acrescido pela Emenda Constitucional nº 29, de 2000)

III. no caso dos Municípios e do Distrito Federal, o produto da arrecadação dos impostos a que se refere o art. 156 e dos recursos de que tratam os arts. 158 e 159, inciso I, alínea b e § 3º. (Inciso acrescido pela Emenda Constitucional nº 29, de 2000)

§ 3º Lei complementar, que será reavaliada pelo menos a cada cinco anos, estabelecerá: (Parágrafo acrescido pela Emenda Constitucional nº 29, de 2000)

I. os percentuais de que tratam os incisos II e III do § 2º; (Inciso acrescido pela Emenda Constitucional nº 29, de 2000, com redação dada pela Emenda Constitucional nº 86, de 2015, publicada no DOU de 18/3/2015, em vigor na data de publicação, produzindo efeitos a partir da execução orçamentária do exercício de 2014)

II. os critérios de rateio dos recursos da União vinculados à saúde destinados aos Estados, ao Distrito Federal e aos Municípios, e dos Estados destinados a seus respectivos Municípios, objetivando a progressiva redução das disparidades regionais; (Inciso acrescido pela Emenda Constitucional nº 29, de 2000)

III. as normas de fiscalização, avaliação e controle das despesas com saúde nas esferas federal, estadual, distrital e municipal; (Inciso acrescido pela Emenda Constitucional nº 29, de 2000)

IV. (Inciso acrescido pela Emenda Constitucional nº 29, de 2000, e revogado pela Emenda Constitucional nº 86, de 2015)

ANOTAÇÕES

§ 4º Os gestores locais do sistema único de saúde poderão admitir agentes comunitários de saúde e agentes de combate às endemias por meio de processo seletivo público, de acordo com a natureza e complexidade de suas atribuições e requisitos específicos para sua atuação. (Parágrafo acrescido pela Emenda Constitucional nº 51, de 2006)

§ 5º Lei federal disporá sobre o regime jurídico, o piso salarial profissional nacional, as diretrizes para os Planos de Carreira e a regulamentação das atividades de agente comunitário de saúde e agente de combate às endemias, competindo à União, nos termos da lei, prestar assistência financeira complementar aos Estados, ao Distrito Federal e aos Municípios, para o cumprimento do referido piso salarial. (Parágrafo acrescido pela Emenda Constitucional nº 51, de 2006) e (Parágrafo com nova redação dada pela Emenda Constitucional nº 63, de 2010)

§ 6º Além das hipóteses previstas no § 1º do art. 41 e no § 4º do art. 169 da Constituição Federal, o servidor que exerça funções equivalentes às de agente comunitário de saúde ou de agente de combate às endemias poderá perder o cargo em caso de descumprimento dos requisitos específicos, fixados em lei, para o seu exercício. (Parágrafo acrescido pela Emenda Constitucional nº 51, de 2006)

Art. 199. A assistência à saúde é livre à iniciativa privada.

§ 1º As instituições privadas poderão participar de forma complementar do sistema único de saúde, segundo diretrizes deste, mediante contrato de direito público ou convênio, tendo preferência as entidades filantrópicas e as sem fins lucrativos.

§ 2º É vedada a destinação de recursos públicos para auxílios ou subvenções às instituições privadas com fins lucrativos.

§ 3º É vedada a participação direta ou indireta de empresas ou capitais estrangeiros na assistência à saúde no País, salvo nos casos previstos em lei.

§ 4º A lei disporá sobre as condições e os requisitos que facilitem a remoção de órgãos, tecidos e substâncias humanas para fins de transplante, pesquisa e tratamento, bem como a coleta, processamento e transfusão de sangue e seus derivados, sendo vedado todo tipo de comercialização.

Art. 200. Ao sistema único de saúde compete, além de outras atribuições, nos termos da lei:

I. controlar e fiscalizar procedimentos, produtos e substâncias de interesse para a saúde e participar da produção de medicamentos, equipamentos, imunobiológicos, hemoderivados e outros insumos;

II. executar as ações de vigilância sanitária e epidemiológica, bem como as de saúde do trabalhador;

III. ordenar a formação de recursos humanos na área de saúde;

IV. participar da formulação da política e da execução das ações de saneamento básico;

V. incrementar, em sua área de atuação, o desenvolvimento científico e tecnológico e a inovação; (Inciso com redação dada pela Emenda Constitucional nº 85, de 2015, republicada no DOU de 3/3/2015)

VI. fiscalizar e inspecionar alimentos, compreendido o controle de seu teor nutricional, bem como bebidas e águas para consumo humano;

VII. participar do controle e fiscalização da produção, transporte, guarda e utilização de substâncias e produtos psicoativos, tóxicos e radioativos;

VIII. colaborar na proteção do meio ambiente, nele compreendido o do trabalho.

Seção III - Da Previdência Social

Art. 201. A previdência social será organizada sob a forma de regime geral, de caráter contributivo e de filiação obrigatória, observados critérios que preservem o equilíbrio financeiro e atuarial, e atenderá, nos termos da lei, a:

ANOTAÇÕES

ANOTAÇÕES

("Caput" do artigo com redação dada pela Emenda Constitucional nº 20, de 1998)

I. cobertura dos eventos de doença, invalidez, morte e idade avançada; (Inciso com redação dada pela Emenda Constitucional nº 20, de 1998)

II. proteção à maternidade, especialmente à gestante; (Inciso com redação dada pela Emenda Constitucional nº 20, de 1998)

III. proteção ao trabalhador em situação de desemprego involuntário; (Inciso com redação dada pela Emenda Constitucional nº 20, de 1998)

IV. salário-família e auxílio-reclusão para os dependentes dos segurados de baixa renda; (Inciso com redação dada pela Emenda Constitucional nº 20, de 1998)

V. pensão por morte do segurado, homem ou mulher, ao cônjuge ou companheiro e dependentes, observado o disposto no § 2º. (Inciso com redação dada pela Emenda Constitucional nº 20, de 1998)

§ 1º É vedada a adoção de requisitos ou critérios diferenciados para concessão de benefícios, ressalvada, nos termos de lei complementar, a possibilidade de previsão de idade e tempo de contribuição distintos da regra geral para concessão de aposentadoria exclusivamente em favor dos segurados: (Redação dada pela Emenda Constitucional nº 103, de 2019)

I. com deficiência, previamente submetidos a avaliação biopsicossocial realizada por equipe multiprofissional e interdisciplinar; (Incluído pela Emenda Constitucional nº 103, de 2019)

II. cujas atividades sejam exercidas com efetiva exposição a agentes químicos, físicos e biológicos prejudiciais à saúde, ou associação desses agentes, vedada a caracterização por categoria profissional ou ocupação. (Incluído pela Emenda Constitucional nº 103, de 2019)

§ 2º Nenhum benefício que substitua o salário de contribuição ou o rendimento do trabalho do segurado terá valor mensal inferior ao salário mínimo. (Parágrafo com redação dada pela Emenda Constitucional nº 20, de 1998)

§ 3º Todos os salários de contribuição considerados para o cálculo de benefício serão devidamente atualizados, na forma da lei. (Parágrafo com redação dada pela Emenda Constitucional nº 20, de 1998)

§ 4º É assegurado o reajustamento dos benefícios para preservar-lhes, em caráter permanente, o valor real, conforme critérios definidos em lei. (Parágrafo com redação dada pela Emenda Constitucional nº 20, de 1998)

§ 5º É vedada a filiação ao regime geral de previdência social, na qualidade de segurado facultativo, de pessoa participante de regime próprio de previdência. (Parágrafo com redação dada pela Emenda Constitucional nº 20, de 1998)

§ 6º A gratificação natalina dos aposentados e pensionistas terá por base o valor dos proventos do mês de dezembro de cada ano. (Parágrafo com redação dada pela Emenda Constitucional nº 20, de 1998)

§ 7º É assegurada aposentadoria no regime geral de previdência social, nos termos da lei, obedecidas as seguintes condições: ("Caput" do parágrafo com redação dada pela Emenda Constitucional nº 20, de 1998)

I. 65 (sessenta e cinco) anos de idade, se homem, e 62 (sessenta e dois) anos de idade, se mulher, observado tempo mínimo de contribuição; (Redação dada pela Emenda Constitucional nº 103, de 2019)

II. 60 (sessenta) anos de idade, se homem, e 55 (cinquenta e cinco) anos de idade, se mulher, para os trabalhadores rurais e para os que exerçam suas atividades em regime de economia familiar, nestes incluídos o produtor rural, o garimpeiro e o pescador artesanal. (Redação dada pela Emenda Constitucional nº 103, de 2019)

ANOTAÇÕES

§ 8º O requisito de idade a que se refere o inciso I do § 7º será reduzido em 5 (cinco) anos, para o professor que comprove tempo de efetivo exercício das funções de magistério na educação infantil e no ensino fundamental e médio fixado em lei complementar. (Redação dada pela Emenda Constitucional nº 103, de 2019)

§ 9º Para fins de aposentadoria, será assegurada a contagem recíproca do tempo de contribuição entre o Regime Geral de Previdência Social e os regimes próprios de previdência social, e destes entre si, observada a compensação financeira, de acordo com os critérios estabelecidos em lei. (Redação dada pela Emenda Constitucional nº 103, de 2019)

§ 9º-A. O tempo de serviço militar exercido nas atividades de que tratam os arts. 42, 142 e 143 e o tempo de contribuição ao Regime Geral de Previdência Social ou a regime próprio de previdência social terão contagem recíproca para fins de inativação militar ou aposentadoria, e a compensação financeira será devida entre as receitas de contribuição referentes aos militares e as receitas de contribuição aos demais regimes. (Incluído pela Emenda Constitucional nº 103, de 2019)

§ 10. Lei complementar poderá disciplinar a cobertura de benefícios não programados, inclusive os decorrentes de acidente do trabalho, a ser atendida concorrentemente pelo Regime Geral de Previdência Social e pelo setor privado. (Redação dada pela Emenda Constitucional nº 103, de 2019)

§ 11. Os ganhos habituais do empregado, a qualquer título, serão incorporados ao salário para efeito de contribuição previdenciária e consequente repercussão em benefícios, nos casos e na forma da lei. (Parágrafo acrescido pela Emenda Constitucional nº 20, de 1998)

§ 12. Lei instituirá sistema especial de inclusão previdenciária, com alíquotas diferenciadas, para atender aos trabalhadores de baixa renda, inclusive os que se encontram em situação de informalidade, e àqueles sem renda própria que se dediquem exclusivamente ao trabalho doméstico no âmbito de sua residência, desde que pertencentes a famílias de baixa renda. (Redação dada pela Emenda Constitucional nº 103, de 2019)

§ 13. A aposentadoria concedida ao segurado de que trata o § 12 terá valor de 1 (um) salário-mínimo. (Redação dada pela Emenda Constitucional nº 103, de 2019)

§ 14. É vedada a contagem de tempo de contribuição fictício para efeito de concessão dos benefícios previdenciários e de contagem recíproca. (Incluído pela Emenda Constitucional nº 103, de 2019)

§ 15. Lei complementar estabelecerá vedações, regras e condições para a acumulação de benefícios previdenciários. (Incluído pela Emenda Constitucional nº 103, de 2019)

§ 16. Os empregados dos consórcios públicos, das empresas públicas, das sociedades de economia mista e das suas subsidiárias serão aposentados compulsoriamente, observado o cumprimento do tempo mínimo de contribuição, ao atingir a idade máxima de que trata o inciso II do § 1º do art. 40, na forma estabelecida em lei. (Incluído pela Emenda Constitucional nº 103, de 2019)

Art. 202. O regime de previdência privada, de caráter complementar e organizado de forma autônoma em relação ao regime geral de previdência social, será facultativo, baseado na constituição de reservas que garantam o benefício contratado, e regulado por lei complementar. ("Caput" do artigo com redação dada pela Emenda Constitucional nº 20, de 1998)

§ 1º A lei complementar de que trata este artigo assegurará ao participante de planos de benefícios de entidades de previdência privada o pleno acesso às informações relativas à gestão de seus respectivos planos. (Parágrafo com redação dada pela Emenda Constitucional nº 20, de 1998)

§ 2º As contribuições do empregador, os benefícios e as condições contratuais previstas nos estatutos, regulamentos e planos de benefícios das entidades de previdência privada não integram o contrato de trabalho dos participantes, assim como, à exceção dos benefícios concedidos, não integram a remuneração dos participantes, nos termos da lei. (Parágrafo com redação dada pela Emenda Constitucional nº 20, de 1998)

§ 3º É vedado o aporte de recursos a entidade de previdência privada pela União, Estados, Distrito Federal e Municípios, suas autarquias, fundações, empresas públicas, sociedades de economia mista e outras entidades públicas, salvo na qualidade de patrocinador, situação na qual, em hipótese alguma, sua contribuição normal poderá exceder a do segurado. (Parágrafo acrescido pela Emenda Constitucional nº 20, de 1998)

§ 4º Lei complementar disciplinará a relação entre a União, Estados, Distrito Federal ou Municípios, inclusive suas autarquias, fundações, sociedades de economia mista e empresas controladas direta ou indiretamente, enquanto patrocinadores de planos de benefícios previdenciários, e as entidades de previdência complementar. (Redação dada pela Emenda Constitucional nº 103, de 2019)

§ 5º A lei complementar de que trata o § 4º aplicar-se-á, no que couber, às empresas privadas permissionárias ou concessionárias de prestação de serviços públicos, quando patrocinadoras de planos de benefícios em entidades de previdência complementar. (Redação dada pela Emenda Constitucional nº 103, de 2019)

§ 6º Lei complementar estabelecerá os requisitos para a designação dos membros das diretorias das entidades fechadas de previdência complementar instituídas pelos patrocinadores de que trata o § 4º e disciplinará a inserção dos participantes nos colegiados e instâncias de decisão em que seus interesses sejam objeto de discussão e deliberação. (Redação dada pela Emenda Constitucional nº 103, de 2019)

Seção IV - Da Assistência Social

Art. 203. A assistência social será prestada a quem dela necessitar, independentemente de contribuição à seguridade social, e tem por objetivos:

I. a proteção à família, à maternidade, à infância, à adolescência e à velhice;

II. o amparo às crianças e adolescentes carentes;

III. a promoção da integração ao mercado de trabalho;

IV. a habilitação e reabilitação das pessoas portadoras de deficiência e a promoção de sua integração à vida comunitária;

V. a garantia de um salário mínimo de benefício mensal à pessoa portadora de deficiência e ao idoso que comprovem não possuir meios de prover à própria manutenção ou de tê-la provida por sua família, conforme dispuser a lei.

Art. 204. As ações governamentais na área da assistência social serão realizadas com recursos do orçamento da seguridade social, previstos no art. 195, além de outras fontes, e organizadas com base nas seguintes diretrizes:

I. descentralização político-administrativa, cabendo a coordenação e as normas gerais à esfera federal e a coordenação e a execução dos respectivos programas às esferas estadual e municipal, bem como a entidades beneficentes e de assistência social;

II. participação da população, por meio de organizações representativas, na formulação das políticas e no controle das ações em todos os níveis.

ANOTAÇÕES

Parágrafo único. É facultado aos Estados e ao Distrito Federal vincular a programa de apoio à inclusão e promoção social até cinco décimos por cento de sua receita tributária líquida, vedada a aplicação desses recursos no pagamento de:

I. despesas com pessoal e encargos sociais;

II. serviço da dívida;

III. qualquer outra despesa corrente não vinculada diretamente aos investimentos ou ações apoiados. (Parágrafo único acrescido pela Emenda Constitucional nº 42, de 2003)

CAPÍTULO III - DA EDUCAÇÃO, DA CULTURA E DO DESPORTO

Seção I - Da Educação

Art. 205. A educação, direito de todos e dever do Estado e da família, será promovida e incentivada com a colaboração da sociedade, visando ao pleno desenvolvimento da pessoa, seu preparo para o exercício da cidadania e sua qualificação para o trabalho.

Art. 206. O ensino será ministrado com base nos seguintes princípios:

I. igualdade de condições para o acesso e permanência na escola;

II. liberdade de aprender, ensinar, pesquisar e divulgar o pensamento, a arte e o saber;

III. pluralismo de ideias e de concepções pedagógicas, e coexistência de instituições públicas e privadas de ensino;

IV. gratuidade do ensino público em estabelecimentos oficiais;

V. valorização dos profissionais da educação escolar, garantidos, na forma da lei, planos de carreira, com ingresso exclusivamente por concurso público de provas e títulos, aos das redes públicas; (Inciso com redação dada pela Emenda Constitucional nº 53, de 2006)

VI. gestão democrática do ensino público, na forma da lei;

VII. garantia de padrão de qualidade.

VIII. piso salarial profissional nacional para os profissionais da educação escolar pública, nos termos de lei federal. (Inciso acrescido pela Emenda Constitucional nº 53, de 2006)

Parágrafo único. A lei disporá sobre as categorias de trabalhadores considerados profissionais da educação básica e sobre a fixação de prazo para a elaboração ou adequação de seus planos de carreira, no âmbito da União, dos Estados, do Distrito Federal e dos Municípios. (Parágrafo único acrescido pela Emenda Constitucional nº 53, de 2006)

Art. 207. As universidades gozam de autonomia didático-científica, administrativa e de gestão financeira e patrimonial, e obedecerão ao princípio de indissociabilidade entre ensino, pesquisa e extensão.

§ 1º É facultado às universidades admitir professores, técnicos e cientistas estrangeiros, na forma da lei. (Parágrafo acrescido pela Emenda Constitucional nº 11, de 1996)

§ 2º O disposto neste artigo aplica-se às instituições de pesquisa científica e tecnológica. (Parágrafo acrescido pela Emenda Constitucional nº 11, de 1996)

Art. 208. O dever do Estado com a educação será efetivado mediante a garantia de:

I. educação básica obrigatória e gratuita dos 4 (quatro) aos 17 (dezessete) anos de idade, assegurada inclusive sua oferta gratuita para todos os que a ela não tiveram acesso na idade própria; (Inciso com redação dada pela Emenda Constitucional nº 59, de 2009)

II. progressiva universalização do ensino médio gratuito; (Inciso com redação dada pela Emenda Constitucional nº 14, de 1996)

III. atendimento educacional especializado aos portadores de deficiência, preferencialmente na rede regular de ensino;

IV. educação infantil, em creche e pré-escola, às crianças até 5 (cinco) anos de idade; (Inciso com redação dada pela Emenda Constitucional nº 53, de 2006)

ANOTAÇÕES

ANOTAÇÕES

V. acesso aos níveis mais elevados do ensino, da pesquisa e da criação artística, segundo a capacidade de cada um;

VI. oferta de ensino noturno regular, adequado às condições do educando;

VII. atendimento ao educando, em todas as etapas da educação básica, por meio de programas suplementares de material didático-escolar, transporte, alimentação e assistência à saúde. (Inciso com redação dada pela Emenda Constitucional nº 59, de 2009)

§ 1º O acesso ao ensino obrigatório e gratuito é direito público subjetivo.

§ 2º O não-oferecimento do ensino obrigatório pelo poder público, ou sua oferta irregular, importa responsabilidade da autoridade competente.

§ 3º Compete ao poder público recensear os educandos no ensino fundamental, fazer-lhes a chamada e zelar, junto aos pais ou responsáveis, pela frequência à escola.

Art. 209. O ensino é livre à iniciativa privada, atendidas as seguintes condições:

I. cumprimento das normas gerais da educação nacional;

II. autorização e avaliação de qualidade pelo poder público.

Art. 210. Serão fixados conteúdos mínimos para o ensino fundamental, de maneira a assegurar formação básica comum e respeito aos valores culturais e artísticos, nacionais e regionais.

§ 1º O ensino religioso, de matrícula facultativa, constituirá disciplina dos horários normais das escolas públicas de ensino fundamental.

§ 2º O ensino fundamental regular será ministrado em língua portuguesa, assegurada às comunidades indígenas também a utilização de suas línguas maternas e processos próprios de aprendizagem.

Art. 211. A União, os Estados, o Distrito Federal e os Municípios organizarão em regime de colaboração seus sistemas de ensino.

§ 1º A União organizará o sistema federal de ensino e o dos Territórios, financiará as instituições de ensino públicas federais e exercerá, em matéria educacional, função redistributiva e supletiva, de forma a garantir equalização de oportunidades educacionais e padrão mínimo de qualidade do ensino mediante assistência técnica e financeira aos Estados, ao Distrito Federal e aos Municípios; (Parágrafo com redação dada pela Emenda constitucional nº 14, de 1996)

§ 2º Os Municípios atuarão prioritariamente no ensino fundamental e na educação infantil. (Parágrafo com redação dada pela Emenda constitucional nº 14, de 1996)

§ 3º Os Estados e o Distrito Federal atuarão prioritariamente no ensino fundamental e médio. (Parágrafo acrescido pela Emenda constitucional nº 14, de 1996)

§ 4º Na organização de seus sistemas de ensino, a União, os Estados, o Distrito Federal e os Municípios definirão formas de colaboração, de modo a assegurar a universalização do ensino obrigatório. (Parágrafo acrescido pela Emenda constitucional nº 14, de 1996 e com nova redação dada pela Emenda Constitucional nº 59, de 2009)

§ 5º A educação básica pública atenderá prioritariamente ao ensino regular. (Parágrafo acrescido pela Emenda Constitucional nº 53, de 2006)

Art. 212. A União aplicará, anualmente, nunca menos de dezoito, e os Estados, o Distrito Federal e os Municípios vinte e cinco por cento, no mínimo, da receita resultante de impostos, compreendida a proveniente de transferências, na manutenção e desenvolvimento do ensino.

§ 1º A parcela da arrecadação de impostos transferida pela União aos Estados, ao Distrito Federal e aos Municípios, ou pelos Estados aos respectivos Municípios, não é considerada, para efeito do cálculo previsto neste artigo, receita do governo que a transferir.

ANOTAÇÕES

§ 2º Para efeito do cumprimento do disposto no caput deste artigo, serão considerados os sistemas de ensino federal, estadual e municipal e os recursos aplicados na forma do art. 213.

§ 3º A distribuição dos recursos públicos assegurará prioridade ao atendimento das necessidades do ensino obrigatório, no que se refere a universalização, garantia de padrão de qualidade e equidade, nos termos do plano nacional de educação. (Parágrafo com redação dada pela Emenda Constitucional nº 59, de 2009)

§ 4º Os programas suplementares de alimentação e assistência à saúde previstos no art. 208, VII, serão financiados com recursos provenientes de contribuições sociais e outros recursos orçamentários.

§ 5º A educação básica pública terá como fonte adicional de financiamento a contribuição social do salário-educação, recolhida pelas empresas na forma da lei. (Parágrafo com redação dada pela Emenda Constitucional nº 53, de 2006)

§ 6º As cotas estaduais e municipais da arrecadação da contribuição social do salário-educação serão distribuídas proporcionalmente ao número de alunos matriculados na educação básica nas respectivas redes públicas de ensino. (Parágrafo acrescido pela Emenda Constitucional nº 53, de 2006)

Art. 213. Os recursos públicos serão destinados às escolas públicas, podendo ser dirigidos a escolas comunitárias, confessionais ou filantrópicas, definidas em lei, que:

I. comprovem finalidade não lucrativa e apliquem seus excedentes financeiros em educação;

II. assegurem a destinação de seu patrimônio a outra escola comunitária, filantrópica ou confessional, ou ao poder público, no caso de encerramento de suas atividades.

§ 1º Os recursos de que trata este artigo poderão ser destinados a bolsas de estudo para o ensino fundamental e médio, na forma da lei, para os que demonstrarem insuficiência de recursos, quando houver falta de vagas e cursos regulares da rede pública na localidade da residência do educando, ficando o poder público obrigado a investir prioritariamente na expansão de sua rede na localidade.

§ 2º As atividades de pesquisa, de extensão e de estímulo e fomento à inovação realizadas por universidades e/ou por instituições de educação profissional e tecnológica poderão receber apoio financeiro do Poder Público. (Parágrafo com redação dada pela Emenda Constitucional nº 85, de 2015, republicada no DOU de 3/3/2015)

Art. 214. A lei estabelecerá o plano nacional de educação, de duração decenal, com o objetivo de articular o sistema nacional de educação em regime de colaboração e definir diretrizes, objetivos, metas e estratégias de implementação para assegurar a manutenção e desenvolvimento do ensino em seus diversos níveis, etapas e modalidades por meio de ações integradas dos poderes públicos das diferentes esferas federativas que conduzam a: ("Caput" do artigo com redação dada pela Emenda Constitucional nº 59, de 2009)

I. erradicação do analfabetismo;

II. universalização do atendimento escolar;

III. melhoria da qualidade do ensino;

IV. formação para o trabalho;

V. promoção humanística, científica e tecnológica do País.

VI. estabelecimento de meta de aplicação de recursos públicos em educação como proporção do produto interno bruto. (Inciso acrescido pela Emenda Constitucional nº 59, de 2009)

Seção II - Da Cultura

Art. 215. O Estado garantirá a todos o pleno exercício dos direitos culturais e acesso às fontes da cultura nacional, e apoiará e incentivará a valorização e a difusão das manifestações culturais.

§ 1º O Estado protegerá as manifestações das culturas populares, indígenas e afro-brasileiras, e das de outros grupos participantes do processo civilizatório nacional.

§ 2º A lei disporá sobre a fixação de datas comemorativas de alta significação para os diferentes segmentos étnicos nacionais.

§ 3º A lei estabelecerá o Plano Nacional de Cultura, de duração plurianual, visando ao desenvolvimento cultural do País e à integração das ações do poder público que conduzem à:

I. defesa e valorização do patrimônio cultural brasileiro;

II. produção, promoção e difusão de bens culturais;

III. formação de pessoal qualificado para a gestão da cultura em suas múltiplas dimensões;

IV. democratização do acesso aos bens de cultura;

V. valorização da diversidade étnica e regional. (Parágrafo acrescido pela Emenda Constitucional nº 48, de 2005)

Art. 216. Constituem patrimônio cultural brasileiro os bens de natureza material e imaterial, tomados individualmente ou em conjunto, portadores de referência à identidade, à ação, à memória dos diferentes grupos formadores da sociedade brasileira, nos quais se incluem:

I. as formas de expressão;

II. os modos de criar, fazer e viver;

III. as criações científicas, artísticas e tecnológicas;

IV. as obras, objetos, documentos, edificações e demais espaços destinados às manifestações artístico-culturais;

V. os conjuntos urbanos e sítios de valor histórico, paisagístico, artístico, arqueológico, paleontológico, ecológico e científico.

§ 1º O poder público, com a colaboração da comunidade, promoverá e protegerá o patrimônio cultural brasileiro, por meio de inventários, registros, vigilância, tombamento e desapropriação, e de outras formas de acautelamento e preservação.

§ 2º Cabem à administração pública, na forma da lei, a gestão da documentação governamental e as providências para franquear sua consulta a quantos dela necessitem.

§ 3º A lei estabelecerá incentivos para a produção e o conhecimento de bens e valores culturais.

§ 4º Os danos e ameaças ao patrimônio cultural serão punidos, na forma da lei.

§ 5º Ficam tombados todos os documentos e os sítios detentores de reminiscências históricas dos antigos quilombos.

§ 6º É facultado aos Estados e ao Distrito Federal vincular a fundo estadual de fomento à cultura até cinco décimos por cento de sua receita tributária líquida, para o financiamento de programas e projetos culturais, vedada a aplicação desses recursos no pagamento de:

I. despesas com pessoal e encargos sociais;

II. serviço da dívida;

III. qualquer outra despesa corrente não vinculada diretamente aos investimentos ou ações apoiados. (Parágrafo acrescido pela Emenda Constitucional nº 42, de 2003)

Art. 216-A. O Sistema Nacional de Cultura, organizado em regime de colaboração, de forma descentralizada e participativa, institui um processo de gestão e promoção conjunta de políticas públicas de cultura, democráticas e permanentes, pactuadas entre os entes da Federação e a sociedade, tendo por objetivo promover o desenvolvimento humano, social e econômico com pleno exercício dos direitos culturais.

§ 1º O Sistema Nacional de Cultura fundamenta-se na política nacional de cultura e nas suas diretrizes, estabelecidas no Plano Nacional de Cultura, e rege-se pelos seguintes princípios:

I. diversidade das expressões culturais;

II. universalização do acesso aos bens e serviços culturais;

III. fomento à produção, difusão e circulação de conhecimento e bens culturais;

ANOTAÇÕES

IV. cooperação entre os entes federados, os agentes públicos e privados atuantes na área cultural;

V. integração e interação na execução das políticas, programas, projetos e ações desenvolvidas;

VI. complementaridade nos papéis dos agentes culturais;

VII. transversalidade das políticas culturais;

VIII. autonomia dos entes federados e das instituições da sociedade civil;

IX. transparência e compartilhamento das informações;

X. democratização dos processos decisórios com participação e controle social;

XI. descentralização articulada e pactuada da gestão, dos recursos e das ações;

XII. ampliação progressiva dos recursos contidos nos orçamentos públicos para a cultura.

§ 2º Constitui a estrutura do Sistema Nacional de Cultura, nas respectivas esferas da Federação:

I. órgãos gestores da cultura;

II. conselhos de política cultural;

III. conferências de cultura;

IV. comissões intergestores;

V. planos de cultura;

VI. sistemas de financiamento à cultura;

VII. sistemas de informações e indicadores culturais;

VIII. programas de formação na área da cultura; e

IX. sistemas setoriais de cultura.

§ 3º Lei federal disporá sobre a regulamentação do Sistema Nacional de Cultura, bem como de sua articulação com os demais sistemas nacionais ou políticas setoriais de governo.

§ 4º Os Estados, o Distrito Federal e os Municípios organizarão seus respectivos sistemas de cultura em leis próprias. (Artigo acrescido pela Emenda Constitucional nº 71, de 2012)

Seção III - Do Desporto

Art. 217. É dever do Estado fomentar práticas desportivas formais e não formais, como direito de cada um, observados:

I. a autonomia das entidades desportivas dirigentes e associações, quanto a sua organização e funcionamento;

II. a destinação de recursos públicos para a promoção prioritária do desporto educacional e, em casos específicos, para a do desporto de alto rendimento;

III. o tratamento diferenciado para o desporto profissional e o não profissional;

IV. a proteção e o incentivo às manifestações desportivas de criação nacional.

§ 1º O Poder Judiciário só admitirá ações relativas à disciplina e às competições desportivas após esgotarem-se as instâncias da justiça desportiva, regulada em lei.

§ 2º A justiça desportiva terá o prazo máximo de sessenta dias, contados da instauração do processo, para proferir decisão final.

§ 3º O poder público incentivará o lazer, como forma de promoção social.

CAPÍTULO IV - DA CIÊNCIA, TECNOLOGIA E INOVAÇÃO

(Denominação do capítulo com redação dada pela Emenda Constitucional nº 85, de 2015, republicada no DOU de 3/3/2015)

Art. 218. O Estado promoverá e incentivará o desenvolvimento científico, a pesquisa, a capacitação científica e tecnológica e a inovação. ("Caput" do artigo com redação dada pela Emenda Constitucional nº 85, de 2015, republicada no DOU de 3/3/2015)

§ 1º A pesquisa científica básica e tecnológica receberá tratamento prioritário do Estado, tendo em vista o bem público e o progresso da ciência, tecnologia e inovação. (Parágrafo com redação dada pela Emenda Constitucional

ANOTAÇÕES

ANOTAÇÕES

nº 85, de 2015, republicada no DOU de 3/3/2015)

§ 2º A pesquisa tecnológica voltar-se-á preponderantemente para a solução dos problemas brasileiros e para o desenvolvimento do sistema produtivo nacional e regional.

§ 3º O Estado apoiará a formação de recursos humanos nas áreas de ciência, pesquisa, tecnologia e inovação, inclusive por meio do apoio às atividades de extensão tecnológica, e concederá aos que delas se ocupem meios e condições especiais de trabalho. (Parágrafo com redação dada pela Emenda Constitucional nº 85, de 2015, republicada no DOU de 3/3/2015)

§ 4º A lei apoiará e estimulará as empresas que invistam em pesquisa, criação de tecnologia adequada ao País, formação e aperfeiçoamento de seus recursos humanos e que pratiquem sistemas de remuneração que assegurem ao empregado, desvinculada do salário, participação nos ganhos econômicos resultantes da produtividade de seu trabalho.

§ 5º É facultado aos Estados e ao Distrito Federal vincular parcela de sua receita orçamentária a entidades públicas de fomento ao ensino e à pesquisa científica e tecnológica.

§ 6º O Estado, na execução das atividades previstas no caput, estimulará a articulação entre entes, tanto públicos quanto privados, nas diversas esferas de governo. (Parágrafo acrescido pela Emenda Constitucional nº 85, de 2015, republicada no DOU de 3/3/2015)

§ 7º O Estado promoverá e incentivará a atuação no exterior das instituições públicas de ciência, tecnologia e inovação, com vistas à execução das atividades previstas no caput. (Parágrafo acrescido pela Emenda Constitucional nº 85, de 2015, republicada no DOU de 3/3/2015)

Art. 219. O mercado interno integra o patrimônio nacional e será incentivado de modo a viabilizar o desenvolvimento cultural e sócio-econômico, o bem-estar da população e a autonomia tecnológica do País, nos termos de lei federal.

Parágrafo único. O Estado estimulará a formação e o fortalecimento da inovação nas empresas, bem como nos demais entes, públicos ou privados, a constituição e a manutenção de parques e polos tecnológicos e de demais ambientes promotores da inovação, a atuação dos inventores independentes e a criação, absorção, difusão e transferência de tecnologia. (Parágrafo único acrescido pela Emenda Constitucional nº 85, de 2015, republicada no DOU de 3/3/2015)

Art. 219-A. A União, os Estados, o Distrito Federal e os Municípios poderão firmar instrumentos de cooperação com órgãos e entidades públicos e com entidades privadas, inclusive para o compartilhamento de recursos humanos especializados e capacidade instalada, para a execução de projetos de pesquisa, de desenvolvimento científico e tecnológico e de inovação, mediante contrapartida financeira ou não financeira assumida pelo ente beneficiário, na forma da lei. (Artigo acrescido pela Emenda Constitucional nº 85, de 2015, republicada no DOU de 3/3/2015)

Art. 219-B. O Sistema Nacional de Ciência, Tecnologia e Inovação será organizado em regime de colaboração entre entes, tanto públicos quanto privados, com vistas a promover o desenvolvimento científico e tecnológico e a inovação.

§ 1º Lei federal disporá sobre as normas gerais do Sistema Nacional de Ciência, Tecnologia e Inovação.

§ 2º Os Estados, o Distrito Federal e os Municípios legislarão concorrentemente sobre suas peculiaridades. (Artigo acrescido pela Emenda Constitucional nº 85, de 2015, republicada no DOU de 3/3/2015)

CAPÍTULO V - DA COMUNICAÇÃO SOCIAL

Art. 220. A manifestação do pensamento, a criação, a expressão e a informação, sob qualquer forma, processo ou veículo não sofrerão qualquer restrição, observado o disposto nesta Constituição.

ANOTAÇÕES

§ 1º Nenhuma lei conterá dispositivo que possa constituir embaraço à plena liberdade de informação jornalística em qualquer veículo de comunicação social, observado o disposto no art. 5º, IV, V, X, XIII e XIV.

§ 2º É vedada toda e qualquer censura de natureza política, ideológica e artística.

§ 3º Compete à lei federal:

I. regular as diversões e espetáculos públicos, cabendo ao poder público informar sobre a natureza deles, as faixas etárias a que não se recomendem, locais e horários em que sua apresentação se mostre inadequada;

II. estabelecer os meios legais que garantam à pessoa e à família a possibilidade de se defenderem de programas ou programações de rádio e televisão que contrariem o disposto no art. 221, bem como da propaganda de produtos, práticas e serviços que possam ser nocivos à saúde e ao meio ambiente.

§ 4º A propaganda comercial de tabaco, bebidas alcoólicas, agrotóxicos, medicamentos e terapias estará sujeita a restrições legais, nos termos do inciso II do parágrafo anterior, e conterá, sempre que necessário, advertência sobre os malefícios decorrentes de seu uso.

§ 5º Os meios de comunicação social não podem, direta ou indiretamente, ser objeto de monopólio ou oligopólio.

§ 6º A publicação de veículo impresso de comunicação independe de licença de autoridade.

Art. 221. A produção e a programação das emissoras de rádio e televisão atenderão aos seguintes princípios:

I. preferência a finalidades educativas, artísticas, culturais e informativas;

II. promoção da cultura nacional e regional e estímulo à produção independente que objetive sua divulgação;

III. regionalização da produção cultural, artística e jornalística, conforme percentuais estabelecidos em lei;

IV. respeito aos valores éticos e sociais da pessoa e da família.

Art. 222. A propriedade de empresa jornalística e de radiodifusão sonora e de sons e imagens é privativa de brasileiros natos ou naturalizados há mais de dez anos, ou de pessoas jurídicas constituídas sob as leis brasileiras e que tenham sede no País. ("Caput" do artigo com redação dada pela Emenda Constitucional nº 36, de 2002)

§ 1º Em qualquer caso, pelo menos setenta por cento do capital total e do capital votante das empresas jornalísticas e de radiodifusão sonora e de sons e imagens deverá pertencer, direta ou indiretamente, a brasileiros natos ou naturalizados há mais de dez anos, que exercerão obrigatoriamente a gestão das atividades e estabelecerão o conteúdo da programação. (Parágrafo com redação dada pela Emenda Constitucional nº 36, de 2002)

§ 2º A responsabilidade editorial e as atividades de seleção e direção da programação veiculada são privativas de brasileiros natos ou naturalizados há mais de dez anos, em qualquer meio de comunicação social. (Parágrafo com redação dada pela Emenda Constitucional nº 36, de 2002)

§ 3º Os meios de comunicação social eletrônica, independentemente da tecnologia utilizada para a prestação do serviço, deverão observar os princípios enunciados no art. 221, na forma de lei específica, que também garantirá a prioridade de profissionais brasileiros na execução de produções nacionais. (Parágrafo acrescido pela Emenda Constitucional nº 36, de 2002)

§ 4º Lei disciplinará a participação de capital estrangeiro nas empresas de que trata o § 1º. (Parágrafo acrescido pela Emenda Constitucional nº 36, de 2002)

§ 5º As alterações de controle societário das empresas de que trata o § 1º serão comunicadas ao Congresso Nacional. (Parágrafo acrescido pela Emenda Constitucional nº 36, de 2002)

Art. 223. Compete ao Poder Executivo outorgar e renovar concessão, permissão e autorização para o serviço de radiodifusão sonora e de sons e imagens, observado o princípio da complementaridade dos sistemas privado, público e estatal.

§ 1º O Congresso Nacional apreciará o ato no prazo do art. 64, §§ 2º e 4º, a contar do recebimento da mensagem.

§ 2º A não-renovação da concessão ou permissão dependerá de aprovação de, no mínimo, dois quintos do Congresso Nacional, em votação nominal.

§ 3º O ato de outorga ou renovação somente produzirá efeitos legais após deliberação do Congresso Nacional, na forma dos parágrafos anteriores.

§ 4º O cancelamento da concessão ou permissão, antes de vencido o prazo, depende de decisão judicial.

§ 5º O prazo da concessão ou permissão será de dez anos para as emissoras de rádio e de quinze para as de televisão.

Art. 224. Para os efeitos do disposto neste Capítulo, o Congresso Nacional instituirá, como órgão auxiliar, o Conselho de Comunicação Social, na forma da lei.

CAPÍTULO VI - DO MEIO AMBIENTE

Art. 225. Todos têm direito ao meio ambiente ecologicamente equilibrado, bem de uso comum do povo e essencial à sadia qualidade de vida, impondo-se ao poder público e à coletividade o dever de defendê-lo e preservá-lo para as presentes e futuras gerações.

§ 1º Para assegurar a efetividade desse direito, incumbe ao poder público:

I. preservar e restaurar os processos ecológicos essenciais e prover o manejo ecológico das espécies e ecossistemas;

II. preservar a diversidade e a integridade do patrimônio genético do País e fiscalizar as entidades dedicadas à pesquisa e manipulação de material genético;

III. definir, em todas as unidades da Federação, espaços territoriais e seus componentes a serem especialmente protegidos, sendo a alteração e a supressão permitidas somente através de lei, vedada qualquer utilização que comprometa a integridade dos atributos que justifiquem sua proteção;

IV. exigir, na forma da lei, para instalação de obra ou atividade potencialmente causadora de significativa degradação do meio ambiente, estudo prévio de impacto ambiental, a que se dará publicidade;

V. controlar a produção, a comercialização e o emprego de técnicas, métodos e substâncias que comportem risco para a vida, a qualidade de vida e o meio ambiente;

VI. promover a educação ambiental em todos os níveis de ensino e a conscientização pública para a preservação do meio ambiente;

VII. proteger a fauna e a flora, vedadas, na forma da lei, as práticas que coloquem em risco sua função ecológica, provoquem a extinção de espécies ou submetam os animais a crueldade.

§ 2º Aquele que explorar recursos minerais fica obrigado a recuperar o meio ambiente degradado, de acordo com solução técnica exigida pelo órgão público competente, na forma da lei.

§ 3º As condutas e atividades consideradas lesivas ao meio ambiente sujeitarão os infratores, pessoas físicas ou jurídicas, a sanções penais e administrativas, independentemente da obrigação de reparar os danos causados.

§ 4º A Floresta Amazônica brasileira, a Mata Atlântica, a Serra do Mar, o Pantanal Mato-Grossense e a Zona Costeira são patrimônio nacional, e sua utilização far-se-á, na forma da lei, dentro de condições que assegurem a preservação do meio ambiente, inclusive quanto ao uso dos recursos naturais.

§ 5º São indisponíveis as terras devolutas ou arrecadadas pelos Estados, por ações discriminatórias, necessárias à proteção dos ecossistemas naturais.

§ 6º As usinas que operem com reator nuclear deverão ter sua localização definida em lei federal, sem o que não poderão ser instaladas.

ANOTAÇÕES

§ 7º Para fins do disposto na parte final do inciso VII do § 1º deste artigo, não se consideram cruéis as práticas desportivas que utilizem animais, desde que sejam manifestações culturais, conforme o § 1º do art. 215 desta Constituição Federal, registradas como bem de natureza imaterial integrante do patrimônio cultural brasileiro, devendo ser regulamentadas por lei específica que assegure o bem-estar dos animais envolvidos. (Parágrafo acrescido pela Emenda Constitucional nº 96, de 2017)

CAPÍTULO VII - DA FAMÍLIA, DA CRIANÇA, DO ADOLESCENTE, DO JOVEM E DO IDOSO

(Denominação do capítulo com redação dada pela Emenda Constitucional nº 65, de 2010)

Art. 226. A família, base da sociedade, tem especial proteção do Estado.

§ 1º O casamento é civil e gratuita a celebração.

§ 2º O casamento religioso tem efeito civil, nos termos da lei.

§ 3º Para efeito da proteção do Estado, é reconhecida a união estável entre o homem e a mulher como entidade familiar, devendo a lei facilitar sua conversão em casamento.

§ 4º Entende-se, também, como entidade familiar a comunidade formada por qualquer dos pais e seus descendentes.

§ 5º Os direitos e deveres referentes à sociedade conjugal são exercidos igualmente pelo homem e pela mulher.

§ 6º O casamento civil pode ser dissolvido pelo divórcio. (Parágrafo com redação dada pela Emenda Constitucional nº 66, de 2010)

§ 7º Fundado nos princípios da dignidade da pessoa humana e da paternidade responsável, o planejamento familiar é livre decisão do casal, competindo ao Estado propiciar recursos educacionais e científicos para o exercício desse direito, vedada qualquer forma coercitiva por parte de instituições oficiais ou privadas.

§ 8º O Estado assegurará a assistência à família na pessoa de cada um dos que a integram, criando mecanismos para coibir a violência no âmbito de suas relações.

Art. 227. É dever da família, da sociedade e do Estado assegurar à criança, ao adolescente e ao jovem , com absoluta prioridade, o direito à vida, à saúde, à alimentação, à educação, ao lazer, à profissionalização, à cultura, à dignidade, ao respeito, à liberdade e à convivência familiar e comunitária, além de colocá-los a salvo de toda forma de negligência, discriminação, exploração, violência, crueldade e opressão. ("Caput" do artigo com redação dada pela Emenda Constitucional nº 65, de 2010)

§ 1º O Estado promoverá programas de assistência integral à saúde da criança, do adolescente e do jovem, admitida a participação de entidades não governamentais, mediante políticas específicas e obedecendo aos seguintes preceitos: (Parágrafo com redação dada pela Emenda Constitucional nº 65, de 2010)

I. aplicação de percentual dos recursos públicos destinados à saúde na assistência materno-infantil;

II. criação de programas de prevenção e atendimento especializado para as pessoas portadoras de deficiência física, sensorial ou mental, bem como de integração social do adolescente e do jovem portador de deficiência, mediante o treinamento para o trabalho e a convivência, e a facilitação do acesso aos bens e serviços coletivos, com a eliminação de obstáculos arquitetônicos e de todas as formas de discriminação. (Inciso com redação dada pela Emenda Constitucional nº 65, de 2010)

§ 2º A lei disporá sobre normas de construção dos logradouros e dos edifícios de uso público e de fabricação de veículos de transporte coletivo, a fim de garantir acesso adequado às pessoas portadoras de deficiência.

§ 3º O direito a proteção especial abrangerá os seguintes aspectos:

ANOTAÇÕES

ANOTAÇÕES

I. idade mínima de quatorze anos para admissão ao trabalho, observado o disposto no art. 7º, XXXIII;

II. garantia de direitos previdenciários e trabalhistas;

III. garantia de acesso do trabalhador adolescente e jovem à escola; (Inciso com redação dada pela Emenda Constitucional nº 65, de 2010)

IV. garantia de pleno e formal conhecimento da atribuição de ato infracional, igualdade na relação processual e defesa técnica por profissional habilitado, segundo dispuser a legislação tutelar específica;

V. obediência aos princípios de brevidade, excepcionalidade e respeito à condição peculiar de pessoa em desenvolvimento, quando da aplicação de qualquer medida privativa da liberdade;

VI. estímulo do poder público, através de assistência jurídica, incentivos fiscais e subsídios, nos termos da lei, ao acolhimento, sob a forma de guarda, de criança ou adolescente órfão ou abandonado;

VII. programas de prevenção e atendimento especializado à criança, ao adolescente e ao jovem dependente de entorpecentes e drogas afins. (Inciso com redação dada pela Emenda Constitucional nº 65, de 2010)

§ 4º A lei punirá severamente o abuso, a violência e a exploração sexual da criança e do adolescente.

§ 5º A adoção será assistida pelo poder público, na forma da lei, que estabelecerá casos e condições de sua efetivação por parte de estrangeiros.

§ 6º Os filhos, havidos ou não da relação do casamento, ou por adoção, terão os mesmos direitos e qualificações, proibidas quaisquer designações discriminatórias relativas à filiação.

§ 7º No atendimento dos direitos da criança e do adolescente levar-se-á em consideração o disposto no art. 204.

§ 8º A Lei estabelecerá:

I. o estatuto da juventude, destinado a regular os direitos dos jovens;

II. o plano nacional de juventude, de duração decenal, visando à articulação das várias esferas do poder público para a execução de políticas públicas. (Parágrafo acrescido pela Emenda Constitucional nº 65, de 2010)

Art. 228. São penalmente inimputáveis os menores de dezoito anos, sujeitos às normas da legislação especial.

Art. 229. Os pais têm o dever de assistir, criar e educar os filhos menores, e os filhos maiores têm o dever de ajudar e amparar os pais na velhice, carência ou enfermidade.

Art. 230. A família, a sociedade e o Estado têm o dever de amparar as pessoas idosas, assegurando sua participação na comunidade, defendendo sua dignidade e bem-estar e garantindo-lhes o direito à vida.

§ 1º Os programas de amparo aos idosos serão executados preferencialmente em seus lares.

§ 2º Aos maiores de sessenta e cinco anos é garantida a gratuidade dos transportes coletivos urbanos.

CAPÍTULO VIII - DOS ÍNDIOS

Art. 231. São reconhecidos aos índios sua organização social, costumes, línguas, crenças e tradições, e os direitos originários sobre as terras que tradicionalmente ocupam, competindo à União demarcá-las, proteger e fazer respeitar todos os seus bens.

§ 1º São terras tradicionalmente ocupadas pelos índios as por eles habitadas em caráter permanente, as utilizadas para suas atividades produtivas, as imprescindíveis à preservação dos recursos ambientais necessários a seu bem-estar e as necessárias a sua reprodução física e cultural, segundo seus usos, costumes e tradições.

§ 2º As terras tradicionalmente ocupadas pelos índios destinam-se a sua posse permanente, cabendo-lhes o usufruto exclusivo das riquezas do solo, dos rios e dos lagos nelas existentes.

ANOTAÇÕES

§ 3º O aproveitamento dos recursos hídricos, incluídos os potenciais energéticos, a pesquisa e a lavra das riquezas minerais em terras indígenas só podem ser efetivados com autorização do Congresso Nacional, ouvidas as comunidades afetadas, ficando-lhes assegurada participação nos resultados da lavra, na forma da lei.

§ 4º As terras de que trata este artigo são inalienáveis e indisponíveis, e os direitos sobre elas, imprescritíveis.

§ 5º É vedada a remoção dos grupos indígenas de suas terras, salvo, ad referendum do Congresso Nacional, em caso de catástrofe ou epidemia que ponha em risco sua população, ou no interesse da soberania do País, após deliberação do Congresso Nacional, garantido, em qualquer hipótese, o retorno imediato logo que cesse o risco.

§ 6º São nulos e extintos, não produzindo efeitos jurídicos, os atos que tenham por objeto a ocupação, o domínio e a posse das terras a que se refere este artigo, ou a exploração das riquezas naturais do solo, dos rios e dos lagos nelas existentes, ressalvado relevante interesse público da União, segundo o que dispuser lei complementar, não gerando a nulidade e a extinção direito a indenização ou a ações contra a União, salvo, na forma da lei, quanto às benfeitorias derivadas da ocupação de boa-fé.

§ 7º Não se aplica às terras indígenas o disposto no art. 174, §§ 3º e 4º.

Art. 232. Os índios, suas comunidades e organizações são partes legítimas para ingressar em juízo em defesa de seus direitos e interesses, intervindo o Ministério Público em todos os atos do processo.

TÍTULO IX - DAS DISPOSIÇÕES CONSTITUCIONAIS GERAIS

Art. 233. (Revogado pela Emenda Constitucional nº 28, 2000)

Art. 234. É vedado à União, direta ou indiretamente, assumir, em decorrência da criação de Estado, encargos referentes a despesas com pessoal inativo e com encargos e amortizações da dívida interna ou externa da administração pública, inclusive da indireta.

Art. 235. Nos dez primeiros anos da criação de Estado, serão observadas as seguintes normas básicas:

I. a assembleia Legislativa será composta de dezessete Deputados se a população do Estado for inferior a seiscentos mil habitantes, e de vinte e quatro se igual ou superior a esse número, até um milhão e quinhentos mil;

II. o Governo terá no máximo dez Secretarias;

III. o Tribunal de Contas terá três membros, nomeados, pelo Governador eleito, dentre brasileiros de comprovada idoneidade e notório saber;

IV. o Tribunal de Justiça terá sete desembargadores;

V. os primeiros desembargadores serão nomeados pelo Governador eleito, escolhidos da seguinte forma:

a) cinco dentre os magistrados com mais de trinta e cinco anos de idade, em exercício na área do novo Estado ou do Estado originário;

b) dois dentre promotores, nas mesmas condições, e advogados de comprovada idoneidade e saber jurídico, com dez anos, no mínimo, de exercício profissional, obedecido o procedimento fixado na Constituição;

VI. no caso de Estado proveniente de Território Federal, os cinco primeiros desembargadores poderão ser escolhidos dentre juízes de direito de qualquer parte do País;

VII. em cada comarca, o primeiro juiz de direito, o primeiro promotor de justiça e o primeiro defensor público serão nomeados pelo Governador eleito após concurso público de provas e títulos;

VIII. até a promulgação da Constituição estadual, responderão pela Procuradoria-Geral, pela Advocacia-Geral e pela Defensoria-Geral do Estado advogados de notório saber, com trinta e cinco anos de idade, no mínimo, nomeados pelo Governador eleito e demissíveis ad nutum;

IX. se o novo Estado for resultado de transformação de Território Federal, a transferência de encargos financeiros da União para pagamento dos servidores optantes que pertenciam à administração federal ocorrerá da seguinte forma:

a) no sexto ano de instalação, o Estado assumirá vinte por cento dos encargos financeiros para fazer face ao pagamento dos servidores públicos, ficando ainda o restante sob a responsabilidade da União;

b) no sétimo ano, os encargos do Estado serão acrescidos de trinta por cento e, no oitavo, dos restantes cinquenta por cento;

X. as nomeações que se seguirem às primeiras, para os cargos mencionados neste artigo, serão disciplinadas na Constituição estadual;

XI. as despesas orçamentárias com pessoal não poderão ultrapassar cinquenta por cento da receita do Estado.

Art. 236. Os serviços notariais e de registro são exercidos em caráter privado, por delegação do poder público.

§ 1º Lei regulará as atividades, disciplinará a responsabilidade civil e criminal dos notários, dos oficiais de registro e de seus prepostos, e definirá a fiscalização de seus atos pelo Poder Judiciário.

§ 2º Lei federal estabelecerá normas gerais para fixação de emolumentos relativos aos atos praticados pelos serviços notariais e de registro.

§ 3º O ingresso na atividade notarial e de registro depende de concurso público de provas e títulos, não se permitindo que qualquer serventia fique vaga, sem abertura de concurso de provimento ou de remoção, por mais de seis meses.

Art. 237. A fiscalização e o controle sobre o comércio exterior, essenciais à defesa dos interesses fazendários nacionais, serão exercidos pelo Ministério da Fazenda.

Art. 238. A lei ordenará a venda e revenda de combustíveis de petróleo, álcool carburante e outros combustíveis derivados de matérias-primas renováveis, respeitados os princípios desta Constituição.

Art. 239. A arrecadação decorrente das contribuições para o Programa de Integração Social, criado pela Lei Complementar nº 7, de 7 de setembro de 1970, e para o Programa de Formação do Patrimônio do Servidor Público, criado pela Lei Complementar nº 8, de 3 de dezembro de 1970, passa, a partir da promulgação desta Constituição, a financiar, nos termos que a lei dispuser, o programa do seguro-desemprego, outras ações da previdência social e o abono de que trata o § 3º deste artigo. (Redação dada pela Emenda Constitucional nº 103, de 2019)

§ 1º Dos recursos mencionados no caput, no mínimo 28% (vinte e oito por cento) serão destinados para o financiamento de programas de desenvolvimento econômico, por meio do Banco Nacional de Desenvolvimento Econômico e Social, com critérios de remuneração que preservem o seu valor. (Redação dada pela Emenda Constitucional nº 103, de 2019)

§ 2º Os patrimônios acumulados do Programa de Integração Social e do Programa de Formação do Patrimônio do Servidor Público são preservados, mantendo-se os critérios de saque nas situações previstas nas leis específicas, com exceção da retirada por motivo de casamento, ficando vedada a distribuição da arrecadação de que trata o caput deste artigo, para depósito nas contas individuais dos participantes.

§ 3º Aos empregados que percebam de empregadores que contribuem para o Programa de Integração Social ou para o Programa de Formação do Patrimônio do Servidor Público, até dois salários mínimos de remuneração mensal, é assegurado o pagamento de um salário mínimo anual, computado neste valor o rendimento das contas individuais, no caso daqueles que já participavam dos referidos programas, até a data da promulgação desta Constituição.

ANOTAÇÕES

§ 4º O financiamento do seguro-desemprego receberá uma contribuição adicional da empresa cujo índice de rotatividade da força de trabalho superar o índice médio da rotatividade do setor, na forma estabelecida por lei.

§ 5º Os programas de desenvolvimento econômico financiados na forma do § 1º e seus resultados serão anualmente avaliados e divulgados em meio de comunicação social eletrônico e apresentados em reunião da comissão mista permanente de que trata o § 1º do art. 166. (Incluído pela Emenda Constitucional nº 103, de 2019)

Art. 240. Ficam ressalvadas do disposto no art. 195 as atuais contribuições compulsórias dos empregadores sobre a folha de salários, destinadas às entidades privadas de serviço social e de formação profissional vinculadas ao sistema sindical.

Art. 241. A União, os Estados, o Distrito Federal e os Municípios disciplinarão por meio de lei os consórcios públicos e os convênios de cooperação entre os entes federados, autorizando a gestão associada de serviços públicos, bem como a transferência total ou parcial de encargos, serviços, pessoal e bens essenciais à continuidade dos serviços transferidos. (Artigo com redação dada pela Emenda Constitucional nº 19, de 1998)

Art. 242. O princípio do art. 206, IV, não se aplica às instituições educacionais oficiais criadas por lei estadual ou municipal e existentes na data da promulgação desta Constituição, que não sejam total ou preponderantemente mantidas com recursos públicos.

§ 1º O ensino da História do Brasil levará em conta as contribuições das diferentes culturas e etnias para a formação do povo brasileiro.

§ 2º O Colégio Pedro II, localizado na cidade do Rio de Janeiro, será mantido na órbita federal.

Art. 243. As propriedades rurais e urbanas de qualquer região do País onde forem localizadas culturas ilegais de plantas psicotrópicas ou a exploração de trabalho escravo na forma da lei serão expropriadas e destinadas à reforma agrária e a programas de habitação popular, sem qualquer indenização ao proprietário e sem prejuízo de outras sanções previstas em lei, observado, no que couber, o disposto no art. 5º.

Parágrafo único. Todo e qualquer bem de valor econômico apreendido em decorrência do tráfico ilícito de entorpecentes e drogas afins e da exploração de trabalho escravo será confiscado e reverterá a fundo especial com destinação específica, na forma da lei. (Artigo com redação dada pela Emenda Constitucional nº 81, de 2014)

Art. 244. A lei disporá sobre a adaptação dos logradouros, dos edifícios de uso público e dos veículos de transporte coletivo atualmente existentes a fim de garantir acesso adequado às pessoas portadoras de deficiência, conforme o disposto no art. 227, § 2º.

Art. 245. A lei disporá sobre as hipóteses e condições em que o poder público dará assistência aos herdeiros e dependentes carentes de pessoas vitimadas por crime doloso, sem prejuízo da responsabilidade civil do autor do ilícito.

Art. 246. É vedada a adoção de medida provisória na regulamentação de artigo da Constituição cuja redação tenha sido alterada por meio de emenda promulgada entre 1º de janeiro de 1995 até a promulgação desta emenda, inclusive. (Artigo acrescido pela Emenda Constitucional nº 6, de 1995 e com nova redação dada pela Emenda Constitucional nº 32, de 2001)

Art. 247. As leis previstas no inciso III do § 1º do art. 41 e no § 7º do art. 169 estabelecerão critérios e garantias especiais para a perda do cargo pelo servidor público estável que, em decorrência das atribuições de seu cargo efetivo, desenvolva atividades exclusivas de Estado.

ANOTAÇÕES

ANOTAÇÕES

Parágrafo único. Na hipótese de insuficiência de desempenho, a perda do cargo somente ocorrerá mediante processo administrativo em que lhe sejam assegurados o contraditório e a ampla defesa. (Artigo acrescido pela Emenda Constitucional nº 19, de 1998)

Art. 248. Os benefícios pagos, a qualquer título, pelo órgão responsável pelo regime geral de previdência social, ainda que à conta do Tesouro Nacional, e os não sujeitos ao limite máximo de valor fixado para os benefícios concedidos por esse regime observarão os limites fixados no art. 37, XI. (Artigo acrescido pela Emenda Constitucional nº 20, de 1998)

Art. 249. Com o objetivo de assegurar recursos para o pagamento de proventos de aposentadoria e pensões concedidas aos respectivos servidores e seus dependentes, em adição aos recursos dos respectivos tesouros, a União, os Estados, o Distrito Federal e os Municípios poderão constituir fundos integrados pelos recursos provenientes de contribuições e por bens, direitos e ativos de qualquer natureza, mediante lei que disporá sobre a natureza e administração desses fundos. (Artigo acrescido pela Emenda Constitucional nº 20, de 1998)

Art. 250. Com o objetivo de assegurar recursos para o pagamento dos benefícios concedidos pelo regime geral de previdência social, em adição aos recursos de sua arrecadação, a União poderá constituir fundo integrado por bens, direitos e ativos de qualquer natureza, mediante lei que disporá sobre a natureza e administração desse fundo. (Artigo acrescido pela Emenda Constitucional nº 20, de 1998)

2. ATO DAS DISPOSIÇÕES CONSTITUCIONAIS TRANSITÓRIAS

ADCT

Art. 1º O Presidente da República, o Presidente do Supremo Tribunal Federal e os membros do Congresso Nacional prestarão o compromisso de manter, defender e cumprir a Constituição, no ato e na data de sua promulgação.

Art. 2º No dia 7 de setembro de 1993 o eleitorado definirá, através de plebiscito, a forma (república ou monarquia constitucional) e o sistema de governo (parlamentarismo ou presidencialismo) que devem vigorar no País.

§ 1º Será assegurada gratuidade na livre divulgação dessas formas e sistemas, através dos meios de comunicação de massa cessionários de serviço público.

§ 2º O Tribunal Superior Eleitoral, promulgada a Constituição, expedirá as normas regulamentadoras deste artigo.

Art. 3º A revisão constitucional será realizada após cinco anos, contados da promulgação da Constituição, pelo voto da maioria absoluta dos membros do Congresso Nacional, em sessão unicameral.

Art. 4º O mandato do atual Presidente da República terminará em 15 de março de 1990.

§ 1º A primeira eleição para Presidente da República após a promulgação da Constituição será realizada no dia 15 de novembro de 1989, não se lhe aplicando o disposto no art. 16 da Constituição.

§ 2º É assegurada a irredutibilidade da atual representação dos Estados e do Distrito Federal na Câmara dos Deputados.

§ 3º Os mandatos dos Governadores e dos Vice-Governadores eleitos em 15 de novembro de 1986 terminarão em 15 de março de 1991.

§ 4º Os mandatos dos atuais Prefeitos, Vice-Prefeitos e Vereadores terminarão no dia 1º de janeiro de 1989, com a posse dos eleitos.

Art. 5º Não se aplicam às eleições previstas para 15 de novembro de 1988 o disposto no art. 16 e as regras do art. 77 da Constituição.

§ 1º Para as eleições de 15 de novembro de 1988 será exigido domicílio eleitoral na circunscrição pelo menos durante

ANOTAÇÕES

os quatro meses anteriores ao pleito, podendo os candidatos que preencham este requisito, atendidas as demais exigências da lei, ter seu registro efetivado pela Justiça Eleitoral após a promulgação da Constituição.

§ 2º Na ausência de norma legal específica, caberá ao Tribunal Superior Eleitoral editar as normas necessárias à realização das eleições de 1988, respeitada a legislação vigente.

§ 3º Os atuais parlamentares federais e estaduais eleitos Vice-Prefeitos, se convocados a exercer a função de Prefeito, não perderão o mandato parlamentar.

§ 4º O número de Vereadores por município será fixado, para a representação a ser eleita em 1988, pelo respectivo Tribunal Regional Eleitoral, respeitados os limites estipulados no art. 29, IV, da Constituição.

§ 5º Para as eleições de 15 de novembro de 1988, ressalvados os que já exercem mandato eletivo, são inelegíveis para qualquer cargo, no território de jurisdição do titular, o cônjuge e os parentes por consanguinidade ou afinidade, até o segundo grau, ou por adoção, do Presidente da República, do Governador de Estado, do Governador do Distrito Federal e do Prefeito que tenham exercido mais da metade do mandato.

Art. 6º Nos seis meses posteriores à promulgação da Constituição, parlamentares federais, reunidos em número não inferior a trinta, poderão requerer ao Tribunal Superior Eleitoral o registro de novo partido político, juntando ao requerimento o manifesto, o estatuto e o programa devidamente assinados pelos requerentes.

§ 1º O registro provisório, que será concedido de plano pelo Tribunal Superior Eleitoral, nos termos deste artigo, defere ao novo partido todos os direitos, deveres e prerrogativas dos atuais, entre eles o de participar, sob legenda própria, das eleições que vierem a ser realizadas nos doze meses seguintes a sua formação.

§ 2º O novo partido perderá automaticamente seu registro provisório se, no prazo de vinte e quatro meses, contados de sua formação, não obtiver registro definitivo no Tribunal Superior Eleitoral, na forma que a lei dispuser.

Art. 7º O Brasil propugnará pela formação de um tribunal internacional dos direitos humanos.

Art. 8º É concedida anistia aos que, no período de 18 de setembro de 1946 até a data da promulgação da Constituição, foram atingidos, em decorrência de motivação exclusivamente política, por atos de exceção, institucionais ou complementares, aos que foram abrangidos pelo Decreto Legislativo n.º 18, de 15 de dezembro de 1961, e aos atingidos pelo Decreto-Lei n.º 864, de 12 de setembro de 1969, asseguradas as promoções, na inatividade, ao cargo, emprego, posto ou graduação a que teriam direito se estivessem em serviço ativo, obedecidos os prazos de permanência em atividade previstos nas leis e regulamentos vigentes, respeitadas as características e peculiaridades das carreiras dos servidores públicos civis e militares e observados os respectivos regimes jurídicos.

§ 1º O disposto neste artigo somente gerará efeitos financeiros a partir da promulgação da Constituição, vedada a remuneração de qualquer espécie em caráter retroativo.

§ 2º Ficam assegurados os benefícios estabelecidos neste artigo aos trabalhadores do setor privado, dirigentes e representantes sindicais que, por motivos exclusivamente políticos, tenham sido punidos, demitidos ou compelidos ao afastamento das atividades remuneradas que exerciam, bem como aos que foram impedidos de exercer atividades profissionais em virtude de pressões ostensivas ou expedientes oficiais sigilosos.

§ 3º Aos cidadãos que foram impedidos de exercer, na vida civil, atividade profissional específica, em decorrência das Portarias Reservadas do Ministério da Aeronáutica n.º S-50-GM5, de 19 de junho de 1964, e n.º S-285-GM5, será concedida reparação de natureza econômica, na forma que dispuser lei de iniciativa do Congresso Nacional e a entrar em vigor no prazo de doze meses a contar da promulgação da Constituição.

§ 4º Aos que, por força de atos institucionais, tenham exercido gratuitamente mandato eletivo de vereador serão computados, para efeito de aposentadoria no serviço público e previdência social, os respectivos períodos.

§ 5º A anistia concedida nos termos deste artigo aplica-se aos servidores públicos civis e aos empregados em todos os níveis de governo ou em suas fundações, empresas públicas ou empresas mistas sob controle estatal, exceto nos Ministérios militares, que tenham sido punidos ou demitidos por atividades profissionais interrompidas em virtude de decisão de seus trabalhadores, bem como em decorrência do Decreto-Lei n.º 1.632, de 4 de agosto de 1978, ou por motivos exclusivamente políticos, assegurada a readmissão dos que foram atingidos a partir de 1979, observado o disposto no § 1º.

Art. 9º Os que, por motivos exclusivamente políticos, foram cassados ou tiveram seus direitos políticos suspensos no período de 15 de julho a 31 de dezembro de 1969, por ato do então Presidente da República, poderão requerer ao Supremo Tribunal Federal o reconhecimento dos direitos e vantagens interrompidos pelos atos punitivos, desde que comprovem terem sido estes eivados de vício grave.

Parágrafo único. O Supremo Tribunal Federal proferirá a decisão no prazo de cento e vinte dias, a contar do pedido do interessado.

Art. 10. Até que seja promulgada a lei complementar a que se refere o art. 7º, I, da Constituição:

I. fica limitada a proteção nele referida ao aumento, para quatro vezes, da porcentagem prevista no art. 6º, caput e § 1º, da Lei n.º 5.107, de 13 de setembro de 1966;

II. fica vedada a dispensa arbitrária ou sem justa causa:

a) do empregado eleito para cargo de direção de comissões internas de prevenção de acidentes, desde o registro de sua candidatura até um ano após o final de seu mandato;

b) da empregada gestante, desde a confirmação da gravidez até cinco meses após o parto.

§ 1º Até que a lei venha a disciplinar o disposto no art. 7º, XIX, da Constituição, o prazo da licença-paternidade a que se refere o inciso é de cinco dias.

§ 2º Até ulterior disposição legal, a cobrança das contribuições para o custeio das atividades dos sindicatos rurais será feita juntamente com a do imposto territorial rural, pelo mesmo órgão arrecadador.

§ 3º Na primeira comprovação do cumprimento das obrigações trabalhistas pelo empregador rural, na forma do art. 233, após a promulgação da Constituição, será certificada perante a Justiça do Trabalho a regularidade do contrato e das atualizações das obrigações trabalhistas de todo o período.

Art. 11. Cada assembleia Legislativa, com poderes constituintes, elaborará a Constituição do Estado, no prazo de um ano, contado da promulgação da Constituição Federal, obedecidos os princípios desta.

Parágrafo único. Promulgada a Constituição do Estado, caberá à Câmara Municipal, no prazo de seis meses, votar a Lei Orgânica respectiva, em dois turnos de discussão e votação, respeitado o disposto na Constituição Federal e na Constituição Estadual.

Art. 12. Será criada, dentro de noventa dias da promulgação da Constituição, Comissão de Estudos Territoriais, com dez membros indicados pelo Congresso Nacional e cinco pelo Poder Executivo, com a finalidade de apresentar estudos sobre o território nacional e anteprojetos relativos a novas unidades territoriais, notadamente na Amazônia Legal e em áreas pendentes de solução.

§ 1º No prazo de um ano, a Comissão submeterá ao Congresso Nacional os resultados de seus estudos para, nos termos da Constituição, serem apreciados nos doze meses subsequentes, extinguindo-se logo após.

§ 2º Os Estados e os Municípios deverão, no prazo de três anos, a contar da promulgação da Constituição, promover, mediante acordo ou arbitramento, a demarcação de suas linhas divisórias atualmente litigiosas, podendo para isso fazer alterações e compensações de área que atendam aos acidentes naturais, critérios históricos, conveniências administrativas e comodidade das populações limítrofes.

§ 3º Havendo solicitação dos Estados e Municípios interessados, a União poderá encarregar-se dos trabalhos demarcatórios.

§ 4º Se, decorrido o prazo de três anos, a contar da promulgação da Constituição, os trabalhos demarcatórios não tiverem sido concluídos, caberá à União determinar os limites das áreas litigiosas.

§ 5º Ficam reconhecidos e homologados os atuais limites do Estado do Acre com os Estados do Amazonas e de Rondônia, conforme levantamentos cartográficos e geodésicos realizados pela Comissão Tripartite integrada por representantes dos Estados e dos serviços técnico-especializados do Instituto Brasileiro de Geografia e Estatística.

Art. 13. É criado o Estado do Tocantins, pelo desmembramento da área descrita neste artigo, dando-se sua instalação no quadragésimo sexto dia após a eleição prevista no § 3º, mas não antes de 1º de janeiro de 1989.

§ 1º O Estado do Tocantins integra a Região Norte e limita-se com o Estado de Goiás pelas divisas norte dos Municípios de São Miguel do Araguaia, Porangatu, Formoso, Minaçu, Cavalcante, Monte Alegre de Goiás e Campos Belos, conservando a leste, norte e oeste as divisas atuais de Goiás com os Estados da Bahia, Piauí, Maranhão, Pará e Mato Grosso.

§ 2º O Poder Executivo designará uma das cidades do Estado para sua capital provisória até a aprovação da sede definitiva do governo pela assembleia Constituinte.

§ 3º O Governador, o Vice-Governador, os Senadores, os Deputados Federais e os Deputados Estaduais serão eleitos, em um único turno, até setenta e cinco dias após a promulgação da Constituição, mas não antes de 15 de novembro de 1988, a critério do Tribunal Superior Eleitoral, obedecidas, entre outras, as seguintes normas:

I. o prazo de filiação partidária dos candidatos será encerrado setenta e cinco dias antes da data das eleições;

II. as datas das convenções regionais partidárias destinadas a deliberar sobre coligações e escolha de candidatos, de apresentação de requerimento de registro dos candidatos escolhidos e dos demais procedimentos legais serão fixadas, em calendário especial, pela Justiça Eleitoral;

III. são inelegíveis os ocupantes de cargos estaduais ou municipais que não se tenham deles afastado, em caráter definitivo, setenta e cinco dias antes da data das eleições previstas neste parágrafo;

IV. ficam mantidos os atuais diretórios regionais dos partidos políticos do Estado de Goiás, cabendo às comissões executivas nacionais designar comissões provisórias no Estado do Tocantins, nos termos e para os fins previstos na lei.

§ 4º Os mandatos do Governador, do Vice-Governador, dos Deputados Federais e Estaduais eleitos na forma do parágrafo anterior extinguir-se-ão concomitantemente aos das demais unidades da Federação; o mandato do Senador eleito menos votado extinguir-se-á nessa mesma oportunidade, e os dos outros dois, juntamente com os dos Senadores eleitos em 1986 nos demais Estados.

§ 5º A assembleia Estadual Constituinte será instalada no quadragésimo sexto dia da eleição de seus integrantes, mas não antes de 1º de janeiro de 1989, sob a presidência do Presidente do Tribunal Regional Eleitoral do Estado de Goiás, e dará posse, na mesma data, ao Governador e ao Vice-Governador eleitos.

§ 6º Aplicam-se à criação e instalação do Estado do Tocantins, no que couber, as normas legais disciplinadoras da divisão do Estado de Mato Grosso, observado o disposto no art. 234 da Constituição.

ANOTAÇÕES

ANOTAÇÕES

ANOTAÇÕES

§ 7º Fica o Estado de Goiás liberado dos débitos e encargos decorrentes de empreendimentos no território do novo Estado, e autorizada a União, a seu critério, a assumir os referidos débitos.

Art. 14. Os Territórios Federais de Roraima e do Amapá são transformados em Estados Federados, mantidos seus atuais limites geográficos.

§ 1º A instalação dos Estados dar-se-á com a posse dos Governadores eleitos em 1990.

§ 2º Aplicam-se à transformação e instalação dos Estados de Roraima e Amapá as normas e os critérios seguidos na criação do Estado de Rondônia, respeitado o disposto na Constituição e neste Ato.

§ 3º O Presidente da República, até quarenta e cinco dias após a promulgação da Constituição, encaminhará à apreciação do Senado Federal os nomes dos governadores dos Estados de Roraima e do Amapá que exercerão o Poder Executivo até a instalação dos novos Estados com a posse dos governadores eleitos.

§ 4º Enquanto não concretizada a transformação em Estados, nos termos deste artigo, os Territórios Federais de Roraima e do Amapá serão beneficiados pela transferência de recursos prevista nos arts. 159, I, a, da Constituição, e 34, § 2º, II, deste Ato.

Art. 15. Fica extinto o Território Federal de Fernando de Noronha, sendo sua área reincorporada ao Estado de Pernambuco.

Art. 16. Até que se efetive o disposto no art. 32, § 2º, da Constituição, caberá ao Presidente da República, com a aprovação do Senado Federal, indicar o Governador e o Vice-Governador do Distrito Federal.

§ 1º A competência da Câmara Legislativa do Distrito Federal, até que se instale, será exercida pelo Senado Federal.

§ 2º A fiscalização contábil, financeira, orçamentária, operacional e patrimonial do Distrito Federal, enquanto não for instalada a Câmara Legislativa, será exercida pelo Senado Federal, mediante controle externo, com o auxílio do Tribunal de Contas do Distrito Federal, observado o disposto no art. 72 da Constituição.

§ 3º Incluem-se entre os bens do Distrito Federal aqueles que lhe vierem a ser atribuídos pela União na forma da lei.

Art. 17. Os vencimentos, a remuneração, as vantagens e os adicionais, bem como os proventos de aposentadoria que estejam sendo percebidos em desacordo com a Constituição serão imediatamente reduzidos aos limites dela decorrentes, não se admitindo, neste caso, invocação de direito adquirido ou percepção de excesso a qualquer título.

§ 1º É assegurado o exercício cumulativo de dois cargos ou empregos privativos de médico que estejam sendo exercidos por médico militar na administração pública direta ou indireta.

§ 2º É assegurado o exercício cumulativo de dois cargos ou empregos privativos de profissionais de saúde que estejam sendo exercidos na administração pública direta ou indireta.

Art. 18. Ficam extintos os efeitos jurídicos de qualquer ato legislativo ou administrativo, lavrado a partir da instalação da assembleia Nacional Constituinte, que tenha por objeto a concessão de estabilidade a servidor admitido sem concurso público, da administração direta ou indireta, inclusive das fundações instituídas e mantidas pelo Poder Público.

Art. 19. Os servidores públicos civis da União, dos Estados, do Distrito Federal e dos Municípios, da administração direta, autárquica e das fundações públicas, em exercício na data da promulgação da Constituição, há pelo menos cinco anos continuados, e que não tenham sido admitidos na forma regulada no art. 37 da Constituição, são considerados estáveis no serviço público.

§ 1º O tempo de serviço dos servidores referidos neste artigo será contado como título quando se submeterem a concurso para fins de efetivação, na forma da lei.

ANOTAÇÕES

§ 2º O disposto neste artigo não se aplica aos ocupantes de cargos, funções e empregos de confiança ou em comissão, nem aos que a lei declare de livre exoneração, cujo tempo de serviço não será computado para os fins do caput deste artigo, exceto se se tratar de servidor.

§ 3º O disposto neste artigo não se aplica aos professores de nível superior, nos termos da lei.

Art. 20. Dentro de cento e oitenta dias, proceder-se-á à revisão dos direitos dos servidores públicos inativos e pensionistas e à atualização dos proventos e pensões a eles devidos, a fim de ajustá-los ao disposto na Constituição.

Art. 21. Os juízes togados de investidura limitada no tempo, admitidos mediante concurso público de provas e títulos e que estejam em exercício na data da promulgação da Constituição, adquirem estabilidade, observado o estágio probatório, e passam a compor quadro em extinção, mantidas as competências, prerrogativas e restrições da legislação a que se achavam submetidos, salvo as inerentes à transitoriedade da investidura.

Parágrafo único. A aposentadoria dos juízes de que trata este artigo regular-se-á pelas normas fixadas para os demais juízes estaduais.

Art. 22. É assegurado aos defensores públicos investidos na função até a data de instalação da assembleia Nacional Constituinte o direito de opção pela carreira, com a observância das garantias e vedações previstas no art. 134, parágrafo único, da Constituição.

Art. 23. Até que se edite a regulamentação do art. 21, XVI, da Constituição, os atuais ocupantes do cargo de censor federal continuarão exercendo funções com este compatíveis, no Departamento de Polícia Federal, observadas as disposições constitucionais.

Parágrafo único. A lei referida disporá sobre o aproveitamento dos censores federais, nos termos deste artigo.

Art. 24. A União, os Estados, o Distrito Federal e os Municípios editarão leis que estabeleçam critérios para a compatibilização de seus quadros de pessoal ao disposto no art. 39 da Constituição e à reforma administrativa dela decorrente, no prazo de dezoito meses, contados da sua promulgação.

Art. 25. Ficam revogados, a partir de cento e oitenta dias da promulgação da Constituição, sujeito este prazo a prorrogação por lei, todos os dispositivos legais que atribuam ou deleguem a órgão do Poder Executivo competência assinalada pela Constituição ao Congresso Nacional, especialmente no que tange a:

I. ação normativa;

II. alocação ou transferência de recursos de qualquer espécie.

§ 1º Os decretos-leis em tramitação no Congresso Nacional e por este não apreciados até a promulgação da Constituição terão seus efeitos regulados da seguinte forma:

I. se editados até 2 de setembro de 1988, serão apreciados pelo Congresso Nacional no prazo de até cento e oitenta dias a contar da promulgação da Constituição, não computado o recesso parlamentar;

II. decorrido o prazo definido no inciso anterior, e não havendo apreciação, os decretos-leis ali mencionados serão considerados rejeitados;

III. nas hipóteses definidas nos incisos I e II, terão plena validade os atos praticados na vigência dos respectivos decretos-leis, podendo o Congresso Nacional, se necessário, legislar sobre os efeitos deles remanescentes.

§ 2º Os decretos-leis editados entre 3 de setembro de 1988 e a promulgação da Constituição serão convertidos, nesta data, em medidas provisórias, aplicando-se-lhes as regras estabelecidas no art. 62, parágrafo único.

Art. 26. No prazo de um ano a contar da promulgação da Constituição, o Congresso Nacional promoverá, através de Comissão mista, exame analítico e pericial dos atos e fatos geradores do endividamento externo brasileiro.

§ 1º A Comissão terá a força legal de Comissão parlamentar de inquérito para os fins de requisição e convocação, e atuará com o auxílio do Tribunal de Contas da União.

§ 2º Apurada irregularidade, o Congresso Nacional proporá ao Poder Executivo a declaração de nulidade do ato e encaminhará o processo ao Ministério Público Federal, que formalizará, no prazo de sessenta dias, a ação cabível.

Art. 27. O Superior Tribunal de Justiça será instalado sob a presidência do Supremo Tribunal Federal.

§ 1º Até que se instale o Superior Tribunal de Justiça, o Supremo Tribunal Federal exercerá as atribuições e competências definidas na ordem constitucional precedente.

§ 2º A composição inicial do Superior Tribunal de Justiça far-se-á:

I. pelo aproveitamento dos Ministros do Tribunal Federal de Recursos;

II. pela nomeação dos Ministros que sejam necessários para completar o número estabelecido na Constituição.

§ 3º Para os efeitos do disposto na Constituição, os atuais Ministros do Tribunal Federal de Recursos serão considerados pertencentes à classe de que provieram, quando de sua nomeação.

§ 4º Instalado o Tribunal, os Ministros aposentados do Tribunal Federal de Recursos tornar-se-ão, automaticamente, Ministros aposentados do Superior Tribunal de Justiça.

§ 5º Os Ministros a que se refere o § 2º, II, serão indicados em lista tríplice pelo Tribunal Federal de Recursos, observado o disposto no art. 104, parágrafo único, da Constituição.

§ 6º Ficam criados cinco Tribunais Regionais Federais, a serem instalados no prazo de seis meses a contar da promulgação da Constituição, com a jurisdição e sede que lhes fixar o Tribunal Federal de Recursos, tendo em conta o número de processos e sua localização geográfica.

§ 7º Até que se instalem os Tribunais Regionais Federais, o Tribunal Federal de Recursos exercerá a competência a eles atribuída em todo o território nacional, cabendo-lhe promover sua instalação e indicar os candidatos a todos os cargos da composição inicial, mediante lista tríplice, podendo desta constar juízes federais de qualquer região, observado o disposto no § 9º.

§ 8º É vedado, a partir da promulgação da Constituição, o provimento de vagas de Ministros do Tribunal Federal de Recursos.

§ 9º Quando não houver juiz federal que conte o tempo mínimo previsto no art. 107, II, da Constituição, a promoção poderá contemplar juiz com menos de cinco anos no exercício do cargo.

§ 10. Compete à Justiça Federal julgar as ações nela propostas até a data da promulgação da Constituição, e aos Tribunais Regionais Federais, bem como ao Superior Tribunal de Justiça, julgar as ações rescisórias das decisões até então proferidas pela Justiça Federal, inclusive daquelas cuja matéria tenha passado à competência de outro ramo do Judiciário.

§ 11. São criados, ainda, os seguintes Tribunais Regionais Federais: o da 6ª Região, com sede em Curitiba, Estado do Paraná, e jurisdição nos Estados do Paraná, Santa Catarina e Mato Grosso do Sul; o da 7ª Região, com sede em Belo Horizonte, Estado de Minas Gerais, e jurisdição no Estado de Minas Gerais; o da 8ª Região, com sede em Salvador, Estado da Bahia, e jurisdição nos Estados da Bahia e Sergipe; e o da 9ª Região, com sede em Manaus, Estado do Amazonas, e jurisdição nos Estados do Amazonas, Acre, Rondônia e Roraima. (Parágrafo acrescido pela Emenda Constitucional nº 73, de 2013)

ANOTAÇÕES

Art. 28. Os juízes federais de que trata o art. 123, § 2º, da Constituição de 1967, com a redação dada pela Emenda Constitucional n.º 7, de 1977, ficam investidos na titularidade de varas na seção judiciária para a qual tenham sido nomeados ou designados; na inexistência de vagas, proceder-se-á ao desdobramento das varas existentes.

Parágrafo único. Para efeito de promoção por antiguidade, o tempo de serviço desses juízes será computado a partir do dia de sua posse.

Art. 29. Enquanto não aprovadas as leis complementares relativas ao Ministério Público e à Advocacia-Geral da União, o Ministério Público Federal, a Procuradoria-Geral da Fazenda Nacional, as Consultorias Jurídicas dos Ministérios, as Procuradorias e Departamentos Jurídicos de autarquias federais com representação própria e os membros das Procuradorias das Universidades fundacionais públicas continuarão a exercer suas atividades na área das respectivas atribuições.

§ 1º O Presidente da República, no prazo de cento e vinte dias, encaminhará ao Congresso Nacional projeto de lei complementar dispondo sobre a organização e o funcionamento da Advocacia-Geral da União.

§ 2º Aos atuais Procuradores da República, nos termos da lei complementar, será facultada a opção, de forma irretratável, entre as carreiras do Ministério Público Federal e da Advocacia-Geral da União.

§ 3º Poderá optar pelo regime anterior, no que respeita às garantias e vantagens, o membro do Ministério Público admitido antes da promulgação da Constituição, observando-se, quanto às vedações, a situação jurídica na data desta.

§ 4º Os atuais integrantes do quadro suplementar dos Ministérios Públicos do Trabalho e Militar que tenham adquirido estabilidade nessas funções passam a integrar o quadro da respectiva carreira.

§ 5º Cabe à atual Procuradoria-Geral da Fazenda Nacional, diretamente ou por delegação, que pode ser ao Ministério Público Estadual, representar judicialmente a União nas causas de natureza fiscal, na área da respectiva competência, até a promulgação das leis complementares previstas neste artigo.

Art. 30. A legislação que criar a justiça de paz manterá os atuais juízes de paz até a posse dos novos titulares, assegurando-lhes os direitos e atribuições conferidos a estes, e designará o dia para a eleição prevista no art. 98, II, da Constituição.

Art. 31. Serão estatizadas as serventias do foro judicial, assim definidas em lei, respeitados os direitos dos atuais titulares.

Art. 32. O disposto no art. 236 não se aplica aos serviços notariais e de registro que já tenham sido oficializados pelo Poder Público, respeitando-se o direito de seus servidores.

Art. 33. Ressalvados os créditos de natureza alimentar, o valor dos precatórios judiciais pendentes de pagamento na data da promulgação da Constituição, incluído o remanescente de juros e correção monetária, poderá ser pago em moeda corrente, com atualização, em prestações anuais, iguais e sucessivas, no prazo máximo de oito anos, a partir de 1º de julho de 1989, por decisão editada pelo Poder Executivo até cento e oitenta dias da promulgação da Constituição.

Parágrafo único. Poderão as entidades devedoras, para o cumprimento do disposto neste artigo, emitir, em cada ano, no exato montante do dispêndio, títulos de dívida pública não computáveis para efeito do limite global de endividamento.

Art. 34. O sistema tributário nacional entrará em vigor a partir do primeiro dia do quinto mês seguinte ao da promulgação da Constituição, mantido, até então, o da Constituição de 1967, com a redação dada pela Emenda n.º 1, de 1969, e pelas posteriores.

§ 1º Entrarão em vigor com a promulgação da Constituição os arts. 148, 149, 150, 154, I, 156, III, e 159, I, c , revogadas as disposições em contrário da Constituição de 1967 e das Emendas que a modificaram, especialmente de seu art. 25, III.

ANOTAÇÕES

ANOTAÇÕES

§ 2º O Fundo de Participação dos Estados e do Distrito Federal e o Fundo de Participação dos Municípios obedecerão às seguintes determinações:

I. a partir da promulgação da Constituição, os percentuais serão, respectivamente, de dezoito por cento e de vinte por cento, calculados sobre o produto da arrecadação dos impostos referidos no art. 153, III e IV, mantidos os atuais critérios de rateio até a entrada em vigor da lei complementar a que se refere o art. 161, II;

II. o percentual relativo ao Fundo de Participação dos Estados e do Distrito Federal será acrescido de um ponto percentual no exercício financeiro de 1989 e, a partir de 1990, inclusive, à razão de meio ponto por exercício, até 1992, inclusive, atingindo em 1993 o percentual estabelecido no art. 159, I, a ;

III. o percentual relativo ao Fundo de Participação dos Municípios, a partir de 1989, inclusive, será elevado à razão de meio ponto percentual por exercício financeiro, até atingir o estabelecido no art. 159, I, b .

§ 3º Promulgada a Constituição, a União, os Estados, o Distrito Federal e os Municípios poderão editar as leis necessárias à aplicação do sistema tributário nacional nela previsto.

§ 4º As leis editadas nos termos do parágrafo anterior produzirão efeitos a partir da entrada em vigor do sistema tributário nacional previsto na Constituição.

§ 5º Vigente o novo sistema tributário nacional, fica assegurada a aplicação da legislação anterior, no que não seja incompatível com ele e com a legislação referida nos §§ 3º e 4º.

§ 6º Até 31 de dezembro de 1989, o disposto no art. 150, III, b , não se aplica aos impostos de que tratam os arts. 155, I, a e b, e 156, II e III, que podem ser cobrados trinta dias após a publicação da lei que os tenha instituído ou aumentado.

§ 7º Até que sejam fixadas em lei complementar, as alíquotas máximas do imposto municipal sobre vendas a varejo de combustíveis líquidos e gasosos não excederão a três por cento.

§ 8º Se, no prazo de sessenta dias contados da promulgação da Constituição, não for editada a lei complementar necessária à instituição do imposto de que trata o art. 155, I, b , os Estados e o Distrito Federal, mediante convênio celebrado nos termos da Lei Complementar n.º 24, de 7 de janeiro de 1975, fixarão normas para regular provisoriamente a matéria.

§ 9º Até que lei complementar disponha sobre a matéria, as empresas distribuidoras de energia elétrica, na condição de contribuintes ou de substitutos tributários, serão as responsáveis, por ocasião da saída do produto de seus estabelecimentos, ainda que destinado a outra unidade da Federação, pelo pagamento do imposto sobre operações relativas à circulação de mercadorias incidente sobre energia elétrica, desde a produção ou importação até a última operação, calculado o imposto sobre o preço então praticado na operação final e assegurado seu recolhimento ao Estado ou ao Distrito Federal, conforme o local onde deva ocorrer essa operação.

§ 10. Enquanto não entrar em vigor a lei prevista no art. 159, I, c, cuja promulgação se fará até 31 de dezembro de 1989, é assegurada a aplicação dos recursos previstos naquele dispositivo da seguinte maneira:

I. seis décimos por cento na Região Norte, através do Banco da Amazônia S.A.;

II. um inteiro e oito décimos por cento na Região Nordeste, através do Banco do Nordeste do Brasil S.A.;

III. seis décimos por cento na Região Centro-Oeste, através do Banco do Brasil S.A.

§ 11. Fica criado, nos termos da lei, o Banco de Desenvolvimento do Centro-Oeste, para dar cumprimento, na referida região, ao que determinam os arts. 159, I, c, e 192, § 2º, da Constituição.

ANOTAÇÕES

§ 12. A urgência prevista no art. 148, II, não prejudica a cobrança do empréstimo compulsório instituído, em benefício das Centrais Elétricas Brasileiras S.A. (Eletrobrás), pela Lei n.º 4.156, de 28 de novembro de 1962, com as alterações posteriores.

Art. 35. O disposto no art. 165, § 7º, será cumprido de forma progressiva, no prazo de até dez anos, distribuindo-se os recursos entre as regiões macroeconômicas em razão proporcional à população, a partir da situação verificada no biênio 1986-87.

§ 1º Para aplicação dos critérios de que trata este artigo, excluem-se das despesas totais as relativas:

I. aos projetos considerados prioritários no plano plurianual;

II. à segurança e defesa nacional;

III. à manutenção dos órgãos federais no Distrito Federal;

IV. ao Congresso Nacional, ao Tribunal de Contas da União e ao Poder Judiciário;

V. ao serviço da dívida da administração direta e indireta da União, inclusive fundações instituídas e mantidas pelo Poder Público federal.

§ 2º Até a entrada em vigor da lei complementar a que se refere o art. 165, § 9º, I e II, serão obedecidas as seguintes normas:

I. o projeto do plano plurianual, para vigência até o final do primeiro exercício financeiro do mandato presidencial subsequente, será encaminhado até quatro meses antes do encerramento do primeiro exercício financeiro e devolvido para sanção até o encerramento da sessão legislativa;

II. o projeto de lei de diretrizes orçamentárias será encaminhado até oito meses e meio antes do encerramento do exercício financeiro e devolvido para sanção até o encerramento do primeiro período da sessão legislativa;

III. o projeto de lei orçamentária da União será encaminhado até quatro meses antes do encerramento do exercício financeiro e devolvido para sanção até o encerramento da sessão legislativa.

Art. 36. Os fundos existentes na data da promulgação da Constituição, excetuados os resultantes de isenções fiscais que passem a integrar patrimônio privado e os que interessem à defesa nacional, extinguir-se-ão se não forem ratificados pelo Congresso Nacional no prazo de dois anos.

Art. 37. A adaptação ao que estabelece o art. 167, III, deverá processar-se no prazo de cinco anos, reduzindo-se o excesso à base de, pelo menos, um quinto por ano.

Art. 38. Até a promulgação da lei complementar referida no art. 169, a União, os Estados, o Distrito Federal e os Municípios não poderão despender com pessoal mais do que sessenta e cinco por cento do valor das respectivas receitas correntes.

Parágrafo único. A União, os Estados, o Distrito Federal e os Municípios, quando a respectiva despesa de pessoal exceder o limite previsto neste artigo, deverão retornar àquele limite, reduzindo o percentual excedente à razão de um quinto por ano.

Art. 39. Para efeito do cumprimento das disposições constitucionais que impliquem variações de despesas e receitas da União, após a promulgação da Constituição, o Poder Executivo deverá elaborar e o Poder Legislativo apreciar projeto de revisão da lei orçamentária referente ao exercício financeiro de 1989.

Parágrafo único. O Congresso Nacional deverá votar no prazo de doze meses a lei complementar prevista no art. 161, II.

Art. 40. É mantida a Zona Franca de Manaus, com suas características de área livre de comércio, de exportação e importação, e de incentivos fiscais, pelo prazo de vinte e cinco anos, a partir da promulgação da Constituição.

Parágrafo único. Somente por lei federal podem ser modificados os critérios que disciplinaram ou venham a disciplinar a aprovação dos projetos na Zona Franca de Manaus.

Art. 41. Os Poderes Executivos da União, dos Estados, do Distrito Federal e dos Municípios reavaliarão todos os incentivos fiscais de natureza setorial ora em vigor, propondo aos Poderes Legislativos respectivos as medidas cabíveis.

§ 1º Considerar-se-ão revogados após dois anos, a partir da data da promulgação da Constituição, os incentivos que não forem confirmados por lei.

§ 2º A revogação não prejudicará os direitos que já tiverem sido adquiridos, àquela data, em relação a incentivos concedidos sob condição e com prazo certo.

§ 3º Os incentivos concedidos por convênio entre Estados, celebrados nos termos do art. 23, § 6º, da Constituição de 1967, com a redação da Emenda n.º 1, de 17 de outubro de 1969, também deverão ser reavaliados e reconfirmados nos prazos deste artigo.

Art. 42. Durante 40 (quarenta) anos, a União aplicará dos recursos destinados à irrigação: ("Caput" do artigo com redação dada pela Emenda Constitucional nº 89, de 2015)

I. 20% (vinte por cento) na Região Centro-Oeste; (Inciso com redação dada pela Emenda Constitucional nº 89, de 2015)

II. 50% (cinquenta por cento) na Região Nordeste, preferencialmente no Semiárido. (Inciso com redação dada pela Emenda Constitucional nº 89, de 2015)

Parágrafo único. Dos percentuais previstos nos incisos I e II do caput, no mínimo 50% (cinquenta por cento) serão destinados a projetos de irrigação que beneficiem agricultores familiares que atendam aos requisitos previstos em legislação específica. (Parágrafo único acrescido pela Emenda Constitucional nº 89, de 2015)

Art. 43. Na data da promulgação da lei que disciplinar a pesquisa e a lavra de recursos e jazidas minerais, ou no prazo de um ano, a contar da promulgação da Constituição, tornar-se-ão sem efeito as autorizações, concessões e demais títulos atributivos de direitos minerários, caso os trabalhos de pesquisa ou de lavra não hajam sido comprovadamente iniciados nos prazos legais ou estejam inativos.

Art. 44. As atuais empresas brasileiras titulares de autorização de pesquisa, concessão de lavra de recursos minerais e de aproveitamento dos potenciais de energia hidráulica em vigor terão quatro anos, a partir da promulgação da Constituição, para cumprir os requisitos do art. 176, § 1º.

§ 1º Ressalvadas as disposições de interesse nacional previstas no texto constitucional, as empresas brasileiras ficarão dispensadas do cumprimento do disposto no art. 176, § 1º, desde que, no prazo de até quatro anos da data da promulgação da Constituição, tenham o produto de sua lavra e beneficiamento destinado a industrialização no território nacional, em seus próprios estabelecimentos ou em empresa industrial controladora ou controlada.

§ 2º Ficarão também dispensadas do cumprimento do disposto no art. 176, § 1º, as empresas brasileiras titulares de concessão de energia hidráulica para uso em seu processo de industrialização.

§ 3º As empresas brasileiras referidas no § 1º somente poderão ter autorizações de pesquisa e concessões de lavra ou potenciais de energia hidráulica, desde que a energia e o produto da lavra sejam utilizados nos respectivos processos industriais.

Art. 45. Ficam excluídas do monopólio estabelecido pelo art. 177, II, da Constituição as refinarias em funcionamento no País amparadas pelo art. 43 e nas condições do art. 45 da Lei n.º 2.004, de 3 de outubro de 1953.

Parágrafo único. Ficam ressalvados da vedação do art. 177, § 1º, os contratos de risco feitos com a Petróleo Brasileiro S.A. (Petrobrás), para pesquisa de petróleo, que estejam em vigor na data da promulgação da Constituição.

Art. 46. São sujeitos à correção monetária desde o vencimento, até seu efetivo pagamento, sem interrupção ou suspensão, os créditos junto a entidades submetidas aos regimes de intervenção ou liquidação extrajudicial, mesmo quando esses regimes sejam convertidos em falência.

Parágrafo único. O disposto neste artigo aplica-se também:

I. às operações realizadas posteriormente à decretação dos regimes referidos no caput deste artigo;

II. às operações de empréstimo, financiamento, refinanciamento, assistência financeira de liquidez, cessão ou sub-rogação de créditos ou cédulas hipotecárias, efetivação de garantia de depósitos do público ou de compra de obrigações passivas, inclusive as realizadas com recursos de fundos que tenham essas destinações;

III. aos créditos anteriores à promulgação da Constituição;

IV. aos créditos das entidades da administração pública anteriores à promulgação da Constituição, não liquidados até 1º de janeiro de 1988.

Art. 47. Na liquidação dos débitos, inclusive suas renegociações e composições posteriores, ainda que ajuizados, decorrentes de quaisquer empréstimos concedidos por bancos e por instituições financeiras, não existirá correção monetária desde que o empréstimo tenha sido concedido:

I. aos micro e pequenos empresários ou seus estabelecimentos no período de 28 de fevereiro de 1986 a 28 de fevereiro de 1987;

II. aos mini, pequenos e médios produtores rurais no período de 28 de fevereiro de 1986 a 31 de dezembro de 1987, desde que relativos a crédito rural.

§ 1º Consideram-se, para efeito deste artigo, microempresas as pessoas jurídicas e as firmas individuais com receitas anuais de até dez mil Obrigações do Tesouro Nacional, e pequenas empresas as pessoas jurídicas e as firmas individuais com receita anual de até vinte e cinco mil Obrigações do Tesouro Nacional.

§ 2º A classificação de mini, pequeno e médio produtor rural será feita obedecendo-se às normas de crédito rural vigentes à época do contrato.

§ 3º A isenção da correção monetária a que se refere este artigo só será concedida nos seguintes casos:

I. se a liquidação do débito inicial, acrescido de juros legais e taxas judiciais, vier a ser efetivada no prazo de noventa dias, a contar da data da promulgação da Constituição;

II. se a aplicação dos recursos não contrariar a finalidade do financiamento, cabendo o ônus da prova à instituição credora;

III. se não for demonstrado pela instituição credora que o mutuário dispõe de meios para o pagamento de seu débito, excluído desta demonstração seu estabelecimento, a casa de moradia e os instrumentos de trabalho e produção;

IV. se o financiamento inicial não ultrapassar o limite de cinco mil obrigações do Tesouro Nacional;

V. se o beneficiário não for proprietário de mais de cinco módulos rurais.

§ 4º Os benefícios de que trata este artigo não se estendem aos débitos já quitados e aos devedores que sejam constituintes.

§ 5º No caso de operações com prazos de vencimento posteriores à data-limite de liquidação da dívida, havendo interesse do mutuário, os bancos e as instituições financeiras promoverão, por instrumento próprio, alteração nas condições contratuais originais de forma a ajustá-las ao presente benefício.

§ 6º A concessão do presente benefício por bancos comerciais privados em nenhuma hipótese acarretará ônus para o Poder Público, ainda que através de refinanciamento e repasse de recursos pelo banco central.

§ 7º No caso de repasse a agentes financeiros oficiais ou cooperativas de crédito, o ônus recairá sobre a fonte de recursos originária.

ANOTAÇÕES

ANOTAÇÕES

ANOTAÇÕES

Art. 48. O Congresso Nacional, dentro de cento e vinte dias da promulgação da Constituição, elaborará código de defesa do consumidor.

Art. 49. A lei disporá sobre o instituto da enfiteuse em imóveis urbanos, sendo facultada aos foreiros, no caso de sua extinção, a remição dos aforamentos mediante aquisição do domínio direto, na conformidade do que dispuserem os respectivos contratos.

§ 1º Quando não existir cláusula contratual, serão adotados os critérios e bases hoje vigentes na legislação especial dos imóveis da União.

§ 2º Os direitos dos atuais ocupantes inscritos ficam assegurados pela aplicação de outra modalidade de contrato.

§ 3º A enfiteuse continuará sendo aplicada aos terrenos de marinha e seus acrescidos, situados na faixa de segurança, a partir da orla marítima.

§ 4º Remido o foro, o antigo titular do domínio direto deverá, no prazo de noventa dias, sob pena de responsabilidade, confiar à guarda do registro de imóveis competente toda a documentação a ele relativa.

Art. 50. Lei agrícola a ser promulgada no prazo de um ano disporá, nos termos da Constituição, sobre os objetivos e instrumentos de política agrícola, prioridades, planejamento de safras, comercialização, abastecimento interno, mercado externo e instituição de crédito fundiário.

Art. 51. Serão revistos pelo Congresso Nacional, através de Comissão mista, nos três anos a contar da data da promulgação da Constituição, todas as doações, vendas e concessões de terras públicas com área superior a três mil hectares, realizadas no período de 1º de janeiro de 1962 a 31 de dezembro de 1987.

§ 1º No tocante às vendas, a revisão será feito com base exclusivamente no critério de legalidade da operação.

§ 2º No caso de concessões e doações, a revisão obedecerá aos critérios de legalidade e de conveniência do interesse público.

§ 3º Nas hipóteses previstas nos parágrafos anteriores, comprovada a ilegalidade, ou havendo interesse público, as terras reverterão ao patrimônio da União, dos Estados, do Distrito Federal ou dos Municípios.

Art. 52. Até que sejam fixadas as condições do art. 192, são vedados: ("Caput" do artigo com redação dada pela Emenda Constitucional nº 40, de 2003)

I. a instalação, no País, de novas agências de instituições financeiras domiciliadas no exterior;

II. o aumento do percentual de participação, no capital de instituições financeiras com sede no País, de pessoas físicas ou jurídicas residentes ou domiciliadas no exterior.

Parágrafo único. A vedação a que se refere este artigo não se aplica às autorizações resultantes de acordos internacionais, de reciprocidade, ou de interesse do Governo brasileiro.

Art. 53. Ao ex-combatente que tenha efetivamente participado de operações bélicas durante a Segunda Guerra Mundial, nos termos da Lei n.º 5.315, de 12 de setembro de 1967, serão assegurados os seguintes direitos:

I. aproveitamento no serviço público, sem a exigência de concurso, com estabilidade;

II. pensão especial correspondente à deixada por segundo-tenente das Forças Armadas, que poderá ser requerida a qualquer tempo, sendo inacumulável com quaisquer rendimentos recebidos dos cofres públicos, exceto os benefícios previdenciários, ressalvado o direito de opção;

III. em caso de morte, pensão à viúva ou companheira ou dependente, de forma proporcional, de valor igual à do inciso anterior;

IV. assistência médica, hospitalar e educacional gratuita, extensiva aos dependentes;

ANOTAÇÕES

V. aposentadoria com proventos integrais aos vinte e cinco anos de serviço efetivo, em qualquer regime jurídico;

VI. prioridade na aquisição da casa própria, para os que não a possuam ou para suas viúvas ou companheiras.

Parágrafo único. A concessão da pensão especial do inciso II substitui, para todos os efeitos legais, qualquer outra pensão já concedida ao ex-combatente.

Art. 54. Os seringueiros recrutados nos termos do Decreto-Lei n.º 5.813, de 14 de setembro de 1943, e amparados pelo Decreto-Lei n.º 9.882, de 16 de setembro de 1946, receberão, quando carentes, pensão mensal vitalícia no valor de dois salários mínimos.

§ 1º O benefício é estendido aos seringueiros que, atendendo a apelo do Governo brasileiro, contribuíram para o esforço de guerra, trabalhando na produção de borracha, na Região Amazônica, durante a Segunda Guerra Mundial.

§ 2º Os benefícios estabelecidos neste artigo são transferíveis aos dependentes reconhecidamente carentes.

§ 3º A concessão do benefício far-se-á conforme lei a ser proposta pelo Poder Executivo dentro de cento e cinquenta dias da promulgação da Constituição.

Art. 54-A. Os seringueiros de que trata o art. 54 deste Ato das Disposições Constitucionais Transitórias receberão indenização, em parcela única, no valor de R$ 25.000,00 (vinte e cinco mil reais). (Artigo acrescido pela Emenda Constitucional nº 78, de 2014, publicada no DOU de 15/5/2014, em vigor no exercício financeiro seguinte ao de sua publicação)

Art. 55. Até que seja aprovada a lei de diretrizes orçamentárias, trinta por cento, no mínimo, do orçamento da seguridade social, excluído o seguro-desemprego, serão destinados ao setor de saúde.

Art. 56. Até que a lei disponha sobre o art. 195, I, a arrecadação decorrente de, no mínimo, cinco dos seis décimos percentuais correspondentes à alíquota da contribuição de que trata o Decreto-Lei n.º 1.940, de 25 de maio de 1982, alterada pelo Decreto-Lei n.º 2.049, de 1º de agosto de 1983, pelo Decreto n.º 91.236, de 8 de maio de 1985, e pela Lei n.º 7.611, de 8 de julho de 1987, passa a integrar a receita da seguridade social, ressalvados, exclusivamente no exercício de 1988, os compromissos assumidos com programas e projetos em andamento.

Art. 57. Os débitos dos Estados e dos Municípios relativos às contribuições previdenciárias até 30 de junho de 1988 serão liquidados, com correção monetária, em cento e vinte parcelas mensais, dispensados os juros e multas sobre eles incidentes, desde que os devedores requeiram o parcelamento e iniciem seu pagamento no prazo de cento e oitenta dias a contar da promulgação da Constituição.

§ 1º O montante a ser pago em cada um dos dois primeiros anos não será inferior a cinco por cento do total do débito consolidado e atualizado, sendo o restante dividido em parcelas mensais de igual valor.

§ 2º A liquidação poderá incluir pagamentos na forma de cessão de bens e prestação de serviços, nos termos da Lei n.º 7.578, de 23 de dezembro de 1986.

§ 3º Em garantia do cumprimento do parcelamento, os Estados e os Municípios consignarão, anualmente, nos respectivos orçamentos as dotações necessárias ao pagamento de seus débitos.

§ 4º Descumprida qualquer das condições estabelecidas para concessão do parcelamento, o débito será considerado vencido em sua totalidade, sobre ele incidindo juros de mora; nesta hipótese, parcela dos recursos correspondentes aos fundos de participação, destinada aos Estados e Municípios devedores, será bloqueada e repassada à previdência social para pagamento de seus débitos.

Art. 58. Os benefícios de prestação continuada, mantidos pela previdência social na data da promulgação da Constituição, terão seus valores revistos, a fim de que seja restabelecido o poder aquisitivo, expresso em número de salários mínimos, que tinham na data de sua concessão, obedecendo-se a esse critério de atualização até a implantação do plano de custeio e benefícios referidos no artigo seguinte.

Parágrafo único. As prestações mensais dos benefícios atualizadas de acordo com este artigo serão devidas e pagas a partir do sétimo mês a contar da promulgação da Constituição.

Art. 59. Os projetos de lei relativos à organização da seguridade social e aos planos de custeio e de benefício serão apresentados no prazo máximo de seis meses da promulgação da Constituição ao Congresso Nacional, que terá seis meses para apreciá-los.

Parágrafo único. Aprovados pelo Congresso Nacional, os planos serão implantados progressivamente nos dezoito meses seguintes.

Art. 60. Até o 14º (décimo quarto) ano a partir da promulgação desta Emenda Constitucional, os Estados, o Distrito Federal e os Municípios destinarão parte dos recursos a que se refere o caput do art. 212 da Constituição Federal à manutenção e desenvolvimento da educação básica e à remuneração condigna dos trabalhadores da educação, respeitadas as seguintes disposições:

I. a distribuição dos recursos e de responsabilidades entre o Distrito Federal, os Estados e seus Municípios é assegurada mediante a criação, no âmbito de cada Estado e do Distrito Federal, de um Fundo de Manutenção e Desenvolvimento da Educação Básica e de Valorização dos Profissionais da Educação. FUNDEB, de natureza contábil;

II. os Fundos referidos no inciso I do caput deste artigo serão constituídos por 20% (vinte por cento) dos recursos a que se referem os incisos I, II e III do art. 155; o inciso II do caput do art. 157; os incisos II, III e IV do caput do art. 158; e as alíneas a e b do inciso I e o inciso II do caput do art. 159, todos da Constituição Federal, e distribuídos entre cada Estado e seus Municípios, proporcionalmente ao número de alunos das diversas etapas e modalidades da educação básica presencial, matriculados nas respectivas redes, nos respectivos âmbitos de atuação prioritária estabelecidos nos §§ 2º e 3º do art. 211 da Constituição Federal;

III. observadas as garantias estabelecidas nos incisos I, II, III e IV do caput do art. 208 da Constituição Federal e as metas de universalização da educação básica estabelecidas no Plano Nacional de Educação, a lei disporá sobre:

a) a organização dos Fundos, a distribuição proporcional de seus recursos, as diferenças e as ponderações quanto ao valor anual por aluno entre etapas e modalidades da educação básica e tipos de estabelecimento de ensino;

b) a forma de cálculo do valor anual mínimo por aluno;

c) os percentuais máximos de apropriação dos recursos dos Fundos pelas diversas etapas e modalidades da educação básica, observados os arts. 208 e 214 da Constituição Federal, bem como as metas do Plano Nacional de Educação;

d) a fiscalização e o controle dos Fundos;

e) prazo para fixar, em lei específica, piso salarial profissional nacional para os profissionais do magistério público da educação básica;

IV. os recursos recebidos à conta dos Fundos instituídos nos termos do inciso I do caput deste artigo serão aplicados pelos Estados e Municípios exclusivamente nos respectivos âmbitos de atuação prioritária, conforme estabelecido nos §§ 2º e 3º do art. 211 da Constituição Federal;

V. a União complementará os recursos dos Fundos a que se refere o inciso II do caput deste artigo sempre que, no Distrito Federal e em cada Estado, o valor por aluno não alcançar o mínimo definido nacionalmente, fixado em observância ao disposto no inciso VII do caput deste artigo, vedada a utilização dos recursos a que se refere o § 5º do art. 212 da Constituição Federal;

VI. até 10% (dez por cento) da complementação da União prevista no inciso V do caput deste artigo poderá ser distribuída para os Fundos por meio de programas direcionados para a melhoria da qualidade da educação, na forma da lei a que se refere o inciso III do caput deste artigo;

VII. a complementação da União de que trata o inciso V do caput deste artigo será de, no mínimo:

a) R$ 2.000.000.000,00 (dois bilhões de reais), no primeiro ano de vigência dos Fundos;

b) R$ 3.000.000.000,00 (três bilhões de reais), no segundo ano de vigência dos Fundos;

c) R$ 4.500.000.000,00 (quatro bilhões e quinhentos milhões de reais), no terceiro ano de vigência dos Fundos;

d) 10% (dez por cento) do total dos recursos a que se refere o inciso II do caput deste artigo, a partir do quarto ano de vigência dos Fundos;

VIII. a vinculação de recursos à manutenção e desenvolvimento do ensino estabelecida no art. 212 da Constituição Federal suportará, no máximo, 30% (trinta por cento) da complementação da União, considerando-se para os fins deste inciso os valores previstos no inciso VII do caput deste artigo;

IX. os valores a que se referem as alíneas a, b, e c do inciso VII do caput deste artigo serão atualizados, anualmente, a partir da promulgação desta Emenda Constitucional, de forma a preservar, em caráter permanente, o valor real da complementação da União;

X. aplica-se à complementação da União o disposto no art. 160 da Constituição Federal;

XI. o não-cumprimento do disposto nos incisos V e VII do caput deste artigo importará crime de responsabilidade da autoridade competente;

XII. proporção não inferior a 60% (sessenta por cento) de cada Fundo referido no inciso I do caput deste artigo será destinada ao pagamento dos profissionais do magistério da educação básica em efetivo exercício.

§ 1º A União, os Estados, o Distrito Federal e os Municípios deverão assegurar, no financiamento da educação básica, a melhoria da qualidade de ensino, de forma a garantir padrão mínimo definido nacionalmente.

§ 2º O valor por aluno do ensino fundamental, no Fundo de cada Estado e do Distrito Federal, não poderá ser inferior ao praticado no âmbito do Fundo de Manutenção e Desenvolvimento do Ensino Fundamental e de Valorização do Magistério - FUNDEF, no ano anterior à vigência desta Emenda Constitucional.

§ 3º O valor anual mínimo por aluno do ensino fundamental, no âmbito do Fundo de Manutenção e Desenvolvimento da Educação Básica e de Valorização dos Profissionais da Educação - FUNDEB, não poderá ser inferior ao valor mínimo fixado nacionalmente no ano anterior ao da vigência desta Emenda Constitucional.

§ 4º Para efeito de distribuição de recursos dos Fundos a que se refere o inciso I do caput deste artigo, levar-se-á em conta a totalidade das matrículas no ensino fundamental e considerar-se-á para a educação infantil, para o ensino médio e para a educação de jovens e adultos 1/3 (um terço) das matrículas no primeiro ano, 2/3 (dois terços) no segundo ano e sua totalidade a partir do terceiro ano.

§ 5º A porcentagem dos recursos de constituição dos Fundos, conforme o inciso II do caput deste artigo, será alcançada gradativamente nos primeiros 3 (três) anos de vigência dos Fundos, da seguinte forma:

I. no caso dos impostos e transferências constantes do inciso II do caput do art. 155; do inciso IV do caput do art. 158; e das alíneas a e b do inciso I e do inciso II do caput do art. 159 da Constituição Federal:

a) 16,66% (dezesseis inteiros e sessenta e seis centésimos por cento), no primeiro ano;

b) 18,33% (dezoito inteiros e trinta e três centésimos por cento), no segundo ano;

ANOTAÇÕES

ANOTAÇÕES

ANOTAÇÕES

c) 20% (vinte por cento), a partir do terceiro ano;

II. no caso dos impostos e transferências constantes dos incisos I e III do caput do art. 155; do inciso II do caput do art. 157; e dos incisos II e III do caput do art. 158 da Constituição Federal:

a) 6,66% (seis inteiros e sessenta e seis centésimos por cento), no primeiro ano;

b) 13,33% (treze inteiros e trinta e três centésimos por cento), no segundo ano;

c) 20% (vinte por cento), a partir do terceiro ano.

§ 6º (Revogado).

§ 7º (Revogado). (Artigo com redação dada pela Emenda Constitucional nº 53, de 2006)

Art. 61. As entidades educacionais a que se refere o art. 213, bem como as fundações de ensino e pesquisa cuja criação tenha sido autorizada por lei, que preencham os requisitos dos incisos I e II do referido artigo e que, nos últimos três anos, tenham recebido recursos públicos, poderão continuar a recebê-los, salvo disposição legal em contrário.

Art. 62. A lei criará o Serviço Nacional de Aprendizagem Rural (SENAR) nos moldes da legislação relativa ao Serviço Nacional de Aprendizagem Industrial (SENAI) e ao Serviço Nacional de Aprendizagem do Comércio (SENAC), sem prejuízo das atribuições dos órgãos públicos que atuam na área.

Art. 63. É criada uma Comissão composta de nove membros, sendo três do Poder Legislativo, três do Poder Judiciário e três do Poder Executivo, para promover as comemorações do centenário da proclamação da República e da promulgação da primeira Constituição republicana do País, podendo, a seu critério, desdobrar-se em tantas subcomissões quantas forem necessárias.

Parágrafo único. No desenvolvimento de suas atribuições, a Comissão promoverá estudos, debates e avaliações sobre a evolução política, social, econômica e cultural do País, podendo articular-se com os governos estaduais e municipais e com instituições públicas e privadas que desejem participar dos eventos.

Art. 64. A Imprensa Nacional e demais gráficas da União, dos Estados, do Distrito Federal e dos Municípios, da administração direta ou indireta, inclusive fundações instituídas e mantidas pelo Poder Público, promoverão edição popular do texto integral da Constituição, que será posta à disposição das escolas e dos cartórios, dos sindicatos, dos quartéis, das igrejas e de outras instituições representativas da comunidade, gratuitamente, de modo que cada cidadão brasileiro possa receber do Estado um exemplar da Constituição do Brasil.

Art. 65. O Poder Legislativo regulamentará, no prazo de doze meses, o art. 220, § 4º.

Art. 66. São mantidas as concessões de serviços públicos de telecomunicações atualmente em vigor, nos termos da lei.

Art. 67. A União concluirá a demarcação das terras indígenas no prazo de cinco anos a partir da promulgação da Constituição.

Art. 68. Aos remanescentes das comunidades dos quilombos que estejam ocupando suas terras é reconhecida a propriedade definitiva, devendo o Estado emitir-lhes os títulos respectivos.

Art. 69. Será permitido aos Estados manter consultorias jurídicas separadas de suas Procuradorias-Gerais ou Advocacias-Gerais, desde que, na data da promulgação da Constituição, tenham órgãos distintos para as respectivas funções.

Art. 70. Fica mantida a atual competência dos tribunais estaduais até que a mesma seja definida na Constituição do Estado, nos termos do art. 125, § 1º, da Constituição.

Art. 71. É instituído, nos exercícios financeiros de 1994 e 1995, bem assim nos períodos de 01/01/1996 a 30/06/97 e 01/07/97 a 31/12/1999, o Fundo Social de Emergência, com o objetivo de saneamento financeiro da Fazenda Pública Federal e de estabilização econômica, cujos recursos serão aplicados prioritariamente no custeio das ações dos sistemas de saúde e educação, incluindo a complementação de recursos de que trata o § 3º do art. 60 do Ato das Disposições Constitucionais Transitórias, benefícios previdenciários e auxílios assistenciais de prestação continuada, inclusive liquidação de passivo previdenciário, e despesas orçamentárias associadas a programas de relevante interesse econômico e social. ("Caput" do artigo acrescido pela Emenda Constitucional de Revisão nº 1, de 1994 e com nova redação dada pela Emenda Constitucional nº 17, de 1997)

ANOTAÇÕES

§ 1º Ao Fundo criado por este artigo não se aplica o disposto na parte final do inciso II do § 9º do art. 165 da Constituição. (Parágrafo único acrescido pela Emenda Constitucional de Revisão nº 1, de 1994 e transformado em § 1º pela Emenda Constitucional nº 10, de 1996)

§ 2º O Fundo criado por este artigo passa a ser denominado Fundo de Estabilização Fiscal a partir do início do exercício financeiro de 1996. (Parágrafo acrescido pela Emenda Constitucional nº 10, de 1996)

§ 3º O Poder Executivo publicará demonstrativo da execução orçamentária, de periodicidade bimestral, no qual se discriminarão as fontes e usos do Fundo criado por este artigo. (Parágrafo acrescido pela Emenda Constitucional nº 10, de 1996)

Art. 72. Integram o Fundo Social de Emergência: ("Caput" do artigo acrescido pela Emenda Constitucional de Revisão nº 1, de 1994)

I. o produto da arrecadação do imposto sobre renda e proventos de qualquer natureza incidente na fonte sobre pagamentos efetuados, a qualquer título pela União, inclusive suas autarquias e fundações; (Inciso acrescido pela Emenda Constitucional de Revisão nº 1, de 1994)

II. a parcela do produto da arrecadação do imposto sobre renda e proventos de qualquer natureza e do imposto sobre operações de crédito, câmbio e seguro, ou relativas a títulos e valores mobiliários, decorrente das alterações produzidas pela Lei nº 8.894, de 21 de junho de 1994, e pelas Leis nºs 8.849 e 8.848, ambas de 28 de janeiro de 1994, e modificações posteriores; (Inciso acrescido pela Emenda Constitucional de Revisão nº 1, de 1994 e com nova redação dada pela Emenda Constitucional nº 10, de 1996)

III. a parcela do produto da arrecadação resultante da elevação da alíquota da contribuição social sobre o lucro dos contribuintes a que se refere o § 1º do Art. 22 da Lei nº 8.212, de 24 de julho de 1991, a qual, nos exercícios financeiros de 1994 e 1995, bem assim no período de 1º de janeiro de 1996 a 30 de junho de 1997, passa a ser de trinta por cento, sujeita a alteração por lei ordinária, mantidas as demais normas da Lei nº 7.689, de 15 de dezembro de 1988; (Inciso acrescido pela Emenda Constitucional de Revisão nº 1, de 1994 e com nova redação dada pela Emenda Constitucional nº 10, de 1996)

IV. vinte por cento do produto da arrecadação de todos os impostos e contribuições da União, já instituídos ou a serem criados, excetuado o previsto nos incisos I, II e III, observado o disposto nos §§ 3º e 4º; (Inciso acrescido pela Emenda Constitucional de Revisão nº 1, de 1994 e com nova redação dada pela Emenda Constitucional nº 10, de 1996)

V. a parcela do produto da arrecadação da contribuição de que trata a Lei Complementar nº 7, de 7 de setembro de 1970, devida pelas pessoas jurídicas a que se refere o inciso III deste artigo, a qual será calculada, nos exercícios financeiros de 1994 a 1995, bem assim nos períodos de 1ºde janeiro de 1996 a 30 de junho de 1997 e de 1º de julho de 1997 a 31 de dezembro de 1999, mediante a aplicação da alíquota de setenta e cinco centésimos por cento, sujeita a alteração por lei ordinária posterior, sobre a receita bruta operacional, como definida na legislação do imposto sobre renda e proventos de qualquer natureza. (Inciso acrescido pela Emenda Constitucional de Revisão nº 1, de 1994 e com nova redação dada pela Emenda Constitucional nº 17, de 1997)

VI. outras receitas previstas em lei específica. (Inciso acrescido pela Emenda Constitucional de Revisão nº 1, de 1994)

§ 1º As alíquotas e a base de cálculo previstas nos incisos III e V aplicar-se-ão a partir do primeiro dia do mês seguinte aos noventa dias posteriores à promulgação desta emenda. (Parágrafo acrescido pela Emenda Constitucional de Revisão nº 1, de 1994)

§ 2º As parcelas de que tratam os incisos I, II, III e V serão previamente deduzidas da base de cálculo de qualquer vinculação ou participação constitucional ou legal, não se lhes aplicando o disposto nos artigos, 159, 212 e 239 da Constituição. (Parágrafo acrescido pela Emenda Constitucional de Revisão nº 1, de 1994 e com nova redação dada pela Emenda Constitucional nº 10, de 1996)

§ 3º A parcela de que trata o inciso IV será previamente deduzida da base de cálculo das vinculações ou participações constitucionais previstas nos artigos 153, § 5º, 157, II, 212 e 239 da Constituição. (Parágrafo acrescido pela Emenda Constitucional de Revisão nº 1, de 1994 e com nova redação dada pela Emenda Constitucional nº 10, de 1996)

§ 4º O disposto no parágrafo anterior não se aplica aos recursos previstos nos Artigos 158, II e 159 da Constituição. (Parágrafo acrescido pela Emenda Constitucional de Revisão nº 1, de 1994 e com nova redação dada pela Emenda Constitucional nº 10, de 1996)

§ 5º A parcela dos recursos provenientes do imposto sobre renda e proventos de qualquer natureza, destinada ao Fundo Social de Emergência, nos termos do inciso II deste artigo, não poderá exceder a cinco inteiros e seis décimos por cento do total do produto da sua arrecadação. (Parágrafo acrescido pela Emenda Constitucional de Revisão nº 1, de 1994 e com nova redação dada pela Emenda Constitucional nº 10, de 1996)

Art. 73. Na regulação do Fundo Social de emergência não poderá ser utilizado instrumento previsto o inciso V do Art. 59 da Constituição. (Artigo acrescido pela Emenda Constitucional de Revisão nº 1, de 1994)

Art. 74. A União poderá instituir contribuição provisória sobre movimentação ou transmissão de valores e de créditos e direitos de natureza financeira.

§ 1º A alíquota da contribuição de que trata este artigo não excederá a vinte e cinco centésimos por cento, facultado ao Poder Executivo reduzi-la ou restabelecê-la, total ou parcialmente, nas condições e limites fixados em lei.

§ 2º A contribuição de que trata este artigo não se aplica o disposto nos arts. 153, § 5º, e 154, I, da Constituição.

§ 3º O produto da arrecadação da contribuição de que trata este artigo será destinado integralmente ao Fundo Nacional de Saúde, para financiamento das ações e serviços de saúde.

§ 4º A contribuição de que trata este artigo terá sua exigibilidade subordinada ao disposto no art. 195, § 6º, da Constituição, e não poderá ser cobrada por prazo superior a dois anos. (Artigo acrescido pela Emenda Constitucional nº 12, de 1996)

Art. 75. É prorrogada, por trinta e seis meses, a cobrança da contribuição provisória sobre movimentação ou transmissão de valores e de créditos e direitos de natureza financeira de que trata o art. 74, instituída pela Lei nº 9.311, de 24 de outubro de 1996, modificada pela Lei nº 9.539, de 12 de dezembro de 1997, cuja vigência é também prorrogada por idêntico prazo.

§ 1º Observado o disposto no § 6º do art. 195 da Constituição Federal, a alíquota da contribuição será de trinta e oito centésimos por cento, nos primeiros doze meses, e de trinta centésimos, nos meses subsequentes, facultado ao Poder Executivo reduzi-la total ou parcialmente, nos limites aqui definidos.

ANOTAÇÕES

§ 2º O resultado do aumento da arrecadação, decorrente da alteração da alíquota, nos exercícios financeiros de 1999, 2000 e 2001, será destinado ao custeio da previdência social.

§ 3º É a União autorizada a emitir títulos da dívida pública interna, cujos recursos serão destinados ao custeio da saúde e da previdência social, em montante equivalente ao produto da arrecadação da contribuição, prevista e não realizada em 1999. (Artigo acrescido pela Emenda Constitucional nº 21, de 1999) (Vide ADIN nº 2.031-5)

Art. 76. São desvinculados de órgão, fundo ou despesa, até 31 de dezembro de 2023, 30% (trinta por cento) da arrecadação da União relativa às contribuições sociais, sem prejuízo do pagamento das despesas do Regime Geral da Previdência Social, às contribuições de intervenção no domínio econômico e às taxas, já instituídas ou que vierem a ser criadas até a referida data. ("Caput" do artigo acrescido pela Emenda Constitucional nº 27, de 2000 e com nova redação dada pela Emenda Constitucional nº 93, de 2016, produzindo efeitos a partir de 1/1/2016)

§ 1º (Parágrafo acrescido pela Emenda Constitucional nº 27, de 2000 e revogado pela Emenda Constitucional nº 93, de 2016, produzindo efeitos a partir de 1/1/2016)

§ 2º Excetua-se da desvinculação de que trata o caput a arrecadação da contribuição social do salário-educação a que se refere o § 5º do art. 212 da Constituição Federal. (Parágrafo acrescido pela Emenda Constitucional nº 27, de 2000 e com nova redação dada pela Emenda Constitucional nº 68, de 2011)

§ 3º (Parágrafo acrescido pela Emenda Constitucional nº 59, de 2009 e revogado pela Emenda Constitucional nº 93, de 2016, produzindo efeitos a partir de 1/1/2016)

§ 4º A desvinculação de que trata o caput não se aplica às receitas das contribuições sociais destinadas ao custeio da seguridade social. (Incluído pela Emenda Constitucional nº 103, de 2019)

Art. 76-A. São desvinculados de órgão, fundo ou despesa, até 31 de dezembro de 2023, 30% (trinta por cento) das receitas dos Estados e do Distrito Federal relativas a impostos, taxas e multas, já instituídos ou que vierem a ser criados até a referida data, seus adicionais e respectivos acréscimos legais, e outras receitas correntes.

Parágrafo único. Excetuam-se da desvinculação de que trata o caput:

I. recursos destinados ao financiamento das ações e serviços públicos de saúde e à manutenção e desenvolvimento do ensino de que tratam, respectivamente, os incisos II e III do § 2º do art. 198 e o art. 212 da Constituição Federal;

II. receitas que pertencem aos Municípios decorrentes de transferências previstas na Constituição Federal;

III. receitas de contribuições previdenciárias e de assistência à saúde dos servidores;

IV. demais transferências obrigatórias e voluntárias entre entes da Federação com destinação especificada em lei; V. fundos instituídos pelo Poder Judiciário, pelos Tribunais de Contas, pelo Ministério Público, pelas Defensorias Públicas e pelas Procuradorias-Gerais dos Estados e do Distrito Federal. (Artigo acrescido pela Emenda Constitucional nº 93, de 2016, produzindo efeitos a partir de 1/1/2016)

Art. 76-B. São desvinculados de órgão, fundo ou despesa, até 31 de dezembro de 2023, 30% (trinta por cento) das receitas dos Municípios relativas a impostos, taxas e multas, já instituídos ou que vierem a ser criados até a referida data, seus adicionais e respectivos acréscimos legais, e outras receitas correntes.

ANOTAÇÕES

ANOTAÇÕES

Parágrafo único. Excetuam-se da desvinculação de que trata o caput:

I. recursos destinados ao financiamento das ações e serviços públicos de saúde e à manutenção e desenvolvimento do ensino de que tratam, respectivamente, os incisos II e III do § 2º do art. 198 e o art. 212 da Constituição Federal;

II. receitas de contribuições previdenciárias e de assistência à saúde dos servidores;

III. transferências obrigatórias e voluntárias entre entes da Federação com destinação especificada em lei;

IV. fundos instituídos pelo Tribunal de Contas do Município. (Artigo acrescido pela Emenda Constitucional nº 93, de 2016, produzindo efeitos a partir de 1/1/2016)

Art. 77. Até o exercício financeiro de 2004, os recursos mínimos aplicados nas ações e serviços públicos de saúde serão equivalentes:

I. no caso da União:

a) no ano 2000, o montante empenhado em ações e serviços públicos de saúde no exercício financeiro de 1999 acrescido de, no mínimo, cinco por cento;

b) do ano 2001 ao ano 2004, o valor apurado no ano anterior, corrigido pela variação nominal do Produto Interno Bruto. PIB;

II. no caso dos Estados e do Distrito Federal, doze por cento do produto da arrecadação dos impostos a que se refere o art. 155 e dos recursos de que tratam os arts. 157 e 159, inciso I, alínea a, e inciso II, deduzidas as parcelas que forem transferidas aos respectivos Municípios; e

III. no caso dos Municípios e do Distrito Federal, quinze por cento do produto da arrecadação dos impostos a que se refere o art. 156 e dos recursos de que tratam os arts. 158 e 159, inciso I, alínea b e § 3º.

§ 1º Os Estados, o Distrito Federal e os Municípios que apliquem percentuais inferiores aos fixados nos incisos II e III deverão elevá-los gradualmente, até o exercício financeiro de 2004, reduzida a diferença à razão de, pelo menos, um quinto por ano, sendo que, a partir de 2000, a aplicação será de pelo menos sete por cento.

§ 2º Dos recursos da União apurados nos termos deste artigo, quinze por cento, no mínimo, serão aplicados nos Municípios, segundo o critério populacional, em ações e serviços básicos de saúde, na forma da lei.

§ 3º Os recursos dos Estados, do Distrito Federal e dos Municípios destinados às ações e serviços públicos de saúde e os transferidos pela União para a mesma finalidade serão aplicados por meio de Fundo de Saúde que será acompanhado e fiscalizado por Conselho de Saúde, sem prejuízo do disposto no art. 74 da Constituição Federal.

§ 4º Na ausência da lei complementar a que se refere o art. 198, § 3º, a partir do exercício financeiro de 2005, aplicar-se-á à União, aos Estados, ao Distrito Federal e aos Municípios o disposto neste artigo. (Artigo acrescido pela Emenda Constitucional nº 29, de 2000)

Art. 78. Ressalvados os créditos definidos em lei como de pequeno valor, os de natureza alimentícia, os de que trata o art. 33 deste Ato das Disposições Constitucionais Transitórias e suas complementações e os que já tiverem os seus respectivos recursos liberados ou depositados em juízo, os precatórios pendentes na data de promulgação desta Emenda e os que decorram de ações iniciais ajuizadas até 31 de dezembro de 1999 serão liquidados pelo seu valor real, em moeda corrente, acrescido de juros legais, em prestações anuais, iguais e sucessivas, no prazo máximo de dez anos, permitida a cessão dos créditos.

§ 1º É permitida a decomposição de parcelas, a critério do credor.

§ 2º As prestações anuais a que se refere o caput deste artigo terão, se não liquidadas até o final do exercício a que se referem, poder liberatório do pagamento de tributos da entidade devedora.

ANOTAÇÕES

§ 3º O prazo referido no caput deste artigo fica reduzido para dois anos, nos casos de precatórios judiciais originários de desapropriação de imóvel residencial do credor, desde que comprovadamente único à época da imissão na posse.

§ 4º O Presidente do Tribunal competente deverá, vencido o prazo ou em caso de omissão no orçamento, ou preterição ao direito de precedência, a requerimento do credor, requisitar ou determinar o sequestro de recursos financeiros da entidade executada, suficientes à satisfação da prestação. (Artigo acrescido pela Emenda Constitucional nº 30, de 2000)

Art. 79. É instituído, para vigorar até o ano de 2010, no âmbito do Poder Executivo Federal, o Fundo de Combate a Erradicação da Pobreza, a ser regulado por lei complementar com o objetivo de viabilizar a todos os brasileiros acesso a níveis dignos de subsistência, cujos recursos serão aplicados em ações suplementares de nutrição, habitação, educação, saúde, reforço de renda familiar e outros programas de relevante interesse social voltados para melhoria da qualidade de vida. (Prazo prorrogado por tempo indeterminado, de acordo com o art. 1º da Emenda Constitucional nº 67, de 2010)

Parágrafo único. O Fundo previsto neste artigo terá Conselho Consultivo e de Acompanhamento que conte com a participação de representantes da sociedade civil, nos termos da lei. (Artigo acrescido pela Emenda Constitucional nº 31, de 2000)

Art. 80. Compõem o Fundo de Combate e Erradicação da Pobreza:

I. a parcela do produto da arrecadação correspondente a um adicional de oito centésimos por cento, aplicável de 18 de junho de 2000 a 17 de junho de 2002, na alíquota da contribuição social de que trata o art. 75 do Ato das Disposições Constitucionais Transitórias;

II. a parcela do produto da arrecadação correspondente a um adicional de cinco pontos percentuais na alíquota do Imposto sobre Produtos Industrializados. IPI, ou do imposto que vier a substituí-lo, incidente sobre produtos supérfluos e aplicável até a extinção do Fundo;

III. o produto da arrecadação do imposto de que trata o art. 153, inciso VII, da Constituição;

IV. dotações orçamentárias;

V. doações, de qualquer natureza, de pessoas físicas ou jurídicas do País ou do exterior;

VI. outras receitas, a serem definidas na regulamentação do referido Fundo.

§ 1º Aos recursos integrantes do Fundo de que trata este artigo não se aplica o disposto nos arts. 159 e 167, inciso IV, da Constituição, assim como qualquer desvinculação de recursos orçamentários.

§ 2º A arrecadação decorrente do disposto no inciso I deste artigo, no período compreendido entre 18 de junho de 2000 e o início da vigência da lei complementar a que se refere a art. 79, será integralmente repassada ao Fundo, preservado o seu valor real, em títulos públicos federais, progressivamente resgatáveis após 18 de junho de 2002, na forma da lei. (Artigo acrescido pela Emenda Constitucional nº 31, de 2000)

Art. 81. É instituído Fundo constituído pelos recursos recebidos pela União em decorrência da desestatização de sociedades de economia mista ou empresas públicas por ela controladas, direta ou indiretamente, quando a operação envolver a alienação do respectivo controle acionário a pessoa ou entidade não integrante da Administração Pública, ou de participação societária remanescente após a alienação, cujos rendimentos, gerados a partir de 18 de junho de 2002, reverterão ao Fundo de Combate e Erradicação de Pobreza.

§ 1º Caso o montante anual previsto nos rendimentos transferidos ao Fundo de Combate e Erradicação da Pobreza, na forma deste artigo, não alcance o valor de quatro bilhões de reais. far-se-à complementação na forma do art. 80, inciso IV, do Ato das disposições Constitucionais Transitórias.

§ 2º Sem prejuízo do disposto no § 1º, o Poder Executivo poderá destinar ao Fundo a que se refere este artigo outras receitas decorrentes da alienação de bens da União.

§ 3º A constituição do Fundo a que se refere o caput, a transferência de recursos ao Fundo de Combate e Erradicação da Pobreza e as demais disposições referentes ao § 1º deste artigo serão disciplinadas em lei, não se aplicando o disposto no art. 165, § 9º, inciso II, da Constituição. (Artigo acrescido pela Emenda Constitucional nº 31, de 2000)

Art. 82. Os Estados, o Distrito Federal e os Municípios devem instituir Fundos de Combate á Pobreza, com os recursos de que trata este artigo e outros que vierem a destinar, devendo os referidos Fundos ser geridos por entidades que contem com a participação da sociedade civil. (Artigo acrescido pela Emenda Constitucional nº 31, de 2000)

§ 1º Para o financiamento dos Fundos Estaduais e Distrital, poderá ser criado adicional de até dois pontos percentuais na alíquota do Imposto sobre Circulação de Mercadorias e Serviços - ICMS, sobre os produtos e serviços supérfluos e nas condições definidas na lei complementar de que trata o art. 155, § 2º, XII, da Constituição, não se aplicando, sobre este percentual, o disposto no art. 158, IV, da Constituição. (Parágrafo acrescido pela Emenda Constitucional nº 31, de 2000 e com nova redação dada pela Emenda Constitucional nº 42, de 2003)

§ 2º Para o financiamento dos Fundos Municipais, poderá ser criado adicional de até meio ponto percentual na alíquota do Imposto sobre serviços ou do imposto que vier a substituí-lo, sobre serviços supérfluos. (Parágrafo acrescido pela Emenda Constitucional nº 31, de 2000)

Art. 83. Lei federal definirá os produtos e serviços supérfluos a que se referem os arts. 80, II, e 82, § 2º . (Artigo acrescido pela Emenda Constitucional nº 31, de 2000 e com nova redação dada pela Emenda Constitucional nº 42, de 2003)

Art. 84. A contribuição provisória sobre movimentação ou transmissão de valores e de créditos e direitos de natureza financeira, prevista nos arts. 74, 75 e 80, I, deste Ato das Disposições Constitucionais Transitórias, será cobrada até 31 de dezembro de 2004. ("Caput" do artigo acrescido pela Emenda Constitucional nº 37, de 2002)

§ 1º Fica prorrogada, até a data referida no caput deste artigo, a vigência da Lei nº 9.311, de 24 de outubro de 1996, e suas alterações. (Parágrafo acrescido pela Emenda Constitucional nº 37, de 2002)

§ 2º Do produto da arrecadação da contribuição social de que trata este artigo será destinada a parcela correspondente à alíquota de:

I. vinte centésimos por cento ao Fundo Nacional de Saúde, para financiamento das ações e serviços de saúde;

II. dez centésimos por cento ao custeio da previdência social;

III. oito centésimos por cento ao Fundo de Combate e Erradicação da Pobreza, de que tratam os arts. 80 e 81 deste Ato das Disposições Constitucionais Transitórias. (Parágrafo acrescido pela Emenda Constitucional nº 37, de 2002)

§ 3º A alíquota da contribuição de que trata este artigo será de: ("Caput" do parágrafo acrescido pela Emenda Constitucional nº 37, de 2002)

I. trinta e oito centésimos por cento, nos exercícios financeiros de 2002 e 2003; (Inciso acrescido pela Emenda Constitucional nº 37, de 2002)

II. (Revogado pela Emenda Constitucional nº 42, de 2003)

Art. 85. A contribuição a que se refere o art. 84 deste Ato das Disposições Constitucionais Transitórias não incidirá, a partir do trigésimo dia da data de publicação desta Emenda Constitucional, nos lançamentos:

I. em contas correntes de depósito especialmente abertas e exclusivamente utilizadas para operações de:

a) câmaras e prestadoras de serviços de compensação e de liquidação de que trata o parágrafo único do art. 2º da Lei nº 10.214, de 27 de março de 2001;

b) companhias securitizadoras de que trata a Lei nº 9.514, de 20 de novembro de 1997;

c) sociedades anônimas que tenham por objeto exclusivo a aquisição de créditos oriundos de operações praticadas no mercado financeiro;

II. em contas correntes de depósito, relativos a:

a) operações de compra e venda de ações, realizadas em recintos ou sistemas de negociação de bolsas de valores e no mercado de balcão organizado;

b) contratos referenciados em ações ou índices de ações, em suas diversas modalidades, negociados em bolsas de valores, de mercadorias e de futuros;

III. em contas de investidores estrangeiros, relativos a entradas no País e a remessas para o exterior de recursos financeiros empregados, exclusivamente, em operações e contratos referidos no inciso II deste artigo.

§ 1º O Poder Executivo disciplinará o disposto neste artigo no prazo de trinta dias da data de publicação desta Emenda Constitucional.

§ 2º O disposto no inciso I deste artigo aplica-se somente às operações relacionadas em ato do Poder Executivo, dentre aquelas que constituam o objeto social das referidas entidades.

§ 3º O disposto no inciso II deste artigo aplica-se somente a operações e contratos efetuados por intermédio de instituições financeiras, sociedades corretoras de títulos e valores mobiliários, sociedades distribuidoras de títulos e valores mobiliários e sociedades corretoras de mercadorias. (Artigo acrescido pela Emenda Constitucional nº 37, de 2002)

Art. 86. Serão pagos conforme disposto no art. 100 da Constituição Federal, não se lhes aplicando a regra de parcelamento estabelecida no caput do art. 78 deste Ato das Disposições Constitucionais Transitórias, os débitos da Fazenda Federal, Estadual, Distrital ou Municipal oriundos de sentenças transitadas em julgado, que preencham, cumulativamente, as seguintes condições:

I. ter sido objeto de emissão de precatórios judiciários;

II. ter sido definidos como de pequeno valor pela lei de que trata o § 3º do art. 100 da Constituição Federal ou pelo art. 87 deste Ato das Disposições Constitucionais Transitórias;

III. estar, total ou parcialmente, pendentes de pagamento na data da publicação desta Emenda Constitucional.

§ 1º Os débitos a que se refere o caput deste artigo, ou os respectivos saldos, serão pagos na ordem cronológica de apresentação dos respectivos precatórios, com precedência sobre os de maior valor.

§ 2º Os débitos a que se refere o caput deste artigo, se ainda não tiverem sido objeto de pagamento parcial, nos termos do art. 78 deste Ato das Disposições Constitucionais Transitórias, poderão ser pagos em duas parcelas anuais, se assim dispuser a lei.

§ 3º Observada a ordem cronológica de sua apresentação, os débitos de natureza alimentícia previstos neste artigo terão precedência para pagamento sobre todos os demais. (Artigo acrescido pela Emenda Constitucional nº 37, de 2002)

Art. 87. Para efeito do que dispõem o § 3º do art. 100 da Constituição Federal e o art. 78 deste Ato das Disposições Constitucionais Transitórias serão considerados de pequeno valor, até que se dê a publicação oficial das respectivas leis definidoras pelos entes da Federação, observado o disposto no § 4º do art. 100 da Constituição Federal, os débitos ou obrigações consignados em precatório judiciário, que tenham valor igual ou inferior a:

ANOTAÇÕES

ANOTAÇÕES

ANOTAÇÕES

I. quarenta salários-mínimos, perante a Fazenda dos Estados e do Distrito Federal;

II. trinta salários-mínimos, perante a Fazenda dos Municípios.

Parágrafo único. Se o valor da execução ultrapassar o estabelecido neste artigo, o pagamento far-se-á, sempre, por meio de precatório, sendo facultada à parte exequente a renúncia ao crédito do valor excedente, para que possa optar pelo pagamento do saldo sem o precatório, da forma prevista no § 3º do art. 100. (Artigo acrescido pela Emenda Constitucional nº 37, de 2002)

Art. 88. Enquanto lei complementar não disciplinar o disposto nos incisos I e III do § 3º do art. 156 da Constituição Federal, o imposto a que se refere o inciso III do caput do mesmo artigo:

I. terá alíquota mínima de dois por cento, exceto para os serviços a que se referem os itens 32, 33 e 34 da Lista de Serviços anexa ao Decreto-Lei nº 406, de 31 de dezembro de 1968;

II. não será objeto de concessão de isenções, incentivos e benefícios fiscais, que resulte, direta ou indiretamente, na redução da alíquota mínima estabelecida no inciso I. (Artigo acrescido pela Emenda Constitucional nº 37, de 2002)

Art. 89. Os integrantes da carreira policial militar e os servidores municipais do ex-Território Federal de Rondônia que, comprovadamente, se encontravam no exercício regular de suas funções prestando serviço àquele ex-Território na data em que foi transformado em Estado, bem como os servidores e os policiais militares alcançados pelo disposto no art. 36 da Lei Complementar nº 41, de 22 de dezembro de 1981, e aqueles admitidos regularmente nos quadros do Estado de Rondônia até a data de posse do primeiro Governador eleito, em 15 de março de 1987, constituirão, mediante opção, quadro em extinção da administração federal, assegurados os direitos e as vantagens a eles inerentes, vedado o pagamento, a qualquer título, de diferenças remuneratórias. ("Caput" do artigo acrescido pela Emenda Constitucional nº 38, de 2002 e com nova redação dada pela Emenda Constitucional nº 60, de 2009, não produzindo efeitos retroativos)

§ 1º Os membros da Polícia Militar continuarão prestando serviços ao Estado de Rondônia, na condição de cedidos, submetidos às corporações da Polícia Militar, observadas as atribuições de função compatíveis com o grau hierárquico. (Parágrafo único acrescido pela Emenda Constitucional nº 38, de 2002 e transformado em § 1º com nova redação dada pela Emenda Constitucional nº 60, de 2009, não produzindo efeitos retroativos)

§ 2º Os servidores a que se refere o caput continuarão prestando serviços ao Estado de Rondônia na condição de cedidos, até seu aproveitamento em órgão ou entidade da administração federal direta, autárquica ou fundacional. (Parágrafo acrescido pela Emenda Constitucional nº 60, de 2009, não produzindo efeitos retroativos)

Art. 90. O prazo previsto no caput do art. 84 deste Ato das Disposições Constitucionais Transitórias fica prorrogado até 31 de dezembro de 2007.

§ 1º Fica prorrogada, até a data referida no caput deste artigo, a vigência da Lei nº 9.311, de 24 de outubro de 1996, e suas alterações.

§ 2º Até a data referida no caput deste artigo, a alíquota da contribuição de que trata o art. 84 deste Ato das Disposições Constitucionais Transitórias será de trinta e oito centésimos por cento. (Artigo acrescido pela Emenda Constitucional nº 42, de 2003)

Art. 91. A União entregará aos Estados e ao Distrito Federal o montante definido em lei complementar, de acordo com critérios, prazos e condições nela determinados, podendo considerar as exportações para o exterior de produtos primários e semi-elaborados, a relação entre as exportações e as importações, os créditos decorrentes de aquisições destinadas ao ativo permanente e a efetiva manutenção e aproveitamento do crédito do imposto a que se refere o art. 155, § 2º, X, a.

§ 1º Do montante de recursos que cabe a cada Estado, setenta e cinco por cento pertencem ao próprio Estado, e vinte e cinco por cento, aos seus Municípios, distribuídos segundo os critérios a que se refere o art. 158, parágrafo único, da Constituição.

§ 2º A entrega de recursos prevista neste artigo perdurará, conforme definido em lei complementar, até que o imposto a que se refere o art. 155, II, tenha o produto de sua arrecadação destinado predominantemente, em proporção não inferior a oitenta por cento, ao Estado onde ocorrer o consumo das mercadorias, bens ou serviços.

§ 3º Enquanto não for editada a lei complementar de que trata o caput, em substituição ao sistema de entrega de recursos nele previsto, permanecerá vigente o sistema de entrega de recursos previsto no art. 31 e Anexo da Lei Complementar nº 87, de 13 de setembro de 1996, com a redação dada pela Lei Complementar nº 115, de 26 de dezembro de 2002.

§ 4º Os Estados e o Distrito Federal deverão apresentar à União, nos termos das instruções baixadas pelo Ministério da Fazenda, as informações relativas ao imposto de que trata o art. 155, II, declaradas pelos contribuintes que realizarem operações ou prestações com destino ao exterior. (Artigo acrescido pela Emenda Constitucional nº 42, de 2003)

Art. 92. São acrescidos dez anos ao prazo fixado no art. 40 deste Ato das Disposições Constitucionais Transitórias. (Artigo acrescido pela Emenda Constitucional nº 42, de 2003)

Art. 92-A. São acrescidos 50 (cinquenta) anos ao prazo fixado pelo art. 92 deste Ato das Disposições Constitucionais Transitórias. (Artigo acrescido pela Emenda Constitucional nº 83, de 2014)

Art. 93. A vigência do disposto no art. 159, III, e § 4º, iniciará somente após a edição da lei de que trata o referido inciso III. (Artigo acrescido pela Emenda Constitucional nº 42, de 2003)

Art. 94. Os regimes especiais de tributação para microempresas e empresas de pequeno porte próprios da União, dos Estados, do Distrito Federal e dos Municípios cessarão a partir da entrada em vigor do regime previsto no art. 146, III, d, da Constituição. (Artigo acrescido pela Emenda Constitucional nº 42, de 2003)

Art. 95. Os nascidos no estrangeiro entre 7 de junho de 1994 e a data da promulgação desta Emenda Constitucional, filhos de pai brasileiro ou mãe brasileira, poderão ser registrados em repartição diplomática ou consular brasileira competente ou em ofício de registro, se vierem a residir na República Federativa do Brasil. (Artigo acrescido pela Emenda Constitucional nº 54, de 2007)

Art. 96. Ficam convalidados os atos de criação, fusão, incorporação e desmembramento de Municípios, cuja lei tenha sido publicada até 31 de dezembro de 2006, atendidos os requisitos estabelecidos na legislação do respectivo Estado à época de sua criação. (Artigo acrescido pela Emenda Constitucional nº 57, de 2008)

Art. 97. Até que seja editada a lei complementar de que trata o § 15 do art. 100 da Constituição Federal, os Estados, o Distrito Federal e os Municípios que, na data de publicação desta Emenda Constitucional, estejam em mora na quitação de precatórios vencidos, relativos às suas administrações direta e indireta, inclusive os emitidos durante o período de vigência do regime especial instituído por este artigo, farão esses pagamentos de acordo com as normas a seguir estabelecidas, sendo inaplicável o disposto no art. 100 desta Constituição Federal, exceto em seus §§ 2º, 3º, 9º, 10, 11, 12, 13 e 14, e sem prejuízo dos acordos de juízos conciliatórios já formalizados na data de promulgação desta Emenda Constitucional.

§ 1º Os Estados, o Distrito Federal e os Municípios sujeitos ao regime especial de que trata este artigo optarão, por meio de ato do Poder Executivo:

I. pelo depósito em conta especial do valor referido pelo § 2º deste artigo; ou

II. pela adoção do regime especial pelo prazo de até 15 (quinze) anos, caso em que o percentual a ser depositado na conta especial a que se refere o § 2º deste artigo corresponderá, anualmente, ao saldo total dos precatórios devidos, acrescido do índice oficial de remuneração básica da caderneta de poupança e de juros simples no mesmo percentual de juros incidentes sobre a caderneta de poupança para fins de compensação da mora, excluída a incidência de juros compensatórios, diminuído das amortizações e dividido pelo número de anos restantes no regime especial de pagamento.

§ 2º Para saldar os precatórios, vencidos e a vencer, pelo regime especial, os Estados, o Distrito Federal e os Municípios devedores depositarão mensalmente, em conta especial criada para tal fim, 1/12 (um doze avos) do valor calculado percentualmente sobre as respectivas receitas correntes líquidas, apuradas no segundo mês anterior ao mês de pagamento, sendo que esse percentual, calculado no momento de opção pelo regime e mantido fixo até o final do prazo a que se refere o § 14 deste artigo, será:

I. para os Estados e para o Distrito Federal:

a) de, no mínimo, 1,5% (um inteiro e cinco décimos por cento), para os Estados das regiões Norte, Nordeste e Centro-Oeste, além do Distrito Federal, ou cujo estoque de precatórios pendentes das suas administrações direta e indireta corresponder a até 35% (trinta e cinco por cento) do total da receita corrente líquida;

b) de, no mínimo, 2% (dois por cento), para os Estados das regiões Sul e Sudeste, cujo estoque de precatórios pendentes das suas administrações direta e indireta corresponder a mais de 35% (trinta e cinco por cento) da receita corrente líquida;

II. para Municípios:

a) de, no mínimo, 1% (um por cento), para Municípios das regiões Norte, Nordeste e Centro-Oeste, ou cujo estoque de precatórios pendentes das suas administrações direta e indireta corresponder a até 35% (trinta e cinco por cento) da receita corrente líquida;

b) de, no mínimo, 1,5% (um inteiro e cinco décimos por cento), para Municípios das regiões Sul e Sudeste, cujo estoque de precatórios pendentes das suas administrações direta e indireta corresponder a mais de 35 % (trinta e cinco por cento) da receita corrente líquida.

§ 3º Entende-se como receita corrente líquida, para os fins de que trata este artigo, o somatório das receitas tributárias, patrimoniais, industriais, agropecuárias, de contribuições e de serviços, transferências correntes e outras receitas correntes, incluindo as oriundas do § 1º do art. 20 da Constituição Federal, verificado no período compreendido pelo mês de referência e os 11 (onze) meses anteriores, excluídas as duplicidades, e deduzidas:

I. nos Estados, as parcelas entregues aos Municípios por determinação constitucional;

II. nos Estados, no Distrito Federal e nos Municípios, a contribuição dos servidores para custeio do seu sistema de previdência e assistência social e as receitas provenientes da compensação financeira referida no § 9º do art. 201 da Constituição Federal.

§ 4º As contas especiais de que tratam os §§ 1º e 2º serão administradas pelo Tribunal de Justiça local, para pagamento de precatórios expedidos pelos tribunais.

§ 5º Os recursos depositados nas contas especiais de que tratam os §§ 1º e 2º deste artigo não poderão retornar para Estados, Distrito Federal e Municípios devedores.

ANOTAÇÕES

§ 6º Pelo menos 50% (cinquenta por cento) dos recursos de que tratam os §§ 1º e 2º deste artigo serão utilizados para pagamento de precatórios em ordem cronológica de apresentação, respeitadas as preferências definidas no § 1º, para os requisitórios do mesmo ano e no § 2º do art. 100, para requisitórios de todos os anos.

§ 7º Nos casos em que não se possa estabelecer a precedência cronológica entre 2 (dois) precatórios, pagar-se-á primeiramente o precatório de menor valor.

§ 8º A aplicação dos recursos restantes dependerá de opção a ser exercida por Estados, Distrito Federal e Municípios devedores, por ato do Poder Executivo, obedecendo à seguinte forma, que poderá ser aplicada isoladamente ou simultaneamente:

I. destinados ao pagamento dos precatórios por meio do leilão;

II. destinados a pagamento a vista de precatórios não quitados na forma do § 6º e do inciso I, em ordem única e crescente de valor por precatório;

III. destinados a pagamento por acordo direto com os credores, na forma estabelecida por lei própria da entidade devedora, que poderá prever criação e forma de funcionamento de câmara de conciliação.

§ 9º Os leilões de que trata o inciso I do § 8º deste artigo:

I. serão realizados por meio de sistema eletrônico administrado por entidade autorizada pela Comissão de Valores Mobiliários ou pelo Banco Central do Brasil;

II. admitirão a habilitação de precatórios, ou parcela de cada precatório indicada pelo seu detentor, em relação aos quais não esteja pendente, no âmbito do Poder Judiciário, recurso ou impugnação de qualquer natureza, permitida por iniciativa do Poder Executivo a compensação com débitos líquidos e certos, inscritos ou não em dívida ativa e constituídos contra devedor originário pela Fazenda Pública devedora até a data da expedição do precatório, ressalvados aqueles cuja exigibilidade esteja suspensa nos termos da legislação, ou que já tenham sido objeto de abatimento nos termos do § 9º do art. 100 da Constituição Federal;

III. ocorrerão por meio de oferta pública a todos os credores habilitados pelo respectivo ente federativo devedor;

IV. considerarão automaticamente habilitado o credor que satisfaça o que consta no inciso II;

V. serão realizados tantas vezes quanto necessário em função do valor disponível;

VI. a competição por parcela do valor total ocorrerá a critério do credor, com deságio sobre o valor desta;

VII. ocorrerão na modalidade deságio, associado ao maior volume ofertado cumulado ou não com o maior percentual de deságio, pelo maior percentual de deságio, podendo ser fixado valor máximo por credor, ou por outro critério a ser definido em edital;

VIII. o mecanismo de formação de preço constará nos editais publicados para cada leilão;

IX. a quitação parcial dos precatórios será homologada pelo respectivo Tribunal que o expediu.

§ 10. No caso de não liberação tempestiva dos recursos de que tratam o inciso II do § 1º e os §§ 2º e 6º deste artigo:

I. haverá o sequestro de quantia nas contas de Estados, Distrito Federal e Municípios devedores, por ordem do Presidente do Tribunal referido no § 4º, até o limite do valor não liberado;

II. constituir-se-á, alternativamente, por ordem do Presidente do Tribunal requerido, em favor dos credores de precatórios, contra Estados, Distrito Federal e Municípios devedores, direito líquido e certo, autoaplicável e independentemente de regulamentação, à compensação automática com débitos líquidos lançados por esta contra aqueles, e, havendo saldo em favor do credor, o valor terá automaticamente poder liberatório do pagamento de tributos de Estados, Distrito Federal e Municípios devedores, até onde se compensarem;

ANOTAÇÕES

ANOTAÇÕES

III. o chefe do Poder Executivo responderá na forma da legislação de responsabilidade fiscal e de improbidade administrativa;

IV. enquanto perdurar a omissão, a entidade devedora:

a) não poderá contrair empréstimo externo ou interno;

b) ficará impedida de receber transferências voluntárias;

V. a União reterá os repasses relativos ao Fundo de Participação dos Estados e do Distrito Federal e ao Fundo de Participação dos Municípios, e os depositará nas contas especiais referidas no § 1º, devendo sua utilização obedecer ao que prescreve o § 5º, ambos deste artigo.

§ 11. No caso de precatórios relativos a diversos credores, em litisconsórcio, admite-se o desmembramento do valor, realizado pelo Tribunal de origem do precatório, por credor, e, por este, a habilitação do valor total a que tem direito, não se aplicando, neste caso, a regra do § 3º do art. 100 da Constituição Federal.

§ 12. Se a lei a que se refere o § 4º do art. 100 não estiver publicada em até 180 (cento e oitenta) dias, contados da data de publicação desta Emenda Constitucional, será considerado, para os fins referidos, em relação a Estados, Distrito Federal e Municípios devedores, omissos na regulamentação, o valor de:

I. 40 (quarenta) salários mínimos para Estados e para o Distrito Federal;

II. 30 (trinta) salários mínimos para Municípios.

§ 13. Enquanto Estados, Distrito Federal e Municípios devedores estiverem realizando pagamentos de precatórios pelo regime especial, não poderão sofrer sequestro de valores, exceto no caso de não liberação tempestiva dos recursos de que tratam o inciso II do § 1º e o § 2º deste artigo.

§ 14. O regime especial de pagamento de precatório previsto no inciso I do § 1º vigorará enquanto o valor dos precatórios devidos for superior ao valor dos recursos vinculados, nos termos do § 2º, ambos deste artigo, ou pelo prazo fixo de até 15 (quinze) anos, no caso da opção prevista no inciso II do § 1º.

§ 15. Os precatórios parcelados na forma do art. 33 ou do art. 78 deste Ato das Disposições Constitucionais Transitórias e ainda pendentes de pagamento ingressarão no regime especial com o valor atualizado das parcelas não pagas relativas a cada precatório, bem como o saldo dos acordos judiciais e extrajudiciais.

§ 16. A partir da promulgação desta Emenda Constitucional, a atualização de valores de requisitórios, até o efetivo pagamento, independentemente de sua natureza, será feita pelo índice oficial de remuneração básica da caderneta de poupança, e, para fins de compensação da mora, incidirão juros simples no mesmo percentual de juros incidentes sobre a caderneta de poupança, ficando excluída a incidência de juros compensatórios.

§ 17. O valor que exceder o limite previsto no § 2º do art. 100 da Constituição Federal será pago, durante a vigência do regime especial, na forma prevista nos §§ 6º e 7º ou nos incisos I, II e III do § 8º deste artigo, devendo os valores dispendidos para o atendimento do disposto no § 2º do art. 100 da Constituição Federal serem computados para efeito do § 6º deste artigo.

§ 18. Durante a vigência do regime especial a que se refere este artigo, gozarão também da preferência a que se refere o § 6º os titulares originais de precatórios que tenham completado 60 (sessenta) anos de idade até a data da promulgação desta Emenda Constitucional. (Artigo acrescido pela Emenda Constitucional nº 62, de 2009)

Art. 98. O número de defensores públicos na unidade jurisdicional será proporcional à efetiva demanda pelo serviço da Defensoria Pública e à respectiva população.

ANOTAÇÕES

§ 1º No prazo de 8 (oito) anos, a União, os Estados e o Distrito Federal deverão contar com defensores públicos em todas as unidades jurisdicionais, observado o disposto no caput deste artigo.

§ 2º Durante o decurso do prazo previsto no § 1º deste artigo, a lotação dos defensores públicos ocorrerá, prioritariamente, atendendo as regiões com maiores índices de exclusão social e adensamento populacional. (Artigo acrescido pela Emenda Constitucional nº 80, de 2014)

Art. 99. Para efeito do disposto no inciso VII do § 2º do art. 155, no caso de operações e prestações que destinem bens e serviços a consumidor final não contribuinte localizado em outro Estado, o imposto correspondente à diferença entre a alíquota interna e a interestadual será partilhado entre os Estados de origem e de destino, na seguinte proporção:

I. para o ano de 2015: 20% (vinte por cento) para o Estado de destino e 80% (oitenta por cento) para o Estado de origem;

II. para o ano de 2016: 40% (quarenta por cento) para o Estado de destino e 60% (sessenta por cento) para o Estado de origem;

III. para o ano de 2017: 60% (sessenta por cento) para o Estado de destino e 40% (quarenta por cento) para o Estado de origem;

IV. para o ano de 2018: 80% (oitenta por cento) para o Estado de destino e 20% (vinte por cento) para o Estado de origem;

V. a partir do ano de 2019: 100% (cem por cento) para o Estado de destino. (Artigo acrescido pela Emenda Constitucional nº 87, de 2015, publicada no DOU de 17/4/2015, em vigor na data de sua publicação, produzindo efeitos no ano subsequente e após 90 dias desta)

Art. 100. Até que entre em vigor a lei complementar de que trata o inciso II do § 1º do art. 40 da Constituição Federal, os Ministros do Supremo Tribunal Federal, dos Tribunais Superiores e do Tribunal de Contas da União aposentar-se-ão, compulsoriamente, aos 75 (setenta e cinco) anos de idade, nas condições do art. 52 da Constituição Federal. (Artigo acrescido pela Emenda Constitucional nº 88, de 2015)

Art. 101. Os Estados, o Distrito Federal e os Municípios que, em 25 de março de 2015, se encontravam em mora no pagamento de seus precatórios quitarão, até 31 de dezembro de 2024, seus débitos vencidos e os que vencerão dentro desse período, atualizados pelo Índice Nacional de Preços ao Consumidor Amplo Especial (IPCA-E), ou por outro índice que venha a substituí-lo, depositando mensalmente em conta especial do Tribunal de Justiça local, sob única e exclusiva administração deste, 1/12 (um doze avos) do valor calculado percentualmente sobre suas receitas correntes líquidas apuradas no segundo mês anterior ao mês de pagamento, em percentual suficiente para a quitação de seus débitos e, ainda que variável, nunca inferior, em cada exercício, ao percentual praticado na data da entrada em vigor do regime especial a que se refere este artigo, em conformidade com plano de pagamento a ser anualmente apresentado ao Tribunal de Justiça local. ("Caput" do artigo acrescido pela Emenda Constitucional nº 94, de 2016, com redação dada pela Emenda Constitucional nº 99, de 2017)

§ 1º Entende-se como receita corrente líquida, para os fins de que trata este artigo, o somatório das receitas tributárias, patrimoniais, industriais, agropecuárias, de contribuições e de serviços, de transferências correntes e outras receitas correntes, incluindo as oriundas do § 1º do art. 20 da Constituição Federal, verificado no período compreendido pelo segundo mês imediatamente anterior ao de referência e os 11 (onze) meses precedentes, excluídas as duplicidades, e deduzidas:

I. nos Estados, as parcelas entregues aos Municípios por determinação constitucional;

II. nos Estados, no Distrito Federal e nos Municípios, a contribuição dos servidores para custeio de seu sistema de previdência e assistência social e as receitas provenientes da compensação financeira referida no § 9º do art. 201 da Constituição Federal. (Parágrafo acrescido pela Emenda Constitucional nº 94, de 2016,

§ 2º O débito de precatórios será pago com recursos orçamentários próprios provenientes das fontes de receita corrente líquida referidas no § 1º deste artigo e, adicionalmente, poderão ser utilizados recursos dos seguintes instrumentos: ("Caput" do parágrafo acrescido pela Emenda Constitucional nº 94, de 2016, com redação dada pela Emenda Constitucional nº 99, de 2017)

I. até 75% (setenta e cinco por cento) dos depósitos judiciais e dos depósitos administrativos em dinheiro referentes a processos judiciais ou administrativos, tributários ou não tributários, nos quais sejam parte os Estados, o Distrito Federal ou os Municípios, e as respectivas autarquias, fundações e empresas estatais dependentes, mediante a instituição de fundo garantidor em montante equivalente a 1/3 (um terço) dos recursos levantados, constituído pela parcela restante dos depósitos judiciais e remunerado pela taxa referencial do Sistema Especial de Liquidação e de Custódia (Selic) para títulos federais, nunca inferior aos índices e critérios aplicados aos depósitos levantados; (Inciso acrescido pela Emenda Constitucional nº 94, de 2016, com redação dada pela Emenda Constitucional nº 99, de 2017)

II. até 30% (trinta por cento) dos demais depósitos judiciais da localidade sob jurisdição do respectivo Tribunal de Justiça, mediante a instituição de fundo garantidor em montante equivalente aos recursos levantados, constituído pela parcela restante dos depósitos judiciais e remunerado pela taxa referencial do Sistema Especial de Liquidação e de Custódia (Selic) para títulos federais, nunca inferior aos índices e critérios aplicados aos depósitos levantados, destinando-se: ("Caput" do inciso acrescido pela Emenda Constitucional nº 94, de 2016, com redação dada pela Emenda Constitucional nº 99, de 2017)

a) no caso do Distrito Federal, 100% (cem por cento) desses recursos ao próprio Distrito Federal; (Alínea acrescida pela Emenda Constitucional nº 94, de 2016)

b) no caso dos Estados, 50% (cinquenta por cento) desses recursos ao próprio Estado e 50% (cinquenta por cento) aos respectivos Municípios, conforme a circunscrição judiciária onde estão depositados os recursos, e, se houver mais de um Município na mesma circunscrição judiciária, os recursos serão rateados entre os Municípios concorrentes, proporcionalmente às respectivas populações, utilizado como referência o último levantamento censitário ou a mais recente estimativa populacional da Fundação Instituto Brasileiro de Geografia e Estatística (IBGE); (Alínea acrescida pela Emenda Constitucional nº 94, de 2016, com redação dada pela Emenda Constitucional nº 99, de 2017)

III. empréstimos, excetuados para esse fim os limites de endividamento de que tratam os incisos VI e VII do caput do art. 52 da Constituição Federal e quaisquer outros limites de endividamento previstos em lei, não se aplicando a esses empréstimos a vedação de vinculação de receita prevista no inciso IV do caput do art. 167 da Constituição Federal; (Inciso acrescido pela Emenda Constitucional nº 94, de 2016, com redação dada pela Emenda Constitucional nº 99, de 2017)

IV. a totalidade dos depósitos em precatórios e requisições diretas de pagamento de obrigações de pequeno valor efetuados até 31 de dezembro de 2009 e ainda não levantados, com o cancelamento dos respectivos requisitórios e a baixa das obrigações, assegurada a revalidação dos requisitórios pelos juízos dos processos perante os Tribunais, a requerimento dos credores e após a oitiva da entidade devedora, mantidas a posição de ordem cronológica original e a remuneração de todo o período. (Inciso acrescido pela Emenda Constitucional nº 99, de 2017)

ANOTAÇÕES

§ 3º Os recursos adicionais previstos nos incisos I, II e IV do § 2º deste artigo serão transferidos diretamente pela instituição financeira depositária para a conta especial referida no caput deste artigo, sob única e exclusiva administração do Tribunal de Justiça local, e essa transferência deverá ser realizada em até sessenta dias contados a partir da entrada em vigor deste parágrafo, sob pena de responsabilização pessoal do dirigente da instituição financeira por improbidade. (Parágrafo acrescido pela Emenda Constitucional nº 99, de 2017)

§ 4º No prazo de até seis meses contados da entrada em vigor do regime especial a que se refere este artigo, a União, diretamente, ou por intermédio das instituições financeiras oficiais sob seu controle, disponibilizará aos Estados, ao Distrito Federal e aos Municípios, bem como às respectivas autarquias, fundações e empresas estatais dependentes, linha de crédito especial para pagamento dos precatórios submetidos ao regime especial de pagamento de que trata este artigo, observadas as seguintes condições:

I. no financiamento dos saldos remanescentes de precatórios a pagar a que se refere este parágrafo serão adotados os índices e critérios de atualização que incidem sobre o pagamento de precatórios, nos termos do § 12 do art. 100 da Constituição Federal;

II. o financiamento dos saldos remanescentes de precatórios a pagar a que se refere este parágrafo será feito em parcelas mensais suficientes à satisfação da dívida assim constituída;

III. o valor de cada parcela a que se refere o inciso II deste parágrafo será calculado percentualmente sobre a receita corrente líquida, respectivamente, do Estado, do Distrito Federal e do Município, no segundo mês anterior ao pagamento, em percentual equivalente à média do comprometimento percentual mensal de 2012 até o final do período referido no caput deste artigo, considerados para esse fim somente os recursos próprios de cada ente da Federação aplicados no pagamento de precatórios;

IV. nos empréstimos a que se refere este parágrafo não se aplicam os limites de endividamento de que tratam os incisos VI e VII do caput do art. 52 da Constituição Federal e quaisquer outros limites de endividamento previstos em lei. (Parágrafo acrescido pela Emenda Constitucional nº 99, de 2017)

Art. 102. Enquanto viger o regime especial previsto nesta Emenda Constitucional, pelo menos 50% (cinquenta por cento) dos recursos que, nos termos do art. 101 deste Ato das Disposições Constitucionais Transitórias, forem destinados ao pagamento dos precatórios em mora serão utilizados no pagamento segundo a ordem cronológica de apresentação, respeitadas as preferências dos créditos alimentares, e, nessas, as relativas à idade, ao estado de saúde e à deficiência, nos termos do § 2º do art. 100 da Constituição Federal, sobre todos os demais créditos de todos os anos. ("Caput" do artigo acrescido pela Emenda Constitucional nº 94, de 2016)

§ 1º A aplicação dos recursos remanescentes, por opção a ser exercida por Estados, Distrito Federal e Municípios, por ato do respectivo Poder Executivo, observada a ordem de preferência dos credores, poderá ser destinada ao pagamento mediante acordos diretos, perante Juízos Auxiliares de Conciliação de Precatórios, com redução máxima de 40% (quarenta por cento) do valor do crédito atualizado, desde que em relação ao crédito não penda recurso ou defesa judicial e que sejam observados os requisitos definidos na regulamentação editada pelo ente federado. (Parágrafo único acrescido pela Emenda Constitucional nº 94, de 2016, transformado em § 1º pela Emenda Constitucional nº 99, de 2017)

ANOTAÇÕES

ANOTAÇÕES

§ 2º Na vigência do regime especial previsto no art. 101 deste Ato das Disposições Constitucionais Transitórias, as preferências relativas à idade, ao estado de saúde e à deficiência serão atendidas até o valor equivalente ao quíntuplo fixado em lei para os fins do disposto no § 3º do art. 100 da Constituição Federal, admitido o fracionamento para essa finalidade, e o restante será pago em ordem cronológica de apresentação do precatório. (Parágrafo acrescido pela Emenda Constitucional nº 99, de 2017)

Art. 103. Enquanto os Estados, o Distrito Federal e os Municípios estiverem efetuando o pagamento da parcela mensal devida como previsto no caput do art. 101 deste Ato das Disposições Constitucionais Transitórias, nem eles, nem as respectivas autarquias, fundações e empresas estatais dependentes poderão sofrer sequestro de valores, exceto no caso de não liberação tempestiva dos recursos. ("Caput" do artigo acrescido pela Emenda Constitucional nº 94, de 2016)

Parágrafo único. Na vigência do regime especial previsto no art. 101 deste Ato das Disposições Constitucionais Transitórias, ficam vedadas desapropriações pelos Estados, pelo Distrito Federal e pelos Municípios, cujos estoques de precatórios ainda pendentes de pagamento, incluídos os precatórios a pagar de suas entidades da administração indireta, sejam superiores a 70% (setenta por cento) das respectivas receitas correntes líquidas, excetuadas as desapropriações para fins de necessidade pública nas áreas de saúde, educação, segurança pública, transporte público, saneamento básico e habitação de interesse social. (Parágrafo único acrescido pela Emenda Constitucional nº 99, de 2017)

Art. 104. Se os recursos referidos no art. 101 deste Ato das Disposições Constitucionais Transitórias para o pagamento de precatórios não forem tempestivamente liberados, no todo ou em parte:

I. o Presidente do Tribunal de Justiça local determinará o sequestro, até o limite do valor não liberado, das contas do ente federado inadimplente;

II. o chefe do Poder Executivo do ente federado inadimplente responderá, na forma da legislação de responsabilidade fiscal e de improbidade administrativa;

III. a União reterá os recursos referentes aos repasses ao Fundo de Participação dos Estados e do Distrito Federal e ao Fundo de Participação dos Municípios e os depositará na conta especial referida no art. 101 deste Ato das Disposições Constitucionais Transitórias, para utilização como nele previsto;

IV. os Estados reterão os repasses previstos no parágrafo único do art. 158 da Constituição Federal e os depositarão na conta especial referida no art. 101 deste Ato das Disposições Constitucionais Transitórias, para utilização como nele previsto.

Parágrafo único. Enquanto perdurar a omissão, o ente federado não poderá contrair empréstimo externo ou interno, exceto para os fins previstos no § 2º do art. 101 deste Ato das Disposições Constitucionais Transitórias, e ficará impedido de receber transferências voluntárias. (Artigo acrescido pela Emenda Constitucional nº 94, de 2016)

Art. 105. Enquanto viger o regime de pagamento de precatórios previsto no art. 101 deste Ato das Disposições Constitucionais Transitórias, é facultada aos credores de precatórios, próprios ou de terceiros, a compensação com débitos de natureza tributária ou de outra natureza que até 25 de março de 2015 tenham sido inscritos na dívida ativa dos Estados, do Distrito Federal ou dos Municípios, observados os requisitos definidos em lei própria do ente federado. ("Caput" do artigo acrescido pela Emenda Constitucional nº 94, de 2016)

§ 1º Não se aplica às compensações referidas no caput deste artigo qualquer tipo de vinculação, como as transferências a outros entes e as destinadas à educação, à saúde e a outras finalidades. (Parágrafo único acrescido pela Emenda Constitucional nº 94, de 2016, transformado em § 1º pela Emenda Constitucional nº 99, de 2017)

ANOTAÇÕES

§ 2º Os Estados, o Distrito Federal e os Municípios regulamentarão nas respectivas leis o disposto no caput deste artigo em até cento e vinte dias a partir de 1º de janeiro de 2018. (Parágrafo acrescido pela Emenda Constitucional nº 99, de 2017)

§ 3º Decorrido o prazo estabelecido no § 2º deste artigo sem a regulamentação nele prevista, ficam os credores de precatórios autorizados a exercer a faculdade a que se refere o caput deste artigo. (Parágrafo acrescido pela Emenda Constitucional nº 99, de 2017)

Art. 106. Fica instituído o Novo Regime Fiscal no âmbito dos Orçamentos Fiscal e da Seguridade Social da União, que vigorará por vinte exercícios financeiros, nos termos dos arts. 107 a 114 deste Ato das Disposições Constitucionais Transitórias. (Artigo acrescido pela Emenda Constitucional nº 95, de 2016)

Art. 107. Ficam estabelecidos, para cada exercício, limites individualizados para as despesas primárias:

I. do Poder Executivo;

II. do Supremo Tribunal Federal, do Superior Tribunal de Justiça, do Conselho Nacional de Justiça, da Justiça do Trabalho, da Justiça Federal, da Justiça Militar da União, da Justiça Eleitoral e da Justiça do Distrito Federal e Territórios, no âmbito do Poder Judiciário;

III. do Senado Federal, da Câmara dos Deputados e do Tribunal de Contas da União, no âmbito do Poder Legislativo;

IV. do Ministério Público da União e do Conselho Nacional do Ministério Público; e

V. da Defensoria Pública da União

§ 1º Cada um dos limites a que se refere o caput deste artigo equivalerá:

I. para o exercício de 2017, à despesa primária paga no exercício de 2016, incluídos os restos a pagar pagos e demais operações que afetam o resultado primário, corrigida em 7,2% (sete inteiros e dois décimos por cento); e

II. para os exercícios posteriores, ao valor do limite referente ao exercício imediatamente anterior, corrigido pela variação do Índice Nacional de Preços ao Consumidor Amplo. IPCA, publicado pelo Instituto Brasileiro de Geografia e Estatística, ou de outro índice que vier a substituí-lo, para o período de doze meses encerrado em junho do exercício anterior a que se refere a lei orçamentária.

§ 2º Os limites estabelecidos na forma do inciso IV do caput do art. 51, do inciso XIII do caput do art. 52, do § 1º do art. 99, do § 3º do art. 127 e do § 3º do art. 134 da Constituição Federal não poderão ser superiores aos estabelecidos nos termos deste artigo.

§ 3º A mensagem que encaminhar o projeto de lei orçamentária demonstrará os valores máximos de programação compatíveis com os limites individualizados calculados na forma do § 1º deste artigo, observados os §§ 7º a 9º deste artigo.

§ 4º As despesas primárias autorizadas na lei orçamentária anual sujeitas aos limites de que trata este artigo não poderão exceder os valores máximos demonstrados nos termos do § 3º deste artigo.

§ 5º É vedada a abertura de crédito suplementar ou especial que amplie o montante total autorizado de despesa primária sujeita aos limites de que trata este artigo.

§ 6º Não se incluem na base de cálculo e nos limites estabelecidos neste artigo:

I. transferências constitucionais estabelecidas no § 1º do art. 20, no inciso III do parágrafo único do art. 146, no § 5º do art. 153, no art. 157, nos incisos I e II do art. 158, no art. 159 e no § 6º do art. 212, as despesas referentes ao inciso XIV do caput do art. 21, todos da Constituição Federal, e as complementações de que tratam os incisos V e VII do caput do art. 60, deste Ato das Disposições Constitucionais Transitórias;

II. créditos extraordinários a que se refere o § 3º do art. 167 da Constituição Federal;

III. despesas não recorrentes da Justiça Eleitoral com a realização de eleições; e

IV. despesas com aumento de capital de empresas estatais não dependentes.

V. transferências a Estados, Distrito Federal e Municípios de parte dos valores arrecadados com os leilões dos volumes excedentes ao limite a que se refere o § 2º do art. 1º da Lei nº 12.276, de 30 de junho de 2010, e a despesa decorrente da revisão do contrato de cessão onerosa de que trata a mesma Lei. (Incluído pela Emenda Constitucional nº 102, de 2019)

§ 7º Nos três primeiros exercícios financeiros da vigência do Novo Regime Fiscal, o Poder Executivo poderá compensar com redução equivalente na sua despesa primária, consoante os valores estabelecidos no projeto de lei orçamentária encaminhado pelo Poder Executivo no respectivo exercício, o excesso de despesas primárias em relação aos limites de que tratam os incisos II a V do caput deste artigo.

§ 8º A compensação de que trata o § 7º deste artigo não excederá a 0,25% (vinte e cinco centésimos por cento) do limite do Poder Executivo.

§ 9º Respeitado o somatório em cada um dos incisos de II a IV do caput deste artigo, a lei de diretrizes orçamentárias poderá dispor sobre a compensação entre os limites individualizados dos órgãos elencados em cada inciso.

§ 10. Para fins de verificação do cumprimento dos limites de que trata este artigo, serão consideradas as despesas primárias pagas, incluídos os restos a pagar pagos e demais operações que afetam o resultado primário no exercício.

§ 11. O pagamento de restos a pagar inscritos até 31 de dezembro de 2015 poderá ser excluído da verificação do cumprimento dos limites de que trata este artigo, até o excesso de resultado primário dos Orçamentos Fiscal e da Seguridade Social do exercício em relação à meta fixada na lei de diretrizes orçamentárias. (Artigo acrescido pela Emenda Constitucional nº 95, de 2016)

Art. 108. O Presidente da República poderá propor, a partir do décimo exercício da vigência do Novo Regime Fiscal, projeto de lei complementar para alteração do método de correção dos limites a que se refere o inciso II do § 1º do art. 107 deste Ato das Disposições Constitucionais Transitórias.

Parágrafo único. Será admitida apenas uma alteração do método de correção dos limites por mandato presidencial. (Artigo acrescido pela Emenda Constitucional nº 95, de 2016)

Art. 109. No caso de descumprimento de limite individualizado, aplicam-se, até o final do exercício de retorno das despesas aos respectivos limites, ao Poder Executivo ou a órgão elencado nos incisos II a V do caput do art. 107 deste Ato das Disposições Constitucionais Transitórias que o descumpriu, sem prejuízo de outras medidas, as seguintes vedações:

I. concessão, a qualquer título, de vantagem, aumento, reajuste ou adequação de remuneração de membros de Poder ou de órgão, de servidores e empregados públicos e militares, exceto dos derivados de sentença judicial transitada em julgado ou de determinação legal decorrente de atos anteriores à entrada em vigor desta Emenda Constitucional;

II. criação de cargo, emprego ou função que implique aumento de despesa;

III. alteração de estrutura de carreira que implique aumento de despesa;

IV. admissão ou contratação de pessoal, a qualquer título, ressalvadas as reposições de cargos de chefia e de direção que não acarretem aumento de despesa e aquelas decorrentes de vacâncias de cargos efetivos ou vitalícios;

V. realização de concurso público, exceto para as reposições de vacâncias previstas no inciso IV;

VI. criação ou majoração de auxílios, vantagens, bônus, abonos, verbas de representação ou benefícios de qualquer natureza em favor de membros de Poder, do Ministério Público ou da Defensoria Pública e de servidores e empregados públicos e militares;

VII. criação de despesa obrigatória; e

VIII. adoção de medida que implique reajuste de despesa obrigatória acima da variação da inflação, observada a preservação do poder aquisitivo referida no inciso IV do caput do art. 7º da Constituição Federal.

§ 1º As vedações previstas nos incisos I, III e VI do caput, quando descumprido qualquer dos limites individualizados dos órgãos elencados nos incisos II, III e IV do caput do art. 107 deste Ato das Disposições Constitucionais Transitórias, aplicam-se ao conjunto dos órgãos referidos em cada inciso.

§ 2º Adicionalmente ao disposto no caput, no caso de descumprimento do limite de que trata o inciso I do caput do art. 107 deste Ato das Disposições Constitucionais Transitórias, ficam vedadas:

I. a criação ou expansão de programas e linhas de financiamento, bem como a remissão, renegociação ou refinanciamento de dívidas que impliquem ampliação das despesas com subsídios e subvenções; e

II. a concessão ou a ampliação de incentivo ou benefício de natureza tributária.

§ 3º No caso de descumprimento de qualquer dos limites individualizados de que trata o caput do art. 107 deste Ato das Disposições Constitucionais Transitórias, fica vedada a concessão da revisão geral prevista no inciso X do caput do art. 37 da Constituição Federal.

§ 4º As vedações previstas neste artigo aplicam-se também a proposições legislativas. (Artigo acrescido pela Emenda Constitucional nº 95, de 2016)

Art. 110. Na vigência do Novo Regime Fiscal, as aplicações mínimas em ações e serviços públicos de saúde e em manutenção e desenvolvimento do ensino equivalerão:

I. no exercício de 2017, às aplicações mínimas calculadas nos termos do inciso I do § 2º do art. 198 e do caput do art. 212, da Constituição Federal; e

II. nos exercícios posteriores, aos valores calculados para as aplicações mínimas do exercício imediatamente anterior, corrigidos na forma estabelecida pelo inciso II do § 1º do art. 107 deste Ato das Disposições Constitucionais Transitórias. (Artigo acrescido pela Emenda Constitucional nº 95, de 2016)

Art. 111. A partir do exercício financeiro de 2018, até o último exercício de vigência do Novo Regime Fiscal, a aprovação e a execução previstas nos §§ 9º e 11 do art. 166 da Constituição Federal corresponderão ao montante de execução obrigatória para o exercício de 2017, corrigido na forma estabelecida pelo inciso II do § 1º do art. 107 deste Ato das Disposições Constitucionais Transitórias. (Artigo acrescido pela Emenda Constitucional nº 95, de 2016)

Art. 112. As disposições introduzidas pelo Novo Regime Fiscal:

I. não constituirão obrigação de pagamento futuro pela União ou direitos de outrem sobre o erário; e

II. não revogam, dispensam ou suspendem o cumprimento de dispositivos constitucionais e legais que disponham sobre metas fiscais ou limites máximos de despesas. (Artigo acrescido pela Emenda Constitucional nº 95, de 2016)

Art. 113. A proposição legislativa que crie ou altere despesa obrigatória ou renúncia de receita deverá ser acompanhada da estimativa do seu impacto orçamentário e financeiro. (Artigo acrescido pela Emenda Constitucional nº 95, de 2016)

Art. 114. A tramitação de proposição elencada no caput do art. 59 da Constituição Federal, ressalvada a referida no seu inciso V, quando acarretar aumento de despesa ou renúncia de receita, será suspensa por até vinte dias, a requerimento de um quinto dos membros da Casa, nos termos regimentais, para análise de sua compatibilidade com o Novo Regime Fiscal. (Artigo acrescido pela Emenda Constitucional nº 95, de 2016)

ANOTAÇÕES

ANOTAÇÕES

ANOTAÇÕES

ANOTAÇÕES

PREPARAÇÃO • CONHECIMENTO • APROVAÇÃO

DIREITOS HUMANOS

SUMÁRIO

ANOTAÇÕES

1. DECLARAÇÃO UNIVERSAL DOS DIREITOS HUMANOS

CONSIDERANDO que o reconhecimento da dignidade inerente a todos os membros da família humana e seus direitos iguais e inalienáveis é o fundamento da liberdade, da justiça e da paz no mundo,

CONSIDERANDO que o desprezo e o desrespeito pelos direitos do homem resultaram em atos bárbaros que ultrajaram a consciência da Humanidade, e que o advento de um mundo em que os homens gozem de liberdade de palavra, de crença e da liberdade de viverem a salvo do temor e da necessidade,

CONSIDERANDO ser essencial que os direitos do homem sejam protegidos pelo império da lei, para que o homem não seja compelido, como último recurso, à rebelião contra a tirania e a opressão,

CONSIDERANDO ser essencial promover o desenvolvimento de relações amistosas entre as nações,

CONSIDERANDO que os povos das Nações Unidas reafirmaram, na Carta, sua fé nos direitos do homem e da mulher, e que decidiram promover o progresso social e melhores condições de vida em uma liberdade mais ampla,

CONSIDERANDO que os Estados Membros se comprometeram a promover, em cooperação com as Nações Unidas, o respeito universal aos direitos e liberdades fundamentais do homem e a observância desses direitos e liberdades,

CONSIDERANDO que uma compreensão comum desses direitos e liberdades é da mais alta importância para o pleno cumprimento desse compromisso,

A assembleia Geral das Nações Unidas proclama a presente "Declaração Universal dos Direitos do Homem" como o ideal comum a ser atingido por todos os povos e todas as nações, com o objetivo de que cada indivíduo e cada órgão da sociedade, tendo sempre em mente esta Declaração, se esforce, através do ensino e da educação, por promover o respeito a esses direitos e liberdades, e, pela adoção de medidas progressivas de caráter nacional e internacional, por assegurar o seu reconhecimento e a sua observância universais e efetivos, tanto entre os povos dos próprios Estados Membros, quanto entre os povos dos territórios sob sua jurisdição.

Artigo 1

Todos os homens nascem livres e iguais em dignidade e direitos. São dotados de razão e consciência e devem agir em relação uns aos outros com espírito de fraternidade.

Artigo 2

1. Todo o homem tem capacidade para gozar os direitos e as liberdades estabelecidos nesta Declaração sem distinção de qualquer espécie, seja de raça, cor, sexo, língua, religião, opinião política ou de outra natureza, origem nacional ou social, riqueza, nascimento, ou qualquer outra condição.
2. Não será também feita nenhuma distinção fundada na condição política, jurídica ou internacional do país ou território a que pertença uma pessoa, quer se trate de um território independente, sob tutela, sem governo próprio, quer sujeito a qualquer outra limitação de soberania.

Artigo 3

Todo o homem tem direito à vida, à liberdade e à segurança pessoal.

Artigo 4

Ninguém será mantido em escravidão ou servidão; a escravidão e o tráfico de escravos estão proibidos em todas as suas formas.

ANOTAÇÕES

Artigo 5

Ninguém será submetido a tortura, nem a tratamento ou castigo cruel, desumano ou degradante.

Artigo 6

Todo homem tem o direito de ser, em todos os lugares, reconhecido como pessoa perante a lei.

Artigo 7

Todos são iguais perante a lei e tem direito, sem qualquer distinção, a igual proteção da lei. Todos tem direito a igual proteção contra qualquer discriminação que viole a presente Declaração e contra qualquer incitamento a tal discriminação.

Artigo 8

Todo o homem tem direito a receber dos tribunais nacionais competentes remédio efetivo para os atos que violem os direitos fundamentais que lhe sejam reconhecidos pela constituição ou pela lei.

Artigo 9

Ninguém será arbitrariamente preso, detido ou exilado.

Artigo 10

Todo o homem tem direito, em plena igualdade, a uma justa e pública audiência por parte de um tribunal independente e imparcial, para decidir de seus direitos e deveres ou do fundamento de qualquer acusação criminal contra ele.

Artigo 11

1. Todo o homem acusado de um ato delituoso tem o direito de ser presumido inocente até que a sua culpabilidade tenha sido provada de acordo com a lei, em julgamento público no qual lhe tenham sido asseguradas todas as garantias necessárias a sua defesa.
2. Ninguém poderá ser culpado por qualquer ação ou omissão que, no momento, não constituiam delito perante o direito nacional ou internacional. Também não será imposta pena mais forte do que aquela que, no momento da prática, era aplicável ao ato delituoso.

Artigo 12

Ninguém será sujeito a interferências na sua vida privada, na sua família, no seu lar ou na sua correspondência, nem a ataques a sua honra e reputação. Todo o homem tem direito à proteção da lei contra tais interferências ou ataques.

Artigo 13

1. Todo homem tem direito à liberdade de locomoção e residência dentro das fronteiras de cada Estado.
2. Todo o homem tem o direito de deixar qualquer país, inclusive o próprio, e a este regressar.

Artigo 14

1. Todo o homem, vítima de perseguição, tem o direito de procurar e de gozar asilo em outros países.
2. Este direito não pode ser invocado em casos de perseguição legitimamente motivada por crimes de direito comum ou por atos contrários aos objetivos e princípios das Nações Unidas.

Artigo 15

1. Todo homem tem direito a uma nacionalidade.
2. Ninguém será arbitrariamente privado de sua nacionalidade, nem do direito de mudar de nacionalidade.

Artigo 16

1. Os homens e mulheres de maior idade, sem qualquer restrição de raça, nacionalidade ou religião, tem o direito de contrair matrimônio e fundar uma família. Gozam de iguais direitos em relação ao casamento, sua duração e sua dissolução.
2. O casamento não será válido senão com o livre e pleno consentimento dos nubentes.
3. A família é o núcleo natural e fundamental da sociedade e tem direito à proteção da sociedade e do Estado.

Artigo 17

1. Todo o homem tem direito à propriedade, só ou em sociedade com outros.

2. Ninguém será arbitrariamente privado de sua propriedade.

Artigo 18

Todo o homem tem direito à liberdade de pensamento, consciência e religião; este direito inclui a liberdade de mudar de religião ou crença e a liberdade de manifestar essa religião ou crença, pelo ensino, pela prática, pelo culto e pela observâcia, isolada ou coletivamente, em público ou em particular.

Artigo 19

Todo o homem tem direito à liberdade de opinião e expressão; este direito inclui a liberdade de, sem interferências, ter opiniões e de procurar, receber e transmitir informações e ideias por quaisquer meios, independentemente de fronteiras.

Artigo 20

1. Todo o homem tem direito à liberdade de reunião e associação pacíficas.
2. Ninguém pode ser obrigado a fazer parte de uma associação.

Artigo 21

1. Todo o homem tem o direito de tomar parte no governo de seu país diretamente ou por intermédio de representantes livremente escolhidos.
2. Todo o homem tem igual direito de acesso ao serviço público do seu país.
3. A vontade do povo será a base da autoridade do governo; esta vontade será expressa em eleições periódicas e legítimas, por sufrágio universal, por voto secreto ou processo equivalente que assegure a liberdade de voto.

Artigo 22

Todo o homem, como membro da sociedade, tem direito à segurança social e à realização, pelo esforço nacional, pela cooperação internacional e de acordo com a organização e recursos de cada Estado, dos direitos econômicos, sociais e culturais indipensáveis à sua dignidade e ao livre desenvolvimento de sua personalidade.

Artigo 23

1. Todo o homem tem direito ao trabalho, à livre escolha de emprego, a condições justas e favoráveis de trabalho e à proteção contra o desemprego.
2. Todo o homem, sem qualquer distinção, tem direito a igual remuneração por igual trabalho.
3. Todo o homem que trabalha tem direito a uma remuneração justa e satisfatória, que lhe assegure, assim como a sua família, uma existência compatível com a dignidade humana, e a que se acrescentarão, se necessário, outros meios de proteção social.
4. Todo o homem tem direito a organizar sindicatos e a neles ingressar para proteção de seus interesses.

Artigo 24

Todo o homem tem direito a repouso e lazer, inclusive a limitação razoável das horas de trabalho e a férias remuneradas periódicas.

Artigo 25

1. Todo o homem tem direito a um padrão de vida capaz de assegurar a si e a sua família saúde e bem estar, inclusive alimentação, vestuário, habitação, cuidados médicos e os serviços sociais indispensáveis, e direito à seguranca em caso de desemprego, doença, invalidez, viuvez, velhice ou outros casos de perda de meios de subsistência em circunstâncias fora de seu controle.
2. A maternidade e a infância tem direito a cuidados e assistência especiais. Todas as crianças, nascidas dentro ou fora do matrimônio, gozarão da mesma proteção social.

Artigo 26

1. Todo o homem tem direito à instrução. A instrução será gratuita, pelo menos nos graus elementares e fundamentais. A instrução elementar será obrigatória. A instrução técnico-profissional será acessível a todos, bem como a instrução superior, esta baseada no mérito.
2. A instrução será orientada no sentido do pleno desenvolvimento da personalidade humana e do fortalecimento do respeito pelos direitos do homem e pelas liberdades fundamentais. A instrução promoverá a compreensão, a tolerância e amizade entre todas as nações e grupos raciais ou religiosos, e coadjuvará as atividades das Nações Unidas em prol da manutenção da paz.
3. Os pais têm prioridade de direito na escolha do gênero de instrução que será ministrada a seus filhos.

Artigo 27

1. Todo o homem tem o direito de participar livremente da vida cultural da comunidade, de fruir as artes e de participar do progresso científico e de fruir de seus benefícios.
2. Todo o homem tem direito à proteção dos interesses morais e materiais decorrentes de qualquer produção científica, literária ou artística da qual seja autor.

Artigo 28

Todo o homem tem direito a uma ordem social e internacional em que os direitos e liberdades estabelecidos na presente Declaração possam ser plenamente realizados.

Artigo 29

1. Todo o homem tem deveres para com a comunidade, na qual o livre e pleno desenvolvimento de sua personalidade é possível.
2. No exercício de seus direitos e liberdades, todo o homem estará sujeito apenas às limitações determinadas pela lei, exclusivamente com o fim de assegurar o devido reconhecimento e respeito dos direitos e liberdades de outrem e de satisfazer as justas exigências da moral, da ordem pública e do bem-estar de uma sociedade democrática.
3. Esses direitos e liberdades não podem, em hipótese alguma, ser exercidos contrariamente aos objetivos e princípios das Nações Unidas.

Artigo 30

Nenhuma disposição da presente Declaração pode ser interpretada como o reconhecimento a qualquer Estado, grupo ou pessoa, do direito de exercer qualquer atividade ou praticar qualquer ato destinado à destruição de quaisquer direitos e liberdades aqui estabelecidos.

2. CARTA DAS NAÇÕES UNIDAS DECRETO 19.841 DE 22 DE OUTUBRO DE 1945

Promulga a Carta das Nações Unidas, da qual faz parte integrante o anexo Estatuto da Corte Internacional de Justiça, assinada em São Francisco, a 26 de junho de 1945, por ocasião da Conferência de Organização Internacional das Nações Unidas

O PRESIDENTE DA REPÚBLICA, tendo em vista que foi aprovada a 4 de setembro e ratifica a 12 de setembro de 1945. Pelo governo brasileiro a Carta das nações Unidas, da qual faz parte integrante o anexo Estatuto da Corte Internacional de Justiça, assinada em São Francisco , a 26 de junho de 1945, por ocasião da Conferencia de Organização Internacional da Nações Unidas; e

Havendo sido o referido instrumento de ratificação depositado nos arquivos do Govêrno do Estados Unidos da América a 21 de setembro de 1945 e usando da atribuição que lhe confere o atr. 74, letra a da Constituição,

DECRETA:

Art. 1º fica promulgada a Carta da Nações Unidas apensa por cópia ao presente decreto, da qual faz parte integrante o anexo Estatuto da Corte Internacional de Justiça, assinada em São Francisco, a 26 de junho de 1945.

ANOTAÇÕES

Art. 2º Êste decreto entrará em vigor na data de sua publicação.

Faço saber, aos que a presente Carta de ratificação vierem, que, entre a República dos Estados Unidos e os países representados na Conferência das Nações Unidas sôbre Organização Internacional, foi concluída e assinada, pelos respectivos Plenipotenciários, em São Francisco, a 26 de junho de 1945, a Carta das Nações Unidas, da qual faz parte integrante o anexo Estatuto da Corte Internacional de Justiça, tudo do teor seguinte:

3. CARTA DAS NAÇÕES UNIDAS

Nós, os Povos das Nações Unidas, Resolvidos a preservar as gerações vindouras do flagelo da guerra, que por duas vezes, no espaço da nossa vida, trouxe sofrimentos indizíveis à humanidade, e a reafirmar a fé nos direitos fundamentais do homem, na dignidade e no valor do ser humano, na igualdade de direito dos homens e das mulheres, assim como das nações grandes e pequenas, e a estabelecer condições sob as quais a justiça e o respeito às obrigações decorrentes de tratados e de outras fontes do direito internacional possam ser mantidos, e a promover o progresso social e melhores condições de vida dentro de uma liberdade ampla.

E para tais fins praticar a tolerância e viver em paz, uns com os outros, como bons vizinhos,e unir as nossas forças para manter a paz e a segurança internacionais, e a garantir, pela aceitação de princípios e a instituição dos métodos, que a força armada não será usada a não ser no interesse comum, a empregar um mecanismo internacional para promover o progresso econômico e social de todos os povos.

Resolvemos conjugar nossos esforços para a consecução dêsses objetivos.

Em vista disso, nossos respectivos Governos, por intermédio de representantes reunidos na cidade de São Francisco, depois de exibirem seus plenos poderes, que foram achados em boa e devida forma, concordaram com a presente Carta das Nações Unidas e estabelecem, por meio dela, uma organização internacional que será conhecida pelo nome de Nações Unidas.

CAPÍTULO I- PROPÓSITOS E PRINCÍPIOS

Artigo 1. Os propósitos das Nações unidas são:

1. Manter a paz e a segurança internacionais e, para esse fim: tomar, coletivamente, medidas efetivas para evitar ameaças à paz e reprimir os atos de agressão ou outra qualquer ruptura da paz e chegar, por meios pacíficos e de conformidade com os princípios da justiça e do direito internacional, a um ajuste ou solução das controvérsias ou situações que possam levar a uma perturbação da paz;
2. Desenvolver relações amistosas entre as nações, baseadas no respeito ao princípio de igualdade de direitos e de autodeterminação dos povos, e tomar outras medidas apropriadas ao fortalecimento da paz universal;
3. Conseguir uma cooperação internacional para resolver os problemas internacionais de caráter econômico, social, cultural ou humanitário, e para promover e estimular o respeito aos direitos humanos e às liberdades fundamentais para todos, sem distinção de raça, sexo, língua ou religião; e
4. Ser um centro destinado a harmonizar a ação das nações para a consecução desses objetivos comuns.

ANOTAÇÕES

Artigo 2. A Organização e seus Membros, para a realização dos propósitos mencionados no Artigo 1, agirão de acordo com os seguintes Princípios:

1. A Organização é baseada no princípio da igualdade de todos os seus Membros.
2. Todos os Membros, a fim de assegurarem para todos em geral os direitos e vantagens resultantes de sua qualidade de Membros, deverão cumprir de boa fé as obrigações por eles assumidas de acordo com a presente Carta.
3. Todos os Membros deverão resolver suas controvérsias internacionais por meios pacíficos, de modo que não sejam ameaçadas a paz, a segurança e a justiça internacionais.
4. Todos os Membros deverão evitar em suas relações internacionais a ameaça ou o uso da força contra a integridade territorial ou a dependência política de qualquer Estado, ou qualquer outra ação incompatível com os Propósitos das Nações Unidas.
5. Todos os Membros darão às Nações toda assistência em qualquer ação a que elas recorrerem de acordo com a presente Carta e se absterão de dar auxílio a qual Estado contra o qual as Nações Unidas agirem de modo preventivo ou coercitivo.
6. A Organização fará com que os Estados que não são Membros das Nações Unidas ajam de acordo com esses Princípios em tudo quanto for necessário à manutenção da paz e da segurança internacionais.
7. Nenhum dispositivo da presente Carta autorizará as Nações Unidas a intervirem em assuntos que dependam essencialmente da jurisdição de qualquer Estado ou obrigará os Membros a submeterem tais assuntos a uma solução, nos termos da presente Carta; este princípio, porém, não prejudicará a aplicação das medidas coercitivas constantes do Capitulo VII.

CAPÍTULO II - DOS MEMBROS

Artigo 3. Os Membros originais das Nações Unidas serão os Estados que, tendo participado da Conferência das Nações Unidas sobre a Organização Internacional, realizada em São Francisco, ou, tendo assinado previamente a Declaração das Nações Unidas, de 1 de janeiro de 1942, assinarem a presente Carta, e a ratificarem, de acordo com o Artigo 110.

Artigo 4.

1. A admissão como Membro das Nações Unidas fica aberta a todos os Estados amantes da paz que aceitarem as obrigações contidas na presente Carta e que, a juízo da Organização, estiverem aptos e dispostos a cumprir tais obrigações.
2. A admissão de qualquer desses Estados como Membros das Nações Unidas será efetuada por decisão da assembleia Geral, mediante recomendação do Conselho de Segurança.

Artigo 5. O Membro das Nações Unidas, contra o qual for levada a efeito ação preventiva ou coercitiva por parte do Conselho de Segurança, poderá ser suspenso do exercício dos direitos e privilégios de Membro pela assembleia Geral, mediante recomendação do Conselho de Segurança. O exercício desses direitos e privilégios poderá ser restabelecido pelo conselho de Segurança.

Artigo 6. O Membro das Nações Unidas que houver violado persistentemente os Princípios contidos na presente Carta, poderá ser expulso da Organização pela assembleia Geral mediante recomendação do Conselho de Segurança.

CAPÍTULO III - ÓRGÃOS

Artigo 7.

1. Ficam estabelecidos como órgãos principais das Nações Unidas: uma assembleia Geral, um Conselho de Segurança, um Conselho Econômico e Social, um conselho de Tutela, uma Corte Internacional de Justiça e um Secretariado.
2. Serão estabelecidos, de acordo com a presente Carta, os órgãos subsidiários considerados de necessidade.

Artigo 8. As Nações Unidas não farão restrições quanto à elegibilidade de homens e mulheres destinados a participar em qualquer caráter e em condições de igualdade em seus órgãos principais e subsidiários.

CAPÍTULO IV - ASSEMBLEIA GERAL

Composição

Artigo 9.

1. A assembleia Geral será constituída por todos os Membros das Nações Unidas.

2. Cada Membro não deverá ter mais de cinco representantes na assembleia Geral.

Funções e atribuições

Artigo 10. A assembleia Geral poderá discutir quaisquer questões ou assuntos que estiverem dentro das finalidades da presente Carta ou que se relacionarem com as atribuições e funções de qualquer dos órgãos nela previstos e, com exceção do estipulado no Artigo 12, poderá fazer recomendações aos Membros das Nações Unidas ou ao Conselho de Segurança ou a este e àqueles, conjuntamente, com referência a qualquer daquelas questões ou assuntos.

Artigo 11.

1. A assembleia Geral poderá considerar os princípios gerais de cooperação na manutenção da paz e da segurança internacionais, inclusive os princípios que disponham sobre o desarmamento e a regulamentação dos armamentos, e poderá fazer recomendações relativas a tais princípios aos Membros ou ao Conselho de Segurança, ou a este e àqueles conjuntamente.

2. A assembleia Geral poderá discutir quaisquer questões relativas à manutenção da paz e da segurança internacionais, que a ela forem submetidas por qualquer Membro das Nações Unidas, ou pelo Conselho de Segurança, ou por um Estado que não seja Membro das Nações unidas, de acordo com o Artigo 35, parágrafo 2, e, com exceção do que fica estipulado no Artigo 12, poderá fazer recomendações relativas a quaisquer destas questões ao Estado ou Estados interessados, ou ao Conselho de Segurança ou a ambos. Qualquer destas questões, para cuja solução for necessária uma ação, será submetida ao Conselho de Segurança pela assembleia Geral, antes ou depois da discussão.

3. A assembleia Geral poderá solicitar a atenção do Conselho de Segurança para situações que possam constituir ameaça à paz e à segurança internacionais.

4. As atribuições da assembleia Geral enumeradas neste Artigo não limitarão a finalidade geral do Artigo 10.

Artigo 12.

1. Enquanto o Conselho de Segurança estiver exercendo, em relação a qualquer controvérsia ou situação, as funções que lhe são atribuídas na presente Carta, a assembleia Geral não fará nenhuma recomendação a respeito dessa controvérsia ou situação, a menos que o Conselho de Segurança a solicite.

2. O Secretário-Geral, com o consentimento do Conselho de Segurança, comunicará à assembleia Geral, em cada sessão, quaisquer assuntos relativos à manutenção da paz e da segurança internacionais que estiverem sendo tratados pelo Conselho de Segurança, e da mesma maneira dará conhecimento de tais assuntos à assembleia Geral, ou aos Membros das Nações Unidas se a assembleia Geral não estiver em sessão, logo que o Conselho de Segurança terminar o exame dos referidos assuntos.

Artigo 13.

1. A assembleia Geral iniciará estudos e fará recomendações, destinados a:

a) promover cooperação internacional no terreno político e incentivar o desenvolvimento progressivo do direito internacional e a sua codificação;

b) promover cooperação internacional nos terrenos econômico, social, cultural, educacional e sanitário e favorecer o pleno gozo dos direitos humanos e das liberdades fundamentais, por parte de todos os povos, sem distinção de raça, sexo, língua ou religião.

2. As demais responsabilidades, funções e atribuições da assembleia Geral, em relação aos assuntos mencionados no parágrafo 1(b) acima, estão enumeradas nos Capítulos IX e X.

Artigo 14. A assembleia Geral, sujeita aos dispositivos do Artigo 12, poderá recomendar medidas para a solução pacífica de qualquer situação, qualquer que seja sua origem, que lhe pareça prejudicial ao bem-estar geral ou às relações amistosas entre as nações, inclusive em situações que resultem da violação dos dispositivos da presente Carta que estabelecem os Propósitos e Princípios das Nações Unidas.

Artigo 15.

1. A assembleia Geral receberá e examinará os relatórios anuais e especiais do Conselho de Segurança. Esses relatórios incluirão uma relação das medidas que o Conselho de Segurança tenha adotado ou aplicado a fim de manter a paz e a segurança internacionais.

2. A assembleia Geral receberá e examinará os relatórios dos outros órgãos das Nações Unidas.

Artigo 16. A assembleia Geral desempenhará, com relação ao sistema internacional de tutela, as funções a ela atribuídas nos Capítulos XII e XIII, inclusive a aprovação de acordos de tutela referentes às zonas não designadas como estratégias.

Artigo 17.

1. A assembleia Geral considerará e aprovará o orçamento da organização.

2. As despesas da Organização serão custeadas pelos Membros, segundo cotas fixadas pela assembleia Geral.

3. A assembleia Geral considerará e aprovará quaisquer ajustes financeiros e orçamentários com as entidades especializadas, a que se refere o Artigo 57 e examinará os orçamentos administrativos de tais instituições especializadas com o fim de lhes fazer recomendações.

Votação

Artigo 18.

1. Cada Membro da assembleia Geral terá um voto.

2. As decisões da assembleia Geral, em questões importantes, serão tomadas por maioria de dois terços dos Membros presentes e votantes. Essas questões compreenderão: recomendações relativas à manutenção da paz e da segurança internacionais; à eleição dos Membros não permanentes do Conselho de Segurança; à eleição dos Membros do Conselho Econômico e Social; à eleição dos Membros dos Conselho de Tutela, de acordo como parágrafo 1 (c) do Artigo 86; à admissão de novos Membros das Nações Unidas; à suspensão dos direitos e privilégios de Membros; à expulsão dos Membros; questões referentes o funcionamento do sistema de tutela e questões orçamentárias.

3. As decisões sobre outras questões, inclusive a determinação de categoria adicionais de assuntos a serem debatidos por uma maioria dos membros presentes e que votem.

Artigo 19. O Membro das Nações Unidas que estiver em atraso no pagamento de sua contribuição financeira à Organização não terá voto na assembleia Geral, se o total de suas contribuições atrasadas igualar ou exceder a soma das contribuições correspondentes aos dois anos anteriores completos. A assembleia Geral poderá entretanto, permitir que o referido Membro vote, se ficar provado que a falta de pagamento é devida a condições independentes de sua vontade.

ANOTAÇÕES

ANOTAÇÕES

DIR. HUM.

ANOTAÇÕES

Processo

Artigo 20. A assembleia Geral reunir-se-á em sessões anuais regulares e em sessões especiais exigidas pelas circunstâncias. As sessões especiais serão convocadas pelo Secretário-Geral, a pedido do Conselho de Segurança ou da maioria dos Membros das Nações Unidas.

Artigo 21. A assembleia Geral adotará suas regras de processo e elegerá seu presidente para cada sessão.

Artigo 22. A assembleia Geral poderá estabelecer os órgãos subsidiários que julgar necessários ao desempenho de suas funções.

CAPITULO V - CONSELHO DE SEGURANÇA

Composição

Artigo 23.

1. O Conselho de Segurança será composto de quinze Membros das Nações Unidas. A República da China, a França, a União das Repúblicas Socialistas Soviéticas, o Reino Unido da Grã-Bretanha e Irlanda do norte e os Estados unidos da América serão membros permanentes do Conselho de Segurança. A assembleia Geral elegerá dez outros Membros das Nações Unidas para Membros não permanentes do Conselho de Segurança, tendo especialmente em vista, em primeiro lugar, a contribuição dos Membros das Nações Unidas para a manutenção da paz e da segurança internacionais e para os outros propósitos da Organização e também a distribuição geográfica equitativa.
2. Os membros não permanentes do Conselho de Segurança serão eleitos por um período de dois anos. Na primeira eleição dos Membros não permanentes do Conselho de Segurança, que se celebre depois de haver-se aumentado de onze para quinze o número de membros do Conselho de Segurança, dois dos quatro membros novos serão eleitos por um período de um ano. Nenhum membro que termine seu mandato poderá ser reeleito para o período imediato.
3. Cada Membro do Conselho de Segurança terá um representante.

Funções e atribuições

Artigo 24.

1. A fim de assegurar pronta e eficaz ação por parte das Nações Unidas, seus Membros conferem ao Conselho de Segurança a principal responsabilidade na manutenção da paz e da segurança internacionais e concordam em que no cumprimento dos deveres impostos por essa responsabilidade o Conselho de Segurança aja em nome deles.
2. No cumprimento desses deveres, o Conselho de Segurança agirá de acordo com os Propósitos e Princípios das Nações Unidas. As atribuições específicas do Conselho de Segurança para o cumprimento desses deveres estão enumeradas nos Capítulos VI, VII, VIII e XII.
3. O Conselho de Segurança submeterá relatórios anuais e, quando necessário, especiais à assembleia Geral para sua consideração.

Artigo 25. Os Membros das Nações Unidas concordam em aceitar e executar as decisões do Conselho de Segurança, de acordo com a presente Carta.

Artigo 26. A fim de promover o estabelecimento e a manutenção da paz e da segurança internacionais, desviando para armamentos o menos possível dos recursos humanos e econômicos do mundo, o Conselho de Segurança terá o encargo de formular, com a assistência da Comissão de Estado Maior, a que se refere o Artigo 47, os planos a serem submetidos aos Membros das Nações Unidas, para o estabelecimento de um sistema de regulamentação dos armamentos.

ANOTAÇÕES

Votação

Artigo 27.

1. Cada membro do Conselho de Segurança terá um voto.
2. As decisões do conselho de Segurança, em questões processuais, serão tomadas pelo voto afirmativo de nove Membros.
3. As decisões do Conselho de Segurança, em todos os outros assuntos, serão tomadas pelo voto afirmativo de nove membros, inclusive os votos afirmativos de todos os membros permanentes, ficando estabelecido que, nas decisões previstas no Capítulo VI e no parágrafo 3 do Artigo 52, aquele que for parte em uma controvérsia se absterá de votar.

Artigo 28.

1. O Conselho de Segurança será organizado de maneira que possa funcionar continuamente. Cada membro do Conselho de Segurança será, para tal fim, em todos os momentos, representado na sede da Organização.
2. O Conselho de Segurança terá reuniões periódicas, nas quais cada um de seus membros poderá, se assim o desejar, ser representado por um membro do governo ou por outro representante especialmente designado.
3. O Conselho de Segurança poderá reunir-se em outros lugares, fora da sede da Organização, e que, a seu juízo, possam facilitar o seu trabalho.

Artigo 29. O Conselho de Segurança poderá estabelecer órgãos subsidiários que julgar necessários para o desempenho de suas funções.

Artigo 30. O Conselho de Segurança adotará seu próprio regulamento interno, que incluirá o método de escolha de seu Presidente.

Artigo 31. Qualquer membro das Nações Unidas, que não for membro do Conselho de Segurança, poderá participar, sem direito a voto, na discussão de qualquer questão submetida ao Conselho de Segurança, sempre que este considere que os interesses do referido Membro estão especialmente em jogo.

Artigo 32. Qualquer Membro das Nações Unidas que não for Membro do Conselho de Segurança, ou qualquer Estado que não for Membro das Nações Unidas será convidado, desde que seja parte em uma controvérsia submetida ao Conselho de Segurança, a participar, sem voto, na discussão dessa controvérsia. O Conselho de Segurança determinará as condições que lhe parecerem justas para a participação de um Estado que não for Membro das Nações Unidas.

CAPÍTULO VI - SOLUÇÃO PACÍFICA DE CONTROVÉRSIAS

Artigo 33.

1. As partes em uma controvérsia, que possa vir a constituir uma ameaça à paz e à segurança internacionais, procurarão, antes de tudo, chegar a uma solução por negociação, inquérito, mediação, conciliação, arbitragem, solução judicial, recurso a entidades ou acordos regionais, ou a qualquer outro meio pacífico à sua escolha.
2. O Conselho de Segurança convidará, quando julgar necessário, as referidas partes a resolver, por tais meios, suas controvérsias.

Artigo 34. O Conselho de Segurança poderá investigar sobre qualquer controvérsia ou situação suscetível de provocar atritos entre as Nações ou dar origem a uma controvérsia, a fim de determinar se a continuação de tal controvérsia ou situação pode constituir ameaça à manutenção da paz e da segurança internacionais.

Artigo 35.

1. Qualquer Membro das Nações Unidas poderá solicitar a atenção do Conselho de Segurança ou da assembleia Geral para qualquer controvérsia, ou qualquer situação, da natureza das que se acham previstas no Artigo 34.

2. Um Estado que não for Membro das Nações Unidas poderá solicitar a atenção do Conselho de Segurança ou da assembleia Geral para qualquer controvérsia em que seja parte, uma vez que aceite, previamente, em relação a essa controvérsia, as obrigações de solução pacífica previstas na presente Carta.

3. Os atos da assembleia Geral, a respeito dos assuntos submetidos à sua atenção, de acordo com este Artigo, serão sujeitos aos dispositivos dos Artigos 11 e 12.

Artigo 36.

1. O conselho de Segurança poderá, em qualquer fase de uma controvérsia da natureza a que se refere o Artigo 33, ou de uma situação de natureza semelhante, recomendar procedimentos ou métodos de solução apropriados.

2. O Conselho de Segurança deverá tomar em consideração quaisquer procedimentos para a solução de uma controvérsia que já tenham sido adotados pelas partes.

3. Ao fazer recomendações, de acordo com este Artigo, o Conselho de Segurança deverá tomar em consideração que as controvérsias de caráter jurídico devem, em regra geral, ser submetidas pelas partes à Corte Internacional de Justiça, de acordo com os dispositivos do Estatuto da Corte.

Artigo 37.

1. No caso em que as partes em controvérsia da natureza a que se refere o Artigo 33 não conseguirem resolve-la pelos meios indicados no mesmo Artigo, deverão submete-la ao Conselho de Segurança.

2. O Conselho de Segurança, caso julgue que a continuação dessa controvérsia poderá realmente constituir uma ameaça à manutenção da paz e da segurança internacionais, decidirá sobre a conveniência de agir de acordo com o Artigo 36 ou recomendar as condições que lhe parecerem apropriadas à sua solução.

Artigo 38. Sem prejuízo dos dispositivos dos Artigos 33 a 37, o Conselho de Segurança poderá, se todas as partes em uma controvérsia assim o solicitarem, fazer recomendações às partes, tendo em vista uma solução pacífica da controvérsia.

CAPÍTULO VII - AÇÃO RELATIVA A AMEAÇAS À PAZ, RUPTURA DA PAZ E ATOS DE AGRESSÃO

Artigo 39. O Conselho de Segurança determinará a existência de qualquer ameaça à paz, ruptura da paz ou ato de agressão, e fará recomendações ou decidirá que medidas deverão ser tomadas de acordo com os Artigos 41 e 42, a fim de manter ou restabelecer a paz e a segurança internacionais.

Artigo 40. A fim de evitar que a situação se agrave, o Conselho de Segurança poderá, antes de fazer as recomendações ou decidir a respeito das medidas previstas no Artigo 39, convidar as partes interessadas a que aceitem as medidas provisórias que lhe pareçam necessárias ou aconselháveis. Tais medidas provisórias não prejudicarão os direitos ou pretensões , nem a situação das partes interessadas. O Conselho de Segurança tomará devida nota do não cumprimento dessas medidas.

Artigo 41. O Conselho de Segurança decidirá sobre as medidas que, sem envolver o emprego de forças armadas, deverão ser tomadas para tornar efetivas suas decisões e poderá convidar os Membros das Nações Unidas a aplicarem tais medidas. Estas poderão incluir a interrupção completa ou parcial das relações econômicas, dos meios de comunicação ferroviários, marítimos, aéreos , postais, telegráficos, radiofônicos, ou de outra qualquer espécie e o rompimento das relações diplomáticas.

Artigo 42. No caso de o Conselho de Segurança considerar que as medidas previstas no Artigo 41 seriam ou demonstraram que são inadequadas, poderá levar a efeito, por meio de forças aéreas, navais ou terrestres, a ação que julgar necessária para manter ou restabelecer a paz e a segurança internacionais. Tal ação poderá compreender demonstrações, bloqueios e outras operações, por parte das forças aéreas, navais ou terrestres dos Membros das Nações Unidas.

ANOTAÇÕES

Artigo 43.

1. Todos os Membros das Nações Unidas, a fim de contribuir para a manutenção da paz e da segurança internacionais, se comprometem a proporcionar ao Conselho de Segurança, a seu pedido e de conformidade com o acôrdo ou acordos especiais, forças armadas, assistência e facilidades, inclusive direitos de passagem, necessários à manutenção da paz e da segurança internacionais.

2. Tal acôrdo ou tais acordos determinarão o número e tipo das forças, seu grau de preparação e sua localização geral, bem como a natureza das facilidades e da assistência a serem proporcionadas.

3. O acôrdo ou acordos serão negociados o mais cedo possível, por iniciativa do Conselho de Segurança. Serão concluídos entre o Conselho de Segurança e Membros da Organização ou entre o Conselho de Segurança e grupos de Membros e submetidos à ratificação, pelos Estados signatários, de conformidade com seus respectivos processos constitucionais.

Artigo 44. Quando o Conselho de Segurança decidir o emprego de força, deverá, antes de solicitar a um Membro nele não representado o fornecimento de forças armadas em cumprimento das obrigações assumidas em virtude do Artigo 43, convidar o referido Membro, se este assim o desejar, a participar das decisões do Conselho de Segurança relativas ao emprego de contingentes das forças armadas do dito Membro.

Artigo 45. A fim de habilitar as Nações Unidas a tomarem medidas militares urgentes, os Membros das Nações Unidas deverão manter, imediatamente utilizáveis, contingentes das forças aéreas nacionais para a execução combinada de uma ação coercitiva internacional. A potência e o grau de preparação desses contingentes, como os planos de ação combinada, serão determinados pelo Conselho de Segurança com a assistência da Comissão de Estado Maior, dentro dos limites estabelecidos no acordo ou acordos especiais a que se refere o Artigo 43.

Artigo 46. O Conselho de Segurança, com a assistência da Comissão de Estado Maior, fará planos para a aplicação das forças armadas.

Artigo 47.

1. Será estabelecia uma Comissão de Estado Maior destinada a orientar e assistir o Conselho de Segurança, em todas as questões relativas às exigências militares do mesmo Conselho, para manutenção da paz e da segurança internacionais, utilização e comando das forças colocadas à sua disposição, regulamentação de armamentos e possível desarmamento.

2. A Comissão de Estado Maior será composta dos Chefes de Estado Maior dos Membros Permanentes do Conselho de Segurança ou de seus representantes. Todo Membro das Nações Unidas que não estiver permanentemente representado na Comissão será por esta convidado a tomar parte nos seus trabalhos, sempre que a sua participação for necessária ao eficiente cumprimento das responsabilidades da Comissão.

3. A Comissão de Estado Maior será responsável, sob a autoridade do Conselho de Segurança, pela direção estratégica de todas as forças armadas postas à disposição do dito Conselho. As questões relativas ao comando dessas forças serão resolvidas ulteriormente.

4. A Comissão de Estado Maior, com autorização do Conselho de Segurança e depois de consultar os organismos regionais adequados, poderá estabelecer sob-comissões regionais.

ANOTAÇÕES

ANOTAÇÕES

Artigo 48.

1. A ação necessária ao cumprimento das decisões do Conselho de Segurança para manutenção da paz e da segurança internacionais será levada a efeito por todos os Membros das Nações Unidas ou por alguns deles, conforme seja determinado pelo Conselho de Segurança.

2. Essas decisões serão executas pelos Membros das Nações Unidas diretamente e, por seu intermédio, nos organismos internacionais apropriados de que façam parte.

Artigo 49. Os Membros das Nações Unidas prestar-se-ão assistência mútua para a execução das medidas determinadas pelo Conselho de Segurança.

Artigo 50. No caso de serem tomadas medidas preventivas ou coercitivas contra um Estado pelo Conselho de Segurança, qualquer outro Estado, Membro ou não das Nações unidas, que se sinta em presença de problemas especiais de natureza econômica, resultantes da execução daquelas medidas, terá o direito de consultar o Conselho de Segurança a respeito da solução de tais problemas.

Artigo 51. Nada na presente Carta prejudicará o direito inerente de legítima defesa individual ou coletiva no caso de ocorrer um ataque armado contra um Membro das Nações Unidas, até que o Conselho de Segurança tenha tomado as medidas necessárias para a manutenção da paz e da segurança internacionais. As medidas tomadas pelos Membros no exercício desse direito de legítima defesa serão comunicadas imediatamente ao Conselho de Segurança e não deverão, de modo algum, atingir a autoridade e a responsabilidade que a presente Carta atribui ao Conselho para levar a efeito, em qualquer tempo, a ação que julgar necessária à manutenção ou ao restabelecimento da paz e da segurança internacionais.

CAPÍTULO VIII - ACORDOS REGIONAIS

Artigo 52.

1. Nada na presente Carta impede a existência de acordos ou de entidades regionais, destinadas a tratar dos assuntos relativos à manutenção da paz e da segurança internacionais que forem suscetíveis de uma ação regional, desde que tais acordos ou entidades regionais e suas atividades sejam compatíveis com os Propósitos e Princípios das Nações Unidas.

2. Os Membros das Nações Unidas, que forem parte em tais acordos ou que constituírem tais entidades, empregarão todo os esforços para chegar a uma solução pacífica das controvérsias locais por meio desses acordos e entidades regionais, antes de as submeter ao Conselho de Segurança.

3. O Conselho de Segurança estimulará o desenvolvimento da solução pacífica de controvérsias locais mediante os referidos acordos ou entidades regionais, por iniciativa dos Estados interessados ou a instância do próprio conselho de Segurança.

4. Este Artigo não prejudica, de modo algum, a aplicação dos Artigos 34 e 35.

Artigo 53.

1. O conselho de Segurança utilizará, quando for o caso, tais acordos e entidades regionais para uma ação coercitiva sob a sua própria autoridade. Nenhuma ação coercitiva será, no entanto, levada a efeito de conformidade com acordos ou entidades regionais sem autorização do Conselho de Segurança, com exceção das medidas contra um Estado inimigo como está definido no parágrafo 2 deste Artigo, que forem determinadas em consequência do Artigo 107 ou em acordos regionais destinados a impedir a renovação de uma política agressiva por parte de qualquer desses Estados, até o momento em que a Organização possa, a pedido dos Governos interessados, ser incumbida de impedir toda nova agressão por parte de tal Estado.

2. O termo Estado inimigo, usado no parágrafo 1 deste Artigo, aplica-se a qualquer Estado que, durante a Segunda Guerra Mundial, foi inimigo de qualquer signatário da presente Carta.

ANOTAÇÕES

Artigo 54. O Conselho de Segurança será sempre informado de toda ação empreendida ou projetada de conformidade com os acordos ou entidades regionais para manutenção da paz e da segurança internacionais.

CAPÍTULO IX - COOPERAÇÃO ECONÔMICA E SOCIAL INTERNACIONAL

Artigo 55. Com o fim de criar condições de estabilidade e bem estar, necessárias às relações pacíficas e amistosas entre as Nações, baseadas no respeito ao princípio da igualdade de direitos e da autodeterminação dos povos, as Nações Unidas favorecerão:

a) níveis mais altos de vida, trabalho efetivo e condições de progresso e desenvolvimento econômico e social;

b) a solução dos problemas internacionais econômicos, sociais, sanitários e conexos; a cooperação internacional, de caráter cultural e educacional; e

c) o respeito universal e efetivo dos direitos humanos e das liberdades fundamentais para todos, sem distinção de raça, sexo, língua ou religião.

Artigo 56. Para a realização dos propósitos enumerados no Artigo 55, todos os Membros da Organização se comprometem a agir em cooperação com esta, em conjunto ou separadamente.

Artigo 57.

1. As várias entidades especializadas, criadas por acordos intergovernamentais e com amplas responsabilidades internacionais, definidas em seus instrumentos básicos, nos campos econômico, social, cultural, educacional, sanitário e conexos, serão vinculadas às Nações Unidas, de conformidade com as disposições do Artigo 63.

2. Tais entidades assim vinculadas às Nações Unidas serão designadas, daqui por diante, como entidades especializadas.

Artigo 58. A Organização fará recomendação para coordenação dos programas e atividades das entidades especializadas.

Artigo 59. A Organização, quando julgar conveniente, iniciará negociações entre os Estados interessados para a criação de novas entidades especializadas que forem necessárias ao cumprimento dos propósitos enumerados no Artigo 55.

Artigo 60. A assembleia Geral e, sob sua autoridade, o Conselho Econômico e Social, que dispões, para esse efeito, da competência que lhe é atribuída no Capítulo X, são incumbidos de exercer as funções da Organização estipuladas no presente Capítulo.

CAPÍTULO X - CONSELHO ECONÔMICO E SOCIAL

Composição

Artigo 61.

1. O Conselho Econômico e Social será composto de cinquenta e quatro Membros das Nações Unidas eleitos pela assembleia Geral.

2 De acordo com os dispositivos do parágrafo 3, dezoito Membros do Conselho Econômico e Social serão eleitos cada ano para um período de três anos, podendo, ao terminar esse prazo, ser reeleitos para o período seguinte.

3. Na primeira eleição a realizar-se depois de elevado de vinte e sete para cinquenta e quatro o número de Membros do Conselho Econômico e Social, além dos Membros que forem eleitos para substituir os nove Membros, cujo mandato expira no fim desse ano, serão eleitos outros vinte e sete Membros. O mandato de nove destes vinte e sete Membros suplementares assim eleitos expirará no fim de um ano e o de nove outros no fim de dois anos, de acordo com o que for determinado pela assembleia Geral.

4. Cada Membro do Conselho Econômico e social terá nele um representante.

Funções e atribuições

Artigo 62.

1. O Conselho Econômico e Social fará ou iniciará estudose relatórios a respeito de assuntos internacionais de caráter econômico, social, cultural, educacional, sanitário e conexos e poderá fazer recomendações a respeito de tais assuntos à assembleia Geral, aos Membros das Nações Unidas e às entidades especializadas interessadas.
2. Poderá, igualmente, fazer recomendações destinadas a promover o respeito e a observância dos direitos humanos e das liberdades fundamentais para todos.
3. Poderá preparar projetos de convenções a serem submetidos à assembleia Geral, sobre assuntos de sua competência.
4. Poderá convocar, de acordo com as regras estipuladas pelas Nações Unidas, conferências internacionais sobre assuntos de sua competência.

Artigo 63.

1. O conselho Econômico e Social poderá estabelecer acordos com qualquer das entidades a que se refere o Artigo 57, a fim de determinar as condições em que a entidade interessada será vinculada às Nações Unidas. Tais acordos serão submetidos à aprovação da assembleia Geral.
2. Poderá coordenar as atividades das entidades especializadas, por meio de consultas e recomendações às mesmas e de recomendações à assembleia Geral e aos Membros das Nações Unidas.

Artigo 64.

1. O Conselho Econômico e Social poderá tomar as medidasadequadas a fim de obter relatórios regulares das entidades especializadas. Poderá entrar em entendimentos com os Membros das Nações Unidas e com as entidades especializadas, a fim de obter relatórios sobre as medidas tomadas para cumprimento de suas próprias recomendações e das que forem feitas pelas assembleia Geral sobre assuntos da competência do Conselho.
2. Poderá comunicar à assembleia Geral suas observações a respeito desses relatórios.

Artigo 65. O Conselho Econômico e Social poderá fornecer informações ao Conselho de Segurança e, a pedido deste, prestar-lhe assistência.

Artigo 66.

1. O Conselho Econômico e Social desempenhará as funçõesque forem de sua competência em relação ao cumprimento das recomendações da assembleia Geral.
2. Poderá mediante aprovação da assembleia Geral, prestar os serviços que lhe forem solicitados pelos Membros das Nações unidas e pelas entidades especializadas.
3. Desempenhará as demais funções específicas em outras partes da presente Carta ou as que forem atribuídas pela assembleia Geral.

Votação

Artigo 67.

1. Cada Membro do Conselho Econômico e Social terá um voto.
2. As decisões do Conselho Econômico e Social serão tomadas por maioria dos membros presentes e votantes.

Processo

Artigo 68. O Conselho Econômico e Social criará comissões para os assuntos econômicos e sociais e a proteção dos direitos humanos assim como outras comissões que forem necessárias para o desempenho de suas funções.

Artigo 69. O Conselho Econômico e Social poderá convidar qualquer Membro das Nações Unidas a tomar parte, sem voto, em suas deliberações sobre qualquer assunto que interesse particularmente a esse Membro.

ANOTAÇÕES

Artigo 70. O Conselho Econômico e Social poderá entrar em entendimentos para que representantes das entidades especializadas tomem parte, sem voto, em suas deliberações e nas das comissões por ele criadas, e para que os seus próprios representantes tomem parte nas deliberações das entidades especializadas.

Artigo 71. O Conselho Econômico e Social poderá entrar nos entendimentos convenientes para a consulta com organizações não governamentais, encarregadas de questões que estiverem dentro da sua própria competência. Tais entendimentos poderão ser feitos com organizações internacionais e, quando for o caso, com organizações nacionais, depois de efetuadas consultas com o Membro das Nações Unidas no caso.

Artigo 72.

1. O Conselho Econômico e Social adotará seu próprio regulamento, que incluirá o método de escolha de seu Presidente.
2. O Conselho Econômico e Social reunir-se-á quando for necessário, de acordo com o seu regulamento, o qual deverá incluir disposições referentes à convocação de reuniões a pedido da maioria dos Membros.

CAPÍTULO XI - DECLARAÇÃO RELATIVA A TERRITÓRIOS SEM GOVERNO PRÓPRIO

Artigo 73. Os Membros das Nações Unidas, que assumiram ou assumam responsabilidades pela administração de territórios cujos povos não tenham atingido a plena capacidade de se governarem a si mesmos, reconhecem o princípio de que os interesses dos habitantes desses territórios são da mais alta importância, e aceitam, como missão sagrada, a obrigação de promover no mais alto grau, dentro do sistema de paz e segurança internacionais estabelecido na presente Carta, o bem-estar dos habitantes desses territórios e, para tal fim, se obrigam a:

a) assegurar, com o devido respeito à cultura dos povos interessados, o seu progresso político, econômico, social e educacional, o seu tratamento equitativo e a sua proteção contra todo abuso;

b) desenvolver sua capacidade de governo próprio, tomar devida nota das aspirações políticas dos povos e auxiliá-los no desenvolvimento progressivo de suas instituições políticas livres, de acordo com as circunstâncias peculiares a cada território e seus habitantes e os diferentes graus de seu adiantamento;

c) consolidar a paz e a segurança internacionais;

d) promover medidas construtivas de desenvolvimento, estimular pesquisas, cooperar uns com os outros e, quando for o caso, com entidades internacionais especializadas, com vistas à realização prática dos propósitos de ordem social, econômica ou científica enumerados neste Artigo; e

e) transmitir regularmente ao Secretário-Geral, para fins de informação, sujeitas às reservas impostas por considerações de segurança e de ordem constitucional, informações estatísticas ou de outro caráter técnico, relativas às condições econômicas, sociais e educacionais dos territórios pelos quais são respectivamente responsáveis e que não estejam compreendidos entre aqueles a que se referem os Capítulos XII e XIII da Carta.

Artigo 74. Os Membros das Nações Unidas concordam também em que a sua política com relação aos territórios a que se aplica o presente Capítulo deve ser baseada, do mesmo modo que a política seguida nos respectivos territórios metropolitanos, no princípio geral de boa vizinhança, tendo na devida conta os interesses e o bem-estar do resto do mundo no que se refere às questões sociais, econômicas e comerciais.

ANOTAÇÕES

ANOTAÇÕES

CAPÍTULO XII - SISTEMA INTERNACIONAL DE TUTELA

Artigo 75. As nações Unidas estabelecerão sob sua autoridade um sistema internacional de tutela para a administração e fiscalização dos territórios que possam ser colocados sob tal sistema em consequência de futuros acordos individuais. Esses territórios serão, daqui em diante, mencionados como territórios tutelados.

Artigo 76. Os objetivos básicos do sistema de tutela, de acordo com os Propósitos das Nações Unidas enumerados no Artigo 1 da presente Carta serão:

a) favorecer a paz e a segurança internacionais;

b) fomentar o progresso político, econômico, social e educacional dos habitantes dos territórios tutelados e o seu desenvolvimento progressivo para alcançar governo próprio ou independência, como mais convenha às circunstâncias particulares de cada território e de seus habitantes e aos desejos livremente expressos dos povos interessados e como for previsto nos termos de cada acordo de tutela;

c) estimular o respeito aos direitos humanos e às liberdades fundamentais para todos, sem distinção de raça, sexo língua ou religião e favorecer o reconhecimento da interdependência de todos os povos; e

d) assegurar igualdade de tratamento nos domínios social, econômico e comercial para todos os Membros das nações Unidas e seus nacionais e, para estes últimos, igual tratamento na administração da justiça, sem prejuízo dos objetivos acima expostos e sob reserva das disposições do Artigo 80.

Artigo 77.

1. O sistema de tutela será aplicado aos territórios das categorias seguintes, que venham a ser colocados sob tal sistema por meio de acordos de tutela:

a) territórios atualmente sob mandato;

b) territórios que possam ser separados de Estados inimigos em consequência da Segunda Guerra Mundial; e

c) territórios voluntariamente colocados sob tal sistema por Estados responsáveis pela sua administração.

2. Será objeto de acordo ulterior a determinação dos territórios das categorias acima mencionadas a serem colocados sob o sistema de tutela e das condições em que o serão.

Artigo 78. O sistema de tutela não será aplicado a territórios que se tenham tornado Membros das Nações Unidas, cujas relações mútuas deverão basear-se no respeito ao princípio da igualdade soberana.

Artigo 79. As condições de tutela em que cada território será colocado sob este sistema, bem como qualquer alteração ou emenda, serão determinadas por acordo entre os Estados diretamente interessados, inclusive a potência mandatária no caso de território sob mandato de um Membro das Nações Unidas e serão aprovadas de conformidade com as disposições dos Artigos 83 e 85.

Artigo 80.

1. Salvo o que for estabelecido em acordos individuais de tutela, feitos de conformidade com os Artigos 77, 79 e 81, pelos quais se coloque cada território sob este sistema e até que tais acordos tenham sido concluídos, nada neste Capítulo será interpretado como alteração de qualquer espécie nos direitos de qualquer Estado ou povo ou dos termos dos atos internacionais vigentes em que os Membros das Nações Unidas forem partes.

2. O parágrafo 1 deste Artigo não será interpretado como motivo para demora ou adiamento da negociação e conclusão de acordos destinados a colocar territórios dentro do sistema de tutela, conforme as disposições do Artigo 77.

Artigo 81. O acordo de tutela deverá, em cada caso, incluir as condições sob as quais o território tutelado será administrado e designar a autoridade que exercerá essa administração. Tal autoridade, daqui por diante chamada a autoridade administradora, poderá ser um ou mais Estados ou a própria Organização.

ANOTAÇÕES

Artigo 82. Poderão designar-se, em qualquer acordo de tutela, uma ou várias zonas estratégicas, que compreendam parte ou a totalidade do território tutelado a que o mesmo se aplique, sem prejuízo de qualquer acordo ou acordos especiais feitos de conformidade com o Artigo 43.

Artigo 83.

1. Todas as funções atribuídas às Nações Unidas relativamente às zonas estratégicas, inclusive a aprovação das condições dos acordos de tutela, assim como de sua alteração ou emendas, serão exercidas pelo Conselho de Segurança.

2. Os objetivos básicos enumerados no Artigo 76 serão aplicáveis aos habitantes de cada zona estratégica.

3. O Conselho de Segurança, ressalvadas as disposições dos acordos de tutela e sem prejuízo das exigências de segurança, poderá valer-se da assistência do Conselho de Tutela para desempenhar as funções que cabem às Nações Unidas pelo sistema de tutela, relativamente a matérias políticas, econômicas, sociais ou educacionais dentro das zonas estratégicas.

Artigo 84. A autoridade administradora terá o dever de assegurar que o território tutelado preste sua colaboração à manutenção da paz e da segurança internacionais. para tal fim, a autoridade administradora poderá fazer uso de forças voluntárias, de facilidades e da ajuda do território tutelado para o desempenho das obrigações por ele assumidas a este respeito perante o Conselho de Segurança, assim como para a defesa local e para a manutenção da lei e da ordem dentro do território tutelado.

Artigo 85.

1. As funções das Nações Unidas relativas a acordos de tutela para todas as zonas não designadas como estratégias, inclusive a aprovação das condições dos acordos de tutela e de sua alteração ou emenda , serão exercidas pela assembleia Geral.

2. O Conselho de Tutela, que funcionará sob a autoridade da assembleia Geral, auxiliará esta no desempenho dessas atribuições.

CAPÍTULO XIII - CONSELHO DE TUTELA

Composição

Artigo 86.

1. O Conselho de Tutela será composto dos seguintes Membros das Nações Unidas:

a) os Membros que administrem territórios tutelados;

b) aqueles dentre os Membros mencionados nominalmente no Artigo 23, que não estiverem administrando territórios tutelados; e

c) quantos outros Membros eleitos por um período de três anos, pela assembleia Geral, sejam necessários para assegurar que o número total de Membros do Conselho de Tutela fique igualmente dividido entre os Membros das Nações Unidas que administrem territórios tutelados e aqueles que o não fazem.

2. Cada Membro do Conselho de Tutela designará uma pessoa especialmente qualificada para representá-lo perante o Conselho.

Artigo 87. A assembleia Geral e, sob a sua autoridade, o Conselho de Tutela, no desempenho de suas funções, poderão:

a) examinar os relatórios que lhes tenham sido submetidos pela autoridade administradora;

b) Aceitar petições e examiná-las, em consulta com a autoridade administradora;

c) providenciar sobre visitas periódicas aos territórios tutelados em épocas ficadas de acordo com a autoridade administradora; e

d) tomar estas e outras medidas de conformidade com os termos dos acordos de tutela.

Artigo 88. O Conselho de Tutela formulará um questionário sobre o adiantamento político, econômico, social e educacional dos habitantes de cada território tutelado e a autoridade administradora de cada um destes territórios, dentro da competência da assembleia Geral, fará um relatório anual à Assembléia, baseado no referido questionário.

Votação

Artigo 89.

1. Cada Membro do Conselho de Tutela terá um voto.
2. As decisões do Conselho de Tutela serão tomadas poruma maioria dos membros presentes e votantes.

Processo

Artigo 90.

1. O Conselho de Tutela adotará seu próprio regulamento que incluirá o método de escolha de seu Presidente.
2. O Conselho de Tutela reunir-se-á quando for necessário, de acordo com o seu regulamento, que incluirá uma disposição referente à convocação de reuniões a pedido da maioria dos seus membros.

Artigo 91. O Conselho de Tutela valer-se-á, quando for necessário,da colaboração do Conselho Econômico e Social e das entidades especializadas, a respeito das matérias em que estas e aquele sejam respectivamente interessados.

CAPÍTULO XIV - A CORTE INTERNACIONAL DE JUSTIÇA

Artigo 92. A Corte Internacional de Justiça será o principal órgão judiciário das Nações Unidas. Funcionará de acordo com o Estatuto anexo, que é baseado no Estatuto da Corte Permanente de Justiça Internacional e faz parte integrante da presente Carta.

Artigo 93.

1. Todos os Membros das Nações Unidas são ipso facto partes do Estatuto da Corte Internacional de Justiça.
2. Um Estado que não for Membro das Nações Unidas poderá tornar-se parte no Estatuto da Corte Internacional de Justiça, em condições que serão determinadas, em cada caso, pela assembleia Geral, mediante recomendação do Conselho de Segurança.

Artigo 94.

1. Cada Membro das Nações Unidas se compromete a conformarse com a decisão da Corte Internacional de Justiça em qualquer caso em que for parte.
2. Se uma das partes num caso deixar de cumprir as obrigações que lhe incumbem em virtude de sentença proferida pela Corte, a outra terá direito de recorrer ao Conselho de Segurança que poderá, se julgar necessário, fazer recomendações ou decidir sobre medidas a serem tomadas para o cumprimento da sentença.

Artigo 95. Nada na presente Carta impedirá os Membros das Nações Unidas de confiarem a solução de suas divergências a outros tribunais, em virtude de acordos já vigentes ou que possam ser concluídos no futuro.

Artigo 96.

1. A assembleia Geral ou o Conselho de Segurança poderá solicitar parecer consultivo da Corte Internacional de Justiça, sobre qualquer questão de ordem jurídica.
2. Outros órgãos das Nações Unidas e entidades especializadas, que forem em qualquer época devidamente autorizados pela assembleia Geral, poderão também solicitar pareceres consultivos da Corte sobre questões jurídicas surgidas dentro da esfera de suas atividades.

CAPÍTULO XV - O SECRETARIADO

Artigo 97. O Secretariado será composto de um Secretário-Geral e do pessoal exigido pela Organização. O Secretário-Geral será indicado pela assembleia Geral mediante a recomendação do Conselho de Segurança. Será o principal funcionário administrativo da Organização.

Artigo 98. O Secretário-Geral atuará neste caráter em todas as reuniões da assembleia Geral, do Conselho de Segurança, do Conselho Econômico e Social e do Conselho de Tutela e desempenhará outras funções que lhe forem atribuídas por estes órgãos. O Secretário-Geral fará um relatório anual à assembleia Geral sobre os trabalhos da Organização.

Artigo 99. O Secretário-Geral poderá chamar a atenção do Conselho de Segurança para qualquer assunto que em sua opinião possa ameaçar a manutenção da paz e da segurança internacionais.

Artigo 100.

1. No desempenho de seus deveres, o Secretário-Geral e o pessoal do Secretariado não solicitarão nem receberão instruções de qualquer governo ou de qualquer autoridade estranha à organização. Abster-se-ão de qualquer ação que seja incompatível com a sua posição de funcionários internacionais responsáveis somente perante a Organização.
2. Cada Membro das Nações Unidas se compromete a respeitar o caráter exclusivamente internacional das atribuições do Secretário-Geral e do pessoal do Secretariado e não procurará exercer qualquer influência sobre eles, no desempenho de suas funções.

Artigo 101.

1. O pessoal do Secretariado será nomeado pelo Secretário Geral, de acordo com regras estabelecidas pela assembleia Geral.
2. Será também nomeado, em caráter permanente, o pessoal adequado para o Conselho Econômico e Social, o conselho de Tutela e, quando for necessário, para outros órgãos das Nações Unidas. Esses funcionários farão parte do Secretariado.
3. A consideração principal que prevalecerá na escolha do pessoal e na determinação das condições de serviço será a da necessidade de assegurar o mais alto grau de eficiência, competência e integridade. Deverá ser levada na devida conta a importância de ser a escolha do pessoal feita dentro do mais amplo critério geográfico possível.

CAPÍTULO XVI - DISPOSIÇÕES DIVERSAS

Artigo 102.

1. Todo tratado e todo acordo internacional, concluídos por qualquer Membro das Nações Unidas depois da entrada em vigor da presente Carta, deverão, dentro do mais breve prazo possível, ser registrados e publicados pelo Secretariado.
2. Nenhuma parte em qualquer tratado ou acordo internacional que não tenha sido registrado de conformidade com as disposições do parágrafo 1 deste Artigo poderá invocar tal tratado ou acordo perante qualquer órgão das Nações Unidas.

Artigo 103. No caso de conflito entre as obrigações dos Membros das Nações Unidas, em virtude da presente Carta e as obrigações resultantes de qualquer outro acordo internacional, prevalecerão as obrigações assumidas em virtude da presente Carta.

Artigo 104. A Organização gozará, no território de cada um de seus Membros, da capacidade jurídica necessária ao exercício de suas funções e à realização de seus propósitos.

Artigo 105.

1. A Organização gozará, no território de cada um de seus Membros, dos privilégios e imunidades necessários à realização de seus propósitos.
2. Os representantes dos Membros das Nações Unidas e os funcionários da Organização gozarão, igualmente, dos privilégios e imunidades necessários ao exercício independente de sus funções relacionadas com a Organização.

ANOTAÇÕES

ANOTAÇÕES

3. A assembleia Geral poderá fazer recomendações com o fim de determinar os pormenores da aplicação dos parágrafos 1 e 2 deste Artigo ou poderá propor aos Membros das Nações Unidas convenções nesse sentido.

CAPÍTULO XVII - DISPOSIÇÕES TRANSITÓRIAS SOBRE SEGURANÇA

Artigo 106. Antes da entrada em vigor dos acordos especiais a que se refere o Artigo 43, que, a juízo do Conselho de Segurança, o habilitem ao exercício de suas funções previstas no Artigo 42, as partes na Declaração das Quatro Nações, assinada em Moscou, a 30 de outubro de 1943, e a França, deverão, de acordo com as disposições do parágrafo 5 daquela Declaração, consultar-se entre si e, sempre que a ocasião o exija, com outros Membros das Nações Unidas a fim de ser levada a efeito, em nome da Organização, qualquer ação conjunta que se torne necessária à manutenção da paz e da segurança internacionais.

Artigo 107. Nada na presente Carta invalidará ou impedirá qualquer ação que, em relação a um Estado inimigo de qualquer dos signatários da presente Carta durante a Segunda Guerra Mundial, for levada a efeito ou autorizada em consequência da dita guerra, pelos governos responsáveis por tal ação.

CAPÍTULO XVIII - EMENDAS

Artigo 108. As emendas à presente Carta entrarão em vigor para todos os Membros das Nações Unidas, quando forem adotadas pelos votos de dois terços dos membros da assembleia Geral e ratificada de acordo com os seus respectivos métodos constitucionais por dois terços dos Membros das Nações Unidas, inclusive todos os membros permanentes do Conselho de Segurança.

Artigo 109.

1. Uma Conferência Geral dos Membros das Nações Unidas, destinada a rever a presente Carta, poderá reunir-se em data e lugar a serem fixados pelo voto de dois terços dos membros da assembleia Geral e de nove membros quaisquer do Conselho de Segurança. Cada Membro das Nações Unidas terá voto nessa Conferência.
2. Qualquer modificação à presente Carta, que for recomendada por dois terços dos votos da Conferência, terá efeito depois de ratificada, de acordo com os respectivos métodos constitucionais, por dois terços dos Membros das Nações Unidas, inclusive todos os membros permanentes do Conselho de Segurança.
3. Se essa Conferência não for celebrada antes da décima sessão anual da assembleia Geral que se seguir à entrada em vigor da presente Carta, a proposta de sua convocação deverá figurar na agenda da referida sessão da assembleia Geral, e a Conferência será realizada, se assim for decidido por maioria de votos dos membros da assembleia Geral, e pelo voto de sete membros quaisquer do Conselho de Segurança.

CAPÍTULO XIX - RATIFICAÇÃO E ASSINATURA

Artigo 110.

1. A presente Carta deverá ser ratificada pelos Estados signatários, de acordo com os respectivos métodos constitucionais.
2. As ratificações serão depositadas junto ao Governo dos Estados Unidos da América, que notificará de cada depósito todos os Estados signatários, assim como o Secretário-Geral da Organização depois que este for escolhido.
3. A presente Carta entrará em vigor depois do depósito de ratificações pela República da China, França, união das Repúblicas Socialistas Soviéticas, Reino Unido da Grã Bretanha e Irlanda do Norte e Estados Unidos da América e ela maioria dos outros Estados signatários. O Governo dos Estados Unidos da América organizará, em seguida, um protocolo das ratificações depositadas, o qual será comunicado, por meio de cópias, aos Estados signatários.
4. Os Estados signatários da presente Carta, que a ratificarem depois de sua entrada em vigor tornar-se-ão membros fundadores das Nações Unidas, na data do depósito de suas respectivas ratificações.

Artigo 111. A presente Carta, cujos textos em chinês, francês, russo, inglês, e espanhol fazem igualmente fé, ficará depositada nos arquivos do Governo dos Estados Unidos da América. Cópias da mesma, devidamente autenticadas, serão transmitidas por este último Governo aos dos outros Estados signatários.

Em fé do que, os representantes dos Governos das Nações Unidas assinaram a presente Carta.

Feita na cidade de São Francisco, aos vinte e seis dias do mês de junho de mil novecentos e quarenta e cinco.

4. ESTATUTO DA CORTE INTERNACIONAL DE JUSTIÇA

Artigo 1. A Corte Internacional de Justiça, estabelecida pela Carta das Nações Unidas como o principal órgão judiciário das Nações Unidas, será constituída e funcionará de acôrdo com as disposições do presente Estatuto.

CAPÍTULO I - ORGANIZAÇÃO DA CORTE

Artigo 2. a Corte será composta de um corpo de juízes independentes, eleitos sem atenção à sua nacionalidade, entre pessoas que gozem de alta consideração moral e possuam as condições exigidas em seus respectivos países para o desempenho das mais altas funções judiciárias, ou que sejam jurisconsultos de reconhecida competência em direito internacional.

Artigo 3.

1. A Corte será composta de quinze membros, não podendo configurar entre êles dois nacionais do mesmo Estado.
2. A pessoa que possa ser considerada nacional de mais de. um Estado será, para efeito de sua inclusão como membro da Corte, considerada nacional do Estado em que exercer ordinariamente seus direitos civis e políticos.

Artigo 4.

1. Os membros da Corte serão eleitos pela assembleia Geral e pelo Conselho de Segurança de uma lista de pessoas apresentadas pelos grupos nacionais da Corte Permanente de Arbitragem, de acôrdo com as disposições seguintes.
2. Quando se tratar de Membros das Nações Unidas não representados na Corte Permanente de Arbitragem, os candidatos serão apresentador por grupos nacionais designados para êsse fim pelos seus Governos, nas mesmas condições que as estipuladas para os membros da Corte Permanente de Arbitragem pelo art. 44 da Convenção de Haia, de 1907, referente à solução pacífica das controvérsias internacionais.
3. As condições pelas quais um Estado, que é parte no presente Estatuto, sem ser Membro das Nações Unidas, poderá participar na eleição dos membros da Corte, serão, na falta de acôrdo especial, determinadas pela assembleia Geral mediante recomendação do Conselho de Segurança.

Artigo 5.

1. Três meses, pelo menos antes da data da eleição, o Secretário Geral das Nações Unidas convidará, por escrito, os membros da Corte Permanente de Arbitragem pertencentes a Estados que sejam partes no presente Estatuto, e os membros dos grupos nacionais designados de conformidade com o art. 5, parágrafo 2, para que indiquem, por grupos nacionais, dentro de um prazo estabelecido, os nomes das pessoas em condições de desempenhar as funções de membro da Corte.

ANOTAÇÕES

2. Nenhum grupo deverá indicar mais de quatro pessoas, das quais. no máximo, duas poderão ser de sua nacionalidade. Em nenhum caso o número dos candidatos indicados por um grupo poderá ser maior do que o ,dôbro dos lugares a serem preenchidos.

Artigo 6. Recomenda-se que, antes de fazer estas indicações, cada.. grupo nacional consulte sua mais a!ta Corte de justiça, suas faculdades e escolas de direito, suas academias nacionais e as seções nacionais de academias internacionais dedicada ao estudo de direito.

Artigo 7.

1. O Secretário Geral preparará uma lista, por ordem alfabética, de tôdas as pessoas assim indicadas. Salvo o caso. previsto no art. 12, parágrafo 2, serão elas as únicas pessoas elegíveis.

2. O Secretário Geral . submeterá essa .lista à assembleia Geral e ao Conselho de Segurança.

Artigo 8. A assembleia Geral e o Conselho de Segurança procederão, independentemente um do outro, à eleição dos membras da Corte.

Artigo 9. Em cada eleição, os eleitores devem ter presente não só que as pessoas a serem eleitas possuam individualmente as condições exigidas, mas também que, no conjunto dêsse órgão judiciário, seja assegurada a representação das mais altas formas da civilização e dos principais sistemas jurídicos do mundo.

Artigo 10.

1. Os candidatos que obtiverem maioria absoluta de votos na assembleia Geral e no Conselho de Segurança serão considerados eleitos.

2. Nas votações do Conselho de Segurança, quer para a eleição ,dos juizes, quer para a nomeação dos membros da comissão prevista no artigo 12, não haverá qualquer distinção entre membros permanentes e não permanentes do Conselho de Segurança.

3. No caso em que a maioria absoluta de votos, tanto da assembleia Geral quanto do Conselho de Segurança, contemple mais de Um nacional do mesmo Estado, o mais velho dos dois será considerado eleito.

Artigo 11. Se, depois da primeira reunião convocada para fins de eleição, um ou mais lugares continuarem vagos, deverá ser realizada uma segunda e, se fôr necessário, uma terceira reunião.

Artigo 12.

1. Se, depois da terceira reunião, um ou mais lugares ainda continuarem vagos, uma comissão, composta de seis membros, três indicados pela assembleia Geral e três pelo Conselho de Segurança, poderá ser formada em qualquer momento, por, solicitação da assembleia ou do Conselho de Segurança, com o fim de escolher, por maioria absoluta de votos, um nome para cada lugar ainda vago, o qual será submetido à assembleia Geral e ao Conselho de Segurança para sua respectiva aceitação.

2. A Comissão Mista, caso concorde unânimente com a escolha de uma pessoa que preencha as condições exigidas, poderá incluí-la em sua lista, ainda que a mesma não tenha figurado na lista de indicações a que se refere o artigo 7.

3. Se a Comissão Mista chegar à convicção de que não logrará resultados com uma eleição, os membros já eleitos da Corte deverão, dentro de um prazo a ser fixado pelo Conselho de Segurança, preencher os lugares vagos, e o farão por escolha de entre os candidatos que tenham obtido votos na Assebléia Geral ou no Conselho de Segurança.

4. No caso de um empate na votação dos juízes, o mais velho dêles terá voto decisivo.

Artigo 13.

1. Os membros da, Corte serão eleitos por nove anos e poderão ser reeleitos; fica estabelecido, entretanto, que, dos juizes eleitos na primeira eleição, cinco terminarão suas funções no fim de um período de três anos, e outros cinco no fim de um período de seis anos.

ANOTAÇÕES

2. Os juízes cujas funções deverão terminar no fim dos referidos períodos iniciais de três e seis anos serão escolhidos por sorteio, que será efetuado pelo Secretário Geral imediatamente depois de terminada a primeira eleição.

3. Os membros da Corte continuarão no desempenho de suas funções até que suas vagas tenham sido preenchidas. Ainda depois de substituídos, deverão terminar qualquer questão cujo estudo tenham começado.

4. No caso de renúncia de um membro da Corte, o pedido de demissão deverá ser dirigido ao Presidente da Corte que o transmitirá ao Secretário Geral. Esta última notificação significará a abertura da vaga.

Artigo 14. As vagas serão preenchidas pelo metodo estabelecido para a primeira eleição, de acôrdo com a seguinte disposição: o Secretário Geral, dentro de um mês a contar da abertura da vaga, expedirá os convites a que se refere o art. 5, e a data da eleição será fixada pelo Conselho de Segurança.

Artigo 15. O membro da Corte eleito na vaga de um membro que não terminou seu mandato, completará o período do mandato do seu predecessor.

Artigo 16.

1. Nenhum membro da Corte poderá exercer qualquer função política ou administrativa, ou dedicar-se a outra ocupação de natureza profissional.

2. Qualquer dúvida a êsse respeito será resolvida por decisão da Corte.

Artigo 17.

1. Nenhum membro da Corte poderá servir como agente, consultor ou advogado em qualquer questão.

2. Nenhum membro poderá participar da decisão de qualquer questão na qual anteriormente tenha intervindo como agente, consultor ou, advogado de uma das partes, como membro de um tribunal nacional ou internacional, ou de uma comissão de inquérito, ou em qualquer outro caráter.

3. Qualquer dúvida a êsse respeito será resolvida por decisão da Corte.

Artigo 18.

1. Nenhum membro da Corte poderá ser demitido, a menos· que, na opinião unânime dos outros membros, tenha deixado de preencher as condições exigidas.

2. O Secretário Geral será disso notificado, oficialmente, pelo Escrivão da Corte.

3. Essa notificação significará a abertura da vaga.

Artigo 19. Os membros da Corte, quando no exercício de suas funções, gozarão dos privilégios e imunidades diplomáticas.

Artigo 20. Todo membro da Corte, antes de assumir as suas funções, fará, em sessão pública, a declaração solene de que exercerá as suas atribuições imparcial e conscienciosamente.

Artigo 21.

1. A Corte elegerá, pelo período de três anos, seu Presidente e seu Vice-Presidente, que poderão ser reeleitos.

2. A Corte nomeará seu Escrivão e providenciará sôbre a nomeação de outros funcionários que sejam necessários.

Artigo 22.

1. A sede da Corte será a cidade de Haia. Isto, entretanto, não impedirá que até aqui a Corte se reúna e exerça suas funções em qualquer outro lugar que considere conveniente.

2. O Presidente e o Escrivão residirão na sede da Corte.

Artigo 23.

1. A Corte funcionará permanentemente, exceto durante as férias judiciárias, cuja data e duração serão por ela fixadas.

2. Os Membros da Corte gozarão de licenças periódicas, cujas datas e duração serão fixadas pela Corte, sendo tomadas em consideração a distância entre a I-laia e o domicílio de cada Juiz.

ANOTAÇÕES

3. Os membros da Corte serão obrigado a ficar permanentemente à disposição da Corte, a menos que estejam em licença ou impedidos de comparecer por motivo de doença ou outra séria razão, devidamente justificada perante o Presidente.

Artigo 24.

1. Se, por qualquer razão especial, o membro da Corte considerar que não deve tomar parte no Julgamento de uma determinada questão, deverá informar disto o Presidente.

2. Se o Presidente considerar que, por uma razão especial, um dos membros da Corte não deve funcionar numa determinada questão, deverá informá-lo disto.

3. Se, em qualquer dêsses casos, o membro da Corte e o Presidente não estiverem de acôrdo, o assunto será resolvido por decisão da Corte.

Artigo 25.

1. A Corte funcionará em sessão plenária, exceto nos casos previstos em contrário no presente capitulo.

2. O regulamento da Corte poderá permitir que um ou mais juizes, de acôrdo com as circunstâncias e rotativamente, sejam dispensados das sessões, contanto que o número de juízes disponíveis para constituir a Corte não seja reduzido a menos de onze.

3. O quorum de, nove juízes será suficiente para constituir a Corte.

Artigo 26.

1. A Corte poderá periodicamente formar uma ou mais Câmaras, compostas de três ou mais juizes, conforme ela mesma determinar, a fim de tratar de questões de caráter especial, como, por exemplo, questões trabalhistas e assuntos referentes a trânsito e comunicações.

2. A Corte poderá, em qualquer tempo, formar uma Câmara para tratar de uma determinada questão. O número de juízes que constituirão essa Câmara será determinado pela Corte, com a aprovação das partes.

3. As questões serão consideradas e resolvidas pelas Câmaras a que se refere o presente artigo, se as partes assim o solicitarem.

Artigo 27. Uma sentença proferida por qualquer das câmaras, a que se referem os artigos 26 e 29, será considerada como sentença emanada da Corte.

Artigo 28. As Câmaras, a que se referem os artigos 26 e 29, poderão, com o consentimento das partes, reunir-se e exercer suas funções fora da cidade de Haia.

Artigo 29. Com o fim de apressar a solução dos assuntos, a Corte formará anualmente uma Câmara, composta de cinco juizes; a qual, a pedido das partes, poderá considerar e resolver sumàriamente as questões. Além dos cinco juizes, serão escolhidos outros dois, que atuarão como substitutos, no impedimento de um daqueles.

Artigo 30.

1. A Corte estabelecera regras para o desempenho de suas funções; especialmente as que se refiram aos métodos processuais.

2. O Regulamento- da Corte disporá sôbre a nomeação de assessores para a Corte ou para qualquer de suas Câmaras, os quais não terão direito a voto.

Artigo 31.

1. Os juizes da mesma nacionalidade de qualquer das partes conservam o direito de funcionar numa questão julgada pela Corte.

2. Se a Corte incluir entre os seus membros um juiz de nacionalidade de uma das partes, qualquer outra parte poderá escolher uma pessoa para funcionar como juiz. Essa pessoa deverá, de preferência, ser escolhida entre os que figuraram entre os candidatos a que se referem os arts. 4 e 5.

3. Se a Corte não incluir entre os seus membros nenhum juiz de nacionalidade das partes, cada uma destas

ANOTAÇÕES

poderá proceder à escolha de um juiz, de conformidade com o parágrafo 2 dêste artigo.

4. As disposições dêste artigo serão aplicadas aos casos previstos nos artigos 26 e 29. Em tais casos, o presidente solicitará a um ou, se necessário a dois dos membros da Corte integrantes da Câmara, que cedam seu lugar aos membros da Corte de nacionalidade das partes interessadas, e, na falta ou impedimento dêstes, aos juízes especialmente escolhidos pelas partes.

5. No caso de haver diversas partes interessadas na mesma questão, elas serão, para os fins das disposições precedentes, consideradas como uma só parte. Qualquer dúvida sôbre êste ponto será resolvida por decisão da Corte.

6. Os juízes escolhidos de conformidade com os parágrafos 2, 3 e 4 dêste artigo deverão preencher as condições exigidas pelos artigos 2, 17 (parágrafo 2) , 20 e 24, do presente Estatuto. Tomarão parte nas decisões em condições de completa igualdade com seus colegas.

Artigo 32.

1. Os membros da Corte perceberão vencimentos anuais.

2. O Presidente receberá, por ano, um subsídio especial.

3. O Vice-Presidente recebera um subsídio especial, correspondente a cada dia em que funcionar como Presidente.

4. Os juízes escolhidos de conformidade com o art. 31, que não sejam membros da Corte, receberão uma remuneração correspondente a cada dia em que exerçam suas funções.

5. Esses vencimentos, subsídios e remunerações serão fixados pela assembleia Geral e não poderão ser diminuídos enquanto durarem os mandatos.

6. Os vencimentos de Escrivão serão fixados pela assembleia Geral, por proposta da Corte.

7. O Regulamento elaborado pela assembleia Geral fixará as condições pelas quais serão concedidas pensões aos membros da Corte e ao Escrivão, e as condições pelas quais os membros da Corte e o Escrivão serão reembolsados de suas despesas de viagem.

8. Os vencimentos, subsídios e remuneração, acima mencionados, estarão livres de qualquer impôsto.

Artigo 33. As despesas da Corte serão custeadas pelas Nações Unidas da maneira que fôr decidida pela assembleia Geral.

CAPÍTULO II - COMPETÊNCIA DA CORTE

Artigo 34.

1. Só os Estados poderão ser partes em questões perante a Corte.

2. Sôbre as questões que lhe forem submetidas, a Corte, nas condições prescritas por seu Regulamento, poderá solicitar Informação, de organizações públicas internacionais, e receberá as informações que lhe forem prestadas, por iniciativa própria, pelas referidas organizações.

3. Sempre que, no Julgamento. de uma questão perante a Corte, fôr discutida a interpretação de instrumento constitutivo de uma organização pública internacional ou de uma convenção internacional adotada em virtude do mesmo, o Escrivão dará conhecimento disso à organização pública internacional interessada e lhe encaminhará cópias de todo o expediente escrito.

Artigo 35.

1. A Corte estará aberta aos Estados que são parte no presente Estatuto.

2. As condições pelas quais a Corte estará aberta a outros Estados serão determinadas, pelo Conselho de Segurança, ressalvadas as disposições especiais dos tratados vigentes; em nenhum caso, porém, tais condições colocarão as partes em posição de desigualdade perante a Corte.

3. Quando um Estado que não é Membro das Nações Unidas fôr parte numa questão, a Corte fixará a importância com que êle deverá, contribuir para as despesas da Corte. Esta disposição não será aplicada, se tal Estado já contribuir para as referidas despesas.

Artigo 36.

1. A competência da Corte abrange tôdas as questões que as partes lhe submetam, bem como todos os assuntos especialmente previstos na Carta das Nações Unidas ou em tratados e convenções em vigor.

2. Os Estados partes no presente Estatuto poderão, em qualquer momento, declarar que reconhecem como obrigatória, ipso facto e sem acôrdo especial, em relação a qualquer outro Estado que aceite a mesma obrigação, a jurisdição da Corte em todas as controvérsias de ordem jurídica que tenham por objeto:

a) a interpretação de um tratado;

b) qualquer ponto de direito internacional;

c) a existência de qualquer fato que, se verificado, constituiria a violação de um compromisso internacional;

d) a natureza ou a extensão da reparação devida pela rutura de um compromisso internacional.

3. As declarações acima mencionadas poderão ser feitas pura e simplesmente ou sob condição de reciprocidade da parte de vários ou de certos Estados, ou por -prazo determinado.

4. Tais declarações serão depositadas junto ao Secretário Geral das Nações Unidas, que as transmitirá, por cópia, às partes contratantes do presente Estatuto e ao Escrivão da Corte.

5. Nas relações entre as partes contratantes do presente Estatuto, as declarações feitas de acôrdo com o artigo 36 do Estatuto da Corte Permanente de Justiça Internacional e que ainda estejam em vigor serão consideradas como importando na aceitação da jurisdição obrigatória da Corte Internacional de Justiça pelo período em que ainda devem vigorar e de conformidade com os seus têrmos.

6. Qualquer controvérsia sôbre a jurisdição da Corte será resolvida por decisão da própria Corte.

Artigo 37. Sempre que um tratado ou convenção em vigor disponha que um assunto deve ser submetido a uma jurisdição a ser instituída pela Liga das Nações, ou à Corte Permanente de Justiça Internacional, o assunto deverá, no que respeita às partes contratantes do presente Estatuto, ser submetido à Corte Internacional de Justiça.

Artigo 38.

1. A Corte, cuja função é decidir de acôrdo com o direito internacional as controvérsias que lhe forem submetidas, aplicará:

a) as convenções internacionais, quer gerais, quer especiais. que estabeleçam regras expressamente reconhecidas pelos Estados litigantes;

b) o costume internacional, como prova de uma prática geral aceita como sendo o direito;

c) os princípios gerais de direito reconhecidos pelas Nações civilizadas;

d) sob ressalva da disposição do art. 59, as decisões judiciárias e a doutrina dos publicistas mais qualificados das diferentes Nações, como meio auxiliar para a determinação das regras de direito.

2. A presente disposição não prejudicará a faculdade da Corte de decidir uma questão ex aeque et bano, se as partes com isto concordarem.

CAPÍTULO III - PROCESSO

Artigo 39.

1. As. línguas oficiais da Corte serão o francês e o inglês. Se as partes concordarem em que todo o processo se efetue em francês, a sentença será proferida em francês. Se as partes concordarem em que todo o processo se efetue em inglês, a sentença será proferida em inglês.

2. Na ausência de acôrdo a respeito da língua que deverá ser empregada; cada parte poderá, em suas alegações, usar a língua que preferir; a sentença da Corte será proferida em francês e em inglês. Neste caso, a Corte determinará ao mesmo tempo qual dos dois textos fará fé.

3. A pedido de uma das partes, a Corte poderá autorizá-la a usar uma língua que não seja o francês ou o inglês.

Artigo 40.

1. As questões serão submetidas à Corte, conforme o caso, por notificação do acôrdo especial ou por uma petição escrita dirigida ao Escrivão. Em qualquer dos casos, o objeto da controvérsia e as partes deverão ser indicados.

2. O Escrivão comunicará imediatamente a petição a todos os interessados.

3. Notificará também os Membros das Nações Unidas por intermédio do Secretário Geral e quaisquer outros Estados com direito a comparecer perante a Corte.

Artigo 41.

1. A Corte terá a faculdade de indicar, se julgar que as circunstâncias o exigem, quaisquer medidas provisórias que devem ser tomadas para preservar os direitos de cada parte.

2. Antes que a sentença seja proferida, as partes e o Conselho de Segurança deverão ser informados imediatamente das medidas sugeridas.

Artigo 42.

1. As partes serão representadas por agentes.

2. Estes terão a assistência de consultores ou advogados, perante a Corte.

3. Os agentes, os consultores e os advogados das partes perante a Corte gozarão dos privilégios e imunidades necessários ao livre exercício de suas atribuições.

Artigo 43.

1. O processo constará de duas fases: uma escrita e outra oral.

2. O processo escrito compreenderá a comunicação, à Corte e, às partes de memórias, contra-memórias e, se necessário, réplicas, assim como quaisquer peças e documentos em apôio das mesmas.

3. Essas comunicações serão feitas por intermédio do Escrivão, na ordem e dentro do prazo fixados pela Corte.

4. Uma cópia autenticada de cada documento apresentado por uma das partes será comunicada à outra parte.

5. O processo oral consistirá na audiência, pela Corte, de testemunhas, peritos, agentes, consultores e advogados.

Artigo 44.

1 Para citação de outras pessoas que não sejam os agentes, os consultores ou advogados, a Corte dirigir-se-á-diretamente ao Govêrno do Estado em cujo território deve ser feita a citação.

2. O mesmo processo será usado sempre que fór necessário providenciar para obter quaisquer meios de prova no lugar do fato.

Artigo 45. Os. debates serão. dirigidos pelo Presidente ou, no impedimento dêste, pelo vice-presidente; se ambos estiverem impossibilitados de presidir, o mais antigo dos Juízes presentes ocupará a presidência.

Artigo 46, As audiências da Corte serão públicas, a menos que a Corte decida de outra maneira em que as partes solicitem a não admissão de público.

Artigo 47.

1. Será lavrada ata de cada audiência, assinada pelo Escrivão e pelo Presidente.

2. Só essa ata fará fé.

Artigo 48. A Corte proferirá decisões sôbre o andamento do processo, a forma e o tempo em que cada parte terminará suas alegações, e tomará tôdas as medidas relacionadas com a apresentação das provas.

Artigo· 49. A Corte poderá, ainda antes do inicio da audiência, intimar os agentes a apresentarem qualquer documento ou a fornecerem quaisquer explicações. Qualquer recusa deverá constar da ata.

Artigo 50. A Corte poderá, em qualquer momento, confiar a qualquer individuo, corporação, repartição, comissão ou outra organização, à sua escolha, a tarefa de proceder a um inquérito ou a uma perícia.

ANOTAÇÕES

Artigo 51. Durante os debates, todas as perguntas de interêsse serão feitas às testemunhas e peritos de conformidade com as condições determinadas pela Corte no .Regulamento a que se refere o artigo 30.

Artigo 52. Depois de receber as provas e depoimentos dentro do prazo fixado para êsse fim, a Corte poderá recusar-se a aceitar qualquer novo depoimento oral ou escrito que uma das partes deseje apresentar, a menos que as outras parte com isso concordem.

Artigo 53.

1. Se uma das partes deixar de comparecer perante a Corte ou de apresentar a sua defesa, a outra parte poderá solicitar à Corte que decida a favor de sua pretensão.
2. A Corte, antes de decidir nesse sentido, deve certificar-se não só de que o assunto é de sua competência, de conformidade com os arts. 36 e 37, mas também de que a pretensão é bem fundada, de fato e de direito.

Artigo 54.

1. Quando os agentes, consultores e advogados tiverem concluído, sob a fiscalização da Corte, a apresentação de sua causa, o Presidente declarará encerrados os debates.
2. A Corte retirar-se-á para deliberar.
3. As deliberações da Corte serão tomadas privadamente e permanecerão secretas.

Artigo 55.

1. Tôdas as questões serão decididas por maioria dos juizes presentes.
2. No caso de empate na votação, o Presidente ou o juiz que funcionar em seu lugar decidirá com o seu voto.

Artigo 56.

1. A sentença deverá declarar as razões em que se funda.
2. Deverá mencionar os nomes dos juízes que tomaram parte na decisão.

Artigo 57. Se a sentença não representar no todo ou em parte a opinião unânime dos juízes, qualquer dêles terá direito de lhe juntar a exposição de sua opinião individual.

Artigo 58. A sentença será assinada pelo Presidente e pelo Escrivão. Deverá ser lida em sessão pública, depois de notificados, devidamente, os agentes.

Artigo 59. A decisão da Corte só será obrigatória para as partes litigantes e a respeito do caso em questão.

Artigo 60. A sentença é definitiva e inapelável. Em caso de controvérsia quanto ao sentido e ao alcance da sentença, caberá à Corte interpretá-la a pedido de qualquer das partes.

Artigo 61.

1. O pedido de revisão de uma sentença só poderá ser feito em razão do descobrimento de algum fato suscetível de exercer influência decisiva, o qual, na ocasião de ser proferida a sentença, era desconhecido da Corte e também da parte que solicita a revisão, contanto que tal desconhecimento não tenha sido devido à negligência.
2. O processo de revisão será aberto por uma sentença da Corte, na qual se consignará expressamente a existência do fato novo, com o reconhecimento do caráter que determina a abertura da revisão e a declaração de que é cabível a solicitação nesse sentido.
3. A Corte poderá subordinar a abertura do processo de revisão à prévia execução da sentença.
4. O pedido de revisão deverá ser feito no prazo máximo de seis meses a partir do descobrimento do fato novo.
5. Nenhum pedido de revisão poderá ser feito depois de transcorridos 10 anos da data da sentença.

Artigo 62.

1. Quando um Estado entender que a decisão de uma causa é suscetível de comprometer um interêsse seu de ordem jurídica, esse Estado poderá solicitar à Corte permissão para intervir em tal causa.
2. A Corte decidirá sôbre êsse pedido.

ANOTAÇÕES

Artigo 63.

1. Quando se tratar da interpretação de uma convenção, da qual forem partes outros Estados, além dos litigantes, o Escrivão notificará imediatamente todos os Estados interessados.
2. Cada Estado assim notificado terá o direito de intervir no processo; mas, se usar dêste direito, a interpretação dada pela sentença será igualmente obrigatória para êle.

Artigo 64. A menos que seja decidido em contrário pela Corte, cada parte pagará suas próprias custas no processo.

CAPÍTULO IV - PARECERES CONSULTIVOS

Artigo 65.

1. A Corte poderá dar parecer consultivo sôbre qualquer questão jurídica a pedido do órgão que, de acôrdo com a Carta das Nações Unidas ou por ela autorizado, estiver em condições de fazer tal pedido.
2. As questões sôbre as quais fôr pedido o parecer consultivo da Corte serão submetidas a ela por meio de petição escrita que deverá conter uma exposição do assunto sôbre o qual é solicitado o parecer e será acompanhada de todos os documentos que possam elucidar a questão.

Artigo 66.

1. O Escrivão notificará imediatamente todos os Estados com direito a comparecer perante a Corte, do pedido de parecer consultivo.
2. Além disto, a todo Estado admitido a comparecer perante a Corte e a qualquer organização internacional, que, a juízo da Corte ou de seu Presidente, se a Corte não estiver reunida, forem suscetíveis de fornecer informações sôbre a questão - o Escrivão fará saber, por comunicação especial e direta, que a Corte estará disposta a receber exposições escritas, dentro num prazo a ser fixado pelo Presidente, ou ouvir exposições orais. durante uma audiência pública realizada para tal fim.
3. Se qualquer Estado com direito a comparecer perante a Corte deixar de receber a comunicação especial a que se refere o parágrafo 2 dêste artigo, tal Estado poderá manifestar o desejo de submeter a ela uma exposição escrita ou oral. A Corte decidirá.
4. Os Estados e organizações que tenham apresentado exposição escrita ou oral, ou ambas, terão a faculdade de discutir as exposições feitas por outros Estados ou organizações, na. forma, extensão ou limite de tempo que a Corte, ou, se ela não estiver reunida, o seu Presidente determinar, em cada caso particular. Para êsse efeito, o Escrivão devera, no devido tempo, comunicar qualquer dessas exposições escritas aos Estados e organizações que submeterem exposições semelhantes.

Artigo 67. A Corte dará seus pareceres consultivos em sessão pública, depois de terem sido notificados o Secretário Geral, os representantes dos Membros das Nações Unidas, bem como de outros Estados e das organizações internacionais diretamente interessadas.

Artigo 68. No exercício de suas funções consultivas, a Corte deverá guiar-se, além disso, pelas disposições do presente Estatuto, que se aplicam em casos contenciosos, na medida em que, na sua opinião, tais disposições forem aplicáveis.

CAPÍTULO V - EMENDAS

Artigo 69. As emendas ao presente Estatuto serão efetuadas pelo mesmo processo estabelecido pela Carta das Nações Unidas para emendas à Carta, ressalvadas, entretanto, quaisquer disposições que a assembleia Geral, por determinação do Conselho de Segurança, possa adotar a respeito. da participação de Estados que, tendo aceito o presente Estatuto, não são Membros das Nações Unidas.

Artigo 70. A Corte terá a faculdade de propor por escrito ao Secretário Geral quaisquer emendas ao presente Estatuto, que julgar necessárias, a fim de que as mesmas sejam consideradas de conformidade com as disposições do art. 69.

E, havendo o Govêrno do Brasil aprovado a mesma Carta nos têrmos acima transcritos, pela presente a dou por firme e valiosa para produzir os seus devidos efeitos, prometendo que será cumprida inviolàvelmente.

Em firmeza do que, mandei passar esta Carta que assino e é selada cem o sêlo das armas da República e subscrita pelo Ministro de Estado das Relações Exteriores.

Dada no Palácio da Presidência, no Rio de Janeiro, aos doze dias do mês de setembro, de mil novecentos e quarenta e cinco, 124.º da Independência e 57.º da República.

5. PACTO INTERNACIONAL DOS DIREITOS CIVIS E POLÍTICOS - DECRETO Nº 592, DE 6 DE JULHO DE 1992

Os Estados Partes no presente Pacto:

Considerando que, em conformidade com os princípios enunciados na Carta das Nações Unidas, o reconhecimento da dignidade inerente a todos os membros da família humana e dos seus direitos iguais e inalienáveis constitui o fundamento da liberdade, da justiça e da paz no Mundo;

Reconhecendo que estes direitos decorrem da dignidade inerente à pessoa humana;

Reconhecento que, em conformidade com a Declaração Universal dos Direitos do Homem, o ideal do ser humano livre, usufruindo das liberdades civis e políticas e liberto do medo e da miséria, não pode ser realizado a menos que sejam criadas condições que permitam a cada um gozar dos seus direitos civis e políticos, bem como dos seus direitos económicos, sociais e culturais;

Considerando que a Carta das Nações Unidas impõe aos Estados a obrigação de promover o respeito universal e efectivo dos direitos e das liberdades do homem;

Tomando em consideração o facto de que o indivíduo tem deveres em relação a outrem e em relação à colectividade a que pertence e tem a responsabilidade de se esforçar a promover e respeitar os direitos reconhecidos no presente Pacto:

Acordam o que se segue:

Primeira Parte

Artigo 1º

Todos os povos têm o direito a dispor deles mesmos. Em viturde deste direito, eles determinam livremente o seu estatuto político e dedicam-se livremente ao seu desenvolvimento económico, social e cultural.

Para atingir os seus fins, todos os povos podem dispor livremente das suas riquezas e dos seus recursos naturais, sem prejuízo de quaisquer obrigações que decorrem da cooperação económica internacional, fundada sobre o princípio do interesse mútuo e do direito internacional. Em nenhum caso pode um povo ser privado dos seus meios de subsistência.

O Estados Partes no presente Pacto, incluindo aqueles que têm a responsabilidade de administrar territórios não autónomos e territórios sob tutela, são chamados a promover a realização do direito dos povos a disporem de si mesmos e a respeitar esse direito, conforme às disposições da Carta das Nações Unidas.

Segunda Parte

Artigo 2º

Cada Estado Parte no presente Pacto compromete-se a respeitar e a garantir a todos os indivíduos que se encontrem nos seus territórios e estejam sujeitos à sua jurisdição os direitos reconhecidos no presente Pacto, sem qualquer distinção, derivada, nomeadamente, de raça, de cor, de sexo, de língua, de religião, de opinião política, ou de qualquer outra opinião, de origem nacional ou social, de propriedade ou de nascimento, ou de outra situação.

Cada Estado Parte no presente Pacto compromete-se a adoptar, de acordo com os seus processos constitucionais e, com as disposições do presente Pacto, as medidas que permitam a adopção de decisões de ordem legislativa ou outra capazes de dar efeito aos direitos reconhecidos no presente Pacto que ainda não estiverem em vigor.

Cada Estado Parte no presente Pacto compromete-se a :

Garantir que todas as pessoas cujos direitos e liberdades reconhecidos no presente Pacto forem violados disponham de recurso eficaz, mesmo no caso de a violação ter sido cometida por pessoas agindo no exercício das suas funções oficiais;

Garantir que a competente autoridade judiciária, administrativa ou legislativa, ou qualquer outra autoridade competente, segundo a legislação do Estado, estatua sobre os direitos da pessoa que forma o recurso, e desenvolver as possibilidades de recurso jurisdicional;

Garantir que as competentes autoridades façam cumprir os resultados de qualquer recurso que for reconhecido como justificado.

Artigo 3º

Os Estados Partes no presente Pacto comprometem-se a assegurar o direito igual dos homens e das mulheres a usufruir de todos os direitos civis e políticos enunciados no presente Pacto.

Artigo 4º

Em tempo de uma emergência pública que ameaça a existência da nação e cuja existência seja proclamada por um acto oficial, os Estados Partes no presente Pacto podem tomar, na estrita medida em que a situação o exigir, medidas que derroguem as obrigações previstas no presente Pacto, sob reserva de que essas medidas não sejam incompatíveis com outras obrigações que lhes impõe o direito internacional e que elas não envolvam uma discriminação fundada unicamente sobre a raça, a cor, o sexo, a língua, a religião ou a origem social.

A disposição precedente não autoriza nenhuma derrogação aos artigos 6.º, 7.º, 8.º, parágrafos 1 e 2, 11.º, 15.º, 16.º e 18.º.

Os Estados Partes no presente Pacto que usam do direito de derrogação devem, por intermédio do Secretário-Geral da Organização das Nações Unidas, informar imediatamente os outros Estados Partes acerca das disposições derrogadas, bem como dos motivos dessa derrogação. Uma nova comunicação será feita pela mesma via na data em que se pôs fim a essa derrogação.

Artigo 5º

Nenhuma disposição do presente Pacto pode ser interpretada como implicando para um Estado, um grupo ou um indivíduo qualquer direito de se dedicar a uma actividade ou de realizar um acto visando a destruição dos direitos e das liberdades reconhecidas no presente Pacto ou as suas limitações mais amplas que as previstas no dito Pacto.

Não pode ser admitida nenhuma restrição ou derrogação aos direitos fundamentais do homem reconhecidos ou em vigor em todo o Estado Parte no presente Pacto em aplicação de leis, de convenções, de regulamentos ou de costumes, sob pretexto de que o presente Pacto não os reconhece ou reconhece-os em menor grau.

Terceira Parte

Artigo 6º

O direito à vida é inerente à pessoa humana. Este direito deve ser protegido pela lei: ninguém pode ser arbitrariamente privado da vida.

Nos países em que a pena de morte não foi abolida, uma sentença de morte só pode ser pronunciada para os crimes mais graves, em conformidade com a legislação em vigor,

ANOTAÇÕES

no momento em que o crime foi cometido e que não deve estar em contradição com as disposições do presente Pacto nem com a Convenção para a Prevenção e a Repressão do Crime de Genocídio. Esta pena não pode ser aplicada senão em virtude de um juízo definitivo pronunciado por um tribunal competente.

Quando a privação da vida constitui o crime de genocídio fica entendido que nenhuma disposição do presente artigo autoriza um Estado Parte no presente Pacto a derrogar de alguma maneira qualquer obrigação assumida em virtude das disposições da Convenção para a Prevenção e a Repressão do Crime de Genocídio.

Qualquer indivíduo condenado à morte terá o direito de solicitar o perdão ou a comutação da pena. A amnistia, o perdão ou a comutação da pena de morte podem ser concedidos em todos os casos.

Uma sentença de morte não pode ser pronunciada em casos de crimes cometidos por pessoas de idade inferior a 18 anos e não pode ser executada sobre mulheres grávidas.

Nenhuma disposição do presente artigo pode ser invocada para retardar ou impedir a abolição da pena capital por um Estado Parte no presente Pacto.

Artigo 7º

Ninguém será submetido à tortura nem a pena ou a tratamentos cruéis, inumanos ou degradantes. Em particular, é interdito submeter uma pessoa a uma experiência médica ou científica sem o seu livre consentimento.

Artigo 8º

Ninguém será submetido à escravidão; a escravidão e o tráfico de escravos, sob todas as suas formas, são interditos.

Ninguém será mantido em servidão.

Ninguém será constrangido a realizar trabalho forçado ou obrigatório;

A alínea a) do presente parágrafo não pode ser interpretada no sentido de proibir, em certos países onde crimes podem ser punidos de prisão acompanhada de trabalhos forçados, o cumprimento de uma parte de trabalhos forçados, infligida por um tribunal competente;

Não é considerado como trabalho forçado ou obrigatório no sentido do presente parágrafo:

Todo o trabalho referido na alínea b) normalmente exigido de um indivíduo que é detido em virtude de uma decisão judicial legítima ou que tendo sido objecto de uma tal decisão é libertado condicionalmente;

Todo o serviço de carácter militar e, nos países em que a objecção por motivos de consciência é admitida, todo o serviço nacional exigido pela lei dos objectores de consciência;

Todo o serviço exigido nos casos de força maior ou de sinistros que ameacem a vida ou o bem-estar da comunidade;

Todo o trabalho ou todo o serviço formando parte das obrigações cívicas normais.

Artigo 9º

Todo o indivíduo tem direito à liberdade e à segurança da sua pessoa. Ninguém pode ser objecto de prisão ou detenção arbitrária. Ninguém pode ser privado da sua liberdade a não ser por motivo e em conformidade com processos previstos na lei.

Todo o indivíduo preso será informado, no momento da sua detenção, das razões dessa detenção e receberá notificação imediata de todas as acusações apresentadas contra ele.

Todo o indivíduo preso ou detido sob acusação de uma infracção penal será prontamente conduzido perante um juiz ou uma outra autoridade habilitada pela lei a exercer funções judiciárias e deverá ser julgado num prazo razoável ou libertado. A detenção prisional de pessoas aguardando julgamento não deve ser subordinada a garantir que assegurem a presença do interessado no julgamento em qualquer outra fase do proceso e, se for caso disso, para execução da sentença.

ANOTAÇÕES

Todo o indivíduo que se encontrar privado de liberdade por prisão ou detenção terá o direito de intentar um recurso perante um tribunal, a fim de que este estatua sem demora sobre a legalidade da sua detenção e ordene a sua libertação se a detenção for ilegal.

Todo o indivíduo vítima de prisão ou de detenção ilegal terá direito a compensação.

Artigo 10º

Todos os indivíduos privados na sua liberdade devem ser tratados com humanidade e com respeito da dignidade inerente à pessoa humana.

Pessoas sob acusação serão, salvo circunstâncias excepcionais, separadas dos condenados e submetidas a um regime distinto, apropriado à sua condição de pessoas não condenadas;

Jovens sob detenção serão separados dos adultos e o seu caso será decidido o mais rapidamente possível.

O regime penitenciário comportará tratamento dos reclusos cujo fim essencial é a sua emenda e a sua recuperação social. Delinquentes jovens serão separados dos adultos e submetidos a um regime apropriado à sua idade e ao seu estatuto legal.

Artigo 11º

Ninguém pode ser aprisionado pela única razão de que não está em situação de executar uma obrigação contratual.

Artigo 12º

Todo o indivíduo legalmente no território de um Estado tem o direito de circular livremente e de aí escolher livremente a sua residência.

Todas as pessoas são livres de deixar qualquer país, incluindo o seu.

Os direitos mencionados acima não podem ser objecto de restrições, a não ser que estas estejam previstas na lei e sejam necessárias para proteger a segurança nacional, a ordem pública, a saúde ou a moral públicas ou os direitos e liberdades de outrem e sejam compatíveis com os outros direitos reconhecidos pelo presente Pacto.

Ninguém pode ser arbitrariamente privado do direito de entrar no seu próprio país.

Artigo 13º

Um estrangeiro que se encontre legalmente no território de um Estado Parte no presente Pacto não pode ser expulso, a não ser em cumprimento de uma decisão tomada em conformidade com a lei e, a menos que razões imperiosas de segurança nacional a isso se imponham, deve ter a possibilidade de fazer valer as razões que militam contra a sua expulsão e de fazer examinar o seu caso pela autoridade competente ou por uma ou várias pessoas especialmente designadas pela dita autoridade, fazendo-se representar para esse fim.

Artigo 14º

Todas as pessoas são iguais perante os tribunais de justiça. Todas as pessoas têm direito a que a sua causa seja ouvida equitativa e publicamente por um tribunal competente, independente e imparcial, estabelecido pela lei, que decidirá quer do bem fundado de qualquer acusação em matéria penal dirigida contra elas, quer das contestações sobre os seus direitos e obrigações de carácter civil. As audições à porta fechada podem ser determinadas durante a totalidade ou uma parte do processo, seja no interesse dos bons costumes, da ordem pública ou da segurança nacional numa sociedade democrática, seja quando o interesse da vida privada das partes em causa o exija, seja ainda na medida em que o tribunal o considerar absolutamente necessário, quando, por motivo das circunstâncias particulares do caso, a publicidade prejudicasse os interesses da justiça; todavia qualquer sentença pronunciada em matéria penal ou civil será publicada, salvo se o interesse de menores exigir que se proceda de outra forma ou se o processo respeita a diferendos matrimoniais ou à tutela de crianças.

Qualquer pessoa acusada de infracção penal é de direito presumida inocente até que a sua culpabilidade tenha sido legalmente estabelecida.

Qualquer pessoa acusada de uma infracção penal terá direito, em plena igualdade, pelo menos às seguintes garantias:

A ser prontamente informada, numa língua que ela compreenda, de modo detalhado, acerca da natureza e dos motivos da acusação apresentada contra ela;

A dispor do tempo e das facilidades necessárias para a preparação da defesa e a comunicar com um advogado da sua escolha;

A ser julgada sem demora excessiva;

A estar presente no processo e a defender-se a si própria ou a ter a assistência de um defensor da sua escolha; se não tiver defensor, a ser informada do seu direito de ter um e, sempre que o interesse da justiça o exigir, a ser-lhe atribuído um defensor oficioso, a título gratuito no caso de não ter meios para o remunerar;

A interrogar ou fazer interrogar as testemunhas de acusação e a obter a comparência e o interrogatório das testemunhas de defesa nas mesmas condições das testemunhas de acusação;

A fazer-se assistir gratuitamente de um intérprete, se não compreender ou não falar a língua utilizada no tribunal;

A não ser forçada a testemunhar contra si própria ou a confessar-se culpada.

No processo aplicável às pessoas jovens a lei penal terá em conta a sua idade e o interesse que apresenta a sua reabilitação.

Qualquer pessoa declarada culpada de crime terá o direito de fazer examinar por uma jurisdição superior a declaração de culpabilidade e a sentença, em conformidade com a lei.

Quando uma condenação penal definitiva é ulteriormente anulada ou quando é concedido o indulto, porque um facto novo ou recentemente revelado prova concludentemente que se produziu um erro judiciário, a pessoa que cumpriu uma pena em virtude dessa condenação será indemnizada, em conformidade com a lei, a menos que se prove que a não revelação em tempo útil do facto desconhecido lhe é imputável no todo ou em parte.

Ninguém pode ser julgado ou punido novamente por motivo de uma infracção da qual já foi absolvido ou pela qual já foi condenado por sentença definitiva, em conformidade com a lei e o processo penal de cada país.

Artigo 15º

Ninguém será condenado por actos ou omissões que não constituam um acto delituoso, segundo o direito nacional ou internacional, no momento em que forem cometidos. Do mesmo modo não será aplicada nenhuma pena mais forte do que aquela que era aplicável no momento em que a infracção foi cometida. Se posteriormente a esta infracção a lei prevê a aplicação de uma pena mais ligeira, o delinquente deve beneficiar da alteração.

Nada no presente artigo se opõe ao julgamento ou à condenação de qualquer indivíduo por motivo de actos ou omissões que no momento em que foram cometidos eram tidos por criminosos, segundo os princípios gerais de direito reconhecidos pela comunidade das nações.

Artigo 16º

Toda e qualquer pessoa tem direito ao reconhecimento, em qualquer lugar, da sua personalidade jurídica.

Artigo 17º

Ninguém será objecto de intervenções arbitrárias ou ilegais na sua vida privada, na sua família, no seu domicílio ou na sua correspondência, nem de atentados ilegais à sua honra e à sua reputação.

Toda e qualquer pessoa tem direito à protecção da lei contra tais intervenções ou tais atentados.

Artigo 18º

Toda e qualquer pessoa tem direito à liberdade de pensamento, de consciência e de religião; este direito implica a liberdade de ter ou de adoptar uma religião ou uma convicção da sua escolha, bem como a liberdade de manifestar a sua religião ou a sua convicção, individualmente ou conjuntamente com outros, tanto em público como em privado, pelo culto, cumprimento dos ritos, as práticas e o ensino.

Ninguém será objecto de pressões que atentem à sua liberdade de ter ou de adoptar uma religião ou uma convicção da sua escolha.

A liberdade de manifestar a sua religião ou as suas convicções só pode ser objecto de restrições previstas na lei e que sejam necessárias à protecção da segurança, da ordem e da saúde públicas ou da moral e das liberdades e direitos fundamentais de outrem.

Os Estados Partes no presente Pacto comprometem-se a respeitar a liberdade dos pais e, em caso disso, dos tutores legais a fazerem assegurar a educação religiosa e moral dos seus filhos e pupilos, em conformidade com as suas próprias convicções.

Artigo 19º

Ninguém pode ser inquietado pelas suas opiniões.

Toda e qualquer pessoa tem direito à liberdade de expressão; este direito compreende a liberdade de procurar, receber e expandir informações e ideias de toda a espécie, sem consideração de fronteiras, sob forma oral ou escrita, impressa ou artística, ou por qualquer outro meio à sua escolha.

O exercício das liberdades previstas no parágrafo 2 do presente artigo comporta deveres e responsabilidades especiais. Pode, em consequência, ser submetido a certas restrições, que devem, todavia, ser expressamente fixadas na lei e que são necessárias:

Ao respeito dos direitos ou da reputação de outrem;

À salvaguarda da segurança nacional, da ordem pública, da saúde e da moral públicas.

Artigo 20º

Toda a propaganda em favor da guerra deve ser interditada pela lei.

Todo o apelo ao ódio nacional, racial e religioso que constitua uma incitação à discriminação, à hostilidade ou à violência deve ser interditado pela lei.

Artigo 21º

O direito de reunião pacífica é reconhecido. O exercício deste direito só pode ser objecto de restrições impostas em conformidade com a lei e que são necessárias numa sociedade democrática, no interesse da segurança nacional, da segurança pública, da ordem pública ou para proteger a saúde e a moral públicas ou os direitos e as liberdades de outrem.

Artigo 22º

Toda e qualquer pesoa tem direito de se associar livremente com outras, incluindo o direito de constituir sindicatos e de a eles aderir para a protecção dos seus interesses.

O exercício deste direito só pode ser objecto de restrições previstas na lei e que são necessárias numa sociedade democrática, no interesse da segurança nacional, da segurança pública, da ordem pública e para proteger a saúde ou a moral públicas ou os direitos e as liberdades de outrem. O presente artigo não impede de submeter a restrições legais o exercício deste direito por parte de membros das forças armadas e da polícia.

Nenhuma disposição do presente artigo permite aos Estados Partes na Convenção de 1948 da Organização Internacional do Trabalho respeitante à liberdade sindical e à protecção do direito sindical tomar medidas legislativas que atentem -- ou aplicar a lei de modo a atentar -- contra as garantias previstas na dita Convenção.

Artigo 23º

A família é o elemento natural e fundamental da sociedade e tem direito à protecção da sociedade e do Estado.

ANOTAÇÕES

O direito de se casar e de fundar uma família é reconhecido ao homem e à mulher a partir da idade núbil.

Nenhum casamento pode ser concluído sem o livre e pleno consentimento dos futuros esposos.

Os Estados Partes no presente Pacto tomarão as medidas necessárias para assegurar a igualdade dos direitos e das responsabilidades dos esposos em relação ao casamento, durante a constância do matrimónio e aquando da sua dissolução. Em caso de dissolução, serão tomadas disposições a fim de assegurar aos filhos a protecção necessária.

Artigo 24º

Qualquer criança, sem nenhuma discriminação de raça, cor, sexo, língua, religião, origem nacional ou social, propriedade ou nascimento, tem direito, da parte da sua família, da sociedade e do Estado, às medidas de protecção que exija a sua condição de menor.

Toda e qualquer criança deve ser registada imediatamente após o nascimento e ter um nome.

Toda e qualquer criança tem o direito de adquirir uma nacionalidade.

Artigo 25º

Todo o cidadão tem o direito e a possibilidade, sem nenhuma das discriminações referidas no artigo 2.º e sem restrições excessivas:

De tomar parte na direcção dos negócios públicos, directamente ou por intermédio de representantes livremente eleitos;

De votar e ser eleito, em eleições periódicas, honestas, por sufrágio universal e igual e por escrutínio secreto, assegurando a livre expressão da vontade dos eleitores;

De aceder, em condições gerais de igualdade, às funções públicas do seu país.

Artigo 26º

Todas as pessoas são iguais perante a lei e têm direito, sem discriminação, a igual protecção da lei. A este respeito, a lei deve proibir todas as discriminações e garantir a todas as pessoas protecção igual e eficaz contra toda a espécie de discriminação, nomeadamente por motivos de raça, de cor, de sexo, de língua, de religião, de opinião política ou de qualquer outra opinião, de origem nacional ou social, de propriedade, de nascimento ou de qualquer outra situação.

Artigo 27º

Nos Estados em que existam minorias étnicas, religiosas ou linguísticas, as pessoas pertencentes a essas minorias não devem ser privadas do direito de terem em comum com os outros membros do seu grupo, a sua própria vida cultural, de professar e de praticar a sua própria religião ou de empregar a sua própria língua.

Quarta Parte

Artigo 28º

É instituído um Comité dos Direitos do Homem (a seguir denominado Comité no presente Pacto) . Este Comité é composto de dezoito membros e tem as funções definidas a seguir:

O Comité é composto de nacionais dos Estados Partes do presente Pacto, que devem ser personalidades de alta moralidade e possuidoras de reconhecida competência no domínio dos direitos do homem. Ter-se-á em conta o interesse, que se verifique, da participação nos trabalhos do Comité de algumas pessoas que tenham experiência jurídica.

Os membros do Comité são eleitos e exercem funções a título pessoal.

Artigo 29º

Os membros do Comité serão eleitos, por escrutínio secreto, de uma lista de indivíduos com as habilitações previstas no artgio 28.º e nomeados para o fim pelos Estados Partes no presente Pacto.

Cada Estado Parte no presente Pacto pode nomear não mais de dois indivíduos, que serão seus nacionais.

Qualquer indivíduo será elegível à renomeação.

ANOTAÇÕES

Artigo 30º

A primeira eleição terá lugar, o mais tardar, seis meses depois da data da entrada em vigor do presente Pacto.

Quatro meses antes, pelo menos, da data de qualquer eleição para o Comité, que não seja uma eleição em vista a preencher uma vaga declarada em conformidade com o artigo 34.º, o Secretário-Geral da Organização das Nações Unidas convidará por escrito os Estados Partes no presente Pacto a designar, num prazo de três meses, os candidatos que eles propõem como membros do Comité.

O Secretário-Geral das Nações Unidas elaborará uma lista alfabética de todas as pessoas assim apresentadas, mencionando os Estados Partes que as nomearam, e comunicá-la-á aos Estados Partes no presente Pacto o mais tardar um mês antes da data de cada eleição.

Os membros do Comité serão eleitos no decurso de uma reunião dos Estados Partes no presente Pacto, convocada pelo Secretário-Geral das Nações Unidas na sede da Organização. Nesta reunião, em que o quorum é constituído por dois terços dos Estados Partes no presente Pacto, serão eleitos membros do Comité os candidatos que obtiverem o maior número de votos e a maioria absoluta dos votos dos representantes dos Estados Partes presentes e votantes.

Artigo 31º

O Comité não pode incluir mais de um nacional de um mesmo Estado.

Nas eleições para o Comité ter-se-á em conta a repartição geográfica equitativa e a representação de diferentes tipos de civilização, bem como dos principais sistemas jurídicos.

Artigo 32º

Os membros do Comité são eleitos por quatro anos. São reelegíveis no caso de serem novamente propostos. Todavia, o mandato de nove membros eleitos aquando da primeira votação terminará ao fim de dois anos; imediatamente depois da primeira eleição, os nomes destes nove membros serão tirados à sorte pelo presidente da reunião referida no parágrafo 4 do artigo 30.º.

À data da expiração do mandato, as eleições terão lugar em conformidade com as disposições dos artigos precedentes da presente parte do Pacto.

Artigo 33º

Se, na opinião unânime dos outros membros, um membro do Comité cessar de cumprir as suas funções por qualquer causa que não seja por motivo de uma ausência temporária, o presidente do Comité informará o Secretário-Geral das Nações Unidas, o qual declarará vago o lugar que ocupava o dito membro.

Em caso de morte ou de demissão de um membro do Comité, o presidente informará imediatamente o Secretário-Geral das Nações Unidas, que declarará o lugar vago a contar da data da morte ou daquele em que a demissão produzir efeito.

Artigo 34º

Quando uma vaga for declarada em conformidade com o artigo 33.º e se o mandato do membro a substituir não expirar nos seis meses que seguem à data na qual a vaga foi declarada, o Secretário-Geral das Nações Unidas avisará os Estados Partes no presente Pacto de que podem designar candidatos num prazo de dois meses, em conformidade com as disposições do artigo 29.º, com vista a prover a vaga.

O Secretário-Geral das Nações Unidas elaborará uma lista alfabética das pessoas assim apresentadas e comunicá-la-á aos Estados Partes no presente Pacto. A eleição destinada a preencher a vaga terá então lugar, em conformidade com as relevantes disposições desta parte do presente Pacto.

Um membro do Comité eleito para um lugar declarado vago, em conformidade com o artigo 33.º, faz parte do Comité até à data normal de expiração do mandato do membro cujo lugar ficou vago no Comité, em conformidade com as disposições do referido artigo.

Artigo 35º

Os membros do Comité recebem, com a aprovação da Assembleia Geral das Nações Unidas, emolumentos provenientes dos recursos financeiros das Nações Unidas em termos e condições fixados pela Assembleia Geral, tendo em vista a importância das funções do Comité.

Artigo 36º

O Secretário-Geral das Nações Unidas porá à disposição do Comité o pessoal e os meios materiais necessários para o desempenho eficaz das funções que lhe são confiadas em virtude do presente Pacto.

Artigo 37º

O Secretário-Geral das Nações Unidas convocará a primeira reunião do Comité, na sede da Organização.

Depois da sua primeira reunião o Comité reunir-se-á em todas as ocasiões previstas no seu regulamento interno.

As reuniões do Comité terão normalmente lugar na sede da Organização das Nações Unidas ou no Departamento das Nações Unidas em Genebra.

Artigo 38º

Todos os membros do Comité devem, antes de entrar em funções, tomar, em sessão pública, o compromisso solene de cumprir as suas funções com imparcialidade e com consciência.

Artigo 39º

O Comité elegerá o seu secretariado por um período de dois anos. Os membros do secretariado são reelegíveis.

O Comité elaborará o seu próprio regulamento interno; este deve, todavia, conter, entre outras, as seguintes disposições:

O quorum é de doze membros;

As decisões do Comité são tomadas por maioria dos membros presentes.

Artigo 40º

Os Estados Partes no presente Pacto comprometem-se a apresentar relatórios sobre as medidas que houverem tomado e dêem efeito aos direitos nele consignados e sobre os progressos realizados no gozo destes direitos:

Dentro de um ano a contar da data de entrada em vigor do presente Pacto, cada Estado Parte interessado;

Ulteriormente, cada vez que o Comité o solicitar.

Todos os relatórios serão dirigidos ao Secretário-Geral das Nações Unidas, que os transmitirá ao Comité para apreciação. Os relatórios deverão indicar quaisquer factores e dificuldades que afectem a execução das disposições do presente Pacto.

O Secretário-Geral das Nações Unidas pode, após consulta ao Comité, enviar às agências especializadas interessadas cópias das partes do relatório que possam ter relação com o seu domínio de competência.

O Comité estudará os relatórios apresentados pelos Estados Partes no presente Pacto, e dirigirá aos Estados Partes os seus próprios relatórios, bem como todas as observações gerais que julgar apropriadas. O Comité pode igualmente transmitir ao Conselho Económico e Social essas suas observações acompanhadas de cópias dos relatórios que recebeu de Estados Partes no presente Pacto.

Os Estados Partes no presente Pacto podem apresentar ao Comité os comentários sobre todas as observações feitas em virtude do parágrafo 4 do presente artigo.

Artigo 41º

Qualquer Estado Parte no presente Pacto pode, em virtude do presente artigo, declarar, a todo o momento, que reconhece a competência do Comité para receber e apreciar comunicações nas quais um Estado Parte pretende que um outro Estado Parte não cumpre as suas obrigações resultantes do presente Pacto. As comunicações apresentadas em virtude do presente artigo não podem ser recebidas e examinadas, a menos que emanem de um Estado Parte que fez uma declaração reconhecendo, no que lhe diz respeito, a competência do Comité. O Comité não receberá nenhuma comunicação que interesse a um Estado Parte que fez uma tal declaração. O processo abaixo indicado aplica-se em relação às comunicações recebidas em conformidade com o presente artigo:

Se um Estado Parte no presente Pacto julgar que um outro Estado igualmente Parte neste Pacto não aplica as respectivas disposições, pode chamar, por comunicação escrita, a atenção desse Estado sobre a questão. Num prazo de três meses a contar da recepção da comunicação o Estado destinatário apresentará ao Estado que lhe dirigiu a comunicação explicações ou quaisquer outras declarações escritas elucidando a questão, que deverão incluir, na medida do possível e do útil, indicações sobre as regras de processo e sobre os meios de recurso, quer os já utilizados, quer os que estão em instância, quer os que permanecem abertos;

Se, num prazo de seis meses a contar da data de recepção da comunicação original pelo Estado destinatário, a questão não foi regulada satisfatoriamente para os dois Estados interessados, tanto um como o outro terão o direito de a submeter ao Comité, por meio de uma notificação feita ao Comité bem como ao outro Estado interessado;

O Comité só tomará conhecimento de um assunto que lhe é submetido depois de ter assegurado de que todos os recursos internos disponíveis foram utilizados e esgotados, em conformidade com os princípios de direito internacional geralmente reconhecidos. Esta regra não se aplica nos casos em que os processos e recurso excedem prazos razoáveis;

O Comité realizará as suas audiências à porta fechada quando examinar as comunicações previstas no presente artigo;

Sob reserva das disposições da alínea c) , o Comité põe os seus bons ofícios à disposição dos Estados Partes interessados, a fim de chegar a uma solução amigável da questão, fundamentando-se no respeito dos direitos do homem e nas liberdades fundamentais, tais como os reconhece o presente Pacto;

Em todos os assuntos que lhe são submetidos o Comité pode pedir aos Estados Partes interessados visados na alínea b) que lhe forneçam todas as informações pertinentes;

Os Estados Partes interessados visados na alínea b) têm o direito de se fazer representar, aquando do exame da questão pelo Comité, e de apresentar observações oralmente e/ou por escrito;

O Comité deverá apresentar um relatório num prazo de doze meses a contar do dia em que recebeu a notificação referida na alínea b) ;

Se uma solução pôde ser encontrada em conformidade com as disposições da alínea e) , o Comité limitar-se-á no seu relatório a uma breve exposição dos factos e da solução encontrada;

Se uma solução não pôde ser encontrada em conformidade com as disposições da alínea e) , o Comité limitar-se-á, no seu relatório, a uma breve exposição dos factos; o texto das observações escritas e o processo verbal das observações orais apresentadas pelos Estados Partes interessados são anexados ao relatório.

Em todos os casos o relatório será comunicado aos Estados Partes interessados.

As disposições do presente artigo entrarão em vigor quando dez Estados Partes no presente Pacto fizerem a declaração prevista no parágrafo 1 do presente artigo. A dita declaração será deposta pelo Estado Parte junto do Secretário-Geral das Nações Unidas, que tansmitirá cópia

ANOTAÇÕES

ANOTAÇÕES

ANOTAÇÕES

dela aos outros Estados Partes. Uma declaração pode ser retirada a todo o momento por meio de uma notificação dirigida ao Secretário-Geral. O retirar de uma comunicação não prejudica o exame de todas as questões que são objecto de uma comunicação já transmitida em virtude do presente artigo; nenhuma outra comunicação de um Estado Parte será aceite após o Secretário-Geral ter recebido notificação de ter sido retirada a declaração, a menos que o Estado Parte interessado faça uma nova declaração.

Artigo 42º

Se uma questão submetida ao Comité em conformidade com o artigo 41.º não foi regulada satisfatoriamente para os Estados Partes, o Comité pode, com o assentimento prévio dos Estados Partes interessados, designar uma comissão de conciliação ad hoc (a seguir denominada Comissão) . A Comissão põe os seus bons ofícios à disposição dos Estados Partes interessados a fim de chegar a uma solução amigável da questão, baseada sobre o respeito do presente Pacto;

A Comissão será composta de cinco membros nomeados com o acordo dos Estados Partes interessados. Se os Estados Parte interessados não conseguirem chegar a um entendimento sobre toda ou parte da composição da Comissão no prazo de três meses, os membros da Comissão relativamente aos quais não chegaram a acordo serão eleitos por escrutínio secreto de entre os membros do Comité, por maioria de dois terços dos membros do Comité.

Os membros da Comissão exercerão as suas funções a título pessoal. Não devem ser naturais nem dos Estados Partes interessados nem de um Estado que não é parte no presente Pacto, nem de um Estado Parte que não fez a declaração prevista no artigo 41.º.

A Comissão elegerá o seu presidente e adoptará o seu regulamento interno.

A Comissão realizará normalmente as suas sessões na sede da Organização das Nações Unidas ou no Departamento das Nações Unidas em Genebra. Todavia, pode reunir-se em qualquer outro lugar apropriado, o qual pode ser determinado pela Comissão em consulta com o Secretário-Geral das Nações Unidas e os Estados Partes interessados.

O secretariado previsto no artigo 36.º presta igualmente os seus serviços às comissões designadas em virtude do presente artigo.

As informações obtidas e esquadrinhadas pelo Comité serão postas à disposição da Comissão e a Comissão poderá pedir aos Estados Partes interessados que lhe forneçam quaisquer informações complementares pertinentes.

Depois de ter estudado a questão sob todos os seus aspectos, mas em todo caso num prazo mínimo de doze meses após tê-la admitido, a Comissão submeterá um relatório ao presidente do Comité para transmissão aos Estados Partes interessados:

Se a Comissão não puder acabar o exame da questão dentro de doze meses, o seu relatório incluirá somente um breve apontamento indicando a que ponto chegou o exame da questão;

Se chegar a um entendimento amigável fundado sobre o respeito dos direitos do homem reconhecido no presente Pacto, a Comissão limitar-se-á a indicar brevemente no seu relatório os factos e o entendimento a que se chegou;

Se não se chegou a um entendimento no sentido da alínea b) , a Comissão fará figurar no seu relatório as suas conclusões sobre todas as matérias de facto relativas à questão debatida entre os Estados Partes interessados, bem como a sua opinião sobre as possibilidades de uma solução amigável do caso. O relatório incluirá igualmente as observações escritas e um processo verbal das observações orais apresentadas pelos Estados Partes interessados;

Se o relatório da Comissão for submetido em conformidade com a alínea c) , os Estados Partes interessados farão saber ao presidente do Comité, num prazo de três meses após a recepção do relatório, se aceitam ou não os termos do relatório da Comissão.

ANOTAÇÕES

As disposições do presente artigo devem ser entendidas sem prejuízo das atribuições do Comité previstas no artigo 41.º.

Todas as despesas dos membros da Comissão serão repartidas igualmente entre os Estados Partes interessados, na base de estimativas fornecidas pelo Secretário-Geral das Nações Unidas.

O Secretário-Geral das Nações Unidas está habilitado, se necessário, a prover às despesas dos membros da Comissão antes de o seu reembolso ter sido efectuado pelos Estados Partes interessados, em conformidade com o parágrafo 9 do presente artigo.

Artigo 43º

Os membros do Comité e os membros das comissões de conciliação ad hoc que forem designados em conformidade com o artigo 42.º têm direito às facilidades, privilégios e imunidades reconhecidos aos peritos em missões da Organização das Nações Unidas, conforme enunciados nas pertinentes secções da Convenção sobre os Privilégios e Imunidades das Nações Unidas.

Artigo 44º

As disposições relativas à execução do presente Pacto aplicam-se, sem prejuízo dos processos instituídos em matéria de direitos do homem, nos termos ou em virtude dos instrumentos constitutivos e das convenções da Organização das Nações Unidas e das agências especializadas e não impedem os Estados Partes de recorrer a outros processos para a solução de um diferendo, em conformidade com os acordos internacionais gerais ou especiais que os ligam.

Artigo 45º

O Comité apresentará cada ano à Assembleia Geral das Nações Unidas, por intermédio do Conselho Económico e Social, um relatório sobre os trabalhos.

Quinta Parte

Artigo 46º

Nenhuma disposição do presente Pacto pode ser interpretada em sentido limitativo das disposições da Cartas das Nações Unidas e das constituições das agências especializadas que definem as respectivas responsabilidades dos diversos órgãos da Organização das Nações Unidas e das agências especializadas no que respeita às questões tratadas no presente Pacto.

Artigo 47º

Nenhuma disposição do presente Pacto será interpretada em sentido limitativo do direito inerente a todos os povos de gozar e usar plenamente das suas riquezas e recursos naturais.

Sexta Parte

Artigo 48º

O presente Pacto está aberto à assinatura de todos os Estados Membros da Organização das Nações Unidas ou membros de qualquer das suas agências especializadas, de todos os Estados Partes no Estatuto do Tribunal Internacional de Justiça, bem como de qualquer outro Estado convidado pela Assembleia Geral das Nações Unidas a tornar-se parte no presente Pacto.

O presente Pacto está sujeito a ratificação e os instrumentos de ratificação serão depositados junto do Secretário-Geral das Nações Unidas.

A adesão far-se-á pelo depósito de um instrumento de adesão junto do Secretário-Geral das Nações Unidas.

O Secretário-Geral das Nações Unidas informará todos os Estados que assinaram o presente Pacto ou que a ele aderiram acerca do depósito de cada instrumento de ratificação ou de adesão.

Artigo 49º

O presente Pacto entrará em vigor três meses após a data do depósito junto do Secretário-Geral das Nações Unidas do trigésimo quinto instrumento de ratificação ou de adesão.

Para cada um dos Estados que ratificarem o presente Pacto ou a ele aderirem, após o depósito do trigésimo quinto instrumento de ratificação ou adesão, o dito Pacto entrará em vigor três meses depois da data do depósito por parte desse Estado do seu instrumento de ratificação ou adesão.

Artigo 50º

As disposições do presente Pacto aplicam-se sem limitação ou excepção alguma a todas as unidades constitutivas dos Estados Federais.

Artigo 51º

Qualquer Estado Parte no presente Pacto pode propor uma emenda e depositar o respectivo texto junto do Secretário-Geral da Organização das Nações Unidas. O Secretário-Geral transmitirá então quaisquer projectos de emenda aos Estados Partes no presente Pacto, pedindo-lhes para indicar se desejam a convocação de uma conferência de Estados Partes para examinar estes projectos e submetê-los a votação. Se pelo menos um terço dos Estados se declararem a favor desta convenção, o Secretário-Geral convocará a conferência sob os auspícios da Organização das Nações Unidas. Qualquer emenda adoptada pela maioria dos Estados presentes e votantes na conferência será submetida, para aprovação, à Assembleia Geral das Nações Unidas.

As emendas entrarão em vigor quando forem aprovadas pela Assembleia Geral das Nações Unidas e aceites, em conformidade com as suas respectivas leis constitucionais, por uma maioria de dois terços dos Estados Partes no presente Pacto.

Quando as emendas entrarem em vigor, elas são obrigatórias para os Estados Partes que as aceitaram, ficando os outros Estados Partes ligados pelas disposições do presente Pacto e por todas as emendas anteriores que aceitaram.

Artigo 52º

Independentemente das notificações previstas no parágrafo 5 do artigo 48.º, o Secretário-Geral das Nações Unidas informará todos os Estados referidos no parágrafo 1 do citado artigo:

Acerca de assinaturas apostas no presente Pacto, acerca de instrumentos de ratificação e de adesão depostos em conformidade com o artigo 48.º;

Da data em que o presente Pacto entrará em vigor, em conformidade com o artigo 49.º, e da data em que entrarão em vigor as emendas previstas no artigo 51.º.

Artigo 53º

O presente Pacto, cujos textos em inglês, chinês, espanhol, francês e russo fazem igualmente fé, será deposto nos arquivos da Organização das Nações Unidas.

O Secretário-Geral das Nações Unidas transmitirá uma cópia certificada do presente Pacto a todos os Estados visados no artigo 48.º.

6. PACTO INTERNACIONAL DOS DIREITOS ECONÔMICOS, SOCIAIS E CULTURAIS

Os Estados Partes no presente Pacto:

Considerando que, em conformidade com os princípios enunciados na Carta das Nações Unidas, o reconhecimento da dignidade inerente a todos os membros da família humana e dos seus direitos iguais e inalienáveis constitui o fundamento da liberdade, da justiça e da paz no Mundo;

Reconhecendo que estes direitos decorrem da dignidade inerente à pessoa humana;

Reconhecendo que, em conformidade com a Declaração Universal dos Direitos do Homem, o ideal do ser humano livre, liberto do medo e da miséria, não pode ser realizado a menos que sejam criadas condições que permitam a cada um desfrutar dos seus direitos económicos, sociais e culturais, bem como dos seus direitos civis e políticos;

Considerando que a Carta das Nações Unidas impõe aos Estados a obrigação de promover o respeito universal e efectivo dos direitos e liberdades do homem;

Tomando em consideração o facto de que o indivíduo tem deveres para com outrem e para com a colectividade à qual pertence e é chamado a esforçar-se pela promoção e o respeito dos direitos reconhecidos no presente Pacto:

Acordam nos seguintes artigos:

Primeira Parte

Artigo 1º

Todos os povos têm o direito a dispor deles mesmos. Em virtude deste direito, eles determinam livremente o seu estatuto político e asseguram livremente o seu desenvolvimento económico, social e cultural.

Para atingir os seus fins, todos os povos podem dispor livremente das suas riquezas e dos seus recursos naturais, sem prejuízo das obrigações que decorrem da cooperação económica internacional, fundada sobre o princípio do interesse mútuo e do direito internacional. Em nenhum caso poderá um povo ser privado dos seus meios de subsistência.

Os Estados Partes no presente Pacto, incluindo aqueles que têm responsabilidade pela administração dos territórios não autónomos e territórios sob tutela, devem promover a realização do direito dos povos a disporem deles mesmos e respeitar esse direito, em conformidade com as disposições da Carta das Nações Unidas.

Segunda Parte

Artigo 2º

Cada um dos Estados Partes no presente Pacto compromete-se a agir, quer com o seu próprio esforço, quer com a assistência e cooperação internacionais, especialmente nos planos económico e técnico, no máximo dos seus recursos disponíveis, de modo a assegurar progressivamente o pleno exercício dos direitos reconhecidos no presente Pacto por todos os meios apropriados, incluindo em particular por meio de medidas legislativas.

Os Estados Partes no presente Pacto comprometem-se a garantir que os direitos nele enunciados serão exercidos sem discriminação alguma baseada em motivos de raça, cor, sexo, língua, religião, opinião política ou qualquer outra opinião, origem nacional ou social, fortuna, nascimento, ou qualquer outra situação.

Os países em vias de desenvolvimento, tendo em devida conta os direitos do homem e a respectiva economia nacional, podem determinar em que medida garantirão os direitos económicos no presente Pacto a não nacionais.

Artigo 3º

Os Estados Partes no presente Pacto comprometem-se a assegurar o direito igual que têm o homem e a mulher ao gozo de todos os direitos económicos, sociais e culturais enumerados no presente Pacto.

Artigo 4º

Os Estados Partes no presente Pacto reconhecem que, no gozo dos direitos assegurados pelo Estado, em conformidade com o presente Pacto, o Estado só pode submeter esses direitos às limitações estabelecidas pela lei, unicamente na medida compatível com a natureza desses direitos e exclusivamente com o fim de promover o bem-estar geral numa sociedade democrática.

ANOTAÇÕES

ANOTAÇÕES

ANOTAÇÕES

Artigo 5º

Nenhuma disposição do presente Pacto pode ser interpretada como implicando para um Estado, uma colectividade ou um indivíduo qualquer direito de se dedicar a uma actividade ou de realizar um acto visando a destruição dos direitos ou liberdades reconhecidos no presente Pacto ou a limitações mais amplas do que as previstas no dito Pacto.

Não pode ser admitida nenhuma restrição ou derrogação aos direitos fundamentais do homem reconhecidos ou em vigor, em qualquer país, em virtude de leis, convenções, regulamentos ou costumes, sob o pretexto de que o presente Pacto não os reconhece ou reconhece-os em menor grau.

Terceira Parte

Artigo 6º

Os Estados Partes no presente Pacto reconhecem o direito ao trabalho, que compreende o direito que têm todas as pessoas de assegurar a possibilidade de ganhar a sua vida por meio de um trabalho livremente escolhido ou aceite, e tomarão medidas apropriadas para salvaguardar esse direito.

As medidas que cada um dos Estados Partes no presente Pacto tomará com vista a assegurar o pleno exercício deste direito devem incluir programas de orientação técnica e profissional, a elaboração de políticas e de técnicas capazes de garantir um desenvolvimento económico, social e cultural constante e um pleno emprego produtivo em condições que garantam o gozo das liberdades políticas e económicas fundamentais de cada indivíduo.

Artigo 7º

Os Estados Partes no presente Pacto reconhecem o direito de todas as pessoas de gozar de condições de trabalho justas e favoráveis, que assegurem em especial:

Uma remuneração que proporcione, no mínimo, a todos os trabalhores:

Um salário equitativo e uma remuneração igual para um trabalho de valor igual, sem nenhuma distinção, devendo, em particular, às mulheres ser garantidas condições de trabalho não inferiores àquelas de que beneficiam os homens, com remuneração igual para trabalho igual;

Uma existência decente para eles próprios e para as suas famílias, em conformidade com as disposições do presente Pacto;

Condições de trabalho seguras e higiénicas;

Iguais oportunidades para todos de promoção no seu trabalho à categoria superior apropriada, sujeito a nenhuma outra consideração além da antiguidade de serviço e da aptidão individual;

Repouso, lazer e limitação razoável das horas de trabalho e férias periódicas pagas, bem como remuneração nos dias de feriados públicos.

Artigo 8º

Os Estados Partes no presente Pacto comprometem-se a assegurar:

O direito de todas as pessoas de formarem sindicados e de se filiarem no sindicato da sua escolha, sujeito somente ao regulamento da organização interessada, com vista a favorecer e proteger os seus interesses económicos e sociais. O exercício deste direito não pode ser objecto de restrições, a não ser daquelas previstas na lei e que sejam necessárias numa sociedade democrática, no interesse da segurança nacional ou da ordem pública, ou para proteger os direitos e as liberdades de outrem;

O direito dos sindicatos de formar federações ou confederações nacionais e o direito destas de formarem ou de se filiarem às organizações sindicais internacionais;

O direito dos sindicatos de exercer livremente a sua actividade, sem outras limitações além das previstas na lei e que sejam necessárias numa sociedade democrática, no interesse da segurança social ou da ordem pública ou para proteger os direitos e as liberdades de outrem;

ANOTAÇÕES

O direito de greve, sempre que exercido em conformidade com as leis de cada país.

O presente artigo não impede que o exercício desses direitos seja submetido a restrições legais pelos membros das forças armadas, da polícia ou pelas autoridades da administração pública.

Nenhuma disposição do presente artigo autoriza os Estados Partes na Convenção de 1948 da Organização Internacional do Trabalho, relativa à liberdade sindical e à protecção do direito sindical, a adoptar medidas legistaltivas, que prejudiquem -- ou a aplicar a lei de modo a prejudicar -- as garantias previstas na dita Convenção.

Artigo 9º

Os Estados Partes no presente Pacto reconhecem o direito de todas as pessoas à segurança social, incluindo os seguros sociais.

Artigo 10.º

Os Estados Partes no presente Pacto reconhecem que:

Uma protecção e uma assistência mais amplas possíveis serão proporcionadas á família, que é o núcleo elementar natural e fundamental da sociedade, particularmente com vista à sua formação e no tempo durante o qual ela tem a responsabilidade de criar e educar os filhos. O casamento deve ser livremente consentido pelos futuros esposos.

Uma protecção especial deve ser dada às mães durante um período de tempo razoável antes e depois do nascimento das crianças. Durante este mesmo período as mães trabalhadoras devem beneficiar de licença paga ou de licença acompanhada de serviços de segurança social adequados.

Medidas especiais de protecção e de assistência devem ser tomadas em benefício de todas as crianças e adolescentes, sem discriminação alguma derivada de razões de paternidade ou outras. Crianças e adolescentes devem ser protegidos contra a exploração económica e social. O seu emprego em trabalhos de natureza a comprometer a sua moral ou a sua saúde, capazes de pôr em perigo a sua vida, ou de prejudicar o seu desenvolvimento normal deve ser sujeito à sanção da lei. Os Estados devem também fixar os limites de idade abaixo dos quais o emprego de mão-de-obra infantil será interdito e sujeito às sanções da lei.

Artigo 11.º

Os Estados Partes no presente Pacto reconhecem o direito de todas as pessoas a um nível de vida suficiente para si e para as suas famílias, incluindo alimentação, vestuário e alojamento suficientes, bem como a um melhoramento constante das suas condições de existência. Os Estados Partes tomarão medidas apropriadas destinadas a assegurar a realização deste direito reconhecendo para este efeito a importância essencial de uma cooperação internacional livremente consentida.

Os Estados Partes no presente Pacto, reconhecento o direito fundamental de todas as pessoas de estarem ao abrigo da fome, adoptarão individualmente e por meio da cooperação internacional as medidas necessárias, incluindo programas concretos:

Para melhorar os métodos de produção, de conservação e de distribuição dos produtos alimentares pela plena utilização dos conhecimentos técnicos e científicos, pela difusão de princípios de educação nutricional e pelo desenvolvimento ou a reforma dos regimes agrários, de maneira a assegurar da melhor forma a valorização e a utilização dos recursos naturais;

Para assegurar uma repartição equitativa dos recursos alimentares mundiais em relação às necessidades, tendo em conta os problemas que se põem tanto aos países importadores como aos países exportadores de produtos alimentares.

Artigo 12.º

Os Estados Partes no presente Pacto reconhecem o direito de todas as pessoas de gozar do melhor estado de saúde física e mental possível de atingir.

As medidas que os Estados Partes no presente Pacto tomarem com vista a assegurar o pleno exercício deste direito deverão compreender as medidas necessárias para assegurar:

A diminuição da mortalidade e da mortalidade infantil, bem como o são desenvolvimento da criança;

O melhoramento de todos os aspectos de higiene do meio ambiente e da higiene industrial;

A profilaxia, tratamento e contrôlo das doenças epidémicas, endémicas, profissionais e outras;

A criação de condições próprias a assegurar a todas as pessoas serviços médicos e ajuda médica em caso de doença.

Artigo 13.º

Os Estados Partes no presente Pacto reconhecem o direito de toda a pessoa à educação. Concordam que a educação deve visar ao pleno desenvolvimento da personalidade humana e do sentido da sua dignidade e reforçar o respeito pelos direitos do homem e das liberdades fundamentais. Concordam também que a educação deve habilitar toda a pessoa a desempenhar um papel útil numa sociedade livre, promover compreensão, tolerância e amizade entre todas as nações e grupos, raciais, étnicos e religiosos, e favorecer as actividades das Nações Unidas para a conservação da paz.

Os Estados Partes no presente Pacto reconhecem que, a fim de assegurar o pleno exercício deste direito:

O ensino primário deve ser obrigatório e acessível gratuitamente a todos;

O ensino secundário, nas suas diferentes formas, incluindo o ensino secundário técnico e profissional, deve ser generalizado e tornado acessível a todos por todos os meios apropriados e nomeadamente pela instauração progressiva da educação gratuita;

O ensino superior deve ser tornado acessível a todos em plena igualdade, em função das capacidades de cada um, por todos os meios apropriados e nomeadamente pela instauração progressiva da educação gratuita;

A educação de base deve ser encorajada ou intensificada, em toda a medida do possível, para as pessoas que não receberam instrução primária ou que não a receberam até ao seu termo;

É necessário prosseguir activamente o desenvovimento de uma rede escolar em todos os escalões, estabelecer um sistema adequado de bolsas e melhorar de modo contínuo as condições materiais do pessoal docente.

Os Estados Partes no presente Pacto comprometem-se a respeitar a liberdade dos pais ou, quando tal for o caso, dos tutores legais, de escolher para seus filhos (pupilos) estabelecimentos de ensino diferentes dos dos poderes públicos, mas conformes às normas mínimas que podem ser prescritas ou aprovadas pelo Estado em matéria de educação, e de assegurar a educação religiosa e moral de seus filhos (ou pupilos) em conformidade com as suas próprias convicções.

Nenhuma disposição do presente artigo deve ser interpretada como limitando a liberdade dos indivíduos e das pessoas morais de criar e dirigir estabelecimentos de ensino, sempre sob reserva de que os princípios enunciados no parágrafo 1 do presente artigo sejam observados e de que a educação proporcionada nesses estabelecimentos seja conforme às normas mínimas prescritas pelo Estado.

Artigo 14.º

Todo o Estado Parte no presente Pacto que, no momento em que se torna parte, não pôde assegurar ainda no território metropolitano ou nos territórios sob a sua jurisdição ensino primário obrigatório e gratuito compromete-se a elaborar e adoptar, num prazo de dois anos, um plano detalhado das medidas necessárias para realizar progressivamente, num número razoável de anos, fixados por esse plano, a aplicação do princípio do ensino primário obrigatório e gratuito para todos.

ANOTAÇÕES

Artigo 15.º

Os Estados Partes no presente Pacto reconhecem a todos o direito:

De participar na vida cultural;

De beneficiar do progresso científico e das suas aplicações;

De beneficiar da protecção dos interesses morais e materiais que decorrem de toda a produção científica, literária ou artística de que cada um é autor.

As medidas que os Estados Partes no presente Pacto tomarem com vista a assegurar o pleno exercício deste direito deverão compreender as que são necessárias par assegurar a manutenção, o desenvolvimento e a difusão da ciência e da cultura.

Os Estados Partes no presente Pacto comprometem-se a respeitar a liberdade indispensável à investigação científica e às actividades criadoras.

O Estados Partes no presente Pacto reconhecem os benefícios que devem resultar do encorajamento e do desenvolvimento dos contactos internacionais e da cooperação no domínio da ciência e da cultura.

Quarta Parte

Artigo 16.º

Os Estados Partes no presente Pacto comprometem-se a apresentar, em conformidade com as disposições da presente parte do Pacto, relatórios sobre as medidas que tiverem adoptado e sobre os progressos realizados com vista a assegurar o respeito dos direitos reconhecidos no Pacto.

Todos os relatórios serão dirigidos ao Secretário-Geral das Nações Unidas, que transmitirá cópias deles ao Conselho Económico e Social, para apreciação, em conformidade com as disposições do presente Pacto;

O Secretário-Geral da Organização das Nações Unidas transmitirá igualmente às agências especializadas cópias dos relatórios, ou das partes pertinentes dos relatórios, enviados pelos Estados Partes no presente Pacto que são igualmente membros das referidas agências especializadas, na medida em que esses relatórios, ou partes de relatórios, tenham relação a questões relevantes da competência das mencionadas agências nos termos dos seus respectivos instrumentos constitucionais.

Artigo 17.º

Os Estados Partes no presente Pacto apresentarão os seus relatórios por etapas, segundo um programa a ser estabelecido pelo Conselho Económico e Social, no prazo de um ano a contar da data da entrada em vigor do presente Pacto, depois de terem consultado os Estados Partes e as agências especializadas interessadas.

Os relatórios podem indicar os factores e as dificuldades que impedem estes Estados de desempenhar plenamente as obrigações previstas no presente Pacto.

No caso em que informações relevantes tenham já sido transmitidas á Organização das Nações Unidas ou a uma agência especializada por um Estado Parte no Pacto, não será necessário reproduzir as ditas informações e bastará uma referência precisa a essas informações.

Artigo 18.º

Em virtude das responsabilidades que lhe são conferidas pela Carta das Nações Unidas no domínio dos direitos do homem e das liberdades fundamentais, o Conselho Económico e Social poderá concluir arranjos com as agências especializadas, com vista à apresentação por estas de relatórios relativos aos progressos realizados no observância das disposições do presente Pacto que entram no quadro das suas actividades. Estes relatórios poderão compreender dados sobre as decisões e recomendações adoptadas pelos órgãos competentes das agências especializadas sobre a referida questão da observância.

ANOTAÇÕES

ANOTAÇÕES

Artigo 19.º

O Conselho Económico e Social pode enviar à Comissão dos Direitos do Homem para fins de estudo e de recomendação de ordem geral ou para informação, se for caso disso, os relatórios respeitantes aos direitos do homem transmitidos pelos Estados, em conformidade com os artigos 16.º e 17.º e os relatórios respeitantes aos direitos do homem comunicados pelas agências especializadas em conformidade com o artigo 18.º.

Artigo 20.º

Os Estados Partes no presente Pacto e as agências especializadas interessadas podem apresentar ao Conselho Económico e Social observações sobre todas a recomendações de ordem geral feitas em virtude do artigo 19.º, ou sobre todas as menções de uma recomendação de ordem geral figurando num relatório da Comissão dos Direitos do Homem ou em todos os documentos mencionados no dito relatório.

Artigo 21.º

O Conselho Económico e Social pode apresentar de tempos a tempos à Assembleia Geral relatórios contendo recomendações de carácter geral e um resumo das informações recebidas dos Estados Partes no presente Pacto e das agências especializadas sobre as medidas tomadas e os progressos realizados com vista a assegurar o respeito geral dos direitos reconhecidos no presente Pacto.

Artigo 22.º

O Conselho Económico e Social pode levar à atenção dos outros órgãos da Organização das Nações Unidas, dos seus órgãos subsidiários e das agências especializadas interessadas que se dedicam a fornecer assistência técnica quaisquer questões suscitadas pelos relatórios mencionados nesta parte do presente Pacto e que possam ajudar estes organismos a pronunciarem-se, cada um na sua própria esfera de competência, sobre a oportunidade de medidas internacionais capazes de contribuir para a execução efectiva e progressiva do presente Pacto.

Artigo 23.º

Os Estados Partes no presente Pacto concordam que as medidas de ordem internacional destinadas a assegurar a realização dos direitos reconhecidos no dito Pacto incluem métodos, tais como a conclusão de convenções, a adopção de recomendações, a prestação de assistência técnica e a organização, em ligação com os governos interessados, de reuniões regionais e de reuniões técnicas para fins de consulta e de estudos.

Artigo 24.º

Nenhuma disposição do presente Pacto deve ser interpretada como atentando contra as disposições da Carta das Nações Unidas e dos estatutos das agências especializadas que definem as respectivas responsabilidades dos diversos órgãos da Organização das Nações Unidas e das agências especializadas no que respeita às questões tratadas no presente Pacto.

Artigo 25.º

Nenhuma disposição do presente Pacto será interpretada como atentando contra o direito inerente a todos os povos de gozar e a usufruir plena e livremente das suas riquezas e recursos naturais.

Quinta Parte

Artigo 26.º

O presente Pacto está aberto à assinatura de todos os Estados Membros da Organização das Nações Unidas ou membros de qualquer das suas agências especializadas, de todos os Estados Partes no Estatuto do Tribunal Internacional de Justiça, bem como de todos os outros Estados convidados pela Assembleia Geral das Nações Unidas a tornarem-se partes no presente Pacto.

O presente Pacto está sujeito a ratificação. Os instrumentos de ratificação serão depositados junto do Secretário-Geral da Organização das Nações Unidas.

O presente Pacto será aberto à adesão de todos os Estados referidos no parágrafo 1 do presente artigo.

A adesão far-se-á pelo depósito de um instrumento de adesão junto do Secretário-Geral da Organização das Nações Unidas.

O Secretário-Geral da Organização das Nações Unidas informará todos os Estados que assinaram o presente Pacto ou que a ele aderiram acerca do depósito de cada instrumento de ratificação ou de adesão.

Artigo 27.º

O presente Pacto entrará em vigor três meses após a data do depósito junto do Secretário-Geral da Organização das Nações Unidas do trigésimo quinto instrumento de ratificação ou de adesão.

Para cada um dos Estados que ratificarem o presente Pacto ou a ele aderirem depois do depósito do trigésimo quinto instrumento de ratificação ou de adesão, o dito Pacto entrará em vigor três meses depois da data do depósito por esse Estado do seu instrumento de ratificação ou de adesão.

Artigo 28.º

As disposições do presente Pacto aplicam-se, sem quaisquer llimitações ou excepções, a todas as unidades constitutivas dos Estados Federais.

Artigo 29.º

Todo o Estado Parte no presente Pacto pode propor uma emenda e depositar o respectivo texto junto do Secretário-Geral da Organização das Nações Unidas. O Secretário-Geral transmitirá então todos os projectos de emenda aos Estados Partes no presente Pacto, pedindo-lhes que indiquem se desejam que se convoque uma conferência de Estados Partes para examinar esses projectos e submetê-los à votação. Se um terço, pelo menos, dos Estados se declararem a favor desta convocação, o Secretário-Geral convocará a conferência sob os auspícios da Organização das Nações Unidas. Toda a emenda adoptada pela maioria dos Estados presentes e votantes na conferência será submetida para aprovação à Assembleia Geral das Nações Unidas.

As emendas entrarão em vigor quando aprovadas pela Assembleia Geral das Nações Unidas e aceites, em conformidade com as respectivas regras constitucionais, por uma maioria de dois terços dos Estados Partes no presente Pacto.

Quando as emendas entram em vigor, elas vinculam os Estados Partes que as aceitaram, ficando os outros Estados Partes ligados pelas disposições do presente Pacto e por todas as emendas anteriores que tiverem aceite.

Artigo 30.º

Independentemente das notificações previstas no parágrafo 5 do artigo 26.º, o Secretário-Geral da Organização das Nações Unidas informará todos os Estados visados no parágrafo 1 do dito artigo:

Acerca das assinaturas apostas ao presente Pacto e acerca dos instrumentos de ratificação e de adesão depositados em conformidade com o artigo 26.º.

Acerca da data em que o presente Pacto entrar em vigor em conformidade com o artigo 27.º e acerca da data em que entrarão em vigor as emendas previstas no artigo 29.º.

Artigo 31.º

O presente Pacto, cujos textos em inglês, chinês, espanhol, francês e russo fazem igual fé, será depositado nos arquivos das Nações Unidas.

O Secretário-Geral da Organização das Nações Unidas transmitirá cópias certificadas do presente Pacto a todos os Estados visados no artigo 26.º.

7. PACTO SAN JOSÉ DA COSTA RICA

Os Estados Americanos signatários da presente Convenção,

Reafirmando seu propósito de consolidar neste Continente, dentro do quadro das instituições democráticas, um regime de liberdade pessoal e de justiça social, fundado no respeito dos direitos humanos essenciais;

Reconhecendo que os direitos essenciais da pessoa humana não derivam do fato de ser ela nacional de determinado Estado, mas sim do fato de ter como fundamento os atributos da pessoa humana, razão por que justificam uma proteção internacional, de natureza convencional, coadjuvante ou complementar da que oferece o direito interno dos Estados americanos;

Considerando que esses princípios foram consagrados na Carta da Organização dos Estados Americanos, na Declaração Americana dos Direitos e Deveres do Homem e na Declaração Universal dos Direitos do Homem, e que foram reafirmados e desenvolvidos em outros instrumentos internacionais, tanto de âmbito mundial como regional;

Reiterando que, de acordo com a Declaração Universal dos Direitos Humanos, só pode ser realizado o ideal do ser humano livre, isento do temor e da miséria, se forem criadas condições que permitam a cada pessoa gozar dos seus direitos econômicos, sociais e culturais, bem como dos seus direitos civis e políticos; e

Considerando que a Terceira Conferência Interamericana Extraordinária (Buenos Aires, 1967) aprovou a incorporação à própria Carta da Organização de normas mais amplas sobre os direitos econômicos, sociais e educacionais e resolveu que uma Convenção Interamericana sobre Direitos Humanos determinasse a estrutura, competência e processo dos órgãos encarregados dessa matéria;

Convieram no seguinte:

PARTE I - DEVERES DOS ESTADOS E DIREITOS PROTEGIDOS

CAPÍTULO I - ENUMERAÇÃO DOS DEVERES

Artigo 1º - Obrigação de respeitar os direitos

1. Os Estados-partes nesta Convenção comprometem-se a respeitar os direitos e liberdades nela reconhecidos e a garantir seu livre e pleno exercício a toda pessoa que esteja sujeita à sua jurisdição, sem discriminação alguma, por motivo de raça, cor, sexo, idioma, religião, opiniões políticas ou de qualquer outra natureza, origem nacional ou social, posição econômica, nascimento ou qualquer outra condição social.

2. Para efeitos desta Convenção, pessoa é todo ser humano.

Artigo 2º - Dever de adotar disposições de direito interno

Se o exercício dos direitos e liberdades mencionados no artigo 1 ainda não estiver garantido por disposições legislativas ou de outra natureza, os Estados-partes comprometem-se a adotar, de acordo com as suas normas constitucionais e com as disposições desta Convenção, as medidas legislativas ou de outra natureza que forem necessárias para tornar efetivos tais direitos e liberdades.

CAPÍTULO II - DIREITOS CIVIS E POLÍTICOS

Artigo 3º - Direito ao reconhecimento da personalidade jurídica

Toda pessoa tem direito ao reconhecimento de sua personalidade jurídica.

Artigo 4º - Direito à vida

1. Toda pessoa tem o direito de que se respeite sua vida. Esse direito deve ser protegido pela lei e, em geral, desde o momento da concepção. Ninguém pode ser privado da vida arbitrariamente.

2. Nos países que não houverem abolido a pena de morte, esta só poderá ser imposta pelos delitos mais graves, em cumprimento de sentença final de tribunal competente e em conformidade com a lei que estabeleça tal pena, promulgada antes de haver o delito sido cometido. Tampouco se estenderá sua aplicação a delitos aos quais não se aplique atualmente.

3. Não se pode restabelecer a pena de morte nos Estados que a hajam abolido.

4. Em nenhum caso pode a pena de morte ser aplicada a delitos políticos, nem a delitos comuns conexos com delitos políticos.

5. Não se deve impor a pena de morte a pessoa que, no momento da perpetração do delito, for menor de dezoito anos, ou maior de setenta, nem aplicá-la a mulher em estado de gravidez.

6. Toda pessoa condenada à morte tem direito a solicitar anistia, indulto ou comutação da pena, os quais podem ser concedidos em todos os casos. Não se pode executar a pena de morte enquanto o pedido estiver pendente de decisão ante a autoridade competente.

Artigo 5º - Direito à integridade pessoal

1. Toda pessoa tem direito a que se respeite sua integridade física, psíquica e moral.

2. Ninguém deve ser submetido a torturas, nem a penas ou tratos cruéis, desumanos ou degradantes. Toda pessoa privada de liberdade deve ser tratada com o respeito devido à dignidade inerente ao ser humano.

3. A pena não pode passar da pessoa do delinquente.

4. Os processados devem ficar separados dos condenados, salvo em circunstâncias excepcionais, e devem ser submetidos a tratamento adequado à sua condição de pessoas não condenadas.

5. Os menores, quando puderem ser processados, devem ser separados dos adultos e conduzidos a tribunal especializado, com a maior rapidez possível, para seu tratamento.

6. As penas privativas de liberdade devem ter por finalidade essencial a reforma e a readaptação social dos condenados.

Artigo 6º - Proibição da escravidão e da servidão

1. Ninguém poderá ser submetido a escravidão ou servidão e tanto estas como o tráfico de escravos e o tráfico de mulheres são proibidos em todas as suas formas.

2. Ninguém deve ser constrangido a executar trabalho forçado ou obrigatório. Nos países em que se prescreve, para certos delitos, pena privativa de liberdade acompanhada de trabalhos forçados, esta disposição não pode ser interpretada no sentido de proibir o cumprimento da dita pena, imposta por um juiz ou tribunal competente. O trabalho forçado não deve afetar a dignidade, nem a capacidade física e intelectual do recluso.

3. Não constituem trabalhos forçados ou obrigatórios para os efeitos deste artigo:

a) os trabalhos ou serviços normalmente exigidos de pessoa reclusa em cumprimento de sentença ou resolução formal expedida pela autoridade judiciária competente. Tais trabalhos ou serviços devem ser executados sob a vigilância e controle das autoridades públicas, e os indivíduos que os executarem não devem ser postos à disposição de particulares, companhias ou pessoas jurídicas de caráter privado;

b) serviço militar e, nos países em que se admite a isenção por motivo de consciência, qualquer serviço nacional que a lei estabelecer em lugar daquele;

c) o serviço exigido em casos de perigo ou de calamidade que ameacem a existência ou o bem-estar da comunidade;

d) o trabalho ou serviço que faça parte das obrigações cívicas normais.

Artigo 7º - Direito à liberdade pessoal

ANOTAÇÕES

ANOTAÇÕES

ANOTAÇÕES

1. Toda pessoa tem direito à liberdade e à segurança pessoais.

2. Ninguém pode ser privado de sua liberdade física, salvo pelas causas e nas condições previamente fixadas pelas Constituições políticas dos Estados-partes ou pelas leis de acordo com elas promulgadas.

3. Ninguém pode ser submetido a detenção ou encarceramento arbitrários.

4. Toda pessoa detida ou retida deve ser informada das razões da detenção e notificada, sem demora, da acusação ou das acusações formuladas contra ela.

5. Toda pessoa presa, detida ou retida deve ser conduzida, sem demora, à presença de um juiz ou outra autoridade autorizada por lei a exercer funções judiciais e tem o direito de ser julgada em prazo razoável ou de ser posta em liberdade, sem prejuízo de que prossiga o processo. Sua liberdade pode ser condicionada a garantias que assegurem o seu comparecimento em juízo.

6. Toda pessoa privada da liberdade tem direito a recorrer a um juiz ou tribunal competente, a fim de que este decida, sem demora, sobre a legalidade de sua prisão ou detenção e ordene sua soltura, se a prisão ou a detenção forem ilegais. Nos Estados-partes cujas leis prevêem que toda pessoa que se vir ameaçada de ser privada de sua liberdade tem direito a recorrer a um juiz ou tribunal competente, a fim de que este decida sobre a legalidade de tal ameaça, tal recurso não pode ser restringido nem abolido. O recurso pode ser interposto pela própria pessoa ou por outra pessoa.

7. Ninguém deve ser detido por dívidas. Este princípio não limita os mandados de autoridade judiciária competente expedidos em virtude de inadimplemento de obrigação alimentar.

Artigo 8º - Garantias judiciais

1. Toda pessoa terá o direito de ser ouvida, com as devidas garantias e dentro de um prazo razoável, por um juiz ou Tribunal competente, independente e imparcial, estabelecido anteriormente por lei, na apuração de qualquer acusação penal formulada contra ela, ou na determinação de seus direitos e obrigações de caráter civil, trabalhista, fiscal ou de qualquer outra natureza.

2. Toda pessoa acusada de um delito tem direito a que se presuma sua inocência, enquanto não for legalmente comprovada sua culpa. Durante o processo, toda pessoa tem direito, em plena igualdade, às seguintes garantias mínimas:

a) direito do acusado de ser assistido gratuitamente por um tradutor ou intérprete, caso não compreenda ou não fale a língua do juízo ou tribunal;

b) comunicação prévia e pormenorizada ao acusado da acusação formulada;

c) concessão ao acusado do tempo e dos meios necessários à preparação de sua defesa;

d) direito do acusado de defender-se pessoalmente ou de ser assistido por um defensor de sua escolha e de comunicar-se, livremente e em particular, com seu defensor;

e) direito irrenunciável de ser assistido por um defensor proporcionado pelo Estado, remunerado ou não, segundo a legislação interna, se o acusado não se defender ele próprio, nem nomear defensor dentro do prazo estabelecido pela lei;

f) direito da defesa de inquirir as testemunhas presentes no Tribunal e de obter o comparecimento, como testemunhas ou peritos, de outras pessoas que possam lançar luz sobre os fatos;

g) direito de não ser obrigada a depor contra si mesma, nem a confessar-se culpada; e

h) direito de recorrer da sentença a juiz ou tribunal superior.

3. A confissão do acusado só é válida se feita sem coação de nenhuma natureza.

ANOTAÇÕES

4. O acusado absolvido por sentença transitada em julgado não poderá ser submetido a novo processo pelos mesmos fatos.

5. O processo penal deve ser público, salvo no que for necessário para preservar os interesses da justiça.

Artigo 9º - Princípio da legalidade e da retroatividade

Ninguém poderá ser condenado por atos ou omissões que, no momento em que foram cometidos, não constituam delito, de acordo com o direito aplicável. Tampouco poder-se-á impor pena mais grave do que a aplicável no momento da ocorrência do delito. Se, depois de perpetrado o delito, a lei estipular a imposição de pena mais leve, o deliquente deverá dela beneficiar-se.

Artigo 10 - Direito à indenização

Toda pessoa tem direito de ser indenizada conforme a lei, no caso de haver sido condenada em sentença transitada em julgado, por erro judiciário.

Artigo 11 - Proteção da honra e da dignidade

1. Toda pessoa tem direito ao respeito da sua honra e ao reconhecimento de sua dignidade.

2. Ninguém pode ser objeto de ingerências arbitrárias ou abusivas em sua vida privada, em sua família, em seu domicílio ou em sua correspondência, nem de ofensas ilegais à sua honra ou reputação.

3. Toda pessoa tem direito à proteção da lei contra tais ingerências ou tais ofensas.

Artigo 12 - Liberdade de consciência e de religião

1. Toda pessoa tem direito à liberdade de consciência e de religião. Esse direito implica a liberdade de conservar sua religião ou suas crenças, ou de mudar de religião ou de crenças, bem como a liberdade de professar e divulgar sua religião ou suas crenças, individual ou coletivamente, tanto em público como em privado.

2. Ninguém pode ser submetido a medidas restritivas que possam limitar sua liberdade de conservar sua religião ou suas crenças, ou de mudar de religião ou de crenças.

3. A liberdade de manifestar a própria religião e as próprias crenças está sujeita apenas às limitações previstas em lei e que se façam necessárias para proteger a segurança, a ordem, a saúde ou a moral públicas ou os direitos e as liberdades das demais pessoas.

4. Os pais e, quando for o caso, os tutores, têm direito a que seus filhos e pupilos recebam a educação religiosa e moral que esteja de acordo com suas próprias convicções.

Artigo 13 - Liberdade de pensamento e de expressão

1. Toda pessoa tem o direito à liberdade de pensamento e de expressão. Esse direito inclui a liberdade de procurar, receber e difundir informações e ideias de qualquer natureza, sem considerações de fronteiras, verbalmente ou por escrito, ou em forma impressa ou artística, ou por qualquer meio de sua escolha.

2. O exercício do direito previsto no inciso precedente não pode estar sujeito à censura prévia, mas a responsabilidades ulteriores, que devem ser expressamente previstas em lei e que se façam necessárias para assegurar:

a) o respeito dos direitos e da reputação das demais pessoas;

b) a proteção da segurança nacional, da ordem pública, ou da saúde ou da moral públicas.

3. Não se pode restringir o direito de expressão por vias e meios indiretos, tais como o abuso de controles oficiais ou particulares de papel de imprensa, de frequências radioelétricas ou de equipamentos e aparelhos usados na difusão de informação, nem por quaisquer outros meios destinados a obstar a comunicação e a circulação de ideias e opiniões.

4. A lei pode submeter os espetáculos públicos a censura prévia, com o objetivo exclusivo de regular o acesso a eles, para proteção moral da infância e da adolescência, sem prejuízo do disposto no inciso 2.

5. A lei deve proibir toda propaganda a favor da guerra, bem como toda apologia ao ódio nacional, racial ou religioso que constitua incitamento à discriminação, à hostilidade, ao crime ou à violência.

Artigo 14 - Direito de retificação ou resposta

1. Toda pessoa, atingida por informações inexatas ou ofensivas emitidas em seu prejuízo por meios de difusão legalmente regulamentados e que se dirijam ao público em geral, tem direito a fazer, pelo mesmo órgão de difusão, sua retificação ou resposta, nas condições que estabeleça a lei.
2. Em nenhum caso a retificação ou a resposta eximirão das outras responsabilidades legais em que se houver incorrido.
3. Para a efetiva proteção da honra e da reputação, toda publicação ou empresa jornalística, cinematográfica, de rádio ou televisão, deve ter uma pessoa responsável, que não seja protegida por imunidades, nem goze de foro especial.

Artigo 15 - Direito de reunião

É reconhecido o direito de reunião pacífica e sem armas. O exercício desse direito só pode estar sujeito às restrições previstas em lei e que se façam necessárias, em uma sociedade democrática, ao interesse da segurança nacional, da segurança ou ordem públicas, ou para proteger a saúde ou a moral públicas ou os direitos e as liberdades das demais pessoas.

Artigo 16 - Liberdade de associação

1. Todas as pessoas têm o direito de associar-se livremente com fins ideológicos, religiosos, políticos, econômicos, trabalhistas, sociais, culturais, desportivos ou de qualquer outra natureza.
2. O exercício desse direito só pode estar sujeito às restrições previstas em lei e que se façam necessárias, em uma sociedade democrática, ao interesse da segurança nacional, da segurança e da ordem públicas, ou para proteger a saúde ou a moral públicas ou os direitos e as liberdades das demais pessoas.
3. O presente artigo não impede a imposição de restrições legais, e mesmo a privação do exercício do direito de associação, aos membros das forças armadas e da polícia.

Artigo 17 - Proteção da família

1. A família é o núcleo natural e fundamental da sociedade e deve ser protegida pela sociedade e pelo Estado.
2. É reconhecido o direito do homem e da mulher de contraírem casamento e de constituírem uma família, se tiverem a idade e as condições para isso exigidas pelas leis internas, na medida em que não afetem estas o princípio da não-discriminação estabelecido nesta Convenção.
3. O casamento não pode ser celebrado sem o consentimento livre e pleno dos contraentes.
4. Os Estados-partes devem adotar as medidas apropriadas para assegurar a igualdade de direitos e a adequada equivalência de responsabilidades dos cônjuges quanto ao casamento, durante o mesmo e por ocasião de sua dissolução. Em caso de dissolução, serão adotadas as disposições que assegurem a proteção necessária aos filhos, com base unicamente no interesse e conveniência dos mesmos.
5. A lei deve reconhecer iguais direitos tanto aos filhos nascidos fora do casamento, como aos nascidos dentro do casamento.

Artigo 18 - Direito ao nome

Toda pessoa tem direito a um prenome e aos nomes de seus pais ou ao de um destes. A lei deve regular a forma de assegurar a todos esse direito, mediante nomes fictícios, se for necessário.

Artigo 19 - Direitos da criança

Toda criança terá direito às medidas de proteção que a sua condição de menor requer, por parte da sua família, da sociedade e do Estado.

ANOTAÇÕES

Artigo 20 - Direito à nacionalidade

1. Toda pessoa tem direito a uma nacionalidade.
2. Toda pessoa tem direito à nacionalidade do Estado em cujo território houver nascido, se não tiver direito a outra.
3. A ninguém se deve privar arbitrariamente de sua nacionalidade, nem do direito de mudá-la.

Artigo 21 - Direito à propriedade privada

1. Toda pessoa tem direito ao uso e gozo de seus bens. A lei pode subordinar esse uso e gozo ao interesse social.
2. Nenhuma pessoa pode ser privada de seus bens, salvo mediante o pagamento de indenização justa, por motivo de utilidade pública ou de interesse social e nos casos e na forma estabelecidos pela lei.
3. Tanto a usura, como qualquer outra forma de exploração do homem pelo homem, devem ser reprimidas pela lei.

Artigo 22 - Direito de circulação e de residência

1. Toda pessoa que se encontre legalmente no território de um Estado tem o direito de nele livremente circular e de nele residir, em conformidade com as disposições legais.
2. Toda pessoa terá o direito de sair livremente de qualquer país, inclusive de seu próprio país.
3. O exercício dos direitos supracitados não pode ser restringido, senão em virtude de lei, na medida indispensável, em uma sociedade democrática, para prevenir infrações penais ou para proteger a segurança nacional, a segurança ou a ordem públicas, a moral ou a saúde públicas, ou os direitos e liberdades das demais pessoas.
4. O exercício dos direitos reconhecidos no inciso 1 pode também ser restringido pela lei, em zonas determinadas, por motivo de interesse público.
5. Ninguém pode ser expulso do território do Estado do qual for nacional e nem ser privado do direito de nele entrar.
6. O estrangeiro que se encontre legalmente no território de um Estado-parte na presente Convenção só poderá dele ser expulso em decorrência de decisão adotada em conformidade com a lei.
7. Toda pessoa tem o direito de buscar e receber asilo em território estrangeiro, em caso de perseguição por delitos políticos ou comuns conexos com delitos políticos, de acordo com a legislação de cada Estado e com as Convenções internacionais.
8. Em nenhum caso o estrangeiro pode ser expulso ou entregue a outro país, seja ou não de origem, onde seu direito à vida ou à liberdade pessoal esteja em risco de violação em virtude de sua raça, nacionalidade, religião, condição social ou de suas opiniões políticas.
9. É proibida a expulsão coletiva de estrangeiros.

Artigo 23 - Direitos políticos

1. Todos os cidadãos devem gozar dos seguintes direitos e oportunidades:
   a) de participar da condução dos assuntos públicos, diretamente ou por meio de representantes livremente eleitos;
   b) de votar e ser eleito em eleições periódicas, autênticas, realizadas por sufrágio universal e igualitário e por voto secreto, que garantam a livre expressão da vontade dos eleitores; e
   c) de ter acesso, em condições gerais de igualdade, às funções públicas de seu país.
2. A lei pode regular o exercício dos direitos e oportunidades, a que se refere o inciso anterior, exclusivamente por motivo de idade, nacionalidade, residência, idioma, instrução, capacidade civil ou mental, ou condenação, por juiz competente, em processo penal.

Artigo 24 - Igualdade perante a lei

Todas as pessoas são iguais perante a lei. Por conseguinte, têm direito, sem discriminação alguma, à igual proteção da lei.

Artigo 25 - Proteção judicial

1. Toda pessoa tem direito a um recurso simples e rápido ou a qualquer outro recurso efetivo, perante os juízes ou tri-

ANOTAÇÕES

ANOTAÇÕES

bunais competentes, que a proteja contra atos que violem seus direitos fundamentais reconhecidos pela Constituição, pela lei ou pela presente Convenção, mesmo quando tal violação seja cometida por pessoas que estejam atuando no exercício de suas funções oficiais.

2. Os Estados-partes comprometem-se:

a) a assegurar que a autoridade competente prevista pelo sistema legal do Estado decida sobre os direitos de toda pessoa que interpuser tal recurso;

b) a desenvolver as possibilidades de recurso judicial; e

c) a assegurar o cumprimento, pelas autoridades competentes, de toda decisão em que se tenha considerado procedente o recurso.

CAPÍTULO III - DIREITOS ECONÔMICOS, SOCIAIS E CULTURAIS

Artigo 26 - Desenvolvimento progressivo

Os Estados-partes comprometem-se a adotar as providências, tanto no âmbito interno, como mediante cooperação internacional, especialmente econômica e técnica, a fim de conseguir progressivamente a plena efetividade dos direitos que decorrem das normas econômicas, sociais e sobre educação, ciência e cultura, constantes da Carta da Organização dos Estados Americanos, reformada pelo Protocolo de Buenos Aires, na medida dos recursos disponíveis, por via legislativa ou por outros meios apropriados.

CAPÍTULO IV - SUSPENSÃO DE GARANTIAS, INTERPRETAÇÃO E APLICAÇÃO

Artigo 27 - Suspensão de garantias

1. Em caso de guerra, de perigo público, ou de outra emergência que ameace a independência ou segurança do Estado-parte, este poderá adotar as disposições que, na medida e pelo tempo estritamente limitados às exigências da situação, suspendam as obrigações contraídas em virtude desta Convenção, desde que tais disposições não sejam incompatíveis com as demais obrigações que lhe impõe o Direito Internacional e não encerrem discriminação alguma fundada em motivos de raça, cor, sexo, idioma, religião ou origem social.

2. A disposição precedente não autoriza a suspensão dos direitos determinados nos seguintes artigos: 3 (direito ao reconhecimento da personalidade jurídica) , 4 (direito à vida) , 5 (direito à integridade pessoal) , 6 (proibição da escravidão e da servidão) , 9 (princípio da legalidade e da retroatividade) , 12 (liberdade de consciência e religião) , 17 (proteção da família) , 18 (direito ao nome) , 19 (direitos da criança) , 20 (direito à nacionalidade) e 23 (direitos políticos) , nem das garantias indispensáveis para a proteção de tais direitos.

3. Todo Estado-parte no presente Pacto que fizer uso do direito de suspensão deverá comunicar imediatamente aos outros Estados-partes na presente Convenção, por intermédio do Secretário Geral da Organização dos Estados Americanos, as disposições cuja aplicação haja suspendido, os motivos determinantes da suspensão e a data em que haja dado por terminada tal suspensão.

Artigo 28 - Cláusula federal

1. Quando se tratar de um Estado-parte constituído como Estado federal, o governo nacional do aludido Estado-parte cumprirá todas as disposições da presente Convenção, relacionadas com as matérias sobre as quais exerce competência legislativa e judicial.

2. No tocante às disposições relativas às matérias que correspondem à competência das entidades componentes da federação, o governo nacional deve tomar imediatamente as medidas pertinentes, em conformidade com sua Constituição e com suas leis, a fim de que as autoridades competentes das referidas entidades possam adotar as disposições cabíveis para o cumprimento desta Convenção.

ANOTAÇÕES

3. Quando dois ou mais Estados-partes decidirem constituir entre eles uma federação ou outro tipo de associação, diligenciarão no sentido de que o pacto comunitário respectivo contenha as disposições necessárias para que continuem sendo efetivas no novo Estado, assim organizado, as normas da presente Convenção.

Artigo 29 - Normas de interpretação

Nenhuma disposição da presente Convenção pode ser interpretada no sentido de:

a) permitir a qualquer dos Estados-partes, grupo ou indivíduo, suprimir o gozo e o exercício dos direitos e liberdades reconhecidos na Convenção ou limitá-los em maior medida do que a nela prevista;

b) limitar o gozo e exercício de qualquer direito ou liberdade que possam ser reconhecidos em virtude de leis de qualquer dos Estados-partes ou em virtude de Convenções em que seja parte um dos referidos Estados;

c) excluir outros direitos e garantias que são inerentes ao ser humano ou que decorrem da forma democrática representativa de governo;

d) excluir ou limitar o efeito que possam produzir a Declaração Americana dos Direitos e Deveres do Homem e outros atos internacionais da mesma natureza.

Artigo 30 - Alcance das restrições

As restrições permitidas, de acordo com esta Convenção, ao gozo e exercício dos direitos e liberdades nela reconhecidos, não podem ser aplicadas senão de acordo com leis que forem promulgadas por motivo de interesse geral e com o propósito para o qual houverem sido estabelecidas.

Artigo 31 - Reconhecimento de outros direitos

Poderão ser incluídos, no regime de proteção desta Convenção, outros direitos e liberdades que forem reconhecidos de acordo com os processos estabelecidos nos artigo 69 e 70.

CAPÍTULO V - DEVERES DAS PESSOAS

Artigo 32 - Correlação entre deveres e direitos

1. Toda pessoa tem deveres para com a família, a comunidade e a humanidade.

2. Os direitos de cada pessoa são limitados pelos direitos dos demais, pela segurança de todos e pelas justas exigências do bem comum, em uma sociedade democrática.

PARTE II - MEIOS DE PROTEÇÃO

CAPÍTULO VI - ÓRGÃOS COMPETENTES

Artigo 33 - São competentes para conhecer de assuntos relacionados com o cumprimento dos compromissos assumidos pelos Estados-partes nesta Convenção:

a) a Comissão Interamericana de Direitos Humanos, doravante denominada a Comissão; e

b) a Corte Interamericana de Direitos Humanos, doravante denominada a Corte.

CAPÍTULO VII - COMISSÃO INTERAMERICANA DE DIREITOS HUMANOS

SEÇÃO 1 - ORGANIZAÇÃO

Artigo 34 - A Comissão Interamericana de Direitos Humanos compor-se-á de sete membros, que deverão ser pessoas de alta autoridade moral e de reconhecido saber em matéria de direitos humanos.

Artigo 35 - A Comissão representa todos os Membros da Organização dos Estados Americanos.

Artigo 36 -

1. Os membros da Comissão serão eleitos a título pessoal, pela assembleia Geral da Organização, a partir de uma lista de candidatos propostos pelos governos dos Estados-membros.

2. Cada um dos referidos governos pode propor até três candidatos, nacionais do Estado que os propuser ou de qualquer outro Estado-membro da Organiza-

ção dos Estados Americanos. Quando for proposta uma lista de três candidatos, pelo menos um deles deverá ser nacional de Estado diferente do proponente.

Artigo 37 -

1. Os membros da Comissão serão eleitos por quatro anos e só poderão ser reeleitos um vez, porém o mandato de três dos membros designados na primeira eleição expirará ao cabo de dois anos. Logo depois da referida eleição, serão determinados por sorteio, na assembleia Geral, os nomes desses três membros.

2. Não pode fazer parte da Comissão mais de um nacional de um mesmo país.

Artigo 38 - As vagas que ocorrerem na Comissão, que não se devam à expiração normal do mandato, serão preenchidas pelo Conselho Permanente da Organização, de acordo com o que dispuser o Estatuto da Comissão.

Artigo 39 - A Comissão elaborará seu estatuto e submetê-lo-á à aprovação da assembleia Geral e expedirá seu próprio Regulamento.

Artigo 40 - Os serviços da Secretaria da Comissão devem ser desempenhados pela unidade funcional especializada que faz parte da Secretaria Geral da Organização e deve dispor dos recursos necessários para cumprir as tarefas que lhe forem confiadas pela Comissão.

SEÇÃO 2 - FUNÇÕES

Artigo 41 - A Comissão tem a função principal de promover a observância e a defesa dos direitos humanos e, no exercício de seu mandato, tem as seguintes funções e atribuições:

a) estimular a consciência dos direitos humanos nos povos da América;

b) formular recomendações aos governos dos Estados-membros, quando considerar conveniente, no sentido de que adotem medidas progressivas em prol dos direitos humanos no âmbito de suas leis internas e seus preceitos constitucionais, bem como disposições apropriadas para promover o devido respeito a esses direitos;

c) preparar estudos ou relatórios que considerar convenientes para o desempenho de suas funções;

d) solicitar aos governos dos Estados-membros que lhe proporcionem informações sobre as medidas que adotarem em matéria de direitos humanos;

e) atender às consultas que, por meio da Secretaria Geral da Organização dos Estados Americanos, lhe formularem os Estados-membros sobre questões relacionadas com os direitos humanos e, dentro de suas possibilidades, prestar-lhes o assessoramento que lhes solicitarem;

f) atuar com respeito às petições e outras comunicações, no exercício de sua autoridade, de conformidade com o disposto nos artigos 44 a 51 desta Convenção; e

g) apresentar um relatório anual à assembleia Geral da Organização dos Estados Americanos.

Artigo 42 - Os Estados-partes devem submeter à Comissão cópia dos relatórios e estudos que, em seus respectivos campos, submetem anualmente às Comissões Executivas do Conselho Interamericano Econômico e Social e do Conselho Interamericano de Educação, Ciência e Cultura, a fim de que aquela zele para que se promovam os direitos decorrentes das normas econômicas, sociais e sobre educação, ciência e cultura, constantes da Carta da Organização dos Estados Americanos, reformada pelo Protocolo de Buenos Aires.

Artigo 43 - Os Estados-partes obrigam-se a proporcionar à Comissão as informações que esta lhes solicitar sobre a maneira pela qual seu direito interno assegura a aplicação efetiva de quaisquer disposições desta Convenção.

Seção 3 - Competência

Artigo 44 - Qualquer pessoa ou grupo de pessoas, ou entidade não-governamental legalmente reconhecida em um ou mais Estados-membros da Organização, pode apresentar à Comissão petições que contenham denúncias ou queixas de violação desta Convenção por um Estado-parte.

ANOTAÇÕES

Artigo 45 -

1. Todo Estado-parte pode, no momento do depósito do seu instrumento de ratificação desta Convenção, ou de adesão a ela, ou em qualquer momento posterior, declarar que reconhece a competência da Comissão para receber e examinar as comunicações em que um Estado-parte alegue haver outro Estado-parte incorrido em violações dos direitos humanos estabelecidos nesta Convenção.

2. As comunicações feitas em virtude deste artigo só podem ser admitidas e examinadas se forem apresentadas por um Estado-parte que haja feito uma declaração pela qual reconheça a referida competência da Comissão. A Comissão não admitirá nenhuma comunicação contra um Estado-parte que não haja feito tal declaração.

3. As declarações sobre reconhecimento de competência podem ser feitas para que esta vigore por tempo indefinido, por período determinado ou para casos específicos.

4. As declarações serão depositadas na Secretaria Geral da Organização dos Estados Americanos, a qual encaminhará cópia das mesmas aos Estados-membros da referida Organização.

Artigo 46 - Para que uma petição ou comunicação apresentada de acordo com os artigos 44 ou 45 seja admitida pela Comissão, será necessário:

a) que hajam sido interpostos e esgotados os recursos da jurisdição interna, de acordo com os princípios de Direito Internacional geralmente reconhecidos;

b) que seja apresentada dentro do prazo de seis meses, a partir da data em que o presumido prejudicado em seus direitos tenha sido notificado da decisão definitiva;

c) que a matéria da petição ou comunicação não esteja pendente de outro processo de solução internacional; e

d) que, no caso do artigo 44, a petição contenha o nome, a nacionalidade, a profissão, o domicílio e a assinatura da pessoa ou pessoas ou do representante legal da entidade que submeter a petição.

2. As disposições das alíneas "a" e "b" do inciso 1 deste artigo não se aplicarão quando:

a) não existir, na legislação interna do Estado de que se tratar, o devido processo legal para a proteção do direito ou direitos que se alegue tenham sido violados;

b) não se houver permitido ao presumido prejudicado em seus direitos o acesso aos recursos da jurisdição interna, ou houver sido ele impedido de esgotá-los; e

c) houver demora injustificada na decisão sobre os mencionados recursos.

Artigo 47 - A Comissão declarará inadmissível toda petição ou comunicação apresentada de acordo com os artigos 44 ou 45 quando:

a) não preencher algum dos requisitos estabelecidos no artigo 46;

b) não expuser fatos que caracterizem violação dos direitos garantidos por esta Convenção;

c) pela exposição do próprio peticionário ou do Estado, for manifestamente infundada a petição ou comunicação ou for evidente sua total improcedência; ou

d) for substancialmente reprodução de petição ou comunicação anterior, já examinada pela Comissão ou por outro organismo internacional.

Seção 4 - Processo

Artigo 48 -

1. A Comissão, ao receber uma petição ou comunicação na qual se alegue a violação de qualquer dos direitos consagrados nesta Convenção, procederá da seguinte maneira:

a) se reconhecer a admissibilidade da petição ou comunicação, solicitará informações ao Governo do Estado ao qual pertença a autoridade apontada como responsável pela violação alegada e transcreverá as partes pertinentes da petição ou comunicação. As referidas informações devem ser enviadas dentro de um prazo razoável, fixado pela Comissão ao considerar as circunstâncias de cada caso;

ANOTAÇÕES

ANOTAÇÕES

b) recebidas as informações, ou transcorrido o prazo fixado sem que sejam elas recebidas, verificará se existem ou subsistem os motivos da petição ou comunicação. No caso de não existirem ou não subsistirem, mandará arquivar o expediente;

c) poderá também declarar a inadmissibilidade ou a improcedência da petição ou comunicação, com base em informação ou prova supervenientes;

d) se o expediente não houver sido arquivado, e com o fim de comprovar os fatos, a Comissão procederá, com conhecimento das partes, a um exame do assunto exposto na petição ou comunicação. Se for necessário e conveniente, a Comissão procederá a uma investigação para cuja eficaz realização solicitará, e os Estados interessados lhe proporcionarão, todas as facilidades necessárias;

e) poderá pedir aos Estados interessados qualquer informação pertinente e receberá, se isso for solicitado, as exposições verbais ou escritas que apresentarem os interessados; e

f) pôr-se-á à disposição das partes interessadas, a fim de chegar a uma solução amistosa do assunto, fundada no respeito aos direitos reconhecidos nesta Convenção.

2. Entretanto, em casos graves e urgentes, pode ser realizada uma investigação, mediante prévio consentimento do Estado em cujo território se alegue houver sido cometida a violação, tão somente com a apresentação de uma petição ou comunicação que reúna todos os requisitos formais de admissibilidade.

Artigo 49 - Se se houver chegado a uma solução amistosa de acordo com as disposições do inciso 1, "f", do artigo 48, a Comissão redigirá um relatório que será encaminhado ao peticionário e aos Estados-partes nesta Convenção e posteriormente transmitido, para sua publicação, ao Secretário Geral da Organização dos Estados Americanos. O referido relatório conterá uma breve exposição dos fatos e da solução alcançada. Se qualquer das partes no caso o solicitar, ser-lhe-á proporcionada a mais ampla informação possível.

Artigo 50 -

1. Se não se chegar a uma solução, e dentro do prazo que for fixado pelo Estatuto da Comissão, esta redigirá um relatório no qual exporá os fatos e suas conclusões. Se o relatório não representar, no todo ou em parte, o acordo unânime dos membros da Comissão, qualquer deles poderá agregar ao referido relatório seu voto em separado. Também se agregarão ao relatório as exposições verbais ou escritas que houverem sido feitas pelos interessados em virtude do inciso 1, "e", do artigo 48.

2. O relatório será encaminhado aos Estados interessados, aos quais não será facultado publicá-lo.

3. Ao encaminhar o relatório, a Comissão pode formular as proposições e recomendações que julgar adequadas.

Artigo 51 -

1. Se no prazo de três meses, a partir da remessa aos Estados interessados do relatório da Comissão, o assunto não houver sido solucionado ou submetido à decisão da Corte pela Comissão ou pelo Estado interessado, aceitando sua competência, a Comissão poderá emitir, pelo voto da maioria absoluta dos seus membros, sua opinião e conclusões sobre a questão submetida à sua consideração.

2. A Comissão fará as recomendações pertinentes e fixará um prazo dentro do qual o Estado deve tomar as medidas que lhe competir para remediar a situação examinada.

3. Transcorrido o prazo fixado, a Comissão decidirá, pelo voto da maioria absoluta dos seus membros, se o Estado tomou ou não as medidas adequadas e se publica ou não seu relatório.

ANOTAÇÕES

CAPÍTULO VIII - CORTE INTERAMERICANA DE DIREITOS HUMANOS

Seção 1 - Organização

Artigo 52 -

1. A Corte compor-se-á de sete juízes, nacionais dos Estados-membros da Organização, eleitos a título pessoal dentre juristas da mais alta autoridade moral, de reconhecida competência em matéria de direitos humanos, que reúnam as condições requeridas para o exercício das mais elevadas funções judiciais, de acordo com a lei do Estado do qual sejam nacionais, ou do Estado que os propuser como candidatos.

2. Não deve haver dois juízes da mesma nacionalidade.

Artigo 53 -

1. Os juízes da Corte serão eleitos, em votação secreta e pelo voto da maioria absoluta dos Estados-partes na Convenção, na assembleia Geral da Organização, a partir de uma lista de candidatos propostos pelos mesmos Estados.

2. Cada um dos Estados-partes pode propor até três candidatos, nacionais do Estado que os propuser ou de qualquer outro Estado-membro da Organização dos Estados Americanos. Quando se propuser um lista de três candidatos, pelo menos um deles deverá ser nacional do Estado diferente do proponente.

Artigo 54 -

1. Os juízes da Corte serão eleitos por um período de seis anos e só poderão ser reeleitos uma vez. O mandato de três dos juízes designados na primeira eleição expirará ao cabo de três anos. Imediatamente depois da referida eleição, determinar-se-ão por sorteio, na assembleia Geral, os nomes desse três juízes.

2. O juiz eleito para substituir outro, cujo mandato não haja expirado, completará o período deste.

3. Os juízes permanecerão em suas funções até o término dos seus mandatos. Entretanto, continuarão funcionando nos casos de que já houverem tomado conhecimento e que se encontrem em fase de sentença e, para tais efeitos, não serão substituídos pelos novos juízes eleitos.

Artigo 55 -

1. O juiz, que for nacional de algum dos Estados-partes em caso submetido à Corte, conservará o seu direito de conhecer do mesmo.

2. Se um dos juízes chamados a conhecer do caso for de nacionalidade de um dos Estados-partes, outro Estado-parte no caso poderá designar uma pessoa de sua escolha para integrar a Corte, na qualidade de juiz ad hoc.

3. Se, dentre os juízes chamados a conhecer do caso, nenhum for da nacionalidade dos Estados-partes, cada um destes poderá designar um juiz ad hoc.

4. O juiz ad hoc deve reunir os requisitos indicados no artigo 52.

5. Se vários Estados-partes na Convenção tiverem o mesmo interesse no caso, serão considerados como uma só parte, para os fins das disposições anteriores. Em caso de dúvida, a Corte decidirá.

Artigo 56 - O quorum para as deliberações da Corte é constituído por cinco juízes.

Artigo 57 - A Comissão comparecerá em todos os casos perante a Corte.

Artigo 58 -

1. A Corte terá sua sede no lugar que for determinado, na assembleia Geral da Organização, pelos Estados-partes na Convenção, mas poderá realizar reuniões no território de qualquer Estado-membro da Organização dos Estados Americanos em que considerar conveniente, pela maioria dos seus membros e mediante prévia aquiescência do Estado respectivo. Os Estados-partes na Convenção podem, na assembleia Geral, por dois terços dos seus votos, mudar a sede da Corte.

2. A Corte designará seu Secretário.

3. O Secretário residirá na sede da Corte e deverá assistir às reuniões que ela realizar fora da mesma.

Artigo 59 - A Secretaria da Corte será por esta estabelecida e funcionará sob a direção do Secretário Geral da Organização em tudo o que não for incompatível com a independência da Corte. Seus funcionários serão nomeados pelo Secretário Geral da Organização, em consulta com o Secretário da Corte.

Artigo 60 - A Corte elaborará seu Estatuto e submetê-lo-á à aprovação da assembleia Geral e expedirá seu Regimento.

Seção 2 - Competência e funções

Artigo 61 -

1. Somente os Estados-partes e a Comissão têm direito de submeter um caso à decisão da Corte.

2. Para que a Corte possa conhecer de qualquer caso, é necessário que sejam esgotados os processos previstos nos artigos 48 a 50.

Artigo 62 -

1. Todo Estado-parte pode, no momento do depósito do seu instrumento de ratificação desta Convenção ou de adesão a ela, ou em qualquer momento posterior, declarar que reconhece como obrigatória, de pleno direito e sem convenção especial, a competência da Corte em todos os casos relativos à interpretação ou aplicação desta Convenção.

2. A declaração pode ser feita incondicionalmente, ou sob condição de reciprocidade, por prazo determinado ou para casos específicos. Deverá ser apresentada ao Secretário Geral da Organização, que encaminhará cópias da mesma a outros Estados-membros da Organização e ao Secretário da Corte.

3. A Corte tem competência para conhecer de qualquer caso, relativo à interpretação e aplicação das disposições desta Convenção, que lhe seja submetido, desde que os Estados-partes no caso tenham reconhecido ou reconheçam a referida competência, seja por declaração especial, como prevêem os incisos anteriores, seja por convenção especial.

Artigo 63 -

1. Quando decidir que houve violação de um direito ou liberdade protegidos nesta Convenção, a Corte determinará que se assegure ao prejudicado o gozo do seu direito ou liberdade violados. Determinará também, se isso for procedente, que sejam reparadas as consequências da medida ou situação que haja configurado a violação desses direitos, bem como o pagamento de indenização justa à parte lesada.

2. Em casos de extrema gravidade e urgência, e quando se fizer necessário evitar danos irreparáveis às pessoas, a Corte, nos assuntos de que estiver conhecendo, poderá tomar as medidas provisórias que considerar pertinentes. Se se tratar de assuntos que ainda não estiverem submetidos ao seu conhecimento, poderá atuar a pedido da Comissão.

Artigo 64 -

1. Os Estados-membros da Organização poderão consultar a Corte sobre a interpretação desta Convenção ou de outros tratados concernentes à proteção dos direitos humanos nos Estados americanos. Também poderão consultá-la, no que lhes compete, os órgãos enumerados no capítulo X da Carta da Organização dos Estados Americanos, reformada pelo Protocolo de Buenos Aires.

2. A Corte, a pedido de um Estado-membro da Organização, poderá emitir pareceres sobre a compatibilidade entre qualquer de suas leis internas e os mencionados instrumentos internacionais.

Artigo 65 - A Corte submeterá à consideração da assembleia Geral da Organização, em cada período ordinário de sessões, um relatório sobre as suas atividades no ano anterior. De maneira especial, e com as recomendações pertinentes, indicará os casos em que um Estado não tenha dado cumprimento a suas sentenças.

ANOTAÇÕES

Seção 3 - Processo

Artigo 66 -

1. A sentença da Corte deve ser fundamentada.

2. Se a sentença não expressar no todo ou em parte a opinião unânime dos juízes, qualquer deles terá direito a que se agregue à sentença o seu voto dissidente ou individual.

Artigo 67 - A sentença da Corte será definitiva e inapelável. Em caso de divergência sobre o sentido ou alcance da sentença, a Corte interpretá-la-á, a pedido de qualquer das partes, desde que o pedido seja apresentado dentro de noventa dias a partir da data da notificação da sentença.

Artigo 68 -

1. Os Estados-partes na Convenção comprometem-se a cumprir a decisão da Corte em todo caso em que forem partes.

2. A parte da sentença que determinar indenização compensatória poderá ser executada no país respectivo pelo processo interno vigente para a execução de sentenças contra o Estado.

Artigo 69 - A sentença da Corte deve ser notificada às partes no caso e transmitida aos Estados-partes na Convenção.

CAPÍTULO IX - DISPOSIÇÕES COMUNS

Artigo 70 -

1. Os juízes da Corte e os membros da Comissão gozam, desde o momento da eleição e enquanto durar o seu mandato, das imunidades reconhecidas aos agentes diplomáticos pelo Direito Internacional. Durante o exercício dos seus cargos gozam, além disso, dos privilégios diplomáticos necessários para o desempenho de suas funções.

2. Não se poderá exigir responsabilidade em tempo algum dos juízes da Corte, nem dos membros da Comissão, por votos e opiniões emitidos no exercício de suas funções.

Artigo 71 - Os cargos de juiz da Corte ou de membro da Comissão são incompatíveis com outras atividades que possam afetar sua independência ou imparcialidade, conforme o que for determinado nos respectivos Estatutos.

Artigo 72 - Os juízes da Corte e os membros da Comissão perceberão honorários e despesas de viagem na forma e nas condições que determinarem os seus Estatutos, levando em conta a importância e independência de suas funções. Tais honorários e despesas de viagem serão fixados no orçamento-programa da Organização dos Estados Americanos, no qual devem ser incluídas, além disso, as despesas da Corte e da sua Secretaria. Para tais efeitos, a Corte elaborará o seu próprio projeto de orçamento e submetê-lo-á à aprovação da assembleia Geral, por intermédio da Secretaria Geral. Esta última não poderá nele introduzir modificações.

Artigo 73 - Somente por solicitação da Comissão ou da Corte, conforme o caso, cabe à assembleia Geral da Organização resolver sobre as sanções aplicáveis aos membros da Comissão ou aos juízes da Corte que incorrerem nos casos previstos nos respectivos Estatutos. Para expedir uma resolução, será necessária maioria de dois terços dos votos dos Estados-membros da Organização, no caso dos membros da Comissão; e, além disso, de dois terços dos votos dos Estados-partes na Convenção, se se tratar dos juízes da Corte.

PARTE III - DISPOSIÇÕES GERAIS E TRANSITÓRIAS

CAPÍTULO X - ASSINATURA, RATIFICAÇÃO, RESERVA, EMENDA, PROTOCOLO E DENÚNCIA

Artigo 74 -

1. Esta Convenção está aberta à assinatura e à ratificação de todos os Estados-membros da Organização dos Estados Americanos.

2. A ratificação desta Convenção ou a adesão a ela efetuar-se-á mediante depósito de um instrumento de ratifi-

ANOTAÇÕES

DIR. HUM.

cação ou adesão na Secretaria Geral da Organização dos Estados Americanos. Esta Convenção entrará em vigor logo que onze Estados houverem depositado os seus respectivos instrumentos de ratificação ou de adesão. Com referência a qualquer outro Estado que a ratificar ou que a ela aderir ulteriormente, a Convenção entrará em vigor na data do depósito do seu instrumento de ratificação ou adesão.

3. O Secretário Geral comunicará todos os Estados-membros da Organização sobre a entrada em vigor da Convenção.

Artigo 75 - Esta Convenção só pode ser objeto de reservas em conformidade com as disposições da Convenção de Viena sobre o Direito dos Tratados, assinada em 23 de maio de 1969.

Artigo 76 -

1. Qualquer Estado-parte, diretamente, e a Comissão e a Corte, por intermédio do Secretário Geral, podem submeter à assembleia Geral, para o que julgarem conveniente, proposta de emendas a esta Convenção.
2. Tais emendas entrarão em vigor para os Estados que as ratificarem, na data em que houver sido depositado o respectivo instrumento de ratificação, por dois terços dos Estados-partes nesta Convenção. Quanto aos outros Estados-partes, entrarão em vigor na data em que eles depositarem os seus respectivos instrumentos de ratificação.

Artigo 77 -

1. De acordo com a faculdade estabelecida no artigo 31, qualquer Estado-parte e a Comissão podem submeter à consideração dos Estados-partes reunidos por ocasião da assembleia Geral projetos de Protocolos adicionais a esta Convenção, com a finalidade de incluir progressivamente, no regime de proteção da mesma, outros direitos e liberdades.
2. Cada Protocolo deve estabelecer as modalidades de sua entrada em vigor e será aplicado somente entre os Estados-partes no mesmo.

Artigo 78 -

1. Os Estados-partes poderão denunciar esta Convenção depois de expirado o prazo de cinco anos, a partir da data em vigor da mesma e mediante aviso prévio de um ano, notificando o Secretário Geral da Organização, o qual deve informar as outras partes.
2. Tal denúncia não terá o efeito de desligar o Estado-parte interessado das obrigações contidas nesta Convenção, no que diz respeito a qualquer ato que, podendo constituir violação dessas obrigações, houver sido cometido por ele anteriormente à data na qual a denúncia produzir efeito.

CAPÍTULO XI - DISPOSIÇÕES TRANSITÓRIAS

Seção 1 - Comissão Interamericana de Direitos Humanos

Artigo 79 - Ao entrar em vigor esta Convenção, o Secretário Geral pedirá por escrito a cada Estado-membro da Organização que apresente, dentro de um prazo de noventa dias, seus candidatos a membro da Comissão Interamericana de Direitos Humanos. O Secretário Geral preparará uma lista por ordem alfabética dos candidatos apresentados e a encaminhará aos Estados-membros da Organização, pelo menos trinta dias antes da assembleia Geral seguinte.

Artigo 80 - A eleição dos membros da Comissão far-se-á dentre os candidatos que figurem na lista a que se refere o artigo 79, por votação secreta da assembleia Geral, e serão declarados eleitos os candidatos que obtiverem maior número de votos e a maioria absoluta dos votos dos representantes dos Estados-membros. Se, para eleger todos os membros da Comissão, for necessário realizar várias votações, serão eliminados sucessivamente, na forma que for determinada pela assembleia Geral, os candidatos que receberem maior número de votos.

Seção 2 - Corte Interamericana de Direitos Humanos

Artigo 81 - Ao entrar em vigor esta Convenção, o Secretário Geral pedirá a cada Estado-parte que apresente, dentro de um prazo de noventa dias, seus candidatos a juiz da Corte Interamericana de Direitos Humanos. O Secretário Geral preparará uma lista por ordem alfabética dos candidatos apresentados e a encaminhará aos Estados-partes pelo menos trinta dias antes da assembleia Geral seguinte.

Artigo 82 - A eleição dos juízes da Corte far-se-á dentre os candidatos que figurem na lista a que se refere o artigo 81, por votação secreta dos Estados-partes, na assembleia Geral, e serão declarados eleitos os candidatos que obtiverem o maior número de votos e a maioria absoluta dos votos dos representantes dos Estados-partes. Se, para eleger todos os juízes da Corte, for necessário realizar várias votações, serão eliminados sucessivamente, na forma que for determinada pelos Estados-partes, os candidatos que receberem menor número de votos.

Adotada e aberta à assinatura na Conferência Especializada Interamericana sobre Direitos Humanos, em San José de Costa Rica, em 22.11.1969 - ratificada pelo Brasil em 25.09.1992

8. PRINC. BÁS. SOBRE O USO DA FORÇA E ARMAS DE FOGO PELOS FUNCIONÁRIOS RESPONSÁVEIS PELA APLICAÇÃO DA LEI

Adotados por consenso em 7 de setembro de 1990, por ocasião do Oitavo Congresso das Nações Unidas sobre a Prevenção do Crime e o Tratamento dos Delinquentes.

Considerando o Plano de Ação de Milão, adotado pelo Sétimo Congresso das Nações unidas sobre a Prevenção do Crime e o Tratamento dos Delinquentes e aprovado pela assembleia Geral através da Resolução 40/32 de 29 de novembro de 1985;

Considerando também a Resolução do Sétimo Congresso pela qual o Comitê de Prevenção e Controledo Crime foi solicitado a considerar medidas visando tornar mais efetivo o Código de Conduta para osFuncionários Responsáveis pela Aplicação da Lei; Tendo em conta, com o devido reconhecimento, o trabalho realizado em conformidade com a Resolução 14 do Sétimo Congresso, pelo Comitê, pela reunião inter-regional preparatória do Oitavo Congresso das Nações Unidas sobre a Prevenção do Crime e o Tratamento dos Delinquentes, relativamente às normas e diretrizes das Nações Unidas sobre prevenção do crime, justiça e execução penal e às prioridades referentes ao posterior estabelecimento de padrões, e pelas reuniões regionais preparatórias do Oitavo Congresso;

1.ADOTA os Princípios Básicos sobre o Uso da Força e Armas de Fogo pelos Funcionários Responsáveis pela Aplicação da Lei contidos no anexo à presente resolução;

2.RECOMENDA os Princípios Básicos para adoção e execução nacional, regional e inter-regional,levando em consideração as circunstâncias e as tradições políticas, econômicas, sociais e culturais de cada país;

3.CONVIDA os Estados membros a ter em conta e respeitar os Princípios Básicos no contexto da legislação e das práticas nacionais;

4.CONVIDA TAMBÉM os Estados membros a levar os Princípios Básicos ao conhecimento dos funcionários responsáveis pela aplicação da lei e de outros agentes do Executivo, magistrados,advogados, legisladores e público em geral;

5.CONVIDA AINDA os Estados membros a informar o Secretário-Geral, de cinco em cinco anos, a partir de 1992, sobre o progresso alcançado na implementação dos Princípios Básicos, incluindo sua disseminação, sua incorporação à legislação, à prática, aos procedimentos e às políticas internas; sobre os problemas encontrados na aplicação dos mesmos à nível nacional, e sobre a possível necessidade de assistência da comunidade internacional, solicitando ao Secretário- Geral que transmita tais informações ao Nono Congresso das Nações Unidas sobre a Prevenção do Crime e o Tratamento dos Delinquentes;

6. APELA a todos os governos para que promovam seminários e cursos de formação, a nível nacional e regional, sobre a função da aplicação das leis e sobre a necessidade de restrições ao uso da força e de armas de fogo pelos funcionários responsáveis pela aplicação da lei;

7. EXORTA as comissões regionais, as instituições regionais e inter-regionais encarregadas da prevenção do crime e da justiça penal, as agências especializadas e outras entidades no âmbito do sistema das Nações Unidas, outras organizações intergovernamentais interessadas e organizações não-governamentais com estatuto consultivo junto ao Conselho Econômico e Social, para que participem ativamente da implementação dos Princípios Básicos e informem o Secretário-Geral sobre os esforços feitos para disseminar e implementar tais Princípios e sobre o grau em que se concretizou tal implementação, solicitando ao Secretário-Geral que inclua essas informações no seu relatório ao Nono Congresso;

8.APELA à Comissão de Prevenção e Controle do Crime para que considere, como questão prioritária, meios e formas de assegurar a implementação efetiva da presente resolução;

9.SOLICITA ao Secretário-Geral:

(a) Que tome medidas, conforme for adequado, para levar a presente resolução à atenção dos governos e de todos os órgão pertinentes das Nações Unidas, e que se encarregue de dar aos Princípios Básicos a máxima divulgação possível;

(b) Que inclua os Princípios Básicos na próxima edição da publicação das Nações Unidas intitulada Direitos Humanos: Uma Compilação de Normas Internacionais (publicação das Nações Unidas, número de venda E.88.XIV.1) ;

(c) Que forneça aos governos, mediante pedido dos mesmos, serviços de especialistas e consultores regionais e inter-regionais para prestação de assistência na implementação dos Princípios Básicos, e que apresente relatório ao Nono Congresso sobre a assistência e a formação técnicas prestadas;

(d) Que relate à Comissão, quando da realização da sua décima-segunda sessão, as providências tomadas visando implementar os Princípios Básicos.

10. SOLICITA ao Nono Congresso e respectivas reuniões preparatórias que examinem o progresso obtido na implementação dos Princípios Básicos.

ANEXO

Princípios Básicos sobre o Uso da Força e Armas de Fogo pelos Funcionários Responsáveis pela Aplicação da Lei

Considerando que o trabalho dos funcionários encarregados da aplicação da lei

(*)

é de alta relevância e que, por conseguinte, é preciso manter e, sempre que necessário, melhorar as condições de trabalho e estatutárias desses funcionários;

(*)

De acordo com as observações relativas ao artigo 10 do Código de Conduta para os Funcionários Responsáveis pela Aplicação da Lei, a expressão encarregados da aplicação da lei" refere-se a todos os executores da lei, nomeados ou eleitos, que exerçam poderes de natureza policial, especialmente o poder de efetuar detenções ou prisões. Nos países em que os poderes policiais são exercidos por autoridades militares, uniformizadas ou não, ou por forças de segurança do Estado, a definição de encarregados da aplicação da lei" deverá incluir os agentes desses serviços.

Considerando que qualquer ameaça à vida e à segurança dos funcionários responsáveis pela aplicação da lei deve ser encarada como uma ameaça à estabilidade da sociedade em geral;

Considerando que as Regras Mínimas para o Tratamento de Prisioneiros prevêem as circunstâncias nas quais é aceitável o uso da força pelos funcionários das prisões, no cumprimento das suas obrigações;

Considerando que o artigo 30 do Código de Conduta para os Funcionários Responsáveis pela Aplicação da Lei prevê que os funcionários encarregados da aplicação da lei somente podem fazer uso da força quando estritamente necessário e no grau em que for essencial ao desempenho das suas funções;

Considerando que a reunião preparatória para o Sétimo Congresso das Nações Unidas sobre a Prevenção do Crime e o Tratamento dos Delinquentes, realizada em Varena, Itália, chegou a um acordo sobre os elementos a serem considerados nos trabalhos posteriores sobre nas limitações ao uso da força e de armas de fogo pelos funcionários responsáveis pela aplicação da lei;

Considerando que o Sétimo Congresso, através da 14ª Resolução, salientou, entre outras coisas, que o uso da força e de armas de fogo pelos funcionários responsáveis pela aplicação da lei deve ser aferido pelo devido respeito aos direitos humanos;

Considerando que o Conselho Econômico e Social, na sua Resolução 1986/10, seção IX, de 21 de maio de 1986, recomendou aos Estados membros darem uma especial atenção, por ocasião da implementação do Código, ao uso da força e de armas de fogo pelos funcionários responsáveis pela aplicação da lei, e que a assembleia Geral, na sua Resolução 41/149, de 4 de dezembro de 1986, dentre outras coisas corroborou aquela recomendação do Conselho;

Considerando ser justo que, com a devida consideração pela segurança pessoal desses funcionários, seja levado em conta o papel dos responsáveis pela aplicação da lei em relação à administração da justiça, à proteção do direito à vida, à liberdade e à segurança da pessoa humana, à responsabilidade desses funcionários por velar pela segurança pública e pela paz social e à importância das habilitações, da formação e da conduta dos mesmos, Os Princípios Básicos enunciados a seguir, que foram formulados com o propósito de assistir os Estados membros na tarefa de assegurar e promover a adequada missão dos funcionários responsáveis pela aplicação da lei, devem ser tomados em consideração e respeitados pelos governos no âmbito da legislação e da prática nacionais, e levados ao conhecimento dos funcionários responsáveis pela aplicação da lei e de outras pessoas, tais como juízes, agentes do Ministério Público, advogados, membros do Executivo e do Legislativo, bem como do público em geral.

Disposições gerais

1. Os governos e entidades responsáveis pela aplicação da lei deverão adotar e implementar normas e regulamentos sobre o uso da força e de armas de fogo pelos responsáveis pela aplicação da lei. Na elaboração de tais normas e regulamentos, os governos e entidades responsáveis pela aplicação da lei devem examinar constante e minuciosamente as questões de natureza ética associadas ao uso da força e de armas de fogo.

2. Os governos e entidades responsáveis pela aplicação da lei deverão preparar uma série tão ampla quanto possível de meios e equipar os responsáveis pela aplicação da lei com uma variedade de tipos de armas e munições que permitam o uso diferenciado da força e de armas de fogo. Tais providências deverão incluir o aperfeiçoamento de armas incapacitantes não-letais, para uso nas situações adequadas, com o propósito de limitar cada vez mais a aplicação de meios capazes de causar morte ou ferimentos às pessoas. Com idêntica finalidade, deverão equipar os encar-

ANOTAÇÕES

regados da aplicação da lei com equipamento de legítima defesa, como escudos, capacetes, coletes à prova de bala e veículos à prova de bala, a fim de se reduzir a necessidade do emprego de armas de qualquer espécie.

3. O aperfeiçoamento e a distribuição de armas incapacitantes não-letais devem ser avaliados com cuidado, visando minimizar o perigo para as pessoas não envolvidas, devendo o uso de tais armas ser cuidadosamente controlado.

4. No cumprimento das suas funções, os responsáveis pela aplicação da lei devem, na medida do possível, aplicar meios não-violentos antes de recorrer ao uso da força e armas de fogo. O recurso às mesmas só é aceitável quando os outros meios se revelarem ineficazes ou incapazes de produzirem o resultado pretendido.

5. Sempre que o uso legítimo da força e de armas de fogo for inevitável, os responsáveis pela aplicação da lei deverão:

(a) Exercer moderação no uso de tais recursos e agir na proporção da gravidade da infração e do objetivo legítimo a ser alcançado;

(b) Minimizar danos e ferimentos, e respeitar e preservar a vida humana;

(c) Assegurar que qualquer indivíduo ferido ou afetado receba assistência e cuidados médicos o mais rápido possível;

(d) Garantir que os familiares ou amigos íntimos da pessoa ferida ou afetada sejam notificados o mais depressa possível.

6. Sempre que o uso da força e de armas de fogo pelos responsáveis pela aplicação da lei der causa a ferimento ou morte, os mesmos deverão comunicar imediatamente o fato aos seus superiores, nos termos do Princípio 22.

7. Os governos deverão assegurar que o uso arbitrário ou abusivo da força e de armas de fogo por responsáveis pela aplicação da lei seja punido como delito criminal, de acordo com a legislação em vigor.

8. Não será aceitável invocar circunstâncias excepcionais, tais como instabilidade política interna ou outras situações de emergência pública, como justificativa para o abandono destes princípios básicos.

Disposições específicas

9. Os responsáveis pela aplicação da lei não usarão armas de fogo contra pessoas, exceto em casos de legítima defesa própria ou de outrem contra ameaça iminente de morte ou ferimento grave; para impedir a perpetração de crime particularmente grave que envolva séria ameaça à vida; para efetuar a prisão de alguém que represente tal risco e resista à autoridade; ou para impedir a fuga de tal indivíduo, e isso apenas nos casos em que outros meios menos extremados revelem-se insuficientes para atingir tais objetivos. Em qualquer caso, o uso letal intencional de armas de fogo só poderá ser feito quando estritamente inevitável à proteção da vida.

10. Nas circunstâncias previstas no Princípio 9, os responsáveis pela aplicação da lei deverão identificar- se como tais e avisar prévia e claramente a respeito da sua intenção de recorrer ao uso de armas de fogo, com tempo suficiente para que o aviso seja levado em consideração, a não ser quando tal procedimento represente um risco indevido para os responsáveis pela aplicação da lei ou acarrete para outrem um risco de morte ou dano grave, ou seja claramente inadequado ou inútil dadas as circunstâncias do caso.

11. As normas e regulamentos sobre o uso de armas de fogo pelos responsáveis pela aplicação da lei deverão incluir diretrizes que:

(a) Especifiquem as circunstâncias nas quais os responsáveis pela aplicação da lei estão autorizados a trazer consigo armas de fogo e determinem os tipos de armas e munições permitidas;

(b) Garantam que as armas de fogo sejam usadas apenas em circunstâncias apropriadas e de modo a reduzir o risco de dano desnecessário;

ANOTAÇÕES

(c) Proíbam o uso de armas de fogo e munições que causem ferimentos injustificáveis ou representem riscos injustificáveis;

(d) Regulamentem o controle, o armazenamento e a distribuição de armas de fogo, o que deverá incluir procedimentos para assegurar que os responsáveis pela aplicação da lei sejam considerados responsáveis pelas armas de fogo e munições a eles confiadas;

(e) Providenciem avisos, quando apropriado, previamente ao disparo de armas de fogo;

(f) Prevejam um sistema de comunicação aos superiores sempre que os responsáveis pela aplicação da lei fizerem uso de armas de fogo no desempenho das suas funções.

Policiamento de reuniões ilegais

12. Como todos têm o direito de participar de reuniões legítimas e pacíficas, de acordo com os princípios expressos na Declaração Universal dos Direitos Humanos e no Pacto Internacional de Direitos Civis e Políticos, os governos, entidades e os responsáveis pela aplicação da lei deverão reconhecer que a força e as armas de fogo só podem ser usadas nos termos dos Princípios 13 e 14.

13. Ao dispersar grupos ilegais mas não-violentos, os responsáveis pela aplicação da lei deverão evitar o uso da força, ou quando tal não for possível, deverão restringir tal força ao mínimo necessário.

14. Ao dispersar grupos violentos, os responsáveis pela aplicação da lei só poderão fazer uso de armas de fogo quando não for possível usar outros meios menos perigosos e apenas nos termos minimamente necessários. Os responsáveis pela aplicação da lei não deverão fazer uso de armas de fogo em tais casos, a não ser nas condições previstas no Princípio 9.

Policiamento de indivíduos sob custódia ou detenção

15. Ao lidarem com indivíduos sob custódia ou detenção, os responsáveis pela aplicação da lei não farão

uso da força, exceto quando tal for estritamente necessário para manter a segurança e a ordem na instituição, ou quando existir ameaça à segurança pessoal.

16. Ao lidarem com indivíduos sob custódia ou detenção, os responsáveis pela aplicação da lei não farão uso de armas de fogo, exceto em legítima defesa ou em defesa de outrem contra ameaça iminente de morte ou ferimento grave, ou quando for estritamente necessário para impedir a fuga de indivíduo sob custódia ou detenção que represente perigo do tipo descrito no Princípio 9.

17. Os princípios acima enunciados não prejudicam os direitos, deveres e responsabilidades dos funcionários das prisões, consoante o estabelecido nas Regras Mínimas para o Tratamento de Prisioneiros, em especial nas normas números 33, 34 e 54. Habilitação, formação e orientação

18. Os governos e organismos encarregados da aplicação da lei cuidarão para que todo o pessoal responsável pela aplicação da lei seja selecionado por meio de processos adequados de seleção, tenha as qualidades morais, psicológicas e físicas adequadas ao exercício efetivo de suas funções e seja submetido a formação profissional contínua e meticulosa. A continuidade da aptidão desse pessoal para o desempenho das respectivas funções deve ser verificada periodicamente.

19. Os governos e organismos encarregados da aplicação da lei deverão assegurar que todos os responsáveis pela aplicação da lei recebam treinamento e sejam examinados com base em padrões adequados de competência para o uso da força. Os responsáveis pela aplicação da lei que tenham de trazer consigo armas de fogo só devem receber autorização para fazê-lo após terem completado o treino necessário relativamente ao uso de tais armas.

20. Na formação profissional dos responsáveis pela aplicação da lei, os governos e organismos encarregados da aplicação da lei devem dedicar atenção especial às questões de ética policial e direitos humanos, especialmente durante

o processo de investigação; a alternativas ao uso da força e armas de fogo, incluindo a solução pacífica de conflitos, a compreensão do comportamento das multidões e os métodos de persuasão, negociação e mediação, bem como os meios técnicos, destinados a limitar o uso da força e armas de fogo. Os órgãos encarregados da aplicação da lei devem rever os seus programas de treinamento e procedimentos operacionais à luz de eventuais incidentes concretos.

21. Os governos e organismos encarregados da aplicação da lei devem proporcionar orientação sobre tensão psicológica aos responsáveis pela aplicação da lei envolvidos em situações em que haja o uso da força e de armas de fogo. Procedimentos de comunicação e revisão

22. Os governos e organismos encarregados da aplicação da lei deverão estabelecer procedimentos eficazes de comunicação e revisão, aplicáveis a todos os incidentes mencionados nos Princípios 6 e 11

(f) . Para os incidentes relatados de acordo com esses princípios, os governos e organismos encarregados da aplicação da lei deverão assegurar que exista um processo de revisão efetivo e que autoridades administrativas ou de perseguição criminal independentes tenham condições de exercer jurisdição nas circunstâncias apropriadas. Nos casos de morte e ferimento grave ou outras consequências sérias, um relatório pormenorizado deve ser prontamente enviado às autoridades competentes responsáveis pelo controle administrativo e judicial.

23. Os indivíduos afetados pelo uso da força e armas de fogo, ou seus representantes legais, devem ter direito a um inquérito independente, incluindo um processo judicial. Em caso de morte desses indivíduos, a presente disposição aplicar-se-á de forma correspondente aos seus dependentes.

24. Os governos e organismos encarregados da aplicação da lei deverão assegurar que os oficiais superiores sejam responsabilizados caso tenham ou devam ter tido conhecimento de que responsáveis pela aplicação da lei sob seu comando estão, ou tenham estado, recorrendo ao uso ilegítimo da força e armas de fogo, e caso os referidos oficiais não tenham tomado todas as providências ao seu alcance a fim de impedir, reprimir ou comunicar tal uso.

25. Os governos e organismos encarregados da aplicação da lei deverão assegurar que não seja imposta qualquer sanção criminal ou disciplinar a responsáveis pela aplicação da lei que, de acordo com o Código de Conduta para os Funcionários Responsáveis pela Aplicação da Lei e com estes Princípios Básicos, recusem-se a cumprir uma ordem para usar força e armas de fogo, ou que denunciem tal uso por outros responsáveis pela aplicação da lei.

26. O cumprimento de ordens superiores não constituirá justificativa quando os responsáveis pela aplicação da lei tenham conhecimento de que uma ordem para usar força e armas de fogo, que tenha resultado na morte ou em ferimento grave a alguém, foi manifestamente ilegítima e caso os referidos responsáveis tenham tido oportunidade razoável de se recusarem a cumprir essa ordem. Em qualquer caso, a responsabilidade caberá também aos superiores que tenham dado ordens ilegítimas.

9. CONVENÇÃO CONTRA A TORTURA E OUTROS TRATAMENTOS OU PENAS CRUÉIS, DESUMANOS OU DEGRADANTES

Os Estados Partes da presente Convenção,

Considerando que, de acordo com os princípios proclamados pela Carta das Nações Unidas, o reconhecimento dos direitos iguais e inalienáveis de todos os membros da família humana é o fundamento da liberdade, da justiça e da paz no mundo,

Reconhecendo que estes direitos emanam da dignidade inerente à pessoa humana,

Considerando a obrigação que incumbe os Estados, em virtude da Carta, em particular do Artigo 55, de promover o respeito universal e a observância dos direitos humanos e liberdades fundamentais.

Levando em conta o Artigo 5º da Declaração Universal e a observância dos Direitos do Homem e o Artigo 7º do Pacto Internacional sobre Direitos Civis e Políticos, que determinam que ninguém será sujeito à tortura ou a pena ou tratamento cruel, desumano ou degradante,

Levando também em conta a Declaração sobre a Proteção de Todas as Pessoas contra a Tortura e outros Tratamentos ou Penas Cruéis, Desumanos ou Degradantes, aprovada pela assembleia Geral em 9 de dezembro de 1975,

Desejosos de tornar mais eficaz a luta contra a tortura e outros tratamentos ou penas cruéis, desumanos ou degradantes em todo o mundo,

Acordam o seguinte:

PARTE I

Artigo 1º

1. Para os fins da presente Convenção, o termo "tortura" designa qualquer ato pelo qual dores ou sofrimentos agudos, físicos ou mentais, são infligidos intencionalmente a uma pessoa a fim de obter, dela ou de uma terceira pessoa, informações ou confissões; de castigá-la por ato que ela ou uma terceira pessoa tenha cometido ou seja suspeita de ter cometido; de intimidar ou coagir esta pessoa ou outras pessoas; ou por qualquer motivo baseado em discriminação de qualquer natureza; quando tais dores ou sofrimentos são infligidos por um funcionário público ou outra pessoa no exercício de funções públicas, ou por sua instigação, ou com o seu consentimento ou aquiescência. Não se considerará como tortura as dores ou sofrimentos que sejam consequência unicamente de sanções legítimas, ou que sejam inerentes a tais sanções ou delas decorram.
2. O presente Artigo não será interpretado de maneira a restringir qualquer instrumento internacional ou legislação nacional que contenha ou possa conter dispositivos de alcance mais amplo.

Artigo 2º

1. Cada Estado Parte tomará medidas eficazes de caráter legislativo, administrativo, judicial ou de outra natureza, a fim de impedir a prática de atos de tortura em qualquer território sob sua jurisdição.
2. Em nenhum caso poderão invocar-se circunstâncias excepcionais tais como ameaça ou estado de guerra, instabilidade política interna ou qualquer outra emergência pública como justificação para tortura.
3. A ordem de um funcionário superior ou de uma autoridade pública não poderá ser invocada como justificação para a tortura.

Artigo 3º

1. Nenhum Estado Parte procederá à expulsão, devolução ou extradição de uma pessoa para outro Estado quando houver razões substanciais para crer que a mesma corre perigo de ali ser submetida a tortura.
2. A fim de determinar a existência de tais razões, as autoridades competentes levarão em conta todas as considerações pertinentes, inclusive, quando for o caso, a existência, no Estado em questão, de um quadro de violações sistemáticas, graves e maciças de direitos humanos.

Artigo 4º

1. Cada Estado Parte assegurará que todos os atos de tortura sejam considerados crimes segundo a sua legislação penal. O mesmo aplicar-se-á à tentativa de tortura e a todo ato de qualquer pessoa que constitua cumplicidade ou participação na tortura.

ANOTAÇÕES

ANOTAÇÕES

DIR. HUM.

ANOTAÇÕES

2. Cada Estado Parte punirá estes crimes com penas adequadas que levem em conta a sua gravidade.

Artigo 5º

1. Cada Estado Parte tomará as medidas necessárias para estabelecer sua jurisdição sobre os crimes previstos no Artigo 4º nos seguintes casos:

a) quando os crimes tenham sido cometidos em qualquer território sob sua jurisdição ou a bordo de navio ou aeronave registrada no Estado em questão;

b) quando o suposto autor for nacional do Estado em questão;

c) quando a vítima for nacional do Estado em questão e este o considerar apropriado.

2. Cada Estado Parte tomará também as medidas necessárias para estabelecer sua jurisdição sobre tais crimes nos casos em que o suposto autor se encontre em qualquer território sob sua jurisdição e o Estado não extradite de acordo com o Artigo 8º para qualquer dos Estados mencionados no parágrafo 1 do presente Artigo.

3. Esta Convenção não exclui qualquer jurisdição criminal exercida de acordo com o direito interno.

Artigo 6º

1. Todo Estado Parte em cujo território se encontre uma pessoa suspeita de ter cometido qualquer dos crimes mencionados no Artigo 4º, se considerar, após o exame das informações de que dispõe, que as circunstâncias o justificam, procederá à detenção de tal pessoa ou tomará outras medidas legais para assegurar sua presença. A detenção e outras medidas legais serão tomadas de acordo com a lei do Estado mas vigorarão apenas pelo tempo necessário ao início do processo penal ou de extradição.

2. O Estado em questão procederá imediatamente a uma investigação preliminar dos fatos.

3. Qualquer pessoa detida de acordo com o parágrafo 1 terá assegurada facilidades para comunicar-se imediatamente com o representante mais próximo do Estado de que é nacional ou, se for apátrida, com o representante do Estado de residência habitual.

4. Quando o Estado, em virtude deste Artigo, houver detido uma pessoa, notificará imediatamente os Estados mencionados no Artigo 5º, parágrafo 1, sobre tal detenção e sobre as circunstâncias que a justificam. O Estado que proceder à investigação preliminar a que se refere o parágrafo 2 do presente Artigo comunicará sem demora seus resultados aos Estados antes mencionados e indicará se pretende exercer sua jurisdição.

Artigo 7º

1. O Estado Parte no território sob a jurisdição do qual o suposto autor de qualquer dos crimes mencionados no Artigo 4º for encontrado, se não o extraditar, obrigar-se-á, nos casos contemplados no Artigo 5º, a submeter o caso as suas autoridades competentes para o fim de ser o mesmo processado.

2. As referidas autoridades tomarão sua decisão de acordo com as mesmas normas aplicáveis a qualquer crime de natureza grave, conforme a legislação do referido Estado. Nos casos previstos no parágrafo 2 do Artigo 5º, as regras sobre prova para fins de processo e condenação não poderão de modo algum ser menos rigorosas do que as que se aplicarem aos casos previstos no parágrafo 1 do Artigo 5º.

3. Qualquer pessoa processada por qualquer dos crimes previstos no Artigo 4º receberá garantias de tratamento justo em todas as fases do processo.

Artigo 8°

1. Os crimes a que se refere o Artigo 4° serão considerados como extraditáveis em qualquer tratado de extradição existente entre os Estados Partes. Os Estados Partes obrigar-se-ão a incluir tais crimes como extraditáveis em todo tratado de extradição que vierem a concluir entre si.

ANOTAÇÕES

2. Se um Estado Parte que condiciona a extradição à existência de tratado de receber um pedido de extradição por parte do outro Estado Parte com o qual não mantém tratado de extradição, poderá considerar a presente Convenção com base legal para a extradição com respeito a tais crimes. A extradição sujeitar-se-á ás outras condições estabelecidas pela lei do Estado que receber a solicitação.

3. Os Estado Partes que não condicionam a extradição à existência de um tratado reconhecerão, entre si, tais crimes como extraditáveis, dentro das condições estabelecidas pela lei do Estado que receber a solicitação.

4. O crime será considerado, para o fim de extradição entre os Estados Partes, como se tivesse ocorrido não apenas no lugar em que ocorreu, mas também nos territórios dos Estados chamados a estabelecerem sua jurisdição, de acordo com o parágrafo 1 do Artigo 5º.

Artigo 9º

1. Os Estados Partes prestarão entre si a maior assistência possível em relação aos procedimentos criminais instaurados relativamente a qualquer dos delitos mencionados no Artigo 4º, inclusive no que diz respeito ao fornecimento de todos os elementos de prova necessários para o processo que estejam em seu poder.

2. Os Estados Partes cumprirão as obrigações decorrentes do parágrafo 1 do presente Artigo conforme quaisquer tratados de assistência judiciária recíproca existentes entre si.

Artigo 10

1. Cada Estado Parte assegurará que o ensino e a informação sobre a proibição de tortura sejam plenamente incorporados no treinamento do pessoal civil ou militar encarregado da aplicação da lei, do pessoal médico, dos funcionários públicos e de quaisquer outras pessoas que possam participar da custódia, interrogatório ou tratamento de qualquer pessoa submetida a qualquer forma de prisão, detenção ou reclusão.

2. Cada Estado Parte incluirá a referida proibição nas normas ou instruções relativas aos deveres e funções de tais pessoas.

Artigo 11

Cada Estado Parte manterá sistematicamente sob exame as normas, instruções, métodos e práticas de interrogatório, bem como as disposições sobre a custódia e o tratamento das pessoas submetidas, em qualquer território sob sua jurisdição, a qualquer forma de prisão, detenção ou reclusão, com vistas a evitar qualquer caso de tortura.

Artigo 12

Cada Estado Parte assegurará suas autoridades competentes procederão imediatamente a uma investigação imparcial sempre que houver motivos razoáveis para crer que um ato de tortura tenha sido cometido em qualquer território sob sua jurisdição.

Artigo 13

Cada Estado Parte assegurará a qualquer pessoa que alegue ter sido submetida a tortura em qualquer território sob sua jurisdição o direito de apresentar queixa perante as autoridades competentes do referido Estado, que procederão imediatamente e com imparcialidade ao exame do seu caso. Serão tomadas medidas para assegurar a proteção do queixoso e das testemunhas contra qualquer mau tratamento ou intimação em consequência da queixa apresentada ou de depoimento prestado.

Artigo 14

1. Cada Estado Parte assegurará, em seu sistema jurídico, à vítima de um ato de tortura, o direito à reparação e a uma indenização justa e adequada, incluídos os meios necessários para a mais completa reabilitação possível. Em caso de morte da vítima como resultado de um ato de tortura, seus dependentes terão direito à indenização.

2. O disposto no presente Artigo não afetará qualquer direito a indenização que a vítima ou outra pessoa possam ter em decorrência das leis nacionais.

ANOTAÇÕES

ANOTAÇÕES

DIR. HUM.

Artigo 15

Cada Estado Parte assegurará que nenhuma declaração que se demonstre ter sido prestada como resultado de tortura possa ser invocada como prova em qualquer processo, salvo contra uma pessoa acusada de tortura como prova de que a declaração foi prestada.

Artigo 16

1. Cada Estado Parte se comprometerá a proibir em qualquer território sob sua jurisdição outros atos que constituam tratamento ou penas cruéis, desumanos ou degradantes que não constituam tortura tal como definida no Artigo 1, quando tais atos forem cometidos por funcionário público ou outra pessoa no exercício de funções públicas, ou por sua instigação, ou com o seu consentimento ou aquiescência. Aplicar-se-ão, em particular, as obrigações mencionadas nos Artigos 10, 11, 12 e 13, com a substituição das referências a tortura por referências a outras formas de tratamentos ou penas cruéis, desumanos ou degradantes.

2. Os dispositivos da presente Convenção não serão interpretados de maneira a restringir os dispositivos de qualquer outro instrumento internacional ou lei nacional que proíba os tratamentos ou penas cruéis, desumanos ou degradantes ou que se refira à extradição ou expulsão.

PARTE II

Artigo 17

1. Constituir-se-á um Comitê contra a Tortura (doravante denominado o "Comitê) que desempenhará as funções descritas adiante. O Comitê será composto por dez peritos de elevada reputação moral e reconhecida competência em matéria de direitos humanos, os quais exercerão suas funções a título pessoal. Os peritos serão eleitos pelos Estados Partes, levando em conta uma distribuição geográfica equitativa e a utilidade da participação de algumas pessoas com experiência jurídica.

2. Os membros do Comitê serão eleitos em votação secreta dentre uma lista de pessoas indicadas pelos Estados Partes. Cada Estado Parte pode indicar uma pessoa dentre os seus nacionais. Os Estados Partes terão presente a utilidade da indicação de pessoas que sejam também membros do Comitê de Direitos Humanos estabelecido de acordo com o Pacto Internacional de Direitos Civis e Políticos e que estejam dispostas a servir no Comitê contra a Tortura.

3. Os membros do Comitê serão eleitos em reuniões bienais dos Estados Partes convocadas pelo Secretário-Geral das Nações Unidas. Nestas reuniões, nas quais o quorum será estabelecido por dois terços dos Estados Partes, serão eleitos membros do Comitê os candidatos que obtiverem o maior número de votos e a maioria absoluta dos votos dos representantes dos Estados Partes presentes e votantes.

4. A primeira eleição se realizará no máximo seis meses após a data de entrada em vigor da presente Convenção. Ao menos quatro meses antes da data de cada eleição, o Secretário-Geral das Nações Unidas enviará uma carta aos Estados Partes para convidá-los a apresentar suas candidaturas no prazo de três meses. O Secretário-Geral organizará uma lista por ordem alfabética de todos os candidatos assim designados, com indicações dos Estados Partes que os tiverem designado, e a comunicará aos Estados Partes.

5. Os membros do Comitê serão eleitos para um mandato de quatro anos. Poderão, caso suas candidaturas sejam apresentadas novamente, ser reeleitos. No entanto, o mandato de cinco dos membros eleitos na primeira eleição expirará ao final de dois anos; imediatamente após a primeira eleição, o presidente da reunião a que se refere o parágrafo 3 do presente Artigo indicará, por sorteio, os nomes desses cinco membros.

6. Se um membro do Comitê vier a falecer, a demitir-se de suas funções ou, por outro motivo qualquer, não puder cumprir com suas obrigações no Comitê, o Estado Parte que apresentou sua candidatura indicará, entre seus nacionais, outro perito para cumprir o restante de seu mandato, sendo que a referida indicação estará sujeita à aprovação da maioria dos Estados Partes. Considerar-se-á como concedida a referida aprovação, a menos que a metade ou mais dos Estados Partes venham a responder negativamente dentro de um prazo de seis semanas, a contar do momento em que o Secretário-Geral das Nações Unidas lhes houver comunicado a candidatura proposta.

7. Correrão por conta dos Estados Partes as despesas em que vierem a incorrer os membros do Comitê no desempenho de suas funções no referido órgão.

Artigo 18

1. O Comitê elegerá sua mesa para um período de dois anos. Os membros da mesa poderão ser reeleitos.

2. O próprio Comitê estabelecerá suas regras de procedimento; estas, contudo, deverão conter, entre outras, as seguintes disposições:

a) o quorum será de seis membros;

b) as decisões do Comitê serão tomadas por maioria de votos dos membros presentes.

3. O Secretário-Geral das Nações Unidas colocará à disposição do Comitê o pessoal e os serviços necessários ao desempenho eficaz das funções que lhe são atribuídas em virtude da presente Convenção.

4. O Secretário-Geral das Nações Unidas convocará a primeira reunião do Comitê. Após a primeira reunião, o Comitê deverá reunir-se em todas as ocasiões previstas em suas regras de procedimento.

5. Os Estados Partes serão responsáveis pelos gastos vinculados à realização das reuniões dos Estados Partes e do Comitê, inclusive o reembolso de quaisquer gastos, tais como os de pessoal e de serviço, em que incorrerem as Nações Unidas em conformidade com o parágrafo 3 do presente Artigo.

Artigo 19

1. Os Estados Partes submeterão ao Comitê, por intermédio do Secretário-Geral das Nações Unidas, relatórios sobre as medidas por eles adotadas no cumprimento das obrigações assumidas em virtude da presente Convenção, dentro de prazo de um ano, a contar do início da vigência da presente Convenção no Estado Parte interessado. A partir de então, os Estados Partes deverão apresentar relatórios suplementares a cada quatro anos sobre todas as novas disposições que houverem adotado, bem como outros relatórios que o Comitê vier a solicitar.

2. O Secretário-Geral das Nações Unidas transmitirá os relatórios a todos os Estados Partes.

3. Cada relatório será examinado pelo Comitê, que poderá fazer os comentários gerais que julgar oportunos e os transmitirá ao Estado Parte interessado. Este poderá, em resposta ao Comitê, comunicar-lhe todas as observações que deseje formular.

4. O Comitê poderá, a seu critério, tomar a decisão de incluir qualquer comentário que houver feito de acordo com o que estipula o parágrafo 3 do presente Artigo, junto com as observações conexas recebidas do Estado Parte interessado, em seu relatório anual que apresentará em conformidade com o Artigo 24. Se assim o solicitar o Estado Parte interessado, o Comitê poderá também incluir cópia do relatório apresentado em virtude do parágrafo 1 do presente Artigo.

Artigo 20

1. O Comitê, no caso de vir a receber informações fidedignas que lhe pareçam indicar, de forma fundamentada, que a tortura é praticada sistematicamente no território de um Estado Parte, convidará o Estado Parte em

ANOTAÇÕES

questão a cooperar no exame das informações e, nesse sentido, a transmitir ao Comitê as observações que julgar pertinentes.

2. Levando em consideração todas as observações que houver apresentado o Estado Parte interessado, bem como quaisquer outras informações pertinentes de que dispuser, o Comitê poderá, se lhe parecer justificável, designar um ou vários de seus membros para que procedam a uma investigação confidencial e informem urgentemente o Comitê.

3. No caso de realizar-se uma investigação nos termos do parágrafo 2 do presente Artigo, o Comitê procurará obter a colaboração do Estado Parte interessado. Com a concordância do Estado Parte em questão, a investigação poderá incluir uma visita a seu território.

4. Depois de haver examinado as conclusões apresentadas por um ou vários de seus membros, nos termos do parágrafo 2 do presente Artigo, o Comitê as transmitirá ao Estado Parte interessado, junto com as observações ou sugestões que considerar pertinentes em vista da situação.

5. Todos os trabalhos do Comitê a que se faz referência nos parágrafos 1 ao 4 do presente Artigo serão confidenciais e, em todas as etapas dos referidos trabalhos, procurar-se-á obter a cooperação do Estado Parte. Quando estiverem concluídos os trabalhos relacionados com uma investigação realizada de acordo com o parágrafo 2, o Comitê poderá, após celebrar consultas com o Estado Parte interessado, tomar a decisão de incluir um resumo dos resultados da investigação em seu relatório anual, que apresentará em conformidade com o Artigo 24.

Artigo 21

1. Com base no presente Artigo, todo Estado Parte da presente Convenção poderá declarar, a qualquer momento, que reconhece a competência dos Comitês para receber e examinar as comunicações em que um Estado Parte alegue que outro Estado Parte não vem cumprindo as obrigações que lhe impõe a Convenção. As referidas comunicações só serão recebidas e examinadas nos termos do presente Artigo no caso de serem apresentadas por um Estado Parte que houver feito uma declaração em que reconheça, com relação a si próprio, a competência do Comitê. O Comitê não receberá comunicação alguma relativa a um Estado Parte que não houver feito uma declaração dessa natureza. As comunicações recebidas em virtude do presente Artigo estarão sujeitas ao procedimento que se segue:

a) se um Estado Parte considerar que outro Estado Parte não vem cumprindo as disposições da presente Convenção poderá, mediante comunicação escrita, levar a questão ao conhecimento deste Estado Parte. Dentro de um prazo de três meses a contar da data do recebimento da comunicação, o Estado destinatário fornecerá ao Estado que enviou a comunicação explicações ou quaisquer outras declarações por escrito que esclareçam a questão, as quais deverão fazer referência, até onde seja possível e pertinente, aos procedimentos nacionais e aos recursos jurídicos adotados, em trâmite ou disponíveis sobre a questão;

b) se, dentro de um prazo de seis meses, a contar da data do recebimento da comunicação original pelo Estado destinatário, a questão não estiver dirimida satisfatoriamente para ambos os Estado Partes interessados, tanto um como o outro terão o direito de submetê-la ao Comitê, mediante notificação endereçada ao Comitê ou ao outro Estado interessado;

c) o Comitê tratará de todas as questões que se lhe submetam em virtude do presente Artigo somente após ter-se assegurado de que todos os recursos jurídicos internos disponíveis tenham sido utilizados e esgotados, em consonância com os princípios do Direito internacional geralmente reconhecidos. Não se aplicará esta regra quando a aplicação dos mencionados recursos se prolongar injustificadamente ou quando não for provável que a aplicação de tais recursos venha a melhorar realmente a situação da pessoa que seja vítima de violação da presente Convenção;

ANOTAÇÕES

d) o Comitê realizará reuniões confidenciais quando estiver examinando as comunicações previstas no presente Artigo;

e) sem prejuízo das disposições da alínea c) , o Comitê colocará seus bons ofícios à disposição dos Estados Partes interessados no intuito de se alcançar uma solução amistosa para a questão, baseada no respeito às obrigações estabelecidas na presente Convenção. Com vistas a atingir esse objetivo, o Comitê poderá constituir, se julgar conveniente, uma comissão de conciliação ad hoc;

f) em todas as questões que se lhe submetam em virtude do presente Artigo, o Comitê poderá solicitar aos Estados Partes interessados, a que se faz referência na alínea b) , que lhe forneçam quaisquer informações pertinentes;

g) os Estados Partes interessados, a que se faz referência na alínea b) , terão o direito de fazer-se representar quando as questões forem examinadas no Comitê e de apresentar suas observações verbalmente e/ou por escrito;

h) o Comitê, dentro dos doze meses seguintes à data de recebimento de notificação mencionada na b) , apresentará relatório em que:

i) se houver sido alcançada uma solução nos termos da alínea e) , o Comitê restringir-se-á, em seu relatório, a uma breve exposição dos fatos e da solução alcançada;

ii) se não houver sido alcançada solução alguma nos termos da alínea e) , o Comitê restringir-se-á, em seu relatório, a uma breve exposição dos fatos; serão anexados ao relatório o texto das observações escritas e as atas das observações orais apresentadas pelos Estados Partes interessados.

Para cada questão, o relatório será encaminhado aos Estados Partes interessados.

2. As disposições do presente Artigo entrarão em vigor a partir do momento em que cinco Estado Partes da presente Convenção houverem feito as declarações mencionadas no parágrafo 1 deste Artigo. As referidas declarações serão depositadas pelos Estados Partes junto ao Secretário-Geral das Nações Unidas, que enviará cópia das mesmas aos demais Estados Partes. Toda declaração poderá ser retirada, a qualquer momento, mediante notificação endereçada ao Secretário-Geral. Far-se-á essa retirada sem prejuízo do exame de quaisquer questões que constituam objeto de uma comunicação já transmitida nos termos deste Artigo; em virtude do presente Artigo, não se receberá qualquer nova comunicação de um Estado Parte uma vez que o Secretário-Geral haja recebido a notificação sobre a retirada da declaração, a menos que o Estado Parte interessado haja feito uma nova declaração.

Artigo 22

1. Todo Estado Parte da presente Convenção poderá, em virtude do presente Artigo, declarar, a qualquer momento, que reconhece a competência do Comitê para receber e examinar as comunicações enviadas por pessoas sob sua jurisdição, ou em nome delas, que aleguem ser vítimas de violação, por um Estado Parte, das disposições da Convenção.O Comitê não receberá comunicação alguma relativa a um Estado Parte que não houver feito declaração dessa natureza.

2. O Comitê considerará inadmissível qualquer comunicação recebida em conformidade com o presente Artigo que seja anônima, ou que, a seu juízo, constitua abuso do direito de apresentar as referidas comunicações, ou que seja incompatível com as disposições da presente Convenção.

3. Sem prejuízo do disposto no parágrafo 2, o Comitê levará todas as comunicações apresentadas em conformidade com este Artigo ao conhecimento do Estado Parte da presente Convenção que houver feito uma

declaração nos termos do parágrafo 1 e sobre o qual se alegue ter violado qualquer disposição da Convenção. Dentro dos seis meses seguintes, o Estado destinatário submeterá ao Comitê as explicações ou declarações por escrito que elucidem a questão e, se for o caso, indiquem o recurso jurídico adotado pelo Estado em questão.

4. O Comitê examinará as comunicações recebidas em conformidade com o presente Artigo á luz de todas as informações a ele submetidas pela pessoa interessada, ou em nome dela, e pelo Estado Parte interessado.

5. O Comitê não examinará comunicação alguma de uma pessoa, nos termos do presente Artigo, sem que se haja assegurado de que;

a) a mesma questão não foi, nem está sendo, examinada perante uma outra instância internacional de investigação ou solução;

b) a pessoa em questão esgotou todos os recursos jurídicos internos disponíveis; não se aplicará esta regra quando a aplicação dos mencionados recursos se prolongar injustificadamente ou quando não for provável que a aplicação de tais recursos venha a melhorar realmente a situação da pessoa que seja vítima de violação da presente Convenção.

6. O Comitê realizará reuniões confidenciais quando estiver examinado as comunicações previstas no presente Artigo.

7.O Comitê comunicará seu parecer ao Estado Parte e à pessoa em questão.

8. As disposições do presente Artigo entrarão em vigor a partir do momento em que cinco Estado Partes da presente Convenção houverem feito as declarações mencionadas no parágrafo 1 deste Artigo. As referidas declarações serão depositadas pelos Estados Partes junto ao Secretário-Geral das Nações Unidas, que enviará cópia das mesmas ao demais Estados Partes. Toda declaração poderá ser retirada, a qualquer momento, mediante notificação endereçada ao Secretário-Geral. Far-se-á essa retirada sem prejuízo do exame de quaisquer questões que constituam objeto de uma comunicação já transmitida nos termos deste Artigo; em virtude do presente Artigo, não se receberá nova comunicação de uma pessoa, ou em nome dela, uma vez que o Secretário-Geral haja recebido a notificação sobre retirada da declaração, a menos que o Estado Parte interessado haja feito uma nova declaração.

Artigo 23

Os membros do Comitê e os membros das Comissões de Conciliação ad noc designados nos termos da alínea e) do parágrafo 1 do Artigo 21 terão o direito às facilidades, privilégios e imunidades que se concedem aos peritos no desempenho de missões para a Organização das Nações Unidas, em conformidade com as seções pertinentes da Convenção sobre Privilégios e Imunidades das Nações Unidas.

Artigo 24

O Comitê apresentará, em virtude da presente Convenção, um relatório anula sobre suas atividades aos Estados Partes e à assembleia Geral das Nações Unidas.

PARTE III

Artigo 25

1. A presente Convenção está aberta à assinatura de todos os Estados.

2. A presente Convenção está sujeita a ratificação. Os instrumentos de ratificação serão depositados junto ao Secretário-Geral das Nações Unidas.

Artigo 26

A presente Convenção está aberta à Adesão de todos os Estados. Far-se-á a Adesão mediante depósito do Instrumento de Adesão junto ao Secretário-Geral das Nações Unidas.

Artigo 27

1. A presente Convenção entrará em vigor no trigésimo dia a contar da data em que o vigésimo instrumento de ratificação ou adesão houver sido depositado junto ao Secretário-Geral das Nações Unidas.

2. Para os Estados que vierem a ratificar a presente Convenção ou a ela aderir após o depósito do vigésimo instrumento de ratificação ou adesão, a Convenção entrará em vigor no trigésimo dia a contar da data em que o Estado em questão houver depositado seu instrumento de ratificação ou adesão.

Artigo 28

1. Cada Estado Parte poderá declarar, por ocasião da assinatura ou da ratificação da presente Convenção ou da adesão a ela, que não reconhece a competência do Comitê quando ao disposto no Artigo 20.

2. Todo Estado Parte da presente Convenção que houver formulado uma reserva em conformidade com o parágrafo 1 do presente Artigo poderá, a qualquer momento, tornar sem efeito essa reserva, mediante notificação endereçada ao Secretário-Geral das Nações Unidas.

Artigo 29

1. Todo Estado Parte da presente Convenção poderá propor uma emenda e depositá-la junto ao Secretário-Geral das Nações Unidas. O Secretário-Geral comunicará a proposta de emenda aos Estados Partes, pedindo-lhes que o notifiquem se desejam que se convoque uma conferência dos Estados Partes destinada a examinar a proposta e submetê-la a votação. Se, dentro dos quatro meses seguintes à data da referida comunicação, pelos menos um terço dos Estados Partes se manifestar a favor da referida convocação, o Secretário-Geral convocará uma conferência sob os auspícios das Nações Unidas. Toda emenda adotada pela maioria dos Estados Partes presentes e votantes na conferência será submetida pelo Secretário-Geral à aceitação de todos os Estados Partes.

2. Toda emenda adotada nos termos das disposições do parágrafo 1 do presente Artigo entrará em vigor assim que dois terços dos Estados Partes da presente Convenção houverem notificado o Secretário-Geral das Nações Unidas de que a aceitaram em consonância com os procedimentos previstos por suas respectivas constituições.

3. Quando entrarem em vigor, as emendas serão obrigatórias para todos os Estados Partes que as tenham aceito, ao passo que os demais Estados Partes permanecem obrigados pelas disposições da Convenção e pelas emendas anteriores por eles aceitas.

Artigo 30

1. As controvérsias entre dois ou mais Estados Partes com relação à interpretação ou à aplicação da presente Convenção que não puderem ser dirimidas por meio da negociação serão, a pedido de um deles, submetidas a arbitragem. Se durante os seis meses seguintes à data do pedido de arbitragem, as Partes não lograrem pôr-se de acordo quanto aos termos do compromisso de arbitragem, qualquer das Partes poderá submeter a controvérsia à Corte Internacional de Justiça, mediante solicitação feita em conformidade com o Estatuto da Corte.

2. Cada Estado poderá, por ocasião da assinatura ou da ratificação da presente Convenção, declarar que não se considera obrigado pelo parágrafo 1 deste Artigo. Os demais Estados Partes não estarão obrigados pelo referido parágrafo com relação a qualquer Estado Parte que houver formulado reserva dessa natureza.

3. Todo Estado Parte que houver formulado reserva nos termos do parágrafo 2 do presente Artigo poderá retirá-la, a qualquer momento, mediante notificação endereçada ao Secretário-Geral das Nações Unidas.

Artigo 31

1. Todo Estado Parte poderá denunciar a presente Convenção mediante notificação por escrito endereçada ao Secretário-Geral das Nações Unidas. A denúncia produzirá efeitos um ano depois da data de recebimento da notificação pelo Secretário-Geral.

ANOTAÇÕES

ANOTAÇÕES

ANOTAÇÕES

2. A referida denúncia não eximirá o Estado Parte das obrigações que lhe impõe a presente Convenção relativamente a qualquer ação ou omissão ocorrida antes da data em que a denúncia venha a produzir efeitos; a denúncia não acarretará, tampouco, a suspensão do exame de quaisquer questões que o Comitê já começara a examinar antes da data em que a denúncia veio a produzir efeitos.

3. A partir da data em que vier a produzir efeitos a denúncia de um Estado Parte, o Comitê não dará início ao exame de qualquer nova questão referente ao Estado em apreço.

Artigo 32

O Secretário-Geral das Nações Unidas comunicará a todos os Estados membros das Nações Unidas e a todos os Estados que assinaram a presente Convenção ou a ela aderiram:

a) as assinaturas, ratificações e adesões recebidas em conformidade com os Artigos 25 e 26;

b) a data de entrada em vigor da Convenção, nos termos do Artigo 27, e a data de entrada em vigor de quaisquer emendas, nos termos do Artigo 29;

c) as denúncias recebidas em conformidades com o Artigo 31.

Artigo 33

1. A presente Convenção, cujos textos em árabe, chinês, espanhol, francês, inglês e russo são igualmente autênticos, será depositada junto ao Secretário-Geral das Nações Unidas.

2. O Secretário-Geral das Nações Unidas encaminhará cópias autenticadas da presente Convenção a todos os Estados.

10. PORTARIA INTERMINISTERIAL SEDH/MJ Nº 2, DE 15 DE DEZEMBRO DE 2010

Estabelece as Diretrizes Nacionais de Promoção e Defesa dos Direitos Humanos dos Profissionais de Segurança Pública.

DIREITOS CONSTITUCIONAIS E PARTICIPAÇÃO CIDADÃ

1) Adequar as leis e regulamentos disciplinares que versam sobre direitos e deveres dos profissionais de segurança pública à Constituição Federal de 1988.

2) Valorizar a participação das instituições e dos profissionais de segurança pública nos processos democráticos de debate, divulgação, estudo, reflexão e formulação das políticas públicas relacionadas com a área, tais como conferências, conselhos, seminários, pesquisas, encontros e fóruns temáticos.

3) Assegurar o exercício do direito de opinião e a liberdade de expressão dos profissionais de segurança pública, especialmente por meio da Internet, blogs, sites e fóruns de discussão, à luz da Constituição Federal de 1988.

4) Garantir escalas de trabalho que contemplem o exercício do direito de voto por todos os profissionais de segurança pública.

VALORIZAÇÃO DA VIDA

5) Proporcionar equipamentos de proteção individual e coletiva aos profissionais de segurança pública, em quantidade e qualidade adequadas, garantindo sua reposição permanente, considerados o desgaste e prazos de validade.

6) Assegurar que os equipamentos de proteção individual contemplem as diferenças de gênero e de compleição física.

7) Garantir aos profissionais de segurança pública instrução e treinamento continuado quanto ao uso correto dos equipamentos de proteção individual.

8) Zelar pela adequação, manutenção e permanente renovação de todos os veículos utilizados no exercício profissional, bem como assegurar instalações dignas em todas as instituições, com ênfase para as condições de segurança, higiene, saúde e ambiente de trabalho.

ANOTAÇÕES

9) Considerar, no repasse de verbas federais aos entes federados, a efetiva disponibilização de equipamentos de proteção individual aos profissionais de segurança pública.

DIREITO À DIVERSIDADE

10) Adotar orientações, medidas e práticas concretas voltadas à prevenção, identificação e enfrentamento do racismo nas instituições de segurança pública, combatendo qualquer modalidade de preconceito.

11) Garantir respeito integral aos direitos constitucionais das profissionais de segurança pública femininas, considerando as especificidades relativas à gestação e à amamentação, bem como as exigências permanentes de cuidado com filhos crianças e adolescentes, assegurando a elas instalações físicas e equipamentos individuais específicos sempre que necessário.

12) Proporcionar espaços e oportunidades nas instituições de segurança pública para organização de eventos de integração familiar entre todos os profissionais, com ênfase em atividades recreativas, esportivas e culturais voltadas a crianças, adolescentes e jovens.

13) Fortalecer e disseminar nas instituições a cultura de não discriminação e de pleno respeito à liberdade de orientação sexual do profissional de segurança pública, com ênfase no combate à homofobia.

14) Aproveitar o conhecimento e a vivência dos profissionais de segurança pública idosos, estimulando a criação de espaços institucionais para transmissão de experiências, bem como a formação de equipes de trabalho composta por servidores de diferentes faixas etárias para exercitar a integração inter geracional.

15) Estabelecer práticas e serviços internos que contemplem a preparação do profissional de segurança pública para o período de aposentadoria, estimulando o prosseguimento em atividades de participação cidadã após a fase de serviço ativo.

16) Implementar os paradigmas de acessibilidade e empregabilidade das pessoas com deficiência em instalações e equipamentos do sistema de segurança pública, assegurando a reserva constitucional de vagas nos concursos públicos.

SAÚDE

17) Oferecer ao profissional de segurança pública e a seus familiares, serviços permanentes e de boa qualidade para acompanhamento e tratamento de saúde.

18) Assegurar o acesso dos profissionais do sistema de segurança pública ao atendimento independente e especializado em saúde mental.

19) Desenvolver programas de acompanhamento e tratamento destinados aos profissionais de segurança pública envolvidos em ações com resultado letal ou alto nível de estresse.

20) Implementar políticas de prevenção, apoio e tratamento do alcoolismo, tabagismo ou outras formas de drogadição e dependência química entre profissionais de segurança pública.

21) Desenvolver programas de prevenção ao suicídio, disponibilizando atendimento psiquiátrico, núcleos terapêuticos de apoio e divulgação de informações sobre o assunto.

22) Criar núcleos terapêuticos de apoio voltados ao enfrentamento da depressão, estresse e outras alterações psíquicas.

23) Possibilitar acesso a exames clínicos e laboratoriais periódicos para identificação dos fatores mais comuns de risco à saúde.

24) Prevenir as consequências do uso continuado de equipamentos de proteção individual e outras doenças profissionais ocasionadas por esforço repetitivo, por meio de acompanhamento médico especializado.

25) Estimular a prática regular de exercícios físicos, garantindo a adoção de mecanismos que permitam o cômputo de horas de atividade física como parte da jornada semanal de trabalho.

26) Elaborar cartilhas voltadas à reeducação alimentar como forma de diminuição de condições de risco à saúde e como fator de bem-estar profissional e auto-estima.

REABILITAÇÃO E REINTEGRAÇÃO

27) Promover a reabilitação dos profissionais de segurança pública que adquiram lesões, traumas, deficiências ou doenças ocupacionais em decorrência do exercício de suas atividades.

28) Consolidar, como valor institucional, a importância da readaptação e da reintegração dos profissionais de segurança pública ao trabalho em casos de lesões, traumas, deficiências ou doenças ocupacionais adquiridos em decorrência do exercício de suas atividades.

29) Viabilizar mecanismos de readaptação dos profissionais de segurança pública e deslocamento para novas funções ou postos de trabalho como alternativa ao afastamento definitivo e à inatividade em decorrência de acidente de trabalho, ferimentos ou sequelas.

DIGNIDADE E SEGURANÇA NO TRABALHO

30) Manter política abrangente de prevenção de acidentes e ferimentos, incluindo a padronização de métodos e rotinas, atividades de atualização e capacitação, bem como a constituição de comissão especializada para coordenar esse trabalho.

31) Garantir aos profissionais de segurança pública acesso ágil e permanente a toda informação necessária para o correto desempenho de suas funções, especialmente no tocante à legislação a ser observada.

32) Erradicar todas as formas de punição envolvendo maus tratos, tratamento cruel, desumano ou degradante contra os profissionais de segurança pública, tanto no cotidiano funcional como em atividades de formação e treinamento.

33) Combater o assédio sexual e moral nas instituições, veiculando campanhas internas de educação e garantindo canais para o recebimento e apuração de denúncias.

34) Garantir que todos os atos decisórios de superiores hierárquicos dispondo sobre punições, escalas, lotação e transferências sejam devidamente motivados e fundamentados.

35) Assegurar a regulamentação da jornada de trabalho dos profissionais de segurança pública, garantindo o exercício do direito à convivência familiar e comunitária.

SEGUROS E AUXÍLIOS

36) Apoiar projetos de leis que instituam seguro especial aos profissionais de segurança pública, para casos de acidentes e traumas incapacitantes ou morte em serviço.

37) Organizar serviços de apoio, orientação psicológica e assistência social às famílias de profissionais de segurança pública para casos de morte em serviço.

38) Estimular a instituição de auxílio-funeral destinado às famílias de profissionais de segurança pública ativos e inativos.

ASSISTÊNCIA JURÍDICA

39) Firmar parcerias com Defensorias Públicas, serviços de atendimento jurídico de faculdades de Direito, núcleos de advocacia pro bono e outras instâncias de advocacia gratuita para assessoramento e defesa dos profissionais de segurança pública, em casos decorrentes do exercício profissional.

40) Proporcionar assistência jurídica para fins de recebimento de seguro, pensão, auxílio ou outro direito de familiares, em caso de morte do profissional de segurança pública.

ANOTAÇÕES

HABITAÇÃO

41) Garantir a implementação e a divulgação de políticas e planos de habitação voltados aos profissionais de segurança pública, com a concessão de créditos e financiamentos diferenciados.

CULTURA E LAZER

42) Conceber programas e parcerias que estimulem o acesso à cultura pelos profissionais de segurança pública e suas famílias, mediante vales para desconto ou ingresso gratuito em cinemas, teatros, museus e outras atividades, e que garantam o incentivo à produção cultural própria.

43) Promover e estimular a realização de atividades culturais e esportivas nas instalações físicas de academias de polícia, quartéis e outros prédios das corporações, em finais de semana ou outros horários de disponibilidade de espaços e equipamentos.

44) Estimular a realização de atividades culturais e esportivas desenvolvidas por associações, sindicatos e clubes dos profissionais de segurança pública.

EDUCAÇÃO

45) Estimular os profissionais de segurança pública a frequentar programas de formação continuada, estabelecendo como objetivo de longo prazo a universalização da graduação universitária.

46) Promover a adequação dos currículos das academias à Matriz Curricular Nacional, assegurando a inclusão de disciplinas voltadas ao ensino e à compreensão do sistema e da política nacional de segurança pública e dos Direitos Humanos.

47) Promover nas instituições de segurança pública uma cultura que valorize o aprimoramento profissional constante de seus servidores também em outras áreas do conhecimento, distintas da segurança pública.

48) Estimular iniciativas voltadas ao aperfeiçoamento profissional e à formação continuada dos profissionais de segurança pública, como o projeto de ensino a distância do governo federal e a Rede Nacional de Altos Estudos em Segurança Pública (Renaesp) .

49) Assegurar o aperfeiçoamento profissional e a formação continuada como direitos do profissional de segurança pública.

PRODUÇÃO DE CONHECIMENTOS

50) Assegurar a produção e divulgação regular de dados e números envolvendo mortes, lesões e doenças graves sofridas por profissionais de segurança pública no exercício ou em decorrência da profissão.

51) Utilizar os dados sobre os processos disciplinares e administrativos movidos em face de profissionais de segurança pública para identificar vulnerabilidades dos treinamentos e inadequações na gestão de recursos humanos.

52) Aprofundar e sistematizar os conhecimentos sobre diagnose e prevenção de doenças ocupacionais entre profissionais de segurança pública.

53) Identificar locais com condições de trabalho especialmente perigosas ou insalubres, visando à prevenção e redução de danos e de riscos à vida e à saúde dos profissionais de segurança pública.

54) Estimular parcerias entre universidades e instituições de segurança pública para diagnóstico e elaboração de projetos voltados à melhoria das condições de trabalho dos profissionais de segurança pública.

55) Realizar estudos e pesquisas com a participação de profissionais de segurança pública sobre suas condições de trabalho e a eficácia dos programas e serviços a eles disponibilizados por suas instituições.

ANOTAÇÕES

ESTRUTURAS E EDUCAÇÃO EM DIREITOS HUMANOS

56) Constituir núcleos, divisões e unidades especializadas em Direitos Humanos nas academias e na estrutura regular das instituições de segurança pública, incluindo entre suas tarefas a elaboração de livros, cartilhas e outras publicações que divulguem dados e conhecimentos sobre o tema.

57) Promover a multiplicação de cursos avançados de Direitos Humanos nas

instituições, que contemplem o ensino de matérias práticas e teóricas e adotem o Plano Nacional de Educação em Direitos Humanos como referência.

58) Atualizar permanentemente o ensino de Direitos Humanos nas academias, reforçando nos cursos a compreensão de que os profissionais de segurança pública também são titulares de Direitos Humanos, devem agir como defensores e promotores desses direitos e precisam ser vistos desta forma pela comunidade.

59) Direcionar as atividades de formação no sentido de consolidar a compreensão de que a atuação do profissional de segurança pública orientada por padrões internacionais de respeito aos Direitos Humanos não dificulta, nem enfraquece a atividade das instituições de segurança pública, mas confere-lhes credibilidade, respeito social e eficiência superior.

VALORIZAÇÃO PROFISSIONAL

60) Contribuir para a implementação de planos voltados à valorização profissional e social dos profissionais de segurança pública, assegurado o respeito a critérios básicos de dignidade salarial.

61) Multiplicar iniciativas para promoção da saúde e da qualidade de vida dos profissionais de segurança pública.

62) Apoiar o desenvolvimento, a regulamentação e o aperfeiçoamento dos programas de atenção biopsicossocial já existentes.

63) Profissionalizar a gestão das instituições de segurança pública, fortalecendo uma cultura gerencial enfocada na necessidade de elaborar diagnósticos, planejar, definir metas explícitas e monitorar seu cumprimento.

64) Ampliar a formação técnica específica para gestores da área de segurança pública.

65) Veicular campanhas de valorização profissional voltadas ao fortalecimento da imagem institucional dos profissionais de segurança pública.

66) Definir e monitorar indicadores de satisfação e de realização profissional dos profissionais de segurança pública.

67) Estimular a participação dos profissionais de segurança pública na elaboração de todas as políticas e programas que os envolva

11. PORTARIA INTERMINISTERIAL Nº- 4.226, DE 31 DE DEZEMBRO DE 2010

Estabelece Diretrizes sobre o Uso da Força pelos Agentes de Segurança Pública.

Art. 1º Ficam estabelecidas Diretrizes sobre o Uso da Força pelos Agentes de Segurança Pública, na forma do Anexo I desta Portaria.

Parágrafo único. Aplicam-se às Diretrizes estabelecidas no Anexo I, as definições constantes no Anexo II desta Portaria.

Art. 2º A observância das diretrizes mencionadas no artigo anterior passa a ser obrigatória pelo Departamento de Polícia Federal, pelo Departamento de Polícia Rodoviária Federal, pelo Departamento Penitenciário Nacional e pela Força Nacional de Segurança Pública.

§ 1º As unidades citadas no caput deste artigo terão 90 dias, contados a partir da publicação desta portaria, para adequar seus procedimentos operacionais e seu processo de formação e treinamento às diretrizes supramencionadas.

§ 2º As unidades citadas no caput deste artigo terão 60 dias, contados a partir da publicação desta portaria, para fixar a normatização mencionada na diretriz No- 9 e para criar a comissão mencionada na diretriz No- 23.

§ 3º As unidades citadas no caput deste artigo terão 60 dias, contados a partir da publicação desta portaria, para instituir Comissão responsável por avaliar sua situação interna em relação às diretrizes não mencionadas nos parágrafos anteriores e propor medidas para assegurar as adequações necessárias.

Art. 3º A Secretaria de Direitos Humanos da Presidência da República e o Ministério da Justiça estabelecerão mecanismos para estimular e monitorar iniciativas que visem à implementação de ações para efetivação das diretrizes tratadas nesta portaria pelos entes federados, respeitada a repartição de competências prevista no art. 144 da Constituição Federal.

Art. 4º A Secretaria Nacional de Segurança Pública do Ministério da Justiça levará em consideração a observância das diretrizes tratadas nesta portaria no repasse de recursos aos entes federados.

Art. 5º Esta portaria entra em vigor na data de sua publicação.

ANEXO I - DIRETRIZES SOBRE O USO DA FORÇA E ARMAS DE FOGO PELOS AGENTES DE SEGURANÇA PÚBLICA

1. O uso da força pelos agentes de segurança pública deverá se pautar nos documentos internacionais de proteção aos direitos humanos e deverá considerar, primordialmente:

a. ao Código de Conduta para os Funcionários Responsáveis pela Aplicação da Lei, adotado pela assembleia Geral das Nações Unidas na sua Resolução34/169, de 17 de dezembro de 1979; b. os Princípios orientadores para a Aplicação Efetiva do Código de Conduta para os Funcionários Responsáveis pela Aplicação da Lei, adotados pelo Conselho Econômico e Social das Nações Unidas na sua resolução 1989/61, de 24 de maio de 1989;

c. os Princípios Básicos sobre o Uso da Força e Armas de Fogo pelos Funcionários Responsáveis pela Aplicação da Lei, adotados pelo Oitavo Congresso das Nações Unidas para a Prevenção do Crime e o Tratamento dos Delinquentes, realizado em Havana, Cuba, de 27 de Agosto a 7 de setembro de 1999;

d. a Convenção Contra a Tortura e outros Tratamentos ou penas Cruéis, Desumanos ou Degradantes, adotada pela assembleia Geral das Nações Unidas, em sua XL Sessão, realizada em Nova York em10 de dezembro de 1984 e promulgada pelo Decreto n.º 40, de 15 de fevereiro de 1991.

2. O uso da força por agentes de segurança pública deverá obedecer aos princípios da legalidade, necessidade, proporcionalidade, moderação e conveniência.

3. Os agentes de segurança pública não deverão disparar armas de fogo contra pessoas, exceto em casos de legítima defesa própria ou de terceiro contra perigo iminente de morte ou lesão grave.

4. Não é legítimo o uso de armas de fogo contra pessoa em fuga que esteja desarmada ou que, mesmo na posse de algum tipo de arma, não represente risco imediato de morte ou de lesão grave aos agentes de segurança pública ou terceiros.

5. Não é legítimo o uso de armas de fogo contra veículo que desrespeite bloqueio policial em via pública, a não ser que o ato represente um risco imediato de morte ou lesão grave aos agentes de segurança pública ou terceiros.

6. Os chamados "disparos de advertência" não são considerados prática aceitável, por não atenderem aos princípios elencados na Diretriz n.º 2 e em razão da imprevisibilidade de seus efeitos.

7. O ato de apontar arma de fogo contra pessoas durante os procedimentos de abordagem não deverá ser uma prática rotineira e indiscriminada.

8. Todo agente de segurança pública que, em razão da sua função, possa vir a se envolver em situações de uso da força, deverá portar no mínimo 2 (dois) instrumentos de menor potencial ofensivo e equipamentos de proteção necessários à atuação específica, independentemente de portar ou não armade fogo.

9. Os órgãos de segurança pública deverão editar atos normativos disciplinando o uso da força por seus agentes, definindo objetivamente:

a. os tipos de instrumentos e técnicas autorizadas;

b. as circunstâncias técnicas adequadas à sua utilização, ao ambiente/entorno e ao risco potencial a terceiros não envolvidos no evento;

c. o conteúdo e a carga horária mínima para habilitação e atualização periódica ao uso de cada tipo de instrumento;

d. a proibição de uso de armas de fogo e munições que provoquem lesões desnecessárias e risco injustificado; e

e. o controle sobre a guarda e utilização de armas e munições pelo agente de segurança pública.

10. Quando o uso da força causar lesão ou morte de pessoa(s) , o agente de segurança pública envolvido deverá realizar as seguintes ações:

a. facilitar a prestação de socorro ou assistência médica aos feridos;

b. promover a correta preservação do local da ocorrência;

c. comunicar o fato ao seu superior imediato e à autoridade competente; e

d. preencher o relatório individual correspondente sobre o uso da força, disciplinado na Diretriz n.º 22.

11. Quando o uso da força causar lesão ou morte de pessoa(s) , o órgão de segurança pública deverá realizar as seguintes ações:

a. facilitar a assistência e/ou auxílio médico dos feridos;

b. recolher e identificar as armas e munições de todos os envolvidos, vinculando-as aos seus respectivos portadores no momento da ocorrência;

c. solicitar perícia criminalística para o exame de local e objetos bem como exames médico-legais;

d. comunicar os fatos aos familiares ou amigos da(s) pessoa(s) ferida(s) ou morta(s) ; e iniciar, por meio da Corregedoria da instituição, ou órgão equivalente, investigação imediata dos fatos e circunstâncias do emprego da força;

f. promover a assistência médica às pessoas feridas em decorrência da intervenção, incluindo atenção às possíveis sequelas;

g. promover o devido acompanhamento psicológico aos agentes de segurança pública envolvidos, permitindo-lhes superar ou minimizar os efeitos decorrentes do fato ocorrido; e

h. afastar temporariamente do serviço operacional, para avaliação psicológica e redução do estresse, os agentes de segurança pública envolvidos diretamente em ocorrências com resultado letal.

12. Os critérios de recrutamento e seleção para os agentes de segurança pública deverão levar em consideração o perfil psicológico necessário para lidar com situações de estresse e uso da força e arma de fogo.

13. Os processos seletivos para ingresso nas instituições de segurança pública e os cursos de formação e especialização dos agentes de segurança pública devem incluir conteúdos relativos a direitos humanos.

14. As atividades de treinamento fazem parte do trabalho rotineiro do agente de segurança pública e não deverão ser realizadas em seu horário de folga, de maneira a serem preservados os períodos de descanso, lazer e convivência sócio-familiar.

15. A seleção de instrutores para ministrarem aula em qualquer assunto que englobe o uso da força deverá levar em conta análise rigorosade seu currículo formal e tempo de serviço, áreas de atuação, experiências anteriores em atividades fim, registros funcionais, formação em direitos humanos e nivelamento em ensino. Os instrutores deverão ser submetidos à aferição de conhecimentos teóricos e práticos e sua atuação deve ser avaliada.

16. Deverão ser elaborados procedimentos de habilitação para o uso de cada tipo de arma de fogo e instrumento de menor potencial ofensivo que incluam avaliação técnica, psicológica, física e treinamento específico, com previsão de revisão periódica mínima.

17. Nenhum agente de segurança pública deverá portar armas de fogo ou instrumento de menor potencial ofensivo para o qual não esteja devidamente habilitado e sempre que um novo tipo de arma ou instrumento de menor potencial ofensivo for introduzido na instituição deverá ser estabelecido um módulo de treinamento específico com vistas à habilitação do agente.

18. A renovação da habilitação para uso de armas de fogo em serviço deve ser feita com periodicidade mínima de 1 (um) ano.

19. Deverá ser estimulado e priorizado, sempre que possível, o uso de técnicas e instrumentos de menor potencial ofensivo pelos agentes de segurança pública, de acordo com a especificidade da função operacional e sem se restringir às unidades especializadas.

20. Deverão ser incluídos nos currículos dos cursos de formação e programas de educação continuada conteúdos sobre técnicas e instrumentos de menor potencial ofensivo.

21. As armas de menor potencial ofensivo deverão ser separadas e identificadas de forma diferenciada, conforme a necessidade operacional.

22. O uso de técnicas de menor potencial ofensivo deve ser constantemente avaliado.

23. Os órgãos de segurança pública deverão criar comissões internas de controle e acompanhamento da letalidade, com o objetivo de monitorar o uso efetivo da força pelos seus agentes.

24. Os agentes de segurança pública deverão preencher um relatório individual todas as vezes que dispararem arma de fogo e/ou fizerem uso de instrumentos de menor potencial ofensivo, ocasionando lesões ou mortes. O relatório deverá ser encaminhado à comissão interna mencionada na Diretriz n.º 23 e deverá conter no mínimo as seguintes informações:

a .circunstâncias e justificativa que levaram o uso da força ou de arma de fogo por parte do agente de segurança pública;

b. medidas adotadas antes de efetuar os disparos/usar instrumentos de menor potencial ofensivo, ou as razões pelas quais elas não puderam ser contempladas;

c. tipo de arma e de munição, quantidade de disparos efetuados, distância e pessoa contra a qual foi disparada a arma;

d. instrumento(s) de menor potencial ofensivo utilizado(s) , especificando a frequência, a distância e a pessoa contra a qual foi utilizado o instrumento;

e. quantidade de agentes de segurança pública feridos ou mortos na ocorrência, meio e natureza da lesão;

f. quantidade de feridos e/ou mortos atingidos pelos disparos efetuados pelo(s) agente(s) de segurança pública;

g. número de feridos e/ou mortos atingidos pelos instrumentos de menor potencial ofensivo utilizados pelo(s) agente(s) de segurança pública;

ANOTAÇÕES

h. número total de feridos e/ou mortos durante a missão;
i. quantidade de projéteis disparados que atingiram pessoas e as respectivas regiões corporais atingidas;
j. quantidade de pessoas atingidas pelos instrumentos de menor potencial ofensivo e as respectivas regiões corporais atingidas;
k. ações realizadas para facilitar a assistência e/ou auxílio médico, quando for o caso; e
l. se houve preservação do local e, em caso negativo, apresentar justificativa.

25. Os órgãos de segurança pública deverão, observada a legislação pertinente, oferecer possibilidades de reabilitação e reintegração ao trabalho aos agentes de segurança pública que adquirirem deficiência física em decorrência do desempenho de suas atividades.

ANEXO II - GLOSSÁRIO

Armas de menor potencial ofensivo: Armas projetadas e/ou empregadas, especificamente, com a finalidade de conter, debilitar ou incapacitar temporariamente pessoas, preservando vidas e minimizando danos à sua integridade.

Equipamentos de menor potencial ofensivo: Todos os artefatos, excluindo armas e munições, desenvolvidos e empregados com a finalidade de conter, debilitar ou incapacitar temporariamente pessoas, para preservarvidas e minimizar danos à sua integridade.

Equipamentos de proteção: Todo dispositivo ou produto, de uso individual (EP1. ou coletivo (EPC) destinado a redução de riscos à integridade física ou à vida dos agentes de segurança pública.

Força: Intervenção coercitiva imposta à pessoa ou grupo de pessoas por parte do agente de segurança pública com a finalidade de preservar a ordem pública e a lei.

Instrumentos de menor potencial ofensivo: Conjunto de armas, munições e equipamentos desenvolvidos com a finalidade de preservar vidas e minimizar danos à integridade das pessoas.

Munições de menor potencial ofensivo: Munições projetadas e empregadas, especificamente, para conter, debilitar ou incapacitar temporariamente pessoas, preservando vidas e minimizando danos a integridade das pessoas envolvidas.

Nível do Uso da Força: Intensidade da força escolhida pelo agente de segurança pública em resposta a uma ameaça real ou potencial.

12. REGRAS MÍNIMAS PARA TRATAMENTO DE PRISIONEIROS - REGRAS DE MANDELA

Adotadas pelo 1º Congresso das Nações Unidas sobre Prevenção do Crime e Tratamento de Delinquentes, realizado em Genebra, em 1955, e aprovadas pelo Conselho Econômico e Social da ONU através da sua resolução 663 C I (XX4. , de 31 de julho de 1957, aditada pela resolução 2076 (LX2. de 13 de maio de 1977. Em 25 de maio de 1984, através da resolução 1984/47, o Conselho Econômico e Social aprovou treze procedimentos para a aplicação efetiva das Regras Mínimas (anexo) .

Observações preliminares

1. O objetivo das presentes regras não é descrever detalhadamente um sistema penitenciário modelo, mas apenas estabelecer - inspirando-se em conceitos geralmente admitidos em nossos tempos e nos elementos essenciais dos sistemas contemporâneos mais adequados - os princípios e as regras de uma boa organização penitenciária e da prática relativa ao tratamento de prisioneiros.

2. É evidente que devido a grande variedade de condições jurídicas, sociais, econômicas e geográficas existentes no mundo, todas estas regras não podem ser aplicadas indistintamente em todas as partes e a todo tempo. Devem, contudo, servir para estimular o esforço constante com vistas à superação das dificuldades práticas que se opõem a sua aplicação, na certeza de que representam, em seu conjunto, as condições mínimas admitidas pelas Nações Unidas.

3. Por outro lado, os critérios que se aplicam às matérias referidas nestas regras evoluem constantemente e, portanto, não tendem a excluir a possibilidade de experiências e práticas, sempre que as mesmas se ajustem aos princípios e propósitos que emanam do texto das regras. De acordo com esse espírito, a administração penitenciária central sempre poderá autorizar qualquer exceção às regras.

4.

1. A primeira parte das regras trata das matérias relativas à administração geral dos estabelecimentos penitenciários e é aplicável a todas as categorias de prisioneiros, criminais ou civis, em regime de prisão preventiva ou já condenados, incluindo aqueles que tenham sido objeto de medida de segurança ou de medida de reeducação ordenada por um juiz.

2. A segunda parte contém as regras que são aplicáveis somente às categorias de prisioneiros a que se refere cada seção. Entretanto, as regras da seção A, aplicáveis aos presos condenados, serão igualmente aplicáveis às categorias de presos a que se referem as seções B, C e D, sempre que não sejam contraditórias com as regras específicas dessas seções e sob a condição de que sejam proveitosas para tais prisioneiros.

5.

1. Estas regras não estão destinadas a determinar a organização dos estabelecimentos para delinquentes juvenis (estabelecimentos Borstal, instituições de reeducação etc.) . Todavia, de um modo geral, pode-se considerar que a primeira parte destas regras mínimas também é aplicável a esses estabelecimentos.

2. A categoria de prisioneiros juvenis deve compreender, em qualquer caso, os menores sujeitos à jurisdição de menores. Como norma geral, os delinquentes juvenis não deveriam ser condenados a penas de prisão.

PARTE I

Regras de aplicação geral

Princípio Fundamental

6.

1. As regras que se seguem deverão ser aplicadas imparcialmente. Não haverá discriminação alguma baseada em raça, cor, sexo, língua, religião, opinião política ou qualquer outra opinião, origem nacional ou social, fortuna, nascimento ou em qualquer outra situação.

2. Ao contrário, é necessário respeitar as crenças religiosas e os preceitos morais do grupo a que pertença o preso.

Registro

7.

1. Em todos os lugares em que haja pessoas detidas, deverá existir um livro oficial de registro, atualizado, contendo páginas numeradas, no qual serão anotados, relativamente a cada preso:
a. A informação referente a sua identidade;
b. As razões da sua detenção e a autoridade competente que a ordenou;
c. O dia e a hora da sua entrada e da sua saída.

2. Nenhuma pessoa deverá ser admitida em um estabelecimento prisional sem uma ordem de detenção válida, cujos dados serão previamente lançados no livro de registro.

ANOTAÇÕES

Separação de categorias

8. As diferentes categorias de presos deverão ser mantidas em estabelecimentos prisionais separados ou em diferentes zonas de um mesmo estabelecimento prisional, levando-se em consideração seu sexo e idade, seus antecedentes, as razões da detenção e o tratamento que lhes deve ser aplicado. Assim é que:

a. Quando for possível, homens e mulheres deverão ficar detidos em estabelecimentos separados; em estabelecimentos que recebam homens e mulheres, o conjunto dos locais destinados às mulheres deverá estar completamente separado;

b. As pessoas presas preventivamente deverão ser mantidas separadas dos presos condenados;

c. Pessoas presas por dívidas ou por outras questões de natureza civil deverão ser mantidas separadas das pessoas presas por infração penal;

d. Os presos jovens deverão ser mantidos separados dos presos adultos.

Locais destinados aos presos

9.

1. As celas ou quartos destinados ao isolamento noturno não deverão ser ocupadas por mais de um preso. Se, por razões especiais, tais como excesso temporário da população carcerária, for indispensável que a administração penitenciária central faça exceções a esta regra, deverá evitar-se que dois reclusos sejam alojados numa mesma cela ou quarto individual.

2. Quando se recorra à utilização de dormitórios, estes deverão ser ocupados por presos cuidadosamente escolhidos e reconhecidos como sendo capazes de serem alojados nessas condições. Durante a noite, deverão estar sujeitos a uma vigilância regular, adaptada ao tipo de estabelecimento prisional em que se encontram detidos.

10.

Todas os locais destinados aos presos, especialmente aqueles que se destinam ao alojamento dos presos durante a noite, deverão satisfazer as exigências da higiêne, levando-se em conta o clima, especialmente no que concerne ao volume de ar, espaço mínimo, iluminação, aquecimento e ventilação.

11.

Em todos os locais onde os presos devam viver ou trabalhar:

a. As janelas deverão ser suficientemente grandes para que os presos possam ler e trabalhar com luz natural, e deverão estar dispostas de modo a permitir a entrada de ar fresco, haja ou não ventilação artificial.

b. A luz artificial deverá ser suficiente para os presos poderem ler ou trabalhar sem prejudicar a visão.

12.

As instalações sanitárias deverão ser adequadas para que os presos possam satisfazer suas necessidades naturais no momento oportuno, de um modo limpo e decente.

13.

As instalações de banho deverão ser adequadas para que cada preso possa tomar banho a uma temperatura adaptada ao clima, tão frequentemente quanto necessário à higiene geral, de acordo com a estação do ano e a região geográfica, mas pelo menos uma vez por semana em um clima temperado.

14.

Todos os locais de um estabelecimento penitenciário frequentados regularmente pelos presos deverão ser mantidos e conservados escrupulosamente limpos.

Higiene pessoal

15.

Será exigido que todos os presos mantenham-se limpos; para este fim, ser-lhes-ão fornecidos água e os artigos de higiene necessários à sua saúde e limpeza.

ANOTAÇÕES

16.

Serão postos à disposição dos presos meios para cuidarem do cabelo e da barba, a fim de que possam se apresentar corretamente e conservem o respeito por si mesmos; os homens deverão poder barbear-se com regularidade.

Roupas de vestir, camas e roupas de cama

17.

1. Todo preso a quem não seja permitido vestir suas próprias roupas, deverá receber as apropriadas ao clima e em quantidade suficiente para manter-se em boa saúde. Ditas roupas não poderão ser, de forma alguma, degradantes ou humilhantes.

2. Todas as roupas deverão estar limpas e mantidas em bom estado. A roupa de baixo será trocada e lavada com a frequência necessária à manutenção da higiêne.

3. Em circunstâncias excepcionais, quando o preso necessitar afastar-se do estabelecimento penitenciário para fins autorizados, ele poderá usar suas próprias roupas, que não chamem atenção sobre si.

18.

Quando um preso for autorizado a vestir suas próprias roupas, deverão ser tomadas medidas para se assegurar que, quando do seu ingresso no estabelecimento penitenciário, as mesmas estão limpas e são utilizáveis.

19.

Cada preso disporá, de acordo com os costumes locais ou nacionais, de uma cama individual e de roupa de cama suficiente e própria, mantida em bom estado de conservação e trocada com uma frequência capaz de garantir sua limpeza.

Alimentação

20.

1. A administração fornecerá a cada preso, em horas determinadas, uma alimentação de boa qualidade, bem preparada e servida, cujo valor nutritivo seja suficiente para a manutenção da sua saúde e das suas forças.

2. Todo preso deverá ter a possibilidade de dispor de água potável quando dela necessitar.

Exercícios físicos

21.

1. O preso que não trabalhar ao ar livre deverá ter, se o tempo permitir, pelo menos uma hora por dia para fazer exercícios apropriados ao ar livre.

2. Os presos jovens e outros cuja idade e condição física o permitam, receberão durante o período reservado ao exercício uma educação física e recreativa. Para este fim, serão colocados à disposição dos presos o espaço, as instalações e os equipamentos necessários.

Serviços médicos

22.

1. Cada estabelecimento penitenciário terá à sua disposição os serviços de pelo menos um médico qualificado, que deverá ter certos conhecimentos de psiquiatria. Os serviços médicos deverão ser organizados em estreita ligação com a administração geral de saúde da comunidade ou nação. Deverão incluir um serviço de psiquiatria para o diagnóstico, e em casos específicos, para o tratamento de estados de anomalia.

2. Os presos doentes que necessitem tratamento especializado deverão ser transferidos para estabelecimentos especializados ou para hospitais civis. Quando existam facilidades hospitalares em um estabelecimento prisional, o respectivo equipamento, mobiliário e produtos farmacêuticos serão adequados para o tratamento médico dos presos doentes, e deverá haver pessoal devidamente qualificado.

3. Cada preso poderá servir-se dos trabalhos de um dentista qualificado.

ANOTAÇÕES

23.

1. Nos estabelecimentos prisionais para mulheres devem existir instalações especiais para o tratamento de presas grávidas, das que tenham acabado de dar à luz e das convalescentes. Desde que seja possível, deverão ser tomadas medidas para que o parto ocorra em um hospital civil. Se a criança nascer num estabelecimento prisional, tal fato não deverá constar no seu registro de nascimento.

2. Quando for permitido às mães presas conservar as respectivas crianças, deverão ser tomadas medidas para organizar uma creche, dotada de pessoal qualificado, onde as crianças possam permanecer quando não estejam ao cuidado das mães.

24. O médico deverá ver e examinar cada preso o mais depressa possível após a sua admissão no estabelecimento prisional e depois, quando necessário, com o objetivo de detectar doenças físicas ou mentais e de tomar todas as medidas necessárias para o respectivo tratamento; de separar presos suspeitos de doenças infecciosas ou contagiosas; de anotar deformidades físicas ou mentais que possam constituir obstáculos à reabilitação dos presos, e de determinar a capacidade de trabalho de cada preso.

25.

1. O médico deverá tratar da saúde física e mental dos presos e deverá diariamente observar todos os presos doentes e os que se queixam de dores ou mal-estar, e qualquer preso para o qual a sua atenção for chamada.

2. O médico deverá informar o diretor quando considerar que a saúde física ou mental de um preso tenha sido ou venha a ser seriamente afetada pelo prolongamento da situação de detenção ou por qualquer condição específica dessa situação de detenção.

26.

1. O médico deverá regularmente inspecionar e aconselhar o diretor sobre:

a. A quantidade, qualidade, preparação e serviço da alimentação;

b. A higiene e limpeza do estabelecimento prisional e dos presos;

c. As condições sanitárias, aquecimento, iluminação e ventilação do estabelecimento prisional;

d. A adequação e limpeza da roupa de vestir e de cama dos presos;

e. A observância das regras concernentes à educação física e aos desportos, quando não houver pessoal técnico encarregado destas atividades.

2. O diretor levará em consideração os relatórios e os pareceres que o médico lhe apresentar, de acordo com as regras 25(2) e 26, e no caso de concordar com as recomendações apresentadas tomará imediatamente medidas no sentido de pôr em prática essas recomendações; se as mesmas não estiverem no âmbito da sua competência, ou caso não concorde com elas, deverá imediatamente enviar o seu próprio relatório e o parecer do médico a uma autoridade superior.

Disciplina e sanções

27.

A disciplina e a ordem serão mantidas com firmeza, mas sem impor mais restrições do que as necessárias à manutenção da segurança e da boa organização da vida comunitária.

28.

1. Nenhum preso pode ser utilizado em serviços que lhe sejam atribuídos em consequência de medidas disciplinares.

2. Esta regra, contudo, não impedirá o conveniente funcionamento de sistemas baseados na autogestão, nos quais atividades ou responsabilidades sociais, educacionais ou esportivas específicas podem ser confiadas, sob adequada supervisão, a presos reunidos em grupos com objetivos terapêuticos.

ANOTAÇÕES

29.

A lei ou regulamentação emanada da autoridade administrativa competente determinará, para cada caso:

a. O comportamento que constitua falta disciplinar;

b. Os tipos e a duração da punição a aplicar;

c. A autoridade competente para impor tal punição.

30.

1. Nenhum preso será punido senão de acordo com a lei ou regulamento, e nunca duas vezes pelo mesmo crime.

2. Nenhum preso será punido a não ser que tenha sido informado do crime de que é acusado e lhe seja dada uma oportunidade adequada para apresentar defesa. A autoridade competente examinará o caso exaustivamente.

3. Quando necessário e possível, o preso será autorizado a defender-se por meio de um intérprete.

31.

Serão absolutamente proibidos como punições por faltas disciplinares os castigos corporais, a detenção em cela escura e todas as penas cruéis, desumanas ou degradantes.

32.

a. As penas de isolamento e de redução de alimentação não deverão nunca ser aplicadas, a menos que o médico tenha examinado o preso e certificado por escrito que ele está apto para as suportar.

b. O mesmo se aplicará a qualquer outra punição que possa ser prejudicial à saúde física ou mental de um preso. Em nenhum caso deverá tal punição contrariar ou divergir do princípio estabelecido na regra 31.

c. O médico visitará diariamente os presos sujeitos a tais punições e aconselhará o diretor caso considere necessário terminar ou alterar a punição por razões de saúde física ou mental.

Instrumentos de coação

33. A sujeição a instrumentos tais como algemas, correntes, ferros e coletes de força nunca deve ser aplicada como punição. Correntes e ferros também não serão usados como instrumentos de coação. Quaisquer outros instrumentos de coação não serão usados, exceto nas seguintes circunstâncias:

a. Como precaução contra fuga durante uma transferência, desde que sejam retirados quando o preso comparecer perante uma autoridade judicial ou administrativa;

b. Por razões médicas e sob a supervisão do médico;

c. Por ordem do diretor, se outros métodos de controle falharem, a fim de evitar que o preso se moleste a si mesmo, a outros ou cause estragos materiais; nestas circunstâncias, o diretor consultará imediatamente o médico e informará à autoridade administrativa superior.

34. As normas e o modo de utilização dos instrumentos de coação serão decididos pela administração prisional central. Tais instrumentos não devem ser impostos senão pelo tempo estritamente necessário.

Informação e direito de queixa dos presos

35.

1. Quando for admitido, cada preso receberá informação escrita sobre o regime prisional para a sua categoria, sobre os regulamentos disciplinares do estabelecimento e os métodos autorizados para obter informações e para formular queixas; e qualquer outra informação necessária para conhecer os seus direitos e obrigações, e para se adaptar à vida do estabelecimento.

2. Se o preso for analfabeto, tais informações ser-lhe-ão comunicadas oralmente.

36.

1. Todo preso terá, em cada dia de trabalho, a oportunidade de apresentar pedidos ou queixas ao diretor do estabelecimento ou ao funcionário autorizado a representá-lo.

ANOTAÇÕES

2. As petições ou queixas poderão ser apresentadas ao inspetor de prisões durante sua inspeção. O preso poderá falar com o inspetor ou com qualquer outro funcionário encarregado da inspeção sem que o diretor ou qualquer outro membro do estabelecimento se faça presente.

3. Todo preso deve ter autorização para encaminhar, pelas vias prescritas, sem censura quanto às questões de mérito mas na devida forma, uma petição ou queixa à administração penitenciária central, à autoridade judicial ou a qualquer outra autoridade competente.

4. A menos que uma solicitação ou queixa seja evidentemente temerária ou desprovida de fundamento, a mesma deverá ser examinada sem demora, dando-se uma resposta ao preso no seu devido tempo.

Contatos com o mundo exterior

37.

Os presos serão autorizados, sob a necessária supervisão, a comunicar-se periodicamente com as suas famílias e com amigos de boa reputação, quer por correspondência quer através de visitas.

38.

1. Aos presos de nacionalidade estrangeira, serão concedidas facilidades razoáveis para se comunicarem com os representantes diplomáticos e consulares do Estado a que pertencem.

2. A presos de nacionalidade de Estados sem representação diplomática ou consular no país, e a refugiados ou apátridas, serão concedidas facilidades semelhantes para comunicarem-se com os representantes diplomáticos do Estado encarregado de zelar pelos seus interesses ou com qualquer entidade nacional ou internacional que tenha como tarefa a proteção de tais indivíduos.

39.

Os presos serão mantidos regularmente informados das notícias mais importantes através da leitura de jornais, periódicos ou publicações especiais do estabelecimento prisional, através de transmissões de rádio, conferências ou quaisquer outros meios semelhantes, autorizados ou controlados pela administração.

Biblioteca

40.

Cada estabelecimento prisional terá uma biblioteca para o uso de todas as categorias de presos, devidamente provida com livros de recreio e de instrução, e os presos serão estimulados a utilizá-la.

Religião

41.

1. Se o estabelecimento reunir um número suficiente de presos da mesma religião, um representante qualificado dessa religião será nomeado ou admitido. Se o número de presos o justificar e as condições o permitirem, tal serviço será na base de tempo completo.

2. Um representante qualificado, nomeado ou admitido nos termos do parágrafo 1, será autorizado a celebrar serviços religiosos regulares e a fazer visitas pastorais particulares a presos da sua religião, em ocasiões apropriadas.

3. Não será recusado o acesso de qualquer preso a um representante qualificado de qualquer religião. Por outro lado, se qualquer preso levantar objeções à visita de qualquer representante religioso, sua posição será inteiramente respeitada.

42.

Tanto quanto possível, cada preso será autorizado a satisfazer as necessidades de sua vida religiosa, assistindo aos serviços ministrados no estabelecimento ou tendo em sua posse livros de rito e prática religiosa da sua crença.

Depósitos de objetos pertencentes aos presos

43.

1. Quando o preso ingressa no estabelecimento prisional, o dinheiro, os objetos de valor, roupas e outros bens que lhe pertençam, mas que não possam permanecer em seu poder por força do regulamento, serão guardados em um lugar seguro, levantando-se um inventário de todos eles, que deverá ser assinado pelo preso. Serão tomadas as medidas necessárias para que tais objetos se conservem em bom estado.

2. Os objetos e o dinheiro pertencentes ao preso ser-lhe-ão devolvidos quando da sua liberação, com exceção do dinheiro que ele foi autorizado a gastar, dos objetos que tenham sido remetidos para o exterior do estabelecimento, com a devida autorização, e das roupas cuja destruição haja sido decidida por questões higiênicas. O preso assinará um recibo dos objetos e do dinheiro que lhe forem restituídos.

3. Os valores e objetos enviados ao preso do exterior do estabelecimento prisional serão submetidos às mesmas regras.

4. Se o preso estiver na posse de medicamentos ou de entorpecentes no momento do seu ingresso no estabelecimento prisional, o médico decidirá que uso será dado a eles.

Notificação de morte, doenças e transferências

44.

1. No caso de morte, doença ou acidente grave, ou da transferência do preso para um estabelecimento para doentes mentais, o diretor informará imediatamente o cônjuge, se o preso for casado, ou o parente mais próximo, e informará, em qualquer caso, a pessoa previamente designada pelo preso.

2. Um preso será informado imediatamente da morte ou doença grave de qualquer parente próximo. No caso de doença grave de um parente próximo, o preso será autorizado, quando as circunstâncias o permitirem, a visitá-lo, escoltado ou não.

3. Cada preso terá o direito de informar imediatamente à sua família sobre sua prisão ou transferência para outro estabelecimento prisional.

Transferência de presos

45.

1. Quando os presos estiverem sendo transferidos para outro estabelecimento prisional, deverão ser vistos o menos possível pelo público, e medidas apropriadas serão adotadas para protegê-los contra qualquer forma de insultos, curiosidade e publicidade.

2. Será proibido o traslado de presos em transportes com ventilação ou iluminação deficientes, ou que de qualquer outro modo possam submetê-los a sacrifícios desnecessários.

3. O transporte de presos será efetuado às expensas da administração, em condições iguais para todos eles.

Pessoal penitenciário

46.

1. A administração penitenciária escolherá cuidadosamente o pessoal de todas as categorias, posto que, da integridade, humanidade, aptidão pessoal e capacidade profissional desse pessoal, dependerá a boa direção dos estabelecimentos penitenciários.

2. A administração penitenciária esforçar-se-á constantemente por despertar e manter no espírito do pessoal e na opinião pública a convicção de que a função penitenciária constitui um serviço social de grande importância e, sendo assim, utilizará todos os meios apropriados para ilustrar o público.

ANOTAÇÕES

ANOTAÇÕES

3. Para lograr tais fins, será necessário que os membros trabalhem com exclusivadade como funcionários penitenciários profissionais, tenham a condição de funcionários públicos e, portanto, a segurança de que a estabilidade em seu emprego dependerá unicamente da sua boa conduta, da eficácia do seu trabalho e de sua aptidão física. A remuneração do pessoal deverá ser adequada, a fim de se obter e conservar os serviços de homens e mulheres capazes. Determinar-se-á os benefícios da carreira e as condições do serviço tendo em conta o caráter penoso de suas funções.

47.

1. Os membros do pessoal deverão possuir um nível intelectual satisfatório.

2. Os membros do pessoal deverão fazer, antes de ingressarem no serviço, um curso de formação geral e especial, e passar satisfatoriamente pelas provas teóricas e práticas.

3. Após seu ingresso no serviço e durante a carreira, os membros do pessoal deverão manter e melhorar seus conhecimentos e sua capacidade profissionais fazendo cursos de aperfeiçoamento, que se organizarão periodicamente.

48.

Todos os membros do pessoal deverão conduzir-se e cumprir suas funções, em qualquer circunstância, de modo a que seu exemplo inspire respeito e exerça uma influência benéfica sobre os presos.

49.

1. Na medida do possível dever-se-á agregar ao pessoal um número suficiente de especialistas, tais como psiquiatras, psicólogos, assistentes sociais, professores e instrutores técnicos.

2. Os serviços dos assistentes sociais, dos professores e instrutores técnicos deverão ser mantidos permanentemente, sem que isto exclua os serviços de auxiliares a tempo parcial ou voluntários.

50.

1. O diretor do estabelecimento prisional deverá estar devidamente qualificado para sua função por seu caráter, sua capacidade administrativa, uma formação adequada e por sua experiência na matéria.

2. O diretor deverá consagrar todo o seu tempo à sua função oficial, que não poderá ser desempenhada com restrição de horário.

3. O diretor deverá residir no estabelecimento prisional ou perto dele.

4. Quando dois ou mais estabelecimentos estejam sob a autoridade de um único diretor, este os visitará com frequência. Cada um desses estabelecimentos estará dirigido por um funcionário responsável residente no local.

51.

1. O diretor, o subdiretor e a maioria do pessoal do estabelecimento prisional deverão falar a língua da maior parte dos reclusos ou uma língua compreendida pela maior parte deles.

2. Recorrer-se-á aos serviços de um intérprete toda vez que seja necessário.

52.

1. Nos estabelecimentos prisionais cuja importância exija o serviço contínuo de um ou vários médicos, pelo menos um deles residirá no estabelecimento ou nas suas proximidades.

2. Nos demais estabelecimentos, o médico visitará diariamente os presos e residirá próximo o bastante do estabelecimento para acudir sem demora toda vez que se apresente um caso urgente.

53.

1. Nos estabelecimentos mistos, a seção das mulheres estará sob a direção de um funcionário responsável do sexo feminino, a qual manterá sob sua guarda todas as chaves de tal seção.

ANOTAÇÕES

2. Nenhum funcionário do sexo masculino ingressará na seção feminina desacompanhado de um membro feminino do pessoal.

3. A vigilância das presas será exercida exclusivamente por funcionários do sexo feminino. Contudo, isto não excluirá que funcionários do sexo masculino, especialmente os médicos e o pessoal de ensino, desempenhem suas funções profissionais em estabelecimentos ou seções reservadas às mulheres.

54.

1. Os funcionários dos estabelecimentos prisionais não usarão, nas suas relações com os presos, de força, exceto em legítima defesa ou em casos de tentativa de fuga, ou de resistência física ativa ou passiva a uma ordem fundamentada na lei ou nos regulamentos. Os funcionários que tenham que recorrer à força, não devem usar senão a estritamente necessária, e devem informar imediatamente o incidente ao diretor do estabelecimento prisional.

2. Será dado aos guardas da prisão treinamento físico especial, a fim de habilitá-los a dominarem presos agressivos.

3. Exceto em circunstâncias especiais, os funcionários, no cumprimento de funções que impliquem contato direto com os presos, não deverão andar armados. Além disso, não será fornecida arma a nenhum funcionário sem que o mesmo tenha sido previamente adestrado no seu manejo.

Inspeção

55.

Haverá uma inspeção regular dos estabelecimentos e serviços prisionais por inspetores qualificados e experientes, nomeados por uma autoridade competente. É seu dever assegurar que estes estabelecimentos estão sendo administrados de acordo com as leis e regulamentos vigentes, para prosseguimento dos objetivos dos serviços prisionais e correcionais.

PARTE II - REGRAS APLICÁVEIS A CATEGORIAS ESPECIAIS

A. Presos condenados

Princípios mestres

56.

Os princípios mestres enumerados a seguir têm por objetivo definir o espírito segundo o qual devem ser administrados os sistemas penitenciários e os objetivos a serem buscados, de acordo com a declaração constante no ítem 1 das Observações preliminares das presentes regras.

57.

A prisão e outras medidas cujo efeito é separar um delinquente do mundo exterior são dolorosas pelo próprio fato de retirarem do indivíduo o direito à auto-determinação, privando-o da sua liberdade. Logo, o sistema prisional não deverá, exceto por razões justificáveis de segregação ou para a manutenção da disciplina, agravar o sofrimento inerente a tal situação.

58.

O fim e a justificação de uma pena de prisão ou de qualquer medida privativa de liberdade é, em última instância, proteger a sociedade contra o crime. Este fim somente pode ser atingido se o tempo de prisão for aproveitado para assegurar, tanto quanto possível, que depois do seu regresso à sociedade o delinquente não apenas queira respeitar a lei e se auto-sustentar, mas também que seja capaz de fazê-lo.

59.

Para alcançar esse propósito, o sistema penitenciário deve empregar, tratando de aplicá-los conforme as necessidades do tratamento individual dos delinquentes, todos os meios curativos, educativos, morais, espirituais e de outra natureza, e todas as formas de assistência de que pode dispor.

60.

1. O regime do estabelecimento prisional deve tentar reduzir as diferenças existentes entre a vida na prisão e a vida livre quando tais diferenças contribuirem para debilitar o sentido de responsabilidade do preso ou o respeito à dignidade da sua pessoa.

2. É conveniente que, antes do término do cumprimento de uma pena ou medida, sejam tomadas as providências necessárias para assegurar ao preso um retorno progressivo à vida em sociedade. Este propósito pode ser alcançado, de acordo com o caso, com a adoção de um regime preparatório para a liberação, organizado dentro do mesmo estabelecimento prisional ou em outra instituição apropriada, ou mediante libertação condicional sob vigilância não confiada à polícia, compreendendo uma assistência social eficaz.

61.

No tratamento, não deverá ser enfatizada a exclusão dos presos da sociedade, mas, ao contrário, o fato de que continuam a fazer parte dela. Com esse objetivo deve-se recorrer, na medida ao possível, à cooperação de organismos comunitários que ajudem o pessoal do estabelecimento prisional na sua tarefa de reabilitar socialmente os presos. Cada estabelecimento penitenciário deverá contar com a colaboração de assistentes sociais encarregados de manter e melhorar as relações dos presos com suas famílias e com os organismos sociais que possam lhes ser úteis. Também deverão ser feitas gestões visando proteger, desde que compatível com a lei e com a pena imposta, os direitos relativos aos interesses civis, os benefícios dos direitos da previdência social e outros benefícios sociais dos presos.

62.

Os serviços médicos do estabelecimento prisional se esforçarão para descobrir e deverão tratar todas as deficiências ou enfermidades físicas ou mentais que constituam um obstáculo à readaptação do preso. Com vistas a esse fim, deverá ser realizado todo tratamento médico, cirúrgico e psiquiátrico que for julgado necessário.

63.

1. Estes princípios exigem a individualização do tratamento que, por sua vez, requer um sistema flexível de classificação dos presos em grupos. Portanto, convém que os grupos sejam distribuidos em estabelecimentos distintos, onde cada um deles possa receber o tratamento necessário.

2. Ditos estabelecimentos não devem adotar as mesmas medidas de segurança com relação a todos os grupos. É conveniente estabelecer diversos graus de segurança conforme a que seja necessária para cada um dos diferentes grupos. Os estabelecimentos abertos - nos quais inexistem meios de segurança física contra a fuga e se confia na autodisciplina dos presos - proporcionam, a presos cuidadosamente escolhidos, as condições mais favoráveis para a sua readaptação.

3. É conveniente evitar que nos estabelecimentos fechados o número de presos seja tão elevado que constitua um obstáculo à individualização do tratamento. Em alguns países, estima-se que o número de presos em tais estabelecimentos não deve passar de quinhentos. Nos estabelecimentos abertos, o número de presos deve ser o mais reduzido possível.

4. Ao contrário, também não convém manter estabelecimentos demasiadamente pequenos para que se possa organizar neles um regime apropriado.

64.

O dever da sociedade não termina com a libertação do preso. Deve-se dispor, por conseguinte, dos serviços de organismos governamentais ou privados capazes de prestar à pessoa solta uma ajuda pós-penitenciária eficaz, que tenda a diminuir os preconceitos para com ela e permitam sua readaptação à comunidade.

ANOTAÇÕES

Tratamento

65.

O tratamento dos condenados a uma punição ou medida privativa de liberdade deve ter por objetivo, enquanto a duração da pena o permitir, inspirar-lhes a vontade de viver conforme a lei, manter-se com o produto do seu trabalho e criar neles a aptidão para fazê-lo. Tal tratamento estará direcionado a fomentar-lhes o respeito por si mesmos e a desenvolver seu senso de responsabilidade.

66.

1. Para lograr tal fim, deverá se recorrer, em particular, à assistência religiosa, nos países em que ela seja possível, à instrução, à orientação e à formação profissionais, aos métodos de assistência social individual, ao assessoramento relativo ao emprego, ao desenvolvimento físico e à educação do caráter moral, em conformidade com as necessidades individuais de cada preso. Deverá ser levado em conta seu passado social e criminal, sua capacidade e aptidão físicas e mentais, suas disposições pessoais, a duração de sua condenação e as perspectivas depois da sua libertação.

2. Em relação a cada preso condenado a uma pena ou medida de certa duração, que ingresse no estabelecimento prisional, será remetida ao diretor, o quanto antes, um informe completo relativo aos aspectos mencionados no parágrafo anterior. Este informe será acompanhado por o de um médico, se possível especializado em psiquiatria, sobre o estado físico e mental do preso.

3. Os informes e demais documentos pertinentes formarão um arquivo individual. Estes arquivos serão mantidos atualizados e serão classificados de modo que o pessoal responsável possa consultá-los sempre que seja necessário.

Classificação e individualização

67.

Os objetivos da classificação deverão ser:

a. Separar os presos que, por seu passado criminal ou sua má disposição, exerceriam uma influência nociva sobre os companheiros de detenção;

b. Repartir os presos em grupos, a fim de facilitar o tratamento destinado à sua readaptação social.

68.

Haverá, se possível, estabelecimentos prisionais separados ou seções separadas dentro dos estabelecimentos para os distintos grupos de presos.

69.

Tão logo uma pessoa condenada a uma pena ou medida de certa duração ingresse em um estabelecimento prisional, e depois de um estudo da sua personalidade, será criado um programa de tratamento individual, tendo em vista os dados obtidos sobre suas necessidades individuais, sua capacidade e suas inclinações.

Privilégios

70.

Em cada estabelecimento prisional será instituído um sistema de privilégios adaptado aos diferentes grupos de presos e aos diferentes métodos de tratamento, a fim de estimular a boa conduta, desenvolver o sentido de responsabilidade e promover o interesse e a cooperação dos presos no que diz respeito ao seu tratamento.

Trabalho

71.

1. O trabalho na prisão não deve ser penoso.

2. Todos os presos condenados deverão trabalhar, em conformidade com as suas aptidões física e mental, de acordo com a determinação do médico.

3. Trabalho suficiente de natureza útil será dado aos presos de modo a conservá-los ativos durante um dia normal de trabalho.

ANOTAÇÕES

ANOTAÇÕES

4. Tanto quanto possível, o trabalho proporcionado será de natureza que mantenha ou aumente as capacidades dos presos para ganharem honestamente a vida depois de libertados.

5. Será proporcionado treinamento profissional em profissões úteis aos presos que dele tirarem proveito, especialmente aos presos jovens.

6. Dentros dos limites compatíveis com uma seleção profissional apropriada e com as exigências da administração e disciplina prisionais, os presos poderão escolher o tipo de trabalho que querem fazer.

72.

1. A organização e os métodos de trabalho penitenciário deverão se assemelhar o mais possível aos que se aplicam a um trabalho similar fora do estabelecimento prisional, a fim de que os presos sejam preparados para as condições normais de trabalho livre.

2. Contudo, o interesse dos presos e de sua formação profissional não deverão ficar subordinados ao desejo de se auferir benefícios pecuniários de uma indústria penitenciária.

73.

1. As indústrias e granjas penitenciárias deverão ser dirigidas preferencialmente pela administração e não por empreiteiros privados.

2. Os presos que se empregarem em algum trabalho não fiscalizado pela administração estarão sempre sob a vigilância do pessoal penitenciário. A menos que o trabalho seja feito para outros setores do governo, as pessoas por ele beneficiadas pagarão à administração o salário normalmente exigido para tal trabalho, levando-se em conta o rendimento do preso.

74.

1. Nos estabelecimentos penitenciários, serão tomadas as mesmas precauções prescritas para a proteção, segurança e saúde dos trabalhadores livres.

2. Serão tomadas medidas visando indenizar os presos que sofrerem acidentes de trabalho e enfermidades profissionais em condições similares às que a lei dispõe para os trabalhadores livres.

75.

1. As horas diárias e semanais máximas de trabalho dos presos serão fixadas por lei ou por regulamento administrativo, tendo em consideração regras ou costumes locais concernentes ao trabalho das pessoas livres.

2. As horas serão fixadas de modo a deixar um dia de descanso semanal e tempo suficiente para a educação e para outras atividades necessárias ao tratamento e reabilitação dos presos.

76.

1. O trabalho dos reclusos deverá ser remunerado de uma maneira equitativa.

2. O regulamento permitirá aos reclusos que utilizem pelo menos uma parte da sua remuneração para adquirir objetos destinados a seu uso pessoal e que enviem a outra parte à sua família.

3. O regulamento deverá, igualmente, prever que a administração reservará uma parte da remuneração para a constituição de um fundo, que será entregue ao preso quando ele for posto em liberdade.

Educação e recreio

77.

1. Serão tomadas medidas para melhorar a educação de todos os presos em condições de aproveitá-la, incluindo instrução religiosa nos países em que isso for possível. A educação de analfabetos e presos jovens será obrigatória, prestando-lhe a administração especial atenção.

2 .Tanto quanto possível, a educação dos presos estará integrada ao sistema educacional do país, para que depois da sua libertação possam continuar, sem dificuldades, a sua educação.

ANOTAÇÕES

78. Atividades de recreio e culturais serão proporcionadas em todos os estabelecimentos prisionais em benefício da saúde física e mental dos presos.

Relações sociais e assistência pós-prisional

79.

Será prestada especial atenção à manutenção e melhora das relações entre o preso e sua família, que se mostrem de maior vantagem para ambos.

80.

Desde o início do cumprimento da pena de um preso, ter-se-á em conta o seu futuro depois de libertado, devendo ser estimulado e auxiliado a manter ou estabelecer relações com pessoas ou organizações externas, aptas a promover os melhores interesses da sua família e da sua própria reabilitação social.

81.

1. Serviços ou organizações, governamentais ou não, que prestam assistência a presos libertados, ajudando-os a reingressarem na sociedade, assegurarão, na medida do possível e do necessário, que sejam fornecidos aos presos libertados documentos de identificação apropriados, casas adequadas e trabalho, que estejam conveniente e adequadamente vestidos, tendo em conta o clima e a estação do ano, e que tenham meios materiais suficientes para chegar ao seu destino e para se manter no período imediatamente seguinte ao da sua libertação.

2. Os representantes oficiais dessas organizações terão todo o acesso necessário ao estabelecimento prisional e aos presos, sendo consultados sobre o futuro do preso desde o início do cumprimento da pena.

3. É recomendável que as atividades dessas organizações estejam centralizadas ou sejam coordenadas, tanto quanto possível, a fim de garantir a melhor utilização dos seus esforços.

B. Presos dementes e mentalmente enfermos

82.

1. Os presos considerados dementes não deverão ficar detidos em prisões. Devem ser tomadas medidas para transferí-los, o mais rapidamente possível, para instituições destinadas a enfermos mentais.

2. Os presos que sofrem de outras doenças ou anomalias mentais deverão ser examinados e tratados em instituições especializadas sob vigilância médica.

3. Durante sua estada na prisão, tais presos deverão ser postos sob a supervisão especial de um médico.

4. O serviço médico ou psiquiátrico dos estabelecimentos prisionais proporcionará tratamento psiquiátrico a todos os presos que necessitam de tal tratamento.

83.

Será conveniente a adoção de disposições, de acordo com os organismos competentes, para que, caso necessário, o tratamento psiquiátrico prossiga depois da libertação do preso, assegurando-se uma assistência social pós-penitenciária de caráter psiquiátrico.

C. Pessoas detidas ou em prisão preventiva

84.

1. As pessoas detidas ou presas em virtude de acusações criminais pendentes, que estejam sob custódia policial ou em uma prisão, mas que ainda não foram submetidas a julgamento e condenadas, serão designados por "presos não julgados" nestas regras.

2. Os presos não julgados presumem-se inocentes e como tal devem ser tratados.

3. Sem prejuízo das normas legais sobre a proteção da liberdade individual ou que prescrevem os trâmites a serem observados em relação a presos não julgados, estes deverão ser beneficiados por um regime especial, delineado na regra que se segue apenas nos seus requisitos essenciais.

85.

1. Os presos não julgados serão mantidos separados dos presos condenados.

2. Os presos jovens não julgados serão mantidos separados dos adultos e deverão estar, a princípio, detidos em estabelecimentos prisionais separados.

86.

Os presos não julgados dormirão sós, em quartos separados.

87.

Dentro dos limites compatíveis com a boa ordem do estabelecimento prisional, os presos não julgados podem, se assim o desejarem, mandar vir alimentação do exterior às expensas próprias, quer através da administração, quer através da sua família ou amigos. Caso contrário, a administração fornecer-lhes-á alimentação.

88.

1. O preso não julgado será autorizado a usar a sua própria roupa de vestir, se estiver limpa e for adequada.

2. Se usar roupa da prisão, esta será diferente da fornecida aos presos condenados.

89.

Será sempre dada ao preso não julgado oportunidade para trabalhar, mas não lhe será exigido trabalhar. Se optar por trabalhar, será pago.

90.

O preso não julgado será autorizado a adquirir, às expensas próprias ou às expensas de terceiros, livros, jornais, material para escrever e outros meios de ocupação compatíveis com os interesses da administração da justiça e a segurança e a boa ordem do estabelecimento prisional.

91.

O preso não julgado será autorizado a receber a visita e ser tratado por seu médico ou dentista pessoal, desde que haja motivo razoável para tal pedido e que ele possa suportar os gastos daí decorrentes.

92.

O preso não julgado será autorizado a informar imediatamente à sua família sobre sua detenção, e ser-lhe-ão dadas todas as facilidades razoáveis para comunicar-se com sua família e amigos e para receber as visitas deles, sujeito apenas às restrições e supervisão necessárias aos interesses da administração da justiça e à segurança e boa ordem do estabelecimento prisional.

93.

O preso não julgado será autorizado a requerer assistência legal gratuita, onde tal assistência exista, e a receber visitas do seu advogado para tratar da sua defesa, preparando e entregando-lhe instruções confidenciais. Para esse fim ser-lhe-á fornecido, se ele assim o desejar, material para escrever. As conferências entre o preso não julgado e o seu advogado podem ser vigiadas visualmente por um policial ou por um funcionário do estabelecimento prisional, mas a conversação entre eles não poderá ser ouvida.

D. Pessoas condenadas por dívidas ou à prisão civil

94.

Nos países em que a legislação prevê a possibilidade de prisão por dívidas ou outras formas de prisão civil, as pessoas assim condenadas não serão submetidas a maiores restrições nem a tratamentos mais severos que os necessários à segurança e à manutenção da ordem. O tratamento dado a elas não será, em nenhum caso, mais rígido do que aquele reservado às pessoas acusadas, ressalvada, contudo, a eventual obrigação de trabalhar.

E. Pessoas presas, detidas ou encarceradas sem acusação

95.

Sem prejuízo das regras contidas no artigo 9 do Pacto de Direitos Civis e Políticos, será dada às pessoas detidas ou presas sem acusação a mesma proteção concedida nos termos da Parte I e da seção C da Parte II. As regras da seção A da Parte II serão do mesmo modo aplicáveis sempre que beneficiarem este grupo especial de indivíduos sob detenção; todavia, medida alguma será tomada se considerado que a reeducação ou a reabilitação são, por qualquer forma, inapropriadas a indivíduos não condenados por qualquer crime.

ANEXO - PROCEDIMENTOS PARA A APLICAÇÃO EFETIVA DAS REGRAS MÍNIMAS PARA O TRATAMENTO DE PRISIONEIROS

Procedimento 1

Todos os Estados cujas normas de proteção a todas as pessoas submetidas a qualquer forma de detenção ou prisão não estiverem à altura das Regras Mínimas para o Tratamento de Prisioneiros, adotarão essas regras mínimas.

Comentário:

A assembleia Geral, em sua Resolução 2.858 (XXVI), de 20 de dezembro de 1971, chamou a atenção dos Estados membros para as Regras Mínimas e recomendou que eles as aplicassem na administração das instituições penais e correcionais e que considerassem favoravelmente a possibilidade de incorporá-las em sua legislação nacional. É possível que alguns Estados tenham normas mais avançadas que as Regras e, portanto, não se pede aos mesmos que as adotem.

Quando os Estados considerarem que as Regras necessitam ser harmonizadas com seus sistemas jurídicos e adaptadas à sua cultura, devem ressaltar a intenção e não a letra fria das Regras.

Procedimento 2

Adaptadas, se necessário, às leis e à cultura existentes, mas sem distanciar-se do seu espírito e do seu objetivo, as Regras Mínimas serão incorporadas à legislação nacional e demais regulamentos.

Comentário:

Este procedimento ressalta a necessidade de se incorporar as Regras Mínimas à legislação e aos regulamentos nacionais, com o que se abrange também alguns aspectos do procedimento 1.

Procedimento 3

As Regras Mínimas serão postas à disposição de todas as pessoas interessadas, em particular dos funcionários responsáveis pela aplicação da lei e do pessoal penitenciário, a fim de permitir sua aplicação e execução dentro do sistema de justiça penal.

Comentário:

Este procedimento lembra que as Regras Mínimas, assim como as leis e os regulamentos nacionais relativos à sua aplicação, devem ser colocados à disposição de todas as pessoas que participem na sua aplicação, em especial dos funcionários responsáveis pela aplicação da lei e do pessoal penitenciário. É possível que a aplicação das Regras exija, ademais, que o organismo administrativo central encarregado dos aspectos correcionais organize cursos de capacitação. A difusão dos presentes procedimentos é examinada nos procedimentos 7 a 9.

Procedimento 4

As Regras Mínimas, na forma em que se incorporaram à legislação e demais regulamentos nacionais, também serão colocadas à disposição de todos os presos e de todas as pessoas detidas ao ingressarem em instituições penitenciárias e durante sua reclusão.

ANOTAÇÕES

Comentário:

Para se alcançar o objetivo das Regras Mínimas, é necessário que as Regras, assim como as leis e as regulamentações nacionais destinadas a dar-lhes aplicação, sejam postas à disposição dos presos e de todas as pessoas detidas (regra 95) , a fim de que todos eles saibam que as Regras representam as condições mínimas aceitas pelas Nações Unidas. Assim, este procedimento complementa o disposto no procedimento 3. Um requisito análogo - que as Regras sejam colocadas à disposição das pessoas para cuja proteção foram elaboradas - figura já nos quatro Convênios de Genebra, de 12 de agosto de 1949, cujos artigos 47 do primeiro Convênio, 48 do segundo, 127 do terceiro e 144 do quarto contêm a mesma disposição: "As Altas Partes contratantes comprometem-se a difundir, o mais amplamente possível, em tempo de paz e em tempo de guerra, o texto do presente Convênio em seus respectivos países, e especialmente a incorporar seu estudo aos programas de instrução militar e, em sendo possível, também civil, de modo que seus princípios sejam conhecidos pelo conjunto da população, particularmente das forças armadas combatentes, do pessoal da saúde e dos capelães."

Procedimento 5

Os Estados informarão a cada cinco anos, ao Secretário-Geral das Nações Unidas, em que medida cumpriram as Regras Mínimas e os progressos que se realizaram em sua aplicação, assim como os fatores e inconvenientes, se existirem, que afetam sua aplicação, respondendo a questionário do Secretário Geral. Tal questionário, que se baseará em um programa específico, deveria ser seletivo e limitar-se a perguntas concretas visando permitir o estudo e o exame aprofundado dos problemas selecionados. O Secretário-Geral, levando em conta os informes dos governos, assim como todas as demais informações pertinentes, disponíveis dentro do sistema das Nações Unidas, preparará um informe periódico independente sobre os progressos realizados na aplicação das Regras Mínimas. Na preparação desses informes, o Secretário-Geral também poderá obter a cooperação de organismos especializados das organizações intergovernamentais e não-governamentais competentes, reconhecidas pelo Conselho Econômico e Social como entidades consultivas. O Secretário-Geral apresentará os informes ao Comitê de Prevenção do Delito e Luta contra a Delinquência para sua consideração e para a adoção de novas medidas, se for o caso.

Comentário:

Como se recorda, o Conselho Econômico e Social, em sua Resolução 663 C (XX4. , de 31 de julho de 1957, recomendou que o Secretário-Geral fosse informado, a cada período de cinco anos, sobre os progressos alcançados na aplicação das Regras Mínimas, e autorizou o Secretário-Geral a tomar as providências cabíveis para a publicação, quando fosse o caso, da informação recebida e para que solicitasse, se necessário, informações complementares. É prática generalizada nas Nações Unidas rogar a cooperação dos organismos especializados e das organizações intergovernamentais e não-governamentais competentes. Na preparação do seu informe independente sobre os progressos realizados em relação à apliicação das Regras Mínimas, o Secretário-Geral levará em conta, dentre outras coisas, a informação de que dispõem os órgãos das Nações Unidas dedicados aos direitos humanos, incluindo a Comissão de Direitos Humanos, a Subcomissão de Prevenção de Discriminações e Proteção às Minorias, o Comitê de Direitos Humanos criado em virtude do Pacto Internacional de Direitos Civis e Políticos e o Comitê para a Eliminação da Discriminação Racial. Também poderia ser considerado o trabalho de aplicação relacionado com a futura convenção contra a tortura, bem como toda a informação que possa ser reunida com referência ao conjunto de princípios para a proteção das pessoas presas e detidas que está sendo atualmente preparado pela assembleia Geral.

ANOTAÇÕES

Procedimento 6

Como parte da informação mencionada no procedimento 5, os Estados fornecerão ao Secretário-Geral: a) cópias ou resumos de todas as leis, regulamentos e disposições administrativas relativas a aplicação das Regras Mínimas a pessoas detidas e aos lugares e programas de detenção; b) quaisquer dados e materiais descritivos sobre os programas de tratamento, o pessoal e o número de pessoas detidas, qualquer que seja o tipo de detenção, assim como estatísticas, se dispuserem delas; c) qualquer outra informação pertinente à aplicação das Regras, assim como informação sobre as possíveis dificuldades em sua aplicação.

Comentário:

Este requisito tem origem na Resolução 663 C (XX4. do Conselho Econômico e Social e nas recomendações dos congressos das Nações Unidas sobre a prevenção do crime e o tratamento do delinquente. Embora os elementos de informação solicitados neste procedimento não estejam expressamente previstos, parece factível recolher tal informação com o objetivo de auxiliar os Estados membros a superar as dificuldades mediante o intercâmbio de experiências. Além disso, um pedido de informação dessa natureza tem como predecessor o sistema existente de apresentação periódica de informações sobre direitos humanos, estabelecida pelo Conselho Econômico e Social em sua Resolução 624 B (XXII) , de 1º de agosto de 1956.

Procedimento 7

O Secretário-Geral divulgará as Regras Mínimas e os presentes procedimentos de aplicação no maior número possível de idiomas e se colocará a disposição de todos os Estados e organizações intergovernamentais e não-governamentais interessadas, a fim de lograr que as Regras Mínimas e os procedimentos de aplicação recebam a maior difusão possível.

Comentário:

É evidente a necessidade de dar-se uma maior divulgação possível às Regras Mínimas. É importante estabelecer uma íntima relação com todas as organizações intergovernamentais e não-governamentais competentes para se lograr uma difusão e aplicação mais eficazes das Regras. A Secretaria deverá, para tanto, manter estreitos contatos com tais organizações e colocar à sua disposição a informação e os dados pertinentes. Deverá, também, incentivá-las a difundir informação sobre as Regras Mínimas e os procedimentos de aplicação.

Procedimento 8

O Secretário-Geral divulgará seus informes sobre a aplicação das Regras Mínimas, incluídos os resumos analíticos dos estudos periódicos, os informes do Comitê de Prevenção do Delito e Luta contra a Delinquência, os informes preparados pelos congressos das Nações Unidas sobre a prevenção do crime e o tratamento dos delinquentes, assim como os informes desses congressos, as publicações científicas e demais documentação pertinente se necessário naquele momento para promover a aplicação das Regras Mínimas.

Comentário:

Este procedimento reflete a prática atual de divulgar os informes de referência como parte da documentação dos órgãos competentes das Nações Unidas ou como artigos no Anuário de Direitos Humanos, na Revista Internacional de Política Criminal, no Boletim de Prevenção do Delito e Justiça Penal e em outras publicações pertinentes.

Procedimento 9

O Secretário-Geral zelará para que, em todos os programas pertinentes das Nações Unidas, incluídas as atividades de cooperação técnica, se mencione e se utilize da forma mais ampla possível o texto das Regras Mínimas.

Comentário:

Deveria se garantir que todos os órgãos pertinentes das Nações Unidas incluíssem as Regras e os procedimentos de aplicação, ou fizessem referência a eles, contribuindo desse modo para uma maior difusão e um maior conhecimento, entre os organismos especializados, os órgãos governamentais, intergovernamentais e não-governamentais e o público em geral, das Regras e do empenho do Conselho Econômico e Social e da assembleia Geral em assegurar sua aplicação. À medida em que as Regras têm efeitos práticos nas instâncias correcionais depende consideravelmente da forma como se incorporam às práticas legislativas e administrativas locais. É indispensável que uma ampla gama de profissionais e de não profissionais em todo o mundo conheça e compreenda estas Regras. Por conseguinte, é sumamente importante dar-lhes a maior publicidade possível, objetivo esse que também pode ser alcançado mediante frequentes referências às Regras e campanhas de informação pública.

Procedimento 10

Como parte de seus programas de cooperação técnica e desenvolvimento, as Nações Unidas:

a. ajudarão os governos, quando estes solicitarem, a criar e consolidar sistemas correcionais amplos e humanitários;

b. colocarão os serviços de peritos e de assessores regionais e inter-regionais em matéria de prevenção de delito e justiça penal à disposição dos governos que os solicitarem;

c.promoverão a celebração de seminários nacionais e regionais e outras reuniões de nível profissional e não profissional para fomentar a difusão das Regras Mínimas e dos presentes procedimentos de aplicação;

d.reforçarão o apoio que se presta aos institutos regionais de investigação e capacitação em matéria de prevenção de delito e justiça penal associados as Nações Unidas. Os institutos regionais de investigação e capacitação em matéria de prevenção de delito e justiça penal das Nações Unidas deverão elaborar, em cooperação com as instituições nacionais, planos de estudo e material instrutivo, baseados nas Regras Mínimas e nos presentes procedimentos de aplicação, adequados para seu uso em programas educativos sobre justiça penal em todos os níveis, assim como em cursos especializados em direitos humanos e outros temas conexos.

Comentário:

O objetivo deste procedimento é conseguir que os programas de assistência técnica das Nações Unidas e as atividades de capacitação dos institutos regionais das Nações Unidas sejam utilizados como instrumentos indiretos para a aplicação das Regras Mínimas e dos presentes procedimentos de aplicação. Afora os cursos ordinários de capacitação para o pessoal penitenciário, os manuais de instrução e outros textos similares, se deveria dispor do necessário - particularmente a nível da elaboração de políticas e da tomada de decisões - para que se pudesse contar com o assessoramento de expertos em relação às questões apresentadas pelos Estados membros, incluindo um sistema de remissão aos expertos à disposição dos Estados interessados. Tudo indica que tal sistema seja necessário sobretudo para garantir a aplicação das Regras de acordo com o seu espírito e levando em consideração a estrutura sócio-econômica dos países que solicitam dita assistência.

Procedimento 11

O Comitê das Nações Unidas de Prevenção do Delito e Luta contra a Delinquência:

a.examinará regularmente as Regras Mínimas visando a elaboração de novas regras, normas e procedimentos aplicáveis ao tratamento das pessoas privadas de sua liberdade;

b.observará os presentes procedimentos de aplicação, incluída a apresentação periódica de informes prevista no procedimento 5, supra.

Comentário:

Considerando-se que uma boa parte da informação reunida nas consultas periódicas e por ocasião das missões de assistência técnica será transmitida ao Comitê de Prevenção do Delito e Luta contra a Delinquência, a tarefa de garantir a eficácia das Regras em relação à melhoria das práticas correcionais é responsabilidade do Comitê, cujas recomendações determinarão a orientação futura da aplicação das Regras, juntamente com os procedimentos de aplicação. Em consequência, o Comitê deverá individualizar claramente as fendas na aplicação das Regras ou os motivos pelos quais elas não são aplicadas por outros meios, estabelecendo contatos com os juízes e com os ministérios de Justiça dos países interessados com vistas a sugerir medidas corretivas adequadas.

Procedimento 12

O Comitê de Prevenção do Delito e Luta contra a Delinquência ajudará a assembleia Geral, o Conselho Econômico e Social e todos os demais órgãos das Nações Unidas que se ocupam dos direitos humanos, segundo corresponda, formulando recomendações relativas aos informes das comissões especiais de estudo, no que disser respeito a questões relacionadas com a aplicação e com a implementação prática das Regras Mínimas.

Comentário:

Já que o Comitê de Prevenção do Delito e Luta contra a Delinquência é o órgão competente para examinar a aplicação das Regras Mínimas, também deveria prestar assistência aos órgãos antes mencionados.

Procedimento 13

Nenhuma das disposições previstas nestes procedimentos será interpretada no sentido de excluir a utilização de quaisquer outros meios ou recursos disponíveis, de acordo com o direito internacional ou estabelecidos por outros órgãos e organismos das Nações Unidas, para a reparação de violações dos direitos humanos, inclusive o procedimento relativo aos quadros persistentes de manifestas violações dos direitos humanos, conforme a Resolução 1503 (XLV3. do Conselho Econômico e Social, de 27 de maio de 1970; o procedimento de comunicação previsto no Protocolo Facultativo do Pacto Internacional de Direitos Civis e Políticos, e o procedimento de comunicação previsto na Convenção Internacional sobre a Eliminação de todas as Formas de Discriminação Racial.

ANOTAÇÕES

13. DECRETO 7.037 DE 21 DE DEZEMBRO DE 2009

Programa Nacional de Direitos Humanos – PNDH-3 e dá outras providencias

O PRESIDENTE DA REPÚBLICA, no uso da atribuição que lhe confere o art. 84, inciso VI, alínea "a", da Constituição,

Art. 1º Fica aprovado o Programa Nacional de Direitos Humanos - PNDH-3, em consonância com as diretrizes, objetivos estratégicos e ações programáticas estabelecidos, na forma do Anexo deste Decreto.

Art. 2º O PNDH-3 será implementado de acordo com os seguintes eixos orientadores e suas respectivas diretrizes:

I. Eixo Orientador I: Interação democrática entre Estado e sociedade civil:

a) Diretriz 1: Interação democrática entre Estado e sociedade civil como instrumento de fortalecimento da democracia participativa;

b) Diretriz 2: Fortalecimento dos Direitos Humanos como instrumento transversal das políticas públicas e de interação democrática; e

c) Diretriz 3: Integração e ampliação dos sistemas de informações em Direitos Humanos e construção de mecanismos de avaliação e monitoramento de sua efetivação;

II. Eixo Orientador II: Desenvolvimento e Direitos Humanos:

a) Diretriz 4: Efetivação de modelo de desenvolvimento sustentável, com inclusão social e econômica, ambientalmente equilibrado e tecnologicamente responsável, cultural e regionalmente diverso, participativo e não discriminatório;

b) Diretriz 5: Valorização da pessoa humana como sujeito central do processo de desenvolvimento; e

c) Diretriz 6: Promover e proteger os direitos ambientais como Direitos Humanos, incluindo as gerações futuras como sujeitos de direitos;

III. Eixo Orientador III: Universalizar direitos em um contexto de desigualdades:

a) Diretriz 7: Garantia dos Direitos Humanos de forma universal, indivisível e interdependente, assegurando a cidadania plena;

b) Diretriz 8: Promoção dos direitos de crianças e adolescentes para o seu desenvolvimento integral, de forma não discriminatória, assegurando seu direito de opinião e participação;

c) Diretriz 9: Combate às desigualdades estruturais; e

d) Diretriz 10: Garantia da igualdade na diversidade;

IV. Eixo Orientador IV: Segurança Pública, Acesso à Justiça e Combate à Violência:

a) Diretriz 11: Democratização e modernização do sistema de segurança pública;

b) Diretriz 12: Transparência e participação popular no sistema de segurança pública e justiça criminal;

c) Diretriz 13: Prevenção da violência e da criminalidade e profissionalização da investigação de atos criminosos;

d) Diretriz 14: Combate à violência institucional, com ênfase na erradicação da tortura e na redução da letalidade policial e carcerária;

e) Diretriz 15: Garantia dos direitos das vítimas de crimes e de proteção das pessoas ameaçadas;

f) Diretriz 16: Modernização da política de execução penal, priorizando a aplicação de penas e medidas alternativas à privação de liberdade e melhoria do sistema penitenciário; e

g) Diretriz 17: Promoção de sistema de justiça mais acessível, ágil e efetivo, para o conhecimento, a garantia e a defesa de direitos;

V. Eixo Orientador V: Educação e Cultura em Direitos Humanos:

ANOTAÇÕES

a) Diretriz 18: Efetivação das diretrizes e dos princípios da política nacional de educação em Direitos Humanos para fortalecer uma cultura de direitos;

b) Diretriz 19: Fortalecimento dos princípios da democracia e dos Direitos Humanos nos sistemas de educação básica, nas instituições de ensino superior e nas instituições formadoras;

c) Diretriz 20: Reconhecimento da educação não formal como espaço de defesa e promoção dos Direitos Humanos;

d) Diretriz 21: Promoção da Educação em Direitos Humanos no serviço público; e

e) Diretriz 22: Garantia do direito à comunicação democrática e ao acesso à informação para consolidação de uma cultura em Direitos Humanos; e

VI. Eixo Orientador VI: Direito à Memória e à Verdade:

a) Diretriz 23: Reconhecimento da memória e da verdade como Direito Humano da cidadania e dever do Estado;

b) Diretriz 24: Preservação da memória histórica e construção pública da verdade; e

c) Diretriz 25: Modernização da legislação relacionada com promoção do direito à memória e à verdade, fortalecendo a democracia.

Parágrafo único. A implementação do PNDH-3, além dos responsáveis nele indicados, envolve parcerias com outros órgãos federais relacionados com os temas tratados nos eixos orientadores e suas diretrizes.

Art. 3º As metas, prazos e recursos necessários para a implementação do PNDH-3 serão definidos e aprovados em Planos de Ação de Direitos Humanos bianuais.

Art. 4º Fica instituído o Comitê de Acompanhamento e Monitoramento do PNDH-3, com a finalidade de:

I. promover a articulação entre os órgãos e entidades envolvidos na implementação das suas ações programáticas;

II. elaborar os Planos de Ação dos Direitos Humanos;

III. estabelecer indicadores para o acompanhamento, monitoramento e avaliação dos Planos de Ação dos Direitos Humanos;

IV. acompanhar a implementação das ações e recomendações; e

V. elaborar e aprovar seu regimento interno.

§ 1º O Comitê de Acompanhamento e Monitoramento do PNDH-3 será integrado por um representante e respectivo suplente de cada órgão a seguir descrito, indicados pelos respectivos titulares:

I. Secretaria Especial dos Direitos Humanos da Presidência da República, que o coordenará;

II. Secretaria Especial de Políticas para as Mulheres da Presidência da República;

III. Secretaria Especial de Políticas de Promoção da Igualdade Racial da Presidência da República;

IV. Secretaria-Geral da Presidência da República;

V. Ministério da Cultura;

VI. Ministério da Educação;

VII. Ministério da Justiça;

VIII. Ministério da Pesca e Aquicultura;

IX. Ministério da Previdência Social;

X. Ministério da Saúde;

XI. Ministério das Cidades;

XII. Ministério das Comunicações;

XIII. Ministério das Relações Exteriores;

XIV. Ministério do Desenvolvimento Agrário;

XV. Ministério do Desenvolvimento Social e Combate à Fome;

XVI. Ministério do Esporte;

XVII. Ministério do Meio Ambiente;

XVIII. Ministério do Trabalho e Emprego;

XIX. Ministério do Turismo;

XX. Ministério da Ciência e Tecnologia; e

XXI. Ministério de Minas e Energia.

§ 2º O Secretário Especial dos Direitos Humanos da Presidência da República designará os representantes do Comitê de Acompanhamento e Monitoramento do PNDH-3.

§ 3º O Comitê de Acompanhamento e Monitoramento do PNDH-3 poderá constituir subcomitês temáticos para a execução de suas atividades, que poderão contar com a participação de representantes de outros órgãos do Governo Federal.

§ 4º O Comitê convidará representantes dos demais Poderes, da sociedade civil e dos entes federados para participarem de suas reuniões e atividades.

Art. 5º Os Estados, o Distrito Federal, os Municípios e os órgãos do Poder Legislativo, do Poder Judiciário e do Ministério Público, serão convidados a aderir ao PNDH-3.

Art. 6º Este Decreto entra em vigor na data de sua publicação.

Art. 7º Fica revogado o Decreto no 4.229, de 13 de maio de 2002.

ANEXO

Eixo Orientador I:

• Interação democrática entre Estado e sociedade civil

A partir da metade dos anos 1970, começam a ressurgir no Brasil iniciativas de rearticulação dos movimentos sociais, a despeito da repressão política e da ausência de canais democráticos de participação. Fortes protestos e a luta pela democracia marcaram esse período. Paralelamente, surgiram iniciativas populares nos bairros reivindicando direitos básicos como saúde, transporte, moradia e controle do custo de vida. Em um primeiro momento, eram iniciativas atomizadas, buscando conquistas parciais, mas que ao longo dos anos foram se caracterizando como movimentos sociais organizados.

Com o avanço da democratização do País, os movimentos sociais multiplicaram-se. Alguns deles institucionalizaram-se e passaram a ter expressão política. Os movimentos populares e sindicatos foram, no caso brasileiro, os principais promotores da mudança e da ruptura política em diversas épocas e contextos históricos. Com efeito, durante a etapa de elaboração da Constituição Cidadã de 1988, esses segmentos atuaram de forma especialmente articulada, afirmando-se como um dos pilares da democracia e influenciando diretamente os rumos do País.

Nos anos que se seguiram, os movimentos passaram a se consolidar por meio de redes com abrangência regional ou nacional, firmando-se como sujeitos na formulação e monitoramento das políticas públicas. Nos anos 1990, desempenharam papel fundamental na resistência a todas as orientações do neoliberalismo de flexibilização dos direitos sociais, privatizações, dogmatismo do mercado e enfraquecimento do Estado. Nesse mesmo período, multiplicaram-se pelo País experiências de gestão estadual e municipal em que lideranças desses movimentos, em larga escala, passaram a desempenhar funções de gestores públicos.

Com as eleições de 2002, alguns dos setores mais organizados da sociedade trouxeram reivindicações históricas acumuladas, passando a influenciar diretamente a atuação do governo e vivendo de perto suas contradições internas.

Nesse novo cenário, o diálogo entre Estado e sociedade civil assumiu especial relevo, com a compreensão e a preservação do distinto papel de cada um dos segmentos no processo de gestão. A interação é desenhada por acordos e dissensos, debates de ideias e pela deliberação em torno de propostas. Esses requisitos são imprescindíveis ao pleno exercício da democracia, cabendo à sociedade civil exigir, pressionar, cobrar, criticar, propor e fiscalizar as ações do Estado.

ANOTAÇÕES

Essa concepção de interação democrática construída entre os diversos órgãos do Estado e a sociedade civil trouxe consigo resultados práticos em termos de políticas públicas e avanços na interlocução de setores do poder público com toda a diversidade social, cultural, étnica e regional que caracteriza os movimentos sociais em nosso País. Avançou-se fundamentalmente na compreensão de que os Direitos Humanos constituem condição para a prevalência da dignidade humana, e que devem ser promovidos e protegidos por meio do esforço conjunto do Estado e da sociedade civil.

Uma das finalidades do PNDH-3 é dar continuidade à integração e ao aprimoramento dos mecanismos de participação existentes, bem como criar novos meios de construção e monitoramento das políticas públicas sobre Direitos Humanos no Brasil.

No âmbito institucional o PNDH-3, amplia as conquistas na área dos direitos e garantias fundamentais, pois internaliza a diretriz segundo a qual a primazia dos Direitos Humanos constitui princípio transversal a ser considerado em todas as políticas públicas.

As diretrizes deste capítulo discorrem sobre a importância de fortalecer a garantia e os instrumentos de participação social, o caráter transversal dos Direitos Humanos e a construção de mecanismos de avaliação e monitoramento de sua efetivação. Isso inclui a construção de sistema de indicadores de Direitos Humanos e a articulação das políticas e instrumentos de monitoramento existentes.

O Poder Executivo tem papel protagonista na coordenação e implementação do PNDH-3, mas faz-se necessária a definição de responsabilidades compartilhadas entre a União, Estados, Municípios e do Distrito Federal na execução de políticas públicas, tanto quanto a criação de espaços de participação e controle social nos Poderes Judiciário e Legislativo, no Ministério Público e nas Defensorias, em ambiente de respeito, proteção e efetivação dos Direitos Humanos. O conjunto dos órgãos do Estado – não apenas no âmbito do Executivo Federal – deve estar comprometido com a implementação e monitoramento do PNDH-3.

Aperfeiçoar a interlocução entre Estado e sociedade civil depende da implementação de medidas que garantam à sociedade maior participação no acompanhamento e monitoramento das políticas públicas em Direitos Humanos, num diálogo plural e transversal entre os vários atores sociais e deles com o Estado. Ampliar o controle externo dos órgãos públicos por meio de ouvidorias, monitorar os compromissos internacionais assumidos pelo Estado brasileiro, realizar conferências periódicas sobre a temática, fortalecer e apoiar a criação de conselhos nacional, distrital, estaduais e municipais de Direitos Humanos, garantindo-lhes eficiência, autonomia e independência são algumas das formas de assegurar o aperfeiçoamento das políticas públicas por meio de diálogo, de mecanismos de controle e das ações contínuas da sociedade civil. Fortalecer as informações em Direitos Humanos com produção e seleção de indicadores para mensurar demandas, monitorar, avaliar, reformular e propor ações efetivas, garante e consolida o controle social e a transparência das ações governamentais.

A adoção de tais medidas fortalecerá a democracia participativa, na qual o Estado atua como instância republicana da promoção e defesa dos Direitos Humanos e a sociedade civil como agente ativo – propositivo e reativo – de sua implementação.

ANOTAÇÕES

ANOTAÇÕES

Diretriz 1: Interação democrática entre Estado e sociedade civil como instrumento de fortalecimento da democracia participativa.

Objetivo estratégico I:

Garantia da participação e do controle social das políticas públicas em Direitos Humanos, em diálogo plural e transversal entre os vários atores sociais.

Ações programáticas:

a) Apoiar, junto ao Poder Legislativo, a instituição do Conselho Nacional dos Direitos Humanos, dotado de recursos humanos, materiais e orçamentários para o seu pleno funcionamento, e efetuar seu credenciamento junto ao Escritório do Alto Comissariado das Nações Unidas para os Direitos Humanos como "Instituição Nacional Brasileira", como primeiro passo rumo à adoção plena dos "Princípios de Paris".

Responsáveis: Secretaria Especial dos Direitos Humanos da Presidência da República; Ministério das Relações Exteriores

b) Fomentar a criação e o fortalecimento dos conselhos de Direitos Humanos em todos os Estados e Municípios e no Distrito Federal, bem como a criação de programas estaduais de Direitos Humanos.

Responsável: Secretaria Especial dos Direitos Humanos da Presidência da República

c) Criar mecanismos que permitam ação coordenada entre os diversos conselhos de direitos, nas três esferas da Federação, visando a criação de agenda comum para a implementação de políticas públicas de Direitos Humanos.

Responsáveis: Secretaria Especial dos Direitos Humanos da Presidência da República, Secretaria-Geral da Presidência da República

d) Criar base de dados dos conselhos nacionais, estaduais, distrital e municipais, garantindo seu acesso ao público em geral.

Responsáveis: Secretaria-Geral da Presidência da República; Secretaria Especial dos Direitos Humanos da Presidência da República

e) Apoiar fóruns, redes e ações da sociedade civil que fazem acompanhamento, controle social e monitoramento das políticas públicas de Direitos Humanos.

Responsáveis: Secretaria Especial dos Direitos Humanos da Presidência da República; Secretaria-Geral da Presidência da República

f) Estimular o debate sobre a regulamentação e efetividade dos instrumentos de participação social e consulta popular, tais como lei de iniciativa popular, referendo, veto popular e plebiscito.

Responsáveis: Secretaria Especial dos Direitos Humanos da Presidência da República; Secretaria-Geral da Presidência da República

g) Assegurar a realização periódica de conferências de Direitos Humanos, fortalecendo a interação entre a sociedade civil e o poder público.

Responsável: Secretaria Especial dos Direitos Humanos da Presidência da República

Objetivo estratégico II:

Ampliação do controle externo dos órgãos públicos.

Ações programáticas:

a) Ampliar a divulgação dos serviços públicos voltados para a efetivação dos Direitos Humanos, em especial nos canais de transparência.

Responsável: Secretaria Especial dos Direitos Humanos da Presidência da República

b) Propor a instituição da Ouvidoria Nacional dos Direitos Humanos, em substituição à Ouvidoria-Geral da Cidadania, com independência e autonomia política, com mandato e indicação pelo Conselho Nacional dos Direitos Humanos, assegurando recursos humanos, materiais e financeiros para seu pleno funcionamento.

ANOTAÇÕES

Responsável: Secretaria Especial dos Direitos Humanos da Presidência da República

c) Fortalecer a estrutura da Ouvidoria Agrária Nacional.

Responsável: Ministério do Desenvolvimento Agrário

Diretriz 2: Fortalecimento dos Direitos Humanos como instrumento transversal das políticas públicas e de interação democrática.

Objetivo estratégico I:

Promoção dos Direitos Humanos como princípios orientadores das políticas públicas e das relações internacionais.

Ações programáticas:

a) Considerar as diretrizes e objetivos estratégicos do PNDH-3 nos instrumentos de planejamento do Estado, em especial no Plano Plurianual, na Lei de Diretrizes Orçamentárias e na Lei Orçamentária Anual.

Responsáveis: Secretaria Especial dos Direitos Humanos da Presidência da República; Secretaria-Geral da Presidência da República; Ministério do Planejamento, Orçamento e Gestão

b) Propor e articular o reconhecimento do status constitucional de instrumentos internacionais de Direitos Humanos novos ou já existentes ainda não ratificados.

Responsáveis: Secretaria Especial dos Direitos Humanos da Presidência da República; Ministério da Justiça; Secretaria de Relações Institucionais da Presidência da República

c) Construir e aprofundar agenda de cooperação multilateral em Direitos Humanos que contemple prioritariamente o Haiti, os países lusófonos do continente africano e o Timor-Leste.

Responsáveis: Secretaria Especial dos Direitos Humanos da Presidência da República; Ministério das Relações Exteriores

d) Aprofundar a agenda Sul-Sul de cooperação bilateral em Direitos Humanos que contemple prioritariamente os países lusófonos do continente africano, o Timor-Leste, Caribe e a América Latina.

Responsáveis: Secretaria Especial dos Direitos Humanos da Presidência da República; Ministério das Relações Exteriores

Objetivo estratégico II:

Fortalecimento dos instrumentos de interação democrática para a promoção dos Direitos Humanos.

Ações programáticas:

a) Criar o Observatório Nacional dos Direitos Humanos para subsidiar, com dados e informações, o trabalho de monitoramento das políticas públicas e de gestão governamental e sistematizar a documentação e legislação, nacionais e internacionais, sobre Direitos Humanos.

Responsável: Secretaria Especial dos Direitos Humanos da Presidência da República

b) Estimular e reconhecer pessoas e entidades com destaque na luta pelos Direitos Humanos na sociedade brasileira e internacional, com a concessão de premiação, bolsas e outros incentivos, na forma da legislação aplicável.

Responsáveis: Secretaria Especial dos Direitos Humanos da Presidência da República; Ministério das Relações Exteriores

c) Criar selo nacional "Direitos Humanos", a ser concedido às entidades públicas e privadas que comprovem atuação destacada na defesa e promoção dos direitos fundamentais.

Responsáveis: Secretaria Especial dos Direitos Humanos da Presidência da República; Ministério da Justiça.

Diretriz 3: Integração e ampliação dos sistemas de informação em Direitos Humanos e construção de mecanismos de avaliação e monitoramento de sua efetivação.

Objetivo estratégico I:

Desenvolvimento de mecanismos de controle social das políticas públicas de Direitos Humanos, garantindo o monitoramento e a transparência das ações governamentais.

Ações programáticas:

a) Instituir e manter sistema nacional de indicadores em Direitos Humanos, de forma articulada com os órgãos públicos e a sociedade civil.

Responsável: Secretaria Especial dos Direitos Humanos da Presidência da República

b) Integrar os sistemas nacionais de informações para elaboração de quadro geral sobre a implementação de políticas públicas e violações aos Direitos Humanos.

Responsável: Secretaria Especial dos Direitos Humanos da Presidência da República

c) Articular a criação de base de dados com temas relacionados aos Direitos Humanos.

Responsável: Secretaria Especial dos Direitos Humanos da Presidência da República

d) Utilizar indicadores em Direitos Humanos para mensurar demandas, monitorar, avaliar, reformular e propor ações efetivas.

Responsáveis: Secretaria Especial dos Direitos Humanos da Presidência da República; Secretaria Especial de Políticas para as Mulheres da Presidência da República; Secretaria Especial de Políticas de Promoção da Igualdade Racial da Presidência da República; Ministério da Saúde; Ministério do Desenvolvimento Social e Combate à Fome; Ministério da Justiça; Ministério das Cidades; Ministério do Meio Ambiente; Ministério da Cultura; Ministério do Turismo; Ministério do Esporte; Ministério do Desenvolvimento Agrário

e) Propor estudos visando a criação de linha de financiamento para a implementação de institutos de pesquisa e produção de estatísticas em Direitos Humanos nos Estados.

Responsável: Secretaria Especial dos Direitos Humanos da Presidência da República

Objetivo estratégico II:

Monitoramento dos compromissos internacionais assumidos pelo Estado brasileiro em matéria de Direitos Humanos.

Ações programáticas:

a) Elaborar relatório anual sobre a situação dos Direitos Humanos no Brasil, em diálogo participativo com a sociedade civil.

Responsáveis: Secretaria Especial dos Direitos Humanos da Presidência da República; Ministério das Relações Exteriores

b) Elaborar relatórios periódicos para os órgãos de tratados da ONU, no prazo por eles estabelecidos, com base em fluxo de informações com órgãos do governo federal e com unidades da Federação.

Responsáveis: Secretaria Especial dos Direitos Humanos da Presidência da República; Ministério das Relações Exteriores

c) Elaborar relatório de acompanhamento das relações entre o Brasil e o sistema ONU que contenha, entre outras, as seguintes informações:

Recomendações advindas de relatores especiais do Conselho de Direitos Humanos da ONU;

Recomendações advindas dos comitês de tratados do Mecanismo de Revisão Periódica;

Responsáveis: Secretaria Especial dos Direitos Humanos da Presidência da República; Ministério das Relações Exteriores

d) Definir e institucionalizar fluxo de informações, com responsáveis em cada órgão do governo federal e unidades da Federação, referentes aos relatórios internacionais de Direitos Humanos e às recomendações dos relatores especiais do Conselho de Direitos Humanos da ONU e dos comitês de tratados.

Responsáveis: Secretaria Especial dos Direitos Humanos da Presidência da República; Ministério das Relações Exteriores

e) Definir e institucionalizar fluxo de informações, com responsáveis em cada órgão do governo federal, referentes aos relatórios da Comissão Interamericana de Direitos Humanos e às decisões da Corte Interamericana de Direitos Humanos.

Responsáveis: Secretaria Especial dos Direitos Humanos da Presidência da República; Ministério das Relações Exteriores

f) Criar banco de dados público sobre todas as recomendações dos sistemas ONU e OEA feitas ao Brasil, contendo as medidas adotadas pelos diversos órgãos públicos para seu cumprimento.

Responsáveis: Secretaria Especial dos Direitos Humanos da Presidência da República; Ministério das Relações Exteriores

Eixo Orientador II:

Desenvolvimento e Direitos Humanos

O tema "desenvolvimento" tem sido amplamente debatido por ser um conceito complexo e multidisciplinar. Não existe modelo único e preestabelecido de desenvolvimento, porém, pressupõe-se que ele deva garantir a livre determinação dos povos, o reconhecimento de soberania sobre seus recursos e riquezas naturais, respeito pleno à sua identidade cultural e a busca de equidade na distribuição das riquezas.

Durante muitos anos, o crescimento econômico, medido pela variação anual do Produto Interno Bruto (PIB) , foi usado como indicador relevante para medir o avanço de um país. Acreditava-se que, uma vez garantido o aumento de bens e serviços, sua distribuição ocorreria de forma a satisfazer as necessidades de todas as pessoas. Constatou-se, porém, que, embora importante, o crescimento do PIB não é suficiente para causar, automaticamente, melhoria do bem estar para todas as camadas sociais. Por isso, o conceito de desenvolvimento foi adotado por ser mais abrangente e refletir, de fato, melhorias nas condições de vida dos indivíduos.

A teoria predominante de desenvolvimento econômico o define como um processo que faz aumentar as possibilidades de acesso das pessoas a bens e serviços, propiciadas pela expansão da capacidade e do âmbito das atividades econômicas. O desenvolvimento seria a medida qualitativa do progresso da economia de um país, refletindo transições de estágios mais baixos para estágios mais altos, por meio da adoção de novas tecnologias que permitem e favorecem essa transição. Cresce nos últimos anos a assimilação das ideias desenvolvidas por Amartya Sem, que abordam o desenvolvimento como liberdade e seus resultados centrados no bem estar social e, por conseguinte, nos direitos do ser humano.

São essenciais para o desenvolvimento as liberdades e os direitos básicos como alimentação, saúde e educação. As privações das liberdades não são apenas resultantes da escassez de recursos, mas sim das desigualdades inerentes aos mecanismos de distribuição, da ausência de serviços públicos e de assistência do Estado para a expansão das escolhas individuais. Este conceito de desenvolvimento reco-

ANOTAÇÕES

ANOTAÇÕES

ANOTAÇÕES

nhece seu caráter pluralista e a tese de que a expansão das liberdades não representa somente um fim, mas também o meio para seu alcance. Em consequência, a sociedade deve pactuar as políticas sociais e os direitos coletivos de acesso e uso dos recursos. A partir daí, a medição de um índice de desenvolvimento humano veio substituir a medição de aumento do PIB, uma vez que o Índice de Desenvolvimento Humano (IDH) combina a riqueza per capita indicada pelo PIB aos aspectos de educação e expectativa de vida, permitindo, pela primeira vez, uma avaliação de aspectos sociais não mensurados pelos padrões econométricos.

No caso do Brasil, por muitos anos o crescimento econômico não levou à distribuição justa de renda e riqueza, mantendo-se elevados índices de desigualdade. As ações de Estado voltadas para a conquista da igualdade socioeconômica requerem ainda políticas permanentes, de longa duração, para que se verifique a plena proteção e promoção dos Direitos Humanos. É necessário que o modelo de desenvolvimento econômico tenha a preocupação de aperfeiçoar os mecanismos de distribuição de renda e de oportunidades para todos os brasileiros, bem como incorpore os valores de preservação ambiental. Os debates sobre as mudanças climáticas e o aquecimento global, gerados pela preocupação com a maneira com que os países vêm explorando os recursos naturais e direcionando o progresso civilizatório, está na agenda do dia. Esta discussão coloca em questão os investimentos em infraestrutura e modelos de desenvolvimento econômico na área rural, baseados, em grande parte, no agronegócio, sem a preocupação com a potencial violação dos direitos de pequenos e médios agricultores e das populações tradicionais.

O desenvolvimento pode ser garantido se as pessoas forem protagonistas do processo, pressupondo a garantia de acesso de todos os indivíduos aos direitos econômicos, sociais, culturais e ambientais, e incorporando a preocupação com a preservação e a sustentabilidade como eixos estruturantes de proposta renovada de progresso. Esses direitos têm como foco a distribuição da riqueza, dos bens e serviços.

Todo esse debate traz desafios para a conceituação sobre os Direitos Humanos no sentido de incorporar o desenvolvimento como exigência fundamental. A perspectiva dos Direitos Humanos contribui para redimensionar o desenvolvimento. Motiva a passar da consideração de problemas individuais a questões de interesse comum, de bem-estar coletivo, o que alude novamente o Estado e o chama à corresponsabilidade social e à solidariedade.

Ressaltamos que a noção de desenvolvimento está sendo amadurecida como parte de um debate em curso na sociedade e no governo, incorporando a relação entre os direitos econômicos, sociais, culturais e ambientais, buscando a garantia do acesso ao trabalho, à saúde, à educação, à alimentação, à vida cultural, à moradia adequada, à previdência, à assistência social e a um meio ambiente sustentável. A inclusão do tema Desenvolvimento e Direitos Humanos na 11a Conferência Nacional reforçou as estratégias governamentais em sua proposta de desenvolvimento.

Assim, este capítulo do PNDH-3 propõe instrumentos de avanço e reforça propostas para políticas públicas de redução das desigualdades sociais concretizadas por meio de ações de transferência de renda, incentivo à economia solidária e ao cooperativismo, à expansão da reforma agrária, ao fomento da aquicultura, da pesca e do extrativismo e da promoção do turismo sustentável.

ANOTAÇÕES

O PNDH-3 inova ao incorporar o meio ambiente saudável e as cidades sustentáveis como Direitos Humanos, propõe a inclusão do item "direitos ambientais" nos relatórios de monitoramento sobre Direitos Humanos e do item "Direitos Humanos" nos relatórios ambientais, assim como fomenta pesquisas de tecnologias socialmente inclusivas.

Nos projetos e empreendimentos com grande impacto socioambiental, o PNDH-3 garante a participação efetiva das populações atingidas, assim como prevê ações mitigatórias e compensatórias. Considera fundamental fiscalizar o respeito aos Direitos Humanos nos projetos implementados pelas empresas transnacionais, bem como seus impactos na manipulação das políticas de desenvolvimento. Nesse sentido, avalia como importante mensurar o impacto da biotecnologia aplicada aos alimentos, da nanotecnologia, dos poluentes orgânicos persistentes, metais pesados e outros poluentes inorgânicos em relação aos Direitos Humanos.

Alcançar o desenvolvimento com Direitos Humanos é capacitar as pessoas e as comunidades a exercerem a cidadania, com direitos e responsabilidades. É incorporar, nos projetos, a própria população brasileira, por meio de participação ativa nas decisões que afetam diretamente suas vidas. É assegurar a transparência dos grandes projetos de desenvolvimento econômico e mecanismos de compensação para a garantia dos Direitos Humanos das populações diretamente atingidas.

Por fim, este PNDH-3 reforça o papel da equidade no Plano Plurianual, como instrumento de garantia de priorização orçamentária de programas sociais.

Diretriz 4: Efetivação de modelo de desenvolvimento sustentável, com inclusão social e econômica, ambientalmente equilibrado e tecnologicamente responsável, cultural e regionalmente diverso, participativo e não discriminatório.

Objetivo estratégico I:

Implementação de políticas públicas de desenvolvimento com inclusão social.

Ações programáticas:

a) Ampliar e fortalecer as políticas de desenvolvimento social e de combate à fome, visando a inclusão e a promoção da cidadania, garantindo a segurança alimentar e nutricional, renda mínima e assistência integral às famílias.

Responsável: Ministério do Desenvolvimento Social e Combate à Fome

b) Expandir políticas públicas de geração e transferência de renda para erradicação da extrema pobreza e redução da pobreza.

Responsável: Ministério do Desenvolvimento Social e Combate à Fome

c) Apoiar projetos de desenvolvimento sustentável local para redução das desigualdades inter e intrarregionais e o aumento da autonomia e sustentabilidade de espaços sub-regionais.

Responsáveis: Secretaria Especial dos Direitos Humanos da Presidência da República; Ministério do Desenvolvimento Agrário

d) Avançar na implantação da reforma agrária, como forma de inclusão social e acesso aos direitos básicos, de forma articulada com as políticas de saúde, educação, meio ambiente e fomento à produção alimentar.

Responsável: Ministério do Desenvolvimento Agrário

e) Incentivar as políticas públicas de economia solidária, de cooperativismo e associativismo e de fomento a pequenas e micro empresas.

Responsáveis: Ministério do Trabalho e Emprego; Ministério do Desenvolvimento Agrário; Ministério das Cidades; Ministério do Desenvolvimento Social e Combate à Fome

f) Fortalecer políticas públicas de apoio ao extrativismo e ao manejo florestal comunitário ambientalmente sustentáveis.

Responsáveis: Ministério do Meio Ambiente; Ministério do Desenvolvimento Agrário; Ministério do Desenvolvimento, Indústria e Comércio Exterior

g) Fomentar o debate sobre a expansão de plantios de monoculturas que geram impacto no meio ambiente e na cultura dos povos e comunidades tradicionais, tais como eucalipto, cana-de-açúcar, soja, e sobre o manejo florestal, a grande pecuária, mineração, turismo e pesca.

Responsável: Secretaria Especial dos Direitos Humanos da Presidência da República

h) Erradicar o trabalho infantil, bem como todas as formas de violência e exploração sexual de crianças e adolescentes nas cadeias produtivas, com base em códigos de conduta e no Estatuto da Criança e do Adolescente.

Responsáveis: Secretaria Especial dos Direitos Humanos da Presidência da República; Ministério do Turismo

i) Garantir que os grandes empreendimentos e projetos de infraestrutura resguardem os direitos dos povos indígenas e de comunidades quilombolas e tradicionais, conforme previsto na Constituição e nos tratados e convenções internacionais.

Responsáveis: Ministério da Justiça; Ministério dos Transportes; Ministério da Integração Nacional; Ministério de Minas e Energia; Secretaria Especial de Políticas de Promoção da Igualdade Racial da Presidência da República; Ministério do Meio Ambiente; Ministério do Desenvolvimento Social e Combate à Fome; Ministério da Pesca e Aquicultura; Secretaria Especial de Portos da Presidência da República

j) Integrar políticas de geração de emprego e renda e políticas sociais para o combate à pobreza rural dos agricultores familiares, assentados da reforma agrária, quilombolas, indígenas, famílias de pescadores e comunidades tradicionais.

Responsáveis: Ministério do Desenvolvimento Social e Combate à Fome; Ministério da Integração Nacional; Ministério do Desenvolvimento Agrário; Ministério do Trabalho e Emprego; Ministério da Justiça; Secretaria Especial de Políticas de Promoção da Igualdade Racial da Presidência da República; Ministério da Cultura; Ministério da Pesca e Aquicultura

k) Integrar políticas sociais e de geração de emprego e renda para o combate à pobreza urbana, em especial de catadores de materiais recicláveis e população em situação de rua.

Responsáveis: Ministério do Trabalho e Emprego; Ministério do Meio Ambiente; Ministério do Desenvolvimento Social e Combate à Fome; Ministério das Cidades; Secretaria dos Direitos Humanos da Presidência da República

l) Fortalecer políticas públicas de fomento à aquicultura e à pesca sustentáveis, com foco nos povos e comunidades tradicionais de baixa renda, contribuindo para a segurança alimentar e a inclusão social, mediante a criação e geração de trabalho e renda alternativos e inserção no mercado de trabalho.

Responsáveis: Ministério da Pesca e Aquicultura; Ministério do Trabalho e Emprego; Ministério do Desenvolvimento Social e Combate à Fome

m) Promover o turismo sustentável com geração de trabalho e renda, respeito à cultura local, participação e inclusão dos povos e das comunidades nos benefícios advindos da atividade turística.

Responsáveis: Ministério do Turismo; Ministério do Desenvolvimento, Indústria e Comércio Exterior

Objetivo estratégico II:

Fortalecimento de modelos de agricultura familiar e agroecológica.

ANOTAÇÕES

Ações programáticas:

a) Garantir que nos projetos de reforma agrária e agricultura familiar sejam incentivados os modelos de produção agroecológica e a inserção produtiva nos mercados formais.

Responsáveis: Ministério do Desenvolvimento Agrário; Ministério do Desenvolvimento, Indústria e Comércio Exterior

b) Fortalecer a agricultura familiar camponesa e a pesca artesanal, com ampliação do crédito, do seguro, da assistência técnica, extensão rural e da infraestrutura para comercialização.

Responsáveis: Ministério do Desenvolvimento Agrário; Ministério da Pesca e Aquicultura

c) Garantir pesquisa e programas voltados à agricultura familiar e pesca artesanal, com base nos princípios da agroecologia.

Responsáveis: Ministério do Desenvolvimento Agrário; Ministério do Meio Ambiente; Ministério da Agricultura, Pecuária e Abastecimento; Ministério da Pesca e Aquicultura; Ministério do Desenvolvimento, Indústria e Comércio Exterior

d) Fortalecer a legislação e a fiscalização para evitar a contaminação dos alimentos e danos à saúde e ao meio ambiente causados pelos agrotóxicos.

Responsáveis: Ministério da Agricultura, Pecuária e Abastecimento; Ministério do Meio Ambiente; Ministério da Saúde; Ministério do Desenvolvimento Agrário

e) Promover o debate com as instituições de ensino superior e a sociedade civil para a implementação de cursos e realização de pesquisas tecnológicas voltados à temática socioambiental, agroecologia e produção orgânica, respeitando as especificidades de cada região.

Responsáveis: Ministério da Educação; Ministério do Desenvolvimento Agrário

Objetivo estratégico III:

Fomento à pesquisa e à implementação de políticas para o desenvolvimento de tecnologias socialmente inclusivas, emancipatórias e ambientalmente sustentáveis.

Ações programáticas:

a) Adotar tecnologias sociais de baixo custo e fácil aplicabilidade nas políticas e ações públicas para a geração de renda e para a solução de problemas socioambientais e de saúde pública.

Responsáveis: Ministério do Trabalho e Emprego; Ministério do Desenvolvimento Social e Combate à Fome; Ministério do Meio Ambiente; Ministério do Desenvolvimento Agrário; Ministério da Saúde

b) Garantir a aplicação do princípio da precaução na proteção da agrobiodiversidade e da saúde, realizando pesquisas que avaliem os impactos dos transgênicos no meio ambiente e na saúde.

Responsáveis: Ministério da Saúde; Ministério do Meio Ambiente; Ministério de Ciência e Tecnologia

c) Fomentar tecnologias alternativas para substituir o uso de substâncias danosas à saúde e ao meio ambiente, como poluentes orgânicos persistentes, metais pesados e outros poluentes inorgânicos.

Responsáveis: Ministério de Ciência e Tecnologia; Ministério do Meio Ambiente; Ministério da Saúde; Ministério da Agricultura, Pecuária e Abastecimento; Ministério do Desenvolvimento, Indústria e Comércio Exterior

d) Fomentar tecnologias de gerenciamento de resíduos sólidos e emissões atmosféricas para minimizar impactos à saúde e ao meio ambiente.

Responsáveis: Ministério de Ciência e Tecnologia; Ministério do Meio Ambiente; Ministério da Saúde; Ministério das Cidades

e) Desenvolver e divulgar pesquisas públicas para diagnosticar os impactos da biotecnologia e da nanotecnologia em temas de Direitos Humanos.

ANOTAÇÕES

ANOTAÇÕES

Responsáveis: Secretaria Especial dos Direitos Humanos da Presidência da República; Ministério da Saúde; Ministério do Meio Ambiente; Ministério da Agricultura, Pecuária e Abastecimento; Ministério de Ciência e Tecnologia

f) Produzir, sistematizar e divulgar pesquisas econômicas e metodologias de cálculo de custos socioambientais de projetos de infraestrutura, de energia e de mineração que sirvam como parâmetro para o controle dos impactos de grandes projetos.

Responsáveis: Ministério da Ciência e Tecnologia; Ministério de Minas e Energia; Ministério do Meio Ambiente; Secretaria de Assuntos Estratégicos da Presidência da República; Ministério da Integração Nacional

Objetivo estratégico IV:

Garantia do direito a cidades inclusivas e sustentáveis.

Ações programáticas:

a) Apoiar ações que tenham como princípio o direito a cidades inclusivas e acessíveis como elemento fundamental da implementação de políticas urbanas.

Responsáveis: Ministério das Cidades; Secretaria Especial dos Direitos Humanos da Presidência da República; Ministério do Desenvolvimento, Indústria e Comércio Exterior

b) Fortalecer espaços institucionais democráticos, participativos e de apoio aos Municípios para a implementação de planos diretores que atendam aos preceitos da política urbana estabelecidos no Estatuto da Cidade.

Responsável: Ministério das Cidades

c) Fomentar políticas públicas de apoio aos Estados, Distrito Federal e Municípios em ações sustentáveis de urbanização e regularização fundiária dos assentamentos de população de baixa renda, comunidades pesqueiras e de provisão habitacional de interesse social, materializando a função social da propriedade.

Responsáveis: Ministério das Cidades; Ministério do Meio Ambiente; Ministério da Pesca e Aquicultura

d) Fortalecer a articulação entre os órgãos de governo e os consórcios municipais para atuar na política de saneamento ambiental, com participação da sociedade civil.

Responsáveis: Ministério das Cidades; Ministério do Meio Ambiente; Secretaria de Relações Institucionais da Presidência da República

e) Fortalecer a política de coleta, reaproveitamento, triagem, reciclagem e a destinação seletiva de resíduos sólidos e líquidos, com a organização de cooperativas de reciclagem, que beneficiem as famílias dos catadores.

Responsáveis: Ministério das Cidades; Ministério do Trabalho e Emprego; Ministério do Desenvolvimento Social e Combate à Fome; Ministério do Meio Ambiente

f) Fomentar políticas e ações públicas voltadas à mobilidade urbana sustentável.

Responsável: Ministério das Cidades

g) Considerar na elaboração de políticas públicas de desenvolvimento urbano os impactos na saúde pública.

Responsáveis: Ministério da Saúde; Ministério das Cidades

h) Fomentar políticas públicas de apoio às organizações de catadores de materiais recicláveis, visando à disponibilização de áreas e prédios desocupados pertencentes à União, a fim de serem transformados em infraestrutura produtiva para essas organizações.

Responsáveis: Ministério do Planejamento, Orçamento e Gestão; Ministério das Cidades; Ministério do Trabalho e Emprego; Ministério do Desenvolvimento Social e Combate à Fome

i) Estimular a produção de alimentos de forma comunitária, com uso de tecnologias de bases agroecológicas, em espaços urbanos e periurbanos ociosos e fomentar a mobilização comunitária para a implementação de hortas, viveiros, pomares, canteiros de ervas medicinais, criação de pequenos animais, unidades de processamento e beneficiamento agroalimentar, feiras e mercados públicos populares.

ANOTAÇÕES

Responsáveis: Ministério do Desenvolvimento Social e Combate à Fome; Ministério da Agricultura, Pecuária e Abastecimento

Diretriz 5: Valorização da pessoa humana como sujeito central do processo de desenvolvimento.

Objetivo estratégico I:

Garantia da participação e do controle social nas políticas públicas de desenvolvimento com grande impacto socioambiental.

Ações programáticas:

a) Fortalecer ações que valorizem a pessoa humana como sujeito central do desenvolvimento, enfrentando o quadro atual de injustiça ambiental que atinge principalmente as populações mais pobres.

Responsáveis: Secretaria Especial dos Direitos Humanos da Presidência da República; Ministério do Meio Ambiente

b) Assegurar participação efetiva da população na elaboração dos instrumentos de gestão territorial e na análise e controle dos processos de licenciamento urbanístico e ambiental de empreendimentos de impacto, especialmente na definição das ações mitigadoras e compensatórias por impactos sociais e ambientais.

Responsáveis: Ministério do Meio Ambiente; Ministério das Cidades

c) Fomentar a elaboração do Zoneamento Ecológico Econômico (ZEE) , incorporando o sócio e etnozoneamento.

Responsáveis: Ministério das Cidades; Ministério do Meio Ambiente

d) Assegurar a transparência dos projetos realizados, em todas as suas etapas, e dos recursos utilizados nos grandes projetos econômicos, para viabilizar o controle social.

Responsáveis: Ministério dos Transportes; Ministério da Integração Nacional; Ministério de Minas e Energia; Secretaria Especial dos Direitos Humanos da Presidência da República

e) Garantir a exigência de capacitação qualificada e participativa das comunidades afetadas nos projetos básicos de obras e empreendimentos com impactos sociais e ambientais.

Responsáveis: Ministério da Integração Nacional; Ministério de Minas e Energia; Secretaria Especial dos Direitos Humanos da Presidência da República

f) Definir mecanismos para a garantia dos Direitos Humanos das populações diretamente atingidas e vizinhas aos empreendimentos de impactos sociais e ambientais.

Responsável: Secretaria Especial dos Direitos Humanos da Presidência da República

g) Apoiar a incorporação dos sindicatos de trabalhadores e centrais sindicais nos processos de licenciamento ambiental de empresas, de forma a garantir o direito à saúde do trabalhador.

Responsáveis: Ministério do Meio Ambiente; Ministério do Trabalho e Emprego; Ministério da Saúde

h) Promover e fortalecer ações de proteção às populações mais pobres da convivência com áreas contaminadas, resguardando-as contra essa ameaça e assegurando-lhes seus direitos fundamentais.

Responsáveis: Ministério do Meio Ambiente; Ministério das Cidades; Ministério do Desenvolvimento Social e Combate à Fome; Ministério da Saúde

Objetivo estratégico II:

Afirmação dos princípios da dignidade humana e da equidade como fundamentos do processo de desenvolvimento nacional.

Ações programáticas:

a) Reforçar o papel do Plano Plurianual como instrumento de consolidação dos Direitos Humanos e de enfrentamento da concentração de renda e riqueza e de promoção da inclusão da população de baixa renda.

Responsável: Ministério do Planejamento, Orçamento e Gestão

b) Reforçar os critérios da equidade e da prevalência dos Direitos Humanos como prioritários na avaliação da programação orçamentária de ação ou autorização de gastos.

Responsável: Ministério do Planejamento, Orçamento e Gestão

c) Instituir código de conduta em Direitos Humanos para ser considerado no âmbito do poder público como critério para a contratação e financiamento de empresas.

Responsável: Secretaria Especial dos Direitos Humanos da Presidência da República

d) Regulamentar a taxação do imposto sobre grandes fortunas previsto na Constituição.

Responsáveis: Ministério da Fazenda; Secretaria Especial dos Direitos Humanos da Presidência da República

e) Ampliar a adesão de empresas ao compromisso de responsabilidade social e Direitos Humanos.

Responsáveis: Secretaria Especial dos Direitos Humanos da Presidência da República; Ministério do Desenvolvimento, Indústria e Comércio Exterior

Objetivo estratégico III:

Fortalecimento dos direitos econômicos por meio de políticas públicas de defesa da concorrência e de proteção do consumidor.

Ações programáticas:

a) Garantir o acesso universal a serviços públicos essenciais de qualidade.

Responsáveis: Ministério da Saúde; Ministério da Educação; Ministério de Minas e Energia; Ministério do Desenvolvimento Social e Combate à Fome; Ministério das Cidades

b) Fortalecer o sistema brasileiro de defesa da concorrência para coibir condutas anticompetitivas e concentradoras de renda.

Responsáveis: Ministério da Justiça; Ministério da Fazenda

c) Garantir o direito à informação do consumidor, fortalecendo as ações de acompanhamento de mercado, inclusive a rotulagem dos transgênicos.

Responsáveis: Ministério da Justiça; Ministério do Desenvolvimento, Indústria e Comércio Exterior; Ministério da Agricultura, Pecuária e Abastecimento

d) Fortalecer o combate à fraude e a avaliação da conformidade dos produtos e serviços no mercado.

Responsáveis: Ministério da Justiça; Ministério do Desenvolvimento, Indústria e Comércio Exterior

Diretriz 6: Promover e proteger os direitos ambientais como Direitos Humanos, incluindo as gerações futuras como sujeitos de direitos.

Objetivo estratégico I:

Afirmação dos direitos ambientais como Direitos Humanos.

Ações programáticas:

a) Incluir o item Direito Ambiental nos relatórios de monitoramento dos Direitos Humanos.

Responsáveis: Secretaria Especial dos Direitos Humanos da Presidência da República; Ministério do Meio Ambiente

b) Incluir o tema dos Direitos Humanos nos instrumentos e relatórios dos órgãos ambientais.

Responsáveis: Secretaria Especial dos Direitos Humanos da Presidência da República; Ministério do Meio Ambiente

c) Assegurar a proteção dos direitos ambientais e dos Direitos Humanos no Código Florestal.

Responsável: Ministério do Meio Ambiente

d) Implementar e ampliar políticas públicas voltadas para a recuperação de áreas degradadas e áreas de desmatamento nas zonas urbanas e rurais.

Responsáveis: Ministério do Meio Ambiente; Ministério das Cidades

ANOTAÇÕES

e) Fortalecer ações que estabilizem a concentração de gases de efeito estufa em nível que permita a adaptação natural dos ecossistemas à mudança do clima, controlando a interferência das atividades humanas (antrópicas) no sistema climático.

Responsável: Ministério do Meio Ambiente

f) Garantir o efetivo acesso a informação sobre a degradação e os riscos ambientais, e ampliar e articular as bases de informações dos entes federados e produzir informativos em linguagem acessível.

Responsável: Ministério do Meio Ambiente

g) Integrar os atores envolvidos no combate ao trabalho escravo nas operações correntes de fiscalização ao desmatamento e ao corte ilegal de madeira.

Responsáveis: Secretaria Especial dos Direitos Humanos da Presidência da República; Ministério do Trabalho e Emprego; Ministério do Meio Ambiente

Eixo Orientador III:

Universalizar direitos em um contexto de desigualdades

A Declaração Universal dos Direitos Humanos afirma em seu preâmbulo que o "reconhecimento da dignidade inerente a todos os membros da família humana e de seus direitos iguais e inalienáveis é o fundamento da liberdade, da justiça e da paz no mundo". No entanto, nas vicissitudes ocorridas no cumprimento da Declaração pelos Estados signatários, identificou-se a necessidade de reconhecer as diversidades e diferenças para concretização do princípio da igualdade.

No Brasil, ao longo das últimas décadas, os Direitos Humanos passaram a ocupar uma posição de destaque no ordenamento jurídico. O País avançou decisivamente na proteção e promoção do direito às diferenças. Porém, o peso negativo do passado continua a projetar no presente uma situação de profunda iniquidade social.

O acesso aos direitos fundamentais continua enfrentando barreiras estruturais, resquícios de um processo histórico, até secular, marcado pelo genocídio indígena, pela escravidão e por períodos ditatoriais, práticas que continuam a ecoar em comportamentos, leis e na realidade social.

O PNDH-3 assimila os grandes avanços conquistados ao longo destes últimos anos, tanto nas políticas de erradicação da miséria e da fome, quanto na preocupação com a moradia e saúde, e aponta para a continuidade e ampliação do acesso a tais políticas, fundamentais para garantir o respeito à dignidade humana.

Os objetivos estratégicos direcionados à promoção da cidadania plena preconizam a universalidade, indivisibilidade e interdependência dos Direitos Humanos, condições para sua efetivação integral e igualitária. O acesso aos direitos de registro civil, alimentação adequada, terra e moradia, trabalho decente, educação, participação política, cultura, lazer, esporte e saúde, deve considerar a pessoa humana em suas múltiplas dimensões de ator social e sujeito de cidadania.

À luz da história dos movimentos sociais e de programas de governo, o PNDH-3 orienta-se pela transversalidade, para que a implementação dos direitos civis e políticos transitem pelas diversas dimensões dos direitos econômicos, sociais, culturais e ambientais. Caso contrário, grupos sociais afetados pela pobreza, pelo racismo estrutural e pela discriminação dificilmente terão acesso a tais direitos.

As ações programáticas formuladas visam enfrentar o desafio de eliminar as desigualdades, levando em conta as dimensões de gênero e raça nas políticas públicas, desde o planejamento até a sua concretização e avaliação. Há, neste sentido, propostas de criação de indicadores que possam mensurar a efetivação progressiva dos direitos.

ANOTAÇÕES

ANOTAÇÕES

Às desigualdades soma-se a persistência da discriminação, que muitas vezes se manifesta sob a forma de violência contra sujeitos que são histórica e estruturalmente vulnerabilizados.

O combate à discriminação mostra-se necessário, mas insuficiente enquanto medida isolada. Os pactos e convenções que integram o sistema regional e internacional de proteção dos Direitos Humanos apontam para a necessidade de combinar estas medidas com políticas compensatórias que acelerem a construção da igualdade, como forma capaz de estimular a inclusão de grupos socialmente vulneráveis. Além disso, as ações afirmativas constituem medidas especiais e temporárias que buscam remediar um passado discriminatório. No rol de movimentos e grupos sociais que demandam políticas de inclusão social encontram-se crianças, adolescentes, mulheres, pessoas idosas, lésbicas, gays, bissexuais, travestis, transexuais, pessoas com deficiência, pessoas moradoras de rua, povos indígenas, populações negras e quilombolas, ciganos, ribeirinhos, varzanteiros e pescadores, entre outros.

Definem-se, neste capítulo, medidas e políticas que devem ser efetivadas para reconhecer e proteger os indivíduos como iguais na diferença, ou seja, para valorizar a diversidade presente na população brasileira para estabelecer acesso igualitário aos direitos fundamentais. Trata-se de reforçar os programas de governo e as resoluções pactuadas nas diversas conferências nacionais temáticas, sempre sob o foco dos Direitos Humanos, com a preocupação de assegurar o respeito às diferenças e o combate às desigualdades, para o efetivo acesso aos direitos.

Por fim, em respeito à primazia constitucional de proteção e promoção da infância, do adolescente e da juventude, o capítulo aponta suas diretrizes para o respeito e a garantia das gerações futuras. Como sujeitos de direitos, as crianças, os adolescentes e os jovens são frequentemente subestimadas em sua participação política e em sua capacidade decisória. Preconiza-se o dever de assegurar-lhes, desde cedo, o direito de opinião e participação.

Marcadas pelas diferenças e por sua fragilidade temporal, as crianças, os adolescentes e os jovens estão sujeitos a discriminações e violências. As ações programáticas promovem a garantia de espaços e investimentos que assegurem proteção contra qualquer forma de violência e discriminação, bem como a promoção da articulação entre família, sociedade e Estado para fortalecer a rede social de proteção que garante a efetividade de seus direitos.

Diretriz 7: Garantia dos Direitos Humanos de forma universal, indivisível e interdependente, assegurando a cidadania plena.

Objetivo estratégico I:

Universalização do registro civil de nascimento e ampliação do acesso à documentação básica.

Ações programáticas:

a) Ampliar e reestruturar a rede de atendimento para a emissão do registro civil de nascimento visando a sua universalização.

Interligar maternidades e unidades de saúde aos cartórios, por meio de sistema manual ou informatizado, para emissão de registro civil de nascimento logo após o parto, garantindo ao recém nascido a certidão de nascimento antes da alta médica.

Fortalecer a Declaração de Nascido Vivo (DNV) , emitida pelo Sistema Único de Saúde , como mecanismo de acesso ao registro civil de nascimento, contemplando a diversidade na emissão pelos estabelecimentos de saúde e pelas parteiras.

ANOTAÇÕES

Realizar orientação sobre a importância do registro civil de nascimento para a cidadania por meio da rede de atendimento (saúde, educação e assistência social) e pelo sistema de Justiça e de segurança pública.

Aperfeiçoar as normas e o serviço público notarial e de registro, em articulação com o Conselho Nacional de Justiça, para garantia da gratuidade e da cobertura do serviço de registro civil em âmbito nacional.

Responsáveis: Ministério da Saúde; Ministério do Desenvolvimento Social e Combate à Fome; Ministério da Previdência Social; Ministério da Justiça; Ministério do Planejamento, Orçamento e Gestão; Secretaria Especial dos Direitos Humanos da Presidência da República

b) Promover a mobilização nacional com intuito de reduzir o número de pessoas sem registro civil de nascimento e documentação básica.

Instituir comitês gestores estaduais, distrital e municipais com o objetivo de articular as instituições públicas e as entidades da sociedade civil para a implantação de ações que visem à ampliação do acesso à documentação básica.

Realizar campanhas para orientação e conscientização da população e dos agentes responsáveis pela articulação e pela garantia do acesso aos serviços de emissão de registro civil de nascimento e de documentação básica.

Realizar mutirões para emissão de registro civil de nascimento e documentação básica, com foco nas regiões de difícil acesso e no atendimento às populações específicas como os povos indígenas, quilombolas, ciganos, pessoas em situação de rua, institucionalizadas e às trabalhadoras rurais.

Responsáveis: Ministério da Saúde; Ministério do Desenvolvimento Social e Combate à Fome; Ministério da Defesa; Ministério da Fazenda; Ministério do Trabalho e Emprego; Ministério da Justiça; Secretaria Especial dos Direitos Humanos da Presidência da República

c) Criar bases normativas e gerenciais para garantia da universalização do acesso ao registro civil de nascimento e à documentação básica.

Implantar sistema nacional de registro civil para interligação das informações de estimativas de nascimentos, de nascidos vivos e do registro civil, a fim de viabilizar a busca ativa dos nascidos não registrados e aperfeiçoar os indicadores para subsidiar políticas públicas.

Desenvolver estudo e revisão da legislação para garantir o acesso do cidadão ao registro civil de nascimento em todo o território nacional.

Realizar estudo de sustentabilidade do serviço notarial e de registro no País.

Desenvolver a padronização do registro civil (certidão de nascimento, de casamento e de óbito) em território nacional.

Garantir a emissão gratuita de Registro Geral e Cadastro de Pessoa Física aos reconhecidamente pobres.

Desenvolver estudo sobre a política nacional de documentação civil básica.

Responsáveis: Ministério da Saúde; Ministério do Desenvolvimento Social e Combate à Fome; Ministério do Planejamento, Orçamento e Gestão; Ministério da Fazenda; Ministério da Justiça; Ministério do Trabalho e Emprego; Ministério da Previdência Social; Secretaria Especial dos Direitos Humanos da Presidência da República

d) Incluir no questionário do censo demográfico perguntas para identificar a ausência de documentos civis na população.

Responsável: Secretaria Especial dos Direitos Humanos da Presidência da República

Objetivo estratégico II:

Acesso à alimentação adequada por meio de políticas estruturantes.

Ações programáticas:

a) Ampliar o acesso aos alimentos por meio de programas e ações de geração e transferência de renda, com ênfase na participação das mulheres como potenciais beneficiárias.

Responsáveis: Ministério do Desenvolvimento Social e Combate à Fome; Secretaria Especial de Políticas para as Mulheres da Presidência da República

b) Vincular programas de transferência de renda à garantia da segurança alimentar da criança, por meio do acompanhamento da saúde e nutrição e do estímulo de hábitos alimentares saudáveis, com o objetivo de erradicar a desnutrição infantil.

Responsáveis: Ministério do Desenvolvimento Social e Combate à Fome; Ministério da Educação; Ministério da Saúde

c) Fortalecer a agricultura familiar e camponesa no desenvolvimento de ações específicas que promovam a geração de renda no campo e o aumento da produção de alimentos agroecológicos para o autoconsumo e para o mercado local.

Responsáveis: Ministério do Desenvolvimento Agrário; Ministério do Desenvolvimento Social e Combate à Fome

d) Ampliar o abastecimento alimentar, com maior autonomia e fortalecimento da economia local, associado a programas de informação, de educação alimentar, de capacitação, de geração de ocupações produtivas, de agricultura familiar camponesa e de agricultura urbana.

Responsáveis: Ministério do Desenvolvimento Social e Combate à Fome; Ministério da Agricultura, Pecuária e Abastecimento; Ministério do Desenvolvimento Agrário

e) Promover a implantação de equipamentos públicos de segurança alimentar e nutricional, com vistas a ampliar o acesso à alimentação saudável de baixo custo, valorizar as culturas alimentares regionais, estimular o aproveitamento integral dos alimentos, evitar o desperdício e contribuir para a recuperação social e de saúde da sociedade.

Responsável: Ministério do Desenvolvimento Social e Combate à Fome

f) Garantir que os hábitos e contextos regionais sejam incorporados nos modelos de segurança alimentar como fatores da produção sustentável de alimentos.

Responsável: Ministério do Desenvolvimento Social e Combate à Fome

g) Realizar pesquisas científicas que promovam ganhos de produtividade na agricultura familiar e assegurar estoques reguladores.

Responsáveis: Ministério do Desenvolvimento Social e Combate à Fome; Ministério do Desenvolvimento Agrário; Ministério da Agricultura, Pecuária e Abastecimento

Objetivo estratégico III:

Garantia do acesso à terra e à moradia para a população de baixa renda e grupos sociais vulnerabilizados.

Ações programáticas:

a) Fortalecer a reforma agrária com prioridade à implementação e recuperação de assentamentos, à regularização do crédito fundiário e à assistência técnica aos assentados, atualização dos índices Grau de Utilização da Terra (GUT) e Grau de Eficiência na Exploração (GEE), conforme padrões atuais e regulamentação da desapropriação de áreas pelo descumprimento da função social plena.

Responsável: Ministério do Desenvolvimento Agrário; Ministério da Agricultura, Pecuária e Abastecimento

b) Integrar as ações de mapeamento das terras públicas da União.

Responsável: Ministério do Planejamento, Orçamento e Gestão

c) Estimular o saneamento dos serviços notariais de registros imobiliários, possibilitando o bloqueio ou o cancelamento administrativo dos títulos das terras e registros irregulares.

ANOTAÇÕES

Responsáveis: Ministério da Justiça; Ministério do Desenvolvimento Agrário

d) Garantir demarcação, homologação, regularização e desintrusão das terras indígenas, em harmonia com os projetos de futuro de cada povo indígena, assegurando seu etnodesenvolvimento e sua autonomia produtiva.

Responsável: Ministério da Justiça

e) Assegurar às comunidades quilombolas a posse dos seus territórios, acelerando a identificação, o reconhecimento, a demarcação e a titulação desses territórios, respeitando e preservando os sítios de valor simbólico e histórico.

Responsáveis: Secretaria Especial de Políticas de Promoção da Igualdade Racial da Presidência da República; Ministério da Cultura; Ministério do Desenvolvimento Agrário

f) Garantir o acesso a terra às populações ribeirinhas, varzanteiras e pescadoras, assegurando acesso aos recursos naturais que tradicionalmente utilizam para sua reprodução física, cultural e econômica.

Responsáveis: Ministério do Desenvolvimento Agrário; Ministério do Meio Ambiente

g) Garantir que nos programas habitacionais do governo sejam priorizadas as populações de baixa renda, a população em situação de rua e grupos sociais em situação de vulnerabilidade no espaço urbano e rural, considerando os princípios da moradia digna, do desenho universal e os critérios de acessibilidade nos projetos.

Responsáveis: Ministério das Cidades; Ministério do Desenvolvimento Social e Combate à Fome

h) Promover a destinação das glebas e edifícios vazios ou subutilizados pertencentes à União, para a população de baixa renda, reduzindo o déficit habitacional.

Responsáveis: Ministério das Cidades; Ministério do Planejamento, Orçamento e Gestão

i) Estabelecer que a garantia da qualidade de abrigos e albergues, bem como seu caráter inclusivo e de resgate da cidadania à população em situação de rua, estejam entre os critérios de concessão de recursos para novas construções e manutenção dos existentes.

Responsáveis: Ministério das Cidades; Ministério do Desenvolvimento Social e Combate à Fome

j) Apoiar o monitoramento de políticas de habitação de interesse social pelos conselhos municipais de habitação, garantindo às cooperativas e associações habitacionais acesso às informações.

Responsável: Ministério das Cidades

k) Garantir as condições para a realização de acampamentos ciganos em todo o território nacional, visando a preservação de suas tradições, práticas e patrimônio cultural.

Responsáveis: Secretaria Especial dos Direitos Humanos da Presidência da República; Ministério das Cidades

Objetivo estratégico IV:

Ampliação do acesso universal a sistema de saúde de qualidade.

Ações programáticas:

a) Expandir e consolidar programas de serviços básicos de saúde e de atendimento domiciliar para a população de baixa renda, com enfoque na prevenção e diagnóstico prévio de doenças e deficiências, com apoio diferenciado às pessoas idosas, indígenas, negros e comunidades quilombolas, pessoas com deficiência, pessoas em situação de rua, lésbicas, gays, bissexuais, travestis, transexuais, crianças e adolescentes, mulheres, pescadores artesanais e população de baixa renda.

Responsáveis: Ministério da Saúde; Secretaria Especial de Políticas de Promoção da Igualdade Racial da Presidência da República; Secretaria Especial de Políticas para as Mulheres da Presidência da República; Ministério da Pesca e Aquicultura

ANOTAÇÕES

DIR. HUM.

ANOTAÇÕES

b) Criar programas de pesquisa e divulgação sobre tratamentos alternativos à medicina tradicional no sistema de saúde.

Responsável: Ministério da Saúde

c) Reformular o marco regulatório dos planos de saúde, de modo a diminuir os custos para a pessoa idosa e fortalecer o pacto intergeracional, estimulando a adoção de medidas de capitalização para gastos futuros pelos planos de saúde.

Responsável: Ministério da Saúde

d) Reconhecer as parteiras como agentes comunitárias de saúde.

Responsáveis: Ministério da Saúde; Secretaria Especial de Políticas para as Mulheres da Presidência da República

e) Aperfeiçoar o programa de saúde para adolescentes, especificamente quanto à saúde de gênero, à educação sexual e reprodutiva e à saúde mental.

Responsáveis: Ministério da Saúde; Secretaria Especial de Políticas para as Mulheres da Presidência da República; Secretaria Especial dos Direitos Humanos da Presidência da República

f) Criar campanhas e material técnico, instrucional e educativo sobre planejamento reprodutivo que respeite os direitos sexuais e reprodutivos, contemplando a elaboração de materiais específicos para a população jovem e adolescente e para pessoas com deficiência.

Responsáveis: Ministério da Saúde; Secretaria Especial de Políticas para as Mulheres da Presidência da República; Secretaria Especial dos Direitos Humanos da Presidência da República

g) Estimular programas de atenção integral à saúde das mulheres, considerando suas especificidades étnico-raciais, geracionais, regionais, de orientação sexual, de pessoa com deficiência, priorizando as moradoras do campo, da floresta e em situação de rua.

Responsáveis: Ministério da Saúde; Secretaria Especial de Políticas para as Mulheres da Presidência da República; Secretaria Especial de Políticas de Promoção da Igualdade Racial da Presidência da República; Ministério do Desenvolvimento Social e Combate à Fome

h) Ampliar e disseminar políticas de saúde pré e neonatal, com inclusão de campanhas educacionais de esclarecimento, visando à prevenção do surgimento ou do agravamento de deficiências.

Responsáveis: Ministério da Saúde; Secretaria Especial de Políticas para as Mulheres da Presidência da República; Secretaria Especial dos Direitos Humanos da Presidência da República

i) Expandir a assistência pré-natal e pós-natal por meio de programas de visitas domiciliares para acompanhamento das crianças na primeira infância.

Responsável: Ministério da Saúde

j) Apoiar e financiar a realização de pesquisas e intervenções sobre a mortalidade materna, contemplando o recorte étnico-racial e regional.

Responsáveis: Ministério da Saúde; Secretaria Especial de Políticas para as Mulheres da Presidência da República

k) Assegurar o acesso a laqueaduras e vasectomias ou reversão desses procedimentos no sistema público de saúde, com garantia de acesso a informações sobre as escolhas individuais.

Responsáveis: Ministério da Saúde; Secretaria Especial de Políticas para as Mulheres da Presidência da República

l) Ampliar a oferta de medicamentos de uso contínuo, especiais e excepcionais, para a pessoa idosa.

Responsável: Ministério da Saúde

m) Realizar campanhas de diagnóstico precoce e tratamento adequado às pessoas que vivem com HIV/AIDS para evitar o estágio grave da doença e prevenir sua expansão e disseminação.

ANOTAÇÕES

Responsável: Ministério da Saúde

n) Proporcionar às pessoas que vivem com HIV/AIDS programas de atenção no âmbito da saúde sexual e reprodutiva.

Responsáveis: Ministério da Saúde; Secretaria Especial de Políticas para as Mulheres da Presidência da República

o) Capacitar os agentes comunitários de saúde que realizam a triagem e a captação nas hemorredes para praticarem abordagens sem preconceito e sem discriminação.

Responsáveis: Ministério da Saúde; Secretaria Especial dos Direitos Humanos da Presidência da República

p) Garantir o acompanhamento multiprofissional a pessoas transexuais que fazem parte do processo transexualizador no Sistema Único de Saúde e de suas famílias.

Responsáveis: Ministério da Saúde; Secretaria Especial dos Direitos Humanos da Presidência da República

q) Apoiar o acesso a programas de saúde preventiva e de proteção à saúde para profissionais do sexo.

Responsáveis: Ministério da Saúde; Secretaria Especial de Políticas para as Mulheres da Presidência da República

r) Apoiar a implementação de espaços essenciais para higiene pessoal e centros de referência para a população em situação de rua.

Responsáveis: Secretaria Especial dos Direitos Humanos da Presidência da República; Ministério do Desenvolvimento Social e Combate à Fome

s) Investir na política de reforma psiquiátrica fomentando programas de tratamentos substitutivos à internação, que garantam às pessoas com transtorno mental a possibilidade de escolha autônoma de tratamento, com convivência familiar e acesso aos recursos psiquiátricos e farmacológicos.

Responsáveis: Ministério da Saúde; Secretaria Especial dos Direitos Humanos da Presidência da República; Ministério da Cultura

t) Implementar medidas destinadas a desburocratizar os serviços do Instituto Nacional de Seguro Social para a concessão de aposentadorias e benefícios.

Responsável: Ministério da Previdência Social

u) Estimular a incorporação do trabalhador urbano e rural ao regime geral da previdência social.

Responsável: Ministério da Previdência Social

v) Assegurar a inserção social das pessoas atingidas pela hanseníase isoladas e internadas em hospitais-colônias.

Responsáveis: Secretaria Especial dos Direitos Humanos da Presidência da República; Ministério da Saúde

w) Reconhecer, pelo Estado brasileiro, as violações de direitos às pessoas atingidas pela hanseníase no período da internação e do isolamento compulsórios, apoiando iniciativas para agilizar as reparações com a concessão de pensão especial prevista na Lei no 11.520/2007.

Responsável: Secretaria Especial dos Direitos Humanos da Presidência da República

x) Proporcionar as condições necessárias para conclusão do trabalho da Comissão Interministerial de Avaliação para análise dos requerimentos de pensão especial das pessoas atingidas pela hanseníase, que foram internadas e isoladas compulsoriamente em hospitais-colônia até 31 de dezembro de 1986.

Responsável: Secretaria Especial dos Direitos Humanos da Presidência da República

Objetivo estratégico V:

Acesso à educação de qualidade e garantia de permanência na escola.

Ações programáticas:

a) Ampliar o acesso a educação básica, a permanência na escola e a universalização do ensino no atendimento à educação infantil.

Responsável: Ministério da Educação

b) Assegurar a qualidade do ensino formal público com seu monitoramento contínuo e atualização curricular.

Responsáveis: Ministério da Educação; Secretaria Especial dos Direitos Humanos da Presidência da República

c) Desenvolver programas para a reestruturação das escolas como polos de integração de políticas educacionais, culturais e de esporte e lazer.

Responsáveis: Ministério da Educação; Ministério da Cultura; Ministério do Esporte

d) Apoiar projetos e experiências de integração da escola com a comunidade que utilizem sistema de alternância.

Responsável: Ministério da Educação

e) Adequar o currículo escolar, inserindo conteúdos que valorizem as diversidades, as práticas artísticas, a necessidade de alimentação adequada e saudável e as atividades físicas e esportivas.

Responsáveis: Ministério da Educação; Ministério da Cultura; Ministério do Esporte; Ministério da Saúde

f) Integrar os programas de alfabetização de jovens e adultos aos programas de qualificação profissional e educação cidadã, apoiando e incentivando a utilização de metodologias adequadas às realidades dos povos e comunidades tradicionais.

Responsáveis: Ministério da Educação; Ministério do Desenvolvimento Social e Combate à Fome; Ministério do Trabalho e Emprego; Ministério da Pesca e Aquicultura

g) Estimular e financiar programas de extensão universitária como forma de integrar o estudante à realidade social.

Responsável: Ministério da Educação

h) Fomentar as ações afirmativas para o ingresso das populações negra, indígena e de baixa renda no ensino superior.

Responsáveis: Ministério da Educação; Secretaria Especial de Políticas de Promoção da Igualdade Racial da Presidência da República; Ministério da Justiça

i) Ampliar o ensino superior público de qualidade por meio da criação permanente de universidades federais, cursos e vagas para docentes e discentes.

Responsável: Ministério da Educação

j) Fortalecer as iniciativas de educação popular por meio da valorização da arte e da cultura, apoiando a realização de festivais nas comunidades tradicionais e valorizando as diversas expressões artísticas nas escolas e nas comunidades.

Responsáveis: Ministério da Educação; Ministério da Cultura; Secretaria Especial dos Direitos Humanos da Presidência da República

k) Ampliar o acesso a programas de inclusão digital para populações de baixa renda em espaços públicos, especialmente escolas, bibliotecas e centros comunitários.

Responsáveis: Ministério da Educação; Ministério da Cultura; Ministério da Ciência e Tecnologia; Ministério da Pesca e Aquicultura

l) Fortalecer programas de educação no campo e nas comunidades pesqueiras que estimulem a permanência dos estudantes na comunidade e que sejam adequados às respectivas culturas e identidades.

Responsáveis: Ministério da Educação; Ministério do Desenvolvimento Agrário; Ministério da Pesca e Aquicultura

Objetivo estratégico VI:

Garantia do trabalho decente, adequadamente remunerado, exercido em condições de equidade e segurança.

Ações programáticas:

a) Apoiar a agenda nacional de trabalho decente por meio do fortalecimento do seu comitê executivo e da efetivação de suas ações.

Responsável: Ministério do Trabalho e Emprego

ANOTAÇÕES

b) Fortalecer programas de geração de emprego, ampliando progressivamente o nível de ocupação e priorizando a população de baixa renda e os Estados com elevados índices de emigração.

Responsável: Ministério do Trabalho e Emprego

c) Ampliar programas de economia solidária, mediante políticas integradas, como alternativa de geração de trabalho e renda, e de inclusão social, priorizando os jovens das famílias beneficiárias do Programa Bolsa Família.

Responsáveis: Ministério do Trabalho e Emprego; Ministério do Desenvolvimento Social e Combate à Fome

d) Criar programas de formação, qualificação e inserção profissional e de geração de emprego e renda para jovens, população em situação de rua e população de baixa renda.

Responsáveis: Ministério do Trabalho e Emprego; Ministério do Desenvolvimento Social e Combate à Fome; Ministério da Educação

e) Integrar as ações de qualificação profissional às atividades produtivas executadas com recursos públicos, como forma de garantir a inserção no mercado de trabalho.

Responsáveis: Ministério do Trabalho e Emprego; Ministério do Desenvolvimento Social e Combate à Fome

f) Criar programas de formação e qualificação profissional para pescadores artesanais, industriais e aquicultores familiares.

Responsáveis: Ministério do Trabalho e Emprego; Ministério da Pesca e Aquicultura

g) Combater as desigualdades salariais baseadas em diferenças de gênero, raça, etnia e das pessoas com deficiência.

Responsáveis: Ministério do Trabalho e Emprego; Secretaria Especial dos Direitos Humanos da Presidência da República

h) Acompanhar a implementação do Programa Nacional de Ações Afirmativas, instituído pelo Decreto no 4.228/2002, no âmbito da administração pública federal, direta e indireta, com vistas à realização de metas percentuais da ocupação de cargos comissionados pelas mulheres, população negra e pessoas com deficiência.

Responsável: Secretaria Especial dos Direitos Humanos da Presidência da República

i) Realizar campanhas envolvendo a sociedade civil organizada sobre paternidade responsável, bem como ampliar a licença-paternidade, como forma de contribuir para a corresponsabilidade e para o combate ao preconceito quanto à inserção das mulheres no mercado de trabalho.

Responsáveis: Secretaria Especial de Políticas para as Mulheres da Presidência da República; Ministério do Trabalho e Emprego

j) Elaborar diagnósticos com base em ações judiciais que envolvam atos de assédio moral, sexual e psicológico, com apuração de denúncias de desrespeito aos direitos das trabalhadoras e trabalhadores, visando orientar ações de combate à discriminação e abuso nas relações de trabalho.

Responsáveis: Ministério do Trabalho e Emprego; Secretaria Especial de Políticas de Promoção da Igualdade Racial da Presidência da República; Secretaria Especial de Políticas para as Mulheres da Presidência da República; Secretaria Especial dos Direitos Humanos da Presidência da República

k) Garantir a igualdade de direitos das trabalhadoras e trabalhadores domésticos com os dos demais trabalhadores.

Responsáveis: Ministério do Trabalho e Emprego; Secretaria Especial de Políticas para as Mulheres da Presidência da República; Ministério da Previdência Social

l) Promover incentivos a empresas para que empreguem os egressos do sistema penitenciário.

Responsáveis: Ministério da Fazenda; Ministério do Trabalho e Emprego; Ministério da Justiça

ANOTAÇÕES

ANOTAÇÕES

m) Criar cadastro nacional e relatório periódico de empregabilidade de egressos do sistema penitenciário.

Responsável: Ministério da Justiça

n) Garantir os direitos trabalhistas e previdenciários de profissionais do sexo por meio da regulamentação de sua profissão.

Responsáveis: Ministério do Trabalho e Emprego; Secretaria Especial de Políticas para as Mulheres da Presidência da República.

Objetivo estratégico VII:

Combate e prevenção ao trabalho escravo.

Ações programáticas:

a) Promover a efetivação do Plano Nacional para Erradicação do Trabalho Escravo.

Responsáveis: Ministério do Trabalho e Emprego; Secretaria Especial dos Direitos Humanos da Presidência da República

b) Apoiar a coordenação e implementação de planos estaduais, distrital e municipais para erradicação do trabalho escravo.

Responsável: Secretaria Especial dos Direitos Humanos da Presidência da República

c) Monitorar e articular o trabalho das comissões estaduais, distrital e municipais para a erradicação do trabalho escravo.

Responsáveis: Ministério do Trabalho e Emprego; Secretaria Especial dos Direitos Humanos da Presidência da República

d) Apoiar a alteração da Constituição para prever a expropriação dos imóveis rurais e urbanos nos quais forem encontrados trabalhadores reduzidos à condição análoga a de escravos.

Responsáveis: Ministério do Trabalho e Emprego; Secretaria de Relações Institucionais da Presidência da República; Secretaria Especial dos Direitos Humanos da Presidência da República

e) Identificar periodicamente as atividades produtivas em que há ocorrência de trabalho escravo adulto e infantil.

Responsáveis: Ministério do Trabalho e Emprego; Secretaria Especial dos Direitos Humanos da Presidência da República

f) Propor marco legal e ações repressivas para erradicar a intermediação ilegal de mão de obra.

Responsáveis: Ministério do Trabalho e Emprego; Secretaria Especial dos Direitos Humanos da Presidência da República; Secretaria Especial de Políticas de Promoção da Igualdade Racial

g) Promover a destinação de recursos do Fundo de Amparo ao Trabalhador (FAT) para capacitação técnica e profissionalizante de trabalhadores rurais e de povos e comunidades tradicionais, como medida preventiva ao trabalho escravo, assim como para implementação de política de reinserção social dos libertados da condição de trabalho escravo.

Responsáveis: Ministério do Trabalho e Emprego; Secretaria Especial dos Direitos Humanos da Presidência da República

h) Atualizar e divulgar semestralmente o cadastro de empregadores que utilizaram mão-de-obra escrava.

Responsáveis: Ministério do Trabalho e Emprego; Secretaria Especial dos Direitos Humanos da Presidência da República

Objetivo estratégico VIII:

Promoção do direito à cultura, lazer e esporte como elementos formadores de cidadania.

Ações programáticas:

a) Ampliar programas de cultura que tenham por finalidade planejar e implementar políticas públicas para a proteção e promoção da diversidade cultural brasileira, em formatos acessíveis.

ANOTAÇÕES

Responsáveis: Ministério da Cultura; Ministério do Esporte

b) Elaborar programas e ações de cultura que considerem os formatos acessíveis, as demandas e as características específicas das diferentes faixas etárias e dos grupos sociais.

Responsável: Ministério da Cultura

c) Fomentar políticas públicas de esporte e lazer, considerando as diversidades locais, de forma a atender a todas as faixas etárias e aos grupos sociais.

Responsável: Ministério do Esporte

d) Elaborar inventário das línguas faladas no Brasil.

Responsável: Ministério da Cultura

e) Ampliar e desconcentrar os polos culturais e pontos de cultura para garantir o acesso das populações de regiões periféricas e de baixa renda.

Responsável: Ministério da Cultura

f) Fomentar políticas públicas de formação em esporte e lazer, com foco na intersetorialidade, na ação comunitária na intergeracionalidade e na diversidade cultural.

Responsável: Ministério do Esporte

g) Ampliar o desenvolvimento de programas de produção audiovisual, musical e artesanal dos povos indígenas.

Responsáveis: Ministério da Cultura; Ministério da Justiça

h) Assegurar o direito das pessoas com deficiência e em sofrimento mental de participarem da vida cultural em igualdade de oportunidade com as demais, e de desenvolver e utilizar o seu potencial criativo, artístico e intelectual.

Responsáveis: Ministério do Esporte; Ministério da Cultura; Secretaria Especial dos Direitos Humanos da Presidência da República

i) Fortalecer e ampliar programas que contemplem participação dos idosos nas atividades de esporte e lazer.

Responsáveis: Ministério do Esporte; Secretaria Especial dos Direitos Humanos da Presidência da República

j) Potencializar ações de incentivo ao turismo para pessoas idosas.

Responsáveis: Ministério do Turismo; Secretaria Especial dos Direitos Humanos da Presidência da República

Objetivo estratégico IX:

Garantia da participação igualitária e acessível na vida política.

Ações programáticas:

a) Apoiar campanhas para promover a ampla divulgação do direito ao voto e participação política de homens e mulheres, por meio de campanhas informativas que garantam a escolha livre e consciente.

Responsáveis: Ministério da Justiça; Secretaria Especial de Políticas para as Mulheres da Presidência da República

b) Apoiar o combate ao crime de captação ilícita de sufrágio, inclusive com campanhas de esclarecimento e conscientização dos eleitores.

Responsável: Ministério da Justiça

c) Apoiar os projetos legislativos para o financiamento público de campanhas eleitorais.

Responsável: Ministério da Justiça

d) Garantir acesso irrestrito às zonas eleitorais por meio de transporte público e acessível e apoiar a criação de zonas eleitorais em áreas de difícil acesso.

Responsáveis: Ministério da Justiça; Ministério das Cidades

e) Promover junto aos povos indígenas ações de educação e capacitação sobre o sistema político brasileiro.

Responsável: Ministério da Justiça

f) Apoiar ações de formação política das mulheres em sua diversidade étnico-racial, estimulando candidaturas e votos de mulheres em todos os níveis.

Responsável: Secretaria Especial de Políticas para as Mulheres da Presidência da República

g) Garantir e estimular a plena participação das pessoas com deficiência no ato do sufrágio, seja como eleitor ou candidato, assegurando os mecanismos de acessibilidade necessários, inclusive a modalidade do voto assistido.

Responsável: Secretaria Especial dos Direitos Humanos da Presidência da República

Diretriz 8: Promoção dos direitos de crianças e adolescentes para o seu desenvolvimento integral, de forma não discriminatória, assegurando seu direito de opinião e participação.

Objetivo estratégico I:

Proteger e garantir os direitos de crianças e adolescentes por meio da consolidação das diretrizes nacionais do ECA, da Política Nacional de Promoção, Proteção e Defesa dos Direitos da Criança e do Adolescente e da Convenção sobre os Direitos da Criança da ONU.

Ações programáticas:

a) Formular plano de médio prazo e decenal para a política nacional de promoção, proteção e defesa dos direitos da criança e do adolescente.

Responsável: Secretaria Especial dos Direitos Humanos da Presidência da República

b) Desenvolver e implementar metodologias de acompanhamento e avaliação das políticas e planos nacionais referentes aos direitos de crianças e adolescentes.

Responsável: Secretaria Especial dos Direitos Humanos da Presidência da República

c) Elaborar e implantar sistema de coordenação da política dos direitos da criança e do adolescente em todos os níveis de governo, para atender às recomendações do Comitê sobre Direitos da Criança, dos relatores especiais e do Comitê sobre Direitos Econômicos, Sociais e Culturais da ONU.

Responsáveis: Secretaria Especial dos Direitos Humanos da Presidência da República; Ministério das Relações Exteriores

d) Criar sistema nacional de coleta de dados e monitoramento junto aos Municípios, Estados e Distrito Federal acerca do cumprimento das obrigações da Convenção dos Direitos da Criança da ONU.

Responsável: Secretaria Especial dos Direitos Humanos da Presidência da República

e) Assegurar a opinião das crianças e dos adolescentes que estiverem capacitados a formular seus próprios juízos, conforme o disposto no artigo 12 da Convenção sobre os Direitos da Criança, na formulação das políticas públicas voltadas para estes segmentos, garantindo sua participação nas conferências dos direitos das crianças e dos adolescentes.

Responsável: Secretaria Especial dos Direitos Humanos da Presidência da República

Objetivo estratégico II:

Consolidar o Sistema de Garantia de Direitos de Crianças e Adolescentes, com o fortalecimento do papel dos Conselhos Tutelares e de Direitos.

Ações programáticas:

a) Apoiar a universalização dos Conselhos Tutelares e de Direitos em todos os Municípios e no Distrito Federal, e instituir parâmetros nacionais que orientem o seu funcionamento.

Responsável: Secretaria Especial dos Direitos Humanos da Presidência da República

b) Implantar escolas de conselhos nos Estados e no Distrito Federal, com vistas a apoiar a estruturação e qualificação da ação dos Conselhos Tutelares e de Direitos.

Responsável: Secretaria Especial dos Direitos Humanos da Presidência da República

ANOTAÇÕES

c) Apoiar a capacitação dos operadores do sistema de garantia dos direitos para a proteção dos direitos e promoção do modo de vida das crianças e adolescentes indígenas, afrodescendentes e comunidades tradicionais, contemplando ainda as especificidades da população infanto-juvenil com deficiência.

Responsáveis: Secretaria Especial dos Direitos Humanos da Presidência da República; Ministério da Justiça

d) Fomentar a criação de instâncias especializadas e regionalizadas do sistema de justiça, de segurança e defensorias públicas, para atendimento de crianças e adolescentes vítimas e autores de violência.

Responsáveis: Secretaria Especial dos Direitos Humanos da Presidência da República; Ministério da Justiça

e) Desenvolver mecanismos que viabilizem a participação de crianças e adolescentes no processo das conferências dos direitos, nos conselhos de direitos, bem como nas escolas, nos tribunais e nos procedimentos judiciais e administrativos que os afetem.

Responsável: Secretaria Especial dos Direitos Humanos da Presidência da República

f) Estimular a informação às crianças e aos adolescentes sobre seus direitos, por meio de esforços conjuntos na escola, na mídia impressa, na televisão, no rádio e na Internet.

Responsáveis: Secretaria Especial dos Direitos Humanos da Presidência da República; Ministério da Educação

Objetivo estratégico III:

Proteger e defender os direitos de crianças e adolescentes com maior vulnerabilidade.

Ações programáticas:

a) Promover ações educativas para erradicação da violência na família, na escola, nas instituições e na comunidade em geral, implementando as recomendações expressas no Relatório Mundial de Violência contra a Criança da ONU.

Responsável: Secretaria Especial dos Direitos Humanos da Presidência da República

b) Desenvolver programas nas redes de assistência social, de educação e de saúde para o fortalecimento do papel das famílias em relação ao desenvolvimento infantil e à disciplina não violenta.

Responsáveis: Secretaria Especial dos Direitos Humanos da Presidência da República; Ministério da Educação; Ministério do Desenvolvimento Social e Combate à Fome; Ministério da Saúde

c) Propor marco legal para a abolição das práticas de castigos físicos e corporais contra crianças e adolescentes.

Responsáveis: Secretaria Especial dos Direitos Humanos da Presidência da República; Ministério da Justiça

d) Implantar sistema nacional de registro de ocorrência de violência escolar, incluindo as práticas de violência gratuita e reiterada entre estudantes (bullying) , adotando formulário unificado de registro a ser utilizado por todas as escolas.

Responsável: Ministério da Educação

e) Apoiar iniciativas comunitárias de mobilização de crianças e adolescentes em estratégias preventivas, com vistas a minimizar sua vulnerabilidade em contextos de violência.

Responsáveis: Secretaria Especial dos Direitos Humanos da Presidência da República; Ministério da Justiça; Ministério do Esporte; Ministério do Turismo.

f) Extinguir os grandes abrigos e eliminar a longa permanência de crianças e adolescentes em abrigamento, adequando os serviços de acolhimento aos parâmetros aprovados pelo CONANDA e CNAS.

Responsável: Ministério do Desenvolvimento Social e Combate à Fome

g) Fortalecer as políticas de apoio às famílias para a redução dos índices de abandono e institucionalização, com prioridade aos grupos familiares de crianças com deficiências.

ANOTAÇÕES

ANOTAÇÕES

Responsáveis: Secretaria Especial dos Direitos Humanos da Presidência da República; Ministério do Desenvolvimento Social e Combate à Fome

h) Ampliar a oferta de programas de famílias acolhedoras para crianças e adolescentes em situação de violência, com o objetivo de garantir que esta seja a única opção para crianças retiradas do convívio com sua família de origem na primeira infância.

Responsável: Ministério do Desenvolvimento Social e Combate à Fome

i) Estruturar programas de moradia coletivas para adolescentes e jovens egressos de abrigos institucionais.

Responsável: Ministério do Desenvolvimento Social e Combate à Fome

j) Fomentar a adoção legal, por meio de campanhas educativas, em consonância com o ECA e com acordos internacionais.

Responsáveis: Secretaria Especial dos Direitos Humanos da Presidência da República; Ministério das Relações Exteriores

k) Criar serviços e aprimorar metodologias para identificação e localização de crianças e adolescentes desaparecidos.

Responsável: Secretaria Especial dos Direitos Humanos da Presidência da República

l) Exigir em todos os projetos financiados pelo Governo Federal a adoção de estratégias de não discriminação de crianças e adolescentes em razão de classe, raça, etnia, crença, gênero, orientação sexual, identidade de gênero, deficiência, prática de ato infracional e origem.

Responsável: Secretaria Especial dos Direitos Humanos da Presidência da República

m) Reforçar e centralizar os mecanismos de coleta e análise sistemática de dados desagregados da infância e adolescência, especialmente sobre os grupos em situação de vulnerabilidade, historicamente vulnerabilizados, vítimas de discriminação, de abuso e de negligência.

Responsável: Secretaria Especial dos Direitos Humanos da Presidência da República

n) Estruturar rede de canais de denúncias (Disques) de violência contra crianças e adolescentes, integrada aos Conselhos Tutelares.

Responsável: Secretaria Especial dos Direitos Humanos da Presidência da República

o) Estabelecer instrumentos para combater a discriminação religiosa sofrida por crianças e adolescentes.

Responsáveis: Secretaria Especial dos Direitos Humanos da Presidência da República

Objetivo estratégico IV:

Enfrentamento da violência sexual contra crianças e adolescentes.

Ações programáticas:

a) Revisar o Plano Nacional de Enfrentamento à Violência Sexual contra Crianças e Adolescentes, em consonância com as recomendações do III Congresso Mundial sobre o tema.

Responsável: Secretaria Especial dos Direitos Humanos da Presidência da República

b) Ampliar o acesso e qualificar os programas especializados em saúde, educação e assistência social, no atendimento a crianças e adolescentes vítimas de violência sexual e de suas famílias

Responsáveis: Ministério da Saúde; Ministério da Educação; Ministério do Desenvolvimento Social e Combate à Fome; Secretaria Especial dos Direitos Humanos da Presidência da República

c) Desenvolver protocolos unificados de atendimento psicossocial e jurídico a vítimas de violência sexual.

Responsáveis: Secretaria Especial dos Direitos Humanos da Presidência da República; Ministério da Saúde; Ministério do Desenvolvimento Social e Combate à Fome; Secretaria Especial de Políticas para as Mulheres da Presidência da República

ANOTAÇÕES

d) Desenvolver ações específicas para combate à violência e à exploração sexual de crianças e adolescentes em situação de rua.

Responsáveis: Secretaria Especial dos Direitos Humanos da Presidência da República; Ministério do Desenvolvimento Social e Combate à Fome.

e) Estimular a responsabilidade social das empresas para ações de enfrentamento da exploração sexual e de combate ao trabalho infantil em suas organizações e cadeias produtivas.

Responsáveis: Secretaria Especial dos Direitos Humanos da Presidência da República; Ministério do Trabalho e Emprego; Ministério do Turismo;

f) Combater a pornografia infanto-juvenil na Internet, por meio do fortalecimento do Hot Line Federal e da difusão de procedimentos de navegação segura para crianças, adolescentes, famílias e educadores.

Responsáveis: Ministério da Justiça; Secretaria Especial dos Direitos Humanos da Presidência da República; Ministério da Educação

Objetivo estratégico V:

Garantir o atendimento especializado a crianças e adolescentes em sofrimento psíquico e dependência química.

Ações programáticas:

a) Universalizar o acesso a serviços de saúde mental para crianças e adolescentes em cidades de grande e médio porte, incluindo a garantia de retaguarda para as unidades de internação socioeducativa.

Responsável: Ministério da Saúde

b) Fortalecer políticas de saúde que contemplem programas de desintoxicação e redução de danos em casos de dependência química.

Responsável: Ministério da Saúde

Objetivo estratégico VI:

Erradicação do trabalho infantil em todo o território nacional.

Ações programáticas:

a) Erradicar o trabalho infantil, por meio das ações intersetoriais no Governo Federal, com ênfase no apoio às famílias e educação em tempo integral.

Responsáveis: Ministério do Trabalho e Emprego; Ministério da Educação; Secretaria Especial dos Direitos Humanos da Presidência da República

b) Fomentar a implantação da Lei de Aprendizagem (Lei no 10.097/2000) , mobilizando empregadores, organizações de trabalhadores, inspetores de trabalho, Judiciário, organismos internacionais e organizações não governamentais.

Responsável: Ministério do Trabalho e Emprego

c) Desenvolver pesquisas, campanhas e relatórios periódicos sobre o trabalho infantil, com foco em temas e públicos que requerem abordagens específicas, tais como agricultura familiar, trabalho doméstico, trabalho de rua.

Responsáveis: Ministério do Trabalho e Emprego; Secretaria Especial de Políticas para as Mulheres da Presidência da República; Ministério do Desenvolvimento Agrário; Secretaria Especial dos Direitos Humanos da Presidência da República; Ministério do Desenvolvimento Social e Combate à Fome; Ministério da Justiça

Objetivo estratégico VII:

Implementação do Sistema Nacional de Atendimento Socioeducativo (SINASE) .

Ações programáticas:

a) Elaborar e implementar um plano nacional socioeducativo e sistema de avaliação da execução das medidas daquele sistema, com divulgação anual de seus resultados e estabelecimento de metas, de acordo com o estabelecido no ECA.

Responsável: Secretaria Especial dos Direitos Humanos da Presidência da República

b) Implantar módulo específico de informações para o sistema nacional de atendimento educativo junto ao Sistema de Informação para a Infância e Adolescência, criando base de dados unificada que inclua as varas da infância e juventude, as unidades de internação e os programas municipais em meio aberto.

Responsável: Secretaria Especial dos Direitos Humanos da Presidência da República

c) Implantar centros de formação continuada para os operadores do sistema socioeducativo em todos os Estados e no Distrito Federal.

Responsáveis: Secretaria Especial dos Direitos Humanos da Presidência da República; Ministério da Educação; Ministério do Desenvolvimento Social e Combate à Fome

d) Desenvolver estratégias conjuntas com o sistema de justiça, com vistas ao estabelecimento de regras específicas para a aplicação da medida de privação de liberdade em caráter excepcional e de pouca duração.

Responsável: Secretaria Especial dos Direitos Humanos da Presidência da República

e) Apoiar a expansão de programas municipais de atendimento socioeducativo em meio aberto.

Responsáveis: Ministério do Desenvolvimento Social e Combate à Fome; Secretaria Especial dos Direitos Humanos da Presidência da República

f) Apoiar os Estados e o Distrito Federal na implementação de programas de atendimento ao adolescente em privação de liberdade, com garantia de escolarização, atendimento em saúde, esporte, cultura e educação para o trabalho, condicionando a transferência voluntária de verbas federais à observância das diretrizes do plano nacional.

Responsáveis: Secretaria Especial dos Direitos Humanos da Presidência da República; Ministério da Educação; Ministério da Saúde; Ministério do Esporte; Ministério da Cultura; Ministério do Trabalho e Emprego

g) Garantir aos adolescentes privados de liberdade e suas famílias informação sobre sua situação legal, bem como acesso à defesa técnica durante todo o período de cumprimento da medida socioeducativa.

Responsáveis: Secretaria Especial dos Direitos Humanos da Presidência da República; Ministério da Justiça

h) Promover a transparência das unidades de internação de adolescentes em conflito com a lei, garantindo o contato com a família e a criação de comissões mistas de inspeção e supervisão.

Responsável: Secretaria Especial dos Direitos Humanos da Presidência da República

i) Fomentar a desativação dos grandes complexos de unidades de internação, por meio do apoio à reforma e construção de novas unidades alinhadas aos parâmetros estabelecidos no SINASE e no ECA, em especial na observância da separação por sexo, faixa etária e compleição física.

Responsável: Secretaria Especial dos Direitos Humanos da Presidência da República

j) Desenvolver campanhas de informação sobre o adolescente em conflito com a lei, defendendo a não redução da maioridade penal.

Responsável: Secretaria Especial dos Direitos Humanos da Presidência da República

k) Estabelecer parâmetros nacionais para a apuração administrativa de possíveis violações dos direitos e casos de tortura em adolescentes privados de liberdade, por meio de sistema independente e de tramitação ágil.

Responsável: Secretaria Especial dos Direitos Humanos da Presidência da República

Diretriz 9: Combate às desigualdades estruturais.

ANOTAÇÕES

Objetivo estratégico I:

Igualdade e proteção dos direitos das populações negras, historicamente afetadas pela discriminação e outras formas de intolerância.

Ações programáticas:

a) Apoiar, junto ao Poder Legislativo, a aprovação do Estatuto da Igualdade Racial.

Responsáveis: Secretaria Especial de Políticas de Promoção da Igualdade Racial da Presidência da República; Secretaria Especial dos Direitos Humanos da Presidência da República

b) Promover ações articuladas entre as políticas de educação, cultura, saúde e de geração de emprego e renda, visando incidir diretamente na qualidade de vida da população negra e no combate à violência racial.

Responsáveis: Secretaria Especial de Políticas de Promoção da Igualdade Racial da Presidência da República; Ministério da Educação; Ministério do Trabalho e Emprego; Ministério do Desenvolvimento Social e Combate à Fome; Ministério da Saúde

c) Elaborar programas de combate ao racismo institucional e estrutural, implementando normas administrativas e legislação nacional e internacional.

Responsável: Secretaria Especial de Políticas de Promoção da Igualdade Racial da Presidência da República

d) Realizar levantamento de informações para produção de relatórios periódicos de acompanhamento das políticas contra a discriminação racial, contendo, entre outras, informações sobre inclusão no sistema de ensino (básico e superior) , inclusão no mercado de trabalho, assistência integrada à saúde, número de violações registradas e apuradas, recorrências de violações, e dados populacionais e de renda.

Responsáveis: Secretaria Especial de Políticas de Promoção da Igualdade Racial da Presidência da República; Secretaria Especial dos Direitos Humanos da Presidência da República

e) Analisar periodicamente os indicadores que apontam desigualdades visando à formulação e implementação de políticas públicas afirmativas que valorizem a promoção da igualdade racial.

Responsáveis: Secretaria Especial de Políticas de Promoção da Igualdade Racial da Presidência da República; Secretaria Especial dos Direitos Humanos da Presidência da República; Ministério da Educação; Ministério do Trabalho e Emprego; Ministério do Desenvolvimento Social e Combate à Fome; Ministério da Saúde

f) Fortalecer a integração das políticas públicas em todas as comunidades remanescentes de quilombos localizadas no território brasileiro.

Responsáveis: Secretaria Especial de Políticas de Promoção da Igualdade Racial da Presidência da República; Ministério da Cultura

g) Fortalecer os mecanismos existentes de reconhecimento das comunidades quilombolas como garantia dos seus direitos específicos .

Responsáveis: Ministério do Desenvolvimento Agrário; Ministério da Cultura; Secretaria Especial de Política de Promoção da Igualdade Racial da Presidência da República

h) Fomentar programas de valorização do patrimônio cultural das populações negras.

Responsável: Ministério da Cultura; Secretaria Especial de Promoção da Igualdade Racial da Presidência da República

i) Assegurar o resgate da memória das populações negras, mediante a publicação da história de resistência e resgate de tradições das populações das diásporas.

Responsável: Secretaria Especial de Políticas de Promoção da Igualdade Racial da Presidência da República

ANOTAÇÕES

ANOTAÇÕES

Objetivo estratégico II:

Garantia aos povos indígenas da manutenção e resgate das condições de reprodução, assegurando seus modos de vida.

Ações programáticas:

a) Assegurar a integridade das terras indígenas para proteger e promover o modo de vida dos povos indígenas.

Responsável: Ministério da Justiça

b) Proteger os povos indígenas isolados e de recente contato para garantir sua reprodução cultural e etnoambiental.

Responsável: Ministério da Justiça

c) Aplicar os saberes dos povos indígenas e das comunidades tradicionais na elaboração de políticas públicas, respeitando a Convenção no 169 da OIT.

Responsável: Ministério da Justiça

d) Apoiar projetos de lei com objetivo de revisar o Estatuto do Índio com base no texto constitucional de 1988 e na Convenção no 169 da OIT.

Responsável: Ministério da Justiça

e) Elaborar relatório periódico de acompanhamento das políticas indigenistas que contemple dados sobre os processos de demarcações das terras indígenas, dados sobre intrusões e conflitos territoriais, inclusão no sistema de ensino (básico e superior) , assistência integrada à saúde, número de violações registradas e apuradas, recorrências de violações e dados populacionais.

Responsável: Ministério da Justiça

f) Proteger e promover os conhecimentos tradicionais e medicinais dos povos indígenas.

Responsáveis: Ministério da Justiça; Ministério da Saúde

g) Implementar políticas de proteção do patrimônio dos povos indígenas, por meio dos registros material e imaterial, mapeando os sítios históricos e arqueológicos, a cultura, as línguas e a arte.

Responsáveis: Ministério da Cultura; Ministério da Justiça

h) Promover projetos e pesquisas para resgatar a história dos povos indígenas.

Responsável: Ministério da Justiça

i) Promover ações culturais para o fortalecimento da educação escolar dos povos indígenas, estimulando a valorização de suas próprias formas de produção do conhecimento.

Responsáveis: Ministério da Cultura; Ministério da Justiça

j) Garantir o acesso à educação formal pelos povos indígenas, bilíngues e com adequação curricular formulada com a participação de representantes das etnias indigenistas e especialistas em educação.

Responsáveis: Ministério da Justiça; Ministério da Educação

k) Assegurar o acesso e permanência da população indígena no ensino superior, por meio de ações afirmativas e respeito à diversidade étnica e cultural.

Responsáveis: Ministério da Justiça; Ministério da Educação

l) Adotar medidas de proteção dos direitos das crianças indígenas nas redes de ensino, saúde e assistência social, em consonância com a promoção dos seus modos de vida.

Responsáveis: Ministério da Educação; Ministério da Saúde; Ministério do Desenvolvimento Social e Combate à Fome; Secretaria Especial dos Direitos Humanos da Presidência da República

Objetivo estratégico III:

Garantia dos direitos das mulheres para o estabelecimento das condições necessárias para sua plena cidadania.

Ações programáticas:

a) Desenvolver ações afirmativas que permitam incluir plenamente as mulheres no processo de desenvolvimento do País, por meio da promoção da sua autonomia econômica e de iniciativas produtivas que garantam sua independência.

Responsável: Secretaria Especial de Políticas para as Mulheres da Presidência da República

ANOTAÇÕES

b) Incentivar políticas públicas e ações afirmativas para a participação igualitária, plural e multirracial das mulheres nos espaços de poder e decisão.

Responsável: Secretaria Especial de Políticas para as Mulheres da Presidência da República

c) Elaborar relatório periódico de acompanhamento das políticas para mulheres com recorte étnico-racial, que contenha dados sobre renda, jornada e ambiente de trabalho, ocorrências de assédio moral, sexual e psicológico, ocorrências de violências contra a mulher, assistência à saúde integral, dados reprodutivos, mortalidade materna e escolarização.

Responsável: Secretaria Especial de Políticas para as Mulheres da Presidência da República

d) Divulgar os instrumentos legais de proteção às mulheres, nacionais e internacionais, incluindo sua publicação em formatos acessíveis, como braile, CD de áudio e demais tecnologias assistivas.

Responsável: Secretaria Especial de Políticas para as Mulheres da Presidência da República

e) Ampliar o financiamento de abrigos para mulheres em situação de vulnerabilidade, garantindo plena acessibilidade.

Responsáveis: Secretaria Especial de Políticas para as Mulheres da Presidência da República; Ministério do Desenvolvimento Social e Combate à Fome

f) Propor tratamento preferencial de atendimento às mulheres em situação de violência doméstica e familiar nos Conselhos Gestores do Fundo Nacional de Habitação de Interesse Social e junto ao Fundo de Desenvolvimento Social.

Responsáveis: Secretaria Especial de Políticas para as Mulheres da Presidência da República; Ministério das Cidades; Ministério do Desenvolvimento Social e Combate à Fome

g) Considerar o aborto como tema de saúde pública, com a garantia do acesso aos serviços de saúde. (Redação dada pelo Decreto nº 7.177, de 2010)

Responsáveis: Ministério da Saúde; Secretaria Especial de Políticas para as Mulheres da Presidência da República; Ministério da Justiça

h) Realizar campanhas e ações educativas para desconstruir os estereótipos relativos às profissionais do sexo.

Responsável: Secretaria Especial de Políticas para as Mulheres da Presidência da República

Diretriz 10: Garantia da igualdade na diversidade.

Objetivo estratégico I:

Afirmação da diversidade para construção de uma sociedade igualitária.

Ações programáticas:

a) Realizar campanhas e ações educativas para desconstrução de estereótipos relacionados com diferenças étnico-raciais, etárias, de identidade e orientação sexual, de pessoas com deficiência, ou segmentos profissionais socialmente discriminados.

Responsáveis: Secretaria Especial dos Direitos Humanos da Presidência da República; Secretaria Especial de Políticas de Promoção da Igualdade Racial da Presidência da República; Secretaria Especial de Políticas para as Mulheres da Presidência da República; Ministério da Cultura

b) Incentivar e promover a realização de atividades de valorização da cultura das comunidades tradicionais, entre elas ribeirinhos, extrativistas, quebradeiras de coco, pescadores artesanais, seringueiros, geraizeiros, varzanteiros, pantaneiros, comunidades de fundo de pasto, caiçaras e faxinalenses.

Responsáveis: Ministério da Cultura; Ministério do Desenvolvimento Social e Combate à Fome; Ministério do Esporte

c) Fomentar a formação e capacitação em Direitos Humanos, como meio de resgatar a autoestima e a dignidade das comunidades tradicionais, rurais e urbanas.

Responsáveis: Secretaria Especial de Políticas de Promoção da Igualdade Racial da Presidência da República; Ministério da Justiça; Ministério da Cultura

d) Apoiar políticas de acesso a direitos para a população cigana, valorizando seus conhecimentos e cultura.

Responsável: Ministério do Desenvolvimento Social e Combate à Fome

e) Apoiar e valorizar a associação das mulheres quebradeiras de coco, protegendo e promovendo a continuidade de seu trabalho extrativista.

Responsável: Ministério do Desenvolvimento Social e Combate à Fome

f) Elaborar relatórios periódicos de acompanhamento das políticas direcionadas às populações e comunidades tradicionais, que contenham, entre outras, informações sobre população estimada, assistência integrada à saúde, número de violações registradas e apuradas, recorrência de violações, lideranças ameaçadas, dados sobre acesso à moradia, terra e território e conflitos existentes.

Responsáveis: Ministério da Justiça; Ministério da Saúde; Secretaria Especial de Políticas de Promoção da Igualdade Racial da Presidência da República; Secretaria Especial dos Direitos Humanos da Presidência da República

Objetivo estratégico II:

Proteção e promoção da diversidade das expressões culturais como Direito Humano.

Ações programáticas:

a) Promover ações de afirmação do direito à diversidade das expressões culturais, garantindo igual dignidade e respeito para todas as culturas.

Responsável: Ministério da Cultura

b) Incluir nos instrumentos e relatórios de políticas culturais a temática dos Direitos Humanos.

Responsável: Ministério da Cultura

Objetivo estratégico III:

Valorização da pessoa idosa e promoção de sua participação na sociedade.

Ações programáticas:

a) Promover a inserção, a qualidade de vida e a prevenção de agravos aos idosos, por meio de programas que fortaleçam o convívio familiar e comunitário, garantindo o acesso a serviços, ao lazer, à cultura e à atividade física, de acordo com sua capacidade funcional.

Responsáveis: Secretaria Especial dos Direitos Humanos da Presidência da República; Ministério da Cultura; Ministério do Esporte

b) Apoiar a criação de centros de convivência e desenvolver ações de valorização e socialização da pessoa idosa nas zonas urbanas e rurais.

Responsáveis: Secretaria Especial dos Direitos Humanos da Presidência da República; Ministério da Cultura

c) Fomentar programas de voluntariado de pessoas idosas, visando valorizar e reconhecer sua contribuição para o desenvolvimento e bem-estar da comunidade.

Responsável: Secretaria Especial dos Direitos Humanos da Presidência da República

d) Desenvolver ações que contribuam para o protagonismo da pessoa idosa na escola, possibilitando sua participação ativa na construção de uma nova percepção intergeracional.

ANOTAÇÕES

Responsável: Secretaria Especial dos Direitos Humanos da Presidência da República

e) Potencializar ações com ênfase no diálogo intergeracional, valorizando o conhecimento acumulado das pessoas idosas.

Responsável: Secretaria Especial dos Direitos Humanos da Presidência da República

f) Desenvolver ações intersetoriais para capacitação continuada de cuidadores de pessoas idosas.

Responsáveis: Ministério da Saúde; Ministério da Cultura

g) Desenvolver política de humanização do atendimento ao idoso, principalmente em instituições de longa permanência.

Responsáveis: Secretaria Especial dos Direitos Humanos da Presidência da República; Ministério da Cultura

h) Elaborar programas de capacitação para os operadores dos direitos da pessoa idosa.

Responsável: Secretaria Especial dos Direitos Humanos da Presidência da República.

i) Elaborar relatório periódico de acompanhamento das políticas para pessoas idosas que contenha informações sobre os Centros Integrados de Atenção a Prevenção à Violência, tais como: quantidade existente; sua participação no financiamento público; sua inclusão nos sistemas de atendimento; número de profissionais capacitados; pessoas idosas atendidas; proporção dos casos com resoluções; taxa de reincidência; pessoas idosas seguradas e aposentadas; famílias providas por pessoas idosas; pessoas idosas em abrigos; pessoas idosas em situação de rua; principal fonte de renda dos idosos; pessoas idosas atendidas, internadas e mortas por violência ou maus-tratos.

Responsáveis: Secretaria Especial dos Direitos Humanos da Presidência da República; Ministério da Saúde; Ministério da Previdência Social; Ministério da Justiça; Ministério do Desenvolvimento Social e Combate à Fome

Objetivo estratégico IV:

Promoção e proteção dos direitos das pessoas com deficiência e garantia da acessibilidade igualitária.

Ações programáticas:

a) Garantir às pessoas com deficiência igual e efetiva proteção legal contra a discriminação.

Responsáveis: Secretaria Especial dos Direitos Humanos da Presidência da República; Ministério da Justiça

b) Garantir salvaguardas apropriadas e efetivas para prevenir abusos a pessoas com deficiência e pessoas idosas.

Responsável: Secretaria Especial dos Direitos Humanos da Presidência da República

c) Assegurar o cumprimento do Decreto de Acessibilidade (Decreto no 5.296/2004) , que garante a acessibilidade pela adequação das vias e passeios públicos, semáforos, mobiliários, habitações, espaços de lazer, transportes, prédios públicos, inclusive instituições de ensino, e outros itens de uso individual e coletivo.

Responsáveis: Secretaria Especial dos Direitos Humanos da Presidência da República; Ministério do Trabalho e Emprego; Ministério das Cidades

d) Garantir recursos didáticos e pedagógicos para atender às necessidades educativas especiais.

Responsável: Ministério da Educação

e) Disseminar a utilização dos sistemas braile, tadoma, escrita de sinais e libras tátil para inclusão das pessoas com deficiência em todo o sistema de ensino.

Responsáveis: Secretaria Especial dos Direitos Humanos da Presidência da República; Ministério da Educação

f) Instituir e implementar o ensino da Língua Brasileira de Sinais como disciplina curricular facultativa.

Responsáveis: Secretaria Especial dos Direitos Humanos da Presidência da República; Ministério da Educação

ANOTAÇÕES

ANOTAÇÕES

g) Propor a regulamentação das profissões relativas à implementação da acessibilidade, tais como: instrutor de Libras, guia-intérprete, tradutor-intérprete, transcritor, revisor e ledor da escrita braile e treinadores de cães-guia.

Responsável: Ministério do Trabalho e Emprego

h) Elaborar relatórios sobre os Municípios que possuam frota adaptada para subsidiar o processo de monitoramento do cumprimento e implementação da legislação de acessibilidade.

Responsáveis: Ministério das Cidades; Secretaria Especial dos Direitos Humanos da Presidência da República

Objetivo estratégico V:

Garantia do respeito à livre orientação sexual e identidade de gênero.

Ações programáticas:

a) Desenvolver políticas afirmativas e de promoção de cultura de respeito à livre orientação sexual e identidade de gênero, favorecendo a visibilidade e o reconhecimento social.

Responsável: Secretaria Especial dos Direitos Humanos da Presidência da República

b) Apoiar projeto de lei que disponha sobre a união civil entre pessoas do mesmo sexo.

Responsáveis: Secretaria Especial dos Direitos Humanos da Presidência da República; Ministério da Justiça

c) Promover ações voltadas à garantia do direito de adoção por casais homoafetivos.

Responsáveis: Ministério da Justiça; Secretaria Especial dos Direitos Humanos da Presidência da República; Secretaria Especial de Políticas para as Mulheres da Presidência da República

d) Reconhecer e incluir nos sistemas de informação do serviço público todas as configurações familiares constituídas por lésbicas, gays, bissexuais, travestis e transexuais, com base na desconstrução da heteronormatividade.

Responsável: Ministério do Planejamento, Orçamento e Gestão

e) Desenvolver meios para garantir o uso do nome social de travestis e transexuais.

Responsável: Secretaria Especial dos Direitos Humanos da Presidência da República

f) Acrescentar campo para informações sobre a identidade de gênero dos pacientes nos prontuários do sistema de saúde.

Responsável: Ministério da Saúde

g) Fomentar a criação de redes de proteção dos Direitos Humanos de Lésbicas, Gays, Bissexuais, Travestis e Transexuais (LGBT) , principalmente a partir do apoio à implementação de Centros de Referência em Direitos Humanos de Prevenção e Combate à Homofobia e de núcleos de pesquisa e promoção da cidadania daquele segmento em universidades públicas.

Responsável: Secretaria Especial dos Direitos Humanos da Presidência da República

h) Realizar relatório periódico de acompanhamento das políticas contra discriminação à população LGBT, que contenha, entre outras, informações sobre inclusão no mercado de trabalho, assistência à saúde integral, número de violações registradas e apuradas, recorrências de violações, dados populacionais, de renda e conjugais.

Responsável: Secretaria Especial dos Direitos Humanos da Presidência da República

Objetivo estratégico VI:

Respeito às diferentes crenças, liberdade de culto e garantia da laicidade do Estado.

ANOTAÇÕES

Ações programáticas:

a) Instituir mecanismos que assegurem o livre exercício das diversas práticas religiosas, assegurando a proteção do seu espaço físico e coibindo manifestações de intolerância religiosa.

Responsáveis: Ministério da Justiça; Ministério da Cultura; Secretaria Especial dos Direitos Humanos da Presidência da República

b) Promover campanhas de divulgação sobre a diversidade religiosa para disseminar cultura da paz e de respeito às diferentes crenças.

Responsáveis: Secretaria Especial dos Direitos Humanos da Presidência da República; Ministério da Cultura; Secretaria Especial de Políticas de Promoção da Igualdade Racial da Presidência da República

d) Estabelecer o ensino da diversidade e história das religiões, inclusive as derivadas de matriz africana, na rede pública de ensino, com ênfase no reconhecimento das diferenças culturais, promoção da tolerância e na afirmação da laicidade do Estado.

Responsáveis: Ministério da Educação; Secretaria Especial dos Direitos Humanos da Presidência da República

e) Realizar relatório sobre pesquisas populacionais relativas a práticas religiosas, que contenha, entre outras, informações sobre número de religiões praticadas, proporção de pessoas distribuídas entre as religiões, proporção de pessoas que já trocaram de religião, número de pessoas religiosas não praticantes e número de pessoas sem religião.

Responsável: Secretaria Especial dos Direitos Humanos da Presidência da República

Eixo Orientador IV:

Segurança Pública, Acesso à Justiça e Combate à Violência

Por muito tempo, alguns segmentos da militância em Direitos Humanos mantiveram-se distantes do debate sobre as políticas públicas de segurança no Brasil. No processo de consolidação da democracia, por diferentes razões, movimentos sociais e entidades manifestaram dificuldade no tratamento do tema. Na base dessa dificuldade, estavam a memória dos enfrentamentos com o aparato repressivo ao longo de duas décadas de regime ditatorial, a postura violenta vigente, muitas vezes, em órgãos de segurança pública, a percepção do crime e da violência como meros subprodutos de uma ordem social injusta a ser transformada em seus próprios fundamentos.

Distanciamento análogo ocorreu nas universidades, que, com poucas exceções, não se debruçaram sobre o modelo de polícia legado ou sobre os desafios da segurança pública. As polícias brasileiras, nos termos de sua tradição institucional, pouco aproveitaram da reflexão teórica e dos aportes oferecidos pela criminologia moderna e demais ciências sociais, já disponíveis há algumas décadas às polícias e aos gestores de países desenvolvidos. A cultura arraigada de rejeitar as evidências acumuladas pela pesquisa e pela experiência de reforma das polícias no mundo era a mesma que expressava nostalgia de um passado de ausência de garantias individuais, e que identificava na ideia dos Direitos Humanos não a mais generosa entre as promessas construídas pela modernidade, mas uma verdadeira ameaça.

Estavam postas as condições históricas, políticas e culturais para que houvesse um fosso aparentemente intransponível entre os temas da segurança pública e os Direitos Humanos.

Nos últimos anos, contudo, esse processo de estranhamento mútuo passou a ser questionado. De um lado, articulações na sociedade civil assumiram o desafio de repensar a segurança pública a partir de diálogos com especialistas na área, policiais e gestores. De outro, começaram a ser implantadas as primeiras políticas públicas buscando caminhos alternativos de redução do crime e da violência, a partir de projetos centrados na prevenção e influenciados pela cultura de paz.

A proposição do Sistema Único de Segurança Pública, a modernização de parte das nossas estruturas policiais e a aprovação de novos regimentos e leis orgânicas das polícias, a consciência crescente de que políticas de segurança pública são realidades mais amplas e complexas do que as iniciativas possíveis às chamadas "forças da segurança", o surgimento de nova geração de policiais, disposta a repensar práticas e dogmas e, sobretudo, a cobrança da opinião pública e a maior fiscalização sobre o Estado, resultante do processo de democratização, têm tornado possível a construção de agenda de reformas na área.

O Programa Nacional de Segurança Pública com Cidadania (Pronasci) e os investimentos já realizados pelo Governo Federal na montagem de rede nacional de altos estudos em segurança pública, que têm beneficiado milhares de policiais em cada Estado, simbolizam, ao lado do processo de debates da 1ª Conferência Nacional de Segurança Pública, acúmulos históricos significativos, que apontam para novas e mais importantes mudanças.

As propostas elencadas neste eixo orientador do PNDH-3 articulam-se com tal processo histórico de transformação e exigem muito mais do que já foi alcançado. Para tanto, parte-se do pressuposto de que a realidade brasileira segue sendo gravemente marcada pela violência e por severos impasses estruturais na área da segurança pública.

Problemas antigos, como a ausência de diagnósticos, de planejamento e de definição formal de metas, a desvalorização profissional dos policiais e dos agentes penitenciários, o desperdício de recursos e a consagração de privilégios dentro das instituições, as práticas de abuso de autoridade e de violência policial contra grupos vulneráveis e a corrupção dos agentes de segurança pública, demandam reformas tão urgentes quanto profundas.

As propostas sistematizadas no PNDH-3 agregam, nesse contexto, as contribuições oferecidas pelo processo da 11ª Conferência Nacional dos Direitos Humanos e avançam também sobre temas que não foram objeto de debate, trazendo para o PNDH-3 parte do acúmulo crítico que tem sido proposto ao País pelos especialistas e pesquisadores da área.

Em linhas gerais, o PNDH-3 aponta para a necessidade de ampla reforma no modelo de polícia e propõe o aprofundamento do debate sobre a implantação do ciclo completo de policiamento às corporações estaduais. Prioriza transparência e participação popular, instando ao aperfeiçoamento das estatísticas e à publicação de dados, assim como à reformulação do Conselho Nacional de Segurança Pública. Contempla a prevenção da violência e da criminalidade como diretriz, ampliando o controle sobre armas de fogo e indicando a necessidade de profissionalização da investigação criminal.

Com ênfase na erradicação da tortura e na redução da letalidade policial e carcerária, confere atenção especial ao estabelecimento de procedimentos operacionais padronizados, que previnam as ocorrências de abuso de autoridade e de violência institucional, e confiram maior segurança a policiais e agentes penitenciários. Reafirma a necessidade de criação de ouvidorias independentes em âmbito federal e, inspirado em tendências mais modernas de policiamento, estimula as iniciativas orientadas por resultados, o desenvolvimento do policiamento comunitário e voltado para a solução de problemas, elencando medidas que promovam a valorização dos trabalhadores em segurança pública. Contempla, ainda, a criação de sistema federal que integre os atuais sistemas de proteção a vítimas e testemunhas, defensores de Direitos Humanos e crianças e adolescentes ameaçados de morte.

Também como diretriz, o PNDH-3 propõe profunda reforma da Lei de Execução Penal que introduza garantias fundamentais e novos regramentos para superar as práticas abusivas, hoje comuns. E trata as penas privativas de liberdade como última alternativa, propondo a redução da demanda por encarceramento e estimulando novas formas de tratamento dos conflitos, como as sugeridas pelo mecanismo da Justiça Restaurativa.

Reafirma-se a centralidade do direito universal de acesso à Justiça, com a possibilidade de acesso aos tribunais por toda a população, com o fortalecimento das defensorias públicas e a modernização da gestão judicial, de modo a garantir respostas judiciais mais céleres e eficazes. Destacam-se, ainda, o direito de acesso à Justiça em matéria de conflitos agrários e urbanos e o necessário estímulo aos meios de soluções pacíficas de controvérsias.

O PNDH-3 apresenta neste eixo, fundamentalmente, propostas para que o Poder Público se aperfeiçoe no desenvolvimento de políticas públicas de prevenção ao crime e à violência, reforçando a noção de acesso universal à Justiça como direito fundamental, e sustentando que a democracia, os processos de participação e transparência, aliados ao uso de ferramentas científicas e à profissionalização das instituições e trabalhadores da segurança, assinalam os roteiros mais promissores para que o Brasil possa avançar no caminho da paz pública.

Diretriz 11: Democratização e modernização do sistema de segurança pública

Objetivo estratégico I:

Modernização do marco normativo do sistema de segurança pública.

Ações programáticas:

a) Propor alteração do texto constitucional, de modo a considerar as polícias militares não mais como forças auxiliares do Exército, mantendo-as apenas como força reserva.

Responsável: Ministério da Justiça

b) Propor a revisão da estrutura, treinamento, controle, emprego e regimentos disciplinares dos órgãos de segurança pública, de forma a potencializar as suas funções de combate ao crime e proteção dos direitos de cidadania, bem como garantir que seus órgãos corregedores disponham de carreira própria, sem subordinação à direção das instituições policiais.

Responsável: Ministério da Justiça

c) Propor a criação obrigatória de ouvidorias de polícias independentes nos Estados e no Distrito Federal, com ouvidores protegidos por mandato e escolhidos com participação da sociedade.

Responsável: Ministério da Justiça

d) Assegurar a autonomia funcional dos peritos e a modernização dos órgãos periciais oficiais, como forma de incrementar sua estruturação, assegurando a produção isenta e qualificada da prova material, bem como o princípio da ampla defesa e do contraditório e o respeito aos Direitos Humanos.

Responsável: Ministério da Justiça

ANOTAÇÕES

e) Promover o aprofundamento do debate sobre a instituição do ciclo completo da atividade policial, com competências repartidas pelas polícias, a partir da natureza e da gravidade dos delitos.

Responsável: Ministério da Justiça

f) Apoiar a aprovação do Projeto de Lei no 1.937/2007, que dispõe sobre o Sistema Único de Segurança Pública.

Responsável: Ministério da Justiça

Objetivo estratégico II:

Modernização da gestão do sistema de segurança pública.

Ações programáticas:

a) Condicionar o repasse de verbas federais à elaboração e revisão periódica de planos estaduais, distrital e municipais de segurança pública que se pautem pela integração e pela responsabilização territorial da gestão dos programas e ações.

Responsável: Ministério da Justiça

b) Criar base de dados unificada que permita o fluxo de informações entre os diversos componentes do sistema de segurança pública e a Justiça criminal.

Responsáveis: Ministério da Justiça; Secretaria Especial dos Direitos Humanos da Presidência da República

c) Redefinir as competências e o funcionamento da Inspetoria-Geral das Polícias Militares e Corpos de Bombeiros Militares.

Responsáveis: Ministério da Justiça; Ministério da Defesa

Objetivo estratégico III:

Promoção dos Direitos Humanos dos profissionais do sistema de segurança pública, assegurando sua formação continuada e compatível com as atividades que exercem.

Ações programáticas:

a) Proporcionar equipamentos para proteção individual efetiva para os profissionais do sistema federal de segurança pública.

Responsável: Ministério da Justiça

b) Condicionar o repasse de verbas federais aos Estados, ao Distrito Federal e aos Municípios, à garantia da efetiva disponibilização de equipamentos de proteção individual aos profissionais do sistema nacional de segurança pública.

Responsável: Ministério da Justiça

c) Fomentar o acompanhamento permanente da saúde mental dos profissionais do sistema de segurança pública, mediante serviços especializados do sistema de saúde pública.

Responsáveis: Ministério da Justiça; Ministério da Saúde

d) Propor projeto de lei instituindo seguro para casos de acidentes incapacitantes ou morte em serviço para os profissionais do sistema de segurança pública.

Responsável: Ministério da Justiça;

e) Garantir a reabilitação e reintegração ao trabalho dos profissionais do sistema de segurança pública federal, nos casos de deficiência adquirida no exercício da função.

Responsável: Ministério da Justiça;

Diretriz 12: Transparência e participação popular no sistema de segurança pública e justiça criminal.

Objetivo estratégico I:

Publicação de dados do sistema federal de segurança pública.

Ação programática

a) Publicar trimestralmente estatísticas sobre:

Crimes registrados, inquéritos instaurados e concluídos, prisões efetuadas, flagrantes registrados, operações realizadas, armas e entorpecentes apreendidos pela Polícia Federal em cada Estado da Federação;

ANOTAÇÕES

Veículos abordados, armas e entorpecentes apreendidos e prisões efetuadas pela Polícia Rodoviária Federal em cada Estado da Federação;

Presos provisórios e condenados sob custódia do sistema penitenciário federal e quantidade de presos trabalhando e estudando por sexo, idade e raça ou etnia;

Vitimização de policiais federais, policiais rodoviários federais, membros da Força Nacional de Segurança Pública e agentes penitenciários federais;

Quantidade e tipos de laudos produzidos pelos órgãos federais de perícia oficial.

Responsável: Ministério da Justiça

Objetivo estratégico II:

Consolidação de mecanismos de participação popular na elaboração das políticas públicas de segurança.

Ações programáticas:

a) Reformular o Conselho Nacional de Segurança Pública, assegurando a participação da sociedade civil organizada em sua composição e garantindo sua articulação com o Conselho Nacional de Política Criminal e Penitenciária.

Responsável: Ministério da Justiça

b) Fomentar mecanismos de gestão participativa das políticas públicas de segurança, como conselhos e conferências, ampliando a Conferência Nacional de Segurança Pública.

Responsável: Ministério da Justiça

Diretriz 13: Prevenção da violência e da criminalidade e profissionalização da investigação de atos criminosos.

Objetivo estratégico I:

Ampliação do controle de armas de fogo em circulação no País.

Ações programáticas:

a) Realizar ações permanentes de estímulo ao desarmamento da população.

Responsável: Ministério da Justiça

b) Propor reforma da legislação para ampliar as restrições e os requisitos para aquisição de armas de fogo por particulares e empresas de segurança privada.

Responsável: Ministério da Justiça

c) Propor alteração da legislação para garantir que as armas apreendidas em crimes que não envolvam disparo sejam inutilizadas imediatamente após a perícia.

Responsável: Ministério da Justiça

d) Registrar no Sistema Nacional de Armas todas as armas de fogo destruídas.

Responsável: Ministério da Defesa

Objetivo estratégico II:

Qualificação da investigação criminal.

Ações programáticas:

a) Propor projeto de lei para alterar o procedimento do inquérito policial, de modo a admitir procedimentos orais gravados e transformar em peça ágil e eficiente de investigação criminal voltada à coleta de evidências.

Responsável: Ministério da Justiça

b) Fomentar o debate com o objetivo de unificar os meios de investigação e obtenção de provas e padronizar procedimentos de investigação criminal.

Responsável: Ministério da Justiça

c) Promover a capacitação técnica em investigação criminal para os profissionais dos sistemas estaduais de segurança pública.

Responsável: Ministério da Justiça

d) Realizar pesquisas para qualificação dos estudos sobre técnicas de investigação criminal.

Responsável: Ministério da Justiça

Objetivo estratégico III:

Produção de prova pericial com celeridade e procedimento padronizado.

Ações programáticas:

a) Propor regulamentação da perícia oficial.

Responsável: Ministério da Justiça

b) Propor projeto de lei para proporcionar autonomia administrativa e funcional dos órgãos periciais federais.

Responsável: Ministério da Justiça

c) Propor padronização de procedimentos e equipamentos a serem utilizados pelas unidades periciais oficiais em todos os exames periciais criminalísticos e médico-legais.

Responsáveis: Ministério da Justiça; Secretaria Especial dos Direitos Humanos da Presidência da República

d) Desenvolver sistema de dados nacional informatizado para monitoramento da produção e da qualidade dos laudos produzidos nos órgãos periciais.

Responsável: Ministério da Justiça

e) Fomentar parcerias com universidades para pesquisa e desenvolvimento de novas metodologias a serem implantadas nas unidades periciais.

Responsável: Ministério da Justiça

f) Promover e apoiar a educação continuada dos profissionais da perícia oficial, em todas as áreas, para a formação técnica e em Direitos Humanos.

Responsáveis: Ministério da Justiça; Secretaria Especial dos Direitos Humanos da Presidência da República

Objetivo estratégico IV:

Fortalecimento dos instrumentos de prevenção à violência.

Ações programáticas:

a) Elaborar diretrizes para as políticas de prevenção à violência com o objetivo de assegurar o reconhecimento das diferenças geracionais, de gênero, étnico-racial e de orientação sexual.

Responsáveis: Ministério da Justiça; Secretaria Especial de Políticas para as Mulheres da Presidência da República; Secretaria Especial de Políticas de Promoção da Igualdade Racial da Presidência da República

b) Realizar anualmente pesquisas nacionais de vitimização.

Responsáveis: Ministério da Justiça; Secretaria Especial dos Direitos Humanos da Presidência da República

c) Fortalecer mecanismos que possibilitem a efetiva fiscalização de empresas de segurança privada e a investigação e responsabilização de policiais que delas participem de forma direta ou indireta.

Responsáveis: Ministério da Justiça; Secretaria Especial dos Direitos Humanos da Presidência da República

d) Desenvolver normas de conduta e fiscalização dos serviços de segurança privados que atuam na área rural.

Responsável: Ministério da Justiça

e) Elaborar diretrizes para atividades de policiamento comunitário e policiamento orientado para a solução de problemas, bem como catalogar e divulgar boas práticas dessas atividades.

Responsável: Ministério da Justiça

f) Elaborar diretrizes para atuação conjunta entre os órgãos de trânsito e os de segurança pública para reduzir a violência no trânsito.

Responsáveis: Ministério da Justiça; Ministério das Cidades

ANOTAÇÕES

g) Realizar debate sobre o atual modelo de repressão e estimular a discussão sobre modelos alternativos de tratamento do uso e tráfico de drogas, considerando o paradigma da redução de danos.

Responsáveis: Ministério da Justiça; Secretaria Especial dos Direitos Humanos da Presidência da República; Gabinete de Segurança Institucional; Ministério da Saúde

Objetivo estratégico V:

Redução da violência motivada por diferenças de gênero, raça ou etnia, idade, orientação sexual e situação de vulnerabilidade.

Ações programáticas:

a) Fortalecer a atuação da Polícia Federal no combate e na apuração de crimes contra os Direitos Humanos.

Responsáveis: Ministério da Justiça; Secretaria Especial dos Direitos Humanos da Presidência da República

b) Garantir aos grupos em situação de vulnerabilidade o conhecimento sobre serviços de atendimento, atividades desenvolvidas pelos órgãos e instituições de segurança e mecanismos de denúncia, bem como a forma de acioná-los.

Responsáveis: Ministério da Justiça; Secretaria Especial dos Direitos Humanos da Presidência da República; Secretaria Especial de Políticas para as Mulheres da Presidência da República; Secretaria Especial de Políticas de Promoção da Igualdade Racial da Presidência da República

c) Desenvolver e implantar sistema nacional integrado das redes de saúde, de assistência social e educação para a notificação de violência.

Responsáveis: Secretaria Especial dos Direitos Humanos da Presidência da República; Ministério da Saúde; Ministério do Desenvolvimento Social e Combate à Fome; Ministério da Educação; Secretaria Especial de Políticas de Promoção da Igualdade Racial da Presidência da República

d) Promover campanhas educativas e pesquisas voltadas à prevenção da violência contra pessoas com deficiência, idosos, mulheres, indígenas, negros, crianças, adolescentes, lésbicas, gays, bissexuais, transexuais, travestis e pessoas em situação de rua.

Responsáveis: Secretaria Especial dos Direitos Humanos da Presidência da República; Ministério do Desenvolvimento Social e Combate à Fome; Secretaria Especial de Políticas de Promoção da Igualdade Racial da Presidência da República; Secretaria Especial de Políticas para as Mulheres da Presidência da República; Ministério da Justiça; Ministério do Turismo; Ministério do Esporte

e) Fortalecer unidade especializada em conflitos indígenas na Polícia Federal e garantir sua atuação conjunta com a FUNAI, em especial nos processos conflituosos de demarcação.

Responsável: Ministério da Justiça

f) Fomentar cursos de qualificação e capacitação sobre aspectos da cultura tradicional dos povos indígenas e sobre legislação indigenista para todas as corporações policiais, principalmente para as polícias militares e civis especialmente nos Estados e Municípios em que as aldeias indígenas estejam localizadas nas proximidades dos centros urbanos.

Responsáveis: Ministério da Justiça; Secretaria Especial dos Direitos Humanos da Presidência da República

g) Fortalecer mecanismos para combater a violência contra a população indígena, em especial para as mulheres indígenas vítimas de casos de violência psicológica, sexual e de assédio moral.

Responsáveis: Ministério da Justiça; Ministério da Saúde; Secretaria Especial de Políticas para as Mulheres da Presidência da República

h) Apoiar a implementação do pacto nacional de enfrentamento à violência contra as mulheres de forma articulada com os planos estaduais de segurança pública e em conformidade com a Lei Maria da Penha (Lei no 11.340/2006).

ANOTAÇÕES

ANOTAÇÕES

Responsáveis: Ministério da Justiça; Secretaria Especial de Políticas para as Mulheres da Presidência da República; Ministério da Saúde; Secretaria Especial dos Direitos Humanos da Presidência da República

i) Avaliar o cumprimento da Lei Maria da Penha com base nos dados sobre tipos de violência, agressor e vítima.

Responsáveis: Ministério da Justiça; Secretaria Especial de Políticas para as Mulheres da Presidência da República

j) Fortalecer ações estratégicas de prevenção à violência contra jovens negros.

Responsáveis: Secretaria Especial de Políticas de Promoção da Igualdade Racial da Presidência da República; Ministério da Justiça

k) Estabelecer política de prevenção de violência contra a população em situação de rua, incluindo ações de capacitação de policiais em Direitos Humanos.

Responsáveis: Ministério da Justiça; Secretaria Especial dos Direitos Humanos da Presidência da República

l) Promover a articulação institucional, em conjunto com a sociedade civil, para implementar o Plano de Ação para o Enfrentamento da Violência contra a Pessoa Idosa.

Responsáveis: Secretaria Especial dos Direitos Humanos da Presidência da República; Ministério da Justiça; Ministério do Desenvolvimento Social e Combate à Fome; Ministério da Saúde

m) Fomentar a implantação do serviço de recebimento e encaminhamento de denúncias de violência contra a pessoa idosa em todas as unidades da Federação.

Responsável: Secretaria Especial dos Direitos Humanos da Presidência da República

n) Capacitar profissionais de educação e saúde para identificar e notificar crimes e casos de violência contra a pessoa idosa e contra a pessoa com deficiência.

Responsáveis: Secretaria Especial dos Direitos Humanos da Presidência da República; Ministério da Saúde; Ministério da Educação

o) Implementar ações de promoção da cidadania e Direitos Humanos das lésbicas, gays, bissexuais, transexuais e travestis, com foco na prevenção à violência, garantindo redes integradas de atenção.

Responsáveis: Ministério da Justiça; Secretaria Especial dos Direitos Humanos da Presidência da República

Objetivo estratégico VI:

Enfrentamento ao tráfico de pessoas.

Ações programáticas:

a) Desenvolver metodologia de monitoramento, disseminação e avaliação das metas do Plano Nacional de Enfrentamento ao Tráfico de Pessoas, bem como construir e implementar o II Plano Nacional de Enfrentamento ao Tráfico de Pessoas.

Responsáveis: Ministério da Justiça; Ministério do Turismo; Secretaria Especial de Políticas para as Mulheres da Presidência da República; Ministério do Trabalho e Emprego; Secretaria Especial dos Direitos Humanos da Presidência da República

b) Estruturar, a partir de serviços existentes, sistema nacional de atendimento às vítimas do tráfico de pessoas, de reintegração e diminuição da vulnerabilidade, especialmente de crianças, adolescentes, mulheres, transexuais e travestis.

Responsáveis: Secretaria Especial dos Direitos Humanos da Presidência da República; Secretaria Especial de Políticas para as Mulheres da Presidência da República; Ministério da Justiça

c) Implementar as ações referentes a crianças e adolescentes previstas na Política e no Plano Nacional de Enfrentamento ao Tráfico de Pessoas.

Responsáveis: Ministério da Justiça; Secretaria Especial dos Direitos Humanos da Presidência da República

ANOTAÇÕES

d) Consolidar fluxos de encaminhamento e monitoramento de denúncias de casos de tráfico de crianças e adolescentes.

Responsáveis: Ministério da Justiça; Secretaria Especial dos Direitos Humanos da Presidência da República; Secretaria Especial de Políticas para as Mulheres da Presidência da República

e) Revisar e disseminar metodologia para atendimento de crianças e adolescentes vítimas de tráfico.

Responsável: Secretaria Especial dos Direitos Humanos da Presidência da República

f) Fomentar a capacitação de técnicos da gestão pública, organizações não governamentais e representantes das cadeias produtivas para o enfrentamento ao tráfico de pessoas.

Responsável: Ministério do Turismo

g) Desenvolver metodologia e material didático para capacitar agentes públicos no enfrentamento ao tráfico de pessoas.

Responsáveis: Secretaria Especial dos Direitos Humanos da Presidência da República; Ministério do Turismo; Ministério da Justiça; Secretaria Especial de Políticas para as Mulheres da Presidência da República

h) Realizar estudos e pesquisas sobre o tráfico de pessoas, inclusive sobre exploração sexual de crianças e adolescentes.

Responsáveis: Secretaria Especial dos Direitos Humanos da Presidência da República; Ministério do Turismo; Ministério da Justiça; Secretaria Especial de Políticas para as Mulheres da Presidência da República

Diretriz 14: Combate à violência institucional, com ênfase na erradicação da tortura e na redução da letalidade policial e carcerária.

Objetivo estratégico I:

Fortalecimento dos mecanismos de controle do sistema de segurança pública.

Ações programáticas:

a) Criar ouvidoria de polícia com independência para exercer controle externo das atividades das Polícias Federais e da Força Nacional de Segurança Pública, coordenada por um ouvidor com mandato.

Responsáveis: Ministério da Justiça; Secretaria Especial dos Direitos Humanos da Presidência da República

b) Fortalecer a Ouvidoria do Departamento Penitenciário Nacional, dotando-a de recursos humanos e materiais necessários ao desempenho de suas atividades, propondo sua autonomia funcional.

Responsável: Ministério da Justiça

c) Condicionar a transferência voluntária de recursos federais aos Estados e ao Distrito Federal ao plano de implementação ou à existência de ouvidorias de polícia e do sistema penitenciário, que atendam aos requisitos de coordenação por ouvidor com mandato, escolhidos com participação da sociedade civil e com independência para sua atuação.

Responsável: Ministério da Justiça

d) Elaborar projeto de lei para aperfeiçoamento da legislação processual penal, visando padronizar os procedimentos da investigação de ações policiais com resultado letal.

Responsável: Ministério da Justiça; Secretaria Especial dos Direitos Humanos da Presidência da República

e) Dotar as Corregedorias da Polícia Federal, da Polícia Rodoviária Federal e do Departamento Penitenciário Nacional de recursos humanos e materiais suficientes para o desempenho de suas atividades, ampliando sua autonomia funcional.

Responsável: Ministério da Justiça

f) Fortalecer a inspetoria da Força Nacional de Segurança Pública e tornar obrigatória a publicação trimestral de estatísticas sobre procedimentos instaurados e concluídos e sobre o número de policiais desmobilizados.

Responsável: Ministério da Justiça

g) Publicar trimestralmente estatísticas sobre procedimentos instaurados e concluídos pelas Corregedorias da Polícia Federal e da Polícia Rodoviária Federal, e sobre a quantidade de policiais infratores e condenados, por cargo e tipo de punição aplicada.

Responsável: Ministério da Justiça

h) Publicar trimestralmente informações sobre pessoas mortas e feridas em ações da Polícia Federal, da Polícia Rodoviária Federal e da Força Nacional de Segurança Pública.

Responsável: Ministério da Justiça

i) Criar sistema de rastreamento de armas e de veículos usados pela Polícia Federal, Polícia Rodoviária Federal e Força Nacional de Segurança Pública, e fomentar a criação de sistema semelhante nos Estados e no Distrito Federal.

Responsável: Ministério da Justiça

Objetivo estratégico II:

Padronização de procedimentos e equipamentos do sistema de segurança pública.

Ações programáticas:

a) Elaborar procedimentos operacionais padronizados para as forças policiais federais, com respeito aos Direitos Humanos.

Responsáveis: Ministério da Justiça; Secretaria Especial dos Direitos Humanos da Presidência da República

b) Elaborar procedimentos operacionais padronizados sobre revistas aos visitantes de estabelecimentos prisionais, respeitando os preceitos dos Direitos Humanos.

Responsáveis: Ministério da Justiça; Secretaria Especial dos Direitos Humanos da Presidência da República; Secretaria Especial de Políticas para as Mulheres da Presidência da República

c) Elaborar diretrizes nacionais sobre uso da força e de armas de fogo pelas instituições policiais e agentes do sistema penitenciário.

Responsáveis: Ministério da Justiça; Secretaria Especial dos Direitos Humanos da Presidência da República

d) Padronizar equipamentos, armas, munições e veículos apropriados à atividade policial a serem utilizados pelas forças policiais da União, bem como aqueles financiados com recursos federais nos Estados, no Distrito Federal e nos Municípios.

Responsáveis: Ministério da Justiça; Secretaria Especial dos Direitos Humanos da Presidência da República

e) Disponibilizar para a Polícia Federal, a Polícia Rodoviária Federal e para a Força Nacional de Segurança Pública munição, tecnologias e armas de menor potencial ofensivo.

Responsável: Ministério da Justiça

Objetivo estratégico III:

Consolidação de política nacional visando à erradicação da tortura e de outros tratamentos ou penas cruéis, desumanos ou degradantes.

Ações programáticas:

a) Elaborar projeto de lei visando a instituir o Mecanismo Preventivo Nacional, sistema de inspeção aos locais de detenção para o monitoramento regular e periódico dos centros de privação de liberdade, nos termos do protocolo facultativo à convenção da ONU contra a tortura e outros tratamentos ou penas cruéis, desumanos ou degradantes.

Responsáveis: Ministério da Justiça; Secretaria Especial dos Direitos Humanos da Presidência da República; Ministério das Relações Exteriores;

b) Instituir grupo de trabalho para discutir e propor atualização e aperfeiçoamento da Lei no 9.455/1997, que define os crimes de tortura, de forma a atualizar os tipos penais, instituir sistema nacional de combate à tortura, estipular marco legal para a definição de regras unificadas de exame médico-legal, bem como estipular ações preventivas obrigatórias como formação específica das forças policiais e capacitação de agentes para a identificação da tortura.

Responsável: Secretaria Especial dos Direitos Humanos da Presidência da República

c) Promover o fortalecimento, a criação e a reativação dos comitês estaduais de combate à tortura.

Responsável: Secretaria Especial dos Direitos Humanos da Presidência da República

d) Propor projeto de lei para tornar obrigatória a filmagem dos interrogatórios ou audiogravações realizadas durante as investigações policiais.

Responsáveis: Ministério da Justiça; Secretaria Especial dos Direitos Humanos da Presidência da República

e) Estabelecer protocolo para a padronização de procedimentos a serem realizados nas perícias destinadas a averiguar alegações de tortura.

Responsáveis: Ministério da Justiça; Secretaria Especial dos Direitos Humanos da Presidência da República

f) Elaborar matriz curricular e capacitar os operadores do sistema de segurança pública e justiça criminal para o combate à tortura.

Responsáveis: Ministério da Justiça; Secretaria Especial dos Direitos Humanos da Presidência da República

g) Capacitar e apoiar a qualificação dos agentes da perícia oficial, bem como de agentes públicos de saúde, para a identificação de tortura.

Responsáveis: Ministério da Justiça; Secretaria Especial dos Direitos Humanos da Presidência da República

h) Incluir na formação de agentes penitenciários federais curso com conteúdos relativos ao combate à tortura e sobre a importância dos Direitos Humanos.

Responsáveis: Ministério da Justiça; Secretaria Especial dos Direitos Humanos da Presidência da República

i) Realizar campanhas de prevenção e combate à tortura nos meios de comunicação para a população em geral, além de campanhas específicas voltadas às forças de segurança pública, bem como divulgar os parâmetros internacionais de combate às práticas de tortura.

Responsável: Secretaria Especial dos Direitos Humanos da Presidência da República

j) Estabelecer procedimento para a produção de relatórios anuais, contendo informações sobre o número de casos de torturas e de tratamentos desumanos ou degradantes levados às autoridades, número de perpetradores e de sentenças judiciais.

Responsável: Secretaria Especial dos Direitos Humanos da Presidência da República

Objetivo estratégico IV:

Combate às execuções extrajudiciais realizadas por agentes do Estado.

Ações programáticas:

a) Fortalecer ações de combate às execuções extrajudiciais realizadas por agentes do Estado, assegurando a investigação dessas violações.

Responsáveis: Ministério da Justiça; Secretaria Especial dos Direitos Humanos da Presidência da República

b) Desenvolver e apoiar ações específicas para investigação e combate à atuação de milícias e grupos de extermínio.

Responsáveis: Ministério da Justiça; Secretaria Especial dos Direitos Humanos da Presidência da República

Diretriz 15: Garantia dos direitos das vítimas de crimes e de proteção das pessoas ameaçadas.

ANOTAÇÕES

ANOTAÇÕES

DIR. HUM.

ANOTAÇÕES

Objetivo estratégico I:

Instituição de sistema federal que integre os programas de proteção.

Ações programáticas:

a) Propor projeto de lei para integração, de forma sistêmica, dos programas de proteção a vítimas e testemunhas ameaçadas, defensores de Direitos Humanos e crianças e adolescentes ameaçados de morte.

Responsável: Secretaria Especial dos Direitos Humanos da Presidência da República

b) Desenvolver sistema nacional que integre as informações das ações de proteção às pessoas ameaçadas.

Responsável: Secretaria Especial dos Direitos Humanos da Presidência da República

c) Ampliar os programas de proteção a vítimas e testemunhas ameaçadas, defensores dos Direitos Humanos e crianças e adolescentes ameaçados de morte para os Estados em que o índice de violência aponte a criação de programas locais.

Responsável: Secretaria Especial dos Direitos Humanos da Presidência da República

d) Garantir a formação de agentes da Polícia Federal para a proteção das pessoas incluídas nos programas de proteção de pessoas ameaçadas, observadas suas diretrizes.

Responsáveis: Ministério da Justiça; Secretaria Especial dos Direitos Humanos da Presidência da República

e) Propor ampliação os recursos orçamentários para a realização das ações dos programas de proteção a vítimas e testemunhas ameaçadas, defensores dos Direitos Humanos e crianças e adolescentes ameaçados de morte.

Responsável: Secretaria Especial dos Direitos Humanos da Presidência da República

Objetivo estratégico II:

Consolidação da política de assistência a vítimas e a testemunhas ameaçadas.

Ações programáticas:

a) Propor projeto de lei para aperfeiçoar o marco legal do Programa Federal de Assistência a Vítimas e Testemunhas Ameaçadas, ampliando a proteção de escolta policial para as equipes técnicas do programa, e criar sistema de apoio à reinserção social dos usuários do programa.

Responsáveis: Ministério da Justiça; Secretaria Especial dos Direitos Humanos da Presidência da República

b) Regulamentar procedimentos e competências para a execução do Programa Federal de Assistência a Vítimas e Testemunhas Ameaçadas, em especial para a realização de escolta de seus usuários.

Responsáveis: Ministério da Justiça; Secretaria Especial dos Direitos Humanos da Presidência da República

c) Fomentar a criação de centros de atendimento a vítimas de crimes e a seus familiares, com estrutura adequada e capaz de garantir o acompanhamento psicossocial e jurídico dos usuários, com especial atenção a grupos sociais mais vulneráveis, assegurando o exercício de seus direitos.

Responsáveis: Secretaria Especial dos Direitos Humanos da Presidência da República; Secretaria Especial de Políticas para as Mulheres da Presidência da República

d) Incentivar a criação de unidades especializadas do Serviço de Proteção ao Depoente Especial da Polícia Federal nos Estados e no Distrito Federal.

Responsável: Ministério da Justiça; Secretaria Especial dos Direitos Humanos da Presidência da República

e) Garantir recursos orçamentários e de infraestrutura ao Serviço de Proteção ao Depoente Especial da Polícia Federal, necessários ao atendimento pleno, imediato e de qualidade aos depoentes especiais e a seus familiares, bem como o atendimento às demandas de inclusão provisória no programa federal.

Responsável: Ministério da Justiça

Objetivo estratégico III:

Garantia da proteção de crianças e adolescentes ameaçados de morte.

Ações programáticas:

a) Ampliar a atuação federal no âmbito do Programa de Proteção a Crianças e Adolescentes Ameaçados de Morte nas unidades da Federação com maiores taxas de homicídio nessa faixa etária.

Responsável: Secretaria Especial dos Direitos Humanos da Presidência da República

b) Formular política nacional de enfrentamento da violência letal contra crianças e adolescentes.

Responsável: Secretaria Especial dos Direitos Humanos da Presidência da República

c) Desenvolver e aperfeiçoar os indicadores de morte violenta de crianças e adolescentes, assegurando publicação anual dos dados.

Responsáveis: Secretaria Especial dos Direitos Humanos da Presidência da República; Ministério da Saúde

d) Desenvolver programas de enfrentamento da violência letal contra crianças e adolescentes e divulgar as experiências bem sucedidas.

Responsáveis: Secretaria Especial dos Direitos Humanos da Presidência da República; Ministério da Justiça

Objetivo estratégico IV:

Garantia de proteção dos defensores dos Direitos Humanos e de suas atividades.

Ações programáticas:

a) Fortalecer a execução do Programa Nacional de Proteção aos Defensores dos Direitos Humanos, garantindo segurança nos casos de violência, ameaça, retaliação, pressão ou ação arbitrária, e a defesa em ações judiciais de má-fé, em decorrência de suas atividades.

Responsável: Secretaria Especial dos Direitos Humanos da Presidência da República

b) Articular com os órgãos de segurança pública de Direitos Humanos nos Estados para garantir a segurança dos defensores dos Direitos Humanos.

Responsáveis: Ministério da Justiça; Secretaria Especial dos Direitos Humanos da Presidência da República

c) Capacitar os operadores do sistema de segurança pública e de justiça sobre o trabalho dos defensores dos Direitos Humanos.

Responsável: Secretaria Especial dos Direitos Humanos da Presidência da República

d) Fomentar parcerias com as Defensorias Públicas dos Estados e da União para a defesa judicial dos defensores dos Direitos Humanos nos processos abertos contra eles.

Responsável: Secretaria Especial dos Direitos Humanos da Presidência da República

e) Divulgar em âmbito nacional a atuação dos defensores e militantes dos Direitos Humanos, fomentando cultura de respeito e valorização de seus papéis na sociedade.

Responsável: Secretaria Especial dos Direitos Humanos da Presidência da República

Diretriz 16: Modernização da política de execução penal, priorizando a aplicação de penas e medidas alternativas à privação de liberdade e melhoria do sistema penitenciário.

Objetivo estratégico I:

Reestruturação do sistema penitenciário.

ANOTAÇÕES

ANOTAÇÕES

DIR. HUM.

Ações programáticas:

a) Elaborar projeto de reforma da Lei de Execução Penal (Lei no 7.210/1984) , com o propósito de:

Adotar mecanismos tecnológicos para coibir a entrada de substâncias e materiais proibidos, eliminando a prática de revista íntima nos familiares de presos;

Aplicar a Lei de Execução Penal também a presas e presos provisórios e aos sentenciados pela Justiça Especial;

Vedar a divulgação pública de informações sobre perfil psicológico do preso e eventuais diagnósticos psiquiátricos feitos nos estabelecimentos prisionais;

Instituir a obrigatoriedade da oferta de ensino pelos estabelecimentos penais e a remição de pena por estudo;

Estabelecer que a perda de direitos ou a redução de acesso a qualquer direito ocorrerá apenas como consequência de faltas de natureza grave;

Estabelecer critérios objetivos para isolamento de presos e presas no regime disciplinar diferenciado;

Configurar nulidade absoluta dos procedimentos disciplinares quando não houver intimação do defensor do preso;

Estabelecer o regime de condenação como limite para casos de regressão de regime;

Assegurar e regulamentar as visitas íntimas para a população carcerária LGBT.

Responsável: Ministério da Justiça

b) Elaborar decretos extraordinários de indulto a condenados por crimes sem violência real, que reduzam substancialmente a população carcerária brasileira.

Responsável: Ministério da Justiça

c) Fomentar a realização de revisões periódicas processuais dos processos de execução penal da população carcerária.

Responsável: Ministério da Justiça

d) Vincular o repasse de recursos federais para construção de estabelecimentos prisionais nos Estados e no Distrito Federal ao atendimento das diretrizes arquitetônicas que contemplem a existência de alas específicas para presas grávidas e requisitos de acessibilidade.

Responsáveis: Ministério da Justiça; Secretaria Especial de Políticas para as Mulheres da Presidência da República

e) Aplicar a Política Nacional de Saúde Mental e a Política para a Atenção Integral a Usuários de Álcool e outras Drogas no sistema penitenciário.

Responsáveis: Ministério da Justiça; Ministério da Saúde

f) Aplicar a Política Nacional de Atenção Integral à Saúde da Mulher no contexto prisional, regulamentando a assistência pré-natal, a existência de celas específicas e período de permanência com seus filhos para aleitamento.

Responsáveis: Ministério da Justiça; Ministério da Saúde; Secretaria Especial de Políticas para as Mulheres da Presidência da República

g) Implantar e implementar as ações de atenção integral aos presos previstas no Plano Nacional de Saúde no Sistema Penitenciário.

Responsável: Ministério da Justiça; Ministério da Saúde

h) Promover estudo sobre a viabilidade de criação, em âmbito federal, da carreira de oficial de condicional, trabalho externo e penas alternativas, para acompanhar os condenados em liberdade condicional, os presos em trabalho externo, em qualquer regime de execução, e os condenados a penas alternativas à prisão.

Responsáveis: Ministério da Justiça; Ministério do Planejamento, Orçamento e Gestão

i) Avançar na implementação do Sistema de Informações Penitenciárias (InfoPen) , financiando a inclusão dos estabelecimentos prisionais dos Estados e do Distrito Federal e condicionando os repasses de recursos federais à sua efetiva integração ao sistema.

Responsável: Ministério da Justiça

j) Ampliar campanhas de sensibilização para inclusão social de egressos do sistema prisional.

Responsável: Ministério da Justiça

k) Estabelecer diretrizes na política penitenciária nacional que fortaleçam o processo de reintegração social dos presos, internados e egressos, com sua efetiva inclusão nas políticas públicas sociais.

Responsáveis: Ministério da Justiça; Ministério do Desenvolvimento Social e Combate à Fome; Ministério da Saúde; Ministério da Educação; Ministério do Esporte

l) Debater, por meio de grupo de trabalho interministerial, ações e estratégias que visem assegurar o encaminhamento para o presídio feminino de mulheres transexuais e travestis que estejam em regime de reclusão.

Responsáveis: Ministério da Justiça; Secretaria Especial dos Direitos Humanos da Presidência da República; Secretaria Especial de Políticas para as Mulheres da Presidência da República

Objetivo estratégico II:

Limitação do uso dos institutos de prisão cautelar.

Ações programáticas:

a) Propor projeto de lei para alterar o Código de Processo Penal, com o objetivo de:

Estabelecer requisitos objetivos para decretação de prisões preventivas que consagrem sua excepcionalidade;

Vedar a decretação de prisão preventiva em casos que envolvam crimes com pena máxima inferior a quatro anos, excetuando crimes graves como formação de quadrilha e peculato;

Estabelecer o prazo máximo de oitenta e um dias para prisão provisória.

Responsável: Ministério da Justiça

b) Alterar a legislação sobre abuso de autoridade, tipificando de modo específico as condutas puníveis.

Responsáveis: Ministério da Justiça; Secretaria Especial dos Direitos Humanos da Presidência da República

Objetivo estratégico III:

Tratamento adequado de pessoas com transtornos mentais.

Ações programáticas:

a) Estabelecer diretrizes que garantam tratamento adequado às pessoas com transtornos mentais, em consonância com o princípio de desinstitucionalização.

Responsáveis: Ministério da Justiça; Ministério da Saúde

b) Propor projeto de lei para alterar o Código Penal, prevendo que o período de cumprimento de medidas de segurança não deve ultrapassar o da pena prevista para o crime praticado, e estabelecendo a continuidade do tratamento fora do sistema penitenciário quando necessário.

Responsáveis: Ministério da Justiça; Ministério da Saúde

c) Estabelecer mecanismos para a reintegração social dos internados em medida de segurança quando da extinção desta, mediante aplicação dos benefícios sociais correspondentes.

Responsáveis: Ministério da Justiça; Ministério da Saúde; Ministério do Desenvolvimento Social e Combate à Fome

Objetivo estratégico IV:

Ampliação da aplicação de penas e medidas alternativas.

Ações programáticas:

a) Desenvolver instrumentos de gestão que assegurem a sustentabilidade das políticas públicas de aplicação de penas e medidas alternativas.

ANOTAÇÕES

Responsáveis: Ministério da Justiça

b) Incentivar a criação de varas especializadas e de centrais de monitoramento do cumprimento de penas e medidas alternativas.

Responsável: Ministério da Justiça

c) Desenvolver modelos de penas e medidas alternativas que associem seu cumprimento ao ilícito praticado, com projetos temáticos que estimulem a capacitação do cumpridor, bem como penas de restrição de direitos com controle de frequência.

Responsável: Ministério da Justiça

d) Desenvolver programas-piloto com foco na educação, para aplicação da pena de limitação de final de semana.

Responsáveis: Ministério da Justiça; Ministério da Educação

Diretriz 17: Promoção de sistema de justiça mais acessível, ágil e efetivo, para o conhecimento, a garantia e a defesa dos direitos.

Objetivo estratégico I:

Acesso da população à informação sobre seus direitos e sobre como garanti-los.

Ações programáticas:

a) Difundir o conhecimento sobre os Direitos Humanos e sobre a legislação pertinente com publicações em linguagem e formatos acessíveis.

Responsáveis: Ministério da Justiça; Secretaria Especial dos Direitos Humanos da Presidência da República

b) Fortalecer as redes de canais de denúncia (disque-denúncia) e sua articulação com instituições de Direitos Humanos.

Responsável: Secretaria Especial dos Direitos Humanos da Presidência da República

c) Incentivar a criação de centros integrados de serviços públicos para prestação de atendimento ágil à população, inclusive com unidades itinerantes para obtenção de documentação básica.

Responsáveis: Secretaria Especial dos Direitos Humanos da Presidência da República; Ministério da Justiça

d) Fortalecer o governo eletrônico com a ampliação da disponibilização de informações e serviços para a população via Internet, em formato acessível.

Responsáveis: Secretaria Especial dos Direitos Humanos da Presidência da República

Objetivo estratégico II:

Garantia do aperfeiçoamento e monitoramento das normas jurídicas para proteção dos Direitos Humanos.

Ações programáticas:

a) Implementar o Observatório da Justiça Brasileira, em parceria com a sociedade civil.

Responsável: Ministério da Justiça

b) Aperfeiçoar o sistema de fiscalização de violações aos Direitos Humanos, por meio do aprimoramento do arcabouço de sanções administrativas.

Responsáveis: Secretaria Especial dos Direitos Humanos da Presidência da República; Ministério da Saúde; Ministério da Justiça; Ministério do Trabalho e Emprego

c) Ampliar equipes de fiscalização sobre violações dos Direitos Humanos, em parceria com a sociedade civil.

Responsáveis: Ministério da Justiça; Secretaria Especial dos Direitos Humanos da Presidência da República

d) Propor projeto de lei buscando ampliar a utilização das ações coletivas para proteção dos interesses difusos, coletivos e individuais homogêneos, garantindo a consolidação de instrumentos coletivos de resolução de conflitos.

Responsável: Ministério da Justiça

e) Propor projetos de lei para simplificar o processamento e julgamento das ações judiciais; coibir os atos protelatórios; restringir as hipóteses de recurso ex officio e reduzir recursos e desjudicializar conflitos.

ANOTAÇÕES

Responsável: Ministério da Justiça

f) Aperfeiçoar a legislação trabalhista, visando ampliar novas tutelas de proteção das relações do trabalho e as medidas de combate à discriminação e ao abuso moral no trabalho.

Responsáveis: Ministério do Trabalho e Emprego; Ministério da Justiça; Secretaria Especial de Políticas para as Mulheres da Presidência da República

g) Implementar mecanismos de monitoramento dos serviços de atendimento ao aborto legalmente autorizado, garantindo seu cumprimento e facilidade de acesso.

Responsáveis: Ministério da Saúde; Secretaria Especial de Políticas para as Mulheres da Presidência da República

Objetivo estratégico III:

Utilização de modelos alternativos de solução de conflitos.

Ações programáticas:

a) Fomentar iniciativas de mediação e conciliação, estimulando a resolução de conflitos por meios autocompositivos, voltados à maior pacificação social e menor judicialização.

Responsáveis: Ministério da Justiça; Ministério do Desenvolvimento Agrário; Ministério das Cidades

b) Fortalecer a criação de núcleos de justiça comunitária, em articulação com os Estados, o Distrito Federal e os Municípios, e apoiar o financiamento de infraestrutura e de capacitação.

Responsável: Ministério da Justiça

c) Capacitar lideranças comunitárias sobre instrumentos e técnicas de mediação comunitária, incentivando a resolução de conflitos nas próprias comunidades.

Responsáveis: Ministério da Justiça; Secretaria Especial dos Direitos Humanos da Presidência da República

d) Incentivar projetos pilotos de Justiça Restaurativa, como forma de analisar seu impacto e sua aplicabilidade no sistema jurídico brasileiro.

Responsável: Ministério da Justiça

e) Estimular e ampliar experiências voltadas para a solução de conflitos por meio da mediação comunitária e dos Centros de Referência em Direitos Humanos, especialmente em áreas de baixo Índice de Desenvolvimento Humano (IDH) e com dificuldades de acesso a serviços públicos.

Responsáveis: Secretaria Especial dos Direitos Humanos da Presidência da República; Ministério da Justiça

Objetivo estratégico IV:

Garantia de acesso universal ao sistema judiciário.

Ações programáticas:

a) Propor a ampliação da atuação da Defensoria Pública da União.

Responsável: Ministério da Justiça

b) Fomentar parcerias entre Municípios e entidades de proteção dos Direitos Humanos para atendimento da população com dificuldade de acesso ao sistema de justiça, com base no mapeamento das principais demandas da população local e no estabelecimento de estratégias para atendimento e ações educativas e informativas.

Responsáveis: Ministério da Justiça; Secretaria Especial dos Direitos Humanos da Presidência da República

c) Apoiar a capacitação periódica e constante dos operadores do Direito e servidores da Justiça na aplicação dos Direitos Humanos voltada para a composição de conflitos.

Responsáveis: Ministério da Justiça; Secretaria Especial dos Direitos Humanos da Presidência da República

d) Dialogar com o Poder Judiciário para assegurar o efetivo acesso das pessoas com deficiência à justiça, em igualdade de condições com as demais pessoas.

Responsáveis: Ministério da Justiça; Secretaria Especial dos Direitos Humanos da Presidência da República

e) Apoiar os movimentos sociais e a Defensoria Pública na obtenção da gratuidade das perícias para as demandas judiciais, individuais e coletivas, e relacionadas a violações de Direitos Humanos.

Responsável: Ministério da Justiça

Objetivo estratégico V:

Modernização da gestão e agilização do funcionamento do sistema de justiça.

Ações programáticas:

a) Propor legislação de revisão e modernização dos serviços notariais e de registro.

Responsável: Ministério da Justiça

b) Desenvolver sistema integrado de informações do Poder Executivo e Judiciário e disponibilizar seu acesso à sociedade.

Responsável: Ministério da Justiça

Objetivo estratégico VI:

Acesso à Justiça no campo e na cidade.

Ações programáticas:

a) Assegurar a criação de marco legal para a prevenção e mediação de conflitos fundiários urbanos, garantindo o devido processo legal e a função social da propriedade.

Responsáveis: Ministério da Justiça; Ministério das Cidades

b) Propor projeto de lei voltado a regulamentar o cumprimento de mandados de reintegração de posse ou correlatos, garantindo a observância do respeito aos Direitos Humanos.

Responsáveis: Ministério da Justiça; Ministério das Cidades; Ministério do Desenvolvimento Agrário

c) Promover o diálogo com o Poder Judiciário para a elaboração de procedimento para o enfrentamento de casos de conflitos fundiários coletivos urbanos e rurais.

Responsáveis: Ministério das Cidades; Ministério da Justiça; Ministério do Desenvolvimento Agrário

d) Propor projeto de lei para institucionalizar a utilização da mediação nas demandas de conflitos coletivos agrários e urbanos, priorizando a oitiva do INCRA, institutos de terras estaduais, Ministério Público e outros órgãos públicos especializados, sem prejuízo de outros meios institucionais para solução de conflitos. (Redação dada pelo Decreto nº 7.177, de 2010)

Responsáveis: Ministério do Desenvolvimento Agrário; Ministério da Justiça

Eixo Orientador V:

Educação e cultura em Direitos Humanos

A educação e a cultura em Direitos Humanos visam à formação de nova mentalidade coletiva para o exercício da solidariedade, do respeito às diversidades e da tolerância. Como processo sistemático e multidimensional que orienta a formação do sujeito de direitos, seu objetivo é combater o preconceito, a discriminação e a violência, promovendo a adoção de novos valores de liberdade, justiça e igualdade.

A educação em Direitos Humanos, como canal estratégico capaz de produzir uma sociedade igualitária, extrapola o direito à educação permanente e de qualidade. Trata-se de mecanismo que articula, entre outros elementos: a) a apreensão de conhecimentos historicamente construídos sobre Direitos Humanos e a sua relação com os contextos internacional, regional, nacional e local; b) a afirmação de valores, atitudes e práticas sociais que expressem a cultura dos Direitos Humanos em todos os espaços da sociedade; c) a formação de consciência cidadã capaz de se fazer presente nos níveis cognitivo, social, ético e político; d) o desenvolvimento de processos metodológicos participativos e de construção coletiva, utilizando linguagens e materiais didáticos contextualizados; e) o fortalecimento de políticas que gerem ações e instrumentos em favor da promoção, da proteção e da defesa dos Direitos Humanos, bem como da reparação das violações.

O PNDH-3 dialoga com o Plano Nacional de Educação em Direitos Humanos (PNEDH) como referência para a política nacional de Educação e Cultura em Direitos Humanos, estabelecendo os alicerces a serem adotados nos âmbitos nacional, estadual, distrital e municipal.

O PNEDH, refletido neste programa, se desdobra em cinco grandes áreas:

Na educação básica, a ênfase do PNDH-3 é possibilitar, desde a infância, a formação de sujeitos de direito, priorizando as populações historicamente vulnerabilizadas. A troca de experiências entre crianças de diferentes raças e etnias, imigrantes, com deficiência física ou mental, fortalece, desde cedo, sentimento de convivência pacífica. Conhecer o diferente, desde a mais tenra idade, é perder o medo do desconhecido, formar opinião respeitosa e combater o preconceito, às vezes arraigado na própria família.

No PNDH-3, essa concepção se traduz em propostas de mudanças curriculares, incluindo a educação transversal e permanente nos temas ligados aos Direitos Humanos e, mais especificamente, o estudo da temática de gênero e orientação sexual, das culturas indígena e afro-brasileira entre as disciplinas do ensino fundamental e médio.

No ensino superior, as metas previstas visam a incluir os Direitos Humanos, por meio de diferentes modalidades como disciplinas, linhas de pesquisa, áreas de concentração, transversalização incluída nos projetos acadêmicos dos diferentes cursos de graduação e pós-graduação, bem como em programas e projetos de extensão.

A educação não formal em Direitos Humanos é orientada pelos princípios da emancipação e da autonomia, configurando-se como processo de sensibilização e formação da consciência crítica. Desta forma, o PNDH-3 propõe inclusão da temática de Educação em Direitos Humanos nos programas de capacitação de lideranças comunitárias e nos programas de qualificação profissional, alfabetização de jovens e adultos, entre outros. Volta-se, especialmente, para o estabelecimento de diálogo e parcerias permanentes como o vasto leque brasileiro de movimentos populares, sindicatos, igrejas, ONGs, clubes, entidades empresariais e toda sorte de agrupamentos da sociedade civil que desenvolvem atividades formativas em seu cotidiano.

A formação e a educação continuada em Direitos Humanos, com recortes de gênero, relações étnico-raciais e de orientação sexual, em todo o serviço público, especialmente entre os agentes do sistema de Justiça de segurança pública, são fundamentais para consolidar o Estado Democrático e a proteção do direito à vida e à dignidade, garantindo tratamento igual a todas as pessoas e o funcionamento de sistemas de Justiça que promovam os Direitos Humanos.

Por fim, aborda-se o papel estratégico dos meios de comunicação de massa, no sentido de construir ou desconstruir ambiente nacional e cultura social de respeito e proteção aos Direitos Humanos. Daí a importância primordial de introduzir mudanças que assegurem ampla democratização desses meios, bem como de atuar permanentemente junto a todos os profissionais e empresas do setor (seminários, debates, reportagens, pesquisas e conferências), buscando sensibilizar e conquistar seu compromisso ético com a afirmação histórica dos Direitos Humanos.

ANOTAÇÕES

ANOTAÇÕES

ANOTAÇÕES

Diretriz 18: Efetivação das diretrizes e dos princípios da política nacional de educação em Direitos Humanos para fortalecer cultura de direitos.

Objetivo estratégico I:

Implementação do Plano Nacional de Educação em Direitos Humanos - PNEDH

Ações programáticas:

a) Desenvolver ações programáticas e promover articulação que viabilizem a implantação e a implementação do PNEDH.

Responsáveis: Secretaria Especial dos Direitos Humanos da Presidência da República; Ministério da Educação; Ministério da Justiça

b) Implantar mecanismos e instrumentos de monitoramento, avaliação e atualização do PNEDH, em processos articulados de mobilização nacional.

Responsáveis: Secretaria Especial dos Direitos Humanos da Presidência da República; Ministério da Educação; Ministério da Justiça

c) Fomentar e apoiar a elaboração de planos estaduais e municipais de educação em Direitos Humanos.

Responsáveis: Secretaria Especial dos Direitos Humanos da Presidência da República; Ministério da Educação; Ministério da Justiça

d) Apoiar técnica e financeiramente iniciativas em educação em Direitos Humanos, que estejam em consonância com o PNEDH.

Responsáveis: Secretaria Especial dos Direitos Humanos da Presidência da República; Ministério da Educação; Ministério da Justiça

e) Incentivar a criação e investir no fortalecimento dos comitês de educação em Direitos Humanos em todos os Estados e no Distrito Federal, como órgãos consultivos e propositivos da política de educação em Direitos Humanos.

Responsáveis: Secretaria Especial dos Direitos Humanos da Presidência da República; Ministério da Justiça

Objetivo Estratégico II:

Ampliação de mecanismos e produção de materiais pedagógicos e didáticos para Educação em Direitos Humanos.

Ações programáticas:

a) Incentivar a criação de programa nacional de formação em educação em Direitos Humanos.

Responsáveis: Secretaria Especial dos Direitos Humanos da Presidência da República; Ministério da Educação; Ministério da Justiça; Secretaria Especial de Políticas para as Mulheres da Presidência da República

b) Estimular a temática dos Direitos Humanos nos editais de avaliação e seleção de obras didáticas do sistema de ensino.

Responsáveis: Secretaria Especial dos Direitos Humanos da Presidência da República; Ministério da Educação;

c) Estabelecer critérios e indicadores de avaliação de publicações na temática de Direitos Humanos para o monitoramento da escolha de livros didáticos no sistema de ensino.

Responsáveis: Secretaria Especial dos Direitos Humanos da Presidência da República; Ministério da Educação

d) Atribuir premiação anual de educação em Direitos Humanos, como forma de incentivar a prática de ações e projetos de educação e cultura em Direitos Humanos.

Responsáveis: Secretaria Especial dos Direitos Humanos da Presidência da República; Ministério da Educação

e) Garantir a continuidade da "Mostra Cinema e Direitos Humanos na América do Sul" e o "Festival dos Direitos Humanos" como atividades culturais para difusão dos Direitos Humanos.

ANOTAÇÕES

Responsável: Secretaria Especial dos Direitos Humanos da Presidência da República

f) Consolidar a revista "Direitos Humanos" como instrumento de educação e cultura em Direitos Humanos, garantindo o caráter representativo e plural em seu conselho editorial.

Responsável: Secretaria Especial dos Direitos Humanos da Presidência da República

g) Produzir recursos pedagógicos e didáticos especializados e adquirir materiais e equipamentos em formato acessível para a educação em Direitos Humanos, para todos os níveis de ensino.

Responsáveis: Secretaria Especial dos Direitos Humanos da Presidência da República; Ministério da Educação

h) Publicar materiais pedagógicos e didáticos para a educação em Direitos Humanos em formato acessível para as pessoas com deficiência, bem como promover o uso da Língua Brasileira de Sinais (Libras) em eventos ou divulgação em mídia.

Responsáveis: Secretaria Especial dos Direitos Humanos da Presidência da República; Ministério da Educação.

i) Fomentar o acesso de estudantes, professores e demais profissionais da educação às tecnologias da informação e comunicação.

Responsáveis: Secretaria Especial dos Direitos Humanos da Presidência da República; Ministério da Educação

Diretriz 19: Fortalecimento dos princípios da democracia e dos Direitos Humanos nos sistemas de educação básica, nas instituições de ensino superior e outras instituições formadoras.

Objetivo Estratégico I:

Inclusão da temática de Educação e Cultura em Direitos Humanos nas escolas de educação básica e em outras instituições formadoras.

Ações Programáticas:

a) Estabelecer diretrizes curriculares para todos os níveis e modalidades de ensino da educação básica para a inclusão da temática de educação e cultura em Direitos Humanos, promovendo o reconhecimento e o respeito das diversidades de gênero, orientação sexual, identidade de gênero, geracional, étnico-racial, religiosa, com educação igualitária, não discriminatória e democrática.

Responsáveis: Secretaria Especial dos Direitos Humanos da Presidência da República; Ministério da Educação; Secretaria Especial de Políticas para as Mulheres da Presidência da República

b) Promover a inserção da educação em Direitos Humanos nos processos de formação inicial e continuada de todos os profissionais da educação, que atuam nas redes de ensino e nas unidades responsáveis por execução de medidas socioeducativas.

Responsáveis: Secretaria Especial dos Direitos Humanos da Presidência da República; Ministério da Educação

c) Incluir, nos programas educativos, o direito ao meio ambiente como Direito Humano.

Responsáveis: Ministério do Meio Ambiente; Secretaria Especial dos Direitos Humanos da Presidência da República; Ministério da Educação

d) Incluir conteúdos, recursos, metodologias e formas de avaliação da educação em Direitos Humanos nos sistemas de ensino da educação básica.

Responsáveis: Secretaria Especial dos Direitos Humanos da Presidência da República; Ministério da Educação

e) Desenvolver ações nacionais de elaboração de estratégias de mediação de conflitos e de Justiça Restaurativa nas escolas, e outras instituições formadoras e instituições de ensino superior, inclusive promovendo a capacitação de docentes para a identificação de violência e abusos contra crianças e adolescentes, seu encaminhamento adequado e a reconstrução das relações no âmbito escolar.

Responsáveis: Secretaria Especial dos Direitos Humanos da Presidência da República; Ministério da Educação; Ministério da Justiça

f) Publicar relatório periódico de acompanhamento da inclusão da temática dos Direitos Humanos na educação formal que contenha, pelo menos, as seguintes informações:

Número de Estados e Municípios que possuem planos de educação em Direitos Humanos;

Existência de normas que incorporam a temática de Direitos Humanos nos currículos escolares;

Documentos que atestem a existência de comitês de educação em Direitos Humanos;

Documentos que atestem a existência de órgãos governamentais especializados em educação em Direitos Humanos.

Responsável: Secretaria Especial dos Direitos Humanos da Presidência da República

g) Desenvolver e estimular ações de enfrentamento ao bullying e ao cyberbulling.

Responsáveis: Secretaria Especial dos Direitos Humanos da Presidência da República; Ministério da Educação

h) Implementar e acompanhar a aplicação das leis que dispõem sobre a inclusão da história e cultura afro-brasileira e dos povos indígenas em todos os níveis e modalidades da educação básica.

Responsáveis: Secretaria Especial dos Direitos Humanos da Presidência da República; Ministério da Educação

Objetivo Estratégico II:

Inclusão da temática da Educação em Direitos Humanos nos cursos das Instituições de Ensino Superior .

Ações Programáticas:

a) Propor a inclusão da temática da educação em Direitos Humanos nas diretrizes curriculares nacionais dos cursos de graduação.

Responsáveis: Secretaria Especial dos Direitos Humanos da Presidência da República; Ministério da Educação

b) Incentivar a elaboração de metodologias pedagógicas de caráter transdisciplinar e interdisciplinar para a educação em Direitos Humanos nas Instituições de Ensino Superior.

Responsáveis: Secretaria Especial dos Direitos Humanos da Presidência da República; Ministério da Educação

c) Elaborar relatórios sobre a inclusão da temática dos Direitos Humanos no ensino superior, contendo informações sobre a existência de ouvidorias e sobre o número de:

cursos de pós-graduação com áreas de concentração em Direitos Humanos; grupos de pesquisa em Direitos Humanos;

cursos com a transversalização dos Direitos Humanos nos projetos políticos pedagógicos;

disciplinas em Direitos Humanos;

teses e dissertações defendidas;

associações e instituições dedicadas ao tema e com as quais os docentes e pesquisadores tenham vínculo;

núcleos e comissões que atuam em Direitos Humanos;

educadores com ações no tema Direitos Humanos;

projetos de extensão em Direitos Humanos;

Responsáveis: Ministério da Educação; Secretaria Especial dos Direitos Humanos da Presidência da República

d) Fomentar a realização de estudos, pesquisas e a implementação de projetos de extensão sobre o período do regime 1964-1985, bem como apoiar a produção de material didático, a organização de acervos históricos e a criação de centros de referências.

Responsáveis: Secretaria Especial dos Direitos Humanos da Presidência da República; Ministério da Educação; Ministério da Justiça

ANOTAÇÕES

e) Incentivar a realização de estudos, pesquisas e produção bibliográfica sobre a história e a presença das populações tradicionais.

Responsáveis: Secretaria Especial dos Direitos Humanos da Presidência da República; Ministério da Educação; Secretaria Especial de Políticas de Promoção da Igualdade Racial da Presidência da República; Ministério da Justiça

Objetivo Estratégico III:

Incentivo à transdisciplinariedade e transversalidade nas atividades acadêmicas em Direitos Humanos.

Ações Programáticas:

a) Incentivar o desenvolvimento de cursos de graduação, de formação continuada e programas de pós-graduação em Direitos Humanos.

Responsáveis: Secretaria Especial dos Direitos Humanos da Presidência da República; Ministério da Educação; Secretaria Especial de Políticas de Promoção da Igualdade Racial da Presidência da República; Secretaria Especial de Políticas para as Mulheres da Presidência da República

b) Fomentar núcleos de pesquisa de educação em Direitos Humanos em instituições de ensino superior e escolas públicas e privadas, estruturando-as com equipamentos e materiais didáticos.

Responsáveis: Secretaria Especial dos Direitos Humanos da Presidência da República; Ministério da Educação; Ministério da Ciência e Tecnologia

c) Fomentar e apoiar, no Conselho Nacional de Desenvolvimento Científico e Tecnológico (CNPq) e na Coordenação de Aperfeiçoamento de Pessoal de Nível Superior (Capes) , a criação da área "Direitos Humanos" como campo de conhecimento transdisciplinar e recomendar às agências de fomento que abram linhas de financiamento para atividades de ensino, pesquisa e extensão em Direitos Humanos.

Responsáveis: Secretaria Especial dos Direitos Humanos da Presidência da República; Ministério da Educação; Ministério da Fazenda

d) Implementar programas e ações de fomento à extensão universitária em direitos humanos, para promoção e defesa dos Direitos Humanos e o desenvolvimento da cultura e educação em Direitos Humanos.

Responsáveis: Secretaria Especial dos Direitos Humanos da Presidência da República; Ministério da Educação

Diretriz 20: Reconhecimento da educação não formal como espaço de defesa e promoção dos Direitos Humanos.

Objetivo Estratégico I:

Inclusão da temática da educação em Direitos Humanos na educação não formal.

Ações programáticas:

a) Fomentar a inclusão da temática de Direitos Humanos na educação não formal, nos programas de qualificação profissional, alfabetização de jovens e adultos, extensão rural, educação social comunitária e de cultura popular.

Responsáveis: Secretaria Especial dos Direitos Humanos da Presidência da República; Ministério do Desenvolvimento Agrário; Secretaria Especial de Políticas de Promoção da Igualdade Racial da Presidência da República; Ministério da Cultura; Secretaria Especial de Políticas para as Mulheres da Presidência da República

b) Apoiar iniciativas de educação popular em Direitos Humanos desenvolvidas por organizações comunitárias, movimentos sociais, organizações não governamentais e outros agentes organizados da sociedade civil.

Responsáveis: Secretaria Especial dos Direitos Humanos da Presidência da República; Secretaria Especial de Políticas de Promoção da Igualdade Racial da Presidência da República; Secretaria Especial de Políticas para as Mulheres da

ANOTAÇÕES

ANOTAÇÕES

Presidência da República; Ministério da Cultura; Ministério da Justiça

c) Apoiar e promover a capacitação de agentes multiplicadores para atuarem em projetos de educação em Direitos Humanos.

Responsável: Secretaria Especial dos Direitos Humanos da Presidência da República

d) Apoiar e desenvolver programas de formação em comunicação e Direitos Humanos para comunicadores comunitários.

Responsáveis: Secretaria Especial dos Direitos Humanos da Presidência da República; Ministério das Comunicações; Ministério da Cultura

e) Desenvolver iniciativas que levem a incorporar a temática da educação em Direitos Humanos nos programas de inclusão digital e de educação à distância.

Responsáveis: Secretaria Especial dos Direitos Humanos da Presidência da República; Ministério da Educação; Ministério das Comunicações; Ministério de Ciência e Tecnologia

f) Apoiar a incorporação da temática da educação em Direitos Humanos nos programas e projetos de esporte, lazer e cultura como instrumentos de inclusão social.

Responsáveis: Secretaria Especial dos Direitos Humanos da Presidência da República; Ministério da Educação; Ministério da Cultura; Ministério do Esporte

g) Fortalecer experiências alternativas de educação para os adolescentes, bem como para monitores e profissionais do sistema de execução de medidas socioeducativas.

Responsáveis: Secretaria Especial dos Direitos Humanos da Presidência da República; Ministério da Educação; Ministério da Justiça

Objetivo estratégico II:

Resgate da memória por meio da reconstrução da história dos movimentos sociais.

Ações programáticas:

a) Promover campanhas e pesquisas sobre a história dos movimentos de grupos historicamente vulnerabilizados, tais como o segmento LGBT, movimentos de mulheres, quebradeiras de coco, castanheiras, ciganos, entre outros.

Responsáveis: Secretaria Especial dos Direitos Humanos da Presidência da República; Secretaria Especial de Políticas para as Mulheres da Presidência da República

b) Apoiar iniciativas para a criação de museus voltados ao resgate da cultura e da história dos movimentos sociais.

Responsáveis: Ministério da Cultura; Secretaria Especial dos Direitos Humanos da Presidência da República

Diretriz 21: Promoção da Educação em Direitos Humanos no serviço público.

Objetivo Estratégico I:

Formação e capacitação continuada dos servidores públicos em Direitos Humanos, em todas as esferas de governo.

Ações programáticas:

a) Apoiar e desenvolver atividades de formação e capacitação continuadas interdisciplinares em Direitos Humanos para servidores públicos.

Responsáveis: Secretaria Especial dos Direitos Humanos da Presidência da República; Ministério da Educação; Ministério da Justiça; Ministério da Saúde; Ministério do Planejamento, Orçamento e Gestão; Ministério das Relações Exteriores

b) Incentivar a inserção da temática dos Direitos Humanos nos programas das escolas de formação de servidores vinculados aos órgãos públicos federais.

Responsáveis: Secretaria Especial dos Direitos Humanos da Presidência da República; Secretaria Especial de Políticas para as Mulheres da Presidência da República; Secretaria Especial de Políticas de Promoção da Igualdade Racial da Presidência da República

ANOTAÇÕES

c) Publicar materiais didático-pedagógicos sobre Direitos Humanos e função pública, desdobrando temas e aspectos adequados ao diálogo com as várias áreas de atuação dos servidores públicos.

Responsáveis: Secretaria Especial dos Direitos Humanos da Presidência da República; Ministério do Planejamento, Orçamento e Gestão

Objetivo Estratégico II:

Formação adequada e qualificada dos profissionais do sistema de segurança pública.

Ações programáticas:

a) Oferecer, continuamente e permanentemente, cursos em Direitos Humanos para os profissionais do sistema de segurança pública e justiça criminal.

Responsáveis: Ministério da Justiça; Secretaria Especial dos Direitos Humanos da Presidência da República; Secretaria Especial de Políticas para as Mulheres da Presidência da República; Secretaria Especial de Políticas de Promoção da Igualdade Racial da Presidência da República

b) Oferecer permanentemente cursos de especialização aos gestores, policiais e demais profissionais do sistema de segurança pública.

Responsável: Ministério da Justiça

c) Publicar materiais didático-pedagógicos sobre segurança pública e Direitos Humanos.

Responsáveis: Ministério da Justiça; Secretaria Especial dos Direitos Humanos da Presidência da República

d) Incentivar a inserção da temática dos Direitos Humanos nos programas das escolas de formação inicial e continuada dos membros das Forças Armadas.

Responsáveis: Secretaria Especial dos Direitos Humanos da Presidência da República; Ministério da Defesa

e) Criar escola nacional de polícia para educação continuada dos profissionais do sistema de segurança pública, com enfoque prático.

Responsável: Ministério da Justiça

f) Apoiar a capacitação de policiais em direitos das crianças, em aspectos básicos do desenvolvimento infantil e em maneiras de lidar com grupos em situação de vulnerabilidade, como crianças e adolescentes em situação de rua, vítimas de exploração sexual e em conflito com a lei.

Responsáveis: Ministério da Justiça; Secretaria Especial dos Direitos Humanos da Presidência da República

Diretriz 22: Garantia do direito à comunicação democrática e ao acesso à informação para consolidação de uma cultura em Direitos Humanos.

Objetivo Estratégico I:

Promover o respeito aos Direitos Humanos nos meios de comunicação e o cumprimento de seu papel na promoção da cultura em Direitos Humanos.

Ações Programáticas:

a) Propor a criação de marco legal, nos termos do art. 221 da Constituição, estabelecendo o respeito aos Direitos Humanos nos serviços de radiodifusão (rádio e televisão) concedidos, permitidos ou autorizados. (Redação dada pelo decreto nº 7.177, de 2010)

Responsáveis: Ministério das Comunicações; Secretaria Especial dos Direitos Humanos da Presidência da República; Ministério da Justiça; Ministério da Cultura

b) Promover diálogo com o Ministério Público para proposição de ações objetivando a suspensão de programação e publicidade atentatórias aos Direitos Humanos.

Responsáveis: Ministério da Justiça; Secretaria Especial dos Direitos Humanos da Presidência da República

c) Suspender patrocínio e publicidade oficial em meios que veiculam programações atentatórias aos Direitos Humanos.

Responsáveis: Ministério das Comunicações; Secretaria Especial dos Direitos Humanos da Presidência da República; Ministério da Justiça

d) Revogado

e) Desenvolver programas de formação nos meios de comunicação públicos como instrumento de informação e transparência das políticas públicas, de inclusão digital e de acessibilidade.

Responsáveis: Ministério das Comunicações; Secretaria Especial dos Direitos Humanos da Presidência da República; Ministério da Cultura; Ministério da Justiça

f) Avançar na regularização das rádios comunitárias e promover incentivos para que se afirmem como instrumentos permanentes de diálogo com as comunidades locais.

Responsáveis: Ministério das Comunicações; Secretaria Especial dos Direitos Humanos da Presidência da República; Ministério da Cultura; Ministério da Justiça

g) Promover a eliminação das barreiras que impedem o acesso de pessoas com deficiência sensorial à programação em todos os meios de comunicação e informação, em conformidade com o Decreto no 5.296/2004, bem como acesso a novos sistemas e tecnologias, incluindo Internet.

Responsáveis: Ministério das Comunicações; Secretaria Especial dos Direitos Humanos da Presidência da República; Ministério da Justiça

Objetivo Estratégico II:

Garantia do direito à comunicação democrática e ao acesso à informação.

Ações Programáticas:

a) Promover parcerias com entidades associativas de mídia, profissionais de comunicação, entidades sindicais e populares para a produção e divulgação de materiais sobre Direitos Humanos.

Responsáveis: Secretaria Especial dos Direitos Humanos da Presidência da República; Ministério da Cultura; Ministério das Comunicações

b) Incentivar pesquisas regulares que possam identificar formas, circunstâncias e características de violações dos Direitos Humanos na mídia.

Responsáveis: Ministério das Comunicações; Secretaria Especial dos Direitos Humanos da Presidência da República

c) Incentivar a produção de filmes, vídeos, áudios e similares, voltada para a educação em Direitos Humanos e que reconstrua a história recente do autoritarismo no Brasil, bem como as iniciativas populares de organização e de resistência.

Responsáveis: Ministério das Comunicações; Secretaria Especial dos Direitos Humanos da Presidência da República; Ministério da Cultura; Ministério da Justiça

Eixo Orientador VI:

Direito à Memória e à Verdade

A investigação do passado é fundamental para a construção da cidadania. Estudar o passado, resgatar sua verdade e trazer à tona seus acontecimentos caracterizam forma de transmissão de experiência histórica, que é essencial para a constituição da memória individual e coletiva.

O Brasil ainda processa com dificuldades o resgate da memória e da verdade sobre o que ocorreu com as vítimas atingidas pela repressão política durante o regime de 1964. A impossibilidade de acesso a todas as informações oficiais impede que familiares de mortos e desaparecidos possam conhecer os fatos relacionados aos crimes praticados e não permite à sociedade elaborar seus próprios conceitos sobre aquele período.

A história que não é transmitida de geração a geração torna-se esquecida e silenciada. O silêncio e o esquecimento das barbáries geram graves lacunas na experiência coletiva de construção da identidade nacional. Resgatando a memória e a verdade, o País adquire consciência superior sobre sua própria identidade, a democracia se fortalece. As tentações totalitárias são neutralizadas e crescem as possibilidades de erradicação definitiva de alguns resquícios daquele período sombrio, como a tortura, por exemplo, ainda persistente no cotidiano brasileiro.

O trabalho de reconstituir a memória exige revisitar o passado e compartilhar experiências de dor, violência e mortes. Somente depois de lembrá-las e fazer seu luto, será possível superar o trauma histórico e seguir adiante. A vivência do sofrimento e das perdas não pode ser reduzida a conflito privado e subjetivo, uma vez que se inscreveu num contexto social, e não individual.

A compreensão do passado por intermédio da narrativa da herança histórica e pelo reconhecimento oficial dos acontecimentos possibilita aos cidadãos construírem os valores que indicarão sua atuação no presente. O acesso a todos os arquivos e documentos produzidos durante o regime militar é fundamental no âmbito das políticas de proteção dos Direitos Humanos.

Desde os anos 1990, a persistência de familiares de mortos e desaparecidos vem obtendo vitórias significativas nessa luta, com abertura de importantes arquivos estaduais sobre a repressão política do regime ditatorial. Em dezembro de 1995, coroando difícil e delicado processo de discussão entre esses familiares, o Ministério da Justiça e o Poder Legislativo Federal, foi aprovada a Lei no 9.140/95, que reconheceu a responsabilidade do Estado brasileiro pela morte de opositores ao regime de 1964.

Essa Lei instituiu Comissão Especial com poderes para deferir pedidos de indenização das famílias de uma lista inicial de 136 pessoas e julgar outros casos apresentados para seu exame. No art. 4º, inciso II, a Lei conferiu à Comissão Especial também a incumbência de envidar esforços para a localização dos corpos de pessoas desaparecidas no caso de existência de indícios quanto ao local em que possam estar depositados.

Em 24 de agosto de 2001, foi criada, pela Medida Provisória no 2151-3, a Comissão de Anistia do Ministério da Justiça. Esse marco legal foi reeditado pela Medida Provisória no 65, de 28 de agosto de 2002, e finalmente convertido na Lei no 10.559, de 13 de novembro de 2002. Essa norma regulamentou o art. 8º do Ato das Disposições Constitucionais Transitórias (ADCT) da Constituição de 1988, que previa a concessão de anistia aos que foram perseguidos em decorrência de sua oposição política. Em dezembro de 2005, o Governo Federal determinou que os três arquivos da Agência Brasileira de Inteligência (ABIN) fossem entregues ao Arquivo Nacional, subordinado à Casa Civil, onde passaram a ser organizados e digitalizados.

Em agosto de 2007, em ato oficial coordenado pelo Presidente da República, foi lançado, pela Secretaria Especial dos Direitos Humanos da Presidência da República e pela Comissão Especial sobre Mortos e Desaparecidos Políticos, o livro-relatório "Direito à Memória e à Verdade", registrando os onze anos de trabalho daquela Comissão e resumindo a história das vítimas da ditadura no Brasil.

ANOTAÇÕES

ANOTAÇÕES

ANOTAÇÕES

A trajetória de estudantes, profissionais liberais, trabalhadores e camponeses que se engajaram no combate ao regime militar aparece como documento oficial do Estado brasileiro. O Ministério da Educação e a Secretaria Especial dos Direitos Humanos formularam parceria para criar portal que incluirá o livro-relatório, ampliado com abordagem que apresenta o ambiente político, econômico, social e principalmente os aspectos culturais do período. Serão distribuídas milhares de cópias desse material em mídia digital para estudantes de todo o País.

Em julho de 2008, o Ministério da Justiça e a Comissão de Anistia promoveram audiência pública sobre "Limites e Possibilidades para a Responsabilização Jurídica dos Agentes Violadores de Direitos Humanos durante o Estado de Exceção no Brasil", que discutiu a interpretação da Lei de Anistia de 1979 no que se refere à controvérsia jurídica e política, envolvendo a prescrição ou imprescritibilidade dos crimes de tortura.

A Comissão de Anistia já realizou setecentas sessões de julgamento e promoveu, desde 2008, trinta caravanas, possibilitando a participação da sociedade nas discussões, e contribuindo para a divulgação do tema no País. Até 1º de novembro de 2009, já haviam sido apreciados por essa Comissão mais de cinquenta e dois mil pedidos de concessão de anistia, dos quais quase trinta e cinco mil foram deferidos e cerca de dezessete mil, indeferidos. Outros doze mil pedidos aguardavam julgamento, sendo possível, ainda, a apresentação de novas solicitações. Em julho de 2009, em Belo Horizonte, o Ministro de Estado da Justiça realizou audiência pública de apresentação do projeto Memorial da Anistia Política do Brasil, envolvendo a remodelação e construção de novo edifício junto ao antigo "Coleginho" da Universidade Federal de Minas Gerais (UFMG) , onde estará disponível para pesquisas todo o acervo da Comissão de Anistia.

No âmbito da sociedade civil, foram levadas ao Poder Judiciário importantes ações que provocaram debate sobre a interpretação das leis e a apuração de responsabilidades. Em 1982, um grupo de familiares entrou com ação na Justiça Federal para a abertura de arquivos e localização dos restos mortais dos mortos e desaparecidos políticos no episódio conhecido como "Guerrilha do Araguaia". Em 2003, foi proferida sentença condenando a União, que recorreu e, posteriormente, criou Comissão Interministerial pelo Decreto no 4.850, de 2 de outubro de 2003, com a finalidade de obter informações que levassem à localização dos restos mortais de participantes da "Guerrilha do Araguaia". Os trabalhos da Comissão Interministerial encerraram-se em março de 2007, com a divulgação de seu relatório final.

Em agosto de 1995, o Centro de Estudos para a Justiça e o Direito Internacional (CEJIL) e a Human Rights Watch/ América (HRWA) , em nome de um grupo de familiares, apresentaram petição à Comissão Interamericana de Direitos Humanos (CIDH) , denunciando o desaparecimento de integrantes da "Guerrilha do Araguaia". Em 31 de outubro de 2008, a CIDH expediu o Relatório de Mérito no 91/08, onde fez recomendações ao Estado brasileiro. Em 26 de março de 2009, a CIDH submeteu o caso à Corte Interamericana de Direitos Humanos, requerendo declaração de responsabilidade do Estado brasileiro sobre violações de direitos humanos ocorridas durante as operações de repressão àquele movimento.

ANOTAÇÕES

Em 2005 e 2008, duas famílias iniciaram, na Justiça Civil, ações declaratórias para o reconhecimento das torturas sofridas por seus membros, indicando o responsável pelas sevícias. Ainda em 2008, o Ministério Público Federal em São Paulo propôs Ação Civil Pública contra dois oficiais do exército acusados de determinarem prisão ilegal, tortura, homicídio e desaparecimento forçado de dezenas de cidadãos.

Tramita também, no âmbito do Supremo Tribunal Federal, Arguição de Descumprimento de Preceito Fundamental, proposta pelo Conselho Federal da Ordem dos Advogados do Brasil, que solicita a mais alta corte brasileira posicionamento formal para saber se, em 1979, houve ou não anistia dos agentes públicos responsáveis pela prática de tortura, homicídio, desaparecimento forçado, abuso de autoridade, lesões corporais e estupro contra opositores políticos, considerando, sobretudo, os compromissos internacionais assumidos pelo Brasil e a insuscetibilidade de graça ou anistia do crime de tortura.

Em abril de 2009, o Ministério da Defesa, no contexto da decisão transitada em julgado da referida ação judicial de 1982, criou Grupo de Trabalho para realizar buscas de restos mortais na região do Araguaia, sendo que, por ordem expressa do Presidente da República, foi instituído Comitê Interinstitucional de Supervisão, com representação dos familiares de mortos e desaparecidos políticos, para o acompanhamento e orientação dos trabalhos. Após três meses de buscas intensas, sem que tenham sido encontrados restos mortais, os trabalhos foram temporariamente suspensos devido às chuvas na região, prevendo-se sua retomada ao final do primeiro trimestre de 2010.

Em maio de 2009, o Presidente da República coordenou o ato de lançamento do projeto Memórias Reveladas, sob responsabilidade da Casa Civil, que interliga digitalmente o acervo recolhido ao Arquivo Nacional após dezembro de 2005, com vários outros arquivos federais sobre a repressão política e com arquivos estaduais de quinze unidades da federação, superando cinco milhões de páginas de documentos (www.memoriasreveladas.arquivonacional.gov.br) .

Cabe, agora, completar esse processo mediante recolhimento ao Arquivo Nacional de todo e qualquer documento indevidamente retido ou ocultado, nos termos da Portaria Interministerial assinada na mesma data daquele lançamento. Cabe também sensibilizar o Legislativo pela aprovação do Projeto de Lei no 5.228/2009, assinado pelo Presidente da República, que introduz avanços democratizantes nas normas reguladoras do direito de acesso à informação.

Iimportância superior nesse resgate da história nacional está no imperativo de localizar os restos mortais de pelo menos cento e quarenta brasileiros e brasileiras que foram mortos pelo aparelho de repressão do regime ditatorial. A partir de junho de 2009, a Secretaria de Comunicação Social da Presidência da República planejou, concebeu e veiculou abrangente campanha publicitária de televisão, internet, rádio, jornais e revistas de todo o Brasil buscando sensibilizar os cidadãos sobre essa questão. As mensagens solicitavam que informações sobre a localização de restos mortais ou sobre qualquer documento e arquivos envolvendo assuntos da repressão política entre 1964 e 1985 sejam encaminhados ao Memórias Reveladas. Seu propósito é assegurar às famílias o exercício do direito sagrado de prantear seus entes queridos e promover os ritos funerais, sem os quais desaparece a certeza da morte e se perpetua angústia que equivale a nova forma de tortura.

As violações sistemáticas dos Direitos Humanos pelo Estado durante o regime ditatorial são desconhecidas pela maioria da população, em especial pelos jovens. A radiografia dos atingidos pela repressão política ainda está longe de ser concluída, mas calcula-se que pelo menos cinquenta mil pessoas foram presas somente nos primeiros meses de 1964; cerca de vinte mil brasileiros foram submetidos a torturas e cerca de quatrocentos cidadãos foram mortos ou estão desaparecidos. Ocorreram milhares de prisões políticas não registradas, cento e trinta banimentos, quatro mil, oitocentos e sessenta e duas cassações de mandatos políticos, uma cifra incalculável de exílios e refugiados políticos.

As ações programáticas deste eixo orientador têm como finalidade assegurar o processamento democrático e republicano de todo esse período da história brasileira, para que se viabilize o desejável sentimento de reconciliação nacional. E para se construir consenso amplo no sentido de que as violações sistemáticas de Direitos Humanos registradas entre 1964 e 1985, bem como no período do Estado Novo, não voltem a ocorrer em nosso País, nunca mais.

Diretriz 23: Reconhecimento da memória e da verdade como Direito Humano da cidadania e dever do Estado.

Objetivo Estratégico I:

Promover a apuração e o esclarecimento público das violações de Direitos Humanos praticadas no contexto da repressão política ocorrida no Brasil no período fixado pelo art. 8º do ADCT da Constituição, a fim de efetivar o direito à memória e à verdade histórica e promover a reconciliação nacional.

Ação Programática:

a) Designar grupo de trabalho composto por representantes da Casa Civil, do Ministério da Justiça, do Ministério da Defesa e da Secretaria Especial dos Direitos Humanos da Presidência da República, para elaborar, até abril de 2010, projeto de lei que institua Comissão Nacional da Verdade, composta de forma plural e suprapartidária, com mandato e prazo definidos, para examinar as violações de Direitos Humanos praticadas no contexto da repressão política no período mencionado, observado o seguinte:

O grupo de trabalho será formado por representantes da Casa Civil da Presidência da República, que o presidirá, do Ministério da Justiça, do Ministério da Defesa, da Secretaria Especial dos Direitos Humanos da Presidência da República, do presidente da Comissão Especial sobre Mortos e Desaparecidos Políticos, criada pela Lei no 9.140/95 e de representante da sociedade civil, indicado por esta Comissão Especial;

Com o objetivo de promover o maior intercâmbio de informações e a proteção mais eficiente dos Direitos Humanos, a Comissão Nacional da Verdade estabelecerá coordenação com as atividades desenvolvidas pelos seguintes órgãos:

Arquivo Nacional, vinculado à Casa Civil da Presidência da República;

Comissão de Anistia, vinculada ao Ministério da Justiça;

Comissão Especial criada pela Lei no 9.140/95, vinculada à Secretaria Especial dos Direitos Humanos da Presidência da República;

Comitê Interinstitucional de Supervisão instituído pelo Decreto Presidencial de 17 de julho de 2009;

Grupo de Trabalho instituído pela Portaria no 567/MD, de 29 de abril de 2009, do Ministro de Estado da Defesa;

No exercício de suas atribuições, a Comissão Nacional da Verdade poderá realizar as seguintes atividades:

requisitar documentos públicos, com a colaboração das respectivas autoridades, bem como requerer ao Judiciário o acesso a documentos privados;

ANOTAÇÕES

colaborar com todas as instâncias do Poder Público para a apuração de violações de Direitos Humanos, observadas as disposições da Lei no 6.683, de 28 de agosto de 1979;

promover, com base em seus informes, a reconstrução da história dos casos de violação de Direitos Humanos, bem como a assistência às vítimas de tais violações;

promover, com base no acesso às informações, os meios e recursos necessários para a localização e identificação de corpos e restos mortais de desaparecidos políticos;

identificar e tornar públicas as estruturas utilizadas para a prática de violações de Direitos Humanos, suas ramificações nos diversos aparelhos do Estado e em outras instâncias da sociedade;

registrar e divulgar seus procedimentos oficiais, a fim de garantir o esclarecimento circunstanciado de torturas, mortes e desaparecimentos, devendo-se discriminá-los e encaminhá-los aos órgãos competentes;

apresentar recomendações para promover a efetiva reconciliação nacional e prevenir no sentido da não repetição de violações de Direitos Humanos.

A Comissão Nacional da Verdade deverá apresentar, anualmente, relatório circunstanciado que exponha as atividades realizadas e as respectivas conclusões, com base em informações colhidas ou recebidas em decorrência do exercício de suas atribuições.

Diretriz 24: Preservação da memória histórica e construção pública da verdade.

Objetivo Estratégico I:

Incentivar iniciativas de preservação da memória histórica e de construção pública da verdade sobre períodos autoritários.

Ações programáticas:

a) Disponibilizar linhas de financiamento para a criação de centros de memória sobre a repressão política, em todos os Estados, com projetos de valorização da história cultural e de socialização do conhecimento por diversos meios de difusão.

Responsáveis: Secretaria Especial dos Direitos Humanos da Presidência da República; Ministério da Justiça; Ministério da Cultura; Ministério da Educação

b) Criar comissão específica, em conjunto com departamentos de História e centros de pesquisa, para reconstituir a história da repressão ilegal relacionada ao Estado Novo (1937-1945) . Essa comissão deverá publicar relatório contendo os documentos que fundamentaram essa repressão, a descrição do funcionamento da justiça de exceção, os responsáveis diretos no governo ditatorial, registros das violações, bem como dos autores e das vítimas.

Responsáveis: Secretaria Especial dos Direitos Humanos da Presidência da República; Ministério da Educação; Ministério da Justiça; Ministério da Cultura

c) Identificar e tornar públicos as estruturas, os locais, as instituições e as circunstâncias relacionados à prática de violações de direitos humanos, suas eventuais ramificações nos diversos aparelhos estatais e na sociedade, bem como promover, com base no acesso às informações, os meios e recursos necessários para a localização e identificação de corpos e restos mortais de desaparecidos políticos. (Redação dada pelo Decreto nº 7.177, de 2010)

Responsáveis: Secretaria Especial dos Direitos Humanos da Presidência da República; Casa Civil da Presidência da República; Ministério da Justiça; Secretaria de Relações Institucionais da Presidência da República

d) Criar e manter museus, memoriais e centros de documentação sobre a resistência à ditadura.

Responsáveis: Secretaria Especial dos Direitos Humanos da Presidência da República; Ministério da Justiça; Ministério da Cultura; Secretaria de Relações Institucionais da Presidência da República

ANOTAÇÕES

ANOTAÇÕES

e) Apoiar técnica e financeiramente a criação de observatórios do Direito à Memória e à Verdade nas universidades e em organizações da sociedade civil.

Responsáveis: Secretaria Especial dos Direitos Humanos da Presidência da República; Ministério da Educação

f) Desenvolver programas e ações educativas, inclusive a produção de material didático-pedagógico para ser utilizado pelos sistemas de educação básica e superior sobre graves violações de direitos humanos ocorridas no período fixado no art. 8º do Ato das Disposições Constitucionais Transitórias da Constituição de 1988. (Redação dada pelo Decreto nº 7.177, de 2010)

Responsáveis: Secretaria Especial dos Direitos Humanos da Presidência da República; Ministério da Educação; Ministério da Justiça; Ministério da Cultura; Ministério de Ciência e Tecnologia

Diretriz 25: Modernização da legislação relacionada com promoção do direito à memória e à verdade, fortalecendo a democracia.

Objetivo Estratégico I:

Suprimir do ordenamento jurídico brasileiro eventuais normas remanescentes de períodos de exceção que afrontem os compromissos internacionais e os preceitos constitucionais sobre Direitos Humanos.

Ações Programáticas:

a) Criar grupo de trabalho para acompanhar, discutir e articular, com o Congresso Nacional, iniciativas de legislação propondo:

revogação de leis remanescentes do período 1964-1985 que sejam contrárias à garantia dos Direitos Humanos ou tenham dado sustentação a graves violações;

revisão de propostas legislativas envolvendo retrocessos na garantia dos Direitos Humanos em geral e no direito à memória e à verdade.

Responsáveis: Secretaria Especial dos Direitos Humanos da Presidência da República; Ministério da Justiça; Secretaria de Relações Institucionais da Presidência da República

b) Propor e articular o reconhecimento do status constitucional de instrumentos internacionais de Direitos Humanos novos ou já existentes ainda não ratificados.

Responsáveis: Secretaria Especial dos Direitos Humanos da Presidência da República; Ministério da Justiça; Secretaria de Relações Institucionais da Presidência da República; Ministério das Relações Exteriores

c) Fomentar debates e divulgar informações no sentido de que logradouros, atos e próprios nacionais ou prédios públicos não recebam nomes de pessoas identificadas reconhecidamente como torturadores. (Redação dada pelo Decreto nº 7.177, de 2010)

Responsáveis: Ministério da Justiça; Secretaria Especial dos Direitos Humanos da Presidência da República; Casa Civil da Presidência da República; Secretaria de Relações Institucionais da Presidência da República

d) Acompanhar e monitorar a tramitação judicial dos processos de responsabilização civil sobre casos que envolvam graves violações de direitos humanos praticadas no período fixado no art. 8º do Ato das Disposições Constitucionais Transitórias da Constituição de 1988. (Redação dada pelo Decreto nº 7.177, de 2010)

Responsáveis: Secretaria Especial dos Direitos Humanos da Presidência da República; Ministério da Justiça

ANOTAÇÕES

14. CONVENÇÃO SOBRE A ELIMINAÇÃO DE TODAS AS FORMAS DE DISCRIMINAÇÃO CONTRA A MULHER

Decreto 4.377 de 13 de setembro de 2002 – Promulga a Convenção sobre a Eliminação de todas as formas de discriminação contra a mulher

O PRESIDENTE DA REPÚBLICA, no uso da atribuição que lhe confere o art. 84, inciso VIII, da Constituição, e

Considerando que o Congresso Nacional aprovou, pelo Decreto Legislativo no 93, de 14 de novembro de 1983, a Convenção sobre a Eliminação de Todas as Formas de Discriminação contra a Mulher, assinada pela República Federativa do Brasil, em Nova York, no dia 31 de março de 1981, com reservas aos seus artigos 15, parágrafo 4º, e 16, parágrafo 1º, alíneas (a) , (c) , (g) e (h) ;

Considerando que, pelo Decreto Legislativo no 26, de 22 de junho de 1994, o Congresso Nacional revogou o citado Decreto Legislativo no 93, aprovando a Convenção sobre a Eliminação de Todas as Formas de Discriminação contra a Mulher, inclusive os citados artigos 15, parágrafo 4º, e 16, parágrafo 1º , alíneas (a) , (c) , (g) e (h) ;

Considerando que o Brasil retirou as mencionadas reservas em 20 de dezembro de 1994;

Considerando que a Convenção entrou em vigor, para o Brasil, em 2 de março de 1984, com a reserva facultada em seu art. 29, parágrafo 2.

Art. 1º A Convenção sobre a Eliminação de Todas as Formas de Discriminação contra a Mulher, de 18 de dezembro de 1979, apensa por cópia ao presente Decreto, com reserva facultada em seu art. 29, parágrafo 2, será executada e cumprida tão inteiramente como nela se contém.

Art. 2º São sujeitos à aprovação do Congresso Nacional quaisquer atos que possam resultar em revisão da referida Convenção, assim como quaisquer ajustes complementares que, nos termos do art. 49, inciso I, da Constituição, acarretem encargos ou compromissos gravosos ao patrimônio nacional.

Art. 3º Este Decreto entra em vigor na data de sua publicação.

Art. 4º Fica revogado o Decreto no 89.460, de 20 de março de 1984.

CONSIDERANDO que a Carta das Nações Unidas reafirma a fé nos direitos fundamentais do homem, na dignidade e no valor da pessoa humana e na igualdade de direitos do homem e da mulher,

CONSIDERANDO que a Declaração Universal dos Direitos Humanos reafirma o princípio da não-discriminação e proclama que todos os seres humanos nascem livres e iguais em dignidade e direitos e que toda pessoa pode invocar todos os direitos e liberdades proclamados nessa Declaração, sem distinção alguma, inclusive de sexo,

CONSIDERANDO que os Estados Partes nas Convenções Internacionais sobre Direitos Humanos tem a obrigação de garantir ao homem e à mulher a igualdade de gozo de todos os direitos econômicos, sociais, culturais, civis e políticos,

OBSEVANDO as convenções internacionais concluídas sob os auspícios das Nações Unidas e dos organismos especializados em favor da igualdade de direitos entre o homem e a mulher,

OBSERVANDO, ainda, as resoluções, declarações e recomendações aprovadas pelas Nações Unidas e pelas Agências Especializadas para favorecer a igualdade de direitos entre o homem e a mulher,

PREOCUPADOS, contudo, com o fato de que, apesar destes diversos instrumentos, a mulher continue sendo objeto de grandes discriminações,

RELEMBRANDO que a discriminação contra a mulher viola os princípios da igualdade de direitos e do respeito da dignidade humana, dificulta a participação da mulher, nas mesmas condições que o homem, na vida política, social, econômica e cultural de seu país, constitui um obstáculo ao aumento do bem-estar da sociedade e da família e dificulta o pleno desenvolvimento das potencialidades da mulher para prestar serviço a seu país e à humanidade,

PREOCUPADOS com o fato de que, em situações de pobreza, a mulher tem um acesso mínimo à alimentação, à saúde, à educação, à capacitação e às oportunidades de emprego, assim como à satisfação de outras necessidades,

CONVENCIDOS de que o estabelecimento da Nova Ordem Econômica Internacional baseada na equidade e na justiça contribuirá significativamente para a promoção da igualdade entre o homem e a mulher,

SALIENTANDO que a eliminação do apartheid, de todas as formas de racismo, discriminação racial, colonialismo, neocolonialismo, agressão, ocupação estrangeira e dominação e interferência nos assuntos internos dos Estados é essencial para o pleno exercício dos direitos do homem e da mulher,

AFIRMANDO que o fortalecimento da paz e da segurança internacionais, o alívio da tensão internacional, a cooperação mútua entre todos os Estados, independentemente de seus sistemas econômicos e sociais, o desarmamento geral e completo, e em particular o desarmamento nuclear sob um estrito e efetivo controle internacional, a afirmação dos princípios de justiça, igualdade e proveito mútuo nas relações entre países e a realização do direito dos povos submetidos a dominação colonial e estrangeira e a ocupação estrangeira, à autodeterminação e independência, bem como o respeito da soberania nacional e da integridade territorial, promoverão o progresso e o desenvolvimento sociais, e, em consequência, contribuirão para a realização da plena igualdade entre o homem e a mulher,

CONVENCIDOS de que a participação máxima da mulher, em igualdade de condições com o homem, em todos os campos, é indispensável para o desenvolvimento pleno e completo de um país, o bem-estar do mundo e a causa da paz,

TENDO presente a grande contribuição da mulher ao bem-estar da família e ao desenvolvimento da sociedade, até agora não plenamente reconhecida, a importância social da maternidade e a função dos pais na família e na educação dos filhos, e conscientes de que o papel da mulher na procriação não deve ser causa de discriminação mas sim que a educação dos filhos exige a responsabilidade compartilhada entre homens e mulheres e a sociedade como um conjunto,

RECONHECENDO que para alcançar a plena igualdade entre o homem e a mulher é necessário modificar o papel tradicional tanto do homem como da mulher na sociedade e na família,

RESOLVIDOS a aplicar os princípios enunciados na Declaração sobre a Eliminação da Discriminação contra a Mulher e, para isto, a adotar as medidas necessárias a fim de suprimir essa discriminação em todas as suas formas e manifestações,

CONCORDARAM no seguinte:

ANOTAÇÕES

PARTE I

Artigo 1º

Para os fins da presente Convenção, a expressão «discriminação contra a mulher» significará toda a distinção, exclusão ou restrição baseada no sexo e que tenha por objeto ou resultado prejudicar ou anular o reconhecimento, gozo ou exercício pela mulher, independentemente de seu estado civil, com base na igualdade do homem e da mulher, dos direitos humanos e liberdades fundamentais nos campos político, econômico, social, cultural e civil ou em qualquer outro campo.

Artigo 2º

Os Estados Partes condenam a discriminação contra a mulher em todas as suas formas, concordam em seguir, por todos os meios apropriados e sem dilações, uma política destinada a eliminar a discriminação contra a mulher, e com tal objetivo se comprometem a:

a) Consagrar, se ainda não o tiverem feito, em suas constituições nacionais ou em outra legislação apropriada o princípio da igualdade do homem e da mulher e assegurar por lei outros meios apropriados a realização prática desse princípio;

b) Adotar medidas adequadas, legislativas e de outro caráter, com as sanções cabíveis e que proíbam toda discriminação contra a mulher;

c) Estabelecer a proteção jurídica dos direitos da mulher numa base de igualdade com os do homem e garantir, por meio dos tribunais nacionais competentes e de outras instituições públicas, a proteção efetiva da mulher contra todo ato de discriminação;

d) Abster-se de incorrer em todo ato ou prática de discriminação contra a mulher e zelar para que as autoridades e instituições públicas atuem em conformidade com esta obrigação;

e) Tomar as medidas apropriadas para eliminar a discriminação contra a mulher praticada por qualquer pessoa, organização ou empresa;

f) Adotar todas as medidas adequadas, inclusive de caráter legislativo, para modificar ou derrogar leis, regulamentos, usos e práticas que constituam discriminação contra a mulher;

g) Derrogar todas as disposições penais nacionais que constituam discriminação contra a mulher.

Artigo 3º

Os Estados Partes tomarão, em todas as esferas e, em particular, nas esferas política, social, econômica e cultural, todas as medidas apropriadas, inclusive de caráter legislativo, para assegurar o pleno desenvolvimento e progresso da mulher, com o objetivo de garantir-lhe o exercício e gozo dos direitos humanos e liberdades fundamentais em igualdade de condições com o homem.

Artigo 4º

1. A adoção pelos Estados-Partes de medidas especiais de caráter temporário destinadas a acelerar a igualdade de fato entre o homem e a mulher não se considerará discriminação na forma definida nesta Convenção, mas de nenhuma maneira implicará, como consequência, a manutenção de normas desiguais ou separadas; essas medidas cessarão quando os objetivos de igualdade de oportunidade e tratamento houverem sido alcançados.

2. A adoção pelos Estados-Partes de medidas especiais, inclusive as contidas na presente Convenção, destinadas a proteger a maternidade, não se considerará discriminatória.

Artigo 5º

Os Estados-Partes tornarão todas as medidas apropriadas para:

a) Modificar os padrões sócio-culturais de conduta de homens e mulheres, com vistas a alcançar a eliminação dos preconceitos e práticas consuetudinárias e de qualquer outra índole que estejam baseados na ideia da inferioridade ou superioridade de qualquer dos sexos ou em funções estereotipadas de homens e mulheres.

ANOTAÇÕES

ANOTAÇÕES

b) Garantir que a educação familiar inclua uma compreensão adequada da maternidade como função social e o reconhecimento da responsabilidade comum de homens e mulheres no que diz respeito à educação e ao desenvolvimento de seus filhos, entendendo-se que o interesse dos filhos constituirá a consideração primordial em todos os casos.

Artigo 6º

Os Estados-Partes tomarão todas as medidas apropriadas, inclusive de caráter legislativo, para suprimir todas as formas de tráfico de mulheres e exploração da prostituição da mulher.

PARTE II

Artigo 7º

Os Estados-Partes tomarão todas as medidas apropriadas para eliminar a discriminação contra a mulher na vida política e pública do país e, em particular, garantirão, em igualdade de condições com os homens, o direito a:

a) Votar em todas as eleições e referenda públicos e ser elegível para todos os órgãos cujos membros sejam objeto de eleições públicas;

b) Participar na formulação de políticas governamentais e na execução destas, e ocupar cargos públicos e exercer todas as funções públicas em todos os planos governamentais;

c) Participar em organizações e associações não-governamentais que se ocupem da vida pública e política do país.

Artigo 8º

Os Estados-Partes tomarão todas as medidas apropriadas para garantir, à mulher, em igualdade de condições com o homem e sem discriminação alguma, a oportunidade de representar seu governo no plano internacional e de participar no trabalho das organizações internacionais.

Artigo 9º

1. Os Estados-Partes outorgarão às mulheres direitos iguais aos dos homens para adquirir, mudar ou conservar sua nacionalidade. Garantirão, em particular, que nem o casamento com um estrangeiro, nem a mudança de nacionalidade do marido durante o casamento, modifiquem automaticamente a nacionalidade da esposa, convertam-na em apátrida ou a obriguem a adotar a nacionalidade do cônjuge.

2. Os Estados-Partes outorgarão à mulher os mesmos direitos que ao homem no que diz respeito à nacionalidade dos filhos.

PARTE III

Artigo 10

Os Estados-Partes adotarão todas as medidas apropriadas para eliminar a discriminação contra a mulher, a fim de assegurar-lhe a igualdade de direitos com o homem na esfera da educação e em particular para assegurarem condições de igualdade entre homens e mulheres:

a) As mesmas condições de orientação em matéria de carreiras e capacitação profissional, acesso aos estudos e obtenção de diplomas nas instituições de ensino de todas as categorias, tanto em zonas rurais como urbanas; essa igualdade deverá ser assegurada na educação pré-escolar, geral, técnica e profissional, incluída a educação técnica superior, assim como todos os tipos de capacitação profissional;

b) Acesso aos mesmos currículos e mesmos exames, pessoal docente do mesmo nível profissional, instalações e material escolar da mesma qualidade;

c) A eliminação de todo conceito estereotipado dos papéis masculino e feminino em todos os níveis e em todas as formas de ensino mediante o estímulo à educação mista e a outros tipos de educação que contribuam para alcançar este objetivo e, em particular, mediante a modificação dos livros e programas escolares e adaptação dos métodos de ensino;

ANOTAÇÕES

d) As mesmas oportunidades para obtenção de bolsas-de-estudo e outras subvenções para estudos;

e) As mesmas oportunidades de acesso aos programas de educação supletiva, incluídos os programas de alfabetização funcional e de adultos, com vistas a reduzir, com a maior brevidade possível, a diferença de conhecimentos existentes entre o homem e a mulher;

f) A redução da taxa de abandono feminino dos estudos e a organização de programas para aquelas jovens e mulheres que tenham deixado os estudos prematuramente;

g) As mesmas oportunidades para participar ativamente nos esportes e na educação física;

h) Acesso a material informativo específico que contribua para assegurar a saúde e o bem-estar da família, incluída a informação e o assessoramento sobre planejamento da família.

Artigo 11

1. Os Estados-Partes adotarão todas as medidas apropriadas para eliminar a discriminação contra a mulher na esfera do emprego a fim de assegurar, em condições de igualdade entre homens e mulheres, os mesmos direitos, em particular:

a) O direito ao trabalho como direito inalienável de todo ser humano;

b) O direito às mesmas oportunidades de emprego, inclusive a aplicação dos mesmos critérios de seleção em questões de emprego;

c) O direito de escolher livremente profissão e emprego, o direito à promoção e à estabilidade no emprego e a todos os benefícios e outras condições de serviço, e o direito ao acesso à formação e à atualização profissionais, incluindo aprendizagem, formação profissional superior e treinamento periódico;

d) O direito a igual remuneração, inclusive benefícios, e igualdade de tratamento relativa a um trabalho de igual valor, assim como igualdade de tratamento com respeito à avaliação da qualidade do trabalho;

e) O direito à seguridade social, em particular em casos de aposentadoria, desemprego, doença, invalidez, velhice ou outra incapacidade para trabalhar, bem como o direito de férias pagas;

f) O direito à proteção da saúde e à segurança nas condições de trabalho, inclusive a salvaguarda da função de reprodução.

2. A fim de impedir a discriminação contra a mulher por razões de casamento ou maternidade e assegurar a efetividade de seu direito a trabalhar, os Estados-Partes tomarão as medidas adequadas para:

a) Proibir, sob sanções, a demissão por motivo de gravidez ou licença de maternidade e a discriminação nas demissões motivadas pelo estado civil;

b) Implantar a licença de maternidade, com salário pago ou benefícios sociais comparáveis, sem perda do emprego anterior, antiguidade ou benefícios sociais;

c) Estimular o fornecimento de serviços sociais de apoio necessários para permitir que os pais combinem as obrigações para com a família com as responsabilidades do trabalho e a participação na vida pública, especialmente mediante fomento da criação e desenvolvimento de uma rede de serviços destinados ao cuidado das crianças;

d) Dar proteção especial às mulheres durante a gravidez nos tipos de trabalho comprovadamente prejudiciais para elas.

3. A legislação protetora relacionada com as questões compreendidas neste artigo será examinada periodicamente à luz dos conhecimentos científicos e tecnológicos e será revista, derrogada ou ampliada conforme as necessidades.

Artigo 12

1. Os Estados-Partes adotarão todas as medidas apropriadas para eliminar a discriminação contra a mulher na esfera dos cuidados médicos a fim de assegurar, em condições de

igualdade entre homens e mulheres, o acesso a serviços médicos, inclusive os referentes ao planejamento familiar.

2. Sem prejuízo do disposto no parágrafo 1º, os Estados-Partes garantirão à mulher assistência apropriadas em relação à gravidez, ao parto e ao período posterior ao parto, proporcionando assistência gratuita quando assim for necessário, e lhe assegurarão uma nutrição adequada durante a gravidez e a lactância.

Artigo 13

Os Estados-Partes adotarão todas as medidas apropriadas para eliminar a discriminação contra a mulher em outras esferas da vida econômica e social a fim de assegurar, em condições de igualdade entre homens e mulheres, os mesmos direitos, em particular:

a) O direito a benefícios familiares;

b) O direito a obter empréstimos bancários, hipotecas e outras formas de crédito financeiro;

c) O direito a participar em atividades de recreação, esportes e em todos os aspectos da vida cultural.

Artigo 14

1. Os Estados-Partes levarão em consideração os problemas específicos enfrentados pela mulher rural e o importante papel que desempenha na subsistência econômica de sua família, incluído seu trabalho em setores não-monetários da economia, e tomarão todas as medidas apropriadas para assegurar a aplicação dos dispositivos desta Convenção à mulher das zonas rurais.

2. Os Estados-Partes adotarão todas as medias apropriadas para eliminar a discriminação contra a mulher nas zonas rurais a fim de assegurar, em condições de igualdade entre homens e mulheres, que elas participem no desenvolvimento rural e dele se beneficiem, e em particular as segurar-lhes-ão o direito a:

a) Participar da elaboração e execução dos planos de desenvolvimento em todos os níveis;

b) Ter acesso a serviços médicos adequados, inclusive informação, aconselhamento e serviços em matéria de planejamento familiar;

c) Beneficiar-se diretamente dos programas de seguridade social;

d) Obter todos os tipos de educação e de formação, acadêmica e não-acadêmica, inclusive os relacionados à alfabetização funcional, bem como, entre outros, os benefícios de todos os serviços comunitário e de extensão a fim de aumentar sua capacidade técnica;

e) Organizar grupos de auto-ajuda e cooperativas a fim de obter igualdade de acesso às oportunidades econômicas mediante emprego ou trabalho por conta própria;

f) Participar de todas as atividades comunitárias;

g) Ter acesso aos créditos e empréstimos agrícolas, aos serviços de comercialização e às tecnologias apropriadas, e receber um tratamento igual nos projetos de reforma agrária e de reestabelecimentos;

h) gozar de condições de vida adequadas, particularmente nas esferas da habitação, dos serviços sanitários, da eletricidade e do abastecimento de água, do transporte e das comunicações.

PARTE IV

Artigo 15

1. Os Estados-Partes reconhecerão à mulher a igualdade com o homem perante a lei.

2. Os Estados-Partes reconhecerão à mulher, em matérias civis, uma capacidade jurídica idêntica do homem e as mesmas oportunidades para o exercício dessa capacidade. Em particular, reconhecerão à mulher iguais direitos para firmar contratos e administrar bens e dispensar-lhe-ão um tratamento igual em todas as etapas do processo nas cortes de justiça e nos tribunais.

3. Os Estados-Partes convém em que todo contrato ou outro instrumento privado de efeito jurídico que tenda a restringir a capacidade jurídica da mulher será considerado nulo.

ANOTAÇÕES

4. Os Estados-Partes concederão ao homem e à mulher os mesmos direitos no que respeita à legislação relativa ao direito das pessoas à liberdade de movimento e à liberdade de escolha de residência e domicílio.

Artigo 16

1. Os Estados-Partes adotarão todas as medidas adequadas para eliminar a discriminação contra a mulher em todos os assuntos relativos ao casamento e às ralações familiares e, em particular, com base na igualdade entre homens e mulheres, assegurarão:

a) O mesmo direito de contrair matrimônio;

b) O mesmo direito de escolher livremente o cônjuge e de contrair matrimônio somente com livre e pleno consentimento;

c) Os mesmos direitos e responsabilidades durante o casamento e por ocasião de sua dissolução;

d) Os mesmos direitos e responsabilidades como pais, qualquer que seja seu estado civil, em matérias pertinentes aos filhos. Em todos os casos, os interesses dos filhos serão a consideração primordial;

e) Os mesmos direitos de decidir livre a responsavelmente sobre o número de seus filhos e sobre o intervalo entre os nascimentos e a ter acesso à informação, à educação e aos meios que lhes permitam exercer esses direitos;

f) Os mesmos direitos e responsabilidades com respeito à tutela, curatela, guarda e adoção dos filhos, ou institutos análogos, quando esses conceitos existirem na legislação nacional. Em todos os casos os interesses dos filhos serão a consideração primordial;

g) Os mesmos direitos pessoais como marido e mulher, inclusive o direito de escolher sobrenome, profissão e ocupação;

h) Os mesmos direitos a ambos os cônjuges em matéria de propriedade, aquisição, gestão, administração, gozo e disposição dos bens, tanto a título gratuito quanto a título oneroso.

2. Os esponsais e o casamento de uma criança não terão efeito legal e todas as medidas necessárias, inclusive as de caráter legislativo, serão adotadas para estabelecer uma idade mínima para o casamento e para tornar obrigatória a inscrição de casamentos em registro oficial.

PARTE V

Artigo 17

1. Com o fim de examinar os progressos alcançados na aplicação desta Convenção, será estabelecido um Comitê sobre a Eliminação da Discriminação contra a Mulher (doravante denominado o Comitê) composto, no momento da entrada em vigor da Convenção, de dezoito e, após sua ratificação ou adesão pelo trigésimo-quinto Estado-Parte, de vinte e três peritos de grande prestígio moral e competência na área abarcada pela Convenção. Os peritos serão eleitos pelos Estados-Partes entre seus nacionais e exercerão suas funções a título pessoal; será levada em conta uma repartição geográfica equitativa e a representação das formas diversas de civilização assim como dos principais sistemas jurídicos;

2. Os membros do Comitê serão eleitos em escrutínio secreto de uma lista de pessoas indicadas pelos Estados-Partes. Cada um dos Estados-Partes poderá indicar uma pessoa entre seus próprios nacionais;

3. A eleição inicial realizar-se-á seis meses após a data de entrada em vigor desta Convenção. Pelo menos três meses antes da data de cada eleição, o Secretário-Geral das Nações Unidas dirigirá uma carta aos Estados-Partes convidando-os a apresentar suas candidaturas, no prazo de dois meses. O Secretário-Geral preparará uma lista, por ordem alfabética de todos os candidatos assim apresentados, com indicação dos Estados-Partes que os tenham apresentado e comunica-la-á aos Estados Partes;

4. Os membros do Comitê serão eleitos durante uma reunião dos Estados-Partes convocado pelo Secretário-Geral

ANOTAÇÕES

ANOTAÇÕES

na sede das Nações Unidas. Nessa reunião, em que o quorum será alcançado com dois terços dos Estados-Partes, serão eleitos membros do Comitê os candidatos que obtiverem o maior número de votos e a maioria absoluta de votos dos representantes dos Estados-Partes presentes e votantes;

5. Os membros do Comitê serão eleitos para um mandato de quatro anos. Entretanto, o mandato de nove dos membros eleitos na primeira eleição expirará ao fim de dois anos; imediatamente após a primeira eleição os nomes desses nove membros serão escolhidos, por sorteio, pelo Presidente do Comitê;

6. A eleição dos cinco membros adicionais do Comitê realizar-se-á em conformidade com o disposto nos parágrafos 2, 3 e 4 deste Artigo, após o depósito do trigésimo-quinto instrumento de ratificação ou adesão. O mandato de dois dos membros adicionais eleitos nessa ocasião, cujos nomes serão escolhidos, por sorteio, pelo Presidente do Comitê, expirará ao fim de dois anos;

7. Para preencher as vagas fortuitas, o Estado-Parte cujo perito tenha deixado de exercer suas funções de membro do Comitê nomeará outro perito entre seus nacionais, sob reserva da aprovação do Comitê;

8. Os membros do Comitê, mediante aprovação da assembleia Geral, receberão remuneração dos recursos das Nações Unidas, na forma e condições que a assembleia Geral decidir, tendo em vista a importância das funções do Comitê;

9. O Secretário-Geral das Nações Unidas proporcionará o pessoal e os serviços necessários para o desempenho eficaz das funções do Comitê em conformidade com esta Convenção.

Artigo 18

1. Os Estados-Partes comprometem-se a submeter ao Secretário-Geral das Nações Unidas, para exame do Comitê, um relatório sobre as medidas legislativas, judiciárias, administrativas ou outras que adotarem para tornarem efetivas as disposições desta Convenção e sobre os progressos alcançados a esse respeito:

   a) No prazo de um ano a partir da entrada em vigor da Convenção para o Estado interessado; e

   b) Posteriormente, pelo menos cada quatro anos e toda vez que o Comitê a solicitar.

2. Os relatórios poderão indicar fatores e dificuldades que influam no grau de cumprimento das obrigações estabelecidos por esta Convenção.

Artigo 19

1. O Comitê adotará seu próprio regulamento.

2. O Comitê elegerá sua Mesa por um período de dois anos.

Artigo 20

1. O Comitê se reunirá normalmente todos os anos por um período não superior a duas semanas para examinar os relatórios que lhe sejam submetidos em conformidade com o Artigo 18 desta Convenção.

2. As reuniões do Comitê realizar-se-ão normalmente na sede das Nações Unidas ou em qualquer outro lugar que o Comitê determine.

Artigo 21

1. O Comitê, através do Conselho Econômico e Social das Nações Unidas, informará anualmente a assembleia Geral das Nações Unidas de suas atividades e poderá apresentar sugestões e recomendações de caráter geral baseadas no exame dos relatórios e em informações recebidas dos Estados-Partes. Essas sugestões e recomendações de caráter geral serão incluídas no relatório do Comitê juntamente com as observações que os Estados-Partes tenham porventura formulado.

2. O Secretário-Geral transmitirá, para informação, os relatórios do Comitê à Comissão sobre a Condição da Mulher.

ANOTAÇÕES

As Agências Especializadas terão direito a estar representadas no exame da aplicação das disposições desta Convenção que correspondam à esfera de suas atividades. O Comitê poderá convidar as Agências Especializadas a apresentar relatórios sobre a aplicação da Convenção nas áreas que correspondam à esfera de suas atividades.

PARTE VI

Artigo 23

Nada do disposto nesta Convenção prejudicará qualquer disposição que seja mais propícia à obtenção da igualdade entre homens e mulheres e que seja contida:

   a) Na legislação de um Estado-Parte ou

   b) Em qualquer outra convenção, tratado ou acordo internacional vigente nesse Estado.

Artigo 24

Os Estados-Partes comprometem-se a adotar todas as medidas necessárias em âmbito nacional para alcançar a plena realização dos direitos reconhecidos nesta Convenção.

Artigo 25

1. Esta Convenção estará aberta à assinatura de todos os Estados.

2. O Secretário-Geral das Nações Unidas fica designado depositário desta Convenção.

3. Esta Convenção está sujeita a ratificação. Os instrumentos de ratificação serão depositados junto ao Secretário-Geral das Nações Unidas.

4. Esta Convenção estará aberta à adesão de todos os Estados. A adesão efetuar-se-á através do depósito de um instrumento de adesão junto ao Secretário-Geral das Nações Unidas.

Artigo 26

1. Qualquer Estado-Parte poderá, em qualquer momento, formular pedido de revisão desta revisão desta Convenção, mediante notificação escrita dirigida ao Secretário-Geral das Nações Unidas.

2. A assembleia Geral das Nações Unidas decidirá sobre as medidas a serem tomadas, se for o caso, com respeito a esse pedido.

Artigo 27

1. Esta Convenção entrará em vigor no trigésimo dia a partir da data do depósito do vigésimo instrumento de ratificação ou adesão junto ao Secretário-Geral das Nações Unidas.

2. Para cada Estado que ratificar a presente Convenção ou a ela aderir após o depósito do vigésimo instrumento de ratificação ou adesão, a Convenção entrará em vigor no trigésimo dia após o depósito de seu instrumento de ratificação ou adesão.

Artigo 28

1. O Secretário-Geral das Nações Unidas receberá e enviará a todos os Estados o texto das reservas feitas pelos Estados no momento da ratificação ou adesão.

2. Não será permitida uma reserva incompatível com o objeto e o propósito desta Convenção.

3. As reservas poderão ser retiradas a qualquer momento por uma notificação endereçada com esse objetivo ao Secretário-Geral das Nações Unidas, que informará a todos os Estados a respeito. A notificação surtirá efeito na data de seu recebimento.

Artigo 29

1. Qualquer controvérsia entre dois ou mais Estados-Partes relativa à interpretação ou aplicação desta Convenção e que não for resolvida por negociações será, a pedido de qualquer das Partes na controvérsia, submetida a arbitragem. Se no prazo de seis meses a partir da data do pedido de arbitragem as Partes não acordarem sobre a forma da arbitragem, qualquer das Partes poderá submeter a controvérsia à Corte Internacional de Justiça mediante pedido em conformidade com o Estatuto da Corte.

2. Qualquer Estado-Parte, no momento da assinatura ou ratificação desta Convenção ou de adesão a ela, poderá declarar que não se considera obrigado pelo parágrafo anterior. Os demais Estados-Partes não estarão obrigados pelo parágrafo anterior perante nenhum Estado-Parte que tenha formulado essa reserva.

3. Qualquer Estado-Parte que tenha formulado a reserva prevista no parágrafo anterior poderá retirá-la em qualquer momento por meio de notificação ao Secretário-Geral das Nações Unidas.

Artigo 30

Esta convenção, cujos textos em árabe, chinês, espanhol, francês, inglês e russo são igualmente autênticos será depositada junto ao Secretário-Geral das Nações Unidas.

Em testemunho do que, os abaixo-assinados devidamente autorizados, assinaram esta Convenção.

Convenção Internacional sobre a Eliminação de Todas as Formas de Discriminação Racial

Adotada pela Resolução n.º 2.106-A da assembleia das Nações Unidas, em 21 de dezembro de 1965. Aprovada pelo Decreto Legislativo n.º 23, de 21.6.1967. Ratificada pelo Brasil em 27 de março de 1968. Entrou em vigor no Brasil em 4.1.1969. Promulgada pelo Decreto n.º 65.810, de 8.12.1969. Publicada no D.O. de 10.12.1969

Os Estados Membros na presente Convenção,

Considerando que a Carta das Nações Unidas baseia-se em princípios de dignidade e igualdade inerentes a tos os serres humanos, e que todos os Estados Membros comprometem-se a tomar medidas separadas e conjuntas, em cooperação com a Organização, para a consecução de um dos propósitos das Nações Unidas, que é promover e encorajar o respeito universal e a observância dos direitos humanos e das liberdades fundamentais para todos sem discriminação de raça, sexo, idioma ou religião.

Considerando que a Declaração Universal dos Direitos Humanos proclama que tos os seres humanos nascem livres e iguais sem dignidade e direitos e que toda pessoa pode invocar todos os direitos estabelecidos nessa Declaração, sem distinção alguma, e principalmente de raça, cor ou origem nacional.

Considerando que todas as pessoas são iguais perante a lei e têm direito a igual proteção contra qualquer discriminação e contra qualquer incitamento à discriminação.

Considerando o suposto autor baseia-se em princípios de dignidade e igualdade inerentes a todos os seres humanos, e que todos os Estados Membros comprometem-se a tomar medidas separadas e conjuntas, em cooperação com a Organização, para a consecução de um dos propósitos da Nações Unidas, que é promover e encorajar o respeito universal e a observância dos direitos humanos e das liberdades fundamentais para todos, sem discriminação de arca, sexo, idioma ou religião.

Considerando que a Declaração Universal dos Direitos Humanos proclama "que todos os seres humanos nascem livres e iguais em dignidade e direitos e que toda pessoa pode invocar todos os direitos estabelecidos nessa Declaração, sem distinção alguma, e principalmente de raça, cor ou origem nacional".

Considerando que todas as pessoas são iguais perante a lei e têm direito a igual proteção contra qualquer discriminação e contra qualquer incitamento à discriminação.

Considerando que as Nações Unidas têm condenado o colonialismo e todas as práticas de segregação e discriminação a ele associadas, em qualquer forma e onde quer que existam, e que a Declaração sobre a Outorga da Independência aos Países e Povos Coloniais de 14 de dezembro de 1960 (Resolução n. 1514 (XV) da assembleia Geral) afirmou e proclamou solenemente a necessidade de levá-las a um fim rápido e incondicional.

Considerando que a Declaração das Nações Unidas sobre a Eliminação de Todas as Formas de Discriminação Racial de 20 de dezembro de 1963 (Resolução n. 1.904 (XV3. da assembleia Geral) afirma solenemente a necessidade de eliminar rapidamente a discriminação racial no mundo, em toas as suas formas e manifestações, e de assegurar a compreensão e o respeito à dignidade da pessoa humana.

Convencidos de que a doutrina da superioridade baseada em diferenças raciais é cientificamente falsa, moralmente condenável, socialmente injusta e perigosa, e que não existe justificação para a discriminação racial, em teoria ou na prática, em lugar algum.

Reafirmando que a discriminação entre as pessoas por motivo de raça, cor ou origem étnica é um obstáculo às relações amistosas e pacíficas entre as nações e é capaz de perturbar a paz e a segurança entre os povos e a harmonia de pessoas vivendo lado a lado, até dentro de um mesmo Estado.

Convencidos de que a existência de barreiras raciais repugna os ideais de qualquer sociedade humana.

Alarmados por manifestações de discriminação racial ainda em evidência em algumas áreas do mundo e por políticas governamentais baseadas em superioridade racial ou ódio, como as políticas de apartheid, segregação ou separação.

Resolvidos a adotar todas as medidas necessárias para eliminar rapidamente a discriminação racial em todas as suas formas e manifestações, e a prevenir e combater doutrinas e práticas racistas e construir uma comunidade internacional livre de todas as formas de segregação racial e discriminação racial.

Levando em conta a Convenção sobre a Discriminação no Emprego e Ocupação, adotada pela Organização Internacional do Trabalho de 1958, e a Convenção contra a Discriminação no Ensino, adotada pela Organização das Nações Unidas para a Educação, a Ciência e a Cultura, em 1960.

Desejosos de completar os princípios estabelecidos na Declaração das Nações Unidas sobre a Eliminação de Todas as Formas de Discriminação Racial e assegurar o mais cedo possível a adoção de medidas práticas para esse fim.

Acordam o seguinte:

PARTE I

Artigo 1º

§1. Para fins da presente Convenção, a expressão «discriminação racial» significará toda distinção, exclusão, restrição ou preferência baseada em raça, cor, descendência ou origem nacional ou étnica que tenha por objeto ou resultado anular ou restringir o reconhecimento, gozo ou exercício em um mesmo plano (em igualdade de condição) de direitos humanos e liberdades fundamentais nos campos político, econômico, social, cultural ou em qualquer outro campo da vida pública.

§2. Esta Convenção não se aplicará às distinções, exclusões, restrições e preferências feitas por um Estado Membro entre cidadãos e não-cidadãos.

§3. Nada nesta Convenção poderá ser interpretado como afetando as disposições legais dos Estados Membros, relativas à nacionalidade, cidadania e naturalização, desde que tais disposições não discriminem contra qualquer nacionalidade particular.

§4. Não serão consideradas discriminação racial as medidas especiais tomadas com o único objetivo de assegurar o progresso adequado de certos grupos raciais ou étnicos ou de indivíduos que necessitem da proteção que possa ser necessária para proporcionar a tais grupos ou indivíduos igual gozo ou exercício de direitos humanos e liberdades fundamentais, contanto que tais medidas não conduzam, em consequência, à manutenção de direitos separados para diferentes grupos raciais e não prossigam após terem sido alcançados os seus objetivos.

ANOTAÇÕES

Artigo 2º

§1. Os Estados Membros condenam a discriminação racial e comprometem-se a adotar, por todos os meios apropriados e sem dilações, uma política destinada a eliminar a discriminação racial em todas as suas formas e a encorajar a promoção de entendimento entre todas as raças, e para este fim:

a) Cada Estado Membro compromete-se a abster-se de incorrer em todo ato ou prática de discriminação racial contra pessoas, grupos de pessoas ou instituições e zelar para que as autoridades públicas nacionais ou locais atuem em conformidade com esta obrigação.

b) Cada Estado Membro compromete-se a não encorajar, defender ou apoiar a discriminação racial praticada por uma pessoa ou uma organização qualquer.

c) Cada Estado Membro deverá tomar as medidas eficazes, a fim de rever as políticas governamentais nacionais e locais e modificar, sub-rogar ou anular qualquer disposição regulamentar que tenha como objetivo criar a discriminação ou perpetuá-la onde já existir.

d) Cada Estado Membro deverá tomar todas as medidas apropriadas, inclusive, se as circunstâncias o exigirem, medidas de natureza legislativa, para proibir e pôr fim à discriminação racial praticada por quaisquer pessoas, grupo ou organização.

e) Cada Estado Membro compromete-se a favorecer, quando for o caso, as organizações e movimentos multirraciais, bem como outros meios próprios para eliminar as barreiras entre as raças e a desencorajar o que tenda a fortalecer a divisão racial.

§2. Os Estados Membros tomarão, se as circunstâncias o exigirem, nos campos social, econômico, cultural e outros, medidas especiais e concretas para assegurar, como convier, o desenvolvimento ou a proteção de certos grupos raciais ou de indivíduos pertencentes a esses grupos, com o objetivo de garantir-lhes, em condições de igualdade, o pleno exercício dos direitos humanos e das liberdades fundamentais. Essas medidas não deverão, em caso algum, ter a finalidade de manter direitos desiguais ou distintos para os diversos grupos raciais, depois de alcançados os objetivos, em razão dos quais foram tomadas.

Artigo 3º

Os Estados Membros condenam a segregação racial e o apartheid e comprometem-se a proibir e a eliminar nos territórios sob a sua jurisdição todas as práticas dessa natureza.

Artigo 4º

Os Estados Membros condenam toda propaganda e todas as organizações que se inspirem em ideias ou teorias baseadas na superioridade de uma raça ou de um grupo de pessoas de uma certa cor ou de uma certa origem étnica ou que pretendam justificar ou encorajar qualquer forma de ódio e de discriminação raciais, e comprometem-se a adotar imediatamente medidas positivas destinadas a eliminar qualquer incitação a uma tal discriminação, ou quaisquer atos de discriminação com este objetivo, tendo em vista os princípios formulados na Declaração Universal dos Direitos do Homem e os direitos expressamente enunciados no artigo V da presente Convenção, inter alia:

a) A declarar, como delitos puníveis por lei, qualquer difusão de ideias baseadas na superioridade ou ódio raciais, qualquer incitamento à discriminação racial, assim como quaisquer atos de violência ou provocação a tais atos, dirigidos contra qualquer raça ou qualquer grupo de pessoas de outra cor ou de outra origem étnica, como também qualquer assistência prestada a atividades racistas, inclusive seu financiamento.

b) A declarar ilegais e a proibir as organizações, assim como as atividades de propaganda organizada e qualquer outro tipo de atividade de propaganda que incitarem à discriminação racial e que a encorajarem e a declarar delito punível por lei a participação nessas organizações ou nessas atividades.

ANOTAÇÕES

c) Direitos políticos, particularmente direitos de participar nas eleições — de votar e ser votado — conforme o sistema de sufrágio universal e igual, de tomar parte no Governo, assim como na direção dos assuntos públicos qualquer nível, e de aceso em igualdade de condições às funções públicas.

d) Outros direitos civis, particularmente:

1. Direito de circular livremente e de escolher residência dentro das fronteiras do Estado.

2. Direito de deixar qualquer país, inclusive o seu, e de voltar ao seu país.

3. Direito a uma nacionalidade.

4. Direito a casar-se e escolher o cônjuge.

V) Direito de qualquer pessoa, tanto individualmente como em conjunto, à propriedade.

V1. Direito de herdar.

V2. Direito à liberdade de pensamento, de consciência e de religião.

V3. Direito à liberdade de opinião e de expressão.

IX) Direito à liberdade de reunião e de associação pacíficas:

a) Direitos econômicos, sociais e culturais, principalmente.

b) Direito ao trabalho, à livre escolha de trabalho, a condições equitativas e satisfatórias de trabalho, à proteção contra o desemprego, à um salário igual para um trabalho igual, à uma remuneração equitativa e satisfatória.

c) Direito de fundar sindicatos e a eles se afiliar.

d) Direito à habitação.

e) Direito à saúde pública, a tratamento médico, à previdência social e aos serviços sociais.

f) Direito à educação e à formação profissional.

g) Direito à igual participação nas atividades culturais.

i) Direito de acesso a todos os lugares e serviços destinados ao uso do público, tais como meios de transporte, hotéis, restaurantes, cafés, espetáculos e parques.

Artigo 6º

Os Estados Membros assegurarão, a qualquer pessoa a que estiver sob sua jurisdição, proteção e recursos eficazes perante os tribunais nacionais outros órgãos do Estado, competentes, contra quaisquer tos de discriminação racial e que, contrariamente à presente Convenção, violarem seus diretos individuais e suas liberdades fundamentais, assim como o direito de expressar a sua tribunas uma satisfação ou reparação justa e adequada por qualquer dano de expressar que foi vítima, em decorrência tal discriminação.

Artigo 7º

Os Estados Membros comprometem-se a tomar as medidas imediatas e eficazes , principalmente no campo do ensino, educação, cultura, e informação, para lutar contra preconceitos que levem à discriminação racial e promover o entendimento, a tolerância e a amizade entre nações e grupos raciais e étimos, sim como propagar os propósitos e os princípios da Carta das Nações Unidas, da Declaração Universal dos Direitos Humanos, da Declaração das Nações Unidas Sobre a Eliminação de todas as Formas de Discriminação Racial e da presente Convenção.

PARTE II

Artigo 8º

§1. Será estabelecido um Comitê sobre a Eliminação da Discriminação Racial (doravante denominado «Comitê»), composto de dezoito peritos de grande prestígio mora e reconhecida imparcialidade, que serão eleitos pêlos Estados Membros dentre os seus nacionais e que exercerão suas funções a título pessoal, levando-se em conta uma distribuição geográfica equitativa e a representação das formas diversas de civilização, assim como dos principais sistemas jurídicos.

§2. Os membros do Comitê serão eleitos em votação secreta dentre uma lista de pessoas indicadas pelos Estados Membros. Cada Estado Membro pode indicar uma pessoa dentre os seus nacionais.

§3. A primeira eleição se realizará seis meses após a data da entrada em vigor da presente Convenção. Ao menos três meses antes da data de cada eleição, o Secretário Geral da Organização das Nações Unidas enviará uma carta aos Estados Membros para convidá-los a apresentar suas candidaturas no prazo de dois meses. O Secretário Geral da Organização das Nações Unidas organizará uma lista, por ordem alfabética, de todos os candidatos assim designados, com indicações dos Estados Membros que os tiverem designado, e a comunicará aos Estados Membros.

§4. Os membros do Comitê serão eleitos durante uma reunião dos Estados Membros convocada pelo Secretário Geral das Nações Unidas. Nesta reunião, na qual o quorum será estabelecido por dois terços dos Estados Membros, serão eleitos membros do Comitê os candidatos que obtiverem o maior número de votos e a maioria absoluta dos votos dos representantes dos Estados Membros presentes e votantes.

§5 Os membros do Comitê serão eleitos para um mandato de quatro anos. Entretanto, o mandato de nove dos membros eleitos na primeira eleição expirará ao final de dois anos; imediatamente após a primeira eleição, os nomes desses nove membros serão escolhidos, por sorteio, pelo Presidente do Comitê. Para preencher as vagas fortuitas, o Estado Membro cujo perito tenha deixado de exercer suas funções de membro do Comitê nomeará outro perito entre seus nacionais, sob reserva da aprovação do Comitê.

§6. Os Estados Membros serão responsáveis pelas despesas dos membros do Comitê para o período em que estes desempenharem funções no Comitê.

Artigo 9º

§1. Os Estados Membros comprometem-se a submeter ao Secretário Geral das Nações Unidas, para exame do Comitê, um relatório sobre as medidas legislativas, judiciárias, administrativas ou outras que adotarem para tornarem efetivas as disposições desta Convenção:

a) No prazo de um ano, a partir da entrada em vigor da Convenção, para o Estado interessado.

b) Posteriormente, pelo menos a cada quatro anos e toda vez que o Comitê vier a solicitar.

c) O Comitê poderá solicitar informações complementares aos Estados Membros.

§2. O Comitê submeterá anualmente à assembleia Geral um relatório sobre suas atividades e poderá fazer sugestões e recomendações de ordem geral baseadas no exame dos relatórios e das informações recebidas dos Estados Membros. Levará estas sugestões e recomendações de ordem geral ao conhecimento da assembleia Geral e, se as houver, juntamente com as observações dos Estados Membros.

Artigo 1º

§1. O Comitê adotará seu próprio regulamento interno.

§2. O Comitê elegerá sua Mesa para um período de dois anos.

§3. O Secretário Geral das Nações Unidas fornecerá os serviços de Secretaria ao Comitê.

§4. O Comitê reunir-se-á normalmente na sede das Nações Unidas.

Artigo 11

§1. Se um Estado Membro considerar que outro Estado Membro não vem cumprindo as disposições da presente Convenção poderá chamar a atenção do Comitê sobre a questão. O Comitê transmitirá, então, a comunicação ao Estado Membro interessado. Em um prazo de três meses, o Estado destinatário submeterá ao Comitê as explicações ou declarações por escrito, a fim de esclarecer a questão e indicar as medidas corretivas que por acaso tenham sido tomadas pelo referido Estado.

§2. Se, dentro do prazo de seis meses, a contar da data do recebimento da comunicação original pelo Estado destinatário, a questão não estiver dirimida satisfatoriamente para ambos os Estados Membros interessados, por meio de negociações bilaterais ou por qualquer outro processo que estiver a sua disposição, tanto um como o outro terão o direito de submetê-la ao Comitê, mediante notificação endereçada ao Comitê ou ao outro Estado interessado.

§3. O Comitê só poderá tomar conhecimento de uma questão, de acordo com o «§2 do presente artigo», após ter assegurado que todos os recursos internos disponíveis tenham sido utilizados e esgotados, em conformidade com os princípios do Direito Internacional geralmente reconhecidos. Não se aplicará essa regra quando a aplicação dos mencionados recursos exceder prazos razoáveis.

§4. Em qualquer questão que lhe for submetida, o Comitê poderá solicitar aos Estados Membros presentes que lhe forneçam quaisquer informações complementares pertinentes.

§5. Quando o Comitê examinar uma questão conforme o presente artigo, os Estados Membros interessados terão o direito de nomear um representante que participará, sem direito de voto, dos trabalhos no Comitê durante todos os debates.

Artigo 12

§1. Depois que o Comitê obtiver e consultar as informações que julgar necessárias, o Presidente nomeará uma Comissão de Conciliação ad hoc (doravante denominada «Comissão»), composta de 5 pessoas que poderão ou não ser membros do Comitê. Os membros serão nomeados com o consentimento pleno e unânime das partes na controvérsia e a Comissão porá seus bons ofícios à disposição dos Estados presentes, com o objetivo de chegar a uma solução amigável da questão, baseada no respeito à presente Convenção.

Se os Estados Membros na controvérsia não chegarem a um entendimento em relação a toda ou parte da composição da Comissão, em um prazo de três meses, os membros da Comissão que não tiverem o assentimento dos Estados Membros na controvérsia serão eleitos por escrutínio secreto, dentre os próprios membros do Comitê, por maioria de dois terços.

§2. Os membros da Comissão atuarão a título individual. Não deverão ser nacionais de um dos Estados Membros na controvérsia nem de um Estado que não seja parte na presente Convenção.

§3. A Comissão elegerá seu Presidente e adotará seu regulamento interno.

§4. A Comissão reunir-se-á na Sede das Nações Unidas ou em qualquer outro lugar apropriado que a Comissão determinar.

§5. O secretariado, previsto no «§3 do artigo 10º», prestará igualmente seus serviços à Comissão cada vez que uma controvérsia entre os Estados Membros provocar sua formação.

§6. Todas as despesas dos membros da Comissão serão divididas igualmente entre os Estados Membros na controvérsia, com base em um cálculo estimativo feito pelo Secretário Geral.

§7. O Secretário Geral ficará autorizado a pagar, se for necessário, as despesas dos membros da Comissão, antes que o reembolso seja efetuado pelos Estados Membros na controvérsia, de conformidade com o «§6 do presente artigo».

§8. As informações obtidas e confrontadas pelo Comitê serão postas à disposição da Comissão, que poderá solicitar aos Estados interessados que lhe forneçam qualquer informação complementar pertinente.

Artigo 13

§1. Após haver estudado a questão sob todos os seus aspectos, a Comissão preparará e submeterá ao Presidente do Comitê um relatório com as conclusões sobre todas as questões de fato relativas à controvérsia entre as partes e as recomendações que julgar oportunas, a fim de chegar a uma solução amistosa da controvérsia.

§2. O Presidente do Comitê transmitirá o relatório da Comissão a cada um dos Estados Membros na controvérsia. Os referidos Estados comunicarão ao Presidente do Comitê, em um prazo de três meses, se aceitam ou não as recomendações contidas no relatório da Comissão.

ANOTAÇÕES

§3. Expirado o prazo previsto no «§2 do presente artigo», o Presidente do Comitê apresentará o Relatório da Comissão e as Declarações dos Estados Membros interessados aos outros Estados Membros nesta Convenção.

Artigo 14

§1. Todo Estado Membro na presente Convenção poderá declarar, a qualquer momento, que reconhece a competência do Comitê para receber e examinar as comunicações enviadas por indivíduos ou grupos de indivíduos sob sua jurisdição, que aleguem ser vítimas de violação, por um Estado Membro, de qualquer um dos direitos enunciados na presente Convenção. O Comitê não receberá comunicação alguma relativa a um Estado Membro que não houver feito declaração dessa natureza.

§2. Qualquer Estado Membro que fizer uma declaração de conformidade com o «§1 do presente artigo», poderá criar ou designar um órgão dentro de sua ordem jurídica nacional, que terá a competência para receber e examinar as petições de pessoas ou grupos de pessoas sob sua jurisdição, que alegarem ser vítima de uma violação de qualquer um dos direitos enunciados na presente Convenção e que esgotaram os outros recursos locais disponíveis.

§3. A declaração feita de conformidade com o «§1 do presente artigo» e o nome de qualquer órgão criado ou designado pelo Estado Membro interessado, consoante o «§2 do presente artigo», serão depositados pelo Estado Membro interessado junto ao Secretário Geral das Nações Unidas, que remeterá cópias aos outros Estados Membros. A declaração poderá ser retirada a qualquer momento, mediante notificação ao Secretário Geral das Nações Unidas, mas esta retirada não prejudicará as comunicações que já estiverem sendo estudadas pelo Comitê.

§4. O órgão criado ou designado de conformidade com o «§2 do presente artigo», deverá manter um registro de petições, e cópias autenticadas do registro serão depositadas anualmente por canais apropriados junto ao Secretário Geral das Nações Unidas, no entendimento de que o conteúdo dessas cópias não será divulgado ao público.

§5. Se não obtiver reparação satisfatória do órgão criado ou designado de conformidade com o «§2 do presente artigo», o peticionário terá o direito de levar a questão ao Comitê, dentro de seis meses.

§6. O Comitê levará, a título confidencial, qualquer comunicação que lhe tenha sido endereçada, ao conhecimento do Estado Membro que supostamente houver violado qualquer das disposições desta Convenção, mas a identidade da pessoa ou dos grupos de pessoas não poderá ser revelada sem o consentimento expresso da referida pessoa ou grupos de pessoas. O Comitê não receberá comunicações anônimas. Dentro dos três meses seguintes, o Estado destinatário submeterá ao Comitê as explicações ou declarações por escrito que elucidem a questão e, se for o caso, indiquem o recurso jurídico adotado pelo Estado em questão.

§7. O Comitê examinará as comunicações recebidas em conformidade com o presente artigo à luz de todas as informações a ele submetidas pelo Estado interessado e pelo peticionário. O Comitê só examinará uma comunicação de um peticionário após Ter-se assegurado de que este esgotou todos os recursos internos disponíveis. Entretanto, esta regra não se aplicará se os processos de recursos excederem prazos razoáveis.O Comitê comunicará suas sugestões e recomendações eventuais ao Estado Membro e ao peticionário em questão.

§8. O Comitê incluirá em seu relatório anual um resumo destas comunicações e, se for necessário, um resumo das explicações e declarações dos Estados Membros interessados, assim como suas próprias sugestões e recomendações.

§9. O Comitê somente terá competência para exercer as funções previstas neste artigo se pelo menos dez Estados Membros nesta Convenção estiverem obrigados, por declarações feitas de conformidade com o «§1 deste artigo».

ANOTAÇÕES

Artigo 15

§1. Enquanto não forem atingidos os objetivos da Resolução n. 1.514 (XV) da assembleia Geral de 14 de dezembro de 1960, relativa à Declaração sobre a Outorga de Independência aos Países e Povos Coloniais, as disposições da presente Convenção não restringirão de maneira alguma o direito de petição concedido aos povos por outros instrumentos internacionais ou pela Organização das Nações Unidas e suas agências especializadas.

§2.

a) O Comitê, constituído de conformidade com o «§1 do artigo 8º» desta Convenção, receberá cópia das petições provenientes dos órgãos das Nações Unidas que se encarregarem de questões diretamente relacionadas com os princípios e objetivos da presente Convenção e expressará sua opinião e formulará recomendações sobre essas petições, quando examinar as petições dos habitantes dos territórios sob tutela ou sem governo próprio ou de qualquer outro território a que se aplicar a Resolução n. 1.514 (XV) da assembleia Geral, relacionadas a questões tratadas pela presente Convenção e que forem submetidas a esses órgãos.

b) O Comitê receberá dos órgãos competentes da Organização das Nações Unidas cópia dos relatórios sobre medidas de ordem legislativa, judiciária, administrativa ou outras diretamente relacionadas com os princípios e objetivos da presente Convenção que as Potências Administradoras tiverem aplicado nos territórios mencionados na alínea "a" do presente parágrafo e expressará sua opinião e fará recomendações a esses órgãos.

§3. O Comitê incluirá em seu relatório à assembleia Geral um resumo das petições e relatórios que houver recebido de órgãos das Nações Unidas e as opiniões e recomendações que houver proferido sobre tais petições e relatórios.

§4. O Comitê solicitará ao Secretário Geral das Nações Unidas qualquer informação relacionada com os objetivos da presente Convenção, de que este dispuser, sobre os territórios mencionados no «§2, a, do presente artigo».

Artigo 16

As disposições desta Convenção, relativas à solução das controvérsias ou queixas, serão aplicadas sem prejuízo de outros processos para a solução de controvérsias e queixas no campo da discriminação, previstos nos instrumentos constituídos das Nações Unidas e suas agências especializadas, e não excluirão a possibilidade dos Estados Membros recorrerem a outros procedimentos para a solução de uma controvérsia, de conformidade com os acordos internacionais ou especiais que os ligarem.

PARTE III

Artigo 17

§1. A presente Convenção estará aberta à assinatura de todos os Estados-membros da Organização das Nações Unidas ou membros de qualquer uma de suas agências especializadas, de qualquer Estado Membro no Estatuto da Corte Internacional de Justiça, assim como de qualquer outro Estado convidado pela assembleia Geral das Nações Unidas a tornar-se parte na presente Convenção.

§2. Esta Convenção está sujeita à ratificação. Os instrumentos de ratificação serão depositados junto ao Secretário Geral da Organização das Nações Unidas.

Artigo 18

§1. Esta Convenção está aberta à adesão de todos os Estados mencionados no «§1 do artigo17º» .

§2. Far-se-á a adesão mediante depósito do instrumento de adesão junto ao Secretário Geral das Nações Unidas.

Artigo 19

§1. A presente Convenção entrará em vigor no trigésimo dia a contar da data em que o vigésimo sétimo instrumento de ratificação ou adesão houver sido depositado junto ao Secretário Geral das Nações Unidas.

§2. Para os Estados que vierem a ratificar a presente Convenção ou a ela aderirem após o depósito do vigésimo sétimo instrumento de ratificação ou adesão, a Convenção entrará em vigor no trigésimo dia a contar da data em que o Estado em questão houver depositado seu instrumento de ratificação ou adesão.

Artigo 20

§1. O Secretário Geral das Nações Unidas receberá e enviará a todos os Estados que forem ou vierem a tornar-se partes nesta Convenção, as reservas feitas pelos Estados no momento da ratificação ou adesão. Qualquer Estado que objetar a essas reservas, deverá notificar ao Secretário Geral, dentro de noventa dias da data da referida comunicação que não as aceita.

§2. Não será permitida reserva incompatível com o objeto e o propósito desta Convenção, nem reserva cujo efeito seja o de impedir o funcionamento de qualquer dos órgãos previstos nesta Convenção. Uma reserva será considerada incompatível ou impeditiva se a ela objetarem ao menos dois terços dos Estados Membros nesta Convenção.

§3. As reservas poderão ser retiradas a qualquer momento por uma notificação endereçada com esse objetivo ao Secretário Geral das Nações Unidas. A notificação surtirá efeito na data de seu recebimento.

Artigo 21

Todo Estado Membro poderá denunciar a presente Convenção mediante notificação por escrito endereçada ao Secretário Geral das Nações Unidas. A denúncia produzirá efeitos um ano depois da data do recebimento da notificação pelo Secretário Geral.

Artigo 22

As controvérsias entre dois ou mas Estados Membros, com relação à interpretação ou aplicação da presente Convenção que não puderem ser dirimidas por meio de negociação ou pelos processos previstos expressamente nesta Convenção serão, a pedido de um deles, submetidas à decisão da Corte Internacional de Justiça, a não ser que os litigantes concordem com outro meio de solução.

Artigo 23

§1. Qualquer Estado Membro poderá, em qualquer momento, formular pedido de revisão desta Convenção, mediante notificação escrita dirigida ao Secretário Geral da Organização das Nações Unidas.

§2. A assembleia Geral das Nações Unidas decidirá sobre as medidas a serem tomadas, se for o caso, com respeito a este pedido.

Artigo 24

O Secretário Geral da Organização das Nações Unidas comunicará a todos os Estados mencionados no "§1º do artigo17º" desta Convenção:

a) As assinaturas, ratificações e adesões recebidas em conformidade com os "artigos 17 e 18".

b) A data da entrada em vigor da Convenção, nos termos do "artigo 19".

c) As comunicações e declarações recebidas em conformidade com os "artigos 19, 20, 23".

d) As denúncias recebidas em conformidade com o "artigo 21".

Artigo 25

§1. A presente Convenção, cujos textos em árabe, chinês, espanhol, francês, inglês e russo são igualmente autênticos, será depositada junto ao Secretário Geral das Nações Unidas.

§2. O Secretário Geral da Organização das Nações Unidas encaminhará cópias autenticadas da presente Convenção a todos os Estados.

* Adotada pela Resolução n. 2.106-A 000 da assembleia Geral das Nações Unidas, em 21 de dezembro de 1965 e ratificado pelo Brasil em 27 de março de 1968.

ANOTAÇÕES

15. CONV. INTERN. SOBRE A PROTEÇÃO DOS DIREITOS DE TODOS OS TRABALHADORES MIGRANTES E DOS MEMBROS DE SUAS FAMÍLIA

Adotada pela Resolução 45/158 da assembleia Geral da ONU em 18 de dezembro de 1990

Preâmbulo

Os Estados Partes na presente Convenção,

Tendo em conta os princípios enunciados nos instrumentos básicos das Nações Unidas relativos aos direitos humanos, em especial a Declaração Universal dos Direitos Humanos, o Pacto Internacional sobre os Direitos Econômicos, Sociais e Culturais, o Pacto Internacional sobre os Direitos Civis e Políticos, a Convenção Internacional sobre a Eliminação de Todas as Formas de Discriminação Racial, a Convenção sobre a Eliminação de Todas as Formas de Discriminação contra as Mulheres e a Convenção sobre os Direitos da Criança;

Tendo igualmente em conta as normas e princípios estabelecidos nos instrumentos pertinentes elaborados no âmbito da Organização Internacional do Trabalho, em particular a Convenção relativa aos Trabalhadores Migrantes (nº 97) , a Convenção relativa às Migrações em Condições Abusivas e à Promoção da Igualdade de Oportunidades e de Tratamento dos Trabalhadores Migrantes (nº 143) , a Recomendação relativa à Migração para o Emprego (nº 86) , a Recomendação relativa aos Trabalhadores Migrantes (nº 151) , a Convenção sobre o Trabalho Forçado ou Obrigatório (nº 29) e a Convenção sobre a Abolição do Trabalho Forçado (nº 105) ;

Reafirmando a importância dos princípios enunciados na Convenção relativa à Luta contra a Discriminação no Campo do Ensino, da Organização das Nações Unidas para a Educação, a Ciência e a Cultura;

Recordando a Convenção contra a Tortura e Outras Penas ou Tratamentos Cruéis, Desumanos ou Degradantes, a Declaração do Quarto Congresso das Nações Unidas para a Prevenção do Crime e o Tratamento dos Delinquentes, o Código de Conduta para os Funcionários Responsáveis pela Aplicação da Lei e as Convenções sobre a Escravatura;

Recordando que um dos objetivos da Organização Internacional do Trabalho, estabelecido na sua Constituição, é a proteção dos interesses dos trabalhadores empregados em países estrangeiros, e tendo presente a perícia e a experiência desta Organização em assuntos relacionados com os trabalhadores migrantes e os membros das suas famílias;

Reconhecendo a importância do trabalho realizado sobre os trabalhadores migrantes e os membros das suas famílias por vários órgãos das Nações Unidas, em particular a Comissão dos Direitos Humanos, a Comissão para o Desenvolvimento Social, bem como a Organização das Nações Unidas para a Alimentação e a Agricultura, a Organização das Nações Unidas para a Educação, a Ciência e a Cultura e a Organização Mundial de Saúde e outras organizações internacionais;

Reconhecendo, igualmente, os progressos realizados por alguns Estados, nos planos regional ou bilateral, no diz respeito à proteção dos direitos dos trabalhadores migrantes e dos membros das suas famílias, assim como a importância e a utilidade dos acordos bilaterais e multilaterais celebrados neste campo;

ANOTAÇÕES

ANOTAÇÕES

Conscientes da importância e da extensão do fenômeno da migração, que envolve milhões de pessoas e afeta um grande número de Estados na comunidade internacional;

Conscientes do efeito das migrações de trabalhadores nos Estados e nas populações interessadas, e desejando estabelecer normas que possam contribuir para a harmonização das condutas dos Estados mediante a aceitação de princípios fundamentais relativos ao tratamento dos trabalhadores migrantes e dos membros das suas famílias;

Considerando a situação de vulnerabilidade em que frequentemente se encontram os trabalhadores migrantes e os membros das suas famílias devido, nomeadamente, ao seu afastamento do Estado de origem e a eventuais dificuldades resultantes da sua presença no Estado de emprego;

Convencidos de que os direitos dos trabalhadores migrantes e dos membros das suas famílias não têm sido suficientemente reconhecidos em todo o mundo, devendo, por este motivo, beneficiar de uma proteção internacional adequada;

Tomando em consideração o fato de que, em muitos casos, as migrações são a causa de graves problemas para os membros das famílias dos trabalhadores migrantes, bem como para os próprios trabalhadores, especialmente por causa da dispersão da suas famílias;

Considerando que os problemas humanos decorrentes das migrações são ainda mais graves no caso da migração irregular e convictos, por esse motivo, de que se deve encorajar a adoção de medidas adequadas, a fim de prevenir e eliminar os movimentos clandestinos e o tráfico de trabalhadores migrantes, assegurando ao mesmo tempo a proteção dos direitos humanos fundamentais destes trabalhadores;

Considerando que os trabalhadores não documentados ou em situação irregular são, frequentemente, empregados em condições de trabalho menos favoráveis que outros trabalhadores e que certos empregadores são, assim, levados a procurar tal mão de obra a fim de se beneficiar da concorrência desleal;

Considerando, igualmente, que o emprego de trabalhadores migrantes em situação irregular será desencorajado se os direitos humanos fundamentais de todos os trabalhadores migrantes forem mais amplamente reconhecidos e que, além disso, a concessão de certos direitos adicionais aos trabalhadores migrantes e membros das suas famílias em situação regular encorajará todos os migrantes e empregadores a respeitar e a aplicar as leis e os procedimentos estabelecidos pelos Estados interessados;

Convictos, por esse motivo, da necessidade de garantir a proteção internacional dos direitos de todos os trabalhadores migrantes e dos membros das suas famílias, reafirmando e estabelecendo normas básicas no quadro de uma convenção abrangente suscetível de aplicação universal;

PARTE I- ÂMBITO E DEFINIÇÕES

Artigo 1º

1. Salvo disposição em contrário constante do seu próprio texto, a presente Convenção aplicar-se-á todos os trabalhadores migrantes e aos membros das suas famílias sem qualquer distinção, fundada nomeadamente no sexo, raça, cor, língua, religião ou convicção, opinião política ou outra, origem nacional, étnica ou social, nacionalidade, idade, posição econômica, patrimônio, estado civil, nascimento ou outra situação.

2. A presente Convenção aplicar-se-á todo o processo migratório dos trabalhadores migrantes e dos membros das suas famílias, o qual inclui a preparação da migração, a partida, o trânsito e a duração total da estada, a atividade remunerada no Estado de emprego, bem como o retorno ao Estado de origem ou ao Estado de residência habitual.

ANOTAÇÕES

Artigo 2º

Para efeitos da presente Convenção:

1. A expressão "trabalhador migrante" designa a pessoa que vai exercer, exerce ou exerceu uma atividade remunerada num Estado de que não é nacional.

2.

a) A expressão "trabalhador fronteiriço" designa o trabalhador migrante que mantém a sua residência habitual num Estado vizinho a que regressa, em princípio, todos os dias ou, pelo menos, uma vez por semana;

b) A expressão "trabalhador sazonal" designa o trabalhador migrante cuja atividade, pela sua natureza, depende de condições sazonais e somente se realiza durante parte do ano;

c) A expressão "marítimo", que abrange os pescadores, designa o trabalhador migrante empregado a bordo de um navio matriculado num Estado de que não é nacional;

d) A expressão "trabalhador numa estrutura marítima" designa o trabalhador migrante empregado numa estrutura marítima que se encontra sob a jurisdição de um Estado de que não é nacional;

e) A expressão "trabalhador itinerante" designa o trabalhador migrante que, tendo a sua residência habitual num Estado, tem de viajar para outros Estados por períodos curtos, devido à natureza da sua ocupação;

f) A expressão "trabalhador vinculado a um projeto" designa o trabalhador migrante admitido num Estado de emprego por tempo definido para trabalhar unicamente num projeto concreto conduzido pelo seu empregador nesse Estado;

g) A expressão "trabalhador com emprego específico" designa o trabalhador migrante:

(i) Que tenha sido enviado pelo seu empregador, por um período limitado e definido, a um Estado de emprego para aí realizar uma tarefa ou função específica; ou

(ii) Que realize, por um período limitado e definido, um trabalho que exige competências profissionais, comerciais, técnicas ou altamente especializadas de outra natureza; ou

(iii) Que, a pedido do seu empregador no Estado de emprego, realize, por um período limitado e definido, um trabalho de natureza transitória ou de curta duração; e que deva deixar o Estado de emprego ao expirar o período autorizado de residência, ou antecipadamente, caso deixe de realizar a tarefa ou função específica ou o trabalho inicial;

h) A expressão "trabalhador autônomo" designa o trabalhador migrante que exerce uma atividade remunerada não submetida a um contrato de trabalho e que ganha a sua vida por meio desta atividade, trabalhando normalmente só ou com membros da sua família, assim como o trabalhador considerado autônomo pela legislação aplicável do Estado de emprego ou por acordos bilaterais ou multilaterais.

Artigo 3º

A presente Convenção não se aplicará:

a) Às pessoas enviadas ou empregadas por organizações e organismos internacionais, nem às pessoas enviadas ou empregadas por um Estado fora do seu território para desempenharem funções oficiais, cuja admissão e estatuto estejam regulados pelo direito internacional geral ou por acordos internacionais ou convenções internacionais específicas;

b) Às pessoas enviadas ou empregadas por um Estado ou por conta desse Estado fora do seu território que participam em programas de desenvolvimento e noutros programas de cooperação, cuja admissão e estatuto estejam regulados por acordo celebrado com o Estado de emprego e que, nos termos deste acordo, não sejam consideradas trabalhadores migrantes;

c) Às pessoas que se instalam num Estado diferente do seu Estado de origem na qualidade de investidores;

d) Aos refugiados e apátridas, salvo disposição em contrário da legislação nacional pertinente do Estado Parte interessado ou de instrumentos internacionais em vigor para esse Estado;

e) Aos estudantes e estagiários;

f) Aos marítimos e aos trabalhadores de estruturas marítimas que não tenham sido autorizados a residir ou a exercer uma atividade remunerada no Estado de emprego.

Artigo 4º

Para efeitos da presente Convenção, a expressão "membros da família" designa a pessoa casada com o trabalhador migrante ou que com ele mantém uma relação que, em virtude da legislação aplicável, produz efeitos equivalentes aos do casamento, bem como os filhos a seu cargo e outras pessoas a seu cargo, reconhecidas como familiares pela legislação aplicável ou por acordos bilaterais ou multilaterais aplicáveis entre os Estados interessados.

Artigo 5º

Para efeitos da presente Convenção, os trabalhadores migrantes e os membros das suas famílias:

a) Serão considerados documentados ou em situação regular se forem autorizados a entrar, permanecer e exercer uma atividade remunerada no Estado de emprego, conforme a legislação desse Estado e das convenções internacionais de que esse Estado seja Parte;

b) Serão considerados não documentados ou em situação irregular se não preencherem as condições enunciadas na alínea a) do presente artigo.

Artigo 6º

Para os efeitos da presente Convenção:

a) A expressão "Estado de origem" designa o Estado de que a pessoa interessada é nacional;

b) A expressão "Estado de emprego" designa o Estado onde o trabalhador migrante vai exercer, exerce ou exerceu uma atividade remunerada, conforme o caso;

c) A expressão "Estado de trânsito" designa qualquer Estado por cujo território a pessoa interessada deva transitar a fim de se dirigir para o Estado de emprego ou do Estado de emprego para o Estado de origem ou de residência habitual.

PARTE II- NÃO DISCRIMINAÇÃO EM MATÉRIA DE DIREITOS

Artigo 7º

Os Estados Partes comprometem-se, em conformidade com os instrumentos internacionais relativos aos direitos humanos, a respeitar e a garantir os direitos previstos na presente Convenção para todos os trabalhadores migrantes e membros da suas famílias que se encontrem no seu território e sujeitos à sua jurisdição, sem distinção alguma, independentemente de qualquer consideração de raça, cor, sexo, língua, religião ou convicção, opinião política ou outra, origem nacional, étnica ou social, nacionalidade, idade, posição econômica, patrimônio, estado civil, nascimento ou de qualquer outra situação.

PARTE III- DIREITOS HUMANOS DE TODOS OS TRABALHADORES MIGRANTES E DOS MEMBROS DAS SUAS FAMÍLIAS

Artigo 8º

1. Os trabalhadores migrantes e os membros das suas famílias poderão sair livremente de qualquer Estado, incluindo o seu Estado de origem. Este direito somente poderá ser objeto de restrições que, sendo previstas na lei, constituam disposições necessárias para proteger a segurança nacional, a ordem pública, a saúde ou moral públicas, ou os direitos e liberdades de outrem, e se mostrarem compatíveis com os outros direitos reconhecidos na presente parte da Convenção.

2. Os trabalhadores migrantes e os membros da sua família têm o direito a retornar em qualquer momento ao seu Estado de origem e aí permanecer.

Artigo 9º

O direito à vida dos trabalhadores migrantes e dos membros da sua família será protegido por lei.

Artigo 10

Nenhum trabalhador migrante ou membro da sua família poderá ser submetido à tortura, nem a penas ou tratamentos cruéis, desumanos ou degradantes.

Artigo 11

1. Nenhum trabalhador migrante ou membro da sua família será mantido em escravatura ou servidão.

2. Nenhum trabalhador migrante ou membro da sua família poderá ser compelido a realizar um trabalho forçado ou obrigatório.

3. O parágrafo 2 do presente artigo não será interpretado no sentido de proibir, nos Estados onde certos crimes podem ser punidos com pena de prisão acompanhada de trabalho forçado, o cumprimento de uma pena de trabalho forçado imposta por um tribunal competente.

4. Para efeitos do presente artigo, a expressão "trabalho forçado ou obrigatório" não incluirá:

5) Qualquer trabalho ou serviço, não previsto no parágrafo 3 do presente artigo, exigido normalmente a uma pessoa que, em virtude de uma decisão judicial ordinária, se encontra detida ou tenha sido colocada em liberdade condicional posteriormente;

b) Qualquer serviço exigido no caso de crise ou de calamidade que ameacem a vida ou o bem-estar da comunidade;

c) Qualquer trabalho ou serviço que forme parte das obrigações cívicas normais, desde que exigível também a cidadãos do Estado interessado.

Artigo 12

1. Os trabalhadores migrantes e os membros das suas famílias têm direito à liberdade de pensamento, de consciência e de religião. Este direito abrange a liberdade de professar ou de adotar uma religião ou crença da sua escolha, bem como a liberdade de manifestar a sua religião ou crença, individual ou coletivamente, em público e em privado, pelo culto, celebração de ritos, práticas e o ensino.

2. Os trabalhadores migrantes e os membros das suas famílias não serão submetidos a coação que prejudique a sua liberdade de professar e adotar uma religião ou crença da sua escolha.

3. A liberdade de manifestar a sua religião ou crença somente poderá ser objeto de restrições previstas na lei e que se mostrarem necessárias à proteção da segurança nacional, da ordem pública, da saúde ou da moral públicas, e das liberdades e direitos fundamentais de outrem.

4. Os Estados Partes na presente Convenção comprometem-se a respeitar a liberdade dos pais, quando pelo menos um deles é trabalhador migrante, e, quando for o caso, dos representantes legais, de assegurar a educação religiosa e moral dos seus filhos de acordo com as suas convicções.

Artigo 13

1. Os trabalhadores migrantes e os membros das suas famílias têm o direito de exprimir as suas convicções sem interferência.

2. Os trabalhadores migrantes e os membros das suas famílias têm o direito à liberdade de expressão. Este direito compreende a liberdade de procurar, receber e expandir informações e ideias de toda espécie, sem consideração de fronteiras, sob a forma oral, escrita, impressa ou artística ou por qualquer outro meio à sua escolha.

3. O exercício do direito previsto no parágrafo 2 do presente artigo implica deveres e responsabilidades especiais. Por esta razão, poderá ser objeto de restrições, desde que estas estejam previstas na lei e se afigurem necessárias a fim de:

a) Garantir o respeito dos direitos e da reputação de outrem;

ANOTAÇÕES

ANOTAÇÕES

ANOTAÇÕES

b) Defender a segurança nacional dos Estados interessados, da ordem pública, da saúde ou da moral públicas;

c) Prevenir a incitação à guerra;

d) Prevenir a apologia do ódio nacional, racial e religioso, que constitua uma incitação à discriminação, à hostilidade ou à violência.

Artigo 14

Nenhum trabalhador migrante ou membro da sua família será sujeito a intromissões arbitrárias ou ilegais na sua vida privada, na sua família, no seu domicílio, na sua correspondência ou outras comunicações, nem a ofensas ilegais à sua honra e reputação. Os trabalhadores migrantes e os membros das suas famílias têm o direito à proteção da lei contra tais intromissões ou ofensas.

Artigo 15

Nenhum trabalhador migrante ou membro da sua família será arbitrariamente privado dos bens de que seja o único titular ou que possua conjuntamente com outrem. A expropriação total ou parcial dos bens de um trabalhador migrante ou membro da sua família somente poderá ser efetuada nos termos da legislação vigente no Estado de emprego mediante o pagamento de uma indenização justa e adequada.

Artigo 16

1. Os trabalhadores migrantes e os membros das suas famílias têm direito à liberdade e à segurança da sua pessoa.

2. Os trabalhadores migrantes e os membros das suas famílias têm o direito à proteção efetiva do Estado contra a violência, os maus tratos físicos, as ameaças e a intimidação, por parte de funcionários públicos ou privados, grupos ou instituições.

3. A verificação pelos funcionários responsáveis pela aplicação da lei da identidade dos trabalhadores migrantes e dos membros das suas famílias deverá ser conduzida de acordo com o procedimento estabelecido na lei.

4. Nenhum trabalhador migrante ou membro da sua família será sujeito, individual ou mediante coletivamente, a detenção ou prisão arbitrária; nem será privado da sua liberdade, salvo por motivos e em conformidade com os procedimentos estabelecidos por lei.

5. O trabalhador migrante ou membro da sua família que for detido deverá ser informado, no momento da detenção, se possível numa língua que compreenda, dos motivos desta e prontamente notificado, numa língua que compreenda, das acusações contra si formuladas.

6. O trabalhador migrante ou membro da sua família que for detido ou preso mediante acusação da prática de uma infração penal deverá ser presente, sem demora, a um juiz ou outra entidade autorizada por lei a exercer funções judiciais e tem o direito de ser julgado em prazo razoável ou de aguardar julgamento em liberdade. A prisão preventiva da pessoa que tenha de ser julgada não deverá ser a regra geral, mas a sua libertação poderá ser subordinada a garantias que assegurem a seu comparecimento na audiência ou em qualquer ato processual e, se for o caso, para execução de sentença.

7. No caso de sujeição de um trabalhador migrante ou membro da sua família a detenção ou prisão preventiva, ou a qualquer outra forma de detenção:

a) As autoridades diplomáticas ou consulares do seu Estado de origem ou de um Estado que represente os interesses desse Estado serão informadas prontamente, se o interessado assim o solicitar, da sua detenção ou prisão e dos fundamentos dessa medida;

b) A pessoa interessada será assegurada o direito de se comunicar com as referidas autoridades. As comunicações dirigidas pelo interessado às referidas autoridades deverão ser transmitidas sem demora, e o interessado também será assegurado o direito de receber, sem demora, as comunicações enviadas pelas referidas autoridades;

ANOTAÇÕES

c) A pessoa interessada deverá ser informada prontamente deste direito, e dos direitos decorrentes de tratados eventualmente celebrados nesta matéria entre os Estados interessados, de trocar correspondências e de reunir-se com representantes das referidas autoridades, assim como de tomar providências com vistas à sua representação legal.

8. Os trabalhadores migrantes e os membros das suas famílias que forem privados da sua liberdade mediante detenção ou prisão terão o direito de interpor recurso perante um tribunal, para que este decida sem demora sobre a legalidade da sua detenção e ordene a sua libertação no caso de aquela ser ilegal. Quando participarem nas audiências, eles deverão beneficiar da assistência, gratuita, quando couber, de um intérprete, se não compreenderem ou não falarem suficientemente bem a língua utilizada pelo tribunal.

9. Os trabalhadores migrantes e os membros das suas famílias que tiverem sofrido detenção ou prisão preventiva ilegal terão o direito de requerer uma indenização adequada.

Artigo 17

1. Os trabalhadores migrantes e os membros das suas famílias privados da sua liberdade deverão ser tratados com humanidade e com respeito da dignidade inerente à pessoa humana e à sua identidade cultural.

2. Os trabalhadores migrantes e os membros das suas famílias sob acusação deverão ser separados dos condenados, salvo em circunstâncias excepcionais, e submetidos a um regime distinto, adequado à sua condição de pessoas não condenadas. Se forem menores, deverão ser separados dos adultos, devendo o seu processo ser decidido com a maior celeridade.

3. Qualquer trabalhador migrante ou membro da sua família que for detido num Estado de trânsito, ou num Estado de emprego, por violação das disposições relativas à migração deverá, na medida possível, ser separado das pessoas detidas ou presas preventivamente.

4. Durante todo o período de prisão em execução de sentença proferida por um tribunal, o tratamento do trabalhador migrante ou membro da sua família terá por finalidade, essencialmente, a sua re-inserção e recuperação social. Infratores jovens serão separados dos adultos e submetidos a um regime adequado à sua idade e ao seu estatuto legal.

5. Durante a detenção ou prisão, os trabalhadores migrantes e os membros das suas famílias deverão gozar dos mesmos direitos de que beneficiam os cidadãos nacionais de receber visitas dos seus familiares.

6. No caso de um trabalhador migrante que for privado da sua liberdade, as autoridades competentes do Estado da detenção deverão ter em conta os problemas que os membros da sua família possam enfrentar, em particular os cônjuges e filhos menores.

7. Os trabalhadores migrantes e os membros das suas famílias sujeitos a qualquer forma de detenção ou prisão, em virtude da legislação do Estado de emprego ou do Estado de trânsito, deverão gozar dos mesmos direitos que os cidadãos nacionais desse Estado que se encontrarem na mesma situação.

8. Se um trabalhador migrante ou membro da sua família for detido com o fim de verificar se houve infração às disposições relacionadas com a migração, este não será obrigado a assumir quaisquer encargos daí decorrentes.

Artigo 18

1. Os trabalhadores migrantes e os membros das suas famílias têm os mesmos direitos, perante os tribunais, que os nacionais do Estado interessado. Eles têm o direito a que a sua causa seja equitativa e publicamente julgada por um tribunal competente, independente e imparcial, instituído por lei, que decidirá dos seus direitos e obrigações de caráter civil ou das razões de qualquer acusação em matéria penal contra si formulada.

ANOTAÇÕES

DIR. HUM.

2. O trabalhador migrante ou membro da sua família suspeito ou acusado da prática de um crime presumir-se-á inocente até que a sua culpabilidade tenha sido legalmente estabelecida.

3. O trabalhador migrante ou membro da sua família acusado de ter infringido a lei penal terá, no mínimo, direito às seguintes garantias:

a) A ser informado prontamente, numa língua que compreenda e pormenorizadamente, da natureza e dos motivos das acusações formuladas contra si;

b) A dispor do tempo e dos meios necessários à preparação da sua defesa e a comunicar com o advogado da sua escolha;

c) A ser julgado num prazo razoável;

d) A estar presente no julgamento e a defender-se a si próprio ou por intermédio de um defensor da sua escolha; se não tiver patrocínio jurídico, a ser informado deste direito; e a pedir a designação de um defensor público, sempre que os interesses da justiça exijam a assistência do defensor, sem encargos, se não tiver meios suficientes para assumi-los;

e) A interrogar ou fazer interrogar as testemunhas de acusação e a obter o comparecimento e o interrogatório das testemunhas de defesa em condições de igualdade;

f) A beneficiar da assistência gratuita de um intérprete se não compreender ou falar a língua utilizada pelo tribunal;

g) A não ser obrigado a testemunhar ou a confessar-se culpado.

4. No caso de menores de idade, o processo tomará em conta a sua idade e a necessidade de facilitar a sua reintegração social.

5. Os trabalhadores migrantes e os membros das suas famílias condenados pela prática de um crime terão o direito de recorrer dessa decisão para um tribunal superior, nos termos da lei.

6. Quando uma condenação penal definitiva for posteriormente anulada ou quando for concedido o indulto, em virtude de que um fato novo ou recentemente revelado prova que se produziu um erro judiciário, o trabalhador migrante ou membro da sua família que cumpriu uma pena em decorrência dessa condenação será indenizado, em conformidade com a lei, a menos que se prove que a não revelação em tempo útil do fato desconhecido lhe é imputável no todo ou em parte.

7. Nenhum trabalhador migrante ou membro da sua família poderá ser perseguido ou punido pela prática de uma infração pela qual já tenha sido absolvido ou condenado, em conformidade com a lei e o processo penal do Estado interessado.

Artigo 19

1. Nenhum trabalhador migrante ou membro da sua família poderá ser sentenciado criminalmente por ação ou omissão que no momento da sua prática não seja considerada criminosa segundo a lei interna ou o direito internacional. Será aplicada retroativamente a lei penal que preveja a imposição de uma pena mais favorável ao acusado.

2. Na determinação da medida da pena, o tribunal atenderá a considerações de natureza humanitária relativas ao estatuto de trabalhador migrante, nomeadamente o direito de residência ou de trabalho reconhecido ao trabalhador migrante ou membro da sua família.

Artigo 20

1. Nenhum trabalhador migrante será detido pela única razão de não poder cumprir uma obrigação contratual.

2. Nenhum trabalhador migrante ou um membro da sua família poderá ser privado da sua autorização de residência ou de trabalho, nem expulso, pela única razão de não ter cumprido uma obrigação decorrente de um contrato de trabalho, salvo se a execução dessa obrigação constituir uma condição de tais autorizações.

ANOTAÇÕES

Artigo 21

Ninguém, exceto os funcionários públicos devidamente autorizados por lei para este efeito, terão o direito de apreender, destruir ou tentar destruir documentos de identidade, documentos de autorização de entrada, permanência, residência ou de estabelecimento no território nacional, ou documentos relativos à autorização de trabalho. Se for autorizada a apreensão e perda desses documentos, será emitido um recibo pormenorizado. Em caso algum é permitido a destruição do passaporte ou documento equivalente de um trabalhador migrante ou de um membro da sua família.

Artigo 22

1. Os trabalhadores migrantes e os membros das suas famílias não poderão ser objeto de medidas de expulsão coletiva. Cada caso de expulsão será examinado e decidido individualmente.

2. Os trabalhadores migrantes e os membros das suas famílias somente poderão ser expulsos do território de um Estado Parte em cumprimento de uma decisão tomada por uma autoridade competente em conformidade com a lei.

3. A decisão deverá ser comunicada aos interessados numa língua que compreendam. A seu pedido, se não for obrigatório, a decisão será comunicada por escrito e, salvo em circunstâncias excepcionais, devidamente fundamentada. Os interessados serão informados deste direito antes que a decisão seja tomada, ao mais tardar, no momento em que for tomada.

4. Salvo nos casos de uma decisão definitiva emanada de uma autoridade judicial, o interessado terá o direito de fazer valer as razões que militam contra a sua expulsão e de recorrer da decisão perante a autoridade competente, salvo imperativos de segurança nacional. Enquanto o seu recurso for apreciado, o interessado terá o direito de procurar obter a suspensão da referida decisão.

5. Se uma decisão de expulsão já executada for subsequentemente anulada, a pessoa interessada terá direito a obter uma indenização de acordo com a lei, não podendo a decisão anterior ser invocada para impedi-lo de regressar ao Estado em causa.

6. No caso de expulsão, a pessoa interessada deverá ter a possibilidade razoável, antes ou depois da partida, de obter o pagamento de todos os salários ou prestações que lhe sejam devidos, e de cumprir eventuais obrigações não executadas.

7. Sem prejuízo da execução de uma decisão de expulsão, o trabalhador migrante ou membro da sua família objeto desta decisão poderá solicitar a admissão num Estado diferente do seu Estado de origem.

8. No caso de expulsão, as despesas ocasionadas por esta medida não serão assumidas pelo trabalhador migrante ou membro da sua família. O interessado poderá, no entanto, ser obrigado a custear as despesas da viagem.

9. A expulsão do Estado de emprego, em si, não prejudicará os direitos adquiridos, em conformidade com a lei desse Estado, pelo trabalhador migrante ou membro da sua família, nomeadamente o direito de receber os salários e outras prestações que lhe sejam devidos.

Artigo 23

Os trabalhadores migrantes e os membros das suas famílias terão o direito de recorrer à proteção e à assistência das autoridades diplomáticas e consulares do seu Estado de origem ou de um Estado que represente os interesses daquele Estado em caso de violação dos direitos reconhecidos na presente Convenção. Especialmente no caso de expulsão, o interessado será informado deste direito, sem demora, devendo as autoridades do Estado que procede à expulsão facilitar o exercício do mesmo.

ANOTAÇÕES

Artigo 24

Os trabalhadores migrantes e os membros da sua família têm direito ao reconhecimento da sua personalidade jurídica, em todos os lugares.

Artigo 25

1. Os trabalhadores migrantes deverão desfrutar de um tratamento não menos favorável que aquele que é concedido aos nacionais do Estado de emprego em matéria de retribuição e:

a) Outras condições de trabalho, como trabalho suplementar, horário de trabalho, descanso semanal, férias remuneradas, segurança, saúde, suspensão do vínculo empregatício e quaisquer outras condições de trabalho que, de acordo com o direito e a prática nacionais, se incluam na regulamentação das condições de trabalho;

b) Outras condições de emprego, como a idade mínima para admissão ao emprego, as restrições ao trabalho doméstico e outras questões que, de acordo com o direito e a prática nacionais, sejam consideradas condições de emprego.

2. Nenhuma derrogação será admitida ao princípio da igualdade de tratamento referido no parágrafo 1 do presente artigo nos contratos de trabalho privados.

3. Os Estados Partes adotarão todas as medidas adequadas a garantir que os trabalhadores migrantes não sejam privados dos direitos derivados da aplicação deste princípio, em razão da irregularidade da sua situação em matéria de permanência ou de emprego. De um modo particular, os empregadores não ficarão isentos de cumprir as obrigações legais ou contratuais, nem serão, de modo algum, limitadas as suas obrigações por força de tal irregularidade.

Artigo 26

1. Os Estados Partes reconhecerão a todos os trabalhadores migrantes e aos membros das suas famílias o direito:

a) A participar em reuniões e atividades de sindicatos e outras associações estabelecidos de acordo com a lei para proteger seus interesses econômicos, sociais, culturais e outros, sujeito apenas às regras da organização interessada.

b) A inscrever-se livremente nos referidos sindicatos ou associações, sujeito apenas às regras da organização interessada.

c) A procurar o auxílio e a assistência dos referidos sindicatos e associações;

2. O exercício de tais direitos somente poderá ser objeto das restrições previstas na lei e que se mostrarem necessárias, numa sociedade democrática, no interesse da segurança nacional, da ordem pública, ou para proteger os direitos e liberdades de outrem.

Artigo 27

1. Em matéria de segurança social, os trabalhadores migrantes e os membros das suas famílias deverão beneficiar, no Estado de emprego, de um tratamento igual ao que é concedido aos nacionais desse Estado, sem prejuízo das condições impostas pela legislação nacional e pelos tratados bilaterais e multilaterais aplicáveis. As autoridades competentes do Estado de origem e do Estado de emprego poderão, em qualquer momento, tomar as disposições necessárias para determinar as modalidades de aplicação desta norma.

2. Se a legislação aplicável privar de uma prestação os trabalhadores migrantes e os membros das suas famílias, deverá o Estado de emprego ponderar a possibilidade de reembolsar o montante das contribuições efetuadas pelos interessados relativamente a essa prestação, com base no tratamento concedido aos nacionais que se encontrarem em circunstâncias idênticas.

Artigo 28

Os trabalhadores migrantes e os membros das suas famílias têm o direito de receber os cuidados médicos urgentes que sejam necessários para preservar a sua vida ou para evitar danos irreparáveis à sua saúde, em pé de igualdade com os nacionais do Estado em questão. Tais cuidados médicos urgentes não poderão ser-lhes recusados por motivo de irregularidade em matéria de permanência ou de emprego.

ANOTAÇÕES

Artigo 29

O filho de um trabalhador migrante tem o direito a um nome, ao registro do nascimento e a uma nacionalidade.

Artigo 30

O filho de um trabalhador migrante tem o direito fundamental de acesso à educação em condições de igualdade de tratamento com os nacionais do Estado interessado. Não poderá ser negado ou limitado o acesso a estabelecimentos públicos de ensino pré-escolar ou escolar por motivo de situação irregular em matéria de permanência ou emprego de um dos pais ou com fundamento na permanência irregular da criança no Estado de emprego.

Artigo 31

1. Os Estados Partes assegurarão o respeito da identidade cultural dos trabalhadores migrantes e dos membros das suas famílias e não os impedirão de manter os laços culturais com o seu Estado de origem.

2. Os Estados Partes poderão adotar as medidas adequadas para apoiar e encorajar esforços neste domínio.

Artigo 32

Cessando a sua permanência no Estado de emprego, os trabalhadores migrantes e os membros das suas famílias terão o direito de transferir seus ganhos e suas poupanças e, nos termos da legislação aplicável dos Estados interessados, seus bens e pertences.

Artigo 33

1. Os trabalhadores migrantes e os membros das suas famílias terão o direito de serem informados pelo Estado de origem, Estado de emprego ou Estado de trânsito, conforme o caso, relativamente:

a) Aos direitos que lhes são reconhecidos pela presente Convenção;

b) Às condições de admissão, direitos e obrigações em virtude do direito e da prática do Estado interessado e outras questões que lhes permitam cumprir as formalidades administrativas ou de outra natureza exigidas por esse Estado.

2. Os Estados Partes adotarão todas as medidas que considerarem adequadas para divulgar as referidas informações ou garantir que sejam fornecidas pelos empregadores, sindicatos ou outros organismos ou instituições apropriadas. Para este efeito, deverão cooperar com outros Estados interessados, se tal se mostrar necessário.

3. As informações adequadas serão facultadas gratuitamente aos trabalhadores migrantes e aos membros das suas famílias que o solicitem, na medida do possível, numa língua que compreendam.

Artigo 34

Nenhuma das disposições da Parte III da presente Convenção isentará os trabalhadores migrantes e os membros das suas famílias do dever de cumprir as leis e os regulamentos dos Estados de trânsito e do Estado de emprego e de respeitar a identidade cultural dos habitantes desses Estados.

Artigo 35

Nenhuma das disposições da parte III da presente Convenção deve ser interpretada como implicando a regularização da situação dos trabalhadores migrantes ou dos membros das suas famílias que se encontram não documentados ou em situação irregular, ou o direito a ver regularizada a sua situação, nem como afetando as medidas destinadas a assegurar condições satisfatórias e equitativas para a migração internacional, previstas na parte VI da presente Convenção.

PARTE IV- OUTROS DIREITOS DOS TRABALHADORES MIGRANTES E DOS MEMBROS DAS SUAS FAMÍLIAS QUE SE ENCONTRAM DOCUMENTADOS OU EM SITUAÇÃO REGULAR

Artigo 36

Os trabalhadores migrantes e os membros das suas famílias que se encontrem documentados ou em situação regular no Estado de emprego gozarão dos direitos enunciados nesta parte da presente Convenção, para além dos direitos previstos na parte III.

Artigo 37

Antes da sua partida ou, ao mais tardar, no momento da sua admissão no Estado de emprego, os trabalhadores migrantes e os membros das suas famílias terão o direito de ser plenamente informados pelo Estado de origem ou pelo Estado de emprego, conforme o caso, de todas as condições exigidas para a sua admissão, especialmente as que respeitam à sua permanência e às atividades remuneradas que podem exercer, bem como dos requisitos que devem satisfazer no Estado de emprego e das autoridades a que devem dirigir-se para solicitar a modificação dessas condições.

Artigo 38

1. Os Estados de emprego deverão envidar esforços no sentido de autorizarem os trabalhadores migrantes e os membros das suas famílias a ausentar-se temporariamente, sem que tal afete a sua autorização de permanência ou de trabalho, conforme o caso. Ao fazê-lo, os Estados de emprego levarão em conta as obrigações e as necessidades especiais dos trabalhadores migrantes e dos membros das suas famílias, nomeadamente no seu Estado de origem.

2. Os trabalhadores migrantes e os membros das suas famílias terão o direito de ser plenamente informados das condições em que tais ausências temporárias são autorizadas.

Artigo 39

1. Os trabalhadores migrantes e os membros das suas famílias terão o direito de circular livremente no território do Estado de emprego e de aí escolher livremente a sua residência.

2. Os direitos referidos no parágrafo 1 do presente artigo não poderão ser sujeitos a restrições, com exceção das previstas na lei e que sejam necessárias para proteger a segurança nacional, a ordem pública, a saúde ou moral públicas, ou os direitos e liberdades de outrem e se mostrarem compatíveis com os outros direitos reconhecidos na presente Convenção.

Artigo 40

1. Os trabalhadores migrantes e os membros das suas famílias terão o direito de constituir associações e sindicatos no Estado de emprego para a promoção e a proteção dos seus interesses econômicos, sociais, culturais e de outra natureza.

2. O exercício deste direito somente poderá ser objeto de restrições previstas na lei e que se mostrarem necessárias, numa sociedade democrática, no interesse da segurança nacional, da ordem pública, ou para proteger os direitos e liberdades de outrem.

Artigo 41

1. Os trabalhadores migrantes e os membros das suas famílias terão o direito de participar nos assuntos públicos do seu Estado de origem, de votar e de candidatar-se em eleições organizadas por esse Estado, de acordo com a legislação vigente.

2. Os Estados interessados deverão facilitar, se necessário e em conformidade com a sua legislação, o exercício destes direitos.

Artigo 42

1. Os Estados Partes deverão ponderar a possibilidade de estabelecer procedimentos ou instituições que permitam ter em conta, tanto no Estado de origem quanto no Estado de emprego, as necessidades, aspirações e obrigações específicas dos trabalhadores migrantes e dos membros das suas famílias e, sendo esse o caso, a possibilidade de os trabalhadores migrantes e os membros das suas famílias terem nessas instituições os seus representantes livremente escolhidos.

2. Os Estados de emprego facilitarão, de harmonia com a sua legislação nacional, a consulta ou a participação dos trabalhadores migrantes e dos membros das suas famílias nas decisões relativas à vida e à administração das comunidades locais.

3. Os trabalhadores migrantes poderão gozar de direitos políticos no Estado de emprego se este Estado, no exercício da sua soberania, lhes atribuir esses direitos.

Artigo 43

1. Os trabalhadores migrantes deverão beneficiar-se de tratamento igual ao que é concedido aos nacionais do Estado de emprego em matéria de:

a) Acesso a instituições e serviços educativos, sem prejuízo das condições de admissão e outras disposições previstas pelas referidas instituições e serviços;

b) Acesso aos serviços de orientação profissional e de colocação;

c) Acesso às facilidades e instituições de formação e aperfeiçoamento profissional;

d) Acesso à habitação, incluindo os programas de habitação social, e proteção contra a exploração em matéria de arrendamento;

e) Acesso aos serviços sociais e de saúde, desde que se verifiquem os requisitos do direito de beneficiar dos diversos programas;

f) Acesso às cooperativas e às empresas em autogestão, sem implicar uma modificação do seu estatuto de migrantes e sem prejuízo das regras e regulamentos das entidades interessadas;

g) Acesso e participação na vida cultural.

2. Os Estados Partes envidarão esforços no sentido de criar as condições necessárias para garantir a igualdade efetiva de tratamento dos trabalhadores migrantes de forma a permitir o gozo dos direitos previstos no parágrafo 1 deste artigo, sempre que as condições fixadas pelo Estado de emprego relativas à autorização de permanência satisfaçam as disposições pertinentes.

3. Os Estados de emprego não deverão impedir que os empregadores de trabalhadores migrantes lhes disponibilizem habitação ou serviços culturais ou sociais. Sem prejuízo do disposto no artigo 70º da presente Convenção, um Estado de emprego poderá subordinar o estabelecimento dos referidos serviços às condições geralmente aplicadas no seu território nesse domínio.

Artigo 44

1. Reconhecendo que a família, elemento natural e fundamental da sociedade, deve receber a proteção da sociedade e do Estado, os Estados Partes adotarão as medidas adequadas a assegurar a proteção da família dos trabalhadores migrantes.

2. Os Estados Partes adotarão todas as medidas que julguem adequadas e nas respectivas esferas de competência para facilitar a reunificação dos trabalhadores migrantes com os cônjuges, ou com as pessoas cuja relação com o trabalhador migrante produza efeitos equivalentes ao casamento, segundo a legislação aplicável, bem como com os filhos menores, dependentes, não casados.

3. Os Estados de emprego, por motivos de natureza humanitária, deverão ponderar a possibilidade de conceder tratamento igual, nas condições previstas no parágrafo 2 do presente artigo, aos restantes membros da família dos trabalhadores migrantes.

Artigo 45

1. Os membros das famílias dos trabalhadores migrantes deverão gozar no Estado de emprego, em pé de igualdade com os nacionais desse Estado, de:

ANOTAÇÕES

ANOTAÇÕES

DIR. HUM.

ANOTAÇÕES

a) Acesso a instituições e serviços educativos, sem prejuízo das condições de admissão e outras normas fixadas pelas instituições e serviços em causa;

b) Acesso a instituições e serviços de orientação e formação profissional, desde que se verifiquem os requisitos de participação;

c) Acesso aos serviços sociais e de saúde, desde que se encontrem satisfeitas as condições previstas para o benefício dos diversos programas;

d) Acesso e participação na vida cultural.

2. Os Estados de emprego deverão adotar uma política, inclusive em colaboração com os Estados de origem, quando for apropriado, que vise facilitar a integração dos filhos dos trabalhadores migrantes no sistema local de escolarização, nomeadamente no que respeita ao ensino da língua local.

3. Os Estados de emprego deverão esforçar-se por facilitar aos filhos dos trabalhadores migrantes o ensino da sua língua materna e o acesso à cultura de origem e os Estados de origem deverão colaborar neste sentido, sempre que tal se mostre necessário.

4. Os Estados de emprego poderão assegurar sistemas especiais de ensino na língua materna dos filhos dos trabalhadores migrantes, em colaboração com os Estados de origem, quando for necessário.

Artigo 46

Os trabalhadores migrantes e os membros das suas famílias deverão beneficiar, em conformidade com a legislação aplicável dos Estados interessados, dos acordos internacionais pertinentes e das obrigações dos referidos Estados decorrentes da sua participação em uniões aduaneiras, de isenção de direitos e taxas de importação e exportação quanto aos bens de uso pessoal ou doméstico, bem como aos bens de equipamento necessário ao exercício da atividade remunerada que justifica a admissão no Estado de emprego:

a) No momento da partida do Estado de origem ou do Estado da residência habitual;

b) No momento da admissão inicial no Estado de emprego;

c) No momento da partida definitiva do Estado de emprego;

d) No momento do regresso definitivo ao Estado de origem ou ao Estado da residência habitual.

Artigo 47

1. Os trabalhadores migrantes terão o direito de transferir seus ganhos e economias, em particular as quantias necessárias ao sustento das suas famílias, do Estado de emprego para o seu Estado de origem ou outro Estado. A transferência será efetuada segundo os procedimentos estabelecidos pela legislação aplicável do Estado interessado e de harmonia com os acordos internacionais aplicáveis.

2. Os Estados interessados adotarão as medidas adequadas a facilitar tais transferências.

Artigo 48

1. Em matéria de rendimentos do trabalho auferidos no Estado de emprego, e sem prejuízo dos acordos sobre dupla tributação aplicáveis, os trabalhadores migrantes e os membros das suas famílias:

a) Não ficarão sujeitos a impostos, contribuições ou encargos de qualquer natureza mais elevados ou mais onerosos que os exigidos aos nacionais que se encontrem em situação idêntica;

b) Beneficiarão de reduções ou isenções de impostos de qualquer natureza, bem como de desagravamento fiscal, incluindo deduções por encargos de família.

2. Os Estados Partes procurarão adotar medidas adequadas a fim de evitar a dupla tributação dos rendimentos e das economias dos trabalhadores migrantes e dos membros das suas famílias.

Artigo 49

1. Quando a legislação nacional exigir autorizações de residência e de trabalho distintas, o Estado de emprego emitirá, em benefício dos trabalhadores migrantes, uma

ANOTAÇÕES

autorização de residência de duração pelo menos igual à da autorização de trabalho.

2. Os trabalhadores migrantes que, no Estado de emprego, forem autorizados a escolher livremente a sua atividade remunerada não serão considerados em situação irregular e não poderão perder a sua autorização de residência pelo mero fato de ter cessado a sua atividade remunerada antes do vencimento da autorização de trabalho ou outra autorização.

3. Para permitir que os trabalhadores migrantes mencionados no parágrafo 2 do presente artigo disponham de tempo suficiente para encontrar outra atividade remunerada, a autorização de residência não deverá ser retirada, pelo menos durante o período em que os trabalhadores tiverem direito ao seguro-desemprego.

Artigo 50

1. Em caso de falecimento do trabalhador migrante ou de dissolução do casamento, o Estado de emprego considerará favoravelmente a possibilidade de conceder aos membros da família desse trabalhador que residam nesse Estado, com base no princípio do reagrupamento familiar, autorização para permanecerem no seu território, devendo tomar em conta o tempo de residência dos mesmos nesse Estado.

2. Os membros da família a quem não for concedida tal autorização deverão dispor, antes da sua partida, de um prazo razoável que lhes permita resolver os seus problemas no Estado de emprego.

3. Nenhuma das disposições dos parágrafos 1 e 2 do presente artigo deve ser interpretada como prejudicando os direitos à permanência e ao trabalho que, de outro modo, sejam atribuídos aos referidos membros da família pela legislação do Estado de emprego ou pelos tratados bilaterais ou multilaterais aplicáveis a esse Estado.

Artigo 51

Os trabalhadores migrantes que, no Estado de emprego, não estiverem autorizados a escolher livremente a sua atividade remunerada não serão considerados em situação irregular, nem poderão perder a sua autorização de residência, pelo simples fato de a sua atividade remunerada ter cessado antes do vencimento da sua autorização de trabalho, salvo nos casos em que a autorização de residência dependa expressamente da atividade remunerada específica para o exercício da qual foram admitidos no Estado de emprego. Estes trabalhadores migrantes terão o direito de procurar outro emprego, de participar em programas de interesse público e de frequentar cursos de formação durante o período restante da sua autorização de trabalho, sem prejuízo das condições e restrições constantes desta autorização.

Artigo 52

1. Os trabalhadores migrantes terão, no Estado de emprego, o direito de escolher livremente a sua atividade remunerada, subordinado às restrições ou condições especificadas a seguir.

2. Em relação a qualquer trabalhador migrante, o Estado de emprego poderá:

a) Restringir o acesso a categorias limitadas de empregos, funções, serviços ou atividades, quando o exija o interesse do Estado e esteja previsto na legislação nacional;

b) Restringir a livre escolha da atividade remunerada em conformidade com a sua legislação relativa ao reconhecimento das qualificações profissionais adquiridas fora do seu território. No entanto, os Estados Partes interessados deverão envidar esforços no sentido de assegurar o reconhecimento de tais qualificações.

3. No caso dos trabalhadores migrantes portadores de uma autorização de trabalho por tempo determinado, o Estado de emprego poderá igualmente:

a) Subordinar o exercício do direito de livre escolha da atividade remunerada à condição de o trabalhador migrante ter residido legalmente no território desse Estado a fim de aí exercer uma atividade remunerada durante o período previsto na legislação nacional, o qual não deve ser superior a dois anos;

b) Limitar o acesso do trabalhador migrante a uma atividade remunerada, em aplicação de uma política de concessão de prioridade aos seus nacionais ou às pessoas equiparadas para este efeito em virtude da legislação nacional ou de acordos bilaterais ou multilaterais. Tal limitação deixará de ser aplicável a um trabalhador migrante que tenha residido legalmente no território do Estado de emprego a fim de aí exercer uma atividade durante o período previsto na legislação nacional, o qual não deve ser superior a cinco anos.

4. Os Estados de emprego determinarão as condições em que os trabalhadores migrantes, admitidos no seu território para aí ocuparem um emprego, poderão ser autorizados a exercer uma atividade por conta própria. O período durante o qual os trabalhadores tenham permanecido legalmente no Estado de emprego deverá ser levado em conta.

Artigo 53

1. Os membros da família de um trabalhador migrante que beneficiem de uma autorização de residência ou de admissão por tempo ilimitado ou automaticamente renovável serão autorizados a escolher livremente uma atividade remunerada nas condições aplicáveis ao referido trabalhador migrante, nos termos do disposto no artigo 52º da presente Convenção.

2. No caso dos membros da família de um trabalhador migrante que não sejam autorizados a escolher livremente uma atividade remunerada, os Estados Partes deverão ponderar a possibilidade de lhes conceder autorização para exercer uma atividade remunerada, com prioridade em relação aos outros trabalhadores que solicitem a admissão no Estado de emprego, sem prejuízo dos acordos bilaterais e multilaterais aplicáveis.

Artigo 54

1. Sem prejuízo das condições estabelecidas na sua autorização de residência ou de trabalho e dos direitos previstos nos artigos 25º e 27º da presente Convenção, os trabalhadores migrantes deverão beneficiar de igualdade de tratamento em relação aos nacionais do Estado de emprego, no que respeita a:

a) Proteção contra a demissão;

b) Seguro-desemprego;

c) Acesso a programas de interesse público destinados a combater o desemprego;

d) Acesso a emprego alternativo no caso de perda do emprego ou de cessação de outra atividade remunerada, sem prejuízo do disposto no artigo 52º da presente Convenção.

2. No caso de um trabalhador migrante alegar a violação das condições do seu contrato de trabalho pelo seu empregador, este terá o direito de apresentar o seu caso às autoridades competentes do Estado de emprego, nos termos do disposto no parágrafo 1 do artigo 18 da presente Convenção.

Artigo 55

Os trabalhadores migrantes a quem tenha sido concedida autorização para exercer uma atividade remunerada, sujeita às condições previstas nessa autorização, deverão beneficiar de igualdade de tratamento com os nacionais do Estado de emprego no exercício daquela atividade remunerada.

Artigo 56

1. Os trabalhadores migrantes e os membros das suas famílias a que se refere esta parte da presente Convenção não poderão ser expulsos de um Estado de emprego, salvo por motivos definidos na legislação nacional desse Estado, e sem prejuízo das garantias previstas na parte III.

2. A expulsão não será acionada com o objetivo de privar os trabalhadores migrantes ou os membros da sua família dos direitos decorrentes da autorização de residência e da autorização de trabalho.

3. Na consideração da expulsão de um trabalhador migrante ou de um membro da sua família, deverão se tomar em conta considerações de natureza humanitária e o tempo em que a pessoa interessada já residiu no Estado de emprego.

PARTE V - DISPOSIÇÕES APLICÁVEIS A CATEGORIAS ESPECIAIS DE TRABALHADORES MIGRANTES E MEMBROS DAS SUAS FAMÍLIAS

Artigo 57

As categorias especiais de trabalhadores migrantes indicadas nesta parte da presente Convenção e os membros das suas famílias que se encontrem documentados ou em situação regular deverão gozar dos direitos enunciados na parte III e, sem prejuízo das modificações a seguir indicadas, dos direitos enunciados na parte IV.

Artigo 58

1. Os trabalhadores fronteiriços, conforme definidos na alínea a) do parágrafo 2 do artigo 2º da presente Convenção, deverão beneficiar dos direitos previstos na parte IV que lhes sejam aplicáveis em virtude da sua presença e do seu trabalho no território do Estado de emprego, levando em conta que esses trabalhadores não mantêm a sua residência habitual nesse Estado.

2. Os Estados de emprego considerarão favoravelmente a possibilidade de atribuir aos trabalhadores fronteiriços o direito de escolher livremente uma atividade remunerada após o decurso de um determinado período de tempo. A concessão deste direito não afetará a sua condição de trabalhadores fronteiriços.

Artigo 59

1. Os trabalhadores sazonais, conforme definidos na alínea b) do parágrafo 2 do artigo 2 da presente Convenção, deverão beneficiar dos direitos previstos na parte IV que lhes sejam aplicáveis em virtude da sua presença e do seu trabalho no território do Estado de emprego e que se mostrarem compatíveis com o seu estatuto de trabalhadores sazonais, levando em conta que esses trabalhadores somente estão presentes nesse Estado durante uma parte do ano.

2. O Estado de emprego deverá ponderar, sem prejuízo do disposto no parágrafo 1 do presente artigo, apossibilidade de conceder, aos trabalhadores migrantes que tenham estado empregados no território do referido Estado durante um período significativo, a oportunidade de realizarem outras atividades remuneradas e de dar-lhes prioridade em relação a outros trabalhadores que pretendam ser admitidos nesse Estado, sem prejuízo dos acordos bilaterais e multilaterais aplicáveis.

Artigo 60

Os trabalhadores itinerantes, conforme definidos na alínea e) do parágrafo 2 do artigo 2º da presente Convenção, deverão beneficiar dos direitos previstos na parte IV que possam ser-lhes concedidos em virtude da sua presença e do seu trabalho no território do Estado de emprego e que se mostrarem compatíveis com o sua condição de trabalhadores itinerantes nesse Estado.

Artigo 61

1. Os trabalhadores vinculados a um projeto, conforme definidos na alínea f) do parágrafo 2 do artigo 2º da presente Convenção, e os membros das suas famílias deverão beneficiar dos direitos previstos na parte IV, salvo as disposições das alíneas b) e c) do parágrafo 1 do artigo 43º, da alínea d) do parágrafo 1 do artigo 43º, n 1, alínea d) , no que respeita os programas de habitação social, da alínea b) do parágrafo 1 do artigo 45º e dos artigos 52º a 55º.

2. Caso um trabalhador vinculado a um projeto alegar a violação dos termos do seu contrato de trabalho pelo seu

ANOTAÇÕES

ANOTAÇÕES

DIR. HUM.

ANOTAÇÕES

empregador, este terá o direito de submeter o seu caso às autoridades competentes do Estado a cuja jurisdição está sujeito esse empregador, nos termos previstos no parágrafo 1 do artigo 18º da presente Convenção.

3. Sem prejuízo dos acordos bilaterais ou multilaterais aplicáveis, os Estados Partes interessados envidarão esforços no sentido de garantir que os trabalhadores vinculados a projetos estejam devidamente protegidos pelos regimes de seguro social dos Estados de origem ou de residência durante todo o tempo de participação no projeto. Neste sentido, os Estados Partes interessados adotarão as medidas necessárias para evitar a denegação de direitos ou a duplicação de contribuições.

4. Sem prejuízo do disposto no artigo 47º da presente Convenção e dos acordos bilaterais ou multilaterais pertinentes, os Estados Partes interessados deverão autorizar o pagamento das remunerações dos trabalhadores vinculados a um projeto no seu Estado de origem ou de residência habitual.

Artigo 62

1. Os trabalhadores com um emprego específico, conforme definidos na alínea g) do parágrafo 2 do artigo 2º da presente Convenção, deverão beneficiar de todos os direitos previstos na parte IV, salvo o disposto nas alíneas b) e c) do parágrafo 1 do artigo 43º, na alínea d) , parágrafo 1 do artigo 43º, no que respeita os programas de habitação social, no artigo 52º e na alínea d) do parágrafo 1 do artigo 54º.

2. Os membros das famílias dos trabalhadores com um emprego específico deverão beneficiar dos direitos relativos aos membros das famílias dos trabalhadores migrantes enunciados na parte IV da presente Convenção, com exceção do disposto no artigo 53º.

Artigo 63

1. Os trabalhadores autônomos, conforme definidos na alínea h) do parágrafo 2 do artigo 2º da presente Convenção, deverão beneficiar de todos os direitos previstos na parte IV, salvo os direitos exclusivamente aplicáveis aos trabalhadores assalariados.

2. Sem prejuízo dos artigos 52º e 79º da presente Convenção, a cessação da atividade econômica dos trabalhadores autônomos não implicará, por si só, a revogação da autorização que lhes seja concedida, bem como aos membros das suas famílias, para poderem permanecer e exercer uma atividade remunerada no Estado de emprego, salvo se a autorização de residência depender expressamente da atividade remunerada específica para o exercício da qual tenham sido admitidos.

PARTE VI – PROMOÇÃO DE CONDIÇÕES SAUDÁVEIS, EQUITATIVAS, DIGNAS E JUSTAS EM MATÉRIA DE MIGRAÇÃO INTERNACIONAL DE TRABALHADORES MIGRANTES E DE MEMBROS DAS SUAS FAMÍLIAS

Artigo 64

1. Sem prejuízo do disposto no artigo 79º da presente Convenção, os Estados Partes interessados deverão celebrar consultas e cooperar, quando for necessário, a fim de promover condições saudáveis, equitativas e dignas no que se refere às migrações internacionais dos trabalhadores e dos membros das suas famílias.

2. A este respeito, deverão ser tomadas devidamente em conta não somente as necessidades e os recursos referente à mão-de-obra, como também as necessidades de natureza social, econômica, cultural e outra dos trabalhadores migrantes e dos membros das suas famílias, assim como as consequências das migrações para as comunidades envolvidas.

Artigo 65

1. Os Estados Partes deverão manter serviços apropriados para tratar as questões relativas à migração internacional dos trabalhadores e dos membros das suas famílias. Compete-lhes, nomeadamente:

ANOTAÇÕES

a) Formular e executar políticas relativas a essas migrações;

b) Assegurar o intercâmbio de informações, proceder a consultas e cooperar com as autoridades competentes dos outros Estados envolvidos nessas migrações;

c) Fornecer informações adequadas, especialmente aos empregadores, aos trabalhadores e às respectivas organizações, sobre as políticas, legislação e regulamentação referentes à migração e ao emprego, sobre os acordos relativos à migração celebrados com outros Estados e outras questões pertinentes;

d) Fornecer informações e prestar assistência adequada aos trabalhadores migrantes e aos membros das suas famílias, no que se refere às autorizações, formalidades e providências necessárias relativas à partida, viagem, chegada, estada, atividades remuneradas, saída e retorno, bem como às condições de trabalho e de vida no Estado de emprego e, ainda, as disposições legais e regulamentares vigentes em matéria aduaneira, cambial, fiscal e outras.

2. Os Estados Partes deverão facilitar, na medida que for necessário, o acesso a serviços consulares adequados e outros serviços que sejam necessários para satisfazer as necessidades de natureza social, cultural e outra dos trabalhadores migrantes e dos membros das suas famílias.

Artigo 66

1. Sem prejuízo do disposto no parágrafo 2 do presente artigo, somente serão autorizados a efetuar operações de recrutamento de trabalhadores para ocuparem um emprego em outro Estado:

a) Os serviços ou organismos oficiais do Estado em que essas operações forem realizadas;

b) Os serviços ou organismos oficiais do Estado de emprego, com base em acordo entre os Estados interessados;

c) Os organismos instituídos no âmbito de um acordo bilateral ou multilateral.

2. Sob reserva da autorização, aprovação e fiscalização por parte dos órgãos oficiais dos Estados Partes, estabelecidos em conformidade com a legislação e a prática dos referidos Estados, poderão igualmente ser autorizados a efetuar essas operações órgãos, empregadores em potencial ou seus representantes.

Artigo 67

1. Os Estados Partes interessados deverão cooperar, quando for necessário, com o objetivo de adotar medidas relativas ao retorno ordenado ao Estado de origem dos trabalhadores migrantes e dos membros das suas famílias, nos casos em que estes decidam retornar, expire a sua autorização de residência ou de trabalho ou se encontrem em situação irregular no Estado de emprego.

2. Relativamente aos trabalhadores migrantes e aos membros das suas famílias em situação regular, os

Estados Partes interessados deverão cooperar, quando for necessário, conforme os termos por estes acordados, no sentido de promover as condições econômicas adequadas à sua reinstalação e a facilitar a sua reintegração social e cultural duradoura no Estado de origem.

Artigo 68

1. Os Estados Partes, incluindo os Estados de trânsito, deverão cooperar a fim de prevenir e eliminar os movimentos e o trabalho ilegais ou clandestinos de trabalhadores migrantes em situação irregular. As medidas adotadas pelos Estados interessados dentro da sua jurisdição deverão incluir:

a) Medidas apropriadas contra a divulgação de informações que possam induzir a erro no que se refere à emigração e à imigração;

b) Medidas destinadas a detectar e a eliminar os movimentos ilegais ou clandestinos de trabalhadores migrantes e de membros das suas famílias e a impor sanções eficazes às pessoas, grupos ou entidades que organizem, realizem ou participem na organização ou execução de tais movimentos;

c) Medidas destinadas a impor sanções eficazes às pessoas, grupos ou entidades que recorram à violência, à ameaça ou à intimidação contra os trabalhadores migrantes ou os membros das suas famílias que se encontrem em situação irregular.

2. Os Estados de emprego deverão adotar todas as medidas adequadas e eficazes para eliminar o emprego, no seu território, de trabalhadores migrantes em situação irregular, impondo nomeadamente, se for o caso, sanções aos seus empregadores. Essas medidas não prejudicarão os direitos dos trabalhadores migrantes com relação aos seus empregadores, no que se refere a sua situação empregatícia.

Artigo 69

1. Os Estados Partes, em cujo território se encontrem trabalhadores migrantes e membros das suas famílias em situação irregular, deverão tomar as medidas adequadas para evitar que essa situação se prolongue.

2. Sempre que os Estados Partes interessados considerem a possibilidade de regularizar a situação dessas pessoas, em conformidade com a legislação nacional e os acordos bilaterais ou multilaterais aplicáveis, deverão ter devidamente em conta as circunstâncias da sua entrada, a duração da sua estada no Estado de emprego, bem como outras considerações relevantes, em particular as que se relacionem com a sua situação familiar.

Artigo 70

Os Estados Partes deverão adotar medidas não menos favoráveis do que as aplicadas aos seus nacionais para garantir que as condições de vida e de trabalho dos trabalhadores migrantes e dos membros das suas famílias em situação regular estejam de acordo com as normas de saúde, de segurança e de higiene e aos princípios inerentes à dignidade humana.

Artigo 71

1. Os Estados Partes deverão facilitar, quando necessário, a repatriação para o Estado de origem dos restos mortais dos trabalhadores migrantes ou dos membros das suas famílias.

2. No que diz respeito à indenização pelo falecimento de um trabalhador migrante ou de um membro da sua família, os Estados Partes deverão, sempre que for conveniente, atender às pessoas em questão com vistas a assegurar a pronta resolução das questões relacionadas. A resolução das referidas questões se efetuará com base na legislação nacional aplicável, de acordo com as disposições da presente Convenção e com os acordos bilaterais ou multilaterais relevantes pertinentes.

PARTE VII - APLICAÇÃO DA CONVENÇÃO

Artigo 72

1.

a) Para efeitos da análise da aplicação da presente Convenção, será instituído um Comitê para a Proteção dos Direitos de Todos os Trabalhadores Migrantes e dos Membros das suas Famílias (doravante "o Comitê") ;

b) O Comitê será composto de dez peritos, quando da entrada em vigor da presente Convenção, e de quatorze peritos, após a vigência da Convenção para o quadragésimo primeiro Estado Parte, os quais deverão possuir alta autoridade moral, imparcialidade e reconhecida competência na área abrangida pela presente Convenção.

2.

a) Os membros do Comitê serão eleitos por voto secreto pelos Estados Partes, a partir de uma lista de candidatos nomeados pelos Estados Partes, tomando em devida consideração a necessidade de se assegurar uma repartição geográfica equitativa, tanto para os Estados de origem como para os Estados de emprego, e uma representação dos principais sistemas jurídicos. Cada Estado Parte poderá nomear um perito dentre os seus nacionais;

b) Os membros do Comitê serão eleitos e exercerão as suas funções a título pessoal.

3. A primeira eleição terá lugar nos seis meses após a data em que a presente Convenção entrar em vigor, sendo que as eleições subsequentes se realizarão a cada dois anos. Pelo menos quatro meses anteriormente à data de cada eleição, o Secretário-Geral da Organização das Nações Unidas convidará, por escrito, os Estados Partes a proporem os seus candidatos num prazo de dois meses. O Secretário-Geral elaborará uma lista alfabética dos candidatos assim apresentados, indicando os Estados Partes que os nomearam e apresentando a referida lista, acompanhada do curriculum vitae de cada candidato, aos Estados Partes na presente Convenção, no mais tardar um mês anteriormente à data de cada eleição.

4. As eleições dos membros do Comitê se realizarão quando da celebração das reuniões dos Estados Partes convocadas pelo Secretário-Geral na Organização das Nações Unidas. Nestas reuniões, em que o quorum é constituído por dois terços dos Estados Partes, serão eleitos para o Comitê os candidatos que obtiverem o maior número de votos e a maioria absoluta dos votos dos representantes dos Estados Partes presentes e votantes.

5. - a) Os membros do Comitê serão eleitos por um período de quatro anos. O mandato de cinco dos membros eleitos na primeira eleição expirará ao término de dois anos. O presidente da reunião sorteará, imediatamente após a primeira eleição, os nomes dos cinco membros.

b) A eleição dos quatro membros suplementares do Comitê se realizará de acordo com o disposto nos parágrafos 2, 3 e 4 do presente artigo, após a entrada em vigor da Convenção para o quadragésimo primeiro Estado Parte. O mandato de dois dos membros suplementares eleitos nesta ocasião expirará ao término de dois anos. O presidente da reunião dos Estados Partes sorteará os nomes dos dois membros.

c) Os membros do Comitê poderão ser reeleitos nos casos em que forem nomeados novamente.

6. Em caso do falecimento ou da demissão de um membro do Comitê ou caso, por qualquer outro motivo, um membro declarar que não pode continuar a exercer as funções do Comitê, o Estado Parte que nomeou o referido membro designará um outro perito dentre os seus nacionais para preencher a vaga até o término do mandato. A designação estará sujeito à aprovação do Comitê.

7. O Secretário-Geral da Organização das Nações Unidas colocará à disposição do Comitê o pessoal e as instalações necessárias para o desempenho das suas funções.

8. Os membros do Comitê receberão emolumentos provenientes dos recursos financeiros da Organização das Nações Unidas, segundo as condições e modalidades fixadas pela assembleia Geral.

9. Os membros do Comitê gozarão das facilidades, privilégios e imunidades de que beneficiam os peritos em missão junto à Organização das Nações Unidas, previstos nas seções pertinentes da Convenção sobre Privilégios e Imunidades das Nações Unidas.

Artigo 73

1. Os Estados Partes se comprometerão a apresentar ao Comitê, através do Secretário-Geral da Organização das Nações Unidas, relatórios sobre as medidas legislativas, judiciais, administrativas e de outra natureza que hajam adotado para dar aplicação às disposições da presente Convenção:

a) Num prazo de um ano após a data da entrada em vigor da presente Convenção para o Estado Parte em questão;

b) Subsequentemente, a cada cinco anos e sempre que o Comitê o solicitar.

ANOTAÇÕES

ANOTAÇÕES

DIR. HUM.

ANOTAÇÕES

2. Os relatórios apresentados em aplicação do presente artigo deverão também indicar os fatores e as dificuldades, se houver, que afetem a aplicação efetiva das disposições da presente Convenção e conter informações sobre as características dos movimentos migratórios relativos ao Estado em questão.

3. O Comitê estabelecerá as diretrizes aplicáveis ao conteúdo dos relatórios.

4. Os Estados Partes assegurarão a ampla divulgação dos seus relatórios nos seus próprios países.

Artigo 74

1. O Comitê examinará os relatórios apresentados por cada Estado Parte e transmitirá ao Estado Parte em questão os comentários que julgar apropriados. Esse Estado Parte poderá submeter ao Comitê observações sobre qualquer comentário feito pelo Comitê ao abrigo do disposto no presente artigo. O Comitê poderá solicitar aos Estados Partes informações complementares.

2. Antes da abertura de cada sessão ordinária do Comitê, o Secretário-Geral da Organização das Nações Unidas transmitirá, oportunamente, ao Diretor-Geral do Secretariado Internacional do Trabalho cópia dos relatórios apresentados pelos Estados Partes interessados e informações úteis à apreciação desses relatórios, de modo a possibilitar ao Secretariado auxiliar o Comitê disponibilizando conhecimentos especializados que o Secretariado possa possuir com relação às matérias abordadas na presente Convenção que se inscrevam no mandato da Organização Internacional do Trabalho. O Comitê deverá ter em conta, nas suas deliberações, todos os comentários e documentos que o Secretariado lhe possa facultar.

3. O Secretário-Geral da Organização das Nações Unidas poderá, de igual modo, ouvido o Comitê, transmitir a outras agências especializadas, bem como a organizações inter-governamentais, cópia de partes destes relatórios que se inscrevam no âmbito dos respectivos mandatos.

4. O Comitê poderá convidar as agências especializadas e outros órgãos das Nações Unidas, bem como organizações inter-governamentais e outros organismos interessados, a submeter, por escrito, para apreciação pelo Comitê, informações sobre a aplicação da presente Convenção nas áreas relativas a suas áreas de atividade.

5. O Secretariado Internacional do Trabalho será convidado pelo Comitê a designar os seus representantes para participarem, na qualidade de consultores, nas reuniões do Comitê.

6. O Comitê poderá convidar outras agências especializadas e órgãos da Organização das Nações Unidas, bem como organizações inter-governamentais, a fazerem-se representar nas suas reuniões quando for apreciada a aplicação de disposições da presente Convenção que se inscrevam no seu mandato.

7. O Comitê submeterá um relatório anual à assembleia Geral das Nações Unidas sobre a aplicação da presente Convenção, contendo as suas observações e recomendações, fundadas, nomeadamente, na apreciação dos relatórios e nas observações apresentadas pelos Estados.

8. O Secretário-Geral da Organização das Nações Unidas transmitirá os relatórios anuais do Comitê aos Estados Partes na presente Convenção, ao Conselho Econômico e Social, à Comissão dos Direitos do Homem da Organização das Nações Unidas, ao Diretor-Geral do Secretariado Internacional do Trabalho e a outras organizações relevantes pertinentes.

Artigo 75

1. O Comitê adotará o seu Regulamento interno.

2. O Comitê elegerá o seu secretariado por um período de dois anos.

3. O Comitê se reunirá em regra anualmente.

ANOTAÇÕES

4. As reuniões do Comitê habitualmente terão lugar na sede da Organização das Nações Unidas.

Artigo 76

1. Qualquer Estado Parte na presente Convenção poderá, em virtude do presente artigo, declarar, em qualquer momento, que reconhece a competência do Comitê para receber e apreciar comunicações de um Estado Parte, invocando o não cumprimento por outro Estado das obrigações decorrentes da presente Convenção. As comunicações apresentadas ao abrigo do disposto neste artigo somente poderão ser recebidas e apreciadas se forem provenientes de um Estado que tenha feito uma declaração, reconhecendo a competência do Comitê, no que lhe diz respeito. O Comitê não receberá as comunicações apresentadas por um Estado que não tenha feito tal declaração. Às comunicações recebidas nos termos do presente artigo será aplicável o seguinte procedimento:

a) Se um Estado Parte na presente Convenção considerar que outro Estado Parte não está cumprindo as obrigações impostas pela presente Convenção, esse Estado poderá, por comunicação escrita, chamar a atenção desse Estado para o referido descumprimento. O Estado Parte poderá, também, levar esta questão ao conhecimento do Comitê. Num prazo de três meses a contar da recepção da comunicação, o Estado destinatário dirigirá, por escrito, ao Estado que, fez a comunicação uma explicação ou outras declarações destinadas a esclarecer o assunto, que deverão incluir, na medida possível e pertinente, indicação sobre as regras processuais e os meios de recurso, pendentes ou disponíveis, já utilizados;

b) Se, no prazo de seis meses a contar da data do recebimento pelo Estado destinatário da comunicação inicial, a questão não tiver sido resolvida de forma satisfatória para ambos os Estados Partes interessados, qualquer um dos referidos Estados terá o direito de submeter a questão à apreciação do Comitê, mediante notificação feita ao Comitê e ao outro Estado interessado;

c) O Comitê somente examinará a questão após verificar que todos as vias de recurso internas disponíveis foram esgotadas, em conformidade com os princípios geralmente reconhecidos do Direito internacional. Esta regra não se aplicará quando o Comitê julgar que os procedimentos de recurso ultrapassam os prazos razoáveis;

d) Sob reserva das disposições da alínea c) do presente parágrafo, o Comitê se colocará à disposição dos Estados Partes interessados, a fim de obter a solução amigável do litígio, fundada no respeito das obrigações enunciadas na presente Convenção;

e) O Comitê se reunirá à porta fechada para examinar as comunicações recebidas nos termos do presente artigo;

f) O Comitê poderá solicitar aos Estados interessados, referidos na alínea b) do presente parágrafo, as informações que julgar pertinentes com relação a qualquer questão submetida nos termos da alínea b) do parágrafo;

g) Os Estados Partes interessados, referidos na alínea b) do presente parágrafo, terão o direito a ser representados quando da apreciação da questão pelo Comitê e de apresentar declarações orais e / ou escritas;

h) O Comitê apresentará um relatório, no prazo de doze meses a contar do recebimento da notificação prevista na alínea b) do presente número, nos seguintes termos:

(i) Se uma solução for alcançada nos termos da alínea d) do presente número, o Comitê limitará o seu relatório a uma exposição breve dos fatos e da solução alcançada;

(ii) Se uma solução não for alcançada nos termos da alínea d) do presente número, o Comitê deverá expor, no seu relatório, os fatos relevantes relativos ao objeto da disputa entre os Estados Partes interessados. O texto das declarações escritas e o auto das declarações orais apresentadas pelos Estados Partes interessados serão anexados ao relatório.

O Comitê poderá também comunicar apenas aos Estados Partes interessados as opiniões que julgar pertinentes. O relatório será comunicado aos Estados Partes interessados.

2. As disposições do presente artigo entrarão em vigor quando dez Estados Partes na presente Convenção tiverem feito a declaração prevista no parágrafo 1 deste artigo. A declaração será depositada pelo Estado Parte junto ao Secretário-Geral da Organização das Nações Unidas, que transmitirá uma cópia aos outros Estados Partes. A declaração poderá ser retirada em qualquer momento mediante notificação feita ao Secretário-Geral. A retirada não prejudicará a apreciação de qualquer questão que já tenha sido transmitida nos termos do presente artigo; nenhuma outra comunicação de um Estado Parte será recebida ao abrigo do presente artigo após o recebimento, pelo Secretário-Geral, da notificação da retirada da declaração, a menos que o Estado Parte interessado tenha formulado uma nova declaração.

Artigo 77

Qualquer Estado Parte na presente Convenção poderá, a qualquer momento, declarar, nos termos do presente artigo, que reconhece a competência do Comitê para receber e examinar comunicações apresentadas por pessoas sujeitas à sua jurisdição ou em seu nome, alegando a violação por esse Estado Parte dos seus direitos individuais, conforme estabelecidos pela presente Convenção. O Comitê não receberá nenhuma comunicação relativa a um Estado Parte que não tiver apresentado a referida declaração.

2. O Comitê declarará inadmissível uma comunicação apresentada nos termos do presente artigo que seja anônima ou julgada abusiva ou incompatível com as disposições da presente Convenção.

3. O Comitê não examinará nenhuma comunicação submetida por uma pessoa, nos termos do presente artigo, até verificar se:

a) A mesma questão já não foi ou não tenha sido submetida a outra instância internacional de inquérito ou de decisão;

b) O interessado já esgotou os recursos internos disponíveis; essa regra não se aplicará quando, na opinião do Comitê, os procedimentos de recurso ultrapassam os prazos razoáveis ou se é pouco provável que as vias de recurso satisfaçam efetivamente o interessado.

4. Sob reserva das disposições do nº 2 do presente artigo, o Comitê dará conhecimento das comunicações apresentadas, nos termos deste artigo, ao Estado Parte na presente Convenção que tiver feito uma declaração nos termos do parágrafo 1 e estiver, segundo alegado, violando uma disposição da Convenção. No prazo de seis meses, o Estado recebedor submeterá explicações ou declarações, por escrito, ao Comitê esclarecendo o assunto e indicando as medidas, se houver, que tenha adotado.

5. O Comitê examinará as comunicações recebidas nos termos do presente artigo, tendo em conta todas as informações fornecidas pelo interessado ou em seu nome e pelo Estado em causa.

6. O Comitê se reunirá à porta fechada para examinar as comunicações recebidas nos termos do presente artigo.

7. O Comitê transmitirá as suas conclusões ao Estado Parte em causa e ao interessado.

8. As disposições do presente artigo entrarão em vigor quando dez Estados Partes na presente Convenção tiverem feito a declaração prevista no parágrafo 1 do presente artigo. Tal declaração será depositada pelo Estado Parte junto ao Secretário-Geral da Organização das Nações Unidas, que transmitirá cópia aos outros Estados Partes. A declaração poderá ser retirada em qualquer momento por notificação dirigida ao Secretário-Geral. A retirada não prejudicará a apreciação de uma questão objeto de uma comunicação já apresentada, nos termos do presente artigo. Nenhuma comunicação apresentada por um indivíduo, ou em seu nome, nos termos do presente artigo, será recebida depois do recebimento, pelo Secretário-Geral, da notificação da retirada da declaração, a menos que o Estado Parte tenha formulado uma nova declaração.

Artigo 78

As disposições do artigo 76º da presente Convenção aplicar-se-ão sem prejuízo de qualquer processo de resolução de controvérsias ou de denúncias relativas às áreas abrangidas pela presente Convenção, conforme previsto nos instrumentos constitutivos e convenções da Organização das Nações Unidas e das agências especializadas, e não impedirão os Estados Partes de recorrerem a qualquer outro processo de resolução de controvérsias em conformidade com os acordos internacionais vigentes que tenham sido celebrados entre esses Estados.

PARTE VIII - DISPOSIÇÕES GERAIS

Artigo 79

Nenhuma disposição da presente Convenção afetará o direito de cada Estado Parte de estabelecer os critérios de admissão de trabalhadores migrantes e de membros das suas famílias.

No que se refere às outras questões relativas ao estatuto jurídico e ao tratamento dos trabalhadores migrantes e dos membros das suas famílias, os Estados Partes estarão sujeitos às limitações impostas pela presente Convenção.

Artigo 80

Nenhuma disposição da presente Convenção deve ser interpretada como afetando as disposições da Carta das Nações Unidas e dos atos constitutivos das agências especializadas que definem as responsabilidades respectivas dos diversos órgãos da Organização das Nações Unidas e das agências especializadas no que respeita às questões abordadas na presente Convenção.

Artigo 81

1. Nenhuma disposição da presente Convenção afetará as disposições mais favoráveis à realização dos direitos ou ao exercício das liberdades dos trabalhadores migrantes e dos membros das suas famílias em decorrência:

a) Da legislação ou da prática de um Estado Parte; ou

b) De qualquer tratado bilateral ou multilateral em vigor para esse Estado.

2. Nenhuma disposição da presente Convenção deve ser interpretada como implicando para um Estado, grupo ou pessoa, o direito a dedicar-se a uma atividade ou a realizar um ato que afete os direitos ou as liberdades enunciados na presente Convenção.

Artigo 82

Os direitos dos trabalhadores migrantes e dos membros das suas famílias previstos na presente Convenção não poderão ser objeto de renúncia. Não será permitido exercer qualquer forma de pressão sobre os trabalhadores migrantes e os membros das suas famílias para que renunciem a estes direitos ou se abstenham de os exercer. Não será possível a derrogação por contrato dos direitos reconhecidos na presente Convenção. Os Estados Partes tomarão as medidas adequadas para garantir que estes princípios sejam respeitados.

Artigo 83

Cada Estado Parte na presente Convenção compromete-se:

a) A garantir que todas as pessoas cujos direitos e liberdades reconhecidos na presente Convenção tenham sido violados disponham de um recurso efetivo, ainda que a violação tenha sido cometida por pessoas no exercício de funções oficiais;

b) A garantir que, ao exercer tal recurso, os interessados possam ver a sua queixa apreciada e decidida por uma autoridade judiciária, administrativa ou legislativa competente, ou por qualquer outra autoridade competente prevista no sistema jurídico do Estado, e a desenvolverem as possibilidades de recurso judicial;

ANOTAÇÕES

c) A garantir que as autoridades competentes dêem seguimento ao recurso quando este for considerado fundado.

Artigo 84

Cada Estado Parte deverá se comprometer a adotar todas as medidas legislativas e outras que se afigurem necessárias à aplicação das disposições da presente Convenção.

PARTE IX - DISPOSIÇÕES FINAIS

Artigo 85

O Secretário-Geral das Nações Unidas é designado como depositário da presente Convenção.

Artigo 86

1. Qualquer Estado poderá assinar a presente Convenção. Estará sujeita a ratificação.

2. Qualquer Estado poderá aderir à presente Convenção.

3. Os instrumentos de ratificação ou de adesão serão depositados junto do Secretário-Geral das Nações Unidas.

Artigo 87

1. A presente Convenção entrará em vigor no primeiro dia do mês seguinte ao término de um período de três meses após a data do depósito do vigésimo instrumento de ratificação ou de adesão.

2. Para cada um dos Estados que ratificarem a presente Convenção ou a ela aderirem após a sua entrada em vigor, a Convenção entrará em vigor no primeiro dia do mês seguinte a um período de três meses após a data do depósito, por parte desse Estado, do seu instrumento de ratificação ou de adesão.

Artigo 88

Um Estado que ratificar a presente Convenção ou a ela aderir não poderá excluir a aplicação de qualquer uma das suas partes ou, sem prejuízo do artigo 3º, excluir da sua aplicação uma categoria qualquer de trabalhadores migrantes.

Artigo 89

1. Qualquer Estado Parte poderá denunciar a presente Convenção, após o decurso de um período de cinco anos, a contar da data da entrada em vigor da Convenção para esse Estado, por via de notificação escrita dirigida ao Secretário-Geral da Organização das Nações Unidas.

2. A denúncia produzirá efeito no primeiro dia do mês seguinte ao término de um período de doze meses após a data de recebimento da notificação pelo Secretário-Geral.

3. A denúncia não desvinculará o Estado Parte das obrigações que para si decorrem da presente Convenção relativamente a qualquer ato ou omissão praticado anteriormente à data em que a denúncia produz efeito, nem impedirá, de modo algum, que uma questão submetida ao Comitê anteriormente à data em que a denúncia produz efeito seja apreciada.

4. Após a data em que a denúncia produzir efeito para um Estado Parte, o Comitê não apreciará mais nenhuma questão nova respeitante a esse Estado.

Artigo 90

1. Depois de transcorrido o prazo de cinco anos, a contar da data da entrada em vigor da presente Convenção, qualquer Estado poderá, em qualquer momento, propor a revisão da Convenção por via de notificação dirigida ao Secretário-Geral da Organização das Nações Unidas. O Secretário-Geral transmitirá, em seguida, a proposta de revisão aos Estados Partes, solicitando que lhe seja comunicado se são favoráveis à convocação de uma conferência de Estados Partes para apreciação e votação da proposta. Se, nos quatro meses subsequentes a essa comunicação, pelo menos um terço dos Estados Partes se declarar a favor da realização da referida conferência, o Secretário-Geral convoca-la-á sob os auspícios da Organização das Nações Unidas. As emendas adotadas pela maioria dos Estados Partes presentes e votantes na conferência serão submetidas à assembleia Geral para aprovação.

ANOTAÇÕES

2. As emendas entrarão em vigor quando aprovadas pela assembleia Geral das Nações Unidas e aceites por uma maioria de dois terços dos Estados Partes, em conformidade com as respectivas normas constitucionais.

3. Quando uma emenda entrar em vigor, terá força vinculativa para os Estados que a aceitarem, ficando os outros Estados Partes ligados pelas disposições da presente Convenção e por todas as emendas anteriores que tenham aceitado.

Artigo 91

1. O Secretário-Geral da Organização das Nações Unidas receberá e comunicará a todos os Estados o texto das reservas que forem feitas pelos Estados no momento da assinatura, da ratificação ou da adesão.

2. Não será autorizada nenhuma reserva incompatível com o objeto e com o fim da presente Convenção.

3. As reservas poderão ser retiradas em qualquer momento por via de notificação dirigida ao Secretário-Geral da Organização das Nações Unidas, o qual informará todos os Estados. A notificação produzirá efeito na data do seu recebimento pelo Secretário-Geral.

Artigo 92

1. Em caso de uma controvérsia envolvendo dois ou mais Estados relativamente à interpretação ou aplicação da presente Convenção, que não for resolvida por negociação, esta será submetida a processo de arbitragem a pedido de um dos Estados interessados. Caso, no prazo de seis meses, a contar da data do pedido de arbitragem, as Partes não chegarem a um acordo sobre a organização da arbitragem, a controvérsia poderá ser submetida ao Tribunal Internacional de Justiça, em conformidade com o Estatuto do Tribunal, por iniciativa de qualquer uma das Partes.

2. Qualquer Estado Parte poderá, no momento da assinatura ou do depósito do instrumento de ratificação ou de adesão da presente Convenção, declarar que não se considera vinculado pelas disposições do parágrafo 1 do presente artigo. Os outros Estados Partes não ficarão vinculados às referidas disposições em relação ao Estado Parte que tiver formulado tal declaração.

3. Qualquer Estado Parte que tiver formulado uma declaração nos termos do parágrafo 2 anterior poderá, em qualquer momento, retirá-la mediante notificação dirigida ao Secretário-Geral da Organização das Nações Unidas.

Artigo 93

1. A presente Convenção, cujos textos em árabe, chinês, espanhol, francês, inglês e russo são igualmente autênticos, será depositada junto ao Secretário-Geral da Organização das Nações Unidas.

2. O Secretário-Geral da Organização das Nações Unidas transmitirá cópia autenticada da presente Convenção a todos os Estados.

Em fé do que os plenipotenciários abaixo assinados, devidamente habilitados pelos seus governos respectivos, assinaram a Convenção.

16. POLÍTICA NACIONAL DE PARTICIPAÇÃO SOCIAL – DECRETO 8.243 DE 23 DE MAIO DE 2014

A PRESIDENTA DA REPÚBLICA, no uso das atribuições que lhe confere o art. 84, caput, incisos IV e VI, alínea "a", da Constituição, e tendo em vista o disposto no art. 3º, caput, inciso I, e no art. 17 da Lei nº 10.683, de 28 de maio de 2003,

Art. 1º Fica instituída a Política Nacional de Participação Social - PNPS, com o objetivo de fortalecer e articular os mecanismos e as instâncias democráticas de diálogo e a atuação conjunta entre a administração pública federal e a sociedade civil.

Parágrafo único. Na formulação, na execução, no monitoramento e na avaliação de programas e políticas públicas e no aprimoramento da gestão pública serão considerados os objetivos e as diretrizes da PNPS.

Art. 2º Para os fins deste Decreto, considera-se:

I. sociedade civil. o cidadão, os coletivos, os movimentos sociais institucionalizados ou não institucionalizados, suas redes e suas organizações;

II. conselho de políticas públicas. instância colegiada temática permanente, instituída por ato normativo, de diálogo entre a sociedade civil e o governo para promover a participação no processo decisório e na gestão de políticas públicas;

III. comissão de políticas públicas. instância colegiada temática, instituída por ato normativo, criada para o diálogo entre a sociedade civil e o governo em torno de objetivo específico, com prazo de funcionamento vinculado ao cumprimento de suas finalidades;

IV. conferência nacional. instância periódica de debate, de formulação e de avaliação sobre temas específicos e de interesse público, com a participação de representantes do governo e da sociedade civil, podendo contemplar etapas estaduais, distrital, municipais ou regionais, para propor diretrizes e ações acerca do tema tratado;

V. ouvidoria pública federal. instância de controle e participação social responsável pelo tratamento das reclamações, solicitações, denúncias, sugestões e elogios relativos às políticas e aos serviços públicos, prestados sob qualquer forma ou regime, com vistas ao aprimoramento da gestão pública;

VI. mesa de diálogo. mecanismo de debate e de negociação com a participação dos setores da sociedade civil e do governo diretamente envolvidos no intuito de prevenir, mediar e solucionar conflitos sociais;

VII. fórum interconselhos. mecanismo para o diálogo entre representantes dos conselhos e comissões de políticas públicas, no intuito de acompanhar as políticas públicas e os programas governamentais, formulando recomendações para aprimorar sua intersetorialidade e transversalidade;

VIII. audiência pública. mecanismo participativo de caráter presencial, consultivo, aberto a qualquer interessado, com a possibilidade de manifestação oral dos participantes, cujo objetivo é subsidiar decisões governamentais;

IX. consulta pública. mecanismo participativo, a se realizar em prazo definido, de caráter consultivo, aberto a qualquer interessado, que visa a receber contribuições por escrito da sociedade civil sobre determinado assunto, na forma definida no seu ato de convocação; e

X. ambiente virtual de participação social. mecanismo de interação social que utiliza tecnologias de informação e de comunicação, em especial a internet, para promover o diálogo entre administração pública federal e sociedade civil.

Parágrafo único. As definições previstas neste Decreto não implicam na desconstituição ou alteração de conselhos, comissões e demais instâncias de participação social já instituídos no âmbito do governo federal.

Art. 3º São diretrizes gerais da PNPS:

I. reconhecimento da participação social como direito do cidadão e expressão de sua autonomia;

II. complementariedade, transversalidade e integração entre mecanismos e instâncias da democracia representativa, participativa e direta;

III. solidariedade, cooperação e respeito à diversidade de etnia, raça, cultura, geração, origem, sexo, orientação sexual, religião e condição social, econômica ou de deficiência, para a construção de valores de cidadania e de inclusão social;

IV. direito à informação, à transparência e ao controle social nas ações públicas, com uso de linguagem simples e objetiva, consideradas as características e o idioma da população a que se dirige;

V. valorização da educação para a cidadania ativa;

VI. autonomia, livre funcionamento e independência das organizações da sociedade civil; e

VII. ampliação dos mecanismos de controle social.

Art. 4º São objetivos da PNPS, entre outros:

I. consolidar a participação social como método de governo;

II. promover a articulação das instâncias e dos mecanismos de participação social;

III. aprimorar a relação do governo federal com a sociedade civil, respeitando a autonomia das partes;

IV. promover e consolidar a adoção de mecanismos de participação social nas políticas e programas de governo federal;

V. desenvolver mecanismos de participação social nas etapas do ciclo de planejamento e orçamento;

VI. incentivar o uso e o desenvolvimento de metodologias que incorporem múltiplas formas de expressão e linguagens de participação social, por meio da internet, com a adoção de tecnologias livres de comunicação e informação, especialmente, softwares e aplicações, tais como códigos fonte livres e auditáveis, ou os disponíveis no Portal do Software Público Brasileiro;

VII. desenvolver mecanismos de participação social acessíveis aos grupos sociais historicamente excluídos e aos vulneráveis;

VIII. incentivar e promover ações e programas de apoio institucional, formação e qualificação em participação social para agentes públicos e sociedade civil; e

IX. incentivar a participação social nos entes federados.

Art. 5º Os órgãos e entidades da administração pública federal direta e indireta deverão, respeitadas as especificidades de cada caso, considerar as instâncias e os mecanismos de participação social, previstos neste Decreto, para a formulação, a execução, o monitoramento e a avaliação de seus programas e políticas públicas.

§ 1º Os órgãos e entidades referidos no caput elaborarão, anualmente, relatório de implementação da PNPS no âmbito de seus programas e políticas setoriais, observadas as orientações da Secretaria-Geral da Presidência da República.

§ 2º A Secretaria-Geral da Presidência da República elaborará e publicará anualmente relatório de avaliação da implementação da PNPS no âmbito da administração pública federal.

Art. 6º São instâncias e mecanismos de participação social, sem prejuízo da criação e do reconhecimento de outras formas de diálogo entre administração pública federal e sociedade civil:

I. conselho de políticas públicas;

II. comissão de políticas públicas;

III. conferência nacional;

IV. ouvidoria pública federal;

V. mesa de diálogo;

VI. fórum interconselhos;

VII. audiência pública;

VIII. consulta pública; e

IX. ambiente virtual de participação social.

Art. 7º O Sistema Nacional de Participação Social - SNPS, coordenado pela Secretaria-Geral da Presidência da República, será integrado pelas instâncias de participação social previstas nos incisos I a IV do art. 6º deste Decreto, sem prejuízo da integração de outras formas de diálogo entre a administração pública federal e a sociedade civil.

Parágrafo único. A Secretaria-Geral da Presidência da República publicará a relação e a respectiva composição das instâncias integrantes do SNPS.

Art. 8º Compete à Secretaria-Geral da Presidência da República:

I. acompanhar a implementação da PNPS nos órgãos e entidades da administração pública federal direta e indireta;

II. orientar a implementação da PNPS e do SNPS nos órgãos e entidades da administração pública federal direta e indireta;

ANOTAÇÕES

III. realizar estudos técnicos e promover avaliações e sistematizações das instâncias e dos mecanismos de participação social definidos neste Decreto;

IV. realizar audiências e consultas públicas sobre aspectos relevantes para a gestão da PNPS e do SNPS; e

V. propor pactos para o fortalecimento da participação social aos demais entes da federação.

Art. 9º Fica instituído o Comitê Governamental de Participação Social - CGPS, para assessorar a Secretaria-Geral da Presidência da República no monitoramento e na implementação da PNPS e na coordenação do SNPS.

§ 1º O CGPS será coordenado pela Secretaria-Geral da Presidência da República, que dará o suporte técnico-administrativo para seu funcionamento.

§ 2º Ato do Ministro de Estado Chefe da Secretaria-Geral da Presidência da República disporá sobre seu funcionamento.

Art. 10. Ressalvado o disposto em lei, na constituição de novos conselhos de políticas públicas e na reorganização dos já constituídos devem ser observadas, no mínimo, as seguintes diretrizes:

I. presença de representantes eleitos ou indicados pela sociedade civil, preferencialmente de forma paritária em relação aos representantes governamentais, quando a natureza da representação o recomendar;

II. definição, com consulta prévia à sociedade civil, de suas atribuições, competências e natureza;

III. garantia da diversidade entre os representantes da sociedade civil;

IV. estabelecimento de critérios transparentes de escolha de seus membros;

V. rotatividade dos representantes da sociedade civil;

VI. compromisso com o acompanhamento dos processos conferenciais relativos ao tema de sua competência; e

VII. publicidade de seus atos.

§ 1º A participação dos membros no conselho é considerada prestação de serviço público relevante, não remunerada.

§ 2º A publicação das resoluções de caráter normativo dos conselhos de natureza deliberativa vincula-se à análise de legalidade do ato pelo órgão jurídico competente, em acordo com o disposto na Lei Complementar nº 73, de 10 de fevereiro de 1993.

§ 3º A rotatividade das entidades e de seus representantes nos conselhos de políticas públicas deve ser assegurada mediante a recondução limitada a lapso temporal determinado na forma dos seus regimentos internos, sendo vedadas três reconduções consecutivas.

§ 4º A participação de dirigente ou membro de organização da sociedade civil que atue em conselho de política pública não configura impedimento à celebração de parceria com a administração pública.

§ 5º Na hipótese de parceira que envolva transferência de recursos financeiros de dotações consignadas no fundo do respectivo conselho, o conselheiro ligado à organização que pleiteia o acesso ao recurso fica impedido de votar nos itens de pauta que tenham referência com o processo de seleção, monitoramento e avaliação da parceria.

Art. 11. Nas comissões de políticas públicas devem ser observadas, no mínimo, as seguintes diretrizes:

I. presença de representantes eleitos ou indicados pela sociedade civil;

II. definição de prazo, tema e objetivo a ser atingido;

III. garantia da diversidade entre os representantes da sociedade civil;

IV. estabelecimento de critérios transparentes de escolha de seus membros; e

V. publicidade de seus atos.

Art. 12. As conferências nacionais devem observar, no mínimo, as seguintes diretrizes:

ANOTAÇÕES

I. divulgação ampla e prévia do documento convocatório, especificando seus objetivos e etapas;

II. garantia da diversidade dos sujeitos participantes;

III. estabelecimento de critérios e procedimentos para a designação dos delegados governamentais e para a escolha dos delegados da sociedade civil;

IV. integração entre etapas municipais, estaduais, regionais, distrital e nacional, quando houver;

V. disponibilização prévia dos documentos de referência e materiais a serem apreciados na etapa nacional;

VI. definição dos procedimentos metodológicos e pedagógicos a serem adotados nas diferentes etapas;

VII. publicidade de seus resultados;

VIII. determinação do modelo de acompanhamento de suas resoluções; e

IX. indicação da periodicidade de sua realização, considerando o calendário de outros processos conferenciais.

Parágrafo único. As conferências nacionais serão convocadas por ato normativo específico, ouvido o CGPS sobre a pertinência de sua realização.

Art. 13. As ouvidorias devem observar as diretrizes da Ouvidoria-Geral da União da Controladoria-Geral da União nos termos do art. 14, caput, inciso I, do Anexo I ao Decreto nº 8.109, de 17 de setembro de 2013.

Art. 14. As mesas de diálogo devem observar, no mínimo, as seguintes diretrizes:

I. participação das partes afetadas;

II. envolvimento dos representantes da sociedade civil na construção da solução do conflito;

III. prazo definido de funcionamento; e

IV. acompanhamento da implementação das soluções pactuadas e obrigações voluntariamente assumidas pelas partes envolvidas.

Parágrafo único. As mesas de diálogo criadas para o aperfeiçoamento das condições e relações de trabalho deverão, preferencialmente, ter natureza tripartite, de maneira a envolver representantes dos empregados, dos empregadores e do governo.

Art. 15. Os fóruns interconselhos devem observar, no mínimo, as seguintes diretrizes:

I. definição da política ou programa a ser objeto de debate, formulação e acompanhamento;

II. definição dos conselhos e organizações da sociedade civil a serem convidados pela sua vinculação ao tema;

III. produção de recomendações para as políticas e programas em questão; e

IV. publicidade das conclusões.

Art. 16. As audiências públicas devem observar, no mínimo, as seguintes diretrizes:

I. divulgação ampla e prévia do documento convocatório, especificado seu objeto, metodologia e o momento de realização;

II. livre acesso aos sujeitos afetados e interessados;

III. sistematização das contribuições recebidas;

IV. publicidade, com ampla divulgação de seus resultados, e a disponibilização do conteúdo dos debates; e

V. compromisso de resposta às propostas recebidas.

Art. 17. As consultas públicas devem observar, no mínimo, as seguintes diretrizes:

I. divulgação ampla e prévia do documento convocatório, especificando seu objeto, metodologia e o momento de realização;

II. disponibilização prévia e em tempo hábil dos documentos que serão objeto da consulta em linguagem simples e objetiva, e dos estudos e do material técnico utilizado como fundamento para a proposta colocada em consulta pública e a análise de impacto regulatório, quando houver;

III. utilização da internet e de tecnologias de comunicação e informação;

IV. sistematização das contribuições recebidas;

V. publicidade de seus resultados; e

VI. compromisso de resposta às propostas recebidas.

Art. 18. Na criação de ambientes virtuais de participação social devem ser observadas, no mínimo, as seguintes diretrizes:

I. promoção da participação de forma direta da sociedade civil nos debates e decisões do governo;

II. fornecimento às pessoas com deficiência de todas as informações destinadas ao público em geral em formatos acessíveis e tecnologias apropriadas aos diferentes tipos de deficiência;

III. disponibilização de acesso aos termos de uso do ambiente no momento do cadastro;

IV. explicitação de objetivos, metodologias e produtos esperados;

V. garantia da diversidade dos sujeitos participantes;

VI. definição de estratégias de comunicação e mobilização, e disponibilização de subsídios para o diálogo;

VII. utilização de ambientes e ferramentas de redes sociais, quando for o caso;

VIII. priorização da exportação de dados em formatos abertos e legíveis por máquinas;

IX. sistematização e publicidade das contribuições recebidas;

X. utilização prioritária de softwares e licenças livres como estratégia de estímulo à participação na construção das ferramentas tecnológicas de participação social; e

XI. fomento à integração com instâncias e mecanismos presenciais, como transmissão de debates e oferta de oportunidade para participação remota.

Art. 19. Fica instituída a Mesa de Monitoramento das Demandas Sociais, instância colegiada interministerial responsável pela coordenação e encaminhamento de pautas dos movimentos sociais e pelo monitoramento de suas respostas.

§ 1º As reuniões da Mesa de Monitoramento serão convocadas pela Secretaria-Geral da Presidência da República, sendo convidados os Secretários-Executivos dos ministérios relacionados aos temas a serem debatidos na ocasião.

§ 2º Ato do Ministro de Estado Chefe da Secretaria-Geral da Presidência da República disporá sobre as competências específicas, o funcionamento e a criação de subgrupos da instância prevista no caput.

Art. 20. As agências reguladoras observarão, na realização de audiências e consultas públicas, o disposto neste Decreto, no que couber.

Art. 21. Compete à Casa Civil da Presidência da República decidir sobre a ampla divulgação de projeto de ato normativo de especial significado político ou social nos termos do art. 34, caput, inciso II, do Decreto nº 4.176, de 28 de março de 2002.

Art. 22. Este Decreto entra em vigor na data de sua publicação.

ANOTAÇÕES

ANOTAÇÕES

DIR. HUM.

ANOTAÇÕES

ANOTAÇÕES

PREPARAÇÃO • CONHECIMENTO • APROVAÇÃO

DIREITO ADMINISTRATIVO

SUMÁRIO

Anotações

1. LEI Nº 8.112, DE 11 DE DEZEMBRO DE 1990

Regime Jurídico dos Servidores Públicos Civis da União, das Autarquias e das Fundações Públicas Federais

Título I - Capítulo Único - Das Disposições Preliminares

Art. 1º Esta Lei institui o Regime Jurídico dos Servidores Públicos Civis da União, das autarquias, inclusive as em regime especial, e das fundações públicas federais.

Art. 2º Para os efeitos desta Lei, servidor é a pessoa legalmente investida em cargo público.

Art. 3º Cargo público é o conjunto de atribuições e responsabilidades previstas na estrutura organizacional que devem ser cometidas a um servidor.

Parágrafo único. Os cargos públicos, acessíveis a todos os brasileiros, são criados por lei, com denominação própria e vencimento pago pelos cofres públicos, para provimento em caráter efetivo ou em comissão.

Art. 4º É proibida a prestação de serviços gratuitos, salvo os casos previstos em lei.

Título II - Do Provimento, Vacância, Remoção, Redistribuição e Substituição

Capítulo I- Do Provimento

Seção I - Disposições Gerais

Art. 5º São requisitos básicos para investidura em cargo público:

I. a nacionalidade brasileira;

II. o gozo dos direitos políticos;

III. a quitação com as obrigações militares e eleitorais;

IV. o nível de escolaridade exigido para o exercício do cargo;

V. a idade mínima de dezoito anos;

VI. aptidão física e mental.

§ 1º As atribuições do cargo podem justificar a exigência de outros requisitos estabelecidos em lei.

§ 2º Às pessoas portadoras de deficiência é assegurado o direito de se inscrever em concurso público para provimento de cargo cujas atribuições sejam compatíveis com a deficiência de que são portadoras; para tais pessoas serão reservadas até 20% (vinte por cento) das vagas oferecidas no concurso.

§ 3º As universidades e instituições de pesquisa científica e tecnológica federais poderão prover seus cargos com professores, técnicos e cientistas estrangeiros, de acordo com as normas e os procedimentos desta Lei.

Art. 6º O provimento dos cargos públicos far-se-á mediante ato da autoridade competente de cada Poder.

Art. 7º A investidura em cargo público ocorrerá com a posse.

Art. 8º São formas de provimento de cargo público:

I. nomeação;

II. promoção;

III. Revogado

IV. Revogado

V. readaptação;

VI. reversão;

VII. aproveitamento;

VIII. reintegração;

IX. recondução.

Seção II - Da Nomeação

Art. 9º A nomeação far-se-á:

I. em caráter efetivo, quando se tratar de cargo isolado de provimento efetivo ou de carreira;

II. em comissão, inclusive na condição de interino, para cargos de confiança vagos.

Anotações

Parágrafo único. O servidor ocupante de cargo em comissão ou de natureza especial poderá ser nomeado para ter exercício, interinamente, em outro cargo de confiança, sem prejuízo das atribuições do que atualmente ocupa, hipótese em que deverá optar pela remuneração de um deles durante o período da interinidade.

Art. 10. A nomeação para cargo de carreira ou cargo isolado de provimento efetivo depende de prévia habilitação em concurso público de provas ou de provas e títulos, obedecidos a ordem de classificação e o prazo de sua validade.

Parágrafo único. Os demais requisitos para o ingresso e o desenvolvimento do servidor na carreira, mediante promoção, serão estabelecidos pela lei que fixar as diretrizes do sistema de carreira na Administração Pública Federal e seus regulamentos.

Seção III - Do Concurso Público

Art. 11. O concurso será de provas ou de provas e títulos, podendo ser realizado em duas etapas, conforme dispuserem a lei e o regulamento do respectivo plano de carreira, condicionada a inscrição do candidato ao pagamento do valor fixado no edital, quando indispensável ao seu custeio, e ressalvadas as hipóteses de isenção nele expressamente previstas.

Art. 12. O concurso público terá validade de até 2 (dois) anos, podendo ser prorrogado uma única vez, por igual período.

§ 1º O prazo de validade do concurso e as condições de sua realização serão fixados em edital, que será publicado no Diário Oficial da União e em jornal diário de grande circulação.

§ 2º Não se abrirá novo concurso enquanto houver candidato aprovado em concurso anterior com prazo de validade não expirado.

Seção IV - Da Posse e do Exercício

Art. 13. A posse dar-se-á pela assinatura do respectivo termo, no qual deverão constar as atribuições, os deveres, as responsabilidades e os direitos inerentes ao cargo ocupado, que não poderão ser alterados unilateralmente, por qualquer das partes, ressalvados os atos de ofício previstos em lei.

§ 1º A posse ocorrerá no prazo de trinta dias contados da publicação do ato de provimento.

§ 2º Em se tratando de servidor, que esteja na data de publicação do ato de provimento, em licença prevista nos incisos I, III e V do art. 81, ou afastado nas hipóteses dos incisos I, IV, VI, VIII, alíneas «a», «b», «d», «e» e «f», IX e X do art. 102, o prazo será contado do término do impedimento.

§ 3º A posse poderá dar-se mediante procuração específica.

§ 4º Só haverá posse nos casos de provimento de cargo por nomeação.

§ 5º No ato da posse, o servidor apresentará declaração de bens e valores que constituem seu patrimônio e declaração quanto ao exercício ou não de outro cargo, emprego ou função pública.

§ 6º Será tornado sem efeito o ato de provimento se a posse não ocorrer no prazo previsto no § 1º deste artigo.

Art. 14. A posse em cargo público dependerá de prévia inspeção médica oficial.

Parágrafo único. Só poderá ser empossado aquele que for julgado apto física e mentalmente para o exercício do cargo.

Art. 15. Exercício é o efetivo desempenho das atribuições do cargo público ou da função de confiança.

§ 1º É de quinze dias o prazo para o servidor empossado em cargo público entrar em exercício, contados da data da posse.

§ 2º O servidor será exonerado do cargo ou será tornado sem efeito o ato de sua designação para função de confiança, se não entrar em exercício nos prazos previstos neste artigo, observado o disposto no art. 18.

§ 3º À autoridade competente do órgão ou entidade para onde for nomeado ou designado o servidor compete dar-lhe exercício.

§ 4º O início do exercício de função de confiança coincidirá com a data de publicação do ato de designação, salvo quando o servidor estiver em licença ou afastado por qualquer outro motivo legal, hipótese em que recairá no primeiro dia útil após o término do impedimento, que não poderá exceder a trinta dias da publicação.

Art. 16. O início, a suspensão, a interrupção e o reinício do exercício serão registrados no assentamento individual do servidor.

Parágrafo único. Ao entrar em exercício, o servidor apresentará ao órgão competente os elementos necessários ao seu assentamento individual.

Art. 17. A promoção não interrompe o tempo de exercício, que é contado no novo posicionamento na carreira a partir da data de publicação do ato que promover o servidor.

Art. 18. O servidor que deva ter exercício em outro município em razão de ter sido removido, redistribuído, requisitado, cedido ou posto em exercício provisório terá, no mínimo, dez e, no máximo, trinta dias de prazo, contados da publicação do ato, para a retomada do efetivo desempenho das atribuições do cargo, incluído nesse prazo o tempo necessário para o deslocamento para a nova sede.

§ 1º Na hipótese de o servidor encontrar-se em licença ou afastado legalmente, o prazo a que se refere este artigo será contado a partir do término do impedimento.

§ 2º É facultado ao servidor declinar dos prazos estabelecidos no caput.

Art. 19. Os servidores cumprirão jornada de trabalho fixada em razão das atribuições pertinentes aos respectivos cargos, respeitada a duração máxima do trabalho semanal de quarenta horas e observados os limites mínimo e máximo de seis horas e oito horas diárias, respectivamente.

§ 1º O ocupante de cargo em comissão ou função de confiança submete-se a regime de integral dedicação ao serviço, observado o disposto no art. 120, podendo ser convocado sempre que houver interesse da Administração.

§ 2º O disposto neste artigo não se aplica a duração de trabalho estabelecida em leis especiais.

Art. 20. Ao entrar em exercício, o servidor nomeado para cargo de provimento efetivo ficará sujeito a estágio probatório por período de 24 (vinte e quatro) meses, durante o qual a sua aptidão e capacidade serão objeto de avaliação para o desempenho do cargo, observados os seguinte fatores: (vide EMC nº 19 - estabeleceu o prazo de três anos)

I. assiduidade;
II. disciplina;
III. capacidade de iniciativa;
IV. produtividade;
V. responsabilidade.

§ 1º 4 (quatro) meses antes de findo o período do estágio probatório, será submetida à homologação da autoridade competente a avaliação do desempenho do servidor, realizada por comissão constituída para essa finalidade, de acordo com o que dispuser a lei ou o regulamento da respectiva carreira ou cargo, sem prejuízo da continuidade de apuração dos fatores enumerados nos incisos I a V do caput deste artigo.

§ 2º O servidor não aprovado no estágio probatório será exonerado ou, se estável, reconduzido ao cargo anteriormente ocupado, observado o disposto no parágrafo único do art. 29.

§ 3º O servidor em estágio probatório poderá exercer quaisquer cargos de provimento em comissão ou funções de direção, chefia ou assessoramento no órgão ou entidade de lotação, e somente poderá ser cedido a outro órgão ou entidade para ocupar cargos de Natureza Especial, cargos de provimento em comissão do Grupo-Direção e Assessoramento Superiores - DAS, de níveis 6, 5 e 4, ou equivalentes.

§ 4º Ao servidor em estágio probatório somente poderão ser concedidas as licenças e os afastamentos previstos nos arts. 81, incisos I a IV, 94, 95 e 96, bem assim afastamento para participar de curso de formação decorrente de aprovação em concurso para outro cargo na Administração Pública Federal.

Anotações

§ 5º O estágio probatório ficará suspenso durante as licenças e os afastamentos previstos nos arts. 83, 84, § 1º, 86 e 96, bem assim na hipótese de participação em curso de formação, e será retomado a partir do término do impedimento.

Seção V - Da Estabilidade

Art. 21. O servidor habilitado em concurso público e empossado em cargo de provimento efetivo adquirirá estabilidade no serviço público ao completar 2 (dois) anos de efetivo exercício. (prazo de 3 anos - vide EMC nº 19)

Art. 22. O servidor estável só perderá o cargo em virtude de sentença judicial transitada em julgado ou de processo administrativo disciplinar no qual lhe seja assegurada ampla defesa.

Seção VI - Da Transferência

Art. 23. Revogado

Seção VII - Da Readaptação

Art. 24. Readaptação é a investidura do servidor em cargo de atribuições e responsabilidades compatíveis com a limitação que tenha sofrido em sua capacidade física ou mental verificada em inspeção médica.

§ 1º Se julgado incapaz para o serviço público, o readaptando será aposentado.

§ 2º A readaptação será efetivada em cargo de atribuições afins, respeitada a habilitação exigida, nível de escolaridade e equivalência de vencimentos e, na hipótese de inexistência de cargo vago, o servidor exercerá suas atribuições como excedente, até a ocorrência de vaga.

Seção VIII - Da Reversão

Art. 25. Reversão é o retorno à atividade de servidor aposentado:

I. por invalidez, quando junta médica oficial declarar insubsistentes os motivos da aposentadoria; ou
II. no interesse da administração, desde que:
a) tenha solicitado a reversão;
b) a aposentadoria tenha sido voluntária;
c) estável quando na atividade;
d) a aposentadoria tenha ocorrido nos cinco anos anteriores à solicitação;
e) haja cargo vago.

§ 1º A reversão far-se-á no mesmo cargo ou no cargo resultante de sua transformação.

§ 2º O tempo em que o servidor estiver em exercício será considerado para concessão da aposentadoria.

§ 3º No caso do inciso I, encontrando-se provido o cargo, o servidor exercerá suas atribuições como excedente, até a ocorrência de vaga.

§ 4º O servidor que retornar à atividade por interesse da administração perceberá, em substituição aos proventos da aposentadoria, a remuneração do cargo que voltar a exercer, inclusive com as vantagens de natureza pessoal que percebia anteriormente à aposentadoria.

§ 5º O servidor de que trata o inciso II somente terá os proventos calculados com base nas regras atuais se permanecer pelo menos cinco anos no cargo.

§ 6º O Poder Executivo regulamentará o disposto neste artigo.

Art. 26. Revogado

Art. 27. Não poderá reverter o aposentado que já tiver completado 70 (setenta) anos de idade.

Seção IX - Da Reintegração

Art. 28. A reintegração é a reinvestidura do servidor estável no cargo anteriormente ocupado, ou no cargo resultante de sua transformação, quando invalidada a sua demissão por decisão administrativa ou judicial, com ressarcimento de todas as vantagens.

§ 1º Na hipótese de o cargo ter sido extinto, o servidor ficará em disponibilidade, observado o disposto nos arts. 30 e 31.

Anotações

Anotações

§ 2º Encontrando-se provido o cargo, o seu eventual ocupante será reconduzido ao cargo de origem, sem direito à indenização ou aproveitado em outro cargo, ou, ainda, posto em disponibilidade.

Seção X - Da Recondução

Art. 29. Recondução é o retorno do servidor estável ao cargo anteriormente ocupado e decorrerá de:

I. inabilitação em estágio probatório relativo a outro cargo;

II. reintegração do anterior ocupante.

Parágrafo único. Encontrando-se provido o cargo de origem, o servidor será aproveitado em outro, observado o disposto no art. 30.

Seção XI - Da Disponibilidade e do Aproveitamento

Art. 30. O retorno à atividade de servidor em disponibilidade far-se-á mediante aproveitamento obrigatório em cargo de atribuições e vencimentos compatíveis com o anteriormente ocupado.

Art. 31. O órgão Central do Sistema de Pessoal Civil determinará o imediato aproveitamento de servidor em disponibilidade em vaga que vier a ocorrer nos órgãos ou entidades da Administração Pública Federal.

Parágrafo único. Na hipótese prevista no § 3º do art. 37, o servidor posto em disponibilidade poderá ser mantido sob responsabilidade do órgão central do Sistema de Pessoal Civil da Administração Federal - SIPEC, até o seu adequado aproveitamento em outro órgão ou entidade.

Art. 32. Será tornado sem efeito o aproveitamento e cassada a disponibilidade se o servidor não entrar em exercício no prazo legal, salvo doença comprovada por junta médica oficial.

Capítulo II - Da Vacância

Art. 33. A vacância do cargo público decorrerá de:

I. exoneração;

II. demissão;

III. promoção;

IV. Revogado

V. Revogado

VI. readaptação;

VII. aposentadoria;

VIII. posse em outro cargo inacumulável;

IX. falecimento.

Art. 34. A exoneração de cargo efetivo dar-se-á a pedido do servidor, ou de ofício.

Parágrafo único. A exoneração de ofício dar-se-á:

I. quando não satisfeitas as condições do estágio probatório;

II. quando, tendo tomado posse, o servidor não entrar em exercício no prazo estabelecido.

Art. 35. A exoneração de cargo em comissão e a dispensa de função de confiança dar-se-á:

I. a juízo da autoridade competente;

II. a pedido do próprio servidor.

Parágrafo único. Revogado

Capítulo III - Da Remoção e da Redistribuição

Seção I - Da Remoção

Art. 36. Remoção é o deslocamento do servidor, a pedido ou de ofício, no âmbito do mesmo quadro, com ou sem mudança de sede.

Parágrafo único. Para fins do disposto neste artigo, entende-se por modalidades de remoção:

I. de ofício, no interesse da Administração;

II. a pedido, a critério da Administração;

III. a pedido, para outra localidade, independentemente do interesse da Administração:

a) para acompanhar cônjuge ou companheiro, também servidor público civil ou militar, de qualquer dos Poderes da União, dos Estados, do Distrito Federal e dos Municípios, que foi deslocado no interesse da Administração;

Anotações

b) por motivo de saúde do servidor, cônjuge, companheiro ou dependente que viva às suas expensas e conste do seu assentamento funcional, condicionada à comprovação por junta médica oficial;

c) em virtude de processo seletivo promovido, na hipótese em que o número de interessados for superior ao número de vagas, de acordo com normas preestabelecidas pelo órgão ou entidade em que aqueles estejam lotados.

Seção II - Da Redistribuição

Art. 37. Redistribuição é o deslocamento de cargo de provimento efetivo, ocupado ou vago no âmbito do quadro geral de pessoal, para outro órgão ou entidade do mesmo Poder, com prévia apreciação do órgão central do SIPEC, observados os seguintes preceitos:

I. interesse da administração;

II. equivalência de vencimentos;

III. manutenção da essência das atribuições do cargo;

IV. vinculação entre os graus de responsabilidade e complexidade das atividades;

V. mesmo nível de escolaridade, especialidade ou habilitação profissional;

VI. compatibilidade entre as atribuições do cargo e as finalidades institucionais do órgão ou entidade.

§ 1º A redistribuição ocorrerá ex officio para ajustamento de lotação e da força de trabalho às necessidades dos serviços, inclusive nos casos de reorganização, extinção ou criação de órgão ou entidade.

§ 2º A redistribuição de cargos efetivos vagos se dará mediante ato conjunto entre o órgão central do SIPEC e os órgãos e entidades da Administração Pública Federal envolvidos.

§ 3º Nos casos de reorganização ou extinção de órgão ou entidade, extinto o cargo ou declarada sua desnecessidade no órgão ou entidade, o servidor estável que não for redistribuído será colocado em disponibilidade, até seu aproveitamento na forma dos arts. 30 e 31.

§ 4º O servidor que não for redistribuído ou colocado em disponibilidade poderá ser mantido sob responsabilidade do órgão central do SIPEC, e ter exercício provisório, em outro órgão ou entidade, até seu adequado aproveitamento.

Capítulo IV - Da Substituição

Art. 38. Os servidores investidos em cargo ou função de direção ou chefia e os ocupantes de cargo de Natureza Especial terão substitutos indicados no regimento interno ou, no caso de omissão, previamente designados pelo dirigente máximo do órgão ou entidade.

§ 1º O substituto assumirá automática e cumulativamente, sem prejuízo do cargo que ocupa, o exercício do cargo ou função de direção ou chefia e os de Natureza Especial, nos afastamentos, impedimentos legais ou regulamentares do titular e na vacância do cargo, hipóteses em que deverá optar pela remuneração de um deles durante o respectivo período.

§ 2º O substituto fará jus à retribuição pelo exercício do cargo ou função de direção ou chefia ou de cargo de Natureza Especial, nos casos dos afastamentos ou impedimentos legais do titular, superiores a trinta dias consecutivos, paga na proporção dos dias de efetiva substituição, que excederem o referido período.

Art. 39. O disposto no artigo anterior aplica-se aos titulares de unidades administrativas organizadas em nível de assessoria.

Título III - Dos Direitos e Vantagens

Capítulo I- Do Vencimento e da Remuneração

Art. 40. Vencimento é a retribuição pecuniária pelo exercício de cargo público, com valor fixado em lei.

Parágrafo único. Revogado

Art. 41. Remuneração é o vencimento do cargo efetivo, acrescido das vantagens pecuniárias permanentes estabelecidas em lei.

§ 1º A remuneração do servidor investido em função ou cargo em comissão será paga na forma prevista no art. 62.

§ 2º O servidor investido em cargo em comissão de órgão ou entidade diversa da de sua lotação receberá a remuneração de acordo com o estabelecido no § 1º do art. 93.

§ 3º O vencimento do cargo efetivo, acrescido das vantagens de caráter permanente, é irredutível.

§ 4º É assegurada a isonomia de vencimentos para cargos de atribuições iguais ou assemelhadas do mesmo Poder, ou entre servidores dos três Poderes, ressalvadas as vantagens de caráter individual e as relativas à natureza ou ao local de trabalho.

§ 5º Nenhum servidor receberá remuneração inferior ao salário mínimo.

Art. 42. Nenhum servidor poderá perceber, mensalmente, a título de remuneração, importância superior à soma dos valores percebidos como remuneração, em espécie, a qualquer título, no âmbito dos respectivos Poderes, pelos Ministros de Estado, por membros do Congresso Nacional e Ministros do Supremo Tribunal Federal.

Parágrafo único. Excluem-se do teto de remuneração as vantagens previstas nos incisos II a VII do art. 61.

Art. 43. Revogado

Art. 44. O servidor perderá:

I. a remuneração do dia em que faltar ao serviço, sem motivo justificado;

II. a parcela de remuneração diária, proporcional aos atrasos, ausências justificadas, ressalvadas as concessões de que trata o art. 97, e saídas antecipadas, salvo na hipótese de compensação de horário, até o mês subsequente ao da ocorrência, a ser estabelecida pela chefia imediata.

Parágrafo único. As faltas justificadas decorrentes de caso fortuito ou de força maior poderão ser compensadas a critério da chefia imediata, sendo assim consideradas como efetivo exercício.

Art. 45. Salvo por imposição legal, ou mandado judicial, nenhum desconto incidirá sobre a remuneração ou provento.

§ 1º Mediante autorização do servidor, poderá haver consignação em folha de pagamento em favor de terceiros, a critério da administração e com reposição de custos, na forma definida em regulamento.

§ 2º O total de consignações facultativas de que trata o § 1º não excederá a 35% (trinta e cinco por cento) da remuneração mensal, sendo 5% (cinco por cento) reservados exclusivamente para:

I. a amortização de despesas contraídas por meio de cartão de crédito; ou

II. a utilização com a finalidade de saque por meio do cartão de crédito.

Art. 46. As reposições e indenizações ao erário, atualizadas até 30 de junho de 1994, serão previamente comunicadas ao servidor ativo, aposentado ou ao pensionista, para pagamento, no prazo máximo de trinta dias, podendo ser parceladas, a pedido do interessado.

§ 1º O valor de cada parcela não poderá ser inferior ao correspondente a dez por cento da remuneração, provento ou pensão.

§ 2º Quando o pagamento indevido houver ocorrido no mês anterior ao do processamento da folha, a reposição será feita imediatamente, em uma única parcela.

§ 3º Na hipótese de valores recebidos em decorrência de cumprimento a decisão liminar, a tutela antecipada ou a sentença que venha a ser revogada ou rescindida, serão eles atualizados até a data da reposição.

Art. 47. O servidor em débito com o erário, que for demitido, exonerado ou que tiver sua aposentadoria ou disponibilidade cassada, terá o prazo de sessenta dias para quitar o débito.

Parágrafo único. A não quitação do débito no prazo previsto implicará sua inscrição em dívida ativa.

Anotações

Art. 48. O vencimento, a remuneração e o provento não serão objeto de arresto, sequestro ou penhora, exceto nos casos de prestação de alimentos resultante de decisão judicial.

Capítulo II - Das Vantagens

Art. 49. Além do vencimento, poderão ser pagas ao servidor as seguintes vantagens:

I. indenizações;

II. gratificações;

III. adicionais.

§ 1º As indenizações não se incorporam ao vencimento ou provento para qualquer efeito.

§ 2º As gratificações e os adicionais incorporam-se ao vencimento ou provento, nos casos e condições indicados em lei.

Art. 50. As vantagens pecuniárias não serão computadas, nem acumuladas, para efeito de concessão de quaisquer outros acréscimos pecuniários ulteriores, sob o mesmo título ou idêntico fundamento.

Seção I - Das Indenizações

Art. 51. Constituem indenizações ao servidor:

I. ajuda de custo;

II. diárias;

III. transporte.

IV. auxílio-moradia.

Art. 52. Os valores das indenizações estabelecidas nos incisos I a III do art. 51, assim como as condições para a sua concessão, serão estabelecidos em regulamento.

Subseção I - Da Ajuda de Custo

Art. 53. A ajuda de custo destina-se a compensar as despesas de instalação do servidor que, no interesse do serviço, passar a ter exercício em nova sede, com mudança de domicílio em caráter permanente, vedado o duplo pagamento de indenização, a qualquer tempo, no caso de o cônjuge ou companheiro que detenha também a condição de servidor, vier a ter exercício na mesma sede.

§ 1º Correm por conta da administração as despesas de transporte do servidor e de sua família, compreendendo passagem, bagagem e bens pessoais.

§ 2º À família do servidor que falecer na nova sede são assegurados ajuda de custo e transporte para a localidade de origem, dentro do prazo de 1 (um) ano, contado do óbito.

§ 3º Não será concedida ajuda de custo nas hipóteses de remoção previstas nos incisos II e III do parágrafo único do art. 36.

Art. 54. A ajuda de custo corresponderá ao valor de um mês de remuneração do servidor na origem ou, na hipótese do caput do art. 56, ao valor de uma remuneração mensal do cargo em comissão.

Art. 55. Não será concedida ajuda de custo ao servidor que se afastar do cargo, ou reassumi-lo, em virtude de mandato eletivo.

Art. 56. Será concedida ajuda de custo àquele que, não sendo servidor da União, for nomeado para cargo em comissão, com mudança de domicílio.

Parágrafo único. No afastamento previsto no inciso I do art. 93, a ajuda de custo será paga pelo órgão cessionário, quando cabível.

Art. 57. O servidor ficará obrigado a restituir a ajuda de custo quando, injustificadamente, não se apresentar na nova sede no prazo de 30 (trinta) dias.

Subseção II - Das Diárias

Art. 58. O servidor que, a serviço, afastar-se da sede em caráter eventual ou transitório para outro ponto do território nacional ou para o exterior, fará jus a passagens e diárias destinadas a indenizar as parcelas de despesas extraordinária com pousada, alimentação e locomoção urbana, conforme dispuser em regulamento.

§ 1º A diária será concedida por dia de afastamento, sendo devida pela metade quando o deslocamento não exigir

Anotações

Anotações

pernoite fora da sede, ou quando a União custear, por meio diverso, as despesas extraordinárias cobertas por diárias.

§ 2º Nos casos em que o deslocamento da sede constituir exigência permanente do cargo, o servidor não fará jus a diárias.

§ 3º Também não fará jus a diárias o servidor que se deslocar dentro da mesma região metropolitana, aglomeração urbana ou microrregião, constituídas por municípios limítrofes e regularmente instituídas, ou em áreas de controle integrado mantidas com países limítrofes, cuja jurisdição e competência dos órgãos, entidades e servidores brasileiros considera-se estendida, salvo se houver pernoite fora da sede, hipóteses em que as diárias pagas serão sempre as fixadas para os afastamentos dentro do território nacional.

Art. 59. O servidor que receber diárias e não se afastar da sede, por qualquer motivo, fica obrigado a restituí-las integralmente, no prazo de 5 (cinco) dias.

Parágrafo único. Na hipótese de o servidor retornar à sede em prazo menor do que o previsto para o seu afastamento, restituirá as diárias recebidas em excesso, no prazo previsto no caput.

Subseção III - Da Indenização de Transporte

Art. 60. Conceder-se-á indenização de transporte ao servidor que realizar despesas com a utilização de meio próprio de locomoção para a execução de serviços externos, por força das atribuições próprias do cargo, conforme se dispuser em regulamento.

Subseção IV - Do Auxílio-Moradia

Art. 60-A. O auxílio-moradia consiste no ressarcimento de despesas comprovadamente realizadas pelo servidor com aluguel de moradia ou com meio de hospedagem administrado por empresa hoteleira, no prazo de até dois meses após a comprovação da despesa pelo servidor.

Art. 60-B. Conceder-se-á auxílio-moradia ao servidor se atendidos os seguintes requisitos:

I. não exista imóvel funcional disponível para uso pelo servidor;

II. o cônjuge ou companheiro do servidor não ocupe imóvel funcional;

III. o servidor ou seu cônjuge ou companheiro não seja ou tenha sido proprietário, promitente comprador, cessionário ou promitente cessionário de imóvel no Município aonde for exercer o cargo, incluída a hipótese de lote edificado sem averbação de construção, nos doze meses que antecederem a sua nomeação;

IV. nenhuma outra pessoa que resida com o servidor receba auxílio-moradia;

V. o servidor tenha se mudado do local de residência para ocupar cargo em comissão ou função de confiança do Grupo-Direção e Assessoramento Superiores. DAS, níveis 4, 5 e 6, de Natureza Especial, de Ministro de Estado ou equivalentes;

VI. o Município no qual assuma o cargo em comissão ou função de confiança não se enquadre nas hipóteses do art. 58, § 3º, em relação ao local de residência ou domicílio do servidor;

VII. o servidor não tenha sido domiciliado ou tenha residido no Município, nos últimos doze meses, aonde for exercer o cargo em comissão ou função de confiança, desconsiderando-se prazo inferior a sessenta dias dentro desse período; e

VIII. o deslocamento não tenha sido por força de alteração de lotação ou nomeação para cargo efetivo.

IX. o deslocamento tenha ocorrido após 30 de junho de 2006.

Parágrafo único. Para fins do inciso VII, não será considerado o prazo no qual o servidor estava ocupando outro cargo em comissão relacionado no inciso V.

Art. 60-C. Revogado

Anotações

Art. 60-D. O valor mensal do auxílio-moradia é limitado a vinte e cinco por cento do valor do cargo em comissão, da função de confiança ou do cargo de Ministro de Estado ocupado.

§ 1º O valor do auxílio-moradia não poderá superar 25% (vinte e cinco por cento) da remuneração de Ministro de Estado.

§ 2º O valor do auxílio-moradia será reduzido em vinte e cinco pontos percentuais a cada ano, a partir do segundo ano de recebimento, e deixará de ser devido após o quarto ano de recebimento.

§ 3º O prazo de que trata o § 2º não terá sua contagem suspensa ou interrompida na hipótese de exoneração ou mudança de cargo ou função.

§ 4º Transcorrido o prazo de quatro anos após encerrado o pagamento do auxílio-moradia, o pagamento poderá ser retomado se novamente vierem a ser atendidos os requisitos do art. 60-B.

Art. 60-E. No caso de falecimento, exoneração, colocação de imóvel funcional à disposição do servidor ou aquisição de imóvel, o auxílio-moradia poderá ser mantido por um mês, limitado ao valor pago no mês anterior.

Seção II - Das Gratificações e Adicionais

Art. 61. Além do vencimento e das vantagens previstas nesta Lei, serão deferidos aos servidores as seguintes retribuições, gratificações e adicionais:

I. retribuição pelo exercício de função de direção, chefia e assessoramento;

II. gratificação natalina;

III. Revogado

IV. adicional pelo exercício de atividades insalubres, perigosas ou penosas;

V. adicional pela prestação de serviço extraordinário;

VI. adicional noturno;

VII. adicional de férias;

VIII. outros, relativos ao local ou à natureza do trabalho.

IX. gratificação por encargo de curso ou concurso.

Subseção I - Da Retribuição pelo Exercício de Função de Direção, Chefia e Assessoramento

Art. 62. Ao servidor ocupante de cargo efetivo investido em função de direção, chefia ou assessoramento, cargo de provimento em comissão ou de Natureza Especial é devida retribuição pelo seu exercício.

Parágrafo único. Lei específica estabelecerá a remuneração dos cargos em comissão de que trata o inciso II do art. 9º.

Art. 62-A. Fica transformada em Vantagem Pessoal Nominalmente Identificada - VPNI a incorporação da retribuição pelo exercício de função de direção, chefia ou assessoramento, cargo de provimento em comissão ou de Natureza Especial a que se referem os arts. 3º e 10 da Lei no 8.911, de 11 de julho de 1994, e o art. 3º da Lei no 9.624, de 2 de abril de 1998.

Parágrafo único. A VPNI de que trata o caput deste artigo somente estará sujeita às revisões gerais de remuneração dos servidores públicos federais.

Subseção II - Da Gratificação Natalina

Art. 63. A gratificação natalina corresponde a 1/12 (um doze avos) da remuneração a que o servidor fizer jus no mês de dezembro, por mês de exercício no respectivo ano.

Parágrafo único. A fração igual ou superior a 15 (quinze) dias será considerada como mês integral.

Art. 64. A gratificação será paga até o dia 20 (vinte) do mês de dezembro de cada ano.

Parágrafo único. Vetado

Art. 65. O servidor exonerado perceberá sua gratificação natalina, proporcionalmente aos meses de exercício, calculada sobre a remuneração do mês da exoneração.

Art. 66. A gratificação natalina não será considerada para cálculo de qualquer vantagem pecuniária.

Subseção III - Do Adicional por Tempo de Serviço

Art. 67. Revogado

Subseção IV - Dos Adicionais de Insalubridade, Periculosidade ou Atividades Penosas

Art. 68. Os servidores que trabalhem com habitualidade em locais insalubres ou em contato permanente com substâncias tóxicas, radioativas ou com risco de vida, fazem jus a um adicional sobre o vencimento do cargo efetivo.

§ 1º O servidor que fizer jus aos adicionais de insalubridade e de periculosidade deverá optar por um deles.

§ 2º O direito ao adicional de insalubridade ou periculosidade cessa com a eliminação das condições ou dos riscos que deram causa a sua concessão.

Art. 69. Haverá permanente controle da atividade de servidores em operações ou locais considerados penosos, insalubres ou perigosos.

Parágrafo único. A servidora gestante ou lactante será afastada, enquanto durar a gestação e a lactação, das operações e locais previstos neste artigo, exercendo suas atividades em local salubre e em serviço não penoso e não perigoso.

Art. 70. Na concessão dos adicionais de atividades penosas, de insalubridade e de periculosidade, serão observadas as situações estabelecidas em legislação específica.

Art. 71. O adicional de atividade penosa será devido aos servidores em exercício em zonas de fronteira ou em localidades cujas condições de vida o justifiquem, nos termos, condições e limites fixados em regulamento.

Art. 72. Os locais de trabalho e os servidores que operam com Raios X ou substâncias radioativas serão mantidos sob controle permanente, de modo que as doses de radiação ionizante não ultrapassem o nível máximo previsto na legislação própria.

Parágrafo único. Os servidores a que se refere este artigo serão submetidos a exames médicos a cada 6 (seis) meses.

Subseção V - Do Adicional por Serviço Extraordinário

Art. 73. O serviço extraordinário será remunerado com acréscimo de 50% (cinquenta por cento) em relação à hora normal de trabalho.

Art. 74. Somente será permitido serviço extraordinário para atender a situações excepcionais e temporárias, respeitado o limite máximo de 2 (duas) horas por jornada.

Subseção VI - Do Adicional Noturno

Art. 75. O serviço noturno, prestado em horário compreendido entre 22 (vinte e duas) horas de um dia e 5 (cinco) horas do dia seguinte, terá o valor-hora acrescido de 25% (vinte e cinco por cento), computando-se cada hora como cinquenta e dois minutos e trinta segundos.

Parágrafo único. Em se tratando de serviço extraordinário, o acréscimo de que trata este artigo incidirá sobre a remuneração prevista no art. 73.

Subseção VII - Do Adicional de Férias

Art. 76. Independentemente de solicitação, será pago ao servidor, por ocasião das férias, um adicional correspondente a 1/3 (um terço) da remuneração do período das férias.

Parágrafo único. No caso de o servidor exercer função de direção, chefia ou assessoramento, ou ocupar cargo em comissão, a respectiva vantagem será considerada no cálculo do adicional de que trata este artigo.

Subseção VIII - Da Gratificação por Encargo de Curso ou Concurso

Art. 76-A. A Gratificação por Encargo de Curso ou Concurso é devida ao servidor que, em caráter eventual:

Anotações

I. atuar como instrutor em curso de formação, de desenvolvimento ou de treinamento regularmente instituído no âmbito da administração pública federal;

II. participar de banca examinadora ou de comissão para exames orais, para análise curricular, para correção de provas discursivas, para elaboração de questões de provas ou para julgamento de recursos intentados por candidatos;

III. participar da logística de preparação e de realização de concurso público envolvendo atividades de planejamento, coordenação, supervisão, execução e avaliação de resultado, quando tais atividades não estiverem incluídas entre as suas atribuições permanentes;

IV. participar da aplicação, fiscalizar ou avaliar provas de exame vestibular ou de concurso público ou supervisionar essas atividades.

§ 1º Os critérios de concessão e os limites da gratificação de que trata este artigo serão fixados em regulamento, observados os seguintes parâmetros:

I. o valor da gratificação será calculado em horas, observadas a natureza e a complexidade da atividade exercida;

II. a retribuição não poderá ser superior ao equivalente a 120 (cento e vinte) horas de trabalho anuais, ressalvada situação de excepcionalidade, devidamente justificada e previamente aprovada pela autoridade máxima do órgão ou entidade, que poderá autorizar o acréscimo de até 120 (cento e vinte) horas de trabalho anuais;

III. o valor máximo da hora trabalhada corresponderá aos seguintes percentuais, incidentes sobre o maior vencimento básico da administração pública federal:

a) 2,2% (dois inteiros e dois décimos por cento), em se tratando de atividades previstas nos incisos I e II do caput deste artigo;

b) 1,2% (um inteiro e dois décimos por cento), em se tratando de atividade prevista nos incisos III e IV do caput deste artigo.

§ 2º A Gratificação por Encargo de Curso ou Concurso somente será paga se as atividades referidas nos incisos do caput deste artigo forem exercidas sem prejuízo das atribuições do cargo de que o servidor for titular, devendo ser objeto de compensação de carga horária quando desempenhadas durante a jornada de trabalho, na forma do § 4º do art. 98 desta Lei.

§ 3º A Gratificação por Encargo de Curso ou Concurso não se incorpora ao vencimento ou salário do servidor para qualquer efeito e não poderá ser utilizada como base de cálculo para quaisquer outras vantagens, inclusive para fins de cálculo dos proventos da aposentadoria e das pensões.

Capítulo III - Das Férias

Art. 77. O servidor fará jus a trinta dias de férias, que podem ser acumuladas, até o máximo de dois períodos, no caso de necessidade do serviço, ressalvadas as hipóteses em que haja legislação específica.

§ 1º Para o primeiro período aquisitivo de férias serão exigidos 12 (doze) meses de exercício.

§ 2º É vedado levar à conta de férias qualquer falta ao serviço.

§ 3º As férias poderão ser parceladas em até três etapas, desde que assim requeridas pelo servidor, e no interesse da administração pública.

Art. 78. O pagamento da remuneração das férias será efetuado até 2 (dois) dias antes do início do respectivo período, observando-se o disposto no § 1º deste artigo.

§ 1º e § 2º Revogados

§ 3º O servidor exonerado do cargo efetivo, ou em comissão, perceberá indenização relativa ao período das férias a que tiver direito e ao incompleto, na proporção de um doze avos por mês de efetivo exercício, ou fração superior a quatorze dias.

§ 4º A indenização será calculada com base na remuneração do mês em que for publicado o ato exoneratório.

Anotações

DIR. ADM.

Anotações

§ 5º Em caso de parcelamento, o servidor receberá o valor adicional previsto no inciso XVII do art. 7º da Constituição Federal quando da utilização do primeiro período.

Art. 79. O servidor que opera direta e permanentemente com Raios X ou substâncias radioativas gozará 20 (vinte) dias consecutivos de férias, por semestre de atividade profissional, proibida em qualquer hipótese a acumulação.

Parágrafo único. Revogado

Art. 80. As férias somente poderão ser interrompidas por motivo de calamidade pública, comoção interna, convocação para júri, serviço militar ou eleitoral, ou por necessidade do serviço declarada pela autoridade máxima do órgão ou entidade.

Parágrafo único. O restante do período interrompido será gozado de uma só vez, observado o disposto no art. 77.

Capítulo IV - Das Licenças

Seção I - Disposições Gerais

Art. 81. Conceder-se-á ao servidor licença:

I. por motivo de doença em pessoa da família;

II. por motivo de afastamento do cônjuge ou companheiro;

III. para o serviço militar;

IV. para atividade política;

V. para capacitação;

VI. para tratar de interesses particulares;

VII. para desempenho de mandato classista.

§ 1º A licença prevista no inciso I do caput deste artigo bem como cada uma de suas prorrogações serão precedidas de exame por perícia médica oficial, observado o disposto no art. 204 desta Lei.

§ 2º Revogado

§ 3º É vedado o exercício de atividade remunerada durante o período da licença prevista no inciso I deste artigo.

Art. 82. A licença concedida dentro de 60 (sessenta) dias do término de outra da mesma espécie será considerada como prorrogação.

Seção II - Da Licença por Motivo de Doença em Pessoa da Família

Art. 83. Poderá ser concedida licença ao servidor por motivo de doença do cônjuge ou companheiro, dos pais, dos filhos, do padrasto ou madrasta e enteado, ou dependente que viva a suas expensas e conste do seu assentamento funcional, mediante comprovação por perícia médica oficial.

§ 1º A licença somente será deferida se a assistência direta do servidor for indispensável e não puder ser prestada simultaneamente com o exercício do cargo ou mediante compensação de horário, na forma do disposto no inciso II do art. 44.

§ 2º A licença de que trata o caput, incluídas as prorrogações, poderá ser concedida a cada período de doze meses nas seguintes condições:

I. por até 60 (sessenta) dias, consecutivos ou não, mantida a remuneração do servidor; e

II. por até 90 (noventa) dias, consecutivos ou não, sem remuneração.

§ 3º O início do interstício de 12 (doze) meses será contado a partir da data do deferimento da primeira licença concedida.

§ 4º A soma das licenças remuneradas e das licenças não remuneradas, incluídas as respectivas prorrogações, concedidas em um mesmo período de 12 (doze) meses, observado o disposto no § 3º, não poderá ultrapassar os limites estabelecidos nos incisos I e II do § 2º.

Seção III - Da Licença por Motivo de Afastamento do Cônjuge

Art. 84. Poderá ser concedida licença ao servidor para acompanhar cônjuge ou companheiro que foi deslocado para outro ponto do território nacional, para o exterior ou para o exercício de mandato eletivo dos Poderes Executivo e Legislativo.

Anotações

§ 1º A licença será por prazo indeterminado e sem remuneração.

§ 2º No deslocamento de servidor cujo cônjuge ou companheiro também seja servidor público, civil ou militar, de qualquer dos Poderes da União, dos Estados, do Distrito Federal e dos Municípios, poderá haver exercício provisório em órgão ou entidade da Administração Federal direta, autárquica ou fundacional, desde que para o exercício de atividade compatível com o seu cargo.

Seção IV - Da Licença para o Serviço Militar

Art. 85. Ao servidor convocado para o serviço militar será concedida licença, na forma e condições previstas na legislação específica.

Parágrafo único. Concluído o serviço militar, o servidor terá até 30 (trinta) dias sem remuneração para reassumir o exercício do cargo.

Seção V - Da Licença para Atividade Política

Art. 86. O servidor terá direito a licença, sem remuneração, durante o período que mediar entre a sua escolha em convenção partidária, como candidato a cargo eletivo, e a véspera do registro de sua candidatura perante a Justiça Eleitoral.

§ 1º O servidor candidato a cargo eletivo na localidade onde desempenha suas funções e que exerça cargo de direção, chefia, assessoramento, arrecadação ou fiscalização, dele será afastado, a partir do dia imediato ao do registro de sua candidatura perante a Justiça Eleitoral, até o décimo dia seguinte ao do pleito.

§ 2º A partir do registro da candidatura e até o décimo dia seguinte ao da eleição, o servidor fará jus à licença, assegurados os vencimentos do cargo efetivo, somente pelo período de três meses.

Seção VI - Da Licença para Capacitação

Art. 87. Após cada quinquênio de efetivo exercício, o servidor poderá, no interesse da Administração, afastar-se do exercício do cargo efetivo, com a respectiva remuneração, por até três meses, para participar de curso de capacitação profissional.

Parágrafo único. Os períodos de licença de que trata o caput não são acumuláveis.

Art. 88. Revogado

Art. 89. Revogado

Art. 90. (Vetado).

Seção VII - Da Licença para Tratar de Interesses Particulares

Art. 91. A critério da Administração, poderão ser concedidas ao servidor ocupante de cargo efetivo, desde que não esteja em estágio probatório, licenças para o trato de assuntos particulares pelo prazo de até três anos consecutivos, sem remuneração.

Parágrafo único. A licença poderá ser interrompida, a qualquer tempo, a pedido do servidor ou no interesse do serviço.

Seção VIII - Da Licença para o Desempenho de Mandato Classista

Art. 92. É assegurado ao servidor o direito à licença sem remuneração para o desempenho de mandato em confederação, federação, associação de classe de âmbito nacional, sindicato representativo da categoria ou entidade fiscalizadora da profissão ou, ainda, para participar de gerência ou administração em sociedade cooperativa constituída por servidores públicos para prestar serviços a seus membros, observado o disposto na alínea c do inciso VIII do art. 102 desta Lei, conforme disposto em regulamento e observados os seguintes limites:

I. para entidades com até 5.000 (cinco mil) associados, 2 (dois) servidores;

II. para entidades com 5.001 (cinco mil e um) a 30.000 (trinta mil) associados, 4 (quatro) servidores;

III. para entidades com mais de 30.000 (trinta mil) associados, 8 (oito) servidores.

§ 1º Somente poderão ser licenciados os servidores eleitos para cargos de direção ou de representação nas referidas entidades, desde que cadastradas no órgão competente.

§ 2º A licença terá duração igual à do mandato, podendo ser renovada, no caso de reeleição.

Capítulo V - Dos Afastamentos

Seção I - Do Afastamento para Servir a Outro Órgão ou Entidade

Art. 93. O servidor poderá ser cedido para ter exercício em outro órgão ou entidade dos Poderes da União, dos Estados, ou do Distrito Federal e dos Municípios, nas seguintes hipóteses:

I. para exercício de cargo em comissão ou função de confiança;

II. em casos previstos em leis específicas.

§ 1º Na hipótese do inciso I, sendo a cessão para órgãos ou entidades dos Estados, do Distrito Federal ou dos Municípios, o ônus da remuneração será do órgão ou entidade cessionária, mantido o ônus para o cedente nos demais casos.

§ 2º Na hipótese de o servidor cedido a empresa pública ou sociedade de economia mista, nos termos das respectivas normas, optar pela remuneração do cargo efetivo ou pela remuneração do cargo efetivo acrescida de percentual da retribuição do cargo em comissão, a entidade cessionária efetuará o reembolso das despesas realizadas pelo órgão ou entidade de origem.

§ 3º A cessão far-se-á mediante Portaria publicada no Diário Oficial da União.

§ 4º Mediante autorização expressa do Presidente da República, o servidor do Poder Executivo poderá ter exercício em outro órgão da Administração Federal direta que não tenha quadro próprio de pessoal, para fim determinado e a prazo certo.

§ 5º Aplica-se à União, em se tratando de empregado ou servidor por ela requisitado, as disposições dos §§ 1º e 2º deste artigo.

§ 6º As cessões de empregados de empresa pública ou de sociedade de economia mista, que receba recursos de Tesouro Nacional para o custeio total ou parcial da sua folha de pagamento de pessoal, independem das disposições contidas nos incisos I e II e §§ 1º e 2º deste artigo, ficando o exercício do empregado cedido condicionado a autorização específica do Ministério do Planejamento, Orçamento e Gestão, exceto nos casos de ocupação de cargo em comissão ou função gratificada.

§ 7º O Ministério do Planejamento, Orçamento e Gestão, com a finalidade de promover a composição da força de trabalho dos órgãos e entidades da Administração Pública Federal, poderá determinar a lotação ou o exercício de empregado ou servidor, independentemente da observância do constante no inciso I e nos §§ 1º e 2º deste artigo.

Seção II - Do Afastamento para Exercício de Mandato Eletivo

Art. 94. Ao servidor investido em mandato eletivo aplicam-se as seguintes disposições:

I. tratando-se de mandato federal, estadual ou distrital, ficará afastado do cargo;

II. investido no mandato de Prefeito, será afastado do cargo, sendo-lhe facultado optar pela sua remuneração;

III. investido no mandato de vereador:

a) havendo compatibilidade de horário, perceberá as vantagens de seu cargo, sem prejuízo da remuneração do cargo eletivo;

b) não havendo compatibilidade de horário, será afastado do cargo, sendo-lhe facultado optar pela sua remuneração.

Anotações

§ 1º No caso de afastamento do cargo, o servidor contribuirá para a seguridade social como se em exercício estivesse.

§ 2º O servidor investido em mandato eletivo ou classista não poderá ser removido ou redistribuído de ofício para localidade diversa daquela onde exerce o mandato.

Seção III - Do Afastamento para Estudo ou Missão no Exterior

Art. 95. O servidor não poderá ausentar-se do País para estudo ou missão oficial, sem autorização do Presidente da República, Presidente dos Órgãos do Poder Legislativo e Presidente do Supremo Tribunal Federal.

§ 1º A ausência não excederá a 4 (quatro) anos, e finda a missão ou estudo, somente decorrido igual período, será permitida nova ausência.

§ 2º Ao servidor beneficiado pelo disposto neste artigo não será concedida exoneração ou licença para tratar de interesse particular antes de decorrido período igual ao do afastamento, ressalvada a hipótese de ressarcimento da despesa havida com seu afastamento.

§ 3º O disposto neste artigo não se aplica aos servidores da carreira diplomática.

§ 4º As hipóteses, condições e formas para a autorização de que trata este artigo, inclusive no que se refere à remuneração do servidor, serão disciplinadas em regulamento.

Art. 96. O afastamento de servidor para servir em organismo internacional de que o Brasil participe ou com o qual coopere dar-se-á com perda total da remuneração.

Seção IV- Do Afastamento para Participação em Programa de Pós-Graduação Stricto Sensu no País

Art. 96-A. O servidor poderá, no interesse da Administração, e desde que a participação não possa ocorrer simultaneamente com o exercício do cargo ou mediante compensação de horário, afastar-se do exercício do cargo efetivo, com a respectiva remuneração, para participar em programa de pós-graduação stricto sensu em instituição de ensino superior no País.

§ 1º Ato do dirigente máximo do órgão ou entidade definirá, em conformidade com a legislação vigente, os programas de capacitação e os critérios para participação em programas de pós-graduação no País, com ou sem afastamento do servidor, que serão avaliados por um comitê constituído para este fim.

§ 2º Os afastamentos para realização de programas de mestrado e doutorado somente serão concedidos aos servidores titulares de cargos efetivos no respectivo órgão ou entidade há pelo menos 3 (três) anos para mestrado e 4 (quatro) anos para doutorado, incluído o período de estágio probatório, que não tenham se afastado por licença para tratar de assuntos particulares para gozo de licença capacitação ou com fundamento neste artigo nos 2 (dois) anos anteriores à data da solicitação de afastamento.

§ 3º Os afastamentos para realização de programas de pós-doutorado somente serão concedidos aos servidores titulares de cargos efetivo no respectivo órgão ou entidade há pelo menos quatro anos, incluído o período de estágio probatório, e que não tenham se afastado por licença para tratar de assuntos particulares ou com fundamento neste artigo, nos quatro anos anteriores à data da solicitação de afastamento.

§ 4º Os servidores beneficiados pelos afastamentos previstos nos §§ 1º, 2º e 3º deste artigo terão que permanecer no exercício de suas funções após o seu retorno por um período igual ao do afastamento concedido.

§ 5º Caso o servidor venha a solicitar exoneração do cargo ou aposentadoria, antes de cumprido o período de permanência previsto no § 4º deste artigo, deverá ressarcir o órgão ou entidade, na forma do art. 47 da Lei no 8.112, de 11 de dezembro de 1990, dos gastos com seu aperfeiçoamento.

Anotações

DIR. ADM.

Anotações

§ 6º Caso o servidor não obtenha o título ou grau que justificou seu afastamento no período previsto, aplica-se o disposto no § 5º deste artigo, salvo na hipótese comprovada de força maior ou de caso fortuito, a critério do dirigente máximo do órgão ou entidade.

§ 7º Aplica-se à participação em programa de pós-graduação no Exterior, autorizado nos termos do art. 95 desta Lei, o disposto nos §§ 1º a 6º deste artigo.

Capítulo VI - Das Concessões

Art. 97. Sem qualquer prejuízo, poderá o servidor ausentar-se do serviço:

I. por 1 (um) dia, para doação de sangue;

II. pelo período comprovadamente necessário para alistamento ou recadastramento eleitoral, limitado, em qualquer caso, a 2 (dois) dias;

III. por 8 (oito) dias consecutivos em razão de :

a) casamento;

b) falecimento do cônjuge, companheiro, pais, madrasta ou padrasto, filhos, enteados, menor sob guarda ou tutela e irmãos.

Art. 98. Será concedido horário especial ao servidor estudante, quando comprovada a incompatibilidade entre o horário escolar e o da repartição, sem prejuízo do exercício do cargo.

§ 1º Para efeito do disposto neste artigo, será exigida a compensação de horário no órgão ou entidade que tiver exercício, respeitada a duração semanal do trabalho.

§ 2º Também será concedido horário especial ao servidor portador de deficiência, quando comprovada a necessidade por junta médica oficial, independentemente de compensação de horário.

§ 3º As disposições constantes do § 2º são extensivas ao servidor que tenha cônjuge, filho ou dependente com deficiência.

§ 4º Será igualmente concedido horário especial, vinculado à compensação de horário a ser efetivada no prazo de até 1 (um) ano, ao servidor que desempenhe atividade prevista nos incisos I e II do caput do art. 76-A desta Lei.

Art. 99. Ao servidor estudante que mudar de sede no interesse da administração é assegurada, na localidade da nova residência ou na mais próxima, matrícula em instituição de ensino congênere, em qualquer época, independentemente de vaga.

Parágrafo único. O disposto neste artigo estende-se ao cônjuge ou companheiro, aos filhos, ou enteados do servidor que vivam na sua companhia, bem como aos menores sob sua guarda, com autorização judicial.

Capítulo VII - Do Tempo de Serviço

Art. 100. É contado para todos os efeitos o tempo de serviço público federal, inclusive o prestado às Forças Armadas.

Art. 101. A apuração do tempo de serviço será feita em dias, que serão convertidos em anos, considerado o ano como de trezentos e sessenta e cinco dias.

Parágrafo único. Revogado

Art. 102. Além das ausências ao serviço previstas no art. 97, são considerados como de efetivo exercício os afastamentos em virtude de:

I. férias;

II. exercício de cargo em comissão ou equivalente, em órgão ou entidade dos Poderes da União, dos Estados, Municípios e Distrito Federal;

III. exercício de cargo ou função de governo ou administração, em qualquer parte do território nacional, por nomeação do Presidente da República;

IV. participação em programa de treinamento regularmente instituído ou em programa de pós-graduação stricto sensu no País, conforme dispuser o regulamento:

V. desempenho de mandato eletivo federal, estadual, municipal ou do Distrito Federal, exceto para promoção por merecimento;

Anotações

VI. júri e outros serviços obrigatórios por lei;

VII. missão ou estudo no exterior, quando autorizado o afastamento, conforme dispuser o regulamento;

VIII. licença:

a) à gestante, à adotante e à paternidade;

b) para tratamento da própria saúde, até o limite de vinte e quatro meses, cumulativo ao longo do tempo de serviço público prestado à União, em cargo de provimento efetivo;

c) para o desempenho de mandato classista ou participação de gerência ou administração em sociedade cooperativa constituída por servidores para prestar serviços a seus membros, exceto para efeito de promoção por merecimento;

d) por motivo de acidente em serviço ou doença profissional;

e) para capacitação, conforme dispuser o regulamento;

f) por convocação para o serviço militar;

IX. deslocamento para a nova sede de que trata o art. 18;

X. participação em competição desportiva nacional ou convocação para integrar representação desportiva nacional, no País ou no exterior, conforme disposto em lei específica;

XI. afastamento para servir em organismo internacional de que o Brasil participe ou com o qual coopere.

Art. 103. Contar-se-á apenas para efeito de aposentadoria e disponibilidade:

I. o tempo de serviço público prestado aos Estados, Municípios e Distrito Federal;

II. a licença para tratamento de saúde de pessoal da família do servidor, com remuneração, que exceder a 30 (trinta) dias em período de 12 (doze) meses.

III. a licença para atividade política, no caso do art. 86, § 2º;

IV. o tempo correspondente ao desempenho de mandato eletivo federal, estadual, municipal ou distrital, anterior ao ingresso no serviço público federal;

V. o tempo de serviço em atividade privada, vinculada à Previdência Social;

VI. o tempo de serviço relativo a tiro de guerra;

VII. o tempo de licença para tratamento da própria saúde que exceder o prazo a que se refere a alínea «b» do inciso VIII do art. 102.

§ 1º O tempo em que o servidor esteve aposentado será contado apenas para nova aposentadoria.

§ 2º Será contado em dobro o tempo de serviço prestado às Forças Armadas em operações de guerra.

§ 3º É vedada a contagem cumulativa de tempo de serviço prestado concomitantemente em mais de um cargo ou função de órgão ou entidades dos Poderes da União, Estado, Distrito Federal e Município, autarquia, fundação pública, sociedade de economia mista e empresa pública.

Capítulo VIII - Do Direito de Petição

Art. 104. É assegurado ao servidor o direito de requerer aos Poderes Públicos, em defesa de direito ou interesse legítimo.

Art. 105. O requerimento será dirigido à autoridade competente para decidi-lo e encaminhado por intermédio daquela a que estiver imediatamente subordinado o requerente.

Art. 106. Cabe pedido de reconsideração à autoridade que houver expedido o ato ou proferido a primeira decisão, não podendo ser renovado.

Parágrafo único. O requerimento e o pedido de reconsideração de que tratam os artigos anteriores deverão ser despachados no prazo de 5 (cinco) dias e decididos dentro de 30 (trinta) dias.

Art. 107. Caberá recurso:

I. do indeferimento do pedido de reconsideração;

II. das decisões sobre os recursos sucessivamente interpostos.

§ 1º O recurso será dirigido à autoridade imediatamente superior à que tiver expedido o ato ou proferido a decisão, e, sucessivamente, em escala ascendente, às demais autoridades.

§ 2º O recurso será encaminhado por intermédio da autoridade a que estiver imediatamente subordinado o requerente.

Art. 108. O prazo para interposição de pedido de reconsideração ou de recurso é de 30 (trinta) dias, a contar da publicação ou da ciência, pelo interessado, da decisão recorrida.

Art. 109. O recurso poderá ser recebido com efeito suspensivo, a juízo da autoridade competente.

Parágrafo único. Em caso de provimento do pedido de reconsideração ou do recurso, os efeitos da decisão retroagirão à data do ato impugnado.

Art. 110. O direito de requerer prescreve:

I. em 5 (cinco) anos, quanto aos atos de demissão e de cassação de aposentadoria ou disponibilidade, ou que afetem interesse patrimonial e créditos resultantes das relações de trabalho;

II. em 120 (cento e vinte) dias, nos demais casos, salvo quando outro prazo for fixado em lei.

Parágrafo único. O prazo de prescrição será contado da data da publicação do ato impugnado ou da data da ciência pelo interessado, quando o ato não for publicado.

Art. 111. O pedido de reconsideração e o recurso, quando cabíveis, interrompem a prescrição.

Art. 112. A prescrição é de ordem pública, não podendo ser relevada pela administração.

Art. 113. Para o exercício do direito de petição, é assegurada vista do processo ou documento, na repartição, ao servidor ou a procurador por ele constituído.

Art. 114. A administração deverá rever seus atos, a qualquer tempo, quando eivados de ilegalidade.

Art. 115. São fatais e improrrogáveis os prazos estabelecidos neste Capítulo, salvo motivo de força maior.

Título IV - Do Regime Disciplinar

Capítulo I - Dos Deveres

Art. 116. São deveres do servidor:

I. exercer com zelo e dedicação as atribuições do cargo;

II. ser leal às instituições a que servir;

III. observar as normas legais e regulamentares;

IV. cumprir as ordens superiores, exceto quando manifestamente ilegais;

V. atender com presteza:

a) ao público em geral, prestando as informações requeridas, ressalvadas as protegidas por sigilo;

b) à expedição de certidões requeridas para defesa de direito ou esclarecimento de situações de interesse pessoal;

c) às requisições para a defesa da Fazenda Pública.

VI. levar as irregularidades de que tiver ciência em razão do cargo ao conhecimento da autoridade superior ou, quando houver suspeita de envolvimento desta, ao conhecimento de outra autoridade competente para apuração;

VII. zelar pela economia do material e a conservação do patrimônio público;

VIII. guardar sigilo sobre assunto da repartição;

IX. manter conduta compatível com a moralidade administrativa;

X. ser assíduo e pontual ao serviço;

XI. tratar com urbanidade as pessoas;

XII. representar contra ilegalidade, omissão ou abuso de poder.

Parágrafo único. A representação de que trata o inciso XII será encaminhada pela via hierárquica e apreciada pela autoridade superior àquela contra a qual é formulada, assegurando-se ao representando ampla defesa.

Anotações

Capítulo II - Das Proibições

Art. 117. Ao servidor é proibido:

I. ausentar-se do serviço durante o expediente, sem prévia autorização do chefe imediato;

II. retirar, sem prévia anuência da autoridade competente, qualquer documento ou objeto da repartição;

III. recusar fé a documentos públicos;

IV. opor resistência injustificada ao andamento de documento e processo ou execução de serviço;

V. promover manifestação de apreço ou desapreço no recinto da repartição;

VI. cometer a pessoa estranha à repartição, fora dos casos previstos em lei, o desempenho de atribuição que seja de sua responsabilidade ou de seu subordinado;

VII. coagir ou aliciar subordinados no sentido de filiarem-se a associação profissional ou sindical, ou a partido político;

VIII. manter sob sua chefia imediata, em cargo ou função de confiança, cônjuge, companheiro ou parente até o segundo grau civil;

IX. valer-se do cargo para lograr proveito pessoal ou de outrem, em detrimento da dignidade da função pública;

X. participar de gerência ou administração de sociedade privada, personificada ou não personificada, exercer o comércio, exceto na qualidade de acionista, cotista ou comanditário;

XI. atuar, como procurador ou intermediário, junto a repartições públicas, salvo quando se tratar de benefícios previdenciários ou assistenciais de parentes até o segundo grau, e de cônjuge ou companheiro;

XII. receber propina, comissão, presente ou vantagem de qualquer espécie, em razão de suas atribuições;

XIII. aceitar comissão, emprego ou pensão de estado estrangeiro;

XIV. praticar usura sob qualquer de suas formas;

XV. proceder de forma desidiosa;

XVI. utilizar pessoal ou recursos materiais da repartição em serviços ou atividades particulares;

XVII. cometer a outro servidor atribuições estranhas ao cargo que ocupa, exceto em situações de emergência e transitórias;

XVIII. exercer quaisquer atividades que sejam incompatíveis com o exercício do cargo ou função e com o horário de trabalho;

XIX. recusar-se a atualizar seus dados cadastrais quando solicitado.

Parágrafo único. A vedação de que trata o inciso X do caput deste artigo não se aplica nos seguintes casos:

I. participação nos conselhos de administração e fiscal de empresas ou entidades em que a União detenha, direta ou indiretamente, participação no capital social ou em sociedade cooperativa constituída para prestar serviços a seus membros; e

II. gozo de licença para o trato de interesses particulares, na forma do art. 91 desta Lei, observada a legislação sobre conflito de interesses.

Capítulo III - Da Acumulação

Art. 118. Ressalvados os casos previstos na Constituição, é vedada a acumulação remunerada de cargos públicos.

§ 1º A proibição de acumular estende-se a cargos, empregos e funções em autarquias, fundações públicas, empresas públicas, sociedades de economia mista da União, do Distrito Federal, dos Estados, dos Territórios e dos Municípios.

§ 2º A acumulação de cargos, ainda que lícita, fica condicionada à comprovação da compatibilidade de horários.

§ 3º Considera-se acumulação proibida a percepção de vencimento de cargo ou emprego público efetivo com proventos da inatividade, salvo quando os cargos de que decorram essas remunerações forem acumuláveis na atividade.

Anotações

Anotações

Art. 119. O servidor não poderá exercer mais de um cargo em comissão, exceto no caso previsto no parágrafo único do art. 9º, nem ser remunerado pela participação em órgão de deliberação coletiva.

Parágrafo único. O disposto neste artigo não se aplica à remuneração devida pela participação em conselhos de administração e fiscal das empresas públicas e sociedades de economia mista, suas subsidiárias e controladas, bem como quaisquer empresas ou entidades em que a União, direta ou indiretamente, detenha participação no capital social, observado o que, a respeito, dispuser legislação específica.

Art. 120. O servidor vinculado ao regime desta Lei, que acumular licitamente dois cargos efetivos, quando investido em cargo de provimento em comissão, ficará afastado de ambos os cargos efetivos, salvo na hipótese em que houver compatibilidade de horário e local com o exercício de um deles, declarada pelas autoridades máximas dos órgãos ou entidades envolvidos.

Capítulo IV - Das Responsabilidades

Art. 121. O servidor responde civil, penal e administrativamente pelo exercício irregular de suas atribuições.

Art. 122. A responsabilidade civil decorre de ato omissivo ou comissivo, doloso ou culposo, que resulte em prejuízo ao erário ou a terceiros.

§ 1º A indenização de prejuízo dolosamente causado ao erário somente será liquidada na forma prevista no art. 46, na falta de outros bens que assegurem a execução do débito pela via judicial.

§ 2º Tratando-se de dano causado a terceiros, responderá o servidor perante a Fazenda Pública, em ação regressiva.

§ 3º A obrigação de reparar o dano estende-se aos sucessores e contra eles será executada, até o limite do valor da herança recebida.

Art. 123. A responsabilidade penal abrange os crimes e contravenções imputadas ao servidor, nessa qualidade.

Art. 124. A responsabilidade civil-administrativa resulta de ato omissivo ou comissivo praticado no desempenho do cargo ou função.

Art. 125. As sanções civis, penais e administrativas poderão cumular-se, sendo independentes entre si.

Art. 126. A responsabilidade administrativa do servidor será afastada no caso de absolvição criminal que negue a existência do fato ou sua autoria.

Art. 126-A. Nenhum servidor poderá ser responsabilizado civil, penal ou administrativamente por dar ciência à autoridade superior ou, quando houver suspeita de envolvimento desta, a outra autoridade competente para apuração de informação concernente à prática de crimes ou improbidade de que tenha conhecimento, ainda que em decorrência do exercício de cargo, emprego ou função pública.

Capítulo V - Das Penalidades

Art. 127. São penalidades disciplinares:

I. advertência;
II. suspensão;
III. demissão;
IV. cassação de aposentadoria ou disponibilidade;
V. destituição de cargo em comissão;
VI. destituição de função comissionada.

Art. 128. Na aplicação das penalidades serão consideradas a natureza e a gravidade da infração cometida, os danos que dela provierem para o serviço público, as circunstâncias agravantes ou atenuantes e os antecedentes funcionais.

Parágrafo único. O ato de imposição da penalidade mencionará sempre o fundamento legal e a causa da sanção disciplinar.

Art. 129. A advertência será aplicada por escrito, nos casos de violação de proibição constante do art. 117, incisos I a VIII e XIX, e de inobservância de dever funcional previsto em lei, regulamentação ou norma interna, que não justifique imposição de penalidade mais grave.

Anotações

Art. 130. A suspensão será aplicada em caso de reincidência das faltas punidas com advertência e de violação das demais proibições que não tipifiquem infração sujeita a penalidade de demissão, não podendo exceder de 90 (noventa) dias.

§ 1º Será punido com suspensão de até 15 (quinze) dias o servidor que, injustificadamente, recusar-se a ser submetido a inspeção médica determinada pela autoridade competente, cessando os efeitos da penalidade uma vez cumprida a determinação.

§ 2º Quando houver conveniência para o serviço, a penalidade de suspensão poderá ser convertida em multa, na base de 50% (cinquenta por cento) por dia de vencimento ou remuneração, ficando o servidor obrigado a permanecer em serviço.

Art. 131. As penalidades de advertência e de suspensão terão seus registros cancelados, após o decurso de 3 (três) e 5 (cinco) anos de efetivo exercício, respectivamente, se o servidor não houver, nesse período, praticado nova infração disciplinar.

Parágrafo único. O cancelamento da penalidade não surtirá efeitos retroativos.

Art. 132. A demissão será aplicada nos seguintes casos:

I. crime contra a administração pública;
II. abandono de cargo;
III. inassiduidade habitual;
IV. improbidade administrativa;
V. incontinência pública e conduta escandalosa, na repartição;
VI. insubordinação grave em serviço;
VII. ofensa física, em serviço, a servidor ou a particular, salvo em legítima defesa própria ou de outrem;
VIII. aplicação irregular de dinheiros públicos;
IX. revelação de segredo do qual se apropriou em razão do cargo;
X. lesão aos cofres públicos e dilapidação do patrimônio nacional;
XI. corrupção;
XII. acumulação ilegal de cargos, empregos ou funções públicas;
XIII. transgressão dos incisos IX a XVI do art. 117.

Art. 133. Detectada a qualquer tempo a acumulação ilegal de cargos, empregos ou funções públicas, a autoridade a que se refere o art. 143 notificará o servidor, por intermédio de sua chefia imediata, para apresentar opção no prazo improrrogável de dez dias, contados da data da ciência e, na hipótese de omissão, adotará procedimento sumário para a sua apuração e regularização imediata, cujo processo administrativo disciplinar se desenvolverá nas seguintes fases:

I. instauração, com a publicação do ato que constituir a comissão, a ser composta por dois servidores estáveis, e simultaneamente indicar a autoria e a materialidade da transgressão objeto da apuração;
II. instrução sumária, que compreende indiciação, defesa e relatório;
III. julgamento.

§ 1º A indicação da autoria de que trata o inciso I dar-se-á pelo nome e matrícula do servidor, e a materialidade pela descrição dos cargos, empregos ou funções públicas em situação de acumulação ilegal, dos órgãos ou entidades de vinculação, das datas de ingresso, do horário de trabalho e do correspondente regime jurídico.

§ 2º A comissão lavrará, até três dias após a publicação do ato que a constituiu, termo de indiciação em que serão transcritas as informações de que trata o parágrafo anterior, bem como promoverá a citação pessoal do servidor indiciado, ou por intermédio de sua chefia imediata, para, no prazo de cinco dias, apresentar defesa escrita, assegurando-se-lhe vista do processo na repartição, observado o disposto nos arts. 163 e 164.

§ 3º Apresentada a defesa, a comissão elaborará relatório conclusivo quanto à inocência ou à responsabilidade do servidor, em que resumirá as peças principais dos autos, opinará sobre a licitude da acumulação em exame, indicará o respectivo dispositivo legal e remeterá o processo à autoridade instauradora, para julgamento.

§ 4º No prazo de cinco dias, contados do recebimento do processo, a autoridade julgadora proferirá a sua decisão, aplicando-se, quando for o caso, o disposto no § 3º do art. 167.

§ 5º A opção pelo servidor até o último dia de prazo para defesa configurará sua boa-fé, hipótese em que se converterá automaticamente em pedido de exoneração do outro cargo.

§ 6º Caracterizada a acumulação ilegal e provada a má-fé, aplicar-se-á a pena de demissão, destituição ou cassação de aposentadoria ou disponibilidade em relação aos cargos, empregos ou funções públicas em regime de acumulação ilegal, hipótese em que os órgãos ou entidades de vinculação serão comunicados.

§ 7º O prazo para a conclusão do processo administrativo disciplinar submetido ao rito sumário não excederá trinta dias, contados da data de publicação do ato que constituir a comissão, admitida a sua prorrogação por até quinze dias, quando as circunstâncias o exigirem.

§ 8º O procedimento sumário rege-se pelas disposições deste artigo, observando-se, no que lhe for aplicável, subsidiariamente, as disposições dos Títulos IV e V desta Lei.

Art. 134. Será cassada a aposentadoria ou a disponibilidade do inativo que houver praticado, na atividade, falta punível com a demissão.

Art. 135. A destituição de cargo em comissão exercido por não ocupante de cargo efetivo será aplicada nos casos de infração sujeita às penalidades de suspensão e de demissão.

Parágrafo único. Constatada a hipótese de que trata este artigo, a exoneração efetuada nos termos do art. 35 será convertida em destituição de cargo em comissão.

Art. 136. A demissão ou a destituição de cargo em comissão, nos casos dos incisos IV, VIII, X e XI do art. 132, implica a indisponibilidade dos bens e o ressarcimento ao erário, sem prejuízo da ação penal cabível.

Art. 137. A demissão ou a destituição de cargo em comissão, por infringência do art. 117, incisos IX e XI, incompatibiliza o ex-servidor para nova investidura em cargo público federal, pelo prazo de 5 (cinco) anos.

Parágrafo único. Não poderá retornar ao serviço público federal o servidor que for demitido ou destituído do cargo em comissão por infringência do art. 132, incisos I, IV, VIII, X e XI.

Art. 138. Configura abandono de cargo a ausência intencional do servidor ao serviço por mais de trinta dias consecutivos.

Art. 139. Entende-se por inassiduidade habitual a falta ao serviço, sem causa justificada, por sessenta dias, interpoladamente, durante o período de doze meses.

Art. 140. Na apuração de abandono de cargo ou inassiduidade habitual, também será adotado o procedimento sumário a que se refere o art. 133, observando-se especialmente que:

I. a indicação da materialidade dar-se-á:

a) na hipótese de abandono de cargo, pela indicação precisa do período de ausência intencional do servidor ao serviço superior a trinta dias;

b) no caso de inassiduidade habitual, pela indicação dos dias de falta ao serviço sem causa justificada, por período igual ou superior a sessenta dias interpoladamente, durante o período de doze meses;

II. após a apresentação da defesa a comissão elaborará relatório conclusivo quanto à inocência ou à responsabilidade do servidor, em que resumirá as peças principais dos autos, indicará o respectivo dispositivo legal, opinará, na hipótese de abandono de cargo, sobre a intencionalidade da ausência ao serviço superior a trinta dias e remeterá o processo à autoridade instauradora para julgamento.

Art. 141. As penalidades disciplinares serão aplicadas:

I. pelo Presidente da República, pelos Presidentes das Casas do Poder Legislativo e dos Tribunais Federais e pelo Procurador-Geral da República, quando se tratar de demissão e cassação de aposentadoria ou disponibilidade de servidor vinculado ao respectivo Poder, órgão, ou entidade;

II. pelas autoridades administrativas de hierarquia imediatamente inferior àquelas mencionadas no inciso anterior quando se tratar de suspensão superior a 30 (trinta) dias;

III. pelo chefe da repartição e outras autoridades na forma dos respectivos regimentos ou regulamentos, nos casos de advertência ou de suspensão de até 30 (trinta) dias;

IV. pela autoridade que houver feito a nomeação, quando se tratar de destituição de cargo em comissão.

Art. 142. A ação disciplinar prescreverá:

I. em 5 (cinco) anos, quanto às infrações puníveis com demissão, cassação de aposentadoria ou disponibilidade e destituição de cargo em comissão;

II. em 2 (dois) anos, quanto à suspensão;

III. em 180 (cento e oitenta) dias, quanto à advertência.

§ 1º O prazo de prescrição começa a correr da data em que o fato se tornou conhecido.

§ 2º Os prazos de prescrição previstos na lei penal aplicam-se às infrações disciplinares capituladas também como crime.

§ 3º A abertura de sindicância ou a instauração de processo disciplinar interrompe a prescrição, até a decisão final proferida por autoridade competente.

§ 4º Interrompido o curso da prescrição, o prazo começará a correr a partir do dia em que cessar a interrupção.

Título V - Do Processo Administrativo Disciplinar

Capítulo I - Disposições Gerais

Art. 143. A autoridade que tiver ciência de irregularidade no serviço público é obrigada a promover a sua apuração imediata, mediante sindicância ou processo administrativo disciplinar, assegurada ao acusado ampla defesa.

§ 1º Revogado

§ 2º Revogado

§ 3º A apuração de que trata o caput, por solicitação da autoridade a que se refere, poderá ser promovida por autoridade de órgão ou entidade diverso daquele em que tenha ocorrido a irregularidade, mediante competência específica para tal finalidade, delegada em caráter permanente ou temporário pelo Presidente da República, pelos presidentes das Casas do Poder Legislativo e dos Tribunais Federais e pelo Procurador-Geral da República, no âmbito do respectivo Poder, órgão ou entidade, preservadas as competências para o julgamento que se seguir à apuração.

Art. 144. As denúncias sobre irregularidades serão objeto de apuração, desde que contenham a identificação e o endereço do denunciante e sejam formuladas por escrito, confirmada a autenticidade.

Parágrafo único. Quando o fato narrado não configurar evidente infração disciplinar ou ilícito penal, a denúncia será arquivada, por falta de objeto.

Art. 145. Da sindicância poderá resultar:

I. arquivamento do processo;

II. aplicação de penalidade de advertência ou suspensão de até 30 (trinta) dias;

III. instauração de processo disciplinar.

Parágrafo único. O prazo para conclusão da sindicância não excederá 30 (trinta) dias, podendo ser prorrogado por igual período, a critério da autoridade superior.

Art. 146. Sempre que o ilícito praticado pelo servidor ensejar a imposição de penalidade de suspensão por mais de 30 (trinta) dias, de demissão, cassação de aposentadoria ou disponibilidade, ou destituição de cargo em comissão, será obrigatória a instauração de processo disciplinar.

Anotações

Anotações

DIR. ADM.

Anotações

Capítulo II - Do Afastamento Preventivo

Art. 147. Como medida cautelar e a fim de que o servidor não venha a influir na apuração da irregularidade, a autoridade instauradora do processo disciplinar poderá determinar o seu afastamento do exercício do cargo, pelo prazo de até 60 (sessenta) dias, sem prejuízo da remuneração.

Parágrafo único. O afastamento poderá ser prorrogado por igual prazo, findo o qual cessarão os seus efeitos, ainda que não concluído o processo.

Capítulo III - Do Processo Disciplinar

Art. 148. O processo disciplinar é o instrumento destinado a apurar responsabilidade de servidor por infração praticada no exercício de suas atribuições, ou que tenha relação com as atribuições do cargo em que se encontre investido.

Art. 149. O processo disciplinar será conduzido por comissão composta de três servidores estáveis designados pela autoridade competente, observado o disposto no § 3º do art. 143, que indicará, dentre eles, o seu presidente, que deverá ser ocupante de cargo efetivo superior ou de mesmo nível, ou ter nível de escolaridade igual ou superior ao do indiciado.

§ 1º A Comissão terá como secretário servidor designado pelo seu presidente, podendo a indicação recair em um de seus membros.

§ 2º Não poderá participar de comissão de sindicância ou de inquérito, cônjuge, companheiro ou parente do acusado, consanguíneo ou afim, em linha reta ou colateral, até o terceiro grau.

Art. 150. A Comissão exercerá suas atividades com independência e imparcialidade, assegurado o sigilo necessário à elucidação do fato ou exigido pelo interesse da administração.

Parágrafo único. As reuniões e as audiências das comissões terão caráter reservado.

Art. 151. O processo disciplinar se desenvolve nas seguintes fases:

I. instauração, com a publicação do ato que constituir a comissão;

II. inquérito administrativo, que compreende instrução, defesa e relatório;

III. julgamento.

Art. 152. O prazo para a conclusão do processo disciplinar não excederá 60 (sessenta) dias, contados da data de publicação do ato que constituir a comissão, admitida a sua prorrogação por igual prazo, quando as circunstâncias o exigirem.

§ 1º Sempre que necessário, a comissão dedicará tempo integral aos seus trabalhos, ficando seus membros dispensados do ponto, até a entrega do relatório final.

§ 2º As reuniões da comissão serão registradas em atas que deverão detalhar as deliberações adotadas.

Seção I - Do Inquérito

Art. 153. O inquérito administrativo obedecerá ao princípio do contraditório, assegurada ao acusado ampla defesa, com a utilização dos meios e recursos admitidos em direito.

Art. 154. Os autos da sindicância integrarão o processo disciplinar, como peça informativa da instrução.

Parágrafo único. Na hipótese de o relatório da sindicância concluir que a infração está capitulada como ilícito penal, a autoridade competente encaminhará cópia dos autos ao Ministério Público, independentemente da imediata instauração do processo disciplinar.

Art. 155. Na fase do inquérito, a comissão promoverá a tomada de depoimentos, acareações, investigações e diligências cabíveis, objetivando a coleta de prova, recorrendo, quando necessário, a técnicos e peritos, de modo a permitir a completa elucidação dos fatos.

Art. 156. É assegurado ao servidor o direito de acompanhar o processo pessoalmente ou por intermédio de procurador, arrolar e reinquirir testemunhas, produzir provas e contraprovas e formular quesitos, quando se tratar de prova pericial.

Anotações

§ 1º O presidente da comissão poderá denegar pedidos considerados impertinentes, meramente protelatórios, ou de nenhum interesse para o esclarecimento dos fatos.

§ 2º Será indeferido o pedido de prova pericial, quando a comprovação do fato independer de conhecimento especial de perito.

Art. 157. As testemunhas serão intimadas a depor mediante mandado expedido pelo presidente da comissão, devendo a segunda via, com o ciente do interessado, ser anexado aos autos.

Parágrafo único. Se a testemunha for servidor público, a expedição do mandado será imediatamente comunicada ao chefe da repartição onde serve, com a indicação do dia e hora marcados para inquirição.

Art. 158. O depoimento será prestado oralmente e reduzido a termo, não sendo lícito à testemunha trazê-lo por escrito.

§ 1º As testemunhas serão inquiridas separadamente.

§ 2º Na hipótese de depoimentos contraditórios ou que se infirmem, proceder-se-á à acareação entre os depoentes.

Art. 159. Concluída a inquirição das testemunhas, a comissão promoverá o interrogatório do acusado, observados os procedimentos previstos nos arts. 157 e 158.

§ 1º No caso de mais de um acusado, cada um deles será ouvido separadamente, e sempre que divergirem em suas declarações sobre fatos ou circunstâncias, será promovida a acareação entre eles.

§ 2º O procurador do acusado poderá assistir ao interrogatório, bem como à inquirição das testemunhas, sendo-lhe vedado interferir nas perguntas e respostas, facultando-se-lhe, porém, reinquiri-las, por intermédio do presidente da comissão.

Art. 160. Quando houver dúvida sobre a sanidade mental do acusado, a comissão proporá à autoridade competente que ele seja submetido a exame por junta médica oficial, da qual participe pelo menos um médico psiquiatra.

Parágrafo único. O incidente de sanidade mental será processado em auto apartado e apenso ao processo principal, após a expedição do laudo pericial.

Art. 161. Tipificada a infração disciplinar, será formulada a indiciação do servidor, com a especificação dos fatos a ele imputados e das respectivas provas.

§ 1º O indiciado será citado por mandado expedido pelo presidente da comissão para apresentar defesa escrita, no prazo de 10 (dez) dias, assegurando-se-lhe vista do processo na repartição.

§ 2º Havendo dois ou mais indiciados, o prazo será comum e de 20 (vinte) dias.

§ 3º O prazo de defesa poderá ser prorrogado pelo dobro, para diligências reputadas indispensáveis.

§ 4º No caso de recusa do indiciado em apor o ciente na cópia da citação, o prazo para defesa contar-se-á da data declarada, em termo próprio, pelo membro da comissão que fez a citação, com a assinatura de (2) duas testemunhas.

Art. 162. O indiciado que mudar de residência fica obrigado a comunicar à comissão o lugar onde poderá ser encontrado.

Art. 163. Achando-se o indiciado em lugar incerto e não sabido, será citado por edital, publicado no Diário Oficial da União e em jornal de grande circulação na localidade do último domicílio conhecido, para apresentar defesa.

Parágrafo único. Na hipótese deste artigo, o prazo para defesa será de 15 (quinze) dias a partir da última publicação do edital.

Art. 164. Considerar-se-á revel o indiciado que, regularmente citado, não apresentar defesa no prazo legal.

§ 1º A revelia será declarada, por termo, nos autos do processo e devolverá o prazo para a defesa.

§ 2º Para defender o indiciado revel, a autoridade instauradora do processo designará um servidor como defensor dativo, que deverá ser ocupante de cargo efetivo superior ou de mesmo nível, ou ter nível de escolaridade igual ou superior ao do indiciado.

Art. 165. Apreciada a defesa, a comissão elaborará relatório minucioso, onde resumirá as peças principais dos autos e mencionará as provas em que se baseou para formar a sua convicção.

§ 1º O relatório será sempre conclusivo quanto à inocência ou à responsabilidade do servidor.

§ 2º Reconhecida a responsabilidade do servidor, a comissão indicará o dispositivo legal ou regulamentar transgredido, bem como as circunstâncias agravantes ou atenuantes.

Art. 166. O processo disciplinar, com o relatório da comissão, será remetido à autoridade que determinou a sua instauração, para julgamento.

Seção II - Do Julgamento

Art. 167. No prazo de 20 (vinte) dias, contados do recebimento do processo, a autoridade julgadora proferirá a sua decisão.

§ 1º Se a penalidade a ser aplicada exceder a alçada da autoridade instauradora do processo, este será encaminhado à autoridade competente, que decidirá em igual prazo.

§ 2º Havendo mais de um indiciado e diversidade de sanções, o julgamento caberá à autoridade competente para a imposição da pena mais grave.

§ 3º Se a penalidade prevista for a demissão ou cassação de aposentadoria ou disponibilidade, o julgamento caberá às autoridades de que trata o inciso I do art. 141.

§ 4º Reconhecida pela comissão a inocência do servidor, a autoridade instauradora do processo determinará o seu arquivamento, salvo se flagrantemente contrária à prova dos autos.

Art. 168. O julgamento acatará o relatório da comissão, salvo quando contrário às provas dos autos.

Parágrafo único. Quando o relatório da comissão contrariar as provas dos autos, a autoridade julgadora poderá, motivadamente, agravar a penalidade proposta, abrandá-la ou isentar o servidor de responsabilidade.

Art. 169. Verificada a ocorrência de vício insanável, a autoridade que determinou a instauração do processo ou outra de hierarquia superior declarará a sua nulidade, total ou parcial, e ordenará, no mesmo ato, a constituição de outra comissão para instauração de novo processo.

§ 1º O julgamento fora do prazo legal não implica nulidade do processo.

§ 2º A autoridade julgadora que der causa à prescrição de que trata o art. 142, § 2º, será responsabilizada na forma do Capítulo IV do Título IV.

Art. 170. Extinta a punibilidade pela prescrição, a autoridade julgadora determinará o registro do fato nos assentamentos individuais do servidor.

Art. 171. Quando a infração estiver capitulada como crime, o processo disciplinar será remetido ao Ministério Público para instauração da ação penal, ficando trasladado na repartição.

Art. 172. O servidor que responder a processo disciplinar só poderá ser exonerado a pedido, ou aposentado voluntariamente, após a conclusão do processo e o cumprimento da penalidade, acaso aplicada.

Parágrafo único. Ocorrida a exoneração de que trata o parágrafo único, inciso I do art. 34, o ato será convertido em demissão, se for o caso.

Art. 173. Serão assegurados transporte e diárias:

I. ao servidor convocado para prestar depoimento fora da sede de sua repartição, na condição de testemunha, denunciado ou indiciado;

II. aos membros da comissão e ao secretário, quando obrigados a se deslocarem da sede dos trabalhos para a realização de missão essencial ao esclarecimento dos fatos.

Anotações

Seção III - Da Revisão do Processo

Art. 174. O processo disciplinar poderá ser revisto, a qualquer tempo, a pedido ou de ofício, quando se aduzirem fatos novos ou circunstâncias suscetíveis de justificar a inocência do punido ou a inadequação da penalidade aplicada.

§ 1º Em caso de falecimento, ausência ou desaparecimento do servidor, qualquer pessoa da família poderá requerer a revisão do processo.

§ 2º No caso de incapacidade mental do servidor, a revisão será requerida pelo respectivo curador.

Art. 175. No processo revisional, o ônus da prova cabe ao requerente.

Art. 176. A simples alegação de injustiça da penalidade não constitui fundamento para a revisão, que requer elementos novos, ainda não apreciados no processo originário.

Art. 177. O requerimento de revisão do processo será dirigido ao Ministro de Estado ou autoridade equivalente, que, se autorizar a revisão, encaminhará o pedido ao dirigente do órgão ou entidade onde se originou o processo disciplinar.

Parágrafo único. Deferida a petição, a autoridade competente providenciará a constituição de comissão, na forma do art. 149.

Art. 178. A revisão correrá em apenso ao processo originário.

Parágrafo único. Na petição inicial, o requerente pedirá dia e hora para a produção de provas e inquirição das testemunhas que arrolar.

Art. 179. A comissão revisora terá 60 (sessenta) dias para a conclusão dos trabalhos.

Art. 180. Aplicam-se aos trabalhos da comissão revisora, no que couber, as normas e procedimentos próprios da comissão do processo disciplinar.

Art. 181. O julgamento caberá à autoridade que aplicou a penalidade, nos termos do art. 141.

Parágrafo único. O prazo para julgamento será de 20 (vinte) dias, contados do recebimento do processo, no curso do qual a autoridade julgadora poderá determinar diligências.

Art. 182. Julgada procedente a revisão, será declarada sem efeito a penalidade aplicada, restabelecendo-se todos os direitos do servidor, exceto em relação à destituição do cargo em comissão, que será convertida em exoneração.

Parágrafo único. Da revisão do processo não poderá resultar agravamento de penalidade.

Título VI - Da Seguridade Social do Servidor

Capítulo I - Disposições Gerais

Art. 183. A União manterá Plano de Seguridade Social para o servidor e sua família.

§ 1º O servidor ocupante de cargo em comissão que não seja, simultaneamente, ocupante de cargo ou emprego efetivo na administração pública direta, autárquica e fundacional não terá direito aos benefícios do Plano de Seguridade Social, com exceção da assistência à saúde.

§ 2º O servidor afastado ou licenciado do cargo efetivo, sem direito à remuneração, inclusive para servir em organismo oficial internacional do qual o Brasil seja membro efetivo ou com o qual coopere, ainda que contribua para regime de previdência social no exterior, terá suspenso o seu vínculo com o regime do Plano de Seguridade Social do Servidor Público enquanto durar o afastamento ou a licença, não lhes assistindo, neste período, os benefícios do mencionado regime de previdência.

§ 3º Será assegurada ao servidor licenciado ou afastado sem remuneração a manutenção da vinculação ao regime do Plano de Seguridade Social do Servidor Público, mediante o recolhimento mensal da respectiva contribuição, no mesmo percentual devido pelos servidores em atividade, incidente sobre a remuneração total do cargo a que faz jus no exercício de suas atribuições, computando-se, para esse efeito, inclusive, as vantagens pessoais

Anotações

Anotações

§ 4º O recolhimento de que trata o § 3º deve ser efetuado até o segundo dia útil após a data do pagamento das remunerações dos servidores públicos, aplicando-se os procedimentos de cobrança e execução dos tributos federais quando não recolhidas na data de vencimento.

Art. 184. O Plano de Seguridade Social visa a dar cobertura aos riscos a que estão sujeitos o servidor e sua família, e compreende um conjunto de benefícios e ações que atendam às seguintes finalidades:

I. garantir meios de subsistência nos eventos de doença, invalidez, velhice, acidente em serviço, inatividade, falecimento e reclusão;

II. proteção à maternidade, à adoção e à paternidade;

III. assistência à saúde.

Parágrafo único. Os benefícios serão concedidos nos termos e condições definidos em regulamento, observadas as disposições desta Lei.

Art. 185. Os benefícios do Plano de Seguridade Social do servidor compreendem:

I. quanto ao servidor:

a) aposentadoria;

b) auxílio-natalidade;

c) salário-família;

d) licença para tratamento de saúde;

e) licença à gestante, à adotante e licença-paternidade;

f) licença por acidente em serviço;

g) assistência à saúde;

h) garantia de condições individuais e ambientais de trabalho satisfatórias;

II. quanto ao dependente:

a) pensão vitalícia e temporária;

b) auxílio-funeral;

c) auxílio-reclusão;

d) assistência à saúde.

§ 1º As aposentadorias e pensões serão concedidas e mantidas pelos órgãos ou entidades aos quais se encontram vinculados os servidores, observado o disposto nos arts. 189 e 224.

§ 2º O recebimento indevido de benefícios havidos por fraude, dolo ou má-fé, implicará devolução ao erário do total auferido, sem prejuízo da ação penal cabível.

Capítulo II - Dos Benefícios

Seção I - Da Aposentadoria

Art. 186. O servidor será aposentado: (Vide art. 40 da Constituição - que traz as regras vigentes atuais a respeito da aposentadoria)

I. por invalidez permanente, sendo os proventos integrais quando decorrente de acidente em serviço, moléstia profissional ou doença grave, contagiosa ou incurável, especificada em lei, e proporcionais nos demais casos;

II. compulsoriamente, aos setenta anos de idade, com proventos proporcionais ao tempo de serviço;

III. voluntariamente:

a) aos 35 (trinta e cinco) anos de serviço, se homem, e aos 30 (trinta) se mulher, com proventos integrais;

b) aos 30 (trinta) anos de efetivo exercício em funções de magistério se professor, e 25 (vinte e cinco) se professora, com proventos integrais;

c) aos 30 (trinta) anos de serviço, se homem, e aos 25 (vinte e cinco) se mulher, com proventos proporcionais a esse tempo;

d) aos 65 (sessenta e cinco) anos de idade, se homem, e aos 60 (sessenta) se mulher, com proventos proporcionais ao tempo de serviço.

§ 1º Consideram-se doenças graves, contagiosas ou incuráveis, a que se refere o inciso I deste artigo, tuberculose ativa, alienação mental, esclerose múltipla, neoplasia maligna, cegueira posterior ao ingresso no serviço público, hanseníase, cardiopatia grave, doença de Parkinson, paralisia irreversível e incapacitante, espondiloartrose anquilosante, nefropatia grave, estados avançados do mal de Paget (osteíte deformante), Síndrome de Imunodeficiência Adquirida - AIDS, e outras que a lei indicar, com base na medicina especializada.

Anotações

§ 2º Nos casos de exercício de atividades consideradas insalubres ou perigosas, bem como nas hipóteses previstas no art. 71, a aposentadoria de que trata o inciso III, «a» e «c», observará o disposto em lei específica.

§ 3º Na hipótese do inciso I o servidor será submetido à junta médica oficial, que atestará a invalidez quando caracterizada a incapacidade para o desempenho das atribuições do cargo ou a impossibilidade de se aplicar o disposto no art. 24.

Art. 187. A aposentadoria compulsória será automática, e declarada por ato, com vigência a partir do dia imediato àquele em que o servidor atingir a idade-limite de permanência no serviço ativo.

Art. 188. A aposentadoria voluntária ou por invalidez vigorará a partir da data da publicação do respectivo ato.

§ 1º A aposentadoria por invalidez será precedida de licença para tratamento de saúde, por período não excedente a 24 (vinte e quatro) meses.

§ 2º Expirado o período de licença e não estando em condições de reassumir o cargo ou de ser readaptado, o servidor será aposentado.

§ 3º O lapso de tempo compreendido entre o término da licença e a publicação do ato da aposentadoria será considerado como de prorrogação da licença.

§ 4º Para os fins do disposto no § 1º deste artigo, serão consideradas apenas as licenças motivadas pela enfermidade ensejadora da invalidez ou doenças correlacionadas.

§ 5º A critério da Administração, o servidor em licença para tratamento de saúde ou aposentado por invalidez poderá ser convocado a qualquer momento, para avaliação das condições que ensejaram o afastamento ou a aposentadoria.

Art. 189. O provento da aposentadoria será calculado com observância do disposto no § 3º do art. 41, e revisto na mesma data e proporção, sempre que se modificar a remuneração dos servidores em atividade.

Parágrafo único. São estendidos aos inativos quaisquer benefícios ou vantagens posteriormente concedidas aos servidores em atividade, inclusive quando decorrentes de transformação ou reclassificação do cargo ou função em que se deu a aposentadoria.

Art. 190. O servidor aposentado com provento proporcional ao tempo de serviço se acometido de qualquer das moléstias especificadas no § 1º do art. 186 desta Lei e, por esse motivo, for considerado inválido por junta médica oficial passará a perceber provento integral, calculado com base no fundamento legal de concessão da aposentadoria.

Art. 191. Quando proporcional ao tempo de serviço, o provento não será inferior a 1/3 (um terço) da remuneração da atividade.

Art. 192. Revogado

Art. 193. Revogado

Art. 194. Ao servidor aposentado será paga a gratificação natalina, até o dia vinte do mês de dezembro, em valor equivalente ao respectivo provento, deduzido o adiantamento recebido.

Art. 195. Ao ex-combatente que tenha efetivamente participado de operações bélicas, durante a Segunda Guerra Mundial, nos termos da Lei nº 5.315, de 12 de setembro de 1967, será concedida aposentadoria com provento integral, aos 25 (vinte e cinco) anos de serviço efetivo.

Seção II - Do Auxílio-Natalidade

Art. 196. O auxílio-natalidade é devido à servidora por motivo de nascimento de filho, em quantia equivalente ao menor vencimento do serviço público, inclusive no caso de natimorto.

§ 1º Na hipótese de parto múltiplo, o valor será acrescido de 50% (cinquenta por cento), por nascituro.

§ 2º O auxílio será pago ao cônjuge ou companheiro servidor público, quando a parturiente não for servidora.

Seção III - Do Salário-Família

Art. 197. O salário-família é devido ao servidor ativo ou ao inativo, por dependente econômico.

Parágrafo único. Consideram-se dependentes econômicos para efeito de percepção do salário-família:

I. o cônjuge ou companheiro e os filhos, inclusive os enteados até 21 (vinte e um) anos de idade ou, se estudante, até 24 (vinte e quatro) anos ou, se inválido, de qualquer idade;

II. o menor de 21 (vinte e um) anos que, mediante autorização judicial, viver na companhia e às expensas do servidor, ou do inativo;

III. a mãe e o pai sem economia própria.

Art. 198. Não se configura a dependência econômica quando o beneficiário do salário-família perceber rendimento do trabalho ou de qualquer outra fonte, inclusive pensão ou provento da aposentadoria, em valor igual ou superior ao salário-mínimo.

Art. 199. Quando o pai e mãe forem servidores públicos e viverem em comum, o salário-família será pago a um deles; quando separados, será pago a um e outro, de acordo com a distribuição dos dependentes.

Parágrafo único. Ao pai e à mãe equiparam-se o padrasto, a madrasta e, na falta destes, os representantes legais dos incapazes.

Art. 200. O salário-família não está sujeito a qualquer tributo, nem servirá de base para qualquer contribuição, inclusive para a Previdência Social.

Art. 201. O afastamento do cargo efetivo, sem remuneração, não acarreta a suspensão do pagamento do salário-família.

Seção IV - Da Licença para Tratamento de Saúde

Art. 202. Será concedida ao servidor licença para tratamento de saúde, a pedido ou de ofício, com base em perícia médica, sem prejuízo da remuneração a que fizer jus.

Art. 203. A licença de que trata o art. 202 desta Lei será concedida com base em perícia oficial.

§ 1º Sempre que necessário, a inspeção médica será realizada na residência do servidor ou no estabelecimento hospitalar onde se encontrar internado.

§ 2º Inexistindo médico no órgão ou entidade no local onde se encontra ou tenha exercício em caráter permanente o servidor, e não se configurando as hipóteses previstas nos parágrafos do art. 230, será aceito atestado passado por médico particular.

§ 3º No caso do § 2º deste artigo, o atestado somente produzirá efeitos depois de recepcionado pela unidade de recursos humanos do órgão ou entidade.

§ 4º A licença que exceder o prazo de 120 (cento e vinte) dias no período de 12 (doze) meses a contar do primeiro dia de afastamento será concedida mediante avaliação por junta médica oficial.

§ 5º A perícia oficial para concessão da licença de que trata o caput deste artigo, bem como nos demais casos de perícia oficial previstos nesta Lei, será efetuada por cirurgiões-dentistas, nas hipóteses em que abranger o campo de atuação da odontologia.

Art. 204. A licença para tratamento de saúde inferior a 15 (quinze) dias, dentro de 1 (um) ano, poderá ser dispensada de perícia oficial, na forma definida em regulamento.

Art. 205. O atestado e o laudo da junta médica não se referirão ao nome ou natureza da doença, salvo quando se tratar de lesões produzidas por acidente em serviço, doença profissional ou qualquer das doenças especificadas no art. 186, § 1º.

Art. 206. O servidor que apresentar indícios de lesões orgânicas ou funcionais será submetido à inspeção médica.

Anotações

Art. 206-A. O servidor será submetido a exames médicos periódicos, nos termos e condições definidos em regulamento.

Parágrafo único. Para os fins do disposto no caput, a União e suas entidades autárquicas e fundacionais poderão:

I. prestar os exames médicos periódicos diretamente pelo órgão ou entidade à qual se encontra vinculado o servidor;

II. celebrar convênio ou instrumento de cooperação ou parceria com os órgãos e entidades da administração direta, suas autarquias e fundações;

III. celebrar convênios com operadoras de plano de assistência à saúde, organizadas na modalidade de autogestão, que possuam autorização de funcionamento do órgão regulador, na forma do art. 230; ou

IV. prestar os exames médicos periódicos mediante contrato administrativo, observado o disposto na Lei no 8.666, de 21 de junho de 1993, e demais normas pertinentes.

Seção V - Da Licença à Gestante, à Adotante e da Licença-Paternidade

Art. 207. Será concedida licença à servidora gestante por 120 (cento e vinte) dias consecutivos, sem prejuízo da remuneração. (Vide Decreto nº 6.690, de 2008 - trata da prorrogação dessa licença)

§ 1º A licença poderá ter início no primeiro dia do nono mês de gestação, salvo antecipação por prescrição médica.

§ 2º No caso de nascimento prematuro, a licença terá início a partir do parto.

§ 3º No caso de natimorto, decorridos 30 (trinta) dias do evento, a servidora será submetida a exame médico, e se julgada apta, reassumirá o exercício.

§ 4º No caso de aborto atestado por médico oficial, a servidora terá direito a 30 (trinta) dias de repouso remunerado.

Art. 208. Pelo nascimento ou adoção de filhos, o servidor terá direito à licença-paternidade de 5 (cinco) dias consecutivos.

Art. 209. Para amamentar o próprio filho, até a idade de seis meses, a servidora lactante terá direito, durante a jornada de trabalho, a uma hora de descanso, que poderá ser parcelada em dois períodos de meia hora.

Art. 210. À servidora que adotar ou obtiver guarda judicial de criança até 1 (um) ano de idade, serão concedidos 90 (noventa) dias de licença remunerada. (Vide Decreto nº 6.691, de 2008 - trata da prorrogação dessa licença)

Parágrafo único. No caso de adoção ou guarda judicial de criança com mais de 1 (um) ano de idade, o prazo de que trata este artigo será de 30 (trinta) dias.

Seção VI - Da Licença por Acidente em Serviço

Art. 211. Será licenciado, com remuneração integral, o servidor acidentado em serviço.

Art. 212. Configura acidente em serviço o dano físico ou mental sofrido pelo servidor, que se relacione, mediata ou imediatamente, com as atribuições do cargo exercido.

Parágrafo único. Equipara-se ao acidente em serviço o dano:

I. decorrente de agressão sofrida e não provocada pelo servidor no exercício do cargo;

II. sofrido no percurso da residência para o trabalho e vice-versa.

Art. 213. O servidor acidentado em serviço que necessite de tratamento especializado poderá ser tratado em instituição privada, à conta de recursos públicos.

Parágrafo único. O tratamento recomendado por junta médica oficial constitui medida de exceção e somente será admissível quando inexistirem meios e recursos adequados em instituição pública.

Art. 214. A prova do acidente será feita no prazo de 10 (dez) dias, prorrogável quando as circunstâncias o exigirem.

Anotações

Anotações

Seção VII - Da Pensão

Art. 215. Por morte do servidor, os seus dependentes, nas hipóteses legais, fazem jus à pensão por morte, observados os limites estabelecidos no inciso XI do caput do art. 37 da Constituição Federal e no art. 2º da Lei nº 10.887, de 18 de junho de 2004. (Redação dada pela Lei nº 13.846, de 2019)

Art. 216. Revogado

Art. 217. São beneficiários das pensões:

I. o cônjuge;

II. o cônjuge divorciado ou separado judicialmente ou de fato, com percepção de pensão alimentícia estabelecida judicialmente;

III. o companheiro ou companheira que comprove união estável como entidade familiar;

IV. o filho de qualquer condição que atenda a um dos seguintes requisitos:

a) seja menor de 21 (vinte e um) anos;

b) seja inválido;

c) (Vide Lei nº 13.135, de 2015)

d) tenha deficiência intelectual ou mental; (Redação dada pela Lei nº 13.846, de 2019)

V. a mãe e o pai que comprovem dependência econômica do servidor; e

VI. o irmão de qualquer condição que comprove dependência econômica do servidor e atenda a um dos requisitos previstos no inciso IV.

§ 1º A concessão de pensão aos beneficiários de que tratam os incisos I a IV do caput exclui os beneficiários referidos nos incisos V e VI.

§ 2º A concessão de pensão aos beneficiários de que trata o inciso V do caput exclui o beneficiário referido no inciso VI.

§ 3º O enteado e o menor tutelado equiparam-se a filho mediante declaração do servidor e desde que comprovada dependência econômica, na forma estabelecida em regulamento.

Art. 218. Ocorrendo habilitação de vários titulares à pensão, o seu valor será distribuído em partes iguais entre os beneficiários habilitados.

Art. 219. A pensão por morte será devida ao conjunto dos dependentes do segurado que falecer, aposentado ou não, a contar da data: (Redação dada pela Lei nº 13.846, de 2019)

I. do óbito, quando requerida em até 180 (cento e oitenta dias) após o óbito, para os filhos menores de 16 (dezesseis) anos, ou em até 90 (noventa) dias após o óbito, para os demais dependentes; (Redação dada pela Lei nº 13.846, de 2019)

II. do requerimento, quando requerida após o prazo previsto no inciso I do caput deste artigo; ou (Redação dada pela Lei nº 13.846, de 2019)

III. da decisão judicial, na hipótese de morte presumida. (Redação dada pela Lei nº 13.846, de 2019)

§ 1º A concessão da pensão por morte não será protelada pela falta de habilitação de outro possível dependente e a habilitação posterior que importe em exclusão ou inclusão de dependente só produzirá efeito a partir da data da publicação da portaria de concessão da pensão ao dependente habilitado. (Redação dada pela Lei nº 13.846, de 2019)

§ 2º Ajuizada a ação judicial para reconhecimento da condição de dependente, este poderá requerer a sua habilitação provisória ao benefício de pensão por morte, exclusivamente para fins de rateio dos valores com outros dependentes, vedado o pagamento da respectiva cota até o trânsito em julgado da respectiva ação, ressalvada a existência de decisão judicial em contrário. (Redação dada pela Lei nº 13.846, de 2019)

§ 3º Nas ações em que for parte o ente público responsável pela concessão da pensão por morte, este poderá proceder de ofício à habilitação excepcional da referida pensão, apenas para efeitos de rateio, descontando-se os valores referentes a esta habilitação das demais cotas, vedado o pagamento da respectiva cota até o trânsito em julgado da respectiva ação, ressalvada a existência de decisão judicial em contrário. (Redação dada pela Lei nº 13.846, de 2019)

§ 4º Julgada improcedente a ação prevista no § 2º ou § 3º deste artigo, o valor retido será corrigido pelos índices legais de reajustamento e será pago de forma proporcional aos demais dependentes, de acordo com as suas cotas e o tempo de duração de seus benefícios. (Incluído pela Lei nº 13.846, de 2019)

§ 5º Em qualquer hipótese, fica assegurada ao órgão concessor da pensão por morte a cobrança dos valores indevidamente pagos em função de nova habilitação. (Incluído pela Lei nº 13.846, de 2019)

Anotações

Art. 220. Perde o direito à pensão por morte:

I. após o trânsito em julgado, o beneficiário condenado pela prática de crime de que tenha dolosamente resultado a morte do servidor;

II. o cônjuge, o companheiro ou a companheira se comprovada, a qualquer tempo, simulação ou fraude no casamento ou na união estável, ou a formalização desses com o fim exclusivo de constituir benefício previdenciário, apuradas em processo judicial no qual será assegurado o direito ao contraditório e à ampla defesa.

Art. 221. Será concedida pensão provisória por morte presumida do servidor, nos seguintes casos:

I. declaração de ausência, pela autoridade judiciária competente;

II. desaparecimento em desabamento, inundação, incêndio ou acidente não caracterizado como em serviço;

III. desaparecimento no desempenho das atribuições do cargo ou em missão de segurança.

Parágrafo único. A pensão provisória será transformada em vitalícia ou temporária, conforme o caso, decorridos 5 (cinco) anos de sua vigência, ressalvado o eventual reaparecimento do servidor, hipótese em que o benefício será automaticamente cancelado.

Art. 222. Acarreta perda da qualidade de beneficiário:

I. o seu falecimento;

II. a anulação do casamento, quando a decisão ocorrer após a concessão da pensão ao cônjuge;

III. a cessação da invalidez, em se tratando de beneficiário inválido, ou o afastamento da deficiência, em se tratando de beneficiário com deficiência, respeitados os períodos mínimos decorrentes da aplicação das alíneas a e b do inciso VII do caput deste artigo; (Redação dada pela Lei nº 13.846, de 2019)

IV. o implemento da idade de 21 (vinte e um) anos, pelo filho ou irmão;

V. a acumulação de pensão na forma do art. 225;

VI. a renúncia expressa; e

VII. em relação aos beneficiários de que tratam os incisos I a III do caput do art. 217:

a) o decurso de 4 (quatro) meses, se o óbito ocorrer sem que o servidor tenha vertido 18 (dezoito) contribuições mensais ou se o casamento ou a união estável tiverem sido iniciados em menos de 2 (dois) anos antes do óbito do servidor;

b) o decurso dos seguintes períodos, estabelecidos de acordo com a idade do pensionista na data de óbito do servidor, depois de vertidas 18 (dezoito) contribuições mensais e pelo menos 2 (dois) anos após o início do casamento ou da união estável:

1) 3 (três) anos, com menos de 21 (vinte e um) anos de idade;

2) 6 (seis) anos, entre 21 (vinte e um) e 26 (vinte e seis) anos de idade;

3) 10 (dez) anos, entre 27 (vinte e sete) e 29 (vinte e nove) anos de idade;

4) 15 (quinze) anos, entre 30 (trinta) e 40 (quarenta) anos de idade;

5) 20 (vinte) anos, entre 41 (quarenta e um) e 43 (quarenta e três) anos de idade;

6) vitalícia, com 44 (quarenta e quatro) ou mais anos de idade.

§ 1º A critério da administração, o beneficiário de pensão cuja preservação seja motivada por invalidez, por incapacidade ou por deficiência poderá ser convocado a qualquer momento para avaliação das referidas condições.

§ 2º Serão aplicados, conforme o caso, a regra contida no inciso III ou os prazos previstos na alínea "b" do inciso VII, ambos do caput, se o óbito do servidor decorrer de acidente de qualquer natureza ou de doença profissional ou do trabalho, independentemente do recolhimento de 18 (dezoito) contribuições mensais ou da comprovação de 2 (dois) anos de casamento ou de união estável.

§ 3º Após o transcurso de pelo menos 3 (três) anos e desde que nesse período se verifique o incremento mínimo de um ano inteiro na média nacional única, para ambos os sexos, correspondente à expectativa de sobrevida da população brasileira ao nascer, poderão ser fixadas, em números inteiros, novas idades para os fins previstos na alínea "b" do inciso VII do caput, em ato do Ministro de Estado do Planejamento, Orçamento e Gestão, limitado o acréscimo na comparação com as idades anteriores ao referido incremento.

§ 4º O tempo de contribuição a Regime Próprio de Previdência Social (RPPS) ou ao Regime Geral de Previdência Social (RGPS) será considerado na contagem das 18 (dezoito) contribuições mensais referidas nas alíneas "a" e "b" do inciso VII do caput.

§ 5º Na hipótese de o servidor falecido estar, na data de seu falecimento, obrigado por determinação judicial a pagar alimentos temporários a ex-cônjuge, ex-companheiro ou ex-companheira, a pensão por morte será devida pelo prazo remanescente na data do óbito, caso não incida outra hipótese de cancelamento anterior do benefício. (Redação dada pela Lei nº 13.846, de 2019)

§ 6º O beneficiário que não atender à convocação de que trata o § 1º deste artigo terá o benefício suspenso, observado o disposto nos incisos I e II do caput do art. 95 da Lei nº 13.146, de 6 de julho de 2015. (Redação dada pela Lei nº 13.846, de 2019)

§ 7º O exercício de atividade remunerada, inclusive na condição de microempreendedor individual, não impede a concessão ou manutenção da cota da pensão de dependente com deficiência intelectual ou mental ou com deficiência grave. (Incluído pela Lei nº 13.846, de 2019)

§ 8º No ato de requerimento de benefícios previdenciários, não será exigida apresentação de termo de curatela de titular ou de beneficiário com deficiência, observados os procedimentos a serem estabelecidos em regulamento. (Incluído pela Lei nº 13.846, de 2019)

Art. 223. Por morte ou perda da qualidade de beneficiário, a respectiva cota reverterá para os cobeneficiários.

I. (Revogado);

II. (Revogado).

Art. 224. As pensões serão automaticamente atualizadas na mesma data e na mesma proporção dos reajustes dos vencimentos dos servidores, aplicando-se o disposto no parágrafo único do art. 189.

Art. 225. Ressalvado o direito de opção, é vedada a percepção cumulativa de pensão deixada por mais de um cônjuge ou companheiro ou companheira e de mais de 2 (duas) pensões.

Seção VIII - Do Auxílio-Funeral

Art. 226. O auxílio-funeral é devido à família do servidor falecido na atividade ou aposentado, em valor equivalente a um mês da remuneração ou provento.

§ 1º No caso de acumulação legal de cargos, o auxílio será pago somente em razão do cargo de maior remuneração.

§ 2º (VETADO).

Anotações

§ 3º O auxílio será pago no prazo de 48 (quarenta e oito) horas, por meio de procedimento sumaríssimo, à pessoa da família que houver custeado o funeral.

Art. 227. Se o funeral for custeado por terceiro, este será indenizado, observado o disposto no artigo anterior.

Art. 228. Em caso de falecimento de servidor em serviço fora do local de trabalho, inclusive no exterior, as despesas de transporte do corpo correrão à conta de recursos da União, autarquia ou fundação pública.

Seção IX - Do Auxílio-Reclusão

Art. 229. À família do servidor ativo é devido o auxílio-reclusão, nos seguintes valores:

I. dois terços da remuneração, quando afastado por motivo de prisão, em flagrante ou preventiva, determinada pela autoridade competente, enquanto perdurar a prisão;

II. metade da remuneração, durante o afastamento, em virtude de condenação, por sentença definitiva, a pena que não determine a perda de cargo.

§ 1º Nos casos previstos no inciso I deste artigo, o servidor terá direito à integralização da remuneração, desde que absolvido.

§ 2º O pagamento do auxílio-reclusão cessará a partir do dia imediato àquele em que o servidor for posto em liberdade, ainda que condicional.

§ 3º Ressalvado o disposto neste artigo, o auxílio-reclusão será devido, nas mesmas condições da pensão por morte, aos dependentes do segurado recolhido à prisão.

Capítulo III - Da Assistência à Saúde

Art. 230. A assistência à saúde do servidor, ativo ou inativo, e de sua família compreende assistência médica, hospitalar, odontológica, psicológica e farmacêutica, terá como diretriz básica o implemento de ações preventivas voltadas para a promoção da saúde e será prestada pelo Sistema Único de Saúde – SUS, diretamente pelo órgão ou entidade ao qual estiver vinculado o servidor, ou mediante convênio ou contrato, ou ainda na forma de auxílio, mediante ressarcimento parcial do valor despendido pelo servidor, ativo ou inativo, e seus dependentes ou pensionistas com planos ou seguros privados de assistência à saúde, na forma estabelecida em regulamento.

§ 1º Nas hipóteses previstas nesta Lei em que seja exigida perícia, avaliação ou inspeção médica, na ausência de médico ou junta médica oficial, para a sua realização o órgão ou entidade celebrará, preferencialmente, convênio com unidades de atendimento do sistema público de saúde, entidades sem fins lucrativos declaradas de utilidade pública, ou com o Instituto Nacional do Seguro Social - INSS.

§ 2º Na impossibilidade, devidamente justificada, da aplicação do disposto no parágrafo anterior, o órgão ou entidade promoverá a contratação da prestação de serviços por pessoa jurídica, que constituirá junta médica especificamente para esses fins, indicando os nomes e especialidades dos seus integrantes, com a comprovação de suas habilitações e de que não estejam respondendo a processo disciplinar junto à entidade fiscalizadora da profissão.

§ 3º Para os fins do disposto no caput deste artigo, ficam a União e suas entidades autárquicas e fundacionais autorizadas a:

I. celebrar convênios exclusivamente para a prestação de serviços de assistência à saúde para os seus servidores ou empregados ativos, aposentados, pensionistas, bem como para seus respectivos grupos familiares definidos, com entidades de autogestão por elas patrocinadas por meio de instrumentos jurídicos efetivamente celebrados e publicados até 12 de fevereiro de 2006 e que possuam autorização de funcionamento do órgão regulador, sendo certo que os convênios celebrados depois dessa data somente poderão sê-lo na forma da regulamentação específica sobre patrocínio de autogestões, a ser publicada pelo mesmo órgão regulador, no prazo de 180 (cento e oitenta) dias da vigência desta Lei, normas essas também aplicáveis aos convênios existentes até 12 de fevereiro de 2006;

Anotações

DIR. ADM.

Anotações

II. contratar, mediante licitação, na forma da Lei no 8.666, de 21 de junho de 1993, operadoras de planos e seguros privados de assistência à saúde que possuam autorização de funcionamento do órgão regulador;

III. (VETADO)

§ 4º (VETADO)

§ 5º O valor do ressarcimento fica limitado ao total despendido pelo servidor ou pensionista civil com plano ou seguro privado de assistência à saúde.

Capítulo IV - Do Custeio

Art. 231. Revogado

Título VII

Capítulo Único - Da Contratação Temporária de Excepcional Interesse Público

Art. 232. Revogado

Art. 233. Revogado

Art. 234. Revogado

Art. 235. Revogado

Título VIII

Capítulo Único - Das Disposições Gerais

Art. 236. O Dia do Servidor Público será comemorado a vinte e oito de outubro.

Art. 237. Poderão ser instituídos, no âmbito dos Poderes Executivo, Legislativo e Judiciário, os seguintes incentivos funcionais, além daqueles já previstos nos respectivos planos de carreira:

I. prêmios pela apresentação de idéias, inventos ou trabalhos que favoreçam o aumento de produtividade e a redução dos custos operacionais;

II. concessão de medalhas, diplomas de honra ao mérito, condecoração e elogio.

Art. 238. Os prazos previstos nesta Lei serão contados em dias corridos, excluindo-se o dia do começo e incluindo-se o do vencimento, ficando prorrogado, para o primeiro dia útil seguinte, o prazo vencido em dia em que não haja expediente.

Art. 239. Por motivo de crença religiosa ou de convicção filosófica ou política, o servidor não poderá ser privado de quaisquer dos seus direitos, sofrer discriminação em sua vida funcional, nem eximir-se do cumprimento de seus deveres.

Art. 240. Ao servidor público civil é assegurado, nos termos da Constituição Federal, o direito à livre associação sindical e os seguintes direitos, entre outros, dela decorrentes:

a) de ser representado pelo sindicato, inclusive como substituto processual;

b) de inamovibilidade do dirigente sindical, até um ano após o final do mandato, exceto se a pedido;

c) de descontar em folha, sem ônus para a entidade sindical a que for filiado, o valor das mensalidades e contribuições definidas em assembleia geral da categoria.

d) Revogado

e) Revogado

Art. 241. Consideram-se da família do servidor, além do cônjuge e filhos, quaisquer pessoas que vivam às suas expensas e constem do seu assentamento individual.

Parágrafo único. Equipara-se ao cônjuge a companheira ou companheiro, que comprove união estável como entidade familiar.

Art. 242. Para os fins desta Lei, considera-se sede o município onde a repartição estiver instalada e onde o servidor tiver exercício, em caráter permanente.

Anotações

Título IX

Capítulo Único - Das Disposições Transitórias e Finais

Art. 243. Ficam submetidos ao regime jurídico instituído por esta Lei, na qualidade de servidores públicos, os servidores dos Poderes da União, dos ex-Territórios, das autarquias, inclusive as em regime especial, e das fundações públicas, regidos pela Lei nº 1.711, de 28 de outubro de 1952 - Estatuto dos Funcionários Públicos Civis da União, ou pela Consolidação das Leis do Trabalho, aprovada pelo Decreto-Lei nº 5.452, de 1º de maio de 1943, exceto os contratados por prazo determinado, cujos contratos não poderão ser prorrogados após o vencimento do prazo de prorrogação.

§ 1º Os empregos ocupados pelos servidores incluídos no regime instituído por esta Lei ficam transformados em cargos, na data de sua publicação.

§ 2º As funções de confiança exercidas por pessoas não integrantes de tabela permanente do órgão ou entidade onde têm exercício ficam transformadas em cargos em comissão, e mantidas enquanto não for implantado o plano de cargos dos órgãos ou entidades na forma da lei.

§ 3º As Funções de Assessoramento Superior - FAS, exercidas por servidor integrante de quadro ou tabela de pessoal, ficam extintas na data da vigência desta Lei.

§ 4º (VETADO).

§ 5º O regime jurídico desta Lei é extensivo aos serventuários da Justiça, remunerados com recursos da União, no que couber.

§ 6º Os empregos dos servidores estrangeiros com estabilidade no serviço público, enquanto não adquirirem a nacionalidade brasileira, passarão a integrar tabela em extinção, do respectivo órgão ou entidade, sem prejuízo dos direitos inerentes aos planos de carreira aos quais se encontrem vinculados os empregos.

§ 7º Os servidores públicos de que trata o caput deste artigo, não amparados pelo art. 19 do Ato das Disposições Constitucionais Transitórias, poderão, no interesse da Administração e conforme critérios estabelecidos em regulamento, ser exonerados mediante indenização de um mês de remuneração por ano de efetivo exercício no serviço público federal.

§ 8º Para fins de incidência do imposto de renda na fonte e na declaração de rendimentos, serão considerados como indenizações isentas os pagamentos efetuados a título de indenização prevista no parágrafo anterior.

§ 9º Os cargos vagos em decorrência da aplicação do disposto no § 7º poderão ser extintos pelo Poder Executivo quando considerados desnecessários.

Art. 244. Os adicionais por tempo de serviço, já concedidos aos servidores abrangidos por esta Lei, ficam transformados em anuênio.

Art. 245. A licença especial disciplinada pelo art. 116 da Lei nº 1.711, de 1952, ou por outro diploma legal, fica transformada em licença-prêmio por assiduidade, na forma prevista nos arts. 87 a 90.

Art. 246. (VETADO).

Art. 247. Para efeito do disposto no Título VI desta Lei, haverá ajuste de contas com a Previdência Social, correspondente ao período de contribuição por parte dos servidores celetistas abrangidos pelo art. 243.

Art. 248. As pensões estatutárias, concedidas até a vigência desta Lei, passam a ser mantidas pelo órgão ou entidade de origem do servidor.

Art. 249. Até a edição da lei prevista no § 1º do art. 231, os servidores abrangidos por esta Lei contribuirão na forma e nos percentuais atualmente estabelecidos para o servidor civil da União conforme regulamento próprio.

Art. 250. O servidor que já tiver satisfeito ou vier a satisfazer, dentro de 1 (um) ano, as condições necessárias para a aposentadoria nos termos do inciso II do art. 184 do antigo Estatuto dos Funcionários Públicos Civis da União, Lei nº 1.711, de 28 de outubro de 1952, aposentar-se-á com a vantagem prevista naquele dispositivo. (Mantido pelo Congresso Nacional)

Art. 251. Revogado

Art. 252. Esta Lei entra em vigor na data de sua publicação, com efeitos financeiros a partir do primeiro dia do mês subsequente.

Art. 253. Ficam revogadas a Lei nº 1.711, de 28 de outubro de 1952, e respectiva legislação complementar, bem como as demais disposições em contrário.

2. LEI Nº 8.429, DE 2 DE JUNHO DE 1992

Lei de Improbidade Administrativa

Dispõe sobre as sanções aplicáveis aos agentes públicos nos casos de enriquecimento ilícito no exercício de mandato, cargo, emprego ou função na administração pública direta, indireta ou fundacional e dá outras providências.

O PRESIDENTE DA REPÚBLICA, Faço saber que o Congresso Nacional decreta e eu sanciono a seguinte lei:

Capítulo I - Das Disposições Gerais

Art. 1º Os atos de improbidade praticados por qualquer agente público, servidor ou não, contra a administração direta, indireta ou fundacional de qualquer dos Poderes da União, dos Estados, do Distrito Federal, dos Municípios, de Território, de empresa incorporada ao patrimônio público ou de entidade para cuja criação ou custeio o erário haja concorrido ou concorra com mais de cinquenta por cento do patrimônio ou da receita anual, serão punidos na forma desta lei.

Parágrafo único. Estão também sujeitos às penalidades desta lei os atos de improbidade praticados contra o patrimônio de entidade que receba subvenção, benefício ou incentivo, fiscal ou creditício, de órgão público bem como daquelas para cuja criação ou custeio o erário haja concorrido ou concorra com menos de cinquenta por cento do patrimônio ou da receita anual, limitando-se, nestes casos, a sanção patrimonial à repercussão do ilícito sobre a contribuição dos cofres públicos.

Art. 2º Reputa-se agente público, para os efeitos desta lei, todo aquele que exerce, ainda que transitoriamente ou sem remuneração, por eleição, nomeação, designação, contratação ou qualquer outra forma de investidura ou vínculo, mandato, cargo, emprego ou função nas entidades mencionadas no artigo anterior.

Art. 3º As disposições desta lei são aplicáveis, no que couber, àquele que, mesmo não sendo agente público, induza ou concorra para a prática do ato de improbidade ou dele se beneficie sob qualquer forma direta ou indireta.

Art. 4º Os agentes públicos de qualquer nível ou hierarquia são obrigados a velar pela estrita observância dos princípios de legalidade, impessoalidade, moralidade e publicidade no trato dos assuntos que lhe são afetos.

Art. 5º Ocorrendo lesão ao patrimônio público por ação ou omissão, dolosa ou culposa, do agente ou de terceiro, dar-se-á o integral ressarcimento do dano.

Art. 6º No caso de enriquecimento ilícito, perderá o agente público ou terceiro beneficiário os bens ou valores acrescidos ao seu patrimônio.

Art. 7º Quando o ato de improbidade causar lesão ao patrimônio público ou ensejar enriquecimento ilícito, caberá a autoridade administrativa responsável pelo inquérito representar ao Ministério Público, para a indisponibilidade dos bens do indiciado.

Parágrafo único. A indisponibilidade a que se refere o caput deste artigo recairá sobre bens que assegurem o integral ressarcimento do dano, ou sobre o acréscimo patrimonial resultante do enriquecimento ilícito.

Anotações

Art. 8º O sucessor daquele que causar lesão ao patrimônio público ou se enriquecer ilicitamente está sujeito às cominações desta lei até o limite do valor da herança.

Capítulo II - Dos Atos de Improbidade Administrativa

Seção I - Dos Atos de Improbidade Administrativa que Importam Enriquecimento Ilícito

Art. 9º Constitui ato de improbidade administrativa importando enriquecimento ilícito auferir qualquer tipo de vantagem patrimonial indevida em razão do exercício de cargo, mandato, função, emprego ou atividade nas entidades mencionadas no art. 1º desta lei, e notadamente:

I. receber, para si ou para outrem, dinheiro, bem móvel ou imóvel, ou qualquer outra vantagem econômica, direta ou indireta, a título de comissão, percentagem, gratificação ou presente de quem tenha interesse, direto ou indireto, que possa ser atingido ou amparado por ação ou omissão decorrente das atribuições do agente público;

II. perceber vantagem econômica, direta ou indireta, para facilitar a aquisição, permuta ou locação de bem móvel ou imóvel, ou a contratação de serviços pelas entidades referidas no art. 1º por preço superior ao valor de mercado;

III. perceber vantagem econômica, direta ou indireta, para facilitar a alienação, permuta ou locação de bem público ou o fornecimento de serviço por ente estatal por preço inferior ao valor de mercado;

IV. utilizar, em obra ou serviço particular, veículos, máquinas, equipamentos ou material de qualquer natureza, de propriedade ou à disposição de qualquer das entidades mencionadas no art. 1º desta lei, bem como o trabalho de servidores públicos, empregados ou terceiros contratados por essas entidades;

V. receber vantagem econômica de qualquer natureza, direta ou indireta, para tolerar a exploração ou a prática de jogos de azar, de lenocínio, de narcotráfico, de contrabando, de usura ou de qualquer outra atividade ilícita, ou aceitar promessa de tal vantagem;

VI. receber vantagem econômica de qualquer natureza, direta ou indireta, para fazer declaração falsa sobre medição ou avaliação em obras públicas ou qualquer outro serviço, ou sobre quantidade, peso, medida, qualidade ou característica de mercadorias ou bens fornecidos a qualquer das entidades mencionadas no art. 1º desta lei;

VII. adquirir, para si ou para outrem, no exercício de mandato, cargo, emprego ou função pública, bens de qualquer natureza cujo valor seja desproporcional à evolução do patrimônio ou à renda do agente público;

VIII. aceitar emprego, comissão ou exercer atividade de consultoria ou assessoramento para pessoa física ou jurídica que tenha interesse suscetível de ser atingido ou amparado por ação ou omissão decorrente das atribuições do agente público, durante a atividade;

IX. perceber vantagem econômica para intermediar a liberação ou aplicação de verba pública de qualquer natureza;

X. receber vantagem econômica de qualquer natureza, direta ou indiretamente, para omitir ato de ofício, providência ou declaração a que esteja obrigado;

XI. incorporar, por qualquer forma, ao seu patrimônio bens, rendas, verbas ou valores integrantes do acervo patrimonial das entidades mencionadas no art. 1º desta lei;

XII. usar, em proveito próprio, bens, rendas, verbas ou valores integrantes do acervo patrimonial das entidades mencionadas no art. 1º desta lei.

Anotações

Anotações

Seção II - Dos Atos de Improbidade Administrativa que Causam Prejuízo ao Erário

Art. 10. Constitui ato de improbidade administrativa que causa lesão ao erário qualquer ação ou omissão, dolosa ou culposa, que enseje perda patrimonial, desvio, apropriação, malbaratamento ou dilapidação dos bens ou haveres das entidades referidas no art. 1º desta lei, e notadamente:

I. facilitar ou concorrer por qualquer forma para a incorporação ao patrimônio particular, de pessoa física ou jurídica, de bens, rendas, verbas ou valores integrantes do acervo patrimonial das entidades mencionadas no art. 1º desta lei;

II. permitir ou concorrer para que pessoa física ou jurídica privada utilize bens, rendas, verbas ou valores integrantes do acervo patrimonial das entidades mencionadas no art. 1º desta lei, sem a observância das formalidades legais ou regulamentares aplicáveis à espécie;

III. doar à pessoa física ou jurídica bem como ao ente despersonalizado, ainda que de fins educativos ou assistências, bens, rendas, verbas ou valores do patrimônio de qualquer das entidades mencionadas no art. 1º desta lei, sem observância das formalidades legais e regulamentares aplicáveis à espécie;

IV. permitir ou facilitar a alienação, permuta ou locação de bem integrante do patrimônio de qualquer das entidades referidas no art. 1º desta lei, ou ainda a prestação de serviço por parte delas, por preço inferior ao de mercado;

V. permitir ou facilitar a aquisição, permuta ou locação de bem ou serviço por preço superior ao de mercado;

VI. realizar operação financeira sem observância das normas legais e regulamentares ou aceitar garantia insuficiente ou inidônea;

VII. conceder benefício administrativo ou fiscal sem a observância das formalidades legais ou regulamentares aplicáveis à espécie;

VIII. frustrar a licitude de processo licitatório ou dispensá-lo indevidamente

VIII. frustrar a licitude de processo licitatório ou de processo seletivo para celebração de parcerias com entidades sem fins lucrativos, ou dispensá-los indevidamente;

IX. ordenar ou permitir a realização de despesas não autorizadas em lei ou regulamento;

X. agir negligentemente na arrecadação de tributo ou renda, bem como no que diz respeito à conservação do patrimônio público;

XI. liberar verba pública sem a estrita observância das normas pertinentes ou influir de qualquer forma para a sua aplicação irregular;

XII. permitir, facilitar ou concorrer para que terceiro se enriqueça ilicitamente;

XIII. permitir que se utilize, em obra ou serviço particular, veículos, máquinas, equipamentos ou material de qualquer natureza, de propriedade ou à disposição de qualquer das entidades mencionadas no art. 1° desta lei, bem como o trabalho de servidor público, empregados ou terceiros contratados por essas entidades.

XIV. celebrar contrato ou outro instrumento que tenha por objeto a prestação de serviços públicos por meio da gestão associada sem observar as formalidades previstas na lei;

XV. celebrar contrato de rateio de consórcio público sem suficiente e prévia dotação orçamentária, ou sem observar as formalidades previstas na lei.

XVI. facilitar ou concorrer, por qualquer forma, para a incorporação, ao patrimônio particular de pessoa física ou jurídica, de bens, rendas, verbas ou valores públicos transferidos pela administração pública a entidades privadas mediante celebração de parcerias, sem a observância das formalidades legais ou regulamentares aplicáveis à espécie;

Anotações

XVII. permitir ou concorrer para que pessoa física ou jurídica privada utilize bens, rendas, verbas ou valores públicos transferidos pela administração pública a entidade privada mediante celebração de parcerias, sem a observância das formalidades legais ou regulamentares aplicáveis à espécie;

XVIII. celebrar parcerias da administração pública com entidades privadas sem a observância das formalidades legais ou regulamentares aplicáveis à espécie;

XIX. agir negligentemente na celebração, fiscalização e análise das prestações de contas de parcerias firmadas pela administração pública com entidades privadas;

XX. liberar recursos de parcerias firmadas pela administração pública com entidades privadas sem a estrita observância das normas pertinentes ou influir de qualquer forma para a sua aplicação irregular.

XXI. liberar recursos de parcerias firmadas pela administração pública com entidades privadas sem a estrita observância das normas pertinentes ou influir de qualquer forma para a sua aplicação irregular.

Seção II-A - Dos Atos de Improbidade Administrativa Decorrentes de Concessão ou Aplicação Indevida de Benefício Financeiro ou Tributário

Art. 10-A. Constitui ato de improbidade administrativa qualquer ação ou omissão para conceder, aplicar ou manter benefício financeiro ou tributário contrário ao que dispõem o caput e o § 1º do art. 8º-A da Lei Complementar nº 116, de 31 de julho de 2003. (refere-se exclusivamente ao ISS - Imposto Sobre Serviços)

Seção III - Dos Atos de Improbidade Administrativa que Atentam Contra os Princípios da Administração Pública

Art. 11. Constitui ato de improbidade administrativa que atenta contra os princípios da administração pública qualquer ação ou omissão que viole os deveres de honestidade, imparcialidade, legalidade, e lealdade às instituições, e notadamente:

I. praticar ato visando fim proibido em lei ou regulamento ou diverso daquele previsto, na regra de competência;

II. retardar ou deixar de praticar, indevidamente, ato de ofício;

III. revelar fato ou circunstância de que tem ciência em razão das atribuições e que deva permanecer em segredo;

IV. negar publicidade aos atos oficiais;

V. frustrar a licitude de concurso público;

VI. deixar de prestar contas quando esteja obrigado a fazê-lo;

VII. revelar ou permitir que chegue ao conhecimento de terceiro, antes da respectiva divulgação oficial, teor de medida política ou econômica capaz de afetar o preço de mercadoria, bem ou serviço.

VIII. descumprir as normas relativas à celebração, fiscalização e aprovação de contas de parcerias firmadas pela administração pública com entidades privadas.

IX. deixar de cumprir a exigência de requisitos de acessibilidade previstos na legislação.

Capítulo III - Das Penas

Art. 12. Independentemente das sanções penais, civis e administrativas previstas na legislação específica, está o responsável pelo ato de improbidade sujeito às seguintes cominações, que podem ser aplicadas isolada ou cumulativamente, de acordo com a gravidade do fato:

I. na hipótese do art. 9°, perda dos bens ou valores acrescidos ilicitamente ao patrimônio, ressarcimento integral do dano, quando houver, perda da função pública, suspensão dos direitos políticos de oito a dez anos, pagamento de multa civil de até três vezes o valor do acréscimo patrimonial e proibição de contratar com o Poder Público ou receber benefícios ou incentivos fiscais ou creditícios, direta ou indiretamente, ainda que por intermédio de pessoa jurídica da qual seja sócio majoritário, pelo prazo de dez anos;

II. na hipótese do art. 10, ressarcimento integral do dano, perda dos bens ou valores acrescidos ilicitamente ao patrimônio, se concorrer esta circunstância, perda da função pública, suspensão dos direitos políticos de cinco a oito anos, pagamento de multa civil de até duas vezes o valor do dano e proibição de contratar com o Poder Público ou receber benefícios ou incentivos fiscais ou creditícios, direta ou indiretamente, ainda que por intermédio de pessoa jurídica da qual seja sócio majoritário, pelo prazo de cinco anos;

III. na hipótese do art. 11, ressarcimento integral do dano, se houver, perda da função pública, suspensão dos direitos políticos de três a cinco anos, pagamento de multa civil de até cem vezes o valor da remuneração percebida pelo agente e proibição de contratar com o Poder Público ou receber benefícios ou incentivos fiscais ou creditícios, direta ou indiretamente, ainda que por intermédio de pessoa jurídica da qual seja sócio majoritário, pelo prazo de três anos.

IV. na hipótese prevista no art. 10-A, perda da função pública, suspensão dos direitos políticos de 5 (cinco) a 8 (oito) anos e multa civil de até 3 (três) vezes o valor do benefício financeiro ou tributário concedido.

Parágrafo único. Na fixação das penas previstas nesta lei o juiz levará em conta a extensão do dano causado, assim como o proveito patrimonial obtido pelo agente.

Capítulo IV - Da Declaração de Bens

Art. 13. A posse e o exercício de agente público ficam condicionados à apresentação de declaração dos bens e valores que compõem o seu patrimônio privado, a fim de ser arquivada no serviço de pessoal competente.

§ 1º A declaração compreenderá imóveis, móveis, semoventes, dinheiro, títulos, ações, e qualquer outra espécie de bens e valores patrimoniais, localizado no País ou no exterior, e, quando for o caso, abrangerá os bens e valores patrimoniais do cônjuge ou companheiro, dos filhos e de outras pessoas que vivam sob a dependência econômica do declarante, excluídos apenas os objetos e utensílios de uso doméstico.

§ 2º A declaração de bens será anualmente atualizada e na data em que o agente público deixar o exercício do mandato, cargo, emprego ou função.

§ 3º Será punido com a pena de demissão, a bem do serviço público, sem prejuízo de outras sanções cabíveis, o agente público que se recusar a prestar declaração dos bens, dentro do prazo determinado, ou que a prestar falsa.

§ 4º O declarante, a seu critério, poderá entregar cópia da declaração anual de bens apresentada à Delegacia da Receita Federal na conformidade da legislação do Imposto sobre a Renda e proventos de qualquer natureza, com as necessárias atualizações, para suprir a exigência contida no caput e no § 2º deste artigo .

Capítulo V - Do Procedimento Administrativo e do Processo Judicial

Art. 14. Qualquer pessoa poderá representar à autoridade administrativa competente para que seja instaurada investigação destinada a apurar a prática de ato de improbidade.

§ 1º A representação, que será escrita ou reduzida a termo e assinada, conterá a qualificação do representante, as informações sobre o fato e sua autoria e a indicação das provas de que tenha conhecimento.

§ 2º A autoridade administrativa rejeitará a representação, em despacho fundamentado, se esta não contiver as formalidades estabelecidas no § 1º deste artigo. A rejeição não impede a representação ao Ministério Público, nos termos do art. 22 desta lei.

§ 3º Atendidos os requisitos da representação, a autoridade determinará a imediata apuração dos fatos que, em se tratando de servidores federais, será processada na forma prevista nos arts. 148 a 182 da Lei nº 8.112, de 11 de dezembro de 1990 e, em se tratando de servidor militar, de acordo com os respectivos regulamentos disciplinares.

Art. 15. A comissão processante dará conhecimento ao Ministério Público e ao Tribunal ou Conselho de Contas da existência de procedimento administrativo para apurar a prática de ato de improbidade.

Parágrafo único. O Ministério Público ou Tribunal ou Conselho de Contas poderá, a requerimento, designar representante para acompanhar o procedimento administrativo.

Art. 16. Havendo fundados indícios de responsabilidade, a comissão representará ao Ministério Público ou à procuradoria do órgão para que requeira ao juízo competente a decretação do sequestro dos bens do agente ou terceiro que tenha enriquecido ilicitamente ou causado dano ao patrimônio público.

§ 1º O pedido de sequestro será processado de acordo com o disposto nos arts. 822 e 825 do Código de Processo Civil.

§ 2º Quando for o caso, o pedido incluirá a investigação, o exame e o bloqueio de bens, contas bancárias e aplicações financeiras mantidas pelo indiciado no exterior, nos termos da lei e dos tratados internacionais.

Art. 17. A ação principal, que terá o rito ordinário, será proposta pelo Ministério Público ou pela pessoa jurídica interessada, dentro de trinta dias da efetivação da medida cautelar.

§ 1º As ações de que trata este artigo admitem a celebração de acordo de não persecução cível, nos termos desta Lei. (Redação dada pela Lei nº 13.964, de 24.12.2019)

§ 2º A Fazenda Pública, quando for o caso, promoverá as ações necessárias à complementação do ressarcimento do patrimônio público.

§ 3º No caso de a ação principal ter sido proposta pelo Ministério Público, aplica-se, no que couber, o disposto no § 3º do art. 6º da Lei no 4.717, de 29 de junho de 1965.

§ 4º O Ministério Público, se não intervir no processo como parte, atuará obrigatoriamente, como fiscal da lei, sob pena de nulidade.

§ 5º A propositura da ação prevenirá a jurisdição do juízo para todas as ações posteriormente intentadas que possuam a mesma causa de pedir ou o mesmo objeto.

§ 6º A ação será instruída com documentos ou justificação que contenham indícios suficientes da existência do ato de improbidade ou com razões fundamentadas da impossibilidade de apresentação de qualquer dessas provas, observada a legislação vigente, inclusive as disposições inscritas nos arts. 16 a 18 do Código de Processo Civil.

§ 7º Estando a inicial em devida forma, o juiz mandará autuá-la e ordenará a notificação do requerido, para oferecer manifestação por escrito, que poderá ser instruída com documentos e justificações, dentro do prazo de quinze dias.

§ 8º Recebida a manifestação, o juiz, no prazo de trinta dias, em decisão fundamentada, rejeitará a ação, se convencido da inexistência do ato de improbidade, da improcedência da ação ou da inadequação da via eleita.

§ 9º Recebida a petição inicial, será o réu citado para apresentar contestação.

§ 10. Da decisão que receber a petição inicial, caberá agravo de instrumento.

Anotações

Anotações

DIR. ADM.

Anotações

§ 10-A. Havendo a possibilidade de solução consensual, poderão as partes requerer ao juiz a interrupção do prazo para a contestação, por prazo não superior a 90 (noventa) dias. (Incluído pela Lei nº 13.964, de 24.12.2019)

§ 11. Em qualquer fase do processo, reconhecida a inadequação da ação de improbidade, o juiz extinguirá o processo sem julgamento do mérito.

§ 12. Aplica-se aos depoimentos ou inquirições realizadas nos processos regidos por esta Lei o disposto no art. 221, caput e § 1º, do Código de Processo Penal.

§ 13. Para os efeitos deste artigo, também se considera pessoa jurídica interessada o ente tributante que figurar no polo ativo da obrigação tributária de que tratam o § 4º do art. 3º e o art. 8º-A da Lei Complementar nº 116, de 31 de julho de 2003.

Art. 18. A sentença que julgar procedente ação civil de reparação de dano ou decretar a perda dos bens havidos ilicitamente determinará o pagamento ou a reversão dos bens, conforme o caso, em favor da pessoa jurídica prejudicada pelo ilícito.

Capítulo VI - Das Disposições Penais

Art. 19. Constitui crime a representação por ato de improbidade contra agente público ou terceiro beneficiário, quando o autor da denúncia o sabe inocente.

Pena: detenção de seis a dez meses e multa.

Parágrafo único. Além da sanção penal, o denunciante está sujeito a indenizar o denunciado pelos danos materiais, morais ou à imagem que houver provocado.

Art. 20. A perda da função pública e a suspensão dos direitos políticos só se efetivam com o trânsito em julgado da sentença condenatória.

Parágrafo único. A autoridade judicial ou administrativa competente poderá determinar o afastamento do agente público do exercício do cargo, emprego ou função, sem prejuízo da remuneração, quando a medida se fizer necessária à instrução processual.

Art. 21. A aplicação das sanções previstas nesta lei independe:

I. da efetiva ocorrência de dano ao patrimônio público, salvo quanto à pena de ressarcimento;

II. da aprovação ou rejeição das contas pelo órgão de controle interno ou pelo Tribunal ou Conselho de Contas.

Art. 22. Para apurar qualquer ilícito previsto nesta lei, o Ministério Público, de ofício, a requerimento de autoridade administrativa ou mediante representação formulada de acordo com o disposto no art. 14, poderá requisitar a instauração de inquérito policial ou procedimento administrativo.

Capítulo VII - Da Prescrição

Art. 23. As ações destinadas a levar a efeitos as sanções previstas nesta lei podem ser propostas:

I. até cinco anos após o término do exercício de mandato, de cargo em comissão ou de função de confiança;

II. dentro do prazo prescricional previsto em lei específica para faltas disciplinares puníveis com demissão a bem do serviço público, nos casos de exercício de cargo efetivo ou emprego.

III. até cinco anos da data da apresentação à administração pública da prestação de contas final pelas entidades referidas no parágrafo único do art. 1º desta Lei.

Capítulo VIII - Das Disposições Finais

Art. 24. Esta lei entra em vigor na data de sua publicação.

Art. 25. Ficam revogadas as Leis nºs 3.164, de 1º de junho de 1957, e 3.502, de 21 de dezembro de 1958 e demais disposições em contrário.

Anotações

3. LEI Nº 8.666, DE 21 DE JUNHO DE 1993

Lei de Licitações

Regulamenta o art. 37, inciso XXI, da Constituição Federal, institui normas para licitações e contratos da Administração Pública e dá outras providências.

Capítulo I - Das Disposições Gerais

Seção I- Dos Princípios

Art. 1º Esta Lei estabelece normas gerais sobre licitações e contratos administrativos pertinentes a obras, serviços, inclusive de publicidade, compras, alienações e locações no âmbito dos Poderes da União, dos Estados, do Distrito Federal e dos Municípios.

Parágrafo único. Subordinam-se ao regime desta Lei, além dos órgãos da administração direta, os fundos especiais, as autarquias, as fundações públicas, as empresas públicas, as sociedades de economia mista e demais entidades controladas direta ou indiretamente pela União, Estados, Distrito Federal e Municípios.

Art. 2º As obras, serviços, inclusive de publicidade, compras, alienações, concessões, permissões e locações da Administração Pública, quando contratadas com terceiros, serão necessariamente precedidas de licitação, ressalvadas as hipóteses previstas nesta Lei.

Parágrafo único. Para os fins desta Lei, considera-se contrato todo e qualquer ajuste entre órgãos ou entidades da Administração Pública e particulares, em que haja um acordo de vontades para a formação de vínculo e a estipulação de obrigações recíprocas, seja qual for a denominação utilizada.

Art. 3º A licitação destina-se a garantir a observância do princípio constitucional da isonomia, a seleção da proposta mais vantajosa para a administração e a promoção do desenvolvimento nacional sustentável e será processada e julgada em estrita conformidade com os princípios básicos da legalidade, da impessoalidade, da moralidade, da igualdade, da publicidade, da probidade administrativa, da vinculação ao instrumento convocatório, do julgamento objetivo e dos que lhes são correlatos.

§ 1º É vedado aos agentes públicos:

I. admitir, prever, incluir ou tolerar, nos atos de convocação, cláusulas ou condições que comprometam, restrinjam ou frustrem o seu caráter competitivo, inclusive nos casos de sociedades cooperativas, e estabeleçam preferências ou distinções em razão da naturalidade, da sede ou domicílio dos licitantes ou de qualquer outra circunstância impertinente ou irrelevante para o específico objeto do contrato, ressalvado o disposto nos §§ 5º a 12 deste artigo e no art. 3º da Lei no 8.248, de 23 de outubro de 1991;

II. estabelecer tratamento diferenciado de natureza comercial, legal, trabalhista, previdenciária ou qualquer outra, entre empresas brasileiras e estrangeiras, inclusive no que se refere a moeda, modalidade e local de pagamentos, mesmo quando envolvidos financiamentos de agências internacionais, ressalvado o disposto no parágrafo seguinte e no art. 3º da Lei no 8.248, de 23 de outubro de 1991.

§ 2º Em igualdade de condições, como critério de desempate, será assegurada preferência, sucessivamente, aos bens e serviços:

I. Revogado

II. produzidos no País;

III. produzidos ou prestados por empresas brasileiras.

IV. produzidos ou prestados por empresas que invistam em pesquisa e no desenvolvimento de tecnologia no País.

V. produzidos ou prestados por empresas que comprovem cumprimento de reserva de cargos prevista em lei para pessoa com deficiência ou para reabilitado da Previdência Social e que atendam às regras de acessibilidade previstas na legislação.

§ 3º A licitação não será sigilosa, sendo públicos e acessíveis ao público os atos de seu procedimento, salvo quanto ao conteúdo das propostas, até a respectiva abertura.

§ 4º (Vetado).

§ 5º Nos processos de licitação, poderá ser estabelecida margem de preferência para:

I. produtos manufaturados e para serviços nacionais que atendam a normas técnicas brasileiras; e

II. bens e serviços produzidos ou prestados por empresas que comprovem cumprimento de reserva de cargos prevista em lei para pessoa com deficiência ou para reabilitado da Previdência Social e que atendam às regras de acessibilidade previstas na legislação.

§ 6º A margem de preferência de que trata o § 5º será estabelecida com base em estudos revistos periodicamente, em prazo não superior a 5 (cinco) anos, que levem em consideração:

I. geração de emprego e renda;

II. efeito na arrecadação de tributos federais, estaduais e municipais;

III. desenvolvimento e inovação tecnológica realizados no País;

IV. custo adicional dos produtos e serviços; e

V. em suas revisões, análise retrospectiva de resultados.

§ 7º Para os produtos manufaturados e serviços nacionais resultantes de desenvolvimento e inovação tecnológica realizados no País, poderá ser estabelecido margem de preferência adicional àquela prevista no § 5º.

§ 8º As margens de preferência por produto, serviço, grupo de produtos ou grupo de serviços, a que se referem os §§ 5º e 7º, serão definidas pelo Poder Executivo federal, não podendo a soma delas ultrapassar o montante de 25% (vinte e cinco por cento) sobre o preço dos produtos manufaturados e serviços estrangeiros.

§ 9º As disposições contidas nos §§ 5º e 7º deste artigo não se aplicam aos bens e aos serviços cuja capacidade de produção ou prestação no País seja inferior:

I. à quantidade a ser adquirida ou contratada; ou

II. ao quantitativo fixado com fundamento no § 7º do art. 23 desta Lei, quando for o caso.

§ 10. A margem de preferência a que se refere o § 5º poderá ser estendida, total ou parcialmente, aos bens e serviços originários dos Estados Partes do Mercado Comum do Sul - Mercosul.

§ 11. Os editais de licitação para a contratação de bens, serviços e obras poderão, mediante prévia justificativa da autoridade competente, exigir que o contratado promova, em favor de órgão ou entidade integrante da administração pública ou daqueles por ela indicados a partir de processo isonômico, medidas de compensação comercial, industrial, tecnológica ou acesso a condições vantajosas de financiamento, cumulativamente ou não, na forma estabelecida pelo Poder Executivo federal.

§ 12. Nas contratações destinadas à implantação, manutenção e ao aperfeiçoamento dos sistemas de tecnologia de informação e comunicação, considerados estratégicos em ato do Poder Executivo federal, a licitação poderá ser restrita a bens e serviços com tecnologia desenvolvida no País e produzidos de acordo com o processo produtivo básico de que trata a Lei no 10.176, de 11 de janeiro de 2001.

§ 13. Será divulgada na internet, a cada exercício financeiro, a relação de empresas favorecidas em decorrência do disposto nos §§ 5º, 7º, 10, 11 e 12 deste artigo, com indicação do volume de recursos destinados a cada uma delas.

§ 14. As preferências definidas neste artigo e nas demais normas de licitação e contratos devem privilegiar o tratamento diferenciado e favorecido às microempresas e empresas de pequeno porte na forma da lei.

§ 15. As preferências dispostas neste artigo prevalecem sobre as demais preferências previstas na legislação quando estas forem aplicadas sobre produtos ou serviços estrangeiros.

Anotações

Art. 4º Todos quantos participem de licitação promovida pelos órgãos ou entidades a que se refere o art. 1º têm direito público subjetivo à fiel observância do pertinente procedimento estabelecido nesta lei, podendo qualquer cidadão acompanhar o seu desenvolvimento, desde que não interfira de modo a perturbar ou impedir a realização dos trabalhos.

Parágrafo único. O procedimento licitatório previsto nesta lei caracteriza ato administrativo formal, seja ele praticado em qualquer esfera da Administração Pública.

Art. 5º Todos os valores, preços e custos utilizados nas licitações terão como expressão monetária a moeda corrente nacional, ressalvado o disposto no art. 42 desta Lei, devendo cada unidade da Administração, no pagamento das obrigações relativas ao fornecimento de bens, locações, realização de obras e prestação de serviços, obedecer, para cada fonte diferenciada de recursos, a estrita ordem cronológica das datas de suas exigibilidades, salvo quando presentes relevantes razões de interesse público e mediante prévia justificativa da autoridade competente, devidamente publicada.

§ 1º Os créditos a que se refere este artigo terão seus valores corrigidos por critérios previstos no ato convocatório e que lhes preservem o valor.

§ 2º A correção de que trata o parágrafo anterior cujo pagamento será feito junto com o principal, correrá à conta das mesmas dotações orçamentárias que atenderam aos créditos a que se referem.

§ 3º Observados o disposto no caput, os pagamentos decorrentes de despesas cujos valores não ultrapassem o limite de que trata o inciso II do art. 24, sem prejuízo do que dispõe seu parágrafo único, deverão ser efetuados no prazo de até 5 (cinco) dias úteis, contados da apresentação da fatura.

Art. 5º-A. As normas de licitações e contratos devem privilegiar o tratamento diferenciado e favorecido às microempresas e empresas de pequeno porte na forma da lei.

Seção II - Das Definições

Art. 6º Para os fins desta Lei, considera-se:

I. Obra. toda construção, reforma, fabricação, recuperação ou ampliação, realizada por execução direta ou indireta;

II. Serviço. toda atividade destinada a obter determinada utilidade de interesse para a Administração, tais como: demolição, conserto, instalação, montagem, operação, conservação, reparação, adaptação, manutenção, transporte, locação de bens, publicidade, seguro ou trabalhos técnico-profissionais;

III. Compra. toda aquisição remunerada de bens para fornecimento de uma só vez ou parceladamente;

IV. Alienação. toda transferência de domínio de bens a terceiros;

V. Obras, serviços e compras de grande vulto. aquelas cujo valor estimado seja superior a 25 (vinte e cinco) vezes o limite estabelecido na alínea «c» do inciso I do art. 23 desta Lei;

VI. Seguro-Garantia. o seguro que garante o fiel cumprimento das obrigações assumidas por empresas em licitações e contratos;

VII. Execução direta. a que é feita pelos órgãos e entidades da Administração, pelos próprios meios;

VIII. Execução indireta. a que o órgão ou entidade contrata com terceiros sob qualquer dos seguintes regimes:

a) empreitada por preço global - quando se contrata a execução da obra ou do serviço por preço certo e total;

b) empreitada por preço unitário - quando se contrata a execução da obra ou do serviço por preço certo de unidades determinadas;

c) (Vetado).

d) tarefa - quando se ajusta mão-de-obra para pequenos trabalhos por preço certo, com ou sem fornecimento de materiais;

Anotações

Anotações

e) empreitada integral - quando se contrata um empreendimento em sua integralidade, compreendendo todas as etapas das obras, serviços e instalações necessárias, sob inteira responsabilidade da contratada até a sua entrega ao contratante em condições de entrada em operação, atendidos os requisitos técnicos e legais para sua utilização em condições de segurança estrutural e operacional e com as características adequadas às finalidades para que foi contratada;

IX. Projeto Básico. conjunto de elementos necessários e suficientes, com nível de precisão adequado, para caracterizar a obra ou serviço, ou complexo de obras ou serviços objeto da licitação, elaborado com base nas indicações dos estudos técnicos preliminares, que assegurem a viabilidade técnica e o adequado tratamento do impacto ambiental do empreendimento, e que possibilite a avaliação do custo da obra e a definição dos métodos e do prazo de execução, devendo conter os seguintes elementos:

a) desenvolvimento da solução escolhida de forma a fornecer visão global da obra e identificar todos os seus elementos constitutivos com clareza;

b) soluções técnicas globais e localizadas, suficientemente detalhadas, de forma a minimizar a necessidade de reformulação ou de variantes durante as fases de elaboração do projeto executivo e de realização das obras e montagem;

c) identificação dos tipos de serviços a executar e de materiais e equipamentos a incorporar à obra, bem como suas especificações que assegurem os melhores resultados para o empreendimento, sem frustrar o caráter competitivo para a sua execução;

d) informações que possibilitem o estudo e a dedução de métodos construtivos, instalações provisórias e condições organizacionais para a obra, sem frustrar o caráter competitivo para a sua execução;

e) subsídios para montagem do plano de licitação e gestão da obra, compreendendo a sua programação, a estratégia de suprimentos, as normas de fiscalização e outros dados necessários em cada caso;

f) orçamento detalhado do custo global da obra, fundamentado em quantitativos de serviços e fornecimentos propriamente avaliados;

X. Projeto Executivo. o conjunto dos elementos necessários e suficientes à execução completa da obra, de acordo com as normas pertinentes da Associação Brasileira de Normas Técnicas. ABNT;

XI. Administração Pública. a administração direta e indireta da União, dos Estados, do Distrito Federal e dos Municípios, abrangendo inclusive as entidades com personalidade jurídica de direito privado sob controle do poder público e das fundações por ele instituídas ou mantidas;

XII. Administração. órgão, entidade ou unidade administrativa pela qual a Administração Pública opera e atua concretamente;

XIII. Imprensa Oficial. veículo oficial de divulgação da Administração Pública, sendo para a União o Diário Oficial da União, e, para os Estados, o Distrito Federal e os Municípios, o que for definido nas respectivas leis;

XIV. Contratante. é o órgão ou entidade signatária do instrumento contratual;

XV. Contratado. a pessoa física ou jurídica signatária de contrato com a Administração Pública;

XVI. Comissão. comissão, permanente ou especial, criada pela Administração com a função de receber, examinar e julgar todos os documentos e procedimentos relativos às licitações e ao cadastramento de licitantes.

XVII. produtos manufaturados nacionais. produtos manufaturados, produzidos no território nacional de acordo com o processo produtivo básico ou com as regras de origem estabelecidas pelo Poder Executivo federal;

Anotações

XVIII. serviços nacionais. serviços prestados no País, nas condições estabelecidas pelo Poder Executivo federal;

XIX. sistemas de tecnologia de informação e comunicação estratégicos. bens e serviços de tecnologia da informação e comunicação cuja descontinuidade provoque dano significativo à administração pública e que envolvam pelo menos um dos seguintes requisitos relacionados às informações críticas: disponibilidade, confiabilidade, segurança e confidencialidade.

XX. produtos para pesquisa e desenvolvimento. bens, insumos, serviços e obras necessários para atividade de pesquisa científica e tecnológica, desenvolvimento de tecnologia ou inovação tecnológica, discriminados em projeto de pesquisa aprovado pela instituição contratante.

Seção III - Das Obras e Serviços

Art. 7º As licitações para a execução de obras e para a prestação de serviços obedecerão ao disposto neste artigo e, em particular, à seguinte sequência:

I. projeto básico;

II. projeto executivo;

III. execução das obras e serviços.

§ 1º A execução de cada etapa será obrigatoriamente precedida da conclusão e aprovação, pela autoridade competente, dos trabalhos relativos às etapas anteriores, à exceção do projeto executivo, o qual poderá ser desenvolvido concomitantemente com a execução das obras e serviços, desde que também autorizado pela Administração.

§ 2º As obras e os serviços somente poderão ser licitados quando:

I. houver projeto básico aprovado pela autoridade competente e disponível para exame dos interessados em participar do processo licitatório;

II. existir orçamento detalhado em planilhas que expressem a composição de todos os seus custos unitários;

III. houver previsão de recursos orçamentários que assegurem o pagamento das obrigações decorrentes de obras ou serviços a serem executadas no exercício financeiro em curso, de acordo com o respectivo cronograma;

IV. o produto dela esperado estiver contemplado nas metas estabelecidas no Plano Plurianual de que trata o art. 165 da Constituição Federal, quando for o caso.

§ 3º É vedado incluir no objeto da licitação a obtenção de recursos financeiros para sua execução, qualquer que seja a sua origem, exceto nos casos de empreendimentos executados e explorados sob o regime de concessão, nos termos da legislação específica.

§ 4º É vedada, ainda, a inclusão, no objeto da licitação, de fornecimento de materiais e serviços sem previsão de quantidades ou cujos quantitativos não correspondam às previsões reais do projeto básico ou executivo.

§ 5º É vedada a realização de licitação cujo objeto inclua bens e serviços sem similaridade ou de marcas, características e especificações exclusivas, salvo nos casos em que for tecnicamente justificável, ou ainda quando o fornecimento de tais materiais e serviços for feito sob o regime de administração contratada, previsto e discriminado no ato convocatório.

§ 6º A infringência do disposto neste artigo implica a nulidade dos atos ou contratos realizados e a responsabilidade de quem lhes tenha dado causa.

§ 7º Não será ainda computado como valor da obra ou serviço, para fins de julgamento das propostas de preços, a atualização monetária das obrigações de pagamento, desde a data final de cada período de aferição até a do respectivo pagamento, que será calculada pelos mesmos critérios estabelecidos obrigatoriamente no ato convocatório.

§ 8º Qualquer cidadão poderá requerer à Administração Pública os quantitativos das obras e preços unitários de determinada obra executada.

§ 9º O disposto neste artigo aplica-se também, no que couber, aos casos de dispensa e de inexigibilidade de licitação.

Art. 8º A execução das obras e dos serviços deve programar-se, sempre, em sua totalidade, previstos seus custos atual e final e considerados os prazos de sua execução.

Parágrafo único. É proibido o retardamento imotivado da execução de obra ou serviço, ou de suas parcelas, se existente previsão orçamentária para sua execução total, salvo insuficiência financeira ou comprovado motivo de ordem técnica, justificados em despacho circunstanciado da autoridade a que se refere o art. 26 desta Lei.

Art. 9º Não poderá participar, direta ou indiretamente, da licitação ou da execução de obra ou serviço e do fornecimento de bens a eles necessários:

I. o autor do projeto, básico ou executivo, pessoa física ou jurídica;

II. empresa, isoladamente ou em consórcio, responsável pela elaboração do projeto básico ou executivo ou da qual o autor do projeto seja dirigente, gerente, acionista ou detentor de mais de 5% (cinco por cento) do capital com direito a voto ou controlador, responsável técnico ou subcontratado;

III. servidor ou dirigente de órgão ou entidade contratante ou responsável pela licitação.

§ 1º É permitida a participação do autor do projeto ou da empresa a que se refere o inciso II deste artigo, na licitação de obra ou serviço, ou na execução, como consultor ou técnico, nas funções de fiscalização, supervisão ou gerenciamento, exclusivamente a serviço da Administração interessada.

§ 2º O disposto neste artigo não impede a licitação ou contratação de obra ou serviço que inclua a elaboração de projeto executivo como encargo do contratado ou pelo preço previamente fixado pela Administração.

§ 3º Considera-se participação indireta, para fins do disposto neste artigo, a existência de qualquer vínculo de natureza técnica, comercial, econômica, financeira ou trabalhista entre o autor do projeto, pessoa física ou jurídica, e o licitante ou responsável pelos serviços, fornecimentos e obras, incluindo-se os fornecimentos de bens e serviços a estes necessários.

§ 4º O disposto no parágrafo anterior aplica-se aos membros da comissão de licitação.

Art. 10. As obras e serviços poderão ser executados nas seguintes formas:

I. execução direta;

II. execução indireta, nos seguintes regimes:

a) empreitada por preço global;

b) empreitada por preço unitário;

c) (Vetado).

d) tarefa;

e) empreitada integral.

Parágrafo único. (Vetado).

Art. 11. As obras e serviços destinados aos mesmos fins terão projetos padronizados por tipos, categorias ou classes, exceto quando o projeto-padrão não atender às condições peculiares do local ou às exigências específicas do empreendimento.

Art. 12. Nos projetos básicos e projetos executivos de obras e serviços serão considerados principalmente os seguintes requisitos:

I. segurança;

II. funcionalidade e adequação ao interesse público;

III. economia na execução, conservação e operação;

IV. possibilidade de emprego de mão-de-obra, materiais, tecnologia e matérias-primas existentes no local para execução, conservação e operação;

V. facilidade na execução, conservação e operação, sem prejuízo da durabilidade da obra ou do serviço;

VI. adoção das normas técnicas, de saúde e de segurança do trabalho adequadas;

VII. impacto ambiental.

Anotações

Seção IV - Dos Serviços Técnicos Profissionais Especializados

Art. 13. Para os fins desta Lei, consideram-se serviços técnicos profissionais especializados os trabalhos relativos a:

I. estudos técnicos, planejamentos e projetos básicos ou executivos;

II. pareceres, perícias e avaliações em geral;

III. assessorias ou consultorias técnicas e auditorias financeiras ou tributárias;

IV. fiscalização, supervisão ou gerenciamento de obras ou serviços;

V. patrocínio ou defesa de causas judiciais ou administrativas;

VI. treinamento e aperfeiçoamento de pessoal;

VII. restauração de obras de arte e bens de valor histórico.

VIII. (Vetado).

§ 1º Ressalvados os casos de inexigibilidade de licitação, os contratos para a prestação de serviços técnicos profissionais especializados deverão, preferencialmente, ser celebrados mediante a realização de concurso, com estipulação prévia de prêmio ou remuneração.

§ 2º Aos serviços técnicos previstos neste artigo aplica-se, no que couber, o disposto no art. 111 desta Lei.

§ 3º A empresa de prestação de serviços técnicos especializados que apresente relação de integrantes de seu corpo técnico em procedimento licitatório ou como elemento de justificação de dispensa ou inexigibilidade de licitação, ficará obrigada a garantir que os referidos integrantes realizem pessoal e diretamente os serviços objeto do contrato.

Seção V - Das Compras

Art. 14. Nenhuma compra será feita sem a adequada caracterização de seu objeto e indicação dos recursos orçamentários para seu pagamento, sob pena de nulidade do ato e responsabilidade de quem lhe tiver dado causa.

Art. 15. As compras, sempre que possível, deverão:

I. atender ao princípio da padronização, que imponha compatibilidade de especificações técnicas e de desempenho, observadas, quando for o caso, as condições de manutenção, assistência técnica e garantia oferecidas;

II. ser processadas através de sistema de registro de preços;

III. submeter-se às condições de aquisição e pagamento semelhantes às do setor privado;

IV. ser subdivididas em tantas parcelas quantas necessárias para aproveitar as peculiaridades do mercado, visando economicidade;

V. balizar-se pelos preços praticados no âmbito dos órgãos e entidades da Administração Pública.

§ 1º O registro de preços será precedido de ampla pesquisa de mercado.

§ 2º Os preços registrados serão publicados trimestralmente para orientação da Administração, na imprensa oficial.

§ 3º O sistema de registro de preços será regulamentado por decreto, atendidas as peculiaridades regionais, observadas as seguintes condições:

I. seleção feita mediante concorrência;

II. estipulação prévia do sistema de controle e atualização dos preços registrados;

III. validade do registro não superior a um ano.

§ 4º A existência de preços registrados não obriga a Administração a firmar as contratações que deles poderão advir, ficando-lhe facultada a utilização de outros meios, respeitada a legislação relativa às licitações, sendo assegurado ao beneficiário do registro preferência em igualdade de condições.

§ 5º O sistema de controle originado no quadro geral de preços, quando possível, deverá ser informatizado.

§ 6º Qualquer cidadão é parte legítima para impugnar preço constante do quadro geral em razão de incompatibilidade desse com o preço vigente no mercado.

Anotações

DIR. ADM.

Anotações

§ 7º Nas compras deverão ser observadas, ainda:

I. a especificação completa do bem a ser adquirido sem indicação de marca;

II. a definição das unidades e das quantidades a serem adquiridas em função do consumo e utilização prováveis, cuja estimativa será obtida, sempre que possível, mediante adequadas técnicas quantitativas de estimação;

III. as condições de guarda e armazenamento que não permitam a deterioração do material.

§ 8º O recebimento de material de valor superior ao limite estabelecido no art. 23 desta Lei, para a modalidade de convite, deverá ser confiado a uma comissão de, no mínimo, 3 (três) membros.

Art. 16. Será dada publicidade, mensalmente, em órgão de divulgação oficial ou em quadro de avisos de amplo acesso público, à relação de todas as compras feitas pela Administração Direta ou Indireta, de maneira a clarificar a identificação do bem comprado, seu preço unitário, a quantidade adquirida, o nome do vendedor e o valor total da operação, podendo ser aglutinadas por itens as compras feitas com dispensa e inexigibilidade de licitação.

Parágrafo único. O disposto neste artigo não se aplica aos casos de dispensa de licitação previstos no inciso IX do art. 24.

Seção VI - Das Alienações

Art. 17. A alienação de bens da Administração Pública, subordinada à existência de interesse público devidamente justificado, será precedida de avaliação e obedecerá às seguintes normas:

I. quando imóveis, dependerá de autorização legislativa para órgãos da administração direta e entidades autárquicas e fundacionais, e, para todos, inclusive as entidades paraestatais, dependerá de avaliação prévia e de licitação na modalidade de concorrência, dispensada esta nos seguintes casos:

a) dação em pagamento;

b) doação, permitida exclusivamente para outro órgão ou entidade da administração pública, de qualquer esfera de governo, ressalvado o disposto nas alíneas f, h e i;

c) permuta, por outro imóvel que atenda aos requisitos constantes do inciso X do art. 24 desta Lei;

d) investidura;

e) venda a outro órgão ou entidade da administração pública, de qualquer esfera de governo;

f) alienação gratuita ou onerosa, aforamento, concessão de direito real de uso, locação ou permissão de uso de bens imóveis residenciais construídos, destinados ou efetivamente utilizados no âmbito de programas habitacionais ou de regularização fundiária de interesse social desenvolvidos por órgãos ou entidades da administração pública;

g) procedimentos de legitimação de posse de que trata o art. 29 da Lei no 6.383, de 7 de dezembro de 1976, mediante iniciativa e deliberação dos órgãos da Administração Pública em cuja competência legal inclua-se tal atribuição;

h) alienação gratuita ou onerosa, aforamento, concessão de direito real de uso, locação ou permissão de uso de bens imóveis de uso comercial de âmbito local com área de até 250 m² (duzentos e cinquenta metros quadrados) e inseridos no âmbito de programas de regularização fundiária de interesse social desenvolvidos por órgãos ou entidades da administração pública;

i) alienação e concessão de direito real de uso, gratuita ou onerosa, de terras públicas rurais da União e do Incra, onde incidam ocupações até o limite de que trata o § 1º do art. 6º da Lei no 11.952, de 25 de junho de 2009, para fins de regularização fundiária, atendidos os requisitos legais; e

II. quando móveis, dependerá de avaliação prévia e de licitação, dispensada esta nos seguintes casos:

Anotações

a) doação, permitida exclusivamente para fins e uso de interesse social, após avaliação de sua oportunidade e conveniência sócio-econômica, relativamente à escolha de outra forma de alienação;

b) permuta, permitida exclusivamente entre órgãos ou entidades da Administração Pública;

c) venda de ações, que poderão ser negociadas em bolsa, observada a legislação específica;

d) venda de títulos, na forma da legislação pertinente;

e) venda de bens produzidos ou comercializados por órgãos ou entidades da Administração Pública, em virtude de suas finalidades;

f) venda de materiais e equipamentos para outros órgãos ou entidades da Administração Pública, sem utilização previsível por quem deles dispõe.

§ 1º Os imóveis doados com base na alínea «b» do inciso I deste artigo, cessadas as razões que justificaram a sua doação, reverterão ao patrimônio da pessoa jurídica doadora, vedada a sua alienação pelo beneficiário.

§ 2º A Administração também poderá conceder título de propriedade ou de direito real de uso de imóveis, dispensada licitação, quando o uso destinar-se:

I. a outro órgão ou entidade da Administração Pública, qualquer que seja a localização do imóvel;

II. a pessoa natural que, nos termos de lei, regulamento ou ato normativo do órgão competente, haja implementado os requisitos mínimos de cultura, ocupação mansa e pacífica e exploração direta sobre área rural, observado o limite de que trata o § 1ºdo art. 6º da Lei no 11.952, de 25 de junho de 2009;

§ 2º-A. As hipóteses do inciso II do § 2º ficam dispensadas de autorização legislativa, porém submetem-se aos seguintes condicionamentos:

I. aplicação exclusivamente às áreas em que a detenção por particular seja comprovadamente anterior a 5 de maio de 2014; (Redação dada pela Medida Provisória nº 910, de 2019)

II. submissão aos demais requisitos e impedimentos do regime legal e administrativo da destinação e da regularização fundiária de terras públicas;

III. vedação de concessões para hipóteses de exploração não-contempladas na lei agrária, nas leis de destinação de terras públicas, ou nas normas legais ou administrativas de zoneamento ecológico-econômico; e

IV. previsão de rescisão automática da concessão, dispensada notificação, em caso de declaração de utilidade, ou necessidade pública ou interesse social.

§ 2º-B. A hipótese do inciso II do § 2º deste artigo:

I. só se aplica a imóvel situado em zona rural, não sujeito a vedação, impedimento ou inconveniente a sua exploração mediante atividades agropecuárias;

II. fica limitada às áreas de até dois mil e quinhentos hectares, vedada a dispensa de licitação para áreas superiores a esse limite; (Redação dada pela Medida Provisória nº 910, de 2019)

III. pode ser cumulada com o quantitativo de área decorrente da figura prevista na alínea g do inciso I do caput deste artigo, até o limite previsto no inciso II deste parágrafo.

IV. (VETADO)

§ 3º Entende-se por investidura, para os fins desta lei:

I. a alienação aos proprietários de imóveis lindeiros de área remanescente ou resultante de obra pública, área esta que se tornar inaproveitável isoladamente, por preço nunca inferior ao da avaliação e desde que esse não ultrapasse a 50% (cinquenta por cento) do valor constante da alínea «a» do inciso II do art. 23 desta lei;

II. a alienação, aos legítimos possuidores diretos ou, na falta destes, ao Poder Público, de imóveis para fins resi-

Anotações

denciais construídos em núcleos urbanos anexos a usinas hidrelétricas, desde que considerados dispensáveis na fase de operação dessas unidades e não integrem a categoria de bens reversíveis ao final da concessão.

§ 4º A doação com encargo será licitada e de seu instrumento constarão, obrigatoriamente os encargos, o prazo de seu cumprimento e cláusula de reversão, sob pena de nulidade do ato, sendo dispensada a licitação no caso de interesse público devidamente justificado;

§ 5º Na hipótese do parágrafo anterior, caso o donatário necessite oferecer o imóvel em garantia de financiamento, a cláusula de reversão e demais obrigações serão garantidas por hipoteca em segundo grau em favor do doador.

§ 6º Para a venda de bens móveis avaliados, isolada ou globalmente, em quantia não superior ao limite previsto no art. 23, inciso II, alínea «b» desta Lei, a Administração poderá permitir o leilão.

§ 7º (VETADO).

Art. 18. Na concorrência para a venda de bens imóveis, a fase de habilitação limitar-se-á à comprovação do recolhimento de quantia correspondente a 5% (cinco por cento) da avaliação.

Parágrafo único. Revogado

Art. 19. Os bens imóveis da Administração Pública, cuja aquisição haja derivado de procedimentos judiciais ou de dação em pagamento, poderão ser alienados por ato da autoridade competente, observadas as seguintes regras:

I. avaliação dos bens alienáveis;

II. comprovação da necessidade ou utilidade da alienação;

III. adoção do procedimento licitatório, sob a modalidade de concorrência ou leilão.

Capítulo II - Da Licitação

Seção I - Das Modalidades, Limites e Dispensa

Art. 20. As licitações serão efetuadas no local onde se situar a repartição interessada, salvo por motivo de interesse público, devidamente justificado.

Parágrafo único. O disposto neste artigo não impedirá a habilitação de interessados residentes ou sediados em outros locais.

Art. 21. Os avisos contendo os resumos dos editais das concorrências, das tomadas de preços, dos concursos e dos leilões, embora realizados no local da repartição interessada, deverão ser publicados com antecedência, no mínimo, por uma vez:

I. no Diário Oficial da União, quando se tratar de licitação feita por órgão ou entidade da Administração Pública Federal e, ainda, quando se tratar de obras financiadas parcial ou totalmente com recursos federais ou garantidas por instituições federais;

II. no Diário Oficial do Estado, ou do Distrito Federal quando se tratar, respectivamente, de licitação feita por órgão ou entidade da Administração Pública Estadual ou Municipal, ou do Distrito Federal;

III. em jornal diário de grande circulação no Estado e também, se houver, em jornal de circulação no Município ou na região onde será realizada a obra, prestado o serviço, fornecido, alienado ou alugado o bem, podendo ainda a Administração, conforme o vulto da licitação, utilizar-se de outros meios de divulgação para ampliar a área de competição. (Redação dada pela Lei nº 8.883, de 1994)

§ 1º O aviso publicado conterá a indicação do local em que os interessados poderão ler e obter o texto integral do edital e todas as informações sobre a licitação.

§ 2º O prazo mínimo até o recebimento das propostas ou da realização do evento será:

I. quarenta e cinco dias para:

a) concurso;

b) concorrência, quando o contrato a ser celebrado contemplar o regime de empreitada integral ou quando a licitação for do tipo «melhor técnica» ou «técnica e preço»;

II. trinta dias para:

Anotações

a) concorrência, nos casos não especificados na alínea «b» do inciso anterior;

b) tomada de preços, quando a licitação for do tipo «melhor técnica» ou «técnica e preço»;

III. quinze dias para a tomada de preços, nos casos não especificados na alínea «b» do inciso anterior, ou leilão;

IV. cinco dias úteis para convite.

§ 3º Os prazos estabelecidos no parágrafo anterior serão contados a partir da última publicação do edital resumido ou da expedição do convite, ou ainda da efetiva disponibilidade do edital ou do convite e respectivos anexos, prevalecendo a data que ocorrer mais tarde.

§ 4º Qualquer modificação no edital exige divulgação pela mesma forma que se deu o texto original, reabrindo-se o prazo inicialmente estabelecido, exceto quando, inquestionavelmente, a alteração não afetar a formulação das propostas.

Art. 22. São modalidades de licitação:

I. concorrência;

II. tomada de preços;

III. convite;

IV. concurso;

V. leilão.

§ 1º Concorrência é a modalidade de licitação entre quaisquer interessados que, na fase inicial de habilitação preliminar, comprovem possuir os requisitos mínimos de qualificação exigidos no edital para execução de seu objeto.

§ 2º Tomada de preços é a modalidade de licitação entre interessados devidamente cadastrados ou que atenderem a todas as condições exigidas para cadastramento até o terceiro dia anterior à data do recebimento das propostas, observada a necessária qualificação.

§ 3º Convite é a modalidade de licitação entre interessados do ramo pertinente ao seu objeto, cadastrados ou não, escolhidos e convidados em número mínimo de 3 (três) pela unidade administrativa, a qual afixará, em local apropriado, cópia do instrumento convocatório e o estenderá aos demais cadastrados na correspondente especialidade que manifestarem seu interesse com antecedência de até 24 (vinte e quatro) horas da apresentação das propostas.

§ 4º Concurso é a modalidade de licitação entre quaisquer interessados para escolha de trabalho técnico, científico ou artístico, mediante a instituição de prêmios ou remuneração aos vencedores, conforme critérios constantes de edital publicado na imprensa oficial com antecedência mínima de 45 (quarenta e cinco) dias.

§ 5º Leilão é a modalidade de licitação entre quaisquer interessados para a venda de bens móveis inservíveis para a administração ou de produtos legalmente apreendidos ou penhorados, ou para a alienação de bens imóveis prevista no art. 19, a quem oferecer o maior lance, igual ou superior ao valor da avaliação.

§ 6º Na hipótese do § 3º deste artigo, existindo na praça mais de 3 (três) possíveis interessados, a cada novo convite, realizado para objeto idêntico ou assemelhado, é obrigatório o convite a, no mínimo, mais um interessado, enquanto existirem cadastrados não convidados nas últimas licitações.

§ 7º Quando, por limitações do mercado ou manifesto desinteresse dos convidados, for impossível a obtenção do número mínimo de licitantes exigidos no § 3º deste artigo, essas circunstâncias deverão ser devidamente justificadas no processo, sob pena de repetição do convite.

§ 8º É vedada a criação de outras modalidades de licitação ou a combinação das referidas neste artigo.

§ 9º Na hipótese do parágrafo 2º deste artigo, a administração somente poderá exigir do licitante não cadastrado os documentos previstos nos arts. 27 a 31, que comprovem habilitação compatível com o objeto da licitação, nos termos do edital.

Art. 23. As modalidades de licitação a que se referem os incisos I a III do artigo anterior serão determinadas em função dos seguintes limites, tendo em vista o valor estimado da contratação:

Anotações

I. para obras e serviços de engenharia:

a) convite - até R$ 150.000,00 (cento e cinquenta mil reais);

b) tomada de preços - até R$ 1.500.000,00 (um milhão e quinhentos mil reais);

c) concorrência: acima de R$ 1.500.000,00 (um milhão e quinhentos mil reais);

II. para compras e serviços não referidos no inciso anterior:

a) convite - até R$ 80.000,00 (oitenta mil reais);

b) tomada de preços - até R$ 650.000,00 (seiscentos e cinquenta mil reais);

c) concorrência - acima de R$ 650.000,00 (seiscentos e cinquenta mil reais).

§ 1º As obras, serviços e compras efetuadas pela Administração serão divididas em tantas parcelas quantas se comprovarem técnica e economicamente viáveis, procedendo-se à licitação com vistas ao melhor aproveitamento dos recursos disponíveis no mercado e à ampliação da competitividade sem perda da economia de escala.

§ 2º Na execução de obras e serviços e nas compras de bens, parceladas nos termos do parágrafo anterior, a cada etapa ou conjunto de etapas da obra, serviço ou compra, há de corresponder licitação distinta, preservada a modalidade pertinente para a execução do objeto em licitação.

§ 3º A concorrência é a modalidade de licitação cabível, qualquer que seja o valor de seu objeto, tanto na compra ou alienação de bens imóveis, ressalvado o disposto no art. 19, como nas concessões de direito real de uso e nas licitações internacionais, admitindo-se neste último caso, observados os limites deste artigo, a tomada de preços, quando o órgão ou entidade dispuser de cadastro internacional de fornecedores ou o convite, quando não houver fornecedor do bem ou serviço no País.

§ 4º Nos casos em que couber convite, a Administração poderá utilizar a tomada de preços e, em qualquer caso, a concorrência.

§ 5º É vedada a utilização da modalidade «convite» ou «tomada de preços», conforme o caso, para parcelas de uma mesma obra ou serviço, ou ainda para obras e serviços da mesma natureza e no mesmo local que possam ser realizadas conjunta e concomitantemente, sempre que o somatório de seus valores caracterizar o caso de «tomada de preços» ou «concorrência», respectivamente, nos termos deste artigo, exceto para as parcelas de natureza específica que possam ser executadas por pessoas ou empresas de especialidade diversa daquela do executor da obra ou serviço.

§ 6º As organizações industriais da Administração Federal direta, em face de suas peculiaridades, obedecerão aos limites estabelecidos no inciso I deste artigo também para suas compras e serviços em geral, desde que para a aquisição de materiais aplicados exclusivamente na manutenção, reparo ou fabricação de meios operacionais bélicos pertencentes à União.

§ 7º Na compra de bens de natureza divisível e desde que não haja prejuízo para o conjunto ou complexo, é permitida a cotação de quantidade inferior à demandada na licitação, com vistas a ampliação da competitividade, podendo o edital fixar quantitativo mínimo para preservar a economia de escala.

§ 8º No caso de consórcios públicos, aplicar-se-á o dobro dos valores mencionados no caput deste artigo quando formado por até 3 (três) entes da Federação, e o triplo, quando formado por maior número.

Art. 24. É dispensável a licitação:

I. para obras e serviços de engenharia de valor até 10% (dez por cento) do limite previsto na alínea «a», do inciso I do artigo anterior, desde que não se refiram a parcelas de uma mesma obra ou serviço ou ainda para obras e serviços da mesma natureza e no mesmo local que possam ser realizadas conjunta e concomitantemente;

II. para outros serviços e compras de valor até 10% (dez por cento) do limite previsto na alínea «a», do inciso II do artigo anterior e para alienações, nos casos previstos nesta Lei, desde que não se refiram a parcelas de um mesmo serviço, compra ou alienação de maior vulto que possa ser realizada de uma só vez;

Anotações

III. nos casos de guerra ou grave perturbação da ordem;

IV. nos casos de emergência ou de calamidade pública, quando caracterizada urgência de atendimento de situação que possa ocasionar prejuízo ou comprometer a segurança de pessoas, obras, serviços, equipamentos e outros bens, públicos ou particulares, e somente para os bens necessários ao atendimento da situação emergencial ou calamitosa e para as parcelas de obras e serviços que possam ser concluídas no prazo máximo de 180 (cento e oitenta) dias consecutivos e ininterruptos, contados da ocorrência da emergência ou calamidade, vedada a prorrogação dos respectivos contratos;

V. quando não acudirem interessados à licitação anterior e esta, justificadamente, não puder ser repetida sem prejuízo para a Administração, mantidas, neste caso, todas as condições preestabelecidas;

VI. quando a União tiver que intervir no domínio econômico para regular preços ou normalizar o abastecimento;

VII. quando as propostas apresentadas consignarem preços manifestamente superiores aos praticados no mercado nacional, ou forem incompatíveis com os fixados pelos órgãos oficiais competentes, casos em que, observado o parágrafo único do art. 48 desta Lei e, persistindo a situação, será admitida a adjudicação direta dos bens ou serviços, por valor não superior ao constante do registro de preços, ou dos serviços;

VIII. para a aquisição, por pessoa jurídica de direito público interno, de bens produzidos ou serviços prestados por órgão ou entidade que integre a Administração Pública e que tenha sido criado para esse fim específico em data anterior à vigência desta Lei, desde que o preço contratado seja compatível com o praticado no mercado;

IX. quando houver possibilidade de comprometimento da segurança nacional, nos casos estabelecidos em decreto do Presidente da República, ouvido o Conselho de Defesa Nacional;

X. para a compra ou locação de imóvel destinado ao atendimento das finalidades precípuas da administração, cujas necessidades de instalação e localização condicionem a sua escolha, desde que o preço seja compatível com o valor de mercado, segundo avaliação prévia;

XI. na contratação de remanescente de obra, serviço ou fornecimento, em consequência de rescisão contratual, desde que atendida a ordem de classificação da licitação anterior e aceitas as mesmas condições oferecidas pelo licitante vencedor, inclusive quanto ao preço, devidamente corrigido;

XII. nas compras de hortifrutigranjeiros, pão e outros gêneros perecíveis, no tempo necessário para a realização dos processos licitatórios correspondentes, realizadas diretamente com base no preço do dia;

XIII. na contratação de instituição brasileira incumbida regimental ou estatutariamente da pesquisa, do ensino ou do desenvolvimento institucional, ou de instituição dedicada à recuperação social do preso, desde que a contratada detenha inquestionável reputação ético-profissional e não tenha fins lucrativos;

XIV. para a aquisição de bens ou serviços nos termos de acordo internacional específico aprovado pelo Congresso Nacional, quando as condições ofertadas forem manifestamente vantajosas para o Poder Público;

XV. para a aquisição ou restauração de obras de arte e objetos históricos, de autenticidade certificada, desde que compatíveis ou inerentes às finalidades do órgão ou entidade.

XVI. para a impressão dos diários oficiais, de formulários padronizados de uso da administração, e de edições técnicas oficiais, bem como para prestação de serviços de informática a pessoa jurídica de direito público interno, por órgãos ou entidades que integrem a Administração Pública, criados para esse fim específico;

XVII. para a aquisição de componentes ou peças de origem nacional ou estrangeira, necessários à manutenção de equipamentos durante o período de garantia técnica, junto ao fornecedor original desses equipamentos, quando tal condição de exclusividade for indispensável para a vigência da garantia;

XVIII. nas compras ou contratações de serviços para o abastecimento de navios, embarcações, unidades aéreas ou tropas e seus meios de deslocamento quando em estada eventual de curta duração em portos, aeroportos ou localidades diferentes de suas sedes, por motivo de movimentação operacional ou de adestramento, quando a exiguidade dos prazos legais puder comprometer a normalidade e os propósitos das operações e desde que seu valor não exceda ao limite previsto na alínea «a» do inciso II do art. 23 desta Lei:

XIX. para as compras de material de uso pelas Forças Armadas, com exceção de materiais de uso pessoal e administrativo, quando houver necessidade de manter a padronização requerida pela estrutura de apoio logístico dos meios navais, aéreos e terrestres, mediante parecer de comissão instituída por decreto;

XX. na contratação de associação de portadores de deficiência física, sem fins lucrativos e de comprovada idoneidade, por órgãos ou entidades da Admininistração Pública, para a prestação de serviços ou fornecimento de mão-de-obra, desde que o preço contratado seja compatível com o praticado no mercado.

XXI. para a aquisição ou contratação de produto para pesquisa e desenvolvimento, limitada, no caso de obras e serviços de engenharia, a 20% (vinte por cento) do valor de que trata a alínea "b" do inciso I do caput do art. 23;

XXII. na contratação de fornecimento ou suprimento de energia elétrica e gás natural com concessionário, permissionário ou autorizado, segundo as normas da legislação específica;

XXIII. na contratação realizada por empresa pública ou sociedade de economia mista com suas subsidiárias e controladas, para a aquisição ou alienação de bens, prestação ou obtenção de serviços, desde que o preço contratado seja compatível com o praticado no mercado.

XXIV. para a celebração de contratos de prestação de serviços com as organizações sociais, qualificadas no âmbito das respectivas esferas de governo, para atividades contempladas no contrato de gestão.

XXV. na contratação realizada por Instituição Científica e Tecnológica. ICT ou por agência de fomento para a transferência de tecnologia e para o licenciamento de direito de uso ou de exploração de criação protegida.

XXVI. na celebração de contrato de programa com ente da Federação ou com entidade de sua administração indireta, para a prestação de serviços públicos de forma associada nos termos do autorizado em contrato de consórcio público ou em convênio de cooperação.

XXVII. na contratação da coleta, processamento e comercialização de resíduos sólidos urbanos recicláveis ou reutilizáveis, em áreas com sistema de coleta seletiva de lixo, efetuados por associações ou cooperativas formadas exclusivamente por pessoas físicas de baixa renda reconhecidas pelo poder público como catadores de materiais recicláveis, com o uso de equipamentos compatíveis com as normas técnicas, ambientais e de saúde pública.

XXVIII. para o fornecimento de bens e serviços, produzidos ou prestados no País, que envolvam, cumulativamente, alta complexidade tecnológica e defesa nacional, mediante parecer de comissão especialmente designada pela autoridade máxima do órgão.

XXIX. na aquisição de bens e contratação de serviços para atender aos contingentes militares das Forças Singulares brasileiras empregadas em operações de paz no exterior, necessariamente justificadas quanto ao preço e à escolha do fornecedor ou executante e ratificadas pelo Comandante da Força.

XXX. na contratação de instituição ou organização, pública ou privada, com ou sem fins lucrativos, para a prestação de serviços de assistência técnica e extensão rural no âmbito do Programa Nacional de Assistência Técnica e Extensão Rural na Agricultura Familiar e na Reforma Agrária, instituído por lei federal.

XXXI. nas contratações visando ao cumprimento do disposto nos arts. 3º, 4º, 5º e 20 da Lei no 10.973, de 2 de dezembro de 2004, observados os princípios gerais de contratação dela constantes.

XXXII. na contratação em que houver transferência de tecnologia de produtos estratégicos para o Sistema Único de Saúde. SUS, no âmbito da Lei no 8.080, de 19 de setembro de 1990, conforme elencados em ato da direção nacional do SUS, inclusive por ocasião da aquisição destes produtos durante as etapas de absorção tecnológica.

XXXIII. na contratação de entidades privadas sem fins lucrativos, para a implementação de cisternas ou outras tecnologias sociais de acesso à água para consumo humano e produção de alimentos, para beneficiar as famílias rurais de baixa renda atingidas pela seca ou falta regular de água.

XXXIV. para a aquisição por pessoa jurídica de direito público interno de insumos estratégicos para a saúde produzidos ou distribuídos por fundação que, regimental ou estatutariamente, tenha por finalidade apoiar órgão da administração pública direta, sua autarquia ou fundação em projetos de ensino, pesquisa, extensão, desenvolvimento institucional, científico e tecnológico e estímulo à inovação, inclusive na gestão administrativa e financeira necessária à execução desses projetos, ou em parcerias que envolvam transferência de tecnologia de produtos estratégicos para o Sistema Único de Saúde. SUS, nos termos do inciso XXXII deste artigo, e que tenha sido criada para esse fim específico em data anterior à vigência desta Lei, desde que o preço contratado seja compatível com o praticado no mercado.

XXXV. para a construção, a ampliação, a reforma e o aprimoramento de estabelecimentos penais, desde que configurada situação de grave e iminente risco à segurança pública.

§ 1º Os percentuais referidos nos incisos I e II do caput deste artigo serão 20% (vinte por cento) para compras, obras e serviços contratados por consórcios públicos, sociedade de economia mista, empresa pública e por autarquia ou fundação qualificadas, na forma da lei, como Agências Executivas.

§ 2º O limite temporal de criação do órgão ou entidade que integre a administração pública estabelecido no inciso VIII do caput deste artigo não se aplica aos órgãos ou entidades que produzem produtos estratégicos para o SUS, no âmbito da Lei no8.080, de 19 de setembro de 1990, conforme elencados em ato da direção nacional do SUS.

§ 3º A hipótese de dispensa prevista no inciso XXI do caput, quando aplicada a obras e serviços de engenharia, seguirá procedimentos especiais instituídos em regulamentação específica.

§ 4º Não se aplica a vedação prevista no inciso I do caput do art. 9º à hipótese prevista no inciso XXI do caput.

Art. 25. É inexigível a licitação quando houver inviabilidade de competição, em especial:

I. para aquisição de materiais, equipamentos, ou gêneros que só possam ser fornecidos por produtor, empresa ou representante comercial exclusivo, vedada a preferência de marca, devendo a comprovação de exclusividade ser feita através de atestado fornecido pelo órgão de registro do comércio do local em que se realizaria a

Anotações

Anotações

DIR. ADM.

Anotações

licitação ou a obra ou o serviço, pelo Sindicato, Federação ou Confederação Patronal, ou, ainda, pelas entidades equivalentes;

II. para a contratação de serviços técnicos enumerados no art. 13 desta Lei, de natureza singular, com profissionais ou empresas de notória especialização, vedada a inexigibilidade para serviços de publicidade e divulgação;

III. para contratação de profissional de qualquer setor artístico, diretamente ou através de empresário exclusivo, desde que consagrado pela crítica especializada ou pela opinião pública.

§ 1º Considera-se de notória especialização o profissional ou empresa cujo conceito no campo de sua especialidade, decorrente de desempenho anterior, estudos, experiências, publicações, organização, aparelhamento, equipe técnica, ou de outros requisitos relacionados com suas atividades, permita inferir que o seu trabalho é essencial e indiscutivelmente o mais adequado à plena satisfação do objeto do contrato.

§ 2º Na hipótese deste artigo e em qualquer dos casos de dispensa, se comprovado superfaturamento, respondem solidariamente pelo dano causado à Fazenda Pública o fornecedor ou o prestador de serviços e o agente público responsável, sem prejuízo de outras sanções legais cabíveis.

Art. 26. As dispensas previstas nos §§ 2º e 4º do art. 17 e no inciso III e seguintes do art. 24, as situações de inexigibilidade referidas no art. 25, necessariamente justificadas, e o retardamento previsto no final do parágrafo único do art. 8º desta Lei deverão ser comunicados, dentro de 3 (três) dias, à autoridade superior, para ratificação e publicação na imprensa oficial, no prazo de 5 (cinco) dias, como condição para a eficácia dos atos.

Parágrafo único. O processo de dispensa, de inexigibilidade ou de retardamento, previsto neste artigo, será instruído, no que couber, com os seguintes elementos:

I. caracterização da situação emergencial, calamitosa ou de grave e iminente risco à segurança pública que justifique a dispensa, quando for o caso;

II. razão da escolha do fornecedor ou executante;

III. justificativa do preço.

IV. documento de aprovação dos projetos de pesquisa aos quais os bens serão alocados.

Seção II - Da Habilitação

Art. 27. Para a habilitação nas licitações exigir-se-á dos interessados, exclusivamente, documentação relativa a:

I. habilitação jurídica;

II. qualificação técnica;

III. qualificação econômico-financeira;

IV. regularidade fiscal e trabalhista;

V. cumprimento do disposto no inciso XXXIII do art. 7º da Constituição Federal.

Art. 28. A documentação relativa à habilitação jurídica, conforme o caso, consistirá em:

I. cédula de identidade;

II. registro comercial, no caso de empresa individual;

III. ato constitutivo, estatuto ou contrato social em vigor, devidamente registrado, em se tratando de sociedades comerciais, e, no caso de sociedades por ações, acompanhado de documentos de eleição de seus administradores;

IV. inscrição do ato constitutivo, no caso de sociedades civis, acompanhada de prova de diretoria em exercício;

V. decreto de autorização, em se tratando de empresa ou sociedade estrangeira em funcionamento no País, e ato de registro ou autorização para funcionamento expedido pelo órgão competente, quando a atividade assim o exigir.

Art. 29. A documentação relativa à regularidade fiscal e trabalhista, conforme o caso, consistirá em:

I. prova de inscrição no Cadastro de Pessoas Físicas (CPF) ou no Cadastro Geral de Contribuintes (CGC);

Anotações

II. prova de inscrição no cadastro de contribuintes estadual ou municipal, se houver, relativo ao domicílio ou sede do licitante, pertinente ao seu ramo de atividade e compatível com o objeto contratual;

III. prova de regularidade para com a Fazenda Federal, Estadual e Municipal do domicílio ou sede do licitante, ou outra equivalente, na forma da lei;

IV. prova de regularidade relativa à Seguridade Social e ao Fundo de Garantia por Tempo de Serviço (FGTS), demonstrando situação regular no cumprimento dos encargos sociais instituídos por lei.

V. prova de inexistência de débitos inadimplidos perante a Justiça do Trabalho, mediante a apresentação de certidão negativa, nos termos do Título VII-A da Consolidação das Leis do Trabalho, aprovada pelo Decreto-Lei no 5.452, de 1º de maio de 1943.

Art. 30. A documentação relativa à qualificação técnica limitar-se-á a:

I. registro ou inscrição na entidade profissional competente;

II. comprovação de aptidão para desempenho de atividade pertinente e compatível em características, quantidades e prazos com o objeto da licitação, e indicação das instalações e do aparelhamento e do pessoal técnico adequados e disponíveis para a realização do objeto da licitação, bem como da qualificação de cada um dos membros da equipe técnica que se responsabilizará pelos trabalhos;

III. comprovação, fornecida pelo órgão licitante, de que recebeu os documentos, e, quando exigido, de que tomou conhecimento de todas as informações e das condições locais para o cumprimento das obrigações objeto da licitação;

IV. prova de atendimento de requisitos previstos em lei especial, quando for o caso.

§ 1º A comprovação de aptidão referida no inciso II do «caput» deste artigo, no caso das licitações pertinentes a obras e serviços, será feita por atestados fornecidos por pessoas jurídicas de direito público ou privado, devidamente registrados nas entidades profissionais competentes, limitadas as exigências a:

I. capacitação técnico-profissional: comprovação do licitante de possuir em seu quadro permanente, na data prevista para entrega da proposta, profissional de nível superior ou outro devidamente reconhecido pela entidade competente, detentor de atestado de responsabilidade técnica por execução de obra ou serviço de características semelhantes, limitadas estas exclusivamente às parcelas de maior relevância e valor significativo do objeto da licitação, vedadas as exigências de quantidades mínimas ou prazos máximos;

II. (Vetado).

a) (Vetado).

b) (Vetado).

§ 2º As parcelas de maior relevância técnica e de valor significativo, mencionadas no parágrafo anterior, serão definidas no instrumento convocatório.

§ 3º Será sempre admitida a comprovação de aptidão através de certidões ou atestados de obras ou serviços similares de complexidade tecnológica e operacional equivalente ou superior.

§ 4º Nas licitações para fornecimento de bens, a comprovação de aptidão, quando for o caso, será feita através de atestados fornecidos por pessoa jurídica de direito público ou privado.

§ 5º É vedada a exigência de comprovação de atividade ou de aptidão com limitações de tempo ou de época ou ainda em locais específicos, ou quaisquer outras não previstas nesta Lei, que inibam a participação na licitação.

§ 6º As exigências mínimas relativas a instalações de canteiros, máquinas, equipamentos e pessoal técnico especializado, considerados essenciais para o cumprimento do objeto da licitação, serão atendidas mediante a apresentação de relação explícita e da declaração formal da sua disponibilidade, sob as penas cabíveis, vedada as exigências de propriedade e de localização prévia.

§ 7º (Vetado).

I. (Vetado).

II. (Vetado).

§ 8º No caso de obras, serviços e compras de grande vulto, de alta complexidade técnica, poderá a Administração exigir dos licitantes a metodologia de execução, cuja avaliação, para efeito de sua aceitação ou não, antecederá sempre à análise dos preços e será efetuada exclusivamente por critérios objetivos.

§ 9º Entende-se por licitação de alta complexidade técnica aquela que envolva alta especialização, como fator de extrema relevância para garantir a execução do objeto a ser contratado, ou que possa comprometer a continuidade da prestação de serviços públicos essenciais.

§ 10. Os profissionais indicados pelo licitante para fins de comprovação da capacitação técnico-operacional de que trata o inciso I do § 1º deste artigo deverão participar da obra ou serviço objeto da licitação, admitindo-se a substituição por profissionais de experiência equivalente ou superior, desde que aprovada pela administração.

§ 11. (Vetado).

§ 12. (Vetado).

Art. 31. A documentação relativa à qualificação econômico-financeira limitar-se-á a:

I. balanço patrimonial e demonstrações contábeis do último exercício social, já exigíveis e apresentados na forma da lei, que comprovem a boa situação financeira da empresa, vedada a sua substituição por balancetes ou balanços provisórios, podendo ser atualizados por índices oficiais quando encerrado há mais de 3 (três) meses da data de apresentação da proposta;

II. certidão negativa de falência ou concordata expedida pelo distribuidor da sede da pessoa jurídica, ou de execução patrimonial, expedida no domicílio da pessoa física;

III. garantia, nas mesmas modalidades e critérios previstos no «caput» e § 1º do art. 56 desta Lei, limitada a 1% (um por cento) do valor estimado do objeto da contratação.

§ 1º A exigência de índices limitar-se-á à demonstração da capacidade financeira do licitante com vistas aos compromissos que terá que assumir caso lhe seja adjudicado o contrato, vedada a exigência de valores mínimos de faturamento anterior, índices de rentabilidade ou lucratividade.

§ 2º A Administração, nas compras para entrega futura e na execução de obras e serviços, poderá estabelecer, no instrumento convocatório da licitação, a exigência de capital mínimo ou de patrimônio líquido mínimo, ou ainda as garantias previstas no § 1º do art. 56 desta Lei, como dado objetivo de comprovação da qualificação econômico-financeira dos licitantes e para efeito de garantia ao adimplemento do contrato a ser ulteriormente celebrado.

§ 3º O capital mínimo ou o valor do patrimônio líquido a que se refere o parágrafo anterior não poderá exceder a 10% (dez por cento) do valor estimado da contratação, devendo a comprovação ser feita relativamente à data da apresentação da proposta, na forma da lei, admitida a atualização para esta data através de índices oficiais.

§ 4º Poderá ser exigida, ainda, a relação dos compromissos assumidos pelo licitante que importem diminuição da capacidade operativa ou absorção de disponibilidade financeira, calculada esta em função do patrimônio líquido atualizado e sua capacidade de rotação.

§ 5º A comprovação de boa situação financeira da empresa será feita de forma objetiva, através do cálculo de índices contábeis previstos no edital e devidamente justificados no processo administrativo da licitação que tenha dado início ao certame licitatório, vedada a exigência de índices e valores não usualmente adotados para correta avaliação de situação financeira suficiente ao cumprimento das obrigações decorrentes da licitação.

§ 6º (Vetado).

Art. 32. Os documentos necessários à habilitação poderão ser apresentados em original, por qualquer processo de cópia autenticada por cartório competente ou por servidor da administração ou publicação em órgão da imprensa oficial.

§ 1º A documentação de que tratam os arts. 28 a 31 desta Lei poderá ser dispensada, no todo ou em parte, nos casos de convite, concurso, fornecimento de bens para pronta entrega e leilão.

§ 2º O certificado de registro cadastral a que se refere o § 1º do art. 36 substitui os documentos enumerados nos arts. 28 a 31, quanto às informações disponibilizadas em sistema informatizado de consulta direta indicado no edital, obrigando-se a parte a declarar, sob as penalidades legais, a superveniência de fato impeditivo da habilitação.

§ 3º A documentação referida neste artigo poderá ser substituída por registro cadastral emitido por órgão ou entidade pública, desde que previsto no edital e o registro tenha sido feito em obediência ao disposto nesta Lei.

§ 4º As empresas estrangeiras que não funcionem no País, tanto quanto possível, atenderão, nas licitações internacionais, às exigências dos parágrafos anteriores mediante documentos equivalentes, autenticados pelos respectivos consulados e traduzidos por tradutor juramentado, devendo ter representação legal no Brasil com poderes expressos para receber citação e responder administrativa ou judicialmente.

§ 5º Não se exigirá, para a habilitação de que trata este artigo, prévio recolhimento de taxas ou emolumentos, salvo os referentes a fornecimento do edital, quando solicitado, com os seus elementos constitutivos, limitados ao valor do custo efetivo de reprodução gráfica da documentação fornecida.

§ 6º O disposto no § 4º deste artigo, no § 1º do art. 33 e no § 2º do art. 55, não se aplica às licitações internacionais para a aquisição de bens e serviços cujo pagamento seja feito com o produto de financiamento concedido por organismo financeiro internacional de que o Brasil faça parte, ou por agência estrangeira de cooperação, nem nos casos de contratação com empresa estrangeira, para a compra de equipamentos fabricados e entregues no exterior, desde que para este caso tenha havido prévia autorização do Chefe do Poder Executivo, nem nos casos de aquisição de bens e serviços realizada por unidades administrativas com sede no exterior.

§ 7º A documentação de que tratam os arts. 28 a 31 e este artigo poderá ser dispensada, nos termos de regulamento, no todo ou em parte, para a contratação de produto para pesquisa e desenvolvimento, desde que para pronta entrega ou até o valor previsto na alínea "a" do inciso II do caput do art. 23.

Art. 33. Quando permitida na licitação a participação de empresas em consórcio, observar-se-ão as seguintes normas:

I. comprovação do compromisso público ou particular de constituição de consórcio, subscrito pelos consorciados;

II. indicação da empresa responsável pelo consórcio que deverá atender às condições de liderança, obrigatoriamente fixadas no edital;

III. apresentação dos documentos exigidos nos arts. 28 a 31 desta Lei por parte de cada consorciado, admitindo-se, para efeito de qualificação técnica, o somatório dos quantitativos de cada consorciado, e, para efeito de qualificação econômico-financeira, o somatório dos valores de cada consorciado, na proporção de sua respectiva participação, podendo a Administração estabelecer, para o consórcio, um acréscimo de até 30% (trinta por cento) dos valores exigidos para licitante individual, inexigível este acréscimo para os consórcios compostos, em sua totalidade, por micro e pequenas empresas assim definidas em lei;

Anotações

Anotações

Anotações

IV. impedimento de participação de empresa consorciada, na mesma licitação, através de mais de um consórcio ou isoladamente;

V. responsabilidade solidária dos integrantes pelos atos praticados em consórcio, tanto na fase de licitação quanto na de execução do contrato.

§ 1º No consórcio de empresas brasileiras e estrangeiras a liderança caberá, obrigatoriamente, à empresa brasileira, observado o disposto no inciso II deste artigo.

§ 2º O licitante vencedor fica obrigado a promover, antes da celebração do contrato, a constituição e o registro do consórcio, nos termos do compromisso referido no inciso I deste artigo.

Seção III - Dos Registros Cadastrais

Art. 34. Para os fins desta Lei, os órgãos e entidades da Administração Pública que realizem frequentemente licitações manterão registros cadastrais para efeito de habilitação, na forma regulamentar, válidos por, no máximo, um ano.

§ 1º O registro cadastral deverá ser amplamente divulgado e deverá estar permanentemente aberto aos interessados, obrigando-se a unidade por ele responsável a proceder, no mínimo anualmente, através da imprensa oficial e de jornal diário, a chamamento público para a atualização dos registros existentes e para o ingresso de novos interessados.

§ 2º É facultado às unidades administrativas utilizarem-se de registros cadastrais de outros órgãos ou entidades da Administração Pública.

Art. 35. Ao requerer inscrição no cadastro, ou atualização deste, a qualquer tempo, o interessado fornecerá os elementos necessários à satisfação das exigências do art. 27 desta Lei.

Art. 36. Os inscritos serão classificados por categorias, tendo-se em vista sua especialização, subdivididas em grupos, segundo a qualificação técnica e econômica avaliada pelos elementos constantes da documentação relacionada nos arts. 30 e 31 desta Lei.

§ 1º Aos inscritos será fornecido certificado, renovável sempre que atualizarem o registro.

§ 2º A atuação do licitante no cumprimento de obrigações assumidas será anotada no respectivo registro cadastral.

Art. 37. A qualquer tempo poderá ser alterado, suspenso ou cancelado o registro do inscrito que deixar de satisfazer as exigências do art. 27 desta Lei, ou as estabelecidas para classificação cadastral.

Seção IV - Do Procedimento e Julgamento

Art. 38. O procedimento da licitação será iniciado com a abertura de processo administrativo, devidamente autuado, protocolado e numerado, contendo a autorização respectiva, a indicação sucinta de seu objeto e do recurso próprio para a despesa, e ao qual serão juntados oportunamente:

I. edital ou convite e respectivos anexos, quando for o caso;

II. comprovante das publicações do edital resumido, na forma do art. 21 desta Lei, ou da entrega do convite;

III. ato de designação da comissão de licitação, do leiloeiro administrativo ou oficial, ou do responsável pelo convite;

IV. original das propostas e dos documentos que as instruírem;

V. atas, relatórios e deliberações da Comissão Julgadora;

VI. pareceres técnicos ou jurídicos emitidos sobre a licitação, dispensa ou inexigibilidade;

VII. atos de adjudicação do objeto da licitação e da sua homologação;

VIII. recursos eventualmente apresentados pelos licitantes e respectivas manifestações e decisões;

IX. despacho de anulação ou de revogação da licitação, quando for o caso, fundamentado circunstanciadamente;

Anotações

X. termo de contrato ou instrumento equivalente, conforme o caso;

XI. outros comprovantes de publicações;

XII. demais documentos relativos à licitação.

Parágrafo único. As minutas de editais de licitação, bem como as dos contratos, acordos, convênios ou ajustes devem ser previamente examinadas e aprovadas por assessoria jurídica da Administração.

Art. 39. Sempre que o valor estimado para uma licitação ou para um conjunto de licitações simultâneas ou sucessivas for superior a 100 (cem) vezes o limite previsto no art. 23, inciso I, alínea «c» desta Lei, o processo licitatório será iniciado, obrigatoriamente, com uma audiência pública concedida pela autoridade responsável com antecedência mínima de 15 (quinze) dias úteis da data prevista para a publicação do edital, e divulgada, com a antecedência mínima de 10 (dez) dias úteis de sua realização, pelos mesmos meios previstos para a publicidade da licitação, à qual terão acesso e direito a todas as informações pertinentes e a se manifestar todos os interessados.

Parágrafo único. Para os fins deste artigo, consideram-se licitações simultâneas aquelas com objetos similares e com realização prevista para intervalos não superiores a trinta dias e licitações sucessivas aquelas em que, também com objetos similares, o edital subsequente tenha uma data anterior a cento e vinte dias após o término do contrato resultante da licitação antecedente.

Art. 40. O edital conterá no preâmbulo o número de ordem em série anual, o nome da repartição interessada e de seu setor, a modalidade, o regime de execução e o tipo da licitação, a menção de que será regida por esta Lei, o local, dia e hora para recebimento da documentação e proposta, bem como para início da abertura dos envelopes, e indicará, obrigatoriamente, o seguinte:

I. objeto da licitação, em descrição sucinta e clara;

II. prazo e condições para assinatura do contrato ou retirada dos instrumentos, como previsto no art. 64 desta Lei, para execução do contrato e para entrega do objeto da licitação;

III. sanções para o caso de inadimplemento;

IV. local onde poderá ser examinado e adquirido o projeto básico;

V. se há projeto executivo disponível na data da publicação do edital de licitação e o local onde possa ser examinado e adquirido;

VI. condições para participação na licitação, em conformidade com os arts. 27 a 31 desta Lei, e forma de apresentação das propostas;

VII. critério para julgamento, com disposições claras e parâmetros objetivos;

VIII. locais, horários e códigos de acesso dos meios de comunicação à distância em que serão fornecidos elementos, informações e esclarecimentos relativos à licitação e às condições para atendimento das obrigações necessárias ao cumprimento de seu objeto;

IX. condições equivalentes de pagamento entre empresas brasileiras e estrangeiras, no caso de licitações internacionais;

X. o critério de aceitabilidade dos preços unitário e global, conforme o caso, permitida a fixação de preços máximos e vedados a fixação de preços mínimos, critérios estatísticos ou faixas de variação em relação a preços de referência, ressalvado o disposto nos parágrafos 1º e 2º do art. 48;

XI. critério de reajuste, que deverá retratar a variação efetiva do custo de produção, admitida a adoção de índices específicos ou setoriais, desde a data prevista para apresentação da proposta, ou do orçamento a que essa proposta se referir, até a data do adimplemento de cada parcela;

XII. (Vetado).

XIII. limites para pagamento de instalação e mobilização para execução de obras ou serviços que serão obrigatoriamente previstos em separado das demais parcelas, etapas ou tarefas;

XIV. condições de pagamento, prevendo:

a) prazo de pagamento não superior a trinta dias, contado a partir da data final do período de adimplemento de cada parcela;

b) cronograma de desembolso máximo por período, em conformidade com a disponibilidade de recursos financeiros;

c) critério de atualização financeira dos valores a serem pagos, desde a data final do período de adimplemento de cada parcela até a data do efetivo pagamento;

d) compensações financeiras e penalizações, por eventuais atrasos, e descontos, por eventuais antecipações de pagamentos;

e) exigência de seguros, quando for o caso;

XV. instruções e normas para os recursos previstos nesta Lei;

XVI. condições de recebimento do objeto da licitação;

XVII. outras indicações específicas ou peculiares da licitação.

§ 1º O original do edital deverá ser datado, rubricado em todas as folhas e assinado pela autoridade que o expedir, permanecendo no processo de licitação, e dele extraindo-se cópias integrais ou resumidas, para sua divulgação e fornecimento aos interessados.

§ 2º Constituem anexos do edital, dele fazendo parte integrante:

I. o projeto básico e/ou executivo, com todas as suas partes, desenhos, especificações e outros complementos;

II. orçamento estimado em planilhas de quantitativos e preços unitários;

III. a minuta do contrato a ser firmado entre a Administração e o licitante vencedor;

IV. as especificações complementares e as normas de execução pertinentes à licitação.

§ 3º Para efeito do disposto nesta Lei, considera-se como adimplemento da obrigação contratual a prestação do serviço, a realização da obra, a entrega do bem ou de parcela destes, bem como qualquer outro evento contratual a cuja ocorrência esteja vinculada a emissão de documento de cobrança.

§ 4º Nas compras para entrega imediata, assim entendidas aquelas com prazo de entrega até trinta dias da data prevista para apresentação da proposta, poderão ser dispensadas:

I. o disposto no inciso XI deste artigo;

II. a atualização financeira a que se refere a alínea «c» do inciso XIV deste artigo, correspondente ao período compreendido entre as datas do adimplemento e a prevista para o pagamento, desde que não superior a quinze dias.

§ 5º A Administração Pública poderá, nos editais de licitação para a contratação de serviços, exigir da contratada que um percentual mínimo de sua mão de obra seja oriundo ou egresso do sistema prisional, com a finalidade de ressocializaçãodo reeducando, na forma estabelecida em regulamento.

Art. 41. A Administração não pode descumprir as normas e condições do edital, ao qual se acha estritamente vinculada.

§ 1º Qualquer cidadão é parte legítima para impugnar edital de licitação por irregularidade na aplicação desta Lei, devendo protocolar o pedido até 5 (cinco) dias úteis antes da data fixada para a abertura dos envelopes de habilitação, devendo a Administração julgar e responder à impugnação em até 3 (três) dias úteis, sem prejuízo da faculdade prevista no § 1º do art. 113.

§ 2º Decairá do direito de impugnar os termos do edital de licitação perante a administração o licitante que não o fizer até o segundo dia útil que anteceder a abertura dos envelopes de habilitação em concorrência, a abertura dos envelopes com as propostas em convite, tomada de preços ou concurso, ou a realização de leilão, as falhas ou irregularidades que viciariam esse edital, hipótese em que tal comunicação não terá efeito de recurso.

§ 3º A impugnação feita tempestivamente pelo licitante não o impedirá de participar do processo licitatório até o trânsito em julgado da decisão a ela pertinente.

§ 4º A inabilitação do licitante importa preclusão do seu direito de participar das fases subsequentes.

Art. 42. Nas concorrências de âmbito internacional, o edital deverá ajustar-se às diretrizes da política monetária e do comércio exterior e atender às exigências dos órgãos competentes.

§ 1º Quando for permitido ao licitante estrangeiro cotar preço em moeda estrangeira, igualmente o poderá fazer o licitante brasileiro.

§ 2º O pagamento feito ao licitante brasileiro eventualmente contratado em virtude da licitação de que trata o parágrafo anterior será efetuado em moeda brasileira, à taxa de câmbio vigente no dia útil imediatamente anterior à data do efetivo pagamento.

§ 3º As garantias de pagamento ao licitante brasileiro serão equivalentes àquelas oferecidas ao licitante estrangeiro.

§ 4º Para fins de julgamento da licitação, as propostas apresentadas por licitantes estrangeiros serão acrescidas dos gravames consequentes dos mesmos tributos que oneram exclusivamente os licitantes brasileiros quanto à operação final de venda.

§ 5º Para a realização de obras, prestação de serviços ou aquisição de bens com recursos provenientes de financiamento ou doação oriundos de agência oficial de cooperação estrangeira ou organismo financeiro multilateral de que o Brasil seja parte, poderão ser admitidas, na respectiva licitação, as condições decorrentes de acordos, protocolos, convenções ou tratados internacionais aprovados pelo Congresso Nacional, bem como as normas e procedimentos daquelas entidades, inclusive quanto ao critério de seleção da proposta mais vantajosa para a administração, o qual poderá contemplar, além do preço, outros fatores de avaliação, desde que por elas exigidos para a obtenção do financiamento ou da doação, e que também não conflitem com o princípio do julgamento objetivo e sejam objeto de despacho motivado do órgão executor do contrato, despacho esse ratificado pela autoridade imediatamente superior.

§ 6º As cotações de todos os licitantes serão para entrega no mesmo local de destino.

Art. 43. A licitação será processada e julgada com observância dos seguintes procedimentos:

I. abertura dos envelopes contendo a documentação relativa à habilitação dos concorrentes, e sua apreciação;

II. devolução dos envelopes fechados aos concorrentes inabilitados, contendo as respectivas propostas, desde que não tenha havido recurso ou após sua denegação;

III. abertura dos envelopes contendo as propostas dos concorrentes habilitados, desde que transcorrido o prazo sem interposição de recurso, ou tenha havido desistência expressa, ou após o julgamento dos recursos interpostos;

IV. verificação da conformidade de cada proposta com os requisitos do edital e, conforme o caso, com os preços correntes no mercado ou fixados por órgão oficial competente, ou ainda com os constantes do sistema de registro de preços, os quais deverão ser devidamente registrados na ata de julgamento, promovendo-se a desclassificação das propostas desconformes ou incompatíveis;

V. julgamento e classificação das propostas de acordo com os critérios de avaliação constantes do edital;

VI. deliberação da autoridade competente quanto à homologação e adjudicação do objeto da licitação.

Anotações

Anotações

Anotações

§ 1º A abertura dos envelopes contendo a documentação para habilitação e as propostas será realizada sempre em ato público previamente designado, do qual se lavrará ata circunstanciada, assinada pelos licitantes presentes e pela Comissão.

§ 2º Todos os documentos e propostas serão rubricados pelos licitantes presentes e pela Comissão.

§ 3º É facultada à Comissão ou autoridade superior, em qualquer fase da licitação, a promoção de diligência destinada a esclarecer ou a complementar a instrução do processo, vedada a inclusão posterior de documento ou informação que deveria constar originariamente da proposta.

§ 4º O disposto neste artigo aplica-se à concorrência e, no que couber, ao concurso, ao leilão, à tomada de preços e ao convite.

§ 5º Ultrapassada a fase de habilitação dos concorrentes (incisos I e II) e abertas as propostas (inciso III), não cabe desclassificá-los por motivo relacionado com a habilitação, salvo em razão de fatos supervenientes ou só conhecidos após o julgamento.

§ 6º Após a fase de habilitação, não cabe desistência de proposta, salvo por motivo justo decorrente de fato superveniente e aceito pela Comissão.

Art. 44. No julgamento das propostas, a Comissão levará em consideração os critérios objetivos definidos no edital ou convite, os quais não devem contrariar as normas e princípios estabelecidos por esta Lei.

§ 1º É vedada a utilização de qualquer elemento, critério ou fator sigiloso, secreto, subjetivo ou reservado que possa ainda que indiretamente elidir o princípio da igualdade entre os licitantes.

§ 2º Não se considerará qualquer oferta de vantagem não prevista no edital ou no convite, inclusive financiamentos subsidiados ou a fundo perdido, nem preço ou vantagem baseada nas ofertas dos demais licitantes.

§ 3º Não se admitirá proposta que apresente preços global ou unitários simbólicos, irrisórios ou de valor zero, incompatíveis com os preços dos insumos e salários de mercado, acrescidos dos respectivos encargos, ainda que o ato convocatório da licitação não tenha estabelecido limites mínimos, exceto quando se referirem a materiais e instalações de propriedade do próprio licitante, para os quais ele renuncie a parcela ou à totalidade da remuneração.

§ 4º O disposto no parágrafo anterior aplica-se também às propostas que incluam mão-de-obra estrangeira ou importações de qualquer natureza.

Art. 45. O julgamento das propostas será objetivo, devendo a Comissão de licitação ou o responsável pelo convite realizá-lo em conformidade com os tipos de licitação, os critérios previamente estabelecidos no ato convocatório e de acordo com os fatores exclusivamente nele referidos, de maneira a possibilitar sua aferição pelos licitantes e pelos órgãos de controle.

§ 1º Para os efeitos deste artigo, constituem tipos de licitação, exceto na modalidade concurso:

I. a de menor preço. quando o critério de seleção da proposta mais vantajosa para a Administração determinar que será vencedor o licitante que apresentar a proposta de acordo com as especificações do edital ou convite e ofertar o menor preço;

II. a de melhor técnica;

III. a de técnica e preço.

IV. a de maior lance ou oferta. nos casos de alienação de bens ou concessão de direito real de uso.

§ 2º No caso de empate entre duas ou mais propostas, e após obedecido o disposto no § 2º do art. 3º desta Lei, a classificação se fará, obrigatoriamente, por sorteio, em ato público, para o qual todos os licitantes serão convocados, vedado qualquer outro processo.

Anotações

§ 3º No caso da licitação do tipo «menor preço», entre os licitantes considerados qualificados a classificação se dará pela ordem crescente dos preços propostos, prevalecendo, no caso de empate, exclusivamente o critério previsto no parágrafo anterior.

§ 4º Para contratação de bens e serviços de informática, a administração observará o disposto no art. 3º da Lei no 8.248, de 23 de outubro de 1991, levando em conta os fatores especificados em seu parágrafo 2º e adotando obrigatoriamento o tipo de licitação «técnica e preço», permitido o emprego de outro tipo de licitação nos casos indicados em decreto do Poder Executivo.

§ 5º É vedada a utilização de outros tipos de licitação não previstos neste artigo.

§ 6º Na hipótese prevista no art. 23, § 7º, serão selecionadas tantas propostas quantas necessárias até que se atinja a quantidade demandada na licitação.

Art. 46. Os tipos de licitação «melhor técnica» ou «técnica e preço» serão utilizados exclusivamente para serviços de natureza predominantemente intelectual, em especial na elaboração de projetos, cálculos, fiscalização, supervisão e gerenciamento e de engenharia consultiva em geral e, em particular, para a elaboração de estudos técnicos preliminares e projetos básicos e executivos, ressalvado o disposto no § 4º do artigo anterior.

§ 1º Nas licitações do tipo «melhor técnica» será adotado o seguinte procedimento claramente explicitado no instrumento convocatório, o qual fixará o preço máximo que a Administração se propõe a pagar:

I. serão abertos os envelopes contendo as propostas técnicas exclusivamente dos licitantes previamente qualificados e feita então a avaliação e classificação destas propostas de acordo com os critérios pertinentes e adequados ao objeto licitado, definidos com clareza e objetividade no instrumento convocatório e que considerem a capacitação e a experiência do proponente, a qualidade técnica da proposta, compreendendo metodologia, organização, tecnologias e recursos materiais a serem utilizados nos trabalhos, e a qualificação das equipes técnicas a serem mobilizadas para a sua execução;

II. uma vez classificadas as propostas técnicas, proceder-se-á à abertura das propostas de preço dos licitantes que tenham atingido a valorização mínima estabelecida no instrumento convocatório e à negociação das condições propostas, com a proponente melhor classificada, com base nos orçamentos detalhados apresentados e respectivos preços unitários e tendo como referência o limite representado pela proposta de menor preço entre os licitantes que obtiveram a valorização mínima;

III. no caso de impasse na negociação anterior, procedimento idêntico será adotado, sucessivamente, com os demais proponentes, pela ordem de classificação, até a consecução de acordo para a contratação;

IV. as propostas de preços serão devolvidas intactas aos licitantes que não forem preliminarmente habilitados ou que não obtiverem a valorização mínima estabelecida para a proposta técnica.

§ 2º Nas licitações do tipo «técnica e preço» será adotado, adicionalmente ao inciso I do parágrafo anterior, o seguinte procedimento claramente explicitado no instrumento convocatório:

I. será feita a avaliação e a valorização das propostas de preços, de acordo com critérios objetivos preestabelecidos no instrumento convocatório;

II. a classificação dos proponentes far-se-á de acordo com a média ponderada das valorizações das propostas técnicas e de preço, de acordo com os pesos preestabelecidos no instrumento convocatório.

§ 3º Excepcionalmente, os tipos de licitação previstos neste artigo poderão ser adotados, por autorização expressa e mediante justificativa circunstanciada da maior autoridade da Administração promotora constante do ato convocatório, para fornecimento de bens e execução de obras ou prestação de serviços de grande vulto majoritariamente dependentes de tecnologia nitidamente sofisticada e de domínio restrito, atestado por autoridades técnicas de reconhecida qualificação, nos casos em que o objeto pretendido admitir soluções alternativas e variações de execução, com repercussões significativas sobre sua qualidade, produtividade, rendimento e durabilidade concretamente mensuráveis, e estas puderem ser adotadas à livre escolha dos licitantes, na conformidade dos critérios objetivamente fixados no ato convocatório.

§ 4º (Vetado).

Art. 47. Nas licitações para a execução de obras e serviços, quando for adotada a modalidade de execução de empreitada por preço global, a Administração deverá fornecer obrigatoriamente, junto com o edital, todos os elementos e informações necessários para que os licitantes possam elaborar suas propostas de preços com total e completo conhecimento do objeto da licitação.

Art. 48. Serão desclassificadas:

I. as propostas que não atendam às exigências do ato convocatório da licitação;

II. propostas com valor global superior ao limite estabelecido ou com preços manifestamente inexequíveis, assim considerados aqueles que não venham a ter demonstrada sua viabilidade através de documentação que comprove que os custos dos insumos são coerentes com os de mercado e que os coeficientes de produtividade são compatíveis com a execução do objeto do contrato, condições estas necessariamente especificadas no ato convocatório da licitação.

§ 1º Para os efeitos do disposto no inciso II deste artigo consideram-se manifestamente inexequíveis, no caso de licitações de menor preço para obras e serviços de engenharia, as propostas cujos valores sejam inferiores a 70% (setenta por cento) do menor dos seguintes valores:

a) média aritmética dos valores das propostas superiores a 50% (cinquenta por cento) do valor orçado pela administração, ou

b) valor orçado pela administração.

§ 2º Dos licitantes classificados na forma do parágrafo anterior cujo valor global da proposta for inferior a 80% (oitenta por cento) do menor valor a que se referem as alíneas «a» e «b», será exigida, para a assinatura do contrato, prestação de garantia adicional, dentre as modalidades previstas no § 1º do art. 56, igual a diferença entre o valor resultante do parágrafo anterior e o valor da correspondente proposta.

§ 3º Quando todos os licitantes forem inabilitados ou todas as propostas forem desclassificadas, a administração poderá fixar aos licitantes o prazo de oito dias úteis para a apresentação de nova documentação ou de outras propostas escoimadas das causas referidas neste artigo, facultada, no caso de convite, a redução deste prazo para três dias úteis.

Art. 49. A autoridade competente para a aprovação do procedimento somente poderá revogar a licitação por razões de interesse público decorrente de fato superveniente devidamente comprovado, pertinente e suficiente para justificar tal conduta, devendo anulá-la por ilegalidade, de ofício ou por provocação de terceiros, mediante parecer escrito e devidamente fundamentado.

§ 1º A anulação do procedimento licitatório por motivo de ilegalidade não gera obrigação de indenizar, ressalvado o disposto no parágrafo único do art. 59 desta Lei.

§ 2º A nulidade do procedimento licitatório induz à do contrato, ressalvado o disposto no parágrafo único do art. 59 desta Lei.

§ 3º No caso de desfazimento do processo licitatório, fica assegurado o contraditório e a ampla defesa.

§ 4º O disposto neste artigo e seus parágrafos aplica-se aos atos do procedimento de dispensa e de inexigibilidade de licitação.

Anotações

Art. 50. A Administração não poderá celebrar o contrato com preterição da ordem de classificação das propostas ou com terceiros estranhos ao procedimento licitatório, sob pena de nulidade.

Art. 51. A habilitação preliminar, a inscrição em registro cadastral, a sua alteração ou cancelamento, e as propostas serão processadas e julgadas por comissão permanente ou especial de, no mínimo, 3 (três) membros, sendo pelo menos 2 (dois) deles servidores qualificados pertencentes aos quadros permanentes dos órgãos da Administração responsáveis pela licitação.

§ 1º No caso de convite, a Comissão de licitação, excepcionalmente, nas pequenas unidades administrativas e em face da exiguidade de pessoal disponível, poderá ser substituída por servidor formalmente designado pela autoridade competente.

§ 2º A Comissão para julgamento dos pedidos de inscrição em registro cadastral, sua alteração ou cancelamento, será integrada por profissionais legalmente habilitados no caso de obras, serviços ou aquisição de equipamentos.

§ 3º Os membros das Comissões de licitação responderão solidariamente por todos os atos praticados pela Comissão, salvo se posição individual divergente estiver devidamente fundamentada e registrada em ata lavrada na reunião em que tiver sido tomada a decisão.

§ 4º A investidura dos membros das Comissões permanentes não excederá a 1 (um) ano, vedada a recondução da totalidade de seus membros para a mesma comissão no período subsequente.

§ 5º No caso de concurso, o julgamento será feito por uma comissão especial integrada por pessoas de reputação ilibada e reconhecido conhecimento da matéria em exame, servidores públicos ou não.

Art. 52. O concurso a que se refere o § 4º do art. 22 desta Lei deve ser precedido de regulamento próprio, a ser obtido pelos interessados no local indicado no edital.

§ 1º O regulamento deverá indicar:

I. a qualificação exigida dos participantes;

II. as diretrizes e a forma de apresentação do trabalho;

III. as condições de realização do concurso e os prêmios a serem concedidos.

§ 2º Em se tratando de projeto, o vencedor deverá autorizar a Administração a executá-lo quando julgar conveniente.

Art. 53. O leilão pode ser cometido a leiloeiro oficial ou a servidor designado pela Administração, procedendo-se na forma da legislação pertinente.

§ 1º Todo bem a ser leiloado será previamente avaliado pela Administração para fixação do preço mínimo de arrematação.

§ 2º Os bens arrematados serão pagos à vista ou no percentual estabelecido no edital, não inferior a 5% (cinco por cento) e, após a assinatura da respectiva ata lavrada no local do leilão, imediatamente entregues ao arrematante, o qual se obrigará ao pagamento do restante no prazo estipulado no edital de convocação, sob pena de perder em favor da Administração o valor já recolhido.

§ 3º Nos leilões internacionais, o pagamento da parcela à vista poderá ser feito em até vinte e quatro horas.

§ 4º O edital de leilão deve ser amplamente divulgado, principalmente no município em que se realizará.

Capítulo III - Dos Contratos

Seção I - Disposições Preliminares

Art. 54. Os contratos administrativos de que trata esta Lei regulam-se pelas suas cláusulas e pelos preceitos de direito público, aplicando-se-lhes, supletivamente, os princípios da teoria geral dos contratos e as disposições de direito privado.

§ 1º Os contratos devem estabelecer com clareza e precisão as condições para sua execução, expressas em cláusulas que definam os direitos, obrigações e responsabilidades das partes, em conformidade com os termos da licitação e da proposta a que se vinculam.

Anotações

Anotações

§ 2º Os contratos decorrentes de dispensa ou de inexigibilidade de licitação devem atender aos termos do ato que os autorizou e da respectiva proposta.

Art. 55. São cláusulas necessárias em todo contrato as que estabeleçam:

I. o objeto e seus elementos característicos;

II. o regime de execução ou a forma de fornecimento;

III. o preço e as condições de pagamento, os critérios, data-base e periodicidade do reajustamento de preços, os critérios de atualização monetária entre a data do adimplemento das obrigações e a do efetivo pagamento;

IV. os prazos de início de etapas de execução, de conclusão, de entrega, de observação e de recebimento definitivo, conforme o caso;

V. o crédito pelo qual correrá a despesa, com a indicação da classificação funcional programática e da categoria econômica;

VI. as garantias oferecidas para assegurar sua plena execução, quando exigidas;

VII. os direitos e as responsabilidades das partes, as penalidades cabíveis e os valores das multas;

VIII. os casos de rescisão;

IX. o reconhecimento dos direitos da Administração, em caso de rescisão administrativa prevista no art. 77 desta Lei;

X. as condições de importação, a data e a taxa de câmbio para conversão, quando for o caso;

XI. a vinculação ao edital de licitação ou ao termo que a dispensou ou a inexigiu, ao convite e à proposta do licitante vencedor;

XII. a legislação aplicável à execução do contrato e especialmente aos casos omissos;

XIII. a obrigação do contratado de manter, durante toda a execução do contrato, em compatibilidade com as obrigações por ele assumidas, todas as condições de habilitação e qualificação exigidas na licitação.

§ 1º (Vetado).

§ 2º Nos contratos celebrados pela Administração Pública com pessoas físicas ou jurídicas, inclusive aquelas domiciliadas no estrangeiro, deverá constar necessariamente cláusula que declare competente o foro da sede da Administração para dirimir qualquer questão contratual, salvo o disposto no § 6º do art. 32 desta Lei.

§ 3º No ato da liquidação da despesa, os serviços de contabilidade comunicarão, aos órgãos incumbidos da arrecadação e fiscalização de tributos da União, Estado ou Município, as características e os valores pagos, segundo o disposto no art. 63 da Lei no 4.320, de 17 de março de 1964.

Art. 56. A critério da autoridade competente, em cada caso, e desde que prevista no instrumento convocatório, poderá ser exigida prestação de garantia nas contratações de obras, serviços e compras.

§ 1º Caberá ao contratado optar por uma das seguintes modalidades de garantia:

I. caução em dinheiro ou em títulos da dívida pública, devendo estes ter sido emitidos sob a forma escritural, mediante registro em sistema centralizado de liquidação e de custódia autorizado pelo Banco Central do Brasil e avaliados pelos seus valores econômicos, conforme definido pelo Ministério da Fazenda.

II. seguro-garantia;

III. fiança bancária.

§ 2º A garantia a que se refere o caput deste artigo não excederá a cinco por cento do valor do contrato e terá seu valor atualizado nas mesmas condições daquele, ressalvado o previsto no parágrafo 3º deste artigo.

§ 3º Para obras, serviços e fornecimentos de grande vulto envolvendo alta complexidade técnica e riscos financeiros consideráveis, demonstrados através de parecer tecnicamente aprovado pela autoridade competente, o limite de garantia previsto no parágrafo anterior poderá ser elevado para até dez por cento do valor do contrato.

Anotações

§ 4º A garantia prestada pelo contratado será liberada ou restituída após a execução do contrato e, quando em dinheiro, atualizada monetariamente.

§ 5º Nos casos de contratos que importem na entrega de bens pela Administração, dos quais o contratado ficará depositário, ao valor da garantia deverá ser acrescido o valor desses bens.

Art. 57. A duração dos contratos regidos por esta Lei ficará adstrita à vigência dos respectivos créditos orçamentários, exceto quanto aos relativos:

I. aos projetos cujos produtos estejam contemplados nas metas estabelecidas no Plano Plurianual, os quais poderão ser prorrogados se houver interesse da Administração e desde que isso tenha sido previsto no ato convocatório;

II. à prestação de serviços a serem executados de forma contínua, que poderão ter a sua duração prorrogada por iguais e sucessivos períodos com vistas à obtenção de preços e condições mais vantajosas para a administração, limitada a sessenta meses;

III. (Vetado).

IV. ao aluguel de equipamentos e à utilização de programas de informática, podendo a duração estender-se pelo prazo de até 48 (quarenta e oito) meses após o início da vigência do contrato.

V. às hipóteses previstas nos incisos IX, XIX, XXVIII e XXXI do art. 24, cujos contratos poderão ter vigência por até 120 (cento e vinte) meses, caso haja interesse da administração.

§ 1º Os prazos de início de etapas de execução, de conclusão e de entrega admitem prorrogação, mantidas as demais cláusulas do contrato e assegurada a manutenção de seu equilíbrio econômico-financeiro, desde que ocorra algum dos seguintes motivos, devidamente autuados em processo:

I. alteração do projeto ou especificações, pela Administração;

II. superveniência de fato excepcional ou imprevisível, estranho à vontade das partes, que altere fundamentalmente as condições de execução do contrato;

III. interrupção da execução do contrato ou diminuição do ritmo de trabalho por ordem e no interesse da Administração;

IV. aumento das quantidades inicialmente previstas no contrato, nos limites permitidos por esta Lei;

V. impedimento de execução do contrato por fato ou ato de terceiro reconhecido pela Administração em documento contemporâneo à sua ocorrência;

VI. omissão ou atraso de providências a cargo da Administração, inclusive quanto aos pagamentos previstos de que resulte, diretamente, impedimento ou retardamento na execução do contrato, sem prejuízo das sanções legais aplicáveis aos responsáveis.

§ 2º Toda prorrogação de prazo deverá ser justificada por escrito e previamente autorizada pela autoridade competente para celebrar o contrato.

§ 3º É vedado o contrato com prazo de vigência indeterminado.

§ 4º Em caráter excepcional, devidamente justificado e mediante autorização da autoridade superior, o prazo de que trata o inciso II do caput deste artigo poderá ser prorrogado por até doze meses.

Art. 58. O regime jurídico dos contratos administrativos instituído por esta Lei confere à Administração, em relação a eles, a prerrogativa de:

I. modificá-los, unilateralmente, para melhor adequação às finalidades de interesse público, respeitados os direitos do contratado;

II. rescindi-los, unilateralmente, nos casos especificados no inciso I do art. 79 desta Lei;

III. fiscalizar-lhes a execução;

IV. aplicar sanções motivadas pela inexecução total ou parcial do ajuste;

V. nos casos de serviços essenciais, ocupar provisoriamente bens móveis, imóveis, pessoal e serviços vinculados ao objeto do contrato, na hipótese da necessidade de acautelar apuração administrativa de faltas contratuais pelo contratado, bem como na hipótese de rescisão do contrato administrativo.

§ 1º As cláusulas econômico-financeiras e monetárias dos contratos administrativos não poderão ser alteradas sem prévia concordância do contratado.

§ 2º Na hipótese do inciso I deste artigo, as cláusulas econômico-financeiras do contrato deverão ser revistas para que se mantenha o equilíbrio contratual.

Art. 59. A declaração de nulidade do contrato administrativo opera retroativamente impedindo os efeitos jurídicos que ele, ordinariamente, deveria produzir, além de desconstituir os já produzidos.

Parágrafo único. A nulidade não exonera a Administração do dever de indenizar o contratado pelo que este houver executado até a data em que ela for declarada e por outros prejuízos regularmente comprovados, contanto que não lhe seja imputável, promovendo-se a responsabilidade de quem lhe deu causa.

Seção II - Da Formalização dos Contratos

Art. 60. Os contratos e seus aditamentos serão lavrados nas repartições interessadas, as quais manterão arquivo cronológico dos seus autógrafos e registro sistemático do seu extrato, salvo os relativos a direitos reais sobre imóveis, que se formalizam por instrumento lavrado em cartório de notas, de tudo juntando-se cópia no processo que lhe deu origem.

Parágrafo único. É nulo e de nenhum efeito o contrato verbal com a Administração, salvo o de pequenas compras de pronto pagamento, assim entendidas aquelas de valor não superior a 5% (cinco por cento) do limite estabelecido no art. 23, inciso II, alínea «a» desta Lei, feitas em regime de adiantamento.

Art. 61. Todo contrato deve mencionar os nomes das partes e os de seus representantes, a finalidade, o ato que autorizou a sua lavratura, o número do processo da licitação, da dispensa ou da inexigibilidade, a sujeição dos contratantes às normas desta Lei e às cláusulas contratuais.

Parágrafo único. A publicação resumida do instrumento de contrato ou de seus aditamentos na imprensa oficial, que é condição indispensável para sua eficácia, será providenciada pela Administração até o quinto dia útil do mês seguinte ao de sua assinatura, para ocorrer no prazo de vinte dias daquela data, qualquer que seja o seu valor, ainda que sem ônus, ressalvado o disposto no art. 26 desta Lei.

Art. 62. O instrumento de contrato é obrigatório nos casos de concorrência e de tomada de preços, bem como nas dispensas e inexigibilidades cujos preços estejam compreendidos nos limites destas duas modalidades de licitação, e facultativo nos demais em que a Administração puder substituí-lo por outros instrumentos hábeis, tais como carta-contrato, nota de empenho de despesa, autorização de compra ou ordem de execução de serviço.

§ 1º A minuta do futuro contrato integrará sempre o edital ou ato convocatório da licitação.

§ 2º Em «carta contrato», «nota de empenho de despesa», «autorização de compra», «ordem de execução de serviço» ou outros instrumentos hábeis aplica-se, no que couber, o disposto no art. 55 desta Lei.

§ 3º Aplica-se o disposto nos arts. 55 e 58 a 61 desta Lei e demais normas gerais, no que couber:

I. aos contratos de seguro, de financiamento, de locação em que o Poder Público seja locatário, e aos demais cujo conteúdo seja regido, predominantemente, por norma de direito privado;

Anotações

II. aos contratos em que a Administração for parte como usuária de serviço público.

§ 4º É dispensável o «termo de contrato» e facultada a substituição prevista neste artigo, a critério da Administração e independentemente de seu valor, nos casos de compra com entrega imediata e integral dos bens adquiridos, dos quais não resultem obrigações futuras, inclusive assistência técnica.

Art. 63. É permitido a qualquer licitante o conhecimento dos termos do contrato e do respectivo processo licitatório e, a qualquer interessado, a obtenção de cópia autenticada, mediante o pagamento dos emolumentos devidos.

Art. 64. A Administração convocará regularmente o interessado para assinar o termo de contrato, aceitar ou retirar o instrumento equivalente, dentro do prazo e condições estabelecidos, sob pena de decair o direito à contratação, sem prejuízo das sanções previstas no art. 81 desta Lei.

§ 1º O prazo de convocação poderá ser prorrogado uma vez, por igual período, quando solicitado pela parte durante o seu transcurso e desde que ocorra motivo justificado aceito pela Administração.

§ 2º É facultado à Administração, quando o convocado não assinar o termo de contrato ou não aceitar ou retirar o instrumento equivalente no prazo e condições estabelecidos, convocar os licitantes remanescentes, na ordem de classificação, para fazê-lo em igual prazo e nas mesmas condições propostas pelo primeiro classificado, inclusive quanto aos preços atualizados de conformidade com o ato convocatório, ou revogar a licitação independentemente da cominação prevista no art. 81 desta Lei.

§ 3º Decorridos 60 (sessenta) dias da data da entrega das propostas, sem convocação para a contratação, ficam os licitantes liberados dos compromissos assumidos.

Seção III - Da Alteração dos Contratos

Art. 65. Os contratos regidos por esta Lei poderão ser alterados, com as devidas justificativas, nos seguintes casos:

I. unilateralmente pela Administração:

a) quando houver modificação do projeto ou das especificações, para melhor adequação técnica aos seus objetivos;

b) quando necessária a modificação do valor contratual em decorrência de acréscimo ou diminuição quantitativa de seu objeto, nos limites permitidos por esta Lei;

II. por acordo das partes:

a) quando conveniente a substituição da garantia de execução;

b) quando necessária a modificação do regime de execução da obra ou serviço, bem como do modo de fornecimento, em face de verificação técnica da inaplicabilidade dos termos contratuais originários;

c) quando necessária a modificação da forma de pagamento, por imposição de circunstâncias supervenientes, mantido o valor inicial atualizado, vedada a antecipação do pagamento, com relação ao cronograma financeiro fixado, sem a correspondente contraprestação de fornecimento de bens ou execução de obra ou serviço;

d) para restabelecer a relação que as partes pactuaram inicialmente entre os encargos do contratado e a retribuição da administração para a justa remuneração da obra, serviço ou fornecimento, objetivando a manutenção do equilíbrio econômico-financeiro inicial do contrato, na hipótese de sobrevirem fatos imprevisíveis, ou previsíveis porém de consequências incalculáveis, retardadores ou impeditivos da execução do ajustado, ou, ainda, em caso de força maior, caso fortuito ou fato do príncipe, configurando álea econômica extraordinária e extracontratual.

Anotações

Anotações

§ 1º O contratado fica obrigado a aceitar, nas mesmas condições contratuais, os acréscimos ou supressões que se fizerem nas obras, serviços ou compras, até 25% (vinte e cinco por cento) do valor inicial atualizado do contrato, e, no caso particular de reforma de edifício ou de equipamento, até o limite de 50% (cinquenta por cento) para os seus acréscimos.

§ 2º Nenhum acréscimo ou supressão poderá exceder os limites estabelecidos no parágrafo anterior, salvo:

I. (VETADO)

II. as supressões resultantes de acordo celebrado entre os contratantes.

§ 3º Se no contrato não houverem sido contemplados preços unitários para obras ou serviços, esses serão fixados mediante acordo entre as partes, respeitados os limites estabelecidos no § 1º deste artigo.

§ 4º No caso de supressão de obras, bens ou serviços, se o contratado já houver adquirido os materiais e posto no local dos trabalhos, estes deverão ser pagos pela Administração pelos custos de aquisição regularmente comprovados e monetariamente corrigidos, podendo caber indenização por outros danos eventualmente decorrentes da supressão, desde que regularmente comprovados.

§ 5º Quaisquer tributos ou encargos legais criados, alterados ou extintos, bem como a superveniência de disposições legais, quando ocorridas após a data da apresentação da proposta, de comprovada repercussão nos preços contratados, implicarão a revisão destes para mais ou para menos, conforme o caso.

§ 6º Em havendo alteração unilateral do contrato que aumente os encargos do contratado, a Administração deverá restabelecer, por aditamento, o equilíbrio econômico-financeiro inicial.

§ 7º (VETADO)

§ 8º A variação do valor contratual para fazer face ao reajuste de preços previsto no próprio contrato, as atualizações, compensações ou penalizações financeiras decorrentes das condições de pagamento nele previstas, bem como o empenho de dotações orçamentárias suplementares até o limite do seu valor corrigido, não caracterizam alteração do mesmo, podendo ser registrados por simples apostila, dispensando a celebração de aditamento.

Seção IV - Da Execução dos Contratos

Art. 66. O contrato deverá ser executado fielmente pelas partes, de acordo com as cláusulas avençadas e as normas desta Lei, respondendo cada uma pelas consequências de sua inexecução total ou parcial.

Art. 66-A. As empresas enquadradas no inciso V do § 2º e no inciso II do § 5º do art. 3º desta Lei deverão cumprir, durante todo o período de execução do contrato, a reserva de cargos prevista em lei para pessoa com deficiência ou para reabilitado da Previdência Social, bem como as regras de acessibilidade previstas na legislação.

Parágrafo único. Cabe à administração fiscalizar o cumprimento dos requisitos de acessibilidade nos serviços e nos ambientes de trabalho.

Art. 67. A execução do contrato deverá ser acompanhada e fiscalizada por um representante da Administração especialmente designado, permitida a contratação de terceiros para assisti-lo e subsidiá-lo de informações pertinentes a essa atribuição.

§ 1º O representante da Administração anotará em registro próprio todas as ocorrências relacionadas com a execução do contrato, determinando o que for necessário à regularização das faltas ou defeitos observados.

§ 2º As decisões e providências que ultrapassarem a competência do representante deverão ser solicitadas a seus superiores em tempo hábil para a adoção das medidas convenientes.

Art. 68. O contratado deverá manter preposto, aceito pela Administração, no local da obra ou serviço, para representá-lo na execução do contrato.

Anotações

Art. 69. O contratado é obrigado a reparar, corrigir, remover, reconstruir ou substituir, às suas expensas, no total ou em parte, o objeto do contrato em que se verificarem vícios, defeitos ou incorreções resultantes da execução ou de materiais empregados.

Art. 70. O contratado é responsável pelos danos causados diretamente à Administração ou a terceiros, decorrentes de sua culpa ou dolo na execução do contrato, não excluindo ou reduzindo essa responsabilidade a fiscalização ou o acompanhamento pelo órgão interessado.

Art. 71. O contratado é responsável pelos encargos trabalhistas, previdenciários, fiscais e comerciais resultantes da execução do contrato.

§ 1º A inadimplência do contratado, com referência aos encargos trabalhistas, fiscais e comerciais não transfere à Administração Pública a responsabilidade por seu pagamento, nem poderá onerar o objeto do contrato ou restringir a regularização e o uso das obras e edificações, inclusive perante o Registro de Imóveis.

§ 2º A Administração Pública responde solidariamente com o contratado pelos encargos previdenciários resultantes da execução do contrato, nos termos do art. 31 da Lei nº 8.212, de 24 de julho de 1991.

§ 3º (Vetado).

Art. 72. O contratado, na execução do contrato, sem prejuízo das responsabilidades contratuais e legais, poderá subcontratar partes da obra, serviço ou fornecimento, até o limite admitido, em cada caso, pela Administração.

Art. 73. Executado o contrato, o seu objeto será recebido:

I. em se tratando de obras e serviços:

a) provisoriamente, pelo responsável por seu acompanhamento e fiscalização, mediante termo circunstanciado, assinado pelas partes em até 15 (quinze) dias da comunicação escrita do contratado;

b) definitivamente, por servidor ou comissão designada pela autoridade competente, mediante termo circunstanciado, assinado pelas partes, após o decurso do prazo de observação, ou vistoria que comprove a adequação do objeto aos termos contratuais, observado o disposto no art. 69 desta Lei;

II. em se tratando de compras ou de locação de equipamentos:

a) provisoriamente, para efeito de posterior verificação da conformidade do material com a especificação;

b) definitivamente, após a verificação da qualidade e quantidade do material e consequente aceitação.

§ 1º Nos casos de aquisição de equipamentos de grande vulto, o recebimento far-se-á mediante termo circunstanciado e, nos demais, mediante recibo.

§ 2º O recebimento provisório ou definitivo não exclui a responsabilidade civil pela solidez e segurança da obra ou do serviço, nem ético-profissional pela perfeita execução do contrato, dentro dos limites estabelecidos pela lei ou pelo contrato.

§ 3º O prazo a que se refere a alínea «b» do inciso I deste artigo não poderá ser superior a 90 (noventa) dias, salvo em casos excepcionais, devidamente justificados e previstos no edital.

§ 4º Na hipótese de o termo circunstanciado ou a verificação a que se refere este artigo não serem, respectivamente, lavrado ou procedida dentro dos prazos fixados, reputar-se-ão como realizados, desde que comunicados à Administração nos 15 (quinze) dias anteriores à exaustão dos mesmos.

Art. 74. Poderá ser dispensado o recebimento provisório nos seguintes casos:

I. gêneros perecíveis e alimentação preparada;

II. serviços profissionais;

III. obras e serviços de valor até o previsto no art. 23, inciso II, alínea «a», desta Lei, desde que não se componham de aparelhos, equipamentos e instalações sujeitos à verificação de funcionamento e produtividade.

Parágrafo único. Nos casos deste artigo, o recebimento será feito mediante recibo.

Art. 75. Salvo disposições em contrário constantes do edital, do convite ou de ato normativo, os ensaios, testes e demais provas exigidos por normas técnicas oficiais para a boa execução do objeto do contrato correm por conta do contratado.

Art. 76. A Administração rejeitará, no todo ou em parte, obra, serviço ou fornecimento executado em desacordo com o contrato.

Seção V - Da Inexecução e da Rescisão dos Contratos

Art. 77. A inexecução total ou parcial do contrato enseja a sua rescisão, com as consequências contratuais e as previstas em lei ou regulamento.

Art. 78. Constituem motivo para rescisão do contrato:

I. o não cumprimento de cláusulas contratuais, especificações, projetos ou prazos;

II. o cumprimento irregular de cláusulas contratuais, especificações, projetos e prazos;

III. a lentidão do seu cumprimento, levando a Administração a comprovar a impossibilidade da conclusão da obra, do serviço ou do fornecimento, nos prazos estipulados;

IV. o atraso injustificado no início da obra, serviço ou fornecimento;

V. a paralisação da obra, do serviço ou do fornecimento, sem justa causa e prévia comunicação à Administração;

VI. a subcontratação total ou parcial do seu objeto, a associação do contratado com outrem, a cessão ou transferência, total ou parcial, bem como a fusão, cisão ou incorporação, não admitidas no edital e no contrato;

VII. o desatendimento das determinações regulares da autoridade designada para acompanhar e fiscalizar a sua execução, assim como as de seus superiores;

VIII. o cometimento reiterado de faltas na sua execução, anotadas na forma do § 1º do art. 67 desta Lei;

IX. a decretação de falência ou a instauração de insolvência civil;

X. a dissolução da sociedade ou o falecimento do contratado;

XI. a alteração social ou a modificação da finalidade ou da estrutura da empresa, que prejudique a execução do contrato;

XII. razões de interesse público, de alta relevância e amplo conhecimento, justificadas e determinadas pela máxima autoridade da esfera administrativa a que está subordinado o contratante e exaradas no processo administrativo a que se refere o contrato;

XIII. a supressão, por parte da Administração, de obras, serviços ou compras, acarretando modificação do valor inicial do contrato além do limite permitido no § 1º do art. 65 desta Lei;

XIV. a suspensão de sua execução, por ordem escrita da Administração, por prazo superior a 120 (cento e vinte) dias, salvo em caso de calamidade pública, grave perturbação da ordem interna ou guerra, ou ainda por repetidas suspensões que totalizem o mesmo prazo, independentemente do pagamento obrigatório de indenizações pelas sucessivas e contratualmente imprevistas desmobilizações e mobilizações e outras previstas, assegurado ao contratado, nesses casos, o direito de optar pela suspensão do cumprimento das obrigações assumidas até que seja normalizada a situação;

XV. o atraso superior a 90 (noventa) dias dos pagamentos devidos pela Administração decorrentes de obras, serviços ou fornecimento, ou parcelas destes, já recebidos ou executados, salvo em caso de calamidade pública, grave perturbação da ordem interna ou guerra, assegurado ao contratado o direito de optar pela suspensão do cumprimento de suas obrigações até que seja normalizada a situação;

Anotações

XVI. a não liberação, por parte da Administração, de área, local ou objeto para execução de obra, serviço ou fornecimento, nos prazos contratuais, bem como das fontes de materiais naturais especificadas no projeto;

XVII. a ocorrência de caso fortuito ou de força maior, regularmente comprovada, impeditiva da execução do contrato.

XVIII. descumprimento do disposto no inciso V do art. 27, sem prejuízo das sanções penais cabíveis.

Parágrafo único. Os casos de rescisão contratual serão formalmente motivados nos autos do processo, assegurado o contraditório e a ampla defesa.

Art. 79. A rescisão do contrato poderá ser:

I. determinada por ato unilateral e escrito da Administração, nos casos enumerados nos incisos I a XII e XVII do artigo anterior;

II. amigável, por acordo entre as partes, reduzida a termo no processo da licitação, desde que haja conveniência para a Administração;

III. judicial, nos termos da legislação;

IV. (Vetado).

§ 1º A rescisão administrativa ou amigável deverá ser precedida de autorização escrita e fundamentada da autoridade competente.

§ 2º Quando a rescisão ocorrer com base nos incisos XII a XVII do artigo anterior, sem que haja culpa do contratado, será este ressarcido dos prejuízos regularmente comprovados que houver sofrido, tendo ainda direito a:

I. devolução de garantia;

II. pagamentos devidos pela execução do contrato até a data da rescisão;

III. pagamento do custo da desmobilização.

§ 3º (Vetado).

§ 4º (Vetado).

§ 5º Ocorrendo impedimento, paralisação ou sustação do contrato, o cronograma de execução será prorrogado automaticamente por igual tempo.

Art. 80. A rescisão de que trata o inciso I do artigo anterior acarreta as seguintes consequências, sem prejuízo das sanções previstas nesta Lei:

I. assunção imediata do objeto do contrato, no estado e local em que se encontrar, por ato próprio da Administração;

II. ocupação e utilização do local, instalações, equipamentos, material e pessoal empregados na execução do contrato, necessários à sua continuidade, na forma do inciso V do art. 58 desta Lei;

III. execução da garantia contratual, para ressarcimento da Administração, e dos valores das multas e indenizações a ela devidos;

IV. retenção dos créditos decorrentes do contrato até o limite dos prejuízos causados à Administração.

§ 1º A aplicação das medidas previstas nos incisos I e II deste artigo fica a critério da Administração, que poderá dar continuidade à obra ou ao serviço por execução direta ou indireta.

§ 2º É permitido à Administração, no caso de concordata do contratado, manter o contrato, podendo assumir o controle de determinadas atividades de serviços essenciais.

§ 3º Na hipótese do inciso II deste artigo, o ato deverá ser precedido de autorização expressa do Ministro de Estado competente, ou Secretário Estadual ou Municipal, conforme o caso.

§ 4º A rescisão de que trata o inciso IV do artigo anterior permite à Administração, a seu critério, aplicar a medida prevista no inciso I deste artigo.

Anotações

Anotações

Capítulo IV - Das Sanções Administrativas e da Tutela Judicial

Seção I - Disposições Gerais

Art. 81. A recusa injustificada do adjudicatário em assinar o contrato, aceitar ou retirar o instrumento equivalente, dentro do prazo estabelecido pela Administração, caracteriza o descumprimento total da obrigação assumida, sujeitando-o às penalidades legalmente estabelecidas.

Parágrafo único. O disposto neste artigo não se aplica aos licitantes convocados nos termos do art. 64, § 2º desta Lei, que não aceitarem a contratação, nas mesmas condições propostas pelo primeiro adjudicatário, inclusive quanto ao prazo e preço.

Art. 82. Os agentes administrativos que praticarem atos em desacordo com os preceitos desta Lei ou visando a frustrar os objetivos da licitação sujeitam-se às sanções previstas nesta Lei e nos regulamentos próprios, sem prejuízo das responsabilidades civil e criminal que seu ato ensejar.

Art. 83. Os crimes definidos nesta Lei, ainda que simplesmente tentados, sujeitam os seus autores, quando servidores públicos, além das sanções penais, à perda do cargo, emprego, função ou mandato eletivo.

Art. 84. Considera-se servidor público, para os fins desta Lei, aquele que exerce, mesmo que transitoriamente ou sem remuneração, cargo, função ou emprego público.

§ 1º Equipara-se a servidor público, para os fins desta Lei, quem exerce cargo, emprego ou função em entidade paraestatal, assim consideradas, além das fundações, empresas públicas e sociedades de economia mista, as demais entidades sob controle, direto ou indireto, do Poder Público.

§ 2º A pena imposta será acrescida da terça parte, quando os autores dos crimes previstos nesta Lei forem ocupantes de cargo em comissão ou de função de confiança em órgão da Administração direta, autarquia, empresa pública, sociedade de economia mista, fundação pública, ou outra entidade controlada direta ou indiretamente pelo Poder Público.

Art. 85. As infrações penais previstas nesta Lei pertinem às licitações e aos contratos celebrados pela União, Estados, Distrito Federal, Municípios, e respectivas autarquias, empresas públicas, sociedades de economia mista, fundações públicas, e quaisquer outras entidades sob seu controle direto ou indireto.

Seção II - Das Sanções Administrativas

Art. 86. O atraso injustificado na execução do contrato sujeitará o contratado à multa de mora, na forma prevista no instrumento convocatório ou no contrato.

§ 1º A multa a que alude este artigo não impede que a Administração rescinda unilateralmente o contrato e aplique as outras sanções previstas nesta Lei.

§ 2º A multa, aplicada após regular processo administrativo, será descontada da garantia do respectivo contratado.

§ 3º Se a multa for de valor superior ao valor da garantia prestada, além da perda desta, responderá o contratado pela sua diferença, a qual será descontada dos pagamentos eventualmente devidos pela Administração ou ainda, quando for o caso, cobrada judicialmente.

Art. 87. Pela inexecução total ou parcial do contrato a Administração poderá, garantida a prévia defesa, aplicar ao contratado as seguintes sanções:

I. advertência;

II. multa, na forma prevista no instrumento convocatório ou no contrato;

III. suspensão temporária de participação em licitação e impedimento de contratar com a Administração, por prazo não superior a 2 (dois) anos;

IV. declaração de inidoneidade para licitar ou contratar com a Administração Pública enquanto perdurarem os motivos determinantes da punição ou até que seja promovida a reabilitação perante a própria autoridade que aplicou a penalidade, que será concedida sempre que o contratado ressarcir a Administração pelos prejuízos resultantes e após decorrido o prazo da sanção aplicada com base no inciso anterior.

Anotações

§ 1º Se a multa aplicada for superior ao valor da garantia prestada, além da perda desta, responderá o contratado pela sua diferença, que será descontada dos pagamentos eventualmente devidos pela Administração ou cobrada judicialmente.

§ 2º As sanções previstas nos incisos I, III e IV deste artigo poderão ser aplicadas juntamente com a do inciso II, facultada a defesa prévia do interessado, no respectivo processo, no prazo de 5 (cinco) dias úteis.

§ 3º A sanção estabelecida no inciso IV deste artigo é de competência exclusiva do Ministro de Estado, do Secretário Estadual ou Municipal, conforme o caso, facultada a defesa do interessado no respectivo processo, no prazo de 10 (dez) dias da abertura de vista, podendo a reabilitação ser requerida após 2 (dois) anos de sua aplicação.

Art. 88. As sanções previstas nos incisos III e IV do artigo anterior poderão também ser aplicadas às empresas ou aos profissionais que, em razão dos contratos regidos por esta Lei:

I. tenham sofrido condenação definitiva por praticarem, por meios dolosos, fraude fiscal no recolhimento de quaisquer tributos;

II. tenham praticado atos ilícitos visando a frustrar os objetivos da licitação;

III. demonstrem não possuir idoneidade para contratar com a Administração em virtude de atos ilícitos praticados.

Seção III - Dos Crimes e das Penas

Art. 89. Dispensar ou inexigir licitação fora das hipóteses previstas em lei, ou deixar de observar as formalidades pertinentes à dispensa ou à inexigibilidade:

Pena - detenção, de 3 (três) a 5 (cinco) anos, e multa.

Parágrafo único. Na mesma pena incorre aquele que, tendo comprovadamente concorrido para a consumação da ilegalidade, beneficiou-se da dispensa ou inexigibilidade ilegal, para celebrar contrato com o Poder Público.

Art. 90. Frustrar ou fraudar, mediante ajuste, combinação ou qualquer outro expediente, o caráter competitivo do procedimento licitatório, com o intuito de obter, para si ou para outrem, vantagem decorrente da adjudicação do objeto da licitação:

Pena - detenção, de 2 (dois) a 4 (quatro) anos, e multa.

Art. 91. Patrocinar, direta ou indiretamente, interesse privado perante a Administração, dando causa à instauração de licitação ou à celebração de contrato, cuja invalidação vier a ser decretada pelo Poder Judiciário:

Pena - detenção, de 6 (seis) meses a 2 (dois) anos, e multa.

Art. 92. Admitir, possibilitar ou dar causa a qualquer modificação ou vantagem, inclusive prorrogação contratual, em favor do adjudicatário, durante a execução dos contratos celebrados com o Poder Público, sem autorização em lei, no ato convocatório da licitação ou nos respectivos instrumentos contratuais, ou, ainda, pagar fatura com preterição da ordem cronológica de sua exigibilidade, observado o disposto no art. 121 desta Lei:

Pena - detenção, de dois a quatro anos, e multa.

Parágrafo único. Incide na mesma pena o contratado que, tendo comprovadamente concorrido para a consumação da ilegalidade, obtém vantagem indevida ou se beneficia, injustamente, das modificações ou prorrogações contratuais.

Art. 93. Impedir, perturbar ou fraudar a realização de qualquer ato de procedimento licitatório:

Pena - detenção, de 6 (seis) meses a 2 (dois) anos, e multa.

Art. 94. Devassar o sigilo de proposta apresentada em procedimento licitatório, ou proporcionar a terceiro o ensejo de devassá-lo:

Pena - detenção, de 2 (dois) a 3 (três) anos, e multa.

Art. 95. Afastar ou procura afastar licitante, por meio de violência, grave ameaça, fraude ou oferecimento de vantagem de qualquer tipo:

Pena - detenção, de 2 (dois) a 4 (quatro) anos, e multa, além da pena correspondente à violência.

Parágrafo único. Incorre na mesma pena quem se abstém ou desiste de licitar, em razão da vantagem oferecida.

Art. 96. Fraudar, em prejuízo da Fazenda Pública, licitação instaurada para aquisição ou venda de bens ou mercadorias, ou contrato dela decorrente:

I. elevando arbitrariamente os preços;

II. vendendo, como verdadeira ou perfeita, mercadoria falsificada ou deteriorada;

III. entregando uma mercadoria por outra;

IV. alterando substância, qualidade ou quantidade da mercadoria fornecida;

V. tornando, por qualquer modo, injustamente, mais onerosa a proposta ou a execução do contrato:

Pena - detenção, de 3 (três) a 6 (seis) anos, e multa.

Art. 97. Admitir à licitação ou celebrar contrato com empresa ou profissional declarado inidôneo:

Pena - detenção, de 6 (seis) meses a 2 (dois) anos, e multa.

Parágrafo único. Incide na mesma pena aquele que, declarado inidôneo, venha a licitar ou a contratar com a Administração.

Art. 98. Obstar, impedir ou dificultar, injustamente, a inscrição de qualquer interessado nos registros cadastrais ou promover indevidamente a alteração, suspensão ou cancelamento de registro do inscrito:

Pena - detenção, de 6 (seis) meses a 2 (dois) anos, e multa.

Art. 99. A pena de multa cominada nos arts. 89 a 98 desta Lei consiste no pagamento de quantia fixada na sentença e calculada em índices percentuais, cuja base corresponderá ao valor da vantagem efetivamente obtida ou potencialmente auferível pelo agente.

§ 1º Os índices a que se refere este artigo não poderão ser inferiores a 2% (dois por cento), nem superiores a 5% (cinco por cento) do valor do contrato licitado ou celebrado com dispensa ou inexigibilidade de licitação.

§ 2º O produto da arrecadação da multa reverterá, conforme o caso, à Fazenda Federal, Distrital, Estadual ou Municipal.

Seção IV - Do Processo e do Procedimento Judicial

Art. 100. Os crimes definidos nesta Lei são de ação penal pública incondicionada, cabendo ao Ministério Público promovê-la.

Art. 101. Qualquer pessoa poderá provocar, para os efeitos desta Lei, a iniciativa do Ministério Público, fornecendo-lhe, por escrito, informações sobre o fato e sua autoria, bem como as circunstâncias em que se deu a ocorrência.

Parágrafo único. Quando a comunicação for verbal, mandará a autoridade reduzi-la a termo, assinado pelo apresentante e por duas testemunhas.

Art. 102. Quando em autos ou documentos de que conhecerem, os magistrados, os membros dos Tribunais ou Conselhos de Contas ou os titulares dos órgãos integrantes do sistema de controle interno de qualquer dos Poderes verificarem a existência dos crimes definidos nesta Lei, remeterão ao Ministério Público as cópias e os documentos necessários ao oferecimento da denúncia.

Art. 103. Será admitida ação penal privada subsidiária da pública, se esta não for ajuizada no prazo legal, aplicando-se, no que couber, o disposto nos arts. 29 e 30 do Código de Processo Penal.

Art. 104. Recebida a denúncia e citado o réu, terá este o prazo de 10 (dez) dias para apresentação de defesa escrita, contado da data do seu interrogatório, podendo juntar documentos, arrolar as testemunhas que tiver, em número não superior a 5 (cinco), e indicar as demais provas que pretenda produzir.

Anotações

Art. 105. Ouvidas as testemunhas da acusação e da defesa e praticadas as diligências instrutórias deferidas ou ordenadas pelo juiz, abrir-se-á, sucessivamente, o prazo de 5 (cinco) dias a cada parte para alegações finais.

Art. 106. Decorrido esse prazo, e conclusos os autos dentro de 24 (vinte e quatro) horas, terá o juiz 10 (dez) dias para proferir a sentença.

Art. 107. Da sentença cabe apelação, interponível no prazo de 5 (cinco) dias.

Art. 108. No processamento e julgamento das infrações penais definidas nesta Lei, assim como nos recursos e nas execuções que lhes digam respeito, aplicar-se-ão, subsidiariamente, o Código de Processo Penal e a Lei de Execução Penal.

Capítulo V - Dos Recursos Administrativos

Art. 109. Dos atos da Administração decorrentes da aplicação desta Lei cabem:

I. recurso, no prazo de 5 (cinco) dias úteis a contar da intimação do ato ou da lavratura da ata, nos casos de:

a) habilitação ou inabilitação do licitante;

b) julgamento das propostas;

c) anulação ou revogação da licitação;

d) indeferimento do pedido de inscrição em registro cadastral, sua alteração ou cancelamento;

e) rescisão do contrato, a que se refere o inciso I do art. 79 desta Lei;

f) aplicação das penas de advertência, suspensão temporária ou de multa;

II. representação, no prazo de 5 (cinco) dias úteis da intimação da decisão relacionada com o objeto da licitação ou do contrato, de que não caiba recurso hierárquico;

III. pedido de reconsideração, de decisão de Ministro de Estado, ou Secretário Estadual ou Municipal, conforme o caso, na hipótese do § 4º do art. 87 desta Lei, no prazo de 10 (dez) dias úteis da intimação do ato.

§ 1º A intimação dos atos referidos no inciso I, alíneas «a», «b», «c» e «e», deste artigo, excluídos os relativos a advertência e multa de mora, e no inciso III, será feita mediante publicação na imprensa oficial, salvo para os casos previstos nas alíneas «a» e «b», se presentes os prepostos dos licitantes no ato em que foi adotada a decisão, quando poderá ser feita por comunicação direta aos interessados e lavrada em ata.

§ 2º O recurso previsto nas alíneas «a» e «b» do inciso I deste artigo terá efeito suspensivo, podendo a autoridade competente, motivadamente e presentes razões de interesse público, atribuir ao recurso interposto eficácia suspensiva aos demais recursos.

§ 3º Interposto, o recurso será comunicado aos demais licitantes, que poderão impugná-lo no prazo de 5 (cinco) dias úteis.

§ 4º O recurso será dirigido à autoridade superior, por intermédio da que praticou o ato recorrido, a qual poderá reconsiderar sua decisão, no prazo de 5 (cinco) dias úteis, ou, nesse mesmo prazo, fazê-lo subir, devidamente informado, devendo, neste caso, a decisão ser proferida dentro do prazo de 5 (cinco) dias úteis, contado do recebimento do recurso, sob pena de responsabilidade.

§ 5º Nenhum prazo de recurso, representação ou pedido de reconsideração se inicia ou corre sem que os autos do processo estejam com vista franqueada ao interessado.

§ 6º Em se tratando de licitações efetuadas na modalidade de «carta convite» os prazos estabelecidos nos incisos I e II e no parágrafo 3º deste artigo serão de dois dias úteis.

Capítulo VI - Disposições Finais e Transitórias

Art. 110. Na contagem dos prazos estabelecidos nesta Lei, excluir-se-á o dia do início e incluir-se-á o do vencimento, e considerar-se-ão os dias consecutivos, exceto quando for explicitamente disposto em contrário.

Parágrafo único. Só se iniciam e vencem os prazos referidos neste artigo em dia de expediente no órgão ou na entidade.

Anotações

Anotações

Art. 111. A Administração só poderá contratar, pagar, premiar ou receber projeto ou serviço técnico especializado desde que o autor ceda os direitos patrimoniais a ele relativos e a Administração possa utilizá-lo de acordo com o previsto no regulamento de concurso ou no ajuste para sua elaboração.

Parágrafo único. Quando o projeto referir-se a obra imaterial de caráter tecnológico, insuscetível de privilégio, a cessão dos direitos incluirá o fornecimento de todos os dados, documentos e elementos de informação pertinentes à tecnologia de concepção, desenvolvimento, fixação em suporte físico de qualquer natureza e aplicação da obra.

Art. 112. Quando o objeto do contrato interessar a mais de uma entidade pública, caberá ao órgão contratante, perante a entidade interessada, responder pela sua boa execução, fiscalização e pagamento.

§ 1º Os consórcios públicos poderão realizar licitação da qual, nos termos do edital, decorram contratos administrativos celebrados por órgãos ou entidades dos entes da Federação consorciados.

§ 2º É facultado à entidade interessada o acompanhamento da licitação e da execução do contrato.

Art. 113. O controle das despesas decorrentes dos contratos e demais instrumentos regidos por esta Lei será feito pelo Tribunal de Contas competente, na forma da legislação pertinente, ficando os órgãos interessados da Administração responsáveis pela demonstração da legalidade e regularidade da despesa e execução, nos termos da Constituição e sem prejuízo do sistema de controle interno nela previsto.

§ 1º Qualquer licitante, contratado ou pessoa física ou jurídica poderá representar ao Tribunal de Contas ou aos órgãos integrantes do sistema de controle interno contra irregularidades na aplicação desta Lei, para os fins do disposto neste artigo.

§ 2º Os Tribunais de Contas e os órgãos integrantes do sistema de controle interno poderão solicitar para exame, até o dia útil imediatamente anterior à data de recebimento das propostas, cópia de edital de licitação já publicado, obrigando-se os órgãos ou entidades da Administração interessada à adoção de medidas corretivas pertinentes que, em função desse exame, lhes forem determinadas.

Art. 114. O sistema instituído nesta Lei não impede a pré-qualificação de licitantes nas concorrências, a ser procedida sempre que o objeto da licitação recomende análise mais detida da qualificação técnica dos interessados.

§ 1º A adoção do procedimento de pré-qualificação será feita mediante proposta da autoridade competente, aprovada pela imediatamente superior.

§ 2º Na pré-qualificação serão observadas as exigências desta Lei relativas à concorrência, à convocação dos interessados, ao procedimento e à analise da documentação.

Art. 115. Os órgãos da Administração poderão expedir normas relativas aos procedimentos operacionais a serem observados na execução das licitações, no âmbito de sua competência, observadas as disposições desta Lei.

Parágrafo único. As normas a que se refere este artigo, após aprovação da autoridade competente, deverão ser publicadas na imprensa oficial.

Art. 116. Aplicam-se as disposições desta Lei, no que couber, aos convênios, acordos, ajustes e outros instrumentos congêneres celebrados por órgãos e entidades da Administração.

§ 1º A celebração de convênio, acordo ou ajuste pelos órgãos ou entidades da Administração Pública depende de prévia aprovação de competente plano de trabalho proposto pela organização interessada, o qual deverá conter, no mínimo, as seguintes informações:

I. identificação do objeto a ser executado;

II. metas a serem atingidas;

III. etapas ou fases de execução;

IV. plano de aplicação dos recursos financeiros;

V. cronograma de desembolso;

Anotações

VI. previsão de início e fim da execução do objeto, bem assim da conclusão das etapas ou fases programadas;

VII. se o ajuste compreender obra ou serviço de engenharia, comprovação de que os recursos próprios para complementar a execução do objeto estão devidamente assegurados, salvo se o custo total do empreendimento recair sobre a entidade ou órgão descentralizador.

§ 2º Assinado o convênio, a entidade ou órgão repassador dará ciência do mesmo à assembleia Legislativa ou à Câmara Municipal respectiva.

§ 3º As parcelas do convênio serão liberadas em estrita conformidade com o plano de aplicação aprovado, exceto nos casos a seguir, em que as mesmas ficarão retidas até o saneamento das impropriedades ocorrentes:

I. quando não tiver havido comprovação da boa e regular aplicação da parcela anteriormente recebida, na forma da legislação aplicável, inclusive mediante procedimentos de fiscalização local, realizados periodicamente pela entidade ou órgão descentralizador dos recursos ou pelo órgão competente do sistema de controle interno da Administração Pública;

II. quando verificado desvio de finalidade na aplicação dos recursos, atrasos não justificados no cumprimento das etapas ou fases programadas, práticas atentatórias aos princípios fundamentais de Administração Pública nas contratações e demais atos praticados na execução do convênio, ou o inadimplemento do executor com relação a outras cláusulas conveniais básicas;

III. quando o executor deixar de adotar as medidas saneadoras apontadas pelo partícipe repassador dos recursos ou por integrantes do respectivo sistema de controle interno.

§ 4º Os saldos de convênio, enquanto não utilizados, serão obrigatoriamente aplicados em cadernetas de poupança de instituição financeira oficial se a previsão de seu uso for igual ou superior a um mês, ou em fundo de aplicação financeira de curto prazo ou operação de mercado aberto lastreada em títulos da dívida pública, quando a utilização dos mesmos verificar-se em prazos menores que um mês.

§ 5º As receitas financeiras auferidas na forma do parágrafo anterior serão obrigatoriamente computadas a crédito do convênio e aplicadas, exclusivamente, no objeto de sua finalidade, devendo constar de demonstrativo específico que integrará as prestações de contas do ajuste.

§ 6º Quando da conclusão, denúncia, rescisão ou extinção do convênio, acordo ou ajuste, os saldos financeiros remanescentes, inclusive os provenientes das receitas obtidas das aplicações financeiras realizadas, serão devolvidos à entidade ou órgão repassador dos recursos, no prazo improrrogável de 30 (trinta) dias do evento, sob pena da imediata instauração de tomada de contas especial do responsável, providenciada pela autoridade competente do órgão ou entidade titular dos recursos.

Art. 117. As obras, serviços, compras e alienações realizados pelos órgãos dos Poderes Legislativo e Judiciário e do Tribunal de Contas regem-se pelas normas desta Lei, no que couber, nas três esferas administrativas.

Art. 118. Os Estados, o Distrito Federal, os Municípios e as entidades da administração indireta deverão adaptar suas normas sobre licitações e contratos ao disposto nesta Lei.

Art. 119. As sociedades de economia mista, empresas e fundações públicas e demais entidades controladas direta ou indiretamente pela União e pelas entidades referidas no artigo anterior editarão regulamentos próprios devidamente publicados, ficando sujeitas às disposições desta Lei.

Parágrafo único. Os regulamentos a que se refere este artigo, no âmbito da Administração Pública, após aprovados pela autoridade de nível superior a que estiverem vinculados os respectivos órgãos, sociedades e entidades, deverão ser publicados na imprensa oficial.

Art. 120. Os valores fixados por esta Lei poderão ser anualmente revistos pelo Poder Executivo Federal, que os fará publicar no Diário Oficial da União, observando como limite superior a variação geral dos preços do mercado, no período.

Art. 121. O disposto nesta Lei não se aplica às licitações instauradas e aos contratos assinados anteriormente à sua vigência, ressalvado o disposto no art. 57, nos parágrafos 1º, 2º e 8º do art. 65, no inciso XV do art. 78, bem assim o disposto no «caput» do art. 5º, com relação ao pagamento das obrigações na ordem cronológica, podendo esta ser observada, no prazo de noventa dias contados da vigência desta Lei, separadamente para as obrigações relativas aos contratos regidos por legislação anterior à Lei no 8.666, de 21 de junho de 1993.

Parágrafo único. Os contratos relativos a imóveis do patrimônio da União continuam a reger-se pelas disposições do Decreto-lei no 9.760, de 5 de setembro de 1946, com suas alterações, e os relativos a operações de crédito interno ou externo celebrados pela União ou a concessão de garantia do Tesouro Nacional continuam regidos pela legislação pertinente, aplicando-se esta Lei, no que couber.

Art. 122. Nas concessões de linhas aéreas, observar-se-á procedimento licitatório específico, a ser estabelecido no Código Brasileiro de Aeronáutica.

Art. 123. Em suas licitações e contratações administrativas, as repartições sediadas no exterior observarão as peculiaridades locais e os princípios básicos desta Lei, na forma de regulamentação específica.

Art. 124. Aplicam-se às licitações e aos contratos para permissão ou concessão de serviços públicos os dispositivos desta Lei que não conflitem com a legislação específica sobre o assunto.

Parágrafo único. As exigências contidas nos incisos II a IV do § 2º do art. 7º serão dispensadas nas licitações para concessão de serviços com execução prévia de obras em que não foram previstos desembolso por parte da Administração Pública concedente.

Art. 125. Esta Lei entra em vigor na data de sua publicação

Art. 126. Revogam-se as disposições em contrário, especialmente os Decretos-leis nos 2.300, de 21 de novembro de 1986, 2.348, de 24 de julho de 1987, 2.360, de 16 de setembro de 1987, a Lei no 8.220, de 4 de setembro de 1991, e o art. 83 da Lei no 5.194, de 24 de dezembro de 1966.(Renumerado por força do disposto no art. 3º da Lei nº 8.883, de 1994)

4. LEI Nº 8.987, DE 13 DE FEVEREIRO DE 1995

Concessão e Persmissão de Serviços Públicos

Dispõe sobre o regime de concessão e permissão da prestação de serviços públicos previsto no art. 175 da Constituição Federal, e dá outras providências.

O PRESIDENTE DA REPÚBLICA Faço saber que o Congresso Nacional decreta e eu sanciono a seguinte Lei:

Capítulo I - Das Disposições Preliminares

Art. 1º As concessões de serviços públicos e de obras públicas e as permissões de serviços públicos reger-se-ão pelos termos do art. 175 da Constituição Federal, por esta Lei, pelas normas legais pertinentes e pelas cláusulas dos indispensáveis contratos.

Parágrafo único. A União, os Estados, o Distrito Federal e os Municípios promoverão a revisão e as adaptações necessárias de sua legislação às prescrições desta Lei, buscando atender as peculiaridades das diversas modalidades dos seus serviços.

Art. 2º Para os fins do disposto nesta Lei, considera-se:

I. poder concedente: a União, o Estado, o Distrito Federal ou o Município, em cuja competência se encontre o serviço público, precedido ou não da execução de obra pública, objeto de concessão ou permissão;

II. concessão de serviço público: a delegação de sua prestação, feita pelo poder concedente, mediante licitação, na modalidade de concorrência, à pessoa jurídica ou consórcio de empresas que demonstre capacidade para seu desempenho, por sua conta e risco e por prazo determinado;

III. concessão de serviço público precedida da execução de obra pública: a construção, total ou parcial, conservação, reforma, ampliação ou melhoramento de quaisquer obras de interesse público, delegada pelo poder concedente, mediante licitação, na modalidade de concorrência, à pessoa jurídica ou consórcio de empresas que demonstre capacidade para a sua realização, por sua conta e risco, de forma que o investimento da concessionária seja remunerado e amortizado mediante a exploração do serviço ou da obra por prazo determinado;

IV. permissão de serviço público: a delegação, a título precário, mediante licitação, da prestação de serviços públicos, feita pelo poder concedente à pessoa física ou jurídica que demonstre capacidade para seu desempenho, por sua conta e risco.

Art. 3º As concessões e permissões sujeitar-se-ão à fiscalização pelo poder concedente responsável pela delegação, com a cooperação dos usuários.

Art. 4º A concessão de serviço público, precedida ou não da execução de obra pública, será formalizada mediante contrato, que deverá observar os termos desta Lei, das normas pertinentes e do edital de licitação.

Art. 5º O poder concedente publicará, previamente ao edital de licitação, ato justificando a conveniência da outorga de concessão ou permissão, caracterizando seu objeto, área e prazo.

Capítulo II - Do Serviço Adequado

Art. 6º Toda concessão ou permissão pressupõe a prestação de serviço adequado ao pleno atendimento dos usuários, conforme estabelecido nesta Lei, nas normas pertinentes e no respectivo contrato.

§ 1º Serviço adequado é o que satisfaz as condições de regularidade, continuidade, eficiência, segurança, atualidade, generalidade, cortesia na sua prestação e modicidade das tarifas.

§ 2º A atualidade compreende a modernidade das técnicas, do equipamento e das instalações e a sua conservação, bem como a melhoria e expansão do serviço.

§ 3º Não se caracteriza como descontinuidade do serviço a sua interrupção em situação de emergência ou após prévio aviso, quando:

I. motivada por razões de ordem técnica ou de segurança das instalações; e,

II. por inadimplemento do usuário, considerado o interesse da coletividade.

Capítulo III - Dos Direitos E Obrigações Dos Usuários

Art. 7º. Sem prejuízo do disposto na Lei no 8.078, de 11 de setembro de 1990, são direitos e obrigações dos usuários:

I. receber serviço adequado;

II. receber do poder concedente e da concessionária informações para a defesa de interesses individuais ou coletivos;

III. obter e utilizar o serviço, com liberdade de escolha entre vários prestadores de serviços, quando for o caso, observadas as normas do poder concedente.

IV. levar ao conhecimento do poder público e da concessionária as irregularidades de que tenham conhecimento, referentes ao serviço prestado;

V. comunicar às autoridades competentes os atos ilícitos praticados pela concessionária na prestação do serviço;

VI. contribuir para a permanência das boas condições dos bens públicos através dos quais lhes são prestados os serviços.

Anotações

Anotações

Art. 7º-A. As concessionárias de serviços públicos, de direito público e privado, nos Estados e no Distrito Federal, são obrigadas a oferecer ao consumidor e ao usuário, dentro do mês de vencimento, o mínimo de seis datas opcionais para escolherem os dias de vencimento de seus débitos.

Parágrafo único. (VETADO)

Capítulo IV - Da Política Tarifária

Art. 8º (VETADO)

Art. 9º A tarifa do serviço público concedido será fixada pelo preço da proposta vencedora da licitação e preservada pelas regras de revisão previstas nesta Lei, no edital e no contrato.

§ 1º A tarifa não será subordinada à legislação específica anterior e somente nos casos expressamente previstos em lei, sua cobrança poderá ser condicionada à existência de serviço público alternativo e gratuito para o usuário.

§ 2º Os contratos poderão prever mecanismos de revisão das tarifas, a fim de manter-se o equilíbrio econômico-financeiro.

§ 3º Ressalvados os impostos sobre a renda, a criação, alteração ou extinção de quaisquer tributos ou encargos legais, após a apresentação da proposta, quando comprovado seu impacto, implicará a revisão da tarifa, para mais ou para menos, conforme o caso.

§ 4º Em havendo alteração unilateral do contrato que afete o seu inicial equilíbrio econômico-financeiro, o poder concedente deverá restabelecê-lo, concomitantemente à alteração.

§ 5º A concessionária deverá divulgar em seu sítio eletrônico, de forma clara e de fácil compreensão pelos usuários, tabela com o valor das tarifas praticadas e a evolução das revisões ou reajustes realizados nos últimos cinco anos. (Incluído pela Lei nº 13.673, de 2018)

Art. 10. Sempre que forem atendidas as condições do contrato, considera-se mantido seu equilíbrio econômico-financeiro.

Art. 11. No atendimento às peculiaridades de cada serviço público, poderá o poder concedente prever, em favor da concessionária, no edital de licitação, a possibilidade de outras fontes provenientes de receitas alternativas, complementares, acessórias ou de projetos associados, com ou sem exclusividade, com vistas a favorecer a modicidade das tarifas, observado o disposto no art. 17 desta Lei.

Parágrafo único. As fontes de receita previstas neste artigo serão obrigatoriamente consideradas para a aferição do inicial equilíbrio econômico-financeiro do contrato.

Art. 12. (VETADO)

Art. 13. As tarifas poderão ser diferenciadas em função das características técnicas e dos custos específicos provenientes do atendimento aos distintos segmentos de usuários.

Capítulo V - Da Licitação

Art. 14. Toda concessão de serviço público, precedida ou não da execução de obra pública, será objeto de prévia licitação, nos termos da legislação própria e com observância dos princípios da legalidade, moralidade, publicidade, igualdade, do julgamento por critérios objetivos e da vinculação ao instrumento convocatório.

Art. 15. No julgamento da licitação será considerado um dos seguintes critérios:

I. o menor valor da tarifa do serviço público a ser prestado;

II. a maior oferta, nos casos de pagamento ao poder concedente pela outorga da concessão;

III. a combinação, dois a dois, dos critérios referidos nos incisos I, II e VII;

IV. melhor proposta técnica, com preço fixado no edital;

V. melhor proposta em razão da combinação dos critérios de menor valor da tarifa do serviço público a ser prestado com o de melhor técnica;

VI. melhor proposta em razão da combinação dos critérios de maior oferta pela outorga da concessão com o de melhor técnica; ou

VII. melhor oferta de pagamento pela outorga após qualificação de propostas técnicas.

§ 1º A aplicação do critério previsto no inciso III só será admitida quando previamente estabelecida no edital de licitação, inclusive com regras e fórmulas precisas para avaliação econômico-financeira.

§ 2º Para fins de aplicação do disposto nos incisos IV, V, VI e VII, o edital de licitação conterá parâmetros e exigências para formulação de propostas técnicas.

§ 3º O poder concedente recusará propostas manifestamente inexequíveis ou financeiramente incompatíveis com os objetivos da licitação.

§ 4º Em igualdade de condições, será dada preferência à proposta apresentada por empresa brasileira.

Art. 16. A outorga de concessão ou permissão não terá caráter de exclusividade, salvo no caso de inviabilidade técnica ou econômica justificada no ato a que se refere o art. 5º desta Lei.

Art. 17. Considerar-se-á desclassificada a proposta que, para sua viabilização, necessite de vantagens ou subsídios que não estejam previamente autorizados em lei e à disposição de todos os concorrentes.

§ 1º Considerar-se-á, também, desclassificada a proposta de entidade estatal alheia à esfera político-administrativa do poder concedente que, para sua viabilização, necessite de vantagens ou subsídios do poder público controlador da referida entidade.

§ 2º Inclui-se nas vantagens ou subsídios de que trata este artigo, qualquer tipo de tratamento tributário diferenciado, ainda que em consequência da natureza jurídica do licitante, que comprometa a isonomia fiscal que deve prevalecer entre todos os concorrentes.

Art. 18. O edital de licitação será elaborado pelo poder concedente, observados, no que couber, os critérios e as normas gerais da legislação própria sobre licitações e contratos e conterá, especialmente:

I. o objeto, metas e prazo da concessão;

II. a descrição das condições necessárias à prestação adequada do serviço;

III. os prazos para recebimento das propostas, julgamento da licitação e assinatura do contrato;

IV. prazo, local e horário em que serão fornecidos, aos interessados, os dados, estudos e projetos necessários à elaboração dos orçamentos e apresentação das propostas;

V. os critérios e a relação dos documentos exigidos para a aferição da capacidade técnica, da idoneidade financeira e da regularidade jurídica e fiscal;

VI. as possíveis fontes de receitas alternativas, complementares ou acessórias, bem como as provenientes de projetos associados;

VII. os direitos e obrigações do poder concedente e da concessionária em relação a alterações e expansões a serem realizadas no futuro, para garantir a continuidade da prestação do serviço;

VIII. os critérios de reajuste e revisão da tarifa;

IX. os critérios, indicadores, fórmulas e parâmetros a serem utilizados no julgamento técnico e econômico-financeiro da proposta;

X. a indicação dos bens reversíveis;

XI. as características dos bens reversíveis e as condições em que estes serão postos à disposição, nos casos em que houver sido extinta a concessão anterior;

XII. a expressa indicação do responsável pelo ônus das desapropriações necessárias à execução do serviço ou da obra pública, ou para a instituição de servidão administrativa;

XIII. as condições de liderança da empresa responsável, na hipótese em que for permitida a participação de empresas em consórcio;

XIV. nos casos de concessão, a minuta do respectivo contrato, que conterá as cláusulas essenciais referidas no art. 23 desta Lei, quando aplicáveis;

XV. nos casos de concessão de serviços públicos precedida da execução de obra pública, os dados relativos à obra, dentre os quais os elementos do projeto básico que permitam sua plena caracterização, bem assim as garantias exigidas para essa parte específica do contrato, adequadas a cada caso e limitadas ao valor da obra;

XVI. nos casos de permissão, os termos do contrato de adesão a ser firmado.

Art. 18-A. O edital poderá prever a inversão da ordem das fases de habilitação e julgamento, hipótese em que:

I. encerrada a fase de classificação das propostas ou o oferecimento de lances, será aberto o invólucro com os documentos de habilitação do licitante mais bem classificado, para verificação do atendimento das condições fixadas no edital;

II. verificado o atendimento das exigências do edital, o licitante será declarado vencedor;

III. inabilitado o licitante melhor classificado, serão analisados os documentos habilitatórios do licitante com a proposta classificada em segundo lugar, e assim sucessivamente, até que um licitante classificado atenda às condições fixadas no edital;

IV. proclamado o resultado final do certame, o objeto será adjudicado ao vencedor nas condições técnicas e econômicas por ele ofertadas.

Art. 19. Quando permitida, na licitação, a participação de empresas em consórcio, observar-se-ão as seguintes normas:

I. comprovação de compromisso, público ou particular, de constituição de consórcio, subscrito pelas consorciadas;

II. indicação da empresa responsável pelo consórcio;

III. apresentação dos documentos exigidos nos incisos V e XIII do artigo anterior, por parte de cada consorciada;

IV. impedimento de participação de empresas consorciadas na mesma licitação, por intermédio de mais de um consórcio ou isoladamente.

§ 1º O licitante vencedor fica obrigado a promover, antes da celebração do contrato, a constituição e registro do consórcio, nos termos do compromisso referido no inciso I deste artigo.

§ 2º A empresa líder do consórcio é a responsável perante o poder concedente pelo cumprimento do contrato de concessão, sem prejuízo da responsabilidade solidária das demais consorciadas.

Art. 20. É facultado ao poder concedente, desde que previsto no edital, no interesse do serviço a ser concedido, determinar que o licitante vencedor, no caso de consórcio, se constitua em empresa antes da celebração do contrato.

Art. 21. Os estudos, investigações, levantamentos, projetos, obras e despesas ou investimentos já efetuados, vinculados à concessão, de utilidade para a licitação, realizados pelo poder concedente ou com a sua autorização, estarão à disposição dos interessados, devendo o vencedor da licitação ressarcir os dispêndios correspondentes, especificados no edital.

Art. 22. É assegurada a qualquer pessoa a obtenção de certidão sobre atos, contratos, decisões ou pareceres relativos à licitação ou às próprias concessões.

Capítulo VI - Do Contrato De Concessão

Art. 23. São cláusulas essenciais do contrato de concessão as relativas:

I. ao objeto, à área e ao prazo da concessão;

II. ao modo, forma e condições de prestação do serviço;

III. aos critérios, indicadores, fórmulas e parâmetros definidores da qualidade do serviço;

IV. ao preço do serviço e aos critérios e procedimentos para o reajuste e a revisão das tarifas;

V. aos direitos, garantias e obrigações do poder concedente e da concessionária, inclusive os relacionados às previsíveis necessidades de futura alteração e expansão do serviço e consequente modernização, aperfeiçoamento e ampliação dos equipamentos e das instalações;

VI. aos direitos e deveres dos usuários para obtenção e utilização do serviço;

VII. à forma de fiscalização das instalações, dos equipamentos, dos métodos e práticas de execução do serviço, bem como a indicação dos órgãos competentes para exercê-la;

VIII. às penalidades contratuais e administrativas a que se sujeita a concessionária e sua forma de aplicação;

IX. aos casos de extinção da concessão;

X. aos bens reversíveis;

XI. aos critérios para o cálculo e a forma de pagamento das indenizações devidas à concessionária, quando for o caso;

XII. às condições para prorrogação do contrato;

XIII. à obrigatoriedade, forma e periodicidade da prestação de contas da concessionária ao poder concedente;

XIV. à exigência da publicação de demonstrações financeiras periódicas da concessionária; e

XV. ao foro e ao modo amigável de solução das divergências contratuais.

Parágrafo único. Os contratos relativos à concessão de serviço público precedido da execução de obra pública deverão, adicionalmente:

I. estipular os cronogramas físico-financeiros de execução das obras vinculadas à concessão; e

II. exigir garantia do fiel cumprimento, pela concessionária, das obrigações relativas às obras vinculadas à concessão.

Art. 23-A. O contrato de concessão poderá prever o emprego de mecanismos privados para resolução de disputas decorrentes ou relacionadas ao contrato, inclusive a arbitragem, a ser realizada no Brasil e em língua portuguesa, nos termos da Lei no9.307, de 23 de setembro de 1996.

Art. 24. (VETADO)

Art. 25. Incumbe à concessionária a execução do serviço concedido, cabendo-lhe responder por todos os prejuízos causados ao poder concedente, aos usuários ou a terceiros, sem que a fiscalização exercida pelo órgão competente exclua ou atenue essa responsabilidade.

§ 1º Sem prejuízo da responsabilidade a que se refere este artigo, a concessionária poderá contratar com terceiros o desenvolvimento de atividades inerentes, acessórias ou complementares ao serviço concedido, bem como a implementação de projetos associados.

§ 2º Os contratos celebrados entre a concessionária e os terceiros a que se refere o parágrafo anterior reger-se-ão pelo direito privado, não se estabelecendo qualquer relação jurídica entre os terceiros e o poder concedente.

§ 3º A execução das atividades contratadas com terceiros pressupõe o cumprimento das normas regulamentares da modalidade do serviço concedido.

Art. 26. É admitida a subconcessão, nos termos previstos no contrato de concessão, desde que expressamente autorizada pelo poder concedente.

§ 1º A outorga de subconcessão será sempre precedida de concorrência.

§ 2º O subconcessionário se sub-rogará todos os direitos e obrigações da subconcedente dentro dos limites da subconcessão.

Art. 27. A transferência de concessão ou do controle societário da concessionária sem prévia anuência do poder concedente implicará a caducidade da concessão.

§ 1º Para fins de obtenção da anuência de que trata o caput deste artigo, o pretendente deverá:

I. atender às exigências de capacidade técnica, idoneidade financeira e regularidade jurídica e fiscal necessárias à assunção do serviço; e

II. comprometer-se a cumprir todas as cláusulas do contrato em vigor.

§ 2º (Revogado).

§ 3º (Revogado).

Anotações

Anotações

DIR. ADM.

Anotações

§ 4º (Revogado).

Art. 27-A. Nas condições estabelecidas no contrato de concessão, o poder concedente autorizará a assunção do controle ou da administração temporária da concessionária por seus financiadores e garantidores com quem não mantenha vínculo societário direto, para promover sua reestruturação financeira e assegurar a continuidade da prestação dos serviços.

§ 1º Na hipótese prevista no caput, o poder concedente exigirá dos financiadores e dos garantidores que atendam às exigências de regularidade jurídica e fiscal, podendo alterar ou dispensar os demais requisitos previstos no inciso I do parágrafo único do art. 27.

§ 2º A assunção do controle ou da administração temporária autorizadas na forma do caput deste artigo não alterará as obrigações da concessionária e de seus controladores para com terceiros, poder concedente e usuários dos serviços públicos.

§ 3º Configura-se o controle da concessionária, para os fins dispostos no caput deste artigo, a propriedade resolúvel de ações ou quotas por seus financiadores e garantidores que atendam os requisitos do art. 116 da Lei no 6.404, de 15 de dezembro de 1976.

§ 4º Configura-se a administração temporária da concessionária por seus financiadores e garantidores quando, sem a transferência da propriedade de ações ou quotas, forem outorgados os seguintes poderes:

I. indicar os membros do Conselho de Administração, a serem eleitos em Assembleia Geral pelos acionistas, nas sociedades regidas pela Lei 6.404, de 15 de dezembro de 1976; ou administradores, a serem eleitos pelos quotistas, nas demais sociedades;

II. indicar os membros do Conselho Fiscal, a serem eleitos pelos acionistas ou quotistas controladores em Assembleia Geral;

III. exercer poder de veto sobre qualquer proposta submetida à votação dos acionistas ou quotistas da concessionária, que representem, ou possam representar, prejuízos aos fins previstos no caput deste artigo;

IV. outros poderes necessários ao alcance dos fins previstos no caput deste artigo.

§ 5º A administração temporária autorizada na forma deste artigo não acarretará responsabilidade aos financiadores e garantidores em relação à tributação, encargos, ônus, sanções, obrigações ou compromissos com terceiros, inclusive com o poder concedente ou empregados.

§ 6º O Poder Concedente disciplinará sobre o prazo da administração temporária.

Art. 28. Nos contratos de financiamento, as concessionárias poderão oferecer em garantia os direitos emergentes da concessão, até o limite que não comprometa a operacionalização e a continuidade da prestação do serviço.

Parágrafo único. Revogado

Art. 28-A. Para garantir contratos de mútuo de longo prazo, destinados a investimentos relacionados a contratos de concessão, em qualquer de suas modalidades, as concessionárias poderão ceder ao mutuante, em caráter fiduciário, parcela de seus créditos operacionais futuros, observadas as seguintes condições:

I. o contrato de cessão dos créditos deverá ser registrado em Cartório de Títulos e Documentos para ter eficácia perante terceiros;

II. sem prejuízo do disposto no inciso I do caput deste artigo, a cessão do crédito não terá eficácia em relação ao Poder Público concedente senão quando for este formalmente notificado;

III. os créditos futuros cedidos nos termos deste artigo serão constituídos sob a titularidade do mutuante, independentemente de qualquer formalidade adicional;

IV. o mutuante poderá indicar instituição financeira para efetuar a cobrança e receber os pagamentos dos créditos cedidos ou permitir que a concessionária o faça, na qualidade de representante e depositária;

Anotações

V. na hipótese de ter sido indicada instituição financeira, conforme previsto no inciso IV do caput deste artigo, fica a concessionária obrigada a apresentar a essa os créditos para cobrança;

VI. os pagamentos dos créditos cedidos deverão ser depositados pela concessionária ou pela instituição encarregada da cobrança em conta corrente bancária vinculada ao contrato de mútuo;

VII. a instituição financeira depositária deverá transferir os valores recebidos ao mutuante à medida que as obrigações do contrato de mútuo tornarem-se exigíveis; e

VIII. o contrato de cessão disporá sobre a devolução à concessionária dos recursos excedentes, sendo vedada a retenção do saldo após o adimplemento integral do contrato.

Parágrafo único. Para os fins deste artigo, serão considerados contratos de longo prazo aqueles cujas obrigações tenham prazo médio de vencimento superior a 5 (cinco) anos.

Capítulo VII - Dos Encargos do Poder Concedente

Art. 29. Incumbe ao poder concedente:

I. regulamentar o serviço concedido e fiscalizar permanentemente a sua prestação;

II. aplicar as penalidades regulamentares e contratuais;

III. intervir na prestação do serviço, nos casos e condições previstos em lei;

IV. extinguir a concessão, nos casos previstos nesta Lei e na forma prevista no contrato;

V. homologar reajustes e proceder à revisão das tarifas na forma desta Lei, das normas pertinentes e do contrato;

VI. cumprir e fazer cumprir as disposições regulamentares do serviço e as cláusulas contratuais da concessão;

VII. zelar pela boa qualidade do serviço, receber, apurar e solucionar queixas e reclamações dos usuários, que serão cientificados, em até trinta dias, das providências tomadas;

VIII. declarar de utilidade pública os bens necessários à execução do serviço ou obra pública, promovendo as desapropriações, diretamente ou mediante outorga de poderes à concessionária, caso em que será desta a responsabilidade pelas indenizações cabíveis;

IX. declarar de necessidade ou utilidade pública, para fins de instituição de servidão administrativa, os bens necessários à execução de serviço ou obra pública, promovendo-a diretamente ou mediante outorga de poderes à concessionária, caso em que será desta a responsabilidade pelas indenizações cabíveis;

X. estimular o aumento da qualidade, produtividade, preservação do meio-ambiente e conservação;

XI. incentivar a competitividade; e

XII. estimular a formação de associações de usuários para defesa de interesses relativos ao serviço.

Art. 30. No exercício da fiscalização, o poder concedente terá acesso aos dados relativos à administração, contabilidade, recursos técnicos, econômicos e financeiros da concessionária.

Parágrafo único. A fiscalização do serviço será feita por intermédio de órgão técnico do poder concedente ou por entidade com ele conveniada, e, periodicamente, conforme previsto em norma regulamentar, por comissão composta de representantes do poder concedente, da concessionária e dos usuários.

Capítulo VIII - Dos Encargos da Concessionária

Art. 31. Incumbe à concessionária:

I. prestar serviço adequado, na forma prevista nesta Lei, nas normas técnicas aplicáveis e no contrato;

II. manter em dia o inventário e o registro dos bens vinculados à concessão;

III. prestar contas da gestão do serviço ao poder concedente e aos usuários, nos termos definidos no contrato;

IV. cumprir e fazer cumprir as normas do serviço e as cláusulas contratuais da concessão;

V. permitir aos encarregados da fiscalização livre acesso, em qualquer época, às obras, aos equipamentos e às instalações integrantes do serviço, bem como a seus registros contábeis;

VI. promover as desapropriações e constituir servidões autorizadas pelo poder concedente, conforme previsto no edital e no contrato;

VII. zelar pela integridade dos bens vinculados à prestação do serviço, bem como segurá-los adequadamente; e

VIII. captar, aplicar e gerir os recursos financeiros necessários à prestação do serviço.

Parágrafo único. As contratações, inclusive de mão-de-obra, feitas pela concessionária serão regidas pelas disposições de direito privado e pela legislação trabalhista, não se estabelecendo qualquer relação entre os terceiros contratados pela concessionária e o poder concedente.

Capítulo IX - Da Intervenção

Art. 32. O poder concedente poderá intervir na concessão, com o fim de assegurar a adequação na prestação do serviço, bem como o fiel cumprimento das normas contratuais, regulamentares e legais pertinentes.

Parágrafo único. A intervenção far-se-á por decreto do poder concedente, que conterá a designação do interventor, o prazo da intervenção e os objetivos e limites da medida.

Art. 33. Declarada a intervenção, o poder concedente deverá, no prazo de trinta dias, instaurar procedimento administrativo para comprovar as causas determinantes da medida e apurar responsabilidades, assegurado o direito de ampla defesa.

§ 1º Se ficar comprovado que a intervenção não observou os pressupostos legais e regulamentares será declarada sua nulidade, devendo o serviço ser imediatamente devolvido à concessionária, sem prejuízo de seu direito à indenização.

§ 2º O procedimento administrativo a que se refere o caput deste artigo deverá ser concluído no prazo de até cento e oitenta dias, sob pena de considerar-se inválida a intervenção.

Art. 34. Cessada a intervenção, se não for extinta a concessão, a administração do serviço será devolvida à concessionária, precedida de prestação de contas pelo interventor, que responderá pelos atos praticados durante a sua gestão.

Capítulo X - Da Extinção Da Concessão

Art. 35. Extingue-se a concessão por:

I. advento do termo contratual;

II. encampação;

III. caducidade;

IV. rescisão;

V. anulação; e

VI. falência ou extinção da empresa concessionária e falecimento ou incapacidade do titular, no caso de empresa individual.

§ 1º Extinta a concessão, retornam ao poder concedente todos os bens reversíveis, direitos e privilégios transferidos ao concessionário conforme previsto no edital e estabelecido no contrato.

§ 2º Extinta a concessão, haverá a imediata assunção do serviço pelo poder concedente, procedendo-se aos levantamentos, avaliações e liquidações necessários.

§ 3º A assunção do serviço autoriza a ocupação das instalações e a utilização, pelo poder concedente, de todos os bens reversíveis.

§ 4º Nos casos previstos nos incisos I e II deste artigo, o poder concedente, antecipando-se à extinção da concessão, procederá aos levantamentos e avaliações necessários à determinação dos montantes da indenização que será devida à concessionária, na forma dos arts. 36 e 37 desta Lei.

Anotações

Art. 36. A reversão no advento do termo contratual far-se-á com a indenização das parcelas dos investimentos vinculados a bens reversíveis, ainda não amortizados ou depreciados, que tenham sido realizados com o objetivo de garantir a continuidade e atualidade do serviço concedido.

Art. 37. Considera-se encampação a retomada do serviço pelo poder concedente durante o prazo da concessão, por motivo de interesse público, mediante lei autorizativa específica e após prévio pagamento da indenização, na forma do artigo anterior.

Art. 38. A inexecução total ou parcial do contrato acarretará, a critério do poder concedente, a declaração de caducidade da concessão ou a aplicação das sanções contratuais, respeitadas as disposições deste artigo, do art. 27, e as normas convencionadas entre as partes.

§ 1º A caducidade da concessão poderá ser declarada pelo poder concedente quando:

I. o serviço estiver sendo prestado de forma inadequada ou deficiente, tendo por base as normas, critérios, indicadores e parâmetros definidores da qualidade do serviço;

II. a concessionária descumprir cláusulas contratuais ou disposições legais ou regulamentares concernentes à concessão;

III. a concessionária paralisar o serviço ou concorrer para tanto, ressalvadas as hipóteses decorrentes de caso fortuito ou força maior;

IV. a concessionária perder as condições econômicas, técnicas ou operacionais para manter a adequada prestação do serviço concedido;

V. a concessionária não cumprir as penalidades impostas por infrações, nos devidos prazos;

VI. a concessionária não atender a intimação do poder concedente no sentido de regularizar a prestação do serviço; e

VII. a concessionária não atender a intimação do poder concedente para, em 180 (cento e oitenta) dias, apresentar a documentação relativa a regularidade fiscal, no curso da concessão, na forma do art. 29 da Lei nº 8.666, de 21 de junho de 1993. (Redação dada pela Lei nº 12.767, de 2012)

§ 2º A declaração da caducidade da concessão deverá ser precedida da verificação da inadimplência da concessionária em processo administrativo, assegurado o direito de ampla defesa.

§ 3º Não será instaurado processo administrativo de inadimplência antes de comunicados à concessionária, detalhadamente, os descumprimentos contratuais referidos no § 1º deste artigo, dando-lhe um prazo para corrigir as falhas e transgressões apontadas e para o enquadramento, nos termos contratuais.

§ 4º Instaurado o processo administrativo e comprovada a inadimplência, a caducidade será declarada por decreto do poder concedente, independentemente de indenização prévia, calculada no decurso do processo.

§ 5º A indenização de que trata o parágrafo anterior, será devida na forma do art. 36 desta Lei e do contrato, descontado o valor das multas contratuais e dos danos causados pela concessionária.

§ 6º Declarada a caducidade, não resultará para o poder concedente qualquer espécie de responsabilidade em relação aos encargos, ônus, obrigações ou compromissos com terceiros ou com empregados da concessionária.

Art. 39. O contrato de concessão poderá ser rescindido por iniciativa da concessionária, no caso de descumprimento das normas contratuais pelo poder concedente, mediante ação judicial especialmente intentada para esse fim.

Parágrafo único. Na hipótese prevista no caput deste artigo, os serviços prestados pela concessionária não poderão ser interrompidos ou paralisados, até a decisão judicial transitada em julgado.

Anotações

Anotações

Capítulo XI - Das Permissões

Art. 40. A permissão de serviço público será formalizada mediante contrato de adesão, que observará os termos desta Lei, das demais normas pertinentes e do edital de licitação, inclusive quanto à precariedade e à revogabilidade unilateral do contrato pelo poder concedente.

Parágrafo único. Aplica-se às permissões o disposto nesta Lei.

Capítulo XII - Disposições Finais E Transitórias

Art. 41. O disposto nesta Lei não se aplica à concessão, permissão e autorização para o serviço de radiodifusão sonora e de sons e imagens.

Art. 42. As concessões de serviço público outorgadas anteriormente à entrada em vigor desta Lei consideram-se válidas pelo prazo fixado no contrato ou no ato de outorga, observado o disposto no art. 43 desta Lei.

§ 1º Vencido o prazo mencionado no contrato ou ato de outorga, o serviço poderá ser prestado por órgão ou entidade do poder concedente, ou delegado a terceiros, mediante novo contrato.

§ 2º As concessões em caráter precário, as que estiverem com prazo vencido e as que estiverem em vigor por prazo indeterminado, inclusive por força de legislação anterior, permanecerão válidas pelo prazo necessário à realização dos levantamentos e avaliações indispensáveis à organização das licitações que precederão a outorga das concessões que as substituirão, prazo esse que não será inferior a 24 (vinte e quatro) meses.

§ 3º As concessões a que se refere o § 2º deste artigo, inclusive as que não possuam instrumento que as formalize ou que possuam cláusula que preveja prorrogação, terão validade máxima até o dia 31 de dezembro de 2010, desde que, até o dia 30 de junho de 2009, tenham sido cumpridas, cumulativamente, as seguintes condições:

I. levantamento mais amplo e retroativo possível dos elementos físicos constituintes da infra-estrutura de bens reversíveis e dos dados financeiros, contábeis e comerciais relativos à prestação dos serviços, em dimensão necessária e suficiente para a realização do cálculo de eventual indenização relativa aos investimentos ainda não amortizados pelas receitas emergentes da concessão, observadas as disposições legais e contratuais que regulavam a prestação do serviço ou a ela aplicáveis nos 20 (vinte) anos anteriores ao da publicação desta Lei;

II. celebração de acordo entre o poder concedente e o concessionário sobre os critérios e a forma de indenização de eventuais créditos remanescentes de investimentos ainda não amortizados ou depreciados, apurados a partir dos levantamentos referidos no inciso I deste parágrafo e auditados por instituição especializada escolhida de comum acordo pelas partes; e

III. publicação na imprensa oficial de ato formal de autoridade do poder concedente, autorizando a prestação precária dos serviços por prazo de até 6 (seis) meses, renovável até 31 de dezembro de 2008, mediante comprovação do cumprimento do disposto nos incisos I e II deste parágrafo.

§ 4º Não ocorrendo o acordo previsto no inciso II do § 3º deste artigo, o cálculo da indenização de investimentos será feito com base nos critérios previstos no instrumento de concessão antes celebrado ou, na omissão deste, por avaliação de seu valor econômico ou reavaliação patrimonial, depreciação e amortização de ativos imobilizados definidos pelas legislações fiscal e das sociedades por ações, efetuada por empresa de auditoria independente escolhida de comum acordo pelas partes.

§ 5º No caso do § 4º deste artigo, o pagamento de eventual indenização será realizado, mediante garantia real, por meio de 4 (quatro) parcelas anuais, iguais e sucessivas, da parte ainda não amortizada de investimentos e de outras indenizações relacionadas à prestação dos serviços, realizados com capital próprio do concessionário ou de seu controlador, ou originários de operações de financiamento, ou obtidos mediante emissão de ações, debêntures e outros títulos mobiliários, com a primeira parcela paga até o último dia útil do exercício financeiro em que ocorrer a reversão.

Anotações

§ 6º Ocorrendo acordo, poderá a indenização de que trata o § 5º deste artigo ser paga mediante receitas de novo contrato que venha a disciplinar a prestação do serviço.

Art. 43. Ficam extintas todas as concessões de serviços públicos outorgadas sem licitação na vigência da Constituição de 1988.

Parágrafo único. Ficam também extintas todas as concessões outorgadas sem licitação anteriormente à Constituição de 1988, cujas obras ou serviços não tenham sido iniciados ou que se encontrem paralisados quando da entrada em vigor desta Lei.

Art. 44. As concessionárias que tiverem obras que se encontrem atrasadas, na data da publicação desta Lei, apresentarão ao poder concedente, dentro de cento e oitenta dias, plano efetivo de conclusão das obras.

Parágrafo único. Caso a concessionária não apresente o plano a que se refere este artigo ou se este plano não oferecer condições efetivas para o término da obra, o poder concedente poderá declarar extinta a concessão, relativa a essa obra.

Art. 45. Nas hipóteses de que tratam os arts. 43 e 44 desta Lei, o poder concedente indenizará as obras e serviços realizados somente no caso e com os recursos da nova licitação.

Parágrafo único. A licitação de que trata o caput deste artigo deverá, obrigatoriamente, levar em conta, para fins de avaliação, o estágio das obras paralisadas ou atrasadas, de modo a permitir a utilização do critério de julgamento estabelecido no inciso III do art. 15 desta Lei.

Art. 46. Esta Lei entra em vigor na data de sua publicação.

Art. 47. Revogam-se as disposições em contrário.

5. LEI Nº 9.784 , DE 29 DE JANEIRO DE 1999

Lei do Processo Administrativo Federal

Regula o processo administrativo no âmbito da Administração Pública Federal.

O PRESIDENTE DA REPÚBLICA Faço saber que o Congresso Nacional decreta e eu sanciono a seguinte Lei:

Capítulo I - Das Disposições Gerais

Art. 1º Esta Lei estabelece normas básicas sobre o processo administrativo no âmbito da Administração Federal direta e indireta, visando, em especial, à proteção dos direitos dos administrados e ao melhor cumprimento dos fins da Administração.

§ 1º Os preceitos desta Lei também se aplicam aos órgãos dos Poderes Legislativo e Judiciário da União, quando no desempenho de função administrativa.

§ 2º Para os fins desta Lei, consideram-se:

I. órgão. a unidade de atuação integrante da estrutura da Administração direta e da estrutura da Administração indireta;

II. entidade. a unidade de atuação dotada de personalidade jurídica;

III. autoridade. o servidor ou agente público dotado de poder de decisão.

Art. 2º A Administração Pública obedecerá, dentre outros, aos princípios da legalidade, finalidade, motivação, razoabilidade, proporcionalidade, moralidade, ampla defesa, contraditório, segurança jurídica, interesse público e eficiência.

Parágrafo único. Nos processos administrativos serão observados, entre outros, os critérios de:

I. atuação conforme a lei e o Direito;

II. atendimento a fins de interesse geral, vedada a renúncia total ou parcial de poderes ou competências, salvo autorização em lei;

III. objetividade no atendimento do interesse público, vedada a promoção pessoal de agentes ou autoridades;

IV. atuação segundo padrões éticos de probidade, decoro e boa-fé;

V. divulgação oficial dos atos administrativos, ressalvadas as hipóteses de sigilo previstas na Constituição;

VI. adequação entre meios e fins, vedada a imposição de obrigações, restrições e sanções em medida superior àquelas estritamente necessárias ao atendimento do interesse público;

VII. indicação dos pressupostos de fato e de direito que determinarem a decisão;

VIII. observância das formalidades essenciais à garantia dos direitos dos administrados;

IX. adoção de formas simples, suficientes para propiciar adequado grau de certeza, segurança e respeito aos direitos dos administrados;

X. garantia dos direitos à comunicação, à apresentação de alegações finais, à produção de provas e à interposição de recursos, nos processos de que possam resultar sanções e nas situações de litígio;

XI. proibição de cobrança de despesas processuais, ressalvadas as previstas em lei;

XII. impulsão, de ofício, do processo administrativo, sem prejuízo da atuação dos interessados;

XIII. interpretação da norma administrativa da forma que melhor garanta o atendimento do fim público a que se dirige, vedada aplicação retroativa de nova interpretação.

Capítulo II - DOS DIREITOS DOS ADMINISTRADOS

Art. 3º O administrado tem os seguintes direitos perante a Administração, sem prejuízo de outros que lhe sejam assegurados:

I. ser tratado com respeito pelas autoridades e servidores, que deverão facilitar o exercício de seus direitos e o cumprimento de suas obrigações;

II. ter ciência da tramitação dos processos administrativos em que tenha a condição de interessado, ter vista dos autos, obter cópias de documentos neles contidos e conhecer as decisões proferidas;

III. formular alegações e apresentar documentos antes da decisão, os quais serão objeto de consideração pelo órgão competente;

IV. fazer-se assistir, facultativamente, por advogado, salvo quando obrigatória a representação, por força de lei.

Capítulo III - DOS DEVERES DO ADMINISTRADO

Art. 4º São deveres do administrado perante a Administração, sem prejuízo de outros previstos em ato normativo:

I. expor os fatos conforme a verdade;

II. proceder com lealdade, urbanidade e boa-fé;

III. não agir de modo temerário;

IV. prestar as informações que lhe forem solicitadas e colaborar para o esclarecimento dos fatos.

Capítulo IV - DO INÍCIO DO PROCESSO

Art. 5º O processo administrativo pode iniciar-se de ofício ou a pedido de interessado.

Art. 6º O requerimento inicial do interessado, salvo casos em que for admitida solicitação oral, deve ser formulado por escrito e conter os seguintes dados:

I. órgão ou autoridade administrativa a que se dirige;

II. identificação do interessado ou de quem o represente;

III. domicílio do requerente ou local para recebimento de comunicações;

IV. formulação do pedido, com exposição dos fatos e de seus fundamentos;

Anotações

V. data e assinatura do requerente ou de seu representante.

Parágrafo único. É vedada à Administração a recusa imotivada de recebimento de documentos, devendo o servidor orientar o interessado quanto ao suprimento de eventuais falhas.

Art. 7º Os órgãos e entidades administrativas deverão elaborar modelos ou formulários padronizados para assuntos que importem pretensões equivalentes.

Art. 8º Quando os pedidos de uma pluralidade de interessados tiverem conteúdo e fundamentos idênticos, poderão ser formulados em um único requerimento, salvo preceito legal em contrário.

Capítulo V - DOS INTERESSADOS

Art. 9º São legitimados como interessados no processo administrativo:

I. pessoas físicas ou jurídicas que o iniciem como titulares de direitos ou interesses individuais ou no exercício do direito de representação;

II. aqueles que, sem terem iniciado o processo, têm direitos ou interesses que possam ser afetados pela decisão a ser adotada;

III. as organizações e associações representativas, no tocante a direitos e interesses coletivos;

IV. as pessoas ou as associações legalmente constituídas quanto a direitos ou interesses difusos.

Art. 10. São capazes, para fins de processo administrativo, os maiores de dezoito anos, ressalvada previsão especial em ato normativo próprio.

Capítulo VI - DA COMPETÊNCIA

Art. 11. A competência é irrenunciável e se exerce pelos órgãos administrativos a que foi atribuída como própria, salvo os casos de delegação e avocação legalmente admitidos.

Art. 12. Um órgão administrativo e seu titular poderão, se não houver impedimento legal, delegar parte da sua competência a outros órgãos ou titulares, ainda que estes não lhe sejam hierarquicamente subordinados, quando for conveniente, em razão de circunstâncias de índole técnica, social, econômica, jurídica ou territorial.

Parágrafo único. O disposto no caput deste artigo aplica-se à delegação de competência dos órgãos colegiados aos respectivos presidentes.

Art. 13. Não podem ser objeto de delegação:

I. a edição de atos de caráter normativo;

II. a decisão de recursos administrativos;

III. as matérias de competência exclusiva do órgão ou autoridade.

Art. 14. O ato de delegação e sua revogação deverão ser publicados no meio oficial.

§ 1º O ato de delegação especificará as matérias e poderes transferidos, os limites da atuação do delegado, a duração e os objetivos da delegação e o recurso cabível, podendo conter ressalva de exercício da atribuição delegada.

§ 2º O ato de delegação é revogável a qualquer tempo pela autoridade delegante.

§ 3º As decisões adotadas por delegação devem mencionar explicitamente esta qualidade e considerar-se-ão editadas pelo delegado.

Art. 15. Será permitida, em caráter excepcional e por motivos relevantes devidamente justificados, a avocação temporária de competência atribuída a órgão hierarquicamente inferior.

Art. 16. Os órgãos e entidades administrativas divulgarão publicamente os locais das respectivas sedes e, quando conveniente, a unidade fundacional competente em matéria de interesse especial.

Art. 17. Inexistindo competência legal específica, o processo administrativo deverá ser iniciado perante a autoridade de menor grau hierárquico para decidir.

Anotações

Anotações

Capítulo VII - DOS IMPEDIMENTOS E DA SUSPEIÇÃO

Art. 18. É impedido de atuar em processo administrativo o servidor ou autoridade que:

I. tenha interesse direto ou indireto na matéria;

II. tenha participado ou venha a participar como perito, testemunha ou representante, ou se tais situações ocorrem quanto ao cônjuge, companheiro ou parente e afins até o terceiro grau;

III. esteja litigando judicial ou administrativamente com o interessado ou respectivo cônjuge ou companheiro.

Art. 19. A autoridade ou servidor que incorrer em impedimento deve comunicar o fato à autoridade competente, abstendo-se de atuar.

Parágrafo único. A omissão do dever de comunicar o impedimento constitui falta grave, para efeitos disciplinares.

Art. 20. Pode ser arguida a suspeição de autoridade ou servidor que tenha amizade íntima ou inimizade notória com algum dos interessados ou com os respectivos cônjuges, companheiros, parentes e afins até o terceiro grau.

Art. 21. O indeferimento de alegação de suspeição poderá ser objeto de recurso, sem efeito suspensivo.

Capítulo VIII - DA FORMA, TEMPO E LUGAR DOS ATOS DO PROCESSO

Art. 22. Os atos do processo administrativo não dependem de forma determinada senão quando a lei expressamente a exigir.

§ 1º Os atos do processo devem ser produzidos por escrito, em vernáculo, com a data e o local de sua realização e a assinatura da autoridade responsável.

§ 2º Salvo imposição legal, o reconhecimento de firma somente será exigido quando houver dúvida de autenticidade.

§ 3º A autenticação de documentos exigidos em cópia poderá ser feita pelo órgão administrativo.

§ 4º O processo deverá ter suas páginas numeradas sequencialmente e rubricadas.

Art. 23. Os atos do processo devem realizar-se em dias úteis, no horário normal de funcionamento da repartição na qual tramitar o processo.

Parágrafo único. Serão concluídos depois do horário normal os atos já iniciados, cujo adiamento prejudique o curso regular do procedimento ou cause dano ao interessado ou à Administração.

Art. 24. Inexistindo disposição específica, os atos do órgão ou autoridade responsável pelo processo e dos administrados que dele participem devem ser praticados no prazo de cinco dias, salvo motivo de força maior.

Parágrafo único. O prazo previsto neste artigo pode ser dilatado até o dobro, mediante comprovada justificação.

Art. 25. Os atos do processo devem realizar-se preferencialmente na sede do órgão, cientificando-se o interessado se outro for o local de realização.

Capítulo IX - DA COMUNICAÇÃO DOS ATOS

Art. 26. O órgão competente perante o qual tramita o processo administrativo determinará a intimação do interessado para ciência de decisão ou a efetivação de diligências.

§ 1º A intimação deverá conter:

I. identificação do intimado e nome do órgão ou entidade administrativa;

II. finalidade da intimação;

III. data, hora e local em que deve comparecer;

IV. se o intimado deve comparecer pessoalmente, ou fazer-se representar;

V. informação da continuidade do processo independentemente do seu comparecimento;

VI. indicação dos fatos e fundamentos legais pertinentes.

Anotações

§ 2º A intimação observará a antecedência mínima de três dias úteis quanto à data de comparecimento.

§ 3º A intimação pode ser efetuada por ciência no processo, por via postal com aviso de recebimento, por telegrama ou outro meio que assegure a certeza da ciência do interessado.

§ 4º No caso de interessados indeterminados, desconhecidos ou com domicílio indefinido, a intimação deve ser efetuada por meio de publicação oficial.

§ 5º As intimações serão nulas quando feitas sem observância das prescrições legais, mas o comparecimento do administrado supre sua falta ou irregularidade.

Art. 27. O desatendimento da intimação não importa o reconhecimento da verdade dos fatos, nem a renúncia a direito pelo administrado.

Parágrafo único. No prosseguimento do processo, será garantido direito de ampla defesa ao interessado.

Art. 28. Devem ser objeto de intimação os atos do processo que resultem para o interessado em imposição de deveres, ônus, sanções ou restrição ao exercício de direitos e atividades e os atos de outra natureza, de seu interesse.

Capítulo X - DA INSTRUÇÃO

Art. 29. As atividades de instrução destinadas a averiguar e comprovar os dados necessários à tomada de decisão realizam-se de ofício ou mediante impulsão do órgão responsável pelo processo, sem prejuízo do direito dos interessados de propor atuações probatórias.

§ 1º O órgão competente para a instrução fará constar dos autos os dados necessários à decisão do processo.

§ 2º Os atos de instrução que exijam a atuação dos interessados devem realizar-se do modo menos oneroso para estes.

Art. 30. São inadmissíveis no processo administrativo as provas obtidas por meios ilícitos.

Art. 31. Quando a matéria do processo envolver assunto de interesse geral, o órgão competente poderá, mediante despacho motivado, abrir período de consulta pública para manifestação de terceiros, antes da decisão do pedido, se não houver prejuízo para a parte interessada.

§ 1º A abertura da consulta pública será objeto de divulgação pelos meios oficiais, a fim de que pessoas físicas ou jurídicas possam examinar os autos, fixando-se prazo para oferecimento de alegações escritas.

§ 2º O comparecimento à consulta pública não confere, por si, a condição de interessado do processo, mas confere o direito de obter da Administração resposta fundamentada, que poderá ser comum a todas as alegações substancialmente iguais.

Art. 32. Antes da tomada de decisão, a juízo da autoridade, diante da relevância da questão, poderá ser realizada audiência pública para debates sobre a matéria do processo.

Art. 33. Os órgãos e entidades administrativas, em matéria relevante, poderão estabelecer outros meios de participação de administrados, diretamente ou por meio de organizações e associações legalmente reconhecidas.

Art. 34. Os resultados da consulta e audiência pública e de outros meios de participação de administrados deverão ser apresentados com a indicação do procedimento adotado.

Art. 35. Quando necessária à instrução do processo, a audiência de outros órgãos ou entidades administrativas poderá ser realizada em reunião conjunta, com a participação de titulares ou representantes dos órgãos competentes, lavrando-se a respectiva ata, a ser juntada aos autos.

Art. 36. Cabe ao interessado a prova dos fatos que tenha alegado, sem prejuízo do dever atribuído ao órgão competente para a instrução e do disposto no art. 37 desta Lei.

Art. 37. Quando o interessado declarar que fatos e dados estão registrados em documentos existentes na própria Administração responsável pelo processo ou em outro órgão administrativo, o órgão competente para a instrução proverá, de ofício, à obtenção dos documentos ou das respectivas cópias.

Art. 38. O interessado poderá, na fase instrutória e antes da tomada da decisão, juntar documentos e pareceres, requerer diligências e perícias, bem como aduzir alegações referentes à matéria objeto do processo.

§ 1º Os elementos probatórios deverão ser considerados na motivação do relatório e da decisão.

§ 2º Somente poderão ser recusadas, mediante decisão fundamentada, as provas propostas pelos interessados quando sejam ilícitas, impertinentes, desnecessárias ou protelatórias.

Art. 39. Quando for necessária a prestação de informações ou a apresentação de provas pelos interessados ou terceiros, serão expedidas intimações para esse fim, mencionando-se data, prazo, forma e condições de atendimento.

Parágrafo único. Não sendo atendida a intimação, poderá o órgão competente, se entender relevante a matéria, suprir de ofício a omissão, não se eximindo de proferir a decisão.

Art. 40. Quando dados, atuações ou documentos solicitados ao interessado forem necessários à apreciação de pedido formulado, o não atendimento no prazo fixado pela Administração para a respectiva apresentação implicará arquivamento do processo.

Art. 41. Os interessados serão intimados de prova ou diligência ordenada, com antecedência mínima de três dias úteis, mencionando-se data, hora e local de realização.

Art. 42. Quando deva ser obrigatoriamente ouvido um órgão consultivo, o parecer deverá ser emitido no prazo máximo de quinze dias, salvo norma especial ou comprovada necessidade de maior prazo.

§ 1º Se um parecer obrigatório e vinculante deixar de ser emitido no prazo fixado, o processo não terá seguimento até a respectiva apresentação, responsabilizando-se quem der causa ao atraso.

§ 2º Se um parecer obrigatório e não vinculante deixar de ser emitido no prazo fixado, o processo poderá ter prosseguimento e ser decidido com sua dispensa, sem prejuízo da responsabilidade de quem se omitiu no atendimento.

Art. 43. Quando por disposição de ato normativo devam ser previamente obtidos laudos técnicos de órgãos administrativos e estes não cumprirem o encargo no prazo assinalado, o órgão responsável pela instrução deverá solicitar laudo técnico de outro órgão dotado de qualificação e capacidade técnica equivalentes.

Art. 44. Encerrada a instrução, o interessado terá o direito de manifestar-se no prazo máximo de dez dias, salvo se outro prazo for legalmente fixado.

Art. 45. Em caso de risco iminente, a Administração Pública poderá motivadamente adotar providências acauteladoras sem a prévia manifestação do interessado.

Art. 46. Os interessados têm direito à vista do processo e a obter certidões ou cópias reprográficas dos dados e documentos que o integram, ressalvados os dados e documentos de terceiros protegidos por sigilo ou pelo direito à privacidade, à honra e à imagem.

Art. 47. O órgão de instrução que não for competente para emitir a decisão final elaborará relatório indicando o pedido inicial, o conteúdo das fases do procedimento e formulará proposta de decisão, objetivamente justificada, encaminhando o processo à autoridade competente.

Capítulo XI - DO DEVER DE DECIDIR

Art. 48. A Administração tem o dever de explicitamente emitir decisão nos processos administrativos e sobre solicitações ou reclamações, em matéria de sua competência.

Art. 49. Concluída a instrução de processo administrativo, a Administração tem o prazo de até trinta dias para decidir, salvo prorrogação por igual período expressamente motivada.

Capítulo XII - DA MOTIVAÇÃO

Art. 50. Os atos administrativos deverão ser motivados, com indicação dos fatos e dos fundamentos jurídicos, quando:

Anotações

I. neguem, limitem ou afetem direitos ou interesses;

II. imponham ou agravem deveres, encargos ou sanções;

III. decidam processos administrativos de concurso ou seleção pública;

IV. dispensem ou declarem a inexigibilidade de processo licitatório;

V. decidam recursos administrativos;

VI. decorram de reexame de ofício;

VII. deixem de aplicar jurisprudência firmada sobre a questão ou discrepem de pareceres, laudos, propostas e relatórios oficiais;

VIII. importem anulação, revogação, suspensão ou convalidação de ato administrativo.

§ 1º A motivação deve ser explícita, clara e congruente, podendo consistir em declaração de concordância com fundamentos de anteriores pareceres, informações, decisões ou propostas, que, neste caso, serão parte integrante do ato.

§ 2º Na solução de vários assuntos da mesma natureza, pode ser utilizado meio mecânico que reproduza os fundamentos das decisões, desde que não prejudique direito ou garantia dos interessados.

§ 3º A motivação das decisões de órgãos colegiados e comissões ou de decisões orais constará da respectiva ata ou de termo escrito.

Capítulo XIII - DA DESISTÊNCIA E OUTROS CASOS DE EXTINÇÃO DO PROCESSO

Art. 51. O interessado poderá, mediante manifestação escrita, desistir total ou parcialmente do pedido formulado ou, ainda, renunciar a direitos disponíveis.

§ 1º Havendo vários interessados, a desistência ou renúncia atinge somente quem a tenha formulado.

§ 2º A desistência ou renúncia do interessado, conforme o caso, não prejudica o prosseguimento do processo, se a Administração considerar que o interesse público assim o exige.

Art. 52. O órgão competente poderá declarar extinto o processo quando exaurida sua finalidade ou o objeto da decisão se tornar impossível, inútil ou prejudicado por fato superveniente.

Capítulo XIV - DA ANULAÇÃO, REVOGAÇÃO E CONVALIDAÇÃO

Art. 53. A Administração deve anular seus próprios atos, quando eivados de vício de legalidade, e pode revogá-los por motivo de conveniência ou oportunidade, respeitados os direitos adquiridos.

Art. 54. O direito da Administração de anular os atos administrativos de que decorram efeitos favoráveis para os destinatários decai em cinco anos, contados da data em que foram praticados, salvo comprovada má-fé.

§ 1º No caso de efeitos patrimoniais contínuos, o prazo de decadência contar-se-á da percepção do primeiro pagamento.

§ 2º Considera-se exercício do direito de anular qualquer medida de autoridade administrativa que importe impugnação à validade do ato.

Art. 55. Em decisão na qual se evidencie não acarretarem lesão ao interesse público nem prejuízo a terceiros, os atos que apresentarem defeitos sanáveis poderão ser convalidados pela própria Administração.

Capítulo XV - DO RECURSO ADMINISTRATIVO E DA REVISÃO

Art. 56. Das decisões administrativas cabe recurso, em face de razões de legalidade e de mérito.

§ 1º O recurso será dirigido à autoridade que proferiu a decisão, a qual, se não a reconsiderar no prazo de cinco dias, o encaminhará à autoridade superior.

§ 2º Salvo exigência legal, a interposição de recurso administrativo independe de caução.

Anotações

Anotações

§ 3º Se o recorrente alegar que a decisão administrativa contraria enunciado da súmula vinculante, caberá à autoridade prolatora da decisão impugnada, se não a reconsiderar, explicitar, antes de encaminhar o recurso à autoridade superior, as razões da aplicabilidade ou inaplicabilidade da súmula, conforme o caso.

Art. 57. O recurso administrativo tramitará no máximo por três instâncias administrativas, salvo disposição legal diversa.

Art. 58. Têm legitimidade para interpor recurso administrativo:

I. os titulares de direitos e interesses que forem parte no processo;

II. aqueles cujos direitos ou interesses forem indiretamente afetados pela decisão recorrida;

III. as organizações e associações representativas, no tocante a direitos e interesses coletivos;

IV. os cidadãos ou associações, quanto a direitos ou interesses difusos.

Art. 59. Salvo disposição legal específica, é de dez dias o prazo para interposição de recurso administrativo, contado a partir da ciência ou divulgação oficial da decisão recorrida.

§ 1º Quando a lei não fixar prazo diferente, o recurso administrativo deverá ser decidido no prazo máximo de trinta dias, a partir do recebimento dos autos pelo órgão competente.

§ 2º O prazo mencionado no parágrafo anterior poderá ser prorrogado por igual período, ante justificativa explícita.

Art. 60. O recurso interpõe-se por meio de requerimento no qual o recorrente deverá expor os fundamentos do pedido de reexame, podendo juntar os documentos que julgar convenientes.

Art. 61. Salvo disposição legal em contrário, o recurso não tem efeito suspensivo.

Parágrafo único. Havendo justo receio de prejuízo de difícil ou incerta reparação decorrente da execução, a autoridade recorrida ou a imediatamente superior poderá, de ofício ou a pedido, dar efeito suspensivo ao recurso.

Art. 62. Interposto o recurso, o órgão competente para dele conhecer deverá intimar os demais interessados para que, no prazo de cinco dias úteis, apresentem alegações.

Art. 63. O recurso não será conhecido quando interposto:

I. fora do prazo;

II. perante órgão incompetente;

III. por quem não seja legitimado;

IV. após exaurida a esfera administrativa.

§ 1º Na hipótese do inciso II, será indicada ao recorrente a autoridade competente, sendo-lhe devolvido o prazo para recurso.

§ 2º O não conhecimento do recurso não impede a Administração de rever de ofício o ato ilegal, desde que não ocorrida preclusão administrativa.

Art. 64. O órgão competente para decidir o recurso poderá confirmar, modificar, anular ou revogar, total ou parcialmente, a decisão recorrida, se a matéria for de sua competência.

Parágrafo único. Se da aplicação do disposto neste artigo puder decorrer gravame à situação do recorrente, este deverá ser cientificado para que formule suas alegações antes da decisão.

Art. 64-A. Se o recorrente alegar violação de enunciado da súmula vinculante, o órgão competente para decidir o recurso explicitará as razões da aplicabilidade ou inaplicabilidade da súmula, conforme o caso.

Art. 64-B. Acolhida pelo Supremo Tribunal Federal a reclamação fundada em violação de enunciado da súmula vinculante, dar-se-á ciência à autoridade prolatora e ao órgão competente para o julgamento do recurso, que deverão adequar as futuras decisões administrativas em casos semelhantes, sob pena de responsabilização pessoal nas esferas cível, administrativa e penal.

Anotações

Art. 65. Os processos administrativos de que resultem sanções poderão ser revistos, a qualquer tempo, a pedido ou de ofício, quando surgirem fatos novos ou circunstâncias relevantes suscetíveis de justificar a inadequação da sanção aplicada.

Parágrafo único. Da revisão do processo não poderá resultar agravamento da sanção.

Capítulo XVI - DOS PRAZOS

Art. 66. Os prazos começam a correr a partir da data da cientificação oficial, excluindo-se da contagem o dia do começo e incluindo-se o do vencimento.

§ 1º Considera-se prorrogado o prazo até o primeiro dia útil seguinte se o vencimento cair em dia em que não houver expediente ou este for encerrado antes da hora normal.

§ 2º Os prazos expressos em dias contam-se de modo contínuo.

§ 3º Os prazos fixados em meses ou anos contam-se de data a data. Se no mês do vencimento não houver o dia equivalente àquele do início do prazo, tem-se como termo o último dia do mês.

Art. 67. Salvo motivo de força maior devidamente comprovado, os prazos processuais não se suspendem.

Capítulo XVII - DAS SANÇÕES

Art. 68. As sanções, a serem aplicadas por autoridade competente, terão natureza pecuniária ou consistirão em obrigação de fazer ou de não fazer, assegurado sempre o direito de defesa.

Capítulo XVIII - DAS DISPOSIÇÕES FINAIS

Art. 69. Os processos administrativos específicos continuarão a reger-se por lei própria, aplicando-se-lhes apenas subsidiariamente os preceitos desta Lei.

Art. 69-A. Terão prioridade na tramitação, em qualquer órgão ou instância, os procedimentos administrativos em que figure como parte ou interessado:

I. pessoa com idade igual ou superior a 60 (sessenta) anos;

II. pessoa portadora de deficiência, física ou mental;

III. (VETADO)

IV. pessoa portadora de tuberculose ativa, esclerose múltipla, neoplasia maligna, hanseníase, paralisia irreversível e incapacitante, cardiopatia grave, doença de Parkinson, espondiloartrose anquilosante, nefropatia grave, hepatopatia grave, estados avançados da doença de Paget (osteíte deformante), contaminação por radiação, síndrome de imunodeficiência adquirida, ou outra doença grave, com base em conclusão da medicina especializada, mesmo que a doença tenha sido contraída após o início do processo.

§ 1º A pessoa interessada na obtenção do benefício, juntando prova de sua condição, deverá requerê-lo à autoridade administrativa competente, que determinará as providências a serem cumpridas.

§ 2º Deferida a prioridade, os autos receberão identificação própria que evidencie o regime de tramitação prioritária.

§ 3º (VETADO)

§ 4º (VETADO)

Art. 70. Esta Lei entra em vigor na data de sua publicação.

PREPARAÇÃO • CONHECIMENTO • APROVAÇÃO

DIREITO PENAL

SUMÁRIO

Anotações

1. DECRETO-LEI Nº 3.914, DE 9 DE DEZEMBRO DE 1941

Lei de introdução do Código Penal

O Presidente da República, usando da atribuição que lhe confere o art. 180 da Constituição,

Art. 1º Considera-se crime a infração penal que a lei comina pena de reclusão ou de detenção, quer isoladamente, quer alternativa ou cumulativamente com a pena de multa; contravenção, a infração penal a que a lei comina, isoladamente, pena de prisão simples ou de multa, ou ambas, alternativa ou cumulativamente.

Art. 2º Quem incorrer em falência será punido :

I. se fraudulenta a falência, com a pena de reclusão, por 2 a 6 anos;

II. se culposa, com a pena de detenção, por 6 meses a três anos.

Art. 3º Os fatos definidos como crimes no Código Florestal, quando irão compreendidos em disposição do Código Penal, passam a constituir contravenções, punidas com a pena de prisão simples, por três meses a um ano, ou de multa, de um conto de réis a dez contos de réis, ou com ambas as penas, cumulativamente.

Art. 4º Quem cometer contravenção prevista no Código Florestal será punido com pena de prisão simples, por quinze dias a três meses, ou de multa, de duzentos mil réis a cinco contos de réis, ou com ambas as penas, cumulativamente.

Art. 5º Os fatos definidos como crimes no Código de Pesca (decreto-lei n. 794, de 19 de outubro do 1938) passam a constituir contravenções, punidas com a pena de prisão simples, por três meses a um ano, ou de multa, de quinhentos mil réis a dez contos de réis, ou com ambas as penas, cumulativamente.

Art. 6º Quem, depois de punido administrativamente por infração da legislação especial sobre a caça, praticar qualquer infração definida na mesma legislação, ficará sujeito à pena de prisão simples, por quinze dias a três meses.

Art. 7º No caso do art. 71 do Código de Menores (decreto número 17.943-A, de 12 de outubro de 1927), o juiz determinará a Internação do menor em seção especial de escola de reforma.

§ 1º A internação durará, no mínimo, três anos.

§ 2º Se o menor completar vinte e um anos, sem que tenha sido revogada a medida de internação, será transferido para colônia agricola ou para instituto de trabalho, de reeducação ou de ensino profissinal, ou seção especial de outro estabelecimento, à disposição do juiz criminal.

§ 3º Aplicar-se-á, quanto á revogação da medida, o disposto no Código Penal sobre a revogação de medida de segurança.

Art. 8º As interdições permanentes, previstas na legislação especial como efeito de sentença condenaria, durarão pelo tempo de vinte anos.

Art. 9º As interdições permanentes, impostas em sentença condenatória passada em julgado, ou desta decorrentes, de acordo com a Consolidação das Leis Penais, durarão pelo prazo máximo estabelecido no Código Penal para a espécie correspondente.

Parágrafo único. Aplicar-se-á o disposto neste artigo às interdições temporárias com prazo de duração superior ao limite máximo fixado no Código Penal.

Art. 10 O disposto nos art. 8º e 9º não se aplica ás interdições que, segundo o Código Penal, podem consistir em incapacitados permanentes.

Art. 11 Observar-se-á, quanto ao prazo de duração das intenções nos casos dos art. 8º e 9º, o disposto no art. 72 do Código Penal, no que for aplicavel.

Anotações

Art. 12 Quando, por fato cometido antes da vigência do Código Penal, se tiver de pronunciar condenação, de acordo com a lei anterior, atender-se-á ao seguinte:

I. a pena de prisão celular, ou de prisão com trabalho, será substituida pela de reclusão, ou de detenção, se uma destas for a pena cominada para o mesmo fato pelo Código Penal;

II. a pena de prisão celular ou de prisão com trabalho será substituida pela de prisão simples, se o fato estiver definido como contravenção na lei anterior, ou na Lei das Contravenções Penais.

Art. 13 A. pena de prisão celular ou de prisão com trabalho imposta em sentença irrecorrivel, ainda que já iniciada a execução, será, convertida em reclusão, detenção ou prisão simples, de conformidade com as normas prescritas no artigo anterior.

Art. 14 A pena convertida em prisão simples, em virtude do art. 409 da Consolidação das Leis Penais, será convertida em reclusão, detenção ou prisão simples, segundo o disposto no art. 13, desde que o condenado possa ser recolhido a estabelecimento destinado à execução da pena resultante da conversão.

Parágrafo único. Abstrair-se-á, no caso de conversão, do aumento que tiver sido aplicado, de acordo com o disposto no art. 609, In fine, da Consolidação das Leis Penais.

Art. 15 A substituição ou conversão da pena, na forma desta lei, não impedirá a suspensão condicional, se lei anterior não a excluia.

Art. 16 Se em vide da substituição da pena, foi imposta a de detenção ou a de pisão Simples, por tempo supresso a um ano e que não exceda de dois, o juiz poderá conceder a Suspensão condicional da pena , desde que reunida as demais Condições exigidas pela art. 57 do código penal.

Art. 17 Aplicar-se-á o disposto no art. 81 § 1º ns, II e III, do Código Penal aos indivíduos recolhido a manicômio judiciário ou a outro estabelecimento em virtude do disposto no art. 29, 1ª parte, da Consolidarão das Leis Penais.

Art. 18 As condenações anteriores serão, levadas em conta para determinação da reincidência em relação a fato praticado depois de entrar em vigor o Código Penal.

Art. 19 O juiz aplicará o disposto no art. 2º, parágrafo único. In fine, do código Penal, nos seguintes casos :

I. se o Código ou a Lei das Contravenções penais cominar para o fato pena de multa, isoladamente, e na sentença tiver sido imposta pena privativa de liberdade;

II. se o Código ou a Lei das Contravenções cominar para o fato pena privativa de liberdade por tempo inferior ao da pena cominada na lei aplicada pela sentença.

Parágrafo único. Em nenhum caso, porem, o juiz reduzirá a pena abaixo do limite que fixaria se pronunciasse condenação de acordo com o Código Penal.

Art. 20. Não poderá ser promovida ação pública por fato praticado antes da vigência do Código Penal:

I. quando, pela lei anterior, somente cabia ação privada;

II. quando, ao contrário do que dispunha a lei anterior, o Código Penal só admite ação privado.

Parágrafo único. O prazo estabelecido no art. 105 do Código Penal correrá, na hipótese do n. II:

a) de 1 do janeiro de 1942, se o ofendido sabia, anteriormente, quem era o autor do fato;

b) no caso contrário, do dia em que vier a saber quem é o autor do fato.

Art. 21 Nos casos em que o Código Penal exige representação, sem esta não poderá ser intentada ação pública por fito praticado antes de 1 de janeiro de 1942; prosseguindo-se, entretanto, na que tiver sido anteriormente iniciada, haja ou não representação.

Parágrafo único. Atender-se-á, no que for aplicavel, no disposto no parágrafo único do artigo anterior.

Art. 22 Onde não houver estabelecimento adequado para a execução de medida de segurança detestava estabelecida no art., 88, § 1º, n. III, do Código Penal, aplicar-se-á a de liberdade vigiada, até que seja criado aquele estabelecimento ou adotada qualquer das providências previstas no art. 89, e seu parágrafo, do mesmo Código.

Parágrafo único. Enquanto não existir estabelecimento adequado, as medidas detectavas estabelecidas no art. 88, § 1º ns. I e II, do Código Penal, poderão ser executadas em seções especiais de manicômio comum, asilo ou casa de saude.

Art. 23 Onde não houver estabelecimento adequado ou adaptado à execução das penas de reclusão, detenção ou prisão, poderão estas ser cumpridas em prisão comum.

Art. 24 São se aplicará o disposto no art. 79 n. II, do Código Penal a indivíduo que, antes de 1 de janeiro de 1942, tenha sido absolvido pnr sentença passada em julgado.

Art. 25 A medida de segurança aplicavel ao condenado que, a 1 de janeiro de 1942, ainda não tenha cumprido a pena, é a liberdade vigiada.

Art. 26 A presente lei não se aplica aos crimes referidos do artigo 360 do Código Penal, salvo os de falência.

Art. 27 Esta lei entrará em vigor em 1 de janeiro de 1942; revogados as disposições em contrário.

2. DECRETO-LEI Nº 2.848, DE 7 DE DEZEMBRO DE 1940

Código Penal - Parte Geral

Título I - Da Aplicação Da Lei Penal

(Redação dada pela Lei nº 7.209, de 11.7.1984)

Anterioridade da lei

Art. 1º. Não há crime sem lei anterior que o defina. Não há pena sem prévia cominação legal. (Redação dada pela Lei nº 7.209, de 11.7.1984)

Lei penal no tempo

Art. 2º. Ninguém pode ser punido por fato que lei posterior deixa de considerar crime, cessando em virtude dela a execução e os efeitos penais da sentença condenatória. (Redação dada pela Lei nº 7.209, de 11.7.1984)

Parágrafo único. A lei posterior, que de qualquer modo favorecer o agente, aplica-se aos fatos anteriores, ainda que decididos por sentença condenatória transitada em julgado. (Redação dada pela Lei nº 7.209, de 11.7.1984)

Lei excepcional ou temporária (incluído pela lei nº 7.209, De 11.7.1984)

Art. 3º. A lei excepcional ou temporária, embora decorrido o período de sua duração ou cessadas as circunstâncias que a determinaram, aplica-se ao fato praticado durante sua vigência. (Redação dada pela Lei nº 7.209, de 1984)

Tempo do crime

Art. 4º. Considera-se praticado o crime no momento da ação ou omissão, ainda que outro seja o momento do resultado. (Redação dada pela Lei nº 7.209, de 1984)

Territorialidade

Art. 5º. Aplica-se a lei brasileira, sem prejuízo de convenções, tratados e regras de direito internacional, ao crime cometido no território nacional. (Redação dada pela Lei nº 7.209, de 1984)

§ 1º. Para os efeitos penais, consideram-se como extensão do território nacional as embarcações e aeronaves brasileiras, de natureza pública ou a serviço do governo brasileiro onde quer que se encontrem, bem como as aeronaves e as embarcações brasileiras, mercantes ou de propriedade privada, que se achem, respectivamente, no espaço aéreo correspondente ou em alto-mar. (Redação dada pela Lei nº 7.209, de 1984)

§ 2º. É também aplicável a lei brasileira aos crimes praticados a bordo de aeronaves ou embarcações estrangeiras de propriedade privada, achando-se aquelas em pouso no território nacional ou em vôo no espaço aéreo correspondente, e estas em porto ou mar territorial do Brasil.(Redação dada pela Lei nº 7.209, de 1984)

Lugar do crime (redação dada pela lei nº 7.209, De 1984)

Art. 6º. Considera-se praticado o crime no lugar em que ocorreu a ação ou omissão, no todo ou em parte, bem como onde se produziu ou deveria produzir-se o resultado.(Redação dada pela Lei nº 7.209, de 1984)

Extraterritorialidade (redação dada pela lei nº 7.209, De 1984)

Art. 7º. Ficam sujeitos à lei brasileira, embora cometidos no estrangeiro: (Redação dada pela Lei nº 7.209, de 1984)

I. os crimes: (Redação dada pela Lei nº 7.209, de 11.7.1984)

a) contra a vida ou a liberdade do Presidente da República; (Incluído pela Lei nº 7.209, de 1984)

b) contra o patrimônio ou a fé pública da União, do Distrito Federal, de Estado, de Território, de Município, de empresa pública, sociedade de economia mista, autarquia ou fundação instituída pelo Poder Público; (Incluído pela Lei nº 7.209, de 1984)

c) contra a administração pública, por quem está a seu serviço; (Incluído pela Lei nº 7.209, de 1984)

d) de genocídio, quando o agente for brasileiro ou domiciliado no Brasil; (Incluído pela Lei nº 7.209, de 1984)

II. os crimes: (Redação dada pela Lei nº 7.209, de 11.7.1984)

a) que, por tratado ou convenção, o Brasil se obrigou a reprimir; (Incluído pela Lei nº 7.209, de 1984)

b) praticados por brasileiro; (Incluído pela Lei nº 7.209, de 1984)

c) praticados em aeronaves ou embarcações brasileiras, mercantes ou de propriedade privada, quando em território estrangeiro e aí não sejam julgados. (Incluído pela Lei nº 7.209, de 1984)

§ 1º. Nos casos do inciso I, o agente é punido segundo a lei brasileira, ainda que absolvido ou condenado no estrangeiro. (Incluído pela Lei nº 7.209, de 1984)

§ 2º. Nos casos do inciso II, a aplicação da lei brasileira depende do concurso das seguintes condições: (Incluído pela Lei nº 7.209, de 1984)

a) entrar o agente no território nacional; (Incluído pela Lei nº 7.209, de 1984)

b) ser o fato punível também no país em que foi praticado; (Incluído pela Lei nº 7.209, de 1984)

c) estar o crime incluído entre aqueles pelos quais a lei brasileira autoriza a extradição; (Incluído pela Lei nº 7.209, de 1984)

d) não ter sido o agente absolvido no estrangeiro ou não ter aí cumprido a pena; (Incluído pela Lei nº 7.209, de 1984)

e) não ter sido o agente perdoado no estrangeiro ou, por outro motivo, não estar extinta a punibilidade, segundo a lei mais favorável. (Incluído pela Lei nº 7.209, de 1984)

§ 3º. A lei brasileira aplica-se também ao crime cometido por estrangeiro contra brasileiro fora do Brasil, se, reunidas as condições previstas no parágrafo anterior: (Incluído pela Lei nº 7.209, de 1984)

a) não foi pedida ou foi negada a extradição; (Incluído pela Lei nº 7.209, de 1984)

b) houve requisição do Ministro da Justiça. (Incluído pela Lei nº 7.209, de 1984)

Pena cumprida no estrangeiro (Redação dada pela Lei nº 7.209, de 11.7.1984)

Art. 8º. A pena cumprida no estrangeiro atenua a pena imposta no Brasil pelo mesmo crime, quando diversas, ou nela é computada, quando idênticas. (Redação dada pela Lei nº 7.209, de 11.7.1984)

Anotações

Anotações

DIR. PEN.

Anotações

Eficácia de sentença estrangeira (redação dada pela lei nº 7.209, De 11.7.1984)

Art. 9º. A sentença estrangeira, quando a aplicação da lei brasileira produz na espécie as mesmas consequências, pode ser homologada no Brasil para: (Redação dada pela Lei nº 7.209, de 11.7.1984)

I. obrigar o condenado à reparação do dano, a restituições e a outros efeitos civis; (Incluído pela Lei nº 7.209, de 11.7.1984)

II. sujeitá-lo a medida de segurança.(Incluído pela Lei nº 7.209, de 11.7.1984)

Parágrafo único. A homologação depende: (Incluído pela Lei nº 7.209, de 11.7.1984)

a) para os efeitos previstos no inciso I, de pedido da parte interessada; (Incluído pela Lei nº 7.209, de 11.7.1984)

b) para os outros efeitos, da existência de tratado de extradição com o país de cuja autoridade judiciária emanou a sentença, ou, na falta de tratado, de requisição do Ministro da Justiça. (Incluído pela Lei nº 7.209, de 11.7.1984)

Contagem de prazo (redação dada pela lei nº 7.209, De 11.7.1984)

Art. 10. O dia do começo inclui-se no cômputo do prazo. Contam-se os dias, os meses e os anos pelo calendário comum. (Redação dada pela Lei nº 7.209, de 11.7.1984)

Frações não computáveis da pena (redação dada pela lei nº 7.209, De 11.7.1984)

Art. 11. Desprezam-se, nas penas privativas de liberdade e nas restritivas de direitos, as frações de dia, e, na pena de multa, as frações de cruzeiro. (Redação dada pela Lei nº 7.209, de 11.7.1984)

Legislação especial (incluída pela lei nº 7.209, De 11.7.1984)

Art. 12. As regras gerais deste Código aplicam-se aos fatos incriminados por lei especial, se esta não dispuser de modo diverso. (Redação dada pela Lei nº 7.209, de 11.7.1984)

Título II - Do Crime

Relação de causalidade (redação dada pela lei nº 7.209, De 11.7.1984)

Art. 13. O resultado, de que depende a existência do crime, somente é imputável a quem lhe deu causa. Considera-se causa a ação ou omissão sem a qual o resultado não teria ocorrido. (Redação dada pela Lei nº 7.209, de 11.7.1984)

Superveniência de causa independente (incluído pela lei nº 7.209, De 11.7.1984)

§ 1º. A superveniência de causa relativamente independente exclui a imputação quando, por si só, produziu o resultado; os fatos anteriores, entretanto, imputam-se a quem os praticou. (Incluído pela Lei nº 7.209, de 11.7.1984)

Relevância da omissão (incluído pela lei nº 7.209, De 11.7.1984)

§ 2º. A omissão é penalmente relevante quando o omitente devia e podia agir para evitar o resultado. O dever de agir incumbe a quem:(Incluído pela Lei nº 7.209, de 11.7.1984)

a) tenha por lei obrigação de cuidado, proteção ou vigilância; (Incluído pela Lei nº 7.209, de 11.7.1984)

b) de outra forma, assumiu a responsabilidade de impedir o resultado; (Incluído pela Lei nº 7.209, de 11.7.1984)

c) com seu comportamento anterior, criou o risco da ocorrência do resultado. (Incluído pela Lei nº 7.209, de 11.7.1984)

Art. 14. Diz-se o crime: (Redação dada pela Lei nº 7.209, de 11.7.1984)

Anotações

Crime consumado (incluído pela lei nº 7.209, De 11.7.1984)

I. consumado, quando nele se reúnem todos os elementos de sua definição legal; (Incluído pela Lei nº 7.209, de 11.7.1984)

Tentativa (incluído pela lei nº 7.209, De 11.7.1984)

II. tentado, quando, iniciada a execução, não se consuma por circunstâncias alheias à vontade do agente. (Incluído pela Lei nº 7.209, de 11.7.1984)

Pena de tentativa (Incluído pela Lei nº 7.209, de 11.7.1984)

Parágrafo único. Salvo disposição em contrário, pune-se a tentativa com a pena correspondente ao crime consumado, diminuída de um a dois terços.(Incluído pela Lei nº 7.209, de 11.7.1984)

Desistência voluntária e arrependimento eficaz (redação dada pela lei nº 7.209, De 11.7.1984)

Art. 15. O agente que, voluntariamente, desiste de prosseguir na execução ou impede que o resultado se produza, só responde pelos atos já praticados.(Redação dada pela Lei nº 7.209, de 11.7.1984)

Arrependimento posterior (redação dada pela lei nº 7.209, De 11.7.1984)

Art. 16. Nos crimes cometidos sem violência ou grave ameaça à pessoa, reparado o dano ou restituída a coisa, até o recebimento da denúncia ou da queixa, por ato voluntário do agente, a pena será reduzida de um a dois terços. (Redação dada pela Lei nº 7.209, de 11.7.1984)

Crime impossível (redação dada pela lei nº 7.209, De 11.7.1984)

Art. 17. Não se pune a tentativa quando, por ineficácia absoluta do meio ou por absoluta impropriedade do objeto, é impossível consumar-se o crime.(Redação dada pela Lei nº 7.209, de 11.7.1984)

Art. 18. Diz-se o crime: (Redação dada pela Lei nº 7.209, de 11.7.1984)

Crime doloso (incluído pela lei nº 7.209, De 11.7.1984)

I. doloso, quando o agente quis o resultado ou assumiu o risco de produzi-lo;(Incluído pela Lei nº 7.209, de 11.7.1984)

Crime culposo (incluído pela lei nº 7.209, De 11.7.1984)

II. culposo, quando o agente deu causa ao resultado por imprudência, negligência ou imperícia. (Incluído pela Lei nº 7.209, de 11.7.1984)

Parágrafo único. Salvo os casos expressos em lei, ninguém pode ser punido por fato previsto como crime, senão quando o pratica dolosamente. (Incluído pela Lei nº 7.209, de 11.7.1984)

Agravação pelo resultado (redação dada pela lei nº 7.209, De 11.7.1984)

Art. 19. Pelo resultado que agrava especialmente a pena, só responde o agente que o houver causado ao menos culposamente.(Redação dada pela Lei nº 7.209, de 11.7.1984)

Erro sobre elementos do tipo (redação dada pela lei nº 7.209, De 11.7.1984)

Art. 20. O erro sobre elemento constitutivo do tipo legal de crime exclui o dolo, mas permite a punição por crime culposo, se previsto em lei. (Redação dada pela Lei nº 7.209, de 11.7.1984)

Descriminantes putativas (incluído pela lei nº 7.209, De 11.7.1984)

§ 1º. É isento de pena quem, por erro plenamente justificado pelas circunstâncias, supõe situação de fato que, se existisse, tornaria a ação legítima. Não há isenção de pena quando o erro deriva de culpa e o fato é punível como crime culposo. (Redação dada pela Lei nº 7.209, de 11.7.1984)

Erro determinado por terceiro (incluído pela lei nº 7.209, De 11.7.1984)

§ 2º. Responde pelo crime o terceiro que determina o erro. (Redação dada pela Lei nº 7.209, de 11.7.1984)

Erro sobre a pessoa (incluído pela lei nº 7.209, De 11.7.1984)

§ 3º. O erro quanto à pessoa contra a qual o crime é praticado não isenta de pena. Não se consideram, neste caso, as condições ou qualidades da vítima, senão as da pessoa contra quem o agente queria praticar o crime. (Incluído pela Lei nº 7.209, de 11.7.1984)

Erro sobre a ilicitude do fato (redação dada pela lei nº 7.209, De 11.7.1984)

Art. 21. O desconhecimento da lei é inescusável. O erro sobre a ilicitude do fato, se inevitável, isenta de pena; se evitável, poderá diminuí-la de um sexto a um terço. (Redação dada pela Lei nº 7.209, de 11.7.1984)

Parágrafo único. Considera-se evitável o erro se o agente atua ou se omite sem a consciência da ilicitude do fato, quando lhe era possível, nas circunstâncias, ter ou atingir essa consciência. (Redação dada pela Lei nº 7.209, de 11.7.1984)

Coação irresistível e obediência hierárquica (redação dada pela lei nº 7.209, De 11.7.1984)

Art. 22. Se o fato é cometido sob coação irresistível ou em estrita obediência a ordem, não manifestamente ilegal, de superior hierárquico, só é punível o autor da coação ou da ordem.(Redação dada pela Lei nº 7.209, de 11.7.1984)

Exclusão de ilicitude (redação dada pela lei nº 7.209, De 11.7.1984)

Art. 23. Não há crime quando o agente pratica o fato: (Redação dada pela Lei nº 7.209, de 11.7.1984)

I. em estado de necessidade; (Incluído pela Lei nº 7.209, de 11.7.1984)

II. em legítima defesa; (Incluído pela Lei nº 7.209, de 11.7.1984)

III. em estrito cumprimento de dever legal ou no exercício regular de direito.(Incluído pela Lei nº 7.209, de 11.7.1984)

Excesso punível (incluído pela lei nº 7.209, De 11.7.1984)

parágrafo único. O agente, em qualquer das hipóteses deste artigo, responderá pelo excesso doloso ou culposo.(Incluído pela Lei nº 7.209, de 11.7.1984)

Estado de necessidade

Art. 24. Considera-se em estado de necessidade quem pratica o fato para salvar de perigo atual, que não provocou por sua vontade, nem podia de outro modo evitar, direito próprio ou alheio, cujo sacrifício, nas circunstâncias, não era razoável exigir-se. (Redação dada pela Lei nº 7.209, de 11.7.1984)

§ 1º. Não pode alegar estado de necessidade quem tinha o dever legal de enfrentar o perigo. (Redação dada pela Lei nº 7.209, de 11.7.1984)

§ 2º. Embora seja razoável exigir-se o sacrifício do direito ameaçado, a pena poderá ser reduzida de um a dois terços. (Redação dada pela Lei nº 7.209, de 11.7.1984)

Anotações

Legítima defesa

Art. 25. Entende-se em legítima defesa quem, usando moderadamente dos meios necessários, repele injusta agressão, atual ou iminente, a direito seu ou de outrem.(Redação dada pela Lei nº 7.209, de 11.7.1984)

Parágrafo único. Observados os requisitos previstos no caput deste artigo, considera-se também em legítima defesa o agente de segurança pública que repele agressão ou risco de agressão a vítima mantida refém durante a prática de crimes. (Incluído pela Lei nº 13.964, de 24.12.2019)

Título III - Da Imputabilidade Penal

Inimputáveis

Art. 26. É isento de pena o agente que, por doença mental ou desenvolvimento mental incompleto ou retardado, era, ao tempo da ação ou da omissão, inteiramente incapaz de entender o caráter ilícito do fato ou de determinar-se de acordo com esse entendimento. (Redação dada pela Lei nº 7.209, de 11.7.1984)

Redução de pena

parágrafo único. A pena pode ser reduzida de um a dois terços, se o agente, em virtude de perturbação de saúde mental ou por desenvolvimento mental incompleto ou retardado não era inteiramente capaz de entender o caráter ilícito do fato ou de determinar-se de acordo com esse entendimento. (Redação dada pela Lei nº 7.209, de 11.7.1984)

Menores de dezoito anos

Art. 27. Os menores de 18 (dezoito) anos são penalmente inimputáveis, ficando sujeitos às normas estabelecidas na legislação especial. (Redação dada pela Lei nº 7.209, de 11.7.1984)

Emoção e paixão

Art. 28. Não excluem a imputabilidade penal: (Redação dada pela Lei nº 7.209, de 11.7.1984)

I. a emoção ou a paixão; (Redação dada pela Lei nº 7.209, de 11.7.1984)

Embriaguez

II. a embriaguez, voluntária ou culposa, pelo álcool ou substância de efeitos análogos.(Redação dada pela Lei nº 7.209, de 11.7.1984)

§ 1º. É isento de pena o agente que, por embriaguez completa, proveniente de caso fortuito ou força maior, era, ao tempo da ação ou da omissão, inteiramente incapaz de entender o caráter ilícito do fato ou de determinar-se de acordo com esse entendimento.(Redação dada pela Lei nº 7.209, de 11.7.1984)

§ 2º. A pena pode ser reduzida de um a dois terços, se o agente, por embriaguez, proveniente de caso fortuito ou força maior, não possuía, ao tempo da ação ou da omissão, a plena capacidade de entender o caráter ilícito do fato ou de determinar-se de acordo com esse entendimento.(Redação dada pela Lei nº 7.209, de 11.7.1984)

Título IV - Do Concurso De Pessoas

Art. 29. Quem, de qualquer modo, concorre para o crime incide nas penas a este cominadas, na medida de sua culpabilidade. (Redação dada pela Lei nº 7.209, de 11.7.1984)

§ 1º. Se a participação for de menor importância, a pena pode ser diminuída de um sexto a um terço. (Redação dada pela Lei nº 7.209, de 11.7.1984)

§ 2º. Se algum dos concorrentes quis participar de crime menos grave, ser-lhe-á aplicada a pena deste; essa pena será aumentada até metade, na hipótese de ter sido previsível o resultado mais grave. (Redação dada pela Lei nº 7.209, de 11.7.1984)

Anotações

Anotações

Circunstâncias incomunicáveis

Art. 30. Não se comunicam as circunstâncias e as condições de caráter pessoal, salvo quando elementares do crime. (Redação dada pela Lei nº 7.209, de 11.7.1984)

Casos de impunibilidade

Art. 31. O ajuste, a determinação ou instigação e o auxílio, salvo disposição expressa em contrário, não são puníveis, se o crime não chega, pelo menos, a ser tentado. (Redação dada pela Lei nº 7.209, de 11.7.1984)

Título V - Das Penas

Capítulo I - Das Espécies de Pena

Art. 32. As penas são: (Redação dada pela Lei nº 7.209, de 11.7.1984)

I. privativas de liberdade;

II. restritivas de direitos;

III. de multa.

Seção I - das penas privativas de liberdade

Reclusão e detenção

Art. 33. A pena de reclusão deve ser cumprida em regime fechado, semi-aberto ou aberto. A de detenção, em regime semi-aberto, ou aberto, salvo necessidade de transferência a regime fechado. (Redação dada pela Lei nº 7.209, de 11.7.1984)

§ 1º. Considera-se: (Redação dada pela Lei nº 7.209, de 11.7.1984)

a) regime fechado a execução da pena em estabelecimento de segurança máxima ou média;

b) regime semi-aberto a execução da pena em colônia agrícola, industrial ou estabelecimento similar;

c) regime aberto a execução da pena em casa de albergado ou estabelecimento adequado.

§ 2º. As penas privativas de liberdade deverão ser executadas em forma progressiva, segundo o mérito do condenado, observados os seguintes critérios e ressalvadas as hipóteses de transferência a regime mais rigoroso: (Redação dada pela Lei nº 7.209, de 11.7.1984)

a) o condenado a pena superior a 8 (oito) anos deverá começar a cumpri-la em regime fechado;

b) o condenado não reincidente, cuja pena seja superior a 4 (quatro) anos e não exceda a 8 (oito), poderá, desde o princípio, cumpri-la em regime semi-aberto;

c) o condenado não reincidente, cuja pena seja igual ou inferior a 4 (quatro) anos, poderá, desde o início, cumpri-la em regime aberto.

§ 3º. A determinação do regime inicial de cumprimento da pena far-se-á com observância dos critérios previstos no art. 59 deste Código.(Redação dada pela Lei nº 7.209, de 11.7.1984)

§ 4º O condenado por crime contra a administração pública terá a progressão de regime do cumprimento da pena condicionada à reparação do dano que causou, ou à devolução do produto do ilícito praticado, com os acréscimos legais. (Incluído pela Lei nº 10.763, de 12.11.2003)

Regras do regime fechado

Art. 34. O condenado será submetido, no início do cumprimento da pena, a exame criminológico de classificação para individualização da execução. (Redação dada pela Lei nº 7.209, de 11.7.1984)

§ 1º. O condenado fica sujeito a trabalho no período diurno e a isolamento durante o repouso noturno. (Redação dada pela Lei nº 7.209, de 11.7.1984)

§ 2º. O trabalho será em comum dentro do estabelecimento, na conformidade das aptidões ou ocupações anteriores do condenado, desde que compatíveis com a execução da pena. (Redação dada pela Lei nº 7.209, de 11.7.1984)

Anotações

§ 3º. O trabalho externo é admissível, no regime fechado, em serviços ou obras públicas. (Redação dada pela Lei nº 7.209, de 11.7.1984)

Regras do regime semi-aberto

Art. 35. Aplica-se a norma do art. 34 deste Código, caput, ao condenado que inicie o cumprimento da pena em regime semi-aberto. (Redação dada pela Lei nº 7.209, de 11.7.1984)

§ 1º. O condenado fica sujeito a trabalho em comum durante o período diurno, em colônia agrícola, industrial ou estabelecimento similar. (Redação dada pela Lei nº 7.209, de 11.7.1984)

§ 2º. O trabalho externo é admissível, bem como a frequência a cursos supletivos profissionalizantes, de instrução de segundo grau ou superior. (Redação dada pela Lei nº 7.209, de 11.7.1984)

Regras do regime aberto

Art. 36. O regime aberto baseia-se na autodisciplina e senso de responsabilidade do condenado. (Redação dada pela Lei nº 7.209, de 11.7.1984)

§ 1º. O condenado deverá, fora do estabelecimento e sem vigilância, trabalhar, frequentar curso ou exercer outra atividade autorizada, permanecendo recolhido durante o período noturno e nos dias de folga. (Redação dada pela Lei nº 7.209, de 11.7.1984)

§ 2º. O condenado será transferido do regime aberto, se praticar fato definido como crime doloso, se frustrar os fins da execução ou se, podendo, não pagar a multa cumulativamente aplicada. (Redação dada pela Lei nº 7.209, de 11.7.1984)

Regime especial

Art. 37. As mulheres cumprem pena em estabelecimento próprio, observando-se os deveres e direitos inerentes à sua condição pessoal, bem como, no que couber, o disposto neste Capítulo. (Redação dada pela Lei nº 7.209, de 11.7.1984)

Direitos do preso

Art. 38. O preso conserva todos os direitos não atingidos pela perda da liberdade, impondo-se a todas as autoridades o respeito à sua integridade física e moral. (Redação dada pela Lei nº 7.209, de 11.7.1984)

Trabalho do preso

Art. 39. O trabalho do preso será sempre remunerado, sendo-lhe garantidos os benefícios da Previdência Social. (Redação dada pela Lei nº 7.209, de 11.7.1984)

Legislação especial

Art. 40. A legislação especial regulará a matéria prevista nos arts. 38 e 39 deste Código, bem como especificará os deveres e direitos do preso, os critérios para revogação e transferência dos regimes e estabelecerá as infrações disciplinares e correspondentes sanções. (Redação dada pela Lei nº 7.209, de 11.7.1984)

Superveniência de doença mental

Art. 41. O condenado a quem sobrevém doença mental deve ser recolhido a hospital de custódia e tratamento psiquiátrico ou, à falta, a outro estabelecimento adequado. (Redação dada pela Lei nº 7.209, de 11.7.1984)

Detração

Art. 42. Computam-se, na pena privativa de liberdade e na medida de segurança, o tempo de prisão provisória, no Brasil ou no estrangeiro, o de prisão administrativa e o de internação em qualquer dos estabelecimentos referidos no artigo anterior. (Redação dada pela Lei nº 7.209, de 11.7.1984)

Anotações

Seção II - das penas restritivas de direitos

Penas restritivas de direitos

Art. 43. As penas restritivas de direitos são: (Redação dada pela Lei nº 9.714, de 1998)

I. prestação pecuniária; (Incluído pela Lei nº 9.714, de 1998)

II. perda de bens e valores; (Incluído pela Lei nº 9.714, de 1998)

III. limitação de fim de semana. (Incluído pela Lei nº 7.209, de 1984)

IV. prestação de serviço à comunidade ou a entidades públicas; (Incluído pela Lei nº 9.714, de 25.11.1998)

V. interdição temporária de direitos; (Incluído pela Lei nº 9.714, de 25.11.1998)

VI. limitação de fim de semana. (Incluído pela Lei nº 9.714, de 25.11.1998)

Art. 44. As penas restritivas de direitos são autônomas e substituem as privativas de liberdade, quando: (Redação dada pela Lei nº 9.714, de 1998)

I. aplicada pena privativa de liberdade não superior a quatro anos e o crime não for cometido com violência ou grave ameaça à pessoa ou, qualquer que seja a pena aplicada, se o crime for culposo;(Redação dada pela Lei nº 9.714, de 1998)

II. o réu não for reincidente em crime doloso; (Redação dada pela Lei nº 9.714, de 1998)

III. a culpabilidade, os antecedentes, a conduta social e a personalidade do condenado, bem como os motivos e as circunstâncias indicarem que essa substituição seja suficiente. (Redação dada pela Lei nº 9.714, de 1998)

§ 1º (VETADO) (Incluído pela Lei nº 9.714, de 1998)

§ 2º Na condenação igual ou inferior a um ano, a substituição pode ser feita por multa ou por uma pena restritiva de direitos; se superior a um ano, a pena privativa de liberdade pode ser substituída por uma pena restritiva de direitos e multa ou por duas restritivas de direitos. (Incluído pela Lei nº 9.714, de 1998)

§ 3º Se o condenado for reincidente, o juiz poderá aplicar a substituição, desde que, em face de condenação anterior, a medida seja socialmente recomendável e a reincidência não se tenha operado em virtude da prática do mesmo crime. (Incluído pela Lei nº 9.714, de 1998)

§ 4º A pena restritiva de direitos converte-se em privativa de liberdade quando ocorrer o descumprimento injustificado da restrição imposta. No cálculo da pena privativa de liberdade a executar será deduzido o tempo cumprido da pena restritiva de direitos, respeitado o saldo mínimo de trinta dias de detenção ou reclusão. (Incluído pela Lei nº 9.714, de 1998)

§ 5º Sobrevindo condenação a pena privativa de liberdade, por outro crime, o juiz da execução penal decidirá sobre a conversão, podendo deixar de aplicá-la se for possível ao condenado cumprir a pena substitutiva anterior. (Incluído pela Lei nº 9.714, de 1998)

Conversão das penas restritivas de direitos

Art. 45. Na aplicação da substituição prevista no artigo anterior, proceder-se-á na forma deste e dos arts. 46, 47 e 48. (Redação dada pela Lei nº 9.714, de 1998)

§ 1º A prestação pecuniária consiste no pagamento em dinheiro à vítima, a seus dependentes ou a entidade pública ou privada com destinação social, de importância fixada pelo juiz, não inferior a 1 (um) salário mínimo nem superior a 360 (trezentos e sessenta) salários mínimos. O valor pago será deduzido do montante de eventual condenação em ação de reparação civil, se coincidentes os beneficiários. (Incluído pela Lei nº 9.714, de 1998)

§ 2º No caso do parágrafo anterior, se houver aceitação do beneficiário, a prestação pecuniária pode consistir em prestação de outra natureza. (Incluído pela Lei nº 9.714, de 1998)

§ 3º A perda de bens e valores pertencentes aos condenados dar-se-á, ressalvada a legislação especial, em favor do Fundo Penitenciário Nacional, e seu valor terá como teto – o que for maior – o montante do prejuízo causado ou do provento obtido pelo agente ou por terceiro, em consequência da prática do crime. (Incluído pela Lei nº 9.714, de 1998)

§ 4º (VETADO) (Incluído pela Lei nº 9.714, de 1998)

Prestação de serviços à comunidade ou a entidades públicas

Art. 46. A prestação de serviços à comunidade ou a entidades públicas é aplicável às condenações superiores a seis meses de privação da liberdade. (Redação dada pela Lei nº 9.714, de 1998)

§ 1º A prestação de serviços à comunidade ou a entidades públicas consiste na atribuição de tarefas gratuitas ao condenado. (Incluído pela Lei nº 9.714, de 1998)

§ 2º A prestação de serviço à comunidade dar-se-á em entidades assistenciais, hospitais, escolas, orfanatos e outros estabelecimentos congêneres, em programas comunitários ou estatais. (Incluído pela Lei nº 9.714, de 1998)

§ 3º As tarefas a que se refere o § 1º serão atribuídas conforme as aptidões do condenado, devendo ser cumpridas à razão de uma hora de tarefa por dia de condenação, fixadas de modo a não prejudicar a jornada normal de trabalho. (Incluído pela Lei nº 9.714, de 1998)

§ 4º Se a pena substituída for superior a um ano, é facultado ao condenado cumprir a pena substitutiva em menor tempo (art. 55), nunca inferior à metade da pena privativa de liberdade fixada. (Incluído pela Lei nº 9.714, de 1998)

Interdição temporária de direitos (redação dada pela lei nº 7.209, De 11.7.1984)

Art. 47. As penas de interdição temporária de direitos são: (Redação dada pela Lei nº 7.209, de 11.7.1984)

I. proibição do exercício de cargo, função ou atividade pública, bem como de mandato eletivo; (Redação dada pela Lei nº 7.209, de 11.7.1984)

II. proibição do exercício de profissão, atividade ou ofício que dependam de habilitação especial, de licença ou autorização do poder público;(Redação dada pela Lei nº 7.209, de 11.7.1984)

III. suspensão de autorização ou de habilitação para dirigir veículo. (Redação dada pela Lei nº 7.209, de 11.7.1984)

IV. proibição de frequentar determinados lugares. (Incluído pela Lei nº 9.714, de 1998)

V. proibição de inscrever-se em concurso, avaliação ou exame públicos. (Incluído pela Lei nº 12.550, de 2011)

Limitação de fim de semana

Art. 48. A limitação de fim de semana consiste na obrigação de permanecer, aos sábados e domingos, por 5 (cinco) horas diárias, em casa de albergado ou outro estabelecimento adequado. (Redação dada pela Lei nº 7.209, de 11.7.1984)

Parágrafo único. Durante a permanência poderão ser ministrados ao condenado cursos e palestras ou atribuídas atividades educativas.(Redação dada pela Lei nº 7.209, de 11.7.1984)

Seção III - da pena de multa

Multa

Art. 49. A pena de multa consiste no pagamento ao fundo penitenciário da quantia fixada na sentença e calculada em dias-multa. Será, no mínimo, de 10 (dez) e, no máximo, de 360 (trezentos e sessenta) dias-multa. (Redação dada pela Lei nº 7.209, de 11.7.1984)

§ 1º. O valor do dia-multa será fixado pelo juiz não podendo ser inferior a um trigésimo do maior salário mínimo mensal vigente ao tempo do fato, nem superior a 5 (cinco) vezes esse salário. (Redação dada pela Lei nº 7.209, de 11.7.1984)

Anotações

DIR. PEN.

Anotações

§ 2º. O valor da multa será atualizado, quando da execução, pelos índices de correção monetária. (Redação dada pela Lei nº 7.209, de 11.7.1984)

Pagamento da multa

Art. 50. A multa deve ser paga dentro de 10 (dez) dias depois de transitada em julgado a sentença. A requerimento do condenado e conforme as circunstâncias, o juiz pode permitir que o pagamento se realize em parcelas mensais. (Redação dada pela Lei nº 7.209, de 11.7.1984)

§ 1º. A cobrança da multa pode efetuar-se mediante desconto no vencimento ou salário do condenado quando: (Incluído pela Lei nº 7.209, de 11.7.1984)

a) aplicada isoladamente; (Incluído pela Lei nº 7.209, de 11.7.1984)

b) aplicada cumulativamente com pena restritiva de direitos;(Incluído pela Lei nº 7.209, de 11.7.1984)

c) concedida a suspensão condicional da pena. (Incluído pela Lei nº 7.209, de 11.7.1984)

§ 2º. O desconto não deve incidir sobre os recursos indispensáveis ao sustento do condenado e de sua família.(Incluído pela Lei nº 7.209, de 11.7.1984)

Conversão da multa e revogação (redação dada pela lei nº 7.209, De 11.7.1984)

Modo de conversão

Art. 51. Transitada em julgado a sentença condenatória, a multa será executada perante o juiz da execução penal e será considerada dívida de valor, aplicáveis as normas relativas à dívida ativa da Fazenda Pública, inclusive no que concerne às causas interruptivas e suspensivas da prescrição. (Redação dada pela Lei nº 13.964, de 24.12.2019)

§ 1º. e § 2º -(Revogado pela Lei nº 9.268, de 1º.4.1996)

Suspensão da execução da multa

Art. 52. É suspensa a execução da pena de multa, se sobrevém ao condenado doença mental. (Redação dada pela Lei nº 7.209, de 11.7.1984)

Capítulo II - Da Cominação das Penas

Penas privativas de liberdade

Art. 53. As penas privativas de liberdade têm seus limites estabelecidos na sanção correspondente a cada tipo legal de crime. (Redação dada pela Lei nº 7.209, de 11.7.1984)

Penas restritivas de direitos

Art. 54. As penas restritivas de direitos são aplicáveis, independentemente de cominação na parte especial, em substituição à pena privativa de liberdade, fixada em quantidade inferior a 1 (um) ano, ou nos crimes culposos. (Redação dada pela Lei nº 7.209, de 11.7.1984)

Art. 55. As penas restritivas de direitos referidas nos incisos III, IV, V e VI do art. 43 terão a mesma duração da pena privativa de liberdade substituída, ressalvado o disposto no § 4º do art. 46. (Redação dada pela Lei nº 9.714, de 1998)

Art. 56. As penas de interdição, previstas nos incisos I e II do art. 47 deste Código, aplicam-se para todo o crime cometido no exercício de profissão, atividade, ofício, cargo ou função, sempre que houver violação dos deveres que lhes são inerentes. (Redação dada pela Lei nº 7.209, de 11.7.1984)

Art. 57. A pena de interdição, prevista no inciso III do art. 47 deste Código, aplica-se aos crimes culposos de trânsito. (Redação dada pela Lei nº 7.209, de 11.7.1984)

Pena de multa

Art. 58. A multa, prevista em cada tipo legal de crime, tem os limites fixados no art. 49 e seus parágrafos deste Código. (Redação dada pela Lei nº 7.209, de 11.7.1984)

Anotações

Parágrafo único. A multa prevista no parágrafo único do art. 44 e no § 2º do art. 60 deste Código aplica-se independentemente de cominação na parte especial. (Redação dada pela Lei nº 7.209, de 11.7.1984)

CAPÍTULO III - DA APLICAÇÃO DA PENA

Fixação da pena

Art. 59. O juiz, atendendo à culpabilidade, aos antecedentes, à conduta social, à personalidade do agente, aos motivos, às circunstâncias e consequências do crime, bem como ao comportamento da vítima, estabelecerá, conforme seja necessário e suficiente para reprovação e prevenção do crime: (Redação dada pela Lei nº 7.209, de 11.7.1984)

I. as penas aplicáveis dentre as cominadas;(Redação dada pela Lei nº 7.209, de 11.7.1984)

II. a quantidade de pena aplicável, dentro dos limites previstos;(Redação dada pela Lei nº 7.209, de 11.7.1984)

III. o regime inicial de cumprimento da pena privativa de liberdade;(Redação dada pela Lei nº 7.209, de 11.7.1984)

IV. a substituição da pena privativa da liberdade aplicada, por outra espécie de pena, se cabível. (Redação dada pela Lei nº 7.209, de 11.7.1984)

Critérios especiais da pena de multa

Art. 60. Na fixação da pena de multa o juiz deve atender, principalmente, à situação econômica do réu. (Redação dada pela Lei nº 7.209, de 11.7.1984)

§ 1º. A multa pode ser aumentada até o triplo, se o juiz considerar que, em virtude da situação econômica do réu, é ineficaz, embora aplicada no máximo. (Redação dada pela Lei nº 7.209, de 11.7.1984)

Multa substitutiva

§ 2º. A pena privativa de liberdade aplicada, não superior a 6 (seis) meses, pode ser substituída pela de multa, observados os critérios dos incisos II e III do art. 44 deste Código.(Redação dada pela Lei nº 7.209, de 11.7.1984)

Circunstâncias agravantes

Art. 61. São circunstâncias que sempre agravam a pena, quando não constituem ou qualificam o crime:(Redação dada pela Lei nº 7.209, de 11.7.1984)

I. a reincidência; (Redação dada pela Lei nº 7.209, de 11.7.1984)

II. ter o agente cometido o crime: (Redação dada pela Lei nº 7.209, de 11.7.1984)

a) por motivo fútil ou torpe;

b) para facilitar ou assegurar a execução, a ocultação, a impunidade ou vantagem de outro crime;

c) à traição, de emboscada, ou mediante dissimulação, ou outro recurso que dificultou ou tornou impossível a defesa do ofendido;

d) com emprego de veneno, fogo, explosivo, tortura ou outro meio insidioso ou cruel, ou de que podia resultar perigo comum;

e) contra ascendente, descendente, irmão ou cônjuge;

f) com abuso de autoridade ou prevalecendo-se de relações domésticas, de coabitação ou de hospitalidade, ou com violência contra a mulher na forma da lei específica; (Redação dada pela Lei nº 11.340, de 2006)

g) com abuso de poder ou violação de dever inerente a cargo, ofício, ministério ou profissão;

h) contra criança, maior de 60 (sessenta) anos, enfermo ou mulher grávida; (Redação dada pela Lei nº 10.741, de 2003)

I) quando o ofendido estava sob a imediata proteção da autoridade;

j) em ocasião de incêndio, naufrágio, inundação ou qualquer calamidade pública, ou de desgraça particular do ofendido;

l) em estado de embriaguez preordenada.

Agravantes no caso de concurso de pessoas

Art. 62. A pena será ainda agravada em relação ao agente que: (Redação dada pela Lei nº 7.209, de 11.7.1984)

I. promove, ou organiza a cooperação no crime ou dirige a atividade dos demais agentes; (Redação dada pela Lei nº 7.209, de 11.7.1984)

II. coage ou induz outrem à execução material do crime; (Redação dada pela Lei nº 7.209, de 11.7.1984)

III. instiga ou determina a cometer o crime alguém sujeito à sua autoridade ou não-punível em virtude de condição ou qualidade pessoal; (Redação dada pela Lei nº 7.209, de 11.7.1984)

IV. executa o crime, ou nele participa, mediante paga ou promessa de recompensa.(Redação dada pela Lei nº 7.209, de 11.7.1984)

Reincidência

Art. 63. Verifica-se a reincidência quando o agente comete novo crime, depois de transitar em julgado a sentença que, no País ou no estrangeiro, o tenha condenado por crime anterior. (Redação dada pela Lei nº 7.209, de 11.7.1984)

Art. 64. Para efeito de reincidência: (Redação dada pela Lei nº 7.209, de 11.7.1984)

I. não prevalece a condenação anterior, se entre a data do cumprimento ou extinção da pena e a infração posterior tiver decorrido período de tempo superior a 5 (cinco) anos, computado o período de prova da suspensão ou do livramento condicional, se não ocorrer revogação; (Redação dada pela Lei nº 7.209, de 11.7.1984)

II. não se consideram os crimes militares próprios e políticos.(Redação dada pela Lei nº 7.209, de 11.7.1984)

Circunstâncias atenuantes

Art. 65. São circunstâncias que sempre atenuam a pena: (Redação dada pela Lei nº 7.209, de 11.7.1984)

I. ser o agente menor de 21 (vinte e um), na data do fato, ou maior de 70 (setenta) anos, na data da sentença; (Redação dada pela Lei nº 7.209, de 11.7.1984)

II. o desconhecimento da lei; (Redação dada pela Lei nº 7.209, de 11.7.1984)

III. ter o agente:(Redação dada pela Lei nº 7.209, de 11.7.1984)

a) cometido o crime por motivo de relevante valor social ou moral;

b) procurado, por sua espontânea vontade e com eficiência, logo após o crime, evitar-lhe ou minorar-lhe as consequências, ou ter, antes do julgamento, reparado o dano;

c) cometido o crime sob coação a que podia resistir, ou em cumprimento de ordem de autoridade superior, ou sob a influência de violenta emoção, provocada por ato injusto da vítima;

d) confessado espontaneamente, perante a autoridade, a autoria do crime;

e) cometido o crime sob a influência de multidão em tumulto, se não o provocou.

Art. 66. A pena poderá ser ainda atenuada em razão de circunstância relevante, anterior ou posterior ao crime, embora não prevista expressamente em lei. (Redação dada pela Lei nº 7.209, de 11.7.1984)

Concurso de circunstâncias agravantes e atenuantes

Art. 67. No concurso de agravantes e atenuantes, a pena deve aproximar-se do limite indicado pelas circunstâncias preponderantes, entendendo-se como tais as que resultam dos motivos determinantes do crime, da personalidade do agente e da reincidência. (Redação dada pela Lei nº 7.209, de 11.7.1984)

Anotações

Cálculo da pena

Art. 68. A pena-base será fixada atendendo-se ao critério do art. 59 deste Código; em seguida serão consideradas as circunstâncias atenuantes e agravantes; por último, as causas de diminuição e de aumento. (Redação dada pela Lei nº 7.209, de 11.7.1984)

Parágrafo único. No concurso de causas de aumento ou de diminuição previstas na parte especial, pode o juiz limitar-se a um só aumento ou a uma só diminuição, prevalecendo, todavia, a causa que mais aumente ou diminua.(Redação dada pela Lei nº 7.209, de 11.7.1984)

Concurso material

Art. 69. Quando o agente, mediante mais de uma ação ou omissão, pratica dois ou mais crimes, idênticos ou não, aplicam-se cumulativamente as penas privativas de liberdade em que haja incorrido. No caso de aplicação cumulativa de penas de reclusão e de detenção, executa-se primeiro aquela. (Redação dada pela Lei nº 7.209, de 11.7.1984)

§ 1º. Na hipótese deste artigo, quando ao agente tiver sido aplicada pena privativa de liberdade, não suspensa, por um dos crimes, para os demais será incabível a substituição de que trata o art. 44 deste Código. (Redação dada pela Lei nº 7.209, de 11.7.1984)

§ 2º. Quando forem aplicadas penas restritivas de direitos, o condenado cumprirá simultaneamente as que forem compatíveis entre si e sucessivamente as demais. (Redação dada pela Lei nº 7.209, de 11.7.1984)

Concurso formal

Art. 70. Quando o agente, mediante uma só ação ou omissão, pratica dois ou mais crimes, idênticos ou não, aplica-se-lhe a mais grave das penas cabíveis ou, se iguais, somente uma delas, mas aumentada, em qualquer caso, de um sexto até metade. As penas aplicam-se, entretanto, cumulativamente, se a ação ou omissão é dolosa e os crimes concorrentes resultam de desígnios autônomos, consoante o disposto no artigo anterior.(Redação dada pela Lei nº 7.209, de 11.7.1984)

Parágrafo único. Não poderá a pena exceder a que seria cabível pela regra do art. 69 deste Código. (Redação dada pela Lei nº 7.209, de 11.7.1984)

Crime continuado

Art. 71. Quando o agente, mediante mais de uma ação ou omissão, pratica dois ou mais crimes da mesma espécie e, pelas condições de tempo, lugar, maneira de execução e outras semelhantes, devem os subsequentes ser havidos como continuação do primeiro, aplica-se-lhe a pena de um só dos crimes, se idênticas, ou a mais grave, se diversas, aumentada, em qualquer caso, de um sexto a dois terços. (Redação dada pela Lei nº 7.209, de 11.7.1984)

Parágrafo único. Nos crimes dolosos, contra vítimas diferentes, cometidos com violência ou grave ameaça à pessoa, poderá o juiz, considerando a culpabilidade, os antecedentes, a conduta social e a personalidade do agente, bem como os motivos e as circunstâncias, aumentar a pena de um só dos crimes, se idênticas, ou a mais grave, se diversas, até o triplo, observadas as regras do parágrafo único do art. 70 e do art. 75 deste Código.(Redação dada pela Lei nº 7.209, de 11.7.1984)

Multas no concurso de crimes

Art. 72. No concurso de crimes, as penas de multa são aplicadas distinta e integralmente. (Redação dada pela Lei nº 7.209, de 11.7.1984)

Erro na execução

Art. 73. Quando, por acidente ou erro no uso dos meios de execução, o agente, ao invés de atingir a pessoa que pretendia ofender, atinge pessoa diversa, responde como se tivesse praticado o crime contra aquela, atendendo-se ao disposto no § 3º do art. 20 deste Código. No caso de ser também

Anotações

DIR. PEN.

Anotações

atingida a pessoa que o agente pretendia ofender, aplica-se a regra do art. 70 deste Código.(Redação dada pela Lei nº 7.209, de 11.7.1984)

Resultado diverso do pretendido

Art. 74. Fora dos casos do artigo anterior, quando, por acidente ou erro na execução do crime, sobrevém resultado diverso do pretendido, o agente responde por culpa, se o fato é previsto como crime culposo; se ocorre também o resultado pretendido, aplica-se a regra do art. 70 deste Código. (Redação dada pela Lei nº 7.209, de 11.7.1984)

Limite das penas

Art. 75. O tempo de cumprimento das penas privativas de liberdade não pode ser superior a 40 (quarenta) anos. (Redação dada pela Lei nº 13.964, de 24.12.2019)

§ 1º Quando o agente for condenado a penas privativas de liberdade cuja soma seja superior a 40 (quarenta) anos, devem elas ser unificadas para atender ao limite máximo deste artigo. (Redação dada pela Lei nº 13.964, de 24.12.2019)

§ 2º. Sobrevindo condenação por fato posterior ao início do cumprimento da pena, far-se-á nova unificação, desprezando-se, para esse fim, o período de pena já cumprido.(Redação dada pela Lei nº 7.209, de 11.7.1984)

Concurso de infrações

Art. 76. No concurso de infrações, executar-se-á primeiramente a pena mais grave. (Redação dada pela Lei nº 7.209, de 11.7.1984)

Capítulo IV - Da Suspensão Condicional da Pena

Requisitos da suspensão da pena

Art. 77. A execução da pena privativa de liberdade, não superior a 2 (dois) anos, poderá ser suspensa, por 2 (dois) a 4 (quatro) anos, desde que: (Redação dada pela Lei nº 7.209, de 11.7.1984)

I. o condenado não seja reincidente em crime doloso; (Redação dada pela Lei nº 7.209, de 11.7.1984)

II. a culpabilidade, os antecedentes, a conduta social e personalidade do agente, bem como os motivos e as circunstâncias autorizem a concessão do benefício;(Redação dada pela Lei nº 7.209, de 11.7.1984)

III. Não seja indicada ou cabível a substituição prevista no art. 44 deste Código. (Redação dada pela Lei nº 7.209, de 11.7.1984)

§ 1º. A condenação anterior a pena de multa não impede a concessão do benefício.(Redação dada pela Lei nº 7.209, de 11.7.1984)

§ 2º A execução da pena privativa de liberdade, não superior a quatro anos, poderá ser suspensa, por quatro a seis anos, desde que o condenado seja maior de setenta anos de idade, ou razões de saúde justifiquem a suspensão. (Redação dada pela Lei nº 9.714, de 1998)

Art. 78. Durante o prazo da suspensão, o condenado ficará sujeito à observação e ao cumprimento das condições estabelecidas pelo juiz. (Redação dada pela Lei nº 7.209, de 11.7.1984)

§ 1º. No primeiro ano do prazo, deverá o condenado prestar serviços à comunidade (art. 46) ou submeter-se à limitação de fim de semana (art. 48). (Redação dada pela Lei nº 7.209, de 11.7.1984)

§ 2° Se o condenado houver reparado o dano, salvo impossibilidade de fazê-lo, e se as circunstâncias do art. 59 deste Código lhe forem inteiramente favoráveis, o juiz poderá substituir a exigência do parágrafo anterior pelas seguintes condições, aplicadas cumulativamente: (Redação dada pela Lei nº 9.268, de 1º.4.1996)

Anotações

a) proibição de frequentar determinados lugares; (Redação dada pela Lei nº 7.209, de 11.7.1984)

b) proibição de ausentar-se da comarca onde reside, sem autorização do juiz; (Redação dada pela Lei nº 7.209, de 11.7.1984)

c) comparecimento pessoal e obrigatório a juízo, mensalmente, para informar e justificar suas atividades. (Redação dada pela Lei nº 7.209, de 11.7.1984)

Art. 79. A sentença poderá especificar outras condições a que fica subordinada a suspensão, desde que adequadas ao fato e à situação pessoal do condenado. (Redação dada pela Lei nº 7.209, de 11.7.1984)

Art. 80. A suspensão não se estende às penas restritivas de direitos nem à multa. (Redação dada pela Lei nº 7.209, de 11.7.1984)

Revogação obrigatória

Art. 81. A suspensão será revogada se, no curso do prazo, o beneficiário: (Redação dada pela Lei nº 7.209, de 11.7.1984)

I. é condenado, em sentença irrecorrível, por crime doloso; (Redação dada pela Lei nº 7.209, de 11.7.1984)

II. frustra, embora solvente, a execução de pena de multa ou não efetua, sem motivo justificado, a reparação do dano; (Redação dada pela Lei nº 7.209, de 11.7.1984)

III. descumpre a condição do § 1º do art. 78 deste Código. (Redação dada pela Lei nº 7.209, de 11.7.1984)

Revogação facultativa

§ 1º. A suspensão poderá ser revogada se o condenado descumpre qualquer outra condição imposta ou é irrecorrivelmente condenado, por crime culposo ou por contravenção, a pena privativa de liberdade ou restritiva de direitos. (Redação dada pela Lei nº 7.209, de 11.7.1984)

Prorrogação do período de prova

§ 2º. Se o beneficiário está sendo processado por outro crime ou contravenção, considera-se prorrogado o prazo da suspensão até o julgamento definitivo. (Redação dada pela Lei nº 7.209, de 11.7.1984)

§ 3º. Quando facultativa a revogação, o juiz pode, ao invés de decretá-la, prorrogar o período de prova até o máximo, se este não foi o fixado. (Redação dada pela Lei nº 7.209, de 11.7.1984)

Cumprimento das condições

Art. 82. Expirado o prazo sem que tenha havido revogação, considera-se extinta a pena privativa de liberdade. (Redação dada pela Lei nº 7.209, de 11.7.1984)

Capítulo V - Do Livramento Condicional

Requisitos do livramento condicional

Art. 83. O juiz poderá conceder livramento condicional ao condenado a pena privativa de liberdade igual ou superior a 2 (dois) anos, desde que: (Redação dada pela Lei nº 7.209, de 11.7.1984)

I. cumprida mais de um terço da pena se o condenado não for reincidente em crime doloso e tiver bons antecedentes; (Redação dada pela Lei nº 7.209, de 11.7.1984)

II. cumprida mais da metade se o condenado for reincidente em crime doloso; (Redação dada pela Lei nº 7.209, de 11.7.1984)

III. comprovado: (Redação dada pela Lei nº 13.964, de 24.12.2019)

a) bom comportamento durante a execução da pena; (Incluído pela Lei nº 13.964, de 24.12.2019)

b) não cometimento de falta grave nos últimos 12 (doze) meses;(Incluído pela Lei nº 13.964, de 24.12.2019)

c) bom desempenho no trabalho que lhe foi atribuído; e (Incluído pela Lei nº 13.964, de 24.12.2019)

d) aptidão para prover a própria subsistência mediante trabalho honesto; (Incluído pela Lei nº 13.964, de 24.12.2019)

IV. tenha reparado, salvo efetiva impossibilidade de fazê-lo, o dano causado pela infração; (Redação dada pela Lei nº 7.209, de 11.7.1984)

V. cumpridos mais de dois terços da pena, nos casos de condenação por crime hediondo, prática de tortura, tráfico ilícito de entorpecentes e drogas afins, tráfico de pessoas e terrorismo, se o apenado não for reincidente específico em crimes dessa natureza. (Incluído pela Lei nº 13.344, de 2016)

Parágrafo único. Para o condenado por crime doloso, cometido com violência ou grave ameaça à pessoa, a concessão do livramento ficará também subordinada à constatação de condições pessoais que façam presumir que o liberado não voltará a delinquir. (Redação dada pela Lei nº 7.209, de 11.7.1984)

Soma de penas

Art. 84. As penas que correspondem a infrações diversas devem somar-se para efeito do livramento. (Redação dada pela Lei nº 7.209, de 11.7.1984)

Especificações das condições

Art. 85. A sentença especificará as condições a que fica subordinado o livramento. (Redação dada pela Lei nº 7.209, de 11.7.1984)

Revogação do livramento

Art. 86. Revoga-se o livramento, se o liberado vem a ser condenado a pena privativa de liberdade, em sentença irrecorrível: (Redação dada pela Lei nº 7.209, de 11.7.1984)

I. por crime cometido durante a vigência do benefício; (Redação dada pela Lei nº 7.209, de 11.7.1984)

II. por crime anterior, observado o disposto no art. 84 deste Código. (Redação dada pela Lei nº 7.209, de 11.7.1984)

Revogação facultativa

Art. 87. O juiz poderá, também, revogar o livramento, se o liberado deixar de cumprir qualquer das obrigações constantes da sentença, ou for irrecorrivelmente condenado, por crime ou contravenção, a pena que não seja privativa de liberdade.(Redação dada pela Lei nº 7.209, de 11.7.1984)

Efeitos da revogação

Art. 88. Revogado o livramento, não poderá ser novamente concedido, e, salvo quando a revogação resulta de condenação por outro crime anterior àquele benefício, não se desconta na pena o tempo em que esteve solto o condenado. (Redação dada pela Lei nº 7.209, de 11.7.1984)

Extinção

Art. 89. O juiz não poderá declarar extinta a pena, enquanto não passar em julgado a sentença em processo a que responde o liberado, por crime cometido na vigência do livramento. (Redação dada pela Lei nº 7.209, de 11.7.1984)

Art. 90. Se até o seu término o livramento não é revogado, considera-se extinta a pena privativa de liberdade. (Redação dada pela Lei nº 7.209, de 11.7.1984)

Capítulo VI - Dos Efeitos Da Condenação

Efeitos genéricos e específicos

Art. 91. São efeitos da condenação: (Redação dada pela Lei nº 7.209, de 11.7.1984)

I. tornar certa a obrigação de indenizar o dano causado pelo crime; (Redação dada pela Lei nº 7.209, de 11.7.1984)

II. a perda em favor da União, ressalvado o direito do lesado ou de terceiro de boa-fé: (Redação dada pela Lei nº 7.209, de 11.7.1984)

a) dos instrumentos do crime, desde que consistam em coisas cujo fabrico, alienação, uso, porte ou detenção constitua fato ilícito;

b) do produto do crime ou de qualquer bem ou valor que constitua proveito auferido pelo agente com a prática do fato criminoso.

§ 1º Poderá ser decretada a perda de bens ou valores equivalentes ao produto ou proveito do crime quando estes não forem encontrados ou quando se localizarem no exterior. (Incluído pela Lei nº 12.694, de 2012)

§ 2º Na hipótese do § 1º, as medidas assecuratórias previstas na legislação processual poderão abranger bens ou valores equivalentes do investigado ou acusado para posterior decretação de perda. (Incluído pela Lei nº 12.694, de 2012)

Art. 91-A. Na hipótese de condenação por infrações às quais a lei comine pena máxima superior a 6 (seis) anos de reclusão, poderá ser decretada a perda, como produto ou proveito do crime, dos bens correspondentes à diferença entre o valor do patrimônio do condenado e aquele que seja compatível com o seu rendimento lícito. (Incluído pela Lei nº 13.964, de 24.12.2019)

§ 1º Para efeito da perda prevista no caput deste artigo, entende-se por patrimônio do condenado todos os bens: (Incluído pela Lei nº 13.964, de 24.12.2019)

I. de sua titularidade, ou em relação aos quais ele tenha o domínio e o benefício direto ou indireto, na data da infração penal ou recebidos posteriormente; e (Incluído pela Lei nº 13.964, de 24.12.2019)

II. transferidos a terceiros a título gratuito ou mediante contraprestação irrisória, a partir do início da atividade criminal. (Incluído pela Lei nº 13.964, de 24.12.2019)

§ 2º O condenado poderá demonstrar a inexistência da incompatibilidade ou a procedência lícita do patrimônio. (Incluído pela Lei nº 13.964, de 24.12.2019)

§ 3º A perda prevista neste artigo deverá ser requerida expressamente pelo Ministério Público, por ocasião do oferecimento da denúncia, com indicação da diferença apurada. (Incluído pela Lei nº 13.964, de 24.12.2019)

§ 4º Na sentença condenatória, o juiz deve declarar o valor da diferença apurada e especificar os bens cuja perda for decretada. (Incluído pela Lei nº 13.964, de 24.12.2019)

§ 5º Os instrumentos utilizados para a prática de crimes por organizações criminosas e milícias deverão ser declarados perdidos em favor da União ou do Estado, dependendo da Justiça onde tramita a ação penal, ainda que não ponham em perigo a segurança das pessoas, a moral ou a ordem pública, nem ofereçam sério risco de ser utilizados para o cometimento de novos crimes. (Incluído pela Lei nº 13.964, de 24.12.2019)

Art. 92. São também efeitos da condenação:(Redação dada pela Lei nº 7.209, de 11.7.1984)

I. a perda de cargo, função pública ou mandato eletivo: (Redação dada pela Lei nº 9.268, de 1º.4.1996)

a) quando aplicada pena privativa de liberdade por tempo igual ou superior a um ano, nos crimes praticados com abuso de poder ou violação de dever para com a Administração Pública; (Incluído pela Lei nº 9.268, de 1º.4.1996)

b) quando for aplicada pena privativa de liberdade por tempo superior a 4 (quatro) anos nos demais casos. (Incluído pela Lei nº 9.268, de 1º.4.1996)

II. a incapacidade para o exercício do poder familiar, da tutela ou da curatela nos crimes dolosos sujeitos à pena de reclusão cometidos contra outrem igualmente titular do mesmo poder familiar, contra filho, filha ou outro descendente ou contra tutelado ou curatelado; (Redação dada pela Lei nº 13.715, de 2018)

III. a inabilitação para dirigir veículo, quando utilizado como meio para a prática de crime doloso. (Redação dada pela Lei nº 7.209, de 11.7.1984)

Anotações

Anotações

Anotações

Parágrafo único. Os efeitos de que trata este artigo não são automáticos, devendo ser motivadamente declarados na sentença. (Redação dada pela Lei nº 7.209, de 11.7.1984)

Capítulo VII - Da Reabilitação

Reabilitação

Art. 93. A reabilitação alcança quaisquer penas aplicadas em sentença definitiva, assegurando ao condenado o sigilo dos registros sobre o seu processo e condenação. (Redação dada pela Lei nº 7.209, de 11.7.1984)

Parágrafo único. A reabilitação poderá, também, atingir os efeitos da condenação, previstos no art. 92 deste Código, vedada reintegração na situação anterior, nos casos dos incisos I e II do mesmo artigo. (Redação dada pela Lei nº 7.209, de 11.7.1984)

Art. 94. A reabilitação poderá ser requerida, decorridos 2 (dois) anos do dia em que for extinta, de qualquer modo, a pena ou terminar sua execução, computando-se o período de prova da suspensão e o do livramento condicional, se não sobrevier revogação, desde que o condenado: (Redação dada pela Lei nº 7.209, de 11.7.1984)

I. tenha tido domicílio no País no prazo acima referido; (Redação dada pela Lei nº 7.209, de 11.7.1984)

II. tenha dado, durante esse tempo, demonstração efetiva e constante de bom comportamento público e privado; (Redação dada pela Lei nº 7.209, de 11.7.1984)

III. tenha ressarcido o dano causado pelo crime ou demonstre a absoluta impossibilidade de o fazer, até o dia do pedido, ou exiba documento que comprove a renúncia da vítima ou novação da dívida. (Redação dada pela Lei nº 7.209, de 11.7.1984)

Parágrafo único. Negada a reabilitação, poderá ser requerida, a qualquer tempo, desde que o pedido seja instruído com novos elementos comprobatórios dos requisitos necessários. (Redação dada pela Lei nº 7.209, de 11.7.1984)

Art. 95. A reabilitação será revogada, de ofício ou a requerimento do Ministério Público, se o reabilitado for condenado, como reincidente, por decisão definitiva, a pena que não seja de multa. (Redação dada pela Lei nº 7.209, de 11.7.1984)

Título VI - Das Medidas De Segurança

Espécies de medidas de segurança

Art. 96. As medidas de segurança são: (Redação dada pela Lei nº 7.209, de 11.7.1984)

I. Internação em hospital de custódia e tratamento psiquiátrico ou, à falta, em outro estabelecimento adequado; (Redação dada pela Lei nº 7.209, de 11.7.1984)

II. sujeição a tratamento ambulatorial. (Redação dada pela Lei nº 7.209, de 11.7.1984)

Parágrafo único. Extinta a punibilidade, não se impõe medida de segurança nem subsiste a que tenha sido imposta. (Redação dada pela Lei nº 7.209, de 11.7.1984)

Imposição da medida de segurança para inimputável

Art. 97. Se o agente for inimputável, o juiz determinará sua internação (art. 26). Se, todavia, o fato previsto como crime for punível com detenção, poderá o juiz submetê-lo a tratamento ambulatorial. (Redação dada pela Lei nº 7.209, de 11.7.1984)

Prazo

§ 1º. A internação, ou tratamento ambulatorial, será por tempo indeterminado, perdurando enquanto não for averiguada, mediante perícia médica, a cessação de periculosidade. O prazo mínimo deverá ser de 1 (um) a 3 (três) anos. (Redação dada pela Lei nº 7.209, de 11.7.1984)

Anotações

Perícia médica

§ 2º. A perícia médica realizar-se-á ao termo do prazo mínimo fixado e deverá ser repetida de ano em ano, ou a qualquer tempo, se o determinar o juiz da execução. (Redação dada pela Lei nº 7.209, de 11.7.1984)

Desinternação ou liberação condicional

§ 3º. A desinternação, ou a liberação, será sempre condicional devendo ser restabelecida a situação anterior se o agente, antes do decurso de 1 (um) ano, pratica fato indicativo de persistência de sua periculosidade. (Redação dada pela Lei nº 7.209, de 11.7.1984)

§ 4º. Em qualquer fase do tratamento ambulatorial, poderá o juiz determinar a internação do agente, se essa providência for necessária para fins curativos. (Redação dada pela Lei nº 7.209, de 11.7.1984)

Substituição da pena por medida de segurança para o semi-imputável

Art. 98. Na hipótese do parágrafo único do art. 26 deste Código e necessitando o condenado de especial tratamento curativo, a pena privativa de liberdade pode ser substituída pela internação, ou tratamento ambulatorial, pelo prazo mínimo de 1 (um) a 3 (três) anos, nos termos do artigo anterior e respectivos §§ 1º a 4º. (Redação dada pela Lei nº 7.209, de 11.7.1984)

Direitos do internado

Art. 99. O internado será recolhido a estabelecimento dotado de características hospitalares e será submetido a tratamento. (Redação dada pela Lei nº 7.209, de 11.7.1984)

Título VII - Da Ação Penal

Ação pública e de iniciativa privada

Art. 100. A ação penal é pública, salvo quando a lei expressamente a declara privativa do ofendido. (Redação dada pela Lei nº 7.209, de 11.7.1984)

§ 1º. A ação pública é promovida pelo Ministério Público, dependendo, quando a lei o exige, de representação do ofendido ou de requisição do Ministro da Justiça. (Redação dada pela Lei nº 7.209, de 11.7.1984)

§ 2º. A ação de iniciativa privada é promovida mediante queixa do ofendido ou de quem tenha qualidade para representá-lo. (Redação dada pela Lei nº 7.209, de 11.7.1984)

§ 3º. A ação de iniciativa privada pode intentar-se nos crimes de ação pública, se o Ministério Público não oferece denúncia no prazo legal. (Redação dada pela Lei nº 7.209, de 11.7.1984)

§ 4º. No caso de morte do ofendido ou de ter sido declarado ausente por decisão judicial, o direito de oferecer queixa ou de prosseguir na ação passa ao cônjuge, ascendente, descendente ou irmão. (Redação dada pela Lei nº 7.209, de 11.7.1984)

A ação penal no crime complexo

Art. 101. Quando a lei considera como elemento ou circunstâncias do tipo legal fatos que, por si mesmos, constituem crimes, cabe ação pública em relação àquele, desde que, em relação a qualquer destes, se deva proceder por iniciativa do Ministério Público. (Redação dada pela Lei nº 7.209, de 11.7.1984)

Irretratabilidade da representação

Art. 102. A representação será irretratável depois de oferecida a denúncia. (Redação dada pela Lei nº 7.209, de 11.7.1984)

Decadência do direito de queixa ou de representação

Art. 103. Salvo disposição expressa em contrário, o ofendido decai do direito de queixa ou de representação se não o exerce dentro do prazo de 6 (seis) meses, contado do dia em que veio a saber quem é o autor do crime, ou, no caso do § 3º do art. 100 deste Código, do dia em que se esgota o prazo para oferecimento da denúncia. (Redação dada pela Lei nº 7.209, de 11.7.1984)

Renúncia expressa ou tácita do direito de queixa

Art. 104. O direito de queixa não pode ser exercido quando renunciado expressa ou tacitamente. (Redação dada pela Lei nº 7.209, de 11.7.1984)

Parágrafo único. Importa renúncia tácita ao direito de queixa a prática de ato incompatível com a vontade de exercê-lo; não a implica, todavia, o fato de receber o ofendido a indenização do dano causado pelo crime. (Redação dada pela Lei nº 7.209, de 11.7.1984)

Perdão do ofendido

Art. 105. O perdão do ofendido, nos crimes em que somente se procede mediante queixa, obsta ao prosseguimento da ação. (Redação dada pela Lei nº 7.209, de 11.7.1984)

Art. 106. O perdão, no processo ou fora dele, expresso ou tácito: (Redação dada pela Lei nº 7.209, de 11.7.1984)

I. se concedido a qualquer dos querelados, a todos aproveita; (Redação dada pela Lei nº 7.209, de 11.7.1984)

II. se concedido por um dos ofendidos, não prejudica o direito dos outros; (Redação dada pela Lei nº 7.209, de 11.7.1984)

III. se o querelado o recusa, não produz efeito. (Redação dada pela Lei nº 7.209, de 11.7.1984)

§ 1º. Perdão tácito é o que resulta da prática de ato incompatível com a vontade de prosseguir na ação. (Redação dada pela Lei nº 7.209, de 11.7.1984)

§ 2º. Não é admissível o perdão depois que passa em julgado a sentença condenatória. (Redação dada pela Lei nº 7.209, de 11.7.1984)

Título VIII - Da Extinção Da Punibilidade

Extinção da punibilidade

Art. 107. Extingue-se a punibilidade: (Redação dada pela Lei nº 7.209, de 11.7.1984)

I. pela morte do agente;

II. pela anistia, graça ou indulto;

III. pela retroatividade de lei que não mais considera o fato como criminoso;

IV. pela prescrição, decadência ou perempção;

V. pela renúncia do direito de queixa ou pelo perdão aceito, nos crimes de ação privada;

VI. pela retratação do agente, nos casos em que a lei a admite;

VII. (Revogado pela Lei nº 11.106, de 2005)

VIII. (Revogado pela Lei nº 11.106, de 2005)

IX. pelo perdão judicial, nos casos previstos em lei.

Art. 108. A extinção da punibilidade de crime que é pressuposto, elemento constitutivo ou circunstância agravante de outro não se estende a este. Nos crimes conexos, a extinção da punibilidade de um deles não impede, quanto aos outros, a agravação da pena resultante da conexão. (Redação dada pela Lei nº 7.209, de 11.7.1984)

Prescrição antes de transitar em julgado a sentença

Art. 109. A prescrição, antes de transitar em julgado a sentença final, salvo o disposto no § 1º do art. 110 deste Código, regula-se pelo máximo da pena privativa de liberdade cominada ao crime, verificando-se: (Redação dada pela Lei nº 12.234, de 2010).

I. em vinte anos, se o máximo da pena é superior a doze;

II. em dezesseis anos, se o máximo da pena é superior a oito anos e não excede a doze;

III. em doze anos, se o máximo da pena é superior a quatro anos e não excede a oito;

IV. em oito anos, se o máximo da pena é superior a dois anos e não excede a quatro;

V. em quatro anos, se o máximo da pena é igual a um ano ou, sendo superior, não excede a dois;

VI. em 3 (três) anos, se o máximo da pena é inferior a 1 (um) ano. (Redação dada pela Lei nº 12.234, de 2010).

Prescrição das penas restritivas de direito

parágrafo único. Aplicam-se às penas restritivas de direito os mesmos prazos previstos para as privativas de liberdade. (Redação dada pela Lei nº 7.209, de 11.7.1984)

Prescrição depois de transitar em julgado sentença final condenatória

Art. 110. A prescrição depois de transitar em julgado a sentença condenatória regula-se pela pena aplicada e verifica-se nos prazos fixados no artigo anterior, os quais se aumentam de um terço, se o condenado é reincidente. (Redação dada pela Lei nº 7.209, de 11.7.1984)

§ 1º A prescrição, depois da sentença condenatória com trânsito em julgado para a acusação ou depois de improvido seu recurso, regula-se pela pena aplicada, não podendo, em nenhuma hipótese, ter por termo inicial data anterior à da denúncia ou queixa. (Redação dada pela Lei nº 12.234, de 2010).

§ 2º (Revogado pela Lei nº 12.234, de 2010).

Termo inicial da prescrição antes de transitar em julgado a sentença final

Art. 111. A prescrição, antes de transitar em julgado a sentença final, começa a correr: (Redação dada pela Lei nº 7.209, de 11.7.1984)

I. do dia em que o crime se consumou; (Redação dada pela Lei nº 7.209, de 11.7.1984)

II. no caso de tentativa, do dia em que cessou a atividade criminosa; (Redação dada pela Lei nº 7.209, de 11.7.1984)

III. nos crimes permanentes, do dia em que cessou a permanência; (Redação dada pela Lei nº 7.209, de 11.7.1984)

IV. nos de bigamia e nos de falsificação ou alteração de assentamento do registro civil, da data em que o fato se tornou conhecido. (Redação dada pela Lei nº 7.209, de 11.7.1984)

V. nos crimes contra a dignidade sexual de crianças e adolescentes, previstos neste Código ou em legislação especial, da data em que a vítima completar 18 (dezoito) anos, salvo se a esse tempo já houver sido proposta a ação penal. (Redação dada pela Lei nº 12.650, de 2012)

Termo inicial da prescrição após a sentença condenatória irrecorrível

Art. 112. No caso do art. 110 deste Código, a prescrição começa a correr: (Redação dada pela Lei nº 7.209, de 11.7.1984)

I. do dia em que transita em julgado a sentença condenatória, para a acusação, ou a que revoga a suspensão condicional da pena ou o livramento condicional; (Redação dada pela Lei nº 7.209, de 11.7.1984)

II. do dia em que se interrompe a execução, salvo quando o tempo da interrupção deva computar-se na pena. (Redação dada pela Lei nº 7.209, de 11.7.1984)

Prescrição no caso de evasão do condenado ou de revogação do livramento condicional

Art. 113. No caso de evadir-se o condenado ou de revogar-se o livramento condicional, a prescrição é regulada pelo tempo que resta da pena. (Redação dada pela Lei nº 7.209, de 11.7.1984)

Prescrição da multa

Art. 114. A prescrição da pena de multa ocorrerá: (Redação dada pela Lei nº 9.268, de 1º.4.1996)

I. em 2 (dois) anos, quando a multa for a única cominada ou aplicada; (Incluído pela Lei nº 9.268, de 1º.4.1996)

II. no mesmo prazo estabelecido para prescrição da pena privativa de liberdade, quando a multa for alternativa ou cumulativamente cominada ou cumulativamente aplicada. (Incluído pela Lei nº 9.268, de 1º.4.1996)

Anotações

Anotações

DIR. PEN.

Anotações

Redução dos prazos de prescrição

Art. 115. São reduzidos de metade os prazos de prescrição quando o criminoso era, ao tempo do crime, menor de 21 (vinte e um) anos, ou, na data da sentença, maior de 70 (setenta) anos.(Redação dada pela Lei nº 7.209, de 11.7.1984)

Causas impeditivas da prescrição

Art. 116. Antes de passar em julgado a sentença final, a prescrição não corre: (Redação dada pela Lei nº 7.209, de 11.7.1984)

I. enquanto não resolvida, em outro processo, questão de que dependa o reconhecimento da existência do crime; (Redação dada pela Lei nº 7.209, de 11.7.1984)

II. enquanto o agente cumpre pena no exterior; (Incluído pela Lei nº 13.964, de 24.12.2019)

III. na pendência de embargos de declaração ou de recursos aos Tribunais Superiores, quando inadmissíveis; e (Incluído pela Lei nº 13.964, de 24.12.2019)

IV. enquanto não cumprido ou não rescindido o acordo de não persecução penal. (Incluído pela Lei nº 13.964, de 24.12.2019)

Parágrafo único. Depois de passada em julgado a sentença condenatória, a prescrição não corre durante o tempo em que o condenado está preso por outro motivo. (Redação dada pela Lei nº 7.209, de 11.7.1984)

Causas interruptivas da prescrição

Art. 117. O curso da prescrição interrompe-se: (Redação dada pela Lei nº 7.209, de 11.7.1984)

I. pelo recebimento da denúncia ou da queixa; (Redação dada pela Lei nº 7.209, de 11.7.1984)

II. pela pronúncia; (Redação dada pela Lei nº 7.209, de 11.7.1984)

III. pela decisão confirmatória da pronúncia; (Redação dada pela Lei nº 7.209, de 11.7.1984)

IV. pela publicação da sentença ou acórdão condenatórios recorríveis; (Redação dada pela Lei nº 11.596, de 2007).

V. pelo início ou continuação do cumprimento da pena; (Redação dada pela Lei nº 9.268, de 1º.4.1996)

VI. pela reincidência. (Redação dada pela Lei nº 9.268, de 1º.4.1996)

§ 1º. Excetuados os casos dos incisos V e VI deste artigo, a interrupção da prescrição produz efeitos relativamente a todos os autores do crime. Nos crimes conexos, que sejam objeto do mesmo processo, estende-se aos demais a interrupção relativa a qualquer deles. (Redação dada pela Lei nº 7.209, de 11.7.1984)

§ 2º. Interrompida a prescrição, salvo a hipótese do inciso V deste artigo, todo o prazo começa a correr, novamente, do dia da interrupção. (Redação dada pela Lei nº 7.209, de 11.7.1984)

Art. 118. As penas mais leves prescrevem com as mais graves. (Redação dada pela Lei nº 7.209, de 11.7.1984)

Art. 119. No caso de concurso de crimes, a extinção da punibilidade incidirá sobre a pena de cada um, isoladamente. (Redação dada pela Lei nº 7.209, de 11.7.1984)

Perdão judicial

Art. 120. A sentença que conceder perdão judicial não será considerada para efeitos de reincidência. (Redação dada pela Lei nº 7.209, de 11.7.1984)

Anotações

Código Penal - Parte Especial

Título I - Dos Crimes Contra a Pessoa

Capítulo I - Dos Crimes Contra a Vida

Homicídio simples

Art. 121. Matar alguém:

Pena. reclusão, de seis a vinte anos.

Caso de diminuição de pena

§ 1º Se o agente comete o crime impelido por motivo de relevante valor social ou moral, ou sob o domínio de violenta emoção, logo em seguida a injusta provocação da vítima, o juiz pode reduzir a pena de um sexto a um terço.

Homicídio qualificado

§ 2º Se o homicídio é cometido:

I. mediante paga ou promessa de recompensa, ou por outro motivo torpe;

II. por motivo futil;

III. com emprego de veneno, fogo, explosivo, asfixia, tortura ou outro meio insidioso ou cruel, ou de que possa resultar perigo comum;

IV. à traição, de emboscada, ou mediante dissimulação ou outro recurso que dificulte ou torne impossivel a defesa do ofendido;

V. para assegurar a execução, a ocultação, a impunidade ou vantagem de outro crime:

Pena. reclusão, de doze a trinta anos.

Feminicídio (incluído pela lei nº 13.104, De 2015)

VI. contra a mulher por razões da condição de sexo feminino: (Incluído pela Lei nº 13.104, de 2015)

VII. contra autoridade ou agente descrito nos arts. 142 e 144 da Constituição Federal, integrantes do sistema prisional e da Força Nacional de Segurança Pública, no exercício da função ou em decorrência dela, ou contra seu cônjuge, companheiro ou parente consanguíneo até terceiro grau, em razão dessa condição: (Incluído pela Lei nº 13.142, de 2015)

Pena. reclusão, de doze a trinta anos.

§ 2º-A Considera-se que há razões de condição de sexo feminino quando o crime envolve: (Incluído pela Lei nº 13.104, de 2015)

I. violência doméstica e familiar; (Incluído pela Lei nº 13.104, de 2015)

II. menosprezo ou discriminação à condição de mulher. (Incluído pela Lei nº 13.104, de 2015)

Homicídio culposo

§ 3º Se o homicídio é culposo: (Vide Lei nº 4.611, de 1965)

Pena. detenção, de um a três anos.

Aumento de pena

§ 4º No homicídio culposo, a pena é aumentada de 1/3 (um terço), se o crime resulta de inobservância de regra técnica de profissão, arte ou ofício, ou se o agente deixa de prestar imediato socorro à vítima, não procura diminuir as consequências do seu ato, ou foge para evitar prisão em flagrante. Sendo doloso o homicídio, a pena é aumentada de 1/3 (um terço) se o crime é praticado contra pessoa menor de 14 (quatorze) ou maior de 60 (sessenta) anos. (Redação dada pela Lei nº 10.741, de 2003)

§ 5º. Na hipótese de homicídio culposo, o juiz poderá deixar de aplicar a pena, se as consequências da infração atingirem o próprio agente de forma tão grave que a sanção penal se torne desnecessária. (Incluído pela Lei nº 6.416, de 24.5.1977)

§ 6º A pena é aumentada de 1/3 (um terço) até a metade se o crime for praticado por milícia privada, sob o pretexto de prestação de serviço de segurança, ou por grupo de extermínio. (Incluído pela Lei nº 12.720, de 2012)

§ 7º A pena do feminicídio é aumentada de 1/3 (um terço) até a metade se o crime for praticado: (Incluído pela Lei nº 13.104, de 2015)

I. durante a gestação ou nos 3 (três) meses posteriores ao parto; (Incluído pela Lei nº 13.104, de 2015)

II. contra pessoa menor de 14 (catorze) anos, maior de 60 (sessenta) anos, com deficiência ou portadora de doenças degenerativas que acarretem condição limitante ou de vulnerabilidade física ou mental; (Redação dada pela Lei nº 13.771, de 2018)

III. na presença física ou virtual de descendente ou de ascendente da vítima; (Redação dada pela Lei nº 13.771, de 2018)

IV. em descumprimento das medidas protetivas de urgência previstas nos incisos I, II e III do caput do art. 22 da Lei nº 11.340, de 7 de agosto de 2006. (Incluído pela Lei nº 13.771, de 2018)

Induzimento, instigação ou auxílio a suicídio ou a automutilação (Redação dada pela Lei nº 13.968, de 2019)

Art. 122. Induzir ou instigar alguém a suicidar-se ou a praticar automutilação ou prestar-lhe auxílio material para que o faça: (Redação dada pela Lei nº 13.968, de 2019)

Pena - reclusão, de 6 (seis) meses a 2 (dois) anos. (Redação dada pela Lei nº 13.968, de 2019)

§ 1º Se da automutilação ou da tentativa de suicídio resulta lesão corporal de natureza grave ou gravíssima, nos termos dos §§ 1º e 2º do art. 129 deste Código: (Incluído pela Lei nº 13.968, de 2019)

Pena - reclusão, de 1 (um) a 3 (três) anos. (Incluído pela Lei nº 13.968, de 2019)

§ 2º Se o suicídio se consuma ou se da automutilação resulta morte: (Incluído pela Lei nº 13.968, de 2019)

Pena - reclusão, de 2 (dois) a 6 (seis) anos. (Incluído pela Lei nº 13.968, de 2019)

§ 3º A pena é duplicada: (Incluído pela Lei nº 13.968, de 2019)

I. se o crime é praticado por motivo egoístico, torpe ou fútil; (Incluído pela Lei nº 13.968, de 2019)

II. se a vítima é menor ou tem diminuída, por qualquer causa, a capacidade de resistência. (Incluído pela Lei nº 13.968, de 2019)

§ 4º A pena é aumentada até o dobro se a conduta é realizada por meio da rede de computadores, de rede social ou transmitida em tempo real. (Incluído pela Lei nº 13.968, de 2019)

§ 5º Aumenta-se a pena em metade se o agente é líder ou coordenador de grupo ou de rede virtual. (Incluído pela Lei nº 13.968, de 2019)

§ 6º Se o crime de que trata o § 1º deste artigo resulta em lesão corporal de natureza gravíssima e é cometido contra menor de 14 (quatorze) anos ou contra quem, por enfermidade ou deficiência mental, não tem o necessário discernimento para a prática do ato, ou que, por qualquer outra causa, não pode oferecer resistência, responde o agente pelo crime descrito no § 2º do art. 129 deste Código. (Incluído pela Lei nº 13.968, de 2019)

§ 7º Se o crime de que trata o § 2º deste artigo é cometido contra menor de 14 (quatorze) anos ou contra quem não tem o necessário discernimento para a prática do ato, ou que, por qualquer outra causa, não pode oferecer resistência, responde o agente pelo crime de homicídio, nos termos do art. 121 deste Código. (Incluído pela Lei nº 13.968, de 2019)

Infanticídio

Art. 123. Matar, sob a influência do estado puerperal, o próprio filho, durante o parto ou logo após:

Pena. detenção, de dois a seis anos.

Anotações

Aborto provocado pela gestante ou com seu consentimento

Art. 124. Provocar aborto em si mesma ou consentir que outrem lho provoque: (Vide ADPF 54)

Pena. detenção, de um a três anos.

Aborto provocado por terceiro

Art. 125. Provocar aborto, sem o consentimento da gestante:

Pena. reclusão, de três a dez anos.

Art. 126. Provocar aborto com o consentimento da gestante: (Vide ADPF 54)

Pena. reclusão, de um a quatro anos.

Parágrafo único. Aplica-se a pena do artigo anterior, se a gestante não é maior de quatorze anos, ou é alienada ou debil mental, ou se o consentimento é obtido mediante fraude, grave ameaça ou violência

Forma qualificada

Art. 127. As penas cominadas nos dois artigos anteriores são aumentadas de um terço, se, em consequência do aborto ou dos meios empregados para provocá-lo, a gestante sofre lesão corporal de natureza grave; e são duplicadas, se, por qualquer dessas causas, lhe sobrevém a morte.

Art. 128. Não se pune o aborto praticado por médico: (Vide ADPF 54)

Aborto necessário

I. se não há outro meio de salvar a vida da gestante;

Aborto no caso de gravidez resultante de estupro

II. se a gravidez resulta de estupro e o aborto é precedido de consentimento da gestante ou, quando incapaz, de seu representante legal.

Capítulo II - Das Lesões Corporais

Lesão corporal

Art. 129. Ofender a integridade corporal ou a saúde de outrem:

Pena. detenção, de três meses a um ano.

Lesão corporal de natureza grave

§ 1º Se resulta:

I. Incapacidade para as ocupações habituais, por mais de trinta dias;

II. perigo de vida;

III. debilidade permanente de membro, sentido ou função;

IV. aceleração de parto:

Pena. reclusão, de um a cinco anos.

§ 2º Se resulta:

I. Incapacidade permanente para o trabalho;

II. enfermidade incuravel;

III perda ou inutilização do membro, sentido ou função;

IV. deformidade permanente;

V. aborto:

Pena. reclusão, de dois a oito anos.

Lesão corporal seguida de morte

§ 3º Se resulta morte e as circunstâncias evidenciam que o agente não quís o resultado, nem assumiu o risco de produzí-lo:

Pena. reclusão, de quatro a doze anos.

Diminuição de pena

§ 4º Se o agente comete o crime impelido por motivo de relevante valor social ou moral ou sob o domínio de violenta emoção, logo em seguida a injusta provocação da vítima, o juiz pode reduzir a pena de um sexto a um terço.

Substituição da pena

§ 5º O juiz, não sendo graves as lesões, pode ainda substituir a pena de detenção pela de multa, de duzentos mil réis a dois contos de réis:

Anotações

Anotações

I. se ocorre qualquer das hipóteses do parágrafo anterior;

II. se as lesões são recíprocas.

Lesão corporal culposa

§ 6º Se a lesão é culposa: (Vide Lei nº 4.611, de 1965)

Pena. detenção, de dois meses a um ano.

Aumento de pena

§ 7º Aumenta-se a pena de 1/3 (um terço) se ocorrer qualquer das hipóteses dos §§ 4º e 6º do art. 121 deste Código. (Redação dada pela Lei nº 12.720, de 2012)

§ 8º. Aplica-se à lesão culposa o disposto no § 5º do art. 121. (Redação dada pela Lei nº 8.069, de 1990)

Violência doméstica (incluído pela lei nº 10.886, de 2004)

§ 9º Se a lesão for praticada contra ascendente, descendente, irmão, cônjuge ou companheiro, ou com quem conviva ou tenha convivido, ou, ainda, prevalecendo-se o agente das relações domésticas, de coabitação ou de hospitalidade: (Redação dada pela Lei nº 11.340, de 2006)

Pena. detenção, de 3 (três) meses a 3 (três) anos. (Redação dada pela Lei nº 11.340, de 2006)

§ 10. Nos casos previstos nos §§ 1º a 3º deste artigo, se as circunstâncias são as indicadas no § 9º deste artigo, aumenta-se a pena em 1/3 (um terço). (Incluído pela Lei nº 10.886, de 2004)

§ 11. Na hipótese do § 9º deste artigo, a pena será aumentada de um terço se o crime for cometido contra pessoa portadora de deficiência. (Incluído pela Lei nº 11.340, de 2006)

§ 12. Se a lesão for praticada contra autoridade ou agente descrito nos arts. 142 e 144 da Constituição Federal, integrantes do sistema prisional e da Força Nacional de Segurança Pública, no exercício da função ou em decorrência dela, ou contra seu cônjuge, companheiro ou parente consanguíneo até terceiro grau, em razão dessa condição, a pena é aumentada de um a dois terços. (Incluído pela Lei nº 13.142, de 2015)

Capítulo III - Da Periclitação da Vida e da Saúde

Perigo de contágio venéreo

Art. 130. Expor alguém, por meio de relações sexuais ou qualquer ato libidinoso, a contágio de moléstia venérea, de que sabe ou deve saber que está contaminado:

Pena. detenção, de três meses a um ano, ou multa.

§ 1º. Se é intenção do agente transmitir a moléstia:

Pena. reclusão, de um a quatro anos, e multa.

§ 2º. Somente se procede mediante representação.

Perigo de contágio de moléstia grave

Art. 131. Praticar, com o fim de transmitir a outrem moléstia grave de que está contaminado, ato capaz de produzir o contágio:

Pena. reclusão, de um a quatro anos, e multa.

Perigo para a vida ou saúde de outrem

Art. 132. Expor a vida ou a saúde de outrem a perigo direto e iminente:

Pena. detenção, de três meses a um ano, se o fato não constitui crime mais grave.

Parágrafo único. A pena é aumentada de um sexto a um terço se a exposição da vida ou da saúde de outrem a perigo decorre do transporte de pessoas para a prestação de serviços em estabelecimentos de qualquer natureza, em desacordo com as normas legais. (Incluído pela Lei nº 9.777, de 1998)

Abandono de incapaz

Art. 133. Abandonar pessoa que está sob seu cuidado, guarda, vigilância ou autoridade, e, por qualquer motivo, incapaz de defender-se dos riscos resultantes do abandono:

Anotações

Pena. detenção, de seis meses a três anos.

§ 1º. Se do abandono resulta lesão corporal de natureza grave:

Pena. reclusão, de um a cinco anos.

§ 2º. Se resulta a morte:

Pena. reclusão, de quatro a doze anos.

Aumento de pena

§ 3º. As penas cominadas neste artigo aumentam-se de um terço:

I. se o abandono ocorre em lugar ermo;

II. se o agente é ascendente ou descendente, cônjuge, irmão, tutor ou curador da vítima.

III. se a vítima é maior de 60 (sessenta) anos (Incluído pela Lei nº 10.741, de 2003)

Exposição ou abandono de recém-nascido

Art. 134. Expor ou abandonar recém-nascido, para ocultar desonra própria:

Pena. detenção, de seis meses a dois anos.

§ 1º. Se do fato resulta lesão corporal de natureza grave:

Pena. detenção, de um a três anos.

§ 2º. Se resulta a morte:

Pena. detenção, de dois a seis anos.

Omissão de socorro

Art. 135. Deixar de prestar assistência, quando possível fazê-lo sem risco pessoal, à criança abandonada ou extraviada, ou à pessoa inválida ou ferida, ao desamparo ou em grave e iminente perigo; ou não pedir, nesses casos, o socorro da autoridade pública:

Pena. detenção, de um a seis meses, ou multa.

Parágrafo único. A pena é aumentada de metade, se da omissão resulta lesão corporal de natureza grave, e triplicada, se resulta a morte.

Condicionamento de atendimento médico-hospitalar emergencial (incluído pela lei nº 12.653, De 2012)

Art. 135-A. Exigir cheque-caução, nota promissória ou qualquer garantia, bem como o preenchimento prévio de formulários administrativos, como condição para o atendimento médico-hospitalar emergencial: (Incluído pela Lei nº 12.653, de 2012).

Pena. detenção, de 3 (três) meses a 1 (um) ano, e multa. (Incluído pela Lei nº 12.653, de 2012).

Parágrafo único. A pena é aumentada até o dobro se da negativa de atendimento resulta lesão corporal de natureza grave, e até o triplo se resulta a morte. (Incluído pela Lei nº 12.653, de 2012).

Maus-tratos

Art. 136. Expor a perigo a vida ou a saúde de pessoa sob sua autoridade, guarda ou vigilância, para fim de educação, ensino, tratamento ou custódia, quer privando-a de alimentação ou cuidados indispensáveis, quer sujeitando-a a trabalho excessivo ou inadequado, quer abusando de meios de correção ou disciplina:

Pena. detenção, de dois meses a um ano, ou multa.

§ 1º. Se do fato resulta lesão corporal de natureza grave:

Pena. reclusão, de um a quatro anos.

§ 2º. Se resulta a morte:

Pena. reclusão, de quatro a doze anos.

§ 3º. Aumenta-se a pena de um terço, se o crime é praticado contra pessoa menor de 14 (catorze) anos. (Incluído pela Lei nº 8.069, de 1990)

Capítulo IV - Da Rixa

Rixa

Art. 137. Participar de rixa, salvo para separar os contendores:

Pena. detenção, de quinze dias a dois meses, ou multa.

Parágrafo único. Se ocorre morte ou lesão corporal de natureza grave, aplica-se, pelo fato da participação na rixa, a pena de detenção, de seis meses a dois anos.

Capítulo V - Dos Crimes Contra a Honra

Calúnia

Art. 138. Caluniar alguém, imputando-lhe falsamente fato definido como crime:

Pena. detenção, de seis meses a dois anos, e multa.

§ 1º. Na mesma pena incorre quem, sabendo falsa a imputação, a propala ou divulga.

§ 2º. É punível a calúnia contra os mortos.

Exceção da verdade

§ 3º. Admite-se a prova da verdade, salvo:

I. se, constituindo o fato imputado crime de ação privada, o ofendido não foi condenado por sentença irrecorrível;

II. se o fato é imputado a qualquer das pessoas indicadas no nº I do art. 141;

III. se do crime imputado, embora de ação pública, o ofendido foi absolvido por sentença irrecorrível.

Difamação

Art. 139. Difamar alguém, imputando-lhe fato ofensivo à sua reputação:

Pena. detenção, de três meses a um ano, e multa.

Exceção da verdade

parágrafo único. A exceção da verdade somente se admite se o ofendido é funcionário público e a ofensa é relativa ao exercício de suas funções.

Injúria

Art. 140. Injuriar alguém, ofendendo-lhe a dignidade ou o decoro:

Pena. detenção, de um a seis meses, ou multa.

§ 1º. O juiz pode deixar de aplicar a pena:

I. quando o ofendido, de forma reprovável, provocou diretamente a injúria;

II. no caso de retorsão imediata, que consista em outra injúria.

§ 2º. Se a injúria consiste em violência ou vias de fato, que, por sua natureza ou pelo meio empregado, se considerem aviltantes:

Pena. detenção, de três meses a um ano, e multa, além da pena correspondente à violência.

§ 3º Se a injúria consiste na utilização de elementos referentes a raça, cor, etnia, religião, origem ou a condição de pessoa idosa ou portadora de deficiência: (Redação dada pela Lei nº 10.741, de 2003)

Pena. reclusão de um a três anos e multa. (Incluído pela Lei nº 9.459, de 1997)

Disposições comuns

Art. 141. As penas cominadas neste Capítulo aumentam-se de um terço, se qualquer dos crimes é cometido:

I. contra o Presidente da República, ou contra chefe de governo estrangeiro;

II. contra funcionário público, em razão de suas funções;

III. na presença de várias pessoas, ou por meio que facilite a divulgação da calúnia, da difamação ou da injúria.

IV. contra pessoa maior de 60 (sessenta) anos ou portadora de deficiência, exceto no caso de injúria. (Incluído pela Lei nº 10.741, de 2003)

Parágrafo único. Se o crime é cometido mediante paga ou promessa de recompensa, aplica-se a pena em dobro.

Anotações

Exclusão do crime

Art. 142. Não constituem injúria ou difamação punível:

I. a ofensa irrogada em juízo, na discussão da causa, pela parte ou por seu procurador;

II. a opinião desfavorável da crítica literária, artística ou científica, salvo quando inequívoca a intenção de injuriar ou difamar;

III. o conceito desfavorável emitido por funcionário público, em apreciação ou informação que preste no cumprimento de dever do ofício.

Parágrafo único. Nos casos dos ns. I e III, responde pela injúria ou pela difamação quem lhe dá publicidade.

Retratação

Art. 143. O querelado que, antes da sentença, se retrata cabalmente da calúnia ou da difamação, fica isento de pena.

Parágrafo único. Nos casos em que o querelado tenha praticado a calúnia ou a difamação utilizando-se de meios de comunicação, a retratação dar-se-á, se assim desejar o ofendido, pelos mesmos meios em que se praticou a ofensa. (Incluído pela Lei nº 13.188, de 2015)

Art. 144. Se, de referências, alusões ou frases, se infere calúnia, difamação ou injúria, quem se julga ofendido pode pedir explicações em juízo. Aquele que se recusa a dá-las ou, a critério do juiz, não as dá satisfatórias, responde pela ofensa.

Art. 145. Nos crimes previstos neste Capítulo somente se procede mediante queixa, salvo quando, no caso do art. 140, § 2º, da violência resulta lesão corporal.

Parágrafo único. Procede-se mediante requisição do Ministro da Justiça, no caso do inciso I do caput do art. 141 deste Código, e mediante representação do ofendido, no caso do inciso II do mesmo artigo, bem como no caso do § 3º do art. 140 deste Código. (Redação dada pela Lei nº 12.033. de 2009)

Capítulo VI - Dos Crimes Contra A Liberdade Individual

Seção I - dos crimes contra a liberdade pessoal

Constrangimento ilegal

Art. 146. Constranger alguém, mediante violência ou grave ameaça, ou depois de lhe haver reduzido, por qualquer outro meio, a capacidade de resistência, a não fazer o que a lei permite, ou a fazer o que ela não manda:

Pena. detenção, de três meses a um ano, ou multa.

Aumento de pena

§ 1º. As penas aplicam-se cumulativamente e em dobro, quando, para a execução do crime, se reúnem mais de três pessoas, ou há emprego de armas.

§ 2º. Além das penas cominadas, aplicam-se as correspondentes à violência.

§ 3º. Não se compreendem na disposição deste artigo:

I. a intervenção médica ou cirúrgica, sem o consentimento do paciente ou de seu representante legal, se justificada por iminente perigo de vida;

II. a coação exercida para impedir suicídio.

Ameaça

Art. 147. Ameaçar alguém, por palavra, escrito ou gesto, ou qualquer outro meio simbólico, de causar-lhe mal injusto e grave:

Pena. detenção, de um a seis meses, ou multa.

Parágrafo único. Somente se procede mediante representação.

Sequestro e cárcere privado

Art. 148. Privar alguém de sua liberdade, mediante sequestro ou cárcere privado: (Vide Lei nº 10.446, de 2002)

Anotações

DIR. PEN.

Anotações

Pena. reclusão, de um a três anos.

§ 1º. A pena é de reclusão, de dois a cinco anos:

I. se a vítima é ascendente, descendente, cônjuge ou companheiro do agente ou maior de 60 (sessenta) anos; (Redação dada pela Lei nº 11.106, de 2005)

II. se o crime é praticado mediante internação da vítima em casa de saúde ou hospital;

III. se a privação da liberdade dura mais de quinze dias.

IV. se o crime é praticado contra menor de 18 (dezoito) anos; (Incluído pela Lei nº 11.106, de 2005)

V. se o crime é praticado com fins libidinosos. (Incluído pela Lei nº 11.106, de 2005)

§ 2º. Se resulta à vítima, em razão de maus-tratos ou da natureza da detenção, grave sofrimento físico ou moral:

Pena. reclusão, de dois a oito anos.

Redução a condição análoga à de escravo

Art. 149. Reduzir alguém a condição análoga à de escravo, quer submetendo-o a trabalhos forçados ou a jornada exaustiva, quer sujeitando-o a condições degradantes de trabalho, quer restringindo, por qualquer meio, sua locomoção em razão de dívida contraída com o empregador ou preposto: (Redação dada pela Lei nº 10.803, de 11.12.2003)

Pena. reclusão, de dois a oito anos, e multa, além da pena correspondente à violência. (Redação dada pela Lei nº 10.803, de 11.12.2003)

§ 1º Nas mesmas penas incorre quem: (Incluído pela Lei nº 10.803, de 11.12.2003)

I. cerceia o uso de qualquer meio de transporte por parte do trabalhador, com o fim de retê-lo no local de trabalho; (Incluído pela Lei nº 10.803, de 11.12.2003)

II. mantém vigilância ostensiva no local de trabalho ou se apodera de documentos ou objetos pessoais do trabalhador, com o fim de retê-lo no local de trabalho. (Incluído pela Lei nº 10.803, de 11.12.2003)

§ 2º A pena é aumentada de metade, se o crime é cometido: (Incluído pela Lei nº 10.803, de 11.12.2003)

I. contra criança ou adolescente; (Incluído pela Lei nº 10.803, de 11.12.2003)

II. por motivo de preconceito de raça, cor, etnia, religião ou origem. (Incluído pela Lei nº 10.803, de 11.12.2003)

Tráfico de pessoas (incluído pela lei nº 13.344, De 2016)

Art. 149-A. Agenciar, aliciar, recrutar, transportar, transferir, comprar, alojar ou acolher pessoa, mediante grave ameaça, violência, coação, fraude ou abuso, com a finalidade de: (Incluído pela Lei nº 13.344, de 2016)

I. remover-lhe órgãos, tecidos ou partes do corpo; (Incluído pela Lei nº 13.344, de 2016)

II. submetê-la a trabalho em condições análogas à de escravo; (Incluído pela Lei nº 13.344, de 2016)

III. submetê-la a qualquer tipo de servidão; (Incluído pela Lei nº 13.344, de 2016)

IV. adoção ilegal; ou (Incluído pela Lei nº 13.344, de 2016)

V. exploração sexual. (Incluído pela Lei nº 13.344, de 2016)

Pena. reclusão, de 4 (quatro) a 8 (oito) anos, e multa. (Incluído pela Lei nº 13.344, de 2016)

§ 1º A pena é aumentada de um terço até a metade se: (Incluído pela Lei nº 13.344, de 2016)

I. o crime for cometido por funcionário público no exercício de suas funções ou a pretexto de exercê-las; (Incluído pela Lei nº 13.344, de 2016)

II. o crime for cometido contra criança, adolescente ou pessoa idosa ou com deficiência; (Incluído pela Lei nº 13.344, de 2016)

III. o agente se prevalecer de relações de parentesco, domésticas, de coabitação, de hospitalidade, de dependência econômica, de autoridade ou de superioridade hierárquica inerente ao exercício de emprego, cargo ou função; ou (Incluído pela Lei nº 13.344, de 2016)

Anotações

IV. a vítima do tráfico de pessoas for retirada do território nacional. (Incluído pela Lei nº 13.344, de 2016)

§ 2º A pena é reduzida de um a dois terços se o agente for primário e não integrar organização criminosa. (Incluído pela Lei nº 13.344, de 2016)

Seção II - dos crimes contra a inviolabilidade do domicílio

Violação de domicílio

Art. 150. Entrar ou permanecer, clandestina ou astuciosamente, ou contra a vontade expressa ou tácita de quem de direito, em casa alheia ou em suas dependências:

Pena. detenção, de um a três meses, ou multa.

§ 1º. Se o crime é cometido durante a noite, ou em lugar ermo, ou com o emprego de violência ou de arma, ou por duas ou mais pessoas:

Pena. detenção, de seis meses a dois anos, além da pena correspondente à violência.

§ 2º. (Revogado pela Lei nº 13.869, de 2019)

§ 3º. Não constitui crime a entrada ou permanência em casa alheia ou em suas dependências:

I. durante o dia, com observância das formalidades legais, para efetuar prisão ou outra diligência;

II. a qualquer hora do dia ou da noite, quando algum crime está sendo ali praticado ou na iminência de o ser.

§ 4º. A expressão «casa» compreende:

I. qualquer compartimento habitado;

II. aposento ocupado de habitação coletiva;

III. compartimento não aberto ao público, onde alguém exerce profissão ou atividade.

§ 5º. Não se compreendem na expressão «casa»:

I. hospedaria, estalagem ou qualquer outra habitação coletiva, enquanto aberta, salvo a restrição do n.º II do parágrafo anterior;

II. taverna, casa de jogo e outras do mesmo gênero.

Seção iii - dos crimes contra a - inviolabilidade de correspondência

Violação de correspondência

Art. 151. Devassar indevidamente o conteúdo de correspondência fechada, dirigida a outrem:

Pena. detenção, de um a seis meses, ou multa.

Sonegação ou destruição de correspondência

§ 1º. Na mesma pena incorre:

I. quem se apossa indevidamente de correspondência alheia, embora não fechada e, no todo ou em parte, a sonega ou destrói;

Violação de comunicação telegráfica, radioelétrica ou telefônica

II. quem indevidamente divulga, transmite a outrem ou utiliza abusivamente comunicação telegráfica ou radioelétrica dirigida a terceiro, ou conversação telefônica entre outras pessoas;

III. quem impede a comunicação ou a conversação referidas no número anterior;

IV. quem instala ou utiliza estação ou aparelho radioelétrico, sem observância de disposição legal.

§ 2º. As penas aumentam-se de metade, se há dano para outrem.

§ 3º. Se o agente comete o crime, com abuso de função em serviço postal, telegráfico, radioelétrico ou telefônico:

Pena. detenção, de um a três anos.

§ 4º. Somente se procede mediante representação, salvo nos casos do § 1º, IV, e do § 3º.

Correspondência comercial

Art. 152. Abusar da condição de sócio ou empregado de estabelecimento comercial ou industrial para, no todo ou em parte, desviar, sonegar, subtrair ou suprimir correspondência, ou revelar a estranho seu conteúdo:

Pena. detenção, de três meses a dois anos.

Parágrafo único. Somente se procede mediante representação.

Seção IV - dos crimes contra a inviolabilidade dos segredos

Divulgação de segredo

Art. 153. Divulgar alguém, sem justa causa, conteúdo de documento particular ou de correspondência confidencial, de que é destinatário ou detentor, e cuja divulgação possa produzir dano a outrem:

Pena. detenção, de um a seis meses, ou multa.

§ 1º Somente se procede mediante representação. (Parágrafo único renumerado pela Lei nº 9.983, de 2000)

§ 1º-A. Divulgar, sem justa causa, informações sigilosas ou reservadas, assim definidas em lei, contidas ou não nos sistemas de informações ou banco de dados da Administração Pública: (Incluído pela Lei nº 9.983, de 2000)

Pena – detenção, de 1 (um) a 4 (quatro) anos, e multa. (Incluído pela Lei nº 9.983, de 2000)

§ 2º Quando resultar prejuízo para a Administração Pública, a ação penal será incondicionada. (Incluído pela Lei nº 9.983, de 2000)

Violação do segredo profissional

Art. 154. Revelar alguém, sem justa causa, segredo, de que tem ciência em razão de função, ministério, ofício ou profissão, e cuja revelação possa produzir dano a outrem:

Pena. detenção, de três meses a um ano, ou multa.

Parágrafo único. Somente se procede mediante representação.

Invasão de dispositivo informático (incluído pela lei nº 12.737, De 2012)

Art. 154-A. Invadir dispositivo informático alheio, conectado ou não à rede de computadores, mediante violação indevida de mecanismo de segurança e com o fim de obter, adulterar ou destruir dados ou informações sem autorização expressa ou tácita do titular do dispositivo ou instalar vulnerabilidades para obter vantagem ilícita: (Incluído pela Lei nº 12.737, de 2012)

Pena. detenção, de 3 (três) meses a 1 (um) ano, e multa. (Incluído pela Lei nº 12.737, de 2012)

§ 1º Na mesma pena incorre quem produz, oferece, distribui, vende ou difunde dispositivo ou programa de computador com o intuito de permitir a prática da conduta definida no caput. (Incluído pela Lei nº 12.737, de 2012)

§ 2º Aumenta-se a pena de um sexto a um terço se da invasão resulta prejuízo econômico. (Incluído pela Lei nº 12.737, de 2012)

§ 3º Se da invasão resultar a obtenção de conteúdo de comunicações eletrônicas privadas, segredos comerciais ou industriais, informações sigilosas, assim definidas em lei, ou o controle remoto não autorizado do dispositivo invadido: (Incluído pela Lei nº 12.737, de 2012)

Pena. reclusão, de 6 (seis) meses a 2 (dois) anos, e multa, se a conduta não constitui crime mais grave. (Incluído pela Lei nº 12.737, de 2012)

§ 4º Na hipótese do § 3º, aumenta-se a pena de um a dois terços se houver divulgação, comercialização ou transmissão a terceiro, a qualquer título, dos dados ou informações obtidos. (Incluído pela Lei nº 12.737, de 2012)

§ 5º Aumenta-se a pena de um terço à metade se o crime for praticado contra: (Incluído pela Lei nº 12.737, de 2012)

Anotações

I. Presidente da República, governadores e prefeitos; (Incluído pela Lei nº 12.737, de 2012)

II. Presidente do Supremo Tribunal Federal; (Incluído pela Lei nº 12.737, de 2012)

III. Presidente da Câmara dos Deputados, do Senado Federal, de Assembleia Legislativa de Estado, da Câmara Legislativa do Distrito Federal ou de Câmara Municipal; ou (Incluído pela Lei nº 12.737, de 2012)

IV. dirigente máximo da administração direta e indireta federal, estadual, municipal ou do Distrito Federal. (Incluído pela Lei nº 12.737, de 2012)

Ação penal (incluído pela lei nº 12.737, De 2012)

Art. 154-B. Nos crimes definidos no art. 154-A, somente se procede mediante representação, salvo se o crime é cometido contra a administração pública direta ou indireta de qualquer dos Poderes da União, Estados, Distrito Federal ou Municípios ou contra empresas concessionárias de serviços públicos. (Incluído pela Lei nº 12.737, de 2012)

Título II - Dos Crimes Contra o Patrimônio

CAPÍTULO I - DO FURTO

Furto

Art. 155. Subtrair, para si ou para outrem, coisa alheia móvel:

Pena. reclusão, de um a quatro anos, e multa.

§ 1º. A pena aumenta-se de um terço, se o crime é praticado durante o repouso noturno.

§ 2º. Se o criminoso é primário, e é de pequeno valor a coisa furtada, o juiz pode substituir a pena de reclusão pela de detenção, diminuí-la de um a dois terços, ou aplicar somente a pena de multa.

§ 3º. Equipara-se à coisa móvel a energia elétrica ou qualquer outra que tenha valor econômico.

Furto qualificado

§ 4º. A pena é de reclusão de dois a oito anos, e multa, se o crime é cometido:

I. com destruição ou rompimento de obstáculo à subtração da coisa;

II. com abuso de confiança, ou mediante fraude, escalada ou destreza;

III. com emprego de chave falsa;

IV. mediante concurso de duas ou mais pessoas.

§ 4º-A A pena é de reclusão de 4 (quatro) a 10 (dez) anos e multa, se houver emprego de explosivo ou de artefato análogo que cause perigo comum. (Incluído pela Lei nº 13.654, de 2018)

§ 5º. A pena é de reclusão de três a oito anos, se a subtração for de veículo automotor que venha a ser transportado para outro Estado ou para o exterior. (Incluído pela Lei nº 9.426, de 1996)

§ 6º A pena é de reclusão de 2 (dois) a 5 (cinco) anos se a subtração for de semovente domesticável de produção, ainda que abatido ou dividido em partes no local da subtração. (Incluído pela Lei nº 13.330, de 2016)

§ 7º A pena é de reclusão de 4 (quatro) a 10 (dez) anos e multa, se a subtração for de substâncias explosivas ou de acessórios que, conjunta ou isoladamente, possibilitem sua fabricação, montagem ou emprego. (Incluído pela Lei nº 13.654, de 2018)

Furto de coisa comum

Art. 156. Subtrair o condômino, co-herdeiro ou sócio, para si ou para outrem, a quem legitimamente a detém, a coisa comum:

Pena. detenção, de seis meses a dois anos, ou multa.

§ 1º. Somente se procede mediante representação.

§ 2º. Não é punível a subtração de coisa comum fungível, cujo valor não excede a quota a que tem direito o agente.

Anotações

DIR. PEN.

Anotações

CAPÍTULO II - DO ROUBO E DA EXTORSÃO

Roubo

Art. 157. Subtrair coisa móvel alheia, para si ou para outrem, mediante grave ameaça ou violência a pessoa, ou depois de havê-la, por qualquer meio, reduzido à impossibilidade de resistência:

Pena. reclusão, de quatro a dez anos, e multa.

§ 1º. Na mesma pena incorre quem, logo depois de subtraída a coisa, emprega violência contra pessoa ou grave ameaça, a fim de assegurar a impunidade do crime ou a detenção da coisa para si ou para terceiro.

§ 2º A pena aumenta-se de 1/3 (um terço) até metade: (Redação dada pela Lei nº 13.654, de 2018)

I. (revogado); (Redação dada pela Lei nº 13.654, de 2018)

II. se há o concurso de duas ou mais pessoas;

III. se a vítima está em serviço de transporte de valores e o agente conhece tal circunstância.

IV. se a subtração for de veículo automotor que venha a ser transportado para outro Estado ou para o exterior; (Incluído pela Lei nº 9.426, de 1996)

V. se o agente mantém a vítima em seu poder, restringindo sua liberdade. (Incluído pela Lei nº 9.426, de 1996)

VI. se a subtração for de substâncias explosivas ou de acessórios que, conjunta ou isoladamente, possibilitem sua fabricação, montagem ou emprego. (Incluído pela Lei nº 13.654, de 2018)

VII. se a violência ou grave ameaça é exercida com emprego de arma branca; (Incluído pela Lei nº 13.964, de 24.12.2019)

§ 2º-A A pena aumenta-se de 2/3 (dois terços): (Incluído pela Lei nº 13.654, de 2018)

I. se a violência ou ameaça é exercida com emprego de arma de fogo; (Incluído pela Lei nº 13.654, de 2018)

II. se há destruição ou rompimento de obstáculo mediante o emprego de explosivo ou de artefato análogo que cause perigo comum. (Incluído pela Lei nº 13.654, de 2018)

§ 3º Se da violência resulta: (Redação dada pela Lei nº 13.654, de 2018)

I. lesão corporal grave, a pena é de reclusão de 7 (sete) a 18 (dezoito) anos, e multa; (Incluído pela Lei nº 13.654, de 2018)

II. morte, a pena é de reclusão de 20 (vinte) a 30 (trinta) anos, e multa. (Incluído pela Lei nº 13.654, de 2018)

§ 2º-B. Se a violência ou grave ameaça é exercida com emprego de arma de fogo de uso restrito ou proibido, aplica-se em dobro a pena prevista no caput deste artigo. (Incluído pela Lei nº 13.964, de 24.12.2019)

§ 3º Se da violência resulta lesão corporal grave, a pena é de reclusão, de sete a quinze anos, além da multa; se resulta morte, a reclusão é de vinte a trinta anos, sem prejuízo da multa. (Redação dada pela Lei nº 9.426, de 1996) Vide Lei nº 8.072, de 25.7.90

Extorsão

Art. 158. Constranger alguém, mediante violência ou grave ameaça, e com o intuito de obter para si ou para outrem indevida vantagem econômica, a fazer, tolerar que se faça ou deixar de fazer alguma coisa:

Pena. reclusão, de quatro a dez anos, e multa.

§ 1º. Se o crime é cometido por duas ou mais pessoas, ou com emprego de arma, aumenta-se a pena de um terço até metade.

§ 2º. Aplica-se à extorsão praticada mediante violência o disposto no § 3º do artigo anterior. Vide Lei nº 8.072, de 25.7.90

§ 3º Se o crime é cometido mediante a restrição da liberdade da vítima, e essa condição é necessária para a obtenção da vantagem econômica, a pena é de reclusão, de 6 (seis) a 12 (doze) anos, além da multa; se resulta lesão corporal grave ou morte, aplicam-se as penas previstas no art. 159, §§ 2º e 3º, respectivamente. (Incluído pela Lei nº 11.923, de 2009)

Anotações

Extorsão mediante sequestro

Art. 159. Sequestrar pessoa com o fim de obter, para si ou para outrem, qualquer vantagem, como condição ou preço do resgate: Vide Lei nº 8.072, de 25.7.90 (Vide Lei nº 10.446, de 2002)

Pena. reclusão, de oito a quinze anos.. (Redação dada pela Lei nº 8.072, de 25.7.1990)

§ 1º Se o sequestro dura mais de 24 (vinte e quatro) horas, se o sequestrado é menor de 18 (dezoito) ou maior de 60 (sessenta) anos, ou se o crime é cometido por bando ou quadrilha. Vide Lei nº 8.072, de 25.7.90 (Redação dada pela Lei nº 10.741, de 2003)

Pena. reclusão, de doze a vinte anos. (Redação dada pela Lei nº 8.072, de 25.7.1990)

§ 2º. Se do fato resulta lesão corporal de natureza grave: Vide Lei nº 8.072, de 25.7.90

Pena. reclusão, de dezesseis a vinte e quatro anos. (Redação dada pela Lei nº 8.072, de 25.7.1990)

§ 3º. Se resulta a morte: Vide Lei nº 8.072, de 25.7.90

Pena. reclusão, de vinte e quatro a trinta anos. (Redação dada pela Lei nº 8.072, de 25.7.1990)

§ 4º. Se o crime é cometido em concurso, o concorrente que o denunciar à autoridade, facilitando a libertação do sequestrado, terá sua pena reduzida de um a dois terços. (Redação dada pela Lei nº 9.269, de 1996)

Extorsão indireta

Art. 160. Exigir ou receber, como garantia de dívida, abusando da situação de alguém, documento que pode dar causa a procedimento criminal contra a vítima ou contra terceiro:

Pena. reclusão, de um a três anos, e multa.

CAPÍTULO III - DA USURPAÇÃO

Alteração de limites

Art. 161. Suprimir ou deslocar tapume, marco, ou qualquer outro sinal indicativo de linha divisória, para apropriar-se, no todo ou em parte, de coisa imóvel alheia:

Pena. detenção, de um a seis meses, e multa.

§ 1º. Na mesma pena incorre quem:

Usurpação de águas

I. desvia ou represa, em proveito próprio ou de outrem, águas alheias;

Esbulho possessório

II. invade, com violência a pessoa ou grave ameaça, ou mediante concurso de mais de duas pessoas, terreno ou edifício alheio, para o fim de esbulho possessório.

§ 2º. Se o agente usa de violência, incorre também na pena a esta cominada.

§ 3º. Se a propriedade é particular, e não há emprego de violência, somente se procede mediante queixa.

Supressão ou alteração de marca em animais

Art. 162. Suprimir ou alterar, indevidamente, em gado ou rebanho alheio, marca ou sinal indicativo de propriedade:

Pena. detenção, de seis meses a três anos, e multa.

CAPÍTULO IV - DO DANO

Dano

Art. 163. Destruir, inutilizar ou deteriorar coisa alheia:

Pena. detenção, de um a seis meses, ou multa.

Dano qualificado

Parágrafo único. Se o crime é cometido:

I. com violência à pessoa ou grave ameaça;

II. com emprego de substância inflamável ou explosiva, se o fato não constitui crime mais grave

III. contra o patrimônio da União, de Estado, do Distrito Federal, de Município ou de autarquia, fundação pública, empresa pública, sociedade de economia mista ou empresa concessionária de serviços públicos; (Redação dada pela Lei nº 13.531, de 2017)

IV. por motivo egoístico ou com prejuízo considerável para a vítima:

Pena. detenção, de seis meses a três anos, e multa, além da pena correspondente à violência.

Introdução ou abandono de animais em propriedade alheia

Art. 164. Introduzir ou deixar animais em propriedade alheia, sem consentimento de quem de direito, desde que o fato resulte prejuízo:

Pena. detenção, de quinze dias a seis meses, ou multa.

Dano em coisa de valor artístico, arqueológico ou histórico

Art. 165. Destruir, inutilizar ou deteriorar coisa tombada pela autoridade competente em virtude de valor artístico, arqueológico ou histórico:

Pena. detenção, de seis meses a dois anos, e multa.

Alteração de local especialmente protegido

Art. 166. Alterar, sem licença da autoridade competente, o aspecto de local especialmente protegido por lei:

Pena. detenção, de um mês a um ano, ou multa.

Ação penal

Art. 167. Nos casos do art. 163, do inciso IV do seu parágrafo e do art. 164, somente se procede mediante queixa.

CAPÍTULO V - DA APROPRIAÇÃO INDÉBITA

Apropriação indébita

Art. 168. Apropriar-se de coisa alheia móvel, de que tem a posse ou a detenção:

Pena. reclusão, de um a quatro anos, e multa.

Aumento de pena

§ 1º. A pena é aumentada de um terço, quando o agente recebeu a coisa:

I. em depósito necessário;

II. na qualidade de tutor, curador, síndico, liquidatário, inventariante, testamenteiro ou depositário judicial;

III. em razão de ofício, emprego ou profissão.

Apropriação indébita previdenciária (incluído pela lei nº 9.983, De 2000)

Art. 168-A. Deixar de repassar à previdência social as contribuições recolhidas dos contribuintes, no prazo e forma legal ou convencional: (Incluído pela Lei nº 9.983, de 2000)

Pena – reclusão, de 2 (dois) a 5 (cinco) anos, e multa. (Incluído pela Lei nº 9.983, de 2000)

§ 1º Nas mesmas penas incorre quem deixar de: (Incluído pela Lei nº 9.983, de 2000)

I. recolher, no prazo legal, contribuição ou outra importância destinada à previdência social que tenha sido descontada de pagamento efetuado a segurados, a terceiros ou arrecadada do público; (Incluído pela Lei nº 9.983, de 2000)

II. recolher contribuições devidas à previdência social que tenham integrado despesas contábeis ou custos relativos à venda de produtos ou à prestação de serviços; (Incluído pela Lei nº 9.983, de 2000)

III. pagar benefício devido a segurado, quando as respectivas cotas ou valores já tiverem sido reembolsados à empresa pela previdência social. (Incluído pela Lei nº 9.983, de 2000)

Anotações

§ 2º É extinta a punibilidade se o agente, espontaneamente, declara, confessa e efetua o pagamento das contribuições, importâncias ou valores e presta as informações devidas à previdência social, na forma definida em lei ou regulamento, antes do início da ação fiscal. (Incluído pela Lei nº 9.983, de 2000)

§ 3º É facultado ao juiz deixar de aplicar a pena ou aplicar somente a de multa se o agente for primário e de bons antecedentes, desde que: (Incluído pela Lei nº 9.983, de 2000)

I. tenha promovido, após o início da ação fiscal e antes de oferecida a denúncia, o pagamento da contribuição social previdenciária, inclusive acessórios; ou (Incluído pela Lei nº 9.983, de 2000)

II. o valor das contribuições devidas, inclusive acessórios, seja igual ou inferior àquele estabelecido pela previdência social, administrativamente, como sendo o mínimo para o ajuizamento de suas execuções fiscais. (Incluído pela Lei nº 9.983, de 2000)

§ 4º A faculdade prevista no § 3º deste artigo não se aplica aos casos de parcelamento de contribuições cujo valor, inclusive dos acessórios, seja superior àquele estabelecido, administrativamente, como sendo o mínimo para o ajuizamento de suas execuções fiscais. (Incluído pela Lei nº 13.606, de 2018)

Apropriação de coisa havida por erro, caso fortuito ou força da natureza

Art. 169. Apropriar-se alguém de coisa alheia vinda ao seu poder por erro, caso fortuito ou força da natureza:

Pena. detenção, de um mês a um ano, ou multa.

Parágrafo único. Na mesma pena incorre:

Apropriação de tesouro

I. quem acha tesouro em prédio alheio e se apropria, no todo ou em parte, da quota a que tem direito o proprietário do prédio;

Apropriação de coisa achada

II. quem acha coisa alheia perdida e dela se apropria, total ou parcialmente, deixando de restituí-la ao dono ou legítimo possuidor ou de entregá-la à autoridade competente, dentro no prazo de quinze dias.

Art. 170. Nos crimes previstos neste Capítulo, aplica-se o disposto no art. 155, § 2º.

CAPÍTULO VI - DO ESTELIONATO E OUTRAS FRAUDES

Estelionato

Art. 171. Obter, para si ou para outrem, vantagem ilícita, em prejuízo alheio, induzindo ou mantendo alguém em erro, mediante artifício, ardil, ou qualquer outro meio fraudulento:

Pena. reclusão, de um a cinco anos, e multa, de quinhentos mil réis a dez contos de réis.

§ 1º. Se o criminoso é primário, e é de pequeno valor o prejuízo, o juiz pode aplicar a pena conforme o disposto no art. 155, § 2º.

§ 2º. Nas mesmas penas incorre quem:

Disposição de coisa alheia como própria

I. vende, permuta, dá em pagamento, em locação ou em garantia coisa alheia como própria;

Alienação ou oneração fraudulenta de coisa própria

II. vende, permuta, dá em pagamento ou em garantia coisa própria inalienável, gravada de ônus ou litigiosa, ou imóvel que prometeu vender a terceiro, mediante pagamento em prestações, silenciando sobre qualquer dessas circunstâncias;

Defraudação de penhor

III. defrauda, mediante alienação não consentida pelo credor ou por outro modo, a garantia pignoratícia, quando tem a posse do objeto empenhado;

Anotações

DIR. PEN.

Anotações

Fraude na entrega de coisa

IV. defrauda substância, qualidade ou quantidade de coisa que deve entregar a alguém;

Fraude para recebimento de indenização ou valor de seguro

V. destrói, total ou parcialmente, ou oculta coisa própria, ou lesa o próprio corpo ou a saúde, ou agrava as consequênciasda lesão ou doença, com o intuito de haver indenização ou valor de seguro;

Fraude no pagamento por meio de cheque

VI. emite cheque, sem suficiente provisão de fundos em poder do sacado, ou lhe frustra o pagamento.

§ 3º. A pena aumenta-se de um terço, se o crime é cometido em detrimento de entidade de direito público ou de instituto de economia popular, assistência social ou beneficência.

Estelionato contra idoso

§ 4º Aplica-se a pena em dobro se o crime for cometido contra idoso. (Incluído pela Lei nº 13.228, de 2015)

§ 5º Somente se procede mediante representação, salvo se a vítima for: (Incluído pela Lei nº 13.964, de 24.12.2019)

I. a Administração Pública, direta ou indireta;(Incluído pela Lei nº 13.964, de 24.12.2019)

II. criança ou adolescente;(Incluído pela Lei nº 13.964, de 24.12.2019)

III. pessoa com deficiência mental; ou (Incluído pela Lei nº 13.964, de 24.12.2019)

IV. maior de 70 (setenta) anos de idade ou incapaz. (Incluído pela Lei nº 13.964, de 24.12.2019)

Duplicata simulada

Art. 172. Emitir fatura, duplicata ou nota de venda que não corresponda à mercadoria vendida, em quantidade ou qualidade, ou ao serviço prestado. (Redação dada pela Lei nº 8.137, de 27.12.1990)

Pena. detenção, de 2 (dois) a 4 (quatro) anos, e multa. (Redação dada pela Lei nº 8.137, de 27.12.1990)

Parágrafo único. Nas mesmas penas incorrerá aquêle que falsificar ou adulterar a escrituração do Livro de Registro de Duplicatas. (Incluído pela Lei nº 5.474. de 1968)

Abuso de incapazes

Art. 173. Abusar, em proveito próprio ou alheio, de necessidade, paixão ou inexperiência de menor, ou da alienação ou debilidade mental de outrem, induzindo qualquer deles à prática de ato suscetível de produzir efeito jurídico, em prejuízo próprio ou de terceiro:

Pena. reclusão, de dois a seis anos, e multa.

Induzimento à especulação

Art. 174. Abusar, em proveito próprio ou alheio, da inexperiência ou da simplicidade ou inferioridade mental de outrem, induzindo-o à prática de jogo ou aposta, ou à especulação com títulos ou mercadorias, sabendo ou devendo saber que a operação é ruinosa:

Pena. reclusão, de um a três anos, e multa.

Fraude no comércio

Art. 175. Enganar, no exercício de atividade comercial, o adquirente ou consumidor:

I. vendendo, como verdadeira ou perfeita, mercadoria falsificada ou deteriorada;

II. entregando uma mercadoria por outra:

Pena. detenção, de seis meses a dois anos, ou multa.

§ 1º. Alterar em obra que lhe é encomendada a qualidade ou o peso de metal ou substituir, no mesmo caso, pedra verdadeira por falsa ou por outra de menor valor; vender pedra falsa por verdadeira; vender, como precioso, metal de ou outra qualidade:

Anotações

Pena. reclusão, de um a cinco anos, e multa.

§ 2º. É aplicável o disposto no art. 155, § 2º.

Outras fraudes

Art. 176. Tomar refeição em restaurante, alojar-se em hotel ou utilizar-se de meio de transporte sem dispor de recursos para efetuar o pagamento:

Pena. detenção, de quinze dias a dois meses, ou multa.

Parágrafo único. Somente se procede mediante representação, e o juiz pode, conforme as circunstâncias, deixar de aplicar a pena.

Fraudes e abusos na fundação ou administração de sociedade por ações

Art. 177. Promover a fundação de sociedade por ações, fazendo, em prospecto ou em comunicação ao público ou à assembléia, afirmação falsa sobre a constituição da sociedade, ou ocultando fraudulentamente fato a ela relativo:

Pena. reclusão, de um a quatro anos, e multa, se o fato não constitui crime contra a economia popular.

§ 1º. Incorrem na mesma pena, se o fato não constitui crime contra a economia popular: (Vide Lei nº 1.521, de 1951)

I. o diretor, o gerente ou o fiscal de sociedade por ações, que, em prospecto, relatório, parecer, balanço ou comunicação ao público ou à assembléia, faz afirmação falsa sobre as condições econômicas da sociedade, ou oculta fraudulentamente, no todo ou em parte, fato a elas relativo;

II. o diretor, o gerente ou o fiscal que promove, por qualquer artifício, falsa cotação das ações ou de outros títulos da sociedade;

III. o diretor ou o gerente que toma empréstimo à sociedade ou usa, em proveito próprio ou de terceiro, dos bens ou haveres sociais, sem prévia autorização da assembleia geral;

IV. o diretor ou o gerente que compra ou vende, por conta da sociedade, ações por ela emitidas, salvo quando a lei o permite;

V. o diretor ou o gerente que, como garantia de crédito social, aceita em penhor ou em caução ações da própria sociedade;

VI. o diretor ou o gerente que, na falta de balanço, em desacordo com este, ou mediante balanço falso, distribui lucros ou dividendos fictícios;

VII. o diretor, o gerente ou o fiscal que, por interposta pessoa, ou conluiado com acionista, consegue a aprovação de conta ou parecer;

VIII. o liquidante, nos casos dos ns. I, II, III, IV, V e VII;

IX. o representante da sociedade anônima estrangeira, autorizada a funcionar no País, que pratica os atos mencionados nos ns. I e II, ou dá falsa informação ao Governo.

§ 2º. Incorre na pena de detenção, de seis meses a dois anos, e multa, o acionista que, a fim de obter vantagem para si ou para outrem, negocia o voto nas deliberações de assembleia geral.

Emissão irregular de conhecimento de depósito ou "warrant"

Art. 178. Emitir conhecimento de depósito ou warrant, em desacordo com disposição legal:

Pena. reclusão, de um a quatro anos, e multa.

Fraude à execução

Art. 179. Fraudar execução, alienando, desviando, destruindo ou danificando bens, ou simulando dívidas:

Pena. detenção, de seis meses a dois anos, ou multa.

Parágrafo único. Somente se procede mediante queixa.

CAPÍTULO VII - DA RECEPTAÇÃO

Receptação

Art. 180. Adquirir, receber, transportar, conduzir ou ocultar, em proveito próprio ou alheio, coisa que sabe ser produto de crime, ou influir para que terceiro, de boa-fé, a adquira, receba ou oculte: (Redação dada pela Lei nº 9.426, de 1996)

Pena. reclusão, de um a quatro anos, e multa. (Redação dada pela Lei nº 9.426, de 1996)

Receptação qualificada (redação dada pela lei nº 9.426, De 1996)

§ 1º. Adquirir, receber, transportar, conduzir, ocultar, ter em depósito, desmontar, montar, remontar, vender, expor à venda, ou de qualquer forma utilizar, em proveito próprio ou alheio, no exercício de atividade comercial ou industrial, coisa que deve saber ser produto de crime: (Redação dada pela Lei nº 9.426, de 1996)

Pena. reclusão, de três a oito anos, e multa. (Redação dada pela Lei nº 9.426, de 1996)

§ 2º. Equipara-se à atividade comercial, para efeito do parágrafo anterior, qualquer forma de comércio irregular ou clandestino, inclusive o exercício em residência. (Redação dada pela Lei nº 9.426, de 1996)

§ 3º. Adquirir ou receber coisa que, por sua natureza ou pela desproporção entre o valor e o preço, ou pela condição de quem a oferece, deve presumir-se obtida por meio criminoso: (Redação dada pela Lei nº 9.426, de 1996)

Pena. detenção, de um mês a um ano, ou multa, ou ambas as penas. (Redação dada pela Lei nº 9.426, de 1996)

§ 4º. A receptação é punível, ainda que desconhecido ou isento de pena o autor do crime de que proveio a coisa. (Redação dada pela Lei nº 9.426, de 1996)

§ 5º. Na hipótese do § 3º, se o criminoso é primário, pode o juiz, tendo em consideração as circunstâncias, deixar de aplicar a pena. Na receptação dolosa aplica-se o disposto no § 2º do art. 155. (Incluído pela Lei nº 9.426, de 1996)

§ 6º Tratando-se de bens do patrimônio da União, de Estado, do Distrito Federal, de Município ou de autarquia, fundação pública, empresa pública, sociedade de economia mista ou empresa concessionária de serviços públicos, aplica-se em dobro a pena prevista no caput deste artigo. (Redação dada pela Lei nº 13.531, de 2017)

Receptação de animal

Art. 180-A. Adquirir, receber, transportar, conduzir, ocultar, ter em depósito ou vender, com a finalidade de produção ou de comercialização, semovente domesticável de produção, ainda que abatido ou dividido em partes, que deve saber ser produto de crime: (Incluído pela Lei nº 13.330, de 2016)

Pena. reclusão, de 2 (dois) a 5 (cinco) anos, e multa. (Incluído pela Lei nº 13.330, de 2016)

CAPÍTULO VIII - DISPOSIÇÕES GERAIS

Art. 181. É isento de pena quem comete qualquer dos crimes previstos neste título, em prejuízo: (Vide Lei nº 10.741, de 2003)

I. do cônjuge, na constância da sociedade conjugal;

II. de ascendente ou descendente, seja o parentesco legítimo ou ilegítimo, seja civil ou natural.

Art. 182. Somente se procede mediante representação, se o crime previsto neste título é cometido em prejuízo: (Vide Lei nº 10.741, de 2003)

I. do cônjuge desquitado ou judicialmente separado;

II. de irmão, legítimo ou ilegítimo;

III. de tio ou sobrinho, com quem o agente coabita.

Art. 183. Não se aplica o disposto nos dois artigos anteriores:

I. se o crime é de roubo ou de extorsão, ou, em geral, quando haja emprego de grave ameaça ou violência à pessoa;

II. ao estranho que participa do crime.

III. se o crime é praticado contra pessoa com idade igual ou superior a 60 (sessenta) anos. (Incluído pela Lei nº 10.741, de 2003)

Título III - Dos Crimes Contra a Propriedade Imaterial

CAPÍTULO I - DOS CRIMES CONTRA A PROPRIEDADE INTELECTUAL

Violação de direito autoral

Art. 184. Violar direitos de autor e os que lhe são conexos: (Redação dada pela Lei nº 10.695, de 1º.7.2003)

Pena – detenção, de 3 (três) meses a 1 (um) ano, ou multa. (Redação dada pela Lei nº 10.695, de 1º.7.2003)

§ 1º Se a violação consistir em reprodução total ou parcial, com intuito de lucro direto ou indireto, por qualquer meio ou processo, de obra intelectual, interpretação, execução ou fonograma, sem autorização expressa do autor, do artista intérprete ou executante, do produtor, conforme o caso, ou de quem os represente: (Redação dada pela Lei nº 10.695, de 1º.7.2003)

Pena – reclusão, de 2 (dois) a 4 (quatro) anos, e multa. (Redação dada pela Lei nº 10.695, de 1º.7.2003)

§ 2º Na mesma pena do § 1º incorre quem, com o intuito de lucro direto ou indireto, distribui, vende, expõe à venda, aluga, introduz no País, adquire, oculta, tem em depósito, original ou cópia de obra intelectual ou fonograma reproduzido com violação do direito de autor, do direito de artista intérprete ou executante ou do direito do produtor de fonograma, ou, ainda, aluga original ou cópia de obra intelectual ou fonograma, sem a expressa autorização dos titulares dos direitos ou de quem os represente. (Redação dada pela Lei nº 10.695, de 1º.7.2003)

§ 3º Se a violação consistir no oferecimento ao público, mediante cabo, fibra ótica, satélite, ondas ou qualquer outro sistema que permita ao usuário realizar a seleção da obra ou produção para recebê-la em um tempo e lugar previamente determinados por quem formula a demanda, com intuito de lucro, direto ou indireto, sem autorização expressa, conforme o caso, do autor, do artista intérprete ou executante, do produtor de fonograma, ou de quem os represente: (Redação dada pela Lei nº 10.695, de 1º.7.2003)

Pena – reclusão, de 2 (dois) a 4 (quatro) anos, e multa. (Incluído pela Lei nº 10.695, de 1º.7.2003)

§ 4º O disposto nos §§ 1º, 2º e 3º não se aplica quando se tratar de exceção ou limitação ao direito de autor ou os que lhe são conexos, em conformidade com o previsto na Lei nº 9.610, de 19 de fevereiro de 1998, nem a cópia de obra intelectual ou fonograma, em um só exemplar, para uso privado do copista, sem intuito de lucro direto ou indireto. (Incluído pela Lei nº 10.695, de 1º.7.2003)

Usurpação de nome ou pseudônimo alheio

Art. 185. (Revogado pela Lei nº 10.695, de 1º.7.2003)

Art. 186. Procede-se mediante: (Redação dada pela Lei nº 10.695, de 1º.7.2003)

I. queixa, nos crimes previstos no caput do art. 184; (Incluído pela Lei nº 10.695, de 1º.7.2003)

II. ação penal pública incondicionada, nos crimes previstos nos §§ 1º e 2º do art. 184; (Incluído pela Lei nº 10.695, de 1º.7.2003)

III. ação penal pública incondicionada, nos crimes cometidos em desfavor de entidades de direito público, autarquia, empresa pública, sociedade de economia mista ou fundação instituída pelo Poder Público; (Incluído pela Lei nº 10.695, de 1º.7.2003)

IV. ação penal pública condicionada à representação, nos crimes previstos no § 3º do art. 184. (Incluído pela Lei nº 10.695, de 1º.7.2003)

Anotações

Anotações

DIR. PEN.

Anotações

CAPÍTULO II - DOS CRIMES CONTRA O PRIVILÉGIO DE INVENÇÃO

Violação de privilégio de invenção

Art. 187. (Revogado pela Lei nº 9.279, de 14.5.1996). Falsa atribuição de privilégio .

Art. 188. (Revogado pela Lei nº 9.279, de 14.5.1996). Usurpação ou indevida exploração de modelo ou desenho privilegiado

Art. 189. (Revogado pela Lei nº 9.279, de 14.5.1996). Falsa declaração de depósito em modelo ou desenho

Art. 190. (Revogado pela Lei nº 9.279, de 14.5.1996)

Art. 191. (Revogado pela Lei nº 9.279, de 14.5.1996)

CAPÍTULO III - DOS CRIMES CONTRA AS MARCAS DE INDÚSTRIA E COMÉRCIO

Violação do direito de marca -

Art. 192. (Revogado pela Lei nº 9.279, de 14.5.1996). Uso indevido de armas, brasões e distintivos públicos.

Art. 193. (Revogado pela Lei nº 9.279, de 14.5.1996)

Marca com falsa indicação de procedência

Art. 194. (Revogado pela Lei nº 9.279, de 14.5.1996)

Art. 195. (Revogado pela Lei nº 9.279, de 14.5.1996)

CAPÍTULO IV - DOS CRIMES DE CONCORRÊNCIA DESLEAL

Concorrência deslea

Art. 196. (Revogado pela Lei nº 9.279, de 14.5.1996)

Título IV - Dos Crimes Contra a Organização Do Trabalho

Atentado contra a liberdade de trabalho

Art. 197. Constranger alguém, mediante violência ou grave ameaça:

I. a exercer ou não exercer arte, ofício, profissão ou indústria, ou a trabalhar ou não trabalhar durante certo período ou em determinados dias:

Pena. detenção, de um mês a um ano, e multa, além da pena correspondente à violência;

II. a abrir ou fechar o seu estabelecimento de trabalho, ou a participar de parede ou paralisação de atividade econômica:

Pena. detenção, de três meses a um ano, e multa, além da pena correspondente à violência.

Atentado contra a liberdade de contrato de trabalho e boicotagem violenta

Art. 198. Constranger alguém, mediante violência ou grave ameaça, a celebrar contrato de trabalho, ou a não fornecer a outrem ou não adquirir de outrem matéria-prima ou produto industrial ou agrícola:

Pena. detenção, de um mês a um ano, e multa, além da pena correspondente à violência.

Atentado contra a liberdade de associação

Art. 199. Constranger alguém, mediante violência ou grave ameaça, a participar ou deixar de participar de determinado sindicato ou associação profissional:

Pena. detenção, de um mês a um ano, e multa, além da pena correspondente à violência.

Paralisação de trabalho, seguida de violência ou perturbação da ordem

Art. 200. Participar de suspensão ou abandono coletivo de trabalho, praticando violência contra pessoa ou contra coisa:

Pena. detenção, de um mês a um ano, e multa, além da pena correspondente à violência.

Anotações

Parágrafo único. Para que se considere coletivo o abandono de trabalho é indispensável o concurso de, pelo menos, três empregados.

Paralisação de trabalho de interesse coletivo

Art. 201. Participar de suspensão ou abandono coletivo de trabalho, provocando a interrupção de obra pública ou serviço de interesse coletivo:

Pena. detenção, de seis meses a dois anos, e multa.

Invasão de estabelecimento industrial, comercial ou agrícola. Sabotagem

Art. 202. Invadir ou ocupar estabelecimento industrial, comercial ou agrícola, com o intuito de impedir ou embaraçar o curso normal do trabalho, ou com o mesmo fim danificar o estabelecimento ou as coisas nele existentes ou delas dispor:

Pena. reclusão, de um a três anos, e multa.

Frustração de direito assegurado por lei trabalhista

Art. 203. Frustrar, mediante fraude ou violência, direito assegurado pela legislação do trabalho:

Pena. detenção de um ano a dois anos, e multa, além da pena correspondente à violência. (Redação dada pela Lei nº 9.777, de 29.12.1998)

§ 1º Na mesma pena incorre quem: (Incluído pela Lei nº 9.777, de 1998)

I. obriga ou coage alguém a usar mercadorias de determinado estabelecimento, para impossibilitar o desligamento do serviço em virtude de dívida; (Incluído pela Lei nº 9.777, de 1998)

II. impede alguém de se desligar de serviços de qualquer natureza, mediante coação ou por meio da retenção de seus documentos pessoais ou contratuais. (Incluído pela Lei nº 9.777, de 1998)

§ 2º A pena é aumentada de um sexto a um terço se a vítima é menor de dezoito anos, idosa, gestante, indígena ou portadora de deficiência física ou mental. (Incluído pela Lei nº 9.777, de 1998)

Frustração de lei sobre a nacionalização do trabalho

Art. 204. Frustrar, mediante fraude ou violência, obrigação legal relativa à nacionalização do trabalho:

Pena. detenção, de um mês a um ano, e multa, além da pena correspondente à violência.

Exercício de atividade com infração de decisão administrativa

Art. 205. Exercer atividade, de que está impedido por decisão administrativa:

Pena. detenção, de três meses a dois anos, ou multa.

Aliciamento para o fim de emigração

Art. 206. Recrutar trabalhadores, mediante fraude, com o fim de levá-los para território estrangeiro. (Redação dada pela Lei nº 8.683, de 1993)

Pena. detenção, de 1 (um) a 3 (três) anos e multa. (Redação dada pela Lei nº 8.683, de 1993)

Aliciamento de trabalhadores de um local para outro do território nacional

Art. 207. Aliciar trabalhadores, com o fim de levá-los de uma para outra localidade do território nacional:

Pena. detenção de um a três anos, e multa. (Redação dada pela Lei nº 9.777, de 29.12.1998)

§ 1º Incorre na mesma pena quem recrutar trabalhadores fora da localidade de execução do trabalho, dentro do território nacional, mediante fraude ou cobrança de qualquer quantia do trabalhador, ou, ainda, não assegurar condições do seu retorno ao local de origem. (Incluído pela Lei nº 9.777, de 1998)

§ 2º A pena é aumentada de um sexto a um terço se a vítima é menor de dezoito anos, idosa, gestante, indígena ou portadora de deficiência física ou mental. (Incluído pela Lei nº 9.777, de 1998)

Título V - Dos Crimes Contra o Sentimento - Religioso e Contra o Respeito aos Mortos

CAPÍTULO I - DOS CRIMES CONTRA O SENTIMENTO RELIGIOSO

Ultraje a culto e impedimento ou perturbação de ato a ele relativo

Art. 208. Escarnecer de alguém publicamente, por motivo de crença ou função religiosa; impedir ou perturbar cerimônia ou prática de culto religioso; vilipendiar publicamente ato ou objeto de culto religioso:

Pena. detenção, de um mês a um ano, ou multa.

Parágrafo único. Se há emprego de violência, a pena é aumentada de um terço, sem prejuízo da correspondente à violência.

CAPÍTULO II - DOS CRIMES CONTRA O RESPEITO AOS MORTOS

Impedimento ou perturbação de cerimônia funerária

Art. 209. Impedir ou perturbar enterro ou cerimônia funerária:

Pena. detenção, de um mês a um ano, ou multa.

Parágrafo único. Se há emprego de violência, a pena é aumentada de um terço, sem prejuízo da correspondente à violência.

Violação de sepultura

Art. 210. Violar ou profanar sepultura ou urna funerária:

Pena. reclusão, de um a três anos, e multa.

Destruição, subtração ou ocultação de cadáver

Art. 211. Destruir, subtrair ou ocultar cadáver ou parte dele:

Pena. reclusão, de um a três anos, e multa.

Vilipêndio a cadáver

Art. 212. Vilipendiar cadáver ou suas cinzas:

Pena. detenção, de um a três anos, e multa.

Título VI - Dos Crimes Contra a Dignidade Sexual

(Redação dada pela Lei nº 12.015, de 2009)

CAPÍTULO I - DOS CRIMES CONTRA A LIBERDADE SEXUAL

(Redação dada pela Lei nº 12.015, de 2009)

Estupro

Art. 213. Constranger alguém, mediante violência ou grave ameaça, a ter conjunção carnal ou a praticar ou permitir que com ele se pratique outro ato libidinoso: (Redação dada pela Lei nº 12.015, de 2009)

Pena. reclusão, de 6 (seis) a 10 (dez) anos. (Redação dada pela Lei nº 12.015, de 2009)

§ 1º Se da conduta resulta lesão corporal de natureza grave ou se a vítima é menor de 18 (dezoito) ou maior de 14 (catorze) anos: (Incluído pela Lei nº 12.015, de 2009)

Pena. reclusão, de 8 (oito) a 12 (doze) anos. (Incluído pela Lei nº 12.015, de 2009)

§ 2º Se da conduta resulta morte: (Incluído pela Lei nº 12.015, de 2009)

Pena. reclusão, de 12 (doze) a 30 (trinta) anos (Incluído pela Lei nº 12.015, de 2009)

Art. 214. (Revogado pela Lei nº 12.015, de 2009)

Anotações

Violação sexual mediante fraude (redação dada pela lei nº 12.015, De 2009)

Art. 215. Ter conjunção carnal ou praticar outro ato libidinoso com alguém, mediante fraude ou outro meio que impeça ou dificulte a livre manifestação de vontade da vítima: (Redação dada pela Lei nº 12.015, de 2009)

Pena. reclusão, de 2 (dois) a 6 (seis) anos. (Redação dada pela Lei nº 12.015, de 2009)

Parágrafo único. Se o crime é cometido com o fim de obter vantagem econômica, aplica-se também multa. (Redação dada pela Lei nº 12.015, de 2009)

Importunação sexual (incluído pela lei nº 13.718, De 2018)

Art. 215-A. Praticar contra alguém e sem a sua anuência ato libidinoso com o objetivo de satisfazer a própria lascívia ou a de terceiro: (Incluído pela Lei nº 13.718, de 2018)

Pena. reclusão, de 1 (um) a 5 (cinco) anos, se o ato não constitui crime mais grave. (Incluído pela Lei nº 13.718, de 2018)

Art. 216. (Revogado pela Lei nº 12.015, de 2009)

Assédio sexual (incluído pela lei nº 10.224, De 15 de 2001)

Art. 216-A. Constranger alguém com o intuito de obter vantagem ou favorecimento sexual, prevalecendo-se o agente da sua condição de superior hierárquico ou ascendência inerentes ao exercício de emprego, cargo ou função. (Incluído pela Lei nº 10.224, de 15 de 2001)

Pena – detenção, de 1 (um) a 2 (dois) anos. (Incluído pela Lei nº 10.224, de 15 de 2001)

Parágrafo único. (VETADO) (Incluído pela Lei nº 10.224, de 15 de 2001)

§ 2º A pena é aumentada em até um terço se a vítima é menor de 18 (dezoito) anos. (Incluído pela Lei nº 12.015, de 2009)

CAPÍTULO I-A - DA EXPOSIÇÃO DA INTIMIDADE SEXUAL

(Incluído pela Lei nº 13.772, de 2018)

Registro não autorizado da intimidade sexual

Art. 216-B. Produzir, fotografar, filmar ou registrar, por qualquer meio, conteúdo com cena de nudez ou ato sexual ou libidinoso de caráter íntimo e privado sem autorização dos participantes: (Incluído pela Lei nº 13.772, de 2018)

Pena. detenção, de 6 (seis) meses a 1 (um) ano, e multa.

Parágrafo único. Na mesma pena incorre quem realiza montagem em fotografia, vídeo, áudio ou qualquer outro registro com o fim de incluir pessoa em cena de nudez ou ato sexual ou libidinoso de caráter íntimo. (Incluído pela Lei nº 13.772, de 2018)

CAPÍTULO II - DOS CRIMES SEXUAIS CONTRA VULNERÁVEL

(Redação dada pela Lei nº 12.015, de 2009)

Sedução

Art. 217. (Revogado pela Lei nº 11.106, de 2005)

Estupro de vulnerável (incluído pela lei nº 12.015, De 2009)

Art. 217-A. Ter conjunção carnal ou praticar outro ato libidinoso com menor de 14 (catorze) anos: (Incluído pela Lei nº 12.015, de 2009)

Pena. reclusão, de 8 (oito) a 15 (quinze) anos. (Incluído pela Lei nº 12.015, de 2009)

§ 1º Incorre na mesma pena quem pratica as ações descritas no caput com alguém que, por enfermidade ou deficiência mental, não tem o necessário discernimento para a prática do ato, ou que, por qualquer outra causa, não pode oferecer resistência. (Incluído pela Lei nº 12.015, de 2009)

Anotações

DIR. PEN.

Anotações

§ 2º (VETADO) (Incluído pela Lei nº 12.015, de 2009)

§ 3º Se da conduta resulta lesão corporal de natureza grave: (Incluído pela Lei nº 12.015, de 2009)

Pena. reclusão, de 10 (dez) a 20 (vinte) anos. (Incluído pela Lei nº 12.015, de 2009)

§ 4º Se da conduta resulta morte: (Incluído pela Lei nº 12.015, de 2009)

Pena. reclusão, de 12 (doze) a 30 (trinta) anos. (Incluído pela Lei nº 12.015, de 2009)

§ 5º As penas previstas no caput e nos §§ 1º, 3º e 4º deste artigo aplicam-se independentemente do consentimento da vítima ou do fato de ela ter mantido relações sexuais anteriormente ao crime. (Incluído pela Lei nº 13.718, de 2018)

Corrupção de menores

Art. 218. Induzir alguém menor de 14 (catorze) anos a satisfazer a lascívia de outrem: (Redação dada pela Lei nº 12.015, de 2009)

Pena. reclusão, de 2 (dois) a 5 (cinco) anos. (Redação dada pela Lei nº 12.015, de 2009)

Parágrafo único. (VETADO). (Incluído pela Lei nº 12.015, de 2009)

Satisfação de lascívia mediante presença de criança ou adolescente (incluído pela lei nº 12.015, De 2009)

Art. 218-A. Praticar, na presença de alguém menor de 14 (catorze) anos, ou induzi-lo a presenciar, conjunção carnal ou outro ato libidinoso, a fim de satisfazer lascívia própria ou de outrem: (Incluído pela Lei nº 12.015, de 2009)

Pena. reclusão, de 2 (dois) a 4 (quatro) anos. (Incluído pela Lei nº 12.015, de 2009)

Favorecimento da prostituição ou de outra forma de exploração sexual de criança ou adolescente ou de vulnerável. (Redação dada pela lei nº 12.978, De 2014)

Art. 218-B. Submeter, induzir ou atrair à prostituição ou outra forma de exploração sexual alguém menor de 18 (dezoito) anos ou que, por enfermidade ou deficiência mental, não tem o necessário discernimento para a prática do ato, facilitá-la, impedir ou dificultar que a abandone: (Incluído pela Lei nº 12.015, de 2009)

Pena. reclusão, de 4 (quatro) a 10 (dez) anos. (Incluído pela Lei nº 12.015, de 2009)

§ 1º Se o crime é praticado com o fim de obter vantagem econômica, aplica-se também multa. (Incluído pela Lei nº 12.015, de 2009)

§ 2º Incorre nas mesmas penas: (Incluído pela Lei nº 12.015, de 2009)

I. quem pratica conjunção carnal ou outro ato libidinoso com alguém menor de 18 (dezoito) e maior de 14 (catorze) anos na situação descrita no caput deste artigo; (Incluído pela Lei nº 12.015, de 2009)

II. o proprietário, o gerente ou o responsável pelo local em que se verifiquem as práticas referidas no caput deste artigo. (Incluído pela Lei nº 12.015, de 2009)

§ 3º Na hipótese do inciso II do § 2º, constitui efeito obrigatório da condenação a cassação da licença de localização e de funcionamento do estabelecimento. (Incluído pela Lei nº 12.015, de 2009)

Divulgação de cena de estupro ou de cena de estupro de vulnerável, de cena de sexo ou de pornografia (incluído pela lei nº 13.718, De 2018)

Art. 218-C. Oferecer, trocar, disponibilizar, transmitir, vender ou expor à venda, distribuir, publicar ou divulgar, por qualquer meio. inclusive por meio de comunicação de massa ou sistema de informática ou telemática -, fotografia, vídeo ou outro registro audiovisual que contenha cena de estupro ou de estupro de vulnerável ou que faça apologia ou induza a sua prática, ou, sem o consentimento da vítima, cena de sexo, nudez ou pornografia: (Incluído pela Lei nº 13.718, de 2018)

Anotações

Pena. reclusão, de 1 (um) a 5 (cinco) anos, se o fato não constitui crime mais grave. (Incluído pela Lei nº 13.718, de 2018)

Aumento de pena (Incluído pela Lei nº 13.718, de 2018)

§ 1º A pena é aumentada de 1/3 (um terço) a 2/3 (dois terços) se o crime é praticado por agente que mantém ou tenha mantido relação íntima de afeto com a vítima ou com o fim de vingança ou humilhação. (Incluído pela Lei nº 13.718, de 2018)

Exclusão de ilicitude (Incluído pela Lei nº 13.718, de 2018)

§ 2º Não há crime quando o agente pratica as condutas descritas no caput deste artigo em publicação de natureza jornalística, científica, cultural ou acadêmica com a adoção de recurso que impossibilite a identificação da vítima, ressalvada sua prévia autorização, caso seja maior de 18 (dezoito) anos. (Incluído pela Lei nº 13.718, de 2018)

CAPÍTULO III - DO RAPTO

Rapto violento ou mediante fraude

Art. 219. (Revogado pela Lei nº 11.106, de 2005)

Rapto consensual

Art. 220. (Revogado pela Lei nº 11.106, de 2005)

Diminuição de pena

Art. 221. (Revogado pela Lei nº 11.106, de 2005)

Concurso de rapto e outro crime

Art. 222. (Revogado pela Lei nº 11.106, de 2005)

CAPÍTULO IV - DISPOSIÇÕES GERAIS

Art. 223. (Revogado pela Lei nº 12.015, de 2009)

Art. 224. (Revogado pela Lei nº 12.015, de 2009)

Ação penal

Art. 225. Nos crimes definidos nos Capítulos I e II deste Título, procede-se mediante ação penal pública incondicionada. (Redação dada pela Lei nº 13.718, de 2018)

Parágrafo único. (Revogado). (Redação dada pela Lei nº 13.718, de 2018)

Aumento de pena

Art. 226. A pena é aumentada: (Redação dada pela Lei nº 11.106, de 2005)

I. de quarta parte, se o crime é cometido com o concurso de 2 (duas) ou mais pessoas; (Redação dada pela Lei nº 11.106, de 2005)

II. de metade, se o agente é ascendente, padrasto ou madrasta, tio, irmão, cônjuge, companheiro, tutor, curador, preceptor ou empregador da vítima ou por qualquer outro título tiver autoridade sobre ela; (Redação dada pela Lei nº 13.718, de 2018)

III. (Revogado pela Lei nº 11.106, de 2005)

IV. de 1/3 (um terço) a 2/3 (dois terços), se o crime é praticado: (Incluído pela Lei nº 13.718, de 2018)

Estupro coletivo (incluído pela lei nº 13.718, De 2018)

a) mediante concurso de 2 (dois) ou mais agentes; (Incluído pela Lei nº 13.718, de 2018)

Estupro corretivo (incluído pela lei nº 13.718, De 2018)

b) para controlar o comportamento social ou sexual da vítima. (Incluído pela Lei nº 13.718, de 2018)

CAPÍTULO V - DO LENOCÍNIO E DO TRÁFICO DE PESSOA PARA FIM DE PROSTITUIÇÃO OU OUTRA FORMA DE EXPLORAÇÃO SEXUAL

(Redação dada pela Lei nº 12.015, de 2009)

Mediação para servir a lascívia de outrem

Art. 227. Induzir alguém a satisfazer a lascívia de outrem:

Pena. reclusão, de um a três anos.

§ 1º Se a vítima é maior de 14 (catorze) e menor de 18 (dezoito) anos, ou se o agente é seu ascendente, descendente, cônjuge ou companheiro, irmão, tutor ou curador ou pessoa a quem esteja confiada para fins de educação, de tratamento ou de guarda: (Redação dada pela Lei nº 11.106, de 2005)

Pena. reclusão, de dois a cinco anos.

§ 2º. Se o crime é cometido com emprego de violência, grave ameaça ou fraude:

Pena. reclusão, de dois a oito anos, além da pena correspondente à violência.

§ 3º. Se o crime é cometido com o fim de lucro, aplica-se também multa.

Favorecimento da prostituição ou outra forma de exploração sexual (redação dada pela lei nº 12.015, de 2009)

Art. 228. Induzir ou atrair alguém à prostituição ou outra forma de exploração sexual, facilitá-la, impedir ou dificultar que alguém a abandone: (Redação dada pela Lei nº 12.015, de 2009)

Pena. reclusão, de 2 (dois) a 5 (cinco) anos, e multa. (Redação dada pela Lei nº 12.015, de 2009)

§ 1º Se o agente é ascendente, padrasto, madrasta, irmão, enteado, cônjuge, companheiro, tutor ou curador, preceptor ou empregador da vítima, ou se assumiu, por lei ou outra forma, obrigação de cuidado, proteção ou vigilância: (Redação dada pela Lei nº 12.015, de 2009)

Pena. reclusão, de 3 (três) a 8 (oito) anos. (Redação dada pela Lei nº 12.015, de 2009)

§ 2º. Se o crime, é cometido com emprego de violência, grave ameaça ou fraude:

Pena. reclusão, de quatro a dez anos, além da pena correspondente à violência.

§ 3º. Se o crime é cometido com o fim de lucro, aplica-se também multa.

Casa de prostituição

Art. 229. Manter, por conta própria ou de terceiro, estabelecimento em que ocorra exploração sexual, haja, ou não, intuito de lucro ou mediação direta do proprietário ou gerente: (Redação dada pela Lei nº 12.015, de 2009)

Pena. reclusão, de dois a cinco anos, e multa.

Rufianismo

Art. 230. Tirar proveito da prostituição alheia, participando diretamente de seus lucros ou fazendo-se sustentar, no todo ou em parte, por quem a exerça:

Pena. reclusão, de um a quatro anos, e multa.

§ 1º Se a vítima é menor de 18 (dezoito) e maior de 14 (catorze) anos ou se o crime é cometido por ascendente, padrasto, madrasta, irmão, enteado, cônjuge, companheiro, tutor ou curador, preceptor ou empregador da vítima, ou por quem assumiu, por lei ou outra forma, obrigação de cuidado, proteção ou vigilância: (Redação dada pela Lei nº 12.015, de 2009)

Pena. reclusão, de 3 (três) a 6 (seis) anos, e multa. (Redação dada pela Lei nº 12.015, de 2009)

§ 2º Se o crime é cometido mediante violência, grave ameaça, fraude ou outro meio que impeça ou dificulte a livre manifestação da vontade da vítima: (Redação dada pela Lei nº 12.015, de 2009)

Anotações

Pena. reclusão, de 2 (dois) a 8 (oito) anos, sem prejuízo da pena correspondente à violência. (Redação dada pela Lei nº 12.015, de 2009)

Tráfico internacional de pessoa para fim de exploração sexual (redação dada pela lei nº 12.015, De 2009)

Art. 231. (Revogado pela Lei nº 13.344, de 2016)

Art. 231-A. (Revogado pela Lei nº 13.344, de 2016)

Art. 232. (Revogado pela Lei nº 12.015, de 2009)

Promoção de migração ilegal

Art. 232-A. Promover, por qualquer meio, com o fim de obter vantagem econômica, a entrada ilegal de estrangeiro em território nacional ou de brasileiro em país estrangeiro: Incluído pela Lei nº 13.445, de 2017

Pena. reclusão, de 2 (dois) a 5 (cinco) anos, e multa. Incluído pela Lei nº 13.445, de 2017

§ 1º Na mesma pena incorre quem promover, por qualquer meio, com o fim de obter vantagem econômica, a saída de estrangeiro do território nacional para ingressar ilegalmente em país estrangeiro. Incluído pela Lei nº 13.445, de 2017

§ 2º A pena é aumentada de 1/6 (um sexto) a 1/3 (um terço) se: Incluído pela Lei nº 13.445, de 2017

I. o crime é cometido com violência; ou Incluído pela Lei nº 13.445, de 2017

II. a vítima é submetida a condição desumana ou degradante. Incluído pela Lei nº 13.445, de 2017

§ 3º A pena prevista para o crime será aplicada sem prejuízo das correspondentes às infrações conexas. Incluído pela Lei nº 13.445, de 2017

CAPÍTULO VI - DO ULTRAJE PÚBLICO AO PUDOR

Ato obsceno

Art. 233. Praticar ato obsceno em lugar público, ou aberto ou exposto ao público:

Pena. detenção, de três meses a um ano, ou multa.

Escrito ou objeto obsceno

Art. 234. Fazer, importar, exportar, adquirir ou ter sob sua guarda, para fim de comércio, de distribuição ou de exposição pública, escrito, desenho, pintura, estampa ou qualquer objeto obsceno:

Pena. detenção, de seis meses a dois anos, ou multa.

Parágrafo único. Incorre na mesma pena quem:

I. vende, distribui ou expõe à venda ou ao público qualquer dos objetos referidos neste artigo;

II. realiza, em lugar público ou acessível ao público, representação teatral, ou exibição cinematográfica de caráter obsceno, ou qualquer outro espetáculo, que tenha o mesmo caráter;

III. realiza, em lugar público ou acessível ao público, ou pelo rádio, audição ou recitação de caráter obsceno.

CAPÍTULO VII - DISPOSIÇÕES GERAIS (Incluído pela Lei nº 12.015, de 2009)

Aumento de pena (incluído pela lei nº 12.015, De 2009)

Art. 234-A. Nos crimes previstos neste Título a pena é aumentada: (Incluído pela Lei nº 12.015, de 2009)

I. (VETADO); (Incluído pela Lei nº 12.015, de 2009)

II. (VETADO); (Incluído pela Lei nº 12.015, de 2009)

III. de metade a 2/3 (dois terços), se do crime resulta gravidez; (Redação dada pela Lei nº 13.718, de 2018)

IV. de 1/3 (um terço) a 2/3 (dois terços), se o agente transmite à vítima doença sexualmente transmissível de que sabe ou deveria saber ser portador, ou se a vítima é idosa ou pessoa com deficiência. (Redação dada pela Lei nº 13.718, de 2018)

Anotações

DIR. PEN.

Anotações

Art. 234-B. Os processos em que se apuram crimes definidos neste Título correrão em segredo de justiça. (Incluído pela Lei nº 12.015, de 2009)

Art. 234-C. (VETADO). (Incluído pela Lei nº 12.015, de 2009)

Título VII - Dos Crimes Contra A Família

CAPÍTULO I - DOS CRIMES CONTRA O CASAMENTO

Bigamia

Art. 235. Contrair alguém, sendo casado, novo casamento:

Pena. reclusão, de dois a seis anos.

§ 1º. Aquele que, não sendo casado, contrai casamento com pessoa casada, conhecendo essa circunstância, é punido com reclusão ou detenção, de um a três anos.

§ 2º. Anulado por qualquer motivo o primeiro casamento, ou o outro por motivo que não a bigamia, considera-se inexistente o crime.

Induzimento a erro essencial e ocultação de impedimento

Art. 236. Contrair casamento, induzindo em erro essencial o outro contraente, ou ocultando-lhe impedimento que não seja casamento anterior:

Pena. detenção, de seis meses a dois anos.

Parágrafo único. A ação penal depende de queixa do contraente enganado e não pode ser intentada senão depois de transitar em julgado a sentença que, por motivo de erro ou impedimento, anule o casamento.

Conhecimento prévio de impedimento

Art. 237. Contrair casamento, conhecendo a existência de impedimento que lhe cause a nulidade absoluta:

Pena. detenção, de três meses a um ano.

Simulação de autoridade para celebração de casamento

Art. 238. Atribuir-se falsamente autoridade para celebração de casamento:

Pena. detenção, de um a três anos, se o fato não constitui crime mais grave.

Simulação de casamento

Art. 239. Simular casamento mediante engano de outra pessoa:

Pena. detenção, de um a três anos, se o fato não constitui elemento de crime mais grave.

Adultério

Art. 240. (Revogado pela Lei nº 11.106, de 2005)

CAPÍTULO II - DOS CRIMES CONTRA O ESTADO DE FILIAÇÃO

Registro de nascimento inexistente

Art. 241. Promover no registro civil a inscrição de nascimento inexistente:

Pena. reclusão, de dois a seis anos.

Parto suposto. Supressão ou alteração de direito inerente ao estado civil de recém-nascido

Art. 242. Dar parto alheio como próprio; registrar como seu o filho de outrem; ocultar recém-nascido ou substituí-lo, suprimindo ou alterando direito inerente ao estado civil: (Redação dada pela Lei nº 6.898, de 1981)

Pena. reclusão, de dois a seis anos. (Redação dada pela Lei nº 6.898, de 1981)

Parágrafo único. Se o crime é praticado por motivo de reconhecida nobreza: (Redação dada pela Lei nº 6.898, de 1981)

Pena. detenção, de um a dois anos, podendo o juiz deixar de aplicar a pena. (Redação dada pela Lei nº 6.898, de 1981)

Anotações

Sonegação de estado de filiação

Art. 243. Deixar em asilo de expostos ou outra instituição de assistência filho próprio ou alheio, ocultando-lhe a filiação ou atribuindo-lhe outra, com o fim de prejudicar direito inerente ao estado civil:

Pena. reclusão, de um a cinco anos, e multa.

CAPÍTULO III - DOS CRIMES CONTRA A ASSISTÊNCIA FAMILIAR

Abandono material

Art. 244. Deixar, sem justa causa, de prover a subsistência do cônjuge, ou de filho menor de 18 (dezoito) anos ou inapto para o trabalho, ou de ascendente inválido ou maior de 60 (sessenta) anos, não lhes proporcionando os recursos necessários ou faltando ao pagamento de pensão alimentícia judicialmente acordada, fixada ou majorada; deixar, sem justa causa, de socorrer descendente ou ascendente, gravemente enfermo: (Redação dada pela Lei nº 10.741, de 2003)

Pena. detenção, de 1 (um) a 4 (quatro) anos e multa, de uma a dez vezes o maior salário mínimo vigente no País. (Redação dada pela Lei nº 5.478, de 1968)

Parágrafo único. Nas mesmas penas incide quem, sendo solvente, frustra ou ilide, de qualquer modo, inclusive por abandono injustificado de emprego ou função, o pagamento de pensão alimentícia judicialmente acordada, fixada ou majorada. (Incluído pela Lei nº 5.478, de 1968)

Entrega de filho menor a pessoa inidônea

Art. 245. Entregar filho menor de 18 (dezoito) anos a pessoa em cuja companhia saiba ou deva saber que o menor fica moral ou materialmente em perigo: (Redação dada pela Lei nº 7.251, de 1984)

Pena. detenção, de 1 (um) a 2 (dois) anos. (Redação dada pela Lei nº 7.251, de 1984)

§ 1º. A pena é de 1 (um) a 4 (quatro) anos de reclusão, se o agente pratica delito para obter lucro, ou se o menor é enviado para o exterior. (Incluído pela Lei nº 7.251, de 1984)

§ 2º. Incorre, também, na pena do parágrafo anterior quem, embora excluído o perigo moral ou material, auxilia a efetivação de ato destinado ao envio de menor para o exterior, com o fito de obter lucro. (Incluído pela Lei nº 7.251, de 1984)

Abandono intelectual

Art. 246. Deixar, sem justa causa, de prover à instrução primária de filho em idade escolar:

Pena. detenção, de quinze dias a um mês, ou multa.

Art. 247. Permitir alguém que menor de dezoito anos, sujeito a seu poder ou confiado à sua guarda ou vigilância:

I. frequente casa de jogo ou mal-afamada, ou conviva com pessoa viciosa ou de má vida;

II. frequente espetáculo capaz de pervertê-lo ou de ofender-lhe o pudor, ou participe de representação de igual natureza;

III. resida ou trabalhe em casa de prostituição;

IV. mendigue ou sirva a mendigo para excitar a comiseração pública:

Pena. detenção, de um a três meses, ou multa.

CAPÍTULO IV - DOS CRIMES CONTRA O PÁTRIO PODER, TUTELA CURATELA

Induzimento a fuga, entrega arbitrária ou sonegação de incapazes

Art. 248. Induzir menor de dezoito anos, ou interdito, a fugir do lugar em que se acha por determinação de quem sobre ele exerce autoridade, em virtude de lei ou de ordem judicial; confiar a outrem sem ordem do pai, do tutor ou do curador algum menor de dezoito anos ou interdito, ou deixar, sem justa causa, de entregá-lo a quem legitimamente o reclame:

Pena. detenção, de um mês a um ano, ou multa.

Subtração de incapazes

Art. 249. Subtrair menor de dezoito anos ou interdito ao poder de quem o tem sob sua guarda em virtude de lei ou de ordem judicial:

Pena. detenção, de dois meses a dois anos, se o fato não constitui elemento de outro crime.

§ 1º. O fato de ser o agente pai ou tutor do menor ou curador do interdito não o exime de pena, se destituído ou temporariamente privado do pátrio poder, tutela, curatela ou guarda.

§ 2º. No caso de restituição do menor ou do interdito, se este não sofreu maus-tratos ou privações, o juiz pode deixar de aplicar pena.

Título VIII - Dos Crimes Contra a Incolumidade Pública

CAPÍTULO I - DOS CRIMES DE PERIGO COMUM

Incêndio

Art. 250. Causar incêndio, expondo a perigo a vida, a integridade física ou o patrimônio de outrem:

Pena. reclusão, de três a seis anos, e multa.

Aumento de pena

§ 1º. As penas aumentam-se de um terço:

I. se o crime é cometido com intuito de obter vantagem pecuniária em proveito próprio ou alheio;

II. se o incêndio é:

a) em casa habitada ou destinada a habitação;

b) em edifício público ou destinado a uso público ou a obra de assistência social ou de cultura;

c) em embarcação, aeronave, comboio ou veículo de transporte coletivo;

d) em estação ferroviária ou aeródromo;

e) em estaleiro, fábrica ou oficina;

f) em depósito de explosivo, combustível ou inflamável;

g) em poço petrolífico ou galeria de mineração;

h) em lavoura, pastagem, mata ou floresta.

Incêndio culposo

§ 2º. Se culposo o incêndio, é pena de detenção, de seis meses a dois anos.

Explosão

Art. 251. Expor a perigo a vida, a integridade física ou o patrimônio de outrem, mediante explosão, arremesso ou simples colocação de engenho de dinamite ou de substância de efeitos análogos:

Pena. reclusão, de três a seis anos, e multa.

§ 1º. Se a substância utilizada não é dinamite ou explosivo de efeitos análogos:

Pena. reclusão, de um a quatro anos, e multa.

Aumento de pena

§ 2º. As penas aumentam-se de um terço, se ocorre qualquer das hipóteses previstas no § 1º, I, do artigo anterior, ou é visada ou atingida qualquer das coisas enumeradas no nº II do mesmo parágrafo.

Modalidade culposa

§ 3º. No caso de culpa, se a explosão é de dinamite ou substância de efeitos análogos, a pena é de detenção, de seis meses a dois anos; nos demais casos, é de detenção, de três meses a um ano.

Uso de gás tóxico ou asfixiante

Art. 252. Expor a perigo a vida, a integridade física ou o patrimônio de outrem, usando de gás tóxico ou asfixiante:

Pena. reclusão, de um a quatro anos, e multa.

Modalidade culposa

Parágrafo único. Se o crime é culposo:

Pena. detenção, de três meses a um ano.

Anotações

Fabrico, fornecimento, aquisição posse ou transporte de explosivos ou gás tóxico, ou asfixiante

Art. 253. Fabricar, fornecer, adquirir, possuir ou transportar, sem licença da autoridade, substância ou engenho explosivo, gás tóxico ou asfixiante, ou material destinado à sua fabricação:

Pena. detenção, de seis meses a dois anos, e multa.

Inundação

Art. 254. Causar inundação, expondo a perigo a vida, a integridade física ou o patrimônio de outrem:

Pena. reclusão, de três a seis anos, e multa, no caso de dolo, ou detenção, de seis meses a dois anos, no caso de culpa.

Perigo de inundação

Art. 255. Remover, destruir ou inutilizar, em prédio próprio ou alheio, expondo a perigo a vida, a integridade física ou o patrimônio de outrem, obstáculo natural ou obra destinada a impedir inundação:

Pena. reclusão, de um a três anos, e multa.

Desabamento ou desmoronamento

Art. 256. Causar desabamento ou desmoronamento, expondo a perigo a vida, a integridade física ou o patrimônio de outrem:

Pena. reclusão, de um a quatro anos, e multa.

Modalidade culposa

parágrafo único. Se o crime é culposo:

Pena. detenção, de seis meses a um ano.

Subtração, ocultação ou inutilização de material de salvamento

Art. 257. Subtrair, ocultar ou inutilizar, por ocasião de incêndio, inundação, naufrágio, ou outro desastre ou calamidade, aparelho, material ou qualquer meio destinado a serviço de combate ao perigo, de socorro ou salvamento; ou impedir ou dificultar serviço de tal natureza:

Pena. reclusão, de dois a cinco anos, e multa.

Formas qualificadas de crime de perigo comum

Art. 258. Se do crime doloso de perigo comum resulta lesão corporal de natureza grave, a pena privativa de liberdade é aumentada de metade; se resulta morte, é aplicada em dobro. No caso de culpa, se do fato resulta lesão corporal, a pena aumenta-se de metade; se resulta morte, aplica-se a pena cominada ao homicídio culposo, aumentada de um terço.

Difusão de doença ou praga

Art. 259. Difundir doença ou praga que possa causar dano a floresta, plantação ou animais de utilidade econômica:

Pena. reclusão, de dois a cinco anos, e multa.

Modalidade culposa

Parágrafo único. No caso de culpa, a pena é de detenção, de um a seis meses, ou multa.

CAPÍTULO II - DOS CRIMES CONTRA A SEGURANÇA DOS MEIOS DE COMUNICAÇÃO E TRANSPORTE E OUTROS SERVIÇOS PÚBLICOS

Perigo de desastre ferroviário

Art. 260. Impedir ou perturbar serviço de estrada de ferro:

I. destruindo, danificando ou desarranjando, total ou parcialmente, linha férrea, material rodante ou de tração, obra-de-arte ou instalação;

II. colocando obstáculo na linha;

III. transmitindo falso aviso acerca do movimento dos veículos ou interrompendo ou embaraçando o funcionamento de telégrafo, telefone ou radiotelegrafia;

Anotações

Anotações

IV. praticando outro ato de que possa resultar desastre:

Pena. reclusão, de dois a cinco anos, e multa.

Desastre ferroviário

§ 1º. Se do fato resulta desastre:

Pena. reclusão, de quatro a doze anos e multa.

§ 2º. No caso de culpa, ocorrendo desastre:

Pena. detenção, de seis meses a dois anos.

§ 3º. Para os efeitos deste artigo, entende-se por estrada de ferro qualquer via de comunicação em que circulem veículos de tração mecânica, em trilhos ou por meio de cabo aéreo.

Atentado contra a segurança de transporte marítimo, fluvial ou aéreo

Art. 261. Expor a perigo embarcação ou aeronave, própria ou alheia, ou praticar qualquer ato tendente a impedir ou dificultar navegação marítima, fluvial ou aérea:

Pena. reclusão, de dois a cinco anos.

Sinistro em transporte marítimo, fluvial ou aéreo

§ 1º. Se do fato resulta naufrágio, submersão ou encalhe de embarcação ou a queda ou destruição de aeronave:

Pena. reclusão, de quatro a doze anos.

Prática do crime com o fim de lucro

§ 2º. Aplica-se, também, a pena de multa, se o agente pratica o crime com intuito de obter vantagem econômica, para si ou para outrem.

Modalidade culposa

§ 3º. No caso de culpa, se ocorre o sinistro:

Pena. detenção, de seis meses a dois anos.

Atentado contra a segurança de outro meio de transporte

Art. 262. Expor a perigo outro meio de transporte público, impedir-lhe ou dificultar-lhe o funcionamento:

Pena. detenção, de um a dois anos.

§ 1º. Se do fato resulta desastre, a pena é de reclusão, de dois a cinco anos.

§ 2º. No caso de culpa, se ocorre desastre:

Pena. detenção, de três meses a um ano.

Forma qualificada

Art. 263. Se de qualquer dos crimes previstos nos arts. 260 a 262, no caso de desastre ou sinistro, resulta lesão corporal ou morte, aplica-se o disposto no art. 258.

Arremesso de projétil

Art. 264. Arremessar projétil contra veículo, em movimento, destinado ao transporte público por terra, por água ou pelo ar:

Pena. detenção, de um a seis meses.

Parágrafo único. Se do fato resulta lesão corporal, a pena é de detenção, de seis meses a dois anos; se resulta morte, a pena é a do art. 121, § 3º, aumentada de um terço.

Atentado contra a segurança de serviço de utilidade pública

Art. 265. Atentar contra a segurança ou o funcionamento de serviço de água, luz, força ou calor, ou qualquer outro de utilidade pública:

Pena. reclusão, de um a cinco anos, e multa.

Parágrafo único. Aumentar-se-á a pena de 1/3 (um terço) até a metade, se o dano ocorrer em virtude de subtração de material essencial ao funcionamento dos serviços. (Incluído pela Lei nº 5.346, de 3.11.1967)

Anotações

Interrupção ou perturbação de serviço telegráfico, telefônico, informático, telemático ou de informação de utilidade pública (redação dada pela lei nº 12.737, De 2012)

Art. 266. Interromper ou perturbar serviço telegráfico, radiotelegráfico ou telefônico, impedir ou dificultar-lhe o restabelecimento:

Pena. detenção, de um a três anos, e multa.

§ 1º Incorre na mesma pena quem interrompe serviço telemático ou de informação de utilidade pública, ou impede ou dificulta-lhe o restabelecimento. (Incluído pela Lei nº 12.737, de 2012)

§ 2º Aplicam-se as penas em dobro se o crime é cometido por ocasião de calamidade pública. (Incluído pela Lei nº 12.737, de 2012)

CAPÍTULO III - DOS CRIMES CONTRA A SAÚDE PÚBLICA

Epidemia

Art. 267. Causar epidemia, mediante a propagação de germes patogênicos:

Pena. reclusão, de dez a quinze anos. (Redação dada pela Lei nº 8.072, de 25.7.1990)

§ 1º. Se do fato resulta morte, a pena é aplicada em dobro.

§ 2º. No caso de culpa, a pena é de detenção, de um a dois anos, ou, se resulta morte, de dois a quatro anos.

Infração de medida sanitária preventiva

Art. 268. Infringir determinação do poder público, destinada a impedir introdução ou propagação de doença contagiosa:

Pena. detenção, de um mês a um ano, e multa.

Parágrafo único. A pena é aumentada de um terço, se o agente é funcionário da saúde pública ou exerce a profissão de médico, farmacêutico, dentista ou enfermeiro.

Omissão de notificação de doença

Art. 269. Deixar o médico de denunciar à autoridade pública doença cuja notificação é compulsória:

Pena. detenção, de seis meses a dois anos, e multa.

Envenenamento de água potável ou de substância alimentícia ou medicinal

Art. 270. Envenenar água potável, de uso comum ou particular, ou substância alimentícia ou medicinal destinada a consumo:

Pena. reclusão, de dez a quinze anos. (Redação dada pela Lei nº 8.072, de 25.7.1990)

§ 1º. Está sujeito à mesma pena quem entrega a consumo ou tem em depósito, para o fim de ser distribuída, a água ou a substância envenenada.

Modalidade culposa

§ 2º. Se o crime é culposo:

Pena. detenção, de seis meses a dois anos.

Corrupção ou poluição de água potável

Art. 271. Corromper ou poluir água potável, de uso comum ou particular, tornando-a imprópria para consumo ou nociva à saúde:

Pena. reclusão, de dois a cinco anos.

Modalidade culposa

parágrafo único. Se o crime é culposo:

Pena. detenção, de dois meses a um ano.

Falsificação, corrupção, adulteração ou alteração de substância ou produtos alimentícios (redação dada pela lei nº 9.677, De 2.7.1998)

Art. 272. Corromper, adulterar, falsificar ou alterar substância ou produto alimentício destinado a consumo, tornando-o nociva à saúde ou reduzindo-lhe o valor nutritivo: (Redação dada pela Lei nº 9.677, de 2.7.1998)

Pena. reclusão, de 4 (quatro) a 8 (oito) anos, e multa. (Redação dada pela Lei nº 9.677, de 2.7.1998)

§ 1º-A. Incorre nas penas deste artigo quem fabrica, vende, expõe à venda, importa, tem em depósito para vender ou, de qualquer forma, distribui ou entrega a consumo a substância alimentícia ou o produto falsificado, corrompido ou adulterado. (Incluído pela Lei nº 9.677, de 2.7.1998)

§ 1º. Está sujeito às mesmas penas quem pratica as ações previstas neste artigo em relação a bebidas, com ou sem teor alcoólico. (Redação dada pela Lei nº 9.677, de 2.7.1998)

Modalidade culposa

§ 2º. Se o crime é culposo: (Redação dada pela Lei nº 9.677, de 2.7.1998)

Pena. detenção, de 1 (um) a 2 (dois) anos, e multa. (Redação dada pela Lei nº 9.677, de 2.7.1998)

Falsificação, corrupção, adulteração ou alteração de produto destinado a fins terapêuticos ou medicinais (redação dada pela lei nº 9.677, de 2.7.1998)

Art. 273. Falsificar, corromper, adulterar ou alterar produto destinado a fins terapêuticos ou medicinais: (Redação dada pela Lei nº 9.677, de 2.7.1998)

Pena. reclusão, de 10 (dez) a 15 (quinze) anos, e multa. (Redação dada pela Lei nº 9.677, de 2.7.1998)

§ 1º. Nas mesmas penas incorre quem importa, vende, expõe à venda, tem em depósito para vender ou, de qualquer forma, distribui ou entrega a consumo o produto falsificado, corrompido, adulterado ou alterado. (Redação dada pela Lei nº 9.677, de 2.7.1998)

§ 1º-A. Incluem-se entre os produtos a que se refere este artigo os medicamentos, as matérias-primas, os insumos farmacêuticos, os cosméticos, os saneantes e os de uso em diagnóstico. (Incluído pela Lei nº 9.677, de 2.7.1998)

§ 1º-B. Está sujeito às penas deste artigo quem pratica as ações previstas no § 1º em relação a produtos em qualquer das seguintes condições: (Incluído pela Lei nº 9.677, de 2.7.1998)

I. sem registro, quando exigível, no órgão de vigilância sanitária competente; (Incluído pela Lei nº 9.677, de 2.7.1998)

II. em desacordo com a fórmula constante do registro previsto no inciso anterior; (Incluído pela Lei nº 9.677, de 2.7.1998)

III. sem as características de identidade e qualidade admitidas para a sua comercialização; (Incluído pela Lei nº 9.677, de 2.7.1998)

IV. com redução de seu valor terapêutico ou de sua atividade; ((Incluído pela Lei nº 9.677, de 2.7.1998)

V. de procedência ignorada; (Incluído pela Lei nº 9.677, de 2.7.1998)

VI. adquiridos de estabelecimento sem licença da autoridade sanitária competente. (Incluído pela Lei nº 9.677, de 2.7.1998)

Modalidade culposa

§ 2º. Se o crime é culposo:

Pena. detenção, de 1 (um) a 3 (três) anos, e multa. (Redação dada pela Lei nº 9.677, de 2.7.1998)

Emprego de processo proibido ou de substância não permitida

Art. 274. Empregar, no fabrico de produto destinado a consumo, revestimento, gaseificação artificial, matéria corante, substância aromática, anti-séptica, conservadora ou qualquer outra não expressamente permitida pela legislação sanitária:

Pena. reclusão, de 1 (um) a 5 (cinco) anos, e multa. (Redação dada pela Lei nº 9.677, de 2.7.1998)-

Anotações

Invólucro ou recipiente com falsa indicação

Art. 275. Inculcar, em invólucro ou recipiente de produtos alimentícios, terapêuticos ou medicinais, a existência de substância que não se encontra em seu conteúdo ou que nele existe em quantidade menor que a mencionada: (Redação dada pela Lei nº 9.677, de 2.7.1998)

Pena. reclusão, de 1 (um) a 5 (cinco) anos, e multa. (Redação dada pela Lei nº 9.677, de 2.7.1998)

Produto ou substância nas condições dos dois artigos anteriores

Art. 276. Vender, expor à venda, ter em depósito para vender ou, de qualquer forma, entregar a consumo produto nas condições dos arts. 274 e 275.

Pena. reclusão, de 1 (um) a 5 (cinco) anos, e multa.(Redação dada pela Lei nº 9.677, de 2.7.1998)

Substância destinada à falsificação

Art. 277. Vender, expor à venda, ter em depósito ou ceder substância destinada à falsificação de produtos alimentícios, terapêuticos ou medicinais:(Redação dada pela Lei nº 9.677, de 2.7.1998)

Pena. reclusão, de 1 (um) a 5 (cinco) anos, e multa. (Redação dada pela Lei nº 9.677, de 2.7.1998)

Outras substâncias nocivas à saúde pública

Art. 278. Fabricar, vender, expor à venda, ter em depósito para vender ou, de qualquer forma, entregar a consumo coisa ou substância nociva à saúde, ainda que não destinada à alimentação ou a fim medicinal:

Pena. detenção, de um a três anos, e multa.

Modalidade culposa

parágrafo único. Se o crime é culposo:

Pena. detenção, de dois meses a um ano.

Substância avariada

Art. 279. (Revogado pela Lei nº 8.137, de 27.12.1990)

Medicamento em desacordo com receita médica

Art. 280. Fornecer substância medicinal em desacordo com receita médica:

Pena. detenção, de um a três anos, ou multa.

Modalidade culposa

parágrafo único. Se o crime é culposo:

Pena. detenção, de dois meses a um ano.

Comércio clandestino ou facilitação de uso de entorpecentes

Comércio, posse ou uso de entorpecente ou substância que determine dependência física ou psíquica (redação dada pela lei nº 5.726, De 1971) (revogado pela lei nº 6.368, 1976)

Art. 281. (Revogado pela Lei nº 6.368, 1976)

Exercício ilegal da medicina, arte dentária ou farmacêutica

Art. 282. Exercer, ainda que a título gratuito, a profissão de médico, dentista ou farmacêutico, sem autorização legal ou excedendo-lhe os limites:

Pena. detenção, de seis meses a dois anos.

Parágrafo único. Se o crime é praticado com o fim de lucro, aplica-se também multa.

Charlatanismo

Art. 283. Inculcar ou anunciar cura por meio secreto ou infalível:

Pena. detenção, de três meses a um ano, e multa.

Anotações

DIR. PEN.

Anotações

Curandeirismo

Art. 284. Exercer o curandeirismo:

I. prescrevendo, ministrando ou aplicando, habitualmente, qualquer substância;

II. usando gestos, palavras ou qualquer outro meio;

III. fazendo diagnósticos:

Pena. detenção, de seis meses a dois anos.

Parágrafo único. Se o crime é praticado mediante remuneração, o agente fica também sujeito à multa.

Forma qualificada

Art. 285. Aplica-se o disposto no art. 258 aos crimes previstos neste Capítulo, salvo quanto ao definido no art. 267.

Título IX - Dos Crimes Contra a Paz Pública

Incitação ao crime

Art. 286. Incitar, publicamente, a prática de crime:

Pena. detenção, de três a seis meses, ou multa.

Apologia de crime ou criminoso

Art. 287. Fazer, publicamente, apologia de fato criminoso ou de autor de crime:

Pena. detenção, de três a seis meses, ou multa.

Associação criminosa

Art. 288. Associarem-se 3 (três) ou mais pessoas, para o fim específico de cometer crimes: (Redação dada pela Lei nº 12.850, de 2013)

Pena. reclusão, de 1 (um) a 3 (três) anos. (Redação dada pela Lei nº 12.850, de 2013)

Parágrafo único. A pena aumenta-se até a metade se a associação é armada ou se houver a participação de criança ou adolescente. (Redação dada pela Lei nº 12.850, de 2013)

Constituição de milícia privada (incluído dada pela lei nº 12.720, de 2012)

Art. 288-A. Constituir, organizar, integrar, manter ou custear organização paramilitar, milícia particular, grupo ou esquadrão com a finalidade de praticar qualquer dos crimes previstos neste Código: (Incluído dada pela Lei nº 12.720, de 2012)

Pena. reclusão, de 4 (quatro) a 8 (oito) anos. (Incluído dada pela Lei nº 12.720, de 2012)

Título X - Dos Crimes Contra a Fé Pública

CAPÍTULO I - DA MOEDA FALSA

Moeda falsa

Art. 289. Falsificar, fabricando-a ou alterando-a, moeda metálica ou papel-moeda de curso legal no país ou no estrangeiro:

Pena. reclusão, de três a doze anos, e multa.

§ 1º. Nas mesmas penas incorre quem, por conta própria ou alheia, importa ou exporta, adquire, vende, troca, cede, empresta, guarda ou introduz na circulação moeda falsa.

§ 2º. Quem, tendo recebido de boa-fé, como verdadeira, moeda falsa ou alterada, a restitui à circulação, depois de conhecer a falsidade, é punido com detenção, de seis meses a dois anos, e multa.

§ 3º. É punido com reclusão, de três a quinze anos, e multa, o funcionário público ou diretor, gerente, ou fiscal de banco de emissão que fabrica, emite ou autoriza a fabricação ou emissão:

I. de moeda com título ou peso inferior ao determinado em lei;

II. de papel-moeda em quantidade superior à autorizada.

§ 4º. Nas mesmas penas incorre quem desvia e faz circular moeda, cuja circulação não estava ainda autorizada.

Anotações

Crimes assimilados ao de moeda falsa

Art. 290. Formar cédula, nota ou bilhete representativo de moeda com fragmentos de cédulas, notas ou bilhetes verdadeiros; suprimir, em nota, cédula ou bilhete recolhidos, para o fim de restituí-los à circulação, sinal indicativo de sua inutilização; restituir à circulação cédula, nota ou bilhete em tais condições, ou já recolhidos para o fim de inutilização:

Pena. reclusão, de dois a oito anos, e multa.

Parágrafo único. O máximo da reclusão é elevado a doze anos e multa, se o crime é cometido por funcionário que trabalha na repartição onde o dinheiro se achava recolhido, ou nela tem fácil ingresso, em razão do cargo.(Vide Lei nº 7.209, de 11.7.1984)

Petrechos para falsificação de moeda

Art. 291. Fabricar, adquirir, fornecer, a título oneroso ou gratuito, possuir ou guardar maquinismo, aparelho, instrumento ou qualquer objeto especialmente destinado à falsificação de moeda:

Pena. reclusão, de dois a seis anos, e multa.

Emissão de título ao portador sem permissão legal

Art. 292. Emitir, sem permissão legal, nota, bilhete, ficha, vale ou título que contenha promessa de pagamento em dinheiro ao portador ou a que falte indicação do nome da pessoa a quem deva ser pago:

Pena. detenção, de um a seis meses, ou multa.

Parágrafo único. Quem recebe ou utiliza como dinheiro qualquer dos documentos referidos neste artigo incorre na pena de detenção, de quinze dias a três meses, ou multa.

CAPÍTULO II - DA FALSIDADE DE TÍTULOS E OUTROS PAPÉIS PÚBLICOS

Falsificação de papéis públicos

Art. 293. Falsificar, fabricando-os ou alterando-os:

I. selo destinado a controle tributário, papel selado ou qualquer papel de emissão legal destinado à arrecadação de tributo; (Redação dada pela Lei nº 11.035, de 2004)

II. papel de crédito público que não seja moeda de curso legal;

III. vale postal;

IV. cautela de penhor, caderneta de depósito de caixa econômica ou de outro estabelecimento mantido por entidade de direito público;

V. talão, recibo, guia, alvará ou qualquer outro documento relativo a arrecadação de rendas públicas ou a depósito ou caução por que o poder público seja responsável;

VI. bilhete, passe ou conhecimento de empresa de transporte administrada pela União, por Estado ou por Município:

Pena. reclusão, de dois a oito anos, e multa.

§ 1º Incorre na mesma pena quem: (Redação dada pela Lei nº 11.035, de 2004)

I. usa, guarda, possui ou detém qualquer dos papéis falsificados a que se refere este artigo; (Incluído pela Lei nº 11.035, de 2004)

II. importa, exporta, adquire, vende, troca, cede, empresta, guarda, fornece ou restitui à circulação selo falsificado destinado a controle tributário; (Incluído pela Lei nº 11.035, de 2004)

III. importa, exporta, adquire, vende, expõe à venda, mantém em depósito, guarda, troca, cede, empresta, fornece, porta ou, de qualquer forma, utiliza em proveito próprio ou alheio, no exercício de atividade comercial ou industrial, produto ou mercadoria: (Incluído pela Lei nº 11.035, de 2004)

a) em que tenha sido aplicado selo que se destine a controle tributário, falsificado; (Incluído pela Lei nº 11.035, de 2004)

b) sem selo oficial, nos casos em que a legislação tributária determina a obrigatoriedade de sua aplicação. (Incluído pela Lei nº 11.035, de 2004)

§ 2º. Suprimir, em qualquer desses papéis, quando legítimos, com o fim de torná-los novamente utilizáveis, carimbo ou sinal indicativo de sua inutilização:

Pena. reclusão, de um a quatro anos, e multa.

§ 3º. Incorre na mesma pena quem usa, depois de alterado, qualquer dos papéis a que se refere o parágrafo anterior.

§ 4º. Quem usa ou restitui à circulação, embora recibo de boa-fé, qualquer dos papéis falsificados ou alterados, a que se referem este artigo e o seu § 2º, depois de conhecer a falsidade ou alteração, incorre na pena de detenção, de seis meses a dois anos, ou multa.

§ 5º Equipara-se a atividade comercial, para os fins do inciso III do § 1º, qualquer forma de comércio irregular ou clandestino, inclusive o exercido em vias, praças ou outros logradouros públicos e em residências. (Incluído pela Lei nº 11.035, de 2004)

Petrechos de falsificação

Art. 294. Fabricar, adquirir, fornecer, possuir ou guardar objeto especialmente destinado à falsificação de qualquer dos papéis referidos no artigo anterior:

Pena. reclusão, de um a três anos, e multa.

Art. 295. Se o agente é funcionário público, e comete o crime prevalecendo-se do cargo, aumenta-se a pena de sexta parte.

CAPÍTULO III - DA FALSIDADE DOCUMENTAL

Falsificação do selo ou sinal público

Art. 296. Falsificar, fabricando-os ou alterando-os:

I. selo público destinado a autenticar atos oficiais da União, de Estado ou de Município;

II. selo ou sinal atribuído por lei a entidade de direito público, ou a autoridade, ou sinal público de tabelião:

Pena. reclusão, de dois a seis anos, e multa.

§ 1º. Incorre nas mesmas penas:

I. quem faz uso do selo ou sinal falsificado;

II. quem utiliza indevidamente o selo ou sinal verdadeiro em prejuízo de outrem ou em proveito próprio ou alheio.

III. quem altera, falsifica ou faz uso indevido de marcas, logotipos, siglas ou quaisquer outros símbolos utilizados ou identificadores de órgãos ou entidades da Administração Pública. (Incluído pela Lei nº 9.983, de 2000)

§ 2º. Se o agente é funcionário público, e comete o crime prevalecendo-se do cargo, aumenta-se a pena de sexta parte.

Falsificação de documento público

Art. 297. Falsificar, no todo ou em parte, documento público, ou alterar documento público verdadeiro:

Pena. reclusão, de dois a seis anos, e multa.

§ 1º. Se o agente é funcionário público, e comete o crime prevalecendo-se do cargo, aumenta-se a pena de sexta parte.

§ 2º. Para os efeitos penais, equiparam-se a documento público o emanado de entidade paraestatal, o título ao portador ou transmissível por endosso, as ações de sociedade comercial, os livros mercantis e o testamento particular.

§ 3º Nas mesmas penas incorre quem insere ou faz inserir: (Incluído pela Lei nº 9.983, de 2000)

I. na folha de pagamento ou em documento de informações que seja destinado a fazer prova perante a previdência social, pessoa que não possua a qualidade de segurado obrigatório;(Incluído pela Lei nº 9.983, de 2000)

II. na Carteira de Trabalho e Previdência Social do empregado ou em documento que deva produzir efeito perante a previdência social, declaração falsa ou diversa da que deveria ter sido escrita; (Incluído pela Lei nº 9.983, de 2000)

III. em documento contábil ou em qualquer outro documento relacionado com as obrigações da empresa perante a previdência social, declaração falsa ou diversa da que deveria ter constado. (Incluído pela Lei nº 9.983, de 2000)

§ 4º Nas mesmas penas incorre quem omite, nos documentos mencionados no § 3º, nome do segurado e seus dados pessoais, a remuneração, a vigência do contrato de trabalho ou de prestação de serviços.(Incluído pela Lei nº 9.983, de 2000)

Falsificação de documento particular (redação dada pela lei nº 12.737, de 2012)

Art. 298. Falsificar, no todo ou em parte, documento particular ou alterar documento particular verdadeiro:

Pena. reclusão, de um a cinco anos, e multa.

Falsificação de cartão (incluído pela lei nº 12.737, de 2012)

parágrafo único. Para fins do disposto no caput, equipara-se a documento particular o cartão de crédito ou débito. (Incluído pela Lei nº 12.737, de 2012)

Falsidade ideológica

Art. 299. Omitir, em documento público ou particular, declaração que dele devia constar, ou nele inserir ou fazer inserir declaração falsa ou diversa da que devia ser escrita, com o fim de prejudicar direito, criar obrigação ou alterar a verdade sobre fato juridicamente relevante:

Pena. reclusão, de um a cinco anos, e multa, se o documento é público, e reclusão de um a três anos, e multa, se o documento é particular.

Parágrafo único. Se o agente é funcionário público, e comete o crime prevalecendo-se do cargo, ou se a falsificação ou alteração é de assentamento de registro civil, aumenta-se a pena de sexta parte.

Falso reconhecimento de firma ou letra

Art. 300. Reconhecer, como verdadeira, no exercício de função pública, firma ou letra que o não seja:

Pena. reclusão, de um a cinco anos, e multa, se o documento é público; e de um a três anos, e multa, se o documento é particular.

Certidão ou atestado ideologicamente falso

Art. 301. Atestar ou certificar falsamente, em razão de função pública, fato ou circunstância que habilite alguém a obter cargo público, isenção de ônus ou de serviço de caráter público, ou qualquer outra vantagem:

Pena. detenção, de dois meses a um ano.

Falsidade material de atestado ou certidão

§ 1º. Falsificar, no todo ou em parte, atestado ou certidão, ou alterar o teor de certidão ou de atestado verdadeiro, para prova de fato ou circunstância que habilite alguém a obter cargo público, isenção de ônus ou de serviço de caráter público, ou qualquer outra vantagem:

Pena. detenção, de três meses a dois anos.

§ 2º. Se o crime é praticado com o fim de lucro, aplica-se, além da pena privativa de liberdade, a de multa.

Falsidade de atestado médico

Art. 302. Dar o médico, no exercício da sua profissão, atestado falso:

Pena. detenção, de um mês a um ano.

Parágrafo único. Se o crime é cometido com o fim de lucro, aplica-se também multa.

Reprodução ou adulteração de selo ou peça filatélica

Art. 303. Reproduzir ou alterar selo ou peça filatélica que tenha valor para coleção, salvo quando a reprodução ou a alteração está visivelmente anotada na face ou no verso do selo ou peça:

Pena. detenção, de um a três anos, e multa.

Anotações

Anotações

DIR. PEN.

Anotações

Parágrafo único. Na mesma pena incorre quem, para fins de comércio, faz uso do selo ou peça filatélica.

Uso de documento falso

Art. 304. Fazer uso de qualquer dos papéis falsificados ou alterados, a que se referem os arts. 297 a 302:

Pena. a cominada à falsificação ou à alteração.

Supressão de documento

Art. 305. Destruir, suprimir ou ocultar, em benefício próprio ou de outrem, ou em prejuízo alheio, documento público ou particular verdadeiro, de que não podia dispor:

Pena. reclusão, de dois a seis anos, e multa, se o documento é público, e reclusão, de um a cinco anos, e multa, se o documento é particular.

CAPÍTULO IV - DE OUTRAS FALSIDADES

Falsificação do sinal empregado no contraste de metal precioso ou na fiscalização alfandegária, ou para outros fins

Art. 306. Falsificar, fabricando-o ou alterando-o, marca ou sinal empregado pelo poder público no contraste de metal precioso ou na fiscalização alfandegária, ou usar marca ou sinal dessa natureza, falsificado por outrem:

Pena. reclusão, de dois a seis anos, e multa.

Parágrafo único. Se a marca ou sinal falsificado é o que usa a autoridade pública para o fim de fiscalização sanitária, ou para autenticar ou encerrar determinados objetos, ou comprovar o cumprimento de formalidade legal:

Pena. reclusão ou detenção, de um a três anos, e multa.

Falsa identidade

Art. 307. Atribuir-se ou atribuir a terceiro falsa identidade para obter vantagem, em proveito próprio ou alheio, ou para causar dano a outrem:

Pena. detenção, de três meses a um ano, ou multa, se o fato não constitui elemento de crime mais grave.

Art. 308. Usar, como próprio, passaporte, título de eleitor, caderneta de reservista ou qualquer documento de identidade alheia ou ceder a outrem, para que dele se utilize, documento dessa natureza, próprio ou de terceiro:

Pena. detenção, de quatro meses a dois anos, e multa, se o fato não constitui elemento de crime mais grave.

Fraude de lei sobre estrangeiro

Art. 309. Usar o estrangeiro, para entrar ou permanecer no território nacional, nome que não é o seu:

Pena. detenção, de um a três anos, e multa.

Parágrafo único. Atribuir a estrangeiro falsa qualidade para promover-lhe a entrada em território nacional: (Incluído pela Lei nº 9.426, de 1996)

Pena. reclusão, de um a quatro anos, e multa. (Incluído pela Lei nº 9.426, de 1996)

Art. 310. Prestar-se a figurar como proprietário ou possuidor de ação, título ou valor pertencente a estrangeiro, nos casos em que a este é vedada por lei a propriedade ou a posse de tais bens: (Redação dada pela Lei nº 9.426, de 1996)

Pena. detenção, de seis meses a três anos, e multa. (Redação dada pela Lei nº 9.426, de 1996)

Adulteração de sinal identificador de veículo automotor (redação dada pela lei nº 9.426, De 1996)

Art. 311. Adulterar ou remarcar número de chassi ou qualquer sinal identificador de veículo automotor, de seu componente ou equipamento:(Redação dada pela Lei nº 9.426, de 1996))

Pena. reclusão, de três a seis anos, e multa. (Redação dada pela Lei nº 9.426, de 1996)

Anotações

§ 1º. Se o agente comete o crime no exercício da função pública ou em razão dela, a pena é aumentada de um terço. (Incluído pela Lei nº 9.426, de 1996)

§ 2º. Incorre nas mesmas penas o funcionário público que contribui para o licenciamento ou registro do veículo remarcado ou adulterado, fornecendo indevidamente material ou informação oficial. (Incluído pela Lei nº 9.426, de 1996)

CAPÍTULO V - Das Fraudes em Certames de Interesse Público (Incluído pela Lei 12.550. de 2011)

Fraudes em certames de interesse público (incluído pela lei 12.550, de 2011)

Art. 311-A. Utilizar ou divulgar, indevidamente, com o fim de beneficiar a si ou a outrem, ou de comprometer a credibilidade do certame, conteúdo sigiloso de: (Incluído pela Lei 12.550. de 2011)

I. concurso público; (Incluído pela Lei 12.550. de 2011)

II. avaliação ou exame públicos; (Incluído pela Lei 12.550. de 2011)

III. processo seletivo para ingresso no ensino superior; ou (Incluído pela Lei 12.550. de 2011)

IV. exame ou processo seletivo previstos em lei: (Incluído pela Lei 12.550. de 2011)

Pena. reclusão, de 1 (um) a 4 (quatro) anos, e multa. (Incluído pela Lei 12.550. de 2011)

§ 1º Nas mesmas penas incorre quem permite ou facilita, por qualquer meio, o acesso de pessoas não autorizadas às informações mencionadas no caput. (Incluído pela Lei 12.550. de 2011)

§ 2º Se da ação ou omissão resulta dano à administração pública: (Incluído pela Lei 12.550. de 2011)

Pena. reclusão, de 2 (dois) a 6 (seis) anos, e multa. (Incluído pela Lei 12.550. de 2011)

§ 3º Aumenta-se a pena de 1/3 (um terço) se o fato é cometido por funcionário público. (Incluído pela Lei 12.550. de 2011)

Título XI - Dos Crimes Contra a Administração Pública

CAPÍTULO I - DOS CRIMES PRATICADOS - POR FUNCIONÁRIO PÚBLICO - CONTRA A ADMINISTRAÇÃO EM GERAL

Peculato

Art. 312. Apropriar-se o funcionário público de dinheiro, valor ou qualquer outro bem móvel, público ou particular, de que tem a posse em razão do cargo, ou desviá-lo, em proveito próprio ou alheio:

Pena. reclusão, de dois a doze anos, e multa.

§ 1º. Aplica-se a mesma pena, se o funcionário público, embora não tendo a posse do dinheiro, valor ou bem, o subtrai, ou concorre para que seja subtraído, em proveito próprio ou alheio, valendo-se de facilidade que lhe proporciona a qualidade de funcionário.

Peculato culposo

§ 2º. Se o funcionário concorre culposamente para o crime de outrem:

Pena. detenção, de três meses a um ano.

§ 3º. No caso do parágrafo anterior, a reparação do dano, se precede à sentença irrecorrível, extingue a punibilidade; se lhe é posterior, reduz de metade a pena imposta.

Peculato mediante erro de outrem

Art. 313. Apropriar-se de dinheiro ou qualquer utilidade que, no exercício do cargo, recebeu por erro de outrem:

Pena. reclusão, de um a quatro anos, e multa.

Inserção de dados falsos em sistema de informações (incluído pela lei nº 9.983, De 2000)

Art. 313-A. Inserir ou facilitar, o funcionário autorizado, a inserção de dados falsos, alterar ou excluir indevidamente dados corretos nos sistemas informatizados ou bancos de dados da Administração Pública com o fim de obter vantagem indevida para si ou para outrem ou para causar dano: (Incluído pela Lei nº 9.983, de 2000))

Pena – reclusão, de 2 (dois) a 12 (doze) anos, e multa. (Incluído pela Lei nº 9.983, de 2000)

Modificação ou alteração não autorizada de sistema de informações (incluído pela lei nº 9.983, de 2000)

Art. 313-B. Modificar ou alterar, o funcionário, sistema de informações ou programa de informática sem autorização ou solicitação de autoridade competente: (Incluído pela Lei nº 9.983, de 2000)

Pena – detenção, de 3 (três) meses a 2 (dois) anos, e multa. (Incluído pela Lei nº 9.983, de 2000)

Parágrafo único. As penas são aumentadas de um terço até a metade se da modificação ou alteração resulta dano para a Administração Pública ou para o administrado.(Incluído pela Lei nº 9.983, de 2000)

Extravio, sonegação ou inutilização de livro ou documento

Art. 314. Extraviar livro oficial ou qualquer documento, de que tem a guarda em razão do cargo; sonegá-lo ou inutilizá-lo, total ou parcialmente:

Pena. reclusão, de um a quatro anos, se o fato não constitui crime mais grave.

Emprego irregular de verbas ou rendas públicas

Art. 315. Dar às verbas ou rendas públicas aplicação diversa da estabelecida em lei:

Pena. detenção, de um a três meses, ou multa.

Concussão

Art. 316. Exigir, para si ou para outrem, direta ou indiretamente, ainda que fora da função ou antes de assumi-la, mas em razão dela, vantagem indevida:

Pena - reclusão, de 2 (dois) a 12 (doze) anos, e multa. (Redação dada pela Lei nº 13.964, de 24.12.2019)

Excesso de exação

§ 1º. Se o funcionário exige tributo ou contribuição social que sabe ou deveria saber indevido, ou, quando devido, emprega na cobrança meio vexatório ou gravoso, que a lei não autoriza: (Redação dada pela Lei nº 8.137, de 27.12.1990)

Pena. reclusão, de 3 (três) a 8 (oito) anos, e multa. (Redação dada pela Lei nº 8.137, de 27.12.1990)

§ 2º. Se o funcionário desvia, em proveito próprio ou de outrem, o que recebeu indevidamente para recolher aos cofres públicos:

Pena. reclusão, de dois a doze anos, e multa.

Corrupção passiva

Art. 317. Solicitar ou receber, para si ou para outrem, direta ou indiretamente, ainda que fora da função ou antes de assumi-la, mas em razão dela, vantagem indevida, ou aceitar promessa de tal vantagem:

Pena – reclusão, de 2 (dois) a 12 (doze) anos, e multa. (Redação dada pela Lei nº 10.763, de 12.11.2003)

§ 1º. A pena é aumentada de um terço, se, em consequência da vantagem ou promessa, o funcionário retarda ou deixa de praticar qualquer ato de ofício ou o pratica infringindo dever funcional.

Anotações

§ 2º. Se o funcionário pratica, deixa de praticar ou retarda ato de ofício, com infração de dever funcional, cedendo a pedido ou influência de outrem:

Pena. detenção, de três meses a um ano, ou multa.

Facilitação de contrabando ou descaminho

Art. 318. Facilitar, com infração de dever funcional, a prática de contrabando ou descaminho (art. 334):

Pena. reclusão, de 3 (três) a 8 (oito) anos, e multa. (Redação dada pela Lei nº 8.137, de 27.12.1990)

Prevaricação

Art. 319. Retardar ou deixar de praticar, indevidamente, ato de ofício, ou praticá-lo contra disposição expressa de lei, para satisfazer interesse ou sentimento pessoal:

Pena. detenção, de três meses a um ano, e multa.

Art. 319-A. Deixar o Diretor de Penitenciária e/ou agente público, de cumprir seu dever de vedar ao preso o acesso a aparelho telefônico, de rádio ou similar, que permita a comunicação com outros presos ou com o ambiente externo: (Incluído pela Lei nº 11.466, de 2007).

Pena: detenção, de 3 (três) meses a 1 (um) ano.

Condescendência criminosa

Art. 320. Deixar o funcionário, por indulgência, de responsabilizar subordinado que cometeu infração no exercício do cargo ou, quando lhe falte competência, não levar o fato ao conhecimento da autoridade competente:

Pena. detenção, de quinze dias a um mês, ou multa.

Advocacia administrativa

Art. 321. Patrocinar, direta ou indiretamente, interesse privado perante a administração pública, valendo-se da qualidade de funcionário:

Pena. detenção, de um a três meses, ou multa.

Parágrafo único. Se o interesse é ilegítimo:

Pena. detenção, de três meses a um ano, além da multa.

Violência arbitrária

Art. 322. Praticar violência, no exercício de função ou a pretexto de exercê-la:

Pena. detenção, de seis meses a três anos, além da pena correspondente à violência.

Abandono de função

Art. 323. Abandonar cargo público, fora dos casos permitidos em lei:

Pena. detenção, de quinze dias a um mês, ou multa.

§ 1º. Se do fato resulta prejuízo público:

Pena. detenção, de três meses a um ano, e multa.

§ 2º. Se o fato ocorre em lugar compreendido na faixa de fronteira:

Pena. detenção, de um a três anos, e multa.

Exercício funcional ilegalmente antecipado ou prolongado

Art. 324. Entrar no exercício de função pública antes de satisfeitas as exigências legais, ou continuar a exercê-la, sem autorização, depois de saber oficialmente que foi exonerado, removido, substituído ou suspenso:

Pena. detenção, de quinze dias a um mês, ou multa.

Violação de sigilo funcional

Art. 325. Revelar fato de que tem ciência em razão do cargo e que deva permanecer em segredo, ou facilitar-lhe a revelação:

Pena. detenção, de seis meses a dois anos, ou multa, se o fato não constitui crime mais grave.

§ 1º Nas mesmas penas deste artigo incorre quem: (Incluído pela Lei nº 9.983, de 2000)

Anotações

DIR. PEN.

Anotações

I. permite ou facilita, mediante atribuição, fornecimento e empréstimo de senha ou qualquer outra forma, o acesso de pessoas não autorizadas a sistemas de informações ou banco de dados da Administração Pública; (Incluído pela Lei nº 9.983, de 2000)

II. se utiliza, indevidamente, do acesso restrito. (Incluído pela Lei nº 9.983, de 2000)

§ 2º Se da ação ou omissão resulta dano à Administração Pública ou a outrem: (Incluído pela Lei nº 9.983, de 2000)

Pena – reclusão, de 2 (dois) a 6 (seis) anos, e multa. (Incluído pela Lei nº 9.983, de 2000)

Violação do sigilo de proposta de concorrência

Art. 326. Devassar o sigilo de proposta de concorrência pública, ou proporcionar a terceiro o ensejo de devassá-lo:

Pena. Detenção, de três meses a um ano, e multa.

Funcionário público

Art. 327. Considera-se funcionário público, para os efeitos penais, quem, embora transitoriamente ou sem remuneração, exerce cargo, emprego ou função pública.

§ 1º. Equipara-se a funcionário público quem exerce cargo, emprego ou função em entidade paraestatal, e quem trabalha para empresa prestadora de serviço contratada ou conveniada para a execução de atividade típica da Administração Pública. (Incluído pela Lei nº 9.983, de 2000)

§ 2º. A pena será aumentada da terça parte quando os autores dos crimes previstos neste Capítulo forem ocupantes de cargos em comissão ou de função de direção ou assessoramento de órgão da administração direta, sociedade de economia mista, empresa pública ou fundação instituída pelo poder público.(Incluído pela Lei nº 6.799, de 1980)

CAPÍTULO II - DOS CRIMES PRATICADOS POR PARTICULAR CONTRA A ADMINISTRAÇÃO EM GERAL

Usurpação de função pública

Art. 328. Usurpar o exercício de função pública:

Pena. detenção, de três meses a dois anos, e multa.

Parágrafo único. Se do fato o agente aufere vantagem:

Pena. reclusão, de dois a cinco anos, e multa.

Resistência

Art. 329. Opor-se à execução de ato legal, mediante violência ou ameaça a funcionário competente para executá-lo ou a quem lhe esteja prestando auxílio:

Pena. detenção, de dois meses a dois anos.

§ 1º. Se o ato, em razão da resistência, não se executa:

Pena. reclusão, de um a três anos.

§ 2º. As penas deste artigo são aplicáveis sem prejuízo das correspondentes à violência.

Desobediência

Art. 330. Desobedecer a ordem legal de funcionário público:

Pena. detenção, de quinze dias a seis meses, e multa.

Desacato

Art. 331. Desacatar funcionário público no exercício da função ou em razão dela:

Pena. detenção, de seis meses a dois anos, ou multa.

Tráfico de influência (redação dada pela lei nº 9.127, De 1995)

Art. 332. Solicitar, exigir, cobrar ou obter, para si ou para outrem, vantagem ou promessa de vantagem, a pretexto de influir em ato praticado por funcionário público no exercício da função: (Redação dada pela Lei nº 9.127, de 1995)

Pena. reclusão, de 2 (dois) a 5 (cinco) anos, e multa. (Redação dada pela Lei nº 9.127, de 1995)

Anotações

Parágrafo único. A pena é aumentada da metade, se o agente alega ou insinua que a vantagem é também destinada ao funcionário. (Redação dada pela Lei nº 9.127, de 1995)

Corrupção ativa

Art. 333. Oferecer ou prometer vantagem indevida a funcionário público, para determiná-lo a praticar, omitir ou retardar ato de ofício:

Pena – reclusão, de 2 (dois) a 12 (doze) anos, e multa. (Redação dada pela Lei nº 10.763, de 12.11.2003)

Parágrafo único. A pena é aumentada de um terço, se, em razão da vantagem ou promessa, o funcionário retarda ou omite ato de ofício, ou o pratica infringindo dever funcional.

Descaminho

Art. 334. Iludir, no todo ou em parte, o pagamento de direito ou imposto devido pela entrada, pela saída ou pelo consumo de mercadoria (Redação dada pela Lei nº 13.008, de 26.6.2014)

Pena. reclusão, de 1 (um) a 4 (quatro) anos. (Redação dada pela Lei nº 13.008, de 26.6.2014)

§ 1º Incorre na mesma pena quem: (Redação dada pela Lei nº 13.008, de 26.6.2014)

I. pratica navegação de cabotagem, fora dos casos permitidos em lei; (Redação dada pela Lei nº 13.008, de 26.6.2014)

II. pratica fato assimilado, em lei especial, a descaminho; (Redação dada pela Lei nº 13.008, de 26.6.2014)

III. vende, expõe à venda, mantém em depósito ou, de qualquer forma, utiliza em proveito próprio ou alheio, no exercício de atividade comercial ou industrial, mercadoria de procedência estrangeira que introduziu clandestinamente no País ou importou fraudulentamente ou que sabe ser produto de introdução clandestina no território nacional ou de importação fraudulenta por parte de outrem; (Redação dada pela Lei nº 13.008, de 26.6.2014)

IV. adquire, recebe ou oculta, em proveito próprio ou alheio, no exercício de atividade comercial ou industrial, mercadoria de procedência estrangeira, desacompanhada de documentação legal ou acompanhada de documentos que sabe serem falsos. (Redação dada pela Lei nº 13.008, de 26.6.2014)

§ 2º Equipara-se às atividades comerciais, para os efeitos deste artigo, qualquer forma de comércio irregular ou clandestino de mercadorias estrangeiras, inclusive o exercido em residências. (Redação dada pela Lei nº 13.008, de 26.6.2014)

§ 3º A pena aplica-se em dobro se o crime de descaminho é praticado em transporte aéreo, marítimo ou fluvial. (Redação dada pela Lei nº 13.008, de 26.6.2014)

Contrabando

Art. 334-A. Importar ou exportar mercadoria proibida: (Incluído pela Lei nº 13.008, de 26.6.2014)

Pena. reclusão, de 2 (dois) a 5 (cinco) anos. (Incluído pela Lei nº 13.008, de 26.6.2014)

§ 1º Incorre na mesma pena quem: (Incluído pela Lei nº 13.008, de 26.6.2014)

I. pratica fato assimilado, em lei especial, a contrabando; (Incluído pela Lei nº 13.008, de 26.6.2014)

II. importa ou exporta clandestinamente mercadoria que dependa de registro, análise ou autorização de órgão público competente; (Incluído pela Lei nº 13.008, de 26.6.2014)

III. reinsere no território nacional mercadoria brasileira destinada à exportação; (Incluído pela Lei nº 13.008, de 26.6.2014)

IV. vende, expõe à venda, mantém em depósito ou, de qualquer forma, utiliza em proveito próprio ou alheio, no exercício de atividade comercial ou industrial, mercadoria proibida pela lei brasileira; (Incluído pela Lei nº 13.008, de 26.6.2014)

Anotações

V. adquire, recebe ou oculta, em proveito próprio ou alheio, no exercício de atividade comercial ou industrial, mercadoria proibida pela lei brasileira. (Incluído pela Lei nº 13.008, de 26.6.2014)

§ 2º Equipara-se às atividades comerciais, para os efeitos deste artigo, qualquer forma de comércio irregular ou clandestino de mercadorias estrangeiras, inclusive o exercido em residências. (Incluído pela Lei nº 4.729, de 14.7.1965)

§ 3º A pena aplica-se em dobro se o crime de contrabando é praticado em transporte aéreo, marítimo ou fluvial. (Incluído pela Lei nº 13.008, de 26.6.2014)

Impedimento, perturbação ou fraude de concorrência

Art. 335. Impedir, perturbar ou fraudar concorrência pública ou venda em hasta pública, promovida pela administração federal, estadual ou municipal, ou por entidade paraestatal; afastar ou procurar afastar concorrente ou licitante, por meio de violência, grave ameaça, fraude ou oferecimento de vantagem:

Pena. detenção, de seis meses a dois anos, ou multa, além da pena correspondente à violência.

Parágrafo único. Incorre na mesma pena quem se abstém de concorrer ou licitar, em razão da vantagem oferecida.

Inutilização de edital ou de sinal

Art. 336. Rasgar ou, de qualquer forma, inutilizar ou conspurcar edital afixado por ordem de funcionário público; violar ou inutilizar selo ou sinal empregado, por determinação legal ou por ordem de funcionário público, para identificar ou cerrar qualquer objeto:

Pena. detenção, de um mês a um ano, ou multa.

Subtração ou inutilização de livro ou documento

Art. 337. Subtrair, ou inutilizar, total ou parcialmente, livro oficial, processo ou documento confiado à custódia de funcionário, em razão de ofício, ou de particular em serviço público:

Pena. reclusão, de dois a cinco anos, se o fato não constitui crime mais grave.

Sonegação de contribuição previdenciária (incluído pela lei nº 9.983, De 2000)

Art. 337-A. Suprimir ou reduzir contribuição social previdenciária e qualquer acessório, mediante as seguintes condutas: (Incluído pela Lei nº 9.983, de 2000)

I. omitir de folha de pagamento da empresa ou de documento de informações previsto pela legislação previdenciária segurados empregado, empresário, trabalhador avulso ou trabalhador autônomo ou a este equiparado que lhe prestem serviços; (Incluído pela Lei nº 9.983, de 2000)

II. deixar de lançar mensalmente nos títulos próprios da contabilidade da empresa as quantias descontadas dos segurados ou as devidas pelo empregador ou pelo tomador de serviços; (Incluído pela Lei nº 9.983, de 2000)

III. omitir, total ou parcialmente, receitas ou lucros auferidos, remunerações pagas ou creditadas e demais fatos geradores de contribuições sociais previdenciárias: (Incluído pela Lei nº 9.983, de 2000)

Pena – reclusão, de 2 (dois) a 5 (cinco) anos, e multa. (Incluído pela Lei nº 9.983, de 2000)

§ 1º É extinta a punibilidade se o agente, espontaneamente, declara e confessa as contribuições, importâncias ou valores e presta as informações devidas à previdência social, na forma definida em lei ou regulamento, antes do início da ação fiscal. (Incluído pela Lei nº 9.983, de 2000)

§ 2º É facultado ao juiz deixar de aplicar a pena ou aplicar somente a de multa se o agente for primário e de bons antecedentes, desde que: (Incluído pela Lei nº 9.983, de 2000)

I. (VETADO) (Incluído pela Lei nº 9.983, de 2000)

Anotações

II. o valor das contribuições devidas, inclusive acessórios, seja igual ou inferior àquele estabelecido pela previdência social, administrativamente, como sendo o mínimo para o ajuizamento de suas execuções fiscais. (Incluído pela Lei nº 9.983, de 2000)

§ 3º Se o empregador não é pessoa jurídica e sua folha de pagamento mensal não ultrapassa R$ 1.510,00 (um mil, quinhentos e dez reais), o juiz poderá reduzir a pena de um terço até a metade ou aplicar apenas a de multa. (Incluído pela Lei nº 9.983, de 2000)

§ 4º O valor a que se refere o parágrafo anterior será reajustado nas mesmas datas e nos mesmos índices do reajuste dos benefícios da previdência social. (Incluído pela Lei nº 9.983, de 2000)

CAPÍTULO II-A - Dos Crimes Praticados Por Particular Contra a Administração Pública Estrangeira (Incluído pela Lei nº 10.467, de 11.6.2002)

Corrupção ativa em transação comercial internacional

Art. 337-B. Prometer, oferecer ou dar, direta ou indiretamente, vantagem indevida a funcionário público estrangeiro, ou a terceira pessoa, para determiná-lo a praticar, omitir ou retardar ato de ofício relacionado à transação comercial internacional: (Incluído pela Lei nº 10467, de 11.6.2002)

Pena – reclusão, de 1 (um) a 8 (oito) anos, e multa. (Incluído pela Lei nº 10467, de 11.6.2002)

Parágrafo único. A pena é aumentada de 1/3 (um terço), se, em razão da vantagem ou promessa, o funcionário público estrangeiro retarda ou omite o ato de ofício, ou o pratica infringindo dever funcional. (Incluído pela Lei nº 10467, de 11.6.2002)

Tráfico de influência em transação comercial internacional (incluído pela lei nº 10467, de 11.6.2002)

Art. 337-C. Solicitar, exigir, cobrar ou obter, para si ou para outrem, direta ou indiretamente, vantagem ou promessa de vantagem a pretexto de influir em ato praticado por funcionário público estrangeiro no exercício de suas funções, relacionado a transação comercial internacional: (Incluído pela Lei nº 10467, de 11.6.2002)

Pena – reclusão, de 2 (dois) a 5 (cinco) anos, e multa. (Incluído pela Lei nº 10467, de 11.6.2002)

Parágrafo único. A pena é aumentada da metade, se o agente alega ou insinua que a vantagem é também destinada a funcionário estrangeiro. (Incluído pela Lei nº 10467, de 11.6.2002)

Funcionário público estrangeiro (incluído pela lei nº 10467, de 11.6.2002)

Art. 337-D. Considera-se funcionário público estrangeiro, para os efeitos penais, quem, ainda que transitoriamente ou sem remuneração, exerce cargo, emprego ou função pública em entidades estatais ou em representações diplomáticas de país estrangeiro. (Incluído pela Lei nº 10467, de 11.6.2002)

Parágrafo único. Equipara-se a funcionário público estrangeiro quem exerce cargo, emprego ou função em empresas controladas, diretamente ou indiretamente, pelo Poder Público de país estrangeiro ou em organizações públicas internacionais. (Incluído pela Lei nº 10467, de 11.6.2002)

CAPÍTULO III - DOS CRIMES CONTRA A ADMINISTRAÇÃO DA JUSTIÇA

Reingresso de estrangeiro expulso

Art. 338. Reingressar no território nacional o estrangeiro que dele foi expulso:

Anotações

Pena. reclusão, de um a quatro anos, sem prejuízo de nova expulsão após o cumprimento da pena.

Denunciação caluniosa

Art. 339. Dar causa à instauração de investigação policial, de processo judicial, instauração de investigação administrativa, inquérito civil ou ação de improbidade administrativa contra alguém, imputando-lhe crime de que o sabe inocente: (Redação dada pela Lei nº 10.028, de 2000)

Pena. reclusão, de dois a oito anos, e multa.

§ 1º. A pena é aumentada de sexta parte, se o agente se serve de anonimato ou de nome suposto.

§ 2º. A pena é diminuída de metade, se a imputação é de prática de contravenção.

Comunicação falsa de crime ou de contravenção

Art. 340. Provocar a ação de autoridade, comunicando-lhe a ocorrência de crime ou de contravenção que sabe não se ter verificado:

Pena. detenção, de um a seis meses, ou multa.

Auto-acusação falsa

Art. 341. Acusar-se, perante a autoridade, de crime inexistente ou praticado por outrem:

Pena. detenção, de três meses a dois anos, ou multa.

Falso testemunho ou falsa perícia

Art. 342. Fazer afirmação falsa, ou negar ou calar a verdade como testemunha, perito, contador, tradutor ou intérprete em processo judicial, ou administrativo, inquérito policial, ou em juízo arbitral: (Redação dada pela Lei nº 10.268, de 28.8.2001)

Pena. reclusão, de 2 (dois) a 4 (quatro) anos, e multa. (Redação dada pela Lei nº 12.850, de 2013)

§ 1º As penas aumentam-se de um sexto a um terço, se o crime é praticado mediante suborno ou se cometido com o fim de obter prova destinada a produzir efeito em processo penal, ou em processo civil em que for parte entidade da administração pública direta ou indireta.(Redação dada pela Lei nº 10.268, de 28.8.2001)

§ 2º O fato deixa de ser punível se, antes da sentença no processo em que ocorreu o ilícito, o agente se retrata ou declara a verdade.(Redação dada pela Lei nº 10.268, de 28.8.2001)

Art. 343. Dar, oferecer ou prometer dinheiro ou qualquer outra vantagem a testemunha, perito, contador, tradutor ou intérprete, para fazer afirmação falsa, negar ou calar a verdade em depoimento, perícia, cálculos, tradução ou interpretação: (Redação dada pela Lei nº 10.268, de 28.8.2001)

Pena. reclusão, de três a quatro anos, e multa.(Redação dada pela Lei nº 10.268, de 28.8.2001)

Parágrafo único. As penas aumentam-se de um sexto a um terço, se o crime é cometido com o fim de obter prova destinada a produzir efeito em processo penal ou em processo civil em que for parte entidade da administração pública direta ou indireta. (Redação dada pela Lei nº 10.268, de 28.8.2001)

Coação no curso do processo

Art. 344. Usar de violência ou grave ameaça, com o fim de favorecer interesse próprio ou alheio, contra autoridade, parte, ou qualquer outra pessoa que funciona ou é chamada a intervir em processo judicial, policial ou administrativo, ou em juízo arbitral:

Pena. reclusão, de um a quatro anos, e multa, além da pena correspondente à violência.

Exercício arbitrário das próprias razões

Art. 345. Fazer justiça pelas próprias mãos, para satisfazer pretensão, embora legítima, salvo quando a lei o permite:

Pena. detenção, de quinze dias a um mês, ou multa, além da pena correspondente à violência.

Anotações

Parágrafo único. Se não há emprego de violência, somente se procede mediante queixa.

Art. 346. Tirar, suprimir, destruir ou danificar coisa própria, que se acha em poder de terceiro por determinação judicial ou convenção:

Pena. detenção, de seis meses a dois anos, e multa.

Fraude processual

Art. 347. Inovar artificiosamente, na pendência de processo civil ou administrativo, o estado de lugar, de coisa ou de pessoa, com o fim de induzir a erro o juiz ou o perito:

Pena. detenção, de três meses a dois anos, e multa.

Parágrafo único. Se a inovação se destina a produzir efeito em processo penal, ainda que não iniciado, as penas aplicam-se em dobro.

Favorecimento pessoal

Art. 348. Auxiliar a subtrair-se à ação de autoridade pública autor de crime a que é cominada pena de reclusão:

Pena. detenção, de um a seis meses, e multa.

§ 1º. Se ao crime não é cominada pena de reclusão:

Pena. detenção, de quinze dias a três meses, e multa.

§ 2º. Se quem presta o auxílio é ascendente, descendente, cônjuge ou irmão do criminoso, fica isento de pena.

Favorecimento real

Art. 349. Prestar a criminoso, fora dos casos de co-autoria ou de receptação, auxílio destinado a tornar seguro o proveito do crime:

Pena. detenção, de um a seis meses, e multa.

Art. 349-A. Ingressar, promover, intermediar, auxiliar ou facilitar a entrada de aparelho telefônico de comunicação móvel, de rádio ou similar, sem autorização legal, em estabelecimento prisional. (Incluído pela Lei nº 12.012, de 2009).

Pena: detenção, de 3 (três) meses a 1 (um) ano. (Incluído pela Lei nº 12.012, de 2009).

Exercício arbitrário ou abuso de poder

Art. 350. (Revogado pela Lei nº 13.869, de 2019)

Pena: detenção, de um mês a um ano.

Parágrafo único: Na mesma pena incorre o funcionário que:

I. ilegalmente recebe e recolhe alguém a prisão, ou a estabelecimento destinado a execução de pena privativa de liberdade ou de medida de segurança;

II. prolonga a execução de pena ou de medida de segurança, deixando de expedir em tempo oportuno ou de executar imediatamente a ordem de liberdade;

III. submete pessoa que está sob sua guarda ou custódia a vexame ou a constrangimento não autorizado em lei;

IV. efetua, com abuso de poder, qualquer diligência

Fuga de pessoa presa ou submetida a medida de segurança

Art. 351. Promover ou facilitar a fuga de pessoa legalmente presa ou submetida a medida de segurança detentiva:

Pena. detenção, de seis meses a dois anos.

§ 1º. Se o crime é praticado a mão armada, ou por mais de uma pessoa, ou mediante arrombamento, a pena é de reclusão, de dois a seis anos.

§ 2º. Se há emprego de violência contra pessoa, aplica-se também a pena correspondente à violência.

§ 3º. A pena é de reclusão, de um a quatro anos, se o crime é praticado por pessoa sob cuja custódia ou guarda está o preso ou o internado.

§ 4º. No caso de culpa do funcionário incumbido da custódia ou guarda, aplica-se a pena de detenção, de três meses a um ano, ou multa.

Evasão mediante violência contra a pessoa

Art. 352. Evadir-se ou tentar evadir-se o preso ou o indivíduo submetido a medida de segurança detentiva, usando de violência contra a pessoa:

Pena. detenção, de três meses a um ano, além da pena correspondente à violência.

Arrebatamento de preso

Art. 353. Arrebatar preso, a fim de maltratá-lo, do poder de quem o tenha sob custódia ou guarda:

Pena. reclusão, de um a quatro anos, além da pena correspondente à violência.

Motim de presos

Art. 354. Amotinarem-se presos, perturbando a ordem ou disciplina da prisão:

Pena. detenção, de seis meses a dois anos, além da pena correspondente à violência.

Patrocínio infiel

Art. 355. Trair, na qualidade de advogado ou procurador, o dever profissional, prejudicando interesse, cujo patrocínio, em juízo, lhe é confiado:

Pena. detenção, de seis meses a três anos, e multa.

Patrocínio simultâneo ou tergiversação

parágrafo único. Incorre na pena deste artigo o advogado ou procurador judicial que defende na mesma causa, simultânea ou sucessivamente, partes contrárias.

Sonegação de papel ou objeto de valor probatório

Art. 356. Inutilizar, total ou parcialmente, ou deixar de restituir autos, documento ou objeto de valor probatório, que recebeu na qualidade de advogado ou procurador:

Pena. detenção, de seis meses a três anos, e multa.

Exploração de prestígio

Art. 357. Solicitar ou receber dinheiro ou qualquer outra utilidade, a pretexto de influir em juiz, jurado, órgão do Ministério Público, funcionário de justiça, perito, tradutor, intérprete ou testemunha:

Pena. reclusão, de um a cinco anos, e multa.

Parágrafo único. As penas aumentam-se de um terço, se o agente alega ou insinua que o dinheiro ou utilidade também se destina a qualquer das pessoas referidas neste artigo.

Violência ou fraude em arrematação judicial

Art. 358. Impedir, perturbar ou fraudar arrematação judicial; afastar ou procurar afastar concorrente ou licitante, por meio de violência, grave ameaça, fraude ou oferecimento de vantagem:

Pena. detenção, de dois meses a um ano, ou multa, além da pena correspondente à violência.

Desobediência a decisão judicial sobre perda ou suspensão de direito

Art. 359. Exercer função, atividade, direito, autoridade ou múnus, de que foi suspenso ou privado por decisão judicial:

Pena. detenção, de três meses a dois anos, ou multa.

CAPÍTULO IV - DOS CRIMES CONTRA AS FINANÇAS PÚBLICAS (Incluído pela Lei nº 10.028, de 2000)

Contratação de operação de crédito

Art. 359-A. Ordenar, autorizar ou realizar operação de crédito, interno ou externo, sem prévia autorização legislativa: (Incluído pela Lei nº 10.028, de 2000)

Pena – reclusão, de 1 (um) a 2 (dois) anos. (Incluído pela Lei nº 10.028, de 2000)

Parágrafo único. Incide na mesma pena quem ordena, autoriza ou realiza operação de crédito, interno ou externo: (Incluído pela Lei nº 10.028, de 2000)

I. com inobservância de limite, condição ou montante estabelecido em lei ou em resolução do Senado Federal; (Incluído pela Lei nº 10.028, de 2000)

II. quando o montante da dívida consolidada ultrapassa o limite máximo autorizado por lei. (Incluído pela Lei nº 10.028, de 2000)

Inscrição de despesas não empenhadas em restos a pagar (Incluído pela Lei nº 10.028, de 2000)

Art. 359-B. Ordenar ou autorizar a inscrição em restos a pagar, de despesa que não tenha sido previamente empenhada ou que exceda limite estabelecido em lei: (Incluído pela Lei nº 10.028, de 2000)

Pena – detenção, de 6 (seis) meses a 2 (dois) anos. (Incluído pela Lei nº 10.028, de 2000)

Assunção de obrigação no último ano do mandato ou legislatura (incluído pela lei nº 10.028, De 2000)

Art. 359-C. Ordenar ou autorizar a assunção de obrigação, nos dois últimos quadrimestres do último ano do mandato ou legislatura, cuja despesa não possa ser paga no mesmo exercício financeiro ou, caso reste parcela a ser paga no exercício seguinte, que não tenha contrapartida suficiente de disponibilidade de caixa: (Incluído pela Lei nº 10.028, de 2000)

Pena. reclusão, de 1 (um) a 4 (quatro) anos.(Incluído pela Lei nº 10.028, de 2000)

Ordenação de despesa não autorizada (incluído pela lei nº 10.028, De 2000)

Art. 359-D. Ordenar despesa não autorizada por lei: (Incluído pela Lei nº 10.028, de 2000)

Pena – reclusão, de 1 (um) a 4 (quatro) anos. (Incluído pela Lei nº 10.028, de 2000)

Prestação de garantia graciosa (incluído pela lei nº 10.028, De 2000)

Art. 359-E. Prestar garantia em operação de crédito sem que tenha sido constituída contragarantia em valor igual ou superior ao valor da garantia prestada, na forma da lei: (Incluído pela Lei nº 10.028, de 2000)

Pena – detenção, de 3 (três) meses a 1 (um) ano. (Incluído pela Lei nº 10.028, de 2000)

Não cancelamento de restos a pagar (incluído pela lei nº 10.028, De 2000)

Art. 359-F. Deixar de ordenar, de autorizar ou de promover o cancelamento do montante de restos a pagar inscrito em valor superior ao permitido em lei: (Incluído pela Lei nº 10.028, de 2000)

Pena – detenção, de 6 (seis) meses a 2 (dois) anos. (Incluído pela Lei nº 10.028, de 2000)

Aumento de despesa total com pessoal no último ano do mandato ou legislatura (incluído pela lei nº 10.028, De 2000)

Art. 359-G. Ordenar, autorizar ou executar ato que acarrete aumento de despesa total com pessoal, nos cento e oitenta dias anteriores ao final do mandato ou da legislatura: (Incluído pela Lei nº 10.028, de 2000))

Pena – reclusão, de 1 (um) a 4 (quatro) anos. (Incluído pela Lei nº 10.028, de 2000)

Oferta pública ou colocação de títulos no mercado (incluído pela lei nº 10.028, De 2000)

Art. 359-H. Ordenar, autorizar ou promover a oferta pública ou a colocação no mercado financeiro de títulos da dívida pública sem que tenham sido criados por lei ou sem que estejam registrados em sistema centralizado de liquidação e de custódia: (Incluído pela Lei nº 10.028, de 2000)

Anotações

Anotações

Anotações

Pena – reclusão, de 1 (um) a 4 (quatro) anos. (Incluído pela Lei nº 10.028, de 2000)

DISPOSIÇÕES FINAIS

Art. 360. Ressalvada a legislação especial sobre os crimes contra a existência, a segurança e a integridade do Estado e contra a guarda e o emprego da economia popular, os crimes de imprensa e os de falência, os de responsabilidade do Presidente da República e dos Governadores ou Interventores, e os crimes militares, revogam-se as disposições em contrário.

Art. 361. Este Código entrará em vigor no dia 1º de janeiro de 1942.

Anotações

PREPARAÇÃO • CONHECIMENTO • APROVAÇÃO

DIREITO PROCESSUAL PENAL

SUMÁRIO

ANOTAÇÕES

1. DECRETO-LEI Nº 3.689, DE 3 DE OUTUBRO DE 1941

Código de Processo Penal

O PRESIDENTE DA REPÚBLICA, usando da atribuição que lhe confere o art. 180 da Constituição, decreta a seguinte Lei:

LIVRO I - DO PROCESSO EM GERAL

TÍTULO I - DISPOSIÇÕES PRELIMINARES

Art. 1º O processo penal reger-se-á, em todo o território brasileiro, por este Código, ressalvados:

I. os tratados, as convenções e regras de direito internacional;

II. as prerrogativas constitucionais do Presidente da República, dos ministros de Estado, nos crimes conexos com os do Presidente da República, e dos ministros do Supremo Tribunal Federal, nos crimes de responsabilidade (Constituição, arts. 86, 89, § 2º, e 100);

III. os processos da competência da Justiça Militar;

IV. os processos da competência do tribunal especial (Constituição, art. 122, no 17);

V. os processos por crimes de imprensa. (Vide ADPF nº 130)

Parágrafo único. Aplicar-se-á, entretanto, este Código aos processos referidos nos nos. IV e V, quando as leis especiais que os regulam não dispuserem de modo diverso.

Art. 2º A lei processual penal aplicar-se-á desde logo, sem prejuízo da validade dos atos realizados sob a vigência da lei anterior.

Art. 3º A lei processual penal admitirá interpretação extensiva e aplicação analógica, bem como o suplemento dos princípios gerais de direito.

Juiz das Garantias

Suspenso: A suspensão vale até que o tema seja analisado no plenário do STF - a data desse julgamento ainda não foi marcada até o fechamento deste arquivo.

Art. 3º-A. O processo penal terá estrutura acusatória, vedadas a iniciativa do juiz na fase de investigação e a substituição da atuação probatória do órgão de acusação. (Incluído pela Lei nº 13.964, de 24.12.2019)

Art. 3º-B. O juiz das garantias é responsável pelo controle da legalidade da investigação criminal e pela salvaguarda dos direitos individuais cuja franquia tenha sido reservada à autorização prévia do Poder Judiciário, competindo-lhe especialmente: (Incluído pela Lei nº 13.964, de 24.12.2019)

I. receber a comunicação imediata da prisão, nos termos do inciso LXII do caput do art. 5º da Constituição Federal; (Incluído pela Lei nº 13.964, de 24.12.2019)

II. receber o auto da prisão em flagrante para o controle da legalidade da prisão, observado o disposto no art. 310 deste Código; (Incluído pela Lei nº 13.964, de 24.12.2019)

III. zelar pela observância dos direitos do preso, podendo determinar que este seja conduzido à sua presença, a qualquer tempo; (Incluído pela Lei nº 13.964, de 24.12.2019)

IV. ser informado sobre a instauração de qualquer investigação criminal; (Incluído pela Lei nº 13.964, de 24.12.2019)

V. decidir sobre o requerimento de prisão provisória ou outra medida cautelar, observado o disposto no § 1º deste artigo; (Incluído pela Lei nº 13.964, de 24.12.2019)

VI. prorrogar a prisão provisória ou outra medida cautelar, bem como substituí-las ou revogá-las, assegurado, no primeiro caso, o exercício do contraditório em audiência pública e oral, na forma do disposto neste Código ou em legislação especial pertinente; (Incluído pela Lei nº 13.964, de 24.12.2019)

ANOTAÇÕES

Suspenso: A suspensão vale até que o tema seja analisado no plenário do STF - a data desse julgamento ainda não foi marcada até o fechamento deste arquivo.

VII. decidir sobre o requerimento de produção antecipada de provas consideradas urgentes e não repetíveis, assegurados o contraditório e a ampla defesa em audiência pública e oral; (Incluído pela Lei nº 13.964, de 24.12.2019)

VIII. prorrogar o prazo de duração do inquérito, estando o investigado preso, em vista das razões apresentadas pela autoridade policial e observado o disposto no § 2º deste artigo; (Incluído pela Lei nº 13.964, de 24.12.2019)

IX. determinar o trancamento do inquérito policial quando não houver fundamento razoável para sua instauração ou prosseguimento; (Incluído pela Lei nº 13.964, de 24.12.2019)

X. requisitar documentos, laudos e informações ao delegado de polícia sobre o andamento da investigação;

XI. decidir sobre os requerimentos de: (Incluído pela Lei nº 13.964, de 24.12.2019)

a) interceptação telefônica, do fluxo de comunicações em sistemas de informática e telemática ou de outras formas de comunicação; (Incluído pela Lei nº 13.964, de 24.12.2019)

b) afastamento dos sigilos fiscal, bancário, de dados e telefônico; (Incluído pela Lei nº 13.964, de 24.12.2019)

c) busca e apreensão domiciliar; (Incluído pela Lei nº 13.964, de 24.12.2019)

d) acesso a informações sigilosas; (Incluído pela Lei nº 13.964, de 24.12.2019)

e) outros meios de obtenção da prova que restrinjam direitos fundamentais do investigado; (Incluído pela Lei nº 13.964, de 24.12.2019)

XII. julgar o habeas corpus impetrado antes do oferecimento da denúncia; (Incluído pela Lei nº 13.964, de 24.12.2019)

XIII. determinar a instauração de incidente de insanidade mental; (Incluído pela Lei nº 13.964, de 24.12.2019)

XIV. decidir sobre o recebimento da denúncia ou queixa, nos termos do art. 399 deste Código; (Incluído pela Lei nº 13.964, de 24.12.2019)

XV. assegurar prontamente, quando se fizer necessário, o direito outorgado ao investigado e ao seu defensor de acesso a todos os elementos informativos e provas produzidos no âmbito da investigação criminal, salvo no que concerne, estritamente, às diligências em andamento; (Incluído pela Lei nº 13.964, de 24.12.2019)

XVI.- deferir pedido de admissão de assistente técnico para acompanhar a produção da perícia; (Incluído pela Lei nº 13.964, de 24.12.2019)

XVII. decidir sobre a homologação de acordo de não persecução penal ou os de colaboração premiada, quando formalizados durante a investigação; (Incluído pela Lei nº 13.964, de 24.12.2019)

XVIII. outras matérias inerentes às atribuições definidas no caput deste artigo. (Incluído pela Lei nº 13.964, de 24.12.2019)

§ 1º (VETADO).

§ 2º Se o investigado estiver preso, o juiz das garantias poderá, mediante representação da autoridade policial e ouvido o Ministério Público, prorrogar, uma única vez, a duração do inquérito por até 15 (quinze) dias, após o que, se ainda assim a investigação não for concluída, a prisão será imediatamente relaxada. (Incluído pela Lei nº 13.964, de 24.12.2019)

Art. 3º-C. A competência do juiz das garantias abrange todas as infrações penais, exceto as de menor potencial ofensivo, e cessa com o recebimento da denúncia ou queixa na forma do art. 399 deste Código. (Incluído pela Lei nº 13.964, de 24.12.2019)

§ 1º Recebida a denúncia ou queixa, as questões pendentes serão decididas pelo juiz da instrução e julgamento. (Incluído pela Lei nº 13.964, de 24.12.2019)

§ 2º As decisões proferidas pelo juiz das garantias não vinculam o juiz da instrução e julgamento, que, após o recebimento da denúncia ou queixa, deverá reexaminar a necessidade das medidas cautelares em curso, no prazo máximo de 10 (dez) dias. (Incluído pela Lei nº 13.964, de 24.12.2019)

§ 3º Os autos que compõem as matérias de competência do juiz das garantias ficarão acautelados na secretaria desse juízo, à disposição do Ministério Público e da defesa, e não serão apensados aos autos do processo enviados ao juiz da instrução e julgamento, ressalvados os documentos relativos às provas irrepetíveis, medidas de obtenção de provas ou de antecipação de provas, que deverão ser remetidos para apensamento em apartado. (Incluído pela Lei nº 13.964, de 24.12.2019)

§ 4º Fica assegurado às partes o amplo acesso aos autos acautelados na secretaria do juízo das garantias. (Incluído pela Lei nº 13.964, de 24.12.2019)

Art. 3º-D. O juiz que, na fase de investigação, praticar qualquer ato incluído nas competências dos arts. 4º e 5º deste Código ficará impedido de funcionar no processo. (Incluído pela Lei nº 13.964, de 24.12.2019)

Parágrafo único. Nas comarcas em que funcionar apenas um juiz, os tribunais criarão um sistema de rodízio de magistrados, a fim de atender às disposições deste Capítulo. (Incluído pela Lei nº 13.964, de 24.12.2019)

Art. 3º-E. O juiz das garantias será designado conforme as normas de organização judiciária da União, dos Estados e do Distrito Federal, observando critérios objetivos a serem periodicamente divulgados pelo respectivo tribunal. (Incluído pela Lei nº 13.964, de 24.12.2019)

Art. 3º-F. O juiz das garantias deverá assegurar o cumprimento das regras para o tratamento dos presos, impedindo o acordo ou ajuste de qualquer autoridade com órgãos da imprensa para explorar a imagem da pessoa submetida à prisão, sob pena de responsabilidade civil, administrativa e penal. (Incluído pela Lei nº 13.964, de 24.12.2019)

Parágrafo único. Por meio de regulamento, as autoridades deverão disciplinar, em 180 (cento e oitenta) dias, o modo pelo qual as informações sobre a realização da prisão e a identidade do preso serão, de modo padronizado e respeitada a programação normativa aludida no caput deste artigo, transmitidas à imprensa, assegurados a efetividade da persecução penal, o direito à informação e a dignidade da pessoa submetida à prisão. (Incluído pela Lei nº 13.964, de 24.12.2019)

TÍTULO II - DO INQUÉRITO POLICIAL

Art. 4º A polícia judiciária será exercida pelas autoridades policiais no território de suas respectivas circunscrições e terá por fim a apuração das infrações penais e da sua autoria. (Redação dada pela Lei nº 9.043, de 9.5.1995)

Parágrafo único. A competência definida neste artigo não excluirá a de autoridades administrativas, a quem por lei seja cometida a mesma função.

Art. 5º Nos crimes de ação pública o inquérito policial será iniciado:

I. de ofício;

ANOTAÇÕES

Suspenso: A suspensão vale até que o tema seja analisado no plenário do STF - a data desse julgamento ainda não foi marcada até o fechamento deste arquivo.

II. mediante requisição da autoridade judiciária ou do Ministério Público, ou a requerimento do ofendido ou de quem tiver qualidade para representá-lo.

§ 1º O requerimento a que se refere o no II conterá sempre que possível:

a) a narração do fato, com todas as circunstâncias;

b) a individualização do indiciado ou seus sinais característicos e as razões de convicção ou de presunção de ser ele o autor da infração, ou os motivos de impossibilidade de o fazer;

c) a nomeação das testemunhas, com indicação de sua profissão e residência.

§ 2º Do despacho que indeferir o requerimento de abertura de inquérito caberá recurso para o chefe de Polícia.

§ 3º Qualquer pessoa do povo que tiver conhecimento da existência de infração penal em que caiba ação pública poderá, verbalmente ou por escrito, comunicá-la à autoridade policial, e esta, verificada a procedência das informações, mandará instaurar inquérito.

§ 4º O inquérito, nos crimes em que a ação pública depender de representação, não poderá sem ela ser iniciado.

§ 5º Nos crimes de ação privada, a autoridade policial somente poderá proceder a inquérito a requerimento de quem tenha qualidade para intentá-la.

Art. 6º Logo que tiver conhecimento da prática da infração penal, a autoridade policial deverá:

I. dirigir-se ao local, providenciando para que não se alterem o estado e conservação das coisas, até a chegada dos peritos criminais; (Redação dada pela Lei nº 8.862, de 28.3.1994)

II. apreender os objetos que tiverem relação com o fato, após liberados pelos peritos criminais; (Redação dada pela Lei nº 8.862, de 28.3.1994)

III. colher todas as provas que servirem para o esclarecimento do fato e suas circunstâncias;

IV. ouvir o ofendido;

V. ouvir o indiciado, com observância, no que for aplicável, do disposto no Capítulo III do Título VII, deste Livro, devendo o respectivo termo ser assinado por duas testemunhas que lhe tenham ouvido a leitura;

VI. proceder a reconhecimento de pessoas e coisas e a acareações;

VII. determinar, se for caso, que se proceda a exame de corpo de delito e a quaisquer outras perícias;

VIII. ordenar a identificação do indiciado pelo processo datiloscópico, se possível, e fazer juntar aos autos sua folha de antecedentes;

IX. averiguar a vida pregressa do indiciado, sob o ponto de vista individual, familiar e social, sua condição econômica, sua atitude e estado de ânimo antes e depois do crime e durante ele, e quaisquer outros elementos que contribuírem para a apreciação do seu temperamento e caráter.

X. colher informações sobre a existência de filhos, respectivas idades e se possuem alguma deficiência e o nome e o contato de eventual responsável pelos cuidados dos filhos, indicado pela pessoa presa. (Incluído pela Lei nº 13.257, de 2016)

Art. 7º Para verificar a possibilidade de haver a infração sido praticada de determinado modo, a autoridade policial poderá proceder à reprodução simulada dos fatos, desde que esta não contrarie a moralidade ou a ordem pública.

Art. 8º Havendo prisão em flagrante, será observado o disposto no Capítulo II do Título IX deste Livro.

Art. 9º Todas as peças do inquérito policial serão, num só processado, reduzidas a escrito ou datilografadas e, neste caso, rubricadas pela autoridade.

Art. 10. O inquérito deverá terminar no prazo de 10 dias, se o indiciado tiver sido preso em flagrante, ou estiver preso preventivamente, contado o prazo, nesta hipótese, a partir do dia em que se executar a ordem de prisão, ou no prazo de 30 dias, quando estiver solto, mediante fiança ou sem ela.

ANOTAÇÕES

ANOTAÇÕES

§ 1º A autoridade fará minucioso relatório do que tiver sido apurado e enviará autos ao juiz competente.

§ 2º No relatório poderá a autoridade indicar testemunhas que não tiverem sido inquiridas, mencionando o lugar onde possam ser encontradas.

§ 3º Quando o fato for de difícil elucidação, e o indiciado estiver solto, a autoridade poderá requerer ao juiz a devolução dos autos, para ulteriores diligências, que serão realizadas no prazo marcado pelo juiz.

Art. 11. Os instrumentos do crime, bem como os objetos que interessarem à prova, acompanharão os autos do inquérito.

Art. 12. O inquérito policial acompanhará a denúncia ou queixa, sempre que servir de base a uma ou outra.

Art. 13. Incumbirá ainda à autoridade policial:

I. fornecer às autoridades judiciárias as informações necessárias à instrução e julgamento dos processos;

II. realizar as diligências requisitadas pelo juiz ou pelo Ministério Público;

III. cumprir os mandados de prisão expedidos pelas autoridades judiciárias;

IV. representar acerca da prisão preventiva.

Art. 13-A. Nos crimes previstos nos arts. 148, 149 e 149-A, no § 3º do art. 158 e no art. 159 do Decreto-Lei no 2.848, de 7 de dezembro de 1940 (Código Penal), e no art. 239 da Lei nº 8.069, de 13 de julho de 1990 (Estatuto da Criança e do Adolescente), o membro do Ministério Público ou o delegado de polícia poderá requisitar, de quaisquer órgãos do poder público ou de empresas da iniciativa privada, dados e informações cadastrais da vítima ou de suspeitos. (Incluído pela Lei nº 13.344, de 2016)

Parágrafo único. A requisição, que será atendida no prazo de 24 (vinte e quatro) horas, conterá: (Incluído pela Lei nº 13.344, de 2016)

I. o nome da autoridade requisitante; (Incluído pela Lei nº 13.344, de 2016)

II. o número do inquérito policial; e (Incluído pela Lei nº 13.344, de 2016)

III. a identificação da unidade de polícia judiciária responsável pela investigação. (Incluído pela Lei nº 13.344, de 2016)

Art. 13-B. Se necessário à prevenção e à repressão dos crimes relacionados ao tráfico de pessoas, o membro do Ministério Público ou o delegado de polícia poderão requisitar, mediante autorização judicial, às empresas prestadoras de serviço de telecomunicações e/ou telemática que disponibilizem imediatamente os meios técnicos adequados – como sinais, informações e outros – que permitam a localização da vítima ou dos suspeitos do delito em curso. (Incluído pela Lei nº 13.344, de 2016)

§ 1º Para os efeitos deste artigo, sinal significa posicionamento da estação de cobertura, setorização e intensidade de radiofrequência. (Incluído pela Lei nº 13.344, de 2016)

§ 2º Na hipótese de que trata o caput, o sinal: (Incluído pela Lei nº 13.344, de 2016)

I. não permitirá acesso ao conteúdo da comunicação de qualquer natureza, que dependerá de autorização judicial, conforme disposto em lei; (Incluído pela Lei nº 13.344, de 2016)

II. deverá ser fornecido pela prestadora de telefonia móvel celular por período não superior a 30 (trinta) dias, renovável por uma única vez, por igual período; (Incluído pela Lei nº 13.344, de 2016)

III. para períodos superiores àquele de que trata o inciso II, será necessária a apresentação de ordem judicial. (Incluído pela Lei nº 13.344, de 2016)

§ 3º Na hipótese prevista neste artigo, o inquérito policial deverá ser instaurado no prazo máximo de 72 (setenta e duas) horas, contado do registro da respectiva ocorrência policial. (Incluído pela Lei nº 13.344, de 2016)

ANOTAÇÕES

§ 4º Não havendo manifestação judicial no prazo de 12 (doze) horas, a autoridade competente requisitará às empresas prestadoras de serviço de telecomunicações e/ou telemática que disponibilizem imediatamente os meios técnicos adequados – como sinais, informações e outros – que permitam a localização da vítima ou dos suspeitos do delito em curso, com imediata comunicação ao juiz. (Incluído pela Lei nº 13.344, de 2016)

Art. 14. O ofendido, ou seu representante legal, e o indiciado poderão requerer qualquer diligência, que será realizada, ou não, a juízo da autoridade.

Art. 14-A. Nos casos em que servidores vinculados às instituições dispostas no art. 144 da Constituição Federal figurarem como investigados em inquéritos policiais, inquéritos policiais militares e demais procedimentos extrajudiciais, cujo objeto for a investigação de fatos relacionados ao uso da força letal praticados no exercício profissional, de forma consumada ou tentada, incluindo as situações dispostas no art. 23 do Decreto-Lei nº 2.848, de 7 de dezembro de 1940 (Código Penal), o indiciado poderá constituir defensor. (Incluído pela Lei nº 13.964, de 24.12.2019)

§ 1º Para os casos previstos no caput deste artigo, o investigado deverá ser citado da instauração do procedimento investigatório, podendo constituir defensor no prazo de até 48 (quarenta e oito) horas a contar do recebimento da citação. (Incluído pela Lei nº 13.964, de 24.12.2019)

§ 2º Esgotado o prazo disposto no § 1º deste artigo com ausência de nomeação de defensor pelo investigado, a autoridade responsável pela investigação deverá intimar a instituição a que estava vinculado o investigado à época da ocorrência dos fatos, para que essa, no prazo de 48 (quarenta e oito) horas, indique defensor para a representação do investigado. (Incluído pela Lei nº 13.964, de 24.12.2019)

§ 3º (VETADO).

§ 4º (VETADO).

§ 5º (VETADO).

§ 6º As disposições constantes deste artigo se aplicam aos servidores militares vinculados às instituições dispostas no art. 142 da Constituição Federal, desde que os fatos investigados digam respeito a missões para a Garantia da Lei e da Ordem. (Incluído pela Lei nº 13.964, de 24.12.2019)

Art. 15. Se o indiciado for menor, ser-lhe-á nomeado curador pela autoridade policial.

Art. 16. O Ministério Público não poderá requerer a devolução do inquérito à autoridade policial, senão para novas diligências, imprescindíveis ao oferecimento da denúncia.

Art. 17. A autoridade policial não poderá mandar arquivar autos de inquérito.

Art. 18. Depois de ordenado o arquivamento do inquérito pela autoridade judiciária, por falta de base para a denúncia, a autoridade policial poderá proceder a novas pesquisas, se de outras provas tiver notícia.

Art. 19. Nos crimes em que não couber ação pública, os autos do inquérito serão remetidos ao juízo competente, onde aguardarão a iniciativa do ofendido ou de seu representante legal, ou serão entregues ao requerente, se o pedir, mediante traslado.

Art. 20. A autoridade assegurará no inquérito o sigilo necessário à elucidação do fato ou exigido pelo interesse da sociedade.

Parágrafo único. Nos atestados de antecedentes que lhe forem solicitados, a autoridade policial não poderá mencionar quaisquer anotações referentes a instauração de inquérito contra os requerentes. (Redação dada pela Lei nº 12.681, de 2012)

Art. 21. A incomunicabilidade do indiciado dependerá sempre de despacho nos autos e somente será permitida quando o interesse da sociedade ou a conveniência da investigação o exigir.

Parágrafo único. A incomunicabilidade, que não excederá de três dias, será decretada por despacho fundamentado do Juiz, a requerimento da autoridade policial, ou do órgão do Ministério Público, respeitado, em qualquer hipótese, o disposto no artigo 89, inciso III, do Estatuto da Ordem dos Advogados do Brasil (Lei n. 4.215, de 27 de abril de 1963) (Redação dada pela Lei nº 5.010, de 30.5.1966)

Art. 22. No Distrito Federal e nas comarcas em que houver mais de uma circunscrição policial, a autoridade com exercício em uma delas poderá, nos inquéritos a que esteja procedendo, ordenar diligências em circunscrição de outra, independentemente de precatórias ou requisições, e bem assim providenciará, até que compareça a autoridade competente, sobre qualquer fato que ocorra em sua presença, noutra circunscrição.

Art. 23. Ao fazer a remessa dos autos do inquérito ao juiz competente, a autoridade policial oficiará ao Instituto de Identificação e Estatística, ou repartição congênere, mencionando o juízo a que tiverem sido distribuídos, e os dados relativos à infração penal e à pessoa do indiciado.

TÍTULO III - DA AÇÃO PENAL

Art. 24. Nos crimes de ação pública, esta será promovida por denúncia do Ministério Público, mas dependerá, quando a lei o exigir, de requisição do Ministro da Justiça, ou de representação do ofendido ou de quem tiver qualidade para representá-lo.

§ 1º No caso de morte do ofendido ou quando declarado ausente por decisão judicial, o direito de representação passará ao cônjuge, ascendente, descendente ou irmão. (Parágrafo único renumerado pela Lei nº 8.699, de 27.8.1993)

§ 2º Seja qual for o crime, quando praticado em detrimento do patrimônio ou interesse da União, Estado e Município, a ação penal será pública. (Incluído pela Lei nº 8.699, de 27.8.1993)

Art. 25. A representação será irretratável, depois de oferecida a denúncia.

Art. 26. A ação penal, nas contravenções, será iniciada com o auto de prisão em flagrante ou por meio de portaria expedida pela autoridade judiciária ou policial.

Art. 27. Qualquer pessoa do povo poderá provocar a iniciativa do Ministério Público, nos casos em que caiba a ação pública, fornecendo-lhe, por escrito, informações sobre o fato e a autoria e indicando o tempo, o lugar e os elementos de convicção.

Art. 28. Se o órgão do Ministério Público, ao invés de apresentar a denúncia, requerer o arquivamento do inquérito policial ou de quaisquer peças de informação, o juiz, no caso de considerar improcedentes as razões invocadas, fará remessa do inquérito ou peças de informação ao procurador-geral, e este oferecerá a denúncia, designará outro órgão do Ministério Público para oferecê-la, ou insistirá no pedido de arquivamento, ao qual só então estará o juiz obrigado a atender.

Atenção, texto vigente até a saída da decisão do STF.

Art. 28. Ordenado o arquivamento do inquérito policial ou de quaisquer elementos informativos da mesma natureza, o órgão do Ministério Público comunicará à vítima, ao investigado e à autoridade policial e encaminhará os autos para a instância de revisão ministerial para fins de homologação, na forma da lei. (Redação dada pela Lei nº 13.964, de 24.12.2019)

§ 1º Se a vítima, ou seu representante legal, não concordar com o arquivamento do inquérito policial, poderá, no prazo de 30 (trinta) dias do recebimento da comunicação, submeter a matéria à revisão da instância competente do órgão ministerial, conforme dispuser a respectiva lei orgânica. (Incluído pela Lei nº 13.964, de 24.12.2019)

§ 2º Nas ações penais relativas a crimes praticados em detrimento da União, Estados e Municípios, a revisão do arquivamento do inquérito policial poderá ser provocada pela chefia do órgão a quem couber a sua representação judicial. (Incluído pela Lei nº 13.964, de 24.12.2019)

ANOTAÇÕES

Suspenso: A suspensão vale até que o tema seja analisado no plenário do STF - a data desse julgamento ainda não foi marcada até o fechamento deste arquivo.

Art. 28-A. Não sendo caso de arquivamento e tendo o investigado confessado formal e circunstancialmente a prática de infração penal sem violência ou grave ameaça e com pena mínima inferior a 4 (quatro) anos, o Ministério Público poderá propor acordo de não persecução penal, desde que necessário e suficiente para reprovação e prevenção do crime, mediante as seguintes condições ajustadas cumulativa e alternativamente: (Incluído pela Lei nº 13.964, de 24.12.2019)

I. reparar o dano ou restituir a coisa à vítima, exceto na impossibilidade de fazê-lo; (Incluído pela Lei nº 13.964, de 24.12.2019)

II. renunciar voluntariamente a bens e direitos indicados pelo Ministério Público como instrumentos, produto ou proveito do crime; (Incluído pela Lei nº 13.964, de 24.12.2019)

III. prestar serviço à comunidade ou a entidades públicas por período correspondente à pena mínima cominada ao delito diminuída de um a dois terços, em local a ser indicado pelo juízo da execução, na forma do art. 46 do Decreto-Lei nº 2.848, de 7 de dezembro de 1940 (Código Penal); (Incluído pela Lei nº 13.964, de 24.12.2019)

IV. pagar prestação pecuniária, a ser estipulada nos termos do art. 45 do Decreto-Lei nº 2.848, de 7 de dezembro de 1940 (Código Penal), a entidade pública ou de interesse social, a ser indicada pelo juízo da execução, que tenha, preferencialmente, como função proteger bens jurídicos iguais ou semelhantes aos aparentemente lesados pelo delito; ou (Incluído pela Lei nº 13.964, de 24.12.2019)

V. cumprir, por prazo determinado, outra condição indicada pelo Ministério Público, desde que proporcional e compatível com a infração penal imputada. (Incluído pela Lei nº 13.964, de 24.12.2019)

§ 1º Para aferição da pena mínima cominada ao delito a que se refere o caput deste artigo, serão consideradas as causas de aumento e diminuição aplicáveis ao caso concreto. (Incluído pela Lei nº 13.964, de 24.12.2019)

§ 2º O disposto no caput deste artigo não se aplica nas seguintes hipóteses: (Incluído pela Lei nº 13.964, de 24.12.2019)

I. se for cabível transação penal de competência dos Juizados Especiais Criminais, nos termos da lei; (Incluído pela Lei nº 13.964, de 24.12.2019)

II. se o investigado for reincidente ou se houver elementos probatórios que indiquem conduta criminal habitual, reiterada ou profissional, exceto se insignificantes as infrações penais pretéritas; (Incluído pela Lei nº 13.964, de 24.12.2019)

III. ter sido o agente beneficiado nos 5 (cinco) anos anteriores ao cometimento da infração, em acordo de não persecução penal, transação penal ou suspensão condicional do processo; e (Incluído pela Lei nº 13.964,

IV. nos crimes praticados no âmbito de violência doméstica ou familiar, ou praticados contra a mulher por razões da condição de sexo feminino, em favor do agressor.

§ 3º O acordo de não persecução penal será formalizado por escrito e será firmado pelo membro do Ministério Público, pelo investigado e por seu defensor. (Incluído pela Lei nº 13.964, de 24.12.2019)

§ 4º Para a homologação do acordo de não persecução penal, será realizada audiência na qual o juiz deverá verificar a sua voluntariedade, por meio da oitiva do investigado na presença do seu defensor, e sua legalidade. (Incluído pela Lei nº 13.964, de 24.12.2019)

ANOTAÇÕES

Suspenso: A suspensão vale até que o tema seja analisado no plenário do Supremo - a data desse julgamento ainda não foi marcada até a data de finalização deste arquivo.

DIR. PRO. PEN.

ANOTAÇÕES

Suspenso: A suspensão vale até que o tema seja analisado no plenário do STF - a data desse julgamento ainda não foi marcada até o fechamento deste arquivo.

§ 5º Se o juiz considerar inadequadas, insuficientes ou abusivas as condições dispostas no acordo de não persecução penal, devolverá os autos ao Ministério Público para que seja reformulada a proposta de acordo, com concordância do investigado e seu defensor.(Incluído pela Lei nº 13.964, de 24.12.2019)

§ 6º Homologado judicialmente o acordo de não persecução penal, o juiz devolverá os autos ao Ministério Público para que inicie sua execução perante o juízo de execução penal. (Incluído pela Lei nº 13.964, de 24.12.2019)

§ 7º O juiz poderá recusar homologação à proposta que não atender aos requisitos legais ou quando não for realizada a adequação a que se refere o § 5º deste artigo. (Incluído pela Lei nº 13.964, de 24.12.2019)

§ 8º Recusada a homologação, o juiz devolverá os autos ao Ministério Público para a análise da necessidade de complementação das investigações ou o oferecimento da denúncia. (Incluído pela Lei nº 13.964, de 24.12.2019)

§ 9º A vítima será intimada da homologação do acordo de não persecução penal e de seu descumprimento. (Incluído pela Lei nº 13.964, de 24.12.2019)

§ 10. Descumpridas quaisquer das condições estipuladas no acordo de não persecução penal, o Ministério Público deverá comunicar ao juízo, para fins de sua rescisão e posterior oferecimento de denúncia. (Incluído pela Lei nº 13.964, de 24.12.2019)

§ 11. O descumprimento do acordo de não persecução penal pelo investigado também poderá ser utilizado pelo Ministério Público como justificativa para o eventual não oferecimento de suspensão condicional do processo. (Incluído pela Lei nº 13.964, de 24.12.2019)

§ 12. A celebração e o cumprimento do acordo de não persecução penal não constarão de certidão de antecedentes criminais, exceto para os fins previstos no inciso III do § 2º deste artigo. (Incluído pela Lei nº 13.964, de 24.12.2019)

§ 13. Cumprido integralmente o acordo de não persecução penal, o juízo competente decretará a extinção de punibilidade. (Incluído pela Lei nº 13.964, de 24.12.2019)

§ 14. No caso de recusa, por parte do Ministério Público, em propor o acordo de não persecução penal, o investigado poderá requerer a remessa dos autos a órgão superior, na forma do art. 28 deste Código. (Incluído pela Lei nº 13.964, de 24.12.2019)

Art. 29. Será admitida ação privada nos crimes de ação pública, se esta não for intentada no prazo legal, cabendo ao Ministério Público aditar a queixa, repudiá-la e oferecer denúncia substitutiva, intervir em todos os termos do processo, fornecer elementos de prova, interpor recurso e, a todo tempo, no caso de negligência do querelante, retomar a ação como parte principal.

Art. 30. Ao ofendido ou a quem tenha qualidade para representá-lo caberá intentar a ação privada.

Art. 31. No caso de morte do ofendido ou quando declarado ausente por decisão judicial, o direito de oferecer queixa ou prosseguir na ação passará ao cônjuge, ascendente, descendente ou irmão.

Art. 32. Nos crimes de ação privada, o juiz, a requerimento da parte que comprovar a sua pobreza, nomeará advogado para promover a ação penal.

§ 1º Considerar-se-á pobre a pessoa que não puder prover às despesas do processo, sem privar-se dos recursos indispensáveis ao próprio sustento ou da família.

§ 2º Será prova suficiente de pobreza o atestado da autoridade policial em cuja circunscrição residir o ofendido.

ANOTAÇÕES

Art. 33. Se o ofendido for menor de 18 (dezoito) anos, ou mentalmente enfermo, ou retardado mental, e não tiver representante legal, ou colidirem os interesses deste com os daquele, o direito de queixa poderá ser exercido por curador especial, nomeado, de ofício ou a requerimento do Ministério Público, pelo juiz competente para o processo penal.

Art. 34. Se o ofendido for menor de 21 (vinte e um) e maior de 18 (dezoito) anos, o direito de queixa poderá ser exercido por ele ou por seu representante legal.

Art. 35. (Revogado pela Lei nº 9.520, de 27.11.1997)

Art. 36. Se comparecer mais de uma pessoa com direito de queixa, terá preferência o cônjuge, e, em seguida, o parente mais próximo na ordem de enumeração constante do art. 31, podendo, entretanto, qualquer delas prosseguir na ação, caso o querelante desista da instância ou a abandone.

Art. 37. As fundações, associações ou sociedades legalmente constituídas poderão exercer a ação penal, devendo ser representadas por quem os respectivos contratos ou estatutos designarem ou, no silêncio destes, pelos seus diretores ou sócios-gerentes.

Art. 38. Salvo disposição em contrário, o ofendido, ou seu representante legal, decairá no direito de queixa ou de representação, se não o exercer dentro do prazo de seis meses, contado do dia em que vier a saber quem é o autor do crime, ou, no caso do art. 29, do dia em que se esgotar o prazo para o oferecimento da denúncia.

Parágrafo único. Verificar-se-á a decadência do direito de queixa ou representação, dentro do mesmo prazo, nos casos dos arts. 24, parágrafo único, e 31.

Art. 39. O direito de representação poderá ser exercido, pessoalmente ou por procurador com poderes especiais, mediante declaração, escrita ou oral, feita ao juiz, ao órgão do Ministério Público, ou à autoridade policial.

§ 1º A representação feita oralmente ou por escrito, sem assinatura devidamente autenticada do ofendido, de seu representante legal ou procurador, será reduzida a termo, perante o juiz ou autoridade policial, presente o órgão do Ministério Público, quando a este houver sido dirigida.

§ 2º A representação conterá todas as informações que possam servir à apuração do fato e da autoria.

§ 3º Oferecida ou reduzida a termo a representação, a autoridade policial procederá a inquérito, ou, não sendo competente, remetê-lo-á à autoridade que o for.

§ 4º A representação, quando feita ao juiz ou perante este reduzida a termo, será remetida à autoridade policial para que esta proceda a inquérito.

§ 5º O órgão do Ministério Público dispensará o inquérito, se com a representação forem oferecidos elementos que o habilitem a promover a ação penal, e, neste caso, oferecerá a denúncia no prazo de quinze dias.

Art. 40. Quando, em autos ou papéis de que conhecerem, os juízes ou tribunais verificarem a existência de crime de ação pública, remeterão ao Ministério Público as cópias e os documentos necessários ao oferecimento da denúncia.

Art. 41. A denúncia ou queixa conterá a exposição do fato criminoso, com todas as suas circunstâncias, a qualificação do acusado ou esclarecimentos pelos quais se possa identificá-lo, a classificação do crime e, quando necessário, o rol das testemunhas.

Art. 42. O Ministério Público não poderá desistir da ação penal.

Art. 43. (Revogado pela Lei nº 11.719, de 2008).

Art. 44. A queixa poderá ser dada por procurador com poderes especiais, devendo constar do instrumento do mandato o nome do querelante e a menção do fato criminoso, salvo quando tais esclarecimentos dependerem de diligências que devem ser previamente requeridas no juízo criminal.

ANOTAÇÕES

Art. 45. A queixa, ainda quando a ação penal for privativa do ofendido, poderá ser aditada pelo Ministério Público, a quem caberá intervir em todos os termos subsequentes do processo.

Art. 46. O prazo para oferecimento da denúncia, estando o réu preso, será de 5 dias, contado da data em que o órgão do Ministério Público receber os autos do inquérito policial, e de 15 dias, se o réu estiver solto ou afiançado. No último caso, se houver devolução do inquérito à autoridade policial (art. 16), contar-se-á o prazo da data em que o órgão do Ministério Público receber novamente os autos.

§ 1º Quando o Ministério Público dispensar o inquérito policial, o prazo para o oferecimento da denúncia contar-se-á da data em que tiver recebido as peças de informações ou a representação

§ 2º O prazo para o aditamento da queixa será de 3 dias, contado da data em que o órgão do Ministério Público receber os autos, e, se este não se pronunciar dentro do tríduo, entender-se-á que não tem o que aditar, prosseguindo-se nos demais termos do processo.

Art. 47. Se o Ministério Público julgar necessários maiores esclarecimentos e documentos complementares ou novos elementos de convicção, deverá requisitá-los, diretamente, de quaisquer autoridades ou funcionários que devam ou possam fornecê-los.

Art. 48. A queixa contra qualquer dos autores do crime obrigará ao processo de todos, e o Ministério Público velará pela sua indivisibilidade.

Art. 49. A renúncia ao exercício do direito de queixa, em relação a um dos autores do crime, a todos se estenderá.

Art. 50. A renúncia expressa constará de declaração assinada pelo ofendido, por seu representante legal ou procurador com poderes especiais.

Parágrafo único. A renúncia do representante legal do menor que houver completado 18 (dezoito) anos não privará este do direito de queixa, nem a renúncia do último excluirá o direito do primeiro.

Art. 51. O perdão concedido a um dos querelados aproveitará a todos, sem que produza, todavia, efeito em relação ao que o recusar.

Art. 52. Se o querelante for menor de 21 e maior de 18 anos, o direito de perdão poderá ser exercido por ele ou por seu representante legal, mas o perdão concedido por um, havendo oposição do outro, não produzirá efeito.

Art. 53. Se o querelado for mentalmente enfermo ou retardado mental e não tiver representante legal, ou colidirem os interesses deste com os do querelado, a aceitação do perdão caberá ao curador que o juiz lhe nomear.

Art. 54. Se o querelado for menor de 21 anos, observar-se-á, quanto à aceitação do perdão, o disposto no art. 52.

Art. 55. O perdão poderá ser aceito por procurador com poderes especiais.

Art. 56. Aplicar-se-á ao perdão extraprocessual expresso o disposto no art. 50.

Art. 57. A renúncia tácita e o perdão tácito admitirão todos os meios de prova.

Art. 58. Concedido o perdão, mediante declaração expressa nos autos, o querelado será intimado a dizer, dentro de três dias, se o aceita, devendo, ao mesmo tempo, ser cientificado de que o seu silêncio importará aceitação.

Parágrafo único. Aceito o perdão, o juiz julgará extinta a punibilidade.

Art. 59. A aceitação do perdão fora do processo constará de declaração assinada pelo querelado, por seu representante legal ou procurador com poderes especiais.

Art. 60. Nos casos em que somente se procede mediante queixa, considerar-se-á perempta a ação penal:

I. quando, iniciada esta, o querelante deixar de promover o andamento do processo durante 30 dias seguidos;

II. quando, falecendo o querelante, ou sobrevindo sua incapacidade, não comparecer em juízo, para prosseguir no processo, dentro do prazo de 60 (sessenta) dias, qualquer das pessoas a quem couber fazê-lo, ressalvado o disposto no art. 36;

III. quando o querelante deixar de comparecer, sem motivo justificado, a qualquer ato do processo a que deva estar presente, ou deixar de formular o pedido de condenação nas alegações finais;

IV. quando, sendo o querelante pessoa jurídica, esta se extinguir sem deixar sucessor.

Art. 61. Em qualquer fase do processo, o juiz, se reconhecer extinta a punibilidade, deverá declará-lo de ofício.

Parágrafo único. No caso de requerimento do Ministério Público, do querelante ou do réu, o juiz mandará autuá-lo em apartado, ouvirá a parte contrária e, se o julgar conveniente, concederá o prazo de cinco dias para a prova, proferindo a decisão dentro de cinco dias ou reservando-se para apreciar a matéria na sentença final.

Art. 62. No caso de morte do acusado, o juiz somente à vista da certidão de óbito, e depois de ouvido o Ministério Público, declarará extinta a punibilidade.

TÍTULO IV - DA AÇÃO CIVIL

Art. 63. Transitada em julgado a sentença condenatória, poderão promover-lhe a execução, no juízo cível, para o efeito da reparação do dano, o ofendido, seu representante legal ou seus herdeiros.

Parágrafo único. Transitada em julgado a sentença condenatória, a execução poderá ser efetuada pelo valor fixado nos termos do inciso IV do caput do art. 387 deste Código sem prejuízo da liquidação para a apuração do dano efetivamente sofrido. (Incluído pela Lei nº 11.719, de 2008).

Art. 64. Sem prejuízo do disposto no artigo anterior, a ação para ressarcimento do dano poderá ser proposta no juízo cível, contra o autor do crime e, se for caso, contra o responsável civil. (Vide Lei nº 5.970, de 1973)

Parágrafo único. Intentada a ação penal, o juiz da ação civil poderá suspender o curso desta, até o julgamento definitivo daquela.

Art. 65. Faz coisa julgada no cível a sentença penal que reconhecer ter sido o ato praticado em estado de necessidade, em legítima defesa, em estrito cumprimento de dever legal ou no exercício regular de direito.

Art. 66. Não obstante a sentença absolutória no juízo criminal, a ação civil poderá ser proposta quando não tiver sido, categoricamente, reconhecida a inexistência material do fato.

Art. 67. Não impedirão igualmente a propositura da ação civil:

I. o despacho de arquivamento do inquérito ou das peças de informação;

II. a decisão que julgar extinta a punibilidade;

III. a sentença absolutória que decidir que o fato imputado não constitui crime.

Art. 68. Quando o titular do direito à reparação do dano for pobre (art. 32, §§ 1º e 2º), a execução da sentença condenatória (art. 63) ou a ação civil (art. 64) será promovida, a seu requerimento, pelo Ministério Público.

TÍTULO V - DA COMPETÊNCIA

Art. 69. Determinará a competência jurisdicional:

I. o lugar da infração:

II. o domicílio ou residência do réu;

III. a natureza da infração;

IV. a distribuição;

V. a conexão ou continência;

VI. a prevenção;

VII. a prerrogativa de função.

ANOTAÇÕES

ANOTAÇÕES

CAPÍTULO I - DA COMPETÊNCIA PELO LUGAR DA INFRAÇÃO

Art. 70. A competência será, de regra, determinada pelo lugar em que se consumar a infração, ou, no caso de tentativa, pelo lugar em que for praticado o último ato de execução.

§ 1º Se, iniciada a execução no território nacional, a infração se consumar fora dele, a competência será determinada pelo lugar em que tiver sido praticado, no Brasil, o último ato de execução.

§ 2º Quando o último ato de execução for praticado fora do território nacional, será competente o juiz do lugar em que o crime, embora parcialmente, tenha produzido ou devia produzir seu resultado.

§ 3º Quando incerto o limite territorial entre duas ou mais jurisdições, ou quando incerta a jurisdição por ter sido a infração consumada ou tentada nas divisas de duas ou mais jurisdições, a competência firmar-se-á pela prevenção.

Art. 71. Tratando-se de infração continuada ou permanente, praticada em território de duas ou mais jurisdições, a competência firmar-se-á pela prevenção.

CAPÍTULO II - DA COMPETÊNCIA PELO DOMICÍLIO OU RESIDÊNCIA DO RÉU

Art. 72. Não sendo conhecido o lugar da infração, a competência regular-se-á pelo domicílio ou residência do réu.

§ 1º Se o réu tiver mais de uma residência, a competência firmar-se-á pela prevenção.

§ 2º Se o réu não tiver residência certa ou for ignorado o seu paradeiro, será competente o juiz que primeiro tomar conhecimento do fato.

Art. 73. Nos casos de exclusiva ação privada, o querelante poderá preferir o foro de domicílio ou da residência do réu, ainda quando conhecido o lugar da infração.

CAPÍTULO III - DA COMPETÊNCIA PELA NATUREZA DA INFRAÇÃO

Art. 74. A competência pela natureza da infração será regulada pelas leis de organização judiciária, salvo a competência privativa do Tribunal do Júri.

§ 1º Compete ao Tribunal do Júri o julgamento dos crimes previstos nos arts. 121, §§ 1º e 2º, 122, parágrafo único, 123, 124, 125, 126 e 127 do Código Penal, consumados ou tentados. (Redação dada pela Lei nº 263, de 23.2.1948)

§ 2º Se, iniciado o processo perante um juiz, houver desclassificação para infração da competência de outro, a este será remetido o processo, salvo se mais graduada for a jurisdição do primeiro, que, em tal caso, terá sua competência prorrogada.

§ 3º Se o juiz da pronúncia desclassificar a infração para outra atribuída à competência de juiz singular, observar-se-á o disposto no art. 410; mas, se a desclassificação for feita pelo próprio Tribunal do Júri, a seu presidente caberá proferir a sentença (art. 492, § 2º).

CAPÍTULO IV - DA COMPETÊNCIA POR DISTRIBUIÇÃO

Art. 75. A precedência da distribuição fixará a competência quando, na mesma circunscrição judiciária, houver mais de um juiz igualmente competente.

Parágrafo único. A distribuição realizada para o efeito da concessão de fiança ou da decretação de prisão preventiva ou de qualquer diligência anterior à denúncia ou queixa prevenirá a da ação penal.

CAPÍTULO V - DA COMPETÊNCIA POR CONEXÃO OU CONTINÊNCIA

Art. 76. A competência será determinada pela conexão:

I. se, ocorrendo duas ou mais infrações, houverem sido praticadas, ao mesmo tempo, por várias pessoas reunidas, ou por várias pessoas em concurso, embora diverso o tempo e o lugar, ou por várias pessoas, umas contra as outras;

ANOTAÇÕES

II. se, no mesmo caso, houverem sido umas praticadas para facilitar ou ocultar as outras, ou para conseguir impunidade ou vantagem em relação a qualquer delas;

III. quando a prova de uma infração ou de qualquer de suas circunstâncias elementares influir na prova de outra infração.

Art. 77. A competência será determinada pela continência quando:

I. duas ou mais pessoas forem acusadas pela mesma infração;

II. no caso de infração cometida nas condições previstas nos arts. 51, § 1º, 53, segunda parte, e 54 do Código Penal.

Art. 78. Na determinação da competência por conexão ou continência, serão observadas as seguintes regras: (Redação dada pela Lei nº 263, de 23.2.1948)

I. no concurso entre a competência do júri e a de outro órgão da jurisdição comum, prevalecerá a competência do júri; (Redação dada pela Lei nº 263, de 23.2.1948)

II. no concurso de jurisdições da mesma categoria: (Redação dada pela Lei nº 263, de 23.2.1948)

a) preponderará a do lugar da infração, à qual for cominada a pena mais grave; (Redação dada pela Lei nº 263, de 23.2.1948)

b) prevalecerá a do lugar em que houver ocorrido o maior número de infrações, se as respectivas penas forem de igual gravidade; (Redação dada pela Lei nº 263, de 23.2.1948)

c) firmar-se-á a competência pela prevenção, nos outros casos; (Redação dada pela Lei nº 263, de 23.2.1948)

III. no concurso de jurisdições de diversas categorias, predominará a de maior graduação; (Redação dada pela Lei nº 263, de 23.2.1948)

IV. no concurso entre a jurisdição comum e a especial, prevalecerá esta. (Redação dada pela Lei nº 263, de 23.2.1948)

Art. 79. A conexão e a continência importarão unidade de processo e julgamento, salvo:

I. no concurso entre a jurisdição comum e a militar;

II. no concurso entre a jurisdição comum e a do juízo de menores.

§ 1º Cessará, em qualquer caso, a unidade do processo, se, em relação a algum corréu, sobrevier o caso previsto no art. 152.

§ 2º A unidade do processo não importará a do julgamento, se houver corréu foragido que não possa ser julgado à revelia, ou ocorrer a hipótese do art. 461.

Art. 80. Será facultativa a separação dos processos quando as infrações tiverem sido praticadas em circunstâncias de tempo ou de lugar diferentes, ou, quando pelo excessivo número de acusados e para não lhes prolongar a prisão provisória, ou por outro motivo relevante, o juiz reputar conveniente a separação.

Art. 81. Verificada a reunião dos processos por conexão ou continência, ainda que no processo da sua competência própria venha o juiz ou tribunal a proferir sentença absolutória ou que desclassifique a infração para outra que não se inclua na sua competência, continuará competente em relação aos demais processos.

Parágrafo único. Reconhecida inicialmente ao júri a competência por conexão ou continência, o juiz, se vier a desclassificar a infração ou impronunciar ou absolver o acusado, de maneira que exclua a competência do júri, remeterá o processo ao juízo competente.

Art. 82. Se, não obstante a conexão ou continência, forem instaurados processos diferentes, a autoridade de jurisdição prevalente deverá avocar os processos que corram perante os outros juízes, salvo se já estiverem com sentença definitiva. Neste caso, a unidade dos processos só se dará, ulteriormente, para o efeito de soma ou de unificação das penas.

CAPÍTULO VI - DA COMPETÊNCIA POR PREVENÇÃO

Art. 83. Verificar-se-á a competência por prevenção toda vez que, concorrendo dois ou mais juízes igualmente competentes ou com jurisdição cumulativa, um deles tiver antecedido aos outros na prática de algum ato do processo ou de medida a este relativa, ainda que anterior ao oferecimento da denúncia ou da queixa (arts. 70, § 3º, 71, 72, § 2º, e 78, II, c).

CAPÍTULO VII - DA COMPETÊNCIA PELA PRERROGATIVA DE FUNÇÃO

Art. 84. A competência pela prerrogativa de função é do Supremo Tribunal Federal, do Superior Tribunal de Justiça, dos Tribunais Regionais Federais e Tribunais de Justiça dos Estados e do Distrito Federal, relativamente às pessoas que devam responder perante eles por crimes comuns e de responsabilidade. (Redação dada pela Lei nº 10.628, de 24.12.2002)

§ 1º (Vide ADIN nº 2797)

§ 2º (Vide ADIN nº 2797)

Art. 85. Nos processos por crime contra a honra, em que forem querelantes as pessoas que a Constituição sujeita à jurisdição do Supremo Tribunal Federal e dos Tribunais de Apelação, àquele ou a estes caberá o julgamento, quando oposta e admitida a exceção da verdade.

Art. 86. Ao Supremo Tribunal Federal competirá, privativamente, processar e julgar:

I. os seus ministros, nos crimes comuns;

II. os ministros de Estado, salvo nos crimes conexos com os do Presidente da República;

III. o procurador-geral da República, os desembargadores dos Tribunais de Apelação, os ministros do Tribunal de Contas e os embaixadores e ministros diplomáticos, nos crimes comuns e de responsabilidade.

Art. 87. Competirá, originariamente, aos Tribunais de Apelação o julgamento dos governadores ou interventores nos Estados ou Territórios, e prefeito do Distrito Federal, seus respectivos secretários e chefes de Polícia, juízes de instância inferior e órgãos do Ministério Público.

CAPÍTULO VIII - DISPOSIÇÕES ESPECIAIS

Art. 88. No processo por crimes praticados fora do território brasileiro, será competente o juízo da Capital do Estado onde houver por último residido o acusado. Se este nunca tiver residido no Brasil, será competente o juízo da Capital da República.

Art. 89. Os crimes cometidos em qualquer embarcação nas águas territoriais da República, ou nos rios e lagos fronteiriços, bem como a bordo de embarcações nacionais, em alto-mar, serão processados e julgados pela justiça do primeiro porto brasileiro em que tocar a embarcação, após o crime, ou, quando se afastar do País, pela do último em que houver tocado.

Art. 90. Os crimes praticados a bordo de aeronave nacional, dentro do espaço aéreo correspondente ao território brasileiro, ou ao alto-mar, ou a bordo de aeronave estrangeira, dentro do espaço aéreo correspondente ao território nacional, serão processados e julgados pela justiça da comarca em cujo território se verificar o pouso após o crime, ou pela da comarca de onde houver partido a aeronave.

Art. 91. Quando incerta e não se determinar de acordo com as normas estabelecidas nos arts. 89 e 90, a competência se firmará pela prevenção. (Redação dada pela Lei nº 4.893, de 9.12.1965)

TÍTULO VI - DAS QUESTÕES E PROCESSOS INCIDENTES

CAPÍTULO I - DAS QUESTÕES PREJUDICIAIS

Art. 92. Se a decisão sobre a existência da infração depender da solução de controvérsia, que o juiz repute séria e fundada, sobre o estado civil das pessoas, o curso da ação penal ficará suspenso até que no juízo cível seja a controvérsia dirimida por sentença passada em julgado, sem prejuízo, entretanto, da inquirição das testemunhas e de outras provas de natureza urgente.

ANOTAÇÕES

Parágrafo único. Se for o crime de ação pública, o Ministério Público, quando necessário, promoverá a ação civil ou prosseguirá na que tiver sido iniciada, com a citação dos interessados.

Art. 93. Se o reconhecimento da existência da infração penal depender de decisão sobre questão diversa da prevista no artigo anterior, da competência do juízo cível, e se neste houver sido proposta ação para resolvê-la, o juiz criminal poderá, desde que essa questão seja de difícil solução e não verse sobre direito cuja prova a lei civil limite, suspender o curso do processo, após a inquirição das testemunhas e realização das outras provas de natureza urgente.

§ 1º O juiz marcará o prazo da suspensão, que poderá ser razoavelmente prorrogado, se a demora não for imputável à parte. Expirado o prazo, sem que o juiz cível tenha proferido decisão, o juiz criminal fará prosseguir o processo, retomando sua competência para resolver, de fato e de direito, toda a matéria da acusação ou da defesa.

§ 2º Do despacho que denegar a suspensão não caberá recurso.

§ 3º Suspenso o processo, e tratando-se de crime de ação pública, incumbirá ao Ministério Público intervir imediatamente na causa cível, para o fim de promover-lhe o rápido andamento.

Art. 94. A suspensão do curso da ação penal, nos casos dos artigos anteriores, será decretada pelo juiz, de ofício ou a requerimento das partes.

CAPÍTULO II - DAS EXCEÇÕES

Art. 95. Poderão ser opostas as exceções de:

I. suspeição;

II. incompetência de juízo;

III. litispendência;

IV. ilegitimidade de parte;

V. coisa julgada.

Art. 96. A arguição de suspeição precederá a qualquer outra, salvo quando fundada em motivo superveniente.

Art. 97. O juiz que espontaneamente afirmar suspeição deverá fazê-lo por escrito, declarando o motivo legal, e remeterá imediatamente o processo ao seu substituto, intimadas as partes.

Art. 98. Quando qualquer das partes pretender recusar o juiz, deverá fazê-lo em petição assinada por ela própria ou por procurador com poderes especiais, aduzindo as suas razões acompanhadas de prova documental ou do rol de testemunhas.

Art. 99. Se reconhecer a suspeição, o juiz sustará a marcha do processo, mandará juntar aos autos a petição do recusante com os documentos que a instruam, e por despacho se declarará suspeito, ordenando a remessa dos autos ao substituto.

Art. 100. Não aceitando a suspeição, o juiz mandará autuar em apartado a petição, dará sua resposta dentro em três dias, podendo instruí-la e oferecer testemunhas, e, em seguida, determinará sejam os autos da exceção remetidos, dentro em vinte e quatro horas, ao juiz ou tribunal a quem competir o julgamento.

§ 1º Reconhecida, preliminarmente, a relevância da arguição, o juiz ou tribunal, com citação das partes, marcará dia e hora para a inquirição das testemunhas, seguindo-se o julgamento, independentemente de mais alegações.

§ 2º Se a suspeição for de manifesta improcedência, o juiz ou relator a rejeitará liminarmente.

Art. 101. Julgada procedente a suspeição, ficarão nulos os atos do processo principal, pagando o juiz as custas, no caso de erro inescusável; rejeitada, evidenciando-se a malícia do excipiente, a este será imposta a multa de duzentos mil-réis a dois contos de réis.

ANOTAÇÕES

ANOTAÇÕES

Art. 102. Quando a parte contrária reconhecer a procedência da arguição, poderá ser sustado, a seu requerimento, o processo principal, até que se julgue o incidente da suspeição.

Art. 103. No Supremo Tribunal Federal e nos Tribunais de Apelação, o juiz que se julgar suspeito deverá declará-lo nos autos e, se for revisor, passar o feito ao seu substituto na ordem da precedência, ou, se for relator, apresentar os autos em mesa para nova distribuição.

§ 1º Se não for relator nem revisor, o juiz que houver de dar-se por suspeito, deverá fazê-lo verbalmente, na sessão de julgamento, registrando-se na ata a declaração.

§ 2º Se o presidente do tribunal se der por suspeito, competirá ao seu substituto designar dia para o julgamento e presidi-lo.

§ 3º Observar-se-á, quanto à arguição de suspeição pela parte, o disposto nos arts. 98 a 101, no que lhe for aplicável, atendido, se o juiz a reconhecer, o que estabelece este artigo.

§ 4º A suspeição, não sendo reconhecida, será julgada pelo tribunal pleno, funcionando como relator o presidente.

§ 5º Se o recusado for o presidente do tribunal, o relator será o vice-presidente.

Art. 104. Se for arguida a suspeição do órgão do Ministério Público, o juiz, depois de ouvi-lo, decidirá, sem recurso, podendo antes admitir a produção de provas no prazo de três dias.

Art. 105. As partes poderão também arguir de suspeitos os peritos, os intérpretes e os serventuários ou funcionários de justiça, decidindo o juiz de plano e sem recurso, à vista da matéria alegada e prova imediata.

Art. 106. A suspeição dos jurados deverá ser arguida oralmente, decidindo de plano do presidente do Tribunal do Júri, que a rejeitará se, negada pelo recusado, não for imediatamente comprovada, o que tudo constará da ata.

Art. 107. Não se poderá opor suspeição às autoridades policiais nos atos do inquérito, mas deverão elas declarar-se suspeitas, quando ocorrer motivo legal.

Art. 108. A exceção de incompetência do juízo poderá ser oposta, verbalmente ou por escrito, no prazo de defesa.

§ 1º Se, ouvido o Ministério Público, for aceita a declinatória, o feito será remetido ao juízo competente, onde, ratificados os atos anteriores, o processo prosseguirá.

§ 2º Recusada a incompetência, o juiz continuará no feito, fazendo tomar por termo a declinatória, se formulada verbalmente.

Art. 109. Se em qualquer fase do processo o juiz reconhecer motivo que o torne incompetente, declará-lo-á nos autos, haja ou não alegação da parte, prosseguindo-se na forma do artigo anterior.

Art. 110. Nas exceções de litispendência, ilegitimidade de parte e coisa julgada, será observado, no que lhes for aplicável, o disposto sobre a exceção de incompetência do juízo.

§ 1º Se a parte houver de opor mais de uma dessas exceções, deverá fazê-lo numa só petição ou articulado.

§ 2º A exceção de coisa julgada somente poderá ser oposta em relação ao fato principal, que tiver sido objeto da sentença.

Art. 111. As exceções serão processadas em autos apartados e não suspenderão, em regra, o andamento da ação penal.

CAPÍTULO III - DAS INCOMPATIBILIDADES E IMPEDIMENTOS

Art. 112. O juiz, o órgão do Ministério Público, os serventuários ou funcionários de justiça e os peritos ou intérpretes abster-se-ão de servir no processo, quando houver incompatibilidade ou impedimento legal, que declararão nos autos. Se não se der a abstenção, a incompatibilidade ou impedimento poderá ser arguido pelas partes, seguindo-se o processo estabelecido para a exceção de suspeição.

ANOTAÇÕES

CAPÍTULO IV - DO CONFLITO DE JURISDIÇÃO

Art. 113. As questões atinentes à competência resolver-se-ão não só pela exceção própria, como também pelo conflito positivo ou negativo de jurisdição.

Art. 114. Haverá conflito de jurisdição:

I. quando duas ou mais autoridades judiciárias se considerarem competentes, ou incompetentes, para conhecer do mesmo fato criminoso;

II. quando entre elas surgir controvérsia sobre unidade de juízo, junção ou separação de processos.

Art. 115. O conflito poderá ser suscitado:

I. pela parte interessada;

II. pelos órgãos do Ministério Público junto a qualquer dos juízos em dissídio;

III. por qualquer dos juízes ou tribunais em causa.

Art. 116. Os juízes e tribunais, sob a forma de representação, e a parte interessada, sob a de requerimento, darão parte escrita e circunstanciada do conflito, perante o tribunal competente, expondo os fundamentos e juntando os documentos comprobatórios.

§ 1º Quando negativo o conflito, os juízes e tribunais poderão suscitá-lo nos próprios autos do processo.

§ 2º Distribuído o feito, se o conflito for positivo, o relator poderá determinar imediatamente que se suspenda o andamento do processo.

§ 3º Expedida ou não a ordem de suspensão, o relator requisitará informações às autoridades em conflito, remetendo-lhes cópia do requerimento ou representação.

§ 4º As informações serão prestadas no prazo marcado pelo relator.

§ 5º Recebidas as informações, e depois de ouvido o procurador-geral, o conflito será decidido na primeira sessão, salvo se a instrução do feito depender de diligência.

§ 6º Proferida a decisão, as cópias necessárias serão remetidas, para a sua execução, às autoridades contra as quais tiver sido levantado o conflito ou que o houverem suscitado.

Art. 117. O Supremo Tribunal Federal, mediante avocatória, restabelecerá a sua jurisdição, sempre que exercida por qualquer dos juízes ou tribunais inferiores.

CAPÍTULO V - DA RESTITUIÇÃO DAS COISAS APREENDIDAS

Art. 118. Antes de transitar em julgado a sentença final, as coisas apreendidas não poderão ser restituídas enquanto interessarem ao processo.

Art. 119. As coisas a que se referem os arts. 74 e 100 do Código Penal não poderão ser restituídas, mesmo depois de transitar em julgado a sentença final, salvo se pertencerem ao lesado ou a terceiro de boa-fé.

Art. 120. A restituição, quando cabível, poderá ser ordenada pela autoridade policial ou juiz, mediante termo nos autos, desde que não exista dúvida quanto ao direito do reclamante.

§ 1º Se duvidoso esse direito, o pedido de restituição autuar-se-á em apartado, assinando-se ao requerente o prazo de 5 (cinco) dias para a prova. Em tal caso, só o juiz criminal poderá decidir o incidente.

§ 2º O incidente autuar-se-á também em apartado e só a autoridade judicial o resolverá, se as coisas forem apreendidas em poder de terceiro de boa-fé, que será intimado para alegar e provar o seu direito, em prazo igual e sucessivo ao do reclamante, tendo um e outro dois dias para arrazoar.

§ 3º Sobre o pedido de restituição será sempre ouvido o Ministério Público.

§ 4º Em caso de dúvida sobre quem seja o verdadeiro dono, o juiz remeterá as partes para o juízo cível, ordenando o depósito das coisas em mãos de depositário ou do próprio terceiro que as detinha, se for pessoa idônea.

§ 5º Tratando-se de coisas facilmente deterioráveis, serão avaliadas e levadas a leilão público, depositando-se o dinheiro apurado, ou entregues ao terceiro que as detinha, se este for pessoa idônea e assinar termo de responsabilidade.

Art. 121. No caso de apreensão de coisa adquirida com os proventos da infração, aplica-se o disposto no art. 133 e seu parágrafo.

Art. 122. Sem prejuízo do disposto no art. 120, as coisas apreendidas serão alienadas nos termos do disposto no art. 133 deste Código. (Redação dada pela Lei nº 13.964, de 24.12.2019)

Parágrafo único. (Revogado). (Redação dada pela Lei nº 13.964, de 24.12.2019)

Art. 123. Fora dos casos previstos nos artigos anteriores, se dentro no prazo de 90 dias, a contar da data em que transitar em julgado a sentença final, condenatória ou absolutória, os objetos apreendidos não forem reclamados ou não pertencerem ao réu, serão vendidos em leilão, depositando-se o saldo à disposição do juízo de ausentes.

Art. 124. Os instrumentos do crime, cuja perda em favor da União for decretada, e as coisas confiscadas, de acordo com o disposto no art. 100 do Código Penal, serão inutilizados ou recolhidos a museu criminal, se houver interesse na sua conservação.

Art. 124-A. Na hipótese de decretação de perdimento de obras de arte ou de outros bens de relevante valor cultural ou artístico, se o crime não tiver vítima determinada, poderá haver destinação dos bens a museus públicos. (Incluído pela Lei nº 13.964, de 24.12.2019)

CAPÍTULO VI – DAS MEDIDAS ASSECURATÓRIAS

Art. 125. Caberá o sequestro dos bens imóveis, adquiridos pelo indiciado com os proventos da infração, ainda que já tenham sido transferidos a terceiro.

Art. 126. Para a decretação do sequestro, bastará a existência de indícios veementes da proveniência ilícita dos bens.

Art. 127. O juiz, de ofício, a requerimento do Ministério Público ou do ofendido, ou mediante representação da autoridade policial, poderá ordenar o sequestro, em qualquer fase do processo ou ainda antes de oferecida a denúncia ou queixa.

Art. 128. Realizado o sequestro, o juiz ordenará a sua inscrição no Registro de Imóveis.

Art. 129. O sequestro autuar-se-á em apartado e admitirá embargos de terceiro.

Art. 130. O sequestro poderá ainda ser embargado:

I. pelo acusado, sob o fundamento de não terem os bens sido adquiridos com os proventos da infração;

II. pelo terceiro, a quem houverem os bens sido transferidos a título oneroso, sob o fundamento de tê-los adquirido de boa-fé.

Parágrafo único. Não poderá ser pronunciada decisão nesses embargos antes de passar em julgado a sentença condenatória.

Art. 131. O sequestro será levantado:

I. se a ação penal não for intentada no prazo de sessenta dias, contado da data em que ficar concluída a diligência;

II. se o terceiro, a quem tiverem sido transferidos os bens, prestar caução que assegure a aplicação do disposto no art. 74, II, b, segunda parte, do Código Penal;

III. se for julgada extinta a punibilidade ou absolvido o réu, por sentença transitada em julgado.

Art. 132. Proceder-se-á ao sequestro dos bens móveis se, verificadas as condições previstas no art. 126, não for cabível a medida regulada no Capítulo XI do Título VII deste Livro.

ANOTAÇÕES

Art. 133. Transitada em julgado a sentença condenatória, o juiz, de ofício ou a requerimento do interessado ou do Ministério Público, determinará a avaliação e a venda dos bens em leilão público cujo perdimento tenha sido decretado. (Redação dada pela Lei nº 13.964, de 24.12.2019)

§ 1º Do dinheiro apurado, será recolhido aos cofres públicos o que não couber ao lesado ou a terceiro de boa-fé. (Incluído pela Lei nº 13.964, de 24.12.2019)

§ 2º O valor apurado deverá ser recolhido ao Fundo Penitenciário Nacional, exceto se houver previsão diversa em lei especial. (Incluído pela Lei nº 13.964, de 24.12.2019)

Art. 133-A. O juiz poderá autorizar, constatado o interesse público, a utilização de bem sequestrado, apreendido ou sujeito a qualquer medida assecuratória pelos órgãos de segurança pública previstos no art. 144 da Constituição Federal, do sistema prisional, do sistema socioeducativo, da Força Nacional de Segurança Pública e do Instituto Geral de Perícia, para o desempenho de suas atividades. (Incluído pela Lei nº 13.964, de 24.12.2019)

§ 1º O órgão de segurança pública participante das ações de investigação ou repressão da infração penal que ensejou a constrição do bem terá prioridade na sua utilização. (Incluído pela Lei nº 13.964, de 24.12.2019)

§ 2º Fora das hipóteses anteriores, demonstrado o interesse público, o juiz poderá autorizar o uso do bem pelos demais órgãos públicos. (Incluído pela Lei nº 13.964, de 24.12.2019)

§ 3º Se o bem a que se refere o caput deste artigo for veículo, embarcação ou aeronave, o juiz ordenará à autoridade de trânsito ou ao órgão de registro e controle a expedição de certificado provisório de registro e licenciamento em favor do órgão público beneficiário, o qual estará isento do pagamento de multas, encargos e tributos anteriores à disponibilização do bem para a sua utilização, que deverão ser cobrados de seu responsável. (Incluído pela Lei nº 13.964, de 24.12.2019)

§ 4º Transitada em julgado a sentença penal condenatória com a decretação de perdimento dos bens, ressalvado o direito do lesado ou terceiro de boa-fé, o juiz poderá determinar a transferência definitiva da propriedade ao órgão público beneficiário ao qual foi custodiado o bem. (Incluído pela Lei nº 13.964, de 24.12.2019)

Art. 134. A hipoteca legal sobre os imóveis do indiciado poderá ser requerida pelo ofendido em qualquer fase do processo, desde que haja certeza da infração e indícios suficientes da autoria.

Art. 135. Pedida a especialização mediante requerimento, em que a parte estimará o valor da responsabilidade civil, e designará e estimará o imóvel ou imóveis que terão de ficar especialmente hipotecados, o juiz mandará logo proceder ao arbitramento do valor da responsabilidade e à avaliação do imóvel ou imóveis.

§ 1º A petição será instruída com as provas ou indicação das provas em que se fundar a estimação da responsabilidade, com a relação dos imóveis que o responsável possuir, se outros tiver, além dos indicados no requerimento, e com os documentos comprobatórios do domínio.

§ 2º O arbitramento do valor da responsabilidade e a avaliação dos imóveis designados far-se-ão por perito nomeado pelo juiz, onde não houver avaliador judicial, sendo-lhe facultada a consulta dos autos do processo respectivo.

§ 3º O juiz, ouvidas as partes no prazo de dois dias, que correrá em cartório, poderá corrigir o arbitramento do valor da responsabilidade, se lhe parecer excessivo ou deficiente.

§ 4º O juiz autorizará somente a inscrição da hipoteca do imóvel ou imóveis necessários à garantia da responsabilidade.

ANOTAÇÕES

ANOTAÇÕES

§ 5º O valor da responsabilidade será liquidado definitivamente após a condenação, podendo ser requerido novo arbitramento se qualquer das partes não se conformar com o arbitramento anterior à sentença condenatória.

§ 6º Se o réu oferecer caução suficiente, em dinheiro ou em títulos de dívida pública, pelo valor de sua cotação em Bolsa, o juiz poderá deixar de mandar proceder à inscrição da hipoteca legal.

Art. 136. O arresto do imóvel poderá ser decretado de início, revogando-se, porém, se no prazo de 15 (quinze) dias não for promovido o processo de inscrição da hipoteca legal. (Redação dada pela Lei nº 11.435, de 2006).

Art. 137. Se o responsável não possuir bens imóveis ou os possuir de valor insuficiente, poderão ser arrestados bens móveis suscetíveis de penhora, nos termos em que é facultada a hipoteca legal dos imóveis. (Redação dada pela Lei nº 11.435, de 2006).

§ 1º Se esses bens forem coisas fungíveis e facilmente deterioráveis, proceder-se-á na forma do § 5º do art. 120.

§ 2º Das rendas dos bens móveis poderão ser fornecidos recursos arbitrados pelo juiz, para a manutenção do indiciado e de sua família.

Art. 138. O processo de especialização da hipoteca e do arresto correrão em auto apartado. (Redação dada pela Lei nº 11.435, de 2006).

Art. 139. O depósito e a administração dos bens arrestados ficarão sujeitos ao regime do processo civil. (Redação dada pela Lei nº 11.435, de 2006).

Art. 140. As garantias do ressarcimento do dano alcançarão também as despesas processuais e as penas pecuniárias, tendo preferência sobre estas a reparação do dano ao ofendido.

Art. 141. O arresto será levantado ou cancelada a hipoteca, se, por sentença irrecorrível, o réu for absolvido ou julgada extinta a punibilidade. (Redação dada pela Lei nº 11.435, de 2006).

Art. 142. Caberá ao Ministério Público promover as medidas estabelecidas nos arts. 134 e 137, se houver interesse da Fazenda Pública, ou se o ofendido for pobre e o requerer.

Art. 143. Passando em julgado a sentença condenatória, serão os autos de hipoteca ou arresto remetidos ao juiz do cível (art. 63). (Redação dada pela Lei nº 11.435, de 2006).

Art. 144. Os interessados ou, nos casos do art. 142, o Ministério Público poderão requerer no juízo cível, contra o responsável civil, as medidas previstas nos arts. 134, 136 e 137.

Art. 144-A. O juiz determinará a alienação antecipada para preservação do valor dos bens sempre que estiverem sujeitos a qualquer grau de deterioração ou depreciação, ou quando houver dificuldade para sua manutenção. (Incluído pela Lei nº 12.694, de 2012)

§ 1º O leilão far-se-á preferencialmente por meio eletrônico. (Incluído pela Lei nº 12.694, de 2012)

§ 2º Os bens deverão ser vendidos pelo valor fixado na avaliação judicial ou por valor maior. Não alcançado o valor estipulado pela administração judicial, será realizado novo leilão, em até 10 (dez) dias contados da realização do primeiro, podendo os bens ser alienados por valor não inferior a 80% (oitenta por cento) do estipulado na avaliação judicial. (Incluído pela Lei nº 12.694, de 2012)

§ 3º O produto da alienação ficará depositado em conta vinculada ao juízo até a decisão final do processo, procedendo-se à sua conversão em renda para a União, Estado ou Distrito Federal, no caso de condenação, ou, no caso de absolvição, à sua devolução ao acusado. (Incluído pela Lei nº 12.694, de 2012)

§ 4º Quando a indisponibilidade recair sobre dinheiro, inclusive moeda estrangeira, títulos, valores mobiliários ou cheques emitidos como ordem de pagamento, o juízo determinará a conversão do numerário apreendido em moeda nacional corrente e o depósito das correspondentes quantias em conta judicial. (Incluído pela Lei nº 12.694, de 2012)

ANOTAÇÕES

§ 5º No caso da alienação de veículos, embarcações ou aeronaves, o juiz ordenará à autoridade de trânsito ou ao equivalente órgão de registro e controle a expedição de certificado de registro e licenciamento em favor do arrematante, ficando este livre do pagamento de multas, encargos e tributos anteriores, sem prejuízo de execução fiscal em relação ao antigo proprietário. (Incluído pela Lei nº 12.694, de 2012)

§ 6º O valor dos títulos da dívida pública, das ações das sociedades e dos títulos de crédito negociáveis em bolsa será o da cotação oficial do dia, provada por certidão ou publicação no órgão oficial. (Incluído pela Lei nº 12.694, de 2012)

§ 7º (VETADO). (Incluído pela Lei nº 12.694, de 2012)

CAPÍTULO VII - DO INCIDENTE DE FALSIDADE

Art. 145. Arguida, por escrito, a falsidade de documento constante dos autos, o juiz observará o seguinte processo:

I. mandará autuar em apartado a impugnação, e em seguida ouvirá a parte contrária, que, no prazo de 48 horas, oferecerá resposta;

II. assinará o prazo de 3 dias, sucessivamente, a cada uma das partes, para prova de suas alegações;

III. conclusos os autos, poderá ordenar as diligências que entender necessárias;

IV. se reconhecida a falsidade por decisão irrecorrível, mandará desentranhar o documento e remetê-lo, com os autos do processo incidente, ao Ministério Público.

Art. 146. A arguição de falsidade, feita por procurador, exige poderes especiais.

Art. 147. O juiz poderá, de ofício, proceder à verificação da falsidade.

Art. 148. Qualquer que seja a decisão, não fará coisa julgada em prejuízo de ulterior processo penal ou civil.

CAPÍTULO VIII - DA INSANIDADE MENTAL DO ACUSADO

Art. 149. Quando houver dúvida sobre a integridade mental do acusado, o juiz ordenará, de ofício ou a requerimento do Ministério Público, do defensor, do curador, do ascendente, descendente, irmão ou cônjuge do acusado, seja este submetido a exame médico-legal.

§ 1º O exame poderá ser ordenado ainda na fase do inquérito, mediante representação da autoridade policial ao juiz competente.

§ 2º O juiz nomeará curador ao acusado, quando determinar o exame, ficando suspenso o processo, se já iniciada a ação penal, salvo quanto às diligências que possam ser prejudicadas pelo adiamento.

Art. 150. Para o efeito do exame, o acusado, se estiver preso, será internado em manicômio judiciário, onde houver, ou, se estiver solto, e o requererem os peritos, em estabelecimento adequado que o juiz designar.

§ 1º O exame não durará mais de quarenta e cinco dias, salvo se os peritos demonstrarem a necessidade de maior prazo.

§ 2º Se não houver prejuízo para a marcha do processo, o juiz poderá autorizar sejam os autos entregues aos peritos, para facilitar o exame.

Art. 151. Se os peritos concluírem que o acusado era, ao tempo da infração, irresponsável nos termos do art. 22 do Código Penal, o processo prosseguirá, com a presença do curador.

Art. 152. Se se verificar que a doença mental sobreveio à infração o processo continuará suspenso até que o acusado se restabeleça, observado o § 2º do art. 149.

§ 1º O juiz poderá, nesse caso, ordenar a internação do acusado em manicômio judiciário ou em outro estabelecimento adequado.

§ 2º O processo retomará o seu curso, desde que se restabeleça o acusado, ficando-lhe assegurada a faculdade de reinquirir as testemunhas que houverem prestado depoimento sem a sua presença.

Art. 153. O incidente da insanidade mental processar-se-á em auto apartado, que só depois da apresentação do laudo, será apenso ao processo principal.

Art. 154. Se a insanidade mental sobrevier no curso da execução da pena, observar-se-á o disposto no art. 682.

TÍTULO VII - DA PROVA

CAPÍTULO I - DISPOSIÇÕES GERAIS

Art. 155. O juiz formará sua convicção pela livre apreciação da prova produzida em contraditório judicial, não podendo fundamentar sua decisão exclusivamente nos elementos informativos colhidos na investigação, ressalvadas as provas cautelares, não repetíveis e antecipadas. (Redação dada pela Lei nº 11.690, de 2008)

Parágrafo único. Somente quanto ao estado das pessoas serão observadas as restrições estabelecidas na lei civil. (Incluído pela Lei nº 11.690, de 2008)

Art. 156. A prova da alegação incumbirá a quem a fizer, sendo, porém, facultado ao juiz de ofício: (Redação dada pela Lei nº 11.690, de 2008)

I. ordenar, mesmo antes de iniciada a ação penal, a produção antecipada de provas consideradas urgentes e relevantes, observando a necessidade, adequação e proporcionalidade da medida; (Incluído pela Lei nº 11.690, de 2008)

II. determinar, no curso da instrução, ou antes de proferir sentença, a realização de diligências para dirimir dúvida sobre ponto relevante. (Incluído pela Lei nº 11.690, de 2008)

Art. 157. São inadmissíveis, devendo ser desentranhadas do processo, as provas ilícitas, assim entendidas as obtidas em violação a normas constitucionais ou legais. (Redação dada pela Lei nº 11.690, de 2008)

§ 1º São também inadmissíveis as provas derivadas das ilícitas, salvo quando não evidenciado o nexo de causalidade entre umas e outras, ou quando as derivadas puderem ser obtidas por uma fonte independente das primeiras. (Incluído pela Lei nº 11.690, de 2008)

§ 2º Considera-se fonte independente aquela que por si só, seguindo os trâmites típicos e de praxe, próprios da investigação ou instrução criminal, seria capaz de conduzir ao fato objeto da prova. (Incluído pela Lei nº 11.690, de 2008)

§ 3º Preclusa a decisão de desentranhamento da prova declarada inadmissível, esta será inutilizada por decisão judicial, facultado às partes acompanhar o incidente. (Incluído pela Lei nº 11.690, de 2008)

§ 4º (VETADO) (Incluído pela Lei nº 11.690, de 2008)

§ 5º O juiz que conhecer do conteúdo da prova declarada inadmissível não poderá proferir a sentença ou acórdão. (Incluído pela Lei nº 13.964, de 24.12.2019)

CAPÍTULO II - DO EXAME DE CORPO DE DELITO, DA CADEIA DE CUSTÓDIA E DAS PERÍCIAS EM GERAL (Redação dada pela Lei nº 13.964, de 24.12.2019)

Art. 158. Quando a infração deixar vestígios, será indispensável o exame de corpo de delito, direto ou indireto, não podendo supri-lo a confissão do acusado.

Parágrafo único. Dar-se-á prioridade à realização do exame de corpo de delito quando se tratar de crime que envolva: (Incluído dada pela Lei nº 13.721, de 2018)

I. violência doméstica e familiar contra mulher; (Incluído dada pela Lei nº 13.721, de 2018)

II. violência contra criança, adolescente, idoso ou pessoa com deficiência. (Incluído dada pela Lei nº 13.721, de 2018)

ANOTAÇÕES

Suspenso: A suspensão vale até que o tema seja analisado no plenário do STF - a data desse julgamento ainda não foi marcada até o fechamento deste arquivo.

Art. 158-A. Considera-se cadeia de custódia o conjunto de todos os procedimentos utilizados para manter e documentar a história cronológica do vestígio coletado em locais ou em vítimas de crimes, para rastrear sua posse e manuseio a partir de seu reconhecimento até o descarte. (Incluído pela Lei nº 13.964, de 24.12.2019)

§ 1º O início da cadeia de custódia dá-se com a preservação do local de crime ou com procedimentos policiais ou periciais nos quais seja detectada a existência de vestígio. (Incluído pela Lei nº 13.964, de 24.12.2019)

§ 2º O agente público que reconhecer um elemento como de potencial interesse para a produção da prova pericial fica responsável por sua preservação. (Incluído pela Lei nº 13.964, de 24.12.2019)

§ 3º Vestígio é todo objeto ou material bruto, visível ou latente, constatado ou recolhido, que se relaciona à infração penal. (Incluído pela Lei nº 13.964, de 24.12.2019)

Art. 158-B. A cadeia de custódia compreende o rastreamento do vestígio nas seguintes etapas: (Incluído pela Lei nº 13.964, de 24.12.2019)

I. reconhecimento: ato de distinguir um elemento como de potencial interesse para a produção da prova pericial; (Incluído pela Lei nº 13.964, de 24.12.2019)

II. isolamento: ato de evitar que se altere o estado das coisas, devendo isolar e preservar o ambiente imediato, mediato e relacionado aos vestígios e local de crime; (Incluído pela Lei nº 13.964, de 24.12.2019)

III. fixação: descrição detalhada do vestígio conforme se encontra no local de crime ou no corpo de delito, e a sua posição na área de exames, podendo ser ilustrada por fotografias, filmagens ou croqui, sendo indispensável a sua descrição no laudo pericial produzido pelo perito responsável pelo atendimento; (Incluído pela Lei nº 13.964, de 24.12.2019)

IV. coleta: ato de recolher o vestígio que será submetido à análise pericial, respeitando suas características e natureza; (Incluído pela Lei nº 13.964, de 24.12.2019)

V. acondicionamento: procedimento por meio do qual cada vestígio coletado é embalado de forma individualizada, de acordo com suas características físicas, químicas e biológicas, para posterior análise, com anotação da data, hora e nome de quem realizou a coleta e o acondicionamento; (Incluído pela Lei nº 13.964, de 24.12.2019)

VI. transporte: ato de transferir o vestígio de um local para o outro, utilizando as condições adequadas (embalagens, veículos, temperatura, entre outras), de modo a garantir a manutenção de suas características originais, bem como o controle de sua posse; (Incluído pela Lei nº 13.964, de 24.12.2019)

VII. recebimento: ato formal de transferência da posse do vestígio, que deve ser documentado com, no mínimo, informações referentes ao número de procedimento e unidade de polícia judiciária relacionada, local de origem, nome de quem transportou o vestígio, código de rastreamento, natureza do exame, tipo do vestígio, protocolo, assinatura e identificação de quem o recebeu; (Incluído pela Lei nº 13.964, de 24.12.2019)

VIII. processamento: exame pericial em si, manipulação do vestígio de acordo com a metodologia adequada às suas características biológicas, físicas e químicas, a fim de se obter o resultado desejado, que deverá ser formalizado em laudo produzido por perito; (Incluído pela Lei nº 13.964, de 24.12.2019)

ANOTAÇÕES

Suspenso: A suspensão vale até que o tema seja analisado no plenário do STF - a data desse julgamento ainda não foi marcada até o fechamento deste arquivo.

ANOTAÇÕES

Suspenso:

A suspensão vale até que o tema seja analisado no plenário do STF - a data desse julgamento ainda não foi marcada até o fechamento deste arquivo.

IX. armazenamento: procedimento referente à guarda, em condições adequadas, do material a ser processado, guardado para realização de contraperícia, descartado ou transportado, com vinculação ao número do laudo correspondente; (Incluído pela Lei nº 13.964, de 24.12.2019)

X. descarte: procedimento referente à liberação do vestígio, respeitando a legislação vigente e, quando pertinente, mediante autorização judicial. (Incluído pela Lei nº 13.964, de 24.12.2019)

Art. 158-C. A coleta dos vestígios deverá ser realizada preferencialmente por perito oficial, que dará o encaminhamento necessário para a central de custódia, mesmo quando for necessária a realização de exames complementares. (Incluído pela Lei nº 13.964, de 24.12.2019)

§ 1º Todos vestígios coletados no decurso do inquérito ou processo devem ser tratados como descrito nesta Lei, ficando órgão central de perícia oficial de natureza criminal responsável por detalhar a forma do seu cumprimento. (Incluído pela Lei nº 13.964, de 24.12.2019)

§ 2º É proibida a entrada em locais isolados bem como a remoção de quaisquer vestígios de locais de crime antes da liberação por parte do perito responsável, sendo tipificada como fraude processual a sua realização. (Incluído pela Lei nº 13.964, de 24.12.2019)

Art. 158-D. O recipiente para acondicionamento do vestígio será determinado pela natureza do material. (Incluído pela Lei nº 13.964, de 24.12.2019)

§ 1º Todos os recipientes deverão ser selados com lacres, com numeração individualizada, de forma a garantir a inviolabilidade e a idoneidade do vestígio durante o transporte. (Incluído pela Lei nº 13.964, de 24.12.2019)

§ 2º O recipiente deverá individualizar o vestígio, preservar suas características, impedir contaminação e vazamento, ter grau de resistência adequado e espaço para registro de informações sobre seu conteúdo. (Incluído pela Lei nº 13.964, de 24.12.2019)

§ 3º O recipiente só poderá ser aberto pelo perito que vai proceder à análise e, motivadamente, por pessoa autorizada. (Incluído pela Lei nº 13.964, de 24.12.2019)

§ 4º Após cada rompimento de lacre, deve se fazer constar na ficha de acompanhamento de vestígio o nome e a matrícula do responsável, a data, o local, a finalidade, bem como as informações referentes ao novo lacre utilizado. (Incluído pela Lei nº 13.964, de 24.12.2019)

§ 5º O lacre rompido deverá ser acondicionado no interior do novo recipiente. (Incluído pela Lei nº 13.964, de 24.12.2019)

Art. 158-E. Todos os Institutos de Criminalística deverão ter uma central de custódia destinada à guarda e controle dos vestígios, e sua gestão deve ser vinculada diretamente ao órgão central de perícia oficial de natureza criminal. (Incluído pela Lei nº 13.964, de 24.12.2019)

§ 1º Toda central de custódia deve possuir os serviços de protocolo, com local para conferência, recepção, devolução de materiais e documentos, possibilitando a seleção, a classificação e a distribuição de materiais, devendo ser um espaço seguro e apresentar condições ambientais que não interfiram nas características do vestígio. (Incluído pela Lei nº 13.964, de 24.12.2019)

§ 2º Na central de custódia, a entrada e a saída de vestígio deverão ser protocoladas, consignando-se informações sobre a ocorrência no inquérito que a eles se relacionam. (Incluído pela Lei nº 13.964, de 24.12.2019)

§ 3º Todas as pessoas que tiverem acesso ao vestígio armazenado deverão ser identificadas e deverão ser registradas a data e a hora do acesso. (Incluído pela Lei nº 13.964, de 24.12.2019)

ANOTAÇÕES

§ 4º Por ocasião da tramitação do vestígio armazenado, todas as ações deverão ser registradas, consignando-se a identificação do responsável pela tramitação, a destinação, a data e horário da ação. (Incluído pela Lei nº 13.964, de 24.12.2019)

Art. 158-F. Após a realização da perícia, o material deverá ser devolvido à central de custódia, devendo nela permanecer. (Incluído pela Lei nº 13.964, de 24.12.2019)

Parágrafo único. Caso a central de custódia não possua espaço ou condições de armazenar determinado material, deverá a autoridade policial ou judiciária determinar as condições de depósito do referido material em local diverso, mediante requerimento do diretor do órgão central de perícia oficial de natureza criminal. (Incluído pela Lei nº 13.964, de 24.12.2019)

Art. 159. O exame de corpo de delito e outras perícias serão realizados por perito oficial, portador de diploma de curso superior. (Redação dada pela Lei nº 11.690, de 2008)

§ 1º Na falta de perito oficial, o exame será realizado por 2 (duas) pessoas idôneas, portadoras de diploma de curso superior preferencialmente na área específica, dentre as que tiverem habilitação técnica relacionada com a natureza do exame. (Redação dada pela Lei nº 11.690, de 2008)

§ 2º Os peritos não oficiais prestarão o compromisso de bem e fielmente desempenhar o encargo. (Redação dada pela Lei nº 11.690, de 2008)

§ 3º Serão facultadas ao Ministério Público, ao assistente de acusação, ao ofendido, ao querelante e ao acusado a formulação de quesitos e indicação de assistente técnico. (Incluído pela Lei nº 11.690, de 2008)

§ 4º O assistente técnico atuará a partir de sua admissão pelo juiz e após a conclusão dos exames e elaboração do laudo pelos peritos oficiais, sendo as partes intimadas desta decisão. (Incluído pela Lei nº 11.690, de 2008)

§ 5º Durante o curso do processo judicial, é permitido às partes, quanto à perícia: (Incluído pela Lei nº 11.690, de 2008)

I. requerer a oitiva dos peritos para esclarecerem a prova ou para responderem a quesitos, desde que o mandado de intimação e os quesitos ou questões a serem esclarecidas sejam encaminhados com antecedência mínima de 10 (dez) dias, podendo apresentar as respostas em laudo complementar; (Incluído pela Lei nº 11.690, de 2008)

II. indicar assistentes técnicos que poderão apresentar pareceres em prazo a ser fixado pelo juiz ou ser inquiridos em audiência. (Incluído pela Lei nº 11.690, de 2008)

§ 6º Havendo requerimento das partes, o material probatório que serviu de base à perícia será disponibilizado no ambiente do órgão oficial, que manterá sempre sua guarda, e na presença de perito oficial, para exame pelos assistentes, salvo se for impossível a sua conservação. (Incluído pela Lei nº 11.690, de 2008)

§ 7º Tratando-se de perícia complexa que abranja mais de uma área de conhecimento especializado, poder-se-á designar a atuação de mais de um perito oficial, e a parte indicar mais de um assistente técnico. (Incluído pela Lei nº 11.690, de 2008)

Art. 160. Os peritos elaborarão o laudo pericial, onde descreverão minuciosamente o que examinarem, e responderão aos quesitos formulados. (Redação dada pela Lei nº 8.862, de 28.3.1994)

Parágrafo único. O laudo pericial será elaborado no prazo máximo de 10 dias, podendo este prazo ser prorrogado, em casos excepcionais, a requerimento dos peritos. (Redação dada pela Lei nº 8.862, de 28.3.1994)

Art. 161. O exame de corpo de delito poderá ser feito em qualquer dia e a qualquer hora.

Art. 162. A autópsia será feita pelo menos seis horas depois do óbito, salvo se os peritos, pela evidência dos sinais de morte, julgarem que possa ser feita antes daquele prazo, o que declararão no auto.

Parágrafo único. Nos casos de morte violenta, bastará o simples exame externo do cadáver, quando não houver infração penal que apurar, ou quando as lesões externas permitirem precisar a causa da morte e não houver necessidade de exame interno para a verificação de alguma circunstância relevante.

Art. 163. Em caso de exumação para exame cadavérico, a autoridade providenciará para que, em dia e hora previamente marcados, se realize a diligência, da qual se lavrará auto circunstanciado.

Parágrafo único. O administrador de cemitério público ou particular indicará o lugar da sepultura, sob pena de desobediência. No caso de recusa ou de falta de quem indique a sepultura, ou de encontrar-se o cadáver em lugar não destinado a inumações, a autoridade procederá às pesquisas necessárias, o que tudo constará do auto.

Art. 164. Os cadáveres serão sempre fotografados na posição em que forem encontrados, bem como, na medida do possível, todas as lesões externas e vestígios deixados no local do crime. (Redação dada pela Lei nº 8.862, de 28.3.1994)

Art. 165. Para representar as lesões encontradas no cadáver, os peritos, quando possível, juntarão ao laudo do exame provas fotográficas, esquemas ou desenhos, devidamente rubricados.

Art. 166. Havendo dúvida sobre a identidade do cadáver exumado, proceder-se-á ao reconhecimento pelo Instituto de Identificação e Estatística ou repartição congênere ou pela inquirição de testemunhas, lavrando-se auto de reconhecimento e de identidade, no qual se descreverá o cadáver, com todos os sinais e indicações.

Parágrafo único. Em qualquer caso, serão arrecadados e autenticados todos os objetos encontrados, que possam ser úteis para a identificação do cadáver.

Art. 167. Não sendo possível o exame de corpo de delito, por haverem desaparecido os vestígios, a prova testemunhal poderá suprir-lhe a falta.

Art. 168. Em caso de lesões corporais, se o primeiro exame pericial tiver sido incompleto, proceder-se-á a exame complementar por determinação da autoridade policial ou judiciária, de ofício, ou a requerimento do Ministério Público, do ofendido ou do acusado, ou de seu defensor.

§ 1º No exame complementar, os peritos terão presente o auto de corpo de delito, a fim de suprir-lhe a deficiência ou retificá-lo.

§ 2º Se o exame tiver por fim precisar a classificação do delito no art. 129, § 1º, I, do Código Penal, deverá ser feito logo que decorra o prazo de 30 dias, contado da data do crime.

§ 3º A falta de exame complementar poderá ser suprida pela prova testemunhal.

Art. 169. Para o efeito de exame do local onde houver sido praticada a infração, a autoridade providenciará imediatamente para que não se altere o estado das coisas até a chegada dos peritos, que poderão instruir seus laudos com fotografias, desenhos ou esquemas elucidativos. (Vide Lei nº 5.970, de 1973)

Parágrafo único. Os peritos registrarão, no laudo, as alterações do estado das coisas e discutirão, no relatório, as consequências dessas alterações na dinâmica dos fatos. (Incluído pela Lei nº 8.862, de 28.3.1994)

Art. 170. Nas perícias de laboratório, os peritos guardarão material suficiente para a eventualidade de nova perícia. Sempre que conveniente, os laudos serão ilustrados com provas fotográficas, ou microfotográficas, desenhos ou esquemas.

Art. 171. Nos crimes cometidos com destruição ou rompimento de obstáculo a subtração da coisa, ou por meio de escalada, os peritos, além de descrever os vestígios, indicarão com que instrumentos, por que meios e em que época presumem ter sido o fato praticado.

ANOTAÇÕES

Art. 172. Proceder-se-á, quando necessário, à avaliação de coisas destruídas, deterioradas ou que constituam produto do crime.

Parágrafo único. Se impossível a avaliação direta, os peritos procederão à avaliação por meio dos elementos existentes nos autos e dos que resultarem de diligências.

Art. 173. No caso de incêndio, os peritos verificarão a causa e o lugar em que houver começado, o perigo que dele tiver resultado para a vida ou para o patrimônio alheio, a extensão do dano e o seu valor e as demais circunstâncias que interessarem à elucidação do fato.

Art. 174. No exame para o reconhecimento de escritos, por comparação de letra, observar-se-á o seguinte:

I. a pessoa a quem se atribua ou se possa atribuir o escrito será intimada para o ato, se for encontrada;

II. para a comparação, poderão servir quaisquer documentos que a dita pessoa reconhecer ou já tiverem sido judicialmente reconhecidos como de seu punho, ou sobre cuja autenticidade não houver dúvida;

III. a autoridade, quando necessário, requisitará, para o exame, os documentos que existirem em arquivos ou estabelecimentos públicos, ou nestes realizará a diligência, se daí não puderem ser retirados;

IV. quando não houver escritos para a comparação ou forem insuficientes os exibidos, a autoridade mandará que a pessoa escreva o que lhe for ditado. Se estiver ausente a pessoa, mas em lugar certo, esta última diligência poderá ser feita por precatória, em que se consignarão as palavras que a pessoa será intimada a escrever.

Art. 175. Serão sujeitos a exame os instrumentos empregados para a prática da infração, a fim de se lhes verificar a natureza e a eficiência.

Art. 176. A autoridade e as partes poderão formular quesitos até o ato da diligência.

Art. 177. No exame por precatória, a nomeação dos peritos far-se-á no juízo deprecado. Havendo, porém, no caso de ação privada, acordo das partes, essa nomeação poderá ser feita pelo juiz deprecante.

Parágrafo único. Os quesitos do juiz e das partes serão transcritos na precatória.

Art. 178. No caso do art. 159, o exame será requisitado pela autoridade ao diretor da repartição, juntando-se ao processo o laudo assinado pelos peritos.

Art. 179. No caso do § 1º do art. 159, o escrivão lavrará o auto respectivo, que será assinado pelos peritos e, se presente ao exame, também pela autoridade.

Parágrafo único. No caso do art. 160, parágrafo único, o laudo, que poderá ser datilografado, será subscrito e rubricado em suas folhas por todos os peritos.

Art. 180. Se houver divergência entre os peritos, serão consignadas no auto do exame as declarações e respostas de um e de outro, ou cada um redigirá separadamente o seu laudo, e a autoridade nomeará um terceiro; se este divergir de ambos, a autoridade poderá mandar proceder a novo exame por outros peritos.

Art. 181. No caso de inobservância de formalidades, ou no caso de omissões, obscuridades ou contradições, a autoridade judiciária mandará suprir a formalidade, complementar ou esclarecer o laudo. (Redação dada pela Lei nº 8.862, de 28.3.1994)

Parágrafo único. A autoridade poderá também ordenar que se proceda a novo exame, por outros peritos, se julgar conveniente.

Art. 182. O juiz não ficará adstrito ao laudo, podendo aceitá-lo ou rejeitá-lo, no todo ou em parte.

Art. 183. Nos crimes em que não couber ação pública, observar-se-á o disposto no art. 19.

Art. 184. Salvo o caso de exame de corpo de delito, o juiz ou a autoridade policial negará a perícia requerida pelas partes, quando não for necessária ao esclarecimento da verdade.

ANOTAÇÕES

ANOTAÇÕES

CAPÍTULO III - DO INTERROGATÓRIO DO ACUSADO

Art. 185. O acusado que comparecer perante a autoridade judiciária, no curso do processo penal, será qualificado e interrogado na presença de seu defensor, constituído ou nomeado. (Redação dada pela Lei nº 10.792, de 1º.12.2003)

§ 1º O interrogatório do réu preso será realizado, em sala própria, no estabelecimento em que estiver recolhido, desde que estejam garantidas a segurança do juiz, do membro do Ministério Público e dos auxiliares bem como a presença do defensor e a publicidade do ato. (Redação dada pela Lei nº 11.900, de 2009)

§ 2º Excepcionalmente, o juiz, por decisão fundamentada, de ofício ou a requerimento das partes, poderá realizar o interrogatório do réu preso por sistema de videoconferência ou outro recurso tecnológico de transmissão de sons e imagens em tempo real, desde que a medida seja necessária para atender a uma das seguintes finalidades: (Redação dada pela Lei nº 11.900, de 2009)

I. prevenir risco à segurança pública, quando exista fundada suspeita de que o preso integre organização criminosa ou de que, por outra razão, possa fugir durante o deslocamento; (Incluído pela Lei nº 11.900, de 2009)

II. viabilizar a participação do réu no referido ato processual, quando haja relevante dificuldade para seu comparecimento em juízo, por enfermidade ou outra circunstância pessoal; (Incluído pela Lei nº 11.900, de 2009)

III. impedir a influência do réu no ânimo de testemunha ou da vítima, desde que não seja possível colher o depoimento destas por videoconferência, nos termos do art. 217 deste Código; (Incluído pela Lei nº 11.900, de 2009)

IV. responder à gravíssima questão de ordem pública . (Incluído pela Lei nº 11.900, de 2009)

§ 3º Da decisão que determinar a realização de interrogatório por videoconferência, as partes serão intimadas com 10 (dez) dias de antecedência. (Incluído pela Lei nº 11.900, de 2009)

§ 4º Antes do interrogatório por videoconferência, o preso poderá acompanhar, pelo mesmo sistema tecnológico, a realização de todos os atos da audiência única de instrução e julgamento de que tratam os arts. 400, 411 e 531 deste Código. (Incluído pela Lei nº 11.900, de 2009)

§ 5º Em qualquer modalidade de interrogatório, o juiz garantirá ao réu o direito de entrevista prévia e reservada com o seu defensor; se realizado por videoconferência, fica também garantido o acesso a canais telefônicos reservados para comunicação entre o defensor que esteja no presídio e o advogado presente na sala de audiência do Fórum, e entre este e o preso. (Incluído pela Lei nº 11.900, de 2009)

§ 6º A sala reservada no estabelecimento prisional para a realização de atos processuais por sistema de videoconferência será fiscalizada pelos corregedores e pelo juiz de cada causa, como também pelo Ministério Público e pela Ordem dos Advogados do Brasil. (Incluído pela Lei nº 11.900, de 2009)

§ 7º Será requisitada a apresentação do réu preso em juízo nas hipóteses em que o interrogatório não se realizar na forma prevista nos §§ 1º e 2º deste artigo. (Incluído pela Lei nº 11.900, de 2009)

§ 8º Aplica-se o disposto nos §§ 2º, 3º, 4º e 5º deste artigo, no que couber, à realização de outros atos processuais que dependam da participação de pessoa que esteja presa, como acareação, reconhecimento de pessoas e coisas, e inquirição de testemunha ou tomada de declarações do ofendido. (Incluído pela Lei nº 11.900, de 2009)

§ 9º Na hipótese do § 8º deste artigo, fica garantido o acompanhamento do ato processual pelo acusado e seu defensor. (Incluído pela Lei nº 11.900, de 2009)

§ 10. Do interrogatório deverá constar a informação sobre a existência de filhos, respectivas idades e se possuem alguma deficiência e o nome e o contato de eventual responsável pelos cuidados dos filhos, indicado pela pessoa presa. (Incluído pela Lei nº 13.257, de 2016)

ANOTAÇÕES

Art. 186. Depois de devidamente qualificado e cientificado do inteiro teor da acusação, o acusado será informado pelo juiz, antes de iniciar o interrogatório, do seu direito de permanecer calado e de não responder perguntas que lhe forem formuladas. (Redação dada pela Lei nº 10.792, de 1º.12.2003)

Parágrafo único. O silêncio, que não importará em confissão, não poderá ser interpretado em prejuízo da defesa. (Incluído pela Lei nº 10.792, de 1º.12.2003) Art. 187. O interrogatório será constituído de duas partes: sobre a pessoa do acusado e sobre os fatos. (Redação dada pela Lei nº 10.792, de 1º.12.2003)

§ 1º Na primeira parte o interrogando será perguntado sobre a residência, meios de vida ou profissão, oportunidades sociais, lugar onde exerce a sua atividade, vida pregressa, notadamente se foi preso ou processado alguma vez e, em caso afirmativo, qual o juízo do processo, se houve suspensão condicional ou condenação, qual a pena imposta, se a cumpriu e outros dados familiares e sociais. (Incluído pela Lei nº 10.792, de 1º.12.2003)

§ 2º Na segunda parte será perguntado sobre: (Incluído pela Lei nº 10.792, de 1º.12.2003)

I. ser verdadeira a acusação que lhe é feita; (Incluído pela Lei nº 10.792, de 1º.12.2003)

II. não sendo verdadeira a acusação, se tem algum motivo particular a que atribuí-la, se conhece a pessoa ou pessoas a quem deva ser imputada a prática do crime, e quais sejam, e se com elas esteve antes da prática da infração ou depois dela; (Incluído pela Lei nº 10.792, de 1º.12.2003)

III. onde estava ao tempo em que foi cometida a infração e se teve notícia desta; (Incluído pela Lei nº 10.792, de 1º.12.2003)

IV. as provas já apuradas; (Incluído pela Lei nº 10.792, de 1º.12.2003)

V. se conhece as vítimas e testemunhas já inquiridas ou por inquirir, e desde quando, e se tem o que alegar contra elas; (Incluído pela Lei nº 10.792, de 1º.12.2003)

VI. se conhece o instrumento com que foi praticada a infração, ou qualquer objeto que com esta se relacione e tenha sido apreendido; (Incluído pela Lei nº 10.792, de 1º.12.2003)

VII. todos os demais fatos e pormenores que conduzam à elucidação dos antecedentes e circunstâncias da infração; (Incluído pela Lei nº 10.792, de 1º.12.2003)

VIII. se tem algo mais a alegar em sua defesa. (Incluído pela Lei nº 10.792, de 1º.12.2003)

Art. 188. Após proceder ao interrogatório, o juiz indagará das partes se restou algum fato para ser esclarecido, formulando as perguntas correspondentes se o entender pertinente e relevante. (Redação dada pela Lei nº 10.792, de 1º.12.2003)

Art. 189. Se o interrogando negar a acusação, no todo ou em parte, poderá prestar esclarecimentos e indicar provas. (Redação dada pela Lei nº 10.792, de 1º.12.2003)

Art. 190. Se confessar a autoria, será perguntado sobre os motivos e circunstâncias do fato e se outras pessoas concorreram para a infração, e quais sejam. (Redação dada pela Lei nº 10.792, de 1º.12.2003)

Art. 191. Havendo mais de um acusado, serão interrogados separadamente. (Redação dada pela Lei nº 10.792, de 1º.12.2003)

Art. 192. O interrogatório do mudo, do surdo ou do surdo-mudo será feito pela forma seguinte: (Redação dada pela Lei nº 10.792, de 1º.12.2003)

I. ao surdo serão apresentadas por escrito as perguntas, que ele responderá oralmente; (Redação dada pela Lei nº 10.792, de 1º.12.2003)

II. ao mudo as perguntas serão feitas oralmente, respondendo-as por escrito; (Redação dada pela Lei nº 10.792, de 1º.12.2003)

III. ao surdo-mudo as perguntas serão formuladas por escrito e do mesmo modo dará as respostas. (Redação dada pela Lei nº 10.792, de 1º.12.2003)

Parágrafo único. Caso o interrogando não saiba ler ou escrever, intervirá no ato, como intérprete e sob compromisso, pessoa habilitada a entendê-lo. (Redação dada pela Lei nº 10.792, de 1º.12.2003)

Art. 193. Quando o interrogando não falar a língua nacional, o interrogatório será feito por meio de intérprete. (Redação dada pela Lei nº 10.792, de 1º.12.2003)

Art. 194. (Revogado pela Lei nº 10.792, de 1º.12.2003)

Art. 195. Se o interrogado não souber escrever, não puder ou não quiser assinar, tal fato será consignado no termo. (Redação dada pela Lei nº 10.792, de 1º.12.2003)

Art. 196. A todo tempo o juiz poderá proceder a novo interrogatório de ofício ou a pedido fundamentado de qualquer das partes. (Redação dada pela Lei nº 10.792, de 1º.12.2003)

CAPÍTULO IV - DA CONFISSÃO

Art. 197. O valor da confissão se aferirá pelos critérios adotados para os outros elementos de prova, e para a sua apreciação o juiz deverá confrontá-la com as demais provas do processo, verificando se entre ela e estas existe compatibilidade ou concordância.

Art. 198. O silêncio do acusado não importará confissão, mas poderá constituir elemento para a formação do convencimento do juiz.

Art. 199. A confissão, quando feita fora do interrogatório, será tomada por termo nos autos, observado o disposto no art. 195.

Art. 200. A confissão será divisível e retratável, sem prejuízo do livre convencimento do juiz, fundado no exame das provas em conjunto.

CAPÍTULO V - DO OFENDIDO

(Redação dada pela Lei nº 11.690 , de 2008)

Art. 201. Sempre que possível, o ofendido será qualificado e perguntado sobre as circunstâncias da infração, quem seja ou presuma ser o seu autor, as provas que possa indicar, tomando-se por termo as suas declarações. (Redação dada pela Lei nº 11.690, de 2008)

§ 1º Se, intimado para esse fim, deixar de comparecer sem motivo justo, o ofendido poderá ser conduzido à presença da autoridade. (Incluído pela Lei nº 11.690, de 2008)

§ 2º O ofendido será comunicado dos atos processuais relativos ao ingresso e à saída do acusado da prisão, à designação de data para audiência e à sentença e respectivos acórdãos que a mantenham ou modifiquem. (Incluído pela Lei nº 11.690, de 2008)

§ 3º As comunicações ao ofendido deverão ser feitas no endereço por ele indicado, admitindo-se, por opção do ofendido, o uso de meio eletrônico. (Incluído pela Lei nº 11.690, de 2008)

§ 4º Antes do início da audiência e durante a sua realização, será reservado espaço separado para o ofendido. (Incluído pela Lei nº 11.690, de 2008)

§ 5º Se o juiz entender necessário, poderá encaminhar o ofendido para atendimento multidisciplinar, especialmente nas áreas psicossocial, de assistência jurídica e de saúde, a expensas do ofensor ou do Estado. (Incluído pela Lei nº 11.690, de 2008)

§ 6º O juiz tomará as providências necessárias à preservação da intimidade, vida privada, honra e imagem do ofendido, podendo, inclusive, determinar o segredo de justiça em relação aos dados, depoimentos e outras informações constantes dos autos a seu respeito para evitar sua exposição aos meios de comunicação. (Incluído pela Lei nº 11.690, de 2008)

CAPÍTULO VI DAS TESTEMUNHAS

Art. 202. Toda pessoa poderá ser testemunha.

Art. 203. A testemunha fará, sob palavra de honra, a promessa de dizer a verdade do que souber e lhe for perguntado, devendo declarar seu nome, sua idade, seu estado e sua residência, sua profissão, lugar onde exerce sua atividade, se é parente, e em que grau, de alguma das partes, ou quais suas relações com qualquer delas, e relatar o que souber, explicando sempre as razões de sua ciência ou as circunstâncias pelas quais possa avaliar-se de sua credibilidade.

Art. 204. O depoimento será prestado oralmente, não sendo permitido à testemunha trazê-lo por escrito.

Parágrafo único. Não será vedada à testemunha, entretanto, breve consulta a apontamentos.

Art. 205. Se ocorrer dúvida sobre a identidade da testemunha, o juiz procederá à verificação pelos meios ao seu alcance, podendo, entretanto, tomar-lhe o depoimento desde logo.

Art. 206. A testemunha não poderá eximir-se da obrigação de depor. Poderão, entretanto, recusar-se a fazê-lo o ascendente ou descendente, o afim em linha reta, o cônjuge, ainda que desquitado, o irmão e o pai, a mãe, ou o filho adotivo do acusado, salvo quando não for possível, por outro modo, obter-se ou integrar-se a prova do fato e de suas circunstâncias.

Art. 207. São proibidas de depor as pessoas que, em razão de função, ministério, ofício ou profissão, devam guardar segredo, salvo se, desobrigadas pela parte interessada, quiserem dar o seu testemunho.

Art. 208. Não se deferirá o compromisso a que alude o art. 203 aos doentes e deficientes mentais e aos menores de 14 (quatorze) anos, nem às pessoas a que se refere o art. 206.

Art. 209. O juiz, quando julgar necessário, poderá ouvir outras testemunhas, além das indicadas pelas partes.

§ 1º Se ao juiz parecer conveniente, serão ouvidas as pessoas a que as testemunhas se referirem.

§ 2º Não será computada como testemunha a pessoa que nada souber que interesse à decisão da causa.

Art. 210. As testemunhas serão inquiridas cada uma de per si, de modo que umas não saibam nem ouçam os depoimentos das outras, devendo o juiz adverti-las das penas cominadas ao falso testemunho. (Redação dada pela Lei nº 11.690, de 2008)

Parágrafo único. Antes do início da audiência e durante a sua realização, serão reservados espaços separados para a garantia da incomunicabilidade das testemunhas. (Incluído pela Lei nº 11.690, de 2008)

Art. 211. Se o juiz, ao pronunciar sentença final, reconhecer que alguma testemunha fez afirmação falsa, calou ou negou a verdade, remeterá cópia do depoimento à autoridade policial para a instauração de inquérito.

Parágrafo único. Tendo o depoimento sido prestado em plenário de julgamento, o juiz, no caso de proferir decisão na audiência (art. 538, § 2º), o tribunal (art. 561), ou o conselho de sentença, após a votação dos quesitos, poderão fazer apresentar imediatamente a testemunha à autoridade policial.

Art. 212. As perguntas serão formuladas pelas partes diretamente à testemunha, não admitindo o juiz aquelas que puderem induzir a resposta, não tiverem relação com a causa ou importarem na repetição de outra já respondida. (Redação dada pela Lei nº 11.690, de 2008)

Parágrafo único. Sobre os pontos não esclarecidos, o juiz poderá complementar a inquirição. (Incluído pela Lei nº 11.690, de 2008)

Art. 213. O juiz não permitirá que a testemunha manifeste suas apreciações pessoais, salvo quando inseparáveis da narrativa do fato.

Art. 214. Antes de iniciado o depoimento, as partes poderão contraditar a testemunha ou arguir circunstâncias ou defeitos, que a tornem suspeita de parcialidade, ou indigna de fé. O juiz fará consignar a contradita ou arguição e a resposta da testemunha, mas só excluirá a testemunha ou não lhe deferirá compromisso nos casos previstos nos arts. 207 e 208.

Art. 215. Na redação do depoimento, o juiz deverá cingir-se, tanto quanto possível, às expressões usadas pelas testemunhas, reproduzindo fielmente as suas frases.

ANOTAÇÕES

ANOTAÇÕES

ANOTAÇÕES

Art. 216. O depoimento da testemunha será reduzido a termo, assinado por ela, pelo juiz e pelas partes. Se a testemunha não souber assinar, ou não puder fazê-lo, pedirá a alguém que o faça por ela, depois de lido na presença de ambos.

Art. 217. Se o juiz verificar que a presença do réu poderá causar humilhação, temor, ou sério constrangimento à testemunha ou ao ofendido, de modo que prejudique a verdade do depoimento, fará a inquirição por videoconferência e, somente na impossibilidade dessa forma, determinará a retirada do réu, prosseguindo na inquirição, com a presença do seu defensor. (Redação dada pela Lei nº 11.690, de 2008)

Parágrafo único. A adoção de qualquer das medidas previstas no caput deste artigo deverá constar do termo, assim como os motivos que a determinaram. (Incluído pela Lei nº 11.690, de 2008)

Art. 218. Se, regularmente intimada, a testemunha deixar de comparecer sem motivo justificado, o juiz poderá requisitar à autoridade policial a sua apresentação ou determinar seja conduzida por oficial de justiça, que poderá solicitar o auxílio da força pública.

Art. 219. O juiz poderá aplicar à testemunha faltosa a multa prevista no art. 453, sem prejuízo do processo penal por crime de desobediência, e condená-la ao pagamento das custas da diligência. (Redação dada pela Lei nº 6.416, de 24.5.1977)

Art. 220. As pessoas impossibilitadas, por enfermidade ou por velhice, de comparecer para depor, serão inquiridas onde estiverem.

Art. 221. O Presidente e o Vice-Presidente da República, os senadores e deputados federais, os ministros de estado, os governadores de Estados e Territórios, os secretários de Estado, os prefeitos do Distrito Federal e dos Municípios, os deputados às Assembleias Legislativas Estaduais, os membros do Poder Judiciário, os ministros e juízes dos Tribunais de Contas da União, dos Estados, do Distrito Federal, bem como os do Tribunal Marítimo serão inquiridos em local, dia e hora previamente ajustados entre eles e o juiz. (Redação dada pela Lei nº 3.653, de 4.11.1959)

§ 1º O Presidente e o Vice-Presidente da República, os presidentes do Senado Federal, da Câmara dos Deputados e do Supremo Tribunal Federal poderão optar pela prestação de depoimento por escrito, caso em que as perguntas, formuladas pelas partes e deferidas pelo juiz, lhes serão transmitidas por ofício. (Redação dada pela Lei nº 6.416, de 24.5.1977)

§ 2º Os militares deverão ser requisitados à autoridade superior. (Redação dada pela Lei nº 6.416, de 24.5.1977)

§ 3º Aos funcionários públicos aplicar-se-á o disposto no art. 218, devendo, porém, a expedição do mandado ser imediatamente comunicada ao chefe da repartição em que servirem, com indicação do dia e da hora marcados. (Incluído pela Lei nº 6.416, de 24.5.1977)

Art. 222. A testemunha que morar fora da jurisdição do juiz será inquirida pelo juiz do lugar de sua residência, expedindo-se, para esse fim, carta precatória, com prazo razoável, intimadas as partes.

§ 1º A expedição da precatória não suspenderá a instrução criminal.

§ 2º Findo o prazo marcado, poderá realizar-se o julgamento, mas, a todo tempo, a precatória, uma vez devolvida, será junta aos autos.

§ 3º Na hipótese prevista no caput deste artigo, a oitiva de testemunha poderá ser realizada por meio de videoconferência ou outro recurso tecnológico de transmissão de sons e imagens em tempo real, permitida a presença do defensor e podendo ser realizada, inclusive, durante a realização da audiência de instrução e julgamento. (Incluído pela Lei nº 11.900, de 2009)

Art. 222-A. As cartas rogatórias só serão expedidas se demonstrada previamente a sua imprescindibilidade, arcando a parte requerente com os custos de envio. (Incluído pela Lei nº 11.900, de 2009)

ANOTAÇÕES

Parágrafo único. Aplica-se às cartas rogatórias o disposto nos §§ 1º e 2º do art. 222 deste Código. (Incluído pela Lei nº 11.900, de 2009)

Art. 223. Quando a testemunha não conhecer a língua nacional, será nomeado intérprete para traduzir as perguntas e respostas.

Parágrafo único. Tratando-se de mudo, surdo ou surdo-mudo, proceder-se-á na conformidade do art. 192.

Art. 224. As testemunhas comunicarão ao juiz, dentro de um ano, qualquer mudança de residência, sujeitando-se, pela simples omissão, às penas do não-comparecimento.

Art. 225. Se qualquer testemunha houver de ausentar-se, ou, por enfermidade ou por velhice, inspirar receio de que ao tempo da instrução criminal já não exista, o juiz poderá, de ofício ou a requerimento de qualquer das partes, tomar-lhe antecipadamente o depoimento.

CAPÍTULO VII - DO RECONHECIMENTO DE PESSOAS E COISAS

Art. 226. Quando houver necessidade de fazer-se o reconhecimento de pessoa, proceder-se-á pela seguinte forma:

I. a pessoa que tiver de fazer o reconhecimento será convidada a descrever a pessoa que deva ser reconhecida;

II. a pessoa, cujo reconhecimento se pretender, será colocada, se possível, ao lado de outras que com ela tiverem qualquer semelhança, convidando-se quem tiver de fazer o reconhecimento a apontá-la;

III. se houver razão para recear que a pessoa chamada para o reconhecimento, por efeito de intimidação ou outra influência, não diga a verdade em face da pessoa que deve ser reconhecida, a autoridade providenciará para que esta não veja aquela;

IV. do ato de reconhecimento lavrar-se-á auto pormenorizado, subscrito pela autoridade, pela pessoa chamada para proceder ao reconhecimento e por duas testemunhas presenciais.

Parágrafo único. O disposto no no III deste artigo não terá aplicação na fase da instrução criminal ou em plenário de julgamento.

Art. 227. No reconhecimento de objeto, proceder-se-á com as cautelas estabelecidas no artigo anterior, no que for aplicável.

Art. 228. Se várias forem as pessoas chamadas a efetuar o reconhecimento de pessoa ou de objeto, cada uma fará a prova em separado, evitando-se qualquer comunicação entre elas.

CAPÍTULO VIII - DA ACAREAÇÃO

Art. 229. A acareação será admitida entre acusados, entre acusado e testemunha, entre testemunhas, entre acusado ou testemunha e a pessoa ofendida, e entre as pessoas ofendidas, sempre que divergirem, em suas declarações, sobre fatos ou circunstâncias relevantes.

Parágrafo único. Os acareados serão reperguntados, para que expliquem os pontos de divergências, reduzindo-se a termo o ato de acareação.

Art. 230. Se ausente alguma testemunha, cujas declarações divirjam das de outra, que esteja presente, a esta se darão a conhecer os pontos da divergência, consignando-se no auto o que explicar ou observar. Se subsistir a discordância, expedir-se-á precatória à autoridade do lugar onde resida a testemunha ausente, transcrevendo-se as declarações desta e as da testemunha presente, nos pontos em que divergirem, bem como o texto do referido auto, a fim de que se complete a diligência, ouvindo-se a testemunha ausente, pela mesma forma estabelecida para a testemunha presente. Esta diligência só se realizará quando não importe demora prejudicial ao processo e o juiz a entenda conveniente.

CAPÍTULO IX - DOS DOCUMENTOS

Art. 231. Salvo os casos expressos em lei, as partes poderão apresentar documentos em qualquer fase do processo.

Art. 232. Consideram-se documentos quaisquer escritos, instrumentos ou papéis, públicos ou particulares.

Parágrafo único. À fotografia do documento, devidamente autenticada, se dará o mesmo valor do original.

Art. 233. As cartas particulares, interceptadas ou obtidas por meios criminosos, não serão admitidas em juízo.

Parágrafo único. As cartas poderão ser exibidas em juízo pelo respectivo destinatário, para a defesa de seu direito, ainda que não haja consentimento do signatário.

Art. 234. Se o juiz tiver notícia da existência de documento relativo a ponto relevante da acusação ou da defesa, providenciará, independentemente de requerimento de qualquer das partes, para sua juntada aos autos, se possível.

Art. 235. A letra e firma dos documentos particulares serão submetidas a exame pericial, quando contestada a sua autenticidade.

Art. 236. Os documentos em língua estrangeira, sem prejuízo de sua juntada imediata, serão, se necessário, traduzidos por tradutor público, ou, na falta, por pessoa idônea nomeada pela autoridade.

Art. 237. As públicas-formas só terão valor quando conferidas com o original, em presença da autoridade.

Art. 238. Os documentos originais, juntos a processo findo, quando não exista motivo relevante que justifique a sua conservação nos autos, poderão, mediante requerimento, e ouvido o Ministério Público, ser entregues à parte que os produziu, ficando traslado nos autos.

CAPÍTULO X - DOS INDÍCIOS

Art. 239. Considera-se indício a circunstância conhecida e provada, que, tendo relação com o fato, autorize, por indução, concluir-se a existência de outra ou outras circunstâncias.

CAPÍTULO XI - DA BUSCA E DA APREENSÃO

Art. 240. A busca será domiciliar ou pessoal.

§ 1º Proceder-se-á à busca domiciliar, quando fundadas razões a autorizarem, para:

a) prender criminosos;

b) apreender coisas achadas ou obtidas por meios criminosos;

c) apreender instrumentos de falsificação ou de contrafação e objetos falsificados ou contrafeitos;

d) apreender armas e munições, instrumentos utilizados na prática de crime ou destinados a fim delituoso;

e) descobrir objetos necessários à prova de infração ou à defesa do réu;

f) apreender cartas, abertas ou não, destinadas ao acusado ou em seu poder, quando haja suspeita de que o conhecimento do seu conteúdo possa ser útil à elucidação do fato;

g) apreender pessoas vítimas de crimes;

h) colher qualquer elemento de convicção.

§ 2º Proceder-se-á à busca pessoal quando houver fundada suspeita de que alguém oculte consigo arma proibida ou objetos mencionados nas letras b a f e letra h do parágrafo anterior.

Art. 241. Quando a própria autoridade policial ou judiciária não a realizar pessoalmente, a busca domiciliar deverá ser precedida da expedição de mandado.

Art. 242. A busca poderá ser determinada de ofício ou a requerimento de qualquer das partes.

Art. 243. O mandado de busca deverá:

I. indicar, o mais precisamente possível, a casa em que será realizada a diligência e o nome do respectivo proprietário ou morador; ou, no caso de busca pessoal, o nome da pessoa que terá de sofrê-la ou os sinais que a identifiquem;

II. mencionar o motivo e os fins da diligência;

III. ser subscrito pelo escrivão e assinado pela autoridade que o fizer expedir.

§ 1º Se houver ordem de prisão, constará do próprio texto do mandado de busca.

§ 2º Não será permitida a apreensão de documento em poder do defensor do acusado, salvo quando constituir elemento do corpo de delito.

Art. 244. A busca pessoal independerá de mandado, no caso de prisão ou quando houver fundada suspeita de que a pessoa esteja na posse de arma proibida ou de objetos ou papéis que constituam corpo de delito, ou quando a medida for determinada no curso de busca domiciliar.

Art. 245. As buscas domiciliares serão executadas de dia, salvo se o morador consentir que se realizem à noite, e, antes de penetrarem na casa, os executores mostrarão e lerão o mandado ao morador, ou a quem o represente, intimando-o, em seguida, a abrir a porta.

§ 1º Se a própria autoridade der a busca, declarará previamente sua qualidade e o objeto da diligência.

§ 2º Em caso de desobediência, será arrombada a porta e forçada a entrada.

§ 3º Recalcitrando o morador, será permitido o emprego de força contra coisas existentes no interior da casa, para o descobrimento do que se procura.

§ 4º Observar-se-á o disposto nos §§ 2º e 3º, quando ausentes os moradores, devendo, neste caso, ser intimado a assistir à diligência qualquer vizinho, se houver e estiver presente.

§ 5º Se é determinada a pessoa ou coisa que se vai procurar, o morador será intimado a mostrá-la.

§ 6º Descoberta a pessoa ou coisa que se procura, será imediatamente apreendida e posta sob custódia da autoridade ou de seus agentes.

§ 7º Finda a diligência, os executores lavrarão auto circunstanciado, assinando-o com duas testemunhas presenciais, sem prejuízo do disposto no § 4º.

Art. 246. Aplicar-se-á também o disposto no artigo anterior, quando se tiver de proceder a busca em compartimento habitado ou em aposento ocupado de habitação coletiva ou em compartimento não aberto ao público, onde alguém exercer profissão ou atividade.

Art. 247. Não sendo encontrada a pessoa ou coisa procurada, os motivos da diligência serão comunicados a quem tiver sofrido a busca, se o requerer.

Art. 248. Em casa habitada, a busca será feita de modo que não moleste os moradores mais do que o indispensável para o êxito da diligência.

Art. 249. A busca em mulher será feita por outra mulher, se não importar retardamento ou prejuízo da diligência.

Art. 250. A autoridade ou seus agentes poderão penetrar no território de jurisdição alheia, ainda que de outro Estado, quando, para o fim de apreensão, forem no seguimento de pessoa ou coisa, devendo apresentar-se à competente autoridade local, antes da diligência ou após, conforme a urgência desta.

§ 1º Entender-se-á que a autoridade ou seus agentes vão em seguimento da pessoa ou coisa, quando:

a) tendo conhecimento direto de sua remoção ou transporte, a seguirem sem interrupção, embora depois a percam de vista;

b) ainda que não a tenham avistado, mas sabendo, por informações fidedignas ou circunstâncias indiciárias, que está sendo removida ou transportada em determinada direção, forem ao seu encalço.

§ 2º Se as autoridades locais tiverem fundadas razões para duvidar da legitimidade das pessoas que, nas referidas diligências, entrarem pelos seus distritos, ou da legalidade dos mandados que apresentarem, poderão exigir as provas dessa legitimidade, mas de modo que não se frustre a diligência.

ANOTAÇÕES

ANOTAÇÕES

ANOTAÇÕES

TÍTULO VIII - DO JUIZ, DO MINISTÉRIO PÚBLICO, DO ACUSADO E DEFENSOR, DOS ASSISTENTES E AUXILIARES DA JUSTIÇA

CAPÍTULO I - DO JUIZ

Art. 251. Ao juiz incumbirá prover à regularidade do processo e manter a ordem no curso dos respectivos atos, podendo, para tal fim, requisitar a força pública.

Art. 252. O juiz não poderá exercer jurisdição no processo em que:

I. tiver funcionado seu cônjuge ou parente, consanguíneo ou afim, em linha reta ou colateral até o terceiro grau, inclusive, como defensor ou advogado, órgão do Ministério Público, autoridade policial, auxiliar da justiça ou perito;

II. ele próprio houver desempenhado qualquer dessas funções ou servido como testemunha;

III. tiver funcionado como juiz de outra instância, pronunciando-se, de fato ou de direito, sobre a questão;

IV. ele próprio ou seu cônjuge ou parente, consanguíneo ou afim em linha reta ou colateral até o terceiro grau, inclusive, for parte ou diretamente interessado no feito.

Art. 253. Nos juízos coletivos, não poderão servir no mesmo processo os juízes que forem entre si parentes, consanguíneos ou afins, em linha reta ou colateral até o terceiro grau, inclusive.

Art. 254. O juiz dar-se-á por suspeito, e, se não o fizer, poderá ser recusado por qualquer das partes:

I. se for amigo íntimo ou inimigo capital de qualquer deles;

II. se ele, seu cônjuge, ascendente ou descendente, estiver respondendo a processo por fato análogo, sobre cujo caráter criminoso haja controvérsia;

III. se ele, seu cônjuge, ou parente, consanguíneo, ou afim, até o terceiro grau, inclusive, sustentar demanda ou responder a processo que tenha de ser julgado por qualquer das partes;

IV. se tiver aconselhado qualquer das partes;

V. se for credor ou devedor, tutor ou curador, de qualquer das partes;

VI. se for sócio, acionista ou administrador de sociedade interessada no processo.

Art. 255. O impedimento ou suspeição decorrente de parentesco por afinidade cessará pela dissolução do casamento que lhe tiver dado causa, salvo sobrevindo descendentes; mas, ainda que dissolvido o casamento sem descendentes, não funcionará como juiz o sogro, o padrasto, o cunhado, o genro ou enteado de quem for parte no processo.

Art. 256. A suspeição não poderá ser declarada nem reconhecida, quando a parte injuriar o juiz ou de propósito der motivo para criá-la.

CAPÍTULO II - DO MINISTÉRIO PÚBLICO

Art. 257. Ao Ministério Público cabe: (Redação dada pela Lei nº 11.719, de 2008).

I. promover, privativamente, a ação penal pública, na forma estabelecida neste Código; e (Incluído pela Lei nº 11.719, de 2008).

II. fiscalizar a execução da lei. (Incluído pela Lei nº 11.719, de 2008).

Art. 258. Os órgãos do Ministério Público não funcionarão nos processos em que o juiz ou qualquer das partes for seu cônjuge, ou parente, consanguíneo ou afim, em linha reta ou colateral, até o terceiro grau, inclusive, e a eles se estendem, no que lhes for aplicável, as prescrições relativas à suspeição e aos impedimentos dos juízes.

CAPÍTULO III - DO ACUSADO E SEU DEFENSOR

Art. 259. A impossibilidade de identificação do acusado com o seu verdadeiro nome ou outros qualificativos não retardará a ação penal, quando certa a identidade física. A qualquer tempo, no curso do processo, do julgamento ou da execução da sentença, se for descoberta a sua qualificação, far-se-á a retificação, por termo, nos autos, sem prejuízo da validade dos atos precedentes.

ANOTAÇÕES

Art. 260. Se o acusado não atender à intimação para o interrogatório, reconhecimento ou qualquer outro ato que, sem ele, não possa ser realizado, a autoridade poderá mandar conduzi-lo à sua presença.

Parágrafo único. O mandado conterá, além da ordem de condução, os requisitos mencionados no art. 352, no que lhe for aplicável.

Art. 261. Nenhum acusado, ainda que ausente ou foragido, será processado ou julgado sem defensor.

Parágrafo único. A defesa técnica, quando realizada por defensor público ou dativo, será sempre exercida através de manifestação fundamentada. (Incluído pela Lei nº 10.792, de 1º.12.2003)

Art. 262. Ao acusado menor dar-se-á curador.

Art. 263. Se o acusado não o tiver, ser-lhe-á nomeado defensor pelo juiz, ressalvado o seu direito de, a todo tempo, nomear outro de sua confiança, ou a si mesmo defender-se, caso tenha habilitação.

Parágrafo único. O acusado, que não for pobre, será obrigado a pagar os honorários do defensor dativo, arbitrados pelo juiz.

Art. 264. Salvo motivo relevante, os advogados e solicitadores serão obrigados, sob pena de multa de cem a quinhentos mil-réis, a prestar seu patrocínio aos acusados, quando nomeados pelo Juiz.

Art. 265. O defensor não poderá abandonar o processo senão por motivo imperioso, comunicado previamente o juiz, sob pena de multa de 10 (dez) a 100 (cem) salários mínimos, sem prejuízo das demais sanções cabíveis. (Redação dada pela Lei nº 11.719, de 2008).

§ 1º A audiência poderá ser adiada se, por motivo justificado, o defensor não puder comparecer. (Incluído pela Lei nº 11.719, de 2008).

§ 2º Incumbe ao defensor provar o impedimento até a abertura da audiência. Não o fazendo, o juiz não determinará o adiamento de ato algum do processo, devendo nomear defensor substituto, ainda que provisoriamente ou só para o efeito do ato. (Incluído pela Lei nº 11.719, de 2008).

Art. 266. A constituição de defensor independerá de instrumento de mandato, se o acusado o indicar por ocasião do interrogatório.

Art. 267. Nos termos do art. 252, não funcionarão como defensores os parentes do juiz.

CAPÍTULO IV - DOS ASSISTENTES

Art. 268. Em todos os termos da ação pública, poderá intervir, como assistente do Ministério Público, o ofendido ou seu representante legal, ou, na falta, qualquer das pessoas mencionadas no Art. 31.

Art. 269. O assistente será admitido enquanto não passar em julgado a sentença e receberá a causa no estado em que se achar.

Art. 270. O corréu no mesmo processo não poderá intervir como assistente do Ministério Público.

Art. 271. Ao assistente será permitido propor meios de prova, requerer perguntas às testemunhas, aditar o libelo e os articulados, participar do debate oral e arrazoar os recursos interpostos pelo Ministério Público, ou por ele próprio, nos casos dos arts. 584, § 1º, e 598.

§ 1º O juiz, ouvido o Ministério Público, decidirá acerca da realização das provas propostas pelo assistente.

§ 2º O processo prosseguirá independentemente de nova intimação do assistente, quando este, intimado, deixar de comparecer a qualquer dos atos da instrução ou do julgamento, sem motivo de força maior devidamente comprovado.

Art. 272. O Ministério Público será ouvido previamente sobre a admissão do assistente.

Art. 273. Do despacho que admitir, ou não, o assistente, não caberá recurso, devendo, entretanto, constar dos autos o pedido e a decisão.

CAPÍTULO V - DOS FUNCIONÁRIOS DA JUSTIÇA

Art. 274. As prescrições sobre suspeição dos juízes estendem-se aos serventuários e funcionários da justiça, no que lhes for aplicável.

CAPÍTULO VI - DOS PERITOS E INTÉRPRETES

Art. 275. O perito, ainda quando não oficial, estará sujeito à disciplina judiciária.

Art. 276. As partes não intervirão na nomeação do perito.

Art. 277. O perito nomeado pela autoridade será obrigado a aceitar o encargo, sob pena de multa de cem a quinhentos mil-réis, salvo escusa atendível.

Parágrafo único. Incorrerá na mesma multa o perito que, sem justa causa, provada imediatamente:

a) deixar de acudir à intimação ou ao chamado da autoridade;

b) não comparecer no dia e local designados para o exame;

c) não der o laudo, ou concorrer para que a perícia não seja feita, nos prazos estabelecidos.

Art. 278. No caso de não-comparecimento do perito, sem justa causa, a autoridade poderá determinar a sua condução.

Art. 279. Não poderão ser peritos:

I. os que estiverem sujeitos à interdição de direito mencionada nos ns. I e IV do art. 69 do Código Penal;

II. os que tiverem prestado depoimento no processo ou opinado anteriormente sobre o objeto da perícia;

III. os analfabetos e os menores de 21 anos.

Art. 280. É extensivo aos peritos, no que lhes for aplicável, o disposto sobre suspeição dos juízes.

Art. 281. Os intérpretes são, para todos os efeitos, equiparados aos peritos.

TÍTULO IX - DA PRISÃO, DAS MEDIDAS CAUTELARES E DA LIBERDADE PROVISÓRIA

(Redação dada pela Lei nº 12.403, de 2011).

Art. 282. As medidas cautelares previstas neste Título deverão ser aplicadas observando-se a: (Redação dada pela Lei nº 12.403, de 2011).

I. necessidade para aplicação da lei penal, para a investigação ou a instrução criminal e, nos casos expressamente previstos, para evitar a prática de infrações penais; (Incluído pela Lei nº 12.403, de 2011).

II. adequação da medida à gravidade do crime, circunstâncias do fato e condições pessoais do indiciado ou acusado. (Incluído pela Lei nº 12.403, de 2011).

§ 1º As medidas cautelares poderão ser aplicadas isolada ou cumulativamente. (Incluído pela Lei nº 12.403, de 2011).

§ 2º As medidas cautelares serão decretadas pelo juiz a requerimento das partes ou, quando no curso da investigação criminal, por representação da autoridade policial ou mediante requerimento do Ministério Público. (Redação dada pela Lei nº 13.964, de 24.12.2019)

§ 3º Ressalvados os casos de urgência ou de perigo de ineficácia da medida, o juiz, ao receber o pedido de medida cautelar, determinará a intimação da parte contrária, para se manifestar no prazo de 5 (cinco) dias, acompanhada de cópia do requerimento e das peças necessárias, permanecendo os autos em juízo, e os casos de urgência ou de perigo deverão ser justificados e fundamentados em decisão que contenha elementos do caso concreto que justifiquem essa medida excepcional. (Redação dada pela Lei nº 13.964, de 24.12.2019)

ANOTAÇÕES

§ 4º No caso de descumprimento de qualquer das obrigações impostas, o juiz, mediante requerimento do Ministério Público, de seu assistente ou do querelante, poderá substituir a medida, impor outra em cumulação, ou, em último caso, decretar a prisão preventiva, nos termos do parágrafo único do art. 312 deste Código. (Redação dada pela Lei nº 13.964, de 24.12.2019)

§ 5º O juiz poderá, de ofício ou a pedido das partes, revogar a medida cautelar ou substituí-la quando verificar a falta de motivo para que subsista, bem como voltar a decretá-la, se sobrevierem razões que a justifiquem. (Redação dada pela Lei nº 13.964, de 24.12.2019)

§ 6º A prisão preventiva somente será determinada quando não for cabível a sua substituição por outra medida cautelar, observado o art. 319 deste Código, e o não cabimento da substituição por outra medida cautelar deverá ser justificado de forma fundamentada nos elementos presentes do caso concreto, de forma individualizada. (Redação dada pela Lei nº 13.964, de 24.12.2019)

Art. 283. Ninguém poderá ser preso senão em flagrante delito ou por ordem escrita e fundamentada da autoridade judiciária competente, em decorrência de prisão cautelar ou em virtude de condenação criminal transitada em julgado. (Redação dada pela Lei nº 13.964, de 24.12.2019)

§ 1º As medidas cautelares previstas neste Título não se aplicam à infração a que não for isolada, cumulativa ou alternativamente cominada pena privativa de liberdade. (Incluído pela Lei nº 12.403, de 2011).

§ 2º A prisão poderá ser efetuada em qualquer dia e a qualquer hora, respeitadas as restrições relativas à inviolabilidade do domicílio. (Incluído pela Lei nº 12.403, de 2011).

Art. 284. Não será permitido o emprego de força, salvo a indispensável no caso de resistência ou de tentativa de fuga do preso.

Art. 285. A autoridade que ordenar a prisão fará expedir o respectivo mandado.

Parágrafo único. O mandado de prisão:

a) será lavrado pelo escrivão e assinado pela autoridade;

b) designará a pessoa, que tiver de ser presa, por seu nome, alcunha ou sinais característicos;

c) mencionará a infração penal que motivar a prisão;

d) declarará o valor da fiança arbitrada, quando afiançável a infração;

e) será dirigido a quem tiver qualidade para dar-lhe execução.

Art. 286. O mandado será passado em duplicata, e o executor entregará ao preso, logo depois da prisão, um dos exemplares com declaração do dia, hora e lugar da diligência. Da entrega deverá o preso passar recibo no outro exemplar; se recusar, não souber ou não puder escrever, o fato será mencionado em declaração, assinada por duas testemunhas.

Art. 287. Se a infração for inafiançável, a falta de exibição do mandado não obstará à prisão, e o preso, em tal caso, será imediatamente apresentado ao juiz que tiver expedido o mandado, para a realização de audiência de custódia.

Art. 288. Ninguém será recolhido à prisão, sem que seja exibido o mandado ao respectivo diretor ou carcereiro, a quem será entregue cópia assinada pelo executor ou apresentada a guia expedida pela autoridade competente, devendo ser passado recibo da entrega do preso, com declaração de dia e hora.

Parágrafo único. O recibo poderá ser passado no próprio exemplar do mandado, se este for o documento exibido.

Art. 289. Quando o acusado estiver no território nacional, fora da jurisdição do juiz processante, será deprecada a sua prisão, devendo constar da precatória o inteiro teor do mandado. (Redação dada pela Lei nº 12.403, de 2011).

ANOTAÇÕES

ANOTAÇÕES

§ 1º Havendo urgência, o juiz poderá requisitar a prisão por qualquer meio de comunicação, do qual deverá constar o motivo da prisão, bem como o valor da fiança se arbitrada. (Incluído pela Lei nº 12.403, de 2011).

§ 2º A autoridade a quem se fizer a requisição tomará as precauções necessárias para averiguar a autenticidade da comunicação. (Incluído pela Lei nº 12.403, de 2011).

§ 3º O juiz processante deverá providenciar a remoção do preso no prazo máximo de 30 (trinta) dias, contados da efetivação da medida. (Incluído pela Lei nº 12.403, de 2011).

Art. 289-A. O juiz competente providenciará o imediato registro do mandado de prisão em banco de dados mantido pelo Conselho Nacional de Justiça para essa finalidade. c (Incluído pela Lei nº 12.403, de 2011).

§ 1º Qualquer agente policial poderá efetuar a prisão determinada no mandado de prisão registrado no Conselho Nacional de Justiça, ainda que fora da competência territorial do juiz que o expediu. (Incluído pela Lei nº 12.403, de 2011).

§ 2º Qualquer agente policial poderá efetuar a prisão decretada, ainda que sem registro no Conselho Nacional de Justiça, adotando as precauções necessárias para averiguar a autenticidade do mandado e comunicando ao juiz que a decretou, devendo este providenciar, em seguida, o registro do mandado na forma do caput deste artigo. (Incluído pela Lei nº 12.403, de 2011).

§ 3º A prisão será imediatamente comunicada ao juiz do local de cumprimento da medida o qual providenciará a certidão extraída do registro do Conselho Nacional de Justiça e informará ao juízo que a decretou. (Incluído pela Lei nº 12.403, de 2011).

§ 4º O preso será informado de seus direitos, nos termos do inciso LXIII do art. 5º da Constituição Federal e, caso o autuado não informe o nome de seu advogado, será comunicado à Defensoria Pública. (Incluído pela Lei nº 12.403, de 2011).

§ 5º Havendo dúvidas das autoridades locais sobre a legitimidade da pessoa do executor ou sobre a identidade do preso, aplica-se o disposto no § 2º do art. 290 deste Código. (Incluído pela Lei nº 12.403, de 2011).

§ 6º O Conselho Nacional de Justiça regulamentará o registro do mandado de prisão a que se refere o caput deste artigo. (Incluído pela Lei nº 12.403, de 2011).

Art. 290. Se o réu, sendo perseguido, passar ao território de outro município ou comarca, o executor poderá efetuar-lhe a prisão no lugar onde o alcançar, apresentando-o imediatamente à autoridade local, que, depois de lavrado, se for o caso, o auto de flagrante, providenciará para a remoção do preso.

§ 1º - Entender-se-á que o executor vai em perseguição do réu, quando:

a) tendo-o avistado, for perseguindo-o sem interrupção, embora depois o tenha perdido de vista;

b) sabendo, por indícios ou informações fidedignas, que o réu tenha passado, há pouco tempo, em tal ou qual direção, pelo lugar em que o procure, for no seu encalço.

§ 2º Quando as autoridades locais tiverem fundadas razões para duvidar da legitimidade da pessoa do executor ou da legalidade do mandado que apresentar, poderão pôr em custódia o réu, até que fique esclarecida a dúvida.

Art. 291. A prisão em virtude de mandado entender-se-á feita desde que o executor, fazendo-se conhecer do réu, lhe apresente o mandado e o intime a acompanhá-lo.

Art. 292. Se houver, ainda que por parte de terceiros, resistência à prisão em flagrante ou à determinada por autoridade competente, o executor e as pessoas que o auxiliarem poderão usar dos meios necessários para defender-se ou para vencer a resistência, do que tudo se lavrará auto subscrito também por duas testemunhas.

Parágrafo único. É vedado o uso de algemas em mulheres grávidas durante os atos médico-hospitalares preparatórios para a realização do parto e durante o trabalho de parto, bem como em mulheres durante o período de puerpério imediato. (Redação dada pela Lei nº 13.434, de 2017)

ANOTAÇÕES

Art. 293. Se o executor do mandado verificar, com segurança, que o réu entrou ou se encontra em alguma casa, o morador será intimado a entregá-lo, à vista da ordem de prisão. Se não for obedecido imediatamente, o executor convocará duas testemunhas e, sendo dia, entrará à força na casa, arrombando as portas, se preciso; sendo noite, o executor, depois da intimação ao morador, se não for atendido, fará guardar todas as saídas, tornando a casa incomunicável, e, logo que amanheça, arrombará as portas e efetuará a prisão.

Parágrafo único. O morador que se recusar a entregar o réu oculto em sua casa será levado à presença da autoridade, para que se proceda contra ele como for de direito.

Art. 294. No caso de prisão em flagrante, observar-se-á o disposto no artigo anterior, no que for aplicável.

Art. 295. Serão recolhidos a quartéis ou a prisão especial, à disposição da autoridade competente, quando sujeitos a prisão antes de condenação definitiva:

I. os ministros de Estado;

II. os governadores ou interventores de Estados ou Territórios, o prefeito do Distrito Federal, seus respectivos secretários, os prefeitos municipais, os vereadores e os chefes de Polícia; (Redação dada pela Lei nº 3.181, de 11.6.1957)

III. os membros do Parlamento Nacional, do Conselho de Economia Nacional e das Assembleias Legislativas dos Estados;

IV. os cidadãos inscritos no "Livro de Mérito";

V. os oficiais das Forças Armadas e os militares dos Estados, do Distrito Federal e dos Territórios; (Redação dada pela Lei nº 10.258, de 11.7.2001)

VI. os magistrados;

VII. os diplomados por qualquer das faculdades superiores da República;

VIII. os ministros de confissão religiosa;

IX. os ministros do Tribunal de Contas;

X. os cidadãos que já tiverem exercido efetivamente a função de jurado, salvo quando excluídos da lista por motivo de incapacidade para o exercício daquela função;

XI. os delegados de polícia e os guardas-civis dos Estados e Territórios, ativos e inativos. (Redação dada pela Lei nº 5.126, de 20.9.1966)

§ 1º A prisão especial, prevista neste Código ou em outras leis, consiste exclusivamente no recolhimento em local distinto da prisão comum. (Incluído pela Lei nº 10.258, de 11.7.2001)

§ 2º Não havendo estabelecimento específico para o preso especial, este será recolhido em cela distinta do mesmo estabelecimento. (Incluído pela Lei nº 10.258, de 11.7.2001)

§ 3º A cela especial poderá consistir em alojamento coletivo, atendidos os requisitos de salubridade do ambiente, pela concorrência dos fatores de aeração, insolação e condicionamento térmico adequados à existência humana. (Incluído pela Lei nº 10.258, de 11.7.2001)

§ 4º O preso especial não será transportado juntamente com o preso comum. (Incluído pela Lei nº 10.258, de 11.7.2001)

§ 5º Os demais direitos e deveres do preso especial serão os mesmos do preso comum. (Incluído pela Lei nº 10.258, de 11.7.2001)

Art. 296. Os inferiores e praças de pré, onde for possível, serão recolhidos à prisão, em estabelecimentos militares, de acordo com os respectivos regulamentos.

Art. 297. Para o cumprimento de mandado expedido pela autoridade judiciária, a autoridade policial poderá expedir tantos outros quantos necessários às diligências, devendo neles ser fielmente reproduzido o teor do mandado original.

Art. 298. (Revogado pela Lei nº 12.403, de 2011).

Art. 299. A captura poderá ser requisitada, à vista de mandado judicial, por qualquer meio de comunicação, tomadas pela autoridade, a quem se fizer a requisição, as precauções necessárias para averiguar a autenticidade desta. (Redação dada pela Lei nº 12.403, de 2011).

Art. 300. As pessoas presas provisoriamente ficarão separadas das que já estiverem definitivamente condenadas, nos termos da lei de execução penal. (Redação dada pela Lei nº 12.403, de 2011).

Parágrafo único. O militar preso em flagrante delito, após a lavratura dos procedimentos legais, será recolhido a quartel da instituição a que pertencer, onde ficará preso à disposição das autoridades competentes. (Incluído pela Lei nº 12.403, de 2011).

CAPÍTULO II - DA PRISÃO EM FLAGRANTE

Art. 301. Qualquer do povo poderá e as autoridades policiais e seus agentes deverão prender quem quer que seja encontrado em flagrante delito.

Art. 302. Considera-se em flagrante delito quem:

I. está cometendo a infração penal;

II. acaba de cometê-la;

III. é perseguido, logo após, pela autoridade, pelo ofendido ou por qualquer pessoa, em situação que faça presumir ser autor da infração;

IV. é encontrado, logo depois, com instrumentos, armas, objetos ou papéis que façam presumir ser ele autor da infração.

Art. 303. Nas infrações permanentes, entende-se o agente em flagrante delito enquanto não cessar a permanência.

Art. 304. Apresentado o preso à autoridade competente, ouvirá esta o condutor e colherá, desde logo, sua assinatura, entregando a este cópia do termo e recibo de entrega do preso. Em seguida, procederá à oitiva das testemunhas que o acompanharem e ao interrogatório do acusado sobre a imputação que lhe é feita, colhendo, após cada oitiva suas respectivas assinaturas, lavrando, a autoridade, afinal, o auto. (Redação dada pela Lei nº 11.113, de 2005)

§ 1º Resultando das respostas fundada a suspeita contra o conduzido, a autoridade mandará recolhê-lo à prisão, exceto no caso de livrar-se solto ou de prestar fiança, e prosseguirá nos atos do inquérito ou processo, se para isso for competente; se não o for, enviará os autos à autoridade que o seja.

§ 2º A falta de testemunhas da infração não impedirá o auto de prisão em flagrante; mas, nesse caso, com o condutor, deverão assiná-lo pelo menos duas pessoas que hajam testemunhado a apresentação do preso à autoridade.

§ 3º Quando o acusado se recusar a assinar, não souber ou não puder fazê-lo, o auto de prisão em flagrante será assinado por duas testemunhas, que tenham ouvido sua leitura na presença deste. (Redação dada pela Lei nº 11.113, de 2005)

§ 4º Da lavratura do auto de prisão em flagrante deverá constar a informação sobre a existência de filhos, respectivas idades e se possuem alguma deficiência e o nome e o contato de eventual responsável pelos cuidados dos filhos, indicado pela pessoa presa. (Incluído pela Lei nº 13.257, de 2016)

Art. 305. Na falta ou no impedimento do escrivão, qualquer pessoa designada pela autoridade lavrará o auto, depois de prestado o compromisso legal.

Art. 306. A prisão de qualquer pessoa e o local onde se encontre serão comunicados imediatamente ao juiz competente, ao Ministério Público e à família do preso ou à pessoa por ele indicada. (Redação dada pela Lei nº 12.403, de 2011).

§ 1º Em até 24 (vinte e quatro) horas após a realização da prisão, será encaminhado ao juiz competente o auto de prisão em flagrante e, caso o autuado não informe o nome de seu advogado, cópia integral para a Defensoria Pública. (Redação dada pela Lei nº 12.403, de 2011).

§ 2º No mesmo prazo, será entregue ao preso, mediante recibo, a nota de culpa, assinada pela autoridade, com o motivo da prisão, o nome do condutor e os das testemunhas. (Redação dada pela Lei nº 12.403, de 2011).

Art. 307. Quando o fato for praticado em presença da autoridade, ou contra esta, no exercício de suas funções, constarão do auto a narração deste fato, a voz de prisão, as declarações que fizer o preso e os depoimentos das testemunhas, sendo tudo assinado pela autoridade, pelo preso e pelas testemunhas e remetido imediatamente ao juiz a quem couber tomar conhecimento do fato delituoso, se não o for a autoridade que houver presidido o auto.

Art. 308. Não havendo autoridade no lugar em que se tiver efetuado a prisão, o preso será logo apresentado à do lugar mais próximo.

Art. 309. Se o réu se livrar solto, deverá ser posto em liberdade, depois de lavrado o auto de prisão em flagrante.

Art. 310. Após receber o auto de prisão em flagrante, no prazo máximo de até 24 (vinte e quatro) horas após a realização da prisão, o juiz deverá promover audiência de custódia com a presença do acusado, seu advogado constituído ou membro da Defensoria Pública e o membro do Ministério Público, e, nessa audiência, o juiz deverá, fundamentadamente: (Redação dada pela Lei nº 13.964, de 24.12.2019)

I. relaxar a prisão ilegal; ou (Incluído pela Lei nº 12.403, de 2011).

II. converter a prisão em flagrante em preventiva, quando presentes os requisitos constantes do art. 312 deste Código, e se revelarem inadequadas ou insuficientes as medidas cautelares diversas da prisão; ou (Incluído pela Lei nº 12.403, de 2011).

III. conceder liberdade provisória, com ou sem fiança. (Incluído pela Lei nº 12.403, de 2011).

§ 1º Se o juiz verificar, pelo auto de prisão em flagrante, que o agente praticou o fato em qualquer das condições constantes dos incisos I, II ou III do caput do art. 23 do Decreto-Lei nº 2.848, de 7 de dezembro de 1940 (Código Penal), poderá, fundamentadamente, conceder ao acusado liberdade provisória, mediante termo de comparecimento obrigatório a todos os atos processuais, sob pena de revogação. (Incluído pela Lei nº 13.964, de 24.12.2019)

§ 2º Se o juiz verificar que o agente é reincidente ou que integra organização criminosa armada ou milícia, ou que porta arma de fogo de uso restrito, deverá denegar a liberdade provisória, com ou sem medidas cautelares. (Incluído pela Lei nº 13.964, de 24.12.2019)

§ 3º A autoridade que deu causa, sem motivação idônea, à não realização da audiência de custódia no prazo estabelecido no caput deste artigo responderá administrativa, civil e penalmente pela omissão. (Incluído pela Lei nº 13.964, de 24.12.2019)

§ 4º Transcorridas 24 (vinte e quatro) horas após o decurso do prazo estabelecido no caput deste artigo, a não realização de audiência de custódia sem motivação idônea ensejará também a ilegalidade da prisão, a ser relaxada pela autoridade competente, sem prejuízo da possibilidade de imediata decretação de prisão preventiva. (Incluído pela Lei nº 13.964, de 24.12.2019)

CAPÍTULO III - DA PRISÃO PREVENTIVA

(Redação dada pela Lei nº 5.349, de 3.11.1967)

Art. 311. Em qualquer fase da investigação policial ou do processo penal, caberá a prisão preventiva decretada pelo juiz, a requerimento do Ministério Público, do querelante ou do assistente, ou por representação da autoridade policial. (Redação dada pela Lei nº 13.964, de 24.12.2019)

Art. 312. A prisão preventiva poderá ser decretada como garantia da ordem pública, da ordem econômica, por conveniência da instrução criminal ou para assegurar a aplicação da lei penal, quando houver prova da existência do crime e indício suficiente de autoria e de perigo gerado pelo estado de liberdade do imputado. (Redação dada pela Lei nº 13.964, de 24.12.2019)

ANOTAÇÕES

ANOTAÇÕES

Suspenso: A suspensão vale até que o tema seja analisado no plenário do STF - a data desse julgamento ainda não foi marcada até o fechamento deste arquivo.

ANOTAÇÕES

§ 1 A prisão preventiva também poderá ser decretada em caso de descumprimento de qualquer das obrigações impostas por força de outras medidas cautelares (art. 282, § 4º). (Incluído pela Lei nº 12.403, de 2011).

§ 2º A decisão que decretar a prisão preventiva deve ser motivada e fundamentada em receio de perigo e existência concreta de fatos novos ou contemporâneos que justifiquem a aplicação da medida adotada. (Incluído pela Lei nº 13.964, de 24.12.2019)

Art. 313. Nos termos do art. 312 deste Código, será admitida a decretação da prisão preventiva: (Redação dada pela Lei nº 12.403, de 2011).

I. nos crimes dolosos punidos com pena privativa de liberdade máxima superior a 4 (quatro) anos; (Redação dada pela Lei nº 12.403, de 2011).

II. se tiver sido condenado por outro crime doloso, em sentença transitada em julgado, ressalvado o disposto no inciso I do caput do art. 64 do Decreto-Lei no 2.848, de 7 de dezembro de 1940. Código Penal; (Redação dada pela Lei nº 12.403, de 2011).

III. se o crime envolver violência doméstica e familiar contra a mulher, criança, adolescente, idoso, enfermo ou pessoa com deficiência, para garantir a execução das medidas protetivas de urgência; (Redação dada pela Lei nº 12.403, de 2011).

IV. (Revogado pela Lei nº 12.403, de 2011).

§ 1 Também será admitida a prisão preventiva quando houver dúvida sobre a identidade civil da pessoa ou quando esta não fornecer elementos suficientes para esclarecê-la, devendo o preso ser colocado imediatamente em liberdade após a identificação, salvo se outra hipótese recomendar a manutenção da medida. (Incluído pela Lei nº 12.403, de 2011).

§ 2º Não será admitida a decretação da prisão preventiva com a finalidade de antecipação de cumprimento de pena ou como decorrência imediata de investigação criminal ou da apresentação ou recebimento de denúncia. (Incluído pela Lei nº 13.964, de 24.12.2019)

Art. 314. A prisão preventiva em nenhum caso será decretada se o juiz verificar pelas provas constantes dos autos ter o agente praticado o fato nas condições previstas nos incisos I, II e III do caput do art. 23 do Decreto-Lei no 2.848, de 7 de dezembro de 1940 - Código Penal. (Redação dada pela Lei nº 12.403, de 2011).

Art. 315. A decisão que decretar, substituir ou denegar a prisão preventiva será sempre motivada e fundamentada. (Redação dada pela Lei nº 13.964, de 24.12.2019)

§ 1º Na motivação da decretação da prisão preventiva ou de qualquer outra cautelar, o juiz deverá indicar concretamente a existência de fatos novos ou contemporâneos que justifiquem a aplicação da medida adotada. (Incluído pela Lei nº 13.964, de 24.12.2019)

§ 2º Não se considera fundamentada qualquer decisão judicial, seja ela interlocutória, sentença ou acórdão, que: (Incluído pela Lei nº 13.964, de 24.12.2019)

I. limitar-se à indicação, à reprodução ou à paráfrase de ato normativo, sem explicar sua relação com a causa ou a questão decidida; (Incluído pela Lei nº 13.964, de 24.12.2019)

II. empregar conceitos jurídicos indeterminados, sem explicar o motivo concreto de sua incidência no caso; (Incluído pela Lei nº 13.964, de 24.12.2019)

III. invocar motivos que se prestariam a justificar qualquer outra decisão; (Incluído pela Lei nº 13.964, de 24.12.2019)

ANOTAÇÕES

IV. não enfrentar todos os argumentos deduzidos no processo capazes de, em tese, infirmar a conclusão adotada pelo julgador; (Incluído pela Lei nº 13.964, de 24.12.2019)

V. limitar-se a invocar precedente ou enunciado de súmula, sem identificar seus fundamentos determinantes nem demonstrar que o caso sob julgamento se ajusta àqueles fundamentos; (Incluído pela Lei nº 13.964, de 24.12.2019)

VI. deixar de seguir enunciado de súmula, jurisprudência ou precedente invocado pela parte, sem demonstrar a existência de distinção no caso em julgamento ou a superação do entendimento. (Incluído pela Lei nº 13.964, de 24.12.2019)

Art. 316. O juiz poderá, de ofício ou a pedido das partes, revogar a prisão preventiva se, no correr da investigação ou do processo, verificar a falta de motivo para que ela subsista, bem como novamente decretá-la, se sobrevierem razões que a justifiquem. (Redação dada pela Lei nº 13.964, de 24.12.2019)

Parágrafo único. Decretada a prisão preventiva, deverá o órgão emissor da decisão revisar a necessidade de sua manutenção a cada 90 (noventa) dias, mediante decisão fundamentada, de ofício, sob pena de tornar a prisão ilegal. (Incluído pela Lei nº 13.964, de 24.12.2019)

CAPÍTULO IV - DA PRISÃO DOMICILIAR

(Redação dada pela Lei nº 12.403, de 2011).

Art. 317. A prisão domiciliar consiste no recolhimento do indiciado ou acusado em sua residência, só podendo dela ausentar-se com autorização judicial. (Redação dada pela Lei nº 12.403, de 2011).

Art. 318. Poderá o juiz substituir a prisão preventiva pela domiciliar quando o agente for: (Redação dada pela Lei nº 12.403, de 2011).

I. maior de 80 (oitenta) anos; (Incluído pela Lei nº 12.403, de 2011).

II. extremamente debilitado por motivo de doença grave; (Incluído pela Lei nº 12.403, de 2011).

III. imprescindível aos cuidados especiais de pessoa menor de 6 (seis) anos de idade ou com deficiência; (Incluído pela Lei nº 12.403, de 2011).

IV. gestante; (Redação dada pela Lei nº 13.257, de 2016)

V. mulher com filho de até 12 (doze) anos de idade incompletos; (Incluído pela Lei nº 13.257, de 2016)

VI. homem, caso seja o único responsável pelos cuidados do filho de até 12 (doze) anos de idade incompletos. (Incluído pela Lei nº 13.257, de 2016)

Parágrafo único. Para a substituição, o juiz exigirá prova idônea dos requisitos estabelecidos neste artigo. (Incluído pela Lei nº 12.403, de 2011).

Art. 318-A. A prisão preventiva imposta à mulher gestante ou que for mãe ou responsável por crianças ou pessoas com deficiência será substituída por prisão domiciliar, desde que: (Incluído pela Lei nº 13.769, de 2018).

I. não tenha cometido crime com violência ou grave ameaça a pessoa; (Incluído pela Lei nº 13.769, de 2018).

II. não tenha cometido o crime contra seu filho ou dependente. (Incluído pela Lei nº 13.769, de 2018).

Art. 318-B. A substituição de que tratam os arts. 318 e 318-A poderá ser efetuada sem prejuízo da aplicação concomitante das medidas alternativas previstas no art. 319 deste Código. (Incluído pela Lei nº 13.769, de 2018).

CAPÍTULO V - DAS OUTRAS MEDIDAS CAUTELARES

(Redação dada pela Lei nº 12.403, de 2011).

Art. 319. São medidas cautelares diversas da prisão: (Redação dada pela Lei nº 12.403, de 2011).

I. comparecimento periódico em juízo, no prazo e nas condições fixadas pelo juiz, para informar e justificar atividades; (Redação dada pela Lei nº 12.403, de 2011).

II. proibição de acesso ou frequência a determinados lugares quando, por circunstâncias relacionadas ao fato, deva o indiciado ou acusado permanecer distante desses locais para evitar o risco de novas infrações; (Redação dada pela Lei nº 12.403, de 2011).

III. proibição de manter contato com pessoa determinada quando, por circunstâncias relacionadas ao fato, deva o indiciado ou acusado dela permanecer distante; (Redação dada pela Lei nº 12.403, de 2011).

IV. proibição de ausentar-se da Comarca quando a permanência seja conveniente ou necessária para a investigação ou instrução; (Incluído pela Lei nº 12.403, de 2011).

V. recolhimento domiciliar no período noturno e nos dias de folga quando o investigado ou acusado tenha residência e trabalho fixos; (Incluído pela Lei nº 12.403, de 2011).

VI. suspensão do exercício de função pública ou de atividade de natureza econômica ou financeira quando houver justo receio de sua utilização para a prática de infrações penais; (Incluído pela Lei nº 12.403, de 2011).

VII. internação provisória do acusado nas hipóteses de crimes praticados com violência ou grave ameaça, quando os peritos concluírem ser inimputável ou semi-imputável (art. 26 do Código Penal) e houver risco de reiteração; (Incluído pela Lei nº 12.403, de 2011).

VIII. fiança, nas infrações que a admitem, para assegurar o comparecimento a atos do processo, evitar a obstrução do seu andamento ou em caso de resistência injustificada à ordem judicial; (Incluído pela Lei nº 12.403, de 2011).

IX. monitoração eletrônica. (Incluído pela Lei nº 12.403, de 2011).

§ 1º (Revogado pela Lei nº 12.403, de 2011).

§ 2º (Revogado pela Lei nº 12.403, de 2011). § 3º (Revogado pela Lei nº 12.403, de 2011).

§ 4º A fiança será aplicada de acordo com as disposições do Capítulo VI deste Título, podendo ser cumulada com outras medidas cautelares. (Incluído pela Lei nº 12.403, de 2011).

Art. 320. A proibição de ausentar-se do País será comunicada pelo juiz às autoridades encarregadas de fiscalizar as saídas do território nacional, intimando-se o indiciado ou acusado para entregar o passaporte, no prazo de 24 (vinte e quatro) horas. (Redação dada pela Lei nº 12.403, de 2011).

CAPÍTULO VI - DA LIBERDADE PROVISÓRIA, COM OU SEM FIANÇA

Art. 321. Ausentes os requisitos que autorizam a decretação da prisão preventiva, o juiz deverá conceder liberdade provisória, impondo, se for o caso, as medidas cautelares previstas no art. 319 deste Código e observados os critérios constantes do art. 282 deste Código. (Redação dada pela Lei nº 12.403, de 2011).

I. (Revogado pela Lei nº 12.403, de 2011).

II. (Revogado pela Lei nº 12.403, de 2011).

Art. 322. A autoridade policial somente poderá conceder fiança nos casos de infração cuja pena privativa de liberdade máxima não seja superior a 4 (quatro) anos. (Redação dada pela Lei nº 12.403, de 2011).

Parágrafo único. Nos demais casos, a fiança será requerida ao juiz, que decidirá em 48 (quarenta e oito) horas. (Redação dada pela Lei nº 12.403, de 2011).

Art. 323. Não será concedida fiança: (Redação dada pela Lei nº 12.403, de 2011).

I. nos crimes de racismo; (Redação dada pela Lei nº 12.403, de 2011).

II. nos crimes de tortura, tráfico ilícito de entorpecentes e drogas afins, terrorismo e nos definidos como crimes hediondos; (Redação dada pela Lei nº 12.403, de 2011).

III. nos crimes cometidos por grupos armados, civis ou militares, contra a ordem constitucional e o Estado Democrático; (Redação dada pela Lei nº 12.403, de 2011).

IV. (Revogado pela Lei nº 12.403, de 2011).

V. (Revogado pela Lei nº 12.403, de 2011).

Art. 324. Não será, igualmente, concedida fiança: (Redação dada pela Lei nº 12.403, de 2011).

I. aos que, no mesmo processo, tiverem quebrado fiança anteriormente concedida ou infringido, sem motivo justo, qualquer das obrigações a que se referem os arts. 327 e 328 deste Código; (Redação dada pela Lei nº 12.403, de 2011).

II. em caso de prisão civil ou militar; (Redação dada pela Lei nº 12.403, de 2011).

III. (Revogado pela Lei nº 12.403, de 2011).

IV. quando presentes os motivos que autorizam a decretação da prisão preventiva (art. 312). (Redação dada pela Lei nº 12.403, de 2011).

Art. 325. O valor da fiança será fixado pela autoridade que a conceder nos seguintes limites: (Redação dada pela Lei nº 12.403, de 2011).

a) (revogada); (Redação dada pela Lei nº 12.403, de 2011).

b) (revogada); (Redação dada pela Lei nº 12.403, de 2011).

c) (revogada). (Redação dada pela Lei nº 12.403, de 2011).

I. de 1 (um) a 100 (cem) salários mínimos, quando se tratar de infração cuja pena privativa de liberdade, no grau máximo, não for superior a 4 (quatro) anos; (Incluído pela Lei nº 12.403, de 2011).

II. de 10 (dez) a 200 (duzentos) salários mínimos, quando o máximo da pena privativa de liberdade cominada for superior a 4 (quatro) anos. (Incluído pela Lei nº 12.403, de 2011).

§ 1º Se assim recomendar a situação econômica do preso, a fiança poderá ser: (Redação dada pela Lei nº 12.403, de 2011).

I. dispensada, na forma do art. 350 deste Código; (Redação dada pela Lei nº 12.403, de 2011).

II. reduzida até o máximo de 2/3 (dois terços); ou (Redação dada pela Lei nº 12.403, de 2011).

III. aumentada em até 1.000 (mil) vezes. (Incluído pela Lei nº 12.403, de 2011).

§ 2º (Revogado pela Lei nº 12.403, de 2011).

I. (Revogado pela Lei nº 12.403, de 2011).

II. (Revogado pela Lei nº 12.403, de 2011).

III. (Revogado pela Lei nº 12.403, de 2011).

Art. 326. Para determinar o valor da fiança, a autoridade terá em consideração a natureza da infração, as condições pessoais de fortuna e vida pregressa do acusado, as circunstâncias indicativas de sua periculosidade, bem como a importância provável das custas do processo, até final julgamento.

Art. 327. A fiança tomada por termo obrigará o afiançado a comparecer perante a autoridade, todas as vezes que for intimado para atos do inquérito e da instrução criminal e para o julgamento. Quando o réu não comparecer, a fiança será havida como quebrada.

Art. 328. O réu afiançado não poderá, sob pena de quebramento da fiança, mudar de residência, sem prévia permissão da autoridade processante, ou ausentar-se por mais de 8 (oito) dias de sua residência, sem comunicar àquela autoridade o lugar onde será encontrado.

Art. 329. Nos juízos criminais e delegacias de polícia, haverá um livro especial, com termos de abertura e de encerramento, numerado e rubricado em todas as suas folhas pela autoridade, destinado especialmente aos termos de fiança. O termo será lavrado pelo escrivão e assinado pela autoridade e por quem prestar a fiança, e dele extrairse-á certidão para juntar-se aos autos.

Parágrafo único. O réu e quem prestar a fiança serão pelo escrivão notificados das obrigações e da sanção previstas nos arts. 327 e 328, o que constará dos autos.

ANOTAÇÕES

Art. 330. A fiança, que será sempre definitiva, consistirá em depósito de dinheiro, pedras, objetos ou metais preciosos, títulos da dívida pública, federal, estadual ou municipal, ou em hipoteca inscrita em primeiro lugar.

§ 1º A avaliação de imóvel, ou de pedras, objetos ou metais preciosos será feita imediatamente por perito nomeado pela autoridade.

§ 2º Quando a fiança consistir em caução de títulos da dívida pública, o valor será determinado pela sua cotação em Bolsa, e, sendo nominativos, exigir-se-á prova de que se acham livres de ônus.

Art. 331. O valor em que consistir a fiança será recolhido à repartição arrecadadora federal ou estadual, ou entregue ao depositário público, juntando-se aos autos os respectivos conhecimentos.

Parágrafo único. Nos lugares em que o depósito não se puder fazer de pronto, o valor será entregue ao escrivão ou pessoa abonada, a critério da autoridade, e dentro de três dias dar-se-á ao valor o destino que lhe assina este artigo, o que tudo constará do termo de fiança.

Art. 332. Em caso de prisão em flagrante, será competente para conceder a fiança a autoridade que presidir ao respectivo auto, e, em caso de prisão por mandado, o juiz que o houver expedido, ou a autoridade judiciária ou policial a quem tiver sido requisitada a prisão.

Art. 333. Depois de prestada a fiança, que será concedida independentemente de audiência do Ministério Público, este terá vista do processo a fim de requerer o que julgar conveniente.

Art. 334. A fiança poderá ser prestada enquanto não transitar em julgado a sentença condenatória. (Redação dada pela Lei nº 12.403, de 2011).

Art. 335. Recusando ou retardando a autoridade policial a concessão da fiança, o preso, ou alguém por ele, poderá prestá-la, mediante simples petição, perante o juiz competente, que decidirá em 48 (quarenta e oito) horas. (Redação dada pela Lei nº 12.403, de 2011).

Art. 336. O dinheiro ou objetos dados como fiança servirão ao pagamento das custas, da indenização do dano, da prestação pecuniária e da multa, se o réu for condenado. (Redação dada pela Lei nº 12.403, de 2011).

Parágrafo único. Este dispositivo terá aplicação ainda no caso da prescrição depois da sentença condenatória (art. 110 do Código Penal). (Redação dada pela Lei nº 12.403, de 2011).

Art. 337. Se a fiança for declarada sem efeito ou passar em julgado sentença que houver absolvido o acusado ou declarada extinta a ação penal, o valor que a constituir, atualizado, será restituído sem desconto, salvo o disposto no parágrafo único do art. 336 deste Código. (Redação dada pela Lei nº 12.403, de 2011).

Art. 338. A fiança que se reconheça não ser cabível na espécie será cassada em qualquer fase do processo.

Art. 339. Será também cassada a fiança quando reconhecida a existência de delito inafiançável, no caso de inovação na classificação do delito.

Art. 340. Será exigido o reforço da fiança:

I. quando a autoridade tomar, por engano, fiança insuficiente;

II. quando houver depreciação material ou perecimento dos bens hipotecados ou caucionados, ou depreciação dos metais ou pedras preciosas;

III. quando for inovada a classificação do delito.

Parágrafo único. A fiança ficará sem efeito e o réu será recolhido à prisão, quando, na conformidade deste artigo, não for reforçada.

Art. 341. Julgar-se-á quebrada a fiança quando o acusado: (Redação dada pela Lei nº 12.403, de 2011).

I. regularmente intimado para ato do processo, deixar de comparecer, sem motivo justo; (Incluído pela Lei nº 12.403, de 2011).

ANOTAÇÕES

II. deliberadamente praticar ato de obstrução ao andamento do processo; (Incluído pela Lei nº 12.403, de 2011).

III. descumprir medida cautelar imposta cumulativamente com a fiança; (Incluído pela Lei nº 12.403, de 2011).

IV. resistir injustificadamente a ordem judicial; (Incluído pela Lei nº 12.403, de 2011).

V. praticar nova infração penal dolosa. (Incluído pela Lei nº 12.403, de 2011).

Art. 342. Se vier a ser reformado o julgamento em que se declarou quebrada a fiança, esta subsistirá em todos os seus efeitos

Art. 343. O quebramento injustificado da fiança importará na perda de metade do seu valor, cabendo ao juiz decidir sobre a imposição de outras medidas cautelares ou, se for o caso, a decretação da prisão preventiva. (Redação dada pela Lei nº 12.403, de 2011).

Art. 344. Entender-se-á perdido, na totalidade, o valor da fiança, se, condenado, o acusado não se apresentar para o início do cumprimento da pena definitivamente imposta. (Redação dada pela Lei nº 12.403, de 2011).

Art. 345. No caso de perda da fiança, o seu valor, deduzidas as custas e mais encargos a que o acusado estiver obrigado, será recolhido ao fundo penitenciário, na forma da lei. (Redação dada pela Lei nº 12.403, de 2011).

Art. 346. No caso de quebramento de fiança, feitas as deduções previstas no art. 345 deste Código, o valor restante será recolhido ao fundo penitenciário, na forma da lei. (Redação dada pela Lei nº 12.403, de 2011).

Art. 347. Não ocorrendo a hipótese do art. 345, o saldo será entregue a quem houver prestado a fiança, depois de deduzidos os encargos a que o réu estiver obrigado.

Art. 348. Nos casos em que a fiança tiver sido prestada por meio de hipoteca, a execução será promovida no juízo cível pelo órgão do Ministério Público.

Art. 349. Se a fiança consistir em pedras, objetos ou metais preciosos, o juiz determinará a venda por leiloeiro ou corretor.

Art. 350. Nos casos em que couber fiança, o juiz, verificando a situação econômica do preso, poderá conceder-lhe liberdade provisória, sujeitando-o às obrigações constantes dos arts. 327 e 328 deste Código e a outras medidas cautelares, se for o caso. (Redação dada pela Lei nº 12.403, de 2011).

Parágrafo único. Se o beneficiado descumprir, sem motivo justo, qualquer das obrigações ou medidas impostas, aplicar-se-á o disposto no § 4º do art. 282 deste Código. (Redação dada pela Lei nº 12.403, de 2011).

TÍTULO X - DAS CITAÇÕES E INTIMAÇÕES

CAPÍTULO I - DAS CITAÇÕES

Art. 351. A citação inicial far-se-á por mandado, quando o réu estiver no território sujeito à jurisdição do juiz que a houver ordenado.

Art. 352. O mandado de citação indicará:

I. o nome do juiz;

II. o nome do querelante nas ações iniciadas por queixa;

III. o nome do réu, ou, se for desconhecido, os seus sinais característicos;

IV. a residência do réu, se for conhecida;

V. o fim para que é feita a citação;

VI. o juízo e o lugar, o dia e a hora em que o réu deverá comparecer;

VII. a subscrição do escrivão e a rubrica do juiz.

Art. 353. Quando o réu estiver fora do território da jurisdição do juiz processante, será citado mediante precatória.

Art. 354. A precatória indicará:

I. o juiz deprecado e o juiz deprecante;

II. a sede da jurisdição de um e de outro;

III. o fim para que é feita a citação, com todas as especificações;

IV. o juízo do lugar, o dia e a hora em que o réu deverá comparecer.

Art. 355. A precatória será devolvida ao juiz deprecante, independentemente de traslado, depois de lançado o "cumpra-se" e de feita a citação por mandado do juiz deprecado.

§ 1º Verificado que o réu se encontra em território sujeito à jurisdição de outro juiz, a este remeterá o juiz deprecado os autos para efetivação da diligência, desde que haja tempo para fazer-se a citação.

§ 2º Certificado pelo oficial de justiça que o réu se oculta para não ser citado, a precatória será imediatamente devolvida, para o fim previsto no art. 362.

Art. 356. Se houver urgência, a precatória, que conterá em resumo os requisitos enumerados no art. 354, poderá ser expedida por via telegráfica, depois de reconhecida a firma do juiz, o que a estação expedidora mencionará.

Art. 357. São requisitos da citação por mandado:

I. leitura do mandado ao citando pelo oficial e entrega da contrafé, na qual se mencionarão dia e hora da citação;

II. declaração do oficial, na certidão, da entrega da contrafé, e sua aceitação ou recusa.

Art. 358. A citação do militar far-se-á por intermédio do chefe do respectivo serviço.

Art. 359. O dia designado para funcionário público comparecer em juízo, como acusado, será notificado assim a ele como ao chefe de sua repartição.

Art. 360. Se o réu estiver preso, será pessoalmente citado. (Redação dada pela Lei nº 10.792, de 1º.12.2003)

Art. 361. Se o réu não for encontrado, será citado por edital, com o prazo de 15 (quinze) dias.

Art. 362. Verificando que o réu se oculta para não ser citado, o oficial de justiça certificará a ocorrência e procederá à citação com hora certa, na forma estabelecida nos arts. 227 a 229 da Lei no 5.869, de 11 de janeiro de 1973 - Código de Processo Civil. (Redação dada pela Lei nº 11.719, de 2008).

Parágrafo único. Completada a citação com hora certa, se o acusado não comparecer, ser-lhe-á nomeado defensor dativo. (Incluído pela Lei nº 11.719, de 2008).

Art. 363. O processo terá completada a sua formação quando realizada a citação do acusado. (Redação dada pela Lei nº 11.719, de 2008).

I. (revogado); (Redação dada pela Lei nº 11.719, de 2008).

II. (revogado). (Redação dada pela Lei nº 11.719, de 2008).

§ 1º Não sendo encontrado o acusado, será procedida a citação por edital. (Incluído pela Lei nº 11.719, de 2008).

§ 2º (VETADO) (Incluído pela Lei nº 11.719, de 2008).

§ 3º (VETADO) (Incluído pela Lei nº 11.719, de 2008).

§ 4º Comparecendo o acusado citado por edital, em qualquer tempo, o processo observará o disposto nos arts. 394 e seguintes deste Código. (Incluído pela Lei nº 11.719, de 2008).

Art. 364. No caso do artigo anterior, no I, o prazo será fixado pelo juiz entre 15 (quinze) e 90 (noventa) dias, de acordo com as circunstâncias, e, no caso de no II, o prazo será de trinta dias.

Art. 365. O edital de citação indicará:

I. o nome do juiz que a determinar;

II. o nome do réu, ou, se não for conhecido, os seus sinais característicos, bem como sua residência e profissão, se constarem do processo;

III. o fim para que é feita a citação;

IV. o juízo e o dia, a hora e o lugar em que o réu deverá comparecer;

V. o prazo, que será contado do dia da publicação do edital na imprensa, se houver, ou da sua afixação.

Parágrafo único. O edital será afixado à porta do edifício onde funcionar o juízo e será publicado pela imprensa, onde houver, devendo a afixação ser certificada pelo oficial que a tiver feito e a publicação provada por exemplar do jornal ou certidão do escrivão, da qual conste a página do jornal com a data da publicação.

ANOTAÇÕES

Art. 366. Se o acusado, citado por edital, não comparecer, nem constituir advogado, ficarão suspensos o processo e o curso do prazo prescricional, podendo o juiz determinar a produção antecipada das provas consideradas urgentes e, se for o caso, decretar prisão preventiva, nos termos do disposto no art. 312. (Redação dada pela Lei nº 9.271, de 17.4.1996) (Vide Lei nº 11.719, de 2008)

§ 1º (Revogado pela Lei nº 11.719, de 2008).

§ 2º (Revogado pela Lei nº 11.719, de 2008).

Art. 367. O processo seguirá sem a presença do acusado que, citado ou intimado pessoalmente para qualquer ato, deixar de comparecer sem motivo justificado, ou, no caso de mudança de residência, não comunicar o novo endereço ao juízo. (Redação dada pela Lei nº 9.271, de 17.4.1996)

Art. 368. Estando o acusado no estrangeiro, em lugar sabido, será citado mediante carta rogatória, suspendendo-se o curso do prazo de prescrição até o seu cumprimento. (Redação dada pela Lei nº 9.271, de 17.4.1996)

Art. 369. As citações que houverem de ser feitas em legações estrangeiras serão efetuadas mediante carta rogatória. (Redação dada pela Lei nº 9.271, de 17.4.1996)

CAPÍTULO II - DAS INTIMAÇÕES

Art. 370. Nas intimações dos acusados, das testemunhas e demais pessoas que devam tomar conhecimento de qualquer ato, será observado, no que for aplicável, o disposto no Capítulo anterior. (Redação dada pela Lei nº 9.271, de 17.4.1996)

§ 1º A intimação do defensor constituído, do advogado do querelante e do assistente far-se-á por publicação no órgão incumbido da publicidade dos atos judiciais da comarca, incluindo, sob pena de nulidade, o nome do acusado. (Incluído pela Lei nº 9.271, de 17.4.1996)

§ 2º Caso não haja órgão de publicação dos atos judiciais na comarca, a intimação far-se-á diretamente pelo escrivão, por mandado, ou via postal com comprovante de recebimento, ou por qualquer outro meio idôneo. (Redação dada pela Lei nº 9.271, de 17.4.1996)

§ 3º A intimação pessoal, feita pelo escrivão, dispensará a aplicação a que alude o § 1º. (Incluído pela Lei nº 9.271, de 17.4.1996)

§ 4º A intimação do Ministério Público e do defensor nomeado será pessoal. (Incluído pela Lei nº 9.271, de 17.4.1996)

Art. 371. Será admissível a intimação por despacho na petição em que for requerida, observado o disposto no art. 357.

Art. 372. Adiada, por qualquer motivo, a instrução criminal, o juiz marcará desde logo, na presença das partes e testemunhas, dia e hora para seu prosseguimento, do que se lavrará termo nos autos.

TÍTULO XI - DA APLICAÇÃO PROVISÓRIA DE INTERDIÇÕES DE DIREITOS E MEDIDAS DE SEGURANÇA

Art. 373. A aplicação provisória de interdições de direitos poderá ser determinada pelo juiz, de ofício, ou a requerimento do Ministério Público, do querelante, do assistente, do ofendido, ou de seu representante legal, ainda que este não se tenha constituído como assistente:

I. durante a instrução criminal após a apresentação da defesa ou do prazo concedido para esse fim; II. na sentença de pronúncia;

III. na decisão confirmatória da pronúncia ou na que, em grau de recurso, pronunciar o réu;

IV. na sentença condenatória recorrível.

§ 1º No caso do no I, havendo requerimento de aplicação da medida, o réu ou seu defensor será ouvido no prazo de 2 (dois) dias.

ANOTAÇÕES

DIR. PRO. PEN.

ANOTAÇÕES

§ 2º Decretada a medida, serão feitas as comunicações necessárias para a sua execução, na forma do disposto no Capítulo III do Título II do Livro IV.

Art. 374. Não caberá recurso do despacho ou da parte da sentença que decretar ou denegar a aplicação provisória de interdições de direitos, mas estas poderão ser substituídas ou revogadas:

I. se aplicadas no curso da instrução criminal, durante esta ou pelas sentenças a que se referem os ns. II, III e IV do artigo anterior;

II. se aplicadas na sentença de pronúncia, pela decisão que, em grau de recurso, a confirmar, total ou parcialmente, ou pela sentença condenatória recorrível;

III. se aplicadas na decisão a que se refere o no III do artigo anterior, pela sentença condenatória recorrível.

Art. 375. O despacho que aplicar, provisoriamente, substituir ou revogar interdição de direito, será fundamentado.

Art. 376. A decisão que impronunciar ou absolver o réu fará cessar a aplicação provisória da interdição anteriormente determinada.

Art. 377. Transitando em julgado a sentença condenatória, serão executadas somente as interdições nela aplicadas ou que derivarem da imposição da pena principal.

Art. 378. A aplicação provisória de medida de segurança obedecerá ao disposto nos artigos anteriores, com as modificações seguintes:

I. o juiz poderá aplicar, provisoriamente, a medida de segurança, de ofício, ou a requerimento do Ministério Público;

II. a aplicação poderá ser determinada ainda no curso do inquérito, mediante representação da autoridade policial;

III. a aplicação provisória de medida de segurança, a substituição ou a revogação da anteriormente aplicada poderão ser determinadas, também, na sentença absolutória;

IV. decretada a medida, atender-se-á ao disposto no Título V do Livro IV, no que for aplicável.

Art. 379. Transitando em julgado a sentença, observar-se-á, quanto à execução das medidas de segurança definitivamente aplicadas, o disposto no Título V do Livro IV.

Art. 380. A aplicação provisória de medida de segurança obstará a concessão de fiança, e tornará sem efeito a anteriormente concedida.

TÍTULO XII - DA SENTENÇA

Art. 381. A sentença conterá:

I. os nomes das partes ou, quando não possível, as indicações necessárias para identificá-las;

II. a exposição sucinta da acusação e da defesa;

III. a indicação dos motivos de fato e de direito em que se fundar a decisão;

IV. a indicação dos artigos de lei aplicados;

V. o dispositivo;

VI. a data e a assinatura do juiz.

Art. 382. Qualquer das partes poderá, no prazo de 2 (dois) dias, pedir ao juiz que declare a sentença, sempre que nela houver obscuridade, ambiguidade, contradição ou omissão.

Art. 383. O juiz, sem modificar a descrição do fato contida na denúncia ou queixa, poderá atribuir-lhe definição jurídica diversa, ainda que, em consequência, tenha de aplicar pena mais grave. (Redação dada pela Lei nº 11.719, de 2008).

§ 1º Se, em consequências de definição jurídica diversa, houver possibilidade de proposta de suspensão condicional do processo, o juiz procederá de acordo com o disposto na lei. (Incluído pela Lei nº 11.719, de 2008).

§ 2º Tratando-se de infração da competência de outro juízo, a este serão encaminhados os autos. (Incluído pela Lei nº 11.719, de 2008).

ANOTAÇÕES

Art. 384. Encerrada a instrução probatória, se entender cabível nova definição jurídica do fato, em consequência de prova existente nos autos de elemento ou circunstância da infração penal não contida na acusação, o Ministério Público deverá aditar a denúncia ou queixa, no prazo de 5 (cinco) dias, se em virtude desta houver sido instaurado o processo em crime de ação pública, reduzindo-se a termo o aditamento, quando feito oralmente. (Redação dada pela Lei nº 11.719, de 2008).

§ 1º Não procedendo o órgão do Ministério Público ao aditamento, aplica-se o art. 28 deste Código. (Incluído pela Lei nº 11.719, de 2008).

§ 2º Ouvido o defensor do acusado no prazo de 5 (cinco) dias e admitido o aditamento, o juiz, a requerimento de qualquer das partes, designará dia e hora para continuação da audiência, com inquirição de testemunhas, novo interrogatório do acusado, realização de debates e julgamento. (Incluído pela Lei nº 11.719, de 2008).

§ 3º Aplicam-se as disposições dos §§ 1º e 2º do art. 383 ao caput deste artigo. (Incluído pela Lei nº 11.719, de 2008).

§ 4º Havendo aditamento, cada parte poderá arrolar até 3 (três) testemunhas, no prazo de 5 (cinco) dias, ficando o juiz, na sentença, adstrito aos termos do aditamento. (Incluído pela Lei nº 11.719, de 2008).

§ 5º Não recebido o aditamento, o processo prosseguirá. (Incluído pela Lei nº 11.719, de 2008).

Art. 385. Nos crimes de ação pública, o juiz poderá proferir sentença condenatória, ainda que o Ministério Público tenha opinado pela absolvição, bem como reconhecer agravantes, embora nenhuma tenha sido alegada.

Art. 386. O juiz absolverá o réu, mencionando a causa na parte dispositiva, desde que reconheça:

I. estar provada a inexistência do fato;

II. não haver prova da existência do fato;

III. não constituir o fato infração penal;

IV. estar provado que o réu não concorreu para a infração penal; (Redação dada pela Lei nº 11.690, de 2008)

V. não existir prova de ter o réu concorrido para a infração penal; (Redação dada pela Lei nº 11.690, de 2008)

VI. existirem circunstâncias que excluam o crime ou isentem o réu de pena (arts. 20, 21, 22, 23, 26 e § 1º do art. 28, todos do Código Penal), ou mesmo se houver fundada dúvida sobre sua existência; (Redação dada pela Lei nº 11.690, de 2008)

VII. não existir prova suficiente para a condenação. (Incluído pela Lei nº 11.690, de 2008)

Parágrafo único. Na sentença absolutória, o juiz:

I. mandará, se for o caso, pôr o réu em liberdade;

II. ordenará a cessação das medidas cautelares e provisoriamente aplicadas; (Redação dada pela Lei nº 11.690, de 2008)

III. aplicará medida de segurança, se cabível.

Art. 387. O juiz, ao proferir sentença condenatória: (Vide Lei nº 11.719, de 2008)

I. mencionará as circunstâncias agravantes ou atenuantes definidas no Código Penal, e cuja existência reconhecer;

II. mencionará as outras circunstâncias apuradas e tudo o mais que deva ser levado em conta na aplicação da pena, de acordo com o disposto nos arts. 59 e 60 do Decreto-Lei no 2.848, de 7 de dezembro de 1940. Código Penal; (Redação dada pela Lei nº 11.719, de 2008).

III. aplicará as penas de acordo com essas conclusões; (Redação dada pela Lei nº 11.719, de 2008).

IV. fixará valor mínimo para reparação dos danos causados pela infração, considerando os prejuízos sofridos pelo ofendido; (Redação dada pela Lei nº 11.719, de 2008).

V. atenderá, quanto à aplicação provisória de interdições de direitos e medidas de segurança, ao disposto no Título XI deste Livro;

VI. determinará se a sentença deverá ser publicada na íntegra ou em resumo e designará o jornal em que será feita a publicação (art. 73, § 1º, do Código Penal).

§ 1º O juiz decidirá, fundamentadamente, sobre a manutenção ou, se for o caso, a imposição de prisão preventiva ou de outra medida cautelar, sem prejuízo do conhecimento de apelação que vier a ser interposta. (Incluído pela Lei nº 12.736, de 2012)

§ 2º O tempo de prisão provisória, de prisão administrativa ou de internação, no Brasil ou no estrangeiro, será computado para fins de determinação do regime inicial de pena privativa de liberdade. (Incluído pela Lei nº 12.736, de 2012)

Art. 388. A sentença poderá ser datilografada e neste caso o juiz a rubricará em todas as folhas.

Art. 389. A sentença será publicada em mão do escrivão, que lavrará nos autos o respectivo termo, registrando-a em livro especialmente destinado a esse fim.

Art. 390. O escrivão, dentro de três dias após a publicação, e sob pena de suspensão de cinco dias, dará conhecimento da sentença ao órgão do Ministério Público.

Art. 391. O querelante ou o assistente será intimado da sentença, pessoalmente ou na pessoa de seu advogado. Se nenhum deles for encontrado no lugar da sede do juízo, a intimação será feita mediante edital com o prazo de 10 dias, afixado no lugar de costume.

Art. 392. A intimação da sentença será feita:

I. ao réu, pessoalmente, se estiver preso;

II. ao réu, pessoalmente, ou ao defensor por ele constituído, quando se livrar solto, ou, sendo afiançável a infração, tiver prestado fiança;

III. ao defensor constituído pelo réu, se este, afiançável, ou não, a infração, expedido o mandado de prisão, não tiver sido encontrado, e assim o certificar o oficial de justiça;

IV. mediante edital, nos casos do no II, se o réu e o defensor que houver constituído não forem encontrados, e assim o certificar o oficial de justiça;

V. mediante edital, nos casos do no III, se o defensor que o réu houver constituído também não for encontrado, e assim o certificar o oficial de justiça;

VI. mediante edital, se o réu, não tendo constituído defensor, não for encontrado, e assim o certificar o oficial de justiça.

§ 1º O prazo do edital será de 90 dias, se tiver sido imposta pena privativa de liberdade por tempo igual ou superior a um ano, e de 60 dias, nos outros casos.

§ 2º O prazo para apelação correrá após o término do fixado no edital, salvo se, no curso deste, for feita a intimação por qualquer das outras formas estabelecidas neste artigo.

Art. 393. (Revogado pela Lei nº 12.403, de 2011).

LIVRO II - DOS PROCESSOS EM ESPÉCIE

TÍTULO I - DO PROCESSO COMUM

CAPÍTULO I - DA INSTRUÇÃO CRIMINAL

Art. 394. O procedimento será comum ou especial. (Redação dada pela Lei nº 11.719, de 2008).

§ 1º O procedimento comum será ordinário, sumário ou sumaríssimo. (Incluído pela Lei nº 11.719, de 2008).

I. ordinário, quando tiver por objeto crime cuja sanção máxima cominada for igual ou superior a 4 (quatro) anos de pena privativa de liberdade; (Incluído pela Lei nº 11.719, de 2008).

II. sumário, quando tiver por objeto crime cuja sanção máxima cominada seja inferior a 4 (quatro) anos de pena privativa de liberdade; (Incluído pela Lei nº 11.719, de 2008).

III. sumaríssimo, para as infrações penais de menor potencial ofensivo, na forma da lei. (Incluído pela Lei nº 11.719, de 2008).

ANOTAÇÕES

§ 2º Aplica-se a todos os processos o procedimento comum, salvo disposições em contrário deste Código ou de lei especial. (Incluído pela Lei nº 11.719, de 2008).

§ 3º Nos processos de competência do Tribunal do Júri, o procedimento observará as disposições estabelecidas nos arts. 406 a 497 deste Código. (Incluído pela Lei nº 11.719, de 2008).

§ 4º As disposições dos arts. 395 a 398 deste Código aplicam-se a todos os procedimentos penais de primeiro grau, ainda que não regulados neste Código. (Incluído pela Lei nº 11.719, de 2008).

§ 5º Aplicam-se subsidiariamente aos procedimentos especial, sumário e sumaríssimo as disposições do procedimento ordinário. (Incluído pela Lei nº 11.719, de 2008).

Art. 394-A. Os processos que apurem a prática de crime hediondo terão prioridade de tramitação em todas as instâncias. (Incluído pela Lei nº 13.285, de 2016).

Art. 395. A denúncia ou queixa será rejeitada quando: (Redação dada pela Lei nº 11.719, de 2008).

I. for manifestamente inepta; (Incluído pela Lei nº 11.719, de 2008).

II. faltar pressuposto processual ou condição para o exercício da ação penal; ou (Incluído pela Lei nº 11.719, de 2008).

III. faltar justa causa para o exercício da ação penal. (Incluído pela Lei nº 11.719, de 2008).

Parágrafo único. (Revogado). (Incluído pela Lei nº 11.719, de 2008).

Art. 396. Nos procedimentos ordinário e sumário, oferecida a denúncia ou queixa, o juiz, se não a rejeitar liminarmente, recebê-la-á e ordenará a citação do acusado para responder à acusação, por escrito, no prazo de 10 (dez) dias. (Redação dada pela Lei nº 11.719, de 2008).

Parágrafo único. No caso de citação por edital, o prazo para a defesa começará a fluir a partir do comparecimento pessoal do acusado ou do defensor constituído. (Redação dada pela Lei nº 11.719, de 2008).

Art. 396-A. Na resposta, o acusado poderá arguir preliminares e alegar tudo o que interesse à sua defesa, oferecer documentos e justificações, especificar as provas pretendidas e arrolar testemunhas, qualificando-as e requerendo sua intimação, quando necessário. (Incluído pela Lei nº 11.719, de 2008).

§ 1º A exceção será processada em apartado, nos termos dos arts. 95 a 112 deste Código. (Incluído pela Lei nº 11.719, de 2008).

§ 2º Não apresentada a resposta no prazo legal, ou se o acusado, citado, não constituir defensor, o juiz nomeará defensor para oferecê-la, concedendo-lhe vista dos autos por 10 (dez) dias. (Incluído pela Lei nº 11.719, de 2008).

Art. 397. Após o cumprimento do disposto no art. 396-A, e parágrafos, deste Código, o juiz deverá absolver sumariamente o acusado quando verificar: (Redação dada pela Lei nº 11.719, de 2008).

I. a existência manifesta de causa excludente da ilicitude do fato; (Incluído pela Lei nº 11.719, de 2008).

II. a existência manifesta de causa excludente da culpabilidade do agente, salvo inimputabilidade; (Incluído pela Lei nº 11.719, de 2008).

III. que o fato narrado evidentemente não constitui crime; ou (Incluído pela Lei nº 11.719, de 2008).

IV. extinta a punibilidade do agente. (Incluído pela Lei nº 11.719, de 2008).

Art. 398. (Revogado pela Lei nº 11.719, de 2008).

Art. 399. Recebida a denúncia ou queixa, o juiz designará dia e hora para a audiência, ordenando a intimação do acusado, de seu defensor, do Ministério Público e, se for o caso, do querelante e do assistente. (Redação dada pela Lei nº 11.719, de 2008).

ANOTAÇÕES

ANOTAÇÕES

§ 1º O acusado preso será requisitado para comparecer ao interrogatório, devendo o poder público providenciar sua apresentação. (Incluído pela Lei nº 11.719, de 2008).

§ 2º O juiz que presidiu a instrução deverá proferir a sentença. (Incluído pela Lei nº 11.719, de 2008).

Art. 400. Na audiência de instrução e julgamento, a ser realizada no prazo máximo de 60 (sessenta) dias, proceder-se-á à tomada de declarações do ofendido, à inquirição das testemunhas arroladas pela acusação e pela defesa, nesta ordem, ressalvado o disposto no art. 222 deste Código, bem como aos esclarecimentos dos peritos, às acareações e ao reconhecimento de pessoas e coisas, interrogando-se, em seguida, o acusado. (Redação dada pela Lei nº 11.719, de 2008).

§ 1º As provas serão produzidas numa só audiência, podendo o juiz indeferir as consideradas irrelevantes, impertinentes ou protelatórias. (Incluído pela Lei nº 11.719, de 2008).

§ 2º Os esclarecimentos dos peritos dependerão de prévio requerimento das partes. (Incluído pela Lei nº 11.719, de 2008).

Art. 401. Na instrução poderão ser inquiridas até 8 (oito) testemunhas arroladas pela acusação e 8 (oito) pela defesa. (Redação dada pela Lei nº 11.719, de 2008).

§ 1º Nesse número não se compreendem as que não prestem compromisso e as referidas. (Incluído pela Lei nº 11.719, de 2008).

§ 2º A parte poderá desistir da inquirição de qualquer das testemunhas arroladas, ressalvado o disposto no art. 209 deste Código. (Incluído pela Lei nº 11.719, de 2008).

Art. 402. Produzidas as provas, ao final da audiência, o Ministério Público, o querelante e o assistente e, a seguir, o acusado poderão requerer diligências cuja necessidade se origine de circunstâncias ou fatos apurados na instrução. (Redação dada pela Lei nº 11.719, de 2008).

Art. 403. Não havendo requerimento de diligências, ou sendo indeferido, serão oferecidas alegações finais orais por 20 (vinte) minutos, respectivamente, pela acusação e pela defesa, prorrogáveis por mais 10 (dez), proferindo o juiz, a seguir, sentença. (Redação dada pela Lei nº 11.719, de 2008).

§ 1º Havendo mais de um acusado, o tempo previsto para a defesa de cada um será individual. (Incluído pela Lei nº 11.719, de 2008).

§ 2º Ao assistente do Ministério Público, após a manifestação desse, serão concedidos 10 (dez) minutos, prorrogando-se por igual período o tempo de manifestação da defesa. (Incluído pela Lei nº 11.719, de 2008).

§ 3º O juiz poderá, considerada a complexidade do caso ou o número de acusados, conceder às partes o prazo de 5 (cinco) dias sucessivamente para a apresentação de memoriais. Nesse caso, terá o prazo de 10 (dez) dias para proferir a sentença. (Incluído pela Lei nº 11.719, de 2008).

Art. 404. Ordenado diligência considerada imprescindível, de ofício ou a requerimento da parte, a audiência será concluída sem as alegações finais. (Redação dada pela Lei nº 11.719, de 2008).

Parágrafo único. Realizada, em seguida, a diligência determinada, as partes apresentarão, no prazo sucessivo de 5 (cinco) dias, suas alegações finais, por memorial, e, no prazo de 10 (dez) dias, o juiz proferirá a sentença. (Incluído pela Lei nº 11.719, de 2008).

Art. 405. Do ocorrido em audiência será lavrado termo em livro próprio, assinado pelo juiz e pelas partes, contendo breve resumo dos fatos relevantes nela ocorridos. (Redação dada pela Lei nº 11.719, de 2008).

§ 1º Sempre que possível, o registro dos depoimentos do investigado, indiciado, ofendido e testemunhas será feito pelos meios ou recursos de gravação magnética, estenotipia, digital ou técnica similar, inclusive audiovisual, destinada a obter maior fidelidade das informações. (Incluído pela Lei nº 11.719, de 2008).

ANOTAÇÕES

§ 2º No caso de registro por meio audiovisual, será encaminhado às partes cópia do registro original, sem necessidade de transcrição. (Incluído pela Lei nº 11.719, de 2008).

CAPÍTULO II - DO PROCEDIMENTO RELATIVO AOS PROCESSOS DA COMPETÊNCIA DO TRIBUNAL DO JÚRI

(Redação dada pela Lei nº 11.689 , de 2008)

Seção I - Da Acusação e da Instrução Preliminar

Art. 406. O juiz, ao receber a denúncia ou a queixa, ordenará a citação do acusado para responder a acusação, por escrito, no prazo de 10 (dez) dias. (Redação dada pela Lei nº 11.689, de 2008)

§ 1º O prazo previsto no caput deste artigo será contado a partir do efetivo cumprimento do mandado ou do comparecimento, em juízo, do acusado ou de defensor constituído, no caso de citação inválida ou por edital. (Redação dada pela Lei nº 11.689, de 2008)

§ 2º A acusação deverá arrolar testemunhas, até o máximo de 8 (oito), na denúncia ou na queixa.

§ 3º Na resposta, o acusado poderá arguir preliminares e alegar tudo que interesse a sua defesa, oferecer documentos e justificações, especificar as provas pretendidas e arrolar testemunhas, até o máximo de 8 (oito), qualificando-as e requerendo sua intimação, quando necessário. (Incluído pela Lei nº 11.689, de 2008)

Art. 407. As exceções serão processadas em apartado, nos termos dos arts. 95 a 112 deste Código. (Redação dada pela Lei nº 11.689, de 2008)

Art. 408. Não apresentada a resposta no prazo legal, o juiz nomeará defensor para oferecê-la em até 10 (dez) dias, concedendo-lhe vista dos autos. (Redação dada pela Lei nº 11.689, de 2008)

Art. 409. Apresentada a defesa, o juiz ouvirá o Ministério Público ou o querelante sobre preliminares e documentos, em 5 (cinco) dias. (Redação dada pela Lei nº 11.689, de 2008)

Art. 410. O juiz determinará a inquirição das testemunhas e a realização das diligências requeridas pelas partes, no prazo máximo de 10 (dez) dias. (Redação dada pela Lei nº 11.689, de 2008)

Art. 411. Na audiência de instrução, proceder-se-á à tomada de declarações do ofendido, se possível, à inquirição das testemunhas arroladas pela acusação e pela defesa, nesta ordem, bem como aos esclarecimentos dos peritos, às acareações e ao reconhecimento de pessoas e coisas, interrogando-se, em seguida, o acusado e procedendo-se o debate. (Redação dada pela Lei nº 11.689, de 2008)

§ 1º Os esclarecimentos dos peritos dependerão de prévio requerimento e de deferimento pelo juiz. (Incluído pela Lei nº 11.689, de 2008)

§ 2º As provas serão produzidas em uma só audiência, podendo o juiz indeferir as consideradas irrelevantes, impertinentes ou protelatórias. (Incluído pela Lei nº 11.689, de 2008)

§ 3º Encerrada a instrução probatória, observar-se-á, se for o caso, o disposto no art. 384 deste Código. (Incluído pela Lei nº 11.689, de 2008)

§ 4º As alegações serão orais, concedendo-se a palavra, respectivamente, à acusação e à defesa, pelo prazo de 20 (vinte) minutos, prorrogáveis por mais 10 (dez). (Incluído pela Lei nº 11.689, de 2008)

§ 5º Havendo mais de 1 (um) acusado, o tempo previsto para a acusação e a defesa de cada um deles será individual. (Incluído pela Lei nº 11.689, de 2008)

§ 6º Ao assistente do Ministério Público, após a manifestação deste, serão concedidos 10 (dez) minutos, prorrogando-se por igual período o tempo de manifestação da defesa. (Incluído pela Lei nº 11.689, de 2008)

§ 7º Nenhum ato será adiado, salvo quando imprescindível à prova faltante, determinando o juiz a condução coercitiva de quem deva comparecer. (Incluído pela Lei nº 11.689, de 2008)

§ 8º A testemunha que comparecer será inquirida, independentemente da suspensão da audiência, observada em qualquer caso a ordem estabelecida no caput deste artigo. (Incluído pela Lei nº 11.689, de 2008)

§ 9º Encerrados os debates, o juiz proferirá a sua decisão, ou o fará em 10 (dez) dias, ordenando que os autos para isso lhe sejam conclusos. (Incluído pela Lei nº 11.689, de 2008)

Art. 412. O procedimento será concluído no prazo máximo de 90 (noventa) dias. (Redação dada pela Lei nº 11.689, de 2008)

Seção II - Da Pronúncia, da Impronúncia e da Absolvição Sumária

(Redação dada pela Lei nº 11.689, de 2008)

Art. 413. O juiz, fundamentadamente, pronunciará o acusado, se convencido da materialidade do fato e da existência de indícios suficientes de autoria ou de participação. (Redação dada pela Lei nº 11.689, de 2008)

§ 1º A fundamentação da pronúncia limitar-se-á à indicação da materialidade do fato e da existência de indícios suficientes de autoria ou de participação, devendo o juiz declarar o dispositivo legal em que julgar incurso o acusado e especificar as circunstâncias qualificadoras e as causas de aumento de pena. (Incluído pela Lei nº 11.689, de 2008)

§ 2º Se o crime for afiançável, o juiz arbitrará o valor da fiança para a concessão ou manutenção da liberdade provisória. (Incluído pela Lei nº 11.689, de 2008)

§ 3º O juiz decidirá, motivadamente, no caso de manutenção, revogação ou substituição da prisão ou medida restritiva de liberdade anteriormente decretada e, tratando-se de acusado solto, sobre a necessidade da decretação da prisão ou imposição de quaisquer das medidas previstas no Título IX do Livro I deste Código. (Incluído pela Lei nº 11.689, de 2008)

Art. 414. Não se convencendo da materialidade do fato ou da existência de indícios suficientes de autoria ou de participação, o juiz, fundamentadamente, impronunciará o acusado. (Redação dada pela Lei nº 11.689, de 2008)

Parágrafo único. Enquanto não ocorrer a extinção da punibilidade, poderá ser formulada nova denúncia ou queixa se houver prova nova. (Incluído pela Lei nº 11.689, de 2008)

Art. 415. O juiz, fundamentadamente, absolverá desde logo o acusado, quando: (Redação dada pela Lei nº 11.689, de 2008)

I. provada a inexistência do fato; (Redação dada pela Lei nº 11.689, de 2008)

II. provado não ser ele autor ou partícipe do fato; (Redação dada pela Lei nº 11.689, de 2008)

III. o fato não constituir infração penal; (Redação dada pela Lei nº 11.689, de 2008)

IV. demonstrada causa de isenção de pena ou de exclusão do crime. (Redação dada pela Lei nº 11.689, de 2008)

Parágrafo único. Não se aplica o disposto no inciso IV do caput deste artigo ao caso de inimputabilidade prevista no caput do art. 26 do Decreto-Lei no 2.848, de 7 de dezembro de 1940 – Código Penal, salvo quando esta for a única tese defensiva. (Incluído pela Lei nº 11.689, de 2008)

Art. 416. Contra a sentença de impronúncia ou de absolvição sumária caberá apelação. (Redação dada pela Lei nº 11.689, de 2008)

Art. 417. Se houver indícios de autoria ou de participação de outras pessoas não incluídas na acusação, o juiz, ao pronunciar ou impronunciar o acusado, determinará o retorno dos autos ao Ministério Público, por 15 (quinze) dias, aplicável, no que couber, o art. 80 deste Código. (Redação dada pela Lei nº 11.689, de 2008)

Art. 418. O juiz poderá dar ao fato definição jurídica diversa da constante da acusação, embora o acusado fique sujeito a pena mais grave. (Redação dada pela Lei nº 11.689, de 2008)

ANOTAÇÕES

Art. 419. Quando o juiz se convencer, em discordância com a acusação, da existência de crime diverso dos referidos no § 1º do art. 74 deste Código e não for competente para o julgamento, remeterá os autos ao juiz que o seja. (Redação dada pela Lei nº 11.689, de 2008)

Parágrafo único. Remetidos os autos do processo a outro juiz, à disposição deste ficará o acusado preso. (Incluído pela Lei nº 11.689, de 2008)

Art. 420. A intimação da decisão de pronúncia será feita: (Redação dada pela Lei nº 11.689, de 2008)

I. pessoalmente ao acusado, ao defensor nomeado e ao Ministério Público; (Incluído pela Lei nº 11.689, de 2008)

II. ao defensor constituído, ao querelante e ao assistente do Ministério Público, na forma do disposto no § 1º do art. 370 deste Código. (Incluído pela Lei nº 11.689, de 2008)

Parágrafo único. Será intimado por edital o acusado solto que não for encontrado. (Incluído pela Lei nº 11.689, de 2008)

Art. 421. Preclusa a decisão de pronúncia, os autos serão encaminhados ao juiz presidente do Tribunal do Júri. (Redação dada pela Lei nº 11.689, de 2008)

§ 1º Ainda que preclusa a decisão de pronúncia, havendo circunstância superveniente que altere a classificação do crime, o juiz ordenará a remessa dos autos ao Ministério Público. (Incluído pela Lei nº 11.689, de 2008)

§ 2º Em seguida, os autos serão conclusos ao juiz para decisão. (Incluído pela Lei nº 11.689, de 2008)

Seção III - Da Preparação do Processo para Julgamento em Plenário

(Redação dada pela Lei nº 11.689, de 2008)

Art. 422. Ao receber os autos, o presidente do Tribunal do Júri determinará a intimação do órgão do Ministério Público ou do querelante, no caso de queixa, e do defensor, para, no prazo de 5 (cinco) dias, apresentarem rol de testemunhas que irão depor em plenário, até o máximo de 5 (cinco), oportunidade em que poderão juntar documentos e requerer diligência. (Redação dada pela Lei nº 11.689, de 2008)

Art. 423. Deliberando sobre os requerimentos de provas a serem produzidas ou exibidas no plenário do júri, e adotadas as providências devidas, o juiz presidente: (Redação dada pela Lei nº 11.689, de 2008)

I. ordenará as diligências necessárias para sanar qualquer nulidade ou esclarecer fato que interesse ao julgamento da causa; (Incluído pela Lei nº 11.689, de 2008)

II. fará relatório sucinto do processo, determinando sua inclusão em pauta da reunião do Tribunal do Júri. (Incluído pela Lei nº 11.689, de 2008)

Art. 424. Quando a lei local de organização judiciária não atribuir ao presidente do Tribunal do Júri o preparo para julgamento, o juiz competente remeter-lhe-á os autos do processo preparado até 5 (cinco) dias antes do sorteio a que se refere o art. 433 deste Código. (Redação dada pela Lei nº 11.689, de 2008)

Parágrafo único. Deverão ser remetidos, também, os processos preparados até o encerramento da reunião, para a realização de julgamento. (Redação dada pela Lei nº 11.689, de 2008)

Seção IV - Do Alistamento dos Jurados

(Redação dada pela Lei nº 11.689, de 2008)

Art. 425. Anualmente, serão alistados pelo presidente do Tribunal do Júri de 800 (oitocentos) a 1.500 (um mil e quinhentos) jurados nas comarcas de mais de 1.000.000 (um milhão) de habitantes, de 300 (trezentos) a 700 (setecentos) nas comarcas de mais de 100.000 (cem mil) habitantes e de 80 (oitenta) a 400 (quatrocentos) nas comarcas de menor população. (Redação dada pela Lei nº 11.689, de 2008)

ANOTAÇÕES

DIR. PRO. PEN.

ANOTAÇÕES

§ 1º Nas comarcas onde for necessário, poderá ser aumentado o número de jurados e, ainda, organizada lista de suplentes, depositadas as cédulas em urna especial, com as cautelas mencionadas na parte final do § 3º do art. 426 deste Código. (Incluído pela Lei nº 11.689, de 2008)

§ 2º O juiz presidente requisitará às autoridades locais, associações de classe e de bairro, entidades associativas e culturais, instituições de ensino em geral, universidades, sindicatos, repartições públicas e outros núcleos comunitários a indicação de pessoas que reúnam as condições para exercer a função de jurado. (Incluído pela Lei nº 11.689, de 2008)

Art. 426. A lista geral dos jurados, com indicação das respectivas profissões, será publicada pela imprensa até o dia 10 de outubro de cada ano e divulgada em editais afixados à porta do Tribunal do Júri. (Redação dada pela Lei nº 11.689, de 2008)

§ 1º A lista poderá ser alterada, de ofício ou mediante reclamação de qualquer do povo ao juiz presidente até o dia 10 de novembro, data de sua publicação definitiva. (Incluído pela Lei nº 11.689, de 2008)

§ 2º Juntamente com a lista, serão transcritos os arts. 436 a 446 deste Código. (Incluído pela Lei nº 11.689, de 2008)

§ 3º Os nomes e endereços dos alistados, em cartões iguais, após serem verificados na presença do Ministério Público, de advogado indicado pela Seção local da Ordem dos Advogados do Brasil e de defensor indicado pelas Defensorias Públicas competentes, permanecerão guardados em urna fechada a chave, sob a responsabilidade do juiz presidente. (Incluído pela Lei nº 11.689, de 2008)

§ 4º O jurado que tiver integrado o Conselho de Sentença nos 12 (doze) meses que antecederem à publicação da lista geral fica dela excluído. (Incluído pela Lei nº 11.689, de 2008)

§ 5º Anualmente, a lista geral de jurados será, obrigatoriamente, completada. (Incluído pela Lei nº 11.689, de 2008)

Seção V - Do Desaforamento

(Redação dada pela Lei nº 11.689 , de 2008)

Art. 427. Se o interesse da ordem pública o reclamar ou houver dúvida sobre a imparcialidade do júri ou a segurança pessoal do acusado, o Tribunal, a requerimento do Ministério Público, do assistente, do querelante ou do acusado ou mediante representação do juiz competente, poderá determinar o desaforamento do julgamento para outra comarca da mesma região, onde não existam aqueles motivos, preferindo-se as mais próximas. (Redação dada pela Lei nº 11.689, de 2008)

§ 1º O pedido de desaforamento será distribuído imediatamente e terá preferência de julgamento na Câmara ou Turma competente. (Incluído pela Lei nº 11.689, de 2008)

§ 2º Sendo relevantes os motivos alegados, o relator poderá determinar, fundamentadamente, a suspensão do julgamento pelo júri. (Incluído pela Lei nº 11.689, de 2008)

§ 3º Será ouvido o juiz presidente, quando a medida não tiver sido por ele solicitada. (Incluído pela Lei nº 11.689, de 2008)

§ 4º Na pendência de recurso contra a decisão de pronúncia ou quando efetivado o julgamento, não se admitirá o pedido de desaforamento, salvo, nesta última hipótese, quanto a fato ocorrido durante ou após a realização de julgamento anulado. (Incluído pela Lei nº 11.689, de 2008)

Art. 428. O desaforamento também poderá ser determinado, em razão do comprovado excesso de serviço, ouvidos o juiz presidente e a parte contrária, se o julgamento não puder ser realizado no prazo de 6 (seis) meses, contado do trânsito em julgado da decisão de pronúncia. (Redação dada pela Lei nº 11.689, de 2008)

§ 1º Para a contagem do prazo referido neste artigo, não se computará o tempo de adiamentos, diligências ou incidentes de interesse da defesa. (Incluído pela Lei nº 11.689, de 2008)

§ 2º Não havendo excesso de serviço ou existência de processos aguardando julgamento em quantidade que ultrapasse a possibilidade de apreciação pelo Tribunal do Júri, nas reuniões periódicas previstas para o exercício, o acusado poderá requerer ao Tribunal que determine a imediata realização do julgamento. (Incluído pela Lei nº 11.689, de 2008)

ANOTAÇÕES

Seção VI - Da Organização da Pauta

(Incluído pela Lei nº 11.689, de 2008)

Art. 429. Salvo motivo relevante que autorize alteração na ordem dos julgamentos, terão preferência: (Redação dada pela Lei nº 11.689, de 2008)

I. os acusados presos; (Incluído pela Lei nº 11.689, de 2008)

II. dentre os acusados presos, aqueles que estiverem há mais tempo na prisão; (Incluído pela Lei nº 11.689, de 2008)

III. em igualdade de condições, os precedentemente pronunciados. (Incluído pela Lei nº 11.689, de 2008)

§ 1º Antes do dia designado para o primeiro julgamento da reunião periódica, será afixada na porta do edifício do Tribunal do Júri a lista dos processos a serem julgados, obedecida a ordem prevista no caput deste artigo. (Redação dada pela Lei nº 11.689, de 2008)

§ 2º O juiz presidente reservará datas na mesma reunião periódica para a inclusão de processo que tiver o julgamento adiado. (Redação dada pela Lei nº 11.689, de 2008)

Art. 430. O assistente somente será admitido se tiver requerido sua habilitação até 5 (cinco) dias antes da data da sessão na qual pretenda atuar. (Redação dada pela Lei nº 11.689, de 2008)

Art. 431. Estando o processo em ordem, o juiz presidente mandará intimar as partes, o ofendido, se for possível, as testemunhas e os peritos, quando houver requerimento, para a sessão de instrução e julgamento, observando, no que couber, o disposto no art. 420 deste Código. (Redação dada pela Lei nº 11.689, de 2008)

Seção VII - Do Sorteio e da Convocação dos Jurados

(Incluído pela Lei nº 11.689, de 2008)

Art. 432. Em seguida à organização da pauta, o juiz presidente determinará a intimação do Ministério Público, da Ordem dos Advogados do Brasil e da Defensoria Pública para acompanharem, em dia e hora designados, o sorteio dos jurados que atuarão na reunião periódica. (Redação dada pela Lei nº 11.689, de 2008)

Art. 433. O sorteio, presidido pelo juiz, far-se-á a portas abertas, cabendo-lhe retirar as cédulas até completar o número de 25 (vinte e cinco) jurados, para a reunião periódica ou extraordinária. (Redação dada pela Lei nº 11.689, de 2008)

§ 1º O sorteio será realizado entre o 5º (décimo quinto) e o 0º (décimo) dia útil antecedente à instalação da reunião. (Incluído pela Lei nº 11.689, de 2008)

§ 2º A audiência de sorteio não será adiada pelo não comparecimento das partes. (Incluído pela Lei nº 11.689, de 2008)

§ 3º O jurado não sorteado poderá ter o seu nome novamente incluído para as reuniões futuras. (Incluído pela Lei nº 11.689, de 2008)

Art. 434. Os jurados sorteados serão convocados pelo correio ou por qualquer outro meio hábil para comparecer no dia e hora designados para a reunião, sob as penas da lei. (Redação dada pela Lei nº 11.689, de 2008)

Parágrafo único. No mesmo expediente de convocação serão transcritos os arts. 436 a 446 deste Código. (Incluído pela Lei nº 11.689, de 2008)

Art. 435. Serão afixados na porta do edifício do Tribunal do Júri a relação dos jurados convocados, os nomes do acusado e dos procuradores das partes, além do dia, hora e local das sessões de instrução e julgamento. (Redação dada pela Lei nº 11.689, de 2008)

ANOTAÇÕES

Seção VIII - Da Função do Jurado

(Incluído pela Lei nº 11.689, de 2008)

Art. 436. O serviço do júri é obrigatório. O alistamento compreenderá os cidadãos maiores de 18 (dezoito) anos de notória idoneidade. (Redação dada pela Lei nº 11.689, de 2008)

§ 1º Nenhum cidadão poderá ser excluído dos trabalhos do júri ou deixar de ser alistado em razão de cor ou etnia, raça, credo, sexo, profissão, classe social ou econômica, origem ou grau de instrução. (Incluído pela Lei nº 11.689, de 2008)

§ 2º A recusa injustificada ao serviço do júri acarretará multa no valor de 1 (um) a 10 (dez) salários mínimos, a critério do juiz, de acordo com a condição econômica do jurado. (Incluído pela Lei nº 11.689, de 2008) Art. 437. Estão isentos do serviço do júri: (Redação dada pela Lei nº 11.689, de 2008)

I. o Presidente da República e os Ministros de Estado; (Incluído pela Lei nº 11.689, de 2008)

II. os Governadores e seus respectivos Secretários; (Incluído pela Lei nº 11.689, de 2008)

III. os membros do Congresso Nacional, das Assembleias Legislativas e das Câmaras Distrital e Municipais; (Incluído pela Lei nº 11.689, de 2008)

IV. os Prefeitos Municipais; (Incluído pela Lei nº 11.689, de 2008)

V. os Magistrados e membros do Ministério Público e da Defensoria Pública; (Incluído pela Lei nº 11.689, de 2008)

VI. os servidores do Poder Judiciário, do Ministério Público e da Defensoria Pública; (Incluído pela Lei nº 11.689, de 2008)

VII. as autoridades e os servidores da polícia e da segurança pública; (Incluído pela Lei nº 11.689, de 2008)

VIII. os militares em serviço ativo; (Incluído pela Lei nº 11.689, de 2008)

IX. os cidadãos maiores de 70 (setenta) anos que requeiram sua dispensa; (Incluído pela Lei nº 11.689, de 2008)

X. aqueles que o requererem, demonstrando justo impedimento. (Incluído pela Lei nº 11.689, de 2008)

Art. 438. A recusa ao serviço do júri fundada em convicção religiosa, filosófica ou política importará no dever de prestar serviço alternativo, sob pena de suspensão dos direitos políticos, enquanto não prestar o serviço imposto. (Redação dada pela Lei nº 11.689, de 2008)

§ 1º Entende-se por serviço alternativo o exercício de atividades de caráter administrativo, assistencial, filantrópico ou mesmo produtivo, no Poder Judiciário, na Defensoria Pública, no Ministério Público ou em entidade conveniada para esses fins. (Incluído pela Lei nº 11.689, de 2008)

§ 2º O juiz fixará o serviço alternativo atendendo aos princípios da proporcionalidade e da razoabilidade. (Incluído pela Lei nº 11.689, de 2008)

Art. 439. O exercício efetivo da função de jurado constituirá serviço público relevante e estabelecerá presunção de idoneidade moral. (Redação dada pela Lei nº 12.403, de 2011).

Art. 440. Constitui também direito do jurado, na condição do art. 439 deste Código, preferência, em igualdade de condições, nas licitações públicas e no provimento, mediante concurso, de cargo ou função pública, bem como nos casos de promoção funcional ou remoção voluntária. (Redação dada pela Lei nº 11.689, de 2008)

Art. 441. Nenhum desconto será feito nos vencimentos ou salário do jurado sorteado que comparecer à sessão do júri. (Redação dada pela Lei nº 11.689, de 2008)

Art. 442. Ao jurado que, sem causa legítima, deixar de comparecer no dia marcado para a sessão ou retirar-se antes de ser dispensado pelo presidente será aplicada multa de 1 (um) a 10 (dez) salários mínimos, a critério do juiz, de acordo com a sua condição econômica. (Redação dada pela Lei nº 11.689, de 2008)

Art. 443. Somente será aceita escusa fundada em motivo relevante devidamente comprovado e apresentada, ressalvadas as hipóteses de força maior, até o momento da chamada dos jurados. (Redação dada pela Lei nº 11.689, de 2008)

Art. 444. O jurado somente será dispensado por decisão motivada do juiz presidente, consignada na ata dos trabalhos. (Redação dada pela Lei nº 11.689, de 2008)

Art. 445. O jurado, no exercício da função ou a pretexto de exercê-la, será responsável criminalmente nos mesmos termos em que o são os juízes togados. (Redação dada pela Lei nº 11.689, de 2008)

Art. 446. Aos suplentes, quando convocados, serão aplicáveis os dispositivos referentes às dispensas, faltas e escusas e à equiparação de responsabilidade penal prevista no art. 445 deste Código. (Redação dada pela Lei nº 11.689, de 2008)

Seção IX - Da Composição do Tribunal do Júri e da Formação do Conselho de Sentença

(Incluído pela Lei nº 11.689, de 2008)

Art. 447. O Tribunal do Júri é composto por 1 (um) juiz togado, seu presidente e por 25 (vinte e cinco) jurados que serão sorteados dentre os alistados, 7 (sete) dos quais constituirão o Conselho de Sentença em cada sessão de julgamento. (Redação dada pela Lei nº 11.689, de 2008)

Art. 448. São impedidos de servir no mesmo Conselho: (Redação dada pela Lei nº 11.689, de 2008)

I. marido e mulher; (Incluído pela Lei nº 11.689, de 2008)

II. ascendente e descendente; (Incluído pela Lei nº 11.689, de 2008)

III. sogro e genro ou nora; (Incluído pela Lei nº 11.689, de 2008)

IV. irmãos e cunhados, durante o cunhadio; (Incluído pela Lei nº 11.689, de 2008)

V. tio e sobrinho; (Incluído pela Lei nº 11.689, de 2008)

VI. padrasto, madrasta ou enteado. (Incluído pela Lei nº 11.689, de 2008)

§ 1º O mesmo impedimento ocorrerá em relação às pessoas que mantenham união estável reconhecida como entidade familiar. (Incluído pela Lei nº 11.689, de 2008)

§ 2º Aplicar-se-á aos jurados o disposto sobre os impedimentos, a suspeição e as incompatibilidades dos juízes togados. (Incluído pela Lei nº 11.689, de 2008)

Art. 449. Não poderá servir o jurado que: (Redação dada pela Lei nº 11.689, de 2008)

I. tiver funcionado em julgamento anterior do mesmo processo, independentemente da causa determinante do julgamento posterior; (Incluído pela Lei nº 11.689, de 2008)

II. no caso do concurso de pessoas, houver integrado o Conselho de Sentença que julgou o outro acusado; (Incluído pela Lei nº 11.689, de 2008)

III. tiver manifestado prévia disposição para condenar ou absolver o acusado. (Incluído pela Lei nº 11.689, de 2008)

Art. 450. Dos impedidos entre si por parentesco ou relação de convivência, servirá o que houver sido sorteado em primeiro lugar. (Redação dada pela Lei nº 11.689, de 2008)

Art. 451. Os jurados excluídos por impedimento, suspeição ou incompatibilidade serão considerados para a constituição do número legal exigível para a realização da sessão. (Redação dada pela Lei nº 11.689, de 2008)

Art. 452. O mesmo Conselho de Sentença poderá conhecer de mais de um processo, no mesmo dia, se as partes o aceitarem, hipótese em que seus integrantes deverão prestar novo compromisso. (Redação dada pela Lei nº 11.689, de 2008)

Seção X - Da reunião e das sessões do Tribunal do Júri

(Incluído pela Lei nº 11.689, de 2008)

Art. 453. O Tribunal do Júri reunir-se-á para as sessões de instrução e julgamento nos períodos e na forma estabelecida pela lei local de organização judiciária. (Redação dada pela Lei nº 11.689, de 2008)

ANOTAÇÕES

DIR. PRO. PEN.

ANOTAÇÕES

Art. 454. Até o momento de abertura dos trabalhos da sessão, o juiz presidente decidirá os casos de isenção e dispensa de jurados e o pedido de adiamento de julgamento, mandando consignar em ata as deliberações. (Redação dada pela Lei nº 11.689, de 2008)

Art. 455. Se o Ministério Público não comparecer, o juiz presidente adiará o julgamento para o primeiro dia desimpedido da mesma reunião, cientificadas as partes e as testemunhas. (Redação dada pela Lei nº 11.689, de 2008)

Parágrafo único. Se a ausência não for justificada, o fato será imediatamente comunicado ao Procurador-Geral de Justiça com a data designada para a nova sessão. (Incluído pela Lei nº 11.689, de 2008)

Art. 456. Se a falta, sem escusa legítima, for do advogado do acusado, e se outro não for por este constituído, o fato será imediatamente comunicado ao presidente da seccional da Ordem dos Advogados do Brasil, com a data designada para a nova sessão. (Redação dada pela Lei nº 11.689, de 2008)

§ 1º Não havendo escusa legítima, o julgamento será adiado somente uma vez, devendo o acusado ser julgado quando chamado novamente. (Incluído pela Lei nº 11.689, de 2008)

§ 2º Na hipótese do § 1º deste artigo, o juiz intimará a Defensoria Pública para o novo julgamento, que será adiado para o primeiro dia desimpedido, observado o prazo mínimo de 10 (dez) dias. (Incluído pela Lei nº 11.689, de 2008)

Art. 457. O julgamento não será adiado pelo não comparecimento do acusado solto, do assistente ou do advogado do querelante, que tiver sido regularmente intimado. (Redação dada pela Lei nº 11.689, de 2008)

§ 1º Os pedidos de adiamento e as justificações de não comparecimento deverão ser, salvo comprovado motivo de força maior, previamente submetidos à apreciação do juiz presidente do Tribunal do Júri. (Incluído pela Lei nº 11.689, de 2008)

§ 2º Se o acusado preso não for conduzido, o julgamento será adiado para o primeiro dia desimpedido da mesma reunião, salvo se houver pedido de dispensa de comparecimento subscrito por ele e seu defensor. (Incluído pela Lei nº 11.689, de 2008)

Art. 458. Se a testemunha, sem justa causa, deixar de comparecer, o juiz presidente, sem prejuízo da ação penal pela desobediência, aplicar-lhe-á a multa prevista no § 2º do art. 436 deste Código. (Redação dada pela Lei nº 11.689, de 2008)

Art. 459. Aplicar-se-á às testemunhas a serviço do Tribunal do Júri o disposto no art. 441 deste Código. (Redação dada pela Lei nº 11.689, de 2008)

Art. 460. Antes de constituído o Conselho de Sentença, as testemunhas serão recolhidas a lugar onde umas não possam ouvir os depoimentos das outras. (Redação dada pela Lei nº 11.689, de 2008)

Art. 461. O julgamento não será adiado se a testemunha deixar de comparecer, salvo se uma das partes tiver requerido a sua intimação por mandado, na oportunidade de que trata o art. 422 deste Código, declarando não prescindir do depoimento e indicando a sua localização. (Redação dada pela Lei nº 11.689, de 2008)

§ 1º Se, intimada, a testemunha não comparecer, o juiz presidente suspenderá os trabalhos e mandará conduzi-la ou adiará o julgamento para o primeiro dia desimpedido, ordenando a sua condução. (Incluído pela Lei nº 11.689, de 2008)

§ 2º O julgamento será realizado mesmo na hipótese de a testemunha não ser encontrada no local indicado, se assim for certificado por oficial de justiça. (Incluído pela Lei nº 11.689, de 2008)

Art. 462. Realizadas as diligências referidas nos arts. 454 a 461 deste Código, o juiz presidente verificará se a urna contém as cédulas dos 25 (vinte e cinco) jurados sorteados, mandando que o escrivão proceda à chamada deles. (Redação dada pela Lei nº 11.689, de 2008)

ANOTAÇÕES

Art. 463. Comparecendo, pelo menos, 15 (quinze) jurados, o juiz presidente declarará instalados os trabalhos, anunciando o processo que será submetido a julgamento. (Redação dada pela Lei nº 11.689, de 2008)

§ 1º O oficial de justiça fará o pregão, certificando a diligência nos autos. (Incluído pela Lei nº 11.689, de 2008)

§ 2º Os jurados excluídos por impedimento ou suspeição serão computados para a constituição do número legal. (Incluído pela Lei nº 11.689, de 2008)

Art. 464. Não havendo o número referido no art. 463 deste Código, proceder-se-á ao sorteio de tantos suplentes quantos necessários, e designar-se-á nova data para a sessão do júri. (Redação dada pela Lei nº 11.689, de 2008)

Art. 465. Os nomes dos suplentes serão consignados em ata, remetendo-se o expediente de convocação, com observância do disposto nos arts. 434 e 435 deste Código. (Redação dada pela Lei nº 11.689, de 2008)

Art. 466. Antes do sorteio dos membros do Conselho de Sentença, o juiz presidente esclarecerá sobre os impedimentos, a suspeição e as incompatibilidades constantes dos arts. 448 e 449 deste Código. (Redação dada pela Lei nº 11.689, de 2008)

§ 1º O juiz presidente também advertirá os jurados de que, uma vez sorteados, não poderão comunicar-se entre si e com outrem, nem manifestar sua opinião sobre o processo, sob pena de exclusão do Conselho e multa, na forma do § 2º do art. 436 deste Código. (Redação dada pela Lei nº 11.689, de 2008)

§ 2º A incomunicabilidade será certificada nos autos pelo oficial de justiça. (Redação dada pela Lei nº 11.689, de 2008)

Art. 467. Verificando que se encontram na urna as cédulas relativas aos jurados presentes, o juiz presidente sorteará 7 (sete) dentre eles para a formação do Conselho de Sentença. (Redação dada pela Lei nº 11.689, de 2008)

Art. 468. À medida que as cédulas forem sendo retiradas da urna, o juiz presidente as lerá, e a defesa e, depois dela, o Ministério Público poderão recusar os jurados sorteados, até 3 (três) cada parte, sem motivar a recusa. (Redação dada pela Lei nº 11.689, de 2008)

Parágrafo único. O jurado recusado imotivadamente por qualquer das partes será excluído daquela sessão de instrução e julgamento, prosseguindo-se o sorteio para a composição do Conselho de Sentença com os jurados remanescentes. (Incluído pela Lei nº 11.689, de 2008)

Art. 469. Se forem 2 (dois) ou mais os acusados, as recusas poderão ser feitas por um só defensor. (Redação dada pela Lei nº 11.689, de 2008)

§ 1º A separação dos julgamentos somente ocorrerá se, em razão das recusas, não for obtido o número mínimo de 7 (sete) jurados para compor o Conselho de Sentença. (Incluído pela Lei nº 11.689, de 2008)

§ 2º Determinada a separação dos julgamentos, será julgado em primeiro lugar o acusado a quem foi atribuída a autoria do fato ou, em caso de coautoria, aplicar-se-á o critério de preferência disposto no art. 429 deste Código. (Incluído pela Lei nº 11.689, de 2008)

Art. 470. Desacolhida a arguição de impedimento, de suspeição ou de incompatibilidade contra o juiz presidente do Tribunal do Júri, órgão do Ministério Público, jurado ou qualquer funcionário, o julgamento não será suspenso, devendo, entretanto, constar da ata o seu fundamento e a decisão. (Redação dada pela Lei nº 11.689, de 2008)

Art. 471. Se, em consequência do impedimento, suspeição, incompatibilidade, dispensa ou recusa, não houver número para a formação do Conselho, o julgamento será adiado para o primeiro dia desimpedido, após sorteados os suplentes, com observância do disposto no art. 464 deste Código. (Redação dada pela Lei nº 11.689, de 2008)

ANOTAÇÕES

Art. 472. Formado o Conselho de Sentença, o presidente, levantando-se, e, com ele, todos os presentes, fará aos jurados a seguinte exortação: (Redação dada pela Lei nº 11.689, de 2008)

Em nome da lei, concito-vos a examinar esta causa com imparcialidade e a proferir a vossa decisão de acordo com a vossa consciência e os ditames da justiça.

Os jurados, nominalmente chamados pelo presidente, responderão:

Assim o prometo.

Parágrafo único. O jurado, em seguida, receberá cópias da pronúncia ou, se for o caso, das decisões posteriores que julgaram admissível a acusação e do relatório do processo. (Incluído pela Lei nº 11.689, de 2008)

Seção XI - Da Instrução em Plenário

(Incluído pela Lei nº 11.689, de 2008)

Art. 473. Prestado o compromisso pelos jurados, será iniciada a instrução plenária quando o juiz presidente, o Ministério Público, o assistente, o querelante e o defensor do acusado tomarão, sucessiva e diretamente, as declarações do ofendido, se possível, e inquirirão as testemunhas arroladas pela acusação. (Redação dada pela Lei nº 11.689, de 2008)

§ 1º Para a inquirição das testemunhas arroladas pela defesa, o defensor do acusado formulará as perguntas antes do Ministério Público e do assistente, mantidos no mais a ordem e os critérios estabelecidos neste artigo. (Incluído pela Lei nº 11.689, de 2008)

§ 2º Os jurados poderão formular perguntas ao ofendido e às testemunhas, por intermédio do juiz presidente. (Incluído pela Lei nº 11.689, de 2008)

§ 3º As partes e os jurados poderão requerer acareações, reconhecimento de pessoas e coisas e esclarecimento dos peritos, bem como a leitura de peças que se refiram, exclusivamente, às provas colhidas por carta precatória e às provas cautelares, antecipadas ou não repetíveis. (Incluído pela Lei nº 11.689, de 2008)

Art. 474. A seguir será o acusado interrogado, se estiver presente, na forma estabelecida no Capítulo III do Título VII do Livro I deste Código, com as alterações introduzidas nesta Seção. (Redação dada pela Lei nº 11.689, de 2008)

§ 1º O Ministério Público, o assistente, o querelante e o defensor, nessa ordem, poderão formular, diretamente, perguntas ao acusado. (Redação dada pela Lei nº 11.689, de 2008)

§ 2º Os jurados formularão perguntas por intermédio do juiz presidente. (Redação dada pela Lei nº 11.689, de 2008)

§ 3º Não se permitirá o uso de algemas no acusado durante o período em que permanecer no plenário do júri, salvo se absolutamente necessário à ordem dos trabalhos, à segurança das testemunhas ou à garantia da integridade física dos presentes. (Incluído pela Lei nº 11.689, de 2008)

Art. 475. O registro dos depoimentos e do interrogatório será feito pelos meios ou recursos de gravação magnética, eletrônica, estenotipia ou técnica similar, destinada a obter maior fidelidade e celeridade na colheita da prova. (Redação dada pela Lei nº 11.689, de 2008)

Parágrafo único. A transcrição do registro, após feita a degravação, constará dos autos. (Incluído pela Lei nº 11.689, de 2008)

Seção XII - Dos Debates

(Incluído pela Lei nº 11.689 , de 2008)

Art. 476. Encerrada a instrução, será concedida a palavra ao Ministério Público, que fará a acusação, nos limites da pronúncia ou das decisões posteriores que julgaram admissível a acusação, sustentando, se for o caso, a existência de circunstância agravante. (Redação dada pela Lei nº 11.689, de 2008)

§ 1º O assistente falará depois do Ministério Público. (Incluído pela Lei nº 11.689, de 2008)

§ 2º Tratando-se de ação penal de iniciativa privada, falará em primeiro lugar o querelante e, em seguida, o Ministério Público, salvo se este houver retomado a titularidade da ação, na forma do art. 29 deste Código.

(Incluído pela Lei nº 11.689, de 2008)

§ 3º Finda a acusação, terá a palavra a defesa. (Incluído pela Lei nº 11.689, de 2008)

§ 4º A acusação poderá replicar e a defesa treplicar, sendo admitida a reinquirição de testemunha já ouvida em plenário. (Incluído pela Lei nº 11.689, de 2008)

Art. 477. O tempo destinado à acusação e à defesa será de uma hora e meia para cada, e de uma hora para a réplica e outro tanto para a tréplica. (Redação dada pela Lei nº 11.689, de 2008)

§ 1º Havendo mais de um acusador ou mais de um defensor, combinarão entre si a distribuição do tempo, que, na falta de acordo, será dividido pelo juiz presidente, de forma a não exceder o determinado neste artigo. (Incluído pela Lei nº 11.689, de 2008)

§ 2º Havendo mais de 1 (um) acusado, o tempo para a acusação e a defesa será acrescido de 1 (uma) hora e elevado ao dobro o da réplica e da tréplica, observado o disposto no § 1º deste artigo. (Incluído pela Lei nº 11.689, de 2008)

Art. 478. Durante os debates as partes não poderão, sob pena de nulidade, fazer referências: (Redação dada pela Lei nº 11.689, de 2008)

I. à decisão de pronúncia, às decisões posteriores que julgaram admissível a acusação ou à determinação do uso de algemas como argumento de autoridade que beneficiem ou prejudiquem o acusado; (Incluído pela Lei nº 11.689, de 2008)

II. ao silêncio do acusado ou à ausência de interrogatório por falta de requerimento, em seu prejuízo. (Incluído pela Lei nº 11.689, de 2008)

Art. 479. Durante o julgamento não será permitida a leitura de documento ou a exibição de objeto que não tiver sido juntado aos autos com a antecedência mínima de 3 (três) dias úteis, dando-se ciência à outra parte. (Redação dada pela Lei nº 11.689, de 2008)

Parágrafo único. Compreende-se na proibição deste artigo a leitura de jornais ou qualquer outro escrito, bem como a exibição de vídeos, gravações, fotografias, laudos, quadros, croqui ou qualquer outro meio assemelhado, cujo conteúdo versar sobre a matéria de fato submetida à apreciação e julgamento dos jurados. (Incluído pela Lei nº 11.689, de 2008)

Art. 480. A acusação, a defesa e os jurados poderão, a qualquer momento e por intermédio do juiz presidente, pedir ao orador que indique a folha dos autos onde se encontra a peça por ele lida ou citada, facultando-se, ainda, aos jurados solicitar-lhe, pelo mesmo meio, o esclarecimento de fato por ele alegado. (Redação dada pela Lei nº 11.689, de 2008)

§ 1º Concluídos os debates, o presidente indagará dos jurados se estão habilitados a julgar ou se necessitam de outros esclarecimentos. (Incluído pela Lei nº 11.689, de 2008)

§ 2º Se houver dúvida sobre questão de fato, o presidente prestará esclarecimentos à vista dos autos. (Incluído pela Lei nº 11.689, de 2008)

§ 3º Os jurados, nesta fase do procedimento, terão acesso aos autos e aos instrumentos do crime se solicitarem ao juiz presidente. (Incluído pela Lei nº 11.689, de 2008)

Art. 481. Se a verificação de qualquer fato, reconhecida como essencial para o julgamento da causa, não puder ser realizada imediatamente, o juiz presidente dissolverá o Conselho, ordenando a realização das diligências entendidas necessárias. (Redação dada pela Lei nº 11.689, de 2008)

Parágrafo único. Se a diligência consistir na produção de prova pericial, o juiz presidente, desde logo, nomeará perito e formulará quesitos, facultando às partes também formulá-los e indicar assistentes técnicos, no prazo de 5 (cinco) dias. (Redação dada pela Lei nº 11.689, de 2008)

ANOTAÇÕES

ANOTAÇÕES

Seção XIII - Do Questionário e sua Votação

(Incluído pela Lei nº 11.689, de 2008)

Art. 482. O Conselho de Sentença será questionado sobre matéria de fato e se o acusado deve ser absolvido. (Redação dada pela Lei nº 11.689, de 2008)

Parágrafo único. Os quesitos serão redigidos em proposições afirmativas, simples e distintas, de modo que cada um deles possa ser respondido com suficiente clareza e necessária precisão. Na sua elaboração, o presidente levará em conta os termos da pronúncia ou das decisões posteriores que julgaram admissível a acusação, do interrogatório e das alegações das partes. (Incluído pela Lei nº 11.689, de 2008)

Art. 483. Os quesitos serão formulados na seguinte ordem, indagando sobre: (Redação dada pela Lei nº 11.689, de 2008)

I. a materialidade do fato; (Incluído pela Lei nº 11.689, de 2008)

II. a autoria ou participação; (Incluído pela Lei nº 11.689, de 2008)

III. se o acusado deve ser absolvido; (Incluído pela Lei nº 11.689, de 2008)

IV. se existe causa de diminuição de pena alegada pela defesa; (Incluído pela Lei nº 11.689, de 2008)

V. se existe circunstância qualificadora ou causa de aumento de pena reconhecidas na pronúncia ou em decisões posteriores que julgaram admissível a acusação. (Incluído pela Lei nº 11.689, de 2008)

§ 1º A resposta negativa, de mais de 3 (três) jurados, a qualquer dos quesitos referidos nos incisos I e II do caput deste artigo encerra a votação e implica a absolvição do acusado. (Incluído pela Lei nº 11.689, de 2008)

§ 2º Respondidos afirmativamente por mais de 3 (três) jurados os quesitos relativos aos incisos I e II do caput deste artigo será formulado quesito com a seguinte redação: (Incluído pela Lei nº 11.689, de 2008) O jurado absolve o acusado?

§ 3º Decidindo os jurados pela condenação, o julgamento prossegue, devendo ser formulados quesitos sobre: (Incluído pela Lei nº 11.689, de 2008)

I. causa de diminuição de pena alegada pela defesa; (Incluído pela Lei nº 11.689, de 2008)

II. circunstância qualificadora ou causa de aumento de pena, reconhecidas na pronúncia ou em decisões posteriores que julgaram admissível a acusação. (Incluído pela Lei nº 11.689, de 2008)

§ 4º Sustentada a desclassificação da infração para outra de competência do juiz singular, será formulado quesito a respeito, para ser respondido após o 2º (segundo) ou 3º (terceiro) quesito, conforme o caso. (Incluído pela Lei nº 11.689, de 2008)

§ 5º Sustentada a tese de ocorrência do crime na sua forma tentada ou havendo divergência sobre a tipificação do delito, sendo este da competência do Tribunal do Júri, o juiz formulará quesito acerca destas questões, para ser respondido após o segundo quesito. (Incluído pela Lei nº 11.689, de 2008)

§ 6º Havendo mais de um crime ou mais de um acusado, os quesitos serão formulados em séries distintas. (Incluído pela Lei nº 11.689, de 2008)

Art. 484. A seguir, o presidente lerá os quesitos e indagará das partes se têm requerimento ou reclamação a fazer, devendo qualquer deles, bem como a decisão, constar da ata. (Redação dada pela Lei nº 11.689, de 2008)

Parágrafo único. Ainda em plenário, o juiz presidente explicará aos jurados o significado de cada quesito. (Redação dada pela Lei nº 11.689, de 2008)

Art. 485. Não havendo dúvida a ser esclarecida, o juiz presidente, os jurados, o Ministério Público, o assistente, o querelante, o defensor do acusado, o escrivão e o oficial de justiça dirigir-se-ão à sala especial a fim de ser procedida a votação. (Redação dada pela Lei nº 11.689, de 2008)

ANOTAÇÕES

§ 1º Na falta de sala especial, o juiz presidente determinará que o público se retire, permanecendo somente as pessoas mencionadas no caput deste artigo. (Incluído pela Lei nº 11.689, de 2008)

§ 2º O juiz presidente advertirá as partes de que não será permitida qualquer intervenção que possa perturbar a livre manifestação do Conselho e fará retirar da sala quem se portar inconvenientemente. (Incluído pela Lei nº 11.689, de 2008)

Art. 486. Antes de proceder-se à votação de cada quesito, o juiz presidente mandará distribuir aos jurados pequenas cédulas, feitas de papel opaco e facilmente dobráveis, contendo 7 (sete) delas a palavra sim, 7 (sete) a palavra não. (Redação dada pela Lei nº 11.689, de 2008)

Art. 487. Para assegurar o sigilo do voto, o oficial de justiça recolherá em urnas separadas as cédulas correspondentes aos votos e as não utilizadas. (Redação dada pela Lei nº 11.689, de 2008)

Art. 488. Após a resposta, verificados os votos e as cédulas não utilizadas, o presidente determinará que o escrivão registre no termo a votação de cada quesito, bem como o resultado do julgamento. (Redação dada pela Lei nº 11.689, de 2008)

Parágrafo único. Do termo também constará a conferência das cédulas não utilizadas. (Incluído pela Lei nº 11.689, de 2008)

Art. 489. As decisões do Tribunal do Júri serão tomadas por maioria de votos. (Redação dada pela Lei nº 11.689, de 2008)

Art. 490. Se a resposta a qualquer dos quesitos estiver em contradição com outra ou outras já dadas, o presidente, explicando aos jurados em que consiste a contradição, submeterá novamente à votação os quesitos a que se referirem tais respostas. (Redação dada pela Lei nº 11.689, de 2008)

Parágrafo único. Se, pela resposta dada a um dos quesitos, o presidente verificar que ficam prejudicados os seguintes, assim o declarará, dando por finda a votação. (Incluído pela Lei nº 11.689, de 2008)

Art. 491. Encerrada a votação, será o termo a que se refere o art. 488 deste Código assinado pelo presidente, pelos jurados e pelas partes. (Redação dada pela Lei nº 11.689, de 2008)

Seção XIV - Da sentença

(Incluído pela Lei nº 11.689 , de 2008)

Art. 492. Em seguida, o presidente proferirá sentença que: (Redação dada pela Lei nº 11.689, de 2008) I – no caso de condenação: (Redação dada pela Lei nº 11.689, de 2008)

a) fixará a pena-base; (Incluído pela Lei nº 11.689, de 2008)

b) considerará as circunstâncias agravantes ou atenuantes alegadas nos debates; (Incluído pela Lei nº 11.689, de 2008)

c) imporá os aumentos ou diminuições da pena, em atenção às causas admitidas pelo júri; (Incluído pela Lei nº 11.689, de 2008)

d) observará as demais disposições do art. 387 deste Código; (Incluído pela Lei nº 11.689, de 2008)

e) mandará o acusado recolher-se ou recomendá-lo-á à prisão em que se encontra, se presentes os requisitos da prisão preventiva, ou, no caso de condenação a uma pena igual ou superior a 15 (quinze) anos de reclusão, determinará a execução provisória das penas, com expedição do mandado de prisão, se for o caso, sem prejuízo do conhecimento de recursos que vierem a ser interpostos; (Redação dada pela Lei nº 13.964, de 24.12.2019)

f) estabelecerá os efeitos genéricos e específicos da condenação; (Incluído pela Lei nº 11.689, de 2008)

II. no caso de absolvição: (Redação dada pela Lei nº 11.689, de 2008)

a) mandará colocar em liberdade o acusado se por outro motivo não estiver preso; (Redação dada pela Lei nº 11.689, de 2008)

b) revogará as medidas restritivas provisoriamente decretadas; (Redação dada pela Lei nº 11.689, de 2008)

c) imporá, se for o caso, a medida de segurança cabível. (Redação dada pela Lei nº 11.689, de 2008)

§ 1º Se houver desclassificação da infração para outra, de competência do juiz singular, ao presidente do Tribunal do Júri caberá proferir sentença em seguida, aplicando-se, quando o delito resultante da nova tipificação for considerado pela lei como infração penal de menor potencial ofensivo, o disposto nos arts. 69 e seguintes da Lei no 9.099, de 26 de setembro de 1995. (Redação dada pela Lei nº 11.689, de 2008)

§ 2º Em caso de desclassificação, o crime conexo que não seja doloso contra a vida será julgado pelo juiz presidente do Tribunal do Júri, aplicando-se, no que couber, o disposto no § 1º deste artigo. (Redação dada pela Lei nº 11.689, de 2008)

§ 3º O presidente poderá, excepcionalmente, deixar de autorizar a execução provisória das penas de que trata a alínea e do inciso I do caput deste artigo, se houver questão substancial cuja resolução pelo tribunal ao qual competir o julgamento possa plausivelmente levar à revisão da condenação. (Incluído pela Lei nº 13.964, de 24.12.2019)

§ 4º A apelação interposta contra decisão condenatória do Tribunal do Júri a uma pena igual ou superior a 15 (quinze) anos de reclusão não terá efeito suspensivo. (Incluído pela Lei nº 13.964, de 24.12.2019)

§ 5º Excepcionalmente, poderá o tribunal atribuir efeito suspensivo à apelação de que trata o § 4º deste artigo, quando verificado cumulativamente que o recurso: (Incluído pela Lei nº 13.964, de 24.12.2019)

I. não tem propósito meramente protelatório; e (Incluído pela Lei nº 13.964, de 24.12.2019)

II. levanta questão substancial e que pode resultar em absolvição, anulação da sentença, novo julgamento ou redução da pena para patamar inferior a 15 (quinze) anos de reclusão. (Incluído pela Lei nº 13.964, de 24.12.2019)

§ 6º O pedido de concessão de efeito suspensivo poderá ser feito incidentemente na apelação ou por meio de petição em separado dirigida diretamente ao relator, instruída com cópias da sentença condenatória, das razões da apelação e de prova da tempestividade, das contrarrazões e das demais peças necessárias à compreensão da controvérsia. (Incluído pela Lei nº 13.964, de 24.12.2019)

Art. 493. A sentença será lida em plenário pelo presidente antes de encerrada a sessão de instrução e julgamento. (Redação dada pela Lei nº 11.689, de 2008)

Seção XV - Da Ata dos Trabalhos

(Incluído pela Lei nº 11.689, de 2008)

Art. 494. De cada sessão de julgamento o escrivão lavrará ata, assinada pelo presidente e pelas partes. (Redação dada pela Lei nº 11.689, de 2008)

Art. 495. A ata descreverá fielmente todas as ocorrências, mencionando obrigatoriamente: (Redação dada pela Lei nº 11.689, de 2008)

I. a data e a hora da instalação dos trabalhos; (Redação dada pela Lei nº 11.689, de 2008)

II. o magistrado que presidiu a sessão e os jurados presentes; (Redação dada pela Lei nº 11.689, de 2008)

III. os jurados que deixaram de comparecer, com escusa ou sem ela, e as sanções aplicadas; (Redação dada pela Lei nº 11.689, de 2008)

IV. o ofício ou requerimento de isenção ou dispensa; (Redação dada pela Lei nº 11.689, de 2008)

V. o sorteio dos jurados suplentes; (Redação dada pela Lei nº 11.689, de 2008)

ANOTAÇÕES

VI. o adiamento da sessão, se houver ocorrido, com a indicação do motivo; (Redação dada pela Lei nº 11.689, de 2008)

VII. a abertura da sessão e a presença do Ministério Público, do querelante e do assistente, se houver, e a do defensor do acusado; (Redação dada pela Lei nº 11.689, de 2008)

VIII. o pregão e a sanção imposta, no caso de não comparecimento; (Redação dada pela Lei nº 11.689, de 2008)

IX. as testemunhas dispensadas de depor; (Redação dada pela Lei nº 11.689, de 2008)

X. o recolhimento das testemunhas a lugar de onde umas não pudessem ouvir o depoimento das
outras; (Redação dada pela Lei nº 11.689, de 2008)

XI. a verificação das cédulas pelo juiz presidente; (Redação dada pela Lei nº 11.689, de 2008)

XII. a formação do Conselho de Sentença, com o registro dos nomes dos jurados sorteados e recusas; (Redação dada pela Lei nº 11.689, de 2008)

XIII. o compromisso e o interrogatório, com simples referência ao termo; (Redação dada pela Lei nº 11.689, de 2008)

XIV. os debates e as alegações das partes com os respectivos fundamentos; (Redação dada pela Lei nº 11.689, de 2008)

XV. os incidentes; (Redação dada pela Lei nº 11.689, de 2008)

XVI. o julgamento da causa; (Redação dada pela Lei nº 11.689, de 2008)

XVII. a publicidade dos atos da instrução plenária, das diligências e da sentença. (Redação dada pela Lei nº 11.689, de 2008)

Art. 496. A falta da ata sujeitará o responsável a sanções administrativa e penal. (Redação dada pela Lei nº 11.689, de 2008)

Seção XVI - Das Atribuições do Presidente do Tribunal do Júri

(Incluído pela Lei nº 11.689, de 2008)

Art. 497. São atribuições do juiz presidente do Tribunal do Júri, além de outras expressamente referidas neste Código: (Redação dada pela Lei nº 11.689, de 2008)

I. regular a polícia das sessões e prender os desobedientes; (Redação dada pela Lei nº 11.689, de 2008)

II. requisitar o auxílio da força pública, que ficará sob sua exclusiva autoridade; (Redação dada pela Lei nº 11.689, de 2008)

III. dirigir os debates, intervindo em caso de abuso, excesso de linguagem ou mediante requerimento de uma das partes; (Redação dada pela Lei nº 11.689, de 2008)

IV. resolver as questões incidentes que não dependam de pronunciamento do júri; (Redação dada pela Lei nº 11.689, de 2008)

V. nomear defensor ao acusado, quando considerá-lo indefeso, podendo, neste caso, dissolver o Conselho e designar novo dia para o julgamento, com a nomeação ou a constituição de novo defensor; (Redação dada pela Lei nº 11.689, de 2008)

VI. mandar retirar da sala o acusado que dificultar a realização do julgamento, o qual prosseguirá sem a sua presença; (Redação dada pela Lei nº 11.689, de 2008)

VII. suspender a sessão pelo tempo indispensável à realização das diligências requeridas ou entendidas necessárias, mantida a incomunicabilidade dos jurados; (Redação dada pela Lei nº 11.689, de 2008)

VIII. interromper a sessão por tempo razoável, para proferir sentença e para repouso ou refeição dos jurados; (Redação dada pela Lei nº 11.689, de 2008)

IX. decidir, de ofício, ouvidos o Ministério Público e a defesa, ou a requerimento de qualquer destes, a arguição de extinção de punibilidade; (Redação dada pela Lei nº 11.689, de 2008)

ANOTAÇÕES

ANOTAÇÕES

X. resolver as questões de direito suscitadas no curso do julgamento; (Redação dada pela Lei nº 11.689, de 2008)

XI. determinar, de ofício ou a requerimento das partes ou de qualquer jurado, as diligências destinadas a sanar nulidade ou a suprir falta que prejudique o esclarecimento da verdade; (Redação dada pela Lei nº 11.689, de 2008)

XII. regulamentar, durante os debates, a intervenção de uma das partes, quando a outra estiver com a palavra, podendo conceder até 3 (três) minutos para cada aparte requerido, que serão acrescidos ao tempo desta última. (Incluído pela Lei nº 11.689, de 2008)

CAPÍTULO III - DO PROCESSO E DO JULGAMENTO DOS CRIMES DA COMPETÊNCIA DO JUIZ SINGULAR

Art. 498. (Revogado pela Lei nº 11.719, de 2008).

Art. 499. (Revogado pela Lei nº 11.719, de 2008).

Art. 500. (Revogado pela Lei nº 11.719, de 2008).

Art. 501. (Revogado pela Lei nº 11.719, de 2008).

Art. 502. (Revogado pela Lei nº 11.719, de 2008).

TÍTULO II - DOS PROCESSOS ESPECIAIS

CAPÍTULO I - DO PROCESSO E DO JULGAMENTO DOS CRIMES DE FALÊNCIA

Arts. 503 a 512. (Revogados pela Lei nº 11.101, de 2005)

CAPÍTULO II - DO PROCESSO E DO JULGAMENTO DOS CRIMES DE RESPONSABILIDADE DOS FUNCIONÁRIOS PÚBLICOS

Art. 513. Os crimes de responsabilidade dos funcionários públicos, cujo processo e julgamento competirão aos juízes de direito, a queixa ou a denúncia será instruída com documentos ou justificação que façam presumir a existência do delito ou com declaração fundamentada da impossibilidade de apresentação de qualquer dessas provas.

Art. 514. Nos crimes afiançáveis, estando a denúncia ou queixa em devida forma, o juiz mandará autuá-la e ordenará a notificação do acusado, para responder por escrito, dentro do prazo de quinze dias.

Parágrafo único. Se não for conhecida a residência do acusado, ou este se achar fora da jurisdição do juiz, serlhe-á nomeado defensor, a quem caberá apresentar a resposta preliminar.

Art. 515. No caso previsto no artigo anterior, durante o prazo concedido para a resposta, os autos permanecerão em cartório, onde poderão ser examinados pelo acusado ou por seu defensor.

Parágrafo único. A resposta poderá ser instruída com documentos e justificações.

Art. 516. O juiz rejeitará a queixa ou denúncia, em despacho fundamentado, se convencido, pela resposta do acusado ou do seu defensor, da inexistência do crime ou da improcedência da ação.

Art. 517. Recebida a denúncia ou a queixa, será o acusado citado, na forma estabelecida no Capítulo I do Título X do Livro I.

Art. 518. Na instrução criminal e nos demais termos do processo, observar-se-á o disposto nos Capítulos I e III, Título I, deste Livro.

CAPÍTULO III - DO PROCESSO E DO JULGAMENTO DOS CRIMES DE CALÚNIA E INJÚRIA, DE COMPETÊNCIA DO JUIZ SINGULAR

Art. 519. No processo por crime de calúnia ou injúria, para o qual não haja outra forma estabelecida em lei especial, observar-se-á o disposto nos Capítulos I e III, Titulo I, deste Livro, com as modificações constantes dos artigos seguintes.

Art. 520. Antes de receber a queixa, o juiz oferecerá às partes oportunidade para se reconciliarem, fazendo-as comparecer em juízo e ouvindo-as, separadamente, sem a presença dos seus advogados, não se lavrando termo.

ANOTAÇÕES

Art. 521. Se depois de ouvir o querelante e o querelado, o juiz achar provável a reconciliação, promoverá entendimento entre eles, na sua presença.

Art. 522. No caso de reconciliação, depois de assinado pelo querelante o termo da desistência, a queixa será arquivada.

Art. 523. Quando for oferecida a exceção da verdade ou da notoriedade do fato imputado, o querelante poderá contestar a exceção no prazo de dois dias, podendo ser inquiridas as testemunhas arroladas na queixa, ou outras indicadas naquele prazo, em substituição às primeiras, ou para completar o máximo legal.

CAPÍTULO IV - DO PROCESSO E DO JULGAMENTO DOS CRIMES CONTRA A PROPRIEDADE IMATERIAL

Art. 524. No processo e julgamento dos crimes contra a propriedade imaterial, observar-se-á o disposto nos Capítulos I e III do Título I deste Livro, com as modificações constantes dos artigos seguintes.

Art. 525. No caso de haver o crime deixado vestígio, a queixa ou a denúncia não será recebida se não for instruída com o exame pericial dos objetos que constituam o corpo de delito.

Art. 526. Sem a prova de direito à ação, não será recebida a queixa, nem ordenada qualquer diligência preliminarmente requerida pelo ofendido.

Art. 527. A diligência de busca ou de apreensão será realizada por dois peritos nomeados pelo juiz, que verificarão a existência de fundamento para a apreensão, e quer esta se realize, quer não, o laudo pericial será apresentado dentro de 3 (três) dias após o encerramento da diligência.

Parágrafo único. O requerente da diligência poderá impugnar o laudo contrário à apreensão, e o juiz ordenará que esta se efetue, se reconhecer a improcedência das razões aduzidas pelos peritos.

Art. 528. Encerradas as diligências, os autos serão conclusos ao juiz para homologação do laudo.

Art. 529. Nos crimes de ação privativa do ofendido, não será admitida queixa com fundamento em apreensão e em perícia, se decorrido o prazo de 30 dias, após a homologação do laudo.

Parágrafo único. Será dada vista ao Ministério Público dos autos de busca e apreensão requeridas pelo ofendido, se o crime for de ação pública e não tiver sido oferecida queixa no prazo fixado neste artigo.

Art. 530. Se ocorrer prisão em flagrante e o réu não for posto em liberdade, o prazo a que se refere o artigo anterior será de 8 (oito) dias.

Art. 530-A. O disposto nos arts. 524 a 530 será aplicável aos crimes em que se proceda mediante queixa. (Incluído pela Lei nº 10.695, de 1º.7.2003)

Art. 530-B. Nos casos das infrações previstas nos §§ 1º, 2º e 3º do art. 184 do Código Penal, a autoridade policial procederá à apreensão dos bens ilicitamente produzidos ou reproduzidos, em sua totalidade, juntamente com os equipamentos, suportes e materiais que possibilitaram a sua existência, desde que estes se destinem precipuamente à prática do ilícito. (Incluído pela Lei nº 10.695, de 1º.7.2003)

Art. 530-C. Na ocasião da apreensão será lavrado termo, assinado por 2 (duas) ou mais testemunhas, com a descrição de todos os bens apreendidos e informações sobre suas origens, o qual deverá integrar o inquérito policial ou o processo. (Incluído pela Lei nº 10.695, de 1º.7.2003)

Art. 530-D. Subsequente à apreensão, será realizada, por perito oficial, ou, na falta deste, por pessoa tecnicamente habilitada, perícia sobre todos os bens apreendidos e elaborado o laudo que deverá integrar o inquérito policial ou o processo. (Incluído pela Lei nº 10.695, de 1º.7.2003)

Art. 530-E. Os titulares de direito de autor e os que lhe são conexos serão os fiéis depositários de todos os bens apreendidos, devendo colocá-los à disposição do juiz quando do ajuizamento da ação. (Incluído pela Lei nº 10.695, de 1º.7.2003)

Art. 530-F. Ressalvada a possibilidade de se preservar o corpo de delito, o juiz poderá determinar, a requerimento da vítima, a destruição da produção ou reprodução apreendida quando não houver impugnação quanto à sua ilicitude ou quando a ação penal não puder ser iniciada por falta de determinação de quem seja o autor do ilícito. (Incluído pela Lei nº 10.695, de 1º.7.2003)

Art. 530-G. O juiz, ao prolatar a sentença condenatória, poderá determinar a destruição dos bens ilicitamente produzidos ou reproduzidos e o perdimento dos equipamentos apreendidos, desde que precipuamente destinados à produção e reprodução dos bens, em favor da Fazenda Nacional, que deverá destruí-los ou doá-los aos Estados, Municípios e Distrito Federal, a instituições públicas de ensino e pesquisa ou de assistência social, bem como incorporá-los, por economia ou interesse público, ao patrimônio da União, que não poderão retorná-los aos canais de comércio. (Incluído pela Lei nº 10.695, de 1º.7.2003)

Art. 530-H. As associações de titulares de direitos de autor e os que lhes são conexos poderão, em seu próprio nome, funcionar como assistente da acusação nos crimes previstos no art. 184 do Código Penal, quando praticado em detrimento de qualquer de seus associados. (Incluído pela Lei nº 10.695, de 1º.7.2003)

Art. 530-I. Nos crimes em que caiba ação penal pública incondicionada ou condicionada, observar-se-ão as normas constantes dos arts. 530-B, 530-C, 530-D, 530-E, 530-F, 530-G e 530-H. (Incluído pela Lei nº 10.695, de 1º.7.2003)

CAPÍTULO V - DO PROCESSO SUMÁRIO

Art. 531. Na audiência de instrução e julgamento, a ser realizada no prazo máximo de 30 (trinta) dias, proceder-se-á à tomada de declarações do ofendido, se possível, à inquirição das testemunhas arroladas pela acusação e pela defesa, nesta ordem, ressalvado o disposto no art. 222 deste Código, bem como aos esclarecimentos dos peritos, às acareações e ao reconhecimento de pessoas e coisas, interrogando-se, em seguida, o acusado e procedendo-se, finalmente, ao debate. (Redação dada pela Lei nº 11.719, de 2008).

Art. 532. Na instrução, poderão ser inquiridas até 5 (cinco) testemunhas arroladas pela acusação e 5 (cinco) pela defesa. (Redação dada pela Lei nº 11.719, de 2008).

Art. 533. Aplica-se ao procedimento sumário o disposto nos parágrafos do art. 400 deste Código. (Redação dada pela Lei nº 11.719, de 2008).

§ 1º (Revogado pela Lei nº 11.719, de 2008).

§ 2º (Revogado pela Lei nº 11.719, de 2008).

§ 3º (Revogado pela Lei nº 11.719, de 2008).

§ 4º (Revogado pela Lei nº 11.719, de 2008).

Art. 534. As alegações finais serão orais, concedendo-se a palavra, respectivamente, à acusação e à defesa, pelo prazo de 20 (vinte) minutos, prorrogáveis por mais 10 (dez), proferindo o juiz, a seguir, sentença. (Redação dada pela Lei nº 11.719, de 2008).

§ 1º Havendo mais de um acusado, o tempo previsto para a defesa de cada um será individual. (Incluído pela Lei nº 11.719, de 2008).

§ 2º Ao assistente do Ministério Público, após a manifestação deste, serão concedidos 10 (dez) minutos, prorrogando-se por igual período o tempo de manifestação da defesa. (Incluído pela Lei nº 11.719, de 2008).

Art. 535. Nenhum ato será adiado, salvo quando imprescindível a prova faltante, determinando o juiz a condução coercitiva de quem deva comparecer. (Redação dada pela Lei nº 11.719, de 2008).

§ 1º (Revogado pela Lei nº 11.719, de 2008).

§ 2º (Revogado pela Lei nº 11.719, de 2008).

ANOTAÇÕES

Art. 536. A testemunha que comparecer será inquirida, independentemente da suspensão da audiência, observada em qualquer caso a ordem estabelecida no art. 531 deste Código. (Redação dada pela Lei nº 11.719, de 2008).

Art. 537. (Revogado pela Lei nº 11.719, de 2008).

Art. 538. Nas infrações penais de menor potencial ofensivo, quando o juizado especial criminal encaminhar ao juízo comum as peças existentes para a adoção de outro procedimento, observar-se-á o procedimento sumário previsto neste Capítulo. (Redação dada pela Lei nº 11.719, de 2008).

§ 1º (Revogado pela Lei nº 11.719, de 2008).

§ 2º (Revogado pela Lei nº 11.719, de 2008).

§ 3º (Revogado pela Lei nº 11.719, de 2008).

§ 4º (Revogado pela Lei nº 11.719, de 2008).

Art. 539. (Revogado pela Lei nº 11.719, de 2008).

Art. 540. (Revogado pela Lei nº 11.719, de 2008).

CAPÍTULO VI - DO PROCESSO DE RESTAURAÇÃO DE AUTOS EXTRAVIADOS OU DESTRUÍDOS

Art. 541. Os autos originais de processo penal extraviados ou destruídos, em primeira ou segunda instância, serão restaurados.

§ 1º Se existir e for exibida cópia autêntica ou certidão do processo, será uma ou outra considerada como original.

§ 2º Na falta de cópia autêntica ou certidão do processo, o juiz mandará, de ofício, ou a requerimento de qualquer das partes, que:

a) o escrivão certifique o estado do processo, segundo a sua lembrança, e reproduza o que houver a respeito em seus protocolos e registros;

b) sejam requisitadas cópias do que constar a respeito no Instituto Médico-Legal, no Instituto de Identificação e Estatística ou em estabelecimentos congêneres, repartições públicas, penitenciárias ou cadeias;

c) as partes sejam citadas pessoalmente, ou, se não forem encontradas, por edital, com o prazo de dez dias, para o processo de restauração dos autos.

§ 3º Proceder-se-á à restauração na primeira instância, ainda que os autos se tenham extraviado na segunda.

Art. 542. No dia designado, as partes serão ouvidas, mencionando-se em termo circunstanciado os pontos em que estiverem acordes e a exibição e a conferência das certidões e mais reproduções do processo apresentadas e conferidas.

Art. 543. O juiz determinará as diligências necessárias para a restauração, observando-se o seguinte:

I. caso ainda não tenha sido proferida a sentença, reinquirir-se-ão as testemunhas podendo ser substituídas as que tiverem falecido ou se encontrarem em lugar não sabido;

II. os exames periciais, quando possível, serão repetidos, e de preferência pelos mesmos peritos;

III. a prova documental será reproduzida por meio de cópia autêntica ou, quando impossível, por meio de testemunhas;

IV. poderão também ser inquiridas sobre os atos do processo, que deverá ser restaurado, as autoridades, os serventuários, os peritos e mais pessoas que tenham nele funcionado;

V. o Ministério Público e as partes poderão oferecer testemunhas e produzir documentos, para provar o teor do processo extraviado ou destruído.

Art. 544. Realizadas as diligências que, salvo motivo de força maior, deverão concluir-se dentro de vinte dias, serão os autos conclusos para julgamento.

Parágrafo único. No curso do processo, e depois de subirem os autos conclusos para sentença, o juiz poderá, dentro em cinco dias, requisitar de autoridades ou de repartições todos os esclarecimentos para a restauração.

ANOTAÇÕES

DIR. PRO. PEN.

ANOTAÇÕES

Art. 545. Os selos e as taxas judiciárias, já pagos nos autos originais, não serão novamente cobrados.

Art. 546. Os causadores de extravio de autos responderão pelas custas, em dobro, sem prejuízo da responsabilidade criminal.

Art. 547. Julgada a restauração, os autos respectivos valerão pelos originais.

Parágrafo único. Se no curso da restauração aparecerem os autos originais, nestes continuará o processo, apensos a eles os autos da restauração.

Art. 548. Até à decisão que julgue restaurados os autos, a sentença condenatória em execução continuará a produzir efeito, desde que conste da respectiva guia arquivada na cadeia ou na penitenciária, onde o réu estiver cumprindo a pena, ou de registro que torne a sua existência inequívoca.

CAPÍTULO VII - DO PROCESSO DE APLICAÇÃO DE MEDIDA DE SEGURANÇA POR FATO NÃO CRIMINOSO

Art. 549. Se a autoridade policial tiver conhecimento de fato que, embora não constituindo infração penal, possa determinar a aplicação de medida de segurança (Código Penal, arts. 14 e 27), deverá proceder a inquérito, a fim de apurá-lo e averiguar todos os elementos que possam interessar à verificação da periculosidade do agente.

Art. 550. O processo será promovido pelo Ministério Público, mediante requerimento que conterá a exposição sucinta do fato, as suas circunstâncias e todos os elementos em que se fundar o pedido.

Art. 551. O juiz, ao deferir o requerimento, ordenará a intimação do interessado para comparecer em juízo, a fim de ser interrogado.

Art. 552. Após o interrogatório ou dentro do prazo de dois dias, o interessado ou seu defensor poderá oferecer alegações.

Parágrafo único. O juiz nomeará defensor ao interessado que não o tiver.

Art. 553. O Ministério Público, ao fazer o requerimento inicial, e a defesa, no prazo estabelecido no artigo anterior, poderão requerer exames, diligências e arrolar até três testemunhas.

Art. 554. Após o prazo de defesa ou a realização dos exames e diligências ordenados pelo juiz, de ofício ou a requerimento das partes, será marcada audiência, em que, inquiridas as testemunhas e produzidas alegações orais pelo órgão do Ministério Público e pelo defensor, dentro de dez minutos para cada um, o juiz proferirá sentença.

Parágrafo único. Se o juiz não se julgar habilitado a proferir a decisão, designará, desde logo, outra audiência, que se realizará dentro de cinco dias, para publicar a sentença.

Art. 555. Quando, instaurado processo por infração penal, o juiz, absolvendo ou impronunciando o réu, reconhecer a existência de qualquer dos fatos previstos no art. 14 ou no art. 27 do Código Penal, aplicar-lhe-á, se for caso, medida de segurança.

TÍTULO III - DOS PROCESSOS DE COMPETÊNCIA DO SUPREMO TRIBUNAL FEDERAL E DOS TRIBUNAIS DE APELAÇÃO

(Revogado pela Lei nº 8.658, de 26.5.1993)

CAPÍTULO I - DA INSTRUÇÃO

(Revogado pela Lei nº 8.658, de 26.5.1993)

Arts. 556 a 560. (Revogados pela Lei nº 8.658, de 26.5.1993)

CAPÍTULO II - DO JULGAMENTO

(Revogado pela Lei nº 8.658, de 26.5.1993)

Arts. 561 e 562. (Revogados pela Lei nº 8.658, de 26.5.1993)

ANOTAÇÕES

LIVRO III - DAS NULIDADES E DOS RECURSOS EM GERAL

TÍTULO I - DAS NULIDADES

Art. 563. Nenhum ato será declarado nulo, se da nulidade não resultar prejuízo para a acusação ou para a defesa.

Art. 564. A nulidade ocorrerá nos seguintes casos:

I. por incompetência, suspeição ou suborno do juiz;

II. por ilegitimidade de parte;

III. por falta das fórmulas ou dos termos seguintes:

a) a denúncia ou a queixa e a representação e, nos processos de contravenções penais, a portaria ou o auto de prisão em flagrante;

b) o exame do corpo de delito nos crimes que deixam vestígios, ressalvado o disposto no Art. 167;

c) a nomeação de defensor ao réu presente, que o não tiver, ou ao ausente, e de curador ao menor de 21 anos;

d) a intervenção do Ministério Público em todos os termos da ação por ele intentada e nos da intentada pela parte ofendida, quando se tratar de crime de ação pública;

e) a citação do réu para ver-se processar, o seu interrogatório, quando presente, e os prazos concedidos à acusação e à defesa;

f) a sentença de pronúncia, o libelo e a entrega da respectiva cópia, com o rol de testemunhas, nos processos perante o Tribunal do Júri;

g) a intimação do réu para a sessão de julgamento, pelo Tribunal do Júri, quando a lei não permitir o julgamento à revelia;

h) a intimação das testemunhas arroladas no libelo e na contrariedade, nos termos estabelecidos pela lei;

i) a presença pelo menos de 15 jurados para a constituição do júri;

j) o sorteio dos jurados do conselho de sentença em número legal e sua incomunicabilidade; k) os quesitos e as respectivas respostas;

l) a acusação e a defesa, na sessão de julgamento;

m) a sentença;

n) o recurso de oficio, nos casos em que a lei o tenha estabelecido;

o) a intimação, nas condições estabelecidas pela lei, para ciência de sentenças e despachos de que caiba recurso;

p) no Supremo Tribunal Federal e nos Tribunais de Apelação, o quórum legal para o julgamento;

IV. por omissão de formalidade que constitua elemento essencial do ato.

V. em decorrência de decisão carente de fundamentação. (Incluído pela Lei nº 13.964, de 24.12.2019)

Parágrafo único. Ocorrerá ainda a nulidade, por deficiência dos quesitos ou das suas respostas, e contradição entre estas. (Incluído pela Lei nº 263, de 23.2.1948)

Art. 565. Nenhuma das partes poderá arguir nulidade a que haja dado causa, ou para que tenha concorrido, ou referente a formalidade cuja observância só à parte contrária interesse.

Art. 566. Não será declarada a nulidade de ato processual que não houver influído na apuração da verdade substancial ou na decisão da causa.

Art. 567. A incompetência do juízo anula somente os atos decisórios, devendo o processo, quando for declarada a nulidade, ser remetido ao juiz competente.

Art. 568. A nulidade por ilegitimidade do representante da parte poderá ser a todo tempo sanada, mediante ratificação dos atos processuais.

Art. 569. As omissões da denúncia ou da queixa, da representação, ou, nos processos das contravenções penais, da portaria ou do auto de prisão em flagrante, poderão ser supridas a todo o tempo, antes da sentença final.

ANOTAÇÕES

Art. 570. A falta ou a nulidade da citação, da intimação ou notificação estará sanada, desde que o interessado compareça, antes de o ato consumar-se, embora declare que o faz para o único fim de argui-la. O juiz ordenará, todavia, a suspensão ou o adiamento do ato, quando reconhecer que a irregularidade poderá prejudicar direito da parte.

Art. 571. As nulidades deverão ser arguidas:

I. as da instrução criminal dos processos da competência do júri, nos prazos a que se refere o art. 406;

II. as da instrução criminal dos processos de competência do juiz singular e dos processos especiais, salvo os dos Capítulos V e VII do Título II do Livro II, nos prazos a que se refere o art. 500;

III. as do processo sumário, no prazo a que se refere o art. 537, ou, se verificadas depois desse prazo, logo depois de aberta a audiência e apregoadas as partes;

IV. as do processo regulado no Capítulo VII do Título II do Livro II, logo depois de aberta a audiência;

V. as ocorridas posteriormente à pronúncia, logo depois de anunciado o julgamento e apregoadas as partes (art. 447);

VI. as de instrução criminal dos processos de competência do Supremo Tribunal Federal e dos Tribunais de Apelação, nos prazos a que se refere o art. 500;

VII. se verificadas após a decisão da primeira instância, nas razões de recurso ou logo depois de anunciado o julgamento do recurso e apregoadas as partes;

VIII. as do julgamento em plenário, em audiência ou em sessão do tribunal, logo depois de ocorrerem.

Art. 572. As nulidades previstas no art. 564, III, d e e, segunda parte, g e h, e IV, considerar-se-ão sanadas:

I. se não forem arguidas, em tempo oportuno, de acordo com o disposto no artigo anterior;

II. se, praticado por outra forma, o ato tiver atingido o seu fim;

III. se a parte, ainda que tacitamente, tiver aceito os seus efeitos.

Art. 573. Os atos, cuja nulidade não tiver sido sanada, na forma dos artigos anteriores, serão renovados ou retificados.

§ 1º A nulidade de um ato, uma vez declarada, causará a dos atos que dele diretamente dependam ou sejam consequência.

§ 2º O juiz que pronunciar a nulidade declarará os atos a que ela se estende.

TÍTULO II - DOS RECURSOS EM GERAL

CAPÍTULO I - DISPOSIÇÕES GERAIS

Art. 574. Os recursos serão voluntários, excetuando-se os seguintes casos, em que deverão ser interpostos, de ofício, pelo juiz:

I. da sentença que conceder habeas corpus;

II. da que absolver desde logo o réu com fundamento na existência de circunstância que exclua o crime ou isente o réu de pena, nos termos do art. 411.

Art. 575. Não serão prejudicados os recursos que, por erro, falta ou omissão dos funcionários, não tiverem seguimento ou não forem apresentados dentro do prazo.

Art. 576. O Ministério Público não poderá desistir de recurso que haja interposto.

Art. 577. O recurso poderá ser interposto pelo Ministério Público, ou pelo querelante, ou pelo réu, seu procurador ou seu defensor.

Parágrafo único. Não se admitirá, entretanto, recurso da parte que não tiver interesse na reforma ou modificação da decisão.

Art. 578. O recurso será interposto por petição ou por termo nos autos, assinado pelo recorrente ou por seu representante.

§ 1º Não sabendo ou não podendo o réu assinar o nome, o termo será assinado por alguém, a seu rogo, na presença de duas testemunhas.

ANOTAÇÕES

§ 2º A petição de interposição de recurso, com o despacho do juiz, será, até o dia seguinte ao último do prazo, entregue ao escrivão, que certificará no termo da juntada a data da entrega.

§ 3º Interposto por termo o recurso, o escrivão, sob pena de suspensão por dez a trinta dias, fará conclusos os autos ao juiz, até o dia seguinte ao último do prazo.

Art. 579. Salvo a hipótese de má-fé, a parte não será prejudicada pela interposição de um recurso por outro.

Parágrafo único. Se o juiz, desde logo, reconhecer a impropriedade do recurso interposto pela parte, mandará processá-lo de acordo com o rito do recurso cabível.

Art. 580. No caso de concurso de agentes (Código Penal, art. 25), a decisão do recurso interposto por um dos réus, se fundado em motivos que não sejam de caráter exclusivamente pessoal, aproveitará aos outros.

CAPÍTULO II - DO RECURSO EM SENTIDO ESTRITO

Art. 581. Caberá recurso, no sentido estrito, da decisão, despacho ou sentença:

I. que não receber a denúncia ou a queixa;

II. que concluir pela incompetência do juízo;

III. que julgar procedentes as exceções, salvo a de suspeição;

IV. que pronunciar o réu; (Redação dada pela Lei nº 11.689, de 2008)

V. que conceder, negar, arbitrar, cassar ou julgar inidônea a fiança, indeferir requerimento de prisão preventiva ou revogá-la, conceder liberdade provisória ou relaxar a prisão em flagrante; (Redação dada pela Lei nº 7.780, de 22.6.1989)

VI. (Revogado pela Lei nº 11.689, de 2008)

VII. que julgar quebrada a fiança ou perdido o seu valor;

VIII. que decretar a prescrição ou julgar, por outro modo, extinta a punibilidade;

IX. que indeferir o pedido de reconhecimento da prescrição ou de outra causa extintiva da punibilidade;

X. que conceder ou negar a ordem de habeas corpus;

XI. que conceder, negar ou revogar a suspensão condicional da pena;

XII. que conceder, negar ou revogar livramento condicional;

XIII. que anular o processo da instrução criminal, no todo ou em parte;

XIV. que incluir jurado na lista geral ou desta o excluir;

XV. que denegar a apelação ou a julgar deserta;

XVI. que ordenar a suspensão do processo, em virtude de questão prejudicial;

XVII. que decidir sobre a unificação de penas;

XVIII. que decidir o incidente de falsidade;

XIX. que decretar medida de segurança, depois de transitar a sentença em julgado;

XX. que impuser medida de segurança por transgressão de outra;

XXI. que mantiver ou substituir a medida de segurança, nos casos do art. 774;

XXII. que revogar a medida de segurança;

XXIII. que deixar de revogar a medida de segurança, nos casos em que a lei admita a revogação;

XXIV. que converter a multa em detenção ou em prisão simples.

XXV. que recusar homologação à proposta de acordo de não persecução penal, previsto no art. 28-A desta Lei. (Incluído pela Lei nº 13.964, de 24.12.2019)

Art. 582 - Os recursos serão sempre para o Tribunal de Apelação, salvo nos casos dos ns. V, X e XIV.

Parágrafo único. O recurso, no caso do no XIV, será para o presidente do Tribunal de Apelação.

ANOTAÇÕES

Art. 583. Subirão nos próprios autos os recursos:

I. quando interpostos de ofício;

II. nos casos do art. 581, I, III, IV, VI, VIII e X;

III. quando o recurso não prejudicar o andamento do processo.

Parágrafo único. O recurso da pronúncia subirá em traslado, quando, havendo dois ou mais réus, qualquer deles se conformar com a decisão ou todos não tiverem sido ainda intimados da pronúncia.

Art. 584. Os recursos terão efeito suspensivo nos casos de perda da fiança, de concessão de livramento condicional e dos ns. XV, XVII e XXIV do art. 581.

§ 1º Ao recurso interposto de sentença de impronúncia ou no caso do no VIII do art. 581, aplicar-se-á o disposto nos arts. 596 e 598.

§ 2º O recurso da pronúncia suspenderá tão-somente o julgamento.

§ 3º O recurso do despacho que julgar quebrada a fiança suspenderá unicamente o efeito de perda da metade do seu valor.

Art. 585. O réu não poderá recorrer da pronúncia senão depois de preso, salvo se prestar fiança, nos casos em que a lei a admitir.

Art. 586. O recurso voluntário poderá ser interposto no prazo de cinco dias.

Parágrafo único. No caso do art. 581, XIV, o prazo será de vinte dias, contado da data da publicação definitiva da lista de jurados.

Art. 587. Quando o recurso houver de subir por instrumento, a parte indicará, no respectivo termo, ou em requerimento avulso, as peças dos autos de que pretenda traslado.

Parágrafo único. O traslado será extraído, conferido e concertado no prazo de cinco dias, e dele constarão sempre a decisão recorrida, a certidão de sua intimação, se por outra forma não for possível verificar-se a oportunidade do recurso, e o termo de interposição.

Art. 588. Dentro de dois dias, contados da interposição do recurso, ou do dia em que o escrivão, extraído o traslado, o fizer com vista ao recorrente, este oferecerá as razões e, em seguida, será aberta vista ao recorrido por igual prazo.

Parágrafo único. Se o recorrido for o réu, será intimado do prazo na pessoa do defensor.

Art. 589. Com a resposta do recorrido ou sem ela, será o recurso concluso ao juiz, que, dentro de dois dias, reformará ou sustentará o seu despacho, mandando instruir o recurso com os traslados que lhe parecerem necessários.

Parágrafo único. Se o juiz reformar o despacho recorrido, a parte contrária, por simples petição, poderá recorrer da nova decisão, se couber recurso, não sendo mais lícito ao juiz modificá-la. Neste caso, independentemente de novos arrazoados, subirá o recurso nos próprios autos ou em traslado.

Art. 590. Quando for impossível ao escrivão extrair o traslado no prazo da lei, poderá o juiz prorrogá-lo até o dobro.

Art. 591. Os recursos serão apresentados ao juiz ou tribunal ad quem, dentro de cinco dias da publicação da resposta do juiz a quo, ou entregues ao Correio dentro do mesmo prazo.

Art. 592. Publicada a decisão do juiz ou do tribunal ad quem, deverão os autos ser devolvidos, dentro de cinco dias, ao juiz a quo.

CAPÍTULO III - DA APELAÇÃO

Art. 593. Caberá apelação no prazo de 5 (cinco) dias: (Redação dada pela Lei nº 263, de 23.2.1948)

I. das sentenças definitivas de condenação ou absolvição proferidas por juiz singular; (Redação dada pela Lei nº 263, de 23.2.1948)

II. das decisões definitivas, ou com força de definitivas, proferidas por juiz singular nos casos não previstos no Capítulo anterior; (Redação dada pela Lei nº 263, de 23.2.1948)

ANOTAÇÕES

III. das decisões do Tribunal do Júri, quando: (Redação dada pela Lei nº 263, de 23.2.1948)

a) ocorrer nulidade posterior à pronúncia; (Redação dada pela Lei nº 263, de 23.2.1948)

b) for a sentença do juiz-presidente contrária à lei expressa ou à decisão dos jurados; (Redação dada pela Lei nº 263, de 23.2.1948)

c) houver erro ou injustiça no tocante à aplicação da pena ou da medida de segurança; (Redação dada pela Lei nº 263, de 23.2.1948)

d) for a decisão dos jurados manifestamente contrária à prova dos autos. (Redação dada pela Lei nº 263, de 23.2.1948)

§ 1º Se a sentença do juiz-presidente for contrária à lei expressa ou divergir das respostas dos jurados aos quesitos, o tribunal ad quem fará a devida retificação. (Incluído pela Lei nº 263, de 23.2.1948)

§ 2º Interposta a apelação com fundamento no no III, c, deste artigo, o tribunal ad quem, se lhe der provimento, retificará a aplicação da pena ou da medida de segurança. (Incluído pela Lei nº 263, de 23.2.1948)

§ 3º Se a apelação se fundar no no III, d, deste artigo, e o tribunal ad quem se convencer de que a decisão dos jurados é manifestamente contrária à prova dos autos, dar-lhe-á provimento para sujeitar o réu a novo julgamento; não se admite, porém, pelo mesmo motivo, segunda apelação. (Incluído pela Lei nº 263, de 23.2.1948)

§ 4º Quando cabível a apelação, não poderá ser usado o recurso em sentido estrito, ainda que somente de parte da decisão se recorra. (Parágrafo único renumerado pela Lei nº 263, de 23.2.1948)

Art. 594. (Revogado pela Lei nº 11.719, de 2008).

Art. 595. (Revogado pela Lei nº 12.403, de 2011).

Art. 596. A apelação da sentença absolutória não impedirá que o réu seja posto imediatamente em liberdade. (Redação dada pela Lei nº 263, de 23.2.1948)

Parágrafo único. A apelação não suspenderá a execução da medida de segurança aplicada provisoriamente. (Redação dada pela Lei nº 5.941, de 22.11.1973)

Art. 597. A apelação de sentença condenatória terá efeito suspensivo, salvo o disposto no art. 393, a aplicação provisória de interdições de direitos e de medidas de segurança (arts. 374 e 378), e o caso de suspensão condicional de pena.

Art. 598. Nos crimes de competência do Tribunal do Júri, ou do juiz singular, se da sentença não for interposta apelação pelo Ministério Público no prazo legal, o ofendido ou qualquer das pessoas enumeradas no art. 31, ainda que não se tenha habilitado como assistente, poderá interpor apelação, que não terá, porém, efeito suspensivo.

Parágrafo único. O prazo para interposição desse recurso será de quinze dias e correrá do dia em que terminar o do Ministério Público.

Art. 599. As apelações poderão ser interpostas quer em relação a todo o julgado, quer em relação a parte dele.

Art. 600. Assinado o termo de apelação, o apelante e, depois dele, o apelado terão o prazo de oito dias cada um para oferecer razões, salvo nos processos de contravenção, em que o prazo será de três dias.

§ 1º Se houver assistente, este arrazoará, no prazo de três dias, após o Ministério Público.

§ 2º Se a ação penal for movida pela parte ofendida, o Ministério Público terá vista dos autos, no prazo do parágrafo anterior.

§ 3º Quando forem dois ou mais os apelantes ou apelados, os prazos serão comuns.

§ 4º Se o apelante declarar, na petição ou no termo, ao interpor a apelação, que deseja arrazoar na superior instância serão os autos remetidos ao tribunal ad quem onde será aberta vista às partes, observados os prazos legais, notificadas as partes pela publicação oficial. (Incluído pela Lei nº 4.336, de 1º.6.1964)

ANOTAÇÕES

Art. 601. Findos os prazos para razões, os autos serão remetidos à instância superior, com as razões ou sem elas, no prazo de 5 (cinco) dias, salvo no caso do art. 603, segunda parte, em que o prazo será de trinta dias.

§ 1º Se houver mais de um réu, e não houverem todos sido julgados, ou não tiverem todos apelado, caberá ao apelante promover extração do traslado dos autos, o qual deverá ser remetido à instância superior no prazo de trinta dias, contado da data da entrega das últimas razões de apelação, ou do vencimento do prazo para a apresentação das do apelado.

§ 2º As despesas do traslado correrão por conta de quem o solicitar, salvo se o pedido for de réu pobre ou do Ministério Público.

Art. 602. Os autos serão, dentro dos prazos do artigo anterior, apresentados ao tribunal ad quem ou entregues ao Correio, sob registro.

Art. 603. A apelação subirá nos autos originais e, a não ser no Distrito Federal e nas comarcas que forem sede de Tribunal de Apelação, ficará em cartório traslado dos termos essenciais do processo referidos no art. 564, III.

Arts. 604 a 606. (Revogados pela Lei nº 263, de 23.2.1948)

CAPÍTULO IV - DO PROTESTO POR NOVO JÚRI

(Revogado pela Lei nº 11.689, de 2008)

Art. 607. (Revogado pela Lei nº 11.689, de 2008)

Art. 608. (Revogado pela Lei nº 11.689, de 2008)

CAPÍTULO V - DO PROCESSO E DO JULGAMENTO DOS RECURSOS EM SENTIDO ESTRITO E DAS APELAÇÕES, NOS TRIBUNAIS DE APELAÇÃO

Art. 609. Os recursos, apelações e embargos serão julgados pelos Tribunais de Justiça, câmaras ou turmas criminais, de acordo com a competência estabelecida nas leis de organização judiciária. (Redação dada pela Lei nº 1.720-B, de 3.11.1952)

Parágrafo único. Quando não for unânime a decisão de segunda instância, desfavorável ao réu, admitem-se embargos infringentes e de nulidade, que poderão ser opostos dentro de 10 (dez) dias, a contar da publicação de acórdão, na forma do art. 613. Se o desacordo for parcial, os embargos serão restritos à matéria objeto de divergência. (Incluído pela Lei nº 1.720-B, de 3.11.1952)

Art. 610. Nos recursos em sentido estrito, com exceção do de habeas corpus, e nas apelações interpostas das sentenças em processo de contravenção ou de crime a que a lei comine pena de detenção, os autos irão imediatamente com vista ao procurador-geral pelo prazo de cinco dias, e, em seguida, passarão, por igual prazo, ao relator, que pedirá designação de dia para o julgamento.

Parágrafo único. Anunciado o julgamento pelo presidente, e apregoadas as partes, com a presença destas ou à sua revelia, o relator fará a exposição do feito e, em seguida, o presidente concederá, pelo prazo de 10 (dez) minutos, a palavra aos advogados ou às partes que a solicitarem e ao procurador-geral, quando o requerer, por igual prazo.

Art. 611. (Revogado pelo Decreto-Lei nº 552, de 25.4.1969)

Art. 612. Os recursos de habeas corpus, designado o relator, serão julgados na primeira sessão.

Art. 613. As apelações interpostas das sentenças proferidas em processos por crime a que a lei comine pena de reclusão, deverão ser processadas e julgadas pela forma estabelecida no Art. 610, com as seguintes modificações:

I. exarado o relatório nos autos, passarão estes ao revisor, que terá igual prazo para o exame do processo e pedirá designação de dia para o julgamento;

II. os prazos serão ampliados ao dobro;

III. o tempo para os debates será de um quarto de hora.

Art. 614. No caso de impossibilidade de observância de qualquer dos prazos marcados nos arts. 610 e 613, os motivos da demora serão declarados nos autos.

ANOTAÇÕES

Art. 615. O tribunal decidirá por maioria de votos.

§ 1º Havendo empate de votos no julgamento de recursos, se o presidente do tribunal, câmara ou turma, não tiver tomado parte na votação, proferirá o voto de desempate; no caso contrário, prevalecerá a decisão mais favorável ao réu.

§ 2º O acórdão será apresentado à conferência na primeira sessão seguinte à do julgamento, ou no prazo de duas sessões, pelo juiz incumbido de lavrá-lo.

Art. 616. No julgamento das apelações poderá o tribunal, câmara ou turma proceder a novo interrogatório do acusado, reinquirir testemunhas ou determinar outras diligências.

Art. 617. O tribunal, câmara ou turma atenderá nas suas decisões ao disposto nos arts. 383, 386 e 387, no que for aplicável, não podendo, porém, ser agravada a pena, quando somente o réu houver apelado da sentença.

Art. 618. Os regimentos dos Tribunais de Apelação estabelecerão as normas complementares para o processo e julgamento dos recursos e apelações.

CAPÍTULO VI - DOS EMBARGOS

Art. 619. Aos acórdãos proferidos pelos Tribunais de Apelação, câmaras ou turmas, poderão ser opostos embargos de declaração, no prazo de dois dias contados da sua publicação, quando houver na sentença ambiguidade, obscuridade, contradição ou omissão.

Art. 620. Os embargos de declaração serão deduzidos em requerimento de que constem os pontos em que o acórdão é ambíguo, obscuro, contraditório ou omisso.

§ 1º O requerimento será apresentado pelo relator e julgado, independentemente de revisão, na primeira sessão.

§ 2º Se não preenchidas as condições enumeradas neste artigo, o relator indeferirá desde logo o requerimento.

CAPÍTULO VII - DA REVISÃO

Art. 621. A revisão dos processos findos será admitida:

I. quando a sentença condenatória for contrária ao texto expresso da lei penal ou à evidência dos autos;

II. quando a sentença condenatória se fundar em depoimentos, exames ou documentos comprovadamente falsos;

III. quando, após a sentença, se descobrirem novas provas de inocência do condenado ou de circunstância que determine ou autorize diminuição especial da pena.

Art. 622. A revisão poderá ser requerida em qualquer tempo, antes da extinção da pena ou após.

Parágrafo único. Não será admissível a reiteração do pedido, salvo se fundado em novas provas.

Art. 623. A revisão poderá ser pedida pelo próprio réu ou por procurador legalmente habilitado ou, no caso de morte do réu, pelo cônjuge, ascendente, descendente ou irmão.

Art. 624. As revisões criminais serão processadas e julgadas: (Redação dada pelo Decreto-lei nº 504, de 18.3.1969)

I. pelo Supremo Tribunal Federal, quanto às condenações por ele proferidas; (Redação dada pelo Decreto-lei nº 504, de 18.3.1969)

II. pelo Tribunal Federal de Recursos, Tribunais de Justiça ou de Alçada, nos demais casos. (Redação dada pelo Decreto-lei nº 504, de 18.3.1969)

§ 1º No Supremo Tribunal Federal e no Tribunal Federal de Recursos o processo e julgamento obedecerão ao que for estabelecido no respectivo regimento interno. (Incluído pelo Decreto-lei nº 504, de 18.3.1969)

§ 2º Nos Tribunais de Justiça ou de Alçada, o julgamento será efetuado pelas câmaras ou turmas criminais, reunidas em sessão conjunta, quando houver mais de uma, e, no caso contrário, pelo tribunal pleno. (Incluído pelo Decreto-lei nº 504, de 18.3.1969)

ANOTAÇÕES

§ 3º Nos tribunais onde houver quatro ou mais câmaras ou turmas criminais, poderão ser constituídos dois ou mais grupos de câmaras ou turmas para o julgamento de revisão, obedecido o que for estabelecido no respectivo regimento interno. (Incluído pelo Decreto-lei nº 504, de 18.3.1969)

Art. 625. O requerimento será distribuído a um relator e a um revisor, devendo funcionar como relator um desembargador que não tenha pronunciado decisão em qualquer fase do processo.

§ 1º O requerimento será instruído com a certidão de haver passado em julgado a sentença condenatória e com as peças necessárias à comprovação dos fatos arguidos.

§ 2º O relator poderá determinar que se apensem os autos originais, se daí não advier dificuldade à execução normal da sentença.

§ 3º Se o relator julgar insuficientemente instruído o pedido e inconveniente ao interesse da justiça que se apensem os autos originais, indeferi-lo-á in limine, dando recurso para as câmaras reunidas ou para o tribunal, conforme o caso (art. 624, parágrafo único).

§ 4º Interposto o recurso por petição e independentemente de termo, o relator apresentará o processo em mesa para o julgamento e o relatará, sem tomar parte na discussão.

§ 5º Se o requerimento não for indeferido in limine, abrir-se-á vista dos autos ao procurador-geral, que dará parecer no prazo de dez dias. Em seguida, examinados os autos, sucessivamente, em igual prazo, pelo relator e revisor, julgar-se-á o pedido na sessão que o presidente designar.

Art. 626. Julgando procedente a revisão, o tribunal poderá alterar a classificação da infração, absolver o réu, modificar a pena ou anular o processo.

Parágrafo único. De qualquer maneira, não poderá ser agravada a pena imposta pela decisão revista.

Art. 627. A absolvição implicará o restabelecimento de todos os direitos perdidos em virtude da condenação, devendo o tribunal, se for caso, impor a medida de segurança cabível.

Art. 628. Os regimentos internos dos Tribunais de Apelação estabelecerão as normas complementares para o processo e julgamento das revisões criminais.

Art. 629. À vista da certidão do acórdão que cassar a sentença condenatória, o juiz mandará juntá-la imediatamente aos autos, para inteiro cumprimento da decisão.

Art. 630. O tribunal, se o interessado o requerer, poderá reconhecer o direito a uma justa indenização pelos prejuízos sofridos.

§ 1º Por essa indenização, que será liquidada no juízo cível, responderá a União, se a condenação tiver sido proferida pela justiça do Distrito Federal ou de Território, ou o Estado, se o tiver sido pela respectiva justiça.

§ 2º A indenização não será devida:

a) se o erro ou a injustiça da condenação proceder de ato ou falta imputável ao próprio impetrante, como a confissão ou a ocultação de prova em seu poder;

b) se a acusação houver sido meramente privada.

Art. 631. Quando, no curso da revisão, falecer a pessoa, cuja condenação tiver de ser revista, o presidente do tribunal nomeará curador para a defesa.

CAPÍTULO VIII - DO RECURSO EXTRAORDINÁRIO

Arts. 632. a 636. Revogados pela Lei nº 3.396, de 2.6.1958:

Art. 637. O recurso extraordinário não tem efeito suspensivo, e uma vez arrazoados pelo recorrido os autos do traslado, os originais baixarão à primeira instância, para a execução da sentença.

Art. 638. O recurso extraordinário e o recurso especial serão processados e julgados no Supremo Tribunal Federal e no Superior Tribunal de Justiça na forma estabelecida por leis especiais, pela lei processual civil e pelos respectivos regimentos internos. (Redação dada pela Lei nº 13.964, de 24.12.2019)

ANOTAÇÕES

CAPÍTULO IX - DA CARTA TESTEMUNHÁVEL

Art. 639. Dar-se-á carta testemunhável:

I. da decisão que denegar o recurso;

II. da que, admitindo embora o recurso, obstar à sua expedição e seguimento para o juízo ad quem.

Art. 640. A carta testemunhável será requerida ao escrivão, ou ao secretário do tribunal, conforme o caso, nas quarenta e oito horas seguintes ao despacho que denegar o recurso, indicando o requerente as peças do processo que deverão ser trasladadas.

Art. 641. O escrivão, ou o secretário do tribunal, dará recibo da petição à parte e, no prazo máximo de cinco dias, no caso de recurso no sentido estrito, ou de sessenta dias, no caso de recurso extraordinário, fará entrega da carta, devidamente conferida e concertada.

Art. 642. O escrivão, ou o secretário do tribunal, que se negar a dar o recibo, ou deixar de entregar, sob qualquer pretexto, o instrumento, será suspenso por trinta dias. O juiz, ou o presidente do Tribunal de Apelação, em face de representação do testemunhante, imporá a pena e mandará que seja extraído o instrumento, sob a mesma sanção, pelo substituto do escrivão ou do secretário do tribunal. Se o testemunhante não for atendido, poderá reclamar ao presidente do tribunal ad quem, que avocará os autos, para o efeito do julgamento do recurso e imposição da pena.

Art. 643. Extraído e autuado o instrumento, observar-se-á o disposto nos arts. 588 a 592, no caso de recurso em sentido estrito, ou o processo estabelecido para o recurso extraordinário, se deste se tratar.

Art. 644. O tribunal, câmara ou turma a que competir o julgamento da carta, se desta tomar conhecimento, mandará processar o recurso, ou, se estiver suficientemente instruída, decidirá logo, de meritis.

Art. 645. O processo da carta testemunhável na instância superior seguirá o processo do recurso denegado.

Art. 646. A carta testemunhável não terá efeito suspensivo.

CAPÍTULO X - DO HABEAS CORPUS E SEU PROCESSO

Art. 647. Dar-se-á habeas corpus sempre que alguém sofrer ou se achar na iminência de sofrer violência ou coação ilegal na sua liberdade de ir e vir, salvo nos casos de punição disciplinar.

Art. 648. A coação considerar-se-á ilegal:

I. quando não houver justa causa;

II. quando alguém estiver preso por mais tempo do que determina a lei;

III. quando quem ordenar a coação não tiver competência para fazê-lo;

IV. quando houver cessado o motivo que autorizou a coação;

V. quando não for alguém admitido a prestar fiança, nos casos em que a lei a autoriza;

VI. quando o processo for manifestamente nulo;

VII. quando extinta a punibilidade.

Art. 649. O juiz ou o tribunal, dentro dos limites da sua jurisdição, fará passar imediatamente a ordem impetrada, nos casos em que tenha cabimento, seja qual for a autoridade coatora.

Art. 650. Competirá conhecer, originariamente, do pedido de habeas corpus:

I. ao Supremo Tribunal Federal, nos casos previstos no Art. 101, I, g, da Constituição;

II. aos Tribunais de Apelação, sempre que os atos de violência ou coação forem atribuídos aos governadores ou interventores dos Estados ou Territórios e ao prefeito do Distrito Federal, ou a seus secretários, ou aos chefes de Polícia.

§ 1º A competência do juiz cessará sempre que a violência ou coação provier de autoridade judiciária de igual ou superior jurisdição.

§ 2º Não cabe o habeas corpus contra a prisão administrativa, atual ou iminente, dos responsáveis por dinheiro ou valor pertencente à Fazenda Pública, alcançados ou omissos em fazer o seu recolhimento nos prazos legais, salvo se o pedido for acompanhado de prova de quitação ou de depósito do alcance verificado, ou se a prisão exceder o prazo legal.

Art. 651. A concessão do habeas corpus não obstará, nem porá termo ao processo, desde que este não esteja em conflito com os fundamentos daquela.

Art. 652. Se o habeas corpus for concedido em virtude de nulidade do processo, este será renovado.

Art. 653. Ordenada a soltura do paciente em virtude de habeas corpus, será condenada nas custas a autoridade que, por má-fé ou evidente abuso de poder, tiver determinado a coação.

Parágrafo único. Neste caso, será remetida ao Ministério Público cópia das peças necessárias para ser promovida a responsabilidade da autoridade.

Art. 654. O habeas corpus poderá ser impetrado por qualquer pessoa, em seu favor ou de outrem, bem como pelo Ministério Público.

§ 1º A petição de habeas corpus conterá:

a) o nome da pessoa que sofre ou está ameaçada de sofrer violência ou coação e o de quem exercer a violência, coação ou ameaça;

b) a declaração da espécie de constrangimento ou, em caso de simples ameaça de coação, as razões em que funda o seu temor;

c) a assinatura do impetrante, ou de alguém a seu rogo, quando não souber ou não puder escrever, e a designação das respectivas residências.

§ 2º Os juízes e os tribunais têm competência para expedir de ofício ordem de habeas corpus, quando no curso de processo verificarem que alguém sofre ou está na iminência de sofrer coação ilegal.

Art. 655. O carcereiro ou o diretor da prisão, o escrivão, o oficial de justiça ou a autoridade judiciária ou policial que embaraçar ou procrastinar a expedição de ordem de habeas corpus, as informações sobre a causa da prisão, a condução e apresentação do paciente, ou a sua soltura, será multado na quantia de duzentos mil-réis a um conto de réis, sem prejuízo das penas em que incorrer. As multas serão impostas pelo juiz do tribunal que julgar o habeas corpus, salvo quando se tratar de autoridade judiciária, caso em que caberá ao Supremo Tribunal Federal ou ao Tribunal de Apelação impor as multas.

Art. 656. Recebida a petição de habeas corpus, o juiz, se julgar necessário, e estiver preso o paciente, mandará que este lhe seja imediatamente apresentado em dia e hora que designar.

Parágrafo único. Em caso de desobediência, será expedido mandado de prisão contra o detentor, que será processado na forma da lei, e o juiz providenciará para que o paciente seja tirado da prisão e apresentado em juízo.

Art. 657. Se o paciente estiver preso, nenhum motivo escusará a sua apresentação, salvo:

I. grave enfermidade do paciente;

II. não estar ele sob a guarda da pessoa a quem se atribui a detenção;

III. se o comparecimento não tiver sido determinado pelo juiz ou pelo tribunal.

Parágrafo único. O juiz poderá ir ao local em que o paciente se encontrar, se este não puder ser apresentado por motivo de doença.

Art. 658. O detentor declarará à ordem de quem o paciente estiver preso.

ANOTAÇÕES

Art. 659. Se o juiz ou o tribunal verificar que já cessou a violência ou coação ilegal, julgará prejudicado o pedido.

Art. 660. Efetuadas as diligências, e interrogado o paciente, o juiz decidirá, fundamentadamente, dentro de 24 (vinte e quatro) horas.

§ 1º Se a decisão for favorável ao paciente, será logo posto em liberdade, salvo se por outro motivo dever ser mantido na prisão.

§ 2º Se os documentos que instruírem a petição evidenciarem a ilegalidade da coação, o juiz ou o tribunal ordenará que cesse imediatamente o constrangimento.

§ 3º Se a ilegalidade decorrer do fato de não ter sido o paciente admitido a prestar fiança, o juiz arbitrará o valor desta, que poderá ser prestada perante ele, remetendo, neste caso, à autoridade os respectivos autos, para serem anexados aos do inquérito policial ou aos do processo judicial.

§ 4º Se a ordem de habeas corpus for concedida para evitar ameaça de violência ou coação ilegal, dar-se-á ao paciente salvo-conduto assinado pelo juiz.

§ 5º Será incontinenti enviada cópia da decisão à autoridade que tiver ordenado a prisão ou tiver o paciente à sua disposição, a fim de juntar-se aos autos do processo.

§ 6º Quando o paciente estiver preso em lugar que não seja o da sede do juízo ou do tribunal que conceder a ordem, o alvará de soltura será expedido pelo telégrafo, se houver, observadas as formalidades estabelecidas no art. 289, parágrafo único, in fine, ou por via postal.

Art. 661. Em caso de competência originária do Tribunal de Apelação, a petição de habeas corpus será apresentada ao secretário, que a enviará imediatamente ao presidente do tribunal, ou da câmara criminal, ou da turma, que estiver reunida, ou primeiro tiver de reunir-se.

Art. 662. Se a petição contiver os requisitos do art. 654, § 1º, o presidente, se necessário, requisitará da autoridade indicada como coatora informações por escrito. Faltando, porém, qualquer daqueles requisitos, o presidente mandará preenchê-lo, logo que lhe for apresentada a petição.

Art. 663. As diligências do artigo anterior não serão ordenadas, se o presidente entender que o habeas corpus deva ser indeferido in limine. Nesse caso, levará a petição ao tribunal, câmara ou turma, para que delibere a respeito.

Art. 664. Recebidas as informações, ou dispensadas, o habeas corpus será julgado na primeira sessão, podendo, entretanto, adiar-se o julgamento para a sessão seguinte.

Parágrafo único. A decisão será tomada por maioria de votos. Havendo empate, se o presidente não tiver tomado parte na votação, proferirá voto de desempate; no caso contrário, prevalecerá a decisão mais favorável ao paciente.

Art. 665. O secretário do tribunal lavrará a ordem que, assinada pelo presidente do tribunal, câmara ou turma, será dirigida, por ofício ou telegrama, ao detentor, ao carcereiro ou autoridade que exercer ou ameaçar exercer o constrangimento.

Parágrafo único. A ordem transmitida por telegrama obedecerá ao disposto no art. 289, parágrafo único, in fine.

Art. 666. Os regimentos dos Tribunais de Apelação estabelecerão as normas complementares para o processo e julgamento do pedido de habeas corpus de sua competência originária.

Art. 667. No processo e julgamento do habeas corpus de competência originária do Supremo Tribunal Federal, bem como nos de recurso das decisões de última ou única instância, denegatórias de habeas corpus, observar-se-á, no que lhes for aplicável, o disposto nos artigos anteriores, devendo o regimento interno do tribunal estabelecer as regras complementares.

ANOTAÇÕES

ANOTAÇÕES

LIVRO IV - DA EXECUÇÃO

TÍTULO I - DISPOSIÇÕES GERAIS

Art. 668. A execução, onde não houver juiz especial, incumbirá ao juiz da sentença, ou, se a decisão for do Tribunal do Júri, ao seu presidente.

Parágrafo único. Se a decisão for de tribunal superior, nos casos de sua competência originária, caberá ao respectivo presidente prover-lhe a execução.

Art. 669. Só depois de passar em julgado, será exequível a sentença, salvo:

I. quando condenatória, para o efeito de sujeitar o réu a prisão, ainda no caso de crime afiançável, enquanto não for prestada a fiança;

II. quando absolutória, para o fim de imediata soltura do réu, desde que não proferida em processo por crime a que a lei comine pena de reclusão, no máximo, por tempo igual ou superior a oito anos.

Art. 670. No caso de decisão absolutória confirmada ou proferida em grau de apelação, incumbirá ao relator fazer expedir o alvará de soltura, de que dará imediatamente conhecimento ao juiz de primeira instância.

Art. 671. Os incidentes da execução serão resolvidos pelo respectivo juiz.

Art. 672. Computar-se-á na pena privativa da liberdade o tempo:

I. de prisão preventiva no Brasil ou no estrangeiro; II. de prisão provisória no Brasil ou no estrangeiro;

III. de internação em hospital ou manicômio.

Art. 673. Verificado que o réu, pendente a apelação por ele interposta, já sofreu prisão por tempo igual ao da pena a que foi condenado, o relator do feito mandará pô-lo imediatamente em liberdade, sem prejuízo do julgamento do recurso, salvo se, no caso de crime a que a lei comine pena de reclusão, no máximo, por tempo igual ou superior a 8 anos, o querelante ou o Ministério Público também houver apelado da sentença condenatória.

TÍTULO II - DA EXECUÇÃO DAS PENAS EM ESPÉCIE

CAPÍTULO I - DAS PENAS PRIVATIVAS DE LIBERDADE

Art. 674. Transitando em julgado a sentença que impuser pena privativa de liberdade, se o réu já estiver preso, ou vier a ser preso, o juiz ordenará a expedição de carta de guia para o cumprimento da pena.

Parágrafo único. Na hipótese do art. 82, última parte, a expedição da carta de guia será ordenada pelo juiz competente para a soma ou unificação das penas.

Art. 675. No caso de ainda não ter sido expedido mandado de prisão, por tratar-se de infração penal em que o réu se livra solto ou por estar afiançado, o juiz, ou o presidente da câmara ou tribunal, se tiver havido recurso, fará expedir o mandado de prisão, logo que transite em julgado a sentença condenatória.

§ 1º No caso de reformada pela superior instância, em grau de recurso, a sentença absolutória, estando o réu solto, o presidente da câmara ou do tribunal fará, logo após a sessão de julgamento, remeter ao chefe de Polícia o mandado de prisão do condenado.

§ 2º Se o réu estiver em prisão especial, deverá, ressalvado o disposto na legislação relativa aos militares, ser expedida ordem para sua imediata remoção para prisão comum, até que se verifique a expedição de carta de guia para o cumprimento da pena.

Art. 676. A carta de guia, extraída pelo escrivão e assinada pelo juiz, que a rubricará em todas as folhas, será remetida ao diretor do estabelecimento em que tenha de ser cumprida a sentença condenatória, e conterá:

ANOTAÇÕES

I. o nome do réu e a alcunha por que for conhecido;

II. a sua qualificação civil (naturalidade, filiação, idade, estado, profissão), instrução e, se constar, número do registro geral do Instituto de Identificação e Estatística ou de repartição congênere;

III. o teor integral da sentença condenatória e a data da terminação da pena.

Parágrafo único. Expedida carta de guia para cumprimento de uma pena, se o réu estiver cumprindo outra, só depois de terminada a execução desta será aquela executada. Retificar-se-á a carta de guia sempre que sobrevenha modificação quanto ao início da execução ou ao tempo de duração da pena.

Art. 677. Da carta de guia e seus aditamentos se remeterá cópia ao Conselho Penitenciário.

Art. 678. O diretor do estabelecimento, em que o réu tiver de cumprir a pena, passará recibo da carta de guia para juntar-se aos autos do processo.

Art. 679. As cartas de guia serão registradas em livro especial, segundo a ordem cronológica do recebimento, fazendo-se no curso da execução as anotações necessárias.

Art. 680. Computar-se-á no tempo da pena o período em que o condenado, por sentença irrecorrível, permanecer preso em estabelecimento diverso do destinado ao cumprimento dela.

Art. 681. Se impostas cumulativamente penas privativas da liberdade, será executada primeiro a de reclusão, depois a de detenção e por último a de prisão simples.

Art. 682. O sentenciado a que sobrevier doença mental, verificada por perícia médica, será internado em manicômio judiciário, ou, à falta, em outro estabelecimento adequado, onde lhe seja assegurada a custódia.

§ 1º Em caso de urgência, o diretor do estabelecimento penal poderá determinar a remoção do sentenciado, comunicando imediatamente a providência ao juiz, que, em face da perícia médica, ratificará ou revogará a medida.

§ 2º Se a internação se prolongar até o término do prazo restante da pena e não houver sido imposta medida de segurança detentiva, o indivíduo terá o destino aconselhado pela sua enfermidade, feita a devida comunicação ao juiz de incapazes.

Art. 683. O diretor da prisão a que o réu tiver sido recolhido provisoriamente ou em cumprimento de pena comunicará imediatamente ao juiz o óbito, a fuga ou a soltura do detido ou sentenciado para que fique constando dos autos.

Parágrafo único. A certidão de óbito acompanhará a comunicação.

Art. 684. A recaptura do réu evadido não depende de prévia ordem judicial e poderá ser efetuada por qualquer pessoa.

Art. 685. Cumprida ou extinta a pena, o condenado será posto, imediatamente, em liberdade, mediante alvará do juiz, no qual se ressalvará a hipótese de dever o condenado continuar na prisão por outro motivo legal.

Parágrafo único. Se tiver sido imposta medida de segurança detentiva, o condenado será removido para estabelecimento adequado (art. 762).

CAPÍTULO II - DAS PENAS PECUNIÁRIAS

Art. 686. A pena de multa será paga dentro em 10 dias após haver transitado em julgado a sentença que a impuser.

Parágrafo único. Se interposto recurso da sentença, esse prazo será contado do dia em que o juiz ordenar o cumprimento da decisão da superior instância.

Art. 687. O juiz poderá, desde que o condenado o requeira:

I. prorrogar o prazo do pagamento da multa até três meses, se as circunstâncias justificarem essa prorrogação;

II. permitir, nas mesmas circunstâncias, que o pagamento se faça em parcelas mensais, no prazo que fixar, mediante caução real ou fidejussória, quando necessário. (Redação dada pela Lei nº 6.416, de 24.5.1977)

§ 1º O requerimento, tanto no caso do no I, como no do no II, será feito dentro do decêndio concedido para o pagamento da multa.

§ 2º A permissão para o pagamento em parcelas será revogada, se o juiz verificar que o condenado dela se vale para fraudar a execução da pena. Nesse caso, a caução resolver-se-á em valor monetário, devolvendo-se ao condenado o que exceder à satisfação da multa e das custas processuais. (Redação dada pela Lei nº 6.416, de 24.5.1977)

Art. 688. Findo o decêndio ou a prorrogação sem que o condenado efetue o pagamento, ou ocorrendo a hipótese prevista no § 2º do artigo anterior, observar-se-á o seguinte:

I. possuindo o condenado bens sobre os quais possa recair a execução, será extraída certidão da sentença condenatória, a fim de que o Ministério Público proceda à cobrança judicial;

II. sendo o condenado insolvente, far-se-á a cobrança:

a) mediante desconto de quarta parte de sua remuneração (arts. 29, § 1º, e 37 do Código Penal), quando cumprir pena privativa da liberdade, cumulativamente imposta com a de multa;

b) mediante desconto em seu vencimento ou salário, se, cumprida a pena privativa da liberdade, ou concedido o livramento condicional, a multa não houver sido resgatada;

c) mediante esse desconto, se a multa for a única pena imposta ou no caso de suspensão condicional da pena.

§ 1º O desconto, nos casos das letras b e c, será feito mediante ordem ao empregador, à repartição competente ou à administração da entidade paraestatal, e, antes de fixá-lo, o juiz requisitará informações e ordenará diligências, inclusive arbitramento, quando necessário, para observância do art. 37, § 3º, do Código Penal.

§ 2º Sob pena de desobediência e sem prejuízo da execução a que ficará sujeito, o empregador será intimado a recolher mensalmente, até o dia fixado pelo juiz, a importância correspondente ao desconto, em selo penitenciário, que será inutilizado nos autos pelo juiz.

§ 3º Se o condenado for funcionário estadual ou municipal ou empregado de entidade paraestatal, a importância do desconto será, semestralmente, recolhida ao Tesouro Nacional, delegacia fiscal ou coletoria federal, como receita do selo penitenciário.

§ 4º As quantias descontadas em folha de pagamento de funcionário federal constituirão renda do selo penitenciário.

Art. 689. A multa será convertida, à razão de dez mil-réis por dia, em detenção ou prisão simples, no caso de crime ou de contravenção:

I. se o condenado solvente frustrar o pagamento da multa;

II. se não forem pagas pelo condenado solvente as parcelas mensais autorizadas sem garantia. (Redação dada pela Lei nº 6.416, de 24.5.1977)

§ 1º Se o juiz reconhecer desde logo a existência de causa para a conversão, a ela procederá de ofício ou a requerimento do Ministério Público, independentemente de audiência do condenado; caso contrário, depois de ouvir o condenado, se encontrado no lugar da sede do juízo, poderá admitir a apresentação de prova pelas partes, inclusive testemunhal, no prazo de três dias.

§ 2º O juiz, desde que transite em julgado a decisão, ordenará a expedição de mandado de prisão ou aditamento à carta de guia, conforme esteja o condenado solto ou em cumprimento de pena privativa da liberdade.

§ 3º Na hipótese do inciso II deste artigo, a conversão será feita pelo valor das parcelas não pagas. (Incluído pela Lei nº 6.416, de 24.5.1977)

Art. 690. O juiz tornará sem efeito a conversão, expedindo alvará de soltura ou cassando a ordem de prisão, se o condenado, em qualquer tempo:

I. pagar a multa;

II. prestar caução real ou fidejussória que lhe assegure o pagamento.

Parágrafo único. No caso do no II, antes de homologada a caução, será ouvido o Ministério Público dentro do prazo de dois dias.

CAPÍTULO III - DAS PENAS ACESSÓRIAS

Art. 691. O juiz dará à autoridade administrativa competente conhecimento da sentença transitada em julgado, que impuser ou de que resultar a perda da função pública ou a incapacidade temporária para investidura em função pública ou para exercício de profissão ou atividade.

Art. 692. No caso de incapacidade temporária ou permanente para o exercício do pátrio poder, da tutela ou da curatela, o juiz providenciará para que sejam acautelados, no juízo competente, a pessoa e os bens do menor ou do interdito.

Art. 693. A incapacidade permanente ou temporária para o exercício da autoridade marital ou do pátrio poder será averbada no registro civil.

Art. 694. As penas acessórias consistentes em interdições de direitos serão comunicadas ao Instituto de Identificação e Estatística ou estabelecimento congênere, figurarão na folha de antecedentes do condenado e serão mencionadas no rol de culpados.

Art. 695. Iniciada a execução das interdições temporárias (art. 72, a e b, do Código Penal), o juiz, de ofício, a requerimento do Ministério Público ou do condenado, fixará o seu termo final, completando as providências determinadas nos artigos anteriores.

TÍTULO III - DOS INCIDENTES DA EXECUÇÃO

CAPÍTULO I - DA SUSPENSÃO CONDICIONAL DA PENA

Art. 696. O juiz poderá suspender, por tempo não inferior a 2 (dois) nem superior a 6 (seis) anos, a execução das penas de reclusão e de detenção que não excedam a 2 (dois) anos, ou, por tempo não inferior a 1 (um) nem superior a 3 (três) anos, a execução da pena de prisão simples, desde que o sentenciado: (Redação dada pela Lei nº 6.416, de 24.5.1977)

I - não haja sofrido, no País ou no estrangeiro, condenação irrecorrível por outro crime a pena privativa da liberdade, salvo o disposto no parágrafo único do art. 46 do Código Penal; (Redação dada pela Lei nº 6.416, de 24.5.1977)

II. os antecedentes e a personalidade do sentenciado, os motivos e as circunstâncias do crime autorizem a presunção de que não tornará a delinquir.

Parágrafo único. Processado o beneficiário por outro crime ou contravenção, considerar-se-á prorrogado o prazo da suspensão da pena até o julgamento definitivo.

Art. 697. O juiz ou tribunal, na decisão que aplicar pena privativa da liberdade não superior a 2 (dois) anos, deverá pronunciar-se, motivadamente, sobre a suspensão condicional, quer a conceda quer a denegue. (Redação dada pela Lei nº 6.416, de 24.5.1977) Art. 698. Concedida a suspensão, o juiz especificará as condições a que fica sujeito o condenado, pelo prazo previsto, começando este a correr da audiência em que se der conhecimento da sentença ao beneficiário e lhe for entregue documento similar ao descrito no art. 724. (Redação dada pela Lei nº 6.416, de 24.5.1977)

§ 1º As condições serão adequadas ao delito e à personalidade do condenado. (Incluído pela Lei nº 6.416, de 24.5.1977)

§ 2º Poderão ser impostas, além das estabelecidas no art. 767, como normas de conduta e obrigações, as seguintes condições: (Incluído pela Lei nº 6.416, de 24.5.1977)

I. frequentar curso de habilitação profissional ou de instrução escolar; (Incluído pela Lei nº 6.416, de 24.5.1977)

II. prestar serviços em favor da comunidade; (Incluído pela Lei nº 6.416, de 24.5.1977)

ANOTAÇÕES

III. atender aos encargos de família; (Incluído pela Lei nº 6.416, de 24.5.1977)

IV. submeter-se a tratamento de desintoxicação. (Incluído pela Lei nº 6.416, de 24.5.1977)

§ 3º O juiz poderá fixar, a qualquer tempo, de ofício ou a requerimento do Ministério Público, outras condições além das especificadas na sentença e das referidas no parágrafo anterior, desde que as circunstâncias o aconselhem. (Incluído pela Lei nº 6.416, de 24.5.1977)

§ 4º A fiscalização do cumprimento das condições deverá ser regulada, nos Estados, Territórios e Distrito Federal, por normas supletivas e atribuída a serviço social penitenciário, patronato, conselho de comunidade ou entidades similares, inspecionadas pelo Conselho Penitenciário, pelo Ministério Público ou ambos, devendo o juiz da execução na comarca suprir, por ato, a falta das normas supletivas. (Incluído pela Lei nº 6.416, de 24.5.1977)

§ 5º O beneficiário deverá comparecer periodicamente à entidade fiscalizadora, para comprovar a observância das condições a que está sujeito, comunicando, também, a sua ocupação, os salários ou proventos de que vive, as economias que conseguiu realizar e as dificuldades materiais ou sociais que enfrenta. (Incluído pela Lei nº 6.416, de 24.5.1977)

§ 6º A entidade fiscalizadora deverá comunicar imediatamente ao órgão de inspeção, para os fins legais (arts. 730 e 731), qualquer fato capaz de acarretar a revogação do benefício, a prorrogação do prazo ou a modificação das condições. (Incluído pela Lei nº 6.416, de 24.5.1977)

§ 7º Se for permitido ao beneficiário mudar-se, será feita comunicação ao juiz e à entidade fiscalizadora do local da nova residência, aos quais deverá apresentar-se imediatamente. (Incluído pela Lei nº 6.416, de 24.5.1977)

Art. 699. No caso de condenação pelo Tribunal do Júri, a suspensão condicional da pena competirá ao seu presidente.

Art. 700. A suspensão não compreende a multa, as penas acessórias, os efeitos da condenação nem as custas.

Art. 701. O juiz, ao conceder a suspensão, fixará, tendo em conta as condições econômicas ou profissionais do réu, o prazo para o pagamento, integral ou em prestações, das custas do processo e taxa penitenciária.

Art. 702. Em caso de coautoria, a suspensão poderá ser concedida a uns e negada a outros réus.

Art. 703. O juiz que conceder a suspensão lerá ao réu, em audiência, a sentença respectiva, e o advertirá das consequências de nova infração penal e da transgressão das obrigações impostas.

Art. 704. Quando for concedida a suspensão pela superior instância, a esta caberá estabelecer-lhe as condições, podendo a audiência ser presidida por qualquer membro do tribunal ou câmara, pelo juiz do processo ou por outro designado pelo presidente do tribunal ou câmara.

Art. 705. Se, intimado pessoalmente ou por edital com prazo de 20 dias, o réu não comparecer à audiência a que se refere o art. 703, a suspensão ficará sem efeito e será executada imediatamente a pena, salvo prova de justo impedimento, caso em que será marcada nova audiência.

Art. 706. A suspensão também ficará sem efeito se, em virtude de recurso, for aumentada a pena de modo que exclua a concessão do benefício. (Redação dada pela Lei nº 6.416, de 24.5.1977)

Art. 707. A suspensão será revogada se o beneficiário: (Redação dada pela Lei nº 6.416, de 24.5.1977)

I. é condenado, por sentença irrecorrível, a pena privativa da liberdade; (Redação dada pela Lei nº 6.416, de 24.5.1977)

II. frustra, embora solvente, o pagamento da multa, ou não efetua, sem motivo justificado, a reparação do dano. (Redação dada pela Lei nº 6.416, de 24.5.1977)

ANOTAÇÕES

Parágrafo único. O juiz poderá revogar a suspensão, se o beneficiário deixa de cumprir qualquer das obrigações constantes da sentença, de observar proibições inerentes à pena acessória, ou é irrecorrivelmente condenado a pena que não seja privativa da liberdade; se não a revogar, deverá advertir o beneficiário, ou exacerbar as condições ou, ainda, prorrogar o período da suspensão até o máximo, se esse limite não foi o fixado. (Redação dada pela Lei nº 6.416, de 24.5.1977)

Art. 708. Expirado o prazo de suspensão ou a prorrogação, sem que tenha ocorrido motivo de revogação, a pena privativa de liberdade será declarada extinta.

Parágrafo único. O juiz, quando julgar necessário, requisitará, antes do julgamento, nova folha de antecedentes do beneficiário.

Art. 709. A condenação será inscrita, com a nota de suspensão, em livros especiais do Instituto de Identificação e Estatística, ou repartição congênere, averbando-se, mediante comunicação do juiz ou do tribunal, a revogação da suspensão ou a extinção da pena. Em caso de revogação, será feita a averbação definitiva no registro geral.

§ 1º Nos lugares onde não houver Instituto de Identificação e Estatística ou repartição congênere, o registro e a averbação serão feitos em livro próprio no juízo ou no tribunal.

§ 2º O registro será secreto, salvo para efeito de informações requisitadas por autoridade judiciária, no caso de novo processo.

§ 3º Não se aplicará o disposto no § 2º, quando houver sido imposta ou resultar de condenação pena acessória consistente em interdição de direitos.

CAPÍTULO II - DO LIVRAMENTO CONDICIONAL

Art. 710. O livramento condicional poderá ser concedido ao condenado a pena privativa da liberdade igual ou superior a 2 (dois) anos, desde que se verifiquem as condições seguintes: (Redação dada pela Lei nº 6.416, de 24.5.1977)

I. cumprimento de mais da metade da pena, ou mais de três quartos, se reincidente o sentenciado; (Redação dada pela Lei nº 6.416, de 24.5.1977)

II. ausência ou cessação de periculosidade;

III. bom comportamento durante a vida carcerária;

IV. aptidão para prover à própria subsistência mediante trabalho honesto;

V. reparação do dano causado pela infração, salvo impossibilidade de fazê-lo. (Redação dada pela Lei nº 6.416, de 24.5.1977)

Art. 711. As penas que correspondem a infrações diversas podem somar-se, para efeito do livramento. (Redação dada pela Lei nº 6.416, de 24.5.1977)

Art. 712. O livramento condicional poderá ser concedido mediante requerimento do sentenciado, de seu cônjuge ou de parente em linha reta, ou por proposta do diretor do estabelecimento penal, ou por iniciativa do Conselho Penitenciário. (Redação dada pelo Decreto-lei nº 6.109, de 16.12.1943)

Parágrafo único. No caso do artigo anterior, a concessão do livramento competirá ao juiz da execução da pena que o condenado estiver cumprindo.

Art. 713. As condições de admissibilidade, conveniência e oportunidade da concessão do livramento serão verificadas pelo Conselho Penitenciário, a cujo parecer não ficará, entretanto, adstrito o juiz.

Art. 714. O diretor do estabelecimento penal remeterá ao Conselho Penitenciário minucioso relatório sobre:

I. o caráter do sentenciado, revelado pelos seus antecedentes e conduta na prisão;

II. o procedimento do liberando na prisão, sua aplicação ao trabalho e seu trato com os companheiros e funcionários do estabelecimento;

III. suas relações, quer com a família, quer com estranhos;

IV. seu grau de instrução e aptidão profissional, com a indicação dos serviços em que haja sido empregado e da especialização anterior ou adquirida na prisão;

V. sua situação financeira, e seus propósitos quanto ao seu futuro meio de vida, juntando o diretor, quando dada por pessoa idônea, promessa escrita de colocação do liberando, com indicação do serviço e do salário.

Parágrafo único. O relatório será, dentro do prazo de quinze dias, remetido ao Conselho, com o prontuário do sentenciado, e, na falta, o Conselho opinará livremente, comunicando à autoridade competente a omissão do diretor da prisão.

Art. 715. Se tiver sido imposta medida de segurança detentiva, o livramento não poderá ser concedido sem que se verifique, mediante exame das condições do sentenciado, a cessação da periculosidade.

Parágrafo único. Consistindo a medida de segurança em internação em casa de custódia e tratamento, proceder-se-á a exame mental do sentenciado.

Art. 716. A petição ou a proposta de livramento será remetida ao juiz ou ao tribunal por ofício do presidente do Conselho Penitenciário, com a cópia do respectivo parecer e do relatório do diretor da prisão.

§ 1º Para emitir parecer, o Conselho poderá determinar diligências e requisitar os autos do processo.

§ 2º O juiz ou o tribunal mandará juntar a petição ou a proposta, com o ofício ou documento que a acompanhar, aos autos do processo, e proferirá sua decisão, previamente ouvido o Ministério Público.

Art. 717. Na ausência da condição prevista no art. 710, I, o requerimento será liminarmente indeferido. (Redação dada pela Lei nº 6.416, de 24.5.1977)

Art. 718. Deferido o pedido, o juiz, ao especificar as condições a que ficará subordinado o livramento, atenderá ao disposto no art. 698, §§ 1º, 2º e 5º. (Redação dada pela Lei nº 6.416, de 24.5.1977)

§ 1º Se for permitido ao liberado residir fora da jurisdição do juiz da execução, remeter-se-á cópia da sentença do livramento à autoridade judiciária do lugar para onde ele se houver transferido, e à entidade de observação cautelar e proteção. (Redação dada pela Lei nº 6.416, de 24.5.1977)

§ 2º O liberado será advertido da obrigação de apresentar-se imediatamente à autoridade judiciária e à entidade de observação cautelar e proteção. (Redação dada pela Lei nº 6.416, de 24.5.1977)

Art. 719. O livramento ficará também subordinado à obrigação de pagamento das custas do processo e da taxa penitenciária, salvo caso de insolvência comprovada.

Parágrafo único. O juiz poderá fixar o prazo para o pagamento integral ou em prestações, tendo em consideração as condições econômicas ou profissionais do liberado.

Art. 720. A forma de pagamento da multa, ainda não paga pelo liberando, será determinada de acordo com o disposto no art. 688.

Art. 721. Reformada a sentença denegatória do livramento, os autos baixarão ao juiz da primeira instância, a fim de que determine as condições que devam ser impostas ao liberando.

Art. 722. Concedido o livramento, será expedida carta de guia, com a cópia integral da sentença em duas vias, remetendo-se uma ao diretor do estabelecimento penal e outra ao presidente do Conselho Penitenciário.

Art. 723. A cerimônia do livramento condicional será realizada solenemente, em dia marcado pela autoridade que deva presidi-la, observando-se o seguinte:

I. a sentença será lida ao liberando, na presença dos demais presos, salvo motivo relevante, pelo presidente do Conselho Penitenciário, ou pelo seu representante junto ao estabelecimento penal, ou, na falta, pela autoridade judiciária local;

II. o diretor do estabelecimento penal chamará a atenção do liberando para as condições impostas na sentença de livramento;

III. o preso declarará se aceita as condições.

§ 1º De tudo, em livro próprio, se lavrará termo, subscrito por quem presidir a cerimônia, e pelo liberando, ou alguém a seu rogo, se não souber ou não puder escrever.

§ 2º Desse termo, se remeterá cópia ao juiz do processo.

Art. 724. Ao sair da prisão o liberado, ser-lhe-á entregue, além do saldo do seu pecúlio e do que lhe pertencer, uma caderneta que exibirá à autoridade judiciária ou administrativa sempre que lhe for exigido. Essa caderneta conterá:

I. a reprodução da ficha de identidade, ou o retrato do liberado, sua qualificação e sinais característicos;

II. o texto impresso dos artigos do presente capítulo;

III. as condições impostas ao liberado;

IV. a pena acessória a que esteja sujeito. (Incluído pela Lei nº 6.416, de 24.5.1977)

§ 1º Na falta de caderneta, será entregue ao liberado um salvo-conduto, em que constem as condições do livramento e a pena acessória, podendo substituir-se a ficha de identidade ou o retrato do liberado pela descrição dos sinais que possam identificá-lo. (Incluído pela Lei nº 6.416, de 24.5.1977)

§ 2º Na caderneta e no salvo-conduto deve haver espaço para consignar o cumprimento das condições referidas no art. 718. (Incluído pela Lei nº 6.416, de 24.5.1977)

Art. 725. A observação cautelar e proteção realizadas por serviço social penitenciário, patronato, conselho de comunidade ou entidades similares, terá a finalidade de: (Redação dada pela Lei nº 6.416, de 24.5.1977)

I. fazer observar o cumprimento da pena acessória, bem como das condições especificadas na sentença concessiva do benefício; (Redação dada pela Lei nº 6.416, de 24.5.1977)

II. proteger o beneficiário, orientando-o na execução de suas obrigações e auxiliando-o na obtenção de atividade laborativa. (Redação dada pela Lei nº 6.416, de 24.5.1977)

Parágrafo único. As entidades encarregadas de observação cautelar e proteção do liberado apresentarão relatório ao Conselho Penitenciário, para efeito da representação prevista nos arts. 730 e 731. (Redação dada pela Lei nº 6.416, de 24.5.1977)

Art. 726. Revogar-se-á o livramento condicional, se o liberado vier, por crime ou contravenção, a ser condenado por sentença irrecorrível a pena privativa de liberdade.

Art. 727. O juiz pode, também, revogar o livramento, se o liberado deixar de cumprir qualquer das obrigações constantes da sentença, de observar proibições inerentes à pena acessória ou for irrecorrivelmente condenado, por crime, à pena que não seja privativa da liberdade. (Redação dada pela Lei nº 6.416, de 24.5.1977)

Parágrafo único. Se o juiz não revogar o livramento, deverá advertir o liberado ou exacerbar as condições. (Incluído pela Lei nº 6.416, de 24.5.1977)

Art. 728. Se a revogação for motivada por infração penal anterior à vigência do livramento, computar-se-á no tempo da pena o período em que esteve solto o liberado, sendo permitida, para a concessão de novo livramento, a soma do tempo das duas penas.

Art. 729. No caso de revogação por outro motivo, não se computará na pena o tempo em que esteve solto o liberado, e tampouco se concederá, em relação à mesma pena, novo livramento.

Art. 730. A revogação do livramento será decretada mediante representação do Conselho Penitenciário, ou a requerimento do Ministério Público, ou de ofício, pelo juiz, que, antes, ouvirá o liberado, podendo ordenar diligências e permitir a produção de prova, no prazo de cinco dias. (Redação dada pela Lei nº 6.416, de 24.5.1977)

ANOTAÇÕES

Art. 731. O juiz, de ofício, a requerimento do Ministério Público, ou mediante representação do Conselho Penitenciário, poderá modificar as condições ou normas de conduta especificadas na sentença, devendo a respectiva decisão ser lida ao liberado por uma das autoridades ou por um dos funcionários indicados no inciso I do art. 723, observado o disposto nos incisos II e III, e §§ 1º e 2º do mesmo artigo. (Redação dada pela Lei nº 6.416, de 24.5.1977)

Art. 732. Praticada pelo liberado nova infração, o juiz ou o tribunal poderá ordenar a sua prisão, ouvido o Conselho Penitenciário, suspendendo o curso do livramento condicional, cuja revogação ficará, entretanto, dependendo da decisão final no novo processo.

Art. 733. O juiz, de ofício, ou a requerimento do interessado, do Ministério Público, ou do Conselho Penitenciário, julgará extinta a pena privativa de liberdade, se expirar o prazo do livramento sem revogação, ou na hipótese do artigo anterior, for o liberado absolvido por sentença irrecorrível.

TÍTULO IV - DA GRAÇA, DO INDULTO, DA ANISTIA E DA REABILITAÇÃO

CAPÍTULO I - DA GRAÇA, DO INDULTO E DA ANISTIA

Art. 734. A graça poderá ser provocada por petição do condenado, de qualquer pessoa do povo, do Conselho Penitenciário, ou do Ministério Público, ressalvada, entretanto, ao Presidente da República, a faculdade de concedê-la espontaneamente.

Art. 735. A petição de graça, acompanhada dos documentos com que o impetrante a instruir, será remetida ao ministro da Justiça por intermédio do Conselho Penitenciário.

Art. 736. O Conselho Penitenciário, à vista dos autos do processo, e depois de ouvir o diretor do estabelecimento penal a que estiver recolhido o condenado, fará, em relatório, a narração do fato criminoso, examinará as provas, mencionará qualquer formalidade ou circunstância omitida na petição e exporá os antecedentes do condenado e seu procedimento depois de preso, opinando sobre o mérito do pedido. (Vide Lei nº 7.417, de 1985)

Art. 737. Processada no Ministério da Justiça, com os documentos e o relatório do Conselho Penitenciário, a petição subirá a despacho do Presidente da República, a quem serão presentes os autos do processo ou a certidão de qualquer de suas peças, se ele o determinar.

Art. 738. Concedida a graça e junta aos autos cópia do decreto, o juiz declarará extinta a pena ou penas, ou ajustará a execução aos termos do decreto, no caso de redução ou comutação de pena.

Art. 739. O condenado poderá recusar a comutação da pena.

Art. 740. Os autos da petição de graça serão arquivados no Ministério da Justiça.

Art. 741. Se o réu for beneficiado por indulto, o juiz, de ofício ou a requerimento do interessado, do Ministério Público ou por iniciativa do Conselho Penitenciário, providenciará de acordo com o disposto no art. 738.

Art. 742. Concedida a anistia após transitar em julgado a sentença condenatória, o juiz, de ofício ou a requerimento do interessado, do Ministério Público ou por iniciativa do Conselho Penitenciário, declarará extinta a pena.

CAPÍTULO II - DA REABILITAÇÃO

Art. 743. A reabilitação será requerida ao juiz da condenação, após o decurso de quatro ou oito anos, pelo menos, conforme se trate de condenado ou reincidente, contados do dia em que houver terminado a execução da pena principal ou da medida de segurança detentiva, devendo o requerente indicar as comarcas em que haja residido durante aquele tempo.

Art. 744. O requerimento será instruído com:

I. certidões comprobatórias de não ter o requerente respondido, nem estar respondendo a processo penal, em qualquer das comarcas em que houver residido durante o prazo a que se refere o artigo anterior;

ANOTAÇÕES

II. atestados de autoridades policiais ou outros documentos que comprovem ter residido nas comarcas indicada se mantido, efetivamente, bom comportamento;

III. atestados de bom comportamento fornecidos por pessoas a cujo serviço tenha estado;

IV. quaisquer outros documentos que sirvam como prova de sua regeneração;

V. prova de haver ressarcido o dano causado pelo crime ou persistir a impossibilidade de fazê-lo.

Art. 745. O juiz poderá ordenar as diligências necessárias para apreciação do pedido, cercando-as do sigilo possível e, antes da decisão final, ouvirá o Ministério Público.

Art. 746. Da decisão que conceder a reabilitação haverá recurso de ofício.

Art. 747. A reabilitação, depois de sentença irrecorrível, será comunicada ao Instituto de Identificação e Estatística ou repartição congênere.

Art. 748. A condenação ou condenações anteriores não serão mencionadas na folha de antecedentes do reabilitado, nem em certidão extraída dos livros do juízo, salvo quando requisitadas por juiz criminal.

Art. 749. Indeferida a reabilitação, o condenado não poderá renovar o pedido senão após o decurso de dois anos, salvo se o indeferimento tiver resultado de falta ou insuficiência de documentos.

Art. 750. A revogação de reabilitação (Código Penal, art. 120) será decretada pelo juiz, de ofício ou a requerimento do Ministério Público.

TÍTULO V - DA EXECUÇÃO DAS MEDIDAS DE SEGURANÇA

Art. 751. Durante a execução da pena ou durante o tempo em que a ela se furtar o condenado, poderá ser imposta medida de segurança, se:

I. o juiz ou o tribunal, na sentença:

a) omitir sua decretação, nos casos de periculosidade presumida;

b) deixar de aplicá-la ou de excluí-la expressamente;

c) declarar os elementos constantes do processo insuficientes para a imposição ou exclusão da medida e ordenar indagações para a verificação da periculosidade do condenado;

II. tendo sido, expressamente, excluída na sentença a periculosidade do condenado, novos fatos demonstrarem ser ele perigoso.

Art. 752. Poderá ser imposta medida de segurança, depois de transitar em julgado a sentença, ainda quando não iniciada a execução da pena, por motivo diverso de fuga ou ocultação do condenado:

I. no caso da letra a do no I do artigo anterior, bem como no da letra b, se tiver sido alegada a periculosidade;

II. no caso da letra c do no I do mesmo artigo.

Art. 753. Ainda depois de transitar em julgado a sentença absolutória, poderá ser imposta a medida de segurança, enquanto não decorrido tempo equivalente ao da sua duração mínima, a indivíduo que a lei presuma perigoso.

Art. 754. A aplicação da medida de segurança, nos casos previstos nos arts. 751 e 752, competirá ao juiz da execução da pena, e, no caso do art. 753, ao juiz da sentença.

Art. 755. A imposição da medida de segurança, nos casos dos arts. 751 a 753, poderá ser decretada de ofício ou a requerimento do Ministério Público.

Parágrafo único. O diretor do estabelecimento penal, que tiver conhecimento de fatos indicativos da periculosidade do condenado a quem não tenha sido imposta medida de segurança, deverá logo comunicá-los ao juiz.

Art. 756. Nos casos do no I, a e b, do art. 751, e no I do art. 752, poderá ser dispensada nova audiência do condenado.

ANOTAÇÕES

Art. 757. Nos casos do no I, c, e no II do art. 751 e no II do art. 752, o juiz, depois de proceder às diligências que julgar convenientes, ouvirá o Ministério Público e concederá ao condenado o prazo de três dias para alegações, devendo a prova requerida ou reputada necessária pelo juiz ser produzida dentro em dez dias.

§ 1º O juiz nomeará defensor ao condenado que o requerer.

§ 2º Se o réu estiver foragido, o juiz procederá às diligências que julgar convenientes, concedendo o prazo de provas, quando requerido pelo Ministério Público.

§ 3º Findo o prazo de provas, o juiz proferirá a sentença dentro de três dias.

Art. 758. A execução da medida de segurança incumbirá ao juiz da execução da sentença.

Art. 759. No caso do art. 753, o juiz ouvirá o curador já nomeado ou que então nomear, podendo mandar submeter o condenado a exame mental, internando-o, desde logo, em estabelecimento adequado.

Art. 760. Para a verificação da periculosidade, no caso do § 3º do art. 78 do Código Penal, observar-se-á o disposto no art. 757, no que for aplicável.

Art. 761. Para a providência determinada no art. 84, § 2º, do Código Penal, se as sentenças forem proferidas por juízes diferentes, será competente o juiz que tiver sentenciado por último ou a autoridade de jurisdição prevalente no caso do art. 82.

Art. 762. A ordem de internação, expedida para executar-se medida de segurança detentiva, conterá:

I. a qualificação do internando;

II. o teor da decisão que tiver imposto a medida de segurança;

III. a data em que terminará o prazo mínimo da internação.

Art. 763. Se estiver solto o internando, expedir-se-á mandado de captura, que será cumprido por oficial de justiça ou por autoridade policial.

Art. 764. O trabalho nos estabelecimentos referidos no art. 88, § 1º, III, do Código Penal, será educativo e remunerado, de modo que assegure ao internado meios de subsistência, quando cessar a internação.

§ 1º O trabalho poderá ser praticado ao ar livre.

§ 2º Nos outros estabelecimentos, o trabalho dependerá das condições pessoais do internado.

Art. 765. A quarta parte do salário caberá ao Estado ou, no Distrito Federal e nos Territórios, à União, e o restante será depositado em nome do internado ou, se este preferir, entregue à sua família.

Art. 766. A internação das mulheres será feita em estabelecimento próprio ou em seção especial.

Art. 767. O juiz fixará as normas de conduta que serão observadas durante a liberdade vigiada.

§ 1º Serão normas obrigatórias, impostas ao indivíduo sujeito à liberdade vigiada:

a) tomar ocupação, dentro de prazo razoável, se for apto para o trabalho;

b) não mudar do território da jurisdição do juiz, sem prévia autorização deste.

§ 2º Poderão ser impostas ao indivíduo sujeito à liberdade vigiada, entre outras obrigações, as seguintes:

a) não mudar de habitação sem aviso prévio ao juiz, ou à autoridade incumbida da vigilância; b) recolher-se cedo à habitação;

c) não trazer consigo armas ofensivas ou instrumentos capazes de ofender;

d) não frequentar casas de bebidas ou de tavolagem, nem certas reuniões, espetáculos ou diversões públicas.

§ 3º Será entregue ao indivíduo sujeito à liberdade vigiada uma caderneta, de que constarão as obrigações impostas.

Art. 768. As obrigações estabelecidas na sentença serão comunicadas à autoridade policial.

Art. 769. A vigilância será exercida discretamente, de modo que não prejudique o indivíduo a ela sujeito.

Art. 770. Mediante representação da autoridade incumbida da vigilância, a requerimento do Ministério Público ou de ofício, poderá o juiz modificar as normas fixadas ou estabelecer outras.

Art. 771. Para execução do exílio local, o juiz comunicará sua decisão à autoridade policial do lugar ou dos lugares onde o exilado está proibido de permanecer ou de residir.

§ 1º O infrator da medida será conduzido à presença do juiz que poderá mantê-lo detido até proferir decisão.

§ 2º Se for reconhecida a transgressão e imposta, consequentemente, a liberdade vigiada, determinará o juiz que a autoridade policial providencie a fim de que o infrator siga imediatamente para o lugar de residência por ele escolhido, e oficiará à autoridade policial desse lugar, observando-se o disposto no art. 768.

Art. 772. A proibição de frequentar determinados lugares será comunicada pelo juiz à autoridade policial, que lhe dará conhecimento de qualquer transgressão.

Art. 773. A medida de fechamento de estabelecimento ou de interdição de associação será comunicada pelo juiz à autoridade policial, para que a execute.

Art. 774. Nos casos do parágrafo único do art. 83 do Código Penal, ou quando a transgressão de uma medida de segurança importar a imposição de outra, observar-se-á o disposto no art. 757, no que for aplicável.

Art. 775. A cessação ou não da periculosidade se verificará ao fim do prazo mínimo de duração da medida de segurança pelo exame das condições da pessoa a que tiver sido imposta, observando-se o seguinte:

I. o diretor do estabelecimento de internação ou a autoridade policial incumbida da vigilância, até um mês antes de expirado o prazo de duração mínima da medida, se não for inferior a um ano, ou até quinze dias nos outros casos, remeterá ao juiz da execução minucioso relatório, que o habilite a resolver sobre a cessação ou permanência da medida;

II. se o indivíduo estiver internado em manicômio judiciário ou em casa de custódia e tratamento, o relatório será acompanhado do laudo de exame pericial feito por dois médicos designados pelo diretor do estabelecimento;

III. o diretor do estabelecimento de internação ou a autoridade policial deverá, no relatório, concluir pela conveniência da revogação, ou não, da medida de segurança;

IV. se a medida de segurança for o exílio local ou a proibição de frequentar determinados lugares, o juiz, até um mês ou quinze dias antes de expirado o prazo mínimo de duração, ordenará as diligências necessárias, para verificar se desapareceram as causas da aplicação da medida;

V. junto aos autos o relatório, ou realizadas as diligências, serão ouvidos sucessivamente o Ministério Público e o curador ou o defensor, no prazo de três dias para cada um;

VI. o juiz nomeará curador ou defensor ao interessado que o não tiver;

VII. o juiz, de ofício, ou a requerimento de qualquer das partes, poderá determinar novas diligências, ainda que já expirado o prazo de duração mínima da medida de segurança;

VIII. ouvidas as partes ou realizadas as diligências a que se refere o número anterior o juiz proferirá a sua decisão, no prazo de três dias.

Art. 776. Nos exames sucessivos a que se referem o § 1º, II, e § 2º do art. 81 do Código Penal, observar-se-á, no que lhes for aplicável, o disposto no artigo anterior.

Art. 777. Em qualquer tempo, ainda durante o prazo mínimo de duração da medida de segurança, poderá o tribunal, câmara ou turma, a requerimento do Ministério Público ou do interessado, seu defensor ou curador, ordenar o exame, para a verificação da cessação da periculosidade.

ANOTAÇÕES

ANOTAÇÕES

§ 1º Designado o relator e ouvido o procurador-geral, se a medida não tiver sido por ele requerida, o pedido será julgado na primeira sessão.

§ 2º Deferido o pedido, a decisão será imediatamente comunicada ao juiz, que requisitará, marcando prazo, o relatório e o exame a que se referem os ns. I e II do art. 775 ou ordenará as diligências mencionadas no no IV do mesmo artigo, prosseguindo de acordo com o disposto nos outros incisos do citado artigo.

Art. 778. Transitando em julgado a sentença de revogação, o juiz expedirá ordem para a desinternação, quando se tratar de medida detentiva, ou para que cesse a vigilância ou a proibição, nos outros casos.

Art. 779. O confisco dos instrumentos e produtos do crime, no caso previsto no art. 100 do Código Penal, será decretado no despacho de arquivamento do inquérito, na sentença de impronúncia ou na sentença absolutória.

LIVRO V - DAS RELAÇÕES JURISDICIONAIS COM AUTORIDADE ESTRANGEIRA

TÍTULO ÚNICO

CAPÍTULO I- DISPOSIÇÕES GERAIS

Art. 780. Sem prejuízo de convenções ou tratados, aplicar-se-á o disposto neste Título à homologação de sentenças penais estrangeiras e à expedição e ao cumprimento de cartas rogatórias para citações, inquirições e outras diligências necessárias à instrução de processo penal.

Art. 781. As sentenças estrangeiras não serão homologadas, nem as cartas rogatórias cumpridas, se contrárias à ordem pública e aos bons costumes.

Art. 782. O trânsito, por via diplomática, dos documentos apresentados constituirá prova bastante de sua autenticidade.

CAPÍTULO II - DAS CARTAS ROGATÓRIAS

Art. 783. As cartas rogatórias serão, pelo respectivo juiz, remetidas ao Ministro da Justiça, a fim de ser pedido o seu cumprimento, por via diplomática, às autoridades estrangeiras competentes.

Art. 784. As cartas rogatórias emanadas de autoridades estrangeiras competentes não dependem de homologação e serão atendidas se encaminhadas por via diplomática e desde que o crime, segundo a lei brasileira, não exclua a extradição.

§ 1º As rogatórias, acompanhadas de tradução em língua nacional, feita por tradutor oficial ou juramentado, serão, após exequatur do presidente do Supremo Tribunal Federal, cumpridas pelo juiz criminal do lugar onde as diligências tenham de efetuar-se, observadas as formalidades prescritas neste Código.

§ 2º A carta rogatória será pelo presidente do Supremo Tribunal Federal remetida ao presidente do Tribunal de Apelação do Estado, do Distrito Federal, ou do Território, a fim de ser encaminhada ao juiz competente.

§ 3º Versando sobre crime de ação privada, segundo a lei brasileira, o andamento, após o exequatur, dependerá do interessado, a quem incumbirá o pagamento das despesas.

§ 4º Ficará sempre na secretaria do Supremo Tribunal Federal cópia da carta rogatória.

Art. 785. Concluídas as diligências, a carta rogatória será devolvida ao presidente do Supremo Tribunal Federal, por intermédio do presidente do Tribunal de Apelação, o qual, antes de devolvê-la, mandará completar qualquer diligência ou sanar qualquer nulidade.

Art. 786. O despacho que conceder o exequatur marcará, para o cumprimento da diligência, prazo razoável, que poderá ser excedido, havendo justa causa, ficando esta consignada em ofício dirigido ao presidente do Supremo Tribunal Federal, juntamente com a carta rogatória.

ANOTAÇÕES

CAPÍTULO III - DA HOMOLOGAÇÃO DAS SENTENÇAS ESTRANGEIRAS

Art. 787. As sentenças estrangeiras deverão ser previamente homologadas pelo Supremo Tribunal Federal para que produzam os efeitos do art. 7º do Código Penal.

Art. 788. A sentença penal estrangeira será homologada, quando a aplicação da lei brasileira produzir na espécie as mesmas consequências e concorrem os seguintes requisitos:

I. estar revestida das formalidades externas necessárias, segundo a legislação do país de origem;

II. haver sido proferida por juiz competente, mediante citação regular, segundo a mesma legislação; III. ter passado em julgado;

IV. estar devidamente autenticada por cônsul brasileiro;

V. estar acompanhada de tradução, feita por tradutor público.

Art. 789. O procurador-geral da República, sempre que tiver conhecimento da existência de sentença penal estrangeira, emanada de Estado que tenha com o Brasil tratado de extradição e que haja imposto medida de segurança pessoal ou pena acessória que deva ser cumprida no Brasil, pedirá ao Ministro da Justiça providências para obtenção de elementos que o habilitem a requerer a homologação da sentença.

§ 1º A homologação de sentença emanada de autoridade judiciária de Estado, que não tiver tratado de extradição com o Brasil, dependerá de requisição do Ministro da Justiça.

§ 2º Distribuído o requerimento de homologação, o relator mandará citar o interessado para deduzir embargos, dentro de dez dias, se residir no Distrito Federal, de trinta dias, no caso contrário.

§ 3º Se nesse prazo o interessado não deduzir os embargos, ser-lhe-á pelo relator nomeado defensor, o qual dentro de dez dias produzirá a defesa.

§ 4º Os embargos somente poderão fundar-se em dúvida sobre a autenticidade do documento, sobre a inteligência da sentença, ou sobre a falta de qualquer dos requisitos enumerados nos arts. 781 e 788.

§ 5º Contestados os embargos dentro de dez dias, pelo procurador-geral, irá o processo ao relator e ao revisor, observando-se no seu julgamento o Regimento Interno do Supremo Tribunal Federal.

§ 6º Homologada a sentença, a respectiva carta será remetida ao presidente do Tribunal de Apelação do Distrito Federal, do Estado, ou do Território.

§ 7º Recebida a carta de sentença, o presidente do Tribunal de Apelação a remeterá ao juiz do lugar de residência do condenado, para a aplicação da medida de segurança ou da pena acessória, observadas as disposições do Título II, Capítulo III, e Título V do Livro IV deste Código.

Art. 790. O interessado na execução de sentença penal estrangeira, para a reparação do dano, restituição e outros efeitos civis, poderá requerer ao Supremo Tribunal Federal a sua homologação, observando-se o que a respeito prescreve o Código de Processo Civil.

LIVRO VI - DISPOSIÇÕES GERAIS

Art. 791. Em todos os juízos e tribunais do crime, além das audiências e sessões ordinárias, haverá as extraordinárias, de acordo com as necessidades do rápido andamento dos feitos.

Art. 792. As audiências, sessões e os atos processuais serão, em regra, públicos e se realizarão nas sedes dos juízos e tribunais, com assistência dos escrivães, do secretário, do oficial de justiça que servir de porteiro, em dia e hora certos, ou previamente designados.

§ 1º Se da publicidade da audiência, da sessão ou do ato processual, puder resultar escândalo, inconveniente grave ou perigo de perturbação da ordem, o juiz, ou o tribunal, câmara, ou turma, poderá, de ofício ou a requerimento da parte ou do Ministério Público, determinar que o ato seja realizado a portas fechadas, limitando o número de pessoas que possam estar presentes.

§ 2º As audiências, as sessões e os atos processuais, em caso de necessidade, poderão realizar-se na residência do juiz, ou em outra casa por ele especialmente designada.

Art. 793. Nas audiências e nas sessões, os advogados, as partes, os escrivães e os espectadores poderão estar sentados. Todos, porém, se levantarão quando se dirigirem aos juízes ou quando estes se levantarem para qualquer ato do processo.

Parágrafo único. Nos atos da instrução criminal, perante os juízes singulares, os advogados poderão requerer sentados.

Art. 794. A polícia das audiências e das sessões compete aos respectivos juízes ou ao presidente do tribunal, câmara, ou turma, que poderão determinar o que for conveniente à manutenção da ordem. Para tal fim, requisitarão força pública, que ficará exclusivamente à sua disposição.

Art. 795. Os espectadores das audiências ou das sessões não poderão manifestar-se.

Parágrafo único. O juiz ou o presidente fará retirar da sala os desobedientes, que, em caso de resistência, serão presos e autuados.

Art. 796. Os atos de instrução ou julgamento prosseguirão com a assistência do defensor, se o réu se portar inconvenientemente.

Art. 797. Excetuadas as sessões de julgamento, que não serão marcadas para domingo ou dia feriado, os demais atos do processo poderão ser praticados em período de férias, em domingos e dias feriados. Todavia, os julgamentos iniciados em dia útil não se interromperão pela superveniência de feriado ou domingo.

Art. 798. Todos os prazos correrão em cartório e serão contínuos e peremptórios, não se interrompendo por férias, domingo ou dia feriado.

§ 1º Não se computará no prazo o dia do começo, incluindo-se, porém, o do vencimento.

§ 2º A terminação dos prazos será certificada nos autos pelo escrivão; será, porém, considerado findo o prazo, ainda que omitida aquela formalidade, se feita a prova do dia em que começou a correr.

§ 3º O prazo que terminar em domingo ou dia feriado considerar-se-á prorrogado até o dia útil imediato.

§ 4º Não correrão os prazos, se houver impedimento do juiz, força maior, ou obstáculo judicial oposto pela parte contrária.

§ 5º Salvo os casos expressos, os prazos correrão:

a) da intimação;

b) da audiência ou sessão em que for proferida a decisão, se a ela estiver presente a parte;

c) do dia em que a parte manifestar nos autos ciência inequívoca da sentença ou despacho.

Art. 799. O escrivão, sob pena de multa de cinquenta a quinhentos mil-réis e, na reincidência, suspensão até 30 (trinta) dias, executará dentro do prazo de dois dias os atos determinados em lei ou ordenados pelo juiz.

Art. 800. Os juízes singulares darão seus despachos e decisões dentro dos prazos seguintes, quando outros não estiverem estabelecidos:

I. de dez dias, se a decisão for definitiva, ou interlocutória mista;

II. de cinco dias, se for interlocutória simples;

III. de um dia, se se tratar de despacho de expediente.

§ 1º Os prazos para o juiz contar-se-ão do termo de conclusão.

§ 2º Os prazos do Ministério Público contar-se-ão do termo de vista, salvo para a interposição do recurso (art. 798, § 5º).

§ 3º Em qualquer instância, declarando motivo justo, poderá o juiz exceder por igual tempo os prazos a ele fixados neste Código.

§ 4º O escrivão que não enviar os autos ao juiz ou ao órgão do Ministério Público no dia em que assinar termo de conclusão ou de vista estará sujeito à sanção estabelecida no art. 799.

Art. 801. Findos os respectivos prazos, os juízes e os órgãos do Ministério Público, responsáveis pelo retardamento, perderão tantos dias de vencimentos quantos forem os excedidos. Na contagem do tempo de serviço, para o efeito de promoção e aposentadoria, a perda será do dobro dos dias excedidos.

Art. 802. O desconto referido no artigo antecedente far-se-á à vista da certidão do escrivão do processo ou do secretário do tribunal, que deverão, de ofício, ou a requerimento de qualquer interessado, remetê-la às repartições encarregadas do pagamento e da contagem do tempo de serviço, sob pena de incorrerem, de pleno direito, na multa de quinhentos mil-réis, imposta por autoridade fiscal.

Art. 803. Salvo nos casos expressos em lei, é proibida a retirada de autos do cartório, ainda que em confiança, sob pena de responsabilidade do escrivão.

Art. 804. A sentença ou o acórdão, que julgar a ação, qualquer incidente ou recurso, condenará nas custas o vencido.

Art. 805. As custas serão contadas e cobradas de acordo com os regulamentos expedidos pela União e pelos Estados.

Art. 806. Salvo o caso do art. 32, nas ações intentadas mediante queixa, nenhum ato ou diligência se realizará, sem que seja depositada em cartório a importância das custas.

§ 1º Igualmente, nenhum ato requerido no interesse da defesa será realizado, sem o prévio pagamento das custas, salvo se o acusado for pobre.

§ 2º A falta do pagamento das custas, nos prazos fixados em lei, ou marcados pelo juiz, importará renúncia à diligência requerida ou deserção do recurso interposto.

§ 3º A falta de qualquer prova ou diligência que deixe de realizar-se em virtude do não-pagamento de custas não implicará a nulidade do processo, se a prova de pobreza do acusado só posteriormente foi feita.

Art. 807. O disposto no artigo anterior não obstará à faculdade atribuída ao juiz de determinar de ofício inquirição de testemunhas ou outras diligências.

Art. 808. Na falta ou impedimento do escrivão e seu substituto, servirá pessoa idônea, nomeada pela autoridade, perante quem prestará compromisso, lavrando o respectivo termo.

Art. 809. A estatística judiciária criminal, a cargo do Instituto de Identificação e Estatística ou repartições congêneres, terá por base o boletim individual, que é parte integrante dos processos e versará sobre:

I. os crimes e as contravenções praticados durante o trimestre, com especificação da natureza de cada um, meios utilizados e circunstâncias de tempo e lugar;

II. as armas proibidas que tenham sido apreendidas;

III. o número de delinquentes, mencionadas as infrações que praticaram, sua nacionalidade, sexo, idade, filiação, estado civil, prole, residência, meios de vida e condições econômicas, grau de instrução, religião, e condições de saúde física e psíquica;

IV. o número dos casos de codelinquência;

V. a reincidência e os antecedentes judiciários;

VI. as sentenças condenatórias ou absolutórias, bem como as de pronúncia ou de impronúncia;

VII . a natureza das penas impostas;

VIII. a natureza das medidas de segurança aplicadas;

IX. a suspensão condicional da execução da pena, quando concedida;

X. as concessões ou denegações de habeas corpus.

§ 1º Os dados acima enumerados constituem o mínimo exigível, podendo ser acrescidos de outros elementos úteis ao serviço da estatística criminal.

§ 2º Esses dados serão lançados semestralmente em mapa e remetidos ao Serviço de Estatística Demográfica Moral e Política do Ministério da Justiça. (Redação dada pela Lei nº 9.061, de 14.6.1995)

ANOTAÇÕES

ANOTAÇÕES

DIR. PRO. PEN.

ANOTAÇÕES

§ 3º O boletim individual a que se refere este artigo é dividido em três partes destacáveis, conforme modelo anexo a este Código, e será adotado nos Estados, no Distrito Federal e nos Territórios. A primeira parte ficará arquivada no cartório policial; a segunda será remetida ao Instituto de Identificação e Estatística, ou repartição congênere; e a terceira acompanhará o processo, e, depois de passar em julgado a sentença definitiva, lançados os dados finais, será enviada ao referido Instituto ou repartição congênere.

Art. 810. Este Código entrará em vigor no dia 1º de janeiro de 1942.

Art. 811. Revogam-se as disposições em contrário.

ANOTAÇÕES

PREPARAÇÃO • CONHECIMENTO • APROVAÇÃO

CÓDIGO DE TRÂNSITO BRASILEIRO

SUMÁRIO

ANOTAÇÕES

1. LEI Nº 9.503, DE 23 DE SETEMBRO DE 1997

O PRESIDENTE DA REPÚBLICA Faço saber que o Congresso Nacional decreta e eu sanciono a seguinte Lei:

CAPÍTULO I - DISPOSIÇÕES PRELIMINARES

Art. 1º O trânsito de qualquer natureza nas vias terrestres do território nacional, abertas à circulação, rege-se por este Código.

§ 1º Considera-se trânsito a utilização das vias por pessoas, veículos e animais, isolados ou em grupos, conduzidos ou não, para fins de circulação, parada, estacionamento e operação de carga ou descarga.

§ 2º O trânsito, em condições seguras, é um direito de todos e dever dos órgãos e entidades componentes do Sistema Nacional de Trânsito, a estes cabendo, no âmbito das respectivas competências, adotar as medidas destinadas a assegurar esse direito.

§ 3º Os órgãos e entidades componentes do Sistema Nacional de Trânsito respondem, no âmbito das respectivas competências, objetivamente, por danos causados aos cidadãos em virtude de ação, omissão ou erro na execução e manutenção de programas, projetos e serviços que garantam o exercício do direito do trânsito seguro.

§ 4º (VETADO)

§ 5º Os órgãos e entidades de trânsito pertencentes ao Sistema Nacional de Trânsito darão prioridade em suas ações à defesa da vida, nela incluída a preservação da saúde e do meio-ambiente.

Art. 2º São vias terrestres urbanas e rurais as ruas, as avenidas, os logradouros, os caminhos, as passagens, as estradas e as rodovias, que terão seu uso regulamentado pelo órgão ou entidade com circunscrição sobre elas, de acordo com as peculiaridades locais e as circunstâncias especiais.

Parágrafo único. Para os efeitos deste Código, são consideradas vias terrestres as praias abertas à circulação pública, as vias internas pertencentes aos condomínios constituídos por unidades autônomas e as vias e áreas de estacionamento de estabelecimentos privados de uso coletivo. (Redação dada pela Lei nº 13.146, de 2015)

Art. 3º As disposições deste Código são aplicáveis a qualquer veículo, bem como aos proprietários, condutores dos veículos nacionais ou estrangeiros e às pessoas nele expressamente mencionadas.

Art. 4º Os conceitos e definições estabelecidos para os efeitos deste Código são os constantes do Anexo I.

CAPÍTULO II - DO SISTEMA NACIONAL DE TRÂNSITO

Seção I - Disposições Gerais

Art. 5º O Sistema Nacional de Trânsito é o conjunto de órgãos e entidades da União, dos Estados, do Distrito Federal e dos Municípios que tem por finalidade o exercício das atividades de planejamento, administração, normatização, pesquisa, registro e licenciamento de veículos, formação, habilitação e reciclagem de condutores, educação, engenharia, operação do sistema viário, policiamento, fiscalização, julgamento de infrações e de recursos e aplicação de penalidades.

Art. 6º São objetivos básicos do Sistema Nacional de Trânsito:

I. estabelecer diretrizes da Política Nacional de Trânsito, com vistas à segurança, à fluidez, ao conforto, à defesa ambiental e à educação para o trânsito, e fiscalizar seu cumprimento;

I. fixar, mediante normas e procedimentos, a padronização de critérios técnicos, financeiros e administrativos para a execução das atividades de trânsito;

II. estabelecer a sistemática de fluxos permanentes de informações entre os seus diversos órgãos e entidades, a fim de facilitar o processo decisório e a integração do Sistema.

ANOTAÇÕES

Seção II - Da Composição e da Competência do Sistema Nacional de Trânsito

Art. 7º Compõem o Sistema Nacional de Trânsito os seguintes órgãos e entidades:

I. o Conselho Nacional de Trânsito. CONTRAN, coordenador do Sistema e órgão máximo normativo econsultivo;

II. os Conselhos Estaduais de Trânsito. CETRAN e o Conselho de Trânsito do Distrito Federal CONTRANDIFE, órgãos normativos, consultivos e coordenadores;

III. os órgãos e entidades executivos de trânsito da União, dos Estados, do Distrito Federal e dos Municípios;

IV. os órgãos e entidades executivos rodoviários da União, dos Estados, do Distrito Federal e dos Municípios;

V. a Polícia Rodoviária Federal;

VI. as Polícias Militares dos Estados e do Distrito Federal; e

VII. as Juntas Administrativas de Recursos de Infrações. JARI.

Art. 7º-A. A autoridade portuária ou a entidade concessionária de porto organizado poderá celebrar convênios com os órgãos previstos no art. 7º, com a interveniência dos Municípios e Estados, juridicamente interessados, para o fim específico de facilitar a autuação por descumprimento da legislação de trânsito. (Incluído pela Lei nº 12.058, de 2009)

§ 1º O convênio valerá para toda a área física do porto organizado, inclusive, nas áreas dos terminais alfandegados, nas estações de transbordo, nas instalações portuárias públicas de pequeno porte e nos respectivos estacionamentos ou vias de trânsito internas. (Incluído pela Lei nº 12.058, de 2009)

§ 2º (VETADO) (Incluído pela Lei nº 12.058, de 2009)

§ 3º (VETADO) (Incluído pela Lei nº 12.058, de 2009)

Art. 8º Os Estados, o Distrito Federal e os Municípios organizarão os respectivos órgãos e entidades executivos de trânsito e executivos rodoviários, estabelecendo os limites circunscricionais de suas atuações.

Art. 9º O Presidente da República designará o ministério ou órgão da Presidência responsável pela coordenação máxima do Sistema Nacional de Trânsito, ao qual estará vinculado o CONTRAN e subordinado o órgão máximo executivo de trânsito da União.

Art. 10. O Conselho Nacional de Trânsito (Contran), com sede no Distrito Federal e presidido pelo dirigente do órgão máximo executivo de trânsito da União, tem a seguinte composição: (Redação dada pela Lei nº 12.865, de 2013)

I. (VETADO)

II. (VETADO)

III. um representante do Ministério da Ciência e Tecnologia;

IV. um representante do Ministério da Educação e do Desporto;

V. um representante do Ministério do Exército;

VI. um representante do Ministério do Meio Ambiente e da Amazônia Legal;

VII. um representante do Ministério dos Transportes;

VIII. (VETADO)

IX. (VETADO)

X. (VETADO)

XI. (VETADO)

XII. (VETADO)

XIII. (VETADO)

XIV. (VETADO) XV. (VETADO)

XVI. (VETADO)

XVII. (VETADO)

XVIII. (VETADO)

XIX. (VETADO)

XX. um representante do ministério ou órgão coordenador máximo do Sistema Nacional de Trânsito;

XXI. (VETADO)

XXII. um representante do Ministério da Saúde. (Incluído pela Lei nº 9.602, de 1998)

XXIII. 1 (um) representante do Ministério da Justiça. (Incluído pela Lei nº 11.705, de 2008)

XXIV. 1 (um) representante do Ministério do Desenvolvimento, Indústria e Comércio Exterior; (Incluído pela Lei nº 12.865, de 2013)

XXV. 1 (um) representante da Agência Nacional de Transportes Terrestres (ANTT). (Incluído pela Lei nº 12.865, de 2013)

§ 1º (VETADO)

§ 2º (VETADO)

§ 3º (VETADO)

Art. 11. (VETADO)

Art. 12. Compete ao CONTRAN:

I. estabelecer as normas regulamentares referidas neste Código e as diretrizes da Política Nacional de Trânsito;

II. coordenar os órgãos do Sistema Nacional de Trânsito, objetivando a integração de suas atividades;

III. (VETADO)

IV. criar Câmaras Temáticas;

V. estabelecer seu regimento interno e as diretrizes para o funcionamento dos CETRAN e CONTRANDIFE;

VI. estabelecer as diretrizes do regimento das JARI;

VII. zelar pela uniformidade e cumprimento das normas contidas neste Código e nas resoluções complementares;

VIII. estabelecer e normatizar os procedimentos para a aplicação das multas por infrações, a arrecadação e o repasse dos valores arrecadados; (Redação dada pela Lei nº 13.281, de 2016)

IX. responder às consultas que lhe forem formuladas, relativas à aplicação da legislação de trânsito;

X. normatizar os procedimentos sobre a aprendizagem, habilitação, expedição de documentos de condutores, e registro e licenciamento de veículos;

XI. aprovar, complementar ou alterar os dispositivos de sinalização e os dispositivos e equipamentos de trânsito;

XII. apreciar os recursos interpostos contra as decisões das instâncias inferiores, na forma deste Código;

XIII. avocar, para análise e soluções, processos sobre conflitos de competência ou circunscrição, ou, quando necessário, unificar as decisões administrativas; e

XIV. dirimir conflitos sobre circunscrição e competência de trânsito no âmbito da União, dos Estados e do Distrito Federal.

XV. normatizar o processo de formação do candidato à obtenção da Carteira Nacional de Habilitação, estabelecendo seu conteúdo didático-pedagógico, carga horária, avaliações, exames, execução e fiscalização. (Incluído pela Lei nº 13.281, de 2016)

Art. 13. As Câmaras Temáticas, órgãos técnicos vinculados ao CONTRAN, são integradas por especialistas e têm como objetivo estudar e oferecer sugestões e embasamento técnico sobre assuntos específicos para decisões daquele colegiado.

§ 1º Cada Câmara é constituída por especialistas representantes de órgãos e entidades executivos da União, dos Estados, ou do Distrito Federal e dos Municípios, em igual número, pertencentes ao Sistema Nacional de Trânsito, além de especialistas representantes dos diversos segmentos da sociedade relacionados com o trânsito, todos indicados segundo regimento específico definido pelo CONTRAN e designados pelo ministro ou dirigente coordenador máximo do Sistema Nacional de Trânsito.

§ 2º Os segmentos da sociedade, relacionados no parágrafo anterior, serão representados por pessoa jurídica e devem atender aos requisitos estabelecidos pelo CONTRAN.

§ 3º Os coordenadores das Câmaras Temáticas serão eleitos pelos respectivos membros.

§ 4º (VETADO)

I. (VETADO)

II. (VETADO)

III. (VETADO)

IV. (VETADO)

ANOTAÇÕES

Art. 14. Compete aos Conselhos Estaduais de Trânsito - CETRAN e ao Conselho de Trânsito do Distrito Federal - CONTRANDIFE:

I. cumprir e fazer cumprir a legislação e as normas de trânsito, no âmbito das respectivas atribuições;

II. elaborar normas no âmbito das respectivas competências;

III. responder a consultas relativas à aplicação da legislação e dos procedimentos normativos de trânsito;

IV. estimular e orientar a execução de campanhas educativas de trânsito;

V. julgar os recursos interpostos contra decisões:

a) das JARI;

b) dos órgãos e entidades executivos estaduais, nos casos de inaptidão permanente constatados nos exames de aptidão física, mental ou psicológica;

VI. indicar um representante para compor a comissão examinadora de candidatos portadores de deficiência física à habilitação para conduzir veículos automotores;

VII. (VETADO)

VIII. acompanhar e coordenar as atividades de administração, educação, engenharia, fiscalização, policiamento ostensivo de trânsito, formação de condutores, registro e licenciamento de veículos, articulando os órgãos do Sistema no Estado, reportando-se ao CONTRAN;

IX. dirimir conflitos sobre circunscrição e competência de trânsito no âmbito dos Municípios; e

X. informar o CONTRAN sobre o cumprimento das exigências definidas nos §§ 1º e 2º do art. 333.

XI. designar, em caso de recursos deferidos e na hipótese de reavaliação dos exames, junta especial de saúde para examinar os candidatos à habilitação para conduzir veículos automotores. (Incluído pela Lei nº 9.602, de 1998)

Parágrafo único. Dos casos previstos no inciso V, julgados pelo órgão, não cabe recurso na esfera administrativa.

Art. 15. Os presidentes dos CETRAN e do CONTRANDIFE são nomeados pelos Governadores dos Estados e do Distrito Federal, respectivamente, e deverão ter reconhecida experiência em matéria de trânsito.

§ 1º Os membros dos CETRAN e do CONTRANDIFE são nomeados pelos Governadores dos Estados e do Distrito Federal, respectivamente.

§ 2º Os membros do CETRAN e do CONTRANDIFE deverão ser pessoas de reconhecida experiência em trânsito.

§ 3º O mandato dos membros do CETRAN e do CONTRANDIFE é de dois anos, admitida a recondução.

Art. 16. Junto a cada órgão ou entidade executivos de trânsito ou rodoviário funcionarão Juntas Administrativas de Recursos de Infrações - JARI, órgãos colegiados responsáveis pelo julgamento dos recursos interpostos contra penalidades por eles impostas.

Parágrafo único. As JARI têm regimento próprio, observado o disposto no inciso VI do art. 12, e apoio administrativo e financeiro do órgão ou entidade junto ao qual funcionem.

Art. 17. Compete às JARI:

I. julgar os recursos interpostos pelos infratores;

II. solicitar aos órgãos e entidades executivos de trânsito e executivos rodoviários informações complementares relativas aos recursos, objetivando uma melhor análise da situação recorrida;

III. encaminhar aos órgãos e entidades executivos de trânsito e executivos rodoviários informações sobre problemas observados nas autuações e apontados em recursos, e que se repitam sistematicamente.

Art. 18. (VETADO)

Art. 19. Compete ao órgão máximo executivo de trânsito da União:

I. cumprir e fazer cumprir a legislação de trânsito e a execução das normas e diretrizes estabelecidas pelo CONTRAN, no âmbito de suas atribuições;

ANOTAÇÕES

ANOTAÇÕES

II. proceder à supervisão, à coordenação, à correição dos órgãos delegados, ao controle e à fiscalização da execução da Política Nacional de Trânsito e do Programa Nacional de Trânsito;

III. articular-se com os órgãos dos Sistemas Nacionais de Trânsito, de Transporte e de Segurança Pública, objetivando o combate à violência no trânsito, promovendo, coordenando e executando o controle de ações para a preservação do ordenamento e da segurança do trânsito;

IV. apurar, prevenir e reprimir a prática de atos de improbidade contra a fé pública, o patrimônio, ou a administração pública ou privada, referentes à segurança do trânsito;

V. supervisionar a implantação de projetos e programas relacionados com a engenharia, educação, administração, policiamento e fiscalização do trânsito e outros, visando à uniformidade de procedimento;

VI. estabelecer procedimentos sobre a aprendizagem e habilitação de condutores de veículos, a expedição de documentos de condutores, de registro e licenciamento de veículos;

VII. expedir a Permissão para Dirigir, a Carteira Nacional de Habilitação, os Certificados de Registro e o de Licenciamento Anual mediante delegação aos órgãos executivos dos Estados e do Distrito Federal;

VIII. organizar e manter o Registro Nacional de Carteiras de Habilitação. RENACH;

IX. organizar e manter o Registro Nacional de Veículos Automotores. RENAVAM;

X. organizar a estatística geral de trânsito no território nacional, definindo os dados a serem fornecidos pelos demais órgãos e promover sua divulgação;

XI. estabelecer modelo padrão de coleta de informações sobre as ocorrências de acidentes de trânsito e as estatísticas do trânsito;

XII. administrar fundo de âmbito nacional destinado à segurança e à educação de trânsito;

XIII. coordenar a administração do registro das infrações de trânsito, da pontuação e das penalidades aplicadas no prontuário do infrator, da arrecadação de multas e do repasse de que trata o § 1º do art. 320; (Redação dada pela Lei nº 13.281, de 2016)

XIV. fornecer aos órgãos e entidades do Sistema Nacional de Trânsito informações sobre registros de veículos e de condutores, mantendo o fluxo permanente de informações com os demais órgãos do Sistema;

XV. promover, em conjunto com os órgãos competentes do Ministério da Educação e do Desporto, de acordo com as diretrizes do CONTRAN, a elaboração e a implementação de programas de educação de trânsito nos estabelecimentos de ensino;

XVI. elaborar e distribuir conteúdos programáticos para a educação de trânsito;

XVII. promover a divulgação de trabalhos técnicos sobre o trânsito;

XVIII. elaborar, juntamente com os demais órgãos e entidades do Sistema Nacional de Trânsito, e submeter à aprovação do CONTRAN, a complementação ou alteração da sinalização e dos dispositivos e equipamentos de trânsito;

XIX. organizar, elaborar, complementar e alterar os manuais e normas de projetos de implementação da sinalização, dos dispositivos e equipamentos de trânsito aprovados pelo CONTRAN;

XX. expedir a permissão internacional para conduzir veículo e o certificado de passagem nas alfândegas mediante delegação aos órgãos executivos dos Estados e do Distrito Federal ou a entidade habilitada para esse fim pelo poder público federal; (Redação dada pela lei nº 13.258, de 2016)

XXI. promover a realização periódica de reuniões regionais e congressos nacionais de trânsito, bem como propor a representação do Brasil em congressos ou reuniões internacionais;

ANOTAÇÕES

XXII. propor acordos de cooperação com organismos internacionais, com vistas ao aperfeiçoamento das ações inerentes à segurança e educação de trânsito;

XXIII. elaborar projetos e programas de formação, treinamento e especialização do pessoal encarregado da execução das atividades de engenharia, educação, policiamento ostensivo, fiscalização, operação e administração de trânsito, propondo medidas que estimulem a pesquisa científica e o ensino técnico-profissional de interesse do trânsito, e promovendo a sua realização;

XXIV. opinar sobre assuntos relacionados ao trânsito interestadual e internacional;

XXV. elaborar e submeter à aprovação do CONTRAN as normas e requisitos de segurança veicular para fabricação e montagem de veículos, consoante sua destinação;

XXVI. estabelecer procedimentos para a concessão do código marca-modelo dos veículos para efeito de registro, emplacamento e licenciamento;

XXVII. instruir os recursos interpostos das decisões do CONTRAN, ao ministro ou dirigente coordenador máximo do Sistema Nacional de Trânsito;

XXVIII. estudar os casos omissos na legislação de trânsito e submetê-los, com proposta de solução, ao Ministério ou órgão coordenador máximo do Sistema Nacional de Trânsito;

XXIX. prestar suporte técnico, jurídico, administrativo e financeiro ao CONTRAN.

XXX. organizar e manter o Registro Nacional de Infrações de Trânsito (Renainf). (Incluído pela Lei nº 13.281, de 2016)

§ 1º Comprovada, por meio de sindicância, a deficiência técnica ou administrativa ou a prática constante de atos de improbidade contra a fé pública, contra o patrimônio ou contra a administração pública, o órgão executivo de trânsito da União, mediante aprovação do CONTRAN, assumirá diretamente ou por delegação, a execução total ou parcial das atividades do órgão executivo de trânsito estadual que tenha motivado a investigação, até que as irregularidades sejam sanadas.

§ 2º O regimento interno do órgão executivo de trânsito da União disporá sobre sua estrutura organizacional e seu funcionamento.

§ 3º Os órgãos e entidades executivos de trânsito e executivos rodoviários da União, dos Estados, do Distrito Federal e dos Municípios fornecerão, obrigatoriamente, mês a mês, os dados estatísticos para os fins previstos no inciso X.

§ 4º (VETADO). (Incluído pela Lei nº 13.281, de 2016)

Art. 20. Compete à Polícia Rodoviária Federal, no âmbito das rodovias e estradas federais:

I. cumprir e fazer cumprir a legislação e as normas de trânsito, no âmbito de suas atribuições;

II. realizar o patrulhamento ostensivo, executando operações relacionadas com a segurança pública, com o objetivo de preservar a ordem, incolumidade das pessoas, o patrimônio da União e o de terceiros;

III. aplicar e arrecadar as multas impostas por infrações de trânsito, as medidas administrativas decorrentes e os valores provenientes de estada e remoção de veículos, objetos, animais e escolta de veículos de cargas superdimensionadas ou perigosas;

IV. efetuar levantamento dos locais de acidentes de trânsito e dos serviços de atendimento, socorro e salvamento de vítimas;

V. credenciar os serviços de escolta, fiscalizar e adotar medidas de segurança relativas aos serviços de remoção de veículos, escolta e transporte de carga indivisível;

VI. assegurar a livre circulação nas rodovias federais, podendo solicitar ao órgão rodoviário a adoção de medidas emergenciais, e zelar pelo cumprimento das normas legais relativas ao direito de vizinhança, promovendo a interdição de construções e instalações não autorizadas;

VII. coletar dados estatísticos e elaborar estudos sobre acidentes de trânsito e suas causas, adotando ou indicando medidas operacionais preventivas e encaminhando-os ao órgão rodoviário federal;

VIII. implementar as medidas da Política Nacional de Segurança e Educação de Trânsito;

IX. promover e participar de projetos e programas de educação e segurança, de acordo com as diretrizes estabelecidas pelo CONTRAN;

X. integrar-se a outros órgãos e entidades do Sistema Nacional de Trânsito para fins de arrecadação e compensação de multas impostas na área de sua competência, com vistas à unificação do licenciamento, à simplificação e à celeridade das transferências de veículos e de prontuários de condutores de uma para outra unidade da Federação;

XI. fiscalizar o nível de emissão de poluentes e ruído produzidos pelos veículos automotores ou pela sua carga, de acordo com o estabelecido no art. 66, além de dar apoio, quando solicitado, às ações específicas dos órgãos ambientais.

Art. 21. Compete aos órgãos e entidades executivos rodoviários da União, dos Estados, do Distrito Federal e dos Municípios, no âmbito de sua circunscrição:

I. cumprir e fazer cumprir a legislação e as normas de trânsito, no âmbito de suas atribuições;

II. planejar, projetar, regulamentar e operar o trânsito de veículos, de pedestres e de animais, e promover o desenvolvimento da circulação e da segurança de ciclistas;

III. implantar, manter e operar o sistema de sinalização, os dispositivos e os equipamentos de controle viário;

IV. coletar dados e elaborar estudos sobre os acidentes de trânsito e suas causas;

V. estabelecer, em conjunto com os órgãos de policiamento ostensivo de trânsito, as respectivas diretrizes para o policiamento ostensivo de trânsito;

VI. executar a fiscalização de trânsito, autuar, aplicar as penalidades de advertência, por escrito, e ainda as multas e medidas administrativas cabíveis, notificando os infratores e arrecadando as multas que aplicar;

VII. arrecadar valores provenientes de estada e remoção de veículos e objetos, e escolta de veículos de cargas superdimensionadas ou perigosas;

VIII. fiscalizar, autuar, aplicar as penalidades e medidas administrativas cabíveis, relativas a infrações por excesso de peso, dimensões e lotação dos veículos, bem como notificar e arrecadar as multas que aplicar;

IX. fiscalizar o cumprimento da norma contida no art. 95, aplicando as penalidades e arrecadando as multas nele previstas;

X. implementar as medidas da Política Nacional de Trânsito e do Programa Nacional de Trânsito;

XI. promover e participar de projetos e programas de educação e segurança, de acordo com as diretrizes estabelecidas pelo CONTRAN;

XII. integrar-se a outros órgãos e entidades do Sistema Nacional de Trânsito para fins de arrecadação e compensação de multas impostas na área de sua competência, com vistas à unificação do licenciamento, à simplificação e à celeridade das transferências de veículos e de prontuários de condutores de uma para outra unidade da Federação;

XIII. fiscalizar o nível de emissão de poluentes e ruído produzidos pelos veículos automotores ou pela sua carga, de acordo com o estabelecido no art. 66, além de dar apoio às ações específicas dos órgãos ambientais locais, quando solicitado;

XIV. vistoriar veículos que necessitem de autorização especial para transitar e estabelecer os requisitos técnicos a serem observados para a circulação desses veículos.

Parágrafo único. (VETADO)

ANOTAÇÕES

Art. 22. Compete aos órgãos ou entidades executivos de trânsito dos Estados e do Distrito Federal, no âmbito de sua circunscrição:

I. cumprir e fazer cumprir a legislação e as normas de trânsito, no âmbito das respectivas atribuições;

II. realizar, fiscalizar e controlar o processo de formação, aperfeiçoamento, reciclagem e suspensão de condutores, expedir e cassar Licença de Aprendizagem, Permissão para Dirigir e Carteira Nacional de Habilitação, mediante delegação do órgão federal competente;

III. vistoriar, inspecionar quanto às condições de segurança veicular, registrar, emplacar, selar a placa, e licenciar veículos, expedindo o Certificado de Registro e o Licenciamento Anual, mediante delegação do órgão federal competente;

IV. estabelecer, em conjunto com as Polícias Militares, as diretrizes para o policiamento ostensivo de trânsito;

V. executar a fiscalização de trânsito, autuar e aplicar as medidas administrativas cabíveis pelas infrações previstas neste Código, excetuadas aquelas relacionadas nos incisos VI e VIII do art. 24, no exercício regular do Poder de Polícia de Trânsito;

VI. aplicar as penalidades por infrações previstas neste Código, com exceção daquelas relacionadas nos incisos VII e VIII do art. 24, notificando os infratores e arrecadando as multas que aplicar;

VII. arrecadar valores provenientes de estada e remoção de veículos e objetos;

VIII. comunicar ao órgão executivo de trânsito da União a suspensão e a cassação do direito de dirigir e o recolhimento da Carteira Nacional de Habilitação;

IX. coletar dados estatísticos e elaborar estudos sobre acidentes de trânsito e suas causas;

X. credenciar órgãos ou entidades para a execução de atividades previstas na legislação de trânsito, na forma estabelecida em norma do CONTRAN;

XI. implementar as medidas da Política Nacional de Trânsito e do Programa Nacional de Trânsito;

XII. promover e participar de projetos e programas de educação e segurança de trânsito de acordo com as diretrizes estabelecidas pelo CONTRAN;

XIII. integrar-se a outros órgãos e entidades do Sistema Nacional de Trânsito para fins de arrecadação e compensação de multas impostas na área de sua competência, com vistas à unificação do licenciamento, à simplificação e à celeridade das transferências de veículos e de prontuários de condutores de uma para outra unidade da Federação;

XIV. fornecer, aos órgãos e entidades executivos de trânsito e executivos rodoviários municipais, os dados cadastrais dos veículos registrados e dos condutores habilitados, para fins de imposição e notificação de penalidades e de arrecadação de multas nas áreas de suas competências;

XV. fiscalizar o nível de emissão de poluentes e ruído produzidos pelos veículos automotores ou pela sua carga, de acordo com o estabelecido no art. 66, além de dar apoio, quando solicitado, às ações específicas dos órgãos ambientais locais;

XVI. articular-se com os demais órgãos do Sistema Nacional de Trânsito no Estado, sob coordenação do respectivo CETRAN.

Art. 23. Compete às Polícias Militares dos Estados e do Distrito Federal:

I. (VETADO)

II. (VETADO)

III. executar a fiscalização de trânsito, quando e conforme convênio firmado, como agente do órgão ou entidade executivos de trânsito ou executivos rodoviários, concomitantemente com os demais agentes credenciados;

IV. (VETADO)

ANOTAÇÕES

CTB

ANOTAÇÕES

V. (VETADO)

VI. (VETADO)

VII. (VETADO)

Parágrafo único. (VETADO)

Art. 24. Compete aos órgãos e entidades executivos de trânsito dos Municípios, no âmbito de sua circunscrição: (Redação dada pela Lei nº 13.154, de 2015)

I. cumprir e fazer cumprir a legislação e as normas de trânsito, no âmbito de suas atribuições;

II. planejar, projetar, regulamentar e operar o trânsito de veículos, de pedestres e de animais, e promover o desenvolvimento da circulação e da segurança de ciclistas;

III. implantar, manter e operar o sistema de sinalização, os dispositivos e os equipamentos de controle viário;

IV. coletar dados estatísticos e elaborar estudos sobre os acidentes de trânsito e suas causas;

V. estabelecer, em conjunto com os órgãos de polícia ostensiva de trânsito, as diretrizes para o policiamento ostensivo de trânsito;

VI. executar a fiscalização de trânsito em vias terrestres, edificações de uso público e edificações privadas de uso coletivo, autuar e aplicar as medidas administrativas cabíveis e as penalidades de advertência por escrito e multa, por infrações de circulação, estacionamento e parada previstas neste Código, no exercício regular do poder de polícia de trânsito, notificando os infratores e arrecadando as multas que aplicar, exercendo iguais atribuições no âmbito de edificações privadas de uso coletivo, somente para infrações de uso de vagas reservadas em estacionamentos; (Redação dada pela Lei nº 13.281, de 2016)

VII. aplicar as penalidades de advertência por escrito e multa, por infrações de circulação, estacionamento e parada previstas neste Código, notificando os infratores e arrecadando as multas que aplicar;

VIII. fiscalizar, autuar e aplicar as penalidades e medidas administrativas cabíveis relativas a infrações por excesso de peso, dimensões e lotação dos veículos, bem como notificar e arrecadar as multas que aplicar;

IX. fiscalizar o cumprimento da norma contida no art. 95, aplicando as penalidades e arrecadando as multas nele previstas;

X. implantar, manter e operar sistema de estacionamento rotativo pago nas vias;

XI. arrecadar valores provenientes de estada e remoção de veículos e objetos, e escolta de veículos de cargas superdimensionadas ou perigosas;

XII. credenciar os serviços de escolta, fiscalizar e adotar medidas de segurança relativas aos serviços de remoção de veículos, escolta e transporte de carga indivisível;

XIII. integrar-se a outros órgãos e entidades do Sistema Nacional de Trânsito para fins de arrecadação e compensação de multas impostas na área de sua competência, com vistas à unificação do licenciamento, à simplificação e à celeridade das transferências de veículos e de prontuários dos condutores de uma para outra unidade da Federação;

XIV. implantar as medidas da Política Nacional de Trânsito e do Programa Nacional de Trânsito;

XV. promover e participar de projetos e programas de educação e segurança de trânsito de acordo com asdiretrizes estabelecidas pelo CONTRAN;

XVI. planejar e implantar medidas para redução da circulação de veículos e reorientação do tráfego, com oobjetivo de diminuir a emissão global de poluentes;

XVII. registrar e licenciar, na forma da legislação, veículos de tração e propulsão humana e de tração animal, fiscalizando, autuando, aplicando penalidades e arrecadando multas decorrentes de infrações; (Redação dada pela Lei nº 13.154, de 2015)

ANOTAÇÕES

XVIII. conceder autorização para conduzir veículos de propulsão humana e de tração animal;

XIX. articular-se com os demais órgãos do Sistema Nacional de Trânsito no Estado, sob coordenação do respectivo CETRAN;

XX. fiscalizar o nível de emissão de poluentes e ruído produzidos pelos veículos automotores ou pela sua carga, de acordo com o estabelecido no art. 66, além de dar apoio às ações específicas de órgão ambiental local, quando solicitado;

XXI. vistoriar veículos que necessitem de autorização especial para transitar e estabelecer os requisitos técnicos a serem observados para a circulação desses veículos.

§ 1º As competências relativas a órgão ou entidade municipal serão exercidas no Distrito Federal por seu órgão ou entidade executivos de trânsito.

§ 2º Para exercer as competências estabelecidas neste artigo, os Municípios deverão integrar-se ao Sistema Nacional de Trânsito, conforme previsto no art. 333 deste Código.

Art. 25. Os órgãos e entidades executivos do Sistema Nacional de Trânsito poderão celebrar convênio delegando as atividades previstas neste Código, com vistas à maior eficiência e à segurança para os usuários da via.

Parágrafo único. Os órgãos e entidades de trânsito poderão prestar serviços de capacitação técnica, assessoria e monitoramento das atividades relativas ao trânsito durante prazo a ser estabelecido entre as partes, com ressarcimento dos custos apropriados.

CAPÍTULO III - DAS NORMAS GERAIS DE CIRCULAÇÃO E CONDUTA

Art. 26. Os usuários das vias terrestres devem:

I. abster-se de todo ato que possa constituir perigo ou obstáculo para o trânsito de veículos, de pessoas ou de animais, ou ainda causar danos a propriedades públicas ou privadas;

II. abster-se de obstruir o trânsito ou torná-lo perigoso, atirando, depositando ou abandonando na via objetos ou substâncias, ou nela criando qualquer outro obstáculo.

Art. 27. Antes de colocar o veículo em circulação nas vias públicas, o condutor deverá verificar a existência e as boas condições de funcionamento dos equipamentos de uso obrigatório, bem como assegurar-se da existência de combustível suficiente para chegar ao local de destino.

Art. 28. O condutor deverá, a todo momento, ter domínio de seu veículo, dirigindo-o com atenção e cuidados indispensáveis à segurança do trânsito.

Art. 29. O trânsito de veículos nas vias terrestres abertas à circulação obedecerá às seguintes normas:

I. a circulação far-se-á pelo lado direito da via, admitindo-se as exceções devidamente sinalizadas;

II. o condutor deverá guardar distância de segurança lateral e frontal entre o seu e os demais veículos, bem como em relação ao bordo da pista, considerando-se, no momento, a velocidade e as condições do local, da circulação, do veículo e as condições climáticas;

III. quando veículos, transitando por fluxos que se cruzem, se aproximarem de local não sinalizado, terá preferência de passagem:

a) no caso de apenas um fluxo ser proveniente de rodovia, aquele que estiver circulando por ela;

b) no caso de rotatória, aquele que estiver circulando por ela;

c) nos demais casos, o que vier pela direita do condutor;

IV. quando uma pista de rolamento comportar várias faixas de circulação no mesmo sentido, são as da direita destinadas ao deslocamento dos veículos mais lentos e de maior porte, quando não houver faixa especial a eles destinada, e as da esquerda, destinadas à ultrapassagem e ao deslocamento dos veículos de maior velocidade;

V. o trânsito de veículos sobre passeios, calçadas e nos acostamentos, só poderá ocorrer para que se adentre ou se saia dos imóveis ou áreas especiais de estacionamento;

VI. os veículos precedidos de batedores terão prioridade de passagem, respeitadas as demais normas de circulação;

VII. os veículos destinados a socorro de incêndio e salvamento, os de polícia, os de fiscalização e operação de trânsito e as ambulâncias, além de prioridade de trânsito, gozam de livre circulação, estacionamento e parada, quando em serviço de urgência e devidamente identificados por dispositivos regulamentares de alarme sonoro e iluminação vermelha intermitente, observadas as seguintes disposições:

a) quando os dispositivos estiverem acionados, indicando a proximidade dos veículos, todos os condutores deverão deixar livre a passagem pela faixa da esquerda, indo para a direita da via e parando, se necessário;

b) os pedestres, ao ouvir o alarme sonoro, deverão aguardar no passeio, só atravessando a via quando o veículo já tiver passado pelo local;

c) o uso de dispositivos de alarme sonoro e de iluminação vermelha intermitente só poderá ocorrer quando da efetiva prestação de serviço de urgência;

d) a prioridade de passagem na via e no cruzamento deverá se dar com velocidade reduzida e com os devidos cuidados de segurança, obedecidas as demais normas deste Código;

VIII. os veículos prestadores de serviços de utilidade pública, quando em atendimento na via, gozam de livre parada e estacionamento no local da prestação de serviço, desde que devidamente sinalizados, devendo estar identificados na forma estabelecida pelo CONTRAN;

IX. a ultrapassagem de outro veículo em movimento deverá ser feita pela esquerda, obedecida a sinalização regulamentar e as demais normas estabelecidas neste Código, exceto quando o veículo a ser ultrapassado estiver sinalizando o propósito de entrar à esquerda;

X. todo condutor deverá, antes de efetuar uma ultrapassagem, certificar-se de que:

a) nenhum condutor que venha atrás haja começado uma manobra para ultrapassá-lo;

b) quem o precede na mesma faixa de trânsito não haja indicado o propósito de ultrapassar um terceiro;

c) a faixa de trânsito que vai tomar esteja livre numa extensão suficiente para que sua manobra não ponha em perigo ou obstrua o trânsito que venha em sentido contrário;

XI. todo condutor ao efetuar a ultrapassagem deverá:

a) indicar com antecedência a manobra pretendida, acionando a luz indicadora de direção do veículo ou por meio de gesto convencional de braço;

b) afastar-se do usuário ou usuários aos quais ultrapassa, de tal forma que deixe livre uma distância lateral de segurança;

c) retomar, após a efetivação da manobra, a faixa de trânsito de origem, acionando a luz indicadora de direção do veículo ou fazendo gesto convencional de braço, adotando os cuidados necessários para não pôr em perigo ou obstruir o trânsito dos veículos que ultrapassou;

XII. os veículos que se deslocam sobre trilhos terão preferência de passagem sobre os demais, respeitadas as normas de circulação.

XIII. (VETADO). (Incluído pela Lei nº 13.281, de 2016)

§ 1º As normas de ultrapassagem previstas nas alíneas a e b do inciso X e a e b do inciso XI aplicam-se à transposição de faixas, que pode ser realizada tanto pela faixa da esquerda como pela da direita.

§ 2º Respeitadas as normas de circulação e conduta estabelecidas neste artigo, em ordem decrescente, os veículos de maior porte serão sempre responsáveis pela segurança dos menores, os motorizados pelos não motorizados e, juntos, pela incolumidade dos pedestres.

ANOTAÇÕES

Art. 30. Todo condutor, ao perceber que outro que o segue tem o propósito de ultrapassá-lo, deverá:

I. se estiver circulando pela faixa da esquerda, deslocar-se para a faixa da direita, sem acelerar a marcha;

II. se estiver circulando pelas demais faixas, manter-se naquela na qual está circulando, sem acelerar a marcha.

Parágrafo único. Os veículos mais lentos, quando em fila, deverão manter distância suficiente entre si para permitir que veículos que os ultrapassem possam se intercalar na fila com segurança.

Art. 31. O condutor que tenha o propósito de ultrapassar um veículo de transporte coletivo que esteja parado, efetuando embarque ou desembarque de passageiros, deverá reduzir a velocidade, dirigindo com atenção redobrada ou parar o veículo com vistas à segurança dos pedestres.

Art. 32. O condutor não poderá ultrapassar veículos em vias com duplo sentido de direção e pista única, nos trechos em curvas e em aclives sem visibilidade suficiente, nas passagens de nível, nas pontes e viadutos e nas travessias de pedestres, exceto quando houver sinalização permitindo a ultrapassagem.

Art. 33. Nas interseções e suas proximidades, o condutor não poderá efetuar ultrapassagem.

Art. 34. O condutor que queira executar uma manobra deverá certificar-se de que pode executá-la sem perigo para os demais usuários da via que o seguem, precedem ou vão cruzar com ele, considerando sua posição, sua direção e sua velocidade.

Art. 35. Antes de iniciar qualquer manobra que implique um deslocamento lateral, o condutor deverá indicar seu propósito de forma clara e com a devida antecedência, por meio da luz indicadora de direção de seu veículo, ou fazendo gesto convencional de braço.

Parágrafo único. Entende-se por deslocamento lateral a transposição de faixas, movimentos de conversão à direita, à esquerda e retornos.

Art. 36. O condutor que for ingressar numa via, procedente de um lote lindeiro a essa via, deverá dar preferência aos veículos e pedestres que por ela estejam transitando.

Art. 37. Nas vias providas de acostamento, a conversão à esquerda e a operação de retorno deverão ser feitas nos locais apropriados e, onde estes não existirem, o condutor deverá aguardar no acostamento, à direita, para cruzar a pista com segurança.

Art. 38. Antes de entrar à direita ou à esquerda, em outra via ou em lotes lindeiros, o condutor deverá:

I. ao sair da via pelo lado direito, aproximar-se o máximo possível do bordo direito da pista e executar sua manobra no menor espaço possível;

II. ao sair da via pelo lado esquerdo, aproximar-se o máximo possível de seu eixo ou da linha divisória da pista, quando houver, caso se trate de uma pista com circulação nos dois sentidos, ou do bordo esquerdo, tratando-se de uma pista de um só sentido.

Parágrafo único. Durante a manobra de mudança de direção, o condutor deverá ceder passagem aos pedestres e ciclistas, aos veículos que transitem em sentido contrário pela pista da via da qual vai sair, respeitadas as normas de preferência de passagem.

Art. 39. Nas vias urbanas, a operação de retorno deverá ser feita nos locais para isto determinados, quer por meio de sinalização, quer pela existência de locais apropriados, ou, ainda, em outros locais que ofereçam condições de segurança e fluidez, observadas as características da via, do veículo, das condições meteorológicas e da movimentação de pedestres e ciclistas.

Art. 40. O uso de luzes em veículo obedecerá às seguintes determinações:

I. o condutor manterá acesos os faróis do veículo, utilizando luz baixa, durante a noite e durante o dia nos

ANOTAÇÕES

ANOTAÇÕES

túneis providos de iluminação pública e nas rodovias; (Redação dada pela Lei nº 13.290, de 2016)

II. nas vias não iluminadas o condutor deve usar luz alta, exceto ao cruzar com outro veículo ou ao segui-lo;

III. a troca de luz baixa e alta, de forma intermitente e por curto período de tempo, com o objetivo de advertir outros motoristas, só poderá ser utilizada para indicar a intenção de ultrapassar o veículo que segue à frente ou para indicar a existência de risco à segurança para os veículos que circulam no sentido contrário;

IV. o condutor manterá acesas pelo menos as luzes de posição do veículo quando sob chuva forte, neblina ou cerração;

V. O condutor utilizará o pisca-alerta nas seguintes situações:

a) em imobilizações ou situações de emergência;

b) quando a regulamentação da via assim o determinar;

VI. durante a noite, em circulação, o condutor manterá acesa a luz de placa;

VII. o condutor manterá acesas, à noite, as luzes de posição quando o veículo estiver parado para fins deembarque ou desembarque de passageiros e carga ou descarga de mercadorias.

Parágrafo único. Os veículos de transporte coletivo regular de passageiros, quando circularem em faixas próprias a eles destinadas, e os ciclos motorizados deverão utilizar-se de farol de luz baixa durante o dia e a noite.

Art. 41. O condutor de veículo só poderá fazer uso de buzina, desde que em toque breve, nas seguintes situações:

I. para fazer as advertências necessárias a fim de evitar acidentes;

II. fora das áreas urbanas, quando for conveniente advertir a um condutor que se tem o propósito de ultrapassá-lo.

Art. 42. Nenhum condutor deverá frear bruscamente seu veículo, salvo por razões de segurança.

Art. 43. Ao regular a velocidade, o condutor deverá observar constantemente as condições físicas da via, do veículo e da carga, as condições meteorológicas e a intensidade do trânsito, obedecendo aos limites máximos de velocidade estabelecidos para a via, além de:

I. não obstruir a marcha normal dos demais veículos em circulação sem causa justificada, transitando a uma velocidade anormalmente reduzida;

II. sempre que quiser diminuir a velocidade de seu veículo deverá antes certificar-se de que pode fazê-lo sem risco nem inconvenientes para os outros condutores, a não ser que haja perigo iminente;

III. indicar, de forma clara, com a antecedência necessária e a sinalização devida, a manobra de redução de velocidade.

Art. 44. Ao aproximar-se de qualquer tipo de cruzamento, o condutor do veículo deve demonstrar prudência especial, transitando em velocidade moderada, de forma que possa deter seu veículo com segurança para dar passagem a pedestre e a veículos que tenham o direito de preferência.

Art. 45. Mesmo que a indicação luminosa do semáforo lhe seja favorável, nenhum condutor pode entrar em uma interseção se houver possibilidade de ser obrigado a imobilizar o veículo na área do cruzamento, obstruindo ou impedindo a passagem do trânsito transversal.

Art. 46. Sempre que for necessária a imobilização temporária de um veículo no leito viário, em situação de emergência, deverá ser providenciada a imediata sinalização de advertência, na forma estabelecida pelo CONTRAN.

Art. 47. Quando proibido o estacionamento na via, a parada deverá restringir-se ao tempo indispensável para embarque ou desembarque de passageiros, desde que não interrompa ou perturbe o fluxo de veículos ou a locomoção de pedestres.

ANOTAÇÕES

Parágrafo único. A operação de carga ou descarga será regulamentada pelo órgão ou entidade com circunscrição sobre a via e é considerada estacionamento.

Art. 48. Nas paradas, operações de carga ou descarga e nos estacionamentos, o veículo deverá ser posicionado no sentido do fluxo, paralelo ao bordo da pista de rolamento e junto à guia da calçada (meio-fio), admitidas as exceções devidamente sinalizadas.

§ 1º Nas vias providas de acostamento, os veículos parados, estacionados ou em operação de carga ou descarga deverão estar situados fora da pista de rolamento.

§ 2º O estacionamento dos veículos motorizados de duas rodas será feito em posição perpendicular à guia da calçada (meio-fio) e junto a ela, salvo quando houver sinalização que determine outra condição.

§ 3º O estacionamento dos veículos sem abandono do condutor poderá ser feito somente nos locais previstos neste Código ou naqueles regulamentados por sinalização específica.

Art. 49. O condutor e os passageiros não deverão abrir a porta do veículo, deixá-la aberta ou descer do veículo sem antes se certificarem de que isso não constitui perigo para eles e para outros usuários da via.

Parágrafo único. O embarque e o desembarque devem ocorrer sempre do lado da calçada, exceto para o condutor.

Art. 50. O uso de faixas laterais de domínio e das áreas adjacentes às estradas e rodovias obedecerá às condições de segurança do trânsito estabelecidas pelo órgão ou entidade com circunscrição sobre a via.

Art. 51. Nas vias internas pertencentes a condomínios constituídos por unidades autônomas, a sinalização de regulamentação da via será implantada e mantida às expensas do condomínio, após aprovação dos projetos pelo órgão ou entidade com circunscrição sobre a via.

Art. 52. Os veículos de tração animal serão conduzidos pela direita da pista, junto à guia da calçada (meio-fio) ou acostamento, sempre que não houver faixa especial a eles destinada, devendo seus condutores obedecer, no que couber, às normas de circulação previstas neste Código e às que vierem a ser fixadas pelo órgão ou entidade com circunscrição sobre a via.

Art. 53. Os animais isolados ou em grupos só podem circular nas vias quando conduzidos por um guia, observado o seguinte:

I. para facilitar os deslocamentos, os rebanhos deverão ser divididos em grupos de tamanho moderado e separados uns dos outros por espaços suficientes para não obstruir o trânsito;

II. os animais que circularem pela pista de rolamento deverão ser mantidos junto ao bordo da pista.

Art. 54. Os condutores de motocicletas, motonetas e ciclomotores só poderão circular nas vias:

I. utilizando capacete de segurança, com viseira ou óculos protetores;

II. segurando o guidom com as duas mãos;

III. usando vestuário de proteção, de acordo com as especificações do CONTRAN.

Art. 55. Os passageiros de motocicletas, motonetas e ciclomotores só poderão ser transportados:

I. utilizando capacete de segurança;

II. em carro lateral acoplado aos veículos ou em assento suplementar atrás do condutor;

III. usando vestuário de proteção, de acordo com as especificações do CONTRAN.

Art. 56. (VETADO)

Art. 57. Os ciclomotores devem ser conduzidos pela direita da pista de rolamento, preferencialmente no centro da faixa mais à direita ou no bordo direito da pista sempre que não houver acostamento ou faixa própria a eles destinada, proibida a sua circulação nas vias de trânsito rápido e sobre as calçadas das vias urbanas.

Parágrafo único. Quando uma via comportar duas ou mais faixas de trânsito e a da direita for destinada ao uso exclusivo de outro tipo de veículo, os ciclomotores deverão circular pela faixa adjacente à da direita.

Art. 58. Nas vias urbanas e nas rurais de pista dupla, a circulação de bicicletas deverá ocorrer, quando não houver ciclovia, ciclofaixa, ou acostamento, ou quando não for possível a utilização destes, nos bordos da pista de rolamento, no mesmo sentido de circulação regulamentado para a via, com preferência sobre os veículos automotores.

Parágrafo único. A autoridade de trânsito com circunscrição sobre a via poderá autorizar a circulação de bicicletas no sentido contrário ao fluxo dos veículos automotores, desde que dotado o trecho com ciclofaixa.

Art. 59. Desde que autorizado e devidamente sinalizado pelo órgão ou entidade com circunscrição sobre a via, será permitida a circulação de bicicletas nos passeios.

Art. 60. As vias abertas à circulação, de acordo com sua utilização, classificam-se em:

I. vias urbanas:

a) via de trânsito rápido;

b) via arterial;

c) via coletora;

d) via local; II - vias rurais:

a) rodovias;

b) estradas.

Art. 61. A velocidade máxima permitida para a via será indicada por meio de sinalização, obedecidas suas características técnicas e as condições de trânsito.

§ 1º Onde não existir sinalização regulamentadora, a velocidade máxima será de:

I. nas vias urbanas:

a) oitenta quilômetros por hora, nas vias de trânsito rápido:

b) sessenta quilômetros por hora, nas vias arteriais;

c) quarenta quilômetros por hora, nas vias coletoras;

d) trinta quilômetros por hora, nas vias locais;

II. nas vias rurais:

a) nas rodovias de pista dupla: (Redação dada pela Lei nº 13.281, de 2016)

1. 110 km/h (cento e dez quilômetros por hora) para automóveis, camionetas e motocicletas; (Redação dada pela Lei nº 13.281, de 2016)

2. 90 km/h (noventa quilômetros por hora) para os demais veículos; (Redação dada pela Lei nº 13.281, de 2016)

3. (revogado); (Redação dada pela Lei nº 13.281, de 2016)

b) nas rodovias de pista simples: (Redação dada pela Lei nº 13.281, de 2016)

1. 100 km/h (cem quilômetros por hora) para automóveis, camionetas e motocicletas; (Incluído pela Lei nº 13.281, de 2016)

2. 90 km/h (noventa quilômetros por hora) para os demais veículos; (Incluído pela Lei nº 13.281, de 2016)

c) nas estradas: 60 km/h (sessenta quilômetros por hora). (Incluído pela Lei nº 13.281, de 2016)

§ 2º O órgão ou entidade de trânsito ou rodoviário com circunscrição sobre a via poderá regulamentar, por meio de sinalização, velocidades superiores ou inferiores àquelas estabelecidas no parágrafo anterior.

Art. 62. A velocidade mínima não poderá ser inferior à metade da velocidade máxima estabelecida, respeitadas as condições operacionais de trânsito e da via.

Art. 63. (VETADO)

Art. 64. As crianças com idade inferior a dez anos devem ser transportadas nos bancos traseiros, salvo exceções regulamentadas pelo CONTRAN.

Art. 65. É obrigatório o uso do cinto de segurança para condutor e passageiros em todas as vias do território nacional, salvo em situações regulamentadas pelo CONTRAN.

ANOTAÇÕES

Art. 66. (VETADO)

Art. 67. As provas ou competições desportivas, inclusive seus ensaios, em via aberta à circulação, só poderão ser realizadas mediante prévia permissão da autoridade de trânsito com circunscrição sobre a via e dependerão de:

I. autorização expressa da respectiva confederação desportiva ou de entidades estaduais a ela filiadas;

II. caução ou fiança para cobrir possíveis danos materiais à via;

III. contrato de seguro contra riscos e acidentes em favor de terceiros;

IV. prévio recolhimento do valor correspondente aos custos operacionais em que o órgão ou entidade permissionária incorrerá.

Parágrafo único. A autoridade com circunscrição sobre a via arbitrará os valores mínimos da caução ou fiança e do contrato de seguro.

CAPÍTULO III-A - DA CONDUÇÃO DE VEÍCULOS POR MOTORISTAS PROFISSIONAIS

Art. 67-A. O disposto neste Capítulo aplica-se aos motoristas profissionais: (Redação dada pela Lei nº 13.103, de 2015)

I. de transporte rodoviário coletivo de passageiros; (Incluído pela Lei nº 13.103, de 2015)

II. de transporte rodoviário de cargas. (Incluído pela Lei nº 13.103, de 2015)

§ 1º (Revogado). (Redação dada pela Lei nº 13.103, de 2015)

§ 2º (Revogado). (Redação dada pela Lei nº 13.103, de 2015)

§ 3º (Revogado). (Redação dada pela Lei nº 13.103, de 2015)

§ 4º (Revogado). (Redação dada pela Lei nº 13.103, de 2015)

§ 5º (Revogado). (Redação dada pela Lei nº 13.103, de 2015)

§ 6º (Revogado). (Redação dada pela Lei nº 13.103, de 2015)

§ 7º (Revogado). (Redação dada pela Lei nº 13.103, de 2015)

§ 8º (VETADO). (Incluído Lei nº 12.619, de 2012)

Art 67-B. VETADO). (Incluído Lei nº 12.619, de 2012)

Art. 67-C. É vedado ao motorista profissional dirigir por mais de 5 (cinco) horas e meia ininterruptas veículos de transporte rodoviário coletivo de passageiros ou de transporte rodoviário de cargas. (Redação dada pela Lei nº 13.103, de 2015)

§ 1º Serão observados 30 (trinta) minutos para descanso dentro de cada 6 (seis) horas na condução de veículo de transporte de carga, sendo facultado o seu fracionamento e o do tempo de direção desde que não ultrapassadas 5 (cinco) horas e meia contínuas no exercício da condução. (Incluído pela Lei nº 13.103, de 2015)

§ 1º-A. Serão observados 30 (trinta) minutos para descanso a cada 4 (quatro) horas na condução de veículo rodoviário de passageiros, sendo facultado o seu fracionamento e o do tempo de direção. (Incluído pela Lei nº 13.103, de 2015)

§ 2º Em situações excepcionais de inobservância justificada do tempo de direção, devidamente registradas, o tempo de direção poderá ser elevado pelo período necessário para que o condutor, o veículo e a carga cheguem a um lugar que ofereça a segurança e o atendimento demandados, desde que não haja comprometimento da segurança rodoviária. (Incluído pela Lei nº 13.103, de 2015)

§ 3º O condutor é obrigado, dentro do período de 24 (vinte e quatro) horas, a observar o mínimo de 11 (onze) horas de descanso, que podem ser fracionadas, usufruídas no veículo e coincidir com os intervalos mencionados no § 1º, observadas no primeiro período 8 (oito) horas ininterruptas de descanso. (Incluído pela Lei nº 13.103, de 2015)

§ 4º Entende-se como tempo de direção ou de condução apenas o período em que o condutor estiver efetivamente ao volante, em curso entre a origem e o destino. (Incluído pela Lei nº 13.103, de 2015)

§ 5º Entende-se como início de viagem a partida do veículo na ida ou no retorno, com ou sem carga, considerando-se como sua continuação as partidas nos dias subsequentes até o destino. (Incluído pela Lei nº 13.103, de 2015)

ANOTAÇÕES

ANOTAÇÕES

§ 6º O condutor somente iniciará uma viagem após o cumprimento integral do intervalo de descanso previsto no § 3º deste artigo. (Incluído pela Lei nº 13.103, de 2015)

§ 7º Nenhum transportador de cargas ou coletivo de passageiros, embarcador, consignatário de cargas, operador de terminais de carga, operador de transporte multimodal de cargas ou agente de cargas ordenará a qualquer motorista a seu serviço, ainda que subcontratado, que conduza veículo referido no caput sem a observância do disposto no § 6º. (Incluído pela Lei nº 13.103, de 2015)

Art. 67-D. (VETADO). (Incluído Lei nº 12.619, de 2012)

Art. 67-E. O motorista profissional é responsável por controlar e registrar o tempo de condução estipulado no art. 67-C, com vistas à sua estrita observância. (Incluído pela Lei nº 13.103, de 2015)

§ 1º A não observância dos períodos de descanso estabelecidos no art. 67-C sujeitará o motorista profissional às penalidades daí decorrentes, previstas neste Código. (Incluído pela Lei nº 13.103, de 2015)

§ 2º O tempo de direção será controlado mediante registrador instantâneo inalterável de velocidade e tempo e, ou por meio de anotação em diário de bordo, ou papeleta ou ficha de trabalho externo, ou por meios eletrônicos instalados no veículo, conforme norma do Contran. (Incluído pela Lei nº 13.103, de 2015)

§ 3º O equipamento eletrônico ou registrador deverá funcionar de forma independente de qualquer interferência do condutor, quanto aos dados registrados. (Incluído pela Lei nº 13.103, de 2015)

§ 4º A guarda, a preservação e a exatidão das informações contidas no equipamento registrador instantâneo inalterável de velocidade e de tempo são de responsabilidade do condutor. (Incluído pela Lei nº 13.103, de 2015)

CAPÍTULO IV - DOS PEDESTRES E CONDUTORES DE VEÍCULOS NÃO MOTORIZADOS

Art. 68. É assegurada ao pedestre a utilização dos passeios ou passagens apropriadas das vias urbanas e dos acostamentos das vias rurais para circulação, podendo a autoridade competente permitir a utilização de parte da calçada para outros fins, desde que não seja prejudicial ao fluxo de pedestres.

§ 1º O ciclista desmontado empurrando a bicicleta equipara-se ao pedestre em direitos e deveres.

§ 2º Nas áreas urbanas, quando não houver passeios ou quando não for possível a utilização destes, a circulação de pedestres na pista de rolamento será feita com prioridade sobre os veículos, pelos bordos da pista, em fila única, exceto em locais proibidos pela sinalização e nas situações em que a segurança ficar comprometida.

§ 3º Nas vias rurais, quando não houver acostamento ou quando não for possível a utilização dele, a circulação de pedestres, na pista de rolamento, será feita com prioridade sobre os veículos, pelos bordos da pista, em fila única, em sentido contrário ao deslocamento de veículos, exceto em locais proibidos pela sinalização e nas situações em que a segurança ficar comprometida.

§ 4º (VETADO)

§ 5º Nos trechos urbanos de vias rurais e nas obras de arte a serem construídas, deverá ser previsto passeio destinado à circulação dos pedestres, que não deverão, nessas condições, usar o acostamento.

§ 6º Onde houver obstrução da calçada ou da passagem para pedestres, o órgão ou entidade com circunscrição sobre a via deverá assegurar a devida sinalização e proteção para circulação de pedestres.

Art. 69. Para cruzar a pista de rolamento o pedestre tomará precauções de segurança, levando em conta, principalmente, a visibilidade, a distância e a velocidade dos veículos, utilizando sempre as faixas ou passagens a ele destinadas sempre que estas existirem numa distância de até cinquenta metros dele, observadas as seguintes disposições:

ANOTAÇÕES

I. onde não houver faixa ou passagem, o cruzamento da via deverá ser feito em sentido perpendicular ao de seu eixo;

II. para atravessar uma passagem sinalizada para pedestres ou delimitada por marcas sobre a pista:

a) onde houver foco de pedestres, obedecer às indicações das luzes;

b) onde não houver foco de pedestres, aguardar que o semáforo ou o agente de trânsito interrompa o fluxo de veículos;

III. nas interseções e em suas proximidades, onde não existam faixas de travessia, os pedestres devem atravessar a via na continuação da calçada, observadas as seguintes normas:

a) não deverão adentrar na pista sem antes se certificar de que podem fazê-lo sem obstruir o trânsito de veículos;

b) uma vez iniciada a travessia de uma pista, os pedestres não deverão aumentar o seu percurso, demorar-se ou parar sobre ela sem necessidade.

Art. 70. Os pedestres que estiverem atravessando a via sobre as faixas delimitadas para esse fim terão prioridade de passagem, exceto nos locais com sinalização semafórica, onde deverão ser respeitadas as disposições deste Código.

Parágrafo único. Nos locais em que houver sinalização semafórica de controle de passagem será dada preferência aos pedestres que não tenham concluído a travessia, mesmo em caso de mudança do semáforo liberando a passagem dos veículos.

Art. 71. O órgão ou entidade com circunscrição sobre a via manterá, obrigatoriamente, as faixas e passagens de pedestres em boas condições de visibilidade, higiene, segurança e sinalização.

CAPÍTULO V - DO CIDADÃO

Art. 72. Todo cidadão ou entidade civil tem o direito de solicitar, por escrito, aos órgãos ou entidades do Sistema Nacional de Trânsito, sinalização, fiscalização e implantação de equipamentos de segurança, bem como sugerir alterações em normas, legislação e outros assuntos pertinentes a este Código.

Art. 73. Os órgãos ou entidades pertencentes ao Sistema Nacional de Trânsito têm o dever de analisar as solicitações e responder, por escrito, dentro de prazos mínimos, sobre a possibilidade ou não de atendimento, esclarecendo ou justificando a análise efetuada, e, se pertinente, informando ao solicitante quando tal evento ocorrerá.

Parágrafo único. As campanhas de trânsito devem esclarecer quais as atribuições dos órgãos e entidades pertencentes ao Sistema Nacional de Trânsito e como proceder a tais solicitações.

CAPÍTULO VI - DA EDUCAÇÃO PARA O TRÂNSITO

Art. 74. A educação para o trânsito é direito de todos e constitui dever prioritário para os componentes do Sistema Nacional de Trânsito.

§ 1º É obrigatória a existência de coordenação educacional em cada órgão ou entidade componente do Sistema Nacional de Trânsito.

§ 2º Os órgãos ou entidades executivos de trânsito deverão promover, dentro de sua estrutura organizacional ou mediante convênio, o funcionamento de Escolas Públicas de Trânsito, nos moldes e padrões estabelecidos pelo CONTRAN.

Art. 75. O CONTRAN estabelecerá, anualmente, os temas e os cronogramas das campanhas de âmbito nacional que deverão ser promovidas por todos os órgãos ou entidades do Sistema Nacional de Trânsito, em especial nos períodos referentes às férias escolares, feriados prolongados e à Semana Nacional de Trânsito.

§ 1º Os órgãos ou entidades do Sistema Nacional de Trânsito deverão promover outras campanhas no âmbito de sua circunscrição e de acordo com as peculiaridades locais.

ANOTAÇÕES

§ 2º As campanhas de que trata este artigo são de caráter permanente, e os serviços de rádio e difusão sonora de sons e imagens explorados pelo poder público são obrigados a difundi-las gratuitamente, com a frequência recomendada pelos órgãos competentes do Sistema Nacional de Trânsito.

Art. 76. A educação para o trânsito será promovida na pré-escola e nas escolas de 1º, 2º e 3º graus, por meio de planejamento e ações coordenadas entre os órgãos e entidades do Sistema Nacional de Trânsito e de Educação, da União, dos Estados, do Distrito Federal e dos Municípios, nas respectivas áreas de atuação.

Parágrafo único. Para a finalidade prevista neste artigo, o Ministério da Educação e do Desporto, mediante proposta do CONTRAN e do Conselho de Reitores das Universidades Brasileiras, diretamente ou mediante convênio, promoverá:

I. a adoção, em todos os níveis de ensino, de um currículo interdisciplinar com conteúdo programático sobre segurança de trânsito;

II. a adoção de conteúdos relativos à educação para o trânsito nas escolas de formação para o magistério e o treinamento de professores e multiplicadores;

III. a criação de corpos técnicos interprofissionais para levantamento e análise de dados estatísticos relativos ao trânsito;

IV. a elaboração de planos de redução de acidentes de trânsito junto aos núcleos interdisciplinares universitários de trânsito, com vistas à integração universidades-sociedade na área de trânsito.

Art. 77. No âmbito da educação para o trânsito caberá ao Ministério da Saúde, mediante proposta do CONTRAN, estabelecer campanha nacional esclarecendo condutas a serem seguidas nos primeiros socorros em caso de acidente de trânsito.

Parágrafo único. As campanhas terão caráter permanente por intermédio do Sistema Único de Saúde - SUS, sendo intensificadas nos períodos e na forma estabelecidos no art. 76.

Art. 77-A. São assegurados aos órgãos ou entidades componentes do Sistema Nacional de Trânsito os mecanismos instituídos nos arts. 77-B a 77-E para a veiculação de mensagens educativas de trânsito em todo o território nacional, em caráter suplementar às campanhas previstas nos arts. 75 e 77. (Incluído pela Lei nº 12.006, de 2009).

Art. 77-B. Toda peça publicitária destinada à divulgação ou promoção, nos meios de comunicação social, de produto oriundo da indústria automobilística ou afim, incluirá, obrigatoriamente, mensagem educativa de trânsito a ser conjuntamente veiculada. (Incluído pela Lei nº 12.006, de 2009).

§ 1º Para os efeitos dos arts. 77-A a 77-E, consideram-se produtos oriundos da indústria automobilística ou afins: (Incluído pela Lei nº 12.006, de 2009).

I. os veículos rodoviários automotores de qualquer espécie, incluídos os de passageiros e os de carga; (Incluído pela Lei nº 12.006, de 2009).

II. os componentes, as peças e os acessórios utilizados nos veículos mencionados no inciso I. (Incluído pela Lei nº 12.006, de 2009).

§ 2º O disposto no caput deste artigo aplica-se à propaganda de natureza comercial, veiculada por iniciativa do fabricante do produto, em qualquer das seguintes modalidades: (Incluído pela Lei nº 12.006, de 2009).

I. rádio; (Incluído pela Lei nº 12.006, de 2009).

II. televisão; (Incluído pela Lei nº 12.006, de 2009).

III. jornal; (Incluído pela Lei nº 12.006, de 2009).

IV. revista; (Incluído pela Lei nº 12.006, de 2009).

V. outdoor. (Incluído pela Lei nº 12.006, de 2009).

§ 3º Para efeito do disposto no § 2º, equiparam-se ao fabricante o montador, o encarroçador, o importador e o revendedor autorizado dos veículos e demais produtos discriminados no § 1º deste artigo. (Incluído pela Lei nº 12.006, de 2009).

Art. 77-C. Quando se tratar de publicidade veiculada em outdoor instalado à margem de rodovia, dentro ou fora da respectiva faixa de domínio, a obrigação prevista no art. 77-B estende-se à propaganda de qualquer tipo de produto e anunciante, inclusive àquela de caráter institucional ou eleitoral. (Incluído pela Lei nº 12.006, de 2009).

Art. 77-D. O Conselho Nacional de Trânsito (Contran) especificará o conteúdo e o padrão de apresentação das mensagens, bem como os procedimentos envolvidos na respectiva veiculação, em conformidade com as diretrizes fixadas para as campanhas educativas de trânsito a que se refere o art. 75. (Incluído pela Lei nº 12.006, de 2009).

Art. 77-E. A veiculação de publicidade feita em desacordo com as condições fixadas nos arts. 77-A a 77-D constitui infração punível com as seguintes sanções: (Incluído pela Lei nº 12.006, de 2009).

I. advertência por escrito; (Incluído pela Lei nº 12.006, de 2009).

II. suspensão, nos veículos de divulgação da publicidade, de qualquer outra propaganda do produto, pelo prazo de até 60 (sessenta) dias; (Incluído pela Lei nº 12.006, de 2009).

III. multa de R$ 1.627,00 (mil, seiscentos e vinte e sete reais) a R$ 8.135,00 (oito mil, cento e trinta e cinco reais), cobrada do dobro até o quíntuplo em caso de reincidência. (Redação dada pela Lei nº 13.281, de 2016)

§ 1º As sanções serão aplicadas isolada ou cumulativamente, conforme dispuser o regulamento. (Incluído pela Lei nº 12.006, de 2009).

§ 2º Sem prejuízo do disposto no caput deste artigo, qualquer infração acarretará a imediata suspensão da veiculação da peça publicitária até que sejam cumpridas as exigências fixadas nos arts. 77-A a 77-D. (Incluído pela Lei nº 12.006, de 2009).

Art. 78. Os Ministérios da Saúde, da Educação e do Desporto, do Trabalho, dos Transportes e da Justiça, por intermédio do CONTRAN, desenvolverão e implementarão programas destinados à prevenção de acidentes.

Parágrafo único. (Revogado pela Medida Provisória nº 904, de 2019)

Art. 79. Os órgãos e entidades executivos de trânsito poderão firmar convênio com os órgãos de educação da União, dos Estados, do Distrito Federal e dos Municípios, objetivando o cumprimento das obrigações estabelecidas neste capítulo.

CAPÍTULO VII - DA SINALIZAÇÃO DE TRÂNSITO

Art. 80. Sempre que necessário, será colocada ao longo da via, sinalização prevista neste Código e em legislação complementar, destinada a condutores e pedestres, vedada a utilização de qualquer outra.

§ 1º A sinalização será colocada em posição e condições que a tornem perfeitamente visível e legível durante o dia e a noite, em distância compatível com a segurança do trânsito, conforme normas e especificações do CONTRAN.

§ 2º O CONTRAN poderá autorizar, em caráter experimental e por período prefixado, a utilização de sinalização não prevista neste Código.

§ 3º A responsabilidade pela instalação da sinalização nas vias internas pertencentes aos condomínios constituídos por unidades autônomas e nas vias e áreas de estacionamento de estabelecimentos privados de uso coletivo é de seu proprietário. (Incluído pela Lei nº 13.281, de 2016)

Art. 81. Nas vias públicas e nos imóveis é proibido colocar luzes, publicidade, inscrições, vegetação e mobiliário que possam gerar confusão, interferir na visibilidade da sinalização e comprometer a segurança do trânsito.

ANOTAÇÕES

CTB

ANOTAÇÕES

Art. 82. É proibido afixar sobre a sinalização de trânsito e respectivos suportes, ou junto a ambos, qualquer tipo de publicidade, inscrições, legendas e símbolos que não se relacionem com a mensagem da sinalização.

Art. 83. A afixação de publicidade ou de quaisquer legendas ou símbolos ao longo das vias condiciona-se à prévia aprovação do órgão ou entidade com circunscrição sobre a via.

Art. 84. O órgão ou entidade de trânsito com circunscrição sobre a via poderá retirar ou determinar a imediata retirada de qualquer elemento que prejudique a visibilidade da sinalização viária e a segurança do trânsito, com ônus para quem o tenha colocado.

Art. 85. Os locais destinados pelo órgão ou entidade de trânsito com circunscrição sobre a via à travessia de pedestres deverão ser sinalizados com faixas pintadas ou demarcadas no leito da via.

Art. 86. Os locais destinados a postos de gasolina, oficinas, estacionamentos ou garagens de uso coletivo deverão ter suas entradas e saídas devidamente identificadas, na forma regulamentada pelo CONTRAN.

Art. 86-A. As vagas de estacionamento regulamentado de que trata o inciso XVII do art. 181 desta Lei deverão ser sinalizadas com as respectivas placas indicativas de destinação e com placas informando os dados sobre a infração por estacionamento indevido. (Incluído pela Lei nº 13.146, de 2015)

Art. 87. Os sinais de trânsito classificam-se em:

I. verticais;

II. horizontais;

III. dispositivos de sinalização auxiliar;

IV. luminosos;

V. sonoros;

VI. gestos do agente de trânsito e do condutor.

Art. 88. Nenhuma via pavimentada poderá ser entregue após sua construção, ou reaberta ao trânsito após a realização de obras ou de manutenção, enquanto não estiver devidamente sinalizada, vertical e horizontalmente, de forma a garantir as condições adequadas de segurança na circulação.

Parágrafo único. Nas vias ou trechos de vias em obras deverá ser afixada sinalização específica e adequada.

Art. 89. A sinalização terá a seguinte ordem de prevalência:

I. as ordens do agente de trânsito sobre as normas de circulação e outros sinais;

II. as indicações do semáforo sobre os demais sinais;

III. as indicações dos sinais sobre as demais normas de trânsito.

Art. 90. Não serão aplicadas as sanções previstas neste Código por inobservância à sinalização quando esta for insuficiente ou incorreta.

§ 1º O órgão ou entidade de trânsito com circunscrição sobre a via é responsável pela implantação da sinalização, respondendo pela sua falta, insuficiência ou incorreta colocação.

§ 2º O CONTRAN editará normas complementares no que se refere à interpretação, colocação e uso da sinalização.

CAPÍTULO VIII - DA ENGENHARIA DE TRÁFEGO, DA OPERAÇÃO, DA FISCALIZAÇÃO E DO POLICIAMENTO OSTENSIVO DE TRÂNSITO

Art. 91. O CONTRAN estabelecerá as normas e regulamentos a serem adotados em todo o território nacional quando da implementação das soluções adotadas pela Engenharia de Tráfego, assim como padrões a serem praticados por todos os órgãos e entidades do Sistema Nacional de Trânsito.

Art. 92. (VETADO)

Art. 93. Nenhum projeto de edificação que possa transformar-se em polo atrativo de trânsito poderá ser aprovado sem prévia anuência do órgão ou entidade com circunscrição sobre a via e sem que do projeto conste área para estacionamento e indicação das vias de acesso adequadas.

ANOTAÇÕES

Art. 94. Qualquer obstáculo à livre circulação e à segurança de veículos e pedestres, tanto na via quanto na calçada, caso não possa ser retirado, deve ser devida e imediatamente sinalizado.

Parágrafo único. É proibida a utilização das ondulações transversais e de sonorizadores como redutores de velocidade, salvo em casos especiais definidos pelo órgão ou entidade competente, nos padrões e critérios estabelecidos pelo CONTRAN.

Art. 95. Nenhuma obra ou evento que possa perturbar ou interromper a livre circulação de veículos e pedestres, ou colocar em risco sua segurança, será iniciada sem permissão prévia do órgão ou entidade de trânsito com circunscrição sobre a via.

§ 1º A obrigação de sinalizar é do responsável pela execução ou manutenção da obra ou do evento.

§ 2º Salvo em casos de emergência, a autoridade de trânsito com circunscrição sobre a via avisará a comunidade, por intermédio dos meios de comunicação social, com quarenta e oito horas de antecedência, de qualquer interdição da via, indicando-se os caminhos alternativos a serem utilizados.

§ 3º O descumprimento do disposto neste artigo será punido com multa de R$ 81,35 (oitenta e um reais e trinta e cinco centavos) a R$ 488,10 (quatrocentos e oitenta e oito reais e dez centavos), independentemente das cominações cíveis e penais cabíveis, além de multa diária no mesmo valor até a regularização da situação, a partir do prazo final concedido pela autoridade de trânsito, levando-se em consideração a dimensão da obra ou do evento e o prejuízo causado ao trânsito. (Redação pela Lei nº 13.281, de 2016)

§ 4º Ao servidor público responsável pela inobservância de qualquer das normas previstas neste e nos arts. 93 e 94, a autoridade de trânsito aplicará multa diária na base de cinquenta por cento do dia de vencimento ou remuneração devida enquanto permanecer a irregularidade.

CAPÍTULO IX - DOS VEÍCULOS

Seção I - Disposições Gerais

Art. 96. Os veículos classificam-se em:

I. quanto à tração:

a) automotor;

b) elétrico;

c) de propulsão humana;

d) de tração animal;

e) reboque ou semirreboque;

II. quanto à espécie:

a) de passageiros:

1 - bicicleta;

2 - ciclomotor;

3 - motoneta;

4 - motocicleta;

5 - triciclo;

6 - quadriciclo;

7 - automóvel;

8 - micro-ônibus;

9 - ônibus;

10 - bonde;

11 - reboque ou semirreboque;

12 - charrete;

b) de carga:

1 - motoneta;

2 - motocicleta;

3 - triciclo;

4 - quadriciclo;

5 - caminhonete;

6 - caminhão;

7 - reboque ou semirreboque;

8 - carroça;

9 - carro-de-mão;

c) misto:

1 - camioneta;

2 - utilitário;
3 - outros;
d) de competição;
e) de tração:
1 - caminhão-trator;
2 - trator de rodas;
3 - trator de esteiras;
4 - trator misto;
f) especial;
g) de coleção;
III. quanto à categoria:
a) oficial;
b) de representação diplomática, de repartições consulares de carreira ou organismos internacionais acreditados junto ao Governo brasileiro;
c) particular;
d) de aluguel;
e) de aprendizagem.

Art. 97. As características dos veículos, suas especificações básicas, configuração e condições essenciais para registro, licenciamento e circulação serão estabelecidas pelo CONTRAN, em função de suas aplicações.

Art. 98. Nenhum proprietário ou responsável poderá, sem prévia autorização da autoridade competente, fazer ou ordenar que sejam feitas no veículo modificações de suas características de fábrica.

Parágrafo único. Os veículos e motores novos ou usados que sofrerem alterações ou conversões são obrigados a atender aos mesmos limites e exigências de emissão de poluentes e ruído previstos pelos órgãos ambientais competentes e pelo CONTRAN, cabendo à entidade executora das modificações e ao proprietário do veículo a responsabilidade pelo cumprimento das exigências.

Art. 99. Somente poderá transitar pelas vias terrestres o veículo cujo peso e dimensões atenderem aos limites estabelecidos pelo CONTRAN.

§ 1º O excesso de peso será aferido por equipamento de pesagem ou pela verificação de documento fiscal, na forma estabelecida pelo CONTRAN.

§ 2º Será tolerado um percentual sobre os limites de peso bruto total e peso bruto transmitido por eixo de veículos à superfície das vias, quando aferido por equipamento, na forma estabelecida pelo CONTRAN.

§ 3º Os equipamentos fixos ou móveis utilizados na pesagem de veículos serão aferidos de acordo com a metodologia e na periodicidade estabelecidas pelo CONTRAN, ouvido o órgão ou entidade de metrologia legal.

Art. 100. Nenhum veículo ou combinação de veículos poderá transitar com lotação de passageiros, com peso bruto total, ou com peso bruto total combinado com peso por eixo, superior ao fixado pelo fabricante, nem ultrapassar a capacidade máxima de tração da unidade tratora.

§ 1º Os veículos de transporte coletivo de passageiros poderão ser dotados de pneus extralargos. (Incluído pela Lei nº 13.281, de 2016)

§ 2º O Contran regulamentará o uso de pneus extralargos para os demais veículos. (Incluído pela Lei nº 13.281, de 2016)

§ 3º É permitida a fabricação de veículos de transporte de passageiros de até 15 m (quinze metros) de comprimento na configuração de chassi 8x2. (Incluído pela Lei nº 13.281, de 2016)

Art. 101. Ao veículo ou combinação de veículos utilizado no transporte de carga indivisível, que não se enquadre nos limites de peso e dimensões estabelecidos pelo CONTRAN, poderá ser concedida, pela autoridade com circunscrição sobre a via, autorização especial de trânsito, com prazo certo, válida para cada viagem, atendidas as medidas de segurança consideradas necessárias.

ANOTAÇÕES

§ 1º A autorização será concedida mediante requerimento que especificará as características do veículo ou combinação de veículos e de carga, o percurso, a data e o horário do deslocamento inicial.

§ 2º A autorização não exime o beneficiário da responsabilidade por eventuais danos que o veículo ou a combinação de veículos causar à via ou a terceiros.

§ 3º Aos guindastes autopropelidos ou sobre caminhões poderá ser concedida, pela autoridade com circunscrição sobre a via, autorização especial de trânsito, com prazo de seis meses, atendidas as medidas de segurança consideradas necessárias.

Art. 102. O veículo de carga deverá estar devidamente equipado quando transitar, de modo a evitar o derramamento da carga sobre a via.

Parágrafo único. O CONTRAN fixará os requisitos mínimos e a forma de proteção das cargas de que trata este artigo, de acordo com a sua natureza.

Seção II - Da Segurança dos Veículos

Art. 103. O veículo só poderá transitar pela via quando atendidos os requisitos e condições de segurança estabelecidos neste Código e em normas do CONTRAN.

§ 1º Os fabricantes, os importadores, os montadores e os encarroçadores de veículos deverão emitir certificado de segurança, indispensável ao cadastramento no RENAVAM, nas condições estabelecidas pelo CONTRAN.

§ 2º O CONTRAN deverá especificar os procedimentos e a periodicidade para que os fabricantes, os importadores, os montadores e os encarroçadores comprovem o atendimento aos requisitos de segurança veicular, devendo, para isso, manter disponíveis a qualquer tempo os resultados dos testes e ensaios dos sistemas e componentes abrangidos pela legislação de segurança veicular.

Art. 104. Os veículos em circulação terão suas condições de segurança, de controle de emissão de gases poluentes e de ruído avaliadas mediante inspeção, que será obrigatória, na forma e periodicidade estabelecidas pelo CONTRAN para os itens de segurança e pelo CONAMA para emissão de gases poluentes e ruído.

§ 1º (VETADO)

§ 2º (VETADO)

§ 3º (VETADO)

§ 4º (VETADO)

§ 5º Será aplicada a medida administrativa de retenção aos veículos reprovados na inspeção de segurança e na de emissão de gases poluentes e ruído.

§ 6º Estarão isentos da inspeção de que trata o caput, durante 3 (três) anos a partir do primeiro licenciamento, os veículos novos classificados na categoria particular, com capacidade para até 7 (sete) passageiros, desde que mantenham suas características originais de fábrica e não se envolvam em acidente de trânsito com danos de média ou grande monta. (Incluído pela Lei nº 13.281, de 2016)

§ 7º Para os demais veículos novos, o período de que trata o § 6º será de 2 (dois) anos, desde que mantenham suas características originais de fábrica e não se envolvam em acidente de trânsito com danos de média ou grande monta. (Incluído pela Lei nº 13.281, de 2016)

Art. 105. São equipamentos obrigatórios dos veículos, entre outros a serem estabelecidos pelo CONTRAN:

I. cinto de segurança, conforme regulamentação específica do CONTRAN, com exceção dos veículos destinados ao transporte de passageiros em percursos em que seja permitido viajar em pé;

II. para os veículos de transporte e de condução escolar, os de transporte de passageiros com mais de dez lugares e os de carga com peso bruto total superior a quatro mil, quinhentos e trinta e seis quilogramas, equipa-

ANOTAÇÕES

ANOTAÇÕES

mento registrador instantâneo inalterável de velocidade e tempo;

III. encosto de cabeça, para todos os tipos de veículos automotores, segundo normas estabelecidas pelo CONTRAN;

IV. (VETADO)

V. dispositivo destinado ao controle de emissão de gases poluentes e de ruído, segundo normas estabelecidas pelo CONTRAN.

VI. para as bicicletas, a campainha, sinalização noturna dianteira, traseira, lateral e nos pedais, e espelho retrovisor do lado esquerdo.

VII. equipamento suplementar de retenção. air bag frontal para o condutor e o passageiro do banco dianteiro. (Incluído pela Lei nº 11.910, de 2009)

§ 1º O CONTRAN disciplinará o uso dos equipamentos obrigatórios dos veículos e determinará suas especificações técnicas.

§ 2º Nenhum veículo poderá transitar com equipamento ou acessório proibido, sendo o infrator sujeito às penalidades e medidas administrativas previstas neste Código.

§ 3º Os fabricantes, os importadores, os montadores, os encarroçadores de veículos e os revendedores devem comercializar os seus veículos com os equipamentos obrigatórios definidos neste artigo, e com os demais estabelecidos pelo CONTRAN.

§ 4º O CONTRAN estabelecerá o prazo para o atendimento do disposto neste artigo.

§ 5º A exigência estabelecida no inciso VII do caput deste artigo será progressivamente incorporada aos novos projetos de automóveis e dos veículos deles derivados, fabricados, importados, montados ou encarroçados, a partir do 1º (primeiro) ano após a definição pelo Contran das especificações técnicas pertinentes e do respectivo cronograma de implantação e a partir do 5º (quinto) ano, após esta definição, para os demais automóveis zero quilômetro de modelos ou projetos já existentes e veículos deles derivados. (Incluído pela Lei nº 11.910, de 2009)

§ 6º A exigência estabelecida no inciso VII do caput deste artigo não se aplica aos veículos destinados à exportação. (Incluído pela Lei nº 11.910, de 2009)

Art. 106. No caso de fabricação artesanal ou de modificação de veículo ou, ainda, quando ocorrer substituição de equipamento de segurança especificado pelo fabricante, será exigido, para licenciamento e registro, certificado de segurança expedido por instituição técnica credenciada por órgão ou entidade de metrologia legal, conforme norma elaborada pelo CONTRAN.

Art. 107. Os veículos de aluguel, destinados ao transporte individual ou coletivo de passageiros, deverão satisfazer, além das exigências previstas neste Código, às condições técnicas e aos requisitos de segurança, higiene e conforto estabelecidos pelo poder competente para autorizar, permitir ou conceder a exploração dessa atividade.

Art. 108. Onde não houver linha regular de ônibus, a autoridade com circunscrição sobre a via poderá autorizar, a título precário, o transporte de passageiros em veículo de carga ou misto, desde que obedecidas as condições de segurança estabelecidas neste Código e pelo CONTRAN.

Parágrafo único. A autorização citada no caput não poderá exceder a doze meses, prazo a partir do qual a autoridade pública responsável deverá implantar o serviço regular de transporte coletivo de passageiros, em conformidade com a legislação pertinente e com os dispositivos deste Código. (Incluído pela Lei nº 9.602, de 1998)

Art. 109. O transporte de carga em veículos destinados ao transporte de passageiros só pode ser realizado de acordo com as normas estabelecidas pelo CONTRAN.

Art. 110. O veículo que tiver alterada qualquer de suas características para competição ou finalidade análoga só poderá circular nas vias públicas com licença especial da autoridade de trânsito, em itinerário e horário fixados.

ANOTAÇÕES

Art. 111. É vedado, nas áreas envidraçadas do veículo:

I. (VETADO)

II. o uso de cortinas, persianas fechadas ou similares nos veículos em movimento, salvo nos que possuam espelhos retrovisores em ambos os lados.

III. aposição de inscrições, películas refletivas ou não, painéis decorativos ou pinturas, quando comprometer a segurança do veículo, na forma de regulamentação do CONTRAN. (Incluído pela Lei nº 9.602, de 1998)

Parágrafo único. É proibido o uso de inscrição de caráter publicitário ou qualquer outra que possa desviar a atenção dos condutores em toda a extensão do para-brisa e da traseira dos veículos, salvo se não colocar em risco a segurança do trânsito.

Art. 112. (Revogado pela Lei nº 9.792, de 1999)

Art. 113. Os importadores, as montadoras, as encarroçadoras e fabricantes de veículos e autopeças são responsáveis civil e criminalmente por danos causados aos usuários, a terceiros, e ao meio ambiente, decorrentes de falhas oriundas de projetos e da qualidade dos materiais e equipamentos utilizados na sua fabricação.

Seção III - Da Identificação do Veículo

Art. 114. O veículo será identificado obrigatoriamente por caracteres gravados no chassi ou no monobloco, reproduzidos em outras partes, conforme dispuser o CONTRAN.

§ 1º A gravação será realizada pelo fabricante ou montador, de modo a identificar o veículo, seu fabricante e as suas características, além do ano de fabricação, que não poderá ser alterado.

§ 2º As regravações, quando necessárias, dependerão de prévia autorização da autoridade executiva de trânsito e somente serão processadas por estabelecimento por ela credenciado, mediante a comprovação de propriedade do veículo, mantida a mesma identificação anterior, inclusive o ano de fabricação.

§ 3º Nenhum proprietário poderá, sem prévia permissão da autoridade executiva de trânsito, fazer, ou ordenar que se faça, modificações da identificação de seu veículo.

Art. 115. O veículo será identificado externamente por meio de placas dianteira e traseira, sendo esta lacrada em sua estrutura, obedecidas as especificações e modelos estabelecidos pelo CONTRAN.

§ 1º Os caracteres das placas serão individualizados para cada veículo e o acompanharão até a baixa do registro, sendo vedado seu reaproveitamento.

§ 2º As placas com as cores verde e amarela da Bandeira Nacional serão usadas somente pelos veículos de representação pessoal do Presidente e do Vice-Presidente da República, dos Presidentes do Senado Federal e da Câmara dos Deputados, do Presidente e dos Ministros do Supremo Tribunal Federal, dos Ministros de Estado, do Advogado-Geral da União e do Procurador-Geral da República.

§ 3º Os veículos de representação dos Presidentes dos Tribunais Federais, dos Governadores, Prefeitos, Secretários Estaduais e Municipais, dos Presidentes das Assembleias Legislativas, das Câmaras Municipais, dos Presidentes dos Tribunais Estaduais e do Distrito Federal, e do respectivo chefe do Ministério Público e ainda dos Oficiais Generais das Forças Armadas terão placas especiais, de acordo com os modelos estabelecidos pelo CONTRAN.

§ 4º Os aparelhos automotores destinados a puxar ou a arrastar maquinaria de qualquer natureza ou a executar trabalhos de construção ou de pavimentação são sujeitos ao registro na repartição competente, se transitarem em via pública, dispensados o licenciamento e o emplacamento. (Redação dada pela Lei nº 13.154, de 2015)

§ 4º-A. Os tratores e demais aparelhos automotores destinados a puxar ou a arrastar maquinaria agrícola ou a executar trabalhos agrícolas, desde que facultados a transitar em via pública, são sujeitos ao registro único, sem ônus, em cadastro específico do Ministério da Agricultura, Pecuária e Abastecimento, acessível aos componentes do Sistema Nacional de Trânsito. (Redação dada pela Lei nº 13.154, de 2015)

§ 5º O disposto neste artigo não se aplica aos veículos de uso bélico.

§ 6º Os veículos de duas ou três rodas são dispensados da placa dianteira.

§ 7º Excepcionalmente, mediante autorização específica e fundamentada das respectivas corregedorias e com a devida comunicação aos órgãos de trânsito competentes, os veículos utilizados por membros do Poder Judiciário e do Ministério Público que exerçam competência ou atribuição criminal poderão temporariamente ter placas especiais, de forma a impedir a identificação de seus usuários específicos, na forma de regulamento a ser emitido, conjuntamente, pelo Conselho Nacional de Justiça - CNJ, pelo Conselho Nacional do Ministério Público - CNMP e pelo Conselho Nacional de Trânsito - CONTRAN. (Incluído pela Lei nº 12.694, de 2012)

§ 8º Os veículos artesanais utilizados para trabalho agrícola (jericos), para efeito do registro de que trata o § 4º-A, ficam dispensados da exigência prevista no art. 106. (Incluído pela Lei nº 13.154, de 2015)

§ 9º As placas que possuírem tecnologia que permita a identificação do veículo ao qual estão atreladas são dispensadas da utilização do lacre previsto no caput, na forma a ser regulamentada pelo Contran. (Incluído pela Lei nº 13.281, de 2016)

Art. 116. Os veículos de propriedade da União, dos Estados e do Distrito Federal, devidamente registrados e licenciados, somente quando estritamente usados em serviço reservado de caráter policial, poderão usar placas particulares, obedecidos os critérios e limites estabelecidos pela legislação que regulamenta o uso de veículo oficial.

Art. 117. Os veículos de transporte de carga e os coletivos de passageiros deverão conter, em local facilmente visível, a inscrição indicativa de sua tara, do peso bruto total (PBT), do peso bruto total combinado (PBTC) ou capacidade máxima de tração (CMT) e de sua lotação, vedado o uso em desacordo com sua classificação.

CAPÍTULO X - DOS VEÍCULOS EM CIRCULAÇÃO INTERNACIONAL

Art. 118. A circulação de veículo no território nacional, independentemente de sua origem, em trânsito entre o Brasil e os países com os quais exista acordo ou tratado internacional, reger-se-á pelas disposições deste Código, pelas convenções e acordos internacionais ratificados.

Art. 119. As repartições aduaneiras e os órgãos de controle de fronteira comunicarão diretamente ao RENAVAM a entrada e saída temporária ou definitiva de veículos.

§ 1º Os veículos licenciados no exterior não poderão sair do território nacional sem o prévio pagamento ou o depósito, judicial ou administrativo, dos valores correspondentes às infrações de trânsito cometidas e ao ressarcimento de danos que tiverem causado ao patrimônio público ou de particulares, independentemente da fase do processo administrativo ou judicial envolvendo a questão. (Incluído pela Lei nº 13.281, de 2016)

§ 2º Os veículos que saírem do território nacional sem o cumprimento do disposto no § 1º e que posteriormente forem flagrados tentando ingressar ou já em circulação no território nacional serão retidos até a regularização da situação. (Incluído pela Lei nº 13. 281, de 2016)

CAPÍTULO XI - DO REGISTRO DE VEÍCULOS

Art. 120. Todo veículo automotor, elétrico, articulado, reboque ou semirreboque, deve ser registrado perante o órgão executivo de trânsito do Estado ou do Distrito Federal, no Município de domicílio ou residência de seu proprietário, na forma da lei.

ANOTAÇÕES

§ 1º Os órgãos executivos de trânsito dos Estados e do Distrito Federal somente registrarão veículos oficiais de propriedade da administração direta, da União, dos Estados, do Distrito Federal e dos Municípios, de qualquer um dos poderes, com indicação expressa, por pintura nas portas, do nome, sigla ou logotipo do órgão ou entidade em cujo nome o veículo será registrado, excetuando-se os veículos de representação e os previstos no art. 116.

§ 2º O disposto neste artigo não se aplica ao veículo de uso bélico.

Art. 121. Registrado o veículo, expedir-se-á o Certificado de Registro de Veículo - CRV de acordo com os modelos e especificações estabelecidos pelo CONTRAN, contendo as características e condições de invulnerabilidade à falsificação e à adulteração.

Art. 122. Para a expedição do Certificado de Registro de Veículo o órgão executivo de trânsito consultará o cadastro do RENAVAM e exigirá do proprietário os seguintes documentos:

I. nota fiscal fornecida pelo fabricante ou revendedor, ou documento equivalente expedido por autoridade competente;

II. documento fornecido pelo Ministério das Relações Exteriores, quando se tratar de veículo importado por membro de missões diplomáticas, de repartições consulares de carreira, de representações de organismos internacionais e de seus integrantes.

Art. 123. Será obrigatória a expedição de novo Certificado de Registro de Veículo quando:

I. for transferida a propriedade;

II. o proprietário mudar o Município de domicílio ou residência;

III. for alterada qualquer característica do veículo;

IV. houver mudança de categoria.

§ 1º No caso de transferência de propriedade, o prazo para o proprietário adotar as providências necessárias à efetivação da expedição do novo Certificado de Registro de Veículo é de trinta dias, sendo que nos demais casos as providências deverão ser imediatas.

§ 2º No caso de transferência de domicílio ou residência no mesmo Município, o proprietário comunicará o novo endereço num prazo de trinta dias e aguardará o novo licenciamento para alterar o Certificado de Licenciamento Anual.

§ 3º A expedição do novo certificado será comunicada ao órgão executivo de trânsito que expediu o anterior e ao RENAVAM.

Art. 124. Para a expedição do novo Certificado de Registro de Veículo serão exigidos os seguintes documentos:

I. Certificado de Registro de Veículo anterior;

II. Certificado de Licenciamento Anual;

III. comprovante de transferência de propriedade, quando for o caso, conforme modelo e normas estabelecidas pelo CONTRAN;

IV. Certificado de Segurança Veicular e de emissão de poluentes e ruído, quando houver adaptação ou alteração de características do veículo;

V. comprovante de procedência e justificativa da propriedade dos componentes e agregados adaptados ou montados no veículo, quando houver alteração das características originais de fábrica;

VI. autorização do Ministério das Relações Exteriores, no caso de veículo da categoria de missões diplomáticas, de repartições consulares de carreira, de representações de organismos internacionais e de seus integrantes;

VII. certidão negativa de roubo ou furto de veículo, expedida no Município do registro anterior, que poderá ser substituída por informação do RENAVAM;

VIII. comprovante de quitação de débitos relativos a tributos, encargos e multas de trânsito vinculados ao veículo, independentemente da responsabilidade pelas infrações cometidas;

ANOTAÇÕES

CTB

ANOTAÇÕES

IX. (Revogado pela Lei nº 9.602, de 1998)

X. comprovante relativo ao cumprimento do disposto no art. 98, quando houver alteração nas características originais do veículo que afetem a emissão de poluentes e ruído;

XI. comprovante de aprovação de inspeção veicular e de poluentes e ruído, quando for o caso, conforme regulamentações do CONTRAN e do CONAMA.

Parágrafo único. O disposto no inciso VIII do caput deste artigo não se aplica à regularização de bens apreendidos ou confiscados na forma da Lei nº 11.343, de 23 de agosto de 2006. (Incluído pela Lei nº 13.886, de 2019)

Art. 125. As informações sobre o chassi, o monobloco, os agregados e as características originais do veículo deverão ser prestadas ao RENAVAM:

I. pelo fabricante ou montadora, antes da comercialização, no caso de veículo nacional;

II. pelo órgão alfandegário, no caso de veículo importado por pessoa física;

III. pelo importador, no caso de veículo importado por pessoa jurídica.

Parágrafo único. As informações recebidas pelo RENAVAM serão repassadas ao órgão executivo de trânsito responsável pelo registro, devendo este comunicar ao RENAVAM, tão logo seja o veículo registrado.

Art. 126. O proprietário de veículo irrecuperável, ou destinado à desmontagem, deverá requerer a baixa do registro, no prazo e forma estabelecidos pelo Contran, vedada a remontagem do veículo sobre o mesmo chassi de forma a manter o registro anterior. (Redação dada pela Lei nº 12.977, de 2014)

Parágrafo único. A obrigação de que trata este artigo é da companhia seguradora ou do adquirente do veículo destinado à desmontagem, quando estes sucederem ao proprietário.

Art. 127. O órgão executivo de trânsito competente só efetuará a baixa do registro após prévia consulta ao cadastro do RENAVAM.

Parágrafo único. Efetuada a baixa do registro, deverá ser esta comunicada, de imediato, ao RENAVAM.

Art. 128. Não será expedido novo Certificado de Registro de Veículo enquanto houver débitos fiscais e de multas de trânsito e ambientais, vinculadas ao veículo, independentemente da responsabilidade pelas infrações cometidas.

Art. 129. O registro e o licenciamento dos veículos de propulsão humana e dos veículos de tração animal obedecerão à regulamentação estabelecida em legislação municipal do domicílio ou residência de seus proprietários. (Redação dada pela Lei nº 13.154, de 2015)

Art. 129-A. O registro dos tratores e demais aparelhos automotores destinados a puxar ou a arrastar maquinaria agrícola ou a executar trabalhos agrícolas será efetuado, sem ônus, pelo Ministério da Agricultura, Pecuária e Abastecimento, diretamente ou mediante convênio. (Incluído pela Lei nº 13.154, de 2015)

CAPÍTULO XII - DO LICENCIAMENTO

Art. 130. Todo veículo automotor, elétrico, articulado, reboque ou semirreboque, para transitar na via, deverá ser licenciado anualmente pelo órgão executivo de trânsito do Estado, ou do Distrito Federal, onde estiver registrado o veículo.

§ 1º O disposto neste artigo não se aplica a veículo de uso bélico.

§ 2º No caso de transferência de residência ou domicílio, é válido, durante o exercício, o licenciamento de origem.

Art. 131. O Certificado de Licenciamento Anual será expedido ao veículo licenciado, vinculado ao Certificado de Registro, no modelo e especificações estabelecidos pelo CONTRAN.

§ 1º O primeiro licenciamento será feito simultaneamente ao registro.

§ 2º O veículo somente será considerado licenciado estando quitados os débitos relativos a tributos, encargos e multas de trânsito e ambientais, vinculados ao veículo, independentemente da responsabilidade pelas infrações cometidas.

ANOTAÇÕES

§ 3º Ao licenciar o veículo, o proprietário deverá comprovar sua aprovação nas inspeções de segurança veicular e de controle de emissões de gases poluentes e de ruído, conforme disposto no art. 104.

Art. 132. Os veículos novos não estão sujeitos ao licenciamento e terão sua circulação regulada pelo CONTRAN durante o trajeto entre a fábrica e o Município de destino.

§ 1º O disposto neste artigo aplica-se, igualmente, aos veículos importados, durante o trajeto entre a alfândega ou entreposto alfandegário e o Município de destino. (Renumerado do parágrafo único pela Lei nº 13.103, de 2015)

§ 2º (Revogado pela Lei nº 13.154, de 2015)

Art. 133. É obrigatório o porte do Certificado de Licenciamento Anual.

Parágrafo único. O porte será dispensado quando, no momento da fiscalização, for possível ter acesso ao devido sistema informatizado para verificar se o veículo está licenciado. (Incluído pela Lei nº 13. 281, de 2016)

Art. 134. No caso de transferência de propriedade, o proprietário antigo deverá encaminhar ao órgão executivo de trânsito do Estado dentro de um prazo de trinta dias, cópia autenticada do comprovante de transferência de propriedade, devidamente assinado e datado, sob pena de ter que se responsabilizar solidariamente pelas penalidades impostas e suas reincidências até a data da comunicação.

Parágrafo único. O comprovante de transferência de propriedade de que trata o caput poderá ser substituído por documento eletrônico, na forma regulamentada pelo Contran. (Incluído pela Lei nº 13.154, de 2015)

Art. 135. Os veículos de aluguel, destinados ao transporte individual ou coletivo de passageiros de linhas regulares ou empregados em qualquer serviço remunerado, para registro, licenciamento e respectivo emplacamento de característica comercial, deverão estar devidamente autorizados pelo poder público concedente.

CAPÍTULO XIII - DA CONDUÇÃO DE ESCOLARES

Art. 136. Os veículos especialmente destinados à condução coletiva de escolares somente poderão circular nas vias com autorização emitida pelo órgão ou entidade executivos de trânsito dos Estados e do Distrito Federal, exigindo-se, para tanto:

I. registro como veículo de passageiros;

II. inspeção semestral para verificação dos equipamentos obrigatórios e de segurança;

III. pintura de faixa horizontal na cor amarela, com quarenta centímetros de largura, à meia altura, em toda aextensão das partes laterais e traseira da carroçaria, com o dístico ESCOLAR, em preto, sendo que, em caso de veículo de carroçaria pintada na cor amarela, as cores aqui indicadas devem ser invertidas;

IV. equipamento registrador instantâneo inalterável de velocidade e tempo;

V. lanternas de luz branca, fosca ou amarela dispostas nas extremidades da parte superior dianteira e lanternasde luz vermelha dispostas na extremidade superior da parte traseira;

VI. cintos de segurança em número igual à lotação;

VII. outros requisitos e equipamentos obrigatórios estabelecidos pelo CONTRAN.

Art. 137. A autorização a que se refere o artigo anterior deverá ser afixada na parte interna do veículo, em local visível, com inscrição da lotação permitida, sendo vedada a condução de escolares em número superior à capacidade estabelecida pelo fabricante.

Art. 138. O condutor de veículo destinado à condução de escolares deve satisfazer os seguintes requisitos:

I. ter idade superior a vinte e um anos;

II. ser habilitado na categoria D;

III. (VETADO)

IV. não ter cometido nenhuma infração grave ou gravíssima, ou ser reincidente em infrações médias durante osdoze últimos meses;

V. ser aprovado em curso especializado, nos termos da regulamentação do CONTRAN.

Art. 139. O disposto neste Capítulo não exclui a competência municipal de aplicar as exigências previstas em seus regulamentos, para o transporte de escolares.

CAPÍTULO XIII-A - DA CONDUÇÃO DE MOTO-FRETE

(Incluído pela Lei nº 12.009, de 2009)

Art. 139-A. As motocicletas e motonetas destinadas ao transporte remunerado de mercadorias – moto-frete – somente poderão circular nas vias com autorização emitida pelo órgão ou entidade executivo de trânsito dos Estados e do Distrito Federal, exigindo-se, para tanto: (Incluído pela Lei nº 12.009, de 2009)

I. registro como veículo da categoria de aluguel; (Incluído pela Lei nº 12.009, de 2009)

II. instalação de protetor de motor mata-cachorro, fixado no chassi do veículo, destinado a proteger o motor e a perna do condutor em caso de tombamento, nos termos de regulamentação do Conselho Nacional de Trânsito. Contran; (Incluído pela Lei nº 12.009, de 2009)

III. instalação de aparador de linha antena corta-pipas, nos termos de regulamentação do Contran; (Incluído pela Lei nº 12.009, de 2009)

IV. inspeção semestral para verificação dos equipamentos obrigatórios e de segurança. (Incluído pela Lei nº 12.009, de 2009)

§ 1º A instalação ou incorporação de dispositivos para transporte de cargas deve estar de acordo com a regulamentação do Contran. (Incluído pela Lei nº 12.009, de 2009)

§ 2º É proibido o transporte de combustíveis, produtos inflamáveis ou tóxicos e de galões nos veículos de que trata este artigo, com exceção do gás de cozinha e de galões contendo água mineral, desde que com o auxílio de sidecar, nos termos de regulamentação do Contran. (Incluído pela Lei nº 12.009, de 2009)

Art. 139-B. O disposto neste Capítulo não exclui a competência municipal ou estadual de aplicar as exigências previstas em seus regulamentos para as atividades de moto-frete no âmbito de suas circunscrições. (Incluído pela Lei nº 12.009, de 2009)

CAPÍTULO XIV - DA HABILITAÇÃO

Art. 140. A habilitação para conduzir veículo automotor e elétrico será apurada por meio de exames que deverão ser realizados junto ao órgão ou entidade executivos do Estado ou do Distrito Federal, do domicílio ou residência do candidato, ou na sede estadual ou distrital do próprio órgão, devendo o condutor preencher os seguintes requisitos: I - ser penalmente imputável;

II. saber ler e escrever;

III. possuir Carteira de Identidade ou equivalente.

Parágrafo único. As informações do candidato à habilitação serão cadastradas no RENACH.

Art. 141. O processo de habilitação, as normas relativas à aprendizagem para conduzir veículos automotores e elétricos e à autorização para conduzir ciclomotores serão regulamentados pelo CONTRAN.

§ 1º A autorização para conduzir veículos de propulsão humana e de tração animal ficará a cargo dos Municípios.

§ 2º (VETADO)

Art. 142. O reconhecimento de habilitação obtida em outro país está subordinado às condições estabelecidas em convenções e acordos internacionais e às normas do CONTRAN.

Art. 143. Os candidatos poderão habilitar-se nas categorias de A a E, obedecida a seguinte gradação:

ANOTAÇÕES

I. Categoria A. condutor de veículo motorizado de duas ou três rodas, com ou sem carro lateral;

II. Categoria B. condutor de veículo motorizado, não abrangido pela categoria A, cujo peso bruto total nãoexceda a três mil e quinhentos quilogramas e cuja lotação não exceda a oito lugares, excluído o do motorista;

III. Categoria C. condutor de veículo motorizado utilizado em transporte de carga, cujo peso bruto total exceda atrês mil e quinhentos quilogramas;

IV. Categoria D. condutor de veículo motorizado utilizado no transporte de passageiros, cuja lotação exceda aoito lugares, excluído o do motorista;

V. Categoria E. condutor de combinação de veículos em que a unidade tratora se enquadre nas categorias B, C ou D e cuja unidade acoplada, reboque, semirreboque, trailer ou articulada tenha 6.000 kg (seis mil quilogramas) ou mais de peso bruto total, ou cuja lotação exceda a 8 (oito) lugares. (Redação dada pela Lei nº 12.452, de 2011)

§ 1º Para habilitar-se na categoria C, o condutor deverá estar habilitado no mínimo há um ano na categoria B e não ter cometido nenhuma infração grave ou gravíssima, ou ser reincidente em infrações médias, durante os últimos doze meses.

§ 2º São os condutores da categoria B autorizados a conduzir veículo automotor da espécie motor-casa, definida nos termos do Anexo I deste Código, cujo peso não exceda a 6.000 kg (seis mil quilogramas), ou cuja lotação não exceda a 8 (oito) lugares, excluído o do motorista. (Incluído pela Lei nº 12.452, de 2011)

§ 3º Aplica-se o disposto no inciso V ao condutor da combinação de veículos com mais de uma unidade tracionada, independentemente da capacidade de tração ou do peso bruto total. (Renumerado pela Lei nº 12.452, de 2011)

Art. 144. O trator de roda, o trator de esteira, o trator misto ou o equipamento automotor destinado à movimentação de cargas ou execução de trabalho agrícola, de terraplenagem, de construção ou de pavimentação só podem ser conduzidos na via pública por condutor habilitado nas categorias C, D ou E.

Parágrafo único. O trator de roda e os equipamentos automotores destinados a executar trabalhos agrícolas poderão ser conduzidos em via pública também por condutor habilitado na categoria B. (Redação dada pela Lei nº 13.097, de 2015)

Art. 145. Para habilitar-se nas categorias D e E ou para conduzir veículo de transporte coletivo de passageiros, de escolares, de emergência ou de produto perigoso, o candidato deverá preencher os seguintes requisitos:

I. ser maior de vinte e um anos;

II. estar habilitado:

a) no mínimo há dois anos na categoria B, ou no mínimo há um ano na categoria C, quando pretender habilitar-se na categoria D; e

b) no mínimo há um ano na categoria C, quando pretender habilitar-se na categoria E;

III. não ter cometido nenhuma infração grave ou gravíssima ou ser reincidente em infrações médias durante osúltimos doze meses;

IV. ser aprovado em curso especializado e em curso de treinamento de prática veicular em situação de risco,nos termos da normatização do CONTRAN.

Parágrafo único. A participação em curso especializado previsto no inciso IV independe da observância do disposto no inciso III. (Incluído pela Lei nº 12.619, de 2012)

§ 2º (VETADO). (Incluído pela Lei nº 13.154, de 2015)

Art. 145-A. Além do disposto no art. 145, para conduzir ambulâncias, o candidato deverá comprovar treinamento especializado e reciclagem em cursos específicos a cada 5 (cinco) anos, nos termos da normatização do Contran. (Incluído pela Lei nº 12.998, de 2014)

Art. 146. Para conduzir veículos de outra categoria o condutor deverá realizar exames complementares exigidos para habilitação na categoria pretendida.

ANOTAÇÕES

CTB

ANOTAÇÕES

Art. 147. O candidato à habilitação deverá submeter-se a exames realizados pelo órgão executivo de trânsito, na seguinte ordem:

I. de aptidão física e mental;

II. (VETADO)

III. escrito, sobre legislação de trânsito;

IV. de noções de primeiros socorros, conforme regulamentação do CONTRAN;

V. de direção veicular, realizado na via pública, em veículo da categoria para a qual estiver habilitando-se.

§ 1º Os resultados dos exames e a identificação dos respectivos examinadores serão registrados no RENACH. (Renumerado do parágrafo único, pela Lei nº 9.602, de 1998)

§ 2º O exame de aptidão física e mental será preliminar e renovável a cada cinco anos, ou a cada três anos para condutores com mais de sessenta e cinco anos de idade, no local de residência ou domicílio do examinado. (Incluído pela Lei nº 9.602, de 1998)

§ 3º O exame previsto no § 2º incluirá avaliação psicológica preliminar e complementar sempre que a ele se submeter o condutor que exerce atividade remunerada ao veículo, incluindo-se esta avaliação para os demais candidatos apenas no exame referente à primeira habilitação. (Redação dada pela Lei nº 10.350, de 2001)

§ 4º Quando houver indícios de deficiência física, mental, ou de progressividade de doença que possa diminuir a capacidade para conduzir o veículo, o prazo previsto no § 2º poderá ser diminuído por proposta do perito examinador. (Incluído pela Lei nº 9.602, de 1998)

§ 5º O condutor que exerce atividade remunerada ao veículo terá essa informação incluída na sua Carteira Nacional de Habilitação, conforme especificações do Conselho Nacional de Trânsito – Contran. (Incluído pela Lei nº 10.350, de 2001)

Art. 147-A. Ao candidato com deficiência auditiva é assegurada acessibilidade de comunicação, mediante emprego de tecnologias assistivas ou de ajudas técnicas em todas as etapas do processo de habilitação. (Incluído pela Lei nº 13.146, de 2015)

§ 1º O material didático audiovisual utilizado em aulas teóricas dos cursos que precedem os exames previstos no art. 147 desta Lei deve ser acessível, por meio de subtitulação com legenda oculta associada à tradução simultânea em Libras. (Incluído pela Lei nº 13.146, de 2015)

§ 2º É assegurado também ao candidato com deficiência auditiva requerer, no ato de sua inscrição, os serviços de intérprete da Libras, para acompanhamento em aulas práticas e teóricas. (Incluído pela Lei nº 13.146, de 2015)

Art. 148. Os exames de habilitação, exceto os de direção veicular, poderão ser aplicados por entidades públicas ou privadas credenciadas pelo órgão executivo de trânsito dos Estados e do Distrito Federal, de acordo com as normas estabelecidas pelo CONTRAN.

§ 1º A formação de condutores deverá incluir, obrigatoriamente, curso de direção defensiva e de conceitos básicos de proteção ao meio ambiente relacionados com o trânsito.

§ 2º Ao candidato aprovado será conferida Permissão para Dirigir, com validade de um ano.

§ 3º A Carteira Nacional de Habilitação será conferida ao condutor no término de um ano, desde que o mesmo não tenha cometido nenhuma infração de natureza grave ou gravíssima ou seja reincidente em infração média.

§ 4º A não obtenção da Carteira Nacional de Habilitação, tendo em vista a incapacidade de atendimento do disposto no parágrafo anterior, obriga o candidato a reiniciar todo o processo de habilitação.

§ 5º O Conselho Nacional de Trânsito - CONTRAN poderá dispensar os tripulantes de aeronaves que apresentarem o cartão de saúde expedido pelas Forças Armadas ou pelo Departamento de Aeronáutica Civil, respectivamente, da prestação do exame de aptidão física e mental. (Incluído pela Lei nº 9.602, de 1998)

ANOTAÇÕES

Art. 148-A. Os condutores das categorias C, D e E deverão submeter-se a exames toxicológicos para a habilitação e renovação da Carteira Nacional de Habilitação. (Incluído pela Lei nº 13.103, de 2015)

§ 1º O exame de que trata este artigo buscará aferir o consumo de substâncias psicoativas que, comprovadamente, comprometam a capacidade de direção e deverá ter janela de detecção mínima de 90 (noventa) dias, nos termos das normas do Contran. (Incluído pela Lei nº 13.103, de 2015)

§ 2º Os condutores das categorias C, D e E com Carteira Nacional de Habilitação com validade de 5 (cinco) anos deverão fazer o exame previsto no § 1º no prazo de 2 (dois) anos e 6 (seis) meses a contar da realização do disposto no caput. (Incluído pela Lei nº 13.103, de 2015)

§ 3º Os condutores das categorias C, D e E com Carteira Nacional de Habilitação com validade de 3 (três) anos deverão fazer o exame previsto no § 1º no prazo de 1 (um) ano e 6 (seis) meses a contar da realização do disposto no caput. (Incluído pela Lei nº 13.103, de 2015)

§ 4º É garantido o direito de contraprova e de recurso administrativo no caso de resultado positivo para o exame de que trata o caput, nos termos das normas do Contran. (Incluído pela Lei nº 13.103, de 2015)

§ 5º A reprovação no exame previsto neste artigo terá como consequência a suspensão do direito de dirigir pelo período de 3 (três) meses, condicionado o levantamento da suspensão ao resultado negativo em novo exame, e vedada a aplicação de outras penalidades, ainda que acessórias. (Incluído pela Lei nº 13.103, de 2015)

§ 6º O resultado do exame somente será divulgado para o interessado e não poderá ser utilizado para fins estranhos ao disposto neste artigo ou no § 6º do art. 168 da Consolidação das Leis do Trabalho - CLT, aprovada pelo Decreto-Lei no 5.452, de 1º de maio de 1943. (Incluído pela Lei nº 13.103, de 2015)

§ 7º O exame será realizado, em regime de livre concorrência, pelos laboratórios credenciados pelo Departamento Nacional de Trânsito - DENATRAN, nos termos das normas do Contran, vedado aos entes públicos: (Incluído pela Lei nº 13.103, de 2015)

I. fixar preços para os exames; (Incluído pela Lei nº 13.103, de 2015)

II. limitar o número de empresas ou o número de locais em que a atividade pode ser exercida; e (Incluído pela Lei nº 13.103, de 2015)

III. estabelecer regras de exclusividade territorial. (Incluído pela Lei nº 13.103, de 2015)

Art. 149. (VETADO)

Art. 150. Ao renovar os exames previstos no artigo anterior, o condutor que não tenha curso de direção defensiva e primeiros socorros deverá a eles ser submetido, conforme normatização do CONTRAN.

Parágrafo único. A empresa que utiliza condutores contratados para operar a sua frota de veículos é obrigada a fornecer curso de direção defensiva, primeiros socorros e outros conforme normatização do CONTRAN.

Art. 151. No caso de reprovação no exame escrito sobre legislação de trânsito ou de direção veicular, o candidato só poderá repetir o exame depois de decorridos quinze dias da divulgação do resultado.

Art. 152. O exame de direção veicular será realizado perante comissão integrada por 3 (três) membros designados pelo dirigente do órgão executivo local de trânsito. (Redação dada pela Lei nº 13.281, de 2016)

§ 1º Na comissão de exame de direção veicular, pelo menos um membro deverá ser habilitado na categoria igual ou superior à pretendida pelo candidato.

§ 2º Os militares das Forças Armadas e os policiais e bombeiros dos órgãos de segurança pública da União, dos Estados e do Distrito Federal que possuírem curso de formação de condutor ministrado em suas corporações serão dispensados, para a concessão do documento de habilitação, dos exames aos quais se houverem submetido com aprovação naquele curso, desde que neles sejam observadas as normas estabelecidas pelo Contran. (Redação dada pela Lei nº 13.281, de 2016)

§ 3º O militar, o policial ou o bombeiro militar interessado na dispensa de que trata o § 2º instruirá seu requerimento com ofício do comandante, chefe ou diretor da unidade administrativa onde prestar serviço, do qual constarão o número do registro de identificação, naturalidade, nome, filiação, idade e categoria em que se habilitou a conduzir, acompanhado de cópia das atas dos exames prestados. (Redação dada pela Lei nº 13.281, de 2016)

§ 4º (VETADO)

Art. 153. O candidato habilitado terá em seu prontuário a identificação de seus instrutores e examinadores, que serão passíveis de punição conforme regulamentação a ser estabelecida pelo CONTRAN.

Parágrafo único. As penalidades aplicadas aos instrutores e examinadores serão de advertência, suspensão e cancelamento da autorização para o exercício da atividade, conforme a falta cometida.

Art. 154. Os veículos destinados à formação de condutores serão identificados por uma faixa amarela, de vinte centímetros de largura, pintada ao longo da carroçaria, à meia altura, com a inscrição AUTO-ESCOLA na cor preta.

Parágrafo único. No veículo eventualmente utilizado para aprendizagem, quando autorizado para servir a esse fim, deverá ser afixada ao longo de sua carroçaria, à meia altura, faixa branca removível, de vinte centímetros de largura, com a inscrição AUTO-ESCOLA na cor preta.

Art. 155. A formação de condutor de veículo automotor e elétrico será realizada por instrutor autorizado pelo órgão executivo de trânsito dos Estados ou do Distrito Federal, pertencente ou não à entidade credenciada.

Parágrafo único. Ao aprendiz será expedida autorização para aprendizagem, de acordo com a regulamentação do CONTRAN, após aprovação nos exames de aptidão física, mental, de primeiros socorros e sobre legislação de trânsito. (Incluído pela Lei nº 9.602, de 1998)

Art. 156. O CONTRAN regulamentará o credenciamento para prestação de serviço pelas auto-escolas e outras entidades destinadas à formação de condutores e às exigências necessárias para o exercício das atividades de instrutor e examinador.

Art. 157. (VETADO)

Art. 158. A aprendizagem só poderá realizar-se: (Vide Lei nº 12.217, de 2010) Vigência

I. nos termos, horários e locais estabelecidos pelo órgão executivo de trânsito;

II. acompanhado o aprendiz por instrutor autorizado.

§ 1º Além do aprendiz e do instrutor, o veículo utilizado na aprendizagem poderá conduzir apenas mais um acompanhante. (Renumerado do parágrafo único pela Lei nº 12.217, de 2010).

§ 2º Parte da aprendizagem será obrigatoriamente realizada durante a noite, cabendo ao CONTRAN fixar-lhe a carga horária mínima correspondente. (Incluído pela Lei nº 12.217, de 2010).

Art. 159. A Carteira Nacional de Habilitação, expedida em modelo único e de acordo com as especificações do CONTRAN, atendidos os pré-requisitos estabelecidos neste Código, conterá fotografia, identificação e CPF do condutor, terá fé pública e equivalerá a documento de identidade em todo o território nacional.

§ 1º É obrigatório o porte da Permissão para Dirigir ou da Carteira Nacional de Habilitação quando o condutor estiver à direção do veículo. § 2º (VETADO)

§ 3º A emissão de nova via da Carteira Nacional de Habilitação será regulamentada pelo CONTRAN.

§ 4º (VETADO)

ANOTAÇÕES

§ 5º A Carteira Nacional de Habilitação e a Permissão para Dirigir somente terão validade para a condução de veículo quando apresentada em original.

§ 6º A identificação da Carteira Nacional de Habilitação expedida e a da autoridade expedidora serão registradas no RENACH.

§ 7º A cada condutor corresponderá um único registro no RENACH, agregando-se neste todas as informações.

§ 8º A renovação da validade da Carteira Nacional de Habilitação ou a emissão de uma nova via somente será realizada após quitação de débitos constantes do prontuário do condutor.

§ 9º (VETADO)

§ 10. A validade da Carteira Nacional de Habilitação está condicionada ao prazo de vigência do exame de aptidão física e mental. (Incluído pela Lei nº 9.602, de 1998)

§ 11. A Carteira Nacional de Habilitação, expedida na vigência do Código anterior, será substituída por ocasião do vencimento do prazo para revalidação do exame de aptidão física e mental, ressalvados os casos especiais previstos nesta Lei. (Incluído pela Lei nº 9.602, de 1998)

Art. 160. O condutor condenado por delito de trânsito deverá ser submetido a novos exames para que possa voltar a dirigir, de acordo com as normas estabelecidas pelo CONTRAN, independentemente do reconhecimento da prescrição, em face da pena concretizada na sentença.

§ 1º Em caso de acidente grave, o condutor nele envolvido poderá ser submetido aos exames exigidos neste artigo, a juízo da autoridade executiva estadual de trânsito, assegurada ampla defesa ao condutor.

§ 2º No caso do parágrafo anterior, a autoridade executiva estadual de trânsito poderá apreender o documento de habilitação do condutor até a sua aprovação nos exames realizados.

CAPÍTULO XV - DAS INFRAÇÕES

Art. 161. Constitui infração de trânsito a inobservância de qualquer preceito deste Código, da legislação complementar ou das resoluções do CONTRAN, sendo o infrator sujeito às penalidades e medidas administrativas indicadas em cada artigo, além das punições previstas no Capítulo XIX.

Parágrafo único. As infrações cometidas em relação às resoluções do CONTRAN terão suas penalidades e medidas administrativas definidas nas próprias resoluções.

Art. 162. Dirigir veículo:

I. sem possuir Carteira Nacional de Habilitação, Permissão para Dirigir ou Autorização para Conduzir Ciclomotor: (Redação dada pela Lei nº 13.281, de 2016)

Infração - gravíssima; (Redação dada pela Lei nº 13.281, de 2016)

Penalidade - multa (três vezes); (Redação dada pela Lei nº 13.281, de 2016)

Medida administrativa - retenção do veículo até a apresentação de condutor habilitado; (Incluído pela Lei nº 13.281, de 2016)

II. com Carteira Nacional de Habilitação, Permissão para Dirigir ou Autorização para Conduzir Ciclomotor cassada ou com suspensão do direito de dirigir: (Redação dada pela Lei nº 13.281, de 2016)

Infração - gravíssima; (Redação dada pela Lei nº 13.281, de 2016)

Penalidade - multa (três vezes); (Redação dada pela Lei nº 13.281, de 2016)

Medida administrativa - recolhimento do documento de habilitação e retenção do veículo até a apresentação de condutor habilitado; (Incluído pela Lei nº 13.281, de 2016)

III. com Carteira Nacional de Habilitação ou Permissão para Dirigir de categoria diferente da do veículo que esteja conduzindo: (Redação dada pela Lei nº 13.281, de 2016)

Infração - gravíssima; (Redação dada pela Lei nº 13.281, de 2016)

Penalidade - multa (duas vezes); (Redação dada pela Lei nº 13.281, de 2016)

ANOTAÇÕES

ANOTAÇÕES

Medida administrativa - retenção do veículo até a apresentação de condutor habilitado; (Redação dada pela Lei nº 13.281, de 2016)

IV. (VETADO)

V. com validade da Carteira Nacional de Habilitação vencida há mais de trinta dias:

Infração - gravíssima;

Penalidade - multa;

Medida administrativa - recolhimento da Carteira Nacional de Habilitação e retenção do veículo até a apresentação de condutor habilitado;

VI. sem usar lentes corretoras de visão, aparelho auxiliar de audição, de prótese física ou as adaptações do veículo impostas por ocasião da concessão ou da renovação da licença para conduzir:

Infração - gravíssima;

Penalidade - multa;

Medida administrativa - retenção do veículo até o saneamento da irregularidade ou apresentação de condutor habilitado.

Art. 163. Entregar a direção do veículo a pessoa nas condições previstas no artigo anterior:

Infração - as mesmas previstas no artigo anterior;

Penalidade - as mesmas previstas no artigo anterior;

Medida administrativa - a mesma prevista no inciso III do artigo anterior.

Art. 164. Permitir que pessoa nas condições referidas nos incisos do art. 162 tome posse do veículo automotor e passe a conduzi-lo na via:

Infração - as mesmas previstas nos incisos do art. 162;

Penalidade - as mesmas previstas no art. 162;

Medida administrativa - a mesma prevista no inciso III do art. 162.

Art. 165. Dirigir sob a influência de álcool ou de qualquer outra substância psicoativa que determine dependência: (Redação dada pela Lei nº 11.705, de 2008)

Infração - gravíssima; (Redação dada pela Lei nº 11.705, de 2008)

Penalidade - multa (dez vezes) e suspensão do direito de dirigir por 12 (doze) meses. (Redação dada pela Lei nº 12.760, de 2012)

Medida administrativa - recolhimento do documento de habilitação e retenção do veículo, observado o disposto no § 4º do art. 270 da Lei no 9.503, de 23 de setembro de 1997 - do Código de Trânsito Brasileiro. (Redação dada pela Lei nº 12.760, de 2012)

Parágrafo único. Aplica-se em dobro a multa prevista no caput em caso de reincidência no período de até 12 (doze) meses. (Redação dada pela Lei nº 12.760, de 2012)

Art. 165-A. Recusar-se a ser submetido a teste, exame clínico, perícia ou outro procedimento que permita certificar influência de álcool ou outra substância psicoativa, na forma estabelecida pelo art. 277: (Incluído pela Lei nº 13.281, de 2016)

Infração - gravíssima; (Incluído pela Lei nº 13.281, de 2016)

Penalidade - multa (dez vezes) e suspensão do direito de dirigir por 12 (doze) meses; (Incluído pela Lei nº 13.281, de 2016)

Medida administrativa - recolhimento do documento de habilitação e retenção do veículo, observado o disposto no § 4º do art. 270. (Incluído pela Lei nº 13.281, de 2016)

Parágrafo único. Aplica-se em dobro a multa prevista no caput em caso de reincidência no período de até 12 (doze) meses (Incluído pela Lei nº 13.281, de 2016)

Art. 166. Confiar ou entregar a direção de veículo a pessoa que, mesmo habilitada, por seu estado físico ou psíquico, não estiver em condições de dirigi-lo com segurança:

Infração - gravíssima;

Penalidade - multa.

Art. 167. Deixar o condutor ou passageiro de usar o cinto de segurança, conforme previsto no art. 65:

ANOTAÇÕES

Infração - grave;

Penalidade - multa;

Medida administrativa - retenção do veículo até colocação do cinto pelo infrator.

Art. 168. Transportar crianças em veículo automotor sem observância das normas de segurança especiais estabelecidas neste Código:

Infração - gravíssima;

Penalidade - multa;

Medida administrativa - retenção do veículo até que a irregularidade seja sanada.

Art. 169. Dirigir sem atenção ou sem os cuidados indispensáveis à segurança:

Infração - leve;

Penalidade - multa.

Art. 170. Dirigir ameaçando os pedestres que estejam atravessando a via pública, ou os demais veículos:

Infração - gravíssima;

Penalidade - multa e suspensão do direito de dirigir;

Medida administrativa - retenção do veículo e recolhimento do documento de habilitação.

Art. 171. Usar o veículo para arremessar, sobre os pedestres ou veículos, água ou detritos:

Infração - média;

Penalidade - multa.

Art. 172. Atirar do veículo ou abandonar na via objetos ou substâncias:

Infração - média;

Penalidade - multa.

Art. 173. Disputar corrida: (Redação dada pela Lei nº 12.971, de 2014)

Infração - gravíssima;

Penalidade - multa (dez vezes), suspensão do direito de dirigir e apreensão do veículo; (Redação dada pela Lei nº 12.971, de 2014)

Medida administrativa - recolhimento do documento de habilitação e remoção do veículo.

Parágrafo único. Aplica-se em dobro a multa prevista no caput em caso de reincidência no período de 12 (doze) meses da infração anterior. (Incluído pela Lei nº 12.971, de 2014)

Art. 174. Promover, na via, competição, eventos organizados, exibição e demonstração de perícia em manobra de veículo, ou deles participar, como condutor, sem permissão da autoridade de trânsito com circunscrição sobre a via: (Redação dada pela Lei nº 12.971, de 2014)

Infração - gravíssima;

Penalidade - multa (dez vezes), suspensão do direito de dirigir e apreensão do veículo; (Redação dada pela Lei nº 12.971, de 2014)

Medida administrativa - recolhimento do documento de habilitação e remoção do veículo.

§ 1º As penalidades são aplicáveis aos promotores e aos condutores participantes. (Incluído pela Lei nº 12.971, de 2014)

§ 2º Aplica-se em dobro a multa prevista no caput em caso de reincidência no período de 12 (doze) meses da infração anterior. Incluído pela Lei nº 12.971, de 2014)

Art. 175. Utilizar-se de veículo para demonstrar ou exibir manobra perigosa, mediante arrancada brusca, derrapagem ou frenagem com deslizamento ou arrastamento de pneus: (Redação dada pela Lei nº 12.971, de 2014)

Infração - gravíssima;

Penalidade - multa (dez vezes), suspensão do direito de dirigir e apreensão do veículo; (Redação dada pela Lei nº 12.971, de 2014)

Medida administrativa - recolhimento do documento de habilitação e remoção do veículo.

Parágrafo único. Aplica-se em dobro a multa prevista no caput em caso de reincidência no período de 12 (doze) meses da infração anterior. (Incluído pela Lei nº 12.971, de 2014)

Art. 176. Deixar o condutor envolvido em acidente com vítima:

I. de prestar ou providenciar socorro à vítima, podendo fazê-lo;

II. de adotar providências, podendo fazê-lo, no sentido de evitar perigo para o trânsito no local;

III. de preservar o local, de forma a facilitar os trabalhos da polícia e da perícia;

IV. de adotar providências para remover o veículo do local, quando determinadas por policial ou agente daautoridade de trânsito;

V. de identificar-se ao policial e de lhe prestar informações necessárias à confecção do boletim de ocorrência:

Infração - gravíssima;
Penalidade - multa (cinco vezes) e suspensão do direito de dirigir;
Medida administrativa - recolhimento do documento de habilitação.

Art. 177. Deixar o condutor de prestar socorro à vítima de acidente de trânsito quando solicitado pela autoridade e seus agentes:

Infração - grave;
Penalidade - multa.

Art. 178. Deixar o condutor, envolvido em acidente sem vítima, de adotar providências para remover o veículo do local, quando necessária tal medida para assegurar a segurança e a fluidez do trânsito:

Infração - média;
Penalidade - multa.

Art. 179. Fazer ou deixar que se faça reparo em veículo na via pública, salvo nos casos de impedimento absoluto de sua remoção e em que o veículo esteja devidamente sinalizado:

I. em pista de rolamento de rodovias e vias de trânsito rápido:

Infração - grave;
Penalidade - multa;
Medida administrativa - remoção do veículo;

II. nas demais vias:

Infração - leve;
Penalidade - multa.

Art. 180. Ter seu veículo imobilizado na via por falta de combustível:

Infração - média;
Penalidade - multa;
Medida administrativa - remoção do veículo.

Art. 181. Estacionar o veículo:

I. nas esquinas e a menos de cinco metros do bordo do alinhamento da via transversal:

Infração - média;
Penalidade - multa;
Medida administrativa - remoção do veículo;

II. afastado da guia da calçada (meio-fio) de cinquenta centímetros a um metro:

Infração - leve;
Penalidade - multa;
Medida administrativa - remoção do veículo;

III. afastado da guia da calçada (meio-fio) a mais de um metro:

Infração - grave;
Penalidade - multa;
Medida administrativa - remoção do veículo;

IV. em desacordo com as posições estabelecidas neste Código:

Infração - média;
Penalidade - multa;
Medida administrativa - remoção do veículo;

V. na pista de rolamento das estradas, das rodovias, das vias de trânsito rápido e das vias dotadas de acostamento:

Infração - gravíssima;
Penalidade - multa;
Medida administrativa - remoção do veículo;

VI. junto ou sobre hidrantes de incêndio, registro de água ou tampas de poços de visita de galerias subterrâneas, desde que devidamente identificados, conforme especificação do CONTRAN:

Infração - média;
Penalidade - multa;
Medida administrativa - remoção do veículo;

VII. nos acostamentos, salvo motivo de força maior:

Infração - leve;
Penalidade - multa;
Medida administrativa - remoção do veículo;

VIII. no passeio ou sobre faixa destinada a pedestre, sobre ciclovia ou ciclofaixa, bem como nas ilhas, refúgios, ao lado ou sobre canteiros centrais, divisores de pista de rolamento, marcas de canalização, gramados ou jardim público:

Infração - grave;
Penalidade - multa;
Medida administrativa - remoção do veículo;

IX. onde houver guia de calçada (meio-fio) rebaixada destinada à entrada ou saída de veículos:

Infração - média;
Penalidade - multa;
Medida administrativa - remoção do veículo;

X. impedindo a movimentação de outro veículo:

Infração - média;
Penalidade - multa;
Medida administrativa - remoção do veículo;

XI. ao lado de outro veículo em fila dupla:

Infração - grave;
Penalidade - multa;
Medida administrativa - remoção do veículo;

XII. na área de cruzamento de vias, prejudicando a circulação de veículos e pedestres:

Infração - grave;
Penalidade - multa;
Medida administrativa - remoção do veículo;

XIII. onde houver sinalização horizontal delimitadora de ponto de embarque ou desembarque de passageiros de transporte coletivo ou, na inexistência desta sinalização, no intervalo compreendido entre dez metros antes e depois do marco do ponto:

Infração - média;
Penalidade - multa;
Medida administrativa - remoção do veículo;

XIV. nos viadutos, pontes e túneis:

Infração - grave;
Penalidade - multa;
Medida administrativa - remoção do veículo;

XV. na contramão de direção:

Infração - média;
Penalidade - multa;

XVI. em aclive ou declive, não estando devidamente freado e sem calço de segurança, quando se tratar de veículo com peso bruto total superior a três mil e quinhentos quilogramas:

Infração - grave;
Penalidade - multa;
Medida administrativa - remoção do veículo;

XVII. em desacordo com as condições regulamentadas especificamente pela sinalização (placa Estacionamento Regulamentado):

Infração - grave; (Redação dada pela Lei nº 13.146, de 2015)
Penalidade - multa;
Medida administrativa - remoção do veículo;

XVIII. em locais e horários proibidos especificamente pela sinalização (placa. Proibido Estacionar):

Infração - média;
Penalidade - multa;
Medida administrativa - remoção do veículo;

XIX. em locais e horários de estacionamento e parada proibidos pela sinalização (placa. Proibido Parar e Estacionar):

ANOTAÇÕES

Infração - grave;
Penalidade - multa;
Medida administrativa - remoção do veículo.

XX. nas vagas reservadas às pessoas com deficiência ou idosos, sem credencial que comprove tal condição: (Incluído pela Lei nº 13.281, de 2016)
Infração - gravíssima; (Incluído pela Lei nº 13.281, de 2016)
Penalidade - multa; (Incluído pela Lei nº 13.281, de 2016)
Medida administrativa - remoção do veículo. (Incluído pela Lei nº 13.281, de 2016)

§ 1º Nos casos previstos neste artigo, a autoridade de trânsito aplicará a penalidade preferencialmente após a remoção do veículo.

§ 2º No caso previsto no inciso XVI é proibido abandonar o calço de segurança na via.

Art. 182. Parar o veículo:

I. nas esquinas e a menos de cinco metros do bordo do alinhamento da via transversal:
Infração - média;
Penalidade - multa;

II. afastado da guia da calçada (meio-fio) de cinquenta centímetros a um metro:
Infração - leve;
Penalidade - multa;

III. afastado da guia da calçada (meio-fio) a mais de um metro:
Infração - média;
Penalidade - multa;

IV. em desacordo com as posições estabelecidas neste Código:
Infração - leve;
Penalidade - multa;

V. na pista de rolamento das estradas, das rodovias, das vias de trânsito rápido e das demais vias dotadas de acostamento:
Infração - grave;
Penalidade - multa;

VI. no passeio ou sobre faixa destinada a pedestres, nas ilhas, refúgios, canteiros centrais e divisores de pista de rolamento e marcas de canalização:
Infração - leve;
Penalidade - multa;

VII. na área de cruzamento de vias, prejudicando a circulação de veículos e pedestres:
Infração - média;
Penalidade - multa;

VIII. nos viadutos, pontes e túneis:
Infração - média;
Penalidade - multa;

IX. na contramão de direção:
Infração - média;
Penalidade - multa;

X. em local e horário proibidos especificamente pela sinalização (placa. Proibido Parar):
Infração - média;
Penalidade - multa.

Art. 183. Parar o veículo sobre a faixa de pedestres na mudança de sinal luminoso:
Infração - média;
Penalidade - multa.

Art. 184. Transitar com o veículo:

I. na faixa ou pista da direita, regulamentada como de circulação exclusiva para determinado tipo de veículo, exceto para acesso a imóveis lindeiros ou conversões à direita:
Infração - leve;
Penalidade - multa;

II. na faixa ou pista da esquerda regulamentada como de circulação exclusiva para determinado tipo de veículo:
Infração - grave;

ANOTAÇÕES

Penalidade - multa.

III. na faixa ou via de trânsito exclusivo, regulamentada com circulação destinada aos veículos de transporte público coletivo de passageiros, salvo casos de força maior e com autorização do poder público competente: (Incluído pela Lei nº 13.154, de 2015)
Infração - gravíssima; (Incluído pela Lei nº 13.154, de 2015)
Penalidade - multa e apreensão do veículo; (Incluído pela Lei nº 13.154, de 2015)
Medida Administrativa - remoção do veículo. (Incluído pela Lei nº 13.154, de 2015)

Art. 185. Quando o veículo estiver em movimento, deixar de conservá-lo:

I. na faixa a ele destinada pela sinalização de regulamentação, exceto em situações de emergência;

II. nas faixas da direita, os veículos lentos e de maior porte:
Infração - média;
Penalidade - multa.

Art. 186. Transitar pela contramão de direção em:

I. vias com duplo sentido de circulação, exceto para ultrapassar outro veículo e apenas pelo tempo necessário, respeitada a preferência do veículo que transitar em sentido contrário:
Infração - grave;
Penalidade - multa;

II. vias com sinalização de regulamentação de sentido único de circulação:
Infração - gravíssima;
Penalidade - multa.

Art. 187. Transitar em locais e horários não permitidos pela regulamentação estabelecida pela autoridade competente:

I. para todos os tipos de veículos:
Infração - média;
Penalidade - multa;

II. (Revogado pela Lei nº 9.602, de 1998)

Art. 188. Transitar ao lado de outro veículo, interrompendo ou perturbando o trânsito:
Infração - média;
Penalidade - multa.

Art. 189. Deixar de dar passagem aos veículos precedidos de batedores, de socorro de incêndio e salvamento, de polícia, de operação e fiscalização de trânsito e às ambulâncias, quando em serviço de urgência e devidamente identificados por dispositivos regulamentados de alarme sonoro e iluminação vermelha intermitentes:
Infração - gravíssima;
Penalidade - multa.

Art. 190. Seguir veículo em serviço de urgência, estando este com prioridade de passagem devidamente identificada por dispositivos regulamentares de alarme sonoro e iluminação vermelha intermitentes:
Infração - grave;
Penalidade - multa.

Art. 191. Forçar passagem entre veículos que, transitando em sentidos opostos, estejam na iminência de passar um pelo outro ao realizar operação de ultrapassagem:
Infração - gravíssima;
Penalidade - multa (dez vezes) e suspensão do direito de dirigir. (Redação dada pela Lei nº 12.971, de 2014)

Parágrafo único. Aplica-se em dobro a multa prevista no caput em caso de reincidência no período de até 12 (doze) meses da infração anterior. (Incluído pela Lei nº 12.971, de 2014)

Art. 192. Deixar de guardar distância de segurança lateral e frontal entre o seu veículo e os demais, bem como em relação ao bordo da pista, considerando-se, no momento, a velocidade, as condições climáticas do local da circulação e do veículo:
Infração - grave;
Penalidade - multa.

ANOTAÇÕES

Art. 193. Transitar com o veículo em calçadas, passeios, passarelas, ciclovias, ciclofaixas, ilhas, refúgios, ajardinamentos, canteiros centrais e divisores de pista de rolamento, acostamentos, marcas de canalização, gramados e jardins públicos:

Infração - gravíssima;
Penalidade - multa (três vezes).

Art. 194. Transitar em marcha à ré, salvo na distância necessária a pequenas manobras e de forma a não causar riscos à segurança:

Infração - grave;
Penalidade - multa.

Art. 195. Desobedecer às ordens emanadas da autoridade competente de trânsito ou de seus agentes:

Infração - grave;
Penalidade - multa.

Art. 196. Deixar de indicar com antecedência, mediante gesto regulamentar de braço ou luz indicadora de direção do veículo, o início da marcha, a realização da manobra de parar o veículo, a mudança de direção ou de faixa de circulação:

Infração - grave;
Penalidade - multa.

Art. 197. Deixar de deslocar, com antecedência, o veículo para a faixa mais à esquerda ou mais à direita, dentro da respectiva mão de direção, quando for manobrar para um desses lados:

Infração - média;
Penalidade - multa.

Art. 198. Deixar de dar passagem pela esquerda, quando solicitado:

Infração - média;
Penalidade - multa.

Art. 199. Ultrapassar pela direita, salvo quando o veículo da frente estiver colocado na faixa apropriada e der sinal de que vai entrar à esquerda:

Infração - média;
Penalidade - multa.

Art. 200. Ultrapassar pela direita veículo de transporte coletivo ou de escolares, parado para embarque ou desembarque de passageiros, salvo quando houver refúgio de segurança para o pedestre:

Infração - gravíssima;
Penalidade - multa.

Art. 201. Deixar de guardar a distância lateral de um metro e cinquenta centímetros ao passar ou ultrapassar bicicleta:

Infração - média;
Penalidade - multa.

Art. 202. Ultrapassar outro veículo:

I. pelo acostamento;
II. em interseções e passagens de nível;
Infração - gravíssima; (Redação dada pela Lei nº 12.971, de 2014)
Penalidade - multa (cinco vezes). (Redação dada pela Lei nº 12.971, de 2014)

Art. 203. Ultrapassar pela contramão outro veículo:

I. nas curvas, aclives e declives, sem visibilidade suficiente;
II. nas faixas de pedestre;
III. nas pontes, viadutos ou túneis;
IV. parado em fila junto a sinais luminosos, porteiras, cancelas, cruzamentos ou qualquer outro impedimento à livre circulação;
V. onde houver marcação viária longitudinal de divisão de fluxos opostos do tipo linha dupla contínua ou simples contínua amarela:
Infração - gravíssima; (Redação dada pela Lei nº 12.971, de 2014)
Penalidade - multa (cinco vezes). (Redação dada pela Lei nº 12.971, de 2014)

Parágrafo único. Aplica-se em dobro a multa prevista no caput em caso de reincidência no período de até 12 (doze) meses da infração anterior. (Incluído pela Lei nº 12.971, de 2014)

ANOTAÇÕES

Art. 204. Deixar de parar o veículo no acostamento à direita, para aguardar a oportunidade de cruzar a pista ou entrar à esquerda, onde não houver local apropriado para operação de retorno: Infração - grave;

Penalidade - multa.

Art. 205. Ultrapassar veículo em movimento que integre cortejo, préstito, desfile e formações militares, salvo com autorização da autoridade de trânsito ou de seus agentes:

Infração - leve;
Penalidade - multa.

Art. 206. Executar operação de retorno:

I. em locais proibidos pela sinalização;
II. nas curvas, aclives, declives, pontes, viadutos e túneis;
III. passando por cima de calçada, passeio, ilhas, ajardinamento ou canteiros de divisões de pista de rolamento, refúgios e faixas de pedestres e nas de veículos não motorizados;
IV. nas interseções, entrando na contramão de direção da via transversal;
V. com prejuízo da livre circulação ou da segurança, ainda que em locais permitidos:
Infração - gravíssima;
Penalidade - multa.

Art. 207. Executar operação de conversão à direita ou à esquerda em locais proibidos pela sinalização:

Infração - grave;
Penalidade - multa.

Art. 208. Avançar o sinal vermelho do semáforo ou o de parada obrigatória:

Infração - gravíssima; Penalidade - multa.

Art. 209. Transpor, sem autorização, bloqueio viário com ou sem sinalização ou dispositivos auxiliares, deixar de adentrar às áreas destinadas à pesagem de veículos ou evadir-se para não efetuar o pagamento do pedágio:

Infração - grave;
Penalidade - multa.

Art. 210. Transpor, sem autorização, bloqueio viário policial:

Infração - gravíssima;
Penalidade - multa, apreensão do veículo e suspensão do direito de dirigir;
Medida administrativa - remoção do veículo e recolhimento do documento de habilitação.

Art. 211. Ultrapassar veículos em fila, parados em razão de sinal luminoso, cancela, bloqueio viário parcial ou qualquer outro obstáculo, com exceção dos veículos não motorizados:

Infração - grave;
Penalidade - multa.

Art. 212. Deixar de parar o veículo antes de transpor linha férrea:

Infração - gravíssima;
Penalidade - multa.

Art. 213. Deixar de parar o veículo sempre que a respectiva marcha for interceptada:

I. por agrupamento de pessoas, como préstitos, passeatas, desfiles e outros:
Infração - gravíssima;
Penalidade - multa.
II. por agrupamento de veículos, como cortejos, formações militares e outros:
Infração - grave;
Penalidade - multa.

Art. 214. Deixar de dar preferência de passagem a pedestre e a veículo não motorizado:

I. que se encontre na faixa a ele destinada;
II. que não haja concluído a travessia mesmo que ocorra sinal verde para o veículo;
III. portadores de deficiência física, crianças, idosos e gestantes:
Infração - gravíssima;
Penalidade - multa.

ANOTAÇÕES

IV. quando houver iniciado a travessia mesmo que não haja sinalização a ele destinada;

V. que esteja atravessando a via transversal para onde se dirige o veículo:

Infração - grave;

Penalidade - multa.

Art. 215. Deixar de dar preferência de passagem:

I. em interseção não sinalizada:

a) a veículo que estiver circulando por rodovia ou rotatória;

b) a veículo que vier da direita;

II. nas interseções com sinalização de regulamentação de Dê a Preferência:

Infração - grave;

Penalidade - multa.

Art. 216. Entrar ou sair de áreas lindeiras sem estar adequadamente posicionado para ingresso na via e sem as precauções com a segurança de pedestres e de outros veículos:

Infração - média;

Penalidade - multa.

Art. 217. Entrar ou sair de fila de veículos estacionados sem dar preferência de passagem a pedestres e a outros veículos:

Infração - média;

Penalidade - multa.

Art. 218. Transitar em velocidade superior à máxima permitida para o local, medida por instrumento ou equipamento hábil, em rodovias, vias de trânsito rápido, vias arteriais e demais vias: (Redação dada pela Lei nº 11.334, de 2006)

I. quando a velocidade for superior à máxima em até 20% (vinte por cento): (Redação dada pela Lei nº 11.334, de 2006)

Infração - média; (Redação dada pela Lei nº 11.334, de 2006)

Penalidade - multa; (Redação dada pela Lei nº 11.334, de 2006)

II. quando a velocidade for superior à máxima em mais de 20% (vinte por cento) até 50% (cinquenta por cento): (Redação dada pela Lei nº 11.334, de 2006)

Infração - grave; (Redação dada pela Lei nº 11.334, de 2006)

Penalidade - multa; (Redação dada pela Lei nº 11.334, de 2006)

III. quando a velocidade for superior à máxima em mais de 50% (cinquenta por cento): (Incluído pela Lei nº 11.334, de 2006)

Infração - gravíssima; (Incluído pela Lei nº 11.334, de 2006)

Penalidade - multa [3 (três) vezes], suspensão imediata do direito de dirigir e apreensão do documento de habilitação. (Incluído pela Lei nº 11.334, de 2006)

Art. 219. Transitar com o veículo em velocidade inferior à metade da velocidade máxima estabelecida para a via, retardando ou obstruindo o trânsito, a menos que as condições de tráfego e meteorológicas não o permitam, salvo se estiver na faixa da direita:

Infração - média;

Penalidade - multa.

Art. 220. Deixar de reduzir a velocidade do veículo de forma compatível com a segurança do trânsito:

I. quando se aproximar de passeatas, aglomerações, cortejos, préstitos e desfiles:

Infração - gravíssima;

Penalidade - multa;

II. nos locais onde o trânsito esteja sendo controlado pelo agente da autoridade de trânsito, mediante sinais sonoros ou gestos;

III. ao aproximar-se da guia da calçada (meio-fio) ou acostamento;

IV. ao aproximar-se de ou passar por interseção não sinalizada;

V. nas vias rurais cuja faixa de domínio não esteja cercada;

VI. nos trechos em curva de pequeno raio;

VII. ao aproximar-se de locais sinalizados com advertência de obras ou trabalhadores na pista;

ANOTAÇÕES

VIII. sob chuva, neblina, cerração ou ventos fortes;

IX. quando houver má visibilidade;

X. quando o pavimento se apresentar escorregadio, defeituoso ou avariado;

XI. à aproximação de animais na pista;

XII. em declive;

XIII. ao ultrapassar ciclista:

Infração - grave;

Penalidade - multa;

XIV. nas proximidades de escolas, hospitais, estações de embarque e desembarque de passageiros ou onde haja intensa movimentação de pedestres:

Infração - gravíssima;

Penalidade - multa.

Art. 221. Portar no veículo placas de identificação em desacordo com as especificações e modelos estabelecidos pelo CONTRAN:

Infração - média;

Penalidade - multa;

Medida administrativa - retenção do veículo para regularização e apreensão das placas irregulares.

Parágrafo único. Incide na mesma penalidade aquele que confecciona, distribui ou coloca, em veículo próprio ou de terceiros, placas de identificação não autorizadas pela regulamentação.

Art. 222. Deixar de manter ligado, nas situações de atendimento de emergência, o sistema de iluminação vermelha intermitente dos veículos de polícia, de socorro de incêndio e salvamento, de fiscalização de trânsito e das ambulâncias, ainda que parados:

Infração - média;

Penalidade - multa.

Art. 223. Transitar com o farol desregulado ou com o facho de luz alta de forma a perturbar a visão de outro condutor:

Infração - grave;

Penalidade - multa;

Medida administrativa - retenção do veículo para regularização.

Art. 224. Fazer uso do facho de luz alta dos faróis em vias providas de iluminação pública:

Infração - leve;

Penalidade - multa.

Art. 225. Deixar de sinalizar a via, de forma a prevenir os demais condutores e, à noite, não manter acesas as luzes externas ou omitir-se quanto a providências necessárias para tornar visível o local, quando:

I. tiver de remover o veículo da pista de rolamento ou permanecer no acostamento;

II. a carga for derramada sobre a via e não puder ser retirada imediatamente:

Infração - grave;

Penalidade - multa.

Art. 226. Deixar de retirar todo e qualquer objeto que tenha sido utilizado para sinalização temporária da via:

Infração - média;

Penalidade - multa.

Art. 227. Usar buzina:

I. em situação que não a de simples toque breve como advertência ao pedestre ou a condutores de outros veículos;

II. prolongada e sucessivamente a qualquer pretexto;

III. entre as vinte e duas e as seis horas;

IV. em locais e horários proibidos pela sinalização;

V. em desacordo com os padrões e frequências estabelecidas pelo CONTRAN:

Infração - leve;

Penalidade - multa.

Art. 228. Usar no veículo equipamento com som em volume ou frequência que não sejam autorizados pelo CONTRAN:

Infração - grave;
Penalidade - multa;
Medida administrativa - retenção do veículo para regularização.

Art. 229. Usar indevidamente no veículo aparelho de alarme ou que produza sons e ruído que perturbem o sossego público, em desacordo com normas fixadas pelo CONTRAN:

Infração - média;
Penalidade - multa e apreensão do veículo;
Medida administrativa - remoção do veículo.

Art. 230. Conduzir o veículo:

I. com o lacre, a inscrição do chassi, o selo, a placa ou qualquer outro elemento de identificação do veículo violado ou falsificado;

II. transportando passageiros em compartimento de carga, salvo por motivo de força maior, com permissão da autoridade competente e na forma estabelecida pelo CONTRAN;

III. com dispositivo antirradar;

IV. sem qualquer uma das placas de identificação;

V. que não esteja registrado e devidamente licenciado;

VI. com qualquer uma das placas de identificação sem condições de legibilidade e visibilidade:

Infração - gravíssima;
Penalidade - multa e apreensão do veículo;
Medida administrativa - remoção do veículo;

VII. com a cor ou característica alterada;

VIII. sem ter sido submetido à inspeção de segurança veicular, quando obrigatória;

IX. sem equipamento obrigatório ou estando este ineficiente ou inoperante;

X. com equipamento obrigatório em desacordo com o estabelecido pelo CONTRAN;

XI. com descarga livre ou silenciador de motor de explosão defeituoso, deficiente ou inoperante;

XII. com equipamento ou acessório proibido;

XIII. com o equipamento do sistema de iluminação e de sinalização alterados;

XIV. com registrador instantâneo inalterável de velocidade e tempo viciado ou defeituoso, quando houver exigência desse aparelho;

XV. com inscrições, adesivos, legendas e símbolos de caráter publicitário afixados ou pintados no para-brisa e em toda a extensão da parte traseira do veículo, excetuadas as hipóteses previstas neste Código;

XVI. com vidros total ou parcialmente cobertos por películas refletivas ou não, painéis decorativos ou pinturas;

XVII. com cortinas ou persianas fechadas, não autorizadas pela legislação;

XVIII. em mau estado de conservação, comprometendo a segurança, ou reprovado na avaliação de inspeção de segurança e de emissão de poluentes e ruído, prevista no art. 104;

XIX. sem acionar o limpador de para-brisa sob chuva:

Infração - grave;
Penalidade - multa;
Medida administrativa - retenção do veículo para regularização;

XX. sem portar a autorização para condução de escolares, na forma estabelecida no art. 136:

Infração – gravíssima; (Redação dada pela Lei nº 13.855, de 2019)
Penalidade – multa (cinco vezes); (Redação dada pela Lei nº 13.855, de 2019)
Medida administrativa – remoção do veículo; (Incluído pela Lei nº 13.855, de 2019)

XXI. de carga, com falta de inscrição da tara e demais inscrições previstas neste Código;

XXII. com defeito no sistema de iluminação, de sinalização ou com lâmpadas queimadas:

Infração - média;
Penalidade - multa.

XXIII. em desacordo com as condições estabelecidas no art. 67-C, relativamente ao tempo de permanência do condutor ao volante e aos intervalos para descanso, quando se tratar de veículo de transporte de carga ou coletivo de passageiros: (Redação dada pela Lei nº 13.103, de 2015)

Infração - média; (Redação dada pela Lei nº 13.103, de 2015)
Penalidade - multa; (Redação dada pela Lei nº 13.103, de 2015)
Medida administrativa - retenção do veículo para cumprimento do tempo de descanso aplicável. (Redação dada pela Lei nº 13.103, de 2015)

XXIV- (VETADO). (Incluído pela Lei nº 12.619, de 2012)

§ 1º Se o condutor cometeu infração igual nos últimos 12 (doze) meses, será convertida, automaticamente, a penalidade disposta no inciso XXIII em infração grave. (Incluído pela Lei nº 13.103, de 2015)

§ 2º Em se tratando de condutor estrangeiro, a liberação do veículo fica condicionada ao pagamento ou ao depósito, judicial ou administrativo, da multa. (Incluído pela Lei nº 13.103, de 2015)

Art. 231. Transitar com o veículo:

I. danificando a via, suas instalações e equipamentos;

II. derramando, lançando ou arrastando sobre a via:

a) carga que esteja transportando;
b) combustível ou lubrificante que esteja utilizando;
c) qualquer objeto que possa acarretar risco de acidente:

Infração - gravíssima;
Penalidade - multa;
Medida administrativa - retenção do veículo para regularização;

III. produzindo fumaça, gases ou partículas em níveis superiores aos fixados pelo CONTRAN;

IV. com suas dimensões ou de sua carga superiores aos limites estabelecidos legalmente ou pela sinalização, sem autorização:

Infração - grave;
Penalidade - multa;
Medida administrativa - retenção do veículo para regularização;

V. com excesso de peso, admitido percentual de tolerância quando aferido por equipamento, na forma a ser estabelecida pelo CONTRAN:

Infração - média;
Penalidade - multa acrescida a cada duzentos quilogramas ou fração de excesso de peso apurado, constante na seguinte tabela:

a) até 600 kg (seiscentos quilogramas) - R$ 5,32 (cinco reais e trinta e dois centavos); (Redação dada pela Lei nº 13.281, de 2016)
b) de 601 (seiscentos e um) a 800 kg (oitocentos quilogramas) - R$ 10,64 (dez reais e sessenta e quatro centavos); (Redação dada pela Lei nº 13.281, de 2016)
c) de 801 (oitocentos e um) a 1.000 kg (mil quilogramas) - R$ 21,28 (vinte e um reais e vinte e oito centavos); (Redação dada pela Lei nº 13.281, de 2016)
d) de 1.001 (mil e um) a 3.000 kg (três mil quilogramas) - R$ 31,92 (trinta e um reais e noventa e dois centavos); (Redação dada pela Lei nº 13.281, de 2016)
e) de 3.001 (três mil e um) a 5.000 kg (cinco mil quilogramas) - R$ 42,56 (quarenta e dois reais e cinquenta e seis centavos); (Redação dada pela Lei nº 13.281, de 2016)
f) acima de 5.001 kg (cinco mil e um quilogramas) - R$ 53,20 (cinquenta e três reais e vinte centavos); (Redação dada pela Lei nº 13.281, de 2016)

Medida administrativa - retenção do veículo e transbordo da carga excedente;

VI. em desacordo com a autorização especial, expedida pela autoridade competente para transitar com dimensões excedentes, ou quando a mesma estiver vencida:

Infração - grave;

ANOTAÇÕES

ANOTAÇÕES

CTB

ANOTAÇÕES

Penalidade - multa e apreensão do veículo;
Medida administrativa - remoção do veículo;
VII. com lotação excedente;
VIII. efetuando transporte remunerado de pessoas ou bens, quando não for licenciado para esse fim, salvo casos de força maior ou com permissão da autoridade competente:

Infração – gravíssima; (Redação dada pela Lei nº 13.855, de 2019)
Penalidade – multa; (Redação dada pela Lei nº 13.855, de 2019)
Medida administrativa – remoção do veículo; (Redação dada pela Lei nº 13.855, de 2019)

IX. desligado ou desengrenado, em declive:
Infração - média;
Penalidade - multa;
Medida administrativa - retenção do veículo;
X. excedendo a capacidade máxima de tração:
Infração - de média a gravíssima, a depender da relação entre o excesso de peso apurado e a capacidade máxima de tração, a ser regulamentada pelo CONTRAN;
Penalidade - multa;
Medida Administrativa - retenção do veículo e transbordo de carga excedente.

Parágrafo único. Sem prejuízo das multas previstas nos incisos V e X, o veículo que transitar com excesso de peso ou excedendo à capacidade máxima de tração, não computado o percentual tolerado na forma do disposto na legislação, somente poderá continuar viagem após descarregar o que exceder, segundo critérios estabelecidos na referida legislação complementar.

Art. 232. Conduzir veículo sem os documentos de porte obrigatório referidos neste Código:
Infração - leve;
Penalidade - multa;
Medida administrativa - retenção do veículo até a apresentação do documento.

Art. 233. Deixar de efetuar o registro de veículo no prazo de trinta dias, junto ao órgão executivo de trânsito, ocorridas as hipóteses previstas no art. 123:
Infração - grave;
Penalidade - multa;
Medida administrativa - retenção do veículo para regularização.

Art. 234. Falsificar ou adulterar documento de habilitação e de identificação do veículo:
Infração - gravíssima;
Penalidade - multa e apreensão do veículo;
Medida administrativa - remoção do veículo.

Art. 235. Conduzir pessoas, animais ou carga nas partes externas do veículo, salvo nos casos devidamente autorizados:
Infração - grave;
Penalidade - multa;
Medida administrativa - retenção do veículo para transbordo.

Art. 236. Rebocar outro veículo com cabo flexível ou corda, salvo em casos de emergência:
Infração - média;
Penalidade - multa.

Art. 237. Transitar com o veículo em desacordo com as especificações, e com falta de inscrição e simbologia necessárias à sua identificação, quando exigidas pela legislação:
Infração - grave;
Penalidade - multa;
Medida administrativa - retenção do veículo para regularização.

Art. 238. Recusar-se a entregar à autoridade de trânsito ou a seus agentes, mediante recibo, os documentos de habilitação, de registro, de licenciamento de veículo e outros exigidos por lei, para averiguação de sua autenticidade: Infração - gravíssima;
Penalidade - multa e apreensão do veículo;
Medida administrativa - remoção do veículo.

ANOTAÇÕES

Art. 239. Retirar do local veículo legalmente retido para regularização, sem permissão da autoridade competente ou de seus agentes:
Infração - gravíssima;
Penalidade - multa e apreensão do veículo;
Medida administrativa - remoção do veículo.

Art. 240. Deixar o responsável de promover a baixa do registro de veículo irrecuperável ou definitivamente desmontado:
Infração - grave;
Penalidade - multa;
Medida administrativa - Recolhimento do Certificado de Registro e do Certificado de Licenciamento Anual.

Art. 241. Deixar de atualizar o cadastro de registro do veículo ou de habilitação do condutor:
Infração - leve;
Penalidade - multa.

Art. 242. Fazer falsa declaração de domicílio para fins de registro, licenciamento ou habilitação:
Infração - gravíssima;
Penalidade - multa.

Art. 243. Deixar a empresa seguradora de comunicar ao órgão executivo de trânsito competente a ocorrência de perda total do veículo e de lhe devolver as respectivas placas e documentos:
Infração - grave;
Penalidade - multa;
Medida administrativa - Recolhimento das placas e dos documentos.

Art. 244. Conduzir motocicleta, motoneta e ciclomotor:
I. sem usar capacete de segurança com viseira ou óculos de proteção e vestuário de acordo com as normas e especificações aprovadas pelo CONTRAN;
II. transportando passageiro sem o capacete de segurança, na forma estabelecida no inciso anterior, ou fora do assento suplementar colocado atrás do condutor ou em carro lateral;
III. fazendo malabarismo ou equilibrando-se apenas em uma roda;
IV. com os faróis apagados;
V. transportando criança menor de sete anos ou que não tenha, nas circunstâncias, condições de cuidar de sua própria segurança:
Infração - gravíssima;
Penalidade - multa e suspensão do direito de dirigir;
Medida administrativa - Recolhimento do documento de habilitação;
VI. rebocando outro veículo;
VII. sem segurar o guidom com ambas as mãos, salvo eventualmente para indicação de manobras;
VIII. transportando carga incompatível com suas especificações ou em desacordo com o previsto no § 2º do art. 139-A desta Lei; (Incluído pela Lei nº 12.009, de 2009)
IX. efetuando transporte remunerado de mercadorias em desacordo com o previsto no art. 139-A desta Lei ou com as normas que regem a atividade profissional dos mototaxistas: (Incluído pela Lei nº 12.009, de 2009)
Infração – grave; (Incluído pela Lei nº 12.009, de 2009)
Penalidade – multa; (Incluído pela Lei nº 12.009, de 2009)
Medida administrativa – apreensão do veículo para regularização. (Incluído pela Lei nº 12.009, de 2009)

§ 1º Para ciclos aplica-se o disposto nos incisos III, VII e VIII, além de:
a) conduzir passageiro fora da garupa ou do assento especial a ele destinado;
b) transitar em vias de trânsito rápido ou rodovias, salvo onde houver acostamento ou faixas de rolamento próprias;
c) transportar crianças que não tenham, nas circunstâncias, condições de cuidar de sua própria segurança.

§ 2º Aplica-se aos ciclomotores o disposto na alínea b do parágrafo anterior: Infração - média;

Penalidade - multa.

§ 3º A restrição imposta pelo inciso VI do caput deste artigo não se aplica às motocicletas e motonetas que tracionem semirreboques especialmente projetados para esse fim e devidamente homologados pelo órgão competente. (Incluído pela Lei nº 10.517, de 2002)

Art. 245. Utilizar a via para depósito de mercadorias, materiais ou equipamentos, sem autorização do órgão ou entidade de trânsito com circunscrição sobre a via:

Infração - grave;

Penalidade - multa;

Medida administrativa - remoção da mercadoria ou do material.

Parágrafo único. A penalidade e a medida administrativa incidirão sobre a pessoa física ou jurídica responsável.

Art. 246. Deixar de sinalizar qualquer obstáculo à livre circulação, à segurança de veículo e pedestres, tanto no leito da via terrestre como na calçada, ou obstaculizar a via indevidamente:

Infração - gravíssima;

Penalidade - multa, agravada em até cinco vezes, a critério da autoridade de trânsito, conforme o risco à segurança.

Parágrafo único. A penalidade será aplicada à pessoa física ou jurídica responsável pela obstrução, devendo a autoridade com circunscrição sobre a via providenciar a sinalização de emergência, às expensas do responsável, ou, se possível, promover a desobstrução.

Art. 247. Deixar de conduzir pelo bordo da pista de rolamento, em fila única, os veículos de tração ou propulsão humana e os de tração animal, sempre que não houver acostamento ou faixa a eles destinados: Infração - média;

Penalidade - multa.

Art. 248. Transportar em veículo destinado ao transporte de passageiros carga excedente em desacordo com o estabelecido no art. 109: Infração - grave;

Penalidade - multa;

Medida administrativa - retenção para o transbordo.

Art. 249. Deixar de manter acesas, à noite, as luzes de posição, quando o veículo estiver parado, para fins de embarque ou desembarque de passageiros e carga ou descarga de mercadorias:

Infração - média;

Penalidade - multa.

Art. 250. Quando o veículo estiver em movimento:

I. deixar de manter acesa a luz baixa:

a) durante a noite;

b) de dia, nos túneis providos de iluminação pública e nas rodovias; (Redação dada pela Lei nº 13.290, de 2016)

c) de dia e de noite, tratando-se de veículo de transporte coletivo de passageiros, circulando em faixas ou pistas a eles destinadas;

d) de dia e de noite, tratando-se de ciclomotores;

II. deixar de manter acesas pelo menos as luzes de posição sob chuva forte, neblina ou cerração;

III. deixar de manter a placa traseira iluminada, à noite;

Infração - média;

Penalidade - multa.

Art. 251. Utilizar as luzes do veículo:

I. o pisca-alerta, exceto em imobilizações ou situações de emergência;

II. baixa e alta de forma intermitente, exceto nas seguintes situações:

a) a curtos intervalos, quando for conveniente advertir a outro condutor que se tem o propósito de ultrapassá-lo;

b) em imobilizações ou situação de emergência, como advertência, utilizando pisca-alerta;

c) quando a sinalização de regulamentação da via determinar o uso do pisca-alerta:

Infração - média;

Penalidade - multa.

Art. 252. Dirigir o veículo:

I. com o braço do lado de fora;

II. transportando pessoas, animais ou volume à sua esquerda ou entre os braços e pernas;

III. com incapacidade física ou mental temporária que comprometa a segurança do trânsito;

IV. usando calçado que não se firme nos pés ou que comprometa a utilização dos pedais;

V. com apenas uma das mãos, exceto quando deva fazer sinais regulamentares de braço, mudar a marcha do veículo, ou acionar equipamentos e acessórios do veículo;

VI. utilizando-se de fones nos ouvidos conectados a aparelhagem sonora ou de telefone celular;

Infração - média;

Penalidade - multa.

VII. realizando a cobrança de tarifa com o veículo em movimento: (Incluído pela Lei nº 13.154, de 2015)

Infração - média; (Incluído pela Lei nº 13.154, de 2015)

Penalidade - multa. (Incluído pela Lei nº 13.154, de 2015)

Parágrafo único. A hipótese prevista no inciso V caracterizar-se-á como infração gravíssima no caso de o condutor estar segurando ou manuseando telefone celular. (Incluído pela Lei nº 13.281, de 2016)

Art. 253. Bloquear a via com veículo:

Infração - gravíssima;

Penalidade - multa e apreensão do veículo;

Medida administrativa - remoção do veículo.

Art. 253-A. Usar qualquer veículo para, deliberadamente, interromper, restringir ou perturbar a circulação na via sem autorização do órgão ou entidade de trânsito com circunscrição sobre ela: (Incluído pela Lei nº 13. 281, de 2016)

Infração - gravíssima; (Incluído pela Lei nº 13.281, de 2016)

Penalidade - multa (vinte vezes) e suspensão do direito de dirigir por 12 (doze) meses; (Incluído pela Lei nº 13.281, de 2016)

Medida administrativa - remoção do veículo. (Incluído pela Lei nº 13.281, de 2016)

§ 1º Aplica-se a multa agravada em 60 (sessenta) vezes aos organizadores da conduta prevista no caput. (Incluído pela Lei nº 13.281, de 2016)

§ 2º Aplica-se em dobro a multa em caso de reincidência no período de 12 (doze) meses. (Incluído pela Lei nº 13.281, de 2016)

§ 3º As penalidades são aplicáveis a pessoas físicas ou jurídicas que incorram na infração, devendo a autoridade com circunscrição sobre a via restabelecer de imediato, se possível, as condições de normalidade para a circulação na via. (Incluído pela Lei nº 13.281, de 2016)

Art. 254. É proibido ao pedestre:

I. permanecer ou andar nas pistas de rolamento, exceto para cruzá-las onde for permitido;

II. cruzar pistas de rolamento nos viadutos, pontes, ou túneis, salvo onde exista permissão;

III. atravessar a via dentro das áreas de cruzamento, salvo quando houver sinalização para esse fim;

IV. utilizar-se da via em agrupamentos capazes de perturbar o trânsito, ou para a prática de qualquer folguedo, esporte, desfiles e similares, salvo em casos especiais e com a devida licença da autoridade competente;

V. andar fora da faixa própria, passarela, passagem aérea ou subterrânea;

VI. desobedecer à sinalização de trânsito específica;

Infração - leve;

Penalidade - multa, em 50% (cinquenta por cento) do valor da infração de natureza leve.

VII. (VETADO). (Incluído pela Lei nº 13.281, de 2016)

ANOTAÇÕES

ANOTAÇÕES

ANOTAÇÕES

§ 1º (VETADO). (Incluído pela Lei nº 13.281, de 2016)

§ 2º (VETADO). (Incluído pela Lei nº 13.281, de 2016)

§ 3º (VETADO). (Incluído pela Lei nº 13.281, de 2016)

Art. 255. Conduzir bicicleta em passeios onde não seja permitida a circulação desta, ou de forma agressiva, em desacordo com o disposto no parágrafo único do art. 59:

Infração - média;

Penalidade - multa;

Medida administrativa - remoção da bicicleta, mediante recibo para o pagamento da multa.

CAPÍTULO XVI - DAS PENALIDADES

Art. 256. A autoridade de trânsito, na esfera das competências estabelecidas neste Código e dentro de sua circunscrição, deverá aplicar, às infrações nele previstas, as seguintes penalidades:

I. advertência por escrito;

II. multa;

III. suspensão do direito de dirigir;

IV. (Revogado pela Lei nº 13.281, de 2016)

V. cassação da Carteira Nacional de Habilitação;

VI. cassação da Permissão para Dirigir;

VII. frequência obrigatória em curso de reciclagem.

§ 1º A aplicação das penalidades previstas neste Código não elide as punições originárias de ilícitos penais decorrentes de crimes de trânsito, conforme disposições de lei.

§ 2º (VETADO)

§ 3º A imposição da penalidade será comunicada aos órgãos ou entidades executivos de trânsito responsáveis pelo licenciamento do veículo e habilitação do condutor.

Art. 257. As penalidades serão impostas ao condutor, ao proprietário do veículo, ao embarcador e ao transportador, salvo os casos de descumprimento de obrigações e deveres impostos a pessoas físicas ou jurídicas expressamente mencionados neste Código.

§ 1º Aos proprietários e condutores de veículos serão impostas concomitantemente as penalidades de que trata este Código toda vez que houver responsabilidade solidária em infração dos preceitos que lhes couber observar, respondendo cada um de per si pela falta em comum que lhes for atribuída.

§ 2º Ao proprietário caberá sempre a responsabilidade pela infração referente à prévia regularização e preenchimento das formalidades e condições exigidas para o trânsito do veículo na via terrestre, conservação e inalterabilidade de suas características, componentes, agregados, habilitação legal e compatível de seus condutores, quando esta for exigida, e outras disposições que deva observar.

§ 3º Ao condutor caberá a responsabilidade pelas infrações decorrentes de atos praticados na direção do veículo.

§ 4º O embarcador é responsável pela infração relativa ao transporte de carga com excesso de peso nos eixos ou no peso bruto total, quando simultaneamente for o único remetente da carga e o peso declarado na nota fiscal, fatura ou manifesto for inferior àquele aferido.

§ 5º O transportador é o responsável pela infração relativa ao transporte de carga com excesso de peso nos eixos ou quando a carga proveniente de mais de um embarcador ultrapassar o peso bruto total.

§ 6º O transportador e o embarcador são solidariamente responsáveis pela infração relativa ao excesso de peso bruto total, se o peso declarado na nota fiscal, fatura ou manifesto for superior ao limite legal.

§ 7º Não sendo imediata a identificação do infrator, o principal condutor ou o proprietário do veículo terá quinze dias de prazo, após a notificação da autuação, para apresentá-lo, na forma em que dispuser o Conselho Nacional de Trânsito (Contran), ao fim do qual, não o fazendo, será considerado responsável pela infração o principal condutor ou, em sua ausência, o proprietário do veículo. (Redação dada pela Lei nº 13.495, 2017)

ANOTAÇÕES

§ 8º Após o prazo previsto no parágrafo anterior, não havendo identificação do infrator e sendo o veículo de propriedade de pessoa jurídica, será lavrada nova multa ao proprietário do veículo, mantida a originada pela infração, cujo valor é o da multa multiplicada pelo número de infrações iguais cometidas no período de doze meses.

§ 9º O fato de o infrator ser pessoa jurídica não o exime do disposto no § 3º do art. 258 e no art. 259.

§ 10. O proprietário poderá indicar ao órgão executivo de trânsito o principal condutor do veículo, o qual, após aceitar a indicação, terá seu nome inscrito em campo próprio do cadastro do veículo no Renavam. (Incluído pela Lei nº 13.495, 2017)

§ 11. O principal condutor será excluído do Renavam: (Incluído pela Lei nº 13.495, 2017)

I. quando houver transferência de propriedade do veículo; (Incluído pela Lei nº 13.495, 2017)

II. mediante requerimento próprio ou do proprietário do veículo; (Incluído pela Lei nº 13.495, 2017)

III. a partir da indicação de outro principal condutor. (Incluído pela Lei nº 13.495, 2017)

Art. 258. As infrações punidas com multa classificam-se, de acordo com sua gravidade, em quatro categorias:

I. infração de natureza gravíssima, punida com multa no valor de R$ 293,47 (duzentos e noventa e três reais e quarenta e sete centavos); (Redação dada pela Lei nº 13.281, de 2016)

II. infração de natureza grave, punida com multa no valor de R$ 195,23 (cento e noventa e cinco reais e vinte e três centavos); (Redação dada pela Lei nº 13.281, de 2016)

III. infração de natureza média, punida com multa no valor de R$ 130,16 (cento e trinta reais e dezesseis centavos); (Redação dada pela Lei nº 13.281, de 2016)

IV. infração de natureza leve, punida com multa no valor de R$ 88,38 (oitenta e oito reais e trinta e oito centavos). (Redação dada pela Lei nº 13.281, de 2016)

§ 1º (Revogado). (Redação dada pela Lei nº 13.281, de 2016)

§ 2º Quando se tratar de multa agravada, o fator multiplicador ou índice adicional específico é o previsto neste Código.

§ 3º (VETADO)

§ 4º (VETADO)

Art. 259. A cada infração cometida são computados os seguintes números de pontos:

I. gravíssima. sete pontos;

II. grave. cinco pontos;

III. média. quatro pontos;

IV. leve. três pontos.

§ 1º (VETADO)

§ 2º (VETADO)

§ 3º (VETADO). (Incluído pela Lei nº 12.619, de 2012)

§ 4º Ao condutor identificado no ato da infração será atribuída pontuação pelas infrações de sua responsabilidade, nos termos previstos no § 3º do art. 257, excetuando-se aquelas praticadas por passageiros usuários do serviço de transporte rodoviário de passageiros em viagens de longa distância transitando em rodovias com a utilização de ônibus, em linhas regulares intermunicipal, interestadual, internacional e aquelas em viagem de longa distância por fretamento e turismo ou de qualquer modalidade, excetuadas as situações regulamentadas pelo Contran a teor do art. 65 da Lei nº 9.503, de 23 de setembro de 1997 - Código de Trânsito Brasileiro. (Incluído pela Lei nº 13.103, de 2015)

Art. 260. As multas serão impostas e arrecadadas pelo órgão ou entidade de trânsito com circunscrição sobre a via onde haja ocorrido a infração, de acordo com a competência estabelecida neste Código.

§ 1º As multas decorrentes de infração cometida em unidade da Federação diversa da do licenciamento do veículo serão arrecadadas e compensadas na forma estabelecida pelo CONTRAN.

§ 2º As multas decorrentes de infração cometida em unidade da Federação diversa daquela do licenciamento do veículo poderão ser comunicadas ao órgão ou entidade responsável pelo seu licenciamento, que providenciará a notificação.

§ 3º (Revogado pela Lei nº 9.602, de 1998)

§ 4º Quando a infração for cometida com veículo licenciado no exterior, em trânsito no território nacional, a multa respectiva deverá ser paga antes de sua saída do País, respeitado o princípio de reciprocidade.

Art. 261. A penalidade de suspensão do direito de dirigir será imposta nos seguintes casos: (Redação dada pela Lei nº 13.281, de 2016)

I. sempre que o infrator atingir a contagem de 20 (vinte) pontos, no período de 12 (doze) meses, conforme a pontuação prevista no art. 259; (Incluído pela Lei nº 13.281, de 2016)

II. por transgressão às normas estabelecidas neste Código, cujas infrações preveem, de forma específica, a penalidade de suspensão do direito de dirigir. (Incluído pela Lei nº 13.281, de 2016)

§ 1º Os prazos para aplicação da penalidade de suspensão do direito de dirigir são os seguintes: (Redação dada pela Lei nº 13.281, de 2016)

I. no caso do inciso I do caput: de 6 (seis) meses a 1 (um) ano e, no caso de reincidência no período de 12 (doze) meses, de 8 (oito) meses a 2 (dois) anos; (Incluído pela Lei nº 13.281, de 2016)

II. no caso do inciso II do caput: de 2 (dois) a 8 (oito) meses, exceto para as infrações com prazo descrito no dispositivo infracional, e, no caso de reincidência no período de 12 (doze) meses, de 8 (oito) a 18 (dezoito) meses, respeitado o disposto no inciso II do art. 263. (Incluído pela Lei nº 13.281, de 2016)

§ 2º Quando ocorrer a suspensão do direito de dirigir, a Carteira Nacional de Habilitação será devolvida a seu titular imediatamente após cumprida a penalidade e o curso de reciclagem.

§ 3º A imposição da penalidade de suspensão do direito de dirigir elimina os 20 (vinte) pontos computados para fins de contagem subsequente. (Incluído pela Lei nº 12.547, de 2011)

§ 4º (VETADO). (Incluído pela Lei nº 12.619, de 2012)

§ 5º O condutor que exerce atividade remunerada em veículo, habilitado na categoria C, D ou E, poderá optar por participar de curso preventivo de reciclagem sempre que, no período de 1 (um) ano, atingir 14 (quatorze) pontos, conforme regulamentação do Contran. (Redação dada pela Lei nº 13.281, de 2016)

§ 6º Concluído o curso de reciclagem previsto no § 5º, o condutor terá eliminados os pontos que lhe tiverem sido atribuídos, para fins de contagem subsequente. (Incluído pela Lei nº 13.154, de 2015)

§ 7º O motorista que optar pelo curso previsto no § 5º não poderá fazer nova opção no período de 12 (doze) meses. (Redação dada pela Lei nº 13.281, de 2016)

§ 8º A pessoa jurídica concessionária ou permissionária de serviço público tem o direito de ser informada dos pontos atribuídos, na forma do art. 259, aos motoristas que integrem seu quadro funcional, exercendo atividade remunerada ao volante, na forma que dispuser o Contran. (Incluído pela Lei nº 13.154, de 2015)

§ 9º Incorrerá na infração prevista no inciso II do art. 162 o condutor que, notificado da penalidade de que trata este artigo, dirigir veículo automotor em via pública. (Incluído pela Lei nº 13.281, de 2016)

§ 10. O processo de suspensão do direito de dirigir referente ao inciso II do caput deste artigo deverá ser instaurado concomitantemente com o processo de aplicação da penalidade de multa. (Incluído pela Lei nº 13.281, de 2016)

§ 11. O Contran regulamentará as disposições deste artigo. (Incluído pela Lei nº 13.281, de 2016)

ANOTAÇÕES

Art. 262. (Revogado pela Lei nº 13.281, de 2016)

Art. 263. A cassação do documento de habilitação dar-se-á:

I. quando, suspenso o direito de dirigir, o infrator conduzir qualquer veículo;

II. no caso de reincidência, no prazo de doze meses, das infrações previstas no inciso III do art. 162 e nos arts. 163, 164, 165, 173, 174 e 175;

III. quando condenado judicialmente por delito de trânsito, observado o disposto no art. 160.

§ 1º Constatada, em processo administrativo, a irregularidade na expedição do documento de habilitação, a autoridade expedidora promoverá o seu cancelamento.

§ 2º Decorridos dois anos da cassação da Carteira Nacional de Habilitação, o infrator poderá requerer sua reabilitação, submetendo-se a todos os exames necessários à habilitação, na forma estabelecida pelo CONTRAN.

Art. 264. (VETADO)

Art. 265. As penalidades de suspensão do direito de dirigir e de cassação do documento de habilitação serão aplicadas por decisão fundamentada da autoridade de trânsito competente, em processo administrativo, assegurado ao infrator amplo direito de defesa.

Art. 266. Quando o infrator cometer, simultaneamente, duas ou mais infrações, ser-lhe-ão aplicadas, cumulativamente, as respectivas penalidades.

Art. 267. Poderá ser imposta a penalidade de advertência por escrito à infração de natureza leve ou média, passível de ser punida com multa, não sendo reincidente o infrator, na mesma infração, nos últimos doze meses, quando a autoridade, considerando o prontuário do infrator, entender esta providência como mais educativa.

§ 1º A aplicação da advertência por escrito não elide o acréscimo do valor da multa prevista no § 3º do art. 258, imposta por infração posteriormente cometida.

§ 2º O disposto neste artigo aplica-se igualmente aos pedestres, podendo a multa ser transformada na participação do infrator em cursos de segurança viária, a critério da autoridade de trânsito.

Art. 268. O infrator será submetido a curso de reciclagem, na forma estabelecida pelo CONTRAN:

I. quando, sendo contumaz, for necessário à sua reeducação;

II. quando suspenso do direito de dirigir;

III. quando se envolver em acidente grave para o qual haja contribuído, independentemente de processo judicial;

IV. quando condenado judicialmente por delito de trânsito;

V. a qualquer tempo, se for constatado que o condutor está colocando em risco a segurança do trânsito;

VI. em outras situações a serem definidas pelo CONTRAN.

CAPÍTULO XVII - DAS MEDIDAS ADMINISTRATIVAS

Art. 269. A autoridade de trânsito ou seus agentes, na esfera das competências estabelecidas neste Código e dentro de sua circunscrição, deverá adotar as seguintes medidas administrativas: I - retenção do veículo;

II. remoção do veículo;

III. recolhimento da Carteira Nacional de Habilitação;

IV. recolhimento da Permissão para Dirigir; V. recolhimento do Certificado de Registro;

VI. recolhimento do Certificado de Licenciamento Anual;

VII. (VETADO)

VIII. transbordo do excesso de carga;

IX. realização de teste de dosagem de alcoolemia ou perícia de substância entorpecente ou que determine dependência física ou psíquica;

X. recolhimento de animais que se encontrem soltos nas vias e na faixa de domínio das vias de circulação, restituindo-os aos seus proprietários, após o pagamento de multas e encargos devidos.

ANOTAÇÕES

CTB

ANOTAÇÕES

XI. realização de exames de aptidão física, mental, de legislação, de prática de primeiros socorros e de direção veicular. (Incluído pela Lei nº 9.602, de 1998)

§ 1º A ordem, o consentimento, a fiscalização, as medidas administrativas e coercitivas adotadas pelas autoridades de trânsito e seus agentes terão por objetivo prioritário a proteção à vida e à incolumidade física da pessoa.

§ 2º As medidas administrativas previstas neste artigo não elidem a aplicação das penalidades impostas por infrações estabelecidas neste Código, possuindo caráter complementar a estas.

§ 3º São documentos de habilitação a Carteira Nacional de Habilitação e a Permissão para Dirigir.

§ 4º Aplica-se aos animais recolhidos na forma do inciso X o disposto nos arts. 271 e 328, no que couber.

Art. 270. O veículo poderá ser retido nos casos expressos neste Código.

§ 1º Quando a irregularidade puder ser sanada no local da infração, o veículo será liberado tão logo seja regularizada a situação.

§ 2º Não sendo possível sanar a falha no local da infração, o veículo, desde que ofereça condições de segurança para circulação, poderá ser liberado e entregue a condutor regularmente habilitado, mediante recolhimento do Certificado de Licenciamento Anual, contra apresentação de recibo, assinalando-se prazo razoável ao condutor para regularizar a situação, para o que se considerará, desde logo, notificado. (Redação dada pela Lei nº 13.160, de 2015)

§ 3º O Certificado de Licenciamento Anual será devolvido ao condutor no órgão ou entidade aplicadores das medidas administrativas, tão logo o veículo seja apresentado à autoridade devidamente regularizado.

§ 4º Não se apresentando condutor habilitado no local da infração, o veículo será removido a depósito, aplicando-se neste caso o disposto no art. 271. (Redação dada pela Lei nº 13.281, de 2016)

§ 5º A critério do agente, não se dará a retenção imediata, quando se tratar de veículo de transporte coletivo transportando passageiros ou veículo transportando produto perigoso ou perecível, desde que ofereça condições de segurança para circulação em via pública.

§ 6º Não efetuada a regularização no prazo a que se refere o § 2º, será feito registro de restrição administrativa no Renavam por órgão ou entidade executivo de trânsito dos Estados e do Distrito Federal, que será retirada após comprovada a regularização. (Incluído pela Lei nº 13.160, de 2015)

§ 7º O descumprimento das obrigações estabelecidas no § 2º resultará em recolhimento do veículo ao depósito, aplicando-se, nesse caso, o disposto no art. 271. (Incluído pela Lei nº 13.160, de 2015)

Art. 271. O veículo será removido, nos casos previstos neste Código, para o depósito fixado pelo órgão ou entidade competente, com circunscrição sobre a via.

§ 1º A restituição do veículo removido só ocorrerá mediante prévio pagamento de multas, taxas e despesas com remoção e estada, além de outros encargos previstos na legislação específica. (Incluído pela Lei nº 13.160, de 2015)

§ 2º A liberação do veículo removido é condicionada ao reparo de qualquer componente ou equipamento obrigatório que não esteja em perfeito estado de funcionamento. (Incluído pela Lei nº 13.160, de 2015)

§ 3º Se o reparo referido no § 2º demandar providência que não possa ser tomada no depósito, a autoridade responsável pela remoção liberará o veículo para reparo, na forma transportada, mediante autorização, assinalando prazo para reapresentação. (Redação dada pela Lei nº 13.281, de 2016)

§ 4º Os serviços de remoção, depósito e guarda de veículo poderão ser realizados por órgão público, diretamente, ou por particular contratado por licitação pública, sendo o proprietário do veículo o responsável pelo pagamento dos custos desses serviços. (Redação dada pela Lei nº 13.281, de 2016)

ANOTAÇÕES

§ 5º O proprietário ou o condutor deverá ser notificado, no ato de remoção do veículo, sobre as providências necessárias à sua restituição e sobre o disposto no art. 328, conforme regulamentação do CONTRAN. (Incluído pela Lei nº 13.160, de 2015)

§ 6º Caso o proprietário ou o condutor não esteja presente no momento da remoção do veículo, a autoridade de trânsito, no prazo de 10 (dez) dias contado da data da remoção, deverá expedir ao proprietário a notificação prevista no § 5º, por remessa postal ou por outro meio tecnológico hábil que assegure a sua ciência, e, caso reste frustrada, a notificação poderá ser feita por edital. (Redação dada pela Lei nº 13.281, de 2016)

§ 7º A notificação devolvida por desatualização do endereço do proprietário do veículo ou por recusa desse de recebê-la será considerada recebida para todos os efeitos (Incluído pela Lei nº 13.160, de 2015)

§ 8º Em caso de veículo licenciado no exterior, a notificação será feita por edital. (Incluído pela Lei nº 13.160, de 2015)

§ 9º Não caberá remoção nos casos em que a irregularidade puder ser sanada no local da infração. (Incluído pela Lei nº 13.160, de 2015)

§ 10. O pagamento das despesas de remoção e estada será correspondente ao período integral, contado em dias, em que efetivamente o veículo permanecer em depósito, limitado ao prazo de 6 (seis) meses. (Incluído pela Lei nº 13.281, de 2016)

§ 11. Os custos dos serviços de remoção e estada prestados por particulares poderão ser pagos pelo proprietário diretamente ao contratado. (Incluído pela Lei nº 13.281, de 2016)

§ 12. O disposto no § 11 não afasta a possibilidade de o respectivo ente da Federação estabelecer a cobrança por meio de taxa instituída em lei. (Incluído pela Lei nº 13.281, de 2016)

§ 13. No caso de o proprietário do veículo objeto do recolhimento comprovar, administrativa ou judicialmente, que o recolhimento foi indevido ou que houve abuso no período de retenção em depósito, é da responsabilidade do ente público a devolução das quantias pagas por força deste artigo, segundo os mesmos critérios da devolução de multas indevidas. (Incluído pela Lei nº 13.281, de 2016)

Art. 272. O recolhimento da Carteira Nacional de Habilitação e da Permissão para Dirigir dar-se-á mediante recibo, além dos casos previstos neste Código, quando houver suspeita de sua inautenticidade ou adulteração.

Art. 273. O recolhimento do Certificado de Registro dar-se-á mediante recibo, além dos casos previstos neste Código, quando:

I. houver suspeita de inautenticidade ou adulteração;

II. se, alienado o veículo, não for transferida sua propriedade no prazo de trinta dias.

Art. 274. O recolhimento do Certificado de Licenciamento Anual dar-se-á mediante recibo, além dos casos previstos neste Código, quando:

I. houver suspeita de inautenticidade ou adulteração;

II. se o prazo de licenciamento estiver vencido;

III. no caso de retenção do veículo, se a irregularidade não puder ser sanada no local.

Art. 275. O transbordo da carga com peso excedente é condição para que o veículo possa prosseguir viagem e será efetuado às expensas do proprietário do veículo, sem prejuízo da multa aplicável.

Parágrafo único. Não sendo possível desde logo atender ao disposto neste artigo, o veículo será recolhido ao depósito, sendo liberado após sanada a irregularidade e pagas as despesas de remoção e estada.

Art. 276. Qualquer concentração de álcool por litro de sangue ou por litro de ar alveolar sujeita o condutor às penalidades previstas no art. 165. (Redação dada pela Lei nº 12.760, de 2012)

Parágrafo único. O Contran disciplinará as margens de tolerância quando a infração for apurada por meio de aparelho de medição, observada a legislação metrológica. (Redação dada pela Lei nº 12.760, de 2012)

Art. 277. O condutor de veículo automotor envolvido em acidente de trânsito ou que for alvo de fiscalização de trânsito poderá ser submetido a teste, exame clínico, perícia ou outro procedimento que, por meios técnicos ou científicos, na forma disciplinada pelo Contran, permita certificar influência de álcool ou outra substância psicoativa que determine dependência. (Redação dada pela Lei nº 12.760, de 2012)

§ 1º (Revogado). (Redação dada pela Lei nº 12.760, de 2012)

§ 2º A infração prevista no art. 165 também poderá ser caracterizada mediante imagem, vídeo, constatação de sinais que indiquem, na forma disciplinada pelo Contran, alteração da capacidade psicomotora ou produção de quaisquer outras provas em direito admitidas. (Redação dada pela Lei nº 12.760, de 2012)

§ 3º Serão aplicadas as penalidades e medidas administrativas estabelecidas no art. 165-A deste Código ao condutor que se recusar a se submeter a qualquer dos procedimentos previstos no caput deste artigo. (Redação dada pela Lei nº 13.281, de 2016)

Art. 278. Ao condutor que se evadir da fiscalização, não submetendo veículo à pesagem obrigatória nos pontos de pesagem, fixos ou móveis, será aplicada a penalidade prevista no art. 209, além da obrigação de retornar ao ponto de evasão para fim de pesagem obrigatória.

Parágrafo único. No caso de fuga do condutor à ação policial, a apreensão do veículo dar-se-á tão logo seja localizado, aplicando-se, além das penalidades em que incorre, as estabelecidas no art. 210.

Art. 278-A. O condutor que se utilize de veículo para a prática do crime de receptação, descaminho, contrabando, previstos nos arts. 180, 334 e 334-A do Decreto-Lei nº 2.848, de 7 de dezembro de 1940 (Código Penal), condenado por um desses crimes em decisão judicial transitada em julgado, terá cassado seu documento de habilitação ou será proibido de obter a habilitação para dirigir veículo automotor pelo prazo de 5 (cinco) anos. (Incluído pela Lei nº 13.804, de 2019)

§ 1º O condutor condenado poderá requerer sua reabilitação, submetendo-se a todos os exames necessários à habilitação, na forma deste Código. (Incluído pela Lei nº 13.804, de 2019)

§ 2º No caso do condutor preso em flagrante na prática dos crimes de que trata o caput deste artigo, poderá o juiz, em qualquer fase da investigação ou da ação penal, se houver necessidade para a garantia da ordem pública, como medida cautelar, de ofício, ou a requerimento do Ministério Público ou ainda mediante representação da autoridade policial, decretar, em decisão motivada, a suspensão da permissão ou da habilitação para dirigir veículo automotor, ou a proibição de sua obtenção. (Incluído pela Lei nº 13.804, de 2019)

Art. 279. Em caso de acidente com vítima, envolvendo veículo equipado com registrador instantâneo de velocidade e tempo, somente o perito oficial encarregado do levantamento pericial poderá retirar o disco ou unidade armazenadora do registro.

CAPÍTULO XVIII - DO PROCESSO ADMINISTRATIVO

Seção I - Da Autuação

Art. 280. Ocorrendo infração prevista na legislação de trânsito, lavrar-se-á auto de infração, do qual constará:

I. tipificação da infração;

II. local, data e hora do cometimento da infração;

III. caracteres da placa de identificação do veículo, sua marca e espécie, e outros elementos julgados necessários à sua identificação;

IV. o prontuário do condutor, sempre que possível;

V. identificação do órgão ou entidade e da autoridade ou agente autuador ou equipamento que comprovar a infração;

VI. assinatura do infrator, sempre que possível, valendo esta como notificação do cometimento da infração.

§ 1º (VETADO)

§ 2º A infração deverá ser comprovada por declaração da autoridade ou do agente da autoridade de trânsito, por aparelho eletrônico ou por equipamento audiovisual, reações químicas ou qualquer outro meio tecnologicamente disponível, previamente regulamentado pelo CONTRAN.

§ 3º Não sendo possível a autuação em flagrante, o agente de trânsito relatará o fato à autoridade no próprio auto de infração, informando os dados a respeito do veículo, além dos constantes nos incisos I, II e III, para o procedimento previsto no artigo seguinte.

§ 4º O agente da autoridade de trânsito competente para lavrar o auto de infração poderá ser servidor civil, estatutário ou celetista ou, ainda, policial militar designado pela autoridade de trânsito com jurisdição sobre a via no âmbito de sua competência.

Seção II - Do Julgamento das Autuações e Penalidades

Art. 281. A autoridade de trânsito, na esfera da competência estabelecida neste Código e dentro de sua circunscrição, julgará a consistência do auto de infração e aplicará a penalidade cabível.

Parágrafo único. O auto de infração será arquivado e seu registro julgado insubsistente:

I. se considerado inconsistente ou irregular;

II. se, no prazo máximo de trinta dias, não for expedida a notificação da autuação. (Redação dada pela Lei nº 9.602, de 1998)

Art. 282. Aplicada a penalidade, será expedida notificação ao proprietário do veículo ou ao infrator, por remessa postal ou por qualquer outro meio tecnológico hábil, que assegure a ciência da imposição da penalidade.

§ 1º A notificação devolvida por desatualização do endereço do proprietário do veículo será considerada válida para todos os efeitos.

§ 2º A notificação a pessoal de missões diplomáticas, de repartições consulares de carreira e de representações de organismos internacionais e de seus integrantes será remetida ao Ministério das Relações Exteriores para as providências cabíveis e cobrança dos valores, no caso de multa.

§ 3º Sempre que a penalidade de multa for imposta a condutor, à exceção daquela de que trata o § 1º do art. 259, a notificação será encaminhada ao proprietário do veículo, responsável pelo seu pagamento.

§ 4º Da notificação deverá constar a data do término do prazo para apresentação de recurso pelo responsável pela infração, que não será inferior a trinta dias contados da data da notificação da penalidade. (Incluído pela Lei nº 9.602, de 1998)

§ 5º No caso de penalidade de multa, a data estabelecida no parágrafo anterior será a data para o recolhimento de seu valor. (Incluído pela Lei nº 9.602, de 1998)

Art. 282-A. O proprietário do veículo ou o condutor autuado poderá optar por ser notificado por meio eletrônico se o órgão do Sistema Nacional de Trânsito responsável pela autuação oferecer essa opção. (Incluído pela Lei nº 13.281, de 2016)

§ 1º O proprietário ou o condutor autuado que optar pela notificação por meio eletrônico deverá manter seu cadastro atualizado no órgão executivo de trânsito do Estado ou do Distrito Federal. (Incluído pela Lei nº 13.281, de 2016)

§ 2º Na hipótese de notificação por meio eletrônico, o proprietário ou o condutor autuado será considerado notificado 30 (trinta) dias após a inclusão da informação no sistema eletrônico. (Incluído pela Lei nº 13.281, de 2016)

ANOTAÇÕES

ANOTAÇÕES

CTB

ANOTAÇÕES

§ 3º O sistema previsto no caput será certificado digitalmente, atendidos os requisitos de autenticidade, integridade, validade jurídica e interoperabilidade da Infraestrutura de Chaves Públicas Brasileira (ICP-Brasil). (Incluído pela Lei nº 13.281, de 2016)

Art. 283. (VETADO)

Art. 284. O pagamento da multa poderá ser efetuado até a data do vencimento expressa na notificação, por oitenta por cento do seu valor.

§ 1º Caso o infrator opte pelo sistema de notificação eletrônica, se disponível, conforme regulamentação do Contran, e opte por não apresentar defesa prévia nem recurso, reconhecendo o cometimento da infração, poderá efetuar o pagamento da multa por 60% (sessenta por cento) do seu valor, em qualquer fase do processo, até o vencimento da multa. (Incluído pela Lei nº 13.281, de 2016)

§ 2º O recolhimento do valor da multa não implica renúncia ao questionamento administrativo, que pode ser realizado a qualquer momento, respeitado o disposto no § 1º. (Incluído pela Lei nº 13.281, de 2016)

§ 3º Não incidirá cobrança moratória e não poderá ser aplicada qualquer restrição, inclusive para fins de licenciamento e transferência, enquanto não for encerrada a instância administrativa de julgamento de infrações e penalidades. (Incluído pela Lei nº 13.281, de 2016)

§ 4º Encerrada a instância administrativa de julgamento de infrações e penalidades, a multa não paga até o vencimento será acrescida de juros de mora equivalentes à taxa referencial do Sistema Especial de Liquidação e de Custódia (Selic) para títulos federais acumulada mensalmente, calculados a partir do mês subsequente ao da consolidação até o mês anterior ao do pagamento, e de 1% (um por cento) relativamente ao mês em que o pagamento estiver sendo efetuado. (Incluído pela Lei nº 13.281, de 2016)

Art. 285. O recurso previsto no art. 283 será interposto perante a autoridade que impôs a penalidade, a qual remetê-lo-á à JARI, que deverá julgá-lo em até trinta dias.

§ 1º O recurso não terá efeito suspensivo.

§ 2º A autoridade que impôs a penalidade remeterá o recurso ao órgão julgador, dentro dos dez dias úteis subsequentes à sua apresentação, e, se o entender intempestivo, assinalará o fato no despacho de encaminhamento.

§ 3º Se, por motivo de força maior, o recurso não for julgado dentro do prazo previsto neste artigo, a autoridade que impôs a penalidade, de ofício, ou por solicitação do recorrente, poderá conceder-lhe efeito suspensivo.

Art. 286. O recurso contra a imposição de multa poderá ser interposto no prazo legal, sem o recolhimento do seu valor.

§ 1º No caso de não provimento do recurso, aplicar-se-á o estabelecido no parágrafo único do art. 284.

§ 2º Se o infrator recolher o valor da multa e apresentar recurso, se julgada improcedente a penalidade, ser-lhe-á devolvida a importância paga, atualizada em UFIR ou por índice legal de correção dos débitos fiscais.

Art. 287. Se a infração for cometida em localidade diversa daquela do licenciamento do veículo, o recurso poderá ser apresentado junto ao órgão ou entidade de trânsito da residência ou domicílio do infrator.

Parágrafo único. A autoridade de trânsito que receber o recurso deverá remetê-lo, de pronto, à autoridade que impôs a penalidade acompanhado das cópias dos prontuários necessários ao julgamento.

Art. 288. Das decisões da JARI cabe recurso a ser interposto, na forma do artigo seguinte, no prazo de trinta dias contado da publicação ou da notificação da decisão.

§ 1º O recurso será interposto, da decisão do não provimento, pelo responsável pela infração, e da decisão de provimento, pela autoridade que impôs a penalidade.

§ 2º (Revogado pela Lei nº 12.249, de 2010)

ANOTAÇÕES

Art. 289. O recurso de que trata o artigo anterior será apreciado no prazo de trinta dias:

I. tratando-se de penalidade imposta pelo órgão ou entidade de trânsito da União:

a) em caso de suspensão do direito de dirigir por mais de seis meses, cassação do documento de habilitação ou penalidade por infrações gravíssimas, pelo CONTRAN;

b) nos demais casos, por colegiado especial integrado pelo Coordenador-Geral da JARI, pelo Presidente da Junta que apreciou o recurso e por mais um Presidente de Junta;

II. tratando-se de penalidade imposta por órgão ou entidade de trânsito estadual, municipal ou do Distrito Federal, pelos CETRAN E CONTRANDIFE, respectivamente.

Parágrafo único. No caso da alínea b do inciso I, quando houver apenas uma JARI, o recurso será julgado por seus próprios membros.

Art. 290. Implicam encerramento da instância administrativa de julgamento de infrações e penalidades: (Redação dada pela Lei nº 13.281, de 2016)

I. o julgamento do recurso de que tratam os arts. 288 e 289; (Incluído pela Lei nº 13.281, de 2016)

II. a não interposição do recurso no prazo legal; e (Incluído pela Lei nº 13.281, de 2016)

III. o pagamento da multa, com reconhecimento da infração e requerimento de encerramento do processo na fase em que se encontra, sem apresentação de defesa ou recurso. (Incluído pela Lei nº 13.281, de 2016)

Parágrafo único. Esgotados os recursos, as penalidades aplicadas nos termos deste Código serão cadastradas no RENACH.

CAPÍTULO XIX - DOS CRIMES DE TRÂNSITO

Seção I - Disposições Gerais

Art. 291. Aos crimes cometidos na direção de veículos automotores, previstos neste Código, aplicam-se as normas gerais do Código Penal e do Código de Processo Penal, se este Capítulo não dispuser de modo diverso, bem como a Lei nº 9.099, de 26 de setembro de 1995, no que couber.

§ 1º Aplica-se aos crimes de trânsito de lesão corporal culposa o disposto nos arts. 74, 76 e 88 da Lei no 9.099, de 26 de setembro de 1995, exceto se o agente estiver: (Renumerado do parágrafo único pela Lei nº 11.705, de 2008)

I. sob a influência de álcool ou qualquer outra substância psicoativa que determine dependência; (Incluído pela Lei nº 11.705, de 2008)

II. participando, em via pública, de corrida, disputa ou competição automobilística, de exibição ou demonstração de perícia em manobra de veículo automotor, não autorizada pela autoridade competente; (Incluído pela Lei nº 11.705, de 2008)

III. transitando em velocidade superior à máxima permitida para a via em 50 km/h (cinquenta quilômetros por hora). (Incluído pela Lei nº 11.705, de 2008)

§ 2º Nas hipóteses previstas no § 1º deste artigo, deverá ser instaurado inquérito policial para a investigação da infração penal. (Incluído pela Lei nº 11.705, de 2008)

§ 3º (VETADO).

§ 4º O juiz fixará a pena-base segundo as diretrizes previstas no art. 59 do Decreto-Lei no 2.848, de 7 de dezembro de 1940 (Código Penal), dando especial atenção à culpabilidade do agente e às circunstâncias e consequências do crime.

Art. 292. A suspensão ou a proibição de se obter a permissão ou a habilitação para dirigir veículo automotor pode ser imposta isolada ou cumulativamente com outras penalidades. (Redação dada pela Lei nº 12.971, de 2014)

Art. 293. A penalidade de suspensão ou de proibição de se obter a permissão ou a habilitação, para dirigir veículo automotor, tem a duração de dois meses a cinco anos.

§ 1º Transitada em julgado a sentença condenatória, o réu será intimado a entregar à autoridade judiciária, em quarenta e oito horas, a Permissão para Dirigir ou a Carteira de Habilitação.

§ 2º A penalidade de suspensão ou de proibição de se obter a permissão ou a habilitação para dirigir veículo automotor não se inicia enquanto o sentenciado, por efeito de condenação penal, estiver recolhido a estabelecimento prisional.

Art. 294. Em qualquer fase da investigação ou da ação penal, havendo necessidade para a garantia da ordem pública, poderá o juiz, como medida cautelar, de ofício, ou a requerimento do Ministério Público ou ainda mediante representação da autoridade policial, decretar, em decisão motivada, a suspensão da permissão ou da habilitação para dirigir veículo automotor, ou a proibição de sua obtenção.

Parágrafo único. Da decisão que decretar a suspensão ou a medida cautelar, ou da que indeferir o requerimento do Ministério Público, caberá recurso em sentido estrito, sem efeito suspensivo.

Art. 295. A suspensão para dirigir veículo automotor ou a proibição de se obter a permissão ou a habilitação será sempre comunicada pela autoridade judiciária ao Conselho Nacional de Trânsito - CONTRAN, e ao órgão de trânsito do Estado em que o indiciado ou réu for domiciliado ou residente.

Art. 296. Se o réu for reincidente na prática de crime previsto neste Código, o juiz aplicará a penalidade de suspensão da permissão ou habilitação para dirigir veículo automotor, sem prejuízo das demais sanções penais cabíveis. (Redação dada pela Lei nº 11.705, de 2008)

Art. 297. A penalidade de multa reparatória consiste no pagamento, mediante depósito judicial em favor da vítima, ou seus sucessores, de quantia calculada com base no disposto no § 1º do art. 49 do Código Penal, sempre que houver prejuízo material resultante do crime.

§ 1º A multa reparatória não poderá ser superior ao valor do prejuízo demonstrado no processo.

§ 2º Aplica-se à multa reparatória o disposto nos arts. 50 a 52 do Código Penal.

§ 3º Na indenização civil do dano, o valor da multa reparatória será descontado.

Art. 298. São circunstâncias que sempre agravam as penalidades dos crimes de trânsito ter o condutor do veículo cometido a infração:

I. com dano potencial para duas ou mais pessoas ou com grande risco de grave dano patrimonial a terceiros;

II. utilizando o veículo sem placas, com placas falsas ou adulteradas;

III. sem possuir Permissão para Dirigir ou Carteira de Habilitação;

IV. com Permissão para Dirigir ou Carteira de Habilitação de categoria diferente da do veículo;

V. quando a sua profissão ou atividade exigir cuidados especiais com o transporte de passageiros ou de carga;

VI. utilizando veículo em que tenham sido adulterados equipamentos ou características que afetem a sua segurança ou o seu funcionamento de acordo com os limites de velocidade prescritos nas especificações do fabricante;

VII. sobre faixa de trânsito temporária ou permanentemente destinada a pedestres.

Art. 299. (VETADO)

Art. 300. (VETADO)

Art. 301. Ao condutor de veículo, nos casos de acidentes de trânsito de que resulte vítima, não se imporá a prisão em flagrante, nem se exigirá fiança, se prestar pronto e integral socorro àquela.

Seção II - Dos Crimes em Espécie

Art. 302. Praticar homicídio culposo na direção de veículo automotor:

Penas - detenção, de dois a quatro anos, e suspensão ou proibição de se obter a permissão ou a habilitação para dirigir veículo automotor.

ANOTAÇÕES

§ 1º No homicídio culposo cometido na direção de veículo automotor, a pena é aumentada de 1/3 (um terço) à metade, se o agente: (Incluído pela Lei nº 12.971, de 2014)

I. não possuir Permissão para Dirigir ou Carteira de Habilitação; (Incluído pela Lei nº 12.971, de 2014)

II. praticá-lo em faixa de pedestres ou na calçada; (Incluído pela Lei nº 12.971, de 2014)

III. deixar de prestar socorro, quando possível fazê-lo sem risco pessoal, à vítima do acidente; (Incluído pela Lei nº 12.971, de 2014)

IV. no exercício de sua profissão ou atividade, estiver conduzindo veículo de transporte de passageiros. (Incluído pela Lei nº 12.971, de 2014)

V. (Revogado pela Lei nº 11.705, de 2008)

§ 2º (Revogado pela Lei nº 13.281, de 2016)

§ 3º Se o agente conduz veículo automotor sob a influência de álcool ou de qualquer outra substância psicoativa que determine dependência:

Penas - reclusão, de cinco a oito anos, e suspensão ou proibição do direito de se obter a permissão ou a habilitação para dirigir veículo automotor."

Art. 303. Praticar lesão corporal culposa na direção de veículo automotor:

Penas - detenção, de seis meses a dois anos e suspensão ou proibição de se obter a permissão ou a habilitação para dirigir veículo automotor.

§ 1º Aumenta-se a pena de 1/3 (um terço) à metade, se ocorrer qualquer das hipóteses do § 1º do art. 302.

§ 2º A pena privativa de liberdade é de reclusão de dois a cinco anos, sem prejuízo das outras penas previstas neste artigo, se o agente conduz o veículo com capacidade psicomotora alterada em razão da influência de álcool ou de outra substância psicoativa que determine dependência, e se do crime resultar lesão corporal de natureza grave ou gravíssima.

Art. 304. Deixar o condutor do veículo, na ocasião do acidente, de prestar imediato socorro à vítima, ou, não podendo fazê-lo diretamente, por justa causa, deixar de solicitar auxílio da autoridade pública:

Penas - detenção, de seis meses a um ano, ou multa, se o fato não constituir elemento de crime mais grave.

Parágrafo único. Incide nas penas previstas neste artigo o condutor do veículo, ainda que a sua omissão seja suprida por terceiros ou que se trate de vítima com morte instantânea ou com ferimentos leves.

Art. 305. Afastar-se o condutor do veículo do local do acidente, para fugir à responsabilidade penal ou civil que lhe possa ser atribuída:

Penas - detenção, de seis meses a um ano, ou multa.

Art. 306. Conduzir veículo automotor com capacidade psicomotora alterada em razão da influência de álcool ou de outra substância psicoativa que determine dependência: (Redação dada pela Lei nº 12.760, de 2012)

Penas - detenção, de seis meses a três anos, multa e suspensão ou proibição de se obter a permissão ou a habilitação para dirigir veículo automotor.

§ 1º As condutas previstas no caput serão constatadas por: (Incluído pela Lei nº 12.760, de 2012)

I. concentração igual ou superior a 6 decigramas de álcool por litro de sangue ou igual ou superior a 0,3 miligrama de álcool por litro de ar alveolar; ou (Incluído pela Lei nº 12.760, de 2012)

II. sinais que indiquem, na forma disciplinada pelo Contran, alteração da capacidade psicomotora. (Incluído pela Lei nº 12.760, de 2012)

§ 2º A verificação do disposto neste artigo poderá ser obtida mediante teste de alcoolemia ou toxicológico, exame clínico, perícia, vídeo, prova testemunhal ou outros meios de prova em direito admitidos, observado o direito à contraprova. (Redação dada pela Lei nº 12.971, de 2014)

ANOTAÇÕES

CTB

ANOTAÇÕES

§ 3º O Contran disporá sobre a equivalência entre os distintos testes de alcoolemia ou toxicológicos para efeito de caracterização do crime tipificado neste artigo. (Redação dada pela Lei nº 12.971, de 2014)

§ 4º Poderá ser empregado qualquer aparelho homologado pelo Instituto Nacional de Metrologia, Qualidade e Tecnologia - INMETRO - para se determinar o previsto no caput. (Incluído pela Lei nº 13.840, de 2019)

Art. 307. Violar a suspensão ou a proibição de se obter a permissão ou a habilitação para dirigir veículo automotor imposta com fundamento neste Código:

Penas - detenção, de seis meses a um ano e multa, com nova imposição adicional de idêntico prazo de suspensão ou de proibição.

Parágrafo único. Nas mesmas penas incorre o condenado que deixa de entregar, no prazo estabelecido no § 1º do art. 293, a Permissão para Dirigir ou a Carteira de Habilitação.

Art. 308. Participar, na direção de veículo automotor, em via pública, de corrida, disputa ou competição automobilística ou ainda de exibição ou demonstração de perícia em manobra de veículo automotor, não autorizada pela autoridade competente, gerando situação de risco à incolumidade pública ou privada: (Redação dada pela Lei nº 12.971, de 2014)

Penas - detenção, de 6 (seis) meses a 3 (três) anos, multa e suspensão ou proibição de se obter a permissão ou a habilitação para dirigir veículo automotor. (Redação dada pela Lei nº 12.971, de 2014)

§ 1º Se da prática do crime previsto no caput resultar lesão corporal de natureza grave, e as circunstâncias demonstrarem que o agente não quis o resultado nem assumiu o risco de produzi-lo, a pena privativa de liberdade é de reclusão, de 3 (três) a 6 (seis) anos, sem prejuízo das outras penas previstas neste artigo. (Incluído pela Lei nº 12.971, de 2014)

§ 2º Se da prática do crime previsto no caput resultar morte, e as circunstâncias demonstrarem que o agente não quis o resultado nem assumiu o risco de produzi-lo, a pena privativa de liberdade é de reclusão de 5 (cinco) a 10 (dez) anos, sem prejuízo das outras penas previstas neste artigo. (Incluído pela Lei nº 12.971, de 2014)

Art. 309. Dirigir veículo automotor, em via pública, sem a devida Permissão para Dirigir ou Habilitação ou, ainda, se cassado o direito de dirigir, gerando perigo de dano:

Penas - detenção, de seis meses a um ano, ou multa.

Art. 310. Permitir, confiar ou entregar a direção de veículo automotor a pessoa não habilitada, com habilitação cassada ou com o direito de dirigir suspenso, ou, ainda, a quem, por seu estado de saúde, física ou mental, ou por embriaguez, não esteja em condições de conduzi-lo com segurança:

Penas - detenção, de seis meses a um ano, ou multa.

Art. 310-A. (VETADO) (Incluído pela Lei nº 12.619, de 2012)

Art. 311. Trafegar em velocidade incompatível com a segurança nas proximidades de escolas, hospitais, estações de embarque e desembarque de passageiros, logradouros estreitos, ou onde haja grande movimentação ou concentração de pessoas, gerando perigo de dano:

Penas - detenção, de seis meses a um ano, ou multa.

Art. 312. Inovar artificiosamente, em caso de acidente automobilístico com vítima, na pendência do respectivo procedimento policial preparatório, inquérito policial ou processo penal, o estado de lugar, de coisa ou de pessoa, a fim de induzir a erro o agente policial, o perito, ou juiz:

Penas - detenção, de seis meses a um ano, ou multa.

Parágrafo único. Aplica-se o disposto neste artigo, ainda que não iniciados, quando da inovação, o procedimento preparatório, o inquérito ou o processo aos quais se refere.

Art. 312-A. Para os crimes relacionados nos arts. 302 a 312 deste Código, nas situações em que o juiz aplicar a substituição de pena privativa de liberdade por pena restritiva de direitos, esta deverá ser de prestação de serviço à comunidade ou a entidades públicas, em uma das seguintes atividades: (Incluído pela Lei nº 13.281, de 2016)

ANOTAÇÕES

I. trabalho, aos fins de semana, em equipes de resgate dos corpos de bombeiros e em outras unidades móveis especializadas no atendimento a vítimas de trânsito; (Incluído pela Lei nº 13.281, de 2016)

II. trabalho em unidades de pronto-socorro de hospitais da rede pública que recebem vítimas de acidente de trânsito e politraumatizados; (Incluído pela Lei nº 13.281, de 2016)

III. trabalho em clínicas ou instituições especializadas na recuperação de acidentados de trânsito; (Incluído pela Lei nº 13.281, de 2016)

IV. outras atividades relacionadas ao resgate, atendimento e recuperação de vítimas de acidentes de trânsito. (Incluído pela Lei nº 13.281, de 2016)

CAPÍTULO XX - DISPOSIÇÕES FINAIS E TRANSITÓRIAS

Art. 313. O Poder Executivo promoverá a nomeação dos membros do CONTRAN no prazo de sessenta dias da publicação deste Código.

Art. 314. O CONTRAN tem o prazo de duzentos e quarenta dias a partir da publicação deste Código para expedir as resoluções necessárias à sua melhor execução, bem como revisar todas as resoluções anteriores à sua publicação, dando prioridade àquelas que visam a diminuir o número de acidentes e a assegurar a proteção de pedestres.

Parágrafo único. As resoluções do CONTRAN, existentes até a data de publicação deste Código, continuam em vigor naquilo em que não conflitem com ele.

Art. 315. O Ministério da Educação e do Desporto, mediante proposta do CONTRAN, deverá, no prazo de duzentos e quarenta dias contado da publicação, estabelecer o currículo com conteúdo programático relativo à segurança e à educação de trânsito, a fim de atender o disposto neste Código.

Art. 316. O prazo de notificação previsto no inciso II do parágrafo único do art. 281 só entrará em vigor após duzentos e quarenta dias contados da publicação desta Lei.

Art. 317. Os órgãos e entidades de trânsito concederão prazo de até um ano para a adaptação dos veículos de condução de escolares e de aprendizagem às normas do inciso III do art. 136 e art. 154, respectivamente.

Art. 318. (VETADO)

Art. 319. Enquanto não forem baixadas novas normas pelo CONTRAN, continua em vigor o disposto no art. 92 do Regulamento do Código Nacional de Trânsito - Decreto nº 62.127, de 16 de janeiro de 1968.

Art. 319-A. Os valores de multas constantes deste Código poderão ser corrigidos monetariamente pelo Contran, respeitado o limite da variação do Índice Nacional de Preços ao Consumidor Amplo (IPCA) no exercício anterior. (Incluído pela Lei nº 13.281, de 2016)

Parágrafo único. Os novos valores decorrentes do disposto no caput serão divulgados pelo Contran com, no mínimo, 90 (noventa) dias de antecedência de sua aplicação. (Incluído pela Lei nº 13.281, de 2016)

Art. 320. A receita arrecadada com a cobrança das multas de trânsito será aplicada, exclusivamente, em sinalização, engenharia de tráfego, de campo, policiamento, fiscalização e educação de trânsito.

§ 1º O percentual de cinco por cento do valor das multas de trânsito arrecadadas será depositado, mensalmente, na conta de fundo de âmbito nacional destinado à segurança e educação de trânsito. (Redação dada pela Lei nº 13.281, de 2016)

§ 2º O órgão responsável deverá publicar, anualmente, na rede mundial de computadores (internet), dados sobre a receita arrecadada com a cobrança de multas de trânsito e sua destinação. (Incluído pela Lei nº 13. 281, de 2016)

Art. 320-A. Os órgãos e as entidades do Sistema Nacional de Trânsito poderão integrar-se para a ampliação e o aprimoramento da fiscalização de trânsito, inclusive por meio do compartilhamento da receita arrecadada com a cobrança das multas de trânsito. (Redação dada pela Lei nº 13.281, de 2016)

Art. 321. (VETADO)

Art. 322. (VETADO)

Art. 323. O CONTRAN, em cento e oitenta dias, fixará a metodologia de aferição de peso de veículos, estabelecendo percentuais de tolerância, sendo durante este período suspensa a vigência das penalidades previstas no inciso V do art. 231, aplicando-se a penalidade de vinte UFIR por duzentos quilogramas ou fração de excesso.

Parágrafo único. Os limites de tolerância a que se refere este artigo, até a sua fixação pelo CONTRAN, são aqueles estabelecidos pela Lei nº 7.408, de 25 de novembro de 1985.

Art. 324. (VETADO)

Art. 325. As repartições de trânsito conservarão por, no mínimo, 5 (cinco) anos os documentos relativos à habilitação de condutores, ao registro e ao licenciamento de veículos e aos autos de infração de trânsito. (Redação dada pela Lei nº 13.281, de 2016)

§ 1º Os documentos previstos no caput poderão ser gerados e tramitados eletronicamente, bem como arquivados e armazenados em meio digital, desde que assegurada a autenticidade, a fidedignidade, a confiabilidade e a segurança das informações, e serão válidos para todos os efeitos legais, sendo dispensada, nesse caso, a sua guarda física. (Incluído pela Lei nº 13.281, de 2016)

§ 2º O Contran regulamentará a geração, a tramitação, o arquivamento, o armazenamento e a eliminação de documentos eletrônicos e físicos gerados em decorrência da aplicação das disposições deste Código. (Incluído pela Lei nº 13.281, de 2016)

§ 3º Na hipótese prevista nos §§ 1º e 2º, o sistema deverá ser certificado digitalmente, atendidos os requisitos de autenticidade, integridade, validade jurídica e interoperabilidade da Infraestrutura de Chaves Públicas Brasileira (ICPBrasil). (Incluído pela Lei nº 13.281, de 2016)

Art. 326. A Semana Nacional de Trânsito será comemorada anualmente no período compreendido entre 18 e 25 de setembro.

Art. 326-A. A atuação dos integrantes do Sistema Nacional de Trânsito, no que se refere à política de segurança no trânsito, deverá voltar-se prioritariamente para o cumprimento de metas anuais de redução de índice de mortos por grupo de veículos e de índice de mortos por grupo de habitantes, ambos apurados por Estado e por ano, detalhando-se os dados levantados e as ações realizadas por vias federais, estaduais e municipais. (Incluído pela Lei nº 13.614, de 2018)

§ 1º O objetivo geral do estabelecimento de metas é, ao final do prazo de dez anos, reduzir à metade, no mínimo, o índice nacional de mortos por grupo de veículos e o índice nacional de mortos por grupo de habitantes, relativamente aos índices apurados no ano da entrada em vigor da lei que cria o Plano Nacional de Redução de Mortes e Lesões no Trânsito (Pnatrans). (Incluído pela Lei nº 13.614, de 2018)

§ 2º As metas expressam a diferença a menor, em base percentual, entre os índices mais recentes, oficialmente apurados, e os índices que se pretende alcançar. (Incluído pela Lei nº 13.614, de 2018)

§ 3º A decisão que fixar as metas anuais estabelecerá as respectivas margens de tolerância. (Incluído pela Lei nº 13.614, de 2018)

§ 4º As metas serão fixadas pelo Contran para cada um dos Estados da Federação e para o Distrito Federal, mediante propostas fundamentadas dos Cetran, do Contrandife e do Departamento de Polícia Rodoviária Federal, no âmbito das respectivas circunscrições. (Incluído pela Lei nº 13.614, de 2018)

§ 5º Antes de submeterem as propostas ao Contran, os Cetran, o Contrandife e o Departamento de Polícia Rodoviária Federal realizarão consulta ou audiência pública para manifestação da sociedade sobre as metas a serem propostas. (Incluído pela Lei nº 13.614, de 2018)

ANOTAÇÕES

§ 6º As propostas dos Cetran, do Contrandife e do Departamento de Polícia Rodoviária Federal serão encaminhadas ao Contran até o dia 1º de agosto de cada ano, acompanhadas de relatório analítico a respeito do cumprimento das metas fixadas para o ano anterior e de exposição de ações, projetos ou programas, com os respectivos orçamentos, por meio dos quais se pretende cumprir as metas propostas para o ano seguinte. (Incluído pela Lei nº 13.614, de 2018)

§ 7º As metas fixadas serão divulgadas em setembro, durante a Semana Nacional de Trânsito, assim como o desempenho, absoluto e relativo, de cada Estado e do Distrito Federal no cumprimento das metas vigentes no ano anterior, detalhados os dados levantados e as ações realizadas por vias federais, estaduais e municipais, devendo tais informações permanecer à disposição do público na rede mundial de computadores, em sítio eletrônico do órgão máximo executivo de trânsito da União. (Incluído pela Lei nº 13.614, de 2018)

§ 8º O Contran, ouvidos o Departamento de Polícia Rodoviária Federal e demais órgãos do Sistema Nacional de Trânsito, definirá as fórmulas para apuração dos índices de que trata este artigo, assim como a metodologia para a coleta e o tratamento dos dados estatísticos necessários para a composição dos termos das fórmulas. (Incluído pela Lei nº 13.614, de 2018)

§ 9º Os dados estatísticos coletados em cada Estado e no Distrito Federal serão tratados e consolidados pelo respectivo órgão ou entidade executivos de trânsito, que os repassará ao órgão máximo executivo de trânsito da União até o dia 1º de março, por meio do sistema de registro nacional de acidentes e estatísticas de trânsito. (Incluído pela Lei nº 13.614, de 2018)

§ 10. Os dados estatísticos sujeitos à consolidação pelo órgão ou entidade executivos de trânsito do Estado ou do Distrito Federal compreendem os coletados naquela circunscrição: (Incluído pela Lei nº 13.614, de 2018)

- **I.** pela Polícia Rodoviária Federal e pelo órgão executivo rodoviário da União; (Incluído pela Lei nº 13.614, de 2018)
- **II.** pela Polícia Militar e pelo órgão ou entidade executivos rodoviários do Estado ou do Distrito Federal; (Incluído pela Lei nº 13.614, de 2018)
- **III.** pelos órgãos ou entidades executivos rodoviários e pelos órgãos ou entidades executivos de trânsito dos Municípios. (Incluído pela Lei nº 13.614, de 2018)

§ 11. O cálculo dos índices, para cada Estado e para o Distrito Federal, será feito pelo órgão máximo executivo de trânsito da União, ouvidos o Departamento de Polícia Rodoviária Federal e demais órgãos do Sistema Nacional de Trânsito. (Incluído pela Lei nº 13.614, de 2018)

§ 12. Os índices serão divulgados oficialmente até o dia 31 de março de cada ano. (Incluído pela Lei nº 13.614, de 2018)

§ 13. Com base em índices parciais, apurados no decorrer do ano, o Contran, os Cetran e o Contrandife poderão recomendar aos integrantes do Sistema Nacional de Trânsito alterações nas ações, projetos e programas em desenvolvimento ou previstos, com o fim de atingir as metas fixadas para cada um dos Estados e para o Distrito Federal. (Incluído pela Lei nº 13.614, de 2018)

§ 14. A partir da análise de desempenho a que se refere o § 7º deste artigo, o Contran elaborará e divulgará, também durante a Semana Nacional de Trânsito: (Incluído pela Lei nº 13.614, de 2018)

- **I.** duas classificações ordenadas dos Estados e do Distrito Federal, uma referente ao ano analisado e outra que considere a evolução do desempenho dos Estados e do Distrito Federal desde o início das análises; (Incluído pela Lei nº 13.614, de 2018)
- **II.** relatório a respeito do cumprimento do objetivo geral do estabelecimento de metas previsto no § 1º deste artigo. (Incluído pela Lei nº 13.614, de 2018)

ANOTAÇÕES

ANOTAÇÕES

Art. 327. A partir da publicação deste Código, somente poderão ser fabricados e licenciados veículos que obedeçam aos limites de peso e dimensões fixados na forma desta Lei, ressalvados os que vierem a ser regulamentados pelo CONTRAN.

Parágrafo único. (VETADO)

Art. 328. O veículo apreendido ou removido a qualquer título e não reclamado por seu proprietário dentro do prazo de sessenta dias, contado da data de recolhimento, será avaliado e levado a leilão, a ser realizado preferencialmente por meio eletrônico. (Redação dada pela Lei nº 13.160, de 2015)

§ 1º Publicado o edital do leilão, a preparação poderá ser iniciada após trinta dias, contados da data de recolhimento do veículo, o qual será classificado em duas categorias: (Incluído pela Lei nº 13.160, de 2015)

I. conservado, quando apresenta condições de segurança para trafegar; e (Incluído pela Lei nº 13.160, de 2015)

II. sucata, quando não está apto a trafegar. (Incluído pela Lei nº 13.160, de 2015)

§ 2º Se não houver oferta igual ou superior ao valor da avaliação, o lote será incluído no leilão seguinte, quando será arrematado pelo maior lance, desde que por valor não inferior a cinquenta por cento do avaliado. (Incluído pela Lei nº 13.160, de 2015)

§ 3º Mesmo classificado como conservado, o veículo que for levado a leilão por duas vezes e não for arrematado será leiloado como sucata. (Incluído pela Lei nº 13.160, de 2015)

§ 4º É vedado o retorno do veículo leiloado como sucata à circulação. (Incluído pela Lei nº 13.160, de 2015)

§ 5º A cobrança das despesas com estada no depósito será limitada ao prazo de seis meses. (Incluído pela Lei nº 13.160, de 2015)

§ 6º Os valores arrecadados em leilão deverão ser utilizados para custeio da realização do leilão, dividindo-se os custos entre os veículos arrematados, proporcionalmente ao valor da arrematação, e destinando-se os valores remanescentes, na seguinte ordem, para: (Incluído pela Lei nº 13.160, de 2015)

I. as despesas com remoção e estada; (Incluído pela Lei nº 13.160, de 2015)

II. os tributos vinculados ao veículo, na forma do § 10; (Incluído pela Lei nº 13.160, de 2015)

III. os credores trabalhistas, tributários e titulares de crédito com garantia real, segundo a ordem de preferência estabelecida no art. 186 da Lei no 5.172, de 25 de outubro de 1966 (Código Tributário Nacional); (Incluído pela Lei nº 13.160, de 2015)

IV. as multas devidas ao órgão ou à entidade responsável pelo leilão; (Incluído pela Lei nº 13.160, de 2015)

V. as demais multas devidas aos órgãos integrantes do Sistema Nacional de Trânsito, segundo a ordem cronológica; e (Incluído pela Lei nº 13.160, de 2015)

VI. os demais créditos, segundo a ordem de preferência legal. (Incluído pela Lei nº 13.160, de 2015)

§ 7º Sendo insuficiente o valor arrecadado para quitar os débitos incidentes sobre o veículo, a situação será comunicada aos credores. (Incluído pela Lei nº 13.160, de 2015)

§ 8º Os órgãos públicos responsáveis serão comunicados do leilão previamente para que formalizem a desvinculação dos ônus incidentes sobre o veículo no prazo máximo de dez dias. (Incluído pela Lei nº 13.160, de 2015)

§ 9º Os débitos incidentes sobre o veículo antes da alienação administrativa ficam dele automaticamente desvinculados, sem prejuízo da cobrança contra o proprietário anterior. (Incluído pela Lei nº 13.160, de 2015)

§ 10. Aplica-se o disposto no § 9º inclusive ao débito relativo a tributo cujo fato gerador seja a propriedade, o domínio útil, a posse, a circulação ou o licenciamento de veículo. (Incluído pela Lei nº 13.160, de 2015)

§ 11. Na hipótese de o antigo proprietário reaver o veículo, por qualquer meio, os débitos serão novamente vinculados ao bem, aplicando-se, nesse caso, o disposto nos §§ 1º, 2º e 3º do art. 271. (Incluído pela Lei nº 13.160, de 2015)

ANOTAÇÕES

§ 12. Quitados os débitos, o saldo remanescente será depositado em conta específica do órgão responsável pela realização do leilão e ficará à disposição do antigo proprietário, devendo ser expedida notificação a ele, no máximo em trinta dias após a realização do leilão, para o levantamento do valor no prazo de cinco anos, após os quais o valor será transferido, definitivamente, para o fundo a que se refere o parágrafo único do art. 320. (Incluído pela Lei nº 13.160, de 2015)

§ 13. Aplica-se o disposto neste artigo, no que couber, ao animal recolhido, a qualquer título, e não reclamado por seu proprietário no prazo de sessenta dias, a contar da data de recolhimento, conforme regulamentação do CONTRAN. (Incluído pela Lei nº 13.160, de 2015)

§ 14. Se identificada a existência de restrição policial ou judicial sobre o prontuário do veículo, a autoridade responsável pela restrição será notificada para a retirada do bem do depósito, mediante a quitação das despesas com remoção e estada, ou para a autorização do leilão nos termos deste artigo. (Redação dada pela Lei nº 13.281, de 2016)

§ 15. Se no prazo de 60 (sessenta) dias, a contar da notificação de que trata o § 14, não houver manifestação da autoridade responsável pela restrição judicial ou policial, estará o órgão de trânsito autorizado a promover o leilão do veículo nos termos deste artigo. (Incluído pela Lei nº 13.281, de 2016)

§ 16. Os veículos, sucatas e materiais inservíveis de bens automotores que se encontrarem nos depósitos há mais de 1 (um) ano poderão ser destinados à reciclagem, independentemente da existência de restrições sobre o veículo. (Incluído pela Lei nº 13.281, de 2016)

§ 17. O procedimento de hasta pública na hipótese do § 16 será realizado por lote de tonelagem de material ferroso, observando-se, no que couber, o disposto neste artigo, condicionando-se a entrega do material arrematado aos procedimentos necessários à descaracterização total do bem e à destinação exclusiva, ambientalmente adequada, à reciclagem siderúrgica, vedado qualquer aproveitamento de peças e partes. (Incluído pela Lei nº 13.281, de 2016)

§ 18. Os veículos sinistrados irrecuperáveis queimados, adulterados ou estrangeiros, bem como aqueles sem possibilidade de regularização perante o órgão de trânsito, serão destinados à reciclagem, independentemente do período em que estejam em depósito, respeitado o prazo previsto no caput deste artigo, sempre que a autoridade responsável pelo leilão julgar ser essa a medida apropriada. (Incluído pela Lei nº 13.281, de 2016)

Art. 329. Os condutores dos veículos de que tratam os arts. 135 e 136, para exercerem suas atividades, deverão apresentar, previamente, certidão negativa do registro de distribuição criminal relativamente aos crimes de homicídio, roubo, estupro e corrupção de menores, renovável a cada cinco anos, junto ao órgão responsável pela respectiva concessão ou autorização.

Art. 330. Os estabelecimentos onde se executem reformas ou recuperação de veículos e os que comprem, vendam ou desmontem veículos, usados ou não, são obrigados a possuir livros de registro de seu movimento de entrada e saída e de uso de placas de experiência, conforme modelos aprovados e rubricados pelos órgãos de trânsito.

§ 1º Os livros indicarão:

I. data de entrada do veículo no estabelecimento;

II. nome, endereço e identidade do proprietário ou vendedor;

III. data da saída ou baixa, nos casos de desmontagem;

IV. nome, endereço e identidade do comprador;

V. características do veículo constantes do seu certificado de registro;

VI. número da placa de experiência.

§ 2º Os livros terão suas páginas numeradas tipograficamente e serão encadernados ou em folhas soltas, sendo que, no primeiro caso, conterão termo de abertura e encerramento lavrados pelo proprietário e rubricados pela repartição de trânsito, enquanto, no segundo, todas as folhas serão autenticadas pela repartição de trânsito.

§ 3º A entrada e a saída de veículos nos estabelecimentos referidos neste artigo registrar-se-ão no mesmo dia em que se verificarem assinaladas, inclusive, as horas a elas correspondentes, podendo os veículos irregulares lá encontrados ou suas sucatas ser apreendidos ou retidos para sua completa regularização.

§ 4º As autoridades de trânsito e as autoridades policiais terão acesso aos livros sempre que o solicitarem, não podendo, entretanto, retirá-los do estabelecimento.

§ 5º A falta de escrituração dos livros, o atraso, a fraude ao realizá-lo e a recusa de sua exibição serão punidas com a multa prevista para as infrações gravíssimas, independente das demais cominações legais cabíveis.

§ 6º Os livros previstos neste artigo poderão ser substituídos por sistema eletrônico, na forma regulamentada pelo Contran. (Incluído pela Lei nº 13.154, de 2015)

Art. 331. Até a nomeação e posse dos membros que passarão a integrar os colegiados destinados ao julgamento dos recursos administrativos previstos na Seção II do Capítulo XVIII deste Código, o julgamento dos recursos ficará a cargo dos órgãos ora existentes.

Art. 332. Os órgãos e entidades integrantes do Sistema Nacional de Trânsito proporcionarão aos membros do CONTRAN, CETRAN e CONTRANDIFE, em serviço, todas as facilidades para o cumprimento de sua missão, fornecendo-lhes as informações que solicitarem, permitindo-lhes inspecionar a execução de quaisquer serviços e deverão atender prontamente suas requisições.

Art. 333. O CONTRAN estabelecerá, em até cento e vinte dias após a nomeação de seus membros, as disposições previstas nos arts. 91 e 92, que terão de ser atendidas pelos órgãos e entidades executivos de trânsito e executivos rodoviários para exercerem suas competências.

§ 1º Os órgãos e entidades de trânsito já existentes terão prazo de um ano, após a edição das normas, para se adequarem às novas disposições estabelecidas pelo CONTRAN, conforme disposto neste artigo.

§ 2º Os órgãos e entidades de trânsito a serem criados exercerão as competências previstas neste Código em cumprimento às exigências estabelecidas pelo CONTRAN, conforme disposto neste artigo, acompanhados pelo respectivo CETRAN, se órgão ou entidade municipal, ou CONTRAN, se órgão ou entidade estadual, do Distrito Federal ou da União, passando a integrar o Sistema Nacional de Trânsito.

Art. 334. As ondulações transversais existentes deverão ser homologadas pelo órgão ou entidade competente no prazo de um ano, a partir da publicação deste Código, devendo ser retiradas em caso contrário.

Art. 335. (VETADO)

Art. 336. Aplicam-se os sinais de trânsito previstos no Anexo II até a aprovação pelo CONTRAN, no prazo de trezentos e sessenta dias da publicação desta Lei, após a manifestação da Câmara Temática de Engenharia, de Vias e Veículos e obedecidos os padrões internacionais.

Art. 337. Os CETRAN terão suporte técnico e financeiro dos Estados e Municípios que os compõem e, o CONTRANDIFE, do Distrito Federal.

Art. 338. As montadoras, encarroçadoras, os importadores e fabricantes, ao comerciarem veículos automotores de qualquer categoria e ciclos, são obrigados a fornecer, no ato da comercialização do respectivo veículo, manual contendo normas de circulação, infrações, penalidades, direção defensiva, primeiros socorros e Anexos do Código de Trânsito Brasileiro.

Art. 339. Fica o Poder Executivo autorizado a abrir crédito especial no valor de R$ 264.954,00 (duzentos e sessenta e quatro mil, novecentos e cinquenta e quatro reais), em favor do ministério ou órgão a que couber a coordenação máxima do Sistema Nacional de Trânsito, para atender as despesas decorrentes da implantação deste Código.

Art. 340. Este Código entra em vigor cento e vinte dias após a data de sua publicação.

Art. 341. Ficam revogadas as Leis nºs 5.108, de 21 de setembro de 1966, 5.693, de 16 de agosto de 1971, 5.820, de 10 de novembro de 1972, 6.124, de 25 de outubro de 1974, 6.308, de 15 de dezembro de 1975, 6.369, de 27 de outubro de 1976, 6.731, de 4 de dezembro de 1979, 7.031, de 20 de setembro de 1982, 7.052, de 02 de dezembro de 1982, 8.102, de 10 de dezembro de 1990, os arts. 1º a 6º e 11 do Decreto-lei nº 237, de 28 de fevereiro de 1967, e os Decretos-leis nºs 584, de 16 de maio de 1969, 912, de 2 de outubro de 1969, e 2.448, de 21 de julho de 1988.

ANEXO I - DOS CONCEITOS E DEFINIÇÕES

Para efeito deste Código adotam-se as seguintes definições:

ACOSTAMENTO - parte da via diferenciada da pista de rolamento destinada à parada ou estacionamento de veículos, em caso de emergência, e à circulação de pedestres e bicicletas, quando não houver local apropriado para esse fim.

AGENTE DA AUTORIDADE DE TRÂNSITO - pessoa, civil ou policial militar, credenciada pela autoridade de trânsito para o exercício das atividades de fiscalização, operação, policiamento ostensivo de trânsito ou patrulhamento.

AR ALVEOLAR - ar expirado pela boca de um indivíduo, originário dos alvéolos pulmonares. (Incluído pela Lei nº 12.760, de 2012)

AUTOMÓVEL - veículo automotor destinado ao transporte de passageiros, com capacidade para até oito pessoas, exclusive o condutor.

AUTORIDADE DE TRÂNSITO - dirigente máximo de órgão ou entidade executivo integrante do Sistema Nacional de Trânsito ou pessoa por ele expressamente credenciada.

BALANÇO TRASEIRO - distância entre o plano vertical passando pelos centros das rodas traseiras extremas e o ponto mais recuado do veículo, considerando-se todos os elementos rigidamente fixados ao mesmo.

BICICLETA - veículo de propulsão humana, dotado de duas rodas, não sendo, para efeito deste Código, similar à motocicleta, motoneta e ciclomotor.

BICICLETÁRIO - local, na via ou fora dela, destinado ao estacionamento de bicicletas.

BONDE - veículo de propulsão elétrica que se move sobre trilhos.

BORDO DA PISTA - margem da pista, podendo ser demarcada por linhas longitudinais de bordo que delineiam a parte da via destinada à circulação de veículos.

CALÇADA - parte da via, normalmente segregada e em nível diferente, não destinada à circulação de veículos, reservada ao trânsito de pedestres e, quando possível, à implantação de mobiliário urbano, sinalização, vegetação e outros fins.

CAMINHÃO-TRATOR - veículo automotor destinado a tracionar ou arrastar outro.

CAMINHONETE - veículo destinado ao transporte de carga com peso bruto total de até três mil e quinhentos quilogramas.

CAMIONETA - veículo misto destinado ao transporte de passageiros e carga no mesmo compartimento.

CANTEIRO CENTRAL - obstáculo físico construído como separador de duas pistas de rolamento, eventualmente substituído por marcas viárias (canteiro fictício).

CAPACIDADE MÁXIMA DE TRAÇÃO - máximo peso que a unidade de tração é capaz de tracionar, indicado pelo fabricante, baseado em condições sobre suas limitações de

ANOTAÇÕES

ANOTAÇÕES

CTB

ANOTAÇÕES

geração e multiplicação de momento de força e resistência dos elementos que compõem a transmissão.

CARREATA - deslocamento em fila na via de veículos automotores em sinal de regozijo, de reivindicação, de protesto cívico ou de uma classe.

CARRO DE MÃO - veículo de propulsão humana utilizado no transporte de pequenas cargas.

CARROÇA - veículo de tração animal destinado ao transporte de carga.

CATADIÓPTRICO - dispositivo de reflexão e refração da luz utilizado na sinalização de vias e veículos (olho-degato).

CHARRETE - veículo de tração animal destinado ao transporte de pessoas.

CICLO - veículo de pelo menos duas rodas a propulsão humana.

CICLOFAIXA - parte da pista de rolamento destinada à circulação exclusiva de ciclos, delimitada por sinalização específica.

CICLOMOTOR - veículo de duas ou três rodas, provido de um motor de combustão interna, cuja cilindrada não exceda a cinquenta centímetros cúbicos (3,05 polegadas cúbicas) e cuja velocidade máxima de fabricação não exceda a cinquenta quilômetros por hora.

CICLOVIA - pista própria destinada à circulação de ciclos, separada fisicamente do tráfego comum.

CONVERSÃO - movimento em ângulo, à esquerda ou à direita, de mudança da direção original do veículo.

CRUZAMENTO - interseção de duas vias em nível.

DISPOSITIVO DE SEGURANÇA - qualquer elemento que tenha a função específica de proporcionar maior segurança ao usuário da via, alertando-o sobre situações de perigo que possam colocar em risco sua integridade física e dos demais usuários da via, ou danificar seriamente o veículo.

ESTACIONAMENTO - imobilização de veículos por tempo superior ao necessário para embarque ou desembarque de passageiros.

ESTRADA - via rural não pavimentada.

ETILÔMETRO - aparelho destinado à medição do teor alcoólico no ar alveolar. (Incluído pela Lei nº 12.760, de 2012)

FAIXAS DE DOMÍNIO - superfície lindeira às vias rurais, delimitada por lei específica e sob responsabilidade do órgão ou entidade de trânsito competente com circunscrição sobre a via.

FAIXAS DE TRÂNSITO - qualquer uma das áreas longitudinais em que a pista pode ser subdividida, sinalizada ou não por marcas viárias longitudinais, que tenham uma largura suficiente para permitir a circulação de veículos automotores.

FISCALIZAÇÃO - ato de controlar o cumprimento das normas estabelecidas na legislação de trânsito, por meio do poder de polícia administrativa de trânsito, no âmbito de circunscrição dos órgãos e entidades executivos de trânsito e de acordo com as competências definidas neste Código.

FOCO DE PEDESTRES - indicação luminosa de permissão ou impedimento de locomoção na faixa apropriada.

FREIO DE ESTACIONAMENTO - dispositivo destinado a manter o veículo imóvel na ausência do condutor ou, no caso de um reboque, se este se encontra desengatado.

FREIO DE SEGURANÇA OU MOTOR - dispositivo destinado a diminuir a marcha do veículo no caso de falha do freio de serviço.

FREIO DE SERVIÇO - dispositivo destinado a provocar a diminuição da marcha do veículo ou pará-lo.

ANOTAÇÕES

GESTOS DE AGENTES - movimentos convencionais de braço, adotados exclusivamente pelos agentes de autoridades de trânsito nas vias, para orientar, indicar o direito de passagem dos veículos ou pedestres ou emitir ordens, sobrepondo-se ou completando outra sinalização ou norma constante deste Código.

GESTOS DE CONDUTORES - movimentos convencionais de braço, adotados exclusivamente pelos condutores, para orientar ou indicar que vão efetuar uma manobra de mudança de direção, redução brusca de velocidade ou parada.

ILHA - obstáculo físico, colocado na pista de rolamento, destinado à ordenação dos fluxos de trânsito em uma interseção.

INFRAÇÃO - inobservância a qualquer preceito da legislação de trânsito, às normas emanadas do Código de Trânsito, do Conselho Nacional de Trânsito e a regulamentação estabelecida pelo órgão ou entidade executiva do trânsito.

INTERSEÇÃO - todo cruzamento em nível, entroncamento ou bifurcação, incluindo as áreas formadas por tais cruzamentos, entroncamentos ou bifurcações.

INTERRUPÇÃO DE MARCHA - imobilização do veículo para atender circunstância momentânea do trânsito.

LICENCIAMENTO - procedimento anual, relativo a obrigações do proprietário de veículo, comprovado por meio de documento específico (Certificado de Licenciamento Anual).

LOGRADOURO PÚBLICO - espaço livre destinado pela municipalidade à circulação, parada ou estacionamento de veículos, ou à circulação de pedestres, tais como calçada, parques, áreas de lazer, calçadões.

LOTAÇÃO - carga útil máxima, incluindo condutor e passageiros, que o veículo transporta, expressa em quilogramas para os veículos de carga, ou número de pessoas, para os veículos de passageiros.

LOTE LINDEIRO - aquele situado ao longo das vias urbanas ou rurais e que com elas se limita.

LUZ ALTA - facho de luz do veículo destinado a iluminar a via até uma grande distância do veículo.

LUZ BAIXA - facho de luz do veículo destinada a iluminar a via diante do veículo, sem ocasionar ofuscamento ou incômodo injustificáveis aos condutores e outros usuários da via que venham em sentido contrário.

LUZ DE FREIO - luz do veículo destinada a indicar aos demais usuários da via, que se encontram atrás do veículo, que o condutor está aplicando o freio de serviço.

LUZ INDICADORA DE DIREÇÃO (pisca-pisca) - luz do veículo destinada a indicar aos demais usuários da via que o condutor tem o propósito de mudar de direção para a direita ou para a esquerda.

LUZ DE MARCHA À RÉ - luz do veículo destinada a iluminar atrás do veículo e advertir aos demais usuários da via que o veículo está efetuando ou a ponto de efetuar uma manobra de marcha à ré.

LUZ DE NEBLINA - luz do veículo destinada a aumentar a iluminação da via em caso de neblina, chuva forte ou nuvens de pó.

LUZ DE POSIÇÃO (lanterna) - luz do veículo destinada a indicar a presença e a largura do veículo.

MANOBRA - movimento executado pelo condutor para alterar a posição em que o veículo está no momento em relação à via.

MARCAS VIÁRIAS - conjunto de sinais constituídos de linhas, marcações, símbolos ou legendas, em tipos e cores diversas, apostos ao pavimento da via.

ANOTAÇÕES

MICROÔNIBUS - veículo automotor de transporte coletivo com capacidade para até vinte passageiros.

MOTOCICLETA - veículo automotor de duas rodas, com ou sem sidecar, dirigido por condutor em posição montada.

MOTONETA - veículo automotor de duas rodas, dirigido por condutor em posição sentada.

MOTOR-CASA (MOTOR-HOME) - veículo automotor cuja carroçaria seja fechada e destinada a alojamento, escritório, comércio ou finalidades análogas.

NOITE - período do dia compreendido entre o pôr-do-sol e o nascer do sol.

ÔNIBUS - veículo automotor de transporte coletivo com capacidade para mais de vinte passageiros, ainda que, em virtude de adaptações com vista à maior comodidade destes, transporte número menor.

OPERAÇÃO DE CARGA E DESCARGA - imobilização do veículo, pelo tempo estritamente necessário ao carregamento ou descarregamento de animais ou carga, na forma disciplinada pelo órgão ou entidade executivo de trânsito competente com circunscrição sobre a via.

OPERAÇÃO DE TRÂNSITO - monitoramento técnico baseado nos conceitos de Engenharia de Tráfego, das condições de fluidez, de estacionamento e parada na via, de forma a reduzir as interferências tais como veículos quebrados, acidentados, estacionados irregularmente atrapalhando o trânsito, prestando socorros imediatos e informações aos pedestres e condutores.

PARADA - imobilização do veículo com a finalidade e pelo tempo estritamente necessário para efetuar embarque ou desembarque de passageiros.

PASSAGEM DE NÍVEL - todo cruzamento de nível entre uma via e uma linha férrea ou trilho de bonde com pista própria.

PASSAGEM POR OUTRO VEÍCULO - movimento de passagem à frente de outro veículo que se desloca no mesmo sentido, em menor velocidade, mas em faixas distintas da via.

PASSAGEM SUBTERRÂNEA - obra de arte destinada à transposição de vias, em desnível subterrâneo, e ao uso de pedestres ou veículos.

PASSARELA - obra de arte destinada à transposição de vias, em desnível aéreo, e ao uso de pedestres.

PASSEIO - parte da calçada ou da pista de rolamento, neste último caso, separada por pintura ou elemento físico separador, livre de interferências, destinada à circulação exclusiva de pedestres e, excepcionalmente, de ciclistas.

PATRULHAMENTO - função exercida pela Polícia Rodoviária Federal com o objetivo de garantir obediência às normas de trânsito, assegurando a livre circulação e evitando acidentes.

PERÍMETRO URBANO - limite entre área urbana e área rural.

PESO BRUTO TOTAL - peso máximo que o veículo transmite ao pavimento, constituído da soma da tara mais a lotação.

PESO BRUTO TOTAL COMBINADO - peso máximo transmitido ao pavimento pela combinação de um caminhão-trator mais seu semirreboque ou do caminhão mais o seu reboque ou reboques.

PISCA-ALERTA - luz intermitente do veículo, utilizada em caráter de advertência, destinada a indicar aos demais usuários da via que o veículo está imobilizado ou em situação de emergência.

PISTA - parte da via normalmente utilizada para a circulação de veículos, identificada por elementos separadores ou por diferença de nível em relação às calçadas, ilhas ou aos canteiros centrais.

ANOTAÇÕES

PLACAS - elementos colocados na posição vertical, fixados ao lado ou suspensos sobre a pista, transmitindo mensagens de caráter permanente e, eventualmente, variáveis, mediante símbolo ou legendas pré-reconhecidas e legalmente instituídas como sinais de trânsito.

POLICIAMENTO OSTENSIVO DE TRÂNSITO - função exercida pelas Polícias Militares com o objetivo de prevenir e reprimir atos relacionados com a segurança pública e de garantir obediência às normas relativas à segurança de trânsito, assegurando a livre circulação e evitando acidentes.

PONTE - obra de construção civil destinada a ligar margens opostas de uma superfície líquida qualquer.

REBOQUE - veículo destinado a ser engatado atrás de um veículo automotor.

REGULAMENTAÇÃO DA VIA - implantação de sinalização de regulamentação pelo órgão ou entidade competente com circunscrição sobre a via, definindo, entre outros, sentido de direção, tipo de estacionamento, horários e dias.

REFÚGIO - parte da via, devidamente sinalizada e protegida, destinada ao uso de pedestres durante a travessia da mesma.

RENACH - Registro Nacional de Condutores Habilitados.

RENAVAM - Registro Nacional de Veículos Automotores.

RETORNO - movimento de inversão total de sentido da direção original de veículos.

RODOVIA - via rural pavimentada.

SEMI-REBOQUE - veículo de um ou mais eixos que se apoia na sua unidade tratora ou é a ela ligado por meio de articulação.

SINAIS DE TRÂNSITO - elementos de sinalização viária que se utilizam de placas, marcas viárias, equipamentos de controle luminosos, dispositivos auxiliares, apitos e gestos, destinados exclusivamente a ordenar ou dirigir o trânsito dos veículos e pedestres.

SINALIZAÇÃO - conjunto de sinais de trânsito e dispositivos de segurança colocados na via pública com o objetivo de garantir sua utilização adequada, possibilitando melhor fluidez no trânsito e maior segurança dos veículos e pedestres que nela circulam.

SONS POR APITO - sinais sonoros, emitidos exclusivamente pelos agentes da autoridade de trânsito nas vias, para orientar ou indicar o direito de passagem dos veículos ou pedestres, sobrepondo-se ou completando sinalização existente no local ou norma estabelecida neste Código.

TARA - peso próprio do veículo, acrescido dos pesos da carroçaria e equipamento, do combustível, das ferramentas e acessórios, da roda sobressalente, do extintor de incêndio e do fluido de arrefecimento, expresso em quilogramas.

TRAILER - reboque ou semirreboque tipo casa, com duas, quatro, ou seis rodas, acoplado ou adaptado à traseira de automóvel ou camionete, utilizado em geral em atividades turísticas como alojamento, ou para atividades comerciais.

TRÂNSITO - movimentação e imobilização de veículos, pessoas e animais nas vias terrestres.

TRANSPOSIÇÃO DE FAIXAS - passagem de um veículo de uma faixa demarcada para outra.

TRATOR - veículo automotor construído para realizar trabalho agrícola, de construção e pavimentação e tracionar outros veículos e equipamentos.

ULTRAPASSAGEM - movimento de passar à frente de outro veículo que se desloca no mesmo sentido, em menor velocidade e na mesma faixa de tráfego, necessitando sair e retornar à faixa de origem.

ANOTAÇÕES

UTILITÁRIO - veículo misto caracterizado pela versatilidade do seu uso, inclusive fora de estrada.

VEÍCULO ARTICULADO - combinação de veículos acoplados, sendo um deles automotor.

VEÍCULO AUTOMOTOR - todo veículo a motor de propulsão que circule por seus próprios meios, e que serve normalmente para o transporte viário de pessoas e coisas, ou para a tração viária de veículos utilizados para o transporte de pessoas e coisas. O termo compreende os veículos conectados a uma linha elétrica e que não circulam sobre trilhos (ônibus elétrico).

VEÍCULO DE CARGA - veículo destinado ao transporte de carga, podendo transportar dois passageiros, exclusive o condutor.

VEÍCULO DE COLEÇÃO - aquele que, mesmo tendo sido fabricado há mais de trinta anos, conserva suas características originais de fabricação e possui valor histórico próprio.

VEÍCULO CONJUGADO - combinação de veículos, sendo o primeiro um veículo automotor e os demais reboques ou equipamentos de trabalho agrícola, construção, terraplenagem ou pavimentação.

VEÍCULO DE GRANDE PORTE - veículo automotor destinado ao transporte de carga com peso bruto total máximo superior a dez mil quilogramas e de passageiros, superior a vinte passageiros.

VEÍCULO DE PASSAGEIROS - veículo destinado ao transporte de pessoas e suas bagagens.

VEÍCULO MISTO - veículo automotor destinado ao transporte simultâneo de carga e passageiro.

VIA - superfície por onde transitam veículos, pessoas e animais, compreendendo a pista, a calçada, o acostamento, ilha e canteiro central.

VIA DE TRÂNSITO RÁPIDO - aquela caracterizada por acessos especiais com trânsito livre, sem interseções em nível, sem acessibilidade direta aos lotes lindeiros e sem travessia de pedestres em nível.

VIA ARTERIAL - aquela caracterizada por interseções em nível, geralmente controlada por semáforo, com acessibilidade aos lotes lindeiros e às vias secundárias e locais, possibilitando o trânsito entre as regiões da cidade.

VIA COLETORA - aquela destinada a coletar e distribuir o trânsito que tenha necessidade de entrar ou sair das vias de trânsito rápido ou arteriais, possibilitando o trânsito dentro das regiões da cidade.

VIA LOCAL - aquela caracterizada por interseções em nível não semaforizadas, destinada apenas ao acesso local ou a áreas restritas.

VIA RURAL - estradas e rodovias.

VIA URBANA - ruas, avenidas, vielas, ou caminhos e similares abertos à circulação pública, situados na área urbana, caracterizados principalmente por possuírem imóveis edificados ao longo de sua extensão.

VIAS E ÁREAS DE PEDESTRES - vias ou conjunto de vias destinadas à circulação prioritária de pedestres.

VIADUTO - obra de construção civil destinada a transpor uma depressão de terreno ou servir de passagem superior.

Anexo II (Vide Resolução nº 160, de 2004 do CONTRAN)

ANOTAÇÕES

2. DECRETO Nº 4.711/03 (STN)

O PRESIDENTE DA REPÚBLICA, no uso das atribuições que lhe confere o art. 84, incisos IV e VI, alínea "a", da Constituição, e tendo em vista o disposto nos arts 9º e 10 da Lei nº 9.503, de 23 de setembro de 1997,

Dispõe sobre a coordenação do Sistema Nacional de Trânsito.

Art. 1º. Compete ao Ministério das Cidades a coordenação máxima do Sistema Nacional de Trânsito.

Art. 2º. O Conselho Nacional de Trânsito — CONTRAN, órgão integrante do Sistema Nacional de Trânsito, presidido pelo dirigente do Departamento Nacional de Trânsito — DENATRAN, órgão máximo executivo de trânsito da União, é composto por um representante de cada um dos seguintes Ministérios:

I. da Ciência e Tecnologia;

II. da Educação;

III. da Defesa;

IV. do Meio Ambiente;

V. dos Transportes;

VI. das Cidades; e

VII – da Saúde.

Parágrafo único. Cada membro terá um suplente.

Art. 3º. Os representantes e seus suplentes serão indicados pelos titulares dos órgãos representados e designados pelo Ministro de Estado das Cidades.

Art. 4º. O CONTRAN regulamentará o seu funcionamento em regimento interno.

Art. 5º. Este Decreto entra em vigor na data de sua publicação.

Art. 6º. Fica revogado o Decreto nº 2.327, de 23 de setembro de 1997.

REPARAÇÃO • CONHECIMENTO • APROVAÇÃO

REDAÇÃO DE CORRESPONDÊNCIAS OFICIAIS

ASPECTOS GERAIS DA REDAÇÃO OFICIAL

Panorama da comunicação oficial

A finalidade da língua é comunicar, quer pela fala, quer pela escrita. Para que haja comunicação, são necessários:

a) alguém que comunique;

b) algo a ser comunicado;

c) alguém que receba essa comunicação.

No caso da redação oficial, quem comunica é sempre o serviço público (este/esta ou aquele/aquela Ministério, Secretaria, Departamento, Divisão, Serviço, Seção); o que se comunica é sempre algum assunto relativo às atribuições do órgão que comunica; e o destinatário dessa comunicação é o público, uma instituição privada ou outro órgão ou entidade pública, do Poder Executivo ou dos outros Poderes. Além disso, deve-se considerar a intenção do emissor e a finalidade do documento, para que o texto esteja adequado à situação comunicativa.

A necessidade de empregar determinado nível de linguagem nos atos e nos expedientes oficiais decorre, de um lado, do próprio caráter público desses atos e comunicações; de outro, de sua finalidade. Os atos oficiais, aqui entendidos como atos de caráter normativo, ou estabelecem regras para a conduta dos cidadãos, ou regulam o funcionamento dos órgãos e entidades públicos, o que só é alcançado se, em sua elaboração, for empregada a linguagem adequada. O mesmo se dá com os expedientes oficiais, cuja finalidade precípua é a de informar com clareza e objetividade.

O que é redação oficial

Em uma frase, pode-se dizer que redação oficial é a maneira pela qual o Poder Público redige comunicações oficiais e atos normativos. Neste Manual, interessa-nos tratá-la do ponto de vista da administração pública federal.

A redação oficial não é necessariamente árida e contrária à evolução da língua. É que sua finalidade básica – comunicar com objetividade e máxima clareza – impõe certos parâmetros ao uso que se faz da língua, de maneira diversa daquele da literatura, do texto jornalístico, da correspondência particular etc.

Apresentadas essas características fundamentais da redação oficial, passemos à análise pormenorizada de cada um de seus atributos.

Atributos da redação oficial

A redação oficial deve caracterizar-se por:

- clareza e precisão;
- objetividade;
- concisão;
- coesão e coerência;
- impessoalidade;
- formalidade e padronização; e
- uso da norma padrão.

Fundamentalmente, esses atributos decorrem da Constituição, que dispõe, no art. 37: "A administração pública direta, indireta, de qualquer dos Poderes da União, dos Estados, do Distrito Federal e dos Municípios obedecerá aos princípios de legalidade, impessoalidade, moralidade, publicidade e eficiência (...)". Sendo a publicidade, a impessoalidade e a eficiência princípios fundamentais de toda a administração pública, devem igualmente nortear a elaboração dos atos e das comunicações oficiais.

Clareza e precisão

CLAREZA

A clareza deve ser a qualidade básica de todo texto oficial. Pode-se definir como claro aquele texto que possibilita imediata compreensão pelo leitor. Não se concebe que um documento oficial ou um ato normativo de qualquer natureza seja redigido de forma obscura, que dificulte ou impossibilite sua compreensão. A transparência é requisito do próprio Estado de Direito: é inaceitável que um texto oficial ou um ato normativo não seja entendido pelos cidadãos. O princípio constitucional da publicidade não se esgota na mera publicação do texto, estendendo-se, ainda, à necessidade de que o texto seja claro.

Para a obtenção de clareza, sugere-se:

a) utilizar palavras e expressões simples, em seu sentido comum, salvo quando o texto versar sobre assunto técnico, hipótese em que se utilizará nomenclatura própria da área;

ANOTAÇÕES

RCO

ANOTAÇÕES

b) usar frases curtas, bem estruturadas; apresentar as orações na ordem direta e evitar intercalações excessivas. Em certas ocasiões, para evitar ambiguidade, sugere-se a adoção da ordem inversa da oração;

c) buscar a uniformidade do tempo verbal em todo o texto;

d) não utilizar regionalismos e neologismos;

e) pontuar adequadamente o texto;

f) explicitar o significado da sigla na primeira referência a ela; e

g) utilizar palavras e expressões em outro idioma apenas quando indispensáveis, em razão de serem designações ou expressões de uso já consagrado ou de não terem exata tradução. Nesse caso, grafe-as em itálico, conforme orientações do subitem 10.2 deste Manual.

PRECISÃO

O atributo da precisão complementa a clareza e caracteriza-se por:

a) articulação da linguagem comum ou técnica para a perfeita compreensão da ideia veiculada no texto;

b) manifestação do pensamento ou da ideia com as mesmas palavras, evitando o emprego de sinonímia com propósito meramente estilístico; e

c) escolha de expressão ou palavra que não confira duplo sentido ao texto.

É indispensável, também, a releitura de todo o texto redigido. A ocorrência, em textos oficiais, de trechos obscuros provém principalmente da falta da releitura, o que tornaria possível sua correção. Na revisão de um expediente, deve-se avaliar se ele será de fácil compreensão por seu destinatário. O que nos parece óbvio pode ser desconhecido por terceiros. O domínio que adquirimos sobre certos assuntos, em decorrência de nossa experiência profissional, muitas vezes, faz com que os tomemos como de conhecimento geral, o que nem sempre é verdade. Explicite, desenvolva, esclareça, precise os termos técnicos, o significado das siglas e das abreviações e os conceitos específicos que não possam ser dispensados.

A revisão atenta exige tempo. A pressa com que são elaboradas certas comunicações quase sempre compromete sua clareza. "Não há assuntos urgentes, há assuntos atrasados", diz a máxima. Evite-se, pois, o atraso, com sua indesejável repercussão no texto redigido.

A clareza e a precisão não são atributos que se atinjam por si sós: elas dependem estritamente das demais características da redação oficial, apresentadas a seguir.

Objetividade

Ser objetivo é ir diretamente ao assunto que se deseja abordar, sem voltas e sem redundâncias. Para conseguir isso, é fundamental que o redator saiba de antemão qual é a ideia principal e quais são as secundárias.

Procure perceber certa hierarquia de ideias que existe em todo texto de alguma complexidade: as fundamentais e as secundárias. Essas últimas podem esclarecer o sentido daquelas, detalhá-las, exemplificá-las; mas existem também ideias secundárias que não acrescentam informação alguma ao texto, nem têm maior relação com as fundamentais, podendo, por isso, ser dispensadas, o que também proporcionará mais objetividade ao texto.

A objetividade conduz o leitor ao contato mais direto com o assunto e com as informações, sem subterfúgios, sem excessos de palavras e de ideias. É errado supor que a objetividade suprime a delicadeza de expressão ou torna o texto rude e grosseiro.

Concisão

A concisão é antes uma qualidade do que uma característica do texto oficial. Conciso é o texto que consegue transmitir o máximo de informações com o mínimo de palavras. Não se deve de forma alguma entendê-la como economia de pensamento, isto é, não se deve eliminar passagens substanciais do texto com o único objetivo de reduzi-lo em tamanho. Trata-se, exclusivamente, de excluir palavras inúteis, redundâncias e passagens que nada acrescentem ao que já foi dito.

Detalhes irrelevantes são dispensáveis: o texto deve evitar caracterizações e comentários supérfluos, adjetivos e advérbios inúteis, subordinação excessiva. A seguir, um exemplo1 de período mal construído, prolixo:

Exemplo:

> Apurado, com impressionante agilidade e precisão, naquela tarde de 2009, o resultado da consulta à população acriana, verificou-se que a esmagadora e ampla maioria da população daquele distante estado manifestou-se pela efusiva e indubitável rejeição da alteração realizada pela Lei nº 11.662/2008. Não satisfeita, inconformada e indignada, com a nova hora legal vinculada ao terceiro fuso, a maioria da população do Acre demonstrou que a ela seria melhor regressar ao quarto fuso, estando cinco horas a menos que em Greenwich.

Nesse texto, há vários detalhamentos desnecessários, abusou-se no emprego de adjetivos (impressionante, esmagadora, ampla, inconformada, indignada), o que lhe confere carga afetiva injustificável, sobretudo em texto oficial, que deve primar pela impessoalidade. Eliminados os excessos, o período ganha concisão, harmonia e unidade:

Exemplo:

Apurado o resultado da consulta à população acreana, verificou-se que a maioria da população manifestou-se pela rejeição da alteração realizada pela Lei no 11.662/2008. Não satisfeita com a nova hora legal vinculada ao terceiro fuso, a maioria da população do Acre demonstrou que a ela seria melhor regressar ao quarto fuso, estando cinco horas menos que em Greenwich.

Coesão e coerência

É indispensável que o texto tenha coesão e coerência. Tais atributos favorecem a conexão, a ligação, a harmonia entre os elementos de um texto. Percebe-se que o texto tem coesão e coerência quando se lê um texto e se verifica que as palavras, as frases e os parágrafos estão entrelaçados, dando continuidade uns aos outros.

Alguns mecanismos que estabelecem a coesão e a coerência de um texto são: referência, substituição, elipse e uso de conjunção.

A referência diz respeito aos termos que se relacionam a outros necessários à sua interpretação. Esse mecanismo pode dar-se por retomada de um termo, relação com o que é precedente no texto, ou por antecipação de um termo cuja interpretação dependa do que se segue.

Exemplos:

O Deputado evitou a instalação da CPI da corrupção. Ele aguardou a decisão do Plenário. O TCU apontou estas irregularidades: falta de assinatura e de identificação no documento.

A substituição é a colocação de um item lexical no lugar de outro(s) ou no lugar de uma oração.

Exemplos:

O Presidente assinou o acordo. O Chefe do Poder Executivo federal propôs reduzir as alíquotas.

O memorando está pronto. O documento trata da exoneração do servidor.

Os governadores decidiram acatar a decisão. Em seguida, os prefeitos fizeram o mesmo.

A elipse consiste na omissão de um termo recuperável pelo contexto.

Exemplo:

O decreto regulamenta os casos gerais; a portaria, os particulares. (Na segunda oração, houve a omissão do verbo "regulamenta").

Outra estratégia para proporcionar coesão e coerência ao texto é utilizar conjunção para estabelecer ligação entre orações, períodos ou parágrafos.

Exemplo:

O Embaixador compareceu à reunião, pois identificou o interesse de seu Governo pelo assunto.

Impessoalidade

A impessoalidade decorre de princípio constitucional (Constituição, art. 37), e seu significado remete a dois aspectos: o primeiro é a obrigatoriedade de que a administração pública proceda de modo a não privilegiar ou prejudicar ninguém, de que o seu norte seja, sempre, o interesse público; o segundo, a abstração da pessoalidade dos atos administrativos, pois, apesar de a ação administrativa ser exercida por intermédio de seus servidores, é resultado tão-somente da vontade estatal.

A redação oficial é elaborada sempre em nome do serviço público e sempre em atendimento ao interesse geral dos cidadãos. Sendo assim, os assuntos objetos dos expedientes oficiais não devem ser tratados de outra forma que não a estritamente impessoal.

Percebe-se, assim, que o tratamento impessoal que deve ser dado aos assuntos que constam das comunicações oficiais decorre:

a) da ausência de impressões individuais de quem comunica: embora se trate, por exemplo, de um expediente assinado por Chefe de determinada Seção, a comunicação é sempre feita em nome do serviço público. Obtém-se, assim, uma desejável padronização, que permite que as comunicações elaboradas em diferentes setores da administração pública guardem entre si certa uniformidade;

b) da impessoalidade de quem recebe a comunicação: ela pode ser dirigida a um cidadão, sempre concebido como público, ou a uma instituição privada, a outro órgão ou a outra entidade pública. Em todos os casos, temos um destinatário concebido de forma homogênea e impessoal; e

c) do caráter impessoal do próprio assunto tratado: se o universo temático das comunicações oficiais se restringe a questões que dizem respeito ao interesse público, é natural não caber qualquer tom particular ou pessoal.

Não há lugar na redação oficial para impressões pessoais, como as que, por exemplo, constam de uma carta a um amigo, ou de um artigo assinado de jornal, ou mesmo de um texto literário. A redação oficial deve ser isenta da interferência da individualidade de quem a elabora. A concisão, a clareza, a objetividade e a formalidade de que nos valemos para elaborar os expedientes oficiais contribuem, ainda, para que seja alcançada a necessária impessoalidade.

ANOTAÇÕES

Formalidade e padronização

As comunicações administrativas devem ser sempre formais, isto é, obedecer a certas regras de forma (BRASIL, 2015a). Isso é válido tanto para as comunicações feitas em meio eletrônico (por exemplo, o e-mail , o documento gerado no SEI!, o documento em html etc), quanto para os eventuais documentos impressos.

É imperativa, ainda, certa formalidade de tratamento. Não se trata somente do correto emprego deste ou daquele pronome de tratamento para uma autoridade de certo nível, mais do que isso: a formalidade diz respeito à civilidade no próprio enfoque dado ao assunto do qual cuida a comunicação.

A formalidade de tratamento vincula-se, também, à necessária uniformidade das comunicações. Ora, se a administração pública federal é una, é natural que as comunicações que expeça sigam o mesmo padrão. O estabelecimento desse padrão, uma das metas deste Manual, exige que se atente para todas as características da redação oficial e que se cuide, ainda, da apresentação dos textos.

A digitação sem erros, o uso de papéis uniformes para o texto definitivo, nas exceções em que se fizer necessária a impressão, e a correta diagramação do texto são indispensáveis para a padronização. Consulte o Capítulo II, "As comunicações oficiais", a respeito de normas específicas para cada tipo de expediente.

Em razão de seu caráter público e de sua finalidade, os atos normativos e os expedientes oficiais requerem o uso do padrão culto do idioma, que acata os preceitos da gramática formal e emprega um léxico compartilhado pelo conjunto dos usuários da língua. O uso do padrão culto é, portanto, imprescindível na redação oficial por estar acima das diferenças lexicais, morfológicas ou sintáticas, regionais; dos modismos vocabulares e das particularidades linguísticas.

Recomendações:

- a língua culta é contra a pobreza de expressão e não contra a sua simplicidade;
- o uso do padrão culto não significa empregar a língua de modo rebuscado ou utilizar figuras de linguagem próprias do estilo literário;
- a consulta ao dicionário e à gramática é imperativa na redação de um bom texto.

Pode-se concluir que não existe propriamente um padrão oficial de linguagem, o que há é o uso da norma padrão nos atos e nas comunicações oficiais. É claro que haverá preferência pelo uso de determinadas expressões, ou será obedecida certa tradição no emprego das formas sintáticas, mas isso não implica, necessariamente, que se consagre a utilização de uma forma de linguagem burocrática. O jargão burocrático, como todo jargão, deve ser evitado, pois terá sempre sua compreensão limitada.

CAPÍTULO 2

Introdução

A redação das comunicações oficiais deve, antes de tudo, seguir os preceitos explicitados no Capítulo I, "Aspectos gerais da redação oficial". Além disso, há características específicas de cada tipo de expediente, que serão tratadas em detalhe neste capítulo. Antes de passarmos à sua análise, vejamos outros aspectos comuns a quase todas as modalidades de comunicação oficial.

Pronomes de tratamento

Tradicionalmente, o emprego dos pronomes de tratamento adota a segunda pessoa do plural, de maneira indireta, para referenciar atributos da pessoa à qual se dirige. Na redação oficial, é necessário atenção para o uso dos pronomes de tratamento em três momentos distintos: no endereçamento, no vocativo e no corpo do texto. No vocativo, o autor dirige-se ao destinatário no início do documento. No corpo do texto, pode-se empregar os pronomes de tratamento em sua forma abreviada ou por extenso. O endereçamento é o texto utilizado no envelope que contém a correspondência oficial.

A seguir, alguns exemplos de utilização de pronomes de tratamento no texto oficial.

Autoridade	Endereçamento	Vocativo	Tratamento no corpo do texto	Abreviatura
Presidente da República	A Sua Excelência o Senhor	Excelentíssimo Senhor Presidente da República,	Vossa Excelência	Não se usa
Presidente do Congresso Nacional	A Sua Excelência o Senhor	Excelentíssimo Senhor Presidente do Congresso Nacional,	Vossa Excelência	Não se usa
Presidente do Supremo Tribunal Federal	A Sua Excelência o Senhor	Excelentíssimo Senhor Presidente do Supremo Tribunal Federal,	Vossa Excelência	Não se usa
Vice-Presidente da República	A Sua Excelência o Senhor	Senhor Vice-Presidente da República,	Vossa Excelência	V. Exa.
Ministro de Estado	A Sua Excelência o Senhor	Senhor Ministro,	Vossa Excelência	V. Exa.
Secretário- Executivo de Ministério e demais ocupantes de cargos de natureza especial	A Sua Excelência o Senhor	Senhor Secretário- Executivo,	Vossa Excelência	V. Exa.

Autoridade	Endereçamento	Vocativo	Tratamento no corpo do texto	Abreviatura
Embaixador	A Sua Excelência o Senhor	Senhor Embaixador,	Vossa Excelência	V. Exa.
Oficial-General das Forças Armadas	A Sua Excelência o Senhor	Senhor + Posto,	Vossa Excelência	V. Exa.
Outros postos militares	Ao Senhor	Senhor + Posto,	Vossa Senhoria	V. Sa.
Senador da República	A Sua Excelência o Senhor	Senhor Senador,	Vossa Excelência	V. Exa.
Deputado Federal	A Sua Excelência o Senhor	Senhor Deputado,	Vossa Excelência	V. Exa.
Ministro do Tribunal de Contas da União	A Sua Excelência o Senhor	Senhor Ministro do Tribunal de Contas da União,	Vossa Excelência	V. Exa.
Ministro dos Tribunais Superiores	A Sua Excelência o Senhor	Senhor Ministro,	Vossa Excelência	V. Exa.

Os exemplos acima são meramente exemplificativos. A profusão de normas estabelecendo hipóteses de tratamento por meio do pronome "Vossa Excelência" para categorias específicas tornou inviável arrolar todas as hipóteses.

Concordância com os pronomes de tratamento

Exemplo:

Vossa Senhoria designará o assessor.

Os pronomes de tratamento apresentam certas peculiaridades quanto às concordâncias verbal, nominal e pronominal. Embora se refiram à segunda pessoa gramatical (à pessoa com quem se fala), levam a concordância para a terceira pessoa. Os pronomes Vossa Excelência ou Vossa Senhoria são utilizados para se comunicar diretamente com o receptor.

Da mesma forma, os pronomes possessivos referidos a pronomes de tratamento são sempre os da terceira pessoa.

Exemplo:

Vossa Senhoria designará seu substituto. (E não "Vossa Senhoria designará vosso substituto")

Já quanto aos adjetivos referidos a esses pronomes, o gênero gramatical deve coincidir com o sexo da pessoa a que se refere, e não com o substantivo que compõe a locução.

ANOTAÇÕES

Exemplos:

Se o interlocutor for homem, o correto é: Vossa Excelência está atarefado.

Se o interlocutor for mulher: Vossa Excelência está atarefada.

O pronome Sua Excelência é utilizado para se fazer referência a alguma autoridade (indiretamente).

Exemplo:

A Sua Excelência o Ministro de Estado Chefe da Casa Civil (por exemplo, no endereçamento do expediente)

Signatário

Cargos interino e substituto

Na identificação do signatário, depois do nome do cargo, é possível utilizar os termos interino e substituto, conforme situações a seguir: interino é aquele nomeado para ocupar transitoriamente cargo público durante a vacância; substituto é aquele designado para exercer as atribuições de cargo público vago ou no caso de afastamento e impedimentos legais ou regulamentares do titular. Esses termos devem ser utilizados depois do nome do cargo, sem hífen, sem vírgula e em minúsculo.

Exemplos:

Diretor-Geral interino Secretário-Executivo substituto

Signatárias do sexo feminino

Na identificação do signatário, o cargo ocupado por pessoa do sexo feminino deve ser flexionado no gênero feminino.

Grafia de cargos compostos

Exemplos:

Ministra de Estado Secretária-Executiva interina Técnica Administrativa

Coordenadora Administrativa

Escrevem-se com hífen:

a) cargos formados pelo adjetivo "geral": diretor-geral, relator-geral, ouvidor-geral;

b) postos e gradações da diplomacia: primeiro-secretário, segundo-secretário;

c) postos da hierarquia militar: tenente-coronel, capitão-tenente;

Atenção: nomes compostos com elemento de ligação preposicionado ficam sem hífen: general de exército, general de brigada, tenente-brigadeiro do ar, capitão de mar e guerra;

a) cargos que denotam hierarquia dentro de uma empresa: diretor-presidente, diretor-adjunto, editor-chefe, editor-assistente, sócio-gerente, diretor-executivo;

b) cargos formados por numerais: primeiro-ministro, primeira-dama;

c) cargos formados com os prefixos "ex" ou "vice": ex-diretor, vice-coordenador.

O novo Acordo Ortográfico tornou opcional o uso de iniciais maiúsculas em palavras usadas reverencialmente, por exemplo para cargos e títulos (exemplo: o Presidente francês ou o presidente francês). Porém, em palavras com hífen, após se optar pelo uso da maiúscula ou da minúscula, deve-se manter a escolha para a grafia de todos os elementos hifenizados: pode-se escrever "Vice-Presidente" ou "vice-presidente", mas não "Vice-presidente".

Vocativo

O vocativo é uma invocação ao destinatário. Nas comunicações oficiais, o vocativo será sempre seguido de vírgula.

Em comunicações dirigidas aos Chefes de Poder, utiliza-se a expressão Excelentíssimo Senhor ou Excelentíssima Senhora e o cargo respectivo, seguidos de vírgula.

Exemplos:

Excelentíssimo Senhor Presidente da República,

Excelentíssimo Senhor Presidente do Congresso Nacional,

Excelentíssimo Senhor Presidente do Supremo Tribunal Federal,

As demais autoridades, mesmo aquelas tratadas por Vossa Excelência, receberão o vocativo Senhor ou Senhora seguido do cargo respectivo.

Exemplos:

Senhora Senadora, Senhor Juiz, Senhora Ministra,

Na hipótese de comunicação com particular, pode-se utilizar o vocativo Senhor ou Senhora e a forma utilizada pela instituição para referir-se ao interlocutor: beneficiário, usuário, contribuinte, eleitor etc.

Exemplos:

Senhora Beneficiária, Senhor Contribuinte,

Ainda, quando o destinatário for um particular, no vocativo, pode-se utilizar Senhor ou Senhora seguido do nome do particular ou pode-se utilizar o vocativo "Prezado Senhor" ou "Prezada Senhora".

Exemplos:

Senhora [Nome], Prezado Senhor,

Em comunicações oficiais, está abolido o uso de Digníssimo (DD) e de Ilustríssimo (Ilmo.).

Evite-se o uso de "doutor" indiscriminadamente. O tratamento por meio de Senhor confere a formalidade desejada.

O padrão ofício

Até a segunda edição deste Manual, havia três tipos de expedientes que se diferenciavam antes pela finalidade do que pela forma: o ofício, o aviso e o memorando. Com o objetivo de uniformizá-los, deve-se adotar nomenclatura e diagramação únicas, que sigam o que chamamos de padrão ofício.

A distinção básica anterior entre os três era:

a) aviso: era expedido exclusivamente por Ministros de Estado, para autoridades de mesma hierarquia;

b) ofício: era expedido para e pelas demais autoridades; e

c) memorando: era expedido entre unidades administrativas de um mesmo órgão.

Atenção: Nesta nova edição ficou abolida aquela distinção e passou-se a utilizar o termo ofício nas três hipóteses.

A seguir, será apresentada a estrutura do padrão ofício, de acordo com a ordem com que cada elemento aparece no documento oficial.

Partes do documento no padrão ofício

Cabeçalho

O cabeçalho é utilizado apenas na primeira página do documento, centralizado na área determinada pela formatação (ver subitem "5.2 Formatação e apresentação").

No cabeçalho deverão constar os seguintes elementos:

a) brasão de Armas da República2: no topo da página. Não há necessidade de ser aplicado em cores. O uso de marca da instituição deve ser evitado na correspondência oficial para não se sobrepor ao Brasão de Armas da República.

b) nome do órgão principal;

c) nomes dos órgãos secundários, quando necessários, da maior para a menor hierarquia; e

d) espaçamento: entrelinhas simples (1,0).

Exemplo:

[Nome do órgão] [Secretaria/Diretoria]

[Departamento/Setor/Entidade]

Os dados do órgão, tais como endereço, telefone, endereço de correspondência eletrônica, sítio eletrônico oficial da instituição, podem ser informados no rodapé do documento, centralizados.

Identificação do expediente

Os documentos oficiais devem ser identificados da seguinte maneira:

a) nome do documento: tipo de expediente por extenso, com todas as letras maiúsculas;

b) indicação de numeração: abreviatura da palavra "número", padronizada como No;

c) informações do documento: número, ano (com quatro dígitos) e siglas usuais do setor que expede o documento, da menor para a maior hierarquia, separados por barra (/); e

d) alinhamento: à margem esquerda da página.

Exemplo:

OFÍCIO Nº 652/2018/SAA/SE/MT

ANOTAÇÕES

Local e data do documento

Na grafia de datas em um documento, o conteúdo deve constar da seguinte forma:

a) composição: local e data do documento;

b) informação de local: nome da cidade onde foi expedido o documento, seguido de vírgula. Não se deve utilizar a sigla da unidade da federação depois do nome da cidade;

c) dia do mês: em numeração ordinal se for o primeiro dia do mês e em numeração cardinal para os demais dias do mês. Não se deve utilizar zero à esquerda do número que indica o dia do mês;

d) nome do mês: deve ser escrito com inicial minúscula;

e) pontuação: coloca-se ponto-final depois da data; e

f) alinhamento: o texto da data deve ser alinhado à margem direita da página.

Exemplo:

Brasília, 2 de fevereiro de 2018.

Endereçamento

O endereçamento é a parte do documento que informa quem receberá o expediente.

Nele deverão constar os seguintes elementos:

a) vocativo: na forma de tratamento adequada para quem receberá o expediente (ver subitem "4.1 Pronomes de tratamento");

b) nome: nome do destinatário do expediente;

c) cargo: cargo do destinatário do expediente;

d) endereço: endereço postal de quem receberá o expediente, dividido em duas linhas:

primeira linha: informação de localidade/logradouro do destinatário ou, no caso de ofício ao mesmo órgão, informação do setor;

segunda linha: CEP e cidade/unidade da federação, separados por espaço simples. Na separação entre cidade e unidade da federação pode ser substituída a barra pelo ponto ou pelo travessão. No caso de ofício ao mesmo órgão, não é obrigatória a informação do CEP, podendo ficar apenas a informação da cidade/unidade da federação; e

e) alinhamento: à margem esquerda da página.

O pronome de tratamento no endereçamento das comunicações dirigidas às autoridades tratadas por Vossa Excelência terá a seguinte forma: "A Sua Excelência o Senhor" ou "A Sua Excelência a Senhora".

Quando o tratamento destinado ao receptor for Vossa Senhoria, o endereçamento a ser empregado é "Ao Senhor" ou "À Senhora". Ressalte-se que não se utiliza a expressão "A Sua Senhoria o Senhor" ou "A Sua Senhoria a Senhora".

Exemplos:

A Sua Excelência o Senhor	À Senhora	Ao Senhor
[Nome]	[Nome]	[Nome]
Ministro de Estado da Justiça Esplanada dos Ministérios Bloco T 70064-900 Brasília/DF 70070-030 Brasília. DF Brasília — DF	Diretora de Gestão de Pessoas SAUS Q. 3 Lote 5/6 Ed Sede I Diretoria de Material, Seção	Chefe da Seção de Compras I Diretoria de Material, Seção 70064-900 Brasília/DF

Assunto

O assunto deve dar uma ideia geral do que trata o documento, de forma sucinta. Ele deve ser grafado da seguinte maneira:

a) título: a palavra Assunto deve anteceder a frase que define o conteúdo do documento, seguida de dois-pontos;

b) descrição do assunto: a frase que descreve o conteúdo do documento deve ser escrita com inicial maiúscula, não se deve utilizar verbos e sugere-se utilizar de quatro a cinco palavras;

c) destaque: todo o texto referente ao assunto, inclusive o título, deve ser destacado em negrito;

d) pontuação: coloca-se ponto-final depois do assunto; e

e) alinhamento: à margem esquerda da página.

Exemplos:

Assunto: Encaminhamento do Relatório de Gestão julho/2018.

Assunto: Aquisição de computadores.

Texto do documento

O texto do documento oficial deve seguir a seguinte padronização de estrutura:

I. nos casos em que não seja usado para encaminhamento de documentos, o expediente deve conter a seguinte estrutura:

a) introdução: em que é apresentado o objetivo da comunicação. Evite o uso das formas: Tenho a honra de, Tenho o prazer de, Cumpre-me informar que. Prefira empregar a forma direta: Informo, Solicito, Comunico;

b) desenvolvimento: em que o assunto é detalhado; se o texto contiver mais de uma ideia sobre o assunto, elas devem ser tratadas em parágrafos distintos, o que confere maior clareza à exposição; e

c) conclusão: em que é afirmada a posição sobre o assunto.

II. quando forem usados para encaminhamento de documentos, a estrutura é modificada:

d) introdução: deve iniciar com referência ao expediente que solicitou o encaminhamento. Se a remessa do documento não tiver sido solicitada, deve iniciar com a informação do motivo da comunicação, que é encaminhar, indicando a seguir os dados completos do documento encaminhado (tipo, data, origem ou signatário e assunto de que se trata) e a razão pela qual está sendo encaminhado; e

Exemplos:

Em resposta ao Ofício nº 12, de 1º de fevereiro de 2018, encaminho cópia do Ofício nº 34, de 3 de abril de 2018, da Coordenação-Geral de Gestão de Pessoas, que trata da requisição do servidor Fulano de Tal.

Encaminho, para exame e pronunciamento, cópia do Ofício nº 12, de 1º de fevereiro de 2018, do Presidente da Confederação Nacional da Indústria, a respeito de projeto de modernização de técnicas agrícolas na região Nordeste.

a) desenvolvimento: se o autor da comunicação desejar fazer algum comentário a respeito do documento que encaminha, poderá acrescentar parágrafos de desenvolvimento. Caso contrário, não há parágrafos de desenvolvimento em expediente usado para encaminhamento de documentos.

III. tanto na estrutura I quanto na estrutura II, o texto do documento deve ser formatado da seguinte maneira:

b) alinhamento: justificado;

c) espaçamento entre linhas: simples;

d) parágrafos:

i espaçamento entre parágrafos: de 6 pontos após cada parágrafo; ii recuo de parágrafo: 2,5 cm de distância da margem esquerda;

iii numeração dos parágrafos: apenas quando o documento tiver três ou mais parágrafos, desde o primeiro parágrafo. Não se numeram o vocativo e o fecho;

e) fonte: Calibri ou Carlito;

corpo do texto: tamanho 12 pontos;

citações recuadas: tamanho 11 pontos; e iii notas de Rodapé: tamanho 10 pontos;

f) símbolos: para símbolos não existentes nas fontes indicadas, pode-se utilizar as fontes

Symbol e Wingdings;

Fechos para comunicações

O fecho das comunicações oficiais objetiva, além da finalidade óbvia de arrematar o texto, saudar o destinatário. Os modelos para fecho anteriormente utilizados foram regulados pela Portaria nº 1, de 1937, do Ministério da Justiça, que estabelecia quinze padrões.

Com o objetivo de simplificá-los e uniformizá-los, este Manual estabelece o emprego de somente dois fechos diferentes para todas as modalidades de comunicação oficial:

a) Para autoridades de hierarquia superior a do remetente, inclusive o Presidente da República:

Respeitosamente,

b) Para autoridades de mesma hierarquia, de hierarquia inferior ou demais casos:

Atenciosamente,

Ficam excluídas dessa fórmula as comunicações dirigidas a autoridades estrangeiras, que atendem a rito e tradição próprios.

O fecho da comunicação deve ser formatado da seguinte maneira:

a) alinhamento: alinhado à margem esquerda da página;

b) recuo de parágrafo: 2,5 cm de distância da margem esquerda;

ANOTAÇÕES

c) espaçamento entre linhas: simples;
d) espaçamento entre parágrafos: de 6 pontos após cada parágrafo; e
e) não deve ser numerado.

Identificação do signatário

Excluídas as comunicações assinadas pelo Presidente da República, todas as demais comunicações oficiais devem informar o signatário segundo o padrão:

a) nome: nome da autoridade que as expede, grafado em letras maiúsculas, sem negrito. Não se usa linha acima do nome do signatário;
b) cargo: cargo da autoridade que expede o documento, redigido apenas com as iniciais maiúsculas. As preposições que liguem as palavras do cargo devem ser grafadas em minúsculas; e
c) alinhamento: a identificação do signatário deve ser centralizada na página.

Para evitar equívocos, recomenda-se não deixar a assinatura em página isolada do expediente. Transfira para essa página ao menos a última frase anterior ao fecho.

Exemplo:

(espaço para assinatura)
NOME
Ministro de Estado Chefe da Casa Civil da Presidência da República
(espaço para assinatura)
NOME
Coordenador-Geral de Gestão de Pessoas

Numeração das páginas

A numeração das páginas é obrigatória apenas a partir da segunda página da comunicação.

Ela deve ser centralizada na página e obedecer à seguinte formatação:

a) posição: no rodapé do documento, dentro da área de 2 cm da margem inferior; e
b) fonte: Calibri ou Carlito.

Formatação e apresentação

Os documentos do padrão ofício devem obedecer à seguinte formatação:

a) tamanho do papel: A4 (29,7 cm x 21,0 cm);
b) margem lateral esquerda: no mínimo, 3 cm de largura;
c) margem lateral direita: 1,5 cm;
d) margens superior e inferior: 2 cm;
e) área de cabeçalho: na primeira página, 5 cm a partir da borda superior do papel;
f) área de rodapé: nos 2 cm da margem inferior do documento;
g) impressão: na correspondência oficial, a impressão pode ocorrer em ambas as faces do papel. Nesse caso, as margens esquerda e direita terão as distâncias invertidas nas páginas pares (margem espelho);
h) cores: os textos devem ser impressos na cor preta em papel branco, reservando-se, se necessário, a impressão colorida para gráficos e ilustrações;
i) destaques: para destaques deve-se utilizar, sem abuso, o negrito. Deve-se evitar destaques com uso de itálico, sublinhado, letras maiúsculas, sombreado, sombra, relevo, bordas ou qualquer outra forma de formatação que afete a sobriedade e a padronização do documento;
j) palavras estrangeiras: palavras estrangeiras devem ser grafadas em itálico;
k) arquivamento: dentro do possível, todos os documentos elaborados devem ter o arquivo de texto preservado para consulta posterior ou aproveitamento de trechos para casos análogos. Deve ser utilizado, preferencialmente, formato de arquivo que possa ser lido e editado pela maioria dos editores de texto utilizados no serviço público, tais como DOCX, ODT ou RTF.
l) nome do arquivo: para facilitar a localização, os nomes dos arquivos devem ser formados da seguinte maneira:
m) tipo do documento + número do documento + ano do documento (com 4 dígitos) + palavras-chaves do conteúdo

Exemplo:

Ofício 123_2018_relatório produtividade anual

Seguem exemplos de Ofício:

ANOTAÇÕES

2 cm

5 cm

Presidência da República Casa Civil
Subchefia para Assuntos Jurídicos

OFÍCIO Nº 197/2018/SAJ/CC

Brasília, 8 de agosto de 2018.

Ao Senhor
[Nome]
Chefe de Gabinete Ministério dos Transportes
Esplanada dos Ministérios, Bloco R
70044-902 Brasília. DF

Assunto: Apresentação de novas funcionalidades do Sidof – Módulo I.
Senhor Chefe de Gabinete,

3 cm 2,5 cm

1. A Subchefia para Assuntos Jurídicos da Casa Civil da Presidência da República aprimorou o Sistema de Geração e Tramitação de Documentos Oficiais – Sidof, com a inserção de novas funcionalidades. Os novos recursos do sistema serão apresentados aos servidores em módulos organizados por esta Subchefia.

2. Convido os servidores do [nome do Ministério] para assistir à apresentação do primeiro módulo, a ser realizada em 10 de setembro de 2018, às 9h30, no Auditório desta Subchefia.

3. Para assegurar o credenciamento, solicito a esse órgão a indicação dos servidores que trabalham com o Sidof, até 28 de agosto de 2018, por meio do endereço eletrônico [endereço eletrônico]:

a) nome completo do servidor;
b) número de Cadastro de Pessoa Física;
c) e-mail institucional, unidade/órgão em que atua; e
d) login no Sidof (caso esteja cadastrado no Sistema).

(29,7 cm x 21,0 cm)

RCO

ANOTAÇÕES

2 cm

4. Caso o servidor ainda não seja cadastrado no Sistema, será necessário o envio de autorização da chefia imediata. O envio das informações solicitadas acima é fundamental para garantir a inscrição do servidor no evento.

Atensiosamente,
espaço para assinatura)
[NOME DO SIGNATÁRIO]
[Cargo do Signatário]

[Endereço] – Telefone: (xx) xxxx-xxxx
CEP 00000-000 Cidade/UF – http://www.xxxxxxxxxxxxxxxxxx.gov.br

---

2 cm

[Nome do Ministério]
[Secretaria/Diretoria]
[Departamento/Setor/Entidade]

3 cm

OFÍCIO Nº 10.457/2018/MDH

Brasília, 3 de março de 2018.

A Sua Excelência o Senhor [Nome]
Ministro de Estado
Esplanada dos Ministérios, Bloco X 70064-900 Brasília/DF

Assunto: Debates sobre o Plano Nacional da Pessoa com Deficiência.

Senhor Ministro,

Convido Vossa Excelência a participar do lançamento do Ciclo de Debates sobre a Execução do Plano Nacional da Pessoa com Deficiência, a ser realizado em 15 de março de 2018, às 9 horas, no Auditório da Escola Nacional de Administração Pública (Enap), no Setor de Áreas Isoladas Sul, em Brasília.

O debate inicial faz parte de uma sequência de cinco encontros, com o objetivo de acompanhar o desenvolvimento das diversas ações contidas no referido Plano.

Atenciosamente,

(espaço para assinatura)
[NOME DO SIGNATÁRIO]
[Ministro de Estado]

2 cm

5 cm

[Nome do órgão]
[Secretaria/Departamento]
[Setor/Entidade]

OFÍCIO Nº 257/2018/CODOC/CC

Brasília, 3 de março de 2018.

À Senhora
[Nome]
Diretora de Tecnologia da Presidência da República
Palácio do Planalto, Anexo II, Ala B, sala 100
Brasília/DF

3 cm 2,5 cm 1,5 cm

Senhora Diretora,

Solicito a criação de software para mensurar os índices de produtividade no âmbito desta Coordenação-Geral, de modo a disponibilizar informações gerenciais completas para todos os cadastros, tais como dados quantitativos de tempo de entrada e conclusão de tarefas, por usuário, por equipe, por tipo de ato, além de dados quantitativos e gráficos referentes às tarefas atribuídas e concluídas por usuário em determinado período de tempo e outras informações que possibilitem a produção de relatórios gerenciais, conforme especificação completa em anexo.

Respeitosamente,
(espaço para assinatura)

[NOME DO SIGNATÁRIO]
[Cargo do Signatário]

Tipos de documentos

Variações dos documentos oficiais

Os documentos oficiais podem ser identificados de acordo com algumas possíveis variações:

a) [NOME DO EXPEDIENTE] + CIRCULAR: Quando um órgão envia o mesmo expediente para mais de um órgão receptor. A sigla na epígrafe será apenas do órgão remetente.

b) [NOME DO EXPEDIENTE] + CONJUNTO: Quando mais de um órgão envia, conjuntamente, o mesmo expediente para um único órgão receptor. As siglas dos órgãos remetentes constarão na epígrafe.

c) [NOME DO EXPEDIENTE] + CONJUNTO CIRCULAR: Quando mais de um órgão envia, conjuntamente, o mesmo expediente para mais de um órgão receptor. As siglas dos órgãos remetentes constarão na epígrafe.

ANOTAÇÕES

Exemplos:

OFÍCIO CIRCULAR Nº 652/2018/MEC

OFÍCIO CONJUNTO Nº 368/2018/SECEX/SAJ

OFÍCIO CONJUNTO CIRCULAR Nº 795/2018/CC/MJ/MRE

Nos expedientes circulares, por haver mais de um receptor, o órgão remetente poderá inserir no rodapé as siglas ou nomes dos órgãos que receberão o expediente.

Exposição de Motivos

Definição e finalidade

Exposição de motivos (EM) é o expediente dirigido ao Presidente da República ou ao Vice- Presidente para:

a) propor alguma medida;

b) submeter projeto de ato normativo à sua consideração; ou

c) informá-lo de determinado assunto.

A exposição de motivos é dirigida ao Presidente da República por um Ministro de Estado. Nos casos em que o assunto tratado envolva mais de um ministério, a exposição de motivos será assinada por todos os ministros envolvidos, sendo, por essa razão, chamada de interministerial.

Independentemente de ser uma EM com apenas um autor ou uma EM interministerial, a sequência numérica das exposições de motivos é única. A numeração começa e termina dentro de um mesmo ano civil.

Forma e estrutura

As exposições de motivos devem, obrigatoriamente:

a) apontar, na introdução: o problema que demanda a adoção da medida ou do ato normativo proposto; ou informar ao Presidente da República algum assunto;

b) indicar, no desenvolvimento: a razão de aquela medida ou de aquele ato normativo ser o ideal para se solucionar o problema e as eventuais alternativas existentes para equacioná-lo; ou fornecer mais detalhes sobre o assunto informado, quando for esse o caso; e

c) na conclusão: novamente, propor a medida a ser tomada ou o ato normativo a ser editado para solucionar o problema; ou apresentar as considerações finais no caso de EMs apenas informativas.

As Exposições de Motivos que encaminham proposições normativas devem seguir o prescrito no Decreto nº 9.191, de 1º de novembro de 2017. Em síntese, elas devem ser instruídas com parecer jurídico e parecer de mérito que permitam a adequada avaliação da proposta.

O atendimento dos requisitos do Decreto nº 9.191, de 2017, nas exposições de motivos que proponham a edição de ato normativo, tem como propósito:

a) permitir a adequada reflexão sobre o problema que se busca resolver;

b) ensejar avaliação das diversas causas do problema e dos efeitos que podem ter a adoção da medida ou a edição do ato, em consonância com as questões que devem ser analisadas na elaboração de proposições normativas no âmbito do Poder Executivo;

c) conferir transparência aos atos propostos;

d) resumir os principais aspectos da proposta; e

e) evitar a devolução a proposta de ato normativo para complementação ou reformulação da proposta.

A exposição de motivos é a principal modalidade de comunicação dirigida ao Presidente da República pelos ministros. Além disso, pode, em certos casos, ser encaminhada cópia ao Congresso Nacional ou ao Poder Judiciário.

Exemplo de exposição de motivos:

ANOTAÇÕES

2 cm

5 cm

EM No 38/2018/MTB/MS

Brasília, 6 de novembro de 2018.

A Senhora
[Nome]
Diretora de Tecnologia da Presidência da República
Palácio do Planalto, Anexo II, Ala B, sala 100
Brasília/DF

3 cm | 2,5 cm | 1,5 cm

Excelentíssimo Senhor Presidente da República,

1. Submetemos à consideração de Vossa Excelência a proposta de Medida Provisória que tem por objetivo de efetivar as operações de financiamento destinadas a entidades hospitalares filantrópicas e sem fins lucrativos que participem de forma complementar do Sistema único de Saúde (SUS).

2. A Medida Provisória nº 848, de 16 de agosto de 2018, autorizou o Fundo de Garantia do Tempo de Serviço (FGTS) a realizar operações de crédito destinadas às entidades hospitalares filantrópicas e sem fins lucrativos que participem de forma complementar do SUS.

3. No entanto, em discussões no âmbito do Conselho Curador do FGTS foi observada a falta de previsão legal para determinar quem seria o órgão do Poder Executivo federal que deveria regulamentar, acompanhar a execução, subisidiar o Conselho Curador com estudos técnicos necessários ao seu aprimoramento operacional e definir as metas a serem alcançadas nas operações de crédito destinadas às entidades hospitalares filantrópicas e sem fins lucrativos que participem de forma complementar do SUS.

4. Com efeito, a disposição sobre a necessidade de autorização do órgão de educação responsável para o fechamento de escolas do campo, exigindo-se diagnóstico sobre o impacto da ação e manifestação da comunidade escolar, visa a assegurar o acesso da população rural à educação, sem ferir a autonomia dos entes federativos.

5. O presente Projeto de Lei representa medida importante para institucionalizar instrumentos de gestão voltados para a melhoria da qualidade da educação básica das populações do campo.

6. Essas, Excelentíssimo Senhor Presidente, sãoasrazõesquejustificam oencaminhamento da presente proposta de ato normativo à consideração de Vossa Excelência.

Respeitosamente,
(espaço para assinatura)

[NOME DO SIGNATÁRIO]
[Ministro de Estado]

Sistema de Geração e Tramitação de Documentos Oficiais (Sidof)

RCO

ANOTAÇÕES

O Sistema de Geração e Tramitação de Documentos Oficiais (Sidof) é a ferramenta eletrônica utilizada para a elaboração, a redação, a alteração, o controle, a tramitação, a administração e a gerência das exposições de motivos com as propostas de atos a serem encaminhadas pelos Ministérios à Presidência da República.

Ao se utilizar o Sidof, a assinatura, o nome e o cargo do signatário, apresentados no exemplo do item 6.2.2, são substituídos pela assinatura eletrônica que informa o nome do ministro que assinou a exposição de motivos e do consultor jurídico que assinou o parecer jurídico da Pasta.

Mensagem

Definição e finalidade

A Mensagem é o instrumento de comunicação oficial entre os Chefes dos Poderes Públicos, notadamente as mensagens enviadas pelo Chefe do Poder Executivo ao Poder Legislativo para informar sobre fato da administração pública; para expor o plano de governo por ocasião da abertura de sessão legislativa; para submeter ao Congresso Nacional matérias que dependem de deliberação de suas Casas; para apresentar veto; enfim, fazer comunicações do que seja de interesse dos Poderes Públicos e da Nação.

Minuta de mensagem pode ser encaminhada pelos ministérios à Presidência da República, a cujas assessorias caberá a redação final.

As mensagens mais usuais do Poder Executivo ao Congresso Nacional têm as seguintes finalidades:

a) Encaminhamento de proposta de emenda constitucional, de projeto de lei ordinária, de projeto de lei complementar e os que compreendem plano plurianual, diretrizes orçamentárias, orçamentos anuais e créditos adicionais:

Os projetos de lei ordinária ou complementar são enviados em regime normal (Constituição, art. 61) ou de urgência (Constituição, art. 64, §§ 1º a 4º). O projeto pode ser encaminhado sob o regime normal e, mais tarde, ser objeto de nova mensagem, com solicitação de urgência.

Em ambos os casos, a mensagem se dirige aos membros do Congresso Nacional, mas é encaminhada com ofício do Ministro de Estado Chefe da Casa Civil da Presidência da República ao Primeiro-Secretário da Câmara dos Deputados, para que tenha início sua tramitação (Constituição, art. 64, caput).

Quanto aos projetos de lei que compreendem plano plurianual, diretrizes orçamentárias, orçamentos anuais e créditos adicionais, as mensagens de encaminhamento dirigem-se aos membros do Congresso Nacional, e os respectivos ofícios são endereçados ao Primeiro-Secretário do Senado Federal. A razão é que o art. 166 da Constituição impõe a deliberação congressual em sessão conjunta, mais precisamente, "na forma do regimento comum". E, à frente da Mesa do Congresso Nacional, está o Presidente do Senado Federal (Constituição, art. 57, § 5º), que comanda as sessões conjuntas.

b) Encaminhamento de medida provisória:

Para dar cumprimento ao disposto no art. 62 da Constituição, o Presidente da República encaminha Mensagem ao Congresso, dirigida a seus Membros, com ofício para o Primeiro- Secretário do Senado Federal, juntando cópia da medida provisória.

c) Indicação de autoridades:

As mensagens que submetem ao Senado Federal a indicação de pessoas para ocuparem determinados cargos (magistrados dos tribunais superiores, ministros do Tribunal de Contas da União, presidentes e diretores do Banco Central, Procurador-Geral da República, chefes de missão diplomática, diretores e conselheiros de agências etc.) têm em vista que a Constituição, incisos III e IV do caput do art. 52, atribui àquela Casa do Congresso Nacional competência privativa para aprovar a indicação.

O curriculum vitae do indicado, assinado, com a informação do número de Cadastro de Pessoa Física, acompanha a mensagem.

d) Pedido de autorização para o Presidente ou o Vice-Presidente da República se ausentarem do país por mais de 15 dias:

Trata-se de exigência constitucional (Constituição, art. 49, caput, inciso III e art. 83), e a autorização é da competência privativa do Congresso Nacional. O Presidente da República, tradicionalmente, por cortesia, quando a ausência é por prazo inferior a 15 dias, faz uma comunicação a cada Casa do Congresso, enviando-lhes mensagens idênticas.

e) Encaminhamento de atos de concessão e de renovação de concessão de emissoras de rádio e TV:

A obrigação de submeter tais atos à apreciação do Congresso Nacional consta no inciso XII do caput do art. 49 da Constituição. Somente produzirão efeitos legais a outorga ou a renovação da concessão após deliberação do Congresso Nacional (Constituição, art. 223, § 3º). Descabe pedir na mensagem a urgência prevista na Constituição, art. 64, uma vez que o § 1º do art. 223 já define o prazo da tramitação. Além do ato de outorga ou renovação, acompanha a mensagem o correspondente processo administrativo.

f) Encaminhamento das contas referentes ao exercício anterior:

O Presidente da República tem o prazo de 60 dias após a abertura da sessão legislativa para enviar ao Congresso Nacional as contas referentes ao exercício anterior (Constituição, art. 84, caput, inciso XXIV), para exame e parecer da Comissão Mista permanente (Constituição, art. 166,

§ 1º, sob pena de a Câmara dos Deputados realizar a tomada de contas (Constituição, art. 51, caput, inciso II) em procedimento disciplinado no art. 215 do seu Regimento Interno.

g) Mensagem de abertura da sessão legislativa:

Deve conter o plano de governo, exposição sobre a situação do País e a solicitação de providências que julgar necessárias (Constituição, art. 84, inciso XI). O portador da mensagem é o Chefe da Casa Civil da Presidência da República. Esta mensagem difere das demais, porque vai encadernada e é distribuída a todos os congressistas em forma de livro.

h) Comunicação de sanção (com restituição de autógrafos):

Esta mensagem é dirigida aos Membros do Congresso Nacional, encaminhada por ofício ao Primeiro-Secretário da Casa onde se originaram os autógrafos. Nela se informa o número que tomou a lei e se restituem dois exemplares dos três autógrafos recebidos, nos quais o Presidente da República terá aposto o despacho de sanção.

i) Comunicação de veto:

Dirigida ao Presidente do Senado Federal (Constituição, art. 66, § 1º), a mensagem informa sobre a decisão de vetar, se o veto é parcial, quais as disposições vetadas, e as razões do veto. Seu texto é publicado na íntegra no Diário Oficial da União, ao contrário das demais mensagens, cuja publicação se restringe à notícia do seu envio ao Poder Legislativo.

j) Outras mensagens remetidas ao Legislativo:

- Apreciação de intervenção federal (Constituição, art. 36, § 2º).
- Encaminhamento de atos internacionais que acarretam encargos ou compromissos gravosos (Constituição, art. 49, caput, inciso I);
- Pedido de estabelecimento de alíquotas aplicáveis às operações e prestações interestaduais e de exportação (Constituição, art. 155, § 2º, inciso IV);
- Proposta de fixação de limites globais para o montante da dívida consolidada (Constituição, art. 52, caput, inciso VI);
- Pedido de autorização para operações financeiras externas (Constituição, art. 52, caput, inciso V);
- Convocação extraordinária do Congresso Nacional (Constituição, art. 57, § 6º);
- Pedido de autorização para exonerar o Procurador-Geral da República (Constituição, art. 52, inciso XI, e art. 128, § 2º);
- Pedido de autorização para declarar guerra e decretar mobilização nacional (Constituição, art. 84, inciso XIX);
- Pedido de autorização ou referendo para celebrar a paz (Constituição, art. 84, inciso XX);
- Justificativa para decretação do estado de defesa ou de sua prorrogação (Constituição, art. 136, § 4º);
- Pedido de autorização para decretar o estado de sítio (Constituição, art. 137);
- Relato das medidas praticadas na vigência do estado de sítio ou de defesa (Constituição, art. 141, parágrafo único);
- Proposta de modificação de projetos de leis que compreendem plano plurianual, diretrizes orçamentárias, orçamentos anuais e créditos adicionais (Constituição, art. 166, § 5º);
- Pedido de autorização para utilizar recursos que ficarem sem despesas correspondentes, em decorrência de veto, emenda ou rejeição do projeto de lei orçamentária anual (Constituição, art. 166, § 8º);
- Pedido de autorização para alienar ou conceder terras públicas com área superior a 2.500 ha (Constituição, art. 188, § 1º).

Forma e estrutura

As mensagens contêm:

a) brasão: timbre em relevo branco

b) identificação do expediente: MENSAGEM No, alinhada à margem esquerda, no início do texto;

c) vocativo: alinhado à margem esquerda, de acordo com o pronome de tratamento e o cargo do destinatário, com o recuo de parágrafo dado ao texto;

d) texto: iniciado a 2 cm do vocativo; e

e) local e data: posicionados a 2 cm do final do texto, alinhados à margem direita.

A mensagem, como os demais atos assinados pelo Presidente da República, não traz identificação de seu signatário.

Exemplo de mensagem:

ANOTAÇÕES

RCO

ANOTAÇÕES

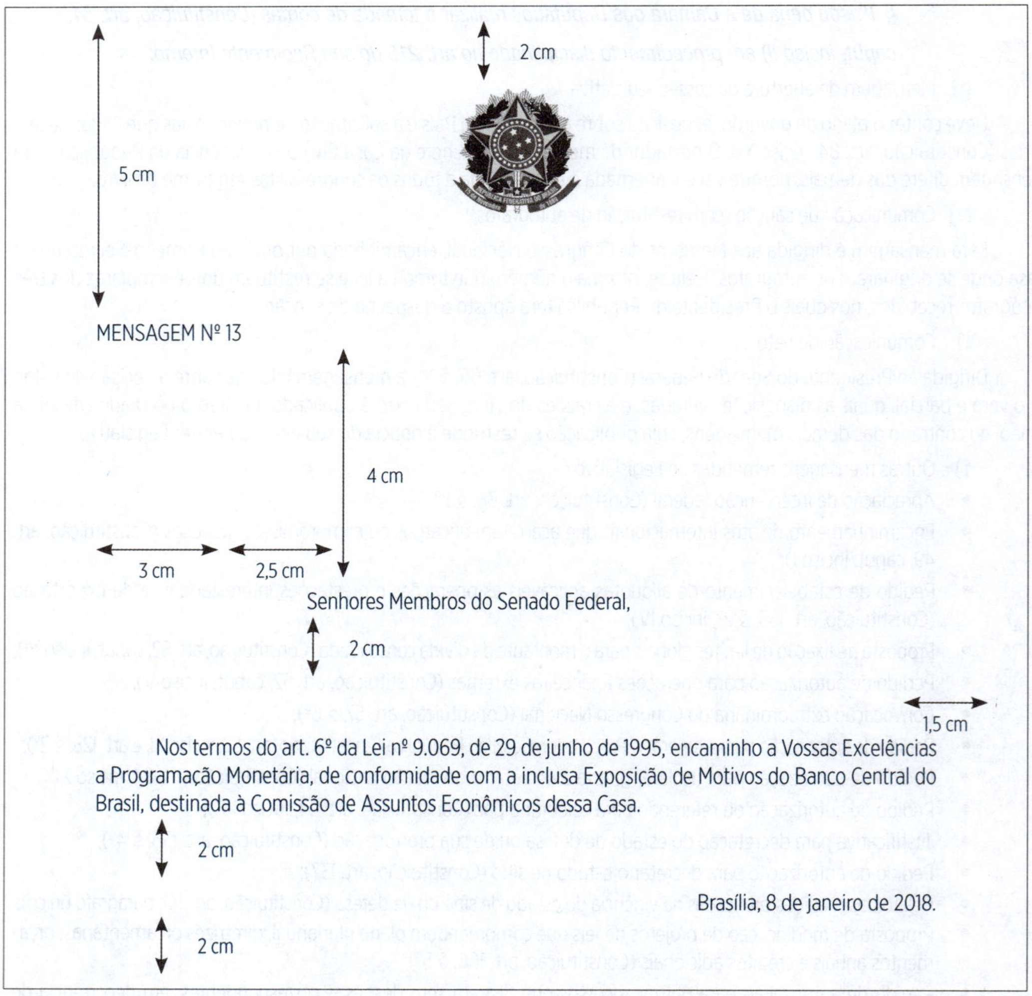

Correio eletrônico (e-mail)

Definição e finalidade

A utilização do e-mail para a comunicação tornou-se prática comum, não só em âmbito privado, mas também na administração pública. O termo e-mail pode ser empregado com três sentidos. Dependendo do contexto, pode significar gênero textual, endereço eletrônico ou sistema de transmissão de mensagem eletrônica.

Como gênero textual, o e-mail pode ser considerado um documento oficial, assim como o ofício e o memorando. Portanto, deve-se evitar o uso de linguagem incompatível com uma comunicação oficial.

Como endereço eletrônico utilizado pelos servidores públicos, o e-mail deve ser oficial, utilizando-se a extensão ".gov.br", por exemplo.

Como sistema de transmissão de mensagens eletrônicas, por seu baixo custo e celeridade, transformou-se na principal forma de envio e recebimento de documentos na administração pública.

Valor documental

Nos termos da Medida Provisória nº 2.200-2, de 24 de agosto de 2001, para que o e-mail tenha valor documental, isto é, para que possa ser aceito como documento original, é necessário existir certificação digital que ateste a identidade do remetente, segundo os parâmetros de integridade, autenticidade e validade jurídica da Infraestrutura de Chaves Públicas Brasileira – ICP- Brasil.

O destinatário poderá reconhecer como válido o e-mail sem certificação digital ou com certificação digital fora ICP--Brasil; contudo, caso haja questionamento, será obrigatório a repetição do ato por meio documento físico assinado ou por meio eletrônico reconhecido pela ICP-Brasil.

Salvo lei específica, não é dado ao ente público impor a aceitação de documento eletrônico que não atenda os parâmetros da ICP-Brasil.

Forma e estrutura

Um dos atrativos de comunicação por correio eletrônico é sua flexibilidade. Assim, não interessa definir padronização da mensagem comunicada. No entanto, devem-se observar algumas orientações quanto à sua estrutura.

Campo "Assunto"

O assunto deve ser o mais claro e específico possível, relacionado ao conteúdo global da mensagem. Assim, quem irá receber a mensagem identificará rapidamente do que se trata; quem a envia poderá, posteriormente, localizar a mensagem na caixa do correio eletrônico.

Deve-se assegurar que o assunto reflita claramente o conteúdo completo da mensagem para que não pareça, ao receptor, que se trata de mensagem não solicitada/lixo eletrônico. Em vez de "Reunião", um assunto mais preciso seria "Agendamento de reunião sobre a Reforma da Previdência".

Local e data

São desnecessários no corpo da mensagem, uma vez que o próprio sistema apresenta essa informação.

Saudação inicial/vocativo

Exemplos:

Senhor Coordenador, Prezada Senhora,

O texto dos correios eletrônicos deve ser iniciado por uma saudação. Quando endereçado para outras instituições, para receptores desconhecidos ou para particulares, deve-se utilizar o vocativo conforme os demais documentos oficiais, ou seja, "Senhor" ou "Senhora", seguido do cargo respectivo, ou "Prezado Senhor", "Prezada Senhora".

Fecho

Atenciosamente é o fecho padrão em comunicações oficiais. Com o uso do e-mail, popularizou-se o uso de abreviações como "Att.", e de outros fechos, como "Abraços", "Saudações", que, apesar de amplamente usados, não são fechos oficiais e, portanto, não devem ser utilizados em e-mails profissionais.

O correio eletrônico, em algumas situações, aceita uma saudação inicial e um fecho menos formais. No entanto, a linguagem do texto dos correios eletrônicos deve ser formal, como a que se usaria em qualquer outro documento oficial.

Bloco de texto da assinatura

Sugere-se que todas as instituições da administração pública adotem um padrão de texto de assinatura. A assinatura do e-mail deve conter o nome completo, o cargo, a unidade, o órgão e o telefone do remetente.

Exemplo:

Maria da Silva
Assessora
Subchefia para Assuntos Jurídicos da Casa Civil
(61)XXXX-XXXX

Anexos

A possibilidade de anexar documentos, planilhas e imagens de diversos formatos é uma das vantagens do e-mail. A mensagem que encaminha algum arquivo deve trazer informações mínimas sobre o conteúdo do anexo.

Antes de enviar um anexo, é preciso avaliar se ele é realmente indispensável e se seria possível colocá-lo no corpo do correio eletrônico.

Deve-se evitar o tamanho excessivo e o reencaminhamento de anexos nas mensagens de resposta.

Os arquivos anexados devem estar em formatos usuais e que apresentem poucos riscos de segurança. Quando se tratar de documento ainda em discussão, os arquivos devem, necessariamente, ser enviados, em formato que possa ser editado.

Recomendações

- Sempre que necessário, deve-se utilizar recurso de confirmação de leitura. Caso não esteja disponível, deve constar da mensagem pedido de confirmação de recebimento;
- Apesar da imensa lista de fontes disponíveis nos computadores, mantêm-se a recomendação de tipo de fonte, tamanho e cor dos documentos oficiais: Calibri ou Carlito, tamanho 12, cor preta;
- Fundo ou papéis de parede eletrônicos não devem ser utilizados, pois não são apropriados para mensagens profissionais, além de sobrecarregar o tamanho da mensagem eletrônica;
- A mensagem do correio eletrônico deve ser revisada com o mesmo cuidado com que se revisam outros documentos oficiais;
- O texto profissional dispensa manifestações emocionais. Por isso, ícones e emoticons não devem ser utilizados;
- Os textos das mensagens eletrônicas não podem ser redigidos com abreviações como "vc", "pq", usuais das conversas na internet, ou neologismos, como "naum", "eh", "aki";

ANOTAÇÕES

- Não se deve utilizar texto em caixa alta para destaques de palavras ou trechos da mensagem pois denota agressividade de parte do emissor da comunicação.
- Evite-se o uso de imagens no corpo do e-mail, inclusive das Armas da República Federativa do Brasil e de logotipos do ente público junto ao texto da assinatura.
- Não devem ser remetidas mensagem com tamanho total que possa exceder a capacidade do servidor do destinatário.

REPARAÇÃO • CONHECIMENTO • APROVAÇÃO

LEIS ESPECIAIS

SUMÁRIO

1. DECRETO-LEI Nº 3.688, DE 3 DE OUTUBRO DE 1941

Lei das Contravenções Penais

O Presidente da República, usando das atribuições que lhe confere o artigo 180 da Constituição,

LEI DAS CONTRAVENÇÕES PENAIS

PARTE GERAL

Art. 1º Aplicam-se as contravenções às regras gerais do Código Penal, sempre que a presente lei não disponha de modo diverso.

Art. 2º A lei brasileira só é aplicável à contravenção praticada no território nacional.

Art. 3º Para a existência da contravenção, basta a ação ou omissão voluntária. Deve-se, todavia, ter em conta o dolo ou a culpa, se a lei faz depender, de um ou de outra, qualquer efeito jurídico.

Art. 4º Não é punível a tentativa de contravenção.

Art. 5º As penas principais são:

I. prisão simples.

II. multa.

Art. 6º A pena de prisão simples deve ser cumprida, sem rigor penitenciário, em estabelecimento especial ou seção especial de prisão comum, em regime semi-aberto ou aberto. (Redação dada pela Lei nº 6.416, de 24.5.1977)

§ 1º O condenado a pena de prisão simples fica sempre separado dos condenados a pena de reclusão ou de detenção.

§ 2º O trabalho é facultativo, se a pena aplicada, não excede a quinze dias.

Art. 7º Verifica-se a reincidência quando o agente pratica uma contravenção depois de passar em julgado a sentença que o tenha condenado, no Brasil ou no estrangeiro, por qualquer crime, ou, no Brasil, por motivo de contravenção.

Art. 8º No caso de ignorância ou de errada compreensão da lei, quando escusaveis, a pena pode deixar de ser aplicada.

Art. 9º A multa converte-se em prisão simples, de acordo com o que dispõe o Código Penal sobre a conversão de multa em detenção.

Parágrafo único. Se a multa é a única pena cominada, a conversão em prisão simples se faz entre os limites de quinze dias e três meses.

Art. 10. A duração da pena de prisão simples não pode, em caso algum, ser superior a cinco anos, nem a importância das multas ultrapassar cinquenta contos.

Art. 11. Desde que reunidas as condições legais, o juiz pode suspender por tempo não inferior a um ano nem superior a três, a execução da pena de prisão simples, bem como conceder livramento condicional. Redação dada pela Lei nº 6.416, de 24.5.1977)

Art. 12. As penas acessórias são a publicação da sentença e as seguintes interdições de direitos:

I. a incapacidade temporária para profissão ou atividade, cujo exercício dependa de habilitação especial, licença ou autorização do poder público;

II. a suspensão dos direitos políticos.

Parágrafo único. Incorrem:

a) na interdição sob nº I, por um mês a dois anos, o condenado por motivo de contravenção cometida com abuso de profissão ou atividade ou com infração de dever a ela inerente;

b) na interdição sob nº II, o condenado a pena privativa de liberdade, enquanto dure a execução do pena ou a aplicação da medida de segurança detentiva.

Art. 13. Aplicam-se, por motivo de contravenção, os medidas de segurança estabelecidas no Código Penal, à exceção do exílio local.

ANOTAÇÕES

Art. 14. Presumem-se perigosos, alem dos indivíduos a que se referem os ns. I e II do art. 78 do Código Penal:

I. o condenado por motivo de contravenção cometido, em estado de embriaguez pelo álcool ou substância de efeitos análogos, quando habitual a embriaguez;

II. o condenado por vadiagem ou mendicância;

III. (Revogado pela Lei nº 6.416, de 24.5.1977)

IV (Revogado pela Lei nº 6.416, de 24.5.1977)

Art. 15. São internados em colônia agrícola ou em instituto de trabalho, de reeducação ou de ensino profissional, pelo prazo mínimo de um ano: (Regulamento)

I. o condenado por vadiagem (art. 59);

II. o condenado por mendicância (art. 60 e seu parágrafo);

III. (Revogado pela Lei nº 6.416, de 24.5.1977)

Art. 16. O prazo mínimo de duração da internação em manicômio judiciário ou em casa de custódia e tratamento é de seis meses.

Parágrafo único. O juiz, entretanto, pode, ao invés de decretar a internação, submeter o indivíduo a liberdade vigiada.

Art. 17. A ação penal é pública, devendo a autoridade proceder de ofício.

PARTE ESPECIAL

CAPÍTULO I - DAS CONTRAVENÇÕES REFERENTES À PESSOA

Art. 18. Fabricar, importar, exportar, ter em depósito ou vender, sem permissão da autoridade, arma ou munição:

Pena: prisão simples, de três meses a um ano, ou multa, de um a cinco contos de réis, ou ambas cumulativamente, se o fato não constitue crime contra a ordem política ou social.

Art. 19. Trazer consigo arma fora de casa ou de dependência desta, sem licença da autoridade:

Pena: prisão simples, de quinze dias a seis meses, ou multa, de duzentos mil réis a três contos de réis, ou ambas cumulativamente.

§ 1º A pena é aumentada de um terço até metade, se o agente já foi condenado, em sentença irrecorrivel, por violência contra pessoa.

§ 2º Incorre na pena de prisão simples, de quinze dias a três meses, ou multa, de duzentos mil réis a um conto de réis, quem, possuindo arma ou munição:

a) deixa de fazer comunicação ou entrega à autoridade, quando a lei o determina;

b) permite que alienado menor de 18 anos ou pessoa inexperiente no manejo de arma a tenha consigo;

c) omite as cautelas necessárias para impedir que dela se apodere facilmente alienado, menor de 18 anos ou pessoa inexperiente em manejá-la.

Art. 20. Anunciar processo, substância ou objeto destinado a provocar aborto: (Redação dada pela Lei nº 6.734, de 1979)

Pena: multa de hum mil cruzeiros a dez mil cruzeiros. (Redação dada pela Lei nº 6.734, de 1979)

Art. 21. Praticar vias de fato contra alguem:

Pena: prisão simples, de quinze dias a três meses, ou multa, de cem mil réis a um conto de réis, se o fato não constitue crime.

Parágrafo único. Aumenta-se a pena de 1/3 (um terço) até a metade se a vítima é maior de 60 (sessenta) anos. (Incluído pela Lei nº 10.741, de 2003)

Art. 22. Receber em estabelecimento psiquiátrico, e nele internar, sem as formalidades legais, pessoa apresentada como doente mental:

Pena: multa, de trezentos mil réis a três contos de réis.

§ 1º Aplica-se a mesma pena a quem deixa de comunicar a autoridade competente, no prazo legal, internação que tenha admitido, por motivo de urgência, sem as formalidades legais.

ANOTAÇÕES

LEIS

ANOTAÇÕES

§ 2º Incorre na pena de prisão simples, de quinze dias a três meses, ou multa de quinhentos mil réis a cinco contos de réis, aquele que, sem observar as prescrições legais, deixa retirar-se ou despede de estabelecimento psiquiátrico pessoa nele, internada.

Art. 23. Receber e ter sob custódia doente mental, fora do caso previsto no artigo anterior, sem autorização de quem de direito:

Pena: prisão simples, de quinze dias a três meses, ou multa, de quinhentos mil réis a cinco contos de réis.

CAPÍTULO II - DAS CONTRAVENÇÕES REFERENTES AO PATRIMÔNIO

Art. 24. Fabricar, ceder ou vender gazua ou instrumento empregado usualmente na prática de crime de furto:

Pena: prisão simples, de seis meses a dois anos, e multa, de trezentos mil réis a três contos de réis.

Art. 25. Ter alguem em seu poder, depois de condenado, por crime de furto ou roubo, ou enquanto sujeito à liberdade vigiada ou quando conhecido como vadio ou mendigo, gazuas, chaves falsas ou alteradas ou instrumentos empregados usualmente na prática de crime de furto, desde que não prove destinação legítima:

Pena: prisão simples, de dois meses a um ano, e multa de duzentos mil réis a dois contos de réis.

Art. 26. Abrir alguem, no exercício de profissão de serralheiro ou oficio análogo, a pedido ou por incumbência de pessoa de cuja legitimidade não se tenha certificado previamente, fechadura ou qualquer outro aparelho destinado à defesa de lugar nu objeto:

Pena: prisão simples, de quinze dias a três meses, ou multa, de duzentos mil réis a um conto de réis.

Art. 27. (Revogado pela Lei nº 9.521, de 27.11.1997)

Pena –(Revogado pela Lei nº 9.521, de 27.11.1997)

CAPÍTULO III - DAS CONTRAVENÇÕES REFERENTES À INCOLUMIDADE PÚBLICA

Art. 28. Disparar arma de fogo em lugar habitado ou em suas adjacências, em via pública ou em direção a ela:

Pena: prisão simples, de um a seis meses, ou multa, de trezentos mil réis a três contos de réis.

Parágrafo único. Incorre na pena de prisão simples, de quinze dias a dois meses, ou multa, de duzentos mil réis a dois contos de réis, quem, em lugar habitado ou em suas adjacências, em via pública ou em direção a ela, sem licença da autoridade, causa deflagração perigosa, queima fogo de artifício ou solta balão aceso.

Art. 29. Provocar o desabamento de construção ou, por erro no projeto ou na execução, dar-lhe causa:

Pena: multa, de um a dez contos de réis, se o fato não constitue crime contra a incolumidade pública.

Art. 30. Omitir alguem a providência reclamada pelo Estado ruinoso de construção que lhe pertence ou cuja conservação lhe incumbe:

Pena: multa, de um a cinco contos de réis.

Art. 31. Deixar em liberdade, confiar à guarda de pessoa inexperiente, ou não guardar com a devida cautela animal perigoso:

Pena: prisão simples, de dez dias a dois meses, ou multa, de cem mil réis a um conto de réis.

Parágrafo único. Incorre na mesma pena quem:

a) na via pública, abandona animal de tiro, carga ou corrida, ou o confia à pessoa inexperiente;

b) excita ou irrita animal, expondo a perigo a segurança alheia;

c) conduz animal, na via pública, pondo em perigo a segurança alheia.

Art. 32. Dirigir, sem a devida habilitação, veículo na via pública, ou embarcação a motor em aguas públicas:

ANOTAÇÕES

Pena: multa, de duzentos mil réis a dois contos de réis.

Art. 33. Dirigir aeronave sem estar devidamente licenciado:

Pena: prisão simples, de quinze dias a três meses, e multa, de duzentos mil réis a dois contos de réis.

Art. 34. Dirigir veículos na via pública, ou embarcações em águas públicas, pondo em perigo a segurança alheia:

Pena: prisão simples, de quinze dias a três meses, ou multa, de trezentos mil réis a dois contos de réis.

Art. 35. Entregar-se na prática da aviação, a acrobacias ou a vôos baixos, fora da zona em que a lei o permite, ou fazer descer a aeronave fora dos lugares destinados a esse fim:

Pena: prisão simples, de quinze dias a três meses, ou multa, de quinhentos mil réis a cinco contos de réis.

Art. 36. Deixar do colocar na via pública, sinal ou obstáculo, determinado em lei ou pela autoridade e destinado a evitar perigo a transeuntes:

Pena: prisão simples, de dez dias a dois meses, ou multa, de duzentos mil réis a dois contos de réis.

Parágrafo único. Incorre na mesma pena quem:

a) apaga sinal luminoso, destrói ou remove sinal de outra natureza ou obstáculo destinado a evitar perigo a transeuntes;

b) remove qualquer outro sinal de serviço público.

Art. 37. Arremessar ou derramar em via pública, ou em lugar de uso comum, ou do uso alheio, coisa que possa ofender, sujar ou molestar alguem:

Pena: multa, de duzentos mil réis a dois contos de réis.

Parágrafo único. Na mesma pena incorre aquele que, sem as devidas cautelas, coloca ou deixa suspensa coisa que, caindo em via pública ou em lugar de uso comum ou de uso alheio, possa ofender, sujar ou molestar alguem.

Art. 38. Provocar, abusivamente, emissão de fumaça, vapor ou gás, que possa ofender ou molestar alguem:

Pena: multa, de duzentos mil réis a dois contos de réis.

CAPÍTULO IV - DAS CONTRAVENÇÕES REFERENTES À PAZ PÚBLICA

Art. 39. Participar de associação de mais de cinco pessoas, que se reunam periodicamente, sob compromisso de ocultar à autoridade a existência, objetivo, organização ou administração da associação:

Pena: prisão simples, de um a seis meses, ou multa, de trezentos mil réis a três contos de réis.

§ 1º Na mesma pena incorre o proprietário ou ocupante de prédio que o cede, no todo ou em parte, para reunião de associação que saiba ser de carater secreto.

§ 2º O juiz pode, tendo em vista as circunstâncias, deixar de aplicar a pena, quando lícito o objeto da associação.

Art. 40. Provocar tumulto ou portar-se de modo inconveniente ou desrespeitoso, em solenidade ou ato oficial, em assembleia ou espetáculo público, se o fato não constitue infração penal mais grave;

Pena: prisão simples, de quinze dias a seis meses, ou multa, de duzentos mil réis a dois contos de réis.

Art. 41. Provocar alarma, anunciando desastre ou perigo inexistente, ou praticar qualquer ato capaz de produzir pânico ou tumulto:

Pena: prisão simples, de quinze dias a seis meses, ou multa, de duzentos mil réis a dois contos de réis.

Art. 42. Perturbar alguem o trabalho ou o sossego alheios:

I. com gritaria ou algazarra;

II. exercendo profissão incômoda ou ruidosa, em desacordo com as prescrições legais;

III. abusando de instrumentos sonoros ou sinais acústicos;

IV. provocando ou não procurando impedir barulho produzido por animal de que tem a guarda:

Pena: prisão simples, de quinze dias a três meses, ou multa, de duzentos mil réis a dois contos de réis.

ANOTAÇÕES

CAPÍTULO V - DAS CONTRAVENÇÕES REFERENTES À FÉ PÚBLICA

Art. 43. Recusar-se a receber, pelo seu valor, moeda de curso legal no país:

Pena: multa, de duzentos mil réis a dois contos de réis.

Art. 44. Usar, como propaganda, de impresso ou objeto que pessoa inexperiente ou rústica possa confundir com moeda:

Pena: multa, de duzentos mil réis a dois contos de réis.

Art. 45. Fingir-se funcionário público:

Pena: prisão simples, de um a três meses, ou multa, de quinhentos mil réis a três contos de réis.

Art. 46. Usar, publicamente, de uniforme, ou distintivo de função pública que não exerce; usar, indevidamente, de sinal, distintivo ou denominação cujo emprêgo seja regulado por lei. (Redação dada pelo Decreto-Lei nº 6.916, de 2.10.1944)

Pena: multa, de duzentos a dois mil cruzeiros, se o fato não constitui infração penal mais grave. (Redação dada pelo Decreto-Lei nº 6.916, de 2.10.1944)

CAPÍTULO VI - DAS CONTRAVENÇÕES RELATIVAS À ORGANIZAÇÃO DO TRABALHO

Art. 47. Exercer profissão ou atividade econômica ou anunciar que a exerce, sem preencher as condições a que por lei está subordinado o seu exercício:

Pena: prisão simples, de quinze dias a três meses, ou multa, de quinhentos mil réis a cinco contos de réis.

Art. 48. Exercer, sem observância das prescrições legais, comércio de antiguidades, de obras de arte, ou de manuscritos e livros antigos ou raros:

Pena: prisão simples de um a seis meses, ou multa, de um a dez contos de réis.

Art. 49. Infringir determinação legal relativa à matrícula ou à escrituração de indústria, de comércio, ou de outra atividade:

Pena: multa, de duzentos mil réis a cinco contos de réis.

CAPÍTULO VII - DAS CONTRAVENÇÕES RELATIVAS À POLÍCIA DE COSTUMES

Art. 50. Estabelecer ou explorar jogo de azar em lugar público ou acessivel ao público, mediante o pagamento de entrada ou sem ele: (Vide Decreto-Lei nº 4.866, de 23.10.1942) (Vide Decreto-Lei 9.215, de 30.4.1946)

Pena: prisão simples, de três meses a um ano, e multa, de dois a quinze contos de réis, estendendo-se os efeitos da condenação à perda dos moveis e objetos de decoração do local.

§ 1º A pena é aumentada de um terço, se existe entre os empregados ou participa do jogo pessoa menor de dezoito anos.

§ 2º Incorre na pena de multa, de R$ 2.000,00 (dois mil reais) a R$ 200.000,00 (duzentos mil reais), quem é encontrado a participar do jogo, ainda que pela internet ou por qualquer outro meio de comunicação, como ponteiro ou apostador. (Redação dada pela Lei nº 13.155, de 2015)

§ 3º Consideram-se, jogos de azar:

a) o jogo em que o ganho e a perda dependem exclusiva ou principalmente da sorte;

b) as apostas sobre corrida de cavalos fora de hipódromo ou de local onde sejam autorizadas;

c) as apostas sobre qualquer outra competição esportiva.

§ 4º Equiparam-se, para os efeitos penais, a lugar acessivel ao público:

a) a casa particular em que se realizam jogos de azar, quando deles habitualmente participam pessoas que não sejam da família de quem a ocupa;

b) o hotel ou casa de habitação coletiva, a cujos hóspedes e moradores se proporciona jogo de azar;

c) a sede ou dependência de sociedade ou associação, em que se realiza jogo de azar;

ANOTAÇÕES

d) o estabelecimento destinado à exploração de jogo de azar, ainda que se dissimule esse destino.

Art. 51. Promover ou fazer extrair loteria, sem autorização legal:

Pena: prisão simples, de seis meses a dois anos, e multa, de cinco a dez contos de réis, estendendo-se os efeitos da condenação à perda dos moveis existentes no local.

§ 1º Incorre na mesma pena quem guarda, vende ou expõe à venda, tem sob sua guarda para o fim de venda, introduz ou tenta introduzir na circulação bilhete de loteria não autorizada.

§ 2º Considera-se loteria toda operação que, mediante a distribuição de bilhete, listas, cupões, vales, sinais, símbolos ou meios análogos, faz depender de sorteio a obtenção de prêmio em dinheiro ou bens de outra natureza.

§ 3º Não se compreendem na definição do parágrafo anterior os sorteios autorizados na legislação especial.

Art. 52. Introduzir, no país, para o fim de comércio, bilhete de loteria, rifa ou tômbola estrangeiras:

Pena: prisão simples, de quatro meses a um ano, e multa, de um a cinco contos de réis.

Parágrafo único. Incorre na mesma pena quem vende, expõe à venda, tem sob sua guarda. para o fim de venda, introduz ou tenta introduzir na circulação, bilhete de loteria estrangeira.

Art. 53. Introduzir, para o fim de comércio, bilhete de loteria estadual em território onde não possa legalmente circular:

Pena: prisão simples, de dois a seis meses, e multa, de um a três contos de réis.

Parágrafo único. Incorre na mesma pena quem vende, expõe à venda, tem sob sua guarda, para o fim de venda, introduz ou tonta introduzir na circulação, bilhete de loteria estadual, em território onde não possa legalmente circular.

Art. 54. Exibir ou ter sob sua guarda lista de sorteio de loteria estrangeira:

Pena: prisão simples, de um a três meses, e multa, de duzentos mil réis a um conto de réis.

Parágrafo único. Incorre na mesma pena quem exibe ou tem sob sua guarda lista de sorteio de loteria estadual, em território onde esta não possa legalmente circular.

Art. 55. Imprimir ou executar qualquer serviço de feitura de bilhetes, lista de sorteio, avisos ou cartazes relativos a loteria, em lugar onde ela não possa legalmente circular:

Pena: prisão simples, de um a seis meses, e multa, de duzentos mil réis a dois contos de réis.

Art. 56. Distribuir ou transportar cartazes, listas de sorteio ou avisos de loteria, onde ela não possa legalmente circular:

Pena: prisão simples, de um a três meses, e multa, de cem a quinhentos mil réis.

Art. 57. Divulgar, por meio de jornal ou outro impresso, de rádio, cinema, ou qualquer outra forma, ainda que disfarçadamente, anúncio, aviso ou resultado de extração de loteria, onde a circulação dos seus bilhetes não seria legal:

Pena: multa, de um a dez contos de réis.

Art. 58. Explorar ou realizar a loteria denominada jogo do bicho, ou praticar qualquer ato relativo à sua realização ou exploração:

Pena: prisão simples, de quatro meses a um ano, e multa, de dois a vinte contos de réis.

Parágrafo único. Incorre na pena de multa, de duzentos mil réis a dois contos de réis, aquele que participa da loteria, visando a obtenção de prêmio, para si ou para terceiro.

Art. 59. Entregar-se alguem habitualmente à ociosidade, sendo válido para o trabalho, sem ter renda que lhe assegure meios bastantes de subsistência, ou prover à própria subsistência mediante ocupação ilícita:

Pena: prisão simples, de quinze dias a três meses.

Parágrafo único. A aquisição superveniente de renda, que assegure ao condenado meios bastantes de subsistência, extingue a pena.

LEIS

ANOTAÇÕES

Art. 62. Apresentar-se publicamente em estado de embriaguez, de modo que cause escândalo ou ponha em perigo a segurança própria ou alheia:

Pena: prisão simples, de quinze dias a três meses, ou multa, de duzentos mil réis a dois contos de réis.

Parágrafo único. Se habitual a embriaguez, o contraventor é internado em casa de custódia e tratamento.

Art. 63. Servir bebidas alcoólicas:

I. (Revogado pela Lei nº 13.106, de 2015)

II. a quem se acha em estado de embriaguez;

III. a pessoa que o agente sabe sofrer das faculdades mentais;

IV. a pessoa que o agente sabe estar judicialmente proibida de frequentar lugares onde se consome bebida de tal natureza:

Pena: prisão simples, de dois meses a um ano, ou multa, de quinhentos mil réis a cinco contos de réis.

Art. 64. Tratar animal com crueldade ou submetê-lo a trabalho excessivo:

Pena: prisão simples, de dez dias a um mês, ou multa, de cem a quinhentos mil réis.

§ 1º Na mesma pena incorre aquele que, embora para fins didáticos ou científicos, realiza em lugar público ou exposto ao publico, experiência dolorosa ou cruel em animal vivo.

§ 2º Aplica-se a pena com aumento de metade, se o animal é submetido a trabalho excessivo ou tratado com crueldade, em exibição ou espetáculo público.

Art. 65. Molestar alguem ou perturbar-lhe a tranquilidade, por acinte ou por motivo reprovavel:

Pena: prisão simples, de quinze dias a dois meses, ou multa, de duzentos mil réis a dois contos de réis.

CAPÍTULO VIII - DAS CONTRAVENÇÕES REFERENTES À ADMINISTRAÇÃO PÚBLICA

Art. 66. Deixar de comunicar à autoridade competente:

I. crime de ação pública, de que teve conhecimento no exercício de função pública, desde que a ação penal não dependa de representação;

II. crime de ação pública, de que teve conhecimento no exercício da medicina ou de outra profissão sanitária, desde que a ação penal não dependa de representação e a comunicação não exponha o cliente a procedimento criminal:

Pena: multa, de trezentos mil réis a três contos de réis.

Art. 67. Inumar ou exumar cadaver, com infração das disposições legais:

Pena: prisão simples, de um mês a um ano, ou multa, de duzentos mil réis a dois contos de réis.

Art. 68. Recusar à autoridade, quando por esta, justificadamente solicitados ou exigidos, dados ou indicações concernentes à própria identidade, estado, profissão, domicílio e residência:

Pena: multa, de duzentos mil réis a dois contos de réis.

Parágrafo único. Incorre na pena de prisão simples, de um a seis meses, e multa, de duzentos mil réis a dois contos de réis, se o fato não constitue infração penal mais grave, quem, nas mesmas circunstâncias, f'az declarações inverídicas a respeito de sua identidade pessoal, estado, profissão, domicílio e residência.

Art. 69. (Revogado pela Lei nº 6.815, de 19.8.1980)

Pena: (Revogado pela Lei nº 6.815, de 19.8.1980)

Art. 70. Praticar qualquer ato que importe violação do monopólio postal da União:

Pena: prisão simples, de três meses a um ano, ou multa, de três a dez contos de réis, ou ambas cumulativamente.

ANOTAÇÕES

DISPOSIÇÕES FINAIS

Art. 71. Ressalvada a legislação especial sobre florestas, caça e pesca, revogam-se as disposições em contrário.

Art. 72. Esta lei entrará em vigor no dia 1º de janeiro de 1942.

2. LEI Nº 4.320, DE 17 DE MARÇO DE 1964

Lei de Normas Gerais de Direito Financeiro

Estatui Normas Gerais de Direito Financeiro para elaboração e controle dos orçamentos e balanços da União, dos Estados, dos Municípios e do Distrito Federal.

Faço saber que o Congresso Nacional decreta e eu sanciono a seguinte Lei;

DISPOSIÇÃO PRELIMINAR

Art. 1º Esta lei estatui normas gerais de direito financeiro para elaboração e controle dos orçamentos e balanços da União, dos Estados, dos Municípios e do Distrito Federal, de acôrdo com o disposto no art. 5º, inciso XV, letra b, da Constituição Federal.

TÍTULO I - DA LEI DE ORÇAMENTO

CAPÍTULO I - DISPOSIÇÕES GERAIS

Art. 2º A Lei do Orçamento conterá a discriminação da receita e despesa de forma a evidenciar a política econômica financeira e o programa de trabalho do Govêrno, obedecidos os princípios de unidade universalidade e anualidade.

§ 1º Integrarão a Lei de Orçamento:

I. Sumário geral da receita por fontes e da despesa por funções do Govêrno;

II. Quadro demonstrativo da Receita e Despesa segundo as Categorias Econômicas, na forma do Anexo nº 1;

III. Quadro discriminativo da receita por fontes e respectiva legislação;

IV. Quadro das dotações por órgãos do Govêrno e da Administração.

§ 2º Acompanharão a Lei de Orçamento:

I. Quadros demonstrativos da receita e planos de aplicação dos fundos especiais;

II. Quadros demonstrativos da despesa, na forma dos Anexos nºs 6 a 9;

III. Quadro demonstrativo do programa anual de trabalho do Govêrno, em têrmos de realização de obras e de prestação de serviços.

Art. 3º A Lei de Orçamentos compreenderá tôdas as receitas, inclusive as de operações de crédito autorizadas em lei.

Parágrafo único. Não se consideram para os fins deste artigo as operações de credito por antecipação da receita, as emissões de papel-moeda e outras entradas compensatórias, no ativo e passivo financeiros . (Veto rejeitado no D.O. 05/05/1964)

Art. 4º A Lei de Orçamento compreenderá tôdas as despesas próprias dos órgãos do Govêrno e da administração centralizada, ou que, por intermédio dêles se devam realizar, observado o disposto no artigo 2º.

Art. 5º A Lei de Orçamento não consignará dotações globais destinadas a atender indiferentemente a despesas de pessoal, material, serviços de terceiros, transferências ou quaisquer outras, ressalvado o disposto no artigo 20 e seu parágrafo único.

Art. 6º Tôdas as receitas e despesas constarão da Lei de Orçamento pelos seus totais, vedadas quaisquer deduções.

§ 1º As cotas de receitas que uma entidade pública deva transferir a outra incluir-se-ão, como despesa, no orçamento da entidade obrigada a transferência e, como receita, no orçamento da que as deva receber.

§ 2º Para cumprimento do disposto no parágrafo anterior, o calculo das cotas terá por base os dados apurados no balanço do exercício anterior aquele em que se elaborar a proposta orçamentária do governo obrigado a transferência. (Veto rejeitado no D.O. 05/05/1964)

Art. 7º A Lei de Orçamento poderá conter autorização ao Executivo para:

I. Abrir créditos suplementares até determinada importância obedecidas as disposições do artigo 43; (Veto rejeitado no D.O. 05/05/1964)

II. Realizar em qualquer mês do exercício financeiro, operações de crédito por antecipação da receita, para atender a insuficiências de caixa.

§ 1º Em casos de déficit, a Lei de Orçamento indicará as fontes de recursos que o Poder Executivo fica autorizado a utilizar para atender a sua cobertura.

§ 2º O produto estimado de operações de crédito e de alienação de bens imóveis sòmente se incluirá na receita quando umas e outras forem especìficamente autorizadas pelo Poder Legislativo em forma que juridicamente possibilite ao Poder Executivo realizá-las no exercício.

§ 3º A autorização legislativa a que se refere o parágrafo anterior, no tocante a operações de crédito, poderá constar da própria Lei de Orçamento.

Art. 8º A discriminação da receita geral e da despesa de cada órgão do Govêrno ou unidade administrativa, a que se refere o artigo 2º, § 1º, incisos III e IV obedecerá à forma do Anexo nº 2.

§ 1º Os itens da discriminação da receita e da despesa, mencionados nos artigos 11, § 4º, e 13, serão identificados por números de códigos decimal, na forma dos Anexos nºs 3 e 4.

§ 2º Completarão os números do código decimal referido no parágrafo anterior os algarismos caracterizadores da classificação funcional da despesa, conforme estabelece o Anexo nº 5.

§ 3º O código geral estabelecido nesta lei não prejudicará a adoção de códigos locais.

CAPÍTULO II - DA RECEITA

Art. 9º Tributo é a receita derivada instituída pelas entidades de direito publico, compreendendo os impostos, as taxas e contribuições nos termos da constituição e das leis vigentes em matéria financeira, destinado-se o seu produto ao custeio de atividades gerais ou especificas exercidas por essas entidades (Veto rejeitado no D.O. 05/05/1964)

Art. 10. (Vetado).

Art. 11 - A receita classificar-se-á nas seguintes categorias econômicas: Receitas Correntes e Receitas de Capital. (Redação dada pelo Decreto Lei nº 1.939, de 1982)

§ 1º - São Receitas Correntes as receitas tributária, de contribuições, patrimonial, agropecuária, industrial, de serviços e outras e, ainda, as provenientes de recursos financeiros recebidos de outras pessoas de direito público ou privado, quando destinadas a atender despesas classificáveis em Despesas Correntes. (Redação dada pelo Decreto Lei nº 1.939, de 1982)

§ 2º - São Receitas de Capital as provenientes da realização de recursos financeiros oriundos de constituição de dívidas; da conversão, em espécie, de bens e direitos; os recursos recebidos de outras pessoas de direito público ou privado, destinados a atender despesas classificáveis em Despesas de Capital e, ainda, o superávit do Orçamento Corrente. (Redação dada pelo Decreto Lei nº 1.939, de 1982)

§ 3º - O superávit do Orçamento Corrente resultante do balanceamento dos totais das receitas e despesas correntes, apurado na demonstração a que se refere o Anexo nº 1, não constituirá item de receita orçamentária. (Redação dada pelo Decreto Lei nº 1.939, de 1982)

§ 4º - A classificação da receita obedecerá ao seguinte esquema: (Redação dada pelo Decreto Lei nº 1.939, de 1982)

RECEITAS CORRENTES
RECEITA TRIBUTÁRIA
Impostos.
Taxas.
Contribuições de Melhoria.
RECEITA DE CONTRIBUIÇÕES
RECEITA PATRIMONIAL
RECEITA AGROPECUÁRIA
RECEITA INDUSTRIAL
RECEITA DE SERVIÇOS
TRANSFERÊNCIAS CORRENTES
OUTRAS RECEITAS CORRENTES
RECEITAS DE CAPITAL
OPERAÇÕES DE CRÉDITO
ALIENAÇÃO DE BENS
AMORTIZAÇÃO DE EMPRÉSTIMOS
TRANSFERÊNCIAS DE CAPITAL
OUTRAS RECEITAS DE CAPITAL

CAPÍTULO III - DA DESPESA

Art. 12. A despesa será classificada nas seguintes categorias econômicas: (Vide Decreto-lei nº 1.805, de 1980)

DESPESAS CORRENTES

Despesas de Custeio
Transferências Correntes

DESPESAS DE CAPITAL

Investimentos
Inversões Financeiras
Transferências de Capital

§ 1º Classificam-se como Despesas de Custeio as dotações para manutenção de serviços anteriormente criados, inclusive as destinadas a atender a obras de conservação e adaptação de bens imóveis.

§ 2º Classificam-se como Transferências Correntes as dotações para despesas as quais não corresponda contraprestação direta em bens ou serviços, inclusive para contribuições e subvenções destinadas a atender à manutenção de outras entidades de direito público ou privado.

§ 3º Consideram-se subvenções, para os efeitos desta lei, as transferências destinadas a cobrir despesas de custeio das entidades beneficiadas, distinguindo-se como:

I. subvenções sociais, as que se destinem a instituições públicas ou privadas de caráter assistencial ou cultural, sem finalidade lucrativa;

II. subvenções econômicas, as que se destinem a emprêsas públicas ou privadas de caráter industrial, comercial, agrícola ou pastoril.

§ 4º Classificam-se como investimentos as dotações para o planejamento e a execução de obras, inclusive as destinadas à aquisição de imóveis considerados necessários à realização destas últimas, bem como para os programas especiais de trabalho, aquisição de instalações, equipamentos e material permanente e constituição ou aumento do capital de emprêsas que não sejam de caráter comercial ou financeiro.

§ 5º Classificam-se como Inversões Financeiras as dotações destinadas a:

I. aquisição de imóveis, ou de bens de capital já em utilização;

II. aquisição de títulos representativos do capital de emprêsas ou entidades de qualquer espécie, já constituídas, quando a operação não importe aumento do capital;

III. constituição ou aumento do capital de entidades ou emprêsas que visem a objetivos comerciais ou financeiros, inclusive operações bancárias ou de seguros.

§ 6º São Transferências de Capital as dotações para investimentos ou inversões financeiras que outras pessoas de direito público ou privado devam realizar, independentemente de contraprestação direta em bens ou serviços, constituindo essas transferências auxílios ou contribuições, segundo derivem diretamente da Lei de Orçamento ou de lei especialmente anterior, bem como as dotações para amortização da dívida pública.

ANOTAÇÕES

ANOTAÇÕES

ANOTAÇÕES

Art. 13. Observadas as categorias econômicas do art. 12, a discriminação ou especificação da despesa por elementos, em cada unidade administrativa ou órgão de govêrno, obedecerá ao seguinte esquema:

DESPESAS CORRENTES

Despesas de Custeio
Pessoa Civil
Pessoal Militar
Material de Consumo
Serviços de Terceiros
Encargos Diversos

Transferências Correntes
Subvenções Sociais
Subvenções Econômicas
Inativos
Pensionistas
Salário Família e Abono Familiar
Juros da Dívida Pública
Contribuições de Previdência Social
Diversas Transferências Correntes.

DESPESAS DE CAPITAL

Investimentos
Obras Públicas
Serviços em Regime de Programação Especial
Equipamentos e Instalações
Material Permanente
Participação em Constituição ou Aumento de Capital de Emprêsas ou Entidades Industriais ou Agrícolas

Inversões Financeiras
Aquisição de Imóveis
Participação em Constituição ou Aumento de Capital de Emprêsas ou Entidades Comerciais ou Financeiras
Aquisição de Títulos Representativos de Capital de Emprêsa em Funcionamento
Constituição de Fundos Rotativos
Concessão de Empréstimos
Diversas Inversões Financeiras

Transferências de Capital
Amortização da Dívida Pública
Auxílios para Obras Públicas
Auxílios para Equipamentos e Instalações
Auxílios para Inversões Financeiras
Outras Contribuições.

Art. 14. Constitui unidade orçamentária o agrupamento de serviços subordinados ao mesmo órgão ou repartição a que serão consignadas dotações próprias. (Veto rejeitado no D.O. 05/05/1964)

Parágrafo único. Em casos excepcionais, serão consignadas dotações a unidades administrativas subordinadas ao mesmo órgão.

Art. 15. Na Lei de Orçamento a discriminação da despesa far-se-á no mínimo por elementos. (Veto rejeitado no D.O. 05/05/1964)

§ 1º Entende-se por elementos o desdobramento da despesa com pessoal, material, serviços, obras e outros meios de que se serve a administração publica para consecução dos seus fins. (Veto rejeitado no D.O. 05/05/1964)

§ 2º Para efeito de classificação da despesa, considera-se material permanente o de duração superior a dois anos.

SEÇÃO I - DAS DESPESAS CORRENTES

SUBSEÇÃO ÚNICA - DAS TRANSFERÊNCIAS CORRENTES

I - Das Subvenções Sociais

Art. 16. Fundamentalmente e nos limites das possibilidades financeiras a concessão de subvenções sociais visará a prestação de serviços essenciais de assistência social, médica e educacional, sempre que a suplementação de recursos de origem privada aplicados a êsses objetivos, revelar-se mais econômica.

ANOTAÇÕES

Parágrafo único. O valor das subvenções, sempre que possível, será calculado com base em unidades de serviços efetivamente prestados ou postos à disposição dos interessados obedecidos os padrões mínimos de eficiência prèviamente fixados.

Art. 17. Somente à instituição cujas condições de funcionamento forem julgadas satisfatórias pelos órgãos oficiais de fiscalização serão concedidas subvenções.

II - Das Subvenções Econômicas

Art. 18. A cobertura dos déficits de manutenção das emprêsas públicas, de natureza autárquica ou não, far-se-á mediante subvenções econômicas expressamente incluídas nas despesas correntes do orçamento da União, do Estado, do Município ou do Distrito Federal.

Parágrafo único. Consideram-se, igualmente, como subvenções econômicas:

a) as dotações destinadas a cobrir a diferença entre os preços de mercado e os preços de revenda, pelo Govêrno, de gêneros alimentícios ou outros materiais;
b) as dotações destinadas ao pagamento de bonificações a produtores de determinados gêneros ou materiais.

Art. 19. A Lei de Orçamento não consignará ajuda financeira, a qualquer título, a emprêsa de fins lucrativos, salvo quando se tratar de subvenções cuja concessão tenha sido expressamente autorizada em lei especial.

SEÇÃO II - DAS DESPESAS DE CAPITAL

SUBSEÇÃO PRIMEIRA - DOS INVESTIMENTOS

Art. 20. Os investimentos serão discriminados na Lei de Orçamento segundo os projetos de obras e de outras aplicações.

Parágrafo único. Os programas especiais de trabalho que, por sua natureza, não possam cumprir-se subordinadamente às normas gerais de execução da despesa poderão ser custeadas por dotações globais, classificadas entre as Despesas de Capital.

SUBSEÇÃO SEGUNDA - DAS TRANSFERÊNCIAS DE CAPITAL

Art. 21. A Lei de Orçamento não consignará auxílio para investimentos que se devam incorporar ao patrimônio das emprêsas privadas de fins lucrativos.

Parágrafo único. O disposto neste artigo aplica-se às transferências de capital à conta de fundos especiais ou dotações sob regime excepcional de aplicação.

TÍTULO II - DA PROPOSTA ORCAMENTÁRIA

CAPÍTULO I - CONTEÚDO E FORMA DA PROPOSTA ORÇAMENTÁRIA

Art. 22. A proposta orçamentária que o Poder Executivo encaminhará ao Poder Legislativo nos prazos estabelecidos nas Constituições e nas Leis Orgânicas dos Municípios, compor-se-á:

I. Mensagem, que conterá: exposição circunstanciada da situação econômico-financeira, documentada com demonstração da dívida fundada e flutuante, saldos de créditos especiais, restos a pagar e outros compromissos financeiros exigíveis; exposição e justificação da política econômica-financeira do Govêrno; justificação da receita e despesa, particularmente no tocante ao orçamento de capital;

II. Projeto de Lei de Orçamento;

III. Tabelas explicativas, das quais, além das estimativas de receita e despesa, constarão, em colunas distintas e para fins de comparação:

a) A receita arrecadada nos três últimos exercícios anteriores àquele em que se elaborou a proposta;

b) A receita prevista para o exercício em que se elabora a proposta;

c) A receita prevista para o exercício a que se refere a proposta;

d) A despesa realizada no exercício imediatamente anterior;

e) A despesa fixada para o exercício em que se elabora a proposta; e

f) A despesa prevista para o exercício a que se refere a proposta.

IV. Especificação dos programas especiais de trabalho custeados por dotações globais, em têrmos de metas visadas, decompostas em estimativa do custo das obras a realizar e dos serviços a prestar, acompanhadas de justificação econômica, financeira, social e administrativa.

Parágrafo único. Constará da proposta orçamentária, para cada unidade administrativa, descrição sucinta de suas principais finalidades, com indicação da respectiva legislação.

CAPÍTULO II - DA ELABORAÇÃO DA PROPOSTA ORÇAMENTÁRIA

SEÇÃO PRIMEIRA - DAS PREVISÕES PLURIENAIS

Art. 23. As receitas e despesas de capital serão objeto de um Quadro de Recursos e de Aplicação de Capital, aprovado por decreto do Poder Executivo, abrangendo, no mínimo um triênio.

Parágrafo único. O Quadro de Recursos e de Aplicação de Capital será anualmente reajustado acrescentando-se-lhe as previsões de mais um ano, de modo a assegurar a projeção contínua dos períodos.

Art. 24. O Quadro de Recursos e de Aplicação de Capital abrangerá:

I. as despesas e, como couber, também as receitas previstas em planos especiais aprovados em lei e destinados a atender a regiões ou a setores da administração ou da economia;

II. as despesas à conta de fundos especiais e, como couber, as receitas que os constituam;

III. em anexos, as despesas de capital das entidades referidas no Título X desta lei, com indicação das respectivas receitas, para as quais forem previstas transferências de capital.

Art. 25. Os programas constantes do Quadro de Recursos e de Aplicação de Capital sempre que possível serão correlacionados a metas objetivas em têrmos de realização de obras e de prestação de serviços.

Parágrafo único. Consideram-se metas os resultados que se pretendem obter com a realização de cada programa.

Art. 26. A proposta orçamentária conterá o programa anual atualizado dos investimentos, inversões financeiras e transferências previstos no Quadro de Recursos e de Aplicação de Capital.

SEÇÃO SEGUNDA - DAS PREVISÕES ANUAIS

Art. 27. As propostas parciais de orçamento guardarão estrita conformidade com a política econômica-financeira, o programa anual de trabalho do Govêrno e, quando fixado, o limite global máximo para o orçamento de cada unidade administrativa.

Art. 28 As propostas parciais das unidades administrativas, organizadas em formulário próprio, serão acompanhadas de:

I. tabelas explicativas da despesa, sob a forma estabelecida no artigo 22, inciso III, letras d, e e f;

II. justificação pormenorizada de cada dotação solicitada, com a indicação dos atos de aprovação de projetos e orçamentos de obras públicas, para cujo início ou prosseguimento ela se destina.

Art. 29. Caberá aos órgãos de contabilidade ou de arrecadação organizar demonstrações mensais da receita arrecadada, segundo as rubricas, para servirem de base a estimativa da receita, na proposta orçamentária.

Parágrafo único. Quando houver órgão central de orçamento, essas demonstrações ser-lhe-ão remetidas mensalmente.

Art. 30. A estimativa da receita terá por base as demonstrações a que se refere o artigo anterior à arrecadação dos três últimos exercícios, pelo menos bem como as circunstâncias de ordem conjuntural e outras, que possam afetar a produtividade de cada fonte de receita.

Art. 31. As propostas orçamentárias parciais serão revistas e coordenadas na proposta geral, considerando-se a receita estimada e as novas circunstâncias.

TÍTULO III - DA ELABORAÇÃO DA LEI DE ORÇAMENTO

Art. 32. Se não receber a proposta orçamentária no prazo fixado nas Constituições ou nas Leis Orgânicas dos Municípios, o Poder Legislativo considerará como proposta a Lei de Orçamento vigente.

Art. 33. Não se admitirão emendas ao projeto de Lei de Orçamento que visem a:

a) alterar a dotação solicitada para despesa de custeio, salvo quando provada, nesse ponto a inexatidão da proposta;

b) conceder dotação para o início de obra cujo projeto não esteja aprovado pelos órgãos competentes;

c) conceder dotação para instalação ou funcionamento de serviço que não esteja anteriormente criado;

d) conceder dotação superior aos quantitativos prèviamente fixados em resolução do Poder Legislativo para concessão de auxílios e subvenções.

TÍTULO IV - DO EXERCÍCIO FINANCEIRO

Art. 34. O exercício financeiro coincidirá com o ano civil.

Art. 35. Pertencem ao exercício financeiro:

I. as receitas nêle arrecadadas;

II. as despesas nêle legalmente empenhadas.

Art. 36. Consideram-se Restos a Pagar as despesas empenhadas mas não pagas até o dia 31 de dezembro distinguindo-se as processadas das não processadas.

Parágrafo único. Os empenhos que sorvem a conta de créditos com vigência plurienal, que não tenham sido liquidados, só serão computados como Restos a Pagar no último ano de vigência do crédito.

Art. 37. As despesas de exercícios encerrados, para as quais o orçamento respectivo consignava crédito próprio, com saldo suficiente para atendê-las, que não se tenham processado na época própria, bem como os Restos a Pagar com prescrição interrompida e os compromissos reconhecidos após o encerramento do exercício correspondente poderão ser pagos à conta de dotação específica consignada no orçamento, discriminada por elementos, obedecida, sempre que possível, a ordem cronológica.

Art. 38. Reverte à dotação a importância de despesa anulada no exercício; quando a anulação ocorrer após o encerramento dêste considerar-se-á receita do ano em que se efetivar.

Art. 39. Os créditos da Fazenda Pública, de natureza tributária ou não tributária, serão escriturados como receita do exercício em que forem arrecadados, nas respectivas rubricas orçamentárias. (Redação dada pelo Decreto Lei nº 1.735, de 1979)

§ 1º - Os créditos de que trata este artigo, exigíveis pelo transcurso do prazo para pagamento, serão inscritos, na forma da legislação própria, como Dívida Ativa, em registro próprio, após apurada a sua liquidez e certeza, e a respectiva receita será escriturada a esse título. (Incluído pelo Decreto Lei nº 1.735, de 1979)

ANOTAÇÕES

ANOTAÇÕES

LEIS

ANOTAÇÕES

§ 2º - Dívida Ativa Tributária é o crédito da Fazenda Pública dessa natureza, proveniente de obrigação legal relativa a tributos e respectivos adicionais e multas, e Dívida Ativa não Tributária são os demais créditos da Fazenda Pública, tais como os provenientes de empréstimos compulsórios, contribuições estabelecidas em lei, multa de qualquer origem ou natureza, exceto as tributárias, foros, laudêmios, alugueis ou taxas de ocupação, custas processuais, preços de serviços prestados por estabelecimentos públicos, indenizações, reposições, restituições, alcances dos responsáveis definitivamente julgados, bem assim os créditos decorrentes de obrigações em moeda estrangeira, de subrogação de hipoteca, fiança, aval ou outra garantia, de contratos em geral ou de outras obrigações legais. (Incluído pelo Decreto Lei nº 1.735, de 1979)

§ 3º - O valor do crédito da Fazenda Nacional em moeda estrangeira será convertido ao correspondente valor na moeda nacional à taxa cambial oficial, para compra, na data da notificação ou intimação do devedor, pela autoridade administrativa, ou, à sua falta, na data da inscrição da Dívida Ativa, incidindo, a partir da conversão, a atualização monetária e os juros de mora, de acordo com preceitos legais pertinentes aos débitos tributários. (Incluído pelo Decreto Lei nº 1.735, de 1979)

§ 4º - A receita da Dívida Ativa abrange os créditos mencionados nos parágrafos anteriores, bem como os valores correspondentes à respectiva atualização monetária, à multa e juros de mora e ao encargo de que tratam o art. 1º do Decreto-lei nº 1.025, de 21 de outubro de 1969, e o art. 3º do Decreto-lei nº 1.645, de 11 de dezembro de 1978. (Incluído pelo Decreto Lei nº 1.735, de 1979)

§ 5º - A Dívida Ativa da União será apurada e inscrita na Procuradoria da Fazenda Nacional. (Incluído pelo Decreto Lei nº 1.735, de 1979)

TÍTULO V - DOS CRÉDITOS ADICIONAIS

Art. 40. São créditos adicionais, as autorizações de despesa não computadas ou insuficientemente dotadas na Lei de Orçamento.

Art. 41. Os créditos adicionais classificam-se em:

I. suplementares, os destinados a reforço de dotação orçamentária;

II. especiais, os destinados a despesas para as quais não haja dotação orçamentária específica;

III. extraordinários, os destinados a despesas urgentes e imprevistas, em caso de guerra, comoção intestina ou calamidade pública.

Art. 42. Os créditos suplementares e especiais serão autorizados por lei e abertos por decreto executivo.

Art. 43. A abertura dos créditos suplementares e especiais depende da existência de recursos disponíveis para ocorrer a despesa e será precedida de exposição justificativa. (Veto rejeitado no D.O. 05/05/1964)

§ 1º Consideram-se recursos para o fim deste artigo, desde que não comprometidos: (Veto rejeitado no D.O. 05/05/1964)

I. o superávit financeiro apurado em balanço patrimonial do exercício anterior; (Veto rejeitado no D.O. 05/05/1964)

II. os provenientes de excesso de arrecadação; (Veto rejeitado no D.O. 05/05/1964)

III. os resultantes de anulação parcial ou total de dotações orçamentárias ou de créditos adicionais, autorizados em Lei; (Veto rejeitado no D.O. 05/05/1964)

IV. o produto de operações de credito autorizadas, em forma que juridicamente possibilite ao poder executivo realiza-las. (Veto rejeitado no D.O. 05/05/1964)

§ 2º Entende-se por superávit financeiro a diferença positiva entre o ativo financeiro e o passivo financeiro, conjugando-se, ainda, os saldos dos créditos adicionais transferidos e as operações de credito a eles vinculadas. (Veto rejeitado no D.O. 05/05/1964)

ANOTAÇÕES

§ 3º Entende-se por excesso de arrecadação, para os fins deste artigo, o saldo positivo das diferenças acumuladas mês a mês entre a arrecadação prevista e a realizada, considerando-se, ainda, a tendência do exercício. (Veto rejeitado no D.O. 05/05/1964)

§ 4º Para o fim de apurar os recursos utilizáveis, provenientes de excesso de arrecadação, deduzir-se-a a importância dos créditos extraordinários abertos no exercício. (Veto rejeitado no D.O. 05/05/1964)

Art. 44. Os créditos extraordinários serão abertos por decreto do Poder Executivo, que dêles dará imediato conhecimento ao Poder Legislativo.

Art. 45. Os créditos adicionais terão vigência adstrita ao exercício financeiro em que forem abertos, salvo expressa disposição legal em contrário, quanto aos especiais e extraordinários.

Art. 46. O ato que abrir crédito adicional indicará a importância, a espécie do mesmo e a classificação da despesa, até onde for possível.

TÍTULO VI - DA EXECUÇÃO DO ORÇAMENTO

CAPÍTULO I - DA PROGRAMAÇÃO DA DESPESA

Art. 47. Imediatamente após a promulgação da Lei de Orçamento e com base nos limites nela fixados, o Poder Executivo aprovará um quadro de cotas trimestrais da despesa que cada unidade orçamentária fica autorizada a utilizar.

Art. 48 A fixação das cotas a que se refere o artigo anterior atenderá aos seguintes objetivos:

a) assegurar às unidades orçamentárias, em tempo útil a soma de recursos necessários e suficientes a melhor execução do seu programa anual de trabalho;

b) manter, durante o exercício, na medida do possível o equilíbrio entre a receita arrecadada e a despesa realizada, de modo a reduzir ao mínimo eventuais insuficiências de tesouraria.

Art. 49. A programação da despesa orçamentária, para efeito do disposto no artigo anterior, levará em conta os créditos adicionais e as operações extra-orçamentárias.

Art. 50. As cotas trimestrais poderão ser alteradas durante o exercício, observados o limite da dotação e o comportamento da execução orçamentária.

CAPÍTULO II - DA RECEITA

Art. 51. Nenhum tributo será exigido ou aumentado sem que a lei o estabeleça, nenhum será cobrado em cada exercício sem prévia autorização orçamentária, ressalvados a tarifa aduaneira e o impôsto lançado por motivo de guerra.

Art. 52. São objeto de lançamento os impostos diretos e quaisquer outras rendas com vencimento determinado em lei, regulamento ou contrato.

Art. 53. O lançamento da receita é ato da repartição competente, que verifica a procedência do crédito fiscal e a pessoa que lhe é devedora e inscreve o débito desta.

Art. 54. Não será admitida a compensação da obrigação de recolher rendas ou receitas com direito creditório contra a Fazenda Pública.

Art. 55. Os agentes da arrecadação devem fornecer recibos das importâncias que arrecadarem.

§ 1º Os recibos devem conter o nome da pessoa que paga a soma arrecadada, proveniência e classificação, bem como a data a assinatura do agente arrecadador. (Veto rejeitado no D.O. 05/05/1964)

§ 2º Os recibos serão fornecidos em uma única via.

Art. 56. O recolhimento de tôdas as receitas far-se-á em estrita observância ao princípio de unidade de tesouraria, vedada qualquer fragmentação para criação de caixas especiais.

Art. 57. Ressalvado o disposto no parágrafo único do artigo 3. desta lei serão classificadas como receita orçamentária, sob as rubricas próprias, tôdas as receitas arrecadadas, inclusive as provenientes de operações de crédito, ainda que não previstas no Orçamento. (Veto rejeitado no D.O. 05/05/1964)

CAPÍTULO III - DA DESPESA

Art. 58. O empenho de despesa é o ato emanado de autoridade competente que cria para o Estado obrigação de pagamento pendente ou não de implemento de condição. (Veto rejeitado no D.O. 05/05/1964)

Art. 59 - O empenho da despesa não poderá exceder o limite dos créditos concedidos. (Redação dada pela Lei nº 6.397, de 1976)

§ 1º Ressalvado o disposto no Art. 67 da Constituição Federal, é vedado aos Municípios empenhar, no último mês do mandato do Prefeito, mais do que o duodécimo da despesa prevista no orçamento vigente. (Incluído pela Lei nº 6.397, de 1976)

§ 2º Fica, também, vedado aos Municípios, no mesmo período, assumir, por qualquer forma, compromissos financeiros para execução depois do término do mandato do Prefeito. (Incluído pela Lei nº 6.397, de 1976)

§ 3º As disposições dos parágrafos anteriores não se aplicam nos casos comprovados de calamidade pública. (Incluído pela Lei nº 6.397, de 1976)

§ 4º Reputam-se nulos e de nenhum efeito os empenhos e atos praticados em desacordo com o disposto nos parágrafos 1º e 2º deste artigo, sem prejuízo da responsabilidade do Prefeito nos termos do Art. 1º, inciso V, do Decreto-lei n.º 201, de 27 de fevereiro de 1967. (Incluído pela Lei nº 6.397, de 1976)

Art. 60. É vedada a realização de despesa sem prévio empenho.

§ 1º Em casos especiais previstos na legislação específica será dispensada a emissão da nota de empenho.

§ 2º Será feito por estimativa o empenho da despesa cujo montante não se possa determinar.

§ 3º É permitido o empenho global de despesas contratuais e outras, sujeitas a parcelamento.

Art. 61. Para cada empenho será extraído um documento denominado "nota de empenho" que indicará o nome do credor, a representação e a importância da despesa bem como a dedução desta do saldo da dotação própria.

Art. 62. O pagamento da despesa só será efetuado quando ordenado após sua regular liquidação.

Art. 63. A liquidação da despesa consiste na verificação do direito adquirido pelo credor tendo por base os títulos e documentos comprobatórios do respectivo crédito.

§ 1º Essa verificação tem por fim apurar:

I. a origem e o objeto do que se deve pagar;

II. a importância exata a pagar; (Vide Medida Provisória nº 581, de 2012)

III. a quem se deve pagar a importância, para extinguir a obrigação.

§ 2º A liquidação da despesa por fornecimentos feitos ou serviços prestados terá por base:

I. o contrato, ajuste ou acôrdo respectivo;

II. a nota de empenho;

III. os comprovantes da entrega de material ou da prestação efetiva do serviço.

Art. 64. A ordem de pagamento é o despacho exarado por autoridade competente, determinando que a despesa seja paga.

Parágrafo único. A ordem de pagamento só poderá ser exarada em documentos processados pelos serviços de contabilidade (Veto rejeitado no D.O. 05/05/1964)

Art. 65. O pagamento da despesa será efetuado por tesouraria ou pagadoria regularmente instituídos por estabelecimentos bancários credenciados e, em casos excepcionais, por meio de adiantamento.

ANOTAÇÕES

Art. 66. As dotações atribuídas às diversas unidades orçamentárias poderão quando expressamente determinado na Lei de Orçamento ser movimentadas por órgãos centrais de administração geral.

Parágrafo único. É permitida a redistribuição de parcelas das dotações de pessoal, de uma para outra unidade orçamentária, quando considerada indispensável à movimentação de pessoal dentro das tabelas ou quadros comuns às unidades interessadas, a que se realize em obediência à legislação específica.

Art. 67. Os pagamentos devidos pela Fazenda Pública, em virtude de sentença judiciária, far-se-ão na ordem de apresentação dos precatórios e à conta dos créditos respectivos, sendo proibida a designação de casos ou de pessoas nas dotações orçamentárias e nos créditos adicionais abertos para êsse fim.

Art. 68. O regime de adiantamento é aplicável aos casos de despesas expressamente definidos em lei e consiste na entrega de numerário a servidor, sempre precedida de empenho na dotação própria para o fim de realizar despesas, que não possam subordinar-se ao processo normal de aplicação.

Art. 69. Não se fará adiantamento a servidor em alcance nem a responsável por dois adiantamento. (Veto rejeitado no D.O. 05/05/1964)

Art. 70. A aquisição de material, o fornecimento e a adjudicação de obras e serviços serão regulados em lei, respeitado o princípio da concorrência.

TÍTULO VII - DOS FUNDOS ESPECIAIS

Art. 71. Constitui fundo especial o produto de receitas especificadas que por lei se vinculam à realização de determinados objetivos ou serviços, facultada a adoção de normas peculiares de aplicação.

Art. 72. A aplicação das receitas orçamentárias vinculadas a fundos especiais far-se-á através de dotação consignada na Lei de Orçamento ou em créditos adicionais.

Art. 73. Salvo determinação em contrário da lei que o instituiu, o saldo positivo do fundo especial apurado em balanço será transferido para o exercício seguinte, a crédito do mesmo fundo.

Art. 74. A lei que instituir fundo especial poderá determinar normas peculiares de controle, prestação e tomada de contas, sem de qualquer modo, elidir a competência específica do Tribunal de Contas ou órgão equivalente.

TÍTULO VIII - DO CONTROLE DA EXECUÇÃO ORÇAMENTÁRIA

CAPÍTULO I - DISPOSIÇÕES GERAIS

Art. 75. O controle da execução orçamentária compreenderá:

I. a legalidade dos atos de que resultem a arrecadação da receita ou a realização da despesa, o nascimento ou a extinção de direitos e obrigações;

II. a fidelidade funcional dos agentes da administração, responsáveis por bens e valores públicos;

III. o cumprimento do programa de trabalho expresso em têrmos monetários e em têrmos de realização de obras e prestação de serviços.

CAPÍTULO II - DO CONTROLE INTERNO

Art. 76. O Poder Executivo exercerá os três tipos de controle a que se refere o artigo 75, sem prejuízo das atribuições do Tribunal de Contas ou órgão equivalente.

Art. 77. A verificação da legalidade dos atos de execução orçamentária será prévia, concomitante e subsequente.

Art. 78. Além da prestação ou tomada de contas anual, quando instituída em lei, ou por fim de gestão, poderá haver, a qualquer tempo, levantamento, prestação ou tomada de contas de todos os responsáveis por bens ou valores públicos.

ANOTAÇÕES

LEIS

ANOTAÇÕES

Art. 79. Ao órgão incumbido da elaboração da proposta orçamentária ou a outro indicado na legislação, caberá o controle estabelecido no inciso III do artigo 75.

Parágrafo único. Êsse controle far-se-á, quando for o caso, em têrmos de unidades de medida, prèviamente estabelecidos para cada atividade.

Art. 80. Compete aos serviços de contabilidade ou órgãos equivalentes verificar a exata observância dos limites das cotas trimestrais atribuídas a cada unidade orçamentária, dentro do sistema que for instituído para êsse fim.

CAPÍTULO III - DO CONTROLE EXTERNO

Art. 81. O controle da execução orçamentária, pelo Poder Legislativo, terá por objetivo verificar a probidade da administração, a guarda e legal emprêgo dos dinheiros públicos e o cumprimento da Lei de Orçamento.

Art. 82. O Poder Executivo, anualmente, prestará contas ao Poder Legislativo, no prazo estabelecido nas Constituições ou nas Leis Orgânicas dos Municípios.

§ 1º As contas do Poder Executivo serão submetidas ao Poder Legislativo, com Parecer prévio do Tribunal de Contas ou órgão equivalente.

§ 2º Quando, no Município não houver Tribunal de Contas ou órgão equivalente, a Câmara de Vereadores poderá designar peritos contadores para verificarem as contas do prefeito e sobre elas emitirem parecer.

TÍTULO IX - DA CONTABILIDADE

CAPÍTULO I - DISPOSIÇÕES GERAIS

Art. 83. A contabilidade evidenciará perante a Fazenda Pública a situação de todos quantos, de qualquer modo, arrecadem receitas, efetuem despesas, administrem ou guardem bens a ela pertencentes ou confiados.

Art. 84. Ressalvada a competência do Tribunal de Contas ou órgão equivalente, a tomada de contas dos agentes responsáveis por bens ou dinheiros públicos será realizada ou superintendida pelos serviços de contabilidade.

Art. 85. Os serviços de contabilidade serão organizados de forma a permitirem o acompanhamento da execução orçamentária, o conhecimento da composição patrimonial, a determinação dos custos dos serviços industriais, o levantamento dos balanços gerais, a análise e a interpretação dos resultados econômicos e financeiros.

Art. 86. A escrituração sintética das operações financeiras e patrimoniais efetuar-se-á pelo método das partidas dobradas.

Art. 87. Haverá controle contábil dos direitos e obrigações oriundos de ajustes ou contratos em que a administração pública for parte.

Art. 88. Os débitos e créditos serão escriturados com individuação do devedor ou do credor e especificação da natureza, importância e data do vencimento, quando fixada.

Art. 89. A contabilidade evidenciará os fatos ligados à administração orçamentária, financeira patrimonial e industrial.

CAPÍTULO II - DA CONTABILIDADE ORÇAMENTÁRIA E FINANCEIRA

Art. 90 A contabilidade deverá evidenciar, em seus registros, o montante dos créditos orçamentários vigentes, a despesa empenhada e a despesa realizada, à conta dos mesmos créditos, e as dotações disponíveis.

Art. 91. O registro contábil da receita e da despesa far-se-á de acôrdo com as especificações constantes da Lei de Orçamento e dos créditos adicionais.

Art. 92. A dívida flutuante compreende:

I. os restos a pagar, excluídos os serviços da dívida;

II. os serviços da dívida a pagar;

III. os depósitos;

IV. os débitos de tesouraria.

ANOTAÇÕES

Parágrafo único. O registro dos restos a pagar far-se-á por exercício e por credor distinguindo-se as despesas processadas das não processadas.

Art. 93. Tôdas as operações de que resultem débitos e créditos de natureza financeira, não compreendidas na execução orçamentária, serão também objeto de registro, individuação e controle contábil.

CAPÍTULO III - DA CONTABILIDADE PATRIMONIAL E INDUSTRIAL

Art. 94. Haverá registros analíticos de todos os bens de caráter permanente, com indicação dos elementos necessários para a perfeita caracterização de cada um dêles e dos agentes responsáveis pela sua guarda e administração.

Art. 95 A contabilidade manterá registros sintéticos dos bens móveis e imóveis.

Art. 96. O levantamento geral dos bens móveis e imóveis terá por base o inventário analítico de cada unidade administrativa e os elementos da escrituração sintética na contabilidade.

Art. 97. Para fins orçamentários e determinação dos devedores, ter-se-á o registro contábil das receitas patrimoniais, fiscalizando-se sua efetivação.

Art. 98. A divida fundada compreende os compromissos de exigibilidade superior a doze meses, contraídos para atender a desequilíbrio orçamentário ou a financeiro de obras e serviços públicos. (Veto rejeitado no D.O. 05/05/1964)

Parágrafo único. A dívida fundada será escriturada com individuação e especificações que permitam verificar, a qualquer momento, a posição dos empréstimos, bem como os respectivos serviços de amortização e juros.

Art. 99. Os serviços públicos industriais, ainda que não organizados como emprêsa pública ou autárquica, manterão contabilidade especial para determinação dos custos, ingressos e resultados, sem prejuízo da escrituração patrimonial e financeira comum.

Art. 100 As alterações da situação líquida patrimonial, que abrangem os resultados da execução orçamentária, bem como as variações independentes dessa execução e as superveniências e insubsistência ativas e passivas, constituirão elementos da conta patrimonial.

CAPÍTULO IV - DOS BALANÇOS

Art. 101. Os resultados gerais do exercício serão demonstrados no Balanço Orçamentário, no Balanço Financeiro, no Balanço Patrimonial, na Demonstração das Variações Patrimoniais, segundo os Anexos números 12, 13, 14 e 15 e os quadros demonstrativos constantes dos Anexos números 1, 6, 7, 8, 9, 10, 11, 16 e 17.

Art. 102. O Balanço Orçamentário demonstrará as receitas e despesas previstas em confronto com as realizadas.

Art. 103. O Balanço Financeiro demonstrará a receita e a despesa orçamentárias bem como os recebimentos e os pagamentos de natureza extra-orçamentária, conjugados com os saldos em espécie provenientes do exercício anterior, e os que se transferem para o exercício seguinte.

Parágrafo único. Os Restos a Pagar do exercício serão computados na receita extra-orçamentária para compensar sua inclusão na despesa orçamentária.

Art. 104. A Demonstração das Variações Patrimoniais evidenciará as alterações verificadas no patrimônio, resultantes ou independentes da execução orçamentária, e indicará o resultado patrimonial do exercício.

Art. 105. O Balanço Patrimonial demonstrará:

I. O Ativo Financeiro;

II. O Ativo Permanente;

III. O Passivo Financeiro;

IV. O Passivo Permanente;

V. O Saldo Patrimonial;

VI. As Contas de Compensação.

§ 1º O Ativo Financeiro compreenderá os créditos e valores realizáveis independentemente de autorização orçamentária e os valores numerários.

§ 2º O Ativo Permanente compreenderá os bens, créditos e valores, cuja mobilização ou alienação dependa de autorização legislativa.

§ 3º O Passivo Financeiro compreenderá as dívidas fundadas e outras pagamento independa de autorização orçamentária.

§ 4º O Passivo Permanente compreenderá as dívidas fundadas e outras que dependam de autorização legislativa para amortização ou resgate.

§ 5º Nas contas de compensação serão registrados os bens, valores, obrigações e situações não compreendidas nos parágrafos anteriores e que, imediata ou indiretamente, possam vir a afetar o patrimônio.

Art. 106. A avaliação dos elementos patrimoniais obedecerá as normas seguintes:

I. os débitos e créditos, bem como os títulos de renda, pelo seu valor nominal, feita a conversão, quando em moeda estrangeira, à taxa de câmbio vigente na data do balanço;

II. os bens móveis e imóveis, pelo valor de aquisição ou pelo custo de produção ou de construção;

III. os bens de almoxarifado, pelo preço médio ponderado das compras.

§ 1º Os valores em espécie, assim como os débitos e créditos, quando em moeda estrangeira, deverão figurar ao lado das correspondentes importâncias em moeda nacional.

§ 2º As variações resultantes da conversão dos débitos, créditos e valores em espécie serão levadas à conta patrimonial.

§ 3º Poderão ser feitas reavaliações dos bens móveis e imóveis.

TÍTULO X - DAS AUTARQUIAS E OUTRAS ENTIDADES

Art. 107. As entidades autárquicas ou paraestatais, inclusive de previdência social ou investidas de delegação para arrecadação de contribuições parafiscais da União, dos Estados, dos Municípios e do Distrito Federal terão seus orçamentos aprovados por decreto do Poder Executivo, salvo se disposição legal expressa determinar que o sejam pelo Poder Legislativo. (Vide Decreto nº 60.745, de 1967)

Parágrafo único. Compreendem-se nesta disposição as emprêsas com autonomia financeira e administrativa cujo capital pertencer, integralmente, ao Poder Público.

Art. 108. Os orçamentos das entidades referidas no artigo anterior vincular-se-ão ao orçamento da União, dos Estados, dos Municípios e do Distrito Federal, pela inclusão:

I. como receita, salvo disposição legal em contrário, de saldo positivo previsto entre os totais das receitas e despesas;

II. como subvenção econômica, na receita do orçamento da beneficiária, salvo disposição legal em contrário, do saldo negativo previsto entre os totais das receitas e despesas.

§ 1º Os investimentos ou inversões financeiras da União, dos Estados, dos Municípios e do Distrito Federal, realizados por intermédio das entidades aludidas no artigo anterior, serão classificados como receita de capital destas e despesa de transferência de capital daqueles.

§ 2º As previsões para depreciação serão computadas para efeito de apuração do saldo líquido das mencionadas entidades.

Art. 109. Os orçamentos e balanços das entidades compreendidas no artigo 107 serão publicados como complemento dos orçamentos e balanços da União, dos Estados, dos Municípios e do Distrito Federal a que estejam vinculados.

Art. 110. Os orçamentos e balanços das entidades já referidas, obedecerão aos padrões e normas instituídas por esta lei, ajustados às respectivas peculiaridades.

ANOTAÇÕES

Parágrafo único. Dentro do prazo que a legislação fixar, os balanços serão remetidos ao órgão central de contabilidade da União, dos Estados, dos Municípios e do Distrito Federal, para fins de incorporação dos resultados, salvo disposição legal em contrário.

TÍTULO XI - DISPOSIÇÕES FINAIS

Art. 111. O Conselho Técnico de Economia e Finanças do Ministério da Fazenda, além de outras apurações, para fins estatísticos, de interêsse nacional, organizará e publicará o balanço consolidado das contas da União, Estados, Municípios e Distrito Federal, suas autarquias e outras entidades, bem como um quadro estruturalmente idêntico, baseado em dados orçamentários.

§ 1º Os quadros referidos neste artigo terão a estrutura do Anexo nº 1.

§ 2 O quadro baseado nos orçamentos será publicado até o último dia do primeiro semestre do próprio exercício e o baseado nos balanços, até o último dia do segundo semestre do exercício imediato àquele a que se referirem.

Art. 112. Para cumprimento do disposto no artigo precedente, a União, os Estados, os Municípios e o Distrito Federal remeterão ao mencionado órgão, até 30 de abril, os orçamentos do exercício, e até 30 de junho, os balanços do exercício anterior.

Parágrafo único. O pagamento, pela União, de auxílio ou contribuição a Estados, Municípios ou Distrito Federal, cuja concessão não decorra de imperativo constitucional, dependerá de prova do atendimento ao que se determina neste artigo.

Art. 113. Para fiel e uniforme aplicação das presentes normas, o Conselho Técnico de Economia e Finanças do Ministério da Fazenda atenderá a consultas, coligirá elementos, promoverá o intercâmbio de dados informativos, expedirá recomendações técnicas, quando solicitadas, e atualizará sempre que julgar conveniente, os anexos que integram a presente lei.

Parágrafo único. Para os fins previstos neste artigo, poderão ser promovidas, quando necessário, conferências ou reuniões técnicas, com a participação de representantes das entidades abrangidas por estas normas.

Art. 114. Os efeitos desta lei são contados a partir de 1º de janeiro de 1964 para o fim da elaboração dos orçamentos e a partir de 1º de janeiro de 1965, quanto às demais atividades estatuídas. (Redação dada pela Lei nº 4.489, de 1964)

Art. 115. Revogam-se as disposições em contrário.

3. LEI Nº 4.737, DE 15 DE JULHO DE 1965

Institui O Código Eleitoral

O PRESIDENTE DA REPÚBLICA, faço saber que sanciono a seguinte Lei, aprovada pelo Congresso Nacional, nos termos do art. 4º, caput, do Ato Institucional, de 9 de abril de 1964.

PARTE PRIMEIRA

INTRODUÇÃO

Art. 1º Este Código contém normas destinadas a assegurar a organização e o exercício de direitos políticos precipuamente os de votar e ser votado.

Parágrafo único. O Tribunal Superior Eleitoral expedirá Instruções para sua fiel execução.

Art. 2º Todo poder emana do povo e será exercido em seu nome, por mandatários escolhidos, direta e secretamente, dentre candidatos indicados por partidos políticos nacionais, ressalvada a eleição indireta nos casos previstos na Constituição e leis específicas.

ANOTAÇÕES

ANOTAÇÕES

Art. 3º Qualquer cidadão pode pretender investidura em cargo eletivo, respeitadas as condições constitucionais e legais de elegibilidade e incompatibilidade.

Art. 4º São eleitores os brasileiros maiores de 18 anos que se alistarem na forma da lei .(Vide art 14 da Constituição Federal)

Art. 5º Não podem alistar-se eleitores:

I. os analfabetos; (Vide art. 14, § 1º, II, "a", da Constituição/88)

II. os que não saibam exprimir-se na língua nacional;

III. os que estejam privados, temporária ou definitivamente dos direitos políticos.

Parágrafo único - Os militares são alistáveis, desde que oficiais, aspirantes a oficiais, guardas-marinha, subtenentes ou suboficiais, sargentos ou alunos das escolas militares de ensino superior para formação de oficiais.

Art. 6º O alistamento e o voto são obrigatórios para os brasileiros de um e outro sexo, salvo:

I. quanto ao alistamento:

a) os inválidos;

b) os maiores de setenta anos;

c) os que se encontrem fora do país.

II. quanto ao voto:

a) os enfermos;

b) os que se encontrem fora do seu domicílio;

c) os funcionários civis e os militares, em serviço que os impossibilite de votar.

Art. 7º O eleitor que deixar de votar e não se justificar perante o juiz eleitoral até 30 (trinta) dias após a realização da eleição, incorrerá na multa de 3 (três) a 10 (dez) por cento sobre o salário-mínimo da região, imposta pelo juiz eleitoral e cobrada na forma prevista no art. 367. (Redação dada pela Lei nº 4.961, de 1966)

§ 1º Sem a prova de que votou na última eleição, pagou a respectiva multa ou de que se justificou devidamente, não poderá o eleitor:

I. inscrever-se em concurso ou prova para cargo ou função pública, investir-se ou empossar-se neles;

II. receber vencimentos, remuneração, salário ou proventos de função ou emprego público, autárquico ou para estatal, bem como fundações governamentais, empresas, institutos e sociedades de qualquer natureza, mantidas ou subvencionadas pelo governo ou que exerçam serviço público delegado, correspondentes ao segundo mês subsequente ao da eleição;

III. participar de concorrência pública ou administrativa da União, dos Estados, dos Territórios, do Distrito Federal ou dos Municípios, ou das respectivas autarquias;

IV. obter empréstimos nas autarquias, sociedades de economia mista, caixas econômicas federais ou estaduais, nos institutos e caixas de previdência social, bem como em qualquer estabelecimento de crédito mantido pelo governo, ou de cuja administração este participe, e com essas entidades celebrar contratos; (Vide Medida Provisória nº 958, de 2020) (Vide Lei nº 13.999, de 2020)

V. obter passaporte ou carteira de identidade;

VI. renovar matrícula em estabelecimento de ensino oficial ou fiscalizado pelo governo;

VII. praticar qualquer ato para o qual se exija quitação do serviço militar ou imposto de renda.

§ 2º Os brasileiros natos ou naturalizados, maiores de 18 anos, salvo os excetuados nos arts. 5º e 6º, nº 1, sem prova de estarem alistados não poderão praticar os atos relacionados no parágrafo anterior.

§ 3º Realizado o alistamento eleitoral pelo processo eletrônico de dados, será cancelada a inscrição do eleitor que não votar em 3 (três) eleições consecutivas, não pagar a multa ou não se justificar no prazo de 6 (seis) meses, a contar da data da última eleição a que deveria ter comparecido. (Incluído pela Lei nº 7.663, de 1988)

ANOTAÇÕES

§ 4º O disposto no inciso V do § 1º não se aplica ao eleitor no exterior que requeira novo passaporte para identificação e retorno ao Brasil. (Incluído pela Lei nº 13.165, de 2015)

Art. 8º O brasileiro nato que não se alistar até os 19 anos ou o naturalizado que não se alistar até um ano depois de adquirida a nacionalidade brasileira, incorrerá na multa de 3 (três) a 10 (dez) por cento sobre o valor do salário-mínimo da região, imposta pelo juiz e cobrada no ato da inscrição eleitoral através de selo federal inutilizado no próprio requerimento. (Redação dada pela Lei nº 4.961, de 1966) (Vide Lei nº 5.337,1967) (Vide Lei nº 5.780, de 1972) (Vide Lei nº 6.018, de 1974) (Vide Lei nº 6.319, de 1976) (Vide Lei nº 7.373, de 1985)

Parágrafo único. Não se aplicará a pena ao não alistado que requerer sua inscrição eleitoral até o centésimo primeiro dia anterior à eleição subsequente à data em que completar dezenove anos. (Incluído pela Lei nº 9.041, de 1995)

Art. 9º Os responsáveis pela inobservância do disposto nos arts. 7º e 8º incorrerão na multa de 1 (um) a 3 (três) salários-mínimos vigentes na zona eleitoral ou de suspensão disciplinar até 30 (trinta) dias.

Art. 10. O juiz eleitoral fornecerá aos que não votarem por motivo justificado e aos não alistados nos termos dos artigos 5º e 6º, nº 1, documento que os isente das sanções legais.

Art. 11. O eleitor que não votar e não pagar a multa, se se encontrar fora de sua zona e necessitar documento de quitação com a Justiça Eleitoral, poderá efetuar o pagamento perante o Juízo da zona em que estiver.

§ 1º A multa será cobrada no máximo previsto, salvo se o eleitor quiser aguardar que o juiz da zona em que se encontrar solicite informações sobre o arbitramento ao Juízo da inscrição.

§ 2º Em qualquer das hipóteses, efetuado o pagamento través de selos federais inutilizados no próprio requerimento, o juiz que recolheu a multa comunicará o fato ao da zona de inscrição e fornecerá ao requerente comprovante do pagamento.

PARTE SEGUNDA

DOS ÓRGÃOS DA JUSTIÇA ELEITORAL

Art. 12. São órgãos da Justiça Eleitoral:

I. O Tribunal Superior Eleitoral, com sede na Capital da República e jurisdição em todo o País;

II. um Tribunal Regional, na Capital de cada Estado, no Distrito Federal e, mediante proposta do Tribunal Superior, na Capital de Território;

III. juntas eleitorais;

IV. juizes eleitorais.

Art. 13. O número de juizes dos Tribunais Regionais não será reduzido, mas poderá ser elevado até nove, mediante proposta do Tribunal Superior, e na forma por ele sugerida.

Art. 14. Os juizes dos Tribunais Eleitorais, salvo motivo justificado, servirão obrigatoriamente por dois anos, e nunca por mais de dois biênios consecutivos.

§ 1º Os biênios serão contados, ininterruptamente, sem o desconto de qualquer afastamento nem mesmo o decorrente de licença, férias, ou licença especial, salvo no caso do § 3º. (Incluído pela Lei nº 4.961, de 1966)

§ 2º Os juizes afastados por motivo de licença férias e licença especial, de suas funções na Justiça comum, ficarão automaticamente afastados da Justiça Eleitoral pelo tempo correspondente exceto quando com períodos de férias coletivas, coincidir a realização de eleição, apuração ou encerramento de alistamento. (Incluído pela Lei nº 4.961, de 1966)

§ 3º Da homologação da respectiva convenção partidária até a diplomação e nos feitos decorrentes do processo eleitoral, não poderão servir como juízes nos Tribunais Eleitorais, ou como juiz eleitoral, o cônjuge ou o parente consanguíneo ou afim, até o segundo grau, de candidato a cargo eletivo registrado na circunscrição. (Redação dada pela Lei nº 13.165, de 2015)

§ 4º No caso de recondução para o segundo biênio observar-se-ão as mesmas formalidades indispensáveis à primeira investidura. (Incluído pela Lei nº 4.961, de 1966)

Art. 15. Os substitutos dos membros efetivos dos Tribunais Eleitorais serão escolhidos, na mesma ocasião e pelo mesmo processo, em número igual para cada categoria.

TÍTULO I - DO TRIBUNAL SUPERIOR

Art. 16. Compõe-se o Tribunal Superior Eleitoral: (Redação dada pela Lei nº 7.191, de 1984)

I. mediante eleição, pelo voto secreto: (Redação dada pela Lei nº 7.191, de 1984)

a) de três juizes, dentre os Ministros do Supremo Tribunal Federal; e (Redação dada pela Lei nº 7.191, de 1984)

b) de dois juizes, dentre os membros do Tribunal Federal de Recursos; (Redação dada pela Lei nº 7.191, de 1984)

II. por nomeação do Presidente da República, de dois entre seis advogados de notável saber jurídico e idoneidade moral, indicados pelo Supremo Tribunal Federal. (Redação dada pela Lei nº 7.191, de 1984)

§ 1º - Não podem fazer parte do Tribunal Superior Eleitoral cidadãos que tenham entre si parentesco, ainda que por afinidade, até o quarto grau, seja o vínculo legítimo ou ilegítimo, excluindo-se neste caso o que tiver sido escolhido por último. (Redação dada pela Lei nº 7.191, de 1984)

§ 2º - A nomeação de que trata o inciso II deste artigo não poderá recair em cidadão que ocupe cargo público de que seja demissível ad nutum; que seja diretor, proprietário ou sócio de empresa beneficiada com subvenção, privilegio, isenção ou favor em virtude de contrato com a administração pública; ou que exerça mandato de caráter político, federal, estadual ou municipal. (Redação dada pela Lei nº 7.191, de 1984)

Art. 17. O Tribunal Superior Eleitoral elegerá para seu presidente um dos ministros do Supremo Tribunal Federal, cabendo ao outro a vice-presidência, e para Corregedor Geral da Justiça Eleitoral um dos seus membros.

§ 1º As atribuições do Corregedor Geral serão fixadas pelo Tribunal Superior Eleitoral.

§ 2º No desempenho de suas atribuições o Corregedor Geral se locomoverá para os Estados e Territórios nos seguintes casos:

I. por determinação do Tribunal Superior Eleitoral;

II. a pedido dos Tribunais Regionais Eleitorais;

III. a requerimento de Partido deferido pelo Tribunal Superior Eleitoral;

IV. sempre que entender necessário.

§ 3º Os provimentos emanados da Corregedoria Geral vinculam os Corregedores Regionais, que lhes devem dar imediato e preciso cumprimento.

Art. 18. Exercerá as funções de Procurador Geral, junto ao Tribunal Superior Eleitoral, o Procurador Geral da República, funcionando, em suas faltas e impedimentos, seu substituto legal.

Parágrafo único. O Procurador Geral poderá designar outros membros do Ministério Público da União, com exercício no Distrito Federal, e sem prejuízo das respectivas funções, para auxiliá-lo junto ao Tribunal Superior Eleitoral, onde não poderão ter assento.

Art. 19. O Tribunal Superior delibera por maioria de votos, em sessão pública, com a presença da maioria de seus membros.

Parágrafo único. As decisões do Tribunal Superior, assim na interpretação do Código Eleitoral em face da Constituição e cassação de registro de partidos políticos, como sobre quaisquer recursos que importem anulação geral de eleições ou perda de diplomas, só poderão ser tomadas com a presença de todos os seus membros. Se ocorrer impedimento de algum juiz, será convocado o substituto ou o respectivo suplente.

Art. 20. Perante o Tribunal Superior, qualquer interessado poderá arguir a suspeição ou impedimento dos seus membros, do Procurador Geral ou de funcionários de sua Secretaria, nos casos previstos na lei processual civil ou penal e por motivo de parcialidade partidária, mediante o processo previsto em regimento.

ANOTAÇÕES

Parágrafo único. Será ilegítima a suspeição quando o excipiente a provocar ou, depois de manifestada a causa, praticar ato que importe aceitação do arguido.

Art. 21 Os Tribunais e juizes inferiores devem dar imediato cumprimento às decisões, mandados, instruções e outros atos emanados do Tribunal Superior Eleitoral.

Art. 22. Compete ao Tribunal Superior:

I. Processar e julgar originariamente:

a) o registro e a cassação de registro de partidos políticos, dos seus diretórios nacionais e de candidatos à Presidência e vice-presidência da República;

b) os conflitos de jurisdição entre Tribunais Regionais e juizes eleitorais de Estados diferentes;

c) a suspeição ou impedimento aos seus membros, ao Procurador Geral e aos funcionários da sua Secretaria;

d) os crimes eleitorais e os comuns que lhes forem conexos cometidos pelos seus próprios juizes e pelos juizes dos Tribunais Regionais;

e) o habeas corpus ou mandado de segurança, em matéria eleitoral, relativos a atos do Presidente da República, dos Ministros de Estado e dos Tribunais Regionais; ou, ainda, o habeas corpus, quando houver perigo de se consumar a violência antes que o juiz competente possa prover sobre a impetração; (Vide suspensão de execução pela RSF nº 132, de 1984)

f) as reclamações relativas a obrigações impostas por lei aos partidos políticos, quanto à sua contabilidade e à apuração da origem dos seus recursos;

g) as impugnações á apuração do resultado geral, proclamação dos eleitos e expedição de diploma na eleição de Presidente e Vice-Presidente da República;

h) os pedidos de desaforamento dos feitos não decididos nos Tribunais Regionais dentro de trinta dias da conclusão ao relator, formulados por partido, candidato, Ministério Público ou parte legitimamente interessada. (Redação dada pela Lei nº 4.961, de 1966)

i) as reclamações contra os seus próprios juizes que, no prazo de trinta dias a contar da conclusão, não houverem julgado os feitos a eles distribuídos. (Incluído pela Lei nº 4.961, de 1966)

j) a ação rescisória, nos casos de inelegibilidade, desde que intentada dentro de cento e vinte dias de decisão irrecorrível, possibilitando-se o exercício do mandato eletivo até o seu trânsito em julgado. (Incluído pela LCP nº 86, de 1996)

II. julgar os recursos interpostos das decisões dos Tribunais Regionais nos termos do Art. 276 inclusive os que versarem matéria administrativa.

Parágrafo único. As decisões do Tribunal Superior são irrecorrível, salvo nos casos do Art. 281.

Art. 23 - Compete, ainda, privativamente, ao Tribunal Superior,

I. elaborar o seu regimento interno;

II. organizar a sua Secretaria e a Corregedoria Geral, propondo ao Congresso Nacional a criação ou extinção dos cargos administrativos e a fixação dos respectivos vencimentos, provendo-os na forma da lei;

III. conceder aos seus membros licença e férias assim como afastamento do exercício dos cargos efetivos;

IV. aprovar o afastamento do exercício dos cargos efetivos dos juizes dos Tribunais Regionais Eleitorais;

V. propor a criação de Tribunal Regional na sede de qualquer dos Territórios;

VI. propor ao Poder Legislativo o aumento do número dos juizes de qualquer Tribunal Eleitoral, indicando a forma desse aumento;

VII. fixar as datas para as eleições de Presidente e Vice-Presidente da República, senadores e deputados federais, quando não o tiverem sido por lei:

VIII. aprovar a divisão dos Estados em zonas eleitorais ou a criação de novas zonas;

ANOTAÇÕES

ANOTAÇÕES

IX. expedir as instruções que julgar convenientes à execução deste Código;

X. fixar a diária do Corregedor Geral, dos Corregedores Regionais e auxiliares em diligência fora da sede;

XI. enviar ao Presidente da República a lista tríplice organizada pelos Tribunais de Justiça nos termos do ar. 25;

XII. responder, sobre matéria eleitoral, às consultas que lhe forem feitas em tese por autoridade com jurisdição, federal ou órgão nacional de partido político;

XIII. autorizar a contagem dos votos pelas mesas receptoras nos Estados em que essa providência for solicitada pelo Tribunal Regional respectivo;

XIV. requisitar a força federal necessária ao cumprimento da lei, de suas próprias decisões ou das decisões dos Tribunais Regionais que o solicitarem, e para garantir a votação e a apuração; (Redação dada pela Lei nº 4.961, de 1966)

XV. organizar e divulgar a Súmula de sua jurisprudência;

XVI. requisitar funcionários da União e do Distrito Federal quando o exigir o acúmulo ocasional do serviço de sua Secretaria;

XVII. publicar um boletim eleitoral;

XVIII. tomar quaisquer outras providências que julgar convenientes à execução da legislação eleitoral.

Art. 24. Compete ao Procurador Geral, como Chefe do Ministério Público Eleitoral;

I. assistir às sessões do Tribunal Superior e tomar parte nas discussões;

II. exercer a ação pública e promovê-la até final, em todos os feitos de competência originária do Tribunal;

III. oficiar em todos os recursos encaminhados ao Tribunal;

IV. manifestar-se, por escrito ou oralmente, em todos os assuntos submetidos à deliberação do Tribunal, quando solicitada sua audiência por qualquer dos juizes, ou por iniciativa sua, se entender necessário;

V. defender a jurisdição do Tribunal;

VI. representar ao Tribunal sobre a fiel observância das leis eleitorais, especialmente quanto à sua aplicação uniforme em todo o País;

VII. requisitar diligências, certidões e esclarecimentos necessários ao desempenho de suas atribuições;

VIII. expedir instruções aos órgãos do Ministério Público junto aos Tribunais Regionais;

IX. acompanhar, quando solicitado, o Corregedor Geral, pessoalmente ou por intermédio de Procurador que designe, nas diligências a serem realizadas.

TÍTULO II - DOS TRIBUNAIS REGIONAIS

Art. 25. Os Tribunais Regionais Eleitorais compor-se-ão: (Redação dada pela Lei nº 7.191, de 1984)

I. mediante eleição, pelo voto secreto: (Redação dada pela Lei nº 7.191, de 1984)

a) de dois juizes, dentre os desembargadores do Tribunal de Justiça; (Redação dada pela Lei nº 7.191, de 1984)

b) de dois juizes de direito, escolhidos pelo Tribunal de Justiça; (Redação dada pela Lei nº 7.191, de 1984)

II. do juiz federal e, havendo mais de um, do que for escolhido pelo Tribunal Federal de Recursos; e (Redação dada pela Lei nº 7.191, de 1984)

III. por nomeação do Presidente da República de dois dentre seis cidadãos de notável saber jurídico e idoneidade moral, indicados pelo Tribunal de Justiça. (Redação dada pela Lei nº 7.191, de 1984)

Art. 26. O Presidente e o Vice-Presidente do Tribunal Regional serão eleitos por este dentre os três desembargadores do Tribunal de Justiça; o terceiro desembargador será o Corregedor Regional da Justiça Eleitoral.

§ 1º As atribuições do Corregedor Regional serão fixadas pelo Tribunal Superior Eleitoral e, em caráter supletivo ou complementar, pelo Tribunal Regional Eleitoral perante o qual servir.

ANOTAÇÕES

§ 2º No desempenho de suas atribuições o Corregedor Regional se locomoverá para as zonas eleitorais nos seguintes casos:

I. por determinação do Tribunal Superior Eleitoral ou do Tribunal Regional Eleitoral;

II. a pedido dos juizes eleitorais;

III. a requerimento de Partido, deferido pelo Tribunal Regional;

IV. sempre que entender necessário.

Art. 27. Servirá como Procurador Regional junto a cada Tribunal Regional Eleitoral o Procurador da República no respectivo Estado e, onde houver mais de um, aquele que for designado pelo Procurador Geral da República.

§ 1º No Distrito Federal, serão as funções de Procurador Regional Eleitoral exercidas pelo Procurador Geral da Justiça do Distrito Federal.

§ 2º Substituirá o Procurador Regional, em suas faltas ou impedimentos, o seu substituto legal.

§ 3º Compete aos Procuradores Regionais exercer, perante os Tribunais junto aos quais servirem, as atribuições do Procurador Geral.

§ 4º Mediante prévia autorização do Procurador Geral, podendo os Procuradores Regionais requisitar, para auxiliá-los nas suas funções, membros do Ministério Público local, não tendo estes, porém, assento nas sessões do Tribunal.

Art. 28. Os Tribunais Regionais deliberam por maioria de votos, em sessão pública, com a presença da maioria de seus membros.

§ 1º No caso de impedimento e não existindo quorum, será o membro do Tribunal substituído por outro da mesma categoria, designado na forma prevista na Constituição.

§ 2º Perante o Tribunal Regional, e com recurso voluntário para o Tribunal Superior qualquer interessado poderá arguir a suspeição dos seus membros, do Procurador Regional, ou de funcionários da sua Secretaria, assim como dos juizes e escrivães eleitorais, nos casos previstos na lei processual civil e por motivo de parcialidade partidária, mediante o processo previsto em regimento.

§ 3º No caso previsto no parágrafo anterior será observado o disposto no parágrafo único do art. 20. (Incluído pela Lei nº 4.961, de 1966)

§ 4º As decisões dos Tribunais Regionais sobre quaisquer ações que importem cassação de registro, anulação geral de eleições ou perda de diplomas somente poderão ser tomadas com a presença de todos os seus membros. (Incluído pela Lei nº 13.165, de 2015)

§ 5º No caso do § 4º, se ocorrer impedimento de algum juiz, será convocado o suplente da mesma classe. (Incluído pela Lei nº 13.165, de 2015)

Art. 29. Compete aos Tribunais Regionais:

I. processar e julgar originariamente:

a) o registro e o cancelamento do registro dos diretórios estaduais e municipais de partidos políticos, bem como de candidatos a Governador, Vice-Governadores, e membro do Congresso Nacional e das assembleias Legislativas;

b) os conflitos de jurisdição entre juizes eleitorais do respectivo Estado;

c) a suspeição ou impedimentos aos seus membros ao Procurador Regional e aos funcionários da sua Secretaria assim como aos juizes e escrivães eleitorais;

d) os crimes eleitorais cometidos pelos juizes eleitorais;

e) o habeas corpus ou mandado de segurança, em matéria eleitoral, contra ato de autoridades que respondam perante os Tribunais de Justiça por crime de responsabilidade e, em grau de recurso, os denegados ou concedidos pelos juizes eleitorais; ou, ainda, o habeas corpus quando houver perigo de se consumar a violência antes que o juiz competente possa prover sobre a impetração;

ANOTAÇÕES

f) as reclamações relativas a obrigações impostas por lei aos partidos políticos, quanto a sua contabilidade e à apuração da origem dos seus recursos;

g) os pedidos de desaforamento dos feitos não decididos pelos juizes eleitorais em trinta dias da sua conclusão para julgamento, formulados por partido candidato Ministério Público ou parte legitimamente interessada sem prejuízo das sanções decorrentes do excesso de prazo. (Redação dada pela Lei nº 4.961, de 1966)

II. julgar os recursos interpostos:

a) dos atos e das decisões proferidas pelos juizes e juntas eleitorais.

b) das decisões dos juizes eleitorais que concederem ou denegarem habeas corpus ou mandado de segurança.

Parágrafo único. As decisões dos Tribunais Regionais são irrecorríveis, salvo nos casos do Art. 276.

Art. 30. Compete, ainda, privativamente, aos Tribunais Regionais:

I. elaborar o seu regimento interno;

II. organizar a sua Secretaria e a Corregedoria Regional provendo-lhes os cargos na forma da lei, e propor ao Congresso Nacional, por intermédio do Tribunal Superior a criação ou supressão de cargos e a fixação dos respectivos vencimentos;

III. conceder aos seus membros e aos juizes eleitorais licença e férias, assim como afastamento do exercício dos cargos efetivos submetendo, quanto aqueles, a decisão à aprovação do Tribunal Superior Eleitoral;

IV. fixar a data das eleições de Governador e Vice-Governador, deputados estaduais, prefeitos, vice-prefeitos , vereadores e juizes de paz, quando não determinada por disposição constitucional ou legal;

V. constituir as juntas eleitorais e designar a respectiva sede e jurisdição;

VI. indicar ao tribunal Superior as zonas eleitorais ou seções em que a contagem dos votos deva ser feita pela mesa receptora;

VII. apurar com os resultados parciais enviados pelas juntas eleitorais, os resultados finais das eleições de Governador e Vice-Governador de membros do Congresso Nacional e expedir os respectivos diplomas, remetendo dentro do prazo de 10 (dez) dias após a diplomação, ao Tribunal Superior, cópia das atas de seus trabalhos;

VIII. responder, sobre matéria eleitoral, às consultas que lhe forem feitas, em tese, por autoridade pública ou partido político;

IX. dividir a respectiva circunscrição em zonas eleitorais, submetendo essa divisão, assim como a criação de novas zonas, à aprovação do Tribunal Superior;

X. aprovar a designação do Ofício de Justiça que deva responder pela escrivania eleitoral durante o biênio;

XI. (Revogado pela Lei nº 8.868, de 1994)

XII. requisitar a força necessária ao cumprimento de suas decisões solicitar ao Tribunal Superior a requisição de força federal;

XIII. autorizar, no Distrito Federal e nas capitais dos Estados, ao seu presidente e, no interior, aos juizes eleitorais, a requisição de funcionários federais, estaduais ou municipais para auxiliarem os escrivães eleitorais, quando o exigir o acúmulo ocasional do serviço;

XIV. requisitar funcionários da União e, ainda, no Distrito Federal e em cada Estado ou Território, funcionários dos respectivos quadros administrativos, no caso de acúmulo ocasional de serviço de suas Secretarias;

XV. aplicar as penas disciplinares de advertência e de suspensão até 30 (trinta) dias aos juizes eleitorais;

XVI. cumprir e fazer cumprir as decisões e instruções do Tribunal Superior;

XVII. determinar, em caso de urgência, providências para a execução da lei na respectiva circunscrição;

XVIII. organizar o fichário dos eleitores do Estado.

XIX. suprimir os mapas parciais de apuração mandando utilizar apenas os boletins e os mapas totalizadores, desde que o menor número de candidatos às eleições proporcionais justifique a supressão, observadas as seguintes normas: (Incluído pela Lei nº 4.961, de 1966)

a) qualquer candidato ou partido poderá requerer ao Tribunal Regional que suprima a exigência dos mapas parciais de apuração; (Incluído pela Lei nº 4.961, de 1966)

b) da decisão do Tribunal Regional qualquer candidato ou partido poderá, no prazo de três dias, recorrer para o Tribunal Superior, que decidirá em cinco dias; (Incluído pela Lei nº 4.961, de 1966)

c) a supressão dos mapas parciais de apuração só será admitida até seis meses antes da data da eleição; (Incluído pela Lei nº 4.961, de 1966)

d) os boletins e mapas de apuração serão impressos pelos Tribunais Regionais, depois de aprovados pelo Tribunal Superior; (Incluído pela Lei nº 4.961, de 1966)

e) o Tribunal Regional ouvira os partidos na elaboração dos modelos dos boletins e mapas de apuração a fim de que estes atendam às peculiaridade locais, encaminhando os modelos que aprovar, acompanhados das sugestões ou impugnações formuladas pelos partidos, à decisão do Tribunal Superior. (Incluído pela Lei nº 4.961, de 1966)

Art. 31. Faltando num Território o Tribunal Regional, ficará a respectiva circunscrição eleitoral sob a jurisdição do Tribunal Regional que o Tribunal Superior designar.

TÍTULO III - DOS JUIZES ELEITORAIS

Art. 32. Cabe a jurisdição de cada uma das zonas eleitorais a um juiz de direito em efetivo exercício e, na falta deste, ao seu substituto legal que goze das prerrogativas do Art. 95 da Constituição.

Parágrafo único. Onde houver mais de uma vara o Tribunal Regional designara aquela ou aquelas, a que incumbe o serviço eleitoral.

Art. 33. Nas zonas eleitorais onde houver mais de uma serventia de justiça, o juiz indicará ao Tribunal Regional a que deve ter o anexo da escrivania eleitoral pelo prazo de dois anos.

§ 1º Não poderá servir como escrivão eleitoral, sob pena de demissão, o membro de diretório de partido político, nem o candidato a cargo eletivo, seu cônjuge e parente consanguíneo ou afim até o segundo grau.

§ 2º O escrivão eleitoral, em suas faltas e impedimentos, será substituído na forma prevista pela lei de organização judiciária local.

Art. 34. Os juizes despacharão todos os dias na sede da sua zona eleitoral.

Art. 35. Compete aos juizes:

I. cumprir e fazer cumprir as decisões e determinações do Tribunal Superior e do Regional;

II. processar e julgar os crimes eleitorais e os comuns que lhe forem conexos, ressalvada a competência originária do Tribunal Superior e dos Tribunais Regionais;

III. decidir habeas corpus e mandado de segurança, em matéria eleitoral, desde que essa competência não esteja atribuída privativamente a instância superior.

IV. fazer as diligências que julgar necessárias a ordem e presteza do serviço eleitoral;

V. tomar conhecimento das reclamações que lhe forem feitas verbalmente ou por escrito, reduzindo-as a termo, e determinando as providências que cada caso exigir;

VI. indicar, para aprovação do Tribunal Regional, a serventia de justiça que deve ter o anexo da escrivania eleitoral;

VII. (Revogado pela Lei nº 8.868, de 1994)

VIII. dirigir os processos eleitorais e determinar a inscrição e a exclusão de eleitores;

ANOTAÇÕES

LEIS

ANOTAÇÕES

IX- expedir títulos eleitorais e conceder transferência de eleitor;

X. dividir a zona em seções eleitorais;

XI mandar organizar, em ordem alfabética, relação dos eleitores de cada seção, para remessa a mesa receptora, juntamente com a pasta das folhas individuais de votação;

XII. ordenar o registro e cassação do registro dos candidatos aos cargos eletivos municiais e comunicá-los ao Tribunal Regional;

XIII. designar, até 60 (sessenta) dias antes das eleições os locais das seções;

XIV. nomear, 60 (sessenta) dias antes da eleição, em audiência pública anunciada com pelo menos 5 (cinco) dias de antecedência, os membros das mesas receptoras;

XV. instruir os membros das mesas receptoras sobre as suas funções;

XVI. providenciar para a solução das ocorrências que se verificarem nas mesas receptoras;

XVII. tomar todas as providências ao seu alcance para evitar os atos viciosos das eleições;

XVIII -fornecer aos que não votaram por motivo justificado e aos não alistados, por dispensados do alistamento, um certificado que os isente das sanções legais;

XIX. comunicar, até às 12 horas do dia seguinte a realização da eleição, ao Tribunal Regional e aos delegados de partidos credenciados, o número de eleitores que votarem em cada uma das seções da zona sob sua jurisdição, bem como o total de votantes da zona.

TÍTULO IV - DAS JUNTAS ELEITORAIS

Art. 36. Compor-se-ão as juntas eleitorais de um juiz de direito, que será o presidente, e de 2 (dois) ou 4 (quatro) cidadãos de notória idoneidade.

§ 1º Os membros das juntas eleitorais serão nomeados 60 (sessenta) dia antes da eleição, depois de aprovação do Tribunal Regional, pelo presidente deste, a quem cumpre também designar-lhes a sede.

§ 2º Até 10 (dez) dias antes da nomeação os nomes das pessoas indicadas para compor as juntas serão publicados no órgão oficial do Estado, podendo qualquer partido, no prazo de 3 (três) dias, em petição fundamentada, impugnar as indicações.

§ 3º Não podem ser nomeados membros das Juntas, escrutinadores ou auxiliares:

I. os candidatos e seus parentes, ainda que por afinidade, até o segundo grau, inclusive, e bem assim o cônjuge;

II. os membros de diretorias de partidos políticos devidamente registrados e cujos nomes tenham sido oficialmente publicados;

III. as autoridades e agentes policiais, bem como os funcionários no desempenho de cargos de confiança do Executivo;

IV. os que pertencerem ao serviço eleitoral.

Art. 37. Poderão ser organizadas tantas Juntas quantas permitir o número de juizes de direito que gozem das garantias do Art. 95 da Constituição, mesmo que não sejam juizes eleitorais.

Parágrafo único. Nas zonas em que houver de ser organizada mais de uma Junta, ou quando estiver vago o cargo de juiz eleitoral ou estiver este impedido, o presidente do Tribunal Regional, com a aprovação deste, designará juizes de direito da mesma ou de outras comarcas, para presidirem as juntas eleitorais.

Art. 38. Ao presidente da Junta é facultado nomear, dentre cidadãos de notória idoneidade, escrutinadores e auxiliares em número capaz de atender a boa marcha dos trabalhos.

§ 1º É obrigatória essa nomeação sempre que houver mais de dez urnas a apurar.

ANOTAÇÕES

§ 2º Na hipótese do desdobramento da Junta em Turmas, o respectivo presidente nomeará um escrutinador para servir como secretário em cada turma.

§ 3º Além dos secretários a que se refere o parágrafo anterior, será designado pelo presidente da Junta um escrutinador para secretário-geral competindo-lhe;

I. lavrar as atas;

II. tomar por termo ou protocolar os recursos, neles funcionando como escrivão;

III. totalizar os votos apurados.

Art. 39. Até 30 (trinta) dias antes da eleição o presidente da Junta comunicará ao Presidente do Tribunal Regional as nomeações que houver feito e divulgará a composição do órgão por edital publicado ou afixado, podendo qualquer partido oferecer impugnação motivada no prazo de 3 (três) dias.

Art. 40. Compete à Junta Eleitoral;

I. apurar, no prazo de 10 (dez) dias, as eleições realizadas nas zonas eleitorais sob a sua jurisdição.

II. resolver as impugnações e demais incidentes verificados durante os trabalhos da contagem e da apuração;

III. expedir os boletins de apuração mencionados no Art. 178;

IV. expedir diploma aos eleitos para cargos municipais.

Parágrafo único. Nos municípios onde houver mais de uma junta eleitoral a expedição dos diplomas será feita pelo que for presidida pelo juiz eleitoral mais antigo, à qual as demais enviarão os documentos da eleição.

Art. 41. Nas zonas eleitorais em que for autorizada a contagem prévia dos votos pelas mesas receptoras, compete à Junta Eleitoral tomar as providências mencionadas no Art. 195.

PARTE TERCEIRA - DO ALISTAMENTO

TÍTULO I - DA QUALIFICAÇÃO E INSCRIÇÃO

Art. 42. O alistamento se faz mediante a qualificação e inscrição do eleitor.

Parágrafo único. Para o efeito da inscrição, é domicílio eleitoral o lugar de residência ou moradia do requerente, e, verificado ter o alistando mais de uma, considerar-se-á domicílio qualquer delas.

Art. 43. O alistando apresentará em cartório ou local previamente designado, requerimento em fórmula que obedecerá ao modelo aprovado pelo Tribunal Superior.

Art. 44. O requerimento, acompanhado de 3 (três) retratos, será instruído com um dos seguintes documentos, que não poderão ser supridos mediante justificação:

I. carteira de identidade expedida pelo órgão competente do Distrito Federal ou dos Estados;

II. certificado de quitação do serviço militar;

III. certidão de idade extraída do Registro Civil;

IV. instrumento público do qual se infira, por direito ter o requerente idade superior a dezoito anos e do qual conste, também, os demais elementos necessários à sua qualificação;

V. documento do qual se infira a nacionalidade brasileira, originária ou adquirida, do requerente.

Parágrafo único. Será devolvido o requerimento que não contenta os dados constantes do modelo oficial, na mesma ordem, e em caracteres inequívocos.

Art. 45. O escrivão, o funcionário ou o preparador recebendo a fórmula e documentos determinará que o alistando date e assine a petição e em ato contínuo atestará terem sido a data e a assinatura lançados na sua presença; em seguida, tomará a assinatura do requerente na folha individual de votação" e nas duas vias do título eleitoral, dando recibo da petição e do documento.

§ 1º O requerimento será submetido ao despacho do juiz nas 48 (quarenta e oito), horas seguintes.

§ 2º Poderá o juiz se tiver dúvida quanto a identidade do requerente ou sobre qualquer outro requisito para o alistamento, converter o julgamento em diligência para que o alistando esclareça ou complete a prova ou, se for necessário, compareça pessoalmente à sua presença.

§ 3º Se se tratar de qualquer omissão ou irregularidade que possa ser sanada, fixará o juiz para isso prazo razoável.

§ 4º Deferido o pedido, no prazo de cinco dias, o título e o documento que instruiu o pedido serão entregues pelo juiz, escrivão, funcionário ou preparador. A entrega far-se-á ao próprio eleitor, mediante recibo, ou a quem o eleitor autorizar por escrito o recebimento, cancelando-se o título cuja assinatura não for idêntica à do requerimento de inscrição e à do recibo. (Redação dada pela Lei nº 4.961, de 1966)

O recibo será obrigatoriamente anexado ao processo eleitoral, incorrendo o juiz que não o fizer na multa de um a cinco salários-mínimos regionais na qual incorrerão ainda o escrivão, funcionário ou preparador, se responsáveis bem como qualquer deles, se entregarem ao eleitor o título cuja assinatura não for idêntica à do requerimento de inscrição e do recibo ou o fizerem a pessoa não autorizada por escrito. (Redação dada pela Lei nº 4.961, de 1966)

§ 5º A restituição de qualquer documento não poderá ser feita antes de despachado o pedido de alistamento pelo juiz eleitoral.

§ 6º Quinzenalmente o juiz eleitoral fará publicar pela imprensa, onde houver ou por editais, a lista dos pedidos de inscrição, mencionando os deferidos, os indeferidos e os convertidos em diligência, contando-se dessa publicação o prazo para os recursos a que se refere o parágrafo seguinte.

§ 7º Do despacho que indeferir o requerimento de inscrição caberá recurso interposto pelo alistando, e do que o deferir poderá recorrer qualquer delegado de partido.

§ 8º Os recursos referidos no parágrafo anterior serão julgados pelo Tribunal Regional Eleitoral dentro de 5 (cinco) dias.

§ 9º Findo esse prazo, sem que o alistando se manifeste, ou logo que seja desprovido o recurso em instância superior, o juiz inutilizará a folha individual de votação assinada pelo requerente, a qual ficará fazendo parte integrante do processo e não poderá, em qualquer tempo, se substituída, nem dele retirada, sob pena de incorrer o responsável nas sanções previstas no Art. 293.

§ 10. No caso de indeferimento do pedido, o Cartório devolverá ao requerente, mediante recibo, as fotografias e o documento com que houver instruído o seu requerimento.

§ 11. O título eleitoral e a folha individual de votação sòmente serão assinados pelo juiz eleitoral depois de preenchidos pelo cartório e de deferido o pedido, sob as penas do artigo 293. (Redação dada pela Lei nº 4.961, de 1966)

§ 12. É obrigatória a remessa ao Tribunal Regional da ficha do eleitor, após a expedição do seu título. (Incluído pela Lei nº 4.961, de 1966)

Art. 46. As folhas individuais de votação e os títulos serão confeccionados de acordo com o modelo aprovado pelo Tribunal, Superior Eleitoral.

§ 1º Da folha individual de votação e do título eleitoral constará a indicação da seção em que o eleitor tiver sido inscrito a qual será localizada dentro do distrito judiciário ou administrativo de sua residência e o mais próximo dela, considerados a distância e os meios de transporte.

§ 2º As folhas individuais de votação serão conservadas em pastas, uma para cada seção eleitoral; às mesas receptoras serão por estas encaminhadas com a urna e os demais documentos da eleição às juntas eleitorais, que as devolverão, findos os trabalhos da apuração, ao respectivo cartório, onde ficarão guardadas.

§ 3º O eleitor ficará vinculado permanentemente à seção eleitoral indicada no seu título, salvo:

I. se se transferir de zona ou Município hipótese em que deverá requerer transferência.

II. se, até 100 (cem) dias antes da eleição, provar, perante o Juiz Eleitoral, que mudou de residência dentro do mesmo Município, de um distrito para outro ou para lugar muito distante da seção em que se acha inscrito, caso em que serão feitas na folha de votação e no título eleitoral, para esse fim exibido as alterações correspondentes, devidamente autenticadas pela autoridade judiciária.

§ 4º O eleitor poderá, a qualquer tempo requerer ao juiz eleitoral a retificação de seu título eleitoral ou de sua folha individual de votação, quando neles constar erro evidente, ou indicação de seção diferente daquela a que devesse corresponder a residência indicada no pedido de inscrição ou transferência. (Incluído pela Lei nº 4.961, de 1966)

§ 5º O título eleitoral servirá de prova de que o eleitor está inscrito na seção em que deve votar. E, uma vez datado e assinado pelo presidente da mesa receptora, servirá também de prova de haver o eleitor votado. (Renumerado do § 4º pela Lei nº 4.961, de 1966)

Art. 47. As certidões de nascimento ou casamento, quando destinadas ao alistamento eleitoral, serão fornecidas gratuitamente, segundo a ordem dos pedidos apresentados em cartório pelos alistandos ou delegados de partido.

§1º Os cartórios de Registro Civil farão, ainda, gratuitamente, o registro de nascimento visando ao fornecimento de certidão aos alistandos, desde que provem carência de recursos, ou aos Delegados de Partido, para fins eleitorais. (Incluído pela Lei nº 6.018, de 1974)

§ 2º Em cada Cartório de Registro Civil haverá um livro especial aberto e rubricado pelo Juiz Eleitoral, onde o cidadão ou o delegado de partido deixará expresso o pedido de certidão para fins eleitorais, datando-o. (Incluído como § 1º pela Lei nº 4.961, de 1966 e renumerado do § 1º pela Lei nº 6.018, de 1974)

§ 3º O escrivão, dentro de quinze dias da data do pedido, concederá a certidão, ou justificará, perante o Juiz Eleitoral por que deixa de fazê-lo. (Incluído como § 2º pela Lei nº 4.961, de 1966 e renumerado do § 2º pela Lei nº 6.018, de 1974)

§ 4º A infração ao disposto neste artigo sujeitará o escrivão às penas do Art. 293. (Incluído como § 3º pela Lei nº 4.961, de 1966 e renumerado do § 3º pela Lei nº 6.018, de 1974)

Art. 48. O empregado mediante comunicação com 48 (quarenta e oito) horas de antecedência, poderá deixar de comparecer ao serviço, sem prejuízo do salário e por tempo não excedente a 2 (dois) dias, para o fim de se alistar eleitor ou requerer transferência.

Art. 49. Os cegos alfabetizados pelo sistema "Braille", que reunirem as demais condições de alistamento, podem qualificar-se mediante o preenchimento da fórmula impressa e a aposição do nome com as letras do referido alfabeto.

§ 1º De forma idêntica serão assinadas a folha individual de votação e as vias do título.

§ 2º Esses atos serão feitos na presença também de funcionários de estabelecimento especializado de amparo e proteção de cegos, conhecedor do sistema "Braille", que subscreverá, com o Escrivão ou funcionário designado, o seguinte declaração a ser lançada no modelo de requerimento; "Atestamos que a presente fórmula bem como a folha individual de votação e vias do título foram subscritas pelo próprio, em nossa presença".

Art. 50. O juiz eleitoral providenciará para que se proceda ao alistamento nas próprias sedes dos estabelecimentos de proteção aos cegos, marcando previamente, dia e hora para tal fim, podendo se inscrever na zona eleitoral correspondente todos os cegos do município.

§ 1º Os eleitores inscritos em tais condições deverão ser localizados em uma mesma seção da respectiva zona.

§ 2º Se no alistamento realizado pela forma prevista nos artigos anteriores, o número de eleitores não alcançar o mínimo exigido, este se completará com a inclusão de outros ainda que não sejam cegos.

Art. 51. (Revogado pela Lei nº 7.914, de 1989)

ANOTAÇÕES

ANOTAÇÕES

ANOTAÇÕES

CAPÍTULO I - DA SEGUNDA VIA

Art. 52. No caso de perda ou extravio de seu título, requererá o eleitor ao juiz do seu domicílio eleitoral, até 10 (dez) dias antes da eleição, que lhe expeça segunda via.

§ 1º O pedido de segunda via será apresentado em cartório, pessoalmente, pelo eleitor, instruído o requerimento, no caso de inutilização ou dilaceração, com a primeira via do título.

§ 2º No caso de perda ou extravio do título, o juiz, após receber o requerimento de segunda via, fará publicar, pelo prazo de 5 (cinco) dias, pela imprensa, onde houver, ou por editais, a notícia do extravio ou perda e do requerimento de segunda via, deferindo o pedido, findo este prazo, se não houver impugnação.

Art. 53. Se o eleitor estiver fora do seu domicílio eleitoral poderá requerer a segunda via ao juiz da zona em que se encontrar, esclarecendo se vai recebê-la na sua zona ou na em que requereu.

§ 1º O requerimento, acompanhado de um novo título assinado pelo eleitor na presença do escrivão ou de funcionário designado e de uma fotografia, será encaminhado ao juiz da zona do eleitor.

§ 2º Antes de processar o pedido, na forma prevista no artigo anterior, o juiz determinará que se confira a assinatura constante do novo título com a da folha individual de votação ou do requerimento de inscrição.

§ 3º Deferido o pedido, o título será enviado ao juiz da Zona que remeteu o requerimento, caso o eleitor haja solicitado essa providência, ou ficará em cartório aguardando que o interessado o procure.

§ 4º O pedido de segunda-via formulado nos termos deste artigo só poderá ser recebido até 60 (sessenta) dias antes do pleito.

Art. 54. O requerimento de segunda-via, em qualquer das hipóteses, deverá ser assinado sobre selos federais, correspondentes a 2% (dois por cento) do salário-mínimo da zona eleitoral de inscrição.

Parágrafo único. Somente será expedida segunda-via a eleitor que estiver quite com a Justiça Eleitoral, exigindo-se, para o que foi multado e ainda não liquidou a dívida, o prévio pagamento, através de sêlo federal inutilizado nos autos.

CAPÍTULO II - DA TRANSFERÊNCIA

Art. 55. Em caso de mudança de domicílio, cabe ao eleitor requerer ao juiz do novo domicílio sua transferência, juntando o título anterior.

§ 1º A transferência só será admitida satisfeitas as seguintes exigências:

I. entrada do requerimento no cartório eleitoral do novo domicílio até 100 (cem) dias antes da data da eleição.

II. transcorrência de pelo menos 1 (um) ano da inscrição primitiva;

III. residência mínima de 3 (três) meses no novo domicílio, atestada pela autoridade policial ou provada por outros meios convincentes.

§ 2º O disposto nos nºs II e III, do parágrafo anterior, não se aplica quando se tratar de transferência de título eleitoral de servidor público civil, militar, autárquico, ou de membro de sua família, por motivo de remoção ou transferência. (Redação dada pela Lei nº 4.961, de 1966)

Art. 56. No caso de perda ou extravio do título anterior declarado esse fato na petição de transferência, o juiz do novo domicílio, como ato preliminar, requisitará, por telegrama, a confirmação do alegado à Zona Eleitoral onde o requerente se achava inscrito.

§ 1º O Juiz do antigo domicílio, no prazo de 5 (cinco) dias, responderá por ofício ou telegrama, esclarecendo se o interessado é realmente eleitor, se a inscrição está em vigor, e, ainda, qual o número e a data da inscrição respectiva.

ANOTAÇÕES

§ 2º A informação mencionada no parágrafo anterior, suprirá a falta do título extraviado, ou perdido, para o efeito da transferência, devendo fazer parte integrante do processo.

Art. 57. O requerimento de transferência de domicílio eleitoral será imediatamente publicado na imprensa oficial na Capital, e em cartório nas demais localidades, podendo os interessados impugná-lo no prazo de dez dias. (Redação dada pela Lei nº 4.961, de 1966)

§ 1º Certificado o cumprimento do disposto neste artigo o pedido deverá ser desde logo decidido, devendo o despacho do juiz ser publicado pela mesma forma. (Redação dada pela Lei nº 4.961, de 1966)

§ 2º Poderá recorrer para o Tribunal Regional Eleitoral, no prazo de 3 (três) dias, o eleitor que pediu a transferência, sendo-lhe a mesma negada, ou qualquer delegado de partido, quando o pedido for deferido.

§ 3º Dentro de 5 (cinco) dias, o Tribunal Regional Eleitoral decidirá do recurso interposto nos têrmos do parágrafo anterior.

§ 4º Só será expedido o novo título decorridos os prazos previstos neste artigo e respectivos parágrafos.

Art. 58. Expedido o novo título o juiz comunicará a transferência ao Tribunal Regional competente, no prazo de 10 (dez) dias, enviando-lhe o título eleitoral, se houver, ou documento a que se refere o § 1º do artigo 56.

§ 1º Na mesma data comunicará ao juiz da zona de origem a concessão da transferência e requisitará a "folha individual de votação".

§ 2º Na nova folha individual de votação ficará consignado, na coluna destinada a "anotações", que a inscrição foi obtida por transferência, e, de acôrdo com os elementos constantes do título primitivo, qual o ultimo pleito em que o eleitor transferido votou. Essa anotação constará também, de seu título.

§ 3º O processo de transferência só será arquivado após o recebimento da folha individual de votação da Zona de origem, que dêle ficará constando, devidamente inutilizada, mediante aposição de carimbo a tinta vermelha.

§ 4º No caso de transferência de município ou distrito dentro da mesma zona, deferido o pedido, o juiz determinará a transposição da folha individual de votação para a pasta correspondente ao novo domicílio, a anotação de mudança no título eleitoral e comunicará ao Tribunal Regional para a necessária averbação na ficha do eleitor.

Art. 59. Na Zona de origem, recebida do juiz do novo domicílio a comunicação de transferência, o juiz tomará as seguintes providencias:

I. determinará o cancelamento da inscrição do transferido e a remessa dentro de três dias, da folha individual de votação ao juiz requisitante;

II. ordenará a retirada do fichário da segunda parte do título;

III. comunicará o cancelamento ao Tribunal Regional a que estiver subordinado, que fará a devida anotação na ficha de seus arquivos;

IV. se o eleitor havia assinado ficha de registro de partido, comunicará ao juiz do novo domicílio e, ainda, ao Tribunal Regional, se a transferência foi concedida para outro Estado.

Art. 60. O eleitor transferido não poderá votar no novo domicílio eleitoral em eleição suplementar à que tiver sido realizada antes de sua transferência.

Art. 61. Somente será concedida transferência ao eleitor que estiver quite com a Justiça Eleitoral.

§ 1º Se o requerente não instruir o pedido de transferência com o título anterior, o juiz do novo domicílio, ao solicitar informação ao da zona de origem, indagará se o eleitor está quite com a Justiça Eleitoral, ou não o estando, qual a importância da multa imposta e não paga.

§ 2º Instruído o pedido com o título, e verificado que o eleitor não votou em eleição anterior, o juiz do novo domicílio solicitará informações sobre o valor da multa arbitrada na zona de origem, salvo se o eleitor não quiser aguardar a resposta, hipótese em que pagará o máximo previsto.

§ 3º O pagamento da multa, em qualquer das hipóteses dos parágrafos anteriores, será comunicado ao juízo de origem para as necessárias anotações.

CAPÍTULO III - DOS PREPARADORES

Art. 62. (Revogado pela Lei nº 8.868, de 1994)

Art. 63. (Revogado pela Lei nº 8.868, de 1994)

Art. 64. (Revogado pela Lei nº 8.868, de 1994)

Art. 65. (Revogado pela Lei nº 8.868, de 1994)

CAPÍTULO IV - DOS DELEGADOS DE PARTIDO PERANTE O ALISTAMENTO

Art. 66. É lícito aos partidos políticos, por seus delegados:

I. acompanhar os processos de inscrição;II. promover a exclusão de qualquer eleitor inscrito ilegalmente e assumir a defesa do eleitor cuja exclusão esteja sendo promovida;

III. examinar, sem perturbação do serviço e em presença dos servidores designados, os documentos relativos ao alistamento eleitoral, podendo dêles tirar cópias ou fotocópias.

§ 1º Perante o juízo eleitoral, cada partido poderá nomear 3 (três) delegados.

§ 2º Perante os preparadores, cada partido poderá nomear até 2 (dois) delegados, que assistam e fiscalizem os seus atos.

§ 3º Os delegados a que se refere êste artigo serão registrados perante os juizes eleitorais, a requerimento do presidente do Diretório Municipal.

§ 4º O delegado credenciado junto ao Tribunal Regional Eleitoral poderá representar o partido junto a qualquer juízo ou preparador do Estado, assim como o delegado credenciado perante o Tribunal Superior Eleitoral poderá representar o partido perante qualquer Tribunal Regional, juízo ou preparador.

CAPÍTULO V - DO ENCERRAMENTO DO ALISTAMENTO

Art. 67. Nenhum requerimento de inscrição eleitoral ou de transferência será recebido dentro dos 100 (cem) dias anteriores à data da eleição.

Art. 68. Em audiência pública, que se realizará às 14 (quatorze) horas do 69 (sexagésimo nono) dia anterior à eleição, o juiz eleitoral declarará encerrada a inscrição de eleitores na respectiva zona e proclamará o número dos inscritos até as 18 (dezoito) horas do dia anterior, o que comunicará incontinente ao Tribunal Regional Eleitoral, por telegrama, e fará público em edital, imediatamente afixado no lugar próprio do juízo e divulgado pela imprensa, onde houver, declarando nele o nome do último eleitor inscrito e o número do respectivo título, fornecendo aos diretórios municipais dos partidos cópia autêntica desse edital.

§ 1º Na mesma data será encerrada a transferência de eleitores, devendo constar do telegrama do juiz eleitoral ao Tribunal Regional Eleitoral, do edital e da cópia dêste fornecida aos diretórios municipais dos partidos e da publicação da imprensa, os nomes dos 10 (dez) últimos eleitores, cujos processos de transferência estejam definitivamente ultimados e o número dos respectivos títulos eleitorais.

§ 2º O despacho de pedido de inscrição, transferência, ou segunda via, proferido após esgotado o prazo legal, sujeita o juiz eleitoral às penas do Art. 291.

Art. 69. Os títulos eleitorais resultantes dos pedidos de inscrição ou de transferência serão entregues até 30 (trinta) dias antes da eleição.

Parágrafo único. A segunda via poderá ser entregue ao eleitor até a véspera do pleito.

Art. 70. O alistamento reabrir-se-á em cada zona, logo que estejam concluídos os trabalhos da sua junta eleitoral.

ANOTAÇÕES

TÍTULO II - DO CANCELAMENTO E DA EXCLUSÃO

Art. 71. São causas de cancelamento:

I. a infração dos artigos. 5º e 42;

II. a suspensão ou perda dos direitos políticos;

III. a pluralidade de inscrição;

IV. o falecimento do eleitor;

V. deixar de votar em 3 (três) eleições consecutivas. (Redação dada pela Lei nº 7.663, de 27.5.1988)

§ 1º A ocorrência de qualquer das causas enumeradas neste artigo acarretará a exclusão do eleitor, que poderá ser promovida ex officio , a requerimento de delegado de partido ou de qualquer eleitor.

§ 2º No caso de ser algum cidadão maior de 18 (dezoito) anos privado temporária ou definitivamente dos direitos políticos, a autoridade que impuser essa pena providenciará para que o fato seja comunicado ao juiz eleitoral ou ao Tribunal Regional da circunscrição em que residir o réu.

§ 3º Os oficiais de Registro Civil, sob as penas do Art. 293, enviarão, até o dia 15 (quinze) de cada mês, ao juiz eleitoral da zona em que oficiarem, comunicação dos óbitos de cidadãos alistáveis, ocorridos no mês anterior, para cancelamento das inscrições.

§ 4º Quando houver denúncia fundamentada de fraude no alistamento de uma zona ou município, o Tribunal Regional poderá determinar a realização de correição e, provada a fraude em proporção comprometedora, ordenará a revisão do eleitorado obedecidas as Instruções do Tribunal Superior e as recomendações que, subsidiariamente, baixar, com o cancelamento de ofício das inscrições correspondentes aos títulos que não forem apresentados à revisão. (Incluído pela Lei nº 4.961, de 4.5.1966)

Art. 72. Durante o processo e até a exclusão pode o eleitor votar validamente.

Parágrafo único. Tratando-se de inscrições contra as quais hajam sido interpostos recursos das decisões que as deferiram, desde que tais recursos venham a ser providos pelo Tribunal Regional ou Tribunal Superior, serão nulos os votos se o seu número for suficiente para alterar qualquer representação partidária ou classificação de candidato eleito pelo princípio maioritário.

Art. 73. No caso de exclusão, a defesa pode ser feita pelo interessado, por outro eleitor ou por delegado de partido.

Art. 74. A exclusão será mandada processar "ex officio" pelo juiz eleitoral, sempre que tiver conhecimento de alguma das causas do cancelamento.

Art. 75. O Tribunal Regional, tomando conhecimento através de seu fichário, da inscrição do mesmo eleitor em mais de uma zona sob sua jurisdição, comunicará o fato ao juiz competente para o cancelamento, que de preferência deverá recair:

I. na inscrição que não corresponda ao domicílio eleitoral;

II. naquela cujo título não haja sido entregue ao eleitor;

III. naquela cujo título não haja sido utilizado para o exercício do voto na última eleição;

IV. na mais antiga.

Art. 76. Qualquer irregularidade determinante de exclusão será comunicada por escrito e por iniciativa de qualquer interessado ao juiz eleitoral, que observará o processo estabelecido no artigo seguinte.

Art. 77. O juiz eleitoral processará a exclusão pela forma seguinte:

I. mandará autuar a petição ou representação com os documentos que a instruírem:

II. fará publicar edital com prazo de 10 (dez) dias para ciência dos interessados, que poderão contestar dentro de 5 (cinco) dias;

III. concederá dilação probatória de 5 (cinco) a 10 (dez) dias, se requerida;

IV. decidirá no prazo de 5 (cinco) dias.

ANOTAÇÕES

LEIS

ANOTAÇÕES

Art. 78. Determinado, por sentença, o cancelamento, o cartório tomará as seguintes providências:

I. retirará, da respectiva pasta, a folha de votação, registrará a ocorrência no local próprio para "Anotações"e juntá-la-á ao processo de cancelamento;

II. registrará a ocorrência na coluna de "observações" do livro de inscrição;

III. excluirá dos fichários as respectivas fichas, colecionando-as à parte;

IV. anotará, de forma sistemática, os claros abertos na pasta de votação para o oportuno preenchimento dos mesmos;

V. comunicará o cancelamento ao Tribunal Regional para anotação no seu fichário.

Art. 79. No caso de exclusão por falecimento, tratando-se de caso notório, serão dispensadas as formalidades previstas nos nºs. II e III do artigo 77.

Art. 80. Da decisão do juiz eleitoral caberá recurso no prazo de 3 (três) dias, para o Tribunal Regional, interposto pelo excluendo ou por delegado de partido.

Art. 81. Cessada a causa do cancelamento, poderá o interessado requerer novamente a sua qualificação e inscrição.

PARTE QUARTA - DAS ELEIÇÕES

TÍTULO I - DO SISTEMA ELEITORAL

Art. 82. O sufrágio e universal e direto; o voto, obrigatório e secreto.

Art. 83. Na eleição direta para o Senado Federal, para Prefeito e Vice-Prefeito, adotar-se-á o princípio majoritário. (Redação dada pela Lei nº 6.534, de 26.5.1978)

Art. 84. A eleição para a Câmara dos Deputados, assembleias Legislativas e Câmaras Municipais, obedecerá ao princípio da representação proporcional na forma desta lei.

Art. 85. A eleição para deputados federais, senadores e suplentes, presidente e vice-presidente da República, governadores, vice-governadores e deputados estaduais far-se-á, simultâneamente, em todo o País.

Art. 86. Nas eleições presidenciais, a circunscrição serão País; nas eleições federais e estaduais, o Estado; e nas municipais, o respectivo município.

CAPÍTULO I - DO REGISTRO DOS CANDIDATOS

Art. 87. Somente podem concorrer às eleições candidatos registrados por partidos.

Parágrafo único. Nenhum registro será admitido fora do período de 6 (seis) meses antes da eleição.

Art. 88. Não é permitido registro de candidato embora para cargos diferentes, por mais de uma circunscrição ou para mais de um cargo na mesma circunscrição.

Parágrafo único. Nas eleições realizadas pelo sistema proporcional o candidato deverá ser filiado ao partido, na circunscrição em que concorrer, pelo tempo que for fixado nos respectivos estatutos.

Art. 89. Serão registrados:

I. no Tribunal Superior Eleitoral os candidatos a presidente e vice-presidente da República;

II. nos Tribunais Regionais Eleitorais os candidatos a senador, deputado federal, governador e vice-governador e deputado estadual;

III. nos Juízos Eleitorais os candidatos a vereador, prefeito e vice-prefeito e juiz de paz.

Art. 90. Somente poderão inscrever candidatos os partidos que possuam diretório devidamente registrado na circunscrição em que se realizar a eleição.

Art. 91. O registro de candidatos a presidente e vice-presidente, governador e vice-governador, ou prefeito e vice-prefeito, far-se-á sempre em chapa única e indivisível, ainda que resulte a indicação de aliança de partidos.

ANOTAÇÕES

§ 1º O registro de candidatos a senador far-se-á com o do suplente partidário.

§ 2º Nos Territórios far-se-á o registro do candidato a deputado com o do suplente.

Art. 92. (Revogado pela Lei nº 9.504, de 30.9.1997)

Art. 93. O prazo de entrada em cartório ou na Secretaria do Tribunal, conforme o caso, de requerimento de registro de candidato a cargo eletivo terminará, improrrogavelmente, às dezenove horas do dia 15 de agosto do ano em que se realizarem as eleições. (Redação dada pela Lei nº 13.165, de 2015)

§ 1º Até vinte dias antes da data das eleições, todos os requerimentos, inclusive os que tiverem sido impugnados, devem estar julgados pelas instâncias ordinárias, e publicadas as decisões a eles relativas. (Redação dada pela Lei nº 13.165, de 2015)

§ 2º As convenções partidárias para a escolha dos candidatos serão realizadas, no máximo, até 5 de agosto do ano em que se realizarem as eleições. (Redação dada pela Lei nº 13.165, de 2015)

§ 3º Nesse caso, se se tratar de eleição municipal, o juiz eleitoral deverá apresentar a sentença no prazo de 2 (dois) dias, podendo o recorrente, nos 2 (dois) dias seguintes, aditar as razões do recurso; no caso de registro feito perante o Tribunal, se o relator não apresentar o acórdão no prazo de 2 (dois) dias, será designado outro relator, na ordem da votação, o qual deverá lavrar o acórdão do prazo de 3 (três) dias, podendo o recorrente, nesse mesmo prazo, aditar as suas razões.

Art. 94. O registro pode ser promovido por delegado de partido, autorizado em documento autêntico, inclusive telegrama de quem responda pela direção partidária e sempre com assinatura reconhecida por tabelião.

§ 1º O requerimento de registro deverá ser instruído:

I. com a cópia autêntica da ata da convenção que houver feito a escolha do candidato, a qual deverá ser conferida com o original na Secretaria do Tribunal ou no cartório eleitoral;

II. com autorização do candidato, em documento com a assinatura reconhecida por tabelião;

III. com certidão fornecida pelo cartório eleitoral da zona de inscrição, em que conste que o registrando é eleitor;

IV. com prova de filiação partidária, salvo para os candidatos a presidente e vice-presidente, senador e respectivo suplente, governador e vice-governador, prefeito e vice-prefeito;

V. com folha-corrida fornecida pelos cartórios competentes, para que se verifique se o candidato está no gozo dos direitos políticos (Art. 132, III, e 135 da Constituição Federal); (Redação dada pela Lei nº 4.961, de 4.5.1966)

VI. com declaração de bens, de que constem a origem e as mutações patrimoniais.

§ 2º A autorização do candidato pode ser dirigida diretamente ao órgão ou juiz competente para o registro.

Art. 95. O candidato poderá ser registrado sem o prenome, ou com o nome abreviado, desde que a supressão não estabeleça dúvida quanto à sua identidade.

Art. 96. Será negado o registro a candidato que, pública ou ostensivamente faça parte, ou seja adepto de partido político cujo registro tenha sido cassado com fundamento no artigo 141, § 13, da Constituição Federal.

Art. 97. Protocolado o requerimento de registro, o presidente do Tribunal ou o juiz eleitoral, no caso de eleição municipal ou distrital, fará publicar imediatamente edital para ciência dos interessados.

§ 1º O edital será publicado na Imprensa Oficial, nas capitais, e afixado em cartório, no local de costume, nas demais zonas.

§ 2º Do pedido de registro caberá, no prazo de 2 (dois) dias, a contar da publicação ou afixação do edital, impugnação articulada por parte de candidato ou de partido político.

§ 3º Poderá, também, qualquer eleitor, com fundamento em inelegibilidade ou incompatibilidade do candidato ou na incidência dêste no artigo 96 impugnar o pedido de registro, dentro do mesmo prazo, oferecendo prova do alegado.

§ 4º Havendo impugnação, o partido requerente do registro terá vista dos autos, por 2 (dois) dias, para falar sobre a mesma, feita a respectiva intimação na forma do § 1º.

Art. 98. Os militares alistáveis são elegíveis, atendidas as seguintes condições:

I. o militar que tiver menos de 5 (cinco) anos de serviço, será, ao se candidatar a cargo eletivo, excluído do serviço ativo;

II. o militar em atividade com 5 (cinco) ou mais anos de serviço ao se candidatar a cargo eletivo, será afastado, temporariamente, do serviço ativo, como agregado, para tratar de interesse particular; (Vide Constituição art. 14, § 8º, I)

III. o militar não excluído e que vier a ser eleito será, no ato da diplomação, transferido para a reserva ou reformado. (Vide Lei nº 6.880, de 9.12.80)

Parágrafo único. O Juízo ou Tribunal que deferir o registro de militar candidato a cargo eletivo comunicará imediatamente a decisão à autoridade a que o mesmo estiver subordinado, cabendo igual obrigação ao partido, quando lançar a candidatura.

Art. 99. Nas eleições majoritárias poderá qualquer partido registrar na mesma circunscrição candidato já por outro registrado, desde que o outro partido e o candidato o consintam por escrito até 10 (dez) dias antes da eleição, observadas as formalidades do Art. 94.

Parágrafo único. A falta de consentimento expresso acarretará a anulação do registro promovido, podendo o partido prejudicado requerê-la ou recorrer da resolução que ordenar o registro.

Art. 100. Nas eleições realizadas pelo sistema proporcional, o Tribunal Superior Eleitoral, até 6 (seis) meses antes do pleito, reservará para cada Partido, por sorteio, em sessão realizada com a presença dos Delegados de Partido, uma série de números a partir de 100 (cem). (Redação dada pela Lei nº 7.015, de 16.7.1982)

§ 1º A sessão a que se refere o caput deste artigo será anunciada aos Partidos com antecedência mínima de 5 (cinco) dias. (Redação dada pela Lei nº 7.015, de 16.7.1982)

§ 2º As convenções partidárias para escolha dos candidatos sortearão, por sua vez, em cada Estado e município, os números que devam corresponder a cada candidato. (Redação dada pela Lei nº 7.015, de 16.7.1982)

§ 3º Nas eleições para Deputado Federal, se o número de Partidos não for superior a 9 (nove), a cada um corresponderá obrigatoriamente uma centena, devendo a numeração dos candidatos ser sorteada a partir da unidade, para que ao primeiro candidato do primeiro Partido corresponda o número 101 (cento e um), ao do segundo Partido 201 (duzentos e um), e assim sucessivamente. (Redação dada pela Lei nº 7.015, de 16.7.1982)

§ 4º Concorrendo 10 (dez) ou mais Partidos, a cada um corresponderá uma centena a partir de 1.101 (um mil cento e um), de maneira que a todos os candidatos sejam atribuídos sempre 4 (quatro) algarismos, suprimindo-se a numeração correspondente à série 2.001 (dois mil e um) a 2.100 (dois mil e cem), para reiniciá-la em 2.101 (dois mil cento e um), a partir do décimo Partido. (Redação dada pela Lei nº 7.015, de 16.7.1982)

§ 5º Na mesma sessão, o Tribunal Superior Eleitoral sorteará as séries correspondentes aos Deputados Estaduais e Vereadores, observando, no que couber, as normas constantes dos parágrafos anteriores, e de maneira que a todos os candidatos sejam atribuídos sempre número de 4 (quatro) algarismos. (Redação dada pela Lei nº 7.015, de 16.7.1982)

Art. 101. Pode qualquer candidato requerer, em petição com firma reconhecida, o cancelamento do registro do seu nome. (Redação dada pela Lei nº 6.553, de 19.8.1978)

ANOTAÇÕES

§ 1º Desse fato, o presidente do Tribunal ou o juiz, conforme o caso, dará ciência imediata ao partido que tenha feito a inscrição, ao qual ficará ressalvado o direito de substituir por outro o nome cancelado, observadas tôdas as formalidades exigidas para o registro e desde que o novo pedido seja apresentado até 60 (sessenta) dias antes do pleito.

§ 2º Nas eleições majoritárias, se o candidato vier a falecer ou renunciar dentro do período de 60 (sessenta) dias mencionados no parágrafo anterior, o partido poderá substituí-lo; se o registro do novo candidato estiver deferido até 30 (trinta) dias antes do pleito serão utilizadas as já impressas, computando-se para o novo candidato os votos dados ao anteriormente registrado.

§3º Considerar-se-á nulo o voto dado ao candidato que haja pedido o cancelamento de sua inscrição salvo na hipótese prevista no parágrafo anterior, in fine.

§ 4º Nas eleições proporcionais, ocorrendo a hipótese prevista neste artigo, ao substituto será atribuído o número anteriormente dado ao candidato cujo registro foi cancelado.

§ 5º Em caso de morte, renúncia, inelegibilidade e preenchimento de vagas existentes nas respectivas chapas, tanto em eleições proporcionais quanto majoritárias, as substituições e indicações se processarão pelas Comissões Executivas. (Incluído pela Lei nº 6.553, de 19.8.1978)

Art. 102. Os registros efetuados pelo Tribunal Superior serão imediatamente comunicados aos Tribunais Regionais e por estes aos juizes eleitorais.

CAPÍTULO II - DO VOTO SECRETO

Art. 103. O sigilo do voto é assegurado mediante as seguintes providências:

I. uso de cédulas oficiais em todas as eleições, de acôrdo com modêlo aprovado pelo Tribunal Superior;

II. isolamento do eleitor em cabine indevassável para o só efeito de assinalar na cédula o candidato de sua escolha e, em seguida, fechá-la;

III. verificação da autenticidade da cédula oficial à vista das rubricas;

IV. emprego de urna que assegure a inviolabilidade do sufrágio e seja suficientemente ampla para que não se acumulem as cédulas na ordem que forem introduzidas.

CAPÍTULO III - DA CÉDULA OFICIAL

Art. 104. As cédulas oficiais serão confeccionadas e distribuídas exclusivamente pela Justiça Eleitoral, devendo ser impressas em papel branco, opaco e pouco absorvente. A impressão será em tinta preta, com tipos uniformes de letra.

§ 1º Os nomes dos candidatos para as eleições majoritárias devem figurar na ordem determinada por sorteio.

§ 2º O sorteio será realizado após o deferimento do último pedido de registro, em audiência presidida pelo juiz ou presidente do Tribunal, na presença dos candidatos e delegados de partido.

§ 3º A realização da audiência será anunciada com 3 (três) dias de antecedência, no mesmo dia em que for deferido o último pedido de registro, devendo os delegados de partido ser intimados por ofício sob protocolo.

§ 4º Havendo substituição de candidatos após o sorteio, o nome do novo candidato deverá figurar na cédula na seguinte ordem:

I. se forem apenas 2 (dois), em último lugar;

II. se forem 3 (três), em segundo lugar;

III. se forem mais de 3 (três), em penúltimo lugar;

IV. se permanecer apenas 1 (um) candidato e forem substituídos 2 (dois) ou mais, aquele ficará em primeiro lugar, sendo realizado novo sorteio em relação aos demais.

§ 5º Para as eleições realizadas pelo sistema proporcional a cédula conterá espaço para que o eleitor escreva o nome ou o número do candidato de sua preferência e indique a sigla do partido. (Vide Ato Complementar nº 20, de 1966)

ANOTAÇÕES

ANOTAÇÕES

§ 6º As cédulas oficiais serão confeccionadas de maneira tal que, dobradas, resguardem o sigilo do voto, sem que seja necessário o emprego de cola para fechá-las.

CAPÍTULO IV - DA REPRESENTAÇÃO PROPORCIONAL

Art. 105 - Fica facultado a 2 (dois) ou mais Partidos coligarem-se para o registro de candidatos comuns a deputado federal, deputado estadual e vereador. (Redação dada pela Lei nº 7.454, de 30.12.1985)

§ 1º - A deliberação sobre coligação caberá à Convenção Regional de cada Partido, quando se tratar de eleição para a Câmara dos Deputados e assembleias Legislativas, e à Convenção Municipal, quando se tratar de eleição para a Câmara de Vereadores, e será aprovada mediante a votação favorável da maioria, presentes 2/3 (dois terços) dos convencionais, estabelecendo-se, na mesma oportunidade, o número de candidatos que caberá a cada Partido. (Incluído pela Lei nº 7.454, de 30.12.1985)

§ 2º - Cada Partido indicará em Convenção os seus candidatos e o registro será promovido em conjunto pela Coligação. (Incluído pela Lei nº 7.454, de 30.12.1985)

Art. 106. Determina-se o quociente eleitoral dividindo-se o número de votos válidos apurados pelo de lugares a preencher em cada circunscrição eleitoral, desprezada a fração se igual ou inferior a meio, equivalente a um, se superior.

Parágrafo único. (Revogado pela Lei nº 9.504, de 30.9.1997)

Art. 107 - Determina-se para cada Partido ou coligação o quociente partidário, dividindo-se pelo quociente eleitoral o número de votos válidos dados sob a mesma legenda ou coligação de legendas, desprezada a fração. (Redação dada pela Lei nº 7.454, de 30.12.1985)

Art. 108. Estarão eleitos, entre os candidatos registrados por um partido ou coligação que tenham obtido votos em número igual ou superior a 10% (dez por cento) do quociente eleitoral, tantos quantos o respectivo quociente partidário indicar, na ordem da votação nominal que cada um tenha recebido. (Redação dada pela Lei nº 13.165, de 2015)

Parágrafo único. Os lugares não preenchidos em razão da exigência de votação nominal mínima a que se refere o caput serão distribuídos de acordo com as regras do art. 109. (Incluído pela Lei nº 13.165, de 2015)

Art. 109. Os lugares não preenchidos com a aplicação dos quocientes partidários e em razão da exigência de votação nominal mínima a que se refere o art. 108 serão distribuídos de acordo com as seguintes regras: (Redação dada pela Lei nº 13.165, de 2015)

I. dividir-se-á o número de votos válidos atribuídos a cada partido ou coligação pelo número de lugares definido para o partido pelo cálculo do quociente partidário do art. 107, mais um, cabendo ao partido ou coligação que apresentar a maior média um dos lugares a preencher, desde que tenha candidato que atenda à exigência de votação nominal mínima; (Redação dada pela Lei nº 13.165, de 2015)

II. repetir-se-á a operação para cada um dos lugares a preencher; (Redação dada pela Lei nº 13.165, de 2015)

III. quando não houver mais partidos ou coligações com candidatos que atendam às duas exigências do inciso I, as cadeiras serão distribuídas aos partidos que apresentem as maiores médias. (Redação dada pela Lei nº 13.165, de 2015)

§ 1º O preenchimento dos lugares com que cada partido ou coligação for contemplado far-se-á segundo a ordem de votação recebida por seus candidatos. (Redação dada pela Lei nº 13.165, de 2015)

§ 2º Poderão concorrer à distribuição dos lugares todos os partidos e coligações que participaram do pleito. (Redação dada pela Lei nº 13.488, de 2017)

Art. 110. Em caso de empate, haver-se-á por eleito o candidato mais idoso.

ANOTAÇÕES

Art. 111 - Se nenhum Partido ou coligação alcançar o quociente eleitoral, considerar-se-ão eleitos, até serem preenchidos todos os lugares, os candidatos mais votados. (Redação dada pela Lei nº 7.454, de 30.12.1985)

Art. 112. Considerar-se-ão suplentes da representação partidária:

I. os mais votados sob a mesma legenda e não eleitos efetivos das listas dos respectivos partidos;

II. em caso de empate na votação, na ordem decrescente da idade.

Parágrafo único. Na definição dos suplentes da representação partidária, não há exigência de votação nominal mínima prevista pelo art. 108. (Incluído pela Lei nº 13.165, de 2015)

Art. 113. Na ocorrência de vaga, não havendo suplente para preenchê-la, far-se-á eleição, salvo se faltarem menos de nove meses para findar o período de mandato.

TÍTULO II - DOS ATOS PREPARATÓRIOS DA VOTAÇÃO

Art. 114. Até 70 (setenta) dias antes da data marcada para a eleição, todos os que requererem inscrição como eleitor, ou transferência, já devem estar devidamente qualificados e os respectivos títulos prontos para a entrega, se deferidos pelo juiz eleitoral.

Parágrafo único. Será punido nos têrmos do art. 293 o juiz eleitoral, o escrivão eleitoral, o preparador ou o funcionário responsável pela transgressão do preceituado neste artigo ou pela não entrega do título pronto ao eleitor que o procurar.

Art. 115. O s juizes eleitorais, sob pena de responsabilidade comunicarão ao Tribunal Regional, até 30 (trinta) dias antes de cada eleição, o número de eleitores alistados.

Art. 116. A Justiça Eleitoral fará ampla divulgação através dos comunicados transmitidos em obediência ao disposto no Art. 250 § 5º pelo rádio e televisão, bem assim por meio de cartazes afixados em lugares públicos, dos nomes dos candidatos registrados, com indicação do partido a que pertençam, bem como do número sob que foram inscritos, no caso dos candidatos a deputado e a vereador.

CAPÍTULO I - DAS SEÇÕES ELEITORAIS

Art. 117. As seções eleitorais, organizadas à medida em que forem sendo deferidos os pedidos de inscrição, não terão mais de 400 (quatrocentos) eleitores nas capitais e de 300 (trezentos) nas demais localidades, nem menos de 50 (cinquenta) eleitores.

§ 1º Em casos excepcionais, devidamente justificados, o Tribunal Regional poderá autorizar que sejam ultrapassados os índices previstos neste artigo desde que essa providência venha facilitar o exercício do voto, aproximando o eleitor do local designado para a votação.

§ 2º Se em seção destinada aos cegos, o número de eleitores não alcançar o mínimo exigido êste se completará com outros, ainda que não sejam cegos.

Art. 118. Os juizes eleitorais organizarão relação de eleitores de cada seção a qual será remetida aos presidentes das mesas receptoras para facilitação do processo de votação.

CAPÍTULO II - DAS MESAS RECEPTORAS

Art. 119. A cada seção eleitoral corresponde uma mesa receptora de votos.

Art. 120. Constituem a mesa receptora um presidente, um primeiro e um segundo mesários, dois secretários e um suplente, nomeados pelo juiz eleitoral sessenta dias antes da eleição, em audiência pública, anunciado pelo menos com cinco dias de antecedência. (Redação dada pela Lei nº 4.961, de 4.5.1966)

§ 1º Não podem ser nomeados presidentes e mesários:

I. os candidatos e seus parentes ainda que por afinidade, até o segundo grau, inclusive, e bem assim o cônjuge;

II. os membros de diretórios de partidos desde que exerça função executiva;

III. as autoridades e agentes policiais, bem como os funcionários no desempenho de cargos de confiança do Executivo;

IV. os que pertencerem ao serviço eleitoral.

§ 2º Os mesários serão nomeados, de preferência entre os eleitores da própria seção, e, dentre estes, os diplomados em escola superior, os professores e os serventuários da Justiça.

§ 3º O juiz eleitoral mandará publicar no jornal oficial, onde houver, e, não havendo, em cartório, as nomeações que tiver feito, e intimará os mesários através dessa publicação, para constituírem as mesas no dia e lugares designados, às 7 horas.

§ 4º Os motivos justos que tiverem os nomeados para recusar a nomeação, e que ficarão a livre apreciação do juiz eleitoral, somente poderão ser alegados até 5 (cinco) dias a contar da nomeação, salvo se sobrevindos depois desse prazo.

§ 5º Os nomeados que não declararem a existência de qualquer dos impedimentos referidos no § 1º incorrem na pena estabelecida pelo Art. 310.

Art. 121. Da nomeação da mesa receptora qualquer partido poderá reclamar ao juiz eleitoral, no prazo de 2 (dois) dias, a contar da audiência, devendo a decisão ser proferida em igual prazo.

§ 1º Da decisão do juiz eleitoral caberá recurso para o Tribunal Regional, interposto dentro de 3 (três) dias, devendo, dentro de igual prazo, ser resolvido.

§ 2º Se o vício da constituição da mesa resultar da incompatibilidade prevista no nº I, do § 1º, do Art. 120, e o registro do candidato for posterior à nomeação do mesário, o prazo para reclamação será contado da publicação dos nomes dos candidatos registrados. Se resultar de qualquer das proibições dos nºs II, III e IV, e em virtude de fato superveniente, o prazo se contará do ato da nomeação ou eleição.

§ 3º O partido que não houver reclamado contra a composição da mesa não poderá arguir sob esse fundamento, a nulidade da seção respectiva.

Art. 122. Os juizes deverão instruir os mesários sobre o processo da eleição, em reuniões para esse fim convocadas com a necessária antecedência.

Art. 123. Os mesários substituirão o presidente, de modo que haja sempre quem responda pessoalmente pela ordem e regularidade do processo eleitoral, e assinarão a ata da eleição.

§ 1º O presidente deve estar presente ao ato de abertura e de encerramento da eleição, salvo força maior, comunicando o impedimento aos mesários e secretários pelo menos 24 (vinte e quatro) horas antes da abertura dos trabalhos, ou imediatamente, se o impedimento se der dentro desse prazo ou no curso da eleição.

§ 2º Não comparecendo o presidente até as sete horas e trinta minutos, assumirá a presidência o primeiro mesário e, na sua falta ou impedimento, o segundo mesário, um dos secretários ou o suplente.

§ 3º Poderá o presidente, ou membro da mesa que assumir a presidência, nomear ad hoc, dentre os eleitores presentes e obedecidas as prescrições do § 1º, do Art. 120, os que forem necessários para completar a mesa.

Art. 124. O membro da mesa receptora que não comparecer no local, em dia e hora determinados para a realização de eleição, sem justa causa apresentada ao juiz eleitoral até 30 (trinta) dias após, incorrerá na multa de 50% (cinquenta por cento) a 1 (um) salário-mínimo vigente na zona eleitoral cobrada mediante sêlo federal inutilizado no requerimento em que for solicitado o arbitramento ou através de executivo fiscal.

§ 1º Se o arbitramento e pagamento da multa não for requerido pelo mesário faltoso, a multa será arbitrada e cobrada na forma prevista no artigo 367.

§ 2º Se o faltoso for servidor público ou autárquico, a pena será de suspensão até 15 (quinze) dias.

ANOTAÇÕES

§ 3º As penas previstas neste artigo serão aplicadas em dôbro se a mesa receptora deixar de funcionar por culpa dos faltosos.

§ 4º Será também aplicada em dôbro observado o disposto nos §§ 1º e 2º, a pena ao membro da mesa que abandonar os trabalhos no decurso da votação sem justa causa apresentada ao juiz até 3 (três) dias após a ocorrência.

Art. 125. Não se reunindo, por qualquer motivo, a mesa receptora, poderão os eleitores pertencentes à respectiva seção votar na seção mais próxima, sob a jurisdição do mesmo juiz, recolhendo-se os seus votos à urna da seção em que deveriam votar, a qual será transportada para aquela em que tiverem de votar.

§ 1º As assinaturas dos eleitores serão recolhidas nas folhas de votação da seção a que pertencerem, as quais, juntamente com as cédulas oficiais e o material restante, acompanharão a urna.

§ 2º O transporte da urna e dos documentos da seção será providenciado pelo presidente da mesa, mesário ou secretário que comparecer, ou pelo próprio juiz, ou pessoa que êle designar para esse fim, acompanhando-a os fiscais que o desejarem.

Art. 126. Se no dia designado para o pleito deixarem de se reunir tôdas as mesas de um município, o presidente do Tribunal Regional determinará dia para se realizar o mesmo, instaurando-se inquérito para a apuração das causas da irregularidade e punição dos responsáveis.

Parágrafo único. Essa eleição deverá ser marcada dentro de 15 (quinze) dias, pelo menos, para se realizar no prazo máximo de 30 (trinta) dias.

Art. 127. Compete ao presidente da mesa receptora, e, em sua falta, a quem o substituir:

I. receber os votos dos eleitores;

II. decidir imediatamente tôdas as dificuldades ou dúvidas que ocorrerem;

III. manter a ordem, para o que disporá de força pública necessária;

IV. comunicar ao juiz eleitoral, que providenciará imediatamente as ocorrências cuja solução deste dependerem;

V. remeter à Junta Eleitoral todos os papéis que tiverem sido utilizados durante a recepção dos votos;

VI. autenticar, com a sua rubrica, as cédulas oficiais e numerá-las nos têrmos das Instruções do Tribunal Superior Eleitoral;

VII. assinar as fórmulas de observações dos fiscais ou delegados de partido, sobre as votações;

VIII. fiscalizar a distribuição das senhas e, verificando que não estão sendo distribuídas segundo a sua ordem numérica, recolher as de numeração intercalada, acaso retidas, as quais não se poderão mais distribuir.

IX. anotar o não comparecimento do eleitor no verso da folha individual de votação. (Incluído pela Lei nº 4.961, de 4.5.1966)

Art. 128. Compete aos secretários:

I. distribuir aos eleitores as senhas de entrada previamente rubricadas ou carimbadas segundo a respectiva ordem numérica;

II. lavrar a ata da eleição;

III. cumprir as demais obrigações que lhes forem atribuídas em instruções.

Parágrafo único. As atribuições mencionadas no n.º 1 serão exercidas por um dos secretários e os constantes dos nºs. II e III pelo outro.

Art. 129. Nas eleições proporcionais os presidentes das mesas receptoras deverão zelar pela preservação das listas de candidatos afixadas dentro das cabinas indevassáveis tomando imediatas providências para a colocação de nova lista no caso de inutilização total ou parcial.

ANOTAÇÕES

LEIS

ANOTAÇÕES

Parágrafo único. O eleitor que inutilizar ou arrebatar as listas afixadas nas cabinas indevassáveis ou nos edifícios onde funcionarem mesas receptoras, incorrerá nas penas do artigo 297.

Art. 130. Nos estabelecimentos de internação coletiva de hansenianos os membros das mesas receptoras serão escolhidos de preferência entre os médicos e funcionários sadios do próprio estabelecimento.

CAPÍTULO III - DA FISCALIZAÇÃO PERANTE AS MESAS RECEPTORAS

Art. 131. Cada partido poderá nomear 2 (dois) delegados em cada município e 2 (dois) fiscais junto a cada mesa receptora, funcionando um de cada vez.

§ 1º Quando o município abranger mais de uma zona eleitoral cada partido poderá nomear 2 (dois) delegados junto a cada uma delas.

§ 2º A escolha de fiscal e delegado de partido não poderá recair em quem, por nomeação do juiz eleitoral, já faça parte da mesa receptora.

§ 3º As credenciais expedidas pelos partidos, para os fiscais, deverão ser visadas pelo juiz eleitoral.

§ 4º Para esse fim, o delegado do partido encaminhará as credenciais ao Cartório, juntamente com os títulos eleitorais dos fiscais credenciados, para que, verificado pelo escrivão que as inscrições correspondentes as títulos estão em vigor e se referem aos nomeados, carimbe as credenciais e as apresente ao juiz para o visto.

§ 5º As credenciais que não forem encaminhadas ao Cartório pelos delegados de partido, para os fins do parágrafo anterior, poderão ser apresentadas pelos próprios fiscais para a obtenção do visto do juiz eleitoral.

§ 6º Se a credencial apresentada ao presidente da mesa receptora não estiver autenticada na forma do § 4º, o fiscal poderá funcionar perante a mesa, mas o seu voto não será admitido, a não ser na seção em que o seu nome estiver incluído.

§ 7º O fiscal de cada partido poderá ser substituído por outro no curso dos trabalhos eleitorais.

Art. 132. Pelas mesas receptoras serão admitidos a fiscalizar a votação, formular protestos e fazer impugnações, inclusive sobre a identidade do eleitor, os candidatos registrados, os delegados e os fiscais dos partidos.

TÍTULO III - DO MATERIAL PARA A VOTAÇÃO

Art. 133. Os juizes eleitorais enviarão ao presidente de cada mesa receptora, pelo menos 72 (setenta e duas) horas antes da eleição, o seguinte material.

I. relação dos eleitores da seção que poderá ser dispensada, no todo ou em parte, pelo respectivo Tribunal Regional Eleitoral em decisão fundamentada e aprovada pelo Tribunal Superior Eleitoral. (Redação dada pela Lei nº 6.055, de 17.6.1974)

II. relações dos partidos e dos candidatos registrados, as quais deverão ser afixadas no recinto das seções eleitorais em lugar visível, e dentro das cabinas indevassáveis as relações de candidatos a eleições proporcionais;

III. as folhas individuais de votação dos eleitores da seção, devidamente acondicionadas;

IV. uma folha de votação para os eleitores de outras seções, devidamente rubricada;

V. uma urna vazia, vedada pelo juiz eleitoral, com tiras de papel ou pano forte;

VI. (Revogado pela Lei nº 4.961, de 4.5.1966)

VI. sobrecartas maiores para os votos impugnados ou sobre os quais haja dúvida; (Renumerado do Inciso VII pela Lei nº 4.961, de 4.5.1966)

VII. cédulas oficiais; (Renumerado do Inciso VIII pela Lei nº 4.961, de 4.5.1966)

VIII. sobrecartas especiais para remessa à Junta Eleitoral dos documentos relativos à eleição; (Renumerado do Inciso IX pela Lei nº 4.961, de 4.5.1966)

ANOTAÇÕES

IX. senhas para serem distribuídas aos eleitores; (Renumerado do Inciso X pela Lei nº 4.961, de 4.5.1966)

X. tinta, canetas, penas, lápis e papel, necessários aos trabalhos; (Renumerado do Inciso XI pela Lei nº 4.961, de 4.5.1966)

XI. folhas apropriadas para impugnação e folhas para observação de fiscais de partidos; (Renumerado do Inciso XII pela Lei nº 4.961, de 4.5.1966)

XII. modêlo da ata a ser lavrada pela mesa receptora; (Renumerado do Inciso XIII pela Lei nº 4.961, de 4.5.1966)

XIII. material necessário para vedar, após a votação, a fenda da urna; (Renumerado do Inciso XIV pela Lei nº 4.961, de 4.5.1966)

XIV. um exemplar das Instruções do Tribunal Superior Eleitoral; (Renumerado do Inciso XV pela Lei nº 4.961, de 4.5.1966)

XV. material necessário à contagem dos votos quando autorizada; (Renumerado do Inciso XVI pela Lei nº 4.961, de 4.5.1966)

XVI. outro qualquer material que o Tribunal Regional julgue necessário ao regular funcionamento da mesa. (Renumerado do Inciso XVII pela Lei nº 4.961, de 4.5.1966)

§ 1º O material de que trata êste artigo deverá ser remetido por protocolo ou pelo correio acompanhado de uma relação ao pé da qual o destinatário declarará o que recebeu e como o recebeu, e aporá sua assinatura.

§ 2º Os presidentes da mesa que não tiverem recebido até 48 (quarenta e oito) horas antes do pleito o referido material deverão diligenciar para o seu recebimento.

§ 3º O juiz eleitoral, em dia e hora previamente designados em presença dos fiscais e delegados dos partidos, verificará, antes de fechar e lacrar as urnas, se estas estão completamente vazias; fechadas, enviará uma das chaves, se houver, ao presidente da Junta Eleitoral e a da fenda, também se houver, ao presidente da mesa receptora, juntamente com a urna.

Art. 134. Nos estabelecimentos de internação coletiva para hansenianos serão sempre utilizadas urnas de lona.

TÍTULO IV - DA VOTAÇÃO

CAPÍTULO I - DOS LUGARES DA VOTAÇÃO

Art. 135. Funcionarão as mesas receptoras nos lugares designados pelos juizes eleitorais 60 (sessenta) dias antes da eleição, publicando-se a designação.

§ 1º A publicação deverá conter a seção com a numeração ordinal e local em que deverá funcionar com a indicação da rua, número e qualquer outro elemento que facilite a localização pelo eleitor.

§ 2º Dar-se-á preferência aos edifícios públicos, recorrendo-se aos particulares se faltarem aqueles em número e condições adequadas.

§ 3º A propriedade particular será obrigatória e gratuitamente cedida para esse fim.

§ 4º É expressamente vedado uso de propriedade pertencente a candidato, membro do diretório de partido, delegado de partido ou autoridade policial, bem como dos respectivos cônjuges e parentes, consanguíneos ou afins, até o 2º grau, inclusive.

§ 5º Não poderão ser localizadas seções eleitorais em fazenda sítio ou qualquer propriedade rural privada, mesmo existindo no local prédio público, incorrendo o juiz nas penas do Art. 312, em caso de infringência. (Redação dada pela Lei nº 4.961, de 4.5.1966)

§ 6º Os Tribunais Regionais, nas capitais, e os juizes eleitorais, nas demais zonas, farão ampla divulgação da localização das seções.

§ 6º-A. Os Tribunais Regionais Eleitorais deverão, a cada eleição, expedir instruções aos Juízes Eleitorais para orientá-los na escolha dos locais de votação, de maneira a garantir acessibilidade para o eleitor com deficiência ou com mobilidade reduzida, inclusive em seu entorno e nos sistemas de transporte que lhe dão acesso. (Redação dada pela Lei nº 13.146, de 2015)

§ 6ºB (VETADO) (Incluído pela Lei nº 10.226, de 15 de maio de 2001)

§ 7º Da designação dos lugares de votação poderá qualquer partido reclamar ao juiz eleitoral, dentro de três dias a contar da publicação, devendo a decisão ser proferida dentro de quarenta e oito horas. (Incluído pela Lei nº 4.961, de 4.5.1966)

§ 8º Da decisão do juiz eleitoral caberá recurso para o Tribunal Regional, interposto dentro de três dias, devendo no mesmo prazo, ser resolvido. (Incluído pela Lei nº 4.961, de 4.5.1966)

§ 9º Esgotados os prazos referidos nos §§ 7º e 8º deste artigo, não mais poderá ser alegada, no processo eleitoral, a proibição contida em seu § 5º. (Incluído pela Lei nº 6.336, de 1º.6.1976)

Art. 136. Deverão ser instaladas seções nas vilas e povoados, assim como nos estabelecimentos de internação coletiva, inclusive para cegos e nos leprosários onde haja, pelo menos, 50 (cinquenta) eleitores.

Parágrafo único. A mesa receptora designada para qualquer dos estabelecimentos de internação coletiva deverá funcionar em local indicado pelo respectivo diretório mesmo critério será adotado para os estabelecimentos especializados para proteção dos cegos.

Art.137. Até 10 (dez) dias antes da eleição, pelo menos, comunicarão os juizes eleitorais aos chefes das repartições públicas e aos proprietários, arrendatários ou administradores das propriedades particulares a resolução de que serão os respectivos edifícios, ou parte dêles, utilizados para pronunciamento das mesas receptoras.

Art. 138. No local destinado a votação, a mesa ficará em recinto separado do público; ao lado haverá uma cabina indevassável onde os eleitores, à medida que comparecerem, possam assinalar a sua preferência na cédula.

Parágrafo único. O juiz eleitoral providenciará para que nós edifícios escolhidos sejam feitas as necessárias adaptações.

CAPÍTULO II - DA POLÍCIA DOS TRABALHOS ELEITORAIS

Art. 139. Ao presidente da mesa receptora e ao juiz eleitoral cabe a polícia dos trabalhos eleitorais.

Art. 140. Somente podem permanecer no recinto da mesa receptora os seus membros, os candidatos, um fiscal, um delegado de cada partido e, durante o tempo necessário à votação, o eleitor.

§ 1º O presidente da mesa, que é, durante os trabalhos, a autoridade superior, fará retirar do recinto ou do edifício quem não guardar a ordem e compostura devidas e estiver praticando qualquer ato atentatório da liberdade eleitoral.

§ 2º Nenhuma autoridade estranha a mesa poderá intervir, sob pretexto algum, em seu funcionamento, salvo o juiz eleitoral.

Art. 141. A força armada conservar-se-á a cem metros da seção eleitoral e não poderá aproximar-se do lugar da votação, ou dêle penetrar, sem ordem do presidente da mesa.

CAPÍTULO III - DO INÍCIO DA VOTAÇÃO

Art. 142. No dia marcado para a eleição, às 7 (sete) horas, o presidente da mesa receptora os mesários e os secretários verificarão se no lugar designado estão em orem o material remetido pelo juiz e a urna destinada a recolher os votos, bem como se estão presentes os fiscais de partido.

Art. 143. As 8 (oito) horas, supridas as deficiências declarará o presidente iniciados os trabalhos, procedendo-se em seguida à votação, que começará pelos candidatos e eleitores presentes.

§ 1º Os membros da mesa e os fiscais de partido deverão votar no correr da votação, depois que tiverem votado os eleitores que já se encontravam presentes no momento da abertura dos trabalhos, ou no encerramento da votação. (Renumerado do parágrafo único pela Lei nº 4.961, de 4.5.1966)

ANOTAÇÕES

§ 2º Observada a prioridade assegurada aos candidatos, têm preferência para votar o juiz eleitoral da zona, seus auxiliares de serviço, os eleitores de idade avançada os enfermos e as mulheres grávidas. (Incluído pela Lei nº 4.961, de 4.5.1966)

Art. 144. O recebimento dos votos começará às 8 (oito)e terminará, salvo o disposto no Art. 153, às 17 (dezessete) horas.

Art. 145. O presidente, mesários, secretários, suplentes e os delegados e fiscais de partido votarão, perante as mesas em que servirem, sendo que os delegados e fiscais, desde que a credencial esteja visada na forma do artigo 131, § 3º; quando eleitores de outras seções, seus votos serão tomados em separado. (Redação dada pela Lei nº 4.961, de 4.5.1966) (Vide Lei nº 7.332, de 1º.7.1985)

§ 1º (Revogado pela Lei nº 4.961, de 4.5.1966) (Vide Lei nº 7.332, de 1º.7.1985)

§ 2º (Renumerado para parágrafo único (abaixo) pela Lei nº 4.961, de 4.5.1966)

§ 3º (Revogado pela Lei nº 4.961, de 4.5.1966) (Vide Lei nº 7.332, de 1º.7.1985)

Parágrafo único. Com as cautelas constantes do ar. 147, § 2º, poderão ainda votar fora da respectiva seção: (Renumerado do parágrafo 2º pela Lei nº 4.961, de 4.5.1966 (Vide Lei nº 7.332, de 1º.7.1985)

I. o juiz eleitoral, em qualquer seção da zona sob sua jurisdição, salvo em eleições municipais, nas quais poderá votar em qualquer seção do município em que for eleitor; (Renumerado do parágrafo 2º pela Lei nº 4.961, de 4.5.1966

II. o Presidente da República, o qual poderá votar em qualquer seção, eleitoral do país, nas eleições presidenciais; em qualquer seção do Estado em que for eleitor nas eleições para governador, vice-governador, senador, deputado federal e estadual; em qualquer seção do município em que estiver inscrito, nas eleições para prefeito, vice-prefeito e vereador; (Renumerado do parágrafo 2º pela Lei nº 4.961, de 4.5.1966

III. os candidatos à Presidência da República, em qualquer seção eleitoral do país, nas eleições presidenciais, e, em qualquer seção do Estado em que forem eleitores, nas eleições de âmbito estadual; (Renumerado do parágrafo 2º pela Lei nº 4.961, de 4.5.1966

IV. os governadores, vice-governadores, senadores, deputados federais e estaduais, em qualquer seção do Estado, nas eleições de âmbito nacional e estadual; em qualquer seção do município de que sejam eleitores, nas eleições municipais; (Renumerado do parágrafo 2º pela Lei nº 4.961, de 4.5.1966

V. os candidatos a governador, vice-governador, senador, deputado federal e estadual, em qualquer seção do Estado de que sejam eleitores, nas eleições de âmbito nacional e estadual; (Renumerado do parágrafo 2º pela Lei nº 4.961, de 4.5.1966

VI. os prefeitos, vice-prefeitos e vereadores, em qualquer seção de município que representarem, desde que eleitores do Estado, sendo que, no caso de eleições municipais, nelas somente poderão votar se inscritos no município; (Renumerado do parágrafo 2º pela Lei nº 4.961, de 4.5.1966

VII. os candidatos a prefeito, vice-prefeito e vereador, em qualquer seção de município, desde que dêle sejam eleitores; (Renumerado do parágrafo 2º pela Lei nº 4.961, de 4.5.1966

VIII. os militares, removidos ou transferidos dentro do período de 6 (seis) meses antes do pleito, poderão votar nas eleições para presidente e vice-presidente da República na localidade em que estiverem servindo. (Renumerado do parágrafo 2º pela Lei nº 4.961, de 4.5.1966

IX. os policiais militares em serviço. (Incluído pela Lei nº 9.504, de 9.5.1995)

ANOTAÇÕES

ANOTAÇÕES

CAPÍTULO IV - DO ATO DE VOTAR

Art. 146. Observar-se-á na votação o seguinte:

I. o eleitor receberá, ao apresentar-se na seção, e antes de penetrar no recinto da mesa, uma senha numerada, que o secretário rubricará, no momento, depois de verificar pela relação dos eleitores da seção, que o seu nome constada respectiva pasta;

II. no verso da senha o secretário anotará o número de ordem da folha individual da pasta, número esse que constará da relação enviada pelo cartório à mesa receptora;

III. admitido a penetrar no recinto da mesa, segundo a ordem numérica das senhas, o eleitor apresentará ao presidente seu título, o qual poderá ser examinado por fiscal ou delegado de partido, entregando, no mesmo ato, a senha;

IV. pelo número anotado no verso da senha, o presidente, ou mesário, localizará a folha individual de votação, que será confrontada com o título e poderá também ser examinada por fiscal ou delegado de partido;

V. achando-se em ordem o título e a folha individual e não havendo dúvida sobre a identidade do eleitor, o presidente da mesa o convidará a lançar sua assinatura no verso da folha individual de votação; em seguida entregar-lhe-á a cédula única rubricada no ato pelo presidente e mesários e numerada de acôrdo com as Instruções do Tribunal Superior instruindo-o sobre a forma de dobrá-la, fazendo-o passar a cabina indevassável, cuja porta ou cortina será encerrada em seguida;

VI. o eleitor será admitido a votar, ainda que deixe de exibir no ato da votação o seu título, desde que seja inscrito na seção e conste da respectiva pasta a sua folha individual de votação; nesse caso, a prova de ter votado será feita mediante certidão que obterá posteriormente, no juízo competente;

VII. no caso da omissão da folha individual na respectiva pasta verificada no ato da votação, será o eleitor, ainda, admitido a votar, desde que exiba o seu título eleitoral e dêle conste que o portador é inscrito na seção, sendo o seu voto, nesta hipótese, tomando em separado e colhida sua assinatura na folha de votação modêlo 2 (dois). Como ato preliminar da apuração do voto, averiguar-se-á se se trata de eleitor em condições de votar, inclusive se realmente pertence à seção;

VIII. verificada a ocorrência de que trata o número anterior, a Junta Eleitoral, antes de encerrar os seus trabalhos, apurará a causa da omissão. Se tiver havido culpa ou dolo, será aplicada ao responsável, na primeira hipótese, a multa de até 2 (dois) salários-mínimos, e, na segunda, a de suspensão até 30 (trinta) dias;

IX. na cabina indevassável, onde não poderá permanecer mais de um minuto, o eleitor indicará os candidatos de sua preferência e dobrará a cédula oficial, observadas as seguintes normas:

a) assinalando com uma cruz, ou de modo que torne expressa a sua intenção, o quadrilátero correspondente ao candidato majoritário de sua preferência;

b) escrevendo o nome, o prenome, ou o número do candidato de sua preferência nas eleições proporcionais. (Redação dada pela Lei nº 7.434, de 19.12.1985)

c) escrevendo apenas a sigla do partido de sua preferência, se pretender votar só na legenda; (Revogado pela Lei nº 6.989, de 5.5.1982) (Vide restabelecimento Lei nº 7.332, de 1º.7.1985)

X. ao sair da cabina o eleitor depositará na urna a cédula;

XI. ao depositar a cédula na urna o eleitor deverá fazê-lo de maneira a mostrar a parte rubricada à mesa e aos fiscais de partido, para que verifiquem sem nela tocar, se não foi substituída;

ANOTAÇÕES

XII. se a cédula oficial não for a mesmo, será o eleitor convidado a voltar à cabina indevessável e a trazer seu voto na cédula que recebeu; senão quiser tornar à cabina ser-lhe-á recusado a ocorrência na ata e ficando o eleitor retido pela mesa, e à sua disposição, até o término da votação ou a devolução da cédula oficial já rubricada e numerada;

XIII. se o eleitor, ao receber a cédula ou ao recolher-se à cabia de votação, verificar que a cédula se acha estragada ou, de qualquer modo, viciada ou assinalada ou se êle próprio, por imprudência, imprevidência ou ignorância, a inutilizar, estragar ou assinalar erradamente, poderá pedir uma outra ao presidente da seção eleitoral, restituíndo, porém, a primeira, a qual será imediatamente inutilizada à vista dos presentes e sem quebra do sigilo do que o eleitor haja nela assinalado;

XIV. introduzida a sobrecarta na urna, o presidente da mesa devolverá o título ao eleitor, depois de datá-lo e assiná-lo; em seguida rubricará, no local próprio, a folha individual de votação.

Art. 147. O presidente da mesa dispensará especial atenção à identidade de cada eleitor admitido a votar Existindo dúvida a respeito, deverá exigir-lhe a exibição da respectiva carteira, e, na falta desta, interrogá-lo sobre os dados constantes do título, ou da folha individual de votação, confrontando a assinatura do mesmo com a feita na sua presença pelo eleitor, e mencionando na ata a dúvida suscitada.

§ 1º A impugnação à identidade do eleitor, formulada pelos membros da mesa, fiscais, delegados, candidatos ou qualquer eleitor, será apresentada verbalmente ou por escrito, antes de ser o mesmo admitido a votar.

§ 2º Se persistir a dúvida ou for mantida a impugnação, tomará o presidente da mesa as seguintes providências:

I. escreverá numa sobrecarta branca o seguinte: "Impugnado por "F";

II. entregará ao eleitor a sobrecarta branca, para que êle, na presença da mesa e dos fiscais, nela coloque a cédula oficial que assinalou, assim como o seu título, a folha de impugnação e qualquer outro documento oferecido pelo impugnante;

III. determinará ao eleitor que feche a sobrecarta branca e a deposite na urna;

IV. anotará a impugnação na ata.

§3º O voto em separado, por qualquer motivo, será sempre tomado na forma prevista no parágrafo anterior.

Art. 148. O eleitor somente poderá votar na seção eleitoral em que estiver incluído o seu nome.

§ 1º Essa exigência somente poderá ser dispensada nos casos previstos no Art. 145 e seus parágrafos.

§ 2º Aos eleitores mencionados no Art. 145 não será permitido votar sem a exibição do título, e nas folhas de votação modêlo 2 (dois), nas quais lançarão suas assinaturas, serão sempre anotadas na coluna própria as seções mecionadas nos título retidos.

§ 3º Quando se tratar de candidato, o presidente da mesa receptora verificará, previamente, se o nome figura na relação enviada à seção, e quando se tratar de fiscal de partido, se a credencial está devidamente visada pelo juiz eleitoral.

§ 4º (Revogado pela Lei nº 4.961, de 4.5.1966)

§ 5º (Revogado pela Lei nº 4.961, de 4.5.1966)

Art. 149. Não será admitido recurso contra a votação, se não tiver havido impugnação perante a mesa receptora, no ato da votação, contra as nulidades arguidas.

Art. 150. O eleitor cego poderá:

I. assinar a folha individual de votação em letras do alfabeto comum ou do sistema Braille;

II. assinalar a cédula oficial, utilizando também qualquer sistema;

III. usar qualquer elemento mecânico que trouxer consigo, ou lhe for fornecido pela mesa, e que lhe possibilite exercer o direito de voto

Art. 151. (Revogado pela Lei nº 7.914, de 7.12.1989)

Art. 152. Poderão ser utilizadas máquinas de votar, a critério e mediante regulamentação do Tribunal Superior Eleitoral.

CAPÍTULO V - DO ENCERRAMENTO DA VOTAÇÃO

Art. 153. Às 17 (dezessete) horas, o presidente fará entregar as senhas a todos os eleitores presentes e, em seguida, os convidará, em voz alta, a entregar à mesa seus títulos, para que sejam admitidos a votar.

Parágrafo único. A votação continuará na ordem numérica das senhas e o título será devolvido ao eleitor, logo que tenha votado.

Art. 154. Terminada a votação e declarado o seu encerramento elo presidente, tomará estes as seguintes providências:

I. vedará a fenda de introdução da cédula na urna, de modo a cobri-la inteiramente com tiras de papel ou pano forte, rubricadas pelo presidente e mesários e, facultativamente, pelos fiscais presentes, separará todas as folhas de votação correspondentes aos eleitores faltosos e fará constar, no verso de cada uma delas na parte destinada à assinatura do eleitor, a falta verificada, por meio de breve registro, que autenticará com a sua assinatura. (Redação dada pela Lei nº 4.961, de 4.5.1966)

II. encerrará, com a sua assinatura, a folha de votação modêlo 2 (dois), que poderá ser também assinada pelos fiscais;

III. mandará lavra, por um dos secretários, a ata da eleição, preenchendo o modêlo fornecido pela Justiça Eleitoral, para que conste:

a) os nomes dos membros da mesa que hajam comparecido, inclusive o suplente;

b) as substituições e nomeações feitas;

c) os nomes dos fiscais que hajam comparecido e dos que se retiraram durante a votação;

d) a causa, se houver, do retardamento para o começo da votação;

e) o número, por extenso, dos eleitores da seção que compareceram e votaram e o número dos que deixaram de comparecer;

f) o número, por extenso, de eleitores de outras seções que hajam votado e cujos votos hajam sido recolhidos ao invólucro especial;

g) o motivo de não haverem votado alguns dos eleitores que compareceram;

h) os protestos e as impugnações apresentados pelos fiscais, assim como as decisões sobre eles proferidas, tudo em seu inteiro teor;

i) a razão de interrupção da votação, se tiver havido, e o tempo de interrupção;

j) a ressalva das rasuras, emendas e entrelinhas porventura existentes nas folhas de votação e na ata, ou a declaração de não existirem;

IV. mandará, em caso de insuficiência de espaço no modêlo destinado ao preenchimento, prosseguir a ata em outra folha devidamente rubricada por êle, mesários e fiscais que o desejarem, mencionado esse fato na própria ata;

V. assinará a ata com os demais membros da mesa, secretários e fiscais que quiserem;

VI. entregará a urna e os documentos do ato eleitoral ao presidente da Junta ou à agência do Correio mais próxima, ou a outra vizinha que ofereça melhores condições de segurança e expedição, sob recibo em triplicata com a indicação de hora, devendo aqueles documentos ser encerrados em sobrecartas rubricadas por êle e pelos fiscais que o quiserem;

VII. comunicará em ofício, ou impresso próprio, ao juiz eleitoral da zona a realização da eleição, o número de eleitores que votaram e a remessa da urna e dos documentos à Junta Eleitoral;

VIII. enviará em sobrecarta fechada uma das vias do recibo do Correio à Junta Eleitoral e a outra ao Tribunal Regional.

§ 1º Os Tribunais Regionais poderão prescrever outros meios de vedação das urnas.

§ 2º No Distrito Federal e nas capitais dos Estados poderão os Tribunais Regionais determinar normas diversas para a entrega de urnas e papéis eleitorais, com as cautelas destinadas a evitar violação ou extravio.

Art. 155. O presidente da Junta Eleitoral e as agências do Correio tomarão as providências necessárias para o recebimento da urna e dos documentos referidos no artigo anterior.

§1º Os fiscais e delegados de partidos têm direito de vigiar e acompanhar a urna desde o momento da eleição, durante a permanência nas agências do Correio e até a entrega à Junta Eleitoral.

§ 2º A urna ficará permanentemente à vista dos interessados e sob a guarda de pessoa designada pelo presidente da Junta Eleitoral.

Art. 156. Até as 12 (doze) horas do dia seguinte à realização da eleição, o juiz eleitoral é obrigado, sob pena de responsabilidade e multa de 1 (um) a 2 (dois) salários-mínimos, a comunicar ao Tribunal Regional, e aos delegados de partido perante êle credenciados, o número de eleitores que votaram em cada uma das seções da zona sob sua jurisdição, bem como o total de votantes da zona.

§ 1º Se houver retardamento nas medidas referidas no Art. 154, o juiz eleitoral, assim que receba o ofício constante desse dispositivo, nº VII, fará a comunicação constante dêste artigo.

§ 2º Essa comunicação será feita por via postal, em ofícios registrados de que o juiz eleitoral guardará cópia no arquivo da zona, acompanhada do recibo do Correio.

§ 3º Qualquer candidato, delegado ou fiscal de partido poderá obter, por certidão, o teor da comunicação a que se refere êste artigo, sendo defeso ao juiz eleitoral recusá-la ou procrastinar a sua entrega ao requerente.

Art. 157. (Revogado pela Lei nº 7.914, de 7.12.1989)

TÍTULO V - DA APURAÇÃO

CAPÍTULO I - DOS ÓRGÃOS APURADORES

Art. 158. A apuração compete:

I. às Juntas Eleitorais quanto às eleições realizadas na zona sob sua jurisdição;

II. aos Tribunais Regionais a referente às eleições para governador, vice-governador, senador, deputado federal e estadual, de acôrdo com os resultados parciais enviados pelas Junta Eleitorais;

III. ao Tribunal Superior Eleitoral nas eleições para presidente e vice-presidente da República , pelos resultados parciais remetidos pelos Tribunais Regionais.

CAPÍTULO II - DA APURAÇÃO NAS JUNTAS

SEÇÃO I - DISPOSIÇÕES PRELIMINARES

Art. 159. A apuração começará no dia seguinte ao das eleições e, salvo motivo justificado, deverá terminar dentro de 10 (dez) dias.

§ 1º Iniciada a apuração, os trabalhos não serão interrompidos aos sábados, domingos e dias feriados, devendo a Junta funcionar das 8 (oito) às 18 (dezoito) horas, pelo menos.

§ 2º Em caso de impossibilidade de observância do prazo previsto neste artigo, o fato deverá ser imediatamente justificado perante o Tribunal Regional, mencionando-se as horas ou dias necessários para o adiamento que não poderá exceder a cinco dias. (Redação dada pela Lei nº 4.961, de 4.5.1966)

§ 3º Esgotado o prazo e a prorrogação estipulada neste artigo ou não tendo havido em tempo hábil o pedido de prorrogação, a respectiva Junta Eleitoral perde a competência para prosseguir na apuração devendo o seu presidente remeter, imediatamente ao Tribunal Regional, todo o material relativo à votação. (Incluído pela Lei nº 4.961, de 4.5.1966)

ANOTAÇÕES

ANOTAÇÕES

LEIS

ANOTAÇÕES

§ 4º Ocorrendo a hipótese prevista no parágrafo anterior, competirá ao Tribunal Regional fazer a apuração. (Incluído pela Lei nº 4.961, de 4.5.1966)

§ 5º Os membros da Junta Eleitoral responsáveis pela inobservância injustificada dos prazos fixados neste artigo estarão sujeitos à multa de dois a dez salários-mínimos, aplicada pelo Tribunal Regional. (Incluído pela Lei nº 4.961, de 4.5.1966)

Art. 160. Havendo conveniência, em razão do número de urnas a apurar, a Junta poderá subdividir-se em turmas, até o limite de 5 (cinco), todas presididas por algum dos seus componentes.

Parágrafo único. As dúvidas que forem levantadas em cada turma serão decididas por maioria de votos dos membros da Junta.

Art. 161. Cada partido poderá credenciar perante as Juntas até 3 (três) fiscais, que se revezem na fiscalização dos trabalhos.

§ 1º Em caso de divisão da Junta em turmas, cada partido poderá credenciar até 3 (três) fiscais para cada turma.

§ 2º Não será permitida, na Junta ou turma, a atuação de mais de 1 (um) fiscal de cada partido.

Art. 162. Cada partido poderá credenciar mais de 1 (um) delegado perante a Junta, mas no decorrer da apuração só funcionará 1 (um) de cada vez.

Art. 163. Iniciada a apuração da urna, não será a mesma interrompida, devendo ser concluída.

Parágrafo único. Em caso de interrupção por motivo de força maior, as cédulas e as folhas de apuração serão recolhidas à urna e esta fechada e lacrada, o que constará da ata.

Art. 164. É vedado às Juntas Eleitorais a divulgação, por qualquer meio, de expressões, frases ou desenhos estranhos ao pleito, apostos ou contidos nas cédulas.

§ 1º Aos membros, escrutinadores e auxiliares das Juntas que infringirem o disposto neste artigo será aplicada a multa de 1 (um) a 2 (dois) salários-mínimos vigentes na Zona Eleitoral, cobrados através de executivo fiscal ou da inutilização de sêlos federais no processo em que for arbitrada a multa.

§ 2º Será considerada dívida líquida e certa, para efeito de cobrança, a que for arbitrada pelo Tribunal Regional e inscrita em livro próprio na Secretaria desse órgão.

SEÇÃO II - DA ABERTURA DA URNA

Art. 165. Antes de abrir cada urna a Junta verificará:

I. se há indício de violação da urna;

II. se a mesa receptora se constituiu legalmente;

III. se as folhas individuais de votação e as folhas modêlo 2 (dois) são autênticas;

IV. se a eleição se realizou no dia, hora e local designados e se a votação não foi encerrada antes das 17 (dezessete) horas;

V. se foram infringidas as condições que resguardam o sigilo do voto;

VI. se a seção eleitoral foi localizada com infração ao disposto nos §§ 4º e 5º do Art. 135;

VII. se foi recusada, sem fundamento legal, a fiscalização de partidos aos atos eleitorais;

VIII. se votou eleitor excluído do alistamento, sem ser o seu voto tomado em separado;

IX. se votou eleitor de outra seção, a não ser nos casos expressamente admitidos;

X. se houve demora na entrega da urna e dos documentos conforme determina o nº VI, do Art. 154.

XI. se consta nas folhas individuais de votação dos eleitores faltosos o devido registro de sua falta. (Incluído pela Lei nº 4.961, de 4.5.1966)

§ 1º Se houver indício de violação da urna, proceder-se-á da seguinte forma:

I. antes da apuração, o presidente da Junta indicará pessoa idônea para servir como perito e examinar a urna com assistência do representante do Ministério Público;

ANOTAÇÕES

II. se o perito concluir pela existência de violação e o seu parecer for aceito pela Junta, o presidente desta comunicará a ocorrência ao Tribunal Regional, para as providências de lei;

III. se o perito e o representante do Ministério Público concluírem pela inexistência de violação, far-se-á a apuração;

IV. se apenas o representante do Ministério Público entender que a urna foi violada, a Junta decidirá, podendo aquêle, se a decisão não for unânime, recorrer imediatamente para o Tribunal Regional;

V. não poderão servir de peritos os referidos no Art. 36, § 3º, nºs. I a IV.

§ 2º s impugnações fundadas em violação da urna somente poderão ser apresentadas até a abertura desta.

§ 3º Verificado qualquer dos casos dos nºs. II, III, IV e V do artigo, a Junta anulará a votação, fará a apuração dos votos em separado e recorrerá de ofício para o Tribunal Regional.

§ 4º Nos casos dos números VI, VII, VIII, IX e X, a Junta decidirá se a votação é válida, procedendo à apuração definitiva em caso afirmativo, ou na forma do parágrafo anterior, se resolver pela nulidade da votação.

§ 5º A junta deixará de apurar os votos de urna que não estiver acompanhada dos documentos legais e lavrará têrmo relativo ao fato, remetendo-a, com cópia da sua decisão, ao Tribunal Regional.

Art. 166. Aberta a urna, a Junta verificará se o número de cédulas oficiais corresponde ao de votantes. (Redação dada pela Lei nº 4.961, de 4.5.1966)

§ 1º A incoincidência entre o número de votantes e o de cédulas oficiais encontradas na urna não constituirá motivo de nulidade da votação, desde que não resulte de fraude comprovada. (Redação dada pela Lei nº 4.961, de 4.5.1966)

§ 2º Se a Junta entender que a incoincidência resulta de fraude, anulará a votação, fará a apuração em separado e recorrerá de ofício para o Tribunal Regional.

Art. 167. Resolvida a apuração da urna, deverá a Junta inicialmente:

I. examinar as sobrecartas brancas contidas na urna, anulando os votos referentes aos eleitores que não podiam votar; (Redação dada pela Lei nº 4.961, de 4.5.1966)

II. misturar as cédulas oficiais dos que podiam votar com as demais existentes na urna. (Redação dada pela Lei nº 4.961, de 4.5.1966)

III. (Revogado pela Lei nº 4.961, de 4.5.1966)

IV. (Revogado pela Lei nº 4.961, de 4.5.1966)

Art. 168. As questões relativas à existência de rasuras, emendas e entrelinhas nas folhas de votação e na ata da eleição, somente poderão ser suscitadas na fase correspondente à abertura das urnas.

SEÇÃO III - DAS IMPUGNAÇÕES E DOS RECURSOS

Art. 169. À medida que os votos forem sendo apurados, poderão os fiscais e delegados de partido, assim como os candidatos, apresentar impugnações que serão decididas de plano pela Junta.

§ 1º As Juntas decidirão por maioria de votos as impugnações.

§ 2º De suas decisões cabe recurso imediato, interposto verbalmente ou por escrito, que deverá ser fundamentado no prazo de 48 (quarenta e oito) horas para que tenha seguimento.

§ 3º O recurso, quando ocorrerem eleições simultâneas, indicará expressamente eleição a que se refere.

§ 4º Os recursos serão instruídos de ofício, com certidão da decisão recorrida; se interpostos verbalmente, constará também da certidão o trecho correspondente do boletim. (Redação dada pela Lei nº 4.961, de 4.5.1966)

Art. 170. As impugnações quanto à identidade do eleitor, apresentadas no ato da votação, serão resolvidas pelo confronto da assinatura tomada no verso da folha individual de votação com a existente no anverso; se o eleitor votou em separado, no caso de omissão da folha individual na respectiva pasta, confrontando-se a assinatura da folha modêlo 2 (dois) com a do título eleitoral.

Art. 171 Não será admitido recurso contra a apuração, se não tiver havido impugnação perante a Junta, no ato apuração, contra as nulidades arguidas.

Art. 172. Sempre que houver recurso fundado em contagem errônea de votos, vícios de cédulas ou de sobrecartas para votos em separado, deverão as cédulas ser conservadas em invólucro lacrado, que acompanhará o recurso e deverá ser rubricado pelo juiz eleitoral, pelo recorrente e pelos delegados de partido que o desejarem. (Redação dada pela Lei nº 4.961, de 4.5.1966)

SEÇÃO IV - DA CONTAGEM DOS VOTOS

Art. 173. Resolvidas as impugnações a Junta passará a apurar os votos.

Parágrafo único. Na apuração, poderá ser utilizado sistema eletrônico, a critério do Tribunal Superior Eleitoral e na forma por ele estabelecida. (Incluído pela Lei nº 6.978, de 19.1.1982)

Art. 174. As cédulas oficiais, à medida em que forem sendo abertas, serão examinadas e lidas em voz alta por um dos componentes da Junta.

§ 1º Após fazer a declaração dos votos em branco e antes de ser anunciado o seguinte, será aposto na cédula, no lugar correspondente à indicação do voto, um carimbo com a expressão "em branco", além da rubrica do presidente da turma. (Redação dada pela Lei nº 6.055, de 17.6.1974)

§ 2º O mesmo processo será adaptado para o voto nulo. (Incluído pela Lei nº 6.055, de 17.6.1974)

§ 3º Não poderá ser iniciada a apuração dos votos da urna subsequente sob as penas do Art. 345, sem que os votos em branco da anterior estejam todos registrados pela forma referida no § 1º. (Incluído pela Lei nº 4.961, de 4.5.1966 e renumerado do § 2º pela Lei nº 6.055, de 17.6.1974)

§ 4º As questões relativas às cédulas somente poderão ser suscitadas nessa oportunidade. (Renumerado do parágrafo único para § 3º pela Lei nº 4.961, de 4.5.1966) e renumerado do § 3º pela Lei nº 6.055, de 17.6.1974)

Art. 175. Serão nulas as cédulas: I - que não corresponderem ao modelo oficial; (Vide Lei nº 7.332, de 1º.7.1985)

II. que não estiverem devidamente autenticadas;

III. que contiverem expressões, frases ou sinais que possam identificar o voto.

§ 1º Serão nulos os votos, em cada eleição majoritária:

I. quando forem assinalados os nomes de dois ou mais candidatos para o mesmo cargo;

II. quando a assinalação estiver colocada fora do quadrilátero próprio, desde que torne duvidosa a manifestação da vontade do eleitor.

§ 2º Serão nulos os votos, em cada eleição pelo sistema proporcional: (Renumerado do § 3º pela Lei nº 4.961, de 4 5.66)

I. quando o candidato não for indicado, através do nome ou do número, com clareza suficiente para distinguí-lo de outro candidato ao mesmo cargo, mas de outro partido, e o eleitor não indicar a legenda; (Renumerado do § 3º pela Lei nº 4.961, de 4 5.66)

II. se o eleitor escrever o nome de mais de um candidato ao mesmo cargo, pertencentes a partidos diversos, ou, indicando apenas os números, o fizer também de candidatos de partidos diferentes; (Renumerado do § 3º pela Lei nº 4.961, de 4 5.66)

III. se o eleitor, não manifestando preferência por candidato, ou o fazendo de modo que não se possa identificar o de sua preferência, escrever duas ou mais legendas diferentes no espaço relativo à mesma eleição. (Renumerado do § 3º pela Lei nº 4.961, de 4 5.66)

IV- (Incluído pela Lei nº 6.989, de 5.5.1982 e restabelecido pela Lei nº 7.332, de 1º.7.1985)

ANOTAÇÕES

§ 3º Serão nulos, para todos os efeitos, os votos dados a candidatos inelegíveis ou não registrados. : (Renumerado do § 4º pela Lei nº 4.961, de 4 5.66)

§ 4º O disposto no parágrafo anterior não se aplica quando a decisão de inelegibilidade ou de cancelamento de registro for proferida após a realização da eleição a que concorreu o candidato alcançado pela sentença, caso em que os votos serão contados para o partido pelo qual tiver sido feito o seu registro. (Incluído pela Lei nº 7.179, de 19.12.1983)

Art. 176. Contar-se-á o voto apenas para a legenda, nas eleições pelo sistema proporcional: (Redação dada pela Lei nº 8.037, de 1990)

I. se o eleitor escrever apenas a sigla partidária, não indicando o candidato de sua preferência; (Redação dada pela Lei nº 8.037, de 1990)

II. se o eleitor escrever o nome de mais de um candidato do mesmo Partido; (Redação dada pela Lei nº 8.037, de 1990)

III. se o eleitor, escrevendo apenas os números, indicar mais de um candidato do mesmo Partido; (Redação dada pela Lei nº 8.037, de 1990)

IV. se o eleitor não indicar o candidato através do nome ou do número com clareza suficiente para distingui-lo de outro candidato do mesmo Partido. (Redação dada pela Lei nº 8.037, de 1990)

Art. 177. Na contagem dos votos para as eleições realizadas pelo sistema proporcional observar-se-ão, ainda, as seguintes normas: (Redação dada pela Lei nº 8.037, de 1990)

I. a inversão, omissão ou erro de grafia do nome ou prenome não invalidará o voto, desde que seja possível a identificação do candidato; (Redação dada pela Lei nº 8.037, de 1990)

II. se o eleitor escrever o nome de um candidato e o número correspondente a outro da mesma legenda ou não, contar-se-á o voto para o candidato cujo nome foi escrito, bem como para a legenda a que pertence; (Redação dada pela Lei nº 8.037, de 1990)

III. se o eleitor escrever o nome ou o número de um candidato e a legenda de outro Partido, contar-se-á o voto para o candidato cujo nome ou número foi escrito; (Redação dada pela Lei nº 8.037, de 1990)

IV. se o eleitor escrever o nome ou o número de um candidato a Deputado Federal na parte da cédula referente a Deputado Estadual ou vice-versa, o voto será contado para o candidato cujo nome ou número foi escrito; (Redação dada pela Lei nº 8.037, de 1990)

V. se o eleitor escrever o nome ou o número de candidatos em espaço da cédula que não seja o correspondente ao cargo para o qual o candidato foi registrado, será o voto computado para o candidato e respectiva legenda, conforme o registro. (Incluído pela Lei nº 8.037, de 1990)

Art. 178. O voto dado ao candidato a Presidente da República entender-se-á dado também ao candidato a vice-presidente, assim como o dado aos candidatos a governador, senador, deputado federal nos territórios, prefeito e juiz de paz entender-se-á dado ao respectivo vice ou suplente.

Art. 179. Concluída a contagem dos votos a Junta ou turma deverá:

I. transcrever nos mapas referentes à urna a votação apurada;

II. expedir boletim contendo o resultado da respectiva seção, no qual serão consignados o número de votantes, a votação individual de cada candidato, os votos de cada legenda partidária, os votos nulos e os em branco, bem como recursos, se houver.

§ 1º Os mapas, em todas as suas folhas, e os boletins de apuração, serão assinados pelo presidente e membros da Junta e pelos fiscais de partido que o desejarem.

§ 2º O boletim a que se refere e êste artigo obedecerá a modêlo aprovado pelo Tribunal Superior Eleitoral, podendo porém, na sua falta, ser substituído por qualquer outro expedido por Tribunal Regional ou pela própria Junta Eleitoral.

ANOTAÇÕES

LEIS

ANOTAÇÕES

§ 3º Um dos exemplares do boletim de apuração será imediatamente afixado na sede da Junta, em local que possa ser copiado por qualquer pessoa.

§ 4º Cópia autenticada do boletim de apuração será entregue a cada partido, por intermédio do delegado ou fiscal presente, mediante recibo.

§ 5º O boletim de apuração ou sua cópia autenticada com a assinatura do juiz e pelo menos de um dos membros da Junta, podendo ser apresentado ao Tribunal Regional, nas eleições federais e estaduais, sempre que o número de votos constantes dos mapas recebidos pela Comissão Apuradora não coincidir com os nele consignados.

§ 6º O partido ou candidato poderá apresentar o boletim na oportunidade concedida pelo Art. 200, quando terá vista do relatório da Comissão Apuradora, ou antes, se durante os trabalhos da Comissão tiver conhecimento da incoincidência de qualquer resultado.

§ 7º Apresentado o boletim, será aberta vista aos demais partidos, pelo prazo de 2 (dois) dias, os quais somente poderão contestar o erro indicado com a apresentação de boletim da mesma urna, revestido das mesmas formalidades.

§ 8º Se o boletim apresentado na contestação consignar outro resultado, coincidente ou não com o que figurar no mapa enviado pela Junta, a urna será requisitada e recontada pelo próprio Tribunal Regional, em sessão.

§ 9º A não expedição do boletim imediatamente após a apuração de cada urna e antes de se passa à subsequente, sob qualquer pretexto, constitui o crime previsto no Art. 313.

Art. 180. O disposto no artigo anterior e em todos os seus parágrafos aplica-se às eleições municipais, observadas somente as seguintes alterações:

I. o boletim de apuração poderá ser apresentado à Junta até 3 (três) dia depois de totalizados os resultados, devendo os partidos ser cientificados, através de seus delegados, da data em que começará a correr êsse prazo;

II. apresentado o boletim será observado o disposto nos §§ 7º e 8º do artigo anterior, devendo a recontagem ser procedida pela própria Junta.

Art. 181. Salvo nos casos mencionados nos artigos anteriores, a recontagem de votos só poderá ser deferida pelos Tribunais Regionais, em recurso interposto imediatamente após a apuração de cada urna.

Parágrafo único. Em nenhuma outra hipótese poderá a Junta determinar a reabertura de urnas já apuradas para recontagem de votos.

Art. 182. Os títulos dos eleitores estranhos à seção serão separados, para remessa, depois de terminados os trabalhos da Junta, ao juiz eleitoral da zona nêles mencionadas, a fim de que seja anotado na folha individual de votação o voto dado em outra seção.

Parágrafo único. Se, ao ser feita a anotação, no confronto do título com a folha individual, se verificar incoincidência ou outro indício de fraude, serão autuados tais documentos e o juiz determinará as providências necessárias para apuração do fato e consequentes medidas legais.

Art. 183. Concluída a apuração, e antes de se passar à subsequente, as cédulas serão recolhidas à urna, sendo esta fechada e lacrada, não podendo ser reaberta senão depois de transitada em julgado a diplomação, salvo nos casos de recontagem de votos.

Parágrafo único. O descumprimento do disposto no presente artigo, sob qualquer pretexto, constitui o crime eleitoral previsto no Art. 314.

Art. 184. Terminada a apuração, a Junta remeterá ao Tribunal Regional no prazo de vinte e quatro horas, todos os papéis eleitorais referentes às eleições estaduais ou federais, acompanhados dos documentos referentes à apuração, juntamente com a ata geral dos seus trabalhos, na qual serão consignadas as votações apuradas para cada legenda e candidato e os votos não apurados com a declaração dos motivos porque o não foram. (Redação dada pela Lei nº 4.961, de 4.5.1966)

ANOTAÇÕES

§ 1º Essa remessa será feita em invólucros fechado, lacrado e rubricado pelos membros da Junta, delegados e fiscais de Partido, por via postal ou sob protocolo, conforme for mais rápida e segura a chegada ao destino. (Renumerado do parágrafo único pela Lei nº 4.961, de 4.5.1966)

§ 2º Se a remessa dos papéis eleitorais de que trata êste artigo não se verificar no prazo nele estabelecido os membros da Junta estarão sujeitos à multa correspondente à metade do salário-mínimo regional por dia de retardamento. (Incluído pela Lei nº 4.961, de 4.5.1966)

§ 3º Decorridos quinze dias sem que o Tribunal Regional tenha recebido os papéis referidos neste artigo ou comunicação de sua expedição, determinará ao Corregedor Regional ou Juiz Eleitoral mais próximo que os faça apreender e enviar imediatamente, transferindo-se para o Tribunal Regional a competência para decidir sobre os mesmos. (Incluído pela Lei nº 4.961, de 4.5.1966)

Art. 185. Sessenta dias após o trânsito em julgado da diplomação de todos os candidatos, eleitos nos pleitos eleitorais realizados simultaneamente e prévia publicação de edital de convocação, as cédulas serão retiradas das urnas e imediatamente incineradas, na presença do Juiz Eleitoral e em ato público, vedado a qualquer pessoa inclusive ao Juiz, o seu exame na ocasião da incineração. (Redação dada pela Lei nº 6.055, de 17.6.1974)

Parágrafo único. Poderá ainda a Justiça Eleitoral, tomadas as medidas necessárias à garantia do sigilo, autorizar a reciclagem industrial das cédulas, em proveito do ensino público de primeiro grau ou de instituições beneficentes. (Incluído pela Lei nº 7.977, de 27.12.1989)

Art. 186. Com relação às eleições municipais e distritais, uma vez terminada a apuração de todas as urnas, a Junta resolverá as dúvidas não decididas, verificará o total dos votos apurados, inclusive os votos em branco, determinará o quociente eleitoral e os quocientes partidários e proclamará os candidatos eleitos.

§ 1º O presidente da Junta fará lavrar, por um dos secretários, a ata geral concernente às eleições referidas neste artigo, da qual constará o seguinte:

I. as seções apuradas e o número de votos apurados em cada urna;

II. as seções anuladas, os motivos por que foram e o número de votos não apurados;

III- as seções onde não houve eleição e os motivos;

IV. as impugnações feitas, a solução que lhes foi dada e os recursos interpostos;

V. a votação de cada legenda na eleição para vereador;

VI. o quociente eleitoral e os quocientes partidários;

VII. a votação dos candidatos a vereador, incluídos em cada lista registrada, na ordem da votação recebida;

VIII. a votação dos candidatos a prefeito, vice-prefeito e a juiz de paz, na ordem da votação recebida.

§ 2º Cópia da ata geral da eleição municipal, devidamente autenticada pelo juiz, será enviada ao Tribunal Regional e ao Tribunal Superior Eleitoral.

Art. 187. Verificando a Junta Apuradora que os votos das seções anuladas e daquelas cujos eleitores foram impedidos de votar, poderão alterar a representação de qualquer partido ou classificação de candidato eleito pelo princípio majoritário, nas eleições municipais, fará imediata comunicação do fato ao Tribunal Regional, que marcará, se for o caso, dia para a renovação da votação naquelas seções.

§ 1º Nas eleições suplementares municipais observar-se-á, no que couber, o disposto no Art. 201.

§ 2º Essas eleições serão realizadas perante novas mesas receptoras, nomeadas pelo juiz eleitoral, e apuradas pela própria Junta que, considerando os anteriores e os novos resultados, confirmará ou invalidará os diplomas que houver expedido.

ANOTAÇÕES

§ 3º Havendo renovação de eleições para os cargos de prefeito e vice-prefeito, os diplomas somente serão expedidos depois de apuradas as eleições suplementares.

§ 4º Nas eleições suplementares, quando ser referirem a mandatos de representação proporcional, a votação e a apuração far-se-ão exclusivamente para as legendas registradas.

SEÇÃO V - DA CONTAGEM DOS VOTOS PELA MESA RECEPTORA

Art. 188. O Tribunal Superior Eleitoral poderá autorizar a contagem de votos pelas mesas receptoras, nos Estados em que o Tribunal Regional indicar as zonas ou seções em que esse sistema deva ser adotado.

Art. 189. Os mesários das seções em que for efetuada a contagem dos votos serão nomeados escrutinadores da junta.

Art. 190. Não será efetuada a contagem dos votos pela mesa se esta não se julgar suficientemente garantida, ou se qualquer eleitor houver votado sob impugnação, devendo a mesa, em um ou outro caso, proceder na forma determinada para as demais, das zonas em que a contagem não foi autorizada.

Art. 191. Terminada a votação, o presidente da mesa tomará as providências mencionadas nas alíneas II, III, IV e V do Art. 154.

Art. 192. Lavrada e assinada ata, o presidente da mesa, na presença dos demais membros, fiscais e delegados do partido, abrirá a urna e o invólucro e verificará se o número de cédulas oficiais coincide com o de votantes.

§ 1º Se não houver coincidência entre o número de votantes e o de cédulas oficiais encontradas na urna e no invólucro a mesa receptora não fará a contagem dos votos.

§ 2º Ocorrendo a hipótese prevista no parágrafo anterior, o presidente da mesa determinará que as cédulas e as sobrecartas sejam novamente recolhidas a urna e ao invólucro, os quais serão fechados e lacrados, procedendo, em seguida, na forma recomendada pelas alíneas VI, VII e VIII e do Art. 54.

Art. 193. Havendo coincidência entre o número de cédulas e o de votantes deverá a mesa, inicialmente, misturar as cédulas contidas nas sobrecartas brancas, da urna e do invólucro, com as demais.

§ 1º Em seguida proceder-se-á à abertura das cédulas e contagem dos votos, observando-se o disposto nos artigos. 169 e seguintes, no que couber.

§ 2º Terminada a contagem dos votos será lavrada ata resumida, de acôrdo com modelo aprovado pelo Tribunal Superior e da qual constarão apenas as impugnações acaso apresentadas, figurando os resultados no boletim que se incorporará à ata, e do qual se dará cópia aos fiscais dos partidos.

Art. 194. Após a lavratura da ata, que deverá ser assinada pelos membros da mesa e fiscais e delegados de partido, as cédulas e as sobrecartas serão recolhidas à urna, sendo esta fechada, lacrada e entregue ao juiz eleitoral pelo presidente da mesa ou por um dos mesários, mediante recibo.

§ 1º O juiz eleitoral poderá, havendo possibilidade, designar funcionários para recolher as urnas e demais documentos nos próprios locais da votação ou instalar postos e locais diversos para o seu recebimento.

§ 2º Os fiscais e delegados de partido podem vigiar e acompanhar a urna desde o momento da eleição, durante a permanência nos postos arrecadadores e até a entrega à Junta.

Art. 195. Recebida a urna e documentos, a Junta deverá:

I. examinar a sua regularidade, inclusive quanto ao funcionamento normal da seção;

II. rever o boletim de contagem de votos da mesa receptora, a fim de verificar se está aritmeticamente certo, fazendo dêle constar que, conferido, nenhum erro foi encontrado;

III. abrir a urna e conferir os votos sempre que a contagem da mesa receptora não permitir o fechamento dos resultados;

IV. proceder à apuração se da ata da eleição constar impugnação de fiscal, delegado, candidato ou membro da própria mesa em relação ao resultado de contagem dos votos;

V. resolver todas as impugnações constantes da ata da eleição;

VI. praticar todos os atos previstos na competência das Juntas Eleitorais.

Art. 196. De acôrdo com as instruções recebidas a Junta Apuradora poderá reunir os membros das mesas receptoras e demais componentes da Junta em local amplo e adequado no dia seguinte ao da eleição, em horário previamente fixado, e a proceder à apuração na forma estabelecida nos artigos. 159 e seguintes, de uma só vez ou em duas ou mais etapas.

Parágrafo único. Nesse caso cada partido poderá credenciar um fiscal para acompanhar a apuração de cada urna, realizando-se esta sob a supervisão do juiz e dos demais membros da Junta, aos quais caberá decidir, em cada caso, as impugnações e demais incidentes verificados durante os trabalhos.

CAPÍTULO III - DA APURAÇÃO NOS TRIBUNAIS REGIONAIS

Art. 197. Na apuração, compete ao Tribunal Regional.

I. resolver as dúvidas não decididas e os recursos interpostos sobre as eleições federais e estaduais e apurar as votações que haja validado em grau de recurso;

II. verificar o total dos votos apurados entre os quais se incluem os em branco;

III. Determinar os quocientes, eleitoral e partidário, bem como a distribuição das sobras;

IV. proclamar os eleitos e expedir os respectivos diplomas;

V. fazer a apuração parcial das eleições para Presidente e Vice-presidente da República.

Art. 198. A apuração pelo Tribunal Regional começará no dia seguinte ao em que receber os primeiros resultados parciais das Juntas e prosseguirá sem interrupção, inclusive nos sábados, domingos e feriados, de acôrdo com o horário previamente publicado, devendo terminar 30 (trinta) dias depois da eleição.

§ 1º Ocorrendo motivos relevantes, expostos com a necessária antecedência, o Tribunal Superior poderá conceder prorrogação desse prazo, uma só vez e por quinze dias. (Renumerado do parágrafo único e alterado pela Lei nº 4.961, de 4.5.1966)

§ 2º Se o Tribunal Regional não terminar a apuração no prazo legal, seus membros estarão sujeitos à multa correspondente à metade do salário-mínimo regional por dia de retardamento. (Incluído pela Lei nº 4.961, de 4.5.1966)

Art. 199. Antes de iniciar a apuração o Tribunal Regional constituirá com 3 (três) de seus membros, presidida por um destes, uma Comissão Apuradora.

§ 1º O Presidente da Comissão designará um funcionário do Tribunal para servir de secretário e para auxiliarem os seus trabalhos, tantos outros quantos julgar necessários.

§ 2º De cada sessão da Comissão Apuradora será lavrada ata resumida.

§ 3º A Comissão Apuradora fará publicar no órgão oficial, diariamente, um boletim com a indicação dos trabalhos realizados e do número de votos atribuídos a cada candidato.

§ 4º Os trabalhos da Comissão Apuradora poderão ser acompanhados por delegados dos partidos interessados, sem que, entretanto, neles intervenha com protestos, impugnações ou recursos.

§ 5º Ao final dos trabalhos, a Comissão Apuradora apresentará ao Tribunal Regional os mapas gerais da apuração e um relatório, que mencione:

I. o número de votos válidos e anulados em cada Junta Eleitoral, relativos a cada eleição;

ANOTAÇÕES

LEIS

ANOTAÇÕES

II. as seções apuradas e os votos nulos e anulados de cada uma;

III. as seções anuladas, os motivos por que o foram e o número de votos anulados ou não apurados;

IV. as seções onde não houve eleição e os motivos;

V. as impugnações apresentadas às Juntas e como foram resolvidas por elas, assim como os recursos que tenham sido interposto:

VI. a votação de cada partido;

VII. a votação de cada candidato;

VIII. o quociente eleitoral;

IX. os quocientes partidários;

X. a distribuição das sobras.

Art. 200. O relatório a que se refere o artigo anterior ficará na Secretaria do Tribunal, pelo prazo de 3 (três) dias, para exame dos partidos e candidatos interessados, que poderão examinar também os documentos em que êle se baseou.

§ 1º Terminado o prazo supra, os partidos poderão apresentar as suas reclamações, dentro de 2 (dois) dias, sendo estas submetidas a parecer da Comissão Apuradora que, no prazo de 3 (três) dias, apresentará aditamento ao relatório com a proposta das modificações que julgar procedentes, ou com a justificação da improcedência das arguições. (Renumerado do parágrafo único pela Lei nº 4.961, de 4.5.1966)

§ 2º O Tribunal Regional, antes de aprovar o relatório da Comissão Apuradora e, em três dias improrrogáveis, julgará as impugnações e as reclamações não providas pela Comissão Apuradora, e, se as deferir, voltará o relatório à Comissão para que sejam feitas as alterações resultantes da decisão. (Incluído pela Lei nº 4.961, de 4.5.1966)

Art. 201. De posse do relatório referido no artigo anterior, reunir-se-á o Tribunal, no dia seguinte, para o conhecimento do total dos votos apurados, e, em seguida, se verificar que os votos das seções anuladas e daquelas cujos eleitores foram impedidos de votar, poderão alterar a representação de candidato eleito pelo princípio majoritário, ordenará a realização de novas eleições.

Parágrafo único. As novas eleições obedecerão às seguintes normas:

I. o Presidente do Tribunal fixará, imediatamente, a data, para que se realizem dentro de 15 (quinze) dias, no mínimo, e de 30 (trinta) dias no máximo, a contar do despacho que a fixar, desde que não tenha havido recurso contra a anulação das seções;

II. somente serão admitidos a votar os eleitores da seção, que hajam comparecido a eleição anulada, e os de outras seções que ali houverem votado;

III. nos casos de coação que haja impedido o comparecimento dos eleitores às urnas, no de encerramento da votação antes da hora legal, e quando a votação tiver sido realizada em dia, hora e lugar diferentes dos designados, poderão votar todos os eleitores da seção e somente estes;

IV. nas zonas onde apenas uma seção for anulada, o juiz eleitoral respectivo presidirá a mesa receptora; se houver mais de uma seção anulada, o presidente do Tribunal Regional designará os juizes presidentes das respectivas mesas receptoras.

V. as eleições realizar-se-ão nos mesmos locais anteriormente designados, servindo os mesários e secretários que pelo juiz forem nomeados, com a antecedência de, pelo menos, cinco dias, salvo se a anulação for decretada por infração dos §§ 4º e 5º do Art. 135;

VI. as eleições assim realizadas serãoapuradas pelo Tribunal Regional.

Art. 202. Da reunião do Tribunal Regional será lavrada ata geral, assinada pelos seus membros e da qual constarão:

I. as seções apuradas e o número de votos apurados em cada uma;

II. as seções anuladas, as razões por que o foram e o número de votos não apurados;

ANOTAÇÕES

III. as seções onde não tenha havido eleição e os motivos;

IV. as impugnações apresentadas às juntas eleitorais e como foram resolvidas;

V. as seções em que se vai realizar ou renovar a eleição;

VI. a votação obtida pelos partidos;

VII. o quociente eleitoral e o partidário;

VIII. os nomes dos votados na ordem decrescente dos votos;

IX. os nomes dos eleitos;

X. os nomes dos suplentes, na ordem em que devem substituir ou suceder.

§ 1º Na mesma sessão o Tribunal Regional proclamará os eleitos e os respectivos suplentes e marcará a data para a expedição solene dos diplomas em sessão pública, salvo quanto a governador e vice-governador, se ocorrer a hipótese prevista na Emenda Constitucional nº 13.

§ 2º O vice-governador e o suplente de senador, considerar-se-ão eleitos em virtude da eleição do governador e do senador com os quais se candidatarem.

§ 3º Os candidatos a governador e vice-governador somente serão diplomados depois de realizadas as eleições suplementares referentes a esses cargos.

§ 4º Um traslado da ata da sessão, autenticado com a assinatura de todos os membros do Tribunal que assinaram a ata original, será remetida ao Presidente do Tribunal Superior.

§ 5º O Tribunal Regional comunicará o resultado da eleição ao Senado Federal, Câmara dos Deputados e assembleia Legislativa.

Art. 203. Sempre que forem realizadas eleições de âmbito estadual juntamente com eleições para presidente e vice-presidente da República, o Tribunal Regional desdobrará os seus trabalhos de apuração, fazendo tanto para aquelas como para esta, uma ata geral.

§ 1º A Comissão Apuradora deverá, também, apresentar relatórios distintos, um dos quais referente apenas às eleições presidenciais.

§ 2º Concluídos os trabalhos da apuração o Tribunal Regional remeterá ao Tribunal Superior os resultados parciais das eleições para presidente e vice-presidente da República, acompanhados de todos os papéis que lhe digam respeito.

Art. 204. O Tribunal Regional julgando conveniente, poderá determinar que a totalização dos resultados de cada urna seja realizada pela própria Comissão Apuradora.

Parágrafo único. Ocorrendo essa hipótese serão observadas as seguintes regras:

I. a decisão do Tribunal será comunicada, até 30 (trinta) dias antes da eleição aos juizes eleitorais, aos diretórios dos partidos e ao Tribunal Superior;

II. iniciada a apuração os juizes eleitorais remeterão ao Tribunal Regional, diariamente, sob registro postal ou por portador, os mapas de todas as urnas apuradas no dia;

III. os mapas serão acompanhados de ofício sucinto, que esclareça apenas a que seções correspondem e quantas ainda faltam para completar a apuração da zona;

IV. havendo sido interposto recurso em relação a urna correspondente aos mapas enviados, o juiz fará constar do ofício, em seguida à indicação da seção, entre parênteses, apenas esse esclarecimento. "houve recurso";

V. a ata final da junta não mencionará, no seu texto, a votação obtida pelos partidos e candidatos, a qual ficará constando dos boletins de apuração do Juízo, que dela ficarão fazendo parte integrante;

VI. cópia autenticada da ata, assinada por todos os que assinaram o original, será enviada ao Tribunal Regional na forma prevista no art. 184;

VII. a Comissão Apuradora, à medida em que for recebendo os mapas, passará a totalizar os votos, aguardando, porém, a chegada da cópia autêntica da ata para encerrar a totalização referente a cada zona;

VIII. no caso de extravio de mapa o juiz eleitoral providenciará a remessa de 2a.via, preenchida à vista dos delegados de partido especialmente convocados para esse fim e pelos resultados constantes do boletim de apuração que deverá ficar arquivado no Juízo.

CAPÍTULO IV - DA APURAÇÃO NO TRIBUNAL SUPERIOR

Art. 205. O Tribunal Superior fará a apuração geral das eleições para presidente e vice-presidente da República pelos resultados verificados pelos Tribunais Regionais em cada Estado.

Art. 206. Antes da realização da eleição o Presidente do Tribunal sorteará, dentre os juizes, o relator de cada grupo de Estados, ao qual serão distribuídos todos os recursos e documentos da eleição referentes ao respectivo grupo.

Art. 207. Recebidos os resultados de cada Estado, e julgados os recursos interpostos das decisões dos Tribunais Regionais, o relator terá o prazo de 5 (cinco) dias para apresentar seu relatório, com as conclusões seguintes:

I. os totais dos votos válidos e nulos do Estado;

II. os votos apurados pelo Tribunal Regional que devem ser anulados;

III. os votos anulados pelo Tribunal Regional que devem ser computados como válidos;

IV. a votação de cada candidato;

V. o resumo das decisões do Tribunal Regional sobre as dúvidas e impugnações, bem como dos recursos que hajam sido interpostos para o Tribunal Superior, com as respectivas decisões e indicação das implicações sobre os resultados.

Art. 208. O relatório referente a cada Estado ficará na Secretaria do Tribunal, pelo prazo de dois dias, para exame dos partidos e candidatos interessados, que poderão examinar também os documentos em que êle se baseou e apresentar alegações ou documentos sobre o relatório, no prazo de 2 (dois) dias.

Parágrafo único. Findo esse prazo serão os autos conclusos ao relator, que, dentro em 2 (dois) dias, os apresentará a julgamento, que será previamente anunciado.

Art. 209. Na sessão designada será o feito chamado a julgamento de preferência a qualquer outro processo.

§ 1º Se o relatório tiver sido impugnado, os partidos interessados poderão, no prazo de 15 (quinze) minutos, sustentar oralmente as suas conclusões.

§ 2º Se do julgamento resultarem alterações na apuração efetuada pelo Tribunal Regional, o acórdão determinará que a Secretaria, dentro em 5 (cinco) dias, levante as folhas de apuração parcial das seções cujos resultados tiverem sido alterados, bem como o mapa geral da respectiva circunscrição, de acôrdo com as alterações decorrentes do julgado, devendo o mapa, após o visto do relator, ser publicado na Secretaria.

§ 3º A esse mapa admitir-se-á, dentro em 48 (quarenta e oito) horas de sua publicação, impugnação fundada em erro de conta ou de cálculo, decorrente da própria sentença.

Art. 210. Os mapas gerais de todas as circunscrições com as impugnações, se houver, e a folha de apuração final levantada pela secretaria, serão autuados e distribuídos a um relator geral, designado pelo Presidente.

Parágrafo único. Recebidos os autos, após a audiência do Procurador Geral, o relator, dentro de 48 (quarenta e oito) horas, resolverá as impugnações relativas aos erros de conta ou de cálculo, mandando fazer as correções, se for o caso, e apresentará, a seguir, o relatório final com os nomes dos candidatos que deverão ser proclamados eleitos e os dos demais candidatos, na ordem decrescente das votações.

Art. 211. Aprovada em sessão especial a apuração geral, o Presidente anunciará a votação dos candidatos, proclamando a seguir eleito presidente da República o candidato, mais votado que tiver obtido maioria absoluta de votos, excluídos, para a apuração desta, os em branco e os nulos.

Art. 212. Verificando que os votos das seções anuladas e daquelas cujos eleitores foram impedidos de votar, em todo o país, poderão alterar a classificação de candidato, ordenará o Tribunal Superior a realização de novas eleições.

§ 1º Essas eleições serão marcadas desde logo pelo Presidente do Tribunal Superior e terão lugar no primeiro domingo ou feriado que ocorrer após o 15º (décimo quinto) dia a contar da data do despacho, devendo ser observado o disposto nos números II a VI do parágrafo único do Art. 201.

§ 2º Os candidatos a presidente e vice-presidente da República somente serão diplomados depois de realizadas as eleições suplementares referentes a esses cargos.

Art. 213. Não se verificando a maioria absoluta, o Congresso Nacional, dentro de quinze dias após haver recebido a respectiva comunicação do Presidente do Tribunal Superior Eleitoral, reunir-se-á em sessão pública para se manifestar sobre o candidato mais votado, que será considerado eleito se, em escrutínio secreto, obtiver metade mais um dos votos dos seus membros.

§ 1º Se não ocorrer a maioria absoluta referida no caput dêste artigo, renovar-se-á, até 30 (trinta) dias depois, a eleição em todo país, à qual concorrerão os dois candidatos mais votados, cujos registros estarão automaticamente revalidados.

§ 2º No caso de renúncia ou morte, concorrerá à eleição prevista no parágrafo anterior o substituto registrado pelo mesmo partido político ou coligação partidária.

Art. 214. O presidente e o vice-presidente da República tomarão posse a 15 (quinze) de março, em sessão do Congresso Nacional.

Parágrafo único. No caso do § 1º do artigo anterior, a posse realizar-se-á dentro de 15 (quinze) dias a contar da proclamação do resultado da segunda eleição, expirando, porém, o mandato a 15 (quinze) de março do quarto ano.

CAPÍTULO V - DOS DIPLOMAS

Art. 215. Os candidatos eleitos, assim como os suplentes, receberão diploma assinado pelo Presidente do Tribunal Regional ou da Junta Eleitoral, conforme o caso.

Parágrafo único. Do diploma deverá constar o nome do candidato, a indicação da legenda sob a qual concorreu, o cargo para o qual foi eleito ou a sua classificação como suplente, e, facultativamente, outros dados a critério do juiz ou do Tribunal.

Art. 216. Enquanto o Tribunal Superior não decidir o recurso interposto contra a expedição do diploma, poderá o diplomado exercer o mandato em toda a sua plenitude.

Art. 217. Apuradas as eleições suplementares o juiz ou o Tribunal reverá a apuração anterior, confirmando ou invalidando os diplomas que houver expedido.

Parágrafo único. No caso de provimento, após a diplomação, de recurso contra o registro de candidato ou de recurso parcial, será também revista a apuração anterior, para confirmação ou invalidação de diplomas, observado o disposto no § 3º do Art. 261.

Art. 218. O presidente de Junta ou de Tribunal que diplomar militar candidato a cargo eletivo, comunicará imediatamente a diplomação à autoridade a que o mesmo estiver subordinado, para os fins do Art. 98.

CAPÍTULO VI - DAS NULIDADES DA VOTAÇÃO

Art. 219. Na aplicação da lei eleitoral o juiz atenderá sempre aos fins e resultados a que ela se dirige, abstendo-se de pronunciar nulidades sem demonstração de prejuízo.

Parágrafo único. A declaração de nulidade não poderá ser requerida pela parte que lhe deu causa nem a ela aproveitar.

Art. 220. É nula a votação:

I. quando feita perante mesa não nomeada pelo juiz eleitoral, ou constituída com ofensa à letra da lei;

II. quando efetuada em folhas de votação falsas;

ANOTAÇÕES

ANOTAÇÕES

ANOTAÇÕES

III. quando realizada em dia, hora, ou local diferentes do designado ou encerrada antes das 17 horas;

IV. quando preterida formalidade essencial do sigilo dos sufrágios.

V. quando a seção eleitoral tiver sido localizada com infração do disposto nos §§ 4º e 5º do art. 135. (Incluído pela Lei nº 4.961, de 4.5.1966)

Parágrafo único. A nulidade será pronunciada quando o órgão apurador conhecer do ato ou dos seus efeitos e o encontrar provada, não lhe sendo lícito supri-la, ainda que haja consenso das partes.

Art. 221. É anulável a votação:

I. quando houver extravio de documento reputado essencial; (Renumerado do inciso II pela Lei nº 4.961, de 4.5.1966)

II. quando for negado ou sofrer restrição o direito de fiscalizar, e o fato constar da ata ou de protesto interposto, por escrito, no momento: (Renumerado do inciso III pela Lei nº 4.961, de 4.5.1966)

III. quando votar, sem as cautelas do Art. 147, § 2º. (Renumerado do inciso IV pela Lei nº 4.961, de 4.5.1966)

a) eleitor excluído por sentença não cumprida por ocasião da remessa das folhas individuais de votação à mesa, desde que haja oportuna reclamação de partido;

b) eleitor de outra seção, salvo a hipótese do Art. 145;

c) alguém com falsa identidade em lugar do eleitor chamado.

Art. 222. É também anulável a votação, quando viciada de falsidade, fraude, coação, uso de meios de que trata o Art. 237, ou emprego de processo de propaganda ou captação de sufrágios vedado por lei.

§ 1º (Revogado pela Lei nº 4.961, de 4.5.1966)

I. (Revogado pela Lei nº 4.961, de 4.5.1966)

II. (Revogado pela Lei nº 4.961, de 4.5.1966)

III. (Revogado pela Lei nº 4.961, de 4.5.1966)

IV. (Revogado pela Lei nº 4.961, de 4.5.1966)

§ 2º (Revogado pela Lei nº 4.961, de 4.5.1966)

Art. 223. A nulidade de qualquer ato, não decretada de ofício pela Junta, só poderá ser arguida quando de sua prática, não mais podendo ser alegada, salvo se a arguição se basear em motivo superveniente ou de ordem constitucional.

§ 1º Se a nulidade ocorrer em fase na qual não possa ser alegada no ato, poderá ser arguida na primeira oportunidade que para tanto se apresente.

§ 2º Se se basear em motivo superveniente deverá ser alegada imediatamente, assim que se tornar conhecida, podendo as razões do recurso ser aditadas no prazo de 2 (dois) dias.

§ 3º A nulidade de qualquer ato, baseada em motivo de ordem constitucional, não poderá ser conhecida em recurso interposto fora do prazo. Perdido o prazo numa fase própria, só em outra que se apresentar poderá ser arguida. (Redação dada pela Lei nº 4.961, de 4.5.1966)

Art. 224. Se a nulidade atingir a mais de metade dos votos do país nas eleições presidenciais, do Estado nas eleições federais e estaduais ou do município nas eleições municipais, julgar-se-ão prejudicadas as demais votações e o Tribunal marcará dia para nova eleição dentro do prazo de 20 (vinte) a 40 (quarenta) dias.

§ 1º Se o Tribunal Regional na área de sua competência, deixar de cumprir o disposto neste artigo, o Procurador Regional levará o fato ao conhecimento do Procurador Geral, que providenciará junto ao Tribunal Superior para que seja marcada imediatamente nova eleição.

§ 2º Ocorrendo qualquer dos casos previstos neste capítulo o Ministério Público promoverá, imediatamente a punição dos culpados.

§ 3º A decisão da Justiça Eleitoral que importe o indeferimento do registro, a cassação do diploma ou a perda do mandato de candidato eleito em pleito majoritário acarreta, após o trânsito em julgado, a realização de novas eleições, independentemente do número de votos anulados. (Incluído pela Lei nº 13.165, de 2015)

ANOTAÇÕES

§ 4º A eleição a que se refere o § 3º correrá a expensas da Justiça Eleitoral e será: (Incluído pela Lei nº 13.165, de 2015)

I. indireta, se a vacância do cargo ocorrer a menos de seis meses do final do mandato; (Incluído pela Lei nº 13.165, de 2015)

II. direta, nos demais casos. (Incluído pela Lei nº 13.165, de 2015)

CAPÍTULO VII - DO VOTO NO EXTERIOR

Art. 225. Nas eleições para presidente e vice-presidente da República poderá votar o eleitor que se encontrar no exterior.

§ 1º Para esse fim serão organizadas seções eleitorais, nas sedes das Embaixadas e Consulados Gerais.

§ 2º Sendo necessário instalar duas ou mais seções poderá ser utilizado local em que funcione serviço do governo brasileiro.

Art. 226. Para que se organize uma seção eleitoral no exterior é necessário que na circunscrição sob a jurisdição da Missão Diplomática ou do Consulado Geral haja um mínimo de 30 (trinta) eleitores inscritos.

Parágrafo único. Quando o número de eleitores não atingir o mínimo previsto no parágrafo anterior, os eleitores poderão votar na mesa receptora mais próxima, desde que localizada no mesmo país, de acôrdo com a comunicação que lhes for feita.

Art. 227. As mesas receptoras serão organizadas pelo Tribunal Regional do Distrito Federal mediante proposta dos chefes de Missão e cônsules gerais, que ficarão investidos, no que for aplicável, da funções administrativas de juiz eleitoral.

Parágrafo único. Será aplicável às mesas receptoras o processo de composição e fiscalização partidária vigente para as que funcionam no território nacional.

Art. 228. Até 30 (trinta) dias antes da realização da eleição todos os brasileiros eleitores, residentes no estrangeiro, comunicarão à sede da Missão diplomática ou ao consulado geral, em carta, telegrama ou qualquer outra via, a sua condição de eleitor e sua residência.

§ 1º Com a relação dessas comunicações e com os dados do registro consular, serão organizadas as folhas de votação, e notificados os eleitores da hora e local da votação.

§ 2º No dia da eleição só serão admitidos a votar os que constem da folha de votação e os passageiros e tripulantes de navios e aviões de guerra e mercantes que, no dia, estejam na sede das sessões eleitorais.

Art. 229. Encerrada a votação, as urnas serão enviadas pelos cônsules gerais às sedes das Missões Diplomáticas. Estas as remeterão, pela mala diplomática, ao Ministério das Relações Exteriores, que delas fará entrega ao Tribunal Regional Eleitoral do Distrito Federal, a quem competirá a apuração dos votos e julgamento das dúvidas e recursos que hajam sido interpostos.

Parágrafo único. Todo o serviço de transporte do material eleitoral será feito por via aérea.

Art. 230. Todos os eleitores que votarem no exterior terão os seus títulos apreendidos pela mesa receptora.

Parágrafo único. A todo eleitor que votar no exterior será concedido comprovante para a comunicação legal ao juiz eleitoral de sua zona.

Art. 231. Todo aquele que, estando obrigado a votar, não o fizer, fica sujeito, além das penalidades previstas para o eleitor que não vota no território nacional, à proibição de requerer qualquer documento perante a repartição diplomática a que estiver subordinado, enquanto não se justificar.

Art. 232. Todo o processo eleitoral realizado no estrangeiro fica diretamente subordinado ao Tribunal Regional do Distrito Federal.

Art. 233. O Tribunal Superior Eleitoral e o Ministério das Relações Exteriores baixarão as instruções necessárias e adotarão as medidas adequadas para o voto no exterior.

Art. 233-A. Aos eleitores em trânsito no território nacional é assegurado o direito de votar para Presidente da República, Governador, Senador, Deputado Federal, Deputado Estadual e Deputado Distrital em urnas especialmente instaladas nas capitais e nos Municípios com mais de cem mil eleitores. (Redação dada pela Lei nº 13.165, de 2015)

§ 1º O exercício do direito previsto neste artigo sujeita-se à observância das regras seguintes: (Incluído pela Lei nº 13.165, de 2015)

I. para votar em trânsito, o eleitor deverá habilitar-se perante a Justiça Eleitoral no período de até quarenta e cinco dias da data marcada para a eleição, indicando o local em que pretende votar; (Incluído pela Lei nº 13.165, de 2015)

II. aos eleitores que se encontrarem fora da unidade da Federação de seu domicílio eleitoral somente é assegurado o direito à habilitação para votar em trânsito nas eleições para Presidente da República; (Incluído pela Lei nº 13.165, de 2015)

III. os eleitores que se encontrarem em trânsito dentro da unidade da Federação de seu domicílio eleitoral poderão votar nas eleições para Presidente da República, Governador, Senador, Deputado Federal, Deputado Estadual e Deputado Distrital. (Incluído pela Lei nº 13.165, de 2015)

§ 2º Os membros das Forças Armadas, os integrantes dos órgãos de segurança pública a que se refere o art. 144 da Constituição Federal, bem como os integrantes das guardas municipais mencionados no § 8º do mesmo art. 144, poderão votar em trânsito se estiverem em serviço por ocasião das eleições. (Incluído pela Lei nº 13.165, de 2015)

§ 3º As chefias ou comandos dos órgãos a que estiverem subordinados os eleitores mencionados no § 2º enviarão obrigatoriamente à Justiça Eleitoral, em até quarenta e cinco dias da data das eleições, a listagem dos que estarão em serviço no dia da eleição com indicação das seções eleitorais de origem e destino. (Incluído pela Lei nº 13.165, de 2015)

§ 4º Os eleitores mencionados no § 2º, uma vez habilitados na forma do § 3º, serão cadastrados e votarão nas seções eleitorais indicadas nas listagens mencionadas no § 3º independentemente do número de eleitores do Município. (Incluído pela Lei nº 13.165, de 2015)

PARTE QUINTA - DISPOSIÇÕES VÁRIAS

TÍTULO I - DAS GARANTIAS ELEITORAIS

Art. 234. Ninguém poderá impedir ou embaraçar o exercício do sufrágio.

Art. 235. O juiz eleitoral, ou o presidente da mesa receptora, pode expedir salvo-conduto com a cominação de prisão por desobediência até 5 (cinco) dias, em favor do eleitor que sofrer violência, moral ou física, na sua liberdade de votar, ou pelo fato de haver votado.

Parágrafo único. A medida será válida para o período compreendido entre 72 (setenta e duas) horas antes até 48 (quarenta e oito) horas depois do pleito.

Art. 236. Nenhuma autoridade poderá, desde 5 (cinco) dias antes e até 48 (quarenta e oito) horas depois do encerramento da eleição, prender ou deter qualquer eleitor, salvo em flagrante delito ou em virtude de sentença criminal condenatória por crime inafiançável, ou, ainda, por desrespeito a salvo-conduto.

§ 1º Os membros das mesas receptoras e os fiscais de partido, durante o exercício de suas funções, não poderão ser detidos ou presos, salvo o caso de flagrante delito; da mesma garantia gozarão os candidatos desde 15 (quinze) dias antes da eleição.

§ 2º Ocorrendo qualquer prisão o preso será imediatamente conduzido à presença do juiz competente que, se verificar a ilegalidade da detenção, a relaxará e promoverá a responsabilidade do coator.

ANOTAÇÕES

Art. 237. A interferência do poder econômico e o desvio ou abuso do poder de autoridade, em desfavor da liberdade do voto, serão coibidos e punidos.

§ 1º O eleitor é parte legítima para denunciar os culpados e promover-lhes a responsabilidade, e a nenhum servidor público. Inclusive de autarquia, de entidade paraestatal e de sociedade de economia mista, será lícito negar ou retardar ato de ofício tendente a esse fim.

§ 2º Qualquer eleitor ou partido político poderá se dirigir ao Corregedor Geral ou Regional, relatando fatos e indicando provas, e pedir abertura de investigação para apurar uso indevido do poder econômico, desvio ou abuso do poder de autoridade, em benefício de candidato ou de partido político.

§ 3º O Corregedor, verificada a seriedade da denúncia procederá ou mandará proceder a investigações, regendo-se estas, no que lhes for aplicável, pela Lei nº 1.579 de 18 de março de 1952.

Art. 238. É proibida, durante o ato eleitoral, a presença de força pública no edifício em que funcionar mesa receptora, ou nas imediações, observado o disposto no Art. 141.

Art. 239. Aos partidos políticos é assegurada a prioridade postal durante os 60 (sessenta) dias anteriores à realização das eleições, para remessa de material de propaganda de seus candidatos registrados.

TÍTULO II - DA PROPAGANDA PARTIDÁRIA

Art. 240. A propaganda de candidatos a cargos eletivos somente é permitida após o dia 15 de agosto do ano da eleição. (Redação dada pela Lei nº 13.165, de 2015)

Parágrafo único. É vedada, desde quarenta e oito horas antes até vinte e quatro horas depois da eleição, qualquer propaganda política mediante radiodifusão, televisão, comícios ou reuniões públicas.

Art. 241. Toda propaganda eleitoral será realizada sob a responsabilidade dos partidos e por eles paga, imputando-lhes solidariedade nos excessos praticados pelos seus candidatos e adeptos.

Parágrafo único. A solidariedade prevista neste artigo é restrita aos candidatos e aos respectivos partidos, não alcançando outros partidos, mesmo quando integrantes de uma mesma coligação. (Incluído pela Lei nº 12.891, de 2013)

Art. 242. A propaganda, qualquer que seja a sua forma ou modalidade, mencionará sempre a legenda partidária e só poderá ser feita em língua nacional, não devendo empregar meios publicitários destinados a criar, artificialmente, na opinião pública, estados mentais, emocionais ou passionais. (Redação dada pela Lei nº 7.476, de 15.5.1986)

Parágrafo único. Sem prejuízo do processo e das penas cominadas, a Justiça Eleitoral adotará medidas para fazer impedir ou cessar imediatamente a propaganda realizada com infração do disposto neste artigo.

Art. 243. Não será tolerada propaganda:

I. de guerra, de processos violentos para subverter o regime, a ordem política e social ou de preconceitos de raça ou de classes;

II. que provoque animosidade entre as forças armadas ou contra elas, ou delas contra as classes e instituições civis;

III. de incitamento de atentado contra pessoa ou bens;

IV. de instigação à desobediência coletiva ao cumprimento da lei de ordem pública;

V. que implique em oferecimento, promessa ou solicitação de dinheiro, dádiva, rifa, sorteio ou vantagem de qualquer natureza;

VI. que perturbe o sossego público, com algazarra ou abusos de instrumentos sonoros ou sinais acústicos;

VII. por meio de impressos ou de objeto que pessoa inexperiente ou rústica possa confundir com moeda;

VIII. que prejudique a higiene e a estética urbana ou contravenha a posturas municiais ou a outra qualquer restrição de direito;

ANOTAÇÕES

LEIS

ANOTAÇÕES

IX. que caluniar, difamar ou injuriar quaisquer pessoas, bem como órgãos ou entidades que exerçam autoridade pública.

§ 1º O ofendido por calúnia, difamação ou injúria, sem prejuízo e independentemente da ação penal competente, poderá demandar, no Juízo Civil a reparação do dano moral respondendo por êste o ofensor e, solidariamente, o partido político dêste, quando responsável por ação ou omissão a quem que favorecido pelo crime, haja de qualquer modo contribuído para êle. (Incluído pela Lei nº 4.961, de 4.5.1966)

§ 2º No que couber aplicar-se-ão na reparação do dano moral, referido no parágrafo anterior, os artigos. 81 a 88 da Lei nº 4.117, de 27 de agôsto de 1962. (Incluído pela Lei nº 4.961, de 4.5.1966)

§ 3º É assegurado o direito de resposta a quem for, injuriado difamado ou caluniado através da imprensa rádio, televisão, ou alto-falante, aplicando-se, no que couber, os artigos. 90 e 96 da Lei nº 4.117, de 27 de agôsto de 1962. (Incluído pela Lei nº 4.961, de 4.5.1966)

Art. 244. É assegurado aos partidos políticos registrados o direito de, independentemente de licença da autoridade pública e do pagamento de qualquer contribuição:

I. fazer inscrever, na fachada de suas sedes e dependências, o nome que os designe, pela forma que melhor lhes parecer;

II. instalar e fazer funcionar, normalmente, das quatorze às vinte e duas horas, nos três meses que antecederem as eleições, alto-falantes, ou amplificadores de voz, nos locais referidos, assim como em veículos seus, ou à sua disposição, em território nacional, com observância da legislação comum.

Parágrafo único. Os meios de propaganda a que se refere o nº II dêste artigo não serão permitidos, a menos de 500 metros:

I. das sedes do Executivo Federal, dos Estados, Territórios e respectivas Prefeituras Municipais;

II. das Câmaras Legislativas Federais, Estaduais e Municipais;

III. dos Tribunais Judiciais;

IV. dos hospitais e casas de saúde;

V. das escolas, bibliotecas públicas, igrejas e teatros, quando em funcionamento;

VI. dos quartéis e outros estabelecimentos militares.

Art. 245. A realização de qualquer ato de propaganda partidária ou eleitoral, em recinto aberto, não depende de licença da polícia.

§ 1º Quando o ato de propaganda tiver de realizar-se em lugar designado para a celebração de comício, na forma do disposto no art. 3º da Lei nº 1.207, de 25 de outubro de 1950, deverá ser feita comunicação à autoridade policial, pelo menos 24 (vinte e quatro) horas antes de sua realização.

§ 2º Não havendo local anteriormente fixado para a celebração de comício, ou sendo impossível ou difícil nele realizar-se o ato de propaganda eleitoral, ou havendo pedido para designação de outro local, a comunicação a que se refere o parágrafo anterior será feita, no mínimo, com antecedência, de 72 (setenta e duas) horas, devendo a autoridade policial, em qualquer desses casos, nas 24 (vinte e quatro) horas seguintes, designar local amplo e de fácil acesso, de modo que não impossibilite ou frustre a reunião.

§ 3º Aos órgãos da Justiça Eleitoral compete julgar das reclamações sobre a localização dos comícios e providências sobre a distribuição equitativa dos locais aos partidos.

Art. 246. (Revogado pela Lei nº 9.504, de 30.9.1997)

Art. 247. (Revogado pela Lei nº 9.504, de 30.9.1997)

Art. 248. Ninguém poderá impedir a propaganda eleitoral, nem inutilizar, alterar ou perturbar os meios lícitos nela empregados.

ANOTAÇÕES

Art. 249. O direito de propaganda não importa restrição ao poder de polícia quando êste deva ser exercído em benefício da ordem pública.

Art. 250. (Revogado pela Lei nº 9.504, de 30.9.1997)

Art. 251. No período destinado à propaganda eleitoral gratuita não prevalecerão quaisquer contratos ou ajustes firmados pelas empresas que possam burlar ou tornar inexequível qualquer dispositivo dêste Código ou das instruções baixadas pelo Tribunal Superior Eleitoral.

Art. 252. (Revogado pelo Decreto-Lei nº 1.538, de 14.4.1977)

Art. 253. (Revogado pelo Decreto-Lei nº 1.538, de 14.4.1977)

Art. 254. (Revogado pelo Decreto-Lei nº 1.538, de 14.4.1977)

Art. 255. Nos 15 (quinze) dias anteriores ao pleito é proibida a divulgação, por qualquer forma, de resultados de prévias ou testes pré-eleitorais.

Art. 256. As autoridades administrativas federais, estaduais e municipais proporcionarão aos partidos, em igualdade de condições, as facilidades permitidas para a respectiva propaganda.

§ 1º No período da campanha eleitoral, independentemente do critério de prioridade, os serviços telefônicos, oficiais ou concedidos, farão instalar, na sede dos diretórios devidamente registrados, telefones necessários, mediante requerimento do respectivo presidente e pagamento das taxas devidas. (Incluído pela Lei nº 4.961, de 4.5.1966)

§ 2º O Tribunal Superior Eleitoral baixará as instruções necessárias ao cumprimento do disposto no parágrafo anterior fixado as condições a serem observadas. (Incluído pela Lei nº 4.961, de 4.5.1966)

TÍTULO III - DOS RECURSOS

CAPÍTULO I - DISPOSIÇÕES PRELIMINARES

Art. 257. Os recursos eleitorais não terão efeito suspensivo.

§ 1º A execução de qualquer acórdão será feita imediatamente, através de comunicação por ofício, telegrama, ou, em casos especiais, a critério do presidente do Tribunal, através de cópia do acórdão. (Redação dada pela Lei nº 13.165, de 2015)

§ 2º O recurso ordinário interposto contra decisão proferida por juiz eleitoral ou por Tribunal Regional Eleitoral que resulte em cassação de registro, afastamento do titular ou perda de mandato eletivo será recebido pelo Tribunal competente com efeito suspensivo. (Incluído pela Lei nº 13.165, de 2015)

§ 3º O Tribunal dará preferência ao recurso sobre quaisquer outros processos, ressalvados os de habeas corpus e de mandado de segurança. (Incluído pela Lei nº 13.165, de 2015)

Art. 258. Sempre que a lei não fixar prazo especial, o recurso deverá ser interposto em três dias da publicação do ato, resolução ou despacho.

Art. 259. São preclusivos os prazos para interposição de recurso, salvo quando neste se discutir matéria constitucional.

Parágrafo único. O recurso em que se discutir matéria constitucional não poderá ser interposto fora do prazo. Perdido o prazo numa fase própria, só em outra que se apresentar poderá ser interposto.

Art. 260. A distribuição do primeiro recurso que chegar ao Tribunal Regional ou Tribunal Superior, previnirá a competência do relator para todos os demais casos do mesmo município ou Estado.

Art. 261. Os recursos parciais, entre os quais não se incluem os que versarem matéria referente ao registro de candidatos, interpostos para os Tribunais Regionais no caso de eleições municipais, e para o Tribunal Superior no caso de eleições estaduais ou federais, serão julgados à medida que derem entrada nas respectivas Secretarias.

§ 1º Havendo dois ou mais recursos parciais de um mesmo município ou Estado, ou se todos, inclusive os de diplomação já estiverem no Tribunal Regional ou no Tribunal Superior, serão eles julgados seguidamente, em uma ou mais sessões.

§ 2º As decisões com os esclarecimentos necessários ao cumprimento, serão comunicadas de uma só vez ao juiz eleitoral ou ao presidente do Tribunal Regional.

§ 3º Se os recursos de um mesmo município ou Estado deram entrada em datas diversas, sendo julgados separadamente, o juiz eleitoral ou o presidente do Tribunal Regional, aguardará a comunicação de todas as decisões para cumpri-las, salvo se o julgamento dos demais importar em alteração do resultado do pleito que não tenha relação com o recurso já julgado.

§ 4º Em todos os recursos, no despacho que determinar a remessa dos autos à instância superior, o juízo "a quo" esclarecerá quais os ainda em fase de processamento e, no último, quais os anteriormente remetidos.

§ 5º Ao se realizar a diplomação, se ainda houver recurso pendente de decisão em outra instância, será consignado que os resultados poderão sofrer alterações decorrentes desse julgamento.

§ 6º Realizada a diplomação, e decorrido o prazo para recurso, o juiz ou presidente do Tribunal Regional comunicará à instância superior se foi ou não interposto recurso.

Art. 262. O recurso contra expedição de diploma caberá somente nos casos de inelegibilidade superveniente ou de natureza constitucional e de falta de condição de elegibilidade. (Redação dada pela Lei nº 12.891, de 2013)

I. (revogado); (Redação dada pela Lei nº 12.891, de 2013)
II. (revogado); (Redação dada pela Lei nº 12.891, de 2013)
III. (revogado); (Redação dada pela Lei nº 12.891, de 2013)
IV. (revogado). (Redação dada pela Lei nº 12.891, de 2013)

§ 1º A inelegibilidade superveniente que atrai restrição à candidatura, se formulada no âmbito do processo de registro, não poderá ser deduzida no recurso contra expedição de diploma. (Incluído pela Lei nº 13.877, de 2019)

§ 2º A inelegibilidade superveniente apta a viabilizar o recurso contra a expedição de diploma, decorrente de alterações fáticas ou jurídicas, deverá ocorrer até a data fixada para que os partidos políticos e as coligações apresentem os seus requerimentos de registros de candidatos. (Incluído pela Lei nº 13.877, de 2019)

§ 3º O recurso de que trata este artigo deverá ser interposto no prazo de 3 (três) dias após o último dia limite fixado para a diplomação e será suspenso no período compreendido entre os dias 20 de dezembro e 20 de janeiro, a partir do qual retomará seu cômputo. (Incluído pela Lei nº 13.877, de 2019)

Art. 263. No julgamento de um mesmo pleito eleitoral, as decisões anteriores sobre questões de direito constituem prejulgados para os demais casos, salvo se contra a tese votarem dois terços dos membros do Tribunal.

Art. 264. Para os Tribunais Regionais e para o Tribunal Superior caberá, dentro de 3 (três) dias, recurso dos atos, resoluções ou despachos dos respectivos presidentes.

CAPÍTULO II - DOS RECURSOS PERANTE AS JUNTAS E JUÍZOS ELEITORAIS

Art. 265. Dos atos, resoluções ou despachos dos juizes ou juntas eleitorais caberá recurso para o Tribunal Regional.

Parágrafo único. Os recursos das decisões das Juntas serão processados na forma estabelecida pelos artigos. 169 e seguintes.

Art. 266. O recurso independerá de têrmo e será interposto por petição devidamente fundamentada, dirigida ao juiz eleitoral e acompanhada, se o entender o recorrente, de novos documentos.

Parágrafo único. Se o recorrente se reportar a coação, fraude, uso de meios de que trata o art. 237 ou emprego de processo de propaganda ou captação de sufrágios vedado por lei, dependentes de prova a ser determinada pelo Tribunal, bastar-lhe-á indicar os meios a elas conducentes. (Incluído pela Lei nº 4.961, de 4.5.1966)

ANOTAÇÕES

Art. 267. Recebida a petição, mandará o juiz intimar o recorrido para ciência do recurso, abrindo-se-lhe vista dos autos a fim de, em prazo igual ao estabelecido para a sua interposição, oferecer razões, acompanhadas ou não de novos documentos.

§ 1º A intimação se fará pela publicação da notícia da vista no jornal que publicar o expediente da Justiça Eleitoral, onde houver, e nos demais lugares, pessoalmente pelo escrivão, independente de iniciativa do recorrente.

§ 2º Onde houver jornal oficial, se a publicação não ocorrer no prazo de 3 (três) dias, a intimação se fará pessoalmente ou na forma prevista no parágrafo seguinte.

§ 3º Nas zonas em que se fizer intimação pessoal, se não for encontrado o recorrido dentro de 48 (quarenta e oito) horas, a intimação se fará por edital afixado no fórum, no local de costume.

§ 4º Todas as citações e intimações serão feitas na forma estabelecida neste artigo.

§ 5º Se o recorrido juntar novos documentos, terá o recorrente vista dos autos por 48 (quarenta e oito) horas para falar sobre os mesmos, contado o prazo na forma dêste artigo.

§ 6º Findos os prazos a que se referem os parágrafos anteriores, o juiz eleitoral fará, dentro de 48 (quarenta e oito) horas, subir os autos ao Tribunal Regional com a sua resposta e os documentos em que se fundar, sujeito à multa de dez por cento do salário-mínimo regional por dia de retardamento, salvo se entender de reformar a sua decisão. (Redação dada pela Lei nº 4.961, de 4.5.1966)

§ 7º Se o juiz reformar a decisão recorrida, poderá o recorrido, dentro de 3 (três) dias, requerer suba o recurso como se por êle interposto.

CAPÍTULO III - DOS RECURSOS NOS TRIBUNAIS REGIONAIS

Art. 268. No Tribunal Regional nenhuma alegação escrita ou nenhum documento poderá ser oferecido por qualquer das partes, salvo o disposto no art. 270. (Redação dada pela Lei nº 4.961, de 4.5.1966)

Art. 269. Os recursos serão distribuídos a um relator em 24 (vinte e quatro) horas e na ordem rigorosa da antiguidade dos respectivos membros, esta última exigência sob pena de nulidade de qualquer ato ou decisão do relator ou do Tribunal.

§ 1º Feita a distribuição, a Secretaria do Tribunal abrirá vista dos autos à Procuradoria Regional, que deverá emitir parecer no prazo de 5 (cinco) dias.

§ 2º Se a Procuradoria não emitir parecer no prazo fixado, poderá a parte interessada requerer a inclusão do processo na pauta, devendo o Procurador, nesse caso, proferir parecer oral na assentada do julgamento.

Art. 270. Se o recurso versar sobre coação, fraude, uso de meios de que trata o Art. 237, ou emprego de processo de propaganda ou captação de sufrágios vedado por lei dependente de prova indicada pelas partes ao interpô-lo ou ao impugná-lo, o relator no Tribunal Regional deferi-la-á em vinte e quatro horas da conclusão, realizado-se ela no prazo improrrogável de cinco dias. (Redação dada pela Lei nº 4.961, de 4.5.1966)

§ 1º Admitir-se-ão como meios de prova para apreciação pelo Tribunal as justificações e as perícias processadas perante o juiz eleitoral da zona, com citação dos partidos que concorreram ao pleito e do representante do Ministério Público. (Incluído pela Lei nº 4.961, de 4.5.1966)

§ 2º Indeferindo o relator a prova , serão os autos, a requerimento do interessado, nas vinte e quatro horas seguintes, presentes à primeira sessão do Tribunal, que deliberará a respeito. (Incluído pela Lei nº 4.961, de 4.5.1966)

§ 3º Protocoladas as diligências probatórias, ou com a juntada das justificações ou diligências, a Secretaria do Tribunal abrirá, sem demora, vista dos autos, por vinte e quatro horas, seguidamente, ao recorrente e ao recorrido para dizerem a respeito. (Incluído pela Lei nº 4.961, de 4.5.1966)

ANOTAÇÕES

LEIS

ANOTAÇÕES

§ 4º Findo o prazo acima, serão os autos conclusos ao relator. (Incluído pela Lei nº 4.961, de 4.5.1966)

Art. 271. O relator devolverá os autos à Secretaria no prazo improrrogável de 8 (oito) dias para, nas 24 (vinte e quatro) horas seguintes, ser o caso incluído na pauta de julgamento do Tribunal.

§ 1º Tratando-se de recurso contra a expedição de diploma, os autos, uma vez devolvidos pelo relator, serão conclusos ao juiz imediato em antiguidade como revisor, o qual deverá devolvê-los em 4 (quatro) dias.

§ 2º As pautas serão organizadas com um número de processos que possam ser realmente julgados, obedecendo-se rigorosamente a ordem da devolução dos mesmos à Secretaria pelo Relator, ou Revisor, nos recursos contra a expedição de diploma, ressalvadas as preferências determinadas pelo regimento do Tribunal.

Art. 272. Na sessão do julgamento, uma vez feito o relatório pelo relator, cada uma das partes poderá, no prazo improrrogável de dez minutos , sustentar oralmente as suas conclusões.

Parágrafo único. Quando se tratar de julgamento de recursos contra a expedição de diploma, cada parte terá vinte minutos para sustentação oral.

Art. 273. Realizado o julgamento, o relator, se vitorioso, ou o relator designado para redigir o acórdão, apresentará a redação dêste, o mais tardar, dentro em 5 (cinco) dias.

§ 1º O acórdão conterá uma síntese das questões debatidas e decididas.

§ 2º Sem prejuízo do disposto no parágrafo anterior, se o Tribunal dispuser de serviço taquigráfico, serão juntas ao processo as notas respectivas.

Art. 274. O acórdão, devidamente assinado, será publicado, valendo como tal a inserção da sua conclusão no órgão oficial.

§1º Se o órgão oficial não publicar o acórdão no prazo de 3 (três) dias, as partes serão intimadas pessoalmente e, se não forem encontradas no prazo de 48 (quarenta e oito) horas, a intimação se fará por edital afixado no Tribunal, no local de costume.

§ 2º O disposto no parágrafo anterior aplicar-se-á a todos os casos de citação ou intimação.

Art. 275. São admissíveis embargos de declaração nas hipóteses previstas no Código de Processo Civil. (Redação dada pela Lei nº 13.105, de 2015)

§ 1º Os embargos de declaração serão opostos no prazo de 3 (três) dias, contado da data de publicação da decisão embargada, em petição dirigida ao juiz ou relator, com a indicação do ponto que lhes deu causa. (Redação dada pela Lei nº 13.105, de 2015)

§ 2º Os embargos de declaração não estão sujeitos a preparo. (Redação dada pela Lei nº 13.105, de 2015)

§ 3º O juiz julgará os embargos em 5 (cinco) dias. (Redação dada pela Lei nº 13.105, de 2015)

§ 4º Nos tribunais: (Redação dada pela Lei nº 13.105, de 2015)

I. o relator apresentará os embargos em mesa na sessão subsequente, proferindo voto; (Incluído pela Lei nº 13.105, de 2015)

II. não havendo julgamento na sessão referida no inciso I, será o recurso incluído em pauta; (Incluído pela Lei nº 13.105, de 2015)

III. vencido o relator, outro será designado para lavrar o acórdão. (Incluído pela Lei nº 13.105, de 2015)

§ 5º Os embargos de declaração interrompem o prazo para a interposição de recurso. (Incluído pela Lei nº 13.105, de 2015)

§ 6º Quando manifestamente protelatórios os embargos de declaração, o juiz ou o tribunal, em decisão fundamentada, condenará o embargante a pagar ao embargado multa não excedente a 2 (dois) salários-mínimos. (Incluído pela Lei nº 13.105, de 2015)

ANOTAÇÕES

§ 7º Na reiteração de embargos de declaração manifestamente protelatórios, a multa será elevada a até 10 (dez) salários-mínimos. (Incluído pela Lei nº 13.105, de 2015)

Art. 276. As decisões dos Tribunais Regionais são terminativas, salvo os casos seguintes em que cabe recurso para o Tribunal Superior:

I. especial:

a) quando forem proferidas contra expressa disposição de lei;

b) quando ocorrer divergência na interpretação de lei entre dois ou mais tribunais eleitorais.

II. ordinário:

a) quando versarem sobre expedição de diplomas nas eleições federais e estaduais;

b) quando denegarem habeas corpus ou mandado de segurança.

§ 1º É de 3 (três) dias for o prazo para a interposição do recurso, contado da publicação da decisão nos casos dos nº I, letras a e b e II, letra b e da sessão da diplomação no caso do nº II, letra a.

§ 2º Sempre que o Tribunal Regional determinar a realização de novas eleições, o prazo para a interposição dos recursos, no caso do nº II, a, contar-se-á da sessão em que, feita a apuração das sessões renovadas, for proclamado o resultado das eleições suplementares.

Art. 277. Interposto recurso ordinário contra decisão do Tribunal Regional, o presidente poderá, na própria petição, mandar abrir vista ao recorrido para que, no mesmo prazo, ofereça as suas razões.

Parágrafo único. Juntadas as razões do recorrido, serão os autos remetidos ao Tribunal Superior.

Art. 278. Interposto recurso especial contra decisão do Tribunal Regional, a petição será juntada nas 48 (quarenta e oito) horas seguintes e os autos conclusos ao presidente dentro de 24 (vinte e quatro) horas.

§ 1º O presidente, dentro em 48 (quarenta e oito) horas do recebimento dos autos conclusos, proferirá despacho fundamentado, admitindo ou não o recurso.

§ 2º Admitido o recurso, será aberta vista dos autos ao recorrido para que, no mesmo prazo, apresente as suas razões.

§ 3º Em seguida serão os autos conclusos ao presidente, que mandará remetê-los ao Tribunal Superior.

Art. 279. Denegado o recurso especial, o recorrente poderá interpor, dentro em 3 (três) dias, agravo de instrumento.

§ 1º O agravo de instrumento será interposto por petiçao que conterá:

I. a exposição do fato e do direito;

II. as razões do pedido de reforma da decisão;

III. a indicação das peças do processo que devem ser trasladadas.

§ 2º Serão obrigatoriamente trasladadas a decisão recorrida e a certidão da intimação.

§ 3º Deferida a formação do agravo, será intimado o recorrido para, no prazo de 3 (três) dias, apresentar as suas razões e indicar as peças dos autos que serão também trasladadas.

§ 4º Concluída a formação do instrumento o presidente do Tribunal determinará a remessa dos autos ao Tribunal Superior, podendo, ainda, ordenar a extração e a juntada de peças não indicadas pelas partes.

§ 5º O presidente do Tribunal não poderá negar seguimento ao agravo, ainda que interposto fora do prazo legal.

§ 6º Se o agravo de instrumento não for conhecido, porque interposto fora do prazo legal, o Tribunal Superior imporá ao recorrente multa correspondente a valor do maior salário-mínimo vigente no país, multa essa que será inscrita e cobrada na forma prevista no art. 367.

§ 7º Se o Tribunal Regional dispuser de aparelhamento próprio, o instrumento deverá ser formado com fotocópias ou processos semelhantes, pagas as despesas, pelo preço do custo, pelas partes, em relação às peças que indicarem.

CAPÍTULO IV - DOS RECURSOS NO TRIBUNAL SUPERIOR

Art. 280. Aplicam-se ao Tribunal Superior as disposições dos artigos. 268, 269, 270, 271 (caput), 272, 273, 274 e 275.

Art. 281. São irrecorríveis as decisões do Tribunal Superior, salvo as que declararem a invalidade de lei ou ato contrário à Constituição Federal e as denegatórias de "habeas corpus"ou mandado de segurança, das quais caberá recurso ordinário para o Supremo Tribunal Federal, interposto no prazo de 3 (três) dias.

§ 1º Juntada a petição nas 48 (quarenta e oito) horas seguintes, os autos serão conclusos ao presidente do Tribunal, que, no mesmo prazo, proferirá despacho fundamentado, admitindo ou não o recurso.

§ 2º Admitido o recurso será aberta vista dos autos ao recorrido para que, dentro de 3 (três) dias, apresente as suas razões.

§ 3º Findo esse prazo os autos serão remetidos ao Supremo Tribunal Federal.

Art. 282. Denegado recurso, o recorrente poderá interpor, dentro de 3 (três) dias, agravo de instrumento, observado o disposto no Art. 279 e seus parágrafos, aplicada a multa a que se refere o § 6º pelo Supremo Tribunal Federal.

TÍTULO IV - DISPOSIÇÕES PENAIS

CAPÍTULO I - DISPOSIÇÕES PRELIMINARES

Art. 283. Para os efeitos penais são considerados membros e funcionários da Justiça Eleitoral:

I. os magistrados que, mesmo não exercendo funções eleitorais, estejam presidindo Juntas Apuradoras ou se encontrem no exercício de outra função por designação de Tribunal Eleitoral;

II. Os cidadãos que temporariamente integram órgãos da Justiça Eleitoral;

III. Os cidadãos que hajam sido nomeados para as mesas receptoras ou Juntas Apuradoras;

IV. Os funcionários requisitados pela Justiça Eleitoral.

§ 1º Considera-se funcionário público, para os efeitos penais, além dos indicados no presente artigo, quem, embora transitoriamente ou sem remuneração, exerce cargo, emprego ou função pública.

§ 2º Equipara-se a funcionário público quem exerce cargo, emprego ou função em entidade paraestatal ou em sociedade de economia mista.

Art. 284. Sempre que êste Código não indicar o grau mínimo, entende-se que será ele de quinze dias para a pena de detenção e de um ano para a de reclusão.

Art. 285. Quando a lei determina a agravação ou atenuação da pena sem mencionar o "quantum", deve o juiz fixá-lo entre um quinto e um terço, guardados os limites da pena cominada ao crime.

Art. 286. A pena de multa consiste no pagamento ao Tesouro Nacional, de uma soma de dinheiro, que é fixada em dias-multa. Seu montante é, no mínimo, 1 (um) dia-multa e, no máximo, 300 (trezentos) dias-multa.

§ 1º O montante do dia-multa é fixado segundo o prudente arbítrio do juiz, devendo êste ter em conta as condições pessoais e econômicas do condenado, mas não pode ser inferior ao salário-mínimo diário da região, nem superior ao valor de um salário-mínimo mensal.

§ 2º A multa pode ser aumentada até o triplo, embora não possa exceder o máximo genérico caput, se o juiz considerar que, em virtude da situação econômica do condenado, é ineficaz a cominada, ainda que no máximo, ao crime de que se trate.

Art. 287. Aplicam-se aos fatos incriminados nesta lei as regras gerais do Código Penal.

ANOTAÇÕES

Art. 288. Nos crimes eleitorais cometidos por meio da imprensa, do rádio ou da televisão, aplicam-se exclusivamente as normas dêste Código e as remissões a outra lei nele contempladas.

CAPÍTULO II - DOS CRIMES ELEITORAIS

Art. 289. Inscrever-se fraudulentamente eleitor:

Pena: Reclusão até cinco anos e pagamento de cinco a 15 dias-multa.

Art. 290 Induzir alguém a se inscrever eleitor com infração de qualquer dispositivo dêste Código.

Pena: Reclusão até 2 anos e pagamento de 15 a 30 dias-multa.

Art. 291. Efetuar o juiz, fraudulentamente, a inscrição de alistando.

Pena: Reclusão até 5 anos e pagamento de cinco a quinze dias-multa.

Art. 292. Negar ou retardar a autoridade judiciária, sem fundamento legal, a inscrição requerida:

Pena: Pagamento de 30 a 60 dias-multa.

Art. 293. Perturbar ou impedir de qualquer forma o alistamento:

Pena: Detenção de 15 dias a seis meses ou pagamento de 30 a 60 dias-multa.

Art. 294. (Revogado pela Lei nº 8.868, de 14.4.1994)

Art. 295. Reter título eleitoral contra a vontade do eleitor:

Pena: Detenção até dois meses ou pagamento de 30 a 60 dias-multa.

Art. 296. Promover desordem que prejudique os trabalhos eleitorais;

Pena: Detenção até dois meses e pagamento de 60 a 90 dias-multa.

Art. 297. Impedir ou embaraçar o exercício do sufrágio:

Pena: Detenção até seis meses e pagamento de 60 a 100 dias-multa.

Art. 298. Prender ou deter eleitor, membro de mesa receptora, fiscal, delegado de partido ou candidato, com violação do disposto no Art. 236:

Pena: Reclusão até quatro anos.

Art. 299. Dar, oferecer, prometer, solicitar ou receber, para si ou para outrem, dinheiro, dádiva, ou qualquer outra vantagem, para obter ou dar voto e para conseguir ou prometer abstenção, ainda que a oferta não seja aceita:

Pena: reclusão até quatro anos e pagamento de cinco a quinze dias-multa.

Art. 300. Valer-se o servidor público da sua autoridade para coagir alguém a votar ou não votar em determinado candidato ou partido:

Pena: detenção até seis meses e pagamento de 60 a 100 dias-multa.

Parágrafo único. Se o agente é membro ou funcionário da Justiça Eleitoral e comete o crime prevalecendo-se do cargo a pena é agravada.

Art. 301. Usar de violência ou grave ameaça para coagir alguém a votar, ou não votar, em determinado candidato ou partido, ainda que os fins visados não sejam conseguidos:

Pena: reclusão até quatro anos e pagamento de cinco a quinze dias-multa.

Art. 302. Promover, no dia da eleição, com o fim de impedir, embaraçar ou fraudar o exercício do voto a concentração de eleitores, sob qualquer forma, inclusive o fornecimento gratuito de alimento e transporte coletivo: (Redação dada pelo Decreto-Lei nº 1.064, de 24.10.1969)

Pena: reclusão de quatro (4) a seis (6) anos e pagamento de 200 a 300 dias-multa. ((Redação dada pelo Decreto-Lei nº 1.064, de 24.10.1969)

Art. 303. Majorar os preços de utilidades e serviços necessários à realização de eleições, tais como transporte e alimentação de eleitores, impressão, publicidade e divulgação de matéria eleitoral.

ANOTAÇÕES

LEIS

ANOTAÇÕES

Pena: pagamento de 250 a 300 dias-multa.

Art. 304. Ocultar, sonegar açambarcar ou recusar no dia da eleição o fornecimento, normalmente a todos, de utilidades, alimentação e meios de transporte, ou conceder exclusividade dos mesmos a determinado partido ou candidato:

Pena: pagamento de 250 a 300 dias-multa.

Art. 305. Intervir autoridade estranha à mesa receptora, salvo o juiz eleitoral, no seu funcionamento sob qualquer pretexto:

Pena: detenção até seis meses e pagamento de 60 a 90 dias-multa.

Art. 306. Não observar a ordem em que os eleitores devem ser chamados a votar:

Pena: pagamento de 15 a 30 dias-multa.

Art. 307. Fornecer ao eleitor cédula oficial já assinalada ou por qualquer forma marcada:

Pena: reclusão até cinco anos e pagamento de 5 a 15 dias-multa.

Art. 308. Rubricar e fornecer a cédula oficial em outra oportunidade que não a de entrega da mesma ao eleitor.

Pena: reclusão até cinco anos e pagamento de 60 a 90 dias-multa.

Art. 309. Votar ou tentar votar mais de uma vez, ou em lugar de outrem:

Pena: reclusão até três anos.

Art. 310. Praticar, ou permitir membro da mesa receptora que seja praticada, qualquer irregularidade que determine a anulação de votação, salvo no caso do Art. 311:

Pena: detenção até seis meses ou pagamento de 90 a 120 dias-multa.

Art. 311. Votar em seção eleitoral em que não está inscrito, salvo nos casos expressamente previstos, e permitir, o presidente da mesa receptora, que o voto seja admitido:

Pena: detenção até um mês ou pagamento de 5 a 15 dias-multa para o eleitor e de 20 a 30 dias-multa para o presidente da mesa.

Art. 312. Violar ou tentar violar o sigilo do voto:

Pena: detenção até dois anos.

Art. 313. Deixar o juiz e os membros da Junta de expedir o boletim de apuração imediatamente após a apuração de cada urna e antes de passar à subsequente, sob qualquer pretexto e ainda que dispensada a expedição pelos fiscais, delegados ou candidatos presentes:

Pena: pagamento de 90 a 120 dias-multa.

Parágrafo único. Nas seções eleitorais em que a contagem for procedida pela mesa receptora incorrerão na mesma pena o presidente e os mesários que não expedirem imediatamente o respectivo boletim.

Art. 314. Deixar o juiz e os membros da Junta de recolher as cédulas apuradas na respectiva urna, fechá-la e lacrá-la, assim que terminar a apuração de cada seção e antes de passar à subsequente, sob qualquer pretexto e ainda que dispensada a providencia pelos fiscais, delegados ou candidatos presentes:

Pena: detenção até dois meses ou pagamento de 90 a 120 dias-multa.

Parágrafo único. Nas seções eleitorais em que a contagem dos votos for procedida pela mesa receptora incorrerão na mesma pena o presidente e os mesários que não fecharem e lacrarem a urna após a contagem.

Art. 315. Alterar nos mapas ou nos boletins de apuração a votação obtida por qualquer candidato ou lançar nesses documentos votação que não corresponda às cédulas apuradas:

Pena: reclusão até cinco anos e pagamento de 5 a 15 dias-multa.

Art. 316. Não receber ou não mencionar nas atas da eleição ou da apuração os protestos devidamente formulados ou deixar de remetê-los à instância superior:

ANOTAÇÕES

Pena: reclusão até cinco anos e pagamento de 5 a 15 dias-multa.

Art. 317. Violar ou tentar violar o sigilo da urna ou dos invólucros.

Pena: reclusão de três a cinco anos.

Art. 318. Efetuar a mesa receptora a contagem dos votos da urna quando qualquer eleitor houver votado sob impugnação (art. 190):

Pena: detenção até um mês ou pagamento de 30 a 60 dias-multa.

Art. 319. Subscrever o eleitor mais de uma ficha de registro de um ou mais partidos:

Pena: detenção até 1 mês ou pagamento de 10 a 30 dias-multa.

Art. 320. Inscrever-se o eleitor, simultaneamente, em dois ou mais partidos:

Pena: pagamento de 10 a 20 dias-multa.

Art. 321. Colher a assinatura do eleitor em mais de uma ficha de registro de partido:

Pena: detenção até dois meses ou pagamento de 20 a 40 dias-multa.

Art. 322. (Revogado pela Lei nº 9.504, de 30.9.1997)

Art. 323. Divulgar, na propaganda, fatos que sabe inverídicos, em relação a partidos ou candidatos e capazes de exercerem influência perante o eleitorado:

Pena: detenção de dois meses a um ano, ou pagamento de 120 a 150 dias-multa.

Parágrafo único. A pena é agravada se o crime é cometido pela imprensa, rádio ou televisão.

Art. 324. Caluniar alguém, na propaganda eleitoral, ou visando fins de propaganda, imputando-lhe falsamente fato definido como crime:

Pena: detenção de seis meses a dois anos, e pagamento de 10 a 40 dias-multa.

§ 1º Nas mesmas penas incorre quem, sabendo falsa a imputação, a propala ou divulga.

§ 2º A prova da verdade do fato imputado exclui o crime, mas não é admitida:

I. se, constituindo o fato imputado crime de ação privada, o ofendido, não foi condenado por sentença irrecorrível;

II. se o fato é imputado ao Presidente da República ou chefe de governo estrangeiro;

III. se do crime imputado, embora de ação pública, o ofendido foi absolvido por sentença irrecorrível.

Art. 325. Difamar alguém, na propaganda eleitoral, ou visando a fins de propaganda, imputando-lhe fato ofensivo à sua reputação:

Pena: detenção de três meses a um ano, e pagamento de 5 a 30 dias-multa.

Parágrafo único. A exceção da verdade somente se admite se ofendido é funcionário público e a ofensa é relativa ao exercício de suas funções.

Art. 326. Injuriar alguém, na propaganda eleitoral, ou visando a fins de propaganda, ofendendo-lhe a dignidade ou o decôro:

Pena: detenção até seis meses, ou pagamento de 30 a 60 dias-multa.

§ 1º O juiz pode deixar de aplicar a pena:

I. se o ofendido, de forma reprovável, provocou diretamente a injúria;

II. no caso de retorsão imediata, que consista em outra injúria.

§ 2º Se a injúria consiste em violência ou vias de fato, que, por sua natureza ou meio empregado, se considerem aviltantes:

Pena: detenção de três meses a um ano e pagamento de 5 a 20 dias-multa, além das penas correspondentes à violência prevista no Código Penal.

Art. 326-A. Dar causa à instauração de investigação policial, de processo judicial, de investigação administrativa, de inquérito civil ou ação de improbidade administrativa, atribuindo a alguém a prática de crime ou ato infracional de que o sabe inocente, com finalidade eleitoral: (Incluído pela Lei nº13.834, de 2019)

Pena: reclusão, de 2 (dois) a 8 (oito) anos, e multa. (Incluído pela Lei nº13.834, de 2019)

§ 1º A pena é aumentada de sexta parte, se o agente se serve do anonimato ou de nome suposto. (Incluído pela Lei nº13.834, de 2019)

§ 2º A pena é diminuída de metade, se a imputação é de prática de contravenção. (Incluído pela Lei nº13.834, de 2019)

Art. 327. As penas cominadas nos artigos. 324, 325 e 326, aumentam-se de um terço, se qualquer dos crimes é cometido:

I. contra o Presidente da República ou chefe de governo estrangeiro;

II. contra funcionário público, em razão de suas funções;

III. na presença de várias pessoas, ou por meio que facilite a divulgação da ofensa.

Art. 328. (Revogado pela Lei nº 9.504, de 30.9.1997)

Art. 329. (Revogado pela Lei nº 9.504, de 30.9.1997)

Art. 330. Nos casos dos artigos. 328 e 329 se o agente repara o dano antes da sentença final, o juiz pode reduzir a pena.

Art. 331. Inutilizar, alterar ou perturbar meio de propaganda devidamente empregado:

Pena: detenção até seis meses ou pagamento de 90 a 120 dias-multa.

Art. 332. Impedir o exercício de propaganda:

Pena: detenção até seis meses e pagamento de 30 a 60 dias-multa.

Art. 333. (Revogado pela Lei nº 9.504, de 30.9.1997)

Art. 334. Utilizar organização comercial de vendas, distribuição de mercadorias, prêmios e sorteios para propaganda ou aliciamento de eleitores:

Pena: detenção de seis meses a um ano e cassação do registro se o responsável for candidato.

Art. 335. Fazer propaganda, qualquer que seja a sua forma, em língua estrangeira:

Pena: detenção de três a seis meses e pagamento de 30 a 60 dias-multa.

Parágrafo único. Além da pena cominada, a infração ao presente artigo importa na apreensão e perda do material utilizado na propaganda.

Art. 336. Na sentença que julgar ação penal pela infração de qualquer dos artigos. 322, 323, 324, 325, 326,328, 329, 331, 332, 333, 334 e 335, deve o juiz verificar, de acôrdo com o seu livre convencionamento, se diretório local do partido, por qualquer dos seus membros, concorreu para a prática de delito, ou dela se beneficiou conscientemente.

Parágrafo único. Nesse caso, imporá o juiz ao diretório responsável pena de suspensão de sua atividade eleitoral por prazo de 6 a 12 meses, agravada até o dôbro nas reincidências.

Ar. 337. Participar, o estrangeiro ou brasileiro que não estiver no gôzo dos seus direitos políticos, de atividades partidárias inclusive comícios e atos de propaganda em recintos fechados ou abertos:

Pena: detenção até seis meses e pagamento de 90 a 120 dias-multa.

Parágrafo único. Na mesma pena incorrerá o responsável pelas emissoras de rádio ou televisão que autorizar transmissões de que participem os mencionados neste artigo, bem como o diretor de jornal que lhes divulgar os pronunciamentos.

Art. 338. Não assegurar o funcionário postal a prioridade prevista no Art. 239:

Pena: Pagamento de 30 a 60 dias-multa.

Art. 339 - Destruir, suprimir ou ocultar urna contendo votos, ou documentos relativos à eleição:

Pena: reclusão de dois a seis anos e pagamento de 5 a 15 dias-multa.

Parágrafo único. Se o agente é membro ou funcionário da Justiça Eleitoral e comete o crime prevalecendo-se do cargo, a pena é agravada.

Art. 340. Fabricar, mandar fabricar, adquirir, fornecer, ainda que gratuitamente, subtrair ou guardar urnas, objetos, mapas, cédulas ou papéis de uso exclusivo da Justiça Eleitoral:

Pena: reclusão até três anos e pagamento de 3 a 15 dias-multa.

Parágrafo único. Se o agente é membro ou funcionário da Justiça Eleitoral e comete o crime prevalecendo-se do cargo, a pena é agravada.

Art. 341. Retardar a publicação ou não publicar, o diretor ou qualquer outro funcionário de órgão oficial federal, estadual, ou municipal, as decisões, citações ou intimações da Justiça Eleitoral:

Pena: detenção até um mês ou pagamento de 30 a 60 dias-multa.

Art. 342. Não apresentar o órgão do Ministério Público, no prazo legal, denúncia ou deixar de promover a execução de sentença condenatória:

Pena: detenção até dois meses ou pagamento de 60 a 90 dias-multa.

Art. 343. Não cumprir o juiz o disposto no § 3º do Art. 357:

Pena: detenção até dois meses ou pagamento de 60 a 90 dias-multa.

Art. 344. Recusar ou abandonar o serviço eleitoral sem justa causa:

Pena: detenção até dois meses ou pagamento de 90 a 120 dias-multa.

Art. 345. Não cumprir a autoridade judiciária, ou qualquer funcionário dos órgãos da Justiça Eleitoral, nos prazos legais, os deveres impostos por êste Código, se a infração não estiver sujeita a outra penalidade: (Redação dada pela Lei nº 4.961, de 4.5.1966)

Pena: pagamento de trinta a noventa dias-multa. (Redação dada pela Lei nº 4.961, de 4.5.1966)

Art. 346. Violar o disposto no Art. 377:

Pena: detenção até seis meses e pagamento de 30 a 60 dias-multa.

Parágrafo único. Incorrerão na pena, além da autoridade responsável, os servidores que prestarem serviços e os candidatos, membros ou diretores de partido que derem causa à infração.

Art. 347. Recusar alguém cumprimento ou obediência a diligências, ordens ou instruções da Justiça Eleitoral ou opor embaraços à sua execução:

Pena: detenção de três meses a um ano e pagamento de 10 a 20 dias-multa.

Art. 348. Falsificar, no todo ou em parte, documento público, ou alterar documento público verdadeiro, para fins eleitorais:

Pena: reclusão de dois a seis anos e pagamento de 15 a 30 dias-multa.

§ 1º Se o agente é funcionário público e comete o crime prevalecendo-se do cargo, a pena é agravada.

§ 2º Para os efeitos penais, equipara-se a documento público o emanado de entidade paraestatal inclusive Fundação do Estado.

Art. 349. Falsificar, no todo ou em parte, documento particular ou alterar documento particular verdadeiro, para fins eleitorais:

Pena: reclusão até cinco anos e pagamento de 3 a 10 dias-multa.

Art. 350. Omitir, em documento público ou particular, declaração que dêle devia constar, ou nele inserir ou fazer inserir declaração falsa ou diversa da que devia ser escrita, para fins eleitorais:

ANOTAÇÕES

ANOTAÇÕES

LEIS

ANOTAÇÕES

Pena: reclusão até cinco anos e pagamento de 5 a 15 dias-multa, se o documento é público, e reclusão até três anos e pagamento de 3 a 10 dias-multa se o documento é particular.

Parágrafo único. Se o agente da falsidade documental é funcionário público e comete o crime prevalecendo-se do cargo ou se a falsificação ou alteração é de assentamentos de registro civil, a pena é agravada.

Art. 351. Equipara-se a documento (348,349 e 350) para os efeitos penais, a fotografia, o filme cinematográfico, o disco fonográfico ou fita de ditafone a que se incorpore declaração ou imagem destinada à prova de fato juridicamente relevante.

Art. 352. Reconhecer, como verdadeira, no exercício da função pública, firma ou letra que o não seja, para fins eleitorais:

Pena: reclusão até cinco anos e pagamento de 5 a 15 dias-multa se o documento é público, e reclusão até três anos e pagamento de 3 a 10 dias-multa se o documento é particular.

Art. 353. Fazer uso de qualquer dos documentos falsificados ou alterados, a que se referem os artigos. 348 a 352:

Pena: a cominada à falsificação ou à alteração.

Art. 354. Obter, para uso próprio ou de outrem, documento público ou particular, material ou ideologicamente falso para fins eleitorais:

Pena: a cominada à falsificação ou à alteração.

Art. 354-A. Apropriar-se o candidato, o administrador financeiro da campanha, ou quem de fato exerça essa função, de bens, recursos ou valores destinados ao financiamento eleitoral, em proveito próprio ou alheio: (Incluído pela Lei nº 13.488, de 2017)

Pena: reclusão, de dois a seis anos, e multa. (Incluído pela Lei nº 13.488, de 2017)

CAPÍTULO III - DO PROCESSO DAS INFRAÇÕES

Art. 355. As infrações penais definidas neste Código são de ação pública.

Art. 356. Todo cidadão que tiver conhecimento de infração penal deste Código deverá comunicá-la ao juiz eleitoral da zona onde a mesma se verificou.

§ 1º Quando a comunicação for verbal, mandará a autoridade judicial reduzi-la a termo, assinado pelo apresentante e por duas testemunhas, e a remeterá ao órgão do Ministério Público local, que procederá na forma deste Código.

§ 2º Se o Ministério Público julgar necessários maiores esclarecimentos e documentos complementares ou outros elementos de convicção, deverá requisitá-los diretamente de quaisquer autoridades ou funcionários que possam fornecê-los.

Art. 357. Verificada a infração penal, o Ministério Público oferecerá a denúncia dentro do prazo de 10 (dez) dias.

§ 1º Se o órgão do Ministério Público, ao invés de apresentar a denúncia, requerer o arquivamento da comunicação, o juiz, no caso de considerar improcedentes as razões invocadas, fará remessa da comunicação ao Procurador Regional, e êste oferecerá a denúncia, designará outro Promotor para oferecê-la, ou insistirá no pedido de arquivamento, ao qual só então estará o juiz obrigado a atender.

§ 2º A denúncia conterá a exposição do fato criminoso com todas as suas circunstâncias, a qualificação do acusado ou esclarecimentos pelos quais se possa identificá-lo, a classificação do crime e, quando necessário, o rol das testemunhas.

§ 3º Se o órgão do Ministério Público não oferecer a denúncia no prazo legal representará contra êle a autoridade judiciária, sem prejuízo da apuração da responsabilidade penal.

§ 4º Ocorrendo a hipótese prevista no parágrafo anterior o juiz solicitará ao Procurador Regional a designação de outro promotor, que, no mesmo prazo, oferecerá a denúncia.

§ 5º Qualquer eleitor poderá provocar a representação contra o órgão do Ministério Público se o juiz, no prazo de 10 (dez) dias, não agir de ofício.

Art. 358. A denúncia, será rejeitada quando:

ANOTAÇÕES

I. o fato narrado evidentemente não constituir crime;

II. já estiver extinta a punibilidade, pela prescrição ou outra causa;

III. for manifesta a ilegitimidade da parte ou faltar condição exigida pela lei para o exercício da ação penal.

Parágrafo único. Nos casos do número III, a rejeição da denúncia não obstará ao exercício da ação penal, desde que promovida por parte legítima ou satisfeita a condição.

Art. 359. Recebida a denúncia, o juiz designará dia e hora para o depoimento pessoal do acusado, ordenando a citação deste e a notificação do Ministério Público. (Redação dada pela Lei nº 10.732, de 5.9.2003)

Parágrafo único. O réu ou seu defensor terá o prazo de 10 (dez) dias para oferecer alegações escritas e arrolar testemunhas. (Incluído pela Lei nº 10.732, de 5.9.2003)

Art. 360. Ouvidas as testemunhas da acusação e da defesa e praticadas as diligências requeridas pelo Ministério Público e deferidas ou ordenadas pelo juiz, abrir-se-á o prazo de 5 (cinco) dias a cada uma das partes - acusação e defesa - para alegações finais.

Art. 361. Decorrido esse prazo, e conclusos os autos ao juiz dentro de quarenta e oito horas, terá o mesmo 10 (dez) dias para proferir a sentença.

Art. 362. Das decisões finais de condenação ou absolvição cabe recurso para o Tribunal Regional, a ser interposto no prazo de 10 (dez) dias.

Art. 363. Se a decisão do Tribunal Regional for condenatória, baixarão imediatamente os autos à instância inferior para a execução da sentença, que será feita no prazo de 5 (cinco) dias, contados da data da vista ao Ministério Público.

Parágrafo único. Se o órgão do Ministério Público deixar de promover a execução da sentença serão aplicadas as normas constantes dos parágrafos 3º, 4º e 5º do Art. 357.

Art. 364. No processo e julgamento dos crimes eleitorais e dos comuns que lhes forem conexos, assim como nos recursos e na execução, que lhes digam respeito, aplicar-se-á, como lei subsidiária ou supletiva, o Código de Processo Penal.

TÍTULO V - DISPOSIÇÕES GERAIS E TRANSITÓRIAS

Art. 365. O serviço eleitoral prefere a qualquer outro, é obrigatório e não interrompe o interstício de promoção dos funcionários para êle requisitados.

Art. 366. Os funcionários de qualquer órgão da Justiça Eleitoral não poderão pertencer a diretório de partido político ou exercer qualquer atividade partidária, sob pena de demissão.

Art. 367. A imposição e a cobrança de qualquer multa, salvo no caso das condenações criminais, obedecerão às seguintes normas:

I. No arbitramento será levada em conta a condição econômica do eleitor;

II. Arbitrada a multa, de ofício ou a requerimento do eleitor, o pagamento será feito através de selo federal inutilizado no próprio requerimento ou no respectivo processo;

III. Se o eleitor não satisfizer o pagamento no prazo de 30 (trinta) dias, será considerada dívida líquida e certa, para efeito de cobrança mediante executivo fiscal, a que for inscrita em livro próprio no Cartório Eleitoral;

IV. A cobrança judicial da dívida será feita por ação executiva na forma prevista para a cobrança da dívida ativa da Fazenda Pública, correndo a ação perante os juízos eleitorais;

V. Nas Capitais e nas comarcas onde houver mais de um Promotor de Justiça, a cobrança da dívida far-se-á por intermédio do que for designado pelo Procurador Regional Eleitoral;

VI. Os recursos cabíveis, nos processos para cobrança da dívida decorrente de multa, serão interpostos para a instância superior da Justiça Eleitoral;

ANOTAÇÕES

VII. Em nenhum caso haverá recurso de ofício;

VIII. As custas, nos Estados, Distrito Federal e Territórios serão cobradas nos termos dos respectivos Regimentos de Custas;

IX. Os juízes eleitorais comunicarão aos Tribunais Regionais, trimestralmente, a importância total das multas impostas, nesse período e quanto foi arrecadado através de pagamentos feitos na forma dos números II e III;

X. Idêntica comunicação será feita pelos Tribunais Regionais ao Tribunal Superior.

§ 1º As multas aplicadas pelos Tribunais Eleitorais serão consideradas líquidas e certas, para efeito de cobrança mediante executivo fiscal desde que inscritas em livro próprio na Secretaria do Tribunal competente. (Incluído pela Lei nº 4.961, de 4.5.1966)

§ 2º A multa pode ser aumentada até dez vezes, se o juiz, ou Tribunal considerar que, em virtude da situação econômica do infrator, é ineficaz, embora aplicada no máximo. (Incluído pela Lei nº 4.961, de 4.5.1966)

§ 3º O alistando, ou o eleitor, que comprovar devidamente o seu estado de pobreza, ficará isento do pagamento de multa. (Incluído pela Lei nº 4.961, de 4.5.1966)

§ 4º Fica autorizado o Tesouro Nacional a emitir sêlos, sob a designação "Selo Eleitoral", destinados ao pagamento de emolumentos, custas, despesas e multas, tanto as administrativas como as penais, devidas à Justiça Eleitoral. (Incluído pela Lei nº 4.961, de 4.5.1966)

§ 5º Os pagamentos de multas poderão ser feitos através de guias de recolhimento, se a Justiça Eleitoral não dispuser de sêlo eleitoral em quantidade suficiente para atender aos interessados. (Incluído pela Lei nº 4.961, de 4.5.1966)

Art. 368. Os atos requeridos ou propostos em tempo oportuno, mesmo que não sejam apreciados no prazo legal, não prejudicarão aos interessados.

Art. 368-A. A prova testemunhal singular, quando exclusiva, não será aceita nos processos que possam levar à perda do mandato. (Incluído pela Lei nº 13.165, de 2015)

Art. 369. O Governo da União fornecerá, para ser distribuído por intermédio dos Tribunais Regionais, todo o material destinado ao alistamento eleitoral e às eleições.

Art. 370. As transmissões de natureza eleitoral, feitas por autoridades e repartições competentes, gozam de franquia postal, telegráfica, telefônica, radiotelegráfica ou radiotelefônica, em linhas oficiais ou nas que sejam obrigadas a serviço oficial.

Art. 371. As repartições públicas são obrigadas, no prazo máximo de 10 (dez) dias, a fornecer às autoridades, aos representantes de partidos ou a qualquer alistando as informações e certidões que solicitarem relativas à matéria eleitoral, desde que os interessados manifestem especificamente as razões e os fins do pedido.

Art. 372. Os tabeliães não poderão deixar de reconhecer nos documentos necessários à instrução dos requerimentos e recursos eleitorais, as firmas de pessoas de seu conhecimento, ou das que se apresentarem com 2 (dois) abonadores conhecidos.

Art. 373. São isentos de sêlo os requerimentos e todos os papéis destinados a fins eleitorais e é gratuito o reconhecimento de firma pelos tabeliães, para os mesmos fins.

Parágrafo único. Nos processos -crimes e nos executivos fiscais referente a cobrança de multas serão pagas custas nos têrmos do Regimento de Custas de cada Estado, sendo as devidas à União pagas através de sêlos federais inutilizados nos autos.

Art. 374. Os membros dos tribunais eleitorais, os juizes eleitorais e os servidores públicos requisitados para os órgãos da Justiça Eleitoral, que, em virtude de suas funções nos mencionados órgãos não tiverem as férias que lhes couberem, poderão gozá-las no ano seguinte , acumuladas ou não. (Redação dada pela Lei nº 4.961, de 4.5.1966)

ANOTAÇÕES

Parágrafo único. (Revogado pela Lei nº 4.961, de 4.5.1966)

Art. 375. Nas áreas contestadas, enquanto não forem fixados definitivamente os limites interestaduais, far-se-ão as eleições sob a jurisdição do Tribunal Regional da circunscrição eleitoral em que, do ponto de vista da administração judiciária estadual, estejam elas incluídas.

Art. 376. A proposta orçametária da Justiça Eleitoral será anualmente elaborada pelo Tribunal Superior, de acôrdo com as propostas parciais que lhe forem remetidas pelos Tribunais Regionais, e dentro das normas legais vigentes.

Parágrafo único. Os pedidos de créditos adicionais que se fizerem necessários ao bom andamento dos serviços eleitorais, durante o exercício serão encaminhados em relação trimestral à Câmara dos Deputados, por intermédio do Tribunal Superior.

Art. 377. O serviço de qualquer repartição, federal, estadual, municipal, autarquia, fundação do Estado, sociedade de economia mista, entidade mantida ou subvencionada pelo poder público, ou que realiza contrato com êste, inclusive o respectivo prédio e suas dependências não poderá ser utilizado para beneficiar partido ou organização de caráter político.

Parágrafo único. O disposto neste artigo será tornado efetivo, a qualquer tempo, pelo órgão competente da Justiça Eleitoral, conforme o âmbito nacional, regional ou municipal do órgão infrator mediante representação fundamentada partidário, ou de qualquer eleitor.

Art. 378. O Tribunal Superior organizará, mediante proposta do Corregedor Geral, os serviços da Corregedoria, designando para desempenhá-los funcionários efetivos do seu quadro e transformando o cargo de um dêles, diplomado em direito e de conduta moral irrepreensível, no de Escrivão da Corregedoria símbolo PJ - 1, a cuja nomeação serão inerentes, assim na Secretaria como nas diligências, as atribuições de titular de ofício de Justiça.

Art. 379. Serão considerados de relevância os serviços prestados pelos mesários e componentes das Juntas Apuradoras.

§ 1º Tratando-se de servidor público, em caso de promoção a prova de haver prestado tais serviços será levada em consideração para efeito de desempate, depois de observados os critérios já previstos em leis ou regulamentos.

§ 2º Persistindo o empate de que trata o parágrafo anterior, terá preferência, para a promoção, o funcionário que tenha servido maior número de vezes.

§ 3º O disposto neste artigo não se aplica aos membros ou servidores de Justiça Eleitoral.

Art. 380. Será feriado nacional o dia em que se realizarem eleições de data fixada pela Constituição Federal; nos demais casos, serão as eleições marcadas para um domingo ou dia já considerado feriado por lei anterior.

Art. 381. Esta lei não altera a situação das candidaturas a Presidente ou Vice-Presidente da República e a Governador ou Vice-Governador de Estado, desde que resultantes de convenções partidárias regulares e já registradas ou em processo de registro, salvo a ocorrência de outros motivos de ordem legal ou constitucional que as prejudiquem.

Parágrafo único. Se o registro requerido se referir isoladamente a Presidente ou a Vice-Presidente da República e a Governador ou Vice-Governador de Estado, a validade respectiva dependerá de complementação da chapa conjunta na firma e nos prazos previstos neste Código (Constituição, art. 81, com a redação dada pela Emenda Constitucional nº 9).

Art. 382. Este Código entrará em vigor 30 dias após a sua publicação.

Art. 383. Revogam-se as disposições em contrário.

ANOTAÇÕES

4. LEI Nº 5.249, DE 9 DE FEVEREIRO DE 1967

Dispõe sobre a Ação Pública de Crimes de Responsabilidade

Art. 1º. A falta de representação do ofendido, nos casos de abusos previstos na Lei nº 4.898, de 9 de dezembro de 1965, não obsta a iniciativa ou o curso de ação pública.

Art. 2º. A presente Lei entra em vigor na data de sua publicação.

Art. 3º. Revogam-se as disposições em contrário.

5. LEI Nº 5.553, DE 6 DE DEZEMBRO DE 1968

Dispõe sobre a apresentação e uso de documentos de identificação pessoal.

O PRESIDENTE DA REPÚBLICA. Faço saber que o Congresso Nacional decreta e eu sanciono a seguinte Lei:

Art. 1º A nenhuma pessoa física, bem como a nenhuma pessoa jurídica, de direito público ou de direito privado, é lícito reter qualquer documento de identificação pessoal, ainda que apresentado por fotocópia autenticada ou pública-forma, inclusive comprovante de quitação com o serviço militar, título de eleitor, carteira profissional, certidão de registro de nascimento, certidão de casamento, comprovante de naturalização e carteira de identidade de estrangeiro.

Art. 2º Quando, para a realização de determinado ato, for exigida a apresentação de documento de identificação, a pessoa que fizer a exigência fará extrair, no prazo de até 5 (cinco) dias, os dados que interessarem devolvendo em seguida o documento ao seu exibidor.

§ 1º - Além do prazo previsto neste artigo, somente por ordem judicial poderá ser retido qualquer documento de identificação pessoal. (Renumerado pela Lei nº 9.453, de 20/03/97)

§ 2º - Quando o documento de identidade for indispensável para a entrada de pessoa em órgãos públicos ou particulares, serão seus dados anotados no ato e devolvido o documento imediatamente ao interessado. (Incluído pela Lei nº 9.453, de 20/03/97)

Art. 3º Constitui contravenção penal, punível com pena de prisão simples de 1 (um) a 3 (três) meses ou multa de NCR$ 0,50 (cinquenta centavos) a NCR$ 3,00 (três cruzeiros novos), a retenção de qualquer documento a que se refere esta Lei.

Parágrafo único. Quando a infração for praticada por preposto ou agente de pessoa jurídica, considerar-se-á responsável quem houver ordenado o ato que ensejou a retenção, a menos que haja , pelo executante, desobediência ou inobservância de ordens ou instruções expressas, quando, então, será este o infrator.

Art. 4º O Poder Executivo regulamentará a presente Lei dentro do prazo de 60 (sessenta) dias, a contar da data de sua publicação.

Art. 5º Revogam-se as disposições em contrário.

6. LEI Nº 7.102, DE 20 DE JUNHO DE 1983

Dispõe sobre Segurança para Estabelecimentos Financeiros estabelece normas para constituição e funcionamento das empresas particulares que exploram serviços de vigilância e de transporte de valores, e dá outras providências.

O PRESIDENTE DA REPÚBLICA, faço saber que o Congresso Nacional decreta e eu sanciono a seguinte lei:

Art. 1º É vedado o funcionamento de qualquer estabelecimento financeiro onde haja guarda de valores ou movimentação de numerário, que não possua sistema de segurança com parecer favorável à sua aprovação, elaborado pelo Ministério da Justiça, na forma desta lei. (Redação dada pela Lei nº 9.017, de 1995) (Vide art. 16 da Lei nº 9.017, de 1995)

ANOTAÇÕES

§ 1º Os estabelecimentos financeiros referidos neste artigo compreendem bancos oficiais ou privados, caixas econômicas, sociedades de crédito, associações de poupança, suas agências, postos de atendimento, subagências e seções, assim como as cooperativas singulares de crédito e suas respectivas dependências. (Renumerado do parágrafo único com nova redação pela Lei nº 11.718, de 2008)

§ 2º O Poder Executivo estabelecerá, considerando a reduzida circulação financeira, requisitos próprios de segurança para as cooperativas singulares de crédito e suas dependências que contemplem, entre outros, os seguintes procedimentos: (Incluído pela Lei nº 11.718, de 2008)

I. dispensa de sistema de segurança para o estabelecimento de cooperativa singular de crédito que se situe dentro de qualquer edificação que possua estrutura de segurança instalada em conformidade com o art. 2º desta Lei; (Incluído pela Lei nº 11.718, de 2008)

II. necessidade de elaboração e aprovação de apenas um único plano de segurança por cooperativa singular de crédito, desde que detalhadas todas as suas dependências; (Incluído pela Lei nº 11.718, de 2008)

III. dispensa de contratação de vigilantes, caso isso inviabilize economicamente a existência do estabelecimento. (Incluído pela Lei nº 11.718, de 2008)

§ 3º Os processos administrativos em curso no âmbito do Departamento de Polícia Federal observarão os requisitos próprios de segurança para as cooperativas singulares de crédito e suas dependências. (Incluído pela Lei nº 11.718, de 2008)

Art. 2º - O sistema de segurança referido no artigo anterior inclui pessoas adequadamente preparadas, assim chamadas vigilantes; alarme capaz de permitir, com segurança, comunicação entre o estabelecimento financeiro e outro da mesma instituição, empresa de vigilância ou órgão policial mais próximo; e, pelo menos, mais um dos seguintes dispositivos:

I. equipamentos elétricos, eletrônicos e de filmagens que possibilitem a identificação dos assaltantes;

II. artefatos que retardem a ação dos criminosos, permitindo sua perseguição, identificação ou captura; e

III. cabina blindada com permanência ininterrupta de vigilante durante o expediente para o público e enquanto houver movimentação de numerário no interior do estabelecimento.

Parágrafo único. (Revogado pela Lei 9.017, de 1995)

Art. 2º-A As instituições financeiras e demais instituições autorizadas a funcionar pelo Banco Central do Brasil, que colocarem à disposição do público caixas eletrônicos, são obrigadas a instalar equipamentos que inutilizem as cédulas de moeda corrente depositadas no interior das máquinas em caso de arrombamento, movimento brusco ou alta temperatura. (Incluído pela Lei nº 13.654, de 2018)

§ 1º Para cumprimento do disposto no caput deste artigo, as instituições financeiras poderão utilizar-se de qualquer tipo de tecnologia existente para inutilizar as cédulas de moeda corrente depositadas no interior dos seus caixas eletrônicos, tais como: (Incluído pela Lei nº 13.654, de 2018)

I. tinta especial colorida; (Incluído pela Lei nº 13.654, de 2018)

II. pó químico; (Incluído pela Lei nº 13.654, de 2018)

III. ácidos insolventes; (Incluído pela Lei nº 13.654, de 2018)

IV. pirotecnia, desde que não coloque em perigo os usuários e funcionários que utilizam os caixas eletrônicos; (Incluído pela Lei nº 13.654, de 2018)

V. qualquer outra substância, desde que não coloque em perigo os usuários dos caixas eletrônicos. (Incluído pela Lei nº 13.654, de 2018)

§ 2º Será obrigatória a instalação de placa de alerta, que deverá ser afixada de forma visível no caixa eletrônico, bem como na entrada da instituição bancária que possua caixa eletrônico em seu interior, informando a existência do referido dispositivo e seu funcionamento. (Incluído pela Lei nº 13.654, de 2018)

§ 3º O descumprimento do disposto acima sujeitará as instituições financeiras infratoras às penalidades previstas no art. 7º desta Lei. (Incluído pela Lei nº 13.654, de 2018)

§ 4º As exigências previstas neste artigo poderão ser implantadas pelas instituições financeiras de maneira gradativa, atingindo-se, no mínimo, os seguintes percentuais, a partir da entrada em vigor desta Lei: (Incluído pela Lei nº 13.654, de 2018)

I. nos municípios com até 50.000 (cinquenta mil) habitantes, 50% (cinquenta por cento) em nove meses e os outros 50% (cinquenta por cento) em dezoito meses; (Incluído pela Lei nº 13.654, de 2018)

II. nos municípios com mais de 50.000 (cinquenta mil) até 500.000 (quinhentos mil) habitantes, 100% (cem por cento) em até vinte e quatro meses; (Incluído pela Lei nº 13.654, de 2018)

III. nos municípios com mais de 500.000 (quinhentos mil) habitantes, 100% (cem por cento) em até trinta e seis meses. (Incluído pela Lei nº 13.654, de 2018)

Art. 3º A vigilância ostensiva e o transporte de valores serão executados: (Redação dada pela Lei nº 9.017, de 1995)

I. por empresa especializada contratada; ou (Redação dada pela Lei nº 9.017, de 1995)

II. pelo próprio estabelecimento financeiro, desde que organizado e preparado para tal fim, com pessoal próprio, aprovado em curso de formação de vigilante autorizado pelo Ministério da Justiça e cujo sistema de segurança tenha parecer favorável à sua aprovação emitido pelo Ministério da Justiça. (Redação dada pela Lei nº 9.017, de 1995)

Parágrafo único. Nos estabelecimentos financeiros estaduais, o serviço de vigilância ostensiva poderá ser desempenhado pelas Polícias Militares, a critério do Governo da respectiva Unidade da Federação. (Redação dada pela Lei nº 9.017, de 1995)

Art. 4º O transporte de numerário em montante superior a vinte mil Ufir, para suprimento ou recolhimento do movimento diário dos estabelecimentos financeiros, será obrigatoriamente efetuado em veículo especial da própria instituição ou de empresa especializada. (Redação dada pela Lei nº 9.017, de 1995)

Art. 5º O transporte de numerário entre sete mil e vinte mil Ufirs poderá ser efetuado em veículo comum, com a presença de dois vigilantes. (Redação dada pela Lei nº 9.017, de 1995)

Art. 6º Além das atribuições previstas no art. 20, compete ao Ministério da Justiça: (Redação dada pela Lei nº 9.017, de 1995) (Vide art. 16 da Lei nº 9.017, de 1995)

I. fiscalizar os estabelecimentos financeiros quanto ao cumprimento desta lei; (Redação dada pela Lei nº 9.017, de 1995)

II. encaminhar parecer conclusivo quanto ao prévio cumprimento desta lei, pelo estabelecimento financeiro, à autoridade que autoriza o seu funcionamento; (Redação dada pela Lei nº 9.017, de 1995)

III. aplicar aos estabelecimentos financeiros as penalidades previstas nesta lei.

Parágrafo único. Para a execução da competência prevista no inciso I, o Ministério da Justiça poderá celebrar convênio com as Secretarias de Segurança Pública dos respectivos Estados e Distrito Federal. (Redação dada pela Lei nº 9.017, de 1995)

Art. 7º O estabelecimento financeiro que infringir disposição desta lei ficará sujeito às seguintes penalidades, conforme a gravidade da infração e levando-se em conta a reincidência e a condição econômica do infrator: (Redação dada pela Lei nº 9.017, de 1995) (Vide art. 16 da Lei nº 9.017, de 1995)

I. advertência; (Redação dada pela Lei nº 9.017, de 1995)

II. multa, de mil a vinte mil Ufirs; (Redação dada pela Lei nº 9.017, de 1995)

III. interdição do estabelecimento. (Redação dada pela Lei nº 9.017, de 1995)

ANOTAÇÕES

Art. 8º - Nenhuma sociedade seguradora poderá emitir, em favor de estabelecimentos financeiros, apólice de seguros que inclua cobertura garantindo riscos de roubo e furto qualificado de numerário e outros valores, sem comprovação de cumprimento, pelo segurado, das exigências previstas nesta Lei.

Parágrafo único - As apólices com infringência do disposto neste artigo não terão cobertura de resseguros pelo Instituto de Resseguros do Brasil.

Art. 9º - Nos seguros contra roubo e furto qualificado de estabelecimentos financeiros, serão concedidos descontos sobre os prêmios aos segurados que possuírem, além dos requisitos mínimos de segurança, outros meios de proteção previstos nesta Lei, na forma de seu regulamento.

Art. 10. São considerados como segurança privada as atividades desenvolvidas em prestação de serviços com a finalidade de: (Redação dada pela Lei nº 8.863, de 1994)

I. proceder à vigilância patrimonial das instituições financeiras e de outros estabelecimentos, públicos ou privados, bem como a segurança de pessoas físicas; (Incluído pela Lei nº 8.863, de 1994)

II. realizar o transporte de valores ou garantir o transporte de qualquer outro tipo de carga. (Incluído pela Lei nº 8.863, de 1994)

§ 1º Os serviços de vigilância e de transporte de valores poderão ser executados por uma mesma empresa. (Renumerado do parágrafo único pela Lei nº 8.863, de 1994)

§ 2º As empresas especializadas em prestação de serviços de segurança, vigilância e transporte de valores, constituídas sob a forma de empresas privadas, além das hipóteses previstas nos incisos do caput deste artigo, poderão se prestar ao exercício das atividades de segurança privada a pessoas; a estabelecimentos comerciais, industriais, de prestação de serviços e residências; a entidades sem fins lucrativos; e órgãos e empresas públicas. (Incluído pela Lei nº 8.863, de 1994)

§ 3º Serão regidas por esta lei, pelos regulamentos dela decorrentes e pelas disposições da legislação civil, comercial, trabalhista, previdenciária e penal, as empresas definidas no parágrafo anterior. (Incluído pela Lei nº 8.863, de 1994)

§ 4º As empresas que tenham objeto econômico diverso da vigilância ostensiva e do transporte de valores, que utilizem pessoal de quadro funcional próprio, para execução dessas atividades, ficam obrigadas ao cumprimento do disposto nesta lei e demais legislações pertinentes. (Incluído pela Lei nº 8.863, de 1994)

§ 5º (Vetado). (Incluído pela Lei nº 8.863, de 1994)

§ 6º (Vetado). (Incluído pela Lei nº 8.863, de 1994)

Art. 11 - A propriedade e a administração das empresas especializadas que vierem a se constituir são vedadas a estrangeiros.

Art. 12 - Os diretores e demais empregados das empresas especializadas não poderão ter antecedentes criminais registrados.

Art. 13. O capital integralizado das empresas especializadas não pode ser inferior a cem mil Ufirs. (Redação dada pela Lei nº 9.017, de 1995)

Art. 14 - São condições essenciais para que as empresas especializadas operem nos Estados, Territórios e Distrito Federal:

I. autorização de funcionamento concedida conforme o art. 20 desta Lei; e

II. comunicação à Secretaria de Segurança Pública do respectivo Estado, Território ou Distrito Federal.

Art. 15. Vigilante, para os efeitos desta lei, é o empregado contratado para a execução das atividades definidas nos incisos I e II do caput e §§ 2º, 3º e 4º do art. 10. (Redação dada pela Lei nº 8.863, de 1994)

Art. 16 - Para o exercício da profissão, o vigilante preencherá os seguintes requisitos:

I. ser brasileiro;

II. ter idade mínima de 21 (vinte e um) anos;

III. ter instrução correspondente à quarta série do primeiro grau;

ANOTAÇÕES

LEIS

ANOTAÇÕES

IV. ter sido aprovado, em curso de formação de vigilante, realizado em estabelecimento com funcionamento autorizado nos termos desta lei. (Redação dada pela Lei nº 8.863, de 1994)

V. ter sido aprovado em exame de saúde física, mental e psicotécnico;

VI. não ter antecedentes criminais registrados; e

VII. estar quite com as obrigações eleitorais e militares.

Parágrafo único - O requisito previsto no inciso III deste artigo não se aplica aos vigilantes admitidos até a publicação da presente Lei

Art. 17. O exercício da profissão de vigilante requer prévio registro no Departamento de Polícia Federal, que se fará após a apresentação dos documentos comprobatórios das situações enumeradas no art. 16. (Redação dada pela Medida Provisória nº 2.184-23, de 2001)

Art. 18 - O vigilante usará uniforme somente quando em efetivo serviço.

Art. 19 - É assegurado ao vigilante:

I. uniforme especial às expensas da empresa a que se vincular;

II. porte de arma, quando em serviço;

III. prisão especial por ato decorrente do serviço;

IV. seguro de vida em grupo, feito pela empresa empregadora.

Art. 20. Cabe ao Ministério da Justiça, por intermédio do seu órgão competente ou mediante convênio com as Secretarias de Segurança Pública dos Estados e Distrito Federal: (Redação dada pela Lei nº 9.017, de 1995)

I. conceder autorização para o funcionamento:

a) das empresas especializadas em serviços de vigilância;

b) das empresas especializadas em transporte de valores; e

c) dos cursos de formação de vigilantes;

II. fiscalizar as empresas e os cursos mencionados dos no inciso anterior;

III. aplicar às empresas e aos cursos a que se refere o inciso I deste artigo as penalidades previstas no art. 23 desta Lei;

IV. aprovar uniforme;

V. fixar o currículo dos cursos de formação de vigilantes;

VI. fixar o número de vigilantes das empresas especializadas em cada unidade da Federação;

VII. fixar a natureza e a quantidade de armas de propriedade das empresas especializadas e dos estabelecimentos financeiros;

VIII. autorizar a aquisição e a posse de armas e munições; e

IX. fiscalizar e controlar o armamento e a munição utilizados.

X. rever anualmente a autorização de funcionamento das empresas elencadas no inciso I deste artigo. (Incluído pela Lei nº 8.863, de 1994)

Parágrafo único. As competências previstas nos incisos I e V deste artigo não serão objeto de convênio. (Redação dada pela Lei nº 9.017, de 1995)

Art. 21 - As armas destinadas ao uso dos vigilantes serão de propriedade e responsabilidade:

I. das empresas especializadas;

II. dos estabelecimentos financeiros quando dispuserem de serviço organizado de vigilância, ou mesmo quando contratarem empresas especializadas.

Art. 22 - Será permitido ao vigilante, quando em serviço, portar revólver calibre 32 ou 38 e utilizar cassetete de madeira ou de borracha.

Parágrafo único - Os vigilantes, quando empenhados em transporte de valores, poderão também utilizar espingarda de uso permitido, de calibre 12, 16 ou 20, de fabricação nacional.

Art. 23 - As empresas especializadas e os cursos de formação de vigilantes que infringirem disposições desta Lei ficarão sujeitos às seguintes penalidades, aplicáveis pelo Ministério da Justiça, ou, mediante convênio, pelas Secretarias de Segurança Pública, conforme a gravidade da infração, levando-se em conta a reincidência e a condição econômica do infrator:

ANOTAÇÕES

I. advertência;

II. multa de quinhentas até cinco mil Ufirs: (Redação dada pela Lei nº 9.017, de 1995)

III. proibição temporária de funcionamento; e

IV. cancelamento do registro para funcionar.

Parágrafo único - Incorrerão nas penas previstas neste artigo as empresas e os estabelecimentos financeiros responsáveis pelo extravio de armas e munições.

Art. 24 - As empresas já em funcionamento deverão proceder à adaptação de suas atividades aos preceitos desta Lei nº prazo de 180 (cento e oitenta) dias, a contar da data em que entrar em vigor o regulamento da presente Lei, sob pena de terem suspenso seu funcionamento até que comprovem essa adaptação.

Art. 25 - O Poder Executivo regulamentará esta Lei nº prazo de 90 (noventa) dias a contar da data de sua publicação.

Art. 26 - Esta Lei entra em vigor na data de sua publicação.

Art. 27 - Revogam-se os Decretos-leis nº 1.034, de 21 de outubro de 1969, e nº 1.103, de 6 de abril de 1970, e as demais disposições em contrário.

7. DECRETO Nº 89.056, DE 24 DE NOVEMBRO 1983

Regulamenta a Lei nº 7.102, de 20 de junho de 1983

que "dispõe sobre segurança para estabelecimentos financeiros, estabelece normas para constituição e funcionamento das empresas particulares que exploram serviços de vigilância e de transporte de valores e dá outras providências".

O PRESIDENTE DA REPÚBLICA , usando das atribuições que lhe confere o artigo 81, inciso III, da Constituição Federal,

Art. 1º É vedado o funcionamento de qualquer estabelecimento financeiro onde haja guarda de valores ou movimento de numerário, que não possua sistema de segurança com parecer favorável à sua aprovação, elaborado pelo Ministério da Justiça, na forma deste Regulamento. (Redação dada pelo Decreto nº 1.592, de 1995)

Parágrafo único. Os estabelecimentos financeiros referidos neste artigo compreendem bancos oficiais ou privados, caixas econômicas, sociedades de crédito, associações de poupança, suas agências, subagências e seções.

Art. 2º O sistema de segurança será definido em um plano de segurança compreendendo vigilância ostensiva com número adequado de vigilantes, sistema de alarme e pelo menos mais um dos seguintes dispositivos:

I. equipamentos elétricos, eletrônicos e de filmagens instalados de forma a permitir captar e gravar as imagens de toda movimentação de público no interior do estabelecimento;

II. artefatos que retardem a ação dos criminosos, permitindo sua perseguição, identificação ou captura; ou

III. cabina blindada com permanência ininterrupta de vigilante durante o expediente para o público e enquanto houver movimentação de numerário no interior do estabelecimento.

Art. 3º. O estabelecimento financeiro ao requerer a autorização para funcionamento deverá juntar ao pedido o plano de segurança, os projetos de construção, instalação e manutenção do sistema de alarme e demais dispositivos de segurança adotados.

Art. 4º. O Banco Central do Brasil autorizará o funcionamento do estabelecimento financeiro após verificar o atendimento dos requisitos mínimos de segurança indispensáveis, ouvida a Secretaria de Segurança Pública da Unidade da Federação onde estiver situado o estabelecimento.

ANOTAÇÕES

Art. 5º. Vigilância ostensiva, para os efeitos deste Regulamento, consiste em atividade exercida no interior dos estabelecimentos e em transporte de valores, por pessoas uniformizadas e adequadamente preparadas para impedir ou inibir ação criminosa.

Art. 6º. O número mínimo de vigilantes adequado ao sistema de segurança de cada estabelecimento financeiro será definido no plano de segurança a que se refere o art. 2º, observados, entre outros critérios, as peculiaridades do estabelecimento, sua localização, área, instalações e encaixe.

Art. 7º. O sistema de alarme será de reconhecida eficiência, conforme projeto de construção, instalação e manutenção executado por empresa idônea, e de modo a permitir imediata comunicação do estabelecimento financeiro com órgão policial mais próximo, outro estabelecimento da mesma instituição ou empresa de vigilância.

Art. 8º. Os dispositivos de segurança previstos nos incisos I, II e III do art. 2º, adotados pelo estabelecimento financeiro, obedecerão a projetos de construção, instalação e manutenção executados por empresas idôneas, observadas as especificações técnicas asseguradoras de sua eficiência.

Art. 9º O transporte de numerário em montante superior a 20.000 (vinte mil) Unidades Fiscais de Referência (UFIR), para suprimento ou recolhimento do movimento diário dos estabelecimentos financeiros, será efetuado em veículo especial da própria instituição ou de empresa especializada. (Redação dada pelo Decreto nº 1.592, de 1995)

§ 1º. Consideram-se especiais para os efeitos, deste Regulamento, os veículos com especificações de segurança e dotados de guarnição mínima de vigilantes a serem estabelecidas pelo Ministério da Justiça.

§ 2º. Os veículos especiais para transporte de valores deverão ser mantidos em perfeito estado de conservação.

§ 3º. Os veículos especiais para transporte de valores serão periodicamente vistoriados pelos órgãos de trânsito e policial competentes.

Art. 10. Nas regiões onde for comprovada a impossibilidade do uso de veículo especial pela empresa especializada ou pelo próprio estabelecimento financeiro, o Ministério da Justiça poderá autorizar o transporte de numerário por via aérea, fluvial ou outros meios, condicionado à presença de no mínimo, dois vigilantes. (Redação dada pelo Decreto nº 1.592, de 1995)

Art. 11. O transporte de numerário entre 7.000 (sete mil) e 20.000 (vinte mil) UFIR poderá ser efetuado em veículo comum, com a presença de dois vigilantes. (Redação dada pelo Decreto nº 1.592, de 1995)

Art. 12. A vigilância ostensiva e o transporte de valores serão executados:

I. por empresa especializada contratada; ou

II. pelo próprio estabelecimento financeiro, desde que organizado e preparado para tal fim, com pessoal próprio, e cujo sistema de segurança tenha parecer favorável à sua aprovação, emitido pelo Ministério da Justiça. (Redação dada pelo Decreto nº 1.592, de 1995)

§ 1º. O Estabelecimento financeiro que mantiver serviço próprio de vigilância e de transporte de valores somente poderá operar com vigilantes habilitados ao exercício profissional nos termos deste Regulamento.

§ 2º Nos estabelecimentos financeiro estaduais, o serviço de vigilância ostensiva poderá ser desempenhado pelas Polícias Militares, a critérios do Governo da respectiva Unidade da Federação. (Redação dada pelo Decreto nº 1.592, de 1995)

§ 3º. Os serviços de vigilância ostensiva em estabelecimentos financeiros e o de transporte de valores poderão ser prestados por uma mesma empresa especializada.

Art. 13. O Ministério da Justiça, por intermédio do Departamento de Polícia Federal, ou mediante convênio com as Secretarias de Segurança Pública dos Estados, Territórios e do Distrito Federal, procederá pelo menos a uma fiscalização anual no estabelecimento financeiro, quanto ao cumprimento das disposições relativas ao sistema de segurança. (Redação dada pelo Decreto nº 1.592, de 1995)

Art. 14. O estabelecimento financeiro que infringir qualquer das disposições da Lei nº 7.102, de 20 de junho de 1983, e deste Regulamento, ficará sujeito às seguintes penalidades, aplicáveis pelo Ministério da Justiça, conforme a gravidade da infração e levando-se em conta a reincidência e a condição econômico do infrator: (Redação dada pelo Decreto nº 1.592, de 1995)

I. advertência; (Redação dada pelo Decreto nº 1.592, de 1995)

II. multa, de 1.000 (mil) a 20.000 (vinte mil) UFIR; (Redação dada pelo Decreto nº 1.592, de 1995)

III. interdição do estabelecimento. (Redação dada pelo Decreto nº 1.592, de 1995)

Parágrafo único. O Ministério da Justiça disporá sobre o procedimento para aplicação das penalidades previstas neste artigo, assegurado ao infrator direito de defesa e possibilidade de recurso.(Redação dada pelo Decreto nº 1.592, de 1995)

Art. 15. Vigilante, para os efeitos deste Regulamento, é o empregado contratado para a execução das atividades definidas nos incisos I e II, e § 2º, do art. 30, e no art. 31, caput , deste Regulamento.(Redação dada pelo Decreto nº 1.592, de 1995)

Art. 16. Para o exercício da profissão, o vigilante deverá registrar-se na Delegacia Regional do Trabalho do Ministério do Trabalho, comprovando:

I. ser brasileiro;

II. ter idade mínima de 21 (vinte e um) anos;

III. ter instrução correspondente à quarta série do ensino do primeiro grau;

IV. ter sido aprovado em curso de formação de vigilante, realizado em estabelecimento com funcionamento autorizado. (Redação dada pelo Decreto nº 1.592, de 1995)

V. ter sido aprovado em exame de saúde física, mental e psicotécnico;

VI. não ter antecedentes criminais registrados; e

VII. estar quite com as obrigações eleitorais e militares.

§ 1º. O requisito previsto no inciso III deste artigo não se aplica aos vigilantes em exercício da profissão, desde que admitidos por empresa especializada até o dia 21 de junho de 1983.

§ 2º. O exame de sanidade física e mental será realizado de acordo com o disposto em norma regulamentadora do Ministério do Trabalho.

§ 3º. O exame psicotécnico será realizado conforme instruções do Ministério do Trabalho.

Art. 17. O registro de que trata o artigo anterior poderá ser promovido pela entidade realizadora do curso de formação de vigilantes.

Art. 18. O vigilante deverá submeter-se anualmente a rigoroso exame de saúde física e mental, bem como manter-se adequadamente preparado para o exercício da atividade profissional.

Art. 19. O vigilante usará uniforme somente quando em efetivo serviço.

Parágrafo único. Para os efeitos deste artigo, considera-se efetivo serviço o exercício da atividade de vigilância ostensiva no local de trabalho, conforme o disposto no art. 5º.

Art. 20. É assegurado ao vigilante:

I. uniforme especial aprovado pela Ministério da Justiça, a expensas do empregador;

II. porte de arma, quando no exercício da atividade de vigilância no local de trabalho;

III. prisão especial por ato decorrente do exercício da atividade de vigilância; e

IV. seguro de vida em grupo, feito pelo empregador.

Art. 21. A contratação do seguro de vida em grupo assegurado ao vigilante será disciplinada pelo Conselho Nacional de Seguros Privados.

ANOTAÇÕES

LEIS

ANOTAÇÕES

Art. 22. Será permitido ao vigilante, quando em efetivo serviço, portar revólver calibre 32 ou 38 e utilizar cassetete de madeira ou de borracha.

Parágrafo único. Os vigilantes, quando empenhados em transporte de valores, poderão, também, portar espingarda de uso permitido, de calibre 12, 16 ou 20, de fabricação nacional.

Art. 23. O curso de formação de vigilantes somente poderá ser ministrado por instituição capacitada e idônea, autorizada a funcionar pelo Ministério da Justiça.

§ 1º Não será autorizado a funcionar o curso que não disponha de instalações seguras e adequadas, de uso exclusivo, para treinamento teórico e prático dos candidatos a vigilantes.

§ 2º - Na hipótese de não haver disponibilidade de utilização de estande de tiro no município sede do curso, pertencente a organizações militares ou policiais civis, será autorizada a instalação de estande próprio.

Art. 24. O Ministério da Justiça fixará o currículo do curso de formação de vigilantes e a carga horária para cada disciplina.

Art. 25. São requisitos para a inscrição do candidato ao curso de formação de vigilantes:

I. ser brasileiro;

II. ter instrução correspondente à quarta série do ensino do primeiro grau;

III. ter sido aprovado em exame de saúde física, mental e psicotécnico;

IV. não ter antecedentes criminais registrados;

V. estar quite com as obrigações eleitorais e militares.

Parágrafo único. Aos vigilantes em exercício na profissão, contratados até 21 de junho de 1983, não se aplica a exigência do inciso II.

Art. 26. A avaliação final do curso em formação de vigilantes será constituída de exame teórico e prático das disciplinas do currículo.

Parágrafo único. Somente poderá submeter-se à prova de avaliação final o candidato que houver concluído o curso com frequência de 90% (noventa por cento) da carga horária de cada disciplina.

Art. 27. O candidato aprovado no curso de formação de vigilantes receberá certificado nominal de conclusão do curso expedido pela instituição especializada e registrado no Ministério da Justiça.

Art. 28. O curso de formação de vigilantes será fiscalizado pelo Ministério da Justiça.

Art. 29. A instituição responsável pelo curso de formação de vigilantes remeterá ao órgão fiscalizador, até 5 (cinco) dias após o início de cada curso, relação nominal e qualificação dos candidatos nele matriculados.

Art. 30. São considerados como segurança privada as atividades desenvolvidas em prestação de serviços com a finalidade de: (Redação dada pelo Decreto nº 1.592, de 1995)

I. proceder à vigilância patrimonial das instituições financeiras e de outros estabelecimentos, públicos ou privados, e à segurança de pessoas físicas; (Incluído pelo Decreto nº 1.592, de 1995)

II. realizar o transporte de valores ou garantir o transporte de qualquer outro tipo de carga. (Incluído pelo Decreto nº 1.592, de 1995)

§ 1º As atividades de segurança privada desenvolvidas por empresas especializadas em prestação de serviços, com a finalidade de proceder à segurança de pessoas físicas e de garantir o transporte de valores ou de qualquer outro tipo de carga, serão consideradas, para os efeitos deste Regulamento, segurança pessoal privada e escolta armada, respectivamente. (Redação dada pelo Decreto nº 1.592, de 1995)

§ 2º As empresas especializadas em prestação de serviços de segurança, vigilância e transporte de valores, constituídas sob a forma de empresas privadas, além das hipóteses previstas nos incisos I e II deste artigo, poderão se prestar: (Redação dada pelo Decreto nº 1.592, de 1995)

ANOTAÇÕES

a) ao exercício das atividades de segurança privada a pessoas;

b) a estabelecimentos comerciais, indústrias, de prestação de serviços e residências;

c) a entidades sem fins lucrativos;

d) a órgãos e empresas públicas.

§ 3º Os serviços de vigilância e de transporte de valores poderão ser executados por uma mesma empresa. (Redação dada pelo Decreto nº 1.592, de 1995)

§ 4º As empresas de que trata o § 2º deste artigo serão regidas pela Lei nº 7.102, de 20 de junho de 1983, por este Regulamento e pelas normas da legislação civil, comercial, trabalhista, previdenciária e penal. (Incluído pelo Decreto nº 1.592, de 1995)

§ 5º A propriedade e a administração das empresas especializadas que vierem a se constituir são vedadas a estrangeiros. (Incluído pelo Decreto nº 1.592, de 1995)

§ 6º Os diretores e demais empregados das empresas especializadas não poderão ter antecedentes criminais registrados. (Incluído pelo Decreto nº 1.592, de 1995)

§ 7º O capital integralizado das empresas especializadas não poderá ser inferior a 100.000 (cem mil) UFIR. (Incluído pelo Decreto nº 1.592, de 1995)

Art. 31. As empresas que tenham objeto econômico diverso da vigilância ostensiva e do transporte de valores, que utilizem pessoal de quadro funcional próprio para a execução dessas atividades, ficam obrigadas ao cumprimento do disposto neste Regulamento e demais legislações pertinentes. (Redação dada pelo Decreto nº 1.592, de 1995)

§ 1º Os serviços de segurança a que se refere este artigo denominam-se serviços orgânicos de segurança. (Incluído pelo Decreto nº 1.592, de 1995)

§ 2º As empresas autorizadas a exercer serviços orgânicos de segurança não poderão comercializar os serviços de vigilância e transporte de valores. (Incluído pelo Decreto nº 1.592, de 1995)

Art. 32. Cabe ao Ministério da Justiça, por intermédio do Departamento de Polícia Federal, autorizar, controlar e fiscalizar o funcionamento das empresas especializadas, dos cursos de formação de vigilantes e das empresas que exercem serviços orgânicos de segurança. (Redação dada pelo Decreto nº 1.592, de 1995)

§ 1º O pedido de autorização para o funcionamento das empresas especializadas será dirigido ao Departamento de Polícia Federal e será instruído com: (Incluído pelo Decreto nº 1.592, de 1995)

a) requerimento assinado pelo titular da empresa;

b) cópia ou certidão dos atos constitutivos devidamente registrados no registro de pessoas jurídicas;

c) comprovante de inscrição nos órgãos administrativos federais competentes;

d) modelo de uniforme especial de seus vigilantes;

e) cópia da Carteira de Identidade, CPF, Título de Eleitor e Certificado de Reservista ou documento equivalente dos sócios-proprietários, diretores e gerentes da empresa;

f) prova de que os sócios-proprietários, diretores e gerentes não tenham antecedentes criminais registrados;

§ 2º Qualquer alteração referente ao estabelecido nas alíneas b e d deste artigo dependerá de prévia autorização do Ministério da Justiça. (Incluído pelo Decreto nº 1.592, de 1995)

§ 3º Quando se tratar de pedido de autorização para o exercício da atividade de segurança pessoal privada e escolta armada a empresa deverá apresentar: (Incluído pelo Decreto nº 1.592, de 1995)

a) comprovante de funcionamento nas atividades de vigilância ou transporte de valores, há pelo menos um ano;

b) prova de que a empresa e suas filiais estão em dia com as obrigações fiscais, com as contribuições previdenciárias e com o Fundo de Garantia por Tempo de Serviço (FGTS).

§ 4º O pedido de autorização para o funcionamento das empresas que executam serviços orgânicos de segurança será dirigido ao Ministério da Justiça e será instruído com: (Incluído pelo Decreto nº 1.592, de 1995)

a) comprovante de que a empresa possui instalações adequadas para operacionalizar os serviços orgânicos de segurança;

b) documentos pessoais dos responsáveis pelo setor que executará o serviço;

c) prova de que os sócios-proprietários, diretores e gerentes da empresa que executa serviços orgânicos e de que os responsáveis pelo setor de segurança não tenham condenação criminal registrada;

d) relação dos vigilantes;

e) modelo do uniforme especial dos vigilantes;

f) relação das armas e munições de propriedade e responsabilidade da empresa, acompanhada de cópia do registro no órgão de segurança pública ou declaração de que não as possui;

g) relação dos veículos especiais, no caso dos serviços próprios de transporte de valores.

§ 5º A relação dos vigilantes deverá conter: (Incluído pelo Decreto nº 1.592, de 1995)

a) cópia dos documentos pessoais;

b) comprovante de conclusão, com aproveitamento, do curso de formação de vigilantes e reciclagem, quando for o caso;

c) comprovante de registro na Delegacia Regional do Trabalho;

d) cópia da Carteira de Trabalho e Previdência Social, na parte referente à identificação e vínculo empregatício;

e) cópia de apólice de seguro que identifique o número dos segurados.

§ 6º Consideram-se possuidoras de instalações adequadas ao exercício da segurança orgânica as empresas que dispuserem de: (Incluído pelo Decreto nº 1.592, de 1995)

a) local seguro e adequado à guarda de armas e munições;

b) setor operacional dotado de sistema de comunicação com os vigilantes empenhados em serviço;

c) sistema de alarme ou outro meio de segurança eletrônica conectado com a unidade local da Polícia Militar, Civil ou empresa de segurança privada.

§ 7º A revisão da autorização de funcionamento das empresas de segurança privada e das empresas que executam serviços orgânicos de segurança deverá ser requerida, anualmente, a contar da publicação da autorização no Diário Oficial da União, mediante apresentação de: (Incluído pelo Decreto nº 1.592, de 1995)

a) comprovante de quitação das penas pecuniárias que tenham sido aplicadas à empresa por transgressões às normas que regulamentam a atividade;

b) Certidão Negativa quanto à Dívida Ativa da União, Estado e Município;

c) comprovante de recolhimento previdenciário e do FGTS;

d) Certificado de Segurança atualizado;

e) prova de que os sócios-proprietários, diretores e gerentes da empresa de segurança privada não tenham condenação criminal registrada;

f) prova de que os sócios-proprietários, diretores e gerentes da empresa que executa serviços orgânicos e de que os responsáveis pelo seu setor de segurança não tenham condenação criminal registrada.

§ 8º Para o desempenho das atividades de segurança pessoal privada e escolta armada, o vigilante, além do curso de formação, deverá: (Incluído pelo Decreto nº 1.592, de 1995)

a) possuir experiência mínima, comprovada, de um ano na atividade de vigilância;

b) ter comportamento social e funcional irrepreensível;

c) ter sido selecionado, observando-se a natureza especial do serviço;

d) portar credencial funcional, fornecida pela empresa, no moldes fixados pelo Ministério da Justiça;

e) frequentar os cursos de reciclagem, com aproveitamento, a cada período de dois anos, a contar do curso de extensão.

§ 9º Para o exercício das atividades de segurança pessoal privada e de escolta armada, o vigilante deverá ter concluído, com aproveitamento, curso de extensão correspondente em empresas de curso devidamente autorizada a ministrá-lo. (Incluído pelo Decreto nº 1.592, de 1995)

§ 10. O Ministério da Justiça fixará o currículo para os cursos de extensão em escolta armada e segurança pessoal privada. (Incluído pelo Decreto nº 1.592, de 1995)

Art. 33. O uniforme será adequado às condições climáticas do lugar onde o vigilante prestar serviço e de modo a não prejudicar o perfeito exercício de suas atividades profissionais.

§ 1º. Das especificações do uniforme constará:

I. apito com cordão;

II. emblema da empresa; e

III. plaqueta de identificação do vigilante.

§ 2º. A plaqueta de identificação prevista no inciso III do parágrafo anterior será autenticada pela empresa, terá validade de 6 (seis) meses e conterá o nome, número de registro na Delegacia Regional do Trabalho do Ministério do Trabalho e fotografia tamanho 3x4 do vigilante.

Art. 34. O modelo de uniforme especial dos vigilantes não será aprovado pelo Ministério da Justiça quando semelhante aos utilizados pelas Forças Armadas e Forças Auxiliares.

Art. 35. Não será autorizado o funcionamento de empresa especializada que não disponha de recursos humanos e financeiros ou de instalações adequadas ao permanente treinamento de seus vigilantes.

Parágrafo único. Aplica-se às empresas especializadas o disposto no § 2º do art. 23.

Art. 36. Não será autorizado o funcionamento de empresa especializada em transporte de valores e de empresa que executa serviços orgânicos de transporte de valores sem a apresentação dos certificados de propriedade e dos laudos de vistoria dos veículos especiais. (Redação dada pelo Decreto nº 1.592, de 1995)

Art. 37. Não será autorizado o funcionamento de empresa especializada e de curso de formação de vigilantes quando seus objetivos ou circunstâncias relevantes indicarem destino ou atividades ilícitos, contrários, nocivos ou perigosos ao bem público e a segurança do Estado e da coletividade.

Art. 38. Para que as empresas especializadas e as que executem serviços orgânicos de segurança operem nos Estados e Distrito Federal, além de autorizadas a funcionar na forma Deste Regulamento, deverão promover comunicação à Secretaria de Segurança Pública da respectiva Unidade da Federação. (Redação dada pelo Decreto nº 1.592, de 1995)

§ 1º. Da comunicação deverá constar:

I. cópia do instrumento de autorização para funcionamento;

II. cópia dos atos construtivos da empresa;

III. nome, qualificação e endereço atualizado dos sócios-proprietários, diretores e gerentes da empresa; bem como dos responsáveis pelo armamento e munição;

IV. relação atualizada dos vigilantes e demais funcionários;

V. endereço da sede, escritório e demais instalações da empresa;

VI. especificações do uniforme especial aprovado para uso dos vigilantes;

VII. relação pormenorizada das armas e munições de propriedade e responsabilidade da empresa;

VIII. relação dos veículos especiais, no caso de empresa especializada em transporte de valores e de empresa que executa serviços orgânicos de transporte de valores; (Redação dada pelo Decreto nº 1.592, de 1995)

ANOTAÇÕES

IX. relação dos estabelecimentos aos quais são prestados serviços de vigilância ou de transporte de valores; e

X. outras informações, a critério da respectiva Secretaria de Segurança Pública.

§ 2º Os incisos II e IX do parágrafo anterior não se aplicam as empresas que executam serviços orgânicos de segurança. (Redação dada pelo Decreto nº 1.592, de 1995)

§ 3º Qualquer alteração dos dados a que se refere o parágrafo anterior será comunicada à respectiva Secretaria de Segurança Pública. (Incluído pelo Decreto nº 1.592, de 1995)

Art. 39. O Ministério da Justiça fiscalizará as empresas especializadas autorizadas a funcionar na forma deste Regulamento.

Parágrafo único. A fiscalização a que se refere este artigo será realizada ao menos uma vez por ano.

Art. 40. Verificada a existência de infração a dispositivo da Lei nº 7.102, de 20 de junho de 1983, e deste Regulamento, as empresas especializadas, as empresas que executam serviços orgânicos de segurança e os cursos de formação de vigilantes ficam sujeitos às seguintes penalidades, aplicáveis pelo Ministério da Justiça, conforme a gravidade da infração, levando-se em conta a reincidência e a condição econômica do infrator: (Redação dada pelo Decreto nº 1.592, de 1995)

I. advertência;

II. multa de 500 (quinhentos) até 5.000 (cinco mil) UFIR;

III. proibição temporária de funcionamento;

IV. cancelamento do registro para funcionar.

Parágrafo único. O Ministério da Justiça disporá sobre o procedimento para a aplicação das penalidades previstas neste artigo, assegurado ao infrator direito de defesa e possibilidade de recursos.(Redação dada pelo Decreto nº 1.592, de 1995)

Art. 41. Os números máximo e mínimo de vigilantes das empresas especializadas em cada unidade da Federação serão fixados pelo Ministério da Justiça.

Parágrafo único. O número de vigilantes das empresas especializadas em cada unidade da Federação compreenderá o número de vigilantes contratados por empresas especializadas que tenham um mesmo sócio-proprietário.

Art. 42. As armas e as munições destinadas ao uso de treinamento dos vigilantes serão de propriedade e responsabilidade: (Redação dada pelo Decreto nº 1.592, de 1995)

I. das empresas especializadas; (Redação dada pelo Decreto nº 1.592, de 1995)

II. dos estabelecimentos financeiros, quando dispuserem de serviço organizado de vigilância, ou quando contratarem empresa especializada; (Redação dada pelo Decreto nº 1.592, de 1995)

III. da empresa executante dos serviços orgânicos de segurança. (Incluído pelo Decreto nº 1.592, de 1995)

Art. 43 .As armas e as munições utilizadas pelos Instrutores e alunos do curso de formação de vigilantes serão de propriedade e responsabilidade da instituição autorizada a ministrar o curso.

Art. 44. O Ministério da Justiça fixará a natureza e a quantidade de armas de propriedade e responsabilidade do estabelecimento financeiro, do curso de formação de vigilantes, da empresa especializada e da executante dos serviços orgânicos de segurança. (Redação dada pelo Decreto nº 1.592, de 1995)

Art. 45. A aquisição e a aposse de armas e munições por estabelecimento financeiro, empresa especializada, empresa executante de serviços orgânicos de segurança e cursos de formação de vigilantes dependerão de autorização do Ministério da Justiça. (Redação dada pelo Decreto nº 1.592, de 1995)

Art. 46. As armas e munições de propriedade e responsabilidade dos cursos de formação de vigilantes, das empresas especializadas e dos estabelecimentos financeiros serão guardadas em lugar seguro, de difícil acesso a pessoas estranhas ao serviço.

ANOTAÇÕES

Art. 47. Todo armamento e munição destinados à formação, ao treinamento e ao uso dos vigilantes serão fiscalizados e controlados pelo Ministério da Justiça.

Art. 48. Incorrerão nas penas previstas no art. 40 os cursos de formação de vigilantes, as empresas especializadas, as empresas que executam serviços orgânicos de segurança e os estabelecimentos financeiros responsáveis pelo extravio de armas e munições de sua propriedade e responsabilidade. (Redação dada pelo Decreto nº 1.592, de 1995)

Art. 49. O armamento e as munições de que tratam os arts. 42 e 43 serão recolhidos ao Ministério da Justiça, para custódia, no caso de paralisação ou extinção da empresa especializada, da empresa executante dos serviços orgânicos de segurança do curso de formação de vigilantes ou da instituição financeira. (Redação dada pelo Decreto nº 1.592, de 1995)

Art. 50. As empresas já em funcionamento no País, em 21 de junho de 1983 deverão adaptar-se a este Regulamento, no prazo de 180 (cento e oitenta) dias a contar de sua publicação, sob pena de terem suspenso a seu funcionamento até que comprovem essa adaptação.

Parágrafo único. As empresas, após a adaptação prevista neste artigo, deverão requerer a fiscalização do órgão competente e apresentar ao Ministério da Justiça relação permenorizada das armas e munições de sua propriedade e responsabilidade.

Art. 51. O Ministério da Justiça e o Ministério do Trabalho baixarão normas dispondo sobre a competência que lhes é atribuída pela Lei nº 7.102, de 20 de junho de 1983. (Redação dada pelo Decreto nº 1.592, de 1995)

Art. 52. A competência prevista nos arts. 27, 28, 32, 39, 40, caput , 41, 44, 45 e 47 poderá ser objeto de convênio com as Secretarias de Segurança Pública dos Estados e Distrito Federal. (Redação dada pelo Decreto nº 1.592, de 1995)

Art. 53. As multas e taxas decorrentes da atividade de fiscalização das empresas de segurança privada constituirão recursos diretamente arrecadados na Fonte 150 a serem consignados no Orçamento do Departamento de Polícia Federal, no Programa de Trabalho 06.030.0174.2081.0001 - Operações do Policiamento Federal. (Redação dada pelo Decreto nº 1.592, de 1995)

Art. 54. O Ministério da Justiça, pelo seu órgão próprio, encaminhará, no prazo de 30 dias, ao competente Serviço de Fiscalização de Produtos Controlados Regional - SFPC, do Ministério do Exército, com relação às empresas especializadas e empresas executantes dos serviços orgânicos de segurança em funcionamento e às que vierem a ser constituídas, os seguintes dados: (Redação dada pelo Decreto nº 1.592, de 1995)

I. nome dos responsáveis;

II. números máximo e mínimo de vigilantes com que opera ou está autorizada a operar;

III. quantidade de armas que possui ou está autorizada a possuir e respectiva dotação de munição;

IV. qualquer alteração na quantidade de armas a que se refere o item anterior;

V. certificado de segurança para guarda de armas e munições;

VI. transferência de armas e munições de uma para outra unidade da Federação; e

VII. paralisação ou extinção de empresas especializadas e de serviços orgânicos de segurança. (Redação dada pelo Decreto nº 1.592, de 1995)

§ 1º. Para as empresas já em funcionamento, o prazo referido neste artigo será contado a partir da sua adaptação, nos termos do art. 50 deste Regulamento.

§ 2º. Para as novas empresas o prazo será contado a partir da data da autorização para seu funcionamento.

Art. 55. Nenhuma sociedade seguradora poderá emitir, em favor de estabelecimento financeiro, apólice de seguro que inclua cobertura garantindo riscos de roubo e furto qualificado de numerário e outros valores, sem comprovação de cumprimento, pelo segurado, das exigências quanto ao sistema de segurança previstas na Lei nº 7.102, de 20 de junho de 1983, e neste Regulamento.

Parágrafo único. As apólices com infringência do disposto neste artigo não terão cobertura de resseguro pelo Instituto de Resseguros do Brasil.

Art. 56. Nos seguros contra roubo e furto qualificado de estabelecimentos financeiros, serão concedidos descontos sobre os prêmios aos segurados que possuírem, além dos requisitos mínimos de segurança, outros meios de proteção.

§ 1º. Os descontos sobre prêmios previstos neste artigo constarão das tarifas dos seguros aprovados pela Superintendência de Seguros Privados - SUSEP.

§ 2º. Enquanto as taxas e descontos não forem incluídos nas tarifas, as Seguradoras, de comum acordo com o Instituto de Resseguros do Brasil, darão tratamento privilegiado aos segurados que dispuserem de outros meios de proteção além dos requisitos mínimos exigidos.

Art. 57 Este decreto entra em vigor na data de sua publicação.

8. LEI Nº 7.210, DE 11 DE JULHO DE 1984

Institui a Lei de Execução Penal.

O PRESIDENTE DA REPÚBLICA, faço saber que o Congresso Nacional decreta e eu sanciono a seguinte Lei:

TÍTULO I - DO OBJETO E DA APLICAÇÃO DA LEI DE EXECUÇÃO PENAL

Art. 1º A execução penal tem por objetivo efetivar as disposições de sentença ou decisão criminal e proporcionar condições para a harmônica integração social do condenado e do internado.

Art. 2º A jurisdição penal dos Juízes ou Tribunais da Justiça ordinária, em todo o Território Nacional, será exercida, no processo de execução, na conformidade desta Lei e do Código de Processo Penal.

Parágrafo único. Esta Lei aplicar-se-á igualmente ao preso provisório e ao condenado pela Justiça Eleitoral ou Militar, quando recolhido a estabelecimento sujeito à jurisdição ordinária.

Art. 3º Ao condenado e ao internado serão assegurados todos os direitos não atingidos pela sentença ou pela lei.

Parágrafo único. Não haverá qualquer distinção de natureza racial, social, religiosa ou política.

Art. 4º O Estado deverá recorrer à cooperação da comunidade nas atividades de execução da pena e da medida de segurança.

TÍTULO II - DO CONDENADO E DO INTERNADO

CAPÍTULO I - DA CLASSIFICAÇÃO

Art. 5º Os condenados serão classificados, segundo os seus antecedentes e personalidade, para orientar a individualização da execução penal.

Art. 6º A classificação será feita por Comissão Técnica de Classificação que elaborará o programa individualizador da pena privativa de liberdade adequada ao condenado ou preso provisório. (Redação dada pela Lei nº 10.792, de 2003)

Art. 7º A Comissão Técnica de Classificação, existente em cada estabelecimento, será presidida pelo diretor e composta, no mínimo, por 2 (dois) chefes de serviço, 1 (um) psiquiatra, 1 (um) psicólogo e 1 (um) assistente social, quando se tratar de condenado à pena privativa de liberdade.

Parágrafo único. Nos demais casos a Comissão atuará junto ao Juízo da Execução e será integrada por fiscais do serviço social.

Art. 8º O condenado ao cumprimento de pena privativa de liberdade, em regime fechado, será submetido a exame criminológico para a obtenção dos elementos necessários a uma adequada classificação e com vistas à individualização da execução.

Parágrafo único. Ao exame de que trata este artigo poderá ser submetido o condenado ao cumprimento da pena privativa de liberdade em regime semi-aberto.

Art. 9º A Comissão, no exame para a obtenção de dados reveladores da personalidade, observando a ética profissional e tendo sempre presentes peças ou informações do processo, poderá:

I. entrevistar pessoas;

II. requisitar, de repartições ou estabelecimentos privados, dados e informações a respeito do condenado;

III. realizar outras diligências e exames necessários.

Art. 9º-A. Os condenados por crime praticado, dolosamente, com violência de natureza grave contra pessoa, ou por qualquer dos crimes previstos no art. 1º da Lei nº 8.072, de 25 de julho de 1990, serão submetidos, obrigatoriamente, à identificação do perfil genético, mediante extração de DNA - ácido desoxirribonucleico, por técnica adequada e indolor. (Incluído pela Lei nº 12.654, de 2012)

§ 1º A identificação do perfil genético será armazenada em banco de dados sigiloso, conforme regulamento a ser expedido pelo Poder Executivo. (Incluído pela Lei nº 12.654, de 2012)

§ 1º-A. A regulamentação deverá fazer constar garantias mínimas de proteção de dados genéticos, observando as melhores práticas da genética forense. (Incluído pela Lei nº 13.964, de 24.12.2019)

§ 2º A autoridade policial, federal ou estadual, poderá requerer ao juiz competente, no caso de inquérito instaurado, o acesso ao banco de dados de identificação de perfil genético. (Incluído pela Lei nº 12.654, de 2012)

§ 3º Deve ser viabilizado ao titular de dados genéticos o acesso aos seus dados constantes nos bancos de perfis genéticos, bem como a todos os documentos da cadeia de custódia que gerou esse dado, de maneira que possa ser contraditado pela defesa. (Incluído pela Lei nº 13.964, de 24.12.2019)

§ 4º O condenado pelos crimes previstos no caput deste artigo que não tiver sido submetido à identificação do perfil genético por ocasião do ingresso no estabelecimento prisional deverá ser submetido ao procedimento durante o cumprimento da pena. (Incluído pela Lei nº 13.964, de 24.12.2019)

§ 5º (VETADO).

§ 6º (VETADO).

§ 7º (VETADO).

§ 8º Constitui falta grave a recusa do condenado em submeter-se ao procedimento de identificação do perfil genético. (Incluído pela Lei nº 13.964, de 24.12.2019)

CAPÍTULO II - DA ASSISTÊNCIA

SEÇÃO I - DISPOSIÇÕES GERAIS

Art. 10. A assistência ao preso e ao internado é dever do Estado, objetivando prevenir o crime e orientar o retorno à convivência em sociedade.

Parágrafo único. A assistência estende-se ao egresso.

Art. 11. A assistência será:

I. material;

II. à saúde;

III -jurídica;

IV. educacional;

V. social;

VI. religiosa.

ANOTAÇÕES

ANOTAÇÕES

LEIS

ANOTAÇÕES

SEÇÃO II - DA ASSISTÊNCIA MATERIAL

Art. 12. A assistência material ao preso e ao internado consistirá no fornecimento de alimentação, vestuário e instalações higiênicas.

Art. 13. O estabelecimento disporá de instalações e serviços que atendam aos presos nas suas necessidades pessoais, além de locais destinados à venda de produtos e objetos permitidos e não fornecidos pela Administração.

SEÇÃO III - DA ASSISTÊNCIA À SAÚDE

Art. 14. A assistência à saúde do preso e do internado de caráter preventivo e curativo, compreenderá atendimento médico, farmacêutico e odontológico.

§ 1º (Vetado).

§ 2º Quando o estabelecimento penal não estiver aparelhado para prover a assistência médica necessária, esta será prestada em outro local, mediante autorização da direção do estabelecimento.

§ 3º Será assegurado acompanhamento médico à mulher, principalmente no pré-natal e no pós-parto, extensivo ao recém-nascido. (Incluído pela Lei nº 11.942, de 2009)

SEÇÃO IV - DA ASSISTÊNCIA JURÍDICA

Art. 15. A assistência jurídica é destinada aos presos e aos internados sem recursos financeiros para constituir advogado.

Art. 16. As Unidades da Federação deverão ter serviços de assistência jurídica, integral e gratuita, pela Defensoria Pública, dentro e fora dos estabelecimentos penais. (Redação dada pela Lei nº 12.313, de 2010).

§ 1º As Unidades da Federação deverão prestar auxílio estrutural, pessoal e material à Defensoria Pública, no exercício de suas funções, dentro e fora dos estabelecimentos penais. (Incluído pela Lei nº 12.313, de 2010).

§ 2º Em todos os estabelecimentos penais, haverá local apropriado destinado ao atendimento pelo Defensor Público. (Incluído pela Lei nº 12.313, de 2010).

§ 3º Fora dos estabelecimentos penais, serão implementados Núcleos Especializados da Defensoria Pública para a prestação de assistência jurídica integral e gratuita aos réus, sentenciados em liberdade, egressos e seus familiares, sem recursos financeiros para constituir advogado. (Incluído pela Lei nº 12.313, de 2010).

SEÇÃO V - DA ASSISTÊNCIA EDUCACIONAL

Art. 17. A assistência educacional compreenderá a instrução escolar e a formação profissional do preso e do internado.

Art. 18. O ensino de 1º grau será obrigatório, integrando-se no sistema escolar da Unidade Federativa.

Art. 18-A. O ensino médio, regular ou supletivo, com formação geral ou educação profissional de nível médio, será implantado nos presídios, em obediência ao preceito constitucional de sua universalização. (Incluído pela Lei nº 13.163, de 2015)

§ 1º O ensino ministrado aos presos e presas integrar-se-á ao sistema estadual e municipal de ensino e será mantido, administrativa e financeiramente, com o apoio da União, não só com os recursos destinados à educação, mas pelo sistema estadual de justiça ou administração penitenciária. (Incluído pela Lei nº 13.163, de 2015)

§ 2º Os sistemas de ensino oferecerão aos presos e às presas cursos supletivos de educação de jovens e adultos. (Incluído pela Lei nº 13.163, de 2015)

§ 3º A União, os Estados, os Municípios e o Distrito Federal incluirão em seus programas de educação à distância e de utilização de novas tecnologias de ensino, o atendimento aos presos e às presas. (Incluído pela Lei nº 13.163, de 2015)

Art. 19. O ensino profissional será ministrado em nível de iniciação ou de aperfeiçoamento técnico.

Parágrafo único. A mulher condenada terá ensino profissional adequado à sua condição.

ANOTAÇÕES

Art. 20. As atividades educacionais podem ser objeto de convênio com entidades públicas ou particulares, que instalem escolas ou ofereçam cursos especializados.

Art. 21. Em atendimento às condições locais, dotar-se-á cada estabelecimento de uma biblioteca, para uso de todas as categorias de reclusos, provida de livros instrutivos, recreativos e didáticos.

Art. 21-A. O censo penitenciário deverá apurar: (Incluído pela Lei nº 13.163, de 2015)

I. o nível de escolaridade dos presos e das presas; (Incluído pela Lei nº 13.163, de 2015)

II. a existência de cursos nos níveis fundamental e médio e o número de presos e presas atendidos; (Incluído pela Lei nº 13.163, de 2015)

III. a implementação de cursos profissionais em nível de iniciação ou aperfeiçoamento técnico e o número de presos e presas atendidos; (Incluído pela Lei nº 13.163, de 2015)

IV. a existência de bibliotecas e as condições de seu acervo; (Incluído pela Lei nº 13.163, de 2015)

V. outros dados relevantes para o aprimoramento educacional de presos e presas. (Incluído pela Lei nº 13.163, de 2015)

SEÇÃO VI - DA ASSISTÊNCIA SOCIAL

Art. 22. A assistência social tem por finalidade amparar o preso e o internado e prepará-los para o retorno à liberdade.

Art. 23. Incumbe ao serviço de assistência social:

I. conhecer os resultados dos diagnósticos ou exames;

II. relatar, por escrito, ao Diretor do estabelecimento, os problemas e as dificuldades enfrentadas pelo assistido;

III. acompanhar o resultado das permissões de saídas e das saídas temporárias;

IV. promover, no estabelecimento, pelos meios disponíveis, a recreação;

V. promover a orientação do assistido, na fase final do cumprimento da pena, e do liberando, de modo a facilitar o seu retorno à liberdade;

VI. providenciar a obtenção de documentos, dos benefícios da Previdência Social e do seguro por acidente no trabalho;

VII. orientar e amparar, quando necessário, a família do preso, do internado e da vítima.

SEÇÃO VII - DA ASSISTÊNCIA RELIGIOSA

Art. 24. A assistência religiosa, com liberdade de culto, será prestada aos presos e aos internados, permitindo-se-lhes a participação nos serviços organizados no estabelecimento penal, bem como a posse de livros de instrução religiosa.

§ 1º No estabelecimento haverá local apropriado para os cultos religiosos.

§ 2º Nenhum preso ou internado poderá ser obrigado a participar de atividade religiosa.

SEÇÃO VIII - DA ASSISTÊNCIA AO EGRESSO

Art. 25. A assistência ao egresso consiste:

I. na orientação e apoio para reintegrá-lo à vida em liberdade;

II. na concessão, se necessário, de alojamento e alimentação, em estabelecimento adequado, pelo prazo de 2 (dois) meses.

Parágrafo único. O prazo estabelecido no inciso II poderá ser prorrogado uma única vez, comprovado, por declaração do assistente social, o empenho na obtenção de emprego.

Art. 26. Considera-se egresso para os efeitos desta Lei:

I. o liberado definitivo, pelo prazo de 1 (um) ano a contar da saída do estabelecimento;

II. o liberado condicional, durante o período de prova.

Art. 27.O serviço de assistência social colaborará com o egresso para a obtenção de trabalho.

CAPÍTULO III - DO TRABALHO

SEÇÃO I - DISPOSIÇÕES GERAIS

Art. 28. O trabalho do condenado, como dever social e condição de dignidade humana, terá finalidade educativa e produtiva.

§ 1º Aplicam-se à organização e aos métodos de trabalho as precauções relativas à segurança e à higiene.

§ 2º O trabalho do preso não está sujeito ao regime da Consolidação das Leis do Trabalho.

Art. 29. O trabalho do preso será remunerado, mediante prévia tabela, não podendo ser inferior a 3/4 (três quartos) do salário mínimo.

§ 1º O produto da remuneração pelo trabalho deverá atender:

a) à indenização dos danos causados pelo crime, desde que determinados judicialmente e não reparados por outros meios;

b) à assistência à família;

c) a pequenas despesas pessoais;

d) ao ressarcimento ao Estado das despesas realizadas com a manutenção do condenado, em proporção a ser fixada e sem prejuízo da destinação prevista nas letras anteriores.

§ 2º Ressalvadas outras aplicações legais, será depositada a parte restante para constituição do pecúlio, em Caderneta de Poupança, que será entregue ao condenado quando posto em liberdade.

Art. 30. As tarefas executadas como prestação de serviço à comunidade não serão remuneradas.

SEÇÃO II - DO TRABALHO INTERNO

Art. 31. O condenado à pena privativa de liberdade está obrigado ao trabalho na medida de suas aptidões e capacidade.

Parágrafo único. Para o preso provisório, o trabalho não é obrigatório e só poderá ser executado no interior do estabelecimento.

Art. 32. Na atribuição do trabalho deverão ser levadas em conta a habilitação, a condição pessoal e as necessidades futuras do preso, bem como as oportunidades oferecidas pelo mercado.

§ 1º Deverá ser limitado, tanto quanto possível, o artesanato sem expressão econômica, salvo nas regiões de turismo.

§ 2º Os maiores de 60 (sessenta) anos poderão solicitar ocupação adequada à sua idade.

§ 3º Os doentes ou deficientes físicos somente exercerão atividades apropriadas ao seu estado.

Art. 33. A jornada normal de trabalho não será inferior a 6 (seis) nem superior a 8 (oito) horas, com descanso nos domingos e feriados.

Parágrafo único. Poderá ser atribuído horário especial de trabalho aos presos designados para os serviços de conservação e manutenção do estabelecimento penal.

Art. 34. O trabalho poderá ser gerenciado por fundação, ou empresa pública, com autonomia administrativa, e terá por objetivo a formação profissional do condenado.

§ 1º. Nessa hipótese, incumbirá à entidade gerenciadora promover e supervisionar a produção, com critérios e métodos empresariais, encarregar-se de sua comercialização, bem como suportar despesas, inclusive pagamento de remuneração adequada. (Renumerado pela Lei nº 10.792, de 2003)

§ 2º Os governos federal, estadual e municipal poderão celebrar convênio com a iniciativa privada, para implantação de oficinas de trabalho referentes a setores de apoio dos presídios. (Incluído pela Lei nº 10.792, de 2003)

Art. 35. Os órgãos da Administração Direta ou Indireta da União, Estados, Territórios, Distrito Federal e dos Municípios adquirirão, com dispensa de concorrência pública, os bens ou produtos do trabalho prisional, sempre que não for possível ou recomendável realizar-se a venda a particulares.

Parágrafo único. Todas as importâncias arrecadadas com as vendas reverterão em favor da fundação ou empresa pública a que alude o artigo anterior ou, na sua falta, do estabelecimento penal.

SEÇÃO III - DO TRABALHO EXTERNO

Art. 36. O trabalho externo será admissível para os presos em regime fechado somente em serviço ou obras públicas realizadas por órgãos da Administração Direta ou Indireta, ou entidades privadas, desde que tomadas as cautelas contra a fuga e em favor da disciplina.

§ 1º O limite máximo do número de presos será de 10% (dez por cento) do total de empregados na obra.

§ 2º Caberá ao órgão da administração, à entidade ou à empresa empreiteira a remuneração desse trabalho.

§ 3º A prestação de trabalho à entidade privada depende do consentimento expresso do preso.

Art. 37. A prestação de trabalho externo, a ser autorizada pela direção do estabelecimento, dependerá de aptidão, disciplina e responsabilidade, além do cumprimento mínimo de 1/6 (um sexto) da pena.

Parágrafo único. Revogar-se-á a autorização de trabalho externo ao preso que vier a praticar fato definido como crime, for punido por falta grave, ou tiver comportamento contrário aos requisitos estabelecidos neste artigo.

CAPÍTULO IV - DOS DEVERES, DOS DIREITOS E DA DISCIPLINA

SEÇÃO I - DOS DEVERES

Art. 38. Cumpre ao condenado, além das obrigações legais inerentes ao seu estado, submeter-se às normas de execução da pena.

Art. 39. Constituem deveres do condenado:

I. comportamento disciplinado e cumprimento fiel da sentença;

II. obediência ao servidor e respeito a qualquer pessoa com quem deva relacionar-se;

III. urbanidade e respeito no trato com os demais condenados;

IV. conduta oposta aos movimentos individuais ou coletivos de fuga ou de subversão à ordem ou à disciplina;

V. execução do trabalho, das tarefas e das ordens recebidas;

VI. submissão à sanção disciplinar imposta;

VII. indenização à vitima ou aos seus sucessores;

VIII. indenização ao Estado, quando possível, das despesas realizadas com a sua manutenção, mediante desconto proporcional da remuneração do trabalho;

IX. higiene pessoal e asseio da cela ou alojamento;

X. conservação dos objetos de uso pessoal.

Parágrafo único. Aplica-se ao preso provisório, no que couber, o disposto neste artigo.

SEÇÃO II - DOS DIREITOS

Art. 40 - Impõe-se a todas as autoridades o respeito à integridade física e moral dos condenados e dos presos provisórios.

Art. 41 - Constituem direitos do preso:

I. alimentação suficiente e vestuário;

II. atribuição de trabalho e sua remuneração;

III. Previdência Social;

IV. constituição de pecúlio;

V. proporcionalidade na distribuição do tempo para o trabalho, o descanso e a recreação;

VI. exercício das atividades profissionais, intelectuais, artísticas e desportivas anteriores, desde que compatíveis com a execução da pena;

VII. assistência material, à saúde, jurídica, educacional, social e religiosa;

ANOTAÇÕES

ANOTAÇÕES

LEIS

ANOTAÇÕES

VIII. proteção contra qualquer forma de sensacionalismo;

IX. entrevista pessoal e reservada com o advogado;

X. visita do cônjuge, da companheira, de parentes e amigos em dias determinados;

XI. chamamento nominal;

XII. igualdade de tratamento salvo quanto às exigências da individualização da pena;

XIII. audiência especial com o diretor do estabelecimento;

XIV. representação e petição a qualquer autoridade, em defesa de direito;

XV. contato com o mundo exterior por meio de correspondência escrita, da leitura e de outros meios de informação que não comprometam a moral e os bons costumes.

XVI. atestado de pena a cumprir, emitido anualmente, sob pena da responsabilidade da autoridade judiciária competente. (Incluído pela Lei nº 10.713, de 2003)

Parágrafo único. Os direitos previstos nos incisos V, X e XV poderão ser suspensos ou restringidos mediante ato motivado do diretor do estabelecimento.

Art. 42 - Aplica-se ao preso provisório e ao submetido à medida de segurança, no que couber, o disposto nesta Seção.

Art. 43 - É garantida a liberdade de contratar médico de confiança pessoal do internado ou do submetido a tratamento ambulatorial, por seus familiares ou dependentes, a fim de orientar e acompanhar o tratamento.

Parágrafo único. As divergências entre o médico oficial e o particular serão resolvidas pelo Juiz da execução.

SEÇÃO III - DA DISCIPLINA

SUBSEÇÃO I - DISPOSIÇÕES GERAIS

Art. 44. A disciplina consiste na colaboração com a ordem, na obediência às determinações das autoridades e seus agentes e no desempenho do trabalho.

Parágrafo único. Estão sujeitos à disciplina o condenado à pena privativa de liberdade ou restritiva de direitos e o preso provisório.

Art. 45. Não haverá falta nem sanção disciplinar sem expressa e anterior previsão legal ou regulamentar.

§ 1º As sanções não poderão colocar em perigo a integridade física e moral do condenado.

§ 2º É vedado o emprego de cela escura.

§ 3º São vedadas as sanções coletivas.

Art. 46. O condenado ou denunciado, no início da execução da pena ou da prisão, será cientificado das normas disciplinares.

Art. 47. O poder disciplinar, na execução da pena privativa de liberdade, será exercido pela autoridade administrativa conforme as disposições regulamentares.

Art. 48. Na execução das penas restritivas de direitos, o poder disciplinar será exercido pela autoridade administrativa a que estiver sujeito o condenado.

Parágrafo único. Nas faltas graves, a autoridade representará ao Juiz da execução para os fins dos artigos 118, inciso I, 125, 127, 181, §§ 1º, letra d, e 2º desta Lei.

SUBSEÇÃO II - DAS FALTAS DISCIPLINARES

Art. 49. As faltas disciplinares classificam-se em leves, médias e graves. A legislação local especificará as leves e médias, bem assim as respectivas sanções.

Parágrafo único. Pune-se a tentativa com a sanção correspondente à falta consumada.

Art. 50. Comete falta grave o condenado à pena privativa de liberdade que:

I. incitar ou participar de movimento para subverter a ordem ou a disciplina;

II. fugir;

ANOTAÇÕES

III. possuir, indevidamente, instrumento capaz de ofender a integridade física de outrem;

IV. provocar acidente de trabalho;

V. descumprir, no regime aberto, as condições impostas;

VI. inobservar os deveres previstos nos incisos II e V, do artigo 39, desta Lei.

VII. tiver em sua posse, utilizar ou fornecer aparelho telefônico, de rádio ou similar, que permita a comunicação com outros presos ou com o ambiente externo. (Incluído pela Lei nº 11.466, de 2007)

VIII. recusar submeter-se ao procedimento de identificação do perfil genético. (Incluído pela Lei nº 13.964, de 24.12.2019)

Parágrafo único. O disposto neste artigo aplica-se, no que couber, ao preso provisório.

Art. 51. Comete falta grave o condenado à pena restritiva de direitos que:

I. descumprir, injustificadamente, a restrição imposta;

II. retardar, injustificadamente, o cumprimento da obrigação imposta;

III. inobservar os deveres previstos nos incisos II e V, do artigo 39, desta Lei.

Art. 52. A prática de fato previsto como crime doloso constitui falta grave e, quando ocasionar subversão da ordem ou disciplina internas, sujeitará o preso provisório, ou condenado, nacional ou estrangeiro, sem prejuízo da sanção penal, ao regime disciplinar diferenciado, com as seguintes características: (Redação dada pela Lei nº 13.964, de 24.12.2019)

I. duração máxima de até 2 (dois) anos, sem prejuízo de repetição da sanção por nova falta grave de mesma espécie; (Redação dada pela Lei nº 13.964, de 24.12.2019)

II. recolhimento em cela individual; (Redação dada pela Lei nº 13.964, de 24.12.2019)

III. visitas quinzenais, de 2 (duas) pessoas por vez, a serem realizadas em instalações equipadas para impedir o contato físico e a passagem de objetos, por pessoa da família ou, no caso de terceiro, autorizado judicialmente, com duração de 2 (duas) horas; (Redação dada pela Lei nº 13.964, de 24.12.2019)

IV. direito do preso à saída da cela por 2 (duas) horas diárias para banho de sol, em grupos de até 4 (quatro) presos, desde que não haja contato com presos do mesmo grupo criminoso; (Redação dada pela Lei nº 13.964, de 24.12.2019)

V. entrevistas sempre monitoradas, exceto aquelas com seu defensor, em instalações equipadas para impedir o contato físico e a passagem de objetos, salvo expressa autorização judicial em contrário; (Incluído pela Lei nº 13.964, de 24.12.2019)

VI. fiscalização do conteúdo da correspondência;(Incluído pela Lei nº 13.964, de 24.12.2019)

VII. participação em audiências judiciais preferencialmente por videoconferência, garantindo-se a participação do defensor no mesmo ambiente do preso. (Incluído pela Lei nº 13.964, de 24.12.2019)

§ 1º O regime disciplinar diferenciado também será aplicado aos presos provisórios ou condenados, nacionais ou estrangeiros: (Redação dada pela Lei nº 13.964, de 24.12.2019)

I. que apresentem alto risco para a ordem e a segurança do estabelecimento penal ou da sociedade; (Incluído pela Lei nº 13.964, de 24.12.2019)

II. sob os quais recaiam fundadas suspeitas de envolvimento ou participação, a qualquer título, em organização criminosa, associação criminosa ou milícia privada, independentemente da prática de falta grave. (Incluído pela Lei nº 13.964, de 24.12.2019)

§ 2º (Revogado). (Redação dada pela Lei nº 13.964, de 24.12.2019)

§ 3º Existindo indícios de que o preso exerce liderança em organização criminosa, associação criminosa ou milícia privada, ou que tenha atuação criminosa em 2 (dois) ou mais Estados da Federação, o regime disciplinar diferenciado será obrigatoriamente cumprido em estabelecimento prisional federal. (Incluído pela Lei nº 13.964, de 24.12.2019)

§ 4º Na hipótese dos parágrafos anteriores, o regime disciplinar diferenciado poderá ser prorrogado sucessivamente, por períodos de 1 (um) ano, existindo indícios de que o preso: (Incluído pela Lei nº 13.964, de 24.12.2019)

I. continua apresentando alto risco para a ordem e a segurança do estabelecimento penal de origem ou da sociedade; (Incluído pela Lei nº 13.964, de 24.12.2019)

II. mantém os vínculos com organização criminosa, associação criminosa ou milícia privada, considerados também o perfil criminal e a função desempenhada por ele no grupo criminoso, a operação duradoura do grupo, a superveniência de novos processos criminais e os resultados do tratamento penitenciário. (Incluído pela Lei nº 13.964, de 24.12.2019)

§ 5º Na hipótese prevista no § 3º deste artigo, o regime disciplinar diferenciado deverá contar com alta segurança interna e externa, principalmente no que diz respeito à necessidade de se evitar contato do preso com membros de sua organização criminosa, associação criminosa ou milícia privada, ou de grupos rivais. (Incluído pela Lei nº 13.964, de 24.12.2019)

§ 6º A visita de que trata o inciso III do caput deste artigo será gravada em sistema de áudio ou de áudio e vídeo e, com autorização judicial, fiscalizada por agente penitenciário. (Incluído pela Lei nº 13.964, de 24.12.2019)

§ 7º Após os primeiros 6 (seis) meses de regime disciplinar diferenciado, o preso que não receber a visita de que trata o inciso III do caput deste artigo poderá, após prévio agendamento, ter contato telefônico, que será gravado, com uma pessoa da família, 2 (duas) vezes por mês e por 10 (dez) minutos. (Incluído pela Lei nº 13.964, de 24.12.2019)

SUBSEÇÃO III - DAS SANÇÕES E DAS RECOMPENSAS

Art. 53. Constituem sanções disciplinares:

I. advertência verbal;

II. repreensão;

III. suspensão ou restrição de direitos (artigo 41, parágrafo único);

IV. isolamento na própria cela, ou em local adequado, nos estabelecimentos que possuam alojamento coletivo, observado o disposto no artigo 88 desta Lei.

V. inclusão no regime disciplinar diferenciado. (Incluído pela Lei nº 10.792, de 2003)

Art. 54. As sanções dos incisos I a IV do art. 53 serão aplicadas por ato motivado do diretor do estabelecimento e a do inciso V, por prévio e fundamentado despacho do juiz competente. (Redação dada pela Lei nº 10.792, de 2003)

§ 1º A autorização para a inclusão do preso em regime disciplinar dependerá de requerimento circunstanciado elaborado pelo diretor do estabelecimento ou outra autoridade administrativa. (Incluído pela Lei nº 10.792, de 2003)

§ 2º A decisão judicial sobre inclusão de preso em regime disciplinar será precedida de manifestação do Ministério Público e da defesa e prolatada no prazo máximo de quinze dias. (Incluído pela Lei nº 10.792, de 2003)

Art. 55. As recompensas têm em vista o bom comportamento reconhecido em favor do condenado, de sua colaboração com a disciplina e de sua dedicação ao trabalho.

Art. 56. São recompensas:

I. o elogio;

II. a concessão de regalias.

Parágrafo único. A legislação local e os regulamentos estabelecerão a natureza e a forma de concessão de regalias.

SUBSEÇÃO IV - DA APLICAÇÃO DAS SANÇÕES

Art. 57. Na aplicação das sanções disciplinares, levar-se-ão em conta a natureza, os motivos, as circunstâncias e as consequências do fato, bem como a pessoa do faltoso e seu tempo de prisão. (Redação dada pela Lei nº 10.792, de 2003)

Parágrafo único. Nas faltas graves, aplicam-se as sanções previstas nos incisos III a V do art. 53 desta Lei. (Redação dada pela Lei nº 10.792, de 2003)

Art. 58. O isolamento, a suspensão e a restrição de direitos não poderão exceder a trinta dias, ressalvada a hipótese do regime disciplinar diferenciado. (Redação dada pela Lei nº 10.792, de 2003)

Parágrafo único. O isolamento será sempre comunicado ao Juiz da execução.

SUBSEÇÃO V - DO PROCEDIMENTO DISCIPLINAR

Art. 59. Praticada a falta disciplinar, deverá ser instaurado o procedimento para sua apuração, conforme regulamento, assegurado o direito de defesa.

Parágrafo único. A decisão será motivada.

Art. 60. A autoridade administrativa poderá decretar o isolamento preventivo do faltoso pelo prazo de até dez dias. A inclusão do preso no regime disciplinar diferenciado, no interesse da disciplina e da averiguação do fato, dependerá de despacho do juiz competente. (Redação dada pela Lei nº 10.792, de 2003)

Parágrafo único. O tempo de isolamento ou inclusão preventiva no regime disciplinar diferenciado será computado no período de cumprimento da sanção disciplinar. (Redação dada pela Lei nº 10.792, de 2003)

TÍTULO III - DOS ÓRGÃOS DA EXECUÇÃO PENAL

CAPÍTULO I - DISPOSIÇÕES GERAIS

Art. 61. São órgãos da execução penal:

I. o Conselho Nacional de Política Criminal e Penitenciária;

II. o Juízo da Execução;

III. o Ministério Público;

IV. o Conselho Penitenciário;

V. os Departamentos Penitenciários;

VI. o Patronato;

VII. o Conselho da Comunidade.

VIII. a Defensoria Pública. (Incluído pela Lei nº 12.313, de 2010).

CAPÍTULO II - DO CONSELHO NACIONAL DE POLÍTICA CRIMINAL E PENITENCIÁRIA

Art. 62. O Conselho Nacional de Política Criminal e Penitenciária, com sede na Capital da República, é subordinado ao Ministério da Justiça.

Art. 63. O Conselho Nacional de Política Criminal e Penitenciária será integrado por 13 (treze) membros designados através de ato do Ministério da Justiça, dentre professores e profissionais da área do Direito Penal, Processual Penal, Penitenciário e ciências correlatas, bem como por representantes da comunidade e dos Ministérios da área social.

Parágrafo único. O mandato dos membros do Conselho terá duração de 2 (dois) anos, renovado 1/3 (um terço) em cada ano.

Art. 64. Ao Conselho Nacional de Política Criminal e Penitenciária, no exercício de suas atividades, em âmbito federal ou estadual, incumbe:

I. propor diretrizes da política criminal quanto à prevenção do delito, administração da Justiça Criminal e execução das penas e das medidas de segurança;

II. contribuir na elaboração de planos nacionais de desenvolvimento, sugerindo as metas e prioridades da política criminal e penitenciária;

ANOTAÇÕES

ANOTAÇÕES

LEIS

ANOTAÇÕES

III. promover a avaliação periódica do sistema criminal para a sua adequação às necessidades do País;

IV. estimular e promover a pesquisa criminológica;

V. elaborar programa nacional penitenciário de formação e aperfeiçoamento do servidor;

VI. estabelecer regras sobre a arquitetura e construção de estabelecimentos penais e casas de albergados;

VII. estabelecer os critérios para a elaboração da estatística criminal;

VIII. inspecionar e fiscalizar os estabelecimentos penais, bem assim informar-se, mediante relatórios do Conselho Penitenciário, requisições, visitas ou outros meios, acerca do desenvolvimento da execução penal nos Estados, Territórios e Distrito Federal, propondo às autoridades dela incumbida as medidas necessárias ao seu aprimoramento;

IX. representar ao Juiz da execução ou à autoridade administrativa para instauração de sindicância ou procedimento administrativo, em caso de violação das normas referentes à execução penal;

X. representar à autoridade competente para a interdição, no todo ou em parte, de estabelecimento penal.

CAPÍTULO III - DO JUÍZO DA EXECUÇÃO

Art. 65. A execução penal competirá ao Juiz indicado na lei local de organização judiciária e, na sua ausência, ao da sentença.

Art. 66. Compete ao Juiz da execução:

I. aplicar aos casos julgados lei posterior que de qualquer modo favorecer o condenado;

II. declarar extinta a punibilidade;

III. decidir sobre:

a) soma ou unificação de penas;

b) progressão ou regressão nos regimes;

c) detração e remição da pena;

d) suspensão condicional da pena;

e) livramento condicional;

f) incidentes da execução.

IV. autorizar saídas temporárias;

V. determinar:

a) a forma de cumprimento da pena restritiva de direitos e fiscalizar sua execução;

b) a conversão da pena restritiva de direitos e de multa em privativa de liberdade;

c) a conversão da pena privativa de liberdade em restritiva de direitos;

d) a aplicação da medida de segurança, bem como a substituição da pena por medida de segurança;

e) a revogação da medida de segurança;

f) a desinternação e o restabelecimento da situação anterior;

g) o cumprimento de pena ou medida de segurança em outra comarca;

h) a remoção do condenado na hipótese prevista no § 1º, do artigo 86, desta Lei.

i) (VETADO); (Incluído pela Lei nº 12.258, de 2010)

VI. zelar pelo correto cumprimento da pena e da medida de segurança;

VII. inspecionar, mensalmente, os estabelecimentos penais, tomando providências para o adequado funcionamento e promovendo, quando for o caso, a apuração de responsabilidade;

VIII. interditar, no todo ou em parte, estabelecimento penal que estiver funcionando em condições inadequadas ou com infringência aos dispositivos desta Lei;

IX. compor e instalar o Conselho da Comunidade.

X. emitir anualmente atestado de pena a cumprir. (Incluído pela Lei nº 10.713, de 2003)

CAPÍTULO IV - DO MINISTÉRIO PÚBLICO

Art. 67. O Ministério Público fiscalizará a execução da pena e da medida de segurança, oficiando no processo executivo e nos incidentes da execução.

ANOTAÇÕES

Art. 68. Incumbe, ainda, ao Ministério Público:

I. fiscalizar a regularidade formal das guias de recolhimento e de internamento;

II. requerer:

a) todas as providências necessárias ao desenvolvimento do processo executivo;

b) a instauração dos incidentes de excesso ou desvio de execução;

c) a aplicação de medida de segurança, bem como a substituição da pena por medida de segurança;

d) a revogação da medida de segurança;

e) a conversão de penas, a progressão ou regressão nos regimes e a revogação da suspensão condicional da pena e do livramento condicional;

f) a internação, a desinternação e o restabelecimento da situação anterior.

III. interpor recursos de decisões proferidas pela autoridade judiciária, durante a execução.

Parágrafo único. O órgão do Ministério Público visitará mensalmente os estabelecimentos penais, registrando a sua presença em livro próprio.

CAPÍTULO V - DO CONSELHO PENITENCIÁRIO

Art. 69. O Conselho Penitenciário é órgão consultivo e fiscalizador da execução da pena.

§ 1º O Conselho será integrado por membros nomeados pelo Governador do Estado, do Distrito Federal e dos Territórios, dentre professores e profissionais da área do Direito Penal, Processual Penal, Penitenciário e ciências correlatas, bem como por representantes da comunidade. A legislação federal e estadual regulará o seu funcionamento.

§ 2º O mandato dos membros do Conselho Penitenciário terá a duração de 4 (quatro) anos.

Art. 70. Incumbe ao Conselho Penitenciário:

I. emitir parecer sobre indulto e comutação de pena, excetuada a hipótese de pedido de indulto com base no estado de saúde do preso; (Redação dada pela Lei nº 10.792, de 2003)

II. inspecionar os estabelecimentos e serviços penais;

III. apresentar, no 1º (primeiro) trimestre de cada ano, ao Conselho Nacional de Política Criminal e Penitenciária, relatório dos trabalhos efetuados no exercício anterior;

IV. supervisionar os patronatos, bem como a assistência aos egressos.

CAPÍTULO VI - DOS DEPARTAMENTOS PENITENCIÁRIOS

SEÇÃO I - DO DEPARTAMENTO PENITENCIÁRIO NACIONAL

Art. 71. O Departamento Penitenciário Nacional, subordinado ao Ministério da Justiça, é órgão executivo da Política Penitenciária Nacional e de apoio administrativo e financeiro do Conselho Nacional de Política Criminal e Penitenciária.

Art. 72. São atribuições do Departamento Penitenciário Nacional:

I. acompanhar a fiel aplicação das normas de execução penal em todo o Território Nacional;

II. inspecionar e fiscalizar periodicamente os estabelecimentos e serviços penais;

III. assistir tecnicamente as Unidades Federativas na implementação dos princípios e regras estabelecidos nesta Lei;

IV. colaborar com as Unidades Federativas mediante convênios, na implantação de estabelecimentos e serviços penais;

V. colaborar com as Unidades Federativas para a realização de cursos de formação de pessoal penitenciário e de ensino profissionalizante do condenado e do internado.

VII. acompanhar a execução da pena das mulheres beneficiadas pela progressão especial de que trata o § 3º do art. 112 desta Lei, monitorando sua integração social e a ocorrência de reincidência, específica ou não, mediante a realização de avaliações periódicas e de estatísticas criminais. (Incluído pela Lei nº 13.769, de 2018)

§ 1º Incumbem também ao Departamento a coordenação e supervisão dos estabelecimentos penais e de internamento federais. (Redação dada pela Lei nº 13.769, de 2018)

§ 2º Os resultados obtidos por meio do monitoramento e das avaliações periódicas previstas no inciso VII do caput deste artigo serão utilizados para, em função da efetividade da progressão especial para a ressocialização das mulheres de que trata o § 3º do art. 112 desta Lei, avaliar eventual desnecessidade do regime fechado de cumprimento de pena para essas mulheres nos casos de crimes cometidos sem violência ou grave ameaça. (Incluído pela Lei nº 13.769, de 2018)

SEÇÃO II - DO DEPARTAMENTO PENITENCIÁRIO LOCAL

Art. 73. A legislação local poderá criar Departamento Penitenciário ou órgão similar, com as atribuições que estabelecer.

Art. 74. O Departamento Penitenciário local, ou órgão similar, tem por finalidade supervisionar e coordenar os estabelecimentos penais da Unidade da Federação a que pertencer.

Parágrafo único. Os órgãos referidos no caput deste artigo realizarão o acompanhamento de que trata o inciso VII do caput do art. 72 desta Lei e encaminharão ao Departamento Penitenciário Nacional os resultados obtidos. (Incluído pela Lei nº 13.769, de 2018)

SEÇÃO III - DA DIREÇÃO E DO PESSOAL DOS ESTABELECIMENTOS PENAIS

Art. 75. O ocupante do cargo de diretor de estabelecimento deverá satisfazer os seguintes requisitos:

I. ser portador de diploma de nível superior de Direito, ou Psicologia, ou Ciências Sociais, ou Pedagogia, ou Serviços Sociais;

II. possuir experiência administrativa na área;

III. ter idoneidade moral e reconhecida aptidão para o desempenho da função.

Parágrafo único. O diretor deverá residir no estabelecimento, ou nas proximidades, e dedicará tempo integral à sua função.

Art. 76. O Quadro do Pessoal Penitenciário será organizado em diferentes categorias funcionais, segundo as necessidades do serviço, com especificação de atribuições relativas às funções de direção, chefia e assessoramento do estabelecimento e às demais funções.

Art. 77. A escolha do pessoal administrativo, especializado, de instrução técnica e de vigilância atenderá a vocação, preparação profissional e antecedentes pessoais do candidato.

§ 1º O ingresso do pessoal penitenciário, bem como a progressão ou a ascensão funcional dependerão de cursos específicos de formação, procedendo-se à reciclagem periódica dos servidores em exercício.

§ 2º No estabelecimento para mulheres somente se permitirá o trabalho de pessoal do sexo feminino, salvo quando se tratar de pessoal técnico especializado.

CAPÍTULO VII - DO PATRONATO

Art. 78. O Patronato público ou particular destina-se a prestar assistência aos albergados e aos egressos (artigo 26).

Art. 79. Incumbe também ao Patronato:

I. orientar os condenados à pena restritiva de direitos;

II. fiscalizar o cumprimento das penas de prestação de serviço à comunidade e de limitação de fim de semana;

III. colaborar na fiscalização do cumprimento das condições da suspensão e do livramento condicional.

ANOTAÇÕES

CAPÍTULO VIII - DO CONSELHO DA COMUNIDADE

Art. 80. Haverá, em cada comarca, um Conselho da Comunidade composto, no mínimo, por 1 (um) representante de associação comercial ou industrial, 1 (um) advogado indicado pela Seção da Ordem dos Advogados do Brasil, 1 (um) Defensor Público indicado pelo Defensor Público Geral e 1 (um) assistente social escolhido pela Delegacia Seccional do Conselho Nacional de Assistentes Sociais. (Redação dada pela Lei nº 12.313, de 2010).

Parágrafo único. Na falta da representação prevista neste artigo, ficará a critério do Juiz da execução a escolha dos integrantes do Conselho.

Art. 81. Incumbe ao Conselho da Comunidade:

I. visitar, pelo menos mensalmente, os estabelecimentos penais existentes na comarca;

II. entrevistar presos;

III. apresentar relatórios mensais ao Juiz da execução e ao Conselho Penitenciário;

IV. diligenciar a obtenção de recursos materiais e humanos para melhor assistência ao preso ou internado, em harmonia com a direção do estabelecimento.

CAPÍTULO IX - DA DEFENSORIA PÚBLICA

(Incluído pela Lei nº 12.313, de 2010)

Art. 81-A. A Defensoria Pública velará pela regular execução da pena e da medida de segurança, oficiando, no processo executivo e nos incidentes da execução, para a defesa dos necessitados em todos os graus e instâncias, de forma individual e coletiva. (Incluído pela Lei nº 12.313, de 2010).

Art. 81-B. Incumbe, ainda, à Defensoria Pública: (Incluído pela Lei nº 12.313, de 2010).

I. requerer: (Incluído pela Lei nº 12.313, de 2010).

a) todas as providências necessárias ao desenvolvimento do processo executivo; (Incluído pela Lei nº 12.313, de 2010).

b) a aplicação aos casos julgados de lei posterior que de qualquer modo favorecer o condenado; (Incluído pela Lei nº 12.313, de 2010).

c) a declaração de extinção da punibilidade; (Incluído pela Lei nº 12.313, de 2010).

d) a unificação de penas; (Incluído pela Lei nº 12.313, de 2010).

e) a detração e remição da pena; (Incluído pela Lei nº 12.313, de 2010).

f) a instauração dos incidentes de excesso ou desvio de execução; (Incluído pela Lei nº 12.313, de 2010).

g) a aplicação de medida de segurança e sua revogação, bem como a substituição da pena por medida de segurança; (Incluído pela Lei nº 12.313, de 2010).

h) a conversão de penas, a progressão nos regimes, a suspensão condicional da pena, o livramento condicional, a comutação de pena e o indulto; (Incluído pela Lei nº 12.313, de 2010).

i) a autorização de saídas temporárias; (Incluído pela Lei nº 12.313, de 2010).

j) a internação, a desinternação e o restabelecimento da situação anterior; (Incluído pela Lei nº 12.313, de 2010).

k) o cumprimento de pena ou medida de segurança em outra comarca; (Incluído pela Lei nº 12.313, de 2010).

l) a remoção do condenado na hipótese prevista no § 1º do art. 86 desta Lei; (Incluído pela Lei nº 12.313, de 2010).

II. requerer a emissão anual do atestado de pena a cumprir; (Incluído pela Lei nº 12.313, de 2010).

III. interpor recursos de decisões proferidas pela autoridade judiciária ou administrativa durante a execução; (Incluído pela Lei nº 12.313, de 2010).

IV. representar ao Juiz da execução ou à autoridade administrativa para instauração de sindicância ou procedimento administrativo em caso de violação das normas referentes à execução penal; (Incluído pela Lei nº 12.313, de 2010).

ANOTAÇÕES

LEIS

ANOTAÇÕES

V. visitar os estabelecimentos penais, tomando providências para o adequado funcionamento, e requerer, quando for o caso, a apuração de responsabilidade; (Incluído pela Lei nº 12.313, de 2010).

VI. requerer à autoridade competente a interdição, no todo ou em parte, de estabelecimento penal. (Incluído pela Lei nº 12.313, de 2010).

Parágrafo único. O órgão da Defensoria Pública visitará periodicamente os estabelecimentos penais, registrando a sua presença em livro próprio. (Incluído pela Lei nº 12.313, de 2010).

TÍTULO IV - DOS ESTABELECIMENTOS PENAIS

CAPÍTULO I - DISPOSIÇÕES GERAIS

Art. 82. Os estabelecimentos penais destinam-se ao condenado, ao submetido à medida de segurança, ao preso provisório e ao egresso.

§ 1º A mulher e o maior de sessenta anos, separadamente, serão recolhidos a estabelecimento próprio e adequado à sua condição pessoal. (Redação dada pela Lei nº 9.460, de 1997)

§ 2º - O mesmo conjunto arquitetônico poderá abrigar estabelecimentos de destinação diversa desde que devidamente isolados.

Art. 83. O estabelecimento penal, conforme a sua natureza, deverá contar em suas dependências com áreas e serviços destinados a dar assistência, educação, trabalho, recreação e prática esportiva.

§ 1º Haverá instalação destinada a estágio de estudantes universitários. (Renumerado pela Lei nº 9.046, de 1995)

§ 2º Os estabelecimentos penais destinados a mulheres serão dotados de berçário, onde as condenadas possam cuidar de seus filhos, inclusive amamentá-los, no mínimo, até 6 (seis) meses de idade. (Redação dada pela Lei nº 11.942, de 2009)

§ 3º Os estabelecimentos de que trata o § 2º deste artigo deverão possuir, exclusivamente, agentes do sexo feminino na segurança de suas dependências internas. (Incluído pela Lei nº 12.121, de 2009).

§ 4º Serão instaladas salas de aulas destinadas a cursos do ensino básico e profissionalizante. (Incluído pela Lei nº 12.245, de 2010)

§ 5º Haverá instalação destinada à Defensoria Pública. (Incluído pela Lei nº 12.313, de 2010).

Art. 83-A. Poderão ser objeto de execução indireta as atividades materiais acessórias, instrumentais ou complementares desenvolvidas em estabelecimentos penais, e notadamente: (Incluído pela Lei nº 13.190, de 2015).

I. serviços de conservação, limpeza, informática, copeiragem, portaria, recepção, reprografia, telecomunicações, lavanderia e manutenção de prédios, instalações e equipamentos internos e externos; (Incluído pela Lei nº 13.190, de 2015).

II. serviços relacionados à execução de trabalho pelo preso. (Incluído pela Lei nº 13.190, de 2015).

§ 1º A execução indireta será realizada sob supervisão e fiscalização do poder público. (Incluído pela Lei nº 13.190, de 2015).

§ 2º Os serviços relacionados neste artigo poderão compreender o fornecimento de materiais, equipamentos, máquinas e profissionais. (Incluído pela Lei nº 13.190, de 2015).

Art. 83-B. São indelegáveis as funções de direção, chefia e coordenação no âmbito do sistema penal, bem como todas as atividades que exijam o exercício do poder de polícia, e notadamente: (Incluído pela Lei nº 13.190, de 2015).

I. classificação de condenados; (Incluído pela Lei nº 13.190, de 2015).

II. aplicação de sanções disciplinares; (Incluído pela Lei nº 13.190, de 2015).

III. controle de rebeliões; (Incluído pela Lei nº 13.190, de 2015).

ANOTAÇÕES

IV. transporte de presos para órgãos do Poder Judiciário, hospitais e outros locais externos aos estabelecimentos penais. (Incluído pela Lei nº 13.190, de 2015).

Art. 84. O preso provisório ficará separado do condenado por sentença transitada em julgado.

§ 1º Os presos provisórios ficarão separados de acordo com os seguintes critérios: (Redação dada pela Lei nº 13.167, de 2015)

I. acusados pela prática de crimes hediondos ou equiparados; (Incluído pela Lei nº 13.167, de 2015)

II. acusados pela prática de crimes cometidos com violência ou grave ameaça à pessoa; (Incluído pela Lei nº 13.167, de 2015)

III. acusados pela prática de outros crimes ou contravenções diversos dos apontados nos incisos I e II. (Incluído pela Lei nº 13.167, de 2015)

§ 2º O preso que, ao tempo do fato, era funcionário da Administração da Justiça Criminal ficará em dependência separada.

§ 3º Os presos condenados ficarão separados de acordo com os seguintes critérios: (Incluído pela Lei nº 13.167, de 2015)

I. condenados pela prática de crimes hediondos ou equiparados; (Incluído pela Lei nº 13.167, de 2015)

II. reincidentes condenados pela prática de crimes cometidos com violência ou grave ameaça à pessoa; (Incluído pela Lei nº 13.167, de 2015)

III. primários condenados pela prática de crimes cometidos com violência ou grave ameaça à pessoa; (Incluído pela Lei nº 13.167, de 2015)

IV. demais condenados pela prática de outros crimes ou contravenções em situação diversa das previstas nos incisos I, II e III. (Incluído pela Lei nº 13.167, de 2015)

§ 4º O preso que tiver sua integridade física, moral ou psicológica ameaçada pela convivência com os demais presos ficará segregado em local próprio. (Incluído pela Lei nº 13.167, de 2015)

Art. 85. O estabelecimento penal deverá ter lotação compatível com a sua estrutura e finalidade.

Parágrafo único. O Conselho Nacional de Política Criminal e Penitenciária determinará o limite máximo de capacidade do estabelecimento, atendendo a sua natureza e peculiaridades.

Art. 86. As penas privativas de liberdade aplicadas pela Justiça de uma Unidade Federativa podem ser executadas em outra unidade, em estabelecimento local ou da União.

§ 1º A União Federal poderá construir estabelecimento penal em local distante da condenação para recolher os condenados, quando a medida se justifique no interesse da segurança pública ou do próprio condenado. (Redação dada pela Lei nº 10.792, de 2003)

§ 2º Conforme a natureza do estabelecimento, nele poderão trabalhar os liberados ou egressos que se dediquem a obras públicas ou ao aproveitamento de terras ociosas.

§ 3º Caberá ao juiz competente, a requerimento da autoridade administrativa definir o estabelecimento prisional adequado para abrigar o preso provisório ou condenado, em atenção ao regime e aos requisitos estabelecidos. (Incluído pela Lei nº 10.792, de 2003)

CAPÍTULO II - DA PENITENCIÁRIA

Art. 87. A penitenciária destina-se ao condenado à pena de reclusão, em regime fechado.

Parágrafo único. A União Federal, os Estados, o Distrito Federal e os Territórios poderão construir Penitenciárias destinadas, exclusivamente, aos presos provisórios e condenados que estejam em regime fechado, sujeitos ao regime disciplinar diferenciado, nos termos do art. 52 desta Lei. (Incluído pela Lei nº 10.792, de 2003)

Art. 88. O condenado será alojado em cela individual que conterá dormitório, aparelho sanitário e lavatório.

Parágrafo único. São requisitos básicos da unidade celular:

ANOTAÇÕES

a) salubridade do ambiente pela concorrência dos fatores de aeração, insolação e condicionamento térmico adequado à existência humana;

b) área mínima de 6,00m2 (seis metros quadrados).

Art. 89. Além dos requisitos referidos no art. 88, a penitenciária de mulheres será dotada de seção para gestante e parturiente e de creche para abrigar crianças maiores de 6 (seis) meses e menores de 7 (sete) anos, com a finalidade de assistir a criança desamparada cuja responsável estiver presa. (Redação dada pela Lei nº 11.942, de 2009)

Parágrafo único. São requisitos básicos da seção e da creche referidas neste artigo: (Incluído pela Lei nº 11.942, de 2009)

I. atendimento por pessoal qualificado, de acordo com as diretrizes adotadas pela legislação educacional e em unidades autônomas; e (Incluído pela Lei nº 11.942, de 2009)

II. horário de funcionamento que garanta a melhor assistência à criança e à sua responsável. (Incluído pela Lei nº 11.942, de 2009)

Art. 90. A penitenciária de homens será construída, em local afastado do centro urbano, à distância que não restrinja a visitação.

CAPÍTULO III - DA COLÔNIA AGRÍCOLA, INDUSTRIAL OU SIMILAR

Art. 91. A Colônia Agrícola, Industrial ou Similar destina-se ao cumprimento da pena em regime semi-aberto.

Art. 92. O condenado poderá ser alojado em compartimento coletivo, observados os requisitos da letra a, do parágrafo único, do artigo 88, desta Lei.

Parágrafo único. São também requisitos básicos das dependências coletivas:

a) a seleção adequada dos presos;

b) o limite de capacidade máxima que atenda os objetivos de individualização da pena.

CAPÍTULO IV - DA CASA DO ALBERGADO

Art. 93. A Casa do Albergado destina-se ao cumprimento de pena privativa de liberdade, em regime aberto, e da pena de limitação de fim de semana.

Art. 94. O prédio deverá situar-se em centro urbano, separado dos demais estabelecimentos, e caracterizar-se pela ausência de obstáculos físicos contra a fuga.

Art. 95. Em cada região haverá, pelo menos, uma Casa do Albergado, a qual deverá conter, além dos aposentos para acomodar os presos, local adequado para cursos e palestras.

Parágrafo único. O estabelecimento terá instalações para os serviços de fiscalização e orientação dos condenados.

CAPÍTULO V - DO CENTRO DE OBSERVAÇÃO

Art. 96. No Centro de Observação realizar-se-ão os exames gerais e o criminológico, cujos resultados serão encaminhados à Comissão Técnica de Classificação.

Parágrafo único. No Centro poderão ser realizadas pesquisas criminológicas.

Art. 97. O Centro de Observação será instalado em unidade autônoma ou em anexo a estabelecimento penal.

Art. 98. Os exames poderão ser realizados pela Comissão Técnica de Classificação, na falta do Centro de Observação.

CAPÍTULO VI - DO HOSPITAL DE CUSTÓDIA E TRATAMENTO PSIQUIÁTRICO

Art. 99. O Hospital de Custódia e Tratamento Psiquiátrico destina-se aos inimputáveis e semi-imputáveis referidos no artigo 26 e seu parágrafo único do Código Penal.

Parágrafo único. Aplica-se ao hospital, no que couber, o disposto no parágrafo único, do artigo 88, desta Lei.

Art. 100. O exame psiquiátrico e os demais exames necessários ao tratamento são obrigatórios para todos os internados.

ANOTAÇÕES

Art. 101. O tratamento ambulatorial, previsto no artigo 97, segunda parte, do Código Penal, será realizado no Hospital de Custódia e Tratamento Psiquiátrico ou em outro local com dependência médica adequada.

CAPÍTULO VII - DA CADEIA PÚBLICA

Art. 102. A cadeia pública destina-se ao recolhimento de presos provisórios.

Art. 103. Cada comarca terá, pelo menos 1 (uma) cadeia pública a fim de resguardar o interesse da Administração da Justiça Criminal e a permanência do preso em local próximo ao seu meio social e familiar.

Art. 104. O estabelecimento de que trata este Capítulo será instalado próximo de centro urbano, observando-se na construção as exigências mínimas referidas no artigo 88 e seu parágrafo único desta Lei.

TÍTULO V - DA EXECUÇÃO DAS PENAS EM ESPÉCIE

CAPÍTULO I - DAS PENAS PRIVATIVAS DE LIBERDADE

SEÇÃO I - DISPOSIÇÕES GERAIS

Art. 105. Transitando em julgado a sentença que aplicar pena privativa de liberdade, se o réu estiver ou vier a ser preso, o Juiz ordenará a expedição de guia de recolhimento para a execução.

Art. 106. A guia de recolhimento, extraída pelo escrivão, que a rubricará em todas as folhas e a assinará com o Juiz, será remetida à autoridade administrativa incumbida da execução e conterá:

I. o nome do condenado;

II. a sua qualificação civil e o número do registro geral no órgão oficial de identificação;

III. o inteiro teor da denúncia e da sentença condenatória, bem como certidão do trânsito em julgado;

IV. a informação sobre os antecedentes e o grau de instrução;

V. a data da terminação da pena;

VI. outras peças do processo reputadas indispensáveis ao adequado tratamento penitenciário.

§ 1º Ao Ministério Público se dará ciência da guia de recolhimento.

§ 2º A guia de recolhimento será retificada sempre que sobrevier modificação quanto ao início da execução ou ao tempo de duração da pena.

§ 3º Se o condenado, ao tempo do fato, era funcionário da Administração da Justiça Criminal, far-se-á, na guia, menção dessa circunstância, para fins do disposto no § 2º, do artigo 84, desta Lei.

Art. 107. Ninguém será recolhido, para cumprimento de pena privativa de liberdade, sem a guia expedida pela autoridade judiciária.

§ 1º A autoridade administrativa incumbida da execução passará recibo da guia de recolhimento para juntá-la aos autos do processo, e dará ciência dos seus termos ao condenado.

§ 2º As guias de recolhimento serão registradas em livro especial, segundo a ordem cronológica do recebimento, e anexadas ao prontuário do condenado, aditando-se, no curso da execução, o cálculo das remições e de outras retificações posteriores.

Art. 108. O condenado a quem sobrevier doença mental será internado em Hospital de Custódia e Tratamento Psiquiátrico.

Art. 109. Cumprida ou extinta a pena, o condenado será posto em liberdade, mediante alvará do Juiz, se por outro motivo não estiver preso.

ANOTAÇÕES

SEÇÃO II - DOS REGIMES

Art. 110. O Juiz, na sentença, estabelecerá o regime no qual o condenado iniciará o cumprimento da pena privativa de liberdade, observado o disposto no artigo 33 e seus parágrafos do Código Penal.

Art. 111. Quando houver condenação por mais de um crime, no mesmo processo ou em processos distintos, a determinação do regime de cumprimento será feita pelo resultado da soma ou unificação das penas, observada, quando for o caso, a detração ou remição.

Parágrafo único. Sobrevindo condenação no curso da execução, somar-se-á a pena ao restante da que está sendo cumprida, para determinação do regime.

Art. 112. A pena privativa de liberdade será executada em forma progressiva com a transferência para regime menos rigoroso, a ser determinada pelo juiz, quando o preso tiver cumprido ao menos: (Redação dada pela Lei nº 13.964, de 24.12.2019)

I. 16% (dezesseis por cento) da pena, se o apenado for primário e o crime tiver sido cometido sem violência à pessoa ou grave ameaça; (Incluído pela Lei nº 13.964, de 24.12.2019)

II. 20% (vinte por cento) da pena, se o apenado for reincidente em crime cometido sem violência à pessoa ou grave ameaça; (Incluído pela Lei nº 13.964, de 24.12.2019)

III. 25% (vinte e cinco por cento) da pena, se o apenado for primário e o crime tiver sido cometido com violência à pessoa ou grave ameaça; (Incluído pela Lei nº 13.964, de 24.12.2019)

IV. 30% (trinta por cento) da pena, se o apenado for reincidente em crime cometido com violência à pessoa ou grave ameaça; (Incluído pela Lei nº 13.964, de 24.12.2019)

V; 40% (quarenta por cento) da pena, se o apenado for condenado pela prática de crime hediondo ou equiparado, se for primário; (Incluído pela Lei nº 13.964, de 24.12.2019)

VI. 50% (cinquenta por cento) da pena, se o apenado for: (Incluído pela Lei nº 13.964, de 24.12.2019)

a) condenado pela prática de crime hediondo ou equiparado, com resultado morte, se for primário, vedado o livramento condicional; (Incluído pela Lei nº 13.964, de 24.12.2019)

b) condenado por exercer o comando, individual ou coletivo, de organização criminosa estruturada para a prática de crime hediondo ou equiparado; ou (Incluído pela Lei nº 13.964, de 24.12.2019)

c) condenado pela prática do crime de constituição de milícia privada; (Incluído pela Lei nº 13.964, de 24.12.2019)

VII. 60% (sessenta por cento) da pena, se o apenado for reincidente na prática de crime hediondo ou equiparado; (Incluído pela Lei nº 13.964, de 24.12.2019)

VIII. 70% (setenta por cento) da pena, se o apenado for reincidente em crime hediondo ou equiparado com resultado morte, vedado o livramento condicional. (Incluído pela Lei nº 13.964, de 24.12.2019)

§ 1º Em todos os casos, o apenado só terá direito à progressão de regime se ostentar boa conduta carcerária, comprovada pelo diretor do estabelecimento, respeitadas as normas que vedam a progressão. (Redação dada pela Lei nº 13.964, de 24.12.2019)

ANOTAÇÕES

§ 2º A decisão do juiz que determinar a progressão de regime será sempre motivada e precedida de manifestação do Ministério Público e do defensor, procedimento que também será adotado na concessão de livramento condicional, indulto e comutação de penas, respeitados os prazos previstos nas normas vigentes. (Redação dada pela Lei nº 13.964, de 24.12.2019)

§ 3º No caso de mulher gestante ou que for mãe ou responsável por crianças ou pessoas com deficiência, os requisitos para progressão de regime são, cumulativamente: (Incluído pela Lei nº 13.769, de 2018)

I. não ter cometido crime com violência ou grave ameaça a pessoa; (Incluído pela Lei nº 13.769, de 2018)

II. não ter cometido o crime contra seu filho ou dependente; (Incluído pela Lei nº 13.769, de 2018)

III. ter cumprido ao menos 1/8 (um oitavo) da pena no regime anterior; (Incluído pela Lei nº 13.769, de 2018)

IV. ser primária e ter bom comportamento carcerário, comprovado pelo diretor do estabelecimento; (Incluído pela Lei nº 13.769, de 2018)

V. não ter integrado organização criminosa. (Incluído pela Lei nº 13.769, de 2018)

§ 4º O cometimento de novo crime doloso ou falta grave implicará a revogação do benefício previsto no § 3º deste artigo. (Incluído pela Lei nº 13.769, de 2018)

§ 5º Não se considera hediondo ou equiparado, para os fins deste artigo, o crime de tráfico de drogas previsto no § 4º do art. 33 da Lei nº 11.343, de 23 de agosto de 2006. (Incluído pela Lei nº 13.964, de 24.12.2019)

§ 6º O cometimento de falta grave durante a execução da pena privativa de liberdade interrompe o prazo para a obtenção da progressão no regime de cumprimento da pena, caso em que o reinício da contagem do requisito objetivo terá como base a pena remanescente. (Incluído pela Lei nº 13.964, de 24.12.2019)

§ 7º (VETADO). (Incluído pela Lei nº 13.964, de 24.12.2019)

Art. 113. O ingresso do condenado em regime aberto supõe a aceitação de seu programa e das condições impostas pelo Juiz.

Art. 114. Somente poderá ingressar no regime aberto o condenado que:

I. estiver trabalhando ou comprovar a possibilidade de fazê-lo imediatamente;

II. apresentar, pelos seus antecedentes ou pelo resultado dos exames a que foi submetido, fundados indícios de que irá ajustar-se, com autodisciplina e senso de responsabilidade, ao novo regime.

Parágrafo único. Poderão ser dispensadas do trabalho as pessoas referidas no artigo 117 desta Lei.

Art. 115. O Juiz poderá estabelecer condições especiais para a concessão de regime aberto, sem prejuízo das seguintes condições gerais e obrigatórias:

I. permanecer no local que for designado, durante o repouso e nos dias de folga;

II. sair para o trabalho e retornar, nos horários fixados;

III. não se ausentar da cidade onde reside, sem autorização judicial;

IV. comparecer a Juízo, para informar e justificar as suas atividades, quando for determinado.

Art. 116. O Juiz poderá modificar as condições estabelecidas, de ofício, a requerimento do Ministério Público, da autoridade administrativa ou do condenado, desde que as circunstâncias assim o recomendem.

Art. 117. Somente se admitirá o recolhimento do beneficiário de regime aberto em residência particular quando se tratar de:

I. condenado maior de 70 (setenta) anos;

II. condenado acometido de doença grave;

III. condenada com filho menor ou deficiente físico ou mental;

IV. condenada gestante.

Art. 118. A execução da pena privativa de liberdade ficará sujeita à forma regressiva, com a transferência para qualquer dos regimes mais rigorosos, quando o condenado:

I. praticar fato definido como crime doloso ou falta grave;

II. sofrer condenação, por crime anterior, cuja pena, somada ao restante da pena em execução, torne incabível o regime (artigo 111).

§ 1º O condenado será transferido do regime aberto se, além das hipóteses referidas nos incisos anteriores, frustrar os fins da execução ou não pagar, podendo, a multa cumulativamente imposta.

§ 2º Nas hipóteses do inciso I e do parágrafo anterior, deverá ser ouvido previamente o condenado.

Art. 119. A legislação local poderá estabelecer normas complementares para o cumprimento da pena privativa de liberdade em regime aberto (artigo 36, § 1º, do Código Penal).

SEÇÃO III - DAS AUTORIZAÇÕES DE SAÍDA

SUBSEÇÃO I - DA PERMISSÃO DE SAÍDA

Art. 120. Os condenados que cumprem pena em regime fechado ou semi-aberto e os presos provisórios poderão obter permissão para sair do estabelecimento, mediante escolta, quando ocorrer um dos seguintes fatos:

I. falecimento ou doença grave do cônjuge, companheira, ascendente, descendente ou irmão;

II. necessidade de tratamento médico (parágrafo único do artigo 14).

Parágrafo único. A permissão de saída será concedida pelo diretor do estabelecimento onde se encontra o preso.

Art. 121. A permanência do preso fora do estabelecimento terá a duração necessária à finalidade da saída.

SUBSEÇÃO II - DA SAÍDA TEMPORÁRIA

Art. 122. Os condenados que cumprem pena em regime semi-aberto poderão obter autorização para saída temporária do estabelecimento, sem vigilância direta, nos seguintes casos:

I. visita à família;

II. frequência a curso supletivo profissionalizante, bem como de instrução do 2º grau ou superior, na Comarca do Juízo da Execução;

III. participação em atividades que concorram para o retorno ao convívio social.

§ 1. A ausência de vigilância direta não impede a utilização de equipamento de monitoração eletrônica pelo condenado, quando assim determinar o juiz da execução. (Incluído pela Lei nº 12.258, de 2010)

§ 2º Não terá direito à saída temporária a que se refere o caput deste artigo o condenado que cumpre pena por praticar crime hediondo com resultado morte. (Incluído pela Lei nº 13.964, de 24.12.2019)

Art. 123. A autorização será concedida por ato motivado do Juiz da execução, ouvidos o Ministério Público e a administração penitenciária e dependerá da satisfação dos seguintes requisitos:

I. comportamento adequado;

II. cumprimento mínimo de 1/6 (um sexto) da pena, se o condenado for primário, e 1/4 (um quarto), se reincidente;

III. compatibilidade do benefício com os objetivos da pena.

Art. 124. A autorização será concedida por prazo não superior a 7 (sete) dias, podendo ser renovada por mais 4 (quatro) vezes durante o ano.

§ 1º Ao conceder a saída temporária, o juiz imporá ao beneficiário as seguintes condições, entre outras que entender compatíveis com as circunstâncias do caso e a situação pessoal do condenado: (Incluído pela Lei nº 12.258, de 2010)

ANOTAÇÕES

I. fornecimento do endereço onde reside a família a ser visitada ou onde poderá ser encontrado durante o gozo do benefício; (Incluído pela Lei nº 12.258, de 2010)

II. recolhimento à residência visitada, no período noturno; (Incluído pela Lei nº 12.258, de 2010)

III. proibição de frequentar bares, casas noturnas e estabelecimentos congêneres. (Incluído pela Lei nº 12.258, de 2010)

§ 2º Quando se tratar de frequência a curso profissionalizante, de instrução de ensino médio ou superior, o tempo de saída será o necessário para o cumprimento das atividades discentes. (Renumerado do parágrafo único pela Lei nº 12.258, de 2010)

§ 3º Nos demais casos, as autorizações de saída somente poderão ser concedidas com prazo mínimo de 45 (quarenta e cinco) dias de intervalo entre uma e outra. (Incluído pela Lei nº 12.258, de 2010)

Art. 125. O benefício será automaticamente revogado quando o condenado praticar fato definido como crime doloso, for punido por falta grave, desatender as condições impostas na autorização ou revelar baixo grau de aproveitamento do curso.

Parágrafo único. A recuperação do direito à saída temporária dependerá da absolvição no processo penal, do cancelamento da punição disciplinar ou da demonstração do merecimento do condenado.

SEÇÃO IV - DA REMIÇÃO

Art. 126. O condenado que cumpre a pena em regime fechado ou semiaberto poderá remir, por trabalho ou por estudo, parte do tempo de execução da pena. (Redação dada pela Lei nº 12.433, de 2011).

§ 1º A contagem de tempo referida no caput será feita à razão de: (Redação dada pela Lei nº 12.433, de 2011)

I. 1 (um) dia de pena a cada 12 (doze) horas de frequência escolar. atividade de ensino fundamental, médio, inclusive profissionalizante, ou superior, ou ainda de requalificação profissional. divididas, no mínimo, em 3 (três) dias; (Incluído pela Lei nº 12.433, de 2011)

II. 1 (um) dia de pena a cada 3 (três) dias de trabalho. (Incluído pela Lei nº 12.433, de 2011)

§ 2º As atividades de estudo a que se refere o § 1º deste artigo poderão ser desenvolvidas de forma presencial ou por metodologia de ensino a distância e deverão ser certificadas pelas autoridades educacionais competentes dos cursos frequentados. (Redação dada pela Lei nº 12.433, de 2011)

§ 3º Para fins de cumulação dos casos de remição, as horas diárias de trabalho e de estudo serão definidas de forma a se compatibilizarem. (Redação dada pela Lei nº 12.433, de 2011)

§ 4º O preso impossibilitado, por acidente, de prosseguir no trabalho ou nos estudos continuará a beneficiar-se com a remição.(Incluído pela Lei nº 12.433, de 2011)

§ 5º O tempo a remir em função das horas de estudo será acrescido de 1/3 (um terço) no caso de conclusão do ensino fundamental, médio ou superior durante o cumprimento da pena, desde que certificada pelo órgão competente do sistema de educação.(Incluído pela Lei nº 12.433, de 2011)

§ 6º O condenado que cumpre pena em regime aberto ou semiaberto e o que usufrui liberdade condicional poderão remir, pela frequência a curso de ensino regular ou de educação profissional, parte do tempo de execução da pena ou do período de prova, observado o disposto no inciso I do § 1º deste artigo.(Incluído pela Lei nº 12.433, de 2011)

§ 7º O disposto neste artigo aplica-se às hipóteses de prisão cautelar.(Incluído pela Lei nº 12.433, de 2011)

§ 8º A remição será declarada pelo juiz da execução, ouvidos o Ministério Público e a defesa. (Incluído pela Lei nº 12.433, de 2011)

Art. 127. Em caso de falta grave, o juiz poderá revogar até 1/3 (um terço) do tempo remido, observado o disposto no art. 57, recomeçando a contagem a partir da data da infração disciplinar. (Redação dada pela Lei nº 12.433, de 2011)

ANOTAÇÕES

ANOTAÇÕES

Art. 128. O tempo remido será computado como pena cumprida, para todos os efeitos.(Redação dada pela Lei nº 12.433, de 2011)

Art. 129. A autoridade administrativa encaminhará mensalmente ao juízo da execução cópia do registro de todos os condenados que estejam trabalhando ou estudando, com informação dos dias de trabalho ou das horas de frequência escolar ou de atividades de ensino de cada um deles. (Redação dada pela Lei nº 12.433, de 2011)

§ 1º O condenado autorizado a estudar fora do estabelecimento penal deverá comprovar mensalmente, por meio de declaração da respectiva unidade de ensino, a frequência e o aproveitamento escolar. (Incluído pela Lei nº 12.433, de 2011)

§ 2º Ao condenado dar-se-á a relação de seus dias remidos. (Incluído pela Lei nº 12.433, de 2011)

Art. 130. Constitui o crime do artigo 299 do Código Penal declarar ou atestar falsamente prestação de serviço para fim de instruir pedido de remição.

SEÇÃO V - DO LIVRAMENTO CONDICIONAL

Art. 131. O livramento condicional poderá ser concedido pelo Juiz da execução, presentes os requisitos do artigo 83, incisos e parágrafo único, do Código Penal, ouvidos o Ministério Público e Conselho Penitenciário.

Art. 132. Deferido o pedido, o Juiz especificará as condições a que fica subordinado o livramento.

§ 1º Serão sempre impostas ao liberado condicional as obrigações seguintes:

a) obter ocupação lícita, dentro de prazo razoável se for apto para o trabalho;

b) comunicar periodicamente ao Juiz sua ocupação;

c) não mudar do território da comarca do Juízo da execução, sem prévia autorização deste.

§ 2º Poderão ainda ser impostas ao liberado condicional, entre outras obrigações, as seguintes:

a) não mudar de residência sem comunicação ao Juiz e à autoridade incumbida da observação cautelar e de proteção;

b) recolher-se à habitação em hora fixada;

c) não frequentar determinados lugares.

d) (VETADO) (Incluído pela Lei nº 12.258, de 2010)

Art. 133. Se for permitido ao liberado residir fora da comarca do Juízo da execução, remeter-se-á cópia da sentença do livramento ao Juízo do lugar para onde ele se houver transferido e à autoridade incumbida da observação cautelar e de proteção.

Art. 134. O liberado será advertido da obrigação de apresentar-se imediatamente às autoridades referidas no artigo anterior.

Art. 135. Reformada a sentença denegatória do livramento, os autos baixarão ao Juízo da execução, para as providências cabíveis.

Art. 136. Concedido o benefício, será expedida a carta de livramento com a cópia integral da sentença em 2 (duas) vias, remetendo-se uma à autoridade administrativa incumbida da execução e outra ao Conselho Penitenciário.

Art. 137. A cerimônia do livramento condicional será realizada solenemente no dia marcado pelo Presidente do Conselho Penitenciário, no estabelecimento onde está sendo cumprida a pena, observando-se o seguinte:

I. a sentença será lida ao liberando, na presença dos demais condenados, pelo Presidente do Conselho Penitenciário ou membro por ele designado, ou, na falta, pelo Juiz;

II. a autoridade administrativa chamará a atenção do liberando para as condições impostas na sentença de livramento;

III. o liberando declarará se aceita as condições.

§ 1º De tudo em livro próprio, será lavrado termo subscrito por quem presidir a cerimônia e pelo liberando, ou alguém a seu rogo, se não souber ou não puder escrever.

ANOTAÇÕES

§ 2º Cópia desse termo deverá ser remetida ao Juiz da execução.

Art. 138. Ao sair o liberado do estabelecimento penal, ser-lhe-á entregue, além do saldo de seu pecúlio e do que lhe pertencer, uma caderneta, que exibirá à autoridade judiciária ou administrativa, sempre que lhe for exigida.

§ 1º A caderneta conterá:

a) a identificação do liberado;

b) o texto impresso do presente Capítulo;

c) as condições impostas.

§ 2º Na falta de caderneta, será entregue ao liberado um salvo-conduto, em que constem as condições do livramento, podendo substituir-se a ficha de identificação ou o seu retrato pela descrição dos sinais que possam identificá-lo.

§ 3º Na caderneta e no salvo-conduto deverá haver espaço para consignar-se o cumprimento das condições referidas no artigo 132 desta Lei.

Art. 139. A observação cautelar e a proteção realizadas por serviço social penitenciário, Patronato ou Conselho da Comunidade terão a finalidade de:

I. fazer observar o cumprimento das condições especificadas na sentença concessiva do benefício;

II. proteger o beneficiário, orientando-o na execução de suas obrigações e auxiliando-o na obtenção de atividade laborativa.

Parágrafo único. A entidade encarregada da observação cautelar e da proteção do liberado apresentará relatório ao Conselho Penitenciário, para efeito da representação prevista nos artigos 143 e 144 desta Lei.

Art. 140. A revogação do livramento condicional dar-se-á nas hipóteses previstas nos artigos 86 e 87 do Código Penal.

Parágrafo único. Mantido o livramento condicional, na hipótese da revogação facultativa, o Juiz deverá advertir o liberado ou agravar as condições.

Art. 141. Se a revogação for motivada por infração penal anterior à vigência do livramento, computar-se-á como tempo de cumprimento da pena o período de prova, sendo permitida, para a concessão de novo livramento, a soma do tempo das 2 (duas) penas.

Art. 142. No caso de revogação por outro motivo, não se computará na pena o tempo em que esteve solto o liberado, e tampouco se concederá, em relação à mesma pena, novo livramento.

Art. 143. A revogação será decretada a requerimento do Ministério Público, mediante representação do Conselho Penitenciário, ou, de ofício, pelo Juiz, ouvido o liberado.

Art. 144. O Juiz, de ofício, a requerimento do Ministério Público, da Defensoria Pública ou mediante representação do Conselho Penitenciário, e ouvido o liberado, poderá modificar as condições especificadas na sentença, devendo o respectivo ato decisório ser lido ao liberado por uma das autoridades ou funcionários indicados no inciso I do caput do art. 137 desta Lei, observado o disposto nos incisos II e III e §§ 1º e 2º do mesmo artigo. (Redação dada pela Lei nº 12.313, de 2010).

Art. 145. Praticada pelo liberado outra infração penal, o Juiz poderá ordenar a sua prisão, ouvidos o Conselho Penitenciário e o Ministério Público, suspendendo o curso do livramento condicional, cuja revogação, entretanto, ficará dependendo da decisão final.

Art. 146. O Juiz, de ofício, a requerimento do interessado, do Ministério Público ou mediante representação do Conselho Penitenciário, julgará extinta a pena privativa de liberdade, se expirar o prazo do livramento sem revogação.

SEÇÃO VI - DA MONITORAÇÃO ELETRÔNICA

(Incluído pela Lei nº 12.258, de 2010)

Art. 146-A. (VETADO). (Incluído pela Lei nº 12.258, de 2010)

Art. 146-B. O juiz poderá definir a fiscalização por meio da monitoração eletrônica quando: (Incluído pela Lei nº 12.258, de 2010)

I. (VETADO); (Incluído pela Lei nº 12.258, de 2010)

II. autorizar a saída temporária no regime semiaberto; (Incluído pela Lei nº 12.258, de 2010)

III. (VETADO); (Incluído pela Lei nº 12.258, de 2010)

IV. determinar a prisão domiciliar; (Incluído pela Lei nº 12.258, de 2010)

V. (VETADO); (Incluído pela Lei nº 12.258, de 2010)

Parágrafo único. (VETADO). (Incluído pela Lei nº 12.258, de 2010)

Art. 146-C. O condenado será instruído acerca dos cuidados que deverá adotar com o equipamento eletrônico e dos seguintes deveres: (Incluído pela Lei nº 12.258, de 2010)

I. receber visitas do servidor responsável pela monitoração eletrônica, responder aos seus contatos e cumprir suas orientações; (Incluído pela Lei nº 12.258, de 2010)

II. abster-se de remover, de violar, de modificar, de danificar de qualquer forma o dispositivo de monitoração eletrônica ou de permitir que outrem o faça; (Incluído pela Lei nº 12.258, de 2010)

III. (VETADO); (Incluído pela Lei nº 12.258, de 2010)

Parágrafo único. A violação comprovada dos deveres previstos neste artigo poderá acarretar, a critério do juiz da execução, ouvidos o Ministério Público e a defesa: (Incluído pela Lei nº 12.258, de 2010)

I. a regressão do regime; (Incluído pela Lei nº 12.258, de 2010)

II. a revogação da autorização de saída temporária; (Incluído pela Lei nº 12.258, de 2010)

III. (VETADO); (Incluído pela Lei nº 12.258, de 2010)

IV. (VETADO); (Incluído pela Lei nº 12.258, de 2010)

V. (VETADO); (Incluído pela Lei nº 12.258, de 2010)

VI. a revogação da prisão domiciliar; (Incluído pela Lei nº 12.258, de 2010)

VII. advertência, por escrito, para todos os casos em que o juiz da execução decida não aplicar alguma das medidas previstas nos incisos de I a VI deste parágrafo. (Incluído pela Lei nº 12.258, de 2010)

Art. 146-D. A monitoração eletrônica poderá ser revogada: (Incluído pela Lei nº 12.258, de 2010)

I. quando se tornar desnecessária ou inadequada; (Incluído pela Lei nº 12.258, de 2010)

II. se o acusado ou condenado violar os deveres a que estiver sujeito durante a sua vigência ou cometer falta grave. (Incluído pela Lei nº 12.258, de 2010)

CAPÍTULO II - DAS PENAS RESTRITIVAS DE DIREITOS

SEÇÃO I - DISPOSIÇÕES GERAIS

Art. 147. Transitada em julgado a sentença que aplicou a pena restritiva de direitos, o Juiz da execução, de ofício ou a requerimento do Ministério Público, promoverá a execução, podendo, para tanto, requisitar, quando necessário, a colaboração de entidades públicas ou solicitá-la a particulares.

Art. 148. Em qualquer fase da execução, poderá o Juiz, motivadamente, alterar, a forma de cumprimento das penas de prestação de serviços à comunidade e de limitação de fim de semana, ajustando-as às condições pessoais do condenado e às características do estabelecimento, da entidade ou do programa comunitário ou estatal.

SEÇÃO II - DA PRESTAÇÃO DE SERVIÇOS À COMUNIDADE

Art. 149. Caberá ao Juiz da execução:

I. designar a entidade ou programa comunitário ou estatal, devidamente credenciado ou convencionado, junto ao qual o condenado deverá trabalhar gratuitamente, de acordo com as suas aptidões;

II. determinar a intimação do condenado, cientificando-o da entidade, dias e horário em que deverá cumprir a pena;

III. alterar a forma de execução, a fim de ajustá-la às modificações ocorridas na jornada de trabalho.

§ 1º o trabalho terá a duração de 8 (oito) horas semanais e será realizado aos sábados, domingos e feriados, ou em dias úteis, de modo a não prejudicar a jornada normal de trabalho, nos horários estabelecidos pelo Juiz.

§ 2º A execução terá início a partir da data do primeiro comparecimento.

Art. 150. A entidade beneficiada com a prestação de serviços encaminhará mensalmente, ao Juiz da execução, relatório circunstanciado das atividades do condenado, bem como, a qualquer tempo, comunicação sobre ausência ou falta disciplinar.

SEÇÃO III - DA LIMITAÇÃO DE FIM DE SEMANA

Art. 151. Caberá ao Juiz da execução determinar a intimação do condenado, cientificando-o do local, dias e horário em que deverá cumprir a pena.

Parágrafo único. A execução terá início a partir da data do primeiro comparecimento.

Art. 152. Poderão ser ministrados ao condenado, durante o tempo de permanência, cursos e palestras, ou atribuídas atividades educativas.

Parágrafo único. Nos casos de violência doméstica contra a mulher, o juiz poderá determinar o comparecimento obrigatório do agressor a programas de recuperação e reeducação. (Incluído pela Lei nº 11.340, de 2006)

Art. 153. O estabelecimento designado encaminhará, mensalmente, ao Juiz da execução, relatório, bem assim comunicará, a qualquer tempo, a ausência ou falta disciplinar do condenado.

SEÇÃO IV - DA INTERDIÇÃO TEMPORÁRIA DE DIREITOS

Art. 154. Caberá ao Juiz da execução comunicar à autoridade competente a pena aplicada, determinada a intimação do condenado.

§ 1º Na hipótese de pena de interdição do artigo 47, inciso I, do Código Penal, a autoridade deverá, em 24 (vinte e quatro) horas, contadas do recebimento do ofício, baixar ato, a partir do qual a execução terá seu início.

§ 2º Nas hipóteses do artigo 47, incisos II e III, do Código Penal, o Juízo da execução determinará a apreensão dos documentos, que autorizam o exercício do direito interditado.

Art. 155. A autoridade deverá comunicar imediatamente ao Juiz da execução o descumprimento da pena.

Parágrafo único. A comunicação prevista neste artigo poderá ser feita por qualquer prejudicado.

CAPÍTULO III - DA SUSPENSÃO CONDICIONAL

Art. 156. O Juiz poderá suspender, pelo período de 2 (dois) a 4 (quatro) anos, a execução da pena privativa de liberdade, não superior a 2 (dois) anos, na forma prevista nos artigos 77 a 82 do Código Penal.

Art. 157. O Juiz ou Tribunal, na sentença que aplicar pena privativa de liberdade, na situação determinada no artigo anterior, deverá pronunciar-se, motivadamente, sobre a suspensão condicional, quer a conceda, quer a denegue.

Art. 158. Concedida a suspensão, o Juiz especificará as condições a que fica sujeito o condenado, pelo prazo fixado, começando este a correr da audiência prevista no artigo 160 desta Lei.

§ 1º As condições serão adequadas ao fato e à situação pessoal do condenado, devendo ser incluída entre as mesmas a de prestar serviços à comunidade, ou limitação de fim de semana, salvo hipótese do artigo 78, § 2º, do Código Penal.

§ 2º O Juiz poderá, a qualquer tempo, de ofício, a requerimento do Ministério Público ou mediante proposta do Conselho Penitenciário, modificar as condições e regras estabelecidas na sentença, ouvido o condenado.

ANOTAÇÕES

ANOTAÇÕES

LEIS

ANOTAÇÕES

§ 3º A fiscalização do cumprimento das condições, reguladas nos Estados, Territórios e Distrito Federal por normas supletivas, será atribuída a serviço social penitenciário, Patronato, Conselho da Comunidade ou instituição beneficiada com a prestação de serviços, inspecionados pelo Conselho Penitenciário, pelo Ministério Público, ou ambos, devendo o Juiz da execução suprir, por ato, a falta das normas supletivas.

§ 4º O beneficiário, ao comparecer periodicamente à entidade fiscalizadora, para comprovar a observância das condições a que está sujeito, comunicará, também, a sua ocupação e os salários ou proventos de que vive.

§ 5º A entidade fiscalizadora deverá comunicar imediatamente ao órgão de inspeção, para os fins legais, qualquer fato capaz de acarretar a revogação do benefício, a prorrogação do prazo ou a modificação das condições.

§ 6º Se for permitido ao beneficiário mudar-se, será feita comunicação ao Juiz e à entidade fiscalizadora do local da nova residência, aos quais o primeiro deverá apresentar-se imediatamente.

Art. 159. Quando a suspensão condicional da pena for concedida por Tribunal, a este caberá estabelecer as condições do benefício.

§ 1º De igual modo proceder-se-á quando o Tribunal modificar as condições estabelecidas na sentença recorrida.

§ 2º O Tribunal, ao conceder a suspensão condicional da pena, poderá, todavia, conferir ao Juízo da execução a incumbência de estabelecer as condições do benefício, e, em qualquer caso, a de realizar a audiência admonitória.

Art. 160. Transitada em julgado a sentença condenatória, o Juiz a lerá ao condenado, em audiência, advertindo-o das consequências de nova infração penal e do descumprimento das condições impostas.

Art. 161. Se, intimado pessoalmente ou por edital com prazo de 20 (vinte) dias, o réu não comparecer injustificadamente à audiência admonitória, a suspensão ficará sem efeito e será executada imediatamente a pena.

Art. 162. A revogação da suspensão condicional da pena e a prorrogação do período de prova dar-se-ão na forma do artigo 81 e respectivos parágrafos do Código Penal.

Art. 163. A sentença condenatória será registrada, com a nota de suspensão em livro especial do Juízo a que couber a execução da pena.

§ 1º Revogada a suspensão ou extinta a pena, será o fato averbado à margem do registro.

§ 2º O registro e a averbação serão sigilosos, salvo para efeito de informações requisitadas por órgão judiciário ou pelo Ministério Público, para instruir processo penal.

CAPÍTULO IV - DA PENA DE MULTA

Art. 164. Extraída certidão da sentença condenatória com trânsito em julgado, que valerá como título executivo judicial, o Ministério Público requererá, em autos apartados, a citação do condenado para, no prazo de 10 (dez) dias, pagar o valor da multa ou nomear bens à penhora.

§ 1º Decorrido o prazo sem o pagamento da multa, ou o depósito da respectiva importância, proceder-se-á à penhora de tantos bens quantos bastem para garantir a execução.

§ 2º A nomeação de bens à penhora e a posterior execução seguirão o que dispuser a lei processual civil.

Art. 165. Se a penhora recair em bem imóvel, os autos apartados serão remetidos ao Juízo Cível para prosseguimento.

Art. 166. Recaindo a penhora em outros bens, dar-se-á prosseguimento nos termos do § 2º do artigo 164, desta Lei.

Art. 167. A execução da pena de multa será suspensa quando sobrevier ao condenado doença mental (artigo 52 do Código Penal).

Art. 168. O Juiz poderá determinar que a cobrança da multa se efetue mediante desconto no vencimento ou salário do condenado, nas hipóteses do artigo 50, § 1º, do Código Penal, observando-se o seguinte:

ANOTAÇÕES

I. o limite máximo do desconto mensal será o da quarta parte da remuneração e o mínimo o de um décimo;

II. o desconto será feito mediante ordem do Juiz a quem de direito;

III. o responsável pelo desconto será intimado a recolher mensalmente, até o dia fixado pelo Juiz, a importância determinada.

Art. 169. Até o término do prazo a que se refere o artigo 164 desta Lei, poderá o condenado requerer ao Juiz o pagamento da multa em prestações mensais, iguais e sucessivas.

§ 1º O Juiz, antes de decidir, poderá determinar diligências para verificar a real situação econômica do condenado e, ouvido o Ministério Público, fixará o número de prestações.

§ 2º Se o condenado for impontual ou se melhorar de situação econômica, o Juiz, de ofício ou a requerimento do Ministério Público, revogará o benefício executando-se a multa, na forma prevista neste Capítulo, ou prosseguindo-se na execução já iniciada.

Art. 170. Quando a pena de multa for aplicada cumulativamente com pena privativa da liberdade, enquanto esta estiver sendo executada, poderá aquela ser cobrada mediante desconto na remuneração do condenado (artigo 168).

§ 1º Se o condenado cumprir a pena privativa de liberdade ou obtiver livramento condicional, sem haver resgatado a multa, far-se-á a cobrança nos termos deste Capítulo.

§ 2º Aplicar-se-á o disposto no parágrafo anterior aos casos em que for concedida a suspensão condicional da pena.

TÍTULO VI - DA EXECUÇÃO DAS MEDIDAS DE SEGURANÇA

CAPÍTULO I - DISPOSIÇÕES GERAIS

Art. 171. Transitada em julgado a sentença que aplicar medida de segurança, será ordenada a expedição de guia para a execução.

Art. 172. Ninguém será internado em Hospital de Custódia e Tratamento Psiquiátrico, ou submetido a tratamento ambulatorial, para cumprimento de medida de segurança, sem a guia expedida pela autoridade judiciária.

Art. 173. A guia de internamento ou de tratamento ambulatorial, extraída pelo escrivão, que a rubricará em todas as folhas e a subscreverá com o Juiz, será remetida à autoridade administrativa incumbida da execução e conterá:

I. a qualificação do agente e o número do registro geral do órgão oficial de identificação;

II. o inteiro teor da denúncia e da sentença que tiver aplicado a medida de segurança, bem como a certidão do trânsito em julgado;

III. a data em que terminará o prazo mínimo de internação, ou do tratamento ambulatorial;

IV. outras peças do processo reputadas indispensáveis ao adequado tratamento ou internamento.

§ 1º Ao Ministério Público será dada ciência da guia de recolhimento e de sujeição a tratamento.

§ 2º A guia será retificada sempre que sobrevier modificações quanto ao prazo de execução.

Art. 174. Aplicar-se-á, na execução da medida de segurança, naquilo que couber, o disposto nos artigos 8º e 9º desta Lei.

CAPÍTULO II - DA CESSAÇÃO DA PERICULOSIDADE

Art. 175. A cessação da periculosidade será averiguada no fim do prazo mínimo de duração da medida de segurança, pelo exame das condições pessoais do agente, observando-se o seguinte:

I. a autoridade administrativa, até 1 (um) mês antes de expirar o prazo de duração mínima da medida, remeterá ao Juiz minucioso relatório que o habilite a resolver sobre a revogação ou permanência da medida;

II. o relatório será instruído com o laudo psiquiátrico;

III. juntado aos autos o relatório ou realizadas as diligências, serão ouvidos, sucessivamente, o Ministério Público e o curador ou defensor, no prazo de 3 (três) dias para cada um;

IV. o Juiz nomeará curador ou defensor para o agente que não o tiver;

V. o Juiz, de ofício ou a requerimento de qualquer das partes, poderá determinar novas diligências, ainda que expirado o prazo de duração mínima da medida de segurança;

VI. ouvidas as partes ou realizadas as diligências a que se refere o inciso anterior, o Juiz proferirá a sua decisão, no prazo de 5 (cinco) dias.

Art. 176. Em qualquer tempo, ainda no decorrer do prazo mínimo de duração da medida de segurança, poderá o Juiz da execução, diante de requerimento fundamentado do Ministério Público ou do interessado, seu procurador ou defensor, ordenar o exame para que se verifique a cessação da periculosidade, procedendo-se nos termos do artigo anterior.

Art. 177. Nos exames sucessivos para verificar-se a cessação da periculosidade, observar-se-á, no que lhes for aplicável, o disposto no artigo anterior.

Art. 178. Nas hipóteses de desinternação ou de liberação (artigo 97, § 3º, do Código Penal), aplicar-se-á o disposto nos artigos 132 e 133 desta Lei.

Art. 179. Transitada em julgado a sentença, o Juiz expedirá ordem para a desinternação ou a liberação.

TÍTULO VII - DOS INCIDENTES DE EXECUÇÃO

CAPÍTULO I - DAS CONVERSÕES

Art. 180. A pena privativa de liberdade, não superior a 2 (dois) anos, poderá ser convertida em restritiva de direitos, desde que:

I. o condenado a esteja cumprindo em regime aberto;

II. tenha sido cumprido pelo menos 1/4 (um quarto) da pena;

III. os antecedentes e a personalidade do condenado indiquem ser a conversão recomendável.

Art. 181. A pena restritiva de direitos será convertida em privativa de liberdade nas hipóteses e na forma do artigo 45 e seus incisos do Código Penal.

§ 1º A pena de prestação de serviços à comunidade será convertida quando o condenado:

a) não for encontrado por estar em lugar incerto e não sabido, ou desatender a intimação por edital;

b) não comparecer, injustificadamente, à entidade ou programa em que deva prestar serviço;

c) recusar-se, injustificadamente, a prestar o serviço que lhe foi imposto;

d) praticar falta grave;

e) sofrer condenação por outro crime à pena privativa de liberdade, cuja execução não tenha sido suspensa.

§ 2º A pena de limitação de fim de semana será convertida quando o condenado não comparecer ao estabelecimento designado para o cumprimento da pena, recusar-se a exercer a atividade determinada pelo Juiz ou se ocorrer qualquer das hipóteses das letras "a", "d" e "e" do parágrafo anterior.

§ 3º A pena de interdição temporária de direitos será convertida quando o condenado exercer, injustificadamente, o direito interditado ou se ocorrer qualquer das hipóteses das letras "a" e "e", do § 1º, deste artigo.

Art. 182. (Revogado pela Lei nº 9.268, de 1996)

Art. 183. Quando, no curso da execução da pena privativa de liberdade, sobrevier doença mental ou perturbação da saúde mental, o Juiz, de ofício, a requerimento do Ministério Público, da Defensoria Pública ou da autoridade administrativa, poderá determinar a substituição da pena por medida de segurança. (Redação dada pela Lei nº 12.313, de 2010).

ANOTAÇÕES

Art. 184. O tratamento ambulatorial poderá ser convertido em internação se o agente revelar incompatibilidade com a medida.

Parágrafo único. Nesta hipótese, o prazo mínimo de internação será de 1 (um) ano.

CAPÍTULO II - DO EXCESSO OU DESVIO

Art. 185. Haverá excesso ou desvio de execução sempre que algum ato for praticado além dos limites fixados na sentença, em normas legais ou regulamentares.

Art. 186. Podem suscitar o incidente de excesso ou desvio de execução:

I. o Ministério Público;

II. o Conselho Penitenciário;

III. o sentenciado;

IV. qualquer dos demais órgãos da execução penal.

CAPÍTULO III - DA ANISTIA E DO INDULTO

Art. 187. Concedida a anistia, o Juiz, de ofício, a requerimento do interessado ou do Ministério Público, por proposta da autoridade administrativa ou do Conselho Penitenciário, declarará extinta a punibilidade.

Art. 188. O indulto individual poderá ser provocado por petição do condenado, por iniciativa do Ministério Público, do Conselho Penitenciário, ou da autoridade administrativa.

Art. 189. A petição do indulto, acompanhada dos documentos que a instruírem, será entregue ao Conselho Penitenciário, para a elaboração de parecer e posterior encaminhamento ao Ministério da Justiça.

Art. 190. O Conselho Penitenciário, à vista dos autos do processo e do prontuário, promoverá as diligências que entender necessárias e fará, em relatório, a narração do ilícito penal e dos fundamentos da sentença condenatória, a exposição dos antecedentes do condenado e do procedimento deste depois da prisão, emitindo seu parecer sobre o mérito do pedido e esclarecendo qualquer formalidade ou circunstâncias omitidas na petição.

Art. 191. Processada no Ministério da Justiça com documentos e o relatório do Conselho Penitenciário, a petição será submetida a despacho do Presidente da República, a quem serão presentes os autos do processo ou a certidão de qualquer de suas peças, se ele o determinar.

Art. 192. Concedido o indulto e anexada aos autos cópia do decreto, o Juiz declarará extinta a pena ou ajustará a execução aos termos do decreto, no caso de comutação.

Art. 193. Se o sentenciado for beneficiado por indulto coletivo, o Juiz, de ofício, a requerimento do interessado, do Ministério Público, ou por iniciativa do Conselho Penitenciário ou da autoridade administrativa, providenciará de acordo com o disposto no artigo anterior.

TÍTULO VIII - DO PROCEDIMENTO JUDICIAL

Art. 194. O procedimento correspondente às situações previstas nesta Lei será judicial, desenvolvendo-se perante o Juízo da execução.

Art. 195. O procedimento judicial iniciar-se-á de ofício, a requerimento do Ministério Público, do interessado, de quem o represente, de seu cônjuge, parente ou descendente, mediante proposta do Conselho Penitenciário, ou, ainda, da autoridade administrativa.

Art. 196. A portaria ou petição será autuada ouvindo-se, em 3 (três) dias, o condenado e o Ministério Público, quando não figurem como requerentes da medida.

§ 1º Sendo desnecessária a produção de prova, o Juiz decidirá de plano, em igual prazo.

§ 2º Entendendo indispensável a realização de prova pericial ou oral, o Juiz a ordenará, decidindo após a produção daquela ou na audiência designada.

Art. 197. Das decisões proferidas pelo Juiz caberá recurso de agravo, sem efeito suspensivo.

ANOTAÇÕES

LEIS

ANOTAÇÕES

TÍTULO IX - DAS DISPOSIÇÕES FINAIS E TRANSITÓRIAS

Art. 198. É defesa ao integrante dos órgãos da execução penal, e ao servidor, a divulgação de ocorrência que perturbe a segurança e a disciplina dos estabelecimentos, bem como exponha o preso à inconveniente notoriedade, durante o cumprimento da pena.

Art. 199. O emprego de algemas será disciplinado por decreto federal. (Regulamento)

Art. 200. O condenado por crime político não está obrigado ao trabalho.

Art. 201. Na falta de estabelecimento adequado, o cumprimento da prisão civil e da prisão administrativa se efetivará em seção especial da Cadeia Pública.

Art. 202. Cumprida ou extinta a pena, não constarão da folha corrida, atestados ou certidões fornecidas por autoridade policial ou por auxiliares da Justiça, qualquer notícia ou referência à condenação, salvo para instruir processo pela prática de nova infração penal ou outros casos expressos em lei.

Art. 203. No prazo de 6 (seis) meses, a contar da publicação desta Lei, serão editadas as normas complementares ou regulamentares, necessárias à eficácia dos dispositivos não auto-aplicáveis.

§ 1º Dentro do mesmo prazo deverão as Unidades Federativas, em convênio com o Ministério da Justiça, projetar a adaptação, construção e equipamento de estabelecimentos e serviços penais previstos nesta Lei.

§ 2º Também, no mesmo prazo, deverá ser providenciada a aquisição ou desapropriação de prédios para instalação de casas de albergados.

§ 3º O prazo a que se refere o caput deste artigo poderá ser ampliado, por ato do Conselho Nacional de Política Criminal e Penitenciária, mediante justificada solicitação, instruída com os projetos de reforma ou de construção de estabelecimentos.

§ 4º O descumprimento injustificado dos deveres estabelecidos para as Unidades Federativas implicará na suspensão de qualquer ajuda financeira a elas destinada pela União, para atender às despesas de execução das penas e medidas de segurança.

Art. 204. Esta Lei entra em vigor concomitantemente com a lei de reforma da Parte Geral do Código Penal, revogadas as disposições em contrário, especialmente a Lei nº 3.274, de 2 de outubro de 1957.

9. LEI Nº 7.492, DE 16 DE JUNHO DE 1986

Define os Crimes Contra o Sistema Financeiro Nacional, e dá outras Providências

O PRESIDENTE DA REPÚBLICA, faço saber que o Congresso Nacional decreta e eu sanciono a seguinte lei:

Art. 1º Considera-se instituição financeira, para efeito desta lei, a pessoa jurídica de direito público ou privado, que tenha como atividade principal ou acessória, cumulativamente ou não, a captação, intermediação ou aplicação de recursos financeiros (Vetado) de terceiros, em moeda nacional ou estrangeira, ou a custódia, emissão, distribuição, negociação, intermediação ou administração de valores mobiliários.

Parágrafo único. Equipara-se à instituição financeira:

I. a pessoa jurídica que capte ou administre seguros, câmbio, consórcio, capitalização ou qualquer tipo de poupança, ou recursos de terceiros;

II. a pessoa natural que exerça quaisquer das atividades referidas neste artigo, ainda que de forma eventual.

ANOTAÇÕES

DOS CRIMES CONTRA O SISTEMA FINANCEIRO NACIONAL

Art. 2º Imprimir, reproduzir ou, de qualquer modo, fabricar ou pôr em circulação, sem autorização escrita da sociedade emissora, certificado, cautela ou outro documento representativo de título ou valor mobiliário:

Pena: Reclusão, de 2 (dois) a 8 (oito) anos, e multa.

Parágrafo único. Incorre na mesma pena quem imprime, fabrica, divulga, distribui ou faz distribuir prospecto ou material de propaganda relativo aos papéis referidos neste artigo.

Art. 3º Divulgar informação falsa ou prejudicialmente incompleta sobre instituição financeira:

Pena: Reclusão, de 2 (dois) a 6 (seis) anos, e multa.

Art. 4º Gerir fraudulentamente instituição financeira:

Pena: Reclusão, de 3 (três) a 12 (doze) anos, e multa.

Parágrafo único. Se a gestão é temerária:

Pena: Reclusão, de 2 (dois) a 8 (oito) anos, e multa.

Art. 5º Apropriar-se, quaisquer das pessoas mencionadas no art. 25 desta lei, de dinheiro, título, valor ou qualquer outro bem móvel de que tem a posse, ou desviá-lo em proveito próprio ou alheio:

Pena: Reclusão, de 2 (dois) a 6 (seis) anos, e multa.

Parágrafo único. Incorre na mesma pena qualquer das pessoas mencionadas no art. 25 desta lei, que negociar direito, título ou qualquer outro bem móvel ou imóvel de que tem a posse, sem autorização de quem de direito.

Art. 6º Induzir ou manter em erro, sócio, investidor ou repartição pública competente, relativamente a operação ou situação financeira, sonegando-lhe informação ou prestando-a falsamente:

Pena: Reclusão, de 2 (dois) a 6 (seis) anos, e multa.

Art. 7º Emitir, oferecer ou negociar, de qualquer modo, títulos ou valores mobiliários:

I. falsos ou falsificados;

II. sem registro prévio de emissão junto à autoridade competente, em condições divergentes das constantes do registro ou irregularmente registrados;

III. sem lastro ou garantia suficientes, nos termos da legislação;

IV. sem autorização prévia da autoridade competente, quando legalmente exigida:

Pena: Reclusão, de 2 (dois) a 8 (oito) anos, e multa.

Art. 8º Exigir, em desacordo com a legislação (Vetado), juro, comissão ou qualquer tipo de remuneração sobre operação de crédito ou de seguro, administração de fundo mútuo ou fiscal ou de consórcio, serviço de corretagem ou distribuição de títulos ou valores mobiliários:

Pena: Reclusão, de 1 (um) a 4 (quatro) anos, e multa.

Art. 9º Fraudar a fiscalização ou o investidor, inserindo ou fazendo inserir, em documento comprobatório de investimento em títulos ou valores mobiliários, declaração falsa ou diversa da que dele deveria constar:

Pena: Reclusão, de 1 (um) a 5 (cinco) anos, e multa.

Art. 10. Fazer inserir elemento falso ou omitir elemento exigido pela legislação, em demonstrativos contábeis de instituição financeira, seguradora ou instituição integrante do sistema de distribuição de títulos de valores mobiliários:

Pena: Reclusão, de 1 (um) a 5 (cinco) anos, e multa.

Art. 11. Manter ou movimentar recurso ou valor paralelamente à contabilidade exigida pela legislação:

Pena: Reclusão, de 1 (um) a 5 (cinco) anos, e multa.

Art. 12. Deixar, o ex-administrador de instituição financeira, de apresentar, ao interventor, liquidante, ou síndico, nos prazos e condições estabelecidas em lei as informações, declarações ou documentos de sua responsabilidade:

Pena: Reclusão, de 1 (um) a 4 (quatro) anos, e multa.

Art. 13. Desviar (Vetado) bem alcançado pela indisponibilidade legal resultante de intervenção, liquidação extrajudicial ou falência de instituição financeira.

Pena: Reclusão, de 2 (dois) a 6 (seis) anos, e multa.

Parágrafo único. Na mesma pena incorra o interventor, o liquidante ou o síndico que se apropriar de bem abrangido pelo caput deste artigo, ou desviá-lo em proveito próprio ou alheio.

Art. 14. Apresentar, em liquidação extrajudicial, ou em falência de instituição financeira, declaração de crédito ou reclamação falsa, ou juntar a elas título falso ou simulado:

Pena: Reclusão, de 2 (dois) a 8 (oito) anos, e multa.

Parágrafo único. Na mesma pena incorre o ex-administrador ou falido que reconhecer, como verdadeiro, crédito que não o seja.

Art. 15. Manifestar-se falsamente o interventor, o liquidante ou o síndico, (Vetado) à respeito de assunto relativo a intervenção, liquidação extrajudicial ou falência de instituição financeira:

Pena: Reclusão, de 2 (dois) a 8 (oito) anos, e multa.

Art. 16. Fazer operar, sem a devida autorização, ou com autorização obtida mediante declaração (Vetado) falsa, instituição financeira, inclusive de distribuição de valores mobiliários ou de câmbio:

Pena: Reclusão, de 1 (um) a 4 (quatro) anos, e multa.

Art. 17. Tomar ou receber crédito, na qualidade de qualquer das pessoas mencionadas no art. 25, ou deferir operações de crédito vedadas, observado o disposto no art. 34 da Lei nº 4.595, de 31 de dezembro de 1964: (Redação dada pela Lei nº 13.506, de 2017)

Pena: Reclusão, de 2 (dois) a 6 (seis) anos, e multa.

Parágrafo único. Incorre na mesma pena quem:

I. em nome próprio, como controlador ou na condição de administrador da sociedade, conceder ou receber adiantamento de honorários, remuneração, salário ou qualquer outro pagamento, nas condições referidas neste artigo;

II. de forma disfarçada, promover a distribuição ou receber lucros de instituição financeira.

Art. 18. Violar sigilo de operação ou de serviço prestado por instituição financeira ou integrante do sistema de distribuição de títulos mobiliários de que tenha conhecimento, em razão de ofício:

Pena: Reclusão, de 1 (um) a 4 (quatro) anos, e multa.

Art. 19. Obter, mediante fraude, financiamento em instituição financeira:

Pena: Reclusão, de 2 (dois) a 6 (seis) anos, e multa.

Parágrafo único. A pena é aumentada de 1/3 (um terço) se o crime é cometido em detrimento de instituição financeira oficial ou por ela credenciada para o repasse de financiamento.

Art. 20. Aplicar, em finalidade diversa da prevista em lei ou contrato, recursos provenientes de financiamento concedido por instituição financeira oficial ou por instituição credenciada para repassá-lo:

Pena: Reclusão, de 2 (dois) a 6 (seis) anos, e multa.

Art. 21. Atribuir-se, ou atribuir a terceiro, falsa identidade, para realização de operação de câmbio:

Pena: Detenção, de 1 (um) a 4 (quatro) anos, e multa.

Parágrafo único. Incorre na mesma pena quem, para o mesmo fim, sonega informação que devia prestar ou presta informação falsa.

Art. 22. Efetuar operação de câmbio não autorizada, com o fim de promover evasão de divisas do País:

Pena: Reclusão, de 2 (dois) a 6 (seis) anos, e multa.

Parágrafo único. Incorre na mesma pena quem, a qualquer título, promove, sem autorização legal, a saída de moeda ou divisa para o exterior, ou nele mantiver depósitos não declarados à repartição federal competente.

ANOTAÇÕES

Art. 23. Omitir, retardar ou praticar, o funcionário público, contra disposição expressa de lei, ato de ofício necessário ao regular funcionamento do sistema financeiro nacional, bem como a preservação dos interesses e valores da ordem econômico-financeira:

Pena: Reclusão, de 1 (um) a 4 (quatro) anos, e multa.

Art. 24. (VETADO).

DA APLICAÇÃO E DO PROCEDIMENTO CRIMINAL

Art. 25. São penalmente responsáveis, nos termos desta lei, o controlador e os administradores de instituição financeira, assim considerados os diretores, gerentes (Vetado).

§ 1º Equiparam-se aos administradores de instituição financeira (Vetado) o interventor, o liquidante ou o síndico.

§ 2º Nos crimes previstos nesta Lei, cometidos em quadrilha ou co-autoria, o co-autor ou partícipe que através de confissão espontânea revelar à autoridade policial ou judicial toda a trama delituosa terá a sua pena reduzida de um a dois terços. (Incluído pela Lei nº 9.080, de 19.7.1995)

Art. 26. A ação penal, nos crimes previstos nesta lei, será promovida pelo Ministério Público Federal, perante a Justiça Federal.

Parágrafo único. Sem prejuízo do disposto no art. 268 do Código de Processo Penal, aprovado pelo Decreto-lei nº 3.689, de 3 de outubro de 1941, será admitida a assistência da Comissão de Valores Mobiliários - CVM, quando o crime tiver sido praticado no âmbito de atividade sujeita à disciplina e à fiscalização dessa Autarquia, e do Banco Central do Brasil quando, fora daquela hipótese, houver sido cometido na órbita de atividade sujeita à sua disciplina e fiscalização.

Art. 27. Quando a denúncia não for intentada no prazo legal, o ofendido poderá representar ao Procurador-Geral da República, para que este a ofereça, designe outro órgão do Ministério Público para oferecê-la ou determine o arquivamento das peças de informação recebidas.

Art. 28. Quando, no exercício de suas atribuições legais, o Banco Central do Brasil ou a Comissão de Valores Mobiliários - CVM, verificar a ocorrência de crime previsto nesta lei, disso deverá informar ao Ministério Público Federal, enviando-lhe os documentos necessários à comprovação do fato.

Parágrafo único. A conduta de que trata este artigo será observada pelo interventor, liquidante ou síndico que, no curso de intervenção, liquidação extrajudicial ou falência, verificar a ocorrência de crime de que trata esta lei.

Art. 29. O órgão do Ministério Público Federal, sempre que julgar necessário, poderá requisitar, a qualquer autoridade, informação, documento ou diligência, relativa à prova dos crimes previstos nesta lei.

Parágrafo único O sigilo dos serviços e operações financeiras não pode ser invocado como óbice ao atendimento da requisição prevista no caput deste artigo.

Art. 30. Sem prejuízo do disposto no art. 312 do Código de Processo Penal, aprovado pelo Decreto-lei nº 3.689, de 3 de outubro de 1941, a prisão preventiva do acusado da prática de crime previsto nesta lei poderá ser decretada em razão da magnitude da lesão causada (Vetado).

Art. 31. Nos crimes previstos nesta lei e punidos com pena de reclusão, o réu não poderá prestar fiança, nem apelar antes de ser recolhido à prisão, ainda que primário e de bons antecedentes, se estiver configurada situação que autoriza a prisão preventiva.

Art. 32. (VETADO).

§ 1º (VETADO).

§ 2º (VETADO).

§ 3º (VETADO).

Art. 33. Na fixação da pena de multa relativa aos crimes previstos nesta lei, o limite a que se refere o § 1º do art. 49 do Código Penal, aprovado pelo Decreto-lei nº 2.848, de 7 de dezembro de.1940, pode ser estendido até o décuplo, se verificada a situação nele cogitada.

ANOTAÇÕES

ANOTAÇÕES

Art. 34. Esta lei entra em vigor na data de sua publicação.

Art. 35. Revogam-se as disposições em contrário.

10. LEI Nº 7.716, DE 5 DE JANEIRO DE 1989

Define os Crimes Resultantes de Preconceito de Raça ou de Cor

O PRESIDENTE DA REPÚBLICA, faço saber que o Congresso Nacional decreta e eu sanciono a seguinte Lei:

Art. 1º Serão punidos, na forma desta Lei, os crimes resultantes de discriminação ou preconceito de raça, cor, etnia, religião ou procedência nacional. (Redação dada pela Lei nº 9.459, de 15/05/97)

Art. 2º (Vetado).

Art. 3º Impedir ou obstar o acesso de alguém, devidamente habilitado, a qualquer cargo da Administração Direta ou Indireta, bem como das concessionárias de serviços públicos.

Parágrafo único. Incorre na mesma pena quem, por motivo de discriminação de raça, cor, etnia, religião ou procedência nacional, obstar a promoção funcional. (Incluído pela Lei nº 12.288, de 2010)

Pena: reclusão de dois a cinco anos.

Art. 4º Negar ou obstar emprego em empresa privada.

§ 1º Incorre na mesma pena quem, por motivo de discriminação de raça ou de cor ou práticas resultantes do preconceito de descendência ou origem nacional ou étnica: (Incluído pela Lei nº 12.288, de 2010)

I. deixar de conceder os equipamentos necessários ao empregado em igualdade de condições com os demais trabalhadores; (Incluído pela Lei nº 12.288, de 2010)

II. impedir a ascensão funcional do empregado ou obstar outra forma de benefício profissional; (Incluído pela Lei nº 12.288, de 2010)

III. proporcionar ao empregado tratamento diferenciado no ambiente de trabalho, especialmente quanto ao salário. (Incluído pela Lei nº 12.288, de 2010)

§ 2º Ficará sujeito às penas de multa e de prestação de serviços à comunidade, incluindo atividades de promoção da igualdade racial, quem, em anúncios ou qualquer outra forma de recrutamento de trabalhadores, exigir aspectos de aparência próprios de raça ou etnia para emprego cujas atividades não justifiquem essas exigências. (Incluído pela Lei nº 12.288, de 2010)

Pena: reclusão de dois a cinco anos.

Art. 5º Recusar ou impedir acesso a estabelecimento comercial, negando-se a servir, atender ou receber cliente ou comprador.

Pena: reclusão de um a três anos.

Art. 6º Recusar, negar ou impedir a inscrição ou ingresso de aluno em estabelecimento de ensino público ou privado de qualquer grau.

Pena: reclusão de três a cinco anos.

Parágrafo único. Se o crime for praticado contra menor de dezoito anos a pena é agravada de 1/3 (um terço).

Art. 7º Impedir o acesso ou recusar hospedagem em hotel, pensão, estalagem, ou qualquer estabelecimento similar.

Pena: reclusão de três a cinco anos.

Art. 8º Impedir o acesso ou recusar atendimento em restaurantes, bares, confeitarias, ou locais semelhantes abertos ao público.

Pena: reclusão de um a três anos.

Art. 9º Impedir o acesso ou recusar atendimento em estabelecimentos esportivos, casas de diversões, ou clubes sociais abertos ao público.

Pena: reclusão de um a três anos.

ANOTAÇÕES

Art. 10. Impedir o acesso ou recusar atendimento em salões de cabeleireiros, barbearias, termas ou casas de massagem ou estabelecimento com as mesmas finalidades.

Pena: reclusão de um a três anos.

Art. 11. Impedir o acesso às entradas sociais em edifícios públicos ou residenciais e elevadores ou escada de acesso aos mesmos:

Pena: reclusão de um a três anos.

Art. 12. Impedir o acesso ou uso de transportes públicos, como aviões, navios barcas, barcos, ônibus, trens, metrô ou qualquer outro meio de transporte concedido.

Pena: reclusão de um a três anos.

Art. 13. Impedir ou obstar o acesso de alguém ao serviço em qualquer ramo das Forças Armadas.

Pena: reclusão de dois a quatro anos.

Art. 14. Impedir ou obstar, por qualquer meio ou forma, o casamento ou convivência familiar e social.

Pena: reclusão de dois a quatro anos.

Art. 15. (Vetado).

Art. 16. Constitui efeito da condenação a perda do cargo ou função pública, para o servidor público, e a suspensão do funcionamento do estabelecimento particular por prazo não superior a três meses.

Art. 17. (Vetado).

Art. 18. Os efeitos de que tratam os arts. 16 e 17 desta Lei não são automáticos, devendo ser motivadamente declarados na sentença.

Art. 19. (Vetado).

Art. 20. Praticar, induzir ou incitar a discriminação ou preconceito de raça, cor, etnia, religião ou procedência nacional. (Redação dada pela Lei nº 9.459, de 15/05/97)

Pena: reclusão de um a três anos e multa.(Redação dada pela Lei nº 9.459, de 15/05/97)

§ 1º Fabricar, comercializar, distribuir ou veicular símbolos, emblemas, ornamentos, distintivos ou propaganda que utilizem a cruz suástica ou gamada, para fins de divulgação do nazismo. (Redação dada pela Lei nº 9.459, de 15/05/97)

Pena: reclusão de dois a cinco anos e multa.(Incluído pela Lei nº 9.459, de 15/05/97)

§ 2º Se qualquer dos crimes previstos no caput é cometido por intermédio dos meios de comunicação social ou publicação de qualquer natureza: (Redação dada pela Lei nº 9.459, de 15/05/97)

Pena: reclusão de dois a cinco anos e multa.(Incluído pela Lei nº 9.459, de 15/05/97)

§ 3º No caso do parágrafo anterior, o juiz poderá determinar, ouvido o Ministério Público ou a pedido deste, ainda antes do inquérito policial, sob pena de desobediência: (Redação dada pela Lei nº 9.459, de 15/05/97)

I. o recolhimento imediato ou a busca e apreensão dos exemplares do material respectivo;(Incluído pela Lei nº 9.459, de 15/05/97)

II. a cessação das respectivas transmissões radiofônicas, televisivas, eletrônicas ou da publicação por qualquer meio; (Redação dada pela Lei nº 12.735, de 2012)

III. a interdição das respectivas mensagens ou páginas de informação na rede mundial de computadores. (Incluído pela Lei nº 12.288, de 2010)

§ 4º Na hipótese do § 2º, constitui efeito da condenação, após o trânsito em julgado da decisão, a destruição do material apreendido. (Incluído pela Lei nº 9.459, de 15/05/97)

Art. 21. Esta Lei entra em vigor na data de sua publicação. (Renumerado pela Lei nº 8.081, de 21.9.1990)

11. LEI Nº 7.960, DE 21 DE DEZEMBRO DE 1989

Dispõe sobre Prisão Temporária

O PRESIDENTE DA REPÚBLICA, faço saber que o Congresso Nacional decreta e eu sanciono a seguinte Lei:

Art. 1º Caberá prisão temporária:

I. quando imprescindível para as investigações do inquérito policial;

II. quando o indicado não tiver residência fixa ou não fornecer elementos necessários ao esclarecimento de sua identidade;

III. quando houver fundadas razões, de acordo com qualquer prova admitida na legislação penal, de autoria ou participação do indiciado nos seguintes crimes:

a) homicídio doloso (art. 121, caput, e seu § 2º);

b) sequestro ou cárcere privado (art. 148, caput, e seus §§ 1º e 2º);

c) roubo (art. 157, caput, e seus §§ 1º, 2º e 3º);

d) extorsão (art. 158, caput, e seus §§ 1º e 2º);

e) extorsão mediante sequestro (art. 159, caput, e seus §§ 1º, 2º e 3º);

f) estupro (art. 213, caput, e sua combinação com o art. 223, caput, e parágrafo único); (Vide Decreto-Lei nº 2.848, de 1940)

g) atentado violento ao pudor (art. 214, caput, e sua combinação com o art. 223, caput, e parágrafo único); (Vide Decreto-Lei nº 2.848, de 1940)

h) rapto violento (art. 219, e sua combinação com o art. 223 caput, e parágrafo único); (Vide Decreto-Lei nº 2.848, de 1940)

i) epidemia com resultado de morte (art. 267, § 1º);

j) envenenamento de água potável ou substância alimentícia ou medicinal qualificado pela morte (art. 270, caput, combinado com art. 285);

l) quadrilha ou bando (art. 288), todos do Código Penal;

m) genocídio (arts. 1º, 2º e 3º da Lei nº 2.889, de 1º de outubro de 1956), em qualquer de sua formas típicas;

n) tráfico de drogas (art. 12 da Lei nº 6.368, de 21 de outubro de 1976);

o) crimes contra o sistema financeiro (Lei nº 7.492, de 16 de junho de 1986).

p) crimes previstos na Lei de Terrorismo. (Incluído pela Lei nº 13.260, de 2016)

Art. 2º A prisão temporária será decretada pelo Juiz, em face da representação da autoridade policial ou de requerimento do Ministério Público, e terá o prazo de 5 (cinco) dias, prorrogável por igual período em caso de extrema e comprovada necessidade.

§ 1º Na hipótese de representação da autoridade policial, o Juiz, antes de decidir, ouvirá o Ministério Público.

§ 2º O despacho que decretar a prisão temporária deverá ser fundamentado e prolatado dentro do prazo de 24 (vinte e quatro) horas, contadas a partir do recebimento da representação ou do requerimento.

§ 3º O Juiz poderá, de ofício, ou a requerimento do Ministério Público e do Advogado, determinar que o preso lhe seja apresentado, solicitar informações e esclarecimentos da autoridade policial e submetê-lo a exame de corpo de delito.

§ 4º Decretada a prisão temporária, expedir-se-á mandado de prisão, em duas vias, uma das quais será entregue ao indiciado e servirá como nota de culpa.

§ 4º-A O mandado de prisão conterá necessariamente o período de duração da prisão temporária estabelecido no caput deste artigo, bem como o dia em que o preso deverá ser libertado. (Incluído pela Lei nº 13.869. de 2019)

§ 5º A prisão somente poderá ser executada depois da expedição de mandado judicial.

ANOTAÇÕES

§ 6º Efetuada a prisão, a autoridade policial informará o preso dos direitos previstos no art. 5º da Constituição Federal.

§ 7º Decorrido o prazo contido no mandado de prisão, a autoridade responsável pela custódia deverá, independentemente de nova ordem da autoridade judicial, pôr imediatamente o preso em liberdade, salvo se já tiver sido comunicada da prorrogação da prisão temporária ou da decretação da prisão preventiva.

§ 8º Inclui-se o dia do cumprimento do mandado de prisão no cômputo do prazo de prisão temporária.

Art. 3º Os presos temporários deverão permanecer, obrigatoriamente, separados dos demais detentos.

Art. 5º Em todas as comarcas e seções judiciárias haverá um plantão permanente de vinte e quatro horas do Poder Judiciário e do Ministério Público para apreciação dos pedidos de prisão temporária.

Art. 6º Esta Lei entra em vigor na data de sua publicação.

Art. 7º Revogam-se as disposições em contrário.

12. LEI Nº 8.069, DE 13 DE JULHO DE 1990

Estatuto da Criança e do Adolescente

TÍTULO I - DAS DISPOSIÇÕES PRELIMINARES

Art. 1º Esta Lei dispõe sobre a proteção integral à criança e ao adolescente.

Art. 2º Considera-se criança, para os efeitos desta Lei, a pessoa até doze anos de idade incompletos, e adolescente aquela entre doze e dezoito anos de idade.

Parágrafo único. Nos casos expressos em lei, aplica-se excepcionalmente este Estatuto às pessoas entre dezoito e vinte e um anos de idade.

Art. 3º A criança e o adolescente gozam de todos os direitos fundamentais inerentes à pessoa humana, sem prejuízo da proteção integral de que trata esta Lei, assegurando-se-lhes, por lei ou por outros meios, todas as oportunidades e facilidades, a fim de lhes facultar o desenvolvimento físico, mental, moral, espiritual e social, em condições de liberdade e de dignidade.

Parágrafo único. Os direitos enunciados nesta Lei aplicam-se a todas as crianças e adolescentes, sem discriminação de nascimento, situação familiar, idade, sexo, raça, etnia ou cor, religião ou crença, deficiência, condição pessoal de desenvolvimento e aprendizagem, condição econômica, ambiente social, região e local de moradia ou outra condição que diferencie as pessoas, as famílias ou a comunidade em que vivem.

Art. 4º É dever da família, da comunidade, da sociedade em geral e do poder público assegurar, com absoluta prioridade, a efetivação dos direitos referentes à vida, à saúde, à alimentação, à educação, ao esporte, ao lazer, à profissionalização, à cultura, à dignidade, ao respeito, à liberdade e à convivência familiar e comunitária.

Parágrafo único. A garantia de prioridade compreende:

a) primazia de receber proteção e socorro em quaisquer circunstâncias;

b) precedência de atendimento nos serviços públicos ou de relevância pública;

c) preferência na formulação e na execução das políticas sociais públicas;

d) destinação privilegiada de recursos públicos nas áreas relacionadas com a proteção à infância e à juventude.

Art. 5º Nenhuma criança ou adolescente será objeto de qualquer forma de negligência, discriminação, exploração, violência, crueldade e opressão, punido na forma da lei qualquer atentado, por ação ou omissão, aos seus direitos fundamentais.

ANOTAÇÕES

LEIS

ANOTAÇÕES

Art. 6º Na interpretação desta Lei levar-se-ão em conta os fins sociais a que ela se dirige, as exigências do bem comum, os direitos e deveres individuais e coletivos, e a condição peculiar da criança e do adolescente como pessoas em desenvolvimento.

TÍTULO II - DOS DIREITOS FUNDAMENTAIS

CAPÍTULO I - DO DIREITO À VIDA E À SAÚDE

Art. 7º A criança e o adolescente têm direito a proteção à vida e à saúde, mediante a efetivação de políticas sociais públicas que permitam o nascimento e o desenvolvimento sadio e harmonioso, em condições dignas de existência.

Art. 8º É assegurado a todas as mulheres o acesso aos programas e às políticas de saúde da mulher e de planejamento reprodutivo e, às gestantes, nutrição adequada, atenção humanizada à gravidez, ao parto e ao puerpério e atendimento pré-natal, perinatal e pós-natal integral no âmbito do Sistema Único de Saúde.

§ 1º O atendimento pré-natal será realizado por profissionais da atenção primária.

§ 2º Os profissionais de saúde de referência da gestante garantirão sua vinculação, no último trimestre da gestação, ao estabelecimento em que será realizado o parto, garantido o direito de opção da mulher.

§ 3º Os serviços de saúde onde o parto for realizado assegurarão às mulheres e aos seus filhos recém-nascidos alta hospitalar responsável e contrarreferência na atenção primária, bem como o acesso a outros serviços e a grupos de apoio à amamentação.

§ 4º Incumbe ao poder público proporcionar assistência psicológica à gestante e à mãe, no período pré e pós-natal, inclusive como forma de prevenir ou minorar as consequências do estado puerperal.

§ 5º A assistência referida no § 4º deste artigo deverá ser prestada também a gestantes e mães que manifestem interesse em entregar seus filhos para adoção, bem como a gestantes e mães que se encontrem em situação de privação de liberdade.

§ 6º A gestante e a parturiente têm direito a 1 (um) acompanhante de sua preferência durante o período do pré-natal, do trabalho de parto e do pós-parto imediato.

§ 7º A gestante deverá receber orientação sobre aleitamento materno, alimentação complementar saudável e crescimento e desenvolvimento infantil, bem como sobre formas de favorecer a criação de vínculos afetivos e de estimular o desenvolvimento integral da criança.

§ 8º A gestante tem direito a acompanhamento saudável durante toda a gestação e a parto natural cuidadoso, estabelecendo-se a aplicação de cesariana e outras intervenções cirúrgicas por motivos médicos.

§ 9º A atenção primária à saúde fará a busca ativa da gestante que não iniciar ou que abandonar as consultas de pré-natal, bem como da puérpera que não comparecer às consultas pós-parto.

§ 10. Incumbe ao poder público garantir, à gestante e à mulher com filho na primeira infância que se encontrem sob custódia em unidade de privação de liberdade, ambiência que atenda às normas sanitárias e assistenciais do Sistema Único de Saúde para o acolhimento do filho, em articulação com o sistema de ensino competente, visando ao desenvolvimento integral da criança.

> **Art. 8º-A.** Fica instituída a Semana Nacional de Prevenção da Gravidez na Adolescência, a ser realizada anualmente na semana que incluir o dia 1º de fevereiro, com o objetivo de disseminar informações sobre medidas preventivas e educativas que contribuam para a redução da incidência da gravidez na adolescência. (Incluído pela Lei nº 13.798, de 2019)
>
> **Parágrafo único.** As ações destinadas a efetivar o disposto no caput deste artigo ficarão a cargo do poder público, em conjunto com organizações da sociedade civil, e serão dirigidas prioritariamente ao público adolescente. (Incluído pela Lei nº 13.798, de 2019)

ANOTAÇÕES

Art. 9º O poder público, as instituições e os empregadores propiciarão condições adequadas ao aleitamento materno, inclusive aos filhos de mães submetidas a medida privativa de liberdade.

§ 1º Os profissionais das unidades primárias de saúde desenvolverão ações sistemáticas, individuais ou coletivas, visando ao planejamento, à implementação e à avaliação de ações de promoção, proteção e apoio ao aleitamento materno e à alimentação complementar saudável, de forma contínua.

§ 2º Os serviços de unidades de terapia intensiva neonatal deverão dispor de banco de leite humano ou unidade de coleta de leite humano.

Art. 10. Os hospitais e demais estabelecimentos de atenção à saúde de gestantes, públicos e particulares, são obrigados a:

I. manter registro das atividades desenvolvidas, através de prontuários individuais, pelo prazo de dezoito anos;

II. identificar o recém-nascido mediante o registro de sua impressão plantar e digital e da impressão digital da mãe, sem prejuízo de outras formas normatizadas pela autoridade administrativa competente;

III. proceder a exames visando ao diagnóstico e terapêutica de anormalidades no metabolismo do recém-nascido, bem como prestar orientação aos pais;

IV. fornecer declaração de nascimento onde constem necessariamente as intercorrências do parto e do desenvolvimento do neonato;

V. manter alojamento conjunto, possibilitando ao neonato a permanência junto à mãe.

VI. acompanhar a prática do processo de amamentação, prestando orientações quanto à técnica adequada, enquanto a mãe permanecer na unidade hospitalar, utilizando o corpo técnico já existente.

Art. 11. É assegurado acesso integral às linhas de cuidado voltadas à saúde da criança e do adolescente, por intermédio do Sistema Único de Saúde, observado o princípio da equidade no acesso a ações e serviços para promoção, proteção e recuperação da saúde.

§ 1º A criança e o adolescente com deficiência serão atendidos, sem discriminação ou segregação, em suas necessidades gerais de saúde e específicas de habilitação e reabilitação.

§ 2º Incumbe ao poder público fornecer gratuitamente, àqueles que necessitarem, medicamentos, órteses, próteses e outras tecnologias assistivas relativas ao tratamento, habilitação ou reabilitação para crianças e adolescentes, de acordo com as linhas de cuidado voltadas às suas necessidades específicas.

§ 3º Os profissionais que atuam no cuidado diário ou frequente de crianças na primeira infância receberão formação específica e permanente para a detecção de sinais de risco para o desenvolvimento psíquico, bem como para o acompanhamento que se fizer necessário.

Art. 12. Os estabelecimentos de atendimento à saúde, inclusive as unidades neonatais, de terapia intensiva e de cuidados intermediários, deverão proporcionar condições para a permanência em tempo integral de um dos pais ou responsável, nos casos de internação de criança ou adolescente.

Art. 13. Os casos de suspeita ou confirmação de castigo físico, de tratamento cruel ou degradante e de maus-tratos contra criança ou adolescente serão obrigatoriamente comunicados ao Conselho Tutelar da respectiva localidade, sem prejuízo de outras providências legais.

§ 1º As gestantes ou mães que manifestem interesse em entregar seus filhos para adoção serão obrigatoriamente encaminhadas, sem constrangimento, à Justiça da Infância e da Juventude.

§ 2º Os serviços de saúde em suas diferentes portas de entrada, os serviços de assistência social em seu componente especializado, o Centro de Referência Especializado de Assistência Social (Creas) e os demais órgãos do Sistema de

ANOTAÇÕES

Garantia de Direitos da Criança e do Adolescente deverão conferir máxima prioridade ao atendimento das crianças na faixa etária da primeira infância com suspeita ou confirmação de violência de qualquer natureza, formulando projeto terapêutico singular que inclua intervenção em rede e, se necessário, acompanhamento domiciliar.

Art. 14. O Sistema Único de Saúde promoverá programas de assistência médica e odontológica para a prevenção das enfermidades que ordinariamente afetam a população infantil, e campanhas de educação sanitária para pais, educadores e alunos.

§ 1º É obrigatória a vacinação das crianças nos casos recomendados pelas autoridades sanitárias.

§ 2º O Sistema Único de Saúde promoverá a atenção à saúde bucal das crianças e das gestantes, de forma transversal, integral e intersetorial com as demais linhas de cuidado direcionadas à mulher e à criança.

§ 3º A atenção odontológica à criança terá função educativa protetiva e será prestada, inicialmente, antes de o bebê nascer, por meio de aconselhamento pré-natal, e, posteriormente, no sexto e no décimo segundo anos de vida, com orientações sobre saúde bucal.

§ 4º A criança com necessidade de cuidados odontológicos especiais será atendida pelo Sistema Único de Saúde.

§ 5º É obrigatória a aplicação a todas as crianças, nos seus primeiros dezoito meses de vida, de protocolo ou outro instrumento construído com a finalidade de facilitar a detecção, em consulta pediátrica de acompanhamento da criança, de risco para o seu desenvolvimento psíquico.

CAPÍTULO II - DO DIREITO À LIBERDADE, AO RESPEITO E À DIGNIDADE

Art. 15. A criança e o adolescente têm direito à liberdade, ao respeito e à dignidade como pessoas humanas em processo de desenvolvimento e como sujeitos de direitos civis, humanos e sociais garantidos na Constituição e nas leis.

Art. 16. O direito à liberdade compreende os seguintes aspectos:

I. ir, vir e estar nos logradouros públicos e espaços comunitários, ressalvadas as restrições legais;

II. opinião e expressão;

III. crença e culto religioso;

IV. brincar, praticar esportes e divertir-se;

V. participar da vida familiar e comunitária, sem discriminação;

VI. participar da vida política, na forma da lei;

VII. buscar refúgio, auxílio e orientação.

Art. 17. O direito ao respeito consiste na inviolabilidade da integridade física, psíquica e moral da criança e do adolescente, abrangendo a preservação da imagem, da identidade, da autonomia, dos valores, ideias e crenças, dos espaços e objetos pessoais.

Art. 18. É dever de todos velar pela dignidade da criança e do adolescente, pondo-os a salvo de qualquer tratamento desumano, violento, aterrorizante, vexatório ou constrangedor.

Art. 18-A. A criança e o adolescente têm o direito de ser educados e cuidados sem o uso de castigo físico ou de tratamento cruel ou degradante, como formas de correção, disciplina, educação ou qualquer outro pretexto, pelos pais, pelos integrantes da família ampliada, pelos responsáveis, pelos agentes públicos executores de medidas socioeducativas ou por qualquer pessoa encarregada de cuidar deles, tratá-los, educá-los ou protegê-los.

Parágrafo único. Para os fins desta Lei, considera-se

I. castigo físico: ação de natureza disciplinar ou punitiva aplicada com o uso da força física sobre a criança ou o adolescente que resulte em:

a) sofrimento físico; ou

b) lesão;

ANOTAÇÕES

II. tratamento cruel ou degradante: conduta ou forma cruel de tratamento em relação à criança ou ao adolescente que:

a) humilhe; ou

b) ameace gravemente; ou

c) ridicularize.

Art. 18-B. Os pais, os integrantes da família ampliada, os responsáveis, os agentes públicos executores de medidas socioeducativas ou qualquer pessoa encarregada de cuidar de crianças e de adolescentes, tratá-los, educá-los ou protegê-los que utilizarem castigo físico ou tratamento cruel ou degradante como formas de correção, disciplina, educação ou qualquer outro pretexto estarão sujeitos, sem prejuízo de outras sanções cabíveis, às seguintes medidas, que serão aplicadas de acordo com a gravidade do caso:

I. encaminhamento a programa oficial ou comunitário de proteção à família;

II. encaminhamento a tratamento psicológico ou psiquiátrico;

III. encaminhamento a cursos ou programas de orientação;

IV. obrigação de encaminhar a criança a tratamento especializado;

V. advertência.

Parágrafo único. As medidas previstas neste artigo serão aplicadas pelo Conselho Tutelar, sem prejuízo de outras providências legais.

CAPÍTULO III - DO DIREITO À CONVIVÊNCIA FAMILIAR E COMUNITÁRIA

SEÇÃO I - DISPOSIÇÕES GERAIS

Art. 19. É direito da criança e do adolescente ser criado e educado no seio de sua família e, excepcionalmente, em família substituta, assegurada a convivência familiar e comunitária, em ambiente que garanta seu desenvolvimento integral.

§ 1º Toda criança ou adolescente que estiver inserido em programa de acolhimento familiar ou institucional terá sua situação reavaliada, no máximo, a cada 3 (três) meses, devendo a autoridade judiciária competente, com base em relatório elaborado por equipe interprofissional ou multidisciplinar, decidir de forma fundamentada pela possibilidade de reintegração familiar ou pela colocação em família substituta, em quaisquer das modalidades previstas no art. 28 desta Lei.

§ 2º A permanência da criança e do adolescente em programa de acolhimento institucional não se prolongará por mais de 18 (dezoito meses), salvo comprovada necessidade que atenda ao seu superior interesse, devidamente fundamentada pela autoridade judiciária.

§ 3º A manutenção ou a reintegração de criança ou adolescente à sua família terá preferência em relação a qualquer outra providência, caso em que será esta incluída em serviços e programas de proteção, apoio e promoção, nos termos do § 1º do art. 23, dos incisos I e IV do caput do art. 101 e dos incisos I a IV do caput do art. 129 desta Lei.

§ 4º Será garantida a convivência da criança e do adolescente com a mãe ou o pai privado de liberdade, por meio de visitas periódicas promovidas pelo responsável ou, nas hipóteses de acolhimento institucional, pela entidade responsável, independentemente de autorização judicial.

§ 5º Será garantida a convivência integral da criança com a mãe adolescente que estiver em acolhimento institucional.

§ 6º A mãe adolescente será assistida por equipe especializada multidisciplinar.

Art. 19-A. A gestante ou mãe que manifeste interesse em entregar seu filho para adoção, antes ou logo após o nascimento, será encaminhada à Justiça da Infância e da Juventude.

§ 1º A gestante ou mãe será ouvida pela equipe interprofissional da Justiça da Infância e da Juventude, que apresentará relatório à autoridade judiciária, considerando inclusive os eventuais efeitos do estado gestacional e puerperal.

ANOTAÇÕES

§ 2º De posse do relatório, a autoridade judiciária poderá determinar o encaminhamento da gestante ou mãe, mediante sua expressa concordância, à rede pública de saúde e assistência social para atendimento especializado.

§ 3º A busca à família extensa, conforme definida nos termos do parágrafo único do art. 25 desta Lei, respeitará o prazo máximo de 90 (noventa) dias, prorrogável por igual período.

§ 4º Na hipótese de não haver a indicação do genitor e de não existir outro representante da família extensa apto a receber a guarda, a autoridade judiciária competente deverá decretar a extinção do poder familiar e determinar a colocação da criança sob a guarda provisória de quem estiver habilitado a adotá-la ou de entidade que desenvolva programa de acolhimento familiar ou institucional.

§ 5º Após o nascimento da criança, a vontade da mãe ou de ambos os genitores, se houver pai registral ou pai indicado, deve ser manifestada na audiência a que se refere o § 1º do art. 166 desta Lei, garantido o sigilo sobre a entrega.

§ 6º Na hipótese de não comparecerem à audiência nem o genitor nem representante da família extensa para confirmar a intenção de exercer o poder familiar ou a guarda, a autoridade judiciária suspenderá o poder familiar da mãe, e a criança será colocada sob a guarda provisória de quem esteja habilitado a adotá-la.

§ 7º Os detentores da guarda possuem o prazo de 15 (quinze) dias para propor a ação de adoção, contado do dia seguinte à data do término do estágio de convivência.

§ 8º Na hipótese de desistência pelos genitores - manifestada em audiência ou perante a equipe interprofissional - da entrega da criança após o nascimento, a criança será mantida com os genitores, e será determinado pela Justiça da Infância e da Juventude o acompanhamento familiar pelo prazo de 180 (cento e oitenta) dias.

§ 9º É garantido à mãe o direito ao sigilo sobre o nascimento, respeitado o disposto no art. 48 desta Lei.

§ 10. Serão cadastrados para adoção recém-nascidos e crianças acolhidas não procuradas por suas famílias no prazo de 30 (trinta) dias, contado a partir do dia do acolhimento.

Art. 19-B. A criança e o adolescente em programa de acolhimento institucional ou familiar poderão participar de programa de apadrinhamento.

§ 1º O apadrinhamento consiste em estabelecer e proporcionar à criança e ao adolescente vínculos externos à instituição para fins de convivência familiar e comunitária e colaboração com o seu desenvolvimento nos aspectos social, moral, físico, cognitivo, educacional e financeiro.

§ 2º Podem ser padrinhos ou madrinhas pessoas maiores de 18 (dezoito) anos não inscritas nos cadastros de adoção, desde que cumpram os requisitos exigidos pelo programa de apadrinhamento de que fazem parte.

§ 3º Pessoas jurídicas podem apadrinhar criança ou adolescente a fim de colaborar para o seu desenvolvimento.

§ 4º O perfil da criança ou do adolescente a ser apadrinhado será definido no âmbito de cada programa de apadrinhamento, com prioridade para crianças ou adolescentes com remota possibilidade de reinserção familiar ou colocação em família adotiva.

§ 5º Os programas ou serviços de apadrinhamento apoiados pela Justiça da Infância e da Juventude poderão ser executados por órgãos públicos ou por organizações da sociedade civil.

§ 6º Se ocorrer violação das regras de apadrinhamento, os responsáveis pelo programa e pelos serviços de acolhimento deverão imediatamente notificar a autoridade judiciária competente.

Art. 20. Os filhos, havidos ou não da relação do casamento, ou por adoção, terão os mesmos direitos e qualificações, proibidas quaisquer designações discriminatórias relativas à filiação.

Art. 21. O pátrio poder poder familiar será exercido, em igualdade de condições, pelo pai e pela mãe, na forma do que dispuser a legislação civil, assegurado a qualquer deles o direito de, em caso de discordância, recorrer à autoridade judiciária competente para a solução da divergência.

O termo pátrio poder foi alterado por poder familiar em razão da condição de igualdade entre homens e mulheres dentro do âmbito familiar.

ANOTAÇÕES

Art. 22. Aos pais incumbe o dever de sustento, guarda e educação dos filhos menores, cabendo-lhes ainda, no interesse destes, a obrigação de cumprir e fazer cumprir as determinações judiciais.

Parágrafo único. A mãe e o pai, ou os responsáveis, têm direitos iguais e deveres e responsabilidades compartilhados no cuidado e na educação da criança, devendo ser resguardado o direito de transmissão familiar de suas crenças e culturas, assegurados os direitos da criança estabelecidos nesta Lei.

Art. 23. A falta ou a carência de recursos materiais não constitui motivo suficiente para a perda ou a suspensão do pátrio poder poder familiar.

§ 1º Não existindo outro motivo que por si só autorize a decretação da medida, a criança ou o adolescente será mantido em sua família de origem, a qual deverá obrigatoriamente ser incluída em serviços e programas oficiais de proteção, apoio e promoção.

§ 2º A condenação criminal do pai ou da mãe não implicará a destituição do poder familiar, exceto na hipótese de condenação por crime doloso sujeito à pena de reclusão contra outrem igualmente titular do mesmo poder familiar ou contra filho, filha ou outro descendente. (Redação dada pela Lei nº 13.715, de 2018)

Art. 24. A perda e a suspensão do pátrio poder poder familiar serão decretadas judicialmente, em procedimento contraditório, nos casos previstos na legislação civil, bem como na hipótese de descumprimento injustificado dos deveres e obrigações a que alude o art. 22.

SEÇÃO II - DA FAMÍLIA NATURAL

Art. 25. Entende-se por família natural a comunidade formada pelos pais ou qualquer deles e seus descendentes.

Parágrafo único. Entende-se por família extensa ou ampliada aquela que se estende para além da unidade pais e filhos ou da unidade do casal, formada por parentes próximos com os quais a criança ou adolescente convive e mantém vínculos de afinidade e afetividade.

Art. 26. Os filhos havidos fora do casamento poderão ser reconhecidos pelos pais, conjunta ou separadamente, no próprio termo de nascimento, por testamento, mediante escritura ou outro documento público, qualquer que seja a origem da filiação.

Parágrafo único. O reconhecimento pode preceder o nascimento do filho ou suceder-lhe ao falecimento, se deixar descendentes.

Art. 27. O reconhecimento do estado de filiação é direito personalíssimo, indisponível e imprescritível, podendo ser exercitado contra os pais ou seus herdeiros, sem qualquer restrição, observado o segredo de Justiça.

SEÇÃO III - DA FAMÍLIA SUBSTITUTA

SUBSEÇÃO I - DISPOSIÇÕES GERAIS

Art. 28. A colocação em família substituta far-se-á mediante guarda, tutela ou adoção, independentemente da situação jurídica da criança ou adolescente, nos termos desta Lei.

A Resolução 54 de 29 de abril de 2008, Conselho Nacional de Justiça, dispõe sobre a implantação e funcionamento do Cadastro Nacional de Adoção.

§ 1º Sempre que possível, a criança ou o adolescente será previamente ouvido por equipe interprofissional, respeitado seu estágio de desenvolvimento e grau de compreensão sobre as implicações da medida, e terá sua opinião devidamente considerada.

§ 2º Tratando-se de maior de 12 (doze) anos de idade, será necessário seu consentimento, colhido em audiência

§ 3º Na apreciação do pedido levar-se-á em conta o grau de parentesco e a relação de afinidade ou de afetividade, a fim de evitar ou minorar as consequências decorrentes da medida.

§ 4º Os grupos de irmãos serão colocados sob adoção, tutela ou guarda da mesma família substituta, ressalvada a comprovada existência de risco de abuso ou outra situação que justifique plenamente a excepcionalidade de solução diversa, procurando-se, em qualquer caso, evitar o rompimento definitivo dos vínculos fraternais.

§ 5º A colocação da criança ou adolescente em família substituta será precedida de sua preparação gradativa e acompanhamento posterior, realizados pela equipe interprofissional a serviço da Justiça da Infância e da Juventude, preferencialmente com o apoio dos técnicos responsáveis pela execução da política municipal de garantia do direito à convivência familiar.

§ 6º Em se tratando de criança ou adolescente indígena ou proveniente de comunidade remanescente de quilombo, é ainda obrigatório:

I. que sejam consideradas e respeitadas sua identidade social e cultural, os seus costumes e tradições, bem como suas instituições, desde que não sejam incompatíveis com os direitos fundamentais reconhecidos por esta Lei e pela Constituição Federal;

II. que a colocação familiar ocorra prioritariamente no seio de sua comunidade ou junto a membros da mesma etnia;

III. a intervenção e oitiva de representantes do órgão federal responsável pela política indigenista, no caso de crianças e adolescentes indígenas, e de antropólogos, perante a equipe interprofissional ou multidisciplinar que irá acompanhar o caso.

Art. 29. Não se deferirá colocação em família substituta a pessoa que revele, por qualquer modo, incompatibilidade com a natureza da medida ou não ofereça ambiente familiar adequado.

Art. 30. A colocação em família substituta não admitirá transferência da criança ou adolescente a terceiros ou a entidades governamentais ou não-governamentais, sem autorização judicial.

Art. 31. A colocação em família substituta estrangeira constitui medida excepcional, somente admissível na modalidade de adoção.

Art. 32. Ao assumir a guarda ou a tutela, o responsável prestará compromisso de bem e fielmente desempenhar o encargo, mediante termo nos autos.

SUBSEÇÃO II - DA GUARDA

Art. 33. A guarda obriga a prestação de assistência material, moral e educacional à criança ou adolescente, conferindo a seu detentor o direito de opor-se a terceiros, inclusive aos pais.

Vide artigos 1.566, IV, 1.583 a 1.590 e 1.634 do Código Civil.

§ 1º A guarda destina-se a regularizar a posse de fato, podendo ser deferida, liminar ou incidentalmente, nos procedimentos de tutela e adoção, exceto no de adoção por estrangeiros.

§ 2º Excepcionalmente, deferir-se-á a guarda, fora dos casos de tutela e adoção, para atender a situações peculiares ou suprir a falta eventual dos pais ou responsável, podendo ser deferido o direito de representação para a prática de atos determinados.

§ 3º A guarda confere à criança ou adolescente a condição de dependente, para todos os fins e efeitos de direito, inclusive previdenciários.

§ 4º Salvo expressa e fundamentada determinação em contrário, da autoridade judiciária competente, ou quando a medida for aplicada em preparação para adoção, o deferimento da guarda de criança ou adolescente a terceiros não impede o exercício do direito de visitas pelos pais, assim como o dever de prestar alimentos, que serão objeto de regulamentação específica, a pedido do interessado ou do Ministério Público.

ANOTAÇÕES

Art. 34. O poder público estimulará, por meio de assistência jurídica, incentivos fiscais e subsídios, o acolhimento, sob a forma de guarda, de criança ou adolescente afastado do convívio familiar.

§ 1º A inclusão da criança ou adolescente em programas de acolhimento familiar terá preferência a seu acolhimento institucional, observado, em qualquer caso, o caráter temporário e excepcional da medida, nos termos desta Lei.

§ 2º Na hipótese do § 1º deste artigo a pessoa ou casal cadastrado no programa de acolhimento familiar poderá receber a criança ou adolescente mediante guarda, observado o disposto nos arts. 28 a 33 desta Lei.

§ 3º A União apoiará a implementação de serviços de acolhimento em família acolhedora como política pública, os quais deverão dispor de equipe que organize o acolhimento temporário de crianças e de adolescentes em residências de famílias selecionadas, capacitadas e acompanhadas que não estejam no cadastro de adoção.

§ 4º Poderão ser utilizados recursos federais, estaduais, distritais e municipais para a manutenção dos serviços de acolhimento em família acolhedora, facultando-se o repasse de recursos para a própria família acolhedora.

Art. 35. A guarda poderá ser revogada a qualquer tempo, mediante ato judicial fundamentado, ouvido o Ministério Público.

SUBSEÇÃO III - DA TUTELA

Art. 36. A tutela será deferida, nos termos da lei civil, a pessoa de até 18 (dezoito) anos incompletos.

- Vide artigos 1.728 ao 1.766 do Código Civil.

Parágrafo único. O deferimento da tutela pressupõe a prévia decretação da perda ou suspensão do pátrio poder poder familiar e implica necessariamente o dever de guarda.

Art. 37. O tutor nomeado por testamento ou qualquer documento autêntico, conforme previsto no parágrafo único do art. 1.729 da Lei nº 10.406, de 10 de janeiro de 2002 - Código Civil, deverá, no prazo de 30 (trinta) dias após a abertura da sucessão, ingressar com pedido destinado ao controle judicial do ato, observando o procedimento previsto nos arts. 165 a 170 desta Lei.

Parágrafo único. Na apreciação do pedido, serão observados os requisitos previstos nos arts. 28 e 29 desta Lei, somente sendo deferida a tutela à pessoa indicada na disposição de última vontade, se restar comprovado que a medida é vantajosa ao tutelando e que não existe outra pessoa em melhores condições de assumi-la.

Art. 38. Aplica-se à destituição da tutela o disposto no art. 24.

SUBSEÇÃO IV - DA ADOÇÃO

Art. 39. A adoção de criança e de adolescente reger-se-á segundo o disposto nesta Lei.

- Vide artigos 1.618 e 1.619 do Código Civil.

§ 1º A adoção é medida excepcional e irrevogável, à qual se deve recorrer apenas quando esgotados os recursos de manutenção da criança ou adolescente na família natural ou extensa, na forma do parágrafo único do art. 25 desta Lei.

§ 2º É vedada a adoção por procuração.

§ 3º Em caso de conflito entre direitos e interesses do adotando e de outras pessoas, inclusive seus pais biológicos, devem prevalecer os direitos e os interesses do adotando.

Art. 40. O adotando deve contar com, no máximo, dezoito anos à data do pedido, salvo se já estiver sob a guarda ou tutela dos adotantes.

Art. 41. A adoção atribui a condição de filho ao adotado, com os mesmos direitos e deveres, inclusive sucessórios, desligando-o de qualquer vínculo com pais e parentes, salvo os impedimentos matrimoniais.

§ 1º Se um dos cônjuges ou concubinos adota o filho do outro, mantêm-se os vínculos de filiação entre o adotado e o cônjuge ou concubino do adotante e os respectivos parentes.

ANOTAÇÕES

ANOTAÇÕES

§ 2º É recíproco o direito sucessório entre o adotado, seus descendentes, o adotante, seus ascendentes, descendentes e colaterais até o 4º grau, observada a ordem de vocação hereditária.

Art. 42. Podem adotar os maiores de 18 (dezoito) anos, independentemente do estado civil.

§ 1º Não podem adotar os ascendentes e os irmãos do adotando.

§ 2º Para adoção conjunta, é indispensável que os adotantes sejam casados civilmente ou mantenham união estável, comprovada a estabilidade da família.

§ 3º O adotante há de ser, pelo menos, dezesseis anos mais velho do que o adotando.

§ 4º Os divorciados, os judicialmente separados e os ex-companheiros podem adotar conjuntamente, contanto que acordem sobre a guarda e o regime de visitas e desde que o estágio de convivência tenha sido iniciado na constância do período de convivência e que seja comprovada a existência de vínculos de afinidade e afetividade com aquele não detentor da guarda, que justifiquem a excepcionalidade da concessão.

§ 5º Nos casos do § 4º deste artigo, desde que demonstrado efetivo benefício ao adotando, será assegurada a guarda compartilhada, conforme previsto no art. 1.584 da Lei nº 10.406, de 10 de janeiro de 2002 - Código Civil.

§ 6º A adoção poderá ser deferida ao adotante que, após inequívoca manifestação de vontade, vier a falecer no curso do procedimento, antes de prolatada a sentença.

Art. 43. A adoção será deferida quando apresentar reais vantagens para o adotando e fundar-se em motivos legítimos.

Art. 44. Enquanto não der conta de sua administração e saldar o seu alcance, não pode o tutor ou o curador adotar o pupilo ou o curatelado.

Art. 45. A adoção depende do consentimento dos pais ou do representante legal do adotando.

§ 1º. O consentimento será dispensado em relação à criança ou adolescente cujos pais sejam desconhecidos ou tenham sido destituídos do pátrio poder poder familiar.

§ 2º. Em se tratando de adotando maior de doze anos de idade, será também necessário o seu consentimento.

Art. 46. A adoção será precedida de estágio de convivência com a criança ou adolescente, pelo prazo máximo de 90 (noventa) dias, observadas a idade da criança ou adolescente e as peculiaridades do caso.

§ 1º O estágio de convivência poderá ser dispensado se o adotando já estiver sob a tutela ou guarda legal do adotante durante tempo suficiente para que seja possível avaliar a conveniência da constituição do vínculo.

§ 2º A simples guarda de fato não autoriza, por si só, a dispensa da realização do estágio de convivência.

§ 2º-A. O prazo máximo estabelecido no caput deste artigo pode ser prorrogado por até igual período, mediante decisão fundamentada da autoridade judiciária.

§ 3º Em caso de adoção por pessoa ou casal residente ou domiciliado fora do País, o estágio de convivência será de, no mínimo, 30 (trinta) dias e, no máximo, 45 (quarenta e cinco) dias, prorrogável por até igual período, uma única vez, mediante decisão fundamentada da autoridade judiciária

§ 3º-A. Ao final do prazo previsto no § 3º deste artigo, deverá ser apresentado laudo fundamentado pela equipe mencionada no § 4º deste artigo, que recomendará ou não o deferimento da adoção à autoridade judiciária.

§ 4º O estágio de convivência será acompanhado pela equipe interprofissional a serviço da Justiça da Infância e da Juventude, preferencialmente com apoio dos técnicos responsáveis pela execução da política de garantia do direito à convivência familiar, que apresentarão relatório minucioso acerca da conveniência do deferimento da medida.

ANOTAÇÕES

§ 5º O estágio de convivência será cumprido no território nacional, preferencialmente na comarca de residência da criança ou adolescente, ou, a critério do juiz, em cidade limítrofe, respeitada, em qualquer hipótese, a competência do juízo da comarca de residência da criança.

Art. 47. O vínculo da adoção constitui-se por sentença judicial, que será inscrita no registro civil mediante mandado do qual não se fornecerá certidão.

§ 1º A inscrição consignará o nome dos adotantes como pais, bem como o nome de seus ascendentes.

§ 2º O mandado judicial, que será arquivado, cancelará o registro original do adotado.

§ 3º A pedido do adotante, o novo registro poderá ser lavrado no Cartório do Registro Civil do Município de sua residência

§ 4º Nenhuma observação sobre a origem do ato poderá constar nas certidões do registro.

§ 5º A sentença conferirá ao adotado o nome do adotante e, a pedido de qualquer deles, poderá determinar a modificação do prenome.

§ 6º Caso a modificação de prenome seja requerida pelo adotante, é obrigatória a oitiva do adotando, observado o disposto nos §§ 1º e 2º do art. 28 desta Lei.

§ 7º A adoção produz seus efeitos a partir do trânsito em julgado da sentença constitutiva, exceto na hipótese prevista no § 6º do art. 42 desta Lei, caso em que terá força retroativa à data do óbito.

§ 8º O processo relativo à adoção assim como outros a ele relacionados serão mantidos em arquivo, admitindo-se seu armazenamento em microfilme ou por outros meios, garantida a sua conservação para consulta a qualquer tempo.

§ 9º Terão prioridade de tramitação os processos de adoção em que o adotando for criança ou adolescente com deficiência ou com doença crônica.

§ 10. O prazo máximo para conclusão da ação de adoção será de 120 (cento e vinte) dias, prorrogável uma única vez por igual período, mediante decisão fundamentada da autoridade judiciária.

Art. 48. O adotado tem direito de conhecer sua origem biológica, bem como de obter acesso irrestrito ao processo no qual a medida foi aplicada e seus eventuais incidentes, após completar 18 (dezoito) anos.

Parágrafo único. O acesso ao processo de adoção poderá ser também deferido ao adotado menor de 18 (dezoito) anos, a seu pedido, assegurada orientação e assistência jurídica e psicológica.

Art. 49. A morte dos adotantes não restabelece o pátrio poder poder familiar dos pais naturais.

Art. 50. A autoridade judiciária manterá, em cada comarca ou foro regional, um registro de crianças e adolescentes em condições de serem adotados e outro de pessoas interessadas na adoção.

§ 1º O deferimento da inscrição dar-se-á após prévia consulta aos órgãos técnicos do juizado, ouvido o Ministério Público.

§ 2º Não será deferida a inscrição se o interessado não satisfazer os requisitos legais, ou verificada qualquer das hipóteses previstas no art. 29.

§ 3º A inscrição de postulantes à adoção será precedida de um período de preparação psicossocial e jurídica, orientado pela equipe técnica da Justiça da Infância e da Juventude, preferencialmente com apoio dos técnicos responsáveis pela execução da política municipal de garantia do direito à convivência familiar.

§ 4º Sempre que possível e recomendável, a preparação referida no § 3º deste artigo incluirá o contato com crianças e adolescentes em acolhimento familiar ou institucional em condições de serem adotados, a ser realizado sob a orientação, supervisão e avaliação da equipe técnica da Justiça da Infância e da Juventude, com apoio dos técnicos responsáveis pelo programa de acolhimento e pela execução da política municipal de garantia do direito à convivência familiar.

§ 5º Serão criados e implementados cadastros estaduais e nacional de crianças e adolescentes em condições de serem adotados e de pessoas ou casais habilitados à adoção.

§ 6º Haverá cadastros distintos para pessoas ou casais residentes fora do País, que somente serão consultados na inexistência de postulantes nacionais habilitados nos cadastros mencionados no § 5º deste artigo.

§ 7º As autoridades estaduais e federais em matéria de adoção terão acesso integral aos cadastros, incumbindo-lhes a troca de informações e a cooperação mútua, para melhoria do sistema.

§ 8º A autoridade judiciária providenciará, no prazo de 48 (quarenta e oito) horas, a inscrição das crianças e adolescentes em condições de serem adotados que não tiveram colocação familiar na comarca de origem, e das pessoas ou casais que tiveram deferida sua habilitação à adoção nos cadastros estadual e nacional referidos no § 5º deste artigo, sob pena de responsabilidade

§ 9º Compete à Autoridade Central Estadual zelar pela manutenção e correta alimentação dos cadastros, com posterior comunicação à Autoridade Central Federal Brasileira.

§ 10. Consultados os cadastros e verificada a ausência de pretendentes habilitados residentes no País com perfil compatível e interesse manifesto pela adoção de criança ou adolescente inscrito nos cadastros existentes, será realizado o encaminhamento da criança ou adolescente à adoção internacional.

§ 11. Enquanto não localizada pessoa ou casal interessado em sua adoção, a criança ou o adolescente, sempre que possível e recomendável, será colocado sob guarda de família cadastrada em programa de acolhimento familiar.

§ 12. A alimentação do cadastro e a convocação criteriosa dos postulantes à adoção serão fiscalizadas pelo Ministério Público.

§ 13. Somente poderá ser deferida adoção em favor de candidato domiciliado no Brasil não cadastrado previamente nos termos desta Lei quando:

I. se tratar de pedido de adoção unilateral;

II. for formulada por parente com o qual a criança ou adolescente mantenha vínculos de afinidade e afetividade;

III. oriundo o pedido de quem detém a tutela ou guarda legal de criança maior de 3 (três) anos ou adolescente, desde que o lapso de tempo de convivência comprove a fixação de laços de afinidade e afetividade, e não seja constatada a ocorrência de má-fé ou qualquer das situações previstas nos arts. 237 ou 238 desta Lei

§ 14. Nas hipóteses previstas no § 13 deste artigo, o candidato deverá comprovar, no curso do procedimento, que preenche os requisitos necessários à adoção, conforme previsto nesta Lei.

§ 15. Será assegurada prioridade no cadastro a pessoas interessadas em adotar criança ou adolescente com deficiência, com doença crônica ou com necessidades específicas de saúde, além de grupo de irmãos.

Art. 51. Considera-se adoção internacional aquela na qual o pretendente possui residência habitual em país-parte da Convenção de Haia, de 29 de maio de 1993, Relativa à Proteção das Crianças e à Cooperação em Matéria de Adoção Internacional, promulgada pelo Decreto nº 3.087, de 21 junho de 1999, e deseja adotar criança em outro país-parte da Convenção.

§ 1º A adoção internacional de criança ou adolescente brasileiro ou domiciliado no Brasil somente terá lugar quando restar comprovado:

I. que a colocação em família adotiva é a solução adequada ao caso concreto;

II. que foram esgotadas todas as possibilidades de colocação da criança ou adolescente em família adotiva brasileira, com a comprovação, certificada nos autos, da inexistência de adotantes habilitados residentes no Brasil com perfil compatível com a criança ou adolescente, após consulta aos cadastros mencionados nesta Lei;

III. que, em se tratando de adoção de adolescente, este foi consultado, por meios adequados ao seu estágio de desenvolvimento, e que se encontra preparado para a medida, mediante parecer elaborado por equipe interprofissional, observado o disposto nos §§ 1º e 2º do art. 28 desta Lei.

§ 2º Os brasileiros residentes no exterior terão preferência aos estrangeiros, nos casos de adoção internacional de criança ou adolescente brasileiro.

§ 3º A adoção internacional pressupõe a intervenção das Autoridades Centrais Estaduais e Federal em matéria de adoção internacional.

Art. 52. A adoção internacional observará o procedimento previsto nos arts. 165 a 170 desta Lei, com as seguintes adaptações:

I. a pessoa ou casal estrangeiro, interessado em adotar criança ou adolescente brasileiro, deverá formular pedido de habilitação à adoção perante a Autoridade Central em matéria de adoção internacional no país de acolhida, assim entendido aquele onde está situada sua residência habitual;

II. se a Autoridade Central do país de acolhida considerar que os solicitantes estão habilitados e aptos para adotar, emitirá um relatório que contenha informações sobre a identidade, a capacidade jurídica e adequação dos solicitantes para adotar, sua situação pessoal, familiar e médica, seu meio social, os motivos que os animam e sua aptidão para assumir uma adoção internacional;

III. a Autoridade Central do país de acolhida enviará o relatório à Autoridade Central Estadual, com cópia para a Autoridade Central Federal Brasileira;

IV. o relatório será instruído com toda a documentação necessária, incluindo estudo psicossocial elaborado por equipe interprofissional habilitada e cópia autenticada da legislação pertinente, acompanhada da respectiva prova de vigência;

V. os documentos em língua estrangeira serão devidamente autenticados pela autoridade consular, observados os tratados e convenções internacionais, e acompanhados da respectiva tradução, por tradutor público juramentado;

VI. a Autoridade Central Estadual poderá fazer exigências e solicitar complementação sobre o estudo psicossocial do postulante estrangeiro à adoção, já realizado no país de acolhida;

VII. verificada, após estudo realizado pela Autoridade Central Estadual, a compatibilidade da legislação estrangeira com a nacional, além do preenchimento por parte dos postulantes à medida dos requisitos objetivos e subjetivos necessários ao seu deferimento, tanto à luz do que dispõe esta Lei como da legislação do país de acolhida, será expedido laudo de habilitação à adoção internacional, que terá validade por, no máximo, 1 (um) ano;

VIII. de posse do laudo de habilitação, o interessado será autorizado a formalizar pedido de adoção perante o Juízo da Infância e da Juventude do local em que se encontra a criança ou adolescente, conforme indicação efetuada pela Autoridade Central Estadual.

§ 1º Se a legislação do país de acolhida assim o autorizar, admite-se que os pedidos de habilitação à adoção internacional sejam intermediados por organismos credenciados.

§ 2º Incumbe à Autoridade Central Federal Brasileira o credenciamento de organismos nacionais e estrangeiros encarregados de intermediar pedidos de habilitação à adoção internacional, com posterior comunicação às Autoridades Centrais Estaduais e publicação nos órgãos oficiais de imprensa e em sítio próprio da internet.

§ 3º Somente será admissível o credenciamento de organismos que:

ANOTAÇÕES

ANOTAÇÕES

LEIS

ANOTAÇÕES

I. sejam oriundos de países que ratificaram a Convenção de Haia e estejam devidamente credenciados pela Autoridade Central do país onde estiverem sediados e no país de acolhida do adotando para atuar em adoção internacional no Brasil;

II. satisfizerem as condições de integridade moral, competência profissional, experiência e responsabilidade exigidas pelos países respectivos e pela Autoridade Central Federal Brasileira;

III. forem qualificados por seus padrões éticos e sua formação e experiência para atuar na área de adoção internacional;

IV. cumprirem os requisitos exigidos pelo ordenamento jurídico brasileiro e pelas normas estabelecidas pela Autoridade Central Federal Brasileira.

§ 4º Os organismos credenciados deverão ainda:

I. perseguir unicamente fins não lucrativos, nas condições e dentro dos limites fixados pelas autoridades competentes do país onde estiverem sediados, do país de acolhida e pela Autoridade Central Federal Brasileira;

II. ser dirigidos e administrados por pessoas qualificadas e de reconhecida idoneidade moral, com comprovada formação ou experiência para atuar na área de adoção internacional, cadastradas pelo Departamento de Polícia Federal e aprovadas pela Autoridade Central Federal Brasileira, mediante publicação de portaria do órgão federal competente;

III. estar submetidos à supervisão das autoridades competentes do país onde estiverem sediados e no país de acolhida, inclusive quanto à sua composição, funcionamento e situação financeira;

IV. apresentar à Autoridade Central Federal Brasileira, a cada ano, relatório geral das atividades desenvolvidas, bem como relatório de acompanhamento das adoções internacionais efetuadas no período, cuja cópia será encaminhada ao Departamento de Polícia Federal;

V. enviar relatório pós-adotivo semestral para a Autoridade Central Estadual, com cópia para a Autoridade Central Federal Brasileira, pelo período mínimo de 2 (dois) anos. O envio do relatório será mantido até a juntada de cópia autenticada do registro civil, estabelecendo a cidadania do país de acolhida para o adotado;

VI. tomar as medidas necessárias para garantir que os adotantes encaminhem à Autoridade Central Federal Brasileira cópia da certidão de registro de nascimento estrangeira e do certificado de nacionalidade tão logo lhes sejam concedidos.

§ 5º A não apresentação dos relatórios referidos no § 4º deste artigo pelo organismo credenciado poderá acarretar a suspensão de seu credenciamento.

§ 6º O credenciamento de organismo nacional ou estrangeiro encarregado de intermediar pedidos de adoção internacional terá validade de 2 (dois) anos.

§ 7º A renovação do credenciamento poderá ser concedida mediante requerimento protocolado na Autoridade Central Federal Brasileira nos 60 (sessenta) dias anteriores ao término do respectivo prazo de validade.

§ 8º Antes de transitada em julgado a decisão que concedeu a adoção internacional, não será permitida a saída do adotando do território nacional.

§ 9º Transitada em julgado a decisão, a autoridade judiciária determinará a expedição de alvará com autorização de viagem, bem como para obtenção de passaporte, constando, obrigatoriamente, as características da criança ou adolescente adotado, como idade, cor, sexo, eventuais sinais ou traços peculiares, assim como foto recente e a aposição da impressão digital do seu polegar direito, instruindo o documento com cópia autenticada da decisão e certidão de trânsito em julgado.

§ 10. A Autoridade Central Federal Brasileira poderá, a qualquer momento, solicitar informações sobre a situação das crianças e adolescentes adotados

ANOTAÇÕES

§ 11. A cobrança de valores por parte dos organismos credenciados, que sejam considerados abusivos pela Autoridade Central Federal Brasileira e que não estejam devidamente comprovados, é causa de seu descredenciamento.

§ 12. Uma mesma pessoa ou seu cônjuge não podem ser representados por mais de uma entidade credenciada para atuar na cooperação em adoção internacional

§ 13. A habilitação de postulante estrangeiro ou domiciliado fora do Brasil terá validade máxima de 1 (um) ano, podendo ser renovada.

§ 14. É vedado o contato direto de representantes de organismos de adoção, nacionais ou estrangeiros, com dirigentes de programas de acolhimento institucional ou familiar, assim como com crianças e adolescentes em condições de serem adotados, sem a devida autorização judicial

§ 15. A Autoridade Central Federal Brasileira poderá limitar ou suspender a concessão de novos credenciamentos sempre que julgar necessário, mediante ato administrativo fundamentado.

Art. 52-A. É vedado, sob pena de responsabilidade e descredenciamento, o repasse de recursos provenientes de organismos estrangeiros encarregados de intermediar pedidos de adoção internacional a organismos nacionais ou a pessoas físicas.

Parágrafo único. Eventuais repasses somente poderão ser efetuados via Fundo dos Direitos da Criança e do Adolescente e estarão sujeitos às deliberações do respectivo Conselho de Direitos da Criança e do Adolescente

Art. 52-B. A adoção por brasileiro residente no exterior em país ratificante da Convenção de Haia, cujo processo de adoção tenha sido processado em conformidade com a legislação vigente no país de residência e atendido o disposto na Alínea "c" do Artigo 17 da referida Convenção, será automaticamente recepcionada com o reingresso no Brasil

§ 1º Caso não tenha sido atendido o disposto na Alínea "c" do Artigo 17 da Convenção de Haia, deverá a sentença ser homologada pelo Superior Tribunal de Justiça.

§ 2º O pretendente brasileiro residente no exterior em país não ratificante da Convenção de Haia, uma vez reingressado no Brasil, deverá requerer a homologação da sentença estrangeira pelo Superior Tribunal de Justiça.

Art. 52-C. Nas adoções internacionais, quando o Brasil for o país de acolhida, a decisão da autoridade competente do país de origem da criança ou do adolescente será conhecida pela Autoridade Central Estadual que tiver processado o pedido de habilitação dos pais adotivos, que comunicará o fato à Autoridade Central Federal e determinará as providências necessárias à expedição do Certificado de Naturalização Provisório.

§ 1º A Autoridade Central Estadual, ouvido o Ministério Público, somente deixará de reconhecer os efeitos daquela decisão se restar demonstrado que a adoção é manifestamente contrária à ordem pública ou não atende ao interesse superior da criança ou do adolescente.

§ 2º Na hipótese de não reconhecimento da adoção, prevista no § 1º deste artigo, o Ministério Público deverá imediatamente requerer o que for de direito para resguardar os interesses da criança ou do adolescente, comunicando-se as providências à Autoridade Central Estadual, que fará a comunicação à Autoridade Central Federal Brasileira e à Autoridade Central do país de origem.

Art. 52-D. Nas adoções internacionais, quando o Brasil for o país de acolhida e a adoção não tenha sido deferida no país de origem porque a sua legislação a delega ao país de acolhida, ou, ainda, na hipótese de, mesmo com decisão, a criança ou o adolescente ser oriundo de país que não tenha aderido à Convenção referida, o processo de adoção seguirá as regras da adoção nacional.

CAPÍTULO IV - DO DIREITO À EDUCAÇÃO, À CULTURA, AO ESPORTE E AO LAZER

Art. 53. A criança e o adolescente têm direito à educação, visando ao pleno desenvolvimento de sua pessoa, preparo para o exercício da cidadania e qualificação para o trabalho, assegurando-se-lhes:

I. igualdade de condições para o acesso e permanência na escola;

II. direito de ser respeitado por seus educadores;

III. direito de contestar critérios avaliativos, podendo recorrer às instâncias escolares superiores;

IV. direito de organização e participação em entidades estudantis;

V. acesso à escola pública e gratuita, próxima de sua residência, garantindo-se vagas no mesmo estabelecimento a irmãos que frequentem a mesma etapa ou ciclo de ensino da educação básica. (Redação dada pela Lei nº 13.845, de 2019)

Parágrafo único. É direito dos pais ou responsáveis ter ciência do processo pedagógico, bem como participar da definição das propostas educacionais.

Art. 53-A. É dever da instituição de ensino, clubes e agremiações recreativas e de estabelecimentos congêneres assegurar medidas de conscientização, prevenção e enfrentamento ao uso ou dependência de drogas ilícitas. (Incluído pela Lei nº 13.840, de 2019)

Art. 54. É dever do Estado assegurar à criança e ao adolescente:

I. ensino fundamental, obrigatório e gratuito, inclusive para os que a ele não tiveram acesso na idade própria;

II. progressiva extensão da obrigatoriedade e gratuidade ao ensino médio;

III. atendimento educacional especializado aos portadores de deficiência, preferencialmente na rede regular de ensino;

IV. atendimento em creche e pré-escola às crianças de zero a cinco anos de idade;

V. acesso aos níveis mais elevados do ensino, da pesquisa e da criação artística, segundo a capacidade de cada um;

VI. oferta de ensino noturno regular, adequado às condições do adolescente trabalhador;

VII. atendimento no ensino fundamental, através de programas suplementares de material didático-escolar, transporte, alimentação e assistência à saúde.

§ 1º O acesso ao ensino obrigatório e gratuito é direito público subjetivo.

§ 2º O não oferecimento do ensino obrigatório pelo poder público ou sua oferta irregular importa responsabilidade da autoridade competente.

§ 3º Compete ao poder público recensear os educandos no ensino fundamental, fazer-lhes a chamada e zelar, junto aos pais ou responsável, pela frequência à escola.

Art. 55. Os pais ou responsável têm a obrigação de matricular seus filhos ou pupilos na rede regular de ensino.

Art. 56. Os dirigentes de estabelecimentos de ensino fundamental comunicarão ao Conselho Tutelar os casos de:

I. maus-tratos envolvendo seus alunos;

II. reiteração de faltas injustificadas e de evasão escolar, esgotados os recursos escolares;

III. elevados níveis de repetência.

Art. 57. O poder público estimulará pesquisas, experiências e novas propostas relativas a calendário, seriação, currículo, metodologia, didática e avaliação, com vistas à inserção de crianças e adolescentes excluídos do ensino fundamental obrigatório.

ANOTAÇÕES

Art. 58. No processo educacional respeitar-se-ão os valores culturais, artísticos e históricos próprios do contexto social da criança e do adolescente, garantindo-se a estes a liberdade da criação e o acesso às fontes de cultura.

Art. 59. Os municípios, com apoio dos estados e da União, estimularão e facilitarão a destinação de recursos e espaços para programações culturais, esportivas e de lazer voltadas para a infância e a juventude.

CAPÍTULO V - DO DIREITO À PROFISSIONALIZAÇÃO E À PROTEÇÃO NO TRABALHO

Art. 60. É proibido qualquer trabalho a menores de quatorze anos de idade, salvo na condição de aprendiz.

Art. 61. A proteção ao trabalho dos adolescentes é regulada por legislação especial, sem prejuízo do disposto nesta Lei.

Art. 62. Considera-se aprendizagem a formação técnico-profissional ministrada segundo as diretrizes e bases da legislação de educação em vigor.

Art. 63. A formação técnico-profissional obedecerá aos seguintes princípios:

I. garantia de acesso e frequência obrigatória ao ensino regular;

II. atividade compatível com o desenvolvimento do adolescente;

III. horário especial para o exercício das atividades.

Art. 64. Ao adolescente até quatorze anos de idade é assegurada bolsa de aprendizagem.

Art. 65. Ao adolescente aprendiz, maior de quatorze anos, são assegurados os direitos trabalhistas e previdenciários.

Art. 66. Ao adolescente portador de deficiência é assegurado trabalho protegido.

Art. 67. Ao adolescente empregado, aprendiz, em regime familiar de trabalho, aluno de escola técnica, assistido em entidade governamental ou não-governamental, é vedado trabalho:

I. noturno, realizado entre as vinte e duas horas de um dia e as cinco horas do dia seguinte;

II. perigoso, insalubre ou penoso;

III. realizado em locais prejudiciais à sua formação e ao seu desenvolvimento físico, psíquico, moral e social;

IV. realizado em horários e locais que não permitam a frequência à escola.

Art. 68. O programa social que tenha por base o trabalho educativo, sob responsabilidade de entidade governamental ou não-governamental sem fins lucrativos, deverá assegurar ao adolescente que dele participe condições de capacitação para o exercício de atividade regular remunerada.

§ 1º Entende-se por trabalho educativo a atividade laboral em que as exigências pedagógicas relativas ao desenvolvimento pessoal e social do educando prevalecem sobre o aspecto produtivo.

§ 2º A remuneração que o adolescente recebe pelo trabalho efetuado ou a participação na venda dos produtos de seu trabalho não desfigura o caráter educativo.

Art. 69. O adolescente tem direito à profissionalização e à proteção no trabalho, observados os seguintes aspectos, entre outros:

I. respeito à condição peculiar de pessoa em desenvolvimento;

II. capacitação profissional adequada ao mercado de trabalho.

TÍTULO III - DA PREVENÇÃO

CAPÍTULO I - DISPOSIÇÕES GERAIS

Art. 70. É dever de todos prevenir a ocorrência de ameaça ou violação dos direitos da criança e do adolescente.

ANOTAÇÕES

LEIS

ANOTAÇÕES

Art. 70-A. A União, os Estados, o Distrito Federal e os Municípios deverão atuar de forma articulada na elaboração de políticas públicas e na execução de ações destinadas a coibir o uso de castigo físico ou de tratamento cruel ou degradante e difundir formas não violentas de educação de crianças e de adolescentes, tendo como principais ações:

I. a promoção de campanhas educativas permanentes para a divulgação do direito da criança e do adolescente de serem educados e cuidados sem o uso de castigo físico ou de tratamento cruel ou degradante e dos instrumentos de proteção aos direitos humanos;

II. a integração com os órgãos do Poder Judiciário, do Ministério Público e da Defensoria Pública, com o Conselho Tutelar, com os Conselhos de Direitos da Criança e do Adolescente e com as entidades não governamentais que atuam na promoção, proteção e defesa dos direitos da criança e do adolescente;

III. a formação continuada e a capacitação dos profissionais de saúde, educação e assistência social e dos demais agentes que atuam na promoção, proteção e defesa dos direitos da criança e do adolescente para o desenvolvimento das competências necessárias à prevenção, à identificação de evidências, ao diagnóstico e ao enfrentamento de todas as formas de violência contra a criança e o adolescente;

IV. o apoio e o incentivo às práticas de resolução pacífica de conflitos que envolvam violência contra a criança e o adolescente;

V. a inclusão, nas políticas públicas, de ações que visem a garantir os direitos da criança e do adolescente, desde a atenção pré-natal, e de atividades junto aos pais e responsáveis com o objetivo de promover a informação, a reflexão, o debate e a orientação sobre alternativas ao uso de castigo físico ou de tratamento cruel ou degradante no processo educativo;

VI. a promoção de espaços intersetoriais locais para a articulação de ações e a elaboração de planos de atuação conjunta focados nas famílias em situação de violência, com participação de profissionais de saúde, de assistência social e de educação e de órgãos de promoção, proteção e defesa dos direitos da criança e do adolescente.

Parágrafo único. As famílias com crianças e adolescentes com deficiência terão prioridade de atendimento nas ações e políticas públicas de prevenção e proteção.

Art. 70-B. As entidades, públicas e privadas, que atuem nas áreas a que se refere o art. 71, dentre outras, devem contar, em seus quadros, com pessoas capacitadas a reconhecer e comunicar ao Conselho Tutelar suspeitas ou casos de maus-tratos praticados contra crianças e adolescentes.

Parágrafo único. São igualmente responsáveis pela comunicação de que trata este artigo, as pessoas encarregadas, por razão de cargo, função, ofício, ministério, profissão ou ocupação, do cuidado, assistência ou guarda de crianças e adolescentes, punível, na forma deste Estatuto, o injustificado retardamento ou omissão, culposos ou dolosos.

Art. 71. A criança e o adolescente têm direito a informação, cultura, lazer, esportes, diversões, espetáculos e produtos e serviços que respeitem sua condição peculiar de pessoa em desenvolvimento.

Art. 72. As obrigações previstas nesta Lei não excluem da prevenção especial outras decorrentes dos princípios por ela adotados.

Art. 73. A inobservância das normas de prevenção importará em responsabilidade da pessoa física ou jurídica, nos termos desta Lei.

ANOTAÇÕES

CAPÍTULO II - DA PREVENÇÃO ESPECIAL

SEÇÃO I - DA INFORMAÇÃO, CULTURA, LAZER, ESPORTES, DIVERSÕES E ESPETÁCULOS

Art. 74. O poder público, através do órgão competente, regulará as diversões e espetáculos públicos, informando sobre a natureza deles, as faixas etárias a que não se recomendem, locais e horários em que sua apresentação se mostre inadequada.

Parágrafo único. Os responsáveis pelas diversões e espetáculos públicos deverão afixar, em lugar visível e de fácil acesso, à entrada do local de exibição, informação destacada sobre a natureza do espetáculo e a faixa etária especificada no certificado de classificação.

Art. 75. Toda criança ou adolescente terá acesso às diversões e espetáculos públicos classificados como adequados à sua faixa etária.

Parágrafo único. As crianças menores de dez anos somente poderão ingressar e permanecer nos locais de apresentação ou exibição quando acompanhadas dos pais ou responsável.

Art. 76. As emissoras de rádio e televisão somente exibirão, no horário recomendado para o público infanto juvenil, programas com finalidades educativas, artísticas, culturais e informativas.

Parágrafo único. Nenhum espetáculo será apresentado ou anunciado sem aviso de sua classificação, antes de sua transmissão, apresentação ou exibição.

Art. 77. Os proprietários, diretores, gerentes e funcionários de empresas que explorem a venda ou aluguel de fitas de programação em vídeo cuidarão para que não haja venda ou locação em desacordo com a classificação atribuída pelo órgão competente.

Parágrafo único. As fitas a que alude este artigo deverão exibir, no invólucro, informação sobre a natureza da obra e a faixa etária a que se destinam.

Art. 78. As revistas e publicações contendo material impróprio ou inadequado a crianças e adolescentes deverão ser comercializadas em embalagem lacrada, com a advertência de seu conteúdo.

Parágrafo único. As editoras cuidarão para que as capas que contenham mensagens pornográficas ou obscenas sejam protegidas com embalagem opaca.

Art. 79. As revistas e publicações destinadas ao público infanto-juvenil não poderão conter ilustrações, fotografias, legendas, crônicas ou anúncios de bebidas alcoólicas, tabaco, armas e munições, e deverão respeitar os valores éticos e sociais da pessoa e da família.

Art. 80. Os responsáveis por estabelecimentos que explorem comercialmente bilhar, sinuca ou congênere ou por casas de jogos, assim entendidas as que realizem apostas, ainda que eventualmente, cuidarão para que não seja permitida a entrada e a permanência de crianças e adolescentes no local, afixando aviso para orientação do público.

SEÇÃO II - DOS PRODUTOS E SERVIÇOS

Art. 81. É proibida a venda à criança ou ao adolescente de:

I. armas, munições e explosivos;

II. bebidas alcoólicas;

Vide artigo 258-C deste Estatuto.

III. produtos cujos componentes possam causar dependência física ou psíquica ainda que por utilização indevida;

IV. fogos de estampido e de artifício, exceto aqueles que pelo seu reduzido potencial sejam incapazes de provocar qualquer dano físico em caso de utilização indevida;

V. revistas e publicações a que alude o art. 78;

VI. bilhetes lotéricos e equivalentes.

Art. 82. É proibida a hospedagem de criança ou adolescente em hotel, motel, pensão ou estabelecimento congênere, salvo se autorizado ou acompanhado pelos pais ou responsável.

SEÇÃO III - DA AUTORIZAÇÃO PARA VIAJAR

Art. 83. Nenhuma criança ou adolescente menor de 16 (dezesseis) anos poderá viajar para fora da comarca onde reside desacompanhado dos pais ou dos responsáveis sem expressa autorização judicial. (Redação dada pela Lei nº 13.812, de 2019)

§ 1º A autorização não será exigida quando:

a) tratar-se de comarca contígua à da residência da criança ou do adolescente menor de 16 (dezesseis) anos, se na mesma unidade da Federação, ou incluída na mesma região metropolitana; (Redação dada pela Lei nº 13.812, de 2019)

b) a criança ou o adolescente menor de 16 (dezesseis) anos estiver acompanhado: (Redação dada pela Lei nº 13.812, de 2019)

1) de ascendente ou colateral maior, até o terceiro grau, comprovado documentalmente o parentesco;

2) de pessoa maior, expressamente autorizada pelo pai, mãe ou responsável.

§ 2º A autoridade judiciária poderá, a pedido dos pais ou responsável, conceder autorização válida por dois anos.

Art. 84. Quando se tratar de viagem ao exterior, a autorização é dispensável, se a criança ou adolescente:

I. estiver acompanhado de ambos os pais ou responsável;

II. viajar na companhia de um dos pais, autorizado expressamente pelo outro através de documento com firma reconhecida.

Art. 85. Sem prévia e expressa autorização judicial, nenhuma criança ou adolescente nascido em território nacional poderá sair do País em companhia de estrangeiro residente ou domiciliado no exterior.

PARTE ESPECIAL

TÍTULO I - DA POLÍTICA DE ATENDIMENTO

CAPÍTULO I - DISPOSIÇÕES GERAIS

Art. 86. A política de atendimento dos direitos da criança e do adolescente far-se-á através de um conjunto articulado de ações governamentais e não-governamentais, da União, dos estados, do Distrito Federal e dos municípios.

Art. 87. São linhas de ação da política de atendimento:

I. políticas sociais básicas;

II. serviços, programas, projetos e benefícios de assistência social de garantia de proteção social e de prevenção e redução de violações de direitos, seus agravamentos ou reincidências;

III. serviços especiais de prevenção e atendimento médico e psicossocial às vítimas de negligência, maus-tratos, exploração, abuso, crueldade e opressão;

IV. serviço de identificação e localização de pais, responsável, crianças e adolescentes desaparecidos;

V. proteção jurídico-social por entidades de defesa dos direitos da criança e do adolescente.

VI. políticas e programas destinados a prevenir ou abreviar o período de afastamento do convívio familiar e a garantir o efetivo exercício do direito à convivência familiar de crianças e adolescentes;

VII. campanhas de estímulo ao acolhimento sob forma de guarda de crianças e adolescentes afastados do convívio familiar e à adoção, especificamente inter-racial, de crianças maiores ou de adolescentes, com necessidades específicas de saúde ou com deficiências e de grupos de irmãos.

Art. 88. São diretrizes da política de atendimento:

I. municipalização do atendimento;

II. criação de conselhos municipais, estaduais e nacional dos direitos da criança e do adolescente, órgãos deliberativos e controladores das ações em todos os níveis, assegurada a participação popular paritária por meio de organizações representativas, segundo leis federal, estaduais e municipais;

III. criação e manutenção de programas específicos, observada a descentralização político-administrativa;

IV. manutenção de fundos nacional, estaduais e municipais vinculados aos respectivos conselhos dos direitos da criança e do adolescente;

V. integração operacional de órgãos do Judiciário, Ministério Público, Defensoria, Segurança Pública e Assistência Social, preferencialmente em um mesmo local, para efeito de agilização do atendimento inicial a adolescente a quem se atribua autoria de ato infracional;

VI. integração operacional de órgãos do Judiciário, Ministério Público, Defensoria, Conselho Tutelar e encarregados da execução das políticas sociais básicas e de assistência social, para efeito de agilização do atendimento de crianças e de adolescentes inseridos em programas de acolhimento familiar ou institucional, com vista na sua rápida reintegração à família de origem ou, se tal solução se mostrar comprovadamente inviável, sua colocação em família substituta, em quaisquer das modalidades previstas no art. 28 desta Lei;

VII. mobilização da opinião pública para a indispensável participação dos diversos segmentos da sociedade.

VIII. especialização e formação continuada dos profissionais que trabalham nas diferentes áreas da atenção à primeira infância, incluindo os conhecimentos sobre direitos da criança e sobre desenvolvimento infantil;

IX. formação profissional com abrangência dos diversos direitos da criança e do adolescente que favoreça a intersetorialidade no atendimento da criança e do adolescente e seu desenvolvimento integral;

X. realização e divulgação de pesquisas sobre desenvolvimento infantil e sobre prevenção da violência.

Art. 89. A função de membro do conselho nacional e dos conselhos estaduais e municipais dos direitos da criança e do adolescente é considerada de interesse público relevante e não será remunerada.

CAPÍTULO II - DAS ENTIDADES DE ATENDIMENTO

SEÇÃO I - DISPOSIÇÕES GERAIS

Art. 90. As entidades de atendimento são responsáveis pela manutenção das próprias unidades, assim como pelo planejamento e execução de programas de proteção e sócio-educativos destinados a crianças e adolescentes, em regime de:

I. orientação e apoio sócio-familiar;

II. apoio sócio-educativo em meio aberto;

III. colocação familiar;

IV. acolhimento institucional;

V. prestação de serviços à comunidade;

VI. liberdade assistida;

VII. semiliberdade; e

VIII. internação.

§ 1º As entidades governamentais e não governamentais deverão proceder à inscrição de seus programas, especificando os regimes de atendimento, na forma definida neste artigo, no Conselho Municipal dos Direitos da Criança e do Adolescente, o qual manterá registro das inscrições e de suas alterações, do que fará comunicação ao Conselho Tutelar e à autoridade judiciária.

§ 2º Os recursos destinados à implementação e manutenção dos programas relacionados neste artigo serão previstos nas dotações orçamentárias dos órgãos públicos encarregados das áreas de Educação, Saúde e Assistência Social, dentre outros, observando-se o princípio da prioridade absoluta à criança e ao adolescente preconizado pelo caput do art. 227 da Constituição Federal e pelo caput e parágrafo único do art. 4º desta Lei.

ANOTAÇÕES

ANOTAÇÕES

LEIS

ANOTAÇÕES

§ 3º Os programas em execução serão reavaliados pelo Conselho Municipal dos Direitos da Criança e do Adolescente, no máximo, a cada 2 (dois) anos, constituindo-se critérios para renovação da autorização de funcionamento:

I. o efetivo respeito às regras e princípios desta Lei, bem como às resoluções relativas à modalidade de atendimento prestado expedidas pelos Conselhos de Direitos da Criança e do Adolescente, em todos os níveis;

II. a qualidade e eficiência do trabalho desenvolvido, atestadas pelo Conselho Tutelar, pelo Ministério Público e pela Justiça da Infância e da Juventude;

III. em se tratando de programas de acolhimento institucional ou familiar, serão considerados os índices de sucesso na reintegração familiar ou de adaptação à família substituta, conforme o caso.

Art. 91. As entidades não-governamentais somente poderão funcionar depois de registradas no Conselho Municipal dos Direitos da Criança e do Adolescente, o qual comunicará o registro ao Conselho Tutelar e à autoridade judiciária da respectiva localidade.

§ 1º Será negado o registro à entidade que:

a) não ofereça instalações físicas em condições adequadas de habitabilidade, higiene, salubridade e segurança;

b) não apresente plano de trabalho compatível com os princípios desta Lei;

c) esteja irregularmente constituída;

d) tenha em seus quadros pessoas inidôneas.

e) não se adequar ou deixar de cumprir as resoluções e deliberações relativas à modalidade de atendimento prestado expedidas pelos Conselhos de Direitos da Criança e do Adolescente, em todos os níveis.

§ 2º O registro terá validade máxima de 4 (quatro) anos, cabendo ao Conselho Municipal dos Direitos da Criança e do Adolescente, periodicamente, reavaliar o cabimento de sua renovação, observado o disposto no § 1º deste artigo.

Art. 92. As entidades que desenvolvam programas de acolhimento familiar ou institucional deverão adotar os seguintes princípios:

I. preservação dos vínculos familiares e promoção da reintegração familiar;

II. integração em família substituta, quando esgotados os recursos de manutenção na família natural ou extensa;

III. atendimento personalizado e em pequenos grupos;

IV. desenvolvimento de atividades em regime de co-educação;

V. não desmembramento de grupos de irmãos;

VI. evitar, sempre que possível, a transferência para outras entidades de crianças e adolescentes abrigados;

VII. participação na vida da comunidade local;

VIII. preparação gradativa para o desligamento;

IX. participação de pessoas da comunidade no processo educativo.

§ 1º O dirigente de entidade que desenvolve programa de acolhimento institucional é equiparado ao guardião, para todos os efeitos de direito.

§ 2º Os dirigentes de entidades que desenvolvem programas de acolhimento familiar ou institucional remeterão à autoridade judiciária, no máximo a cada 6 (seis) meses, relatório circunstanciado acerca da situação de cada criança ou adolescente acolhido e sua família, para fins da reavaliação prevista no § 1º do art. 19 desta Lei.

§ 3º Os entes federados, por intermédio dos Poderes Executivo e Judiciário, promoverão conjuntamente a permanente qualificação dos profissionais que atuam direta ou indiretamente em programas de acolhimento institucional e destinados à colocação familiar de crianças e adolescentes, incluindo membros do Poder Judiciário, Ministério Público e Conselho Tutelar.

§ 4º Salvo determinação em contrário da autoridade judiciária competente, as entidades que desenvolvem programas de acolhimento familiar ou institucional, se necessário com o auxílio do Conselho Tutelar e dos órgãos de assistência social, estimularão o contato da criança ou adolescente com seus pais e parentes, em cumprimento ao disposto nos incisos I e VIII do caput deste artigo.

ANOTAÇÕES

§ 5º As entidades que desenvolvem programas de acolhimento familiar ou institucional somente poderão receber recursos públicos se comprovado o atendimento dos princípios, exigências e finalidades desta Lei.

§ 6º O descumprimento das disposições desta Lei pelo dirigente de entidade que desenvolva programas de acolhimento familiar ou institucional é causa de sua destituição, sem prejuízo da apuração de sua responsabilidade administrativa, civil e criminal.

§ 7º Quando se tratar de criança de 0 (zero) a 3 (três) anos em acolhimento institucional, dar-se-á especial atenção à atuação de educadores de referência estáveis e qualitativamente significativos, às rotinas específicas e ao atendimento das necessidades básicas, incluindo as de afeto como prioritárias.

Art. 93. As entidades que mantenham programa de acolhimento institucional poderão, em caráter excepcional e de urgência, acolher crianças e adolescentes sem prévia determinação da autoridade competente, fazendo comunicação do fato em até 24 (vinte e quatro) horas ao Juiz da Infância e da Juventude, sob pena de responsabilidade.

Parágrafo único. Recebida a comunicação, a autoridade judiciária, ouvido o Ministério Público e se necessário com o apoio do Conselho Tutelar local, tomará as medidas necessárias para promover a imediata reintegração familiar da criança ou do adolescente ou, se por qualquer razão não for isso possível ou recomendável, para seu encaminhamento a programa de acolhimento familiar, institucional ou a família substituta, observado o disposto no § 2º do art. 101 desta Lei.

Art. 94. As entidades que desenvolvem programas de internação têm as seguintes obrigações, entre outras:

I. observar os direitos e garantias de que são titulares os adolescentes;

II. não restringir nenhum direito que não tenha sido objeto de restrição na decisão de internação;

III. oferecer atendimento personalizado, em pequenas unidades e grupos reduzidos;

IV. preservar a identidade e oferecer ambiente de respeito e dignidade ao adolescente;

V. diligenciar no sentido do restabelecimento e da preservação dos vínculos familiares;

VI. comunicar à autoridade judiciária, periodicamente, os casos em que se mostre inviável ou impossível o reatamento dos vínculos familiares;

VII. oferecer instalações físicas em condições adequadas de habitabilidade, higiene, salubridade e segurança e os objetos necessários à higiene pessoal;

VIII. oferecer vestuário e alimentação suficientes e adequados à faixa etária dos adolescentes atendidos;

IX. oferecer cuidados médicos, psicológicos, odontológicos e farmacêuticos;

X. propiciar escolarização e profissionalização;

XI. propiciar atividades culturais, esportivas e de lazer;

XII. propiciar assistência religiosa àqueles que desejarem, de acordo com suas crenças;

XIII. proceder a estudo social e pessoal de cada caso;

XIV. reavaliar periodicamente cada caso, com intervalo máximo de seis meses, dando ciência dos resultados à autoridade competente;

XV. informar, periodicamente, o adolescente internado sobre sua situação processual;

XVI. comunicar às autoridades competentes todos os casos de adolescentes portadores de moléstias infecto-contagiosas;

XVII. fornecer comprovante de depósito dos pertences dos adolescentes;

ANOTAÇÕES

XVIII. manter programas destinados ao apoio e acompanhamento de egressos;

XIX. providenciar os documentos necessários ao exercício da cidadania àqueles que não os tiverem;

XX. manter arquivo de anotações onde constem data e circunstâncias do atendimento, nome do adolescente, seus pais ou responsável, parentes, endereços, sexo, idade, acompanhamento da sua formação, relação de seus pertences e demais dados que possibilitem sua identificação e a individualização do atendimento.

§ 1º Aplicam-se, no que couber, as obrigações constantes deste artigo às entidades que mantêm programas de acolhimento institucional e familiar.

§ 2º No cumprimento das obrigações a que alude este artigo as entidades utilizarão preferencialmente os recursos da comunidade.

Art. 94-A. As entidades, públicas ou privadas, que abriguem ou recepcionem crianças e adolescentes, ainda que em caráter temporário, devem ter, em seus quadros, profissionais capacitados a reconhecer e reportar ao Conselho Tutelar suspeitas ou ocorrências de maus-tratos.

SEÇÃO II - DA FISCALIZAÇÃO DAS ENTIDADES

Art. 95. As entidades governamentais e não-governamentais referidas no art. 90 serão fiscalizadas pelo Judiciário, pelo Ministério Público e pelos Conselhos Tutelares.

Art. 96. Os planos de aplicação e as prestações de contas serão apresentados ao estado ou ao município, conforme a origem das dotações orçamentárias.

Art. 97. São medidas aplicáveis às entidades de atendimento que descumprirem obrigação constante do art. 94, sem prejuízo da responsabilidade civil e criminal de seus dirigentes ou prepostos:

I. às entidades governamentais:

a) advertência;

b) afastamento provisório de seus dirigentes;

c) afastamento definitivo de seus dirigentes;

d) fechamento de unidade ou interdição de programa.

II. às entidades não-governamentais:

a) advertência;

b) suspensão total ou parcial do repasse de verbas públicas;

c) interdição de unidades ou suspensão de programa;

d) cassação do registro.

§ 1º Em caso de reiteradas infrações cometidas por entidades de atendimento, que coloquem em risco os direitos assegurados nesta Lei, deverá ser o fato comunicado ao Ministério Público ou representado perante autoridade judiciária competente para as providências cabíveis, inclusive suspensão das atividades ou dissolução da entidade.

§ 2º As pessoas jurídicas de direito público e as organizações não governamentais responderão pelos danos que seus agentes causarem às crianças e aos adolescentes, caracterizado o descumprimento dos princípios norteadores das atividades de proteção específica.

TÍTULO II - DAS MEDIDAS DE PROTEÇÃO

CAPÍTULO I -DISPOSIÇÕES GERAIS

Art. 98. As medidas de proteção à criança e ao adolescente são aplicáveis sempre que os direitos reconhecidos nesta Lei forem ameaçados ou violados:

I. por ação ou omissão da sociedade ou do Estado;

II. por falta, omissão ou abuso dos pais ou responsável;

III. em razão de sua conduta.

CAPÍTULO II - DAS MEDIDAS ESPECÍFICAS DE PROTEÇÃO

Art. 99. As medidas previstas neste Capítulo poderão ser aplicadas isolada ou cumulativamente, bem como substituídas a qualquer tempo.

Art. 100. Na aplicação das medidas levar-se-ão em conta as necessidades pedagógicas, preferindo-se aquelas que visem ao fortalecimento dos vínculos familiares e comunitários.

Parágrafo único. São também princípios que regem a aplicação das medidas:

I. condição da criança e do adolescente como sujeitos de direitos: crianças e adolescentes são os titulares dos direitos previstos nesta e em outras Leis, bem como na Constituição Federal;

II. proteção integral e prioritária: a interpretação e aplicação de toda e qualquer norma contida nesta Lei deve ser voltada à proteção integral e prioritária dos direitos de que crianças e adolescentes são titulares;

III. responsabilidade primária e solidária do poder público: a plena efetivação dos direitos assegurados a crianças e a adolescentes por esta Lei e pela Constituição Federal, salvo nos casos por esta expressamente ressalvados, é de responsabilidade primária e solidária das 3 (três) esferas de governo, sem prejuízo da municipalização do atendimento e da possibilidade da execução de programas por entidades não governamentais;

IV. interesse superior da criança e do adolescente: a intervenção deve atender prioritariamente aos interesses e direitos da criança e do adolescente, sem prejuízo da consideração que for devida a outros interesses legítimos no âmbito da pluralidade dos interesses presentes no caso concreto;

V. privacidade: a promoção dos direitos e proteção da criança e do adolescente deve ser efetuada no respeito pela intimidade, direito à imagem e reserva da sua vida privada;

VI. intervenção precoce: a intervenção das autoridades competentes deve ser efetuada logo que a situação de perigo seja conhecida;

VII. intervenção mínima: a intervenção deve ser exercida exclusivamente pelas autoridades e instituições cuja ação seja indispensável à efetiva promoção dos direitos e à proteção da criança e do adolescente;

VIII. proporcionalidade e atualidade: a intervenção deve ser a necessária e adequada à situação de perigo em que a criança ou o adolescente se encontram no momento em que a decisão é tomada;

IX. responsabilidade parental: a intervenção deve ser efetuada de modo que os pais assumam os seus deveres para com a criança e o adolescente;

X. prevalência da família: na promoção de direitos e na proteção da criança e do adolescente deve ser dada prevalência às medidas que os mantenham ou reintegrem na sua família natural ou extensa ou, se isso não for possível, que promovam a sua integração em família adotiva;

XI. obrigatoriedade da informação: a criança e o adolescente, respeitado seu estágio de desenvolvimento e capacidade de compreensão, seus pais ou responsável devem ser informados dos seus direitos, dos motivos que determinaram a intervenção e da forma como esta se processa;

XII. oitiva obrigatória e participação: a criança e o adolescente, em separado ou na companhia dos pais, de responsável ou de pessoa por si indicada, bem como os seus pais ou responsável, têm direito a ser ouvidos e a participar nos atos e na definição da medida de promoção dos direitos e de proteção, sendo sua opinião devidamente considerada pela autoridade judiciária competente, observado o disposto nos §§ 1º e 2º do art. 28 desta Lei.

Art. 101. Verificada qualquer das hipóteses previstas no art. 98, a autoridade competente poderá determinar, dentre outras, as seguintes medidas:

I. encaminhamento aos pais ou responsável, mediante termo de responsabilidade;

ANOTAÇÕES

LEIS

ANOTAÇÕES

II. orientação, apoio e acompanhamento temporários;

III. matrícula e frequência obrigatórias em estabelecimento oficial de ensino fundamental;

IV. inclusão em serviços e programas oficiais ou comunitários de proteção, apoio e promoção da família, da criança e do adolescente

V. requisição de tratamento médico, psicológico ou psiquiátrico, em regime hospitalar ou ambulatorial;

VI. inclusão em programa oficial ou comunitário de auxílio, orientação e tratamento a alcoólatras e toxicômanos;

VII. acolhimento institucional;

VIII. inclusão em programa de acolhimento familiar;

IX. colocação em família substituta.

§ 1º O acolhimento institucional e o acolhimento familiar são medidas provisórias e excepcionais, utilizáveis como forma de transição para reintegração familiar ou, não sendo esta possível, para colocação em família substituta, não implicando privação de liberdade.

§ 2º Sem prejuízo da tomada de medidas emergenciais para proteção de vítimas de violência ou abuso sexual e das providências a que alude o art. 130 desta Lei, o afastamento da criança ou adolescente do convívio familiar é de competência exclusiva da autoridade judiciária e importará na deflagração, a pedido do Ministério Público ou de quem tenha legítimo interesse, de procedimento judicial contencioso, no qual se garanta aos pais ou ao responsável legal o exercício do contraditório e da ampla defesa.

§ 3º Crianças e adolescentes somente poderão ser encaminhados às instituições que executam programas de acolhimento institucional, governamentais ou não, por meio de uma Guia de Acolhimento, expedida pela autoridade judiciária, na qual obrigatoriamente constará, dentre outros:

I. sua identificação e a qualificação completa de seus pais ou de seu responsável, se conhecidos;

II. o endereço de residência dos pais ou do responsável, com pontos de referência;

III. os nomes de parentes ou de terceiros interessados em tê-los sob sua guarda;

IV. os motivos da retirada ou da não reintegração ao convívio familiar.

§ 4º Imediatamente após o acolhimento da criança ou do adolescente, a entidade responsável pelo programa de acolhimento institucional ou familiar elaborará um plano individual de atendimento, visando à reintegração familiar, ressalvada a existência de ordem escrita e fundamentada em contrário de autoridade judiciária competente, caso em que também deverá contemplar sua colocação em família substituta, observadas as regras e princípios desta Lei.

§ 5º O plano individual será elaborado sob a responsabilidade da equipe técnica do respectivo programa de atendimento e levará em consideração a opinião da criança ou do adolescente e a oitiva dos pais ou do responsável.

§ 6º Constarão do plano individual, dentre outros:

I. os resultados da avaliação interdisciplinar;

II. os compromissos assumidos pelos pais ou responsável; e

III. a previsão das atividades a serem desenvolvidas com a criança ou com o adolescente acolhido e seus pais ou responsável, com vista na reintegração familiar ou, caso seja esta vedada por expressa e fundamentada determinação judicial, as providências a serem tomadas para sua colocação em família substituta, sob direta supervisão da autoridade judiciária.

§ 7º O acolhimento familiar ou institucional ocorrerá no local mais próximo à residência dos pais ou do responsável e, como parte do processo de reintegração familiar, sempre que identificada a necessidade, a família de origem será incluída em programas oficiais de orientação, de apoio e de promoção social, sendo facilitado e estimulado o contato com a criança ou com o adolescente acolhido.

ANOTAÇÕES

§ 8º Verificada a possibilidade de reintegração familiar, o responsável pelo programa de acolhimento familiar ou institucional fará imediata comunicação à autoridade judiciária, que dará vista ao Ministério Público, pelo prazo de 5 (cinco) dias, decidindo em igual prazo.

§ 9º Em sendo constatada a impossibilidade de reintegração da criança ou do adolescente à família de origem, após seu encaminhamento a programas oficiais ou comunitários de orientação, apoio e promoção social, será enviado relatório fundamentado ao Ministério Público, no qual conste a descrição pormenorizada das providências tomadas e a expressa recomendação, subscrita pelos técnicos da entidade ou responsáveis pela execução da política municipal de garantia do direito à convivência familiar, para a destituição do poder familiar, ou destituição de tutela ou guarda.

§ 10. Recebido o relatório, o Ministério Público terá o prazo de 15 (quinze) dias para o ingresso com a ação de destituição do poder familiar, salvo se entender necessária a realização de estudos complementares ou de outras providências indispensáveis ao ajuizamento da demanda.

§ 11. A autoridade judiciária manterá, em cada comarca ou foro regional, um cadastro contendo informações atualizadas sobre as crianças e adolescentes em regime de acolhimento familiar e institucional sob sua responsabilidade, com informações pormenorizadas sobre a situação jurídica de cada um, bem como as providências tomadas para sua reintegração familiar ou colocação em família substituta, em qualquer das modalidades previstas no art. 28 desta Lei.

§ 12. Terão acesso ao cadastro o Ministério Público, o Conselho Tutelar, o órgão gestor da Assistência Social e os Conselhos Municipais dos Direitos da Criança e do Adolescente e da Assistência Social, aos quais incumbe deliberar sobre a implementação de políticas públicas que permitam reduzir o número de crianças e adolescentes afastados do convívio familiar e abreviar o período de permanência em programa de acolhimento.

Art. 102. As medidas de proteção de que trata este Capítulo serão acompanhadas da regularização do registro civil.

§ 1º Verificada a inexistência de registro anterior, o assento de nascimento da criança ou adolescente será feito à vista dos elementos disponíveis, mediante requisição da autoridade judiciária.

§ 2º Os registros e certidões necessários à regularização de que trata este artigo são isentos de multas, custas e emolumentos, gozando de absoluta prioridade.

§ 3º Caso ainda não definida a paternidade, será deflagrado procedimento específico destinado à sua averiguação, conforme previsto pela Lei nº 8.560, de 29 de dezembro de 1992.

§ 4º Nas hipóteses previstas no § 3º deste artigo, é dispensável o ajuizamento de ação de investigação de paternidade pelo Ministério Público se, após o não comparecimento ou a recusa do suposto pai em assumir a paternidade a ele atribuída, a criança for encaminhada para adoção.

§ 5º Os registros e certidões necessários à inclusão, a qualquer tempo, do nome do pai no assento de nascimento são isentos de multas, custas e emolumentos, gozando de absoluta prioridade.

§ 6º São gratuitas, a qualquer tempo, a averbação requerida do reconhecimento de paternidade no assento de nascimento e a certidão correspondente.

TÍTULO III - DA PRÁTICA DE ATO INFRACIONAL

CAPÍTULO I - DISPOSIÇÕES GERAIS

Art. 103. Considera-se ato infracional a conduta descrita como crime ou contravenção penal.

Art. 104. São penalmente inimputáveis os menores de dezoito anos, sujeitos às medidas previstas nesta Lei.

Parágrafo único. Para os efeitos desta Lei, deve ser considerada a idade do adolescente à data do fato.

Art. 105. Ao ato infracional praticado por criança corresponderão as medidas previstas no art. 101.

CAPÍTULO II - DOS DIREITOS INDIVIDUAIS

Art. 106. Nenhum adolescente será privado de sua liberdade senão em flagrante de ato infracional ou por ordem escrita e fundamentada da autoridade judiciária competente.

Parágrafo único. O adolescente tem direito à identificação dos responsáveis pela sua apreensão, devendo ser informado acerca de seus direitos.

Art. 107. A apreensão de qualquer adolescente e o local onde se encontra recolhido serão incontinenti comunicados à autoridade judiciária competente e à família do apreendido ou à pessoa por ele indicada.

Parágrafo único. Examinar-se-á, desde logo e sob pena de responsabilidade, a possibilidade de liberação imediata.

Art. 108. A internação, antes da sentença, pode ser determinada pelo prazo máximo de quarenta e cinco dias.

Parágrafo único. A decisão deverá ser fundamentada e basear-se em indícios suficientes de autoria e materialidade, demonstrada a necessidade imperiosa da medida.

Art. 109. O adolescente civilmente identificado não será submetido a identificação compulsória pelos órgãos policiais, de proteção e judiciais, salvo para efeito de confrontação, havendo dúvida fundada.

CAPÍTULO III - DAS GARANTIAS PROCESSUAIS

Art. 110. Nenhum adolescente será privado de sua liberdade sem o devido processo legal.

Art. 111. São asseguradas ao adolescente, entre outras, as seguintes garantias:

I. pleno e formal conhecimento da atribuição de ato infracional, mediante citação ou meio equivalente;

II. igualdade na relação processual, podendo confrontar-se com vítimas e testemunhas e produzir todas as provas necessárias à sua defesa;

III. defesa técnica por advogado;

IV. assistência judiciária gratuita e integral aos necessitados, na forma da lei;

V. direito de ser ouvido pessoalmente pela autoridade competente;

VI. direito de solicitar a presença de seus pais ou responsável em qualquer fase do procedimento.

CAPÍTULO IV - DAS MEDIDAS SÓCIO-EDUCATIVAS

SEÇÃO I - DISPOSIÇÕES GERAIS

Art. 112. Verificada a prática de ato infracional, a autoridade competente poderá aplicar ao adolescente as seguintes medidas:

I. advertência;

II. obrigação de reparar o dano;

III. prestação de serviços à comunidade;

IV. liberdade assistida;

V. inserção em regime de semi-liberdade;

VI. internação em estabelecimento educacional;

VII. qualquer uma das previstas no art. 101, I a VI.

§ 1º A medida aplicada ao adolescente levará em conta a sua capacidade de cumpri-la, as circunstâncias e a gravidade da infração.

§ 2º Em hipótese alguma e sob pretexto algum, será admitida a prestação de trabalho forçado.

§ 3º Os adolescentes portadores de doença ou deficiência mental receberão tratamento individual e especializado, em local adequado às suas condições.

Art. 113. Aplica-se a este Capítulo o disposto nos arts. 99 e 100.

Art. 114. A imposição das medidas previstas nos incisos II a VI do art. 112 pressupõe a existência de provas suficientes da autoria e da materialidade da infração, ressalvada a hipótese de remissão, nos termos do art. 127.

Parágrafo único. A advertência poderá ser aplicada sempre que houver prova da materialidade e indícios suficientes da autoria.

SEÇÃO II - DA ADVERTÊNCIA

Art. 115. A advertência consistirá em admoestação verbal, que será reduzida a termo e assinada.

SEÇÃO III - DA OBRIGAÇÃO DE REPARAR O DANO

Art. 116. Em se tratando de ato infracional com reflexos patrimoniais, a autoridade poderá determinar, se for o caso, que o adolescente restitua a coisa, promova o ressarcimento do dano, ou, por outra forma, compense o prejuízo da vítima.

Parágrafo único. Havendo manifesta impossibilidade, a medida poderá ser substituída por outra adequada.

SEÇÃO IV - DA PRESTAÇÃO DE SERVIÇOS À COMUNIDADE

Art. 117. A prestação de serviços comunitários consiste na realização de tarefas gratuitas de interesse geral, por período não excedente a seis meses, junto a entidades assistenciais, hospitais, escolas e outros estabelecimentos congêneres, bem como em programas comunitários ou governamentais.

Parágrafo único. As tarefas serão atribuídas conforme as aptidões do adolescente, devendo ser cumpridas durante jornada máxima de oito horas semanais, aos sábados, domingos e feriados ou em dias úteis, de modo a não prejudicar a frequência à escola ou à jornada normal de trabalho.

SEÇÃO V - DA LIBERDADE ASSISTIDA

Art. 118. A liberdade assistida será adotada sempre que se afigurar a medida mais adequada para o fim de acompanhar, auxiliar e orientar o adolescente.

§ 1º A autoridade designará pessoa capacitada para acompanhar o caso, a qual poderá ser recomendada por entidade ou programa de atendimento.

§ 2º A liberdade assistida será fixada pelo prazo mínimo de seis meses, podendo a qualquer tempo ser prorrogada, revogada ou substituída por outra medida, ouvido o orientador, o Ministério Público e o defensor.

Art. 119. Incumbe ao orientador, com o apoio e a supervisão da autoridade competente, a realização dos seguintes encargos, entre outros:

I. promover socialmente o adolescente e sua família, fornecendo-lhes orientação e inserindo-os, se necessário, em programa oficial ou comunitário de auxílio e assistência social;

II. supervisionar a frequência e o aproveitamento escolar do adolescente, promovendo, inclusive, sua matrícula;

III. diligenciar no sentido da profissionalização do adolescente e de sua inserção no mercado de trabalho;

IV. apresentar relatório do caso.

SEÇÃO VI - DO REGIME DE SEMI-LIBERDADE

Art. 120. O regime de semi-liberdade pode ser determinado desde o início, ou como forma de transição para o meio aberto, possibilitada a realização de atividades externas, independentemente de autorização judicial.

§ 1º São obrigatórias a escolarização e a profissionalização, devendo, sempre que possível, ser utilizados os recursos existentes na comunidade.

§ 2º A medida não comporta prazo determinado aplicando-se, no que couber, as disposições relativas à internação.

SEÇÃO VII - DA INTERNAÇÃO

Art. 121. A internação constitui medida privativa da liberdade, sujeita aos princípios de brevidade, excepcionalidade e respeito à condição peculiar de pessoa em desenvolvimento.

ANOTAÇÕES

ANOTAÇÕES

LEIS

ANOTAÇÕES

§ 1º Será permitida a realização de atividades externas, a critério da equipe técnica da entidade, salvo expressa determinação judicial em contrário.

§ 2º A medida não comporta prazo determinado, devendo sua manutenção ser reavaliada, mediante decisão fundamentada, no máximo a cada seis meses.

§ 3º Em nenhuma hipótese o período máximo de internação excederá a três anos.

§ 4º Atingido o limite estabelecido no parágrafo anterior, o adolescente deverá ser liberado, colocado em regime de semi-liberdade ou de liberdade assistida.

§ 5º A liberação será compulsória aos vinte e um anos de idade.

§ 6º Em qualquer hipótese a desinternação será precedida de autorização judicial, ouvido o Ministério Público.

§ 7º A determinação judicial mencionada no § 1º poderá ser revista a qualquer tempo pela autoridade judiciária.

Art. 122. A medida de internação só poderá ser aplicada quando:

I. tratar-se de ato infracional cometido mediante grave ameaça ou violência a pessoa;

II. por reiteração no cometimento de outras infrações graves;

III. por descumprimento reiterado e injustificável da medida anteriormente imposta.

§ 1º O prazo de internação na hipótese do inciso III deste artigo não poderá ser superior a três meses.

§ 1º O prazo de internação na hipótese do inciso III deste artigo não poderá ser superior a 3 (três) meses, devendo ser decretada judicialmente após o devido processo legal.

§ 2º. Em nenhuma hipótese será aplicada a internação, havendo outra medida adequada.

Art. 123. A internação deverá ser cumprida em entidade exclusiva para adolescentes, em local distinto daquele destinado ao abrigo, obedecida rigorosa separação por critérios de idade, compleição física e gravidade da infração.

Parágrafo único. Durante o período de internação, inclusive provisória, serão obrigatórias atividades pedagógicas.

Art. 124. São direitos do adolescente privado de liberdade, entre outros, os seguintes:

I. entrevistar-se pessoalmente com o representante do Ministério Público;

II. peticionar diretamente a qualquer autoridade;

III. avistar-se reservadamente com seu defensor;

IV. ser informado de sua situação processual, sempre que solicitada;

V. ser tratado com respeito e dignidade;

VI. permanecer internado na mesma localidade ou naquela mais próxima ao domicílio de seus pais ou responsável;

VII. receber visitas, ao menos, semanalmente;

VIII. corresponder-se com seus familiares e amigos;

IX. ter acesso aos objetos necessários à higiene e asseio pessoal;

X. habitar alojamento em condições adequadas de higiene e salubridade;

XI. receber escolarização e profissionalização;

XII. realizar atividades culturais, esportivas e de lazer:

XIII. ter acesso aos meios de comunicação social;

XIV. receber assistência religiosa, segundo a sua crença, e desde que assim o deseje;

XV. manter a posse de seus objetos pessoais e dispor de local seguro para guardá-los, recebendo comprovante daqueles porventura depositados em poder da entidade;

XVI. receber, quando de sua desinternação, os documentos pessoais indispensáveis à vida em sociedade.

§ 1º Em nenhum caso haverá incomunicabilidade.

ANOTAÇÕES

§ 2º A autoridade judiciária poderá suspender temporariamente a visita, inclusive de pais ou responsável, se existirem motivos sérios e fundados de sua prejudicialidade aos interesses do adolescente.

Art. 125. É dever do Estado zelar pela integridade física e mental dos internos, cabendo-lhe adotar as medidas adequadas de contenção e segurança.

CAPÍTULO V - DA REMISSÃO

Art. 126. Antes de iniciado o procedimento judicial para apuração de ato infracional, o representante do Ministério Público poderá conceder a remissão, como forma de exclusão do processo, atendendo às circunstâncias e consequências do fato, ao contexto social, bem como à personalidade do adolescente e sua maior ou menor participação no ato infracional.

Parágrafo único. Iniciado o procedimento, a concessão da remissão pela autoridade judiciária importará na suspensão ou extinção do processo.

Art. 127. A remissão não implica necessariamente o reconhecimento ou comprovação da responsabilidade, nem prevalece para efeito de antecedentes, podendo incluir eventualmente a aplicação de qualquer das medidas previstas em lei, exceto a colocação em regime de semi-liberdade e a internação.

Art. 128. A medida aplicada por força da remissão poderá ser revista judicialmente, a qualquer tempo, mediante pedido expresso do adolescente ou de seu representante legal, ou do Ministério Público.

TÍTULO IV - DAS MEDIDAS PERTINENTES AOS PAIS OU RESPONSÁVEL

Art. 129. São medidas aplicáveis aos pais ou responsável:

I. encaminhamento a serviços e programas oficiais ou comunitários de proteção, apoio e promoção da família;

II. inclusão em programa oficial ou comunitário de auxílio, orientação e tratamento a alcoólatras e toxicômanos;

III. encaminhamento a tratamento psicológico ou psiquiátrico;

IV. encaminhamento a cursos ou programas de orientação;

V. obrigação de matricular o filho ou pupilo e acompanhar sua frequência e aproveitamento escolar;

VI. obrigação de encaminhar a criança ou adolescente a tratamento especializado;

VII. advertência;

VIII. perda da guarda;

IX. destituição da tutela;

X. suspensão ou destituição do pátrio poder poder familiar. (Expressão substituída pela Lei nº 12.010, de 2009)

Parágrafo único. Na aplicação das medidas previstas nos incisos IX e X deste artigo, observar-se-á o disposto nos arts. 23 e 24.

Art. 130. Verificada a hipótese de maus-tratos, opressão ou abuso sexual impostos pelos pais ou responsável, a autoridade judiciária poderá determinar, como medida cautelar, o afastamento do agressor da moradia comum.

Parágrafo único. Da medida cautelar constará, ainda, a fixação provisória dos alimentos de que necessitem a criança ou o adolescente dependentes do agressor.

TÍTULO V - DO CONSELHO TUTELAR

CAPÍTULO I - DISPOSIÇÕES GERAIS

Art. 131. O Conselho Tutelar é órgão permanente e autônomo, não jurisdicional, encarregado pela sociedade de zelar pelo cumprimento dos direitos da criança e do adolescente, definidos nesta Lei.

ANOTAÇÕES

Art. 132. Em cada Município e em cada Região Administrativa do Distrito Federal haverá, no mínimo, 1 (um) Conselho Tutelar como órgão integrante da administração pública local, composto de 5 (cinco) membros, escolhidos pela população local para mandato de 4 (quatro) anos, permitida recondução por novos processos de escolha. (Redação dada pela Lei nº 13.824, de 2019)

Art. 133. Para a candidatura a membro do Conselho Tutelar, serão exigidos os seguintes requisitos:

I. reconhecida idoneidade moral;
II. idade superior a vinte e um anos;
III. residir no município.

Art. 134. Lei municipal ou distrital disporá sobre o local, dia e horário de funcionamento do Conselho Tutelar, inclusive quanto à remuneração dos respectivos membros, aos quais é assegurado o direito a:

I. cobertura previdenciária;
II. gozo de férias anuais remuneradas, acrescidas de 1/3 (um terço) do valor da remuneração mensal;
III. licença-maternidade;
IV. licença-paternidade;
V. gratificação natalina.

Parágrafo único. Constará da lei orçamentária municipal previsão dos recursos necessários ao funcionamento do Conselho Tutelar.

Parágrafo único. Constará da lei orçamentária municipal e da do Distrito Federal previsão dos recursos necessários ao funcionamento do Conselho Tutelar e à remuneração e formação continuada dos conselheiros tutelares.

Art. 135. O exercício efetivo da função de conselheiro constituirá serviço público relevante e estabelecerá presunção de idoneidade moral.

CAPÍTULO II - DAS ATRIBUIÇÕES DO CONSELHO

Art. 136. São atribuições do Conselho Tutelar:

I. atender as crianças e adolescentes nas hipóteses previstas nos arts. 98 e 105, aplicando as medidas previstas no art. 101, I a VII;
II. atender e aconselhar os pais ou responsável, aplicando as medidas previstas no art. 129, I a VII;
III. promover a execução de suas decisões, podendo para tanto:
a) requisitar serviços públicos nas áreas de saúde, educação, serviço social, previdência, trabalho e segurança;
b) representar junto à autoridade judiciária nos casos de descumprimento injustificado de suas deliberações.
IV. encaminhar ao Ministério Público notícia de fato que constitua infração administrativa ou penal contra os direitos da criança ou adolescente;
V. encaminhar à autoridade judiciária os casos de sua competência;
VI. providenciar a medida estabelecida pela autoridade judiciária, dentre as previstas no art. 101, de I a VI, para o adolescente autor de ato infracional;
VII. expedir notificações;
VIII. requisitar certidões de nascimento e de óbito de criança ou adolescente quando necessário;
IX. assessorar o Poder Executivo local na elaboração da proposta orçamentária para planos e programas de atendimento dos direitos da criança e do adolescente;
X. representar, em nome da pessoa e da família, contra a violação dos direitos previstos no art. 220, § 3º, inciso II, da Constituição Federal;
XI. representar ao Ministério Público para efeito das ações de perda ou suspensão do poder familiar, após esgotadas as possibilidades de manutenção da criança ou do adolescente junto à família natural.
XII. promover e incentivar, na comunidade e nos grupos profissionais, ações de divulgação e treinamento para o reconhecimento de sintomas de maus-tratos em crianças e adolescentes.

ANOTAÇÕES

Parágrafo único. Se, no exercício de suas atribuições, o Conselho Tutelar entender necessário o afastamento do convívio familiar, comunicará incontinenti o fato ao Ministério Público, prestando-lhe informações sobre os motivos de tal entendimento e as providências tomadas para a orientação, o apoio e a promoção social da família.

Art. 137. As decisões do Conselho Tutelar somente poderão ser revistas pela autoridade judiciária a pedido de quem tenha legítimo interesse.

CAPÍTULO III - DA COMPETÊNCIA

Art. 138. Aplica-se ao Conselho Tutelar a regra de competência constante do art. 147.

CAPÍTULO IV - DA ESCOLHA DOS CONSELHEIROS

Art. 139. O processo para a escolha dos membros do Conselho Tutelar será estabelecido em lei municipal e realizado sob a responsabilidade do Conselho Municipal dos Direitos da Criança e do Adolescente, e a fiscalização do Ministério Público.

§ 1º O processo de escolha dos membros do Conselho Tutelar ocorrerá em data unificada em todo o território nacional a cada 4 (quatro) anos, no primeiro domingo do mês de outubro do ano subsequente ao da eleição presidencial.

§ 2º A posse dos conselheiros tutelares ocorrerá no dia 10 de janeiro do ano subsequente ao processo de escolha.

§ 3º No processo de escolha dos membros do Conselho Tutelar, é vedado ao candidato doar, oferecer, prometer ou entregar ao eleitor bem ou vantagem pessoal de qualquer natureza, inclusive brindes de pequeno valor.

CAPÍTULO V - DOS IMPEDIMENTOS

Art. 140. São impedidos de servir no mesmo Conselho marido e mulher, ascendentes e descendentes, sogro e genro ou nora, irmãos, cunhados, durante o cunhadio, tio e sobrinho, padrasto ou madrasta e enteado.

Parágrafo único. Estende-se o impedimento do conselheiro, na forma deste artigo, em relação à autoridade judiciária e ao representante do Ministério Público com atuação na Justiça da Infância e da Juventude, em exercício na comarca, foro regional ou distrital.

TÍTULO VI - DO ACESSO À JUSTIÇA

CAPÍTULO I - DISPOSIÇÕES GERAIS

Art. 141. É garantido o acesso de toda criança ou adolescente à Defensoria Pública, ao Ministério Público e ao Poder Judiciário, por qualquer de seus órgãos.

§ 1º. A assistência judiciária gratuita será prestada aos que dela necessitarem, através de defensor público ou advogado nomeado.

§ 2º As ações judiciais da competência da Justiça da Infância e da Juventude são isentas de custas e emolumentos, ressalvada a hipótese de litigância de má-fé.

Art. 142. Os menores de dezesseis anos serão representados e os maiores de dezesseis e menores de vinte e um anos assistidos por seus pais, tutores ou curadores, na forma da legislação civil ou processual.

Parágrafo único. A autoridade judiciária dará curador especial à criança ou adolescente, sempre que os interesses destes colidirem com os de seus pais ou responsável, ou quando carecer de representação ou assistência legal ainda que eventual.

Art. 143. E vedada a divulgação de atos judiciais, policiais e administrativos que digam respeito a crianças e adolescentes a que se atribua autoria de ato infracional.

Parágrafo único. Qualquer notícia a respeito do fato não poderá identificar a criança ou adolescente, vedando-se fotografia, referência a nome, apelido, filiação, parentesco, residência e, inclusive, iniciais do nome e sobrenome.

ANOTAÇÕES

Art. 144. A expedição de cópia ou certidão de atos a que se refere o artigo anterior somente será deferida pela autoridade judiciária competente, se demonstrado o interesse e justificada a finalidade.

CAPÍTULO II - DA JUSTIÇA DA INFÂNCIA E DA JUVENTUDE

SEÇÃO I - DISPOSIÇÕES GERAIS

Art. 145. Os estados e o Distrito Federal poderão criar varas especializadas e exclusivas da infância e da juventude, cabendo ao Poder Judiciário estabelecer sua proporcionalidade por número de habitantes, dotá-las de infra-estrutura e dispor sobre o atendimento, inclusive em plantões.

SEÇÃO II - DO JUIZ

Art. 146. A autoridade a que se refere esta Lei é o Juiz da Infância e da Juventude, ou o juiz que exerce essa função, na forma da lei de organização judiciária local.

Art. 147. A competência será determinada:

I. pelo domicílio dos pais ou responsável;

II. pelo lugar onde se encontre a criança ou adolescente, à falta dos pais ou responsável.

§ 1º. Nos casos de ato infracional, será competente a autoridade do lugar da ação ou omissão, observadas as regras de conexão, continência e prevenção.

§ 2º A execução das medidas poderá ser delegada à autoridade competente da residência dos pais ou responsável, ou do local onde sediar-se a entidade que abrigar a criança ou adolescente.

§ 3º Em caso de infração cometida através de transmissão simultânea de rádio ou televisão, que atinja mais de uma comarca, será competente, para aplicação da penalidade, a autoridade judiciária do local da sede estadual da emissora ou rede, tendo a sentença eficácia para todas as transmissoras ou retransmissoras do respectivo estado.

Art. 148. A Justiça da Infância e da Juventude é competente para:

I. conhecer de representações promovidas pelo Ministério Público, para apuração de ato infracional atribuído a adolescente, aplicando as medidas cabíveis;

II. conceder a remissão, como forma de suspensão ou extinção do processo;

III. conhecer de pedidos de adoção e seus incidentes;

IV. conhecer de ações civis fundadas em interesses individuais, difusos ou coletivos afetos à criança e ao adolescente, observado o disposto no art. 209;

V. conhecer de ações decorrentes de irregularidades em entidades de atendimento, aplicando as medidas cabíveis;

VI. aplicar penalidades administrativas nos casos de infrações contra norma de proteção à criança ou adolescente;

VII. conhecer de casos encaminhados pelo Conselho Tutelar, aplicando as medidas cabíveis.

Parágrafo único. Quando se tratar de criança ou adolescente nas hipóteses do art. 98, é também competente a Justiça da Infância e da Juventude para o fim de:

a) conhecer de pedidos de guarda e tutela;

b) conhecer de ações de destituição do pátrio poder poder familiar, perda ou modificação da tutela ou guarda; (Expressão substituída pela Lei nº 12.010, de 2009)

c) suprir a capacidade ou o consentimento para o casamento;

d) conhecer de pedidos baseados em discordância paterna ou materna, em relação ao exercício do pátrio poder poder familiar; (Expressão substituída pela Lei nº 12.010, de 2009)

e) conceder a emancipação, nos termos da lei civil, quando faltarem os pais;

ANOTAÇÕES

f) designar curador especial em casos de apresentação de queixa ou representação, ou de outros procedimentos judiciais ou extrajudiciais em que haja interesses de criança ou adolescente;

g) conhecer de ações de alimentos;

h) determinar o cancelamento, a retificação e o suprimento dos registros de nascimento e óbito.

Art. 149. Compete à autoridade judiciária disciplinar, através de portaria, ou autorizar, mediante alvará:

I. a entrada e permanência de criança ou adolescente, desacompanhado dos pais ou responsável, em:

a) estádio, ginásio e campo desportivo;

b) bailes ou promoções dançantes;

c) boate ou congêneres;

d) casa que explore comercialmente diversões eletrônicas;

e) estúdios cinematográficos, de teatro, rádio e televisão.

II. a participação de criança e adolescente em:

a) espetáculos públicos e seus ensaios;

b) certames de beleza.

§ 1º Para os fins do disposto neste artigo, a autoridade judiciária levará em conta, dentre outros fatores:

a) os princípios desta Lei;

b) as peculiaridades locais;

c) a existência de instalações adequadas;

d) o tipo de frequência habitual ao local;

e) a adequação do ambiente a eventual participação ou frequência de crianças e adolescentes;

f) a natureza do espetáculo.

§ 2º As medidas adotadas na conformidade deste artigo deverão ser fundamentadas, caso a caso, vedadas as determinações de caráter geral.

SEÇÃO III - DOS SERVIÇOS AUXILIARES

Art. 150. Cabe ao Poder Judiciário, na elaboração de sua proposta orçamentária, prever recursos para manutenção de equipe interprofissional, destinada a assessorar a Justiça da Infância e da Juventude.

Art. 151. Compete à equipe interprofissional dentre outras atribuições que lhe forem reservadas pela legislação local, fornecer subsídios por escrito, mediante laudos, ou verbalmente, na audiência, e bem assim desenvolver trabalhos de aconselhamento, orientação, encaminhamento, prevenção e outros, tudo sob a imediata subordinação à autoridade judiciária, assegurada a livre manifestação do ponto de vista técnico.

Parágrafo único. Na ausência ou insuficiência de servidores públicos integrantes do Poder Judiciário responsáveis pela realização dos estudos psicossociais ou de quaisquer outras espécies de avaliações técnicas exigidas por esta Lei ou por determinação judicial, a autoridade judiciária poderá proceder à nomeação de perito, nos termos do art. 156 da Lei nº 13.105, de 16 de março de 2015 (Código de Processo Civil).

CAPÍTULO III - DOS PROCEDIMENTOS

SEÇÃO I - DISPOSIÇÕES GERAIS

Art. 152. Aos procedimentos regulados nesta Lei aplicam-se subsidiariamente as normas gerais previstas na legislação processual pertinente.

§ 1º É assegurada, sob pena de responsabilidade, prioridade absoluta na tramitação dos processos e procedimentos previstos nesta Lei, assim como na execução dos atos e diligências judiciais a eles referentes.

§ 2º Os prazos estabelecidos nesta Lei e aplicáveis aos seus procedimentos são contados em dias corridos, excluído o dia do começo e incluído o dia do vencimento, vedado o prazo em dobro para a Fazenda Pública e o Ministério Público.

Art. 153. Se a medida judicial a ser adotada não corresponder a procedimento previsto nesta ou em outra lei, a autoridade judiciária poderá investigar os fatos e ordenar de ofício as providências necessárias, ouvido o Ministério Público.

Parágrafo único. O disposto neste artigo não se aplica para o fim de afastamento da criança ou do adolescente de sua família de origem e em outros procedimentos necessariamente contenciosos.

Art. 154. Aplica-se às multas o disposto no art. 214.

SEÇÃO II - DA PERDA E DA SUSPENSÃO DO PÁTRIO PODER PODER FAMILIAR

(Expressão substituída pela Lei nº 12.010, de 2009)

Art. 155. O procedimento para a perda ou a suspensão do pátrio poder poder familiar terá início por provocação do Ministério Público ou de quem tenha legítimo interesse. (Expressão substituída pela Lei nº 12.010, de 2009)

Art. 156. A petição inicial indicará:

I. a autoridade judiciária a que for dirigida;

II. o nome, o estado civil, a profissão e a residência do requerente e do requerido, dispensada a qualificação em se tratando de pedido formulado por representante do Ministério Público;

III. a exposição sumária do fato e o pedido;

IV. as provas que serão produzidas, oferecendo, desde logo, o rol de testemunhas e documentos.

Art. 157. Havendo motivo grave, poderá a autoridade judiciária, ouvido o Ministério Público, decretar a suspensão do pátrio poder poder familiar, liminar ou incidentalmente, até o julgamento definitivo da causa, ficando a criança ou adolescente confiado a pessoa idônea, mediante termo de responsabilidade. (Expressão substituída pela Lei nº 12.010, de 2009)

§ 1º Recebida a petição inicial, a autoridade judiciária determinará, concomitantemente ao despacho de citação e independentemente de requerimento do interessado, a realização de estudo social ou perícia por equipe interprofissional ou multidisciplinar para comprovar a presença de uma das causas de suspensão ou destituição do poder familiar, ressalvado o disposto no § 10 do art. 101 desta Lei, e observada a Lei nº 13.431, de 4 de abril de 2017.

§ 2º Em sendo os pais oriundos de comunidades indígenas, é ainda obrigatória a intervenção, junto à equipe interprofissional ou multidisciplinar referida no § 1º deste artigo, de representantes do órgão federal responsável pela política indigenista, observado o disposto no § 6º do art. 28 desta Lei.

Art. 158. O requerido será citado para, no prazo de dez dias, oferecer resposta escrita, indicando as provas a serem produzidas e oferecendo desde logo o rol de testemunhas e documentos.

§ 1º A citação será pessoal, salvo se esgotados todos os meios para sua realização.

§ 2º O requerido privado de liberdade deverá ser citado pessoalmente.

§ 3º Quando, por 2 (duas) vezes, o oficial de justiça houver procurado o citando em seu domicílio ou residência sem o encontrar, deverá, havendo suspeita de ocultação, informar qualquer pessoa da família ou, em sua falta, qualquer vizinho do dia útil em que voltará a fim de efetuar a citação, na hora que designar, nos termos do art. 252 e seguintes da Lei nº 13.105, de 16 de março de 2015 (Código de Processo Civil).

§ 4º Na hipótese de os genitores encontrarem-se em local incerto ou não sabido, serão citados por edital no prazo de 10 (dez) dias, em publicação única, dispensado o envio de ofícios para a localização.

Art. 159. Se o requerido não tiver possibilidade de constituir advogado, sem prejuízo do próprio sustento e de sua família, poderá requerer, em cartório, que lhe seja nomeado dativo, ao qual incumbirá a apresentação de resposta, contando-se o prazo a partir da intimação do despacho de nomeação.

Parágrafo único. Na hipótese de requerido privado de liberdade, o oficial de justiça deverá perguntar, no momento da citação pessoal, se deseja que lhe seja nomeado defensor.

ANOTAÇÕES

Art. 160. Sendo necessário, a autoridade judiciária requisitará de qualquer repartição ou órgão público a apresentação de documento que interesse à causa, de ofício ou a requerimento das partes ou do Ministério Público.

Art. 161. Se não for contestado o pedido e tiver sido concluído o estudo social ou a perícia realizada por equipe interprofissional ou multidisciplinar, a autoridade judiciária dará vista dos autos ao Ministério Público, por 5 (cinco) dias, salvo quando este for o requerente, e decidirá em igual prazo.

§ 1º A autoridade judiciária, de ofício ou a requerimento das partes ou do Ministério Público, determinará a oitiva de testemunhas que comprovem a presença de uma das causas de suspensão ou destituição do poder familiar previstas nos arts. 1.637 e 1.638 da Lei nº 10.406, de 10 de janeiro de 2002 (Código Civil), ou no art. 24 desta Lei.

§ 2º (Revogado).

§ 3º Se o pedido importar em modificação de guarda, será obrigatória, desde que possível e razoável, a oitiva da criança ou adolescente, respeitado seu estágio de desenvolvimento e grau de compreensão sobre as implicações da medida.

§ 4º É obrigatória a oitiva dos pais sempre que eles forem identificados e estiverem em local conhecido, ressalvados os casos de não comparecimento perante a Justiça quando devidamente citados.

§ 5º Se o pai ou a mãe estiverem privados de liberdade, a autoridade judicial requisitará sua apresentação para a oitiva.

Art. 162. Apresentada a resposta, a autoridade judiciária dará vista dos autos ao Ministério Público, por cinco dias, salvo quando este for o requerente, designando, desde logo, audiência de instrução e julgamento.

§ 2º Na audiência, presentes as partes e o Ministério Público, serão ouvidas as testemunhas, colhendo-se oralmente o parecer técnico, salvo quando apresentado por escrito, manifestando-se sucessivamente o requerente, o requerido e o Ministério Público, pelo tempo de 20 (vinte) minutos cada um, prorrogável por mais 10 (dez) minutos.

§ 3º A decisão será proferida na audiência, podendo a autoridade judiciária, excepcionalmente, designar data para sua leitura no prazo máximo de 5 (cinco) dias.

§ 4º Quando o procedimento de destituição de poder familiar for iniciado pelo Ministério Público, não haverá necessidade de nomeação de curador especial em favor da criança ou adolescente.

Art. 163. O prazo máximo para conclusão do procedimento será de 120 (cento e vinte) dias, e caberá ao juiz, no caso de notória inviabilidade de manutenção do poder familiar, dirigir esforços para preparar a criança ou o adolescente com vistas à colocação em família substituta.

Parágrafo único. A sentença que decretar a perda ou a suspensão do poder familiar será averbada à margem do registro de nascimento da criança ou do adolescente.

SEÇÃO III - DA DESTITUIÇÃO DA TUTELA

Art. 164. Na destituição da tutela, observar-se-á o procedimento para a remoção de tutor previsto na lei processual civil e, no que couber, o disposto na seção anterior.

SEÇÃO IV - DA COLOCAÇÃO EM FAMÍLIA SUBSTITUTA

Art. 165. São requisitos para a concessão de pedidos de colocação em família substituta:

I. qualificação completa do requerente e de seu eventual cônjuge, ou companheiro, com expressa anuência deste;

II. indicação de eventual parentesco do requerente e de seu cônjuge, ou companheiro, com a criança ou adolescente, especificando se tem ou não parente vivo;

III. qualificação completa da criança ou adolescente e de seus pais, se conhecidos;

IV. indicação do cartório onde foi inscrito nascimento, anexando, se possível, uma cópia da respectiva certidão;

ANOTAÇÕES

LEIS

ANOTAÇÕES

V. declaração sobre a existência de bens, direitos ou rendimentos relativos à criança ou ao adolescente.

Parágrafo único. Em se tratando de adoção, observar-se-ão também os requisitos específicos.

Art. 166. Se os pais forem falecidos, tiverem sido destituídos ou suspensos do poder familiar, ou houverem aderido expressamente ao pedido de colocação em família substituta, este poderá ser formulado diretamente em cartório, em petição assinada pelos próprios requerentes, dispensada a assistência de advogado.

§ 1º Na hipótese de concordância dos pais, o juiz:

I. na presença do Ministério Público, ouvirá as partes, devidamente assistidas por advogado ou por defensor público, para verificar sua concordância com a adoção, no prazo máximo de 10 (dez) dias, contado da data do protocolo da petição ou da entrega da criança em juízo, tomando por termo as declarações; e

II. declarará a extinção do poder familiar.

§ 2º O consentimento dos titulares do poder familiar será precedido de orientações e esclarecimentos prestados pela equipe interprofissional da Justiça da Infância e da Juventude, em especial, no caso de adoção, sobre a irrevogabilidade da medida.

§ 3º São garantidos a livre manifestação de vontade dos detentores do poder familiar e o direito ao sigilo das informações.

§ 4º O consentimento prestado por escrito não terá validade se não for ratificado na audiência a que se refere o § 1º deste artigo.

§ 5º O consentimento é retratável até a data da realização da audiência especificada no § 1º deste artigo, e os pais podem exercer o arrependimento no prazo de 10 (dez) dias, contado da data de prolação da sentença de extinção do poder familiar.

§ 6º O consentimento somente terá valor se for dado após o nascimento da criança.

§ 7º A família natural e a família substituta receberão a devida orientação por intermédio de equipe técnica interprofissional a serviço da Justiça da Infância e da Juventude, preferencialmente com apoio dos técnicos responsáveis pela execução da política municipal de garantia do direito à convivência familiar

Art. 167. A autoridade judiciária, de ofício ou a requerimento das partes ou do Ministério Público, determinará a realização de estudo social ou, se possível, perícia por equipe interprofissional, decidindo sobre a concessão de guarda provisória, bem como, no caso de adoção, sobre o estágio de convivência.

Parágrafo único. Deferida a concessão da guarda provisória ou do estágio de convivência, a criança ou o adolescente será entregue ao interessado, mediante termo de responsabilidade.

Art. 168. Apresentado o relatório social ou o laudo pericial, e ouvida, sempre que possível, a criança ou o adolescente, dar-se-á vista dos autos ao Ministério Público, pelo prazo de cinco dias, decidindo a autoridade judiciária em igual prazo.

Art. 169. Nas hipóteses em que a destituição da tutela, a perda ou a suspensão do pátrio poder poder familiar constituir pressuposto lógico da medida principal de colocação em família substituta, será observado o procedimento contraditório previsto nas Seções II e III deste Capítulo. (Expressão substituída pela Lei nº 12.010, de 2009)

Parágrafo único. A perda ou a modificação da guarda poderá ser decretada nos mesmos autos do procedimento, observado o disposto no art. 35.

Art. 170. Concedida a guarda ou a tutela, observar-se-á o disposto no art. 32, e, quanto à adoção, o contido no art. 47.

Parágrafo único. A colocação de criança ou adolescente sob a guarda de pessoa inscrita em programa de acolhimento familiar será comunicada pela autoridade judiciária à entidade por este responsável no prazo máximo de 5 (cinco) dias.

ANOTAÇÕES

SEÇÃO V - DA APURAÇÃO DE ATO INFRACIONAL ATRIBUÍDO A ADOLESCENTE

Art. 171. O adolescente apreendido por força de ordem judicial será, desde logo, encaminhado à autoridade judiciária.

Art. 172. O adolescente apreendido em flagrante de ato infracional será, desde logo, encaminhado à autoridade policial competente.

Parágrafo único. Havendo repartição policial especializada para atendimento de adolescente e em se tratando de ato infracional praticado em co-autoria com maior, prevalecerá a atribuição da repartição especializada, que, após as providências necessárias e conforme o caso, encaminhará o adulto à repartição policial própria.

Art. 173. Em caso de flagrante de ato infracional cometido mediante violência ou grave ameaça a pessoa, a autoridade policial, sem prejuízo do disposto nos arts. 106, parágrafo único, e 107, deverá:

I. lavrar auto de apreensão, ouvidos as testemunhas e o adolescente;

II. apreender o produto e os instrumentos da infração;

III. requisitar os exames ou perícias necessários à comprovação da materialidade e autoria da infração.

Parágrafo único. Nas demais hipóteses de flagrante, a lavratura do auto poderá ser substituída por boletim de ocorrência circunstanciada.

Art. 174. Comparecendo qualquer dos pais ou responsável, o adolescente será prontamente liberado pela autoridade policial, sob termo de compromisso e responsabilidade de sua apresentação ao representante do Ministério Público, no mesmo dia ou, sendo impossível, no primeiro dia útil imediato, exceto quando, pela gravidade do ato infracional e sua repercussão social, deva o adolescente permanecer sob internação para garantia de sua segurança pessoal ou manutenção da ordem pública.

Art. 175. Em caso de não liberação, a autoridade policial encaminhará, desde logo, o adolescente ao representante do Ministério Público, juntamente com cópia do auto de apreensão ou boletim de ocorrência.

§ 1º Sendo impossível a apresentação imediata, a autoridade policial encaminhará o adolescente à entidade de atendimento, que fará a apresentação ao representante do Ministério Público no prazo de vinte e quatro horas.

§ 2º Nas localidades onde não houver entidade de atendimento, a apresentação far-se-á pela autoridade policial. À falta de repartição policial especializada, o adolescente aguardará a apresentação em dependência separada da destinada a maiores, não podendo, em qualquer hipótese, exceder o prazo referido no parágrafo anterior.

Art. 176. Sendo o adolescente liberado, a autoridade policial encaminhará imediatamente ao representante do Ministério Público cópia do auto de apreensão ou boletim de ocorrência.

Art. 177. Se, afastada a hipótese de flagrante, houver indícios de participação de adolescente na prática de ato infracional, a autoridade policial encaminhará ao representante do Ministério Público relatório das investigações e demais documentos.

Art. 178. O adolescente a quem se atribua autoria de ato infracional não poderá ser conduzido ou transportado em compartimento fechado de veículo policial, em condições atentatórias à sua dignidade, ou que impliquem risco à sua integridade física ou mental, sob pena de responsabilidade.

Art. 179. Apresentado o adolescente, o representante do Ministério Público, no mesmo dia e à vista do auto de apreensão, boletim de ocorrência ou relatório policial, devidamente autuados pelo cartório judicial e com informação sobre os antecedentes do adolescente, procederá imediata e informalmente à sua oitiva e, em sendo possível, de seus pais ou responsável, vítima e testemunhas.

Parágrafo único. Em caso de não apresentação, o representante do Ministério Público notificará os pais ou responsável para apresentação do adolescente, podendo requisitar o concurso das polícias civil e militar.

Art. 180. Adotadas as providências a que alude o artigo anterior, o representante do Ministério Público poderá:

I. promover o arquivamento dos autos;

II. conceder a remissão;

III. representar à autoridade judiciária para aplicação de medida sócio-educativa.

Art. 181. Promovido o arquivamento dos autos ou concedida a remissão pelo representante do Ministério Público, mediante termo fundamentado, que conterá o resumo dos fatos, os autos serão conclusos à autoridade judiciária para homologação.

§ 1º Homologado o arquivamento ou a remissão, a autoridade judiciária determinará, conforme o caso, o cumprimento da medida.

§ 2º Discordando, a autoridade judiciária fará remessa dos autos ao Procurador-Geral de Justiça, mediante despacho fundamentado, e este oferecerá representação, designará outro membro do Ministério Público para apresentá-la, ou ratificará o arquivamento ou a remissão, que só então estará a autoridade judiciária obrigada a homologar.

Art. 182. Se, por qualquer razão, o representante do Ministério Público não promover o arquivamento ou conceder a remissão, oferecerá representação à autoridade judiciária, propondo a instauração de procedimento para aplicação da medida sócio-educativa que se afigurar a mais adequada.

§ 1º A representação será oferecida por petição, que conterá o breve resumo dos fatos e a classificação do ato infracional e, quando necessário, o rol de testemunhas, podendo ser deduzida oralmente, em sessão diária instalada pela autoridade judiciária.

§ 2º A representação independe de prova pré-constituída da autoria e materialidade.

Art. 183. O prazo máximo e improrrogável para a conclusão do procedimento, estando o adolescente internado provisoriamente, será de quarenta e cinco dias.

Art. 184. Oferecida a representação, a autoridade judiciária designará audiência de apresentação do adolescente, decidindo, desde logo, sobre a decretação ou manutenção da internação, observado o disposto no art. 108 e parágrafo.

§ 1º O adolescente e seus pais ou responsável serão cientificados do teor da representação, e notificados a comparecer à audiência, acompanhados de advogado.

§ 2º Se os pais ou responsável não forem localizados, a autoridade judiciária dará curador especial ao adolescente.

§ 3º Não sendo localizado o adolescente, a autoridade judiciária expedirá mandado de busca e apreensão, determinando o sobrestamento do feito, até a efetiva apresentação.

§ 4º Estando o adolescente internado, será requisitada a sua apresentação, sem prejuízo da notificação dos pais ou responsável.

Art. 185. A internação, decretada ou mantida pela autoridade judiciária, não poderá ser cumprida em estabelecimento prisional.

§ 1º Inexistindo na comarca entidade com as características definidas no art. 123, o adolescente deverá ser imediatamente transferido para a localidade mais próxima.

§ 2º Sendo impossível a pronta transferência, o adolescente aguardará sua remoção em repartição policial, desde que em seção isolada dos adultos e com instalações apropriadas, não podendo ultrapassar o prazo máximo de cinco dias, sob pena de responsabilidade.

Art. 186. Comparecendo o adolescente, seus pais ou responsável, a autoridade judiciária procederá à oitiva dos mesmos, podendo solicitar opinião de profissional qualificado.

ANOTAÇÕES

§ 1º Se a autoridade judiciária entender adequada a remissão, ouvirá o representante do Ministério Público, proferindo decisão.

§ 2º Sendo o fato grave, passível de aplicação de medida de internação ou colocação em regime de semi-liberdade, a autoridade judiciária, verificando que o adolescente não possui advogado constituído, nomeará defensor, designando, desde logo, audiência em continuação, podendo determinar a realização de diligências e estudo do caso.

§ 3º O advogado constituído ou o defensor nomeado, no prazo de três dias contado da audiência de apresentação, oferecerá defesa prévia e rol de testemunhas.

§ 4º Na audiência em continuação, ouvidas as testemunhas arroladas na representação e na defesa prévia, cumpridas as diligências e juntado o relatório da equipe interprofissional, será dada a palavra ao representante do Ministério Público e ao defensor, sucessivamente, pelo tempo de vinte minutos para cada um, prorrogável por mais dez, a critério da autoridade judiciária, que em seguida proferirá decisão.

Art. 187. Se o adolescente, devidamente notificado, não comparecer, injustificadamente à audiência de apresentação, a autoridade judiciária designará nova data, determinando sua condução coercitiva.

Art. 188. A remissão, como forma de extinção ou suspensão do processo, poderá ser aplicada em qualquer fase do procedimento, antes da sentença.

Art. 189. A autoridade judiciária não aplicará qualquer medida, desde que reconheça na sentença:

I. estar provada a inexistência do fato;

II. não haver prova da existência do fato;

III. não constituir o fato ato infracional;

IV. não existir prova de ter o adolescente concorrido para o ato infracional.

Parágrafo único. Na hipótese deste artigo, estando o adolescente internado, será imediatamente colocado em liberdade.

Art. 190. A intimação da sentença que aplicar medida de internação ou regime de semi-liberdade será feita:

I. ao adolescente e ao seu defensor;

II. quando não for encontrado o adolescente, a seus pais ou responsável, sem prejuízo do defensor.

§ 1º Sendo outra a medida aplicada, a intimação far-se-á unicamente na pessoa do defensor.

§ 2º Recaindo a intimação na pessoa do adolescente, deverá este manifestar se deseja ou não recorrer da sentença.

SEÇÃO V-A - (INCLUÍDO PELA LEI Nº 13.441, DE 2017)

Da Infiltração de Agentes de Polícia para a Investigação de Crimes contra a Dignidade Sexual de Criança e de Adolescente"

Art. 190-A. A infiltração de agentes de polícia na internet com o fim de investigar os crimes previstos nos arts. 240, 241, 241-A, 241-B, 241-C e 241-D desta Lei e nos arts. 154-A, 217-A, 218, 218-A e 218-B do Decreto-Lei nº 2.848, de 7 de dezembro de 1940 (Código Penal), obedecerá às seguintes regras:

I. será precedida de autorização judicial devidamente circunstanciada e fundamentada, que estabelecerá os limites da infiltração para obtenção de prova, ouvido o Ministério Público;

II. dar-se-á mediante requerimento do Ministério Público ou representação de delegado de polícia e conterá a demonstração de sua necessidade, o alcance das tarefas dos policiais, os nomes ou apelidos das pessoas investigadas e, quando possível, os dados de conexão ou cadastrais que permitam a identificação dessas pessoas;

III. não poderá exceder o prazo de 90 (noventa) dias, sem prejuízo de eventuais renovações, desde que o total não exceda a 720 (setecentos e vinte) dias e seja demonstrada sua efetiva necessidade, a critério da autoridade judicial.

ANOTAÇÕES

LEIS

ANOTAÇÕES

§ 1º A autoridade judicial e o Ministério Público poderão requisitar relatórios parciais da operação de infiltração antes do término do prazo de que trata o inciso II do § 1º deste artigo. § 2º Para efeitos do disposto no inciso I do § 1º deste artigo, consideram-se:

I. dados de conexão: informações referentes a hora, data, início, término, duração, endereço de Protocolo de Internet (IP) utilizado e terminal de origem da conexão;

II. dados cadastrais: informações referentes a nome e endereço de assinante ou de usuário registrado ou autenticado para a conexão a quem endereço de IP, identificação de usuário ou código de acesso tenha sido atribuído no momento da conexão.

§ 3º A infiltração de agentes de polícia na internet não será admitida se a prova puder ser obtida por outros meios.

Art. 190-B. As informações da operação de infiltração serão encaminhadas diretamente ao juiz responsável pela autorização da medida, que zelará por seu sigilo.

Parágrafo único. Antes da conclusão da operação, o acesso aos autos será reservado ao juiz, ao Ministério Público e ao delegado de polícia responsável pela operação, com o objetivo de garantir o sigilo das investigações.

Art. 190-C. Não comete crime o policial que oculta a sua identidade para, por meio da internet, colher indícios de autoria e materialidade dos crimes previstos nos arts. 240, 241, 241-A, 241-B, 241-C e 241-D desta Lei e nos arts. 154-A, 217-A, 218, 218-A e 218-B do Decreto-Lei nº 2.848, de 7 de dezembro de 1940 (Código Penal).

Parágrafo único. O agente policial infiltrado que deixar de observar a estrita finalidade da investigação responderá pelos excessos praticados.

Art. 190-D. Os órgãos de registro e cadastro público poderão incluir nos bancos de dados próprios, mediante procedimento sigiloso e requisição da autoridade judicial, as informações necessárias à efetividade da identidade fictícia criada.

Parágrafo único. O procedimento sigiloso de que trata esta Seção será numerado e tombado em livro específico.

Art. 190-E. Concluída a investigação, todos os atos eletrônicos praticados durante a operação deverão ser registrados, gravados, armazenados e encaminhados ao juiz e ao Ministério Público, juntamente com relatório circunstanciado.

Parágrafo único. Os atos eletrônicos registrados citados no caput deste artigo serão reunidos em autos apartados e apensados ao processo criminal juntamente com o inquérito policial, assegurando-se a preservação da identidade do agente policial infiltrado e a intimidade das crianças e dos adolescentes envolvidos.

SEÇÃO VI - DA APURAÇÃO DE IRREGULARIDADES EM ENTIDADE DE ATENDIMENTO

Art. 191. O procedimento de apuração de irregularidades em entidade governamental e não-governamental terá início mediante portaria da autoridade judiciária ou representação do Ministério Público ou do Conselho Tutelar, onde conste, necessariamente, resumo dos fatos.

Parágrafo único. Havendo motivo grave, poderá a autoridade judiciária, ouvido o Ministério Público, decretar liminarmente o afastamento provisório do dirigente da entidade, mediante decisão fundamentada.

Art. 192. O dirigente da entidade será citado para, no prazo de dez dias, oferecer resposta escrita, podendo juntar documentos e indicar as provas a produzir.

Art. 193. Apresentada ou não a resposta, e sendo necessário, a autoridade judiciária designará audiência de instrução e julgamento, intimando as partes.

§ 1º Salvo manifestação em audiência, as partes e o Ministério Público terão cinco dias para oferecer alegações finais, decidindo a autoridade judiciária em igual prazo.

ANOTAÇÕES

§ 2º Em se tratando de afastamento provisório ou definitivo de dirigente de entidade governamental, a autoridade judiciária oficiará à autoridade administrativa imediatamente superior ao afastado, marcando prazo para a substituição.

§ 3º Antes de aplicar qualquer das medidas, a autoridade judiciária poderá fixar prazo para a remoção das irregularidades verificadas. Satisfeitas as exigências, o processo será extinto, sem julgamento de mérito.

§ 4º A multa e a advertência serão impostas ao dirigente da entidade ou programa de atendimento.

SEÇÃO VII - DA APURAÇÃO DE INFRAÇÃO ADMINISTRATIVA ÀS NORMAS DE PROTEÇÃO À CRIANÇA E AO ADOLESCENTE

Art. 194. O procedimento para imposição de penalidade administrativa por infração às normas de proteção à criança e ao adolescente terá início por representação do Ministério Público, ou do Conselho Tutelar, ou auto de infração elaborado por servidor efetivo ou voluntário credenciado, e assinado por duas testemunhas, se possível.

§ 1º No procedimento iniciado com o auto de infração, poderão ser usadas fórmulas impressas, especificando-se a natureza e as circunstâncias da infração.

§ 2º Sempre que possível, à verificação da infração seguir-se-á a lavratura do auto, certificando-se, em caso contrário, dos motivos do retardamento.

Art. 195. O requerido terá prazo de dez dias para apresentação de defesa, contado da data da intimação, que será feita:

I. pelo autuante, no próprio auto, quando este for lavrado na presença do requerido;

II. por oficial de justiça ou funcionário legalmente habilitado, que entregará cópia do auto ou da representação ao requerido, ou a seu representante legal, lavrando certidão;

III. por via postal, com aviso de recebimento, se não for encontrado o requerido ou seu representante legal;

IV. por edital, com prazo de trinta dias, se incerto ou não sabido o paradeiro do requerido ou de seu representante legal.

Art. 196. Não sendo apresentada a defesa no prazo legal, a autoridade judiciária dará vista dos autos do Ministério Público, por cinco dias, decidindo em igual prazo.

Art. 197. Apresentada a defesa, a autoridade judiciária procederá na conformidade do artigo anterior, ou, sendo necessário, designará audiência de instrução e julgamento.

Parágrafo único. Colhida a prova oral, manifestar-se-ão sucessivamente o Ministério Público e o procurador do requerido, pelo tempo de vinte minutos para cada um, prorrogável por mais dez, a critério da autoridade judiciária, que em seguida proferirá sentença.

SEÇÃO VIII - (INCLUÍDA PELA LEI Nº 12.010, DE 2009)

Da Habilitação de Pretendentes à Adoção

Art. 197-A. Os postulantes à adoção, domiciliados no Brasil, apresentarão petição inicial na qual conste:

I. qualificação completa;

II. dados familiares;

III. cópias autenticadas de certidão de nascimento ou casamento, ou declaração relativa ao período de união estável;

IV. cópias da cédula de identidade e inscrição no Cadastro de Pessoas Físicas;

V. comprovante de renda e domicílio;

VI. atestados de sanidade física e mental

VII. certidão de antecedentes criminais;

VIII. certidão negativa de distribuição cível.

Art. 197-B. A autoridade judiciária, no prazo de 48 (quarenta e oito) horas, dará vista dos autos ao Ministério Público, que no prazo de 5 (cinco) dias poderá:

I. apresentar quesitos a serem respondidos pela equipe interprofissional encarregada de elaborar o estudo técnico a que se refere o art. 197-C desta Lei;

II. requerer a designação de audiência para oitiva dos postulantes em juízo e testemunhas;

III. requerer a juntada de documentos complementares e a realização de outras diligências que entender necessárias.

Art. 197-C. Intervirá no feito, obrigatoriamente, equipe interprofissional a serviço da Justiça da Infância e da Juventude, que deverá elaborar estudo psicossocial, que conterá subsídios que permitam aferir a capacidade e o preparo dos postulantes para o exercício de uma paternidade ou maternidade responsável, à luz dos requisitos e princípios desta Lei.

§ 1º É obrigatória a participação dos postulantes em programa oferecido pela Justiça da Infância e da Juventude, preferencialmente com apoio dos técnicos responsáveis pela execução da política municipal de garantia do direito à convivência familiar e dos grupos de apoio à adoção devidamente habilitados perante a Justiça da Infância e da Juventude, que inclua preparação psicológica, orientação e estímulo à adoção inter-racial, de crianças ou de adolescentes com deficiência, com doenças crônicas ou com necessidades específicas de saúde, e de grupos de irmãos.

§ 2º Sempre que possível e recomendável, a etapa obrigatória da preparação referida no § 1º deste artigo incluirá o contato com crianças e adolescentes em regime de acolhimento familiar ou institucional, a ser realizado sob orientação, supervisão e avaliação da equipe técnica da Justiça da Infância e da Juventude e dos grupos de apoio à adoção, com apoio dos técnicos responsáveis pelo programa de acolhimento familiar e institucional e pela execução da política municipal de garantia do direito à convivência familiar.

§ 3º É recomendável que as crianças e os adolescentes acolhidos institucionalmente ou por família acolhedora sejam preparados por equipe interprofissional antes da inclusão em família adotiva.

Art. 197-D. Certificada nos autos a conclusão da participação no programa referido no art. 197-C desta Lei, a autoridade judiciária, no prazo de 48 (quarenta e oito) horas, decidirá acerca das diligências requeridas pelo Ministério Público e determinará a juntada do estudo psicossocial, designando, conforme o caso, audiência de instrução e julgamento.

Parágrafo único. Caso não sejam requeridas diligências, ou sendo essas indeferidas, a autoridade judiciária determinará a juntada do estudo psicossocial, abrindo a seguir vista dos autos ao Ministério Público, por 5 (cinco) dias, decidindo em igual prazo.

Art. 197-E. Deferida a habilitação, o postulante será inscrito nos cadastros referidos no art. 50 desta Lei, sendo a sua convocação para a adoção feita de acordo com ordem cronológica de habilitação e conforme a disponibilidade de crianças ou adolescentes adotáveis.

§ 1º A ordem cronológica das habilitações somente poderá deixar de ser observada pela autoridade judiciária nas hipóteses previstas no § 13 do art. 50 desta Lei, quando comprovado ser essa a melhor solução no interesse do adotando.

§ 2º A habilitação à adoção deverá ser renovada no mínimo trienalmente mediante avaliação por equipe interprofissional.

§ 3º Quando o adotante candidatar-se a uma nova adoção, será dispensável a renovação da habilitação, bastando a avaliação por equipe interprofissional.

§ 4º Após 3 (três) recusas injustificadas, pelo habilitado, à adoção de crianças ou adolescentes indicados dentro do perfil escolhido, haverá reavaliação da habilitação concedida.

§ 5º A desistência do pretendente em relação à guarda para fins de adoção ou a devolução da criança ou do adolescente depois do trânsito em julgado da sentença de adoção importará na sua exclusão dos cadastros de adoção e na vedação de renovação da habilitação, salvo decisão judicial fundamentada, sem prejuízo das demais sanções previstas na legislação vigente.

ANOTAÇÕES

Art. 197-F. O prazo máximo para conclusão da habilitação à adoção será de 120 (cento e vinte) dias, prorrogável por igual período, mediante decisão fundamentada da autoridade judiciária.

CAPÍTULO IV - DOS RECURSOS

Art. 198. Nos procedimentos afetos à Justiça da Infância e da Juventude, inclusive os relativos à execução das medidas socioeducativas, adotar-se-á o sistema recursal da Lei nº 5.869, de 11 de janeiro de 1973 (Código de Processo Civil), com as seguintes adaptações:

I. os recursos serão interpostos independentemente de preparo;

II. em todos os recursos, salvo nos embargos de declaração, o prazo para o Ministério Público e para a defesa será sempre de 10 (dez) dias;

III. os recursos terão preferência de julgamento e dispensarão revisor;

VII. antes de determinar a remessa dos autos à superior instância, no caso de apelação, ou do instrumento, no caso de agravo, a autoridade judiciária proferirá despacho fundamentado, mantendo ou reformando a decisão, no prazo de cinco dias;

VIII. mantida a decisão apelada ou agravada, o escrivão remeterá os autos ou o instrumento à superior instância dentro de vinte e quatro horas, independentemente de novo pedido do recorrente; se a reformar, a remessa dos autos dependerá de pedido expresso da parte interessada ou do Ministério Público, no prazo de cinco dias, contados da intimação.

Art. 199. Contra as decisões proferidas com base no art. 149 caberá recurso de apelação.

Art. 199-A. A sentença que deferir a adoção produz efeito desde logo, embora sujeita a apelação, que será recebida exclusivamente no efeito devolutivo, salvo se se tratar de adoção internacional ou se houver perigo de dano irreparável ou de difícil reparação ao adotando

Art. 199-B. A sentença que destituir ambos ou qualquer dos genitores do poder familiar fica sujeita a apelação, que deverá ser recebida apenas no efeito devolutivo.

Art. 199-C. Os recursos nos procedimentos de adoção e de destituição de poder familiar, em face da relevância das questões, serão processados com prioridade absoluta, devendo ser imediatamente distribuídos, ficando vedado que aguardem, em qualquer situação, oportuna distribuição, e serão colocados em mesa para julgamento sem revisão e com parecer urgente do Ministério Público

Art. 199-D. O relator deverá colocar o processo em mesa para julgamento no prazo máximo de 60 (sessenta) dias, contado da sua conclusão.

Parágrafo único. O Ministério Público será intimado da data do julgamento e poderá na sessão, se entender necessário, apresentar oralmente seu parecer.

Art. 199-E. O Ministério Público poderá requerer a instauração de procedimento para apuração de responsabilidades se constatar o descumprimento das providências e do prazo previstos nos artigos anteriores.

CAPÍTULO V - DO MINISTÉRIO PÚBLICO

Art. 200. As funções do Ministério Público previstas nesta Lei serão exercidas nos termos da respectiva lei orgânica.

Art. 201. Compete ao Ministério Público:

I. conceder a remissão como forma de exclusão do processo;

II. promover e acompanhar os procedimentos relativos às infrações atribuídas a adolescentes;

III. promover e acompanhar as ações de alimentos e os procedimentos de suspensão e destituição do pátrio poder poder familiar, nomeação e remoção de tutores, curadores e guardiães, bem como oficiar em todos os demais procedimentos da competência da Justiça da Infância e da Juventude; (Expressão substituída pela Lei nº 12.010, de 2009)

ANOTAÇÕES

LEIS

ANOTAÇÕES

IV. promover, de ofício ou por solicitação dos interessados, a especialização e a inscrição de hipoteca legal e a prestação de contas dos tutores, curadores e quaisquer administradores de bens de crianças e adolescentes nas hipóteses do art. 98;

V. promover o inquérito civil e a ação civil pública para a proteção dos interesses individuais, difusos ou coletivos relativos à infância e à adolescência, inclusive os definidos no art. 220, § 3º inciso II, da Constituição Federal;

VI. instaurar procedimentos administrativos e, para instruí-los:

a) expedir notificações para colher depoimentos ou esclarecimentos e, em caso de não comparecimento injustificado, requisitar condução coercitiva, inclusive pela polícia civil ou militar;

b) requisitar informações, exames, perícias e documentos de autoridades municipais, estaduais e federais, da administração direta ou indireta, bem como promover inspeções e diligências investigatórias;

c) requisitar informações e documentos a particulares e instituições privadas;

VII. instaurar sindicâncias, requisitar diligências investigatórias e determinar a instauração de inquérito policial, para apuração de ilícitos ou infrações às normas de proteção à infância e à juventude;

VIII. zelar pelo efetivo respeito aos direitos e garantias legais assegurados às crianças e adolescentes, promovendo as medidas judiciais e extrajudiciais cabíveis;

IX. impetrar mandado de segurança, de injunção e habeas corpus, em qualquer juízo, instância ou tribunal, na defesa dos interesses sociais e individuais indisponíveis afetos à criança e ao adolescente;

X. representar ao juízo visando à aplicação de penalidade por infrações cometidas contra as normas de proteção à infância e à juventude, sem prejuízo da promoção da responsabilidade civil e penal do infrator, quando cabível;

XI. inspecionar as entidades públicas e particulares de atendimento e os programas de que trata esta Lei, adotando de pronto as medidas administrativas ou judiciais necessárias à remoção de irregularidades porventura verificadas;

XII. requisitar força policial, bem como a colaboração dos serviços médicos, hospitalares, educacionais e de assistência social, públicos ou privados, para o desempenho de suas atribuições.

§ 1º A legitimação do Ministério Público para as ações cíveis previstas neste artigo não impede a de terceiros, nas mesmas hipóteses, segundo dispuserem a Constituição e esta Lei.

§ 2º As atribuições constantes deste artigo não excluem outras, desde que compatíveis com a finalidade do Ministério Público.

§ 3º O representante do Ministério Público, no exercício de suas funções, terá livre acesso a todo local onde se encontre criança ou adolescente.

§ 4º O representante do Ministério Público será responsável pelo uso indevido das informações e documentos que requisitar, nas hipóteses legais de sigilo.

§ 5º Para o exercício da atribuição de que trata o inciso VIII deste artigo, poderá o representante do Ministério Público:

a) reduzir a termo as declarações do reclamante, instaurando o competente procedimento, sob sua presidência;

b) entender-se diretamente com a pessoa ou autoridade reclamada, em dia, local e horário previamente notificados ou acertados;

c) efetuar recomendações visando à melhoria dos serviços públicos e de relevância pública afetos à criança e ao adolescente, fixando prazo razoável para sua perfeita adequação.

Art. 202. Nos processos e procedimentos em que não for parte, atuará obrigatoriamente o Ministério Público na defesa dos direitos e interesses de que cuida esta Lei, hipótese em que terá vista dos autos depois das partes, podendo juntar documentos e requerer diligências, usando os recursos cabíveis.

ANOTAÇÕES

Art. 203. A intimação do Ministério Público, em qualquer caso, será feita pessoalmente.

Art. 204. A falta de intervenção do Ministério Público acarreta a nulidade do feito, que será declarada de ofício pelo juiz ou a requerimento de qualquer interessado.

Art. 205. As manifestações processuais do representante do Ministério Público deverão ser fundamentadas.

CAPÍTULO VI - DO ADVOGADO

Art. 206. A criança ou o adolescente, seus pais ou responsável, e qualquer pessoa que tenha legítimo interesse na solução da lide poderão intervir nos procedimentos de que trata esta Lei, através de advogado, o qual será intimado para todos os atos, pessoalmente ou por publicação oficial, respeitado o segredo de justiça.

Parágrafo único. Será prestada assistência judiciária integral e gratuita àqueles que dela necessitarem.

Art. 207. Nenhum adolescente a quem se atribua a prática de ato infracional, ainda que ausente ou foragido, será processado sem defensor.

§ 1º Se o adolescente não tiver defensor, ser-lhe-á nomeado pelo juiz, ressalvado o direito de, a todo tempo, constituir outro de sua preferência.

§ 2º A ausência do defensor não determinará o adiamento de nenhum ato do processo, devendo o juiz nomear substituto, ainda que provisoriamente, ou para o só efeito do ato.

§ 3º Será dispensada a outorga de mandato, quando se tratar de defensor nomeado ou, sido constituído, tiver sido indicado por ocasião de ato formal com a presença da autoridade judiciária.

CAPÍTULO VII - DA PROTEÇÃO JUDICIAL DOS INTERESSES INDIVIDUAIS, DIFUSOS E COLETIVOS

Art. 208. Regem-se pelas disposições desta Lei as ações de responsabilidade por ofensa aos direitos assegurados à criança e ao adolescente, referentes ao não oferecimento ou oferta irregular:

I. do ensino obrigatório;

II. de atendimento educacional especializado aos portadores de deficiência;

III. de atendimento em creche e pré-escola às crianças de zero a cinco anos de idade;

IV. de ensino noturno regular, adequado às condições do educando;

V. de programas suplementares de oferta de material didático-escolar, transporte e assistência à saúde do educando do ensino fundamental;

VI. de serviço de assistência social visando à proteção à família, à maternidade, à infância e à adolescência, bem como ao amparo às crianças e adolescentes que dele necessitem;

VII. de acesso às ações e serviços de saúde;

VIII. de escolarização e profissionalização dos adolescentes privados de liberdade.

IX. de ações, serviços e programas de orientação, apoio e promoção social de famílias e destinados ao pleno exercício do direito à convivência familiar por crianças e adolescentes.

X. de programas de atendimento para a execução das medidas socioeducativas e aplicação de medidas de proteção.

§ 1º As hipóteses previstas neste artigo não excluem da proteção judicial outros interesses individuais, difusos ou coletivos, próprios da infância e da adolescência, protegidos pela Constituição e pela Lei. (Renumerado do Parágrafo único pela Lei nº 11.259, de 2005)

§ 2º A investigação do desaparecimento de crianças ou adolescentes será realizada imediatamente após notificação aos órgãos competentes, que deverão comunicar o fato aos portos, aeroportos, Polícia Rodoviária e companhias de transporte interestaduais e internacionais, fornecendo-lhes todos os dados necessários à identificação do desaparecido.

Art. 209. As ações previstas neste Capítulo serão propostas no foro do local onde ocorreu ou deva ocorrer a ação ou omissão, cujo juízo terá competência absoluta para processar a causa, ressalvadas a competência da Justiça Federal e a competência originária dos tribunais superiores.

Art. 210. Para as ações cíveis fundadas em interesses coletivos ou difusos, consideram-se legitimados concorrentemente:

I. o Ministério Público;

II. a União, os estados, os municípios, o Distrito Federal e os territórios;

III. as associações legalmente constituídas há pelo menos um ano e que incluam entre seus fins institucionais a defesa dos interesses e direitos protegidos por esta Lei, dispensada a autorização da assembléia, se houver prévia autorização estatutária.

§ 1º Admitir-se-á litisconsórcio facultativo entre os Ministérios Públicos da União e dos estados na defesa dos interesses e direitos de que cuida esta Lei.

§ 2º Em caso de desistência ou abandono da ação por associação legitimada, o Ministério Público ou outro legitimado poderá assumir a titularidade ativa.

Art. 211. Os órgãos públicos legitimados poderão tomar dos interessados compromisso de ajustamento de sua conduta às exigências legais, o qual terá eficácia de título executivo extrajudicial.

Art. 212. Para defesa dos direitos e interesses protegidos por esta Lei, são admissíveis todas as espécies de ações pertinentes.

§ 1º Aplicam-se às ações previstas neste Capítulo as normas do Código de Processo Civil.

§ 2º Contra atos ilegais ou abusivos de autoridade pública ou agente de pessoa jurídica no exercício de atribuições do poder público, que lesem direito líquido e certo previsto nesta Lei, caberá ação mandamental, que se regerá pelas normas da lei do mandado de segurança.

Art. 213. Na ação que tenha por objeto o cumprimento de obrigação de fazer ou não fazer, o juiz concederá a tutela específica da obrigação ou determinará providências que assegurem o resultado prático equivalente ao do adimplemento.

§ 1º Sendo relevante o fundamento da demanda e havendo justificado receio de ineficácia do provimento final, é lícito ao juiz conceder a tutela liminarmente ou após justificação prévia, citando o réu.

§ 2º O juiz poderá, na hipótese do parágrafo anterior ou na sentença, impor multa diária ao réu, independentemente de pedido do autor, se for suficiente ou compatível com a obrigação, fixando prazo razoável para o cumprimento do preceito.

§ 3º A multa só será exigível do réu após o trânsito em julgado da sentença favorável ao autor, mas será devida desde o dia em que se houver configurado o descumprimento.

Art. 214. Os valores das multas reverterão ao fundo gerido pelo Conselho dos Direitos da Criança e do Adolescente do respectivo município.

§ 1º As multas não recolhidas até trinta dias após o trânsito em julgado da decisão serão exigidas através de execução promovida pelo Ministério Público, nos mesmos autos, facultada igual iniciativa aos demais legitimados.

§ 2º Enquanto o fundo não for regulamentado, o dinheiro ficará depositado em estabelecimento oficial de crédito, em conta com correção monetária.

Art. 215. O juiz poderá conferir efeito suspensivo aos recursos, para evitar dano irreparável à parte.

ANOTAÇÕES

Art. 216. Transitada em julgado a sentença que impuser condenação ao poder público, o juiz determinará a remessa de peças à autoridade competente, para apuração da responsabilidade civil e administrativa do agente a que se atribua a ação ou omissão.

Art. 217. Decorridos sessenta dias do trânsito em julgado da sentença condenatória sem que a associação autora lhe promova a execução, deverá fazê-lo o Ministério Público, facultada igual iniciativa aos demais legitimados.

Art. 218. O juiz condenará a associação autora a pagar ao réu os honorários advocatícios arbitrados na conformidade do § 4º do art. 20 da Lei n.º 5.869, de 11 de janeiro de 1973 (Código de Processo Civil), quando reconhecer que a pretensão é manifestamente infundada.

Parágrafo único. Em caso de litigância de má-fé, a associação autora e os diretores responsáveis pela propositura da ação serão solidariamente condenados ao décuplo das custas, sem prejuízo de responsabilidade por perdas e danos.

Art. 219. Nas ações de que trata este Capítulo, não haverá adiantamento de custas, emolumentos, honorários periciais e quaisquer outras despesas.

Art. 220. Qualquer pessoa poderá e o servidor público deverá provocar a iniciativa do Ministério Público, prestando-lhe informações sobre fatos que constituam objeto de ação civil, e indicando-lhe os elementos de convicção.

Art. 221. Se, no exercício de suas funções, os juízos e tribunais tiverem conhecimento de fatos que possam ensejar a propositura de ação civil, remeterão peças ao Ministério Público para as providências cabíveis.

Art. 222. Para instruir a petição inicial, o interessado poderá requerer às autoridades competentes as certidões e informações que julgar necessárias, que serão fornecidas no prazo de quinze dias.

Art. 223. O Ministério Público poderá instaurar, sob sua presidência, inquérito civil, ou requisitar, de qualquer pessoa, organismo público ou particular, certidões, informações, exames ou perícias, no prazo que assinalar, o qual não poderá ser inferior a dez dias úteis.

§ 1º Se o órgão do Ministério Público, esgotadas todas as diligências, se convencer da inexistência de fundamento para a propositura da ação cível, promoverá o arquivamento dos autos do inquérito civil ou das peças informativas, fazendo-o fundamentadamente.

§ 2º Os autos do inquérito civil ou as peças de informação arquivados serão remetidos, sob pena de se incorrer em falta grave, no prazo de três dias, ao Conselho Superior do Ministério Público.

§ 3º Até que seja homologada ou rejeitada a promoção de arquivamento, em sessão do Conselho Superior do Ministério público, poderão as associações legitimadas apresentar razões escritas ou documentos, que serão juntados aos autos do inquérito ou anexados às peças de informação.

§ 4º A promoção de arquivamento será submetida a exame e deliberação do Conselho Superior do Ministério Público, conforme dispuser o seu regimento.

§ 5º Deixando o Conselho Superior de homologar a promoção de arquivamento, designará, desde logo, outro órgão do Ministério Público para o ajuizamento da ação.

Art. 224. Aplicam-se subsidiariamente, no que couber, as disposições da Lei n.º 7.347, de 24 de julho de 1985.

TÍTULO VII - DOS CRIMES E DAS INFRAÇÕES ADMINISTRATIVAS

CAPÍTULO I - DOS CRIMES

SEÇÃO I - DISPOSIÇÕES GERAIS

Art. 225. Este Capítulo dispõe sobre crimes praticados contra a criança e o adolescente, por ação ou omissão, sem prejuízo do disposto na legislação penal.

ANOTAÇÕES

ANOTAÇÕES

Art. 226. Aplicam-se aos crimes definidos nesta Lei as normas da Parte Geral do Código Penal e, quanto ao processo, as pertinentes ao Código de Processo Penal.

Art. 227. Os crimes definidos nesta Lei são de ação pública incondicionada.

Art. 227-A Os efeitos da condenação prevista no inciso I do caput do art. 92 do Decreto-Lei nº 2.848, de 7 de dezembro de 1940 (Código Penal), para os crimes previstos nesta Lei, praticados por servidores públicos com abuso de autoridade, são condicionados à ocorrência de reincidência. (Incluído pela Lei nº 13.869. de 2019)

Parágrafo único. A perda do cargo, do mandato ou da função, nesse caso, independerá da pena aplicada na reincidência. (Incluído pela Lei nº 13.869. de 2019)

SEÇÃO II - DOS CRIMES EM ESPÉCIE

Art. 228. Deixar o encarregado de serviço ou o dirigente de estabelecimento de atenção à saúde de gestante de manter registro das atividades desenvolvidas, na forma e prazo referidos no art. 10 desta Lei, bem como de fornecer à parturiente ou a seu responsável, por ocasião da alta médica, declaração de nascimento, onde constem as intercorrências do parto e do desenvolvimento do neonato:

Pena: detenção de seis meses a dois anos.

Parágrafo único. Se o crime é culposo:

Pena: detenção de dois a seis meses, ou multa.

Art. 229. Deixar o médico, enfermeiro ou dirigente de estabelecimento de atenção à saúde de gestante de identificar corretamente o neonato e a parturiente, por ocasião do parto, bem como deixar de proceder aos exames referidos no art. 10 desta Lei:

Pena: detenção de seis meses a dois anos.

Parágrafo único. Se o crime é culposo:

Pena: detenção de dois a seis meses, ou multa.

Art. 230. Privar a criança ou o adolescente de sua liberdade, procedendo à sua apreensão sem estar em flagrante de ato infracional ou inexistindo ordem escrita da autoridade judiciária competente:

Pena: detenção de seis meses a dois anos.

Parágrafo único. Incide na mesma pena aquele que procede à apreensão sem observância das formalidades legais.

Art. 231. Deixar a autoridade policial responsável pela apreensão de criança ou adolescente de fazer imediata comunicação à autoridade judiciária competente e à família do apreendido ou à pessoa por ele indicada:

Pena: detenção de seis meses a dois anos.

Art. 232. Submeter criança ou adolescente sob sua autoridade, guarda ou vigilância a vexame ou a constrangimento:

Pena: detenção de seis meses a dois anos.

Art. 234. Deixar a autoridade competente, sem justa causa, de ordenar a imediata liberação de criança ou adolescente, tão logo tenha conhecimento da ilegalidade da apreensão:

Pena: detenção de seis meses a dois anos.

Art. 235. Descumprir, injustificadamente, prazo fixado nesta Lei em benefício de adolescente privado de liberdade:

Pena: detenção de seis meses a dois anos.

Art. 236. Impedir ou embaraçar a ação de autoridade judiciária, membro do Conselho Tutelar ou representante do Ministério Público no exercício de função prevista nesta Lei:

Pena: detenção de seis meses a dois anos.

Art. 237. Subtrair criança ou adolescente ao poder de quem o tem sob sua guarda em virtude de lei ou ordem judicial, com o fim de colocação em lar substituto:

Pena: reclusão de dois a seis anos, e multa.

Art. 238. Prometer ou efetivar a entrega de filho ou pupilo a terceiro, mediante paga ou recompensa:

Pena: reclusão de um a quatro anos, e multa.

ANOTAÇÕES

Parágrafo único. Incide nas mesmas penas quem oferece ou efetiva a paga ou recompensa.

Art. 239. Promover ou auxiliar a efetivação de ato destinado ao envio de criança ou adolescente para o exterior com inobservância das formalidades legais ou com o fito de obter lucro:

Pena: reclusão de quatro a seis anos, e multa.

Parágrafo único. Se há emprego de violência, grave ameaça ou fraude:

Pena: reclusão, de 6 (seis) a 8 (oito) anos, além da pena correspondente à violência.

Art. 240. Produzir, reproduzir, dirigir, fotografar, filmar ou registrar, por qualquer meio, cena de sexo explícito ou pornográfica, envolvendo criança ou adolescente:

Pena: reclusão, de 4 (quatro) a 8 (oito) anos, e multa.

§ 1º Incorre nas mesmas penas quem agencia, facilita, recruta, coage, ou de qualquer modo intermedeia a participação de criança ou adolescente nas cenas referidas no caput deste artigo, ou ainda quem com esses contracena.

§ 2º Aumenta-se a pena de 1/3 (um terço) se o agente comete o crime:

I. no exercício de cargo ou função pública ou a pretexto de exercê-la;

II. prevalecendo-se de relações domésticas, de coabitação ou de hospitalidade; ou

III. prevalecendo-se de relações de parentesco consanguíneo ou afim até o terceiro grau, ou por adoção, de tutor, curador, preceptor, empregador da vítima ou de quem, a qualquer outro título, tenha autoridade sobre ela, ou com seu consentimento.

Art. 241. Vender ou expor à venda fotografia, vídeo ou outro registro que contenha cena de sexo explícito ou pornográfica envolvendo criança ou adolescente:

Pena: reclusão, de 4 (quatro) a 8 (oito) anos, e multa.

Art. 241-A. Oferecer, trocar, disponibilizar, transmitir, distribuir, publicar ou divulgar por qualquer meio, inclusive por meio de sistema de informática ou telemático, fotografia, vídeo ou outro registro que contenha cena de sexo explícito ou pornográfica envolvendo criança ou adolescente:

Pena: reclusão, de 3 (três) a 6 (seis) anos, e multa.

§ 1º Nas mesmas penas incorre quem:

I. assegura os meios ou serviços para o armazenamento das fotografias, cenas ou imagens de que trata o caput deste artigo;

II. assegura, por qualquer meio, o acesso por rede de computadores às fotografias, cenas ou imagens de que trata o caput deste artigo.

§ 2º As condutas tipificadas nos incisos I e II do § 1º deste artigo são puníveis quando o responsável legal pela prestação do serviço, oficialmente notificado, deixa de desabilitar o acesso ao conteúdo ilícito de que trata o caput deste artigo.

Art. 241-B. Adquirir, possuir ou armazenar, por qualquer meio, fotografia, vídeo ou outra forma de registro que contenha cena de sexo explícito ou pornográfica envolvendo criança ou adolescente:

Pena: reclusão, de 1 (um) a 4 (quatro) anos, e multa.

§ 1º A pena é diminuída de 1 (um) a 2/3 (dois terços) se de pequena quantidade o material a que se refere o caput deste artigo.

§ 2º Não há crime se a posse ou o armazenamento tem a finalidade de comunicar às autoridades competentes a ocorrência das condutas descritas nos arts. 240, 241, 241-A e 241-C desta Lei, quando a comunicação for feita por:

I. agente público no exercício de suas funções;

II. membro de entidade, legalmente constituída, que inclua, entre suas finalidades institucionais, o recebimento, o processamento e o encaminhamento de notícia dos crimes referidos neste parágrafo;

III. representante legal e funcionários responsáveis de provedor de acesso ou serviço prestado por meio de rede de computadores, até o recebimento do material relativo à notícia feita à autoridade policial, ao Ministério Público ou ao Poder Judiciário.

§ 3º As pessoas referidas no § 2º deste artigo deverão manter sob sigilo o material ilícito referido.

Art. 241-C. Simular a participação de criança ou adolescente em cena de sexo explícito ou pornográfica por meio de adulteração, montagem ou modificação de fotografia, vídeo ou qualquer outra forma de representação visual:

Pena: reclusão, de 1 (um) a 3 (três) anos, e multa.

Parágrafo único. Incorre nas mesmas penas quem vende, expõe à venda, disponibiliza, distribui, publica ou divulga por qualquer meio, adquire, possui ou armazena o material produzido na forma do caputdeste artigo.

Art. 241-D. Aliciar, assediar, instigar ou constranger, por qualquer meio de comunicação, criança, com o fim de com ela praticar ato libidinoso:

Pena: reclusão, de 1 (um) a 3 (três) anos, e multa.

Parágrafo único. Nas mesmas penas incorre quem:

I. facilita ou induz o acesso à criança de material contendo cena de sexo explícito ou pornográfica com o fim de com ela praticar ato libidinoso;

II. pratica as condutas descritas no caput deste artigo com o fim de induzir criança a se exibir de forma pornográfica ou sexualmente explícita.

Art. 241-E. Para efeito dos crimes previstos nesta Lei, a expressão "cena de sexo explícito ou pornográfica" compreende qualquer situação que envolva criança ou adolescente em atividades sexuais explícitas, reais ou simuladas, ou exibição dos órgãos genitais de uma criança ou adolescente para fins primordialmente sexuais.

Art. 242. Vender, fornecer ainda que gratuitamente ou entregar, de qualquer forma, a criança ou adolescente arma, munição ou explosivo:

Pena: reclusão, de 3 (três) a 6 (seis) anos.

Art. 243. Vender, fornecer, servir, ministrar ou entregar, ainda que gratuitamente, de qualquer forma, a criança ou a adolescente, bebida alcoólica ou, sem justa causa, outros produtos cujos componentes possam causar dependência física ou psíquica:

Pena: detenção de 2 (dois) a 4 (quatro) anos, e multa, se o fato não constitui crime mais grave.

Art. 244. Vender, fornecer ainda que gratuitamente ou entregar, de qualquer forma, a criança ou adolescente fogos de estampido ou de artifício, exceto aqueles que, pelo seu reduzido potencial, sejam incapazes de provocar qualquer dano físico em caso de utilização indevida:

Pena: detenção de seis meses a dois anos, e multa.

Art. 244-A. Submeter criança ou adolescente, como tais definidos no caput do art. 2º desta Lei, à prostituição ou à exploração sexual:

Pena: reclusão de quatro a dez anos e multa, além da perda de bens e valores utilizados na prática criminosa em favor do Fundo dos Direitos da Criança e do Adolescente da unidade da Federação (Estado ou Distrito Federal) em que foi cometido o crime, ressalvado o direito de terceiro de boa-fé.

§ 1º Incorrem nas mesmas penas o proprietário, o gerente ou o responsável pelo local em que se verifique a submissão de criança ou adolescente às práticas referidas no caput deste artigo.

§ 2º Constitui efeito obrigatório da condenação a cassação da licença de localização e de funcionamento do estabelecimento.

Art. 244-B. Corromper ou facilitar a corrupção de menor de 18 (dezoito) anos, com ele praticando infração penal ou induzindo-o a praticá-la:

Pena: reclusão, de 1 (um) a 4 (quatro) anos.

§ 1º Incorre nas penas previstas no caput deste artigo quem pratica as condutas ali tipificadas utilizando-se de quaisquer meios eletrônicos, inclusive salas de bate-papo da internet.

ANOTAÇÕES

§ 2º As penas previstas no caput deste artigo são aumentadas de um terço no caso de a infração cometida ou induzida estar incluída no rol do art. 1º da Lei nº 8.072, de 25 de julho de 1990.

CAPÍTULO II - DAS INFRAÇÕES ADMINISTRATIVAS

Art. 245. Deixar o médico, professor ou responsável por estabelecimento de atenção à saúde e de ensino fundamental, pré-escola ou creche, de comunicar à autoridade competente os casos de que tenha conhecimento, envolvendo suspeita ou confirmação de maus-tratos contra criança ou adolescente:

Pena: multa de três a vinte salários de referência, aplicando-se o dobro em caso de reincidência.

Art. 246. Impedir o responsável ou funcionário de entidade de atendimento o exercício dos direitos constantes nos incisos II, III, VII, VIII e XI do art. 124 desta Lei:

Pena: multa de três a vinte salários de referência, aplicando-se o dobro em caso de reincidência.

Art. 247. Divulgar, total ou parcialmente, sem autorização devida, por qualquer meio de comunicação, nome, ato ou documento de procedimento policial, administrativo ou judicial relativo a criança ou adolescente a que se atribua ato infracional:

Pena: multa de três a vinte salários de referência, aplicando-se o dobro em caso de reincidência.

§ 1º Incorre na mesma pena quem exibe, total ou parcialmente, fotografia de criança ou adolescente envolvido em ato infracional, ou qualquer ilustração que lhe diga respeito ou se refira a atos que lhe sejam atribuídos, de forma a permitir sua identificação, direta ou indiretamente.

§ 2º Se o fato for praticado por órgão de imprensa ou emissora de rádio ou televisão, além da pena prevista neste artigo, a autoridade judiciária poderá determinar a apreensão da publicação ou a suspensão da programação da emissora até por dois dias, bem como da publicação do periódico até por dois números. (Expressão declara inconstitucional pela ADIN 869-2).

Art. 248. Deixar de apresentar à autoridade judiciária de seu domicílio, no prazo de cinco dias, com o fim de regularizar a guarda, adolescente trazido de outra comarca para a prestação de serviço doméstico, mesmo que autorizado pelos pais ou responsável:

Pena: multa de três a vinte salários de referência, aplicando-se o dobro em caso de reincidência, independentemente das despesas de retorno do adolescente, se for o caso.

Art. 249. Descumprir, dolosa ou culposamente, os deveres inerentes ao pátrio poder poder familiar ou decorrente de tutela ou guarda, bem assim determinação da autoridade judiciária ou Conselho Tutelar:

Pena: multa de três a vinte salários de referência, aplicando-se o dobro em caso de reincidência.

Art. 250. Hospedar criança ou adolescente desacompanhado dos pais ou responsável, ou sem autorização escrita desses ou da autoridade judiciária, em hotel, pensão, motel ou congênere: Pena - multa.

§ 1º Em caso de reincidência, sem prejuízo da pena de multa, a autoridade judiciária poderá determinar o fechamento do estabelecimento por até 15 (quinze) dias.

§ 2º Se comprovada a reincidência em período inferior a 30 (trinta) dias, o estabelecimento será definitivamente fechado e terá sua licença cassada.

Art. 251. Transportar criança ou adolescente, por qualquer meio, com inobservância do disposto nos arts. 83, 84 e 85 desta Lei:

Pena: multa de três a vinte salários de referência, aplicando-se o dobro em caso de reincidência.

ANOTAÇÕES

LEIS

ANOTAÇÕES

Art. 252. Deixar o responsável por diversão ou espetáculo público de afixar, em lugar visível e de fácil acesso, à entrada do local de exibição, informação destacada sobre a natureza da diversão ou espetáculo e a faixa etária especificada no certificado de classificação:

Pena: multa de três a vinte salários de referência, aplicando-se o dobro em caso de reincidência.

Art. 253. Anunciar peças teatrais, filmes ou quaisquer representações ou espetáculos, sem indicar os limites de idade a que não se recomendem:

Pena: multa de três a vinte salários de referência, duplicada em caso de reincidência, aplicável, separadamente, à casa de espetáculo e aos órgãos de divulgação ou publicidade.

Art. 254. Transmitir, através de rádio ou televisão, espetáculo em horário diverso do autorizado ou sem aviso de sua classificação:

Pena: multa de vinte a cem salários de referência; duplicada em caso de reincidência a autoridade judiciária poderá determinar a suspensão da programação da emissora por até dois dias.

Art. 255. Exibir filme, trailer, peça, amostra ou congênere classificado pelo órgão competente como inadequado às crianças ou adolescentes admitidos ao espetáculo:

Pena: multa de vinte a cem salários de referência; na reincidência, a autoridade poderá determinar a suspensão do espetáculo ou o fechamento do estabelecimento por até quinze dias.

Art. 256. Vender ou locar a criança ou adolescente fita de programação em vídeo, em desacordo com a classificação atribuída pelo órgão competente:

Pena: multa de três a vinte salários de referência; em caso de reincidência, a autoridade judiciária poderá determinar o fechamento do estabelecimento por até quinze dias.

Art. 257. Descumprir obrigação constante dos arts. 78 e 79 desta Lei:

Pena: multa de três a vinte salários de referência, duplicando-se a pena em caso de reincidência, sem prejuízo de apreensão da revista ou publicação.

Art. 258. Deixar o responsável pelo estabelecimento ou o empresário de observar o que dispõe esta Lei sobre o acesso de criança ou adolescente aos locais de diversão, ou sobre sua participação no espetáculo:

Pena: multa de três a vinte salários de referência; em caso de reincidência, a autoridade judiciária poderá determinar o fechamento do estabelecimento por até quinze dias.

Art. 258-A. Deixar a autoridade competente de providenciar a instalação e operacionalização dos cadastros previstos no art. 50 e no § 11 do art. 101 desta Lei:

Pena: multa de R$ 1.000,00 (mil reais) a R$ 3.000,00 (três mil reais).

Parágrafo único. Incorre nas mesmas penas a autoridade que deixa de efetuar o cadastramento de crianças e de adolescentes em condições de serem adotadas, de pessoas ou casais habilitados à adoção e de crianças e adolescentes em regime de acolhimento institucional ou familiar.

Art. 258-B. Deixar o médico, enfermeiro ou dirigente de estabelecimento de atenção à saúde de gestante de efetuar imediato encaminhamento à autoridade judiciária de caso de que tenha conhecimento de mãe ou gestante interessada em entregar seu filho para adoção:

Pena: multa de R$ 1.000,00 (mil reais) a R$ 3.000,00 (três mil reais).

Parágrafo único. Incorre na mesma pena o funcionário de programa oficial ou comunitário destinado à garantia do direito à convivência familiar que deixa de efetuar a comunicação referida no caput deste artigo.

Art. 258-C. Descumprir a proibição estabelecida no inciso II do art. 81:

ANOTAÇÕES

Pena: multa de R$ 3.000,00 (três mil reais) a R$ 10.000,00 (dez mil reais);

Medida Administrativa - interdição do estabelecimento comercial até o recolhimento da multa aplicada.

DISPOSIÇÕES FINAIS E TRANSITÓRIAS

Art. 259. A União, no prazo de noventa dias contados da publicação deste Estatuto, elaborará projeto de lei dispondo sobre a criação ou adaptação de seus órgãos às diretrizes da política de atendimento fixadas no art. 88 e ao que estabelece o Título V do Livro II.

Parágrafo único. Compete aos estados e municípios promoverem a adaptação de seus órgãos e programas às diretrizes e princípios estabelecidos nesta Lei.

Art. 260. Os contribuintes poderão efetuar doações aos Fundos dos Direitos da Criança e do Adolescente nacional, distrital, estaduais ou municipais, devidamente comprovadas, sendo essas integralmente deduzidas do imposto de renda, obedecidos os seguintes limites:

I. 1% (um por cento) do imposto sobre a renda devido apurado pelas pessoas jurídicas tributadas com base no lucro real; e

II. 6% (seis por cento) do imposto sobre a renda apurado pelas pessoas físicas na Declaração de Ajuste Anual, observado o disposto no art. 22 da Lei nº 9.532, de 10 de dezembro de 1997.

§ 1º-A. Na definição das prioridades a serem atendidas com os recursos captados pelos fundos nacional, estaduais e municipais dos direitos da criança e do adolescente, serão consideradas as disposições do Plano Nacional de Promoção, Proteção e Defesa do Direito de Crianças e Adolescentes à Convivência Familiar e Comunitária e as do Plano Nacional pela Primeira Infância.

§ 2º Os conselhos nacional, estaduais e municipais dos direitos da criança e do adolescente fixarão critérios de utilização, por meio de planos de aplicação, das dotações subsidiadas e demais receitas, aplicando necessariamente percentual para incentivo ao acolhimento, sob a forma de guarda, de crianças e adolescentes e para programas de atenção integral à primeira infância em áreas de maior carência socioeconômica e em situações de calamidade.

§ 3º O Departamento da Receita Federal, do Ministério da Economia, Fazenda e Planejamento, regulamentará a comprovação das doações feitas aos fundos, nos termos deste artigo

§ 4º O Ministério Público determinará em cada comarca a forma de fiscalização da aplicação, pelo Fundo Municipal dos Direitos da Criança e do Adolescente, dos incentivos fiscais referidos neste artigo.

§ 5º Observado o disposto no § 4º do art. 3º da Lei nº 9.249, de 26 de dezembro de 1995, a dedução de que trata o inciso I do caput:

I. será considerada isoladamente, não se submetendo a limite em conjunto com outras deduções do imposto; e

II. não poderá ser computada como despesa operacional na apuração do lucro real.

Art. 260-A. A partir do exercício de 2010, ano-calendário de 2009, a pessoa física poderá optar pela doação de que trata o inciso II do caput do art. 260 diretamente em sua Declaração de Ajuste Anual.

§ 1º A doação de que trata o caput poderá ser deduzida até os seguintes percentuais aplicados sobre o imposto apurado na declaração:

I. (VETADO);

II. (VETADO);

III. 3% (três por cento) a partir do exercício de 2012.

§ 2º A dedução de que trata o caput:

I. está sujeita ao limite de 6% (seis por cento) do imposto sobre a renda apurado na declaração de que trata o inciso II do caput do art. 260;

II. não se aplica à pessoa física que:

a) utilizar o desconto simplificado;

b) apresentar declaração em formulário; ou

c) entregar a declaração fora do prazo

III. só se aplica às doações em espécie; e IV. não exclui ou reduz outros benefícios ou deduções em vigor.

§ 3º O pagamento da doação deve ser efetuado até a data de vencimento da primeira quota ou quota única do imposto, observadas instruções específicas da Secretaria da Receita Federal do Brasil.

§ 4º O não pagamento da doação no prazo estabelecido no § 3º implica a glosa definitiva desta parcela de dedução, ficando a pessoa física obrigada ao recolhimento da diferença de imposto devido apurado na Declaração de Ajuste Anual com os acréscimos legais previstos na legislação.

§ 5º A pessoa física poderá deduzir do imposto apurado na Declaração de Ajuste Anual as doações feitas, no respectivo ano-calendário, aos fundos controlados pelos Conselhos dos Direitos da Criança e do Adolescente municipais, distrital, estaduais e nacional concomitantemente com a opção de que trata o caput, respeitado o limite previsto no inciso II do art. 260.

Art. 260-B. A doação de que trata o inciso I do art. 260 poderá ser deduzida:

I. do imposto devido no trimestre, para as pessoas jurídicas que apuram o imposto trimestralmente; e

II. do imposto devido mensalmente e no ajuste anual, para as pessoas jurídicas que apuram o imposto anualmente.

Parágrafo único. A doação deverá ser efetuada dentro do período a que se refere a apuração do imposto.

Art. 260-C. As doações de que trata o art. 260 desta Lei podem ser efetuadas em espécie ou em bens.

Parágrafo único. As doações efetuadas em espécie devem ser depositadas em conta específica, em instituição financeira pública, vinculadas aos respectivos fundos de que trata o art. 260.

Art. 260-D. Os órgãos responsáveis pela administração das contas dos Fundos dos Direitos da Criança e do Adolescente nacional, estaduais, distrital e municipais devem emitir recibo em favor do doador, assinado por pessoa competente e pelo presidente do Conselho correspondente, especificando:

I. número de ordem;

II. nome, Cadastro Nacional da Pessoa Jurídica (CNPJ) e endereço do emitente;

III. nome, CNPJ ou Cadastro de Pessoas Físicas (CPF) do doador;

IV. data da doação e valor efetivamente recebido; e

V. ano-calendário a que se refere a doação.

§ 1º O comprovante de que trata o caput deste artigo pode ser emitido anualmente, desde que discrimine os valores doados mês a mês.

§ 2º No caso de doação em bens, o comprovante deve conter a identificação dos bens, mediante descrição em campo próprio ou em relação anexa ao comprovante, informando também se houve avaliação, o nome, CPF ou CNPJ e endereço dos avaliadores.

Art. 260-E. Na hipótese da doação em bens, o doador deverá:

I. comprovar a propriedade dos bens, mediante documentação hábil;

II. baixar os bens doados na declaração de bens e direitos, quando se tratar de pessoa física, e na escrituração, no caso de pessoa jurídica; e

III. considerar como valor dos bens doados:

a) para as pessoas físicas, o valor constante da última declaração do imposto de renda, desde que não exceda o valor de mercado;

b) para as pessoas jurídicas, o valor contábil dos bens

ANOTAÇÕES

Parágrafo único. O preço obtido em caso de leilão não será considerado na determinação do valor dos bens doados, exceto se o leilão for determinado por autoridade judiciária.

Art. 260-F. Os documentos a que se referem os arts. 260-D e 260-E devem ser mantidos pelo contribuinte por um prazo de 5 (cinco) anos para fins de comprovação da dedução perante a Receita Federal do Brasil.

Art. 260-G. Os órgãos responsáveis pela administração das contas dos Fundos dos Direitos da Criança e do Adolescente nacional, estaduais, distrital e municipais devem:

I. manter conta bancária específica destinada exclusivamente a gerir os recursos do Fundo;

II. manter controle das doações recebidas; e

III. informar anualmente à Secretaria da Receita Federal do Brasil as doações recebidas mês a mês, identificando os seguintes dados por doador

a) nome, CNPJ ou CPF;

b) valor doado, especificando se a doação foi em espécie ou em bens.

Art. 260-H. Em caso de descumprimento das obrigações previstas no art. 260-G, a Secretaria da Receita Federal do Brasil dará conhecimento do fato ao Ministério Público.

Art. 260-I. Os Conselhos dos Direitos da Criança e do Adolescente nacional, estaduais, distrital e municipais divulgarão amplamente à comunidade:

I. o calendário de suas reuniões;

II. as ações prioritárias para aplicação das políticas de atendimento à criança e ao adolescente;

III. os requisitos para a apresentação de projetos a serem beneficiados com recursos dos Fundos dos Direitos da Criança e do Adolescente nacional, estaduais, distrital ou municipais;

IV. a relação dos projetos aprovados em cada ano-calendário e o valor dos recursos previstos para implementação das ações, por projeto;

V. o total dos recursos recebidos e a respectiva destinação, por projeto atendido, inclusive com cadastramento na base de dados do Sistema de Informações sobre a Infância e a Adolescência; e

VI. a avaliação dos resultados dos projetos beneficiados com recursos dos Fundos dos Direitos da Criança e do Adolescente nacional, estaduais, distrital e municipais.

Art. 260-J. O Ministério Público determinará, em cada Comarca, a forma de fiscalização da aplicação dos incentivos fiscais referidos no art. 260 desta Lei.

Parágrafo único. O descumprimento do disposto nos arts. 260-G e 260-I sujeitará os infratores a responder por ação judicial proposta pelo Ministério Público, que poderá atuar de ofício, a requerimento ou representação de qualquer cidadão.

Art. 260-K. A Secretaria de Direitos Humanos da Presidência da República (SDH/PR) encaminhará à Secretaria da Receita Federal do Brasil, até 31 de outubro de cada ano, arquivo eletrônico contendo a relação atualizada dos Fundos dos Direitos da Criança e do Adolescente nacional, distrital, estaduais e municipais, com a indicação dos respectivos números de inscrição no CNPJ e das contas bancárias específicas mantidas em instituições financeiras públicas, destinadas exclusivamente a gerir os recursos dos Fundos.

Art. 260-L. A Secretaria da Receita Federal do Brasil expedirá as instruções necessárias à aplicação do disposto nos arts. 260 a 260-K.

Art. 261. A falta dos conselhos municipais dos direitos da criança e do adolescente, os registros, inscrições e alterações a que se referem os arts. 90, parágrafo único, e 91 desta Lei serão efetuados perante a autoridade judiciária da comarca a que pertencer a entidade.

Parágrafo único. A União fica autorizada a repassar aos estados e municípios, e os estados aos municípios, os recursos referentes aos programas e atividades previstos nesta Lei, tão logo estejam criados os conselhos dos direitos da criança e do adolescente nos seus respectivos níveis.

ANOTAÇÕES

LEIS

ANOTAÇÕES

Art. 262. Enquanto não instalados os Conselhos Tutelares, as atribuições a eles conferidas serão exercidas pela autoridade judiciária.

Art. 263. O Decreto-Lei n.º 2.848, de 7 de dezembro de 1940 (Código Penal), passa a vigorar com as seguintes alterações:

1) Art. 121 ....

§ 4º No homicídio culposo, a pena é aumentada de um terço, se o crime resulta de inobservância de regra técnica de profissão, arte ou ofício, ou se o agente deixa de prestar imediato socorro à vítima, não procura diminuir as consequências do seu ato, ou foge para evitar prisão em flagrante. Sendo doloso o homicídio, a pena é aumentada de um terço, se o crime é praticado contra pessoa menor de catorze anos.

2) Art. 129 ....

§ 7º Aumenta-se a pena de um terço, se ocorrer qualquer das hipóteses do art. 121, § 4º.

§ 8º Aplica-se à lesão culposa o disposto no § 5º do art. 121.

3) Art. 136..

§ 3º Aumenta-se a pena de um terço, se o crime é praticado contra pessoa menor de catorze anos.

4) Art. 213 ....

Parágrafo único. Se a ofendida é menor de catorze anos:

Pena: reclusão de quatro a dez anos.

5) Art. 214..

Parágrafo único. Se o ofendido é menor de catorze anos:

Pena: reclusão de três a nove anos.»

Art. 264. O art. 102 da Lei n.º 6.015, de 31 de dezembro de 1973, fica acrescido do seguinte item:

"Art. 102 ....

6º) a perda e a suspensão do pátrio poder. "

Art. 265. A Imprensa Nacional e demais gráficas da União, da administração direta ou indireta, inclusive fundações instituídas e mantidas pelo poder público federal promoverão edição popular do texto integral deste Estatuto, que será posto à disposição das escolas e das entidades de atendimento e de defesa dos direitos da criança e do adolescente.

Art. 265-A. O poder público fará periodicamente ampla divulgação dos direitos da criança e do adolescente nos meios de comunicação social.

Parágrafo único. A divulgação a que se refere o caput será veiculada em linguagem clara, compreensível e adequada a crianças e adolescentes, especialmente às crianças com idade inferior a 6 (seis) anos.

Art. 266. Esta Lei entra em vigor noventa dias após sua publicação.

Parágrafo único. Durante o período de vacância deverão ser promovidas atividades e campanhas de divulgação e esclarecimentos acerca do disposto nesta Lei.

Art. 267. Revogam-se as Leis n.º 4.513, de 1964, e 6.697, de 10 de outubro de 1979 (Código de Menores), e as demais disposições em contrário.

13. LEI Nº 8.072, DE 25 DE JULHO DE 1990

Dispõe sobre os Crimes Hediondos

Nos termos do art. 5º, inciso XLIII, da Constituição Federal, e determina outras providências.

O PRESIDENTE DA REPÚBLICA, faço saber que o Congresso Nacional decreta e eu sanciono a seguinte lei:

Art. 1º São considerados hediondos os seguintes crimes, todos tipificados no Decreto-Lei nº 2.848, de 7 de dezembro de 1940 - Código Penal, consumados ou tentados: (Redação dada pela Lei nº 8.930, de 1994) (Vide Lei nº 7.210, de 1984)

I. homicídio (art. 121), quando praticado em atividade típica de grupo de extermínio, ainda que cometido por um só agente, e homicídio qualificado (art. 121, § 2º, incisos I, II, III, IV, V, VI, VII e VIII); (Redação dada pela Lei nº 13.964, de 24.12.2019)

ANOTAÇÕES

I-A. lesão corporal dolosa de natureza gravíssima (art. 129, § 2º) e lesão corporal seguida de morte (art. 129, § 3º), quando praticadas contra autoridade ou agente descrito nos arts. 142 e 144 da Constituição Federal, integrantes do sistema prisional e da Força Nacional de Segurança Pública, no exercício da função ou em decorrência dela, ou contra seu cônjuge, companheiro ou parente consanguíneo até terceiro grau, em razão dessa condição; (Incluído pela Lei nº 13.142, de 2015)

II. roubo: (Redação dada pela Lei nº 13.964, de 24.12.2019)

a) circunstanciado pela restrição de liberdade da vítima (art. 157, § 2º, inciso V); (Incluído pela Lei nº 13.964, de 24.12.2019)

b) circunstanciado pelo emprego de arma de fogo (art. 157, § 2º-A, inciso I) ou pelo emprego de arma de fogo de uso proibido ou restrito (art. 157, § 2º-B); (Incluído pela Lei nº 13.964, de 24.12.2019)

c) qualificado pelo resultado lesão corporal grave ou morte (art. 157, § 3º); (Incluído pela Lei nº 13.964, de 24.12.2019)

III. extorsão qualificada pela restrição da liberdade da vítima, ocorrência de lesão corporal ou morte (art. 158, § 3º); (Redação dada pela Lei nº 13.964, de 24.12.2019)

IV. extorsão mediante sequestro e na forma qualificada (art. 159, caput, e §§ lo, 2º e 3º); (Inciso incluído pela Lei nº 8.930, de 1994)

V. estupro (art. 213, caput e §§ 1º e 2º); (Redação dada pela Lei nº 12.015, de 2009)

VI. estupro de vulnerável (art. 217-A, caput e §§ 1º, 2º, 3º e 4º); (Redação dada pela Lei nº 12.015, de 2009)

VII. epidemia com resultado morte (art. 267, § 1º). (Inciso incluído pela Lei nº 8.930, de 1994)

VII-A. (VETADO) (Inciso incluído pela Lei nº 9.695, de 1998)

VII-B. falsificação, corrupção, adulteração ou alteração de produto destinado a fins terapêuticos ou medicinais (art. 273, caput e § 1º, § 1º-A e § 1º-B, com a redação dada pela Lei nº 9.677, de 2 de julho de 1998). (Inciso incluído pela Lei nº 9.695, de 1998)

VIII. favorecimento da prostituição ou de outra forma de exploração sexual de criança ou adolescente ou de vulnerável (art. 218-B, caput, e §§ 1º e 2º). (Incluído pela Lei nº 12.978, de 2014)

IX. furto qualificado pelo emprego de explosivo ou de artefato análogo que cause perigo comum (art. 155, § 4º-A). (Incluído pela Lei nº 13.964, de 24.12.2019)

Parágrafo único. Consideram-se também hediondos, tentados ou consumados: (Redação dada pela Lei nº 13.964, de 24.12.2019)

I. o crime de genocídio, previsto nos arts. 1º, 2º e 3º da Lei nº 2.889, de 1º de outubro de 1956; (Incluído pela Lei nº 13.964, de 24.12.2019)

II. o crime de posse ou porte ilegal de arma de fogo de uso proibido, previsto no art. 16 da Lei nº 10.826, de 22 de dezembro de 2003; (Incluído pela Lei nº 13.964, de 24.12.2019)

III; o crime de comércio ilegal de armas de fogo, previsto no art. 17 da Lei nº 10.826, de 22 de dezembro de 2003; (Incluído pela Lei nº 13.964, de 24.12.2019)

IV. o crime de tráfico internacional de arma de fogo, acessório ou munição, previsto no art. 18 da Lei nº 10.826, de 22 de dezembro de 2003; (Incluído pela Lei nº 13.964, de 24.12.2019)

V. o crime de organização criminosa, quando direcionado à prática de crime hediondo ou equiparado. (Incluído pela Lei nº 13.964, de 24.12.2019)

Art. 2º Os crimes hediondos, a prática da tortura, o tráfico ilícito de entorpecentes e drogas afins e o terrorismo são insuscetíveis de: (Vide Súmula Vinculante)

I. anistia, graça e indulto;

II. fiança. (Redação dada pela Lei nº 11.464, de 2007)

§ 1º A pena por crime previsto neste artigo será cumprida inicialmente em regime fechado. (Redação dada pela Lei nº 11.464, de 2007)

§ 2º A progressão de regime, no caso dos condenados pelos crimes previstos neste artigo, dar-se-á após o cumprimento de 2/5 (dois quintos) da pena, se o apenado for primário, e de 3/5 (três quintos), se reincidente, observado o disposto nos §§ 3º e 4º do art. 112 da Lei nº 7.210, de 11 de julho de 1984 (Lei de Execução Penal). (Redação dada pela Lei nº 13.769, de 2018)

§ 3º Em caso de sentença condenatória, o juiz decidirá fundamentadamente se o réu poderá apelar em liberdade. (Redação dada pela Lei nº 11.464, de 2007)

§ 4º A prisão temporária, sobre a qual dispõe a Lei nº 7.960, de 21 de dezembro de 1989, nos crimes previstos neste artigo, terá o prazo de 30 (trinta) dias, prorrogável por igual período em caso de extrema e comprovada necessidade. (Incluído pela Lei nº 11.464, de 2007)

Art. 3º A União manterá estabelecimentos penais, de segurança máxima, destinados ao cumprimento de penas impostas a condenados de alta periculosidade, cuja permanência em presídios estaduais ponha em risco a ordem ou incolumidade pública.

Art. 4º (Vetado).

Art. 5º Ao art. 83 do Código Penal é acrescido o seguinte inciso:

"Art. 83.

V. cumprido mais de dois terços da pena, nos casos de condenação por crime hediondo, prática da tortura, tráfico ilícito de entorpecentes e drogas afins, e terrorismo, se o apenado não for reincidente específico em crimes dessa natureza."

Art. 6º Os arts. 157, § 3º; 159, caput e seus §§ 1º, 2º e 3º; 213; 214; 223, caput e seu parágrafo único; 267, caput e 270; caput, todos do Código Penal, passam a vigorar com a seguinte redação:

"Art. 157.

§ 3º Se da violência resulta lesão corporal grave, a pena é de reclusão, de cinco a quinze anos, além da multa; se resulta morte, a reclusão é de vinte a trinta anos, sem prejuízo da multa.

Art. 159.

Pena: reclusão, de oito a quinze anos.

§ 1º Pena - reclusão, de doze a vinte anos.

§ 2º

Pena: reclusão, de dezesseis a vinte e quatro anos.

§ 3º

Pena: reclusão, de vinte e quatro a trinta anos.

Art. 213.

Pena: reclusão, de seis a dez anos.

Art. 214.

Pena: reclusão, de seis a dez anos.

Art. 223.

Pena: reclusão, de oito a doze anos.

Parágrafo único.

Pena: reclusão, de doze a vinte e cinco anos.

Art. 267.

Pena: reclusão, de dez a quinze anos.

Art. 270.

Pena: reclusão, de dez a quinze anos."

Art. 7º Ao art. 159 do Código Penal fica acrescido o seguinte parágrafo:

"Art. 159.

§ 4º Se o crime é cometido por quadrilha ou bando, o co-autor que denunciá-lo à autoridade, facilitando a libertação do sequestrado, terá sua pena reduzida de um a dois terços."

ANOTAÇÕES

Art. 8º Será de três a seis anos de reclusão a pena prevista no art. 288 do Código Penal, quando se tratar de crimes hediondos, prática da tortura, tráfico ilícito de entorpecentes e drogas afins ou terrorismo.

Parágrafo único. O participante e o associado que denunciar à autoridade o bando ou quadrilha, possibilitando seu desmantelamento, terá a pena reduzida de um a dois terços.

Art. 9º As penas fixadas no art. 6º para os crimes capitulados nos arts. 157, § 3º, 158, § 2º, 159, caput e seus §§ 1º, 2º e 3º, 213, caput e sua combinação com o art. 223, caput e parágrafo único, 214 e sua combinação com o art. 223, caput e parágrafo único, todos do Código Penal, são acrescidas de metade, respeitado o limite superior de trinta anos de reclusão, estando a vítima em qualquer das hipóteses referidas no art. 224 também do Código Penal.

Art. 10. O art. 35 da Lei nº 6.368, de 21 de outubro de 1976, passa a vigorar acrescido de parágrafo único, com a seguinte redação:

"Art. 35.

Parágrafo único. Os prazos procedimentais deste capítulo serão contados em dobro quando se tratar dos crimes previstos nos arts. 12, 13 e 14."

Art. 11. (Vetado).

Art. 12. Esta lei entra em vigor na data de sua publicação.

Art. 13. Revogam-se as disposições em contrário.

14. LEI Nº 8.078, DE 11 DE SETEMBRO DE 1990

Dispõe sobre a Proteção do Consumidor e dá outras Providências.

O PRESIDENTE DA REPÚBLICA, faço saber que o Congresso Nacional decreta e eu sanciono a seguinte lei:

TÍTULO II - DAS INFRAÇÕES PENAIS

Art. 61. Constituem crimes contra as relações de consumo previstas neste código, sem prejuízo do disposto no Código Penal e leis especiais, as condutas tipificadas nos artigos seguintes.

Art. 62. (Vetado).

Art. 63. Omitir dizeres ou sinais ostensivos sobre a nocividade ou periculosidade de produtos, nas embalagens, nos invólucros, recipientes ou publicidade:

Pena: Detenção de seis meses a dois anos e multa.

§ 1º Incorrerá nas mesmas penas quem deixar de alertar, mediante recomendações escritas ostensivas, sobre a periculosidade do serviço a ser prestado.

§ 2º Se o crime é culposo:

Pena Detenção de um a seis meses ou multa.

Art. 64. Deixar de comunicar à autoridade competente e aos consumidores a nocividade ou periculosidade de produtos cujo conhecimento seja posterior à sua colocação no mercado:

Pena: Detenção de seis meses a dois anos e multa.

Parágrafo único. Incorrerá nas mesmas penas quem deixar de retirar do mercado, imediatamente quando determinado pela autoridade competente, os produtos nocivos ou perigosos, na forma deste artigo.

Art. 65. Executar serviço de alto grau de periculosidade, contrariando determinação de autoridade competente:

Pena Detenção de seis meses a dois anos e multa.

§ 1º As penas deste artigo são aplicáveis sem prejuízo das correspondentes à lesão corporal e à morte. (Redação dada pela Lei nº 13.425, de 2017)

§ 2º A prática do disposto no inciso XIV do art. 39 desta Lei também caracteriza o crime previsto no caput deste artigo. (Incluído pela Lei nº 13.425, de 2017)

ANOTAÇÕES

LEIS

ANOTAÇÕES

Art. 66. Fazer afirmação falsa ou enganosa, ou omitir informação relevante sobre a natureza, característica, qualidade, quantidade, segurança, desempenho, durabilidade, preço ou garantia de produtos ou serviços:

Pena: Detenção de três meses a um ano e multa.

§ 1º Incorrerá nas mesmas penas quem patrocinar a oferta.

§ 2º Se o crime é culposo;

Pena Detenção de um a seis meses ou multa.

Art. 67. Fazer ou promover publicidade que sabe ou deveria saber ser enganosa ou abusiva:

Pena Detenção de três meses a um ano e multa.

Parágrafo único. (Vetado).

Art. 68. Fazer ou promover publicidade que sabe ou deveria saber ser capaz de induzir o consumidor a se comportar de forma prejudicial ou perigosa a sua saúde ou segurança:

Pena: Detenção de seis meses a dois anos e multa:

Parágrafo único. (Vetado).

Art. 69. Deixar de organizar dados fáticos, técnicos e científicos que dão base à publicidade:

Pena Detenção de um a seis meses ou multa.

Art. 70. Empregar na reparação de produtos, peça ou componentes de reposição usados, sem autorização do consumidor:

Pena Detenção de três meses a um ano e multa.

Art. 71. Utilizar, na cobrança de dívidas, de ameaça, coação, constrangimento físico ou moral, afirmações falsas incorretas ou enganosas ou de qualquer outro procedimento que exponha o consumidor, injustificadamente, a ridículo ou interfira com seu trabalho, descanso ou lazer:

Pena Detenção de três meses a um ano e multa.

Art. 72. Impedir ou dificultar o acesso do consumidor às informações que sobre ele constem em cadastros, banco de dados, fichas e registros:

Pena Detenção de seis meses a um ano ou multa.

Art. 73. Deixar de corrigir imediatamente informação sobre consumidor constante de cadastro, banco de dados, fichas ou registros que sabe ou deveria saber ser inexata:

Pena Detenção de um a seis meses ou multa.

Art. 74. Deixar de entregar ao consumidor o termo de garantia adequadamente preenchido e com especificação clara de seu conteúdo;

Pena Detenção de um a seis meses ou multa.

Art. 75. Quem, de qualquer forma, concorrer para os crimes referidos neste código, incide as penas a esses cominadas na medida de sua culpabilidade, bem como o diretor, administrador ou gerente da pessoa jurídica que promover, permitir ou por qualquer modo aprovar o fornecimento, oferta, exposição à venda ou manutenção em depósito de produtos ou a oferta e prestação de serviços nas condições por ele proibidas.

Art. 76. São circunstâncias agravantes dos crimes tipificados neste código:

I. serem cometidos em época de grave crise econômica ou por ocasião de calamidade;

II. ocasionarem grave dano individual ou coletivo;

III. dissimular-se a natureza ilícita do procedimento;

IV. quando cometidos:

a) por servidor público, ou por pessoa cuja condição econômico-social seja manifestamente superior à da vítima;

b) em detrimento de operário ou rurícola; de menor de dezoito ou maior de sessenta anos ou de pessoas portadoras de deficiência mental interditadas ou não;

V. serem praticados em operações que envolvam alimentos, medicamentos ou quaisquer outros produtos ou serviços essenciais .

Art. 77. A pena pecuniária prevista nesta Seção será fixada em dias-multa, correspondente ao mínimo e ao máximo de dias de duração da pena privativa da liberdade cominada ao crime. Na individualização desta multa, o juiz observará o disposto no art. 60, §1º do Código Penal.

ANOTAÇÕES

Art. 78. Além das penas privativas de liberdade e de multa, podem ser impostas, cumulativa ou alternadamente, observado odisposto nos arts. 44 a 47, do Código Penal:

I. a interdição temporária de direitos;

II. a publicação em órgãos de comunicação de grande circulação ou audiência, às expensas do condenado, de notícia sobre os fatos e a condenação;

III. a prestação de serviços à comunidade.

Art. 79. O valor da fiança, nas infrações de que trata este código, será fixado pelo juiz, ou pela autoridade que presidir o inquérito, entre cem e duzentas mil vezes o valor do Bônus do Tesouro Nacional (BTN), ou índice equivalente que venha a substituí-lo.

Parágrafo único. Se assim recomendar a situação econômica do indiciado ou réu, a fiança poderá ser:

a) reduzida até a metade do seu valor mínimo;

b) aumentada pelo juiz até vinte vezes.

Art. 80. No processo penal atinente aos crimes previstos neste código, bem como a outros crimes e contravenções que envolvam relações de consumo, poderão intervir, como assistentes do Ministério Público, os legitimados indicados no art. 82, inciso III e IV, aos quais também é facultado propor ação penal subsidiária, se a denúncia não for oferecida no prazo legal.

15. LEI Nº 8.137, DE 27 DE DEZEMBRO DE 1990

Define Crimes Contra a Ordem Tributária, Econômica e contra as relações de consumo, e dá outras providências.

O PRESIDENTE DA REPÚBLICA, faço saber que o Congresso Nacional decreta e eu sanciono a seguinte lei:

CAPÍTULO I - DOS CRIMES CONTRA A ORDEM TRIBUTÁRIA

SEÇÃO I - DOS CRIMES PRATICADOS POR PARTICULARES

Art. 1º Constitui crime contra a ordem tributária suprimir ou reduzir tributo, ou contribuição social e qualquer acessório, mediante as seguintes condutas: (Vide Lei nº 9.964, de 10.4.2000)

I. omitir informação, ou prestar declaração falsa às autoridades fazendárias;

II. fraudar a fiscalização tributária, inserindo elementos inexatos, ou omitindo operação de qualquer natureza, em documento ou livro exigido pela lei fiscal;

III. falsificar ou alterar nota fiscal, fatura, duplicata, nota de venda, ou qualquer outro documento relativo à operação tributável;

IV. elaborar, distribuir, fornecer, emitir ou utilizar documento que saiba ou deva saber falso ou inexato;

V. negar ou deixar de fornecer, quando obrigatório, nota fiscal ou documento equivalente, relativa a venda de mercadoria ou prestação de serviço, efetivamente realizada, ou fornecê-la em desacordo com a legislação.

Pena: reclusão de 2 (dois) a 5 (cinco) anos, e multa.

Parágrafo único. A falta de atendimento da exigência da autoridade, no prazo de 10 (dez) dias, que poderá ser convertido em horas em razão da maior ou menor complexidade da matéria ou da dificuldade quanto ao atendimento da exigência, caracteriza a infração prevista no inciso V.

Art. 2º Constitui crime da mesma natureza: (Vide Lei nº 9.964, de 10.4.2000)

I. fazer declaração falsa ou omitir declaração sobre rendas, bens ou fatos, ou empregar outra fraude, para eximir-se, total ou parcialmente, de pagamento de tributo;

II. deixar de recolher, no prazo legal, valor de tributo ou de contribuição social, descontado ou cobrado, na qualidade de sujeito passivo de obrigação e que deveria recolher aos cofres públicos;

III. exigir, pagar ou receber, para si ou para o contribuinte beneficiário, qualquer percentagem sobre a parcela dedutível ou deduzida de imposto ou de contribuição como incentivo fiscal;

IV. deixar de aplicar, ou aplicar em desacordo com o estatuído, incentivo fiscal ou parcelas de imposto liberadas por órgão ou entidade de desenvolvimento;

V. utilizar ou divulgar programa de processamento de dados que permita ao sujeito passivo da obrigação tributária possuir informação contábil diversa daquela que é, por lei, fornecida à Fazenda Pública.

Pena: detenção, de 6 (seis) meses a 2 (dois) anos, e multa.

SEÇÃO II - DOS CRIMES PRATICADOS POR FUNCIONÁRIOS PÚBLICOS

Art. 3º Constitui crime funcional contra a ordem tributária, além dos previstos no Decreto-Lei nº 2.848, de 7 de dezembro de 1940 - Código Penal (Título XI, Capítulo I):

I. extraviar livro oficial, processo fiscal ou qualquer documento, de que tenha a guarda em razão da função; sonegá-lo, ou inutilizá-lo, total ou parcialmente, acarretando pagamento indevido ou inexato de tributo ou contribuição social;

II. exigir, solicitar ou receber, para si ou para outrem, direta ou indiretamente, ainda que fora da função ou antes de iniciar seu exercício, mas em razão dela, vantagem indevida; ou aceitar promessa de tal vantagem, para deixar de lançar ou cobrar tributo ou contribuição social, ou cobrá-los parcialmente. Pena. reclusão, de 3 (três) a 8 (oito) anos, e multa.

III. patrocinar, direta ou indiretamente, interesse privado perante a administração fazendária, valendo-se da qualidade de funcionário público. Pena. reclusão, de 1 (um) a 4 (quatro) anos, e multa.

CAPÍTULO II - DOS CRIMES CONTRA A ECONOMIA E AS RELAÇÕES DE CONSUMO

Art. 4º Constitui crime contra a ordem econômica:

I. abusar do poder econômico, dominando o mercado ou eliminando, total ou parcialmente, a concorrência mediante qualquer forma de ajuste ou acordo de empresas; (Redação dada pela Lei nº 12.529, de 2011).

a) (revogada); (Redação dada pela Lei nº 12.529, de 2011).
b) (revogada); (Redação dada pela Lei nº 12.529, de 2011).
c) (revogada); (Redação dada pela Lei nº 12.529, de 2011).
d) (revogada); (Redação dada pela Lei nº 12.529, de 2011).
e) (revogada); (Redação dada pela Lei nº 12.529, de 2011).
f) (revogada); (Redação dada pela Lei nº 12.529, de 2011).

II. formar acordo, convênio, ajuste ou aliança entre ofertantes, visando: (Redação dada pela Lei nº 12.529, de 2011).

a) à fixação artificial de preços ou quantidades vendidas ou produzidas; (Redação dada pela Lei nº 12.529, de 2011).

b) ao controle regionalizado do mercado por empresa ou grupo de empresas; (Redação dada pela Lei nº 12.529, de 2011).

c) ao controle, em detrimento da concorrência, de rede de distribuição ou de fornecedores. (Redação dada pela Lei nº 12.529, de 2011).

Pena: reclusão, de 2 (dois) a 5 (cinco) anos e multa. (Redação dada pela Lei nº 12.529, de 2011).

III. (revogado); (Redação dada pela Lei nº 12.529, de 2011).
IV. (revogado); (Redação dada pela Lei nº 12.529, de 2011).
V. (revogado); (Redação dada pela Lei nº 12.529, de 2011).
VI. (revogado); (Redação dada pela Lei nº 12.529, de 2011).
VII. (revogado). (Redação dada pela Lei nº 12.529, de 2011).

Art. 5º (Revogado pela Lei nº 12.529, de 2011).

Art. 6º (Revogado pela Lei nº 12.529, de 2011).

Art. 7º Constitui crime contra as relações de consumo:

I. favorecer ou preferir, sem justa causa, comprador ou freguês, ressalvados os sistemas de entrega ao consumo por intermédio de distribuidores ou revendedores;

II. vender ou expor à venda mercadoria cuja embalagem, tipo, especificação, peso ou composição esteja em desacordo com as prescrições legais, ou que não corresponda à respectiva classificação oficial;

III. misturar gêneros e mercadorias de espécies diferentes, para vendê-los ou expô-los à venda como puros; misturar gêneros e mercadorias de qualidades desiguais para vendê-los ou expô-los à venda por preço estabelecido para os demais mais alto custo;

IV. fraudar preços por meio de:

a) alteração, sem modificação essencial ou de qualidade, de elementos tais como denominação, sinal externo, marca, embalagem, especificação técnica, descrição, volume, peso, pintura ou acabamento de bem ou serviço;

b) divisão em partes de bem ou serviço, habitualmente oferecido à venda em conjunto;

c) junção de bens ou serviços, comumente oferecidos à venda em separado;

d) aviso de inclusão de insumo não empregado na produção do bem ou na prestação dos serviços;

V. elevar o valor cobrado nas vendas a prazo de bens ou serviços, mediante a exigência de comissão ou de taxa de juros ilegais;

VI. sonegar insumos ou bens, recusando-se a vendê-los a quem pretenda comprá-los nas condições publicamente ofertadas, ou retê-los para o fim de especulação;

VII. induzir o consumidor ou usuário a erro, por via de indicação ou afirmação falsa ou enganosa sobre a natureza, qualidade do bem ou serviço, utilizando-se de qualquer meio, inclusive a veiculação ou divulgação publicitária;

VIII. destruir, inutilizar ou danificar matéria-prima ou mercadoria, com o fim de provocar alta de preço, em proveito próprio ou de terceiros;

IX. vender, ter em depósito para vender ou expor à venda ou, de qualquer forma, entregar matéria-prima ou mercadoria, em condições impróprias ao consumo;

Pena: detenção, de 2 (dois) a 5 (cinco) anos, ou multa.

Parágrafo único. Nas hipóteses dos incisos II, III e IX pune-se a modalidade culposa, reduzindo-se a pena e a detenção de 1/3 (um terço) ou a de multa à quinta parte.

CAPÍTULO III - DAS MULTAS

Art. 8º Nos crimes definidos nos arts. 1º a 3º desta lei, a pena de multa será fixada entre 10 (dez) e 360 (trezentos e sessenta) dias-multa, conforme seja necessário e suficiente para reprovação e prevenção do crime.

Parágrafo único. O dia-multa será fixado pelo juiz em valor não inferior a 14 (quatorze) nem superior a 200 (duzentos) Bônus do Tesouro Nacional BTN.

Art. 9º A pena de detenção ou reclusão poderá ser convertida em multa de valor equivalente a:

I. 200.000 (duzentos mil) até 5.000.000 (cinco milhões) de BTN, nos crimes definidos no art. 4º;

II. 5.000 (cinco mil) até 200.000 (duzentos mil) BTN, nos crimes definidos nos arts. 5º e 6º;

III. 50.000 (cinquenta mil) até 1.000.000 (um milhão de BTN), nos crimes definidos no art. 7º.

Art. 10. Caso o juiz, considerado o ganho ilícito e a situação econômica do réu, verifique a insuficiência ou excessiva onerosidade das penas pecuniárias previstas nesta lei, poderá diminuí-las até a décima parte ou elevá-las ao décuplo.

CAPÍTULO IV - DAS DISPOSIÇÕES GERAIS

Art. 11. Quem, de qualquer modo, inclusive por meio de pessoa jurídica, concorre para os crimes definidos nesta lei, incide nas penas a estes cominadas, na medida de sua culpabilidade.

ANOTAÇÕES

ANOTAÇÕES

ANOTAÇÕES

Parágrafo único. Quando a venda ao consumidor for efetuada por sistema de entrega ao consumo ou por intermédio de outro em que o preço ao consumidor é estabelecido ou sugerido pelo fabricante ou concedente, o ato por este praticado não alcança o distribuidor ou revendedor.

Art. 12. São circunstâncias que podem agravar de 1/3 (um terço) até a metade as penas previstas nos arts. 1º, 2º e 4º a 7º:

I. ocasionar grave dano à coletividade;

II. ser o crime cometido por servidor público no exercício de suas funções;

III. ser o crime praticado em relação à prestação de serviços ou ao comércio de bens essenciais à vida ou à saúde.

Art. 13. (Vetado).

Art. 14. (Revogado pela Lei nº 8.383, de 30.12.1991)

Art. 15. Os crimes previstos nesta lei são de ação penal pública, aplicando-se-lhes o disposto no art. 100 do Decreto-Lei nº 2.848, de 7 de dezembro de 1940 - Código Penal.

Art. 16. Qualquer pessoa poderá provocar a iniciativa do Ministério Público nos crimes descritos nesta lei, fornecendo-lhe por escrito informações sobre o fato e a autoria, bem como indicando o tempo, o lugar e os elementos de convicção.

Parágrafo único. Nos crimes previstos nesta Lei, cometidos em quadrilha ou co-autoria, o co-autor ou partícipe que através de confissão espontânea revelar à autoridade policial ou judicial toda a trama delituosa terá a sua pena reduzida de um a dois terços. (Parágrafo incluído pela Lei nº 9.080, de 19.7.1995)

Art. 17. Compete ao Departamento Nacional de Abastecimento e Preços, quando e se necessário, providenciar a desapropriação de estoques, a fim de evitar crise no mercado ou colapso no abastecimento.

Art. 18. (Revogado pela Lei nº 8.176, de 8.2.1991)

Art. 19. O caput do art. 172 do Decreto-Lei nº 2.848, de 7 de dezembro de 1940 - Código Penal, passa a ter a seguinte redação:

"Art. 172. Emitir fatura, duplicata ou nota de venda que não corresponda à mercadoria vendida, em quantidade ou qualidade, ou ao serviço prestado.

Pena: detenção, de 2 (dois) a 4 (quatro) anos, e multa".

Art. 20. O § 1º do art. 316 do Decreto-Lei nº 2 848, de 7 de dezembro de 1940 Código Penal, passa a ter a seguinte redação:

"Art. 316. ....

§ 1º Se o funcionário exige tributo ou contribuição social que sabe ou deveria saber indevido, ou, quando devido, emprega na cobrança meio vexatório ou gravoso, que a lei não autoriza;

Pena: reclusão, de 3 (três) a 8 (oito) anos, e multa".

Art. 21. O art. 318 do Decreto-Lei nº 2.848, de 7 de dezembro de 1940 Código Penal, quanto à fixação da pena, passa a ter a seguinte redação:

"Art. 318. ....

Pena: reclusão, de 3 (três) a 8 (oito) anos, e multa".

Art. 22. Esta lei entra em vigor na data de sua publicação.

Art. 23. Revogam-se as disposições em contrário e, em especial, o art. 279 do Decreto-Lei nº 2.848, de 7 de dezembro de 1940 - Código Penal.

16. DECRETO Nº 1.171, DE 22 DE JUNHO DE 1994

Aprova o Código de Ética Profissional do Servidor Público Civil do Poder Executivo Federal.

O PRESIDENTE DA REPÚBLICA, no uso das atribuições que lhe confere o art. 84, incisos IV e VI, e ainda tendo em vista o disposto no art. 37 da Constituição, bem como nos arts. 116 e 117 da Lei nº 8.112, de 11 de dezembro de 1990, e nos arts. 10, 11 e 12 da Lei nº 8.429, de 2 de junho de 1992,

Art. 1º Fica aprovado o Código de Ética Profissional do Servidor Público Civil do Poder Executivo Federal, que com este baixa.

ANOTAÇÕES

Art. 2º Os órgãos e entidades da Administração Pública Federal direta e indireta implementarão, em sessenta dias, as providências necessárias à plena vigência do Código de Ética, inclusive mediante a Constituição da respectiva Comissão de Ética, integrada por três servidores ou empregados titulares de cargo efetivo ou emprego permanente.

Parágrafo único. A constituição da Comissão de Ética será comunicada à Secretaria da Administração Federal da Presidência da República, com a indicação dos respectivos membros titulares e suplentes.

Art. 3º Este decreto entra em vigor na data de sua publicação.

CÓDIGO DE ÉTICA PROFISSIONAL DO SERVIDOR PÚBLICO CIVIL DO PODER EXECUTIVO FEDERAL

CAPÍTULO I

SEÇÃO I - DAS REGRAS DEONTOLÓGICAS

I. A dignidade, o decoro, o zelo, a eficácia e a consciência dos princípios morais são primados maiores que devem nortear o servidor público, seja no exercício do cargo ou função, ou fora dele, já que refletirá o exercício da vocação do próprio poder estatal. Seus atos, comportamentos e atitudes serão direcionados para a preservação da honra e da tradição dos serviços públicos.

II. O servidor público não poderá jamais desprezar o elemento ético de sua conduta. Assim, não terá que decidir somente entre o legal e o ilegal, o justo e o injusto, o conveniente e o inconveniente, o oportuno e o inoportuno, mas principalmente entre o honesto e o desonesto, consoante as regras contidas no art. 37, caput, e § 4º, da Constituição Federal.

III. A moralidade da Administração Pública não se limita à distinção entre o bem e o mal, devendo ser acrescida da ideia de que o fim é sempre o bem comum. O equilíbrio entre a legalidade e a finalidade, na conduta do servidor público, é que poderá consolidar a moralidade do ato administrativo.

IV- A remuneração do servidor público é custeada pelos tributos pagos direta ou indiretamente por todos, até por ele próprio, e por isso se exige, como contrapartida, que a moralidade administrativa se integre no Direito, como elemento indissociável de sua aplicação e de sua finalidade, erigindo-se, como consequência, em fator de legalidade.

V. O trabalho desenvolvido pelo servidor público perante a comunidade deve ser entendido como acréscimo ao seu próprio bem-estar, já que, como cidadão, integrante da sociedade, o êxito desse trabalho pode ser considerado como seu maior patrimônio.

VI. A função pública deve ser tida como exercício profissional e, portanto, se integra na vida particular de cada servidor público. Assim, os fatos e atos verificados na conduta do dia-a-dia em sua vida privada poderão acrescer ou diminuir o seu bom conceito na vida funcional.

VII. Salvo os casos de segurança nacional, investigações policiais ou interesse superior do Estado e da Administração Pública, a serem preservados em processo previamente declarado sigiloso, nos termos da lei, a publicidade de qualquer ato administrativo constitui requisito de eficácia e moralidade, ensejando sua omissão comprometimento ético contra o bem comum, imputável a quem a negar.

VIII. Toda pessoa tem direito à verdade. O servidor não pode omiti-la ou falseá-la, ainda que contrária aos interesses da própria pessoa interessada ou da Administração Pública. Nenhum Estado pode crescer ou estabilizar-se sobre o poder corruptivo do hábito do erro, da opressão ou da mentira, que sempre aniquilam até mesmo a dignidade humana quanto mais a de uma Nação.

IX. A cortesia, a boa vontade, o cuidado e o tempo dedicados ao serviço público caracterizam o esforço pela disciplina. Tratar mal uma pessoa que paga seus tributos direta ou indiretamente significa causar-lhe dano moral. Da mesma forma, causar dano a qualquer bem pertencente ao patrimônio público, deteriorando-o, por descuido ou má vontade, não constitui apenas uma ofensa ao equipamento e às instalações ou ao Estado, mas a todos os homens de boa vontade que dedicaram sua inteligência, seu tempo, suas esperanças e seus esforços para construí-los.

X. Deixar o servidor público qualquer pessoa à espera de solução que compete ao setor em que exerça suas funções, permitindo a formação de longas filas, ou qualquer outra espécie de atraso na prestação do serviço, não caracteriza apenas atitude contra a ética ou ato de desumanidade, mas principalmente grave dano moral aos usuários dos serviços públicos.

XI. O servidor deve prestar toda a sua atenção às ordens legais de seus superiores, velando atentamente por seu cumprimento, e, assim, evitando a conduta negligente. Os repetidos erros, o descaso e o acúmulo de desvios tornam-se, às vezes, difíceis de corrigir e caracterizam até mesmo imprudência no desempenho da função pública.

XII. Toda ausência injustificada do servidor de seu local de trabalho é fator de desmoralização do serviço público, o que quase sempre conduz à desordem nas relações humanas.

XIII. O servidor que trabalha em harmonia com a estrutura organizacional, respeitando seus colegas e cada concidadão, colabora e de todos pode receber colaboração, pois sua atividade pública é a grande oportunidade para o crescimento e o engrandecimento da Nação.

SEÇÃO II - DOS PRINCIPAIS DEVERES DO SERVIDOR PÚBLICO

XIV. São deveres fundamentais do servidor público:

a) desempenhar, a tempo, as atribuições do cargo, função ou emprego público de que seja titular;

b) exercer suas atribuições com rapidez, perfeição e rendimento, pondo fim ou procurando prioritariamente resolver situações procrastinatórias, principalmente diante de filas ou de qualquer outra espécie de atraso na prestação dos serviços pelo setor em que exerça suas atribuições, com o fim de evitar dano moral ao usuário;

c) ser probo, reto, leal e justo, demonstrando toda a integridade do seu caráter, escolhendo sempre, quando estiver diante de duas opções, a melhor e a mais vantajosa para o bem comum;

d) jamais retardar qualquer prestação de contas, condição essencial da gestão dos bens, direitos e serviços da coletividade a seu cargo;

e) tratar cuidadosamente os usuários dos serviços aperfeiçoando o processo de comunicação e contato com o público;

f) ter consciência de que seu trabalho é regido por princípios éticos que se materializam na adequada prestação dos serviços públicos;

g) ser cortês, ter urbanidade, disponibilidade e atenção, respeitando a capacidade e as limitações individuais de todos os usuários do serviço público, sem qualquer espécie de preconceito ou distinção de raça, sexo, nacionalidade, cor, idade, religião, cunho político e posição social, abstendo-se, dessa forma, de causar-lhes dano moral;

h) ter respeito à hierarquia, porém sem nenhum temor de representar contra qualquer comprometimento indevido da estrutura em que se funda o Poder Estatal;

i) resistir a todas as pressões de superiores hierárquicos, de contratantes, interessados e outros que visem obter quaisquer favores, benesses ou vantagens indevidas em decorrência de ações imorais, ilegais ou aéticas e denunciá-las;

ANOTAÇÕES

j) zelar, no exercício do direito de greve, pelas exigências específicas da defesa da vida e da segurança coletiva;

l) ser assíduo e frequente ao serviço, na certeza de que sua ausência provoca danos ao trabalho ordenado, refletindo negativamente em todo o sistema;

m) comunicar imediatamente a seus superiores todo e qualquer ato ou fato contrário ao interesse público, exigindo as providências cabíveis;

n) manter limpo e em perfeita ordem o local de trabalho, seguindo os métodos mais adequados à sua organização e distribuição;

o) participar dos movimentos e estudos que se relacionem com a melhoria do exercício de suas funções, tendo por escopo a realização do bem comum;

p) apresentar-se ao trabalho com vestimentas adequadas ao exercício da função;

q) manter-se atualizado com as instruções, as normas de serviço e a legislação pertinentes ao órgão onde exerce suas funções;

r) cumprir, de acordo com as normas do serviço e as instruções superiores, as tarefas de seu cargo ou função, tanto quanto possível, com critério, segurança e rapidez, mantendo tudo sempre em boa ordem.

s) facilitar a fiscalização de todos atos ou serviços por quem de direito;

t) exercer com estrita moderação as prerrogativas funcionais que lhe sejam atribuídas, abstendo-se de fazê-lo contrariamente aos legítimos interesses dos usuários do serviço público e dos jurisdicionados administrativos;

u) abster-se, de forma absoluta, de exercer sua função, poder ou autoridade com finalidade estranha ao interesse público, mesmo que observando as formalidades legais e não cometendo qualquer violação expressa à lei;

v) divulgar e informar a todos os integrantes da sua classe sobre a existência deste Código de Ética, estimulando o seu integral cumprimento.

SEÇÃO III - DAS VEDAÇÕES AO SERVIDOR PÚBLICO

XV. E vedado ao servidor público;

a) o uso do cargo ou função, facilidades, amizades, tempo, posição e influências, para obter qualquer favorecimento, para si ou para outrem;

b) prejudicar deliberadamente a reputação de outros servidores ou de cidadãos que deles dependam;

c) ser, em função de seu espírito de solidariedade, conivente com erro ou infração a este Código de Ética ou ao Código de Ética de sua profissão;

d) usar de artifícios para procrastinar ou dificultar o exercício regular de direito por qualquer pessoa, causando-lhe dano moral ou material;

e) deixar de utilizar os avanços técnicos e científicos ao seu alcance ou do seu conhecimento para atendimento do seu mister;

f) permitir que perseguições, simpatias, antipatias, caprichos, paixões ou interesses de ordem pessoal interfiram no trato com o público, com os jurisdicionados administrativos ou com colegas hierarquicamente superiores ou inferiores;

g) pleitear, solicitar, provocar, sugerir ou receber qualquer tipo de ajuda financeira, gratificação, prêmio, comissão, doação ou vantagem de qualquer espécie, para si, familiares ou qualquer pessoa, para o cumprimento da sua missão ou para influenciar outro servidor para o mesmo fim;

h) alterar ou deturpar o teor de documentos que deva encaminhar para providências;

i) iludir ou tentar iludir qualquer pessoa que necessite do atendimento em serviços públicos;

j) desviar servidor público para atendimento a interesse particular;

ANOTAÇÕES

ANOTAÇÕES

l) retirar da repartição pública, sem estar legalmente autorizado, qualquer documento, livro ou bem pertencente ao patrimônio público;

m) fazer uso de informações privilegiadas obtidas no âmbito interno de seu serviço, em benefício próprio, de parentes, de amigos ou de terceiros;

n) apresentar-se embriagado no serviço ou fora dele habitualmente;

o) dar o seu concurso a qualquer instituição que atente contra a moral, a honestidade ou a dignidade da pessoa humana;

p) exercer atividade profissional aética ou ligar o seu nome a empreendimentos de cunho duvidoso.

CAPÍTULO II - DAS COMISSÕES DE ÉTICA

XVI. Em todos os órgãos e entidades da Administração Pública Federal direta, indireta autárquica e fundacional, ou em qualquer órgão ou entidade que exerça atribuições delegadas pelo poder público, deverá ser criada uma Comissão de Ética, encarregada de orientar e aconselhar sobre a ética profissional do servidor, no tratamento com as pessoas e com o patrimônio público, competindo-lhe conhecer concretamente de imputação ou de procedimento susceptível de censura.

XVII. Revogado

XVIII. À Comissão de Ética incumbe fornecer, aos organismos encarregados da execução do quadro de carreira dos servidores, os registros sobre sua conduta ética, para o efeito de instruir e fundamentar promoções e para todos os demais procedimentos próprios da carreira do servidor público.

XIX. Revogado

XX. Revogado

XXI. Revogado

XXII. A pena aplicável ao servidor público pela Comissão de Ética é a de censura e sua fundamentação constará do respectivo parecer, assinado por todos os seus integrantes, com ciência do faltoso.

XXIII. Revogado

XXIV. Para fins de apuração do comprometimento ético, entende-se por servidor público todo aquele que, por força de lei, contrato ou de qualquer ato jurídico, preste serviços de natureza permanente, temporária ou excepcional, ainda que sem retribuição financeira, desde que ligado direta ou indiretamente a qualquer órgão do poder estatal, como as autarquias, as fundações públicas, as entidades paraestatais, as empresas públicas e as sociedades de economia mista, ou em qualquer setor onde prevaleça o interesse do Estado.

XXV. Revogado

17. LEI Nº 9.099, DE 26 DE SETEMBRO DE 1995

Dispõe sobre os Juizados Especiais Cíveis e Criminais e dá outras Providências.

O PRESIDENTE DA REPÚBLICA Faço saber que o Congresso Nacional decreta e eu sanciono a seguinte Lei:

CAPÍTULO I - DISPOSIÇÕES GERAIS

Art. 1º Os Juizados Especiais Cíveis e Criminais, órgãos da Justiça Ordinária, serão criados pela União, no Distrito Federal e nos Territórios, e pelos Estados, para conciliação, processo, julgamento e execução, nas causas de sua competência.

Art. 2º O processo orientar-se-á pelos critérios da oralidade, simplicidade, informalidade, economia processual e celeridade, buscando, sempre que possível, a conciliação ou a transação.

ANOTAÇÕES

CAPÍTULO II - DOS JUIZADOS ESPECIAIS CÍVEIS

SEÇÃO I - DA COMPETÊNCIA

Art. 3º O Juizado Especial Cível tem competência para conciliação, processo e julgamento das causas cíveis de menor complexidade, assim consideradas:

I. as causas cujo valor não exceda a quarenta vezes o salário mínimo;

II. as enumeradas no art. 275, inciso II, do Código de Processo Civil;

III. a ação de despejo para uso próprio;

IV. as ações possessórias sobre bens imóveis de valor não excedente ao fixado no inciso I deste artigo.

§ 1º Compete ao Juizado Especial promover a execução:

I. dos seus julgados;

II. dos títulos executivos extrajudiciais, no valor de até quarenta vezes o salário mínimo, observado o disposto no § 1º do art. 8º desta Lei.

§ 2º Ficam excluídas da competência do Juizado Especial as causas de natureza alimentar, falimentar, fiscal e de interesse da Fazenda Pública, e também as relativas a acidentes de trabalho, a resíduos e ao estado e capacidade das pessoas, ainda que de cunho patrimonial.

§ 3º A opção pelo procedimento previsto nesta Lei importará em renúncia ao crédito excedente ao limite estabelecido neste artigo, excetuada a hipótese de conciliação.

Art. 4º É competente, para as causas previstas nesta Lei, o Juizado do foro:

I. do domicílio do réu ou, a critério do autor, do local onde aquele exerça atividades profissionais ou econômicas ou mantenha estabelecimento, filial, agência, sucursal ou escritório;

II. do lugar onde a obrigação deva ser satisfeita;

III. do domicílio do autor ou do local do ato ou fato, nas ações para reparação de dano de qualquer natureza.

Parágrafo único. Em qualquer hipótese, poderá a ação ser proposta no foro previsto no inciso I deste artigo.

SEÇÃO II - DO JUIZ, DOS CONCILIADORES E DOS JUÍZES LEIGOS

Art. 5º O Juiz dirigirá o processo com liberdade para determinar as provas a serem produzidas, para apreciá-las e para dar especial valor às regras de experiência comum ou técnica.

Art. 6º O Juiz adotará em cada caso a decisão que reputar mais justa e equânime, atendendo aos fins sociais da lei e às exigências do bem comum.

Art. 7º Os conciliadores e Juízes leigos são auxiliares da Justiça, recrutados, os primeiros, preferentemente, entre os bacharéis em Direito, e os segundos, entre advogados com mais de cinco anos de experiência.

Parágrafo único. Os Juízes leigos ficarão impedidos de exercer a advocacia perante os Juizados Especiais, enquanto no desempenho de suas funções.

SEÇÃO III - DAS PARTES

Art. 8º Não poderão ser partes, no processo instituído por esta Lei, o incapaz, o preso, as pessoas jurídicas de direito público, as empresas públicas da União, a massa falida e o insolvente civil.

§ 1º Somente serão admitidas a propor ação perante o Juizado Especial: (Redação dada pela Lei nº 12.126, de 2009)

I. as pessoas físicas capazes, excluídos os cessionários de direito de pessoas jurídicas; (Incluído pela Lei nº 12.126, de 2009)

II. as pessoas enquadradas como microempreendedores individuais, microempresas e empresas de pequeno porte na forma da Lei Complementar no 123, de 14 de dezembro de 2006; (Redação dada pela Lei Complementar nº 147, de 2014)

III. as pessoas jurídicas qualificadas como Organização da Sociedade Civil de Interesse Público, nos termos da Lei nº 9.790, de 23 de março de 1999; (Incluído pela Lei nº 12.126, de 2009)

IV. as sociedades de crédito ao microempreendedor, nos termos do art. 1º da Lei nº 10.194, de 14 de fevereiro de 2001. (Incluído pela Lei nº 12.126, de 2009)

§ 2º O maior de dezoito anos poderá ser autor, independentemente de assistência, inclusive para fins de conciliação.

Art. 9º Nas causas de valor até vinte salários mínimos, as partes comparecerão pessoalmente, podendo ser assistidas por advogado; nas de valor superior, a assistência é obrigatória.

§ 1º Sendo facultativa a assistência, se uma das partes comparecer assistida por advogado, ou se o réu for pessoa jurídica ou firma individual, terá a outra parte, se quiser, assistência judiciária prestada por órgão instituído junto ao Juizado Especial, na forma da lei local.

§ 2º O Juiz alertará as partes da conveniência do patrocínio por advogado, quando a causa o recomendar.

§ 3º O mandato ao advogado poderá ser verbal, salvo quanto aos poderes especiais.

§ 4º O réu, sendo pessoa jurídica ou titular de firma individual, poderá ser representado por preposto credenciado, munido de carta de preposição com poderes para transigir, sem haver necessidade de vínculo empregatício. (Redação dada pela Lei nº 12.137, de 2009)

Art. 10. Não se admitirá, no processo, qualquer forma de intervenção de terceiro nem de assistência. Admitir-se-á o litisconsórcio.

Art. 11. O Ministério Público intervirá nos casos previstos em lei.

SEÇÃO IV - DOS ATOS PROCESSUAIS

Art. 12. Os atos processuais serão públicos e poderão realizar-se em horário noturno, conforme dispuserem as normas de organização judiciária.

Art. 12-A. Na contagem de prazo em dias, estabelecido por lei ou pelo juiz, para a prática de qualquer ato processual, inclusive para a interposição de recursos, computar-se-ão somente os dias úteis. (Incluído pela Lei nº 13.728, de 2018)

Art. 13. Os atos processuais serão válidos sempre que preencherem as finalidades para as quais forem realizados, atendidos os critérios indicados no art. 2º desta Lei.

§ 1º Não se pronunciará qualquer nulidade sem que tenha havido prejuízo.

§ 2º A prática de atos processuais em outras comarcas poderá ser solicitada por qualquer meio idôneo de comunicação.

§ 3º Apenas os atos considerados essenciais serão registrados resumidamente, em notas manuscritas, datilografadas, taquigrafadas ou estenotipadas. Os demais atos poderão ser gravados em fita magnética ou equivalente, que será inutilizada após o trânsito em julgado da decisão.

§ 4º As normas locais disporão sobre a conservação das peças do processo e demais documentos que o instruem.

SEÇÃO V - DO PEDIDO

Art. 14. O processo instaurar-se-á com a apresentação do pedido, escrito ou oral, à Secretaria do Juizado.

§ 1º Do pedido constarão, de forma simples e em linguagem acessível:

I. o nome, a qualificação e o endereço das partes;

II. os fatos e os fundamentos, de forma sucinta;

III. o objeto e seu valor.

§ 2º É lícito formular pedido genérico quando não for possível determinar, desde logo, a extensão da obrigação.

§ 3º O pedido oral será reduzido a escrito pela Secretaria do Juizado, podendo ser utilizado o sistema de fichas ou formulários impressos.

ANOTAÇÕES

Art. 15. Os pedidos mencionados no art. 3º desta Lei poderão ser alternativos ou cumulados; nesta última hipótese, desde que conexos e a soma não ultrapasse o limite fixado naquele dispositivo.

Art. 16. Registrado o pedido, independentemente de distribuição e autuação, a Secretaria do Juizado designará a sessão de conciliação, a realizar-se no prazo de quinze dias.

Art. 17. Comparecendo inicialmente ambas as partes, instaurar-se-á, desde logo, a sessão de conciliação, dispensados o registro prévio de pedido e a citação.

Parágrafo único. Havendo pedidos contrapostos, poderá ser dispensada a contestação formal e ambos serão apreciados na mesma sentença.

SEÇÃO VI - DAS CITAÇÕES E INTIMAÇÕES

Art. 18. A citação far-se-á:

I. por correspondência, com aviso de recebimento em mão própria;

II. tratando-se de pessoa jurídica ou firma individual, mediante entrega ao encarregado da recepção, que será obrigatoriamente identificado;

III. sendo necessário, por oficial de justiça, independentemente de mandado ou carta precatória.

§ 1º A citação conterá cópia do pedido inicial, dia e hora para comparecimento do citando e advertência de que, não comparecendo este, considerar-se-ão verdadeiras as alegações iniciais, e será proferido julgamento, de plano.

§ 2º Não se fará citação por edital.

§ 3º O comparecimento espontâneo suprirá a falta ou nulidade da citação.

Art. 19. As intimações serão feitas na forma prevista para citação, ou por qualquer outro meio idôneo de comunicação.

§ 1º Dos atos praticados na audiência, considerar-se-ão desde logo cientes as partes.

§ 2º As partes comunicarão ao juízo as mudanças de endereço ocorridas no curso do processo, reputando-se eficazes as intimações enviadas ao local anteriormente indicado, na ausência da comunicação.

SEÇÃO VII - DA REVELIA

Art. 20. Não comparecendo o demandado à sessão de conciliação ou à audiência de instrução e julgamento, reputar-se-ão verdadeiros os fatos alegados no pedido inicial, salvo se o contrário resultar da convicção do Juiz.

SEÇÃO VIII - DA CONCILIAÇÃO E DO JUÍZO ARBITRAL

Art. 21. Aberta a sessão, o Juiz togado ou leigo esclarecerá as partes presentes sobre as vantagens da conciliação, mostrando-lhes os riscos e as consequências do litígio, especialmente quanto ao disposto no § 3º do art. 3º desta Lei.

Art. 22. A conciliação será conduzida pelo Juiz togado ou leigo ou por conciliador sob sua orientação.

§ 1º Obtida a conciliação, esta será reduzida a escrito e homologada pelo Juiz togado mediante sentença com eficácia de título executivo. (Incluído pela Lei nº 13.994, de 2020).

§ 2º É cabível a conciliação não presencial conduzida pelo Juizado mediante o emprego dos recursos tecnológicos disponíveis de transmissão de sons e imagens em tempo real, devendo o resultado da tentativa de conciliação ser reduzido a escrito com os anexos pertinentes. (Incluído pela Lei nº 13.994, de 2020).

Art. 23. Se o demandado não comparecer ou recusar-se a participar da tentativa de conciliação não presencial, o Juiz togado proferirá sentença. (Redação dada pela Lei nº 13.994, de 2020)

Art. 24. Não obtida a conciliação, as partes poderão optar, de comum acordo, pelo juízo arbitral, na forma prevista nesta Lei.

§ 1º O juízo arbitral considerar-se-á instaurado, independentemente de termo de compromisso, com a escolha do árbitro pelas partes. Se este não estiver presente, o Juiz convocá-lo-á e designará, de imediato, a data para a audiência de instrução.

ANOTAÇÕES

ANOTAÇÕES

§ 2º O árbitro será escolhido dentre os juízes leigos.

Art. 25. O árbitro conduzirá o processo com os mesmos critérios do Juiz, na forma dos arts. 5º e 6º desta Lei, podendo decidir por equidade.

Art. 26. Ao término da instrução, ou nos cinco dias subsequentes, o árbitro apresentará o laudo ao Juiz togado para homologação por sentença irrecorrível.

SEÇÃO IX - DA INSTRUÇÃO E JULGAMENTO

Art. 27. Não instituído o juízo arbitral, proceder-se-á imediatamente à audiência de instrução e julgamento, desde que não resulte prejuízo para a defesa.

Parágrafo único. Não sendo possível a sua realização imediata, será a audiência designada para um dos quinze dias subsequentes, cientes, desde logo, as partes e testemunhas eventualmente presentes.

Art. 28. Na audiência de instrução e julgamento serão ouvidas as partes, colhida a prova e, em seguida, proferida a sentença.

Art. 29. Serão decididos de plano todos os incidentes que possam interferir no regular prosseguimento da audiência. As demais questões serão decididas na sentença.

Parágrafo único. Sobre os documentos apresentados por uma das partes, manifestar-se-á imediatamente a parte contrária, sem interrupção da audiência.

SEÇÃO X - DA RESPOSTA DO RÉU

Art. 30. A contestação, que será oral ou escrita, conterá toda matéria de defesa, exceto arguição de suspeição ou impedimento do Juiz, que se processará na forma da legislação em vigor.

Art. 31. Não se admitirá a reconvenção. É lícito ao réu, na contestação, formular pedido em seu favor, nos limites do art. 3º desta Lei, desde que fundado nos mesmos fatos que constituem objeto da controvérsia.

Parágrafo único. O autor poderá responder ao pedido do réu na própria audiência ou requerer a designação da nova data, que será desde logo fixada, cientes todos os presentes.

SEÇÃO XI - DAS PROVAS

Art. 32. Todos os meios de prova moralmente legítimos, ainda que não especificados em lei, são hábeis para provar a veracidade dos fatos alegados pelas partes.

Art. 33. Todas as provas serão produzidas na audiência de instrução e julgamento, ainda que não requeridas previamente, podendo o Juiz limitar ou excluir as que considerar excessivas, impertinentes ou protelatórias.

Art. 34. As testemunhas, até o máximo de três para cada parte, comparecerão à audiência de instrução e julgamento levadas pela parte que as tenha arrolado, independentemente de intimação, ou mediante esta, se assim for requerido.

§ 1º O requerimento para intimação das testemunhas será apresentado à Secretaria no mínimo cinco dias antes da audiência de instrução e julgamento.

§ 2º Não comparecendo a testemunha intimada, o Juiz poderá determinar sua imediata condução, valendo-se, se necessário, do concurso da força pública.

Art. 35. Quando a prova do fato exigir, o Juiz poderá inquirir técnicos de sua confiança, permitida às partes a apresentação de parecer técnico.

Parágrafo único. No curso da audiência, poderá o Juiz, de ofício ou a requerimento das partes, realizar inspeção em pessoas ou coisas, ou determinar que o faça pessoa de sua confiança, que lhe relatará informalmente o verificado.

Art. 36. A prova oral não será reduzida a escrito, devendo a sentença referir, no essencial, os informes trazidos nos depoimentos.

Art. 37. A instrução poderá ser dirigida por Juiz leigo, sob a supervisão de Juiz togado.

SEÇÃO XII - DA SENTENÇA

Art. 38. A sentença mencionará os elementos de convicção do Juiz, com breve resumo dos fatos relevantes ocorridos em audiência, dispensado o relatório.

ANOTAÇÕES

Parágrafo único. Não se admitirá sentença condenatória por quantia ilíquida, ainda que genérico o pedido.

Art. 39. É ineficaz a sentença condenatória na parte que exceder a alçada estabelecida nesta Lei.

Art. 40. O Juiz leigo que tiver dirigido a instrução proferirá sua decisão e imediatamente a submeterá ao Juiz togado, que poderá homologá-la, proferir outra em substituição ou, antes de se manifestar, determinar a realização de atos probatórios indispensáveis.

Art. 41. Da sentença, excetuada a homologatória de conciliação ou laudo arbitral, caberá recurso para o próprio Juizado.

§ 1º O recurso será julgado por uma turma composta por três Juízes togados, em exercício no primeiro grau de jurisdição, reunidos na sede do Juizado.

§ 2º No recurso, as partes serão obrigatoriamente representadas por advogado.

Art. 42. O recurso será interposto no prazo de dez dias, contados da ciência da sentença, por petição escrita, da qual constarão as razões e o pedido do recorrente.

§ 1º O preparo será feito, independentemente de intimação, nas quarenta e oito horas seguintes à interposição, sob pena de deserção.

§ 2º Após o preparo, a Secretaria intimará o recorrido para oferecer resposta escrita no prazo de dez dias.

Art. 43. O recurso terá somente efeito devolutivo, podendo o Juiz dar-lhe efeito suspensivo, para evitar dano irreparável para a parte.

Art. 44. As partes poderão requerer a transcrição da gravação da fita magnética a que alude o § 3º do art. 13 desta Lei, correndo por conta do requerente as despesas respectivas.

Art. 45. As partes serão intimadas da data da sessão de julgamento.

Art. 46. O julgamento em segunda instância constará apenas da ata, com a indicação suficiente do processo, fundamentação sucinta e parte dispositiva. Se a sentença for confirmada pelos próprios fundamentos, a súmula do julgamento servirá de acórdão.

Art. 47. (VETADO)

SEÇÃO XIII - DOS EMBARGOS DE DECLARAÇÃO

Art. 48. Caberão embargos de declaração contra sentença ou acórdão nos casos previstos no Código de Processo Civil. (Redação dada pela Lei nº 13.105, de 2015)

Parágrafo único. Os erros materiais podem ser corrigidos de ofício.

Art. 49. Os embargos de declaração serão interpostos por escrito ou oralmente, no prazo de cinco dias, contados da ciência da decisão.

Art. 50. Os embargos de declaração interrompem o prazo para a interposição de recurso. (Redação dada pela Lei nº 13.105, de 2015)

SEÇÃO XIV - DA EXTINÇÃO DO PROCESSO SEM JULGAMENTO DO MÉRITO

Art. 51. Extingue-se o processo, além dos casos previstos em lei:

I. quando o autor deixar de comparecer a qualquer das audiências do processo;

II. quando inadmissível o procedimento instituído por esta Lei ou seu prosseguimento, após a conciliação;

III. quando for reconhecida a incompetência territorial;

IV. quando sobrevier qualquer dos impedimentos previstos no art. 8º desta Lei;

V. quando, falecido o autor, a habilitação depender de sentença ou não se der no prazo de trinta dias;

VI. quando, falecido o réu, o autor não promover a citação dos sucessores no prazo de trinta dias da ciência do fato.

§ 1º A extinção do processo independerá, em qualquer hipótese, de prévia intimação pessoal das partes.

§ 2º No caso do inciso I deste artigo, quando comprovar que a ausência decorre de força maior, a parte poderá ser isentada, pelo Juiz, do pagamento das custas.

ANOTAÇÕES

SEÇÃO XV - DA EXECUÇÃO

Art. 52. A execução da sentença processar-se-á no próprio Juizado, aplicando-se, no que couber, o disposto no Código de Processo Civil, com as seguintes alterações:

I. as sentenças serão necessariamente líquidas, contendo a conversão em Bônus do Tesouro Nacional. BTN ou índice equivalente;

II. os cálculos de conversão de índices, de honorários, de juros e de outras parcelas serão efetuados por servidor judicial;

III. a intimação da sentença será feita, sempre que possível, na própria audiência em que for proferida. Nessa intimação, o vencido será instado a cumprir a sentença tão logo ocorra seu trânsito em julgado, e advertido dos efeitos do seu descumprimento (inciso V);

IV. não cumprida voluntariamente a sentença transitada em julgado, e tendo havido solicitação do interessado, que poderá ser verbal, proceder-se-á desde logo à execução, dispensada nova citação;

V. nos casos de obrigação de entregar, de fazer, ou de não fazer, o Juiz, na sentença ou na fase de execução, cominará multa diária, arbitrada de acordo com as condições econômicas do devedor, para a hipótese de inadimplemento. Não cumprida a obrigação, o credor poderá requerer a elevação da multa ou a transformação da condenação em perdas e danos, que o Juiz de imediato arbitrará, seguindo-se a execução por quantia certa, incluída a multa vencida de obrigação de dar, quando evidenciada a malícia do devedor na execução do julgado;

VI. na obrigação de fazer, o Juiz pode determinar o cumprimento por outrem, fixado o valor que o devedor deve depositar para as despesas, sob pena de multa diária;

VII. na alienação forçada dos bens, o Juiz poderá autorizar o devedor, o credor ou terceira pessoa idônea a tratar da alienação do bem penhorado, a qual se aperfeiçoará em juízo até a data fixada para a praça ou leilão. Sendo o preço inferior ao da avaliação, as partes serão ouvidas. Se o pagamento não for à vista, será oferecida caução idônea, nos casos de alienação de bem móvel, ou hipotecado o imóvel;

VIII. é dispensada a publicação de editais em jornais, quando se tratar de alienação de bens de pequeno valor;

IX. o devedor poderá oferecer embargos, nos autos da execução, versando sobre:

a) falta ou nulidade da citação no processo, se ele correu à revelia;

b) manifesto excesso de execução;

c) erro de cálculo;

d) causa impeditiva, modificativa ou extintiva da obrigação, superveniente à sentença.

Art. 53. A execução de título executivo extrajudicial, no valor de até quarenta salários mínimos, obedecerá ao disposto no Código de Processo Civil, com as modificações introduzidas por esta Lei.

§ 1º Efetuada a penhora, o devedor será intimado a comparecer à audiência de conciliação, quando poderá oferecer embargos (art. 52, IX), por escrito ou verbalmente.

§ 2º Na audiência, será buscado o meio mais rápido e eficaz para a solução do litígio, se possível com dispensa da alienação judicial, devendo o conciliador propor, entre outras medidas cabíveis, o pagamento do débito a prazo ou a prestação, a dação em pagamento ou a imediata adjudicação do bem penhorado.

§ 3º Não apresentados os embargos em audiência, ou julgados improcedentes, qualquer das partes poderá requerer ao Juiz a adoção de uma das alternativas do parágrafo anterior.

§ 4º Não encontrado o devedor ou inexistindo bens penhoráveis, o processo será imediatamente extinto, devolvendo-se os documentos ao autor.

ANOTAÇÕES

SEÇÃO XVI - DAS DESPESAS

Art. 54. O acesso ao Juizado Especial independerá, em primeiro grau de jurisdição, do pagamento de custas, taxas ou despesas.

Parágrafo único. O preparo do recurso, na forma do § 1º do art. 42 desta Lei, compreenderá todas as despesas processuais, inclusive aquelas dispensadas em primeiro grau de jurisdição, ressalvada a hipótese de assistência judiciária gratuita.

Art. 55. A sentença de primeiro grau não condenará o vencido em custas e honorários de advogado, ressalvados os casos de litigância de má-fé. Em segundo grau, o recorrente, vencido, pagará as custas e honorários de advogado, que serão fixados entre dez por cento e vinte por cento do valor de condenação ou, não havendo condenação, do valor corrigido da causa.

Parágrafo único. Na execução não serão contadas custas, salvo quando:

I. reconhecida a litigância de má-fé;

II. improcedentes os embargos do devedor;

III. tratar-se de execução de sentença que tenha sido objeto de recurso improvido do devedor.

SEÇÃO XVII - DISPOSIÇÕES FINAIS

Art. 56. Instituído o Juizado Especial, serão implantadas as curadorias necessárias e o serviço de assistência judiciária.

Art. 57. O acordo extrajudicial, de qualquer natureza ou valor, poderá ser homologado, no juízo competente, independentemente de termo, valendo a sentença como título executivo judicial.

Parágrafo único. Valerá como título extrajudicial o acordo celebrado pelas partes, por instrumento escrito, referendado pelo órgão competente do Ministério Público.

Art. 58. As normas de organização judiciária local poderão estender a conciliação prevista nos arts. 22 e 23 a causas não abrangidas por esta Lei.

Art. 59. Não se admitirá ação rescisória nas causas sujeitas ao procedimento instituído por esta Lei.

CAPÍTULO III - DOS JUIZADOS ESPECIAIS CRIMINAIS

DISPOSIÇÕES GERAIS

Art. 60. O Juizado Especial Criminal, provido por juízes togados ou togados e leigos, tem competência para a conciliação, o julgamento e a execução das infrações penais de menor potencial ofensivo, respeitadas as regras de conexão e continência. (Redação dada pela Lei nº 11.313, de 2006)

Parágrafo único. Na reunião de processos, perante o juízo comum ou o tribunal do júri, decorrentes da aplicação das regras de conexão e continência, observar-se-ão os institutos da transação penal e da composição dos danos civis. (Incluído pela Lei nº 11.313, de 2006)

Art. 61. Consideram-se infrações penais de menor potencial ofensivo, para os efeitos desta Lei, as contravenções penais e os crimes a que a lei comine pena máxima não superior a 2 (dois) anos, cumulada ou não com multa. (Redação dada pela Lei nº 11.313, de 2006)

Art. 62. O processo perante o Juizado Especial orientar-se-á pelos critérios da oralidade, simplicidade, informalidade, economia processual e celeridade, objetivando, sempre que possível, a reparação dos danos sofridos pela vítima e a aplicação de pena não privativa de liberdade. (Redação dada pela Lei nº 13.603, de 2018)

SEÇÃO I - DA COMPETÊNCIA E DOS ATOS PROCESSUAIS

Art. 63. A competência do Juizado será determinada pelo lugar em que foi praticada a infração penal.

LEIS

ANOTAÇÕES

Art. 64. Os atos processuais serão públicos e poderão realizar-se em horário noturno e em qualquer dia da semana, conforme dispuserem as normas de organização judiciária.

Art. 65. Os atos processuais serão válidos sempre que preencherem as finalidades para as quais foram realizados, atendidos os critérios indicados no art. 62 desta Lei.

§ 1º Não se pronunciará qualquer nulidade sem que tenha havido prejuízo.

§ 2º A prática de atos processuais em outras comarcas poderá ser solicitada por qualquer meio hábil de comunicação.

§ 3º Serão objeto de registro escrito exclusivamente os atos havidos por essenciais. Os atos realizados em audiência de instrução e julgamento poderão ser gravados em fita magnética ou equivalente.

Art. 66. A citação será pessoal e far-se-á no próprio Juizado, sempre que possível, ou por mandado.

Parágrafo único. Não encontrado o acusado para ser citado, o Juiz encaminhará as peças existentes ao Juízo comum para adoção do procedimento previsto em lei.

Art. 67. A intimação far-se-á por correspondência, com aviso de recebimento pessoal ou, tratando-se de pessoa jurídica ou firma individual, mediante entrega ao encarregado da recepção, que será obrigatoriamente identificado, ou, sendo necessário, por oficial de justiça, independentemente de mandado ou carta precatória, ou ainda por qualquer meio idôneo de comunicação.

Parágrafo único. Dos atos praticados em audiência considerar-se-ão desde logo cientes as partes, os interessados e defensores.

Art. 68. Do ato de intimação do autor do fato e do mandado de citação do acusado, constará a necessidade de seu comparecimento acompanhado de advogado, com a advertência de que, na sua falta, ser-lhe-á designado defensor público.

SEÇÃO II - DA FASE PRELIMINAR

Art. 69. A autoridade policial que tomar conhecimento da ocorrência lavrará termo circunstanciado e o encaminhará imediatamente ao Juizado, com o autor do fato e a vítima, providenciando-se as requisições dos exames periciais necessários.

Parágrafo único. Ao autor do fato que, após a lavratura do termo, for imediatamente encaminhado ao juizado ou assumir o compromisso de a ele comparecer, não se imporá prisão em flagrante, nem se exigirá fiança. Em caso de violência doméstica, o juiz poderá determinar, como medida de cautela, seu afastamento do lar, domicílio ou local de convivência com a vítima. (Redação dada pela Lei nº 10.455, de 13.5.2002))

Art. 70. Comparecendo o autor do fato e a vítima, e não sendo possível a realização imediata da audiência preliminar, será designada data próxima, da qual ambos sairão cientes.

Art. 71. Na falta do comparecimento de qualquer dos envolvidos, a Secretaria providenciará sua intimação e, se for o caso, a do responsável civil, na forma dos arts. 67 e 68 desta Lei.

Art. 72. Na audiência preliminar, presente o representante do Ministério Público, o autor do fato e a vítima e, se possível, o responsável civil, acompanhados por seus advogados, o Juiz esclarecerá sobre a possibilidade da composição dos danos e da aceitação da proposta de aplicação imediata de pena não privativa de liberdade.

Art. 73. A conciliação será conduzida pelo Juiz ou por conciliador sob sua orientação.

Parágrafo único. Os conciliadores são auxiliares da Justiça, recrutados, na forma da lei local, preferentemente entre bacharéis em Direito, excluídos os que exerçam funções na administração da Justiça Criminal.

Art. 74. A composição dos danos civis será reduzida a escrito e, homologada pelo Juiz mediante sentença irrecorrível, terá eficácia de título a ser executado no juízo civil competente.

ANOTAÇÕES

Parágrafo único. Tratando-se de ação penal de iniciativa privada ou de ação penal pública condicionada à representação, o acordo homologado acarreta a renúncia ao direito de queixa ou representação.

Art. 75. Não obtida a composição dos danos civis, será dada imediatamente ao ofendido a oportunidade de exercer o direito de representação verbal, que será reduzida a termo.

Parágrafo único. O não oferecimento da representação na audiência preliminar não implica decadência do direito, que poderá ser exercido no prazo previsto em lei.

Art. 76. Havendo representação ou tratando-se de crime de ação penal pública incondicionada, não sendo caso de arquivamento, o Ministério Público poderá propor a aplicação imediata de pena restritiva de direitos ou multas, a ser especificada na proposta.

§ 1º Nas hipóteses de ser a pena de multa a única aplicável, o Juiz poderá reduzi-la até a metade.

§ 2º Não se admitirá a proposta se ficar comprovado:

I. ter sido o autor da infração condenado, pela prática de crime, à pena privativa de liberdade, por sentença definitiva;

II. ter sido o agente beneficiado anteriormente, no prazo de cinco anos, pela aplicação de pena restritiva ou multa, nos termos deste artigo;

III. não indicarem os antecedentes, a conduta social e a personalidade do agente, bem como os motivos e as circunstâncias, ser necessária e suficiente a adoção da medida.

§ 3º Aceita a proposta pelo autor da infração e seu defensor, será submetida à apreciação do Juiz.

§ 4º Acolhendo a proposta do Ministério Público aceita pelo autor da infração, o Juiz aplicará a pena restritiva de direitos ou multa, que não importará em reincidência, sendo registrada apenas para impedir novamente o mesmo benefício no prazo de cinco anos.

§ 5º Da sentença prevista no parágrafo anterior caberá a apelação referida no art. 82 desta Lei.

§ 6º A imposição da sanção de que trata o § 4º deste artigo não constará de certidão de antecedentes criminais, salvo para os fins previstos no mesmo dispositivo, e não terá efeitos civis, cabendo aos interessados propor ação cabível no juízo cível.

SEÇÃO III - DO PROCEDIMENTO SUMARIÍSSIMO

Art. 77. Na ação penal de iniciativa pública, quando não houver aplicação de pena, pela ausência do autor do fato, ou pela não ocorrência da hipótese prevista no art. 76 desta Lei, o Ministério Público oferecerá ao Juiz, de imediato, denúncia oral, se não houver necessidade de diligências imprescindíveis.

§ 1º Para o oferecimento da denúncia, que será elaborada com base no termo de ocorrência referido no art. 69 desta Lei, com dispensa do inquérito policial, prescindir-se-á do exame do corpo de delito quando a materialidade do crime estiver aferida por boletim médico ou prova equivalente.

§ 2º Se a complexidade ou circunstâncias do caso não permitirem a formulação da denúncia, o Ministério Público poderá requerer ao Juiz o encaminhamento das peças existentes, na forma do parágrafo único do art. 66 desta Lei.

§ 3º Na ação penal de iniciativa do ofendido poderá ser oferecida queixa oral, cabendo ao Juiz verificar se a complexidade e as circunstâncias do caso determinam a adoção das providências previstas no parágrafo único do art. 66 desta Lei.

Art. 78. Oferecida a denúncia ou queixa, será reduzida a termo, entregando-se cópia ao acusado, que com ela ficará citado e imediatamente cientificado da designação de dia e hora para a audiência de instrução e julgamento, da qual também tomarão ciência o Ministério Público, o ofendido, o responsável civil e seus advogados.

§ 1º Se o acusado não estiver presente, será citado na forma dos arts. 66 e 68 desta Lei e cientificado da data da audiência de instrução e julgamento, devendo a ela trazer suas testemunhas ou apresentar requerimento para intimação, no mínimo cinco dias antes de sua realização.

§ 2º Não estando presentes o ofendido e o responsável civil, serão intimados nos termos do art. 67 desta Lei para comparecerem à audiência de instrução e julgamento.

§ 3º As testemunhas arroladas serão intimadas na forma prevista no art. 67 desta Lei.

Art. 79. No dia e hora designados para a audiência de instrução e julgamento, se na fase preliminar não tiver havido possibilidade de tentativa de conciliação e de oferecimento de proposta pelo Ministério Público, proceder-se-á nos termos dos arts. 72, 73, 74 e 75 desta Lei.

Art. 80. Nenhum ato será adiado, determinando o Juiz, quando imprescindível, a condução coercitiva de quem deva comparecer.

Art. 81. Aberta a audiência, será dada a palavra ao defensor para responder à acusação, após o que o Juiz receberá, ou não, a denúncia ou queixa; havendo recebimento, serão ouvidas a vítima e as testemunhas de acusação e defesa, interrogando-se a seguir o acusado, se presente, passando-se imediatamente aos debates orais e à prolação da sentença.

§ 1º Todas as provas serão produzidas na audiência de instrução e julgamento, podendo o Juiz limitar ou excluir as que considerar excessivas, impertinentes ou protelatórias.

§ 2º De todo o ocorrido na audiência será lavrado termo, assinado pelo Juiz e pelas partes, contendo breve resumo dos fatos relevantes ocorridos em audiência e a sentença.

§ 3º A sentença, dispensado o relatório, mencionará os elementos de convicção do Juiz.

Art. 82. Da decisão de rejeição da denúncia ou queixa e da sentença caberá apelação, que poderá ser julgada por turma composta de três Juízes em exercício no primeiro grau de jurisdição, reunidos na sede do Juizado.

§ 1º A apelação será interposta no prazo de dez dias, contados da ciência da sentença pelo Ministério Público, pelo réu e seu defensor, por petição escrita, da qual constarão as razões e o pedido do recorrente.

§ 2º O recorrido será intimado para oferecer resposta escrita no prazo de dez dias.

§ 3º As partes poderão requerer a transcrição da gravação da fita magnética a que alude o § 3º do art. 65 desta Lei.

§ 4º As partes serão intimadas da data da sessão de julgamento pela imprensa.

§ 5º Se a sentença for confirmada pelos próprios fundamentos, a súmula do julgamento servirá de acórdão.

Art. 83. Cabem embargos de declaração quando, em sentença ou acórdão, houver obscuridade, contradição ou omissão. (Redação dada pela Lei nº 13.105, de 2015)

§ 1º Os embargos de declaração serão opostos por escrito ou oralmente, no prazo de cinco dias, contados da ciência da decisão.

§ 2º Os embargos de declaração interrompem o prazo para a interposição de recurso. (Redação dada pela Lei nº 13.105, de 2015)

§ 3º Os erros materiais podem ser corrigidos de ofício.

SEÇÃO IV - DA EXECUÇÃO

Art. 84. Aplicada exclusivamente pena de multa, seu cumprimento far-se-á mediante pagamento na Secretaria do Juizado.

Parágrafo único. Efetuado o pagamento, o Juiz declarará extinta a punibilidade, determinando que a condenação não fique constando dos registros criminais, exceto para fins de requisição judicial.

Art. 85. Não efetuado o pagamento de multa, será feita a conversão em pena privativa da liberdade, ou restritiva de direitos, nos termos previstos em lei.

ANOTAÇÕES

Art. 86. A execução das penas privativas de liberdade e restritivas de direitos, ou de multa cumulada com estas, será processada perante o órgão competente, nos termos da lei.

SEÇÃO V - DAS DESPESAS PROCESSUAIS

Art. 87. Nos casos de homologação do acordo civil e aplicação de pena restritiva de direitos ou multa (arts. 74 e 76, § 4º), as despesas processuais serão reduzidas, conforme dispuser lei estadual.

SEÇÃO VI - DISPOSIÇÕES FINAIS

Art. 88. Além das hipóteses do Código Penal e da legislação especial, dependerá de representação a ação penal relativa aos crimes de lesões corporais leves e lesões culposas.

Art. 89. Nos crimes em que a pena mínima cominada for igual ou inferior a um ano, abrangidas ou não por esta Lei, o Ministério Público, ao oferecer a denúncia, poderá propor a suspensão do processo, por dois a quatro anos, desde que o acusado não esteja sendo processado ou não tenha sido condenado por outro crime, presentes os demais requisitos que autorizariam a suspensão condicional da pena (art. 77 do Código Penal).

§ 1º Aceita a proposta pelo acusado e seu defensor, na presença do Juiz, este, recebendo a denúncia, poderá suspender o processo, submetendo o acusado a período de prova, sob as seguintes condições:

I. reparação do dano, salvo impossibilidade de fazê-lo;

II. proibição de frequentar determinados lugares;

III. proibição de ausentar-se da comarca onde reside, sem autorização do Juiz;

IV. comparecimento pessoal e obrigatório a juízo, mensalmente, para informar e justificar suas atividades.

§ 2º O Juiz poderá especificar outras condições a que fica subordinada a suspensão, desde que adequadas ao fato e à situação pessoal do acusado.

§ 3º A suspensão será revogada se, no curso do prazo, o beneficiário vier a ser processado por outro crime ou não efetuar, sem motivo justificado, a reparação do dano.

§ 4º A suspensão poderá ser revogada se o acusado vier a ser processado, no curso do prazo, por contravenção, ou descumprir qualquer outra condição imposta.

§ 5º Expirado o prazo sem revogação, o Juiz declarará extinta a punibilidade.

§ 6º Não correrá a prescrição durante o prazo de suspensão do processo.

§ 7º Se o acusado não aceitar a proposta prevista neste artigo, o processo prosseguirá em seus ulteriores termos.

Art. 90. As disposições desta Lei não se aplicam aos processos penais cuja instrução já estiver iniciada. (Vide ADIN nº 1.719-9)

Art. 90-A. As disposições desta Lei não se aplicam no âmbito da Justiça Militar. (Artigo incluído pela Lei nº 9.839, de 27.9.1999)

Art. 91. Nos casos em que esta Lei passa a exigir representação para a propositura da ação penal pública, o ofendido ou seu representante legal será intimado para oferecê-la no prazo de trinta dias, sob pena de decadência.

Art. 92. Aplicam-se subsidiariamente as disposições dos Códigos Penal e de Processo Penal, no que não forem incompatíveis com esta Lei.

CAPÍTULO IV - DISPOSIÇÕES FINAIS COMUNS

Art. 93. Lei Estadual disporá sobre o Sistema de Juizados Especiais Cíveis e Criminais, sua organização, composição e competência.

Art. 94. Os serviços de cartório poderão ser prestados, e as audiências realizadas fora da sede da Comarca, em bairros ou cidades a ela pertencentes, ocupando instalações de prédios públicos, de acordo com audiências previamente anunciadas.

ANOTAÇÕES

ANOTAÇÕES

Art. 95. Os Estados, Distrito Federal e Territórios criarão e instalarão os Juizados Especiais no prazo de seis meses, a contar da vigência desta Lei.

Parágrafo único. No prazo de 6 (seis) meses, contado da publicação desta Lei, serão criados e instalados os Juizados Especiais Itinerantes, que deverão dirimir, prioritariamente, os conflitos existentes nas áreas rurais ou nos locais de menor concentração populacional. (Redação dada pela Lei nº 12.726, de 2012)

Art. 96. Esta Lei entra em vigor no prazo de sessenta dias após a sua publicação.

Art. 97. Ficam revogadas a Lei nº 4.611, de 2 de abril de 1965 e a Lei nº 7.244, de 7 de novembro de 1984.

18. LEI Nº 9.296, DE 24 DE JULHO DE 1996

Regulamenta o inciso XII, parte final, do art. 5º da Constituição Federal.

O PRESIDENTE DA REPÚBLICA Faço saber que o Congresso Nacional decreta e eu sanciono a seguinte Lei:

Art. 1º A interceptação de comunicações telefônicas, de qualquer natureza, para prova em investigação criminal e em instrução processual penal, observará o disposto nesta Lei e dependerá de ordem do juiz competente da ação principal, sob segredo de justiça.

Parágrafo único. O disposto nesta Lei aplica-se à interceptação do fluxo de comunicações em sistemas de informática e telemática.

Art. 2º Não será admitida a interceptação de comunicações telefônicas quando ocorrer qualquer das seguintes hipóteses:

I. não houver indícios razoáveis da autoria ou participação em infração penal;

II. a prova puder ser feita por outros meios disponíveis;

III. o fato investigado constituir infração penal punida, no máximo, com pena de detenção.

Parágrafo único. Em qualquer hipótese deve ser descrita com clareza a situação objeto da investigação, inclusive com a indicação e qualificação dos investigados, salvo impossibilidade manifesta, devidamente justificada.

Art. 3º A interceptação das comunicações telefônicas poderá ser determinada pelo juiz, de ofício ou a requerimento:

I. da autoridade policial, na investigação criminal;

II. do representante do Ministério Público, na investigação criminal e na instrução processual penal.

Art. 4º O pedido de interceptação de comunicação telefônica conterá a demonstração de que a sua realização é necessária à apuração de infração penal, com indicação dos meios a serem empregados.

§ 1º Excepcionalmente, o juiz poderá admitir que o pedido seja formulado verbalmente, desde que estejam presentes os pressupostos que autorizem a interceptação, caso em que a concessão será condicionada à sua redução a termo.

§ 2º O juiz, no prazo máximo de vinte e quatro horas, decidirá sobre o pedido.

Art. 5º A decisão será fundamentada, sob pena de nulidade, indicando também a forma de execução da diligência, que não poderá exceder o prazo de quinze dias, renovável por igual tempo uma vez comprovada a indispensabilidade do meio de prova.

Art. 6º Deferido o pedido, a autoridade policial conduzirá os procedimentos de interceptação, dando ciência ao Ministério Público, que poderá acompanhar a sua realização.

§ 1º No caso de a diligência possibilitar a gravação da comunicação interceptada, será determinada a sua transcrição.

§ 2º Cumprida a diligência, a autoridade policial encaminhará o resultado da interceptação ao juiz, acompanhado de auto circunstanciado, que deverá conter o resumo das operações realizadas.

ANOTAÇÕES

§ 3º Recebidos esses elementos, o juiz determinará a providência do art. 8º , ciente o Ministério Público.

Art. 7º Para os procedimentos de interceptação de que trata esta Lei, a autoridade policial poderá requisitar serviços e técnicos especializados às concessionárias de serviço público.

Art. 8º A interceptação de comunicação telefônica, de qualquer natureza, ocorrerá em autos apartados, apensados aos autos do inquérito policial ou do processo criminal, preservando-se o sigilo das diligências, gravações e transcrições respectivas.

Art. 8º-A. Para investigação ou instrução criminal, poderá ser autorizada pelo juiz, a requerimento da autoridade policial ou do Ministério Público, a captação ambiental de sinais eletromagnéticos, ópticos ou acústicos, quando: (Incluído pela Lei nº 13.964, de 24.12.2019)

I. a prova não puder ser feita por outros meios disponíveis e igualmente eficazes; e (Incluído pela Lei nº 13.964, de 24.12.2019)

II. houver elementos probatórios razoáveis de autoria e participação em infrações criminais cujas penas máximas sejam superiores a 4 (quatro) anos ou em infrações penais conexas. (Incluído pela Lei nº 13.964, de 24.12.2019)

§ 1º O requerimento deverá descrever circunstanciadamente o local e a forma de instalação do dispositivo de captação ambiental. (Incluído pela Lei nº 13.964, de 24.12.2019)

§ 2º (VETADO).

§ 3º A captação ambiental não poderá exceder o prazo de 15 (quinze) dias, renovável por decisão judicial por iguais períodos, se comprovada a indispensabilidade do meio de prova e quando presente atividade criminal permanente, habitual ou continuada. (Incluído pela Lei nº 13.964, de 24.12.2019)

§ 4º (VETADO).

§ 5º Aplicam-se subsidiariamente à captação ambiental as regras previstas na legislação específica para a interceptação telefônica e telemática. (Incluído pela Lei nº 13.964, de 24.12.2019)

Parágrafo único. A apensação somente poderá ser realizada imediatamente antes do relatório da autoridade, quando se tratar de inquérito policial (Código de Processo Penal, art.10, § 1º) ou na conclusão do processo ao juiz para o despacho decorrente do disposto nos arts. 407, 502 ou 538 do Código de Processo Penal.

Art. 9º A gravação que não interessar à prova será inutilizada por decisão judicial, durante o inquérito, a instrução processual ou após esta, em virtude de requerimento do Ministério Público ou da parte interessada.

Parágrafo único. O incidente de inutilização será assistido pelo Ministério Público, sendo facultada a presença do acusado ou de seu representante legal.

Art. 10. Constitui crime realizar interceptação de comunicações telefônicas, de informática ou telemática, promover escuta ambiental ou quebrar segredo da Justiça, sem autorização judicial ou com objetivos não autorizados em lei: (Redação dada pela Lei nº 13.869. de 2019)

Pena - reclusão, de 2 (dois) a 4 (quatro) anos, e multa. (Redação dada pela Lei nº 13.869. de 2019)

Parágrafo único. Incorre na mesma pena a autoridade judicial que determina a execução de conduta prevista no caput deste artigo com objetivo não autorizado em lei. (Incluído pela Lei nº 13.869. de 2019)

Art. 10-A. Realizar captação ambiental de sinais eletromagnéticos, ópticos ou acústicos para investigação ou instrução criminal sem autorização judicial, quando esta for exigida: (Incluído pela Lei nº 13.964, de 24.12.2019)

Pena - reclusão, de 2 (dois) a 4 (quatro) anos, e multa. (Incluído pela Lei nº 13.964, de 24.12.2019)

§ 1º Não há crime se a captação é realizada por um dos interlocutores. (Incluído pela Lei nº 13.964, de 24.12.2019)

§ 2º A pena será aplicada em dobro ao funcionário público que descumprir determinação de sigilo das investigações que envolvam a captação ambiental ou revelar o conteúdo das gravações enquanto mantido o sigilo judicial. (Incluído pela Lei nº 13.964, de 24.12.2019)

Art. 11. Esta Lei entra em vigor na data de sua publicação.

Art. 12. Revogam-se as disposições em contrário.

19. LEI Nº 9.455, DE 7 DE ABRIL DE 1997

Define os Crimes de Tortura e dá outras Providências.

O PRESIDENTE DA REPÚBLICA Faço saber que o Congresso Nacional decreta e eu sanciono a seguinte Lei:

Art. 1º Constitui crime de tortura:

I. constranger alguém com emprego de violência ou grave ameaça, causando-lhe sofrimento físico ou mental:

a) com o fim de obter informação, declaração ou confissão da vítima ou de terceira pessoa;

b) para provocar ação ou omissão de natureza criminosa;

c) em razão de discriminação racial ou religiosa;

II. submeter alguém, sob sua guarda, poder ou autoridade, com emprego de violência ou grave ameaça, a intenso sofrimento físico ou mental, como forma de aplicar castigo pessoal ou medida de caráter preventivo.

Pena: reclusão, de dois a oito anos.

§ 1º Na mesma pena incorre quem submete pessoa presa ou sujeita a medida de segurança a sofrimento físico ou mental, por intermédio da prática de ato não previsto em lei ou não resultante de medida legal.

§ 2º Aquele que se omite em face dessas condutas, quando tinha o dever de evitá-las ou apurá-las, incorre na pena de detenção de um a quatro anos.

§ 3º Se resulta lesão corporal de natureza grave ou gravíssima, a pena é de reclusão de quatro a dez anos; se resulta morte, a reclusão é de oito a dezesseis anos.

§ 4º Aumenta-se a pena de um sexto até um terço:

I. se o crime é cometido por agente público;

II. se o crime é cometido contra criança, gestante, portador de deficiência, adolescente ou maior de 60 (sessenta) anos; (Redação dada pela Lei nº 10.741, de 2003)

III. se o crime é cometido mediante sequestro.

§ 5º A condenação acarretará a perda do cargo, função ou emprego público e a interdição para seu exercício pelo dobro do prazo da pena aplicada.

§ 6º O crime de tortura é inafiançável e insuscetível de graça ou anistia.

§ 7º O condenado por crime previsto nesta Lei, salvo a hipótese do § 2º, iniciará o cumprimento da pena em regime fechado.

Art. 2º O disposto nesta Lei aplica-se ainda quando o crime não tenha sido cometido em território nacional, sendo a vítima brasileira ou encontrando-se o agente em local sob jurisdição brasileira.

Art. 3º Esta Lei entra em vigor na data de sua publicação.

Art. 4º Revoga-se o art. 233 da Lei nº 8.069, de 13 de julho de 1990 - Estatuto da Criança e do Adolescente.

ANOTAÇÕES

20. LEI Nº 9.605, DE 12 DE FEVEREIRO DE 1998

Lei de Crimes Ambientais

Dispõe sobre as sanções penais e administrativas derivadas de condutas e atividades lesivas ao meio ambiente, e dá outras providências.

O PRESIDENTE DA REPÚBLICA Faço saber que o Congresso Nacional decreta e eu sanciono a seguinte Lei:

CAPÍTULO I - DISPOSIÇÕES GERAIS

Art. 1º (VETADO)

Art. 2º Quem, de qualquer forma, concorre para a prática dos crimes previstos nesta Lei, incide nas penas a estes cominadas, na medida da sua culpabilidade, bem como o diretor, o administrador, o membro de conselho e de órgão técnico, o auditor, o gerente, o preposto ou mandatário de pessoa jurídica, que, sabendo da conduta criminosa de outrem, deixar de impedir a sua prática, quando podia agir para evitá-la.

Art. 3º As pessoas jurídicas serão responsabilizadas administrativa, civil e penalmente conforme o disposto nesta Lei, nos casos em que a infração seja cometida por decisão de seu representante legal ou contratual, ou de seu órgão colegiado, no interesse ou benefício da sua entidade.

Parágrafo único. A responsabilidade das pessoas jurídicas não exclui a das pessoas físicas, autoras, co-autoras ou partícipes do mesmo fato.

Art. 4º Poderá ser desconsiderada a pessoa jurídica sempre que sua personalidade for obstáculo ao ressarcimento de prejuízos causados à qualidade do meio ambiente.

Art. 5º (VETADO)

CAPÍTULO II - DA APLICAÇÃO DA PENA

Art. 6º Para imposição e gradação da penalidade, a autoridade competente observará:

I. a gravidade do fato, tendo em vista os motivos da infração e suas consequências para a saúde pública e para o meio ambiente;

II. os antecedentes do infrator quanto ao cumprimento da legislação de interesse ambiental;

III. a situação econômica do infrator, no caso de multa.

Art. 7º As penas restritivas de direitos são autônomas e substituem as privativas de liberdade quando:

I. tratar-se de crime culposo ou for aplicada a pena privativa de liberdade inferior a quatro anos;

II. a culpabilidade, os antecedentes, a conduta social e a personalidade do condenado, bem como os motivos e as circunstâncias do crime indicarem que a substituição seja suficiente para efeitos de reprovação e prevenção do crime.

Parágrafo único. As penas restritivas de direitos a que se refere este artigo terão a mesma duração da pena privativa de liberdade substituída.

Art. 8º As penas restritivas de direito são:

I. prestação de serviços à comunidade;

II. interdição temporária de direitos;

III. suspensão parcial ou total de atividades;

IV. prestação pecuniária;

V. recolhimento domiciliar.

Art. 9º A prestação de serviços à comunidade consiste na atribuição ao condenado de tarefas gratuitas junto a parques e jardins públicos e unidades de conservação, e, no caso de dano da coisa particular, pública ou tombada, na restauração desta, se possível.

Art. 10. As penas de interdição temporária de direito são a proibição de o condenado contratar com o Poder Público, de receber incentivos fiscais ou quaisquer outros benefícios, bem como de participar de licitações, pelo prazo de cinco anos, no caso de crimes dolosos, e de três anos, no de crimes culposos.

ANOTAÇÕES

LEIS

ANOTAÇÕES

Art. 11. A suspensão de atividades será aplicada quando estas não estiverem obedecendo às prescrições legais.

Art. 12. A prestação pecuniária consiste no pagamento em dinheiro à vítima ou à entidade pública ou privada com fim social, de importância, fixada pelo juiz, não inferior a um salário mínimo nem superior a trezentos e sessenta salários mínimos. O valor pago será deduzido do montante de eventual reparação civil a que for condenado o infrator.

Art. 13. O recolhimento domiciliar baseia-se na autodisciplina e senso de responsabilidade do condenado, que deverá, sem vigilância, trabalhar, frequentar curso ou exercer atividade autorizada, permanecendo recolhido nos dias e horários de folga em residência ou em qualquer local destinado a sua moradia habitual, conforme estabelecido na sentença condenatória.

Art. 14. São circunstâncias que atenuam a pena:

I. baixo grau de instrução ou escolaridade do agente;

II. arrependimento do infrator, manifestado pela espontânea reparação do dano, ou limitação significativa da degradação ambiental causada;

III. comunicação prévia pelo agente do perigo iminente de degradação ambiental;

IV. colaboração com os agentes encarregados da vigilância e do controle ambiental.

Art. 15. São circunstâncias que agravam a pena, quando não constituem ou qualificam o crime:

I. reincidência nos crimes de natureza ambiental;

II. ter o agente cometido a infração:

a) para obter vantagem pecuniária;

b) coagindo outrem para a execução material da infração;

c) afetando ou expondo a perigo, de maneira grave, a saúde pública ou o meio ambiente;

d) concorrendo para danos à propriedade alheia;

e) atingindo áreas de unidades de conservação ou áreas sujeitas, por ato do Poder Público, a regime especial de uso;

f) atingindo áreas urbanas ou quaisquer assentamentos humanos;

g) em período de defeso à fauna;

h) em domingos ou feriados;

i) à noite;

j) em épocas de seca ou inundações;

l) no interior do espaço territorial especialmente protegido;

m) com o emprego de métodos cruéis para abate ou captura de animais;

n) mediante fraude ou abuso de confiança;

o) mediante abuso do direito de licença, permissão ou autorização ambiental;

p) no interesse de pessoa jurídica mantida, total ou parcialmente, por verbas públicas ou beneficiada por incentivos fiscais;

q) atingindo espécies ameaçadas, listadas em relatórios oficiais das autoridades competentes;

r) facilitada por funcionário público no exercício de suas funções.

Art. 16. Nos crimes previstos nesta Lei, a suspensão condicional da pena pode ser aplicada nos casos de condenação a pena privativa de liberdade não superior a três anos.

Art. 17. A verificação da reparação a que se refere o § 2º do art. 78 do Código Penal será feita mediante laudo de reparação do dano ambiental, e as condições a serem impostas pelo juiz deverão relacionar-se com a proteção ao meio ambiente.

Art. 18. A multa será calculada segundo os critérios do Código Penal; se revelar-se ineficaz, ainda que aplicada no valor máximo, poderá ser aumentada até três vezes, tendo em vista o valor da vantagem econômica auferida.

Art. 19. A perícia de constatação do dano ambiental, sempre que possível, fixará o montante do prejuízo causado para efeitos de prestação de fiança e cálculo de multa.

ANOTAÇÕES

Parágrafo único. A perícia produzida no inquérito civil ou no juízo cível poderá ser aproveitada no processo penal, instaurando-se o contraditório.

Art. 20. A sentença penal condenatória, sempre que possível, fixará o valor mínimo para reparação dos danos causados pela infração, considerando os prejuízos sofridos pelo ofendido ou pelo meio ambiente.

Parágrafo único. Transitada em julgado a sentença condenatória, a execução poderá efetuar-se pelo valor fixado nos termos do caput, sem prejuízo da liquidação para apuração do dano efetivamente sofrido.

Art. 21. As penas aplicáveis isolada, cumulativa ou alternativamente às pessoas jurídicas, de acordo com o disposto no art. 3º, são:

I. multa;

II. restritivas de direitos;

III. prestação de serviços à comunidade.

Art. 22. As penas restritivas de direitos da pessoa jurídica são:

I. suspensão parcial ou total de atividades;

II. interdição temporária de estabelecimento, obra ou atividade;

III. proibição de contratar com o Poder Público, bem como dele obter subsídios, subvenções ou doações.

§ 1º A suspensão de atividades será aplicada quando estas não estiverem obedecendo às disposições legais ou regulamentares, relativas à proteção do meio ambiente.

§ 2º A interdição será aplicada quando o estabelecimento, obra ou atividade estiver funcionando sem a devida autorização, ou em desacordo com a concedida, ou com violação de disposição legal ou regulamentar.

§ 3º A proibição de contratar com o Poder Público e dele obter subsídios, subvenções ou doações não poderá exceder o prazo de dez anos.

Art. 23. A prestação de serviços à comunidade pela pessoa jurídica consistirá em:

I. custeio de programas e de projetos ambientais;

II. execução de obras de recuperação de áreas degradadas;

III. manutenção de espaços públicos;

IV. contribuições a entidades ambientais ou culturais públicas.

Art. 24. A pessoa jurídica constituída ou utilizada, preponderantemente, com o fim de permitir, facilitar ou ocultar a prática de crime definido nesta Lei terá decretada sua liquidação forçada, seu patrimônio será considerado instrumento do crime e como tal perdido em favor do Fundo Penitenciário Nacional.

CAPÍTULO III - DA APREENSÃO DO PRODUTO E DO INSTRUMENTO DE INFRAÇÃO ADMINISTRATIVA OU DE CRIME

Art. 25. Verificada a infração, serão apreendidos seus produtos e instrumentos, lavrando-se os respectivos autos.

§ 1º Os animais serão prioritariamente libertados em seu habitat ou, sendo tal medida inviável ou não recomendável por questões sanitárias, entregues a jardins zoológicos, fundações ou entidades assemelhadas, para guarda e cuidados sob a responsabilidade de técnicos habilitados. (Redação dada pela Lei nº 13.052, de 2014)

§ 2º Até que os animais sejam entregues às instituições mencionadas no § 1º deste artigo, o órgão autuante zelará para que eles sejam mantidos em condições adequadas de acondicionamento e transporte que garantam o seu bem-estar físico. (Redação dada pela Lei nº 13.052, de 2014)

§ 3º Tratando-se de produtos perecíveis ou madeiras, serão estes avaliados e doados a instituições científicas, hospitalares, penais e outras com fins beneficentes. (Renumerando do §2º para §3º pela Lei nº 13.052, de 2014)

§ 4º Os produtos e subprodutos da fauna não perecíveis serão destruídos ou doados a instituições científicas, culturais ou educacionais. (Renumerando do §3º para §4º pela Lei nº 13.052, de 2014)

§ 5º Os instrumentos utilizados na prática da infração serão vendidos, garantida a sua descaracterização por meio da reciclagem. (Renumerando do §4º para §5º pela Lei nº 13.052, de 2014)

CAPÍTULO IV - DA AÇÃO E DO PROCESSO PENAL

Art. 26. Nas infrações penais previstas nesta Lei, a ação penal é pública incondicionada.

Parágrafo único. (VETADO)

Art. 27. Nos crimes ambientais de menor potencial ofensivo, a proposta de aplicação imediata de pena restritiva de direitos ou multa, prevista no art. 76 da Lei nº 9.099, de 26 de setembro de 1995, somente poderá ser formulada desde que tenha havido a prévia composição do dano ambiental, de que trata o art. 74 da mesma lei, salvo em caso de comprovada impossibilidade.

Art. 28. As disposições do art. 89 da Lei nº 9.099, de 26 de setembro de 1995, aplicam-se aos crimes de menor potencial ofensivo definidos nesta Lei, com as seguintes modificações:

I. a declaração de extinção de punibilidade, de que trata o § 5º do artigo referido no caput, dependerá de laudo de constatação de reparação do dano ambiental, ressalvada a impossibilidade prevista no inciso I do § 1º do mesmo artigo;

II. na hipótese de o laudo de constatação comprovar não ter sido completa a reparação, o prazo de suspensão do processo será prorrogado, até o período máximo previsto no artigo referido no caput, acrescido de mais um ano, com suspensão do prazo da prescrição;

III. no período de prorrogação, não se aplicarão as condições dos incisos II, III e IV do § 1º do artigo mencionado no caput;

IV. findo o prazo de prorrogação, proceder-se-á à lavratura de novo laudo de constatação de reparação do dano ambiental, podendo, conforme seu resultado, ser novamente prorrogado o período de suspensão, até o máximo previsto no inciso II deste artigo, observado o disposto no inciso III;

V. esgotado o prazo máximo de prorrogação, a declaração de extinção de punibilidade dependerá de laudo de constatação que comprove ter o acusado tomado as providências necessárias à reparação integral do dano.

CAPÍTULO V - DOS CRIMES CONTRA O MEIO AMBIENTE

SEÇÃO I - DOS CRIMES CONTRA A FAUNA

Art. 29. Matar, perseguir, caçar, apanhar, utilizar espécimes da fauna silvestre, nativos ou em rota migratória, sem a devida permissão, licença ou autorização da autoridade competente, ou em desacordo com a obtida:

Pena: detenção de seis meses a um ano, e multa.

§ 1º Incorre nas mesmas penas:

I. quem impede a procriação da fauna, sem licença, autorização ou em desacordo com a obtida;

II. quem modifica, danifica ou destrói ninho, abrigo ou criadouro natural;

III. quem vende, expõe à venda, exporta ou adquire, guarda, tem em cativeiro ou depósito, utiliza ou transporta ovos, larvas ou espécimes da fauna silvestre, nativa ou em rota migratória, bem como produtos e objetos dela oriundos, provenientes de criadouros não autorizados ou sem a devida permissão, licença ou autorização da autoridade competente.

§ 2º No caso de guarda doméstica de espécie silvestre não considerada ameaçada de extinção, pode o juiz, considerando as circunstâncias, deixar de aplicar a pena.

ANOTAÇÕES

§ 3º São espécimes da fauna silvestre todos aqueles pertencentes às espécies nativas, migratórias e quaisquer outras, aquáticas ou terrestres, que tenham todo ou parte de seu ciclo de vida ocorrendo dentro dos limites do território brasileiro, ou águas jurisdicionais brasileiras.

§ 4º A pena é aumentada de metade, se o crime é praticado:

I. contra espécie rara ou considerada ameaçada de extinção, ainda que somente no local da infração;

II. em período proibido à caça;

III. durante a noite;

IV. com abuso de licença;

V. em unidade de conservação;

VI. com emprego de métodos ou instrumentos capazes de provocar destruição em massa.

§ 5º A pena é aumentada até o triplo, se o crime decorre do exercício de caça profissional.

§ 6º As disposições deste artigo não se aplicam aos atos de pesca.

Art. 30. Exportar para o exterior peles e couros de anfíbios e répteis em bruto, sem a autorização da autoridade ambiental competente:

Pena: reclusão, de um a três anos, e multa.

Art. 31. Introduzir espécime animal no País, sem parecer técnico oficial favorável e licença expedida por autoridade competente:

Pena: detenção, de três meses a um ano, e multa.

Art. 32. Praticar ato de abuso, maus-tratos, ferir ou mutilar animais silvestres, domésticos ou domesticados, nativos ou exóticos:

Pena: detenção, de três meses a um ano, e multa.

§ 1º Incorre nas mesmas penas quem realiza experiência dolorosa ou cruel em animal vivo, ainda que para fins didáticos ou científicos, quando existirem recursos alternativos.

§ 2º A pena é aumentada de um sexto a um terço, se ocorre morte do animal.

Art. 33. Provocar, pela emissão de efluentes ou carreamento de materiais, o perecimento de espécimes da fauna aquática existentes em rios, lagos, açudes, lagoas, baías ou águas jurisdicionais brasileiras:

Pena: detenção, de um a três anos, ou multa, ou ambas cumulativamente.

Parágrafo único. Incorre nas mesmas penas:

I. quem causa degradação em viveiros, açudes ou estações de aquicultura de domínio público;

II. quem explora campos naturais de invertebrados aquáticos e algas, sem licença, permissão ou autorização da autoridade competente;

III. quem fundeia embarcações ou lança detritos de qualquer natureza sobre bancos de moluscos ou corais, devidamente demarcados em carta náutica.

Art. 34. Pescar em período no qual a pesca seja proibida ou em lugares interditados por órgão competente:

Pena: detenção de um ano a três anos ou multa, ou ambas as penas cumulativamente.

Parágrafo único. Incorre nas mesmas penas quem:

I. pesca espécies que devam ser preservadas ou espécimes com tamanhos inferiores aos permitidos;

II. pesca quantidades superiores às permitidas, ou mediante a utilização de aparelhos, petrechos, técnicas e métodos não permitidos;

III. transporta, comercializa, beneficia ou industrializa espécimes provenientes da coleta, apanha e pesca proibidas.

Art. 35. Pescar mediante a utilização de:

I. explosivos ou substâncias que, em contato com a água, produzam efeito semelhante;

II. substâncias tóxicas, ou outro meio proibido pela autoridade competente:

ANOTAÇÕES

LEIS

ANOTAÇÕES

Pena: reclusão de um ano a cinco anos.

Art. 36. Para os efeitos desta Lei, considera-se pesca todo ato tendente a retirar, extrair, coletar, apanhar, apreender ou capturar espécimes dos grupos dos peixes, crustáceos, moluscos e vegetais hidróbios, suscetíveis ou não de aproveitamento econômico, ressalvadas as espécies ameaçadas de extinção, constantes nas listas oficiais da fauna e da flora.

Art. 37. Não é crime o abate de animal, quando realizado:

I. em estado de necessidade, para saciar a fome do agente ou de sua família;

II. para proteger lavouras, pomares e rebanhos da ação predatória ou destruidora de animais, desde que legal e expressamente autorizado pela autoridade competente;

III. (VETADO)

IV. por ser nocivo o animal, desde que assim caracterizado pelo órgão competente.

SEÇÃO II - DOS CRIMES CONTRA A FLORA

Art. 38. Destruir ou danificar floresta considerada de preservação permanente, mesmo que em formação, ou utilizá-la com infringência das normas de proteção:

Pena: detenção, de um a três anos, ou multa, ou ambas as penas cumulativamente.

Parágrafo único. Se o crime for culposo, a pena será reduzida à metade.

Art. 38-A. Destruir ou danificar vegetação primária ou secundária, em estágio avançado ou médio de regeneração, do Bioma Mata Atlântica, ou utilizá-la com infringência das normas de proteção: (Incluído pela Lei nº 11.428, de 2006).

Pena: detenção, de 1 (um) a 3 (três) anos, ou multa, ou ambas as penas cumulativamente. (Incluído pela Lei nº 11.428, de 2006).

Parágrafo único. Se o crime for culposo, a pena será reduzida à metade. (Incluído pela Lei nº 11.428, de 2006).

Art. 39. Cortar árvores em floresta considerada de preservação permanente, sem permissão da autoridade competente:

Pena: detenção, de um a três anos, ou multa, ou ambas as penas cumulativamente.

Art. 40. Causar dano direto ou indireto às Unidades de Conservação e às áreas de que trata o art. 27 do Decreto nº 99.274, de 6 de junho de 1990, independentemente de sua localização:

Pena: reclusão, de um a cinco anos.

§ 1º Entende-se por Unidades de Conservação de Proteção Integral as Estações Ecológicas, as Reservas Biológicas, os Parques Nacionais, os Monumentos Naturais e os Refúgios de Vida Silvestre. (Redação dada pela Lei nº 9.985, de 2000)

§ 2º A ocorrência de dano afetando espécies ameaçadas de extinção no interior das Unidades de Conservação de Proteção Integral será considerada circunstância agravante para a fixação da pena. (Redação dada pela Lei nº 9.985, de 2000)

§ 3º Se o crime for culposo, a pena será reduzida à metade.

Art. 40-A. (VETADO) (Incluído pela Lei nº 9.985, de 2000)

§ 1º Entende-se por Unidades de Conservação de Uso Sustentável as Áreas de Proteção Ambiental, as Áreas de Relevante Interesse Ecológico, as Florestas Nacionais, as Reservas Extrativistas, as Reservas de Fauna, as Reservas de Desenvolvimento Sustentável e as Reservas Particulares do Patrimônio Natural. (Incluído pela Lei nº 9.985, de 2000)

§ 2º A ocorrência de dano afetando espécies ameaçadas de extinção no interior das Unidades de Conservação de Uso Sustentável será considerada circunstância agravante para a fixação da pena. (Incluído pela Lei nº 9.985, de 2000)

§ 3º Se o crime for culposo, a pena será reduzida à metade. (Incluído pela Lei nº 9.985, de 2000)

Art. 41. Provocar incêndio em mata ou floresta:

Pena: reclusão, de dois a quatro anos, e multa.

ANOTAÇÕES

Parágrafo único. Se o crime é culposo, a pena é de detenção de seis meses a um ano, e multa.

Art. 42. Fabricar, vender, transportar ou soltar balões que possam provocar incêndios nas florestas e demais formas de vegetação, em áreas urbanas ou qualquer tipo de assentamento humano:

Pena: detenção de um a três anos ou multa, ou ambas as penas cumulativamente.

Art. 43. (VETADO)

Art. 44. Extrair de florestas de domínio público ou consideradas de preservação permanente, sem prévia autorização, pedra, areia, cal ou qualquer espécie de minerais:

Pena: detenção, de seis meses a um ano, e multa.

Art. 45. Cortar ou transformar em carvão madeira de lei, assim classificada por ato do Poder Público, para fins industriais, energéticos ou para qualquer outra exploração, econômica ou não, em desacordo com as determinações legais:

Pena: reclusão, de um a dois anos, e multa.

Art. 46. Receber ou adquirir, para fins comerciais ou industriais, madeira, lenha, carvão e outros produtos de origem vegetal, sem exigir a exibição de licença do vendedor, outorgada pela autoridade competente, e sem munir-se da via que deverá acompanhar o produto até final beneficiamento:

Pena: detenção, de seis meses a um ano, e multa.

Parágrafo único. Incorre nas mesmas penas quem vende, expõe à venda, tem em depósito, transporta ou guarda madeira, lenha, carvão e outros produtos de origem vegetal, sem licença válida para todo o tempo da viagem ou do armazenamento, outorgada pela autoridade competente.

Art. 47. (VETADO)

Art. 48. Impedir ou dificultar a regeneração natural de florestas e demais formas de vegetação:

Pena: detenção, de seis meses a um ano, e multa.

Art. 49. Destruir, danificar, lesar ou maltratar, por qualquer modo ou meio, plantas de ornamentação de logradouros públicos ou em propriedade privada alheia:

Pena: detenção, de três meses a um ano, ou multa, ou ambas as penas cumulativamente.

Parágrafo único. No crime culposo, a pena é de um a seis meses, ou multa.

Art. 50. Destruir ou danificar florestas nativas ou plantadas ou vegetação fixadora de dunas, protetora de mangues, objeto de especial preservação:

Pena: detenção, de três meses a um ano, e multa.

Art. 50-A. Desmatar, explorar economicamente ou degradar floresta, plantada ou nativa, em terras de domínio público ou devolutas, sem autorização do órgão competente: (Incluído pela Lei nº 11.284, de 2006)

Pena: reclusão de 2 (dois) a 4 (quatro) anos e multa. (Incluído pela Lei nº 11.284, de 2006)

§ 1º Não é crime a conduta praticada quando necessária à subsistência imediata pessoal do agente ou de sua família. (Incluído pela Lei nº 11.284, de 2006)

§ 2º Se a área explorada for superior a 1.000 ha (mil hectares), a pena será aumentada de 1 (um) ano por milhar de hectare. (Incluído pela Lei nº 11.284, de 2006)

Art. 51. Comercializar motosserra ou utilizá-la em florestas e nas demais formas de vegetação, sem licença ou registro da autoridade competente:

Pena: detenção, de três meses a um ano, e multa.

Art. 52. Penetrar em Unidades de Conservação conduzindo substâncias ou instrumentos próprios para caça ou para exploração de produtos ou subprodutos florestais, sem licença da autoridade competente:

Pena: detenção, de seis meses a um ano, e multa.

Art. 53. Nos crimes previstos nesta Seção, a pena é aumentada de um sexto a um terço se:

I. do fato resulta a diminuição de águas naturais, a erosão do solo ou a modificação do regime climático;

II. o crime é cometido:

a) no período de queda das sementes;

b) no período de formação de vegetações;

c) contra espécies raras ou ameaçadas de extinção, ainda que a ameaça ocorra somente no local da infração;

d) em época de seca ou inundação;

e) durante a noite, em domingo ou feriado.

SEÇÃO III - DA POLUIÇÃO E OUTROS CRIMES AMBIENTAIS

Art. 54. Causar poluição de qualquer natureza em níveis tais que resultem ou possam resultar em danos à saúde humana, ou que provoquem a mortandade de animais ou a destruição significativa da flora:

Pena: reclusão, de um a quatro anos, e multa.

§ 1º Se o crime é culposo:

Pena: detenção, de seis meses a um ano, e multa.

§ 2º Se o crime:

I. tornar uma área, urbana ou rural, imprópria para a ocupação humana;

II. causar poluição atmosférica que provoque a retirada, ainda que momentânea, dos habitantes das áreas afetadas, ou que cause danos diretos à saúde da população;

III. causar poluição hídrica que torne necessária a interrupção do abastecimento público de água de uma comunidade;

IV. dificultar ou impedir o uso público das praias;

V. ocorrer por lançamento de resíduos sólidos, líquidos ou gasosos, ou detritos, óleos ou substâncias oleosas, em desacordo com as exigências estabelecidas em leis ou regulamentos:

Pena: reclusão, de um a cinco anos.

§ 3º Incorre nas mesmas penas previstas no parágrafo anterior quem deixar de adotar, quando assim o exigir a autoridade competente, medidas de precaução em caso de risco de dano ambiental grave ou irreversível.

Art. 55. Executar pesquisa, lavra ou extração de recursos minerais sem a competente autorização, permissão, concessão ou licença, ou em desacordo com a obtida:

Pena: detenção, de seis meses a um ano, e multa.

Parágrafo único. Nas mesmas penas incorre quem deixa de recuperar a área pesquisada ou explorada, nos termos da autorização, permissão, licença, concessão ou determinação do órgão competente.

Art. 56. Produzir, processar, embalar, importar, exportar, comercializar, fornecer, transportar, armazenar, guardar, ter em depósito ou usar produto ou substância tóxica, perigosa ou nociva à saúde humana ou ao meio ambiente, em desacordo com as exigências estabelecidas em leis ou nos seus regulamentos:

Pena: reclusão, de um a quatro anos, e multa.

§ 1º Nas mesmas penas incorre quem: (Redação dada pela Lei nº 12.305, de 2010)

I. abandona os produtos ou substâncias referidos no caput ou os utiliza em desacordo com as normas ambientais ou de segurança; (Incluído pela Lei nº 12.305, de 2010)

II. manipula, acondiciona, armazena, coleta, transporta, reutiliza, recicla ou dá destinação final a resíduos perigosos de forma diversa da estabelecida em lei ou regulamento. (Incluído pela Lei nº 12.305, de 2010)

§ 2º Se o produto ou a substância for nuclear ou radioativa, a pena é aumentada de um sexto a um terço.

§ 3º Se o crime é culposo:

Pena: detenção, de seis meses a um ano, e multa.

Art. 57. (VETADO)

ANOTAÇÕES

Art. 58. Nos crimes dolosos previstos nesta Seção, as penas serão aumentadas:

I. de um sexto a um terço, se resulta dano irreversível à flora ou ao meio ambiente em geral;

II. de um terço até a metade, se resulta lesão corporal de natureza grave em outrem;

III. até o dobro, se resultar a morte de outrem.

Parágrafo único. As penalidades previstas neste artigo somente serão aplicadas se do fato não resultar crime mais grave.

Art. 59. (VETADO)

Art. 60. Construir, reformar, ampliar, instalar ou fazer funcionar, em qualquer parte do território nacional, estabelecimentos, obras ou serviços potencialmente poluidores, sem licença ou autorização dos órgãos ambientais competentes, ou contrariando as normas legais e regulamentares pertinentes:

Pena: detenção, de um a seis meses, ou multa, ou ambas as penas cumulativamente.

Art. 61. Disseminar doença ou praga ou espécies que possam causar dano à agricultura, à pecuária, à fauna, à flora ou aos ecossistemas:

Pena: reclusão, de um a quatro anos, e multa.

SEÇÃO IV - DOS CRIMES CONTRA O ORDENAMENTO URBANO E O PATRIMÔNIO CULTURAL

Art. 62. Destruir, inutilizar ou deteriorar:

I. bem especialmente protegido por lei, ato administrativo ou decisão judicial;

II. arquivo, registro, museu, biblioteca, pinacoteca, instalação científica ou similar protegido por lei, ato administrativo ou decisão judicial:

Pena: reclusão, de um a três anos, e multa.

Parágrafo único. Se o crime for culposo, a pena é de seis meses a um ano de detenção, sem prejuízo da multa.

Art. 63. Alterar o aspecto ou estrutura de edificação ou local especialmente protegido por lei, ato administrativo ou decisão judicial, em razão de seu valor paisagístico, ecológico, turístico, artístico, histórico, cultural, religioso, arqueológico, etnográfico ou monumental, sem autorização da autoridade competente ou em desacordo com a concedida:

Pena: reclusão, de um a três anos, e multa.

Art. 64. Promover construção em solo não edificável, ou no seu entorno, assim considerado em razão de seu valor paisagístico, ecológico, artístico, turístico, histórico, cultural, religioso, arqueológico, etnográfico ou monumental, sem autorização da autoridade competente ou em desacordo com a concedida:

Pena: detenção, de seis meses a um ano, e multa.

Art. 65. Pichar ou por outro meio conspurcar edificação ou monumento urbano: (Redação dada pela Lei nº 12.408, de 2011)

Pena: detenção, de 3 (três) meses a 1 (um) ano, e multa. (Redação dada pela Lei nº 12.408, de 2011)

§ 1º Se o ato for realizado em monumento ou coisa tombada em virtude do seu valor artístico, arqueológico ou histórico, a pena é de 6 (seis) meses a 1 (um) ano de detenção e multa. (Renumerado do parágrafo único pela Lei nº 12.408, de 2011)

§ 2º Não constitui crime a prática de grafite realizada com o objetivo de valorizar o patrimônio público ou privado mediante manifestação artística, desde que consentida pelo proprietário e, quando couber, pelo locatário ou arrendatário do bem privado e, no caso de bem público, com a autorização do órgão competente e a observância das posturas municipais e das normas editadas pelos órgãos governamentais responsáveis pela preservação e conservação do patrimônio histórico e artístico nacional. (Incluído pela Lei nº 12.408, de 2011)

ANOTAÇÕES

LEIS

ANOTAÇÕES

SEÇÃO V - DOS CRIMES CONTRA A ADMINISTRAÇÃO AMBIENTAL

Art. 66. Fazer o funcionário público afirmação falsa ou enganosa, omitir a verdade, sonegar informações ou dados técnico-científicos em procedimentos de autorização ou de licenciamento ambiental:

Pena: reclusão, de um a três anos, e multa.

Art. 67. Conceder o funcionário público licença, autorização ou permissão em desacordo com as normas ambientais, para as atividades, obras ou serviços cuja realização depende de ato autorizativo do Poder Público:

Pena: detenção, de um a três anos, e multa.

Parágrafo único. Se o crime é culposo, a pena é de três meses a um ano de detenção, sem prejuízo da multa.

Art. 68. Deixar, aquele que tiver o dever legal ou contratual de fazê-lo, de cumprir obrigação de relevante interesse ambiental:

Pena: detenção, de um a três anos, e multa.

Parágrafo único. Se o crime é culposo, a pena é de três meses a um ano, sem prejuízo da multa.

Art. 69. Obstar ou dificultar a ação fiscalizadora do Poder Público no trato de questões ambientais:

Pena: detenção, de um a três anos, e multa.

Art. 69-A. Elaborar ou apresentar, no licenciamento, concessão florestal ou qualquer outro procedimento administrativo, estudo, laudo ou relatório ambiental total ou parcialmente falso ou enganoso, inclusive por omissão: (Incluído pela Lei nº 11.284, de 2006)

Pena: reclusão, de 3 (três) a 6 (seis) anos, e multa. (Incluído pela Lei nº 11.284, de 2006)

§ 1º Se o crime é culposo: (Incluído pela Lei nº 11.284, de 2006)

Pena: detenção, de 1 (um) a 3 (três) anos. (Incluído pela Lei nº 11.284, de 2006)

§ 2º A pena é aumentada de 1/3 (um terço) a 2/3 (dois terços), se há dano significativo ao meio ambiente, em decorrência do uso da informação falsa, incompleta ou enganosa. (Incluído pela Lei nº 11.284, de 2006)

CAPÍTULO VI - DA INFRAÇÃO ADMINISTRATIVA

Art. 70. Considera-se infração administrativa ambiental toda ação ou omissão que viole as regras jurídicas de uso, gozo, promoção, proteção e recuperação do meio ambiente.

§ 1º São autoridades competentes para lavrar auto de infração ambiental e instaurar processo administrativo os funcionários de órgãos ambientais integrantes do Sistema Nacional de Meio Ambiente - SISNAMA, designados para as atividades de fiscalização, bem como os agentes das Capitanias dos Portos, do Ministério da Marinha.

§ 2º Qualquer pessoa, constatando infração ambiental, poderá dirigir representação às autoridades relacionadas no parágrafo anterior, para efeito do exercício do seu poder de polícia.

§ 3º A autoridade ambiental que tiver conhecimento de infração ambiental é obrigada a promover a sua apuração imediata, mediante processo administrativo próprio, sob pena de co-responsabilidade.

§ 4º As infrações ambientais são apuradas em processo administrativo próprio, assegurado o direito de ampla defesa e o contraditório, observadas as disposições desta Lei.

Art. 71. O processo administrativo para apuração de infração ambiental deve observar os seguintes prazos máximos:

I. vinte dias para o infrator oferecer defesa ou impugnação contra o auto de infração, contados da data da ciência da autuação;

II. trinta dias para a autoridade competente julgar o auto de infração, contados da data da sua lavratura, apresentada ou não a defesa ou impugnação;

ANOTAÇÕES

III. vinte dias para o infrator recorrer da decisão condenatória à instância superior do Sistema Nacional do Meio Ambiente. SISNAMA, ou à Diretoria de Portos e Costas, do Ministério da Marinha, de acordo com o tipo de autuação;

IV. cinco dias para o pagamento de multa, contados da data do recebimento da notificação.

Art. 72. As infrações administrativas são punidas com as seguintes sanções, observado o disposto no art. 6º:

I. advertência;

II. multa simples;

III. multa diária;

IV. apreensão dos animais, produtos e subprodutos da fauna e flora, instrumentos, petrechos, equipamentos ou veículos de qualquer natureza utilizados na infração;

V. destruição ou inutilização do produto;

VI. suspensão de venda e fabricação do produto;

VII. embargo de obra ou atividade;

VIII. demolição de obra;

IX. suspensão parcial ou total de atividades;

X. (VETADO)

XI. restritiva de direitos.

§ 1º Se o infrator cometer, simultaneamente, duas ou mais infrações, ser-lhe-ão aplicadas, cumulativamente, as sanções a elas cominadas.

§ 2º A advertência será aplicada pela inobservância das disposições desta Lei e da legislação em vigor, ou de preceitos regulamentares, sem prejuízo das demais sanções previstas neste artigo.

§ 3º A multa simples será aplicada sempre que o agente, por negligência ou dolo:

I. advertido por irregularidades que tenham sido praticadas, deixar de saná-las, no prazo assinalado por órgão competente do SISNAMA ou pela Capitania dos Portos, do Ministério da Marinha;

II. opuser embaraço à fiscalização dos órgãos do SISNAMA ou da Capitania dos Portos, do Ministério da Marinha.

§ 4º A multa simples pode ser convertida em serviços de preservação, melhoria e recuperação da qualidade do meio ambiente.

§ 5º A multa diária será aplicada sempre que o cometimento da infração se prolongar no tempo.

§ 6º A apreensão e destruição referidas nos incisos IV e V do caput obedecerão ao disposto no art. 25 desta Lei.

§ 7º As sanções indicadas nos incisos VI a IX do caput serão aplicadas quando o produto, a obra, a atividade ou o estabelecimento não estiverem obedecendo às prescrições legais ou regulamentares.

§ 8º As sanções restritivas de direito são:

I. suspensão de registro, licença ou autorização;

II. cancelamento de registro, licença ou autorização;

III. perda ou restrição de incentivos e benefícios fiscais;

IV. perda ou suspensão da participação em linhas de financiamento em estabelecimentos oficiais de crédito;

V. proibição de contratar com a Administração Pública, pelo período de até três anos.

Art. 73. Os valores arrecadados em pagamento de multas por infração ambiental serão revertidos ao Fundo Nacional do Meio Ambiente, criado pela Lei nº 7.797, de 10 de julho de 1989, Fundo Naval, criado pelo Decreto nº 20.923, de 8 de janeiro de 1932, fundos estaduais ou municipais de meio ambiente, ou correlatos, conforme dispuser o órgão arrecadador.

Art. 74. A multa terá por base a unidade, hectare, metro cúbico, quilograma ou outra medida pertinente, de acordo com o objeto jurídico lesado.

Art. 75. O valor da multa de que trata este Capítulo será fixado no regulamento desta Lei e corrigido periodicamente, com base nos índices estabelecidos na legislação pertinente, sendo o mínimo de R$ 50,00 (cinquenta reais) e o máximo de R$ 50.000.000,00 (cinquenta milhões de reais).

Art. 76. O pagamento de multa imposta pelos Estados, Municípios, Distrito Federal ou Territórios substitui a multa federal na mesma hipótese de incidência.

CAPÍTULO VII - DA COOPERAÇÃO INTERNACIONAL PARA A PRESERVAÇÃO DO MEIO AMBIENTE

Art. 77. Resguardados a soberania nacional, a ordem pública e os bons costumes, o Governo brasileiro prestará, no que concerne ao meio ambiente, a necessária cooperação a outro país, sem qualquer ônus, quando solicitado para:

I. produção de prova;

II. exame de objetos e lugares;

III. informações sobre pessoas e coisas;

IV. presença temporária da pessoa presa, cujas declarações tenham relevância para a decisão de uma causa;

V. outras formas de assistência permitidas pela legislação em vigor ou pelos tratados de que o Brasil seja parte.

§ 1º A solicitação de que trata este artigo será dirigida ao Ministério da Justiça, que a remeterá, quando necessário, ao órgão judiciário competente para decidir a seu respeito, ou a encaminhará à autoridade capaz de atendê-la.

§ 2º A solicitação deverá conter:

I. o nome e a qualificação da autoridade solicitante;

II. o objeto e o motivo de sua formulação;

III. a descrição sumária do procedimento em curso no país solicitante;

IV. a especificação da assistência solicitada;

V. a documentação indispensável ao seu esclarecimento, quando for o caso.

Art. 78. Para a consecução dos fins visados nesta Lei e especialmente para a reciprocidade da cooperação internacional, deve ser mantido sistema de comunicações apto a facilitar o intercâmbio rápido e seguro de informações com órgãos de outros países.

CAPÍTULO VIII - DISPOSIÇÕES FINAIS

Art. 79. Aplicam-se subsidiariamente a esta Lei as disposições do Código Penal e do Código de Processo Penal.

Art. 79-A. Para o cumprimento do disposto nesta Lei, os órgãos ambientais integrantes do SISNAMA, responsáveis pela execução de programas e projetos e pelo controle e fiscalização dos estabelecimentos e das atividades suscetíveis de degradarem a qualidade ambiental, ficam autorizados a celebrar, com força de título executivo extrajudicial, termo de compromisso com pessoas físicas ou jurídicas responsáveis pela construção, instalação, ampliação e funcionamento de estabelecimentos e atividades utilizadores de recursos ambientais, considerados efetiva ou potencialmente poluidores. (Redação dada pela Medida Provisória nº 2.163-41, de 2001)

§ 1º O termo de compromisso a que se refere este artigo destinar-se-á, exclusivamente, a permitir que as pessoas físicas e jurídicas mencionadas no caput possam promover as necessárias correções de suas atividades, para o atendimento das exigências impostas pelas autoridades ambientais competentes, sendo obrigatório que o respectivo instrumento disponha sobre: (Redação dada pela Medida Provisória nº 2.163-41, de 2001)

I. o nome, a qualificação e o endereço das partes compromissadas e dos respectivos representantes legais; (Redação dada pela Medida Provisória nº 2.163-41, de 2001)

II. o prazo de vigência do compromisso, que, em função da complexidade das obrigações nele fixadas, poderá variar entre o mínimo de noventa dias e o máximo de três anos, com possibilidade de prorrogação por igual período; (Redação dada pela Medida Provisória nº 2.163-41, de 2001)

III. a descrição detalhada de seu objeto, o valor do investimento previsto e o cronograma físico de execução e de implantação das obras e serviços exigidos, com metas trimestrais a serem atingidas; (Redação dada pela Medida Provisória nº 2.163-41, de 2001)

IV. as multas que podem ser aplicadas à pessoa física ou jurídica compromissada e os casos de rescisão, em decorrência do não-cumprimento das obrigações nele pactuadas; (Redação dada pela Medida Provisória nº 2.163-41, de 2001)

V. o valor da multa de que trata o inciso IV não poderá ser superior ao valor do investimento previsto; (Redação dada pela Medida Provisória nº 2.163-41, de 2001)

VI. o foro competente para dirimir litígios entre as partes. (Incluído pela Medida Provisória nº 2.163-41, de 2001)

§ 2º No tocante aos empreendimentos em curso até o dia 30 de março de 1998, envolvendo construção, instalação, ampliação e funcionamento de estabelecimentos e atividades utilizadores de recursos ambientais, considerados efetiva ou potencialmente poluidores, a assinatura do termo de compromisso deverá ser requerida pelas pessoas físicas e jurídicas interessadas, até o dia 31 de dezembro de 1998, mediante requerimento escrito protocolizado junto aos órgãos competentes do SISNAMA, devendo ser firmado pelo dirigente máximo do estabelecimento. (Redação dada pela Medida Provisória nº 2.163-41, de 2001)

§ 3º Da data da protocolização do requerimento previsto no § 2º e enquanto perdurar a vigência do correspondente termo de compromisso, ficarão suspensas, em relação aos fatos que deram causa à celebração do instrumento, a aplicação de sanções administrativas contra a pessoa física ou jurídica que o houver firmado. (Redação dada pela Medida Provisória nº 2.163-41, de 2001)

§ 4º A celebração do termo de compromisso de que trata este artigo não impede a execução de eventuais multas aplicadas antes da protocolização do requerimento. (Redação dada pela Medida Provisória nº 2.163-41, de 2001)

§ 5º Considera-se rescindido de pleno direito o termo de compromisso, quando descumprida qualquer de suas cláusulas, ressalvado o caso fortuito ou de força maior. (Incluído pela Medida Provisória nº 2.163-41, de 2001)

§ 6º O termo de compromisso deverá ser firmado em até noventa dias, contados da protocolização do requerimento. (Incluído pela Medida Provisória nº 2.163-41, de 2001)

§ 7º O requerimento de celebração do termo de compromisso deverá conter as informações necessárias à verificação da sua viabilidade técnica e jurídica, sob pena de indeferimento do plano. (Incluído pela Medida Provisória nº 2.163-41, de 2001)

§ 8º Sob pena de ineficácia, os termos de compromisso deverão ser publicados no órgão oficial competente, mediante extrato. (Incluído pela Medida Provisória nº 2.163-41, de 2001)

Art. 80. O Poder Executivo regulamentará esta Lei nº prazo de noventa dias a contar de sua publicação.

Art. 81. (VETADO)

Art. 82. Revogam-se as disposições em contrário.

21. LEI Nº 9.613, DE 3 DE MARÇO DE 1998

(Vide Decreto nº 2.799, de 1998)

Lei de Crimes de Lavagem de Capitais

Dispõe sobre os crimes de "lavagem" ou ocultação de bens, direitos e valores; a prevenção da utilização do sistema financeiro para os ilícitos previstos nesta Lei; cria o Conselho de Controle de Atividades Financeiras - COAF, e dá outras providências.

O PRESIDENTE DA REPÚBLICA Faço saber que o Congresso Nacional decreta e eu sanciono a seguinte Lei:

CAPÍTULO I - DOS CRIMES DE "LAVAGEM" OU OCULTAÇÃO DE BENS, DIREITOS E VALORES

Art. 1º Ocultar ou dissimular a natureza, origem, localização, disposição, movimentação ou propriedade de bens, direitos ou valores provenientes, direta ou indiretamente, de infração penal. (Redação dada pela Lei nº 12.683, de 2012)

ANOTAÇÕES

I. (revogado); (Redação dada pela Lei nº 12.683, de 2012)
II. (revogado); (Redação dada pela Lei nº 12.683, de 2012)
III. (revogado); (Redação dada pela Lei nº 12.683, de 2012)
IV. (revogado); (Redação dada pela Lei nº 12.683, de 2012)
V.(revogado); (Redação dada pela Lei nº 12.683, de 2012)
VI. (revogado); (Redação dada pela Lei nº 12.683, de 2012)
VII. (revogado); (Redação dada pela Lei nº 12.683, de 2012)
VIII. (revogado). (Redação dada pela Lei nº 12.683, de 2012)

Pena: reclusão, de 3 (três) a 10 (dez) anos, e multa. (Redação dada pela Lei nº 12.683, de 2012)

§ 1º Incorre na mesma pena quem, para ocultar ou dissimular a utilização de bens, direitos ou valores provenientes de infração penal: (Redação dada pela Lei nº 12.683, de 2012)

I. os converte em ativos lícitos;

II. os adquire, recebe, troca, negocia, dá ou recebe em garantia, guarda, tem em depósito, movimenta ou transfere;

III. importa ou exporta bens com valores não correspondentes aos verdadeiros.

§ 2º Incorre, ainda, na mesma pena quem: (Redação dada pela Lei nº 12.683, de 2012)

I. utiliza, na atividade econômica ou financeira, bens, direitos ou valores provenientes de infração penal; (Redação dada pela Lei nº 12.683, de 2012)

II. participa de grupo, associação ou escritório tendo conhecimento de que sua atividade principal ou secundária é dirigida à prática de crimes previstos nesta Lei.

§ 3º A tentativa é punida nos termos do parágrafo único do art. 14 do Código Penal.

§ 4º A pena será aumentada de um a dois terços, se os crimes definidos nesta Lei forem cometidos de forma reiterada ou por intermédio de organização criminosa. (Redação dada pela Lei nº 12.683, de 2012)

§ 5º A pena poderá ser reduzida de um a dois terços e ser cumprida em regime aberto ou semiaberto, facultando-se ao juiz deixar de aplicá-la ou substituí-la, a qualquer tempo, por pena restritiva de direitos, se o autor, coautor ou partícipe colaborar espontaneamente com as autoridades, prestando esclarecimentos que conduzam à apuração das infrações penais, à identificação dos autores, coautores e partícipes, ou à localização dos bens, direitos ou valores objeto do crime. (Redação dada pela Lei nº 12.683, de 2012)

§ 6º Para a apuração do crime de que trata este artigo, admite-se a utilização da ação controlada e da infiltração de agentes. (Incluído pela Lei nº 13.964, de 24.12.2019)

CAPÍTULO II - DISPOSIÇÕES PROCESSUAIS ESPECIAIS

Art. 2º O processo e julgamento dos crimes previstos nesta Lei:

I. obedecem às disposições relativas ao procedimento comum dos crimes punidos com reclusão, da competência do juiz singular;

II. independem do processo e julgamento das infrações penais antecedentes, ainda que praticados em outro país, cabendo ao juiz competente para os crimes previstos nesta Lei a decisão sobre a unidade de processo e julgamento; (Redação dada pela Lei nº 12.683, de 2012)

III. são da competência da Justiça Federal:

a) quando praticados contra o sistema financeiro e a ordem econômico-financeira, ou em detrimento de bens, serviços ou interesses da União, ou de suas entidades autárquicas ou empresas públicas;

b) quando a infração penal antecedente for de competência da Justiça Federal. (Redação dada pela Lei nº 12.683, de 2012)

§ 1º A denúncia será instruída com indícios suficientes da existência da infração penal antecedente, sendo puníveis os fatos previstos nesta Lei, ainda que desconhecido ou isento de pena o autor, ou extinta a punibilidade da infração penal antecedente. (Redação dada pela Lei nº 12.683, de 2012)

ANOTAÇÕES

§ 2º No processo por crime previsto nesta Lei, não se aplica o disposto no art. 366 do Decreto-Lei nº 3.689, de 3 de outubro de 1941 (Código de Processo Penal), devendo o acusado que não comparecer nem constituir advogado ser citado por edital, prosseguindo o feito até o julgamento, com a nomeação de defensor dativo. (Redação dada pela Lei nº 12.683, de 2012)

Art. 3º (Revogado pela Lei nº 12.683, de 2012)

Art. 4º O juiz, de ofício, a requerimento do Ministério Público ou mediante representação do delegado de polícia, ouvido o Ministério Público em 24 (vinte e quatro) horas, havendo indícios suficientes de infração penal, poderá decretar medidas assecuratórias de bens, direitos ou valores do investigado ou acusado, ou existentes em nome de interpostas pessoas, que sejam instrumento, produto ou proveito dos crimes previstos nesta Lei ou das infrações penais antecedentes. (Redação dada pela Lei nº 12.683, de 2012)

§ 1º Proceder-se-á à alienação antecipada para preservação do valor dos bens sempre que estiverem sujeitos a qualquer grau de deterioração ou depreciação, ou quando houver dificuldade para sua manutenção. (Redação dada pela Lei nº 12.683, de 2012)

§ 2º O juiz determinará a liberação total ou parcial dos bens, direitos e valores quando comprovada a licitude de sua origem, mantendo-se a constrição dos bens, direitos e valores necessários e suficientes à reparação dos danos e ao pagamento de prestações pecuniárias, multas e custas decorrentes da infração penal. (Redação dada pela Lei nº 12.683, de 2012)

§ 3º Nenhum pedido de liberação será conhecido sem o comparecimento pessoal do acusado ou de interposta pessoa a que se refere o caput deste artigo, podendo o juiz determinar a prática de atos necessários à conservação de bens, direitos ou valores, sem prejuízo do disposto no § 1º. (Redação dada pela Lei nº 12.683, de 2012)

§ 4º Poderão ser decretadas medidas assecuratórias sobre bens, direitos ou valores para reparação do dano decorrente da infração penal antecedente ou da prevista nesta Lei ou para pagamento de prestação pecuniária, multa e custas. (Redação dada pela Lei nº 12.683, de 2012)

Art. 4º-A. A alienação antecipada para preservação de valor de bens sob constrição será decretada pelo juiz, de ofício, a requerimento do Ministério Público ou por solicitação da parte interessada, mediante petição autônoma, que será autuada em apartado e cujos autos terão tramitação em separado em relação ao processo principal. (Incluído pela Lei nº 12.683, de 2012)

§ 1º O requerimento de alienação deverá conter a relação de todos os demais bens, com a descrição e a especificação de cada um deles, e informações sobre quem os detém e local onde se encontram. (Incluído pela Lei nº 12.683, de 2012)

§ 2º O juiz determinará a avaliação dos bens, nos autos apartados, e intimará o Ministério Público. (Incluído pela Lei nº 12.683, de 2012)

§ 3º Feita a avaliação e dirimidas eventuais divergências sobre o respectivo laudo, o juiz, por sentença, homologará o valor atribuído aos bens e determinará sejam alienados em leilão ou pregão, preferencialmente eletrônico, por valor não inferior a 75% (setenta e cinco por cento) da avaliação. (Incluído pela Lei nº 12.683, de 2012)

§ 4º Realizado o leilão, a quantia apurada será depositada em conta judicial remunerada, adotando-se a seguinte disciplina: (Incluído pela Lei nº 12.683, de 2012)

I. nos processos de competência da Justiça Federal e da Justiça do Distrito Federal: (Incluído pela Lei nº 12.683, de 2012)

a) os depósitos serão efetuados na Caixa Econômica Federal ou em instituição financeira pública, mediante documento adequado para essa finalidade; (Incluída pela Lei nº 12.683, de 2012)

b) os depósitos serão repassados pela Caixa Econômica Federal ou por outra instituição financeira pública para a Conta Única do Tesouro Nacional, independentemente de qualquer formalidade, no prazo de 24 (vinte e quatro) horas; e (Incluída pela Lei nº 12.683, de 2012)

c) os valores devolvidos pela Caixa Econômica Federal ou por instituição financeira pública serão debitados à Conta Única do Tesouro Nacional, em subconta de restituição; (Incluída pela Lei nº 12.683, de 2012)

II. nos processos de competência da Justiça dos Estados: (Incluído pela Lei nº 12.683, de 2012)

a) os depósitos serão efetuados em instituição financeira designada em lei, preferencialmente pública, de cada Estado ou, na sua ausência, em instituição financeira pública da União; (Incluída pela Lei nº 12.683, de 2012)

b) os depósitos serão repassados para a conta única de cada Estado, na forma da respectiva legislação. (Incluída pela Lei nº 12.683, de 2012)

§ 5º Mediante ordem da autoridade judicial, o valor do depósito, após o trânsito em julgado da sentença proferida na ação penal, será: (Incluído pela Lei nº 12.683, de 2012)

I. em caso de sentença condenatória, nos processos de competência da Justiça Federal e da Justiça do Distrito Federal, incorporado definitivamente ao patrimônio da União, e, nos processos de competência da Justiça Estadual, incorporado ao patrimônio do Estado respectivo; (Incluído pela Lei nº 12.683, de 2012)

II. em caso de sentença absolutória extintiva de punibilidade, colocado à disposição do réu pela instituição financeira, acrescido da remuneração da conta judicial. (Incluído pela Lei nº 12.683, de 2012)

§ 6º A instituição financeira depositária manterá controle dos valores depositados ou devolvidos. (Incluído pela Lei nº 12.683, de 2012)

§ 7º Serão deduzidos da quantia apurada no leilão todos os tributos e multas incidentes sobre o bem alienado, sem prejuízo de iniciativas que, no âmbito da competência de cada ente da Federação, venham a desonerar bens sob constrição judicial daqueles ônus. (Incluído pela Lei nº 12.683, de 2012)

§ 8º Feito o depósito a que se refere o § 4º deste artigo, os autos da alienação serão apensados aos do processo principal. (Incluído pela Lei nº 12.683, de 2012)

§ 9º Terão apenas efeito devolutivo os recursos interpostos contra as decisões proferidas no curso do procedimento previsto neste artigo. (Incluído pela Lei nº 12.683, de 2012)

§ 10. Sobrevindo o trânsito em julgado de sentença penal condenatória, o juiz decretará, em favor, conforme o caso, da União ou do Estado: (Incluído pela Lei nº 12.683, de 2012)

I. a perda dos valores depositados na conta remunerada e da fiança; (Incluído pela Lei nº 12.683, de 2012)

II. a perda dos bens não alienados antecipadamente e daqueles aos quais não foi dada destinação prévia; e (Incluído pela Lei nº 12.683, de 2012)

III. a perda dos bens não reclamados no prazo de 90 (noventa) dias após o trânsito em julgado da sentença condenatória, ressalvado o direito de lesado ou terceiro de boa-fé. (Incluído pela Lei nº 12.683, de 2012)

§ 11. Os bens a que se referem os incisos II e III do § 10 deste artigo serão adjudicados ou levados a leilão, depositando-se o saldo na conta única do respectivo ente. (Incluído pela Lei nº 12.683, de 2012)

§ 12. O juiz determinará ao registro público competente que emita documento de habilitação à circulação e utilização dos bens colocados sob o uso e custódia das entidades a que se refere o caput deste artigo. (Incluído pela Lei nº 12.683, de 2012)

§ 13. Os recursos decorrentes da alienação antecipada de bens, direitos e valores oriundos do crime de tráfico ilícito de drogas e que tenham sido objeto de dissimulação e ocultação nos termos desta Lei permanecem submetidos à disciplina definida em lei específica. (Incluído pela Lei nº 12.683, de 2012)

Art. 4º-B. A ordem de prisão de pessoas ou as medidas assecuratórias de bens, direitos ou valores poderão ser suspensas pelo juiz, ouvido o Ministério Público, quando a sua execução imediata puder comprometer as investigações. (Incluído pela Lei nº 12.683, de 2012)

Art. 5º Quando as circunstâncias o aconselharem, o juiz, ouvido o Ministério Público, nomeará pessoa física ou jurídica qualificada para a administração dos bens, direitos ou valores sujeitos a medidas assecuratórias, mediante termo de compromisso. (Redação dada pela Lei nº 12.683, de 2012)

Art. 6º A pessoa responsável pela administração dos bens: (Redação dada pela Lei nº 12.683, de 2012)

I. fará jus a uma remuneração, fixada pelo juiz, que será satisfeita com o produto dos bens objeto da administração;

II. prestará, por determinação judicial, informações periódicas da situação dos bens sob sua administração, bem como explicações e detalhamentos sobre investimentos e reinvestimentos realizados.

Parágrafo único. Os atos relativos à administração dos bens sujeitos a medidas assecuratórias serão levados ao conhecimento do Ministério Público, que requererá o que entender cabível. (Redação dada pela Lei nº 12.683, de 2012)

CAPÍTULO III - DOS EFEITOS DA CONDENAÇÃO

Art. 7º São efeitos da condenação, além dos previstos no Código Penal:

I. a perda, em favor da União. e dos Estados, nos casos de competência da Justiça Estadual -, de todos os bens, direitos e valores relacionados, direta ou indiretamente, à prática dos crimes previstos nesta Lei, inclusive aqueles utilizados para prestar a fiança, ressalvado o direito do lesado ou de terceiro de boa-fé; (Redação dada pela Lei nº 12.683, de 2012)

II. a interdição do exercício de cargo ou função pública de qualquer natureza e de diretor, de membro de conselho de administração ou de gerência das pessoas jurídicas referidas no art. 9º, pelo dobro do tempo da pena privativa de liberdade aplicada.

§ 1º A União e os Estados, no âmbito de suas competências, regulamentarão a forma de destinação dos bens, direitos e valores cuja perda houver sido declarada, assegurada, quanto aos processos de competência da Justiça Federal, a sua utilização pelos órgãos federais encarregados da prevenção, do combate, da ação penal e do julgamento dos crimes previstos nesta Lei, e, quanto aos processos de competência da Justiça Estadual, a preferência dos órgãos locais com idêntica função. (Incluído pela Lei nº 12.683, de 2012)

§ 2º Os instrumentos do crime sem valor econômico cuja perda em favor da União ou do Estado for decretada serão inutilizados ou doados a museu criminal ou a entidade pública, se houver interesse na sua conservação. (Incluído pela Lei nº 12.683, de 2012)

CAPÍTULO IV - DOS BENS, DIREITOS OU VALORES ORIUNDOS DE CRIMES PRATICADOS NO ESTRANGEIRO

Art. 8º O juiz determinará, na hipótese de existência de tratado ou convenção internacional e por solicitação de autoridade estrangeira competente, medidas assecuratórias sobre bens, direitos ou valores oriundos de crimes descritos no art. 1º praticados no estrangeiro. (Redação dada pela Lei nº 12.683, de 2012)

§ 1º Aplica-se o disposto neste artigo, independentemente de tratado ou convenção internacional, quando o governo do país da autoridade solicitante prometer reciprocidade ao Brasil.

§ 2º Na falta de tratado ou convenção, os bens, direitos ou valores privados sujeitos a medidas assecuratórias por solicitação de autoridade estrangeira competente ou os recursos provenientes da sua alienação serão repartidos entre o Estado requerente e o Brasil, na proporção de metade, ressalvado o direito do lesado ou de terceiro de boa-fé. (Redação dada pela Lei nº 12.683, de 2012)

ANOTAÇÕES

ANOTAÇÕES

LEIS

ANOTAÇÕES

CAPÍTULO V - DAS PESSOAS SUJEITAS AO MECANISMO DE CONTROLE

(Redação dada pela Lei nº 12.683, de 2012)

Art. 9º Sujeitam-se às obrigações referidas nos arts. 10 e 11 as pessoas físicas e jurídicas que tenham, em caráter permanente ou eventual, como atividade principal ou acessória, cumulativamente ou não: (Redação dada pela Lei nº 12.683, de 2012)

I. a captação, intermediação e aplicação de recursos financeiros de terceiros, em moeda nacional ou estrangeira;

II. a compra e venda de moeda estrangeira ou ouro como ativo financeiro ou instrumento cambial;

III. a custódia, emissão, distribuição, liquidação, negociação, intermediação ou administração de títulos ou valores mobiliários.

Parágrafo único. Sujeitam-se às mesmas obrigações:

I. as bolsas de valores, as bolsas de mercadorias ou futuros e os sistemas de negociação do mercado de balcão organizado; (Redação dada pela Lei nº 12.683, de 2012)

II. as seguradoras, as corretoras de seguros e as entidades de previdência complementar ou de capitalização;

III. as administradoras de cartões de credenciamento ou cartões de crédito, bem como as administradoras de consórcios para aquisição de bens ou serviços;

IV. as administradoras ou empresas que se utilizem de cartão ou qualquer outro meio eletrônico, magnético ou equivalente, que permita a transferência de fundos;

V. as empresas de arrendamento mercantil (leasing), as empresas de fomento comercial (factoring) e as Empresas Simples de Crédito (ESC); (Redação dada pela Lei Complementar nº 167, de 2019)

VI. as sociedades que efetuem distribuição de dinheiro ou quaisquer bens móveis, imóveis, mercadorias, serviços, ou, ainda, concedam descontos na sua aquisição, mediante sorteio ou método assemelhado;

VII. as filiais ou representações de entes estrangeiros que exerçam no Brasil qualquer das atividades listadas neste artigo, ainda que de forma eventual;

VIII. as demais entidades cujo funcionamento dependa de autorização de órgão regulador dos mercados financeiro, de câmbio, de capitais e de seguros;

IX. as pessoas físicas ou jurídicas, nacionais ou estrangeiras, que operem no Brasil como agentes, dirigentes, procuradoras, comissionárias ou por qualquer forma representem interesses de ente estrangeiro que exerça qualquer das atividades referidas neste artigo;

X. as pessoas físicas ou jurídicas que exerçam atividades de promoção imobiliária ou compra e venda de imóveis; (Redação dada pela Lei nº 12.683, de 2012)

XI. as pessoas físicas ou jurídicas que comercializem jóias, pedras e metais preciosos, objetos de arte e antiguidades.

XII. as pessoas físicas ou jurídicas que comercializem bens de luxo ou de alto valor, intermedeiem a sua comercialização ou exerçam atividades que envolvam grande volume de recursos em espécie; (Redação dada pela Lei nº 12.683, de 2012)

XIII. as juntas comerciais e os registros públicos; (Incluído pela Lei nº 12.683, de 2012)

XIV. as pessoas físicas ou jurídicas que prestem, mesmo que eventualmente, serviços de assessoria, consultoria, contadoria, auditoria, aconselhamento ou assistência, de qualquer natureza, em operações : (Incluído pela Lei nº 12.683, de 2012)

a) de compra e venda de imóveis, estabelecimentos comerciais ou industriais ou participações societárias de qualquer natureza; (Incluída pela Lei nº 12.683, de 2012)

ANOTAÇÕES

b) de gestão de fundos, valores mobiliários ou outros ativos; (Incluída pela Lei nº 12.683, de 2012)

c) de abertura ou gestão de contas bancárias, de poupança, investimento ou de valores mobiliários; (Incluída pela Lei nº 12.683, de 2012)

d) de criação, exploração ou gestão de sociedades de qualquer natureza, fundações, fundos fiduciários ou estruturas análogas; (Incluída pela Lei nº 12.683, de 2012)

e) financeiras, societárias ou imobiliárias; e (Incluída pela Lei nº 12.683, de 2012)

f) de alienação ou aquisição de direitos sobre contratos relacionados a atividades desportivas ou artísticas profissionais; (Incluída pela Lei nº 12.683, de 2012)

XV. pessoas físicas ou jurídicas que atuem na promoção, intermediação, comercialização, agenciamento ou negociação de direitos de transferência de atletas, artistas ou feiras, exposições ou eventos similares; (Incluído pela Lei nº 12.683, de 2012)

XVI. as empresas de transporte e guarda de valores; (Incluído pela Lei nº 12.683, de 2012)

XVII. as pessoas físicas ou jurídicas que comercializem bens de alto valor de origem rural ou animal ou intermedeiem a sua comercialização; e (Incluído pela Lei nº 12.683, de 2012)

XVIII. as dependências no exterior das entidades mencionadas neste artigo, por meio de sua matriz no Brasil, relativamente a residentes no País. (Incluído pela Lei nº 12.683, de 2012)

CAPÍTULO VI - DA IDENTIFICAÇÃO DOS CLIENTES E MANUTENÇÃO DE REGISTROS

Art. 10. As pessoas referidas no art. 9º:

I. identificarão seus clientes e manterão cadastro atualizado, nos termos de instruções emanadas das autoridades competentes;

II. manterão registro de toda transação em moeda nacional ou estrangeira, títulos e valores mobiliários, títulos de crédito, metais, ou qualquer ativo passível de ser convertido em dinheiro, que ultrapassar limite fixado pela autoridade competente e nos termos de instruções por esta expedidas;

III. deverão adotar políticas, procedimentos e controles internos, compatíveis com seu porte e volume de operações, que lhes permitam atender ao disposto neste artigo e no art. 11, na forma disciplinada pelos órgãos competentes; (Redação dada pela Lei nº 12.683, de 2012)

IV. deverão cadastrar-se e manter seu cadastro atualizado no órgão regulador ou fiscalizador e, na falta deste, no Conselho de Controle de Atividades Financeiras (Coaf), na forma e condições por eles estabelecidas; (Incluído pela Lei nº 12.683, de 2012)

V. deverão atender às requisições formuladas pelo Coaf na periodicidade, forma e condições por ele estabelecidas, cabendo-lhe preservar, nos termos da lei, o sigilo das informações prestadas. (Incluído pela Lei nº 12.683, de 2012)

§ 1º Na hipótese de o cliente constituir-se em pessoa jurídica, a identificação referida no inciso I deste artigo deverá abranger as pessoas físicas autorizadas a representá-la, bem como seus proprietários.

§ 2º Os cadastros e registros referidos nos incisos I e II deste artigo deverão ser conservados durante o período mínimo de cinco anos a partir do encerramento da conta ou da conclusão da transação, prazo este que poderá ser ampliado pela autoridade competente.

§ 3º O registro referido no inciso II deste artigo será efetuado também quando a pessoa física ou jurídica, seus entes ligados, houver realizado, em um mesmo mês-calendário, operações com uma mesma pessoa, conglomerado ou grupo que, em seu conjunto, ultrapassem o limite fixado pela autoridade competente.

Art. 10A. O Banco Central manterá registro centralizado formando o cadastro geral de correntistas e clientes de instituições financeiras, bem como de seus procuradores. (Incluído pela Lei nº 10.701, de 2003)

CAPÍTULO VII - DA COMUNICAÇÃO DE OPERAÇÕES FINANCEIRAS

Art. 11. As pessoas referidas no art. 9º:

I. dispensarão especial atenção às operações que, nos termos de instruções emanadas das autoridades competentes, possam constituir-se em sérios indícios dos crimes previstos nesta Lei, ou com eles relacionar-se;

II. deverão comunicar ao Coaf, abstendo-se de dar ciência de tal ato a qualquer pessoa, inclusive àquela à qual se refira a informação, no prazo de 24 (vinte e quatro) horas, a proposta ou realização: (Redação dada pela Lei nº 12.683, de 2012)

a) de todas as transações referidas no inciso II do art. 10, acompanhadas da identificação de que trata o inciso I do mencionado artigo; e (Redação dada pela Lei nº 12.683, de 2012)

b) a proposta ou a realização de transação prevista no inciso I deste artigo.

b) das operações referidas no inciso I; (Redação dada pela Lei nº 12.683, de 2012)

III. deverão comunicar ao órgão regulador ou fiscalizador da sua atividade ou, na sua falta, ao Coaf, na periodicidade, forma e condições por eles estabelecidas, a não ocorrência de propostas, transações ou operações passíveis de serem comunicadas nos termos do inciso II. (Incluído pela Lei nº 12.683, de 2012)

§ 1º As autoridades competentes, nas instruções referidas no inciso I deste artigo, elaborarão relação de operações que, por suas características, no que se refere às partes envolvidas, valores, forma de realização, instrumentos utilizados, ou pela falta de fundamento econômico ou legal, possam configurar a hipótese nele prevista.

§ 2º As comunicações de boa-fé, feitas na forma prevista neste artigo, não acarretarão responsabilidade civil ou administrativa.

§ 3º O Coaf disponibilizará as comunicações recebidas com base no inciso II do caput aos respectivos órgãos responsáveis pela regulação ou fiscalização das pessoas a que se refere o art. 9º. (Redação dada pela Lei nº 12.683, de 2012)

Art. 11-A. As transferências internacionais e os saques em espécie deverão ser previamente comunicados à instituição financeira, nos termos, limites, prazos e condições fixados pelo Banco Central do Brasil. (Incluído pela Lei nº 12.683, de 2012)

CAPÍTULO VIII - DA RESPONSABILIDADE ADMINISTRATIVA

Art. 12. Às pessoas referidas no art. 9º, bem como aos administradores das pessoas jurídicas, que deixem de cumprir as obrigações previstas nos arts. 10 e 11 serão aplicadas, cumulativamente ou não, pelas autoridades competentes, as seguintes sanções:

I. advertência;

II. multa pecuniária variável não superior: (Redação dada pela Lei nº 12.683, de 2012)

a) ao dobro do valor da operação; (Incluída pela Lei nº 12.683, de 2012)

b) ao dobro do lucro real obtido ou que presumivelmente seria obtido pela realização da operação; ou (Incluída pela Lei nº 12.683, de 2012)

c) ao valor de R$ 20.000.000,00 (vinte milhões de reais); (Incluída pela Lei nº 12.683, de 2012)

III. inabilitação temporária, pelo prazo de até dez anos, para o exercício do cargo de administrador das pessoas jurídicas referidas no art. 9º;

IV. cassação ou suspensão da autorização para o exercício de atividade, operação ou funcionamento. (Redação dada pela Lei nº 12.683, de 2012)

ANOTAÇÕES

§ 1º A pena de advertência será aplicada por irregularidade no cumprimento das instruções referidas nos incisos I e II do art. 10.

§ 2º A multa será aplicada sempre que as pessoas referidas no art. 9º, por culpa ou dolo: (Redação dada pela Lei nº 12.683, de 2012)

I. deixarem de sanar as irregularidades objeto de advertência, no prazo assinalado pela autoridade competente;

II. não cumprirem o disposto nos incisos I a IV do art. 10; (Redação dada pela Lei nº 12.683, de 2012)

III. deixarem de atender, no prazo estabelecido, a requisição formulada nos termos do inciso V do art. 10; (Redação dada pela Lei nº 12.683, de 2012)

IV. descumprirem a vedação ou deixarem de fazer a comunicação a que se refere o art. 11.

§ 3º A inabilitação temporária será aplicada quando forem verificadas infrações graves quanto ao cumprimento das obrigações constantes desta Lei ou quando ocorrer reincidência específica, devidamente caracterizada em transgressões anteriormente punidas com multa.

§ 4º A cassação da autorização será aplicada nos casos de reincidência específica de infrações anteriormente punidas com a pena prevista no inciso III do caput deste artigo.

CAPÍTULO IX - DO CONSELHO DE CONTROLE DE ATIVIDADES FINANCEIRAS

Art. 14. Fica criado, no âmbito do Ministério da Economia, o Conselho de Controle de Atividades Financeiras - Coaf, com a finalidade de disciplinar, aplicar penas administrativas, receber, examinar e identificar as ocorrências suspeitas de atividades ilícitas previstas nesta Lei, sem prejuízo das competências de outros órgãos e entidades. (Redação dada pela Medida Provisória nº 886, de 2019)

§ 1º As instruções referidas no art. 10 destinadas às pessoas mencionadas no art. 9º, para as quais não exista órgão próprio fiscalizador ou regulador, serão expedidas pelo COAF, competindo-lhe, para esses casos, a definição das pessoas abrangidas e a aplicação das sanções enumeradas no art. 12.

§ 2º O COAF deverá, ainda, coordenar e propor mecanismos de cooperação e de troca de informações que viabilizem ações rápidas e eficientes no combate à ocultação ou dissimulação de bens, direitos e valores.

§ 3º O COAF poderá requerer aos órgãos da Administração Pública as informações cadastrais bancárias e financeiras de pessoas envolvidas em atividades suspeitas. (Incluído pela Lei nº 10.701, de 2003)

Art. 15. O COAF comunicará às autoridades competentes para a instauração dos procedimentos cabíveis, quando concluir pela existência de crimes previstos nesta Lei, de fundados indícios de sua prática, ou de qualquer outro ilícito.

CAPÍTULO X - DISPOSIÇÕES GERAIS

(Incluído pela Lei nº 12.683, de 2012)

Art. 17-A. Aplicam-se, subsidiariamente, as disposições do Decreto-Lei nº 3.689, de 3 de outubro de 1941 (Código de Processo Penal), no que não forem incompatíveis com esta Lei. (Incluído pela Lei nº 12.683, de 2012)

Art. 17-B. A autoridade policial e o Ministério Público terão acesso, exclusivamente, aos dados cadastrais do investigado que informam qualificação pessoal, filiação e endereço, independentemente de autorização judicial, mantidos pela Justiça Eleitoral, pelas empresas telefônicas, pelas instituições financeiras, pelos provedores de internet e pelas administradoras de cartão de crédito. (Incluído pela Lei nº 12.683, de 2012)

Art. 17-C. Os encaminhamentos das instituições financeiras e tributárias em resposta às ordens judiciais de quebra ou transferência de sigilo deverão ser, sempre que determinado, em meio informático, e apresentados em arquivos que possibilitem a migração de informações para os autos do processo sem redigitação. (Incluído pela Lei nº 12.683, de 2012)

ANOTAÇÕES

LEIS

ANOTAÇÕES

Art. 17-D. Em caso de indiciamento de servidor público, este será afastado, sem prejuízo de remuneração e demais direitos previstos em lei, até que o juiz competente autorize, em decisão fundamentada, o seu retorno. (Incluído pela Lei nº 12.683, de 2012)

Art. 17-E. A Secretaria da Receita Federal do Brasil conservará os dados fiscais dos contribuintes pelo prazo mínimo de 5 (cinco) anos, contado a partir do início do exercício seguinte ao da declaração de renda respectiva ou ao do pagamento do tributo. (Incluído pela Lei nº 12.683, de 2012)

Art. 18. Esta Lei entra em vigor na data de sua publicação.,

22. LEI Nº 9.784 DE JANEIRO DE 1999

Regula o Processo Administrativo no Âmbito da Administração Pública Federal.

CAPÍTULO I - DAS DISPOSIÇÕES GERAIS

Art. 1º. Esta Lei estabelece normas básicas sobre o processo administrativo no âmbito da Administração Federal direta e indireta, visando, em especial, à proteção dos direitos dos administrados e ao melhor cumprimento dos fins da Administração.

§1º. Os preceitos desta Lei também se aplicam aos órgãos dos Poderes Legislativo e Judiciário da União, quando no desempenho de função administrativa.

§2º. Para os fins desta Lei, consideram-se:

I. órgão: a unidade de atuação integrante da estrutura da Administração direta e da estrutura da Administração indireta;

II. entidade: a unidade de atuação dotada de personalidade jurídica;

III. autoridade: o servidor ou agente público dotado de poder de decisão.

Art. 2º. A Administração Pública obedecerá, dentre outros, aos princípios da legalidade, finalidade, motivação, razoabilidade, proporcionalidade, moralidade, ampla defesa, contraditório, segurança jurídica, interesse público e eficiência.

Parágrafo único. Nos processos administrativos serão observados, entre outros, os critérios de:

I. atuação conforme a lei e o Direito;

II. atendimento a fins de interesse geral, vedada a renúncia total ou parcial de poderes ou competências, salvo autorização em lei;

III. objetividade no atendimento do interesse público, vedada a promoção pessoal de agentes ou autoridades;

IV. atuação segundo padrões éticos de probidade, decoro e boa-fé;

V. divulgação oficial dos atos administrativos, ressalvadas as hipóteses de sigilo previstas na Constituição;

VI. adequação entre meios e fins, vedada a imposição de obrigações, restrições e sanções em medida superior àquelas estritamente necessárias ao atendimento do interesse público;

VII. indicação dos pressupostos de fato e de direito que determinarem a decisão;

VIII. observância das formalidades essenciais à garantia dos direitos dos administrados;

IX. adoção de formas simples, suficientes para propiciar adequado grau de certeza, segurança e respeito aos direitos dos administrados;

X. garantia dos direitos à comunicação, à apresentação de alegações finais, à produção de provas e à interposição de recursos, nos processos de que possam resultar sanções e nas situações de litígio;

XI. proibição de cobrança de despesas processuais, ressalvadas as previstas em lei;

ANOTAÇÕES

XII. impulsão, de ofício, do processo administrativo, sem prejuízo da atuação dos interessados;

XIII. interpretação da norma administrativa da forma que melhor garanta o atendimento do fim público a que se dirige, vedada aplicação retroativa de nova interpretação.

CAPÍTULO II - DOS DIREITOS DOS ADMINISTRADOS

Art. 3º. O administrado tem os seguintes direitos perante a Administração, sem prejuízo de outros que lhe sejam assegurados:

I. ser tratado com respeito pelas autoridades e servidores, que deverão facilitar o exercício de seus direitos e o cumprimento de suas obrigações;

II. ter ciência da tramitação dos processos administrativos em que tenha a condição de interessado, ter vista dos autos, obter cópias de documentos neles contidos e conhecer as decisões proferidas;

III. formular alegações e apresentar documentos antes da decisão, os quais serão objeto de consideração pelo órgão competente;

IV. fazer-se assistir, facultativamente, por advogado, salvo quando obrigatória a representação, por força de lei.

CAPÍTULO III - DOS DEVERES DO ADMINISTRADO

Art. 4º. São deveres do administrado perante a Administração, sem prejuízo de outros previstos em ato normativo:

I. expor os fatos conforme a verdade;

II. proceder com lealdade, urbanidade e boa-fé;

III. não agir de modo temerário;

IV. prestar as informações que lhe forem solicitadas e colaborar para o esclarecimento dos fatos.

CAPÍTULO IV - DO INÍCIO DO PROCESSO

Art. 5º. O processo administrativo pode iniciar-se de ofício ou a pedido de interessado.

Art. 6º. O requerimento inicial do interessado, salvo casos em que for admitida solicitação oral, deve ser formulado por escrito e conter os seguintes dados:

I. órgão ou autoridade administrativa a que se dirige;

II. identificação do interessado ou de quem o represente;

III. domicílio do requerente ou local para recebimento de comunicações;

IV. formulação do pedido, com exposição dos fatos e de seus fundamentos;

V. data e assinatura do requerente ou de seu representante.

Parágrafo único. É vedada à Administração a recusa imotivada de recebimento de documentos, devendo o servidor orientar o interessado quanto ao suprimento de eventuais falhas.

Art. 7º. Os órgãos e entidades administrativas deverão elaborar modelos ou formulários padronizados para assuntos que importem pretensões equivalentes.

Art. 8º. Quando os pedidos de uma pluralidade de interessados tiverem conteúdo e fundamentos idênticos, poderão ser formulados em um único requerimento, salvo preceito legal em contrário.

CAPÍTULO V - DOS INTERESSADOS

Art. 9º. São legitimados como interessados no processo administrativo:

I. pessoas físicas ou jurídicas que o iniciem como titulares de direitos ou interesses individuais ou no exercício do direito de representação;

II. aqueles que, sem terem iniciado o processo, têm direitos ou interesses que possam ser afetados pela decisão a ser adotada;

III. as organizações e associações representativas, no tocante a direitos e interesses coletivos;

IV. as pessoas ou as associações legalmente constituídas quanto a direitos ou interesses difusos.

Art. 10. São capazes, para fins de processo administrativo, os maiores de dezoito anos, ressalvada previsão especial em ato normativo próprio.

CAPÍTULO VI - DA COMPETÊNCIA

Art. 11. A competência é irrenunciável e se exerce pelos órgãos administrativos a que foi atribuída como própria, salvo os casos de delegação e avocação legalmente admitidos.

Art. 12. Um órgão administrativo e seu titular poderão, se não houver impedimento legal, delegar parte da sua competência a outros órgãos ou titulares, ainda que estes não lhe sejam hierarquicamente subordinados, quando for conveniente, em razão de circunstâncias de índole técnica, social, econômica, jurídica ou territorial.

Parágrafo único. O disposto no caput deste artigo aplica-se à delegação de competência dos órgãos colegiados aos respectivos presidentes.

Art. 13. Não podem ser objeto de delegação:

I. a edição de atos de caráter normativo;

II. a decisão de recursos administrativos;

III. as matérias de competência exclusiva do órgão ou autoridade.

Art. 14. O ato de delegação e sua revogação deverão ser publicados no meio oficial.

§1º. O ato de delegação especificará as matérias e poderes transferidos, os limites da atuação do delegado, a duração e os objetivos da delegação e o recurso cabível, podendo conter ressalva de exercício da atribuição delegada.

§2º. O ato de delegação é revogável a qualquer tempo pela autoridade delegante.

§3º. As decisões adotadas por delegação devem mencionar explicitamente esta qualidade e considerar-se-ão editadas pelo delegado.

Art. 15. Será permitida, em caráter excepcional e por motivos relevantes devidamente justificados, a avocação temporária de competência atribuída a órgão hierarquicamente inferior.

Art. 16. Os órgãos e entidades administrativas divulgarão publicamente os locais das respectivas sedes e, quando conveniente, a unidade fundacional competente em matéria de interesse especial.

Art. 17. Inexistindo competência legal específica, o processo administrativo deverá ser iniciado perante a autoridade de menor grau hierárquico para decidir.

CAPÍTULO VII - DOS IMPEDIMENTOS E DA SUSPEIÇÃO

Art. 18. É impedido de atuar em processo administrativo o servidor ou autoridade que:

I. tenha interesse direto ou indireto na matéria;

II. tenha participado ou venha a participar como perito, testemunha ou representante, ou se tais situações ocorrem quanto ao cônjuge, companheiro ou parente e afins até o terceiro grau;

III. esteja litigando judicial ou administrativamente com o interessado ou respectivo cônjuge ou companheiro.

Art. 19. A autoridade ou servidor que incorrer em impedimento deve comunicar o fato à autoridade competente, abstendo-se de atuar.

Parágrafo único. A omissão do dever de comunicar o impedimento constitui falta grave, para efeitos disciplinares.

Art. 20. Pode ser arguida a suspeição de autoridade ou servidor que tenha amizade íntima ou inimizade notória com algum dos interessados ou com os respectivos cônjuges, companheiros, parentes e afins até o terceiro grau.

ANOTAÇÕES

Art. 21. O indeferimento de alegação de suspeição poderá ser objeto de recurso, sem efeito suspensivo.

CAPÍTULO VIII - DA FORMA, TEMPO E LUGAR DOS ATOS DO PROCESSO

Art. 22. Os atos do processo administrativo não dependem de forma determinada senão quando a lei expressamente a exigir.

§1º. Os atos do processo devem ser produzidos por escrito, em vernáculo, com a data e o local de sua realização e a assinatura da autoridade responsável.

§2º. Salvo imposição legal, o reconhecimento de firma somente será exigido quando houver dúvida de autenticidade.

§3º. A autenticação de documentos exigidos em cópia poderá ser feita pelo órgão administrativo.

§4º. O processo deverá ter suas páginas numeradas sequencialmente e rubricadas.

Art. 23. Os atos do processo devem realizar-se em dias úteis, no horário normal de funcionamento da repartição na qual tramitar o processo.

Parágrafo único. Serão concluídos depois do horário normal os atos já iniciados, cujo adiamento prejudique o curso regular do procedimento ou cause dano ao interessado ou à Administração.

Art. 24. Inexistindo disposição específica, os atos do órgão ou autoridade responsável pelo processo e dos administrados que dele participem devem ser praticados no prazo de cinco dias, salvo motivo de força maior.

Parágrafo único. O prazo previsto neste artigo pode ser dilatado até o dobro, mediante comprovada justificação.

Art. 25. Os atos do processo devem realizar-se preferencialmente na sede do órgão, cientificando-se o interessado se outro for o local de realização.

CAPÍTULO IX - DA COMUNICAÇÃO DOS ATOS

Art. 26. O órgão competente perante o qual tramita o processo administrativo determinará a intimação do interessado para ciência de decisão ou a efetivação de diligências.

§1º. A intimação deverá conter:

I. identificação do intimado e nome do órgão ou entidade administrativa;

II. finalidade da intimação;

III. data, hora e local em que deve comparecer;

IV. se o intimado deve comparecer pessoalmente, ou fazer-se representar;

V. informação da continuidade do processo independentemente do seu comparecimento;

VI. indicação dos fatos e fundamentos legais pertinentes.

§2º. A intimação observará a antecedência mínima de três dias úteis quanto à data de comparecimento.

§3º. A intimação pode ser efetuada por ciência no processo, por via postal com aviso de recebimento, por telegrama ou outro meio que assegure a certeza da ciência do interessado.

§4º. No caso de interessados indeterminados, desconhecidos ou com domicílio indefinido, a intimação deve ser efetuada por meio de publicação oficial.

§5º. As intimações serão nulas quando feitas sem observância das prescrições legais, mas o comparecimento do administrado supre sua falta ou irregularidade.

Art. 27. O desatendimento da intimação não importa o reconhecimento da verdade dos fatos, nem a renúncia a direito pelo administrado.

Parágrafo único. No prosseguimento do processo, será garantido direito de ampla defesa ao interessado.

Art. 28. Devem ser objeto de intimação os atos do processo que resultem para o interessado em imposição de deveres, ônus, sanções ou restrição ao exercício de direitos e atividades e os atos de outra natureza, de seu interesse.

ANOTAÇÕES

LEIS

ANOTAÇÕES

CAPÍTULO X - DA INSTRUÇÃO

Art. 29. As atividades de instrução destinadas a averiguar e comprovar os dados necessários à tomada de decisão realizam-se de ofício ou mediante impulsão do órgão responsável pelo processo, sem prejuízo do direito dos interessados de propor atuações probatórias.

§1º. O órgão competente para a instrução fará constar dos autos os dados necessários à decisão do processo.

§2º. Os atos de instrução que exijam a atuação dos interessados devem realizar-se do modo menos oneroso para estes.

Art. 30. São inadmissíveis no processo administrativo as provas obtidas por meios ilícitos.

Art. 31. Quando a matéria do processo envolver assunto de interesse geral, o órgão competente poderá, mediante despacho motivado, abrir período de consulta pública para manifestação de terceiros, antes da decisão do pedido, se não houver prejuízo para a parte interessada.

§1º. A abertura da consulta pública será objeto de divulgação pelos meios oficiais, a fim de que pessoas físicas ou jurídicas possam examinar os autos, fixando-se prazo para oferecimento de alegações escritas.

§2º. O comparecimento à consulta pública não confere, por si, a condição de interessado do processo, mas confere o direito de obter da Administração resposta fundamentada, que poderá ser comum a todas as alegações substancialmente iguais.

Art. 32. Antes da tomada de decisão, a juízo da autoridade, diante da relevância da questão, poderá ser realizada audiência pública para debates sobre a matéria do processo.

Art. 33. Os órgãos e entidades administrativas, em matéria relevante, poderão estabelecer outros meios de participação de administrados, diretamente ou por meio de organizações e associações legalmente reconhecidas.

Art. 34. Os resultados da consulta e audiência pública e de outros meios de participação de administrados deverão ser apresentados com a indicação do procedimento adotado.

Art. 35. Quando necessária à instrução do processo, a audiência de outros órgãos ou entidades administrativas poderá ser realizada em reunião conjunta, com a participação de titulares ou representantes dos órgãos competentes, lavrando-se a respectiva ata, a ser juntada aos autos.

Art. 36. Cabe ao interessado a prova dos fatos que tenha alegado, sem prejuízo do dever atribuído ao órgão competente para a instrução e do disposto no art. 37 desta Lei.

Art. 37. Quando o interessado declarar que fatos e dados estão registrados em documentos existentes na própria Administração responsável pelo processo ou em outro órgão administrativo, o órgão competente para a instrução proverá, de ofício, à obtenção dos documentos ou das respectivas cópias.

Art. 38. O interessado poderá, na fase instrutória e antes da tomada da decisão, juntar documentos e pareceres, requerer diligências e perícias, bem como aduzir alegações referentes à matéria objeto do processo.

§1º. Os elementos probatórios deverão ser considerados na motivação do relatório e da decisão.

§2º. Somente poderão ser recusadas, mediante decisão fundamentada, as provas propostas pelos interessados quando sejam ilícitas, impertinentes, desnecessárias ou protelatórias.

Art. 39. Quando for necessária a prestação de informações ou a apresentação de provas pelos interessados ou terceiros, serão expedidas intimações para esse fim, mencionando-se data, prazo, forma e condições de atendimento.

Parágrafo único. Não sendo atendida a intimação, poderá o órgão competente, se entender relevante a matéria, suprir de ofício a omissão, não se eximindo de proferir a decisão.

Art. 40. Quando dados, atuações ou documentos solicitados ao interessado forem necessários à apreciação de pedido formulado, o não atendimento no prazo fixado pela Administração para a respectiva apresentação implicará arquivamento do processo.

ANOTAÇÕES

Art. 41. Os interessados serão intimados de prova ou diligência ordenada, com antecedência mínima de três dias úteis, mencionando-se data, hora e local de realização.

Art. 42. Quando deva ser obrigatoriamente ouvido um órgão consultivo, o parecer deverá ser emitido no prazo máximo de quinze dias, salvo norma especial ou comprovada necessidade de maior prazo.

§1º. Se um parecer obrigatório e vinculante deixar de ser emitido no prazo fixado, o processo não terá seguimento até a respectiva apresentação, responsabilizando-se quem der causa ao atraso.

§2º. Se um parecer obrigatório e não vinculante deixar de ser emitido no prazo fixado, o processo poderá ter prosseguimento e ser decidido com sua dispensa, sem prejuízo da responsabilidade de quem se omitiu no atendimento.

Art. 43. Quando por disposição de ato normativo devam ser previamente obtidos laudos técnicos de órgãos administrativos e estes não cumprirem o encargo no prazo assinalado, o órgão responsável pela instrução deverá solicitar laudo técnico de outro órgão dotado de qualificação e capacidade técnica equivalentes.

Art. 44. Encerrada a instrução, o interessado terá o direito de manifestar-se no prazo máximo de dez dias, salvo se outro prazo for legalmente fixado.

Art. 45. Em caso de risco iminente, a Administração Pública poderá motivadamente adotar providências acauteladoras sem a prévia manifestação do interessado.

Art. 46. Os interessados têm direito à vista do processo e a obter certidões ou cópias reprográficas dos dados e documentos que o integram, ressalvados os dados e documentos de terceiros protegidos por sigilo ou pelo direito à privacidade, à honra e à imagem.

Art. 47. O órgão de instrução que não for competente para emitir a decisão final elaborará relatório indicando o pedido inicial, o conteúdo das fases do procedimento e formulará proposta de decisão, objetivamente justificada, encaminhando o processo à autoridade competente.

CAPÍTULO XI - DO DEVER DE DECIDIR

Art. 48. A Administração tem o dever de explicitamente emitir decisão nos processos administrativos e sobre solicitações ou reclamações, em matéria de sua competência.

Art. 49. Concluída a instrução de processo administrativo, a Administração tem o prazo de até trinta dias para decidir, salvo prorrogação por igual período expressamente motivada.

CAPÍTULO XII - DA MOTIVAÇÃO

Art. 50. Os atos administrativos deverão ser motivados, com indicação dos fatos e dos fundamentos jurídicos, quando:

I. neguem, limitem ou afetem direitos ou interesses;

II. imponham ou agravem deveres, encargos ou sanções;

III. decidam processos administrativos de concurso ou seleção pública;

IV. dispensem ou declarem a inexigibilidade de processo licitatório;

V. decidam recursos administrativos;

VI. decorram de reexame de ofício;

VII. deixem de aplicar jurisprudência firmada sobre a questão ou discrepem de pareceres, laudos, propostas e relatórios oficiais;

VIII. importem anulação, revogação, suspensão ou convalidação de ato administrativo.

§1º. A motivação deve ser explícita, clara e congruente, podendo consistir em declaração de concordância com fundamentos de anteriores pareceres, informações, decisões ou propostas, que, neste caso, serão parte integrante do ato.

§2º. Na solução de vários assuntos da mesma natureza, pode ser utilizado meio mecânico que reproduza os fundamentos das decisões, desde que não prejudique direito ou garantia dos interessados.

§3º. A motivação das decisões de órgãos colegiados e comissões ou de decisões orais constará da respectiva ata ou de termo escrito.

CAPÍTULO XIII - DA DESISTÊNCIA E OUTROS CASOS DE EXTINÇÃO DO PROCESSO

Art. 51. O interessado poderá, mediante manifestação escrita, desistir total ou parcialmente do pedido formulado ou, ainda, renunciar a direitos disponíveis.

§1º. Havendo vários interessados, a desistência ou renúncia atinge somente quem a tenha formulado.

§2º. A desistência ou renúncia do interessado, conforme o caso, não prejudica o prosseguimento do processo, se a Administração considerar que o interesse público assim o exige.

Art. 52. O órgão competente poderá declarar extinto o processo quando exaurida sua finalidade ou o objeto da decisão se tornar impossível, inútil ou prejudicado por fato superveniente.

CAPÍTULO XIV - DA ANULAÇÃO, REVOGAÇÃO E CONVALIDAÇÃO

Art. 53. A Administração deve anular seus próprios atos, quando eivados de vício de legalidade, e pode revogá-los por motivo de conveniência ou oportunidade, respeitados os direitos adquiridos.

Art. 54. O direito da Administração de anular os atos administrativos de que decorram efeitos favoráveis para os destinatários decai em cinco anos, contados da data em que foram praticados, salvo comprovada má-fé.

§1º. No caso de efeitos patrimoniais contínuos, o prazo de decadência contar-se-á da percepção do primeiro pagamento.

§2º. Considera-se exercício do direito de anular qualquer medida de autoridade administrativa que importe impugnação à validade do ato.

Art. 55. Em decisão na qual se evidencie não acarretarem lesão ao interesse público nem prejuízo a terceiros, os atos que apresentarem defeitos sanáveis poderão ser convalidados pela própria Administração.

CAPÍTULO XV - DO RECURSO ADMINISTRATIVO E DA REVISÃO

Art. 56. Das decisões administrativas cabe recurso, em face de razões de legalidade e de mérito.

§1º. O recurso será dirigido à autoridade que proferiu a decisão, a qual, se não a reconsiderar no prazo de cinco dias, o encaminhará à autoridade superior.

§2º. Salvo exigência legal, a interposição de recurso administrativo independe de caução.

§3º. Se o recorrente alegar que a decisão administrativa contraria enunciado da súmula vinculante, caberá à autoridade prolatora da decisão impugnada, se não a reconsiderar, explicitar, antes de encaminhar o recurso à autoridade superior, as razões da aplicabilidade ou inaplicabilidade da súmula, conforme o caso. (Parágrafo acrescido pela Lei nº 11.417, de 19/12/2006)

Art. 57. O recurso administrativo tramitará no máximo por três instâncias administrativas, salvo disposição legal diversa.

Art. 58. Têm legitimidade para interpor recurso administrativo:

I. os titulares de direitos e interesses que forem parte no processo;

II. aqueles cujos direitos ou interesses forem indiretamente afetados pela decisão recorrida;

III. as organizações e associações representativas, no tocante a direitos e interesses coletivos;

IV. os cidadãos ou associações, quanto a direitos ou interesses difusos.

Art. 59. Salvo disposição legal específica, é de dez dias o prazo para interposição de recurso administrativo, contado a partir da ciência ou divulgação oficial da decisão recorrida.

ANOTAÇÕES

§1º. Quando a lei não fixar prazo diferente, o recurso administrativo deverá ser decidido no prazo máximo de trinta dias, a partir do recebimento dos autos pelo órgão competente.

§2º. O prazo mencionado no parágrafo anterior poderá ser prorrogado por igual período, ante justificativa explícita.

Art. 60. O recurso interpõe-se por meio de requerimento no qual o recorrente deverá expor os fundamentos do pedido de reexame, podendo juntar os documentos que julgar convenientes.

Art. 61. Salvo disposição legal em contrário, o recurso não tem efeito suspensivo.

Parágrafo único. Havendo justo receio de prejuízo de difícil ou incerta reparação decorrente da execução, a autoridade recorrida ou a imediatamente superior poderá, de ofício ou a pedido, dar efeito suspensivo ao recurso.

Art. 62. Interposto o recurso, o órgão competente para dele conhecer deverá intimar os demais interessados para que, no prazo de cinco dias úteis, apresentem alegações.

Art. 63. O recurso não será conhecido quando interposto:

I. fora do prazo;

II. perante órgão incompetente;

III. por quem não seja legitimado;

IV. após exaurida a esfera administrativa.

§1º. Na hipótese do inciso II, será indicada ao recorrente a autoridade competente, sendo-lhe devolvido o prazo para recurso.

§2º. O não conhecimento do recurso não impede a Administração de rever de ofício o ato ilegal, desde que não ocorrida preclusão administrativa.

Art. 64. O órgão competente para decidir o recurso poderá confirmar, modificar, anular ou revogar, total ou parcialmente, a decisão recorrida, se a matéria for de sua competência.

Parágrafo único. Se da aplicação do disposto neste artigo puder decorrer gravame à situação do recorrente, este deverá ser cientificado para que formule suas alegações antes da decisão.

Art. 64-A. Se o recorrente alegar violação de enunciado da súmula vinculante, o órgão competente para decidir o recurso explicitará as razões da aplicabilidade ou inaplicabilidade da súmula, conforme o caso. (Artigo acrescido pela Lei nº 11.417, de 19/12/2006)

Art. 64-B. Acolhida pelo Supremo Tribunal Federal a reclamação fundada em violação de enunciado da súmula vinculante, dar-se-á ciência à autoridade prolatora e ao órgão competente para o julgamento do recurso, que deverão adequar as futuras decisões administrativas em casos semelhantes, sob pena de responsabilização pessoal nas esferas cível, administrativa e penal. (Artigo acrescido pela Lei nº 11.417, de 19/12/2006)

Art. 65. Os processos administrativos de que resultem sanções poderão ser revistos, a qualquer tempo, a pedido ou de ofício, quando surgirem fatos novos ou circunstâncias relevantes suscetíveis de justificar a inadequação da sanção aplicada.

Parágrafo único. Da revisão do processo não poderá resultar agravamento da sanção.

CAPÍTULO XVI - DOS PRAZOS

Art. 66. Os prazos começam a correr a partir da data da cientificação oficial, excluindo-se da contagem o dia do começo e incluindo-se o do vencimento.

§1º. Considera-se prorrogado o prazo até o primeiro dia útil seguinte se o vencimento cair em dia em que não houver expediente ou este for encerrado antes da hora normal.

§2º. Os prazos expressos em dias contam-se de modo contínuo.

§3º. Os prazos fixados em meses ou anos contam-se de data a data. Se no mês do vencimento não houver o dia equivalente àquele do início do prazo, tem-se como termo o último dia do mês.

ANOTAÇÕES

LEIS

ANOTAÇÕES

Art. 67. Salvo motivo de força maior devidamente comprovado, os prazos processuais não se suspendem.

CAPÍTULO XVII - DAS SANÇÕES

Art. 68. As sanções, a serem aplicadas por autoridade competente, terão natureza pecuniária ou consistirão em obrigação de fazer ou de não fazer, assegurado sempre o direito de defesa.

CAPÍTULO XVIII - DAS DISPOSIÇÕES FINAIS

Art. 69. Os processos administrativos específicos continuarão a reger-se por lei própria, aplicando-se-lhes apenas subsidiariamente os preceitos desta Lei.

Art. 69-A. Terão prioridade na tramitação, em qualquer órgão ou instância, os procedimentos administrativos em que figure como parte ou interessado: (Artigo acrescido pela Lei nº 12.008, de 29/7/2009)

I. pessoa com idade igual ou superior a 60 (sessenta) anos;

II. pessoa portadora de deficiência, física ou mental;

III. (VETADO)

IV. pessoa portadora de tuberculose ativa, esclerose múltipla, neoplasia maligna, hanseníase, paralisia irreversível e incapacitante, cardiopatia grave, doença de Parkinson, espondiloartrose anquilosante, nefropatia grave, hepatopatia grave, estados avançados da doença de Paget (osteíte deformante), contaminação por radiação, síndrome de imunodeficiência adquirida, ou outra doença grave, com base em conclusão da medicina especializada, mesmo que a doença tenha sido contraída após o início do processo.

§1º. A pessoa interessada na obtenção do benefício, juntando prova de sua condição, deverá requerê-lo à autoridade administrativa competente, que determinará as providências a serem cumpridas.

§2º. Deferida a prioridade, os autos receberão identificação própria que evidencie o regime de tramitação prioritária.

Art. 70. Esta Lei entra em vigor na data de sua publicação.

23. LEI Nº 9.807, DE 13 DE JULHO DE 1999

Lei de Proteção a Testeminhas

Estabelece normas para a organização e a manutenção de programas especiais de proteção a vítimas e a testemunhas ameaçadas, institui o Programa Federal de Assistência a Vítimas e a Testemunhas Ameaçadas e dispõe sobre a proteção de acusados ou condenados que tenham voluntariamente prestado efetiva colaboração à investigação policial e ao processo criminal.

CAPÍTULO I - DA PROTEÇÃO ESPECIAL A VÍTIMAS E A TESTEMUNHAS

Art. 1º As medidas de proteção requeridas por vítimas ou por testemunhas de crimes que estejam coagidas ou expostas a grave ameaça em razão de colaborarem com a investigação ou processo criminal serão prestadas pela União, pelos Estados e pelo Distrito Federal, no âmbito das respectivas competências, na forma de programas especiais organizados com base nas disposições desta Lei.

§ 1º A União, os Estados e o Distrito Federal poderão celebrar convênios, acordos, ajustes ou termos de parceria entre si ou com entidades não-governamentais objetivando a realização dos programas.

§ 2º A supervisão e a fiscalização dos convênios, acordos, ajustes e termos de parceria de interesse da União ficarão a cargo do órgão do Ministério da Justiça com atribuições para a execução da política de direitos humanos.

ANOTAÇÕES

Art. 2º A proteção concedida pelos programas e as medidas dela decorrentes levarão em conta a gravidade da coação ou da ameaça à integridade física ou psicológica, a dificuldade de preveni-las ou reprimi-las pelos meios convencionais e a sua importância para a produção da prova.

§ 1º A proteção poderá ser dirigida ou estendida ao cônjuge ou companheiro, ascendentes, descendentes e dependentes que tenham convivência habitual com a vítima ou testemunha, conforme o especificamente necessário em cada caso.

§ 2º Estão excluídos da proteção os indivíduos cuja personalidade ou conduta seja incompatível com as restrições de comportamento exigidas pelo programa, os condenados que estejam cumprindo pena e os indiciados ou acusados sob prisão cautelar em qualquer de suas modalidades. Tal exclusão não trará prejuízo a eventual prestação de medidas de preservação da integridade física desses indivíduos por parte dos órgãos de segurança pública.

§ 3º O ingresso no programa, as restrições de segurança e demais medidas por ele adotadas terão sempre a anuência da pessoa protegida, ou de seu representante legal.

§ 4º Após ingressar no programa, o protegido ficará obrigado ao cumprimento das normas por ele prescritas.

§ 5º As medidas e providências relacionadas com os programas serão adotadas, executadas e mantidas em sigilo pelos protegidos e pelos agentes envolvidos em sua execução.

Art. 3º Toda admissão no programa ou exclusão dele será precedida de consulta ao Ministério Público sobre o disposto no art. 2º e deverá ser subsequentemente comunicada à autoridade policial ou ao juiz competente.

Art. 4º Cada programa será dirigido por um conselho deliberativo em cuja composição haverá representantes do Ministério Público, do Poder Judiciário e de órgãos públicos e privados relacionados com a segurança pública e a defesa dos direitos humanos.

§ 1º A execução das atividades necessárias ao programa ficará a cargo de um dos órgãos representados no conselho deliberativo, devendo os agentes dela incumbidos ter formação e capacitação profissional compatíveis com suas tarefas.

§ 2º Os órgãos policiais prestarão a colaboração e o apoio necessários à execução de cada programa.

Art. 5º A solicitação objetivando ingresso no programa poderá ser encaminhada ao órgão executor:

I. pelo interessado;

II. por representante do Ministério Público;

III. pela autoridade policial que conduz a investigação criminal;

IV. pelo juiz competente para a instrução do processo criminal;

V. por órgãos públicos e entidades com atribuições de defesa dos direitos humanos.

§ 1º A solicitação será instruída com a qualificação da pessoa a ser protegida e com informações sobre a sua vida pregressa, o fato delituoso e a coação ou ameaça que a motiva.

§ 2º Para fins de instrução do pedido, o órgão executor poderá solicitar, com a aquiescência do interessado:

I. documentos ou informações comprobatórios de sua identidade, estado civil, situação profissional, patrimônio e grau de instrução, e da pendência de obrigações civis, administrativas, fiscais, financeiras ou penais;

II. exames ou pareceres técnicos sobre a sua personalidade, estado físico ou psicológico.

§ 3º Em caso de urgência e levando em consideração a procedência, gravidade e a iminência da coação ou ameaça, a vítima ou testemunha poderá ser colocada provisoriamente sob a custódia de órgão policial, pelo órgão executor, no aguardo de decisão do conselho deliberativo, com comunicação imediata a seus membros e ao Ministério Público.

Art. 6º O conselho deliberativo decidirá sobre:

I. o ingresso do protegido no programa ou a sua exclusão;

ANOTAÇÕES

II. as providências necessárias ao cumprimento do programa.

Parágrafo único. As deliberações do conselho serão tomadas por maioria absoluta de seus membros e sua execução ficará sujeita à disponibilidade orçamentária.

Art. 7º Os programas compreendem, dentre outras, as seguintes medidas, aplicáveis isolada ou cumulativamente em benefício da pessoa protegida, segundo a gravidade e as circunstâncias de cada caso:

I. segurança na residência, incluindo o controle de telecomunicações;

II. escolta e segurança nos deslocamentos da residência, inclusive para fins de trabalho ou para a prestação de depoimentos;

III. transferência de residência ou acomodação provisória em local compatível com a proteção;

IV. preservação da identidade, imagem e dados pessoais;

V. ajuda financeira mensal para prover as despesas necessárias à subsistência individual ou familiar, no caso de a pessoa protegida estar impossibilitada de desenvolver trabalho regular ou de inexistência de qualquer fonte de renda;

VI. suspensão temporária das atividades funcionais, sem prejuízo dos respectivos vencimentos ou vantagens, quando servidor público ou militar;

VII. apoio e assistência social, médica e psicológica;

VIII. sigilo em relação aos atos praticados em virtude da proteção concedida;

IX. apoio do órgão executor do programa para o cumprimento de obrigações civis e administrativas que exijam o comparecimento pessoal.

Parágrafo único. A ajuda financeira mensal terá um teto fixado pelo conselho deliberativo no início de cada exercício financeiro.

Art. 8º Quando entender necessário, poderá o conselho deliberativo solicitar ao Ministério Público que requeira ao juiz a concessão de medidas cautelares direta ou indiretamente relacionadas com a eficácia da proteção.

Art. 9º Em casos excepcionais e considerando as características e gravidade da coação ou ameaça, poderá o conselho deliberativo encaminhar requerimento da pessoa protegida ao juiz competente para registros públicos objetivando a alteração de nome completo.

§ 1º A alteração de nome completo poderá estender-se às pessoas mencionadas no § 1º do art. 2º desta Lei, inclusive aos filhos menores, e será precedida das providências necessárias ao resguardo de direitos de terceiros.

§ 2º O requerimento será sempre fundamentado e o juiz ouvirá previamente o Ministério Público, determinando, em seguida, que o procedimento tenha rito sumaríssimo e corra em segredo de justiça.

§ 3º Concedida a alteração pretendida, o juiz determinará na sentença, observando o sigilo indispensável à proteção do interessado:

I. a averbação no registro original de nascimento da menção de que houve alteração de nome completo em conformidade com o estabelecido nesta Lei, com expressa referência à sentença autorizatória e ao juiz que a exarou e sem a aposição do nome alterado;

II. a determinação aos órgãos competentes para o fornecimento dos documentos decorrentes da alteração;

III. a remessa da sentença ao órgão nacional competente para o registro único de identificação civil, cujo procedimento obedecerá às necessárias restrições de sigilo.

§ 4º O conselho deliberativo, resguardado o sigilo das informações, manterá controle sobre a localização do protegido cujo nome tenha sido alterado.

§ 5º Cessada a coação ou ameaça que deu causa à alteração, ficará facultado ao protegido solicitar ao juiz competente o retorno à situação anterior, com a alteração para o nome original, em petição que será encaminhada pelo conselho deliberativo e terá manifestação prévia do Ministério Público.

ANOTAÇÕES

Art. 10. A exclusão da pessoa protegida de programa de proteção a vítimas e a testemunhas poderá ocorrer a qualquer tempo:

I. por solicitação do próprio interessado;

II. por decisão do conselho deliberativo, em consequência de:

a) cessação dos motivos que ensejaram a proteção;

b) conduta incompatível do protegido.

Art. 11. A proteção oferecida pelo programa terá a duração máxima de dois anos.

Parágrafo único. Em circunstâncias excepcionais, perdurando os motivos que autorizam a admissão, a permanência poderá ser prorrogada.

Art. 12. Fica instituído, no âmbito do órgão do Ministério da Justiça com atribuições para a execução da política de direitos humanos, o Programa Federal de Assistência a Vítimas e a Testemunhas Ameaçadas, a ser regulamentado por decreto do Poder Executivo.

CAPÍTULO II - DA PROTEÇÃO AOS RÉUS COLABORADORES

Art. 13. Poderá o juiz, de ofício ou a requerimento das partes, conceder o perdão judicial e a consequente extinção da punibilidade ao acusado que, sendo primário, tenha colaborado efetiva e voluntariamente com a investigação e o processo criminal, desde que dessa colaboração tenha resultado:

I. a identificação dos demais co-autores ou partícipes da ação criminosa;

II. a localização da vítima com a sua integridade física preservada;

III. a recuperação total ou parcial do produto do crime.

Parágrafo único. A concessão do perdão judicial levará em conta a personalidade do beneficiado e a natureza, circunstâncias, gravidade e repercussão social do fato criminoso.

Art. 14. O indiciado ou acusado que colaborar voluntariamente com a investigação policial e o processo criminal na identificação dos demais co-autores ou partícipes do crime, na localização da vítima com vida e na recuperação total ou parcial do produto do crime, no caso de condenação, terá pena reduzida de um a dois terços.

Art. 15. Serão aplicadas em benefício do colaborador, na prisão ou fora dela, medidas especiais de segurança e proteção a sua integridade física, considerando ameaça ou coação eventual ou efetiva.

§ 1º Estando sob prisão temporária, preventiva ou em decorrência de flagrante delito, o colaborador será custodiado em dependência separada dos demais presos.

§ 2º Durante a instrução criminal, poderá o juiz competente determinar em favor do colaborador qualquer das medidas previstas no art. 8º desta Lei.

§ 3º No caso de cumprimento da pena em regime fechado, poderá o juiz criminal determinar medidas especiais que proporcionem a segurança do colaborador em relação aos demais apenados.

DISPOSIÇÕES GERAIS

Art. 16. O art. 57 da Lei nº 6.015, de 31 de dezembro de 1973, fica acrescido do seguinte § 7º:

"§ 7º Quando a alteração de nome for concedida em razão de fundada coação ou ameaça decorrente de colaboração com a apuração de crime, o juiz competente determinará que haja a averbação no registro de origem de menção da existência de sentença concessiva da alteração, sem a averbação do nome alterado, que somente poderá ser procedida mediante determinação posterior, que levará em consideração a cessação da coação ou ameaça que deu causa à alteração."

ANOTAÇÕES

Art. 17. O parágrafo único do art. 58 da Lei nº 6.015, de 31 de dezembro de 1973, com a redação dada pela Lei nº 9.708, de 18 de novembro de 1998, passa a ter a seguinte redação:

"Parágrafo único. A substituição do prenome será ainda admitida em razão de fundada coação ou ameaça decorrente da colaboração com a apuração de crime, por determinação, em sentença, de juiz competente, ouvido o Ministério Público." (NR)

Art. 18. O art. 18 da Lei nº 6.015, de 31 de dezembro de 1973, passa a ter a seguinte redação:

"Art. 18. Ressalvado o disposto nos arts. 45, 57, § 7º, e 95, parágrafo único, a certidão será lavrada independentemente de despacho judicial, devendo mencionar o livro de registro ou o documento arquivado no cartório."

Art. 19. A União poderá utilizar estabelecimentos especialmente destinados ao cumprimento de pena de condenados que tenham prévia e voluntariamente prestado a colaboração de que trata esta Lei.

Parágrafo único. Para fins de utilização desses estabelecimentos, poderá a União celebrar convênios com os Estados e o Distrito Federal.

Art. 19-A. Terão prioridade na tramitação o inquérito e o processo criminal em que figure indiciado, acusado, vítima ou réu colaboradores, vítima ou testemunha protegidas pelos programas de que trata esta Lei. (Incluído pela Lei nº 12.483, de 2011)

Parágrafo único. Qualquer que seja o rito processual criminal, o juiz, após a citação, tomará antecipadamente o depoimento das pessoas incluídas nos programas de proteção previstos nesta Lei, devendo justificar a eventual impossibilidade de fazê-lo no caso concreto ou o possível prejuízo que a oitiva antecipada traria para a instrução criminal. (Incluído pela Lei nº 12.483, de 2011)

Art. 20. As despesas decorrentes da aplicação desta Lei, pela União, correrão à conta de dotação consignada no orçamento.

Art. 21. Esta Lei entra em vigor na data de sua publicação.

24. LEI Nº 10.259, DE 12 DE JULHO DE 2001

Dispõe sobre a instituição dos Juizados Especiais Cíveis e Criminais no âmbito da Justiça Federal.

O PRESIDENTE DA REPÚBLICA Faço saber que o Congresso Nacional decreta e eu sanciono a seguinte Lei:

Art. 1º São instituídos os Juizados Especiais Cíveis e Criminais da Justiça Federal, aos quais se aplica, no que não conflitar com esta Lei, o disposto na Lei nº 9.099, de 26 de setembro de 1995.

Art. 2º Compete ao Juizado Especial Federal Criminal processar e julgar os feitos de competência da Justiça Federal relativos às infrações de menor potencial ofensivo, respeitadas as regras de conexão e continência. (Redação dada pela Lei nº 11.313, de 2006)

Parágrafo único. Na reunião de processos, perante o juízo comum ou o tribunal do júri, decorrente da aplicação das regras de conexão e continência, observar-se-ão os institutos da transação penal e da composição dos danos civis. (Redação dada pela Lei nº 11.313, de 2006)

Art. 3º Compete ao Juizado Especial Federal Cível processar, conciliar e julgar causas de competência da Justiça Federal até o valor de sessenta salários mínimos, bem como executar as suas sentenças.

§ 1º Não se incluem na competência do Juizado Especial Cível as causas:

I. referidas no art. 109, incisos II, III e XI, da Constituição Federal, as ações de mandado de segurança, de desapropriação, de divisão e demarcação, populares, execuções fiscais e por improbidade administrativa e as demandas sobre direitos ou interesses difusos, coletivos ou individuais homogêneos;

II. sobre bens imóveis da União, autarquias e fundações públicas federais;

III. para a anulação ou cancelamento de ato administrativo federal, salvo o de natureza previdenciária e o de lançamento fiscal;

IV. que tenham como objeto a impugnação da pena de demissão imposta a servidores públicos civis ou de sanções disciplinares aplicadas a militares.

§ 2º Quando a pretensão versar sobre obrigações vincendas, para fins de competência do Juizado Especial, a soma de doze parcelas não poderá exceder o valor referido no art. 3º, caput.

§ 3º No foro onde estiver instalada Vara do Juizado Especial, a sua competência é absoluta.

Art. 4º O Juiz poderá, de ofício ou a requerimento das partes, deferir medidas cautelares no curso do processo, para evitar dano de difícil reparação.

Art. 5º Exceto nos casos do art. 4º, somente será admitido recurso de sentença definitiva.

Art. 6º Podem ser partes no Juizado Especial Federal Cível:

I. como autores, as pessoas físicas e as microempresas e empresas de pequeno porte, assim definidas na Lei nº 9.317, de 5 de dezembro de 1996;

II. como rés, a União, autarquias, fundações e empresas públicas federais.

Art. 7º As citações e intimações da União serão feitas na forma prevista nos arts. 35 a 38 da Lei Complementar no 73, de 10 de fevereiro de 1993.

Parágrafo único. A citação das autarquias, fundações e empresas públicas será feita na pessoa do representante máximo da entidade, no local onde proposta a causa, quando ali instalado seu escritório ou representação; se não, na sede da entidade.

Art. 8º As partes serão intimadas da sentença, quando não proferida esta na audiência em que estiver presente seu representante, por ARMP (aviso de recebimento em mão própria).

§ 1º As demais intimações das partes serão feitas na pessoa dos advogados ou dos Procuradores que oficiem nos respectivos autos, pessoalmente ou por via postal.

§ 2º Os tribunais poderão organizar serviço de intimação das partes e de recepção de petições por meio eletrônico.

Art. 9º Não haverá prazo diferenciado para a prática de qualquer ato processual pelas pessoas jurídicas de direito público, inclusive a interposição de recursos, devendo a citação para audiência de conciliação ser efetuada com antecedência mínima de trinta dias.

Art. 10. As partes poderão designar, por escrito, representantes para a causa, advogado ou não.

Parágrafo único. Os representantes judiciais da União, autarquias, fundações e empresas públicas federais, bem como os indicados na forma do caput, ficam autorizados a conciliar, transigir ou desistir, nos processos da competência dos Juizados Especiais Federais.

Art. 11. A entidade pública ré deverá fornecer ao Juizado a documentação de que disponha para o esclarecimento da causa, apresentando-a até a instalação da audiência de conciliação.

Parágrafo único. Para a audiência de composição dos danos resultantes de ilícito criminal (arts. 71, 72 e 74 da Lei nº 9.099, de 26 de setembro de 1995), o representante da entidade que comparecer terá poderes para acordar, desistir ou transigir, na forma do art. 10.

Art. 12. Para efetuar o exame técnico necessário à conciliação ou ao julgamento da causa, o Juiz nomeará pessoa habilitada, que apresentará o laudo até cinco dias antes da audiência, independentemente de intimação das partes.

§ 1º Os honorários do técnico serão antecipados à conta de verba orçamentária do respectivo Tribunal e, quando vencida na causa a entidade pública, seu valor será incluído na ordem de pagamento a ser feita em favor do Tribunal.

§ 2º Nas ações previdenciárias e relativas à assistência social, havendo designação de exame, serão as partes intimadas para, em dez dias, apresentar quesitos e indicar assistentes.

Art. 13. Nas causas de que trata esta Lei, não haverá reexame necessário.

Art. 14. Caberá pedido de uniformização de interpretação de lei federal quando houver divergência entre decisões sobre questões de direito material proferidas por Turmas Recursais na interpretação da lei.

§ 1º O pedido fundado em divergência entre Turmas da mesma Região será julgado em reunião conjunta das Turmas em conflito, sob a presidência do Juiz Coordenador.

§ 2º O pedido fundado em divergência entre decisões de turmas de diferentes regiões ou da proferida em contrariedade a súmula ou jurisprudência dominante do STJ será julgado por Turma de Uniformização, integrada por juízes de Turmas Recursais, sob a presidência do Coordenador da Justiça Federal.

§ 3º A reunião de juízes domiciliados em cidades diversas será feita pela via eletrônica.

§ 4º Quando a orientação acolhida pela Turma de Uniformização, em questões de direito material, contrariar súmula ou jurisprudência dominante no Superior Tribunal de Justiça -STJ, a parte interessada poderá provocar a manifestação deste, que dirimirá a divergência.

§ 5º No caso do § 4º, presente a plausibilidade do direito invocado e havendo fundado receio de dano de difícil reparação, poderá o relator conceder, de ofício ou a requerimento do interessado, medida liminar determinando a suspensão dos processos nos quais a controvérsia esteja estabelecida.

§ 6º Eventuais pedidos de uniformização idênticos, recebidos subsequentemente em quaisquer Turmas Recursais, ficarão retidos nos autos, aguardando-se pronunciamento do Superior Tribunal de Justiça.

§ 7º Se necessário, o relator pedirá informações ao Presidente da Turma Recursal ou Coordenador da Turma de Uniformização e ouvirá o Ministério Público, no prazo de cinco dias. Eventuais interessados, ainda que não sejam partes no processo, poderão se manifestar, no prazo de trinta dias.

§ 8º Decorridos os prazos referidos no § 7º, o relator incluirá o pedido em pauta na Seção, com preferência sobre todos os demais feitos, ressalvados os processos com réus presos, os habeas corpus e os mandados de segurança.

§ 9º Publicado o acórdão respectivo, os pedidos retidos referidos no § 6º serão apreciados pelas Turmas Recursais, que poderão exercer juízo de retratação ou declará-los prejudicados, se veicularem tese não acolhida pelo Superior Tribunal de Justiça.

§ 10. Os Tribunais Regionais, o Superior Tribunal de Justiça e o Supremo Tribunal Federal, no âmbito de suas competências, expedirão normas regulamentando a composição dos órgãos e os procedimentos a serem adotados para o processamento e o julgamento do pedido de uniformização e do recurso extraordinário.

Art. 15. O recurso extraordinário, para os efeitos desta Lei, será processado e julgado segundo o estabelecido nos §§ 4º a 9º do art. 14, além da observância das normas do Regimento.

Art. 16. O cumprimento do acordo ou da sentença, com trânsito em julgado, que imponham obrigação de fazer, não fazer ou entrega de coisa certa, será efetuado mediante ofício do Juiz à autoridade citada para a causa, com cópia da sentença ou do acordo.

Art. 17. Tratando-se de obrigação de pagar quantia certa, após o trânsito em julgado da decisão, o pagamento será efetuado no prazo de sessenta dias, contados da entrega da requisição, por ordem do Juiz, à autoridade citada para a causa, na agência mais próxima da Caixa Econômica Federal ou do Banco do Brasil, independentemente de precatório.

§ 1º Para os efeitos do § 3º do art. 100 da Constituição Federal, as obrigações ali definidas como de pequeno valor, a serem pagas independentemente de precatório, terão como limite o mesmo valor estabelecido nesta Lei para a competência do Juizado Especial Federal Cível (art. 3º, caput).

§ 2º Desatendida a requisição judicial, o Juiz determinará o sequestro do numerário suficiente ao cumprimento da decisão.

§ 3º São vedados o fracionamento, repartição ou quebra do valor da execução, de modo que o pagamento se faça, em parte, na forma estabelecida no § 1º deste artigo, e, em parte, mediante expedição do precatório, e a expedição de precatório complementar ou suplementar do valor pago.

§ 4º Se o valor da execução ultrapassar o estabelecido no § 1º, o pagamento far-se-á, sempre, por meio do precatório, sendo facultado à parte exequente a renúncia ao crédito do valor excedente, para que possa optar pelo pagamento do saldo sem o precatório, da forma lá prevista.

Art. 18. Os Juizados Especiais serão instalados por decisão do Tribunal Regional Federal. O Juiz presidente do Juizado designará os conciliadores pelo período de dois anos, admitida a recondução. O exercício dessas funções será gratuito, assegurados os direitos e prerrogativas do jurado (art. 437 do Código de Processo Penal).

Parágrafo único. Serão instalados Juizados Especiais Adjuntos nas localidades cujo movimento forense não justifique a existência de Juizado Especial, cabendo ao Tribunal designar a Vara onde funcionará.

Art. 19. No prazo de seis meses, a contar da publicação desta Lei, deverão ser instalados os Juizados Especiais nas capitais dos Estados e no Distrito Federal.

Parágrafo único. Na capital dos Estados, no Distrito Federal e em outras cidades onde for necessário, neste último caso, por decisão do Tribunal Regional Federal, serão instalados Juizados com competência exclusiva para ações previdenciárias.

Art. 20. Onde não houver Vara Federal, a causa poderá ser proposta no Juizado Especial Federal mais próximo do foro definido no art. 4º da Lei nº 9.099, de 26 de setembro de 1995, vedada a aplicação desta Lei nº juízo estadual.

Art. 21. As Turmas Recursais serão instituídas por decisão do Tribunal Regional Federal, que definirá sua composição e área de competência, podendo abranger mais de uma seção.

§ 1º (Revogado pela Lei nº 12.665, de 2012)

§ 2º (Revogado pela Lei nº 12.665, de 2012)

Art. 22. Os Juizados Especiais serão coordenados por Juiz do respectivo Tribunal Regional, escolhido por seus pares, com mandato de dois anos.

Parágrafo único. O Juiz Federal, quando o exigirem as circunstâncias, poderá determinar o funcionamento do Juizado Especial em caráter itinerante, mediante autorização prévia do Tribunal Regional Federal, com antecedência de dez dias.

Art. 23. O Conselho da Justiça Federal poderá limitar, por até três anos, contados a partir da publicação desta Lei, a competência dos Juizados Especiais Cíveis, atendendo à necessidade da organização dos serviços judiciários ou administrativos.

Art. 24. O Centro de Estudos Judiciários do Conselho da Justiça Federal e as Escolas de Magistratura dos Tribunais Regionais Federais criarão programas de informática necessários para subsidiar a instrução das causas submetidas aos Juizados e promoverão cursos de aperfeiçoamento destinados aos seus magistrados e servidores.

Art. 25. Não serão remetidas aos Juizados Especiais as demandas ajuizadas até a data de sua instalação.

ANOTAÇÕES

ANOTAÇÕES

ANOTAÇÕES

Art. 26. Competirá aos Tribunais Regionais Federais prestar o suporte administrativo necessário ao funcionamento dos Juizados Especiais.

Art. 27. Esta Lei entra em vigor seis meses após a data de sua publicação.

25. LEI Nº 10.357, DE 27 DE DEZEMBRO DE 2001

Lei de Fiscalização de Produtos Químicos

Estabelece normas de controle e fiscalização sobre produtos químicos que direta ou indiretamente possam ser destinados à elaboração ilícita de substâncias entorpecentes, psicotrópicas ou que determinem dependência física ou psíquica, e dá outras providências.

O PRESIDENTE DA REPÚBLICA Faço saber que o Congresso Nacional decreta e eu sanciono a seguinte Lei:

Art. 1º Estão sujeitos a controle e fiscalização, na forma prevista nesta Lei, em sua fabricação, produção, armazenamento, transformação, embalagem, compra, venda, comercialização, aquisição, posse, doação, empréstimo, permuta, remessa, transporte, distribuição, importação, exportação, reexportação, cessão, reaproveitamento, reciclagem, transferência e utilização, todos os produtos químicos que possam ser utilizados como insumo na elaboração de substâncias entorpecentes, psicotrópicas ou que determinem dependência física ou psíquica.

§ 1º Aplica-se o disposto neste artigo às substâncias entorpecentes, psicotrópicas ou que determinem dependência física ou psíquica que não estejam sob controle do órgão competente do Ministério da Saúde.

§ 2º Para efeito de aplicação das medidas de controle e fiscalização previstas nesta Lei, considera-se produto químico as substâncias químicas e as formulações que as contenham, nas concentrações estabelecidas em portaria, em qualquer estado físico, independentemente do nome fantasia dado ao produto e do uso lícito a que se destina.

Art. 2º O Ministro de Estado da Justiça, de ofício ou em razão de proposta do Departamento de Polícia Federal, da Secretaria Nacional Antidrogas ou da Agência Nacional de Vigilância Sanitária, definirá, em portaria, os produtos químicos a serem controlados e, quando necessário, promoverá sua atualização, excluindo ou incluindo produtos, bem como estabelecerá os critérios e as formas de controle.

Art. 3º Compete ao Departamento de Polícia Federal o controle e a fiscalização dos produtos químicos a que se refere o art. 1º desta Lei e a aplicação das sanções administrativas decorrentes.

Art. 4º Para exercer qualquer uma das atividades sujeitas a controle e fiscalização relacionadas no art. 1º , a pessoa física ou jurídica deverá se cadastrar e requerer licença de funcionamento ao Departamento de Polícia Federal, de acordo com os critérios e as formas a serem estabelecidas na portaria a que se refere o art. 2º, independentemente das demais exigências legais e regulamentares.

§ 1º As pessoas jurídicas já cadastradas, que estejam exercendo atividade sujeita a controle e fiscalização, deverão providenciar seu recadastramento junto ao Departamento de Polícia Federal, na forma a ser estabelecida em regulamento.

§ 2º A pessoa física ou jurídica que, em caráter eventual, necessitar exercer qualquer uma das atividades sujeitas a controle e fiscalização, deverá providenciar o seu cadastro junto ao Departamento de Polícia Federal e requerer autorização especial para efetivar as suas operações.

Art. 5º A pessoa jurídica referida no caput do art. 4º deverá requerer, anualmente, a Renovação da Licença de Funcionamento para o prosseguimento de suas atividades.

Art. 6º Todas as partes envolvidas deverão possuir licença de funcionamento, exceto quando se tratar de quantidades de produtos químicos inferiores aos limites a serem estabelecidos em portaria do Ministro de Estado da Justiça.

ANOTAÇÕES

Art. 7º Para importar, exportar ou reexportar os produtos químicos sujeitos a controle e fiscalização, nos termos dos arts. 1º e 2º, será necessária autorização prévia do Departamento de Polícia Federal, nos casos previstos em portaria, sem prejuízo do disposto no art. 6º e dos procedimentos adotados pelos demais órgãos competentes.

Art. 8º A pessoa jurídica que realizar qualquer uma das atividades a que se refere o art. 1º desta Lei é obrigada a fornecer ao Departamento de Polícia Federal, periodicamente, as informações sobre suas operações.

Parágrafo único. Os documentos que consubstanciam as informações a que se refere este artigo deverão ser arquivados pelo prazo de cinco anos e apresentados ao Departamento de Polícia Federal quando solicitados.

Art. 9º Os modelos de mapas e formulários necessários à implementação das normas a que se referem os artigos anteriores serão publicados em portaria ministerial.

Art. 10. A pessoa física ou jurídica que, por qualquer motivo, suspender o exercício de atividade sujeita a controle e fiscalização ou mudar de atividade controlada deverá comunicar a paralisação ou alteração ao Departamento de Polícia Federal, no prazo de trinta dias a partir da data da suspensão ou da mudança de atividade.

Art. 11. A pessoa física ou jurídica que exerça atividade sujeita a controle e fiscalização deverá informar ao Departamento de Polícia Federal, no prazo máximo de vinte e quatro horas, qualquer suspeita de desvio de produto químico a que se refere esta Lei.

Art. 12. Constitui infração administrativa:

I. deixar de cadastrar-se ou licenciar-se no prazo legal;

II. deixar de comunicar ao Departamento de Polícia Federal, no prazo de trinta dias, qualquer alteração cadastral ou estatutária a partir da data do ato aditivo, bem como a suspensão ou mudança de atividade sujeita a controle e fiscalização;

III. omitir as informações a que se refere o art. 8º desta Lei, ou prestá-las com dados incompletos ou inexatos;

IV. deixar de apresentar ao órgão fiscalizador, quando solicitado, notas fiscais, manifestos e outros documentos de controle;

V. exercer qualquer das atividades sujeitas a controle e fiscalização, sem a devida Licença de Funcionamento ou Autorização Especial do órgão competente;

VI. exercer atividade sujeita a controle e fiscalização com pessoa física ou jurídica não autorizada ou em situação irregular, nos termos desta Lei;

VII. deixar de informar qualquer suspeita de desvio de produto químico controlado, para fins ilícitos;

VIII. importar, exportar ou reexportar produto químico controlado, sem autorização prévia;

IX. alterar a composição de produto químico controlado, sem prévia comunicação ao órgão competente;

X. adulterar laudos técnicos, notas fiscais, rótulos e embalagens de produtos químicos controlados visando a burlar o controle e a fiscalização;

XI. deixar de informar no laudo técnico, ou nota fiscal, quando for o caso, em local visível da embalagem e do rótulo, a concentração do produto químico controlado;

XII. deixar de comunicar ao Departamento de Polícia Federal furto, roubo ou extravio de produto químico controlado e documento de controle, no prazo de quarenta e oito horas; e

XIII. dificultar, de qualquer maneira, a ação do órgão de controle e fiscalização.

Art. 13. Os procedimentos realizados no exercício da fiscalização deverão ser formalizados mediante a elaboração de documento próprio.

Art. 14. O descumprimento das normas estabelecidas nesta Lei, independentemente de responsabilidade penal, sujeitará os infratores às seguintes medidas administrativas, aplicadas cumulativa ou isoladamente:

I. advertência formal;

II. apreensão do produto químico encontrado em situação irregular;

III. suspensão ou cancelamento de licença de funcionamento;

IV. revogação da autorização especial; e

V. multa de R$ 2.128,20 (dois mil, cento e vinte e oito reais e vinte centavos) a R$ 1.064.100,00 (um milhão, sessenta e quatro mil e cem reais).

§ 1º Na dosimetria da medida administrativa, serão consideradas a situação econômica, a conduta do infrator, a reincidência, a natureza da infração, a quantidade dos produtos químicos encontrados em situação irregular e as circunstâncias em que ocorreram os fatos.

§ 2º A critério da autoridade competente, o recolhimento do valor total da multa arbitrada poderá ser feito em até cinco parcelas mensais e consecutivas.

§ 3º Das sanções aplicadas caberá recurso ao Diretor-Geral do Departamento de Polícia Federal, na forma e prazo estabelecidos em regulamento.

Art. 15. A pessoa física ou jurídica que cometer qualquer uma das infrações previstas nesta Lei terá prazo de trinta dias, a contar da data da fiscalização, para sanar as irregularidades verificadas, sem prejuízo da aplicação de medidas administrativas previstas no art. 14.

§ 1º Sanadas as irregularidades, os produtos químicos eventualmente apreendidos serão devolvidos ao seu legítimo proprietário ou representante legal.

§ 2º Os produtos químicos que não forem regularizados e restituídos no prazo e nas condições estabelecidas neste artigo serão destruídos, alienados ou doados pelo Departamento de Polícia Federal a instituições de ensino, pesquisa ou saúde pública, após trânsito em julgado da decisão proferida no respectivo processo administrativo.

§ 3º Em caso de risco iminente à saúde pública ou ao meio ambiente, o órgão fiscalizador poderá dar destinação imediata aos produtos químicos apreendidos.

Art. 16. Fica instituída a Taxa de Controle e Fiscalização de Produtos Químicos, cujo fato gerador é o exercício do poder de polícia conferido ao Departamento de Polícia Federal para controle e fiscalização das atividades relacionadas no art. 1º desta Lei.

Art. 17. São sujeitos passivos da Taxa de Controle e Fiscalização de Produtos Químicos as pessoas físicas e jurídicas que exerçam qualquer uma das atividades sujeitas a controle e fiscalização de que trata o art. 1º desta Lei.

Art. 18. São isentos do pagamento da Taxa de Controle e Fiscalização de Produtos Químicos, sem prejuízo das demais obrigações previstas nesta Lei:

I. os órgãos da Administração Pública direta federal, estadual e municipal;

II. as instituições públicas de ensino, pesquisa e saúde;

III. as entidades particulares de caráter assistencial, filantrópico e sem fins lucrativos que comprovem essa condição na forma da lei específica em vigor.

Art. 19. A Taxa de Controle e Fiscalização de Produtos Químicos é devida pela prática dos seguintes atos de controle e fiscalização:

I. no valor de R$ 500,00 (quinhentos reais) para:

a. emissão de Certificado de Registro Cadastral;

b. emissão de segunda via de Certificado de Registro Cadastral; e

c. alteração de Registro Cadastral;

II. no valor de R$ 1.000,00 (um mil reais) para:

a. emissão de Certificado de Licença de Funcionamento;

b. emissão de segunda via de Certificado de Licença de Funcionamento; e

c. renovação de Licença de Funcionamento;

III. no valor de R$ 50,00 (cinquenta reais) para:

a. emissão de Autorização Especial; e

b. emissão de segunda via de Autorização Especial.

Parágrafo único. Os valores constantes dos incisos I e II deste artigo serão reduzidos de:

I. quarenta por cento, quando se tratar de empresa de pequeno porte;

II. cinquenta por cento, quando se tratar de filial de empresa já cadastrada;

III. setenta por cento, quando se tratar de microempresa.

Art. 20. A Taxa de Controle e Fiscalização de Produtos Químicos será recolhida nos prazos e nas condições estabelecidas em ato do Departamento de Polícia Federal.

Art. 21. Os recursos relativos à cobrança da Taxa de Controle e Fiscalização de Produtos Químicos, à aplicação de multa e à alienação de produtos químicos previstas nesta Lei constituem receita do Fundo Nacional Antidrogas - FUNAD.

Parágrafo único. O Fundo Nacional Antidrogas destinará oitenta por cento dos recursos relativos à cobrança da Taxa, à aplicação de multa e à alienação de produtos químicos, referidos no caput deste artigo, ao Departamento de Polícia Federal, para o reaparelhamento e custeio das atividades de controle e fiscalização de produtos químicos e de repressão ao tráfico ilícito de drogas.

Art. 22. Esta Lei entra em vigor na data de sua publicação.

Art. 23. Ficam revogados os arts. 1º a 13 e 18 da Lei nº 9.017, de 30 de março de 1995.

26. DECRETO Nº 4.262, DE 10 DE JUNHO DE 2002

Regulamenta a Lei nº 10.357, de 27 de dezembro de 2001 que estabelece normas de controle e fiscalização sobre produtos químicos que direta ou indiretamente possam ser destinados à elaboração ilícita de substâncias entorpecentes, psicotrópicas ou que determinem dependência física ou psíquica, e dá outras providências.

O PRESIDENTE DA REPÚBLICA, no uso da atribuição que lhe confere o art. 84, inciso IV, da Constituição,

Art. 1º O Departamento de Polícia Federal do Ministério da Justiça, por meio de seu Órgão Central de Controle de Produtos Químicos, coordenará e executará as ações de controle e fiscalização dos produtos químicos e substâncias a que se refere o art. 1º da Lei nº 10.357, de 27 de dezembro de 2001.

Art. 2º Os órgãos que, por força de lei, exerçam atividades de controle e fiscalização prestarão informações ao Departamento de Polícia Federal com relação às apreensões de produtos químicos encontrados em situação irregular ou em laboratórios clandestinos de fabricação de drogas.

Parágrafo único. O intercâmbio de informações entre a Secretaria da Receita Federal do Ministério da Fazenda e o Departamento de Polícia Federal, para os fins das atividades de controle e fiscalização de que trata este Decreto, será estabelecido por meio de convênio.

Art. 3º A pessoa jurídica já cadastrada no Departamento de Polícia Federal, que esteja exercendo atividades sujeitas a controle e fiscalização, deverá recadastrar-se no ato da primeira renovação da licença de funcionamento e atender às mesmas exigências impostas, por meio da portaria a que se refere o art. 4º da Lei nº 10.357, de 2001, para o cadastramento.

Art. 4º É facultado ao Departamento de Polícia Federal realizar inspeção prévia e fiscalização em instalações e locais utilizados ou que venham a ser utilizados para o exercício de atividades desenvolvidas com produtos químicos controlados.

ANOTAÇÕES

Parágrafo único. As ações de fiscalização a que se refere este artigo serão executadas, quando necessário, em conjunto com os órgãos competentes de controle ambiental, de segurança, de saúde pública e fiscal.

Art. 5º A fiscalização será realizada por Comissão criada no âmbito do DPF, sem prejuízo do disposto no art. 7º deste Decreto.

§ 1º A fiscalização realizada será consubstanciada em auto próprio, lavrado em três vias, que deverão ser assinadas pelos integrantes da Comissão e pelo representante legal ou funcionário da pessoa jurídica fiscalizada que tenha presenciado o ato.

§ 2º Igualmente deverão ser formalizados, mediante lavratura de auto próprio, os procedimentos relacionados à apreensão e restituição de produtos químicos, coleta de amostra para exame pericial, nomeação de depósito, apreensão de documentos suspeitos e outros que se fizerem necessários para a elucidação dos fatos.

§ 3º Após a fiscalização, será entregue ao representante legal da pessoa jurídica fiscalizada, mediante recibo, uma via de cada documento produzido pela Comissão.

§ 4º A Comissão de Fiscalização, no caso de risco iminente à saúde pública ou ao meio ambiente, adotará medidas legais imediatas, visando remover, destruir, alienar ou doar às instituições de ensino, pesquisa ou saúde pública, os produtos químicos encontrados em situação irregular.

Art. 6º O auto de fiscalização e outras peças que forem produzidas no ato da fiscalização serão encaminhados ao Chefe do Órgão Central de Controle de Produtos Químicos, para análise e decisão.

§ 1º Configurada qualquer uma das infrações previstas no art. 12 da Lei nº 10.357, de 2001, a pessoa física ou jurídica infratora será notificada para apresentar defesa, no prazo de trinta dias.

§ 2º Transcorrido o prazo de defesa, o Chefe do Órgão Central de Controle de Produtos Químicos decidirá pela aplicação das medidas administrativas previstas no art. 14 da Lei nº 10.357, de 2001, ou pelo arquivamento.

§ 3º Da decisão do Chefe do Órgão Central de Controle de Produtos Químicos caberá recurso, no prazo de quinze dias, para o Diretor-Geral do Departamento de Polícia Federal, a quem compete decidir em última instância administrativa.

§ 4º Não será conhecido o recurso protocolizado intempestivamente.

§ 5º Qualquer que seja a decisão a que se refere este artigo, a pessoa física ou jurídica fiscalizada dela será notificada mediante recebimento de termo de ciência.

Art. 7º É facultado ao Departamento de Polícia Federal instaurar procedimento administrativo, independentemente de ação fiscalizatória, com vistas a apurar possível prática de infração definida no art. 12 da Lei nº 10.357, de 2001, aplicando-se, no que couber, as disposições do art. 6º.

Art. 8º A pessoa física ou jurídica autuada deverá, no prazo de trinta dias, cumprir os termos do respectivo despacho decisório.

Art. 9º Os valores resultantes da cobrança da Taxa de Controle e Fiscalização de Produtos Químicos, da aplicação de multa e da alienação de produtos químicos serão recolhidos ao Fundo Nacional Antidrogas - FUNAD, por intermédio de guia própria instituída pela Secretaria Nacional Antidrogas do Gabinete de Segurança Institucional da Presidência da República.

§ 1º A Secretaria Nacional Antidrogas repassará ao Departamento de Polícia Federal, até o décimo dia útil de cada mês, oitenta por cento do total dos valores a que se refere este artigo, para o reaparelhamento e custeio das atividades de controle e fiscalização de produtos químicos e repressão ao tráfico ilícito de drogas.

ANOTAÇÕES

§ 2º O repasse de recursos previsto neste artigo será efetuado com base no detalhamento de despesas elaborado previamente pelo Órgão Central de Controle de Produtos Químicos.

Art. 10. Este Decreto entra em vigor na data de sua publicação.

Art. 11. Ficam revogados os Decretos no 1.646, de 26 de setembro de 1995, e no 2.793, de 1º de outubro de 1998.

27. LEI Nº 10.446, DE 8 DE MAIO DE 2002

Conversão da MPv nº 27, de 2002

Dispõe Sobre Infrações Penais de Repercussão Interestadual ou Internacional

que exigem repressão uniforme, para os fins do disposto no inciso I do § 1º do art. 144 da Constituição.

Art. 1º Na forma do inciso I do § 1º do art. 144 da Constituição, quando houver repercussão interestadual ou internacional que exija repressão uniforme, poderá o Departamento de Polícia Federal do Ministério da Justiça, sem prejuízo da responsabilidade dos órgãos de segurança pública arrolados no art. 144 da Constituição Federal, em especial das Polícias Militares e Civis dos Estados, proceder à investigação, dentre outras, das seguintes infrações penais:

I. sequestro, cárcere privado e extorsão mediante sequestro (arts. 148 e 159 do Código Penal), se o agente foi impelido por motivação política ou quando praticado em razão da função pública exercida pela vítima;

II. formação de cartel (incisos I, a, II, III e VII do art. 4º da Lei nº 8.137, de 27 de dezembro de 1990); e

III. relativas à violação a direitos humanos, que a República Federativa do Brasil se comprometeu a reprimir em decorrência de tratados internacionais de que seja parte; e

IV. furto, roubo ou receptação de cargas, inclusive bens e valores, transportadas em operação interestadual ou internacional, quando houver indícios da atuação de quadrilha ou bando em mais de um Estado da Federação.

V. falsificação, corrupção, adulteração ou alteração de produto destinado a fins terapêuticos ou medicinais e venda, inclusive pela internet, depósito ou distribuição do produto falsificado, corrompido, adulterado ou alterado (art. 273 do Decreto-Lei nº 2.848, de 7 de dezembro de 1940. Código Penal). (Incluído pela Lei nº 12.894, de 2013)

VI. furto, roubo ou dano contra instituições financeiras, incluindo agências bancárias ou caixas eletrônicos, quando houver indícios da atuação de associação criminosa em mais de um Estado da Federação. (Incluído pela Lei nº 13.124, de 2015)

VII. quaisquer crimes praticados por meio da rede mundial de computadores que difundam conteúdo misógino, definidos como aqueles que propagam o ódio ou a aversão às mulheres. (Incluído pela Lei nº 13.642, de 2018)

Parágrafo único. Atendidos os pressupostos do caput, o Departamento de Polícia Federal procederá à apuração de outros casos, desde que tal providência seja autorizada ou determinada pelo Ministro de Estado da Justiça.

Art. 2º Esta Lei entra em vigor na data de sua publicação.

28. LEI Nº 10.741, DE 1º DE OUTUBRO DE 2003

Estatuto do Idoso

O PRESIDENTE DA REPÚBLICA Faço saber que o Congresso Nacional decreta e eu sanciono a seguinte Lei:

TÍTULO I - DISPOSIÇÕES PRELIMINARES

Art. 1º É instituído o Estatuto do Idoso, destinado a regular os direitos assegurados às pessoas com idade igual ou superior a 60 (sessenta) anos.

Art. 2º O idoso goza de todos os direitos fundamentais inerentes à pessoa humana, sem prejuízo da proteção integral de que trata esta Lei, assegurando-se-lhe, por lei ou por outros meios, todas as oportunidades e facilidades, para preservação de sua saúde física e mental e seu aperfeiçoamento moral, intelectual, espiritual e social, em condições de liberdade e dignidade.

Art. 3º É obrigação da família, da comunidade, da sociedade e do Poder Público assegurar ao idoso, com absoluta prioridade, a efetivação do direito à vida, à saúde, à alimentação, à educação, à cultura, ao esporte, ao lazer, ao trabalho, à cidadania, à liberdade, à dignidade, ao respeito e à convivência familiar e comunitária.

§ 1º A garantia de prioridade compreende: (Redação dada pela Lei nº 13.466, de 2017)

I. atendimento preferencial imediato e individualizado junto aos órgãos públicos e privados prestadores de serviços à população;

II. preferência na formulação e na execução de políticas sociais públicas específicas;

III. destinação privilegiada de recursos públicos nas áreas relacionadas com a proteção ao idoso;

IV. viabilização de formas alternativas de participação, ocupação e convívio do idoso com as demais gerações;

V. priorização do atendimento do idoso por sua própria família, em detrimento do atendimento asilar, exceto dos que não a possuam ou careçam de condições de manutenção da própria sobrevivência;

VI. capacitação e reciclagem dos recursos humanos nas áreas de geriatria e gerontologia e na prestação de serviços aos idosos;

VII. estabelecimento de mecanismos que favoreçam a divulgação de informações de caráter educativo sobre os aspectos biopsicossociais de envelhecimento;

VIII. garantia de acesso à rede de serviços de saúde e de assistência social locais.

IX. prioridade no recebimento da restituição do Imposto de Renda. (Incluído pela Lei nº 11.765, de 2008).

§ 2º Dentre os idosos, é assegurada prioridade especial aos maiores de oitenta anos, atendendo-se suas necessidades sempre preferencialmente em relação aos demais idosos. (Incluído pela Lei nº 13.466, de 2017)

Art. 4º Nenhum idoso será objeto de qualquer tipo de negligência, discriminação, violência, crueldade ou opressão, e todo atentado aos seus direitos, por ação ou omissão, será punido na forma da lei.

§ 1º É dever de todos prevenir a ameaça ou violação aos direitos do idoso.

§ 2º As obrigações previstas nesta Lei não excluem da prevenção outras decorrentes dos princípios por ela adotados.

Art. 5º A inobservância das normas de prevenção importará em responsabilidade à pessoa física ou jurídica nos termos da lei.

Art. 6º Todo cidadão tem o dever de comunicar à autoridade competente qualquer forma de violação a esta Lei que tenha testemunhado ou de que tenha conhecimento.

Art. 7º Os Conselhos Nacional, Estaduais, do Distrito Federal e Municipais do Idoso, previstos na Lei nº 8.842, de 4 de janeiro de 1994, zelarão pelo cumprimento dos direitos do idoso, definidos nesta Lei.

TÍTULO II - DOS DIREITOS FUNDAMENTAIS

CAPÍTULO I - DO DIREITO À VIDA

Art. 8º O envelhecimento é um direito personalíssimo e a sua proteção um direito social, nos termos desta Lei e da legislação vigente.

Art. 9º É obrigação do Estado, garantir à pessoa idosa a proteção à vida e à saúde, mediante efetivação de políticas sociais públicas que permitam um envelhecimento saudável e em condições de dignidade.

ANOTAÇÕES

CAPÍTULO II - DO DIREITO À LIBERDADE, AO RESPEITO E À DIGNIDADE

Art. 10. É obrigação do Estado e da sociedade, assegurar à pessoa idosa a liberdade, o respeito e a dignidade, como pessoa humana e sujeito de direitos civis, políticos, individuais e sociais, garantidos na Constituição e nas leis.

§ 1º O direito à liberdade compreende, entre outros, os seguintes aspectos:

I. faculdade de ir, vir e estar nos logradouros públicos e espaços comunitários, ressalvadas as restrições legais;

II. opinião e expressão;

III. crença e culto religioso;

IV. prática de esportes e de diversões;

V. participação na vida familiar e comunitária;

VI. participação na vida política, na forma da lei;

VII. faculdade de buscar refúgio, auxílio e orientação.

§ 2º O direito ao respeito consiste na inviolabilidade da integridade física, psíquica e moral, abrangendo a preservação da imagem, da identidade, da autonomia, de valores, ideias e crenças, dos espaços e dos objetos pessoais.

§ 3º É dever de todos zelar pela dignidade do idoso, colocando-o a salvo de qualquer tratamento desumano, violento, aterrorizante, vexatório ou constrangedor.

CAPÍTULO III - DOS ALIMENTOS

Art. 11. Os alimentos serão prestados ao idoso na forma da lei civil.

Art. 12. A obrigação alimentar é solidária, podendo o idoso optar entre os prestadores.

Art. 13. As transações relativas a alimentos poderão ser celebradas perante o Promotor de Justiça ou Defensor Público, que as referendará, e passarão a ter efeito de título executivo extrajudicial nos termos da lei processual civil. (Redação dada pela Lei nº 11.737, de 2008)

Art. 14. Se o idoso ou seus familiares não possuírem condições econômicas de prover o seu sustento, impõe-se ao Poder Público esse provimento, no âmbito da assistência social.

CAPÍTULO IV - DO DIREITO À SAÚDE

Art. 15. É assegurada a atenção integral à saúde do idoso, por intermédio do Sistema Único de Saúde - SUS, garantindo-lhe o acesso universal e igualitário, em conjunto articulado e contínuo das ações e serviços, para a prevenção, promoção, proteção e recuperação da saúde, incluindo a atenção especial às doenças que afetam preferencialmente os idosos.

§ 1º A prevenção e a manutenção da saúde do idoso serão efetivadas por meio de:

I. cadastramento da população idosa em base territorial;

II. atendimento geriátrico e gerontológico em ambulatórios;

III. unidades geriátricas de referência, com pessoal especializado nas áreas de geriatria e gerontologia social;

IV. atendimento domiciliar, incluindo a internação, para a população que dele necessitar e esteja impossibilitada de se locomover, inclusive para idosos abrigados e acolhidos por instituições públicas, filantrópicas ou sem fins lucrativos e eventualmente conveniadas com o Poder Público, nos meios urbano e rural;

V. reabilitação orientada pela geriatria e gerontologia, para redução das sequelas decorrentes do agravo da saúde.

§ 2º Incumbe ao Poder Público fornecer aos idosos, gratuitamente, medicamentos, especialmente os de uso continuado, assim como próteses, órteses e outros recursos relativos ao tratamento, habilitação ou reabilitação.

§ 3º É vedada a discriminação do idoso nos planos de saúde pela cobrança de valores diferenciados em razão da idade.

§ 4º Os idosos portadores de deficiência ou com limitação incapacitante terão atendimento especializado, nos termos da lei.

ANOTAÇÕES

ANOTAÇÕES

§ 5º É vedado exigir o comparecimento do idoso enfermo perante os órgãos públicos, hipótese na qual será admitido o seguinte procedimento: (Incluído pela Lei nº 12.896, de 2013)

I. quando de interesse do poder público, o agente promoverá o contato necessário com o idoso em sua residência; ou (Incluído pela Lei nº 12.896, de 2013)

II. quando de interesse do próprio idoso, este se fará representar por procurador legalmente constituído. (Incluído pela Lei nº 12.896, de 2013)

§ 6º É assegurado ao idoso enfermo o atendimento domiciliar pela perícia médica do Instituto Nacional do Seguro Social - INSS, pelo serviço público de saúde ou pelo serviço privado de saúde, contratado ou conveniado, que integre o Sistema Único de Saúde - SUS, para expedição do laudo de saúde necessário ao exercício de seus direitos sociais e de isenção tributária. (Incluído pela Lei nº 12.896, de 2013)

§ 7º Em todo atendimento de saúde, os maiores de oitenta anos terão preferência especial sobre os demais idosos, exceto em caso de emergência. (Incluído pela Lei nº 13.466, de 2017).

Art. 16. Ao idoso internado ou em observação é assegurado o direito a acompanhante, devendo o órgão de saúde proporcionar as condições adequadas para a sua permanência em tempo integral, segundo o critério médico.

Parágrafo único. Caberá ao profissional de saúde responsável pelo tratamento conceder autorização para o acompanhamento do idoso ou, no caso de impossibilidade, justificá-la por escrito.

Art. 17. Ao idoso que esteja no domínio de suas faculdades mentais é assegurado o direito de optar pelo tratamento de saúde que lhe for reputado mais favorável.

Parágrafo único. Não estando o idoso em condições de proceder à opção, esta será feita:

I. pelo curador, quando o idoso for interditado;

II. pelos familiares, quando o idoso não tiver curador ou este não puder ser contactado em tempo hábil;

III. pelo médico, quando ocorrer iminente risco de vida e não houver tempo hábil para consulta a curador ou familiar;

IV. pelo próprio médico, quando não houver curador ou familiar conhecido, caso em que deverá comunicar o fato ao Ministério Público.

Art. 18. As instituições de saúde devem atender aos critérios mínimos para o atendimento às necessidades do idoso, promovendo o treinamento e a capacitação dos profissionais, assim como orientação a cuidadores familiares e grupos de auto-ajuda.

Art. 19. Os casos de suspeita ou confirmação de violência praticada contra idosos serão objeto de notificação compulsória pelos serviços de saúde públicos e privados à autoridade sanitária, bem como serão obrigatoriamente comunicados por eles a quaisquer dos seguintes órgãos: (Redação dada pela Lei nº 12.461, de 2011)

I. autoridade policial;

II. Ministério Público;

III. Conselho Municipal do Idoso;

IV. Conselho Estadual do Idoso;

V. Conselho Nacional do Idoso.

§ 1º Para os efeitos desta Lei, considera-se violência contra o idoso qualquer ação ou omissão praticada em local público ou privado que lhe cause morte, dano ou sofrimento físico ou psicológico. (Incluído pela Lei nº 12.461, de 2011)

§ 2º Aplica-se, no que couber, à notificação compulsória prevista no caput deste artigo, o disposto na Lei nº 6.259, de 30 de outubro de 1975. (Incluído pela Lei nº 12.461, de 2011)

ANOTAÇÕES

CAPÍTULO V - DA EDUCAÇÃO, CULTURA, ESPORTE E LAZER

Art. 20. O idoso tem direito a educação, cultura, esporte, lazer, diversões, espetáculos, produtos e serviços que respeitem sua peculiar condição de idade.

Art. 21. O Poder Público criará oportunidades de acesso do idoso à educação, adequando currículos, metodologias e material didático aos programas educacionais a ele destinados.

§ 1º Os cursos especiais para idosos incluirão conteúdo relativo às técnicas de comunicação, computação e demais avanços tecnológicos, para sua integração à vida moderna.

§ 2º Os idosos participarão das comemorações de caráter cívico ou cultural, para transmissão de conhecimentos e vivências às demais gerações, no sentido da preservação da memória e da identidade culturais.

Art. 22. Nos currículos mínimos dos diversos níveis de ensino formal serão inseridos conteúdos voltados ao processo de envelhecimento, ao respeito e à valorização do idoso, de forma a eliminar o preconceito e a produzir conhecimentos sobre a matéria.

Art. 23. A participação dos idosos em atividades culturais e de lazer será proporcionada mediante descontos de pelo menos 50% (cinquenta por cento) nos ingressos para eventos artísticos, culturais, esportivos e de lazer, bem como o acesso preferencial aos respectivos locais.

Art. 24. Os meios de comunicação manterão espaços ou horários especiais voltados aos idosos, com finalidade informativa, educativa, artística e cultural, e ao público sobre o processo de envelhecimento.

Art. 25. As instituições de educação superior ofertarão às pessoas idosas, na perspectiva da educação ao longo da vida, cursos e programas de extensão, presenciais ou a distância, constituídos por atividades formais e não formais. (Redação dada pela lei nº 13.535, de 2017)

Parágrafo único. O poder público apoiará a criação de universidade aberta para as pessoas idosas e incentivará a publicação de livros e periódicos, de conteúdo e padrão editorial adequados ao idoso, que facilitem a leitura, considerada a natural redução da capacidade visual. (Incluído pela lei nº 13.535, de 2017)

CAPÍTULO VI - DA PROFISSIONALIZAÇÃO E DO TRABALHO

Art. 26. O idoso tem direito ao exercício de atividade profissional, respeitadas suas condições físicas, intelectuais e psíquicas.

Art. 27. Na admissão do idoso em qualquer trabalho ou emprego, é vedada a discriminação e a fixação de limite máximo de idade, inclusive para concursos, ressalvados os casos em que a natureza do cargo o exigir.

Parágrafo único. O primeiro critério de desempate em concurso público será a idade, dando-se preferência ao de idade mais elevada.

Art. 28. O Poder Público criará e estimulará programas de:

I. profissionalização especializada para os idosos, aproveitando seus potenciais e habilidades para atividades regulares e remuneradas;

II. preparação dos trabalhadores para a aposentadoria, com antecedência mínima de 1 (um) ano, por meio de estímulo a novos projetos sociais, conforme seus interesses, e de esclarecimento sobre os direitos sociais e de cidadania;

III. estímulo às empresas privadas para admissão de idosos ao trabalho.

CAPÍTULO VII - DA PREVIDÊNCIA SOCIAL

Art. 29. Os benefícios de aposentadoria e pensão do Regime Geral da Previdência Social observarão, na sua concessão, critérios de cálculo que preservem o valor real dos salários sobre os quais incidiram contribuição, nos termos da legislação vigente.

Parágrafo único. Os valores dos benefícios em manutenção serão reajustados na mesma data de reajuste do salário-mínimo, pro rata, de acordo com suas respectivas datas de início ou do seu último reajustamento, com base em percentual definido em regulamento, observados os critérios estabelecidos pela Lei nº 8.213, de 24 de julho de 1991.

Art. 30. A perda da condição de segurado não será considerada para a concessão da aposentadoria por idade, desde que a pessoa conte com, no mínimo, o tempo de contribuição correspondente ao exigido para efeito de carência na data de requerimento do benefício.

Parágrafo único. O cálculo do valor do benefício previsto no caput observará o disposto no caput e § 2º do art. 3º da Lei nº 9.876, de 26 de novembro de 1999, ou, não havendo salários-de-contribuição recolhidos a partir da competência de julho de 1994, o disposto no art. 35 da Lei nº 8.213, de 1991.

Art. 31. O pagamento de parcelas relativas a benefícios, efetuado com atraso por responsabilidade da Previdência Social, será atualizado pelo mesmo índice utilizado para os reajustamentos dos benefícios do Regime Geral de Previdência Social, verificado no período compreendido entre o mês que deveria ter sido pago e o mês do efetivo pagamento.

Art. 32. O Dia Mundial do Trabalho, 1º de Maio, é a data-base dos aposentados e pensionistas.

CAPÍTULO VIII - DA ASSISTÊNCIA SOCIAL

Art. 33. A assistência social aos idosos será prestada, de forma articulada, conforme os princípios e diretrizes previstos na Lei Orgânica da Assistência Social, na Política Nacional do Idoso, no Sistema Único de Saúde e demais normas pertinentes.

Art. 34. Aos idosos, a partir de 65 (sessenta e cinco) anos, que não possuam meios para prover sua subsistência, nem de tê-la provida por sua família, é assegurado o benefício mensal de 1 (um) salário-mínimo, nos termos da Lei Orgânica da Assistência Social - Loas. (Vide Decreto nº 6.214, de 2007)

Parágrafo único. O benefício já concedido a qualquer membro da família nos termos do caput não será computado para os fins do cálculo da renda familiar per capita a que se refere a Loas.

Art. 35. Todas as entidades de longa permanência, ou casa-lar, são obrigadas a firmar contrato de prestação de serviços com a pessoa idosa abrigada.

§ 1º No caso de entidades filantrópicas, ou casa-lar, é facultada a cobrança de participação do idoso no custeio da entidade.

§ 2º O Conselho Municipal do Idoso ou o Conselho Municipal da Assistência Social estabelecerá a forma de participação prevista no § 1º, que não poderá exceder a 70% (setenta por cento) de qualquer benefício previdenciário ou de assistência social percebido pelo idoso.

§ 3º Se a pessoa idosa for incapaz, caberá a seu representante legal firmar o contrato a que se refere o caput deste artigo.

Art. 36. O acolhimento de idosos em situação de risco social, por adulto ou núcleo familiar, caracteriza a dependência econômica, para os efeitos legais.

CAPÍTULO IX - DA HABITAÇÃO

Art. 37. O idoso tem direito a moradia digna, no seio da família natural ou substituta, ou desacompanhado de seus familiares, quando assim o desejar, ou, ainda, em instituição pública ou privada.

§ 1º A assistência integral na modalidade de entidade de longa permanência será prestada quando verificada inexistência de grupo familiar, casa-lar, abandono ou carência de recursos financeiros próprios ou da família.

§ 2º Toda instituição dedicada ao atendimento ao idoso fica obrigada a manter identificação externa visível, sob pena de interdição, além de atender toda a legislação pertinente.

ANOTAÇÕES

§ 3º As instituições que abrigarem idosos são obrigadas a manter padrões de habitação compatíveis com as necessidades deles, bem como provê-los com alimentação regular e higiene indispensáveis às normas sanitárias e com estas condizentes, sob as penas da lei.

Art. 38. Nos programas habitacionais, públicos ou subsidiados com recursos públicos, o idoso goza de prioridade na aquisição de imóvel para moradia própria, observado o seguinte:

I. reserva de pelo menos 3% (três por cento) das unidades habitacionais residenciais para atendimento aos idosos; (Redação dada pela Lei nº 12.418, de 2011)

II. implantação de equipamentos urbanos comunitários voltados ao idoso;

III. eliminação de barreiras arquitetônicas e urbanísticas, para garantia de acessibilidade ao idoso;

IV. critérios de financiamento compatíveis com os rendimentos de aposentadoria e pensão.

Parágrafo único. As unidades residenciais reservadas para atendimento a idosos devem situar-se, preferencialmente, no pavimento térreo. (Incluído pela Lei nº 12.419, de 2011)

CAPÍTULO X - DO TRANSPORTE

Art. 39. Aos maiores de 65 (sessenta e cinco) anos fica assegurada a gratuidade dos transportes coletivos públicos urbanos e semi-urbanos, exceto nos serviços seletivos e especiais, quando prestados paralelamente aos serviços regulares.

§ 1º Para ter acesso à gratuidade, basta que o idoso apresente qualquer documento pessoal que faça prova de sua idade.

§ 2º Nos veículos de transporte coletivo de que trata este artigo, serão reservados 10% (dez por cento) dos assentos para os idosos, devidamente identificados com a placa de reservado preferencialmente para idosos.

§ 3º No caso das pessoas compreendidas na faixa etária entre 60 (sessenta) e 65 (sessenta e cinco) anos, ficará a critério da legislação local dispor sobre as condições para exercício da gratuidade nos meios de transporte previstos no caput deste artigo.

Art. 40. No sistema de transporte coletivo interestadual observar-se-á, nos termos da legislação específica: (Regulamento) (Vide Decreto nº 5.934, de 2006)

I. a reserva de 2 (duas) vagas gratuitas por veículo para idosos com renda igual ou inferior a 2 (dois) salários-mínimos;

II. desconto de 50% (cinquenta por cento), no mínimo, no valor das passagens, para os idosos que excederem as vagas gratuitas, com renda igual ou inferior a 2 (dois) salários-mínimos.

Parágrafo único. Caberá aos órgãos competentes definir os mecanismos e os critérios para o exercício dos direitos previstos nos incisos I e II.

Art. 41. É assegurada a reserva, para os idosos, nos termos da lei local, de 5% (cinco por cento) das vagas nos estacionamentos públicos e privados, as quais deverão ser posicionadas de forma a garantir a melhor comodidade ao idoso.

Art. 42. São asseguradas a prioridade e a segurança do idoso nos procedimentos de embarque e desembarque nos veículos do sistema de transporte coletivo. (Redação dada pela Lei nº 12.899, de 2013)

TÍTULO III - DAS MEDIDAS DE PROTEÇÃO

CAPÍTULO I - DAS DISPOSIÇÕES GERAIS

Art. 43. As medidas de proteção ao idoso são aplicáveis sempre que os direitos reconhecidos nesta Lei forem ameaçados ou violados:

I. por ação ou omissão da sociedade ou do Estado;

II. por falta, omissão ou abuso da família, curador ou entidade de atendimento;

III. em razão de sua condição pessoal.

ANOTAÇÕES

ANOTAÇÕES

CAPÍTULO II - DAS MEDIDAS ESPECÍFICAS DE PROTEÇÃO

Art. 44. As medidas de proteção ao idoso previstas nesta Lei poderão ser aplicadas, isolada ou cumulativamente, e levarão em conta os fins sociais a que se destinam e o fortalecimento dos vínculos familiares e comunitários.

Art. 45. Verificada qualquer das hipóteses previstas no art. 43, o Ministério Público ou o Poder Judiciário, a requerimento daquele, poderá determinar, dentre outras, as seguintes medidas:

I. encaminhamento à família ou curador, mediante termo de responsabilidade;

II. orientação, apoio e acompanhamento temporários;

III. requisição para tratamento de sua saúde, em regime ambulatorial, hospitalar ou domiciliar;

IV. inclusão em programa oficial ou comunitário de auxílio, orientação e tratamento a usuários dependentes de drogas lícitas ou ilícitas, ao próprio idoso ou à pessoa de sua convivência que lhe cause perturbação;

V. abrigo em entidade;

VI. abrigo temporário.

TÍTULO IV - DA POLÍTICA DE ATENDIMENTO AO IDOSO

CAPÍTULO I - DISPOSIÇÕES GERAIS

Art. 46. A política de atendimento ao idoso far-se-á por meio do conjunto articulado de ações governamentais e não-governamentais da União, dos Estados, do Distrito Federal e dos Municípios.

Art. 47. São linhas de ação da política de atendimento:

I. políticas sociais básicas, previstas na Lei nº 8.842, de 4 de janeiro de 1994;

II. políticas e programas de assistência social, em caráter supletivo, para aqueles que necessitarem;

III. serviços especiais de prevenção e atendimento às vítimas de negligência, maus-tratos, exploração, abuso, crueldade e opressão;

IV. serviço de identificação e localização de parentes ou responsáveis por idosos abandonados em hospitais e instituições de longa permanência;

V. proteção jurídico-social por entidades de defesa dos direitos dos idosos;

VI. mobilização da opinião pública no sentido da participação dos diversos segmentos da sociedade no atendimento do idoso.

CAPÍTULO II - DAS ENTIDADES DE ATENDIMENTO AO IDOSO

Art. 48. As entidades de atendimento são responsáveis pela manutenção das próprias unidades, observadas as normas de planejamento e execução emanadas do órgão competente da Política Nacional do Idoso, conforme a Lei nº 8.842, de 1994.

Parágrafo único. As entidades governamentais e não-governamentais de assistência ao idoso ficam sujeitas à inscrição de seus programas, junto ao órgão competente da Vigilância Sanitária e Conselho Municipal da Pessoa Idosa, e em sua falta, junto ao Conselho Estadual ou Nacional da Pessoa Idosa, especificando os regimes de atendimento, observados os seguintes requisitos:

I. oferecer instalações físicas em condições adequadas de habitabilidade, higiene, salubridade e segurança;

II. apresentar objetivos estatutários e plano de trabalho compatíveis com os princípios desta Lei;

III. estar regularmente constituída;

IV. demonstrar a idoneidade de seus dirigentes.

Art. 49. As entidades que desenvolvam programas de institucionalização de longa permanência adotarão os seguintes princípios:

ANOTAÇÕES

I. preservação dos vínculos familiares;

II. atendimento personalizado e em pequenos grupos;

III. manutenção do idoso na mesma instituição, salvo em caso de força maior;

IV. participação do idoso nas atividades comunitárias, de caráter interno e externo;

V. observância dos direitos e garantias dos idosos;

VI. preservação da identidade do idoso e oferecimento de ambiente de respeito e dignidade.

Parágrafo único. O dirigente de instituição prestadora de atendimento ao idoso responderá civil e criminalmente pelos atos que praticar em detrimento do idoso, sem prejuízo das sanções administrativas.

Art. 50. Constituem obrigações das entidades de atendimento:

I. celebrar contrato escrito de prestação de serviço com o idoso, especificando o tipo de atendimento, as obrigações da entidade e prestações decorrentes do contrato, com os respectivos preços, se for o caso;

II. observar os direitos e as garantias de que são titulares os idosos;

III. fornecer vestuário adequado, se for pública, e alimentação suficiente;

IV. oferecer instalações físicas em condições adequadas de habitabilidade;

V. oferecer atendimento personalizado;

VI. diligenciar no sentido da preservação dos vínculos familiares;

VII. oferecer acomodações apropriadas para recebimento de visitas;

VIII. proporcionar cuidados à saúde, conforme a necessidade do idoso;

IX. promover atividades educacionais, esportivas, culturais e de lazer;

X. propiciar assistência religiosa àqueles que desejarem, de acordo com suas crenças;

XI. proceder a estudo social e pessoal de cada caso;

XII. comunicar à autoridade competente de saúde toda ocorrência de idoso portador de doenças infecto-contagiosas;

XIII. providenciar ou solicitar que o Ministério Público requisite os documentos necessários ao exercício da cidadania àqueles que não os tiverem, na forma da lei;

XIV. fornecer comprovante de depósito dos bens móveis que receberem dos idosos;

XV. manter arquivo de anotações onde constem data e circunstâncias do atendimento, nome do idoso, responsável, parentes, endereços, cidade, relação de seus pertences, bem como o valor de contribuições, e suas alterações, se houver, e demais dados que possibilitem sua identificação e a individualização do atendimento;

XVI. comunicar ao Ministério Público, para as providências cabíveis, a situação de abandono moral ou material por parte dos familiares;

XVII. manter no quadro de pessoal profissionais com formação específica.

Art. 51. As instituições filantrópicas ou sem fins lucrativos prestadoras de serviço ao idoso terão direito à assistência judiciária gratuita.

CAPÍTULO III - DA FISCALIZAÇÃO DAS ENTIDADES DE ATENDIMENTO

Art. 52. As entidades governamentais e não-governamentais de atendimento ao idoso serão fiscalizadas pelos Conselhos do Idoso, Ministério Público, Vigilância Sanitária e outros previstos em lei.,

Art. 53. O art. 7º da Lei nº 8.842, de 1994, passa a vigorar com a seguinte redação:

ANOTAÇÕES

"Art. 7º Compete aos Conselhos de que trata o art. 6º desta Lei a supervisão, o acompanhamento, a fiscalização e a avaliação da política nacional do idoso, no âmbito das respectivas instâncias político-administrativas." (NR)

Art. 54. Será dada publicidade das prestações de contas dos recursos públicos e privados recebidos pelas entidades de atendimento.

Art. 55. As entidades de atendimento que descumprirem as determinações desta Lei ficarão sujeitas, sem prejuízo da responsabilidade civil e criminal de seus dirigentes ou prepostos, às seguintes penalidades, observado o devido processo legal:

I. as entidades governamentais:

a) advertência;

b) afastamento provisório de seus dirigentes;

c) afastamento definitivo de seus dirigentes;

d) fechamento de unidade ou interdição de programa;

II. as entidades não-governamentais:

a) advertência;

b) multa;

c) suspensão parcial ou total do repasse de verbas públicas;

d) interdição de unidade ou suspensão de programa;

e) proibição de atendimento a idosos a bem do interesse público.

§ 1º Havendo danos aos idosos abrigados ou qualquer tipo de fraude em relação ao programa, caberá o afastamento provisório dos dirigentes ou a interdição da unidade e a suspensão do programa.

§ 2º A suspensão parcial ou total do repasse de verbas públicas ocorrerá quando verificada a má aplicação ou desvio de finalidade dos recursos.

§ 3º Na ocorrência de infração por entidade de atendimento, que coloque em risco os direitos assegurados nesta Lei, será o fato comunicado ao Ministério Público, para as providências cabíveis, inclusive para promover a suspensão das atividades ou dissolução da entidade, com a proibição de atendimento a idosos a bem do interesse público, sem prejuízo das providências a serem tomadas pela Vigilância Sanitária.

§ 4º Na aplicação das penalidades, serão consideradas a natureza e a gravidade da infração cometida, os danos que dela provierem para o idoso, as circunstâncias agravantes ou atenuantes e os antecedentes da entidade.

CAPÍTULO IV - DAS INFRAÇÕES ADMINISTRATIVAS

Art. 56. Deixar a entidade de atendimento de cumprir as determinações do art. 50 desta Lei:

Pena: multa de R$ 500,00 (quinhentos reais) a R$ 3.000,00 (três mil reais), se o fato não for caracterizado como crime, podendo haver a interdição do estabelecimento até que sejam cumpridas as exigências legais.

Parágrafo único. No caso de interdição do estabelecimento de longa permanência, os idosos abrigados serão transferidos para outra instituição, a expensas do estabelecimento interditado, enquanto durar a interdição.

Art. 57. Deixar o profissional de saúde ou o responsável por estabelecimento de saúde ou instituição de longa permanência de comunicar à autoridade competente os casos de crimes contra idoso de que tiver conhecimento:

Pena: multa de R$ 500,00 (quinhentos reais) a R$ 3.000,00 (três mil reais), aplicada em dobro no caso de reincidência.

Art. 58. Deixar de cumprir as determinações desta Lei sobre a prioridade no atendimento ao idoso:

Pena: multa de R$ 500,00 (quinhentos reais) a R$ 1.000,00 (um mil reais) e multa civil a ser estipulada pelo juiz, conforme o dano sofrido pelo idoso.

CAPÍTULO V - DA APURAÇÃO ADMINISTRATIVA DE INFRAÇÃO ÀS NORMAS DE PROTEÇÃO AO IDOSO

ANOTAÇÕES

Art. 59. Os valores monetários expressos no Capítulo IV serão atualizados anualmente, na forma da lei.

Art. 60. O procedimento para a imposição de penalidade administrativa por infração às normas de proteção ao idoso terá início com requisição do Ministério Público ou auto de infração elaborado por servidor efetivo e assinado, se possível, por duas testemunhas.

§ 1º No procedimento iniciado com o auto de infração poderão ser usadas fórmulas impressas, especificando-se a natureza e as circunstâncias da infração.

§ 2º Sempre que possível, à verificação da infração seguir-se-á a lavratura do auto, ou este será lavrado dentro de 24 (vinte e quatro) horas, por motivo justificado.

Art. 61. O autuado terá prazo de 10 (dez) dias para a apresentação da defesa, contado da data da intimação, que será feita:

I. pelo autuante, no instrumento de autuação, quando for lavrado na presença do infrator;

II. por via postal, com aviso de recebimento.

Art. 62. Havendo risco para a vida ou à saúde do idoso, a autoridade competente aplicará à entidade de atendimento as sanções regulamentares, sem prejuízo da iniciativa e das providências que vierem a ser adotadas pelo Ministério Público ou pelas demais instituições legitimadas para a fiscalização.

Art. 63. Nos casos em que não houver risco para a vida ou a saúde da pessoa idosa abrigada, a autoridade competente aplicará à entidade de atendimento as sanções regulamentares, sem prejuízo da iniciativa e das providências que vierem a ser adotadas pelo Ministério Público ou pelas demais instituições legitimadas para a fiscalização.

CAPÍTULO VI - DA APURAÇÃO JUDICIAL DE IRREGULARIDADES EM ENTIDADE DE ATENDIMENTO

Art. 64. Aplicam-se, subsidiariamente, ao procedimento administrativo de que trata este Capítulo as disposições das Leis nos 6.437, de 20 de agosto de 1977, e 9.784, de 29 de janeiro de 1999.

Art. 65. O procedimento de apuração de irregularidade em entidade governamental e não-governamental de atendimento ao idoso terá início mediante petição fundamentada de pessoa interessada ou iniciativa do Ministério Público.

Art. 66. Havendo motivo grave, poderá a autoridade judiciária, ouvido o Ministério Público, decretar liminarmente o afastamento provisório do dirigente da entidade ou outras medidas que julgar adequadas, para evitar lesão aos direitos do idoso, mediante decisão fundamentada.

Art. 67. O dirigente da entidade será citado para, no prazo de 10 (dez) dias, oferecer resposta escrita, podendo juntar documentos e indicar as provas a produzir.

Art. 68. Apresentada a defesa, o juiz procederá na conformidade do art. 69 ou, se necessário, designará audiência de instrução e julgamento, deliberando sobre a necessidade de produção de outras provas.

§ 1º Salvo manifestação em audiência, as partes e o Ministério Público terão 5 (cinco) dias para oferecer alegações finais, decidindo a autoridade judiciária em igual prazo.

§ 2º Em se tratando de afastamento provisório ou definitivo de dirigente de entidade governamental, a autoridade judiciária oficiará a autoridade administrativa imediatamente superior ao afastado, fixando-lhe prazo de 24 (vinte e quatro) horas para proceder à substituição.

§ 3º Antes de aplicar qualquer das medidas, a autoridade judiciária poderá fixar prazo para a remoção das irregularidades verificadas. Satisfeitas as exigências, o processo será extinto, sem julgamento do mérito.

LEIS

ANOTAÇÕES

§ 4º A multa e a advertência serão impostas ao dirigente da entidade ou ao responsável pelo programa de atendimento.

TÍTULO V - DO ACESSO À JUSTIÇA

CAPÍTULO I - DISPOSIÇÕES GERAIS

Art. 69. Aplica-se, subsidiariamente, às disposições deste Capítulo, o procedimento sumário previsto no Código de Processo Civil, naquilo que não contrarie os prazos previstos nesta Lei.

Art. 70. O Poder Público poderá criar varas especializadas e exclusivas do idoso.

Art. 71. É assegurada prioridade na tramitação dos processos e procedimentos e na execução dos atos e diligências judiciais em que figure como parte ou interveniente pessoa com idade igual ou superior a 60 (sessenta) anos, em qualquer instância.

§ 1º O interessado na obtenção da prioridade a que alude este artigo, fazendo prova de sua idade, requererá o benefício à autoridade judiciária competente para decidir o feito, que determinará as providências a serem cumpridas, anotando-se essa circunstância em local visível nos autos do processo.

§ 2º A prioridade não cessará com a morte do beneficiado, estendendo-se em favor do cônjuge supérstite, companheiro ou companheira, com união estável, maior de 60 (sessenta) anos.

§ 3º A prioridade se estende aos processos e procedimentos na Administração Pública, empresas prestadoras de serviços públicos e instituições financeiras, ao atendimento preferencial junto à Defensoria Publica da União, dos Estados e do Distrito Federal em relação aos Serviços de Assistência Judiciária.

§ 4º Para o atendimento prioritário será garantido ao idoso o fácil acesso aos assentos e caixas, identificados com a destinação a idosos em local visível e caracteres legíveis.

§ 5º Dentre os processos de idosos, dar-se-á prioridade especial aos maiores de oitenta anos. (Incluído pela Lei nº 13.466, de 2017).

CAPÍTULO II - DO MINISTÉRIO PÚBLICO

Art. 72. (VETADO)

Art. 73. As funções do Ministério Público, previstas nesta Lei, serão exercidas nos termos da respectiva Lei Orgânica.

Art. 74. Compete ao Ministério Público:

I. instaurar o inquérito civil e a ação civil pública para a proteção dos direitos e interesses difusos ou coletivos, individuais indisponíveis e individuais homogêneos do idoso;

II. promover e acompanhar as ações de alimentos, de interdição total ou parcial, de designação de curador especial, em circunstâncias que justifiquem a medida e oficiar em todos os feitos em que se discutam os direitos de idosos em condições de risco;

III. atuar como substituto processual do idoso em situação de risco, conforme o disposto no art. 43 desta Lei;

IV. promover a revogação de instrumento procuratório do idoso, nas hipóteses previstas no art. 43 desta Lei, quando necessário ou o interesse público justificar;

V. instaurar procedimento administrativo e, para instruí-lo:

a) expedir notificações, colher depoimentos ou esclarecimentos e, em caso de não comparecimento injustificado da pessoa notificada, requisitar condução coercitiva, inclusive pela Polícia Civil ou Militar;

b) requisitar informações, exames, perícias e documentos de autoridades municipais, estaduais e federais, da administração direta e indireta, bem como promover inspeções e diligências investigatórias;

c) requisitar informações e documentos particulares de instituições privadas;

ANOTAÇÕES

VI. instaurar sindicâncias, requisitar diligências investigatórias e a instauração de inquérito policial, para a apuração de ilícitos ou infrações às normas de proteção ao idoso;

VII. zelar pelo efetivo respeito aos direitos e garantias legais assegurados ao idoso, promovendo as medidas judiciais e extrajudiciais cabíveis;

VIII. inspecionar as entidades públicas e particulares de atendimento e os programas de que trata esta Lei, adotando de pronto as medidas administrativas ou judiciais necessárias à remoção de irregularidades porventura verificadas;

IX. requisitar força policial, bem como a colaboração dos serviços de saúde, educacionais e de assistência social, públicos, para o desempenho de suas atribuições;

X. referendar transações envolvendo interesses e direitos dos idosos previstos nesta Lei.

§ 1º A legitimação do Ministério Público para as ações cíveis previstas neste artigo não impede a de terceiros, nas mesmas hipóteses, segundo dispuser a lei.

§ 2º As atribuições constantes deste artigo não excluem outras, desde que compatíveis com a finalidade e atribuições do Ministério Público.

§ 3º O representante do Ministério Público, no exercício de suas funções, terá livre acesso a toda entidade de atendimento ao idoso.

Art. 75. Nos processos e procedimentos em que não for parte, atuará obrigatoriamente o Ministério Público na defesa dos direitos e interesses de que cuida esta Lei, hipóteses em que terá vista dos autos depois das partes, podendo juntar documentos, requerer diligências e produção de outras provas, usando os recursos cabíveis.

Art. 76. A intimação do Ministério Público, em qualquer caso, será feita pessoalmente.

Art. 77. A falta de intervenção do Ministério Público acarreta a nulidade do feito, que será declarada de ofício pelo juiz ou a requerimento de qualquer interessado.

CAPÍTULO III - DA PROTEÇÃO JUDICIAL DOS INTERESSES DIFUSOS, COLETIVOS E INDIVIDUAIS INDISPONÍVEIS OU HOMOGÊNEOS

Art. 78. As manifestações processuais do representante do Ministério Público deverão ser fundamentadas.

Art. 79. Regem-se pelas disposições desta Lei as ações de responsabilidade por ofensa aos direitos assegurados ao idoso, referentes à omissão ou ao oferecimento insatisfatório de:

I. acesso às ações e serviços de saúde;

II. atendimento especializado ao idoso portador de deficiência ou com limitação incapacitante;

III. atendimento especializado ao idoso portador de doença infecto-contagiosa;

IV. serviço de assistência social visando ao amparo do idoso.

Parágrafo único. As hipóteses previstas neste artigo não excluem da proteção judicial outros interesses difusos, coletivos, individuais indisponíveis ou homogêneos, próprios do idoso, protegidos em lei.

Art. 80. As ações previstas neste Capítulo serão propostas no foro do domicílio do idoso, cujo juízo terá competência absoluta para processar a causa, ressalvadas as competências da Justiça Federal e a competência originária dos Tribunais Superiores.

Art. 81. Para as ações cíveis fundadas em interesses difusos, coletivos, individuais indisponíveis ou homogêneos, consideram-se legitimados, concorrentemente:

I. o Ministério Público;

II. a União, os Estados, o Distrito Federal e os Municípios;

III. a Ordem dos Advogados do Brasil;

IV. as associações legalmente constituídas há pelo menos 1 (um) ano e que incluam entre os fins institucionais a defesa dos interesses e direitos da pessoa idosa, dispensada a autorização da assembléia, se houver prévia autorização estatutária.

§ 1º Admitir-se-á litisconsórcio facultativo entre os Ministérios Públicos da União e dos Estados na defesa dos interesses e direitos de que cuida esta Lei.

§ 2º Em caso de desistência ou abandono da ação por associação legitimada, o Ministério Público ou outro legitimado deverá assumir a titularidade ativa.

Art. 82. Para defesa dos interesses e direitos protegidos por esta Lei, são admissíveis todas as espécies de ação pertinentes.

Parágrafo único. Contra atos ilegais ou abusivos de autoridade pública ou agente de pessoa jurídica no exercício de atribuições de Poder Público, que lesem direito líquido e certo previsto nesta Lei, caberá ação mandamental, que se regerá pelas normas da lei do mandado de segurança.

Art. 83. Na ação que tenha por objeto o cumprimento de obrigação de fazer ou não-fazer, o juiz concederá a tutela específica da obrigação ou determinará providências que assegurem o resultado prático equivalente ao adimplemento.

§ 1º Sendo relevante o fundamento da demanda e havendo justificado receio de ineficácia do provimento final, é lícito ao juiz conceder a tutela liminarmente ou após justificação prévia, na forma do art. 273 do Código de Processo Civil.

§ 2º O juiz poderá, na hipótese do § 1º ou na sentença, impor multa diária ao réu, independentemente do pedido do autor, se for suficiente ou compatível com a obrigação, fixando prazo razoável para o cumprimento do preceito.

§ 3º A multa só será exigível do réu após o trânsito em julgado da sentença favorável ao autor, mas será devida desde o dia em que se houver configurado.

Art. 84. Os valores das multas previstas nesta Lei reverterão ao Fundo do Idoso, onde houver, ou na falta deste, ao Fundo Municipal de Assistência Social, ficando vinculados ao atendimento ao idoso.

Parágrafo único. As multas não recolhidas até 30 (trinta) dias após o trânsito em julgado da decisão serão exigidas por meio de execução promovida pelo Ministério Público, nos mesmos autos, facultada igual iniciativa aos demais legitimados em caso de inércia daquele.

Art. 85. O juiz poderá conferir efeito suspensivo aos recursos, para evitar dano irreparável à parte.

Art. 86. Transitada em julgado a sentença que impuser condenação ao Poder Público, o juiz determinará a remessa de peças à autoridade competente, para apuração da responsabilidade civil e administrativa do agente a que se atribua a ação ou omissão.

Art. 87. Decorridos 60 (sessenta) dias do trânsito em julgado da sentença condenatória favorável ao idoso sem que o autor lhe promova a execução, deverá fazê-lo o Ministério Público, facultada, igual iniciativa aos demais legitimados, como assistentes ou assumindo o polo ativo, em caso de inércia desse órgão.

Art. 88. Nas ações de que trata este Capítulo, não haverá adiantamento de custas, emolumentos, honorários periciais e quaisquer outras despesas.

Parágrafo único. Não se imporá sucumbência ao Ministério Público.

Art. 89. Qualquer pessoa poderá, e o servidor deverá, provocar a iniciativa do Ministério Público, prestando-lhe informações sobre os fatos que constituam objeto de ação civil e indicando-lhe os elementos de convicção.

Art. 90. Os agentes públicos em geral, os juízes e tribunais, no exercício de suas funções, quando tiverem conhecimento de fatos que possam configurar crime de ação pública contra idoso ou ensejar a propositura de ação para sua defesa, devem encaminhar as peças pertinentes ao Ministério Público, para as providências cabíveis.

ANOTAÇÕES

Art. 91. Para instruir a petição inicial, o interessado poderá requerer às autoridades competentes as certidões e informações que julgar necessárias, que serão fornecidas no prazo de 10 (dez) dias.

Art. 92. O Ministério Público poderá instaurar sob sua presidência, inquérito civil, ou requisitar, de qualquer pessoa, organismo público ou particular, certidões, informações, exames ou perícias, no prazo que assinalar, o qual não poderá ser inferior a 10 (dez) dias.

§ 1º Se o órgão do Ministério Público, esgotadas todas as diligências, se convencer da inexistência de fundamento para a propositura da ação civil ou de peças informativas, determinará o seu arquivamento, fazendo-o fundamentadamente.

§ 2º Os autos do inquérito civil ou as peças de informação arquivados serão remetidos, sob pena de se incorrer em falta grave, no prazo de 3 (três) dias, ao Conselho Superior do Ministério Público ou à Câmara de Coordenação e Revisão do Ministério Público.

§ 3º Até que seja homologado ou rejeitado o arquivamento, pelo Conselho Superior do Ministério Público ou por Câmara de Coordenação e Revisão do Ministério Público, as associações legitimadas poderão apresentar razões escritas ou documentos, que serão juntados ou anexados às peças de informação.

§ 4º Deixando o Conselho Superior ou a Câmara de Coordenação e Revisão do Ministério Público de homologar a promoção de arquivamento, será designado outro membro do Ministério Público para o ajuizamento da ação.

TÍTULO VI - DOS CRIMES

CAPÍTULO I - DISPOSIÇÕES GERAIS

Art. 93. Aplicam-se subsidiariamente, no que couber, as disposições da Lei nº 7.347, de 24 de julho de 1985.

Art. 94. Aos crimes previstos nesta Lei, cuja pena máxima privativa de liberdade não ultrapasse 4 (quatro) anos, aplica-se o procedimento previsto na Lei nº 9.099, de 26 de setembro de 1995, e, subsidiariamente, no que couber, as disposições do Código Penal e do Código de Processo Penal. (Vide ADI 3.096-5 - STF)

CAPÍTULO II - DOS CRIMES EM ESPÉCIE

Art. 95. Os crimes definidos nesta Lei são de ação penal pública incondicionada, não se lhes aplicando os arts. 181 e 182 do Código Penal.

Art. 96. Discriminar pessoa idosa, impedindo ou dificultando seu acesso a operações bancárias, aos meios de transporte, ao direito de contratar ou por qualquer outro meio ou instrumento necessário ao exercício da cidadania, por motivo de idade:

Pena: reclusão de 6 (seis) meses a 1 (um) ano e multa.

§ 1º Na mesma pena incorre quem desdenhar, humilhar, menosprezar ou discriminar pessoa idosa, por qualquer motivo.

§ 2º A pena será aumentada de 1/3 (um terço) se a vítima se encontrar sob os cuidados ou responsabilidade do agente.

Art. 97. Deixar de prestar assistência ao idoso, quando possível fazê-lo sem risco pessoal, em situação de iminente perigo, ou recusar, retardar ou dificultar sua assistência à saúde, sem justa causa, ou não pedir, nesses casos, o socorro de autoridade pública:

Pena: detenção de 6 (seis) meses a 1 (um) ano e multa.

Parágrafo único. A pena é aumentada de metade, se da omissão resulta lesão corporal de natureza grave, e triplicada, se resulta a morte.

Art. 98. Abandonar o idoso em hospitais, casas de saúde, entidades de longa permanência, ou congêneres, ou não prover suas necessidades básicas, quando obrigado por lei ou mandado:

Pena: detenção de 6 (seis) meses a 3 (três) anos e multa.

ANOTAÇÕES

LEIS

ANOTAÇÕES

Art. 99. Expor a perigo a integridade e a saúde, física ou psíquica, do idoso, submetendo-o a condições desumanas ou degradantes ou privando-o de alimentos e cuidados indispensáveis, quando obrigado a fazê-lo, ou sujeitando-o a trabalho excessivo ou inadequado:

Pena: detenção de 2 (dois) meses a 1 (um) ano e multa.

§ 1º Se do fato resulta lesão corporal de natureza grave:

Pena: reclusão de 1 (um) a 4 (quatro) anos.

§ 2º Se resulta a morte:

Pena: reclusão de 4 (quatro) a 12 (doze) anos.

Art. 100. Constitui crime punível com reclusão de 6 (seis) meses a 1 (um) ano e multa:

I. obstar o acesso de alguém a qualquer cargo público por motivo de idade;

II. negar a alguém, por motivo de idade, emprego ou trabalho;

III. recusar, retardar ou dificultar atendimento ou deixar de prestar assistência à saúde, sem justa causa, a pessoa idosa;

IV. deixar de cumprir, retardar ou frustrar, sem justo motivo, a execução de ordem judicial expedida na ação civil a que alude esta Lei;

V. recusar, retardar ou omitir dados técnicos indispensáveis à propositura da ação civil objeto desta Lei, quando requisitados pelo Ministério Público.

Art. 101. Deixar de cumprir, retardar ou frustrar, sem justo motivo, a execução de ordem judicial expedida nas ações em que for parte ou interveniente o idoso:

Pena: detenção de 6 (seis) meses a 1 (um) ano e multa.

Art. 102. Apropriar-se de ou desviar bens, proventos, pensão ou qualquer outro rendimento do idoso, dando-lhes aplicação diversa da de sua finalidade:

Pena: reclusão de 1 (um) a 4 (quatro) anos e multa.

Art. 103. Negar o acolhimento ou a permanência do idoso, como abrigado, por recusa deste em outorgar procuração à entidade de atendimento:

Pena: detenção de 6 (seis) meses a 1 (um) ano e multa.

Art. 104. Reter o cartão magnético de conta bancária relativa a benefícios, proventos ou pensão do idoso, bem como qualquer outro documento com objetivo de assegurar recebimento ou ressarcimento de dívida:

Pena: detenção de 6 (seis) meses a 2 (dois) anos e multa.

Art. 105. Exibir ou veicular, por qualquer meio de comunicação, informações ou imagens depreciativas ou injuriosas à pessoa do idoso:

Pena: detenção de 1 (um) a 3 (três) anos e multa.

Art. 106. Induzir pessoa idosa sem discernimento de seus atos a outorgar procuração para fins de administração de bens ou deles dispor livremente:

Pena: reclusão de 2 (dois) a 4 (quatro) anos.

Art. 107. Coagir, de qualquer modo, o idoso a doar, contratar, testar ou outorgar procuração:

Pena: reclusão de 2 (dois) a 5 (cinco) anos.

Art. 108. Lavrar ato notarial que envolva pessoa idosa sem discernimento de seus atos, sem a devida representação legal:

Pena: reclusão de 2 (dois) a 4 (quatro) anos.

TÍTULO VII - DISPOSIÇÕES FINAIS E TRANSITÓRIAS

Art. 109. Impedir ou embaraçar ato do representante do Ministério Público ou de qualquer outro agente fiscalizador:

Pena: reclusão de 6 (seis) meses a 1 (um) ano e multa.

Art. 110. O Decreto-Lei nº 2.848, de 7 de dezembro de 1940, Código Penal, passa a vigorar com as seguintes alterações:

"Art. 61. ....

II. ....

h) contra criança, maior de 60 (sessenta) anos, enfermo ou mulher grávida;

ANOTAÇÕES

"Art. 121. ....

§ 4º No homicídio culposo, a pena é aumentada de 1/3 (um terço), se o crime resulta de inobservância de regra técnica de profissão, arte ou ofício, ou se o agente deixa de prestar imediato socorro à vítima, não procura diminuir as consequências do seu ato, ou foge para evitar prisão em flagrante. Sendo doloso o homicídio, a pena é aumentada de 1/3 (um terço) se o crime é praticado contra pessoa menor de 14 (quatorze) ou maior de 60 (sessenta) anos.

"Art. 133. ....

§ 3º ....

III. se a vítima é maior de 60 (sessenta) anos." (NR)

"Art. 140. ....

§ 3º Se a injúria consiste na utilização de elementos referentes a raça, cor, etnia, religião, origem ou a condição de pessoa idosa ou portadora de deficiência:

"Art. 141. ....

IV. contra pessoa maior de 60 (sessenta) anos ou portadora de deficiência, exceto no caso de injúria.

"Art. 148. ....

§ 1º..........

I. se a vítima é ascendente, descendente, cônjuge do agente ou maior de 60 (sessenta) anos.

"Art. 159..........

§ 1º Se o sequestro dura mais de 24 (vinte e quatro) horas, se o sequestrado é menor de 18 (dezoito) ou maior de 60 (sessenta) anos, ou se o crime é cometido por bando ou quadrilha.

"Art. 183..........

III. se o crime é praticado contra pessoa com idade igual ou superior a 60 (sessenta) anos." (NR)

"Art. 244. Deixar, sem justa causa, de prover a subsistência do cônjuge, ou de filho menor de 18 (dezoito) anos ou inapto para o trabalho, ou de ascendente inválido ou maior de 60 (sessenta) anos, não lhes proporcionando os recursos necessários ou faltando ao pagamento de pensão alimentícia judicialmente acordada, fixada ou majorada; deixar, sem justa causa, de socorrer descendente ou ascendente, gravemente enfermo:

Art. 111. O O art. 21 do Decreto-Lei nº 3.688, de 3 de outubro de 1941, Lei das Contravenções Penais, passa a vigorar acrescido do seguinte parágrafo único:

"Art. 21..........

Parágrafo único. Aumenta-se a pena de 1/3 (um terço) até a metade se a vítima é maior de 60 (sessenta) anos."

Art. 112. O inciso II do § 4º do art. 1º da Lei nº 9.455, de 7 de abril de 1997, passa a vigorar com a seguinte redação:

"Art. 1º ....

§ 4º ....

II. se o crime é cometido contra criança, gestante, portador de deficiência, adolescente ou maior de 60 (sessenta) anos;

Art. 113. O inciso III do art. 18 da Lei nº 6.368, de 21 de outubro de 1976, passa a vigorar com a seguinte redação:

"Art. 18..........

III. se qualquer deles decorrer de associação ou visar a menores de 21 (vinte e um) anos ou a pessoa com idade igual ou superior a 60 (sessenta) anos ou a quem tenha, por qualquer causa, diminuída ou suprimida a capacidade de discernimento ou de autodeterminação:

Art. 114. O art 1º da Lei nº 10.048, de 8 de novembro de 2000, passa a vigorar com a seguinte redação:

"Art. 1º As pessoas portadoras de deficiência, os idosos com idade igual ou superior a 60 (sessenta) anos, as gestantes, as lactantes e as pessoas acompanhadas por crianças de colo terão atendimento prioritário, nos termos desta Lei." (NR)

Art. 115. O Orçamento da Seguridade Social destinará ao Fundo Nacional de Assistência Social, até que o Fundo Nacional do Idoso seja criado, os recursos necessários, em cada exercício financeiro, para aplicação em programas e ações relativos ao idoso.

Art. 116. Serão incluídos nos censos demográficos dados relativos à população idosa do País.

Art. 117. O Poder Executivo encaminhará ao Congresso Nacional projeto de lei revendo os critérios de concessão do Benefício de Prestação Continuada previsto na Lei Orgânica da Assistência Social, de forma a garantir que o acesso ao direito seja condizente com o estágio de desenvolvimento sócio-econômico alcançado pelo País.

Art. 118. Esta Lei entra em vigor decorridos 90 (noventa) dias da sua publicação, ressalvado o disposto no caput do art. 36, que vigorará a partir de 1º de janeiro de 2004.

29. LEI Nº 10.826, DE 22 DE DEZEMBRO DE 2003

Estatuto do Desarmamento

Dispõe sobre registro, posse e comercialização de armas de fogo e munição, sobre o Sistema Nacional de Armas - Sinarm, define crimes e dá outras providências.

O PRESIDENTE DA REPÚBLICA Faço saber que o Congresso Nacional decreta e eu sanciono a seguinte Lei:

CAPÍTULO I - DO SISTEMA NACIONAL DE ARMAS

Art. 1º O Sistema Nacional de Armas - Sinarm, instituído no Ministério da Justiça, no âmbito da Polícia Federal, tem circunscrição em todo o território nacional.

Art. 2º Ao Sinarm compete:

I. identificar as características e a propriedade de armas de fogo, mediante cadastro;

II. cadastrar as armas de fogo produzidas, importadas e vendidas no País;

III. cadastrar as autorizações de porte de arma de fogo e as renovações expedidas pela Polícia Federal;

IV. cadastrar as transferências de propriedade, extravio, furto, roubo e outras ocorrências suscetíveis de alterar os dados cadastrais, inclusive as decorrentes de fechamento de empresas de segurança privada e de transporte de valores;

V. identificar as modificações que alterem as características ou o funcionamento de arma de fogo;

VI. integrar no cadastro os acervos policiais já existentes;

VII. cadastrar as apreensões de armas de fogo, inclusive as vinculadas a procedimentos policiais e judiciais;

VIII. cadastrar os armeiros em atividade no País, bem como conceder licença para exercer a atividade;

IX. cadastrar mediante registro os produtores, atacadistas, varejistas, exportadores e importadores autorizados de armas de fogo, acessórios e munições;

X. cadastrar a identificação do cano da arma, as características das impressões de raiamento e de microestriamento de projétil disparado, conforme marcação e testes obrigatoriamente realizados pelo fabricante;

XI. informar às Secretarias de Segurança Pública dos Estados e do Distrito Federal os registros e autorizações de porte de armas de fogo nos respectivos territórios, bem como manter o cadastro atualizado para consulta.

Parágrafo único. As disposições deste artigo não alcançam as armas de fogo das Forças Armadas e Auxiliares, bem como as demais que constem dos seus registros próprios.

CAPÍTULO II - DO REGISTRO

Art. 3º É obrigatório o registro de arma de fogo no órgão competente.

Parágrafo único. As armas de fogo de uso restrito serão registradas no Comando do Exército, na forma do regulamento desta Lei.

Art. 4º Para adquirir arma de fogo de uso permitido o interessado deverá, além de declarar a efetiva necessidade, atender aos seguintes requisitos:

I. comprovação de idoneidade, com a apresentação de certidões negativas de antecedentes criminais fornecidas pela Justiça Federal, Estadual, Militar e Eleitoral e de não estar respondendo a inquérito policial ou a processo criminal, que poderão ser fornecidas por meios eletrônicos; (Redação dada pela Lei nº 11.706, de 2008)

II. apresentação de documento comprobatório de ocupação lícita e de residência certa;

III. comprovação de capacidade técnica e de aptidão psicológica para o manuseio de arma de fogo, atestadas na forma disposta no regulamento desta Lei.

§ 1º O Sinarm expedirá autorização de compra de arma de fogo após atendidos os requisitos anteriormente estabelecidos, em nome do requerente e para a arma indicada, sendo intransferível esta autorização.

§ 2º A aquisição de munição somente poderá ser feita no calibre correspondente à arma registrada e na quantidade estabelecida no regulamento desta Lei. (Redação dada pela Lei nº 11.706, de 2008)

§ 3º A empresa que comercializar arma de fogo em território nacional é obrigada a comunicar a venda à autoridade competente, como também a manter banco de dados com todas as características da arma e cópia dos documentos previstos neste artigo.

§ 4º A empresa que comercializa armas de fogo, acessórios e munições responde legalmente por essas mercadorias, ficando registradas como de sua propriedade enquanto não forem vendidas.

§ 5º A comercialização de armas de fogo, acessórios e munições entre pessoas físicas somente será efetivada mediante autorização do Sinarm.

§ 6º A expedição da autorização a que se refere o § 1º será concedida, ou recusada com a devida fundamentação, no prazo de 30 (trinta) dias úteis, a contar da data do requerimento do interessado.

§ 7º O registro precário a que se refere o § 4º prescinde do cumprimento dos requisitos dos incisos I, II e III deste artigo.

§ 8º Estará dispensado das exigências constantes do inciso III do caput deste artigo, na forma do regulamento, o interessado em adquirir arma de fogo de uso permitido que comprove estar autorizado a portar arma com as mesmas características daquela a ser adquirida. (Incluído pela Lei nº 11.706, de 2008)

Art. 5º O certificado de Registro de Arma de Fogo, com validade em todo o território nacional, autoriza o seu proprietário a manter a arma de fogo exclusivamente no interior de sua residência ou domicílio, ou dependência desses, ou, ainda, no seu local de trabalho, desde que seja ele o titular ou o responsável legal pelo estabelecimento ou empresa. (Redação dada pela Lei nº 10.884, de 2004)

§ 1º O certificado de registro de arma de fogo será expedido pela Polícia Federal e será precedido de autorização do Sinarm.

§ 2º Os requisitos de que tratam os incisos I, II e III do art. 4º deverão ser comprovados periodicamente, em período não inferior a 3 (três) anos, na conformidade do estabelecido no regulamento desta Lei, para a renovação do Certificado de Registro de Arma de Fogo.

§ 3º O proprietário de arma de fogo com certificados de registro de propriedade expedido por órgão estadual ou do Distrito Federal até a data da publicação desta Lei que não optar pela entrega espontânea prevista no art. 32 desta Lei deverá renová-lo mediante o pertinente registro federal, até o dia 31 de dezembro de 2008, ante a apresentação de

ANOTAÇÕES

ANOTAÇÕES

LEIS

ANOTAÇÕES

documento de identificação pessoal e comprovante de residência fixa, ficando dispensado do pagamento de taxas e do cumprimento das demais exigências constantes dos incisos I a III do caput do art. 4º desta Lei. (Redação dada pela Lei nº 11.706, de 2008) (Prorrogação de prazo)

§ 4º Para fins do cumprimento do disposto no § 3º deste artigo, o proprietário de arma de fogo poderá obter, no Departamento de Polícia Federal, certificado de registro provisório, expedido na rede mundial de computadores - internet, na forma do regulamento e obedecidos os procedimentos a seguir: (Redação dada pela Lei nº 11.706, de 2008)

I. emissão de certificado de registro provisório pela internet, com validade inicial de 90 (noventa) dias; e (Incluído pela Lei nº 11.706, de 2008)

II. revalidação pela unidade do Departamento de Polícia Federal do certificado de registro provisório pelo prazo que estimar como necessário para a emissão definitiva do certificado de registro de propriedade. (Incluído pela Lei nº 11.706, de 2008)

§ 5º Aos residentes em área rural, para os fins do disposto no caput deste artigo, considera-se residência ou domicílio toda a extensão do respectivo imóvel rural. (Incluído pela Lei nº 13.870, de 2019)

CAPÍTULO III - DO PORTE

Art. 6º É proibido o porte de arma de fogo em todo o território nacional, salvo para os casos previstos em legislação própria e para:

I. os integrantes das Forças Armadas;

II. os integrantes de órgãos referidos nos incisos I, II, III, IV e V do caput do art. 144 da Constituição Federal e os da Força Nacional de Segurança Pública (FNSP); (Redação dada pela Lei nº 13.500, de 2017)

III. os integrantes das guardas municipais das capitais dos Estados e dos Municípios com mais de 500.000 (quinhentos mil) habitantes, nas condições estabelecidas no regulamento desta Lei;

IV. os integrantes das guardas municipais dos Municípios com mais de 50.000 (cinquenta mil) e menos de 500.000 (quinhentos mil) habitantes, quando em serviço; (Redação dada pela Lei nº 10.867, de 2004)

V. os agentes operacionais da Agência Brasileira de Inteligência e os agentes do Departamento de Segurança do Gabinete de Segurança Institucional da Presidência da República; (Vide Decreto nº 9.685, de 2019)

VI. os integrantes dos órgãos policiais referidos no art. 51, IV, e no art. 52, XIII, da Constituição Federal;

VII. os integrantes do quadro efetivo dos agentes e guardas prisionais, os integrantes das escoltas de presos e as guardas portuárias;

VIII. as empresas de segurança privada e de transporte de valores constituídas, nos termos desta Lei;

IX. para os integrantes das entidades de desporto legalmente constituídas, cujas atividades esportivas demandem o uso de armas de fogo, na forma do regulamento desta Lei, observando-se, no que couber, a legislação ambiental.

X. integrantes das Carreiras de Auditoria da Receita Federal do Brasil e de Auditoria-Fiscal do Trabalho, cargos de Auditor-Fiscal e Analista Tributário. (Redação dada pela Lei nº 11.501, de 2007)

XI. os tribunais do Poder Judiciário descritos no art. 92 da Constituição Federal e os Ministérios Públicos da União e dos Estados, para uso exclusivo de servidores de seus quadros pessoais que efetivamente estejam no exercício de funções de segurança, na forma de regulamento a ser emitido pelo Conselho Nacional de Justiça. CNJ e pelo Conselho Nacional do Ministério Público. CNMP. (Incluído pela Lei nº 12.694, de 2012)

ANOTAÇÕES

§ 1º As pessoas previstas nos incisos I, II, III, V e VI do caput deste artigo terão direito de portar arma de fogo de propriedade particular ou fornecida pela respectiva corporação ou instituição, mesmo fora de serviço, nos termos do regulamento desta Lei, com validade em âmbito nacional para aquelas constantes dos incisos I, II, V e VI. (Redação dada pela Lei nº 11.706, de 2008)

§ 1º-A (Revogado pela Lei nº 11.706, de 2008)

§ 1º-B. Os integrantes do quadro efetivo de agentes e guardas prisionais poderão portar arma de fogo de propriedade particular ou fornecida pela respectiva corporação ou instituição, mesmo fora de serviço, desde que estejam: (Incluído pela Lei nº 12.993, de 2014)

I. submetidos a regime de dedicação exclusiva; (Incluído pela Lei nº 12.993, de 2014)

II. sujeitos à formação funcional, nos termos do regulamento; e (Incluído pela Lei nº 12.993, de 2014)

III. subordinados a mecanismos de fiscalização e de controle interno. (Incluído pela Lei nº 12.993, de 2014)

§ 1º-C. (VETADO). (Incluído pela Lei nº 12.993, de 2014)

§ 2º A autorização para o porte de arma de fogo aos integrantes das instituições descritas nos incisos V, VI, VII e X do caput deste artigo está condicionada à comprovação do requisito a que se refere o inciso III do caput do art. 4º desta Lei nas condições estabelecidas no regulamento desta Lei. (Redação dada pela Lei nº 11.706, de 2008)

§ 3º A autorização para o porte de arma de fogo das guardas municipais está condicionada à formação funcional de seus integrantes em estabelecimentos de ensino de atividade policial, à existência de mecanismos de fiscalização e de controle interno, nas condições estabelecidas no regulamento desta Lei, observada a supervisão do Ministério da Justiça. (Redação dada pela Lei nº 10.884, de 2004)

§ 4º Os integrantes das Forças Armadas, das polícias federais e estaduais e do Distrito Federal, bem como os militares dos Estados e do Distrito Federal, ao exercerem o direito descrito no art. 4º, ficam dispensados do cumprimento do disposto nos incisos I, II e III do mesmo artigo, na forma do regulamento desta Lei.

§ 5º Aos residentes em áreas rurais, maiores de 25 (vinte e cinco) anos que comprovem depender do emprego de arma de fogo para prover sua subsistência alimentar familiar será concedido pela Polícia Federal o porte de arma de fogo, na categoria caçador para subsistência, de uma arma de uso permitido, de tiro simples, com 1 (um) ou 2 (dois) canos, de alma lisa e de calibre igual ou inferior a 16 (dezesseis), desde que o interessado comprove a efetiva necessidade em requerimento ao qual deverão ser anexados os seguintes documentos: (Redação dada pela Lei nº 11.706, de 2008)

I. documento de identificação pessoal; (Incluído pela Lei nº 11.706, de 2008)

II. comprovante de residência em área rural; e (Incluído pela Lei nº 11.706, de 2008)

III. atestado de bons antecedentes. (Incluído pela Lei nº 11.706, de 2008)

§ 6º O caçador para subsistência que der outro uso à sua arma de fogo, independentemente de outras tipificações penais, responderá, conforme o caso, por porte ilegal ou por disparo de arma de fogo de uso permitido. (Redação dada pela Lei nº 11.706, de 2008)

§ 7º Aos integrantes das guardas municipais dos Municípios que integram regiões metropolitanas será autorizado porte de arma de fogo, quando em serviço. (Incluído pela Lei nº 11.706, de 2008)

Art. 7º As armas de fogo utilizadas pelos empregados das empresas de segurança privada e de transporte de valores, constituídas na forma da lei, serão de propriedade, responsabilidade e guarda das respectivas empresas, somente podendo ser utilizadas quando em serviço, devendo essas observar as condições de uso e de armazenagem estabele-

ANOTAÇÕES

cidas pelo órgão competente, sendo o certificado de registro e a autorização de porte expedidos pela Polícia Federal em nome da empresa.

§ 1º O proprietário ou diretor responsável de empresa de segurança privada e de transporte de valores responderá pelo crime previsto no parágrafo único do art. 13 desta Lei, sem prejuízo das demais sanções administrativas e civis, se deixar de registrar ocorrência policial e de comunicar à Polícia Federal perda, furto, roubo ou outras formas de extravio de armas de fogo, acessórios ou munições que estejam sob sua guarda, nas primeiras 24 (vinte e quatro) horas depois de ocorrido o fato.

§ 2º A empresa de segurança e de transporte de valores deverá apresentar documentação comprobatória do preenchimento dos requisitos constantes do art. 4º desta Lei quanto aos empregados que portarão arma de fogo.

§ 3º A listagem dos empregados das empresas referidas neste artigo deverá ser atualizada semestralmente junto ao Sinarm.

Art. 7º-A. As armas de fogo utilizadas pelos servidores das instituições descritas no inciso XI do art. 6º serão de propriedade, responsabilidade e guarda das respectivas instituições, somente podendo ser utilizadas quando em serviço, devendo estas observar as condições de uso e de armazenagem estabelecidas pelo órgão competente, sendo o certificado de registro e a autorização de porte expedidos pela Polícia Federal em nome da instituição. (Incluído pela Lei nº 12.694, de 2012)

§ 1º A autorização para o porte de arma de fogo de que trata este artigo independe do pagamento de taxa. (Incluído pela Lei nº 12.694, de 2012)

§ 2º O presidente do tribunal ou o chefe do Ministério Público designará os servidores de seus quadros pessoais no exercício de funções de segurança que poderão portar arma de fogo, respeitado o limite máximo de 50% (cinquenta por cento) do número de servidores que exerçam funções de segurança. (Incluído pela Lei nº 12.694, de 2012)

§ 3º O porte de arma pelos servidores das instituições de que trata este artigo fica condicionado à apresentação de documentação comprobatória do preenchimento dos requisitos constantes do art. 4ºdesta Lei, bem como à formação funcional em estabelecimentos de ensino de atividade policial e à existência de mecanismos de fiscalização e de controle interno, nas condições estabelecidas no regulamento desta Lei. (Incluído pela Lei nº 12.694, de 2012)

§ 4º A listagem dos servidores das instituições de que trata este artigo deverá ser atualizada semestralmente no Sinarm. (Incluído pela Lei nº 12.694, de 2012)

§ 5º As instituições de que trata este artigo são obrigadas a registrar ocorrência policial e a comunicar à Polícia Federal eventual perda, furto, roubo ou outras formas de extravio de armas de fogo, acessórios e munições que estejam sob sua guarda, nas primeiras 24 (vinte e quatro) horas depois de ocorrido o fato. (Incluído pela Lei nº 12.694, de 2012)

Art. 8º As armas de fogo utilizadas em entidades desportivas legalmente constituídas devem obedecer às condições de uso e de armazenagem estabelecidas pelo órgão competente, respondendo o possuidor ou o autorizado a portar a arma pela sua guarda na forma do regulamento desta Lei.

Art. 9º Compete ao Ministério da Justiça a autorização do porte de arma para os responsáveis pela segurança de cidadãos estrangeiros em visita ou sediados no Brasil e, ao Comando do Exército, nos termos do regulamento desta Lei, o registro e a concessão de porte de trânsito de arma de fogo para colecionadores, atiradores e caçadores e de representantes estrangeiros em competição internacional oficial de tiro realizada no território nacional.

Art. 10. A autorização para o porte de arma de fogo de uso permitido, em todo o território nacional, é de competência da Polícia Federal e somente será concedida após autorização do Sinarm.

§ 1º A autorização prevista neste artigo poderá ser concedida com eficácia temporária e territorial limitada, nos termos de atos regulamentares, e dependerá de o requerente:

I. demonstrar a sua efetiva necessidade por exercício de atividade profissional de risco ou de ameaça à sua integridade física;

II. atender às exigências previstas no art. 4º desta Lei;

III. apresentar documentação de propriedade de arma de fogo, bem como o seu devido registro no órgão competente.

§ 2º A autorização de porte de arma de fogo, prevista neste artigo, perderá automaticamente sua eficácia caso o portador dela seja detido ou abordado em estado de embriaguez ou sob efeito de substâncias químicas ou alucinógenas.

Art. 11. Fica instituída a cobrança de taxas, nos valores constantes do Anexo desta Lei, pela prestação de serviços relativos:

I. ao registro de arma de fogo;

II. à renovação de registro de arma de fogo;

III. à expedição de segunda via de registro de arma de fogo;

IV. à expedição de porte federal de arma de fogo;

V. à renovação de porte de arma de fogo;

VI. à expedição de segunda via de porte federal de arma de fogo.

§ 1º Os valores arrecadados destinam-se ao custeio e à manutenção das atividades do Sinarm, da Polícia Federal e do Comando do Exército, no âmbito de suas respectivas responsabilidades.

§ 2º São isentas do pagamento das taxas previstas neste artigo as pessoas e as instituições a que se referem os incisos I a VII e X e o § 5º do art. 6º desta Lei. (Redação dada pela Lei nº 11.706, de 2008)

Art. 11-A. O Ministério da Justiça disciplinará a forma e as condições do credenciamento de profissionais pela Polícia Federal para comprovação da aptidão psicológica e da capacidade técnica para o manuseio de arma de fogo. (Incluído pela Lei nº 11.706, de 2008)

§ 1º Na comprovação da aptidão psicológica, o valor cobrado pelo psicólogo não poderá exceder ao valor médio dos honorários profissionais para realização de avaliação psicológica constante do item 1.16 da tabela do Conselho Federal de Psicologia. (Incluído pela Lei nº 11.706, de 2008)

§ 2º Na comprovação da capacidade técnica, o valor cobrado pelo instrutor de armamento e tiro não poderá exceder R$ 80,00 (oitenta reais), acrescido do custo da munição. (Incluído pela Lei nº 11.706, de 2008)

§ 3º A cobrança de valores superiores aos previstos nos §§ 1º e 2º deste artigo implicará o descredenciamento do profissional pela Polícia Federal. (Incluído pela Lei nº 11.706, de 2008)

CAPÍTULO IV - DOS CRIMES E DAS PENAS

POSSE IRREGULAR DE ARMA DE FOGO DE USO PERMITIDO

Art. 12. Possuir ou manter sob sua guarda arma de fogo, acessório ou munição, de uso permitido, em desacordo com determinação legal ou regulamentar, no interior de sua residência ou dependência desta, ou, ainda no seu local de trabalho, desde que seja o titular ou o responsável legal do estabelecimento ou empresa:

Pena: detenção, de 1 (um) a 3 (três) anos, e multa.

OMISSÃO DE CAUTELA

Art. 13. Deixar de observar as cautelas necessárias para impedir que menor de 18 (dezoito) anos ou pessoa portadora de deficiência mental se apodere de arma de fogo que esteja sob sua posse ou que seja de sua propriedade:

Pena: detenção, de 1 (um) a 2 (dois) anos, e multa.

Parágrafo único. Nas mesmas penas incorrem o proprietário ou diretor responsável de empresa de segurança e transporte de valores que deixarem de registrar ocorrência policial e de comunicar à Polícia Federal perda, furto, roubo ou outras

ANOTAÇÕES

LEIS

ANOTAÇÕES

formas de extravio de arma de fogo, acessório ou munição que estejam sob sua guarda, nas primeiras 24 (vinte quatro) horas depois de ocorrido o fato.

PORTE ILEGAL DE ARMA DE FOGO DE USO PERMITIDO

Art. 14. Portar, deter, adquirir, fornecer, receber, ter em depósito, transportar, ceder, ainda que gratuitamente, emprestar, remeter, empregar, manter sob guarda ou ocultar arma de fogo, acessório ou munição, de uso permitido, sem autorização e em desacordo com determinação legal ou regulamentar:

Pena: reclusão, de 2 (dois) a 4 (quatro) anos, e multa.

Parágrafo único. O crime previsto neste artigo é inafiançável, salvo quando a arma de fogo estiver registrada em nome do agente. (Vide Adin 3.112-1)

DISPARO DE ARMA DE FOGO

Art. 15. Disparar arma de fogo ou acionar munição em lugar habitado ou em suas adjacências, em via pública ou em direção a ela, desde que essa conduta não tenha como finalidade a prática de outro crime:

Pena: reclusão, de 2 (dois) a 4 (quatro) anos, e multa.

Parágrafo único. O crime previsto neste artigo é inafiançável. (Vide Adin 3.112-1)

POSSE OU PORTE ILEGAL DE ARMA DE FOGO DE USO RESTRITO

Art. 16. Possuir, deter, portar, adquirir, fornecer, receber, ter em depósito, transportar, ceder, ainda que gratuitamente, emprestar, remeter, empregar, manter sob sua guarda ou ocultar arma de fogo, acessório ou munição de uso restrito, sem autorização e em desacordo com determinação legal ou regulamentar: (Redação dada pela Lei nº 13.964, de 24.12.2019)

Pena: reclusão, de 3 (três) a 6 (seis) anos, e multa.

§ 1 Nas mesmas penas incorre quem:

I. suprimir ou alterar marca, numeração ou qualquer sinal de identificação de arma de fogo ou artefato;

II. modificar as características de arma de fogo, de forma a torná-la equivalente a arma de fogo de uso proibido ou restrito ou para fins de dificultar ou de qualquer modo induzir a erro autoridade policial, perito ou juiz;

III. possuir, detiver, fabricar ou empregar artefato explosivo ou incendiário, sem autorização ou em desacordo com determinação legal ou regulamentar;

IV. portar, possuir, adquirir, transportar ou fornecer arma de fogo com numeração, marca ou qualquer outro sinal de identificação raspado, suprimido ou adulterado;

V. vender, entregar ou fornecer, ainda que gratuitamente, arma de fogo, acessório, munição ou explosivo a criança ou adolescente; e

VI. produzir, recarregar ou reciclar, sem autorização legal, ou adulterar, de qualquer forma, munição ou explosivo.

§ 2º Se as condutas descritas no caput e no § 1º deste artigo envolverem arma de fogo de uso proibido, a pena é de reclusão, de 4 (quatro) a 12 (doze) anos. (Incluído pela Lei nº 13.964, de 24.12.2019)

COMÉRCIO ILEGAL DE ARMA DE FOGO

Art. 17. Adquirir, alugar, receber, transportar, conduzir, ocultar, ter em depósito, desmontar, montar, remontar, adulterar, vender, expor à venda, ou de qualquer forma utilizar, em proveito próprio ou alheio, no exercício de atividade comercial ou industrial, arma de fogo, acessório ou munição, sem autorização ou em desacordo com determinação legal ou regulamentar:

Pena - reclusão, de 6 (seis) a 12 (doze) anos, e multa. (Redação dada pela Lei nº 13.964, de 24.12.2019)

ANOTAÇÕES

§ 1 Equipara-se à atividade comercial ou industrial, para efeito deste artigo, qualquer forma de prestação de serviços, fabricação ou comércio irregular ou clandestino, inclusive o exercido em residência.

§ 2º Incorre na mesma pena quem vende ou entrega arma de fogo, acessório ou munição, sem autorização ou em desacordo com a determinação legal ou regulamentar, a agente policial disfarçado, quando presentes elementos probatórios razoáveis de conduta criminal preexistente. (Incluído pela Lei nº 13.964, de 24.12.2019)

TRÁFICO INTERNACIONAL DE ARMA DE FOGO

Art. 18. Importar, exportar, favorecer a entrada ou saída do território nacional, a qualquer título, de arma de fogo, acessório ou munição, sem autorização da autoridade competente:

Pena - reclusão, de 8 (oito) a 16 (dezesseis) anos, e multa. (Redação dada pela Lei nº 13.964, de 24.12.2019)

Parágrafo único. Incorre na mesma pena quem vende ou entrega arma de fogo, acessório ou munição, em operação de importação, sem autorização da autoridade competente, a agente policial disfarçado, quando presentes elementos probatórios razoáveis de conduta criminal preexistente. (Incluído pela Lei nº 13.964, de 24.12.2019)

Art. 19. Nos crimes previstos nos arts. 17 e 18, a pena é aumentada da metade se a arma de fogo, acessório ou munição forem de uso proibido ou restrito.

Art. 20. Nos crimes previstos nos arts. 14, 15, 16, 17 e 18, a pena é aumentada da metade se:(Redação dada pela Lei nº 13.964, de 24.12.2019)

I. forem praticados por integrante dos órgãos e empresas referidas nos arts. 6º, 7º e 8º desta Lei; ou (Incluído pela Lei nº 13.964, de 24.12.2019)

II. o agente for reincidente específico em crimes dessa natureza. (Incluído pela Lei nº 13.964, de 24.12.2019)

Art. 21. Os crimes previstos nos arts. 16, 17 e 18 são insuscetíveis de liberdade provisória. (Vide Adin 3.112-1)

CAPÍTULO V - DISPOSIÇÕES GERAIS

Art. 22. O Ministério da Justiça poderá celebrar convênios com os Estados e o Distrito Federal para o cumprimento do disposto nesta Lei.

Art. 23. A classificação legal, técnica e geral bem como a definição das armas de fogo e demais produtos controlados, de usos proibidos, restritos, permitidos ou obsoletos e de valor histórico serão disciplinadas em ato do chefe do Poder Executivo Federal, mediante proposta do Comando do Exército. (Redação dada pela Lei nº 11.706, de 2008)

§ 1º Todas as munições comercializadas no País deverão estar acondicionadas em embalagens com sistema de código de barras, gravado na caixa, visando possibilitar a identificação do fabricante e do adquirente, entre outras informações definidas pelo regulamento desta Lei.

§ 2º Para os órgãos referidos no art. 6º, somente serão expedidas autorizações de compra de munição com identificação do lote e do adquirente no culote dos projéteis, na forma do regulamento desta Lei.

§ 3º As armas de fogo fabricadas a partir de 1 (um) ano da data de publicação desta Lei conterão dispositivo intrínseco de segurança e de identificação, gravado no corpo da arma, definido pelo regulamento desta Lei, exclusive para os órgãos previstos no art. 6º.

§ 4º As instituições de ensino policial e as guardas municipais referidas nos incisos III e IV do caput do art. 6º desta Lei e no seu § 7º poderão adquirir insumos e máquinas de recarga de munição para o fim exclusivo de suprimento de suas atividades, mediante autorização concedida nos termos definidos em regulamento. (Incluído pela Lei nº 11.706, de 2008)

ANOTAÇÕES

Art. 24. Excetuadas as atribuições a que se refere o art. 2º desta Lei, compete ao Comando do Exército autorizar e fiscalizar a produção, exportação, importação, desembaraço alfandegário e o comércio de armas de fogo e demais produtos controlados, inclusive o registro e o porte de trânsito de arma de fogo de colecionadores, atiradores e caçadores.

Art. 25. As armas de fogo apreendidas, após a elaboração do laudo pericial e sua juntada aos autos, quando não mais interessarem à persecução penal serão encaminhadas pelo juiz competente ao Comando do Exército, no prazo de até 48 (quarenta e oito) horas, para destruição ou doação aos órgãos de segurança pública ou às Forças Armadas, na forma do regulamento desta Lei. (Redação dada pela Lei nº 13.886, de 2019)

§ 1º As armas de fogo encaminhadas ao Comando do Exército que receberem parecer favorável à doação, obedecidos o padrão e a dotação de cada Força Armada ou órgão de segurança pública, atendidos os critérios de prioridade estabelecidos pelo Ministério da Justiça e ouvido o Comando do Exército, serão arroladas em relatório reservado trimestral a ser encaminhado àquelas instituições, abrindo-se-lhes prazo para manifestação de interesse. (Incluído pela Lei nº 11.706, de 2008)

§ 1º-A. As armas de fogo e munições apreendidas em decorrência do tráfico de drogas de abuso, ou de qualquer forma utilizadas em atividades ilícitas de produção ou comercialização de drogas abusivas, ou, ainda, que tenham sido adquiridas com recursos provenientes do tráfico de drogas de abuso, perdidas em favor da União e encaminhadas para o Comando do Exército, devem ser, após perícia ou vistoria que atestem seu bom estado, destinadas com prioridade para os órgãos de segurança pública e do sistema penitenciário da unidade da federação responsável pela apreensão. (Incluído pela Lei nº 13.886, de 2019)

§ 2º O Comando do Exército encaminhará a relação das armas a serem doadas ao juiz competente, que determinará o seu perdimento em favor da instituição beneficiada. (Incluído pela Lei nº 11.706, de 2008)

§ 3º O transporte das armas de fogo doadas será de responsabilidade da instituição beneficiada, que procederá ao seu cadastramento no Sinarm ou no Sigma. (Incluído pela Lei nº 11.706, de 2008)

§ 4º (VETADO) (Incluído pela Lei nº 11.706, de 2008)

§ 5º O Poder Judiciário instituirá instrumentos para o encaminhamento ao Sinarm ou ao Sigma, conforme se trate de arma de uso permitido ou de uso restrito, semestralmente, da relação de armas acauteladas em juízo, mencionando suas características e o local onde se encontram. (Incluído pela Lei nº 11.706, de 2008)

Art. 26. São vedadas a fabricação, a venda, a comercialização e a importação de brinquedos, réplicas e simulacros de armas de fogo, que com estas se possam confundir.

Parágrafo único. Excetuam-se da proibição as réplicas e os simulacros destinados à instrução, ao adestramento, ou à coleção de usuário autorizado, nas condições fixadas pelo Comando do Exército.

Art. 27. Caberá ao Comando do Exército autorizar, excepcionalmente, a aquisição de armas de fogo de uso restrito.

Parágrafo único. O disposto neste artigo não se aplica às aquisições dos Comandos Militares.

Art. 28. É vedado ao menor de 25 (vinte e cinco) anos adquirir arma de fogo, ressalvados os integrantes das entidades constantes dos incisos I, II, III, V, VI, VII e X do caput do art. 6º desta Lei.(Redação dada pela Lei nº 11.706, de 2008)

Art. 29. As autorizações de porte de armas de fogo já concedidas expirar-se-ão 90 (noventa) dias após a publicação desta Lei. (Vide Lei nº 10.884, de 2004)

Parágrafo único. O detentor de autorização com prazo de validade superior a 90 (noventa) dias poderá renová-la, perante a Polícia Federal, nas condições dos arts. 4º, 6º e 10 desta Lei, no prazo de 90 (noventa) dias após sua publicação, sem ônus para o requerente.

Art. 30. Os possuidores e proprietários de arma de fogo de uso permitido ainda não registrada deverão solicitar seu registro até o dia 31 de dezembro de 2008, mediante apresentação de documento de identificação pessoal e comprovante de residência fixa, acompanhados de nota fiscal de compra ou comprovação da origem lícita da posse, pelos meios de prova admitidos em direito, ou declaração firmada na qual constem as características da arma e a sua condição de proprietário, ficando este dispensado do pagamento de taxas e do cumprimento das demais exigências constantes dos incisos I a III do caputdo art. 4º desta Lei. (Redação dada pela Lei nº 11.706, de 2008) (Prorrogação de prazo)

Parágrafo único. Para fins do cumprimento do disposto no caput deste artigo, o proprietário de arma de fogo poderá obter, no Departamento de Polícia Federal, certificado de registro provisório, expedido na forma do § 4º do art. 5º desta Lei. (Incluído pela Lei nº 11.706, de 2008)

Art. 31. Os possuidores e proprietários de armas de fogo adquiridas regularmente poderão, a qualquer tempo, entregá-las à Polícia Federal, mediante recibo e indenização, nos termos do regulamento desta Lei.

Art. 32. Os possuidores e proprietários de arma de fogo poderão entregá-la, espontaneamente, mediante recibo, e, presumindo-se de boa-fé, serão indenizados, na forma do regulamento, ficando extinta a punibilidade de eventual posse irregular da referida arma. (Redação dada pela Lei nº 11.706, de 2008)

Parágrafo único. (Revogado pela Lei nº 11.706, de 2008)

Art. 33. Será aplicada multa de R$ 100.000,00 (cem mil reais) a R$ 300.000,00 (trezentos mil reais), conforme especificar o regulamento desta Lei:

I. à empresa de transporte aéreo, rodoviário, ferroviário, marítimo, fluvial ou lacustre que deliberadamente, por qualquer meio, faça, promova, facilite ou permita o transporte de arma ou munição sem a devida autorização ou com inobservância das normas de segurança;

II. à empresa de produção ou comércio de armamentos que realize publicidade para venda, estimulando o uso indiscriminado de armas de fogo, exceto nas publicações especializadas.

Art. 34. Os promotores de eventos em locais fechados, com aglomeração superior a 1000 (um mil) pessoas, adotarão, sob pena de responsabilidade, as providências necessárias para evitar o ingresso de pessoas armadas, ressalvados os eventos garantidos pelo inciso VI do art. 5º da Constituição Federal.

Art. 34-A. Os dados relacionados à coleta de registros balísticos serão armazenados no Banco Nacional de Perfis Balísticos. (Incluído pela Lei nº 13.964, de 24.12.2019)

§ 1º O Banco Nacional de Perfis Balísticos tem como objetivo cadastrar armas de fogo e armazenar características de classe e individualizadoras de projéteis e de estojos de munição deflagrados por arma de fogo. (Incluído pela Lei nº 13.964, de 24.12.2019)

§ 2º O Banco Nacional de Perfis Balísticos será constituído pelos registros de elementos de munição deflagrados por armas de fogo relacionados a crimes, para subsidiar ações destinadas às apurações criminais federais, estaduais e distritais. (Incluído pela Lei nº 13.964, de 24.12.2019)

§ 3º O Banco Nacional de Perfis Balísticos será gerido pela unidade oficial de perícia criminal. (Incluído pela Lei nº 13.964, de 24.12.2019)

ANOTAÇÕES

§ 4º Os dados constantes do Banco Nacional de Perfis Balísticos terão caráter sigiloso, e aquele que permitir ou promover sua utilização para fins diversos dos previstos nesta Lei ou em decisão judicial responderá civil, penal e administrativamente. (Incluído pela Lei nº 13.964, de 24.12.2019)

§ 5º É vedada a comercialização, total ou parcial, da base de dados do Banco Nacional de Perfis Balísticos. (Incluído pela Lei nº 13.964, de 24.12.2019)

§ 6º A formação, a gestão e o acesso ao Banco Nacional de Perfis Balísticos serão regulamentados em ato do Poder Executivo federal. (Incluído pela Lei nº 13.964, de 24.12.2019)

Parágrafo único. As empresas responsáveis pela prestação dos serviços de transporte internacional e interestadual de passageiros adotarão as providências necessárias para evitar o embarque de passageiros armados.

CAPÍTULO VI - DISPOSIÇÕES FINAIS

Art. 35. É proibida a comercialização de arma de fogo e munição em todo o território nacional, salvo para as entidades previstas no art. 6º desta Lei.

§ 1º Este dispositivo, para entrar em vigor, dependerá de aprovação mediante referendo popular, a ser realizado em outubro de 2005.

§ 2º Em caso de aprovação do referendo popular, o disposto neste artigo entrará em vigor na data de publicação de seu resultado pelo Tribunal Superior Eleitoral.

Art. 36. É revogada a Lei nº 9.437, de 20 de fevereiro de 1997.

Art. 37. Esta Lei entra em vigor na data de sua publicação.

30. LEI Nº 11.340, DE 7 DE AGOSTO DE 2006

Lei Maria da Penha

Cria mecanismos para coibir a violência doméstica e familiar contra a mulher, nos termos do § 8º do art. 226 da Constituição Federal, da Convenção sobre a Eliminação de Todas as Formas de Discriminação contra as Mulheres e da Convenção Interamericana para Prevenir, Punir e Erradicar a Violência contra a Mulher; dispõe sobre a criação dos Juizados de Violência Doméstica e Familiar contra a Mulher; altera o Código de Processo Penal, o Código Penal e a Lei de Execução Penal; e dá outras providências.

O PRESIDENTE DA REPÚBLICA Faço saber que o Congresso Nacional decreta e eu sanciono a seguinte Lei:

TÍTULO I - DISPOSIÇÕES PRELIMINARES

Art. 1º Esta Lei cria mecanismos para coibir e prevenir a violência doméstica e familiar contra a mulher, nos termos do § 8º do art. 226 da Constituição Federal, da Convenção sobre a Eliminação de Todas as Formas de Violência contra a Mulher, da Convenção Interamericana para Prevenir, Punir e Erradicar a Violência contra a Mulher e de outros tratados internacionais ratificados pela República Federativa do Brasil; dispõe sobre a criação dos Juizados de Violência Doméstica e Familiar contra a Mulher; e estabelece medidas de assistência e proteção às mulheres em situação de violência doméstica e familiar.

Art. 2º Toda mulher, independentemente de classe, raça, etnia, orientação sexual, renda, cultura, nível educacional, idade e religião, goza dos direitos fundamentais inerentes à pessoa humana, sendo-lhe asseguradas as oportunidades e facilidades para viver sem violência, preservar sua saúde física e mental e seu aperfeiçoamento moral, intelectual e social.

Art. 3º Serão asseguradas às mulheres as condições para o exercício efetivo dos direitos à vida, à segurança, à saúde, à alimentação, à educação, à cultura, à moradia, ao acesso à justiça, ao esporte, ao lazer, ao trabalho, à cidadania, à liberdade, à dignidade, ao respeito e à convivência familiar e comunitária.

§ 1º O poder público desenvolverá políticas que visem garantir os direitos humanos das mulheres no âmbito das relações domésticas e familiares no sentido de resguardá-las de toda forma de negligência, discriminação, exploração, violência, crueldade e opressão.

§ 2º Cabe à família, à sociedade e ao poder público criar as condições necessárias para o efetivo exercício dos direitos enunciados no caput.

Art. 4º Na interpretação desta Lei, serão considerados os fins sociais a que ela se destina e, especialmente, as condições peculiares das mulheres em situação de violência doméstica e familiar.

TÍTULO II - DA VIOLÊNCIA DOMÉSTICA E FAMILIAR CONTRA A MULHER

CAPÍTULO I - DISPOSIÇÕES GERAIS

Art. 5º Para os efeitos desta Lei, configura violência doméstica e familiar contra a mulher qualquer ação ou omissão baseada no gênero que lhe cause morte, lesão, sofrimento físico, sexual ou psicológico e dano moral ou patrimonial: (Vide Lei complementar nº 150, de 2015)

I. no âmbito da unidade doméstica, compreendida como o espaço de convívio permanente de pessoas, com ou sem vínculo familiar, inclusive as esporadicamente agregadas;

II. no âmbito da família, compreendida como a comunidade formada por indivíduos que são ou se consideram aparentados, unidos por laços naturais, por afinidade ou por vontade expressa;

III. em qualquer relação íntima de afeto, na qual o agressor conviva ou tenha convivido com a ofendida, independentemente de coabitação.

Parágrafo único. As relações pessoais enunciadas neste artigo independem de orientação sexual.

Art. 6º A violência doméstica e familiar contra a mulher constitui uma das formas de violação dos direitos humanos.

CAPÍTULO II - DAS FORMAS DE VIOLÊNCIA DOMÉSTICA E FAMILIAR CONTRA A MULHER

Art. 7º São formas de violência doméstica e familiar contra a mulher, entre outras:

I. a violência física, entendida como qualquer conduta que ofenda sua integridade ou saúde corporal;

II. a violência psicológica, entendida como qualquer conduta que lhe cause dano emocional e diminuição da autoestima ou que lhe prejudique e perturbe o pleno desenvolvimento ou que vise degradar ou controlar suas ações, comportamentos, crenças e decisões, mediante ameaça, constrangimento, humilhação, manipulação, isolamento, vigilância constante, perseguição contumaz, insulto, chantagem, violação de sua intimidade, ridicularização, exploração e limitação do direito de ir e vir ou qualquer outro meio que lhe cause prejuízo à saúde psicológica e à autodeterminação; (Redação dada pela Lei nº 13.772, de 2018)

III. a violência sexual, entendida como qualquer conduta que a constranja a presenciar, a manter ou a participar de relação sexual não desejada, mediante intimidação, ameaça, coação ou uso da força; que a induza a comercializar ou a utilizar, de qualquer modo, a sua sexualidade, que a impeça de usar qualquer método contraceptivo ou que a force ao matrimônio, à gravidez, ao aborto ou à prostituição, mediante coação, chantagem, suborno ou manipulação; ou que limite ou anule o exercício de seus direitos sexuais e reprodutivos;

IV. a violência patrimonial, entendida como qualquer conduta que configure retenção, subtração, destruição parcial ou total de seus objetos, instrumentos de trabalho, documentos pessoais, bens, valores e direitos ou recursos econômicos, incluindo os destinados a satisfazer suas necessidades;

V. a violência moral, entendida como qualquer conduta que configure calúnia, difamação ou injúria.

TÍTULO III - DA ASSISTÊNCIA À MULHER EM SITUAÇÃO DE VIOLÊNCIA DOMÉSTICA E FAMILIAR

CAPÍTULO I - DAS MEDIDAS INTEGRADAS DE PREVENÇÃO

Art. 8º A política pública que visa coibir a violência doméstica e familiar contra a mulher far-se-á por meio de um conjunto articulado de ações da União, dos Estados, do Distrito Federal e dos Municípios e de ações não-governamentais, tendo por diretrizes:

I. a integração operacional do Poder Judiciário, do Ministério Público e da Defensoria Pública com as áreas de segurança pública, assistência social, saúde, educação, trabalho e habitação;

II. a promoção de estudos e pesquisas, estatísticas e outras informações relevantes, com a perspectiva de gênero e de raça ou etnia, concernentes às causas, às consequências e à frequência da violência doméstica e familiar contra a mulher, para a sistematização de dados, a serem unificados nacionalmente, e a avaliação periódica dos resultados das medidas adotadas;

III. o respeito, nos meios de comunicação social, dos valores éticos e sociais da pessoa e da família, de forma a coibir os papéis estereotipados que legitimem ou exacerbem a violência doméstica e familiar, de acordo com o estabelecido no inciso III do art. 1º, no inciso IV do art. 3º e no inciso IV do art. 221 da Constituição Federal;

IV. a implementação de atendimento policial especializado para as mulheres, em particular nas Delegacias de Atendimento à Mulher;

V. a promoção e a realização de campanhas educativas de prevenção da violência doméstica e familiar contra a mulher, voltadas ao público escolar e à sociedade em geral, e a difusão desta Lei e dos instrumentos de proteção aos direitos humanos das mulheres;

VI. a celebração de convênios, protocolos, ajustes, termos ou outros instrumentos de promoção de parceria entre órgãos governamentais ou entre estes e entidades não-governamentais, tendo por objetivo a implementação de programas de erradicação da violência doméstica e familiar contra a mulher;

VII. a capacitação permanente das Polícias Civil e Militar, da Guarda Municipal, do Corpo de Bombeiros e dos profissionais pertencentes aos órgãos e às áreas enunciados no inciso I quanto às questões de gênero e de raça ou etnia;

VIII. a promoção de programas educacionais que disseminem valores éticos de irrestrito respeito à dignidade da pessoa humana com a perspectiva de gênero e de raça ou etnia;

IX. o destaque, nos currículos escolares de todos os níveis de ensino, para os conteúdos relativos aos direitos humanos, à equidade de gênero e de raça ou etnia e ao problema da violência doméstica e familiar contra a mulher.

CAPÍTULO II - DA ASSISTÊNCIA À MULHER EM SITUAÇÃO DE VIOLÊNCIA DOMÉSTICA E FAMILIAR

Art. 9º A assistência à mulher em situação de violência doméstica e familiar será prestada de forma articulada e conforme os princípios e as diretrizes previstos na Lei Orgânica da Assistência Social, no Sistema Único de Saúde, no Sistema Único de Segurança Pública, entre outras normas e políticas públicas de proteção, e emergencialmente quando for o caso.

§ 1º O juiz determinará, por prazo certo, a inclusão da mulher em situação de violência doméstica e familiar no cadastro de programas assistenciais do governo federal, estadual e municipal.

ANOTAÇÕES

§ 2º O juiz assegurará à mulher em situação de violência doméstica e familiar, para preservar sua integridade física e psicológica:

I. acesso prioritário à remoção quando servidora pública, integrante da administração direta ou indireta;

II. manutenção do vínculo trabalhista, quando necessário o afastamento do local de trabalho, por até seis meses.

III. encaminhamento à assistência judiciária, quando for o caso, inclusive para eventual ajuizamento da ação de separação judicial, de divórcio, de anulação de casamento ou de dissolução de união estável perante o juízo competente. (Incluído pela Lei nº 13.894, de 2019)

§ 3º A assistência à mulher em situação de violência doméstica e familiar compreenderá o acesso aos benefícios decorrentes do desenvolvimento científico e tecnológico, incluindo os serviços de contracepção de emergência, a profilaxia das Doenças Sexualmente Transmissíveis (DST) e da Síndrome da Imunodeficiência Adquirida (AIDS) e outros procedimentos médicos necessários e cabíveis nos casos de violência sexual.

§ 4º Aquele que, por ação ou omissão, causar lesão, violência física, sexual ou psicológica e dano moral ou patrimonial a mulher fica obrigado a ressarcir todos os danos causados, inclusive ressarcir ao Sistema Único de Saúde (SUS), de acordo com a tabela SUS, os custos relativos aos serviços de saúde prestados para o total tratamento das vítimas em situação de violência doméstica e familiar, recolhidos os recursos assim arrecadados ao Fundo de Saúde do ente federado responsável pelas unidades de saúde que prestarem os serviços. (Incluído pela Lei nº 13.871, de 2019)

§ 5º Os dispositivos de segurança destinados ao uso em caso de perigo iminente e disponibilizados para o monitoramento das vítimas de violência doméstica ou familiar amparadas por medidas protetivas terão seus custos ressarcidos pelo agressor. (Incluído pela Lei nº 13.871, de 2019)

§ 6º O ressarcimento de que tratam os §§ 4º e 5º deste artigo não poderá importar ônus de qualquer natureza ao patrimônio da mulher e dos seus dependentes, nem configurar atenuante ou ensejar possibilidade de substituição da pena aplicada. (Incluído pela Lei nº 13.871, de 2019)

§ 7º A mulher em situação de violência doméstica e familiar tem prioridade para matricular seus dependentes em instituição de educação básica mais próxima de seu domicílio, ou transferi-los para essa instituição, mediante a apresentação dos documentos comprobatórios do registro da ocorrência policial ou do processo de violência doméstica e familiar em curso. (Incluído pela Lei nº 13.882, de 2019)

§ 8º Serão sigilosos os dados da ofendida e de seus dependentes matriculados ou transferidos conforme o disposto no § 7º deste artigo, e o acesso às informações será reservado ao juiz, ao Ministério Público e aos órgãos competentes do poder público. (Incluído pela Lei nº 13.882, de 2019)

CAPÍTULO III - DO ATENDIMENTO PELA AUTORIDADE POLICIAL

Art. 10. Na hipótese da iminência ou da prática de violência doméstica e familiar contra a mulher, a autoridade policial que tomar conhecimento da ocorrência adotará, de imediato, as providências legais cabíveis.

Parágrafo único. Aplica-se o disposto no caput deste artigo ao descumprimento de medida protetiva de urgência deferida.

Art. 10-A. É direito da mulher em situação de violência doméstica e familiar o atendimento policial e pericial especializado, ininterrupto e prestado por servidores - preferencialmente do sexo feminino - previamente capacitados. (Incluíd pela Lei nº 13.505, de 2017)

ANOTAÇÕES

LEIS

ANOTAÇÕES

§ 1º A inquirição de mulher em situação de violência doméstica e familiar ou de testemunha de violência doméstica, quando se tratar de crime contra a mulher, obedecerá às seguintes diretrizes: (Incluído pela Lei nº 13.505, de 2017)

I. salvaguarda da integridade física, psíquica e emocional da depoente, considerada a sua condição peculiar de pessoa em situação de violência doméstica e familiar; (Incluído pela Lei nº 13.505, de 2017)

II. garantia de que, em nenhuma hipótese, a mulher em situação de violência doméstica e familiar, familiares e testemunhas terão contato direto com investigados ou suspeitos e pessoas a eles relacionadas; (Incluído pela Lei nº 13.505, de 2017)

III. não revitimização da depoente, evitando sucessivas inquirições sobre o mesmo fato nos âmbitos criminal, cível e administrativo, bem como questionamentos sobre a vida privada. (Incluído pela Lei nº 13.505, de 2017)

§ 2º Na inquirição de mulher em situação de violência doméstica e familiar ou de testemunha de delitos de que trata esta Lei, adotar-se-á, preferencialmente, o seguinte procedimento: (Incluído pela Lei nº 13.505, de 2017)

I. a inquirição será feita em recinto especialmente projetado para esse fim, o qual conterá os equipamentos próprios e adequados à idade da mulher em situação de violência doméstica e familiar ou testemunha e ao tipo e à gravidade da violência sofrida; (Incluído pela Lei nº 13.505, de 2017)

II. quando for o caso, a inquirição será intermediada por profissional especializado em violência doméstica e familiar designado pela autoridade judiciária ou policial; (Incluído pela Lei nº 13.505, de 2017)

III. o depoimento será registrado em meio eletrônico ou magnético, devendo a degravação e a mídia integrar o inquérito. (Incluído pela Lei nº 13.505, de 2017)

Art. 11. No atendimento à mulher em situação de violência doméstica e familiar, a autoridade policial deverá, entre outras providências:

I. garantir proteção policial, quando necessário, comunicando de imediato ao Ministério Público e ao Poder Judiciário;

II. encaminhar a ofendida ao hospital ou posto de saúde e ao Instituto Médico Legal;

III. fornecer transporte para a ofendida e seus dependentes para abrigo ou local seguro, quando houver risco de vida;

IV. se necessário, acompanhar a ofendida para assegurar a retirada de seus pertences do local da ocorrência ou do domicílio familiar;

V. informar à ofendida os direitos a ela conferidos nesta Lei e os serviços disponíveis, inclusive os de assistência judiciária para o eventual ajuizamento perante o juízo competente da ação de separação judicial, de divórcio, de anulação de casamento ou de dissolução de união estável. (Redação dada pela Lei nº 13.894, de 2019)

Art. 12. Em todos os casos de violência doméstica e familiar contra a mulher, feito o registro da ocorrência, deverá a autoridade policial adotar, de imediato, os seguintes procedimentos, sem prejuízo daqueles previstos no Código de Processo Penal:

I. ouvir a ofendida, lavrar o boletim de ocorrência e tomar a representação a termo, se apresentada;

II. colher todas as provas que servirem para o esclarecimento do fato e de suas circunstâncias;

III. remeter, no prazo de 48 (quarenta e oito) horas, expediente apartado ao juiz com o pedido da ofendida, para a concessão de medidas protetivas de urgência;

IV. determinar que se proceda ao exame de corpo de delito da ofendida e requisitar outros exames periciais necessários;

ANOTAÇÕES

V. ouvir o agressor e as testemunhas;

VI. ordenar a identificação do agressor e fazer juntar aos autos sua folha de antecedentes criminais, indicando a existência de mandado de prisão ou registro de outras ocorrências policiais contra ele;

VI-A. verificar se o agressor possui registro de porte ou posse de arma de fogo e, na hipótese de existência, juntar aos autos essa informação, bem como notificar a ocorrência à instituição responsável pela concessão do registro ou da emissão do porte, nos termos da Lei nº 10.826, de 22 de dezembro de 2003 (Estatuto do Desarmamento); (Incluído pela Lei nº13.880, de 2019)

VII. remeter, no prazo legal, os autos do inquérito policial ao juiz e ao Ministério Público.

§ 1º O pedido da ofendida será tomado a termo pela autoridade policial e deverá conter:

I. qualificação da ofendida e do agressor;

II. nome e idade dos dependentes;

III. descrição sucinta do fato e das medidas protetivas solicitadas pela ofendida.

IV. informação sobre a condição de a ofendida ser pessoa com deficiência e se da violência sofrida resultou deficiência ou agravamento de deficiência preexistente. (Incluído pela Lei nº 13.836, de 2019)

§ 2º A autoridade policial deverá anexar ao documento referido no § 1º o boletim de ocorrência e cópia de todos os documentos disponíveis em posse da ofendida.

§ 3º Serão admitidos como meios de prova os laudos ou prontuários médicos fornecidos por hospitais e postos de saúde.

Art. 12-A. Os Estados e o Distrito Federal, na formulação de suas políticas e planos de atendimento à mulher em situação de violência doméstica e familiar, darão prioridade, no âmbito da Polícia Civil, à criação de Delegacias Especializadas de Atendimento à Mulher (Deams), de Núcleos Investigativos de Feminicídio e de equipes especializadas para o atendimento e a investigação das violências graves contra a mulher.

Art. 12-B (VETADO). (Incluído pela Lei nº 13.505, de 2017)

§1º (VETADO). (Incluído pela Lei nº 13.505, de 2017)

§2º (VETADO. (Incluído pela Lei nº 13.505, de 2017)

§ 3º A autoridade policial poderá requisitar os serviços públicos necessários à defesa da mulher em situação de violência doméstica e familiar e de seus dependentes. (Incluído pela Lei nº 13.505, de 2017)

Art. 12-C. Verificada a existência de risco atual ou iminente à vida ou à integridade física da mulher em situação de violência doméstica e familiar, ou de seus dependentes, o agressor será imediatamente afastado do lar, domicílio ou local de convivência com a ofendida: (Incluído pela Lei nº 13.827, de 2019)

I. pela autoridade judicial; (Incluído pela Lei nº 13.827, de 2019)

II. pelo delegado de polícia, quando o Município não for sede de comarca; ou (Incluído pela Lei nº 13.827, de 2019)

III. pelo policial, quando o Município não for sede de comarca e não houver delegado disponível no momento da denúncia. (Incluído pela Lei nº 13.827, de 2019)

§ 1º Nas hipóteses dos incisos II e III do caput deste artigo, o juiz será comunicado no prazo máximo de 24 (vinte e quatro) horas e decidirá, em igual prazo, sobre a manutenção ou a revogação da medida aplicada, devendo dar ciência ao Ministério Público concomitantemente. (Incluído pela Lei nº 13.827, de 2019)

§ 2º Nos casos de risco à integridade física da ofendida ou à efetividade da medida protetiva de urgência, não será concedida liberdade provisória ao preso. (Incluído pela Lei nº 13.827, de 2019)

ANOTAÇÕES

TÍTULO IV - DOS PROCEDIMENTOS

CAPÍTULO I - DISPOSIÇÕES GERAIS

Art. 13. Ao processo, ao julgamento e à execução das causas cíveis e criminais decorrentes da prática de violência doméstica e familiar contra a mulher aplicar-se-ão as normas dos Códigos de Processo Penal e Processo Civil e da legislação específica relativa à criança, ao adolescente e ao idoso que não conflitarem com o estabelecido nesta Lei.

Art. 14. Os Juizados de Violência Doméstica e Familiar contra a Mulher, órgãos da Justiça Ordinária com competência cível e criminal, poderão ser criados pela União, no Distrito Federal e nos Territórios, e pelos Estados, para o processo, o julgamento e a execução das causas decorrentes da prática de violência doméstica e familiar contra a mulher.

Art. 14-A. A ofendida tem a opção de propor ação de divórcio ou de dissolução de união estável no Juizado de Violência Doméstica e Familiar contra a Mulher. (Incluído pela Lei nº 13.894, de 2019)

§ 1º Exclui-se da competência dos Juizados de Violência Doméstica e Familiar contra a Mulher a pretensão relacionada à partilha de bens. (Incluído pela Lei nº 13.894, de 2019)

§ 2º Iniciada a situação de violência doméstica e familiar após o ajuizamento da ação de divórcio ou de dissolução de união estável, a ação terá preferência no juízo onde estiver. (Incluído pela Lei nº 13.894, de 2019)

Parágrafo único. Os atos processuais poderão realizar-se em horário noturno, conforme dispuserem as normas de organização judiciária.

Art. 15. É competente, por opção da ofendida, para os processos cíveis regidos por esta Lei, o Juizado:

I. do seu domicílio ou de sua residência;

II. do lugar do fato em que se baseou a demanda;

III. do domicílio do agressor.

Art. 16. Nas ações penais públicas condicionadas à representação da ofendida de que trata esta Lei, só será admitida a renúncia à representação perante o juiz, em audiência especialmente designada com tal finalidade, antes do recebimento da denúncia e ouvido o Ministério Público.

Art. 17. É vedada a aplicação, nos casos de violência doméstica e familiar contra a mulher, de penas de cesta básica ou outras de prestação pecuniária, bem como a substituição de pena que implique o pagamento isolado de multa.

CAPÍTULO II - DAS MEDIDAS PROTETIVAS DE URGÊNCIA

SEÇÃO I - DISPOSIÇÕES GERAIS

Art. 18. Recebido o expediente com o pedido da ofendida, caberá ao juiz, no prazo de 48 (quarenta e oito) horas:

I. conhecer do expediente e do pedido e decidir sobre as medidas protetivas de urgência;

II. determinar o encaminhamento da ofendida ao órgão de assistência judiciária, quando for o caso, inclusive para o ajuizamento da ação de separação judicial, de divórcio, de anulação de casamento ou de dissolução de união estável perante o juízo competente; (Redação dada pela Lei nº 13.894, de 2019)

III. comunicar ao Ministério Público para que adote as providências cabíveis.

IV. determinar a apreensão imediata de arma de fogo sob a posse do agressor. (Incluído pela Lei nº13.880, de 2019)

Art. 19. As medidas protetivas de urgência poderão ser concedidas pelo juiz, a requerimento do Ministério Público ou a pedido da ofendida.

§ 1º As medidas protetivas de urgência poderão ser concedidas de imediato, independentemente de audiência das partes e de manifestação do Ministério Público, devendo este ser prontamente comunicado.

§ 2º As medidas protetivas de urgência serão aplicadas isolada ou cumulativamente, e poderão ser substituídas a qualquer tempo por outras de maior eficácia, sempre que os direitos reconhecidos nesta Lei forem ameaçados ou violados.

§ 3º Poderá o juiz, a requerimento do Ministério Público ou a pedido da ofendida, conceder novas medidas protetivas de urgência ou rever aquelas já concedidas, se entender necessário à proteção da ofendida, de seus familiares e de seu patrimônio, ouvido o Ministério Público.

Art. 20. Em qualquer fase do inquérito policial ou da instrução criminal, caberá a prisão preventiva do agressor, decretada pelo juiz, de ofício, a requerimento do Ministério Público ou mediante representação da autoridade policial.

Parágrafo único. O juiz poderá revogar a prisão preventiva se, no curso do processo, verificar a falta de motivo para que subsista, bem como de novo decretá-la, se sobrevierem razões que a justifiquem.

Art. 21. A ofendida deverá ser notificada dos atos processuais relativos ao agressor, especialmente dos pertinentes ao ingresso e à saída da prisão, sem prejuízo da intimação do advogado constituído ou do defensor público.

Parágrafo único. A ofendida não poderá entregar intimação ou notificação ao agressor.

SEÇÃO II - DAS MEDIDAS PROTETIVAS DE URGÊNCIA QUE OBRIGAM O AGRESSOR

Art. 22. Constatada a prática de violência doméstica e familiar contra a mulher, nos termos desta Lei, o juiz poderá aplicar, de imediato, ao agressor, em conjunto ou separadamente, as seguintes medidas protetivas de urgência, entre outras:

I. suspensão da posse ou restrição do porte de armas, com comunicação ao órgão competente, nos termos da Lei nº 10.826, de 22 de dezembro de 2003;

II. afastamento do lar, domicílio ou local de convivência com a ofendida;

III. proibição de determinadas condutas, entre as quais:

a) aproximação da ofendida, de seus familiares e das testemunhas, fixando o limite mínimo de distância entre estes e o agressor;

b) contato com a ofendida, seus familiares e testemunhas por qualquer meio de comunicação;

c) frequentação de determinados lugares a fim de preservar a integridade física e psicológica da ofendida;

IV. restrição ou suspensão de visitas aos dependentes menores, ouvida a equipe de atendimento multidisciplinar ou serviço similar;

V. prestação de alimentos provisionais ou provisórios.

VI. comparecimento do agressor a programas de recuperação e reeducação; e (Incluído pela Lei nº 13.984, de 2020)

VII. acompanhamento psicossocial do agressor, por meio de atendimento individual e/ou em grupo de apoio. (Incluído pela Lei nº 13.984, de 2020)

§ 1º As medidas referidas neste artigo não impedem a aplicação de outras previstas na legislação em vigor, sempre que a segurança da ofendida ou as circunstâncias o exigirem, devendo a providência ser comunicada ao Ministério Público.

§ 2º Na hipótese de aplicação do inciso I, encontrando-se o agressor nas condições mencionadas no caput e incisos do art. 6º da Lei nº 10.826, de 22 de dezembro de 2003, o juiz comunicará ao respectivo órgão, corporação ou instituição as medidas protetivas de urgência concedidas e determinará a restrição do porte de armas, ficando o superior imediato do agressor responsável pelo cumprimento da determinação judicial, sob pena de incorrer nos crimes de prevaricação ou de desobediência, conforme o caso.

§ 3º Para garantir a efetividade das medidas protetivas de urgência, poderá o juiz requisitar, a qualquer momento, auxílio da força policial.

ANOTAÇÕES

LEIS

ANOTAÇÕES

§ 4º Aplica-se às hipóteses previstas neste artigo, no que couber, o disposto no caput e nos §§ 5º e 6º do art. 461 da Lei nº 5.869, de 11 de janeiro de 1973 (Código de Processo Civil).

SEÇÃO III - DAS MEDIDAS PROTETIVAS DE URGÊNCIA À OFENDIDA

Art. 23. Poderá o juiz, quando necessário, sem prejuízo de outras medidas:

I. encaminhar a ofendida e seus dependentes a programa oficial ou comunitário de proteção ou de atendimento;

II. determinar a recondução da ofendida e a de seus dependentes ao respectivo domicílio, após afastamento do agressor;

III. determinar o afastamento da ofendida do lar, sem prejuízo dos direitos relativos a bens, guarda dos filhos e alimentos;

IV. determinar a separação de corpos.

V. determinar a matrícula dos dependentes da ofendida em instituição de educação básica mais próxima do seu domicílio, ou a transferência deles para essa instituição, independentemente da existência de vaga. (Incluído pela Lei nº 13.882, de 2019)

Art. 24. Para a proteção patrimonial dos bens da sociedade conjugal ou daqueles de propriedade particular da mulher, o juiz poderá determinar, liminarmente, as seguintes medidas, entre outras:

I. restituição de bens indevidamente subtraídos pelo agressor à ofendida;

II. proibição temporária para a celebração de atos e contratos de compra, venda e locação de propriedade em comum, salvo expressa autorização judicial;

III. suspensão das procurações conferidas pela ofendida ao agressor;

IV. prestação de caução provisória, mediante depósito judicial, por perdas e danos materiais decorrentes da prática de violência doméstica e familiar contra a ofendida.

Parágrafo único. Deverá o juiz oficiar ao cartório competente para os fins previstos nos incisos II e III deste artigo.

SEÇÃO IV - DO CRIME DE DESCUMPRIMENTO DE MEDIDAS PROTETIVAS DE URGÊNCIA

(Incluído pela Lei nº 13.641, de 2018)

Art. 24-A. Descumprir decisão judicial que defere medidas protetivas de urgência previstas nesta Lei: (Incluído pela Lei nº 13.641, de 2018)

Pena – detenção, de 3 (três) meses a 2 (dois) anos. (Incluído pela Lei nº 13.641, de 2018)

§ 1º A configuração do crime independe da competência civil ou criminal do juiz que deferiu as medidas. (Incluído pela Lei nº 13.641, de 2018)

§ 2º Na hipótese de prisão em flagrante, apenas a autoridade judicial poderá conceder fiança. (Incluído pela Lei nº 13.641, de 2018)

§ 3º O disposto neste artigo não exclui a aplicação de outras sanções cabíveis. (Incluído pela Lei nº 13.641, de 2018)

CAPÍTULO III - DA ATUAÇÃO DO MINISTÉRIO PÚBLICO

Art. 25. O Ministério Público intervirá, quando não for parte, nas causas cíveis e criminais decorrentes da violência doméstica e familiar contra a mulher.

Art. 26. Caberá ao Ministério Público, sem prejuízo de outras atribuições, nos casos de violência doméstica e familiar contra a mulher, quando necessário:

I. requisitar força policial e serviços públicos de saúde, de educação, de assistência social e de segurança, entre outros;

II. fiscalizar os estabelecimentos públicos e particulares de atendimento à mulher em situação de violência doméstica e familiar, e adotar, de imediato, as medidas administrativas ou judiciais cabíveis no tocante a quaisquer irregularidades constatadas;

ANOTAÇÕES

III. cadastrar os casos de violência doméstica e familiar contra a mulher.

CAPÍTULO IV - DA ASSISTÊNCIA JUDICIÁRIA

Art. 27. Em todos os atos processuais, cíveis e criminais, a mulher em situação de violência doméstica e familiar deverá estar acompanhada de advogado, ressalvado o previsto no art. 19 desta Lei.

Art. 28. É garantido a toda mulher em situação de violência doméstica e familiar o acesso aos serviços de Defensoria Pública ou de Assistência Judiciária Gratuita, nos termos da lei, em sede policial e judicial, mediante atendimento específico e humanizado.

TÍTULO V - DA EQUIPE DE ATENDIMENTO MULTIDISCIPLINAR

Art. 29. Os Juizados de Violência Doméstica e Familiar contra a Mulher que vierem a ser criados poderão contar com uma equipe de atendimento multidisciplinar, a ser integrada por profissionais especializados nas áreas psicossocial, jurídica e de saúde.

Art. 30. Compete à equipe de atendimento multidisciplinar, entre outras atribuições que lhe forem reservadas pela legislação local, fornecer subsídios por escrito ao juiz, ao Ministério Público e à Defensoria Pública, mediante laudos ou verbalmente em audiência, e desenvolver trabalhos de orientação, encaminhamento, prevenção e outras medidas, voltados para a ofendida, o agressor e os familiares, com especial atenção às crianças e aos adolescentes.

Art. 31. Quando a complexidade do caso exigir avaliação mais aprofundada, o juiz poderá determinar a manifestação de profissional especializado, mediante a indicação da equipe de atendimento multidisciplinar.

Art. 32. O Poder Judiciário, na elaboração de sua proposta orçamentária, poderá prever recursos para a criação e manutenção da equipe de atendimento multidisciplinar, nos termos da Lei de Diretrizes Orçamentárias.

TÍTULO VI - DISPOSIÇÕES TRANSITÓRIAS

Art. 33. Enquanto não estruturados os Juizados de Violência Doméstica e Familiar contra a Mulher, as varas criminais acumularão as competências cível e criminal para conhecer e julgar as causas decorrentes da prática de violência doméstica e familiar contra a mulher, observadas as previsões do Título IV desta Lei, subsidiada pela legislação processual pertinente.

Parágrafo único. Será garantido o direito de preferência, nas varas criminais, para o processo e o julgamento das causas referidas no caput.

TÍTULO VII - DISPOSIÇÕES FINAIS

Art. 34. A instituição dos Juizados de Violência Doméstica e Familiar contra a Mulher poderá ser acompanhada pela implantação das curadorias necessárias e do serviço de assistência judiciária.

Art. 35. A União, o Distrito Federal, os Estados e os Municípios poderão criar e promover, no limite das respectivas competências:

I. centros de atendimento integral e multidisciplinar para mulheres e respectivos dependentes em situação de violência doméstica e familiar;

II. casas-abrigos para mulheres e respectivos dependentes menores em situação de violência doméstica e familiar;

III. delegacias, núcleos de defensoria pública, serviços de saúde e centros de perícia médico-legal especializados no atendimento à mulher em situação de violência doméstica e familiar;

IV. programas e campanhas de enfrentamento da violência doméstica e familiar;

V. centros de educação e de reabilitação para os agressores.

Art. 36. A União, os Estados, o Distrito Federal e os Municípios promoverão a adaptação de seus órgãos e de seus programas às diretrizes e aos princípios desta Lei.

Art. 37. A defesa dos interesses e direitos transindividuais previstos nesta Lei poderá ser exercida, concorrentemente, pelo Ministério Público e por associação de atuação na área, regularmente constituída há pelo menos um ano, nos termos da legislação civil.

Parágrafo único. O requisito da pré-constituição poderá ser dispensado pelo juiz quando entender que não há outra entidade com representatividade adequada para o ajuizamento da demanda coletiva.

Art. 38. As estatísticas sobre a violência doméstica e familiar contra a mulher serão incluídas nas bases de dados dos órgãos oficiais do Sistema de Justiça e Segurança a fim de subsidiar o sistema nacional de dados e informações relativo às mulheres.

Parágrafo único. As Secretarias de Segurança Pública dos Estados e do Distrito Federal poderão remeter suas informações criminais para a base de dados do Ministério da Justiça.

Art. 38-A. O juiz competente providenciará o registro da medida protetiva de urgência. (Incluído pela Lei nº 13.827, de 2019)

Parágrafo único. As medidas protetivas de urgência serão registradas em banco de dados mantido e regulamentado pelo Conselho Nacional de Justiça, garantido o acesso do Ministério Público, da Defensoria Pública e dos órgãos de segurança pública e de assistência social, com vistas à fiscalização e à efetividade das medidas protetivas. (Incluído pela Lei nº 13.827, de 2019)

Art. 39. A União, os Estados, o Distrito Federal e os Municípios, no limite de suas competências e nos termos das respectivas leis de diretrizes orçamentárias, poderão estabelecer dotações orçamentárias específicas, em cada exercício financeiro, para a implementação das medidas estabelecidas nesta Lei.

Art. 40. As obrigações previstas nesta Lei não excluem outras decorrentes dos princípios por ela adotados.

Art. 41. Aos crimes praticados com violência doméstica e familiar contra a mulher, independentemente da pena prevista, não se aplica a Lei nº 9.099, de 26 de setembro de 1995.

Art. 42. O art. 313 do Decreto-Lei nº 3.689, de 3 de outubro de 1941 (Código de Processo Penal), passa a vigorar acrescido do seguinte inciso IV:

> "Art. 313. ....
>
> **IV.** se o crime envolver violência doméstica e familiar contra a mulher, nos termos da lei específica, para garantir a execução das medidas protetivas de urgência." (NR)

Art. 43. A alínea f do inciso II do art. 61 do Decreto-Lei nº 2.848, de 7 de dezembro de 1940 (Código Penal), passa a vigorar com a seguinte redação:

> "Art. 61. ....
>
> **II.** ....
>
> **f)** com abuso de autoridade ou prevalecendo-se de relações domésticas, de coabitação ou de hospitalidade, ou com violência contra a mulher na forma da lei específica;

Art. 44. O art. 129 do Decreto-Lei nº 2.848, de 7 de dezembro de 1940 (Código Penal), passa a vigorar com as seguintes alterações:

> "Art. 129. ....
>
> **§ 9º** Se a lesão for praticada contra ascendente, descendente, irmão, cônjuge ou companheiro, ou com quem conviva ou tenha convivido, ou, ainda, prevalecendo-se o agente das relações domésticas, de coabitação ou de hospitalidade:
>
> **Pena:** detenção, de 3 (três) meses a 3 (três) anos.
>
> § 11. Na hipótese do § 9º deste artigo, a pena será aumentada de um terço se o crime for cometido contra pessoa portadora de deficiência." (NR)

ANOTAÇÕES

Art. 45. O art. 152 da Lei nº 7.210, de 11 de julho de 1984 (Lei de Execução Penal), passa a vigorar com a seguinte redação:

> "Art. 152. ....
>
> **Parágrafo único.** Nos casos de violência doméstica contra a mulher, o juiz poderá determinar o comparecimento obrigatório do agressor a programas de recuperação e reeducação."

Art. 46. Esta Lei entra em vigor 45 (quarenta e cinco) dias após sua publicação.

31. LEI Nº 11.343, DE 23 DE AGOSTO DE 2006

Sistema Nacional de Políticas Públicas sobre Drogas - Sisnad;

Prescreve medidas para prevenção do uso indevido, atenção e reinserção social de usuários e dependentes de drogas; estabelece normas para repressão à produção não autorizada e ao tráfico ilícito de drogas; define crimes e dá outras providências.

O PRESIDENTE DA REPÚBLICA Faço saber que o Congresso Nacional decreta e eu sanciono a seguinte Lei:

TÍTULO I - DISPOSIÇÕES PRELIMINARES

Art. 1º Esta Lei institui o Sistema Nacional de Políticas Públicas sobre Drogas - Sisnad; prescreve medidas para prevenção do uso indevido, atenção e reinserção social de usuários e dependentes de drogas; estabelece normas para repressão à produção não autorizada e ao tráfico ilícito de drogas e define crimes.

Parágrafo único. Para fins desta Lei, consideram-se como drogas as substâncias ou os produtos capazes de causar dependência, assim especificados em lei ou relacionados em listas atualizadas periodicamente pelo Poder Executivo da União.

Art. 2º Ficam proibidas, em todo o território nacional, as drogas, bem como o plantio, a cultura, a colheita e a exploração de vegetais e substratos dos quais possam ser extraídas ou produzidas drogas, ressalvada a hipótese de autorização legal ou regulamentar, bem como o que estabelece a Convenção de Viena, das Nações Unidas, sobre Substâncias Psicotrópicas, de 1971, a respeito de plantas de uso estritamente ritualístico-religioso.

Parágrafo único. Pode a União autorizar o plantio, a cultura e a colheita dos vegetais referidos no caput deste artigo, exclusivamente para fins medicinais ou científicos, em local e prazo predeterminados, mediante fiscalização, respeitadas as ressalvas supramencionadas.

TÍTULO II - DO SISTEMA NACIONAL DE POLÍTICAS PÚBLICAS SOBRE DROGAS

Art. 3º O Sisnad tem a finalidade de articular, integrar, organizar e coordenar as atividades relacionadas com:

I. a prevenção do uso indevido, a atenção e a reinserção social de usuários e dependentes de drogas;

II. a repressão da produção não autorizada e do tráfico ilícito de drogas.

§ 1º Entende-se por Sisnad o conjunto ordenado de princípios, regras, critérios e recursos materiais e humanos que envolvem as políticas, planos, programas, ações e projetos sobre drogas, incluindo-se nele, por adesão, os Sistemas de Políticas Públicas sobre Drogas dos Estados, Distrito Federal e Municípios. (Incluído pela Lei nº 13.840, de 2019)

§ 2º O Sisnad atuará em articulação com o Sistema Único de Saúde - SUS, e com o Sistema Único de Assistência Social - SUAS. (Incluído pela Lei nº 13.840, de 2019)

ANOTAÇÕES

LEIS

ANOTAÇÕES

CAPÍTULO I - DOS PRINCÍPIOS E DOS OBJETIVOS DO SISTEMA NACIONAL DE POLÍTICAS PÚBLICAS SOBRE DROGAS

Art. 4º São princípios do Sisnad:

I. o respeito aos direitos fundamentais da pessoa humana, especialmente quanto à sua autonomia e à sua liberdade;

II. o respeito à diversidade e às especificidades populacionais existentes;

III. a promoção dos valores éticos, culturais e de cidadania do povo brasileiro, reconhecendo-os como fatores de proteção para o uso indevido de drogas e outros comportamentos correlacionados;

IV. a promoção de consensos nacionais, de ampla participação social, para o estabelecimento dos fundamentos e estratégias do Sisnad;

V. a promoção da responsabilidade compartilhada entre Estado e Sociedade, reconhecendo a importância da participação social nas atividades do Sisnad;

VI. o reconhecimento da intersetorialidade dos fatores correlacionados com o uso indevido de drogas, com a sua produção não autorizada e o seu tráfico ilícito;

VII. a integração das estratégias nacionais e internacionais de prevenção do uso indevido, atenção e reinserção social de usuários e dependentes de drogas e de repressão à sua produção não autorizada e ao seu tráfico ilícito;

VIII. a articulação com os órgãos do Ministério Público e dos Poderes Legislativo e Judiciário visando à cooperação mútua nas atividades do Sisnad;

IX. a adoção de abordagem multidisciplinar que reconheça a interdependência e a natureza complementar das atividades de prevenção do uso indevido, atenção e reinserção social de usuários e dependentes de drogas, repressão da produção não autorizada e do tráfico ilícito de drogas;

X. a observância do equilíbrio entre as atividades de prevenção do uso indevido, atenção e reinserção social de usuários e dependentes de drogas e de repressão à sua produção não autorizada e ao seu tráfico ilícito, visando a garantir a estabilidade e o bem-estar social;

XI. a observância às orientações e normas emanadas do Conselho Nacional Antidrogas. Conad.

Art. 5º O Sisnad tem os seguintes objetivos:

I. contribuir para a inclusão social do cidadão, visando a torná-lo menos vulnerável a assumir comportamentos de risco para o uso indevido de drogas, seu tráfico ilícito e outros comportamentos correlacionados;

II. promover a construção e a socialização do conhecimento sobre drogas no país;

III. promover a integração entre as políticas de prevenção do uso indevido, atenção e reinserção social de usuários e dependentes de drogas e de repressão à sua produção não autorizada e ao tráfico ilícito e as políticas públicas setoriais dos órgãos do Poder Executivo da União, Distrito Federal, Estados e Municípios;

IV. assegurar as condições para a coordenação, a integração e a articulação das atividades de que trata o art. 3º desta Lei.

CAPÍTULO II - DO SISTEMA NACIONAL DE POLÍTICAS PÚBLICAS SOBRE DROGAS

(Redação dada pela Lei nº 13.840, de 2019)

SEÇÃO I - DA COMPOSIÇÃO DO SISTEMA NACIONAL DE POLÍTICAS PÚBLICAS SOBRE DROGAS

(Incluído pela Lei nº 13.840, de 2019)

ANOTAÇÕES

Art. 6º (VETADO)

Art. 7º A organização do Sisnad assegura a orientação central e a execução descentralizada das atividades realizadas em seu âmbito, nas esferas federal, distrital, estadual e municipal e se constitui matéria definida no regulamento desta Lei.

Art. 7º-A. (VETADO). (Incluído pela Lei nº 13.840, de 2019)

Art. 8º (VETADO)

SEÇÃO II - DAS COMPETÊNCIAS

(Incluído pela Lei nº 13.840, de 2019)

Art. 8º-A. Compete à União: (Incluído pela Lei nº 13.840, de 2019)

I. formular e coordenar a execução da Política Nacional sobre Drogas; (Incluído pela Lei nº 13.840, de 2019)

II. elaborar o Plano Nacional de Políticas sobre Drogas, em parceria com Estados, Distrito Federal, Municípios e a sociedade; (Incluído pela Lei nº 13.840, de 2019)

III. coordenar o Sisnad; (Incluído pela Lei nº 13.840, de 2019)

IV. estabelecer diretrizes sobre a organização e funcionamento do Sisnad e suas normas de referência; (Incluído pela Lei nº 13.840, de 2019)

V. elaborar objetivos, ações estratégicas, metas, prioridades, indicadores e definir formas de financiamento e gestão das políticas sobre drogas; (Incluído pela Lei nº 13.840, de 2019)

VI. (VETADO); (Incluído pela Lei nº 13.840, de 2019)

VII. (VETADO); (Incluído pela Lei nº 13.840, de 2019)

VIII. promover a integração das políticas sobre drogas com os Estados, o Distrito Federal e os Municípios; (Incluído pela Lei nº 13.840, de 2019)

IX. financiar, com Estados, Distrito Federal e Municípios, a execução das políticas sobre drogas, observadas as obrigações dos integrantes do Sisnad; (Incluído pela Lei nº 13.840, de 2019)

X. estabelecer formas de colaboração com Estados, Distrito Federal e Municípios para a execução das políticas sobre drogas; (Incluído pela Lei nº 13.840, de 2019)

XI. garantir publicidade de dados e informações sobre repasses de recursos para financiamento das políticas sobre drogas; (Incluído pela Lei nº 13.840, de 2019)

XII. sistematizar e divulgar os dados estatísticos nacionais de prevenção, tratamento, acolhimento, reinserção social e econômica e repressão ao tráfico ilícito de drogas; (Incluído pela Lei nº 13.840, de 2019)

XIII. adotar medidas de enfretamento aos crimes transfronteiriços; e (Incluído pela Lei nº 13.840, de 2019)

XIV. estabelecer uma política nacional de controle de fronteiras, visando a coibir o ingresso de drogas no País. (Incluído pela Lei nº 13.840, de 2019)

Art. 8º-B. (VETADO). (Incluído pela Lei nº 13.840, de 2019)

Art. 8º-C. (VETADO). (Incluído pela Lei nº 13.840, de 2019)

CAPÍTULO II-A - DA FORMULAÇÃO DAS POLÍTICAS SOBRE DROGAS

(Incluído pela Lei nº 13.840, de 2019)

SEÇÃO I - DO PLANO NACIONAL DE POLÍTICAS SOBRE DROGAS

(Incluído pela Lei nº 13.840, de 2019)

ANOTAÇÕES

Art. 8º-D. São objetivos do Plano Nacional de Políticas sobre Drogas, dentre outros: (Incluído pela Lei nº 13.840, de 2019)

I. promover a interdisciplinaridade e integração dos programas, ações, atividades e projetos dos órgãos e entidades públicas e privadas nas áreas de saúde, educação, trabalho, assistência social, previdência social, habitação, cultura, desporto e lazer, visando à prevenção do uso de drogas, atenção e reinserção social dos usuários ou dependentes de drogas; (Incluído pela Lei nº 13.840, de 2019)

II. viabilizar a ampla participação social na formulação, implementação e avaliação das políticas sobre drogas; (Incluído pela Lei nº 13.840, de 2019)

III. priorizar programas, ações, atividades e projetos articulados com os estabelecimentos de ensino, com a sociedade e com a família para a prevenção do uso de drogas; (Incluído pela Lei nº 13.840, de 2019)

IV. ampliar as alternativas de inserção social e econômica do usuário ou dependente de drogas, promovendo programas que priorizem a melhoria de sua escolarização e a qualificação profissional; (Incluído pela Lei nº 13.840, de 2019)

V. promover o acesso do usuário ou dependente de drogas a todos os serviços públicos; (Incluído pela Lei nº 13.840, de 2019)

VI. estabelecer diretrizes para garantir a efetividade dos programas, ações e projetos das políticas sobre drogas; (Incluído pela Lei nº 13.840, de 2019)

VII. fomentar a criação de serviço de atendimento telefônico com orientações e informações para apoio aos usuários ou dependentes de drogas; (Incluído pela Lei nº 13.840, de 2019)

VIII. articular programas, ações e projetos de incentivo ao emprego, renda e capacitação para o trabalho, com objetivo de promover a inserção profissional da pessoa que haja cumprido o plano individual de atendimento nas fases de tratamento ou acolhimento; (Incluído pela Lei nº 13.840, de 2019)

IX. promover formas coletivas de organização para o trabalho, redes de economia solidária e o cooperativismo, como forma de promover autonomia ao usuário ou dependente de drogas egresso de tratamento ou acolhimento, observando-se as especificidades regionais; (Incluído pela Lei nº 13.840, de 2019)

X. propor a formulação de políticas públicas que conduzam à efetivação das diretrizes e princípios previstos no art. 22; (Incluído pela Lei nº 13.840, de 2019)

XI. articular as instâncias de saúde, assistência social e de justiça no enfrentamento ao abuso de drogas; e (Incluído pela Lei nº 13.840, de 2019)

XII. promover estudos e avaliação dos resultados das políticas sobre drogas. (Incluído pela Lei nº 13.840, de 2019)

X. propor a formulação de políticas públicas que conduzam à efetivação das diretrizes e princípios previstos no art. 22; (Incluído pela Lei nº 13.840, de 2019)

XI. articular as instâncias de saúde, assistência social e de justiça no enfrentamento ao abuso de drogas; e (Incluído pela Lei nº 13.840, de 2019)

XII. promover estudos e avaliação dos resultados das políticas sobre drogas. (Incluído pela Lei nº 13.840, de 2019)

ANOTAÇÕES

§ 1º O plano de que trata o caput terá duração de 5 (cinco) anos a contar de sua aprovação.

§ 2º O poder público deverá dar a mais ampla divulgação ao conteúdo do Plano Nacional de Políticas sobre Drogas.

SEÇÃO II - DOS CONSELHOS DE POLÍTICAS SOBRE DROGAS

(Incluído pela Lei nº 13.840, de 2019)

Art. 8º-E. Os conselhos de políticas sobre drogas, constituídos por Estados, Distrito Federal e Municípios, terão os seguintes objetivos: (Incluído pela Lei nº 13.840, de 2019)

I. auxiliar na elaboração de políticas sobre drogas; (Incluído pela Lei nº 13.840, de 2019)

II. colaborar com os órgãos governamentais no planejamento e na execução das políticas sobre drogas, visando à efetividade das políticas sobre drogas; (Incluído pela Lei nº 13.840, de 2019)

III. propor a celebração de instrumentos de cooperação, visando à elaboração de programas, ações, atividades e projetos voltados à prevenção, tratamento, acolhimento, reinserção social e econômica e repressão ao tráfico ilícito de drogas; (Incluído pela Lei nº 13.840, de 2019)

IV. promover a realização de estudos, com o objetivo de subsidiar o planejamento das políticas sobre drogas; (Incluído pela Lei nº 13.840, de 2019)

V. propor políticas públicas que permitam a integração e a participação do usuário ou dependente de drogas no processo social, econômico, político e cultural no respectivo ente federado; e (Incluído pela Lei nº 13.840, de 2019)

VI. desenvolver outras atividades relacionadas às políticas sobre drogas em consonância com o Sisnad e com os respectivos planos. (Incluído pela Lei nº 13.840, de 2019)

SEÇÃO III - DOS MEMBROS DOS CONSELHOS DE POLÍTICAS SOBRE DROGAS

(Incluído pela Lei nº 13.840, de 2019)

Art. 8º-F. (VETADO). (Incluído pela Lei nº 13.840, de 2019)

CAPÍTULO IV - DO ACOMPANHAMENTO E DA AVALIAÇÃO DAS POLÍTICAS SOBRE DROGAS

(Redação dada pela Lei nº 13.840, de 2019)

Art. 15. (VETADO)

Art. 16. As instituições com atuação nas áreas da atenção à saúde e da assistência social que atendam usuários ou dependentes de drogas devem comunicar ao órgão competente do respectivo sistema municipal de saúde os casos atendidos e os óbitos ocorridos, preservando a identidade das pessoas, conforme orientações emanadas da União.

Art. 17. Os dados estatísticos nacionais de repressão ao tráfico ilícito de drogas integrarão sistema de informações do Poder Executivo.

TÍTULO III - DAS ATIVIDADES DE PREVENÇÃO DO USO INDEVIDO, ATENÇÃO E REINSERÇÃO SOCIAL DE USUÁRIOS E DEPENDENTES DE DROGAS

CAPÍTULO I - DA PREVENÇÃO

SEÇÃO I - DAS DIRETRIZES

(Incluído pela Lei nº 13.840, de 2019)

LEIS

ANOTAÇÕES

Art. 18. Constituem atividades de prevenção do uso indevido de drogas, para efeito desta Lei, aquelas direcionadas para a redução dos fatores de vulnerabilidade e risco e para a promoção e o fortalecimento dos fatores de proteção.

Art. 19. As atividades de prevenção do uso indevido de drogas devem observar os seguintes princípios e diretrizes:

I. o reconhecimento do uso indevido de drogas como fator de interferência na qualidade de vida do indivíduo e na sua relação com a comunidade à qual pertence;

II. a adoção de conceitos objetivos e de fundamentação científica como forma de orientar as ações dos serviços públicos comunitários e privados e de evitar preconceitos e estigmatização das pessoas e dos serviços que as atendam;

III. o fortalecimento da autonomia e da responsabilidade individual em relação ao uso indevido de drogas;

IV. o compartilhamento de responsabilidades e a colaboração mútua com as instituições do setor privado e com os diversos segmentos sociais, incluindo usuários e dependentes de drogas e respectivos familiares, por meio do estabelecimento de parcerias;

V. a adoção de estratégias preventivas diferenciadas e adequadas às especificidades socioculturais das diversas populações, bem como das diferentes drogas utilizadas;

VI. o reconhecimento do "não-uso", do "retardamento do uso" e da redução de riscos como resultados desejáveis das atividades de natureza preventiva, quando da definição dos objetivos a serem alcançados;

VII. o tratamento especial dirigido às parcelas mais vulneráveis da população, levando em consideração as suas necessidades específicas;

VIII. a articulação entre os serviços e organizações que atuam em atividades de prevenção do uso indevido de drogas e a rede de atenção a usuários e dependentes de drogas e respectivos familiares;

IX. o investimento em alternativas esportivas, culturais, artísticas, profissionais, entre outras, como forma de inclusão social e de melhoria da qualidade de vida;

X. o estabelecimento de políticas de formação continuada na área da prevenção do uso indevido de drogas para profissionais de educação nos 3 (três) níveis de ensino;

XI. a implantação de projetos pedagógicos de prevenção do uso indevido de drogas, nas instituições de ensino público e privado, alinhados às Diretrizes Curriculares Nacionais e aos conhecimentos relacionados a drogas;

XII. a observância das orientações e normas emanadas do Conad;

XIII. o alinhamento às diretrizes dos órgãos de controle social de políticas setoriais específicas.

Parágrafo único. As atividades de prevenção do uso indevido de drogas dirigidas à criança e ao adolescente deverão estar em consonância com as diretrizes emanadas pelo Conselho Nacional dos Direitos da Criança e do Adolescente - Conanda.

SEÇÃO II - DA SEMANA NACIONAL DE POLÍTICAS SOBRE DROGAS

(Incluído pela Lei nº 13.840, de 2019)

Art. 19-A. Fica instituída a Semana Nacional de Políticas sobre Drogas, comemorada anualmente, na quarta semana de junho. (Incluído pela Lei nº 13.840, de 2019)

ANOTAÇÕES

§ 1º NO PERÍODO DE QUE TRATA O CAPUT, SERÃO INTENSIFICADAS AS AÇÕES DE: (INCLUÍDO PELA LEI Nº 13.840, DE 2019)

I. difusão de informações sobre os problemas decorrentes do uso de drogas; (Incluído pela Lei nº 13.840, de 2019)

II. promoção de eventos para o debate público sobre as políticas sobre drogas; (Incluído pela Lei nº 13.840, de 2019)

III. difusão de boas práticas de prevenção, tratamento, acolhimento e reinserção social e econômica de usuários de drogas; (Incluído pela Lei nº 13.840, de 2019)

IV. divulgação de iniciativas, ações e campanhas de prevenção do uso indevido de drogas; (Incluído pela Lei nº 13.840, de 2019)

V. mobilização da comunidade para a participação nas ações de prevenção e enfrentamento às drogas; (Incluído pela Lei nº 13.840, de 2019)

VI. mobilização dos sistemas de ensino previstos na Lei nº 9.394, de 20 de dezembro de 1996. Lei de Diretrizes e Bases da Educação Nacional, na realização de atividades de prevenção ao uso de drogas. (Incluído pela Lei nº 13.840, de 2019)

CAPÍTULO II - DAS ATIVIDADES DE PREVENÇÃO, TRATAMENTO, ACOLHIMENTO E DE REINSERÇÃO SOCIAL E ECONÔMICA DE USUÁRIOS OU DEPENDENTES DE DROGAS

(Redação dada pela Lei nº 13.840, de 2019)

SEÇÃO I - DISPOSIÇÕES GERAIS

(Incluído pela Lei nº 13.840, de 2019)

Art. 20. Constituem atividades de atenção ao usuário e dependente de drogas e respectivos familiares, para efeito desta Lei, aquelas que visem à melhoria da qualidade de vida e à redução dos riscos e dos danos associados ao uso de drogas.

Art. 21. Constituem atividades de reinserção social do usuário ou do dependente de drogas e respectivos familiares, para efeito desta Lei, aquelas direcionadas para sua integração ou reintegração em redes sociais.

Art. 22. As atividades de atenção e as de reinserção social do usuário e do dependente de drogas e respectivos familiares devem observar os seguintes princípios e diretrizes:

I. respeito ao usuário e ao dependente de drogas, independentemente de quaisquer condições, observados os direitos fundamentais da pessoa humana, os princípios e diretrizes do Sistema Único de Saúde e da Política Nacional de Assistência Social;

II. a adoção de estratégias diferenciadas de atenção e reinserção social do usuário e do dependente de drogas e respectivos familiares que considerem as suas peculiaridades socioculturais;

III. definição de projeto terapêutico individualizado, orientado para a inclusão social e para a redução de riscos e de danos sociais e à saúde;

IV. atenção ao usuário ou dependente de drogas e aos respectivos familiares, sempre que possível, de forma multidisciplinar e por equipes multiprofissionais;

V. observância das orientações e normas emanadas do Conad;

VI. o alinhamento às diretrizes dos órgãos de controle social de políticas setoriais específicas.

ANOTAÇÕES

VII. estímulo à capacitação técnica e profissional; (Incluído pela Lei nº 13.840, de 2019)

VIII. efetivação de políticas de reinserção social voltadas à educação continuada e ao trabalho; (Incluído pela Lei nº 13.840, de 2019)

IX. observância do plano individual de atendimento na forma do art. 23-B desta Lei; (Incluído pela Lei nº 13.840, de 2019)

X. orientação adequada ao usuário ou dependente de drogas quanto às consequências lesivas do uso de drogas, ainda que ocasional. (Incluído pela Lei nº 13.840, de 2019)

SEÇÃO II - DA EDUCAÇÃO NA REINSERÇÃO SOCIAL E ECONÔMICA

(Incluído pela Lei nº 13.840, de 2019)

Art. 22-A. As pessoas atendidas por órgãos integrantes do Sisnad terão atendimento nos programas de educação profissional e tecnológica, educação de jovens e adultos e alfabetização. (Incluído pela Lei nº 13.840, de 2019)

SEÇÃO IV - DO TRATAMENTO DO USUÁRIO OU DEPENDENTE DE DROGAS

(Incluído pela Lei nº 13.840, de 2019)

Art. 23. As redes dos serviços de saúde da União, dos Estados, do Distrito Federal, dos Municípios desenvolverão programas de atenção ao usuário e ao dependente de drogas, respeitadas as diretrizes do Ministério da Saúde e os princípios explicitados no art. 22 desta Lei, obrigatória a previsão orçamentária adequada.

Art. 23-A. O tratamento do usuário ou dependente de drogas deverá ser ordenado em uma rede de atenção à saúde, com prioridade para as modalidades de tratamento ambulatorial, incluindo excepcionalmente formas de internação em unidades de saúde e hospitais gerais nos termos de normas dispostas pela União e articuladas com os serviços de assistência social e em etapas que permitam: (Incluído pela Lei nº 13.840, de 2019)

I. articular a atenção com ações preventivas que atinjam toda a população; (Incluído pela Lei nº 13.840, de 2019)

II. orientar-se por protocolos técnicos predefinidos, baseados em evidências científicas, oferecendo atendimento individualizado ao usuário ou dependente de drogas com abordagem preventiva e, sempre que indicado, ambulatorial; (Incluído pela Lei nº 13.840, de 2019)

III. preparar para a reinserção social e econômica, respeitando as habilidades e projetos individuais por meio de programas que articulem educação, capacitação para o trabalho, esporte, cultura e acompanhamento individualizado; e (Incluído pela Lei nº 13.840, de 2019)

IV. acompanhar os resultados pelo SUS, Suas e Sisnad, de forma articulada. (Incluído pela Lei nº 13.840, de 2019)

§ 1º Caberá à União dispor sobre os protocolos técnicos de tratamento, em âmbito nacional. (Incluído pela Lei nº 13.840, de 2019)

§ 2º A internação de dependentes de drogas somente será realizada em unidades de saúde ou hospitais gerais, dotados de equipes multidisciplinares e deverá ser obrigatoriamente autorizada por médico devidamente registrado no Conselho Regional de Medicina - CRM do Estado onde se localize o estabelecimento no qual se dará a internação. (Incluído pela Lei nº 13.840, de 2019)

§ 3º São considerados 2 (dois) tipos de internação: (Incluído pela Lei nº 13.840, de 2019)

ANOTAÇÕES

I. internação voluntária: aquela que se dá com o consentimento do dependente de drogas; (Incluído pela Lei nº 13.840, de 2019)

II. internação involuntária: aquela que se dá, sem o consentimento do dependente, a pedido de familiar ou do responsável legal ou, na absoluta falta deste, de servidor público da área de saúde, da assistência social ou dos órgãos públicos integrantes do Sisnad, com exceção de servidores da área de segurança pública, que constate a existência de motivos que justifiquem a medida. (Incluído pela Lei nº 13.840, de 2019)

§ 4º A internação voluntária: (Incluído pela Lei nº 13.840, de 2019)

I. deverá ser precedida de declaração escrita da pessoa solicitante de que optou por este regime de tratamento; (Incluído pela Lei nº 13.840, de 2019)

II. seu término dar-se-á por determinação do médico responsável ou por solicitação escrita da pessoa que deseja interromper o tratamento. (Incluído pela Lei nº 13.840, de 2019)

§ 5º A internação involuntária: (Incluído pela Lei nº 13.840, de 2019)

I. deve ser realizada após a formalização da decisão por médico responsável; (Incluído pela Lei nº 13.840, de 2019)

II. será indicada depois da avaliação sobre o tipo de droga utilizada, o padrão de uso e na hipótese comprovada da impossibilidade de utilização de outras alternativas terapêuticas previstas na rede de atenção à saúde; (Incluído pela Lei nº 13.840, de 2019)

III. perdurará apenas pelo tempo necessário à desintoxicação, no prazo máximo de 90 (noventa) dias, tendo seu término determinado pelo médico responsável; (Incluído pela Lei nº 13.840, de 2019)

IV. a família ou o representante legal poderá, a qualquer tempo, requerer ao médico a interrupção do tratamento. (Incluído pela Lei nº 13.840, de 2019)

§ 6º A internação, em qualquer de suas modalidades, só será indicada quando os recursos extra-hospitalares se mostrarem insuficientes. (Incluído pela Lei nº 13.840, de 2019)

§ 7º Todas as internações e altas de que trata esta Lei deverão ser informadas, em, no máximo, de 72 (setenta e duas) horas, ao Ministério Público, à Defensoria Pública e a outros órgãos de fiscalização, por meio de sistema informatizado único, na forma do regulamento desta Lei. (Incluído pela Lei nº 13.840, de 2019)

§ 8º É garantido o sigilo das informações disponíveis no sistema referido no § 7º e o acesso será permitido apenas às pessoas autorizadas a conhecê-las, sob pena de responsabilidade. (Incluído pela Lei nº 13.840, de 2019)

§ 9º É vedada a realização de qualquer modalidade de internação nas comunidades terapêuticas acolhedoras. (Incluído pela Lei nº 13.840, de 2019)

§ 10. O planejamento e a execução do projeto terapêutico individual deverão observar, no que couber, o previsto na Lei nº 10.216, de 6 de abril de 2001 , que dispõe sobre a proteção e os direitos das pessoas portadoras de transtornos mentais e redireciona o modelo assistencial em saúde mental. (Incluído pela Lei nº 13.840, de 2019)

SEÇÃO V - DO PLANO INDIVIDUAL DE ATENDIMENTO

(Incluído pela Lei nº 13.840, de 2019)

Art. 23-B . O atendimento ao usuário ou dependente de drogas na rede de atenção à saúde dependerá de: (Incluído pela Lei nº 13.840, de 2019)

ANOTAÇÕES

I. avaliação prévia por equipe técnica multidisciplinar e multissetorial; e (Incluído pela Lei nº 13.840, de 2019)

II. elaboração de um Plano Individual de Atendimento. PIA. (Incluído pela Lei nº 13.840, de 2019)

§ 1º A avaliação prévia da equipe técnica subsidiará a elaboração e execução do projeto terapêutico individual a ser adotado, levantando no mínimo: (Incluído pela Lei nº 13.840, de 2019)

I. o tipo de droga e o padrão de seu uso; e (Incluído pela Lei nº 13.840, de 2019)

II. o risco à saúde física e mental do usuário ou dependente de drogas ou das pessoas com as quais convive. (Incluído pela Lei nº 13.840, de 2019)

§ 2º (VETADO). (Incluído pela Lei nº 13.840, de 2019)

§ 3º O PIA deverá contemplar a participação dos familiares ou responsáveis, os quais têm o dever de contribuir com o processo, sendo esses, no caso de crianças e adolescentes, passíveis de responsabilização civil, administrativa e criminal, nos termos da Lei nº 8.069, de 13 de julho de 1990 - Estatuto da Criança e do Adolescente . (Incluído pela Lei nº 13.840, de 2019)

§ 4º O PIA será inicialmente elaborado sob a responsabilidade da equipe técnica do primeiro projeto terapêutico que atender o usuário ou dependente de drogas e será atualizado ao longo das diversas fases do atendimento. (Incluído pela Lei nº 13.840, de 2019)

§ 5º Constarão do plano individual, no mínimo: (Incluído pela Lei nº 13.840, de 2019)

I. os resultados da avaliação multidisciplinar; (Incluído pela Lei nº 13.840, de 2019)

II. os objetivos declarados pelo atendido; (Incluído pela Lei nº 13.840, de 2019)

III. a previsão de suas atividades de integração social ou capacitação profissional; (Incluído pela Lei nº 13.840, de 2019)

IV. atividades de integração e apoio à família; (Incluído pela Lei nº 13.840, de 2019)

V. formas de participação da família para efetivo cumprimento do plano individual; (Incluído pela Lei nº 13.840, de 2019)

VI. designação do projeto terapêutico mais adequado para o cumprimento do previsto no plano; e (Incluído pela Lei nº 13.840, de 2019)

VII. as medidas específicas de atenção à saúde do atendido. (Incluído pela Lei nº 13.840, de 2019)

§ 6º O PIA será elaborado no prazo de até 30 (trinta) dias da data do ingresso no atendimento. (Incluído pela Lei nº 13.840, de 2019)

§ 7º As informações produzidas na avaliação e as registradas no plano individual de atendimento são consideradas sigilosas. (Incluído pela Lei nº 13.840, de 2019)

Art. 24. A União, os Estados, o Distrito Federal e os Municípios poderão conceder benefícios às instituições privadas que desenvolverem programas de reinserção no mercado de trabalho, do usuário e do dependente de drogas encaminhados por órgão oficial.

Art. 25. As instituições da sociedade civil, sem fins lucrativos, com atuação nas áreas da atenção à saúde e da assistência social, que atendam usuários ou dependentes de drogas poderão receber recursos do Funad, condicionados à sua disponibilidade orçamentária e financeira.

ANOTAÇÕES

Art. 26. O usuário e o dependente de drogas que, em razão da prática de infração penal, estiverem cumprindo pena privativa de liberdade ou submetidos a medida de segurança, têm garantidos os serviços de atenção à sua saúde, definidos pelo respectivo sistema penitenciário.

SEÇÃO VI - DO ACOLHIMENTO EM COMUNIDADE TERAPÊUTICA ACOLHEDORA

(Incluído pela Lei nº 13.840, de 2019)

Art. 26-A. O acolhimento do usuário ou dependente de drogas na comunidade terapêutica acolhedora caracteriza-se por: (Incluído pela Lei nº 13.840, de 2019)

I. oferta de projetos terapêuticos ao usuário ou dependente de drogas que visam à abstinência; (Incluído pela Lei nº 13.840, de 2019)

II. adesão e permanência voluntária, formalizadas por escrito, entendida como uma etapa transitória para a reinserção social e econômica do usuário ou dependente de drogas; (Incluído pela Lei nº 13.840, de 2019)

III. ambiente residencial, propício à formação de vínculos, com a convivência entre os pares, atividades práticas de valor educativo e a promoção do desenvolvimento pessoal, vocacionada para acolhimento ao usuário ou dependente de drogas em vulnerabilidade social; (Incluído pela Lei nº 13.840, de 2019)

IV. avaliação médica prévia; (Incluído pela Lei nº 13.840, de 2019)

V. elaboração de plano individual de atendimento na forma do art. 23-B desta Lei; e (Incluído pela Lei nº 13.840, de 2019)

VI. vedação de isolamento físico do usuário ou dependente de drogas. (Incluído pela Lei nº 13.840, de 2019)

§ 1º Não são elegíveis para o acolhimento as pessoas com comprometimentos biológicos e psicológicos de natureza grave que mereçam atenção médico-hospitalar contínua ou de emergência, caso em que deverão ser encaminhadas à rede de saúde. (Incluído pela Lei nº 13.840, de 2019)

CAPÍTULO III - DOS CRIMES E DAS PENAS

Art. 27. As penas previstas neste Capítulo poderão ser aplicadas isolada ou cumulativamente, bem como substituídas a qualquer tempo, ouvidos o Ministério Público e o defensor.

Art. 28. Quem adquirir, guardar, tiver em depósito, transportar ou trouxer consigo, para consumo pessoal, drogas sem autorização ou em desacordo com determinação legal ou regulamentar será submetido às seguintes penas:

I. advertência sobre os efeitos das drogas;

II. prestação de serviços à comunidade;

III. medida educativa de comparecimento a programa ou curso educativo.

§ 1º Às mesmas medidas submete-se quem, para seu consumo pessoal, semeia, cultiva ou colhe plantas destinadas à preparação de pequena quantidade de substância ou produto capaz de causar dependência física ou psíquica.

§ 2º Para determinar se a droga destinava-se a consumo pessoal, o juiz atenderá à natureza e à quantidade da substância apreendida, ao local e às condições em que se desenvolveu a ação, às circunstâncias sociais e pessoais, bem como à conduta e aos antecedentes do agente.

§ 3º As penas previstas nos incisos II e III do caput deste artigo serão aplicadas pelo prazo máximo de 5 (cinco) meses.

§ 4º Em caso de reincidência, as penas previstas nos incisos II e III do caput deste artigo serão aplicadas pelo prazo máximo de 10 (dez) meses.

§ 5º A prestação de serviços à comunidade será cumprida em programas comunitários, entidades educacionais ou assistenciais, hospitais, estabelecimentos congêneres, públicos ou privados sem fins lucrativos, que se ocupem, preferencialmente, da prevenção do consumo ou da recuperação de usuários e dependentes de drogas.

§ 6º Para garantia do cumprimento das medidas educativas a que se refere o caput, nos incisos I, II e III, a que injustificadamente se recuse o agente, poderá o juiz submetê-lo, sucessivamente a:

I. admoestação verbal;

II. multa.

§ 7º O juiz determinará ao Poder Público que coloque à disposição do infrator, gratuitamente, estabelecimento de saúde, preferencialmente ambulatorial, para tratamento especializado.

Art. 29. Na imposição da medida educativa a que se refere o inciso II do § 6º do art. 28, o juiz, atendendo à reprovabilidade da conduta, fixará o número de dias-multa, em quantidade nunca inferior a 40 (quarenta) nem superior a 100 (cem), atribuindo depois a cada um, segundo a capacidade econômica do agente, o valor de um trinta avos até 3 (três) vezes o valor do maior salário mínimo.

Parágrafo único. Os valores decorrentes da imposição da multa a que se refere o § 6º do art. 28 serão creditados à conta do Fundo Nacional Antidrogas.

Art. 30. Prescrevem em 2 (dois) anos a imposição e a execução das penas, observado, no tocante à interrupção do prazo, o disposto nos arts. 107 e seguintes do Código Penal.

TÍTULO IV - DA REPRESSÃO À PRODUÇÃO NÃO AUTORIZADA E AO TRÁFICO ILÍCITO DE DROGAS

CAPÍTULO I - DISPOSIÇÕES GERAIS

Art. 31. É indispensável a licença prévia da autoridade competente para produzir, extrair, fabricar, transformar, preparar, possuir, manter em depósito, importar, exportar, reexportar, remeter, transportar, expor, oferecer, vender, comprar, trocar, ceder ou adquirir, para qualquer fim, drogas ou matéria-prima destinada à sua preparação, observadas as demais exigências legais.

Art. 32. As plantações ilícitas serão imediatamente destruídas pelo delegado de polícia na forma do art. 50-A, que recolherá quantidade suficiente para exame pericial, de tudo lavrando auto de levantamento das condições encontradas, com a delimitação do local, asseguradas as medidas necessárias para a preservação da prova. (Redação dada pela Lei nº 12.961, de 2014)

§ 3º Em caso de ser utilizada a queimada para destruir a plantação, observar-se-á, além das cautelas necessárias à proteção ao meio ambiente, o disposto no Decreto nº 2.661, de 8 de julho de 1998, no que couber, dispensada a autorização prévia do órgão próprio do Sistema Nacional do Meio Ambiente - Sisnama.

§ 4º As glebas cultivadas com plantações ilícitas serão expropriadas, conforme o disposto no art. 243 da Constituição Federal, de acordo com a legislação em vigor.

CAPÍTULO II - DOS CRIMES

Art. 33. Importar, exportar, remeter, preparar, produzir, fabricar, adquirir, vender, expor à venda, oferecer, ter em depósito, transportar, trazer consigo, guardar, prescrever, ministrar, entregar a consumo ou fornecer drogas, ainda que gratuitamente, sem autorização ou em desacordo com determinação legal ou regulamentar:

Pena: reclusão de 5 (cinco) a 15 (quinze) anos e pagamento de 500 (quinhentos) a 1.500 (mil e quinhentos) dias-multa.

§ 1º Nas mesmas penas incorre quem:

I. importa, exporta, remete, produz, fabrica, adquire, vende, expõe à venda, oferece, fornece, tem em depósito, transporta, traz consigo ou guarda, ainda que gratuitamente, sem autorização ou em desacordo com determinação legal ou regulamentar, matéria-prima, insumo ou produto químico destinado à preparação de drogas;

II. semeia, cultiva ou faz a colheita, sem autorização ou em desacordo com determinação legal ou regulamentar, de plantas que se constituam em matéria-prima para a preparação de drogas;

III. utiliza local ou bem de qualquer natureza de que tem a propriedade, posse, administração, guarda ou vigilância, ou consente que outrem dele se utilize, ainda que gratuitamente, sem autorização ou em desacordo com determinação legal ou regulamentar, para o tráfico ilícito de drogas.

IV. vende ou entrega drogas ou matéria-prima, insumo ou produto químico destinado à preparação de drogas, sem autorização ou em desacordo com a determinação legal ou regulamentar, a agente policial disfarçado, quando presentes elementos probatórios razoáveis de conduta criminal preexistente. (Incluído pela Lei nº 13.964, de 24.12.2019)

§ 2º Induzir, instigar ou auxiliar alguém ao uso indevido de droga: (Vide ADI nº 4.274)

Pena: detenção, de 1 (um) a 3 (três) anos, e multa de 100 (cem) a 300 (trezentos) dias-multa.

§ 3º Oferecer droga, eventualmente e sem objetivo de lucro, a pessoa de seu relacionamento, para juntos a consumirem:

Pena: detenção, de 6 (seis) meses a 1 (um) ano, e pagamento de 700 (setecentos) a 1.500 (mil e quinhentos) dias-multa, sem prejuízo das penas previstas no art. 28.

§ 4º Nos delitos definidos no caput e no § 1º deste artigo, as penas poderão ser reduzidas de um sexto a dois terços, vedada a conversão em penas restritivas de direitos , desde que o agente seja primário, de bons antecedentes, não se dedique às atividades criminosas nem integre organização criminosa. (Vide Resolução nº 5, de 2012)

Art. 34. Fabricar, adquirir, utilizar, transportar, oferecer, vender, distribuir, entregar a qualquer título, possuir, guardar ou fornecer, ainda que gratuitamente, maquinário, aparelho, instrumento ou qualquer objeto destinado à fabricação, preparação, produção ou transformação de drogas, sem autorização ou em desacordo com determinação legal ou regulamentar:

Pena: reclusão, de 3 (três) a 10 (dez) anos, e pagamento de 1.200 (mil e duzentos) a 2.000 (dois mil) dias-multa.

Art. 35. Associarem-se duas ou mais pessoas para o fim de praticar, reiteradamente ou não, qualquer dos crimes previstos nos arts. 33, caput e § 1º , e 34 desta Lei:

Pena: reclusão, de 3 (três) a 10 (dez) anos, e pagamento de 700 (setecentos) a 1.200 (mil e duzentos) dias-multa.

Parágrafo único. Nas mesmas penas do caput deste artigo incorre quem se associa para a prática reiterada do crime definido no art. 36 desta Lei.

Art. 36. Financiar ou custear a prática de qualquer dos crimes previstos nos arts. 33, caput e § 1º , e 34 desta Lei:

Pena: reclusão, de 8 (oito) a 20 (vinte) anos, e pagamento de 1.500 (mil e quinhentos) a 4.000 (quatro mil) dias-multa.

Art. 37. Colaborar, como informante, com grupo, organização ou associação destinados à prática de qualquer dos crimes previstos nos arts. 33, caput e § 1º , e 34 desta Lei:

Pena: reclusão, de 2 (dois) a 6 (seis) anos, e pagamento de 300 (trezentos) a 700 (setecentos) dias-multa.

Art. 38. Prescrever ou ministrar, culposamente, drogas, sem que delas necessite o paciente, ou fazê-lo em doses excessivas ou em desacordo com determinação legal ou regulamentar:

Pena: detenção, de 6 (seis) meses a 2 (dois) anos, e pagamento de 50 (cinqüenta) a 200 (duzentos) dias-multa.

Parágrafo único. O juiz comunicará a condenação ao Conselho Federal da categoria profissional a que pertença o agente.

ANOTAÇÕES

ANOTAÇÕES

ANOTAÇÕES

Art. 39. Conduzir embarcação ou aeronave após o consumo de drogas, expondo a dano potencial a incolumidade de outrem:

Pena: detenção, de 6 (seis) meses a 3 (três) anos, além da apreensão do veículo, cassação da habilitação respectiva ou proibição de obtê-la, pelo mesmo prazo da pena privativa de liberdade aplicada, e pagamento de 200 (duzentos) a 400 (quatrocentos) dias-multa.

Parágrafo único. As penas de prisão e multa, aplicadas cumulativamente com as demais, serão de 4 (quatro) a 6 (seis) anos e de 400 (quatrocentos) a 600 (seiscentos) dias-multa, se o veículo referido no caput deste artigo for de transporte coletivo de passageiros.

Art. 40. As penas previstas nos arts. 33 a 37 desta Lei são aumentadas de um sexto a dois terços, se:

I. a natureza, a procedência da substância ou do produto apreendido e as circunstâncias do fato evidenciarem a transnacionalidade do delito;

II. o agente praticar o crime prevalecendo-se de função pública ou no desempenho de missão de educação, poder familiar, guarda ou vigilância;

III. a infração tiver sido cometida nas dependências ou imediações de estabelecimentos prisionais, de ensino ou hospitalares, de sedes de entidades estudantis, sociais, culturais, recreativas, esportivas, ou beneficentes, de locais de trabalho coletivo, de recintos onde se realizem espetáculos ou diversões de qualquer natureza, de serviços de tratamento de dependentes de drogas ou de reinserção social, de unidades militares ou policiais ou em transportes públicos;

IV. o crime tiver sido praticado com violência, grave ameaça, emprego de arma de fogo, ou qualquer processo de intimidação difusa ou coletiva;

V. caracterizado o tráfico entre Estados da Federação ou entre estes e o Distrito Federal;

VI. sua prática envolver ou visar a atingir criança ou adolescente ou a quem tenha, por qualquer motivo, diminuída ou suprimida a capacidade de entendimento e determinação;

VII. o agente financiar ou custear a prática do crime.

Art. 41. O indiciado ou acusado que colaborar voluntariamente com a investigação policial e o processo criminal na identificação dos demais co-autores ou partícipes do crime e na recuperação total ou parcial do produto do crime, no caso de condenação, terá pena reduzida de um terço a dois terços.

Art. 42. O juiz, na fixação das penas, considerará, com preponderância sobre o previsto no art. 59 do Código Penal, a natureza e a quantidade da substância ou do produto, a personalidade e a conduta social do agente.

Art. 43. Na fixação da multa a que se referem os arts. 33 a 39 desta Lei, o juiz, atendendo ao que dispõe o art. 42 desta Lei, determinará o número de dias-multa, atribuindo a cada um, segundo as condições econômicas dos acusados, valor não inferior a um trinta avos nem superior a 5 (cinco) vezes o maior salário-mínimo.

Parágrafo único. As multas, que em caso de concurso de crimes serão impostas sempre cumulativamente, podem ser aumentadas até o décuplo se, em virtude da situação econômica do acusado, considerá-las o juiz ineficazes, ainda que aplicadas no máximo.

Art. 44. Os crimes previstos nos arts. 33, caput e § 1º , e 34 a 37 desta Lei são inafiançáveis e insuscetíveis de sursis, graça, indulto, anistia e liberdade provisória, vedada a conversão de suas penas em restritivas de direitos.

Parágrafo único. Nos crimes previstos no caput deste artigo, dar-se-á o livramento condicional após o cumprimento de dois terços da pena, vedada sua concessão ao reincidente específico.

Art. 45. É isento de pena o agente que, em razão da dependência, ou sob o efeito, proveniente de caso fortuito ou força maior, de droga, era, ao tempo da ação ou da omissão, qualquer que tenha sido a infração penal praticada, inteiramente incapaz de entender o caráter ilícito do fato ou de determinar-se de acordo com esse entendimento.

ANOTAÇÕES

Parágrafo único. Quando absolver o agente, reconhecendo, por força pericial, que este apresentava, à época do fato previsto neste artigo, as condições referidas no caput deste artigo, poderá determinar o juiz, na sentença, o seu encaminhamento para tratamento médico adequado.

Art. 46. As penas podem ser reduzidas de um terço a dois terços se, por força das circunstâncias previstas no art. 45 desta Lei, o agente não possuía, ao tempo da ação ou da omissão, a plena capacidade de entender o caráter ilícito do fato ou de determinar-se de acordo com esse entendimento.

Art. 47. Na sentença condenatória, o juiz, com base em avaliação que ateste a necessidade de encaminhamento do agente para tratamento, realizada por profissional de saúde com competência específica na forma da lei, determinará que a tal se proceda, observado o disposto no art. 26 desta Lei.

CAPÍTULO III - DO PROCEDIMENTO PENAL

Art. 48. O procedimento relativo aos processos por crimes definidos neste Título rege-se pelo disposto neste Capítulo, aplicando-se, subsidiariamente, as disposições do Código de Processo Penal e da Lei de Execução Penal.

§ 1º O agente de qualquer das condutas previstas no art. 28 desta Lei, salvo se houver concurso com os crimes previstos nos arts. 33 a 37 desta Lei, será processado e julgado na forma dos arts. 60 e seguintes da Lei nº 9.099, de 26 de setembro de 1995, que dispõe sobre os Juizados Especiais Criminais.

§ 2º Tratando-se da conduta prevista no art. 28 desta Lei, não se imporá prisão em flagrante, devendo o autor do fato ser imediatamente encaminhado ao juízo competente ou, na falta deste, assumir o compromisso de a ele comparecer, lavrando-se termo circunstanciado e providenciando-se as requisições dos exames e perícias necessários.

§ 3º Se ausente a autoridade judicial, as providências previstas no § 2º deste artigo serão tomadas de imediato pela autoridade policial, no local em que se encontrar, vedada a detenção do agente.

§ 4º Concluídos os procedimentos de que trata o § 2º deste artigo, o agente será submetido a exame de corpo de delito, se o requerer ou se a autoridade de polícia judiciária entender conveniente, e em seguida liberado.

§ 5º Para os fins do disposto no art. 76 da Lei nº 9.099, de 1995, que dispõe sobre os Juizados Especiais Criminais, o Ministério Público poderá propor a aplicação imediata de pena prevista no art. 28 desta Lei, a ser especificada na proposta.

Art. 49. Tratando-se de condutas tipificadas nos arts. 33, caput e § 1º , e 34 a 37 desta Lei, o juiz, sempre que as circunstâncias o recomendem, empregará os instrumentos protetivos de colaboradores e testemunhas previstos na Lei nº 9.807, de 13 de julho de 1999.

SEÇÃO I - DA INVESTIGAÇÃO

Art. 50. Ocorrendo prisão em flagrante, a autoridade de polícia judiciária fará, imediatamente, comunicação ao juiz competente, remetendo-lhe cópia do auto lavrado, do qual será dada vista ao órgão do Ministério Público, em 24 (vinte e quatro) horas.

§ 1º Para efeito da lavratura do auto de prisão em flagrante e estabelecimento da materialidade do delito, é suficiente o laudo de constatação da natureza e quantidade da droga, firmado por perito oficial ou, na falta deste, por pessoa idônea.

§ 2º O perito que subscrever o laudo a que se refere o § 1º deste artigo não ficará impedido de participar da elaboração do laudo definitivo.

§ 3º Recebida cópia do auto de prisão em flagrante, o juiz, no prazo de 10 (dez) dias, certificará a regularidade formal do laudo de constatação e determinará a destruição das drogas apreendidas, guardando-se amostra necessária à realização do laudo definitivo. (Incluído pela Lei nº 12.961, de 2014)

§ 4º A destruição das drogas será executada pelo delegado de polícia competente no prazo de 15 (quinze) dias na presença do Ministério Público e da autoridade sanitária. (Incluído pela Lei nº 12.961, de 2014)

§ 5º O local será vistoriado antes e depois de efetivada a destruição das drogas referida no § 3º , sendo lavrado auto circunstanciado pelo delegado de polícia, certificando-se neste a destruição total delas. (Incluído pela Lei nº 12.961, de 2014)

Art. 50-A. A destruição das drogas apreendidas sem a ocorrência de prisão em flagrante será feita por incineração, no prazo máximo de 30 (trinta) dias contados da data da apreensão, guardando-se amostra necessária à realização do laudo definitivo. (Redação dada pela Lei nº 13.840, de 2019)

Art. 51. O inquérito policial será concluído no prazo de 30 (trinta) dias, se o indiciado estiver preso, e de 90 (noventa) dias, quando solto.

Parágrafo único. Os prazos a que se refere este artigo podem ser duplicados pelo juiz, ouvido o Ministério Público, mediante pedido justificado da autoridade de polícia judiciária.

Art. 52. Findos os prazos a que se refere o art. 51 desta Lei, a autoridade de polícia judiciária, remetendo os autos do inquérito ao juízo:

I. relatará sumariamente as circunstâncias do fato, justificando as razões que a levaram à classificação do delito, indicando a quantidade e natureza da substância ou do produto apreendido, o local e as condições em que se desenvolveu a ação criminosa, as circunstâncias da prisão, a conduta, a qualificação e os antecedentes do agente; ou

II. requererá sua devolução para a realização de diligências necessárias.

Parágrafo único. A remessa dos autos far-se-á sem prejuízo de diligências complementares:

I. necessárias ou úteis à plena elucidação do fato, cujo resultado deverá ser encaminhado ao juízo competente até 3 (três) dias antes da audiência de instrução e julgamento;

II. necessárias ou úteis à indicação dos bens, direitos e valores de que seja titular o agente, ou que figurem em seu nome, cujo resultado deverá ser encaminhado ao juízo competente até 3 (três) dias antes da audiência de instrução e julgamento.

Art. 53. Em qualquer fase da persecução criminal relativa aos crimes previstos nesta Lei, são permitidos, além dos previstos em lei, mediante autorização judicial e ouvido o Ministério Público, os seguintes procedimentos investigatórios:

I. a infiltração por agentes de polícia, em tarefas de investigação, constituída pelos órgãos especializados pertinentes;

II. a não-atuação policial sobre os portadores de drogas, seus precursores químicos ou outros produtos utilizados em sua produção, que se encontrem no território brasileiro, com a finalidade de identificar e responsabilizar maior número de integrantes de operações de tráfico e distribuição, sem prejuízo da ação penal cabível.

Parágrafo único. Na hipótese do inciso II deste artigo, a autorização será concedida desde que sejam conhecidos o itinerário provável e a identificação dos agentes do delito ou de colaboradores.

SEÇÃO II - DA INSTRUÇÃO CRIMINAL

Art. 54. Recebidos em juízo os autos do inquérito policial, de Comissão Parlamentar de Inquérito ou peças de informação, dar-se-á vista ao Ministério Público para, no prazo de 10 (dez) dias, adotar uma das seguintes providências:

I. requerer o arquivamento;

II. requisitar as diligências que entender necessárias;

III. oferecer denúncia, arrolar até 5 (cinco) testemunhas e requerer as demais provas que entender pertinentes.

Art. 55. Oferecida a denúncia, o juiz ordenará a notificação do acusado para oferecer defesa prévia, por escrito, no prazo de 10 (dez) dias.

§ 1º Na resposta, consistente em defesa preliminar e exceções, o acusado poderá argüir preliminares e invocar todas as razões de defesa, oferecer documentos e justificações, especificar as provas que pretende produzir e, até o número de 5 (cinco), arrolar testemunhas.

§ 2º As exceções serão processadas em apartado, nos termos dos arts. 95 a 113 do Decreto-Lei nº 3.689, de 3 de outubro de 1941 - Código de Processo Penal.

§ 3º Se a resposta não for apresentada no prazo, o juiz nomeará defensor para oferecê-la em 10 (dez) dias, concedendo-lhe vista dos autos no ato de nomeação.

§ 4º Apresentada a defesa, o juiz decidirá em 5 (cinco) dias.

§ 5º Se entender imprescindível, o juiz, no prazo máximo de 10 (dez) dias, determinará a apresentação do preso, realização de diligências, exames e perícias.

Art. 56. Recebida a denúncia, o juiz designará dia e hora para a audiência de instrução e julgamento, ordenará a citação pessoal do acusado, a intimação do Ministério Público, do assistente, se for o caso, e requisitará os laudos periciais.

§ 1º Tratando-se de condutas tipificadas como infração do disposto nos arts. 33, caput e § 1º , e 34 a 37 desta Lei, o juiz, ao receber a denúncia, poderá decretar o afastamento cautelar do denunciado de suas atividades, se for funcionário público, comunicando ao órgão respectivo.

§ 2º A audiência a que se refere o caput deste artigo será realizada dentro dos 30 (trinta) dias seguintes ao recebimento da denúncia, salvo se determinada a realização de avaliação para atestar dependência de drogas, quando se realizará em 90 (noventa) dias.

Art. 57. Na audiência de instrução e julgamento, após o interrogatório do acusado e a inquirição das testemunhas, será dada a palavra, sucessivamente, ao representante do Ministério Público e ao defensor do acusado, para sustentação oral, pelo prazo de 20 (vinte) minutos para cada um, prorrogável por mais 10 (dez), a critério do juiz.

Parágrafo único. Após proceder ao interrogatório, o juiz indagará das partes se restou algum fato para ser esclarecido, formulando as perguntas correspondentes se o entender pertinente e relevante.

Art. 58. Encerrados os debates, proferirá o juiz sentença de imediato, ou o fará em 10 (dez) dias, ordenando que os autos para isso lhe sejam conclusos.

Art. 59. Nos crimes previstos nos arts. 33, caput e § 1º , e 34 a 37 desta Lei, o réu não poderá apelar sem recolher-se à prisão, salvo se for primário e de bons antecedentes, assim reconhecido na sentença condenatória.

CAPÍTULO IV - DA APREENSÃO, ARRECADAÇÃO E DESTINAÇÃO DE BENS DO ACUSADO

Art. 60. O juiz, a requerimento do Ministério Público ou do assistente de acusação, ou mediante representação da autoridade de polícia judiciária, poderá decretar, no curso do inquérito ou da ação penal, a apreensão e outras medidas assecuratórias nos casos em que haja suspeita de que os bens, direitos ou valores sejam produto do crime ou constituam proveito dos crimes previstos nesta Lei, procedendo-se na forma dos arts. 125 e seguintes do Decreto-Lei nº 3.689, de 3 de outubro de 1941 - Código de Processo Penal . (Redação dada pela Lei nº 13.840, de 2019)

§ 1º (Revogado). (Redação dada pela Lei nº 13.840, de 2019)

§ 2º (Revogado). (Redação dada pela Lei nº 13.840, de 2019)

ANOTAÇÕES

ANOTAÇÕES

§ 3º Na hipótese do art. 366 do Decreto-Lei nº 3.689, de 3 de outubro de 1941 - Código de Processo Penal , o juiz poderá determinar a prática de atos necessários à conservação dos bens, direitos ou valores. (Redação dada pela Lei nº 13.840, de 2019)

§ 4º A ordem de apreensão ou sequestro de bens, direitos ou valores poderá ser suspensa pelo juiz, ouvido o Ministério Público, quando a sua execução imediata puder comprometer as investigações. (Redação dada pela Lei nº 13.840, de 2019)

Art. 60-A. Se as medidas assecuratórias de que trata o art. 60 desta Lei recaírem sobre moeda estrangeira, títulos, valores mobiliários ou cheques emitidos como ordem de pagamento, será determinada, imediatamente, a sua conversão em moeda nacional. (Incluído pela Lei nº 13.886, de 2019)

§ 1º A moeda estrangeira apreendida em espécie deve ser encaminhada a instituição financeira, ou equiparada, para alienação na forma prevista pelo Conselho Monetário Nacional. (Incluído pela Lei nº 13.886, de 2019)

§ 2º Na hipótese de impossibilidade da alienação a que se refere o § 1º deste artigo, a moeda estrangeira será custodiada pela instituição financeira até decisão sobre o seu destino. (Incluído pela Lei nº 13.886, de 2019)

§ 3º Após a decisão sobre o destino da moeda estrangeira a que se refere o § 2º deste artigo, caso seja verificada a inexistência de valor de mercado, seus espécimes poderão ser destruídos ou doados à representação diplomática do país de origem. (Incluído pela Lei nº 13.886, de 2019)

§ 4º Os valores relativos às apreensões feitas antes da data de entrada em vigor da Medida Provisória nº 885, de 17 de junho de 2019, e que estejam custodiados nas dependências do Banco Central do Brasil devem ser transferidos à Caixa Econômica Federal, no prazo de 360 (trezentos e sessenta) dias, para que se proceda à alienação ou custódia, de acordo com o previsto nesta Lei. (Incluído pela Lei nº 13.886, de 2019)

Art. 61. A apreensão de veículos, embarcações, aeronaves e quaisquer outros meios de transporte e dos maquinários, utensílios, instrumentos e objetos de qualquer natureza utilizados para a prática dos crimes definidos nesta Lei será imediatamente comunicada pela autoridade de polícia judiciária responsável pela investigação ao juízo competente. (Redação dada pela Lei nº 13.840, de 2019)

§ 1º O juiz, no prazo de 30 (trinta) dias contado da comunicação de que trata o caput , determinará a alienação dos bens apreendidos, excetuadas as armas, que serão recolhidas na forma da legislação específica. (Incluído pela Lei nº 13.840, de 2019)

§ 2º A alienação será realizada em autos apartados, dos quais constará a exposição sucinta do nexo de instrumentalidade entre o delito e os bens apreendidos, a descrição e especificação dos objetos, as informações sobre quem os tiver sob custódia e o local em que se encontrem. (Incluído pela Lei nº 13.840, de 2019)

§ 3º O juiz determinará a avaliação dos bens apreendidos, que será realizada por oficial de justiça, no prazo de 5 (cinco) dias a contar da autuação, ou, caso sejam necessários conhecimentos especializados, por avaliador nomeado pelo juiz, em prazo não superior a 10 (dez) dias. (Incluído pela Lei nº 13.840, de 2019)

§ 4º Feita a avaliação, o juiz intimará o órgão gestor do Funad, o Ministério Público e o interessado para se manifestarem no prazo de 5 (cinco) dias e, dirimidas eventuais divergências, homologará o valor atribuído aos bens. (Incluído pela Lei nº 13.840, de 2019)

§ 5º (VETADO). (Incluído pela Lei nº 13.840, de 2019)

§ 9º O Ministério Público deve fiscalizar o cumprimento da regra estipulada no § 1º deste artigo. (Incluído pela Lei nº 13.886, de 2019)

§ 10. Aplica-se a todos os tipos de bens confiscados a regra estabelecida no § 1º deste artigo. (Incluído pela Lei nº 13.886, de 2019)

§ 11. Os bens móveis e imóveis devem ser vendidos por meio de hasta pública, preferencialmente por meio eletrônico, assegurada a venda pelo maior lance, por preço não inferior a 50% (cinquenta por cento) do valor da avaliação judicial. (Incluído pela Lei nº 13.886, de 2019)

§ 12. O juiz ordenará às secretarias de fazenda e aos órgãos de registro e controle que efetuem as averbações necessárias, tão logo tenha conhecimento da apreensão. (Incluído pela Lei nº 13.886, de 2019)

§ 13. Na alienação de veículos, embarcações ou aeronaves, a autoridade de trânsito ou o órgão congênere competente para o registro, bem como as secretarias de fazenda, devem proceder à regularização dos bens no prazo de 30 (trinta) dias, ficando o arrematante isento do pagamento de multas, encargos e tributos anteriores, sem prejuízo de execução fiscal em relação ao antigo proprietário. (Incluído pela Lei nº 13.886, de 2019)

§ 14. Eventuais multas, encargos ou tributos pendentes de pagamento não podem ser cobrados do arrematante ou do órgão público alienante como condição para regularização dos bens. (Incluído pela Lei nº 13.886, de 2019)

§ 15. Na hipótese de que trata o § 13 deste artigo, a autoridade de trânsito ou o órgão congênere competente para o registro poderá emitir novos identificadores dos bens. (Incluído pela Lei nº 13.886, de 2019)

Art. 62. Comprovado o interesse público na utilização de quaisquer dos bens de que trata o art. 61, os órgãos de polícia judiciária, militar e rodoviária poderão deles fazer uso, sob sua responsabilidade e com o objetivo de sua conservação, mediante autorização judicial, ouvido o Ministério Público e garantida a prévia avaliação dos respectivos bens. (Redação dada pela Lei nº 13.840, de 2019)

§ 1º (Revogado). (Redação dada pela Lei nº 13.886, de 2019)

§ 1º-A. O juízo deve cientificar o órgão gestor do Funad para que, em 10 (dez) dias, avalie a existência do interesse público mencionado no caput deste artigo e indique o órgão que deve receber o bem. (Incluído pela Lei nº 13.886, de 2019)

§ 1º-B. Têm prioridade, para os fins do § 1º-A deste artigo, os órgãos de segurança pública que participaram das ações de investigação ou repressão ao crime que deu causa à medida. (Incluído pela Lei nº 13.886, de 2019)

§ 2º A autorização judicial de uso de bens deverá conter a descrição do bem e a respectiva avaliação e indicar o órgão responsável por sua utilização. (Redação dada pela Lei nº 13.840, de 2019)

§ 3º O órgão responsável pela utilização do bem deverá enviar ao juiz periodicamente, ou a qualquer momento quando por este solicitado, informações sobre seu estado de conservação. (Redação dada pela Lei nº 13.840, de 2019)

§ 4º Quando a autorização judicial recair sobre veículos, embarcações ou aeronaves, o juiz ordenará à autoridade ou ao órgão de registro e controle a expedição de certificado provisório de registro e licenciamento em favor do órgão ao qual tenha deferido o uso ou custódia, ficando este livre do pagamento de multas, encargos e tributos anteriores à decisão de utilização do bem até o trânsito em julgado da decisão que decretar o seu perdimento em favor da União. (Redação dada pela Lei nº 13.840, de 2019)

§ 5º Na hipótese de levantamento, se houver indicação de que os bens utilizados na forma deste artigo sofreram depreciação superior àquela esperada em razão do transcurso do tempo e do uso, poderá o interessado requerer nova avaliação judicial. (Redação dada pela Lei nº 13.840, de 2019)

§ 6º Constatada a depreciação de que trata o § 5º, o ente federado ou a entidade que utilizou o bem indenizará o detentor ou proprietário dos bens. (Redação dada pela Lei nº 13.840, de 2019)

Art. 62-A. O depósito, em dinheiro, de valores referentes ao produto da alienação ou a numerários apreendidos ou que tenham sido convertidos deve ser efetuado na Caixa Econômica Federal, por meio de documento de arrecadação destinado a essa finalidade. (Incluído pela Lei nº 13.886, de 2019)

§ 1º Os depósitos a que se refere o caput deste artigo devem ser transferidos, pela Caixa Econômica Federal, para a conta única do Tesouro Nacional, independentemente de qualquer formalidade, no prazo de 24 (vinte e quatro) horas, contado do momento da realização do depósito, onde ficarão à disposição do Funad. (Incluído pela Lei nº 13.886, de 2019)

§ 2º Na hipótese de absolvição do acusado em decisão judicial, o valor do depósito será devolvido a ele pela Caixa Econômica Federal no prazo de até 3 (três) dias úteis, acrescido de juros, na forma estabelecida pelo § 4º do art. 39 da Lei nº 9.250, de 26 de dezembro de 1995. (Incluído pela Lei nº 13.886, de 2019)

§ 3º Na hipótese de decretação do seu perdimento em favor da União, o valor do depósito será transformado em pagamento definitivo, respeitados os direitos de eventuais lesados e de terceiros de boa-fé. (Incluído pela Lei nº 13.886, de 2019)

§ 4º Os valores devolvidos pela Caixa Econômica Federal, por decisão judicial, devem ser efetuados como anulação de receita do Funad no exercício em que ocorrer a devolução. (Incluído pela Lei nº 13.886, de 2019)

§ 5º A Caixa Econômica Federal deve manter o controle dos valores depositados ou devolvidos. (Incluído pela Lei nº 13.886, de 2019)

Art. 63. Ao proferir a sentença, o juiz decidirá sobre: (Redação dada pela Lei nº 13.840, de 2019)

I. o perdimento do produto, bem, direito ou valor apreendido ou objeto de medidas assecuratórias; e (Incluído pela Lei nº 13.840, de 2019)

II. o levantamento dos valores depositados em conta remunerada e a liberação dos bens utilizados nos termos do art. 62. (Incluído pela Lei nº 13.840, de 2019)

§ 1º Os bens, direitos ou valores apreendidos em decorrência dos crimes tipificados nesta Lei ou objeto de medidas assecuratórias, após decretado seu perdimento em favor da União, serão revertidos diretamente ao Funad. (Redação dada pela Lei nº 13.840, de 2019)

§ 2º O juiz remeterá ao órgão gestor do Funad relação dos bens, direitos e valores declarados perdidos, indicando o local em que se encontram e a entidade ou o órgão em cujo poder estejam, para os fins de sua destinação nos termos da legislação vigente. (Redação dada pela Lei nº 13.840, de 2019)

§ 4º Transitada em julgado a sentença condenatória, o juiz do processo, de ofício ou a requerimento do Ministério Público, remeterá à Senad relação dos bens, direitos e valores declarados perdidos em favor da União, indicando, quanto aos bens, o local em que se encontram e a entidade ou o órgão em cujo poder estejam, para os fins de sua destinação nos termos da legislação vigente.

§ 4º-A. Antes de encaminhar os bens ao órgão gestor do Funad, o juiz deve: (Incluído pela Lei nº 13.886, de 2019)

ANOTAÇÕES

I. ordenar às secretarias de fazenda e aos órgãos de registro e controle que efetuem as averbações necessárias, caso não tenham sido realizadas quando da apreensão; e (Incluído pela Lei nº 13.886, de 2019)

II. determinar, no caso de imóveis, o registro de propriedade em favor da União no cartório de registro de imóveis competente, nos termos do caput e do parágrafo único do art. 243 da Constituição Federal, afastada a responsabilidade de terceiros prevista no inciso VI do caput do art. 134 da Lei nº 5.172, de 25 de outubro de 1966 (Código Tributário Nacional), bem como determinar à Secretaria de Coordenação e Governança do Patrimônio da União a incorporação e entrega do imóvel, tornando-o livre e desembaraçado de quaisquer ônus para sua destinação. (Incluído pela Lei nº 13.886, de 2019)

§ 5º (VETADO). (Incluído pela Lei nº 13.840, de 2019)

§ 6º Na hipótese do inciso II do caput , decorridos 360 (trezentos e sessenta) dias do trânsito em julgado e do conhecimento da sentença pelo interessado, os bens apreendidos, os que tenham sido objeto de medidas assecuratórias ou os valores depositados que não forem reclamados serão revertidos ao Funad. (Incluído pela Lei nº 13.840, de 2019)

Art. 63-A. Nenhum pedido de restituição será conhecido sem o comparecimento pessoal do acusado, podendo o juiz determinar a prática de atos necessários à conservação de bens, direitos ou valores. (Incluído pela Lei nº 13.840, de 2019)

Art. 63-B. O juiz determinará a liberação total ou parcial dos bens, direitos e objeto de medidas assecuratórias quando comprovada a licitude de sua origem, mantendo-se a constrição dos bens, direitos e valores necessários e suficientes à reparação dos danos e ao pagamento de prestações pecuniárias, multas e custas decorrentes da infração penal. (Incluído pela Lei nº 13.840, de 2019)

Art. 63-C. Compete à Senad, do Ministério da Justiça e Segurança Pública, proceder à destinação dos bens apreendidos e não leiloados em caráter cautelar, cujo perdimento seja decretado em favor da União, por meio das seguintes modalidades: (Incluído pela Lei nº 13.886, de 2019)

I. alienação, mediante: (Incluído pela Lei nº 13.886, de 2019)

a) licitação; (Incluído pela Lei nº 13.886, de 2019)

b) doação com encargo a entidades ou órgãos públicos, bem como a comunidades terapêuticas acolhedoras que contribuam para o alcance das finalidades do Funad; ou (Incluído pela Lei nº 13.886, de 2019)

c) venda direta, observado o disposto no inciso II do caput do art. 24 da Lei nº 8.666, de 21 de junho de 1993; (Incluído pela Lei nº 13.886, de 2019)

II. incorporação ao patrimônio de órgão da administração pública, observadas as finalidades do Funad; (Incluído pela Lei nº 13.886, de 2019)

III. destruição; ou (Incluído pela Lei nº 13.886, de 2019)

IV. inutilização. (Incluído pela Lei nº 13.886, de 2019)

§ 1º A alienação por meio de licitação deve ser realizada na modalidade leilão, para bens móveis e imóveis, independentemente do valor de avaliação, isolado ou global, de bem ou de lotes, assegurada a venda pelo maior lance, por preço não inferior a 50% (cinquenta por cento) do valor da avaliação. (Incluído pela Lei nº 13.886, de 2019)

§ 2º O edital do leilão a que se refere o § 1º deste artigo será amplamente divulgado em jornais de grande circulação e em sítios eletrônicos oficiais, principalmente no Município em que será realizado, dispensada a publicação em diário oficial. (Incluído pela Lei nº 13.886, de 2019)

ANOTAÇÕES

ANOTAÇÕES

§ 3º Nas alienações realizadas por meio de sistema eletrônico da administração pública, a publicidade dada pelo sistema substituirá a publicação em diário oficial e em jornais de grande circulação. (Incluído pela Lei nº 13.886, de 2019)

§ 4º Na alienação de imóveis, o arrematante fica livre do pagamento de encargos e tributos anteriores, sem prejuízo de execução fiscal em relação ao antigo proprietário. (Incluído pela Lei nº 13.886, de 2019)

§ 5º Na alienação de veículos, embarcações ou aeronaves deverão ser observadas as disposições dos §§ 13 e 15 do art. 61 desta Lei. (Incluído pela Lei nº 13.886, de 2019)

§ 6º Aplica-se às alienações de que trata este artigo a proibição relativa à cobrança de multas, encargos ou tributos prevista no § 14 do art. 61 desta Lei. (Incluído pela Lei nº 13.886, de 2019)

§ 7º A Senad, do Ministério da Justiça e Segurança Pública, pode celebrar convênios ou instrumentos congêneres com órgãos e entidades da União, dos Estados, do Distrito Federal ou dos Municípios, bem como com comunidades terapêuticas acolhedoras, a fim de dar imediato cumprimento ao estabelecido neste artigo. (Incluído pela Lei nº 13.886, de 2019)

§ 8º Observados os procedimentos licitatórios previstos em lei, fica autorizada a contratação da iniciativa privada para a execução das ações de avaliação, de administração e de alienação dos bens a que se refere esta Lei. (Incluído pela Lei nº 13.886, de 2019)

Art. 63-D. Compete ao Ministério da Justiça e Segurança Pública regulamentar os procedimentos relativos à administração, à preservação e à destinação dos recursos provenientes de delitos e atos ilícitos e estabelecer os valores abaixo dos quais se deve proceder à sua destruição ou inutilização. (Incluído pela Lei nº 13.886, de 2019)

Art. 63-E. O produto da alienação dos bens apreendidos ou confiscados será revertido integralmente ao Funad, nos termos do parágrafo único do art. 243 da Constituição Federal, vedada a sub-rogação sobre o valor da arrematação para saldar eventuais multas, encargos ou tributos pendentes de pagamento. (Incluído pela Lei nº 13.886, de 2019)

Parágrafo único. O disposto no caput deste artigo não prejudica o ajuizamento de execução fiscal em relação aos antigos devedores. (Incluído pela Lei nº 13.886, de 2019)

Art. 63-F. Na hipótese de condenação por infrações às quais esta Lei comine pena máxima superior a 6 (seis) anos de reclusão, poderá ser decretada a perda, como produto ou proveito do crime, dos bens correspondentes à diferença entre o valor do patrimônio do condenado e aquele compatível com o seu rendimento lícito. (Incluído pela Lei nº 13.886, de 2019)

§ 1º A decretação da perda prevista no caput deste artigo fica condicionada à existência de elementos probatórios que indiquem conduta criminosa habitual, reiterada ou profissional do condenado ou sua vinculação a organização criminosa. (Incluído pela Lei nº 13.886, de 2019)

§ 2º Para efeito da perda prevista no caput deste artigo, entende-se por patrimônio do condenado todos os bens: (Incluído pela Lei nº 13.886, de 2019)

I. de sua titularidade, ou sobre os quais tenha domínio e benefício direto ou indireto, na data da infração penal, ou recebidos posteriormente; e (Incluído pela Lei nº 13.886, de 2019)

II. transferidos a terceiros a título gratuito ou mediante contraprestação irrisória, a partir do início da atividade criminal. (Incluído pela Lei nº 13.886, de 2019)

ANOTAÇÕES

§ 3º O condenado poderá demonstrar a inexistência da incompatibilidade ou a procedência lícita do patrimônio. (Incluído pela Lei nº 13.886, de 2019)

Art. 64. A União, por intermédio da Senad, poderá firmar convênio com os Estados, com o Distrito Federal e com organismos orientados para a prevenção do uso indevido de drogas, a atenção e a reinserção social de usuários ou dependentes e a atuação na repressão à produção não autorizada e ao tráfico ilícito de drogas, com vistas na liberação de equipamentos e de recursos por ela arrecadados, para a implantação e execução de programas relacionados à questão das drogas.

TÍTULO V - DA COOPERAÇÃO INTERNACIONAL

Art. 65. De conformidade com os princípios da não-intervenção em assuntos internos, da igualdade jurídica e do respeito à integridade territorial dos Estados e às leis e aos regulamentos nacionais em vigor, e observado o espírito das Convenções das Nações Unidas e outros instrumentos jurídicos internacionais relacionados à questão das drogas, de que o Brasil é parte, o governo brasileiro prestará, quando solicitado, cooperação a outros países e organismos internacionais e, quando necessário, deles solicitará a colaboração, nas áreas de:

I. intercâmbio de informações sobre legislações, experiências, projetos e programas voltados para atividades de prevenção do uso indevido, de atenção e de reinserção social de usuários e dependentes de drogas;

II. intercâmbio de inteligência policial sobre produção e tráfico de drogas e delitos conexos, em especial o tráfico de armas, a lavagem de dinheiro e o desvio de precursores químicos;

III. intercâmbio de informações policiais e judiciais sobre produtores e traficantes de drogas e seus precursores químicos.

TÍTULO V-A - DO FINANCIAMENTO DAS POLÍTICAS SOBRE DROGAS

(Incluído pela Lei nº 13.840, de 2019)

Art. 65-A . (VETADO). (Incluído pela Lei nº 13.840, de 2019)

TÍTULO VI - DISPOSIÇÕES FINAIS E TRANSITÓRIAS

Art. 66. Para fins do disposto no parágrafo único do art. 1º desta Lei, até que seja atualizada a terminologia da lista mencionada no preceito, denominam-se drogas substâncias entorpecentes, psicotrópicas, precursoras e outras sob controle especial, da Portaria SVS/MS nº 344, de 12 de maio de 1998.

Art. 67. A liberação dos recursos previstos na Lei nº 7.560, de 19 de dezembro de 1986, em favor de Estados e do Distrito Federal, dependerá de sua adesão e respeito às diretrizes básicas contidas nos convênios firmados e do fornecimento de dados necessários à atualização do sistema previsto no art. 17 desta Lei, pelas respectivas polícias judiciárias.

Art. 67-A. Os gestores e entidades que recebam recursos públicos para execução das políticas sobre drogas deverão garantir o acesso às suas instalações, à documentação e a todos os elementos necessários à efetiva fiscalização pelos órgãos competentes. (Incluído pela Lei nº 13.840, de 2019)

Art. 68. A União, os Estados, o Distrito Federal e os Municípios poderão criar estímulos fiscais e outros, destinados às pessoas físicas e jurídicas que colaborem na prevenção do uso indevido de drogas, atenção e reinserção social de usuários e dependentes e na repressão da produção não autorizada e do tráfico ilícito de drogas.

Art. 69. No caso de falência ou liquidação extrajudicial de empresas ou estabelecimentos hospitalares, de pesquisa, de ensino, ou congêneres, assim como nos serviços de saúde que produzirem, venderem, adquirirem, consumirem, prescreverem ou fornecerem drogas ou de qualquer outro em que existam essas substâncias ou produtos, incumbe ao juízo perante o qual tramite o feito:

I. determinar, imediatamente à ciência da falência ou liquidação, sejam lacradas suas instalações;

II. ordenar à autoridade sanitária competente a urgente adoção das medidas necessárias ao recebimento e guarda, em depósito, das drogas arrecadadas;

III. dar ciência ao órgão do Ministério Público, para acompanhar o feito.

§ 1º Da licitação para alienação de substâncias ou produtos não proscritos referidos no inciso II do caput deste artigo, só podem participar pessoas jurídicas regularmente habilitadas na área de saúde ou de pesquisa científica que comprovem a destinação lícita a ser dada ao produto a ser arrematado.

§ 2º Ressalvada a hipótese de que trata o § 3º deste artigo, o produto não arrematado será, ato contínuo à hasta pública, destruído pela autoridade sanitária, na presença dos Conselhos Estaduais sobre Drogas e do Ministério Público.

§ 3º Figurando entre o praceado e não arrematadas especialidades farmacêuticas em condições de emprego terapêutico, ficarão elas depositadas sob a guarda do Ministério da Saúde, que as destinará à rede pública de saúde.

Art. 70. O processo e o julgamento dos crimes previstos nos arts. 33 a 37 desta Lei, se caracterizado ilícito transnacional, são da competência da Justiça Federal.

Parágrafo único. Os crimes praticados nos Municípios que não sejam sede de vara federal serão processados e julgados na vara federal da circunscrição respectiva.

Art. 71. (VETADO)

Art. 72. Encerrado o processo criminal ou arquivado o inquérito policial, o juiz, de ofício, mediante representação da autoridade de polícia judiciária, ou a requerimento do Ministério Público, determinará a destruição das amostras guardadas para contraprova, certificando nos autos. (Redação dada pela Lei nº 13.840, de 2019)

Art. 73. A União poderá estabelecer convênios com os Estados e o com o Distrito Federal, visando à prevenção e repressão do tráfico ilícito e do uso indevido de drogas, e com os Municípios, com o objetivo de prevenir o uso indevido delas e de possibilitar a atenção e reinserção social de usuários e dependentes de drogas. (Redação dada pela Lei nº 12.219, de 2010)

Art. 74. Esta Lei entra em vigor 45 (quarenta e cinco) dias após a sua publicação.

Art. 75. Revogam-se a Lei nº 6.368, de 21 de outubro de 1976, e a Lei nº 10.409, de 11 de janeiro de 2002.

32. DECRETO Nº 6.029, DE 1º DE FEVEREIRO DE 2007

Sistema de Gestão da Ética do Poder Executivo Federal

O PRESIDENTE DA REPÚBLICA, no uso da atribuição que lhe confere o art. 84, inciso VI, alínea "a", da Constituição,

Art. 1º Fica instituído o Sistema de Gestão da Ética do Poder Executivo Federal com a finalidade de promover atividades que dispõem sobre a conduta ética no âmbito do Executivo Federal, competindo-lhe:

I. integrar os órgãos, programas e ações relacionadas com a ética pública;

II. contribuir para a implementação de políticas públicas tendo a transparência e o acesso à informação como instrumentos fundamentais para o exercício de gestão da ética pública;

III. promover, com apoio dos segmentos pertinentes, a compatibilização e interação de normas, procedimentos técnicos e de gestão relativos à ética pública;

IV. articular ações com vistas a estabelecer e efetivar procedimentos de incentivo e incremento ao desempenho institucional na gestão da ética pública do Estado brasileiro.

Art. 2º Integram o Sistema de Gestão da Ética do Poder Executivo Federal:

ANOTAÇÕES

I. a Comissão de Ética Pública. CEP, instituída pelo Decreto de 26 de maio de 1999;

II. as Comissões de Ética de que trata o Decreto no 1.171, de 22 de junho de 1994; e

III. as demais Comissões de Ética e equivalentes nas entidades e órgãos do Poder Executivo Federal.

Art. 3º A CEP será integrada por sete brasileiros que preencham os requisitos de idoneidade moral, reputação ilibada e notória experiência em administração pública, designados pelo Presidente da República, para mandatos de três anos, não coincidentes, permitida uma única recondução.

§ 1º A atuação no âmbito da CEP não enseja qualquer remuneração para seus membros e os trabalhos nela desenvolvidos são considerados prestação de relevante serviço público.

§ 2º O Presidente terá o voto de qualidade nas deliberações da Comissão.

§ 3º Os mandatos dos primeiros membros serão de um, dois e três anos, estabelecidos no decreto de designação.

Art. 4º À CEP compete:

I. atuar como instância consultiva do Presidente da República e Ministros de Estado em matéria de ética pública;

II. administrar a aplicação do Código de Conduta da Alta Administração Federal, devendo:

a) submeter ao Presidente da República medidas para seu aprimoramento;

b) dirimir dúvidas a respeito de interpretação de suas normas, deliberando sobre casos omissos;

c) apurar, mediante denúncia, ou de ofício, condutas em desacordo com as normas nele previstas, quando praticadas pelas autoridades a ele submetidas;

III. dirimir dúvidas de interpretação sobre as normas do Código de Ética Profissional do Servidor Público Civil do Poder Executivo Federal de que trata o Decreto no 1.171, de 1994;

IV. coordenar, avaliar e supervisionar o Sistema de Gestão da Ética Pública do Poder Executivo Federal;

V. aprovar o seu regimento interno; e

VI. escolher o seu Presidente.

Parágrafo único. A CEP contará com uma Secretaria-Executiva, vinculada à Casa Civil da Presidência da República, à qual competirá prestar o apoio técnico e administrativo aos trabalhos da Comissão.

Art. 5º Cada Comissão de Ética de que trata o Decreto no 1171, de 1994, será integrada por três membros titulares e três suplentes, escolhidos entre servidores e empregados do seu quadro permanente, e designados pelo dirigente máximo da respectiva entidade ou órgão, para mandatos não coincidentes de três anos.

Art. 6º É dever do titular de entidade ou órgão da Administração Pública Federal, direta e indireta:

I. assegurar as condições de trabalho para que as Comissões de Ética cumpram suas funções, inclusive para que do exercício das atribuições de seus integrantes não lhes resulte qualquer prejuízo ou dano;

II. conduzir em seu âmbito a avaliação da gestão da ética conforme processo coordenado pela Comissão de Ética Pública.

Art. 7º Compete às Comissões de Ética de que tratam os incisos II e III do art. 2º:

I. atuar como instância consultiva de dirigentes e servidores no âmbito de seu respectivo órgão ou entidade;

II. aplicar o Código de Ética Profissional do Servidor Público Civil do Poder Executivo Federal, aprovado pelo Decreto 1.171, de 1994, devendo:

a) submeter à Comissão de Ética Pública propostas para seu aperfeiçoamento;

b) dirimir dúvidas a respeito da interpretação de suas normas e deliberar sobre casos omissos;

c) apurar, mediante denúncia ou de ofício, conduta em desacordo com as normas éticas pertinentes; e

ANOTAÇÕES

LEIS

ANOTAÇÕES

d) recomendar, acompanhar e avaliar, no âmbito do órgão ou entidade a que estiver vinculada, o desenvolvimento de ações objetivando a disseminação, capacitação e treinamento sobre as normas de ética e disciplina;

III. representar a respectiva entidade ou órgão na Rede de Ética do Poder Executivo Federal a que se refere o art. 9º; e

IV. supervisionar a observância do Código de Conduta da Alta Administração Federal e comunicar à CEP situações que possam configurar descumprimento de suas normas.

§ 1º Cada Comissão de Ética contará com uma Secretaria-Executiva, vinculada administrativamente à instância máxima da entidade ou órgão, para cumprir plano de trabalho por ela aprovado e prover o apoio técnico e material necessário ao cumprimento das suas atribuições.

§ 2º As Secretarias-Executivas das Comissões de Ética serão chefiadas por servidor ou empregado do quadro permanente da entidade ou órgão, ocupante de cargo de direção compatível com sua estrutura, alocado sem aumento de despesas.

Art. 8º Compete às instâncias superiores dos órgãos e entidades do Poder Executivo Federal, abrangendo a administração direta e indireta:

I. observar e fazer observar as normas de ética e disciplina;

II. constituir Comissão de Ética;

III. garantir os recursos humanos, materiais e financeiros para que a Comissão cumpra com suas atribuições; e

IV. atender com prioridade às solicitações da CEP.

Art. 9º Fica constituída a Rede de Ética do Poder Executivo Federal, integrada pelos representantes das Comissões de Ética de que tratam os incisos I, II e III do art. 2º, com o objetivo de promover a cooperação técnica e a avaliação em gestão da ética.

Parágrafo único. Os integrantes da Rede de Ética se reunirão sob a coordenação da Comissão de Ética Pública, pelo menos uma vez por ano, em fórum específico, para avaliar o programa e as ações para a promoção da ética na administração pública.

Art. 10. Os trabalhos da CEP e das demais Comissões de Ética devem ser desenvolvidos com celeridade e observância dos seguintes princípios:

I. proteção à honra e à imagem da pessoa investigada;

II. proteção à identidade do denunciante, que deverá ser mantida sob reserva, se este assim o desejar; e

III. independência e imparcialidade dos seus membros na apuração dos fatos, com as garantias asseguradas neste Decreto.

Art. 11. Qualquer cidadão, agente público, pessoa jurídica de direito privado, associação ou entidade de classe poderá provocar a atuação da CEP ou de Comissão de Ética, visando à apuração de infração ética imputada a agente público, órgão ou setor específico de ente estatal.

Parágrafo único. Entende-se por agente público, para os fins deste Decreto, todo aquele que, por força de lei, contrato ou qualquer ato jurídico, preste serviços de natureza permanente, temporária, excepcional ou eventual, ainda que sem retribuição financeira, a órgão ou entidade da administração pública federal, direta e indireta.

Art. 12. O processo de apuração de prática de ato em desrespeito ao preceituado no Código de Conduta da Alta Administração Federal e no Código de Ética Profissional do Servidor Público Civil do Poder Executivo Federal será instaurado, de ofício ou em razão de denúncia fundamentada, respeitando-se, sempre, as garantias do contraditório e da ampla defesa, pela Comissão de Ética Pública ou Comissões de Ética de que tratam o incisos II e III do art. 2º, conforme o caso, que notificará o investigado para manifestar-se, por escrito, no prazo de dez dias.

ANOTAÇÕES

§ 1º O investigado poderá produzir prova documental necessária à sua defesa.

§ 2º As Comissões de Ética poderão requisitar os documentos que entenderem necessários à instrução probatória e, também, promover diligências e solicitar parecer de especialista.

§ 3º Na hipótese de serem juntados aos autos da investigação, após a manifestação referida no caput deste artigo, novos elementos de prova, o investigado será notificado para nova manifestação, no prazo de dez dias.

§ 4º Concluída a instrução processual, as Comissões de Ética proferirão decisão conclusiva e fundamentada.

§ 5º Se a conclusão for pela existência de falta ética, além das providências previstas no Código de Conduta da Alta Administração Federal e no Código de Ética Profissional do Servidor Público Civil do Poder Executivo Federal, as Comissões de Ética tomarão as seguintes providências, no que couber:

I. encaminhamento de sugestão de exoneração de cargo ou função de confiança à autoridade hierarquicamente superior ou devolução ao órgão de origem, conforme o caso;

II. encaminhamento, conforme o caso, para a Controladoria-Geral da União ou unidade específica do Sistema de Correição do Poder Executivo Federal de que trata o Decreto n o 5.480, de 30 de junho de 2005, para exame de eventuais transgressões disciplinares; e

III. recomendação de abertura de procedimento administrativo, se a gravidade da conduta assim o exigir.

Art. 13. Será mantido com a chancela de "reservado", até que esteja concluído, qualquer procedimento instaurado para apuração de prática em desrespeito às normas éticas.

§ 1º Concluída a investigação e após a deliberação da CEP ou da Comissão de Ética do órgão ou entidade, os autos do procedimento deixarão de ser reservados.

§ 2º Na hipótese de os autos estarem instruídos com documento acobertado por sigilo legal, o acesso a esse tipo de documento somente será permitido a quem detiver igual direito perante o órgão ou entidade originariamente encarregado da sua guarda.

§ 3º Para resguardar o sigilo de documentos que assim devam ser mantidos, as Comissões de Ética, depois de concluído o processo de investigação, providenciarão para que tais documentos sejam desentranhados dos autos, lacrados e acautelados.

Art. 14. A qualquer pessoa que esteja sendo investigada é assegurado o direito de saber o que lhe está sendo imputado, de conhecer o teor da acusação e de ter vista dos autos, no recinto das Comissões de Ética, mesmo que ainda não tenha sido notificada da existência do procedimento investigatório.

Parágrafo único. O direito assegurado neste artigo inclui o de obter cópia dos autos e de certidão do seu teor.

Art. 15. Todo ato de posse, investidura em função pública ou celebração de contrato de trabalho, dos agentes públicos referidos no parágrafo único do art. 11, deverá ser acompanhado da prestação de compromisso solene de acatamento e observância das regras estabelecidas pelo Código de Conduta da Alta Administração Federal, pelo Código de Ética Profissional do Servidor Público Civil do Poder Executivo Federal e pelo Código de Ética do órgão ou entidade, conforme o caso.

Parágrafo único . A posse em cargo ou função pública que submeta a autoridade às normas do Código de Conduta da Alta Administração Federal deve ser precedida de consulta da autoridade à Comissão de Ética Pública acerca de situação que possa suscitar conflito de interesses.

Art. 16. As Comissões de Ética não poderão escusar-se de proferir decisão sobre matéria de sua competência alegando omissão do Código de Conduta da Alta Administração Federal, do Código de Ética Profissional do Servidor Público Civil do Poder Executivo Federal ou do Código de Ética do órgão ou entidade, que, se existente, será suprida pela analogia e invocação aos princípios da legalidade, impessoalidade, moralidade, publicidade e eficiência.

§ 1º Havendo dúvida quanto à legalidade, a Comissão de Ética competente deverá ouvir previamente a área jurídica do órgão ou entidade.

§ 2º Cumpre à CEP responder a consultas sobre aspectos éticos que lhe forem dirigidas pelas demais Comissões de Ética e pelos órgãos e entidades que integram o Executivo Federal, bem como pelos cidadãos e servidores que venham a ser indicados para ocupar cargo ou função abrangida pelo Código de Conduta da Alta Administração Federal.

Art. 17. As Comissões de Ética, sempre que constatarem a possível ocorrência de ilícitos penais, civis, de improbidade administrativa ou de infração disciplinar, encaminharão cópia dos autos às autoridades competentes para apuração de tais fatos, sem prejuízo das medidas de sua competência.

Art. 18. As decisões das Comissões de Ética, na análise de qualquer fato ou ato submetido à sua apreciação ou por ela levantado, serão resumidas em ementa e, com a omissão dos nomes dos investigados, divulgadas no sítio do próprio órgão, bem como remetidas à Comissão de Ética Pública.

Art. 19. Os trabalhos nas Comissões de Ética de que tratam os incisos II e III do art. 2º são considerados relevantes e têm prioridade sobre as atribuições próprias dos cargos dos seus membros, quando estes não atuarem com exclusividade na Comissão.

Art. 20. Os órgãos e entidades da Administração Pública Federal darão tratamento prioritário às solicitações de documentos necessários à instrução dos procedimentos de investigação instaurados pelas Comissões de Ética .

§ 1º Na hipótese de haver inobservância do dever funcional previsto no caput, a Comissão de Ética adotará as providências previstas no inciso III do § 5º do art. 12.

§ 2º As autoridades competentes não poderão alegar sigilo para deixar de prestar informação solicitada pelas Comissões de Ética.

Art. 21. A infração de natureza ética cometida por membro de Comissão de Ética de que tratam os incisos II e III do art. 2º será apurada pela Comissão de Ética Pública.

Art. 22. A Comissão de Ética Pública manterá banco de dados de sanções aplicadas pelas Comissões de Ética de que tratam os incisos II e III do art. 2º e de suas próprias sanções, para fins de consulta pelos órgãos ou entidades da administração pública federal, em casos de nomeação para cargo em comissão ou de alta relevância pública.

Parágrafo único. O banco de dados referido neste artigo engloba as sanções aplicadas a qualquer dos agentes públicos mencionados no parágrafo único do art. 11 deste Decreto.

Art. 23. Os representantes das Comissões de Ética de que tratam os incisos II e III do art. 2º atuarão como elementos de ligação com a CEP, que disporá em Resolução própria sobre as atividades que deverão desenvolver para o cumprimento desse mister.

Art. 24. As normas do Código de Conduta da Alta Administração Federal, do Código de Ética Profissional do Servidor Público Civil do Poder Executivo Federal e do Código de Ética do órgão ou entidade aplicam-se, no que couber, às autoridades e agentes públicos neles referidos, mesmo quando em gozo de licença.

Art. 25. Ficam revogados os incisos XVII, XIX, XX, XXI, XXIII e XXV do Código de Ética Profissional do Servidor Público Civil do Poder Executivo Federal, aprovado pelo Decreto no 1.171, de 22 de junho de 1994, os arts. 2º e 3º do Decreto de 26 de maio de 1999, que cria a Comissão de Ética Pública, e os Decretos de 30 de agosto de 2000 e de 18 de maio de 2001, que dispõem sobre a Comissão de Ética Pública.

Art. 26. Este Decreto entra em vigor na data da sua publicação.

ANOTAÇÕES

33. LEI Nº 12.037, DE 1º DE OUTUBRO DE 2009

Identificação Criminal

Dispõe sobre a identificação criminal do civilmente identificado, regulamentando o art. 5º, inciso LVIII, da Constituição Federal.

O VICE - PRESIDENTE DA REPÚBLICA, no exercício do cargo de PRESIDENTE DA REPÚBLICA Faço saber que o Congresso Nacional decreta e eu sanciono a seguinte Lei:

Art. 1º O civilmente identificado não será submetido a identificação criminal, salvo nos casos previstos nesta Lei.

Art. 2º A identificação civil é atestada por qualquer dos seguintes documentos:

I. carteira de identidade;

II. (Revogado pela Medida Provisória nº 905, de 2019)

III. carteira profissional;

IV. passaporte;

V. carteira de identificação funcional;

VI. outro documento público que permita a identificação do indiciado.

Parágrafo único. Para as finalidades desta Lei, equiparam-se aos documentos de identificação civis os documentos de identificação militares.

Art. 3º Embora apresentado documento de identificação, poderá ocorrer identificação criminal quando:

I. o documento apresentar rasura ou tiver indício de falsificação;

II. o documento apresentado for insuficiente para identificar cabalmente o indiciado;

III. o indiciado portar documentos de identidade distintos, com informações conflitantes entre si;

IV. a identificação criminal for essencial às investigações policiais, segundo despacho da autoridade judiciária competente, que decidirá de ofício ou mediante representação da autoridade policial, do Ministério Público ou da defesa;

V. constar de registros policiais o uso de outros nomes ou diferentes qualificações;

VI. o estado de conservação ou a distância temporal ou da localidade da expedição do documento apresentado impossibilite a completa identificação dos caracteres essenciais.

Parágrafo único. As cópias dos documentos apresentados deverão ser juntadas aos autos do inquérito, ou outra forma de investigação, ainda que consideradas insuficientes para identificar o indiciado.

Art. 4º Quando houver necessidade de identificação criminal, a autoridade encarregada tomará as providências necessárias para evitar o constrangimento do identificado.

Art. 5º A identificação criminal incluirá o processo datiloscópico e o fotográfico, que serão juntados aos autos da comunicação da prisão em flagrante, ou do inquérito policial ou outra forma de investigação.

Parágrafo único. Na hipótese do inciso IV do art. 3º, a identificação criminal poderá incluir a coleta de material biológico para a obtenção do perfil genético. (Incluído pela Lei nº 12.654, de 2012)

Art. 5º-A. Os dados relacionados à coleta do perfil genético deverão ser armazenados em banco de dados de perfis genéticos, gerenciado por unidade oficial de perícia criminal. (Incluído pela Lei nº 12.654, de 2012)

§ 1º As informações genéticas contidas nos bancos de dados de perfis genéticos não poderão revelar traços somáticos ou comportamentais das pessoas, exceto determinação genética de gênero, consoante as normas constitucionais e internacionais sobre direitos humanos, genoma humano e dados genéticos. (Incluído pela Lei nº 12.654, de 2012)

ANOTAÇÕES

LEIS

ANOTAÇÕES

§ 2º Os dados constantes dos bancos de dados de perfis genéticos terão caráter sigiloso, respondendo civil, penal e administrativamente aquele que permitir ou promover sua utilização para fins diversos dos previstos nesta Lei ou em decisão judicial. (Incluído pela Lei nº 12.654, de 2012)

§ 3º As informações obtidas a partir da coincidência de perfis genéticos deverão ser consignadas em laudo pericial firmado por perito oficial devidamente habilitado. (Incluído pela Lei nº 12.654, de 2012)

Art. 6º É vedado mencionar a identificação criminal do indiciado em atestados de antecedentes ou em informações não destinadas ao juízo criminal, antes do trânsito em julgado da sentença condenatória.

Art. 7º No caso de não oferecimento da denúncia, ou sua rejeição, ou absolvição, é facultado ao indiciado ou ao réu, após o arquivamento definitivo do inquérito, ou trânsito em julgado da sentença, requerer a retirada da identificação fotográfica do inquérito ou processo, desde que apresente provas de sua identificação civil.

Art. 7º-A. A exclusão dos perfis genéticos dos bancos de dados ocorrerá: (Redação dada pela Lei nº 13.964, de 24.12.2019)

I. no caso de absolvição do acusado; ou (Incluído pela Lei nº 13.964, de 24.12.2019)

II. no caso de condenação do acusado, mediante requerimento, após decorridos 20 (vinte) anos do cumprimento da pena. (Incluído pela Lei nº 13.964, de 24.12.2019)

Art. 7º-B. A identificação do perfil genético será armazenada em banco de dados sigiloso, conforme regulamento a ser expedido pelo Poder Executivo. (Incluído pela Lei nº 12.654, de 2012)

Art. 7º-C. Fica autorizada a criação, no Ministério da Justiça e Segurança Pública, do Banco Nacional Multibiométrico e de Impressões Digitais. (Incluído pela Lei nº 13.964, de 24.12.2019)

§ 1º A formação, a gestão e o acesso ao Banco Nacional Multibiométrico e de Impressões Digitais serão regulamentados em ato do Poder Executivo federal. (Incluído pela Lei nº 13.964, de 24.12.2019)

§ 2º O Banco Nacional Multibiométrico e de Impressões Digitais tem como objetivo armazenar dados de registros biométricos, de impressões digitais e, quando possível, de íris, face e voz, para subsidiar investigações criminais federais, estaduais ou distritais. (Incluído pela Lei nº 13.964, de 24.12.2019)

§ 3º O Banco Nacional Multibiométrico e de Impressões Digitais será integrado pelos registros biométricos, de impressões digitais, de íris, face e voz colhidos em investigações criminais ou por ocasião da identificação criminal. (Incluído pela Lei nº 13.964, de 24.12.2019)

§ 4º Poderão ser colhidos os registros biométricos, de impressões digitais, de íris, face e voz dos presos provisórios ou definitivos quando não tiverem sido extraídos por ocasião da identificação criminal. (Incluído pela Lei nº 13.964, de 24.12.2019)

§ 5º Poderão integrar o Banco Nacional Multibiométrico e de Impressões Digitais, ou com ele interoperar, os dados de registros constantes em quaisquer bancos de dados geridos por órgãos dos Poderes Executivo, Legislativo e Judiciário das esferas federal, estadual e distrital, inclusive pelo Tribunal Superior Eleitoral e pelos Institutos de Identificação Civil. (Incluído pela Lei nº 13.964, de 24.12.2019)

ANOTAÇÕES

§ 6º No caso de bancos de dados de identificação de natureza civil, administrativa ou eleitoral, a integração ou o compartilhamento dos registros do Banco Nacional Multibiométrico e de Impressões Digitais será limitado às impressões digitais e às informações necessárias para identificação do seu titular. (Incluído pela Lei nº 13.964, de 24.12.2019)

§ 7º A integração ou a interoperação dos dados de registros multibiométricos constantes de outros bancos de dados com o Banco Nacional Multibiométrico e de Impressões Digitais ocorrerá por meio de acordo ou convênio com a unidade gestora. (Incluído pela Lei nº 13.964, de 24.12.2019)

§ 8º Os dados constantes do Banco Nacional Multibiométrico e de Impressões Digitais terão caráter sigiloso, e aquele que permitir ou promover sua utilização para fins diversos dos previstos nesta Lei ou em decisão judicial responderá civil, penal e administrativamente. (Incluído pela Lei nº 13.964, de 24.12.2019)

§ 9º As informações obtidas a partir da coincidência de registros biométricos relacionados a crimes deverão ser consignadas em laudo pericial firmado por perito oficial habilitado. (Incluído pela Lei nº 13.964, de 24.12.2019)

§ 10. É vedada a comercialização, total ou parcial, da base de dados do Banco Nacional Multibiométrico e de Impressões Digitais. (Incluído pela Lei nº 13.964, de 24.12.2019)

§ 11. A autoridade policial e o Ministério Público poderão requerer ao juiz competente, no caso de inquérito ou ação penal instaurados, o acesso ao Banco Nacional Multibiométrico e de Impressões Digitais. (Incluído pela Lei nº 13.964, de 24.12.2019)

Art. 8º Esta Lei entra em vigor na data de sua publicação.

Art. 9º Revoga-se a Lei nº 10.054, de 7 de dezembro de 2000

34. LEI Nº 12.288, DE 20 DE JULHO DE 2010

Estatuto da Igualdade Racial

altera as Leis nos 7.716, de 5 de janeiro de 1989, 9.029, de 13 de abril de 1995, 7.347, de 24 de julho de 1985, e 10.778, de 24 de novembro de 2003.

O PRESIDENTE DA REPÚBLICA Faço saber que o Congresso Nacional decreta e eu sanciono a seguinte Lei:

TÍTULO I - DISPOSIÇÕES PRELIMINARES

Art. 1º Esta Lei institui o Estatuto da Igualdade Racial, destinado a garantir à população negra a efetivação da igualdade de oportunidades, a defesa dos direitos étnicos individuais, coletivos e difusos e o combate à discriminação e às demais formas de intolerância étnica.

Parágrafo único. Para efeito deste Estatuto, considera-se:

I. discriminação racial ou étnico-racial: toda distinção, exclusão, restrição ou preferência baseada em raça, cor, descendência ou origem nacional ou étnica que tenha por objeto anular ou restringir o reconhecimento, gozo ou exercício, em igualdade de condições, de direitos humanos e liberdades fundamentais nos campos político, econômico, social, cultural ou em qualquer outro campo da vida pública ou privada;

II. desigualdade racial: toda situação injustificada de diferenciação de acesso e fruição de bens, serviços e oportunidades, nas esferas pública e privada, em virtude de raça, cor, descendência ou origem nacional ou étnica;

III. desigualdade de gênero e raça: assimetria existente no âmbito da sociedade que acentua a distância social entre mulheres negras e os demais segmentos sociais;

IV. população negra: o conjunto de pessoas que se autodeclaram pretas e pardas, conforme o quesito cor ou raça usado pela Fundação Instituto Brasileiro de Geografia e Estatística (IBGE), ou que adotam autodefinição análoga;

V. políticas públicas: as ações, iniciativas e programas adotados pelo Estado no cumprimento de suas atribuições institucionais;

VI. ações afirmativas: os programas e medidas especiais adotados pelo Estado e pela iniciativa privada para a correção das desigualdades raciais e para a promoção da igualdade de oportunidades.

Art. 2º É dever do Estado e da sociedade garantir a igualdade de oportunidades, reconhecendo a todo cidadão brasileiro, independentemente da etnia ou da cor da pele, o direito à participação na comunidade, especialmente nas atividades políticas, econômicas, empresariais, educacionais, culturais e esportivas, defendendo sua dignidade e seus valores religiosos e culturais.

Art. 3º Além das normas constitucionais relativas aos princípios fundamentais, aos direitos e garantias fundamentais e aos direitos sociais, econômicos e culturais, o Estatuto da Igualdade Racial adota como diretriz político-jurídica a inclusão das vítimas de desigualdade étnico-racial, a valorização da igualdade étnica e o fortalecimento da identidade nacional brasileira.

Art. 4º A participação da população negra, em condição de igualdade de oportunidade, na vida econômica, social, política e cultural do País será promovida, prioritariamente, por meio de:

I. inclusão nas políticas públicas de desenvolvimento econômico e social;

II. adoção de medidas, programas e políticas de ação afirmativa;

III. modificação das estruturas institucionais do Estado para o adequado enfrentamento e a superação das desigualdades étnicas decorrentes do preconceito e da discriminação étnica;

IV. promoção de ajustes normativos para aperfeiçoar o combate à discriminação étnica e às desigualdades étnicas em todas as suas manifestações individuais, institucionais e estruturais;

V. eliminação dos obstáculos históricos, socioculturais e institucionais que impedem a representação da diversidade étnica nas esferas pública e privada;

VI. estímulo, apoio e fortalecimento de iniciativas oriundas da sociedade civil direcionadas à promoção da igualdade de oportunidades e ao combate às desigualdades étnicas, inclusive mediante a implementação de incentivos e critérios de condicionamento e prioridade no acesso aos recursos públicos;

VII. implementação de programas de ação afirmativa destinados ao enfrentamento das desigualdades étnicas no tocante à educação, cultura, esporte e lazer, saúde, segurança, trabalho, moradia, meios de comunicação de massa, financiamentos públicos, acesso à terra, à Justiça, e outros.

Parágrafo único. Os programas de ação afirmativa constituir-se-ão em políticas públicas destinadas a reparar as distorções e desigualdades sociais e demais práticas discriminatórias adotadas, nas esferas pública e privada, durante o processo de formação social do País.

Art. 5º Para a consecução dos objetivos desta Lei, é instituído o Sistema Nacional de Promoção da Igualdade Racial (Sinapir), conforme estabelecido no Título III.

TÍTULO II - DOS DIREITOS FUNDAMENTAIS

CAPÍTULO I - DO DIREITO À SAÚDE

Art. 6º O direito à saúde da população negra será garantido pelo poder público mediante políticas universais, sociais e econômicas destinadas à redução do risco de doenças e de outros agravos.

ANOTAÇÕES

§ 1º O acesso universal e igualitário ao Sistema Único de Saúde (SUS) para promoção, proteção e recuperação da saúde da população negra será de responsabilidade dos órgãos e instituições públicas federais, estaduais, distritais e municipais, da administração direta e indireta.

§ 2º O poder público garantirá que o segmento da população negra vinculado aos seguros privados de saúde seja tratado sem discriminação.

Art. 7º O conjunto de ações de saúde voltadas à população negra constitui a Política Nacional de Saúde Integral da População Negra, organizada de acordo com as diretrizes abaixo especificadas:

I. ampliação e fortalecimento da participação de lideranças dos movimentos sociais em defesa da saúde da população negra nas instâncias de participação e controle social do SUS;

II. produção de conhecimento científico e tecnológico em saúde da população negra;

III. desenvolvimento de processos de informação, comunicação e educação para contribuir com a redução das vulnerabilidades da população negra.

Art. 8º Constituem objetivos da Política Nacional de Saúde Integral da População Negra:

I. a promoção da saúde integral da população negra, priorizando a redução das desigualdades étnicas e o combate à discriminação nas instituições e serviços do SUS;

II. a melhoria da qualidade dos sistemas de informação do SUS no que tange à coleta, ao processamento e à análise dos dados desagregados por cor, etnia e gênero;

III. o fomento à realização de estudos e pesquisas sobre racismo e saúde da população negra;

IV. a inclusão do conteúdo da saúde da população negra nos processos de formação e educação permanente dos trabalhadores da saúde;

V. a inclusão da temática saúde da população negra nos processos de formação política das lideranças de movimentos sociais para o exercício da participação e controle social no SUS.

Parágrafo único. Os moradores das comunidades de remanescentes de quilombos serão beneficiários de incentivos específicos para a garantia do direito à saúde, incluindo melhorias nas condições ambientais, no saneamento básico, na segurança alimentar e nutricional e na atenção integral à saúde.

CAPÍTULO II - DO DIREITO À EDUCAÇÃO, À CULTURA, AO ESPORTE E AO LAZER

SEÇÃO I - DISPOSIÇÕES GERAIS

Art. 9º A população negra tem direito a participar de atividades educacionais, culturais, esportivas e de lazer adequadas a seus interesses e condições, de modo a contribuir para o patrimônio cultural de sua comunidade e da sociedade brasileira.

Art. 10. Para o cumprimento do disposto no art. 9º, os governos federal, estaduais, distrital e municipais adotarão as seguintes providências:

I. promoção de ações para viabilizar e ampliar o acesso da população negra ao ensino gratuito e às atividades esportivas e de lazer;

II. apoio à iniciativa de entidades que mantenham espaço para promoção social e cultural da população negra;

III. desenvolvimento de campanhas educativas, inclusive nas escolas, para que a solidariedade aos membros da população negra faça parte da cultura de toda a sociedade;

IV. implementação de políticas públicas para o fortalecimento da juventude negra brasileira.

ANOTAÇÕES

ANOTAÇÕES

SEÇÃO II - DA EDUCAÇÃO

Art. 11. Nos estabelecimentos de ensino fundamental e de ensino médio, públicos e privados, é obrigatório o estudo da história geral da África e da história da população negra no Brasil, observado o disposto na Lei nº 9.394, de 20 de dezembro de 1996.

§ 1º Os conteúdos referentes à história da população negra no Brasil serão ministrados no âmbito de todo o currículo escolar, resgatando sua contribuição decisiva para o desenvolvimento social, econômico, político e cultural do País.

§ 2º O órgão competente do Poder Executivo fomentará a formação inicial e continuada de professores e a elaboração de material didático específico para o cumprimento do disposto no caput deste artigo.

§ 3º Nas datas comemorativas de caráter cívico, os órgãos responsáveis pela educação incentivarão a participação de intelectuais e representantes do movimento negro para debater com os estudantes suas vivências relativas ao tema em comemoração.

Art. 12. Os órgãos federais, distritais e estaduais de fomento à pesquisa e à pós-graduação poderão criar incentivos a pesquisas e a programas de estudo voltados para temas referentes às relações étnicas, aos quilombos e às questões pertinentes à população negra.

Art. 13. O Poder Executivo federal, por meio dos órgãos competentes, incentivará as instituições de ensino superior públicas e privadas, sem prejuízo da legislação em vigor, a:

I. resguardar os princípios da ética em pesquisa e apoiar grupos, núcleos e centros de pesquisa, nos diversos programas de pós-graduação que desenvolvam temáticas de interesse da população negra;

II. incorporar nas matrizes curriculares dos cursos de formação de professores temas que incluam valores concernentes à pluralidade étnica e cultural da sociedade brasileira;

III. desenvolver programas de extensão universitária destinados a aproximar jovens negros de tecnologias avançadas, assegurado o princípio da proporcionalidade de gênero entre os beneficiários;

IV. estabelecer programas de cooperação técnica, nos estabelecimentos de ensino públicos, privados e comunitários, com as escolas de educação infantil, ensino fundamental, ensino médio e ensino técnico, para a formação docente baseada em princípios de equidade, de tolerância e de respeito às diferenças étnicas.

Art. 14. O poder público estimulará e apoiará ações socioeducacionais realizadas por entidades do movimento negro que desenvolvam atividades voltadas para a inclusão social, mediante cooperação técnica, intercâmbios, convênios e incentivos, entre outros mecanismos.

Art. 15. O poder público adotará programas de ação afirmativa.

Art. 16. O Poder Executivo federal, por meio dos órgãos responsáveis pelas políticas de promoção da igualdade e de educação, acompanhará e avaliará os programas de que trata esta Seção.

SEÇÃO III - DA CULTURA

Art. 17. O poder público garantirá o reconhecimento das sociedades negras, clubes e outras formas de manifestação coletiva da população negra, com trajetória histórica comprovada, como patrimônio histórico e cultural, nos termos dos arts. 215 e 216 da Constituição Federal.

Art. 18. É assegurado aos remanescentes das comunidades dos quilombos o direito à preservação de seus usos, costumes, tradições e manifestos religiosos, sob a proteção do Estado.

Parágrafo único. A preservação dos documentos e dos sítios detentores de reminiscências históricas dos antigos quilombos, tombados nos termos do § 5º do art. 216 da Constituição Federal, receberá especial atenção do poder público.

ANOTAÇÕES

Art. 19. O poder público incentivará a celebração das personalidades e das datas comemorativas relacionadas à trajetória do samba e de outras manifestações culturais de matriz africana, bem como sua comemoração nas instituições de ensino públicas e privadas.

Art. 20. O poder público garantirá o registro e a proteção da capoeira, em todas as suas modalidades, como bem de natureza imaterial e de formação da identidade cultural brasileira, nos termos do art. 216 da Constituição Federal.

Parágrafo único. O poder público buscará garantir, por meio dos atos normativos necessários, a preservação dos elementos formadores tradicionais da capoeira nas suas relações internacionais.

SEÇÃO IV - DO ESPORTE E LAZER

Art. 21. O poder público fomentará o pleno acesso da população negra às práticas desportivas, consolidando o esporte e o lazer como direitos sociais.

Art. 22. A capoeira é reconhecida como desporto de criação nacional, nos termos do art. 217 da Constituição Federal.

§ 1º A atividade de capoeirista será reconhecida em todas as modalidades em que a capoeira se manifesta, seja como esporte, luta, dança ou música, sendo livre o exercício em todo o território nacional.

§ 2º É facultado o ensino da capoeira nas instituições públicas e privadas pelos capoeiristas e mestres tradicionais, pública e formalmente reconhecidos.

CAPÍTULO III - DO DIREITO À LIBERDADE DE CONSCIÊNCIA E DE CRENÇA E AO LIVRE EXERCÍCIO DOS CULTOS RELIGIOSOS

Art. 23. É inviolável a liberdade de consciência e de crença, sendo assegurado o livre exercício dos cultos religiosos e garantida, na forma da lei, a proteção aos locais de culto e a suas liturgias.

Art. 24. O direito à liberdade de consciência e de crença e ao livre exercício dos cultos religiosos de matriz africana compreende:

I. a prática de cultos, a celebração de reuniões relacionadas à religiosidade e a fundação e manutenção, por iniciativa privada, de lugares reservados para tais fins;

II. a celebração de festividades e cerimônias de acordo com preceitos das respectivas religiões;

III. a fundação e a manutenção, por iniciativa privada, de instituições beneficentes ligadas às respectivas convicções religiosas;

IV. a produção, a comercialização, a aquisição e o uso de artigos e materiais religiosos adequados aos costumes e às práticas fundadas na respectiva religiosidade, ressalvadas as condutas vedadas por legislação específica;

V. a produção e a divulgação de publicações relacionadas ao exercício e à difusão das religiões de matriz africana;

VI. a coleta de contribuições financeiras de pessoas naturais e jurídicas de natureza privada para a manutenção das atividades religiosas e sociais das respectivas religiões;

VII. o acesso aos órgãos e aos meios de comunicação para divulgação das respectivas religiões;

VIII. a comunicação ao Ministério Público para abertura de ação penal em face de atitudes e práticas de intolerância religiosa nos meios de comunicação e em quaisquer outros locais.

Art. 25. É assegurada a assistência religiosa aos praticantes de religiões de matrizes africanas internados em hospitais ou em outras instituições de internação coletiva, inclusive àqueles submetidos a pena privativa de liberdade.

Art. 26. O poder público adotará as medidas necessárias para o combate à intolerância com as religiões de matrizes africanas e à discriminação de seus seguidores, especialmente com o objetivo de:

I. coibir a utilização dos meios de comunicação social para a difusão de proposições, imagens ou abordagens que exponham pessoa ou grupo ao ódio ou ao desprezo por motivos fundados na religiosidade de matrizes africanas;

II. inventariar, restaurar e proteger os documentos, obras e outros bens de valor artístico e cultural, os monumentos, mananciais, flora e sítios arqueológicos vinculados às religiões de matrizes africanas;

III. assegurar a participação proporcional de representantes das religiões de matrizes africanas, ao lado da representação das demais religiões, em comissões, conselhos, órgãos e outras instâncias de deliberação vinculadas ao poder público.

CAPÍTULO IV - DO ACESSO À TERRA E À MORADIA ADEQUADA

SEÇÃO I - DO ACESSO À TERRA

Art. 27. O poder público elaborará e implementará políticas públicas capazes de promover o acesso da população negra à terra e às atividades produtivas no campo.

Art. 28. Para incentivar o desenvolvimento das atividades produtivas da população negra no campo, o poder público promoverá ações para viabilizar e ampliar o seu acesso ao financiamento agrícola.

Art. 29. Serão assegurados à população negra a assistência técnica rural, a simplificação do acesso ao crédito agrícola e o fortalecimento da infraestrutura de logística para a comercialização da produção.

Art. 30. O poder público promoverá a educação e a orientação profissional agrícola para os trabalhadores negros e as comunidades negras rurais.

Art. 31. Aos remanescentes das comunidades dos quilombos que estejam ocupando suas terras é reconhecida a propriedade definitiva, devendo o Estado emitir-lhes os títulos respectivos.

Art. 32. O Poder Executivo federal elaborará e desenvolverá políticas públicas especiais voltadas para o desenvolvimento sustentável dos remanescentes das comunidades dos quilombos, respeitando as tradições de proteção ambiental das comunidades.

Art. 33. Para fins de política agrícola, os remanescentes das comunidades dos quilombos receberão dos órgãos competentes tratamento especial diferenciado, assistência técnica e linhas especiais de financiamento público, destinados à realização de suas atividades produtivas e de infraestrutura.

Art. 34. Os remanescentes das comunidades dos quilombos se beneficiarão de todas as iniciativas previstas nesta e em outras leis para a promoção da igualdade étnica.

SEÇÃO II - DA MORADIA

Art. 35. O poder público garantirá a implementação de políticas públicas para assegurar o direito à moradia adequada da população negra que vive em favelas, cortiços, áreas urbanas subutilizadas, degradadas ou em processo de degradação, a fim de reintegrá-las à dinâmica urbana e promover melhorias no ambiente e na qualidade de vida.

Parágrafo único. O direito à moradia adequada, para os efeitos desta Lei, inclui não apenas o provimento habitacional, mas também a garantia da infraestrutura urbana e dos equipamentos comunitários associados à função habitacional, bem como a assistência técnica e jurídica para a construção, a reforma ou a regularização fundiária da habitação em área urbana.

Art. 36. Os programas, projetos e outras ações governamentais realizadas no âmbito do Sistema Nacional de Habitação de Interesse Social (SNHIS), regulado pela Lei nº 11.124, de 16 de junho de 2005, devem considerar as peculiaridades sociais, econômicas e culturais da população negra.

Parágrafo único. Os Estados, o Distrito Federal e os Municípios estimularão e facilitarão a participação de organizações e movimentos representativos da população negra na composição dos conselhos constituídos para fins de aplicação do Fundo Nacional de Habitação de Interesse Social (FNHIS).

Art. 37. Os agentes financeiros, públicos ou privados, promoverão ações para viabilizar o acesso da população negra aos financiamentos habitacionais.

CAPÍTULO V - DO TRABALHO

Art. 38. A implementação de políticas voltadas para a inclusão da população negra no mercado de trabalho será de responsabilidade do poder público, observando-se:

I. o instituído neste Estatuto;

II. os compromissos assumidos pelo Brasil ao ratificar a Convenção Internacional sobre a Eliminação de Todas as Formas de Discriminação Racial, de 1965;

III. os compromissos assumidos pelo Brasil ao ratificar a Convenção no 111, de 1958, da Organização Internacional do Trabalho (OIT), que trata da discriminação no emprego e na profissão;

IV. os demais compromissos formalmente assumidos pelo Brasil perante a comunidade internacional.

Art. 39. O poder público promoverá ações que assegurem a igualdade de oportunidades no mercado de trabalho para a população negra, inclusive mediante a implementação de medidas visando à promoção da igualdade nas contratações do setor público e o incentivo à adoção de medidas similares nas empresas e organizações privadas.

§ 1º A igualdade de oportunidades será lograda mediante a adoção de políticas e programas de formação profissional, de emprego e de geração de renda voltados para a população negra.

§ 2º As ações visando a promover a igualdade de oportunidades na esfera da administração pública far-se-ão por meio de normas estabelecidas ou a serem estabelecidas em legislação específica e em seus regulamentos.

§ 3º O poder público estimulará, por meio de incentivos, a adoção de iguais medidas pelo setor privado.

§ 4º As ações de que trata o caput deste artigo assegurarão o princípio da proporcionalidade de gênero entre os beneficiários.

§ 5º Será assegurado o acesso ao crédito para a pequena produção, nos meios rural e urbano, com ações afirmativas para mulheres negras.

§ 6º O poder público promoverá campanhas de sensibilização contra a marginalização da mulher negra no trabalho artístico e cultural.

§ 7º O poder público promoverá ações com o objetivo de elevar a escolaridade e a qualificação profissional nos setores da economia que contem com alto índice de ocupação por trabalhadores negros de baixa escolarização.

Art. 40. O Conselho Deliberativo do Fundo de Amparo ao Trabalhador (Codefat) formulará políticas, programas e projetos voltados para a inclusão da população negra no mercado de trabalho e orientará a destinação de recursos para seu financiamento.

Art. 41. As ações de emprego e renda, promovidas por meio de financiamento para constituição e ampliação de pequenas e médias empresas e de programas de geração de renda, contemplarão o estímulo à promoção de empresários negros.

Parágrafo único. O poder público estimulará as atividades voltadas ao turismo étnico com enfoque nos locais, monumentos e cidades que retratem a cultura, os usos e os costumes da população negra.

Art. 42. O Poder Executivo federal poderá implementar critérios para provimento de cargos em comissão e funções de confiança destinados a ampliar a participação de negros, buscando reproduzir a estrutura da distribuição étnica nacional ou, quando for o caso, estadual, observados os dados demográficos oficiais.

ANOTAÇÕES

ANOTAÇÕES

LEIS

ANOTAÇÕES

CAPÍTULO VI - DOS MEIOS DE COMUNICAÇÃO

Art. 43. A produção veiculada pelos órgãos de comunicação valorizará a herança cultural e a participação da população negra na história do País.

Art. 44. Na produção de filmes e programas destinados à veiculação pelas emissoras de televisão e em salas cinematográficas, deverá ser adotada a prática de conferir oportunidades de emprego para atores, figurantes e técnicos negros, sendo vedada toda e qualquer discriminação de natureza política, ideológica, étnica ou artística.

Parágrafo único. A exigência disposta no caput não se aplica aos filmes e programas que abordem especificidades de grupos étnicos determinados.

Art. 45. Aplica-se à produção de peças publicitárias destinadas à veiculação pelas emissoras de televisão e em salas cinematográficas o disposto no art. 44.

Art. 46. Os órgãos e entidades da administração pública federal direta, autárquica ou fundacional, as empresas públicas e as sociedades de economia mista federais deverão incluir cláusulas de participação de artistas negros nos contratos de realização de filmes, programas ou quaisquer outras peças de caráter publicitário.

§ 1º Os órgãos e entidades de que trata este artigo incluirão, nas especificações para contratação de serviços de consultoria, conceituação, produção e realização de filmes, programas ou peças publicitárias, a obrigatoriedade da prática de iguais oportunidades de emprego para as pessoas relacionadas com o projeto ou serviço contratado.

§ 2º Entende-se por prática de iguais oportunidades de emprego o conjunto de medidas sistemáticas executadas com a finalidade de garantir a diversidade étnica, de sexo e de idade na equipe vinculada ao projeto ou serviço contratado.

§ 3º A autoridade contratante poderá, se considerar necessário para garantir a prática de iguais oportunidades de emprego, requerer auditoria por órgão do poder público federal.

§ 4º A exigência disposta no caput não se aplica às produções publicitárias quando abordarem especificidades de grupos étnicos determinados.

TÍTULO III - DO SISTEMA NACIONAL DE PROMOÇÃO DA IGUALDADE RACIAL (SINAPIR)

CAPÍTULO I - DISPOSIÇÃO PRELIMINAR

Art. 47. É instituído o Sistema Nacional de Promoção da Igualdade Racial (Sinapir) como forma de organização e de articulação voltadas à implementação do conjunto de políticas e serviços destinados a superar as desigualdades étnicas existentes no País, prestados pelo poder público federal.

§ 1º Os Estados, o Distrito Federal e os Municípios poderão participar do Sinapir mediante adesão.

§ 2º O poder público federal incentivará a sociedade e a iniciativa privada a participar do Sinapir.

CAPÍTULO II - DOS OBJETIVOS

Art. 48. São objetivos do Sinapir:

I. promover a igualdade étnica e o combate às desigualdades sociais resultantes do racismo, inclusive mediante adoção de ações afirmativas;

II. formular políticas destinadas a combater os fatores de marginalização e a promover a integração social da população negra;

III. descentralizar a implementação de ações afirmativas pelos governos estaduais, distrital e municipais;

IV. articular planos, ações e mecanismos voltados à promoção da igualdade étnica;

V. garantir a eficácia dos meios e dos instrumentos criados para a implementação das ações afirmativas e o cumprimento das metas a serem estabelecidas.

ANOTAÇÕES

CAPÍTULO III - DA ORGANIZAÇÃO E COMPETÊNCIA

Art. 49. O Poder Executivo federal elaborará plano nacional de promoção da igualdade racial contendo as metas, princípios e diretrizes para a implementação da Política Nacional de Promoção da Igualdade Racial (PNPIR).

§ 1º A elaboração, implementação, coordenação, avaliação e acompanhamento da PNPIR, bem como a organização, articulação e coordenação do Sinapir, serão efetivados pelo órgão responsável pela política de promoção da igualdade étnica em âmbito nacional.

§ 2º É o Poder Executivo federal autorizado a instituir fórum intergovernamental de promoção da igualdade étnica, a ser coordenado pelo órgão responsável pelas políticas de promoção da igualdade étnica, com o objetivo de implementar estratégias que visem à incorporação da política nacional de promoção da igualdade étnica nas ações governamentais de Estados e Municípios.

§ 3º As diretrizes das políticas nacional e regional de promoção da igualdade étnica serão elaboradas por órgão colegiado que assegure a participação da sociedade civil.

Art. 50. Os Poderes Executivos estaduais, distrital e municipais, no âmbito das respectivas esferas de competência, poderão instituir conselhos de promoção da igualdade étnica, de caráter permanente e consultivo, compostos por igual número de representantes de órgãos e entidades públicas e de organizações da sociedade civil representativas da população negra.

Parágrafo único. O Poder Executivo priorizará o repasse dos recursos referentes aos programas e atividades previstos nesta Lei aos Estados, Distrito Federal e Municípios que tenham criado conselhos de promoção da igualdade étnica.

CAPÍTULO IV - DAS OUVIDORIAS PERMANENTES E DO ACESSO À JUSTIÇA E À SEGURANÇA

Art. 51. O poder público federal instituirá, na forma da lei e no âmbito dos Poderes Legislativo e Executivo, Ouvidorias Permanentes em Defesa da Igualdade Racial, para receber e encaminhar denúncias de preconceito e discriminação com base em etnia ou cor e acompanhar a implementação de medidas para a promoção da igualdade.

Art. 52. É assegurado às vítimas de discriminação étnica o acesso aos órgãos de Ouvidoria Permanente, à Defensoria Pública, ao Ministério Público e ao Poder Judiciário, em todas as suas instâncias, para a garantia do cumprimento de seus direitos.

Parágrafo único. O Estado assegurará atenção às mulheres negras em situação de violência, garantida a assistência física, psíquica, social e jurídica.

Art. 53. O Estado adotará medidas especiais para coibir a violência policial incidente sobre a população negra.

Parágrafo único. O Estado implementará ações de ressocialização e proteção da juventude negra em conflito com a lei e exposta a experiências de exclusão social.

Art. 54. O Estado adotará medidas para coibir atos de discriminação e preconceito praticados por servidores públicos em detrimento da população negra, observado, no que couber, o disposto na Lei nº7.716, de 5 de janeiro de 1989.

Art. 55. Para a apreciação judicial das lesões e das ameaças de lesão aos interesses da população negra decorrentes de situações de desigualdade étnica, recorrer-se-á, entre outros instrumentos, à ação civil pública, disciplinada na Lei nº 7.347, de 24 de julho de 1985.

CAPÍTULO V - DO FINANCIAMENTO DAS INICIATIVAS DE PROMOÇÃO DA IGUALDADE RACIAL

Art. 56. Na implementação dos programas e das ações constantes dos planos plurianuais e dos orçamentos anuais da União, deverão ser observadas as políticas de ação afirmativa a que se refere o inciso VII do art. 4º desta Lei e outras políticas públicas que tenham como objetivo promover a igualdade de oportunidades e a inclusão social da população negra, especialmente no que tange a:

I. promoção da igualdade de oportunidades em educação, emprego e moradia;

II. financiamento de pesquisas, nas áreas de educação, saúde e emprego, voltadas para a melhoria da qualidade de vida da população negra;

III. incentivo à criação de programas e veículos de comunicação destinados à divulgação de matérias relacionadas aos interesses da população negra;

IV. incentivo à criação e à manutenção de microempresas administradas por pessoas autodeclaradas negras;

V. iniciativas que incrementem o acesso e a permanência das pessoas negras na educação fundamental, média, técnica e superior;

VI. apoio a programas e projetos dos governos estaduais, distrital e municipais e de entidades da sociedade civil voltados para a promoção da igualdade de oportunidades para a população negra;

VII. apoio a iniciativas em defesa da cultura, da memória e das tradições africanas e brasileiras.

§ 1º O Poder Executivo federal é autorizado a adotar medidas que garantam, em cada exercício, a transparência na alocação e na execução dos recursos necessários ao financiamento das ações previstas neste Estatuto, explicitando, entre outros, a proporção dos recursos orçamentários destinados aos programas de promoção da igualdade, especialmente nas áreas de educação, saúde, emprego e renda, desenvolvimento agrário, habitação popular, desenvolvimento regional, cultura, esporte e lazer.

§ 2º Durante os 5 (cinco) primeiros anos, a contar do exercício subsequente à publicação deste Estatuto, os órgãos do Poder Executivo federal que desenvolvem políticas e programas nas áreas referidas no § 1º deste artigo discriminarão em seus orçamentos anuais a participação nos programas de ação afirmativa referidos no inciso VII do art. 4º desta Lei.

§ 3º O Poder Executivo é autorizado a adotar as medidas necessárias para a adequada implementação do disposto neste artigo, podendo estabelecer patamares de participação crescente dos programas de ação afirmativa nos orçamentos anuais a que se refere o § 2º deste artigo.

§ 4º O órgão colegiado do Poder Executivo federal responsável pela promoção da igualdade racial acompanhará e avaliará a programação das ações referidas neste artigo nas propostas orçamentárias da União.

Art. 57. Sem prejuízo da destinação de recursos ordinários, poderão ser consignados nos orçamentos fiscal e da seguridade social para financiamento das ações de que trata o art. 56:

I. transferências voluntárias dos Estados, do Distrito Federal e dos Municípios;

II. doações voluntárias de particulares;

III. doações de empresas privadas e organizações não governamentais, nacionais ou internacionais;

IV. doações voluntárias de fundos nacionais ou internacionais;

V. doações de Estados estrangeiros, por meio de convênios, tratados e acordos internacionais.

ANOTAÇÕES

TÍTULO IV - DISPOSIÇÕES FINAIS

Art. 58. As medidas instituídas nesta Lei não excluem outras em prol da população negra que tenham sido ou venham a ser adotadas no âmbito da União, dos Estados, do Distrito Federal ou dos Municípios.

Art. 59. O Poder Executivo federal criará instrumentos para aferir a eficácia social das medidas previstas nesta Lei e efetuará seu monitoramento constante, com a emissão e a divulgação de relatórios periódicos, inclusive pela rede mundial de computadores.

Art. 60. Os arts. 3º e 4º da Lei nº 7.716, de 1989, passam a vigorar com a seguinte redação:

"Art. 3º

Parágrafo único. Incorre na mesma pena quem, por motivo de discriminação de raça, cor, etnia, religião ou procedência nacional, obstar a promoção funcional." (NR)

"Art. 4º

§ 1º Incorre na mesma pena quem, por motivo de discriminação de raça ou de cor ou práticas resultantes do preconceito de descendência ou origem nacional ou étnica:

I. deixar de conceder os equipamentos necessários ao empregado em igualdade de condições com os demais trabalhadores;

II. impedir a ascensão funcional do empregado ou obstar outra forma de benefício profissional;

III. proporcionar ao empregado tratamento diferenciado no ambiente de trabalho, especialmente quanto ao salário.

§ 2º Ficará sujeito às penas de multa e de prestação de serviços à comunidade, incluindo atividades de promoção da igualdade racial, quem, em anúncios ou qualquer outra forma de recrutamento de trabalhadores, exigir aspectos de aparência próprios de raça ou etnia para emprego cujas atividades não justifiquem essas exigências." (NR)

Art. 61. Os arts. 3º e 4º da Lei nº 9.029, de 13 de abril de 1995, passam a vigorar com a seguinte redação:

"Art. 3º Sem prejuízo do prescrito no art. 2º e nos dispositivos legais que tipificam os crimes resultantes de preconceito de etnia, raça ou cor, as infrações do disposto nesta Lei são passíveis das seguintes cominações:

"Art. 4º O rompimento da relação de trabalho por ato discriminatório, nos moldes desta Lei, além do direito à reparação pelo dano moral, faculta ao empregado optar entre:

Art. 62. O art. 13 da Lei nº 7.347, de 1985, passa a vigorar acrescido do seguinte § 2º, renumerando-se o atual parágrafo único como § 1º:

"Art. 13.

§ 1º

§ 2º Havendo acordo ou condenação com fundamento em dano causado por ato de discriminação étnica nos termos do disposto no art. 1º desta Lei, a prestação em dinheiro reverterá diretamente ao fundo de que trata o caput e será utilizada para ações de promoção da igualdade étnica, conforme definição do Conselho Nacional de Promoção da Igualdade Racial, na hipótese de extensão nacional, ou dos Conselhos de Promoção de Igualdade Racial estaduais ou locais, nas hipóteses de danos com extensão regional ou local, respectivamente."

Art. 63. O § 1º do art. 1º da Lei nº 10.778, de 24 de novembro de 2003, passa a vigorar com a seguinte redação:

"Art. 1º

§ 1º Para os efeitos desta Lei, entende-se por violência contra a mulher qualquer ação ou conduta, baseada no gênero, inclusive decorrente de discriminação ou desigualdade étnica, que cause morte, dano ou sofrimento físico, sexual ou psicológico à mulher, tanto no âmbito público quanto no privado.

ANOTAÇÕES

LEIS

ANOTAÇÕES

Art. 64. O § 3º do art. 20 da Lei nº 7.716, de 1989, passa a vigorar acrescido do seguinte inciso III:

"Art. 20.

§ 3º

III. a interdição das respectivas mensagens ou páginas de informação na rede mundial de computadores.

Art. 65. Esta Lei entra em vigor 90 (noventa) dias após a data de sua publicação.

35. PORTARIA INTERMINISTERIAL Nº 4.226 DE DEZEMBRO DE 2010

Uso da Força pelos Agentes de Segurança Pública.

O MINISTRO DE ESTADO DA JUSTIÇA e o MINISTRO DE ESTADO CHEFE DA SECRETARIA DE DIREITOS HUMANOS DA PRESIDÊNCIA DA REPÚBLICA, no uso das atribuições que lhes conferem os incisos I e II, do parágrafo único, do art. 87, da Constituição Federal e,

CONSIDERANDO que a concepção do direito à segurança pública com cidadania demanda a sedimentação de políticas públicas de segurança pautadas no respeito aos direitos humanos;

CONSIDERANDO o disposto no Código de Conduta para os Funcionários Responsáveis pela Aplicação da Lei, adotado pela Assembléia Geral das Nações Unidas na sua Resolução 34/169, de 17 de dezembro de 1979, nos Princípios Básicos sobre o Uso da Força e Armas de Fogo pelos Funcionários Responsáveis pela Aplicação da Lei, adotados pelo Oitavo Congresso das Nações Unidas para a Prevenção do Crime e o Tratamento dos Delinquentes, realizado em Havana, Cuba, de 27 de Agosto a 7 de setembro de 1999, nos Princípios orientadores para a Aplicação Efetiva do Código de Conduta para os Funcionários Responsáveis pela Aplicação da Lei, adotados pelo Conselho Econômico e Social das Nações Unidas na sua resolução 1989/61, de 24 de maio de 1989 e na Convenção Contra a Tortura e outros Tratamentos ou penas Cruéis, Desumanos ou Degradantes, adotado pela Assembléia Geral das Nações Unidas, em sua XL Sessão, realizada em Nova York em 10 de dezembro de 1984 e promulgada pelo Decreto nº 40, de 15 de fevereiro de 1991;

CONSIDERANDO a necessidade de orientação e padronização dos procedimentos da atuação dos agentes de segurança pública aos princípios internacionais sobre o uso da força;

CONSIDERANDO o objetivo de reduzir paulatinamente os índices de letalidade resultantes de ações envolvendo agentes de segurança pública; e,

CONSIDERANDO as conclusões do Grupo de Trabalho, criado para elaborar proposta de Diretrizes sobre Uso da Força, composto por representantes das Polícias Federais, Estaduais e Guardas Municipais, bem como com representantes da sociedade civil, da Secretaria de Direitos Humanos da Presidência da República e do Ministério da Justiça, resolvem:

Art. 1º. Ficam estabelecidas Diretrizes sobre o Uso da Força pelos Agentes de Segurança Pública, na forma do Anexo I desta Portaria.

Parágrafo único. Aplicam-se às Diretrizes estabelecidas no Anexo I, as definições constantes no Anexo II desta Portaria.

Art. 2º. A observância das diretrizes mencionadas no artigo anterior passa a ser obrigatória pelo Departamento de Polícia Federal, pelo Departamento de Polícia Rodoviária Federal, pelo Departamento Penitenciário Nacional e pela Força Nacional de Segurança Pública.

§1º. As unidades citadas no caput deste artigo terão 90 dias, contados a partir da publicação desta portaria, para adequar seus procedimentos operacionais e seu processo de formação e treinamento às diretrizes supramencionadas.

§2º. As unidades citadas no caput deste artigo terão 60 dias, contados a partir da publicação desta portaria, para fixar a normatização mencionada na Diretriz nº 9 e para criar a comissão mencionada na Diretriz nº 23.

ANOTAÇÕES

§3º. As unidades citadas no caput deste artigo terão 60 dias, contados a partir da publicação desta portaria, para instituir Comissão responsável por avaliar sua situação interna em relação às diretrizes não mencionadas nos parágrafos anteriores e propor medidas para assegurar as adequações necessárias.

Art. 3º. A Secretaria de Direitos Humanos da Presidência da República e o Ministério da Justiça estabelecerão mecanismos para estimular e monitorar iniciativas que visem à implementação de ações para efetivação das diretrizes tratadas nesta portaria pelos entes federados, respeitada a repartição de competências prevista no art. 144 da Constituição Federal.

Art. 4º. A Secretaria Nacional de Segurança Pública do Ministério da Justiça levará em consideração a observância das diretrizes tratadas nesta portaria no repasse de recursos aos entes federados.

Art. 5º. Esta portaria entra em vigor na data de sua publicação.

ANEXO I – DIRETRIZES SOBRE O USO DA FORÇA E ARMAS DE FOGO

PELOS AGENTES DE SEGURANÇA PÚBLICA

Diretriz nº 1. O uso da força pelos agentes de segurança pública deverá se pautar nos documentos internacionais de proteção aos direitos humanos e deverá considerar, primordialmente:

a) ao Código de Conduta para os Funcionários Responsáveis pela Aplicação da Lei, adotado pela Assembléia Geral das Nações Unidas na sua Resolução 34/169, de 17 de dezembro de 1979;

b) os Princípios orientadores para a Aplicação Efetiva do Código de Conduta para os Funcionários Responsáveis pela Aplicação da Lei, adotados pelo Conselho Econômico e Social das Nações Unidas na sua Resolução 1989/61, de 24 de maio de 1989;

c) os Princípios Básicos sobre o Uso da Força e Armas de Fogo pelos Funcionários Responsáveis pela Aplicação da Lei, adotados pelo Oitavo Congresso das Nações Unidas para a Prevenção do Crime e o Tratamento dos Delinquentes, realizado em Havana, Cuba, de 27 de agosto a 7 de setembro de 1999;

d) a Convenção Contra a Tortura e outros Tratamentos ou penas Cruéis, Desumanos ou Degradantes, adotada pela Assembléia Geral das Nações Unidas, em sua XL Sessão, realizada em Nova York em 10 de dezembro de 1984 e promulgada pelo Decreto nº 40, de 15 de fevereiro de 1991.

Diretriz nº 2. O uso da força por agentes de segurança pública deverá obedecer aos princípios da legalidade, necessidade, proporcionalidade, moderação e conveniência. ***

Diretriz nº 3. Os agentes de segurança pública não deverão disparar armas de fogo contra pessoas, exceto em casos de legítima defesa própria ou de terceiro contra perigo iminente de morte ou lesão grave. ***

Diretriz nº 4. Não é legítimo o uso de armas de fogo contra pessoa em fuga que esteja desarmada ou que, mesmo na posse de algum tipo de arma, não represente risco imediato de morte ou de lesão grave aos agentes de segurança pública ou terceiros. ***

Diretriz nº 5. Não é legítimo o uso de armas de fogo contra veículo que desrespeite bloqueio policial em via pública, a não ser que o ato represente um risco imediato de morte ou lesão grave aos agentes de segurança pública ou terceiros. ***

Diretriz nº 6. Os chamados "disparos de advertência" não são considerados prática aceitável, por não atenderem aos princípios elencados na Diretriz nº 2 e em razão da imprevisibilidade de seus efeitos. ***

Diretriz nº 7. O ato de apontar arma de fogo contra pessoas durante os procedimentos de abordagem não deverá ser uma prática rotineira e indiscriminada. ***

Diretriz nº 8. Todo agente de segurança pública que, em razão da sua função, possa vir a se envolver em situações de uso da força, deverá portar no mínimo 2 (dois) instrumentos de menor potencial ofensivo e equipamentos de proteção necessários à atuação específica, independentemente de portar ou não arma de fogo.

Diretriz nº 9. Os órgãos de segurança pública deverão editar atos normativos disciplinando o uso da força por seus agentes, definindo objetivamente:

a) os tipos de instrumentos e técnicas autorizadas;

b) as circunstâncias técnicas adequadas à sua utilização, ao ambiente/entorno e ao risco potencial a terceiros não envolvidos no evento;

c) o conteúdo e a carga horária mínima para habilitação e atualização periódica ao uso de cada tipo de instrumento;

d) a proibição de uso de armas de fogo e munições que provoquem lesões desnecessárias e risco injustificado; e

e) o controle sobre a guarda e utilização de armas e munições pelo agente de segurança pública.

Diretriz nº 10. Quando o uso da força causar lesão ou morte de pessoa(s), o agente de segurança pública envolvido deverá realizar as seguintes ações:

a) facilitar a prestação de socorro ou assistência médica aos feridos;

b) promover a correta preservação do local da ocorrência;

c) comunicar o fato ao seu superior imediato e à autoridade competente; e

d) preencher o relatório individual correspondente sobre o uso da força, disciplinado na Diretriz nº 22.

Diretriz nº 11. Quando o uso da força causar lesão ou morte de pessoa(s), o órgão de segurança pública deverá realizar as seguintes ações:

a) facilitar a assistência e/ou auxílio médico dos feridos;

b) recolher e identificar as armas e munições de todos os envolvidos, vinculando-as aos seus respectivos portadores no momento da ocorrência;

c) solicitar perícia criminalística para o exame de local e objetos bem como exames médico-legais;

d) comunicar os fatos aos familiares ou amigos da(s) pessoa(s) ferida(s) ou morta(s);

e) iniciar, por meio da Corregedoria da instituição, ou órgão equivalente, investigação imediata dos fatos e circunstâncias do emprego da força;

f) promover a assistência médica às pessoas feridas em decorrência da intervenção, incluindo atenção às possíveis sequelas;

g) promover o devido acompanhamento psicológico aos agentes de segurança pública envolvidos, permitindo-lhes superar ou minimizar os efeitos decorrentes do fato ocorrido; e

h) afastar temporariamente do serviço operacional, para avaliação psicológica e redução do estresse, os agentes de segurança pública envolvidos diretamente em ocorrências com resultado letal.

Diretriz nº 12. Os critérios de recrutamento e seleção para os agentes de segurança pública deverão levar em consideração o perfil psicológico necessário para lidar com situações de estresse e uso da força e arma de fogo.

Diretriz nº 13. Os processos seletivos para ingresso nas instituições de segurança pública e os cursos de formação e especialização dos agentes de segurança pública devem incluir conteúdos relativos a direitos humanos.

Diretriz nº 14. As atividades de treinamento fazem parte do trabalho rotineiro do agente de segurança pública e não deverão ser realizadas em seu horário de folga, de maneira a serem preservados os períodos de descanso, lazer e convivência sócio-familiar.

Diretriz nº 15. A seleção de instrutores para ministrarem aula em qualquer assunto que englobe o uso da força deverá levar em conta análise rigorosa de seu currículo formal e tempo de serviço, áreas de atuação, experiências anteriores em atividades fim, registros funcionais, formação em direitos humanos e nivelamento em ensino. Os instrutores deverão ser submetidos à aferição de conhecimentos teóricos e práticos e sua atuação deve ser avaliada.

ANOTAÇÕES

Diretriz nº 16. Deverão ser elaborados procedimentos de habilitação para o uso de cada tipo de arma de fogo e instrumento de menor potencial ofensivo que incluam avaliação técnica, psicológica, física e treinamento específico, com previsão de revisão periódica mínima.

Diretriz nº 17. Nenhum agente de segurança pública deverá portar armas de fogo ou instrumento de menor potencial ofensivo para o qual não esteja devidamente habilitado e sempre que um novo tipo de arma ou instrumento de menor potencial ofensivo for introduzido na instituição deverá ser estabelecido um módulo de treinamento específico com vistas à habilitação do agente.

Diretriz nº 18. A renovação da habilitação para uso de armas de fogo em serviço deve ser feita com periodicidade mínima de 1 (um) ano.

Diretriz nº 19. Deverá ser estimulado e priorizado, sempre que possível, o uso de técnicas e instrumentos de menor potencial ofensivo pelos agentes de segurança pública, de acordo com a especificidade da função operacional e sem se restringir às unidades especializadas.

Diretriz nº 20. Deverão ser incluídos nos currículos dos cursos de formação e programas de educação continuada conteúdos sobre técnicas e instrumentos de menor potencial ofensivo.

Diretriz nº 21. As armas de menor potencial ofensivo deverão ser separadas e identificadas de forma diferenciada, conforme a necessidade operacional.

Diretriz nº 22. O uso de técnicas de menor potencial ofensivo deve ser constantemente avaliado.

Diretriz nº 23. Os órgãos de segurança pública deverão criar comissões internas de controle e acompanhamento da letalidade, com o objetivo de monitorar o uso efetivo da força pelos seus agentes.

Diretriz nº 24. Os agentes de segurança pública deverão preencher um relatório individual todas as vezes que dispararem arma de fogo e/ou fizerem uso de instrumentos de menor potencial ofensivo, ocasionando lesões ou mortes. O relatório deverá ser encaminhado à comissão interna mencionada na Diretriz nº 23 e deverá conter no mínimo as seguintes informações:

a) circunstâncias e justificativa que levaram o uso da força ou de arma de fogo por parte do agente de segurança pública;

b) medidas adotadas antes de efetuar os disparos/usar instrumentos de menor potencial ofensivo, ou as razões pelas quais elas não puderam ser contempladas;

c) tipo de arma e de munição, quantidade de disparos efetuados, distância e pessoa contra a qual foi disparada a arma;

d) instrumento(s) de menor potencial ofensivo utilizado(s), especificando a frequência, a distância e a pessoa contra a qual foi utilizado o instrumento;

e) quantidade de agentes de segurança pública feridos ou mortos na ocorrência, meio e natureza da lesão;

f) quantidade de feridos e/ou mortos atingidos pelos disparos efetuados pelo(s) agente(s) de segurança pública;

g) número de feridos e/ou mortos atingidos pelos instrumentos de menor potencial ofensivo utilizados pelo(s) agente(s) de segurança pública;

h) número total de feridos e/ou mortos durante a missão;

i) quantidade de projéteis disparados que atingiram pessoas e as respectivas regiões corporais atingidas;

j) quantidade de pessoas atingidas pelos instrumentos de menor potencial ofensivo e as respectivas regiões corporais atingidas;

k) ações realizadas para facilitar a assistência e/ou auxílio médico, quando for o caso; e

l) se houve preservação do local e, em caso negativo, apresentar justificativa.

Diretriz nº 25. Os órgãos de segurança pública deverão, observada a legislação pertinente, oferecer possibilidades de reabilitação e reintegração ao trabalho aos agentes de segurança pública que adquirirem deficiência física em decorrência do desempenho de suas atividades.

ANOTAÇÕES

LEIS

ANEXO II – GLOSSÁRIO

Armas de menor potencial ofensivo: Armas projetadas e/ou empregadas, especificamente, com a finalidade de conter, debilitar ou incapacitar temporariamente pessoas, preservando vidas e minimizando danos à sua integridade.

Equipamentos de menor potencial ofensivo: Todos os artefatos, excluindo armas e munições, desenvolvidos e empregados com a finalidade de conter, debilitar ou incapacitar temporariamente pessoas, para preservar vidas e minimizar danos à sua integridade.

Equipamentos de proteção: Todo dispositivo ou produto, de uso individual (EPI) ou coletivo (EPC) destinado a redução de riscos à integridade física ou à vida dos agentes de segurança pública.

Força: Intervenção coercitiva imposta à pessoa ou grupo de pessoas por parte do agente de segurança pública com a finalidade de preservar a ordem pública e a lei.

Instrumentos de menor potencial ofensivo: Conjunto de armas, munições e equipamentos desenvolvidos com a finalidade de preservar vidas e minimizar danos à integridade das pessoas.

Munições de menor potencial ofensivo: Munições projetadas e empregadas, especificamente, para conter, debilitar ou incapacitar temporariamente pessoas, preservando vidas e minimizando danos a integridade das pessoas envolvidas.

Nível do Uso da Força: Intensidade da força escolhida pelo agente de segurança pública em resposta a uma ameaça real ou potencial.

Princípio da Conveniência: A força não poderá ser empregada quando, em função do contexto, possa ocasionar danos de maior relevância do que os objetivos legais pretendidos. ***

Princípio da Legalidade: Os agentes de segurança pública só poderão utilizar a força para a consecução de um objetivo legal e nos estritos limites da lei. ***

Princípio da Moderação: O emprego da força pelos agentes de segurança pública deve sempre que possível, além de proporcional, ser moderado, visando sempre reduzir o emprego da força. ***

Princípio da Necessidade: Determinado nível de força só pode ser empregado quando níveis de menor intensidade não forem suficientes para atingir os objetivos legais pretendidos. ***

Princípio da Proporcionalidade: O nível da força utilizado deve sempre ser compatível com a gravidade da ameaça representada pela ação do opositor e com os objetivos pretendidos pelo agente de segurança pública. ***

Técnicas de menor potencial ofensivo: Conjunto de procedimentos empregados em intervenções que demandem o uso da força, através do uso de instrumentos de menor potencial ofensivo, com intenção de preservar vidas e minimizar danos à integridade das pessoas.

Uso Diferenciado da Força: Seleção apropriada do nível de uso da força em resposta a uma ameaça real ou potencial visando limitar o recurso a meios que possam causar ferimentos ou mortes.

36. LEI Nº 5.948, DE 26 DE OUTUBRO DE 2006

Política Nacional de Enfrentamento ao Tráfico de Pessoas

O PRESIDENTE DA REPÚBLICA, no uso da atribuição que lhe confere o art. 84, inciso VI, alínea "a", da Constituição,

Aprova a Política Nacional de Enfrentamento ao Tráfico de Pessoas e institui Grupo de Trabalho Interministerial com o objetivo de elaborar proposta do Plano Nacional de Enfrentamento ao Tráfico de Pessoas – PNETP.

Art. 1º. Fica aprovada a Política Nacional de Enfrentamento ao Tráfico de Pessoas, que tem por finalidade estabelecer princípios, diretrizes e ações de prevenção e repressão ao tráfico de pessoas e de atendimento às vítimas, conforme Anexo a este Decreto.

Art. 2º. (REVOGADO). (Revogado pelo Decreto nº 7.901, de 2013)

Art. 3º. (REVOGADO). (Revogado pelo Decreto nº 7.901, de 2013)

Art. 4º. (REVOGADO). (Revogado pelo Decreto nº 7.901, de 2013)

Art. 5º. (REVOGADO). (Revogado pelo Decreto nº 7.901, de 2013)

Art. 6º. (REVOGADO). (Revogado pelo Decreto nº 7.901, de 2013)

Art. 7º. (REVOGADO). (Revogado pelo Decreto nº 7.901, de 2013)

Art. 8º. (REVOGADO). (Revogado pelo Decreto nº 7.901, de 2013)

Art. 9º. (REVOGADO). (Revogado pelo Decreto nº 7.901, de 2013)

Art. 10. Este Decreto entra em vigor na data de sua publicação.

ANEXO – POLÍTICA NACIONAL DE ENFRENTAMENTO AO TRÁFICO DE PESSOAS

CAPÍTULO I - DISPOSIÇÕES GERAIS

Art. 1º. A Política Nacional de Enfrentamento ao Tráfico de Pessoas tem por finalidade estabelecer princípios, diretrizes e ações de prevenção e repressão ao tráfico de pessoas e de atenção às vítimas, conforme as normas e instrumentos nacionais e internacionais de direitos humanos e a legislação pátria.

Art. 2º. Para os efeitos desta Política, adota-se a expressão "tráfico de pessoas" conforme o Protocolo Adicional à Convenção das Nações Unidas contra o Crime Organizado Transnacional Relativo à Prevenção, Repressão e Punição do Tráfico de Pessoas, em especial Mulheres e Crianças, que a define como o recrutamento, o transporte, a transferência, o alojamento ou o acolhimento de pessoas, recorrendo à ameaça ou uso da força ou a outras formas de coação, ao rapto, à fraude, ao engano, ao abuso de autoridade ou à situação de vulnerabilidade ou à entrega ou aceitação de pagamentos ou benefícios para obter o consentimento de uma pessoa que tenha autoridade sobre outra para fins de exploração. A exploração incluirá, no mínimo, a exploração da prostituição de outrem ou outras formas de exploração sexual, o trabalho ou serviços forçados, escravatura ou práticas similares à escravatura, a servidão ou a remoção de órgãos.

§1º. O termo "crianças" descrito no caput deve ser entendido como "criança e adolescente", de acordo com a Lei nº 8.069, de 13 de julho de 1990 (Estatuto da Criança e do Adolescente). ***

§2º. O termo "rapto" descrito no caput deste artigo deve ser entendido como a conduta definida no art. 148 do Decreto-Lei nº 2.848, de 7 de dezembro de 1940 (Código Penal Brasileiro) referente ao sequestro e cárcere privado. ***

§3º. A expressão "escravatura ou práticas similares à escravatura" deve ser entendida como: ***

I. a conduta definida no art. 149 do Decreto-Lei nº 2.848, de 1940, referente à redução à condição análoga a de escravo; e ***

II. a prática definida no art. 1º da Convenção Suplementar sobre a Abolição da Escravatura, do Tráfico de Escravos e das Instituições e Práticas Análogas à Escravatura, como sendo o casamento servil. ***

§4º. A intermediação, promoção ou facilitação do recrutamento, do transporte, da transferência, do alojamento ou do acolhimento de pessoas para fins de exploração também configura tráfico de pessoas. ***

§5º. O tráfico interno de pessoas é aquele realizado dentro de um mesmo Estado-membro da Federação, ou de um Estado-membro para outro, dentro do território nacional.

§6º. O tráfico internacional de pessoas é aquele realizado entre Estados distintos.

§7º. O consentimento dado pela vítima é irrelevante para a configuração do tráfico de pessoas. ***

ANOTAÇÕES

CAPÍTULO II - PRINCÍPIOS E DIRETRIZES

Seção I – Princípios

Art. 3º. São princípios norteadores da Política Nacional de Enfrentamento ao Tráfico de Pessoas:

I. respeito à dignidade da pessoa humana;

II. não-discriminação por motivo de gênero, orientação sexual, origem étnica ou social, procedência, nacionalidade, atuação profissional, raça, religião, faixa etária, situação migratória ou outro status;

III. proteção e assistência integral às vítimas diretas e indiretas, independentemente de nacionalidade e de colaboração em processos judiciais;

IV. promoção e garantia da cidadania e dos direitos humanos;

V. respeito a tratados e convenções internacionais de direitos humanos;

VI. universalidade, indivisibilidade e interdependência dos direitos humanos; e

VII. transversalidade das dimensões de gênero, orientação sexual, origem étnica ou social, procedência, raça e faixa etária nas políticas públicas.

Parágrafo único. A Política Nacional de Enfrentamento ao Tráfico de Pessoas observará os princípios da proteção integral da criança e do adolescente.

Seção II – Diretrizes Gerais

Art. 4º. São diretrizes gerais da Política Nacional de Enfrentamento ao Tráfico de Pessoas:

I. fortalecimento do pacto federativo, por meio da atuação conjunta e articulada de todas as esferas de governo na prevenção e repressão ao tráfico de pessoas, bem como no atendimento e reinserção social das vítimas;

II. fomento à cooperação internacional bilateral ou multilateral;

III. articulação com organizações não-governamentais, nacionais e internacionais;

IV. estruturação de rede de enfrentamento ao tráfico de pessoas, envolvendo todas as esferas de governo e organizações da sociedade civil;

V. fortalecimento da atuação nas regiões de fronteira, em portos, aeroportos, rodovias, estações rodoviárias e ferroviárias, e demais áreas de incidência;

VII. verificação da condição de vítima e respectiva proteção e atendimento, no exterior e em território nacional, bem como sua reinserção social;

VIII. incentivo e realização de pesquisas, considerando as diversidades regionais, organização e compartilhamento de dados;

IX. incentivo à formação e à capacitação de profissionais para a prevenção e repressão ao tráfico de pessoas, bem como para a verificação da condição de vítima e para o atendimento e reinserção social das vítimas;

X. harmonização das legislações e procedimentos administrativos nas esferas federal, estadual e municipal relativas ao tema;

XI. incentivo à participação da sociedade civil em instâncias de controle social das políticas públicas na área de enfrentamento ao tráfico de pessoas;

XII. incentivo à participação dos órgãos de classe e conselhos profissionais na discussão sobre tráfico de pessoas; e

XIII. garantia de acesso amplo e adequado a informações em diferentes mídias e estabelecimento de canais de diálogo, entre o Estado, sociedade e meios de comunicação, referentes ao enfrentamento ao tráfico de pessoas.

Seção III – Diretrizes Específicas

Art. 5º. São diretrizes específicas de prevenção ao tráfico de pessoas:

I. implementação de medidas preventivas nas políticas públicas, de maneira integrada e intersetorial, nas áreas de saúde, educação, trabalho, segurança, justiça, turismo, assistência social, desenvolvimento rural, esportes, comunicação, cultura, direitos humanos, dentre outras;

II. apoio e realização de campanhas socioeducativas e de conscientização nos âmbitos internacional, nacional, regional e local, considerando as diferentes realidades e linguagens;

III. monitoramento e avaliação de campanhas com a participação da sociedade civil;

IV. apoio à mobilização social e fortalecimento da sociedade civil; e

V. fortalecimento dos projetos já existentes e fomento à criação de novos projetos de prevenção ao tráfico de pessoas.

Art. 6º. São diretrizes específicas de repressão ao tráfico de pessoas e de responsabilização de seus autores:

I. cooperação entre órgãos policiais nacionais e internacionais;

II. cooperação jurídica internacional;

III. sigilo dos procedimentos judiciais e administrativos, nos termos da lei; e

IV. integração com políticas e ações de repressão e responsabilização dos autores de crimes correlatos.

Art. 7º. São diretrizes específicas de atenção às vítimas do tráfico de pessoas:

I. proteção e assistência jurídica, social e de saúde às vítimas diretas e indiretas de tráfico de pessoas;

II. assistência consular às vítimas diretas e indiretas de tráfico de pessoas, independentemente de sua situação migratória e ocupação;

III. acolhimento e abrigo provisório das vítimas de tráfico de pessoas;

IV. reinserção social com a garantia de acesso à educação, cultura, formação profissional e ao trabalho às vítimas de tráfico de pessoas;

V. reinserção familiar e comunitária de crianças e adolescentes vítimas de tráfico de pessoas;

VI. atenção às necessidades específicas das vítimas, com especial atenção a questões de gênero, orientação sexual, origem étnica ou social, procedência, nacionalidade, raça, religião, faixa etária, situação migratória, atuação profissional ou outro status;

VII. proteção da intimidade e da identidade das vítimas de tráfico de pessoas; e

VIII. levantamento, mapeamento, atualização e divulgação de informações sobre instituições governamentais e não-governamentais situadas no Brasil e no exterior que prestam assistência a vítimas de tráfico de pessoas.

CAPÍTULO III - AÇÕES

Art. 8º. Na implementação da Política Nacional de Enfrentamento ao Tráfico de Pessoas, caberá aos órgãos e entidades públicos, no âmbito de suas respectivas competências e condições, desenvolver as seguintes ações:

I. na área de Justiça e Segurança Pública:

a) proporcionar atendimento inicial humanizado às vítimas de tráfico de pessoas que retornam ao País na condição de deportadas ou não admitidas nos aeroportos, portos e pontos de entrada em vias terrestres;

b) elaborar proposta intergovernamental de aperfeiçoamento da legislação brasileira relativa ao enfrentamento do tráfico de pessoas e crimes correlatos;

ANOTAÇÕES

LEIS

ANOTAÇÕES

c) fomentar a cooperação entre os órgãos federais, estaduais e municipais ligados à segurança pública para atuação articulada na prevenção e repressão ao tráfico de pessoas e responsabilização de seus autores;

d) propor e incentivar a adoção do tema de tráfico de pessoas e direitos humanos nos currículos de formação dos profissionais de segurança pública e operadores do Direito, federais, estaduais e municipais, para capacitação, quando do ingresso na instituição e de forma continuada, para o enfrentamento a este tipo de crime;

e) fortalecer as rubricas orçamentárias existentes e criar outras voltadas para a formação dos profissionais de segurança pública e de justiça na área de enfrentamento ao tráfico de pessoas;

f) incluir nas estruturas específicas de inteligência policial a investigação e repressão ao tráfico de pessoas;

g) criar, nas Superintendências Regionais do Departamento de Polícia Federal e da Polícia Rodoviária Federal, estruturas específicas para o enfrentamento do tráfico de pessoas e outros crimes contra direitos humanos;

h) promover a aproximação dos profissionais de segurança pública e operadores do Direito com a sociedade civil;

i) celebrar acordos de cooperação com organizações da sociedade civil que atuam na prevenção ao tráfico de pessoas e no atendimento às vítimas;

j) promover e incentivar, de forma permanente, cursos de atualização sobre tráfico de pessoas, para membros e servidores dos órgãos de justiça e segurança pública, preferencialmente por meio de suas instituições de formação;

l) articular os diversos ramos do Ministério Público dos Estados e da União, da Magistratura Estadual e Federal e dos órgãos do sistema de justiça e segurança pública;

m) organizar e integrar os bancos de dados existentes na área de enfrentamento ao tráfico de pessoas e áreas correlatas;

n) celebrar acordos de cooperação técnica com entidades públicas e privadas para subsidiar a atuação judicial e extrajudicial;

o) incluir o tema de tráfico de pessoas nos cursos de combate à lavagem de dinheiro, ao tráfico de drogas e armas e a outros crimes correlatos;

p) desenvolver, em âmbito nacional, mecanismos de prevenção, investigação e repressão ao tráfico de pessoas cometido com o uso da rede mundial de computadores, e consequente responsabilização de seus autores; e

q) incluir a possível relação entre o desaparecimento e o tráfico de pessoas em pesquisas e investigações policiais;

II. na área de Relações Exteriores:

a) propor e elaborar instrumentos de cooperação internacional na área do enfrentamento ao tráfico de pessoas;

b) iniciar processos de ratificação dos instrumentos internacionais referentes ao tráfico de pessoas;

c) inserir no Manual de Serviço Consular e Jurídico do Ministério das Relações Exteriores um capítulo específico de assistência consular às vítimas de tráfico de pessoas;

d) incluir o tema de tráfico de pessoas nos cursos de remoção oferecidos aos servidores do Ministério de Relações Exteriores;

e) promover a coordenação das políticas referentes ao enfrentamento ao tráfico de pessoas em fóruns internacionais bilaterais e multilaterais;

f) propor e apoiar projetos de cooperação técnica internacional na área de enfrentamento ao tráfico de pessoas;

g) coordenar e facilitar a participação brasileira em eventos internacionais na área de enfrentamento ao tráfico de pessoas; e

h) fortalecer os serviços consulares na defesa e proteção de vítimas de tráfico de pessoas;

III. na área de Educação:

ANOTAÇÕES

a) celebrar acordos com instituições de ensino e pesquisa para o desenvolvimento de estudos e pesquisas relacionados ao tráfico de pessoas;

b) incluir a questão do tráfico de pessoas nas ações e resoluções do Fundo Nacional de Desenvolvimento da Educação do Ministério da Educação (FNDE/MEC);

c) apoiar a implementação de programas e projetos de prevenção ao tráfico de pessoas nas escolas;

d) incluir e desenvolver o tema do enfrentamento ao tráfico de pessoas nas formações continuadas da comunidade escolar, em especial os trabalhadores da educação;

e) promover programas intersetoriais de educação e prevenção ao tráfico de pessoas para todos os atores envolvidos; e

f) fomentar a educação em direitos humanos com destaque ao enfrentamento ao tráfico de pessoas em todas modalidades de ensino, inclusive no ensino superior;

IV. na área de Saúde:

a) garantir atenção integral para as vítimas de tráfico de pessoas e potencializar os serviços existentes no âmbito do Sistema Único de Saúde;

b) acompanhar e sistematizar as notificações compulsórias relativas ao tráfico de pessoas sobre suspeita ou confirmação de maus-tratos, violência e agravos por causas externas relacionadas ao trabalho;

c) propor a elaboração de protocolos específicos para a padronização do atendimento às vítimas de tráfico de pessoas; e

d) capacitar os profissionais de saúde na área de atendimento às vítimas de tráfico de pessoas;

V. na área de Assistência Social:

a) oferecer assistência integral às vítimas de tráfico de pessoas no âmbito do Sistema Único de Assistência Social;

b) propiciar o acolhimento de vítimas de tráfico, em articulação com os sistemas de saúde, segurança e justiça;

c) capacitar os operadores da assistência social na área de atendimento às vítimas de tráfico de pessoas; e

d) apoiar a implementação de programas e projetos de atendimento específicos às vítimas de tráfico de pessoas;

VI. na área de Promoção da Igualdade Racial:

a) garantir a inserção da perspectiva da promoção da igualdade racial nas políticas governamentais de enfrentamento ao tráfico de pessoas;

b) apoiar as experiências de promoção da igualdade racial empreendidas por Municípios, Estados e organizações da sociedade civil voltadas à prevenção ao tráfico de pessoas e atendimento às vítimas; e

c) promover a realização de estudos e pesquisas sobre o perfil das vítimas de tráfico de pessoas, com ênfase na população negra e outros segmentos étnicos da população brasileira;

VII. na área do Trabalho e Emprego:

a) orientar os empregadores e entidades sindicais sobre aspectos ligados ao recrutamento e deslocamento de trabalhadores de uma localidade para outra;

b) fiscalizar o recrutamento e o deslocamento de trabalhadores para localidade diversa do Município ou Estado de origem;

c) promover articulação com entidades profissionalizantes visando capacitar e reinserir a vítima no mercado de trabalho; e

d) adotar medidas com vistas a otimizar a fiscalização dos inscritos nos Cadastros de Empregadores que Tenham Mantido Trabalhadores em Condições Análogas a de Escravo;

VIII. na área de Desenvolvimento Agrário:

a) diminuir a vulnerabilidade do trabalhador e prevenir o recrutamento mediante políticas específicas na área de desenvolvimento rural;

b) promover ações articuladas com parceiros que atuam nos Estados de origem dos trabalhadores recrutados;

c) formar parcerias no que tange à assistência técnica para avançar na implementação da Política Nacional de Assistência Técnica e Extensão Rural;

d) excluir da participação em certames licitatórios e restringir o acesso aos recursos do crédito rural a todas as pessoas físicas ou jurídicas que explorem o trabalho forçado ou em condição análoga a de escravo;

e) promover a reinclusão de trabalhadores libertados e de resgate da cidadania, mediante criação de uma linha específica, em parceria com o Ministério da Educação, para alfabetização e formação dos trabalhadores resgatados, de modo que possam atuar como agentes multiplicadores para a erradicação do trabalho forçado ou do trabalho em condição análoga a de escravo; e

f) incentivar os Estados, Municípios e demais parceiros a acolher e prestar apoio específico aos trabalhadores libertados, por meio de capacitação técnica;

IX. na área dos Direitos Humanos:

a) proteger vítimas, réus colaboradores e testemunhas de crimes de tráfico de pessoas;

b) receber denúncias de tráfico de pessoas através do serviço de disque-denúncia nacional, dando o respectivo encaminhamento;

c) incluir ações específicas sobre enfrentamento ao tráfico de pessoas e fortalecer ações existentes no âmbito de programas de prevenção à violência e garantia de direitos;

d) proporcionar proteção aos profissionais que atuam no enfrentamento ao tráfico de pessoas e que, em função de suas atividades, estejam ameaçados ou se encontrem em situação de risco;

e) incluir o tema do tráfico de pessoas nas capacitações dos Conselhos de Direitos da Criança e do Adolescente e Conselhos Tutelares;

f) articular ações conjuntas de enfrentamento ao tráfico de crianças e adolescentes em regiões de fronteira;

g) promover, em parceira com os órgãos e entidades diretamente responsáveis, a prevenção ao trabalho escravo, através da sensibilização de operadores de Direito, orientação a produtores rurais acerca dos direitos trabalhistas, educação e capacitação de trabalhadores rurais; e

h) disponibilizar mecanismos de acesso a direitos, incluindo documentos básicos, preferencialmente nos Municípios identificados como focos de aliciamento de mão-de-obra para trabalho escravo;

X. na área da Proteção e Promoção dos Direitos da Mulher:

a) qualificar os profissionais da rede de atendimento à mulher em situação de violência para o atendimento à mulher traficada;

b) incentivar a prestação de serviços de atendimento às mulheres traficadas nos Centros de Referência de Atendimento à Mulher em Situação de Violência;

c) apoiar e incentivar programas e projetos de qualificação profissional, geração de emprego e renda que tenham como beneficiárias diretas mulheres traficadas;

d) fomentar debates sobre questões estruturantes favorecedoras do tráfico de pessoas e relativas à discriminação de gênero;

e) promover ações de articulação intersetoriais visando a inserção da dimensão de gênero nas políticas públicas básicas, assistenciais e especiais;

f) apoiar programas, projetos e ações de educação não-sexista e de promoção da diversidade no ambiente profissional e educacional;

g) participar das capacitações visando garantir a temática de gênero; e

h) promover, em parceria com organizações governamentais e não-governamentais, debates sobre metodologias de atendimento às mulheres traficadas;

ANOTAÇÕES

XI. na área do Turismo:

a) incluir o tema do tráfico de pessoas, em especial mulheres, crianças e adolescentes nas capacitações e eventos de formação dirigidos à cadeia produtiva do turismo;

b) cruzar os dados dos diagnósticos feitos nos Municípios para orientar os planos de desenvolvimento turístico local através do programa de regionalização; e

c) promover campanhas de sensibilização contra o turismo sexual como forma de prevenção ao tráfico de pessoas;

XII. na área de Cultura:

a) desenvolver projetos e ações culturais com foco na prevenção ao tráfico de pessoas; e

b) fomentar e estimular atividades culturais, tais como programas regionais de rádio, peças e outros programas veiculados por radiodifusores, que possam aumentar a conscientização da população com relação ao tráfico de pessoas, trabalho escravo e exploração sexual, respeitadas as características regionais.

37. DECRETO Nº 6.347, DE 8 DE JANEIRO DE 2008

Plano Nacional de Enfrentamento ao Tráfico de Pessoas – PNETP

O PRESIDENTE DA REPÚBLICA, no uso da atribuição que lhe confere o art. 84, inciso VI, alínea "a", da Constituição,

Aprova o Plano Nacional de Enfrentamento ao Tráfico de Pessoas – PNETP e institui Grupo Assessor de Avaliação e Disseminação do referido Plano.

Art. 1º. Fica aprovado o Plano Nacional de Enfrentamento ao Tráfico de Pessoas – PNETP, com o objetivo de prevenir e reprimir o tráfico de pessoas, responsabilizar os seus autores e garantir atenção às vítimas, nos termos da legislação em vigor e dos instrumentos internacionais de direitos humanos, conforme Anexo a este Decreto.

§1º. O PNETP será executado no prazo de dois anos.

§2º. Compete ao Ministério da Justiça, em articulação com o órgão responsável pelo cumprimento de cada meta estabelecida no PNETP:

I. definir as metas de curto, médio e longo prazos; e

II. definir os órgãos e entidades que atuarão como parceiros no cumprimento de cada meta, levando-se em consideração suas atribuições e competências institucionais.

Art. 2º. Caberá ao Ministério da Justiça a função de avaliar e monitorar o PNETP.

Art. 3º. Fica instituído, no âmbito do Ministério da Justiça, o Grupo Assessor de Avaliação e Disseminação do PNETP, com as seguintes atribuições:

I. apoiar o Ministério da Justiça no monitoramento e avaliação do PNETP;

II. estabelecer a metodologia de monitoramento e avaliação do PNETP e acompanhar a execução das ações, atividades e metas estabelecidas;

III. efetuar ajustes na definição de suas prioridades;

IV. promover sua difusão junto a órgãos e entidades governamentais e não-governamentais; e

V. elaborar relatório semestral de acompanhamento.

Art. 4º. O Grupo Assessor será integrado por um representante, e respectivo suplente, de cada órgão a seguir indicado:

I. Ministérios:

a) da Justiça, que o coordenará;

b) do Desenvolvimento Social e Combate à Fome;

c) da Saúde;

d) do Trabalho e Emprego;

e) do Desenvolvimento Agrário;

f) da Educação;

g) das Relações Exteriores;

h) do Turismo;

i) da Cultura;

ANOTAÇÕES

LEIS

ANOTAÇÕES

II. da Presidência da República:

a) Secretaria Especial dos Direitos Humanos;

b) Secretaria Especial de Políticas para as Mulheres; e

c) Secretaria Especial de Políticas de Promoção da Igualdade Racial; e

III. Advocacia-Geral da União.

§1º. Os integrantes do Grupo Assessor serão indicados pelos titulares dos órgãos representados e designados pelo Ministro de Estado da Justiça.

§2º. Poderão ser convidados a participar das reuniões do Grupo Assessor representantes do Ministério Público Federal, do Ministério Público do Trabalho e de outros órgãos e entidades da administração pública e da sociedade civil.

Art. 5º. As atividades desenvolvidas no âmbito do Grupo Assessor serão consideradas serviço público relevante, não remunerado.

Art. 6º. Este Decreto entra em vigor na data de sua publicação.

ANEXO – PLANO NACIONAL DE ENFRENTAMENTO AO TRÁFICO DE PESSOAS – PNETP

EIXO ESTRATÉGICO 1 – PREVENÇÃO AO TRÁFICO DE PESSOAS

Prioridade nº 1: Levantar, sistematizar, elaborar e divulgar estudos, pesquisas, informações e experiências sobre o tráfico de pessoas.

Ação 1.A.	Levantar, sistematizar e disseminar estudos, pesquisas, informações e experiências já existentes no âmbito nacional ou internacional sobre tráfico de pessoas.

Atividade		
1.A.1.	Elaborar levantamento de pesquisas realizadas no Brasil ou em outros países.	
Meta	Um levantamento realizado e publicado.	MJ

Atividade		
1.A.2	Elaborar levantamento de boas práticas de serviços e experiências de prevenção ao tráfico de crianças e adolescentes realizadas no Brasil ou em outros países.	
Meta	Um levantamento realizado e publicado.	SEDH

Atividade		
1.A.3.	Realizar levantamento de serviços e experiências referenciais da Proteção Social Especial no âmbito do Sistema Unificado de Assistência Social (SUAS) realizadas no Brasil.	
Meta	Um levantamento realizado e publicado.	MDS

Atividade		
1.A.4.	Realizar jornada de debates para troca de experiências e conhecimentos.	
Meta	Uma jornada realizada.	MJ

Atividade		
1.A.5.	Realizar evento de divulgação dos resultados.	
Meta	Um evento realizado.	MJ

Atividade		
1.A.6.	Elaborar programa sobre Plano Nacional de Enfrentamento ao Tráfico de Pessoas para a TV Senasp.	
Meta	Um programa realizado.	MJ

Atividade		
1.A.7.	Realizar seminário informativo envolvendo funcionários da área consular.	
Meta	Um seminário realizado.	MRE

ANOTAÇÕES

Atividade		
1.A.8.	Criar prêmio de incentivo a boas práticas.	
Meta	Uma premiação realizada.	MJ

Atividade		
1.A.9.	Elaborar levantamento das políticas sociais básicas mais afetas aos grupos vulneráveis ao tráfico de pessoas.	
Meta	Um levantamento realizado.	MJ
Ação 1.B.	Realizar estudos e pesquisas sobre tráfico de pessoas.	
Atividade		
1.B.1.	Realizar mapeamento da dinâmica territorial do tráfico de pessoas no Brasil.	
Meta	Um mapeamento realizado e publicado.	SEDH

Atividade		
1.B.2	Realizar pesquisa sobre o perfil de atores relacionados ao tráfico de pessoas no Brasil.	
Meta	Uma pesquisa realizada e publicada.	MJ

Atividade		
1.B.3.	Realizar pesquisa específica sobre tráfico para fins de remoção de órgão.	
Meta	Uma pesquisa realizada.	MS

Atividade		
1.B.4.	Fomentar a elaboração de monografias nos cursos da Rede Nacional de Altos Estudos em Segurança Pública (RENAESP).	
Meta	Uma estratégia de fomento implementada.	MJ

Atividade		
1.B.5.	Produzir estudo sobre o processo de estruturação e disseminação dos dados.	
Meta	Um estudo realizado.	MEC

Atividade		
1.B.6.	Desenvolver metodologias para identificação de interfaces do tráfico de pessoas com outras situações de violências ou vulnerabilidade para subsidiar ações de prevenção ao tráfico e atenção às vítimas.	
Meta	Uma metodologia que identifique a vulnerabilidade à DST/AIDS e o tráfico de pessoas desenvolvida.	MS
Meta	Uma metodologia que identifique a vulnerabilidade à discriminação por procedência e por tráfico de pessoas desenvolvida.	SEDH
Meta	Uma metodologia que identifique as interfaces entre trabalho degradante, situação migratória e o tráfico de pessoas desenvolvida.	MTE
Meta	Uma metodologia que identifique a vulnerabilidade à discriminação homofóbica, lesbofóbica e transfóbica e o tráfico de pessoas desenvolvida.	SEDH
Meta	Uma metodologia que identifique a relação entre discriminação étnico-racial e a vulnerabilidade ao tráfico de pessoas desenvolvida.	SEPPIR
Meta	Uma metodologia que identifique a vulnerabilidade de crianças, adolescentes e jovens em relação ao tráfico de pessoas desenvolvida.	SEDH
Meta	Uma metodologia que identifique a vulnerabilidade de idosos em relação ao tráfico de pessoas desenvolvida.	SEDH

LEIS

ANOTAÇÕES

Atividade		
1.B.7.	Elaborar estudo sobre a legislação que disciplina o funcionamento de agências de recrutamento de trabalhadores, estudantes, esportistas, modelos, casamentos no Brasil e no exterior, entre outros, propondo, se for o caso, sua alteração.	
Meta	Um estudo realizado e publicado.	MJ
Ação 1.C.	Incentivar a criação de linhas de pesquisa e extensão sobre tráfico de pessoas em universidades.	

Atividade		
1.C.1.	Criar prêmio anual de pesquisas.	
Meta	Duas premiações realizadas.	MJ
Atividade		
1.C.2	Orientar a concessão de bolsas e apoio financeiro específicos, por meio de edital voltado para os programas de Instituição de Ensino Superior (IES).	
Meta	Um edital publicado.	MEC
Prioridade nº 2: Capacitar e formar atores envolvidos direta ou indiretamente com o enfrentamento ao tráfico de pessoas na perspectiva dos direitos humanos.		
Ação 2.A.	Realizar cursos e oficinas, com a produção de material de referência quando necessário, para profissionais e agentes específicos.	

Atividade		
2.A.1.	Desenvolver material voltado para a formação dos trabalhadores da educação nos níveis e modalidades de ensino.	
Meta	Um material voltado para os trabalhadores da educação sobre Educação em Direitos Humanos e Tráfico de Pessoas produzido.	MEC
Meta	Um material voltado para os alunos sobre Educação em Direitos Humanos e Tráfico de Pessoas produzido.	MEC

Atividade		
2.A.2	Capacitar profissionais de saúde e agentes, direta ou indiretamente envolvidos na prevenção ao tráfico de pessoas.	
Meta	250 agentes formadores envolvidos nas comunidades tradicionais capacitados.	SEPPIR
Meta	500 equipes de Saúde da Família dos três Estados com maior índice de tráfico de pessoas capacitados e 100% dos Centros de Referência do Trabalhador dos três Estados com maior índice de tráfico de pessoas capacitados.	MS
Meta	Cinco capacitações regionais para profissionais de comunicação social realizadas.	SEDH
Meta	500 trabalhadores da educação nos níveis e modalidades de ensino capacitados.	MEC
Meta	Cinco capacitações regionais para os operadores do sistema de garantia de direitos da criança e do adolescente realizadas.	SEDH
Meta	800 agentes multiplicadores para a promoção dos direitos da mulher capacitados.	SPM
Meta	1.400 profissionais de segurança pública capacitados por meio da Rede Nacional de Ensino à Distância.	MJ
Prioridade nº 3: Mobilizar e sensibilizar grupos específicos e comunidade em geral sobre o tema do tráfico de pessoas.		
Ação 3.A.	Apoiar projetos artísticos e culturais com enfoque no enfrentamento ao tráfico de pessoas.	

Atividade		
3.A.1.	Criar premiação para elaboração de slogan contra o tráfico de pessoas.	
Meta	Uma premiação nacional.	MinC

Atividade		
3.A.2	Estabelecer, nos editais de fomento à cultura, critérios condicionantes de divulgação de slogan do enfrentamento ao tráfico de pessoas, de acordo com a linguagem do projeto a ser financiado.	
Meta	100 projetos condicionados.	MinC
Ação 3.B.	Promover e realizar campanhas nacionais de enfrentamento ao tráfico de pessoas.	

Atividade		
3.B.1.	Realizar campanha nacional referente ao tráfico de pessoas.	
Meta	Uma campanha nacional dirigida aos usuários de produtos ou serviços oriundos do tráfico de pessoas realizada.	MJ
Meta	Uma campanha de prevenção ao tráfico de pessoas realizada.	SPM

Atividade		
3.B.2.	Apoiar campanhas promovidas por entidades envolvidas com o tema.	
Meta	Duas campanhas apoiadas.	MJ
Ação 3.C.	Sensibilizar atores de setores específicos com relação ao tráfico de pessoas.	

Atividade		
3.C.1.	Realizar encontro com profissionais da indústria do turismo, seguindo o calendário de encontros do Programa Turismo Sustentável e Infância (TSI), com inclusão do tema do tráfico de pessoas.	
Meta	18 encontros realizados.	MTur

Atividade		
3.C.2.	Sensibilizar a cadeia produtiva do turismo através da realização de seminários e da confecção de cartilhas educativas direcionadas a esse setor, nas regiões de maior vulnerabilidade.	
Meta	5.000 cartilhas produzidas.	MTur
Meta	18 seminários realizados.	MTur

Atividade		
3.C.3.	Realizar encontros com as entidades de pais e mestres, e grupos de jovens.	
Meta	Dois encontros realizados.	MS

Atividade		
3.C.4.	Realizar encontros técnicos com os gestores para a priorização dos grupos vulneráveis ao tráfico de pessoas nas políticas sociais básicas.	
Meta	Dois encontros realizados.	MJ
Prioridade nº 4: Diminuir a vulnerabilidade ao tráfico de pessoas de grupos sociais específicos.		
Ação 4.A.	Disponibilizar mecanismos de acesso a direitos, incluindo documentos básicos, preferencialmente nos Municípios e comunidades identificadas como focos de aliciamento de vítimas de tráfico de pessoas.	

Atividade		
4.A.1.	Fomentar e apoiar comitês interinstitucionais, balcões de direitos e outras iniciativas que possibilitem o acesso a direitos.	
Meta	Cinco parcerias realizadas.	SEDH

Atividade		
4.A.2	Estabelecer parcerias com órgãos competentes para o fornecimento de documentação civil básica.	
Meta	12 parcerias estaduais estabelecidas.	SEDH

ANOTAÇÕES

Atividade		
4.A.3.	Elaborar e divulgar material informativo sobre condições de acesso a direitos.	
Meta	Cinco materiais elaborados e divulgados.	SEDH
Ação 4.B.	Promover a regularização do recrutamento, deslocamento e contratação de trabalhadores.	

Atividade		
4.B.1.	Divulgar nas entidades representativas de empregadores e trabalhadores e em outras instâncias, como a Polícia Rodoviária Federal, a obrigatoriedade da solicitação da certidão liberatória para transportar trabalhadores recrutados em Municípios distintos daquele onde se localiza a unidade produtiva.	
Meta	Uma cartilha produzida.	MTE
Atividade		
4.B.2.	Elaborar e implementar projeto-piloto de centro público de intermediação de mão-de-obra rural em Município identificado como foco de aliciamento para o trabalho escravo.	
Meta	Um projeto-piloto elaborado e implementado.	MTE
Atividade		
4.B.3.	Criar mecanismo de monitoramento da emissão da certidão liberatória, em articulação com a Polícia Rodoviária Federal.	
Meta	Um mecanismo criado.	MTE
Prioridade nº 5: Articular, estruturar e consolidar, a partir dos serviços e redes existentes, um sistema nacional de referência e atendimento às vítimas de tráfico.		
Ação 5.A.	Formular e implementar um programa permanente e integrado de formação em atendimento, na perspectiva dos direitos humanos.	

Atividade		
5.A.1.	Inventariar os programas de capacitação e conteúdos existentes nos setores públicos governamentais e não-governamentais, bem como nos organismos internacionais com vistas a definir conteúdos básicos (referenciais mínimos) para a abordagem do tema.	
Meta	Um inventário elaborado.	MJ

Atividade		
5.A.2	Incentivar a incorporação dos conteúdos básicos (referenciais mínimos) referidos nos programas de capacitação já existentes nos órgãos governamentais.	
Meta	Uma estratégia de incorporação de conteúdos básicos nos programas inventariada implementada.	MJ
Ação 5.B.	Integrar, estruturar, fortalecer, articular e mobilizar os serviços e as redes de atendimento.	

Atividade		
5.B.1.	Ampliar e consolidar serviços de recepção a brasileiros deportados e não admitidos nos principais pontos de entrada e saída do País, como núcleos de enfrentamento ao tráfico de pessoas.	
Meta	Dois serviços de recepção organizados.	MJ

Atividade		
5.B.2.	Apoiar o desenvolvimento de núcleos de enfrentamento ao tráfico de pessoas.	
Meta	Dois núcleos apoiados.	MJ

Atividade		
5.B.3.	Criar e fortalecer os Centros de Referência Especializados de Atendimento à Mulher.	
Meta	120 centros de referência criados ou fortalecidos.	SPM

ANOTAÇÕES

Atividade		
5.B.4.	Desenvolver projeto-piloto a partir de um Centro de Referência Especializado no Atendimento à Mulher em um Município selecionado para a estruturação de uma rede de atendimento às mulheres vítimas de tráfico de pessoas.	
Meta	Um projeto-piloto desenvolvido.	SPM

Atividade		
5.B.5.	Apoiar a estruturação da rede de acolhimento (abrigos) a mulheres vítimas de violência ou traficadas e seus filhos.	
Meta	138 abrigos estruturados.	MDS
Atividade		
5.B.6.	Apoiar a estruturação dos Centros de Referência Especializado em Assistência Social (CREAS) existentes para atender às vítimas de violência e tráfico.	
Meta	996 CREAS mapeados e implantados.	MDS

Atividade		
5.B.7.	Apoiar a estruturação de novos Centros de Referência Especializados em Assistência Social (CREAS) para atender a violações dos direitos de vítimas de violência ou tráfico.	
Meta	567 novos CREAS estruturados.	MDS

Atividade		
5.B.8.	Incorporar o tema do tráfico de pessoas nas ações de atendimento das áreas de Saúde do Sistema Único de Saúde (SUS).	
Meta	Três ações com tema de tráfico de pessoas incorporado.	MS
Ação 5.C.	Definir metodologias e fluxos de atendimento, procedimentos e responsabilidades nos diferentes níveis de complexidade da atenção à vítima.	

Atividade		
5.C.1.	Formalizar parceria entre órgãos de governo e entidades da sociedade civil, definindo papéis e responsabilidades para o atendimento adequado às vítimas.	
Meta	Um protocolo de intenções formalizado.	SEDH

Atividade		
5.C.2.	Desenvolver metodologia de atendimento às mulheres vítimas de tráfico de pessoas.	
Meta	Uma metodologia desenvolvida.	SPM

Atividade		
5.C.3.	Avaliar as atuações dos escritórios estaduais, entre outras experiências, como subsídio para apoiar a criação ou o desenvolvimento de núcleos de enfrentamento ao tráfico de pessoas.	
Meta	Uma avaliação realizada.	MJ

Atividade		
5.C.4.	Elaborar manual de orientação e acompanhamento jurídico na proteção, defesa e garantia dos direitos das vítimas de tráfico de pessoas para utilização nos serviços e redes existentes.	
Meta	Um manual elaborado.	SEDH

ANOTAÇÕES

Atividade		
5.C.5.	Definir fluxos de atendimento, procedimentos e responsabilidades entre os órgãos de defesa e responsabilização e os serviços de atendimento de saúde, assistência social, justiça e direitos humanos atuantes nas áreas de fronteira internacional, bem como nos casos de tráfico interestadual e intermunicipal.	
Meta	Um fluxograma definido conjuntamente pelos órgãos envolvidos.	MJ

Atividade		
5.C.6.	Definir fluxos de atendimento e procedimentos entre a rede consular brasileira no exterior e os serviços de atendimento às vítimas de tráfico de pessoas no Brasil.	
Meta	Um fluxograma definido conjuntamente pelos órgãos envolvidos.	MRE
Ação 5.D.	Realizar capacitações articuladas entre as três esferas de governo, organizações da sociedade civil e outros atores estratégicos.	
Atividade		
5.D.1.	Capacitar profissionais e demais atores no adequado encaminhamento ou atendimento de vítimas de tráfico de pessoas.	
Meta	400 militares e profissionais de segurança pública atuantes prioritariamente nas áreas de fronteira capacitados com foco na abordagem e encaminhamento das vítimas do tráfico de pessoas.	MJ
Meta	100 profissionais atuantes no atendimento no Aeroporto Internacional de São Paulo/Guarulhos capacitados em tráfico e migração, com vistas à integração com o serviço de recepção a deportados e não-admitidos.	MJ
Meta	Rede de assistência capacitada nos 996 CREAS e respectivos CRAS, a partir do cruzamento com as áreas de fronteira, capitais, pesquisas e experiências já existentes.	MDS
Meta	20.000 profissionais da Rede de Atendimento à Mulher capacitados na área de atendimento às vítimas de tráfico de pessoas.	SPM
Meta	500 profissionais de saúde capacitados na área de atendimento às vítimas de tráfico de pessoas.	MS
Ação 5.E.	Realizar articulações internacionais para garantir os direitos das vítimas de tráfico de pessoas.	

Atividade		
5.E.1.	Fomentar debates com organizações internacionais atuantes no enfrentamento ao tráfico de pessoas com ênfase em atenção às pessoas traficadas, na perspectiva do respeito aos direitos humanos.	
Meta	Quatro debates realizados.	MRE
Prioridade nº 6: Aperfeiçoar a legislação brasileira relativa ao enfrentamento ao tráfico de pessoas e crimes correlatos.		
Ação 6.A.	Criar um subgrupo de especialistas para elaborar proposta intergovernamental de aperfeiçoamento da legislação brasileira relativa ao enfrentamento ao tráfico de pessoas e crimes correlatos.	

Atividade		
6.A.1.	Analisar projetos de lei sobre o tema e propor o aperfeiçoamento da legislação brasileira para o enfrentamento ao tráfico de pessoas.	
Meta	Um relatório de análise legislativa com propostas de aperfeiçoamento elaborado.	MJ

Atividade		
6.A.2	Elaborar um anteprojeto de lei com proposta de uniformização do conceito de tráfico de pessoas, em consonância com a Política Nacional de Enfrentamento ao Tráfico de Pessoas, com o Protocolo Adicional à Convenção das Nações Unidas contra o Crime Organizado Transnacional relativo à Prevenção, Repressão e Punição do Tráfico de Pessoas, em especial Mulheres e Crianças (Protocolo de Palermo) e com acordos internacionais ratificados pelo Brasil.	
Meta	Um anteprojeto de lei elaborado.	MJ

Atividade		
6.A.3.	Elaborar um anteprojeto de lei com proposta de criação de Fundo específico para financiar ações de enfrentamento ao tráfico de pessoas.	
Meta	Um anteprojeto de lei elaborado.	MJ
Prioridade nº 7: Ampliar e aperfeiçoar o conhecimento sobre o enfrentamento ao tráfico de pessoas nas instâncias e órgãos envolvidos na repressão ao crime e responsabilização dos autores.		
Ação 7.A.	Capacitar profissionais de segurança pública e operadores do direito, federais, estaduais e municipais.	
Atividade		
7.A.1.	Elaborar material de formação com conteúdos básicos para capacitação dos diversos atores envolvidos na repressão ao tráfico de pessoas.	
Meta	Uma apostila com conteúdo referencial elaborada.	MJ

Atividade		
7.A.2	Realizar oficinas regionais em matéria de investigação, fiscalização e controle do tráfico de pessoas.	
Meta	Cinco oficinas realizadas.	MJ

Atividade		
7.A.3.	Promover a realização de cursos sobre tráfico de pessoas, para membros e servidores dos órgãos de justiça e segurança pública, preferencialmente por meio de suas instituições de formação, em parceria com entidades de direitos humanos.	
Meta	Seis cursos realizados.	MJ

Atividade		
7.A.4.	Incluir o tema do tráfico de pessoas nos currículos de formação dos profissionais de órgãos de justiça e segurança pública federais, estaduais e municipais.	
Meta	Cinco propostas de inclusão do tema do tráfico de pessoas apresentadas.	MJ

Atividade		
7.A.5.	Incluir o tema nos cursos realizados no âmbito da Estratégia Nacional de Combate à Corrupção e Lavagem de Dinheiro (ENCCLA).	
Meta	50 agentes públicos capacitados.	MJ
Prioridade nº 8: Fomentar a cooperação entre os órgãos federais, estaduais e municipais envolvidos no enfrentamento ao tráfico de pessoas para atuação articulada na repressão do tráfico de pessoas e responsabilização de seus autores.		
Ação 8.A.	Padronizar e fortalecer o intercâmbio de informações entre os órgãos de segurança pública em matéria de investigação dos casos de tráfico de pessoas.	

Atividade		
8.A.1.	Ampliar as ações do enfrentamento ao tráfico de pessoas no âmbito dos Gabinetes de Gestão Integrada (GGIs).	
Meta	27 GGIs com propostas de ampliação das ações negociadas.	MJ

Atividade		
8.A.2	Designar responsáveis nos Estados, indicados pelas corporações policiais, para intercâmbio de informações.	
Meta	Um representante por Estado designado.	MJ

ANOTAÇÕES

Atividade		
8.A.3.	Desenvolver mecanismo-piloto para coibir o aliciamento para fins de tráfico de pessoas, por meio da rede mundial de computadores, e responsabilizar seus autores.	
Meta	Um mecanismo desenvolvido.	MJ
Ação 8.B.	Promover a aproximação e integração dos órgãos e instituições envolvidos no enfrentamento ao tráfico de pessoas.	
Atividade		
8.B.1.	Realizar seminário de âmbito nacional para aproximação e troca de experiências de repressão ao tráfico de pessoas e responsabilização de seus autores pelas várias modalidades do tráfico de pessoas.	
Meta	Um seminário realizado.	MJ
Prioridade nº 9: Criar e aprimorar instrumentos para o enfrentamento ao tráfico de pessoas.		
Ação 9.A.	Desenvolver, em âmbito nacional, mecanismos de repressão ao tráfico de pessoas e conseqüente responsabilização de seus autores.	

Atividade		
9.A.1.	Elaborar guia de referência para facilitar a identificação de vítimas de tráfico pelos profissionais envolvidos no enfrentamento, observando o princípio de não-discriminação e o respeito aos direitos humanos.	
Meta	Um guia elaborado.	MJ

Atividade		
9.A.2	Capacitar os operadores do Ligue 100 de forma a incluir o tema do tráfico de pessoas em todas as suas modalidades.	
Meta	Três capacitações realizadas.	SEDH

Atividade		
9.A.3.	Capacitar os operadores da Central de Atendimento à Mulher – 180 de forma a incluir o tema do tráfico de pessoas em todas as suas modalidades.	
Meta	100 operadoras capacitados.	SPM

Atividade		
9.A.4.	Definir de forma conjunta/articulada fluxo de encaminhamento que inclua competências e responsabilidades das instituições inseridas no sistema do Ligue 100.	
Meta	Um fluxo de encaminhamento definido.	SEDH

Atividade		
9.A.5.	Definir fluxo de encaminhamento que inclua competências e responsabilidades das instituições inseridas no sistema da Central de Atendimento à Mulher- 180.	
Meta	Uma proposta de encaminhamento construída.	SPM

Atividade		
9.A.6.	Apresentar, por meio de um grupo de trabalho, proposta de banco de dados sobre tráfico de pessoas, a partir da análise dos bancos de dados existentes relacionados direta ou indiretamente ao tema.	
Meta	Uma proposta de banco de dados elaborada.	MJ
Prioridade nº 10: Estruturar órgãos responsáveis pela repressão ao tráfico de pessoas e responsabilização de seus autores.		

Ação 10.A.	10.A. Ampliar os recursos humanos e estrutura logística das unidades específicas para o enfrentamento ao tráfico de pessoas, como um dos crimes contra os direitos humanos, nas Superintendências Regionais do Departamento de Polícia Federal.	
Atividade		
10.A.1.	Criar estruturas específicas de repressão aos crimes contra os direitos humanos nas Superintendências Regionais do Departamento de Polícia Federal, nos locais indicados pela Coordenação-Geral de Defesa Institucional, dotando-as de recursos humanos e estrutura logística.	
Meta	Duas propostas de criação negociadas.	MJ
Prioridade nº 11: Fomentar a cooperação internacional para repressão ao tráfico de pessoas.		
Ação 11.A.	Propor e elaborar instrumentos de cooperação bilateral e multilateral na área de repressão ao tráfico de pessoas.	

Atividade		
11.A.1.	Fomentar a cooperação internacional por meio de oficiais de ligação nos três países que mais recebem vítimas brasileiras de tráfico.	
Meta	Três negociações para designação de oficiais de ligação realizadas.	MJ

Atividade		
11.A.2	Estabelecer instrumentos de cooperação bilateral e multilateral que incluam o reconhecimento e repressão ao tráfico de pessoas no exterior.	
Meta	Quatro instrumentos negociados.	MRE

Atividade		
11.A.3.	Fomentar a utilização dos instrumentos internacionais que servem de base para a cooperação jurídica internacional para o efetivo enfrentamento ao tráfico internacional de pessoas, proporcionando o correto desenvolvimento de ações penais.	
Meta	Quatro acordos bilaterais de cooperação jurídica internacional em matéria penal negociados.	MJ

Atividade		
11.A.4.	Realizar evento para discussão da Convenção Internacional sobre a Proteção dos Direitos de todos Trabalhadores Migrantes e dos Membros de suas Famílias e outros instrumentos internacionais.	
Meta	Um evento realizado.	MRE
Ação 11.B.	Fortalecer e integrar projetos de cooperação internacional na área de enfrentamento ao tráfico de pessoas.	

Atividade		
11.B.1.	Identificar os projetos de cooperação com organismos internacionais relacionados direta ou indiretamente ao tráfico de pessoas.	
Meta	Um levantamento elaborado.	MRE

Atividade		
11.B.2.	Articular os projetos de cooperação internacional a fim de evitar sobreposição de ações.	
Meta	Uma estratégia de articulação elaborada.	MRE
Ação 11.C.	Articular ações conjuntas de enfrentamento ao tráfico de pessoas em regiões de fronteira.	

Atividade		
11.C.1.	Incluir na agenda das reuniões bilaterais de fronteira com países vizinhos o tema da repressão do tráfico de pessoas.	
Meta	Duas propostas de inclusão negociadas.	MRE

ANOTAÇÕES

LEIS

ANOTAÇÕES

Atividade		
11.C.2.	Incluir na agenda das comissões mistas bilaterais antidrogas o tema da repressão ao tráfico de pessoas.	
Meta	Quatro propostas de inclusão negociadas.	MRE

38. LEI Nº 12.830, DE 20 DE JUNHO DE 2013

Investigação Criminal Conduzida pelo Delegado de Polícia

A PRESIDENTA DA REPÚBLICA Faço saber que o Congresso Nacional decreta e eu sanciono a seguinte Lei:

Art. 1º Esta Lei dispõe sobre a investigação criminal conduzida pelo delegado de polícia.

Art. 2º As funções de polícia judiciária e a apuração de infrações penais exercidas pelo delegado de polícia são de natureza jurídica, essenciais e exclusivas de Estado.

§ 1º Ao delegado de polícia, na qualidade de autoridade policial, cabe a condução da investigação criminal por meio de inquérito policial ou outro procedimento previsto em lei, que tem como objetivo a apuração das circunstâncias, da materialidade e da autoria das infrações penais.

§ 2º Durante a investigação criminal, cabe ao delegado de polícia a requisição de perícia, informações, documentos e dados que interessem à apuração dos fatos.

§ 3º (VETADO).

§ 4º O inquérito policial ou outro procedimento previsto em lei em curso somente poderá ser avocado ou redistribuído por superior hierárquico, mediante despacho fundamentado, por motivo de interesse público ou nas hipóteses de inobservância dos procedimentos previstos em regulamento da corporação que prejudique a eficácia da investigação.

§ 5º A remoção do delegado de polícia dar-se-á somente por ato fundamentado.

§ 6º O indiciamento, privativo do delegado de polícia, dar-se-á por ato fundamentado, mediante análise técnico-jurídica do fato, que deverá indicar a autoria, materialidade e suas circunstâncias.

Art. 3º O cargo de delegado de polícia é privativo de bacharel em Direito, devendo-lhe ser dispensado o mesmo tratamento protocolar que recebem os magistrados, os membros da Defensoria Pública e do Ministério Público e os advogados.

Art. 4º Esta Lei entra em vigor na data de sua publicação.

39. LEI Nº 12.846, DE 1º DE AGOSTO DE 2013

Lei Anticorrupção

Dispõe sobre a responsabilização administrativa e civil de pessoas jurídicas pela prática de atos contra a administração pública, nacional ou estrangeira, e dá outras providências.

A PRESIDENTA DA REPÚBLICA Faço saber que o Congresso Nacional decreta e eu sanciono a seguinte Lei:

CAPÍTULO I - DISPOSIÇÕES GERAIS

Art. 1º Esta Lei dispõe sobre a responsabilização objetiva administrativa e civil de pessoas jurídicas pela prática de atos contra a administração pública, nacional ou estrangeira.

Parágrafo único. Aplica-se o disposto nesta Lei às sociedades empresárias e às sociedades simples, personificadas ou não, independentemente da forma de organização ou modelo societário adotado, bem como a quaisquer fundações, associações de entidades ou pessoas, ou sociedades estrangeiras, que tenham sede, filial ou representação no território brasileiro, constituídas de fato ou de direito, ainda que temporariamente.

ANOTAÇÕES

Art. 2º As pessoas jurídicas serão responsabilizadas objetivamente, nos âmbitos administrativo e civil, pelos atos lesivos previstos nesta Lei praticados em seu interesse ou benefício, exclusivo ou não.

Art. 3º A responsabilização da pessoa jurídica não exclui a responsabilidade individual de seus dirigentes ou administradores ou de qualquer pessoa natural, autora, coautora ou partícipe do ato ilícito.

§ 1º A pessoa jurídica será responsabilizada independentemente da responsabilização individual das pessoas naturais referidas no caput.

§ 2º Os dirigentes ou administradores somente serão responsabilizados por atos ilícitos na medida da sua culpabilidade.

Art. 4º Subsiste a responsabilidade da pessoa jurídica na hipótese de alteração contratual, transformação, incorporação, fusão ou cisão societária.

§ 1º Nas hipóteses de fusão e incorporação, a responsabilidade da sucessora será restrita à obrigação de pagamento de multa e reparação integral do dano causado, até o limite do patrimônio transferido, não lhe sendo aplicáveis as demais sanções previstas nesta Lei decorrentes de atos e fatos ocorridos antes da data da fusão ou incorporação, exceto no caso de simulação ou evidente intuito de fraude, devidamente comprovados.

§ 2º As sociedades controladoras, controladas, coligadas ou, no âmbito do respectivo contrato, as consorciadas serão solidariamente responsáveis pela prática dos atos previstos nesta Lei, restringindo-se tal responsabilidade à obrigação de pagamento de multa e reparação integral do dano causado.

CAPÍTULO II - DOS ATOS LESIVOS À ADMINISTRAÇÃO PÚBLICA NACIONAL OU ESTRANGEIRA

Art. 5º Constituem atos lesivos à administração pública, nacional ou estrangeira, para os fins desta Lei, todos aqueles praticados pelas pessoas jurídicas mencionadas no parágrafo único do art. 1º, que atentem contra o patrimônio público nacional ou estrangeiro, contra princípios da administração pública ou contra os compromissos internacionais assumidos pelo Brasil, assim definidos:

I. prometer, oferecer ou dar, direta ou indiretamente, vantagem indevida a agente público, ou a terceira pessoa a ele relacionada;

II. comprovadamente, financiar, custear, patrocinar ou de qualquer modo subvencionar a prática dos atos ilícitos previstos nesta Lei;

III. comprovadamente, utilizar-se de interposta pessoa física ou jurídica para ocultar ou dissimular seus reais interesses ou a identidade dos beneficiários dos atos praticados;

IV. no tocante a licitações e contratos:

a) frustrar ou fraudar, mediante ajuste, combinação ou qualquer outro expediente, o caráter competitivo de procedimento licitatório público;

b) impedir, perturbar ou fraudar a realização de qualquer ato de procedimento licitatório público;

c) afastar ou procurar afastar licitante, por meio de fraude ou oferecimento de vantagem de qualquer tipo;

d) fraudar licitação pública ou contrato dela decorrente;

e) criar, de modo fraudulento ou irregular, pessoa jurídica para participar de licitação pública ou celebrar contrato administrativo;

f) obter vantagem ou benefício indevido, de modo fraudulento, de modificações ou prorrogações de contratos celebrados com a administração pública, sem autorização em lei, no ato convocatório da licitação pública ou nos respectivos instrumentos contratuais; ou

g) manipular ou fraudar o equilíbrio econômico-financeiro dos contratos celebrados com a administração pública;

V. dificultar atividade de investigação ou fiscalização de órgãos, entidades ou agentes públicos, ou intervir em sua atuação, inclusive no âmbito das agências reguladoras e dos órgãos de fiscalização do sistema financeiro nacional.

§ 1º Considera-se administração pública estrangeira os órgãos e entidades estatais ou representações diplomáticas de país estrangeiro, de qualquer nível ou esfera de governo, bem como as pessoas jurídicas controladas, direta ou indiretamente, pelo poder público de país estrangeiro.

§ 2º Para os efeitos desta Lei, equiparam-se à administração pública estrangeira as organizações públicas internacionais.

§ 3º Considera-se agente público estrangeiro, para os fins desta Lei, quem, ainda que transitoriamente ou sem remuneração, exerça cargo, emprego ou função pública em órgãos, entidades estatais ou em representações diplomáticas de país estrangeiro, assim como em pessoas jurídicas controladas, direta ou indiretamente, pelo poder público de país estrangeiro ou em organizações públicas internacionais.

CAPÍTULO III - DA RESPONSABILIZAÇÃO ADMINISTRATIVA

Art. 6º Na esfera administrativa, serão aplicadas às pessoas jurídicas consideradas responsáveis pelos atos lesivos previstos nesta Lei as seguintes sanções:

I. multa, no valor de 0,1% (um décimo por cento) a 20% (vinte por cento) do faturamento bruto do último exercício anterior ao da instauração do processo administrativo, excluídos os tributos, a qual nunca será inferior à vantagem auferida, quando for possível sua estimação; e

II. publicação extraordinária da decisão condenatória.

§ 1º As sanções serão aplicadas fundamentadamente, isolada ou cumulativamente, de acordo com as peculiaridades do caso concreto e com a gravidade e natureza das infrações.

§ 2º A aplicação das sanções previstas neste artigo será precedida da manifestação jurídica elaborada pela Advocacia Pública ou pelo órgão de assistência jurídica, ou equivalente, do ente público.

§ 3º A aplicação das sanções previstas neste artigo não exclui, em qualquer hipótese, a obrigação da reparação integral do dano causado.

§ 4º Na hipótese do inciso I do caput, caso não seja possível utilizar o critério do valor do faturamento bruto da pessoa jurídica, a multa será de R$ 6.000,00 (seis mil reais) a R$ 60.000.000,00 (sessenta milhões de reais).

§ 5º A publicação extraordinária da decisão condenatória ocorrerá na forma de extrato de sentença, a expensas da pessoa jurídica, em meios de comunicação de grande circulação na área da prática da infração e de atuação da pessoa jurídica ou, na sua falta, em publicação de circulação nacional, bem como por meio de afixação de edital, pelo prazo mínimo de 30 (trinta) dias, no próprio estabelecimento ou no local de exercício da atividade, de modo visível ao público, e no sítio eletrônico na rede mundial de computadores.

§ 6º (VETADO).

Art. 7º Serão levados em consideração na aplicação das sanções:

I. a gravidade da infração;

II. a vantagem auferida ou pretendida pelo infrator;

III. a consumação ou não da infração;

IV. o grau de lesão ou perigo de lesão;

V. o efeito negativo produzido pela infração;

VI. a situação econômica do infrator;

VII. a cooperação da pessoa jurídica para a apuração das infrações;

VIII. a existência de mecanismos e procedimentos internos de integridade, auditoria e incentivo à denúncia de irregularidades e a aplicação efetiva de códigos de ética e de conduta no âmbito da pessoa jurídica;

IX. o valor dos contratos mantidos pela pessoa jurídica com o órgão ou entidade pública lesados; e

X. (VETADO).

Parágrafo único. Os parâmetros de avaliação de mecanismos e procedimentos previstos no inciso VIII do caput serão estabelecidos em regulamento do Poder Executivo federal.

CAPÍTULO IV - DO PROCESSO ADMINISTRATIVO DE RESPONSABILIZAÇÃO

Art. 8º A instauração e o julgamento de processo administrativo para apuração da responsabilidade de pessoa jurídica cabem à autoridade máxima de cada órgão ou entidade dos Poderes Executivo, Legislativo e Judiciário, que agirá de ofício ou mediante provocação, observados o contraditório e a ampla defesa.

§ 1º A competência para a instauração e o julgamento do processo administrativo de apuração de responsabilidade da pessoa jurídica poderá ser delegada, vedada a subdelegação.

§ 2º No âmbito do Poder Executivo federal, a Controladoria-Geral da União - CGU terá competência concorrente para instaurar processos administrativos de responsabilização de pessoas jurídicas ou para avocar os processos instaurados com fundamento nesta Lei, para exame de sua regularidade ou para corrigir-lhes o andamento.

Art. 9º Competem à Controladoria-Geral da União - CGU a apuração, o processo e o julgamento dos atos ilícitos previstos nesta Lei, praticados contra a administração pública estrangeira, observado o disposto no Artigo 4 da Convenção sobre o Combate da Corrupção de Funcionários Públicos Estrangeiros em Transações Comerciais Internacionais, promulgada pelo Decreto no 3.678, de 30 de novembro de 2000.

Art. 10. O processo administrativo para apuração da responsabilidade de pessoa jurídica será conduzido por comissão designada pela autoridade instauradora e composta por 2 (dois) ou mais servidores estáveis.

§ 1º O ente público, por meio do seu órgão de representação judicial, ou equivalente, a pedido da comissão a que se refere o caput, poderá requerer as medidas judiciais necessárias para a investigação e o processamento das infrações, inclusive de busca e apreensão.

§ 2º A comissão poderá, cautelarmente, propor à autoridade instauradora que suspenda os efeitos do ato ou processo objeto da investigação.

§ 3º A comissão deverá concluir o processo no prazo de 180 (cento e oitenta) dias contados da data da publicação do ato que a instituir e, ao final, apresentar relatórios sobre os fatos apurados e eventual responsabilidade da pessoa jurídica, sugerindo de forma motivada as sanções a serem aplicadas.

§ 4º O prazo previsto no § 3º poderá ser prorrogado, mediante ato fundamentado da autoridade instauradora.

Art. 11. No processo administrativo para apuração de responsabilidade, será concedido à pessoa jurídica prazo de 30 (trinta) dias para defesa, contados a partir da intimação.

Art. 12. O processo administrativo, com o relatório da comissão, será remetido à autoridade instauradora, na forma do art. 10, para julgamento.

Art. 13. A instauração de processo administrativo específico de reparação integral do dano não prejudica a aplicação imediata das sanções estabelecidas nesta Lei.

Parágrafo único. Concluído o processo e não havendo pagamento, o crédito apurado será inscrito em dívida ativa da fazenda pública.

Art. 14. A personalidade jurídica poderá ser desconsiderada sempre que utilizada com abuso do direito para facilitar, encobrir ou dissimular a prática dos atos ilícitos previstos nesta

ANOTAÇÕES

ANOTAÇÕES

ANOTAÇÕES

Lei ou para provocar confusão patrimonial, sendo estendidos todos os efeitos das sanções aplicadas à pessoa jurídica aos seus administradores e sócios com poderes de administração, observados o contraditório e a ampla defesa.

Art. 15. A comissão designada para apuração da responsabilidade de pessoa jurídica, após a conclusão do procedimento administrativo, dará conhecimento ao Ministério Público de sua existência, para apuração de eventuais delitos.

CAPÍTULO V - DO ACORDO DE LENIÊNCIA

Art. 16. A autoridade máxima de cada órgão ou entidade pública poderá celebrar acordo de leniência com as pessoas jurídicas responsáveis pela prática dos atos previstos nesta Lei que colaborem efetivamente com as investigações e o processo administrativo, sendo que dessa colaboração resulte:

I. a identificação dos demais envolvidos na infração, quando couber; e

II. a obtenção célere de informações e documentos que comprovem o ilícito sob apuração.

§ 1º O acordo de que trata o caput somente poderá ser celebrado se preenchidos, cumulativamente, os seguintes requisitos:

I. a pessoa jurídica seja a primeira a se manifestar sobre seu interesse em cooperar para a apuração do ato ilícito;

II. a pessoa jurídica cesse completamente seu envolvimento na infração investigada a partir da data de propositura do acordo;

III. a pessoa jurídica admita sua participação no ilícito e coopere plena e permanentemente com as investigações e o processo administrativo, comparecendo, sob suas expensas, sempre que solicitada, a todos os atos processuais, até seu encerramento.

§ 2º A celebração do acordo de leniência isentará a pessoa jurídica das sanções previstas no inciso II do art. 6º e no inciso IV do art. 19 e reduzirá em até 2/3 (dois terços) o valor da multa aplicável.

§ 3º O acordo de leniência não exime a pessoa jurídica da obrigação de reparar integralmente o dano causado.

§ 4º O acordo de leniência estipulará as condições necessárias para assegurar a efetividade da colaboração e o resultado útil do processo.

§ 5º Os efeitos do acordo de leniência serão estendidos às pessoas jurídicas que integram o mesmo grupo econômico, de fato e de direito, desde que firmem o acordo em conjunto, respeitadas as condições nele estabelecidas.

§ 6º A proposta de acordo de leniência somente se tornará pública após a efetivação do respectivo acordo, salvo no interesse das investigações e do processo administrativo.

§ 7º Não importará em reconhecimento da prática do ato ilícito investigado a proposta de acordo de leniência rejeitada.

§ 8º Em caso de descumprimento do acordo de leniência, a pessoa jurídica ficará impedida de celebrar novo acordo pelo prazo de 3 (três) anos contados do conhecimento pela administração pública do referido descumprimento.

§ 9º A celebração do acordo de leniência interrompe o prazo prescricional dos atos ilícitos previstos nesta Lei.

§ 10. A Controladoria-Geral da União - CGU é o órgão competente para celebrar os acordos de leniência no âmbito do Poder Executivo federal, bem como no caso de atos lesivos praticados contra a administração pública estrangeira.

Art. 17. A administração pública poderá também celebrar acordo de leniência com a pessoa jurídica responsável pela prática de ilícitos previstos na Lei nº 8.666, de 21 de junho de 1993, com vistas à isenção ou atenuação das sanções administrativas estabelecidas em seus arts. 86 a 88.

CAPÍTULO VI - DA RESPONSABILIZAÇÃO JUDICIAL

Art. 18. Na esfera administrativa, a responsabilidade da pessoa jurídica não afasta a possibilidade de sua responsabilização na esfera judicial.

ANOTAÇÕES

Art. 19. Em razão da prática de atos previstos no art. 5º desta Lei, a União, os Estados, o Distrito Federal e os Municípios, por meio das respectivas Advocacias Públicas ou órgãos de representação judicial, ou equivalentes, e o Ministério Público, poderão ajuizar ação com vistas à aplicação das seguintes sanções às pessoas jurídicas infratoras:

I. perdimento dos bens, direitos ou valores que representem vantagem ou proveito direta ou indiretamente obtidos da infração, ressalvado o direito do lesado ou de terceiro de boa-fé;

II. suspensão ou interdição parcial de suas atividades;

III. dissolução compulsória da pessoa jurídica;

IV. proibição de receber incentivos, subsídios, subvenções, doações ou empréstimos de órgãos ou entidades públicas e de instituições financeiras públicas ou controladas pelo poder público, pelo prazo mínimo de 1 (um) e máximo de 5 (cinco) anos.

§ 1º A dissolução compulsória da pessoa jurídica será determinada quando comprovado:

I. ter sido a personalidade jurídica utilizada de forma habitual para facilitar ou promover a prática de atos ilícitos; ou

II. ter sido constituída para ocultar ou dissimular interesses ilícitos ou a identidade dos beneficiários dos atos praticados.

§ 2º (VETADO).

§ 3º As sanções poderão ser aplicadas de forma isolada ou cumulativa.

§ 4º O Ministério Público ou a Advocacia Pública ou órgão de representação judicial, ou equivalente, do ente público poderá requerer a indisponibilidade de bens, direitos ou valores necessários à garantia do pagamento da multa ou da reparação integral do dano causado, conforme previsto no art. 7º, ressalvado o direito do terceiro de boa-fé.

Art. 20. Nas ações ajuizadas pelo Ministério Público, poderão ser aplicadas as sanções previstas no art. 6º, sem prejuízo daquelas previstas neste Capítulo, desde que constatada a omissão das autoridades competentes para promover a responsabilização administrativa.

Art. 21. Nas ações de responsabilização judicial, será adotado o rito previsto na Lei nº 7.347, de 24 de julho de 1985.

Parágrafo único. A condenação torna certa a obrigação de reparar, integralmente, o dano causado pelo ilícito, cujo valor será apurado em posterior liquidação, se não constar expressamente da sentença.

CAPÍTULO VII - DISPOSIÇÕES FINAIS

Art. 22. Fica criado no âmbito do Poder Executivo federal o Cadastro Nacional de Empresas Punidas - CNEP, que reunirá e dará publicidade às sanções aplicadas pelos órgãos ou entidades dos Poderes Executivo, Legislativo e Judiciário de todas as esferas de governo com base nesta Lei.

§ 1º Os órgãos e entidades referidos no caput deverão informar e manter atualizados, no Cnep, os dados relativos às sanções por eles aplicadas.

§ 2º O Cnep conterá, entre outras, as seguintes informações acerca das sanções aplicadas:

I. razão social e número de inscrição da pessoa jurídica ou entidade no Cadastro Nacional da Pessoa Jurídica. CNPJ;

II. tipo de sanção; e

III. data de aplicação e data final da vigência do efeito limitador ou impeditivo da sanção, quando for o caso.

§ 3º As autoridades competentes, para celebrarem acordos de leniência previstos nesta Lei, também deverão prestar e manter atualizadas no Cnep, após a efetivação do respectivo acordo, as informações acerca do acordo de leniência celebrado, salvo se esse procedimento vier a causar prejuízo às investigações e ao processo administrativo.

§ 4º Caso a pessoa jurídica não cumpra os termos do acordo de leniência, além das informações previstas no § 3º, deverá ser incluída no Cnep referência ao respectivo descumprimento.

§ 5º Os registros das sanções e acordos de leniência serão excluídos depois de decorrido o prazo previamente estabelecido no ato sancionador ou do cumprimento integral do acordo de leniência e da reparação do eventual dano causado, mediante solicitação do órgão ou entidade sancionadora.

Art. 23. Os órgãos ou entidades dos Poderes Executivo, Legislativo e Judiciário de todas as esferas de governo deverão informar e manter atualizados, para fins de publicidade, no Cadastro Nacional de Empresas Inidôneas e Suspensas - CEIS, de caráter público, instituído no âmbito do Poder Executivo federal, os dados relativos às sanções por eles aplicadas, nos termos do disposto nos arts. 87 e 88 da Lei nº 8.666, de 21 de junho de 1993.

Art. 24. A multa e o perdimento de bens, direitos ou valores aplicados com fundamento nesta Lei serão destinados preferencialmente aos órgãos ou entidades públicas lesadas.

Art. 25. Prescrevem em 5 (cinco) anos as infrações previstas nesta Lei, contados da data da ciência da infração ou, no caso de infração permanente ou continuada, do dia em que tiver cessado.

Parágrafo único. Na esfera administrativa ou judicial, a prescrição será interrompida com a instauração de processo que tenha por objeto a apuração da infração.

Art. 26. A pessoa jurídica será representada no processo administrativo na forma do seu estatuto ou contrato social.

§ 1º As sociedades sem personalidade jurídica serão representadas pela pessoa a quem couber a administração de seus bens.

§ 2º A pessoa jurídica estrangeira será representada pelo gerente, representante ou administrador de sua filial, agência ou sucursal aberta ou instalada no Brasil.

Art. 27. A autoridade competente que, tendo conhecimento das infrações previstas nesta Lei, não adotar providências para a apuração dos fatos será responsabilizada penal, civil e administrativamente nos termos da legislação específica aplicável.

Art. 28. Esta Lei aplica-se aos atos lesivos praticados por pessoa jurídica brasileira contra a administração pública estrangeira, ainda que cometidos no exterior.

Art. 29. O disposto nesta Lei não exclui as competências do Conselho Administrativo de Defesa Econômica, do Ministério da Justiça e do Ministério da Fazenda para processar e julgar fato que constitua infração à ordem econômica.

Art. 30. A aplicação das sanções previstas nesta Lei não afeta os processos de responsabilização e aplicação de penalidades decorrentes de:

I. ato de improbidade administrativa nos termos da Lei nº 8.429, de 2 de junho de 1992; e

II. atos ilícitos alcançados pela Lei nº 8.666, de 21 de junho de 1993, ou outras normas de licitações e contratos da administração pública, inclusive no tocante ao Regime Diferenciado de Contratações Públicas. RDC instituído pela Lei nº 12.462, de 4 de agosto de 2011.

Art. 31. Esta Lei entra em vigor 180 (cento e oitenta) dias após a data de sua publicação.

40. LEI Nº 12.850, DE 2 DE AGOSTO DE 2013

Lei de Organizações Criminosas

Define organização criminosa e dispõe sobre a investigação criminal, os meios de obtenção da prova, infrações penais correlatas e o procedimento criminal; altera o Decreto-Lei nº 2.848, de 7 de dezembro de 1940 (Código Penal); revoga a Lei nº 9.034, de 3 de maio de 1995; e dá outras providências.

A PRESIDENTA DA REPÚBLICA Faço saber que o Congresso Nacional decreta e eu sanciono a seguinte Lei:

CAPÍTULO I - DA ORGANIZAÇÃO CRIMINOSA

Art. 1º Esta Lei define organização criminosa e dispõe sobre a investigação criminal, os meios de obtenção da prova, infrações penais correlatas e o procedimento criminal a ser aplicado.

§ 1º Considera-se organização criminosa a associação de 4 (quatro) ou mais pessoas estruturalmente ordenada e caracterizada pela divisão de tarefas, ainda que informalmente, com objetivo de obter, direta ou indiretamente, vantagem de qualquer natureza, mediante a prática de infrações penais cujas penas máximas sejam superiores a 4 (quatro) anos, ou que sejam de caráter transnacional.

§ 2º Esta Lei se aplica também:

I. às infrações penais previstas em tratado ou convenção internacional quando, iniciada a execução no País, o resultado tenha ou devesse ter ocorrido no estrangeiro, ou reciprocamente;

II. às organizações terroristas, entendidas como aquelas voltadas para a prática dos atos de terrorismo legalmente definidos. (Redação dada pela lei nº 13.260, de 2016)

Art. 2º Promover, constituir, financiar ou integrar, pessoalmente ou por interposta pessoa, organização criminosa:

Pena: reclusão, de 3 (três) a 8 (oito) anos, e multa, sem prejuízo das penas correspondentes às demais infrações penais praticadas.

§ 1º Nas mesmas penas incorre quem impede ou, de qualquer forma, embaraça a investigação de infração penal que envolva organização criminosa.

§ 2º As penas aumentam-se até a metade se na atuação da organização criminosa houver emprego de arma de fogo.

§ 3º A pena é agravada para quem exerce o comando, individual ou coletivo, da organização criminosa, ainda que não pratique pessoalmente atos de execução.

§ 4º A pena é aumentada de 1/6 (um sexto) a 2/3 (dois terços):

I. se há participação de criança ou adolescente;

II. se há concurso de funcionário público, valendo-se a organização criminosa dessa condição para a prática de infração penal;

III. se o produto ou proveito da infração penal destinar-se, no todo ou em parte, ao exterior;

IV. se a organização criminosa mantém conexão com outras organizações criminosas independentes;

V. se as circunstâncias do fato evidenciarem a transnacionalidade da organização.

§ 5º Se houver indícios suficientes de que o funcionário público integra organização criminosa, poderá o juiz determinar seu afastamento cautelar do cargo, emprego ou função, sem prejuízo da remuneração, quando a medida se fizer necessária à investigação ou instrução processual.

§ 6º A condenação com trânsito em julgado acarretará ao funcionário público a perda do cargo, função, emprego ou mandato eletivo e a interdição para o exercício de função ou cargo público pelo prazo de 8 (oito) anos subsequentes ao cumprimento da pena.

§ 7º Se houver indícios de participação de policial nos crimes de que trata esta Lei, a Corregedoria de Polícia instaurará inquérito policial e comunicará ao Ministério Público, que designará membro para acompanhar o feito até a sua conclusão.

§ 8º As lideranças de organizações criminosas armadas ou que tenham armas à disposição deverão iniciar o cumprimento da pena em estabelecimentos penais de segurança máxima. (Incluído pela Lei nº 13.964, de 24.12.2019)

§ 9º O condenado expressamente em sentença por integrar organização criminosa ou por crime praticado por meio de organização criminosa não poderá progredir de regime de cumprimento de pena ou obter livramento condicional ou outros benefícios prisionais se houver elementos probatórios que indiquem a manutenção do vínculo associativo. (Incluído pela Lei nº 13.964, de 24.12.2019)

CAPÍTULO II - DA INVESTIGAÇÃO E DOS MEIOS DE OBTENÇÃO DA PROVA

Art. 3º Em qualquer fase da persecução penal, serão permitidos, sem prejuízo de outros já previstos em lei, os seguintes meios de obtenção da prova:

ANOTAÇÕES

ANOTAÇÕES

LEIS

ANOTAÇÕES

I. colaboração premiada;

II. captação ambiental de sinais eletromagnéticos, ópticos ou acústicos;

III. ação controlada;

IV. acesso a registros de ligações telefônicas e telemáticas, a dados cadastrais constantes de bancos de dados públicos ou privados e a informações eleitorais ou comerciais;

V. interceptação de comunicações telefônicas e telemáticas, nos termos da legislação específica;

VI. afastamento dos sigilos financeiro, bancário e fiscal, nos termos da legislação específica;

VII. infiltração, por policiais, em atividade de investigação, na forma do art. 11;

VIII. cooperação entre instituições e órgãos federais, distritais, estaduais e municipais na busca de provas e informações de interesse da investigação ou da instrução criminal.

§ 1º Havendo necessidade justificada de manter sigilo sobre a capacidade investigatória, poderá ser dispensada licitação para contratação de serviços técnicos especializados, aquisição ou locação de equipamentos destinados à polícia judiciária para o rastreamento e obtenção de provas previstas nos incisos II e V.(Incluído pela Lei nº 13.097, de 2015)

§ 2º No caso do § 1º, fica dispensada a publicação de que trata o parágrafo único do art. 61 da Lei nº 8.666, de 21 de junho de 1993, devendo ser comunicado o órgão de controle interno da realização da contratação. (Incluído pela Lei nº 13.097, de 2015)

SEÇÃO I - DA COLABORAÇÃO PREMIADA

Art. 3º-A. O acordo de colaboração premiada é negócio jurídico processual e meio de obtenção de prova, que pressupõe utilidade e interesse públicos. (Incluído pela Lei nº 13.964, de 24.12.2019)

Art. 3º-B. O recebimento da proposta para formalização de acordo de colaboração demarca o início das negociações e constitui também marco de confidencialidade, configurando violação de sigilo e quebra da confiança e da boa-fé a divulgação de tais tratativas iniciais ou de documento que as formalize, até o levantamento de sigilo por decisão judicial. (Incluído pela Lei nº 13.964, de 24.12.2019)

§ 1º A proposta de acordo de colaboração premiada poderá ser sumariamente indeferida, com a devida justificativa, cientificando-se o interessado.(Incluído pela Lei nº 13.964, de 24.12.2019)

§ 2º Caso não haja indeferimento sumário, as partes deverão firmar Termo de Confidencialidade para prosseguimento das tratativas, o que vinculará os órgãos envolvidos na negociação e impedirá o indeferimento posterior sem justa causa. (Incluído pela Lei nº 13.964, de 24.12.2019)

§ 3º O recebimento de proposta de colaboração para análise ou o Termo de Confidencialidade não implica, por si só, a suspensão da investigação, ressalvado acordo em contrário quanto à propositura de medidas processuais penais cautelares e assecuratórias, bem como medidas processuais cíveis admitidas pela legislação processual civil em vigor. (Incluído pela Lei nº 13.964, de 24.12.2019)

§ 4º O acordo de colaboração premiada poderá ser precedido de instrução, quando houver necessidade de identificação ou complementação de seu objeto, dos fatos narrados, sua definição jurídica, relevância, utilidade e interesse público.(Incluído pela Lei nº 13.964, de 24.12.2019)

§ 5º Os termos de recebimento de proposta de colaboração e de confidencialidade serão elaborados pelo celebrante e assinados por ele, pelo colaborador e pelo advogado ou defensor público com poderes específicos. (Incluído pela Lei nº 13.964, de 24.12.2019)

ANOTAÇÕES

§ 6º Na hipótese de não ser celebrado o acordo por iniciativa do celebrante, esse não poderá se valer de nenhuma das informações ou provas apresentadas pelo colaborador, de boa-fé, para qualquer outra finalidade. (Incluído pela Lei nº 13.964, de 24.12.2019)

Art. 3º-C. A proposta de colaboração premiada deve estar instruída com procuração do interessado com poderes específicos para iniciar o procedimento de colaboração e suas tratativas, ou firmada pessoalmente pela parte que pretende a colaboração e seu advogado ou defensor público. (Incluído pela Lei nº 13.964, de 24.12.2019)

§ 1º Nenhuma tratativa sobre colaboração premiada deve ser realizada sem a presença de advogado constituído ou defensor público. (Incluído pela Lei nº 13.964, de 24.12.2019)

§ 2º Em caso de eventual conflito de interesses, ou de colaborador hipossuficiente, o celebrante deverá solicitar a presença de outro advogado ou a participação de defensor público. (Incluído pela Lei nº 13.964, de 24.12.2019)

§ 3º No acordo de colaboração premiada, o colaborador deve narrar todos os fatos ilícitos para os quais concorreu e que tenham relação direta com os fatos investigados. (Incluído pela Lei nº 13.964, de 24.12.2019)

§ 4º Incumbe à defesa instruir a proposta de colaboração e os anexos com os fatos adequadamente descritos, com todas as suas circunstâncias, indicando as provas e os elementos de corroboração. (Incluído pela Lei nº 13.964, de 24.12.2019)

Art. 4º O juiz poderá, a requerimento das partes, conceder o perdão judicial, reduzir em até 2/3 (dois terços) a pena privativa de liberdade ou substituí-la por restritiva de direitos daquele que tenha colaborado efetiva e voluntariamente com a investigação e com o processo criminal, desde que dessa colaboração advenha um ou mais dos seguintes resultados:

I. a identificação dos demais coautores e partícipes da organização criminosa e das infrações penais por eles praticadas;

II. a revelação da estrutura hierárquica e da divisão de tarefas da organização criminosa;

III. a prevenção de infrações penais decorrentes das atividades da organização criminosa;

IV. a recuperação total ou parcial do produto ou do proveito das infrações penais praticadas pela organização criminosa;

V. a localização de eventual vítima com a sua integridade física preservada.

§ 1º Em qualquer caso, a concessão do benefício levará em conta a personalidade do colaborador, a natureza, as circunstâncias, a gravidade e a repercussão social do fato criminoso e a eficácia da colaboração.

§ 2º Considerando a relevância da colaboração prestada, o Ministério Público, a qualquer tempo, e o delegado de polícia, nos autos do inquérito policial, com a manifestação do Ministério Público, poderão requerer ou representar ao juiz pela concessão de perdão judicial ao colaborador, ainda que esse benefício não tenha sido previsto na proposta inicial, aplicando-se, no que couber, o art. 28 do Decreto-Lei nº 3.689, de 3 de outubro de 1941 (Código de Processo Penal).

§ 3º O prazo para oferecimento de denúncia ou o processo, relativos ao colaborador, poderá ser suspenso por até 6 (seis) meses, prorrogáveis por igual período, até que sejam cumpridas as medidas de colaboração, suspendendo-se o respectivo prazo prescricional.

§ 4º Nas mesmas hipóteses do caput deste artigo, o Ministério Público poderá deixar de oferecer denúncia se a proposta de acordo de colaboração referir-se a infração de cuja existência não tenha prévio conhecimento e o colaborador: (Redação dada pela Lei nº 13.964, de 24.12.2019)

I. não for o líder da organização criminosa;

II. for o primeiro a prestar efetiva colaboração nos termos deste artigo.

§ 4º-A. Considera-se existente o conhecimento prévio da infração quando o Ministério Público ou a autoridade policial competente tenha instaurado inquérito ou procedimento investigatório para apuração dos fatos apresentados pelo colaborador. (Incluído pela Lei nº 13.964, de 24.12.2019)

§ 5º Se a colaboração for posterior à sentença, a pena poderá ser reduzida até a metade ou será admitida a progressão de regime ainda que ausentes os requisitos objetivos.

§ 6º O juiz não participará das negociações realizadas entre as partes para a formalização do acordo de colaboração, que ocorrerá entre o delegado de polícia, o investigado e o defensor, com a manifestação do Ministério Público, ou, conforme o caso, entre o Ministério Público e o investigado ou acusado e seu defensor.

§ 7º Realizado o acordo na forma do § 6º deste artigo, serão remetidos ao juiz, para análise, o respectivo termo, as declarações do colaborador e cópia da investigação, devendo o juiz ouvir sigilosamente o colaborador, acompanhado de seu defensor, oportunidade em que analisará os seguintes aspectos na homologação: (Redação dada pela Lei nº 13.964, de 24.12.2019)

I. regularidade e legalidade; (Incluído pela Lei nº 13.964, de 24.12.2019)

II - adequação dos benefícios pactuados àqueles previstos no caput e nos §§ 4º e 5º deste artigo, sendo nulas as cláusulas que violem o critério de definição do regime inicial de cumprimento de pena do art. 33 do Decreto-Lei nº 2.848, de 7 de dezembro de 1940 (Código Penal), as regras de cada um dos regimes previstos no Código Penal e na Lei nº 7.210, de 11 de julho de 1984 (Lei de Execução Penal) e os requisitos de progressão de regime não abrangidos pelo § 5º deste artigo; (Incluído pela Lei nº 13.964, de 24.12.2019)

III. adequação dos resultados da colaboração aos resultados mínimos exigidos nos incisos I, II, III, IV e V do caput deste artigo; (Incluído pela Lei nº 13.964, de 24.12.2019)

IV. voluntariedade da manifestação de vontade, especialmente nos casos em que o colaborador está ou esteve sob efeito de medidas cautelares. (Incluído pela Lei nº 13.964, de 24.12.2019)

§ 7º-A O juiz ou o tribunal deve proceder à análise fundamentada do mérito da denúncia, do perdão judicial e das primeiras etapas de aplicação da pena, nos termos do Decreto-Lei nº 2.848, de 7 de dezembro de 1940 (Código Penal) e do Decreto-Lei nº 3.689, de 3 de outubro de 1941 (Código de Processo Penal), antes de conceder os benefícios pactuados, exceto quando o acordo prever o não oferecimento da denúncia na forma dos §§ 4º e 4º-A deste artigo ou já tiver sido proferida sentença. (Incluído pela Lei nº 13.964, de 24.12.2019)

§ 7º-B. São nulas de pleno direito as previsões de renúncia ao direito de impugnar a decisão homologatória. (Incluído pela Lei nº 13.964, de 24.12.2019)

§ 8º O juiz poderá recusar a homologação da proposta que não atender aos requisitos legais, devolvendo-a às partes para as adequações necessárias. (Redação dada pela Lei nº 13.964, de 24.12.2019)

ANOTAÇÕES

§ 9º Depois de homologado o acordo, o colaborador poderá, sempre acompanhado pelo seu defensor, ser ouvido pelo membro do Ministério Público ou pelo delegado de polícia responsável pelas investigações.

§ 10. As partes podem retratar-se da proposta, caso em que as provas autoincriminatórias produzidas pelo colaborador não poderão ser utilizadas exclusivamente em seu desfavor.

§ 10-A Em todas as fases do processo, deve-se garantir ao réu delatado a oportunidade de manifestar-se após o decurso do prazo concedido ao réu que o delatou. (Incluído pela Lei nº 13.964, de 24.12.2019)

§ 11. A sentença apreciará os termos do acordo homologado e sua eficácia.

§ 12. Ainda que beneficiado por perdão judicial ou não denunciado, o colaborador poderá ser ouvido em juízo a requerimento das partes ou por iniciativa da autoridade judicial.

§ 13. O registro das tratativas e dos atos de colaboração deverá ser feito pelos meios ou recursos de gravação magnética, estenotipia, digital ou técnica similar, inclusive audiovisual, destinados a obter maior fidelidade das informações, garantindo-se a disponibilização de cópia do material ao colaborador. (Redação dada pela Lei nº 13.964, de 24.12.2019)

§ 14. Nos depoimentos que prestar, o colaborador renunciará, na presença de seu defensor, ao direito ao silêncio e estará sujeito ao compromisso legal de dizer a verdade.

§ 15. Em todos os atos de negociação, confirmação e execução da colaboração, o colaborador deverá estar assistido por defensor.

§ 16. Nenhuma das seguintes medidas será decretada ou proferida com fundamento apenas nas declarações do colaborador: (Redação dada pela Lei nº 13.964, de 24.12.2019)

I. medidas cautelares reais ou pessoais; (Incluído pela Lei nº 13.964, de 24.12.2019)

II. recebimento de denúncia ou queixa-crime; (Incluído pela Lei nº 13.964, de 24.12.2019)

III. sentença condenatória. (Incluído pela Lei nº 13.964, de 24.12.2019)

§ 17. O acordo homologado poderá ser rescindido em caso de omissão dolosa sobre os fatos objeto da colaboração. (Incluído pela Lei nº 13.964, de 24.12.2019)

§ 18. O acordo de colaboração premiada pressupõe que o colaborador cesse o envolvimento em conduta ilícita relacionada ao objeto da colaboração, sob pena de rescisão. (Incluído pela Lei nº 13.964, de 24.12.2019)

Art. 5º São direitos do colaborador:

I. usufruir das medidas de proteção previstas na legislação específica;

II. ter nome, qualificação, imagem e demais informações pessoais preservados;

III. ser conduzido, em juízo, separadamente dos demais coautores e partícipes;

IV. participar das audiências sem contato visual com os outros acusados;

V. não ter sua identidade revelada pelos meios de comunicação, nem ser fotografado ou filmado, sem sua prévia autorização por escrito;

VI. cumprir pena ou prisão cautelar em estabelecimento penal diverso dos demais corréus ou condenados. (Redação dada pela Lei nº 13.964, de 24.12.2019)

Art. 6º O termo de acordo da colaboração premiada deverá ser feito por escrito e conter:

I. o relato da colaboração e seus possíveis resultados;

ANOTAÇÕES

ANOTAÇÕES

II. as condições da proposta do Ministério Público ou do delegado de polícia;

III. a declaração de aceitação do colaborador e de seu defensor;

IV. as assinaturas do representante do Ministério Público ou do delegado de polícia, do colaborador e de seu defensor;

V. a especificação das medidas de proteção ao colaborador e à sua família, quando necessário.

Art. 7º O pedido de homologação do acordo será sigilosamente distribuído, contendo apenas informações que não possam identificar o colaborador e o seu objeto.

§ 1º As informações pormenorizadas da colaboração serão dirigidas diretamente ao juiz a que recair a distribuição, que decidirá no prazo de 48 (quarenta e oito) horas.

§ 2º O acesso aos autos será restrito ao juiz, ao Ministério Público e ao delegado de polícia, como forma de garantir o êxito das investigações, assegurando-se ao defensor, no interesse do representado, amplo acesso aos elementos de prova que digam respeito ao exercício do direito de defesa, devidamente precedido de autorização judicial, ressalvados os referentes às diligências em andamento.

§ 3º O acordo de colaboração premiada e os depoimentos do colaborador serão mantidos em sigilo até o recebimento da denúncia ou da queixa-crime, sendo vedado ao magistrado decidir por sua publicidade em qualquer hipótese. (Redação dada pela Lei nº 13.964, de 24.12.2019)

SEÇÃO II - DA AÇÃO CONTROLADA

Art. 8º Consiste a ação controlada em retardar a intervenção policial ou administrativa relativa à ação praticada por organização criminosa ou a ela vinculada, desde que mantida sob observação e acompanhamento para que a medida legal se concretize no momento mais eficaz à formação de provas e obtenção de informações.

§ 1º O retardamento da intervenção policial ou administrativa será previamente comunicado ao juiz competente que, se for o caso, estabelecerá os seus limites e comunicará ao Ministério Público.

§ 2º A comunicação será sigilosamente distribuída de forma a não conter informações que possam indicar a operação a ser efetuada.

§ 3º Até o encerramento da diligência, o acesso aos autos será restrito ao juiz, ao Ministério Público e ao delegado de polícia, como forma de garantir o êxito das investigações.

§ 4º Ao término da diligência, elaborar-se-á auto circunstanciado acerca da ação controlada.

Art. 9º Se a ação controlada envolver transposição de fronteiras, o retardamento da intervenção policial ou administrativa somente poderá ocorrer com a cooperação das autoridades dos países que figurem como provável itinerário ou destino do investigado, de modo a reduzir os riscos de fuga e extravio do produto, objeto, instrumento ou proveito do crime.

SEÇÃO III - DA INFILTRAÇÃO DE AGENTES

Art. 10. A infiltração de agentes de polícia em tarefas de investigação, representada pelo delegado de polícia ou requerida pelo Ministério Público, após manifestação técnica do delegado de polícia quando solicitada no curso de inquérito policial, será precedida de circunstanciada, motivada e sigilosa autorização judicial, que estabelecerá seus limites.

§ 1º Na hipótese de representação do delegado de polícia, o juiz competente, antes de decidir, ouvirá o Ministério Público.

§ 2º Será admitida a infiltração se houver indícios de infração penal de que trata o art. 1º e se a prova não puder ser produzida por outros meios disponíveis.

§ 3º A infiltração será autorizada pelo prazo de até 6 (seis) meses, sem prejuízo de eventuais renovações, desde que comprovada sua necessidade.

ANOTAÇÕES

§ 4º Findo o prazo previsto no § 3º, o relatório circunstanciado será apresentado ao juiz competente, que imediatamente cientificará o Ministério Público.

§ 5º No curso do inquérito policial, o delegado de polícia poderá determinar aos seus agentes, e o Ministério Público poderá requisitar, a qualquer tempo, relatório da atividade de infiltração.

Art. 10-A. Será admitida a ação de agentes de polícia infiltrados virtuais, obedecidos os requisitos do caput do art. 10, na internet, com o fim de investigar os crimes previstos nesta Lei e a eles conexos, praticados por organizações criminosas, desde que demonstrada sua necessidade e indicados o alcance das tarefas dos policiais, os nomes ou apelidos das pessoas investigadas e, quando possível, os dados de conexão ou cadastrais que permitam a identificação dessas pessoas. (Incluído pela Lei nº 13.964, de 24.12.2019)

§ 1º Para efeitos do disposto nesta Lei, consideram-se: (Incluído pela Lei nº 13.964, de 24.12.2019)

I. dados de conexão: informações referentes a hora, data, início, término, duração, endereço de Protocolo de Internet (IP) utilizado e terminal de origem da conexão; (Incluído pela Lei nº 13.964, de 24.12.2019)

II. dados cadastrais: informações referentes a nome e endereço de assinante ou de usuário registrado ou autenticado para a conexão a quem endereço de IP, identificação de usuário ou código de acesso tenha sido atribuído no momento da conexão. (Incluído pela Lei nº 13.964, de 24.12.2019)

§ 2º Na hipótese de representação do delegado de polícia, o juiz competente, antes de decidir, ouvirá o Ministério Público. (Incluído pela Lei nº 13.964, de 24.12.2019)

§ 3º Será admitida a infiltração se houver indícios de infração penal de que trata o art. 1º desta Lei e se as provas não puderem ser produzidas por outros meios disponíveis. (Incluído pela Lei nº 13.964, de 24.12.2019)

§ 4º A infiltração será autorizada pelo prazo de até 6 (seis) meses, sem prejuízo de eventuais renovações, mediante ordem judicial fundamentada e desde que o total não exceda a 720 (setecentos e vinte) dias e seja comprovada sua necessidade. (Incluído pela Lei nº 13.964, de 24.12.2019)

§ 5º Findo o prazo previsto no § 4º deste artigo, o relatório circunstanciado, juntamente com todos os atos eletrônicos praticados durante a operação, deverão ser registrados, gravados, armazenados e apresentados ao juiz competente, que imediatamente cientificará o Ministério Público. (Incluído pela Lei nº 13.964, de 24.12.2019)

§ 6º No curso do inquérito policial, o delegado de polícia poderá determinar aos seus agentes, e o Ministério Público e o juiz competente poderão requisitar, a qualquer tempo, relatório da atividade de infiltração. (Incluído pela Lei nº 13.964, de 24.12.2019)

§ 7º É nula a prova obtida sem a observância do disposto neste artigo. (Incluído pela Lei nº 13.964, de 24.12.2019)

Art. 10-B. As informações da operação de infiltração serão encaminhadas diretamente ao juiz responsável pela autorização da medida, que zelará por seu sigilo. (Incluído pela Lei nº 13.964, de 24.12.2019)

Parágrafo único. Antes da conclusão da operação, o acesso aos autos será reservado ao juiz, ao Ministério Público e ao delegado de polícia responsável pela operação, com o objetivo de garantir o sigilo das investigações. (Incluído pela Lei nº 13.964, de 24.12.2019)

Art. 10-C. Não comete crime o policial que oculta a sua identidade para, por meio da internet, colher indícios de autoria e materialidade dos crimes previstos no art. 1º desta Lei. (Incluído pela Lei nº 13.964, de 24.12.2019)

Parágrafo único. O agente policial infiltrado que deixar de observar a estrita finalidade da investigação responderá pelos excessos praticados. (Incluído pela Lei nº 13.964, de 24.12.2019)

Art. 10-D. Concluída a investigação, todos os atos eletrônicos praticados durante a operação deverão ser registrados, gravados, armazenados e encaminhados ao juiz e ao Ministério Público, juntamente com relatório circunstanciado. (Incluído pela Lei nº 13.964, de 24.12.2019)

Parágrafo único. Os atos eletrônicos registrados citados no caput deste artigo serão reunidos em autos apartados e apensados ao processo criminal juntamente com o inquérito policial, assegurando-se a preservação da identidade do agente policial infiltrado e a intimidade dos envolvidos. (Incluído pela Lei nº 13.964, de 24.12.2019)

Art. 11. O requerimento do Ministério Público ou a representação do delegado de polícia para a infiltração de agentes conterão a demonstração da necessidade da medida, o alcance das tarefas dos agentes e, quando possível, os nomes ou apelidos das pessoas investigadas e o local da infiltração.

Parágrafo único. Os órgãos de registro e cadastro público poderão incluir nos bancos de dados próprios, mediante procedimento sigiloso e requisição da autoridade judicial, as informações necessárias à efetividade da identidade fictícia criada, nos casos de infiltração de agentes na internet. (Incluído pela Lei nº 13.964, de 24.12.2019)

Art. 12. O pedido de infiltração será sigilosamente distribuído, de forma a não conter informações que possam indicar a operação a ser efetivada ou identificar o agente que será infiltrado.

§ 1º As informações quanto à necessidade da operação de infiltração serão dirigidas diretamente ao juiz competente, que decidirá no prazo de 24 (vinte e quatro) horas, após manifestação do Ministério Público na hipótese de representação do delegado de polícia, devendo-se adotar as medidas necessárias para o êxito das investigações e a segurança do agente infiltrado.

§ 2º Os autos contendo as informações da operação de infiltração acompanharão a denúncia do Ministério Público, quando serão disponibilizados à defesa, assegurando-se a preservação da identidade do agente.

§ 3º Havendo indícios seguros de que o agente infiltrado sofre risco iminente, a operação será sustada mediante requisição do Ministério Público ou pelo delegado de polícia, dando-se imediata ciência ao Ministério Público e à autoridade judicial.

Art. 13. O agente que não guardar, em sua atuação, a devida proporcionalidade com a finalidade da investigação, responderá pelos excessos praticados.

Parágrafo único. Não é punível, no âmbito da infiltração, a prática de crime pelo agente infiltrado no curso da investigação, quando inexigível conduta diversa.

Art. 14. São direitos do agente:

I. recusar ou fazer cessar a atuação infiltrada;

II. ter sua identidade alterada, aplicando-se, no que couber, o disposto no art. 9º da Lei nº 9.807, de 13 de julho de 1999, bem como usufruir das medidas de proteção a testemunhas;

III. ter seu nome, sua qualificação, sua imagem, sua voz e demais informações pessoais preservadas durante a investigação e o processo criminal, salvo se houver decisão judicial em contrário;

IV. não ter sua identidade revelada, nem ser fotografado ou filmado pelos meios de comunicação, sem sua prévia autorização por escrito.

SEÇÃO IV - DO ACESSO A REGISTROS, DADOS CADASTRAIS, DOCUMENTOS E INFORMAÇÕES

Art. 15. O delegado de polícia e o Ministério Público terão acesso, independentemente de autorização judicial, apenas aos dados cadastrais do investigado que informem exclusivamente a qualificação pessoal, a filiação e o endereço mantidos pela Justiça Eleitoral, empresas telefônicas, instituições financeiras, provedores de internet e administradoras de cartão de crédito.

Art. 16. As empresas de transporte possibilitarão, pelo prazo de 5 (cinco) anos, acesso direto e permanente do juiz, do Ministério Público ou do delegado de polícia aos bancos de dados de reservas e registro de viagens.

Art. 17. As concessionárias de telefonia fixa ou móvel manterão, pelo prazo de 5 (cinco) anos, à disposição das autoridades mencionadas no art. 15, registros de identificação dos números dos terminais de origem e de destino das ligações telefônicas internacionais, interurbanas e locais.

SEÇÃO V - DOS CRIMES OCORRIDOS NA INVESTIGAÇÃO E NA OBTENÇÃO DA PROVA

Art. 18. Revelar a identidade, fotografar ou filmar o colaborador, sem sua prévia autorização por escrito:

Pena: reclusão, de 1 (um) a 3 (três) anos, e multa.

Art. 19. Imputar falsamente, sob pretexto de colaboração com a Justiça, a prática de infração penal a pessoa que sabe ser inocente, ou revelar informações sobre a estrutura de organização criminosa que sabe inverídicas:

Pena: reclusão, de 1 (um) a 4 (quatro) anos, e multa.

Art. 20. Descumprir determinação de sigilo das investigações que envolvam a ação controlada e a infiltração de agentes:

Pena: reclusão, de 1 (um) a 4 (quatro) anos, e multa.

Art. 21. Recusar ou omitir dados cadastrais, registros, documentos e informações requisitadas pelo juiz, Ministério Público ou delegado de polícia, no curso de investigação ou do processo:

Pena: reclusão, de 6 (seis) meses a 2 (dois) anos, e multa.

Parágrafo único. Na mesma pena incorre quem, de forma indevida, se apossa, propala, divulga ou faz uso dos dados cadastrais de que trata esta Lei.

CAPÍTULO III - DISPOSIÇÕES FINAIS

Art. 22. Os crimes previstos nesta Lei e as infrações penais conexas serão apurados mediante procedimento ordinário previsto no Decreto-Lei nº 3.689, de 3 de outubro de 1941 (Código de Processo Penal), observado o disposto no parágrafo único deste artigo.

Parágrafo único. A instrução criminal deverá ser encerrada em prazo razoável, o qual não poderá exceder a 120 (cento e vinte) dias quando o réu estiver preso, prorrogáveis em até igual período, por decisão fundamentada, devidamente motivada pela complexidade da causa ou por fato procrastinatório atribuível ao réu.

Art. 23. O sigilo da investigação poderá ser decretado pela autoridade judicial competente, para garantia da celeridade e da eficácia das diligências investigatórias, assegurando-se ao defensor, no interesse do representado, amplo acesso aos elementos de prova que digam respeito ao exercício do direito de defesa, devidamente precedido de autorização judicial, ressalvados os referentes às diligências em andamento.

Parágrafo único. Determinado o depoimento do investigado, seu defensor terá assegurada a prévia vista dos autos, ainda que classificados como sigilosos, no prazo mínimo de 3 (três) dias que antecedem ao ato, podendo ser ampliado, a critério da autoridade responsável pela investigação.

ANOTAÇÕES

ANOTAÇÕES

ANOTAÇÕES

Art. 24. O art. 288 do Decreto-Lei nº 2.848, de 7 de dezembro de 1940 (Código Penal), passa a vigorar com a seguinte redação:

"Associação Criminosa

Art. 288. Associarem-se 3 (três) ou mais pessoas, para o fim específico de cometer crimes:

Pena: reclusão, de 1 (um) a 3 (três) anos.

Parágrafo único. A pena aumenta-se até a metade se a associação é armada ou se houver a participação de criança ou adolescente." (NR)

Art. 25. O art. 342 do Decreto-Lei nº 2.848, de 7 de dezembro de 1940 (Código Penal), passa a vigorar com a seguinte redação:

"Art. 342. ....

Pena: reclusão, de 2 (dois) a 4 (quatro) anos, e multa.

Art. 26. Revoga-se a Lei nº 9.034, de 3 de maio de 1995.

Art. 27. Esta Lei entra em vigor após decorridos 45 (quarenta e cinco) dias de sua publicação oficial.

41. LEI Nº 13.146 DE 6 DE JULHO DE 2015

Estatuto da Pessoa com Deficiência

LIVRO I

PARTE GERAL

TÍTULO I - DISPOSIÇÕES PRELIMINARES

CAPÍTULO I - DISPOSIÇÕES GERAIS

Art. 1º É instituída a Lei Brasileira de Inclusão da Pessoa com Deficiência (Estatuto da Pessoa com Deficiência), destinada a assegurar e a promover, em condições de igualdade, o exercício dos direitos e das liberdades fundamentais por pessoa com deficiência, visando à sua inclusão social e cidadania.

Parágrafo único. Esta Lei tem como base a Convenção sobre os Direitos das Pessoas com Deficiência e seu Protocolo Facultativo, ratificados pelo Congresso Nacional por meio do Decreto Legislativo no 186, de 9 de julho de 2008, em conformidade com o procedimento previsto no § 3º do art. 5º da Constituição da República Federativa do Brasil, em vigor para o Brasil, no plano jurídico externo, desde 31 de agosto de 2008, e promulgados pelo Decreto no 6.949, de 25 de agosto de 2009, data de início de sua vigência no plano interno.

Art. 2º Considera-se pessoa com deficiência aquela que tem impedimento de longo prazo de natureza física, mental, intelectual ou sensorial, o qual, em interação com uma ou mais barreiras, pode obstruir sua participação plena e efetiva na sociedade em igualdade de condições com as demais pessoas.

§ 1º A avaliação da deficiência, quando necessária, será biopsicossocial, realizada por equipe multiprofissional e interdisciplinar e considerará:

I. os impedimentos nas funções e nas estruturas do corpo;

II. os fatores socioambientais, psicológicos e pessoais;

III. a limitação no desempenho de atividades; e

IV. a restrição de participação.

§ 2º O Poder Executivo criará instrumentos para avaliação da deficiência. (Vide Lei nº 13.846, de 2019)

Art. 3º Para fins de aplicação desta Lei, consideram-se:

I. acessibilidade: possibilidade e condição de alcance para utilização, com segurança e autonomia, de espaços, mobiliários, equipamentos urbanos, edificações, transportes, informação e comunicação, inclusive seus sistemas e tecnologias, bem como de outros serviços e instalações abertos ao público, de uso público ou privados de uso coletivo, tanto na zona urbana como na rural, por pessoa com deficiência ou com mobilidade reduzida;

ANOTAÇÕES

II. desenho universal: concepção de produtos, ambientes, programas e serviços a serem usados por todas as pessoas, sem necessidade de adaptação ou de projeto específico, incluindo os recursos de tecnologia assistiva;

III. tecnologia assistiva ou ajuda técnica: produtos, equipamentos, dispositivos, recursos, metodologias, estratégias, práticas e serviços que objetivem promover a funcionalidade, relacionada à atividade e à participação da pessoa com deficiência ou com mobilidade reduzida, visando à sua autonomia, independência, qualidade de vida e inclusão social;

IV. barreiras: qualquer entrave, obstáculo, atitude ou comportamento que limite ou impeça a participação social da pessoa, bem como o gozo, a fruição e o exercício de seus direitos à acessibilidade, à liberdade de movimento e de expressão, à comunicação, ao acesso à informação, à compreensão, à circulação com segurança, entre outros, classificadas em:

a) barreiras urbanísticas: as existentes nas vias e nos espaços públicos e privados abertos ao público ou de uso coletivo;

b) barreiras arquitetônicas: as existentes nos edifícios públicos e privados;

c) barreiras nos transportes: as existentes nos sistemas e meios de transportes;

d) barreiras nas comunicações e na informação: qualquer entrave, obstáculo, atitude ou comportamento que dificulte ou impossibilite a expressão ou o recebimento de mensagens e de informações por intermédio de sistemas de comunicação e de tecnologia da informação;

e) barreiras atitudinais: atitudes ou comportamentos que impeçam ou prejudiquem a participação social da pessoa com deficiência em igualdade de condições e oportunidades com as demais pessoas;

f) barreiras tecnológicas: as que dificultam ou impedem o acesso da pessoa com deficiência às tecnologias;

V. comunicação: forma de interação dos cidadãos que abrange, entre outras opções, as línguas, inclusive a Língua Brasileira de Sinais (Libras), a visualização de textos, o Braille, o sistema de sinalização ou de comunicação tátil, os caracteres ampliados, os dispositivos multimídia, assim como a linguagem simples, escrita e oral, os sistemas auditivos e os meios de voz digitalizados e os modos, meios e formatos aumentativos e alternativos de comunicação, incluindo as tecnologias da informação e das comunicações;

VI. adaptações razoáveis: adaptações, modificações e ajustes necessários e adequados que não acarretem ônus desproporcional e indevido, quando requeridos em cada caso, a fim de assegurar que a pessoa com deficiência possa gozar ou exercer, em igualdade de condições e oportunidades com as demais pessoas, todos os direitos e liberdades fundamentais;

VII. elemento de urbanização: quaisquer componentes de obras de urbanização, tais como os referentes a pavimentação, saneamento, encanamento para esgotos, distribuição de energia elétrica e de gás, iluminação pública, serviços de comunicação, abastecimento e distribuição de água, paisagismo e os que materializam as indicações do planejamento urbanístico;

VIII. mobiliário urbano: conjunto de objetos existentes nas vias e nos espaços públicos, superpostos ou adicionados aos elementos de urbanização ou de edificação, de forma que sua modificação ou seu traslado não provoque alterações substanciais nesses elementos, tais como semáforos, postes de sinalização e similares, terminais e pontos de acesso coletivo às telecomunicações, fontes de água, lixeiras, toldos, marquises, bancos, quiosques e quaisquer outros de natureza análoga;

IX. pessoa com mobilidade reduzida: aquela que tenha, por qualquer motivo, dificuldade de movimentação, permanente ou temporária, gerando redução efetiva da mobilidade, da flexibilidade, da coordenação motora ou da percepção, incluindo idoso, gestante, lactante, pessoa com criança de colo e obeso;

X. residências inclusivas: unidades de oferta do Serviço de Acolhimento do Sistema Único de Assistência Social (Suas) localizadas em áreas residenciais da comunidade, com estruturas adequadas, que possam contar com apoio psicossocial para o atendimento das necessidades da pessoa acolhida, destinadas a jovens e adultos com deficiência, em situação de dependência, que não dispõem de condições de autossustentabilidade e com vínculos familiares fragilizados ou rompidos;

XI. moradia para a vida independente da pessoa com deficiência: moradia com estruturas adequadas capazes de proporcionar serviços de apoio coletivos e individualizados que respeitem e ampliem o grau de autonomia de jovens e adultos com deficiência;

XII. atendente pessoal: pessoa, membro ou não da família, que, com ou sem remuneração, assiste ou presta cuidados básicos e essenciais à pessoa com deficiência no exercício de suas atividades diárias, excluídas as técnicas ou os procedimentos identificados com profissões legalmente estabelecidas;

XIII. profissional de apoio escolar: pessoa que exerce atividades de alimentação, higiene e locomoção do estudante com deficiência e atua em todas as atividades escolares nas quais se fizer necessária, em todos os níveis e modalidades de ensino, em instituições públicas e privadas, excluídas as técnicas ou os procedimentos identificados com profissões legalmente estabelecidas;

XIV. acompanhante: aquele que acompanha a pessoa com deficiência, podendo ou não desempenhar as funções de atendente pessoal.

CAPÍTULO II - DA IGUALDADE E DA NÃO DISCRIMINAÇÃO

Art. 4º Toda pessoa com deficiência tem direito à igualdade de oportunidades com as demais pessoas e não sofrerá nenhuma espécie de discriminação.

§ 1º Considera-se discriminação em razão da deficiência toda forma de distinção, restrição ou exclusão, por ação ou omissão, que tenha o propósito ou o efeito de prejudicar, impedir ou anular o reconhecimento ou o exercício dos direitos e das liberdades fundamentais de pessoa com deficiência, incluindo a recusa de adaptações razoáveis e de fornecimento de tecnologias assistivas.

§ 2º A pessoa com deficiência não está obrigada à fruição de benefícios decorrentes de ação afirmativa.

Art. 5º A pessoa com deficiência será protegida de toda forma de negligência, discriminação, exploração, violência, tortura, crueldade, opressão e tratamento desumano ou degradante.

Parágrafo único. Para os fins da proteção mencionada no caput deste artigo, são considerados especialmente vulneráveis a criança, o adolescente, a mulher e o idoso, com deficiência.

Art. 6º A deficiência não afeta a plena capacidade civil da pessoa, inclusive para:

I. casar-se e constituir união estável;

II. exercer direitos sexuais e reprodutivos;

III. exercer o direito de decidir sobre o número de filhos e de ter acesso a informações adequadas sobre reprodução e planejamento familiar;

IV. conservar sua fertilidade, sendo vedada a esterilização compulsória;

V. exercer o direito à família e à convivência familiar e comunitária; e

VI. exercer o direito à guarda, à tutela, à curatela e à adoção, como adotante ou adotando, em igualdade de oportunidades com as demais pessoas.

ANOTAÇÕES

Art. 7º É dever de todos comunicar à autoridade competente qualquer forma de ameaça ou de violação aos direitos da pessoa com deficiência.

Parágrafo único. Se, no exercício de suas funções, os juízes e os tribunais tiverem conhecimento de fatos que caracterizem as violações previstas nesta Lei, devem remeter peças ao Ministério Público para as providências cabíveis.

Art. 8º É dever do Estado, da sociedade e da família assegurar à pessoa com deficiência, com prioridade, a efetivação dos direitos referentes à vida, à saúde, à sexualidade, à paternidade e à maternidade, à alimentação, à habitação, à educação, à profissionalização, ao trabalho, à previdência social, à habilitação e à reabilitação, ao transporte, à acessibilidade, à cultura, ao desporto, ao turismo, ao lazer, à informação, à comunicação, aos avanços científicos e tecnológicos, à dignidade, ao respeito, à liberdade, à convivência familiar e comunitária, entre outros decorrentes da Constituição Federal, da Convenção sobre os Direitos das Pessoas com Deficiência e seu Protocolo Facultativo e das leis e de outras normas que garantam seu bem-estar pessoal, social e econômico.

SEÇÃO ÚNICA - DO ATENDIMENTO PRIORITÁRIO

Art. 9º A pessoa com deficiência tem direito a receber atendimento prioritário, sobretudo com a finalidade de:

I. proteção e socorro em quaisquer circunstâncias;

II. atendimento em todas as instituições e serviços de atendimento ao público;

III. disponibilização de recursos, tanto humanos quanto tecnológicos, que garantam atendimento em igualdade de condições com as demais pessoas;

IV. disponibilização de pontos de parada, estações e terminais acessíveis de transporte coletivo de passageiros e garantia de segurança no embarque e no desembarque;

V. acesso a informações e disponibilização de recursos de comunicação acessíveis;

VI. recebimento de restituição de imposto de renda;

VII. tramitação processual e procedimentos judiciais e administrativos em que for parte ou interessada, em todos os atos e diligências.

§ 1º Os direitos previstos neste artigo são extensivos ao acompanhante da pessoa com deficiência ou ao seu atendente pessoal, exceto quanto ao disposto nos incisos VI e VII deste artigo.

§ 2º Nos serviços de emergência públicos e privados, a prioridade conferida por esta Lei é condicionada aos protocolos de atendimento médico.

TÍTULO II - DOS DIREITOS FUNDAMENTAIS

CAPÍTULO I - DO DIREITO À VIDA

Art. 10. Compete ao poder público garantir a dignidade da pessoa com deficiência ao longo de toda a vida.

Parágrafo único. Em situações de risco, emergência ou estado de calamidade pública, a pessoa com deficiência será considerada vulnerável, devendo o poder público adotar medidas para sua proteção e segurança.

Art. 11. A pessoa com deficiência não poderá ser obrigada a se submeter a intervenção clínica ou cirúrgica, a tratamento ou a institucionalização forçada.

Parágrafo único. O consentimento da pessoa com deficiência em situação de curatela poderá ser suprido, na forma da lei.

Art. 12. O consentimento prévio, livre e esclarecido da pessoa com deficiência é indispensável para a realização de tratamento, procedimento, hospitalização e pesquisa científica.

§ 1º Em caso de pessoa com deficiência em situação de curatela, deve ser assegurada sua participação, no maior grau possível, para a obtenção de consentimento.

§ 2º A pesquisa científica envolvendo pessoa com deficiência em situação de tutela ou de curatela deve ser realizada, em caráter excepcional, apenas quando houver indícios de

ANOTAÇÕES

LEIS

ANOTAÇÕES

benefício direto para sua saúde ou para a saúde de outras pessoas com deficiência e desde que não haja outra opção de pesquisa de eficácia comparável com participantes não tutelados ou curatelados.

Art. 13. A pessoa com deficiência somente será atendida sem seu consentimento prévio, livre e esclarecido em casos de risco de morte e de emergência em saúde, resguardado seu superior interesse e adotadas as salvaguardas legais cabíveis.

CAPÍTULO II - DO DIREITO À HABILITAÇÃO E À REABILITAÇÃO

Art. 14. O processo de habilitação e de reabilitação é um direito da pessoa com deficiência.

Parágrafo único. O processo de habilitação e de reabilitação tem por objetivo o desenvolvimento de potencialidades, talentos, habilidades e aptidões físicas, cognitivas, sensoriais, psicossociais, atitudinais, profissionais e artísticas que contribuam para a conquista da autonomia da pessoa com deficiência e de sua participação social em igualdade de condições e oportunidades com as demais pessoas.

Art. 15. O processo mencionado no art. 14 desta Lei baseia-se em avaliação multidisciplinar das necessidades, habilidades e potencialidades de cada pessoa, observadas as seguintes diretrizes:

I. diagnóstico e intervenção precoces;

II. adoção de medidas para compensar perda ou limitação funcional, buscando o desenvolvimento de aptidões;

III. atuação permanente, integrada e articulada de políticas públicas que possibilitem a plena participação social da pessoa com deficiência;

IV. oferta de rede de serviços articulados, com atuação intersetorial, nos diferentes níveis de complexidade, para atender às necessidades específicas da pessoa com deficiência;

V. prestação de serviços próximo ao domicílio da pessoa com deficiência, inclusive na zona rural, respeitadas a organização das Redes de Atenção à Saúde (RAS) nos territórios locais e as normas do Sistema Único de Saúde (SUS).

Art. 16. Nos programas e serviços de habilitação e de reabilitação para a pessoa com deficiência, são garantidos:

I. organização, serviços, métodos, técnicas e recursos para atender às características de cada pessoa com deficiência;

II. acessibilidade em todos os ambientes e serviços;

III. tecnologia assistiva, tecnologia de reabilitação, materiais e equipamentos adequados e apoio técnico profissional, de acordo com as especificidades de cada pessoa com deficiência;

IV. capacitação continuada de todos os profissionais que participem dos programas e serviços.

Art. 17. Os serviços do SUS e do Suas deverão promover ações articuladas para garantir à pessoa com deficiência e sua família a aquisição de informações, orientações e formas de acesso às políticas públicas disponíveis, com a finalidade de propiciar sua plena participação social.

Parágrafo único. Os serviços de que trata o caput deste artigo podem fornecer informações e orientações nas áreas de saúde, de educação, de cultura, de esporte, de lazer, de transporte, de previdência social, de assistência social, de habitação, de trabalho, de empreendedorismo, de acesso ao crédito, de promoção, proteção e defesa de direitos e nas demais áreas que possibilitem à pessoa com deficiência exercer sua cidadania.

CAPÍTULO III - DO DIREITO À SAÚDE

Art. 18. É assegurada atenção integral à saúde da pessoa com deficiência em todos os níveis de complexidade, por intermédio do SUS, garantido acesso universal e igualitário.

§ 1º É assegurada a participação da pessoa com deficiência na elaboração das políticas de saúde a ela destinadas.

ANOTAÇÕES

§ 2º É assegurado atendimento segundo normas éticas e técnicas, que regulamentarão a atuação dos profissionais de saúde e contemplarão aspectos relacionados aos direitos e às especificidades da pessoa com deficiência, incluindo temas como sua dignidade e autonomia.

§ 3º Aos profissionais que prestam assistência à pessoa com deficiência, especialmente em serviços de habilitação e de reabilitação, deve ser garantida capacitação inicial e continuada.

§ 4º As ações e os serviços de saúde pública destinados à pessoa com deficiência devem assegurar:

I. diagnóstico e intervenção precoces, realizados por equipe multidisciplinar;

II. serviços de habilitação e de reabilitação sempre que necessários, para qualquer tipo de deficiência, inclusive para a manutenção da melhor condição de saúde e qualidade de vida;

III. atendimento domiciliar multidisciplinar, tratamento ambulatorial e internação;

IV. campanhas de vacinação;

V. atendimento psicológico, inclusive para seus familiares e atendentes pessoais;

VI. respeito à especificidade, à identidade de gênero e à orientação sexual da pessoa com deficiência;

VII. atenção sexual e reprodutiva, incluindo o direito à fertilização assistida;

VIII. informação adequada e acessível à pessoa com deficiência e a seus familiares sobre sua condição de saúde;

IX. serviços projetados para prevenir a ocorrência e o desenvolvimento de deficiências e agravos adicionais;

X. promoção de estratégias de capacitação permanente das equipes que atuam no SUS, em todos os níveis de atenção, no atendimento à pessoa com deficiência, bem como orientação a seus atendentes pessoais;

XI. oferta de órteses, próteses, meios auxiliares de locomoção, medicamentos, insumos e fórmulas nutricionais, conforme as normas vigentes do Ministério da Saúde.

§ 5º As diretrizes deste artigo aplicam-se também às instituições privadas que participem de forma complementar do SUS ou que recebam recursos públicos para sua manutenção.

Art. 19. Compete ao SUS desenvolver ações destinadas à prevenção de deficiências por causas evitáveis, inclusive por meio de:

I. acompanhamento da gravidez, do parto e do puerpério, com garantia de parto humanizado e seguro;

II. promoção de práticas alimentares adequadas e saudáveis, vigilância alimentar e nutricional, prevenção e cuidado integral dos agravos relacionados à alimentação e nutrição da mulher e da criança;

III. aprimoramento e expansão dos programas de imunização e de triagem neonatal;

IV. identificação e controle da gestante de alto risco.

Art. 20. As operadoras de planos e seguros privados de saúde são obrigadas a garantir à pessoa com deficiência, no mínimo, todos os serviços e produtos ofertados aos demais clientes.

Art. 21. Quando esgotados os meios de atenção à saúde da pessoa com deficiência no local de residência, será prestado atendimento fora de domicílio, para fins de diagnóstico e de tratamento, garantidos o transporte e a acomodação da pessoa com deficiência e de seu acompanhante.

Art. 22. À pessoa com deficiência internada ou em observação é assegurado o direito a acompanhante ou a atendente pessoal, devendo o órgão ou a instituição de saúde proporcionar condições adequadas para sua permanência em tempo integral.

§ 1º Na impossibilidade de permanência do acompanhante ou do atendente pessoal junto à pessoa com deficiência, cabe ao profissional de saúde responsável pelo tratamento justificá-la por escrito.

§ 2º Na ocorrência da impossibilidade prevista no § 1º deste artigo, o órgão ou a instituição de saúde deve adotar as providências cabíveis para suprir a ausência do acompanhante ou do atendente pessoal.

Art. 23. São vedadas todas as formas de discriminação contra a pessoa com deficiência, inclusive por meio de cobrança de valores diferenciados por planos e seguros privados de saúde, em razão de sua condição.

Art. 24. É assegurado à pessoa com deficiência o acesso aos serviços de saúde, tanto públicos como privados, e às informações prestadas e recebidas, por meio de recursos de tecnologia assistiva e de todas as formas de comunicação previstas no inciso V do art. 3º desta Lei.

Art. 25. Os espaços dos serviços de saúde, tanto públicos quanto privados, devem assegurar o acesso da pessoa com deficiência, em conformidade com a legislação em vigor, mediante a remoção de barreiras, por meio de projetos arquitetônico, de ambientação de interior e de comunicação que atendam às especificidades das pessoas com deficiência física, sensorial, intelectual e mental.

Art. 26. Os casos de suspeita ou de confirmação de violência praticada contra a pessoa com deficiência serão objeto de notificação compulsória pelos serviços de saúde públicos e privados à autoridade policial e ao Ministério Público, além dos Conselhos dos Direitos da Pessoa com Deficiência.

Parágrafo único. Para os efeitos desta Lei, considera-se violência contra a pessoa com deficiência qualquer ação ou omissão, praticada em local público ou privado, que lhe cause morte ou dano ou sofrimento físico ou psicológico.

CAPÍTULO IV - DO DIREITO À EDUCAÇÃO

Art. 27. A educação constitui direito da pessoa com deficiência, assegurados sistema educacional inclusivo em todos os níveis e aprendizado ao longo de toda a vida, de forma a alcançar o máximo desenvolvimento possível de seus talentos e habilidades físicas, sensoriais, intelectuais e sociais, segundo suas características, interesses e necessidades de aprendizagem.

Parágrafo único. É dever do Estado, da família, da comunidade escolar e da sociedade assegurar educação de qualidade à pessoa com deficiência, colocando-a a salvo de toda forma de violência, negligência e discriminação.

Art. 28. Incumbe ao poder público assegurar, criar, desenvolver, implementar, incentivar, acompanhar e avaliar:

I. sistema educacional inclusivo em todos os níveis e modalidades, bem como o aprendizado ao longo de toda a vida;

II. aprimoramento dos sistemas educacionais, visando a garantir condições de acesso, permanência, participação e aprendizagem, por meio da oferta de serviços e de recursos de acessibilidade que eliminem as barreiras e promovam a inclusão plena;

III. projeto pedagógico que institucionalize o atendimento educacional especializado, assim como os demais serviços e adaptações razoáveis, para atender às características dos estudantes com deficiência e garantir o seu pleno acesso ao currículo em condições de igualdade, promovendo a conquista e o exercício de sua autonomia;

IV. oferta de educação bilíngue, em Libras como primeira língua e na modalidade escrita da língua portuguesa como segunda língua, em escolas e classes bilíngues e em escolas inclusivas;

V. adoção de medidas individualizadas e coletivas em ambientes que maximizem o desenvolvimento acadêmico e social dos estudantes com deficiência, favorecendo o acesso, a permanência, a participação e a aprendizagem em instituições de ensino;

VI. pesquisas voltadas para o desenvolvimento de novos métodos e técnicas pedagógicas, de materiais didáticos, de equipamentos e de recursos de tecnologia assistiva;

ANOTAÇÕES

VII. planejamento de estudo de caso, de elaboração de plano de atendimento educacional especializado, de organização de recursos e serviços de acessibilidade e de disponibilização e usabilidade pedagógica de recursos de tecnologia assistiva;

VIII. participação dos estudantes com deficiência e de suas famílias nas diversas instâncias de atuação da comunidade escolar;

IX. adoção de medidas de apoio que favoreçam o desenvolvimento dos aspectos linguísticos, culturais, vocacionais e profissionais, levando-se em conta o talento, a criatividade, as habilidades e os interesses do estudante com deficiência;

X. adoção de práticas pedagógicas inclusivas pelos programas de formação inicial e continuada de professores e oferta de formação continuada para o atendimento educacional especializado;

XI. formação e disponibilização de professores para o atendimento educacional especializado, de tradutores e intérpretes da Libras, de guias intérpretes e de profissionais de apoio;

XII. oferta de ensino da Libras, do Sistema Braille e de uso de recursos de tecnologia assistiva, de forma a ampliar habilidades funcionais dos estudantes, promovendo sua autonomia e participação;

XIII. acesso à educação superior e à educação profissional e tecnológica em igualdade de oportunidades e condições com as demais pessoas;

XIV. inclusão em conteúdos curriculares, em cursos de nível superior e de educação profissional técnica e tecnológica, de temas relacionados à pessoa com deficiência nos respectivos campos de conhecimento;

XV. acesso da pessoa com deficiência, em igualdade de condições, a jogos e a atividades recreativas, esportivas e de lazer, no sistema escolar;

XVI. acessibilidade para todos os estudantes, trabalhadores da educação e demais integrantes da comunidade escolar às edificações, aos ambientes e às atividades concernentes a todas as modalidades, etapas e níveis de ensino;

XVII. oferta de profissionais de apoio escolar;

XVIII. articulação intersetorial na implementação de políticas públicas.

§ 1º Às instituições privadas, de qualquer nível e modalidade de ensino, aplica-se obrigatoriamente o disposto nos incisos I, II, III, V, VII, VIII, IX, X, XI, XII, XIII, XIV, XV, XVI, XVII e XVIII do caput deste artigo, sendo vedada a cobrança de valores adicionais de qualquer natureza em suas mensalidades, anuidades e matrículas no cumprimento dessas determinações.

§ 2º Na disponibilização de tradutores e intérpretes da Libras a que se refere o inciso XI do caput deste artigo, deve-se observar o seguinte:

I. os tradutores e intérpretes da Libras atuantes na educação básica devem, no mínimo, possuir ensino médio completo e certificado de proficiência na Libras;

II. os tradutores e intérpretes da Libras, quando direcionados à tarefa de interpretar nas salas de aula dos cursos de graduação e pós-graduação, devem possuir nível superior, com habilitação, prioritariamente, em Tradução e Interpretação em Libras.

Art. 29. (VETADO).

Art. 30. Nos processos seletivos para ingresso e permanência nos cursos oferecidos pelas instituições de ensino superior e de educação profissional e tecnológica, públicas e privadas, devem ser adotadas as seguintes medidas:

I. atendimento preferencial à pessoa com deficiência nas dependências das Instituições de Ensino Superior (IES) e nos serviços;

II. disponibilização de formulário de inscrição de exames com campos específicos para que o candidato com deficiência informe os recursos de acessibilidade e de tecnologia assistiva necessários para sua participação;

ANOTAÇÕES

ANOTAÇÕES

III. disponibilização de provas em formatos acessíveis para atendimento às necessidades específicas do candidato com deficiência;

IV. disponibilização de recursos de acessibilidade e de tecnologia assistiva adequados, previamente solicitados e escolhidos pelo candidato com deficiência;

V. dilação de tempo, conforme demanda apresentada pelo candidato com deficiência, tanto na realização de exame para seleção quanto nas atividades acadêmicas, mediante prévia solicitação e comprovação da necessidade;

VI. adoção de critérios de avaliação das provas escritas, discursivas ou de redação que considerem a singularidade linguística da pessoa com deficiência, no domínio da modalidade escrita da língua portuguesa;

VII. tradução completa do edital e de suas retificações em Libras.

CAPÍTULO V - DO DIREITO À MORADIA

Art. 31. A pessoa com deficiência tem direito à moradia digna, no seio da família natural ou substituta, com seu cônjuge ou companheiro ou desacompanhada, ou em moradia para a vida independente da pessoa com deficiência, ou, ainda, em residência inclusiva.

§ 1º O poder público adotará programas e ações estratégicas para apoiar a criação e a manutenção de moradia para a vida independente da pessoa com deficiência.

§ 2º A proteção integral na modalidade de residência inclusiva será prestada no âmbito do Suas à pessoa com deficiência em situação de dependência que não disponha de condições de autossustentabilidade, com vínculos familiares fragilizados ou rompidos.

Art. 32. Nos programas habitacionais, públicos ou subsidiados com recursos públicos, a pessoa com deficiência ou o seu responsável goza de prioridade na aquisição de imóvel para moradia própria, observado o seguinte:

I. reserva de, no mínimo, 3% (três por cento) das unidades habitacionais para pessoa com deficiência;

II. (VETADO);

III. em caso de edificação multifamiliar, garantia de acessibilidade nas áreas de uso comum e nas unidades habitacionais no piso térreo e de acessibilidade ou de adaptação razoável nos demais pisos;

IV. disponibilização de equipamentos urbanos comunitários acessíveis;

V. elaboração de especificações técnicas no projeto que permitam a instalação de elevadores.

§ 1º O direito à prioridade, previsto no caput deste artigo, será reconhecido à pessoa com deficiência beneficiária apenas uma vez.

§ 2º Nos programas habitacionais públicos, os critérios de financiamento devem ser compatíveis com os rendimentos da pessoa com deficiência ou de sua família.

§ 3º Caso não haja pessoa com deficiência interessada nas unidades habitacionais reservadas por força do disposto no inciso I do caput deste artigo, as unidades não utilizadas serão disponibilizadas às demais pessoas.

Art. 33. Ao poder público compete:

I. adotar as providências necessárias para o cumprimento do disposto nos arts. 31 e 32 desta Lei; e

II. divulgar, para os agentes interessados e beneficiários, a política habitacional prevista nas legislações federal, estaduais, distrital e municipais, com ênfase nos dispositivos sobre acessibilidade.

CAPÍTULO VI - DO DIREITO AO TRABALHO

SEÇÃO I - DISPOSIÇÕES GERAIS

Art. 34. A pessoa com deficiência tem direito ao trabalho de sua livre escolha e aceitação, em ambiente acessível e inclusivo, em igualdade de oportunidades com as demais pessoas.

§ 1º As pessoas jurídicas de direito público, privado ou de qualquer natureza são obrigadas a garantir ambientes de trabalho acessíveis e inclusivos.

ANOTAÇÕES

§ 2º A pessoa com deficiência tem direito, em igualdade de oportunidades com as demais pessoas, a condições justas e favoráveis de trabalho, incluindo igual remuneração por trabalho de igual valor.

§ 3º É vedada restrição ao trabalho da pessoa com deficiência e qualquer discriminação em razão de sua condição, inclusive nas etapas de recrutamento, seleção, contratação, admissão, exames admissional e periódico, permanência no emprego, ascensão profissional e reabilitação profissional, bem como exigência de aptidão plena.

§ 4º A pessoa com deficiência tem direito à participação e ao acesso a cursos, treinamentos, educação continuada, planos de carreira, promoções, bonificações e incentivos profissionais oferecidos pelo empregador, em igualdade de oportunidades com os demais empregados.

§ 5º É garantida aos trabalhadores com deficiência acessibilidade em cursos de formação e de capacitação.

Art. 35. É finalidade primordial das políticas públicas de trabalho e emprego promover e garantir condições de acesso e de permanência da pessoa com deficiência no campo de trabalho.

Parágrafo único. Os programas de estímulo ao empreendedorismo e ao trabalho autônomo, incluídos o cooperativismo e o associativismo, devem prever a participação da pessoa com deficiência e a disponibilização de linhas de crédito, quando necessárias.

SEÇÃO II - DA HABILITAÇÃO PROFISSIONAL E REABILITAÇÃO PROFISSIONAL

Art. 36. O poder público deve implementar serviços e programas completos de habilitação profissional e de reabilitação profissional para que a pessoa com deficiência possa ingressar, continuar ou retornar ao campo do trabalho, respeitados sua livre escolha, sua vocação e seu interesse.

§ 1º Equipe multidisciplinar indicará, com base em critérios previstos no § 1º do art. 2º desta Lei, programa de habilitação ou de reabilitação que possibilite à pessoa com deficiência restaurar sua capacidade e habilidade profissional ou adquirir novas capacidades e habilidades de trabalho.

§ 2º A habilitação profissional corresponde ao processo destinado a propiciar à pessoa com deficiência aquisição de conhecimentos, habilidades e aptidões para exercício de profissão ou de ocupação, permitindo nível suficiente de desenvolvimento profissional para ingresso no campo de trabalho.

§ 3º Os serviços de habilitação profissional, de reabilitação profissional e de educação profissional devem ser dotados de recursos necessários para atender a toda pessoa com deficiência, independentemente de sua característica específica, a fim de que ela possa ser capacitada para trabalho que lhe seja adequado e ter perspectivas de obtê-lo, de conservá-lo e de nele progredir.

§ 4º Os serviços de habilitação profissional, de reabilitação profissional e de educação profissional deverão ser oferecidos em ambientes acessíveis e inclusivos.

§ 5º A habilitação profissional e a reabilitação profissional devem ocorrer articuladas com as redes públicas e privadas, especialmente de saúde, de ensino e de assistência social, em todos os níveis e modalidades, em entidades de formação profissional ou diretamente com o empregador.

§ 6º A habilitação profissional pode ocorrer em empresas por meio de prévia formalização do contrato de emprego da pessoa com deficiência, que será considerada para o cumprimento da reserva de vagas prevista em lei, desde que por tempo determinado e concomitante com a inclusão profissional na empresa, observado o disposto em regulamento.

§ 7º A habilitação profissional e a reabilitação profissional atenderão à pessoa com deficiência.

SEÇÃO III - DA INCLUSÃO DA PESSOA COM DEFICIÊNCIA NO TRABALHO

Art. 37. Constitui modo de inclusão da pessoa com deficiência no trabalho a colocação competitiva, em igualdade de oportunidades com as demais pessoas, nos termos da legislação trabalhista e previdenciária, na qual devem ser atendidas as regras de acessibilidade, o fornecimento de recursos de tecnologia assistiva e a adaptação razoável no ambiente de trabalho.

Parágrafo único. A colocação competitiva da pessoa com deficiência pode ocorrer por meio de trabalho com apoio, observadas as seguintes diretrizes:

I. prioridade no atendimento à pessoa com deficiência com maior dificuldade de inserção no campo de trabalho;

II. provisão de suportes individualizados que atendam a necessidades específicas da pessoa com deficiência, inclusive a disponibilização de recursos de tecnologia assistiva, de agente facilitador e de apoio no ambiente de trabalho;

III. respeito ao perfil vocacional e ao interesse da pessoa com deficiência apoiada;

IV. oferta de aconselhamento e de apoio aos empregadores, com vistas à definição de estratégias de inclusão e de superação de barreiras, inclusive atitudinais;

V. realização de avaliações periódicas;

VI. articulação intersetorial das políticas públicas;

VII. possibilidade de participação de organizações da sociedade civil.

Art. 38. A entidade contratada para a realização de processo seletivo público ou privado para cargo, função ou emprego está obrigada à observância do disposto nesta Lei e em outras normas de acessibilidade vigentes.

CAPÍTULO VII - DO DIREITO À ASSISTÊNCIA SOCIAL

Art. 39. Os serviços, os programas, os projetos e os benefícios no âmbito da política pública de assistência social à pessoa com deficiência e sua família têm como objetivo a garantia da segurança de renda, da acolhida, da habilitação e da reabilitação, do desenvolvimento da autonomia e da convivência familiar e comunitária, para a promoção do acesso a direitos e da plena participação social.

§ 1º A assistência social à pessoa com deficiência, nos termos do caput deste artigo, deve envolver conjunto articulado de serviços do âmbito da Proteção Social Básica e da Proteção Social Especial, ofertados pelo Suas, para a garantia de seguranças fundamentais no enfrentamento de situações de vulnerabilidade e de risco, por fragilização de vínculos e ameaça ou violação de direitos.

§ 2º Os serviços socioassistenciais destinados à pessoa com deficiência em situação de dependência deverão contar com cuidadores sociais para prestar-lhe cuidados básicos e instrumentais.

Art. 40. É assegurado à pessoa com deficiência que não possua meios para prover sua subsistência nem de tê-la provida por sua família o benefício mensal de 1 (um) salário-mínimo, nos termos da Lei nº 8.742, de 7 de dezembro de 1993.

CAPÍTULO VIII - DO DIREITO À PREVIDÊNCIA SOCIAL

Art. 41. A pessoa com deficiência segurada do Regime Geral de Previdência Social (RGPS) tem direito à aposentadoria nos termos da Lei Complementar no 142, de 8 de maio de 2013.

CAPÍTULO IX - DO DIREITO À CULTURA, AO ESPORTE, AO TURISMO E AO LAZER

Art. 42. A pessoa com deficiência tem direito à cultura, ao esporte, ao turismo e ao lazer em igualdade de oportunidades com as demais pessoas, sendo-lhe garantido o acesso:

I. a bens culturais em formato acessível;

II. a programas de televisão, cinema, teatro e outras atividades culturais e desportivas em formato acessível; e

III. a monumentos e locais de importância cultural e a espaços que ofereçam serviços ou eventos culturais e esportivos.

§ 1º É vedada a recusa de oferta de obra intelectual em formato acessível à pessoa com deficiência, sob qualquer argumento, inclusive sob a alegação de proteção dos direitos de propriedade intelectual.

§ 2º O poder público deve adotar soluções destinadas à eliminação, à redução ou à superação de barreiras para a promoção do acesso a todo patrimônio cultural, observadas as normas de acessibilidade, ambientais e de proteção do patrimônio histórico e artístico nacional.

Art. 43. O poder público deve promover a participação da pessoa com deficiência em atividades artísticas, intelectuais, culturais, esportivas e recreativas, com vistas ao seu protagonismo, devendo:

I. incentivar a provisão de instrução, de treinamento e de recursos adequados, em igualdade de oportunidades com as demais pessoas;

II. assegurar acessibilidade nos locais de eventos e nos serviços prestados por pessoa ou entidade envolvida na organização das atividades de que trata este artigo; e

III. assegurar a participação da pessoa com deficiência em jogos e atividades recreativas, esportivas, de lazer, culturais e artísticas, inclusive no sistema escolar, em igualdade de condições com as demais pessoas.

Art. 44. Nos teatros, cinemas, auditórios, estádios, ginásios de esporte, locais de espetáculos e de conferências e similares, serão reservados espaços livres e assentos para a pessoa com deficiência, de acordo com a capacidade de lotação da edificação, observado o disposto em regulamento.

§ 1º Os espaços e assentos a que se refere este artigo devem ser distribuídos pelo recinto em locais diversos, de boa visibilidade, em todos os setores, próximos aos corredores, devidamente sinalizados, evitando-se áreas segregadas de público e obstrução das saídas, em conformidade com as normas de acessibilidade.

§ 2º No caso de não haver comprovada procura pelos assentos reservados, esses podem, excepcionalmente, ser ocupados por pessoas sem deficiência ou que não tenham mobilidade reduzida, observado o disposto em regulamento.

§ 3º Os espaços e assentos a que se refere este artigo devem situar-se em locais que garantam a acomodação de, no mínimo, 1 (um) acompanhante da pessoa com deficiência ou com mobilidade reduzida, resguardado o direito de se acomodar proximamente a grupo familiar e comunitário.

§ 4º Nos locais referidos no caput deste artigo, deve haver, obrigatoriamente, rotas de fuga e saídas de emergência acessíveis, conforme padrões das normas de acessibilidade, a fim de permitir a saída segura da pessoa com deficiência ou com mobilidade reduzida, em caso de emergência.

§ 5º Todos os espaços das edificações previstas no caput deste artigo devem atender às normas de acessibilidade em vigor.

§ 6º As salas de cinema devem oferecer, em todas as sessões, recursos de acessibilidade para a pessoa com deficiência.

§ 7º O valor do ingresso da pessoa com deficiência não poderá ser superior ao valor cobrado das demais pessoas.

Art. 45. Os hotéis, pousadas e similares devem ser construídos observando-se os princípios do desenho universal, além de adotar todos os meios de acessibilidade, conforme legislação em vigor.

§ 1º Os estabelecimentos já existentes deverão disponibilizar, pelo menos, 10% (dez por cento) de seus dormitórios acessíveis, garantida, no mínimo, 1 (uma) unidade acessível.

§ 2º Os dormitórios mencionados no § 1º deste artigo deverão ser localizados em rotas acessíveis.

ANOTAÇÕES

ANOTAÇÕES

LEIS

ANOTAÇÕES

CAPÍTULO X - DO DIREITO AO TRANSPORTE E À MOBILIDADE

Art. 46. O direito ao transporte e à mobilidade da pessoa com deficiência ou com mobilidade reduzida será assegurado em igualdade de oportunidades com as demais pessoas, por meio de identificação e de eliminação de todos os obstáculos e barreiras ao seu acesso.

§ 1º Para fins de acessibilidade aos serviços de transporte coletivo terrestre, aquaviário e aéreo, em todas as jurisdições, consideram-se como integrantes desses serviços os veículos, os terminais, as estações, os pontos de parada, o sistema viário e a prestação do serviço.

§ 2º São sujeitas ao cumprimento das disposições desta Lei, sempre que houver interação com a matéria nela regulada, a outorga, a concessão, a permissão, a autorização, a renovação ou a habilitação de linhas e de serviços de transporte coletivo.

§ 3º Para colocação do símbolo internacional de acesso nos veículos, as empresas de transporte coletivo de passageiros dependem da certificação de acessibilidade emitida pelo gestor público responsável pela prestação do serviço.

Art. 47. Em todas as áreas de estacionamento aberto ao público, de uso público ou privado de uso coletivo e em vias públicas, devem ser reservadas vagas próximas aos acessos de circulação de pedestres, devidamente sinalizadas, para veículos que transportem pessoa com deficiência com comprometimento de mobilidade, desde que devidamente identificados.

§ 1º As vagas a que se refere o caput deste artigo devem equivaler a 2% (dois por cento) do total, garantida, no mínimo, 1 (uma) vaga devidamente sinalizada e com as especificações de desenho e traçado de acordo com as normas técnicas vigentes de acessibilidade.

§ 2º Os veículos estacionados nas vagas reservadas devem exibir, em local de ampla visibilidade, a credencial de beneficiário, a ser confeccionada e fornecida pelos órgãos de trânsito, que disciplinarão suas características e condições de uso.

§ 3º A utilização indevida das vagas de que trata este artigo sujeita os infratores às sanções previstas no inciso XX do art. 181 da Lei nº 9.503, de 23 de setembro de 1997 (Código de Trânsito Brasileiro).

§ 4º A credencial a que se refere o § 2º deste artigo é vinculada à pessoa com deficiência que possui comprometimento de mobilidade e é válida em todo o território nacional.

Art. 48. Os veículos de transporte coletivo terrestre, aquaviário e aéreo, as instalações, as estações, os portos e os terminais em operação no País devem ser acessíveis, de forma a garantir o seu uso por todas as pessoas.

§ 1º Os veículos e as estruturas de que trata o caput deste artigo devem dispor de sistema de comunicação acessível que disponibilize informações sobre todos os pontos do itinerário.

§ 2º São asseguradas à pessoa com deficiência prioridade e segurança nos procedimentos de embarque e de desembarque nos veículos de transporte coletivo, de acordo com as normas técnicas.

§ 3º Para colocação do símbolo internacional de acesso nos veículos, as empresas de transporte coletivo de passageiros dependem da certificação de acessibilidade emitida pelo gestor público responsável pela prestação do serviço.

Art. 49. As empresas de transporte de fretamento e de turismo, na renovação de suas frotas, são obrigadas ao cumprimento do disposto nos arts. 46 e 48 desta Lei.

Art. 50. O poder público incentivará a fabricação de veículos acessíveis e a sua utilização como táxis e vans, de forma a garantir o seu uso por todas as pessoas.

ANOTAÇÕES

Art. 51. As frotas de empresas de táxi devem reservar 10% (dez por cento) de seus veículos acessíveis à pessoa com deficiência. (Vide Decreto nº 9.762, de 2019)

§ 1º É proibida a cobrança diferenciada de tarifas ou de valores adicionais pelo serviço de táxi prestado à pessoa com deficiência.

§ 2º O poder público é autorizado a instituir incentivos fiscais com vistas a possibilitar a acessibilidade dos veículos a que se refere o caput deste artigo.

Art. 52. As locadoras de veículos são obrigadas a oferecer 1 (um) veículo adaptado para uso de pessoa com deficiência, a cada conjunto de 20 (vinte) veículos de sua frota. (Vide Decreto nº 9.762, de 2019)

Parágrafo único. O veículo adaptado deverá ter, no mínimo, câmbio automático, direção hidráulica, vidros elétricos e comandos manuais de freio e de embreagem.

TÍTULO III - DA ACESSIBILIDADE

CAPÍTULO I - DISPOSIÇÕES GERAIS

Art. 53. A acessibilidade é direito que garante à pessoa com deficiência ou com mobilidade reduzida viver de forma independente e exercer seus direitos de cidadania e de participação social.

Art. 54. São sujeitas ao cumprimento das disposições desta Lei e de outras normas relativas à acessibilidade, sempre que houver interação com a matéria nela regulada:

I. a aprovação de projeto arquitetônico e urbanístico ou de comunicação e informação, a fabricação de veículos de transporte coletivo, a prestação do respectivo serviço e a execução de qualquer tipo de obra, quando tenham destinação pública ou coletiva;

II. a outorga ou a renovação de concessão, permissão, autorização ou habilitação de qualquer natureza;

III. a aprovação de financiamento de projeto com utilização de recursos públicos, por meio de renúncia ou de incentivo fiscal, contrato, convênio ou instrumento congênere; e

IV. a concessão de aval da União para obtenção de empréstimo e de financiamento internacionais por entes públicos ou privados.

Art. 55. A concepção e a implantação de projetos que tratem do meio físico, de transporte, de informação e comunicação, inclusive de sistemas e tecnologias da informação e comunicação, e de outros serviços, equipamentos e instalações abertos ao público, de uso público ou privado de uso coletivo, tanto na zona urbana como na rural, devem atender aos princípios do desenho universal, tendo como referência as normas de acessibilidade.

§ 1º O desenho universal será sempre tomado como regra de caráter geral.

§ 2º Nas hipóteses em que comprovadamente o desenho universal não possa ser empreendido, deve ser adotada adaptação razoável.

§ 3º Caberá ao poder público promover a inclusão de conteúdos temáticos referentes ao desenho universal nas diretrizes curriculares da educação profissional e tecnológica e do ensino superior e na formação das carreiras de Estado.

§ 4º Os programas, os projetos e as linhas de pesquisa a serem desenvolvidos com o apoio de organismos públicos de auxílio à pesquisa e de agências de fomento deverão incluir temas voltados para o desenho universal.

§ 5º Desde a etapa de concepção, as políticas públicas deverão considerar a adoção do desenho universal.

Art. 56. A construção, a reforma, a ampliação ou a mudança de uso de edificações abertas ao público, de uso público ou privadas de uso coletivo deverão ser executadas de modo a serem acessíveis.

§ 1º As entidades de fiscalização profissional das atividades de Engenharia, de Arquitetura e correlatas, ao anotarem a responsabilidade técnica de projetos, devem exigir a responsabilidade profissional declarada de atendimento às regras de acessibilidade previstas em legislação e em normas técnicas pertinentes.

§ 2º Para a aprovação, o licenciamento ou a emissão de certificado de projeto executivo arquitetônico, urbanístico e de instalações e equipamentos temporários ou permanentes e para o licenciamento ou a emissão de certificado de conclusão de obra ou de serviço, deve ser atestado o atendimento às regras de acessibilidade.

§ 3º O poder público, após certificar a acessibilidade de edificação ou de serviço, determinará a colocação, em espaços ou em locais de ampla visibilidade, do símbolo internacional de acesso, na forma prevista em legislação e em normas técnicas correlatas.

Art. 57. As edificações públicas e privadas de uso coletivo já existentes devem garantir acessibilidade à pessoa com deficiência em todas as suas dependências e serviços, tendo como referência as normas de acessibilidade vigentes.

Art. 58. O projeto e a construção de edificação de uso privado multifamiliar devem atender aos preceitos de acessibilidade, na forma regulamentar.

§ 1º As construtoras e incorporadoras responsáveis pelo projeto e pela construção das edificações a que se refere o caput deste artigo devem assegurar percentual mínimo de suas unidades internamente acessíveis, na forma regulamentar.

§ 2º É vedada a cobrança de valores adicionais para a aquisição de unidades internamente acessíveis a que se refere o § 1º deste artigo.

Art. 59. Em qualquer intervenção nas vias e nos espaços públicos, o poder público e as empresas concessionárias responsáveis pela execução das obras e dos serviços devem garantir, de forma segura, a fluidez do trânsito e a livre circulação e acessibilidade das pessoas, durante e após sua execução.

Art. 60. Orientam-se, no que couber, pelas regras de acessibilidade previstas em legislação e em normas técnicas, observado o disposto na Lei nº 10.098, de 19 de dezembro de 2000, no 10.257, de 10 de julho de 2001, e no 12.587, de 3 de janeiro de 2012:

I. os planos diretores municipais, os planos diretores de transporte e trânsito, os planos de mobilidade urbana e os planos de preservação de sítios históricos elaborados ou atualizados a partir da publicação desta Lei;

II. os códigos de obras, os códigos de postura, as leis de uso e ocupação do solo e as leis do sistema viário;

III. os estudos prévios de impacto de vizinhança;

IV. as atividades de fiscalização e a imposição de sanções; e

V. a legislação referente à prevenção contra incêndio e pânico.

§ 1º A concessão e a renovação de alvará de funcionamento para qualquer atividade são condicionadas à observação e à certificação das regras de acessibilidade.

§ 2º A emissão de carta de habite-se ou de habilitação equivalente e sua renovação, quando esta tiver sido emitida anteriormente às exigências de acessibilidade, é condicionada à observação e à certificação das regras de acessibilidade.

Art. 61. A formulação, a implementação e a manutenção das ações de acessibilidade atenderão às seguintes premissas básicas:

I. eleição de prioridades, elaboração de cronograma e reserva de recursos para implementação das ações; e

II. planejamento contínuo e articulado entre os setores envolvidos.

Art. 62. É assegurado à pessoa com deficiência, mediante solicitação, o recebimento de contas, boletos, recibos, extratos e cobranças de tributos em formato acessível.

ANOTAÇÕES

CAPÍTULO II - DO ACESSO A INFORMAÇÃO E À COMUNICAÇÃO

Art. 63. É obrigatória a acessibilidade nos sítios da internet mantidos por empresas com sede ou representação comercial no País ou por órgãos de governo, para uso da pessoa com deficiência, garantindo-lhe acesso às informações disponíveis, conforme as melhores práticas e diretrizes de acessibilidade adotadas internacionalmente.

§ 1º Os sítios devem conter símbolo de acessibilidade em destaque.

§ 2º Telecentros comunitários que receberem recursos públicos federais para seu custeio ou sua instalação e lan houses devem possuir equipamentos e instalações acessíveis.

§ 3º Os telecentros e as lan houses de que trata o § 2º deste artigo devem garantir, no mínimo, 10% (dez por cento) de seus computadores com recursos de acessibilidade para pessoa com deficiência visual, sendo assegurado pelo menos 1 (um) equipamento, quando o resultado percentual for inferior a 1 (um).

Art. 64. A acessibilidade nos sítios da internet de que trata o art. 63 desta Lei deve ser observada para obtenção do financiamento de que trata o inciso III do art. 54 desta Lei.

Art. 65. As empresas prestadoras de serviços de telecomunicações deverão garantir pleno acesso à pessoa com deficiência, conforme regulamentação específica.

Art. 66. Cabe ao poder público incentivar a oferta de aparelhos de telefonia fixa e móvel celular com acessibilidade que, entre outras tecnologias assistivas, possuam possibilidade de indicação e de ampliação sonoras de todas as operações e funções disponíveis.

Art. 67. Os serviços de radiodifusão de sons e imagens devem permitir o uso dos seguintes recursos, entre outros:

I. subtitulação por meio de legenda oculta;

II. janela com intérprete da Libras;

III. audiodescrição.

Art. 68. O poder público deve adotar mecanismos de incentivo à produção, à edição, à difusão, à distribuição e à comercialização de livros em formatos acessíveis, inclusive em publicações da administração pública ou financiadas com recursos públicos, com vistas a garantir à pessoa com deficiência o direito de acesso à leitura, à informação e à comunicação.

§ 1º Nos editais de compras de livros, inclusive para o abastecimento ou a atualização de acervos de bibliotecas em todos os níveis e modalidades de educação e de bibliotecas públicas, o poder público deverá adotar cláusulas de impedimento à participação de editoras que não ofertem sua produção também em formatos acessíveis.

§ 2º Consideram-se formatos acessíveis os arquivos digitais que possam ser reconhecidos e acessados por softwares leitores de telas ou outras tecnologias assistivas que vierem a substituí-los, permitindo leitura com voz sintetizada, ampliação de caracteres, diferentes contrastes e impressão em Braille.

§ 3º O poder público deve estimular e apoiar a adaptação e a produção de artigos científicos em formato acessível, inclusive em Libras.

Art. 69. O poder público deve assegurar a disponibilidade de informações corretas e claras sobre os diferentes produtos e serviços ofertados, por quaisquer meios de comunicação empregados, inclusive em ambiente virtual, contendo a especificação correta de quantidade, qualidade, características, composição e preço, bem como sobre os eventuais riscos à saúde e à segurança do consumidor com deficiência, em caso de sua utilização, aplicando-se, no que couber, os arts. 30 a 41 da Lei nº 8.078, de 11 de setembro de 1990.

§ 1º Os canais de comercialização virtual e os anúncios publicitários veiculados na imprensa escrita, na internet, no rádio, na televisão e nos demais veículos de comunicação abertos ou por assinatura devem disponibilizar, conforme a compatibilidade do meio, os recursos de acessibilidade de que trata o

ANOTAÇÕES

ANOTAÇÕES

art. 67 desta Lei, a expensas do fornecedor do produto ou do serviço, sem prejuízo da observância do disposto nos arts. 36 a 38 da Lei nº 8.078, de 11 de setembro de 1990.

§ 2º Os fornecedores devem disponibilizar, mediante solicitação, exemplares de bulas, prospectos, textos ou qualquer outro tipo de material de divulgação em formato acessível.

Art. 70. As instituições promotoras de congressos, seminários, oficinas e demais eventos de natureza científico-cultural devem oferecer à pessoa com deficiência, no mínimo, os recursos de tecnologia assistiva previstos no art. 67 desta Lei.

Art. 71. Os congressos, os seminários, as oficinas e os demais eventos de natureza científico-cultural promovidos ou financiados pelo poder público devem garantir as condições de acessibilidade e os recursos de tecnologia assistiva.

Art. 72. Os programas, as linhas de pesquisa e os projetos a serem desenvolvidos com o apoio de agências de financiamento e de órgãos e entidades integrantes da administração pública que atuem no auxílio à pesquisa devem contemplar temas voltados à tecnologia assistiva.

Art. 73. Caberá ao poder público, diretamente ou em parceria com organizações da sociedade civil, promover a capacitação de tradutores e intérpretes da Libras, de guias intérpretes e de profissionais habilitados em Braille, audiodescrição, estenotipia e legendagem.

CAPÍTULO III - DA TECNOLOGIA ASSISTIVA

Art. 74. É garantido à pessoa com deficiência acesso a produtos, recursos, estratégias, práticas, processos, métodos e serviços de tecnologia assistiva que maximizem sua autonomia, mobilidade pessoal e qualidade de vida.

Art. 75. O poder público desenvolverá plano específico de medidas, a ser renovado em cada período de 4 (quatro) anos, com a finalidade de:

I. facilitar o acesso a crédito especializado, inclusive com oferta de linhas de crédito subsidiadas, específicas para aquisição de tecnologia assistiva;

II. agilizar, simplificar e priorizar procedimentos de importação de tecnologia assistiva, especialmente as questões atinentes a procedimentos alfandegários e sanitários;

III. criar mecanismos de fomento à pesquisa e à produção nacional de tecnologia assistiva, inclusive por meio de concessão de linhas de crédito subsidiado e de parcerias com institutos de pesquisa oficiais;

IV. eliminar ou reduzir a tributação da cadeia produtiva e de importação de tecnologia assistiva;

V. facilitar e agilizar o processo de inclusão de novos recursos de tecnologia assistiva no rol de produtos distribuídos no âmbito do SUS e por outros órgãos governamentais.

Parágrafo único. Para fazer cumprir o disposto neste artigo, os procedimentos constantes do plano específico de medidas deverão ser avaliados, pelo menos, a cada 2 (dois) anos.

CAPÍTULO IV - DO DIREITO À PARTICIPAÇÃO NA VIDA PÚBLICA E POLÍTICA

Art. 76. O poder público deve garantir à pessoa com deficiência todos os direitos políticos e a oportunidade de exercê-los em igualdade de condições com as demais pessoas.

§ 1º À pessoa com deficiência será assegurado o direito de votar e de ser votada, inclusive por meio das seguintes ações:

I. garantia de que os procedimentos, as instalações, os materiais e os equipamentos para votação sejam apropriados, acessíveis a todas as pessoas e de fácil compreensão e uso, sendo vedada a instalação de seções eleitorais exclusivas para a pessoa com deficiência;

II. incentivo à pessoa com deficiência a candidatar-se e a desempenhar quaisquer funções públicas em todos os níveis de governo, inclusive por meio do uso de novas tecnologias assistivas, quando apropriado;

ANOTAÇÕES

III. garantia de que os pronunciamentos oficiais, a propaganda eleitoral obrigatória e os debates transmitidos pelas emissoras de televisão possuam, pelo menos, os recursos elencados no art. 67 desta Lei;

IV. garantia do livre exercício do direito ao voto e, para tanto, sempre que necessário e a seu pedido, permissão para que a pessoa com deficiência seja auxiliada na votação por pessoa de sua escolha.

§ 2º O poder público promoverá a participação da pessoa com deficiência, inclusive quando institucionalizada, na condução das questões públicas, sem discriminação e em igualdade de oportunidades, observado o seguinte:

I. participação em organizações não governamentais relacionadas à vida pública e à política do País e em atividades e administração de partidos políticos;

II. formação de organizações para representar a pessoa com deficiência em todos os níveis;

III. participação da pessoa com deficiência em organizações que a representem.

TÍTULO IV - DA CIÊNCIA E TECNOLOGIA

Art. 77. O poder público deve fomentar o desenvolvimento científico, a pesquisa e a inovação e a capacitação tecnológicas, voltados à melhoria da qualidade de vida e ao trabalho da pessoa com deficiência e sua inclusão social.

§ 1º O fomento pelo poder público deve priorizar a geração de conhecimentos e técnicas que visem à prevenção e ao tratamento de deficiências e ao desenvolvimento de tecnologias assistiva e social.

§ 2º A acessibilidade e as tecnologias assistiva e social devem ser fomentadas mediante a criação de cursos de pós-graduação, a formação de recursos humanos e a inclusão do tema nas diretrizes de áreas do conhecimento.

§ 3º Deve ser fomentada a capacitação tecnológica de instituições públicas e privadas para o desenvolvimento de tecnologias assistiva e social que sejam voltadas para melhoria da funcionalidade e da participação social da pessoa com deficiência.

§ 4º As medidas previstas neste artigo devem ser reavaliadas periodicamente pelo poder público, com vistas ao seu aperfeiçoamento.

Art. 78. Devem ser estimulados a pesquisa, o desenvolvimento, a inovação e a difusão de tecnologias voltadas para ampliar o acesso da pessoa com deficiência às tecnologias da informação e comunicação e às tecnologias sociais.

Parágrafo único. Serão estimulados, em especial:

I. o emprego de tecnologias da informação e comunicação como instrumento de superação de limitações funcionais e de barreiras à comunicação, à informação, à educação e ao entretenimento da pessoa com deficiência;

II. a adoção de soluções e a difusão de normas que visem a ampliar a acessibilidade da pessoa com deficiência à computação e aos sítios da internet, em especial aos serviços de governo eletrônico.

LIVRO II

PARTE ESPECIAL

TÍTULO I - DO ACESSO À JUSTIÇA

CAPÍTULO I - DISPOSIÇÕES GERAIS

Art. 79. O poder público deve assegurar o acesso da pessoa com deficiência à justiça, em igualdade de oportunidades com as demais pessoas, garantindo, sempre que requeridos, adaptações e recursos de tecnologia assistiva.

§ 1º A fim de garantir a atuação da pessoa com deficiência em todo o processo judicial, o poder público deve capacitar os membros e os servidores que atuam no Poder Judiciário, no Ministério Público, na Defensoria Pública, nos órgãos de segurança pública e no sistema penitenciário quanto aos direitos da pessoa com deficiência.

§ 2º Devem ser assegurados à pessoa com deficiência submetida a medida restritiva de liberdade todos os direitos e garantias a que fazem jus os apenados sem deficiência, garantida a acessibilidade.

§ 3º A Defensoria Pública e o Ministério Público tomarão as medidas necessárias à garantia dos direitos previstos nesta Lei.

Art. 80. Devem ser oferecidos todos os recursos de tecnologia assistiva disponíveis para que a pessoa com deficiência tenha garantido o acesso à justiça, sempre que figure em um dos polos da ação ou atue como testemunha, partícipe da lide posta em juízo, advogado, defensor público, magistrado ou membro do Ministério Público.

Parágrafo único. A pessoa com deficiência tem garantido o acesso ao conteúdo de todos os atos processuais de seu interesse, inclusive no exercício da advocacia.

Art. 81. Os direitos da pessoa com deficiência serão garantidos por ocasião da aplicação de sanções penais.

Art. 82. (VETADO).

Art. 83. Os serviços notariais e de registro não podem negar ou criar óbices ou condições diferenciadas à prestação de seus serviços em razão de deficiência do solicitante, devendo reconhecer sua capacidade legal plena, garantida a acessibilidade.

Parágrafo único. O descumprimento do disposto no caput deste artigo constitui discriminação em razão de deficiência.

CAPÍTULO II - DO RECONHECIMENTO IGUAL PERANTE A LEI

Art. 84. A pessoa com deficiência tem assegurado o direito ao exercício de sua capacidade legal em igualdade de condições com as demais pessoas.

§ 1º Quando necessário, a pessoa com deficiência será submetida à curatela, conforme a lei.

§ 2º É facultado à pessoa com deficiência a adoção de processo de tomada de decisão apoiada.

§ 3º A definição de curatela de pessoa com deficiência constitui medida protetiva extraordinária, proporcional às necessidades e às circunstâncias de cada caso, e durará o menor tempo possível.

§ 4º Os curadores são obrigados a prestar, anualmente, contas de sua administração ao juiz, apresentando o balanço do respectivo ano.

Art. 85. A curatela afetará tão somente os atos relacionados aos direitos de natureza patrimonial e negocial.

§ 1º A definição da curatela não alcança o direito ao próprio corpo, à sexualidade, ao matrimônio, à privacidade, à educação, à saúde, ao trabalho e ao voto.

§ 2º A curatela constitui medida extraordinária, devendo constar da sentença as razões e motivações de sua definição, preservados os interesses do curatelado.

§ 3º No caso de pessoa em situação de institucionalização, ao nomear curador, o juiz deve dar preferência a pessoa que tenha vínculo de natureza familiar, afetiva ou comunitária com o curatelado.

Art. 86. Para emissão de documentos oficiais, não será exigida a situação de curatela da pessoa com deficiência.

Art. 87. Em casos de relevância e urgência e a fim de proteger os interesses da pessoa com deficiência em situação de curatela, será lícito ao juiz, ouvido o Ministério Público, de ofício ou a requerimento do interessado, nomear, desde logo, curador provisório, o qual estará sujeito, no que couber, às disposições do Código de Processo Civil.

TÍTULO II - DOS CRIMES E DAS INFRAÇÕES ADMINISTRATIVAS

Art. 88. Praticar, induzir ou incitar discriminação de pessoa em razão de sua deficiência:

Pena: reclusão, de 1 (um) a 3 (três) anos, e multa.

ANOTAÇÕES

§ 1º Aumenta-se a pena em 1/3 (um terço) se a vítima encontrar-se sob cuidado e responsabilidade do agente.

§ 2º Se qualquer dos crimes previstos no caput deste artigo é cometido por intermédio de meios de comunicação social ou de publicação de qualquer natureza:

Pena: reclusão, de 2 (dois) a 5 (cinco) anos, e multa.

§ 3º Na hipótese do § 2º deste artigo, o juiz poderá determinar, ouvido o Ministério Público ou a pedido deste, ainda antes do inquérito policial, sob pena de desobediência:

I. recolhimento ou busca e apreensão dos exemplares do material discriminatório;

II. interdição das respectivas mensagens ou páginas de informação na internet.

§ 4º Na hipótese do § 2º deste artigo, constitui efeito da condenação, após o trânsito em julgado da decisão, a destruição do material apreendido.

Art. 89. Apropriar-se de ou desviar bens, proventos, pensão, benefícios, remuneração ou qualquer outro rendimento de pessoa com deficiência:

Pena: reclusão, de 1 (um) a 4 (quatro) anos, e multa.

Parágrafo único. Aumenta-se a pena em 1/3 (um terço) se o crime é cometido:

I. por tutor, curador, síndico, liquidatário, inventariante, testamenteiro ou depositário judicial; ou

II. por aquele que se apropriou em razão de ofício ou de profissão.

Art. 90. Abandonar pessoa com deficiência em hospitais, casas de saúde, entidades de abrigamento ou congêneres:

Pena: reclusão, de 6 (seis) meses a 3 (três) anos, e multa.

Parágrafo único. Na mesma pena incorre quem não prover as necessidades básicas de pessoa com deficiência quando obrigado por lei ou mandado.

Art. 91. Reter ou utilizar cartão magnético, qualquer meio eletrônico ou documento de pessoa com deficiência destinados ao recebimento de benefícios, proventos, pensões ou remuneração ou à realização de operações financeiras, com o fim de obter vantagem indevida para si ou para outrem:

Pena: detenção, de 6 (seis) meses a 2 (dois) anos, e multa.

Parágrafo único. Aumenta-se a pena em 1/3 (um terço) se o crime é cometido por tutor ou curador.

TÍTULO III - DISPOSIÇÕES FINAIS E TRANSITÓRIAS

Art. 92. É criado o Cadastro Nacional de Inclusão da Pessoa com Deficiência (Cadastro-Inclusão), registro público eletrônico com a finalidade de coletar, processar, sistematizar e disseminar informações georreferenciadas que permitam a identificação e a caracterização socioeconômica da pessoa com deficiência, bem como das barreiras que impedem a realização de seus direitos.

§ 1º O Cadastro-Inclusão será administrado pelo Poder Executivo federal e constituído por base de dados, instrumentos, procedimentos e sistemas eletrônicos.

§ 2º Os dados constituintes do Cadastro-Inclusão serão obtidos pela integração dos sistemas de informação e da base de dados de todas as políticas públicas relacionadas aos direitos da pessoa com deficiência, bem como por informações coletadas, inclusive em censos nacionais e nas demais pesquisas realizadas no País, de acordo com os parâmetros estabelecidos pela Convenção sobre os Direitos das Pessoas com Deficiência e seu Protocolo Facultativo.

§ 3º Para coleta, transmissão e sistematização de dados, é facultada a celebração de convênios, acordos, termos de parceria ou contratos com instituições públicas e privadas, observados os requisitos e procedimentos previstos em legislação específica.

§ 4º Para assegurar a confidencialidade, a privacidade e as liberdades fundamentais da pessoa com deficiência e os princípios éticos que regem a utilização de informações, devem ser observadas as salvaguardas estabelecidas em lei.

ANOTAÇÕES

ANOTAÇÕES

§ 5º Os dados do Cadastro-Inclusão somente poderão ser utilizados para as seguintes finalidades:

I. formulação, gestão, monitoramento e avaliação das políticas públicas para a pessoa com deficiência e para identificar as barreiras que impedem a realização de seus direitos;

II. realização de estudos e pesquisas.

§ 6º As informações a que se refere este artigo devem ser disseminadas em formatos acessíveis.

Art. 93. Na realização de inspeções e de auditorias pelos órgãos de controle interno e externo, deve ser observado o cumprimento da legislação relativa à pessoa com deficiência e das normas de acessibilidade vigentes.

Art. 94. Terá direito a auxílio-inclusão, nos termos da lei, a pessoa com deficiência moderada ou grave que:

I. receba o benefício de prestação continuada previsto no art. 20 da Lei nº 8.742, de 7 de dezembro de 1993, e que passe a exercer atividade remunerada que a enquadre como segurado obrigatório do RGPS;

II. tenha recebido, nos últimos 5 (cinco) anos, o benefício de prestação continuada previsto no art. 20 da Lei nº 8.742, de 7 de dezembro de 1993, e que exerça atividade remunerada que a enquadre como segurado obrigatório do RGPS.

Art. 95. É vedado exigir o comparecimento de pessoa com deficiência perante os órgãos públicos quando seu deslocamento, em razão de sua limitação funcional e de condições de acessibilidade, imponha-lhe ônus desproporcional e indevido, hipótese na qual serão observados os seguintes procedimentos:

I. quando for de interesse do poder público, o agente promoverá o contato necessário com a pessoa com deficiência em sua residência;

II. quando for de interesse da pessoa com deficiência, ela apresentará solicitação de atendimento domiciliar ou fará representar-se por procurador constituído para essa finalidade.

Parágrafo único. É assegurado à pessoa com deficiência atendimento domiciliar pela perícia médica e social do Instituto Nacional do Seguro Social (INSS), pelo serviço público de saúde ou pelo serviço privado de saúde, contratado ou conveniado, que integre o SUS e pelas entidades da rede socioassistencial integrantes do Suas, quando seu deslocamento, em razão de sua limitação funcional e de condições de acessibilidade, imponha-lhe ônus desproporcional e indevido.

Art. 96. O § 6º-A do art. 135 da Lei nº 4.737, de 15 de julho de 1965 (Código Eleitoral), passa a vigorar com a seguinte redação:

"Art. 135. ....

§ 6º-A. Os Tribunais Regionais Eleitorais deverão, a cada eleição, expedir instruções aos Juízes Eleitorais para orientá-los na escolha dos locais de votação, de maneira a garantir acessibilidade para o eleitor com deficiência ou com mobilidade reduzida, inclusive em seu entorno e nos sistemas de transporte que lhe dão acesso.

Art. 97. A Consolidação das Leis do Trabalho (CLT), aprovada pelo Decreto-Lei nº 5.452, de 1º de maio de 1943, passa a vigorar com as seguintes alterações:

"Art. 428. ....

§ 6º Para os fins do contrato de aprendizagem, a comprovação da escolaridade de aprendiz com deficiência deve considerar, sobretudo, as habilidades e competências relacionadas com a profissionalização.

§ 8º Para o aprendiz com deficiência com 18 (dezoito) anos ou mais, a validade do contrato de aprendizagem pressupõe anotação na CTPS e matrícula e frequência em programa de aprendizagem desenvolvido sob orientação de entidade qualificada em formação técnico-profissional metódica."

ANOTAÇÕES

"Art. 433. ....

I. desempenho insuficiente ou inadaptação do aprendiz, salvo para o aprendiz com deficiência quando desprovido de recursos de acessibilidade, de tecnologias assistivas e de apoio necessário ao desempenho de suas atividades;

Art. 98. A Lei nº 7.853, de 24 de outubro de 1989, passa a vigorar com as seguintes alterações:

"Art. 3º As medidas judiciais destinadas à proteção de interesses coletivos, difusos, individuais homogêneos e individuais indisponíveis da pessoa com deficiência poderão ser propostas pelo Ministério Público, pela Defensoria Pública, pela União, pelos Estados, pelos Municípios, pelo Distrito Federal, por associação constituída há mais de 1 (um) ano, nos termos da lei civil, por autarquia, por empresa pública e por fundação ou sociedade de economia mista que inclua, entre suas finalidades institucionais, a proteção dos interesses e a promoção de direitos da pessoa com deficiência.

"Art. 8º Constitui crime punível com reclusão de 2 (dois) a 5 (cinco) anos e multa:

I. recusar, cobrar valores adicionais, suspender, procrastinar, cancelar ou fazer cessar inscrição de aluno em estabelecimento de ensino de qualquer curso ou grau, público ou privado, em razão de sua deficiência;

II. obstar inscrição em concurso público ou acesso de alguém a qualquer cargo ou emprego público, em razão de sua deficiência;

III. negar ou obstar emprego, trabalho ou promoção à pessoa em razão de sua deficiência;

IV. recusar, retardar ou dificultar internação ou deixar de prestar assistência médico-hospitalar e ambulatorial à pessoa com deficiência;

V. deixar de cumprir, retardar ou frustrar execução de ordem judicial expedida na ação civil a que alude esta Lei;

VI. recusar, retardar ou omitir dados técnicos indispensáveis à propositura da ação civil pública objeto desta Lei, quando requisitados.

§ 1º Se o crime for praticado contra pessoa com deficiência menor de 18 (dezoito) anos, a pena é agravada em 1/3 (um terço).

§ 2º A pena pela adoção deliberada de critérios subjetivos para indeferimento de inscrição, de aprovação e de cumprimento de estágio probatório em concursos públicos não exclui a responsabilidade patrimonial pessoal do administrador público pelos danos causados.

§ 3º Incorre nas mesmas penas quem impede ou dificulta o ingresso de pessoa com deficiência em planos privados de assistência à saúde, inclusive com cobrança de valores diferenciados.

§ 4º Se o crime for praticado em atendimento de urgência e emergência, a pena é agravada em 1/3 (um terço)." (NR)

Art. 99. O art. 20 da Lei nº 8.036, de 11 de maio de 1990, passa a vigorar acrescido do seguinte inciso XVIII:

"Art. 20. ....

XVIII. quando o trabalhador com deficiência, por prescrição, necessite adquirir órtese ou prótese para promoção de acessibilidade e de inclusão social.

Art. 100. A Lei nº 8.078, de 11 de setembro de 1990 (Código de Defesa do Consumidor), passa a vigorar com as seguintes alterações:

"Art. 6º ....

Parágrafo único. A informação de que trata o inciso III do caput deste artigo deve ser acessível à pessoa com deficiência, observado o disposto em regulamento."

"Art. 43. ....

§ 6º Todas as informações de que trata o caput deste artigo devem ser disponibilizadas em formatos acessíveis, inclusive para a pessoa com deficiência, mediante solicitação do consumidor." (NR)

Art. 101. A Lei nº 8.213, de 24 de julho de 1991, passa a vigorar com as seguintes alterações:

"Art. 16. ....

I. o cônjuge, a companheira, o companheiro e o filho não emancipado, de qualquer condição, menor de 21 (vinte e um) anos ou inválido ou que tenha deficiência intelectual ou mental ou deficiência grave;

III. o irmão não emancipado, de qualquer condição, menor de 21 (vinte e um) anos ou inválido ou que tenha deficiência intelectual ou mental ou deficiência grave;

"Art. 77. ....

§ 2º ....

II. para o filho, a pessoa a ele equiparada ou o irmão, de ambos os sexos, pela emancipação ou ao completar 21 (vinte e um) anos de idade, salvo se for inválido ou tiver deficiência intelectual ou mental ou deficiência grave;

§ 4º (VETADO).

"Art. 93. (VETADO):

§ 1º A dispensa de pessoa com deficiência ou de beneficiário reabilitado da Previdência Social ao final de contrato por prazo determinado de mais de 90 (noventa) dias e a dispensa imotivada em contrato por prazo indeterminado somente poderão ocorrer após a contratação de outro trabalhador com deficiência ou beneficiário reabilitado da Previdência Social.

§ 2º Ao Ministério do Trabalho e Emprego incumbe estabelecer a sistemática de fiscalização, bem como gerar dados e estatísticas sobre o total de empregados e as vagas preenchidas por pessoas com deficiência e por beneficiários reabilitados da Previdência Social, fornecendo-os, quando solicitados, aos sindicatos, às entidades representativas dos empregados ou aos cidadãos interessados.

§ 3º Para a reserva de cargos será considerada somente a contratação direta de pessoa com deficiência, excluído o aprendiz com deficiência de que trata a Consolidação das Leis do Trabalho (CLT), aprovada pelo Decreto-Lei nº 5.452, de 1º de maio de 1943.

§ 4º (VETADO)."

"Art. 110-A. No ato de requerimento de benefícios operacionalizados pelo INSS, não será exigida apresentação de termo de curatela de titular ou de beneficiário com deficiência, observados os procedimentos a serem estabelecidos em regulamento."

Art. 102. O art. 2º da Lei nº 8.313, de 23 de dezembro de 1991, passa a vigorar acrescido do seguinte § 3º:

"Art. 2º ....

§ 3º Os incentivos criados por esta Lei somente serão concedidos a projetos culturais que forem disponibilizados, sempre que tecnicamente possível, também em formato acessível à pessoa com deficiência, observado o disposto em regulamento."

Art. 103. O art. 11 da Lei nº 8.429, de 2 de junho de 1992, passa a vigorar acrescido do seguinte inciso IX:

"Art. 11. ....

IX. deixar de cumprir a exigência de requisitos de acessibilidade previstos na legislação."

Art. 104. A Lei nº 8.666, de 21 de junho de 1993, passa a vigorar com as seguintes alterações:

"Art. 3º ....

§ 2º ....

V. produzidos ou prestados por empresas que comprovem cumprimento de reserva de cargos prevista em lei para pessoa com deficiência ou para reabilitado da Previdência Social e que atendam às regras de acessibilidade previstas na legislação.

§ 5º Nos processos de licitação, poderá ser estabelecida margem de preferência para:

I. produtos manufaturados e para serviços nacionais que atendam a normas técnicas brasileiras; e

II. bens e serviços produzidos ou prestados por empresas que comprovem cumprimento de reserva de cargos prevista em lei para pessoa com deficiência ou para reabilitado da Previdência Social e que atendam às regras de acessibilidade previstas na legislação.

"Art. 66-A. As empresas enquadradas no inciso V do § 2º e no inciso II do § 5º do art. 3º desta Lei deverão cumprir, durante todo o período de execução do contrato, a reserva de cargos prevista em lei para pessoa com deficiência ou para reabilitado da Previdência Social, bem como as regras de acessibilidade previstas na legislação.

Parágrafo único. Cabe à administração fiscalizar o cumprimento dos requisitos de acessibilidade nos serviços e nos ambientes de trabalho."

Art. 105. O art. 20 da Lei nº 8.742, de 7 de dezembro de 1993, passa a vigorar com as seguintes alterações:

"Art. 20. ....

§ 2º Para efeito de concessão do benefício de prestação continuada, considera-se pessoa com deficiência aquela que tem impedimento de longo prazo de natureza física, mental, intelectual ou sensorial, o qual, em interação com uma ou mais barreiras, pode obstruir sua participação plena e efetiva na sociedade em igualdade de condições com as demais pessoas.

§ 9º Os rendimentos decorrentes de estágio supervisionado e de aprendizagem não serão computados para os fins de cálculo da renda familiar per capita a que se refere o § 3º deste artigo.

§ 11. Para concessão do benefício de que trata o caput deste artigo, poderão ser utilizados outros elementos probatórios da condição de miserabilidade do grupo familiar e da situação de vulnerabilidade, conforme regulamento."

Art. 106. (VETADO).

Art. 107. A Lei nº 9.029, de 13 de abril de 1995, passa a vigorar com as seguintes alterações:

"Art. 1º É proibida a adoção de qualquer prática discriminatória e limitativa para efeito de acesso à relação de trabalho, ou de sua manutenção, por motivo de sexo, origem, raça, cor, estado civil, situação familiar, deficiência, reabilitação profissional, idade, entre outros, ressalvadas, nesse caso, as hipóteses de proteção à criança e ao adolescente previstas no inciso XXXIII do art. 7º da Constituição Federal." (NR)

"Art. 3º Sem prejuízo do prescrito no art. 2º desta Lei e nos dispositivos legais que tipificam os crimes resultantes de preconceito de etnia, raça, cor ou deficiência, as infrações ao disposto nesta Lei são passíveis das seguintes cominações:

"Art. 4º ....

I. a reintegração com ressarcimento integral de todo o período de afastamento, mediante pagamento das remunerações devidas, corrigidas monetariamente e acrescidas de juros legais;

Art. 108. O art. 35 da Lei nº 9.250, de 26 de dezembro de 1995, passa a vigorar acrescido do seguinte § 5º:

ANOTAÇÕES

"Art. 35. ....

§ 5º Sem prejuízo do disposto no inciso IX do parágrafo único do art. 3º da Lei nº 10.741, de 1º de outubro de 2003, a pessoa com deficiência, ou o contribuinte que tenha dependente nessa condição, tem preferência na restituição referida no inciso III do art. 4º e na alínea "c" do inciso II do art. 8º." (NR)

Art. 109. A Lei nº 9.503, de 23 de setembro de 1997 (Código de Trânsito Brasileiro), passa a vigorar com as seguintes alterações:

"Art. 2º ....

Parágrafo único. Para os efeitos deste Código, são consideradas vias terrestres as praias abertas à circulação pública, as vias internas pertencentes aos condomínios constituídos por unidades autônomas e as vias e áreas de estacionamento de estabelecimentos privados de uso coletivo." (NR)

"Art. 86-A. As vagas de estacionamento regulamentado de que trata o inciso XVII do art. 181 desta Lei deverão ser sinalizadas com as respectivas placas indicativas de destinação e com placas informando os dados sobre a infração por estacionamento indevido."

"Art. 147-A. Ao candidato com deficiência auditiva é assegurada acessibilidade de comunicação, mediante emprego de tecnologias assistivas ou de ajudas técnicas em todas as etapas do processo de habilitação.

§ 1º O material didático audiovisual utilizado em aulas teóricas dos cursos que precedem os exames previstos no art. 147 desta Lei deve ser acessível, por meio de subtitulação com legenda oculta associada à tradução simultânea em Libras.

§ 2º É assegurado também ao candidato com deficiência auditiva requerer, no ato de sua inscrição, os serviços de intérprete da Libras, para acompanhamento em aulas práticas e teóricas."

"Art. 154. (VETADO)."

"Art. 181. ....

XVII. ....

Infração - grave;

Art. 110. O inciso VI e o § 1º do art. 56 da Lei nº 9.615, de 24 de março de 1998, passam a vigorar com a seguinte redação:

"Art. 56. ....

VI. 2,7% (dois inteiros e sete décimos por cento) da arrecadação bruta dos concursos de prognósticos e loterias federais e similares cuja realização estiver sujeita a autorização federal, deduzindo-se esse valor do montante destinado aos prêmios;

§ 1º Do total de recursos financeiros resultantes do percentual de que trata o inciso VI do caput, 62,96% (sessenta e dois inteiros e noventa e seis centésimos por cento) serão destinados ao Comitê Olímpico Brasileiro (COB) e 37,04% (trinta e sete inteiros e quatro centésimos por cento) ao Comitê Paralímpico Brasileiro (CPB), devendo ser observado, em ambos os casos, o conjunto de normas aplicáveis à celebração de convênios pela União.

Art. 111. O art. 1º da Lei nº 10.048, de 8 de novembro de 2000, passa a vigorar com a seguinte redação:

"Art. 1º As pessoas com deficiência, os idosos com idade igual ou superior a 60 (sessenta) anos, as gestantes, as lactantes, as pessoas com crianças de colo e os obesos terão atendimento prioritário, nos termos desta Lei." (NR)

Art. 112. A Lei nº 10.098, de 19 de dezembro de 2000, passa a vigorar com as seguintes alterações:

"Art. 2º ....

I. acessibilidade: possibilidade e condição de alcance para utilização, com segurança e autonomia, de espaços, mobiliários, equipamentos urbanos, edificações, transportes, informação e comunicação, inclusive seus sistemas e tecnologias, bem como de outros serviços e instalações abertos ao público, de uso público ou privados de uso coletivo, tanto na zona urbana como na rural, por pessoa com deficiência ou com mobilidade reduzida;

ANOTAÇÕES

II. barreiras: qualquer entrave, obstáculo, atitude ou comportamento que limite ou impeça a participação social da pessoa, bem como o gozo, a fruição e o exercício de seus direitos à acessibilidade, à liberdade de movimento e de expressão, à comunicação, ao acesso à informação, à compreensão, à circulação com segurança, entre outros, classificadas em:

a) barreiras urbanísticas: as existentes nas vias e nos espaços públicos e privados abertos ao público ou de uso coletivo;

b) barreiras arquitetônicas: as existentes nos edifícios públicos e privados;

c) barreiras nos transportes: as existentes nos sistemas e meios de transportes;

d) barreiras nas comunicações e na informação: qualquer entrave, obstáculo, atitude ou comportamento que dificulte ou impossibilite a expressão ou o recebimento de mensagens e de informações por intermédio de sistemas de comunicação e de tecnologia da informação;

III. pessoa com deficiência: aquela que tem impedimento de longo prazo de natureza física, mental, intelectual ou sensorial, o qual, em interação com uma ou mais barreiras, pode obstruir sua participação plena e efetiva na sociedade em igualdade de condições com as demais pessoas;

IV. pessoa com mobilidade reduzida: aquela que tenha, por qualquer motivo, dificuldade de movimentação, permanente ou temporária, gerando redução efetiva da mobilidade, da flexibilidade, da coordenação motora ou da percepção, incluindo idoso, gestante, lactante, pessoa com criança de colo e obeso;

V. acompanhante: aquele que acompanha a pessoa com deficiência, podendo ou não desempenhar as funções de atendente pessoal;

VI. elemento de urbanização: quaisquer componentes de obras de urbanização, tais como os referentes a pavimentação, saneamento, encanamento para esgotos, distribuição de energia elétrica e de gás, iluminação pública, serviços de comunicação, abastecimento e distribuição de água, paisagismo e os que materializam as indicações do planejamento urbanístico;

VII. mobiliário urbano: conjunto de objetos existentes nas vias e nos espaços públicos, superpostos ou adicionados aos elementos de urbanização ou de edificação, de forma que sua modificação ou seu traslado não provoque alterações substanciais nesses elementos, tais como semáforos, postes de sinalização e similares, terminais e pontos de acesso coletivo às telecomunicações, fontes de água, lixeiras, toldos, marquises, bancos, quiosques e quaisquer outros de natureza análoga;

VIII. tecnologia assistiva ou ajuda técnica: produtos, equipamentos, dispositivos, recursos, metodologias, estratégias, práticas e serviços que objetivem promover a funcionalidade, relacionada à atividade e à participação da pessoa com deficiência ou com mobilidade reduzida, visando à sua autonomia, independência, qualidade de vida e inclusão social;

IX. comunicação: forma de interação dos cidadãos que abrange, entre outras opções, as línguas, inclusive a Língua Brasileira de Sinais (Libras), a visualização de textos, o Braille, o sistema de sinalização ou de comunicação tátil, os caracteres ampliados, os dispositivos multimídia, assim como a linguagem simples, escrita e oral, os sistemas auditivos e os meios de voz digitalizados e os modos, meios e formatos aumentativos e alternativos de comunicação, incluindo as tecnologias da informação e das comunicações;

X. desenho universal: concepção de produtos, ambientes, programas e serviços a serem usados por todas as pessoas, sem necessidade de adaptação ou de projeto específico, incluindo os recursos de tecnologia assistiva."

"Art. 3º O planejamento e a urbanização das vias públicas, dos parques e dos demais espaços de uso público deverão ser concebidos e executados de forma a torná-los acessíveis para todas as pessoas, inclusive para aquelas com deficiência ou com mobilidade reduzida.

Parágrafo único. O passeio público, elemento obrigatório de urbanização e parte da via pública, normalmente segregado e em nível diferente, destina-se somente à circulação de pedestres e, quando possível, à implantação de mobiliário urbano e de vegetação."

"Art. 9º ....

Parágrafo único. Os semáforos para pedestres instalados em vias públicas de grande circulação, ou que deem acesso aos serviços de reabilitação, devem obrigatoriamente estar equipados com mecanismo que emita sinal sonoro suave para orientação do pedestre." (NR)

"Art. 10-A. A instalação de qualquer mobiliário urbano em área de circulação comum para pedestre que ofereça risco de acidente à pessoa com deficiência deverá ser indicada mediante sinalização tátil de alerta no piso, de acordo com as normas técnicas pertinentes."

"Art. 12-A. Os centros comerciais e os estabelecimentos congêneres devem fornecer carros e cadeiras de rodas, motorizados ou não, para o atendimento da pessoa com deficiência ou com mobilidade reduzida."

Art. 113. A Lei nº 10.257, de 10 de julho de 2001 (Estatuto da Cidade), passa a vigorar com as seguintes alterações:

"Art. 3º ....

III. promover, por iniciativa própria e em conjunto com os Estados, o Distrito Federal e os Municípios, programas de construção de moradias e melhoria das condições habitacionais, de saneamento básico, das calçadas, dos passeios públicos, do mobiliário urbano e dos demais espaços de uso público;

IV. instituir diretrizes para desenvolvimento urbano, inclusive habitação, saneamento básico, transporte e mobilidade urbana, que incluam regras de acessibilidade aos locais de uso público;

"Art. 41. ....

§ 3º As cidades de que trata o caput deste artigo devem elaborar plano de rotas acessíveis, compatível com o plano diretor no qual está inserido, que disponha sobre os passeios públicos a serem implantados ou reformados pelo poder público, com vistas a garantir acessibilidade da pessoa com deficiência ou com mobilidade reduzida a todas as rotas e vias existentes, inclusive as que concentrem os focos geradores de maior circulação de pedestres, como os órgãos públicos e os locais de prestação de serviços públicos e privados de saúde, educação, assistência social, esporte, cultura, correios e telégrafos, bancos, entre outros, sempre que possível de maneira integrada com os sistemas de transporte coletivo de passageiros."

Art. 114. A Lei nº 10.406, de 10 de janeiro de 2002 (Código Civil), passa a vigorar com as seguintes alterações:

ANOTAÇÕES

"Art. 3º São absolutamente incapazes de exercer pessoalmente os atos da vida civil os menores de 16 (dezesseis) anos.

I. (Revogado);

II. (Revogado);

III. (Revogado)." (NR)

"Art. 4º São incapazes, relativamente a certos atos ou à maneira de os exercer:

II. os ébrios habituais e os viciados em tóxico;

III. aqueles que, por causa transitória ou permanente, não puderem exprimir sua vontade;

Parágrafo único. A capacidade dos indígenas será regulada por legislação especial." (NR)

"Art. 228. ....

II. (Revogado);

III. (Revogado);

§ 1º ....

§ 2º A pessoa com deficiência poderá testemunhar em igualdade de condições com as demais pessoas, sendo-lhe assegurados todos os recursos de tecnologia assistiva." (NR)

"Art. 1.518. Até a celebração do casamento podem os pais ou tutores revogar a autorização." (NR)

"Art. 1.548. ....

I. (Revogado);

"Art. 1.550. ....

§ 1º ....

§ 2º A pessoa com deficiência mental ou intelectual em idade núbia poderá contrair matrimônio, expressando sua vontade diretamente ou por meio de seu responsável ou curador."

"Art. 1.557. ....

III. a ignorância, anterior ao casamento, de defeito físico irremediável que não caracterize deficiência ou de moléstia grave e transmissível, por contágio ou por herança, capaz de pôr em risco a saúde do outro cônjuge ou de sua descendência;

IV. (Revogado)." (NR)

"Art. 1.767. ....

I. aqueles que, por causa transitória ou permanente, não puderem exprimir sua vontade;

II. (Revogado);

III. os ébrios habituais e os viciados em tóxico;

IV. (Revogado);

"Art. 1.768. O processo que define os termos da curatela deve ser promovido:

IV. pela própria pessoa." (NR)

"Art. 1.769. O Ministério Público somente promoverá o processo que define os termos da curatela:

I. nos casos de deficiência mental ou intelectual;

III. se, existindo, forem menores ou incapazes as pessoas mencionadas no inciso II." (NR)

"Art. 1.771. Antes de se pronunciar acerca dos termos da curatela, o juiz, que deverá ser assistido por equipe multidisciplinar, entrevistará pessoalmente o interditando." (NR)

"Art. 1.772. O juiz determinará, segundo as potencialidades da pessoa, os limites da curatela, circunscritos às restrições constantes do art. 1.782, e indicará curador.

Parágrafo único. Para a escolha do curador, o juiz levará em conta a vontade e as preferências do interditando, a ausência de conflito de interesses e de influência indevida, a proporcionalidade e a adequação às circunstâncias da pessoa." (NR)

"Art. 1.775-A. Na nomeação de curador para a pessoa com deficiência, o juiz poderá estabelecer curatela compartilhada a mais de uma pessoa."

ANOTAÇÕES

LEIS

ANOTAÇÕES

"Art. 1.777. As pessoas referidas no inciso I do art. 1.767 receberão todo o apoio necessário para ter preservado o direito à convivência familiar e comunitária, sendo evitado o seu recolhimento em estabelecimento que os afaste desse convívio." (NR)

Art. 115. O Título IV do Livro IV da Parte Especial da Lei nº 10.406, de 10 de janeiro de 2002 (Código Civil), passa a vigorar com a seguinte redação:

"TÍTULO IV - Da Tutela, da Curatela e da Tomada de Decisão Apoiada"

Art. 116. O Título IV do Livro IV da Parte Especial da Lei nº 10.406, de 10 de janeiro de 2002 (Código Civil), passa a vigorar acrescido do seguinte Capítulo III:

"CAPÍTULO III - Da Tomada de Decisão Apoiada

Art. 1.783-A. A tomada de decisão apoiada é o processo pelo qual a pessoa com deficiência elege pelo menos 2 (duas) pessoas idôneas, com as quais mantenha vínculos e que gozem de sua confiança, para prestar-lhe apoio na tomada de decisão sobre atos da vida civil, fornecendo-lhes os elementos e informações necessários para que possa exercer sua capacidade.

§ 1º Para formular pedido de tomada de decisão apoiada, a pessoa com deficiência e os apoiadores devem apresentar termo em que constem os limites do apoio a ser oferecido e os compromissos dos apoiadores, inclusive o prazo de vigência do acordo e o respeito à vontade, aos direitos e aos interesses da pessoa que devem apoiar.

§ 2º O pedido de tomada de decisão apoiada será requerido pela pessoa a ser apoiada, com indicação expressa das pessoas aptas a prestarem o apoio previsto no caput deste artigo.

§ 3º Antes de se pronunciar sobre o pedido de tomada de decisão apoiada, o juiz, assistido por equipe multidisciplinar, após oitiva do Ministério Público, ouvirá pessoalmente o requerente e as pessoas que lhe prestarão apoio.

§ 4º A decisão tomada por pessoa apoiada terá validade e efeitos sobre terceiros, sem restrições, desde que esteja inserida nos limites do apoio acordado.

§ 5º Terceiro com quem a pessoa apoiada mantenha relação negocial pode solicitar que os apoiadores contra-assinem o contrato ou acordo, especificando, por escrito, sua função em relação ao apoiado.

§ 6º Em caso de negócio jurídico que possa trazer risco ou prejuízo relevante, havendo divergência de opiniões entre a pessoa apoiada e um dos apoiadores, deverá o juiz, ouvido o Ministério Público, decidir sobre a questão.

§ 7º Se o apoiador agir com negligência, exercer pressão indevida ou não adimplir as obrigações assumidas, poderá a pessoa apoiada ou qualquer pessoa apresentar denúncia ao Ministério Público ou ao juiz.

§ 8º Se procedente a denúncia, o juiz destituirá o apoiador e nomeará, ouvida a pessoa apoiada e se for de seu interesse, outra pessoa para prestação de apoio.

§ 9º A pessoa apoiada pode, a qualquer tempo, solicitar o término de acordo firmado em processo de tomada de decisão apoiada.

§ 10. O apoiador pode solicitar ao juiz a exclusão de sua participação do processo de tomada de decisão apoiada, sendo seu desligamento condicionado à manifestação do juiz sobre a matéria.

§ 11. Aplicam-se à tomada de decisão apoiada, no que couber, as disposições referentes à prestação de contas na curatela."

Art. 117. O art. 1º da Lei nº 11.126, de 27 de junho de 2005, passa a vigorar com a seguinte redação:

ANOTAÇÕES

"Art. 1º É assegurado à pessoa com deficiência visual acompanhada de cão-guia o direito de ingressar e de permanecer com o animal em todos os meios de transporte e em estabelecimentos abertos ao público, de uso público e privados de uso coletivo, desde que observadas as condições impostas por esta Lei.

§ 2º O disposto no caput deste artigo aplica-se a todas as modalidades e jurisdições do serviço de transporte coletivo de passageiros, inclusive em esfera internacional com origem no território brasileiro." (NR)

Art. 118. O inciso IV do art. 46 da Lei nº 11.904, de 14 de janeiro de 2009, passa a vigorar acrescido da seguinte alínea "k":

"Art. 46. ....

IV. ....

k) de acessibilidade a todas as pessoas.

Art. 119. A Lei nº 12.587, de 3 de janeiro de 2012, passa a vigorar acrescida do seguinte art. 12-B:

"Art. 12-B. Na outorga de exploração de serviço de táxi, reservar-se-ão 10% (dez por cento) das vagas para condutores com deficiência.

§ 1º Para concorrer às vagas reservadas na forma do caput deste artigo, o condutor com deficiência deverá observar os seguintes requisitos quanto ao veículo utilizado:

I. ser de sua propriedade e por ele conduzido; e

II. estar adaptado às suas necessidades, nos termos da legislação vigente.

§ 2º No caso de não preenchimento das vagas na forma estabelecida no caput deste artigo, as remanescentes devem ser disponibilizadas para os demais concorrentes."

Art. 120. Cabe aos órgãos competentes, em cada esfera de governo, a elaboração de relatórios circunstanciados sobre o cumprimento dos prazos estabelecidos por força das Leis no 10.048, de 8 de novembro de 2000, e no 10.098, de 19 de dezembro de 2000, bem como o seu encaminhamento ao Ministério Público e aos órgãos de regulação para adoção das providências cabíveis.

Parágrafo único. Os relatórios a que se refere o caput deste artigo deverão ser apresentados no prazo de 1 (um) ano a contar da entrada em vigor desta Lei.

Art. 121. Os direitos, os prazos e as obrigações previstos nesta Lei não excluem os já estabelecidos em outras legislações, inclusive em pactos, tratados, convenções e declarações internacionais aprovados e promulgados pelo Congresso Nacional, e devem ser aplicados em conformidade com as demais normas internas e acordos internacionais vinculantes sobre a matéria.

Parágrafo único. Prevalecerá a norma mais benéfica à pessoa com deficiência.

Art. 122. Regulamento disporá sobre a adequação do disposto nesta Lei ao tratamento diferenciado, simplificado e favorecido a ser dispensado às microempresas e às empresas de pequeno porte, previsto no § 3º do art. 1º da Lei Complementar no 123, de 14 de dezembro de 2006.

Art. 123. Revogam-se os seguintes dispositivos:

I. o inciso II do § 2º do art. 1º da Lei nº 9.008, de 21 de março de 1995;

II. os incisos I, II e III do art. 3º da Lei nº 10.406, de 10 de janeiro de 2002 (Código Civil);

III. os incisos II e III do art. 228 da Lei nº 10.406, de 10 de janeiro de 2002 (Código Civil);

IV. o inciso I do art. 1.548 da Lei nº 10.406, de 10 de janeiro de 2002 (Código Civil);

V. o inciso IV do art. 1.557 da Lei nº 10.406, de 10 de janeiro de 2002 (Código Civil);

VI. os incisos II e IV do art. 1.767 da Lei nº 10.406, de 10 de janeiro de 2002 (Código Civil);

VII. os arts. 1.776 e 1.780 da Lei nº 10.406, de 10 de janeiro de 2002 (Código Civil).

Art. 124. O § 1º do art. 2º desta Lei deverá entrar em vigor em até 2 (dois) anos, contados da entrada em vigor desta Lei.

Art. 125. Devem ser observados os prazos a seguir discriminados, a partir da entrada em vigor desta Lei, para o cumprimento dos seguintes dispositivos:

I. incisos I e II do § 2º do art. 28, 48 (quarenta e oito) meses;

II. § 6º do art. 44, 60 (sessenta) meses; (Redação dada pela Medida Provisória nº 917, de 2019

III. art. 45, 24 (vinte e quatro) meses;

IV. art. 49, 48 (quarenta e oito) meses.

Art. 126. Prorroga-se até 31 de dezembro de 2021 a vigência da Lei nº 8.989, de 24 de fevereiro de 1995.

Art. 127. Esta Lei entra em vigor após decorridos 180 (cento e oitenta) dias de sua publicação oficial.

42. LEI Nº 13.260, DE 16 DE MARÇO DE 2016

Lei Antiterrorismo

Regulamenta o disposto no inciso XLIII do art. 5º da Constituição Federal, disciplinando o terrorismo, tratando de disposições investigatórias e processuais e reformulando o conceito de organização terrorista; e altera as Leis nºs 7.960, de 21 de dezembro de 1989, e 12.850, de 2 de agosto de 2013.

A PRESIDENTA DA REPÚBLICA Faço saber que o Congresso Nacional decreta e eu sanciono a seguinte Lei:

Art. 1º Esta Lei regulamenta o disposto no inciso XLIII do art. 5º da Constituição Federal, disciplinando o terrorismo, tratando de disposições investigatórias e processuais e reformulando o conceito de organização terrorista.

Art. 2º O terrorismo consiste na prática por um ou mais indivíduos dos atos previstos neste artigo, por razões de xenofobia, discriminação ou preconceito de raça, cor, etnia e religião, quando cometidos com a finalidade de provocar terror social ou generalizado, expondo a perigo pessoa, patrimônio, a paz pública ou a incolumidade pública.

§ 1º São atos de terrorismo:

I. usar ou ameaçar usar, transportar, guardar, portar ou trazer consigo explosivos, gases tóxicos, venenos, conteúdos biológicos, químicos, nucleares ou outros meios capazes de causar danos ou promover destruição em massa;

II. (VETADO);

III. (VETADO);

IV. sabotar o funcionamento ou apoderar-se, com violência, grave ameaça a pessoa ou servindo-se de mecanismos cibernéticos, do controle total ou parcial, ainda que de modo temporário, de meio de comunicação ou de transporte, de portos, aeroportos, estações ferroviárias ou rodoviárias, hospitais, casas de saúde, escolas, estádios esportivos, instalações públicas ou locais onde funcionem serviços públicos essenciais, instalações de geração ou transmissão de energia, instalações militares, instalações de exploração, refino e processamento de petróleo e gás e instituições bancárias e sua rede de atendimento;

V. atentar contra a vida ou a integridade física de pessoa:

Pena: reclusão, de doze a trinta anos, além das sanções correspondentes à ameaça ou à violência.

§ 2º O disposto neste artigo não se aplica à conduta individual ou coletiva de pessoas em manifestações políticas, movimentos sociais, sindicais, religiosos, de classe ou de categoria profissional, direcionados por propósitos sociais ou reivindicatórios, visando a contestar, criticar, protestar ou apoiar, com o objetivo de defender direitos, garantias e liberdades constitucionais, sem prejuízo da tipificação penal contida em lei.

ANOTAÇÕES

Art. 3º Promover, constituir, integrar ou prestar auxílio, pessoalmente ou por interposta pessoa, a organização terrorista:

Pena: reclusão, de cinco a oito anos, e multa.

§ 1º (VETADO).

§ 2º (VETADO).

Art. 4º (VETADO).

Art. 5º Realizar atos preparatórios de terrorismo com o propósito inequívoco de consumar tal delito:

Pena: a correspondente ao delito consumado, diminuída de um quarto até a metade.

§ lo Incorre nas mesmas penas o agente que, com o propósito de praticar atos de terrorismo:

I. recrutar, organizar, transportar ou municiar indivíduos que viajem para país distinto daquele de sua residência ou nacionalidade; ou

II. fornecer ou receber treinamento em país distinto daquele de sua residência ou nacionalidade.

§ 2º Nas hipóteses do § 1º, quando a conduta não envolver treinamento ou viagem para país distinto daquele de sua residência ou nacionalidade, a pena será a correspondente ao delito consumado, diminuída de metade a dois terços.

Art. 6º Receber, prover, oferecer, obter, guardar, manter em depósito, solicitar, investir, de qualquer modo, direta ou indiretamente, recursos, ativos, bens, direitos, valores ou serviços de qualquer natureza, para o planejamento, a preparação ou a execução dos crimes previstos nesta Lei:

Pena: reclusão, de quinze a trinta anos.

Parágrafo único. Incorre na mesma pena quem oferecer ou receber, obtiver, guardar, mantiver em depósito, solicitar, investir ou de qualquer modo contribuir para a obtenção de ativo, bem ou recurso financeiro, com a finalidade de financiar, total ou parcialmente, pessoa, grupo de pessoas, associação, entidade, organização criminosa que tenha como atividade principal ou secundária, mesmo em caráter eventual, a prática dos crimes previstos nesta Lei.

Art. 7º Salvo quando for elementar da prática de qualquer crime previsto nesta Lei, se de algum deles resultar lesão corporal grave, aumenta-se a pena de um terço, se resultar morte, aumenta-se a pena da metade.

Art. 8º (VETADO).

Art. 9º (VETADO).

Art. 10. Mesmo antes de iniciada a execução do crime de terrorismo, na hipótese do art. 5º desta Lei, aplicam-se as disposições do art. 15 do Decreto-Lei nº 2.848, de 7 de dezembro de 1940 - Código Penal.

Art. 11. Para todos os efeitos legais, considera-se que os crimes previstos nesta Lei são praticados contra o interesse da União, cabendo à Polícia Federal a investigação criminal, em sede de inquérito policial, e à Justiça Federal o seu processamento e julgamento, nos termos do inciso IV do art. 109 da Constituição Federal.

Parágrafo único. (VETADO).

Art. 12. O juiz, de ofício, a requerimento do Ministério Público ou mediante representação do delegado de polícia, ouvido o Ministério Público em vinte e quatro horas, havendo indícios suficientes de crime previsto nesta Lei, poderá decretar, no curso da investigação ou da ação penal, medidas assecuratórias de bens, direitos ou valores do investigado ou acusado, ou existentes em nome de interpostas pessoas, que sejam instrumento, produto ou proveito dos crimes previstos nesta Lei.

§ 1º Proceder-se-á à alienação antecipada para preservação do valor dos bens sempre que estiverem sujeitos a qualquer grau de deterioração ou depreciação, ou quando houver dificuldade para sua manutenção.

§ 2º O juiz determinará a liberação, total ou parcial, dos bens, direitos e valores quando comprovada a licitude de sua origem e destinação, mantendo-se a constrição dos bens, direitos e valores necessários e suficientes à reparação dos danos

ANOTAÇÕES

LEIS

ANOTAÇÕES

e ao pagamento de prestações pecuniárias, multas e custas decorrentes da infração penal.

§ 3º Nenhum pedido de liberação será conhecido sem o comparecimento pessoal do acusado ou de interposta pessoa a que se refere o caput deste artigo, podendo o juiz determinar a prática de atos necessários à conservação de bens, direitos ou valores, sem prejuízo do disposto no § 1º.

§ 4º Poderão ser decretadas medidas assecuratórias sobre bens, direitos ou valores para reparação do dano decorrente da infração penal antecedente ou da prevista nesta Lei ou para pagamento de prestação pecuniária, multa e custas.

Art. 13. Quando as circunstâncias o aconselharem, o juiz, ouvido o Ministério Público, nomeará pessoa física ou jurídica qualificada para a administração dos bens, direitos ou valores sujeitos a medidas assecuratórias, mediante termo de compromisso.

Art. 14. A pessoa responsável pela administração dos bens:

I. fará jus a uma remuneração, fixada pelo juiz, que será satisfeita preferencialmente com o produto dos bens objeto da administração;

II. prestará, por determinação judicial, informações periódicas da situação dos bens sob sua administração, bem como explicações e detalhamentos sobre investimentos e reinvestimentos realizados.

Parágrafo único. Os atos relativos à administração dos bens serão levados ao conhecimento do Ministério Público, que requererá o que entender cabível.

Art. 15. O juiz determinará, na hipótese de existência de tratado ou convenção internacional e por solicitação de autoridade estrangeira competente, medidas assecuratórias sobre bens, direitos ou valores oriundos de crimes descritos nesta Lei praticados no estrangeiro.

§ 1º Aplica-se o disposto neste artigo, independentemente de tratado ou convenção internacional, quando houver reciprocidade do governo do país da autoridade solicitante.

§ 2º Na falta de tratado ou convenção, os bens, direitos ou valores sujeitos a medidas assecuratórias por solicitação de autoridade estrangeira competente ou os recursos provenientes da sua alienação serão repartidos entre o Estado requerente e o Brasil, na proporção de metade, ressalvado o direito do lesado ou de terceiro de boa-fé.

Art. 16. Aplicam-se as disposições da Lei nº 12.850, de 2 agosto de 2013, para a investigação, processo e julgamento dos crimes previstos nesta Lei.

Art. 17. Aplicam-se as disposições da Lei nº 8.072, de 25 de julho de 1990, aos crimes previstos nesta Lei.

Art. 18. O inciso III do art. 1º da Lei nº 7.960, de 21 de dezembro de 1989, passa a vigorar acrescido da seguinte alínea p:

"Art. Iº ....

III. ....

p) crimes previstos na Lei de Terrorismo."

Art. 19. O art. 1º da Lei nº 12.850, de 2 de agosto de 2013, passa a vigorar com a seguinte alteração:

"Art. 1º ....

§ 2º ....

II. às organizações terroristas, entendidas como aquelas voltadas para a prática dos atos de terrorismo legalmente definidos." (NR)

Art. 20. Esta Lei entra em vigor na data de sua publicação.

43. LEI Nº 13.344, DE 6 DE OUTUBRO DE 2016

Tráfico de Pessoas

Dispõe sobre prevenção e repressão ao tráfico interno e internacional de pessoas e sobre medidas de atenção às vítimas; altera a Lei nº 6.815, de 19 de agosto de 1980, o Decreto-Lei nº 3.689, de 3 de outubro de 1941 (Código de Processo Penal), e o Decreto-Lei nº 2.848, de 7 de dezembro de 1940 (Código Penal); e revoga dispositivos do Decreto-Lei nº 2.848, de 7 de dezembro de 1940 (Código Penal).

ANOTAÇÕES

O PRESIDENTE DA REPÚBLICA Faço saber que o Congresso Nacional decreta e eu sanciono a seguinte Lei:

Art. 1º Esta Lei dispõe sobre o tráfico de pessoas cometido no território nacional contra vítima brasileira ou estrangeira e no exterior contra vítima brasileira.

Parágrafo único. O enfrentamento ao tráfico de pessoas compreende a prevenção e a repressão desse delito, bem como a atenção às suas vítimas.

CAPÍTULO I - DOS PRINCÍPIOS E DAS DIRETRIZES

Art. 2º O enfrentamento ao tráfico de pessoas atenderá aos seguintes princípios:

I. respeito à dignidade da pessoa humana;

II. promoção e garantia da cidadania e dos direitos humanos;

III. universalidade, indivisibilidade e interdependência;

IV. não discriminação por motivo de gênero, orientação sexual, origem étnica ou social, procedência, nacionalidade, atuação profissional, raça, religião, faixa etária, situação migratória ou outro status;

V. transversalidade das dimensões de gênero, orientação sexual, origem étnica ou social, procedência, raça e faixa etária nas políticas públicas;

VI. atenção integral às vítimas diretas e indiretas, independentemente de nacionalidade e de colaboração em investigações ou processos judiciais;

VII. proteção integral da criança e do adolescente.

Art. 3º O enfrentamento ao tráfico de pessoas atenderá às seguintes diretrizes:

I. fortalecimento do pacto federativo, por meio da atuação conjunta e articulada das esferas de governo no âmbito das respectivas competências;

II. articulação com organizações governamentais e não governamentais nacionais e estrangeiras;

III. incentivo à participação da sociedade em instâncias de controle social e das entidades de classe ou profissionais na discussão das políticas sobre tráfico de pessoas;

IV. estruturação da rede de enfrentamento ao tráfico de pessoas, envolvendo todas as esferas de governo e organizações da sociedade civil;

V. fortalecimento da atuação em áreas ou regiões de maior incidência do delito, como as de fronteira, portos, aeroportos, rodovias e estações rodoviárias e ferroviárias;

VI. estímulo à cooperação internacional;

VII. incentivo à realização de estudos e pesquisas e ao seu compartilhamento;

VIII. preservação do sigilo dos procedimentos administrativos e judiciais, nos termos da lei;

IX. gestão integrada para coordenação da política e dos planos nacionais de enfrentamento ao tráfico de pessoas.

CAPÍTULO II - DA PREVENÇÃO AO TRÁFICO DE PESSOAS

Art. 4º A prevenção ao tráfico de pessoas dar-se-á por meio:

I. da implementação de medidas intersetoriais e integradas nas áreas de saúde, educação, trabalho, segurança pública, justiça, turismo, assistência social, desenvolvimento rural, esportes, comunicação, cultura e direitos humanos;

II. de campanhas socioeducativas e de conscientização, considerando as diferentes realidades e linguagens;

III. de incentivo à mobilização e à participação da sociedade civil; e

IV. de incentivo a projetos de prevenção ao tráfico de pessoas.

CAPÍTULO III - DA REPRESSÃO AO TRÁFICO DE PESSOAS

Art. 5º A repressão ao tráfico de pessoas dar-se-á por meio:

I. da cooperação entre órgãos do sistema de justiça e segurança, nacionais e estrangeiros;

II. da integração de políticas e ações de repressão aos crimes correlatos e da responsabilização dos seus autores;

III. da formação de equipes conjuntas de investigação.

CAPÍTULO IV - DA PROTEÇÃO E DA ASSISTÊNCIA ÀS VÍTIMAS

Art. 6º A proteção e o atendimento à vítima direta ou indireta do tráfico de pessoas compreendem:

I. assistência jurídica, social, de trabalho e emprego e de saúde;

II. acolhimento e abrigo provisório;

III. atenção às suas necessidades específicas, especialmente em relação a questões de gênero, orientação sexual, origem étnica ou social, procedência, nacionalidade, raça, religião, faixa etária, situação migratória, atuação profissional, diversidade cultural, linguagem, laços sociais e familiares ou outro status;

IV. preservação da intimidade e da identidade;

V. prevenção à revitimização no atendimento e nos procedimentos investigatórios e judiciais;

VI. atendimento humanizado;

VII. informação sobre procedimentos administrativos e judiciais.

§ 1º A atenção às vítimas dar-se-á com a interrupção da situação de exploração ou violência, a sua reinserção social, a garantia de facilitação do acesso à educação, à cultura, à formação profissional e ao trabalho e, no caso de crianças e adolescentes, a busca de sua reinserção familiar e comunitária.

§ 2º No exterior, a assistência imediata a vítimas brasileiras estará a cargo da rede consular brasileira e será prestada independentemente de sua situação migratória, ocupação ou outro status.

§ 3º A assistência à saúde prevista no inciso I deste artigo deve compreender os aspectos de recuperação física e psicológica da vítima.

Art. 7º A Lei nº 6.815, de 19 de agosto de 1980, passa a vigorar acrescida dos seguintes artigos:

"Art. 18-A. Conceder-se-á residência permanente às vítimas de tráfico de pessoas no território nacional, independentemente de sua situação migratória e de colaboração em procedimento administrativo, policial ou judicial.

§ 1º O visto ou a residência permanentes poderão ser concedidos, a título de reunião familiar:

I. a cônjuges, companheiros, ascendentes e descendentes; e

II. a outros membros do grupo familiar que comprovem dependência econômica ou convivência habitual com a vítima.

§ 2º Os beneficiários do visto ou da residência permanentes são isentos do pagamento da multa prevista no inciso II do art. 125.

§ 3º Os beneficiários do visto ou da residência permanentes de que trata este artigo são isentos do pagamento das taxas e emolumentos previstos nos arts. 20, 33 e 131."

"Art. 18-B. Ato do Ministro de Estado da Justiça e Cidadania estabelecerá os procedimentos para concessão da residência permanente de que trata o art. 18-A."

"Art. 42-A. O estrangeiro estará em situação regular no País enquanto tramitar pedido de regularização migratória."

ANOTAÇÕES

CAPÍTULO V - DISPOSIÇÕES PROCESSUAIS

Art. 8º O juiz, de ofício, a requerimento do Ministério Público ou mediante representação do delegado de polícia, ouvido o Ministério Público, havendo indícios suficientes de infração penal, poderá decretar medidas assecuratórias relacionadas a bens, direitos ou valores pertencentes ao investigado ou acusado, ou existentes em nome de interpostas pessoas, que sejam instrumento, produto ou proveito do crime de tráfico de pessoas, procedendo-se na forma dos arts. 125 a 144-A do Decreto-Lei nº 3.689, de 3 de outubro de 1941 (Código de Processo Penal).

§ 1º Proceder-se-á à alienação antecipada para preservação do valor dos bens sempre que estiverem sujeitos a qualquer grau de deterioração ou depreciação, ou quando houver dificuldade para sua manutenção.

§ 2º O juiz determinará a liberação total ou parcial dos bens, direitos e valores quando comprovada a licitude de sua origem, mantendo-se a constrição dos bens, direitos e valores necessários e suficientes à reparação dos danos e ao pagamento de prestações pecuniárias, multas e custas decorrentes da infração penal.

§ 3º Nenhum pedido de liberação será conhecido sem o comparecimento pessoal do acusado ou investigado, ou de interposta pessoa a que se refere o caput, podendo o juiz determinar a prática de atos necessários à conservação de bens, direitos ou valores, sem prejuízo do disposto no § 1º.

§ 4º Ao proferir a sentença de mérito, o juiz decidirá sobre o perdimento do produto, bem ou valor apreendido, sequestrado ou declarado indisponível.

Art. 9º Aplica-se subsidiariamente, no que couber, o disposto na Lei nº 12.850, de 2 de agosto de 2013.

Art. 10. O Poder Público é autorizado a criar sistema de informações visando à coleta e à gestão de dados que orientem o enfrentamento ao tráfico de pessoas.

Art. 11. O Decreto-Lei nº 3.689, de 3 de outubro de 1941 (Código de Processo Penal), passa a vigorar acrescido dos seguintes arts. 13-A e 13-B:

"Art. 13-A. Nos crimes previstos nos arts. 148, 149 e 149-A, no § 3º do art. 158 e no art. 159 do Decreto-Lei nº 2.848, de 7 de dezembro de 1940 (Código Penal), e no art. 239 da Lei nº 8.069, de 13 de julho de 1990 (Estatuto da Criança e do Adolescente), o membro do Ministério Público ou o delegado de polícia poderá requisitar, de quaisquer órgãos do poder público ou de empresas da iniciativa privada, dados e informações cadastrais da vítima ou de suspeitos.

Parágrafo único. A requisição, que será atendida no prazo de 24 (vinte e quatro) horas, conterá:

I. o nome da autoridade requisitante;

II. o número do inquérito policial; e

III. a identificação da unidade de polícia judiciária responsável pela investigação."

"Art. 13-B. Se necessário à prevenção e à repressão dos crimes relacionados ao tráfico de pessoas, o membro do Ministério Público ou o delegado de polícia poderão requisitar, mediante autorização judicial, às empresas prestadoras de serviço de telecomunicações e/ou telemática que disponibilizem imediatamente os meios técnicos adequados - como sinais, informações e outros - que permitam a localização da vítima ou dos suspeitos do delito em curso.

§ 1º Para os efeitos deste artigo, sinal significa posicionamento da estação de cobertura, setorização e intensidade de radiofrequência.

§ 2º Na hipótese de que trata o caput, o sinal:

I. não permitirá acesso ao conteúdo da comunicação de qualquer natureza, que dependerá de autorização judicial, conforme disposto em lei;

ANOTAÇÕES

ANOTAÇÕES

II. deverá ser fornecido pela prestadora de telefonia móvel celular por período não superior a 30 (trinta) dias, renovável por uma única vez, por igual período;

III. para períodos superiores àquele de que trata o inciso II, será necessária a apresentação de ordem judicial.

§ 3º Na hipótese prevista neste artigo, o inquérito policial deverá ser instaurado no prazo máximo de 72 (setenta e duas) horas, contado do registro da respectiva ocorrência policial.

§ 4º Não havendo manifestação judicial no prazo de 12 (doze) horas, a autoridade competente requisitará às empresas prestadoras de serviço de telecomunicações e/ou telemática que disponibilizem imediatamente os meios técnicos adequados - como sinais, informações e outros - que permitam a localização da vítima ou dos suspeitos do delito em curso, com imediata comunicação ao juiz."

Art. 12. O inciso V do art. 83 do Decreto-Lei nº 2.848, de 7 de dezembro de 1940 (Código Penal), passa a vigorar com a seguinte redação:

"Art. 83. ....

V. cumpridos mais de dois terços da pena, nos casos de condenação por crime hediondo, prática de tortura, tráfico ilícito de entorpecentes e drogas afins, tráfico de pessoas e terrorismo, se o apenado não for reincidente específico em crimes dessa natureza.

Art. 13. O Decreto-Lei nº 2.848, de 7 de dezembro de 1940 (Código Penal), passa a vigorar acrescido do seguinte art. 149-A:

"Tráfico de Pessoas

Art. 149-A. Agenciar, aliciar, recrutar, transportar, transferir, comprar, alojar ou acolher pessoa, mediante grave ameaça, violência, coação, fraude ou abuso, com a finalidade de:

I. remover-lhe órgãos, tecidos ou partes do corpo;

II. submetê-la a trabalho em condições análogas à de escravo;

III. submetê-la a qualquer tipo de servidão;

IV. adoção ilegal; ou

V. exploração sexual.

Pena: reclusão, de 4 (quatro) a 8 (oito) anos, e multa.

§ 1º A pena é aumentada de um terço até a metade se:

I. o crime for cometido por funcionário público no exercício de suas funções ou a pretexto de exercê-las;

II. o crime for cometido contra criança, adolescente ou pessoa idosa ou com deficiência;

III. o agente se prevalecer de relações de parentesco, domésticas, de coabitação, de hospitalidade, de dependência econômica, de autoridade ou de superioridade hierárquica inerente ao exercício de emprego, cargo ou função; ou

IV. a vítima do tráfico de pessoas for retirada do território nacional.

§ 2º A pena é reduzida de um a dois terços se o agente for primário e não integrar organização criminosa."

CAPÍTULO VI - DAS CAMPANHAS RELACIONADAS AO ENFRENTAMENTO AO TRÁFICO DE PESSOAS

Art. 14. É instituído o Dia Nacional de Enfrentamento ao Tráfico de Pessoas, a ser comemorado, anualmente, em 30 de julho.

Art. 15. Serão adotadas campanhas nacionais de enfrentamento ao tráfico de pessoas, a serem divulgadas em veículos de comunicação, visando à conscientização da sociedade sobre todas as modalidades de tráfico de pessoas.

ANOTAÇÕES

CAPÍTULO VII - DISPOSIÇÕES FINAIS

Art. 16. Revogam-se os arts. 231 e 231-A do Decreto-Lei nº 2.848, de 7 de dezembro de 1940 (Código Penal).

Art. 17. Esta Lei entra em vigor após decorridos 45 (quarenta e cinco) dias de sua publicação oficial.

44. LEI Nº 13.445, DE 24 DE MAIO DE 2017

Lei de Migração

O PRESIDENTE DA REPÚBLICA Faço saber que o Congresso Nacional decreta e eu sanciono a seguinte Lei:

CAPÍTULO I - DISPOSIÇÕES PRELIMINARES

SEÇÃO I - DISPOSIÇÕES GERAIS

Art. 1º Esta Lei dispõe sobre os direitos e os deveres do migrante e do visitante, regula a sua entrada e estada no País e estabelece princípios e diretrizes para as políticas públicas para o emigrante.

§ 1º Para os fins desta Lei, considera-se:

I. (VETADO);

II. imigrante: pessoa nacional de outro país ou apátrida que trabalha ou reside e se estabelece temporária ou definitivamente no Brasil;

III. emigrante: brasileiro que se estabelece temporária ou definitivamente no exterior;

IV. residente fronteiriço: pessoa nacional de país limítrofe ou apátrida que conserva a sua residência habitual em município fronteiriço de país vizinho;

V. visitante: pessoa nacional de outro país ou apátrida que vem ao Brasil para estadas de curta duração, sem pretensão de se estabelecer temporária ou definitivamente no território nacional;

VI. apátrida: pessoa que não seja considerada como nacional por nenhum Estado, segundo a sua legislação, nos termos da Convenção sobre o Estatuto dos Apátridas, de 1954, promulgada pelo Decreto nº 4.246, de 22 de maio de 2002, ou assim reconhecida pelo Estado brasileiro.

§ 2º (VETADO).

Art. 2º Esta Lei não prejudica a aplicação de normas internas e internacionais específicas sobre refugiados, asilados, agentes e pessoal diplomático ou consular, funcionários de organização internacional e seus familiares.

SEÇÃO II - DOS PRINCÍPIOS E DAS GARANTIAS

Art. 3º A política migratória brasileira rege-se pelos seguintes princípios e diretrizes:

I. universalidade, indivisibilidade e interdependência dos direitos humanos;

II. repúdio e prevenção à xenofobia, ao racismo e a quaisquer formas de discriminação;

III. não criminalização da migração;

IV. não discriminação em razão dos critérios ou dos procedimentos pelos quais a pessoa foi admitida em território nacional;

V. promoção de entrada regular e de regularização documental;

VI. acolhida humanitária;

VII. desenvolvimento econômico, turístico, social, cultural, esportivo, científico e tecnológico do Brasil;

VIII. garantia do direito à reunião familiar;

IX. igualdade de tratamento e de oportunidade ao migrante e a seus familiares;

X. inclusão social, laboral e produtiva do migrante por meio de políticas públicas;

XI. acesso igualitário e livre do migrante a serviços, programas e benefícios sociais, bens públicos, educação, assistência jurídica integral pública, trabalho, moradia, serviço bancário e seguridade social;

XII. promoção e difusão de direitos, liberdades, garantias e obrigações do migrante;

XIII. diálogo social na formulação, na execução e na avaliação de políticas migratórias e promoção da participação cidadã do migrante;

XIV. fortalecimento da integração econômica, política, social e cultural dos povos da América Latina, mediante constituição de espaços de cidadania e de livre circulação de pessoas;

XV. cooperação internacional com Estados de origem, de trânsito e de destino de movimentos migratórios, a fim de garantir efetiva proteção aos direitos humanos do migrante;

XVI. integração e desenvolvimento das regiões de fronteira e articulação de políticas públicas regionais capazes de garantir efetividade aos direitos do residente fronteiriço;

XVII. proteção integral e atenção ao superior interesse da criança e do adolescente migrante;

XVIII. observância ao disposto em tratado;

XIX. proteção ao brasileiro no exterior;

XX. migração e desenvolvimento humano no local de origem, como direitos inalienáveis de todas as pessoas;

XXI. promoção do reconhecimento acadêmico e do exercício profissional no Brasil, nos termos da lei; e

XXII. repúdio a práticas de expulsão ou de deportação coletivas.

Art. 4º Ao migrante é garantida no território nacional, em condição de igualdade com os nacionais, a inviolabilidade do direito à vida, à liberdade, à igualdade, à segurança e à propriedade, bem como são assegurados:

I. direitos e liberdades civis, sociais, culturais e econômicos;

II. direito à liberdade de circulação em território nacional;

III. direito à reunião familiar do migrante com seu cônjuge ou companheiro e seus filhos, familiares e dependentes;

IV. medidas de proteção a vítimas e testemunhas de crimes e de violações de direitos;

V. direito de transferir recursos decorrentes de sua renda e economias pessoais a outro país, observada a legislação aplicável;

VI. direito de reunião para fins pacíficos;

VII. direito de associação, inclusive sindical, para fins lícitos;

VIII. acesso a serviços públicos de saúde e de assistência social e à previdência social, nos termos da lei, sem discriminação em razão da nacionalidade e da condição migratória;

IX. amplo acesso à justiça e à assistência jurídica integral gratuita aos que comprovarem insuficiência de recursos;

X. direito à educação pública, vedada a discriminação em razão da nacionalidade e da condição migratória;

XI. garantia de cumprimento de obrigações legais e contratuais trabalhistas e de aplicação das normas de proteção ao trabalhador, sem discriminação em razão da nacionalidade e da condição migratória;

XII. isenção das taxas de que trata esta Lei, mediante declaração de hipossuficiência econômica, na forma de regulamento;

XIII. direito de acesso à informação e garantia de confidencialidade quanto aos dados pessoais do migrante, nos termos da Lei nº 12.527, de 18 de novembro de 2011;

XIV. direito à abertura de conta bancária;

XV. direito de sair, de permanecer e de reingressar em território nacional, mesmo enquanto pendente pedido de autorização de residência, de prorrogação de estada ou de transformação de visto em autorização de residência; e

XVI. direito do imigrante de ser informado sobre as garantias que lhe são asseguradas para fins de regularização migratória.

ANOTAÇÕES

§ 1º Os direitos e as garantias previstos nesta Lei serão exercidos em observância ao disposto na Constituição Federal, independentemente da situação migratória, observado o disposto no § 4º deste artigo, e não excluem outros decorrentes de tratado de que o Brasil seja parte.

§ 2º (VETADO).

§ 3º (VETADO).

§ 4º (VETADO).

CAPÍTULO II - DA SITUAÇÃO DOCUMENTAL DO MIGRANTE E DO VISITANTE

SEÇÃO I - DOS DOCUMENTOS DE VIAGEM

Art. 5º São documentos de viagem:

I. passaporte;

II. laissez-passer;

III. autorização de retorno;

IV. salvo-conduto;

V. carteira de identidade de marítimo;

VI. carteira de matrícula consular;

VII. documento de identidade civil ou documento estrangeiro equivalente, quando admitidos em tratado;

VIII. certificado de membro de tripulação de transporte aéreo; e

IX. outros que vierem a ser reconhecidos pelo Estado brasileiro em regulamento.

§ 1º Os documentos previstos nos incisos I, II, III, IV, V, VI e IX, quando emitidos pelo Estado brasileiro, são de propriedade da União, cabendo a seu titular a posse direta e o uso regular.

§ 2º As condições para a concessão dos documentos de que trata o § 1º serão previstas em regulamento.

SEÇÃO II - DOS VISTOS

SUBSEÇÃO I - DISPOSIÇÕES GERAIS

Art. 6º O visto é o documento que dá a seu titular expectativa de ingresso em território nacional.

Parágrafo único. (VETADO).

Art. 7º O visto será concedido por embaixadas, consulados-gerais, consulados, vice-consulados e, quando habilitados pelo órgão competente do Poder Executivo, por escritórios comerciais e de representação do Brasil no exterior.

Parágrafo único. Excepcionalmente, os vistos diplomático, oficial e de cortesia poderão ser concedidos no Brasil.

Art. 8º Poderão ser cobrados taxas e emolumentos consulares pelo processamento do visto.

Art. 9º Regulamento disporá sobre:

I. requisitos de concessão de visto, bem como de sua simplificação, inclusive por reciprocidade;

II. prazo de validade do visto e sua forma de contagem;

III. prazo máximo para a primeira entrada e para a estada do imigrante e do visitante no País;

IV. hipóteses e condições de dispensa recíproca ou unilateral de visto e de taxas e emolumentos consulares por seu processamento; e

V. solicitação e emissão de visto por meio eletrônico.

Parágrafo único. A simplificação e a dispensa recíproca de visto ou de cobrança de taxas e emolumentos consulares por seu processamento poderão ser definidas por comunicação diplomática.

Art. 10. Não se concederá visto:

I. a quem não preencher os requisitos para o tipo de visto pleiteado;

II. a quem comprovadamente ocultar condição impeditiva de concessão de visto ou de ingresso no País; ou

III. a menor de 18 (dezoito) anos desacompanhado ou sem autorização de viagem por escrito dos responsáveis legais ou de autoridade competente.

ANOTAÇÕES

LEIS

ANOTAÇÕES

Art. 11. Poderá ser denegado visto a quem se enquadrar em pelo menos um dos casos de impedimento definidos nos incisos I, II, III, IV e IX do art. 45.

Parágrafo único. A pessoa que tiver visto brasileiro denegado será impedida de ingressar no País enquanto permanecerem as condições que ensejaram a denegação.

SUBSEÇÃO II - DOS TIPOS DE VISTO

Art. 12. Ao solicitante que pretenda ingressar ou permanecer em território nacional poderá ser concedido visto:

I. de visita;

II. temporário;

III. diplomático;

IV. oficial;

V. de cortesia.

SUBSEÇÃO III - DO VISTO DE VISITA

Art. 13. O visto de visita poderá ser concedido ao visitante que venha ao Brasil para estada de curta duração, sem intenção de estabelecer residência, nos seguintes casos:

I. turismo;

II. negócios;

III. trânsito;

IV. atividades artísticas ou desportivas; e

V. outras hipóteses definidas em regulamento.

§ 1º É vedado ao beneficiário de visto de visita exercer atividade remunerada no Brasil.

§ 2º O beneficiário de visto de visita poderá receber pagamento do governo, de empregador brasileiro ou de entidade privada a título de diária, ajuda de custo, cachê, pró-labore ou outras despesas com a viagem, bem como concorrer a prêmios, inclusive em dinheiro, em competições desportivas ou em concursos artísticos ou culturais.

§ 3º O visto de visita não será exigido em caso de escala ou conexão em território nacional, desde que o visitante não deixe a área de trânsito internacional.

SUBSEÇÃO IV - DO VISTO TEMPORÁRIO

Art. 14. O visto temporário poderá ser concedido ao imigrante que venha ao Brasil com o intuito de estabelecer residência por tempo determinado e que se enquadre em pelo menos uma das seguintes hipóteses:

I. o visto temporário tenha como finalidade:

a) pesquisa, ensino ou extensão acadêmica;

b) tratamento de saúde;

c) acolhida humanitária;

d) estudo;

e) trabalho;

f) férias-trabalho;

g) prática de atividade religiosa ou serviço voluntário;

h) realização de investimento ou de atividade com relevância econômica, social, científica, tecnológica ou cultural;

i) reunião familiar;

j) atividades artísticas ou desportivas com contrato por prazo determinado;

II. o imigrante seja beneficiário de tratado em matéria de vistos;

III. outras hipóteses definidas em regulamento.

§ 1º O visto temporário para pesquisa, ensino ou extensão acadêmica poderá ser concedido ao imigrante com ou sem vínculo empregatício com a instituição de pesquisa ou de ensino brasileira, exigida, na hipótese de vínculo, a comprovação de formação superior compatível ou equivalente reconhecimento científico.

§ 2º O visto temporário para tratamento de saúde poderá ser concedido ao imigrante e a seu acompanhante, desde que o imigrante comprove possuir meios de subsistência suficientes.

§ 3º O visto temporário para acolhida humanitária poderá ser concedido ao apátrida ou ao nacional de qualquer país em situação de grave ou iminente instabilidade institucional, de conflito armado, de calamidade de grande proporção, de desastre ambiental ou de grave violação de direitos humanos ou de direito internacional humanitário, ou em outras hipóteses, na forma de regulamento.

ANOTAÇÕES

§ 4º O visto temporário para estudo poderá ser concedido ao imigrante que pretenda vir ao Brasil para frequentar curso regular ou realizar estágio ou intercâmbio de estudo ou de pesquisa.

§ 5º Observadas as hipóteses previstas em regulamento, o visto temporário para trabalho poderá ser concedido ao imigrante que venha exercer atividade laboral, com ou sem vínculo empregatício no Brasil, desde que comprove oferta de trabalho formalizada por pessoa jurídica em atividade no País, dispensada esta exigência se o imigrante comprovar titulação em curso de ensino superior ou equivalente.

§ 6º O visto temporário para férias-trabalho poderá ser concedido ao imigrante maior de 16 (dezesseis) anos que seja nacional de país que conceda idêntico benefício ao nacional brasileiro, em termos definidos por comunicação diplomática.

§ 7º Não se exigirá do marítimo que ingressar no Brasil em viagem de longo curso ou em cruzeiros marítimos pela costa brasileira o visto temporário de que trata a alínea "e" do inciso I do caput, bastando a apresentação da carteira internacional de marítimo, nos termos de regulamento.

§ 8º É reconhecida ao imigrante a quem se tenha concedido visto temporário para trabalho a possibilidade de modificação do local de exercício de sua atividade laboral.

§ 9º O visto para realização de investimento poderá ser concedido ao imigrante que aporte recursos em projeto com potencial para geração de empregos ou de renda no País.

§ 10. (VETADO).

SUBSEÇÃO V - DOS VISTOS DIPLOMÁTICO, OFICIAL E DE CORTESIA

Art. 15. Os vistos diplomático, oficial e de cortesia serão concedidos, prorrogados ou dispensados na forma desta Lei e de regulamento.

Parágrafo único. Os vistos diplomático e oficial poderão ser transformados em autorização de residência, o que importará cessação de todas as prerrogativas, privilégios e imunidades decorrentes do respectivo visto.

Art. 16. Os vistos diplomático e oficial poderão ser concedidos a autoridades e funcionários estrangeiros que viajem ao Brasil em missão oficial de caráter transitório ou permanente, representando Estado estrangeiro ou organismo internacional reconhecido.

§ 1º Não se aplica ao titular dos vistos referidos no caput o disposto na legislação trabalhista brasileira.

§ 2º Os vistos diplomático e oficial poderão ser estendidos aos dependentes das autoridades referidas no caput.

Art. 17. O titular de visto diplomático ou oficial somente poderá ser remunerado por Estado estrangeiro ou organismo internacional, ressalvado o disposto em tratado que contenha cláusula específica sobre o assunto.

Parágrafo único. O dependente de titular de visto diplomático ou oficial poderá exercer atividade remunerada no Brasil, sob o amparo da legislação trabalhista brasileira, desde que seja nacional de país que assegure reciprocidade de tratamento ao nacional brasileiro, por comunicação diplomática.

Art. 18. O empregado particular titular de visto de cortesia somente poderá exercer atividade remunerada para o titular de visto diplomático, oficial ou de cortesia ao qual esteja vinculado, sob o amparo da legislação trabalhista brasileira.

Parágrafo único. O titular de visto diplomático, oficial ou de cortesia será responsável pela saída de seu empregado do território nacional.

SEÇÃO III - DO REGISTRO E DA IDENTIFICAÇÃO CIVIL DO IMIGRANTE E DOS DETENTORES DE VISTOS DIPLOMÁTICO, OFICIAL E DE CORTESIA

Art. 19. O registro consiste na identificação civil por dados biográficos e biométricos, e é obrigatório a todo imigrante detentor de visto temporário ou de autorização de residência.

§ 1º O registro gerará número único de identificação que garantirá o pleno exercício dos atos da vida civil.

§ 2º O documento de identidade do imigrante será expedido com base no número único de identificação.

§ 3º Enquanto não for expedida identificação civil, o documento comprobatório de que o imigrante a solicitou à autoridade competente garantirá ao titular o acesso aos direitos disciplinados nesta Lei.

Art. 20. A identificação civil de solicitante de refúgio, de asilo, de reconhecimento de apatridia e de acolhimento humanitário poderá ser realizada com a apresentação dos documentos de que o imigrante dispuser.

Art. 21. Os documentos de identidade emitidos até a data de publicação desta Lei continuarão válidos até sua total substituição.

Art. 22. A identificação civil, o documento de identidade e as formas de gestão da base cadastral dos detentores de vistos diplomático, oficial e de cortesia atenderão a disposições específicas previstas em regulamento.

CAPÍTULO III - DA CONDIÇÃO JURÍDICA DO MIGRANTE E DO VISITANTE

SEÇÃO I - DO RESIDENTE FRONTEIRIÇO

Art. 23. A fim de facilitar a sua livre circulação, poderá ser concedida ao residente fronteiriço, mediante requerimento, autorização para a realização de atos da vida civil.

Parágrafo único. Condições específicas poderão ser estabelecidas em regulamento ou tratado.

Art. 24. A autorização referida no caput do art. 23 indicará o Município fronteiriço no qual o residente estará autorizado a exercer os direitos a ele atribuídos por esta Lei.

§ 1º O residente fronteiriço detentor da autorização gozará das garantias e dos direitos assegurados pelo regime geral de migração desta Lei, conforme especificado em regulamento.

§ 2º O espaço geográfico de abrangência e de validade da autorização será especificado no documento de residente fronteiriço.

Art. 25. O documento de residente fronteiriço será cancelado, a qualquer tempo, se o titular:

I. tiver fraudado documento ou utilizado documento falso para obtê-lo;

II. obtiver outra condição migratória;

III. sofrer condenação penal; ou

IV. exercer direito fora dos limites previstos na autorização.

SEÇÃO II - DA PROTEÇÃO DO APÁTRIDA E DA REDUÇÃO DA APATRIDIA

Art. 26. Regulamento disporá sobre instituto protetivo especial do apátrida, consolidado em processo simplificado de naturalização.

§ 1º O processo de que trata o caput será iniciado tão logo seja reconhecida a situação de apatridia.

§ 2º Durante a tramitação do processo de reconhecimento da condição de apátrida, incidem todas as garantias e mecanismos protetivos e de facilitação da inclusão social relativos à Convenção sobre o Estatuto dos Apátridas de 1954, promulgada pelo Decreto nº 4.246, de 22 de maio de 2002, à Convenção relativa ao Estatuto dos Refugiados, promulgada pelo Decreto no 50.215, de 28 de janeiro de 1961, e à Lei nº 9.474, de 22 de julho de 1997.

§ 3º Aplicam-se ao apátrida residente todos os direitos atribuídos ao migrante relacionados no art. 4º.

§ 4º O reconhecimento da condição de apátrida assegura os direitos e garantias previstos na Convenção sobre o Estatuto dos Apátridas, de 1954, promulgada pelo Decreto no 4.246, de 22 de maio de 2002, bem como outros direitos e garantias reconhecidos pelo Brasil.

§ 5º O processo de reconhecimento da condição de apátrida tem como objetivo verificar se o solicitante é considerado nacional pela legislação de algum Estado e poderá considerar informações, documentos e declarações prestadas pelo próprio solicitante e por órgãos e organismos nacionais e internacionais.

§ 6º Reconhecida a condição de apátrida, nos termos do inciso VI do § 1º do art. 1º, o solicitante será consultado sobre o desejo de adquirir a nacionalidade brasileira.

§ 7º Caso o apátrida opte pela naturalização, a decisão sobre o reconhecimento será encaminhada ao órgão competente do Poder Executivo para publicação dos atos necessários à efetivação da naturalização no prazo de 30 (trinta) dias, observado o art. 65.

§ 8º O apátrida reconhecido que não opte pela naturalização imediata terá a autorização de residência outorgada em caráter definitivo.

§ 9º Caberá recurso contra decisão negativa de reconhecimento da condição de apátrida.

§ 10. Subsistindo a denegação do reconhecimento da condição de apátrida, é vedada a devolução do indivíduo para país onde sua vida, integridade pessoal ou liberdade estejam em risco.

§ 11. Será reconhecido o direito de reunião familiar a partir do reconhecimento da condição de apátrida.

§ 12. Implica perda da proteção conferida por esta Lei:

I. a renúncia;

II. a prova da falsidade dos fundamentos invocados para o reconhecimento da condição de apátrida; ou

III. a existência de fatos que, se fossem conhecidos por ocasião do reconhecimento, teriam ensejado decisão negativa.

SEÇÃO III - DO ASILADO

Art. 27. O asilo político, que constitui ato discricionário do Estado, poderá ser diplomático ou territorial e será outorgado como instrumento de proteção à pessoa.

Parágrafo único. Regulamento disporá sobre as condições para a concessão e a manutenção de asilo.

Art. 28. Não se concederá asilo a quem tenha cometido crime de genocídio, crime contra a humanidade, crime de guerra ou crime de agressão, nos termos do Estatuto de Roma do Tribunal Penal Internacional, de 1998, promulgado pelo Decreto no 4.388, de 25 de setembro de 2002.

Art. 29. A saída do asilado do País sem prévia comunicação implica renúncia ao asilo.

SEÇÃO IV - DA AUTORIZAÇÃO DE RESIDÊNCIA

Art. 30. A residência poderá ser autorizada, mediante registro, ao imigrante, ao residente fronteiriço ou ao visitante que se enquadre em uma das seguintes hipóteses:

I. a residência tenha como finalidade:

a) pesquisa, ensino ou extensão acadêmica;

b) tratamento de saúde;

c) acolhida humanitária;

d) estudo;

e) trabalho;

f) férias-trabalho;

g) prática de atividade religiosa ou serviço voluntário;

h) realização de investimento ou de atividade com relevância econômica, social, científica, tecnológica ou cultural;

i) reunião familiar;

ANOTAÇÕES

ANOTAÇÕES

LEIS

ANOTAÇÕES

II. a pessoa:

a) seja beneficiária de tratado em matéria de residência e livre circulação;

b) seja detentora de oferta de trabalho;

c) já tenha possuído a nacionalidade brasileira e não deseje ou não reúna os requisitos para readquiri-la;

d) (VETADO);

e) seja beneficiária de refúgio, de asilo ou de proteção ao apátrida;

f) seja menor nacional de outro país ou apátrida, desacompanhado ou abandonado, que se encontre nas fronteiras brasileiras ou em território nacional;

g) tenha sido vítima de tráfico de pessoas, de trabalho escravo ou de violação de direito agravada por sua condição migratória;

h) esteja em liberdade provisória ou em cumprimento de pena no Brasil;

III. outras hipóteses definidas em regulamento.

§ 1º Não se concederá a autorização de residência a pessoa condenada criminalmente no Brasil ou no exterior por sentença transitada em julgado, desde que a conduta esteja tipificada na legislação penal brasileira, ressalvados os casos em que:

I. a conduta caracterize infração de menor potencial ofensivo;

II. (VETADO); ou

III. a pessoa se enquadre nas hipóteses previstas nas alíneas "b", "c" e "i" do inciso I e na alínea "a" do inciso II do caput deste artigo.

§ 2º O disposto no § 1º não obsta progressão de regime de cumprimento de pena, nos termos da Lei nº 7.210, de 11 de julho de 1984, ficando a pessoa autorizada a trabalhar quando assim exigido pelo novo regime de cumprimento de pena.

§ 3º Nos procedimentos conducentes ao cancelamento de autorização de residência e no recurso contra a negativa de concessão de autorização de residência devem ser respeitados o contraditório e a ampla defesa.

Art. 31. Os prazos e o procedimento da autorização de residência de que trata o art. 30 serão dispostos em regulamento, observado o disposto nesta Lei.

§ 1º Será facilitada a autorização de residência nas hipóteses das alíneas "a" e "e" do inciso I do art. 30 desta Lei, devendo a deliberação sobre a autorização ocorrer em prazo não superior a 60 (sessenta) dias, a contar de sua solicitação.

§ 2º Nova autorização de residência poderá ser concedida, nos termos do art. 30, mediante requerimento.

§ 3º O requerimento de nova autorização de residência após o vencimento do prazo da autorização anterior implicará aplicação da sanção prevista no inciso II do art. 109.

§ 4º O solicitante de refúgio, de asilo ou de proteção ao apátrida fará jus a autorização provisória de residência até a obtenção de resposta ao seu pedido.

§ 5º Poderá ser concedida autorização de residência independentemente da situação migratória.

Art. 32. Poderão ser cobradas taxas pela autorização de residência.

Art. 33. Regulamento disporá sobre a perda e o cancelamento da autorização de residência em razão de fraude ou de ocultação de condição impeditiva de concessão de visto, de ingresso ou de permanência no País, observado procedimento administrativo que garanta o contraditório e a ampla defesa.

Art. 34. Poderá ser negada autorização de residência com fundamento nas hipóteses previstas nos incisos I, II, III, IV e IX do art. 45.

Art. 35. A posse ou a propriedade de bem no Brasil não confere o direito de obter visto ou autorização de residência em território nacional, sem prejuízo do disposto sobre visto para realização de investimento.

ANOTAÇÕES

Art. 36. O visto de visita ou de cortesia poderá ser transformado em autorização de residência, mediante requerimento e registro, desde que satisfeitos os requisitos previstos em regulamento.

SEÇÃO V - DA REUNIÃO FAMILIAR

Art. 37. O visto ou a autorização de residência para fins de reunião familiar será concedido ao imigrante:

I. cônjuge ou companheiro, sem discriminação alguma;

II. filho de imigrante beneficiário de autorização de residência, ou que tenha filho brasileiro ou imigrante beneficiário de autorização de residência;

III. ascendente, descendente até o segundo grau ou irmão de brasileiro ou de imigrante beneficiário de autorização de residência; ou

IV. que tenha brasileiro sob sua tutela ou guarda.

Parágrafo único. (VETADO).

CAPÍTULO IV - DA ENTRADA E DA SAÍDA DO TERRITÓRIO NACIONAL

SEÇÃO I - DA FISCALIZAÇÃO MARÍTIMA, AEROPORTUÁRIA E DE FRONTEIRA

Art. 38. As funções de polícia marítima, aeroportuária e de fronteira serão realizadas pela Polícia Federal nos pontos de entrada e de saída do território nacional.

Parágrafo único. É dispensável a fiscalização de passageiro, tripulante e estafe de navio em passagem inocente, exceto quando houver necessidade de descida de pessoa a terra ou de subida a bordo do navio.

Art. 39. O viajante deverá permanecer em área de fiscalização até que seu documento de viagem tenha sido verificado, salvo os casos previstos em lei.

Art. 40. Poderá ser autorizada a admissão excepcional no País de pessoa que se encontre em uma das seguintes condições, desde que esteja de posse de documento de viagem válido:

I. não possua visto;

II. seja titular de visto emitido com erro ou omissão;

III. tenha perdido a condição de residente por ter permanecido ausente do País na forma especificada em regulamento e detenha as condições objetivas para a concessão de nova autorização de residência;

IV. (VETADO); ou

V. seja criança ou adolescente desacompanhado de responsável legal e sem autorização expressa para viajar desacompanhado, independentemente do documento de viagem que portar, hipótese em que haverá imediato encaminhamento ao Conselho Tutelar ou, em caso de necessidade, a instituição indicada pela autoridade competente.

Parágrafo único. Regulamento poderá dispor sobre outras hipóteses excepcionais de admissão, observados os princípios e as diretrizes desta Lei.

Art. 41. A entrada condicional, em território nacional, de pessoa que não preencha os requisitos de admissão poderá ser autorizada mediante a assinatura, pelo transportador ou por seu agente, de termo de compromisso de custear as despesas com a permanência e com as providências para a repatriação do viajante.

Art. 42. O tripulante ou o passageiro que, por motivo de força maior, for obrigado a interromper a viagem em território nacional poderá ter seu desembarque permitido mediante termo de responsabilidade pelas despesas decorrentes do transbordo.

Art. 43. A autoridade responsável pela fiscalização contribuirá para a aplicação de medidas sanitárias em consonância com o Regulamento Sanitário Internacional e com outras disposições pertinentes

SEÇÃO II - DO IMPEDIMENTO DE INGRESSO

Art. 44. (VETADO).

Art. 45. Poderá ser impedida de ingressar no País, após entrevista individual e mediante ato fundamentado, a pessoa:

I. anteriormente expulsa do País, enquanto os efeitos da expulsão vigorarem;

II. condenada ou respondendo a processo por ato de terrorismo ou por crime de genocídio, crime contra a humanidade, crime de guerra ou crime de agressão, nos termos definidos pelo Estatuto de Roma do Tribunal Penal Internacional, de 1998, promulgado pelo Decreto no 4.388, de 25 de setembro de 2002;

III. condenada ou respondendo a processo em outro país por crime doloso passível de extradição segundo a lei brasileira;

IV. que tenha o nome incluído em lista de restrições por ordem judicial ou por compromisso assumido pelo Brasil perante organismo internacional;

V. que apresente documento de viagem que:

a) não seja válido para o Brasil;

b) esteja com o prazo de validade vencido; ou

c) esteja com rasura ou indício de falsificação;

VI. que não apresente documento de viagem ou documento de identidade, quando admitido;

VII. cuja razão da viagem não seja condizente com o visto ou com o motivo alegado para a isenção de visto;

VIII. que tenha, comprovadamente, fraudado documentação ou prestado informação falsa por ocasião da solicitação de visto; ou

IX. que tenha praticado ato contrário aos princípios e objetivos dispostos na Constituição Federal.

Parágrafo único. Ninguém será impedido de ingressar no País por motivo de raça, religião, nacionalidade, pertinência a grupo social ou opinião política.

CAPÍTULO V - DAS MEDIDAS DE RETIRADA COMPULSÓRIA

SEÇÃO I - DISPOSIÇÕES GERAIS

Art. 46. A aplicação deste Capítulo observará o disposto na Lei nº 9.474, de 22 de julho de 1997, e nas disposições legais, tratados, instrumentos e mecanismos que tratem da proteção aos apátridas ou de outras situações humanitárias.

Art. 47. A repatriação, a deportação e a expulsão serão feitas para o país de nacionalidade ou de procedência do migrante ou do visitante, ou para outro que o aceite, em observância aos tratados dos quais o Brasil seja parte.

Art. 48. Nos casos de deportação ou expulsão, o chefe da unidade da Polícia Federal poderá representar perante o juízo federal, respeitados, nos procedimentos judiciais, os direitos à ampla defesa e ao devido processo legal.

SEÇÃO II - DA REPATRIAÇÃO

Art. 49. A repatriação consiste em medida administrativa de devolução de pessoa em situação de impedimento ao país de procedência ou de nacionalidade.

§ 1º Será feita imediata comunicação do ato fundamentado de repatriação à empresa transportadora e à autoridade consular do país de procedência ou de nacionalidade do migrante ou do visitante, ou a quem o representa.

§ 2º A Defensoria Pública da União será notificada, preferencialmente por via eletrônica, no caso do § 4º deste artigo ou quando a repatriação imediata não seja possível.

§ 3º Condições específicas de repatriação podem ser definidas por regulamento ou tratado, observados os princípios e as garantias previstos nesta Lei.

§ 4º Não será aplicada medida de repatriação à pessoa em situação de refúgio ou de apatridia, de fato ou de direito, ao menor de 18 (dezoito) anos desacompanhado ou separado de sua família, exceto nos casos em que se demonstrar favorável para a garantia de seus direitos ou para a reintegração a sua família de origem, ou a quem necessite de acolhimento humanitário, nem, em qualquer caso, medida de devolução para país ou região que possa apresentar risco à vida, à integridade pessoal ou à liberdade da pessoa.

§ 5º (VETADO).

SEÇÃO III - DA DEPORTAÇÃO

Art. 50. A deportação é medida decorrente de procedimento administrativo que consiste na retirada compulsória de pessoa que se encontre em situação migratória irregular em território nacional.

§ 1º A deportação será precedida de notificação pessoal ao deportando, da qual constem, expressamente, as irregularidades verificadas e prazo para a regularização não inferior a 60 (sessenta) dias, podendo ser prorrogado, por igual período, por despacho fundamentado e mediante compromisso de a pessoa manter atualizadas suas informações domiciliares.

§ 2º A notificação prevista no § 1º não impede a livre circulação em território nacional, devendo o deportando informar seu domicílio e suas atividades.

§ 3º Vencido o prazo do § 1º sem que se regularize a situação migratória, a deportação poderá ser executada.

§ 4º A deportação não exclui eventuais direitos adquiridos em relações contratuais ou decorrentes da lei brasileira.

§ 5º A saída voluntária de pessoa notificada para deixar o País equivale ao cumprimento da notificação de deportação para todos os fins.

§ 6º O prazo previsto no § 1º poderá ser reduzido nos casos que se enquadrem no inciso IX do art. 45.

Art. 51. Os procedimentos conducentes à deportação devem respeitar o contraditório e a ampla defesa e a garantia de recurso com efeito suspensivo.

§ 1º A Defensoria Pública da União deverá ser notificada, preferencialmente por meio eletrônico, para prestação de assistência ao deportando em todos os procedimentos administrativos de deportação.

§ 2º A ausência de manifestação da Defensoria Pública da União, desde que prévia e devidamente notificada, não impedirá a efetivação da medida de deportação.

Art. 52. Em se tratando de apátrida, o procedimento de deportação dependerá de prévia autorização da autoridade competente.

Art. 53. Não se procederá à deportação se a medida configurar extradição não admitida pela legislação brasileira.

SEÇÃO IV - DA EXPULSÃO

Art. 54. A expulsão consiste em medida administrativa de retirada compulsória de migrante ou visitante do território nacional, conjugada com o impedimento de reingresso por prazo determinado.

§ 1º Poderá dar causa à expulsão a condenação com sentença transitada em julgado relativa à prática de:

I. crime de genocídio, crime contra a humanidade, crime de guerra ou crime de agressão, nos termos definidos pelo Estatuto de Roma do Tribunal Penal Internacional, de 1998, promulgado peloDecreto no 4.388, de 25 de setembro de 2002; ou

II. crime comum doloso passível de pena privativa de liberdade, consideradas a gravidade e as possibilidades de ressocialização em território nacional.

§ 2º Caberá à autoridade competente resolver sobre a expulsão, a duração do impedimento de reingresso e a suspensão ou a revogação dos efeitos da expulsão, observado o disposto nesta Lei.

§ 3º O processamento da expulsão em caso de crime comum não prejudicará a progressão de regime, o cumprimento da pena, a suspensão condicional do processo, a comutação da pena ou a concessão de pena alternativa, de indulto coletivo ou individual, de anistia ou de quaisquer benefícios concedidos em igualdade de condições ao nacional brasileiro.

ANOTAÇÕES

ANOTAÇÕES

ANOTAÇÕES

§ 4º O prazo de vigência da medida de impedimento vinculada aos efeitos da expulsão será proporcional ao prazo total da pena aplicada e nunca será superior ao dobro de seu tempo.

Art. 55. Não se procederá à expulsão quando:

I. a medida configurar extradição inadmitida pela legislação brasileira;

II. o expulsando:

a) tiver filho brasileiro que esteja sob sua guarda ou dependência econômica ou socioafetiva ou tiver pessoa brasileira sob sua tutela;

b) tiver cônjuge ou companheiro residente no Brasil, sem discriminação alguma, reconhecido judicial ou legalmente;

c) tiver ingressado no Brasil até os 12 (doze) anos de idade, residindo desde então no País;

d) for pessoa com mais de 70 (setenta) anos que resida no País há mais de 10 (dez) anos, considerados a gravidade e o fundamento da expulsão; ou

e) (VETADO).

Art. 56. Regulamento definirá procedimentos para apresentação e processamento de pedidos de suspensão e de revogação dos efeitos das medidas de expulsão e de impedimento de ingresso e permanência em território nacional.

Art. 57. Regulamento disporá sobre condições especiais de autorização de residência para viabilizar medidas de ressocialização a migrante e a visitante em cumprimento de penas aplicadas ou executadas em território nacional.

Art. 58. No processo de expulsão serão garantidos o contraditório e a ampla defesa.

§ 1º A Defensoria Pública da União será notificada da instauração de processo de expulsão, se não houver defensor constituído.

§ 2º Caberá pedido de reconsideração da decisão sobre a expulsão no prazo de 10 (dez) dias, a contar da notificação pessoal do expulsando.

Art. 59. Será considerada regular a situação migratória do expulsando cujo processo esteja pendente de decisão, nas condições previstas no art. 55.

Art. 60. A existência de processo de expulsão não impede a saída voluntária do expulsando do País.

SEÇÃO V - DAS VEDAÇÕES

Art. 61. Não se procederá à repatriação, à deportação ou à expulsão coletivas.

Parágrafo único. Entende-se por repatriação, deportação ou expulsão coletiva aquela que não individualiza a situação migratória irregular de cada pessoa.

Art. 62. Não se procederá à repatriação, à deportação ou à expulsão de nenhum indivíduo quando subsistirem razões para acreditar que a medida poderá colocar em risco a vida ou a integridade pessoal.

CAPÍTULO VI - DA OPÇÃO DE NACIONALIDADE E DA NATURALIZAÇÃO

SEÇÃO I - DA OPÇÃO DE NACIONALIDADE

Art. 63. O filho de pai ou de mãe brasileiro nascido no exterior e que não tenha sido registrado em repartição consular poderá, a qualquer tempo, promover ação de opção de nacionalidade.

Parágrafo único. O órgão de registro deve informar periodicamente à autoridade competente os dados relativos à opção de nacionalidade, conforme regulamento.

SEÇÃO II - DAS CONDIÇÕES DA NATURALIZAÇÃO

Art. 64. A naturalização pode ser:

I. ordinária;

II. extraordinária;

III. especial; ou

IV. provisória.

ANOTAÇÕES

Art. 65. Será concedida a naturalização ordinária àquele que preencher as seguintes condições:

I. ter capacidade civil, segundo a lei brasileira;

II. ter residência em território nacional, pelo prazo mínimo de 4 (quatro) anos;

III. comunicar-se em língua portuguesa, consideradas as condições do naturalizando; e

IV. não possuir condenação penal ou estiver reabilitado, nos termos da lei.

Art. 66. O prazo de residência fixado no inciso II do caput do art. 65 será reduzido para, no mínimo, 1 (um) ano se o naturalizando preencher quaisquer das seguintes condições:

I. (VETADO);

II. ter filho brasileiro;

III. ter cônjuge ou companheiro brasileiro e não estar dele separado legalmente ou de fato no momento de concessão da naturalização;

IV. (VETADO);

V. haver prestado ou poder prestar serviço relevante ao Brasil; ou

VI. recomendar-se por sua capacidade profissional, científica ou artística.

Parágrafo único. O preenchimento das condições previstas nos incisos V e VI do caput será avaliado na forma disposta em regulamento.

Art. 67. A naturalização extraordinária será concedida a pessoa de qualquer nacionalidade fixada no Brasil há mais de 15 (quinze) anos ininterruptos e sem condenação penal, desde que requeira a nacionalidade brasileira.

Art. 68. A naturalização especial poderá ser concedida ao estrangeiro que se encontre em uma das seguintes situações:

I. seja cônjuge ou companheiro, há mais de 5 (cinco) anos, de integrante do Serviço Exterior Brasileiro em atividade ou de pessoa a serviço do Estado brasileiro no exterior; ou

II. seja ou tenha sido empregado em missão diplomática ou em repartição consular do Brasil por mais de 10 (dez) anos ininterruptos.

Art. 69. São requisitos para a concessão da naturalização especial:

I. ter capacidade civil, segundo a lei brasileira;

II. comunicar-se em língua portuguesa, consideradas as condições do naturalizando; e

III. não possuir condenação penal ou estiver reabilitado, nos termos da lei.

Art. 70. A naturalização provisória poderá ser concedida ao migrante criança ou adolescente que tenha fixado residência em território nacional antes de completar 10 (dez) anos de idade e deverá ser requerida por intermédio de seu representante legal.

Parágrafo único. A naturalização prevista no caput será convertida em definitiva se o naturalizando expressamente assim o requerer no prazo de 2 (dois) anos após atingir a maioridade.

Art. 71. O pedido de naturalização será apresentado e processado na forma prevista pelo órgão competente do Poder Executivo, sendo cabível recurso em caso de denegação.

§ 1º No curso do processo de naturalização, o naturalizando poderá requerer a tradução ou a adaptação de seu nome à língua portuguesa.

§ 2º Será mantido cadastro com o nome traduzido ou adaptado associado ao nome anterior.

Art. 72. No prazo de até 1 (um) ano após a concessão da naturalização, deverá o naturalizado comparecer perante a Justiça Eleitoral para o devido cadastramento.

SEÇÃO III - DOS EFEITOS DA NATURALIZAÇÃO

Art. 73. A naturalização produz efeitos após a publicação no Diário Oficial do ato de naturalização.

Art. 74. (VETADO).

SEÇÃO IV - DA PERDA DA NACIONALIDADE

Art. 75. O naturalizado perderá a nacionalidade em razão de condenação transitada em julgado por atividade nociva ao interesse nacional, nos termos do inciso I do § 4º do art. 12 da Constituição Federal.

Parágrafo único. O risco de geração de situação de apatridia será levado em consideração antes da efetivação da perda da nacionalidade.

SEÇÃO V - DA REAQUISIÇÃO DA NACIONALIDADE

Art. 76. O brasileiro que, em razão do previsto no inciso II do § 4º do art. 12 da Constituição Federal, houver perdido a nacionalidade, uma vez cessada a causa, poderá readquiri-la ou ter o ato que declarou a perda revogado, na forma definida pelo órgão competente do Poder Executivo.

CAPÍTULO VII - DO EMIGRANTE

SEÇÃO I - DAS POLÍTICAS PÚBLICAS PARA OS EMIGRANTES

Art. 77. As políticas públicas para os emigrantes observarão os seguintes princípios e diretrizes:

I. proteção e prestação de assistência consular por meio das representações do Brasil no exterior;

II. promoção de condições de vida digna, por meio, entre outros, da facilitação do registro consular e da prestação de serviços consulares relativos às áreas de educação, saúde, trabalho, previdência social e cultura;

III. promoção de estudos e pesquisas sobre os emigrantes e as comunidades de brasileiros no exterior, a fim de subsidiar a formulação de políticas públicas;

IV. atuação diplomática, nos âmbitos bilateral, regional e multilateral, em defesa dos direitos do emigrante brasileiro, conforme o direito internacional

V. ação governamental integrada, com a participação de órgãos do governo com atuação nas áreas temáticas mencionadas nos incisos I, II, III e IV, visando a assistir as comunidades brasileiras no exterior; e

VI. esforço permanente de desburocratização, atualização e modernização do sistema de atendimento, com o objetivo de aprimorar a assistência ao emigrante.

SEÇÃO II - DOS DIREITOS DO EMIGRANTE

Art. 78. Todo emigrante que decida retornar ao Brasil com ânimo de residência poderá introduzir no País, com isenção de direitos de importação e de taxas aduaneiras, os bens novos ou usados que um viajante, em compatibilidade com as circunstâncias de sua viagem, puder destinar para seu uso ou consumo pessoal e profissional, sempre que, por sua quantidade, natureza ou variedade, não permitam presumir importação ou exportação com fins comerciais ou industriais.

Art. 79. Em caso de ameaça à paz social e à ordem pública por grave ou iminente instabilidade institucional ou de calamidade de grande proporção na natureza, deverá ser prestada especial assistência ao emigrante pelas representações brasileiras no exterior.

Art. 80. O tripulante brasileiro contratado por embarcação ou armadora estrangeira, de cabotagem ou a longo curso e com sede ou filial no Brasil, que explore economicamente o mar territorial e a costa brasileira terá direito a seguro a cargo do contratante, válido para todo o período da contratação, conforme o disposto no Registro de Embarcações Brasileiras (REB), contra acidente de trabalho, invalidez total ou parcial e morte, sem prejuízo de benefícios de apólice mais favorável vigente no exterior.

CAPÍTULO VIII - DAS MEDIDAS DE COOPERAÇÃO

SEÇÃO I - DA EXTRADIÇÃO

Art. 81. A extradição é a medida de cooperação internacional entre o Estado brasileiro e outro Estado pela qual se concede ou solicita a entrega de pessoa sobre quem recaia condenação criminal definitiva ou para fins de instrução de processo penal em curso.

§ 1º A extradição será requerida por via diplomática ou pelas autoridades centrais designadas para esse fim.

§ 2º A extradição e sua rotina de comunicação serão realizadas pelo órgão competente do Poder Executivo em coordenação com as autoridades judiciárias e policiais competentes.

Art. 82. Não se concederá a extradição quando:

I. o indivíduo cuja extradição é solicitada ao Brasil for brasileiro nato;

II. o fato que motivar o pedido não for considerado crime no Brasil ou no Estado requerente;

III. o Brasil for competente, segundo suas leis, para julgar o crime imputado ao extraditando;

IV. a lei brasileira impuser ao crime pena de prisão inferior a 2 (dois) anos;

V. o extraditando estiver respondendo a processo ou já houver sido condenado ou absolvido no Brasil pelo mesmo fato em que se fundar o pedido;

VI. a punibilidade estiver extinta pela prescrição, segundo a lei brasileira ou a do Estado requerente;

VII. o fato constituir crime político ou de opinião;

VIII. o extraditando tiver de responder, no Estado requerente, perante tribunal ou juízo de exceção; ou

IX. o extraditando for beneficiário de refúgio, nos termos da Lei nº 9.474, de 22 de julho de 1997, ou de asilo territorial.

§ 1º A previsão constante do inciso VII do caput não impedirá a extradição quando o fato constituir, principalmente, infração à lei penal comum ou quando o crime comum, conexo ao delito político, constituir o fato principal.

§ 2º Caberá à autoridade judiciária competente a apreciação do caráter da infração.

§ 3º Para determinação da incidência do disposto no inciso I, será observada, nos casos de aquisição de outra nacionalidade por naturalização, a anterioridade do fato gerador da extradição.

§ 4º O Supremo Tribunal Federal poderá deixar de considerar crime político o atentado contra chefe de Estado ou quaisquer autoridades, bem como crime contra a humanidade, crime de guerra, crime de genocídio e terrorismo.

§ 5º Admite-se a extradição de brasileiro naturalizado, nas hipóteses previstas na Constituição Federal.

Art. 83. São condições para concessão da extradição:

I. ter sido o crime cometido no território do Estado requerente ou serem aplicáveis ao extraditando as leis penais desse Estado; e

II. estar o extraditando respondendo a processo investigatório ou a processo penal ou ter sido condenado pelas autoridades judiciárias do Estado requerente a pena privativa de liberdade.

Art. 84. Em caso de urgência, o Estado interessado na extradição poderá, previamente ou conjuntamente com a formalização do pedido extradicional, requerer, por via diplomática ou por meio de autoridade central do Poder Executivo, prisão cautelar com o objetivo de assegurar a executoriedade da medida de extradição que, após exame da presença dos pressupostos formais de admissibilidade exigidos nesta Lei ou em tratado, deverá representar à autoridade judicial competente, ouvido previamente o Ministério Público Federal.

§ 1º O pedido de prisão cautelar deverá conter informação sobre o crime cometido e deverá ser fundamentado, podendo ser apresentado por correio, fax, mensagem eletrônica ou qualquer outro meio que assegure a comunicação por escrito.

§ 2º O pedido de prisão cautelar poderá ser transmitido à autoridade competente para extradição no Brasil por meio de canal estabelecido com o ponto focal da Organização Internacional de Polícia Criminal (Interpol) no País, devidamente instruído com a documentação comprobatória da existência de ordem de prisão proferida por Estado estrangeiro, e, em caso de ausência de tratado, com a promessa de reciprocidade recebida por via diplomática.

ANOTAÇÕES

ANOTAÇÕES

LEIS

ANOTAÇÕES

§ 3º Efetivada a prisão do extraditando, o pedido de extradição será encaminhado à autoridade judiciária competente.

§ 4º Na ausência de disposição específica em tratado, o Estado estrangeiro deverá formalizar o pedido de extradição no prazo de 60 (sessenta) dias, contado da data em que tiver sido cientificado da prisão do extraditando.

§ 5º Caso o pedido de extradição não seja apresentado no prazo previsto no § 4º, o extraditando deverá ser posto em liberdade, não se admitindo novo pedido de prisão cautelar pelo mesmo fato sem que a extradição tenha sido devidamente requerida.

§ 6º A prisão cautelar poderá ser prorrogada até o julgamento final da autoridade judiciária competente quanto à legalidade do pedido de extradição.

Art. 85. Quando mais de um Estado requerer a extradição da mesma pessoa, pelo mesmo fato, terá preferência o pedido daquele em cujo território a infração foi cometida.

§ 1º Em caso de crimes diversos, terá preferência, sucessivamente:

I. o Estado requerente em cujo território tenha sido cometido o crime mais grave, segundo a lei brasileira;

II. o Estado que em primeiro lugar tenha pedido a entrega do extraditando, se a gravidade dos crimes for idêntica;

III. o Estado de origem, ou, em sua falta, o domiciliar do extraditando, se os pedidos forem simultâneos.

§ 2º Nos casos não previstos nesta Lei, o órgão competente do Poder Executivo decidirá sobre a preferência do pedido, priorizando o Estado requerente que mantiver tratado de extradição com o Brasil.

§ 3º Havendo tratado com algum dos Estados requerentes, prevalecerão suas normas no que diz respeito à preferência de que trata este artigo.

Art. 86. O Supremo Tribunal Federal, ouvido o Ministério Público, poderá autorizar prisão albergue ou domiciliar ou determinar que o extraditando responda ao processo de extradição em liberdade, com retenção do documento de viagem ou outras medidas cautelares necessárias, até o julgamento da extradição ou a entrega do extraditando, se pertinente, considerando a situação administrativa migratória, os antecedentes do extraditando e as circunstâncias do caso.

Art. 87. O extraditando poderá entregar-se voluntariamente ao Estado requerente, desde que o declare expressamente, esteja assistido por advogado e seja advertido de que tem direito ao processo judicial de extradição e à proteção que tal direito encerra, caso em que o pedido será decidido pelo Supremo Tribunal Federal.

Art. 88. Todo pedido que possa originar processo de extradição em face de Estado estrangeiro deverá ser encaminhado ao órgão competente do Poder Executivo diretamente pelo órgão do Poder Judiciário responsável pela decisão ou pelo processo penal que a fundamenta.

§ 1º Compete a órgão do Poder Executivo o papel de orientação, de informação e de avaliação dos elementos formais de admissibilidade dos processos preparatórios para encaminhamento ao Estado requerido.

§ 2º Compete aos órgãos do sistema de Justiça vinculados ao processo penal gerador de pedido de extradição a apresentação de todos os documentos, manifestações e demais elementos necessários para o processamento do pedido, inclusive suas traduções oficiais.

§ 3º O pedido deverá ser instruído com cópia autêntica ou com o original da sentença condenatória ou da decisão penal proferida, conterá indicações precisas sobre o local, a data, a natureza e as circunstâncias do fato criminoso e a identidade do extraditando e será acompanhado de cópia dos textos legais sobre o crime, a competência, a pena e a prescrição.

§ 4º O encaminhamento do pedido de extradição ao órgão competente do Poder Executivo confere autenticidade aos documentos.

ANOTAÇÕES

Art. 89. O pedido de extradição originado de Estado estrangeiro será recebido pelo órgão competente do Poder Executivo e, após exame da presença dos pressupostos formais de admissibilidade exigidos nesta Lei ou em tratado, encaminhado à autoridade judiciária competente.

Parágrafo único. Não preenchidos os pressupostos referidos no caput, o pedido será arquivado mediante decisão fundamentada, sem prejuízo da possibilidade de renovação do pedido, devidamente instruído, uma vez superado o óbice apontado.

Art. 90. Nenhuma extradição será concedida sem prévio pronunciamento do Supremo Tribunal Federal sobre sua legalidade e procedência, não cabendo recurso da decisão.

Art. 91. Ao receber o pedido, o relator designará dia e hora para o interrogatório do extraditando e, conforme o caso, nomear-lhe-á curador ou advogado, se não o tiver.

§ 1º A defesa, a ser apresentada no prazo de 10 (dez) dias contado da data do interrogatório, versará sobre a identidade da pessoa reclamada, defeito de forma de documento apresentado ou ilegalidade da extradição.

§ 2º Não estando o processo devidamente instruído, o Tribunal, a requerimento do órgão do Ministério Público Federal correspondente, poderá converter o julgamento em diligência para suprir a falta.

§ 3º Para suprir a falta referida no § 2º, o Ministério Público Federal terá prazo improrrogável de 60 (sessenta) dias, após o qual o pedido será julgado independentemente da diligência.

§ 4º O prazo referido no § 3º será contado da data de notificação à missão diplomática do Estado requerente.

Art. 92. Julgada procedente a extradição e autorizada a entrega pelo órgão competente do Poder Executivo, será o ato comunicado por via diplomática ao Estado requerente, que, no prazo de 60 (sessenta) dias da comunicação, deverá retirar o extraditando do território nacional.

Art. 93. Se o Estado requerente não retirar o extraditando do território nacional no prazo previsto no art. 92, será ele posto em liberdade, sem prejuízo de outras medidas aplicáveis.

Art. 94. Negada a extradição em fase judicial, não se admitirá novo pedido baseado no mesmo fato.

Art. 95. Quando o extraditando estiver sendo processado ou tiver sido condenado, no Brasil, por crime punível com pena privativa de liberdade, a extradição será executada somente depois da conclusão do processo ou do cumprimento da pena, ressalvadas as hipóteses de liberação antecipada pelo Poder Judiciário e de determinação da transferência da pessoa condenada.

§ 1º A entrega do extraditando será igualmente adiada se a efetivação da medida puser em risco sua vida em virtude de enfermidade grave comprovada por laudo médico oficial.

§ 2º Quando o extraditando estiver sendo processado ou tiver sido condenado, no Brasil, por infração de menor potencial ofensivo, a entrega poderá ser imediatamente efetivada.

Art. 96. Não será efetivada a entrega do extraditando sem que o Estado requerente assuma o compromisso de:

I. não submeter o extraditando a prisão ou processo por fato anterior ao pedido de extradição;

II. computar o tempo da prisão que, no Brasil, foi imposta por força da extradição;

III. comutar a pena corporal, perpétua ou de morte em pena privativa de liberdade, respeitado o limite máximo de cumprimento de 30 (trinta) anos;

IV. não entregar o extraditando, sem consentimento do Brasil, a outro Estado que o reclame;

V. não considerar qualquer motivo político para agravar a pena; e

VI. não submeter o extraditando a tortura ou a outros tratamentos ou penas cruéis, desumanos ou degradantes.

Art. 97. A entrega do extraditando, de acordo com as leis brasileiras e respeitado o direito de terceiro, será feita com os objetos e instrumentos do crime encontrados em seu poder.

Parágrafo único. Os objetos e instrumentos referidos neste artigo poderão ser entregues independentemente da entrega do extraditando.

Art. 98. O extraditando que, depois de entregue ao Estado requerente, escapar à ação da Justiça e homiziar-se no Brasil, ou por ele transitar, será detido mediante pedido feito diretamente por via diplomática ou pela Interpol e novamente entregue, sem outras formalidades.

Art. 99. Salvo motivo de ordem pública, poderá ser permitido, pelo órgão competente do Poder Executivo, o trânsito no território nacional de pessoa extraditada por Estado estrangeiro, bem como o da respectiva guarda, mediante apresentação de documento comprobatório de concessão da medida.

SEÇÃO II - DA TRANSFERÊNCIA DE EXECUÇÃO DA PENA

Art. 100. Nas hipóteses em que couber solicitação de extradição executória, a autoridade competente poderá solicitar ou autorizar a transferência de execução da pena, desde que observado o princípio do non bis in idem.

Parágrafo único. Sem prejuízo do disposto no Decreto-Lei nº 2.848, de 7 de dezembro de 1940 (Código Penal), a transferência de execução da pena será possível quando preenchidos os seguintes requisitos:

I. o condenado em território estrangeiro for nacional ou tiver residência habitual ou vínculo pessoal no Brasil;

II. a sentença tiver transitado em julgado;

III. a duração da condenação a cumprir ou que restar para cumprir for de, pelo menos, 1 (um) ano, na data de apresentação do pedido ao Estado da condenação;

IV. o fato que originou a condenação constituir infração penal perante a lei de ambas as partes; e

V. houver tratado ou promessa de reciprocidade.

Art. 101. O pedido de transferência de execução da pena de Estado estrangeiro será requerido por via diplomática ou por via de autoridades centrais.

§ 1º O pedido será recebido pelo órgão competente do Poder Executivo e, após exame da presença dos pressupostos formais de admissibilidade exigidos nesta Lei ou em tratado, encaminhado ao Superior Tribunal de Justiça para decisão quanto à homologação.

§ 2º Não preenchidos os pressupostos referidos no § 1º, o pedido será arquivado mediante decisão fundamentada, sem prejuízo da possibilidade de renovação do pedido, devidamente instruído, uma vez superado o óbice apontado.

Art. 102. A forma do pedido de transferência de execução da pena e seu processamento serão definidos em regulamento.

Parágrafo único. Nos casos previstos nesta Seção, a execução penal será de competência da Justiça Federal.

SEÇÃO III - DA TRANSFERÊNCIA DE PESSOA CONDENADA

Art. 103. A transferência de pessoa condenada poderá ser concedida quando o pedido se fundamentar em tratado ou houver promessa de reciprocidade.

§ 1º O condenado no território nacional poderá ser transferido para seu país de nacionalidade ou país em que tiver residência habitual ou vínculo pessoal, desde que expresse interesse nesse sentido, a fim de cumprir pena a ele imposta pelo Estado brasileiro por sentença transitada em julgado.

§ 2º A transferência de pessoa condenada no Brasil pode ser concedida juntamente com a aplicação de medida de impedimento de reingresso em território nacional, na forma de regulamento.

Art. 104. A transferência de pessoa condenada será possível quando preenchidos os seguintes requisitos:

ANOTAÇÕES

I. o condenado no território de uma das partes for nacional ou tiver residência habitual ou vínculo pessoal no território da outra parte que justifique a transferência;

II. a sentença tiver transitado em julgado;

III. a duração da condenação a cumprir ou que restar para cumprir for de, pelo menos, 1 (um) ano, na data de apresentação do pedido ao Estado da condenação;

IV. o fato que originou a condenação constituir infração penal perante a lei de ambos os Estados;

V. houver manifestação de vontade do condenado ou, quando for o caso, de seu representante; e

VI. houver concordância de ambos os Estados.

Art. 105. A forma do pedido de transferência de pessoa condenada e seu processamento serão definidos em regulamento.

§ 1º Nos casos previstos nesta Seção, a execução penal será de competência da Justiça Federal.

§ 2º Não se procederá à transferência quando inadmitida a extradição.

§ 3º (VETADO).

CAPÍTULO IX - DAS INFRAÇÕES E DAS PENALIDADES ADMINISTRATIVAS

Art. 106. Regulamento disporá sobre o procedimento de apuração das infrações administrativas e seu processamento e sobre a fixação e a atualização das multas, em observância ao disposto nesta Lei.

Art. 107. As infrações administrativas previstas neste Capítulo serão apuradas em processo administrativo próprio, assegurados o contraditório e a ampla defesa e observadas as disposições desta Lei.

§ 1º O cometimento simultâneo de duas ou mais infrações importará cumulação das sanções cabíveis, respeitados os limites estabelecidos nos incisos V e VI do art. 108.

§ 2º A multa atribuída por dia de atraso ou por excesso de permanência poderá ser convertida em redução equivalente do período de autorização de estada para o visto de visita, em caso de nova entrada no País.

Art. 108. O valor das multas tratadas neste Capítulo considerará:

I. as hipóteses individualizadas nesta Lei;

II. a condição econômica do infrator, a reincidência e a gravidade da infração;

III. a atualização periódica conforme estabelecido em regulamento;

IV. o valor mínimo individualizável de R$ 100,00 (cem reais);

V. o valor mínimo de R$ 100,00 (cem reais) e o máximo de R$ 10.000,00 (dez mil reais) para infrações cometidas por pessoa física;

VI. o valor mínimo de R$ 1.000,00 (mil reais) e o máximo de R$ 1.000.000,00 (um milhão de reais) para infrações cometidas por pessoa jurídica, por ato infracional.

Art. 109. Constitui infração, sujeitando o infrator às seguintes sanções:

I. entrar em território nacional sem estar autorizado:

Sanção: deportação, caso não saia do País ou não regularize a situação migratória no prazo fixado;

II. permanecer em território nacional depois de esgotado o prazo legal da documentação migratória:

Sanção: multa por dia de excesso e deportação, caso não saia do País ou não regularize a situação migratória no prazo fixado;

III. deixar de se registrar, dentro do prazo de 90 (noventa) dias do ingresso no País, quando for obrigatória a identificação civil:

Sanção: multa;

IV. deixar o imigrante de se registrar, para efeito de autorização de residência, dentro do prazo de 30 (trinta) dias, quando orientado a fazê-lo pelo órgão competente:

ANOTAÇÕES

LEIS

ANOTAÇÕES

Sanção: multa por dia de atraso;

V. transportar para o Brasil pessoa que esteja sem documentação migratória regular:

Sanção: multa por pessoa transportada;

VI. deixar a empresa transportadora de atender a compromisso de manutenção da estada ou de promoção da saída do território nacional de quem tenha sido autorizado a ingresso condicional no Brasil por não possuir a devida documentação migratória:

Sanção: multa;

VII. furtar-se ao controle migratório, na entrada ou saída do território nacional:

Sanção: multa.

Art. 110. As penalidades aplicadas serão objeto de pedido de reconsideração e de recurso, nos termos de regulamento.

Parágrafo único. Serão respeitados o contraditório, a ampla defesa e a garantia de recurso, assim como a situação de hipossuficiência do migrante ou do visitante.

CAPÍTULO X - DISPOSIÇÕES FINAIS E TRANSITÓRIAS

Art. 111. Esta Lei não prejudica direitos e obrigações estabelecidos por tratados vigentes no Brasil e que sejam mais benéficos ao migrante e ao visitante, em particular os tratados firmados no âmbito do Mercosul.

Art. 112. As autoridades brasileiras serão tolerantes quanto ao uso do idioma do residente fronteiriço e do imigrante quando eles se dirigirem a órgãos ou repartições públicas para reclamar ou reivindicar os direitos decorrentes desta Lei.

Art. 113. As taxas e emolumentos consulares são fixados em conformidade com a tabela anexa a esta Lei.

§ 1º Os valores das taxas e emolumentos consulares poderão ser ajustados pelo órgão competente da administração pública federal, de forma a preservar o interesse nacional ou a assegurar a reciprocidade de tratamento.

§ 2º Não serão cobrados emolumentos consulares pela concessão de:

I. vistos diplomáticos, oficiais e de cortesia; e

II. vistos em passaportes diplomáticos, oficiais ou de serviço, ou equivalentes, mediante reciprocidade de tratamento a titulares de documento de viagem similar brasileiro.

§ 3º Não serão cobrados taxas e emolumentos consulares pela concessão de vistos ou para a obtenção de documentos para regularização migratória aos integrantes de grupos vulneráveis e indivíduos em condição de hipossuficiência econômica.

§ 4º (VETADO).

Art. 114. Regulamento poderá estabelecer competência para órgãos do Poder Executivo disciplinarem aspectos específicos desta Lei.

Art. 115. O Decreto-Lei nº 2.848, de 7 de dezembro de 1940 (Código Penal), passa a vigorar acrescido do seguinte art. 232-A:

"Promoção de migração ilegal

Art. 232-A. Promover, por qualquer meio, com o fim de obter vantagem econômica, a entrada ilegal de estrangeiro em território nacional ou de brasileiro em país estrangeiro:

Pena: reclusão, de 2 (dois) a 5 (cinco) anos, e multa.

§ 1º Na mesma pena incorre quem promover, por qualquer meio, com o fim de obter vantagem econômica, a saída de estrangeiro do território nacional para ingressar ilegalmente em país estrangeiro.

§ 2º A pena é aumentada de 1/6 (um sexto) a 1/3 (um terço) se:

I. o crime é cometido com violência; ou

II. a vítima é submetida a condição desumana ou degradante.

§ 3º A pena prevista para o crime será aplicada sem prejuízo das correspondentes às infrações conexas."

Art. 116. (VETADO).

ANOTAÇÕES

Art. 117. O documento conhecido por Registro Nacional de Estrangeiro passa a ser denominado Registro Nacional Migratório.

Art. 118. (VETADO).

Art. 119. O visto emitido até a data de entrada em vigor desta Lei poderá ser utilizado até a data prevista de expiração de sua validade, podendo ser transformado ou ter seu prazo de estada prorrogado, nos termos de regulamento.

Art. 120. A Política Nacional de Migrações, Refúgio e Apatridia terá a finalidade de coordenar e articular ações setoriais implementadas pelo Poder Executivo federal em regime de cooperação com os Estados, o Distrito Federal e os Municípios, com participação de organizações da sociedade civil, organismos internacionais e entidades privadas, conforme regulamento.

§ 1º Ato normativo do Poder Executivo federal poderá definir os objetivos, a organização e a estratégia de coordenação da Política Nacional de Migrações, Refúgio e Apatridia.

§ 2º Ato normativo do Poder Executivo federal poderá estabelecer planos nacionais e outros instrumentos para a efetivação dos objetivos desta Lei e a coordenação entre órgãos e colegiados setoriais.

§ 3º Com vistas à formulação de políticas públicas, deverá ser produzida informação quantitativa e qualitativa, de forma sistemática, sobre os migrantes, com a criação de banco de dados.

Art. 121. Na aplicação desta Lei, devem ser observadas as disposições da Lei nº 9.474, de 22 de julho de 1997, nas situações que envolvam refugiados e solicitantes de refúgio.

Art. 122. A aplicação desta Lei não impede o tratamento mais favorável assegurado por tratado em que a República Federativa do Brasil seja parte.

Art. 123. Ninguém será privado de sua liberdade por razões migratórias, exceto nos casos previstos nesta Lei.

Art. 124. Revogam-se:

I. a Lei nº 818, de 18 de setembro de 1949; e

II. a Lei nº 6.815, de 19 de agosto de 1980 (Estatuto do Estrangeiro).

Art. 125. Esta Lei entra em vigor após decorridos 180 (cento e oitenta) dias de sua publicação oficial.

45. DECRETO Nº 9.199, DE 20 DE NOVEMBRO DE 2017

Regulamenta a Lei nº 13.445, de 24 de maio de 2017, que institui a Lei de Migração.

O PRESIDENTE DA REPÚBLICA, no uso da atribuição que lhe confere o art. 84, caput, inciso IV, da Constituição, e tendo em vista o disposto na Lei nº 13.445, de 24 de maio de 2017,

CAPÍTULO I - DISPOSIÇÕES PRELIMINARES

Art. 1º Este Decreto regulamenta a Lei de Migração, instituída pela Lei nº 13.445, de 24 de maio de 2017.

Parágrafo único. Para fins do disposto na Lei nº 13.445, de 2017, consideram-se:

I. migrante. pessoa que se desloque de país ou região geográfica ao território de outro país ou região geográfica, em que estão incluídos o imigrante, o emigrante e o apátrida;

II. imigrante. pessoa nacional de outro país ou apátrida que trabalhe ou resida e se estabeleça temporária ou definitivamente na República Federativa do Brasil;

III. emigrante. brasileiro que se estabeleça temporária ou definitivamente no exterior;

IV. residente fronteiriço. pessoa nacional de país limítrofe ou apátrida que conserve a sua residência habitual em Município fronteiriço de país vizinho;

V. visitante. pessoa nacional de outro país ou apátrida que venha à República Federativa do Brasil para estadas de curta duração, sem pretensão de se estabelecer temporária ou definitivamente no território nacional;

ANOTAÇÕES

VI. apátrida. pessoa que não seja considerada como nacional por nenhum Estado, conforme a sua legislação, nos termos da Convenção sobre o Estatuto dos Apátridas, de 1954, promulgada pelo Decreto no 4.246, de 22 de maio de 2002, ou assim reconhecida pelo Estado brasileiro;

VII. refugiado. pessoa que tenha recebido proteção especial do Estado brasileiro, conforme previsto na Lei nº 9.474, de 22 de julho de 1997; e

VIII. ano migratório. período de doze meses, contado da data da primeira entrada do visitante no território nacional, conforme disciplinado em ato do dirigente máximo da Polícia Federal.

Art. 2º Ao imigrante são garantidos os direitos previstos em lei, vedada a exigência de prova documental impossível ou descabida que dificulte ou impeça o exercício de seus direitos.

Parágrafo único. Os órgãos da administração pública federal revisarão procedimentos e normativos internos com vistas à observância ao disposto no caput.

Art. 3º É vedado denegar visto ou residência ou impedir o ingresso no País por motivo de etnia, religião, nacionalidade, pertinência a grupo social ou opinião política.

CAPÍTULO II - DOS VISTOS

SEÇÃO I - DISPOSIÇÕES GERAIS

Art. 4º O visto é o documento que dá a seu portador expectativa de ingresso no território nacional.

§ 1º O visto poderá ser aposto a qualquer documento de viagem válido emitido nos padrões estabelecidos pela Organização da Aviação Civil Internacional, o que não implica o reconhecimento de Estado, Governo ou Regime.

§ 2º Para fins de aposição de visto, considera-se documento de viagem válido, expedido por governo estrangeiro ou organismo internacional reconhecido pelo Governo brasileiro:

I. passaporte;

II. laissez-passer; ou

III. documento equivalente àqueles referidos nos incisos I e II.

§ 3º Excepcionalmente, quando o solicitante não puder apresentar documento de viagem válido expedido nos termos previstos no § 2º, o visto poderá ser aposto em laissez-passer brasileiro.

Art. 5º Ao solicitante que pretenda ingressar ou permanecer no território nacional poderá ser concedido visto:

I. de visita;

II. temporário;

III. diplomático;

IV. oficial; e

V. de cortesia.

Art. 6º O solicitante poderá possuir mais de um visto válido, desde que os vistos sejam de tipos diferentes.

§ 1º A autoridade consular, ao conceder o visto, consignará, no documento de viagem do interessado, o tipo e o prazo de validade, e, quando couber, a hipótese de enquadramento do visto.

§ 2º No momento da entrada do portador do visto no território nacional, a Polícia Federal definirá a situação migratória aplicável, de acordo com os objetivos da viagem declarados pelo portador do visto.

Art. 7º O visto será concedido por embaixadas, consulados-gerais, consulados, vice-consulados e, quando habilitados pelo Ministério das Relações Exteriores, por escritórios comerciais e de representação do País no exterior.

§ 1º Excepcionalmente, os vistos diplomático, oficial e de cortesia poderão ser concedidos no País pelo Ministério das Relações Exteriores.

§ 2º Na hipótese de suspensão de relações diplomáticas e consulares, os vistos de entrada no País poderão ser concedidos por missão diplomática ou repartição consular do país encarregado dos interesses brasileiros.

ANOTAÇÕES

Art. 8º O visto é individual.

Parágrafo único. Na hipótese de haver mais de uma pessoa registrada no mesmo documento de viagem, o visto poderá ser concedido ao titular e aos dependentes incluídos no documento de viagem que pretendam vir à República Federativa do Brasil.

Art. 9º O portador de documento de viagem expirado em que conste visto brasileiro válido poderá ingressar no território nacional se apresentar o visto acompanhado de documento de viagem válido.

Parágrafo único. O disposto no caput não se aplica aos titulares de visto solicitado e emitido por meio eletrônico.

Art. 10. Para solicitar o visto, os seguintes documentos deverão ser apresentados à autoridade consular:

I. documento de viagem válido, nos termos estabelecidos no art. 4º;

II. certificado internacional de imunização, quando exigido pela Agência Nacional de Vigilância Sanitária. Anvisa;

III. comprovante de pagamento de emolumentos consulares, quando aplicável;

IV. formulário de solicitação de visto preenchido em sistema eletrônico disponibilizado pelo Ministério das Relações Exteriores; e

V. demais documentos específicos para cada tipo de visto, observado o disposto neste Decreto e em regulamentos específicos, quando cabível.

§ 1º A autoridade consular poderá, a seu critério, solicitar o comparecimento pessoal do solicitante a um dos locais mencionados no caput do art. 7º para realização de entrevista.

§ 2º Do formulário referido no inciso IV do caput constará declaração, sob as penas da lei, de que o requerente não se enquadra em nenhuma hipótese de denegação de visto ou impedimento de ingresso.

Art. 11. A posse ou a propriedade de bem no País não conferirá o direito de obter visto, sem prejuízo do disposto sobre visto temporário para realização de investimento.

Art. 12. Os Ministérios da Justiça e Segurança Pública, das Relações Exteriores e do Trabalho integrarão eletronicamente as suas bases de dados relacionadas com o processamento das solicitações de vistos, o controle migratório, o registro e a autorização de residência.

SUBSEÇÃO I - DAS TAXAS E DOS EMOLUMENTOS

Art. 13. Taxas e emolumentos consulares serão cobrados pelo processamento do visto, em conformidade com o disposto no Anexo à Lei nº 13.445, de 2017, respeitadas as hipóteses de isenção.

§ 1º Os valores das taxas e dos emolumentos consulares poderão ser ajustados pelo Ministério das Relações Exteriores, de forma a preservar o interesse nacional ou a assegurar a reciprocidade de tratamento.

§ 2º Emolumentos consulares não serão cobrados pela concessão de:

I. vistos diplomáticos, oficiais e de cortesia; e

II. vistos em passaportes diplomáticos, oficiais ou de serviço, ou documentos equivalentes, observada a reciprocidade de tratamento a titulares de documento de viagem similar ao brasileiro.

§ 3º A isenção da cobrança de taxas a que se refere o § 2º será implementada pelo Ministério das Relações Exteriores, por meio de comunicação diplomática.

SUBSEÇÃO II - DOS PRAZOS DE VALIDADE

Art. 14. O prazo de validade do visto é aquele ao longo do qual o visto poderá ser utilizado para entrada no País.

§ 1º O prazo de validade estará indicado nos vistos e começará a ser contado a partir da data de emissão do visto.

ANOTAÇÕES

§ 2º O visto não poderá mais ser utilizado para entrada no País quando o seu prazo de validade expirar.

Art. 15. O prazo de validade do visto de visita será de um ano, e, exceto se houver determinação em contrário do Ministério das Relações Exteriores, permitirá múltiplas entradas no País enquanto o visto estiver válido.

§ 1º O prazo de validade do visto de visita poderá ser reduzido, a critério do Ministério das Relações Exteriores.

§ 2º Nas hipóteses em que houver reciprocidade de tratamento, em termos definidos por comunicação diplomática, o visto de visita poderá ter prazo de validade de até dez anos.

§ 3º O prazo de validade do visto de visita, quando solicitado e emitido por meio eletrônico, nos termos estabelecidos no art. 26, poderá ser superior a um ano, a critério do Ministério das Relações Exteriores.

Art. 16. O visto temporário poderá ser concedido com prazo de validade de até um ano, e, exceto se houver determinação em contrário do Ministério das Relações Exteriores, permitirá múltiplas entradas no País enquanto o visto estiver válido.

Parágrafo único. O prazo de validade do visto temporário não se confunde com o prazo da autorização de residência.

Art. 17. O prazo máximo de validade do visto solicitado e emitido por meio eletrônico será definido em ato do Ministro de Estado das Relações Exteriores e poderá ser condicionado à data de expiração do documento de viagem apresentado pelo solicitante.

Art. 18. Os vistos diplomático, oficial e de cortesia terão prazo de validade de até três anos, e permitirão múltiplas entradas no território nacional, desde que os seus portadores cumpram os requisitos de registro estabelecidos pelo Ministério das Relações Exteriores.

Art. 19. O prazo de estada do visto de visita é aquele durante o qual o seu portador poderá permanecer no território nacional e começa a ser contado a partir da data da primeira entrada no País.

Art. 20. O visto de visita terá prazo de estada de até noventa dias, prorrogáveis pela Polícia Federal por até noventa dias, desde que o prazo de estada máxima no País não ultrapasse cento e oitenta dias a cada ano migratório, ressalvado o disposto no § 7º do art. 29.

§ 1º A contagem do prazo de estada do visto de visita começará a partir da data da primeira entrada no território nacional e será suspensa sempre que o visitante deixar o território nacional.

§ 2º A prorrogação do prazo de estada do visto de visita somente poderá ser feita na hipótese de nacionais de países que assegurem reciprocidade de tratamento aos nacionais brasileiros.

§ 3º A Polícia Federal poderá, excepcionalmente, conceder prazo de estada inferior ao previsto no caput ou, a qualquer tempo, reduzir o prazo previsto de estada do visitante no País.

§ 4º A solicitação de renovação do prazo do visto de visita deverá ser realizada antes de expirado o prazo de estada original, hipótese em que deverão ser apresentados os seguintes documentos:

I. documento de viagem válido;

II. comprovante de recolhimento da taxa; e

III. formulário de solicitação de renovação do prazo disponibilizado pela Polícia Federal.

Art. 21. Ato do Ministro de Estado da Justiça e Segurança Pública disciplinará os procedimentos para a renovação do prazo de estada do visitante.

Art. 22. O prazo inicial de estada dos portadores de vistos temporários, diplomáticos, oficiais e de cortesia será igual ao seu prazo de validade.

Parágrafo único. O prazo inicial de estada do visto temporário não se confunde com o prazo da autorização de residência.

ANOTAÇÕES

Art. 23. O disposto no art. 20 poderá ser aplicado aos nacionais de países isentos de vistos para visitar o País.

Parágrafo único. Prazos de estada e de contagem distintos daqueles previstos no art. 20 poderão ser estabelecidos, observada a reciprocidade de tratamento a nacionais brasileiros.

SUBSEÇÃO III - DA SIMPLIFICAÇÃO DE PROCEDIMENTOS E DA DISPENSA DE VISTOS

Art. 24. O Ministério das Relações Exteriores poderá editar normas sobre a simplificação de procedimentos para concessão de visto, por reciprocidade de tratamento ou por outros motivos que julgar pertinentes.

Art. 25. A simplificação e a dispensa recíproca de visto ou de cobrança de taxas e emolumentos consulares por seu processamento poderão ser definidas por meio de comunicação diplomática.

§ 1º A dispensa de vistos a que se refere o caput será concedida, a critério do Ministério das Relações Exteriores, aos nacionais de país que assegure a reciprocidade de tratamento aos nacionais brasileiros, enquanto durar essa reciprocidade, e os requisitos da dispensa recíproca serão definidos por meio de comunicação diplomática.

§ 2º Ato conjunto dos Ministros de Estado da Justiça e Segurança Pública e das Relações Exteriores poderá, excepcionalmente, dispensar a exigência do visto de visita, para nacionalidades determinadas, observado o interesse nacional. (Redação dada pelo Decreto nº 9.731, de 2019

§ 3º O Ministério das Relações Exteriores informará à Polícia Federal e às demais autoridades competentes sobre os países aos quais se aplica a isenção de vistos e sobre as condições relacionadas a essa isenção.

Art. 26. O visto poderá ser solicitado e emitido por meio eletrônico, dispensada a aposição da etiqueta consular correspondente no documento de viagem do requerente, conforme definido em ato do Ministro de Estado das Relações Exteriores, do qual constarão as nacionalidades, os prazos e as condições aplicáveis para a sua concessão.

§ 1º As solicitações do visto de que trata o caput serão processadas pelo Ministério das Relações Exteriores, o qual se baseará na capacidade tecnológica disponível e nas garantias de segurança que o procedimento ofereça em relação aos nacionais do país a que se aplique.

§ 2º Para a obtenção de visto por meio eletrônico, o solicitante deverá:

I. preencher e enviar formulário disponível em sítio eletrônico indicado pelo Ministério das Relações Exteriores;

II. apresentar, por meio eletrônico, os documentos requeridos em ato do Ministro de Estado das Relações Exteriores; e

III. pagar os emolumentos e as taxas cobrados para o processamento do pedido de visto.

§ 3º A autoridade consular brasileira poderá solicitar a apresentação dos originais dos documentos requeridos para dirimir dúvidas e solicitar documentos adicionais para a instrução do pedido feito por meio eletrônico.

§ 4º A autoridade consular poderá, a seu critério, requerer o comparecimento pessoal do solicitante a um dos locais mencionados no caput do art. 7º para realização de entrevista.

SUBSEÇÃO IV - DA NEGATIVA DE CONCESSÃO E DA DENEGAÇÃO DE VISTOS

Art. 27. O visto não será concedido:

I. a quem não preencher os requisitos para o tipo de visto pleiteado, definidos em regulamentos específicos, quando cabível;

II. a quem comprovadamente ocultar condição impeditiva de concessão de visto ou de ingresso no País;

III. a menor de dezoito anos desacompanhado ou sem autorização de viagem por escrito dos responsáveis legais ou de autoridade competente; e

IV. a quem, no momento de solicitação do visto, comportar-se de forma agressiva, insultuosa ou desrespeitosa para com os agentes do serviço consular brasileiro.

Parágrafo único. A não concessão de visto não impede a apresentação de nova solicitação, desde que cumpridos os requisitos para o tipo de visto pleiteado.

Art. 28. O visto poderá ser denegado à pessoa:

I. anteriormente expulsa do País, enquanto os efeitos da expulsão vigorarem;

II. nos termos definidos pelo Estatuto de Roma do Tribunal Penal Internacional, de 1998, promulgado pelo Decreto no 4.388, de 25 de setembro de 2002, condenada ou respondendo a processo por:

a) ato de terrorismo ou crime de genocídio;

b) crime contra a humanidade;

c) crime de guerra; ou

d) crime de agressão;

III. condenada ou respondendo a processo em outro país por crime doloso passível de extradição segundo a lei brasileira;

IV. que tenha o nome incluído em lista de restrições por ordem judicial ou por compromisso assumido pelo País perante organismo internacional; e

V. que tenha praticado ato contrário aos princípios e aos objetivos dispostos na Constituição.

Parágrafo único. A pessoa que tiver visto brasileiro denegado será impedida de ingressar no País enquanto as condições que ensejaram a denegação perdurarem.

SEÇÃO II - DO VISTO DE VISITA

Art. 29. O visto de visita poderá ser concedido ao visitante que venha ao País para estada de curta duração, sem intenção de estabelecer residência, para fins de turismo, negócios, trânsito, realização de atividades artísticas ou desportivas ou em situações excepcionais, por interesse nacional.

§ 1º É vedado ao beneficiário de visto de visita exercer atividade remunerada no País.

§ 2º Para os fins do disposto neste artigo, as atividades relativas a turismo compreendem a realização de atividades de caráter turístico, informativo, cultural, educacional ou recreativo, além de visitas familiares, participação em conferências, seminários, congressos ou reuniões, realização de serviço voluntário ou de atividade de pesquisa, ensino ou extensão acadêmica, desde que observado o disposto no § 1º e que a atividade realizada não tenha prazo superior àquele previsto no art. 20.

§ 3º Para os fins do disposto neste artigo, as atividades relativas a negócios compreendem a participação em reuniões, feiras e eventos empresariais, a cobertura jornalística ou a realização de filmagem e reportagem, a prospecção de oportunidades comerciais, a assinatura de contratos, a realização de auditoria ou consultoria, e a atuação como tripulante de aeronave ou embarcação, desde que observado o disposto no § 1º e que a atividade realizada não tenha prazo superior àquele previsto no art. 20.

§ 4º O visto de visita emitido para atividades artísticas e desportivas incluirá, também, os técnicos em espetáculos de diversões e os demais profissionais que, em caráter auxiliar, participem da atividade do artista ou do desportista.

§ 5º O visto de visita emitido para atividades artísticas e desportivas não dispensará o seu portador da obtenção de autorização e do registro junto ao Ministério do Trabalho para realização de atividades artísticas.

§ 6º O Ministério das Relações Exteriores comunicará o Ministério do Trabalho sobre os vistos de visita emitidos para realização de atividades artísticas ou desportivas, para realização de auditoria e consultoria, ou para atuação como marítimo, e informará os subsídios financeiros a serem recebidos pelo visitante.

ANOTAÇÕES

§ 7º O visto de visita emitido para realização de atividades artísticas ou desportivas, para realização de auditoria e de consultoria, ou para atuação como marítimo nas embarcações não mencionadas no inciso I e no inciso II, alíneas "a" e "b", terá prazo de estada de até noventa dias, improrrogável a cada ano migratório, observado o seguinte: (Redação dada pelo Decreto nº 9.500, de 2018)

I. na hipótese de o marítimo ingressar no País em viagem de longo curso ou em cruzeiros marítimos pela costa brasileira, para estadas de até noventa dias a cada ano migratório, estará isento de visto, desde que apresente carteira internacional de marítimo emitida nos termos de Convenção da Organização Internacional do Trabalho; e

II. na hipótese de o marítimo desejar vir ao País para trabalhar a bordo de embarcação de bandeira brasileira, independentemente do prazo, ou a bordo de embarcação estrangeira, por prazo superior a noventa dias a cada ano migratório, deverá solicitar o visto temporário a que se refere o art. 38.

§ 8º As situações excepcionais de concessão de visto de visita, de acordo com o interesse nacional, serão definidas:

I. em ato do Ministro de Estado das Relações Exteriores; ou

II. em ato conjunto dos Ministros das Relações Exteriores e do Trabalho, quando se tratar de questões laborais.

§ 9º O beneficiário de visto de visita poderá receber pagamento do governo, de empregador brasileiro ou de entidade privada a título de diária, ajuda de custo, cachê, pró-labore ou outras despesas com a viagem, além de poder concorrer a prêmios, inclusive em dinheiro, em competições desportivas ou em concursos artísticos ou culturais.

§ 10. O visto de visita não será exigido na hipótese de escala ou conexão no território nacional, desde que o visitante não deixe a área de trânsito internacional.

§ 11. Além dos documentos a que se refere o art. 10, caput, incisos I, II, III e IV, poderão ser exigidos:

I. comprovante de meio de transporte de entrada e saída do território nacional;

II. prova de meios de subsistência compatíveis com o prazo e com o objetivo da viagem pretendida; e

III. documentação que ateste a natureza das atividades que serão desenvolvidas no País.

§ 12. Documentos adicionais e entrevista presencial dos visitantes poderão ser solicitados para a confirmação do objetivo da viagem.

Art. 30. O visto de visita poderá ser transformado em autorização de residência ou em visto diplomático, oficial ou de cortesia, no território nacional, desde que o visitante preencha os requisitos estabelecidos neste Decreto.

Art. 31. Ato do Ministro de Estado das Relações Exteriores estabelecerá os procedimentos para a concessão do visto de visita.

Art. 32. Caberá ao Ministério das Relações Exteriores divulgar e manter em sítio eletrônico a relação atualizada dos países cujos nacionais gozam de isenção do visto de visita.

SEÇÃO III - DOS VISTOS TEMPORÁRIOS

Art. 33. O visto temporário poderá ser concedido ao imigrante que venha ao País com o intuito de estabelecer residência por tempo determinado e que se enquadre em, no mínimo, uma das seguintes hipóteses:

I. o visto temporário tenha como finalidade:

a) pesquisa, ensino ou extensão acadêmica;

b) tratamento de saúde;

c) acolhida humanitária;

d) estudo;

e) trabalho;

f) férias-trabalho;

g) prática de atividade religiosa;

h) serviço voluntário;

i) realização de investimento;

ANOTAÇÕES

LEIS

ANOTAÇÕES

j) atividades com relevância econômica, social, científica, tecnológica ou cultural;

k) reunião familiar; ou

l) atividades artísticas ou desportivas com contrato por prazo determinado;

II. o imigrante seja beneficiário de tratado em matéria de vistos; ou

III. o atendimento de interesses da política migratória nacional.

Art. 34. O visto temporário para pesquisa, ensino ou extensão acadêmica poderá ser concedido ao imigrante com ou sem vínculo empregatício com a instituição de pesquisa ou de ensino brasileira, exigida, na hipótese de vínculo, a comprovação de formação superior compatível ou equivalente reconhecimento científico.

§ 1º O visto temporário para pesquisa, ensino ou extensão acadêmica com vínculo empregatício no País será concedido ao imigrante que comprovar oferta de trabalho, caracterizada por meio de contrato de trabalho ou de prestação de serviços celebrado com instituição de pesquisa ou de ensino brasileira.

§ 2º O visto temporário para pesquisa, ensino ou extensão acadêmica sem vínculo empregatício no País será concedido ao imigrante detentor de bolsa ou auxílio em uma das modalidades previstas no caput, quando o prazo de vigência da bolsa for superior a noventa dias.

§ 3º Enquadra-se na hipótese prevista no § 2º o imigrante que possuir vínculo institucional exclusivamente no exterior e pretenda realizar atividade de pesquisa, ensino ou de extensão acadêmica subsidiada por instituição de pesquisa ou de ensino estrangeira, desde que em parceria com instituição brasileira.

§ 4º O imigrante que se encontre no País sob o amparo do visto temporário de pesquisa, de ensino ou de extensão acadêmica, sem vínculo empregatício no País, por prazo superior a noventa dias, poderá exercer atividade remunerada no País, desde que relacionada à área de pesquisa, de ensino ou de extensão acadêmica.

§ 5º A concessão do visto temporário de que trata caput observará os requisitos, as condições, os prazos e os procedimentos estabelecidos em resolução do Conselho Nacional de Imigração.

§ 6º Para fins da concessão do visto de que trata o caput, será solicitada, junto ao Ministério do Trabalho, autorização de residência prévia à emissão do visto, ressalvadas as hipóteses definidas em resolução do Conselho Nacional de Imigração.

§ 7º A concessão da autorização de residência de que trata o § 6º não implicará a emissão automática do visto temporário de que trata o caput.

Art. 35. O visto temporário para tratamento de saúde poderá ser concedido ao imigrante e ao seu acompanhante, desde que o imigrante comprove possuir meios de subsistência suficientes.

§ 1º A concessão do visto temporário para tratamento de saúde, sem prejuízo do direito à saúde dos imigrantes estabelecidos no País, estará condicionada à comprovação de meios de subsistência suficientes para custear o seu tratamento e a sua manutenção durante o período em que o tratamento for realizado, por recurso próprio, seguro de saúde válido no território nacional ou certificado de prestação de serviço de saúde previsto em tratado de que o País seja parte.

§ 2º Excepcionalmente, poderá ser concedido visto temporário a mais de um acompanhante, ainda que sejam não cumpridos os requisitos de reunião familiar, desde que comprovada a necessidade médica.

§ 3º Os titulares do visto temporário de que trata o caput não terão direito de exercer atividade remunerada no País.

§ 4º Ato conjunto dos Ministros de Estado da Justiça e Segurança Pública e das Relações Exteriores disciplinará a concessão do visto temporário de que trata o caput.

Art. 36. O visto temporário para acolhida humanitária poderá ser concedido ao apátrida ou ao nacional de qualquer país em situação de grave ou iminente instabilidade institucional, de conflito armado, de calamidade de grande proporção, de desastre ambiental ou de grave violação de direitos humanos ou de direito internacional humanitário.

ANOTAÇÕES

§ 1º Ato conjunto dos Ministros de Estado da Justiça e Segurança Pública, das Relações Exteriores e do Trabalho definirá as condições, os prazos e os requisitos para a emissão do visto mencionado no caput para os nacionais ou os residentes de países ou regiões nele especificados.

§ 2º Ato conjunto dos Ministros de Estado da Justiça e Segurança Pública, das Relações Exteriores e do Trabalho poderá estabelecer instruções específicas para a realização de viagem ao exterior do portador do visto de que trata o caput.

§ 3º A possibilidade de livre exercício de atividade laboral será reconhecida ao imigrante a quem tenha sido concedido o visto temporário de que trata o caput, nos termos da legislação vigente.

Art. 37. O visto temporário para estudo poderá ser concedido ao imigrante que pretenda vir ao País para frequentar curso regular ou realizar estágio ou intercâmbio de estudo ou de pesquisa.

§ 1º O visto temporário para estudo autoriza o imigrante a realizar as atividades previstas no caput vinculadas a instituição de ensino definida.

§ 2º O exercício de atividade remunerada compatível com a carga horária do estudo será permitido ao titular do visto mencionado no caput, nos termos da legislação vigente.

§ 3º Ato conjunto dos Ministros de Estado da Justiça e Segurança Pública e das Relações Exteriores estabelecerá as condições e os procedimentos para a concessão do visto mencionado no caput.

Art. 38. O visto temporário para trabalho poderá ser concedido ao imigrante que venha exercer atividade laboral com ou sem vínculo empregatício no País.

§ 1º O visto temporário para trabalho com vínculo empregatício será concedido por meio da comprovação de oferta de trabalho no País, observado o seguinte:

I. a oferta de trabalho é caracterizada por meio de contrato individual de trabalho ou de contrato de prestação de serviços; e

II. os marítimos imigrantes a bordo de embarcação de bandeira brasileira deverão possuir contrato individual de trabalho no País.

§ 2º O visto temporário para trabalho sem vínculo empregatício será concedido por meio da comprovação de oferta de trabalho no País, quando se tratar das seguintes atividades:

I. prestação de serviço ou auxílio técnico ao Governo brasileiro;

II. prestação de serviço em razão de acordo de cooperação internacional;

III. prestação de serviço de assistência técnica ou transferência de tecnologia;

IV. representação, no País, de instituição financeira ou assemelhada sediada no exterior;

V. representação de pessoa jurídica de direito privado, sem fins lucrativos;

VI. recebimento de treinamento profissional junto a subsidiária, filial ou matriz brasileira;

VII. atuação como marítimo com prazo de estada superior a noventa dias, a bordo de embarcação ou plataforma de bandeira estrangeira;

VIII. realização de estágio profissional ou intercâmbio profissional;

IX. exercício de cargo, função ou atribuição que exija, em razão da legislação brasileira, a residência por prazo indeterminado;

X. realização de atividade como correspondente de jornal, revista, rádio, televisão ou agência noticiosa estrangeira; ou

XI. realização de auditoria ou consultoria com prazo de estada superior a noventa dias.

§ 3º O visto temporário de que trata o caput não será exigido do marítimo que ingressar no País em viagem de longo curso ou em cruzeiros marítimos pela costa brasileira, desde que apresente carteira internacional de marítimo emitida nos termos de Convenção da Organização Internacional do Trabalho.

§ 4º Para a aplicação do disposto no inciso VII do § 2º, consideram-se embarcações ou plataformas estrangeiras, entre outras, aquelas utilizadas em navegação de apoio marítimo, de exploração ou prospecção, navegação de cabotagem, levantamento geofísico, dragas e embarcações de pesca.

§ 5º Será dispensada a oferta de trabalho de que trata o caput e considerada a comprovação de titulação em curso de ensino superior ou equivalente, na hipótese de capacidades profissionais estratégicas para o País, conforme disposto em ato conjunto dos Ministros de Estado da Justiça e Segurança Pública, das Relações Exteriores e do Trabalho, consultado o Conselho Nacional de Imigração.

§ 6º Para fins de atração de mão de obra em áreas estratégicas para o desenvolvimento nacional ou com déficit de competências profissionais para o País, ato conjunto dos Ministros de Estado da Justiça e Segurança Pública, das Relações Exteriores e do Trabalho, consultado o Conselho Nacional de Imigração, estabelecerá condições simplificadas para a concessão de visto temporário para fins de trabalho.

§ 7º A possibilidade de modificação do local de exercício de atividade laboral, na mesma empresa ou no mesmo grupo econômico, será reconhecida ao imigrante a quem tenha sido concedido o visto temporário para trabalho, por meio de comunicação ao Ministério do Trabalho.

§ 8º A concessão do visto temporário para a finalidade trabalho observará os requisitos, as condições, os prazos e os procedimentos estabelecidos em resolução do Conselho Nacional de Imigração.

§ 9º Para fins da concessão do visto de que trata o caput, será solicitada, junto ao Ministério do Trabalho, autorização de residência prévia à emissão do visto, ressalvadas as hipóteses definidas em resolução do Conselho Nacional de Imigração.

§ 10. A concessão da autorização de residência de que trata o § 9º não implicará a emissão automática do visto temporário de que trata o caput.

Art. 39. O visto temporário para férias-trabalho poderá ser concedido ao imigrante maior de dezesseis anos que seja nacional de país que conceda benefício idêntico ao nacional brasileiro, em termos definidos pelo Ministério das Relações Exteriores por meio de comunicação diplomática.

§ 1º O titular do visto mencionado no caput poderá permanecer no País para fins primordialmente de turismo, permitida a realização de atividade remunerada, em conformidade com o ordenamento jurídico brasileiro, a título de complementação de renda.

§ 2º O prazo de validade do visto mencionado no caput e o número de imigrantes que poderá pleitear esse visto serão definidos por meio de comunicação diplomática e observarão a reciprocidade de tratamento.

§ 3º A transformação do visto temporário para férias-trabalho observará a reciprocidade de tratamento estabelecida por meio de comunicação diplomática.

Art. 40. O visto temporário para prática de atividades religiosas poderá ser concedido a:

I. ministro de confissão religiosa;

II. membro de instituto de vida consagrada ou confessional; ou

III. membro de ordem religiosa.

Parágrafo único. A concessão do visto temporário para prática de atividades religiosas observará os requisitos, as condições, os prazo e os procedimentos estabelecidos em resolução do Conselho Nacional de Imigração.

Art. 41. O visto temporário para prestação de serviço voluntário junto a entidade de direito público ou privado sem fins lucrativos, ou a organização vinculada a governo estrangeiro, poderá ser concedido desde que não haja vínculo empregatício nem remuneração de qualquer espécie.

Parágrafo único. A concessão do visto temporário para prática de serviço voluntário observará os requisitos, as condições, os prazos e os procedimentos estabelecidos em resolução do Conselho Nacional de Imigração.

Art. 42. O visto temporário poderá ser concedido ao imigrante pessoa física que pretenda, com recursos próprios de origem externa, realizar investimento em pessoa jurídica no País, em projeto com potencial para geração de empregos ou de renda no País.

§ 1º Entende-se por investimento em pessoa jurídica no País:

I. investimento de origem externa em empresa brasileira, conforme regulamentação do Banco Central do Brasil;

II. constituição de sociedade simples ou empresária; e

III. outras hipóteses previstas nas políticas de atração de investimentos externos.

§ 2º A concessão do visto temporário de que trata este artigo observará os requisitos, as condições, os prazos e os procedimentos estabelecidos em resolução do Conselho Nacional de Imigração.

§ 3º Para fins da concessão do visto de que trata o caput, será solicitada, junto ao Ministério do Trabalho, autorização de residência prévia à emissão do visto, ressalvadas as hipóteses definidas em resolução do Conselho Nacional de Imigração.

§ 4º A concessão da autorização de residência de que trata o § 3º não implicará a emissão automática do visto temporário de que trata o caput.

Art. 43. O visto temporário poderá ser concedido ao imigrante administrador, gerente, diretor ou executivo com poderes de gestão, que venha ao País para representar sociedade civil ou comercial, grupo ou conglomerado econômico que realize investimento externo em empresa estabelecida no País, com potencial para geração de empregos ou de renda no País.

§ 1º A concessão do visto temporário de que trata o caput ao imigrante ficará condicionada ao exercício da função que lhe for designada em contrato ou em ata devidamente registrada no órgão competente.

§ 2º A concessão do visto temporário de que trata este artigo observará os requisitos, as condições, os prazos e os procedimentos estabelecidos em resolução do Conselho Nacional de Imigração.

§ 3º Para fins da concessão do visto de que trata o caput, será solicitada, junto ao Ministério do Trabalho, autorização de residência prévia à emissão do visto, ressalvadas as hipóteses definidas em resolução do Conselho Nacional de Imigração.

§ 4º A concessão da autorização de residência de que trata o § 3º não implicará a emissão automática do visto temporário de que trata o caput.

Art. 44. O visto temporário para a realização de atividade com relevância econômica, social, científica, tecnológica ou cultural poderá ser concedido nas hipóteses e nas condições definidas em ato conjunto dos Ministros de Estado da Justiça e Segurança Pública, das Relações Exteriores e do Trabalho, consultado o Conselho Nacional de Imigração.

Art. 45. O visto temporário para fins de reunião familiar será concedido ao imigrante:

I. cônjuge ou companheiro, sem discriminação alguma, nos termos do ordenamento jurídico brasileiro;

II. filho de brasileiro ou de imigrante beneficiário de autorização de residência;

III. que tenha filho brasileiro;

IV. que tenha filho imigrante beneficiário de autorização de residência;

V. ascendente até o segundo grau de brasileiro ou de imigrante beneficiário de autorização de residência;

VI. descendente até o segundo grau de brasileiro ou de imigrante beneficiário de autorização de residência;

ANOTAÇÕES

ANOTAÇÕES

ANOTAÇÕES

VII. irmão de brasileiro ou de imigrante beneficiário de autorização de residência; ou

VIII. que tenha brasileiro sob a sua tutela, curatela ou guarda.

§ 1º Ato do Ministro de Estado das Relações Exteriores poderá dispor sobre a necessidade de entrevista presencial e de apresentação de documentação adicional para comprovação, quando necessário, do vínculo familiar.

§ 2º Ato conjunto dos Ministros de Estado da Justiça e Segurança Pública e das Relações Exteriores estabelecerá outras hipóteses de parentesco para fins de concessão do visto de que trata o caput, além dos requisitos, dos prazos, das condições e dos procedimentos.

§ 3º O titular do visto mencionado no caput poderá exercer qualquer atividade no País, inclusive remunerada, em igualdade de condições com o nacional brasileiro, nos termos da lei.

§ 4º A solicitação de visto temporário para fins de reunião familiar poderá ocorrer concomitantemente à solicitação do visto temporário do familiar chamante.

§ 5º O visto mencionado no caput não poderá ser concedido quando o chamante for beneficiário de visto ou autorização de residência por reunião familiar ou de autorização provisória de residência.

Art. 46. O visto temporário para atividades artísticas ou desportivas poderá ser concedido ao imigrante que venha ao País para participar de exposições, espetáculos, apresentações artísticas, encontros de artistas, competições desportivas e outras atividades congêneres, com intenção de permanecer no País por período superior a noventa dias, com contrato por prazo determinado, sem vínculo empregatício com pessoa física ou jurídica sediada no País.

§ 1º O visto temporário concedido para atividades artísticas e desportivas abrange, também, os técnicos em espetáculos de diversões e demais profissionais que, em caráter auxiliar, participem da atividade do artista ou desportista.

§ 2º A concessão do visto temporário para atividades artísticas ou desportivas para maiores de quatorze anos e menores de dezoito anos que vierem ao País para realizar treinamento em centro cultural ou entidade desportiva será definida em resolução do Conselho Nacional de Imigração, hipótese em que a renovação do visto ficará condicionada à comprovação de matrícula e ao aproveitamento escolar.

§ 3º O imigrante que se encontre no País sob o amparo do visto temporário de que trata o caput somente poderá exercer atividades remuneradas no País de caráter artístico ou desportivo.

§ 4º A concessão do visto temporário para atividades artísticas ou desportivas observará os requisitos, as condições, os prazo e os procedimentos estabelecidos em resolução do Conselho Nacional de Imigração.

§ 5º Para fins da concessão do visto de que trata o caput, será solicitada, junto ao Ministério do Trabalho, autorização de residência prévia à emissão do visto, ressalvadas as hipóteses definidas em resolução do Conselho Nacional de Imigração.

§ 6º A concessão da autorização de residência de que trata o § 5º não implicará a emissão automática do visto temporário de que trata o caput.

Art. 47. O visto temporário poderá ser concedido ao imigrante beneficiário de tratado em matéria de vistos.

Parágrafo único. Para a concessão do visto mencionado no caput, será observado o disposto no tratado bilateral ou multilateral que regulamente o assunto e, subsidiariamente, o disposto neste Decreto, no que couber.

Art. 48. O visto temporário poderá ser concedido, para atender a interesses da política migratória nacional, em outras hipóteses definidas em ato conjunto dos Ministros de Estado da Justiça e Segurança Pública, das Relações Exteriores e do Trabalho.

ANOTAÇÕES

Art. 49. Além dos documentos a que se refere o art. 10, caput, incisos I, II, III e IV, poderão ser exigidos para a concessão de vistos temporários:

I. comprovante de meio de transporte de entrada no território nacional;

II. comprovante de meio de transporte de saída do território nacional, quando cabível;

III. comprovação de meios de subsistência compatíveis com o prazo e com o objetivo da viagem pretendida;

IV. documentação que ateste a natureza das atividades que serão desenvolvidas no País, de acordo com o tipo de visto, conforme definido em atos específicos;

V. atestado de antecedentes criminais expedido pelo país de origem, ou, a critério da autoridade consular, atendidas às peculiaridades do país onde o visto foi solicitado, documento equivalente.

Parágrafo único. Para confirmação do objetivo da viagem, documentos adicionais e entrevista presencial dos imigrantes poderão ser requeridos.

Art. 50. Os vistos temporários poderão ser transformados em autorização de residência ou em visto diplomático, oficial ou de cortesia, no território nacional, desde que o imigrante preencha os requisitos estabelecidos neste Decreto.

SEÇÃO IV - DOS VISTOS DIPLOMÁTICO, OFICIAL E DE CORTESIA

Art. 51. Os vistos diplomático, oficial e de cortesia serão concedidos, prorrogados ou dispensados em ato do Ministro de Estado das Relações Exteriores.

Parágrafo único. O ato de que trata o caput definirá as regras de concessão, prorrogação e dispensa, observados os tratados de que o País seja parte.

Art. 52. Os vistos diplomático e oficial poderão ser transformados em autorização de residência, desde que atendidos os requisitos para a obtenção da autorização de residência e importará cessação de todas as prerrogativas, os privilégios e as imunidades decorrentes do visto.

Parágrafo único. Excepcionalmente, nas hipóteses previstas no caput, o cumprimento dos requisitos para a obtenção da autorização de residência poderá ser dispensado, mediante recomendação do Ministério das Relações Exteriores, observadas as hipóteses de denegação de autorização de residência com fundamento nos incisos I, II, III, IV e IX do caput do art. 171.

Art. 53. Os vistos diplomático e oficial poderão ser concedidos a autoridades e funcionários estrangeiros que viajem ao País em missão oficial de caráter transitório ou permanente e representem Estado estrangeiro ou organismo internacional reconhecido.

§ 1º O disposto na legislação trabalhista brasileira não se aplica ao titulares dos vistos de que trata o caput .

§ 2º Os vistos diplomático e oficial poderão ser estendidos aos dependentes das autoridades mencionadas no caput, conforme o disposto em ato do Ministro de Estado das Relações Exteriores.

Art. 54. O titular de visto diplomático ou oficial somente poderá ser remunerado por Estado estrangeiro ou organismo internacional, ressalvado o disposto no art. 55 ou em tratado que contenha cláusula específica sobre o assunto.

Parágrafo único. Na hipótese de tratado com cláusula específica, os termos do referido tratado prevalecerão sobre o disposto no art. 55.

Art. 55. O dependente de titular de visto diplomático ou oficial poderá exercer atividade remunerada no País, observada a legislação trabalhista brasileira, desde que haja reciprocidade de tratamento em relação ao nacional brasileiro.

§ 1º O dependente de funcionário estrangeiro acreditado no País, observado o tratado de dispensa de visto, receberá o mesmo tratamento conferido ao dependente de titular de visto diplomático ou oficial.

§ 2º Na hipótese de o titular de visto diplomático estar em missão oficial a serviço de Estado estrangeiro, a reciprocidade de tratamento ao nacional brasileiro em situação análoga naquele Estado deverá ser assegurada por meio de comunicação diplomática.

§ 3º Na hipótese de o titular de visto diplomático ser funcionário de organização internacional, a exigência de reciprocidade de tratamento será considerada atendida se houver tratamento equivalente para o nacional brasileiro no país em que a referida organização estiver sediada.

§ 4º Se houver a necessidade em assegurar reciprocidade de tratamento junto a Estado estrangeiro, a critério do Ministério das Relações Exteriores, a comunicação diplomática poderá ser efetuada por meio de troca de notas que permita o exercício de atividade remunerada de dependentes estrangeiros no País e de dependentes brasileiros no exterior, desde que observados o disposto na Lei nº 13.445, de 2017, e neste Decreto.

Art. 56. A autorização para exercício de atividade remunerada no País será concedida por meio de solicitação específica, que será encaminhada por via diplomática ao Ministério das Relações Exteriores, e dependerá da aprovação do Ministério do Trabalho, observado o seguinte:

I. o dependente autorizado a exercer atividade remunerada iniciadas não gozará de imunidade de jurisdição civil ou administrativa por atos diretamente relacionados com o desempenho da atividade, o dependente não gozará de imunidade de jurisdição civil ou administrativa no território nacional;

II. a autorização para exercer atividade remunerada terminará quando o beneficiário deixar de atender a condição de dependente ou na data de partida definitiva do titular do território nacional, após o término de suas funções;

III. a legislação nacional será observada quanto aos cargos ou às funções privativos de nacionais brasileiros;

IV. o reconhecimento de diplomas e títulos obtidos no exterior, quando necessário ao exercício do cargo ou da função, dependerá da observância das normas e dos procedimentos aplicáveis a nacionais brasileiros ou estrangeiros residentes;

V. na hipótese de profissões regulamentadas, serão atendidas as mesmas exigências aplicáveis a nacionais brasileiros ou estrangeiros residentes; e

VI. os dependentes estarão sujeitos à legislação trabalhista, previdenciária e tributária brasileira em relação à atividade exercida e recolherão os tributos e os encargos decorrentes do exercício dessa atividade.

Art. 57. O visto de cortesia poderá ser concedido:

I. às personalidades e às autoridades estrangeiras em viagem não oficial ao País;

II. aos companheiros, aos dependentes e aos familiares em linha direta que não sejam beneficiários do visto de que trata o § 2º do art. 53;

III. aos empregados particulares de beneficiário de visto diplomático, oficial ou de cortesia;

IV. aos trabalhadores domésticos de missão estrangeira sediada no País;

V. aos artistas e aos desportistas estrangeiros que venham ao País para evento gratuito, de caráter eminentemente cultural, sem percepção de honorários no território brasileiro, sob requisição formal de missão diplomática estrangeira ou de organização internacional de que o País seja parte;

VI. excepcionalmente, a critério do Ministério das Relações Exteriores, a outras pessoas não elencadas nas demais hipóteses previstas neste artigo.

§ 1º O empregado particular ou o trabalhador doméstico titular de visto de cortesia somente poderá exercer atividade remunerada para o empregador a que esteja vinculado, sob o amparo da legislação trabalhista brasileira, nos termos estabelecidos em ato do Ministro de Estado das Relações Exteriores.

ANOTAÇÕES

§ 2º O empregador de portador de visto de cortesia será responsável pela saída de seu empregado particular ou de seu trabalhador doméstico do território nacional, no prazo de trinta dias, contado da data em que o vínculo empregatício cessar.

CAPÍTULO III - DO REGISTRO E DA IDENTIFICAÇÃO CIVIL DO IMIGRANTE E DOS DETENTORES DE VISTOS DIPLOMÁTICO, OFICIAL E DE CORTESIA

SEÇÃO I - DISPOSIÇÕES GERAIS

Art. 58. Compete à Polícia Federal:

I. organizar, manter e gerir os processos de identificação civil do imigrante;

II. produzir a Carteira de Registro Nacional Migratório; e

III. administrar a base de dados relativa ao Registro Nacional Migratório.

Art. 59. Compete ao Ministério das Relações Exteriores:

I. organizar, manter e gerir os processos de identificação civil dos detentores de vistos diplomático, oficial e de cortesia;

II. produzir o documento de identidade dos detentores de vistos diplomático, oficial e de cortesia; e

III. administrar a base cadastral dos detentores de vistos diplomático, oficial e de cortesia.

Art. 60. O Ministério das Relações Exteriores e a Polícia Federal integrarão, em meio eletrônico, as suas bases de dados relacionadas ao registro de estrangeiros.

Art. 61. O pedido de registro é individual.

Parágrafo único: Na hipótese de pessoa incapaz, o pedido será feito por representante ou assistente legal.

SEÇÃO II - DO REGISTRO E DA IDENTIFICAÇÃO CIVIL DO IMIGRANTE DETENTOR DE VISTO TEMPORÁRIO OU DE AUTORIZAÇÃO DE RESIDÊNCIA

Art. 62. O registro consiste na inserção de dados em sistema próprio da Polícia Federal, mediante a identificação civil por dados biográficos e biométricos.

§ 1º O registro de que trata o caput será obrigatório a todo imigrante detentor de visto temporário ou de autorização de residência.

§ 2º A inserção de que trata o caput gerará número único de Registro Nacional Migratório, que garantirá ao imigrante o pleno exercício dos atos da vida civil.

Art. 63. A Carteira de Registro Nacional Migratório será fornecida ao imigrante registrado, da qual constará o número único de Registro Nacional Migratório.

§ 1º Não expedida a Carteira de Registro Nacional Migratório, o imigrante registrado apresentará o protocolo recebido, quando de sua solicitação, acompanhado do documento de viagem ou de outro documento de identificação estabelecido em ato do Ministro de Estado do Ministério da Justiça e Segurança Pública, e terá garantido os direitos previstos na Lei nº 13.445, de 2017, pelo prazo de até cento e oitenta dias, prorrogável pela Polícia Federal, sem ônus para o solicitante.

§ 2º A Carteira de Registro Nacional Migratório poderá ser expedida em meio eletrônico, nos termos estabelecidos em ato da Polícia Federal, sem prejuízo da emissão do documento em suporte físico.

Art. 64. O imigrante de visto temporário que tenha ingressado no País deverá proceder à solicitação de registro no prazo de noventa dias, contado da data de ingresso no País, sob pena de aplicação da sanção prevista no inciso III do caput do art. 307.

§ 1º Na hipótese de empregado doméstico, o registro deverá ocorrer no prazo de trinta dias, contado da data de ingresso no País, com a comprovação da anotação na Carteira de Trabalho e Previdência Social e do registro na Escrituração Digital das Obrigações Fiscais, Previdenciárias e Trabalhistas - e-Social.

ANOTAÇÕES

LEIS

ANOTAÇÕES

§ 2º Na hipótese de não comprovação da anotação na Carteira de Trabalho e Previdência Social e do registro no e-Social no prazo de que trata o § 1º , a Polícia Federal realizará o registro do imigrante e comunicará o Ministério do Trabalho.

Art. 65. O documento de viagem do imigrante com visto temporário válido é apto para comprovar a sua identidade e demonstrar a regularidade de sua estada no País enquanto não houver expirado o prazo para o registro, independentemente da expedição da Carteira de Registro Nacional Migratório.

Art. 66. O imigrante a quem tenha sido deferido, no País, o pedido de autorização de residência deverá proceder à solicitação de registro no prazo de trinta dias, contado da data da publicação do deferimento do referido pedido, sob pena de aplicação da sanção prevista no inciso IV do caput do art. 307.

Parágrafo único. A publicação a que se refere o caput será feita preferencialmente por meio eletrônico.

Art. 67. O registro deverá ser solicitado:

I. em qualquer unidade da Polícia Federal em que haja atendimento a imigrantes, para detentor de visto temporário ou com autorização de residência deferida na condição de marítimo;

II. na unidade da Polícia Federal em que haja atendimento a imigrantes da circunscrição onde esteja domiciliado o requerente com autorização de residência deferida no País com fundamento em outra hipótese que não a de trabalho como marítimo; ou

III. na unidade da Polícia Federal em que haja atendimento a imigrantes do Município onde o residente fronteiriço pretenda exercer os direitos a ele atribuídos pela Lei nº 13.445, de 2017.

§ 1º Observado o disposto na Lei nº 10.048, de 8 de novembro de 2000, poderão solicitar registro na unidade da Polícia Federal mais próxima ao seu domicílio:

I. as pessoas com deficiência;

II. os idosos com idade igual ou superior a sessenta anos;

III. as gestantes;

IV. as lactantes;

V. as pessoas com criança de colo; e

VI. os obesos.

§ 2º A Polícia Federal poderá, por meio de requerimento e decisão fundamentada, em casos excepcionais, permitir o registro do imigrante em unidades diferentes daquelas estabelecidas no caput.

Art. 68. O registro de dados biográficos do imigrante ocorrerá por meio da apresentação do documento de viagem ou de outro documento de identificação aceito nos termos estabelecidos em ato do Ministro de Estado da Justiça e Segurança Pública.

§ 1º Na hipótese de a documentação apresentar contradições ou não conter dados de filiação, o imigrante deverá apresentar:

I. certidão de nascimento;

II. certidão de casamento;

III. certidão consular do país de nacionalidade; ou

IV. justificação judicial.

§ 2º O registro e a identificação civil das pessoas que tiveram a condição de refugiado ou de apátrida reconhecida, daquelas a quem foi concedido asilo ou daquelas beneficiadas com acolhida humanitária poderão ser realizados com a apresentação dos documentos de que o imigrante dispuser.

§ 3º A apresentação da documentação mencionada nos § 1º e § 2º deverá respeitar as regras de legalização e tradução, inclusive aquelas constantes de tratados de que o País seja parte.

§ 4º Ato do Ministro de Estado da Justiça e Segurança Pública poderá estabelecer os requisitos necessários ao registro referido no § 2º e à dispensa de legalização e tradução, nos termos da lei e dos tratados firmados pelo País.

Art. 69. Para fins de registro, o nome e a nacionalidade do imigrante serão aqueles constantes da documentação apresentada, preferencialmente, o documento de viagem.

ANOTAÇÕES

§ 1º Se o documento de identificação apresentado consignar o nome de forma abreviada, o imigrante deverá comprovar a sua grafia por extenso com outro documento hábil.

§ 2º Se a nacionalidade houver sido consignada por organismo internacional ou por autoridade de terceiro país, somente será anotada no registro se confirmada por meio da apresentação de documento hábil ou por autoridade diplomática ou consular competente.

§ 3º Se a documentação apresentada omitir a nacionalidade do titular, o imigrante será registrado:

I. como apátrida, em caso de ausência de nacionalidade; ou

II. como de nacionalidade indefinida, caso ela não possa ser comprovada na forma estabelecida no § 2º.

§ 4º O imigrante poderá requerer, a qualquer tempo, a inclusão de seu nome social nos bancos de dados da administração pública, acompanhado do nome civil.

Art. 70. No ato de registro, o imigrante deverá fornecer os seus dados relativos ao seu endereço físico e, se possuir, ao seu endereço de correio eletrônico.

Parágrafo único. Caberá ao imigrante manter os dados a que se refere o caput atualizados.

Art. 71. Ressalvados o nome, a nacionalidade, a filiação e a data de nascimento, os demais dados biográficos não constantes dos documentos apresentados serão atestados por meio de declaração do próprio imigrante, que, na hipótese de declaração falsa, ficará sujeito às sanções administrativas, civis e penais aplicáveis.

Art. 72. O imigrante terá o ônus de instruir adequadamente o pedido de registro e de prestar eventuais informações complementares que lhe forem solicitadas por meio de notificação.

§ 1º A notificação de que trata o caput será feita, preferencialmente, por meio eletrônico.

§ 2º Caberá ao imigrante, durante a tramitação do seu pedido de registro, acompanhar o envio de notificações ao seu endereço eletrônico.

§ 3º A notificação realizada por meio eletrônico será simultaneamente publicada pela Polícia Federal em seu sítio eletrônico.

§ 4º Na ausência de resposta do imigrante no prazo de trinta dias, contado da data da publicação de que trata o § 3º, o processo de avaliação de seu pedido será extinto, sem prejuízo da utilização, em novo processo, dos documentos que foram apresentados e ainda permaneçam válidos.

Art. 73. Da Carteira de Registro Nacional Migratório constará o prazo de residência do imigrante, conforme estabelecido na autorização de residência obtida.

§ 1º A data de início da contagem do prazo de residência do imigrante que tenha ingressado sob o amparo de visto temporário será a da primeira entrada no País após a sua concessão.

§ 2º A data de início da contagem do prazo de residência do imigrante que tenha obtido autorização de residência no País será a de requerimento do registro.

§ 3º Na hipótese de o imigrante que tenha obtido autorização de residência no Brasil não solicitar o registro no prazo previsto no inciso IV do caput do art. 307, a data de início da contagem do prazo de residência se dará após transcorrido o prazo de trinta dias, contado da data da publicação da decisão que deferiu o requerimento de autorização de residência.

§ 4º Na hipótese de residência temporária, o prazo de vencimento da Carteira de Registro Nacional Migratório coincidirá com o término do prazo da autorização de residência.

Art. 74. A Carteira de Registro Nacional Migratório terá a validade de nove anos, contados a partir da data do registro, quando se tratar de residência por prazo indeterminado.

Parágrafo único. Na hipótese de que trata o caput, a validade da Carteira de Registro Nacional Migratório será indeterminada quando o titular:

ANOTAÇÕES

I. houver completado sessenta anos de idade até a data do vencimento do documento; ou

II. for pessoa com deficiência.

Art. 75. Caberá alteração do Registro Nacional Migratório, por meio de requerimento do imigrante endereçado à Polícia Federal, devidamente instruído com as provas documentais necessárias, nas seguintes hipóteses:

I. casamento;

II. união estável;

III. anulação e nulidade de casamento, divórcio, separação judicial e dissolução de união estável;

IV. aquisição de nacionalidade diversa daquela constante do registro; e

V. perda da nacionalidade constante do registro.

§ 1º Se a hipótese houver ocorrido em território estrangeiro, a documentação que a comprove deverá respeitar as regras de legalização e tradução, em conformidade com os tratados de que o País seja parte.

§ 2º Na hipótese de pessoa registrada como refugiada ou beneficiário de proteção ao apátrida, as alterações referentes à nacionalidade serão comunicadas, preferencialmente por meio eletrônico, ao Comitê Nacional para Refugiados e ao Ministério das Relações Exteriores.

Art. 76. Ressalvadas as hipóteses previstas no art. 75, as alterações no registro que comportem modificações do nome do imigrante serão feitas somente após decisão judicial.

Art. 77. Os erros materiais identificados no processamento do registro e na emissão da Carteira de Registro Nacional Migratório serão retificados, de ofício, pela Polícia Federal.

Art. 78. Ato do dirigente máximo da Polícia Federal disporá sobre os procedimentos de registro do detentor de visto temporário ou de autorização de residência e do residente fronteiriço e sobre a sua alteração.

Art. 79. Ato do Ministro de Estado da Justiça e Segurança Pública disporá sobre o processamento concomitante dos requerimentos de registro e de autorização de residência, nos casos de sua competência.

Art. 80. Ato da Polícia Federal disporá sobre a expedição da Carteira de Registro Nacional Migratório.

Parágrafo único. O ato a que se refere o caput definirá o modelo a ser adotado para a Carteira de Registro Nacional Migratório.

Art. 81. Os Cartórios de Registro Civil remeterão mensalmente à Polícia Federal, preferencialmente por meio eletrônico, informações acerca dos registros e do óbito de imigrantes.

SEÇÃO III - DO REGISTRO E DA IDENTIFICAÇÃO CIVIL DOS DETENTORES DE VISTOS DIPLOMÁTICO, OFICIAL E DE CORTESIA

Art. 82. O Ministério das Relações Exteriores realizará o registro e expedirá o documento de identidade civil:

I. aos detentores de vistos diplomático, oficial e de cortesia; e

II. aos portadores de passaporte diplomático, oficial ou de serviço que tenham ingressado no País sob o amparo de acordo de dispensa de visto.

§ 1º O registro a que se refere o caput será obrigatório quando a estada do estrangeiro no País for superior ao prazo de noventa dias e deverá ser solicitado nesse mesmo prazo, contado a partir da data de ingresso no País.

§ 2º O Ministério das Relações Exteriores poderá expedir documento de identidade civil aos estrangeiros que, por reunião familiar, sejam portadores de passaporte diplomático ou oficial brasileiro.

§ 3º O documento emitido nos termos estabelecidos neste artigo terá validade no território nacional e os seus portadores estarão dispensados da realização de registro junto à Polícia Federal.

§ 4º Na hipótese de agentes ou funcionários de Estado estrangeiro ou de organismo internacional, o documento emitido nos termos dos incisos I e II do caput atestará a sua condição de representante estrangeiro ou funcionário internacional.

ANOTAÇÕES

§ 5º O documento emitido nos termos do caput conterá informações acerca de eventuais privilégios e imunidades aos quais seus portadores façam jus, nos termos de tratados de que o País seja parte.

Art. 83. Excepcionalmente, o Ministério das Relações Exteriores poderá conceder ao nacional brasileiro, ou ao imigrante residente no País, documento de identificação que ateste a sua condição de agente ou funcionário de Estado estrangeiro ou organismo internacional e eventuais privilégios e imunidades dos quais seja detentor.

Art. 84. Caberá ao Ministério das Relações Exteriores manter registro das datas de início e término dos privilégios e das imunidades aos quais façam jus as pessoas referidas nos art. 82 e art. 83 e de eventuais renúncias apresentadas pelas partes autorizadas a fazê-lo.

Art. 85. Ato do Ministro de Estado das Relações Exteriores disporá sobre os procedimentos de registro dos portadores de vistos diplomático, oficial e de cortesia.

CAPÍTULO IV - DO RESIDENTE FRONTEIRIÇO

Art. 86. Ao residente fronteiriço poderá ser permitida a entrada em Município fronteiriço brasileiro por meio da apresentação do documento de viagem válido ou da carteira de identidade expedida por órgão oficial de identificação do país de sua nacionalidade.

Art. 87. Para facilitar a sua livre circulação, a autorização para a realização de atos da vida civil poderá ser concedida ao residente fronteiriço, por meio de requerimento dirigido à Polícia Federal.

Parágrafo único. O residente fronteiriço poderá optar por regime mais benéfico previsto em tratado de que o País seja parte.

Art. 88. A autorização referida no caput do art. 87 indicará o Município fronteiriço no qual o residente estará autorizado a exercer os direitos a ele atribuídos pela Lei nº 13.445, de 2017.

§ 1º O residente fronteiriço detentor da autorização de que trata o caput gozará das garantias e dos direitos assegurados pelo regime geral de migração da Lei nº 13.445, de 2017, observado o disposto neste Decreto.

§ 2º O espaço geográfico de abrangência e de validade da autorização será especificado na Carteira de Registro Nacional Migratório.

Art. 89. O residente fronteiriço que pretenda realizar atos da vida civil em Município fronteiriço, inclusive atividade laboral e estudo, será registrado pela Polícia Federal e receberá a Carteira de Registro Nacional Migratório, que o identificará e caracterizará a sua condição.

Parágrafo único. O registro será feito por meio de requerimento instruído com:

I. documento de viagem ou carteira de identidade expedida por órgão oficial de identificação do país de nacionalidade do imigrante;

II. prova de residência habitual em Município fronteiriço de país vizinho;

III. certidões de antecedentes criminais ou documento equivalente emitido pela autoridade judicial competente de onde tenha residido nos últimos cinco anos;

IV. declaração, sob as penas da lei, de ausência de antecedentes criminais em qualquer país nos últimos cinco anos; e

V. recolhimento da taxa de expedição de carteira de estrangeiro fronteiriço, de que trata o inciso V do caput do art. 2º da Lei Complementar no 89, de 18 de fevereiro de 1997.

Art. 90. A autorização para a realização de atos da vida civil ao residente fronteiriço poderá ser concedida pelo prazo de cinco anos, prorrogável por igual período, por meio de requerimento, ao final do qual a autorização por tempo indeterminado poderá ser concedida.

ANOTAÇÕES

Art. 91. A autorização para a realização de atos da vida civil ao residente fronteiriço não será concedida nas hipóteses previstas no art. 132 ou quando se enquadrar em, no mínimo, uma das hipóteses de impedimento de ingresso definidos no art. 171.

Art. 92. O documento de residente fronteiriço será cancelado, a qualquer tempo, se o titular:

I. houver fraudado documento ou utilizado documento falso para obtê-lo;

II. obtiver outra condição migratória;

III. sofrer condenação penal transitada em julgado, no País ou no exterior, desde que a conduta esteja tipificada na legislação penal brasileira, excetuadas as infrações de menor potencial ofensivo; ou

IV. exercer direito fora dos limites previstos na autorização a ele concedida.

Art. 93. O residente fronteiriço poderá requerer a expedição de Carteira de Trabalho e Previdência Social e a inscrição no Cadastro de Pessoas Físicas.

Parágrafo único. O Ministério do Trabalho, ao fornecer a Carteira de Trabalho e Previdência Social ao residente fronteiriço, registrará nela a restrição de sua validade ao Município para o qual o imigrante tenha sido autorizado pela Polícia Federal a exercer os direitos a ele atribuídos pela Lei nº 13.445, de 2017.

Art. 94. A autorização de que trata o art. 87 e a Carteira de Registro Nacional Migratório não conferem ao residente fronteiriço o direito de residência no País, observado o disposto no Capítulo VIII, nem autorizam o afastamento do limite territorial do Município objeto da autorização.

CAPÍTULO V - DA PROTEÇÃO DO APÁTRIDA E DA REDUÇÃO DA APATRIDIA

Art. 95. A apatridia será reconhecida à pessoa que não seja considerada como nacional por nenhum Estado, segundo a sua legislação, nos termos da Convenção sobre o Estatuto dos Apátridas, de 1954, promulgada pelo Decreto no 4.246, de 2002.

Art. 96. O processo de reconhecimento da condição de apátrida tem como objetivo verificar se o solicitante é considerado nacional pela legislação de algum Estado e poderá considerar informações, documentos e declarações prestadas pelo próprio solicitante e por órgãos e organismos nacionais e internacionais.

§ 1º Durante a tramitação do processo de reconhecimento da condição de apátrida, incidirão as garantias e os mecanismos protetivos e de facilitação da inclusão social relativos à:

I. Convenção sobre o Estatuto dos Apátridas, de 1954, promulgada pelo Decreto no 4.246, de 2002;

II. Convenção Relativa ao Estatuto dos Refugiados, promulgada pelo Decreto no 50.215, de 28 de janeiro de 1961; e

III. Lei nº 9.474, de 1997.

§ 2º O processo de reconhecimento da condição de apátrida será iniciado por meio da solicitação do interessado apresentada ao Ministério da Justiça e Segurança Pública ou às unidades da Polícia Federal.

§ 3º A solicitação de reconhecimento da condição de apátrida será instruída com cópias dos documentos de que o solicitante dispuser, sem prejuízo de diligências realizadas perante órgãos e instituições nacionais ou internacionais a fim de comprovar as alegações.

§ 4º O solicitante de reconhecimento da condição de apátrida fará jus à autorização provisória de residência, demonstrada por meio de protocolo, até a obtenção de resposta ao seu pedido.

§ 5º O protocolo de que trata o § 4º permitirá o gozo de direitos no País, dentre os quais:

I. a expedição de carteira de trabalho provisória;

II. a inclusão no Cadastro de Pessoa Física; e

ANOTAÇÕES

III. a abertura de conta bancária em instituição financeira supervisionada pelo Banco Central do Brasil.

§ 6º Na hipótese de verificação de incidência de uma ou mais circunstâncias denegatórias do reconhecimento da condição de apátrida, o Comitê Nacional para Refugiados deverá se manifestar.

§ 7º Após manifestação pelo Comitê Nacional para Refugiados, caberá ao Ministro de Estado da Justiça e Segurança Pública, em decisão fundamentada, o reconhecimento ou não da condição de apátrida, a qual será publicada no Diário Oficial da União e comunicada ao solicitante, preferencialmente por meio eletrônico.

§ 8º O procedimento de reconhecimento de apatridia será estabelecido em ato do Ministro de Estado da Justiça e Segurança Pública, consultado o Comitê Nacional para Refugiados.

Art. 97. O ingresso irregular no território nacional não constitui impedimento para a solicitação de reconhecimento da condição de apátrida e para a aplicação dos mecanismos de proteção da pessoa apátrida e de redução da apatridia, hipótese em que não incidirá o disposto no art. 307, desde que, ao final do procedimento, a condição de apátrida seja reconhecida.

Art. 98. O solicitante poderá, no próprio pedido, manifestar o seu interesse em obter a nacionalidade brasileira, caso a sua condição de apátrida seja reconhecida.

Parágrafo único. Se o solicitante não houver manifestado interesse conforme previsto no caput, caso a sua condição de apátrida seja reconhecida, o Ministério da Justiça e Segurança Pública fará consulta sobre o seu desejo de adquirir a nacionalidade brasileira por meio da naturalização.

Art. 99. Reconhecida a condição de apátrida, na hipótese de o beneficiário optar pela naturalização, o Ministério da Justiça e Segurança Pública publicará, no prazo de trinta dias, ato de instauração de processo simplificado de naturalização com os atos necessários à sua efetivação.

Parágrafo único. O solicitante de naturalização deverá comprovar residência no território nacional pelo prazo mínimo de dois anos, observadas as demais condições previstas no art. 65 da Lei nº13.445, de 2017.

Art. 100. O apátrida reconhecido que não opte imediatamente pela naturalização terá a autorização de residência concedida por prazo indeterminado.

Parágrafo único. Na hipótese prevista no caput, reconhecida a condição de apátrida, o solicitante deverá comparecer a unidade da Polícia Federal para fins de registro.

Art. 101. Caberá recurso da decisão negativa de reconhecimento da condição de apátrida, no prazo de dez dias, contado da data da notificação pessoal do solicitante, preferencialmente, por meio eletrônico.

§ 1º Durante a tramitação do recurso, a estada no território nacional será permitida ao solicitante.

§ 2º A pessoa cujo reconhecimento da condição de apátrida tenha sido denegado não será devolvida a país onde sua vida, sua integridade pessoal ou sua liberdade estejam em risco.

Art. 102 Os direitos atribuídos ao migrante relacionados no art. 4º da Lei nº 13.445, de 2017, aplicam-se ao apátrida residente.

Art. 103. O reconhecimento da condição de apátrida assegurará os direitos e as garantias previstos na Convenção sobre o Estatuto dos Apátridas, de 1954, promulgada pelo Decreto no 4.246, de 2002, além de outros direitos e garantias reconhecidos pelo País.

Art. 104. O direito de reunião familiar será reconhecido a partir do reconhecimento da condição de apátrida.

Parágrafo único. A autorização provisória de residência concedida ao solicitante de reconhecimento da condição de apátrida será estendida aos familiares a que se refere o art. 153, desde que se encontrem no território nacional.

Art. 105. No exercício de seus direitos e deveres, a condição atípica do apátrida será considerada pelos órgãos da administração pública federal quando da necessidade de apresentação de documentos emitidos por seu país de origem ou por sua representação diplomática ou consular.

Art. 106. As seguintes hipóteses implicam perda da proteção do apátrida conferida pela Lei nº 13.445, de 2017:

I. a renúncia à proteção conferida pelo País;

II. a prova da falsidade dos fundamentos invocados para o reconhecimento da condição de apátrida; ou

III. a existência de fatos que, se fossem conhecidos por ocasião do reconhecimento, teriam ensejado decisão negativa.

Parágrafo único. A perda da proteção do apátrida prevista no caput será declarada pelo Ministério da Justiça e Segurança Pública, após manifestação do Comitê Nacional para Refugiados, e publicada no Diário Oficial da União.

Art. 107. A condição de apátrida será cessada com:

I. a naturalização no País do beneficiário da proteção;

II. o reconhecimento como nacional por outro Estado; ou

III. a aquisição de nacionalidade diversa da brasileira.

§ 1º A cessação da condição de apátrida implicará perda da proteção conferida pela Lei nº 13.445, de 2017.

§ 2º A autorização de residência concedida anteriormente ao solicitante ou ao beneficiário de proteção ao apátrida que se enquadre nas hipóteses de cessação da condição de apátrida previstas nos incisos II e III do caput permanecerá válida pelo prazo de noventa dias.

§ 3º A cessação da condição de apátrida nas hipóteses previstas nos incisos II e III do caput não impedirá a solicitação de nova autorização de residência, observado o disposto no Capítulo VIII.

CAPÍTULO VI - DO ASILO POLÍTICO

Art. 108. O asilo político, que constitui ato discricionário do Estado, poderá ser diplomático ou territorial e será concedido como instrumento de proteção à pessoa que se encontre perseguida em um Estado por suas crenças, opiniões e filiação política ou por atos que possam ser considerados delitos políticos.

Parágrafo único. Nos termos do Estatuto de Roma do Tribunal Penal Internacional, de 1998, promulgado pelo Decreto no 4.388, de 2002, não será concedido asilo a quem tenha cometido:

I. crime de genocídio;

II. crime contra a humanidade;

III. crime de guerra; ou

IV. crime de agressão.

Art. 109. O asilo político poderá ser:

I. diplomático, quando solicitado no exterior em legações, navios de guerra e acampamentos ou aeronaves militares brasileiros; ou

II. territorial, quando solicitado em qualquer ponto do território nacional, perante unidade da Polícia Federal ou representação regional do Ministério das Relações Exteriores.

§ 1º Considera-se legação a sede de toda missão diplomática ordinária e, quando o número de solicitantes de asilo exceder a capacidade normal dos edifícios, a residência dos chefes de missão e os locais por eles destinados para esse fim.

§ 2º O pedido de asilo territorial recebido pelas unidades da Polícia Federal será encaminhado ao Ministério das Relações Exteriores.

§ 3º O ingresso irregular no território nacional não constituirá impedimento para a solicitação de asilo e para a aplicação dos mecanismos de proteção, hipótese em que não incidirá o disposto no art. 307, desde que, ao final do procedimento, a condição de asilado seja reconhecida.

Art. 110. O asilo diplomático consiste na proteção ofertada pelo Estado brasileiro e na condução do asilado estritamente até o território nacional, em consonância com o disposto na Convenção Internacional sobre Asilo Diplomático, promulgada pelo Decreto no 42.628, de 13 de novembro de 1957.

ANOTAÇÕES

§ 1º Compete à autoridade máxima presente no local de solicitação de asilo diplomático zelar pela integridade do solicitante de asilo e estabelecer, em conjunto com a Secretaria de Estado das Relações Exteriores, as condições e as regras para a sua permanência no local de solicitação e os canais de comunicação com o Estado territorial, a fim de solicitar salvo-conduto que permita ao solicitante de asilo acessar o território nacional.

§ 2º Considera-se Estado territorial aquele em cujo território esteja situado o local de solicitação de asilo diplomático.

§ 3º A saída não autorizada do local designado pela autoridade de que trata o caput implicará a renúncia ao asilo diplomático.

§ 4º Após a chegada ao território nacional, o beneficiário de asilo diplomático será imediatamente informado sobre a necessidade de registro da sua condição.

Art. 111. O asilo territorial é ato discricionário e observará o disposto na Convenção Internacional sobre Asilo Territorial promulgada pelo Decreto no 55.929, de 19 de abril de 1965, e os elementos impeditivos constantes da legislação migratória.

Art. 112. Compete ao Presidente da República decidir sobre o pedido de asilo político e sobre a revogação de sua concessão, consultado o Ministro de Estado das Relações Exteriores.

Art. 113. Em nenhuma hipótese, a retirada compulsória decorrente de decisão denegatória de solicitação de asilo político ou revogatória da sua concessão será executada para território onde a vida e a integridade do imigrante possam ser ameaçadas.

Art. 114. O ato de concessão do asilo político disporá sobre as condições e os deveres a serem observados pelo asilado.

Art. 115. O asilado deverá se apresentar à Polícia Federal para fins de registro de sua condição migratória no prazo de trinta dias, contado da data da publicação do ato de concessão do asilo político.

Art. 116. O solicitante de asilo político fará jus à autorização provisória de residência, demonstrada por meio de protocolo, até a obtenção de resposta do seu pedido.

Parágrafo único. O protocolo previsto no caput permitirá o gozo de direitos no País, dentre os quais:

I. a expedição de carteira de trabalho provisória;

II. a inclusão no Cadastro de Pessoa Física; e

III. a abertura de conta bancária em instituição financeira supervisionada pelo Banco Central do Brasil.

Art. 117. O direito de reunião familiar será reconhecido a partir da concessão do asilo político.

Parágrafo único. A autorização provisória de residência concedida ao solicitante de asilo político será estendida aos familiares a que se refere o art. 153, desde que se encontrem no território nacional.

Art. 118. A saída do País sem prévia comunicação ao Ministério das Relações Exteriores implicará renúncia ao asilo político.

Parágrafo único. O solicitante de asilo político deverá solicitar autorização prévia ao Ministro das Relações Exteriores para saída do País, sob pena de arquivamento de sua solicitação.

CAPÍTULO VII - DO REFÚGIO

Art. 119. O reconhecimento da condição de refugiado seguirá os critérios estabelecidos na Lei nº 9.474, de 1997.

§ 1º Durante a tramitação do processo de reconhecimento da condição de refugiado incidirão as garantias e os mecanismos protetivos e de facilitação da inclusão social decorrentes da Convenção relativa ao Estatuto dos Refugiados, de 1951, promulgada pelo Decreto no 50.215, de 1961, e da Lei nº 13.445, de 2017.

§ 2º O solicitante de reconhecimento da condição de refugiado fará jus à autorização provisória de residência, demonstrada por meio de protocolo, até a obtenção de resposta ao seu pedido.

ANOTAÇÕES

LEIS

ANOTAÇÕES

§ 2º O solicitante de reconhecimento da condição de refugiado receberá o Documento Provisório de Registro Nacional Migratório, nos termos do disposto no Decreto nº 9.277, de 5 de fevereiro de 2018. (Redação dada pelo Decreto nº 9.277, de 2018)

§ 3º O protocolo de que trata § 2º permitirá o gozo de direitos no País, dentre os quais:

I. a expedição de carteira de trabalho provisória;

II. a inclusão no Cadastro de Pessoa Física; e

III. a abertura de conta bancária em instituição financeira supervisionada pelo Banco Central do Brasil.

§ 4º O reconhecimento de certificados e diplomas, os requisitos para a obtenção da condição de residente e o ingresso em instituições acadêmicas de todos os níveis deverão ser facilitados, considerada a situação desfavorável vivenciada pelos refugiados.

Art. 120. O ingresso irregular no território nacional não constituirá impedimento para a solicitação de reconhecimento da condição de refugiado e para a aplicação dos mecanismos de proteção da pessoa refugiada, hipótese em que não incidirá o disposto no art. 307, desde que, ao final do procedimento, a condição de refugiado seja reconhecida.

Art. 121. No exercício de seus direitos e deveres, a condição atípica do refugiado será considerada pelos órgãos da administração pública federal quando da necessidade de apresentação de documentos emitidos por seu país de origem ou por sua representação diplomática ou consular.

Art. 122. As solicitações de refúgio terão prioridade de avaliação e decisão na hipótese de existir contra o solicitante procedimento do qual possa resultar a aplicação de medida de retirada compulsória.

CAPÍTULO VIII - DA AUTORIZAÇÃO DE RESIDÊNCIA

SEÇÃO I - DISPOSIÇÕES GERAIS

Art. 123. O imigrante, o residente fronteiriço e o visitante, por meio de requerimento, poderão solicitar autorização de residência no território nacional.

§ 1º A autorização de residência poderá ser concedida independentemente da situação migratória, desde que cumpridos os requisitos da modalidade pretendida.

§ 2º A posse ou a propriedade de bem no País não conferirá o direito de obter autorização de residência no território nacional, sem prejuízo do disposto sobre a autorização de residência para realização de investimento.

Art. 124. O visto de visita ou de cortesia poderá ser transformado em autorização de residência por meio de requerimento.

§ 1º O requerente comprovará a condição migratória de visitante ou de titular de visto de cortesia e o atendimento aos requisitos exigidos para a concessão de autorização de residência.

§ 2º A decisão de transformação caberá à autoridade competente para avaliar a hipótese de autorização de residência pretendida.

Art. 125. O visto diplomático ou oficial poderá ser transformado em autorização de residência por meio de requerimento.

§ 1º O requerente comprovará que a sua condição migratória fundamenta-se na concessão de visto diplomático ou oficial e o atendimento aos requisitos exigidos para a concessão de autorização de residência.

§ 2º A decisão de transformação caberá à autoridade competente para avaliar a hipótese de autorização de residência pretendida, consultado o Ministério das Relações Exteriores.

§ 3º A transformação de que trata este artigo importará a cessação das prerrogativas, dos privilégios e das imunidades decorrentes dos vistos anteriores.

§ 4º Excepcionalmente, nas hipóteses de transformação previstas neste artigo, o cumprimento dos requisitos para a obtenção da autorização de residência poderá ser dispensado, mediante recomendação do Ministério das Relações Exteriores, observadas as hipóteses de denegação de autorização de residência com fundamento nos incisos I, II, III, IV e IX do caput do art. 171.

ANOTAÇÕES

Art. 126. As hipóteses de negativa de concessão e de denegação de autorização de residência aplicam-se ao procedimento de transformação de vistos em autorização de residência.

Art. 127. Os pedidos de autorização de residência serão endereçados ao Ministério da Justiça e Segurança Pública, ressalvadas as hipóteses previstas no § 1º.

§ 1º Observado o disposto no art. 142, os pedidos de autorização de residência serão endereçados ao Ministério do Trabalho quando fundamentados nas seguintes hipóteses:

I. em pesquisa, ensino ou extensão acadêmica;

II. em trabalho ou oferta de trabalho;

III. na realização de investimento;

IV. na realização de atividade de relevância econômica, social, científica, tecnológica ou cultural;

V. na prática de atividade religiosa; e

VI. no serviço voluntário.

§ 2º Os pedidos de autorização de residência serão apresentados, preferencialmente, por meio eletrônico.

Art. 128. O pedido de autorização de residência é individual.

Parágrafo único: Na hipótese de pessoa incapaz, o pedido será feito por representante ou assistente legal.

Art. 129. Para instruir o pedido de autorização de residência, o imigrante deverá apresentar, sem prejuízo de outros documentos requeridos em ato do Ministro de Estado competente pelo recebimento da solicitação:

I. requerimento de que conste a identificação, a filiação, a data e o local de nascimento e a indicação de endereço e demais meios de contato;

II. documento de viagem válido ou outro documento que comprove a sua identidade e a sua nacionalidade, nos termos dos tratados de que o País seja parte;

III. documento que comprove a sua filiação, devidamente legalizado e traduzido por tradutor público juramentado, exceto se a informação já constar do documento a que se refere o inciso II;

IV. comprovante de recolhimento das taxas migratórias, quando aplicável;

V. certidões de antecedentes criminais ou documento equivalente emitido pela autoridade judicial competente de onde tenha residido nos últimos cinco anos; e

VI. declaração, sob as penas da lei, de ausência de antecedentes criminais em qualquer país, nos cinco anos anteriores à data da solicitação de autorização de residência.

§ 1º Para fins de instrução de pedido de nova autorização de residência ou de renovação de prazo de autorização de residência, poderá ser apresentado o documento a que se refere o inciso II do caput ou documento emitido por órgão público brasileiro que comprove a identidade do imigrante, mesmo que este tenha data de validade expirada.

§ 2º A legalização e a tradução de que tratam o inciso III do caput poderão ser dispensadas se assim disposto em tratados de que o País seja parte.

§ 3º A tramitação de pedido de autorização de residência ficará condicionada ao pagamento das multas aplicadas com fundamento no disposto neste Decreto.

Art. 130. Nova autorização de residência temporária poderá ser concedida por meio de requerimento.

§ 1º O pedido de nova autorização de residência com amparo legal diverso da autorização de residência anterior implicará a renúncia à condição migratória pretérita.

§ 2º O requerimento de nova autorização de residência, após o vencimento do prazo da autorização anterior, implicará a aplicação da sanção prevista no inciso II do caput do art. 307.

ANOTAÇÕES

SUBSEÇÃO I - DAS TAXAS

Art. 131. As seguintes taxas serão cobradas, em conformidade com a tabela que consta do Anexo:

I. pelo processamento e pela avaliação de pedidos de autorização de residência;

II. pela emissão de cédula de identidade de imigrante de que constarão o prazo de autorização de residência e o número do Registro Nacional Migratório; e

III. pela transformação de vistos de visita, diplomático, oficial e de cortesia em autorização de residência.

§ 1º A cobrança das taxas previstas neste artigo observará o disposto nos acordos internacionais de que o País seja parte.

§ 2º A taxa prevista no inciso I do caput não será cobrada do imigrante portador de visto temporário, desde que a sua residência tenha a mesma finalidade do visto já concedido.

§ 3º A renovação dos prazos de autorização de residência não ensejará a cobrança da taxa prevista no inciso I do caput.

§ 4º Os valores das taxas de que trata o caput poderão ser ajustados pelo órgão competente da administração pública federal, de forma a preservar o interesse nacional ou a assegurar a reciprocidade de tratamento.

SUBSEÇÃO II - DA NEGATIVA DE CONCESSÃO, DA DENEGAÇÃO, DA PERDA E DO CANCELAMENTO DA AUTORIZAÇÃO DE RESIDÊNCIA

Art. 132. A autorização de residência não será concedida à pessoa condenada criminalmente no País ou no exterior por sentença transitada em julgado, desde que a conduta esteja tipificada na legislação penal brasileira, ressalvados as hipóteses em que:

I. a conduta caracterize infração de menor potencial ofensivo;

II. o prazo de cinco anos, após a extinção da pena, tenha transcorrido;

III. o crime a que o imigrante tenha sido condenado no exterior não seja passível de extradição ou a punibilidade segundo a lei brasileira esteja extinta; ou

IV. o pedido de autorização de residência se fundamente em:

a) tratamento de saúde;

b) acolhida humanitária;

c) reunião familiar;

d) tratado em matéria de residência e livre circulação; ou

e) cumprimento de pena no País.

Parágrafo único. O disposto no caput não impedirá a progressão de regime de cumprimento de pena, nos termos estabelecidos na Lei nº 7.210, de 11 de julho de 1984 - Lei de Execução Penal, hipótese em que a pessoa ficará autorizada a trabalhar quando assim exigido pelo novo regime de cumprimento de pena.

Art. 133. A autorização de residência poderá ser negada à pessoa:

I. anteriormente expulsa do País, enquanto os efeitos da expulsão vigorarem;

II. nos termos definidos pelo Estatuto de Roma do Tribunal Penal Internacional, de 1998, promulgado pelo Decreto no 4.388, de 2002, condenada ou respondendo a processo por:

a) crime de genocídio;

b) crime contra a humanidade;

c) crime de guerra; ou

d) crime de agressão;

III. condenada ou respondendo a processo em outro país por crime doloso passível de extradição segundo a lei brasileira;

IV. que tenha nome incluído em lista de restrições por ordem judicial ou por compromisso assumido pelo País perante organismo internacional; e

ANOTAÇÕES

V. que tenha praticado ato contrário aos princípios ou aos objetivos dispostos na Constituição.

Art. 134. Caberá recurso da decisão que negar a autorização de residência, no prazo de dez dias, contados da data da ciência do imigrante, assegurados os princípios do contraditório e da ampla defesa e aplicadas, subsidiariamente, as disposições da Lei nº 9.784, de 29 de janeiro de 1999.

Art. 135. A perda da autorização de residência será decretada nas seguintes hipóteses:

I. cessação do fundamento que embasou a autorização de residência;

II. obtenção de autorização de residência com fundamento em outra hipótese; e

III. ausência do País por período superior a dois anos sem apresentação de justificativa.

§ 1º O imigrante deverá comunicar à Polícia Federal sempre que deixar de possuir as condições que embasaram a concessão de sua autorização de residência durante a sua vigência.

§ 2º O disposto no inciso I do caput não impede o imigrante de solicitar autorização de residência com fundamento em outra hipótese.

Art. 136. A autorização de residência será cancelada, a qualquer tempo, nas seguintes hipóteses:

I. fraude;

II. ocultação de condição impeditiva de concessão de visto, ingresso ou autorização de residência no País;

III. quando a informação acerca da condenação prevista nos incisos II e III do caput do art. 133 seja conhecida após a concessão da autorização de residência; ou

IV. se constatado que o nome do requerente encontrava-se em lista a que se refere o inciso IV do caput do art. 133 na data da autorização de residência.

Art. 137. A decretação da perda e o cancelamento da autorização de residência serão precedidos de procedimento administrativo no qual serão observados os princípios do contraditório e da ampla defesa.

Art. 138. Os procedimentos de decretação da perda e do cancelamento da autorização de residência serão instaurados em ato do Ministro de Estado da Justiça e Segurança Pública ou do Trabalho, conforme o caso, e instruídos, de imediato, com o termo de notificação do imigrante.

§ 1º O ato a que se refere o caput conterá relato do fato motivador da decretação da perda ou do cancelamento da autorização de residência e a sua fundamentação legal, e determinará que o imigrante seja notificado de imediato e, preferencialmente, por meio eletrônico.

§ 2º Nas hipóteses de perda ou cancelamento da autorização de residência para fins de trabalho, o empregador poderá ser notificado, observado o disposto no § 1º.

§ 3º Na hipótese de o imigrante não ser encontrado, a administração pública federal dará publicidade à instauração do procedimento administrativo de decretação da perda ou do cancelamento da autorização de residência em sítio eletrônico e tal publicação será considerada como notificação para todos os atos do referido procedimento.

§ 4º O imigrante terá o prazo de dez dias para apresentação de defesa no procedimento administrativo.

§ 5º O imigrante que, regularmente notificado, não apresentar defesa no prazo a que se refere o § 4º será considerado revel.

§ 6º O imigrante poderá, por meios próprios ou por meio de defensor constituído, apresentar defesa no prazo estabelecido no § 4º e fazer uso dos meios e dos recursos admitidos em direito, inclusive tradutor ou intérprete.

Art. 139. A decisão quanto à decretação da perda ou do cancelamento da autorização de residência caberá ao órgão que a houver concedido.

§ 1º O imigrante terá o prazo de dez dias para interpor recurso contra a decisão de que trata o caput.

§ 2º Encerrado o procedimento administrativo e decretada a perda ou o cancelamento definitivo da autorização de residência, o imigrante será notificado nos termos estabelecidos no art. 176.

ANOTAÇÕES

Art. 140. No procedimento administrativo de que trata o art. 177, os documentos e as provas constantes de procedimentos de decretação da perda ou do cancelamento da autorização de residência poderão ser utilizados.

Art. 141. Ato conjunto dos Ministros de Estado da Justiça e Segurança Pública e do Trabalho disporão sobre os procedimentos administrativos referentes ao cancelamento e à perda de autorização de residência e ao recurso contra a negativa de concessão de autorização de residência.

SEÇÃO II - DAS HIPÓTESES DE AUTORIZAÇÃO DE RESIDÊNCIA

Art. 142. O requerimento de autorização de residência poderá ter como fundamento as seguintes hipóteses:

I. a residência tenha como finalidade:

a) pesquisa, ensino ou extensão acadêmica;

b) tratamento de saúde;

c) acolhida humanitária;

d) estudo;

e) trabalho;

f) férias-trabalho;

g) prática de atividade religiosa;

h) serviço voluntário;

i) realização de investimento;

j) realização de atividade com relevância econômica, social, científica, tecnológica ou cultural; ou

k) reunião familiar;

II. a pessoa:

a) seja beneficiária de tratado em matéria de residência e livre circulação;

b) possua oferta de trabalho comprovada;

c) já tenha possuído a nacionalidade brasileira e não deseje ou não reúna os requisitos para readquiri-la;

d) seja beneficiária de refúgio, asilo ou proteção ao apátrida;

e) que não tenha atingido a maioridade civil, nacional de outro país ou apátrida, desacompanhado ou abandonado, que se encontre nas fronteiras brasileiras ou no território nacional;

f) tenha sido vítima de tráfico de pessoas, trabalho escravo ou violação de direito agravada por sua condição migratória;

g) esteja em liberdade provisória ou em cumprimento de pena no País; ou

h) seja anteriormente beneficiada com autorização de residência, observado o disposto no art. 160; ou

III. o imigrante atenda a interesses da política migratória nacional.

§ 1º A autorização de residência ao imigrante poderá ser concedida com fundamento em apenas uma das hipóteses previstas no caput.

§ 2º A autorização de residência com fundamento nas hipóteses elencadas nas alíneas "a", "c", "e", "g", "h" e "j" do inciso I do caput e na alínea "b" do inciso II do caput poderá ser concedida inicialmente pelo prazo de até dois anos.

§ 3º Decorrido o prazo de residência previsto no § 1º, o órgão que concedeu a autorização de residência inicial poderá, por meio de requerimento do imigrante, promover a renovação do prazo inicial de residência pelo período de até dois anos ou a alteração do prazo de residência para prazo indeterminado.

§ 4º Quando o contrato do imigrante junto a instituição de pesquisa, ensino ou extensão acadêmica for por prazo indeterminado, a autorização de residência por prazo indeterminado poderá ser, excepcionalmente, concedida.

§ 5º A autorização de residência para exercer cargo, função ou atribuição será concedida por prazo indeterminado quando a legislação brasileira assim exigir.

Art. 143. A autorização de residência para fins de pesquisa, ensino ou extensão acadêmica poderá ser concedida ao imigrante com ou sem vínculo empregatício com instituição de pesquisa ou de ensino brasileira, exigida, na hipótese de vínculo, a comprovação de formação superior compatível ou reconhecimento científico equivalente.

ANOTAÇÕES

§ 1º A autorização de residência para pesquisa, ensino ou extensão acadêmica com vínculo empregatício no País será concedida ao imigrante que comprovar oferta de trabalho, caracterizada por meio de contrato de trabalho ou de prestação de serviços celebrado com instituição de pesquisa ou de ensino brasileira.

§ 2º A autorização de residência para pesquisa, ensino ou extensão acadêmica sem vínculo empregatício no País será concedida ao imigrante detentor de bolsa ou auxílio em uma das modalidades previstas no caput, quando o prazo de vigência da bolsa for superior a noventa dias.

§ 3º O imigrante que possua vínculo institucional exclusivamente no exterior e pretenda realizar atividade de pesquisa, ensino ou de extensão acadêmica subsidiada por instituição de pesquisa ou de ensino estrangeira enquadra-se na hipótese prevista no § 2º, desde que em parceria com instituição brasileira.

§ 4º O imigrante que se encontre no País sob o amparo da autorização de residência de que trata o caput, sem vínculo empregatício no País, por prazo superior a noventa dias, poderá exercer atividade remunerada no País, desde que relacionada à área de pesquisa, de ensino ou de extensão acadêmica.

§ 5º O requerimento de autorização de residência com fundamento em pesquisa, ensino ou extensão acadêmica deverá respeitar os requisitos, as condições, os prazos e os procedimentos previstos em resolução do Conselho Nacional de Imigração.

Art. 144. A autorização de residência para fins de tratamento de saúde poderá ser concedida ao imigrante e ao seu acompanhante, desde que o imigrante comprove possuir meios de subsistência suficientes.

§ 1º Excepcionalmente, a autorização de residência poderá ser concedida a mais de um acompanhante, ainda que não cumpridos os requisitos de reunião familiar, desde que comprovada a necessidade médica.

§ 2º A autorização de residência com fundamento na hipótese elencada neste artigo poderá ser concedida inicialmente pelo prazo de até um ano.

§ 3º O imigrante poderá requerer a renovação do prazo da autorização de residência até que o tratamento de saúde seja concluído.

§ 4º A autorização de residência para fins de tratamento de saúde, sem prejuízo do direito à saúde dos imigrantes estabelecidos no País, estará condicionada à comprovação de meios de subsistência suficientes para custear o seu tratamento e a manutenção do imigrante e do seu acompanhante durante o período em que o tratamento for realizado, por recurso próprio, seguro de saúde válido no território nacional ou certificado de prestação de serviço de saúde previsto em tratado de que o País seja parte.

§ 5º Os titulares da autorização de residência de que trata o caput não terão direito de exercer atividade remunerada no País.

§ 6º O requerimento de autorização de residência para fins de tratamento de saúde deverá respeitar os requisitos estabelecidos em ato conjunto do Ministro de Estado da Justiça e Segurança Pública e das Relações Exteriores.

Art. 145. A autorização de residência para fins de acolhida humanitária poderá ser concedida ao apátrida ou ao nacional de qualquer país em situação de:

I. instabilidade institucional grave ou iminente;

II. conflito armado;

III. calamidade de grande proporção;

IV. desastre ambiental; ou

V. violação grave aos direitos humanos ou ao direito internacional humanitário.

§ 1º Ato conjunto dos Ministros de Estado da Justiça e Segurança Pública, das Relações Exteriores e do Trabalho estabelecerá os requisitos para a concessão de autorização de residência com fundamento em acolhida humanitária, a renovação do prazo da residência e a sua alteração para prazo indeterminado.

§ 2º A possibilidade de livre exercício de atividade laboral será reconhecida ao imigrante a quem se tenha sido concedida a autorização de residência de que trata o caput, nos termos da legislação vigente.

Art. 146. A autorização de residência para fins de estudo poderá ser concedida ao imigrante que pretenda frequentar curso regular ou realizar estágio ou intercâmbio de estudo ou de pesquisa.

§ 1º A autorização de residência para fins de estudo habilitará o imigrante a realizar as atividades previstas no caput vinculadas a instituição de ensino definida.

§ 2º A autorização de residência com fundamento na hipótese elencada neste artigo poderá ser concedida inicialmente pelo prazo de até um ano.

§ 3º Na hipótese prevista neste artigo, o imigrante poderá requerer a renovação até que o curso seja concluído, desde que apresente comprovante de matrícula e aproveitamento escolar, além de meios de subsistência, sem prejuízo de outros documentos exigidos pelo Ministério da Justiça e Segurança Pública.

§ 4º A mudança de curso e estabelecimento de ensino será autorizada, desde que a Polícia Federal seja comunicada para fins de atualização cadastral.

§ 5º A instituição de ensino da qual o imigrante tenha se desligado deverá comunicar o fato à Polícia Federal no prazo de trinta dias, contado da data do desligamento.

§ 6º O exercício de atividade remunerada será permitido ao imigrante a quem se tenha sido concedida a autorização de residência de que trata o caput, desde que compatível com a carga horária do estudo, nos termos da legislação vigente.

§ 7º O requerimento de autorização de residência para fins de estudo deverá respeitar os requisitos estabelecidos em ato conjunto dos Ministros de Estado da Justiça e Segurança Pública e das Relações Exteriores.

Art. 147. A autorização de residência para fins de trabalho poderá ser concedida ao imigrante que exerça atividade laboral, com ou sem vínculo empregatício no País.

§ 1º A autorização de residência para trabalho com vínculo empregatício será concedida por meio da comprovação de oferta de trabalho no País, observado o seguinte:

I. a oferta de trabalho é caracterizada por meio de contrato individual de trabalho ou de contrato de prestação de serviços; e

II. os marítimos imigrantes a bordo de embarcação de bandeira brasileira deverão possuir contrato individual de trabalho no País.

§ 2º A autorização de residência para trabalho sem vínculo empregatício será concedida por meio da comprovação de oferta de trabalho no País, quando se tratar das seguintes atividades:

I. prestação de serviço ou auxílio técnico ao Governo brasileiro;

II. prestação de serviço em razão de acordo de cooperação internacional;

III. prestação de serviço de assistência técnica ou transferência de tecnologia;

IV. representação, no País, de instituição financeira ou assemelhada sediada no exterior;

V. representação de pessoa jurídica de direito privado, sem fins lucrativos;

VI. recebimento de treinamento profissional junto a subsidiária, filial ou matriz brasileira;

VII. atuação como marítimo com prazo de estada superior a noventa dias, a bordo de embarcação ou plataforma de bandeira estrangeira;

VIII. realização de estágio profissional ou intercâmbio profissional;

IX. exercício de cargo, função ou atribuição que exija, em razão da legislação brasileira, a residência por prazo indeterminado;

X. realização de atividade como correspondente de jornal, revista, rádio, televisão ou agência noticiosa estrangeira; e

XI. realização de auditoria ou consultoria com prazo de estada superior a noventa dias.

§ 3º Para a aplicação do inciso VII do § 2º, consideram-se embarcações ou plataformas estrangeiras, entre outras, aquelas utilizadas em navegação de apoio marítimo, de exploração ou prospecção, navegação de cabotagem, levantamento geofísico, dragas e embarcações de pesca.

§ 4º Será dispensada a oferta de trabalho de que trata o caput e considerada a comprovação de titulação em curso de ensino superior ou equivalente, na hipótese de capacidades profissionais estratégicas para o País, conforme disposto em ato conjunto dos Ministros de Estado da Justiça e Segurança Pública, Relações Exteriores e do Trabalho, consultado o Conselho Nacional de Imigração.

§ 5º Para fins de atração de mão de obra em áreas estratégicas para o desenvolvimento nacional ou com déficit de competências profissionais para o País, ato conjunto dos Ministros de Estado da Justiça e Segurança Pública, Relações Exteriores e do Trabalho, consultado o Conselho Nacional de Imigração, estabelecerá condições simplificadas para a autorização de residência para fins de trabalho.

§ 6º A possibilidade de modificação do local de exercício de sua atividade laboral, na mesma empresa ou no mesmo grupo econômico, será reconhecida ao imigrante a quem tenha sido concedida a autorização de residência para fins de trabalho, por meio de comunicação ao Ministério do Trabalho.

§ 7º O imigrante deverá requerer autorização ao Ministério do Trabalho se pretender exercer atividade junto a empregador diverso daquele que o contratou inicialmente, durante a residência por tempo determinado, por meio de pedido fundamentado e instruído com o novo contrato de trabalho firmado.

§ 8º Após decisão quanto à mudança de empregador de que trata o § 7º, o Ministério do Trabalho comunicará a Polícia Federal para fins de atualização de registro.

§ 9º O requerimento de autorização de residência com fundamento em trabalho deverá respeitar os requisitos, as condições, os prazos e os procedimentos estabelecidos em resolução do Conselho Nacional de Imigração.

Art. 148. A autorização de residência para fins de férias-trabalho poderá ser concedida ao imigrante maior de dezesseis anos que seja nacional de país que conceda benefício idêntico ao nacional brasileiro, em termos definidos pelo Ministério das Relações Exteriores por meio de comunicação diplomática.

Parágrafo único. A autorização de residência com fundamento no disposto neste artigo somente poderá ser concedida ao portador de visto temporário de férias-trabalho.

Art. 149. A autorização de residência para prática de atividades religiosas poderá ser concedida a:

I. ministro de confissão religiosa;

II. membro de instituto de vida consagrada ou confessional; ou

III. membro de ordem religiosa.

§ 1º O requerimento de autorização de residência para prática de atividades religiosas deverá respeitar os requisitos, as condições, os prazos e os procedimentos estabelecidos em resolução do Conselho Nacional de Imigração.

ANOTAÇÕES

§ 2º O pedido de renovação do prazo de residência ou a sua alteração para prazo indeterminado, observadas as condições estabelecidas neste artigo, será instruído com a comprovação das práticas de atividades religiosas por aqueles a que refere o caput.

Art. 150. A autorização de residência para prestação de serviço voluntário junto a entidade de direito público ou privado sem fins lucrativos, ou a organização vinculada a governo estrangeiro, poderá ser concedida desde que não haja vínculo empregatício e nem remuneração de qualquer espécie.

§ 1º O requerimento de autorização de residência para prestação de serviço voluntário deverá respeitar os requisitos, as condições, os prazos e os procedimentos estabelecidos em resolução do Conselho Nacional de Imigração.

§ 2º O pedido de renovação do prazo de residência ou a sua alteração para prazo indeterminado com fundamento na hipótese prevista neste artigo deverá ser instruído com a prova da continuidade da prestação de serviço voluntário.

Art. 151. A autorização de residência para fins de realização de investimento poderá ser concedida ao imigrante pessoa física que pretenda realizar ou já realize, com recursos próprios de origem externa, investimento em pessoa jurídica no País, em projeto com potencial para geração de empregos ou de renda no País.

§ 1º Entende-se por investimento em pessoa jurídica no País:

I. investimento de origem externa em empresa brasileira, conforme regulamentação do Banco Central do Brasil;

II. constituição de sociedade simples ou empresária; e

III. outras hipóteses previstas nas políticas de atração de investimentos externos.

§ 2º A autorização prevista no caput poderá ser concedida ao imigrante administrador, gerente, diretor ou executivo com poderes de gestão, que venha ou esteja no País para representar sociedade civil ou comercial, grupo ou conglomerado econômico que realize investimento externo em empresa estabelecida no território nacional , com potencial para geração de empregos ou de renda no País.

§ 3º A concessão de que trata o § 2º ficará condicionada ao exercício da função que lhe for designada em contrato ou em ata devidamente registrada no órgão competente.

§ 4º O requerimento de autorização de residência para fins de realização de investimento deverá respeitar os requisitos previstos em resolução do Conselho Nacional de Imigração.

§ 5º A autorização de residência com fundamento nas hipóteses elencadas neste artigo poderá ser concedida por prazo indeterminado.

§ 6º Na hipótese prevista no caput, a perda da autorização de residência poderá ser decretada em observância ao disposto no inciso I do caput do art. 135, caso o imigrante não tenha executado o plano de investimento que fundamentou a sua autorização.

Art. 152. A autorização de residência para fins de realização de atividade com relevância econômica, social, científica, tecnológica ou cultural deverá respeitar os requisitos, as condições, os prazos e os procedimentos estabelecidos em ato conjunto dos Ministros de Estado da Justiça e Segurança Pública, das Relações Exteriores e do Trabalho, consultado o Conselho Nacional de Imigração.

Art. 153. A autorização de residência para fins de reunião familiar será concedida ao imigrante:

I. cônjuge ou companheiro, sem discriminação alguma, nos termos do ordenamento jurídico brasileiro;

II. filho de brasileiro ou de imigrante beneficiário de autorização de residência;

III. que tenha filho brasileiro;

IV. que tenha filho imigrante beneficiário de autorização de residência;

V. ascendente até o segundo grau de brasileiro ou de imigrante beneficiário de autorização de residência;

ANOTAÇÕES

VI. descendente até o segundo grau de brasileiro ou de imigrante beneficiário de autorização de residência;

VII. irmão de brasileiro ou de imigrante beneficiário de autorização de residência; ou

VIII. que tenha brasileiro sob a sua tutela, curatela ou guarda.

§ 1º O requerimento de autorização de residência para fins de reunião familiar deverá respeitar os requisitos previstos em ato conjunto dos Ministros de Estado da Justiça e Segurança Pública e das Relações Exteriores.

§ 2º A autorização de residência por reunião familiar não será concedida na hipótese de o chamante ser beneficiário de autorização de residência por reunião familiar ou de autorização provisória de residência.

§ 3º Na hipótese prevista no inciso VII do caput, a autorização de residência ao irmão maior de dezoito anos ficará condicionada à comprovação de sua dependência econômica em relação ao familiar chamante.

§ 4º Quando a autorização de residência do familiar chamante tiver sido concedida por prazo indeterminado, a autorização de residência do familiar chamado será também concedida por prazo indeterminado.

§ 5º Quando o requerimento for fundamentado em reunião com imigrante beneficiado com residência por prazo determinado, a data de vencimento da autorização de residência do familiar chamado coincidirá com a data de vencimento da autorização de residência do familiar chamante.

§ 6º Ato do Ministro de Estado da Justiça e Segurança Pública poderá dispor sobre a necessidade de entrevista presencial e de apresentação de documentação adicional para comprovação, quando necessário, do vínculo familiar.

§ 7º Ato conjunto dos Ministros de Estado da Justiça e Segurança Pública e das Relações Exteriores poderá estabelecer outras hipóteses de parentesco para fins de concessão da autorização de residência de que trata o caput.

§ 8º A solicitação de autorização de residência para fins de reunião familiar poderá ocorrer concomitantemente à solicitação de autorização de residência do familiar chamante.

§ 9º A concessão da autorização de residência para fins de reunião familiar ficará condicionada à concessão prévia de autorização de residência ao familiar chamante.

§ 10. O beneficiário da autorização de residência para fins de reunião familiar poderá exercer qualquer atividade no País, inclusive remunerada, em igualdade de condições com o nacional brasileiro, nos termos da legislação vigente.

Art. 154. A autorização de residência poderá ser concedida à pessoa beneficiada por tratado em matéria de residência e livre circulação.

Parágrafo único. Na concessão de autorização de residência mencionada no caput, será observado o disposto no tratado bilateral ou multilateral que regulamente o assunto e, subsidiariamente, o disposto neste Decreto, no que couber.

Art. 155. A autorização de residência poderá ser concedida à pessoa que já tenha possuído a nacionalidade brasileira e não deseje ou não reúna os requisitos para readquiri-la.

§ 1º O requerimento de autorização de residência com fundamento no disposto neste artigo deverá respeitar os requisitos previstos em ato do Ministro de Estado da Justiça e Segurança Pública.

§ 2º A autorização de residência com fundamento no disposto neste artigo poderá ser concedida por prazo indeterminado.

Art. 156. A autorização de residência poderá ser concedida à pessoa beneficiária de:

I. proteção ao apátrida;

II. asilo político; ou

III. refúgio.

§ 1º A autorização de residência do refugiado observará o disposto no art. 28 da Lei nº 9.474, de 1997.

§ 2º A autorização de residência do refugiado, do asilado político e do apátrida será concedida por prazo indeterminado.

§ 3º O solicitante de refúgio, asilo político ou proteção ao apátrida fará jus à autorização provisória de residência até decisão final quanto ao seu pedido.

§ 4º A autorização provisória de residência prevista no § 3º será demonstrada por meio de protocolo de solicitação de reconhecimento da condição de refugiado, asilado político ou apátrida.

§ 5º O beneficiário da autorização de residência do refugiado, do asilado político e do apátrida ou da autorização de residência provisória a que se refere o § 3º poderá exercer qualquer atividade no País, inclusive remunerada, em igualdade de condições com o nacional brasileiro, nos termos da legislação vigente.

§ 6º A autorização de residência concedida àquele cuja condição de refugiado, asilado ou apátrida tiver cessado permanecerá válida pelo prazo de noventa dias.

§ 7º O disposto no § 6º não se aplica às seguintes hipóteses:

I. perda da proteção ao apátrida;

II. revogação do asilo político; e

III. perda da condição de refugiado.

§ 8º A cessação da proteção ao apátrida ou da condição de refugiado ou asilado político não impedirá a solicitação de nova autorização de residência, observado o disposto no art. 142.

§ 9º O requerimento de autorização de residência com fundamento no disposto neste artigo deverá respeitar os requisitos previstos em ato do Ministro de Estado da Justiça e Segurança Pública, consultados os demais Ministérios interessados.

Art. 157. A autorização de residência poderá ser concedida à criança ou ao adolescente nacional de outro país ou apátrida, desacompanhado ou abandonado, que se encontre em ponto de controle migratório nas fronteiras brasileiras ou no território nacional.

§ 1º A avaliação da solicitação de autorização de residência com fundamento no disposto no caput e da possibilidade de retorno à convivência familiar deverá considerar o interesse superior da criança ou do adolescente na tomada de decisão.

§ 2º O requerimento da autorização de residência prevista neste artigo poderá ser feito pela Defensoria Pública da União.

§ 3º O prazo da autorização de residência vigorará até que o imigrante atinja a maioridade, alcançada aos dezoito anos completos, em observância ao disposto no art. 5º da Lei nº 10.406, de 10 de janeiro de 2002 - Código Civil.

§ 4º Na hipótese de o imigrante atingir a maioridade e tiver interesse em permanecer no País, ele deverá comparecer a unidade da Polícia Federal no prazo de cento e oitenta dias para formalizar o pedido de alteração do prazo de residência para indeterminado.

§ 5º O requerimento de autorização de residência com fundamento no disposto neste artigo deverá respeitar os requisitos previstos em ato do Ministro de Estado da Justiça e Segurança Pública, consultados os demais Ministérios interessados.

Art. 158. A autorização de residência poderá ser concedida à vítima de:

I. tráfico de pessoas;

II. trabalho escravo; ou

III. violação de direito agravada por sua condição migratória.

§ 1º A autorização de residência com fundamento no disposto neste artigo será concedida por prazo indeterminado.

§ 2º O requerimento previsto neste artigo poderá ser encaminhado diretamente ao Ministério da Justiça e Segurança Pública pelo Ministério Público, pela Defensoria Pública ou pela Auditoria Fiscal do Trabalho, na forma estabelecida em ato conjunto dos Ministros de Estado da Justiça e Segurança Pública e do Trabalho, consultados os demais Ministérios interessados, o qual disporá sobre outras autoridades públicas que poderão reconhecer a situação do imigrante como vítima, nos termos estabelecidos no caput.

ANOTAÇÕES

§ 3º A autoridade pública que representar pela regularização migratória das vítimas a que se refere o caput deverá instruir a representação com documentação que permita identificar e localizar o imigrante.

§ 4º O beneficiário da autorização de residência concedida a vítima a que se refere o caput deverá apresentar anuência ao requerimento ofertado pela autoridade pública.

Art. 159. A autorização de residência poderá ser concedida à pessoa que esteja em liberdade provisória ou em cumprimento de pena no País.

§ 1º O prazo de residência para o imigrante em liberdade provisória será de até um ano, renovável por meio da apresentação de certidão expedida pelo Poder Judiciário que disponha sobre o andamento do processo.

§ 2º Na hipótese de imigrante sentenciado, o prazo de residência estará vinculado ao período da pena a ser cumprido, informado pelo juízo responsável pela execução criminal.

§ 3º Na instrução do requerimento de autorização de residência com fundamento no disposto neste artigo, deverá ser apresentada, além dos documentos a que se refere o art. 129, decisão judicial da concessão da liberdade provisória ou certidão emitida pelo juízo responsável pela execução criminal do qual conste o período de pena a ser cumprida, conforme o caso.

§ 4º Na ausência da apresentação do documento a que se refere o inciso II do caput do art. 129, deverá ser apresentado ofício emitido pelo juízo responsável do qual conste a qualificação completa do imigrante.

Art. 160. A concessão de nova autorização de residência para imigrante poderá ser fornecida, atendido o disposto na alínea "h" do inciso II do caput do art. 142 a imigrante que tenha sido anteriormente beneficiado com autorização de residência, fundamentado em reunião familiar, satisfeitos os seguintes requisitos:

I. ter residido no País por, no mínimo, quatro anos;

II. comprovar meios de subsistência; e

III. apresentar certidão negativa de antecedentes criminais.

§ 1º A nova autorização de residência com fundamento no disposto neste artigo será concedida por prazo indeterminado.

§ 2º O disposto neste artigo não se aplica às hipóteses em que o requisito para o reconhecimento da condição anterior tenha deixado de ser atendido em razão de fraude.

Art. 161. A autorização de residência poderá ser concedida para fins de atendimento ao interesse da política migratória nacional.

Parágrafo único. Ato conjunto do Ministros de Estado da Justiça e Segurança Pública, das Relações Exteriores e do Trabalho disporá sobre as hipóteses, os requisitos e os prazos da autorização de residência para fins de atendimento ao interesse da política migratória nacional.

Art. 162. O Conselho Nacional de Imigração disciplinará os casos especiais para a concessão de autorização de residência associada às questões laborais.

Art. 163. (Revogado pelo Decreto nº 9.873, de 2019)

CAPÍTULO IX - DA ENTRADA E DA SAÍDA DO TERRITÓRIO NACIONAL

SEÇÃO I - DA FISCALIZAÇÃO MARÍTIMA, AEROPORTUÁRIA E DE FRONTEIRA

Art. 164. A entrada no País poderá ser permitida ao imigrante identificado por documento de viagem válido que não se enquadre em nenhuma das hipóteses de impedimento de ingresso previstas neste Decreto e que seja:

I. titular de visto válido;

II. titular de autorização de residência; ou

III. de nacionalidade beneficiária de tratado ou comunicação diplomática que enseje a dispensa de visto.

ANOTAÇÕES

ANOTAÇÕES

§ 1º Ato do Ministro de Estado da Saúde disporá sobre as medidas sanitárias necessárias para entrada no País, quando couber.

§ 2º As autoridades responsáveis pela fiscalização contribuirão para a aplicação de medidas sanitárias em consonância com o Regulamento Sanitário Internacional e com outras disposições pertinentes.

Art. 165. As funções de polícia marítima aeroportuária e de fronteira serão realizadas pela Polícia Federal nos pontos de entrada e saída do território nacional, sem prejuízo de outras fiscalizações, nos limites de suas atribuições, realizadas pela Secretaria da Receita Federal do Brasil do Ministério da Fazenda e, quando for o caso, pelo Ministério da Saúde.

Parágrafo único. O imigrante deverá permanecer em área de fiscalização até que o seu documento de viagem tenha sido verificado, exceto nos casos previstos em lei.

Art. 166. Quando a entrada no território nacional ocorrer por via aérea, a fiscalização será realizada no aeroporto do local de destino de passageiros e tripulantes ou, caso ocorra a transformação do voo internacional em doméstico, no lugar onde ela ocorrer.

Parágrafo único. Quando a saída do território nacional ocorrer por via aérea, a fiscalização será realizada no aeroporto internacional do local de embarque ou, caso ocorra a transformação do voo doméstico em internacional, no lugar onde ela ocorrer.

Art. 167. Na hipótese de entrada ou saída por via terrestre, a fiscalização ocorrerá no local designado para esse fim.

Art. 168. Nos pontos de fiscalização migratória marítima, fluvial e lacustre, o controle migratório será realizado a bordo:

I. no porto de entrada da embarcação no território nacional; e

II. no porto de saída da embarcação do território nacional.

§ 1º O controle migratório previsto no caput poderá ser realizado em terminal portuário sempre que essa estrutura se mostrar mais adequada.

§ 2º O controle migratório de navios de turismo poderá ser feito em águas territoriais nacionais, conforme estabelecido pela Polícia Federal.

Art. 169. O direito de passagem inocente no mar territorial brasileiro será reconhecido aos navios de todas as nacionalidades, observado o disposto no art. 3º da Lei nº 8.617, de 4 de janeiro de 1993.

§ 1º A passagem será considerada inocente desde que não seja prejudicial à paz, à boa ordem ou à segurança do País, e deverá ser contínua e rápida.

§ 2º A passagem inocente poderá compreender o parar e o fundear, desde que tais procedimentos constituam incidentes comuns de navegação, sejam impostos por motivos de força maior ou por dificuldade grave, ou tenham por fim prestar auxílio a pessoas ou a navios em perigo ou em dificuldade grave.

§ 3º A fiscalização de passageiros, tripulantes e estafes de navios em passagem inocente não será realizada, exceto nas hipóteses previstas no § 2º, quando houver necessidade de descida de pessoas à terra ou subida a bordo do navio.

Art. 170. Na fiscalização de entrada, poderão ser exigidos:

I. comprovante de meio de transporte de saída do território nacional;

II. comprovante de meios de subsistência compatíveis com o prazo e com o objetivo da viagem pretendida; e

III. documentação que ateste a natureza das atividades que serão desenvolvidas no País, conforme definido em atos específicos.

Parágrafo único. Para confirmação do objetivo da viagem, documentos adicionais poderão ser requeridos.

SEÇÃO II - DO IMPEDIMENTO DE INGRESSO

Art. 171. Após entrevista individual e mediante ato fundamentado, o ingresso no País poderá ser impedido à pessoa:

ANOTAÇÕES

I. anteriormente expulsa do país, enquanto os efeitos da expulsão vigorarem;

II. nos termos definidos pelo Estatuto de Roma do Tribunal Penal Internacional, de 1998, promulgado pelo Decreto no 4.388, de 2002, condenada ou respondendo a processo por:

a) ato de terrorismo ou crime de genocídio;

b) crime contra a humanidade;

c) crime de guerra; ou

d) crime de agressão;

III. condenada ou respondendo a processo em outro país por crime doloso passível de extradição segundo a lei brasileira;

IV. que tenha o nome incluído em lista de restrições por ordem judicial ou por compromisso assumido pelo País perante organismo internacional;

V. que apresente documento de viagem que:

a) não seja válido no território nacional;

b) esteja com o prazo de validade vencido; ou

c) esteja com rasura ou indício de falsificação;

VI. que não apresente documento de viagem ou, quando admitido, documento de identidade;

VII. cuja razão da viagem não seja condizente com o visto ou com o motivo alegado para a isenção de visto ou que não possua visto válido, quando exigível;

VIII. que tenha comprovadamente fraudado documentação ou prestado informação falsa por ocasião da solicitação de visto;

IX. que tenha praticado ato contrário aos princípios e aos objetivos dispostos na Constituição;

X. a quem tenha sido denegado visto, enquanto permanecerem as condições que ensejaram a denegação;

XI. que não tenha prazo de estada disponível no ano migratório vigente, na qualidade de visitante;

XII. que tenha sido beneficiada com medida de transferência de pessoa condenada aplicada conjuntamente com impedimento de reingresso no território nacional, observado o disposto no § 2º do art. 103 da Lei nº. 13.445, de 2017, desde que ainda esteja no cumprimento de sua pena;

XIII. que não atenda às recomendações temporárias ou permanentes de emergências em saúde pública internacional definidas pelo Regulamento Sanitário Internacional; ou

XIV. que não atenda às recomendações temporárias ou permanentes de emergências em saúde pública de importância nacional definidas pelo Ministério da Saúde.

§ 1º O procedimento de efetivação do impedimento de ingresso será disciplinado em ato do dirigente máximo da Polícia Federal.

§ 2º Nas hipóteses previstas nos incisos XIII e XIV do caput, o fundamento para o impedimento de ingresso será comunicado à Polícia Federal pelo Ministério da Saúde.

Art. 172. A entrada condicional no território nacional de pessoa que não preencha os requisitos de admissão poderá, na impossibilidade de retorno imediato do imigrante impedido ou clandestino, ser autorizada pela Polícia Federal, por meio da assinatura de termo de compromisso, pelo transportador ou por seu agente, que assegure o custeio das despesas com a permanência e com as providências necessárias para a repatriação do imigrante.

Parágrafo único. Na hipótese de entrada condicional prevista no caput, a Polícia Federal fixará o prazo de estada, as condições a serem observadas e o local em que o imigrante impedido ou clandestino permanecerá.

Art. 173. O desembarque de marítimo embarcado em navio em viagem de longo curso portador de carteira de marítimo expedida por país não signatário de Convenção da Organização Internacional do Trabalho sobre a matéria não será permitido, hipótese em que ele deverá permanecer a bordo.

Art. 174. A admissão excepcional no País poderá ser autorizada à pessoa que se enquadre em uma das seguintes hipóteses, desde que esteja de posse de documento de viagem válido:

I. não possua visto ou seja titular de visto cujo prazo de validade tenha expirado;

II. seja titular de visto emitido com erro ou omissão;

III. tenha perdido a condição de residente por ter permanecido ausente do País por período superior a dois anos e detenha condições objetivas para a concessão de nova autorização de residência;

IV. seja criança ou adolescente desacompanhado do responsável legal e sem autorização expressa para viajar desacompanhado, independentemente do documento de viagem que portar, hipótese em que haverá encaminhamento ao Conselho Tutelar ou, se necessário, a instituição indicada pela autoridade competente;

V. outras situações emergenciais, caso fortuito ou força maior.

§ 1º Nas hipótese previstas no incisos I, II e V do caput, o prazo da admissão excepcional será de até oito dias.

§ 2º Nas hipóteses previstas nos incisos III e IV do caput, o prazo da admissão excepcional será de até trinta dias.

§ 3º A admissão excepcional poderá ser solicitada pelo Ministério das Relações Exteriores, por representação diplomática do país de nacionalidade da pessoa ou por órgão da administração pública, por meio de requerimento dirigido ao chefe da unidade da fiscalização migratória, conforme disposto em ato do dirigente máximo da Polícia Federal.

Art. 175. O tripulante ou o passageiro que, por motivo de força maior, seja obrigado a interromper a viagem no território nacional poderá ter o seu desembarque permitido por meio de termo de responsabilidade pelas despesas decorrentes do transbordo.

CAPÍTULO X - DA REGULARIZAÇÃO DA SITUAÇÃO MIGRATÓRIA

Art. 176. O imigrante que estiver em situação migratória irregular será pessoalmente notificado para que, no prazo de sessenta dias, contado da data da notificação, regularize a sua situação migratória ou deixe o País voluntariamente.

§ 1º A irregularidade migratória poderá ocorrer em razão de:

I. entrada irregular;

II. estada irregular; ou

III. cancelamento da autorização de residência.

§ 2º Ato do dirigente máximo da Polícia Federal disporá sobre a notificação pessoal por meio eletrônico, a publicação por edital em seu sítio eletrônico e os demais procedimentos de que trata este Capítulo.

§ 3º As irregularidades verificadas na situação migratória constarão, expressamente, da notificação de que trata o caput.

§ 4º O prazo estabelecido no caput será prorrogável por até sessenta dias, desde que o imigrante notificado compareça a unidade da Polícia Federal para justificar a necessidade da prorrogação e assinar termo de compromisso de que manterá as suas informações pessoais e relativas ao seu endereço atualizadas.

§ 5º A notificação a que se refere o caput não impedirá a livre circulação no território nacional, hipótese em que o imigrante deverá informar à Polícia Federal o seu local de domicílio e as atividades por ele exercidas no País e no exterior.

§ 6º Na hipótese de o imigrante notificado nos termos estabelecidos neste artigo não regularizar a sua situação migratória e comparecer a ponto de fiscalização para deixar o País após encerrado o prazo estabelecido no caput, será lavrado termo e registrada a saída do território nacional como deportação.

§ 7º A notificação será dispensada quando a irregularidade for constatada no momento da saída do imigrante do território nacional, e será lavrado termo e registrada a saída do território nacional como deportação, sem prejuízo da aplicação de multa, nos termos estabelecidos no inciso II do caput do art. 307.

§ 8º O prazo para regularização migratória de que trata o caput será deduzido do prazo de estada do visto de visita estabelecido no art. 20.

Art. 177. O procedimento administrativo de regularização da situação migratória será instruído com:

I. a comprovação da notificação do imigrante para regularizar a sua condição migratória ou deixar voluntariamente o País; e

II. a manifestação do interessado, quando apresentada.

CAPÍTULO XI - DAS MEDIDAS DE RETIRADA COMPULSÓRIA

SEÇÃO I - DISPOSIÇÕES GERAIS

Art. 178. São medidas de retirada compulsória:

I. a repatriação;

II. a deportação; e

III. a expulsão.

Art. 179. A repatriação, a deportação e a expulsão serão feitas para o país de nacionalidade ou de procedência do migrante ou do visitante, ou para outro país que o aceite, em observância aos tratados de que o País seja parte.

Art. 180. Não se procederá à repatriação, à deportação ou à expulsão de nenhum indivíduo quando subsistirem razões para acreditar que a medida poderá colocar em risco sua vida, sua integridade pessoal ou sua liberdade seja ameaçada por motivo de etnia, religião, nacionalidade, pertinência a grupo social ou opinião política.

Art. 181. O beneficiário de proteção ao apátrida, refúgio ou asilo político não será repatriado, deportado ou expulso enquanto houver processo de reconhecimento de sua condição pendente no País.

Parágrafo único. Na hipótese de deportação de apátrida, a medida de retirada compulsória somente poderá ser aplicada após autorização do Ministério da Justiça e Segurança Pública.

Art. 182. O procedimento de deportação dependerá de autorização prévia do Poder Judiciário no caso de migrante em cumprimento de pena ou que responda criminalmente em liberdade.

Art. 183. As medidas de retirada compulsória não serão feitas de forma coletiva.

§ 1º Entende-se por repatriação, deportação ou expulsão coletiva aquela que não individualiza a situação migratória irregular de cada migrante.

§ 2º A individualização das medidas de repatriação ocorrerá por meio de termo do qual constarão:

I. os dados pessoais do repatriando;

II. as razões do impedimento que deu causa à medida; e

III. a participação de intérprete, quando necessária.

§ 3º A individualização das medidas de deportação e expulsão ocorrerá por meio de procedimento administrativo instaurado nos termos estabelecidos nos art. 188 e art. 195.

Art. 184. O imigrante ou o visitante que não tenha atingido a maioridade civil, desacompanhado ou separado de sua família, não será repatriado ou deportado, exceto se a medida de retirada compulsória for comprovadamente mais favorável para a garantia de seus direitos ou para a reintegração a sua família ou a sua comunidade de origem.

SEÇÃO II - DA REPATRIAÇÃO

Art. 185. A repatriação consiste em medida administrativa da devolução ao país de procedência ou de nacionalidade da pessoa em situação de impedimento de ingresso, identificada no momento da entrada no território nacional.

§ 1º Caso a repatriação imediata não seja possível, a entrada do imigrante poderá ser permitida, desde que atenda ao disposto no § 2º.

ANOTAÇÕES

§ 2º Na hipótese prevista no § 1º, o transportador ou o seu agente deverá assinar termo de compromisso que assegure o custeio das despesas com a permanência e com as providências para a repatriação do imigrante, do qual constarão o seu prazo de estada, as condições e o local em que o imigrante.

§ 3º A Defensoria Pública da União será notificada, preferencialmente por meio eletrônico, quando o imigrante que não tenha atingido a maioridade civil estiver desacompanhado ou separado de sua família e quando a sua repatriação imediata não for possível.

§ 4º A ausência de manifestação da Defensoria Pública da União, desde que prévia e devidamente notificada, não impedirá a efetivação da medida de repatriação.

Art. 186. Ato do dirigente máximo da Polícia Federal estabelecerá os procedimentos administrativos necessários para a repatriação, conforme os tratados de que o País seja parte.

SEÇÃO III - DA DEPORTAÇÃO

Art. 187. A deportação consiste em medida decorrente de procedimento administrativo da qual resulta a retirada compulsória da pessoa que se encontre em situação migratória irregular no território nacional.

Parágrafo único. Os procedimentos concernentes à deportação observarão os princípios do contraditório, da ampla defesa e da garantia de recurso com efeito suspensivo.

Art. 188. O procedimento que poderá levar à deportação será instaurado pela Polícia Federal.

§ 1º O ato de que trata o caput conterá relato do fato motivador da medida e a sua fundamentação legal, e determinará:

I. a juntada do comprovante da notificação pessoal do deportando prevista no art. 176;

II. notificação, preferencialmente por meio eletrônico:

a) da repartição consular do país de origem do imigrante;

b) do defensor constituído do deportando, quando houver, para apresentação de defesa técnica no prazo de dez dias; e

c) da Defensoria Pública da União, na ausência de defensor constituído, para apresentação de defesa técnica no prazo de vinte dias.

§ 2º As irregularidades verificadas no procedimento administrativo da deportação constarão, expressamente, das notificações de que trata o § 1º.

§ 3º A assistência jurídica providenciará defesa técnica no prazo a que se refere o § 1º, e, se entender necessário:

I. tradutor ou intérprete; e

II. exames ou estudos.

§ 4º A ausência de manifestação da Defensoria Pública da União, desde que prévia e devidamente notificada, não impedirá a efetivação da medida de deportação.

Art. 189. Caberá recurso com efeito suspensivo da decisão sobre deportação no prazo de dez dias, contado da data da notificação do deportando.

Art. 190. Não se procederá à deportação se a medida configurar extradição não admitida pela legislação brasileira.

Art. 191. Ato do dirigente máximo da Polícia Federal disporá sobre os procedimentos administrativos necessários para a deportação.

Parágrafo único. Ato do Ministro de Estado da Justiça e Segurança Pública definirá as hipóteses de redução do prazo de que trata o § 6º do art. 50 da Lei nº 13.445, de 2017.

SEÇÃO IV - DA EXPULSÃO

Art. 192. A expulsão consiste em medida administrativa da retirada compulsória do território nacional instaurada por meio de Inquérito Policial de Expulsão, conjugada com impedimento de reingresso por prazo determinado do imigrante ou do visitante com sentença condenatória transitada em julgado pela prática de:

ANOTAÇÕES

I. nos termos definidos pelo Estatuto de Roma do Tribunal Penal Internacional, de 1998, promulgado pelo Decreto no 4.388, de 2002:

a) crime de genocídio;

b) crime contra a humanidade;

c) crime de guerra; ou

d) crime de agressão; ou

II. crime comum doloso passível de pena privativa de liberdade, consideradas a gravidade e as possibilidades de ressocialização no território nacional.

Art. 193. O Ministério da Justiça e Segurança Pública não procederá à expulsão daqueles a que se refere o art. 192 quando:

I. a medida configurar extradição não admitida pela lei brasileira;

II. o expulsando:

a) tiver filho brasileiro que esteja sob a sua guarda ou dependência econômica ou socioafetiva ou tiver pessoa brasileira sob a sua tutela;

b) tiver cônjuge ou companheiro residente no País, sem discriminação alguma, reconhecido judicial ou legalmente;

c) tiver ingressado no País antes de completar os doze anos de idade, desde que resida, desde então, no País; ou

d) seja pessoa com mais de setenta anos que resida no País há mais de dez anos, considerados a gravidade e o fundamento da expulsão.

Art. 194. Enquanto o procedimento de expulsão estiver pendente, o expulsando permanecerá aguardando a sua decisão, sem alteração de sua condição migratória.

Art. 195. O procedimento de expulsão será iniciado por meio de Inquérito Policial de Expulsão.

§ 1º O Inquérito Policial de Expulsão será instaurado pela Polícia Federal, de ofício ou por determinação do Ministro de Estado da Justiça e Segurança Pública, de requisição ou de requerimento fundamentado em sentença, e terá como objetivo produzir relatório final sobre a pertinência ou não da medida de expulsão, com o levantamento de subsídios para a decisão, realizada pelo Ministro de Estado da Justiça e Segurança Pública, acerca:

I. da existência de condição de inexpulsabilidade;

II. da existência de medidas de ressocialização, se houver execução de pena; e

III. da gravidade do ilícito penal cometido.

§ 2º A instauração do Inquérito Policial de Expulsão será motivada:

I. na hipótese prevista no inciso I do caput do art. 192, pelo recebimento, a qualquer tempo, por via diplomática, de sentença definitiva expedida pelo Tribunal Penal Internacional; ou

II. na hipótese prevista no inciso II do caput do art. 192, pela existência de sentença.

§ 3º Os procedimentos concernentes à expulsão observarão os princípios do contraditório e da ampla defesa.

§ 4º O ato de que trata o caput conterá relato do fato motivador da expulsão e a sua fundamentação legal, e determinará que seja realizada, de imediato, a notificação, preferencialmente por meio eletrônico:

I. do expulsando;

II. da repartição consular do país de origem do imigrante;

III. do defensor constituído do expulsando, quando houver; e

IV. da Defensoria Pública da União.

§ 5º A assistência jurídica providenciará defesa técnica no prazo a que se refere o art. 196, e, se entender necessário, tradutor ou intérprete.

§ 6º A expulsão somente ocorrerá após o trânsito em julgado da ação que julgar o processo de expulsão.

ANOTAÇÕES

Art. 196. O defensor constituído terá o prazo de dez dias para apresentação de defesa técnica no procedimento administrativo de expulsão e dez dias para interposição de pedido de reconsideração, quando for o caso.

Parágrafo único. Os prazos estabelecidos no caput serão contados em dobro em relação à Defensoria Pública da União.

Art. 197. Iniciado o processo de expulsão, o expulsando será notificado da sua instauração, além da data e do horário fixados para o seu interrogatório.

Parágrafo único. Se o expulsando não for encontrado, a Polícia Federal dará publicidade à instauração do Inquérito Policial de Expulsão em seu sítio eletrônico e tal publicação será considerada como notificação para todos os atos do referido procedimento.

Art. 198. Na hipótese de expulsando preso fora das dependências da Polícia Federal, a sua presença na repartição policial será solicitada ao juízo de execuções penais, sem prejuízo da autorização para realização de qualificação e interrogatório no estabelecimento penitenciário.

Art. 199. O expulsando que, regularmente notificado, não se apresentar ao interrogatório será considerado revel e a sua defesa caberá à Defensoria Pública da União ou, em sua ausência, a defensor dativo.

Parágrafo único. Na hipótese de revelia e de o expulsando se encontrar em lugar incerto e não sabido, a Polícia Federal providenciará a qualificação indireta do expulsando.

Art. 200. O Inquérito Policial de Expulsão será instruído com os seguintes documentos:

I. o ato a que se refere o art. 195, § 1º, e a documentação que fundamentou a sua edição;

II. a cópia da sentença penal condenatória e a certidão de trânsito em julgado, se disponíveis;

III. o documento do juízo de execução penal que ateste se o expulsando é beneficiário de medidas de ressocialização em cumprimento de penas cominadas ou executadas no território nacional, se já houver execução;

IV. o termo de notificação pessoal do expulsando ou a cópia da notificação publicada no sítio eletrônico da Polícia Federal;

V. os termos de notificação:

a) do representante consular do país de nacionalidade do expulsando; e

b) do defensor constituído do expulsando ou, em sua ausência, da Defensoria Pública da União ou de defensor dativo;

VI. o auto de qualificação e interrogatório;

VII. a defesa técnica apresentada:

a) pelo defensor constituído do expulsando, quando houver; ou

b) pela Defensoria Pública da União ou por defensor dativo;

VIII. o termo das diligências realizadas; e

IX. o relatório final.

§ 1º O Inquérito Policial de Expulsão poderá ser instruído com outros documentos, a critério da autoridade que o presidir.

§ 2º O documento a que se refere o inciso VII do caput será dispensado quando não for apresentado pela defesa do expulsando, desde que os termos de notificação tenham sido devidamente apresentados.

§ 3º O termo de compromisso assinado pelo expulsando constará do auto de qualificação e interrogatório, no qual assegurará que manterá as suas informações pessoais e relativas ao local de domicílio atualizadas.

§ 4º Durante o inquérito, suscitada a hipótese de inexpulsabilidade, as diligências para a sua confirmação serão providenciadas.

§ 5º Na hipótese de indeferimento das diligências requeridas pela defesa do expulsando, a autoridade que presidir o Inquérito Policial de Expulsão deverá elaborar despacho fundamentado.

ANOTAÇÕES

Art. 201. O direito à palavra deverá ser dado ao expulsando e ao seu defensor na oitiva de testemunhas e no interrogatório, anteriormente ao encerramento do Inquérito Policial de Expulsão.

Art. 202. O relatório final com a recomendação técnica pela efetivação da expulsão ou pelo reconhecimento de causa de impedimento da medida de retirada compulsória será encaminhado para apreciação e deliberação do Ministro de Estado da Justiça e Segurança Pública.

Art. 203. Publicado o ato do Ministro de Estado da Justiça e Segurança Pública que disponha sobre a expulsão e o prazo determinado de impedimento para reingresso no território nacional, o expulsando poderá interpor pedido de reconsideração no prazo de dez dias, contado da data da sua notificação pessoal.

Parágrafo único. Ato do dirigente máximo da Polícia Federal disporá sobre a notificação pessoal por meio eletrônico nas hipóteses de expulsão.

Art. 204. O prazo de vigência da medida de impedimento vinculada aos efeitos da expulsão será proporcional ao prazo total da pena aplicada e não será superior ao dobro de seu tempo.

§ 1º O prazo de vigência da medida de impedimento definido no ato a que se refere o art. 203 será contado da data da saída do imigrante expulso do País.

§ 2º O Ministério da Justiça e Segurança Pública registrará e informará à Polícia Federal sobre o decurso do período de impedimento de retorno do imigrante expulso ao País.

§ 3º Encerrado o prazo para o pedido de reconsideração sem que haja formalização do pedido pelo expulsando ou no caso de seu indeferimento, a Polícia Federal ficará autorizada a efetivar o ato expulsório.

Art. 205. A existência de procedimento de expulsão não impedirá a saída do expulsando do País.

§ 1º A saída voluntária do expulsando do País não suspenderá o processo de expulsão.

§ 2º Quando verificado que o expulsando com expulsão já decretada tenha comparecido a ponto de fiscalização para deixar voluntariamente o País, será lavrado termo e registrada a saída do território nacional como expulsão.

Art. 206. O requerimento de suspensão dos efeitos e de revogação da medida de expulsão e de impedimento de ingresso e permanência no território nacional deverá ter por fundamento a ocorrência de causa de inexpulsabilidade prevista no art. 193, caput, inciso II, alíneas "a" a "d", quando não observada ou não existente no decorrer do processo administrativo.

§ 1º O requerimento a que se refere o caput poderá ser apresentado em representação diplomática brasileira e será enviado ao Ministério da Justiça e Segurança Pública para avaliação.

§ 2º O efeito da medida impeditiva de reingresso não será automaticamente suspenso com a apresentação do requerimento a que se refere o caput, hipótese em que a suspensão ficará sujeita à decisão do Ministério da Justiça e Segurança Pública.

§ 3º O requerimento a que se refere o caput terá prioridade em sua instrução e sua decisão.

§ 4º Caberá ao Ministro de Estado da Justiça e Segurança Pública decidir sobre a revogação da medida de expulsão.

SEÇÃO V - DA EFETIVAÇÃO E DO CUSTEIO DAS MEDIDAS DE RETIRADA COMPULSÓRIA

Art. 207. Ato do Ministro de Estado da Justiça e Segurança Pública disporá sobre o regramento específico para efetivação em caráter excepcional da repatriação e da deportação de pessoa que tenha praticado ato contrário aos princípios e aos objetivos dispostos na Constituição, nos termos estabelecidos no art. 45, caput, inciso IX, da Lei nº 13.445, de 2017.

Art. 208. A efetivação da medida de retirada compulsória será feita por meio de termo da Polícia Federal, que também comunicará, por meio da Organização Internacional de Polícia Criminal - Interpol, as autoridades policiais e migratórias dos países de escala, conexões e destino.

ANOTAÇÕES

Art. 209. As medidas de cooperação internacional poderão ser aplicadas conjuntamente com qualquer medida de retirada compulsória e, se for o caso, de impedimento de reingresso no território nacional.

Parágrafo único. A efetivação prévia de medida de cooperação internacional não prejudicará o processamento de medida de retirada compulsória.

Art. 210. A pessoa em situação de impedimento de ingresso, identificada no momento da entrada no território nacional, que não possa ser repatriada de imediato, será mantida em liberdade vigiada até a sua devolução ao país de procedência ou de nacionalidade, quando essa necessidade for identificada pela Polícia Federal.

Art. 211. O delegado da Polícia Federal poderá representar perante o juízo federal pela prisão ou por outra medida cautelar, observado o disposto no Título IX do Decreto-Lei nº 3.689, de 3 de outubro de 1941 - Código de Processo Penal.

§ 1º A medida cautelar aplicada vinculada à mobilidade do imigrante ou do visitante deverá ser comunicada ao juízo federal e à repartição consular do país de nacionalidade do preso e registrada em sistema próprio da Polícia Federal.

§ 2º Na hipótese de o imigrante sobre quem recai a medida estar preso por outro motivo, o fato deverá ser comunicado ao juízo de execuções penais competente, para determinar a apresentação do deportando ou do expulsando à Polícia Federal.

§ 3º O deportando ou o expulsando preso será informado de seus direitos, observado o disposto no inciso LXIII do caput do art. 5º da Constituição e, caso ele não informe o nome de seu defensor, a Defensoria Pública da União será notificada.

Art. 212. O custeio das despesas com a retirada compulsória correrá com recursos da União somente depois de esgotados todos os esforços para a sua efetivação com recursos da pessoa sobre quem recair a medida, do transportador ou de terceiros.

Parágrafo único. A retirada compulsória às expensas da União conterá, para efeito de programação financeira, o detalhamento prévio das despesas com a efetivação da medida.

CAPÍTULO XII - DA NACIONALIDADE E DA NATURALIZAÇÃO

SEÇÃO I - DA OPÇÃO PELA NACIONALIDADE BRASILEIRA

Art. 213. A opção pela nacionalidade é o ato pelo qual o brasileiro nascido no exterior e que não tenha sido registrado em repartição consular confirma, perante a autoridade judiciária competente, a sua intenção de manter a nacionalidade brasileira.

§ 1º A opção de nacionalidade não importará a renúncia de outras nacionalidades.

§ 2º A opção de nacionalidade é ato personalíssimo e deverá ocorrer por meio de procedimento específico, de jurisdição voluntária, perante a Justiça Federal, a qualquer tempo, após atingida a maioridade civil.

§ 3º A União sempre será ouvida no processo de opção de nacionalidade por meio de citação dirigida à Advocacia-Geral da União, observado o disposto no art. 721 da Lei nº 13.105, de 16 de março de 2015 - Código de Processo Civil.

Art. 214. O filho de pai ou de mãe brasileira nascido no exterior e que não tenha sido registrado em repartição consular poderá, a qualquer tempo, desde que esteja residindo no País, promover ação de opção de nacionalidade.

Art. 215. O filho de pai ou mãe brasileira nascido no exterior e cujo registro estrangeiro de nascimento tenha sido transcrito diretamente em cartório competente no País terá a confirmação da nacionalidade vinculada à opção pela nacionalidade brasileira e pela residência no território nacional.

ANOTAÇÕES

§ 1º Depois de atingida a maioridade e até que se faça a opção pela nacionalidade brasileira, a condição de brasileiro nato ficará suspensa para todos os efeitos.

§ 2º Feita a opção pela nacionalidade brasileira, os efeitos da condição de brasileiro nato retroagem à data de nascimento do interessado.

Art. 216. A comprovação da opção pela nacionalidade brasileira ocorrerá por meio do registro da sentença no Cartório de Registro Civil das Pessoas Naturais, observado o disposto no art. 29, caput,inciso VII, da Lei nº 6.015, de 31 de dezembro de 1973.

Parágrafo único. O órgão de registro deverá informar, periodicamente, os dados relativos à opção pela nacionalidade brasileira à Polícia Federal.

Art. 217. O registro consular de nascimento deverá ser trasladado em Cartório de Registro Civil das Pessoas Naturais para gerar efeitos plenos no território nacional, observado o disposto no art. 32 da Lei nº 6.015, de 1973.

SEÇÃO II - DAS CONDIÇÕES DA NATURALIZAÇÃO

Art. 218. A naturalização, cuja concessão é de competência exclusiva do Ministério da Justiça e Segurança Pública, poderá ser:

I. ordinária;

II. extraordinária;

III. especial; ou

IV. provisória.

Art. 219. Ato do Ministro de Estado da Justiça e Segurança Pública disporá sobre os documentos e as diligências necessários à comprovação dos requisitos para a solicitação de cada tipo de naturalização.

Art. 220. Ato do Ministro de Estado da Justiça e Segurança Pública concederá a naturalização, desde que satisfeitas as condições objetivas necessárias à naturalização, consideradas requisito preliminar para o processamento do pedido.

Art. 221. Para fins de contagem dos prazos de residência mencionados nas exigências para obtenção da naturalização ordinária e extraordinária, serão considerados os períodos em que o imigrante tenha passado a residir no País por prazo indeterminado.

Parágrafo único. A residência será considerada fixa, para fins da naturalização provisória prevista no art. 244, a partir do momento em que o imigrante passar a residir no País por prazo indeterminado.

Art. 222. A avaliação da capacidade do naturalizando de se comunicar em língua portuguesa será regulamentada por ato do Ministro de Estado da Justiça e Segurança Pública.

Parágrafo único. Para fins do disposto no inciso III do caput do art. 233 e no inciso II do caput do art. 241, as condições do naturalizando quanto à capacidade de comunicação em língua portuguesa considerarão aquelas decorrentes de deficiência, nos termos da legislação vigente.

Art. 223. O naturalizando poderá requerer a tradução ou a adaptação de seu nome à língua portuguesa.

Art. 224. O interessado que desejar ingressar com pedido de naturalização ordinária, extraordinária, provisória ou de transformação da naturalização provisória em definitiva deverá apresentar requerimento em unidade da Polícia Federal, dirigido ao Ministério da Justiça e Segurança Pública.

Parágrafo único. Na hipótese de naturalização especial, a petição poderá ser apresentada a autoridade consular brasileira, que a remeterá ao Ministério da Justiça e Segurança Pública.

Art. 225. As notificações relacionadas com o processo de naturalização serão efetuadas preferencialmente por meio eletrônico.

Art. 226. Os Ministérios da Justiça e Segurança Pública e das Relações Exteriores tramitarão os pedidos de naturalização por meio de sistema eletrônico integrado.

Art. 227. A Polícia Federal, ao processar o pedido de naturalização:

I. coletará os dados biométricos do naturalizando;

II. juntará as informações sobre os antecedentes criminais do naturalizando; e

III. relatará o requerimento de naturalização; e

IV. poderá apresentar outras informações que instruam a decisão quanto ao pedido de naturalização.

Parágrafo único. Na hipótese de naturalização especial, a coleta dos dados biométricos prevista no inciso I do caput será realizada pelo Ministério das Relações Exteriores.

Art. 228. O procedimento de naturalização se encerrará no prazo de cento e oitenta dias, contado da data do recebimento do pedido.

§ 1º Na hipótese de naturalização especial, a contagem do prazo se iniciará a partir do recebimento do pedido pelo Ministério da Justiça e Segurança Pública.

§ 2º Caso sejam necessárias diligências para o procedimento de naturalização, o prazo previsto no caput poderá ser prorrogado por meio de ato do Ministro de Estado da Justiça e Segurança Pública que fundamente a prorrogação.

Art. 229. O brasileiro que tenha optado pela nacionalidade brasileira ou aquele naturalizado que tenha cumprido as suas obrigações militares no país de sua nacionalidade anterior fará jus ao Certificado de Dispensa de Incorporação.

Art. 230. A naturalização produz efeitos após a data da publicação no Diário Oficial da União do ato de naturalização.

§ 1º Publicado o ato de naturalização no Diário Oficial da União, o Ministério da Justiça e Segurança Pública comunicará as naturalizações concedidas, preferencialmente por meio eletrônico:

I. ao Ministério da Defesa;

II. ao Ministério das Relações Exteriores; e

III. à Polícia Federal.

§ 2º O registro do ato de concessão da naturalização será realizado, em sistema próprio do Ministério da Justiça e Segurança Pública, com o nome anterior e, caso exista, o traduzido ou o adaptado.

Art. 231. No prazo de até um ano após a concessão da naturalização, o naturalizado maior de dezoito anos e menor de setenta anos deverá comparecer perante a Justiça Eleitoral para o devido cadastramento.

Parágrafo único. A informação quanto à necessidade de comparecimento ou não perante a Justiça Eleitoral constará da decisão de naturalização publicada pelo Ministério da Justiça e Segurança Pública no Diário Oficial da União.

Art. 232. O prazo para apresentação de recurso na hipótese de indeferimento do pedido de naturalização será de dez dias, contado da data do recebimento da notificação.

§ 1º O recurso deverá ser julgado no prazo de sessenta dias, contado da data da sua interposição.

§ 2º A manutenção da decisão não impedirá a apresentação de novo pedido de naturalização, desde que satisfeitas as condições objetivas necessárias à naturalização.

§ 3º Na hipótese de naturalização especial, o prazo estabelecido no caput será contado da data da notificação do requerente pelo Ministério das Relações Exteriores.

SEÇÃO III - DA NATURALIZAÇÃO ORDINÁRIA

Art. 233. No procedimento para a concessão de naturalização ordinária, deverão ser comprovados:

I. capacidade civil, segundo a lei brasileira;

II. residência no território nacional, pelo prazo mínimo de quatro anos;

III. capacidade de se comunicar em língua portuguesa, consideradas as condições do naturalizando; e

IV. inexistência de condenação penal ou comprovação de reabilitação, nos termos da legislação vigente.

§ 1º O prazo de residência no território nacional a que se refere o inciso II do caput deverá ser imediatamente anterior à apresentação do pedido.

ANOTAÇÕES

§ 2º Na contagem do prazo previsto no inciso II do caput, as viagens esporádicas do naturalizando ao exterior cuja soma dos períodos de duração não ultrapassem o período de doze meses não impedirão o deferimento da naturalização ordinária.

§ 3º A posse ou a propriedade de bens no País não será prova suficiente do requisito estabelecido no inciso II do caput, hipótese em que deverá ser comprovada a residência efetiva no País.

§ 4º O Ministério da Justiça e Segurança Pública consultará bancos de dados oficiais para comprovar o prazo de residência de que trata o inciso II do caput.

Art. 234. O pedido de naturalização ordinária se efetivará por meio da:

I. apresentação da Carteira de Registro Nacional Migratório do naturalizando;

II. comprovação de residência no território nacional pelo prazo mínimo requerido;

III. demonstração do naturalizando de que se comunica em língua portuguesa, consideradas as suas condições;

IV. apresentação de certidões de antecedentes criminais expedidas pelos Estados onde tenha residido nos últimos quatro anos e, se for o caso, de certidão de reabilitação; e

V. apresentação de atestado de antecedentes criminais expedido pelo país de origem.

Art. 235. O prazo de residência mínimo estabelecido no inciso II do caput do art. 233 será reduzido para um ano se o naturalizando preencher um dos seguintes requisitos:

I. ter filho brasileiro nato ou naturalizado, ressalvada a naturalização provisória; ou

II. ter cônjuge ou companheiro brasileiro e não estar dele separado legalmente ou de fato no momento de concessão da naturalização.

Art. 236. O prazo de residência mínimo estabelecido no inciso II do caput do art. 233 será reduzido para dois anos se o naturalizando preencher um dos seguintes requisitos:

I. ter prestado ou poder prestar serviço relevante ao País; ou

II. ser recomendo por sua capacidade profissional, científica ou artística.

Parágrafo único. A avaliação sobre a relevância do serviço prestado ou a ser prestado ao País e sobre a capacidade profissional, científica ou artística será realizada pelo Ministério da Justiça e Segurança Pública, que poderá consultar outros órgãos da administração pública.

Art. 237. Observado o disposto no art. 12, caput, inciso II, alínea "a", da Constituição, para os imigrantes originários de países de língua portuguesa serão exigidas:

I. residência no País por um ano ininterrupto; e

II. idoneidade moral.

SEÇÃO IV - DA NATURALIZAÇÃO EXTRAORDINÁRIA

Art. 238. A naturalização extraordinária será concedida a pessoa de qualquer nacionalidade que tenha fixado residência no território nacional há mais de quinze anos ininterruptos e sem condenação penal, ou já reabilitada na forma da legislação vigente, desde que requeira a nacionalidade brasileira.

§ 1º O prazo de residência no território nacional a que se refere o caput deverá ser imediatamente anterior à apresentação do pedido.

§ 2º Na contagem do prazo previsto no caput, as viagens esporádicas do naturalizando ao exterior não impedirão o deferimento da naturalização extraordinária.

§ 3º A posse ou a propriedade de bens no País não será prova suficiente do requisito estabelecido no caput, hipótese em que deverá ser comprovada a residência efetiva no País.

§ 4º O Ministério da Justiça e Segurança Pública poderá consultar bancos de dados oficiais para comprovar o prazo de residência no País previsto no caput.

ANOTAÇÕES

ANOTAÇÕES

Art. 239. O pedido de naturalização extraordinária se efetivará por meio da apresentação:

I. da Carteira de Registro Nacional Migratório do naturalizando;

II. de certidões de antecedentes criminais expedidas pelos Estados onde tenha residido nos últimos quatro anos e, se for o caso, de certidão de reabilitação; e

III. de atestado de antecedentes criminais expedido pelo país de origem.

SEÇÃO V - DA NATURALIZAÇÃO ESPECIAL

Art. 240. A naturalização especial poderá ser concedida ao estrangeiro que se enquadre em uma das seguintes hipóteses:

I. ser cônjuge ou companheiro, há mais de cinco anos, de integrante do Serviço Exterior Brasileiro em atividade ou de pessoa a serviço do Estado brasileiro no exterior; ou

II. ser ou ter sido empregado em missão diplomática ou em repartição consular do País por mais de dez anos ininterruptos.

§ 1º Para fins do disposto no inciso I do caput, considera-se pessoa a serviço do Estado brasileiro aquela cujo ato de designação ou nomeação tenha sido feito por autoridade competente e publicado no Diário Oficial da União.

§ 2º Serão computados na contagem do prazo estabelecido no inciso II do caput os afastamentos do empregado por motivo de:

I. férias;

II. licença-maternidade ou licença-paternidade;

III. saúde; ou

IV. licença, nos termos da legislação trabalhista do país em que esteja instalada a missão diplomática ou repartição consular, cujo prazo de duração seja inferior a seis meses.

Art. 241. No procedimento para a concessão da naturalização especial deverão ser comprovados:

I. capacidade civil, segundo a lei brasileira;

II. capacidade de se comunicar em língua portuguesa, consideradas as condições do naturalizando; e

III. inexistência de condenação penal ou comprovação de reabilitação, nos termos da legislação vigente.

Art. 242. O pedido de naturalização especial se efetivará por meio da:

I. apresentação de documento de identidade civil válido do naturalizando;

II. demonstração do naturalizando de que se comunica em língua portuguesa, consideradas as suas condições;

III. apresentação de atestado de antecedentes criminais expedido pelo país de origem e, se residir em país diferente, também pelo país de residência.

Art. 243. Ato conjunto dos Ministros de Estado da Justiça e Segurança Pública e das Relações Exteriores disporá sobre os documentos necessários para a comprovação dos requisitos estabelecidos para a solicitação de naturalização especial.

SEÇÃO VI - DA NATURALIZAÇÃO PROVISÓRIA

Art. 244. A naturalização provisória poderá ser concedida ao migrante criança ou adolescente que tenha fixado residência no território nacional antes de completar dez anos de idade e deverá ser requerida por intermédio de seu representante legal.

Art. 245. O pedido de naturalização provisória se efetivará por meio da apresentação:

I. da Carteira de Registro Nacional Migratório do naturalizando; e

II. de documento de identificação civil do representante ou do assistente legal da criança ou do adolescente.

Art. 246. A naturalização provisória será convertida em definitiva se o naturalizando expressamente assim o requerer ao Ministério da Justiça e Segurança Pública no prazo de dois anos após atingir a maioridade civil.

ANOTAÇÕES

§ 1º Na avaliação do pedido de conversão de que trata o caput, será exigida a apresentação de certidões de antecedentes criminais expedidas pelos Estados onde o naturalizando tenha residido após completar a maioridade civil e, se for o caso, de certidão de reabilitação.

§ 2º O Ministério da Justiça e Segurança Pública consultará bancos de dados oficiais para comprovar a residência do naturalizando no País.

SEÇÃO VII - DA IGUALDADE DE DIREITOS ENTRE PORTUGUESES E BRASILEIROS

Art. 247. O procedimento para solicitação de igualdade de direitos entre portugueses e brasileiros a que se referem a Convenção de Reciprocidade de Tratamento entre Brasileiros e Portugueses, promulgada pelo Decreto no 70.391, de 12 de abril de 1972, e o Tratado de Amizade, Cooperação e Consulta entre a República Federativa do Brasil e a República Portuguesa, promulgado pelo Decreto no3.927, de 19 de setembro de 2001, será previsto em ato do Ministro de Estado da Justiça e Segurança Pública.

SEÇÃO VIII - DA PERDA DA NACIONALIDADE

Art. 248. O naturalizado perderá a nacionalidade em razão de sentença transitada em julgado por atividade nociva ao interesse nacional, nos termos estabelecidos no art. 12, § 4º, inciso I, da Constituição.

Parágrafo único. A sentença judicial que cancelar a naturalização por atividade nociva ao interesse nacional produzirá efeitos após o trânsito em julgado.

Art. 249. A perda da nacionalidade será declarada ao brasileiro que adquirir outra nacionalidade, exceto nas seguintes hipóteses:

I. de reconhecimento de nacionalidade originária pela lei estrangeira; e

II. de imposição de naturalização, pela norma estrangeira, ao brasileiro residente em estado estrangeiro, como condição para permanência em seu território ou para o exercício de direitos civis.

Art. 250. A declaração da perda de nacionalidade brasileira se efetivará por ato do Ministro de Estado da Justiça e Segurança Pública, após procedimento administrativo, no qual serão garantidos os princípios do contraditório e da ampla defesa.

Art. 251. Na hipótese de procedimento de perda de nacionalidade instaurado a pedido do interessado, a solicitação deverá conter, no mínimo:

I. a identificação do interessado, com a devida documentação;

II. o relato do fato motivador e a sua fundamentação legal;

III. a documentação que comprove a incidência de hipótese de perda de nacionalidade, devidamente traduzida, se for o caso;

IV. endereço de correio eletrônico do interessado, se o possuir.

§ 1º O Ministério da Justiça e Segurança Pública dará publicidade da decisão quanto à perda de nacionalidade em seu sítio eletrônico, inclusive quando houver interposição de recurso.

§ 2º Caberá recurso da decisão a que se refere o § 1º à instância imediatamente superior, no prazo de dez dias, contado da data da publicação no sítio eletrônico do Ministério da Justiça e Segurança Pública.

Art. 252. O Ministério da Justiça e Segurança Pública dará ciência da perda da nacionalidade:

I. ao Ministério das Relações Exteriores;

II. ao Conselho Nacional de Justiça; e

III. à Polícia Federal.

Art. 253. O risco de geração de situação de apatridia será considerado previamente à declaração da perda da nacionalidade.

SEÇÃO IX - DA REAQUISIÇÃO DA NACIONALIDADE

Art. 254. O brasileiro que houver perdido a nacionalidade, em razão do disposto no inciso II do § 4º do art. 12 da Constituição, poderá, se cessada a causa, readquiri-la ou ter revogado o ato que declarou a sua perda.

§ 1º Cessada a causa da perda de nacionalidade, o interessado, por meio de requerimento endereçado ao Ministro da Justiça e Segurança Pública, poderá pleitear a sua reaquisição.

§ 2º A reaquisição da nacionalidade brasileira ficará condicionada à:

I. comprovação de que possuía a nacionalidade brasileira; e

II. comprovação de que a causa que deu razão à perda da nacionalidade brasileira cessou.

§ 3º A cessação da causa da perda da nacionalidade brasileira poderá ser demonstrada por meio de ato do interessado que represente pedido de renúncia da nacionalidade então adquirida.

§ 4º O ato que declarou a perda da nacionalidade poderá ser revogado por decisão do Ministro de Estado da Justiça e Segurança Pública caso seja constatado que estava presente uma das exceções previstas nas alíneas "a" e "b" do inciso II do § 4º do art. 12 da Constituição.

§ 5º A decisão de revogação será fundamentada por meio da comprovação de reconhecimento de nacionalidade originária pela lei estrangeira ou de imposição de naturalização, o que poderá ser realizado por qualquer meio permitido na legislação brasileira.

§ 6º Os efeitos decorrentes da perda da nacionalidade constarão da decisão de revogação.

§ 7º O deferimento do requerimento de reaquisição ou a revogação da perda importará no restabelecimento da nacionalidade originária brasileira.

CAPÍTULO XIII - DO EMIGRANTE

Art. 255. O recrutamento, no território nacional, de brasileiro para trabalhar no exterior em empresa estrangeira cujo capital social tenha participação de empresa brasileira será regulamentado em ato do Ministro de Estado do Trabalho.

SEÇÃO I - DAS POLÍTICAS PÚBLICAS PARA OS EMIGRANTES

Art. 256. As políticas públicas para os emigrantes observarão os seguintes princípios e diretrizes:

I. proteção e prestação de assistência consular por meio das representações do País no exterior, a fim de proteger os interesses dos nacionais brasileiros;

II. promoção de condições de vida digna, por meio, entre outros, da facilitação do registro consular e da prestação de serviços consulares relativos às áreas de educação, saúde, trabalho, previdência social e cultura;

III. promoção de estudos e pesquisas sobre os emigrantes e as comunidades de brasileiros no exterior, a fim de subsidiar a formulação de políticas públicas;

IV. atuação diplomática, nos âmbitos bilateral, regional e multilateral, em defesa dos direitos do emigrante brasileiro, conforme o direito internacional;

V. ação governamental integrada, sob a coordenação do Ministério das Relações Exteriores, com a participação de órgãos da administração pública com atuação nas áreas temáticas mencionadas nos incisos I, II, III e IV, com vistas a assistir as comunidades brasileiras no exterior; e

VI. esforço permanente de desburocratização, atualização e modernização do sistema de atendimento, com o objetivo de aprimorar a assistência ao emigrante.

Art. 257. A assistência consular compreende:

I. o acompanhamento de casos de acidentes, hospitalização, falecimento e prisão no exterior;

II. a localização e a repatriação de nacionais brasileiros; e

III. o apoio em casos de conflitos armados e catástrofes naturais.

§ 1º A assistência consular não compreende o custeio de despesas com sepultamento e traslado de corpos de nacionais que tenham falecido do exterior, nem despesas com hospitalização, excetuados os itens médicos e o atendimento emergencial em situações de caráter humanitário.

§ 2º A assistência consular observará as disposições do direito internacional e das leis locais do país em que a representação do País no exterior estiver sediada.

Art. 258. Caberá aos Ministérios das Relações Exteriores e da Fazenda buscar garantir a isonomia de tratamento aos brasileiros que, residentes no exterior, recebam suas aposentadorias e suas pensões no âmbito de tratado sobre previdência social de que o País seja parte.

SEÇÃO II - DOS DIREITOS DO EMIGRANTE

Art. 259. O emigrante que decidir retornar ao País com ânimo de residência poderá introduzir no País, com isenção de direitos de importação e de taxas aduaneiras, os bens novos ou usados que o viajante, em compatibilidade com as circunstâncias de sua viagem, puder destinar para o uso ou o consumo pessoal e profissional, sempre que, por sua quantidade, natureza ou variedade, não permitam presumir importação ou exportação com fins comerciais ou industriais.

Art. 260. Na hipótese de ameaça à paz social e à ordem pública por instabilidade institucional grave ou iminente ou de calamidade de grande proporção na natureza, deverá ser prestada assistência especial ao emigrante pelas representações brasileiras no exterior.

Parágrafo único. Em situação de instabilidade política ou catástrofe natural, caberá ao Ministério das Relações Exteriores avaliar a efetiva ameaça à integridade física dos brasileiros afetados por desastres naturais, ameaças e conturbações diversas e avaliar as ações de apoio que se mostrem efetivamente necessárias.

Art. 261. O tripulante brasileiro contratado por embarcação ou armadora estrangeira, de cabotagem ou a longo curso e com sede ou filial no País que explore economicamente o mar territorial e a costa brasileira terá direito a seguro a cargo do contratante, válido para todo o período da contratação, conforme disposto no Registro de Embarcações Brasileiras, contra acidente de trabalho, invalidez total ou parcial e morte, sem prejuízo de benefícios de apólice mais favorável vigente no exterior.

CAPÍTULO XIV - DAS MEDIDAS DE COOPERAÇÃO VINCULADAS À MOBILIDADE

SEÇÃO I - DA EXTRADIÇÃO

Art. 262. A extradição é a medida de cooperação internacional entre o Estado brasileiro e outro Estado pela qual será concedida ou solicitada a entrega de pessoa sobre quem recaia condenação criminal definitiva ou para fins de instrução de processo penal em curso.

§ 1º A tramitação do pedido será feita por via diplomática ou pelas autoridades centrais designadas para esse fim.

§ 2º A extradição e a sua rotina de comunicação serão realizadas pelo Ministério da Justiça e Segurança Pública em coordenação com o Ministério das Relações Exteriores e com as autoridades judiciárias e policiais competentes.

Art. 263. São condições para concessão da extradição:

I. o crime ter sido cometido no território do Estado requerente ou serem aplicáveis ao extraditando as leis penais desse Estado; e

II. o extraditando estar respondendo a processo investigatório ou a processo penal ou ter sido condenado pelas autoridades judiciárias do Estado requerente à pena privativa de liberdade superior a dois anos.

Art. 264. Compete ao Ministério da Justiça e Segurança Pública a autorização de trânsito de pessoas extraditadas por pedido de outros Estados estrangeiros pelo território nacional, observado o disposto na Lei nº 13.445, de 2017.

ANOTAÇÕES

ANOTAÇÕES

LEIS

ANOTAÇÕES

Art. 265. Ato do Ministro de Estado da Justiça e Segurança Pública disporá sobre os procedimentos necessários para efetivar as extradições em que o Estado brasileiro figure no polo ativo ou passivo.

SUBSEÇÃO I - DA EXTRADIÇÃO PASSIVA

Art. 266. A extradição passiva ocorre quando o Estado estrangeiro solicita ao Estado brasileiro a entrega de pessoa que se encontre no território nacional sobre quem recaia condenação criminal definitiva ou para fins de instrução de processo penal em curso.

Parágrafo único. O disposto no caput não impedirá a transferência temporária de pessoas sob custódia para fins de auxílio jurídico mútuo, nos termos de tratado ou de promessa de reciprocidade de tratamento.

Art. 267. A extradição não será concedida quando:

I. o indivíduo cuja extradição seja solicitada ao País for brasileiro nato;

II. o fato que motivar o pedido não for considerado crime no País ou no Estado requerente;

III. o País for competente, segundo as suas leis, para julgar o crime imputado ao extraditando;

IV. a lei brasileira impuser ao crime pena de prisão inferior a dois anos;

V. o extraditando estiver respondendo a processo ou já houver sido condenado ou absolvido no País pelo mesmo fato em que se fundar o pedido;

VI. a punibilidade estiver extinta pela prescrição, segundo a lei brasileira ou a do Estado requerente;

VII. o fato constituir crime político ou de opinião;

VIII. o extraditando tiver de responder, no Estado requerente, perante tribunal ou juízo de exceção; ou

IX. o extraditando for beneficiário de refúgio, nos termos da Lei nº 9.474, de 1997, ou de asilo territorial.

§ 1º A hipótese prevista no inciso VII do caput não impedirá a extradição quando o fato constituir, principalmente, infração à lei penal comum ou quando o crime comum, conexo ao delito político, constituir o fato principal.

§ 2º A apreciação do caráter da infração caberá ao Supremo Tribunal Federal.

§ 3º Para determinar a incidência da hipótese prevista no inciso I do caput, a anterioridade do fato gerador da extradição será observada nos casos de aquisição de outra nacionalidade por naturalização.

§ 4º O Supremo Tribunal Federal poderá deixar de considerar crime político:

I. atentado contra chefe de Estado ou outras autoridades;

II. crime contra a humanidade;

III. crime de guerra;

IV. crime de genocídio; e

V. ato de terrorismo.

§ 5º A extradição de brasileiro naturalizado pela prática de crime comum antes da naturalização ou o envolvimento em tráfico ilícito de entorpecentes e drogas afins independerá da perda da nacionalidade.

Art. 268. O extraditando poderá entregar-se voluntariamente ao Estado requerente, desde que o declare expressamente, esteja assistido por advogado e seja advertido de que tem direito ao processo judicial de extradição e à proteção que tal direito encerra, hipótese em que o pedido será decidido pelo Supremo Tribunal Federal.

Art. 269. O pedido de extradição originário de Estado estrangeiro será recebido pelo Ministério da Justiça e Segurança Pública e, após o exame da presença dos pressupostos formais de admissibilidade exigidos na Lei nº 13.445, de 2017, ou em tratado de que o País seja parte, será encaminhado ao Supremo Tribunal Federal.

§ 1º Os compromissos de que trata o art. 274 deverão ser apresentados no ato de formalização do pedido pelo Estado requerente.

ANOTAÇÕES

§ 2º Não preenchidos os pressupostos de que trata este artigo, o pedido será arquivado mediante decisão fundamentada, sem prejuízo da possibilidade de renovação do pedido, devidamente instruído, uma vez superado o óbice apontado.

Art. 270. Nenhuma extradição será concedida sem prévio pronunciamento do Supremo Tribunal Federal sobre sua legalidade e sua procedência.

Parágrafo único. Não caberá recurso da decisão proferida pelo Supremo Tribunal Federal.

Art. 271. Julgada procedente a extradição pelo Supremo Tribunal Federal, o Ministério da Justiça e Segurança Pública avaliará se o estrangeiro cumpre os requisitos para ser extraditado.

Parágrafo único. Em caso positivo, o cumprimento dos requisitos será comunicado por via diplomática ou pelas autoridades centrais ao Estado requerente, que, no prazo de sessenta dias, contado da data da ciência da comunicação, deverá retirar o extraditando do território nacional.

Art. 272. Se o extraditando estiver respondendo a processo ou tiver sido condenado no País por crime punível com pena privativa de liberdade, a extradição apenas será executada após a conclusão do processo ou o cumprimento total da pena, exceto nas seguintes hipóteses:

I. liberação antecipada do extraditando pelo Poder Judiciário; ou

II. solicitação do extraditando para ser transferido para cumprir o restante da pena em seu país de origem ou no país onde possuía residência habitual ou possua vínculo pessoal.

Art. 273. Se o Estado requerente não retirar o extraditando do território nacional no prazo estabelecido no art. 272, ele será posto em liberdade, sem prejuízo de outras medidas aplicáveis.

Art. 274. A entrega do extraditando não será efetivada sem que o Estado requerente assuma o compromisso de:

I. não submeter o extraditando a prisão ou a processo por fato anterior ao pedido de extradição;

II. computar o tempo de prisão que, no País, tenha sido imposta por força da extradição;

III. comutar a pena corporal, perpétua ou de morte em pena privativa de liberdade, respeitado o limite máximo de cumprimento de trinta anos;

IV. não entregar o extraditando, sem consentimento do País, a outro Estado que o reclame;

V. não considerar qualquer motivo político para agravar a pena; e

VI. não submeter o extraditando a tortura ou a outros tratamentos ou penas cruéis, desumanos ou degradantes.

Art. 275. Em caso de urgência, o Estado interessado na extradição poderá, prévia ou conjuntamente com a formalização do pedido de extradição, requerer, por via diplomática ou por meio de autoridade central, no âmbito do Ministério da Justiça e Segurança Pública, prisão cautelar com o objetivo de assegurar a executoriedade da medida de extradição, hipótese em que caberá à autoridade central, após o exame da presença dos pressupostos formais de admissibilidade exigidos na Lei nº 13.445, de 2017, ou em tratado de que o País seja parte, representar ao Supremo Tribunal Federal, que ouvirá previamente o Ministério Público Federal.

§ 1º O pedido de prisão cautelar deverá conter informação sobre o crime cometido e deverá ser fundamentado, o qual poderá ser apresentado por correio, fax, mensagem eletrônica ou qualquer outro meio que assegure a comunicação por escrito.

§ 2º Na ausência de tratado, o Ministério das Relações Exteriores será provocado pelo Ministério da Justiça e Segurança Pública para obtenção, junto ao país requerente, da promessa de reciprocidade de tratamento necessária à instrução do pedido de prisão.

§ 3º O pedido de prisão cautelar poderá ser transmitido ao Supremo Tribunal Federal para extradição no País por meio de canal estabelecido com o ponto focal da Interpol no País, devidamente instruído com a documentação comprobatória da existência de ordem de prisão proferida por Estado estrangeiro, e, na ausência de tratado, com a promessa de reciprocidade de tratamento recebida por via diplomática.

§ 4º Efetivada a prisão do extraditando, o pedido de extradição será encaminhado ao Supremo Tribunal Federal.

§ 5º Na ausência de disposição específica em convenção ou tratado internacional, o Estado estrangeiro deverá formalizar o pedido de extradição no prazo de sessenta dias, contado da data em que tiver sido cientificado da prisão do extraditando.

§ 6º A prisão cautelar poderá ser prorrogada até o julgamento final da autoridade judiciária competente quanto à legalidade do pedido de extradição, resguardada a manutenção da prisão até a entrega efetiva do extraditando ao Estado estrangeiro, observado o disposto nos art. 92 e art. 93 da Lei nº 13.445, de 2017.

Art. 276. Ao ser comunicado pelo Supremo Tribunal Federal a respeito da decisão sobre a concessão de prisão cautelar, o Ministério da Justiça e Segurança Pública deverá:

I. se deferida a prisão, dar cumprimento à ordem e comunicar o Estado requerente, sem prejuízo das comunicações entre as congêneres da Interpol, realizadas por seu canal oficial; ou

II. se denegada a prisão, comunicar prontamente o Estado requerente.

Art. 277. Efetivada a prisão, o Ministério da Justiça e Segurança Pública deverá informar ao Supremo Tribunal Federal a data do cumprimento da medida e o local onde o extraditando ficará custodiado no País, hipótese em que o preso ficará à disposição daquele Tribunal.

SUBSEÇÃO II - DA EXTRADIÇÃO ATIVA

Art. 278. A extradição ativa ocorre quando o Estado brasileiro requer a Estado Estrangeiro a entrega de pessoa sobre quem recaia condenação criminal definitiva ou para fins de instrução de processo penal em curso.

Parágrafo único. O disposto no caput não impedirá a transferência temporária de pessoas sob custódia para fins de auxílio jurídico mútuo, nos termos de tratado ou de promessa de reciprocidade de tratamento.

Art. 279. O pedido que possa originar processo de extradição perante Estado estrangeiro deverá ser encaminhado ao Ministério da Justiça e Segurança Pública diretamente pelo órgão do Poder Judiciário responsável pela decisão ou pelo processo penal que a fundamenta.

§ 1º Compete ao Ministério da Justiça e Segurança Pública o papel de orientação, de informação e de avaliação dos elementos formais de admissibilidade dos processos preparatórios para encaminhamento ao Estado requerido, por via diplomática ou por via de autoridades centrais.

§ 2º Compete exclusivamente ao órgão do Poder Judiciário responsável pelo processo penal o encaminhamento do pedido de extradição ativa para o Ministério da Justiça e Segurança Pública devidamente instruído, acompanhado da tradução juramentada.

§ 3º Caso o pedido de extradição ativa seja encaminhado diretamente ao Ministério das Relações Exteriores, este deverá necessariamente retransmiti-lo ao Ministério da Justiça e Segurança Pública, a fim de ser realizado o juízo prévio de admissibilidade.

§ 4º O Ministério da Justiça e Segurança Pública poderá notificar os órgãos do sistema de Justiça vinculados ao processo gerador do pedido de extradição, a fim de que tais órgãos viabilizem a apresentação ao juízo competente dos documentos, das manifestações e dos demais elementos necessários para o processamento do pedido, acompanhado das traduções oficiais.

§ 5º O encaminhamento do pedido de extradição pelo órgão do Poder Judiciário responsável pelo processo penal ao Ministério da Justiça e Segurança Pública confere autenticidade aos documentos.

ANOTAÇÕES

Art. 280. O Ministério da Justiça e Segurança Pública realizará o exame da presença dos pressupostos formais de admissibilidade exigidos em lei ou em tratado e, caso atendidos, providenciará o encaminhamento imediato do pedido de prisão ou de extradição ao Estado requerido, por via diplomática ou por via de autoridades centrais.

SEÇÃO II - DA TRANSFERÊNCIA DE EXECUÇÃO DA PENA

Art. 281. Nas hipóteses em que couber solicitação de extradição executória, o Ministério da Justiça e Segurança Pública exercerá a função de autoridade central e realizará o exame da presença dos pressupostos formais de admissibilidade exigidos na legislação brasileira ou em tratado de que o País faça parte, a fim de que o pedido de transferência de execução da pena possa ser processado perante as autoridades brasileiras competentes, desde que observado o princípio do non bis in idem.

Art. 282. São requisitos para a transferência de execução de pena:

I. o condenado em território estrangeiro ser nacional ou ter residência habitual ou vínculo pessoal no País;

II. a sentença ter transitado em julgado;

III. a duração da condenação a cumprir ou que restar para cumprir ser de, no mínimo, um ano na data da apresentação do pedido ao Estado da condenação;

IV. o fato que originou a condenação constituir infração penal perante a lei de ambas as partes; e

V. a transferência ser baseada em tratado ou promessa de reciprocidade de tratamento.

Art. 283. O pedido será recebido pelo Ministério da Justiça e Segurança Pública, que, após o exame da presença dos pressupostos formais de admissibilidade exigidos na legislação brasileira ou em tratado de que o País faça parte, encaminhará a solicitação ao Superior Tribunal de Justiça para decisão quanto à homologação da sentença estrangeira.

Art. 284. Ato do Ministro de Estado da Justiça e Segurança Pública definirá os procedimentos necessários para efetuar as transferências de execução de pena, sejam aquelas solicitadas, sejam aquelas autorizadas pelo Estado brasileiro.

SEÇÃO III - DA TRANSFERÊNCIA DE PESSOA CONDENADA

Art. 285. A transferência da pessoa condenada, mecanismo de cooperação jurídica internacional de natureza humanitária que visa a contribuir para a reintegração social do beneficiado, poderá ser concedida quando o pedido for fundamentado em tratado de que o País faça parte ou houver promessa de reciprocidade de tratamento.

§ 1º O condenado no território nacional poderá ser transferido para o seu país de nacionalidade ou para o país em que tiver residência habitual ou vínculo pessoal, desde que expresse interesse nesse sentido, a fim de cumprir a pena a ele imposta pelo Estado brasileiro por sentença transitada em julgado.

§ 2º A transferência da pessoa condenada no País poderá ser concedida juntamente com a aplicação de medida de impedimento de reingresso no território nacional.

§ 3º Compete ao Ministério da Justiça e Segurança Pública o processamento e a autorização das transferências de pessoas condenadas, além da análise técnica dos processos de negociação e ampliação da rede de tratados internacionais sobre a matéria, em coordenação com o Ministério das Relações Exteriores.

§ 4º Nas hipóteses de transferência, a Polícia Federal providenciará o registro de dados biográficos e biométricos do condenado, do qual constarão a coleta de impressões digitais e fotografia.

Art. 286. A responsabilidade pela aplicação e pela administração continuada da pena deverá passar do Estado remetente para o Estado recebedor assim que a pessoa condenada for formalmente entregue à custódia das autoridades do Estado recebedor.

ANOTAÇÕES

LEIS

ANOTAÇÕES

§ 1º Quando a pessoa condenada for entregue à custódia das autoridades do Estado recebedor, a aplicação da sentença pelo Estado remetente cessará.

§ 2º Na hipótese de pessoa condenada transferida que retorne ao Estado remetente depois do término do cumprimento da sentença no Estado recebedor, o Estado remetente não deverá aplicará novamente a sentença original.

Art. 287. O Ministério da Justiça e Segurança Pública manterá contato com o juízo competente no território nacional ou com a autoridade central do Estado recebedor, conforme o caso, para monitorar a aplicação continuada da sentença depois da transferência.

Art. 288. A aplicação da pena será regida pela lei do Estado recebedor, inclusive quanto às formas de extinção da punibilidade, exceto se previsto de maneira diversa em tratado de que o País seja parte.

Art. 289. Nenhuma pessoa condenada será transferida, a menos que a sentença seja de duração e natureza exequíveis ou que tenha sido adaptada a duração exequível no Estado recebedor por suas autoridades competentes, nos termos da legislação interna.

Parágrafo único. O Ministério da Justiça e Segurança Pública, no acompanhamento da aplicação da pena, atentará para que o Estado recebedor não agrave, de qualquer modo, a pena imposta no Estado remetente, observada a legislação do Estado remetente.

Art. 290. Ato do Ministro de Estado da Justiça e Segurança Pública disporá sobre os procedimentos necessários para efetivar a transferência de pessoas condenadas.

SUBSEÇÃO I - DA TRANSFERÊNCIA PASSIVA

Art. 291. A transferência passiva ocorre quando a pessoa condenada pela Justiça brasileira solicitar ou concordar com a transferência para o seu país de nacionalidade ou para o país em que tiver residência habitual ou vínculo pessoal para cumprir o restante da pena.

Art. 292. O processo de transferência passiva de pessoa condenada somente será iniciado por meio de solicitação ao Ministério da Justiça e Segurança Pública feita:

I. pela pessoa condenada; ou

II. por qualquer pessoa ou autoridade, brasileira ou estrangeira, que tenha conhecimento do interesse da pessoa condenada em ser transferida.

Art. 293. Apresentado o pedido de transferência de pessoa condenada, o Ministério da Justiça e Segurança Pública verificará o preenchimento dos seguintes requisitos:

I. o condenado no território de uma das partes ser nacional ou ter residência habitual ou vínculo pessoal no território da outra parte que justifique a transferência;

II. a sentença ter transitado em julgado;

III. a duração da condenação a cumprir ou que restar para cumprir ser de, no mínimo, um ano na data da apresentação do pedido ao Estado da condenação;

IV. o fato que originou a condenação constituir infração penal perante a lei de ambos os Estados;

V. haver manifestação de vontade do condenado ou, quando for o caso, de seu representante; e

VI. haver concordância de ambos os Estados.

§ 1º O Ministério da Justiça e Segurança Pública poderá atuar junto ao Poder Judiciário, aos estabelecimentos penitenciários, às repartições diplomáticas ou consulares e ao Estado recebedor, por via diplomática ou por via de autoridades centrais, e a outros órgãos envolvidos, a fim de obter informações quanto ao atendimento aos requisitos estabelecidos no caput.

§ 2º Na hipótese de não haver sentença transitada em julgado, o processo será sobrestado até a sentença condenatória definitiva.

§ 3º Caso os demais requisitos estabelecidos no caput além daquele a que se refere o § 2º não sejam atendidos, o processo será arquivado e o interessado será comunicado imediatamente, sem prejuízo de nova solicitação de transferência.

ANOTAÇÕES

Art. 294. O pedido de transferência será fundamentado em tratado de que o País seja parte ou, na sua ausência, em promessa de reciprocidade de tratamento.

Parágrafo único. A promessa de reciprocidade de tratamento será solicitada, por via diplomática, ao Estado recebedor pelo Ministério das Relações Exteriores.

Art. 295. Ato do Ministro de Estado da Justiça e Segurança Pública disporá sobre a documentação necessária à instrução dos processos, considerados os tratados e os compromissos assumidos por reciprocidade de tratamento.

SUBSEÇÃO II - DA TRANSFERÊNCIA ATIVA

Art. 296. A transferência ativa ocorre quando a pessoa condenada pela Justiça do Estado estrangeiro solicitar ou concordar com a transferência para o País, por possuir nacionalidade brasileira ou residência habitual ou vínculo pessoal no território nacional, para cumprir o restante da pena.

Art. 297. O processo de transferência ativa de pessoa condenada somente será iniciado por meio de solicitação ao Ministério da Justiça e Segurança Pública feita:

I. pela pessoa condenada; ou

II. por qualquer pessoa ou autoridade, brasileira ou estrangeira, que tenha conhecimento do interesse da pessoa condenada em ser transferida.

Art. 298. Apresentado o pedido de transferência de pessoa condenada, o Ministério da Justiça e Segurança Pública verificará o preenchimento dos seguintes requisitos:

I. o condenado no território de uma das partes ser nacional ou ter residência habitual ou vínculo pessoal no território da outra parte que justifique a transferência;

II. a sentença ter transitado em julgado;

III. a duração da condenação a cumprir ou que restar para cumprir ser de, no mínimo, um ano na data da apresentação do pedido ao Estado da condenação;

IV. o fato que originou a condenação constituir infração penal perante a lei de ambos os Estados;

V. haver manifestação de vontade do condenado ou, quando for o caso, de seu representante; e

VI. haver concordância de ambos os Estados.

§ 1º O Ministério da Justiça e Segurança Pública informará ao juízo competente da Justiça Federal sobre o pedido de transferência recebido, para que a vaga em estabelecimento prisional onde a pessoa condenada cumprirá o restante da pena no território nacional seja providenciada.

§ 2º O Ministério da Justiça Segurança Pública poderá atuar junto ao Poder Judiciário, aos estabelecimentos penitenciários, às repartições diplomáticas ou consulares, às Secretarias Estaduais de Segurança Pública, ao Estado remetente, por via diplomática ou por via de autoridades centrais, e aos demais órgãos envolvidos, a fim de obter informações quanto ao atendimento aos requisitos estabelecidos no caput.

§ 3º Na hipótese de não haver sentença transitada em julgado, o processo será sobrestado até a sentença condenatória definitiva.

§ 4º Caso os demais requisitos estabelecidos no caput além daquele a que se refere o § 3º não sejam atendidos, o processo será arquivado e o interessado será comunicado imediatamente, sem prejuízo de nova solicitação de transferência.

Art. 299. O Ministério da Justiça e Segurança Pública definirá a documentação necessária à instrução dos processos, considerados os tratados e os compromissos assumidos por reciprocidade.

CAPÍTULO XV - DAS INFRAÇÕES E DAS PENALIDADES ADMINISTRATIVAS

Art. 300. As infrações administrativas previstas neste Capítulo serão apuradas em procedimento administrativo próprio, assegurados os princípios do contraditório e da ampla defesa e observadas as disposições da Lei nº 13.445, de 2017, deste regulamento, e subsidiariamente, da Lei nº 9.784, de 1999.

§ 1º O cometimento simultâneo de duas ou mais infrações importará a cumulação das sanções cabíveis, respeitados os limites estabelecidos nos incisos V e VI do caput do art. 301.

§ 2º A multa atribuída por dia de atraso ou por excesso de permanência poderá ser convertida em redução equivalente do prazo de estada do visto de visita, na hipótese de nova entrada no País, conforme disposto em ato do dirigente máximo da Polícia Federal.

§ 3º O pagamento da multa não obstará o impedimento de ingresso no País se o visitante já houver excedido o prazo de estada disponível no ano migratório, observado o disposto no inciso XI do caputdo art. 171.

Art. 301. Para a definição do valor da multa aplicada, a Polícia Federal considerará:

I. as hipóteses individualizadas na Lei nº 13.445, de 2017;

II. a condição econômica do infrator, a reincidência e a gravidade da infração;

III. a atualização periódica conforme estabelecido em ato do Ministro de Estado da Justiça e Segurança Pública;

IV. o valor mínimo individualizável de R$ 100,00 (cem reais);

V. o valor mínimo de R$ 100,00 (cem reais) e o valor máximo de R$ 10.000,00 (dez mil reais) para infrações cometidas por pessoa física; e

VI. o valor mínimo de R$ 1.000,00 (mil reais) e o valor máximo de R$ 1.000.000,00 (um milhão de reais) para infrações cometidas por pessoa jurídica, por ato infracional.

Art. 302. A pessoa física ou jurídica que voltar a cometer infração disciplinada no art. 307, no prazo de doze meses, será considerada reincidente em qualquer parte do território nacional.

Art. 303. A fixação do valor mínimo individualizável das multas na hipótese de reincidência obedecerá aos seguintes critérios:

I. na primeira reincidência, o valor será dobrado;

II. na segunda reincidência, o valor será triplicado;

III. na terceira reincidência, o valor será quadruplicado; e

IV. da quarta reincidência em diante, o valor será quintuplicado.

§ 1º O critério utilizado para a pessoa jurídica na aferição da reincidência será a repetição da conduta e não o número de estrangeiros autuados.

§ 2º A autuação ocorrida após transcorrido um ano, contado da data da autuação anterior, será desconsiderada para efeitos de reincidência.

Art. 304. A multa decorrente de infração disciplinada no art. 307 prescreverá no prazo de cinco anos, contado da data da prática do ato, ou, na hipótese de infração permanente ou continuada, contado da data em que houver cessado.

Art. 305. A fixação da pena de multa considerará a situação econômica do autuado, observada as hipóteses previstas para pessoa física e jurídica.

Parágrafo único. O valor da multa poderá ser aumentado até o máximo previsto em lei se a autoridade autuadora considerar que, em decorrência da situação econômica do autuado, a aplicação do valor mínimo individualizável será considerada ineficaz.

Art. 306. Poderão ser considerados como gravidade para a fixação da multa:

I. os fatos e as circunstâncias diretamente relacionadas ao cometimento da infração;

II. a infração tenha sido cometida após o recebimento de esclarecimentos ou comando direto prestados previamente pela autoridade migratória; e

III. a destruição de barreira ou o obstáculo diretamente relacionado com o cometimento da infração.

Art. 307. Constitui infração e sujeita o infrator às seguintes sanções:

I. entrar no território nacional sem estar autorizado:

Sanção: deportação, caso não saia do País ou não regularize a situação migratória no prazo estabelecido;

II. permanecer no território nacional depois de encerrado o prazo da documentação migratória:

Sanção: multa por dia de excesso e deportação, caso não saia do País ou não regularize a situação migratória no prazo estabelecido;

III. deixar de se registrar, no prazo de noventa dias, contado da data do ingresso no País, quando a identificação civil for obrigatória:

Sanção: multa;

IV. deixar o imigrante de se registrar, para efeito de autorização de residência, no prazo de trinta dias, quando orientado pelo órgão competente a fazê-lo:

Sanção: multa por dia de atraso;

V. transportar para o País pessoa que esteja sem documentação migratória regular:

Sanção: multa por pessoa transportada;

VI. deixar o transportador de atender a compromisso de manutenção da estada ou de promoção da saída do território nacional de quem tenha sido autorizado a ingresso condicional no País por não possuir a documentação migratória devida:

Sanção: multa; e

VII. furtar-se ao controle migratório, na entrada ou na saída do território nacional:

Sanção: multa.

Art. 308. As penalidades aplicadas serão objeto de pedido de reconsideração e de recurso, nos termos deste regulamento e de ato do dirigente máximo da Polícia Federal.

Parágrafo único. Serão respeitados o contraditório, a ampla defesa e a garantia de recurso, assim como a situação de hipossuficiência do migrante ou do visitante.

Art. 309. As infrações administrativas com sanção de multa previstas neste Capítulo serão apuradas em processo administrativo, o qual terá como fundamento o auto de infração lavrado pela Polícia Federal.

§ 1º O auto de infração deverá relatar, de forma circunstanciada, a infração e a sua fundamentação legal.

§ 2º O auto de infração será submetido à assinatura do autuado ou do seu representante legal após a assinatura pela autoridade responsável pela autuação.

§ 3º Caso o autuado ou o seu representante legal não possa ou se recuse a assinar o auto de infração, esse fato deverá ser registrado no referido auto.

§ 4º Lavrado o auto de infração, o infrator será considerado notificado para apresentar defesa no prazo de dez dias.

§ 5º O infrator que, regularmente notificado, não apresentar defesa será considerado revel.

§ 6º O infrator poderá, por meios próprios ou por meio de defensor constituído, apresentar defesa no prazo estabelecido no § 4º, e fazer uso dos meios e dos recursos admitidos em direito, inclusive tradutor ou intérprete.

§ 7º Encerrado o prazo estabelecido no § 4º, o processo será julgado e a Polícia Federal dará publicidade da decisão proferida em seu sítio eletrônico.

§ 8º Caberá recurso da decisão de que trata o § 7º à instância imediatamente superior, no prazo de dez dias, contado da data da publicação no sítio eletrônico da Polícia Federal.

§ 9º Na hipótese de decisão final com sanção de multa, a Polícia Federal dará publicidade da decisão em seu sítio eletrônico.

§ 10. O infrator deverá realizar o pagamento da multa no prazo de trinta dias, contado data da publicação a que se refere o § 9º.

§ 11. O processo será encaminhado à Procuradoria-Geral da Fazenda Nacional para a apuração do débito e a inscrição em dívida ativa se o pagamento da multa a que se refere o § 10 não for efetuado.

Art. 310. As infrações administrativas com sanção de deportação previstas neste Capítulo serão apuradas conforme o processo administrativo a que se refere o art. 176.

ANOTAÇÕES

ANOTAÇÕES

LEIS

ANOTAÇÕES

Art. 311. A saída do território nacional da pessoa sobre a qual tenha sido aberto processo para apuração de infração administrativa não interromperá o curso do referido processo.

CAPÍTULO XVI - DISPOSIÇÕES FINAIS E TRANSITÓRIAS

Art. 312. Taxas e emolumentos consulares não serão cobrados pela concessão de vistos ou para a obtenção de documentos para regularização migratória aos integrantes de grupos vulneráveis e aos indivíduos em condição de hipossuficiência econômica.

§ 1º A condição de hipossuficiência econômica será declarada pelo solicitante, ou por seu representante legal, e avaliada pela autoridade competente.

§ 2º Na hipótese de dúvida quanto à condição de hipossuficiência, a autoridade competente poderá solicitar documentação complementar para fins de comprovação dessa condição.

§ 3º Na hipótese de falsidade da declaração de que trata o § 1º, o solicitante ficará sujeito ao pagamento de taxa ou emolumento consular correspondente e às sanções administrativas, civis e penais aplicáveis.

§ 4º Para fins de isenção de taxas e emolumentos consulares para concessão de visto, as pessoas para as quais o visto temporário para acolhida humanitária seja concedido serão consideradas pertencentes a grupos vulneráveis, nos termos estabelecidos em ato conjunto dos Ministros de Estado da Justiça e Segurança Pública, das Relações Exteriores e do Trabalho.

§ 5º Para fins de isenção de taxas para obtenção de documentos de regularização migratória, os menores desacompanhados, as vítimas de tráfico de pessoas e de trabalho escravo e as pessoas beneficiadas por autorização de residência por acolhida humanitária serão consideradas pertencentes a grupos vulneráveis.

§ 6º A avaliação da condição de hipossuficiência para fins de processamento do pedido de visto será disciplinada pelo Ministério das Relações Exteriores, consideradas, em especial, as peculiaridades do local onde o visto for solicitado.

§ 7º A avaliação da condição de hipossuficiência econômica para fins de isenção de taxas e para pedido de obtenção de documentos de regularização migratória será disciplinada pelo Ministério da Justiça e Segurança Pública.

§ 8º O disposto no caput também se aplica às multas previstas no Capítulo XV.

Art. 313. Ato do Ministro de Estado da Justiça e Segurança Pública disporá sobre a notificação eletrônica a que se referem a Lei nº 13.445, de 2017, e este Decreto.

Art. 314. O Anexo ao Decreto no 9.150, de 4 de setembro de 2017, passa a vigorar com as seguintes alterações:

"Art. 13 ....

VIII. instruir processos e opinar em tema de reconhecimento, cassação e perda da condição de refugiado, autorizar a saída e o reingresso no País e expedir o documento de viagem;

Art. 315. O visto emitido até a data de entrada em vigor da Lei nº 13.445, de 2017, poderá ser utilizado até a data prevista para a expiração de sua validade e poderá ser transformado ou ter o seu prazo de estada prorrogado.

§ 1º Excepcionalmente, na hipótese de vistos que dependam de autorização prévia do Ministério do Trabalho, a base legal para a sua emissão será aquela em vigor na data de início da tramitação do processo junto ao Ministério do Trabalho, para fins de definição, dentre outros, de tipologia e de prazos do visto, observado o seguinte:

I. a emissão de vistos com fundamento na Lei nº 6.815, de 19 de agosto de 1980, será realizada apenas nas hipóteses em que o pedido de visto seja apresentado a embaixada ou consulado no prazo de noventa dias, contado da data da publicação da autorização emitida pelo Ministério do Trabalho no Diário Oficial da União;

ANOTAÇÕES

II. o pedido de visto apresentado após o prazo estabelecido no inciso I terá fundamento na Lei nº 13.445, de 2017, para fins de definição, dentre outros, de tipologia e de prazos do visto; e

III. nas hipóteses previstas no inciso II, o visto será concedido com fundamento na Lei nº 13.445, de 2017, e deverá corresponder ao objetivo da viagem, conforme emitida pelo Ministério do Trabalho.

§ 2º O pedido de visto apresentado a embaixada ou consulado até a data de entrada em vigor da Lei nº 13.445, de 2017, será processado com fundamento na tipologia de vistos prevista na Lei 6.815, de 1980, independentemente de sua data de emissão.

§ 3º Os vistos a que se referem o art. 4º, caput, inciso II, e o art. 13, caput, inciso II, da Lei nº 6.815, de 1980, independentemente de sua data de emissão, permitirão a realização das demais atividades previstas no visto de visita, nos termos estabelecidos na Lei nº 13.445, de 2017, e neste Decreto, enquanto estiverem válidos.

§ 4º Os vistos emitidos com fundamento na Lei nº 6.815, de 1980, poderão ser transformados em autorização de residência ou em visto diplomático, oficial ou de cortesia, quando for o caso, no território nacional, desde que cumpridos os requisitos estabelecidos neste Decreto.

Art. 316. O disposto no art. 315 se aplica, no que couber, aos procedimentos de controle migratório, renovação de prazo de estada e registro realizados pela Polícia Federal.

Parágrafo único As residências temporárias e as permanências requeridas até a data de entrada em vigor da Lei nº 13.445, de 2017, poderão ser consideradas como autorizações de residência previstas neste Decreto, desde que preenchidos os requisitos da modalidade de residência requerida, nos termos da referida Lei e deste regulamento.

Art. 317. Os órgãos responsáveis pela implementação das disposições deste Decreto disporão do prazo de doze meses, contado da data de sua publicação, para a adaptação de procedimentos e sistemas.

Art. 318. Ato conjunto dos Ministros de Estado das Relações Exteriores e do Trabalho disporá sobre o funcionamento do sistema eletrônico integrado para processamento dos pedidos de visto e autorização de residência de que tratam os art. 34, § 6º, art. 38, § 9º, art. 42, § 3º, art. 43, § 3º, e art. 46, § 5º.

Art. 319. Este Decreto entra em vigor na data de sua publicação.

46. DECRETO Nº 9.833, DE 12 DE JUNHO DE 2019

Comitê Nacional de Enfrentamento ao Tráfico de Pessoas.

O PRESIDENTE DA REPÚBLICA, no uso da atribuição que lhe confere o art. 84, caput, inciso VI, alínea "a", da Constituição,

Art. 1º Este Decreto dispõe sobre o Comitê Nacional de Enfrentamento ao Tráfico de Pessoas - Conatrap, no âmbito do Ministério da Justiça e Segurança Pública.

Art. 2º Compete ao Conatrap:

I. propor estratégias para a gestão e a implementação das ações da Política Nacional de Enfrentamento ao Tráfico de Pessoas. PNETP, aprovada pelo Decreto nº 5.948, de 26 de outubro de 2006, e dos planos nacionais de enfrentamento ao tráfico de pessoas;

II. propor a elaboração de estudos e pesquisas e incentivar a realização de campanhas relacionadas ao enfrentamento ao tráfico de pessoas;

III. fomentar e fortalecer a expansão da rede de enfrentamento ao tráfico de pessoas, em especial dos Núcleos de Enfrentamento ao Tráfico de Pessoas e dos Postos Avançados de Atendimento Humanizado ao Migrante;

IV. articular suas atividades àquelas dos Conselhos Nacionais de Políticas Públicas que tenham interface com o enfrentamento ao tráfico de pessoas, para promover a intersetorialidade das políticas;

V. articular e apoiar tecnicamente os comitês estaduais, distrital e municipais de enfrentamento ao tráfico de pessoas na definição de diretrizes comuns de atuação, na regulamentação e no cumprimento de suas atribuições;

VI. elaborar relatórios de suas atividades; e

VII. elaborar e aprovar o seu regimento interno.

Art. 3º O Conatrap é composto pelos seguintes membros:

I. Secretário Nacional de Justiça do Ministério da Justiça e Segurança Pública, que o presidirá;

II. um representante dos seguintes órgãos:

a) Ministério das Relações Exteriores;

b) Ministério da Cidadania; e

c) Ministério da Mulher, da Família e dos Direitos Humanos; e

III. três representantes de organizações da sociedade civil ou de conselhos de políticas públicas, que exerçam atividades relevantes e relacionadas ao enfrentamento ao tráfico de pessoas.

§ 1º Cada membro do Conatrap terá um suplente, que o substituirá em suas ausências e impedimentos.

§ 2º Os membros do Conatrap e respectivos suplentes serão indicados pelos titulares dos órgãos que representam e designados pelo Ministro de Estado da Justiça e Segurança Pública.

§ 3º As organizações da sociedade civil ou os conselhos de políticas públicas serão escolhidos por meio de processo seletivo público e seus representantes, titular e suplente, serão indicados pelos respectivos dirigentes e designados pelo Ministro de Estado da Justiça e Segurança Pública.

§ 4º O mandato dos integrantes do Conatrap referidos no inciso III do caput será de dois anos, permitida uma recondução por igual período, observado o processo seletivo a que se refere o § 3º.

§ 5º Poderão ser convidados a participar das reuniões do Conatrap ou de reuniões técnicas com finalidade específica e caráter temporário, especialistas e representantes de órgãos e entidades públicas e privadas, sem direito a voto.

Art. 4º O Conatrap se reunirá em caráter ordinário semestralmente e em caráter extraordinário sempre que convocado por seu Presidente ou por solicitação aprovada pela maioria de seus membros.

§ 1º As reuniões ordinárias serão presenciais, convocadas com a antecedência mínima de vinte e cinco dias, e as extraordinárias, com a antecedência mínima de sete dias.

§ 2º A convocação para as reuniões, ordinárias e extraordinárias, será encaminhada a cada um dos membros do Conatrap com o dia, a hora e o local da reunião, a pauta e a documentação necessária.

§ 3º O quórum de reunião e votação será de quatro membros.

§ 4º No caso de reuniões extraordinárias, os membros do Conatrap que se encontrarem no Distrito Federal se reunirão presencialmente e os membros que se encontrem em outros entes federativos participarão da reunião por meio de videoconferência.

ANOTAÇÕES

§ 5º É vedada a divulgação de discussões em curso sem a prévia anuência da Presidência do Conatrap.

Art. 5º O regimento interno do Conatrap disporá sobre seu funcionamento, será aprovado pela maioria absoluta de seus membros e será submetido ao Ministro de Estado da Justiça e Segurança Pública para aprovação e publicação.

Art. 6º Os integrantes do Conatrap encaminharão relatórios anuais de suas atividades à Presidência.

Art. 7º As deliberações do Conatrap serão registradas em ata e publicadas no sítio eletrônico do Ministério da Justiça e Segurança Pública.

Art. 8º A participação no Conatrap será considerada prestação de serviço público relevante, não remunerada.

Art. 9º A Secretaria-Executiva do Conatrap será exercida pelo Ministério da Justiça e Segurança Pública.

Art. 10. Excepcionalmente, até 31 de maio de 2020, a representação a que se refere o inciso III do caput do art. 3º será exercida pelos representantes das seguintes Instituições eleitas no processo seletivo público, promovido pelo Ministério da Justiça e Segurança Pública:

I. Universidade Federal de Santa Catarina;

II. Projeto Resgate;

III. Associação Brasileira de Defesa da Mulher, da Infância e da Juventude;

IV. Associação de Travestis, Transexuais e Transgêneros de Goiás;

V. Instituto de Migrações e Direitos Humanos;

VI. Núcleo de Estudos de Gênero da Universidade Estadual de Campinas;

VII. Centro de Apoio e Pastoral do Migrante; e

VIII. Jovens com Uma Missão.

Parágrafo único. O voto dos representantes do Poder Executivo federal serão contabilizados em dobro até a data a que se refere o caput.

Art. 11. Fica revogado o Decreto nº 7.901, de 4 de fevereiro de 2013.

Art. 12. Este Decreto entra em vigor na data de sua publicação.

47. DECRETO Nº 9.847, DE 25 DE JUNHO DE 2019

Regulamenta a Lei nº 10.826, de 22 de dezembro de 2003 para dispor sobre a aquisição, o cadastro, o registro, o porte e a comercialização de armas de fogo e de munição e sobre o Sistema Nacional de Armas e o Sistema de Gerenciamento Militar de Armas.

O PRESIDENTE DA REPÚBLICA, no uso da atribuição que lhe confere o art. 84, caput, inciso IV, da Constituição, e tendo em vista o disposto na Lei nº 10.826, de 22 de dezembro de 2003,

CAPÍTULO I - DISPOSIÇÕES GERAIS

Art. 1º Este Decreto regulamenta a Lei nº 10.826, de 22 de dezembro de 2003, com o objetivo de estabelecer regras e procedimentos para a aquisição, o cadastro, o registro, o porte e a comercialização de armas de fogo e de munição e de dispor sobre a estruturação do Sistema Nacional de Armas - Sinarm e do Sistema de Gerenciamento Militar de Armas - Sigma.

ANOTAÇÕES

LEIS

ANOTAÇÕES

Art. 2º Para fins do disposto neste Decreto, considera-se:

I. arma de fogo de uso permitido - as armas de fogo semiautomáticas ou de repetição que sejam:

a) de porte, cujo calibre nominal, com a utilização de munição comum, não atinja, na saída do cano de prova, energia cinética superior a mil e duzentas libras-pé ou mil seiscentos e vinte joules;

b) portáteis de alma lisa; ou

c) portáteis de alma raiada, cujo calibre nominal, com a utilização de munição comum, não atinja, na saída do cano de prova, energia cinética superior a mil e duzentas libras-pé ou mil seiscentos e vinte joules;

II. arma de fogo de uso restrito - as armas de fogo automáticas e as semiautomáticas ou de repetição que sejam: (Redação dada pelo Decreto nº 9.981, de 2019)

a) não portáteis;

b) de porte, cujo calibre nominal, com a utilização de munição comum, atinja, na saída do cano de prova, energia cinética superior a mil e duzentas libras-pé ou mil seiscentos e vinte joules; ou

c) portáteis de alma raiada, cujo calibre nominal, com a utilização de munição comum, atinja, na saída do cano de prova, energia cinética superior a mil e duzentas libras-pé ou mil seiscentos e vinte joules;

III. arma de fogo de uso proibido:

a) as armas de fogo classificadas de uso proibido em acordos e tratados internacionais dos quais a República Federativa do Brasil seja signatária; ou

b) as armas de fogo dissimuladas, com aparência de objetos inofensivos;

IV. munição de uso restrito - as munições que:

a) atinjam, na saída do cano de prova de armas de porte ou portáteis de alma raiada, energia cinética superior a mil e duzentas libras-pé ou mil seiscentos e vinte joules;

b) sejam traçantes, perfurantes ou fumígenas;

c) sejam granadas de obuseiro, de canhão, de morteiro, de mão ou de bocal; ou

d) sejam rojões, foguetes, mísseis ou bombas de qualquer natureza;

V. munição de uso proibido - as munições que sejam assim definidas em acordo ou tratado internacional de que a República Federativa do Brasil seja signatária e as munições incendiárias ou químicas;

VI. arma de fogo obsoleta - as armas de fogo que não se prestam ao uso efetivo em caráter permanente, em razão de:

a) sua munição e seus elementos de munição não serem mais produzidos; ou

b) sua produção ou seu modelo ser muito antigo e fora de uso, caracterizada como relíquia ou peça de coleção inerte;

VII. arma de fogo de porte - as armas de fogo de dimensões e peso reduzidos que podem ser disparadas pelo atirador com apenas uma de suas mãos, a exemplo de pistolas, revólveres e garruchas;

VIII. arma de fogo portátil - as armas de fogo que, devido às suas dimensões ou ao seu peso, podem ser transportada por uma pessoa, tais como fuzil, carabina e espingarda;

ANOTAÇÕES

IX. arma de fogo não portátil - as armas de fogo que, devido às suas dimensões ou ao seu peso, precisam ser transportadas por mais de uma pessoa, com a utilização de veículos, automotores ou não, ou sejam fixadas em estruturas permanentes;

X. munição - cartucho completo ou seus componentes, incluídos o estojo, a espoleta, a carga propulsora, o projétil e a bucha utilizados em armas de fogo;

XI. cadastro de arma de fogo - inclusão da arma de fogo de produção nacional ou importada em banco de dados, com a descrição de suas características;

XII. registro - matrícula da arma de fogo que esteja vinculada à identificação do respectivo proprietário em banco de dados;

XIII. registros precários - dados referentes ao estoque de armas de fogo, acessórios e munições das empresas autorizadas a comercializá-los; e

XIV. registros próprios - aqueles realizados por órgãos, instituições e corporações em documentos oficiais de caráter permanente.

§ 1º Fica proibida a produção de réplicas e simulacros que possam ser confundidos com arma de fogo, nos termos do disposto no art. 26 da Lei nº 10.826, de 2003, que não sejam classificados como arma de pressão nem destinados à instrução, ao adestramento, ou à coleção de usuário autorizado.

§ 2º O Comando do Exército estabelecerá os parâmetros de aferição e a listagem dos calibres nominais que se enquadrem nos limites estabelecidos nos incisos I, II e IV do caput, no prazo de sessenta dias, contado da data de publicação deste Decreto.

§ 3º Ato conjunto do Ministro de Estado da Defesa e do Ministro de Estado da Justiça e Segurança Pública estabelecerá as quantidades de munições passíveis de aquisição pelas pessoas físicas autorizadas a adquirir ou portar arma de fogo e pelos integrantes dos órgãos e das instituições a que se referem os incisos I a VII e X do caput do art. 6º da Lei nº 10.826, de 2003, observada a legislação, no prazo de sessenta dias, contado da data de publicação do Decreto nº 10.030, de 30 de setembro de 2019. (Incluído pelo Decreto nº 10.030, de 2019)

CAPÍTULO II - DOS SISTEMAS DE CONTROLE DE ARMAS DE FOGO

Seção I - Do Sistema Nacional de Armas

Art. 3º O Sinarm, instituído no âmbito da Polícia Federal do Ministério da Justiça e Segurança Pública, manterá cadastro nacional, das armas de fogo importadas, produzidas e comercializadas no País.

§ 1º A Polícia Federal manterá o registro de armas de fogo de competência do Sinarm.

§ 2º Serão cadastrados no Sinarm:

I. os armeiros em atividade no País e as respectivas licenças para o exercício da atividade profissional;

II. os produtores, os atacadistas, os varejistas, os exportadores e os importadores autorizados de armas de fogo, acessórios e munições;

III. os instrutores de armamento e de tiro credenciados para a aplicação de teste de capacidade técnica, ainda que digam respeito a arma de fogo de uso restrito; e

IV. os psicólogos credenciados para a aplicação do exame de aptidão psicológica a que se refere o inciso III do caput do art. 4º da Lei nº 10.826, de 2003.

§ 3º Serão cadastradas no Sinarm as armas de fogo:

I. importadas, produzidas e comercializadas no País, de uso permitido ou restrito, exceto aquelas pertencentes às Forças Armadas e Auxiliares, ao Gabinete de Segurança Institucional da Presidência da República e à Agência Brasileira de Inteligência;

II. apreendidas, ainda que não constem dos cadastros do Sinarm ou do Sigma, incluídas aquelas vinculadas a procedimentos policiais e judiciais;

III. institucionais, observado o disposto no inciso I, constantes de cadastros próprios:

a) da Polícia Federal;

b) da Polícia Rodoviária Federal;

c) da Força Nacional de Segurança Pública;

d) do Departamento Penitenciário Nacional;

e) das polícias civis dos Estados e do Distrito Federal;

f) dos órgãos policiais da Câmara dos Deputados e do Senado Federal, a que se referem, respectivamente, o inciso IV do caput do art. 51 e o inciso XIII do caput do art. 52 da Constituição;

g) das guardas municipais;

h) dos órgãos públicos aos quais sejam vinculados os agentes e os guardas prisionais e os integrantes das escoltas de presos dos Estados e das guardas portuárias;

i) dos órgãos do Poder Judiciário, para uso exclusivo de servidores de seus quadros pessoais que efetivamente estejam no exercício de funções de segurança, na forma do regulamento estabelecido pelo Conselho Nacional de Justiça;

j) dos órgãos dos Ministérios Públicos da União, dos Estados e do Distrito Federal e Territórios, para uso exclusivo de servidores de seus quadros pessoais que efetivamente estejam no exercício de funções de segurança, na forma do regulamento estabelecido pelo Conselho Nacional do Ministério Público;

k) da Secretaria Especial da Receita Federal do Brasil do Ministério da Economia, adquiridas para uso dos integrantes da Carreira de Auditoria da Receita Federal do Brasil, compostos pelos cargos de Auditor-Fiscal e Analista-Tributário;

l) do órgão ao qual se vincula a Carreira de Auditoria-Fiscal do Trabalho, adquiridas para uso de seus integrantes;

m) dos órgãos públicos cujos servidores tenham autorização, concedida por legislação específica, para portar arma de fogo em serviço e que não tenham sido mencionados nas alíneas "a" a "l"; e

n) do Poder Judiciário e do Ministério Público, adquiridas para uso de seus membros;

IV. dos integrantes:

a) da Polícia Federal;

b) da Polícia Rodoviária Federal;

c) do Departamento Penitenciário Nacional;

d) das polícias civis dos Estados e do Distrito Federal;

e) dos órgãos policiais da Câmara dos Deputados e do Senado Federal, a que se referem, respectivamente, o inciso IV do caput do art. 51 e o inciso XIII do caput do art. 52 da Constituição;

f) das guardas municipais;

g) dos quadros efetivos dos agentes e guardas prisionais, das escoltas de presos dos Estados e das guardas portuárias;

h) do quadro efetivo dos órgãos do Poder Judiciário que efetivamente estejam no exercício de funções de segurança, na forma do regulamento estabelecido pelo Conselho Nacional de Justiça;

i) do quadro efetivo dos órgãos dos Ministérios Públicos da União, dos Estados e do Distrito Federal e Territórios que efetivamente estejam no exercício de funções de segurança, na forma do regulamento estabelecido pelo Conselho Nacional do Ministério Público;

j) dos quadros efetivos da Carreira de Auditoria da Receita Federal do Brasil da Secretaria Especial da Receita Federal do Brasil do Ministério da Economia, composta pelos cargos de Auditor-Fiscal e Analista-Tributário, e da Carreira de Auditoria-Fiscal do Trabalho;

k) dos quadros efetivos dos órgãos públicos cujos servidores tenham autorização, concedida por legislação específica, para portar arma de fogo em serviço e que não tenham sido mencionados nas alíneas "a" a "j";

l) dos membros do Poder Judiciário e do Ministério Público; e

m) das empresas de segurança privada e de transporte de valores;

V. dos instrutores de armamento e tiro credenciados pela Polícia Federal; e

VI. adquiridas por qualquer cidadão autorizado na forma do disposto no § 1º do art. 4º da Lei nº 10.826, de 2003.

§ 4º O disposto no inciso III ao inciso V do § 3º aplica-se às armas de fogo de uso restrito.

§ 5º O cadastramento de armas de fogo adulteradas, sem numeração ou com numeração raspada será feito no Sinarm com as características que permitam a sua identificação.

§ 6º Serão, ainda, cadastradas no Sinarm as ocorrências de extravio, furto, roubo, recuperação e apreensão de armas de fogo de uso permitido ou restrito.

§ 7º As ocorrências de extravio, furto, roubo, recuperação e apreensão de armas de fogo serão imediatamente comunicadas à Polícia Federal pela autoridade competente. (Redação dada pelo Decreto nº 10.030, de 2019)

§ 8º A Polícia Federal deverá informar às secretarias de segurança pública dos Estados e do Distrito Federal os registros e as autorizações de porte de armas de fogo existentes nos respectivos territórios.

§ 9º A Polícia Federal poderá celebrar convênios com os órgãos de segurança pública dos Estados e do Distrito Federal para possibilitar a integração de seus sistemas correlatos ao Sinarm.

§ 10. As especificações e os procedimentos para o cadastro das armas de fogo de que trata este artigo serão estabelecidos em ato do Diretor-Geral da Polícia Federal.

§ 11. O registro e o cadastro das armas de fogo a que se refere o inciso II do § 3º serão feitos por meio de comunicação das autoridades competentes à Polícia Federal.

ANOTAÇÕES

ANOTAÇÕES

ANOTAÇÕES

§ 12. Sem prejuízo do disposto neste artigo, as unidades de criminalística da União, dos Estados e do Distrito Federal responsáveis por realizar perícia em armas de fogo apreendidas deverão encaminhar, trimestralmente, arquivo eletrônico com a relação das armas de fogo periciadas para cadastro e eventuais correções no Sinarm, na forma estabelecida em ato do Diretor-Geral da Polícia Federal.

Seção II - Do Sistema de Gerenciamento Militar de Armas

Art. 4º O Sigma, instituído no âmbito do Comando do Exército do Ministério da Defesa, manterá cadastro nacional das armas de fogo importadas, produzidas e comercializadas no País que não estejam previstas no art. 3º.

§ 1º O Comando do Exército manterá o registro de proprietários de armas de fogo de competência do Sigma.

§ 2º Serão cadastradas no Sigma as armas de fogo:

I. institucionais, constantes de registros próprios:

a) das Forças Armadas;

b) das polícias militares e dos corpos de bombeiros militares dos Estados e do Distrito Federal;

c) da Agência Brasileira de Inteligência; e

d) do Gabinete de Segurança Institucional da Presidência da República;

II. dos integrantes:

a) das Forças Armadas;

b) das polícias militares e dos corpos de bombeiros militares dos Estados e do Distrito Federal;

c) da Agência Brasileira de Inteligência; e

d) do Gabinete de Segurança Institucional da Presidência da República;

III. obsoletas;

IV. das representações diplomáticas; e

V. importadas ou adquiridas no País com a finalidade de servir como instrumento para a realização de testes e avaliações técnicas.

§ 3º O disposto no § 2º aplica-se às armas de fogo de uso permitido.

§ 4º Serão, ainda, cadastradas no Sigma as informações relativas às importações e às exportações de armas de fogo, munições e demais produtos controlados.

§ 5º Os processos de autorização para aquisição, registro e cadastro de armas de fogo no Sigma tramitarão de maneira descentralizada, na forma estabelecida em ato do Comandante do Exército.

Seção III - Do cadastro e da gestão dos Sistemas

Art. 5º O Sinarm e o Sigma conterão, no mínimo, as seguintes informações, para fins de cadastro e de registro das armas de fogo, conforme o caso:

I. relativas à arma de fogo:

a) o número do cadastro no Sinarm ou no Sigma, conforme o caso;

b) a identificação do produtor e do vendedor;

c) o número e a data da nota fiscal de venda;

d) a espécie, a marca e o modelo;

e) o calibre e a capacidade dos cartuchos;

ANOTAÇÕES

f) a forma de funcionamento;

g) a quantidade de canos e o comprimento;

h) o tipo de alma, lisa ou raiada;

i) a quantidade de raias e o sentido delas;

j) o número de série gravado no cano da arma de fogo; e

k) a identificação do cano da arma de fogo, as características das impressões de raiamento e de microestriamento do projétil disparado; e

II. relativas ao proprietário:

a) o nome, a filiação, a data e o local de nascimento;

b) o domicílio e o endereço residencial;

c) o endereço da empresa ou do órgão em que trabalhe;

d) a profissão;

e) o número da cédula de identidade, a data de expedição, o órgão e o ente federativo expedidor; e

f) o número de inscrição no Cadastro de Pessoas Físicas - CPF ou no Cadastro Nacional da Pessoa Jurídica - CNPJ.

§ 1º Os produtores e os importadores de armas de fogo informarão à Polícia Federal, no prazo de quarenta e oito horas, para fins de cadastro no Sinarm, quando da saída do estoque, relação das armas produzidas e importadas, com as informações a que se refere o inciso I do caput e os dados dos adquirentes.

§ 2º As empresas autorizadas pelo Comando do Exército a comercializar armas de fogo, munições e acessórios encaminharão as informações a que se referem os incisos I e II do caput à Polícia Federal ou ao Comando do Exército, para fins de cadastro e registro da arma de fogo, da munição ou do acessório no Sinarm ou no Sigma, conforme o caso, no prazo de quarenta e oito horas, contado da data de efetivação da venda.

§ 3º Os adquirentes informarão a aquisição de armas de fogo, munições ou acessórios à Polícia Federal ou ao Comando do Exército, para fins de registro da arma de fogo, da munição ou do acessório no Sinarm ou no Sigma, conforme o caso, no prazo de sete dias úteis, contado da data de sua aquisição, com as seguintes informações:

I. a identificação do produtor, do importador ou do comerciante de quem as armas de fogo, as munições e os acessórios tenham sido adquiridos; e

II. o endereço em que serão armazenadas as armas de fogo, as munições e os acessórios adquiridos.

§ 4º Na hipótese de estarem relacionados a integrantes da Agência Brasileira de Inteligência, o cadastro e o registro das armas de fogo, das munições e dos acessórios no Sigma estarão restritos ao número da matrícula funcional, no que se refere à qualificação pessoal, inclusive nas operações de compra e venda e nas ocorrências de extravio, furto, roubo ou recuperação de arma de fogo ou de seus documentos.

§ 5º Fica vedado o registro ou a renovação de registro de armas de fogo adulteradas, sem numeração ou com numeração raspada.

§ 6º Os dados necessários ao cadastro das informações a que se refere a alínea "k" do inciso I do caput serão enviados ao Sinarm ou ao Sigma, conforme o caso:

I. pelo produtor, conforme marcação e testes por ele realizados; ou

II. pelo importador, conforme marcação e testes realizados, de acordo com padrões internacionais, pelo produtor ou por instituição por ele contratada.

Art. 6º As regras referentes ao credenciamento e à fiscalização de psicólogos, instrutores de tiro e armeiros serão estabelecidas em ato do Diretor-Geral da Polícia Federal.

Art. 7º O Comando do Exército fornecerá à Polícia Federal as informações necessárias ao cadastramento dos produtores, atacadistas, varejistas, exportadores e importadores autorizados de arma de fogo, acessórios e munições do País.

Art. 8º Os dados do Sinarm e do Sigma serão compartilhados entre si e com o Sistema Nacional de Informações de Segurança Pública - Sinesp.

Parágrafo único. Ato conjunto do Diretor-Geral da Polícia Federal e do Comandante do Exército estabelecerá as regras para interoperabilidade e compartilhamento dos dados existentes no Sinarm e no Sigma, no prazo de um ano, contado da data de entrada em vigor deste Decreto.

Art. 9º Fica permitida a venda de armas de fogo de porte e portáteis, munições e acessórios por estabelecimento comercial credenciado pelo Comando do Exército.

Art. 10. Os estabelecimentos que comercializarem armas de fogo, munições e acessórios ficam obrigados a comunicar, mensalmente, à Polícia Federal ou ao Comando do Exército, conforme o caso, as vendas que efetuarem e a quantidade de mercadorias disponíveis em estoque.

§ 1º As mercadorias disponíveis em estoque são de responsabilidade do estabelecimento comercial e serão registradas, de forma precária, como de sua propriedade, enquanto não forem vendidas.

§ 2º Os estabelecimentos a que se refere o caput manterão à disposição da Polícia Federal e do Comando do Exército a relação dos estoques e das vendas efetuadas mensalmente nos últimos cinco anos.

§ 3º Os procedimentos e a forma pela qual será efetivada a comunicação a que se refere o caput serão disciplinados em ato do Comandante do Exército ou do Diretor-Geral da Polícia Federal, conforme o caso.

Art. 11. A comercialização de armas de fogo, de acessórios, de munições e de insumos para recarga só poderá ser efetuada em estabelecimento comercial credenciado pelo Comando do Exército.

Art. 12. Para fins de aquisição de arma de fogo de uso permitido e de emissão do Certificado de Registro de Arma de Fogo, o interessado deverá:

I. ter, no mínimo, vinte e cinco anos de idade;

II. apresentar original e cópia de documento de identificação pessoal;

III. comprovar a idoneidade moral e a inexistência de inquérito policial ou processo criminal, por meio de certidões de antecedentes criminais das Justiças Federal, Estadual, Militar e Eleitoral;

IV. apresentar documento comprobatório de ocupação lícita e de residência fixa;

V. comprovar, periodicamente, a capacidade técnica para o manuseio da arma de fogo; e

VI. comprovar a aptidão psicológica para o manuseio de arma de fogo, atestada em laudo conclusivo fornecido por psicólogo credenciado pela Polícia Federal.

§ 1º O indeferimento do pedido para aquisição a que se refere o caput será comunicado ao interessado em documento próprio e apenas poderá ter como fundamento:

I. a comprovação documental de que:

a) o interessado instruiu o pedido com declarações ou documentos falsos; ou

b) o interessado mantém vínculo com grupos criminosos ou age como pessoa interposta de quem não preenche os requisitos a que se referem os incisos I a VI do caput;

II. o interessado não ter a idade mínima exigida no inciso I do caput; ou

III. a não apresentação de um ou mais documentos a que se referem o inciso III ao inciso VI do caput.

§ 2º Serão exigidas as certidões de antecedentes a que se refere o inciso III do caput apenas do local de domicílio do requerente, que apresentará declaração de inexistência de inquéritos policiais ou processos criminais contra si em trâmite nos demais entes federativos.

§ 3º O comprovante de capacidade técnica de que trata o inciso V do caput deverá ser expedido por instrutor de armamento e de tiro credenciado pela Polícia Federal no Sinarm e deverá atestar, necessariamente:

I. conhecimento da conceituação e das normas de segurança relativas a arma de fogo;

II. conhecimento básico dos componentes e das partes da arma de fogo para a qual foi requerida a autorização de aquisição; e

III. habilidade no uso da arma de fogo demonstrada pelo interessado em estande de tiro credenciado pelo Comando do Exército ou pela Polícia Federal.

§ 4º Cumpridos os requisitos a que se refere o caput, será expedida pelo Sinarm, no prazo de até trinta dias, contado da data do protocolo da solicitação, a autorização para a aquisição da arma de fogo em nome do interessado.

§ 5º É pessoal e intransferível a autorização para a aquisição da arma de fogo de que trata o § 4º.

§ 6º Fica dispensado da comprovação de cumprimento dos requisitos a que se referem os incisos V e VI do caput o interessado em adquirir arma de fogo que:

I. comprove estar autorizado a portar arma de fogo da mesma espécie daquela a ser adquirida, desde que o porte de arma de fogo esteja válido; e

II. tenha se submetido às avaliações técnica e psicológica no prazo estabelecido para obtenção ou manutenção do porte de arma de fogo.

§ 7º Para fins de aquisição de arma de fogo de uso restrito, o interessado deverá solicitar autorização prévia ao Comando do Exército.

§ 8º O disposto no § 7º se aplica às aquisições de munições e acessórios das armas de uso restrito adquiridas.

§ 9º O disposto no § 7º não se aplica aos Comandos Militares, nos termos do disposto no parágrafo único do art. 27 da Lei nº 10.826, de 2003.

§ 10. O certificado de registro concedido às pessoas jurídicas que comercializem ou produzam armas de fogo, munições e acessórios e aos clubes e às escolas de tiro, expedido pelo Comando do Exército, terá validade de dez anos.

§ 11. Os requisitos de que tratam os incisos IV, V e VI do caput serão comprovados, periodicamente, a cada dez anos, junto à Polícia Federal, para fins de renovação do Certificado de Registro. (Incluído pelo Decreto nº 10.030, de 2019)

ANOTAÇÕES

ANOTAÇÕES

LEIS

ANOTAÇÕES

§ 12. Os integrantes das Forças Armadas, das polícias federais, estaduais e do Distrito Federal e os militares dos Estados e do Distrito Federal, ao adquirirem arma de fogo de uso permitido ou restrito ou renovarem o Certificado de Registro, ficam dispensados do cumprimento dos requisitos de que tratam os incisos I, III, IV, V e VI do caput. (Incluído pelo Decreto nº 10.030, de 2019)

§ 13. Os integrantes das entidades de que tratam os incisos I, II, III, V, VI, VII e X do caput do art. 6º da Lei nº 10.826, de 2003, ficam dispensados do cumprimento do requisito de que trata o inciso I do caput deste artigo. (Incluído pelo Decreto nº 10.030, de 2019)

Art. 13. O proprietário de arma de fogo fica obrigado a comunicar, imediatamente, à polícia judiciária e ao Sinarm, o extravio, o furto, o roubo e a recuperação de arma de fogo ou do Certificado de Registro de Arma de Fogo.

§ 1º A polícia judiciária remeterá, no prazo de quarenta e oito horas, contado da data de recebimento da comunicação, as informações coletadas à Polícia Federal ou ao Comando do Exército, para fins de cadastro no Sinarm.

§ 2º Na hipótese de arma de fogo de uso restrito, a Polícia Federal encaminhará as informações ao Comando do Exército, para fins de cadastro no Sigma.

§ 3º Sem prejuízo do disposto no caput, o proprietário deverá, ainda, comunicar o ocorrido à Polícia Federal ou ao Comando do Exército, conforme o caso, e encaminhar-lhe cópia do boletim de ocorrência.

Art. 14. Serão cassadas as autorizações de porte de arma de fogo do titular a que se referem o inciso VIII ao inciso XI do caput do art. 6º e o § 1º do art. 10 da Lei nº 10.826, de 2003, que esteja respondendo a inquérito ou a processo criminal por crime doloso.

§ 1º Nas hipóteses de que trata o caput, o proprietário entregará a arma de fogo à Polícia Federal ou ao Comando do Exército, conforme o caso, mediante indenização na forma prevista no art. 48, ou providenciará a sua transferência para terceiro, no prazo de sessenta dias, contado da data da ciência do indiciamento ou do recebimento da denúncia ou da queixa pelo juiz.

§ 2º A cassação a que se refere o caput será determinada a partir do indiciamento do investigado no inquérito policial ou do recebimento da denúncia ou queixa pelo juiz.

§ 3º A autorização de posse e de porte de arma de fogo não será cancelada na hipótese de o proprietário de arma de fogo estar respondendo a inquérito ou ação penal em razão da utilização da arma em estado de necessidade, legítima defesa, em estrito cumprimento do dever legal ou exercício regular de direito, exceto nas hipóteses em que o juiz, convencido da necessidade da medida, justificadamente determinar.

§ 4º Na hipótese a que se refere o § 3º, a arma será apreendida quando for necessário periciá-la e será restituída ao proprietário após a realização da perícia mediante assinatura de termo de compromisso e responsabilidade, por meio do qual se comprometerá a apresentar a arma de fogo perante a autoridade competente sempre que assim for determinado.

§ 5º O disposto neste artigo aplica-se a todas as armas de fogo de propriedade do indiciado ou acusado.

§ 6º A apreensão da arma de fogo é de responsabilidade da polícia judiciária competente para a investigação do crime que motivou a cassação.

Art. 15. O porte de arma de fogo de uso permitido, vinculado ao registro prévio da arma e ao cadastro no Sinarm, será expedido pela Polícia Federal, no território nacional, em caráter excepcional, desde que atendidos os requisitos previstos nos incisos I, II e III do § 1º do art. 10 da Lei nº 10.826, de 2003.

ANOTAÇÕES

Parágrafo único. A taxa estipulada para o porte de arma de fogo somente será recolhida após a análise e a aprovação dos documentos apresentados.

Art. 16. O porte de arma de fogo é documento obrigatório para a condução da arma e deverá conter os seguintes dados:

I. abrangência territorial;

II. eficácia temporal;

III. características da arma;

IV. número do cadastro da arma no Sinarm;

V. identificação do proprietário da arma; e

VI. assinatura, cargo e função da autoridade concedente.

Art. 17. O porte de arma de fogo é pessoal, intransferível e revogável a qualquer tempo e será válido apenas em relação à arma nele especificada e com a apresentação do documento de identificação do portador.

Art. 18. Para portar a arma de fogo adquirida nos termos do disposto no § 6º do art. 12, o proprietário deverá solicitar a expedição do documento de porte, que observará o disposto no art. 16 e terá a mesma validade do documento referente à primeira arma.

Art. 19. O titular do porte de arma de fogo deverá comunicar imediatamente:

I. a mudança de domicílio ao órgão expedidor do porte de arma de fogo; e

II. o extravio, o furto ou o roubo da arma de fogo, à unidade policial mais próxima e, posteriormente, à Polícia Federal.

Parágrafo único. A inobservância ao disposto neste artigo implicará na suspensão do porte de arma de fogo por prazo a ser estipulado pela autoridade concedente.

Art. 20. O titular de porte de arma de fogo para defesa pessoal concedido nos termos do disposto no art. 10 da Lei nº 10.826, de 2003, não poderá conduzi-la ostensivamente ou com ela adentrar ou permanecer em locais públicos, tais como igrejas, escolas, estádios desportivos, clubes, agências bancárias ou outros locais onde haja aglomeração de pessoas em decorrência de eventos de qualquer natureza.

§ 1º A inobservância ao disposto neste artigo implicará na cassação do porte de arma de fogo e na apreensão da arma, pela autoridade competente, que adotará as medidas legais pertinentes.

§ 2º Aplica-se o disposto no § 1º na hipótese de o titular do porte de arma de fogo portar o armamento em estado de embriaguez ou sob o efeito de drogas ou medicamentos que provoquem alteração do desempenho intelectual ou motor.

Art. 21. Será concedido pela Polícia Federal, nos termos do disposto no § 5º do art. 6º da Lei nº 10.826, de 2003, o porte de arma de fogo, na categoria caçador de subsistência, de uma arma portátil, de uso permitido, de tiro simples, com um ou dois canos, de alma lisa e de calibre igual ou inferior a dezesseis, desde que o interessado comprove a efetiva necessidade em requerimento ao qual deverão ser anexados os seguintes documentos:

I. documento comprobatório de residência em área rural ou certidão equivalente expedida por órgão municipal;

II. original e cópia, ou cópia autenticada, do documento de identificação pessoal; e

III. atestado de bons antecedentes.

Parágrafo único. Aplicam-se ao portador do porte de arma de fogo mencionado neste artigo as demais obrigações estabelecidas neste Decreto.

ANOTAÇÕES

Art. 22. Observado o princípio da reciprocidade previsto em convenções internacionais de que a República Federativa do Brasil seja signatária, poderá ser autorizado o porte de arma de fogo pela Polícia Federal a diplomatas de missões diplomáticas e consulares acreditadas junto ao Governo brasileiro, e a agentes de segurança de dignitários estrangeiros durante a permanência no País, independentemente dos requisitos estabelecidos neste Decreto.

Art. 23. Caberá à Polícia Federal estabelecer os procedimentos relativos à concessão e à renovação do porte de arma de fogo.

Art. 24. O porte de arma de fogo é deferido aos militares das Forças Armadas, aos policiais federais, estaduais e distritais, civis e militares, aos corpos de bombeiros militares e aos policiais da Câmara dos Deputados e do Senado Federal em razão do desempenho de suas funções institucionais.

§ 1º O porte de arma de fogo é garantido às praças das Forças Armadas com estabilidade de que trata a alínea "a" do inciso IV do caput do art. 50 da Lei nº 6.880, de 9 de dezembro de 1980 - Estatuto dos Militares.

§ 2º A autorização do porte de arma de fogo para as praças sem estabilidade assegurada será regulamentada em ato do Comandante da Força correspondente.

§ 3º Ato do Comandante da Força correspondente disporá sobre as hipóteses excecpcionais de suspensão, cassação e demais procedimentos relativos ao porte de arma de fogo de que trata este artigo.

§ 4º Atos dos comandantes-gerais das corporações disporão sobre o porte de arma de fogo dos policiais militares e dos bombeiros militares.

Art. 25. A autorização para o porte de arma de fogo previsto em legislação própria, na forma prevista no caput do art. 6º da Lei nº 10.826, de 2003, fica condicionada ao atendimento dos requisitos previstos no inciso III do caput do art. 4º da referida Lei.

Art. 26. Os órgãos, as instituições e as corporações a que se referem os incisos I, II, III, V, VI, VII e X do caput do art. 6º da Lei nº 10.826, de 2003, estabelecerão, em normas próprias, os procedimentos relativos às condições para a utilização das armas de fogo de sua propriedade, ainda que fora de serviço.

§ 1º As instituições a que se referem o inciso IV do caput do art. 6º da Lei nº 10.826, de 2003, estabelecerão, em normas próprias, os procedimentos relativos às condições para a utilização, em serviço, das armas de fogo de sua propriedade.

§ 2º As instituições, os órgãos e as corporações, ao definir os procedimentos a que se refere o caput, disciplinarão as normas gerais de uso de arma de fogo de sua propriedade, fora do serviço, quando se tratar de locais onde haja aglomeração de pessoas, em decorrência de evento de qualquer natureza, tais como no interior de igrejas, escolas, estádios desportivos e clubes, públicos e privados.

§ 3º Os órgãos e as instituições que tenham os portes de arma de seus agentes públicos ou políticos estabelecidos em lei própria, na forma prevista no caput do art. 6º da Lei nº 10.826, de 2003, deverão encaminhar à Polícia Federal a relação das pessoas autorizadas a portar arma de fogo, observado, no que couber, o disposto no art. 20.

§ 4º Não será concedida a autorização para o porte de arma de fogo de que trata o art. 15 a integrantes de órgãos, instituições e corporações não autorizados a portar arma de fogo fora de serviço, exceto se comprovarem o risco à sua integridade física, observado o disposto no art. 11 da Lei nº 10.826, de 2003.

ANOTAÇÕES

§ 5º O porte de que tratam os incisos V, VI e X do caput do art. 6º da Lei nº 10.826, de 2003, e aquele previsto em lei própria, na forma prevista no caput do art. 6º da Lei nº 10.826, de 2003, serão concedidos, exclusivamente, para defesa pessoal, hipótese em que será vedado aos seus titulares o porte ostensivo da arma de fogo.

§ 6º A vedação prevista no § 5º não se aplica aos servidores designados para execução da atividade fiscalizatória do Instituto Brasileiro do Meio Ambiente e dos Recursos Naturais Renováveis - Ibama e do Instituto Chico Mendes de Conservação da Biodiversidade - Instituto Chico Mendes.

Art. 27. Poderá ser autorizado, em casos excepcionais, pelo órgão competente, o uso, em serviço, de arma de fogo, de propriedade particular do integrante dos órgãos, das instituições ou das corporações a que se refere o inciso II caput do art. 6º da Lei nº 10.826, de 2003.

§ 1º A autorização de que trata o caput será regulamentada em ato próprio do órgão, da instituição ou da corporação competente.

§ 2º Na hipótese prevista neste artigo, a arma de fogo deverá ser sempre conduzida com o seu Certificado de Registro de Arma de Fogo.

Art. 28. As armas de fogo particulares de que trata o art. 27 e as institucionais não brasonadas deverão ser conduzidas com o seu Certificado de Registro de Arma de Fogo ou com o termo de cautela decorrente de autorização judicial para uso, sob pena de aplicação das sanções penais cabíveis.

Art. 29. A capacidade técnica e a aptidão psicológica para o manuseio de armas de fogo, para os integrantes das instituições a que se referem os incisos III, IV, V, VI, VII e X do caput do art. 6º da Lei nº 10.826, de 2003, serão atestadas pela própria instituição, depois de cumpridos os requisitos técnicos e psicológicos estabelecidos pela Polícia Federal.

Parágrafo único. Caberá à Polícia Federal expedir o porte de arma de fogo para os guardas portuários.

Art. 29-A. A Polícia Federal, diretamente ou por meio de convênio com os órgãos de segurança pública dos Estados, do Distrito Federal e dos Municípios, nos termos do disposto no § 3º do art. 6º da Lei nº 10.826, de 2003, e observada a supervisão do Ministério da Justiça e Segurança Pública: (Incluído pelo Decreto nº 10.030, de 2019)

I. estabelecerá o currículo da disciplina de armamento e tiro dos cursos de formação das guardas municipais; (Incluído pelo Decreto nº 10.030, de 2019)

II. concederá porte de arma de fogo funcional aos integrantes das guardas municipais, com validade pelo prazo de dez anos, contado da data de emissão do porte, nos limites territoriais do Estado em que exerce a função; e (Incluído pelo Decreto nº 10.030, de 2019)

III. fiscalizará os cursos de formação para assegurar o cul. estabelecimento de ensino de atividade policial; mprimento do currículo da disciplina a que se refere o inciso I. (Incluído pelo Decreto nº 10.030, de 2019)

Parágrafo único. Os guardas municipais autorizados a portar arma de fogo, nos termos do inciso II do caput, poderão portá-la nos deslocamentos para suas residências, mesmo quando localizadas em município situado em Estado limítrofe. (Incluído pelo Decreto nº 10.030, de 2019)

Art. 29-B. A formação de guardas municipais poderá ocorrer somente em: (Incluído pelo Decreto nº 10.030, de 2019)

I. estabelecimento de ensino de atividade policial; (Incluído pelo Decreto nº 10.030, de 2019)

LEIS

ANOTAÇÕES

II. órgão municipal para formação, treinamento e aperfeiçoamento de integrantes da guarda municipal; (Incluído pelo Decreto nº 10.030, de 2019)

III. órgão de formação criado e mantido por Municípios consorciados para treinamento e aperfeiçoamento dos integrantes da guarda municipal; ou (Incluído pelo Decreto nº 10.030, de 2019)

IV. órgão estadual centralizado e conveniado a seus Municípios, para formação e aperfeiçoamento de guardas municipais, no qual seja assegurada a participação dos municípios conveniados no conselho gestor. (Incluído pelo Decreto nº 10.030, de 2019)

Art. 29-C. O porte de arma de fogo aos integrantes das instituições de que tratam os incisos III e IV do caput do art. 6º da Lei nº 10.826, de 2003, será concedido somente mediante comprovação de treinamento técnico de, no mínimo: (Incluído pelo Decreto nº 10.030, de 2019)

I. sessenta horas, para armas de repetição; e (Incluído pelo Decreto nº 10.030, de 2019)

II. cem horas, para arma de fogo semiautomática. (Incluído pelo Decreto nº 10.030, de 2019)

§ 1º O treinamento de que trata o caput destinará, no mínimo, sessenta e cinco por cento de sua carga horária ao conteúdo prático. (Incluído pelo Decreto nº 10.030, de 2019)

§ 2º O curso de formação dos profissionais das guardas municipais de que trata o art. 29-A conterá técnicas de tiro defensivo e de defesa pessoal. (Incluído pelo Decreto nº 10.030, de 2019)

§ 3º Os profissionais das guardas municipais com porte de arma de fogo serão submetidos a estágio de qualificação profissional por, no mínimo, oitenta horas anuais. (Incluído pelo Decreto nº 10.030, de 2019)

Art. 29-D. A Polícia Federal poderá conceder porte de arma de fogo, nos termos do disposto no § 3º do art. 6º da Lei nº 10.826, de 2003, às guardas municipais dos Municípios que tenham instituído: (Incluído pelo Decreto nº 10.030, de 2019)

I. corregedoria própria e independente para a apuração de infrações disciplinares atribuídas aos servidores integrantes da guarda municipal; e (Incluído pelo Decreto nº 10.030, de 2019)

II. ouvidoria, como órgão permanente, autônomo e independente, com competência para fiscalizar, investigar, auditar e propor políticas de qualificação das atividades desenvolvidas pelos integrantes das guardas municipais. (Incluído pelo Decreto nº 10.030, de 2019)

Art. 30. Os integrantes das Forças Armadas e os servidores dos órgãos, instituições e corporações mencionados nos incisos II, V, VI e VII do caput do art. 6º da Lei nº 10.826, de 2003, transferidos para a reserva remunerada ou aposentados, para conservarem a autorização de porte de arma de fogo de sua propriedade deverão submeter-se, a cada dez anos, aos testes de avaliação psicológica a que faz menção o inciso III do caput do art. 4º da Lei nº 10.826, de 2003.

§ 1º O cumprimento dos requisitos a que se refere o caput será atestado pelos órgãos, instituições e corporações de vinculação.

§ 2º Não se aplicam aos integrantes da reserva não remunerada das Forças Armadas e Auxiliares as prerrogativas mencionadas no caput.

Art. 31. A entrada de arma de fogo e munição no País, como bagagem de atletas, destinadas ao uso em competições internacionais será autorizada pelo Comando do Exército.

ANOTAÇÕES

§ 1º O porte de trânsito das armas a serem utilizadas por delegações estrangeiras em competição oficial de tiro no País será expedido pelo Comando do Exército.

§ 2º Os responsáveis pelas delegações estrangeiras e brasileiras em competição oficial de tiro no País e os seus integrantes transportarão as suas armas desmuniciadas.

Art. 32. As empresas de segurança privada e de transporte de valores solicitarão à Polícia Federal autorização para aquisição de armas de fogo.

§ 1º A autorização de que trata o caput:

I. será concedida se houver comprovação de que a empresa possui autorização de funcionamento válida e justificativa da necessidade de aquisição com base na atividade autorizada; e

II. será válida apenas para a utilização da arma de fogo em serviço.

§ 2º As empresas de que trata o caput encaminharão, trimestralmente, à Polícia Federal a relação nominal dos vigilantes que utilizem armas de fogo de sua propriedade.

§ 3º A transferência de armas de fogo entre estabelecimentos da mesma empresa ou para empresa diversa será autorizada pela Polícia Federal, desde que cumpridos os requisitos de que trata o § 1º.

§ 4º Durante o trâmite do processo de transferência de armas de fogo de que trata o § 3º, a Polícia Federal poderá autorizar a empresa adquirente a utilizar as armas de fogo em fase de aquisição, em seus postos de serviço, antes da expedição do novo Certificado de Registro de Arma de Fogo.

§ 5º É vedada a utilização em serviço de arma de fogo particular do empregado das empresas de que trata este artigo.

§ 6º É de responsabilidade das empresas de segurança privada a guarda e o armazenamento das armas, das munições e dos acessórios de sua propriedade, nos termos da legislação específica.

§ 7º A perda, o furto, o roubo ou outras formas de extravio de arma de fogo, de acessório e de munições que estejam sob a guarda das empresas de segurança privada e de transporte de valores deverão ser comunicadas à Polícia Federal, no prazo de vinte e quatro horas, contado da ocorrência do fato, sob pena de responsabilização do proprietário ou do responsável legal.

Art. 33. A classificação legal, técnica e geral e a definição das armas de fogo são as constantes deste Decreto e a dos demais produtos controlados são aquelas constantes do Decreto nº 9.493, de 5 de setembro de 2018, e de sua legislação complementar.

CAPÍTULO III - DA IMPORTAÇÃO E DA EXPORTAÇÃO

Art. 34. O Comando do Exército autorizará previamente a aquisição e a importação de armas de fogo de uso restrito, munições de uso restrito e demais produtos controlados de uso restrito, para os seguintes órgãos, instituições e corporações: (Redação dada pelo Decreto nº 10.030, de 2019)

I. a Polícia Federal;

II. a Polícia Rodoviária Federal;

III. o Gabinete de Segurança Institucional da Presidência da República;

IV. a Agência Brasileira de Inteligência;

V. o Departamento Penitenciário Nacional;

VI. a Força Nacional de Segurança Pública, por meio da Secretaria Nacional de Segurança Pública;

VII. os órgãos policiais da Câmara dos Deputados e do Senado Federal a que se referem, respectivamente, o inciso IV do caput do art. 51 e o inciso XIII do caput do art. 52 da Constituição;

VIII. as polícias civis dos Estados e do Distrito Federal;

IX. as polícias militares dos Estados e do Distrito Federal;

X. os corpos de bombeiros militares dos Estados e do Distrito Federal; e

XI. as guardas municipais.

§ 1º Ato do Comandante do Exército disporá sobre os procedimentos relativos à comunicação prévia a que se refere o caput e sobre as informações que dela devam constar.

§ 1º-A Para a concessão da autorização a que se refere o caput, os órgãos, as instituições e as corporações comunicarão previamente ao Comando do Exército o quantitativo de armas e munições de uso restrito que pretendem adquirir. (Incluído pelo Decreto nº 10.030, de 2019)

§ 2º Serão, ainda, autorizadas a adquirir e importar armas de fogo, munições, acessórios e demais produtos controlados: (Redação dada pelo Decreto nº 10.030, de 2019)

I. os integrantes das instituições a que se referem os incisos I a XI do caput;

II. pessoas naturais autorizadas a adquirir arma de fogo, munições ou acessórios, de uso permitido ou restrito, conforme o caso, nos termos do disposto no art. 12, nos limites da autorização obtida;

III. pessoas jurídicas credenciadas no Comando do Exército para comercializar armas de fogo, munições e produtos controlados; e

IV. os integrantes das Forças Armadas.

§ 3º Ato do Comandante do Exército disporá sobre as condições para a importação de armas de fogo, munições, acessórios e demais produtos controlados a que se refere o § 2º, no prazo de trinta dias, contado da data de publicação do Decreto nº 10.030, de 30 de setembro de 2019. (Redação dada pelo Decreto nº 10.030, de 2019)

§ 4º O disposto nesse artigo não se aplica aos comandos militares.

§ 5º A autorização de que trata o caput poderá ser concedida pelo Comando do Exército mediante avaliação e aprovação de planejamento estratégico, com duração de, no máximo, quatro anos, de aquisição de armas, munições e produtos controlados de uso restrito pelos órgãos, pelas instituições e pelas corporações de que trata o caput. (Incluído pelo Decreto nº 10.030, de 2019)

§ 6º A aquisição de armas de fogo e munições de uso permitido pelos órgãos, pelas instituições e pelas corporações a que se refere o caput será comunicada ao Comando do Exército. (Incluído pelo Decreto nº 10.030, de 2019)

Art. 35. Compete ao Comando do Exército:

I. autorizar e fiscalizar a produção, a exportação, a importação, o desembaraço alfandegário e o comércio de armas, munições e demais produtos controlados no território nacional;

II. manter banco de dados atualizado com as informações acerca das armas de fogo, acessórios e munições importados; e

III. editar normas:

a) para dispor sobre a forma de acondicionamento das munições em embalagens com sistema de rastreamento;

b) para dispor sobre a definição dos dispositivos de segurança e de identificação de que trata o § 3º do art. 23 da Lei nº 10.826, de 2003;

c) para que, na comercialização de munições para os órgãos referidos no art. 6º da Lei nº 10.826, de 2003, estas contenham gravação na base dos estojos que permita identificar o fabricante, o lote de venda e o adquirente; e

d) para o controle da produção, da importação, do comércio, da utilização de simulacros de armas de fogo, nos termos do disposto no parágrafo único do art. 26 da Lei nº 10.826, de 2003.

Parágrafo único. Para fins do disposto no inciso III do caput, o Comando do Exército ouvirá previamente o Ministério da Justiça e Segurança Pública.

Art. 36. Concedida a autorização a que se refere o art. 34, a importação de armas de fogo, munições e demais produtos controlados pelas instituições e pelos órgãos a que se referem o inciso I ao inciso XI do caput do art. 34 ficará sujeita ao regime de licenciamento automático da mercadoria.

Art. 37. A importação de armas de fogo, munições e demais produtos controlados pelas pessoas a que se refere o § 2º do art. 34 ficará sujeita ao regime de licenciamento não automático prévio ao embarque da mercadoria no exterior.

§ 1º O Comando do Exército expedirá o Certificado Internacional de Importação após a comunicação a que se refere o § 1º do art. 34.

§ 2º O Certificado Internacional de Importação a que se refere o § 1º terá validade até o término do processo de importação.

Art. 38. As instituições, os órgãos e as pessoas de que trata o art. 34, quando interessadas na importação de armas de fogo, munições e demais produtos controlados, deverão preencher a Licença de Importação no Sistema Integrado de Comércio Exterior - Siscomex.

§ 1º O desembaraço aduaneiro das mercadorias ocorrerá após o cumprimento do disposto no caput.

§ 2º A Licença de Importação a que se refere o caput terá validade até o término do processo de importação.

Art. 39. As importações realizadas pelas Forças Armadas serão comunicadas ao Ministério da Defesa.

Art. 40. A Secretaria Especial da Receita Federal do Brasil do Ministério da Economia e o Comando do Exército fornecerão à Polícia Federal as informações relativas às importações de que trata este Capítulo e que devam constar do Sinarm.

Art. 41. Fica autorizada a entrada temporária no País, por prazo determinado, de armas de fogo, munições e acessórios para fins de demonstração, exposição, conserto, mostruário ou testes, por meio de comunicação do interessado, de seus representantes legais ou das representações diplomáticas do país de origem ao Comando do Exército.

§ 1º A importação sob o regime de admissão temporária será autorizada por meio do Certificado Internacional de Importação.

§ 2º Terminado o evento que motivou a importação, o material deverá retornar ao seu país de origem e não poderá ser doado ou vendido no território nacional, exceto se a doação for destinada aos museus dos órgãos e das instituições a que se referem o inciso I ao inciso XI do caput do art. 34.

ANOTAÇÕES

ANOTAÇÕES

ANOTAÇÕES

§ 3º A Secretaria Especial da Receita Federal do Brasil do Ministério da Economia fiscalizará a entrada e a saída do País dos produtos a que se refere este artigo.

Art. 42. Fica vedada a importação de armas de fogo, seus acessórios e peças, de munições e seus componentes, por meio do serviço postal e similares. (Redação dada pelo Decreto nº 9.981, de 2019)

Art. 43. O Comando do Exército autorizará a exportação de armas, munições e demais produtos controlados, nos termos estabelecidos em legislação específica para exportação de produtos de defesa e no disposto no art. 24 da Lei nº 10.826, de 2003.

Art. 44. O desembaraço aduaneiro de armas de fogo, munições e demais produtos controlados será feito pela Secretaria Especial da Receita Federal do Brasil do Ministério da Economia, após autorização do Comando do Exército.

§ 1º O desembaraço aduaneiro de que trata o caput incluirá:

I. as operações de importação e de exportação, sob qualquer regime;

II. a internação de mercadoria em entrepostos aduaneiros;

III. a nacionalização de mercadoria entrepostada;

IV. a entrada e a saída do País de armas de fogo e de munição de atletas brasileiros e estrangeiros inscritos em competições nacionais ou internacionais;

V. a entrada e a saída do País de armas de fogo e de munição trazidas por agentes de segurança de dignitários estrangeiros em visita ao País;

VI. a entrada e a saída de armas de fogo e de munição de órgãos de segurança estrangeiros, para participação em operações, exercícios e instruções de natureza oficial; e

VII. as armas de fogo, as munições, as suas partes e as suas peças, trazidas como bagagem acompanhada ou desacompanhada.

§ 2º O desembaraço aduaneiro de armas de fogo e de munição ficará condicionado ao cumprimento das normas específicas sobre marcação estabelecidas pelo Comando do Exército.

CAPÍTULO IV - DISPOSIÇÕES FINAIS

Art. 45. As armas de fogo apreendidas, observados os procedimentos relativos à elaboração do laudo pericial e quando não mais interessarem à persecução penal, serão encaminhadas pelo juiz competente ao Comando do Exército, no prazo de quarenta e oito horas, para destruição ou doação aos órgãos de segurança pública ou às Forças Armadas.

§ 1º Os órgãos de segurança pública ou as Forças Armadas responsáveis pela apreensão manifestarão interesse pelas armas de fogo apreendidas, respectivamente, ao Ministério da Justiça e Segurança Pública ou ao Comando do Exército, no prazo de dez dias, contado da data de envio das armas ao Comando do Exército, nos termos do disposto no caput.

§ 2º O Comando do Exército se manifestará favoravelmente à doação de que trata o caput, na hipótese de serem cumpridos os seguintes requisitos:

I. comprovação da necessidade de destinação do armamento;

II. adequação das armas de fogo ao padrão de cada órgão; e

III. atendimento aos critérios de priorização estabelecidos pelo Ministério da Justiça e Segurança Pública, nos termos do disposto no § 1º do art. 25 da Lei nº 10.826, de 2003.

ANOTAÇÕES

§ 3º O Ministério da Justiça e Segurança Pública incluirá a priorização de atendimento ao órgão que efetivou a apreensão dentre os critérios de que trata o inciso III do § 2º.

§ 4º A análise do cumprimento do requisito estabelecido no inciso III do § 2º será realizada no prazo de trinta dias, contado da data de manifestação do Comando do Exército em relação à comprovação de necessidade e adequação ao padrão do órgão interessado: (Redação dada pelo Decreto nº 10.030, de 2019)

I. pela Secretaria Nacional de Segurança Pública do Ministério da Justiça e Segurança Pública, na hipótese de a manifestação ter sido apresentada pelos órgãos de segurança pública; ou (Incluído pelo Decreto nº 10.030, de 2019)

II. pelo Comando do Exército, na hipótese de a manifestação ter sido apresentada pelas Forças Armadas. (Incluído pelo Decreto nº 10.030, de 2019)

§ 5º Cumpridos os requisitos de que trata o § 2º, o Comando do Exército encaminhará, no prazo de vinte dias, a relação das armas de fogo a serem doadas ao juiz competente, que determinará o seu perdimento em favor do órgão ou da Força Armada beneficiária.

§ 6º Na hipótese de não haver manifestação expressa do órgão ou da Força Armada que realizou a apreensão das armas, nos termos do disposto no § 1º, os demais órgãos de segurança pública ou das Forças Armadas poderão manifestar interesse pelas armas de fogo, no prazo de trinta dias, contado da data de recebimento do relatório a que se refere o § 1º do art. 25 da Lei nº 10.826, de 2003, e encaminhar pedido de doação ao Comando do Exército.

§ 7º O Comando do Exército apreciará o pedido de doação de que trata o § 6º, observados os requisitos estabelecidos no § 2º, e encaminhará, no prazo de sessenta dias, contado da data de divulgação do relatório a que se refere o § 1º do art. 25 da Lei nº 10.826, de 2003, a relação das armas a serem doadas, para que o juiz competente determine o seu perdimento, nos termos do disposto no § 5º.

§ 8º As armas de fogo de valor histórico ou obsoletas poderão ser objeto de doação a museus das Forças Armadas ou de instituições policiais indicados pelo Comando do Exército.

§ 9º As armas de fogo apreendidas poderão ser devolvidas pela autoridade competente aos seus legítimos proprietários na hipótese de serem cumpridos os requisitos de que trata o art. 4º da Lei nº 10.826, de 2003.

§ 10. A decisão sobre o destino final das armas de fogo não doadas aos órgãos interessados nos termos do disposto neste Decreto caberá ao Comando do Exército, que deverá concluir pela sua destruição ou pela doação às Forças Armadas.

§ 11. As munições e os acessórios apreendidos, concluídos os procedimentos relativos à elaboração do laudo pericial e quando não mais interessarem à persecução penal, serão encaminhados pelo juiz competente ao Comando do Exército, no prazo de quarenta e oito horas, para destruição ou doação aos órgãos de segurança pública ou às Forças Armadas.

§ 12. O órgão de segurança pública ou as Forças Armadas responsáveis pela apreensão das munições serão o destinatário da doação, desde que manifestem interesse.

§ 13. Na hipótese de não haver interesse por parte do órgão ou das Forças Armadas responsáveis pela apreensão, as munições serão destinadas ao primeiro órgão que manifestar interesse.

§ 14. Compete ao órgão de segurança pública beneficiário da doação das munições periciá-las para atestar a sua validade e encaminhá-las ao Comando do Exército para destruição, na hipótese de ser constado que são inservíveis.

§ 15. As armas de fogo, as munições e os acessórios apreendidos que forem de propriedade das instituições a que se referem os incisos I a XI do caput do art. 34 serão devolvidos à instituição após a realização de perícia, exceto se determinada sua retenção até o final do processo pelo juízo competente.

Art. 46. As solicitações dos órgãos de segurança pública sobre informações relativas ao cadastro de armas de fogo, munições e demais produtos controlados junto ao Sinarm e ao Sigma serão encaminhadas diretamente à Polícia Federal ou ao Comando do Exército, conforme o caso.

Art. 47. Na hipótese de falecimento ou interdição do proprietário de arma de fogo, o administrador da herança ou o curador, conforme o caso, providenciará a transferência da propriedade da arma, por meio de alvará judicial ou de autorização firmada por todos os herdeiros, desde que sejam maiores de idade e capazes, observado o disposto no art. 12.

§ 1º O administrador da herança ou o curador comunicará à Polícia Federal ou ao Comando do Exército, conforme o caso, a morte ou a interdição do proprietário da arma de fogo.

§ 2º Na hipótese de que trata o caput, a arma de fogo permanecerá sob a guarda e a responsabilidade do administrador da herança ou do curador, depositada em local seguro, até a expedição do Certificado de Registro de Arma de Fogo e a entrega ao novo proprietário.

§ 3º A inobservância ao disposto no § 2º implicará a apreensão da arma de fogo pela autoridade competente, sem prejuízo das sanções penais cabíveis.

Art. 48. O valor da indenização de que tratam os art. 31 e art. 32 da Lei nº 10.826, de 2003, e o procedimento para o respectivo pagamento serão fixados pelo Ministério da Justiça e Segurança Pública.

Art. 49. Os recursos financeiros necessários ao cumprimento do disposto nos art. 31 e art. 32 da Lei nº 10.826, de 2003, serão custeados por dotação orçamentária específica consignada ao Ministério da Justiça e Segurança Pública.

Art. 50. Será presumida a boa-fé dos possuidores e dos proprietários de armas de fogo que as entregar espontaneamente à Polícia Federal ou aos postos de recolhimento credenciados, nos termos do disposto no art. 32 da Lei nº 10.826, de 2003.

Art. 51. A entrega da arma de fogo de que tratam os art. 31 e art. 32 da Lei nº 10.826, de 2003, de seus acessórios ou de sua munição será feita na Polícia Federal ou em órgãos e entidades credenciados pelo Ministério da Justiça e Segurança Pública.

§ 1º Para o transporte da arma de fogo até o local de entrega, será exigida guia de trânsito, expedida pela Polícia Federal ou por órgão por ela credenciado, que conterá as especificações mínimas estabelecidas pelo Ministério da Justiça e Segurança Pública.

§ 2º A guia de trânsito de que trata o § 1º poderá ser expedida pela internet, na forma estabelecida em ato do Diretor-Geral da Polícia Federal.

§ 3º A guia de trânsito de que trata o § 1º autorizará tão-somente o transporte da arma, devidamente desmuniciada e acondicionada de maneira que seu uso não possa ser imediato, limitado para o percurso nela autorizado.

ANOTAÇÕES

§ 4º O transporte da arma de fogo sem a guia de trânsito, ou o transporte realizado com a guia, mas sem a observância ao que nela estiver estipulado, sujeitará o infrator às sanções penais cabíveis.

Art. 52. As disposições sobre a entrega de armas de fogo de que tratam os art. 31 e art. 32 da Lei nº 10.826, de 2003, não se aplicam às empresas de segurança privada e de transporte de valores.

Art. 53. Será aplicada pelo órgão competente pela fiscalização multa de:

I. R$ 100.000,00 (cem mil reais):

a) à empresa de transporte aéreo, rodoviário, ferroviário, marítimo, fluvial ou lacustre que permita o transporte de arma de fogo, munição ou acessórios sem a devida autorização ou com inobservância às normas de segurança; e

b) à empresa de produção ou de comercialização de armas de fogo que realize publicidade para estimular a venda e o uso indiscriminado de armas de fogo, acessórios e munição, exceto nas publicações especializadas;

II. R$ 200.000,00 (duzentos mil reais), sem prejuízo das sanções penais cabíveis:

a) à empresa de transporte aéreo, rodoviário, ferroviário, marítimo, fluvial ou lacustre que deliberadamente, por qualquer meio, realize, promova ou facilite o transporte de arma de fogo ou de munição sem a devida autorização ou com inobservância às normas de segurança; e

b) à empresa de produção ou de comercialização de armas de fogo que reincidir na conduta de que trata a alínea "b" do inciso I do caput; e

III. R$ 300.000,00 (trezentos mil reais), sem prejuízo das sanções penais cabíveis, à empresa que reincidir na conduta de que tratam a alínea "a" do inciso I e as alíneas "a" e "b" do inciso II.

Art. 54. A empresa de segurança e de transporte de valores ficará sujeita às penalidades de que trata o art. 23 da Lei nº 7.102, de 20 de junho de 1983, na hipótese de não apresentar, nos termos do disposto nos § 2º e § 3º do art. 7º da Lei nº 10.826, de 2003:

I. a documentação comprobatória do cumprimento dos requisitos constantes do art. 4º da Lei nº 10.826, de 2003, quanto aos empregados que portarão arma de fogo; e

II. semestralmente, ao Sinarm, a listagem atualizada de seus empregados.

Art. 55. Os recursos arrecadados em razão das taxas e das sanções pecuniárias de caráter administrativo previstas neste Decreto serão aplicados nos termos do disposto no § 1º do art. 11 da Lei nº 10.826, de 2003.

Art. 56. As receitas destinadas ao Sinarm serão recolhidas ao Banco do Brasil S.A., na conta Fundo para Aparelhamento e Operacionalização das Atividades-Fim da Polícia Federal, e serão alocadas para o reaparelhamento, a manutenção e o custeio das atividades de controle e de fiscalização da circulação de armas de fogo e de repressão ao seu tráfico ilícito, de competência da Polícia Federal.

Art. 57. Os requerimentos formulados ao Comando do Exército, ao Sigma, à Polícia Federal e ao Sinarm referentes aos procedimentos previstos neste Decreto serão apreciados e julgados no prazo de sessenta dias.

§ 1º A apreciação e o julgamento a que se refere o caput ficarão condicionados à apresentação do requerimento devidamente instruído à autoridade competente.

ANOTAÇÕES

ANOTAÇÕES

§ 2º O prazo a que se refere o caput será contado da data:

I. da entrega do requerimento devidamente instruído; ou

II. da entrega da documentação completa de instrução do requerimento, na hipótese de as datas da entrega do requerimento e dos documentos que o instruem não coincidirem.

§ 3º Transcorrido o prazo a que se refere o caput sem a apreciação e o julgamento do requerimento, observado o disposto no § 1º, consideram-se aprovados tacitamente os pedidos nele formulados.

§ 4º A aprovação tácita não impede a continuidade da apreciação do requerimento, que poderá ser cassado, caso constatado o não cumprimento dos requisitos legais.

Art. 58. O Decreto nº 9.607, de 12 de dezembro de 2018, passa a vigorar com as seguintes alterações:

"Art. 34-B. A autorização para importação de Prode, conforme definido em ato do Ministro de Estado da Defesa, poderá ser concedida:

I. aos órgãos e às entidades da administração pública;

II. aos fabricantes de Prode em quantidade necessária à realização de pesquisa, estudos e testes, à composição de sistemas de Prode ou à fabricação de Prode;

III. aos representantes de empresas estrangeiras, em regime de admissão temporária, para fins de experiências, testes ou demonstração, junto às Forças Armadas do Brasil ou a órgãos ou entidades públicas, desde que comprovem exercer a representação comercial do fabricante estrangeiro no território nacional e apresentem documento comprobatório do interesse das instituições envolvidas;

IV. aos expositores, para participação em feiras, mostras, exposições e eventos, por período determinado;

V. aos agentes de segurança de dignitários estrangeiros em visita ao País, em caráter temporário;

VI. às representações diplomáticas;

VII. aos integrantes de Forças Armadas do Brasil ou de órgãos de segurança estrangeiros, em caráter temporário, para:

a) participação em exercícios combinados; ou

b) participação, na qualidade de instrutor, aluno ou competidor, em cursos e eventos profissionais das Forças Armadas do Brasil e de órgãos de segurança nacionais, desde que o Prode seja essencial para o curso ou o evento; e

VIII. aos colecionadores, aos atiradores desportivos, aos caçadores e às pessoas naturais cujas armas de fogo devam ser registradas pelo Comando do Exército, nas condições estabelecidas no Regulamento para a Fiscalização de Produtos Controlados.

§ 1º Nas hipóteses previstas nos incisos III, IV e VII do caput, a importação será limitada às amostras necessárias ao evento, vedada a importação do produto para outros fins, e os Prode deverão ser reexportados após o término do evento motivador da importação ou, a critério do importador e com autorização do Ministério da Defesa, doados.

§ 2º Na hipótese prevista no inciso III do caput, os Prode não serão entregues aos seus importadores e ficarão diretamente sob a guarda dos órgãos ou das instituições envolvidos."

Art. 59. O Decreto nº 9.845, de 25 de junho de 2019, passa a vigorar com as seguintes alterações:

ANOTAÇÕES

"Art. 7º ....

§ 1º Nas hipóteses de que trata o caput, o proprietário entregará a arma de fogo à Polícia Federal ou ao Comando do Exército, conforme o caso, mediante indenização, na forma prevista no art. 48 do Decreto nº 9.847 , de 25 de junho de 2019, ou providenciará a sua transferência para terceiro, no prazo de sessenta dias, contado da data da ciência do indiciamento ou do recebimento da denúncia ou da queixa pelo juiz."

"Art. 8º Na hipótese de não cumprimento dos requisitos de que trata o art. 3º para a renovação do Certificado de Registro de Arma de Fogo, o proprietário entregará a arma de fogo à Polícia Federal, mediante indenização, na forma prevista no art. 48 do Decreto nº 9.847, de 2019, ou providenciará a sua transferência, no prazo de sessenta dias, para terceiro interessado na aquisição, observado o disposto no art. 5º."

Art. 60. Ficam revogados:

I. os seguintes dispositivos do Anexo ao Decreto nº 3.665, de 20 de novembro de 2000:

a) o art. 183; e

b) o art. 190;

II. o art. 34-A do Decreto nº 9.607, de 2018;

III. o Decreto nº 9.785, de 7 de maio de 2019;

IV. o Decreto nº 9.797, de 21 de maio de 2019; e

V. o Decreto nº 9.844, de 25 de junho de 2019.

Art. 61. Este Decreto entra em vigor na data de sua publicação.

48. LEI Nº 13.869, DE 5 DE SETEMBRO DE 2019

Dispõe sobre os crimes de abuso de autoridade; altera a Lei nº 7.960, de 21 de dezembro de 1989, a Lei nº 9.296, de 24 de julho de 1996, a Lei nº 8.069, de 13 de julho de 1990, e a Lei nº 8.906, de 4 de julho de 1994; e revoga a Lei nº 4.898, de 9 de dezembro de 1965, e dispositivos do Decreto-Lei nº 2.848, de 7 de dezembro de 1940 (Código Penal).

O PRESIDENTE DA REPÚBLICA

Faço saber que o Congresso Nacional decreta e eu sanciono a seguinte Lei:

CAPÍTULO I - DISPOSIÇÕES GERAIS

Art. 1º Esta Lei define os crimes de abuso de autoridade, cometidos por agente público, servidor ou não, que, no exercício de suas funções ou a pretexto de exercê-las, abuse do poder que lhe tenha sido atribuído.

§ 1º As condutas descritas nesta Lei constituem crime de abuso de autoridade quando praticadas pelo agente com a finalidade específica de prejudicar outrem ou beneficiar a si mesmo ou a terceiro, ou, ainda, por mero capricho ou satisfação pessoal.

§ 2º A divergência na interpretação de lei ou na avaliação de fatos e provas não configura abuso de autoridade.

CAPÍTULO II - DOS SUJEITOS DO CRIME

Art. 2º É sujeito ativo do crime de abuso de autoridade qualquer agente público, servidor ou não, da administração direta, indireta ou fundacional de qualquer dos Poderes da União, dos Estados, do Distrito Federal, dos Municípios e de Território, compreendendo, mas não se limitando a:

I - servidores públicos e militares ou pessoas a eles equiparadas;

II - membros do Poder Legislativo;

III - membros do Poder Executivo;

IV - membros do Poder Judiciário;

V - membros do Ministério Público;

VI - membros dos tribunais ou conselhos de contas.

Parágrafo único. Reputa-se agente público, para os efeitos desta Lei, todo aquele que exerce, ainda que transitoriamente ou sem remuneração, por eleição, nomeação, designação, contratação ou qualquer outra forma de investidura ou vínculo, mandato, cargo, emprego ou função em órgão ou entidade abrangidos pelo caput deste artigo.

CAPÍTULO III - DA AÇÃO PENAL

Art. 3º Os crimes previstos nesta Lei são de ação penal pública incondicionada.

§ 1º Será admitida ação privada se a ação penal pública não for intentada no prazo legal, cabendo ao Ministério Público aditar a queixa, repudiá-la e oferecer denúncia substitutiva, intervir em todos os termos do processo, fornecer elementos de prova, interpor recurso e, a todo tempo, no caso de negligência do querelante, retomar a ação como parte principal.

§ 2º A ação privada subsidiária será exercida no prazo de 6 (seis) meses, contado da data em que se esgotar o prazo para oferecimento da denúncia.

CAPÍTULO IV - DOS EFEITOS DA CONDENAÇÃO E DAS PENAS RESTRITIVAS DE DIREITOS

Seção I - Dos Efeitos da Condenação

Art. 4º São efeitos da condenação:

I - tornar certa a obrigação de indenizar o dano causado pelo crime, devendo o juiz, a requerimento do ofendido, fixar na sentença o valor mínimo para reparação dos danos causados pela infração, considerando os prejuízos por ele sofridos;

II - a inabilitação para o exercício de cargo, mandato ou função pública, pelo período de 1 (um) a 5 (cinco) anos;

III - a perda do cargo, do mandato ou da função pública.

Parágrafo único. Os efeitos previstos nos incisos II e III do caput deste artigo são condicionados à ocorrência de reincidência em crime de abuso de autoridade e não são automáticos, devendo ser declarados motivadamente na sentença.

Seção II - Das Penas Restritivas de Direitos

Art. 5º As penas restritivas de direitos substitutivas das privativas de liberdade previstas nesta Lei são:

I - prestação de serviços à comunidade ou a entidades públicas;

II - suspensão do exercício do cargo, da função ou do mandato, pelo prazo de 1 (um) a 6 (seis) meses, com a perda dos vencimentos e das vantagens;

III - (VETADO).

Parágrafo único. As penas restritivas de direitos podem ser aplicadas autônoma ou cumulativamente.

CAPÍTULO V - DAS SANÇÕES DE NATUREZA CIVIL E ADMINISTRATIVA

Art. 6º As penas previstas nesta Lei serão aplicadas independentemente das sanções de natureza civil ou administrativa cabíveis.

Parágrafo único. As notícias de crimes previstos nesta Lei que descreverem falta funcional serão informadas à autoridade competente com vistas à apuração.

Art. 7º As responsabilidades civil e administrativa são independentes da criminal, não se podendo mais questionar sobre a existência ou a autoria do fato quando essas questões tenham sido decididas no juízo criminal.

Art. 8º Faz coisa julgada em âmbito cível, assim como no administrativo-disciplinar, a sentença penal que reconhecer ter sido o ato praticado em estado de necessidade, em legítima defesa, em estrito cumprimento de dever legal ou no exercício regular de direito.

ANOTAÇÕES

CAPÍTULO VI - DOS CRIMES E DAS PENAS

Art. 9º Decretar medida de privação da liberdade em manifesta desconformidade com as hipóteses legais:

Pena - detenção, de 1 (um) a 4 (quatro) anos, e multa.

Parágrafo único. Incorre na mesma pena a autoridade judiciária que, dentro de prazo razoável, deixar de:

I - relaxar a prisão manifestamente ilegal;

II - substituir a prisão preventiva por medida cautelar diversa ou de conceder liberdade provisória, quando manifestamente cabível;

III - deferir liminar ou ordem de habeas corpus, quando manifestamente cabível.'

Art. 10. Decretar a condução coercitiva de testemunha ou investigado manifestamente descabida ou sem prévia intimação de comparecimento ao juízo:

Pena - detenção, de 1 (um) a 4 (quatro) anos, e multa.

Art. 11. (VETADO).

Art. 12. Deixar injustificadamente de comunicar prisão em flagrante à autoridade judiciária no prazo legal:

Pena - detenção, de 6 (seis) meses a 2 (dois) anos, e multa.

Parágrafo único. Incorre na mesma pena quem:

I - deixa de comunicar, imediatamente, a execução de prisão temporária ou preventiva à autoridade judiciária que a decretou;

II - deixa de comunicar, imediatamente, a prisão de qualquer pessoa e o local onde se encontra à sua família ou à pessoa por ela indicada;

III - deixa de entregar ao preso, no prazo de 24 (vinte e quatro) horas, a nota de culpa, assinada pela autoridade, com o motivo da prisão e os nomes do condutor e das testemunhas;

IV - prolonga a execução de pena privativa de liberdade, de prisão temporária, de prisão preventiva, de medida de segurança ou de internação, deixando, sem motivo justo e excepcionalíssimo, de executar o alvará de soltura imediatamente após recebido ou de promover a soltura do preso quando esgotado o prazo judicial ou legal.

Art. 13. Constranger o preso ou o detento, mediante violência, grave ameaça ou redução de sua capacidade de resistência, a:

I - exibir-se ou ter seu corpo ou parte dele exibido à curiosidade pública;

II - submeter-se a situação vexatória ou a constrangimento não autorizado em lei;

III - produzir prova contra si mesmo ou contra terceiro:

Pena - detenção, de 1 (um) a 4 (quatro) anos, e multa, sem prejuízo da pena cominada à violência.

Art. 14. (VETADO).

Art. 15. Constranger a depor, sob ameaça de prisão, pessoa que, em razão de função, ministério, ofício ou profissão, deva guardar segredo ou resguardar sigilo:

Pena - detenção, de 1 (um) a 4 (quatro) anos, e multa.

Parágrafo único. Incorre na mesma pena quem prossegue com o interrogatório:

I - de pessoa que tenha decidido exercer o direito ao silêncio; ou

II - de pessoa que tenha optado por ser assistida por advogado ou defensor público, sem a presença de seu patrono.

Art. 16. Deixar de identificar-se ou identificar-se falsamente ao preso por ocasião de sua captura ou quando deva fazê-lo durante sua detenção ou prisão:

Pena - detenção, de 6 (seis) meses a 2 (dois) anos, e multa.

Parágrafo único. Incorre na mesma pena quem, como responsável por interrogatório em sede de procedimento investigatório de infração penal, deixa de identificar-se ao preso ou atribui a si mesmo falsa identidade, cargo ou função.

Art. 17. (VETADO).

ANOTAÇÕES

ANOTAÇÕES

Art. 18. Submeter o preso a interrogatório policial durante o período de repouso noturno, salvo se capturado em flagrante delito ou se ele, devidamente assistido, consentir em prestar declarações:

Pena - detenção, de 6 (seis) meses a 2 (dois) anos, e multa.

Art. 19. Impedir ou retardar, injustificadamente, o envio de pleito de preso à autoridade judiciária competente para a apreciação da legalidade de sua prisão ou das circunstâncias de sua custódia:

Pena - detenção, de 1 (um) a 4 (quatro) anos, e multa.

Parágrafo único. Incorre na mesma pena o magistrado que, ciente do impedimento ou da demora, deixa de tomar as providências tendentes a saná-lo ou, não sendo competente para decidir sobre a prisão, deixa de enviar o pedido à autoridade judiciária que o seja.

Art. 20. Impedir, sem justa causa, a entrevista pessoal e reservada do preso com seu advogado:

Pena - detenção, de 6 (seis) meses a 2 (dois) anos, e multa.

Parágrafo único. Incorre na mesma pena quem impede o preso, o réu solto ou o investigado de entrevistar-se pessoal e reservadamente com seu advogado ou defensor, por prazo razoável, antes de audiência judicial, e de sentar-se ao seu lado e com ele comunicar-se durante a audiência, salvo no curso de interrogatório ou no caso de audiência realizada por videoconferência.

Art. 21. Manter presos de ambos os sexos na mesma cela ou espaço de confinamento:

Pena - detenção, de 1 (um) a 4 (quatro) anos, e multa.

Parágrafo único. Incorre na mesma pena quem mantém, na mesma cela, criança ou adolescente na companhia de maior de idade ou em ambiente inadequado, observado o disposto na Lei nº 8.069, de 13 de julho de 1990 (Estatuto da Criança e do Adolescente).

Art. 22. Invadir ou adentrar, clandestina ou astuciosamente, ou à revelia da vontade do ocupante, imóvel alheio ou suas dependências, ou nele permanecer nas mesmas condições, sem determinação judicial ou fora das condições estabelecidas em lei:

Pena - detenção, de 1 (um) a 4 (quatro) anos, e multa.

§ 1º Incorre na mesma pena, na forma prevista no caput deste artigo, quem:

I - coage alguém, mediante violência ou grave ameaça, a franquear-lhe o acesso a imóvel ou suas dependências;

II - (VETADO);

III - cumpre mandado de busca e apreensão domiciliar após as 21h (vinte e uma horas) ou antes das 5h (cinco horas).

§ 2º Não haverá crime se o ingresso for para prestar socorro, ou quando houver fundados indícios que indiquem a necessidade do ingresso em razão de situação de flagrante delito ou de desastre.

Art. 23. Inovar artificiosamente, no curso de diligência, de investigação ou de processo, o estado de lugar, de coisa ou de pessoa, com o fim de eximir-se de responsabilidade ou de responsabilizar criminalmente alguém ou agravar-lhe a responsabilidade:

Pena - detenção, de 1 (um) a 4 (quatro) anos, e multa.

Parágrafo único. Incorre na mesma pena quem pratica a conduta com o intuito de:

I - eximir-se de responsabilidade civil ou administrativa por excesso praticado no curso de diligência;

II - omitir dados ou informações ou divulgar dados ou informações incompletos para desviar o curso da investigação, da diligência ou do processo.

Art. 24. Constranger, sob violência ou grave ameaça, funcionário ou empregado de instituição hospitalar pública ou privada a admitir para tratamento pessoa cujo óbito já tenha ocorrido, com o fim de alterar local ou momento de crime, prejudicando sua apuração:

ANOTAÇÕES

Pena - detenção, de 1 (um) a 4 (quatro) anos, e multa, além da pena correspondente à violência.

Art. 25. Proceder à obtenção de prova, em procedimento de investigação ou fiscalização, por meio manifestamente ilícito:

Pena - detenção, de 1 (um) a 4 (quatro) anos, e multa.

Parágrafo único. Incorre na mesma pena quem faz uso de prova, em desfavor do investigado ou fiscalizado, com prévio conhecimento de sua ilicitude.

Art. 26. (VETADO).

Art. 27. Requisitar instauração ou instaurar procedimento investigatório de infração penal ou administrativa, em desfavor de alguém, à falta de qualquer indício da prática de crime, de ilícito funcional ou de infração administrativa:

Pena - detenção, de 6 (seis) meses a 2 (dois) anos, e multa.

Parágrafo único. Não há crime quando se tratar de sindicância ou investigação preliminar sumária, devidamente justificada.

Art. 28. Divulgar gravação ou trecho de gravação sem relação com a prova que se pretenda produzir, expondo a intimidade ou a vida privada ou ferindo a honra ou a imagem do investigado ou acusado:

Pena - detenção, de 1 (um) a 4 (quatro) anos, e multa.

Art. 29. Prestar informação falsa sobre procedimento judicial, policial, fiscal ou administrativo com o fim de prejudicar interesse de investigado:

Pena - detenção, de 6 (seis) meses a 2 (dois) anos, e multa.

Parágrafo único. (VETADO).

Art. 30. Dar início ou proceder à persecução penal, civil ou administrativa sem justa causa fundamentada ou contra quem sabe inocente:

Pena - detenção, de 1 (um) a 4 (quatro) anos, e multa.

Art. 31. Estender injustificadamente a investigação, procrastinando-a em prejuízo do investigado ou fiscalizado:

Pena - detenção, de 6 (seis) meses a 2 (dois) anos, e multa.

Parágrafo único. Incorre na mesma pena quem, inexistindo prazo para execução ou conclusão de procedimento, o estende de forma imotivada, procrastinando-o em prejuízo do investigado ou do fiscalizado.

Art. 32. Negar ao interessado, seu defensor ou advogado acesso aos autos de investigação preliminar, ao termo circunstanciado, ao inquérito ou a qualquer outro procedimento investigatório de infração penal, civil ou administrativa, assim como impedir a obtenção de cópias, ressalvado o acesso a peças relativas a diligências em curso, ou que indiquem a realização de diligências futuras, cujo sigilo seja imprescindível:

Pena - detenção, de 6 (seis) meses a 2 (dois) anos, e multa.

Art. 33. Exigir informação ou cumprimento de obrigação, inclusive o dever de fazer ou de não fazer, sem expresso amparo legal:

Pena - detenção, de 6 (seis) meses a 2 (dois) anos, e multa.

Parágrafo único. Incorre na mesma pena quem se utiliza de cargo ou função pública ou invoca a condição de agente público para se eximir de obrigação legal ou para obter vantagem ou privilégio indevido.

Art. 34. (VETADO).

Art. 35. (VETADO).

Art. 36. Decretar, em processo judicial, a indisponibilidade de ativos financeiros em quantia que extrapole exacerbadamente o valor estimado para a satisfação da dívida da parte e, ante a demonstração, pela parte, da excessividade da medida, deixar de corrigi-la:

Pena - detenção, de 1 (um) a 4 (quatro) anos, e multa.

Art. 37. Demorar demasiada e injustificadamente no exame de processo de que tenha requerido vista em órgão colegiado, com o intuito de procrastinar seu andamento ou retardar o julgamento:

Pena - detenção, de 6 (seis) meses a 2 (dois) anos, e multa.

Art. 38. Antecipar o responsável pelas investigações, por meio de comunicação, inclusive rede social, atribuição de culpa, antes de concluídas as apurações e formalizada a acusação:

Pena - detenção, de 6 (seis) meses a 2 (dois) anos, e multa.

CAPÍTULO VII - DO PROCEDIMENTO

Art. 39. Aplicam-se ao processo e ao julgamento dos delitos previstos nesta Lei, no que couber, as disposições do Decreto-Lei nº 3.689, de 3 de outubro de 1941 (Código de Processo Penal), e da Lei nº 9.099, de 26 de setembro de 1995.

CAPÍTULO VIII - DISPOSIÇÕES FINAIS

Art. 40. O art. 2º da Lei nº 7.960, de 21 de dezembro de 1989, passa a vigorar com a seguinte redação:

> "Art.2º ....
>
> § 4º-A O mandado de prisão conterá necessariamente o período de duração da prisão temporária estabelecido no caput deste artigo, bem como o dia em que o preso deverá ser libertado.
>
> § 7º Decorrido o prazo contido no mandado de prisão, a autoridade responsável pela custódia deverá, independentemente de nova ordem da autoridade judicial, pôr imediatamente o preso em liberdade, salvo se já tiver sido comunicada da prorrogação da prisão temporária ou da decretação da prisão preventiva.
>
> § 8º Inclui-se o dia do cumprimento do mandado de prisão no cômputo do prazo de prisão temporária." (NR)

Art. 41. O art. 10 da Lei nº 9.296, de 24 de julho de 1996, passa a vigorar com a seguinte redação:

> "Art. 10. Constitui crime realizar interceptação de comunicações telefônicas, de informática ou telemática, promover escuta ambiental ou quebrar segredo da Justiça, sem autorização judicial ou com objetivos não autorizados em lei:
>
> Pena - reclusão, de 2 (dois) a 4 (quatro) anos, e multa.
>
> Parágrafo único. Incorre na mesma pena a autoridade judicial que determina a execução de conduta prevista no caput deste artigo com objetivo não autorizado em lei." (NR)

Art. 42. A Lei nº 8.069, de 13 de julho de 1990 (Estatuto da Criança e do Adolescente), passa a vigorar acrescida do seguinte art. 227-A:

> "Art. 227-A Os efeitos da condenação prevista no inciso I do caput do art. 92 do Decreto-Lei nº 2.848, de 7 de dezembro de 1940 (Código Penal), para os crimes previstos nesta Lei, praticados por servidores públicos com abuso de autoridade, são condicionados à ocorrência de reincidência.
>
> Parágrafo único. A perda do cargo, do mandato ou da função, nesse caso, independerá da pena aplicada na reincidência."

Art. 43. A Lei nº 8.906, de 4 de julho de 1994, passa a vigorar acrescida do seguinte art. 7º-B:

> 'Art. 7º-B Constitui crime violar direito ou prerrogativa de advogado previstos nos incisos II, III, IV e V do caput do art. 7º desta Lei:
>
> Pena - detenção, de 3 (três) meses a 1 (um) ano, e multa.'"

Art. 44. Revogam-se a Lei nº 4.898, de 9 de dezembro de 1965, e o § 2º do art. 150 e o art. 350, ambos do Decreto-Lei nº 2.848, de 7 de dezembro de 1940 (Código Penal).

Art. 45. Esta Lei entra em vigor após decorridos 120 (cento e vinte) dias de sua publicação oficial.

ANOTAÇÕES

49. LEI Nº 13.869, DE 5 DE SETEMBRO DE 2019

O PRESIDENTE DA REPÚBLICA Faço saber que o Congresso Nacional decreta e eu promulgo, nos termos do parágrafo 5o do art. 66 da Constituição Federal, as seguintes partes vetadas da Lei no 13.869, de 5 de setembro de 2019:

CAPÍTULO III - DA AÇÃO PENAL

Art. 3º Os crimes previstos nesta Lei são de ação penal pública incondicionada.

§ 1º Será admitida ação privada se a ação penal pública não for intentada no prazo legal, cabendo ao Ministério Público aditar a queixa, repudiá-la e oferecer denúncia substitutiva, intervir em todos os termos do processo, fornecer elementos de prova, interpor recurso e, a todo tempo, no caso de negligência do querelante, retomar a ação como parte principal.

§ 2º A ação privada subsidiária será exercida no prazo de 6 (seis) meses, contado da data em que se esgotar o prazo para oferecimento da denúncia.

CAPÍTULO VI - DOS CRIMES E DAS PENAS

Art. 9º Decretar medida de privação da liberdade em manifesta desconformidade com as hipóteses legais:

Pena - detenção, de 1 (um) a 4 (quatro) anos, e multa.

Parágrafo único. Incorre na mesma pena a autoridade judiciária que, dentro de prazo razoável, deixar de:

I - relaxar a prisão manifestamente ilegal;

II - substituir a prisão preventiva por medida cautelar diversa ou de conceder liberdade provisória, quando manifestamente cabível;

III - deferir liminar ou ordem de habeas corpus, quando manifestamente cabível.

Art. 13. Constranger o preso ou o detento, mediante violência, grave ameaça ou redução de sua capacidade de resistência, a:

III - produzir prova contra si mesmo ou contra terceiro:

Art. 15. Constranger a depor, sob ameaça de prisão, pessoa que, em razão de função, ministério, ofício ou profissão, deva guardar segredo ou resguardar sigilo:

Parágrafo único. Incorre na mesma pena quem prossegue com o interrogatório:

I - de pessoa que tenha decidido exercer o direito ao silêncio; ou

II - de pessoa que tenha optado por ser assistida por advogado ou defensor público, sem a presença de seu patrono.

Art. 16. Deixar de identificar-se ou identificar-se falsamente ao preso por ocasião de sua captura ou quando deva fazê-lo durante sua detenção ou prisão:

Pena - detenção, de 6 (seis) meses a 2 (dois) anos, e multa.

Parágrafo único. Incorre na mesma pena quem, como responsável por interrogatório em sede de procedimento investigatório de infração penal, deixa de identificar-se ao preso ou atribui a si mesmo falsa identidade, cargo ou função.

Art. 20. Impedir, sem justa causa, a entrevista pessoal e reservada do preso com seu advogado:

Pena - detenção, de 6 (seis) meses a 2 (dois) anos, e multa.

Parágrafo único. Incorre na mesma pena quem impede o preso, o réu solto ou o investigado de entrevistar-se pessoal e reservadamente com seu advogado ou defensor, por prazo razoável, antes de audiência judicial, e de sentar-se ao seu lado e com ele comunicar-se durante a audiência, salvo no curso de interrogatório ou no caso de audiência realizada por videoconferência.

Art. 30. Dar início ou proceder à persecução penal, civil ou administrativa sem justa causa fundamentada ou contra quem sabe inocente:

ANOTAÇÕES

LEIS

ANOTAÇÕES

Pena - detenção, de 1 (um) a 4 (quatro) anos, e multa.

Art. 32. Negar ao interessado, seu defensor ou advogado acesso aos autos de investigação preliminar, ao termo circunstanciado, ao inquérito ou a qualquer outro procedimento investigatório de infração penal, civil ou administrativa, assim como impedir a obtenção de cópias, ressalvado o acesso a peças relativas a diligências em curso, ou que indiquem a realização de diligências futuras, cujo sigilo seja imprescindível:

Pena - detenção, de 6 (seis) meses a 2 (dois) anos, e multa.

Art. 38. Antecipar o responsável pelas investigações, por meio de comunicação, inclusive rede social, atribuição de culpa, antes de concluídas as apurações e formalizada a acusação:

Pena - detenção, de 6 (seis) meses a 2 (dois) anos, e multa.

CAPÍTULO VIII - DISPOSIÇÕES FINAIS

Art. 43. A Lei nº 8.906, de 4 de julho de 1994, passa a vigorar acrescida do seguinte art. 7º-B:

Art. 7º-B Constitui crime violar direito ou prerrogativa de advogado previstos nos incisos II, III, IV e V do caput do art. 7º desta Lei:

Pena - detenção, de 3 (três) meses a 1 (um) ano, e multa.

ANOTAÇÕES

REPARAÇÃO • CONHECIMENTO • APROVAÇÃO

LEGISLAÇÃO INSTITUCIONAL

SUMÁRIO

ANOTAÇÕES

1. LEI Nº 4.878, DE 3 DE DEZEMBRO DE 1965

Regime Jurídico Peculiar dos Funcionários Policiais Civis da União e do Distrito Federal

O PRESIDENTE DA REPÚBLICA, faço saber que o CONGRESSO NACIONAL decreta e eu sanciono a seguinte lei:

CAPÍTULO I - Das Disposições Preliminares

Art. 1º Esta Lei dispõe sobre as peculiaridades do regime jurídico dos funcionários públicos civis da União e do Distrito Federal, ocupantes de cargos de atividade policial.

Art. 2º São policiais civis abrangidos por esta Lei os brasileiros legalmente investidos em cargos do Serviço de Polícia Federal e do Serviço Policial Metropolitano, previsto no Sistema de Classificação de Cargos aprovado pela Lei nº 4.483, de 16 de novembro de 1964, com as alterações constantes da Lei nº 4.813, de 25 de outubro de 1965.

Parágrafo único. Para os efeitos desta Lei, é considerado funcionário policial o ocupante de cargo em comissão ou função gratificada com atribuições e responsabilidades de natureza policial.

Art. 3º O exercício de cargos de natureza policial é privativo dos funcionários abrangidos por esta Lei.

Art. 4º A função policial, fundada na hierarquia e na disciplina, é incompatível com qualquer outra atividade.

Art. 5º A precedência entre os integrantes das classes e séries de classes do Serviço de Polícia Federal e do Serviço Policial Metropolitano, se estabelece básica e primordialmente pela subordinação funcional.

CAPÍTULO II - Das Disposições Peculiares

Art. 6º A nomeação será feita exclusivamente:

I. em caráter efetivo, quando se tratar de cargo integrante de classe singular ou inicial de série de classes condicionada à anterior aprovação em curso específico da Academia Nacional de Polícia;

II. em comissão, quando se tratar de cargo isolado que em virtude de lei, assim deva ser provido.

§ 1º Revogado

§ 2º Revogado

Art. 7º A nomeação obedecerá a rigorosa ordem de classificação dos candidatos habilitados em curso a que se tenham submetido na Academia Nacional de Polícia.

Art. 8º A Academia Nacional de Polícia manterá, permanentemente, cursos de formação profissional dos candidatos ao ingresso no Departamento Federal de Segurança Pública e na Polícia do Distrito Federal.

Art. 9º São requisitos para matrícula na Academia Nacional de Polícia:

I. ser brasileiro;

II. ter completado dezoito anos de idade;

III. estar no gozo dos direitos políticos;

IV. estar quite com as obrigações militares;

V. ter procedimento irrepreensível e idoneidade moral inatacável, avaliados segundo normas baixadas pela Direção Geral do Departamento de Polícia Federal.

VI. gozar de boa saúde, física e psíquica, comprovada em inspeção médica;

VII. possuir temperamento adequado ao exercício da função policial, apurado em exame psicotécnico realizado pela Academia Nacional de Polícia;

VIII. ter sido habilitado previamente em concurso público de provas ou de provas e títulos.

§ 1º A prova da condição prevista no item IV deste artigo não será exigida da candidata ao ingresso na Polícia Feminina.

§ 2º Será demitido, mediante processo disciplinar regular, o funcionário policial que, para ingressar no Departamento Federal de Segurança Pública e na Polícia do Distrito Federal, omitiu fato que impossibilitaria a sua matrícula na Academia Nacional de Polícia.

ANOTAÇÕES

Art. 10. São competentes para dar posse:

I. o Diretor-Geral do Departamento Federal de Segurança Pública, ao Chefe de seu Gabinete, ao Corregedor, aos Delegados Regionais e aos diretores e chefes de serviço que lhe sejam subordinados;

II. o Diretor da Divisão de Administração do mesmo Departamento, nos demais casos;

III. o Secretário de Segurança Pública do Distrito Federal, ao Chefe de seu Gabinete e aos Diretores que lhe sejam subordinados;

IV. o Diretor da Divisão de Serviços Gerais da Polícia do Distrito Federal, nos demais casos.

Parágrafo único. O Diretor-Geral do Departamento Federal de Segurança Pública, o Secretário de Segurança Pública do Distrito Federal e o Diretor da Divisão de Administração do referido Departamento poderão delegar competência para dar posse.

Art. 11. O funcionário policial não poderá afastar-se de sua repartição para ter exercício em outra ou prestar serviços ao Poder Legislativo ou a qualquer Estado da Federação, salvo quando se tratar de atribuição inerente à do seu cargo efetivo e mediante expressa autorização do Presidente da República ou do Prefeito do Distrito Federal, quando integrante da Polícia do Distrito Federal.

Art. 12. A frequência aos cursos de formação profissional da Academia Nacional de Polícia para primeira investidura em cargo de atividade policial é considerada de efetivo exercício para fins de aposentadoria.

Art. 13. Estágio probatório é o período de dois anos de efetivo exercício do funcionário policial, durante o qual se apurarão os requisitos previstos em lei.

Parágrafo único. Mensalmente, o responsável pela repartição ou serviço, em que esteja lotado funcionário policial sujeito a estágio probatório, encaminhará ao órgão de pessoal relatório sucinto sobre o comportamento do estagiário.

Art. 14. Sem prejuízo da remessa prevista no parágrafo único do artigo anterior, o responsável pela repartição ou serviço em que sirva funcionário policial sujeito a estágio probatório, seis meses antes da terminação deste, informará reservadamente ao órgão de pessoal sobre o funcionário, tendo em vista os requisitos previstos em lei.

Art. 15. As promoções serão realizadas em 21 de abril e 28 de outubro de cada ano, desde que verificada a existência de vaga e haja funcionários em condições de a ela concorrer.

Art. 16. Para a promoção por merecimento é requisito necessário a aprovação em curso da Academia Nacional de Polícia correspondente à classe imediatamente superior àquela a que pertence o funcionário.

Art. 17. O órgão competente organizará para cada vaga a ser provida por merecimento uma lista não excedente de três candidatos.

Art. 18. O funcionário policial, ocupante de cargo de classe singular ou final de série de classes, poderá ter acesso à classe inicial de séries afins, de nível mais elevado, de atribuições correlatas porém mais complexas.

§ 1º A nomeação por acesso, além das exigências legais e das qualificações em cada caso, obedecerá a provas práticas que compreendam tarefas típicas relativas ao exercício do novo cargo e, quando couber, à ordem de classificação em concurso de títulos que aprecie a experiência profissional, ou em curso específico de formação profissional, ambos realizados pela Academia Nacional de Polícia.

§ 2º As linhas de acesso estão previstas nos Anexos IV dos Quadros de Pessoal do Departamento Federal de Segurança Pública e da Polícia do Distrito Federal, aprovados pela Lei nº 4.483, de 16 de novembro de 1964.

Art. 19. As nomeações por acesso abrangerão metade das vagas existentes na respectiva classe, ficando a outra metade reservada aos provimentos na forma prevista no artigo 6º desta lei.

Parágrafo único. Revogado

Art. 20. O funcionário policial que, comprovadamente, se revelar inapto para o exercício da função policial, sem causa que justifique a sua demissão ou aposentadoria, será readaptado em outro cargo mais compatível com a sua capacidade, sem decesso nem aumento de vencimento.

Parágrafo único. A readaptação far-se-á mediante a transformação do cargo exercido em outro mais compatível com a capacidade física ou intelectual e vocação.

Art. 21. O funcionário policial não poderá ser obrigado a interromper as suas férias, a não ser em virtude de emergente necessidade da segurança nacional ou manutenção da ordem, mediante convocação da autoridade competente.

§ 1º Na hipótese prevista neste artigo, in fine, o funcionário terá direito a gozar o período restante das férias em época oportuna.

§ 2º Ao entrar em férias, o funcionário comunicará ao chefe imediato o seu provável endereço, dando-lhe ciência, durante o período, de suas eventuais mudanças.

CAPÍTULO III - Das Vantagens Específicas

Art. 22. O funcionário policial fará jus ainda às seguintes vantagens:

I. Gratificação de função policial;

II. Auxílio para moradia.

Art. 23 O policial fará jus à gratificação de função policial por ficar, compulsòriamente, incompatibilizado para o desempenho de qualquer outra atividade, pública ou privada, e em razão dos riscos à que está sujeito.

§ 1º A gratificação a que se refere este artigo será calculada, percentualmente, sobre o vencimento do cargo efetivo do policial, na forma a ser fixada pelo Presidente da República.

§ 2º Quando se tratar de ocupante de cargo ou função de direção, chefia ou assessoramento com atribuições e responsabilidades de natureza policial, a gratificação será calculada sobre o valor do símbolo do cargo em comissão ou da função gratificada.

§ 3º Ressalvado o magistério na Academia Nacional de Polícia e a prática profissional em estabelecimento hospitalar, para os ocupantes de cargos da série de classes de Médicos Legista, ao funcionário policial é vedado exercer outra atividade, qualquer que seja a forma de admissão, remunerada ou não, em entidade pública ou empresa privada.

Art. 24. O regime de dedicação integral obriga o funcionário policial à prestação, no mínimo, de 200 (duzentas) horas mensais de trabalho.

Art. 25. A gratificação de função policial não será paga enquanto o funcionário policial deixar de perceber o vencimento do cargo em virtude de licença ou outro afastamento, salvo quando investido em cargo em comissão ou função gratificada com atribuições e responsabilidades de natureza policial, hipótese em que continuará a perceber a gratificação na base do vencimento do cargo efetivo.

Art. 26. A gratificação de função policial incorporar-se-á aos proventos da aposentadoria à razão de 1/30 (um trinta avos) do seu valor por ano de efetivo exercício de atividade estritamente policial.

Parágrafo único. Para os efeitos da incorporação de que trata este artigo, levar-se-á em conta também o tempo de efetivo exercício em atividade estritamente policial, anterior à data da concessão ao funcionário da vantagem prevista no artigo 23.

Art. 27. O funcionário policial casado, quando lotado em Delegacia Regional, terá direito a auxílio para moradia correspondente a 10% (dez por cento) do seu vencimento mensal.

Parágrafo único. O auxílio previsto neste artigo será pago ao funcionário policial até completar 5 (cinco) anos na localidade em que, por necessidade de serviço, nela deva residir, e desde que não disponha de moradia própria.

Art. 28. Quando o funcionário policial, de que trata o artigo anterior, ocupar imóvel sob a responsabilidade do órgão em que servir, 20% (vinte por cento) do valor do auxílio previsto no artigo anterior serão recolhidos como receita da União e o restante, empregado conforme for estabelecido pelo referido órgão de acordo com as suas peculiaridades.

Art. 29. Quando o funcionário policial ocupar imóvel de outra entidade, a importância referida no artigo 28 terá o seguinte destino:

a) a importância correspondente ao aluguel, recolhida ao órgão responsável pelo imóvel;

b) o restante, empregado na forma estabelecida no artigo anterior, in fine.

Art. 30. Esgotado o prazo previsto no parágrafo único do artigo 27, o funcionário que continuar ocupando imóvel de responsabilidade da repartição em que servir indenizá-la-á da importância correspondente ao auxílio para moradia.

Parágrafo único. Se a ocupação for de imóvel pertencente a outro órgão o funcionário indeniza-la-á pelo aluguel correspondente.

CAPÍTULO IV - Da Assistência Médico-Hospitalar

Art. 31. A assistência médico-hospitalar compreenderá:

a) assistência médica contínua, dia e noite, ao policial enfermo, acidentado ou ferido, que se encontre hospitalizado;

b) assistência médica ao policial ou sua família, através de laboratórios, policlínicas, gabinetes odontológicos, pronto-socorro e outros serviços assistenciais.

Art. 32. A assistência médico-hospitalar será prestada pelos serviços médicos dos órgãos a que pertença ou tenha pertencido o policial, dentro dos recursos próprios colocados à disposição deles.

Art. 33. O funcionário policial terá hospitalização e tratamento por conta do Estado quando acidentado em serviço ou acometido de doença profissional.

Art. 34. O funcionário policial em atividade, excetuado o disposto no artigo anterior, o aposentado e, bem assim, as pessoas de sua família, indenizarão, no todo ou em parte, a assistência médico-hospitalar que lhes for prestada, de acordo com as normas e tabelas que forem aprovadas.

Parágrafo único. As indenizações por trabalhos de prótese dentária, ortodontia, obturações, bem como pelo fornecimento de aparelhos ortopédicos, óculos e artigos correlatos, não se beneficiarão de reduções, devendo ser feitas pelo justo valor do material aplicado ou da peça fornecida.

Art. 35. Para os efeitos da prestação de assistência médico-hospitalar, consideram-se pessoas da família do funcionário policial, desde que vivam às suas expensas e em sua companhia:

a) o cônjuge;

b) os filhos solteiros, menores de dezoito anos ou inválidos e, bem assim, as filhas ou enteadas, solteiras, viúvas ou desquitadas;

c) os descendentes órfãos, menores ou inválidos;

d) os ascendentes sem economia própria;

e) os menores que, em virtude de decisão judicial, forem entregues à sua guarda;

f) os irmãos menores e órfãos, sem arrimo.

Parágrafo único. Continuarão compreendidos nas disposições deste capítulo a viúva do policial, enquanto perdurar a viuvez, e os demais dependentes mencionados nas letras "b" a "f", desde que vivam sob a responsabilidade legal da viúva.

Art. 36. Os recursos para a assistência de que trata este capítulo provirão das dotações consignadas no Orçamento Geral da União e do pagamento das indenizações referidas no artigo 34.

ANOTAÇÕES

ANOTAÇÕES

LEG. INST.

ANOTAÇÕES

CAPÍTULO V - Das Disposições Especiais sobre Aposentadoria

Art. 37. O funcionário policial será aposentado compulsòriamente aos 65 (sessenta e cinco) anos de idade, qualquer que seja a natureza dos serviços prestados.

Art. 38. O provento do policial inativo será revisto sempre que ocorrer:

a) modificação geral dos vencimentos dos funcionários policiais civis em atividade; ou

b) reclassificação do cargo que o funcionário policial inativo ocupava ao aposentar-se.

Art. 39. O funcionário policial, quando aposentado em virtude de acidente em serviço ou doença profissional, ou quando acometido das doenças especificadas no artigo 178, item III, da Lei nº 1.711, de 28 de outubro de 1952, incorporará aos proventos de inatividade a gratificação de função policial no valor que percebia ao aposentar-se.

CAPÍTULO VI - Da Prisão Especial

Art. 40. Preso preventivamente, em flagrante ou em virtude de pronúncia, o funcionário policial, enquanto não perder a condição de funcionário, permanecerá em prisão especial, durante o curso da ação penal e até que a sentença transite em julgado.

§ 1º O funcionário policial nas condições deste artigo ficará recolhido a sala especial da repartição em que sirva, sob a responsabilidade do seu dirigente, sendo-lhe defeso exercer qualquer atividade funcional, ou sair da repartição sem expressa autorização do Juízo a cuja disposição se encontre.

§ 2º Publicado no Diário Oficial o decreto de demissão, será o ex-funcionário encaminhado, desde logo, a estabelecimento penal, onde permanecerá em sala especial, sem qualquer contato com os demais presos não sujeitos ao mesmo regime, e, uma vez condenado, cumprirá a pena que lhe tenha sido imposta, nas condições previstas no parágrafo seguinte.

§ 3º Transitada em julgado a sentença condenatória, será o funcionário encaminhado a estabelecimento penal, onde cumprirá a pena em dependência isolada dos demais presos não abrangidos por esse regime, mas sujeito, como eles, ao mesmo sistema disciplinar e penitenciário.

§ 4º Ainda que o funcionário seja condenado às penas acessórias dos itens I e II do Artigo 68 do Código Penal, cumprirá a pena em dependência isolada dos demais presos, na forma do parágrafo anterior.

CAPÍTULO VII - Dos Deveres e das Transgressões

Art. 41. Além do enumerado no artigo 194 da Lei nº 1.711, de 28 de outubro de 1952, é dever do funcionário policial frequentar com assiduidade, para fins de aperfeiçoamento e atualização de conhecimentos profissionais, curso instituído periòdicamente pela Academia Nacional de Polícia, em que seja compulsòriamente matriculado.

Art. 42. Por desobediência ou falta de cumprimento dos deveres o funcionário policial será punido com a pena de repreensão, agravada em caso de reincidência.

Art. 43. São transgressões disciplinares:

I. referir-se de modo depreciativo às autoridades e atos da administração pública, qualquer que seja o meio empregado para esse fim;

II. divulgar, através da imprensa escrita, falada ou televisionada, fatos ocorridos na repartição, propiciar-lhes a divulgação, bem como referir-se desrespeitosa e depreciativamente às autoridades e atos da administração;

III. promover manifestação contra atos da administração ou movimentos de apreço ou desapreço a quaisquer autoridades;

IV. indispor funcionários contra os seus superiores hierárquicos ou provocar, velada ou ostensivamente, animosidade entre os funcionários;

ANOTAÇÕES

V. deixar de pagar, com regularidade, as pensões a que esteja obrigado em virtude de decisão judicial;

VI. deixar, habitualmente, de saldar dívidas legítimas;

VII. manter relações de amizade ou exibir-se em público com pessoas de notórios e desabonadores antecedentes criminais, sem razão de serviço;

VIII. praticar ato que importe em escândalo ou que concorra para comprometer a função policial;

IX. receber propinas, comissões, presentes ou auferir vantagens e proveitos pessoais de qualquer espécie e, sob qualquer pretexto, em razão das atribuições que exerce;

X. retirar, sem prévia autorização da autoridade competente, qualquer documento ou objeto da repartição;

XI. cometer a pessoa estranha à repartição, fora dos casos previstos em lei, o desempenho de encargo que lhe competir ou aos seus subordinados;

XII. valer-se do cargo com o fim, ostensivo ou velado, de obter proveito de natureza político-partidária, para si ou terceiros;

XIII. participar da gerência ou administração de empresa, qualquer que seja a sua natureza;

XIV. exercer o comércio ou participar de sociedade comercial, salvo como acionista, cotista ou comanditário;

XV. praticar a usura em qualquer de suas formas;

XVI. pleitear, como procurador ou intermediário, junto a repartições públicas, salvo quando se tratar de percepção de vencimentos, vantagens e proventos de parentes até segundo grau civil;

XVII. faltar à verdade no exercício de suas funções, por malícia ou má-fé;

XVIII. utilizar-se do anonimato para qualquer fim;

XIX. deixar de comunicar, imediatamente, à autoridade competente faltas ou irregularidades que haja presenciado ou de que haja tido ciência;

XX. deixar de cumprir ou de fazer cumprir, na esfera de suas atribuições, as leis e os regulanentos;

XXI. deixar de comunicar à autoridade competente, ou a quem a esteja substituindo, informação que tiver sobre iminente perturbação da ordem pública, ou da boa marcha de serviço, tão logo disso tenha conhecimento;

XXII. deixar de informar com presteza os processos que lhe forem encaminhados;

XXIII. dificultar ou deixar de levar ao conhecimento de autoridade competente, por via hierárquica e em 24 (vinte e quatro) horas, parte, queixa, representação, petição, recurso ou documento que houver recebido, se não estiver na sua alçada resolvê-lo;

XXIV. negligenciar ou descumprir a execução de qualquer ordem legítima;

XXV. apresentar maliciosamente, parte, queixa ou representação;

XXVI. aconselhar ou concorrer para não ser cumprida qualquer ordem de autoridade competente, ou para que seja retardada a sua execução;

XXVII. simular doença para esquivar-se ao cumprimento de obrigação;

XXVIII. provocar a paralisação, total ou parcial, do serviço policial, ou dela participar;

XXIX. trabalhar mal, intencionalmente ou por negligência;

XXX. faltar ou chegar atrasado ao serviço, ou deixar de participar, com antecedência, à autoridade a que estiver subordinado, a impossibilidade de comparecer à repartição, salvo motivo justo;

XXXI. permutar o serviço sem expressa permissão da autoridade competente;

XXXII. abandonar o serviço para o qual tenha sido designado;

XXXIII. não se apresentar, sem motivo justo, ao fim de licença, para o trato de interesses particulares, férias ou dispensa de serviço, ou, ainda, depois de saber que qualquer delas foi interrompida por ordem superior;

XXXIV. atribuir-se a qualidade de representante de qualquer repartição do Departamento Federal de Segurança Pública e da Polícia do Distrito Federal, ou de seus dirigentes, sem estar expressamente autorizado;

XXXV. contrair dívida ou assumir compromisso superior às suas possibilidades financeiras, comprometendo o bom nome da repartição;

XXXVI. frequentar, sem razão de serviço, lugares incompatíveis com o decoro da função policial;

XXXVII. fazer uso indevido da arma que lhe haja sido confiada para o serviço;

XXXVIII. maltratar preso sob sua guarda ou usar de violência desnecessária no exercício da função policial;

XXXIX. permitir que presos conservem em seu poder instrumentos com que possam causar danos nas dependências a que estejam recolhidos, ou produzir lesões em terceiros;

XL. omitir-se no zelo da integridade física ou moral dos presos sob sua guarda;

XLI. desrespeitar ou procrastinar o cumprimento de decisão ou ordem judicial, bem como criticá-las;

XLII. dirigir-se ou referir-se a superior hierárquico de modo desrespeitoso;

XLIII. publicar, sem ordem expressa da autoridade competente, documentos oficiais, embora não reservados, ou ensejar a divulgação do seu conteúdo, no todo ou em parte;

XLIV. dar-se ao vício da embriaguez;

XLV. acumular cargos públicos, ressalvadas as exceções previstas na Constituição;

XLVI. deixar, sem justa causa, de submeter-se a inspeção médica determinada por lei ou pela autoridade competente;

XLVII. deixar de concluir, nos prazos legais, sem motivo justo, inquéritos policiais ou disciplinares, ou, quanto a estes últimos, como membro da respectiva comissão, negligenciar no cumprimento das obrigações que lhe são inerentes;

XLVIII. prevalecer-se, abusivamente, da condição de funcionário policial;

XLIX. negligenciar a guarda de objetos pertencentes à repartição e que, em decorrência da função ou para o seu exercício, lhe tenham sido confiados, possibilitando que se danifiquem ou extraviem;

L. dar causa, intencionalmente, ao extravio ou danificação de objetos pertencentes à repartição e que, para os fins mencionados no item anterior, estejam confiados à sua guarda;

LI. entregar-se à prática de vícios ou atos atentatórios aos bons costumes;

LII. indicar ou insinuar nome de advogado para assistir pessoa que se encontre respondendo a processo ou inquérito policial;

LIII. exercer, a qualquer título, atividade pública ou privada, profissional ou liberal, estranha à de seu cargo;

LIV. lançar em livros oficiais de registro anotações, queixas, reivindicações ou quaisquer outras matérias estranhas à finalidade deles;

LV. adquirir, para revenda, de associações de classe ou entidades beneficentes em geral, gêneros ou quaisquer mercadorias;

LVI. impedir ou tornar impraticável, por qualquer meio, na fase do inquérito policial e durante o interrogatório do indiciado, mesmo ocorrendo incomunicabilidade, a presença de seu advogado;

LVII. ordenar ou executar medida privativa da liberdade individual, sem as formalidades legais, ou com abuso de poder;

LVIII. submeter pessoa sob sua guarda ou custódia a vexame ou constrangimento não autorizado em lei;

LIX. deixar de comunicar imediatamente ao Juiz competente a prisão em flagrante de qualquer pessoa;

LX. levar à prisão e nela conservar quem quer que se proponha a prestar fiança permitida em lei;

LXI. cobrar carceragem, custas, emolumentos ou qualquer outra despesa que não tenha apoio em lei;

LXII. praticar ato lesivo da honra ou do patrimônio da pessoa, natural ou jurídica, com abuso ou desvio de poder, ou sem competência legal;

LXIII. atentar, com abuso de autoridade ou prevalecendo-se dela, contra a inviolabilidade de domicílio.

CAPÍTULO VIII - Das Penas Disciplinares

Art. 44. São penas disciplinares:

I. repreensão;

II. suspensão;

III. multa;

IV. detenção disciplinar;

V. destituição de função;

VI. demissão;

VII. cassação de aposentadoria ou disponibilidade.

Art. 45. Na aplicação das penas disciplinares serão considerados:

I. a natureza da transgressão, sua gravidade e as circunstâncias em que foi praticada;

II. os danos dela decorrentes para o serviço público;

III. a repercussão do fato;

IV. os antecedentes do funcionário;

V. a reincidência.

Parágrafo único. É causa agravante da falta disciplinar o haver sido praticada em concurso com dois ou mais funcionários.

Art. 46. A pena de repreensão será sempre aplicada por escrito nos casos em que, a critério da Administração, a transgressão seja considerada de natureza leve, e deverá constar do assentamento individual do funcionário.

Parágrafo único. Serão punidas com a pena de repreensão as transgressões disciplinares previstas nos itens V, XVII, XIX, XXII, XXIII, XXIV, XXV, XLIX e LIV do artigo 43 desta Lei.

Art. 47. A pena de suspensão, que não excederá de noventa dias, será aplicada em caso de falta grave ou reincidência.

Parágrafo único. Para os efeitos deste artigo, são de natureza grave as transgressões disciplinares previstas nos itens I, II, III, VI, VII, VIII, X, XVIII, XX, XXI, XXVI, XXVII, XXIX, XXX, XXXI XXXII, XXXIII, XXXIV, XXXV, XXXVII, XXXIX, XLI, XLII, XLVI, XLVII, LVI, LVII, LIX, LX e LXIII do art. 43 desta Lei.

Art. 48. A pena de demissão, além dos casos previstos na Lei nº 1.711, de 28 de outubro de 1952, será também aplicada quando se caracterizar:

I. crimes contra os costumes e contra o patrimônio, que, por sua natureza e configuração, sejam considerados como infamantes, de modo a incompatibilizar o servidor para o exercício da função policial.

II. transgressão dos itens IV, IX, XI, XII, XIII, XIV, XV, XVI, XXVIII, XXXVI, XXXVIII, XL, XLIII, XLIV, XLV, XLVIII, L, LI, LII, LIII, LV, LVIII, LXI e LXII do art. 43 desta Lei.

§ 1º Poderá ser, ainda, aplicada a pena de demissão, ocorrendo contumácia na prática de transgressões disciplinares.

§ 2º A aplicação de penalidades pelas transgressões disciplinares constantes desta Lei não exime o funcionário da obrigação de indenizar a União pelos prejuízos causados.

Art. 49. Tendo em vista a natureza da transgressão e o choveu do Serviço Púbico, a pena e suspensão até 30 (trinta) dias poderá ser convertida em detenção disciplinar até 20 (vinte) dias, mediante ordem por escrito do Diretor-Geral do Departamento Federal de Segurança Pública ou dos Delegados Regionais, nas respectivas jurisdições, ou do Secretário de Segurança Pública, na Polícia do Distrito Federal.

Parágrafo único. A detenção disciplinar, que não acarreta a perda dos vencimentos, será cumprida:

I. na residência do funcionário, quando não exceder de 48 (quarenta e oito) horas;

ANOTAÇÕES

II. em sala especial, na sede do Departamento Federal de Segurança Pública ou na Polícia do Distrito Federal, quando se tratar de ocupante de cargo em comissão ou função gratificada ou funcionário ocupante de cargo para cujo ingresso ou desempenho seja exigido diploma de nível universitário;

III. em sala especial na Delegacia Regional, quando se tratar de funcionário nela lotado;

IV. em sala especial da repartição, nos demais casos.

CAPÍTULO IX - Da Competência Para Imposição de Penalidades

Art. 50. Para imposição de pena disciplinar são competentes:

I. o Presidente da República, nos casos de demissão e cassação de aposentadoria ou disponibilidade de funcionário policial do Departamento Federal de Segurança Pública;

II. o Prefeito do Distrito Federal, nos casos previstos no item anterior quando se tratar de funcionário policial da Polícia do Distrito Federal;

III. o Ministro da Justiça e Negócios Interiores ou o Secretário de Segurança Pública do Distrito Federal, respectivamente, nos casos de suspensão até noventa dias;

IV. o Diretor-Geral do Departamento Federal de Segurança Pública, no caso de suspensão até sessenta dias;

V. os diretores dos órgãos centrais do Departamento Federal de Segurança Pública e da Polícia do Distrito Federal, os Delegados Regionais e os titulares das Zonas Policiais, no caso de suspensão até trinta dias;

VI. os diretores de Divisões e Serviços do Departamento Federal de Segurança Pública e da Polícia do Distrito Federal, no caso de suspensão até dez dias;

VII. a autoridade competente para a designação, no caso de destituição de função;

VIII. as autoridades referidas nos itens III a VII, no caso de repreensão.

CAPÍTULO X - Da Suspensão Preventiva

Art. 51. A suspensão preventiva, que não excederá de noventa dias, será ordenada pelo Diretor-Geral do Departamento Federal de Segurança Pública ou pelo Secretário de Segurança Pública do Distrito Federal, conforme o caso, desde que o afastamento do funcionário policial seja necessário, para que este não venha a influir na apuração da transgressão disciplinar.

Parágrafo único. Nas faltas em que a pena aplicável seja a de demissão, o funcionário poderá ser afastado do exercício de seu cargo, em qualquer fase do processo disciplinar, até decisão final.

CAPÍTULO XI - Do Processo Disciplinar

Art. 52. A autoridade que tiver ciência de qualquer irregularidade ou transgressão a preceitos disciplinares é obrigada a providenciar a imediata apuração em processo disciplinar, no qual será assegurada ampla defesa.

Art. 53. Ressalvada a iniciativa das autoridades que lhe são hieràrquicamente superiores, compete ao Diretor-Geral do Departamento Federal de Segurança Pública, ao Secretário de Segurança Pública do Distrito Federal e aos Delegados Regionais nos Estados, a instauração do processo disciplinar.

§ 1º Promoverá o processo disciplinar uma Comissão Permanente de Disciplina, composta de três membros de preferência bacharéis em Direito, designada pelo Diretor-Geral do Departamento Federal de Segurança Pública ou pelo Secretário de Segurança Pública do Distrito Federal, conforme o caso.

§ 2º Haverá até três Comissões Permanentes de Disciplina na sede do Departamento Federal de Segurança Pública e na da Polícia do Distrito Federal e uma em cada Delegacia Regional.

§ 3º Caberá ao Diretor-Geral do Departamento Federal de Segurança Pública a designação dos membros das Comissões Permanentes de Disciplina na sede da repartição e nas Delegacias Regionais mediante indicação dos respectivos Delegados Regionais.

ANOTAÇÕES

§ 4º Ao Secretário de Segurança Pública do Distrito Federal compete designar as Comissões Permanentes de Disciplina da Polícia do Distrito Federal.

Art. 54. A autoridade competente para determinar a instauração de processo disciplinar:

I. remeterá, em três vias, com o respectivo ato, à Comissão Permanente de Disciplina de que trata o § 1º do artigo anterior, os elementos que fundamentaram a decisão;

II. providenciará a instauração do inquérito policial quando o fato possa ser configurado como ilícito penal.

Art. 55. Enquanto integrarem as Comissões Permanentes de Disciplina, seus membros ficarão à disposição do respectivo Conselho de Polícia e dispensados do exercício das atribuições e responsabilidades de seus cargos.

§ 1º Os membros das Comissões Permanentes de Disciplina terão o mandato de seis meses, prorrogável pelo tempo necessário à ultimação dos processos disciplinares que se encontrem em fase de indiciação, cabendo o estudo dos demais aos novos membros que foram designados.

§ 2º O disposto no parágrafo anterior não constitui impedimento para a recondução de membro de Comissão Permanente de Disciplina.

Art. 56. A publicação da portaria de instauração do processo disciplinar em Boletim de Serviço, quando indicar o funcionário que praticou a transgressão sujeita a apuração, importará na sua notificação para acompanhar o processo em todos os seus trâmites, por si ou por defensor constituído, se assim o entender.

Art. 57. Na hipótese de autuação em flagrante do funcionário policial como incurso em qualquer dos crimes referidos no artigo 48 e seu item I, a autoridade que presidir o ato encaminhará, dentro de vinte e quatro horas, à autoridade competente para determinar a instauração do processo disciplinar, traslado das peças comprovadoras da materialidade do fato e sua autoria.

§ 1º Recebidas as peças de que trata este artigo, a autoridade procederá na forma prevista no art. 54, item I, desta Lei.

§ 2º As sanções civis, penais e disciplinares poderão cumular-se, sendo independentes entre si.

§ 3º A responsabilidade administrativa do servidor será afastada no caso de absolvição criminal que negue a existência do fato ou sua autoria.

§ 4º A suspensão preventiva de que trata o parágrafo único do art. 51 é obrigatória quando se tratar de transgressões aos incisos IX, XII, XVI, XXVIII, XXXVIII, XL, XLVIII, LI, LVIII e LXII do art. 43, ou no caso de recebimento de denúncia pelos crimes previstos nos arts. 312, caput, 313, 316, 317 e seu § 1º, e 318 do Decreto-Lei no 2.848, de 7 de dezembro de 1940 (Código Penal).

CAPÍTULO XII - Dos Conselhos de Polícia

Art. 58. Os Conselhos de Polícia, levando em conta a repercussão do fato, ou suas circunstâncias, poderão, por convocação de seu Presidente, apreciar as transgressões disciplinares passíveis de punição com as penas de repreensão, suspensão até trinta dias e detenção disciplinar até vinte dias.

Parágrafo único. No ato de convocação, o Presidente do Conselho designará um de seus membros para relator da matéria.

Art. 59. O funcionário policial será convocado, através do Boletim de Serviço, a comparecer perante o Conselho para, em dia e hora prèviamente designados e após a leitura do relatório, apresentar razões de defesa.

Art. 60. Após ouvir as razões do funcionário, o Conselho, pela maioria ou totalidade de seus membros, concluirá pela procedência ou não da transgressão, deliberará sobre a penalidade a ser aplicada e, finalmente, o Presidente proferirá a decisão final.

Parágrafo único. Votará em primeiro lugar o relator do processo e por último o Presidente do órgão, assegurado a este o direito de veto às deliberações do Conselho.

CAPÍTULO XIII - Das Disposições Gerais

Art. 61. O dia 21 de abril será consagrado ao Funcionário Policial Civil.

Art. 62. Aos funcionários do Serviço de Polícia Federal e do Serviço Policial Metropolitano aplicam-se as disposições da legislação relativa ao funcionalismo civil da União no que não colidirem com as desta Lei.

Parágrafo único. Os funcionários dos quadros de pessoal do Departamento Federal de Segurança Pública e da Polícia do Distrito Federal ocupantes de cargos não integrantes do Serviço de Polícia Federal e do Serviço Policial Metropolitano, continuarão subordinados integralmente ao regime jurídico instituído pela Lei nº 1.711, de 28 de outubro de 1952.

Art. 63. O disposto nesta Lei aplica-se aos funcionários que, enquadrados no Serviço Policial de que trata a Lei nº 3.780, de 10 de julho de 1960 e transferidos para a Administração do Estado da Guanabara, retornaram ao Serviço Público Federal.

Art. 64. Os funcionários do Quadro de Pessoal do Departamento Federal de Segurança Pública ocupantes de cargos não incluídos no Serviço de Polícia Federal, quando removidos ex officio, farão jus ao auxílio previsto no art. 22, item II, nas mesmas bases e condições fixadas para o funcionário policial civil.

Art. 65. O disposto no Capítulo IV desta Lei é extensivo a todos os funcionários do Quadro de Pessoal do Departamento Federal de Segurança Pública e respectivas famílias.

Art. 66. É vedada a remoção ex officio do funcionário policial que esteja cursando a Academia Nacional de Polícia, desde que a sua movimentação impossibilite a frequência no curso em que esteja matriculado.

Art. 67. O funcionário policial poderá ser removido:

I. Ex officio;

II. A pedido;

III. Por conveniência da disciplina.

§ 1º Nas hipóteses previstas nos itens II e III deste artigo, o funcionário não fará jus a ajuda de custo.

§ 2º A remoção ex officio do funcionário policial, salvo imperiosa necessidade do serviço devidamente justificada, só poderá efetivar-se após dois anos, no mínimo, de exercício em cada localidade.

Art. 68. Não são considerados herança os vencimentos e vantagens devidos ao funcionário falecido, os quais serão pagos, independentemente de ordem judicial, à viúva ou, na sua falta, aos legítimos herdeiros daquele.

Art. 69. Será concedido transporte à família do funcionário policial falecido no desempenho de serviço fora da sede de sua repartição.

Parágrafo único. A família do funcionário falecido em serviço na sede de sua repartição terá direito, dentro de seis meses após o óbito, a transporte para a localidade do território nacional em que fixar residência.

CAPÍTULO XIV - Das Disposições Transitórias

Art. 70. A competência atribuída por esta Lei ao Prefeito do Distrito Federal e ao Secretário de Segurança Pública do Distrito Federal será exercida, em relação à Polícia do Distrito Federal, respectivamente, pelo Presidente da República e pelo Chefe de Polícia do Distrito Federal, até 31 de janeiro de 1966.

Art. 71. Ressalvado o disposto no art. 11 desta Lei, os funcionários do Departamento Federal de Segurança Pública e da Polícia do Distrito Federal, que se encontrem à disposição de outros órgãos, deverão retornar ao exercício de seus cargos no prazo máximo de trinta dias, contados da publicação desta Lei.

Art. 72. O Poder Executivo, no prazo de noventa dias, contados da publicação desta Lei, baixará por decreto o Regulamento-Geral do Pessoal do Departamento Federal de Segurança Pública, consolidando as disposições desta Lei com as da Lei número 1.711, de 28 de outubro de 1952, e legislação posterior relativa a pessoal.

Art. 73. Esta Lei entra em vigor na data de sua publicação.

Art. 74. Revogam-se as disposições em contrário.

2. DECRETO Nº 1.655, DE 3 DE OUTUBRO DE 1995

Competência da Polícia Rodoviária Federal, e dá outras providências.

O PRESIDENTE DA REPÚBLICA , no uso das atribuições que lhe confere o art. 84, incisos IV e VI, da Constituição,

DECRETA:

Art. 1º À Polícia Rodoviária Federal, órgão permanente, integrante da estrutura regimental do Ministério da Justiça, no âmbito das rodovias federais, compete:

I. realizar o patrulhamento ostensivo, executando operações relacionadas com a segurança pública, com o objetivo de preservar a ordem, a incolumidade das pessoas, o patrimônio da União e o de terceiros;

II. exercer os poderes de autoridade de polícia de trânsito, cumprindo e fazendo cumprir a legislação e demais normas pertinentes, inspecionar e fiscalizar o trânsito, assim como efetuar convênios específicos com outras organizações similares;

III. aplicar e arrecadar as multas impostas por infrações de trânsito e os valores decorrentes da prestação de serviços de estadia e remoção de veículos, objetos, animais e escolta de veículos de cargas excepcionais;

IV. executar serviços de prevenção, atendimento de acidentes e salvamento de vítimas nas rodovias federais;

V. realizar perícias, levantamentos de locais boletins de ocorrências, investigações, testes de dosagem alcoólica e outros procedimentos estabelecidos em leis e regulamentos, imprescindíveis à elucidação dos acidentes de trânsito;

VI. credenciar os serviços de escolta, fiscalizar e adotar medidas de segurança relativas aos serviços de remoção de veículos, escolta e transporte de cargas indivisíveis;

VII. assegurar a livre circulação nas rodovias federais, podendo solicitar ao órgão rodoviário a adoção de medidas emergenciais, bem como zelar pelo cumprimento das normas legais relativas ao direito de vizinhança, promovendo a interdição de construções, obras e instalações não autorizadas;

VIII. executar medidas de segurança, planejamento e escoltas nos deslocamentos do Presidente da República, Ministros de Estado, Chefes de Estados e diplomatas estrangeiros e outras autoridades, quando necessário, e sob a coordenação do órgão competente;

IX. efetuar a fiscalização e o controle do tráfico de menores nas rodovias federais, adotando as providências cabíveis contidas na Lei nº 8.069 de 13 junho de 1990 (Estatuto da Criança e do Adolescente);

X. colaborar e atuar na prevenção e repressão aos crimes contra a vida, os costumes, o patrimônio, a ecologia, o meio ambiente, os furtos e roubos de veículos e bens, o tráfico de entorpecentes e drogas afins, o contrabando, o descaminho e os demais crimes previstos em leis.

Art. 2º O documento de identidade funcional dos servidores policiais da Polícia Rodoviária Federal confere ao seu portador livre porte de arma e franco acesso aos locais sob fiscalização do órgão, nos termos da legislação em vigor, assegurando - lhes, quando em serviço, prioridade em todos os tipos de transporte e comunicação.

3. LEI Nº 9.266, DE 15 DE MARÇO DE 1996

Reorganiza as classes da Carreira Policial Federal fixa a remuneração dos cargos que as integram e dá outras providências.

O VICE-PRESIDENTE DA REPÚBLICA no exercício do cargo de PRESIDENTE DA REPÚBLICA Faço saber que o Congresso Nacional decreta e eu sanciono a seguinte Lei:

Art. 1º A Carreira Policial Federal de que trata o art. 1º do Decreto-Lei no 2.251, de 26 de fevereiro de 1985, é reorganizada de acordo com o Anexo I.

Art. 2º A Carreira Policial Federal é composta por cargos de nível superior, cujo ingresso ocorrerá sempre na terceira classe, mediante concurso público, de provas ou de provas e títulos, exigido o curso superior completo, em nível de graduação, observados os requisitos fixados na legislação pertinente. (Redação dada pela Lei nº 13.034, de 2014)

§ 1º O Poder Executivo disporá, em regulamento, quanto aos requisitos e condições de progressão e promoção na Carreira Policial Federal. (Renumerado com nova redação dada pela Lei nº 11.095, de 2005) (Vide Decreto nº 7.014, de 2009).

§ 2º Além dos requisitos fixados em regulamento, é requisito para promoção nos cargos da Carreira Policial Federal a conclusão, com aproveitamento, de cursos de aperfeiçoamento, cujos conteúdos observarão a complexidade das atribuições e os níveis de responsabilidade de cada classe. (Incluído pela Lei nº 11.095, de 2005)

Art. 2º-A. A Polícia Federal, órgão permanente de Estado, organizado e mantido pela União, para o exercício de suas competências previstas no § 1º do art. 144 da Constituição Federal, fundada na hierarquia e disciplina, é integrante da estrutura básica do Ministério da Justiça. (Redação dada pela Lei nº 13.047. de 2014)

Parágrafo único. Os ocupantes do cargo de Delegado de Polícia Federal, autoridades policiais no âmbito da polícia judiciária da União, são responsáveis pela direção das atividades do órgão e exercem função de natureza jurídica e policial, essencial e exclusiva de Estado. (Redação dada pela Lei nº 13.047. de 2014)

Art. 2º-B. O ingresso no cargo de Delegado de Polícia Federal, realizado mediante concurso público de provas e títulos, com a participação da Ordem dos Advogados do Brasil, é privativo de bacharel em Direito e exige 3 (três) anos de atividade jurídica ou policial, comprovados no ato de posse. (Redação dada pela Lei nº 13.047. de 2014)

Art. 2º-C. O cargo de Diretor-Geral, nomeado pelo Presidente da República, é privativo de delegado de Polícia Federal integrante da classe especial. (Redação dada pela Lei nº 13.047. de 2014)

Art. 2º-D. Os ocupantes do cargo de Perito Criminal Federal são responsáveis pela direção das atividades periciais do órgão. (Incluído pela Lei nº 13.047. de 2014)

Parágrafo único. É assegurada aos ocupantes do cargo de Perito Criminal Federal autonomia técnica e científica no exercício de suas atividades periciais, e o ingresso no cargo far-se-á mediante concurso público de provas e títulos, exigida formação superior e específica. (Incluído pela Lei nº 13.047. de 2014)

Art. 3º O vencimento básico dos cargos da Carreira Policial Federal é o constante do Anexo II e será revisto na mesma data e no mesmo percentual aplicado aos demais servidores públicos civis da União.

Art. 4º Revogado Lei 11.358/2006.

Art. 5º Revogado Lei 11.358/2006.

Art. 6º O enquadramento nas tabelas de que tratam os Anexos I e II far-se-á mediante requerimento do servidor, em caráter irrevogável e irretratável, a ser apresentado no prazo de sessenta dias contado da data da publicação desta Lei.

Parágrafo único. O requerimento a que alude este artigo conterá, obrigatoriamente, expressa renúncia do interessado ou declaração quanto à sua não integração a processos judiciais cujos pedidos versem sobre:

I. isonomia de vencimentos e vantagens com as Carreiras de que trata a Lei nº 4.878, de 3 de dezembro de 1965, com fundamento no disposto no art. 4º da Lei nº 7.702, de 21 de dezembro de 1988;

II. isonomia de vencimentos com os membros do Ministério Público Federal; e

III. isonomia de vencimentos entre as categorias funcionais da Carreira Policial Federal.

Art. 7º A não apresentação do requerimento nas condições previstas no artigo anterior presumirá renúncia ao direito ao enquadramento nas tabelas de que tratam os Anexos I e II, às gratificações referidas no caput do art. 4º e aos percentuais fixados no art. 5º desta Lei.

Art. 8º O disposto nesta Lei aplica-se aos inativos e pensionistas de servidores da Carreira Policial Federal.

Art. 9º O Ministro de Estado da Justiça estabelecerá programa de capacitação para os integrantes da Carreira Policial Federal.

Parágrafo único. O programa de capacitação será desenvolvido pelo Departamento de Polícia Federal.

Art. 10. A Carreira de que trata esta Lei é considerada como típica de Estado.

Art. 11. (VETADO)

Art. 12. (VETADO)

Art; 13. Esta Lei entra em vigor na data de sua publicação.

Art. 14. Revogam-se o Decreto-lei nº 1.714, de 21 de novembro de 1979, o Decreto-lei nº 2.372, de 18 de novembro de 1987, o art. 4º da Lei 7.702, de 21 de dezembro de 1988, o inciso II do § 5º do art. 2º da Lei nº 7.923, de 12 de dezembro de 1989, o art. 15 da Lei nº 8.162, de 8 de janeiro de 1991, o art. 12 da Lei nº 8.216, de 13 de agosto de 1991, e a Lei nº 9.014, de 30 de março de 1995.

4. LEI Nº 9.654, DE 2 DE JUNHO DE 1998

Cria a carreira de Policial Rodoviário Federal e dá outras providências.

O PRESIDENTE DA REPÚBLICA

Faço saber que o CONGRESSO NACIONAL decreta e eu sanciono a seguinte Lei:

Art. 1º Fica criada, no âmbito do Poder Executivo, a carreira de Policial Rodoviário Federal, com as atribuições previstas na Constituição Federal, no Código de Trânsito Brasileiro e na legislação específica.

Parágrafo único. A implantação da carreira far-se-á mediante transformação dos atuais dez mil e noventa e oito cargos efetivos de Patrulheiro Rodoviário Federal, do quadro geral do Ministério da Justiça, em cargos de Policial Rodoviário Federal.

Art. 2º A Carreira de que trata esta Lei é composta do cargo de Policial Rodoviário Federal, de nível intermediário, estruturada nas classes de Inspetor, Agente Especial, Agente Operacional e Agente, na forma do Anexo I desta Lei. ("Caput" do artigo com nova redação dada pela Lei nº 11.784, de 22/9/2008)

§ 1º As atribuições gerais das classes do cargo de Policial Rodoviário Federal são as seguintes: ("Caput" do parágrafo acrescido pela Medida Provisória nº 305, de 29/6/2006, convertida na Lei nº 11.358, de 19/10/2006 e com nova redação dada pela Lei nº 11.784, de 22/9/2008)

I. classe de Inspetor: atividades de natureza policial e administrativa, envolvendo direção, planejamento, coordenação, supervisão, controle e avaliação administrativa e operacional, coordenação e direção das atividades de corregedoria, inteligência e ensino, bem como a articulação e o intercâmbio com outras organizações e corporações policiais, em âmbito nacional e internacional, além das atribuições da classe de Agente Especial; (Inciso acrescido pela Medida Provisória nº 305, de 29/6/2006, convertida na Lei nº 11.358, de 19/10/2006 e com nova redação dada pela Lei nº 11.784, de 22/9/2008)

II. classe de Agente Especial: atividades de natureza policial, envolvendo planejamento, coordenação, capacitação, controle e execução administrativa e operacional, bem como articulação e intercâmbio com outras organizações policiais, em âmbito nacional, além das atribuições da classe de Agente Operacional; (Inciso acrescido pela Medida Provisória nº 305, de 29/6/2006, convertida na Lei nº 11.358, de 19/10/2006 e com nova redação dada pela Lei nº 11.784, de 22/9/2008)

III. classe de Agente Operacional: atividades de natureza policial envolvendo a execução e controle administrativo e operacional das atividades inerentes ao cargo, além das atribuições da classe de Agente; e (Inciso acrescido pela Medida Provisória nº 305, de 29/6/2006, convertida na Lei nº 11.358, de 19/10/2006 e com nova redação dada pela Lei nº 11.784, de 22/9/2008)

IV. classe de Agente: atividades de natureza policial envolvendo a fiscalização, patrulhamento e policiamento ostensivo, atendimento e socorro às vítimas de acidentes rodoviários e demais atribuições relacionadas com a área operacional do Departamento de Polícia Rodoviária Federal. (Inciso acrescido pela Lei nº 11.784, de 22/9/2008)

§ 2º As atribuições específicas de cada uma das classes referidas no § 1º deste artigo serão estabelecidas em ato dos Ministros de Estado do Planejamento, Orçamento e Gestão e da Justiça. (Parágrafo acrescido pela Medida Provisória nº 305, de 29/6/2006, convertida na Lei nº 11.358, de 19/10/2006)

§ 3º Os cargos efetivos de Policial Rodoviário Federal, estruturados na forma do caput deste artigo, têm a sua correlação estabelecida no Anexo II desta Lei. (Parágrafo acrescido pela Medida Provisória nº 305, de 29/6/2006, convertida na Lei nº 11.358, de 19/10/2006)

Art. 2º-A. A partir de 1º de janeiro de 2013, a Carreira de que trata esta Lei, composta do cargo de Policial Rodoviário Federal, de nível superior, passa a ser estruturada nas seguintes classes: Terceira, Segunda, Primeira e Especial, na forma do Anexo I-A, observada a correlação disposta no Anexo II-A.

§ 1º As atribuições gerais das classes do cargo de Policial Rodoviário Federal são as seguintes:

I. Classe Especial: atividades de natureza policial e administrativa, envolvendo direção, planejamento, coordenação, supervisão, controle e avaliação administrativa e operacional, coordenação e direção das atividades de corregedoria, inteligência e ensino, bem como a articulação e o intercâmbio com outras organizações e corporações policiais, em âmbito nacional e internacional, além das atribuições da Primeira Classe;

II. Primeira Classe: atividades de natureza policial, envolvendo planejamento, coordenação, capacitação, controle e execução administrativa e operacional, bem como articulação e intercâmbio com outras organizações policiais, em âmbito nacional, além das atribuições da Segunda Classe;

III. Segunda Classe: atividades de natureza policial envolvendo a execução e controle administrativo e operacional das atividades inerentes ao cargo, além das atribuições da Terceira Classe; e

IV. Terceira Classe: atividades de natureza policial envolvendo a fiscalização, patrulhamento e policiamento ostensivo, atendimento e socorro às vítimas de acidentes rodoviários e demais atribuições relacionadas com a área operacional do Departamento de Polícia Rodoviária Federal.

§ 2º As atribuições específicas de cada uma das classes referidas no § 1º serão estabelecidas em ato dos Ministros de Estado do Planejamento, Orçamento e Gestão e da Justiça.

§ 3º Para fins de enquadramento na Terceira Classe, será observado o tempo de exercício do servidor, de acordo com os seguintes critérios:

I. menos de 1 (um) ano de exercício na classe de Agente: Padrão I;

II. de 1 (um) ano completo até menos de 2 (dois) anos de exercício na classe de Agente: Padrão II; e

III. 2 (dois) anos completos ou mais de exercício na classe de Agente: Padrão III.

§ 4º O tempo que exceder o período mínimo de 1 (um) ano para enquadramento no padrão de que trata o § 3º será computado para fins da progressão ou promoção subsequente. (Artigo acrescido pela Lei nº 12.775, de 28/12/2012)

Art. 3º O ingresso nos cargos da carreira de que trata esta Lei dar-se-á mediante aprovação em concurso público, constituído de duas fases, ambas eliminatórias e classificatórias, sendo a primeira de exame psicotécnico e de provas e títulos e a segunda constituída de curso de formação.

§ 1º São requisitos para o ingresso na carreira o diploma de curso superior completo, em nível de graduação, devidamente reconhecido pelo Ministério da Educação, e os demais requisitos estabelecidos no edital do concurso. (Parágrafo com redação dada pela Lei nº 11.784, de 22/9/2008)

§ 2º A investidura no cargo de Policial Rodoviário Federal dar-se-á no padrão único da classe de Agente, onde o titular permanecerá por pelo menos 3 (três) anos ou até obter o direito à promoção à classe subsequente. (Parágrafo com redação dada pela Lei nº 11.784, de 22/9/2008)

§ 3º A partir de 1º de janeiro de 2013, a investidura no cargo de Policial Rodoviário Federal dar-se-á no padrão inicial da Terceira Classe. (Parágrafo com redação dada pela Lei nº 12.775, de 28/12/2012)

§ 4º O ocupante do cargo de Policial Rodoviário Federal permanecerá preferencialmente no local de sua primeira lotação por um período mínimo de 3 (três) anos exercendo atividades de natureza operacional voltadas ao patrulhamento ostensivo e à fiscalização de trânsito, sendo sua remoção condicionada a concurso de remoção, permuta ou ao interesse da administração. (Parágrafo com redação dada pela Medida Provisória nº 479, de 30/12/2009, convertida na Lei nº 12.269, de 21/6/2010)

Art. 4º (Revogado pela Medida Provisória nº 305, de 29/6/2006, convertida na Lei nº 11.358, de 19/10/2006)

Art. 5º (Revogado pela Medida Provisória nº 305, de 29/6/2006, convertida na Lei nº 11.358, de 19/10/2006)

Art. 6º Fica extinta a Gratificação Temporária, nos termos do § 3º do art. 1º da Lei nº 9.166, de 20 de dezembro de 1995.

Art. 7º Os ocupantes de cargos da carreira de Policial Rodoviário Federal ficam sujeitos a integral e exclusiva dedicação às atividades do cargo.

Art. 8º Os cargos em comissão e as funções de confiança do Departamento de Polícia Rodoviária Federal serão preenchidos, preferencialmente, por servidores integrantes da carreira que tenham comportamento exemplar e que estejam posicionados nas classes finais, ressalvados os casos de interesse da administração, conforme normas a serem estabelecidas pelo Ministro de Estado da Justiça.

Art. 9º É de quarenta horas semanais a jornada de trabalho dos integrantes da carreira de que trata esta Lei.

Art. 10. Compete ao Ministério da Administração e Reforma do Estado, ouvido o Ministério da Justiça, a definição de normas e procedimentos para promoção na carreira de que trata esta Lei.

Art. 11. O disposto nesta Lei aplica-se aos proventos de aposentadoria e às pensões.

Art. 12. As despesas decorrentes da execução desta Lei correrão à conta das dotações constantes do orçamento do Ministério da Justiça.

Art. 13. Esta Lei entra em vigor na data de sua publicação, retroagindo seus efeitos financeiros a 1º de janeiro de 1998.

ANOTAÇÕES

ANOTAÇÕES

ANOTAÇÕES

5. DECRETO Nº 9.662, DE 1º DE JANEIRO DE 2019

Aprova a Estrutura Regimental e o Quadro Demonstrativo dos Cargos em Comissão

e das Funções de Confiança do Ministério da Justiça e Segurança Pública remaneja cargos em comissão e funções de confiança e transforma cargos em comissão do Grupo-Direção e Assessoramento Superiores - DAS.

O PRESIDENTE DA REPÚBLICA , no uso da atribuição que lhe confere o art. 84, caput , inciso VI, alínea "a", da Constituição,

Art. 1º Ficam aprovados a Estrutura Regimental e o Quadro Demonstrativo dos Cargos em Comissão e das Funções de Confiança do Ministério da Justiça e Segurança Pública, na forma dos Anexos I e II.

Art. 2º Ficam remanejados, na forma do Anexo III , os seguintes cargos em comissão do Grupo-Direção e Assessoramento Superiores - DAS e as seguintes Funções Comissionadas do Poder Executivo - FCPE e Funções Gratificadas - FG:

I. do extinto Ministério da Justiça para a Secretaria de Gestão da Secretaria Especial de Desburocratização, Gestão e Governo Digital do Ministério da Economia:

a) quatro DAS 101.6;
b) treze DAS 101.5;
c) vinte e oito DAS 101.4;
d) trinta DAS 101.3;
e) trinta e seis DAS 101.2;
f) dezenove DAS 101.1;
g) quatro DAS 102.5;
h) seis DAS 102.4;
i) oito DAS 102.3;
j) três DAS 102.2;
k) vinte DAS 102.1;
l) dezoito FCPE 101.4;
m) trinta e quatro FCPE 101.3;
n) vinte e duas FCPE 101.2;
o) quatorze FCPE 101.1;
p) quatro FCPE 102.4;
q) uma FCPE 102.3;
r) uma FCPE 102.2;
s) quatro FCPE 102.1;
t) trinta e duas FG-1;
u) vinte e duas FG-2; e
v) vinte e duas FG-3;

II. do extinto Ministério da Segurança Pública para a Secretaria de Gestão da Secretaria Especial de Desburocratização, Gestão e Governo Digital do Ministério da Economia:

a) cinco DAS 101.6;
b) vinte e oito DAS 101.5;
c) sessenta e oito DAS 101.4;
d) noventa e sete DAS 101.3;
e) oitenta e dois DAS 101.2;
f) cento e setenta e um DAS 101.1;
g) quatro DAS 102.5;
h) sete DAS 102.4;
i) seis DAS 102.3;
j) sete DAS 102.2;
k) treze DAS 102.1;
l) doze FCPE 101.4;
m) quarenta e duas FCPE 101.3;
n) quarenta FCPE 101.2;
o) treze FCPE 101.1;
p) duas FCPE 102.2;
q) quatro FCPE 102.1;
r) noventa e cinco FG-1;
s) trezentos e setenta e cinco FG-2; e
t) mil e setenta e duas FG-3;

III. do extinto Ministério do Trabalho para a Secretaria de Gestão da Secretaria Especial de Desburocratização, Gestão e Governo Digital do Ministério da Economia:

ANOTAÇÕES

a) dois DAS 101.4;
b) um DAS 101.3;
c) quatro DAS 101.2;
d) uma FCPE 101.3;
e) uma FCPE 101.2; e
f) uma FCPE 101.1;

IV. do extinto Ministério da Fazenda para Secretaria de Gestão da Secretaria Especial de Desburocratização, Gestão e Governo Digital do Ministério da Economia:

a) um DAS 101.6;
b) dois DAS 101.5;
c) dez DAS 101.4;
d) quatro DAS 101.3;
e) dois DAS 101.2;
f) dois DAS 101.1;
g) um DAS 102.4;
h) dois DAS 102.3;
i) um DAS 102.2;
j) cinco FG-1; e
k) uma FG-2; e

V. da Secretaria de Gestão da Secretaria Especial de Desburocratização, Gestão e Governo Digital do Ministério da Economia para o Ministério da Justiça e Segurança Pública:

a) dez DAS 101.6;
b) quarenta e quatro DAS 101.5;
c) cento e dezessete DAS 101.4;
d) cento e setenta e três DAS 101.3;
e) cento e oitenta e nove DAS 101.2;
f) cento e noventa e sete DAS 101.1;
g) seis DAS 102.5;
h) treze DAS 102.4;
i) quatorze DAS 102.3;
j) dez DAS 102.2;
k) trinta e seis DAS 102.1;
l) trinta FCPE 101.4;
m) setenta e sete FCPE 101.3;
n) sessenta e três FCPE 101.2;
o) vinte e oito FCPE 101.1;
p) quatro FCPE 102.4;
q) uma FCPE 102.3;
r) três FCPE 102.2;
s) oito FCPE 102.1;
t) cento e trinta e duas FG-1;
u) trezentos e noventa e oito FG-2; e
v) mil e noventa e quatro FG-3.

Art. 3º Ficam transformados, na forma do Anexo IV , nos termos do disposto no art. 8º da Lei nº 13.346, de 10 de outubro de 2016 , os seguintes cargos em comissão do Grupo-DAS: quatro DAS 5 e vinte e nove DAS 4 em vinte e quatro DAS 3, sessenta e dois DAS 2 e dois DAS 1.

Art. 4º Os ocupantes dos cargos em comissão e das funções de confiança que deixam de existir na Estrutura Regimental dos extintos Ministérios da Justiça e da Segurança Pública por força deste Decreto ficam automaticamente exonerados ou dispensados.

Art. 5º Os apostilamentos decorrentes da nova Estrutura Regimental deverão ocorrer até 13 de fevereiro de 2019.

Parágrafo único. O Ministro de Estado da Justiça e Segurança Pública publicará, no Diário Oficial da União, até 13 de fevereiro de 2019, relação nominal dos titulares dos cargos em comissão e das funções de confiança a que se refere o Anexo II , que indicará, inclusive, o número de cargos e funções vagos, suas denominações e seus níveis.

Art. 6º O Ministro de Estado da Justiça e Segurança Pública poderá editar regimento interno abrangendo todas as unidades administrativas integrantes de sua estrutura regimental, ou regimentos internos específicos abrangendo uma ou mais unidades ou subunidades administrativas, detalhando as unidades administrativas integrantes da Estrutura Regimental do Ministério da Justiça e Segurança Pública, as suas competências e as atribuições de seus dirigentes.

Parágrafo único. Os registros referentes ao regimento interno serão realizados no sistema informatizado do Sistema de Organização e Inovação Institucional do Governo Federal - Siorg até a data de entrada em vigor do regimento interno ou de suas alterações.

Art. 7º O Ministro de Estado da Justiça e Segurança Pública poderá, mediante alteração do regimento interno, permutar cargos em comissão do Grupo-DAS com FCPE, desde que não sejam alteradas as unidades das estruturas organizacionais, as categorias e os níveis dos cargos e das funções especificados nas Tabelas "a" dos Anexos II e sejam mantidos as categorias, os níveis e os quantitativos previstos nas Tabelas "b" dos Anexos II , conforme o disposto no art. 9º do Decreto nº 6.944, de 21 de agosto de 2009 .

Art. 8º O Ministério da Justiça e Segurança Pública será responsável pelas seguintes medidas em relação à Coordenação-Geral de Imigração e ao Conselho Nacional de Imigração do extinto Ministério do Trabalho, ao Conselho de Controle de Atividades Financeiras do extinto Ministério da Fazenda e aos extintos Ministérios da Justiça e da Segurança Pública:

I. elaboração dos relatórios de gestão, de acordo com orientações da Controladoria-Geral da União;

II. remanejamento dos recursos orçamentários e financeiros e das transferências de bens patrimoniais; e

III. atos decorrentes de contratos, convênios e instrumentos congêneres.

Art. 9º As Funções Comissionadas Técnicas alocadas na Estrutura Regimental do Ministério da Justiça e Segurança Pública são aquelas constantes do Anexo V .

Art. 10. A atual estrutura de cargos em comissão e de Funções Comissionadas Técnicas constantes, respectivamente, dos Anexos VI e VII , ficam mantidas na Defensoria Pública da União.

§ 1º O disposto no art. 4º e no art. 5º não se aplica aos cargos em comissão alocados atualmente na Defensoria Pública da União.

§ 2º Os cargos em comissão e as Funções Comissionadas Técnicas a que se refere o caput serão geridos de acordo com as normas da Defensoria Pública da União.

§ 3º Os cargos em comissão e as Funções Comissionadas Técnicas a que se refere o caput serão remanejados para a Secretaria de Gestão da Secretaria Especial de Desburocratização, Gestão e Governo Digital do Ministério da Economia na data de entrada em vigor da Estrutura Regimental da Defensoria Pública da União e os seus ocupantes ficarão automaticamente exonerados ou dispensados.

Art. 10-A. A transferência de que trata o art. 77 da Medida Provisória nº 870, de 1º de janeiro de 2019 , será operacionalizada até 31 de janeiro de 2020. (Incluído pelo Decreto nº 9.701, de 2019)

§ 1º Até a data estabelecida no caput , os órgãos e as entidades da administração pública envolvidos atuarão em regime de cooperação mútua e prestarão o apoio técnico e administrativo necessário ao exercício de suas competências. (Incluído pelo Decreto nº 9.701, de 2019)

§ 2º O regime de cooperação mútua implicará a realização de atos administrativos pelo Ministério de onde se originaram as competências em benefício daquele que as houver recebido, inclusive quanto ao disposto no Decreto nº 7.689, de 2 de março de 2012 , e incluirá, dentre outros temas: (Incluído pelo Decreto nº 9.701, de 2019)

I. gestão de convênios, contratos e instrumentos congêneres; (Incluído pelo Decreto nº 9.701, de 2019)

II. gestão orçamentária, financeira, contábil e planejamento; (Incluído pelo Decreto nº 9.701, de 2019)

III. gestão de pessoas; (Incluído pelo Decreto nº 9.701, de 2019)

IV. atividades de apoio ao funcionamento regular das unidades administrativas e institucionais; e (Incluído pelo Decreto nº 9.701, de 2019)

V. atividades de controle interno, correição, ouvidoria, transparência e acesso à informação. (Incluído pelo Decreto nº 9.701, de 2019)

§ 3º O Ministério da Justiça e Segurança Pública poderá elaborar plano de trabalho para tratar da transferência progressiva de processos administrativos aos órgãos e às entidades envolvidos no regime de cooperação mútua, em cumprimento ao disposto na Medida Provisória nº 870, de 2019 . (Incluído pelo Decreto nº 9.701, de 2019)

§ 4º Os contratos administrativos que não puderem ser transferidos e que atendam às necessidades de funcionamento e de operação dos órgãos e das entidades da administração pública federal cujas competências tenham sido absorvidas ou cedidas pelo Ministério da Justiça e Segurança Pública poderão ser compartilhados, por meio da descentralização orçamentária e financeira, e serão geridos pelo órgão responsável pela contratação, até a data a que se refere o caput . (Incluído pelo Decreto nº 9.701, de 2019)

§ 5º As descentralizações orçamentárias e as transferências financeiras entre os órgãos cujas competências tenham sido absorvidas ou cedidas pelo Ministério da Justiça e Segurança Pública serão realizadas sem a necessidade de formalização de termo de execução descentralizada, limitado ao prazo estabelecido no caput . (Incluído pelo Decreto nº 9.701, de 2019)

Art. 10-B. As delegações de competências realizadas no âmbito dos órgãos e das entidades da administração pública federal envolvidos nas alterações de estruturas regimentais e de competências absorvidas ou cedidas pelo Ministério da Justiça e Segurança Pública permanecerão válidas até a edição de ato da autoridade máxima do órgão competente. (Incluído pelo Decreto nº 9.701, de 2019)

Art. 10-C. O disposto nos art. 10-A e art. 10-B, quando aplicável às estruturas e aos órgãos envolvidos na transferência de competências relativas às atividades de registro sindical, será disciplinado em ato conjunto do Ministro de Estado da Justiça e Segurança Pública e do Ministro de Estado da Economia. (Incluído pelo Decreto nº 9.701, de 2019)

Art. 11. Ficam revogados:

I. o Decreto nº 9.360, de 7 de maio de 2018 , exceto quanto ao art. 4º ;

II. o Decreto nº 9.378, de 21 de maio de 2018 ; e

III. o Decreto nº 9.426, de 27 de junho de 2018 .

Art. 12. Este Decreto entra em vigor na data de sua publicação.

ANEXO I - ESTRUTURA REGIMENTAL DO MINISTÉRIO DA JUSTIÇA E SEGURANÇA PÚBLICA

CAPÍTULO I - DA NATUREZA E DA COMPETÊNCIA

Art. 1º O Ministério da Justiça e Segurança Pública, órgão da administração pública federal direta, tem como área de competência os seguintes assuntos:

I. defesa da ordem jurídica, dos direitos políticos e das garantias constitucionais;

II. política judiciária;

III. políticas sobre drogas, quanto a:

a) difusão de conhecimento sobre crimes, delitos e infrações relacionados às drogas lícitas e ilícitas; e

b) combate ao tráfico de drogas e crimes conexos, inclusive por meio da recuperação de ativos que financiem ou sejam resultado dessas atividades criminosas;

IV. defesa da ordem econômica nacional e dos direitos do consumidor;

V. nacionalidade, imigração e estrangeiros;

VII. ouvidoria-geral do consumidor e das polícias federais;

VIII. prevenção e combate à corrupção, à lavagem de dinheiro e ao financiamento ao terrorismo e cooperação jurídica internacional;

ANOTAÇÕES

ANOTAÇÕES

LEG. INST.

ANOTAÇÕES

IX. coordenação de ações para combate a infrações penais em geral, com ênfase em corrupção, crime organizado e crimes violentos;

X. política nacional de arquivos;

XI. coordenação e promoção da integração da segurança pública no território nacional, em cooperação com os entes federativos;

XII. aquelas previstas no no § 1º do art. 144 da Constituição , por meio da Polícia Federal;

XIII. aquela prevista no § 2º do art. 144 da Constituição , por meio da Polícia Rodoviária Federal;

XIV. política de organização e manutenção da polícia civil, da polícia militar e do corpo de bombeiros militar do Distrito Federal, nos termos do disposto no inciso XIV do caput do art. 21 da Constituição;

XV. defesa dos bens e dos próprios da União e das entidades integrantes da administração pública federal indireta;

XVI. coordenação do Sistema Único de Segurança Pública;

XVII. planejamento, coordenação e administração da política penitenciária nacional;

XVIII. coordenação, em articulação com os órgãos e as entidades competentes da administração pública federal, a instituição de escola superior de altos estudos ou congêneres, ou de programas, enquanto não instalada a escola superior, em matérias de segurança pública, em instituição existente;

XIX. promoção da integração e da cooperação entre os órgãos federais, estaduais, distritais e municipais e articulação com os órgãos e as entidades de coordenação e supervisão das atividades de segurança pública;

XX. estímulo e propositura aos órgãos federais, estaduais, distritais e municipais de elaboração de planos e programas integrados de segurança pública, com o objetivo de previnir e reprimir a violência e a criminalidade;

XXI. desenvolvimento de estratégia comum baseada em modelos de gestão e de tecnologia que permitam a integração e a interoperabilidade dos sistemas de tecnologia da informação dos entes federativos;

XXII. direitos dos índios, incluído o acompanhamento das ações de saúde desenvolvidas em prol das comunidades indígenas; e (Redação dada pelo Decreto nº 10.073, de 2019)

XXIII. assistência ao Presidente da República em matérias não afetas a outro Ministério.

CAPÍTULO II - DA ESTRUTURA ORGANIZACIONAL

Art. 2º O Ministério da Justiça e Segurança Pública tem a seguinte estrutura organizacional:

I. órgãos de assistência direta e imediata ao Ministro de Estado da Justiça e Segurança Pública:

a) Assessoria Especial de Controle Interno;

b) Assessoria Especial de Assuntos Federativos e Parlamentares;

c) Assessoria Especial de Assuntos Legislativos;

d) Assessoria Especial Internacional;

e) Gabinete;

f) Secretaria-Executiva:

1. Subsecretaria de Administração;

2. Subsecretaria de Planejamento e Orçamento; e

3. Diretoria de Tecnologia da Informação e Comunicações; e

g) Consultoria Jurídica;

II. órgãos específicos singulares:

a) Secretaria Nacional de Justiça:

1. Departamento de Recuperação de Ativos e Cooperação Jurídica Internacional;

2. Departamento de Migrações; e

3. Departamento de Promoção de Políticas de Justiça;

b) Secretaria Nacional do Consumidor:

ANOTAÇÕES

1. Departamento de Proteção e Defesa do Consumidor; e

2. Departamento de Projetos e de Políticas de Direitos Coletivos e Difusos compete; (Redação dada pelo Decreto nº 10.073, de 2019)

c) Secretaria Nacional de Políticas sobre Drogas:

1. Diretoria de Gestão de Ativos; e

2. Diretoria de Políticas Públicas e Articulação Institucional;

d) Secretaria Nacional de Segurança Pública:

1. Diretoria de Políticas de Segurança Pública;

2. Diretoria de Gestão e Integração de Informações;

3. Diretoria de Administração;

4. Diretoria de Ensino e Pesquisa; e (Redação dada pelo Decreto nº 10.073, de 2019)

5. Diretoria da Força Nacional de Segurança Pública;

e) Secretaria de Operações Integradas:

1. Diretoria de Operações; e

2. Diretoria de Inteligência;

f) Departamento Penitenciário Nacional:

1. Diretoria-Executiva;

2. Diretoria de Políticas Penitenciárias;

3. Diretoria do Sistema Penitenciário Federal; e

4. Diretoria de Inteligência Penitenciária;

g) Polícia Federal:

1. Diretoria-Executiva;

2. Diretoria de Investigação e Combate ao Crime Organizado;

3. Corregedoria-Geral de Polícia Federal;

4. Diretoria de Inteligência Policial;

5. Diretoria Técnico-Científica;

6. Diretoria de Gestão de Pessoal;

7. Diretoria de Administração e Logística Policial; e

8. Diretoria de Tecnologia da Informação e Inovação;

h) Polícia Rodoviária Federal;

1. Diretoria-Executiva;

2. Diretoria de Administração e Logística; (Redação dada pelo Decreto nº 10.073, de 2019)

3. Diretoria de Operações; (Redação dada pelo Decreto nº 10.073, de 2019)

4. Diretoria de Inteligência; (Incluído pelo Decreto nº 10.073, de 2019)

5. Corregedoria-Geral; (Incluído pelo Decreto nº 10.073, de 2019)

6. Diretoria de Gestão de Pessoas; e (Incluído pelo Decreto nº 10.073, de 2019)

7. Diretoria de Tecnologia da Informação e Comunicação; e (Incluído pelo Decreto nº 10.073, de 2019)

i) Arquivo Nacional;

III. órgãos colegiados:

a) Conselho Federal Gestor do Fundo de Defesa dos Direitos Difusos;

b) Conselho Nacional de Combate à Pirataria e Delitos contra a Propriedade Intelectual;

c) Conselho Nacional de Políticas sobre Drogas;

d) Conselho Nacional de Política Criminal e Penitenciária;

e) Conselho Nacional de Segurança Pública;

f) Conselho Gestor do Fundo Nacional de Segurança Pública;

h) Conselho Nacional de Imigração; (Redação dada pelo Decreto nº 10.073, de 2019)

i) Conselho Nacional de Arquivos; e (Redação dada pelo Decreto nº 10.073, de 2019)

j) Conselho Nacional de Política Indigenista; e (Incluído pelo Decreto nº 10.073, de 2019)

IV. entidades vinculadas: (Redação dada pelo Decreto nº 10.073, de 2019)

a) Conselho Administrativo de Defesa Econômica; e (Incluída pelo Decreto nº 10.073, de 2019)

b) Fundação Nacional do Índio - Funai. (Incluída pelo Decreto nº 10.073, de 2019)

CAPÍTULO III - DAS COMPETÊNCIAS DOS ÓRGÃOS

Seção I - Dos órgãos de assistência direta e imediata ao Ministro de Estado da Justiça e Segurança Pública

Art. 3º À Assessoria Especial de Controle Interno compete:

I. assessorar o Ministro de Estado nas áreas de controle, risco, transparência e integridade da gestão;

II. assistir o Ministro de Estado no pronunciamento estabelecido no art. 52 da Lei nº 8.443, de 16 de julho de 1992;

III. prestar orientação técnica ao Secretário-Executivo, aos gestores do Ministério e aos representantes indicados pelo Ministro de Estado em conselhos e comitês, nas áreas de controle, risco, transparência e integridade da gestão;

IV. prestar orientação técnica e acompanhar os trabalhos das unidades do Ministério com vistas a subsidiar a elaboração da prestação de contas anual do Presidente da República e do relatório de gestão;

V. prestar orientação técnica na elaboração e na revisão de normas internas e de manuais;

VI. apoiar a supervisão ministerial da entidade vinculada, em articulação com as respectivas unidades de auditoria interna, inclusive quanto ao planejamento e aos resultados dos trabalhos;

VII. auxiliar na interlocução sobre assuntos relacionados com a ética, a ouvidoria e a correição entre as unidades responsáveis no Ministério e os órgãos de controle interno e externo e de defesa do Estado;

VIII. acompanhar processos de interesse do Ministério junto aos órgãos de controle interno e externo e de defesa do Estado;

IX. acompanhar a implementação das recomendações da Controladoria-Geral da União e das deliberações do Tribunal de Contas da União, relacionadas ao Ministério da Justiça e da Segurança Pública, e atender outras demandas provenientes dos órgãos de controle interno e externo e de defesa do Estado; e

X. apoiar as ações de capacitação nas áreas de controle, risco, transparência e integridade da gestão.

Art. 4º À Assessoria Especial de Assuntos Federativos e Parlamentares compete:

I. participar do processo de articulação com o Congresso Nacional nos assuntos de competência do Ministério, observadas as competências dos órgãos que integram a Presidência da República, providenciar o atendimento às consultas e aos requerimentos formulados, além de acompanhar a tramitação legislativa dos projetos de interesse do Ministério; e

II. participar do processo de interlocução com os Governos estaduais, distrital e municipais, com as assembleias legislativas estaduais, com a Câmara Legislativa do Distrito Federal e com as câmaras municipais nos assuntos de competência do Ministério, com o objetivo de assessorá-los em suas iniciativas e de providenciar o atendimento às consultas formuladas, observadas as competências dos órgãos que integram a Presidência da República.

Art. 5º À Assessoria Especial de Assuntos Legislativos compete:

I - assessorar o Ministro de Estado nos assuntos referentes à elaboração normativa de interesse do Ministério da Justiça e Segurança Pública nos temas não afetos a outros órgãos ou, por solicitação, de outros Ministérios ou da Presidência da República;

II - examinar projetos de atos normativos em trâmite no Congresso Nacional;

III - prestar apoio e participar de comissões de juristas, de pesquisas e de grupos de trabalho constituídos para elaboração de proposições legislativas e outros atos normativos;

IV - proceder ao levantamento de atos normativos conexos, nos temas relativos ao Ministéro da Justiça e Segurança Publica e nos temas não afetos a outros órgãos, com vistas a consolidar os seus textos;

V. formular e examinar propostas de atos normativos, inclusive quanto ao mérito, nas matérias não afetas a outros Ministérios;

VI - promover a qualificação dos processos de elaboração normativa, inclusive por meio da organização de debates públicos; e

VII - articular os posicionamentos relativos à política legislativa em temas do interesse do Ministério com os órgãos da administração públical, o Congresso Nacional e a sociedade.

Parágrafo único. As competências da Assessoria Especial de Assuntos Legislativos serão exercidas em articulação com a Consultoria Jurídica.

Art. 6º À Assessoria Especial Internacional compete:

I. assessorar o Ministro de Estado e as demais unidades do Ministério da Justiça e Segurança Pública, no País e no exterior, nos temas, nas negociações e nos processos internacionais de interesse do Ministério, em articulação com o Ministério das Relações Exteriores;

II. preparar subsídios e informações para a elaboração de pronunciamentos, conferências, artigos e textos de apoio ao Ministro de Estado e aos Secretários do Ministério;

III. coordenar, em articulação com os órgãos específicos singulares e os órgãos colegiados, a posição do Ministério em temas internacionais e a sua participação em eventos e processos negociadores em foros internacionais;

IV. contribuir na preparação de eventos, reuniões e atividades internacionais com participação do Ministro de Estado, dos Diretores e dos Secretários do Ministério;

V. representar o Ministro de Estado em reuniões, eventos e negociações internacionais, além de presidir ou compor grupos de trabalho intergovernamentais, no País e no exterior, quando demandado;

VI. assessorar a implementação, em coordenação com os órgãos específicos singulares e os órgãos colegiados, das diretrizes da política externa na área de segurança pública;

VII. manter interlocução direta junto a embaixadores estrangeiros e representantes de organismos internacionais sediados no Distrito Federal;

VIII. atuar como interlocutor junto a embaixadores no Ministério das Relações Exteriores e nas embaixadas e representações brasileiras junto a organismos internacionais;

IX. planejar e organizar as viagens internacionais oficiais do Ministro de Estado e dos Diretores e Secretários do Ministério,além de preparar subsídios para a sua atuação em visitas oficiais, comitês, seminários, conferências, assembleias e outros eventos relacionados com a área de segurança pública; e

X. preparar e acompanhar audiências do Ministro de Estado e de Secretários do Ministério com autoridades estrangeiras em visitas oficiais ao País.

Art. 7º Ao Gabinete compete:

I. assistir o Ministro de Estado em sua representação política e social e ocupar-se das relações públicas e do preparo e do despacho de seu expediente pessoal;

II. coordenar e desenvolver atividades que auxiliem a atuação institucional do Ministério, no âmbito internacional, em articulação com o Ministério das Relações Exteriores e com o utros órgãos da administração pública;

III. planejar, coordenar e executar a política de comunicação social e a publicidade institucional do Ministério, em consonância com as diretrizes de comunicação da Presidência da República;

ANOTAÇÕES

IV. supervisionar as atividades de ouvidoria e aquelas relacionadas com os sistemas federais de transparência e de acesso a informações, no âmbito do Ministério;

V. providenciar a publicação oficial e a divulgação das matérias relacionadas com a área de atuação do Ministério;

VI. fomentar e articular o diálogo entre os diferentes segmentos da sociedade civil e os órgãos do Ministério, inclusive por meio da articulação com os órgãos colegiados;

VII. coordenar e articular as relações políticas do Ministério com os diferentes segmentos da sociedade civil; (Redação dada pelo Decreto nº 10.073, de 2019)

VIII. acompanhar as atividades dos conselhos e dos demais órgãos colegiados do Ministério; e (Incluído pelo Decreto nº 10.073, de 2019)

IX. apoiar as atividades relacionadas ao Sistema de Correição do Poder Executivo federal, no âmbito do Ministério, nos termos do Decreto nº 5.480, de 30 de junho de 2005. (Incluído pelo Decreto nº 10.073, de 2019)

Art. 8º À Secretaria-Executiva compete:

I. assistir o Ministro de Estado na supervisão e na coordenação das atividades das Secretarias integrantes da estrutura do Ministério e da entidade a ele vinculada;

II. supervisionar e coordenar as atividades relacionadas com os sistemas federais de planejamento e de orçamento, de organização e inovação institucional, de contabilidade, de informação de custos, de administração financeira, de administração dos recursos de informação e informática, de recursos humanos, de serviços gerais e de gestão de documentos de arquivo, no âmbito do Ministério;

III. elaborar e orientar a política de pesquisa, desenvolvimento e inovação, no âmbito do Ministério e da entidade a ele vinculada; e

IV. auxiliar o Ministro de Estado na definição das diretrizes e na implementação das ações das áreas de competência do Ministério.

Art. 9º À Subsecretaria de Administração compete:

I. planejar, coordenar e supervisionar a execução das atividades relacionadas com os sistemas federais, de recursos humanos, de serviços gerais e de gestão de documentos de arquivo, no âmbito do Ministério;

II. promover a articulação com os órgãos centrais dos sistemas federais referidos no inciso I, além de informar e orientar os órgãos integrantes da estrutura do Ministério e da entidade a ele vinculada quanto ao cumprimento das normas estabelecidas;

III. elaborar e consolidar os planos e os programas das atividades de sua área de competência e submetê-los à decisão superior; e

IV. acompanhar e promover a avaliação de projetos e atividades, no âmbito de sua competência.

Art. 10. À Subsecretaria de Planejamento e Orçamento compete:

I. planejar, coordenar e supervisionar a execução das atividades relacionadas com os sistemas federais de planejamento e de orçamento, de organização e de inovação institucional, de contabilidade e de informação de custos e de administração financeira no âmbito do Ministério;

II. promover a articulação com os órgãos centrais dos sistemas federais referidos no inciso I do caput e informar e orientar os órgãos integrantes da estrutura do Ministério e da entidade a ele vinculada quanto ao cumprimento das normas estabelecidas;

III. elaborar e consolidar os planos e os programas das atividades de sua área de competência e submetê-los à decisão superior;

IV. acompanhar e promover a avaliação de projetos e atividades, no âmbito de sua competência; e

V. desenvolver as atividades de execução contábil no âmbito do Ministério.

ANOTAÇÕES

Art. 11. À Diretoria de Tecnologia da Informação e Comunicações compete:

I. planejar, coordenar e supervisionar a execução das atividades relacionadas com o Sistema de Administração dos Recursos de Tecnologia da Informação no âmbito do Ministério;

II. promover a articulação com os órgãos centrais do sistema federal referido no inciso I e informar e orientar os órgãos integrantes da estrutura do Ministério e da entidade a ele vinculada quanto ao cumprimento das normas estabelecidas;

III. elaborar e consolidar os planos e os programas das atividades de sua área de competência e submetê-los à decisão superior; e

IV. acompanhar e promover a avaliação de projetos e atividades, no âmbito de sua competência.

Art. 12. À Consultoria Jurídica, órgão setorial da Advocacia-Geral da União, compete:

I. prestar assessoria e consultoria jurídica no âmbito do Ministério;

II. fixar a interpretação da Constituição, das leis, dos tratados e dos demais atos normativos a ser seguida uniformemente na área de atuação do Ministério, quando não houver orientação normativa do Advogado-Geral da União;

III. atuar, em conjunto com os órgãos técnicos do Ministério, na elaboração de propostas de atos normativos de interesse do Ministério;

IV. realizar revisão final da técnica legislativa e emitir parecer conclusivo sobre a constitucionalidade, a legalidade e a compatibilidade com o ordenamento jurídico das propostas de atos normativos de interesse do Ministério;

V. examinar a constitucionalidade, a legalidade, a compatibilidade com o ordenamento jurídico e a técnica legislativa dos atos normativos que serão remetidos pelo Ministro de Estado à consideração da Presidência da República;

VI. examinar a coerência com o ordenamento jurídico e a regularidade jurídica dos projetos de atos normativos em fase de sanção;

VII. assistir o Ministro de Estado no controle interno da legalidade administrativa dos atos do Ministério e da entidade a ele vinculada; e

VIII. examinar, prévia e conclusivamente, no âmbito do Ministério:

a) os textos de edital de licitação e de contratos ou instrumentos congêneres a serem publicados e celebrados; e

b) os atos pelos quais se reconheça a inexigibilidade ou se decida pela dispensa de licitação.

Seção II - Dos órgãos específicos singulares

Art. 13. À Secretaria Nacional de Justiça compete:

I. promover a política de justiça, por intermédio da articulação com os demais órgãos do Poder Executivo, o Poder Judiciário, o Poder Legislativo, o Ministério Público, a Defensoria Pública, a Ordem dos Advogados do Brasil, os Governos estaduais e distrital, as agências internacionais e as organizações da sociedade civil;

II. coordenar, em parceria com os órgãos da administração pública, a Estratégia Nacional de Combate à Corrupção e à Lavagem de Dinheiro. Enccla e outras ações do Ministério relacionadas com o enfrentamento da corrupção, da lavagem de dinheiro e do crime organizado transnacional;

III. coordenar a negociação de acordos e a formulação de políticas de cooperação jurídica internacional, civil e penal, e a execução dos pedidos e das cartas rogatórias relacionadas com essas matérias;

IV. coordenar as ações relativas à recuperação de ativos;

V. coordenar, em parceria com os demais órgãos da administração pública, a formulação e a implementação das seguintes políticas:

a) política nacional de migrações, especialmente quanto à nacionalidade, à naturalização, ao regime jurídico e à migração;

b) política nacional sobre refugiados;

c) política nacional de enfrentamento ao tráfico de pessoas;

d) políticas públicas de classificação indicativa; e

e) políticas públicas de modernização, aperfeiçoamento e democratização do acesso à justiça e à cidadania;

VI. coordenar e desenvolver as atividades referentes à relação do Ministério com os atores do sistema de justiça;

VII. instruir e opinar sobre os processos de provimento e vacância de cargos de magistrados de competência do Presidente da República;

VIII. coordenar, articular, integrar e propor ações de governo e de participação social, inclusive em foros e redes internacionais, e promover a difusão de informações, estudos, pesquisas e capacitações, em sua área de competência;

IX. propor a adequação e o aperfeiçoamento da legislação relativa às matérias de sua competência;

XI. promover as ações sobre política imigratória laboral.

Art. 14. Ao Departamento de Recuperação de Ativos e Cooperação Jurídica Internacional compete:

I. articular, integrar e propor ações entre os órgãos dos Poderes Executivo e Judiciário e o Ministério Público para o enfrentamento da corrupção, da lavagem de dinheiro e do crime organizado transnacional, inclusive no âmbito da Enccla;

II. coordenar a Rede Nacional de Laboratórios de Tecnologia Contra Lavagem de Dinheiro. Rede-Lab;

III. estruturar, implementar e monitorar ações de governo, além de promover a articulação dos órgãos dos Poderes Executivo e Judiciário e do Ministério Público nas seguintes áreas:

a) cooperação jurídica internacional em matéria civil e penal, inclusive em assuntos de prestação internacional de alimentos, subtração internacional de crianças, adoção internacional, extradição, transferência de pessoas condenadas e transferência da execução da pena; e

b) recuperação de ativos;

IV. exercer a função de autoridade central, por meio da coordenação e da instrução de pedidos ativos e passivos de cooperação jurídica internacional nas áreas a que se refere o inciso III, por delegação do Ministro de Estado, exceto se houver designação específica que disponha de maneira diversa;

V. exercer a função de autoridade central federal em matéria de adoção internacional de crianças, nos termos do disposto na Lei nº 8.069, de 13 de julho de 1990 ;

VI. negociar acordos de cooperação jurídica internacional nas áreas a que se refere o inciso III e aqueles relacionados com as demais matérias de sua competência, além de exercer as funções de ponto de contato, enlace e similares nas redes de cooperação internacional e de recuperação de ativos; e

VII. atuar nos procedimentos relacionados com a ação de indisponibilidade de bens, de direitos ou de valores em decorrência de resolução do Conselho de Segurança das Nações Unidas, nos termos do disposto na Lei nº 13.170, de 16 de outubro de 2015 .

Art. 15. Ao Departamento de Migrações compete:

I. estruturar, implementar e monitorar a Política Nacional de Migrações, Refúgio e Apatridia;

II. promover, em parceria com os órgãos da administração pública federal e com a sociedade civil, a disseminação e a consolidação de garantias e direitos dos migrantes e dos refugiados, nas áreas de sua competência;

III. atuar para a ampliação e a eficácia das políticas e dos serviços públicos destinados à prevenção da violação de garantias e à promoção dos direitos dos migrantes;

ANOTAÇÕES

IV. apoiar o desenvolvimento de planos, diagnósticos, políticas e ações destinadas à inclusão social de migrantes junto aos órgãos federais, estaduais, distritais e municipais e às entidades da sociedade civil;

V. negociar termos de acordos e conduzir estudos e iniciativas para o aperfeiçoamento do regime jurídico dos migrantes;

VI. promover a articulação dos órgãos dos Poderes Executivo e Judiciário e do Ministério Público quanto à migração;

VII. instruir processos e opinar em matérias de nacionalidade e apatridia, naturalização, prorrogação do prazo de estada de migrante no País, transformação de vistos e residências e concessão de permanência;

VIII - instruir processos e opinar em tema de reconhecimento, cassação e perda da condição de refugiado, autorizar a saída e o reingresso no País e expedir o documento de viagem;

IX. fornecer apoio administrativo ao Comitê Nacional para os Refugiados;

X. estruturar, implementar e monitorar os planos nacionais de enfrentamento ao tráfico de pessoas e articular ações com organizações governamentais e não governamentais nessa matéria;

XI. receber, processar e encaminhar assuntos relacionados ao tráfico de migrantes;

XII. coordenar as ações da política imigratória laboral; e

XIII. supervisionar as atividades relacionadas com o Conselho Nacional de Imigração.

Art. 16. Ao Departamento de Promoção de Políticas de Justiça compete:

I. promover políticas públicas de modernização, aperfeiçoamento e democratização do acesso à justiça e à cidadania;

II. instruir os processos de provimento e vacância de cargos de magistrados de competência da Presidência da República;

III. promover ações para o aperfeiçoamento do sistema e da política de justiça, em articulação com os órgãos dos Poderes Executivo e Judiciário e com o Ministério Público, a Defensoria Pública, a Ordem dos Advogados do Brasil, os órgãos e as agências internacionais e as organizações da sociedade civil;

IV. processar e encaminhar aos órgãos competentes expedientes de interesse do Poder Judiciário, do Ministério Público, da Defensoria Pública e das advocacias pública e privada;

V. promover ações destinadas à disseminação de meios alternativos de solução de controvérsias, inclusive capacitações;

VI. instruir e opinar sobre assuntos relacionados com processos de declaração de utilidade pública de imóveis, para fins de desapropriação, com vistas à utilização por órgãos do Poder Judiciário da União;

VII. estruturar, implementar e monitorar a política pública de classificação indicativa;

VIII. instruir e analisar os procedimentos relacionados com a concessão, a manutenção, a fiscalização e a perda da:

a) qualificação de organização da sociedade civil de interesse público; e

b) autorização de abertura de filial, agência ou sucursal de organizações estrangeiras no País;

Art. 17. À Secretaria Nacional do Consumidor compete:

I. formular, promover, supervisionar e coordenar a política nacional de proteção e defesa do consumidor;

II. integrar, articular e coordenar o Sistema Nacional de Defesa do Consumidor;

III. articular-se com órgãos da administração pública federal com atribuições relacionadas à proteção e à defesa do consumidor;

ANOTAÇÕES

LEG. INST.

ANOTAÇÕES

IV. orientar e coordenar ações para proteção e defesa do consumidor;

V. prevenir, apurar e reprimir infrações às normas de defesa do consumidor;

VI. promover, desenvolver, coordenar e supervisionar ações de divulgação dos direitos do consumidor, com vistas ao exercício efetivo da cidadania;

VII. promover ações para assegurar os direitos e os interesses do consumidor;

VIII. fiscalizar e aplicar as sanções administrativas previstas na Lei nº 8.078, de 11 de setembro de 1990 , e em outras normas pertinentes à defesa do consumidor;

IX. adotar medidas para manutenção e expansão do sistema nacional de informações de defesa do consumidor e garantir o acesso às informações;

X. receber e encaminhar consultas, denúncias ou sugestões apresentadas por consumidores, entidades representativas ou pessoas jurídicas de direito público ou privado;

XI. firmar convênios com órgãos e entidades públicas e com instituições privadas para executar planos e programas, além de atuar em defesa do cumprimento de normas e de medidas federais;

XII. incentivar, inclusive com recursos financeiros e programas especiais, a criação de órgãos públicos estaduais, distritais e municipais de defesa do consumidor e a formação, pelos cidadãos, de entidades com esse objetivo;

XIII. celebrar compromissos de ajustamento de conduta, na forma prevista em lei;

XIV. exercer as competências estabelecidas na Lei nº 8.078, de 1990 ;

XV. elaborar e divulgar o elenco complementar de cláusulas contratuais e práticas abusivas, nos termos do disposto na Lei nº 8.078, de 1990 ;

XVI. dirigir, orientar e avaliar ações para capacitação em defesa do consumidor destinadas aos integrantes do Sistema Nacional de Defesa do Consumidor;

XVII. determinar ações de monitoramento de mercado de consumo para subsidiar políticas públicas de proteção e defesa do consumidor;

XVIII. solicitar a colaboração de órgãos e entidades de notória especialização técnico-científica para a consecução de seus objetivos;

XIX. acompanhar os processos regulatórios, com vistas à proteção efetiva dos direitos dos consumidores; e

XX. representar o Ministério na participação em organismos, fóruns, comissões e comitês nacionais e internacionais que tratem da proteção e da defesa do consumidor ou de assuntos de interesse dos consumidores, exceto se houver designação específica do Ministro de Estado que disponha de maneira diversa.

Art. 18. Ao Departamento de Proteção e Defesa do Consumidor compete:

I. assessorar a Secretaria Nacional do Consumidor na formulação, na promoção, na supervisão e na coordenação da política nacional de proteção e de defesa do consumidor;

II. assessorar a Secretaria Nacional do Consumidor na integração, na articulação e na coordenação do Sistema Nacional de Defesa do Consumidor;

III. analisar, avaliar e encaminhar consultas, denúncias ou sugestões apresentadas por consumidores, entidades representativas ou pessoas jurídicas de direito público ou privado;

IV. planejar, executar e acompanhar ações de prevenção e de repressão às práticas infringentes às normas de defesa do consumidor;

V. planejar, executar e acompanhar ações relacionadas com a saúde e a segurança do consumidor;

ANOTAÇÕES

VI. prestar orientação aos consumidores sobre seus direitos e suas garantias;

VII. informar e conscientizar o consumidor, por intermédio dos diferentes meios de comunicação;

VIII. solicitar à polícia judiciária a instauração de inquérito para a apuração de delito contra os consumidores;

IX. representar ao Ministério Público, para fins de adoção das medidas necessárias ao cumprimento da legislação de defesa do consumidor, no âmbito de sua competência;

X. comunicar e propor aos órgãos competentes medidas de prevenção e de repressão às práticas contrárias aos direitos dos consumidores;

XI. fiscalizar demandas que envolvam relevante interesse geral e de âmbito nacional previstas nas normas de defesa do consumidor e instaurar averiguações preliminares e processos administrativos;

XII. planejar e coordenar as ações fiscalizatórias do cumprimento das normas de defesa do consumidor com o Sistema Nacional de Defesa do Consumidor;

XIII. propor a adequação e o aperfeiçoamento da legislação relativa aos direitos do consumidor;

XIV. acompanhar e avaliar propostas de atos normativos relacionadas com a defesa do consumidor;

XV. promover e manter a articulação com os órgãos da administração pública federal, com os órgãos afins dos Estados, do Distrito Federal e dos Municípios e com as entidades civis ligadas à proteção e à defesa do consumidor;

XVI. elaborar e promover programas educativos e informativos para consumidores e fornecedores quanto aos seus direitos e seus deveres, com vistas à melhoria das relações de consumo;

XVII. promover estudos sobre as relações de consumo e o mercado;

XVIII. propor à Secretaria Nacional do Consumidor a celebração de convênios, de acordos e de termos de cooperação técnica, com vistas à melhoria das relações de consumo;

XIX. elaborar o cadastro nacional de reclamações fundamentadas contra fornecedores de produtos e serviços;

XX. acompanhar os processos regulatórios, com vistas à proteção efetiva dos direitos dos consumidores;

XXI. acompanhar os processos de autorregulação dos setores econômicos, com vistas ao aprimoramento das relações de consumo;

XXII. promover a integração dos procedimentos, dos bancos de dados e de informações de defesa do consumidor; e

XXIII. promover ações para a proteção e a defesa do consumidor, com ênfase no acesso à informação.

Art. 19. Ao Departamento de Projetos e de Políticas de Direitos Coletivos e Difusos compete: (Redação dada pelo Decreto nº 10.073, de 2019)

I. gerir os recursos do Fundo de Defesa dos Direitos Difusos e fiscalizar a aplicação dos recursos repassados pelo Fundo aos órgãos e às entidades conveniadas, exceto se transferidos a outros Ministérios, hipótese em que serão fiscalizados pela respectiva Pasta, que será a responsável pela prestação de contas junto aos órgãos de controle;

II. gerir as transferências voluntárias e os instrumentos congêneres oriundos do Fundo de Defesa dos Direitos Difusos e de outros recursos relativos à Secretaria Nacional do Consumidor;

III. fornecer suporte administrativo ao Conselho Federal Gestor do Fundo de Defesa dos Direitos Difusos; e

IV. exercer outras atividades que forem cometidas pelo Secretário Nacional do Consumidor.

Art. 20. À Secretaria Nacional de Políticas sobre Drogas compete:

I. assessorar e assistir o Ministro de Estado quanto às políticas sobre drogas relacionadas com a redução da oferta e a repressão da produção não autorizada e do tráfico ilícito de drogas;

II. supervisionar e articular as atividades de capacitação e treinamento no âmbito de suas competências;

III. subsidiar e supervisionar, de acordo com a Política Nacional sobre Drogas e no âmbito de suas competências, as atividades relativas à definição, à elaboração, ao planejamento, ao acompanhamento, à avaliação e à atualização das políticas públicas sobre drogas;

IV. gerir o Fundo Nacional Antidrogas e fiscalizar a aplicação dos recursos repassados pelo Fundo aos órgãos e às entidades conveniadas, exceto se transferidos a outros Ministérios, hipótese em que serão fiscalizados pela respectiva Pasta, que será a responsável pela prestação de contas junto aos órgãos de controle;

V. firmar contratos, convênios, acordos, ajustes e instrumentos congêneres com entes federativos, entidades, instituições e organismos nacionais e propor acordos internacionais, no âmbito de suas competências;

VII. desempenhar as atividades de secretaria-executiva do Conselho Nacional de Políticas sobre Drogas;

VIII. analisar e propor atualização da legislação pertinente à sua área de atuação;

IX. executar ações relativas à gestão de ativos objeto de apreensão e perdimento, em favor da União, oriundos da prática de crimes; (Redação dada pelo Decreto nº 10.073, de 2019)

X. organizar informações, acompanhar fóruns internacionais e promover atividades de cooperação técnica, científica, tecnológica e financeira com outros países e organismos internacionais, mecanismos de integração regional e sub-regional que tratem de políticas sobre drogas na sua área de atuação; e

XI. estimular estudos, pesquisas e avaliações sobre a oferta de drogas lícitas e ilícitas, suas causas e suas consequências. (Redação dada pelo Decreto nº 10.073, de 2019)

Art. 21. À Diretoria de Gestão de Ativos compete:

I. administrar os bens e direitos provenientes de apreensão e perdimento, oriundos da prática de crime, em favor da União; (Redação dada pelo Decreto nº 10.073, de 2019)

II. realizar e promover a regularização e a alienação de bens com perdimento decretado em favor da União ou em caráter cautelar, a pedido do Poder Judiciário, e, quando for caso, a apropriação de valores destinados à capitalização do Fundo Nacional Antidrogas; (Redação dada pelo Decreto nº 10.073, de 2019)

III. acompanhar, analisar e executar procedimentos relativos à gestão do Fundo Nacional Antidrogas, além de definir como deverão ser aplicados os seus recursos;

IV. atuar, perante os órgãos do Poder Judiciário, o Ministério Público e as polícias, na obtenção de informações sobre processos que envolvam a apreensão, a constrição e a indisponibilidade de bens, direitos e valores, além de realizar o controle do fluxo, a manutenção, a segurança e o sigilo das referidas informações, por meio de sistema informatizado de gestão; (Redação dada pelo Decreto nº 10.073, de 2019)

V. planejar e coordenar a execução orçamentária e financeira da Secretaria Nacional de Políticas sobre Drogas e interagir com os órgãos do Ministério e da administração pública federal;

VI. acompanhar a execução de políticas públicas sobre drogas;

VII. propor ações, projetos, atividades e objetivos e contribuir para o detalhamento e a implementação do programa de gestão da Política Nacional sobre Drogas e dos planos de trabalho decorrentes no âmbito da Secretaria Nacional de Políticas sobre Drogas;

ANOTAÇÕES

VIII. analisar e emitir manifestação técnica sobre projetos desenvolvidos com recursos do Fundo Nacional Antidrogas a serem executados no âmbito da Secretaria Nacional de Políticas sobre Drogas;

IX. coordenar, acompanhar e avaliar a execução orçamentária e financeira de projetos e as atividades constantes dos planos de trabalho do programa de gestão da Política Nacional sobre Drogas, além de atualizar as informações gerenciais decorrentes, exceto se os recursos do Fundo Nacional Antidrogas forem redistribuídos a outros Ministérios, hipótese em que a execução orçamentária e financeira ficará a cargo da respectiva Pasta, que será a responsável pela prestação de contas junto aos órgãos de controle; e

X. assessorar o Secretário Nacional de Políticas sobre Drogas nos assuntos referentes ao Sistema Nacional de Políticas Públicas sobre Drogas e apresentar propostas para sua implementação e seu fortalecimento, de forma a priorizar a descentralização de ações, a recuperação de ativos e a integração de políticas públicas, no âmbito de suas competências; e (Redação dada pelo Decreto nº 10.073, de 2019)

XI. desenvolver e coordenar a elaboração e o acompanhamento do plano plurianual e do planejamento estratégico institucional no âmbito da Secretaria Nacional de Políticas sobre Drogas. (Incluído pelo Decreto nº 10.073, de 2019)

Art. 22. À Diretoria de Políticas Públicas e Articulação Institucional compete:

I. propor ações e projetos, coordenar, acompanhar, avaliar e articular, no âmbito das três esferas de governo, a execução da Política Nacional sobre Drogas e da Política Nacional sobre o Álcool no âmbito de atuação da Secretaria Nacional de Políticas sobre Drogas;

II. articular e coordenar, por meio de parceria com instituições de ensino superior e de pesquisa, projetos de capacitação de diversos profissionais e segmentos sociais para a implementação de atividades relacionadas com a redução da oferta de drogas no País;

III. difundir o conhecimento sobre crimes, delitos e infrações relacionados às drogas;

IV. analisar e emitir manifestação técnica sobre projetos desenvolvidos com recursos parciais ou totais do Fundo Nacional Antidrogas, no âmbito de sua competência;

V. promover, articular e orientar as ações relacionadas com a cooperação técnica, científica, tecnológica e financeira para produção de conhecimento e gestão de informações sobre drogas necessárias à condução das atividades da Secretaria Nacional de Políticas sobre Drogas;

VI. articular e coordenar o processo de coleta e de sistematização de informações sobre drogas entre os órgãos da administração pública federal e os organismos internacionais;

VII. acompanhar o Observatório Brasileiro de Informações sobre Drogas;

VIII. desenvolver e coordenar atividades relativas ao planejamento e à avaliação de planos, programas e projetos tendo em vista as metas propostas pela Política Nacional sobre Drogas e pela Política Nacional sobre o Álcool e que sejam de atribuição do Ministério da Justiça e Segurança Pública;

IX. acompanhar e monitorar as ações desenvolvidas no âmbito do Sistema Nacional de Políticas sobre Drogas;

X. acompanhar e avaliar a execução de ações, planos, programas e projetos desenvolvidos no âmbito da Secretaria Nacional de Políticas sobre Drogas, além de monitorar a consecução das metas estabelecidas e propor as modificações necessárias ao seu aperfeiçoamento; e

XI. assessorar o Secretário Nacional de Políticas sobre Drogas nos assuntos referentes ao Sistema Nacional de Políticas Públicas sobre Drogas e apresentar propostas para sua implementação e seu fortalecimento, de forma a priorizar a descentralização de ações e a integração de políticas públicas.

ANOTAÇÕES

LEG. INST.

ANOTAÇÕES

Art. 23. À Secretaria Nacional de Segurança Pública compete:

I - assessorar o Ministro de Estado na definição, na implementação e no acompanhamento de políticas, programas e projetos de segurança pública, prevenção social e controle da violência e da criminalidade;

II - coordenar e promover a integração da segurança pública no território nacional em cooperação com os demais entes federativos;

III. estimular, propor e efetivar a cooperação federativa no âmbito da segurança pública;

IV - estimular e propor aos órgãos federais, estaduais, distrital e municipais a elaboração de planos e programas integrados de segurança pública e de ações sociais de prevenção da violência e da criminalidade;

V - implementar, manter e modernizar redes de integração e de sistemas nacionais de informações de segurança pública, em conformidade com disposto na Lei nº 12.681, de 4 de julho de 2012 ;

VI - promover a articulação e a integração dos órgãos de segurança pública, incluídas as organizações governamentais e não governamentais;

VII - coordenar as atividades da Força Nacional de Segurança Pública;

VIII - promover e fomentar a modernização e o reaparelhamento dos órgãos de segurança pública;

IX - promover a valorização, o ensino e a capacitação dos profissionais de segurança pública;

X - representar o Ministério no Comitê Gestor do Fundo Nacional de Segurança Pública;

XI - participar da elaboração de propostas de legislação em assuntos de segurança pública;

XII - elaborar e fomentar estudos e pesquisas destinados à redução da violência e da criminalidade;

XIII - gerir os processos relativos aos eventos de segurança pública, no âmbito da Secretaria Nacional de Segurança Pública; e

XIV - gerir os riscos corporativos no âmbito da Secretaria Nacional de Segurança Pública.

Art. 24. À Diretoria de Políticas de Segurança Pública compete:

I - articular, propor, formular, implementar e avaliar políticas, programas e projetos de segurança pública, prevenção social e controle da violência e criminalidade;

II - fomentar a utilização de métodos de gestão e controle para melhoramento da eficiência e da efetividade dos órgãos de segurança pública;

III. fomentar a utilização de novas tecnologias na área de segurança pública com vistas ao fortalecimento e à modernização de suas instituições;

IV - estimular e promover o intercâmbio de informações e experiências entre órgãos governamentais, entidades não governamentais e organizações multilaterais, nacionais e internacionais;

V - assistir o Secretário Nacional de Segurança Pública na elaboração de propostas de atos normativos em assuntos relacionados à segurança pública;

VI - identificar e fomentar iniciativas destinadas à valorização dos profissionais de segurança pública;

VII. promover prospecção de tecnologias em segurança pública; (Redação dada pelo Decreto nº 10.034, de 2019)

VIII. promover estudos sobre normalização, certificação e acreditação inerentes aos órgãos de segurança pública; e (Redação dada pelo Decreto nº 10.034, de 2019)

IX. monitorar a execução e os resultados dos programas, das ações, dos projetos e das atividades beneficiários dos recursos do FNSP. (Incluído pelo Decreto nº 10.034, de 2019)

Art. 25. À Diretoria de Gestão e Integração de Informações compete:

I - promover a interoperabilidade dos sistemas de segurança pública;

ANOTAÇÕES

II. proceder à gestão e à integração de sistemas de informações dos órgãos de segurança pública; (Redação dada pelo Decreto nº 10.073, de 2019)

III. participar dos processos de integração e modernização das redes e dos sistemas de dados e informações sobre segurança pública, crimes, sistema prisional e drogas; (Redação dada pelo Decreto nº 10.073, de 2019)

IV. disponibilizar informações e dados para subsidiar a formulação de políticas de segurança pública; e (Incluído pelo Decreto nº 10.073, de 2019)

V. coletar, analisar, atualizar, sistematizar, integrar e interpretar dados e informações relativos às políticas de segurança pública. (Incluído pelo Decreto nº 10.073, de 2019)

Art. 26. À Diretoria de Administração compete:

I - gerir os recursos do Fundo Nacional de Segurança Pública e outros relativos à Secretaria Nacional de Segurança Pública;

II - executar os processos de licitação e contratação de bens e serviços propostos pelas Diretorias da Secretaria Nacional de Segurança Pública;

III. gerir as transferências voluntárias e os instrumentos congêneres oriundos do Fundo Nacional de Segurança Pública e de outros recursos relativos à Secretaria Nacional de Segurança Pública;

IV - fornecer suporte administrativo ao Conselho Gestor do Fundo Nacional de Segurança Pública;

V - articular-se com as demais Diretorias com vistas ao planejamento e à gestão orçamentária e financeira da Secretaria Nacional de Segurança Pública;

VI. realizar a gestão do efetivo, respeitadas as competências da Força Nacional de Segurança Pública; (Redação dada pelo Decreto nº 10.034, de 2019)

VII. coordenar as ações de planejamento e execução logística da Secretaria Nacional de Segurança Pública relacionadas com os processos de aquisição, o recebimento e a distribuição de bens e serviços, a gestão do patrimônio, os contratos e os convênios, o transporte e as obrigações associadas; e (Redação dada pelo Decreto nº 10.034, de 2019)

VIII. avaliar a execução orçamentária e financeira do FNSP e recomendar os procedimentos necessários à correção de imperfeições. (Incluído pelo Decreto nº 10.034, de 2019)

Art. 27. À Diretoria de Ensino e Pesquisa compete: (Redação dada pelo Decreto nº 10.073, de 2019)

I - promover e fomentar ações de ensino e capacitação em segurança pública;

II. promover pesquisas temáticas, estudos comparados e diagnósticos destinados à capacitação, ao desenvolvimento, ao aperfeiçoamento e à inovação na área de segurança pública; (Redação dada pelo Decreto nº 10.073, de 2019)

III. fomentar estudos e pesquisas para a identificação, o desenvolvimento e o aperfeiçoamento das competências técnicas e comportamentais dos profissionais de segurança pública;

IV. identificar, documentar e disseminar pesquisas e experiências inovadoras relacionadas com a segurança pública;

V. produzir material técnico com vistas à padronização e à sistematização de procedimentos na segurança pública; e (Redação dada pelo Decreto nº 10.073, de 2019)

VI. disponibilizar estudos e informações para auxiliar na formulação, na implementação, na execução, no monitoramento e na avaliação de políticas de segurança pública. (Incluído pelo Decreto nº 10.073, de 2019)

Art. 28. À Diretoria da Força Nacional de Segurança Pública compete:

I. atuar em atividades destinadas à preservação da ordem pública e da incolumidade das pessoas e do patrimônio, nas hipóteses previstas na legislação;

II - coordenar e planejar a seleção, o recrutamento, a mobilização e a desmobilização, o preparo e o emprego dos efetivos de polícia ostensiva e preventiva, de bombeiros, de defesa civil, de polícia judiciária e de perícia;

III. propor e desenvolver, em conjunto com a Diretoria de Ensino e Pesquisa, ações de capacitação, formação e nivelamento destinados aos efetivos de polícia ostensiva e preventiva, de bombeiros militares, de defesa civil, de polícia judiciária e de perícia, no âmbito da Força Nacional de Segurança Pública; (Redação dada pelo Decreto nº 10.073, de 2019)

IV - realizar o planejamento operacional referente ao emprego dos efetivos;

V - instaurar procedimentos administrativos de apuração de conduta, averiguação preliminar de saúde e de inquérito técnico, no âmbito do pessoal da Diretoria;

VI - planejar, organizar, coordenar, controlar e fiscalizar a distribuição, a segurança e o uso dos armamentos, das munições, dos equipamentos, das viaturas e dos materiais da Força Nacional de Segurança Pública;

VII. elaborar estudos relativos às necessidades logísticas, administrativas e de emprego operacional relativas à atuação da Força Nacional de Segurança Pública; e

VIII. realizar ações de inteligência operacional destinadas à sua área de atuação ou quando demandadas pela Secretaria de Operações Integradas. (Redação dada pelo Decreto nº 10.073, de 2019)

Art. 29. À Secretaria de Operações Integradas compete:

I. assessorar o Ministro de Estado nas atividades de inteligência e operações policiais, com foco na integração com os órgãos de segurança pública federais, estaduais, municipais e distrital;

II. implementar, manter e modernizar redes de integração e de sistemas nacionais de inteligência de segurança pública, em conformidade com disposto na Lei nº 13.675, de 11 junho de 2018 ;

III. promover a integração das atividades de inteligência de segurança pública, em consonância com os órgãos de inteligência federais, estaduais, municipais e distrital que compõem o Subsistema de Inteligência de Segurança Pública;

IV. coordenar o Centro Integrado de Comando e Controle Nacional e promover a integração dos centros integrados de comando e controle regionais; e

V. estimular e induzir a investigação de infrações penais, de maneira integrada e uniforme com as policias federal e civis.

Art. 30. À Diretoria de Operações compete:

I. promover a integração operacional entre os órgãos de segurança pública federais, estaduais e distrital nas atividades das quais a Secretaria de Operações Integradas participe;

II. participar do processo de integração das atividades da Secretaria de Operações Integradas e dessas com as atividades operacionais dos demais órgãos de segurança pública federais, estaduais e distritais;

III. coordenar o planejamento e a execução das operações integradas de segurança pública;

IV. estimular e propor aos órgãos federais, estaduais e distrital a implementação de programas e planos de operações integradas de segurança pública, com vistas à prevenção e à repressão da violência e da criminalidade;

V. coordenar as atividades do centro integrado de comando e controle nacional e fomentar a interoperabilidade entre os centros integrados de comando e controle dos Estados e do Distrito Federal;

VI. propor a mobilização de servidores e militares para coordenar e apoiar as operações integradas, no âmbito de suas competências; e

VII. propor a elaboração de projetos e políticas que subsidiem ou promovam ações integradas de segurança pública.

Parágrafo único. Consideram-se operações integradas de segurança pública aquelas planejadas e coordenadas a partir de ambiente comum, gerenciadas ou apoiadas pela Secretaria de Operações Integradas, que envolvam órgãos de segurança federais, estaduais e distritais.

Art. 31. À Diretoria de Inteligência compete:

I. assessorar o Secretário de Operações Integradas com informações estratégicas no processo decisório relativo a políticas de segurança pública;

II. planejar, coordenar, integrar, orientar e supervisionar, como agência central do Subsistema de Inteligência de Segurança Pública, as atividades de inteligência de segurança pública em âmbito nacional;

III. subsidiar o Secretário de Operações Integradas na definição da política nacional de inteligência de segurança pública, especialmente quanto à doutrina, à forma de gestão, ao uso dos recursos e às metas de trabalho;

IV. promover, com os órgãos componentes do Sistema Brasileiro de Inteligência, o intercâmbio de dados e conhecimentos, necessários à tomada de decisões administrativas e operacionais por parte da Secretaria de Operações Integradas;

V. propor ações de capacitação relacionadas com a atividade de inteligência de segurança pública, em parceria com a Diretoria de Ensino e Pesquisa da Secretaria Nacional de Segurança Pública e com outros órgãos e instituições, no País ou no exterior; (Redação dada pelo Decreto nº 10.073, de 2019)

VI - desenvolver, acompanhar, avaliar e apoiar projetos relacionados com a atividade de inteligência de segurança pública;

VII. elaborar estudos e pesquisas para o aprimoramento das atividades de inteligência de segurança pública e de enfrentamento ao crime organizado;

VIII. planejar, supervisionar e executar ações relativas à obtenção e à análise de dados para a produção de conhecimento de inteligência de segurança pública destinados ao assessoramento da Secretaria de Operações Integradas; e

IX. acompanhar as atividades operacionais demandadas pela Diretoria e executadas por outros órgãos do Ministério da Justiça e Segurança Pública que envolvam aplicação de instrumentos e mecanismos de inteligência policial.

Art. 32. Ao Departamento Penitenciário Nacional cabe exercer as competências estabelecidas nos art. 71 e art. 72 da Lei nº 7.210, de 11 de julho de 1984 - Lei de Execução Penal , e, especificamente:

I. planejar e coordenar a política nacional de serviços penais;

II. acompanhar a aplicação fiel das normas de execução penal no território nacional;

III. inspecionar e fiscalizar periodicamente os estabelecimentos e os serviços penais;

IV. prestar apoio técnico aos entes federativos quanto à implementação dos princípios e das regras da execução penal;

V. colaborar, técnica e financeiramente, com os entes federativos quanto:

a) à implantação de estabelecimentos e serviços penais;

b) à formação e à capacitação permanente dos trabalhadores dos serviços penais;

c) à implementação de políticas de educação, saúde, trabalho, assistência social, cultural, religiosa, jurídica e respeito à diversidade e às questões de gênero, para promoção de direitos das pessoas privadas de liberdade e dos egressos do sistema prisional; e

d) à implementação da Política Nacional de Alternativas Penais e ao fomento às alternativas ao encarceramento;

VI. coordenar e supervisionar os estabelecimentos penais e de internamento federais;

ANOTAÇÕES

VII. processar, analisar e encaminhar, na forma prevista em lei, os pedidos de indultos individuais;

VIII. gerir os recursos do Fundo Penitenciário Nacional;

IX. apoiar administrativa e financeiramente o Conselho Nacional de Política Criminal e Penitenciária;

X. autorizar os planos de correição periódica e determinar a instauração de procedimentos disciplinares no âmbito do Departamento Penitenciário Nacional;

XI. apoiar e realizar ações destinadas à formação e à capacitação dos operadores da execução penal, por intermédio da Escola Nacional de Serviços Penais;

XII. elaborar estudos e pesquisas sobre a legislação penal; e

XIII. promover a gestão da informação penitenciária e consolidar, em banco de dados nacional, informações sobre os sistemas penitenciários federal e dos entes federativos.

Art. 33. À Diretoria-Executiva compete:

I. coordenar e supervisionar as atividades de planejamento, orçamento, administração financeira, gestão de pessoas, serviços gerais, serviços de engenharia, de informação e de informática, no âmbito do Departamento Penitenciário Nacional;

II. elaborar a proposta orçamentária anual e plurianual do Departamento Penitenciário Nacional e as propostas de programação financeira de desembolso e de abertura de créditos adicionais;

III. acompanhar e promover a avaliação de projetos e atividades, de maneira a considerar as diretrizes, os objetivos e as metas constantes do plano plurianual;

IV. realizar tomadas de contas dos ordenadores de despesa e demais responsáveis por bens e valores públicos e de todo aquele que der causa a perda, extravio ou outra irregularidade que resulte em dano ao erário;

V. propor estratégias para assegurar a participação e o controle social nos processos de formulação, implementação, monitoramento e avaliação das políticas de gestão do Departamento Penitenciário Nacional;

VI. praticar, em conjunto com o Diretor-Geral do Departamento Penitenciário Nacional, atos referentes aos procedimentos licitatórios e à gestão de contratos; e

VII. apoiar à implantação de estabelecimentos penais em consonância com as diretrizes de arquitetura definidas pelo Conselho Nacional de Política Criminal e Penitenciária e prestar apoio técnico às atividades de engenharia no âmbito do Departamento Penitenciário Nacional.

Art. 34. À Diretoria de Políticas Penitenciárias compete:

I. planejar, coordenar, dirigir, controlar e avaliar as atividades relativas à implantação de serviços penais, além de colaborar técnica e financeiramente com os entes federativos;

II. fomentar a política de alternativas penais nos entes federativos;

III. fomentar a criação e a atuação de conselhos da comunidade e associações de proteção e assistência aos condenados;

IV. fomentar planos e ações de integração e gestão de banco de dados nacional de informações e estatísticas sobre os sistemas prisionais da União e dos entes federativos;

V. articular políticas públicas de saúde, educação, cultura, esporte, assistência social, religiosa, jurídica e trabalho para a promoção de direitos da população presa, internada e egressa, respeitadas as diversidades;

VI. promover articulação com os órgãos e as instituições de execução penal;

VII. realizar inspeções periódicas nos entes federativos para verificar a utilização de recursos repassados pelo Fundo Penitenciário Nacional; e

VIII. manter programa de cooperação federativa de assistência técnica para o aperfeiçoamento e a especialização dos serviços penais estaduais.

ANOTAÇÕES

Art. 35. À Diretoria do Sistema Penitenciário Federal compete:

I. realizar a execução penal em âmbito federal;

II. coordenar e fiscalizar os estabelecimentos penais federais;

III. custodiar presos, condenados ou provisórios, de alta periculosidade, submetidos a regime fechado, de forma a zelar pela aplicação correta e efetiva das disposições exaradas nas sentenças;

IV. promover a comunicação com órgãos e entidades ligados à execução penal e, em especial, com os juízos federais e as varas de execução penal;

V. elaborar normas sobre segurança das instalações, das diretrizes operacionais e das rotinas administrativas e de funcionamento com vistas à padronização das unidades penais federais;

VI. promover a articulação e a integração do sistema penitenciário federal com os órgãos e as entidades componentes do sistema nacional de segurança pública, inclusive com intercâmbio de informações e ações integradas;

VII. promover assistência material, jurídica, à saúde, educacional, cultural, laboral, ocupacional, social e religiosa aos presos condenados ou provisórios custodiados em estabelecimentos penais federais;

VIII. planejar e executar as atividades de inteligência do sistema penitenciário federal, em articulação com os órgãos de inteligência, em âmbito nacional e internacional;

IX. propor ao Diretor-Geral do Departamento Penitenciário Nacional normas que tratem de direitos e deveres dos presos do sistema penitenciário federal;

X. promover a realização de pesquisas criminológicas e de classificação dos presos custodiados no Sistema Penitenciário Federal;

XI. coordenar as operações da Força Tarefa de Intervenção Penitenciária; e

XII. coordenar as atividades de segurança e operações do Departamento Penitenciário Nacional.

Art. 36. À Diretoria de Inteligência Penitenciária compete:

I. dirigir, planejar, coordenar, controlar, avaliar e orientar as atividades de inteligência no âmbito do Departamento Penitenciário Nacional;

II. supervisionar as operações de inteligência e contrainteligência do Departamento Penitenciário Nacional;

III. planejar, coordenar, integrar, orientar e supervisionar, como agência central, a inteligência penitenciária em âmbito nacional;

IV. coordenar as atividades de atualização da Doutrina Nacional de Inteligência Penitenciária;

V. subsidiar a definição do plano nacional de inteligência penitenciária e da atualização da Doutrina Nacional de Inteligência Penitenciária e sua forma de gestão, o uso dos recursos e as metas de trabalho;

VI. promover, com os órgãos componentes do Sistema Brasileiro de Inteligência, o intercâmbio de dados e conhecimentos, necessários à tomada de decisões administrativas e operacionais por parte do Departamento Penitenciário Nacional;

VII. propor ações de capacitação relacionadas com a atividade de inteligência de penitenciária, em parceria com a Escola de Serviços Penais e com outros órgãos e instituições, no País ou no exterior;

VIII. desenvolver, acompanhar, avaliar e apoiar projetos relacionados com a atividade de inteligência penitenciária;

IX. elaborar estudos e pesquisas para o aprimoramento das atividades de inteligência penitenciária e de enfrentamento ao crime organizado;

X. planejar, supervisionar e executar ações relativas à obtenção e à análise de dados para a produção de conhecimentos de inteligência penitenciária destinados ao assessoramento do Departamento Penitenciário Nacional;

XI. acompanhar as atividades operacionais demandadas pela Diretoria e executadas por outros órgãos do Ministério e por unidades federativas que envolvam a aplicação de instrumentos e mecanismos de inteligência; e

XII. fomentar a integração e a cooperação entre os órgãos de inteligência penitenciária das unidades federativas, em articulação com os órgãos integrantes do sistema de inteligência, em âmbito nacional e internacional.

Art. 37. À Polícia Federal cabe exercer as competências estabelecidas no § 1º do art. 144 da Constituição, e, especificamente:

I. apurar infrações penais contra a ordem política e social ou em detrimento de bens, serviços e interesses da União ou de suas entidades autárquicas e empresas públicas, além de outras infrações cuja prática tenha repercussão interestadual ou internacional e exija repressão uniforme, conforme previsto em lei;

II. prevenir e reprimir o tráfico ilícito de entorpecentes e drogas e o contrabando e o descaminho de bens e de valores, sem prejuízo da ação fazendária e de outros órgãos públicos nas suas áreas de competência;

III. exercer as funções de polícia marítima, aeroportuária e de fronteiras;

IV. exercer, com exclusividade, as funções de polícia judiciária da União;

V. coibir a turbação e o esbulho possessório dos bens e dos próprios da União e das entidades integrantes da administração pública federal, sem prejuízo da manutenção da ordem pública pelas polícias militares dos Estados e do Distrito Federal; e

VI. acompanhar e instaurar inquéritos relacionados com os conflitos agrários ou fundiários e aqueles deles decorrentes, quando se tratar de crime de competência federal, além de prevenir e reprimir esses crimes.

Art. 38. À Diretoria-Executiva compete dirigir, planejar, coordenar, controlar e avaliar as atividades de:

I. polícia marítima, aeroportuária e de fronteiras, segurança privada, controle de produtos químicos, controle de armas, registro de estrangeiros, controle migratório e outras de polícia administrativa;

II. apoio operacional às atividades finalísticas;

III. segurança institucional e proteção à pessoa;

IV. segurança de dignitários estrangeiros em visita ao País, por solicitação do Ministério das Relações Exteriores;

V. identificação humana civil e criminal; e

VI. emissão de documentos de viagem.

Art. 39. À Diretoria de Investigação e Combate ao Crime Organizado compete dirigir, planejar, coordenar, controlar e avaliar a atividade de investigação criminal relativa a infrações penais:

I. praticadas por organizações criminosas;

II. contra os direitos humanos e as comunidades indígenas;

III. contra o meio ambiente e o patrimônio histórico;

IV. contra a ordem econômica e o sistema financeiro nacional;

V. contra a ordem política e social;

VI. de tráfico ilícito de drogas e armas;

VII. de contrabando e descaminho de bens;

VIII. de lavagem de ativos;

IX. de repercussão interestadual ou internacional e que exija repressão uniforme; e

X. em detrimento de bens, serviços e interesses da União ou de suas entidades autárquicas e empresas públicas.

Art. 40. À Corregedoria-Geral de Polícia Federal compete:

I. dirigir, planejar, coordenar, controlar e avaliar as atividades correicional e disciplinar, no âmbito da Polícia Federal;

II. orientar, no âmbito da Polícia Federal, na interpretação e no cumprimento da legislação pertinente às atividades de polícia judiciária e disciplinar; e

III. apurar as infrações cometidas por servidores da Polícia Federal.

Art. 41. À Diretoria de Inteligência Policial compete:

I. dirigir, planejar, coordenar, controlar, avaliar e orientar as atividades de inteligência no âmbito da Polícia Federal;

II. planejar e executar operações de contrainteligência, antiterrorismo e outras determinadas pelo Diretor-Geral da Polícia Federal; e

III. definir doutrina e promover ações de capacitação em inteligência policial, juntamente à Academia Nacional de Polícia.

Art. 42. À Diretoria Técnico-Científica compete:

I. dirigir, planejar, coordenar, orientar, executar, controlar e avaliar as atividades de perícia criminal e aquelas relacionadas com bancos de perfis genéticos; e

II. gerenciar e manter bancos de perfis genéticos.

Art. 43. À Diretoria de Gestão de Pessoal compete dirigir, planejar, coordenar, orientar, executar, controlar e avaliar as atividades de:

I. seleção, formação e capacitação de servidores;

II. pesquisa e difusão de estudos científicos relativos à segurança pública; e

III. gestão de pessoal.

Art. 44. À Diretoria de Administração e Logística Policial compete:

I. dirigir, planejar, coordenar, orientar, executar, controlar e avaliar as atividades de:

a) orçamento e finanças;

b) modernização da infraestrutura e da logística policial; e

c) gestão administrativa de bens e serviços; e

II. gerir as atividades de pesquisa e desenvolvimento da Polícia Federal.

Art. 45. À Diretoria de Tecnologia da Informação e Inovação compete:

I. dirigir, planejar, coordenar, controlar, executar e avaliar as atividades de tecnologia da informação e comunicações no âmbito da Polícia Federal; e

II. dirigir, planejar, coordenar, controlar, executar e avaliar as atividades de inovação tecnológica no âmbito da Polícia Federal.

Art. 46. Compete à Diretoria-Executiva, às Diretorias e à Corregedoria-Geral da Polícia Federal, no âmbito de suas competências, encaminhar ao Diretor-Geral propostas de atos normativos ou para estabelecimento de parcerias com outras instituições.

Art. 47. À Polícia Rodoviária Federal cabe exercer as competências estabelecidas no § 2º do art. 144 da Constituição, no art. 20 da Lei nº 9.503, de 23 de setembro de 1997 - Código de Trânsito Brasileiro, no Decreto nº 1.655, de 3 de outubro de 1995, e, especificamente: (Redação dada pelo Decreto nº 10.073, de 2019)

I. planejar, coordenar e executar o policiamento, a prevenção e a repressão de crimes nas rodovias federais e nas áreas de interesse da União;

II. exercer os poderes de autoridade de trânsito nas rodovias e nas estradas federais;

III. executar o policiamento, a fiscalização e a inspeção do trânsito e do transporte de pessoas, cargas e bens;

IV. planejar, coordenar e executar os serviços de prevenção de acidentes e salvamento de vítimas nas rodovias e estradas federais; (Redação dada pelo Decreto nº 10.073, de 2019)

V. realizar levantamentos de locais, boletins de ocorrências, perícias de trânsito, testes de dosagem alcoólica e outros procedimentos, além de investigações imprescindíveis à elucidação dos acidentes de trânsito; (Redação dada pelo Decreto nº 10.073, de 2019)

VI. assegurar a livre circulação nas rodovias e estradas federais, especialmente em casos de acidentes de trânsito, manifestações sociais e calamidades públicas; (Redação dada pelo Decreto nº 10.073, de 2019)

ANOTAÇÕES

VII. manter articulação com os órgãos de trânsito, transporte, segurança pública, inteligência e defesa civil, para promover o intercâmbio de informações;

VIII. executar, promover e participar das atividades de orientação e educação para a segurança no trânsito, além de desenvolver trabalho contínuo e permanente de prevenção de acidentes de trânsito;

IX. informar ao órgão de infraestrutura sobre as condições da via, da sinalização e do tráfego que possam comprometer a segurança do trânsito, além de solicitar e adotar medidas emergenciais à sua proteção;

X. credenciar, contratar, conveniar, fiscalizar e adotar medidas de segurança relativas aos serviços de recolhimento, remoção e guarda de veículos e animais e escolta de transporte de produtos perigosos, cargas superdimensionadas e indivisíveis; (Redação dada pelo Decreto nº 10.073, de 2019)

XI. planejar e executar medidas de segurança para a escolta dos deslocamentos do Presidente da República, do Vice-Presidente da República, dos Ministros de Estado, dos Chefes de Estado, dos diplomatas estrangeiros e de outras autoridades, nas rodovias e nas estradas federais, e em outras áreas, quando solicitado pela autoridade competente; e (Redação dada pelo Decreto nº 10.073, de 2019)

XII. lavrar o termo circunstanciado de que trata o art. 69 da Lei nº 9.099, de 26 de setembro de 1995. (Incluído pelo Decreto nº 10.073, de 2019)

Art. 48. À Diretoria-Executiva compete dirigir, planejar, coordenar, controlar e avaliar as atividades de:

I. gestão de estruturas vinculadas ao Diretor-Geral da Polícia Rodoviária Federal e articulação para o alinhamento das ações das demais Diretorias, Superintendências e instâncias colegiadas da instituição; (Redação dada pelo Decreto nº 10.073, de 2019)

II. elaboração, aprovação, atualização, implementação e avaliação do Plano Estratégico da Polícia Rodoviária Federal, com os objetivos, as diretrizes e as metas estratégicas para as ações de competência da Polícia Rodoviária Federal;

V. governança, análise técnica, instrução processual, integridade, transparência, ouvidoria, acesso à informação, orientação à gestão, comunicação social, formação e qualificação profissional, ensino, pesquisa, desenvolvimento e inovação no âmbito da Polícia Rodoviária Federal; (Redação dada pelo Decreto nº 10.073, de 2019)

VI. padronização dos procedimentos internos, edição de atos normativos e estabelecimento de parcerias com outras instituições, de forma a subsidiar a deliberação posterior da Direção-Geral da Polícia Rodoviária Federal; (Redação dada pelo Decreto nº 10.073, de 2019)

VII. controle interno, orientação técnica e acompanhamento da elaboração da prestação de contas anual, do relatório de gestão e das recomendações e das determinações oriundas do Sistema de Controle Interno do Poder Executivo Federal e dos órgãos de controle externo; (Incluído pelo Decreto nº 10.073, de 2019)

VIII - análises e avaliações para verificação do desempenho da gestão e gestão de riscos e a recomendação da adoção de medidas de mitigação de riscos com caráter preventivo e corretivo; e (Incluído pelo Decreto nº 10.073, de 2019)

IX - interação com outros órgãos e entidades públicos, por meio do desenvolvimento de intercâmbio de informações, de ações conjuntas e integradas. (Incluído pelo Decreto nº 10.073, de 2019)

Art. 49. À Diretoria de Administração e Logística compete dirigir, planejar, coordenar, controlar e avaliar as atividades de: (Redação dada pelo Decreto nº 10.073, de 2019)

I. relacionamento com os sistemas federais de planejamento e de orçamento, de administração financeira, de contabilidade, de informação de custos, de serviços gerais, de gestão de documentos de arquivo; (Redação dada pelo Decreto nº 10.073, de 2019)

II. planejamento e consolidação da proposta plurianual, de diretrizes orçamentárias e do orçamento anual, inclusive quanto à descentralização de recursos às suas unidades gestoras;

III. gestão orçamentária, financeira, de logística, compras e de gestão documental, inclusive quanto ao planejamento anual das aquisições de materiais e serviços;

IV. pactuação e execução descentralizada de convênios, termos, acordos de cooperação técnica ou outros instrumentos congêneres; (Redação dada pelo Decreto nº 10.073, de 2019)

V. tomadas de contas dos ordenadores de despesa e, no âmbito da sede nacional da Polícia Rodoviária Federal, dos demais responsáveis por bens e valores públicos e de todo aquele que der causa a perda, extravio ou irregularidade de que resulte dano ao erário;

XI. implementação das diretrizes nacionais para as ações de administração e logística; e (Redação dada pelo Decreto nº 10.073, de 2019)

XII. gestão, fiscalização e acompanhamento dos contratos administrativos. (Incluído pelo Decreto nº 10.073, de 2019)

Art. 50. À Diretoria de Operações compete dirigir, planejar, coordenar, controlar e avaliar as atividades de:

I. gestão operacional, policiamento, inspeção, segurança e fiscalização de trânsito, atendimento, registro, investigação, perícia, prevenção e redução de acidentes de trânsito, levantamento de dados estatísticos e transitometria;

II. competência das autoridades de trânsito nas Superintendências e exercer, em âmbito nacional, os poderes de autoridade de trânsito cabíveis à Polícia Rodoviária Federal; (Redação dada pelo Decreto nº 10.073, de 2019)

III. operações aéreas e terrestres, de forma a autorizar as operações que envolvam mais de uma unidade descentralizada;

IV. autuação e notificação de infrações e de procedimentos relativos à aplicação de penalidades de trânsito e controle de multas;

V. credenciamento de empresas de escoltas de transporte de produtos perigosos, cargas superdimensionadas e indivisíveis, recolhimento, remoção, guarda e leilão de veículos e animais; (Redação dada pelo Decreto nº 10.073, de 2019)

VI. organização da circunscrição das Superintendências e Delegacias da Polícia Rodoviária Federal;

VII. auxílio às demais instituições de segurança pública na prevenção e no enfrentamento ao crime, no âmbito de competência da Polícia Rodoviária Federal; e (Redação dada pelo Decreto nº 10.073, de 2019)

VIII. implementação das diretrizes nacionais para as ações operacionais em consonância com o plano plurianual e o plano estratégico da Polícia Rodoviária Federal. (Redação dada pelo Decreto nº 10.073, de 2019)

Art. 50-A. À Diretoria de Inteligência compete dirigir, planejar, coordenar, controlar e avaliar as atividades de: (Incluído pelo Decreto nº 10.073, de 2019)

I. inteligência, como unidade central de inteligência da Polícia Rodoviária Federal; (Incluído pelo Decreto nº 10.073, de 2019)

II. representação da instituição nas temáticas da atividade de inteligência, inclusive em comitês, conselhos, eventos e missões nacionais e internacionais; e (Incluído pelo Decreto nº 10.073, de 2019)

III. assessoramento aos dirigentes das unidades da Polícia Rodoviária Federal no processo decisório. (Incluído pelo Decreto nº 10.073, de 2019)

Art. 50-B. À Corregedoria-Geral da Polícia Rodoviária Federal compete: (Incluído pelo Decreto nº 10.073, de 2019)

I. o acompanhamento e o monitoramento da conduta dos servidores e dos procedimentos relativos à correição e à disciplina; (Incluído pelo Decreto nº 10.073, de 2019)

II. a instauração, a análise e a instrução dos procedimentos administrativos disciplinares, no âmbito de sua competência; (Incluído pelo Decreto nº 10.073, de 2019)

III. a articulação com a Consultoria Jurídica do Ministério da Justiça e Segurança Pública, a Controladoria-Geral da União e os demais órgãos e entidades de controle da gestão pública; e (Incluído pelo Decreto nº 10.073, de 2019)

IV. implementação das diretrizes para as ações de correição, em conformidade com orientação do órgão central Sistema de Correição do Poder Executivo Federal. (Incluído pelo Decreto nº 10.073, de 2019)

Art. 50-C. À Diretoria de Gestão de Pessoas compete as atividades de: (Incluído pelo Decreto nº 10.073, de 2019)

I. relacionamento com o sistema federal de recursos humanos; (Incluído pelo Decreto nº 10.073, de 2019)

II. gestão de pessoas e legislação de pessoal da Polícia Rodoviária Federal, com orientação ao cumprimento e à aplicação das normas superiores relacionadas com a área de gestão de pessoas; (Incluído pelo Decreto nº 10.073, de 2019)

III. gestão da força de trabalho e definição do quadro de lotação de servidores nas unidades da Polícia Rodoviária Federal; (Incluído pelo Decreto nº 10.073, de 2019)

IV. organização e realização de concurso público para a Polícia Rodoviária Federal; (Incluído pelo Decreto nº 10.073, de 2019)

V. concessão de benefícios, licenças, afastamentos, pensão, aposentadoria, abono de permanência, vantagens, gratificações, adicionais, remoção, redistribuição, aproveitamento e reversão de servidores; e (Incluído pelo Decreto nº 10.073, de 2019)

VI. atenção à saúde integral dos servidores. (Incluído pelo Decreto nº 10.073, de 2019)

Art. 50-D. À Diretoria de Tecnologia da Informação e Comunicação compete as atividades de: (Incluído pelo Decreto nº 10.073, de 2019)

I. tecnologia da informação e comunicações, com a proposição de metodologia de governança e de plano de inovação tecnológica; (Incluído pelo Decreto nº 10.073, de 2019)

II. relacionamento com os sistemas e as instâncias federais de tecnologia da informação e comunicação; (Incluído pelo Decreto nº 10.073, de 2019)

III. cooperação técnica de compartilhamento de dados, sistemas e aprimoramento tecnológico; e (Incluído pelo Decreto nº 10.073, de 2019)

IV. análise de riscos relativos à área de tecnologia da informação e comunicação, em decorrência de ameaças internas, externas e de outros fatores relacionados à garantia de disponibilidade de serviços e sistemas. (Incluído pelo Decreto nº 10.073, de 2019)

Art. 51. Ao Arquivo Nacional, órgão central do Sistema de Gestão de Documentos de Arquivo da administração pública federal, compete:

I. orientar os órgãos e as entidades do Poder Executivo federal na implementação de programas de gestão de documentos, em qualquer suporte;

II. fiscalizar a aplicação dos procedimentos e das operações técnicas referentes à produção, ao registro, à classificação, ao controle da tramitação, ao uso e à avaliação de documentos, com vistas à modernização dos serviços arquivísticos governamentais;

III. promover o recolhimento dos documentos de guarda permanente para tratamento técnico, preservação e divulgação, de forma a garantir acesso pleno à informação, em apoio às decisões governamentais de caráter político-administrativo e ao cidadão na defesa de seus direitos, com vistas a incentivar a produção de conhecimento científico e cultural;

ANOTAÇÕES

IV. acompanhar e implementar a política nacional de arquivos, definida pelo Conselho Nacional de Arquivos; e

Seção III - Dos órgãos colegiados

Art. 52. Ao Conselho Federal Gestor do Fundo de Defesa dos Direitos Difusos cabe exercer as competências estabelecidas no art. 3º da Lei nº 9.008, de 21 de março de 1995 .

Art. 53. Ao Conselho Nacional de Combate à Pirataria e aos Delitos contra a Propriedade Intelectual cabe exercer as competências estabelecidas no Decreto nº 9.875, de 27 de junho de 2019. (Redação dada pelo Decreto nº 10.073, de 2019)

Art. 54. Ao Conselho Nacional de Políticas sobre Drogas cabe exercer as competências estabelecidas no Decreto nº 9.926, de 19 de julho de 2019. (Redação dada pelo Decreto nº 10.073, de 2019)

Art. 55. Ao Conselho Nacional de Arquivos cabe exercer as competências estabelecidas no Decreto nº 4.073, de 3 de janeiro de 2002 .

Art. 57. Ao Conselho Nacional de Política Criminal e Penitenciária compete:

I. propor diretrizes da política criminal quanto à prevenção do delito, à administração da justiça criminal e à execução das penas e das medidas de segurança;

II. contribuir para a elaboração de planos nacionais de desenvolvimento, além de sugerir as metas e as prioridades da política criminal e penitenciária;

III. promover a avaliação periódica do sistema criminal para a adequação às necessidades do País;

IV. estimular e promover a pesquisa no campo da criminologia;

V. elaborar programa nacional penitenciário de formação e de aperfeiçoamento do servidor;

VI. propor regras sobre a arquitetura e a construção de estabelecimentos penais e de casas de albergados;

VII. estabelecer os critérios para a elaboração da estatística criminal;

VIII. inspecionar e fiscalizar os estabelecimentos penais e informar-se, por meio de relatórios do Conselho Penitenciário, de requisições, de visitas ou por outros meios, acerca do desenvolvimento da execução penal nos Estados e no Distrito Federal e propor às autoridades dela incumbida as medidas necessárias ao seu aprimoramento;

IX. representar ao juiz da execução ou à autoridade administrativa para instauração de sindicância ou de procedimento administrativo, na hipótese de violação de normas referentes à execução penal; e

X. representar à autoridade competente para a interdição, no todo ou em parte, de estabelecimento penal.

Art. 58. Ao Conselho Nacional de Segurança Pública cabe exercer as competências estabelecidas no art. 35 do Decreto nº 9.489, de 30 de agosto de 2018 .

Art. 59. Ao Conselho Gestor do Fundo Nacional de Segurança Pública cabe exercer as competências estabelecidas na Lei nº 13.756, de 12 de dezembro de 2018. (Redação dada pelo Decreto nº 10.073, de 2019)

Art. 60. Ao Conselho Nacional de Imigração cabe exercer as competências estabelecidas no Decreto nº 9.873, de 27 de junho de 2019. (Redação dada pelo Decreto nº 10.073, de 2019)

Art. 60-A. Ao Conselho Nacional de Política Indigenista cabe exercer as competências estabelecidas no Decreto nº 8.593, de 17 de dezembro de 2015. (Incluído pelo Decreto nº 10.073, de 2019)

CAPÍTULO IV - DAS ATRIBUIÇÕES DOS DIRIGENTES

Seção I - Do Secretário-Executivo

Art. 61. Ao Secretário-Executivo incumbe:

I. coordenar, consolidar e submeter ao Ministro de Estado o plano de ação global do Ministério;

ANOTAÇÕES

LEG. INST.

ANOTAÇÕES

II. supervisionar e avaliar a execução dos projetos e das atividades do Ministério;

III. supervisionar e coordenar a articulação dos órgãos do Ministério com os órgãos centrais dos sistemas afetos à área de competência da Secretaria-Executiva; e

IV. exercer outras atribuições que lhe forem cometidas pelo Ministro de Estado.

Seção II - Dos Secretários

Art. 62. Aos Secretários incumbe planejar, dirigir, coordenar, orientar, acompanhar e avaliar a execução das atividades dos órgãos de suas Secretarias ou seus Departamentos, encaminhar à autoridade superior propostas de atos normativos e para estabelecimento de parcerias com outras instituições, na sua área de competência, e exercer outras atribuições que lhes forem cometidas no regimento interno.

Seção III - Dos demais dirigentes

Art. 63. Ao Chefe de Gabinete, aos Chefes de Assessorias Especiais, ao Consultor Jurídico, aos Subsecretários, aos Diretores, aos Corregedores-Gerais, aos Presidentes dos Conselhos, aos Coordenadores-Gerais, aos Superintendentes e aos demais dirigentes incumbe planejar, dirigir, coordenar e orientar a execução das atividades de suas unidades e exercer outras atribuições que lhes forem cometidas em suas áreas de competência.

ANEXO II

(Redação dada pelo Decreto nº 10.073, de 2019)

a) QUADRO DEMONSTRATIVO DOS CARGOS EM COMISSÃO E DAS FUNÇÕES DE CONFIANÇA DO MINISTÉRIO DA JUSTIÇA E SEGURANÇA PÚBLICA:

UNIDADE	CARGO/ FUNÇÃO/ Nº	DENOMINAÇÃO CARGO/FUNÇÃO	NE/DAS/FCPE/FG
	6	Assessor Especial	DAS 102.5
ASSESSORIA ESPECIAL DE CONTROLE INTERNO	1	Chefe de Assessoria Especial	DAS 101.5
Coordenação-Geral de Integridade e Riscos	1	Coordenador-Geral	FCPE 101.4
Coordenação	1	Coordenador	DAS 101.3
Coordenação	1	Coordenador	FCPE 101.3
Coordenação-Geral de Controle Interno	1	Coordenador-Geral	FCPE 101.4
Coordenação	1	Coordenador	DAS 101.3
Divisão	1	Chefe	DAS 101.2
ASSESSORIA ESPECIAL DE ASSUNTOS FEDERATIVOS E PARLAMENTARES	1	Chefe de Assessoria Especial	DAS 101.5
	1	Assessor Técnico	DAS 102.3
Coordenação-Geral de Assuntos Federativos e Administrativos	1	Coordenador-Geral	DAS 101.4
Divisão	1	Chefe	DAS 101.2
Coordenação	1	Coordenador	DAS 101.3
Serviço	1	Chefe	DAS 101.1
Coordenação-Geral de Acompanhamento do Processo Legislativo na Câmara dos Deputados	1	Coordenador-Geral	DAS 101.4
Coordenação	2	Coordenador	DAS 101.3
Divisão	1	Chefe	DAS 101.2
ASSESSORIA ESPECIAL DE ASSUNTOS LEGISLATIVOS	1	Chefe de Assessoria Especial	DAS 101.5
	1	Assessor Técnico	DAS 102.3
Coordenação-Geral de Atos Normativos em Matéria Penal	1	Coordenador-Geral	DAS 101.4
Coordenação	2	Coordenador	DAS 101.3
Divisão	2	Chefe	DAS 101.2
Coordenação-Geral de Atos Normativos em Matéria Cível	1	Coordenador-Geral	DAS 101.4
Coordenação	2	Coordenador	DAS 101.3
Divisão	1	Chefe	DAS 101.2
ASSESSORIA ESPECIAL INTERNACIONAL	1	Chefe de Assessoria Especial	DAS 101.5
Coordenação-Geral de Assuntos Internacionais	1	Coordenador-Geral	DAS 101.4

Coordenação	1	Coordenador	DAS 101.3
Divisão	1	Chefe	DAS 101.2
GABINETE	1	Chefe de Gabinete	DAS 101.5
	5	Assessor	DAS 102.4
	1	Assessor Técnico	DAS 102.3
Coordenação-Geral do Gabinete do Ministro	1	Coordenador-Geral	DAS 101.4
Coordenação	4	Coordenador	DAS 101.3
Divisão	5	Chefe	DAS 101.2
Serviço	3	Chefe	DAS 101.1
Coordenação-Geral de Agenda e Cerimonial	1	Coordenador-Geral	DAS 101.4
Divisão	1	Chefe	DAS 101.2
Serviço	1	Chefe	DAS 101.1
Assessoria de Comunicação Social	1	Chefe de Assessoria	DAS 101.4
Coordenação	2	Coordenador	DAS 101.3
Serviço	3	Chefe	DAS 101.1
Ouvidoria-Geral	1	Ouvidor	DAS 101.4
	1	Assistente Técnico	DAS 102.1
Coordenação	1	Coordenador	DAS 101.3
Divisão	2	Chefe	DAS 101.2
Corregedoria-Geral	1	Corregedor-Geral	DAS 101.4
Divisão	3	Chefe	DAS 101.2
	3		FG-2
SECRETARIA-EXECUTIVA	1	Secretário-Executivo	NE
	1	Secretário-Executivo Adjunto	DAS 101.6
	3	Assessor	DAS 102.4
	3	Assessor	FCPE 102.4
Gabinete	1	Chefe de Gabinete	DAS 101.4
Coordenação	2	Coordenador	DAS 101.3
Coordenação	1	Coordenador	FCPE 101.3
	5		FG-2
SUBSECRETARIA DE ADMINISTRAÇÃO	1	Subsecretário	DAS 101.5
Coordenação	1	Coordenador	FCPE 101.3
Divisão	1	Chefe	DAS 101.2
Serviço	1	Chefe	DAS 101.1
Coordenação-Geral de Arquitetura e Engenharia	1	Coordenador-Geral	DAS 101.4
	1	Assistente Técnico	DAS 102.1
Serviço	1	Chefe	FCPE 101.1
Coordenação-Geral de Gestão Documental e Serviços Gerais	1	Coordenador-Geral	DAS 101.4
Coordenação	2	Coordenador	FCPE 101.3
Serviço	1	Chefe	FCPE 101.1

ANOTAÇÕES

LEG. INST.

ANOTAÇÕES

Divisão	1	Chefe	FCPE 101.2
Divisão	3	Chefe	DAS 101.2
Serviço	1	Chefe	DAS 101.1
Serviço	1	Chefe	FCPE 101.1
Coordenação-Geral de Licitações e Contratos	1	Coordenador-Geral	DAS 101.4
	1	Assistente Técnico	DAS 102.1
Serviço	1	Chefe	DAS 101.1
Serviço	1	Chefe	FCPE 101.1
Coordenação	3	Coordenador	DAS 101.3
Serviço	1	Chefe	DAS 101.1
Serviço	1	Chefe	DAS 101.1
Divisão	3	Chefe	DAS 101.2
Serviço	1	Chefe	DAS 101.1
Serviço	1	Chefe	FCPE 101.1
Coordenação-Geral de Gestão de Pessoas	1	Coordenador-Geral	FCPE 101.4
	1	Assistente Técnico	DAS 102.1
Coordenação	1	Coordenador	DAS 101.3
Coordenação	2	Coordenador	FCPE 101.3
Serviço	1	Chefe	FCPE 101.1
Divisão	1	Chefe	DAS 101.2
Divisão	3	Chefe	FCPE 101.2
	14		FG-3
	1		FG-2
SUBSECRETARIA DE PLANEJAMENTO E ORÇAMENTO	1	Subsecretário	DAS 101.5
	1	Assistente Técnico	DAS 102.1
Divisão	1	Chefe	DAS 101.2
Serviço	1	Chefe	FCPE 101.1
Coordenação-Geral de Gestão Estratégica e Inovação Institucional	1	Coordenador-Geral	FCPE 101.4
Coordenação	1	Coordenador	FCPE 101.3
Divisão	2	Chefe	FCPE 101.2
Divisão	2	Chefe	DAS 101.2
	3		FG-3
Coordenação-Geral de Orçamento e Finanças	1	Coordenador-Geral	FCPE 101.4
Coordenação	2	Coordenador	FCPE 101.3
Divisão	3	Chefe	FCPE 101.2
Divisão	2	Chefe	DAS 101.2
Serviço	1	Chefe	DAS 101.1
	5		FG-2
Coordenação-Geral de Contabilidade	1	Coordenador-Geral	DAS 101.4
Divisão	2	Chefe	DAS 101.2
Serviço	1	Chefe	FCPE 101.1

DIRETORIA DE TECNOLOGIA DA INFORMAÇÃO E COMUNICAÇÃO	1	Diretor	DAS 101.5
	1	Assessor Técnico	DAS 102.3
Coordenação-Geral de Sistemas e Informação de Dados	1	Coordenador-Geral	DAS 101.4
Coordenação	1	Coordenador	DAS 101.3
Coordenação	1	Coordenador	FCPE 101.3
Divisão	3	Chefe	FCPE 101.2
Coordenação-Geral de Infraestrutura e Serviços	1	Coordenador-Geral	FCPE 101.4
Coordenação	2	Coordenador	DAS 101.3
Divisão	3	Chefe	DAS 101.2
Coordenação-Geral de Gestão de Governança de Tecnologia da Informação e Comunicação	1	Coordenador-Geral	DAS 101.4
Coordenação	1	Coordenador	DAS 101.3
Coordenação	1	Coordenador	FCPE 101.3
Divisão	2	Chefe	DAS 101.2
Coordenação-Geral de Planejamento, Inovação e Integração de Tecnologia da Informação e Comunicação para Segurança Pública	1	Coordenador-Geral	DAS 101.4
Coordenação	3	Coordenador	DAS 101.3
Divisão	5	Chefe	DAS 101.2
CONSULTORIA JURÍDICA	1	Consultor Jurídico	DAS 101.5
	1	Consultor Jurídico Adjunto	FCPE 101.4
Coordenação	1	Coordenador	DAS 101.3
Divisão	2	Chefe	DAS 101.2
Divisão	2	Chefe	FCPE 101.2
Coordenação-Geral de Estudos e Pareceres	1	Coordenador-Geral	FCPE 101.4
Coordenação	1	Coordenador	FCPE 101.3
Coordenação-Geral de Análise Jurídica de Atos Normativos	1	Coordenador-Geral	FCPE 101.4
Coordenação	3	Coordenador	FCPE 101.3
Coordenação-Geral de Análise Jurídica de Licitação e Contratos	1	Coordenador-Geral	FCPE 101.4
Coordenação	2	Coordenador	FCPE 101.3
Coordenação-Geral de Contencioso Judicial	1	Coordenador-Geral	FCPE 101.4
Coordenação	1	Coordenador	FCPE 101.3
Divisão	1	Chefe	FCPE 101.2
Coordenação-Geral de Sindicância e Processo Disciplinar	1	Coordenador-Geral	FCPE 101.4
SECRETARIA NACIONAL DE JUSTIÇA	1	Secretário	DAS 101.6
	1	Assessor	FCPE 102.4
	2		FG-3
	1	Gerente de Projetos	DAS 103.4
Divisão	1	Chefe	FCPE 101.2
Gabinete	1	Chefe de Gabinete	DAS 101.4
Coordenação	1	Coordenador	FCPE 101.3

ANOTAÇÕES

Coordenação	1	Coordenador	DAS 101.3
Divisão	1	Chefe	DAS 101.2
Coordenação-Geral de Planejamento e Gestão de Convênios	1	Coordenador-Geral	DAS 101.4
Divisão	3	Chefe	DAS 101.2
DEPARTAMENTO DE RECUPERAÇÃO DE ATIVOS E COOPERAÇÃO JURÍDICA INTERNACIONAL	1	Diretor	DAS 101.5
	1	Diretor Adjunto	DAS 101.4
	1	Assessor	DAS 102.4
Coordenação	1	Coordenador	DAS 101.3
Divisão	1	Chefe	DAS 101.2
Coordenação	2	Coordenador	DAS 101.3
Coordenação	1	Coordenador	FCPE 101.3
Divisão	1	Chefe	DAS 101.2
Coordenação-Geral de Adoção e Subtração Internacional de Crianças e Adolescentes	1	Coordenador-Geral	FCPE 101.4
Coordenação	1	Coordenador	DAS 101.3
Coordenação-Geral de Recuperação de Ativos	1	Coordenador-Geral	FCPE 101.4
Coordenação-Geral de Cooperação Jurídica Internacional	1	Coordenador-Geral	FCPE 101.4
Coordenação	1	Coordenador	FCPE 101.3
Divisão	1	Chefe	DAS 101.2
Coordenação-Geral de Articulação Institucional	1	Coordenador-Geral	FCPE 101.4
Coordenação	2	Coordenador	DAS 101.3
Coordenação	1	Coordenador	FCPE 101.3
Coordenação-Geral de Cooperação Jurídica Internacional em Matéria Penal	1	Coordenador-Geral	DAS 101.4
Coordenação	1	Coordenador	FCPE 101.3
Divisão	1	Chefe	DAS 101.2
DEPARTAMENTO DE MIGRAÇÕES	1	Diretor	DAS 101.5
	1	Assistente Técnico	DAS 102.1
Coordenação-Geral de Política Migratória	1	Coordenador-Geral	FCPE 101.4
Divisão	1	Chefe	DAS 101.2
Serviço	1	Chefe	FCPE 101.1
Coordenação	1	Coordenador	DAS 101.3
Divisão	1	Chefe	DAS 101.2
Divisão	2	Chefe	FCPE 101.2
Coordenação-Geral do Comitê Nacional para os Refugiados	1	Coordenador-Geral	FCPE 101.4
Núcleo Regional	3	Chefe	FG-3
Coordenação	1	Coordenador	FCPE 101.3
Divisão	1	Chefe	DAS 101.2
Coordenação	1	Coordenador	FCPE 101.3
	2	Assistente Técnico	FCPE 102.1
Coordenação-Geral de Enfrentamento ao Tráfico de Pessoas e Contrabando de Migrantes	1	Coordenador-Geral	FCPE 101.4

Coordenação	1	Coordenador	FCPE 101.3
Divisão	1	Chefe	FCPE 101.2
Coordenação-Geral de Imigração Laboral	1	Coordenador-Geral	DAS 101.4
Divisão	2	Chefe	DAS 101.2
Divisão	1	Chefe	FCPE 101.2
Coordenação	1	Coordenador	FCPE 101.3
DEPARTAMENTO DE PROMOÇÃO DE POLÍTICAS DE JUSTIÇA	1	Diretor	DAS 101.5
Divisão	1	Chefe	DAS 101.2
Coordenação	1	Coordenador	FCPE 101.3
Divisão	1	Chefe	DAS 101.2
Serviço	1	Chefe	FCPE 101.1
Coordenação-Geral de Assuntos Judiciários	1	Coordenador-Geral	DAS 101.4
Coordenação	1	Coordenador	DAS 101.3
	3		FG-2
SECRETARIA NACIONAL DO CONSUMIDOR	1	Secretário	DAS 101.6
	1	Assessor Técnico	DAS 102.3
Secretaria-Executiva do Conselho Nacional de Combate à Pirataria e Delitos contra a Propriedade Intelectual	1	Secretário-Executivo	DAS 101.4
Gabinete	1	Chefe de Gabinete	DAS 101.4
	1	Assistente Técnico	DAS 102.1
Coordenação-Geral de Administração, Orçamento e Finanças	1	Coordenador-Geral	DAS 101.4
Coordenação	1	Coordenador	DAS 101.3
Divisão	1	Chefe	DAS 101.2
Coordenação-Geral de Articulação e Relações Institucionais	1	Coordenador-Geral	DAS 101.4
Coordenação	1	Coordenador	DAS 101.3
Serviço	1	Chefe	DAS 101.1
DEPARTAMENTO DE PROTEÇÃO E DE DEFESA DO CONSUMIDOR	1	Diretor	DAS 101.5
Coordenação-Geral de Estudos e Monitoramento de Mercado	1	Coordenador-Geral	DAS 101.4
Coordenação	2	Coordenador	DAS 101.3
Coordenação	1	Coordenador	FCPE 101.3
Divisão	1	Chefe	FCPE 101.2
Divisão	2	Chefe	DAS 101.2
Serviço	1	Chefe	FCPE 101.1
Coordenação-Geral de Consultoria Técnica e Sanções Administrativas	1	Coordenador-Geral	DAS 101.4
Coordenação	1	Coordenador	DAS 101.3
Coordenação	1	Coordenador	FCPE 101.3
Serviço	1	Chefe	FCPE 101.1
Divisão	2	Chefe	DAS 101.2
Coordenação-Geral do Sistema Nacional de Informações de Defesa do Consumidor	1	Coordenador-Geral	FCPE 101.4

ANOTAÇÕES

LEG. INST.

Coordenação	2	Coordenador	DAS 101.3
Divisão	1	Chefe	DAS 101.2
Divisão	1	Chefe	FCPE 101.2
DEPARTAMENTO DE PROJETOS E DE POLÍTICAS DE DIREITOS COLETIVOS E DIFUSOS	1	Diretor	DAS 101.5
Coordenação-Geral de Projetos, Formalização e Fiscalização	1	Coordenador-Geral	DAS 101.4
Coordenação	4	Coordenador	DAS 101.3
Coordenação	1	Coordenador	FCPE 101.3
Divisão	4	Chefe	DAS 101.2
Serviço	3	Chefe	DAS 101.1
SECRETARIA NACIONAL DE POLÍTICAS SOBRE DROGAS	1	Secretário	DAS 101.6
Gabinete	1	Chefe de Gabinete	DAS 101.4
	1	Assessor Técnico	DAS 102.3
Coordenação	1	Coordenador	DAS 101.3
Divisão	1	Chefe	DAS 101.2
	2	Assistente Técnico	DAS 102.1
DIRETORIA DE GESTÃO DE ATIVOS	1	Diretor	DAS 101.5
	1	Assessor Técnico	DAS 102.3
Coordenação-Geral de Gestão do Fundo Nacional Antidrogas	1	Coordenador-Geral	DAS 101.4
	1	Assessor Técnico	DAS 102.3
Divisão	1	Chefe	DAS 101.2
Coordenação	2	Coordenador	DAS 101.3
	1	Assistente Técnico	DAS 102.1
Coordenação-Geral de Gestão e Planejamento de Ativos Apreendidos	1	Coordenador-Geral	DAS 101.4
	1	Assessor Técnico	DAS 102.3
Coordenação	1	Coordenador	DAS 101.3
	1	Assistente Técnico	DAS 102.1
Divisão	4	Chefe	DAS 101.2
	1	Assistente Técnico	DAS 102.1
Coordenação	1	Coordenador	DAS 101.3
	1	Assistente Técnico	DAS 102.1
Divisão	1	Chefe	DAS 101.2
	2	Assistente Técnico	DAS 102.1
DIRETORIA DE POLÍTICAS PÚBLICAS E ARTICULAÇÃO INSTITUCIONAL	1	Diretor	DAS 101.5
	1	Assessor Técnico	DAS 102.3
	1	Assistente Técnico	DAS 102.1
Coordenação-Geral de Políticas Públicas	1	Coordenador-Geral	DAS 101.4
Coordenação	1	Coordenador	DAS 101.3
Divisão	1	Chefe	DAS 101.2
Serviço	1	Chefe	DAS 101.1

Coordenação-Geral de Pesquisa e Formação	1	Coordenador-Geral	DAS 101.4
Coordenação	1	Coordenador	FCPE 101.3
SECRETARIA NACIONAL DE SEGURANÇA PÚBLICA	1	Secretário	DAS 101.6
	1	Secretário Adjunto	DAS 101.5
	1	Assessor	DAS 102.4
Gabinete	1	Chefe de Gabinete	DAS 101.4
Coordenação	2	Coordenador	DAS 101.3
	1	Assistente Técnico	DAS 102.1
	2	Assistente Técnico	FCPE 102.1
Coordenação-Geral de Estratégia em Segurança Pública	1	Coordenador-Geral	DAS 101.4
Coordenação	2	Coordenador	DAS 101.3
Divisão	2	Chefe	DAS 101.2
Coordenação-Geral de Transparência e Controle	1	Coordenador-Geral	DAS 101.4
Coordenação	2	Coordenador	DAS 101.3
	1	Assistente Técnico	DAS 102.1
DIRETORIA DE POLÍTICAS DE SEGURANÇA PÚBLICA	1	Diretor	DAS 101.5
	1	Diretor Adjunto	DAS 101.4
	1	Gerente de Projetos	DAS 103.4
	1	Assistente Técnico	FCPE 102.1
Coordenação-Geral de Políticas para a Sociedade	1	Coordenador-Geral	DAS 101.4
	1	Assistente Técnico	DAS 102.1
Coordenação	3	Coordenador	DAS 101.3
Coordenação-Geral de Políticas para os Profissionais de Segurança Pública	1	Coordenador-Geral	DAS 101.4
	1	Assistente Técnico	DAS 102.1
Coordenação	2	Coordenador	DAS 101.3
Coordenação-Geral de Políticas para as Instituições de Segurança Pública	1	Coordenador-Geral	DAS 101.4
	1	Assistente Técnico	DAS 102.1
Coordenação	3	Coordenador	DAS 101.3
Coordenação-Geral de Pesquisa e Inovação	1	Coordenador-Geral	DAS 101.4
Coordenação	4	Coordenador	DAS 101.3
DIRETORIA DE GESTÃO E INTEGRAÇÃO DE INFORMAÇÕES	1	Diretor	DAS 101.5
	1	Assistente Técnico	DAS 102.1
Coordenação-Geral do SINESP	1	Coordenador-Geral	DAS 101.4
	1	Assistente	FCPE 102.2
Coordenação	3	Coordenador	DAS 101.3
Coordenação-Geral de Gestão e Integração de Dados	1	Coordenador-Geral	DAS 101.4
Coordenação	3	Coordenador	DAS 101.3
Coordenação-Geral de Estatística	1	Coordenador-Geral	DAS 101.4
Coordenação	1	Coordenador	DAS 101.3

ANOTAÇÕES

LEG. INST.

ANOTAÇÕES

DIRETORIA DE ADMINISTRAÇÃO	1	Diretor	DAS 101.5
	1	Assistente Técnico	FCPE 102.1
Coordenação-Geral de Licitações e Contratos	1	Coordenador-Geral	DAS 101.4
Coordenação	2	Coordenador	DAS 101.3
Divisão	1	Chefe	DAS 101.2
Serviço	1	Chefe	DAS 101.1
Coordenação-Geral de Convênios e Contratos de Repasse	1	Coordenador-Geral	DAS 101.4
	1	Assistente	DAS 102.2
Coordenação	4	Coordenador	DAS 101.3
Divisão	2	Chefe	FCPE 101.2
Divisão	3	Chefe	DAS 101.2
Coordenação-Geral de Orçamento e Finanças	1	Coordenador-Geral	DAS 101.4
Coordenação	1	Coordenador	FCPE 101.3
Coordenação	1	Coordenador	DAS 101.3
Serviço	2	Chefe	DAS 101.1
Coordenação-Geral de Logística	1	Coordenador-Geral	DAS 101.4
Coordenação	1	Coordenador	DAS 101.3
Coordenação	1	Coordenador	FCPE 101.3
Serviço	1	Chefe	FCPE 101.1
Coordenação-Geral de Transferências Fundo-a- Fundo	1	Coordenador-Geral	DAS 101.4
Coordenação	4	Coordenador	DAS 101.3
Divisão	4	Chefe	DAS 101.2
DIRETORIA DE ENSINO E PESQUISA	1	Diretor	DAS 101.5
	1	Assistente Técnico	DAS 102.1
Coordenação	1	Coordenador	FCPE 101.3
	1	Assistente Técnico	DAS 102.1
Coordenação	1	Coordenador	DAS 101.3
Coordenação-Geral de Pesquisa Aplicada	1	Coordenador-Geral	DAS 101.4
	1	Assistente Técnico	DAS 102.1
Coordenação	1	Coordenador	DAS 101.3
Coordenação-Geral de Ensino	1	Coordenador-Geral	DAS 101.4
	2	Assistente Técnico	DAS 102.1
Coordenação	2	Coordenador	DAS 101.3
DIRETORIA DA FORÇA NACIONAL DE SEGURANÇA PÚBLICA	1	Diretor	DAS 101.5
Coordenação-Geral de Planejamento e Operações da Força Nacional	1	Coordenador-Geral	DAS 101.4
Coordenação	1	Coordenador	DAS 101.3
Coordenação-Geral de Administração	1	Coordenador-Geral	DAS 101.4
Coordenação	3	Coordenador	DAS 101.3
Coordenação-Geral de Polícia Judiciária e Perícia	1	Coordenador-Geral	DAS 101.4
Coordenação	1	Coordenador	DAS 101.3

SECRETARIA DE OPERAÇÕES INTEGRADAS	1	Secretário	DAS 101.6
	1	Secretário Adjunto	DAS 101.5
Gabinete	1	Chefe de Gabinete	DAS 101.4
	4		FG-2
DIRETORIA DE OPERAÇÕES	1	Diretor	DAS 101.5
Coordenação	1	Coordenador	DAS 101.3
Coordenação-Geral do Centro Integrado de Comando e Controle Nacional	1	Coordenador-Geral	DAS 101.4
Coordenação-Geral de Planejamento Operacional	1	Coordenador-Geral	DAS 101.4
Coordenação-Geral de Operações Integradas	1	Coordenador-Geral	DAS 101.4
Coordenação-Geral do Sistema Integrado de Comando e Controle	1	Coordenador-Geral	DAS 101.4
Coordenação-Geral de Combate ao Crime Organizado	1	Coordenador-Geral	DAS 101.4
Coordenação-Geral Fronteiras	1	Coordenador-Geral	DAS 101.4
Coordenação Regional	3	Coordenador	DAS 101.3
DIRETORIA DE INTELIGÊNCIA	1	Diretor	DAS 101.5
Coordenação	2	Coordenador	DAS 101.3
Coordenação-Geral de Inteligência	1	Coordenador-Geral	DAS 101.4
Coordenação-Geral de Contrainteligência	1	Coordenador-Geral	DAS 101.4
Coordenação-Geral de Integração do Subsistema	1	Coordenador-Geral	DAS 101.4
Unidades Descentralizadas	1	Chefe	FG-2
DEPARTAMENTO PENITENCIÁRIO NACIONAL	1	Diretor-Geral	DAS 101.6
Assessoria de Assuntos Estratégicos	1	Chefe de Assessoria	DAS 101.4
Assessoria de Gestão de Riscos	1	Chefe de Assessoria	DAS 101.4
Coordenação-Geral da Escola Nacional de Serviços Penais	1	Coordenador-Geral	DAS 101.4
Ouvidoria Nacional dos Serviços Penais	1	Ouvidor	DAS 101.4
	2		FG-3
Corregedoria-Geral do Departamento Penitenciário Nacional	1	Corregedor-Geral	DAS 101.4
Gabinete	1	Chefe de Gabinete	DAS 101.4
Divisão	1	Chefe	DAS 101.2
Serviço	2	Chefe	DAS 101.1
	4		FG-3
DIRETORIA-EXECUTIVA	1	Diretor-Executivo	DAS 101.5
Divisão	1	Chefe	DAS 101.2
Coordenação	1	Coordenador	DAS 101.3
Divisão	3	Chefe	DAS 101.2
Coordenação	1	Coordenador	DAS 101.3
Divisão	2	Chefe	DAS 101.2
Serviço	2	Chefe	DAS 101.1
Coordenação-Geral de Logística	1	Coordenador-Geral	DAS 101.4
Coordenação	1	Coordenador	DAS 101.3

ANOTAÇÕES

Divisão	2	Chefe	DAS 101.2
Serviço	1	Chefe	FCPE 101.1
	6		FG-3
Coordenação-Geral de Modernização da Engenharia e Arquitetura Prisional	1	Coordenador-Geral	DAS 101.4
Coordenação	1	Coordenador	FCPE 101.3
Divisão	5	Chefe	DAS 101.2
Coordenação-Geral de Licitação de Obras	1	Coordenador-Geral	DAS 101.4
Coordenação	2	Coordenador	DAS 101.3
DIRETORIA DE POLÍTICAS PENITENCIÁRIAS	1	Diretor	DAS 101.5
Divisão	1	Chefe	DAS 101.2
Coordenação	3	Coordenador	DAS 101.3
Coordenação-Geral de Gestão de Instrumentos de Repasse	1	Coordenador-Geral	DAS 101.4
Coordenação	2	Coordenador	DAS 101.3
Divisão	2	Chefe	DAS 101.2
	1		FG-3
Coordenação-Geral de Cidadania e Alternativas Penais	1	Coordenador-Geral	DAS 101.4
Coordenação	5	Coordenador	DAS 101.3
Divisão	1	Chefe	DAS 101.2
	1		FG-3
DIRETORIA DO SISTEMA PENITENCIÁRIO FEDERAL	1	Diretor	DAS 101.5
	2		FG-3
Coordenação-Geral de Segurança e Operações Penitenciárias	1	Coordenador-Geral	DAS 101.4
Coordenação-Geral de Classificação e Movimentação de Presos	1	Coordenador-Geral	DAS 101.4
Divisão	1	Chefe	DAS 101.2
Coordenação-Geral de Inteligência do Sistema Penitenciário Federal	1	Coordenador-Geral	DAS 101.4
Divisão	1	Chefe	DAS 101.2
Coordenação-Geral de Assistências nas Penitenciárias	1	Coordenador-Geral	DAS 101.4
Divisão	1	Chefe	DAS 101.2
Diretorias das Penitenciárias Federais	5	Diretor	FCPE 101.4
Divisão	10	Chefe	FCPE 101.2
Divisão	5	Chefe	DAS 101.2
Serviço	10	Chefe	FCPE 101.1
DIRETORIA DE INTELIGÊNCIA PENITENCIÁRIA	1	Diretor	DAS 101.5
Divisão	3	Chefe	DAS 101.2
Coordenação-Geral de Inteligência Penitenciária	1	Coordenador-Geral	DAS 101.4
Divisão	5	Chefe	DAS 101.2
Serviço	2	Chefe	DAS 101.1
Serviço	3	Chefe	FCPE 101.1

POLÍCIA FEDERAL	1	Diretor-Geral	DAS 101.6
	1	Assistente Técnico	DAS 102.1
Divisão	2	Chefe	DAS 101.2
	1	Assessor de Controle Interno	DAS 102.4
Coordenação	1	Coordenador	DAS 101.3
Gabinete	1	Chefe de Gabinete	DAS 101.4
	1	Assistente Técnico	DAS 102.1
Divisão	2	Chefe	DAS 101.2
	1		FG-2
DIRETORIA-EXECUTIVA	1	Diretor-Executivo	DAS 101.5
	1	Assistente	DAS 102.2
	1	Assistente Técnico	DAS 102.1
Serviço	1	Chefe	DAS 101.1
Coordenação	3	Coordenador	DAS 101.3
Serviço	7	Chefe	DAS 101.1
Divisão	1	Chefe	DAS 101.2
Coordenação-Geral de Polícia de Imigração	1	Coordenador-Geral	DAS 101.4
Divisão	4	Chefe	DAS 101.2
Serviço	2	Chefe	DAS 101.1
	1		FG-2
Coordenação-Geral de Controle de Serviços e Produtos	1	Coordenador-Geral	DAS 101.4
Divisão	5	Chefe	DAS 101.2
	1		FG-2
	4		FG-3
Coordenação-Geral de Cooperação Internacional	1	Coordenador-Geral	DAS 101.4
Divisão	3	Chefe	DAS 101.2
	2		FG-2
	1		FG-3
Instituto Nacional de Identificação	1	Diretor	DAS 101.4
Divisão	2	Chefe	DAS 101.2
Serviço	4	Chefe	DAS 101.1
DIRETORIA DE INVESTIGAÇÃO E COMBATE AO CRIME ORGANIZADO	1	Diretor	DAS 101.5
	1	Assistente	DAS 102.2
Serviço	3	Chefe	DAS 101.1
Coordenação-Geral de Polícia de Repressão a Drogas e Facções Criminosas	1	Coordenador-Geral	DAS 101.4
Serviço	1	Chefe	DAS 101.1
Divisão	1	Chefe	DAS 101.2
Serviço	1	Chefe	DAS 101.1
	1		FG-2

ANOTAÇÕES

LEG. INST.

ANOTAÇÕES

Coordenação	1	Coordenador	DAS 101.3
Divisão	1	Chefe	DAS 101.2
Coordenação-Geral de Polícia Fazendária	1	Coordenador-Geral	DAS 101.4
Serviço	2	Chefe	DAS 101.1
Divisão	3	Chefe	DAS 101.2
Coordenação-Geral de Defesa Institucional	1	Coordenador-Geral	DAS 101.4
Divisão	2	Chefe	DAS 101.2
Serviço	3	Chefe	DAS 101.1
Coordenação-Geral de Repressão à Corrupção e Lavagem de Dinheiro	1	Coordenador-Geral	DAS 101.4
Serviço	1	Chefe	DAS 101.1
Divisão	1	Chefe	DAS 101.2
Coordenação	1	Coordenador	DAS 101.3
Serviço	1	Chefe	DAS 101.1
CORREGEDORIA-GERAL DE POLÍCIA FEDERAL	1	Corregedor-Geral	DAS 101.5
	1	Assistente	DAS 102.2
Coordenação	2	Coordenador	DAS 101.3
Serviço	3	Chefe	DAS 101.1
	1		FG-2
Coordenação-Geral de Polícia Judiciária	1	Coordenador-Geral	DAS 101.4
Serviço	1	Chefe	DAS 101.1
Divisão	1	Chefe	DAS 101.2
DIRETORIA DE INTELIGÊNCIA POLICIAL	1	Diretor	DAS 101.5
	1	Assistente	DAS 102.2
Serviço	1	Chefe	DAS 101.1
Divisão	2	Chefe	DAS 101.2
Coordenação-Geral de Inteligência	1	Coordenador-Geral	DAS 101.4
Divisão	2	Chefe	DAS 101.2
Serviço	1	Chefe	DAS 101.1
DIRETORIA TÉCNICO-CIENTÍFICA	1	Diretor	DAS 101.5
	1	Assistente	DAS 102.2
Serviço	1	Chefe	DAS 101.1
Divisão	1	Chefe	DAS 101.2
Instituto Nacional de Criminalística	1	Diretor	DAS 101.4
Divisão	1	Chefe	DAS 101.2
Serviço	6	Chefe	DAS 101.1
DIRETORIA DE GESTÃO DE PESSOAL	1	Diretor	DAS 101.5
	1	Assistente	DAS 102.2
Coordenação	2	Coordenador	DAS 101.3
Serviço	2	Chefe	DAS 101.1
Divisão	4	Chefe	DAS 101.2

Serviço	4	Chefe	DAS 101.1
	1		FG-2
Academia Nacional de Polícia	1	Diretor	DAS 101.4
Divisão	1	Chefe	DAS 101.2
Serviço	1	Chefe	DAS 101.1
Coordenação	2	Coordenador	DAS 101.3
Serviço	4	Chefe	DAS 101.1
Divisão	1	Chefe	DAS 101.2
Serviço	5	Chefe	DAS 101.1
	11		FG-2
	1		FG-3
DIRETORIA DE ADMINISTRAÇÃO E LOGÍSTICA POLICIAL	1	Diretor	DAS 101.5
	1	Assistente	DAS 102.2
Coordenação	2	Coordenador	DAS 101.3
Serviço	5	Chefe	DAS 101.1
Divisão	4	Chefe	DAS 101.2
Serviço	4	Chefe	DAS 101.1
	9		FG-2
	1		FG-3
Coordenação-Geral de Planejamento e Modernização	1	Coordenador-Geral	DAS 101.4
Divisão	3	Chefe	DAS 101.2
Serviço	5	Chefe	DAS 101.1
DIRETORIA DE TECNOLOGIA DA INFORMAÇÃO E INOVAÇÃO	1	Diretor	DAS 101.5
	1	Assistente Técnico	DAS 102.1
Coordenação	1	Coordenador	DAS 101.3
Divisão	2	Chefe	DAS 101.2
Serviço	4	Chefe	DAS 101.1
	1		FG-2
Superintendência Regional de Polícia Federal no Rio de Janeiro	1	Superintendente Regional	DAS 101.4
Delegacia Regional	2	Delegado Regional	DAS 101.1
Corregedoria Regional	1	Corregedor Regional	DAS 101.1
	24		FG-2
	35		FG-3
Superintendência Regional de Polícia Federal em São Paulo	1	Superintendente Regional	DAS 101.4
Delegacia Regional	2	Delegado Regional	DAS 101.1
Corregedoria Regional	1	Corregedor Regional	DAS 101.1
	34		FG-2
	52		FG-3
Superintendência Regional de Polícia Federal	25	Superintendente Regional	DAS 101.3
Delegacia Regional	51	Delegado Regional	DAS 101.1

ANOTAÇÕES

LEG. INST.

ANOTAÇÕES

Corregedoria Regional	25	Corregedor Regional	DAS 101.1
	143		FG-2
	472		FG-3
POLÍCIA RODOVIÁRIA FEDERAL	1	Diretor-Geral	DAS 101.6
Gabinete	1	Chefe de Gabinete	FCPE 101.4
Divisão	2	Chefe	FCPE 101.2
Coordenação	3	Coordenador	FCPE 101.3
Coordenação-Geral do Gabinete	1	Coordenador-Geral	FCPE 101.4
Divisão	2	Chefe	FCPE 101.2
DIRETORIA-EXECUTIVA	1	Diretor-Executivo	DAS 101.5
Coordenação	1	Coordenador	FCPE 101.3
Coordenação-Geral de Estratégia Institucional	1	Coordenador-Geral	FCPE 101.4
Coordenação	2	Coordenador	FCPE 101.3
Divisão	3	Chefe	FCPE 101.2
Coordenação-Geral de Análise Técnica	1	Coordenador-Geral	FCPE 101.4
Coordenação	2	Coordenador	FCPE 101.3
Coordenação-Geral de Controle Interno	1	Coordenador-Geral	FCPE 101.4
Divisão	4	Chefe	FCPE 101.2
Coordenação-Geral de Comunicação Social	1	Coordenador-Geral	FCPE 101.4
Divisão	3	Chefe	FCPE 101.2
Universidade Corporativa da Polícia Rodoviária Federal	1	Coordenador-Geral	FCPE 101.4
Coordenação	3	Coordenador	FCPE 101.3
Divisão	4	Chefe	FCPE 101.2
Serviço	1	Chefe	FCPE 101.1
DIRETORIA DE OPERAÇÕES	1	Diretor	DAS 101.5
Divisão	1	Chefe	FCPE 101.2
Coordenação-Geral de Gestão Operacional	1	Coordenador-Geral	FCPE 101.4
Coordenação	2	Coordenador	FCPE 101.3
Divisão	4	Chefe	FCPE 101.2
Coordenação-Geral de Segurança Viária	1	Coordenador-Geral	FCPE 101.4
Coordenação	2	Coordenador	FCPE 101.3
Divisão	4	Chefe	FCPE 101.2
Coordenação-Geral de Operações Especializadas	1	Coordenador-Geral	FCPE 101.4
Coordenação	2	Coordenador	FCPE 101.3
Serviço	1	Chefe	FCPE 101.1
Divisão	5	Chefe	FCPE 101.2
	1		FG-1
DIRETORIA DE INTELIGÊNCIA	1	Diretor	DAS 101.5
Divisão	3	Chefe	FCPE 101.2
Coordenação-Geral de Integração e Gestão de Inteligência	1	Coordenador-Geral	FCPE 101.4

Divisão	1	Chefe	FCPE 101.2
Coordenação	4	Coordenador	FCPE 101.3
Divisão	3	Chefe	FCPE 101.2
CORREGEDORIA-GERAL	1	Corregedor-Geral	DAS 101.5
Divisão	1	Chefe	FCPE 101.2
Corregedoria-Geral Adjunta	1	Corregedor-Geral Adjunto	FCPE 101.4
Divisão	1	Chefe	FCPE 101.2
Coordenação	2	Coordenador	FCPE 101.3
Divisão	4	Chefe	FCPE 101.2
DIRETORIA DE GESTÃO DE PESSOAS	1	Diretor	DAS 101.5
Divisão	1	Chefe	FCPE 101.2
Coordenação-Geral de Administração de Pessoal	1	Coordenador-Geral	FCPE 101.4
Coordenação	3	Coordenador	FCPE 101.3
Serviço	1	Chefe	FCPE 101.1
Divisão	7	Chefe	FCPE 101.2
DIRETORIA DE ADMINISTRAÇÃO E LOGÍSTICA	1	Diretor	DAS 101.5
Divisão	1	Chefe	FCPE 101.2
Coordenação-Geral de Administração	1	Coordenador-Geral	FCPE 101.4
Divisão	2	Chefe	FCPE 101.2
Coordenação	4	Coordenador	FCPE 101.3
Divisão	11	Chefe	FCPE 101.2
	6		FG-1
DIRETORIA DE TECNOLOGIA DA INFORMAÇÃO E COMUNICAÇÃO	1	Diretor	DAS 101.5
Divisão	1	Chefe	FCPE 101.2
Coordenação	3	Coordenador	FCPE 101.3
Divisão	8	Chefe	FCPE 101.2
Superintendência da Polícia Rodoviária Federal na Bahia	1	Superintendente	FCPE 101.4
Superintendência Executiva	1	Superintendente-Executivo	FCPE 101.2
Serviço	3	Chefe	FCPE 101.1
	8		FG-1
	5		FG-2
	12		FG-3
Superintendência da Polícia Rodoviária Federal em Minas Gerais	1	Superintendente	FCPE 101.4
Superintendência Executiva	1	Superintendente-Executivo	FCPE 101.2
Serviço	3	Chefe	FCPE 101.1
	8		FG-1
	5		FG-2
	12		FG-3
Superintendência da Polícia Rodoviária Federal no Paraná	1	Superintendente	FCPE 101.4

ANOTAÇÕES

Superintendência Executiva	1	Superintendente-Executivo	FCPE 101.2
Serviço	3	Chefe	FCPE 101.1
	8		FG-1
	5		FG-2
	12		FG-3
Superintendência da Polícia Rodoviária Federal no Rio de Janeiro	1	Superintendente	FCPE 101.4
Superintendência Executiva	1	Superintendente-Executivo	FCPE 101.2
Serviço	3	Chefe	FCPE 101.1
	8		FG-1
	5		FG-2
	12		FG-3
Superintendência da Polícia Rodoviária Federal no Rio Grande do Sul	1	Superintendente	FCPE 101.4
Superintendência Executiva	1	Superintendente-Executivo	FCPE 101.2
Serviço	3	Chefe	FCPE 101.1
	8		FG-1
	5		FG-2
	12		FG-3
Superintendência da Polícia Rodoviária Federal em Santa Catarina	1	Superintendente	FCPE 101.4
Superintendência Executiva	1	Superintendente-Executivo	FCPE 101.2
Serviço	3	Chefe	FCPE 101.1
	8		FG-1
	5		FG-2
	12		FG-3
Superintendência da Polícia Rodoviária Federal em São Paulo	1	Superintendente	FCPE 101.4
Superintendência Executiva	1	Superintendente-Executivo	FCPE 101.2
Serviço	3	Chefe	FCPE 101.1
	8		FG-1
	5		FG-2
	12		FG-3
Superintendência da Polícia Rodoviária Federal	20	Superintendente	FCPE 101.3
Superintendência Executiva	7	Superintendente-Executivo	FCPE 101.1
Serviço	7	Chefe	FCPE 101.1
	35		FG-1
	112		FG-2
	174		FG-3
Delegacia	150	Chefe	FCPE 101.1
	227		FG-3

ARQUIVO NACIONAL	1	Diretor-Geral	DAS 101.5
	1	Assistente	FCPE 102.2
	1	Assistente Técnico	FCPE 102.1
Coordenação	1	Coordenador	DAS 101.3
Coordenação-Geral de Gestão de Documentos	1	Coordenador-Geral	FCPE 101.4
Coordenação-Geral de Processamento e Preservação do Acervo	1	Coordenador-Geral	DAS 101.4
	1	Assistente Técnico	FCPE 102.1
Coordenação	3	Coordenador	FCPE 101.3
Coordenação-Geral de Acesso e Difusão Documental	1	Coordenador-Geral	DAS 101.4
	1	Assistente Técnico	DAS 102.1
Coordenação	2	Coordenador	FCPE 101.3
Coordenação-Geral de Administração	1	Coordenador-Geral	DAS 101.4
	1	Assistente Técnico	DAS 102.1
Divisão	1	Chefe	FCPE 101.2
Coordenação	2	Coordenador	DAS 101.3
Coordenação	2	Coordenador	FCPE 101.3
	32		FG-1
Coordenação-Regional no Distrito Federal	1	Coordenador Regional	DAS 101.4
	1	Assistente Técnico	DAS 102.1

b) QUADRO RESUMO DE CUSTOS DOS CARGOS EM COMISSÃO E DAS FUNÇÕES DE CONFIANÇA DO MINISTÉRIO DA JUSTIÇA E SEGURANÇA PÚBLICA:

CÓDIGO	DAS-UNITÁRIO	SITUAÇÃO ATUAL		SITUAÇÃO NOVA	
		QTD.	VALOR TOTAL	QTD.	VALOR TOTAL
NE	6,41	1	6,41	1	6,41
DAS 101.6	6,27	'10	62,70	9	56,43
DAS 101.5	5,04	44	221,76	45	226,80
DAS 101.4	3,84	117	449,28	103	395,52
DAS 101.3	2,10	173	363,30	167	350,70
DAS 101.2	1,27	189	240,03	171	217,17
DAS 101.1	1,00	197	197,00	184	184,00
DAS 102.5	5,04	6	30,24	6	30,24
DAS 102.4	3,84	13	49,92	11	42,24
DAS 102.3	2,10	14	29,40	10	21,00
DAS 102.2	1,27	10	12,70	8	10,16
DAS 102.1	1,00	36	36,00	34	34,00
DAS 103.4	3,84	-	-	2	7,68
SUBTOTAL 1		810	1698,74	751	1.582,35
FCPE 101.4	2,30	30	69,00	47	108,10
FCPE 101.3	1,26	77	97,02	97	122,22
FCPE 101.2	0,76	63	47,88	118	89,68
FCPE 101.1	0,60	28	16,80	215	129,00
FCPE 102.4	2,30	4	9,20	4	9,20
FCPE 102.3	1,26	1	1,26		
FCPE 102.2	0,76	3	2,28	2	1,52
FCPE 102.1	0,60	8	4,80	8	4,80

ANOTAÇÕES

LEG. INST.

ANOTAÇÕES

SUBTOTAL 2		214	248,24	491	464,52
FG-1	0,20	132	26,40	130	26,00
FG-2	0,15	398	59,70	399	59,85
FG-3	0,12	1094	131,28	1089	130,68
SUBTOTAL 3		1624	217,38	1.618	216,53
TOTAL		2.648	2.164,36	2.860	2.263,40

ANEXO III

REMANEJAMENTO DE CARGOS EM COMISSÃO DO GRUPO DIREÇÃO E ASSESSORAMENTO SUPERIORES -DAS, FUNÇÕES COMISSIONADAS DO PODER EXECUTIVO - FCPE E FUNÇÕES GRATIFICADAS - FG

a) CARGOS EM COMISSÃO:

CÓDIGO	DAS-UNITÁRIO	DO EXTINTO MINISTÉRIO DA JUSTIÇA, CONSTANTE DO DECRETO Nº 9.360, DE 2018 , PARA A SEGES/ME (a)	
		QTD.	VALOR TOTAL
DAS 101.6	6,27	4	25,08
DAS 101.5	5,04	13	65,52
DAS 101.4	3,84	28	107,52
DAS 101.3	2,10	30	63,00
DAS 101.2	1,27	36	45,72
DAS 101.1	1,00	19	19,00
DAS 102.5	5,04	4	20,16
DAS 102.4	3,84	6	23,04
DAS 102.3	2,10	8	16,80
DAS 102.2	1,27	3	3,81
DAS 102.1	1,00	20	20,00
SUBTOTAL		171	409,65
CÓDIGO	DAS-UNITÁRIO	DO EXTINTO MINISTÉRIO DA SEGURANÇA PÚBLICA, CONSTANTE DO DECRETO Nº 9.360, DE 2018 , PARA A SEGES/ME (b)	
		QTD.	VALOR TOTAL
DAS 101.6	6,27	5	31,35
DAS 101.5	5,04	28	141,12
DAS 101.4	3,84	68	261,12
DAS 101.3	2,10	97	203,70
DAS 101.2	1,27	82	104,14
DAS 101.1	1,00	171	171,00
DAS 102.5	5,04	4	20,16
DAS 102.4	3,84	7	26,88
DAS 102.3	2,10	6	12,60
DAS 102.2	1,27	7	8,89
DAS 102.1	1,00	13	13,00
SUBTOTAL		488	993,96
CÓDIGO	DAS-UNITÁRIO	DO EXTINTO MINISTÉRIO DO TRABALHO, CONSTANTE DO DECRETO Nº 8.894, DE 2016 , PARA A SEGES/ME (c)	
		QTD.	VALOR TOTAL
DAS 101.4	3,84	2	7,68
DAS 101.3	2,10	1	2,10
DAS 101.2	1,27	4	5,08
SUBTOTAL		7	14,86

ANOTAÇÕES

CÓDIGO	DAS-UNITÁRIO	DO EXTINTO MINISTÉRIO DA FAZENDA, CONSTANTE DO DECRETO Nº 9.003, DE 2017 , PARA A SEGES/ME (d)	
		QTD.	VALOR TOTAL
DAS 101.6	6,27	1	6,27
DAS 101.5	5,04	2	10,08
DAS 101.4	3,84	10	38,40
DAS 101.3	2,10	4	8,40
DAS 101.2	1,27	2	2,54
DAS 101.1	1,00	2	2,00
DAS 102.4	3,84	1	3,84
DAS 102.3	2,10	2	4,20
DAS 102.2	1,27	1	1,27
SUBTOTAL		25	77,00
CÓDIGO	DAS-UNITÁRIO	DA SEGES/ME PARA O MINISTÉRIO DA JUSTIÇA E SEGURANÇA PÚBLICA (e)	
		QTD.	VALOR TOTAL
DAS 101.6	6,27	10	62,70
DAS 101.5	5,04	44	221,76
DAS 101.4	3,84	117	449,28
DAS 101.3	2,10	173	363,30
DAS 101.2	1,27	189	240,03
DAS 101.1	1,00	197	197,00
DAS 102.5	5,04	6	30,24
DAS 102.4	3,84	13	49,92
DAS 102.3	2,10	14	29,40
DAS 102.2	1,27	10	12,70
DAS 102.1	1,00	36	36,00
SUBTOTAL		809	1.692,33
SALDO DO REMANEJAMENTO (f = e- d- c - b - a)		118	196,86

b) FUNÇÕES COMISSIONADAS DO PODER EXECUTIVO:

CÓDIGO	DAS-UNITÁRIO	DO EXTINTO MINISTÉRIO DA JUSTIÇA, CONSTANTE DO DECRETO Nº 9.360, DE 2018 , PARA A SEGES/ME (a)	
		QTD.	VALOR TOTAL
FCPE 101.4	2,30	18	41,40
FCPE 101.3	1,26	34	42,84
FCPE 101.2	0,76	22	16,72
FCPE 101.1	0,60	14	8,40
FCPE 102.4	2,30	4	9,20
FCPE 102.3	1,26	1	1,26
FCPE 102.2	0,76	1	0,76
FCPE 102.1	0,60	4	2,40
SUBTOTAL		98	122,98
CÓDIGO	DAS-UNITÁRIO	DO EXTINTO MINISTÉRIO DA SEGURANÇA PÚBLICA, CONSTANTE DO DECRETO Nº 9.360, DE 2018 , PARA A SEGES/ME (b)	
		QTD.	VALOR TOTAL
FCPE 101.4	2,30	12	27,60
FCPE 101.3	1,26	42	52,92
FCPE 101.2	0,76	40	30,40

LEG. INST.

ANOTAÇÕES

FCPE 101.1	0,60	13	7,80
FCPE 102.2	0,76	2	1,52
FCPE 102.1	0,60	4	2,40
SUBTOTAL		113	122,64
CÓDIGO	DAS-UNITÁRIO	DO EXTINTO MINISTÉRIO DO TRABALHO, CONSTANTE DO DECRETO Nº 8.894, DE 2016 , PARA A SEGES/ME (c)	
		QTD.	VALOR TOTAL
FCPE 101.3	1,26	1	1,26
FCPE 101.2	0,76	1	0,76
FCPE 101.1	0,60	1	0,60
SUBTOTAL		3	2,62
CÓDIGO	DAS-UNITÁRIO	DA SEGES/ME PARA O MINISTÉRIO DA JUSTIÇA E SEGURANÇA PÚBLICA (d)	
		QTD.	VALOR TOTAL
FCPE 101.4	2,30	30	69,00
FCPE 101.3	1,26	77	97,02
FCPE 101.2	0,76	63	47,88
FCPE 101.1	0,60	28	16,80
FCPE 102.4	2,30	4	9,20
FCPE 102.3	1,26	1	1,26
FCPE 102.2	0,76	3	2,28
FCPE 102.1	0,60	8	4,80
SUBTOTAL		214	248,24
SALDO DO REMANEJAMENTO (e= d- c - b - a)		0	0

c) FUNÇÕES GRATIFICADAS:

CÓDIGO	DAS-UNITÁRIO	DO EXTINTO MINISTÉRIO DA JUSTIÇA, CONSTANTE DO DECRETO Nº 9.360, DE 2018 , PARA A SEGES/ME (a)	
		QTD.	VALOR TOTAL
FG-1	0,20	32	6,40
FG-2	0,15	22	3,30
FG-3	0,12	22	2,64
SUBTOTAL		76	12,34
CÓDIGO	DAS-UNITÁRIO	DO EXTINTO MINISTÉRIO DA SEGURANÇA PÚBLICA, CONSTANTE DO DECRETO Nº 9.360, DE 2018 , PARA A SEGES/ME (b)	
		QTD.	VALOR TOTAL
FG-1	0,20	95	19,00
FG-2	0,15	375	56,25
FG-3	0,12	1.072	128,64
SUBTOTAL		1.542	203,89
CÓDIGO	DAS-UNITÁRIO	DO EXTINTO MINISTÉRIO DA FAZENDA, CONSTANTE DO DECRETO Nº 9.003, DE 2017 , PARA A SEGES/ME (c)	
		QTD.	VALOR TOTAL
FG-1	0,20	5	1,00
FG-2	0,15	1	0,15
SUBTOTAL		6	1,15

CÓDIGO	DAS-UNITÁRIO	DA SEGES/ME PARA O MINISTÉRIO DA JUSTIÇA E SEGURANÇA PÚBLICA (d)	
		QTD.	VALOR TOTAL
FG-1	0,20	132	26,40
FG-2	0,15	398	59,70
FG-3	1.094	1.094	131,28
SUBTOTAL		1.624	217,38
SALDO DO REMANEJAMENTO (e = d - c - b - a)		0	0

ANEXO IV

DEMONSTRATIVO DOS CARGOS EM COMISSÃO DO GRUPO-DIREÇÃO E ASSESSORAMENTO SUPERIORES - DAS TRANSFORMADOS NOS TERMOS DO DISPOSTO NO ART. 8º DA LEI Nº 13.346, DE 10 DE OUTUBRO DE 2016

CÓDIGO	DAS-UNITÁRIO	SITUAÇÃO ATUAL (a)		SITUAÇÃO NOVA (b)		DIFERENÇA (c = b - a)	
		QTD.	VALOR TOTAL	QTD.	VALOR TOTAL	QTD.	VALOR TOTAL
DAS-5	5,04	4	20,16	-	-	-4	-20,16
DAS-4	3,84	29	111,36	-	-	-29	-11,36
DAS-3	2,10	-	-	24	50,40	24	50,40
DAS-2	1,27	-	-	62	78,74	62	78,74
DAS-1	1,00	-	-	2	2,00	2	2,00
TOTAL		33	131,52	88	131,14	55	-0,38

ANEXO V

FUNÇÕES COMISSIONADAS TÉCNICAS DO MINISTÉRIO DA JUSTIÇA E SEGURANÇA PÚBLICA

a) DO MINISTÉRIO DA JUSTIÇA E SEGURANÇA PÚBLICA:

FUNÇÃO COMISSIONADA TÉCNICA	QTD.
FCT-1	9
FCT-2	2
FCT-5	2
FCT-7	19
FCT-8	37
FCT-9	9
FCT-10	19
FCT-11	88
FCT-12	34
TOTAL	219

b) DO DEPARTAMENTO PENITENCIÁRIO NACIONAL:

FUNÇÃO COMISSIONADA TÉCNICA	QTD.
FCT-8	4
FCT-9	2
FCT-10	2
FCT-11	5
FCT-12	2
TOTAL	15

c) DA SECRETARIA NACIONAL DE SEGURANÇA PÚBLICA:

FUNÇÃO COMISSIONADA TÉCNICA	QTD.
FCT-7	3
FCT-8	4
FCT-9	2
FCT-10	2
FCT-11	10
FCT-12	2
TOTAL	**23**

ANOTAÇÕES

ANOTAÇÕES

d) DO ARQUIVO NACIONAL:

FUNÇÃO COMISSIONADA TÉCNICA	QTD.
FCT-2	30
FCT-5	60
FCT-6	44
FCT-9	50
FCT-13	30
FCT-15	36
TOTAL	250

ANEXO VI

CARGOS EM COMISSÃO NA DEFENSORIA PÚBLICA DA UNIÃO

CARGO	QTD.
NE	2
DAS 101.5	1
DAS 101.4	3
DAS 101.3	5
DAS 101.2	3
TOTAL	14

ANEXO VII

FUNÇÕES COMISSIONADAS TÉCNICAS NA DEFENSORIA PÚBLICA DA UNIÃO

FUNÇÃO COMISSIONADA TÉCNICA	QTD.
FCT - 1	1
FCT - 7	2
FCT - 8	3
FCT - 9	2
FCT - 10	3
FCT - 11	6
FCT - 12	4
TOTAL	21

PREPARAÇÃO • CONHECIMENTO • APROVAÇÃO

SÚMULAS

ANOTAÇÕES

1. SÚMULAS VINCULANTES

SÚMULA VINCULANTE 1

Ofende a garantia constitucional do ato jurídico perfeito a decisão que, sem ponderar as circunstâncias do caso concreto, desconsidera a validez e a eficácia de acordo constante de termo de adesão instituído pela Lei Complementar nº 110/2001.

SÚMULA VINCULANTE 2

É inconstitucional a lei ou ato normativo estadual ou distrital que disponha sobre sistemas de consórcios e sorteios, inclusive bingos e loterias.

SÚMULA VINCULANTE 3

Nos processos perante o Tribunal de Contas da União asseguram-se o contraditório e a ampla defesa quando da decisão puder resultar anulação ou revogação de ato administrativo que beneficie o interessado, excetuada a apreciação da legalidade do ato de concessão inicial de aposentadoria, reforma e pensão.

SÚMULA VINCULANTE 4

Salvo nos casos previstos na Constituição, o salário mínimo não pode ser usado como indexador de base de cálculo de vantagem de servidor público ou de empregado, nem ser substituído por decisão judicial.

SÚMULA VINCULANTE 5

A falta de defesa técnica por advogado no processo administrativo disciplinar não ofende a Constituição.

SÚMULA VINCULANTE 6

Não viola a Constituição o estabelecimento de remuneração inferior ao salário mínimo para as praças prestadoras de serviço militar inicial.

SÚMULA VINCULANTE 7

A norma do § 3º do artigo 192 da Constituição, revogada pela Emenda Constitucional nº 40/2003, que limitava a taxa de juros reais a 12% ao ano, tinha sua aplicação condicionada à edição de lei complementar.

SÚMULA VINCULANTE 8

São inconstitucionais o parágrafo único do artigo 5º do Decreto-Lei nº 1.569/1977 e os artigos 45 e 46 da Lei nº 8.212/1991, que tratam de prescrição e decadência de crédito tributário.

SÚMULA VINCULANTE 9

O disposto no artigo 127 da Lei nº 7.210/1984 (Lei de Execução Penal) foi recebido pela ordem constitucional vigente, e não se lhe aplica o limite temporal previsto no caput do artigo 58.

SÚMULA VINCULANTE 10

Viola a cláusula de reserva de plenário (CF, artigo 97) a decisão de órgão fracionário de Tribunal que embora não declare expressamente a inconstitucionalidade de lei ou ato normativo do poder público, afasta sua incidência, no todo ou em parte.

SÚMULA VINCULANTE 11

Só é lícito o uso de algemas em casos de resistência e de fundado receio de fuga ou de perigo à integridade física própria ou alheia, por parte do preso ou de terceiros, justificada a excepcionalidade por escrito, sob pena de responsabilidade disciplinar, civil e penal do agente ou da autoridade e de nulidade da prisão ou do ato processual a que se refere, sem prejuízo da responsabilidade civil do Estado.

SÚMULA VINCULANTE 12

A cobrança de taxa de matrícula nas universidades públicas viola o disposto no art. 206, IV, da Constituição Federal.

ANOTAÇÕES

SÚMULA VINCULANTE 13

A nomeação de cônjuge, companheiro ou parente em linha reta, colateral ou por afinidade, até o terceiro grau, inclusive, da autoridade nomeante ou de servidor da mesma pessoa jurídica investido em cargo de direção, chefia ou assessoramento, para o exercício de cargo em comissão ou de confiança ou, ainda, de função gratificada na administração pública direta e indireta em qualquer dos Poderes da União, dos Estados, do Distrito Federal e dos Municípios, compreendido o ajuste mediante designações recíprocas, viola a Constituição Federal.

SÚMULA VINCULANTE 14

É direito do defensor, no interesse do representado, ter acesso amplo aos elementos de prova que, já documentados em procedimento investigatório realizado por órgão com competência de polícia judiciária, digam respeito ao exercício do direito de defesa.

SÚMULA VINCULANTE 15

O cálculo de gratificações e outras vantagens do servidor público não incide sobre o abono utilizado para se atingir o salário mínimo.

SÚMULA VINCULANTE 16

Os artigos 7º, IV, e 39, § 3º (redação da EC 19/98), da Constituição, referem-se ao total da remuneração percebida pelo servidor público.

SÚMULA VINCULANTE 17

Durante o período previsto no parágrafo 1º do artigo 100 da Constituição, não incidem juros de mora sobre os precatórios que nele sejam pagos.

SÚMULA VINCULANTE 18

A dissolução da sociedade ou do vínculo conjugal, no curso do mandato, não afasta a inelegibilidade prevista no § 7º do artigo 14 da Constituição Federal.

SÚMULA VINCULANTE 19

A taxa cobrada exclusivamente em razão dos serviços públicos de coleta, remoção e tratamento ou destinação de lixo ou resíduos provenientes de imóveis, não viola o artigo 145, II, da Constituição Federal.

SÚMULA VINCULANTE 20

A Gratificação de Desempenho de Atividade Técnico-Administrativa - GDATA, instituída pela Lei nº 10.404/2002, deve ser deferida aos inativos nos valores correspondentes a 37,5 (trinta e sete vírgula cinco) pontos no período de fevereiro a maio de 2002 e, nos termos do artigo 5º, parágrafo único, da Lei nº 10.404/2002, no período de junho de 2002 até a conclusão dos efeitos do último ciclo de avaliação a que se refere o artigo 1º da Medida Provisória no 198/2004, a partir da qual passa a ser de 60 (sessenta) pontos.

SÚMULA VINCULANTE 21

É inconstitucional a exigência de depósito ou arrolamento prévios de dinheiro ou bens para admissibilidade de recurso administrativo.

SÚMULA VINCULANTE 22

A Justiça do Trabalho é competente para processar e julgar as ações de indenização por danos morais e patrimoniais decorrentes de acidente de trabalho propostas por empregado contra empregador, inclusive aquelas que ainda não possuíam sentença de mérito em primeiro grau quando da promulgação da Emenda Constitucional nº 45/04.

SÚMULA VINCULANTE 23

A Justiça do Trabalho é competente para processar e julgar ação possessória ajuizada em decorrência do exercício do direito de greve pelos trabalhadores da iniciativa privada.

ANOTAÇÕES

SÚMULA VINCULANTE 24

Não se tipifica crime material contra a ordem tributária, previsto no art. 1º, incisos I a IV, da Lei nº 8.137/90, antes do lançamento definitivo do tributo.

SÚMULA VINCULANTE 25

É ilícita a prisão civil de depositário infiel, qualquer que seja a modalidade do depósito.

SÚMULA VINCULANTE 26

Para efeito de progressão de regime no cumprimento de pena por crime hediondo, ou equiparado, o juízo da execução observará a inconstitucionalidade do art. 2º da Lei n. 8.072, de 25 de julho de 1990, sem prejuízo de avaliar se o condenado preenche, ou não, os requisitos objetivos e subjetivos do benefício, podendo determinar, para tal fim, de modo fundamentado, a realização de exame criminológico.

SÚMULA VINCULANTE 27

Compete à Justiça estadual julgar causas entre consumidor e concessionária de serviço público de telefonia, quando a ANATEL não seja litisconsorte passiva necessária, assistente, nem opoente.

SÚMULA VINCULANTE 28

É inconstitucional a exigência de depósito prévio como requisito de admissibilidade de ação judicial na qual se pretenda discutir a exigibilidade de crédito tributário.

SÚMULA VINCULANTE 29

É constitucional a adoção, no cálculo do valor de taxa, de um ou mais elementos da base de cálculo própria de determinado imposto, desde que não haja integral identidade entre uma base e outra.

SÚMULA VINCULANTE 30

(A Súmula Vinculante 30 está pendente de publicação)

SÚMULA VINCULANTE 31

É inconstitucional a incidência do Imposto sobre Serviços de Qualquer Natureza – ISS sobre operações de locação de bens móveis.

SÚMULA VINCULANTE 32

O ICMS não incide sobre alienação de salvados de sinistro pelas seguradoras.

SÚMULA VINCULANTE 33

Aplicam-se ao servidor público, no que couber, as regras do regime geral da previdência social sobre aposentadoria especial de que trata o artigo 40, § 4º, inciso III da Constituição Federal, até a edição de lei complementar específica.

SÚMULA VINCULANTE 34

A Gratificação de Desempenho de Atividade de Seguridade Social e do Trabalho – GDASST, instituída pela Lei 10.483/2002, deve ser estendida aos inativos no valor correspondente a 60 (sessenta) pontos, desde o advento da Medida Provisória 198/2004, convertida na Lei 10.971/2004, quando tais inativos façam jus à paridade constitucional (EC 20/1998, 41/2003 e 47/2005).

SÚMULA VINCULANTE 35

A homologação da transação penal prevista no artigo 76 da Lei 9.099/1995 não faz coisa julgada material e, descumpridas suas cláusulas, retoma-se a situação anterior, possibilitando-se ao Ministério Público a continuidade da persecução penal mediante oferecimento de denúncia ou requisição de inquérito policial.

SÚMULA VINCULANTE 36

Compete à Justiça Federal comum processar e julgar civil denunciado pelos crimes de falsificação e de uso de documento falso quando se tratar de falsificação da Caderneta de Inscrição e Registro (CIR) ou de Carteira de Habilitação de Amador (CHA), ainda que expedidas pela Marinha do Brasil.

ANOTAÇÕES

SÚMULA VINCULANTE 37

Não cabe ao Poder Judiciário, que não tem função legislativa, aumentar vencimentos de servidores públicos sob o fundamento de isonomia.

SÚMULA VINCULANTE 38

É competente o Município para fixar o horário de funcionamento de estabelecimento comercial.

SÚMULA VINCULANTE 39

Compete privativamente à União legislar sobre vencimentos dos membros das polícias civil e militar e do corpo de bombeiros militar do Distrito Federal.

SÚMULA VINCULANTE 40

A contribuição confederativa de que trata o art. 8º, IV, da Constituição Federal, só é exigível dos filiados ao sindicato respectivo.

SÚMULA VINCULANTE 41

O serviço de iluminação pública não pode ser remunerado mediante taxa.

SÚMULA VINCULANTE 42

É inconstitucional a vinculação do reajuste de vencimentos de servidores estaduais ou municipais a índices federais de correção monetária.

SÚMULA VINCULANTE 43

É inconstitucional toda modalidade de provimento que propicie ao servidor investir-se, sem prévia aprovação em concurso público destinado ao seu provimento, em cargo que não integra a carreira na qual anteriormente investido.

SÚMULA VINCULANTE 44

Só por lei se pode sujeitar a exame psicotécnico a habilitação de candidato a cargo público.

SÚMULA VINCULANTE 45

A competência constitucional do Tribunal do Júri prevalece sobre o foro por prerrogativa de função estabelecido exclusivamente pela constituição estadual.

SÚMULA VINCULANTE 46

A definição dos crimes de responsabilidade e o estabelecimento das respectivas normas de processo e julgamento são da competência legislativa privativa da União.

SÚMULA VINCULANTE 47

Os honorários advocatícios incluídos na condenação ou destacados do montante principal devido ao credor consubstanciam verba de natureza alimentar cuja satisfação ocorrerá com a expedição de precatório ou requisição de pequeno valor, observada ordem especial restrita aos créditos dessa natureza.

SÚMULA VINCULANTE 48

Na entrada de mercadoria importada do exterior, é legítima a cobrança do ICMS por ocasião do desembaraço aduaneiro.

SÚMULA VINCULANTE 49

Ofende o princípio da livre concorrência lei municipal que impede a instalação de estabelecimentos comerciais do mesmo ramo em determinada área.

SÚMULA VINCULANTE 50

Norma legal que altera o prazo de recolhimento de obrigação tributária não se sujeita ao princípio da anterioridade.

SÚMULA VINCULANTE 51

O reajuste de 28,86%, concedido aos servidores militares pelas Leis 8622/1993 e 8627/1993, estende-se aos servidores civis do poder executivo, observadas as eventuais compensações decorrentes dos reajustes diferenciados concedidos pelos mesmos diplomas legais.

ANOTAÇÕES

SÚMULA VINCULANTE 52

Ainda quando alugado a terceiros, permanece imune ao IPTU o imóvel pertencente a qualquer das entidades referidas pelo art. 150, VI, "c", da Constituição Federal, desde que o valor dos aluguéis seja aplicado nas atividades para as quais tais entidades foram constituídas.

SÚMULA VINCULANTE 53

A competência da Justiça do Trabalho prevista no art. 114, VIII, da Constituição Federal alcança a execução de ofício das contribuições previdenciárias relativas ao objeto da condenação constante das sentenças que proferir e acordos por ela homologados.

SÚMULA VINCULANTE 54

A medida provisória não apreciada pelo congresso nacional podia, até a Emenda Constitucional 32/2001, ser reeditada dentro do seu prazo de eficácia de trinta dias, mantidos os efeitos de lei desde a primeira edição.

SÚMULA VINCULANTE 55

O direito ao auxílio-alimentação não se estende aos servidores inativos.

SÚMULA VINCULANTE 56

A falta de estabelecimento penal adequado não autoriza a manutenção do condenado em regime prisional mais gravoso, devendo-se observar, nessa hipótese, os parâmetros fixados no RE 641.320/RS.

SÚMULA VINCULANTE 57

A imunidade tributária constante do art. 150, VI, d, da CF/88 aplica-se à importação e comercialização, no mercado interno, do livro eletrônico (e-book) e dos suportes exclusivamente utilizados para fixá-los, como leitores de livros eletrônicos (e-readers), ainda que possuam funcionalidades acessórias.

SÚMULA VINCULANTE 58

Inexiste direito a crédito presumido de IPI relativamente à entrada de insumos isentos, sujeitos à alíquota zero ou não tributáveis, o que não contraria o princípio da não cumulatividade.

ANOTAÇÕES

1. SÚMULAS DO STF

ANOTAÇÕES

SÚMULA 1

É vedada a expulsão de estrangeiro casado com Brasileira, ou que tenha filho Brasileiro, dependente da economia paterna.

SÚMULA 2

Concede-se liberdade vigiada ao extraditando que estiver prêso por prazo superior a sessenta dias.

SÚMULA 3

A imunidade concedida a deputados estaduais é restrita à Justiça do Estado. (Superada)

SÚMULA 4

Não perde a imunidade parlamentar o congressista nomeado Ministro de Estado. (Cancelada)

SÚMULA 5

A sanção do projeto supre a falta de iniciativa do Poder Executivo.

SÚMULA 6

A revogação ou anulação, pelo Poder Executivo, de aposentadoria, ou qualquer outro ato aprovado pelo Tribunal de Contas, não produz efeitos antes de aprovada por aquêle Tribunal, ressalvada a competência revisora do Judiciário.

SÚMULA 7

Sem prejuízo de recurso para o Congresso, não é exequível contrato administrativo a que o Tribunal de Contas houver negado registro.

SÚMULA 8

Diretor de sociedade de economia mista pode ser destituído no curso do mandato.

SÚMULA 9

Para o acesso de auditores ao Superior Tribunal Militar, só concorrem os de segunda entrância.

SÚMULA 10

O tempo de serviço militar conta-se para efeito de disponibilidade e aposentadoria do servidor público estadual.

SÚMULA 11

A vitaliciedade não impede a extinção do cargo, ficando o funcionário em disponibilidade, com todos os vencimentos.

SÚMULA 12

A vitaliciedade do professor catedrático não impede o desdobramento da cátedra.

SÚMULA 13

A equiparação de extranumerário a funcionário efetivo, determinada pela L. 2.284, de 9.8.54, não envolve reestruturação, não compreendendo, portanto, os vencimentos.

SÚMULA 14

Não é admissível, por ato administrativo, restringir, em razão da idade, inscrição em concurso para cargo público.

SÚMULA 15

Dentro do prazo de validade do concurso, o candidato aprovado tem o direito à nomeação, quando o cargo fôr preenchido sem observância da classificação.

SÚMULA 16

Funcionário nomeado por concurso tem direito à posse.

SÚMULA 17

A nomeação de funcionário sem concurso pode ser desfeita antes da posse.

SÚMULA 18

Pela falta residual, não compreendida na absolvição pelo juízo criminal, é admissível a punição administrativa do servidor público.

SÚMULA 19

É inadmissível segunda punição de servidor público, baseada no mesmo processo em que se fundou a primeira.

SÚMULA 20

É necessário processo administrativo com ampla defesa, para demissão de funcionário admitido por concurso.

SÚMULA 21

Funcionário em estágio probatório não pode ser exonerado nem demitido sem inquérito ou sem as formalidades legais de apuração de sua capacidade.

SÚMULA 22

O estágio probatório não protege o funcionário contra a extinção do cargo.

SÚMULA 23

Verificados os pressupostos legais para o licenciamento da obra, não o impede a declaração de utilidade pública para desapropriação do imóvel, mas o valor da obra não se incluirá na indenização, quando a desapropriação fôr efetivada.

SÚMULA 24

Funcionário interino substituto é livremente demissível, mesmo antes de cessar a causa da substituição.

SÚMULA 25

A nomeação a têrmo não impede a livre demissão pelo Presidente da República, de ocupante de cargo dirigente de autarquia.

SÚMULA 26

Os servidores do Instituto de Aposentadoria e Pensões dos Industriários não podem acumular a sua gratificação bienal com o adicional de tempo de serviço previsto no Estatuto dos Funcionários Civis da União.

SÚMULA 27

Os servidores públicos não têm vencimentos irredutíveis, prerrogativa dos membros do Poder Judiciário e dos que lhes são equiparados.

SÚMULA 28

O estabelecimento bancário é responsável pelo pagamento de cheque falso, ressalvadas as hipóteses de culpa exclusiva ou concorrente do correntista.

SÚMULA 29

Gratificação devida a servidores do "sistema fazendário" não se estende aos dos Tribunais de Contas.

SÚMULA 30

Servidores de coletorias não têm direito à percentagem pela cobrança de contribuições destinadas à Petrobrás.

SÚMULA 31

Para aplicação da L. 1741, de 22.11.52, soma-se o tempo de serviço ininterrupto em mais de um cargo em comissão.

SÚMULA 32

Para aplicação da L. 1741, de 22.11.52, soma-se o tempo de serviço ininterrupto em cargo em comissão e em função gratificada.

SÚMULA 33

A L. 1.741, de 22.11.52, é aplicável às autarquias federais.

SÚMULA 34

No Estado de São Paulo, funcionário eleito vereador fica licenciado por tôda a duração do mandato.

SÚMULA 35

Em caso de acidente do trabalho ou de transporte, a concubina tem direito de ser indenizada pela morte do amásio, se entre êles não havia impedimento para o matrimônio.

SÚMULA 36

Servidor vitalício está sujeito à aposentadoria compulsória, em razão da idade.

ANOTAÇÕES

ANOTAÇÕES

SÚMULA 37

Não tem direito de se aposentar pelo Tesouro Nacional o servidor que não satisfizer as condições estabelecidas na legislação do serviço público federal, ainda que aposentado pela respectiva instituição previdenciária, com direito, em tese, a duas aposentadorias.

SÚMULA 38

Reclassificação posterior à aposentadoria não aproveita ao servidor aposentado.

SÚMULA 39

À falta de lei, funcionário em disponibilidade não pode exigir, judicialmente, o seu aproveitamento, que fica subordinado ao critério de conveniência da administração.

SÚMULA 40

A elevação da entrância da comarca não promove automaticamente o juiz, mas não interrompe o exercício de suas funções na mesma comarca.

SÚMULA 41

Juízes preparadores ou substitutos não têm direito aos vencimentos da atividade fora dos períodos de exercício.

SÚMULA 42

É legítima a equiparação de juízes do Tribunal de Contas, em direitos e garantias, aos membros do Poder Judiciário.

SÚMULA 43

Não contraria a Constituição Federal o art. 61 da Constituição de São Paulo, que equiparou os vencimentos do Ministério Público aos da magistratura.

SÚMULA 44

O exercício do cargo pelo prazo determinado na L. 1.341, de 30.1.51, art. 91, dá preferência para a nomeação interina de Procurador da República.

SÚMULA 45

A estabilidade dos substitutos do Ministério Público Militar não confere direito aos vencimentos da atividade fora dos períodos de exercício.

SÚMULA 46

Desmembramento de serventia de justiça não viola o princípio de vitaliciedade do serventuário.

SÚMULA 47

Reitor de universidade não é livremente demissível pelo Presidente da República durante o prazo de sua investidura.

SÚMULA 48

É legítimo o rodízio de docentes livres na substituição do professor catedrático.

SÚMULA 49

A cláusula de inalienabilidade inclui a incomunicabilidade dos bens.

SÚMULA 50

A lei pode estabelecer condições para a demissão de extranumerário.

SÚMULA 51

Militar não tem direito a mais de duas promoções na passagem para a inatividade, ainda que por motivos diversos.

SÚMULA 52

A promoção de militar, vinculada à inatividade, pode ser feita, quando couber, a pôsto inexistente no quadro.

SÚMULA 53

A promoção de professor militar, vinculada à sua reforma, pode ser feita, quando couber, a pôsto inexistente no quadro.

SÚMULA 54

A reserva ativa do magistério militar não confere vantagens vinculadas à efetiva passagem para a inatividade.

ANOTAÇÕES

SÚMULA 55

Militar da reserva está sujeito à pena disciplinar.

SÚMULA 56

Militar reformado não está sujeito à pena disciplinar.

SÚMULA 57

Militar inativo não tem direito ao uso do uniforme fora dos casos previstos em lei ou regulamento.

SÚMULA 58

É válida a exigência de média superior a quatro para aprovação em estabelecimento de ensino superior, consoante o respectivo regimento.

SÚMULA 59

Imigrante pode trazer, sem licença prévia, automóvel que lhe pertença desde mais de seis meses antes do seu embarque para o Brasil.

SÚMULA 60

Não pode o estrangeiro trazer automóvel quando não comprovada a transferência definitiva de sua residência para o Brasil.

SÚMULA 61

Brasileiro domiciliado no estrangeiro, que se transfere definitivamente para o Brasil, pode trazer automóvel licenciado em seu nome há mais de seis meses.

SÚMULA 62

Não basta a simples estada no estrangeiro por mais de seis meses, para dar direito à trazida de automóvel com fundamento em transferência de residência.

SÚMULA 63

É indispensável, para trazida de automóvel, a prova do licenciamento há mais de seis meses no país de origem.

SÚMULA 64

É permitido trazer do estrangeiro, como bagagem, objetos de uso pessoal e doméstico, desde que, por sua quantidade e natureza, não induzam finalidade comercial.

SÚMULA 65

A cláusula de aluguel progressivo anterior à L. 3.494, de 19.12.58, continua em vigor em caso de prorrogação legal ou convencional da locação.

SÚMULA 66

É legítima a cobrança do tributo que houver sido aumentado após o orçamento, mas antes do início do respectivo exercício financeiro.

SÚMULA 67

É inconstitucional a cobrança do tributo que houver sido criado ou aumentado no mesmo exercício financeiro.

SÚMULA 68

É legítima a cobrança, pelos Municípios, no exercício de 1961, de tributo estadual, regularmente criado ou aumentado, e que lhes foi transferido pela Emenda Constitucional nº 5, de 21.11.61.

SÚMULA 69

A Constituição estadual não pode estabelecer limite para o aumento de tributos municipais.

SÚMULA 70

É inadmissível a interdição de estabelecimento como meio coercitivo para cobrança de tributo.

SÚMULA 71

Embora pago indevidamente, não cabe restituição de tributo indireto.

SÚMULA 72

No julgamento de questão constitucional, vinculada a decisão do Tribunal Superior Eleitoral, não estão impedidos os Ministros do Supremo Tribunal Federal que ali tenham funcionado no mesmo processo, ou no processo originário.

ANOTAÇÕES

SÚMULA 73

A imunidade das autarquias, implicitamente contida no art. 31, V, a, da Constituição Federal, abrange tributos estaduais e municipais.

SÚMULA 74

O imóvel transcrito em nome de autarquia, embora objeto de promessa de venda a particulares, continua imune de impostos locais.

SÚMULA 75

Sendo vendedora uma autarquia, a sua imunidade fiscal não compreende o impôsto de transmissão inter vivos, que é encargo do comprador.

SÚMULA 76

As sociedades de economia mista não estão protegidas pela imunidade fiscal do art. 31, V, a, Constituição Federal.

SÚMULA 77

Está isenta de impostos federais a aquisição de bens pela Rêde Ferroviária Federal.

SÚMULA 78

Estão isentas de impostos locais as emprêsas de energia elétrica, no que respeita às suas atividades específicas.

SÚMULA 79

O Banco do Brasil não tem isenção de tributos locais.

SÚMULA 80

Para a retomada de prédio situado fora do domicílio do locador exige-se a prova da necessidade.

SÚMULA 81

As cooperativas não gozam de isenção de impostos locais, com fundamento na Constituição e nas leis federais.

SÚMULA 82

São inconstitucionais o impôsto de cessão e a taxa sôbre inscrição de promessa de venda de imóvel, substitutivos do impôsto de transmissão, por incidirem sôbre ato que não transfere o domínio.

SÚMULA 83

Os ágios de importação incluem-se no valor dos artigos importados para incidência do impôsto de consumo.

SÚMULA 84

Não estão isentos do impôsto de consumo os produtos importados pelas cooperativas.

SÚMULA 85

Não estão sujeitos ao impôsto de consumo os bens de uso pessoal e doméstico trazidos, como bagagem, do exterior.

SÚMULA 86

Não está sujeito ao impôsto de consumo automóvel usado, trazido do exterior pelo proprietário.

SÚMULA 87

Somente no que não colidirem com a L. 3.244, de 14.8.57, são aplicáveis acordos tarifários anteriores.

SÚMULA 88

É válida a majoração da tarifa alfandegária, resultante da L. 3.244, de 14.8.57, que modificou o Acordo Geral sôbre Tarifas Aduaneiras e Comércio (GATT), aprovado pela L. 313, de 30.7.48.

SÚMULA 89

Estão isentas do impôsto de importação frutas importadas da Argentina, do Chile, da Espanha e de Portugal, enquanto vigentes os respectivos acordos comerciais.

SÚMULA 90

É legítima a lei local que faça incidir o impôsto de indústrias e profissões com base no movimento econômico do contribuinte.

ANOTAÇÕES

SÚMULA 91

A incidência do impôsto único não isenta o comerciante de combustíveis do impôsto de indústrias e profissões.

SÚMULA 92

É constitucional o art. 100, nº II, da L. 4.563, de 20.2.57, do Município de Recife, que faz variar o impôsto de licença em função do aumento do capital do contribuinte.

SÚMULA 93

Não está isenta do impôsto de renda a atividade profissional do arquiteto.

SÚMULA 94

É competente a autoridade alfandegária para o desconto, na fonte, do impôsto de renda correspondente às comissões dos despachantes aduaneiros.

SÚMULA 95

Para cálculo do impôsto de lucro extraordinário, incluem-se no capital as reservas do ano-base, apuradas em balanço.

SÚMULA 96

O impôsto de lucro imobiliário incide sôbre a venda de imóvel da meação do cônjuge sobrevivente, ainda que aberta a sucessão antes da vigência da L. 3.470, de 28.11.58.

SÚMULA 97

É devida a alíquota anterior do impôsto de lucro imobiliário, quando a promessa de venda houver sido celebrada antes da vigência da lei que a tiver elevado.

SÚMULA 98

Sendo o imóvel alienado na vigência da L. 3.470, de 28.11.58, ainda que adquirido por herança, usucapião ou a título gratuito, é devido o impôsto de lucro imobiliário.

SÚMULA 99

Não é devido o impôsto de lucro imobiliário, quando a alienação de imóvel adquirido por herança, ou a título gratuito, tiver sido anterior à vigência da L. 3.470, de 28.11.58.

SÚMULA 100

Não é devido o impôsto de lucro imobiliário, quando a alienação de imóvel, adquirido por usucapião, tiver sido anterior à vigência da L. 3.470, de 28.11.58.

SÚMULA 101

O mandado de segurança não substitui a ação popular.

SÚMULA 102

É devido o impôsto federal do selo pela incorporação de reservas, em reavaliação de ativo, ainda que realizada antes da vigência da L. 3.519, de 30.12.58.

SÚMULA 103

É devido o impôsto federal do selo na simples reavaliação de ativo, realizada posteriormente à vigência da L. 3.519, de 30.12.58.

SÚMULA 104

Não é devido o impôsto federal do selo na simples reavaliação de ativo anterior à vigência da L. 3.519, de 30.12.58.

SÚMULA 105

Salvo se tiver havido premeditação, o suicídio do segurado no período contratual de carência não exime o segurador do pagamento do seguro.

SÚMULA 106

É legítima a cobrança de sêlo sôbre registro de automóveis, na conformidade da legislação estadual.

SÚMULA 107

É inconstitucional o impôsto de selo de 3%, ad valorem, do Paraná, quanto aos produtos remetidos para fora do Estado.

ANOTAÇÕES

SÚMULA 108

É legítima a incidência do impôsto de transmissão inter vivos sôbre o valor do imóvel ao tempo da alienação e não da promessa, na conformidade da legislação local.

SÚMULA 109

É devida a multa prevista no art. 15, § 6º, da L. 1.300, de 28.12.50, ainda que a desocupação do imóvel tenha resultado da notificação e não haja sido proposta ação de despejo.

SÚMULA 110

O impôsto de transmissão inter vivos não incide sôbre a construção, ou parte dela, realizada pelo adquirente, mas sôbre o que tiver sido construído ao tempo da alienação do terreno.

SÚMULA 111

É legítima a incidência do impôsto de transmissão inter vivos sôbre a restituição, ao antigo proprietário, de imóvel que deixou de servir à finalidade da sua desapropriação.

SÚMULA 112

O impôsto de transmissão causa mortis é devido pela alíquota vigente ao tempo da abertura da sucessão.

SÚMULA 113

O impôsto de transmissão causa mortis é calculado sôbre o valor dos bens na data da avaliação.

SÚMULA 114

O impôsto de transmissão causa mortis não é exigível antes da homologação do cálculo.

SÚMULA 115

Sôbre os honorários do advogado contratado pelo inventariante, com a homologação do juiz, não incide o impôsto de transmissão causa mortis.

SÚMULA 116

Em desquite ou inventário, é legítima a cobrança do chamado impôsto de reposição, quando houver desigualdade nos valôres partilhados.

SÚMULA 117

A lei estadual pode fazer variar a alíquota do impôsto de vendas e consignações em razão da espécie do produto.

SÚMULA 118

Estão sujeitas ao impôsto de vendas e consignações as transações sôbre minerais, que ainda não estão compreendidos na legislação federal sôbre o impôsto único.

SÚMULA 119

É devido o impôsto de vendas e consignações sôbre a venda de cafés ao Instituto Brasileiro do Café, embora o lote, originariamente, se destinasse à exportação.

SÚMULA 120

Parede de tijolos de vidro translúcido pode ser levantada a menos de metro e meio do prédio vizinho, não importando servidão sôbre êle.

SÚMULA 121

É vedada a capitalização de juros, ainda que expressamente convencionada.

SÚMULA 122

O enfiteuta pode purgar a mora enquanto não decretado o comisso por sentença.

SÚMULA 123

Sendo a locação regida pelo D. 24.150, de 20.4.34, o locatário não tem direito à purgação da mora prevista na L. 1.300, de 28.12.50.

SÚMULA 124

É inconstitucional o adicional do impôsto de vendas e consignações cobrado pelo Estado do Espírito Santo sôbre cafés da cota de expurgo entregues ao Instituto Brasileiro do Café.

ANOTAÇÕES

SÚMULA 125

Não é devido o impôsto de vendas e consignações sôbre a parcela do impôsto de consumo que onera a primeira venda realizada pelo produtor.

SÚMULA 126

É inconstitucional a chamada taxa de aguardente, do Instituto do Açúcar e do Álcool.

SÚMULA 127

É indevida a taxa de armazenagem, posteriormente aos primeiros trinta dias, quando não exigível o impôsto de consumo, cuja cobrança tenha motivado a retenção da mercadoria.

SÚMULA 128

É indevida a taxa de assistência médica e hospitalar das instituições de previdência social.

SÚMULA 129

Na conformidade da legislação local, é legítima a cobrança de taxa de calçamento.

SÚMULA 130

A taxa de despacho aduaneiro (art. 66 da L. 3.244, de 14.8.57) continua a ser exigível após o Dec. Legisl. 14, de 25.8.60, que aprovou alterações introduzidas no Acordo Geral sôbre Tarifas Aduaneiras e Comércio (GATT).

SÚMULA 131

A taxa de despacho aduaneiro (art. 66 da L. 3.244, de 14.8.57) continua a ser exigível após o Dec. Legisl. 14, de 25.8.60, mesmo para as mercadorias incluídas na vigente lista III do Acordo Geral sôbre Tarifas Aduaneiras e Comércio (GATT).

SÚMULA 132

Não é devida a taxa de previdência social na importação de amianto bruto ou em fibra.

SÚMULA 133

Não é devida a taxa de despacho aduaneiro na importação de fertilizantes e inseticidas.

SÚMULA 134

A isenção fiscal para a importação de frutas da Argentina compreende a taxa de despacho aduaneiro e a taxa de previdência social.

SÚMULA 135

É inconstitucional a taxa de eletrificação de Pernambuco.

SÚMULA 136

É constitucional a taxa de estatística da Bahia.

SÚMULA 137

A taxa de fiscalização da exportação incide sôbre a bonificação cambial concedida ao exportador.

SÚMULA 138

É inconstitucional a taxa contra fogo, do estado de Minas Gerais, incidente sôbre prêmio de seguro contra fogo.

SÚMULA 139

É indevida a cobrança do impôsto de transação a que se refere a L. 899, de 1957, art. 58, IV, letra e, do antigo Distrito Federal.

SÚMULA 140

Na importação de lubrificantes é devida a taxa de previdência social.

SÚMULA 141

Não incide a taxa de previdência social sôbre combustíveis.

SÚMULA 142

Não é devida a taxa de previdência social sôbre mercadorias isentas do impôsto de importação.

SÚMULA 143

Na forma da lei estadual, é devido o impôsto de vendas e consignações na exportação de café pelo Estado da Guanabara, embora proveniente de outro Estado.

SÚMULA 144

É inconstitucional a incidência da taxa de recuperação econômica de Minas Gerais sôbre contrato sujeito ao impôsto federal do sêlo.

SÚMULA 145

Não há crime, quando a preparação do flagrante pela polícia torna impossível a sua consumação.

SÚMULA 146

A prescrição da ação penal regula-se pela pena concretizada na sentença, quando não há recurso da acusação.

SÚMULA 147

A prescrição de crime falimentar começa a correr da data em que deveria estar encerrada a falência, ou do trânsito em julgado da sentença que a encerrar ou que julgar cumprida a concordata.

SÚMULA 148

É legítimo o aumento de tarifas portuárias por ato do Ministro da Viação e Obras Públicas.

SÚMULA 149

É imprescritível a ação de investigação de paternidade, mas não o é a de petição de herança.

SÚMULA 150

Prescreve a execução no mesmo prazo de prescrição da ação.

SÚMULA 151

Prescreve em um ano a ação do segurador subrogado para haver indenização por extravio ou perda de carga transportada por navio.

SÚMULA 152

A ação para anular venda de ascendente a descendente, sem consentimento dos demais, prescreve em quatro anos a contar da abertura da sucessão. (Revogada)

SÚMULA 153

Simples protesto cambiário não interrompe a prescrição.

SÚMULA 154

Simples vistoria não interrompe a prescrição.

SÚMULA 155

É relativa a nulidade do processo criminal por falta de intimação da expedição de precatória para inquirição de testemunha.

SÚMULA 156

É absoluta a nulidade do julgamento, pelo júri, por falta de quesito obrigatório.

SÚMULA 157

É necessária prévia autorização do Presidente da República para desapropriação, pelos Estados, de emprêsa de energia elétrica.

SÚMULA 158

Salvo estipulação contratual averbada no registro imobiliário, não responde o adquirente pelas benfeitorias do locatário.

SÚMULA 159

Cobrança excessiva, mas de boa-fé, não dá lugar às sanções do art. 1.531 do Código Civil.

SÚMULA 160

É nula a decisão do Tribunal que acolhe, contra o réu, nulidade não arguida no recurso da acusação, ressalvados os casos de recurso de ofício.

SÚMULA 161

Em contrato de transporte, é inoperante a cláusula de não indenizar.

SÚMULA 162

É absoluta a nulidade do julgamento pelo júri, quando os quesitos da defesa não precedem aos das circunstâncias agravantes.

ANOTAÇÕES

SÚMULA 163

Salvo contra a Fazenda Pública, sendo a obrigação ilíquida, contam-se os juros moratórios desde a citação inicial para a ação.

SÚMULA 164

No processo de desapropriação, são devidos juros compensatórios desde a antecipada imissão de posse, ordenada pelo juiz, por motivo de urgência.

SÚMULA 165

A venda realizada diretamente pelo mandante ao mandatário não é atingida pela nulidade do art. 1.133, II, do Código Civil.

SÚMULA 166

É inadmissível o arrependimento no compromisso de compra e venda sujeito ao regime do Dl. 58, de 10.12.37.

SÚMULA 167

Não se aplica o regime do Dl. 58, de 10.12.37, ao compromisso de compra e venda não inscrito no registro imobiliário, salvo se o promitente vendedor se obrigou a efetuar o registro.

SÚMULA 168

Para os efeitos do Dl. 58, de 10.12.37, admite-se a inscrição imobiliária do compromisso de compra e venda no curso da ação.

SÚMULA 169

Depende de sentença a aplicação da pena de comisso.

SÚMULA 170

É resgatável a enfiteuse instituída anteriormente à vigência do Código Civil.

SÚMULA 171

Não se admite, na locação em curso, de prazo determinado, a majoração de encargos a que se refere a L. 3.844, de 15.12.60.

SÚMULA 172

Não se admite, na locação em curso, de prazo determinado, o reajustamento de aluguel a que se refere a L. 3.085, de 29.12.56.

SÚMULA 173

Em caso de obstáculo judicial admite-se a purga da mora, pelo locatário, além do prazo legal.

SÚMULA 174

Para a retomada do imóvel alugado, não é necessária a comprovação dos requisitos legais na notificação prévia.

SÚMULA 175

Admite-se a retomada de imóvel alugado para uso de filho que vai contrair matrimônio.

SÚMULA 176

O promitente comprador, nas condições previstas na L. 1.300, de 28-12-50, pode retomar o imóvel locado.

SÚMULA 177

O cessionário do promitente comprador, nas mesmas condições dêste, pode retomar o imóvel locado.

SÚMULA 178

Não excederá de cinco anos a renovação judicial de contrato de locação, fundada no D. 24.150, de 20.4.34.

SÚMULA 179

O aluguel arbitrado judicialmente nos têrmos da L. 3.085, de 29.12.56, art. 6º, vigora a partir da data do laudo pericial.

SÚMULA 180

Na ação revisional do art. 31 do D. 24.150, de 20.4.34, o aluguel arbitrado vigora a partir do laudo pericial.

ANOTAÇÕES

ANOTAÇÕES

SÚMULA 181

Na retomada, para construção mais útil de imóvel sujeito ao D. 24.150, de 20.4.34, é sempre devida indenização para despesas de mudança do locatário.

SÚMULA 182

Não impede o reajustamento do débito pecuário, nos termos da L. 1.002, de 24.12.49, a falta de cancelamento da renúncia à moratória da L. 209, de 2.1.48.

SÚMULA 183

Não se incluem no reajustamento pecuário dívidas estranhas à atividade agropecuária.

SÚMULA 184

Não se incluem no reajustamento pecuário dívidas contraídas posteriormente a 19.12.46.

SÚMULA 185

Em processo de reajustamento pecuário, não responde a União pelos honorários do advogado do credor ou do devedor.

SÚMULA 186

Não infringe a lei a tolerância da quebra de 1% no transporte por estrada de ferro, prevista no regulamento de transportes.

SÚMULA 187

A responsabilidade contratual do transportador, pelo acidente com o passageiro, não é elidida por culpa de terceiro, contra o qual tem ação regressiva.

SÚMULA 188

O segurador tem ação regressiva contra o causador do dano, pelo que efetivamente pagou, até ao limite previsto no contrato de seguro.

SÚMULA 189

Avais em branco e superpostos consideram-se simultâneos e não sucessivos.

SÚMULA 190

O não pagamento de título vencido há mais de trinta dias, sem protesto, não impede a concordata preventiva.

SÚMULA 191

Inclui-se no crédito habilitado em falência a multa fiscal simplesmente moratória.

SÚMULA 192

Não se inclui no crédito habilitado em falência a multa fiscal com efeito de pena administrativa.

SÚMULA 193

Para a restituição prevista no art. 76, § 2º, da Lei de Falências, conta-se o prazo de quinze dias da entrega da coisa e não da sua remessa.

SÚMULA 194

É competente o Ministro do Trabalho para a especificação das atividades insalubres.

SÚMULA 195

Contrato de trabalho para obra certa, ou de prazo determinado, transforma-se em contrato de prazo indeterminado, quando prorrogado por mais de quatro anos.

SÚMULA 196

Ainda que exerça atividade rural, o empregado de emprêsa industrial ou comercial é classificado de acôrdo com a categoria do empregador.

SÚMULA 197

O empregado com representação sindical só pode ser despedido mediante inquérito em que se apure falta grave.

SÚMULA 198

As ausências motivadas por acidente do trabalho não são descontáveis do período aquisitivo das férias.

ANOTAÇÕES

SÚMULA 199

O salário das férias do empregado horista corresponde à média do período aquisitivo, não podendo ser inferior ao mínimo.

SÚMULA 200

Não é inconstitucional a L. 1.530, de 26.12.51, que manda incluir na indenização por despedida injusta parcela correspondente a férias proporcionais.

SÚMULA 201

O vendedor pracista, remunerado mediante comissão, não tem direito ao repouso semanal remunerado.

SÚMULA 202

Na equiparação de salário, em caso de trabalho igual, toma-se em conta o tempo de serviço na função, e não no emprêgo.

SÚMULA 203

Não está sujeita à vacância de 60 dias a vigência de novos níveis de salário mínimo.

SÚMULA 204

Tem direito o trabalhador substituto, ou de reserva, ao salário mínimo no dia em que fica à disposição do empregador sem ser aproveitado na função específica; se aproveitado, recebe o salário contratual.

SÚMULA 205

Tem direito a salário integral o menor não sujeito a aprendizagem metódica.

SÚMULA 206

É nulo o julgamento ulterior pelo júri com a participação de jurado que funcionou em julgamento anterior do mesmo processo.

SÚMULA 207

As gratificações habituais, inclusive a de Natal, consideram-se tacitamente convencionadas, integrando o salário.

SÚMULA 208

O assistente do Ministério Público não pode recorrer, extraordinariamente, de decisão concessiva de habeas corpus.

SÚMULA 209

O salário-produção, como outras modalidades de salário-prêmio, é devido, desde que verificada a condição a que estiver subordinado, e não pode ser suprimido unilateralmente, pelo empregador, quando pago com habitualidade.

SÚMULA 210

O assistente do Ministério Público pode recorrer, inclusive extraordinariamente, na ação penal, nos casos dos arts. 584, § 1º, e 598 do Cód. de Proc. Penal.

SÚMULA 211

Contra a decisão proferida sôbre o agravo no auto do processo, por ocasião do julgamento da apelação, não se admitem embargos infringentes ou de nulidade.

SÚMULA 212

Tem direito ao adicional de serviço perigoso o empregado de posto de revenda de combustível líquido.

SÚMULA 213

É devido o adicional de serviço noturno, ainda que sujeito o empregado ao regime de revezamento.

SÚMULA 214

A duração legal da hora de serviço noturno (52 minutos e trinta segundos) constitui vantagem suplementar que não dispensa o salário adicional.

SÚMULA 215

Conta-se a favor de empregado readmitido o tempo de serviço anterior, salvo se houver sido despedido por falta grave ou tiver recebido a indenização legal.

SÚMULA 216

Para decretação da absolvição de instância pela paralisação do processo por mais de trinta dias, é necessário que o autor, previamente intimado, não promova o andamento da causa.

SÚMULA 217

Tem direito de retornar ao emprego, ou ser indenizado em caso de recusa do empregador, o aposentado que recupera a capacidade de trabalho dentro de cinco anos, a contar da aposentadoria, que se torna definitiva após êsse prazo.

SÚMULA 218

É competente o Juízo da Fazenda Nacional da capital do Estado, e não o da situação da coisa, para a desapropriação promovida por emprêsa de energia elétrica, se a União Federal intervém como assistente.

SÚMULA 219

Para a indenização devida a empregado que tinha direito a ser readmitido, e não foi, levam-se em conta as vantagens advindas à sua categoria no período do afastamento.

SÚMULA 220

A indenização devida a empregado estável, que não é readmitido, ao cessar sua aposentadoria, deve ser paga em dôbro.

SÚMULA 221

A transferência de estabelecimento, ou a sua extinção parcial, por motivo que não seja de fôrça maior, não justifica a transferência de empregado estável.

SÚMULA 222

O princípio da identidade física do juiz não é aplicável às Juntas de Conciliação e Julgamento da Justiça do Trabalho.

SÚMULA 223

Concedida isenção de custas ao empregado, por elas não responde o sindicato que o representa em juízo.

SÚMULA 224

Os juros da mora, nas reclamações trabalhistas, são contados desde a notificação inicial.

SÚMULA 225

Não é absoluto o valor probatório das anotações da carteira profissional.

SÚMULA 226

Na ação de desquite, os alimentos são devidos desde a inicial e não da data da decisão que os concede.

SÚMULA 227

A concordata do empregador não impede a execução de crédito nem a reclamação de empregado na Justiça do Trabalho.

SÚMULA 228

Não é provisória a execução na pendência de recurso extraordinário, ou de agravo destinado a fazê-lo admitir.

SÚMULA 229

A indenização acidentária não exclui a do direito comum, em caso de dolo ou culpa grave do empregador.

SÚMULA 230

A prescrição da ação de acidente do trabalho conta-se do exame pericial que comprovar a enfermidade ou verificar a natureza da incapacidade.

SÚMULA 231

O revel, em processo cível, pode produzir provas, desde que compareça em tempo oportuno.

SÚMULA 232

Em caso de acidente do trabalho, são devidas diárias até doze meses, as quais não se confundem com a indenização acidentária nem com o auxílio-enfermidade.

ANOTAÇÕES

SÚMULA 233

Salvo em caso de divergência qualificada (L. 623, de 1949), não cabe recurso de embargos contra decisão que nega provimento a agravo ou não conhece de recurso extraordinário, ainda que por maioria de votos.

SÚMULA 234

São devidos honorários de advogado em ação de acidente do trabalho julgada procedente.

SÚMULA 235

É competente para a ação de acidente do trabalho a Justiça cível comum, inclusive em segunda instância, ainda que seja parte autarquia seguradora.

SÚMULA 236

Em ação de acidente do trabalho, a autarquia seguradora não tem isenção de custas.

SÚMULA 237

O usucapião pode ser arguído em defesa.

SÚMULA 238

Em caso de acidente do trabalho, a multa pelo retardamento da liquidação é exigível do segurador sub-rogado, ainda que autarquia.

SÚMULA 239

Decisão que declara indevida a cobrança do impôsto em determinado exercício não faz coisa julgada em relação aos posteriores.

SÚMULA 240

O depósito para recorrer, em ação de acidente do trabalho, é exigível do segurador sub-rogado, ainda que autarquia.

SÚMULA 241

A contribuição previdenciária incide sôbre o abono incorporado ao salário.

SÚMULA 242

O agravo no auto do processo deve ser apreciado, no julgamento da apelação, ainda que o agravante não tenha apelado.

SÚMULA 243

Em caso de dupla aposentadoria, os proventos a cargo do IAPFESP não são equiparáveis aos pagos pelo Tesouro Nacional, mas calculados à base da média salarial nos últimos doze meses de serviço.

SÚMULA 244

A importação de máquinas de costura está isenta do impôsto de consumo.

SÚMULA 245

A imunidade parlamentar não se estende ao co-réu sem essa prerrogativa.

SÚMULA 246

Comprovado não ter havido fraude, não se configura o crime de emissão de cheque sem fundos.

SÚMULA 247

O relator não admitirá os embargos da L. 623, de 19.2.49, nem deles conhecerá o Supremo Tribunal Federal, quando houver jurisprudência firme do Plenário no mesmo sentido da decisão embargada.

SÚMULA 248

É competente, originariamente, o Supremo Tribunal Federal, para mandado de segurança contra ato do Tribunal de Contas da União.

SÚMULA 249

É competente o Supremo Tribunal Federal para a ação rescisória, quando, embora não tendo conhecido do recurso extraordinário, ou havendo negado provimento ao agravo, tiver apreciado a questão federal controvertida.

ANOTAÇÕES

ANOTAÇÕES

SÚMULA 250

A intervenção da União desloca o processo do juízo cível comum para o fazendário.

SÚMULA 251

Responde a Rêde Ferroviária Federal S.A. perante o fôro comum e não perante o juízo especial da Fazenda Nacional, a menos que a União intervenha na causa.

SÚMULA 252

Na ação rescisória, não estão impedidos juízes que participaram do julgamento rescindendo.

SÚMULA 253

Nos embargos da L. 623, de 19.2.49, no Supremo Tribunal Federal, a divergência somente será acolhida, se tiver sido indicada na petição de recurso extraordinário.

SÚMULA 254

Incluem-se os juros moratórios na liquidação, embora omisso o pedido inicial ou a condenação.

SÚMULA 255

Sendo ilíquida a obrigação, os juros moratórios, contra a Fazenda Pública, incluídas as autarquias, são contados do trânsito em julgado da sentença de liquidação.

SÚMULA 256

É dispensável pedido expresso para condenação do réu em honorários, com fundamento nos arts. 63 ou 64 do Cód. de Proc. Civil.

SÚMULA 257

São cabíveis honorários de advogado na ação regressiva do segurador contra o causador do dano.

SÚMULA 258

É admissível reconvenção em ação declaratória.

SÚMULA 259

Para produzir efeito em juízo não é necessária a inscrição, no registro público, de documentos de procedência estrangeira, autenticados por via consular.

SÚMULA 260

O exame de livros comerciais, em ação judicial, fica limitado às transações entre os litigantes.

SÚMULA 261

Para a ação de indenização, em caso de avaria, é dispensável que a vistoria se faça judicialmente.

SÚMULA 262

Não cabe medida possessória liminar para liberação alfandegária de automóvel.

SÚMULA 263

O possuidor deve ser citado pessoalmente para a ação de usucapião.

SÚMULA 264

Verifica-se a prescrição intercorrente pela paralisação da ação rescisória por mais de cinco anos.

SÚMULA 265

Na apuração de haveres não prevalece o balanço não aprovado pelo sócio falecido, excluído ou que se retirou.

SÚMULA 266

Não cabe mandado de segurança contra lei em tese.

SÚMULA 267

Não cabe mandado de segurança contra ato judicial passível de recurso ou correição.

SÚMULA 268

Não cabe mandado de segurança contra decisão judicial com trânsito em julgado.

SÚMULA 269

O mandado de segurança não é substitutivo de ação de cobrança.

ANOTAÇÕES

SÚMULA 270

Não cabe mandado de segurança para impugnar enquadramento da L. 3.780, de 12.7.60, que envolva exame de prova ou de situação funcional complexa.

SÚMULA 271

Concessão de mandado de segurança não produz efeitos patrimoniais em relação a período pretérito, os quais devem ser reclamados administrativamente ou pela via judicial própria.

SÚMULA 272

Não se admite como ordinário recurso extraordinário de decisão denegatória de mandado de segurança.

SÚMULA 273

Nos embargos da L. 623, de 19.2.49, a divergência sôbre questão prejudicial ou preliminar, suscitada após a interposição do recurso extraordinário, ou do agravo, somente será acolhida se o acórdão-padrão fôr anterior à decisão embargada.

SÚMULA 274

É inconstitucional a taxa de serviço contra fogo cobrada pelo Estado de Pernambuco. (Revogada)

SÚMULA 275

Está sujeita a recurso ex officio sentença concessiva de reajustamento pecuário anterior à vigência da L. 2.804, de 25.6.56.

SÚMULA 276

Não cabe recurso de revista em ação executiva fiscal.

SÚMULA 277

São cabíveis embargos, em favor da Fazenda Pública, em ação executiva fiscal, não sendo unânime a decisão.

SÚMULA 278

São cabíveis embargos em ação executiva fiscal contra decisão reformatória da de primeira instância, ainda que unânime.

SÚMULA 279

Para simples reexame de prova não cabe recurso extraordinário.

SÚMULA 280

Por ofensa a direito local não cabe recurso extraordinário.

SÚMULA 281

É inadmissível o recurso extraordinário, quando couber na Justiça de origem, recurso ordinário da decisão impugnada.

SÚMULA 282

É inadmissível o recurso extraordinário, quando não ventilada, na decisão recorrida, a questão federal suscitada.

SÚMULA 283

É inadmissível o recurso extraordinário, quando a decisão recorrida assenta em mais de um fundamento suficiente e o recurso não abrange todos êles.

SÚMULA 284

É inadmissível o recurso extraordinário, quando a deficiência na sua fundamentação não permitir a exata compreensão da controvérsia.

SÚMULA 285

Não sendo razoável a arguição de inconstitucionalidade, não se conhece do recurso extraordinário fundado na letra c do art. 101, III, da Constituição Federal.

SÚMULA 286

Não se conhece do recurso extraordinário fundado em divergência jurisprudencial, quando a orientação do plenário do Supremo Tribunal Federal já se firmou no mesmo sentido da decisão recorrida.

SÚMULA 287

Nega-se provimento ao agravo, quando a deficiência na sua fundamentação, ou na do recurso extraordinário, não permitir a exata compreensão da controvérsia.

SÚMULA 288

Nega-se provimento a agravo para subida de recurso extraordinário, quando faltar no traslado o despacho agravado, a decisão recorrida, a petição de recurso extraordinário ou qualquer peça essencial à compreensão da controvérsia.

SÚMULA 289

O provimento do agravo por uma das Turmas do Supremo Tribunal Federal ainda que sem ressalva, não prejudica a questão do cabimento do recurso extraordinário.

SÚMULA 290

Nos embargos da L. 623, de 19.2.49, a prova de divergência far-se-á por certidão, ou mediante indicação do Diário da Justiça ou de repertório de jurisprudência autorizado, que a tenha publicado, com a transcrição do trecho que configure a divergência, mencionadas as circunstâncias que identifiquem ou assemelhem os casos confrontados.

SÚMULA 291

No recurso extraordinário pela letra d do art. 101, n. III, da Constituição, a prova do dissídio jurisprudencial far-se-á por certidão, ou mediante indicação do Diário da Justiça ou de repertório de jurisprudência autorizado, com a transcrição do trecho que configure a divergência, mencionadas as circunstâncias que identifiquem ou assemelhem os casos confrontados.

SÚMULA 292

Interposto o recurso extraordinário por mais de um dos fundamentos indicados no art. 101, n. III, da Constituição, a admissão apenas por um dêles não prejudica o seu conhecimento por qualquer dos outros.

SÚMULA 293

São inadmissíveis embargos infringentes contra decisão em matéria constitucional submetida ao plenário dos Tribunais.

SÚMULA 294

São inadmissíveis embargos infringentes contra decisão do Supremo Tribunal Federal em mandado de segurança.

SÚMULA 295

São inadmissíveis embargos infringentes contra decisão unânime do Supremo Tribunal Federal em ação rescisória.

SÚMULA 296

São inadmissíveis embargos infringentes sôbre matéria não ventilada, pela Turma, no julgamento do recurso extraordinário.

SÚMULA 297

Oficiais e praças das milícias dos Estados, no exercício de função policial civil, não são considerados militares para efeitos penais, sendo competente a Justiça comum para julgar os crimes cometidos por ou contra êles.

SÚMULA 298

O legislador ordinário só pode sujeitar civis à Justiça Militar, em tempo de paz, nos crimes contra a segurança externa do país ou as instituições militares.

SÚMULA 299

O recurso ordinário e o extraordinário interpostos no mesmo processo de mandado de segurança, ou de habeas corpus, serão julgados conjuntamente pelo Tribunal Pleno.

SÚMULA 300

São incabíveis os embargos da L. 623, de 19.2.49, contra provimento de agravo para subida de recurso extraordinário.

ANOTAÇÕES

SÚMULA 301

Por crime de responsabilidade, o procedimento penal contra Prefeito Municipal fica condicionado ao seu afastamento do cargo por impeachment, ou à cessação do exercício por outro motivo. (Cancelada)

SÚMULA 302

Está isenta da taxa de previdência social a importação de petróleo bruto.

SÚMULA 303

Não é devido o impôsto federal de sêlo em contrato firmado com autarquia anteriormente à vigência da Emenda Constitucional nº 5, de 21.11.61.

SÚMULA 304

Decisão denegatória de mandado de segurança, não fazendo coisa julgada contra o impetrante, não impede o uso da ação própria.

SÚMULA 305

Acordo de desquite ratificado por ambos os cônjuges não é retratável unilateralmente.

SÚMULA 306

As taxas de recuperação econômica e de assistência hospitalar de Minas Gerais são legítimas, quando incidem sôbre matéria tributável pelo Estado.

SÚMULA 307

É devido o adicional de serviço insalubre, calculado à base do salário mínimo da região, ainda que a remuneração contratual seja superior ao salário mínimo acrescido da taxa de insalubridade.

SÚMULA 308

A taxa de despacho aduaneiro, sendo adicional do impôsto de importação, não incide sôbre borracha importada com isenção daquele impôsto.

SÚMULA 309

A taxa de despacho aduaneiro, sendo adicional do impôsto de importação, não está compreendida na isenção do impôsto de consumo para automóvel usado trazido do exterior pelo proprietário.

SÚMULA 310

Quando a intimação tiver lugar na sexta-feira, ou a publicação com efeito de intimação fôr feita nesse dia, o prazo judicial terá início na segunda-feira imediata, salvo se não houver expediente, caso em que começará no primeiro dia útil que se seguir.

SÚMULA 311

No típico acidente do trabalho, a existência de ação judicial não exclui a multa pelo retardamento da liquidação.

SÚMULA 312

Músico integrante de orquestra da emprêsa, com atuação permanente e vínculo de subordinação, está sujeito a legislação geral do trabalho, e não à especial dos artistas.

SÚMULA 313

Provada a identidade entre o trabalho diurno e o noturno, é devido o adicional, quanto a este, sem a limitação do art. 73, § 3º, da C.L.T., independentemente da natureza da atividade do empregador.

SÚMULA 314

Na composição do dano por acidente do trabalho, ou de transporte, não é contrário à lei tomar para base da indenização o salário do tempo da perícia ou da sentença.

SÚMULA 315

Indispensável o traslado das razões da revista, para julgamento, pelo Tribunal Superior do Trabalho, do agravo para sua admissão.

ANOTAÇÕES

ANOTAÇÕES

SÚMULA 316

A simples adesão a greve não constitui falta grave.

SÚMULA 317

São improcedentes os embargos declaratórios, quando não pedida a declaração do julgado anterior, em que se verificou a omissão.

SÚMULA 318

É legítima a cobrança, em 1962, pela municipalidade de São Paulo, do impôsto de indústrias e profissões, consoante as leis 5.917 e 5.919, de 1961 (aumento anterior à vigência do orçamento e incidência do tributo sôbre o movimento econômico do contribuinte).

SÚMULA 319

O prazo do recurso ordinário para o Supremo Tribunal Federal, em habeas corpus ou mandado de segurança, é de cinco dias.

SÚMULA 320

A apelação despachada pelo juiz no prazo legal não fica prejudicada pela demora da juntada, por culpa do cartório.

SÚMULA 321

A constituição estadual pode estabelecer a irredutibilidade dos vencimentos do Ministério Público.

SÚMULA 322

Não terá seguimento pedido ou recurso dirigido ao Supremo Tribunal Federal, quando manifestamente incabível, ou apresentado fora do prazo, ou quando for evidente a incompetência do Tribunal.

SÚMULA 323

É inadmissível a apreensão de mercadorias como meio coercitivo para pagamento de tributos.

SÚMULA 324

A imunidade do art. 31, V, da Constituição Federal não compreende as taxas.

SÚMULA 325

As emendas ao regimento do Supremo Tribunal Federal, sôbre julgamento de questão constitucional, aplicam-se aos pedidos ajuizados e aos recursos interpostos anteriormente a sua aprovação.

SÚMULA 326

É legítima a incidência do impôsto de transmissão inter vivos sôbre a transferência do domínio útil.

SÚMULA 327

O direito trabalhista admite a prescrição intercorrente.

SÚMULA 328

É legítima a incidência do impôsto de transmissão inter vivos sôbre a doação de imóvel.

SÚMULA 329

O impôsto de transmissão inter vivos não incide sôbre a transferência de ações de sociedade imobiliária.

SÚMULA 330

O Supremo Tribunal Federal não é competente para conhecer de mandado de segurança contra atos dos Tribunais de Justiça dos Estados.

SÚMULA 331

É legítima a incidência do impôsto de transmissão causa mortis no inventário por morte presumida.

SÚMULA 332

É legítima a incidência do impôsto de vendas e consignações sôbre a parcela do preço correspondente aos ágios cambiais.

SÚMULA 333

Está sujeita ao impôsto de vendas e consignações a venda realizada por invernista não qualificado como pequeno produtor.

ANOTAÇÕES

SÚMULA 334

É legítima a cobrança, ao empreiteiro, do impôsto de vendas e consignações, sôbre o valor dos materiais empregados, quando a empreitada não for apenas de lavor.

SÚMULA 335

É válida a cláusula de eleição do fôro para os processos oriundos do contrato.

SÚMULA 336

A imunidade da autarquia financiadora, quanto ao contrato de financiamento, não se estende à compra e venda entre particulares, embora constantes os dois atos de um só instrumento.

SÚMULA 337

A controvérsia entre o empregador e o segurador não suspende o pagamento devido ao empregado por acidente do trabalho.

SÚMULA 338

Não cabe ação rescisória no âmbito da justiça do trabalho.

SÚMULA 339

Não cabe ao Poder Judiciário, que não tem função legislativa, aumentar vencimentos de servidores públicos sob fundamento de isonomia.

SÚMULA 340

Desde a vigência do Código Civil, os bens dominicais, como os demais bens públicos, não podem ser adquiridos por usucapião.

SÚMULA 341

É presumida a culpa do patrão ou comitente pelo ato culposo do empregado ou preposto.

SÚMULA 342

Cabe agravo no auto do processo, e não agravo de petição, do despacho que não admite a reconvenção.

SÚMULA 343

Não cabe ação rescisória por ofensa a literal disposição de lei, quando a decisão rescindenda se tiver baseado em texto legal de interpretação controvertida nos tribunais.

SÚMULA 344

Sentença de primeira instância concessiva de habeas corpus, em caso de crime praticado em detrimento de bens, serviços ou interesses da União, está sujeita a recurso ex officio.

SÚMULA 345

Na chamada desapropriação indireta, os juros compensatórios são devidos a partir da perícia, desde que tenha atribuído valor atual ao imóvel.

SÚMULA 346

A administração pública pode declarar a nulidade dos seus próprios atos.

SÚMULA 347

O Tribunal de Contas, no exercício de suas atribuições, pode apreciar a constitucionalidade das leis e dos atos do poder público.

SÚMULA 348

É constitucional a criação de taxa de construção, conservação e melhoramento de estradas.

SÚMULA 349

A prescrição atinge somente as prestações de mais de dois anos, reclamadas com fundamento em decisão normativa da Justiça do Trabalho, ou em convenção coletiva de trabalho, quando não estiver em causa a própria validade de tais atos.

SÚMULA 350

O impôsto de indústrias e profissões não é exigível de empregado, por falta de autonomia na sua atividade profissional.

SÚMULA 351

É nula a citação por edital de réu prêso na mesma unidade da Federação em que o juiz exerce a sua jurisdição.

SÚMULA 352

Não é nulo o processo penal por falta de nomeação de curador ao réu menor que teve a assistência de defensor dativo.

SÚMULA 353

São incabíveis os embargos da L. 623, de 19.2.49, com fundamento em divergência entre decisões da mesma Turma do Supremo Tribunal Federal.

SÚMULA 354

Em caso de embargos infringentes parciais, é definitiva a parte da decisão embargada em que não houve divergência na votação.

SÚMULA 355

Em caso de embargos infringentes parciais, é tardio o recurso extraordinário interposto após o julgamento dos embargos, quanto à parte da decisão embargada que não fôra por eles abrangida.

SÚMULA 356

O ponto omisso da decisão, sôbre o qual não foram opostos embargos declaratórios, não pode ser objeto de recurso extraordinário, por faltar o requisito do prequestionamento.

SÚMULA 357

É lícita a convenção pela qual o locador renuncia, durante a vigência do contrato, à ação revisional do art. 31 do Decreto 24.150, de 20.4.34.

SÚMULA 358

O servidor público em disponibilidade tem direito aos vencimentos integrais do cargo.

SÚMULA 359

Ressalvada a revisão prevista em lei, os proventos da inatividade regulam-se pela lei vigente ao tempo em que o militar, ou o servidor civil, reuniu os requisitos necessários. (Alterada)

SÚMULA 360

Não há prazo de decadência para a representação de inconstitucionalidade prevista no art. 8º, parágrafo único, da Constituição Federal.

SÚMULA 361

No processo penal, é nulo o exame realizado por um só perito, considerando-se impedido o que tiver funcionado, anteriormente, na diligência de apreensão.

SÚMULA 362

A condição de ter o clube sede própria para a prática de jôgo lícito não o obriga a ser proprietário do imóvel em que tem sede.

SÚMULA 363

A pessoa jurídica de direito privado pode ser demandada no domicílio da agência, ou estabelecimento, em que se praticou o ato.

SÚMULA 364

Enquanto o Estado da Guanabara não tiver Tribunal Militar de segunda instância, o Tribunal de Justiça é competente para julgar os recursos das decisões da auditoria da Polícia Militar.

ANOTAÇÕES

SÚMULA 365

Pessoa jurídica não tem legitimidade para propor ação popular.

SÚMULA 366

Não é nula a citação por edital que indica o dispositivo da lei penal, embora não transcreva a denúncia ou queixa, ou não resuma os fatos em que se baseia.

SÚMULA 367

Concede-se liberdade ao extraditando que não fôr retirado do país no prazo do art. 16 do Decreto-lei. 394, de 28.4.38.

SÚMULA 368

Não há embargos infringentes no processo de reclamação.

SÚMULA 369

Julgados do mesmo Tribunal não servem para fundamentar o recurso extraordinário por divergência jurisprudencial.

SÚMULA 370

Julgada improcedente a ação renovatória da locação, terá o locatário, para desocupar o imóvel, o prazo de seis meses, acrescido de tantos meses quantos forem os anos da ocupação, até o limite total de dezoito meses.

SÚMULA 371

Ferroviário, que foi admitido como servidor autárquico, não tem direito a dupla aposentadoria.

SÚMULA 372

A L. 2.752, de 10.4.56, sôbre dupla aposentadoria, aproveita, quando couber, a servidores aposentados antes de sua publicação.

SÚMULA 373

Servidor nomeado após aprovação no curso de capacitação policial, instituído na Polícia do Distrito Federal, em 1941, preenche o requisito da nomeação por concurso a que se referem as Leis 705, de 16.5.49 e 1.639, de 14.7.52.

SÚMULA 374

Na retomada para construção mais útil, não é necessário que a obra tenha sido ordenada pela autoridade pública.

SÚMULA 375

Não renovada a locação regida pelo D. 24.150, de 20.4.34, aplica-se o direito comum e não a legislação especial do inquilinato.

SÚMULA 376

Na renovação de locação, regida pelo D. 24.150, de 20.4.34, o prazo do nôvo contrato conta-se da transcrição da decisão exequenda no Registro de Títulos e Documentos; começa, porém, da terminação do contrato anterior, se esta tiver ocorrido antes do registro.

SÚMULA 377

No regime de separação legal de bens, comunicam-se os adquiridos na constância do casamento.

SÚMULA 378

Na indenização por desapropriação incluem-se honorários do advogado do expropriado.

SÚMULA 379

No acôrdo de desquite não se admite renúncia aos alimentos, que poderão ser pleiteados ulteriormente, verificados os pressupostos legais.

SÚMULA 380

Comprovada a existência de sociedade de fato entre os concubinos, é cabível a sua dissolução judicial, com a partilha do patrimônio adquirido pelo esfôrço comum.

SÚMULA 381

Não se homologa sentença de divórcio obtida, por procuração, em país de que os cônjuges não eram nacionais.

ANOTAÇÕES

ANOTAÇÕES

SÚMULA 382

A vida em comum sob o mesmo teto, more uxorio, não é indispensável à caracterização do concubinato.

SÚMULA 383

A prescrição em favor da Fazenda Pública recomeça a correr, por dois anos e meio, a partir do ato interruptivo, mas não fica reduzida aquém de cinco anos, embora o titular do direito a interrompa durante a primeira metade do prazo.

SÚMULA 384

A demissão de extranumerário do serviço público federal, equiparado a funcionário de provimento efetivo para efeito de estabilidade, é da competência do Presidente da República.

SÚMULA 385

Oficial das Fôrças Armadas só pode ser reformado, em tempo de paz, por decisão de tribunal militar permanente, ressalvada a situação especial dos atingidos pelo art. 177 da Constituição de 1937.

SÚMULA 386

Pela execução de obra musical por artistas remunerados é devido direito autoral, não exigível quando a orquestra fôr de amadores.

SÚMULA 387

A cambial emitida ou aceita com omissões, ou em branco, pode ser completada pelo credor de boa-fé antes da cobrança ou do protesto.

SÚMULA 388

O casamento da ofendida com quem não seja o ofensor faz cessar a qualidade do seu representante legal, e a ação penal só pode prosseguir por iniciativa da própria ofendida, observados os prazos legais de decadência e perempção. (Revogada)

SÚMULA 389

Salvo limite legal, a fixação de honorários de advogado, em complemento da condenação, depende das circunstâncias da causa, não dando lugar a recurso extraordinário.

SÚMULA 390

A exibição judicial de livros comerciais pode ser requerida como medida preventiva.

SÚMULA 391

O confinante certo deve ser citado, pessoalmente, para a ação de usucapião.

SÚMULA 392

O prazo para recorrer de acórdão concessivo de segurança conta-se da publicação oficial de suas conclusões, e não da anterior ciência à autoridade para cumprimento da decisão.

SÚMULA 393

Para requerer revisão criminal, o condenado não é obrigado a recolher-se à prisão.

SÚMULA 394

Cometido o crime durante o exercício funcional, prevalece a competência especial por prerrogativa de função, ainda que o inquérito ou a ação penal sejam iniciados após a cessação daquele exercício. (Cancelada)

SÚMULA 395

Não se conhece de recurso de habeas corpus cujo objeto seja resolver sôbre o ônus das custas, por não estar mais em causa a liberdade de locomoção.

SÚMULA 396

Para a ação penal por ofensa à honra, sendo admissível a exceção da verdade quanto ao desempenho de função pública, prevalece a competência especial por prerrogativa de função, ainda que já tenha cessado o exercício funcional do ofendido.

ANOTAÇÕES

SÚMULA 397

O poder de polícia da Câmara dos Deputados e do Senado Federal, em caso de crime cometido nas suas dependências, compreende, consoante o regimento, a prisão em flagrante do acusado e a realização do inquérito.

SÚMULA 398

O Supremo Tribunal Federal não é competente para processar e julgar, originariamente, deputado ou senador acusado de crime.

SÚMULA 399

Não cabe recurso extraordinário, por violação de lei federal, quando a ofensa alegada fôr a regimento de tribunal.

SÚMULA 400

Decisão que deu razoável interpretação à lei, ainda que não seja a melhor, não autoriza recurso extraordinário pela letra a do art. 101, III, da C.F.

SÚMULA 401

Não se conhece do recurso de revista, nem dos embargos de divergência, do processo trabalhista, quando houver jurisprudência firme do Tribunal Superior do Trabalho no mesmo sentido da decisão impugnada, salvo se houver colisão com a jurisprudência do Supremo Tribunal Federal.

SÚMULA 402

Vigia noturno tem direito a salário adicional.

SÚMULA 403

É de decadência o prazo de trinta dias para instauração do inquérito judicial, a contar da suspensão, por falta grave, de empregado estável.

SÚMULA 404

Não contrariam a Constituição os arts 3º, 22 e 27 da L. 3.244, de 14.8.57, que definem as atribuições do Conselho de Política Aduaneira quanto à tarifa flexível.

SÚMULA 405

Denegado o mandado de segurança pela sentença, ou no julgamento do agravo, dela interposto, fica sem efeito a liminar concedida, retroagindo os efeitos da decisão contrária.

SÚMULA 406

O estudante ou professor bolsista e o servidor público em missão de estudo satisfazem a condição da mudança de residência para o efeito de trazer automóvel do exterior, atendidos os demais requisitos legais.

SÚMULA 407

Não tem direito ao têrço de campanha o militar que não participou de operações de guerra, embora servisse na "zona de guerra".

SÚMULA 408

Os servidores fazendários não têm direito a percentagem pela arrecadação de receita federal destinada ao Banco Nacional de Desenvolvimento Econômico.

SÚMULA 409

Ao retomante, que tenha mais de um prédio alugado, cabe optar entre eles, salvo abuso de direito.

SÚMULA 410

Se o locador, utilizando prédio próprio para residência ou atividade comercial, pede o imóvel locado para uso próprio, diverso do que tem o por ele ocupado, não está obrigado a provar a necessidade, que se presume.

SÚMULA 411

O locatário autorizado a ceder a locação pode sublocar o imóvel.

SÚMULA 412

No compromisso de compra e venda com cláusula de arrependimento, a devolução do sinal, por quem o deu, ou a sua restituição em dôbro, por quem o recebeu, exclui indenização maior, a título de perdas e danos, salvo os juros moratórios e os encargos do processo.

SÚMULA 413

O compromisso de compra e venda de imóveis, ainda que não loteados, dá direito à execução compulsória, quando reunidos os requisitos legais.

SÚMULA 414

Não se distingue a visão direta da oblíqua na proibição de abrir janela, ou fazer terraço, eirado, ou varanda, a menos de metro e meio do prédio de outrem.

SÚMULA 415

Servidão de trânsito não titulada, mas tornada permanente, sobretudo pela natureza das obras realizadas, considera-se aparente, conferindo direito à proteção possessória.

SÚMULA 416

Pela demora no pagamento do preço da desapropriação não cabe indenização complementar além dos juros.

SÚMULA 417

Pode ser objeto de restituição, na falência, dinheiro em poder do falido, recebido em nome de outrem, ou do qual, por lei ou contrato, não tivesse êle a disponibilidade.

SÚMULA 418

O empréstimo compulsório não é tributo, e sua arrecadação não está sujeita à exigência constitucional da prévia autorização orçamentária.

SÚMULA 419

Os Municípios têm competência para regular o horário do comércio local, desde que não infrinjam leis estaduais ou federais válidas.

SÚMULA 420

Não se homologa sentença proferida no estrangeiro sem prova do trânsito em julgado.

SÚMULA 421

Não impede a extradição a circunstância de ser o extraditando casado com brasileira ou ter filho brasileiro.

SÚMULA 422

A absolvição criminal não prejudica a medida de segurança, quando couber, ainda que importe privação da liberdade.

SÚMULA 423

Não transita em julgado a sentença por haver omitido o recurso ex officio, que se considera interposto ex lege.

SÚMULA 424

Transita em julgado o despacho saneador de que não houve recurso, excluídas as questões deixadas, explícita ou implicitamente, para a sentença.

SÚMULA 425

O agravo despachado no prazo legal não fica prejudicado pela demora da juntada, por culpa do cartório; nem o agravo entregue em cartório no prazo legal, embora despachado tardiamente.

SÚMULA 426

A falta do termo específico não prejudica o agravo no auto do processo, quando oportuna a interposição por petição ou no têrmo da audiência.

SÚMULA 427

A falta de petição de interposição não prejudica o agravo no auto do processo tomado por têrmo.

ANOTAÇÕES

SÚMULA 428

Não fica prejudicada a apelação entregue em cartório no prazo legal, embora despachada tardiamente.

SÚMULA 429

A existência de recurso administrativo com efeito suspensivo não impede o uso do mandado de segurança contra omissão da autoridade.

SÚMULA 430

Pedido de reconsideração na via administrativa não interrompe o prazo para o mandado de segurança.

SÚMULA 431

É nulo o julgamento de recurso criminal, na segunda instância, sem prévia intimação, ou publicação da pauta, salvo em habeas corpus.

SÚMULA 432

Não cabe recurso extraordinário com fundamento no art. 101, III, d, da Constituição Federal, quando a divergência alegada fôr entre decisões da Justiça do Trabalho.

SÚMULA 433

É competente o Tribunal Regional do Trabalho para julgar mandado de segurança contra ato de seu presidente em execução de sentença trabalhista.

SÚMULA 434

A controvérsia entre seguradores indicados pelo empregador na ação de acidente do trabalho não suspende o pagamento devido ao acidentado.

SÚMULA 435

O impôsto de transmissão causa mortis pela transferência de ações é devido ao Estado em que tem sede a companhia.

SÚMULA 436

É válida a L. 4.093, de 24.10.959, do Paraná, que revogou a isenção concedida às cooperativas por lei anterior.

SÚMULA 437

Está isenta da taxa de despacho aduaneiro a importação de equipamento para a indústria automobilística, segundo plano aprovado, no prazo legal, pelo órgão competente.

SÚMULA 438

É ilegítima a cobrança, em 1962, da Taxa de Educação e Saúde, de Santa Catarina, adicional do impôsto de vendas e consignações.

SÚMULA 439

Estão sujeitos à fiscalização tributária ou previdenciária quaisquer livros comerciais, limitado o exame aos pontos objeto da investigação.

SÚMULA 440

Os benefícios da legislação federal de serviços de guerra não são exigíveis dos Estados, sem que a lei estadual assim disponha.

SÚMULA 441

O militar, que passa à inatividade com proventos integrais, não tem direito às cotas trigésimas a que se refere o Código de Vencimentos e Vantagens dos Militares.

SÚMULA 442

A inscrição do contrato de locação no Registro de Imóveis, para a validade da cláusula de vigência contra o adquirente do imóvel, ou perante terceiros, dispensa a transcrição no Registro de Títulos e Documentos.

SÚMULA 443

A prescrição das prestações anteriores ao período previsto em lei não ocorre, quando não tiver sido negado, antes daquele prazo, o próprio direito reclamado, ou a situação jurídica de que êle resulta.

ANOTAÇÕES

ANOTAÇÕES

SÚMULA 444

Na retomada para construção mais útil, de imóvel sujeito ao D. 24.150, de 20.4.34, a indenização se limita às despesas de mudança.

SÚMULA 445

A L. 2.437, de 7.3.55, que reduz prazo prescricional, é aplicável às prescrições em curso na data de sua vigência (1.1.56), salvo quanto aos processos então pendentes.

SÚMULA 446

Contrato de exploração de jazida ou pedreira não está sujeito ao D. 24.150, de 20.4.34.

SÚMULA 447

É válida a disposição testamentária em favor de filho adulterino do testador com sua concubina.

SÚMULA 448

O prazo para o assistente recorrer, supletivamente, começa a correr imediatamente após o transcurso do prazo do Ministério Público.

SÚMULA 449

O valor da causa, na consignatória de aluguel, corresponde a uma anuidade.

SÚMULA 450

São devidos honorários de advogado sempre que vencedor o beneficiário de justiça gratuita.

SÚMULA 451

A competência especial por prerrogativa de função não se estende ao crime cometido após a cessação definitiva do exercício funcional.

SÚMULA 452

Oficiais e praças do Corpo de Bombeiros do Estado da Guanabara respondem perante a Justiça Comum por crime anterior à L. 427, de 11.10.48.

SÚMULA 453

Não se aplicam à segunda instância o art. 384 e parágrafo único do Código de Processo Penal, que possibilitam dar nova definição jurídica ao fato delituoso, em virtude de circunstância elementar não contida, explícita ou implicitamente, na denúncia ou queixa.

SÚMULA 454

Simples interpretação de cláusulas contratuais não dá lugar a recurso extraordinário.

SÚMULA 455

Da decisão que se seguir ao julgamento de constitucionalidade pelo Tribunal Pleno, são inadmissíveis embargos infringentes quanto à matéria constitucional.

SÚMULA 456

O Supremo Tribunal Federal, conhecendo do recurso extraordinário, julgará a causa, aplicando o direito à espécie.

SÚMULA 457

O Tribunal Superior do Trabalho, conhecendo da revista, julgará a causa, aplicando o direito à espécie.

SÚMULA 458

O processo da execução trabalhista não exclui a remição pelo executado.

SÚMULA 459

No cálculo da indenização por despedida injusta, incluem-se os adicionais, ou gratificações, que, pela habitualidade, se tenham incorporado ao salário.

SÚMULA 460

Para efeito do adicional de insalubridade, a perícia judicial, em reclamação trabalhista, não dispensa o enquadramento da atividade entre as insalubres, que é ato da competência do Ministro do Trabalho e Previdência Social.

ANOTAÇÕES

SÚMULA 461

É duplo, e não triplo, o pagamento do salário nos dias destinados a descanso.

SÚMULA 462

No cálculo da indenização por despedida injusta inclui-se, quando devido, o repouso semanal remunerado.

SÚMULA 463

Para efeito de indenização e estabilidade, conta-se o tempo em que o empregado esteve afastado, em serviço militar obrigatório, mesmo anteriormente à L. 4.072, de 1.6.62.

SÚMULA 464

No cálculo da indenização por acidente do trabalho inclui-se, quando devido, o repouso semanal remunerado.

SÚMULA 465

O regime de manutenção de salário, aplicável ao IAPM e ao IAPETC, exclui a indenização tarifada na Lei de Acidentes do Trabalho, mas não o benefício previdenciário.

SÚMULA 466

Não é inconstitucional a inclusão de sócios e administradores de sociedades e titulares de firmas individuais como contribuintes obrigatórios da previdência social.

SÚMULA 467

A base do cálculo das contribuições previdenciárias, anteriormente à vigência da Lei Orgânica da Previdência Social, é o salário mínimo mensal, observados os limites da L. 2.755 de 1956.

SÚMULA 468

Após a E. C. nº 5 de 21.11.61, em contrato firmado com a União, Estado, Município ou autarquia, é devido o impôsto federal de sêlo pelo contratante não protegido pela imunidade, ainda que haja repercussão do ônus tributário sôbre o patrimônio daquelas entidades.

SÚMULA 469

A multa de cem por cento, para o caso de mercadoria importada irregularmente, é calculada à base do custo de câmbio da categoria correspondente.

SÚMULA 470

O impôsto de transmissão inter vivos não incide sôbre a construção, ou parte dela, realizada, inequivocamente, pelo promitente comprador, mas sôbre o valor do que tiver sido construído antes da promessa de venda.

SÚMULA 471

As emprêsas aeroviárias não estão isentas do impôsto de indústrias e profissões.

SÚMULA 472

A condenação do autor em honorários de advogado, com fundamento no art. 64 do C. P. C., depende de reconvenção.

SÚMULA 473

A administração pode anular seus próprios atos, quando eivados de vícios que os tornam ilegais, porque dêles não se originam direitos; ou revogá-los, por motivo de conveniência ou oportunidade, respeitados os direitos adquiridos, e ressalvada, em todos os casos, a apreciação judicial.

SÚMULA 474

Não há direito líquido e certo, amparado pelo mandado de segurança, quando se escuda em lei cujos efeitos foram anulados por outra, declarada constitucional pelo Supremo Tribunal Federal.

SÚMULA 475

A Lei nº 4.686, de 21-6-65, tem aplicação imediata aos processos em curso, inclusive em grau de recurso extraordinário.

SÚMULA 476

Desapropriadas as ações de uma sociedade, o Poder desapropriante, imitido na posse, pode exercer, desde logo, todos os direitos inerentes aos respectivos títulos.

SÚMULA 477

As concessões de terras devolutas situadas na faixa de fronteira, feitas pelos Estados, autorizam, apenas, o uso, permanecendo o domínio com a União, ainda que se mantenha inerte ou tolerante, em relação aos possuidores.

SÚMULA 478

O provimento em cargos de Juízes substitutos do Trabalho, deve ser feito independentemente de lista tríplice, na ordem de classificação dos candidatos.

SÚMULA 479

As margens dos rios navegáveis são de domínio público, insuscetíveis de expropriação e, por isso mesmo, excluídas de indenização.

SÚMULA 480

Pertencem ao domínio e administração da União, nos têrmos dos arts. 4º, IV e 186, da Constituição Federal de 1967, as terras ocupadas por silvícolas.

SÚMULA 481

Se a locação compreende, além do imóvel, fundo de comércio, com instalações e pertences, como no caso de teatros, cinemas e hotéis, não se aplicam ao retomante as restrições do art. 8º, e, parágrafo único, do Decreto nº. 24.150, de 20.4.34.

SÚMULA 482

O locatário, que não fôr sucessor ou cessionário do que o precedeu na locação, não pode somar os prazos concedidos a este, para pedir a renovação do contrato, nos termos do Decreto nº 24.150.

SÚMULA 483

É dispensável a prova da necessidade, na retomada de prédio situado em localidade para onde o proprietário pretende transferir residência, salvo se mantiver, também, a anterior, quando dita prova será exigida.

SÚMULA 484

Pode, legitimamente, o proprietário pedir o prédio para a residência de filho, ainda que solteiro, de acordo com o art. 11, nº III, da Lei nº 4.494, de 25.11.64.

SÚMULA 485

Nas locações regidas pelo Decreto nº 24.150, de 20 de abril de 1934, a presunção de sinceridade do retomante é relativa, podendo ser ilidida pelo locatário.

SÚMULA 486

Admite-se a retomada para sociedade da qual o locador, ou seu cônjuge, seja sócio, com participação predominante no capital social.

SÚMULA 487

Será deferida a posse a quem, evidentemente, tiver o domínio, se com base neste fôr ela disputada.

SÚMULA 488

A preferência a que se refere o art. 9º da Lei nº 3.912, de 3-7-1961, constitui direito pessoal. Sua violação resolve-se em perdas e danos.

SÚMULA 489

A compra e venda de automóvel não prevalece contra terceiros, de boa-fé, se o contrato não foi transcrito no Registro de Títulos e Documentos.

SÚMULA 490

A pensão correspondente à indenização oriunda de responsabilidade civil deve ser calculada com base no salário-mínimo vigente ao tempo da sentença e ajustar-se-á às variações ulteriores.

ANOTAÇÕES

SÚMULA 491

É indenizável o acidente que cause a morte de filho menor, ainda que não exerça trabalho remunerado.

SÚMULA 492

A emprêsa locadora de veículos responde, civil e solidariamente com o locatário, pelos danos por este causados a terceiro, no uso do carro locado.

SÚMULA 493

O valor da indenização, se consistente em prestações periódicas e sucessivas, compreenderá, para que se mantenha inalterável na sua fixação, parcelas compensatórias do impôsto de renda, incidente sôbre os juros do capital gravado ou caucionado, nos termos dos arts. 911 e 912 do Código de Processo Civil.

SÚMULA 494

A ação para anular venda de ascendente a descendente, sem consentimento dos demais, prescreve em vinte anos, contados da data do ato, revogada a Súmula nº 152.

SÚMULA 495

A restituição em dinheiro da coisa vendida a crédito, entregue nos quinze dias anteriores ao pedido de falência ou de concordata, cabe, quando, ainda que consumida ou transformada, não faça o devedor prova de haver sido alienada a terceiro.

SÚMULA 496

São válidos, porque salvaguardados pelas Disposições Constitucionais Transitórias da Constituição Federal de 1967, os decretos-leis expedidos entre 24 de janeiro e 15 de março de 1967.

SÚMULA 497

Quando se tratar de crime continuado, a prescrição regula-se pela pena imposta na sentença, não se computando o acréscimo decorrente da continuação.

SÚMULA 498

Compete à Justiça dos Estados, em ambas as instâncias, o processo e o julgamento dos crimes contra a economia popular.

SÚMULA 499

Não obsta à concessão do "sursis" condenação anterior à pena de multa.

SÚMULA 500

Não cabe a ação cominatória para compelir-se o réu a cumprir obrigação de dar.

SÚMULA 501

Compete à Justiça ordinária estadual o processo e o julgamento, em ambas as instâncias, das causas de acidente do trabalho, ainda que promovidas contra a União, suas autarquias, emprêsas públicas ou sociedades de economia mista.

SÚMULA 502

Na aplicação do art. 839 do C. Pr. Civ., com a redação da Lei nº 4.290, de 5.12.63, a relação valor da causa e salário mínimo vigente na Capital do Estado, ou do Território, para o efeito de alçada, deve ser considerada na data do ajuizamento do pedido.

SÚMULA 503

A dúvida, suscitada por particular, sôbre o direito de tributar, manifestado por dois Estados, não configura litígio da competência originária do Supremo Tribunal Federal.

SÚMULA 504

Compete à Justiça Federal, em ambas as instâncias, o processo e o julgamento das causas fundadas em contrato de seguro marítimo.

ANOTAÇÕES

ANOTAÇÕES

SÚMULA 505

Salvo quando contrariarem a Constituição, não cabe recurso para o Supremo Tribunal Federal, de quaisquer decisões da Justiça do Trabalho, inclusive dos presidentes de seus Tribunais.

SÚMULA 506

O agravo a que se refere o art. 4º da Lei nº 4.348, de 26.6.64, cabe, somente, do despacho do Presidente do Supremo Tribunal Federal que defere a suspensão da liminar, em mandado de segurança; não do que a denega.

SÚMULA 507

A ampliação dos prazos a que se refere o art. 32 do Código de Processo Civil aplica-se aos executivos fiscais.

SÚMULA 508

Compete à Justiça Estadual, em ambas as instâncias, processar e julgar as causas em que fôr parte o Banco do Brasil S. A.

SÚMULA 509

A Lei nº 4.632, de 18.5.65, que alterou o art. 64 do Código de Processo Civil, aplica-se aos processos em andamento, nas instâncias ordinárias.

SÚMULA 510

Praticado o ato por autoridade, no exercício de competência delegada, contra ela cabe o mandado de segurança ou a medida judicial.

SÚMULA 511

Compete à Justiça Federal, em ambas as instâncias, processar e julgar as causas entre autarquias federais e entidades públicas locais, inclusive mandados de segurança, ressalvada a ação fiscal, nos termos da Constituição Federal de 1967, art. 119, § 3º.

SÚMULA 512

Não cabe condenação em honorários de advogado na ação de mandado de segurança.

SÚMULA 513

A decisão que enseja a interposição de recurso ordinário ou extraordinário não é a do plenário, que resolve o incidente de inconstitucionalidade, mas a do órgão (Câmaras, Grupos ou Turmas) que completa o julgamento do feito.

SÚMULA 514

Admite-se ação rescisória contra sentença transitada em julgado, ainda que contra ela não se tenha esgotado todos os recursos.

SÚMULA 515

A competência para a ação rescisória não é do Supremo Tribunal Federal, quando a questão federal, apreciada no recurso extraordinário ou no agravo de instrumento, seja diversa da que foi suscitada no pedido rescisório.

SÚMULA 516

O Serviço Social da Indústria – S. E. S. I. – está sujeito à jurisdição da Justiça Estadual.

SÚMULA 517

As sociedades de economia mista só têm fôro na Justiça Federal, quando a União intervém como assistente ou opoente.

SÚMULA 518

A intervenção da União, em feito já julgado pela segunda instância e pendente de embargos, não desloca o processo para o Tribunal Federal de Recursos.

SÚMULA 519

Aplica-se aos executivos fiscais o princípio da sucumbência a que se refere o art. 64 do Código de Processo Civil.

ANOTAÇÕES

SÚMULA 520

Não exige a lei que, para requerer o exame a que se refere o art. 777 do Código de Processo Penal, tenha o sentenciado cumprido mais de metade do prazo da medida de segurança imposta.

SÚMULA 521

O foro competente para o processo e julgamento dos crimes de estelionato, sob a modalidade da emissão dolosa de cheque sem provisão de fundos, é o do local onde se deu a recusa do pagamento pelo sacado.

SÚMULA 522

Salvo ocorrência de tráfico para o Exterior, quando, então, a competência será da Justiça Federal, compete à Justiça dos Estados o processo e julgamento dos crimes relativos a entorpecentes.

SÚMULA 523

No processo penal, a falta da defesa constitui nulidade absoluta, mas a sua deficiência só o anulará se houver prova de prejuízo para o réu.

SÚMULA 524

Arquivado o inquérito policial, por despacho do juiz, a requerimento do promotor de justiça, não pode a ação penal ser iniciada, sem novas provas.

SÚMULA 525

A medida de segurança não será aplicada em segunda instância, quando só o réu tenha recorrido.

SÚMULA 526

Subsiste a competência do Supremo Tribunal Federal para conhecer e julgar a apelação, nos crimes da Lei de Segurança Nacional, se houve sentença antes da vigência do A.I. nº 2.

SÚMULA 527

Após a vigência do Ato Institucional nº 6, que deu nova redação ao art. 114, III, da Constituição Federal de 1967, não cabe recurso extraordinário das decisões do juiz singular.

SÚMULA 528

Se a decisão contiver partes autônomas, a admissão parcial, pelo Presidente do Tribunal a quo, de recurso extraordinário que, sôbre qualquer delas se manifestar, não limitará a apreciação de tôdas pelo Supremo Tribunal Federal, independentemente de interposição de agravo de instrumento.

SÚMULA 529

Subsiste a responsabilidade do empregador pela indenização decorrente de acidente do trabalho, quando o segurador, por haver entrado em liquidação, ou por outro motivo, não se encontrar em condições financeiras, de efetuar, na forma da lei, o pagamento que o seguro obrigatório visava garantir.

SÚMULA 530

Na legislação anterior ao art. 4º da Lei nº 4.749, de 12-8-1965, a contribuição para a previdência social não estava sujeita ao limite estabelecido no art. 69 da Lei nº 3.807, de 26 de agosto de 1960, sôbre o 13º salário a que se refere o art. 3º da Lei nº 4.281, de 8-11-63.

SÚMULA 531

É inconstitucional o Decreto nº 51.668, de 17-1-1963, que estabeleceu salário profissional para trabalhadores de transportes marítimos, fluviais e lacustres.

SÚMULA 532

É constitucional a Lei nº 5.043, de 21.6.66, que concedeu remissão das dívidas fiscais oriundas da falta de oportuno pagamento de sêlo nos contratos particulares com a Caixa Econômica e outras entidades autárquicas.

SÚMULA 533

Nas operações denominadas "crediários", com emissão de vales ou certificados para compras e nas quais, pelo financiamento, se cobram, em separado, juros, selos e outras despesas, incluir-se-á tudo no custo da mercadoria e sôbre esse preço global calcular-se-á o impôsto de vendas e consignações.

SÚMULA 534

O impôsto de importação sôbre o extrato alcoólico de malte, como matéria-prima para fabricação de whisky, incide à base de 60%, desde que desembarcado antes do Ddecreto-lei nº 398, de 30.12.1968.

SÚMULA 535

Na importação, a granel, de combustíveis líquidos é admíssivel a diferença de pêso, para mais, até 4%, motivada pelas variações previstas no Decreto-lei nº 1.028, de 4-1-1939, art. 1º.

SÚMULA 536

São objetivamente imunes ao impôsto sôbre circulação de mercadorias os produtos industrializados, em geral, destinados à exportação, além de outros, com a mesma destinação, cuja isenção a lei determinar.

SÚMULA 537

É inconstitucional a exigência de impôsto estadual do sêlo, quando feita nos atos e instrumentos tributados ou regulados por lei federal, ressalvado o disposto no art. 15, § 5º, da Constituição Federal de 1946.

SÚMULA 538

A avaliação judicial para o efeito do cálculo das benfeitorias dedutíveis do impôsto sôbre lucro imobiliário independe do limite a que se refere a Lei nº 3.470, de 28-11-1958, art. 8º, parágrafo único.

SÚMULA 539

É constitucional a lei do Município que reduz o impôsto predial urbano sôbre imóvel ocupado pela residência do proprietário, que não possua outro.

SÚMULA 540

No preço da mercadoria sujeita ao impôsto de vendas e consignações, não se incluem as despesas de frete e carreto.

SÚMULA 541

O impôsto sôbre vendas e consignações não incide sôbre a venda ocasional de veículos e equipamentos usados, que não se insere na atividade profissional do vendedor, e não é realizada com o fim de lucro, sem caráter, pois, de comercialidade.

SÚMULA 542

Não é inconstitucional a multa instituída pelo Estado-membro, como sanção pelo retardamento do início ou da ultimação do inventário.

SÚMULA 543

A Lei nº 2.975, de 27-11-1965, revogou, apenas, as isenções de caráter geral, relativas ao impôsto único sôbre combustíveis, não as especiais, por outras leis concedidas.

SÚMULA 544

Isenções tributárias concedidas, sob condição onerosa, não podem ser livremente suprimidas.

SÚMULA 545

Preços de serviços públicos e taxas não se confundem, porque estas, diferentemente daqueles, são compulsórias e têm sua cobrança condicionada à prévia autorização orçamentária, em relação à lei que as instituiu.

SÚMULA 546

Cabe a restituição do tributo pago indevidamente, quando reconhecido por decisão, que o contribuinte de jure não recuperou do contribuinte de facto o quantum respectivo.

ANOTAÇÕES

SÚMULA 547

Não é lícito à autoridade proibir que o contribuinte em débito adquira estampilhas, despache mercadorias nas alfândegas e exerça suas atividades profissionais.

SÚMULA 548

É inconstitucional o Decreto-lei nº 643, de 19.6.47, artigo 4º, do Paraná, na parte que exige sêlo proporcional sôbre atos e instrumentos regulados por lei federal.

SÚMULA 549

A Taxa de Bombeiros do Estado de Pernambuco é constitucional, revogada a Súmula nº 274.

SÚMULA 550

A isenção concedida pelo art. 2º da Lei nº 1.815 de 1953, às emprêsas de navegação aérea não compreende a taxa de melhoramento de portos, instituída pela Lei nº 3.421 de 1958.

SÚMULA 551

É inconstitucional a taxa de urbanização da Lei número 2.320, de 20-12-1961, instituída pelo Município de Pôrto Alegre, porque seu fato gerador é o mesmo da transmissão imobiliária.

SÚMULA 552

Com a regulamentação do art. 15 da Lei nº 5.316/67, pelo Decreto 71.037/72, tornou-se exequível a exigência da exaustão da via administrativa antes do início da ação de acidente do trabalho.

SÚMULA 553

O Adicional ao Frete para Renovação da Marinha Mercante (AFRMM) é contribuição parafiscal, não sendo abrangido pela imunidade prevista na letra d, inciso III, do art. 19, da Constituição Federal.

SÚMULA 554

O pagamento de cheque emitido sem provisão de fundos, após o recebimento da denúncia, não obsta ao prosseguimento da ação penal.

SÚMULA 555

É competente o Tribunal de Justiça para julgar conflito de jurisdição entre Juiz de Direito do Estado e a Justiça Militar local.

SÚMULA 556

É competente a Justiça comum para julgar as causas em que é parte sociedade de economia mista.

SÚMULA 557

É competente a Justiça Federal para julgar as causas em que são partes a COBAL e a CIBRAZEM.

SÚMULA 558

É constitucional o art. 27 do Decreto-lei 898, de 29.9.69.

SÚMULA 559

O Decreto-lei 730, de 5.8.69, revogou a exigência de homologação, pelo Ministro da Fazenda, das Resoluções do Conselho de Política Aduaneira.

SÚMULA 560

A extinção de punibilidade, pelo pagamento do tributo devido, estende-se ao crime de contrabando ou descaminho, por força do art. 18, § 2º, do Decreto-lei 157/67.

SÚMULA 561

Em desapropriação, é devida a correção monetária até a data do efetivo pagamento da indenização, devendo proceder-se à atualização do cálculo, ainda que por mais de uma vez.

SÚMULA 562

Na indenização de danos materiais decorrentes de ato ilícito cabe a atualização de seu valor, utilizando-se, para esse fim, dentre outros critérios, dos índices de correção monetária.

ANOTAÇÕES

ANOTAÇÕES

SÚMULA 563

O concurso de preferência a que se refere o parágrafo único do art. 187 do Código Tributário Nacional é compatível com o disposto no art. 9º, inciso I, da Constituição Federal.

SÚMULA 564

A ausência de fundamentação do despacho de recebimento de denúncia por crime falimentar enseja nulidade processual, salvo se já houver sentença condenatória.

SÚMULA 565

A multa fiscal moratória constitui pena administrativa, não se incluindo no crédito habilitado em falência.

SÚMULA 566

Enquanto pendente, o pedido de readaptação fundado em desvio funcional não gera direitos para o servidor, relativamente ao cargo pleiteado.

SÚMULA 567

A constituição, ao assegurar, no § 3º do art. 102, a contagem integral do tempo de serviço público federal, estadual ou municipal para os efeitos de aposentadoria e disponibilidade não proíbe à União, aos Estados e aos Municípios mandarem contar, mediante lei, para efeito diverso, tempo de serviço prestado a outra pessoa de direito público interno.

SÚMULA 568

A identificação criminal não constitui constrangimento ilegal, ainda que o indiciado já tenha sido identificado civilmente.

SÚMULA 569

É inconstitucional a discriminação de alíquotas do imposto de circulação de mercadorias nas operações interestaduais, em razão de o destinatário ser, ou não, contribuinte.

SÚMULA 570

O impôsto de circulação de mercadorias não incide sobre a importação de bens de capital.

SÚMULA 571

O comprador de café ao IBC, ainda que sem expedição de nota fiscal, habilita-se, quando da comercialização do produto, ao crédito do ICM que incidiu sobre a operação anterior.

SÚMULA 572

No cálculo do imposto de circulação de mercadorias devido na saída de mercadorias para o exterior, não se incluem fretes pagos a terceiros, seguros e despesas de embarque.

SÚMULA 573

Não constitui fato gerador do imposto de circulação de mercadorias a saída física de máquinas, utensílios e implementos a título de comodato.

SÚMULA 574

Sem lei estadual que a estabeleça, é ilegítima a cobrança do imposto de circulação de mercadorias sobre o fornecimento de alimentação e bebidas em restaurante ou estabelecimento similar.

SÚMULA 575

À mercadoria importada de país signatário do GATT, ou membro da ALALC, estende-se a isenção do imposto de circulação de mercadorias concedida a similar nacional.

SÚMULA 576

É lícita a cobrança do imposto de circulação de mercadorias sobre produtos importados sob o regime da alíquota "zero".

SÚMULA 577

Na importação de mercadorias do exterior, o fato gerador do imposto de circulação de mercadorias ocorre no momento de sua entrada no estabelecimento do importador.

ANOTAÇÕES

SÚMULA 578

Não podem os Estados, a título de ressarcimento de despesas, reduzir a parcela de 20% do produto da arrecadação do imposto de circulação de mercadorias, atribuída aos Municípios pelo art. 23, § 8º, da Constituição Federal.

SÚMULA 579

A cal virgem e a hidratada estão sujeitas ao imposto de circulação de mercadorias.

SÚMULA 580

A isenção prevista no art. 13, parágrafo único, do Decreto-lei 43/66, restringe-se aos filmes cinematográficos.

SÚMULA 581

A exigência de transporte em navio de bandeira brasileira, para efeito de isenção tributária, legitimou-se com o advento do Decreto-lei nº 666, de 2.7.69.

SÚMULA 582

É constitucional a Resolução nº 640/69, do Conselho de Política Aduaneira, que reduziu a alíquota do imposto de importação para a soda cáustica, destinada a zonas de difícil distribuição e abastecimento.

SÚMULA 583

Promitente-Comprador de imóvel residencial transcrito em nome de autarquia é contribuinte do imposto predial territorial urbano.

SÚMULA 584

Ao imposto de renda calculado sobre os rendimentos do ano-base, aplica-se a lei vigente no exercício financeiro em que deve ser apresentada a declaração.

SÚMULA 585

Não incide o imposto de renda sobre a remessa de divisas para pagamento de serviços prestados no exterior, por empresa que não opera no Brasil.

SÚMULA 586

Incide imposto de renda sobre os juros remetidos para o exterior, com base em contrato de mútuo.

SÚMULA 587

Incide imposto de renda sobre o pagamento de serviços técnicos contratados no exterior e prestados no Brasil.

SÚMULA 588

O imposto sobre serviços não incide sobre os depósitos, as comissões e taxas de desconto, cobrados pelos estabelecimentos bancários.

SÚMULA 589

É inconstitucional a fixação de adicional progressivo do imposto predial e territorial urbano em função do número de imóveis do contribuinte.

SÚMULA 590

Calcula-se o imposto de transmissão causa mortis sobre o saldo credor da promessa de compra e venda de imóvel, no momento da abertura da sucessão do promitente vendedor.

SÚMULA 591

A imunidade ou a isenção tributária do comprador não se estende ao produtor, contribuinte do imposto sobre produtos industrializados.

SÚMULA 592

Nos crimes falimentares, aplicam-se as causas interruptivas da prescrição, previstas no Código Penal.

SÚMULA 593

Incide o percentual do Fundo de Garantia do Tempo de Serviço (FGTS) sobre a parcela da remuneração correspondente a horas extraordinárias de trabalho.

SÚMULA 594

Os direitos de queixa e de representação podem ser exercidos, independentemente, pelo ofendido ou por seu representante legal.

SÚMULA 595

É inconstitucional a taxa municipal de conservação de estradas de rodagem cuja base de cálculo seja idêntica à do imposto territorial rural.

SÚMULA 596

As disposições do Decreto 22.626/33 não se aplicam às taxas de juros e aos outros encargos cobrados nas operações realizadas por instituições públicas ou privadas, que integram o sistema financeiro nacional.

SÚMULA 597

Não cabem embargos infringentes de acórdão que, em mandado de segurança decidiu, por maioria de votos, a apelação.

SÚMULA 598

Nos embargos de divergência não servem como padrão de discordância os mesmos paradigmas invocados para demonstrá-la mas repelidos como não dissidentes no julgamento do recurso extraordinário.

SÚMULA 599

São incabíveis embargos de divergência de decisão de turma, em agravo regimental. (Cancelada)

SÚMULA 600

Cabe ação executiva contra o emitente e seus avalistas, ainda que não apresentado o cheque ao sacado no prazo legal, desde que não prescrita a ação cambiária.

SÚMULA 601

Os arts. 3º, II, e 55 da Lei Complementar nº 40/81 (Lei Orgânica do Ministério Público) não revogaram a legislação anterior que atribui a iniciativa para a ação penal pública, no processo sumário, ao juiz ou à autoridade policial, mediante Portaria ou Auto de Prisão em Flagrante.

SÚMULA 602

Nas causas criminais, o prazo de interposição de Recurso Extraordinário é de 10 (dez) dias.

SÚMULA 603

A competência para o processo e julgamento de latrocínio é do Juiz singular e não do Tribunal do Júri.

SÚMULA 604

A prescrição pela pena em concreto é somente da pretensão executória da pena privativa de liberdade.

SÚMULA 605

Não se admite continuidade delitiva nos crimes contra a vida.

SÚMULA 606

Não cabe habeas corpus originário para o Tribunal Pleno de decisão de Turma, ou do Plenário, proferida em habeas corpus ou no respectivo recurso.

SÚMULA 607

Na ação penal regida pela Lei nº 4611/65, a denúncia, como substitutivo da Portaria, não interrompe a prescrição.

SÚMULA 608

No crime de estupro, praticado mediante violência real, a ação penal é pública incondicionada.

SÚMULA 609

É pública incondicionada a ação penal por crime de sonegação fiscal.

SÚMULA 610

Há crime de latrocínio, quando o homicídio se consuma, ainda que não realize o agente a subtração de bens da vítima.

ANOTAÇÕES

SÚMULA 611

Transitada em julgado a sentença condenatória, compete ao Juízo das execuções a aplicação de lei mais benigna.

SÚMULA 612

Ao trabalhador rural não se aplicam, por analogia, os benefícios previstos na Lei nº 6367, de 19/10/76.

SÚMULA 613

Os dependentes de trabalhador rural não têm direito à pensão previdenciária, se o óbito ocorreu anteriormente à vigência da Lei Complementar nº 11/71.

SÚMULA 614

Somente o Procurador-Geral da Justiça tem legitimidade para propor ação direta interventiva por inconstitucionalidade de Lei Municipal.

SÚMULA 615

O princípio constitucional da anualidade (§ 29 do art. 153 da CF) não se aplica à revogação de isenção do ICM.

SÚMULA 616

É permitida a cumulação da multa contratual com os honorários de advogado, após o advento do Código de Processo Civil vigente.

SÚMULA 617

A base de cálculo dos honorários de advogado em desapropriação é a diferença entre a oferta e a indenização, corrigidas ambas monetariamente.

SÚMULA 618

Na desapropriação, direta ou indireta, a taxa dos juros compensatórios é de 12% (doze por cento) ao ano.

SÚMULA 619

A prisão do depositário judicial pode ser decretada no próprio processo em que se constituiu o encargo, independentemente da propositura de ação de depósito. (Revogada)

SÚMULA 620

A sentença proferida contra Autarquias não está sujeita a reexame necessário, salvo quando sucumbente em execução de dívida ativa.

SÚMULA 621

Não enseja embargos de terceiro à penhora a promessa de compra e venda não inscrita no registro de imóveis.

SÚMULA 622

Não cabe agravo regimental contra decisão do relator que concede ou indefere liminar em mandado de segurança.

SÚMULA 623

Não gera por si só a competência originária do Supremo Tribunal Federal para conhecer do mandado de segurança com base no art. 102, I, n, da Constituição, dirigir-se o pedido contra deliberação administrativa do tribunal de origem, da qual haja participado a maioria ou a totalidade de seus membros.

SÚMULA 624

Não compete ao Supremo Tribunal Federal conhecer originariamente de mandado de segurança contra atos de outros tribunais.

SÚMULA 625

Controvérsia sobre matéria de direito não impede concessão de mandado de segurança.

SÚMULA 626

A suspensão da liminar em mandado de segurança, salvo determinação em contrário da decisão que a deferir, vigorará até o trânsito em julgado da decisão definitiva de concessão da segurança ou, havendo recurso, até a sua manutenção pelo Supremo Tribunal Federal, desde que o objeto da liminar deferida coincida, total ou parcialmente, com o da impetração.

ANOTAÇÕES

ANOTAÇÕES

SÚMULA 627

No mandado de segurança contra a nomeação de magistrado da competência do Presidente da República, este é considerado autoridade coatora, ainda que o fundamento da impetração seja nulidade ocorrida em fase anterior do procedimento.

SÚMULA 628

Integrante de lista de candidatos a determinada vaga da composição de tribunal é parte legítima para impugnar a validade da nomeação de concorrente.

SÚMULA 629

A impetração de mandado de segurança coletivo por entidade de classe em favor dos associados independe da autorização destes.

SÚMULA 630

A entidade de classe tem legitimação para o mandado de segurança ainda quando a pretensão veiculada interesse apenas a uma parte da respectiva categoria.

SÚMULA 631

Extingue-se o processo de mandado de segurança se o impetrante não promove, no prazo assinado, a citação do litisconsorte passivo necessário.

SÚMULA 632

É constitucional lei que fixa o prazo de decadência para a impetração de mandado de segurança.

SÚMULA 633

É incabível a condenação em verba honorária nos recursos extraordinários interpostos em processo trabalhista, exceto nas hipóteses previstas na Lei 5.584/70.

SÚMULA 634

Não compete ao Supremo Tribunal Federal conceder medida cautelar para dar efeito suspensivo a recurso extraordinário que ainda não foi objeto de juízo de admissibilidade na origem.

SÚMULA 635

Cabe ao Presidente do Tribunal de origem decidir o pedido de medida cautelar em recurso extraordinário ainda pendente do seu juízo de admissibilidade.

SÚMULA 636

Não cabe recurso extraordinário por contrariedade ao princípio constitucional da legalidade, quando a sua verificação pressuponha rever a interpretação dada a normas infraconstitucionais pela decisão recorrida.

SÚMULA 637

Não cabe recurso extraordinário contra acórdão de Tribunal de Justiça que defere pedido de intervenção estadual em Município.

SÚMULA 638

A controvérsia sobre a incidência, ou não, de correção monetária em operações de crédito rural é de natureza infraconstitucional, não viabilizando recurso extraordinário.

SÚMULA 639

Aplica-se a Súmula 288 quando não constarem do traslado do agravo de instrumento as cópias das peças necessárias à verificação da tempestividade do recurso extraordinário não admitido pela decisão agravada.

SÚMULA 640

É cabível recurso extraordinário contra decisão proferida por juiz de primeiro grau nas causas de alçada, ou por turma recursal de juizado especial cível e criminal.

SÚMULA 641

Não se conta em dobro o prazo para recorrer, quando só um dos litisconsortes haja sucumbido.

ANOTAÇÕES

SÚMULA 642

Não cabe ação direta de inconstitucionalidade de lei do Distrito Federal derivada da sua competência legislativa municipal.

SÚMULA 643

O Ministério Público tem legitimidade para promover ação civil pública cujo fundamento seja a ilegalidade de reajuste de mensalidades escolares.

SÚMULA 644

Ao titular do cargo de procurador de autarquia não se exige a apresentação de instrumento de mandato para representá-la em juízo.

SÚMULA 645

É competente o Município para fixar o horário de funcionamento de estabelecimento comercial.

SÚMULA 646

Ofende o princípio da livre concorrência lei municipal que impede a instalação de estabelecimentos comerciais do mesmo ramo em determinada área.

SÚMULA 647

Compete privativamente à União legislar sobre vencimentos dos membros das polícias civil e militar do Distrito Federal.

SÚMULA 648

A norma do § 3º do art. 192 da Constituição, revogada pela EC 40/2003, que limitava a taxa de juros reais a 12% ao ano, tinha sua aplicabilidade condicionada à edição de lei complementar.

SÚMULA 649

É inconstitucional a criação, por Constituição estadual, de órgão de controle administrativo do Poder Judiciário do qual participem representantes de outros Poderes ou entidades.

SÚMULA 650

Os incisos I e XI do art. 20 da CF não alcançam terras de aldeamentos extintos, ainda que ocupadas por indígenas em passado remoto.

SÚMULA 651

A medida provisória não apreciada pelo Congresso Nacional podia, até a EC 32/2001, ser reeditada dentro do seu prazo de eficácia de trinta dias, mantidos os efeitos de lei desde a primeira edição.

SÚMULA 652

Não contraria a Constituição o art. 15, § 1º, do Dl. 3.365/41 (Lei da Desapropriação por utilidade pública).

SÚMULA 653

No Tribunal de Contas estadual, composto por sete conselheiros, quatro devem ser escolhidos pela assembleia Legislativa e três pelo Chefe do Poder Executivo estadual, cabendo a este indicar um dentre auditores e outro dentre membros do Ministério Público, e um terceiro a sua livre escolha.

SÚMULA 654

A garantia da irretroatividade da lei, prevista no art 5º, XXXVI, da Constituição da República, não é invocável pela entidade estatal que a tenha editado.

SÚMULA 655

A exceção prevista no art. 100, caput, da Constituição, em favor dos créditos de natureza alimentícia, não dispensa a expedição de precatório, limitando-se a isentá-los da observância da ordem cronológica dos precatórios decorrentes de condenações de outra natureza.

SÚMULA 656

É inconstitucional a lei que estabelece alíquotas progressivas para o imposto de transmissão inter vivos de bens imóveis - ITBI com base no valor venal do imóvel.

SÚMULA 657

A imunidade prevista no art. 150, VI, d, da Constituição Federal abrange os filmes e papéis fotográficos necessários à publicação de jornais e periódicos.

SÚMULA 658

São constitucionais os arts. 7º da Lei 7.787/89 e 1º da Lei 7.894/89 e da Lei 8.147/90, que majoraram a alíquota do Finsocial, quando devida a contribuição por empresas dedicadas exclusivamente à prestação de serviços.

SÚMULA 659

É legítima a cobrança da COFINS, do PIS e do FINSOCIAL sobre as operações relativas a energia elétrica, serviços de telecomunicações, derivados de petróleo, combustíveis e minerais do País.

SÚMULA 660

Não incide ICMS na importação de bens por pessoa física ou jurídica que não seja contribuinte do imposto.

SÚMULA 661

Na entrada de mercadoria importada do exterior, é legítima a cobrança do ICMS por ocasião do desembaraço aduaneiro.

SÚMULA 662

É legítima a incidência do ICMS na comercialização de exemplares de obras cinematográficas, gravados em fitas de videocassete.

SÚMULA 663

Os §§ 1º e 3º do art. 9º do Dl. 406/68 foram recebidos pela Constituição.

SÚMULA 664

É inconstitucional o inciso V do art. 1º da Lei 8.033/90, que instituiu a incidência do imposto nas operações de crédito, câmbio e seguros - IOF sobre saques efetuados em caderneta de poupança.

SÚMULA 665

É constitucional a Taxa de Fiscalização dos Mercados de Títulos e Valores Mobiliários instituída pela Lei 7.940/89.

SÚMULA 666

A contribuição confederativa de que trata o art. 8º, IV, da Constituição, só é exigível dos filiados ao sindicato respectivo.

SÚMULA 667

Viola a garantia constitucional de acesso à jurisdição a taxa judiciária calculada sem limite sobre o valor da causa.

SÚMULA 668

É inconstitucional a lei municipal que tenha estabelecido, antes da Emenda Constitucional 29/2000, alíquotas progressivas para o IPTU, salvo se destinada a assegurar o cumprimento da função social da propriedade urbana.

SÚMULA 669

Norma legal que altera o prazo de recolhimento da obrigação tributária não se sujeita ao princípio da anterioridade.

SÚMULA 670

O serviço de iluminação pública não pode ser remunerado mediante taxa.

SÚMULA 671

Os servidores públicos e os trabalhadores em geral têm direito, no que concerne à URP de abril/maio de 1988, apenas ao valor correspondente a 7/30 de 16,19% sobre os vencimentos e salários pertinentes aos meses de abril e maio de 1988, não cumulativamente, devidamente corrigido até o efetivo pagamento.

ANOTAÇÕES

SÚMULA 672

O reajuste de 28,86%, concedido aos servidores militares pelas Leis 8.622/93 e 8.627/93, estende-se aos servidores civis do Poder Executivo, observadas as eventuais compensações decorrentes dos reajustes diferenciados concedidos pelos mesmos diplomas legais.

SÚMULA 673

O art. 125, § 4º, da Constituição não impede a perda da graduação de militar mediante procedimento administrativo.

SÚMULA 674

A anistia prevista no art. 8º do ADCT não alcança os militares expulsos com base em legislação disciplinar ordinária, ainda que em razão de atos praticados por motivação política.

SÚMULA 675

Os intervalos fixados para descanso e alimentação durante a jornada de seis horas não descaracterizam o sistema de turnos ininterruptos de revezamento para o efeito do art. 7º, XIV, da Constituição.

SÚMULA 676

A garantia da estabilidade provisória prevista no art. 10, II, a, do ADCT, também se aplica ao suplente do cargo de direção de comissões internas de prevenção de acidentes (CIPA).

SÚMULA 677

Até que lei venha a dispor a respeito, incumbe ao Ministério do Trabalho proceder ao registro das entidades sindicais e zelar pela observância do princípio da unicidade.

SÚMULA 678

São inconstitucionais os incisos I e III do art. 7º da Lei 8.162/91, que afastam, para efeito de anuênio e de licença-prêmio, a contagem do tempo de serviço regido pela CLT dos servidores que passaram a submeter-se ao Regime Jurídico Único.

SÚMULA 679

A fixação de vencimentos dos servidores públicos não pode ser objeto de convenção coletiva.

SÚMULA 680

O direito ao auxílio-alimentação não se estende aos servidores inativos.

SÚMULA 681

É inconstitucional a vinculação do reajuste de vencimentos de servidores estaduais ou municipais a índices federais de correção monetária.

SÚMULA 682

Não ofende a Constituição a correção monetária no pagamento com atraso dos vencimentos de servidores públicos.

SÚMULA 683

O limite de idade para a inscrição em concurso público só se legitima em face do art. 7º, XXX, da Constituição, quando possa ser justificado pela natureza das atribuições do cargo a ser preenchido.

SÚMULA 684

É inconstitucional o veto não motivado à participação de candidato a concurso público.

SÚMULA 685

É inconstitucional toda modalidade de provimento que propicie ao servidor investir-se, sem prévia aprovação em concurso público destinado ao seu provimento, em cargo que não integra a carreira na qual anteriormente investido.

SÚMULA 686

Só por lei se pode sujeitar a exame psicotécnico a habilitação de candidato a cargo público.

ANOTAÇÕES

ANOTAÇÕES

SÚMULA 687

A revisão de que trata o art. 58 do ADCT não se aplica aos benefícios previdenciários concedidos após a promulgação da Constituição de 1988.

SÚMULA 688

É legítima a incidência da contribuição previdenciária sobre o 13º salário.

SÚMULA 689

O segurado pode ajuizar ação contra a instituição previdenciária perante o juízo federal do seu domicílio ou nas varas federais da Capital do Estado-Membro.

SÚMULA 690

Compete originariamente ao Supremo Tribunal Federal o julgamento de habeas corpus contra decisão de turma recursal de juizados especiais criminais.

SÚMULA 691

Não compete ao Supremo Tribunal Federal conhecer de habeas corpus impetrado contra decisão do Relator que, em habeas corpus requerido a tribunal superior, indefere a liminar.

SÚMULA 692

Não se conhece de habeas corpus contra omissão de relator de extradição, se fundado em fato ou direito estrangeiro cuja prova não constava dos autos, nem foi ele provocado a respeito.

SÚMULA 693

Não cabe habeas corpus contra decisão condenatória a pena de multa, ou relativo a processo em curso por infração penal a que a pena pecuniária seja a única cominada.

SÚMULA 694

Não cabe habeas corpus contra a imposição da pena de exclusão de militar ou de perda de patente ou de função pública.

SÚMULA 695

Não cabe habeas corpus quando já extinta a pena privativa de liberdade.

SÚMULA 696

Reunidos os pressupostos legais permissivos da suspensão condicional do processo, mas se recusando o Promotor de Justiça a propô-la, o Juiz, dissentindo, remeterá a questão ao Procurador-Geral, aplicando-se por analogia o art. 28 do Código de Processo Penal.

SÚMULA 697

A proibição de liberdade provisória nos processos por crimes hediondos não veda o relaxamento da prisão processual por excesso de prazo.

SÚMULA 698

Não se estende aos demais crimes hediondos a admissibilidade de progressão no regime de execução da pena aplicada ao crime de tortura.

SÚMULA 699

O prazo para interposição de agravo, em processo penal, é de cinco dias, de acordo com a Lei 8.038/90, não se aplicando o disposto a respeito nas alterações da Lei 8.950/94 ao Código de Processo Civil.

SÚMULA 700

É de cinco dias o prazo para interposição de agravo contra decisão do juiz da execução penal.

SÚMULA 701

No mandado de segurança impetrado pelo Ministério Público contra decisão proferida em processo penal, é obrigatória a citação do réu como litisconsorte passivo.

ANOTAÇÕES

SÚMULA 702

A competência do Tribunal de Justiça para julgar prefeitos restringe-se aos crimes de competência da Justiça comum estadual; nos demais casos, a competência originária caberá ao respectivo tribunal de segundo grau.

SÚMULA 703

A extinção do mandato do prefeito não impede a instauração de processo pela prática dos crimes previstos no art. 1º do DL 201/67.

SÚMULA 704

Não viola as garantias do juiz natural, da ampla defesa e do devido processo legal a atração por continência ou conexão do processo do co-réu ao foro por prerrogativa de função de um dos denunciados.

SÚMULA 705

A renúncia do réu ao direito de apelação, manifestada sem a assistência do defensor, não impede o conhecimento da apelação por este interposta.

SÚMULA 706

É relativa a nulidade decorrente da inobservância da competência penal por prevenção.

SÚMULA 707

Constitui nulidade a falta de intimação do denunciado para oferecer contra-razões ao recurso interposto da rejeição da denúncia, não a suprindo a nomeação de defensor dativo.

SÚMULA 708

É nulo o julgamento da apelação se, após a manifestação nos autos da renúncia do único defensor, o réu não foi previamente intimado para constituir outro.

SÚMULA 709

Salvo quando nula a decisão de primeiro grau, o acórdão que provê o recurso contra a rejeição da denúncia vale, desde logo, pelo recebimento dela.

SÚMULA 710

No processo penal, contam-se os prazos da data da intimação, e não da juntada aos autos do mandado ou da carta precatória ou de ordem.

SÚMULA 711

A lei penal mais grave aplica-se ao crime continuado ou ao crime permanente, se a sua vigência é anterior à cessação da continuidade ou da permanência.

SÚMULA 712

É nula a decisão que determina o desaforamento de processo da competência do júri sem audiência da defesa.

SÚMULA 713

O efeito devolutivo da apelação contra decisões do Júri é adstrito aos fundamentos da sua interposição.

SÚMULA 714

É concorrente a legitimidade do ofendido, mediante queixa, e do Ministério Público, condicionada à representação do ofendido, para a ação penal por crime contra a honra de servidor público em razão do exercício de suas funções.

SÚMULA 715

A pena unificada para atender ao limite de trinta anos de cumprimento, determinado pelo art. 75 do Código Penal, não é considerada para a concessão de outros benefícios, como o livramento condicional ou regime mais favorável de execução.

SÚMULA 716

Admite-se a progressão de regime de cumprimento da pena ou a aplicação imediata de regime menos severo nela determinada, antes do trânsito em julgado da sentença condenatória.

SÚMULA 717

Não impede a progressão de regime de execução da pena, fixada em sentença não transitada em julgado, o fato de o réu se encontrar em prisão especial.

SÚMULA 718

A opinião do julgador sobre a gravidade em abstrato do crime não constitui motivação idônea para a imposição de regime mais severo do que o permitido segundo a pena aplicada.

SÚMULA 719

A imposição do regime de cumprimento mais severo do que a pena aplicada permitir exige motivação idônea.

SÚMULA 720

O art. 309 do Código de Trânsito Brasileiro, que reclama decorra do fato perigo de dano, derrogou o art. 32 da Lei das Contravenções Penais no tocante à direção sem habilitação em vias terrestres.

SÚMULA 721

A competência constitucional do Tribunal do Júri prevalece sobre o foro por prerrogativa de função estabelecido exclusivamente pela Constituição estadual.

SÚMULA 722

São da competência legislativa da União a definição dos crimes de responsabilidade e o estabelecimento das respectivas normas de processo e julgamento.

SÚMULA 723

Não se admite a suspensão condicional do processo por crime continuado, se a soma da pena mínima da infração mais grave com o aumento mínimo de um sexto for superior a um ano.

SÚMULA 724

Ainda quando alugado a terceiros, permanece imune ao IPTU o imóvel pertencente a qualquer das entidades referidas pelo art. 150, VI, c, da Constituição, desde que o valor dos aluguéis seja aplicado nas atividades essenciais de tais entidades.

SÚMULA 725

É constitucional o § 2º do art. 6º da L. 8.024/90, resultante da conversão da MPr 168/90, que fixou o BTN fiscal como índice de correção monetária aplicável aos depósitos bloqueados pelo Plano Collor I.

SÚMULA 726

Para efeito de aposentadoria especial de professores, não se computa o tempo de serviço prestado fora da sala de aula.

SÚMULA 727

Não pode o magistrado deixar de encaminhar ao Supremo Tribunal Federal o agravo de instrumento interposto da decisão que não admite recurso extraordinário, ainda que referente a causa instaurada no âmbito dos juizados especiais.

SÚMULA 728

É de três dias o prazo para a interposição de recurso extraordinário contra decisão do Tribunal Superior Eleitoral, contado, quando for o caso, a partir da publicação do acórdão, na própria sessão de julgamento, nos termos do art. 12 da Lei 6.055/74, que não foi revogado pela Lei 8.950/94.

SÚMULA 729

A decisão na ADC-4 não se aplica à antecipação de tutela em causa de natureza previdenciária..

SÚMULA 730

A imunidade tributária conferida a instituições de assistência social sem fins lucrativos pelo art. 150, VI, c, da Constituição, somente alcança as entidades fechadas de previdência social privada se não houver contribuição dos beneficiários.

ANOTAÇÕES

SÚMULA 731

Para fim da competência originária do Supremo Tribunal Federal, é de interesse geral da magistratura a questão de saber se, em face da LOMAN, os juízes têm direito à licença-prêmio.

SÚMULA 732

É constitucional a cobrança da contribuição do salário-educação, seja sob a Carta de 1969, seja sob a Constituição Federal de 1988, e no regime da Lei 9.424/96.

SÚMULA 733

Não cabe recurso extraordinário contra decisão proferida no processamento de precatórios.

SÚMULA 734

Não cabe reclamação quando já houver transitado em julgado o ato judicial que se alega tenha desrespeitado decisão do Supremo Tribunal Federal.

SÚMULA 735

Não cabe recurso extraordinário contra acórdão que defere medida liminar.

SÚMULA 736

Compete à Justiça do Trabalho julgar as ações que tenham como causa de pedir o descumprimento de normas trabalhistas relativas à segurança, higiene e saúde dos trabalhadores.

ANOTAÇÕES

ANOTAÇÕES

ANOTAÇÕES

1. SÚMULAS STJ

ANOTAÇÕES

DIREITO PROCESSUAL CIVIL

COMPETÊNCIA

Súmula 1

O foro do domicílio ou da residência do alimentando é o competente para a ação de investigação de paternidade, quando cumulada com a de alimentos. (Súmula 1, SEGUNDA SEÇÃO, julgado em 25/04/1990, DJ 02/05/1990)

DIREITO CONSTITUCIONAL

HABEAS DATA

Súmula 2

Não cabe o habeas data (CF, art. 5, LXXII, letra "a") se não houve recusa de informações por parte da autoridade administrativa. (Súmula 2, PRIMEIRA SEÇÃO, julgado em 08/05/1990, DJ 18/05/1990)

DIREITO PROCESSUAL CIVIL

COMPETÊNCIA

Súmula 3

Compete ao Tribunal Regional Federal dirimir conflito de competência verificado, na respectiva região, entre juiz federal e juiz estadual investido de Jurisdição Federal. (Súmula 3, PRIMEIRA SEÇÃO, julgado em 08/05/1990, DJ 18/05/1990)

Súmula 4

Compete a Justiça Estadual julgar causa decorrente do processo eleitoral sindical. (Súmula 4, PRIMEIRA SEÇÃO, julgado em 08/05/1990, DJ 18/05/1990)

DOS RECURSOS

Súmula 5

A simples interpretação de cláusula contratual não enseja Recurso Especial. (Súmula 5, CORTE ESPECIAL, julgado em 10/05/1990, DJ 21/05/1990)

DIREITO PROCESSUAL PENAL

COMPETÊNCIA

Súmula 6

Compete a Justiça Comum Estadual processar e julgar delito decorrente de acidente de trânsito envolvendo viatura de polícia militar, salvo se autor e vítima forem policiais militares em situação de atividade. (Súmula 6, TERCEIRA SEÇÃO, julgado em 07/06/1990, DJ 15/06/1990)

DIREITO PROCESSUAL CIVIL

DOS RECURSOS

Súmula 7

A pretensão de simples reexame de prova não enseja Recurso Especial. (Súmula 7, CORTE ESPECIAL, julgado em 28/06/1990, DJ 03/07/1990)

DIREITO EMPRESARIAL

FALÊNCIA, CONCORDATA E RECUPERAÇÃO JUCICIAL

Súmula 8

Aplica-se a correção monetária aos créditos habilitados em concordata preventiva, salvo durante o período compreendido entre as datas de vigência da Lei 7.274, de 10-12-84, e do Decreto-lei 2.283, de 27-02-86. (Súmula 8, SEGUNDA SEÇÃO, julgado em 29/08/1990, DJ 04/09/1990)

DIREITO PROCESSUAL PENAL

PRISÃO PROVISÓRIA

Súmula 9

A exigência da prisão provisória, para apelar, não ofende a garantia constitucional da presunção de inocência. (Súmula 9, TERCEIRA SEÇÃO, julgado em 06/09/1990, DJ 12/09/1990)

ANOTAÇÕES

DIREITO PROCESSUAL CIVIL

COMPETÊNCIA

Súmula 10

Instalada a Junta de Conciliação e Julgamento, cessa a competência do juiz de direito em matéria trabalhista, inclusive para a execução das sentenças por ele proferidas. (Súmula 10, SEGUNDA SEÇÃO, julgado em 26/09/1990, DJ 01/10/1990)

Súmula 11

A presença da União ou de qualquer de seus entes, na ação de usucapião especial, não afasta a competência do foro da situação do imóvel. (Súmula 11, SEGUNDA SEÇÃO, julgado em 26/09/1990, DJ 01/10/1990)

DIREITO ADMINISTRATIVO

DESAPROPRIAÇÃO

Súmula 12

Em desapropriação, são cumuláveis juros compensatórios e moratórios. (Súmula 12, PRIMEIRA SEÇÃO, julgado em 30/10/1990, DJ 05/11/1990)

DIREITO PROCESSUAL CIVIL

DOS RECURSOS

Súmula 13

A divergência entre julgados do mesmo Tribunal não enseja Recurso Especial. (Súmula 13, CORTE ESPECIAL, julgado em 08/11/1990, DJ 14/11/1990)

HONORÁRIOS ADVOCATÍCIOS

Súmula 14

Arbitrados os honorários advocatícios em percentual sobre o valor da causa, a correção monetária incide a partir do respectivo ajuizamento. (Súmula 14, CORTE ESPECIAL, julgado em 08/11/1990, DJ 14/11/1990)

COMPETÊNCIA

Súmula 15

Compete a Justiça Estadual processar e julgar os litígios decorrentes de acidente do trabalho. (Súmula 15, CORTE ESPECIAL, julgado em 08/11/1990, DJ 14/11/1990)

DIREITO EMPRESARIAL

TÍTULOS DE CRÉDITO

Súmula 16

A legislação ordinária sobre crédito rural não veda a incidência da correção monetária. (Súmula 16,TERCEIRA SEÇÃO, julgado em 20/11/1990, DJ 28/11/1990)

DIREITO PENAL

TIPIFICAÇÃO PENAL

Súmula 17

Quando o falso se exaure no estelionato, sem mais potencialidade lesiva, é por este absorvido. (Súmula 17,TERCEIRA SEÇÃO, julgado em 20/11/1990, DJ 28/11/1990)

EXTINÇÃO DA PUNIBILIDADE

Súmula 18

A sentença concessiva do perdão judicial é declaratória da extinção da punibilidade, não subsistindo qualquer efeito condenatório. (Súmula 18, TERCEIRA SEÇÃO, julgado em 20/11/1990, DJ 28/11/1990)

DIREITO CONSTITUCIONAL

SISTEMA FINANCEIRO NACIONAL

Súmula 19

A fixação do horário bancário, para atendimento ao público, é da competência da União. (Súmula 19, PRIMEIRA SEÇÃO, julgado em 04/12/1990, DJ 07/12/1990)

ANOTAÇÕES

DIREITO TRIBUTÁRIO

IMPOSTO SOBRE CIRCULAÇÃO DE MERCADORIAS E SERVIÇOS

Súmula 20

A mercadoria importada de país signatário do GATT é isenta do ICM, quando contemplado com esse favor o similar nacional. (Súmula 20, PRIMEIRA SEÇÃO, julgado em 04/12/1990, DJ 07/12/1990)

DIREITO PROCESSUAL PENAL

CONSTRANGIMENTO ILEGAL

Súmula 21

Pronunciado o réu, fica superada a alegação do constrangimento ilegal da prisão por excesso de prazo na instrução. (Súmula 21, TERCEIRA SEÇÃO, julgado em 06/12/1990, DJ 11/12/1990)

DIREITO PROCESSUAL CIVIL

COMPETÊNCIA

Súmula 22

Não há conflito de competência entre o Tribunal de Justiça e Tribunal de Alçada do mesmo Estado-membro. (Súmula 22, CORTE ESPECIAL, julgado em 13/12/1990, DJ 04/01/1991)

DIREITO CONSTITUCIONAL

SISTEMA FINANCEIRO NACIONAL

Súmula 23

O Banco Central do Brasil é parte legítima nas ações fundadas na resolução 1154, de 1986. (Súmula 23, PRIMEIRA SEÇÃO, julgado em 19/03/1991, DJ 22/03/1991)

DIREITO PENAL

TIPIFICAÇÃO PENAL

Súmula 24

Aplica-se ao crime de estelionato, em que figure como vítima entidade autárquica da previdência social, a qualificadora do § 3º, do art. 171 do Código Penal. (Súmula 24, TERCEIRA SEÇÃO, julgado em 04/04/1991, DJ 10/04/1991)

DIREITO EMPRESARIAL

FALÊNCIA, CONCORDATA E RECUPERAÇÃO JUCICIAL

Súmula 25

Nas ações da Lei de Falências o prazo para a interposição de recurso conta-se da intimação da parte. (Súmula 25, SEGUNDA SEÇÃO, julgado em 10/04/1991, DJ 17/04/1991)

TÍTULOS DE CRÉDITO

Súmula 26

O avalista do título de crédito vinculado a contrato de mútuo também responde pelas obrigações pactuadas, quando no contrato figurar como devedor solidário. (Súmula 26, SEGUNDA SEÇÃO, julgado em 12/06/1991, DJ 20/06/1991)

DIREITO PROCESSUAL CIVIL

EXECUÇÃO

Súmula 27

Pode a execução fundar-se em mais de um título extrajudicial relativos ao mesmo negócio. (Súmula 27, SEGUNDA SEÇÃO, julgado em 12/06/1991, DJ 20/06/1991)

DIREITO CONSTITUCIONAL

SISTEMA FINANCEIRO NACIONAL

Súmula 28

O contrato de alienação fiduciária em garantia pode ter por objeto bem que já integrava o patrimônio do devedor. (Súmula 28, SEGUNDA SEÇÃO, julgado em 25/09/1991, DJ 08/10/1991)

ANOTAÇÕES

DIREITO EMPRESARIAL

FALÊNCIA, CONCORDATA E RECUPERAÇÃO JUCICIAL

Súmula 29

No pagamento em juízo para elidir falência, são devidos correção monetária, juros e honorários de advogado. (Súmula 29, SEGUNDA SEÇÃO, julgado em 09/10/1991, DJ 18/10/1991)

DIREITO CONSTITUCIONAL

SISTEMA FINANCEIRO NACIONAL

Súmula 30

A comissão de permanência e a correção monetária são inacumuláveis. (Súmula 30, SEGUNDA SEÇÃO, julgado em 09/10/1991, DJ 18/10/1991)

SISTEMA FINANCEIRO DA HABITAÇÃO

Súmula 31

A aquisição, pelo segurado, de mais de um imóvel financiado pelo Sistema Financeiro da Habitação, situados na mesma localidade, não exime a seguradora da obrigação de pagamento dos seguros. (Súmula 31, SEGUNDA SEÇÃO, julgado em 09/10/1991, DJ 18/10/1991)

DIREITO PROCESSUAL CIVIL

COMPETÊNCIA

Súmula 32

Compete a Justiça Federal processar justificações judiciais destinadas a instruir pedidos perante entidades que nela tem exclusividade de foro, ressalvada a aplicação do art. 15, II da Lei 5010/66. (Súmula 32, CORTE ESPECIAL, julgado em 24/10/1991, DJ 29/10/1991)

Súmula 33

A incompetência relativa não pode ser declarada de ofício. (Súmula 33, SEGUNDA SEÇÃO, julgado em 24/10/1991, DJ 29/10/1991)

Súmula 34

Compete a Justiça Estadual processar e julgar causa relativa a mensalidade escolar, cobrada por estabelecimento particular de ensino. (Súmula 34, SEGUNDA SEÇÃO, julgado em 13/11/1991, DJ 21/11/1991)

DIREITO CIVIL

CONTRATOS

Súmula 35

Incide correção monetária sobre as prestações pagas, quando de sua restituição, em virtude da retirada ou exclusão do participante de plano de consórcio. (Súmula 35, SEGUNDA SEÇÃO, julgado em 13/11/1991, DJ 21/11/1991)

DIREITO EMPRESARIAL

FALÊNCIA, CONCORDATA E RECUPERAÇÃO JUCICIAL

Súmula 36

A correção monetária integra o valor da restituição, em caso de adiantamento de câmbio, requerida em concordata ou falência. (Súmula 36, SEGUNDA SEÇÃO, julgado em 11/12/1991, DJ 17/12/1991)

DIREITO CIVIL

DANO MORAL

Súmula 37

São cumuláveis as indenizações por dano material e dano moral oriundos do mesmo fato. (Súmula 37, CORTE ESPECIAL, julgado em 12/03/1992, DJ 17/03/1992)

DIREITO PROCESSUAL CIVIL

COMPETÊNCIA

Súmula 38

Compete a Justiça Estadual Comum, na vigência da Constituição de 1988, o processo por contravenção penal, ainda que praticada em detrimento de bens, serviços ou interesse da União ou de suas entidades. (Súmula 38, CORTE ESPECIAL, julgado em 19/03/1992, DJ 27/03/1992)

DIREITO CIVIL

PRESCRIÇÃO

Súmula 39

Prescreve em vinte anos a ação para haver indenização, por responsabilidade civil, de sociedade de economia mista. (Súmula 39, SEGUNDA SEÇÃO, julgado em 08/04/1992, DJ 20/04/1992)

DIREITO PENAL

EXECUÇÃO PENAL

Súmula 40

Para obtenção dos benefícios de saída temporária e trabalho externo, considera-se o tempo de cumprimento da pena no regime fechado. (Súmula 40, TERCEIRA SEÇÃO, julgado em 07/05/1992, DJ 12/05/1992)

DIREITO PROCESSUAL CIVIL

COMPETÊNCIA

Súmula 41

O Superior Tribunal de Justiça não tem competência para processar e julgar, originariamente, mandado de segurança contra ato de outros Tribunais ou dos respectivos órgãos. (Súmula 41, CORTE ESPECIAL, julgado em 14/05/1992, DJ 20/05/1992)

Súmula 42

Compete a Justiça Comum Estadual processar e julgar as causas cíveis em que é parte sociedade de economia mista e os crimes praticados em seu detrimento. (Súmula 42, CORTE ESPECIAL, julgado em 14/05/1992, DJ 20/05/1992)

DIREITO CIVIL

RESPONSABILIDADE CIVIL

Súmula 43

Incide correção monetária sobre dívida por ato ilícito a partir da data do efetivo prejuízo. (Súmula 43, CORTE ESPECIAL, julgado em 14/05/1992, DJ 20/05/1992)

DIREITO PREVIDENCIÁRIO

DOS BENEFÍCIOS PREVIDENCIÁRIOS

Súmula 44

A definição, em ato regulamentar, de grau mínimo de disacusia, não exclui, por si só, a concessão do benefício previdenciário. (Súmula 44, PRIMEIRA SEÇÃO, julgado em 16/06/1992, DJ 26/06/1992)

DIREITO PROCESSUAL CIVIL

REEXAME NECESSÁRIO

Súmula 45

No reexame necessário, é defeso, ao Tribunal, agravar a condenação imposta a Fazenda Pública. (Súmula 45, PRIMEIRA SEÇÃO, julgado em 16/06/1992, DJ 26/06/1992)

EXECUÇÃO

Súmula 46

Na execução por carta, os embargos do devedor serão decididos no juízo deprecante, salvo se versarem unicamente vícios ou defeitos da penhora, avaliação ou alienação dos bens. (Súmula 46, CORTE ESPECIAL, julgado em 13/08/1992, DJ 24/08/1992)

DIREITO PROCESSUAL PENAL

COMPETÊNCIA

Súmula 47

Compete a Justiça Militar processar e julgar crime cometido por militar contra civil, com emprego de arma pertencente a corporação, mesmo não estando em serviço. (Súmula 47, TERCEIRA SEÇÃO, julgado em 20/08/1992, DJ 25/08/1992)

Súmula 48

Compete ao juízo do local da obtenção da vantagem ilícita processar e julgar crime de estelionato cometido mediante falsificação de cheque. (Súmula 48, TERCEIRA SEÇÃO, julgado em 20/08/1992, DJ 25/08/1992)

ANOTAÇÕES

DIREITO TRIBUTÁRIO

IMPOSTO SOBRE CIRCULAÇÃO DE MERCADORIAS E SERVIÇOS

Súmula 49

Na exportação de café em grão, não se inclui na base de cálculo do ICM a quota de contribuição, a que e refere o art. 2. do Decreto-lei 2.295, de 21.11.86. (Súmula 49, PRIMEIRA SEÇÃO, julgado em 08/09/1992, DJ 17/09/1992)

ADICIONAL DE TARIFA PORTUÁRIA

Súmula 50

O adicional de tarifa portuária incide apenas nas operações realizadas com mercadorias importadas ou exportadas, objeto do comércio de navegação de longo curso. (Súmula 50, PRIMEIRA SEÇÃO, julgado em 08/09/1992, DJ 17/09/1992)

DIREITO PENAL

TIPIFICAÇÃO PENAL

Súmula 51

A punição do intermediador, no jogo do bicho, independe da identificação do "apostador" ou do "banqueiro". (Súmula 51, TERCEIRA SEÇÃO, julgado em 17/09/1992, DJ 24/09/1992)

DIREITO PROCESSUAL PENAL

CONSTRANGIMENTO ILEGAL

Súmula 52

Encerrada a instrução criminal, fica superada a alegação de constrangimento por excesso de prazo. (Súmula 52, TERCEIRA SEÇÃO, julgado em 17/09/1992, DJ 24/09/1992)

COMPETÊNCIA

Súmula 53

Compete a Justiça Comum Estadual processar e julgar civil acusado de prática de crime contra instituições militares estaduais. (Súmula 53, TERCEIRA SEÇÃO, julgado em 17/09/1992, DJ 24/09/1992)

DIREITO CIVIL

RESPONSABILIDADE CIVIL

Súmula 54

Os juros moratórios fluem a partir do evento danoso, em caso de responsabilidade extracontratual. (Súmula 54, CORTE ESPECIAL, julgado em 24/09/1992, DJ 01/10/1992)

DIREITO PROCESSUAL CIVIL

COMPETÊNCIA

Súmula 55

Tribunal Regional Federal não é competente para julgar recurso de decisão proferida por juiz estadual não investido de Jurisdição Federal. (Súmula 55, CORTE ESPECIAL, julgado em 24/09/1992, DJ 01/10/1992)

DIREITO ADMINISTRATIVO

DESAPROPRIAÇÃO

Súmula 56

Na desapropriação para instituir servidão administrativa são devidos os juros compensatórios pela limitação de uso da propriedade. (Súmula 56, PRIMEIRA SEÇÃO, julgado em 29/09/1992, DJ 06/10/1992)

DIREITO PROCESSUAL CIVIL

COMPETÊNCIA

Súmula 57

Compete a Justiça Comum Estadual processar e julgar ação de cumprimento fundada em acordo ou convenção coletiva não homologados pela Justiça do Trabalho. (Súmula 57, PRIMEIRA SEÇÃO, julgado em 29/09/1992, DJ 06/10/1992)

Súmula 58

Proposta a execução fiscal, a posterior mudança de domicílio do executado não desloca a competência já fixada. (Súmula 58, PRIMEIRA SEÇÃO, julgado em 29/09/1992, DJ 06/10/1992)

ANOTAÇÕES

ANOTAÇÕES

DIREITO PROCESSUAL PENAL

Súmula 59

Não há conflito de competência se já existe sentença com trânsito em julgado, proferida por um dos juízos conflitantes. (Súmula 59, CORTE ESPECIAL, julgado em 08/10/1992, DJ 14/10/1992 p. 17850)

DIREITO EMPRESARIAL

TÍTULOS DE CRÉDITO

Súmula 60

É nula a obrigação cambial assumida por procurador do mutuário vinculado ao mutuante, no exclusivo interesse deste. (Súmula 60, SEGUNDA SEÇÃO, julgado em 14/10/1992, DJ 20/10/1992 p. 18382)

DIREITO CIVIL

CONTRATOS

Súmula 61

O seguro de vida cobre o suicídio não premeditado. (Súmula 61, SEGUNDA SEÇÃO, julgado em 14/10/1992, DJ 20/10/1992 p. 18382)

DIREITO PROCESSUAL PENAL

COMPETÊNCIA

Súmula 62

Compete a Justiça Estadual processar e julgar o crime de falsa anotação na carteira de trabalho e previdência social, atribuído a empresa privada. (Súmula 62, TERCEIRA SEÇÃO, julgado em 19/11/1992, DJ 26/11/1992 p. 22212)

DIREITO CIVIL

DIREITO AUTORAL

Súmula 63

São devidos direitos autorais pela retransmissão radiofônica de músicas em estabelecimentos comerciais. (Súmula 63, SEGUNDA SEÇÃO, julgado em 25/11/1992, DJ 01/12/1992 p. 22728)

DIREITO PROCESSUAL PENAL

CONSTRANGIMENTO ILEGAL

Súmula 64

Não constitui constrangimento ilegal o excesso de prazo na instrução, provocado pela defesa. (Súmula 64, TERCEIRA SEÇÃO, julgado em 03/12/1992, DJ 09/12/1992 p. 23482)

DIREITO PREVIDENCIÁRIO

DÉBITOS PREVIDENCIÁRIOS

Súmula 65

O cancelamento, previsto no art. 29 do decreto-lei 2.303, de 21.11.86, não alcança os débitos previdenciários. (Súmula 65, PRIMEIRA SEÇÃO, julgado em 15/12/1992, DJ 04/02/1993 p. 774)

DIREITO PROCESSUAL CIVIL

COMPETÊNCIA

Súmula 66

Compete a Justiça Federal processar e julgar execução fiscal promovida por conselho de fiscalização profissional. (Súmula 66, PRIMEIRA SEÇÃO, julgado em 15/12/1992, DJ 04/02/1993 p. 774)

DIREITO ADMINISTRATIVO

DESAPROPRIAÇÃO

Súmula 67

Na desapropriação, cabe a atualização monetária, ainda que por mais de uma vez, independente do decurso de prazo superior a um ano entre o cálculo e o efetivo pagamento da indenização. (Súmula 67, PRIMEIRA SEÇÃO, julgado em 15/12/1992, DJ 04/02/1993 p. 774)

ANOTAÇÕES

DIREITO TRIBUTÁRIO

IMPOSTO SOBRE CIRCULAÇÃO DE MERCADORIAS E SERVIÇOS

Súmula 68

A parcela relativa ao ICM inclui-se na base de calculo do PIS. (Súmula 68, PRIMEIRA SEÇÃO, julgado em 15/12/1992, DJ 04/02/1993 p. 775)

DIREITO ADMINISTRATIVO

DESAPROPRIAÇÃO

Súmula 69

Na desapropriação direta, os juros compensatórios são devidos desde a antecipada imissão na posse e, na desapropriação indireta, a partir da efetiva ocupação do imóvel. (Súmula 69, PRIMEIRA SEÇÃO, julgado em 15/12/1992, DJ 04/02/1993 p. 775)

Súmula 70

Os juros moratórios, na desapropriação direta ou indireta, contam-se desde o transito em julgado da sentença. (Súmula 70, PRIMEIRA SEÇÃO, julgado em 15/12/1992, DJ 04/02/1993 p. 775)

DIREITO TRIBUTÁRIO

IMPOSTO SOBRE CIRCULAÇÃO DE MERCADORIAS E SERVIÇOS

Súmula 71

O bacalhau importado de país signatário do GATT é isento do ICM. (Súmula 71, PRIMEIRA SEÇÃO, julgado em 15/12/1992, DJ 04/02/1993 p. 775)

DIREITO CONSTITUCIONAL

SISTEMA FINANCEIRO NACIONAL

Súmula 72

A comprovação da mora é imprescindível à busca e apreensão do bem alienado fiduciariamente. (Súmula 72, SEGUNDA SEÇÃO, julgado em 14/04/1993, DJ 20/04/1993 p. 6769)

DIREITO PENAL

TIPIFICAÇÃO PENAL

Súmula 73

A utilização de papel moeda grosseiramente falsificado configura, em tese, o crime de estelionato, da competência da Justiça Estadual. (Súmula 73, TERCEIRA SEÇÃO, julgado em 15/04/1993, DJ 20/04/1993 p. 6769)

DAS PENAS

Súmula 74

Para efeitos penais, o reconhecimento da menoridade do réu requer prova por documento hábil. (Súmula 74, TERCEIRA SEÇÃO, julgado em 15/04/1993, DJ 20/04/1993)

DIREITO PROCESSUAL PENAL

COMPETÊNCIA

Súmula 75

Compete a Justiça Comum Estadual processar e julgar o policial militar por crime de promover ou facilitar a fuga de preso de estabelecimento penal. (Súmula 75, TERCEIRA SEÇÃO, julgado em 15/04/1993, DJ 20/04/1993 p. 6769)

DIREITO CIVIL

CONTRATOS

Súmula 76

A falta de registro do compromisso de compra e venda de imóvel não dispensa a prévia interpelação para constituir em mora o devedor. (Súmula 76, SEGUNDA SEÇÃO, julgado em 28/04/1993, DJ 04/05/1993 p. 7949)

DIREITO PREVIDENCIÁRIO

AÇÕES PREVIDENCIÁRIAS

Súmula 77

A Caixa Economica Federal é parte ilegítima para figurar no polo passivo das ações relativas as contribuições para o fundo PIS/PASEP. (Súmula 77, PRIMEIRA SEÇÃO, julgado em 04/05/1993, DJ 12/05/1993 p. 8903)

DIREITO PROCESSUAL PENAL

COMPETÊNCIA

Súmula 78

Compete a Justiça Militar processar e julgar policial de corporação estadual, ainda que o delito tenha sido praticado em outra unidade federativa. (Súmula 78, TERCEIRA SEÇÃO, julgado em 08/06/1993, DJ 16/06/1993)

DIREITO CONSTITUCIONAL

SISTEMA FINANCEIRO NACIONAL

Súmula 79

Os bancos comerciais não estão sujeitos a registro nos Conselhos Regionais de Economia. (Súmula 79, PRIMEIRA SEÇÃO, julgado em 08/06/1993, DJ 15/06/1993)

DIREITO TRIBUTÁRIO

IMPOSTO SOBRE CIRCULAÇÃO DE MERCADORIAS E SERVIÇOS

Súmula 80

A taxa de melhoramento dos portos não se inclui na base de cálculo do ICMS. (Súmula 80, PRIMEIRA SEÇÃO, julgado em 15/06/1993, DJ 29/06/1993 p. 12980)

DIREITO PROCESSUAL PENAL

FIANÇA

Súmula 81

Não se concede fiança quando, em concurso material, a soma das penas mínimas cominadas for superior a dois anos de reclusão. (Súmula 81, TERCEIRA SEÇÃO, julgado em 17/06/1993, DJ 29/06/1993 p. 12982)

DIREITO PROCESSUAL CIVIL

COMPETÊNCIA

Súmula 82

Compete a Justiça Federal, excluídas as reclamações trabalhistas, processar e julgar os feitos relativos à movimentação do FGTS. (Súmula 82, CORTE ESPECIAL, julgado em 18/06/1993, DJ 02/07/1993)

DOS RECURSOS

Súmula 83

Não se conhece do Recurso Especial pela divergência, quando a orientação do Tribunal se firmou no mesmo sentido da decisão recorrida. (Súmula 83, CORTE ESPECIAL, julgado em 18/06/1993, DJ 02/07/1993 p. 13283)

EXECUÇÃO

Súmula 84

É admissível a oposição de embargos de terceiro fundados em alegação de posse advinda do compromisso de compra e venda de imóvel, ainda que desprovido do registro. (Súmula 84, CORTE ESPECIAL, julgado em 18/06/1993, DJ 02/07/1993)

DIREITO ADMINISTRATIVO

PRESCRIÇÃO

Súmula 85

Nas relações jurídicas de trato sucessivo em que a Fazenda Pública figure como devedora, quando não tiver sido negado o próprio direito reclamado, a prescrição atinge apenas as prestações vencidas antes do quinquênio anterior à propositura da ação. (Súmula 85, CORTE ESPECIAL, julgado em 18/06/1993, DJ 02/07/1993)

ANOTAÇÕES

DIREITO PROCESSUAL CIVIL

DOS RECURSOS

Súmula 86

Cabe recurso especial contra acórdão proferido no julgamento de agravo de instrumento. (Súmula 86, CORTE ESPECIAL, julgado em 18/06/1993, DJ 02/07/1993 p. 13283)

DIREITO TRIBUTÁRIO

IMPOSTO SOBRE CIRCULAÇÃO DE MERCADORIAS E SERVIÇOS

Súmula 87

A isenção do ICMS relativa a rações balanceadas para animais abrange o concentrado e o suplemento. (Súmula 87, PRIMEIRA SEÇÃO, julgado em 28/09/1993, DJ 01/10/1993)

DIREITO PROCESSUAL CIVIL

DOS RECURSOS

Súmula 88

São admissíveis embargos infringentes em processo falimentar. (Súmula 88, SEGUNDA SEÇÃO, julgado em 29/09/1993, DJ 17/02/1995 p. 88)

AÇÃO ACIDENTÁRIA

Súmula 89

A ação acidentária prescinde do exaurimento da via administrativa. (Súmula 89, TERCEIRA SEÇÃO, julgado em 21/10/1993, DJ 17/02/1995)

DIREITO PROCESSUAL PENAL

COMPETÊNCIA

Súmula 90

Compete a Justiça Estadual Militar processar e julgar o policial militar pela prática do crime militar, e a comum pela prática do crime comum simultâneo aquele. (Súmula 90, TERCEIRA SEÇÃO, julgado em 21/10/1993, DJ 26/10/1993)

Súmula 91

Compete à Justiça Federal processar e julgar os crimes praticados contra a fauna. (Súmula 91, TERCEIRA SEÇÃO, julgado em 21/10/1993, DJ 26/10/1993, p. 22629)SÚMULA CANCELADA:A Terceira Seção, na sessão de 08/11/2000, determinou o CANCELAMENTO da Súmula 91 do STJ (DJ 23/11/2000, p. 101).

DIREITO CONSTITUCIONAL

SISTEMA FINANCEIRO NACIONAL

Súmula 92

A terceiro de boa-fé não é oponível a alienação fiduciária não anotada no Certificado de Registro do veículo automotor. (Súmula 92, SEGUNDA SEÇÃO, julgado em 27/10/1993, DJ 24/11/1993)

DIREITO EMPRESARIAL

TÍTULOS DE CRÉDITO

Súmula 93

A legislação sobre cédulas de crédito rural, comercial e industrial admite o pacto de capitalização de juros. (Súmula 93, SEGUNDA SEÇÃO, julgado em 27/10/1993, DJ 03/11/1993)

DIREITO TRIBUTÁRIO

IMPOSTO SOBRE CIRCULAÇÃO DE MERCADORIAS E SERVIÇOS

Súmula 94

A parcela relativa ao ICMS inclui-se na base de cálculo do Finsocial. (Súmula 94, PRIMEIRA SEÇÃO, julgado em 22/02/1994, DJ 28/02/1994)

Súmula 95

A redução da alíquota do imposto sobre produtos industrializados ou do imposto de importação não implica redução do ICMS. (Súmula 95, PRIMEIRA SEÇÃO, julgado em 22/02/1994, DJ 28/02/1994 p. 2961)

ANOTAÇÕES

ANOTAÇÕES

DIREITO PENAL

TIPIFICAÇÃO PENAL

Súmula 96

O crime de extorsão consuma-se independentemente da obtenção da vantagem indevida. (Súmula 96, TERCEIRA SEÇÃO, julgado em 03/03/1994, DJ 10/03/1994)

DIREITO PROCESSUAL CIVIL

COMPETÊNCIA

Súmula 97

Compete a Justiça do Trabalho processar e julgar reclamação de servidor público relativamente a vantagens trabalhistas anteriores a instituição do Regime Jurídico Único. (Súmula 97, TERCEIRA SEÇÃO, julgado em 03/03/1994, DJ 10/03/1994)

DOS RECURSOS

Súmula 98

Embargos de declaração manifestados com notório propósito de prequestionamento não tem caráter protelatório. (Súmula 98, CORTE ESPECIAL, julgado em 14/04/1994, DJ 25/04/1994 p. 9284)

Súmula 99

O Ministério Público tem legitimidade para recorrer no processo em que oficiou como fiscal da lei, ainda que não haja recurso da parte. (Súmula 99, CORTE ESPECIAL, julgado em 14/04/1994, DJ 25/04/1994 p. 9284)

DIREITO TRIBUTÁRIO

ADICIONAL AO FRETE PARA RENOVAÇÃO DA MARINHA MERCANTE

Súmula 100

É devido o adicional ao frete para renovação da marinha mercante na importação sob o regime de benefícios fiscais a exportação (BEFIEX). (Súmula 100, PRIMEIRA SEÇÃO, julgado em 19/04/1994, DJ 25/04/1994 p. 9286)

DIREITO CIVIL

PRESCRIÇÃO

Súmula 101

A Ação de indenização do segurado em grupo contra a seguradora prescreve em um ano. (Súmula 101, SEGUNDA SEÇÃO, julgado em 27/04/1994, DJ 05/05/1994 p. 10379)

DIREITO ADMINISTRATIVO

DESAPROPRIAÇÃO

Súmula 102

A incidência dos juros moratórios sobre os compensatórios, nas ações expropriatórias, não constitui anatocismo vedado em lei. (Súmula 102, PRIMEIRA SEÇÃO, julgado em 17/05/1994, DJ 26/05/1994 p.13081)

BENS PÚBLICOS

Súmula 103

Incluem-se entre os imóveis funcionais que podem ser vendidos os administrados pelas forças armadas e ocupados pelos servidores civis. (Súmula 103, TERCEIRA SEÇÃO, julgado em 19/05/1994, DJ 26/05/1994 p. 13088)

DIREITO PROCESSUAL PENAL

COMPETÊNCIA

Súmula 104

Compete a Justiça Estadual o processo e julgamento dos crimes de falsificação e uso de documento falso relativo a estabelecimento particular de ensino. (Súmula 104, TERCEIRA SEÇÃO, julgado em 19/05/1994, DJ 26/05/1994 p. 13088)

DIREITO CONSTITUCIONAL

MANDADO DE SEGURANÇA

Súmula 105

Na ação de mandado de segurança não se admite condenação em honorários advocatícios. (Súmula 105, CORTE ESPECIAL, julgado em 26/05/1994, DJ 03/06/1994 p. 13885)

ANOTAÇÕES

DIREITO PROCESSUAL CIVIL

CITAÇÃO

Súmula 106

Proposta a ação no prazo fixado para o seu exercício, a demora na citação, por motivos inerentes ao mecanismo da justiça, não justifica o acolhimento da arguição de prescrição ou decadência. (Súmula 106, CORTE ESPECIAL, julgado em 26/05/1994, DJ 03/06/1994 p. 13885)

DIREITO PROCESSUAL PENAL

COMPETÊNCIA

Súmula 107

Compete à Justiça Comum Estadual processar e julgar crime de estelionato praticado mediante falsificação das guias de recolhimento das contribuições previdenciárias, quando não ocorrente lesão à autarquia federal. (Súmula 107, TERCEIRA SEÇÃO, julgado em 16/06/1994, DJ 22/06/1994 p. 16427)

DIREITO PENAL

ESTATUTO DA CRIANÇA E DO ADOLESCENTE

Súmula 108

A aplicação de medidas socio-educativas ao adolescente, pela prática de ato infracional, é da competência exclusiva do juiz. (Súmula 108, TERCEIRA SEÇÃO, julgado em 16/06/1994, DJ 22/06/1994 p. 16427)

DIREITO CIVIL

TRANSPORTE COMERCIAL

Súmula 109

O reconhecimento do direito a indenização, por falta de mercadoria transportada via marítima, independe de vistoria. (Súmula 109, SEGUNDA SEÇÃO, julgado em 28/09/1994, DJ 05/10/1994 p. 26557)

DIREITO PROCESSUAL CIVIL

AÇÕES PREVIDENCIÁRIAS

Súmula 110

A isenção do pagamento de honorários advocatícios, nas ações acidentárias, é restrita ao segurado.(Súmula 110, TERCEIRA SEÇÃO, julgado em 06/10/1994, DJ 13/10/1994 p. 27430)

Súmula 111

Os honorários advocatícios, nas ações previdenciárias, não incidem sobre as prestações vencidas após a sentença. (*) (*) - apreciando o projeto de súmula n. 560, na sessão de 27/09/06, a Terceira Seção deliberou pela MODIFICAÇÃO da súmula n. 111. REDAÇÃO ANTERIOR (decisão de 06/10/1994, DJ 13/10/1994): OS HONORÁRIOS ADVOCATÍCIOS, NAS AÇÕES PREVIDENCIÁRIAS, NÃO INCIDEM SOBRE PRESTAÇÕES VINCENDAS. (Súmula 111, TERCEIRA SEÇÃO, julgado em 27/09/2006, DJ 04/10/2006 p. 281)

DIREITO TRIBUTÁRIO

DEPÓSITO

Súmula 112

O depósito somente suspende a exigibilidade do crédito tributário se for integral e em dinheiro. (Súmula 112, PRIMEIRA SEÇÃO, julgado em 25/10/1994, DJ 03/11/1994 p. 29768)

DIREITO ADMINISTRATIVO

DESAPROPRIAÇÃO

Súmula 113

Os juros compensatórios, na desapropriação direta, incidem a partir da imissão na posse, calculados sobre o valor da indenização, corrigido monetariamente. (Súmula 113, PRIMEIRA SEÇÃO, julgado em 25/10/1994, DJ 03/11/1994 p. 29768)

Súmula 114

Os juros compensatórios, na desapropriação indireta, incidem a partir da ocupação, calculados sobre o valor da indenização, corrigido monetariamente. (Súmula 114, PRIMEIRA SEÇÃO, julgado em 25/10/1994, DJ 03/11/1994 p. 29768)

DIREITO PROCESSUAL CIVIL

DOS RECURSOS

Súmula 115

Na instancia especial é inexistente recurso interposto por advogado sem procuração nos autos. (Súmula 115, CORTE ESPECIAL, julgado em 27/10/1994, DJ 07/11/1994 p. 30050)

Súmula 116

A Fazenda Pública e o Ministério Público tem prazo em dobro para interpor agravo regimental no Superior Tribunal de Justiça. (Súmula 116, CORTE ESPECIAL, julgado em 27/10/1994, DJ 07/11/1994 p. 30050)

DOS PRAZOS

Súmula 117

A inobservância do prazo de 48 horas, entre a publicação de pauta e o julgamento sem a presença das partes, acarreta nulidade. (Súmula 117, CORTE ESPECIAL, julgado em 27/10/1994, DJ 07/11/1994 p. 30050)

DOS RECURSOS

Súmula 118

O agravo de instrumento é o recurso cabível da decisão que homologa a atualização do cálculo da liquidação. (Súmula 118, CORTE ESPECIAL, julgado em 27/10/1994, DJ 07/11/1994 p. 30050)

DIREITO ADMINISTRATIVO

DESAPROPRIAÇÃO

Súmula 119

A ação de desapropriação indireta prescreve em vinte anos. (Súmula 119, PRIMEIRA SEÇÃO, julgado em 08/11/1994, DJ 16/11/1994 p. 31143)

CONSELHOS PROFISSIONAIS

Súmula 120

O oficial de farmácia, inscrito no Conselho Regional de Farmácia, pode ser responsável técnico por drogaria. (Súmula 120, PRIMEIRA SEÇÃO, julgado em 29/11/1994, DJ 06/12/1994 p. 33786)

DIREITO PROCESSUAL CIVIL

EXECUÇÃO FISCAL

Súmula 121

Na execução fiscal o devedor deverá ser intimado, pessoalmente, do dia e hora da realização do leilão. (Súmula 121, PRIMEIRA SEÇÃO, julgado em 29/11/1994, DJ 06/12/1994 p. 33786)

DIREITO PROCESSUAL PENAL

COMPETÊNCIA

Súmula 122

Compete a justiça federal o processo e julgamento unificado dos crimes conexos de competência federal e estadual, não se aplicando a regra do art. 78, II, "a", do Código de Processo Penal. (Súmula 122, TERCEIRA SEÇÃO, julgado em 01/12/1994, DJ 07/12/1994 p. 33970)

DIREITO PROCESSUAL CIVIL

DOS RECURSOS

Súmula 123

A decisão que admite, ou não, o recurso especial deve ser fundamentada, com o exame dos seus pressupostos gerais e constitucionais. (Súmula 123, CORTE ESPECIAL, julgado em 02/12/1994, DJ 09/12/1994 p. 34142)

DIREITO TRIBUTÁRIO

TAXAS

Súmula 124

A taxa de melhoramento dos portos tem base de cálculo diversa do imposto de importação, sendo legítima a sua cobrança sobre a importação de mercadorias de países signatários do GATT, da ALALC ou ALADI. (Súmula 124, PRIMEIRA SEÇÃO, julgado em 06/12/1994, DJ 09/12/1994 p. 34815)

ANOTAÇÕES

IMPOSTO DE RENDA

Súmula 125

O pagamento de férias não gozadas por necessidade do serviço não está sujeito a incidência do Imposto de Renda. (Súmula 125, PRIMEIRA SEÇÃO, julgado em 06/12/1994, DJ 15/12/1994 p. 34815)

DIREITO PROCESSUAL CIVIL

DOS RECURSOS

Súmula 126

É inadmissível recurso especial, quando o acórdão recorrido assenta em fundamentos constitucional e infraconstitucional, qualquer deles suficiente, por si só, para mantê-lo, e a parte vencida não manifesta recurso extraordinário. (Súmula 126, CORTE ESPECIAL, julgado em 09/03/1995, DJ 21/03/1995 p. 6369)

DIREITO DE TRÂNSITO

MULTAS DE TRÂNSITO

Súmula 127

É ilegal condicionar a renovação da licença de veículo ao pagamento de multa, da qual o infrator não foi notificado. (Súmula 127, PRIMEIRA SEÇÃO, julgado em 14/03/1995, DJ 23/03/1995 p. 6730)

DIREITO PROCESSUAL CIVIL

EXECUÇÃO FISCAL

Súmula 128

Na execução fiscal haverá segundo leilão, se no primeiro não houver lanço superior à avaliação. (Súmula 128, PRIMEIRA SEÇÃO, julgado em 14/03/1995, DJ 23/03/1995 p. 6730)

DIREITO TRIBUTÁRIO

IMPOSTO SOBRE CIRCULAÇÃO DE MERCADORIAS E SERVIÇOS

Súmula 129

O exportador adquire o direito de transferência de crédito do ICMS quando realiza a exportação do produto e não ao estocar a matéria-prima. (Súmula 129, PRIMEIRA SEÇÃO, julgado em 14/03/1995, DJ 23/03/1995 p. 6730)

DIREITO CIVIL

RESPONSABILIDADE CIVIL

Súmula 130

A empresa responde, perante o cliente, pela reparação de dano ou furto de veículo ocorridos em seu estacionamento. (Súmula 130, SEGUNDA SEÇÃO, julgado em 29/03/1995, DJ 04/04/1995 p. 8294)

DIREITO ADMINISTRATIVO

DESAPROPRIAÇÃO

Súmula 131

Nas ações de desapropriação incluem-se no cálculo da verba advocatícia as parcelas relativas aos juros compensatórios e moratórios, devidamente corrigidas. (Súmula 131, PRIMEIRA SEÇÃO, julgado em 18/04/1995, DJ 24/04/1995 p. 10455)

DIREITO CIVIL

RESPONSABILIDADE CIVIL

Súmula 132

A ausência de registro da transferência não implica a responsabilidade do antigo proprietário por dano resultante de acidente que envolva o veículo alienado. (Súmula 132, SEGUNDA SEÇÃO, julgado em 26/04/1995, DJ 05/05/1995 p. 12000)

DIREITO EMPRESARIAL

FALÊNCIA, CONCORDATA E RECUPERAÇÃO JUCICIAL

Súmula 133 - A restituição da importância adiantada, a conta de contrato de câmbio, independe de ter sido a antecipação efetuada nos quinze dias anteriores ao requerimento da concordata. (Súmula 133, SEGUNDA SEÇÃO, julgado em 26/04/1995, DJ 05/05/1995 p. 12000)

ANOTAÇÕES

ANOTAÇÕES

DIREITO PROCESSUAL CIVIL

EXECUÇÃO

Súmula 134 - Embora intimado da penhora em imóvel do casal, o cônjuge do executado pode opor embargos de terceiro para defesa de sua meação. (Súmula 134, SEGUNDA SEÇÃO, julgado em 26/04/1995, DJ 05/05/1995 p. 12000)

DIREITO TRIBUTÁRIO

IMPOSTO SOBRE CIRCULAÇÃO DE MERCADORIAS E SERVIÇOS

Súmula 135 - O ICMS não incide na gravação e distribuição de filmes e videoteipes. (Súmula 135, PRIMEIRA SEÇÃO, julgado em 09/05/1995, DJ 16/05/1995 p. 13549)

IMPOSTO DE RENDA

Súmula 136 - O pagamento de licença-prêmio não gozada por necessidade do serviço não está sujeito ao Imposto de Renda. (Súmula 136, PRIMEIRA SEÇÃO, julgado em 09/05/1995, DJ 16/05/1995 p. 13549)

DIREITO PROCESSUAL CIVIL

COMPETÊNCIA

Súmula 137 - Compete a Justiça Comum Estadual processar e julgar ação de servidor público municipal, pleiteando direitos relativos ao vinculo estatutário. (Súmula 137, CORTE ESPECIAL, julgado em 11/05/1995, DJ 22/05/1995 p.14446)

DIREITO TRIBUTÁRIO

IMPOSTO SOBRE SERVIÇOS

Súmula 138 - O ISS incide na operação de arrendamento mercantil de coisas móveis. (Súmula 138, PRIMEIRA SEÇÃO, julgado em 16/05/1995, DJ 19/05/1995 p. 14053)

DIREITO PROCESSUAL CIVIL

EXECUÇÃO FISCAL

Súmula 139 - Cabe a Procuradoria da Fazenda Nacional propor execução fiscal para cobrança de crédito relativo ao ITR. (Súmula 139, PRIMEIRA SEÇÃO, julgado em 16/05/1995, DJ 19/05/1995 p. 14053)

DIREITO PROCESSUAL PENAL

COMPETÊNCIA

Súmula 140 - Compete a Justiça Comum Estadual processar e julgar crime em que o indígena figure como autor ou vítima. (Súmula 140, TERCEIRA SEÇÃO, julgado em 18/05/1995, DJ 24/05/1995 p. 14853)

DIREITO ADMINISTRATIVO

DESAPROPRIAÇÃO

Súmula 141 - Os honorários de advogado em desapropriação direta são calculados sobre a diferença entre a indenização e a oferta, corrigidas monetariamente. (Súmula 141, PRIMEIRA SEÇÃO, julgado em 06/06/1995, DJ 09/06/1995 p. 17370)

DIREITO EMPRESARIAL

MARCA COMERCIAL

Súmula 142 - Prescreve em vinte anos a ação para exigir a abstenção do uso de marca comercial. (Súmula 142, SEGUNDA SEÇÃO, julgado em 14/06/1995, DJ 23/06/1995, p. 19648)SÚMULA CANCELADA:A Segunda Seção, na sessão de 12/05/1999, ao julgar a AR 512/DF, determinou o CANCELAMENTO da Súmula 142 do STJ (DJ 10/06/1999, p. 49).

Súmula 143 - Prescreve em cinco anos a ação de perdas e danos pelo uso de marca comercial. (Súmula 143, SEGUNDA SEÇÃO, julgado em 14/06/1995, DJ 23/06/1995 p. 19648)

DIREITO CONSTITUCIONAL

PRECATÓRIOS

Súmula 144 - Os créditos de natureza alimentícia gozam de preferência, desvinculados os precatórios da ordem cronológica dos créditos de natureza diversa. (Súmula 144, CORTE ESPECIAL, julgado em 10/08/1995, DJ 18/08/1995 p. 25079)

ANOTAÇÕES

DIREITO CIVIL

RESPONSABILIDADE CIVIL

Súmula 145 - No transporte desinteressado, de simples cortesia, o transportador só será civilmente responsável por danos causados ao transportado quando incorrer em dolo ou culpa grave. (Súmula 145, SEGUNDA SEÇÃO, julgado em 08/11/1995, DJ 17/11/1995 p. 39295)

DIREITO PREVIDENCIÁRIO

DOS BENEFÍCIOS PREVIDENCIÁRIOS

Súmula 146 - O segurado, vítima de novo infortúnio, faz jus a um único benefício somado ao salário de contribuição vigente no dia do acidente. (Súmula 146, TERCEIRA SEÇÃO, julgado em 07/12/1995, DJ 18/12/1995 p. 44864)

DIREITO PROCESSUAL PENAL

COMPETÊNCIA

Súmula 147 - Compete a Justiça Federal processar e julgar os crimes praticados contra funcionário público federal, quando relacionados com o exercício da função. (Súmula 147, TERCEIRA SEÇÃO, julgado em 07/12/1995, DJ 18/12/1995 p. 44864)

DIREITO PREVIDENCIÁRIO

DOS BENEFÍCIOS PREVIDENCIÁRIOS

Súmula 148 - Os débitos relativos a benefício previdenciário, vencidos e cobrados em juízo após a vigência da lei n. 6.899/81, devem ser corrigidos monetariamente na forma prevista nesse diploma legal. (Súmula 148, TERCEIRA SEÇÃO, julgado em 07/12/1995, DJ 18/12/1995 p. 44864)

TRABALHO RURAL

Súmula 149 - A prova exclusivamente testemunhal não basta à comprovação da atividade rurícola, para efeito da obtenção de beneficio previdenciário. (Súmula 149, TERCEIRA SEÇÃO, julgado em 07/12/1995, DJ 18/12/1995 p. 44864)

DIREITO PROCESSUAL CIVIL

COMPETÊNCIA

Súmula 150 - Compete a Justiça Federal decidir sobre a existência de interesse jurídico que justifique a presença, no processo, da União, suas Autarquias ou Empresas publicas. (Súmula 150, CORTE ESPECIAL, julgado em 07/02/1996, DJ 13/02/1996 p. 2608)

DIREITO PROCESSUAL PENAL

COMPETÊNCIA

Súmula 151 - A competência para o processo e julgamento por crime de contrabando ou descaminho define-se pela prevenção do Juízo Federal do lugar da apreensão dos bens. (Súmula 151, TERCEIRA SEÇÃO, julgado em 14/02/1996, DJ 26/02/1996 p. 4192)

DIREITO TRIBUTÁRIO

IMPOSTO SOBRE CIRCULAÇÃO DE MERCADORIAS E SERVIÇOS

Súmula 152 - Na venda pelo segurador, de bens salvados de sinistros, incide o ICMS. (Súmula 152, PRIMEIRA SEÇÃO, DJ 14/03/1996, p. 7115, REPDJ 29/03/1996, p. 9543)SÚMULA CANCELADA:A Primeira Seção, na sessão de 13/06/2007, ao julgar a Questão de Ordem no REsp 73.552/RJ, determinou o CANCELAMENTO da Súmula 152 do STJ (DJ 25/06/2007, p. 413).

DIREITO PROCESSUAL CIVIL

EXECUÇÃO FISCAL

Súmula 153 - A desistência da execução fiscal, após o oferecimento dos embargos, não exime o exequente dos encargos da sucumbência. (Súmula 153, PRIMEIRA SEÇÃO, julgado em 08/03/1996, DJ 14/03/1996 p. 7115)

DIREITO DO TRABALHO

FUNDO DE GARANTIA POR TEMPO DE SERVIÇO

Súmula 154 - Os optantes pelo FGTS, nos termos da lei n. 5.958, de 1973, tem direito a taxa progressiva dos juros, na forma do art. 4. da lei n.5.107, de 1966. (Súmula 154, PRIMEIRA SEÇÃO, julgado em 22/03/1996, DJ 15/04/1996 p. 11631)

DIREITO TRIBUTÁRIO

IMPOSTO SOBRE CIRCULAÇÃO DE MERCADORIAS E SERVIÇOS

Súmula 155 - O ICMS incide na importação de aeronave, por pessoa física, para uso próprio. (Súmula 155, PRIMEIRA SEÇÃO, julgado em 22/03/1996, DJ 15/04/1996 p. 11631)

IMPOSTO SOBRE SERVIÇOS

Súmula 156 - A prestação de serviço de composição gráfica, personalizada e sob encomenda, ainda que envolva fornecimento de mercadorias, está sujeita, apenas, ao ISS. (Súmula 156, PRIMEIRA SEÇÃO, julgado em 22/03/1996, DJ 15/04/1996 p. 11631)

TAXAS

Súmula 157 - É ilegítima a cobrança de taxa, pelo município, na renovação de licença para localização de estabelecimento comercial ou industrial. (Súmula 157, PRIMEIRA SEÇÃO, julgado em 22/03/1996, DJ 15/04/1996, p. 11631)SÚMULA CANCELADA:A Primeira Seção, na sessão de 24/04/2002, ao julgar o REsp 261.571/SP, determinou o CANCELAMENTO da Súmula 157 do STJ (DJ 07/05/2002, p. 204).

DIREITO PROCESSUAL CIVIL

DOS RECURSOS

Súmula 158 - Não se presta a justificar embargos de divergência o dissídio com acórdão de turma ou seção que não mais tenha competência para a matéria neles versada. (Súmula 158, CORTE ESPECIAL, julgado em 15/05/1996, DJ 27/05/1996 p. 18029)

DIREITO PREVIDENCIÁRIO

DOS BENEFÍCIOS PREVIDENCIÁRIOS

Súmula 159 - O benefício acidentário, no caso de contribuinte que perceba remuneração variável, deve ser calculado com base na media aritmética dos últimos doze meses de contribuição. (Súmula 159, CORTE ESPECIAL, julgado em 15/05/1996, DJ 27/05/1996 p. 18030)

DIREITO TRIBUTÁRIO

IMPOSTO SOBRE A PROPRIEDADE PREDIAL E TERRITORIAL URBANA

Súmula 160 - É defeso, ao município, atualizar o IPTU, mediante decreto, em percentual superior ao índice oficial de correção monetária. (Súmula 160, PRIMEIRA SEÇÃO, julgado em 12/06/1996, DJ 19/06/1996 p. 21940)

DIREITO PROCESSUAL CIVIL

COMPETÊNCIA

Súmula 161 - É da competência da Justiça Estadual autorizar o levantamento dos valores relativos ao PIS / PASEP e FGTS, em decorrência do falecimento do titular da conta. (Súmula 161, PRIMEIRA SEÇÃO, julgado em 12/06/1996, DJ 19/06/1996 p. 21940)

DIREITO TRIBUTÁRIO

REPETIÇÃO DE INDÉBITO

Súmula 162 - Na repetição de indébito tributário, a correção monetária incide a partir do pagamento indevido. (Súmula 162, PRIMEIRA SEÇÃO, julgado em 12/06/1996, DJ 19/06/1996)

IMPOSTO SOBRE CIRCULAÇÃO DE MERCADORIAS E SERVIÇOS

Súmula 163 - O fornecimento de mercadorias com a simultânea prestação de serviços em bares, restaurantes e estabelecimentos similares constitui fato gerador do ICMS a incidir sobre o valor total da operação. (Súmula 163, PRIMEIRA SEÇÃO, julgado em 12/06/1996, DJ 11/11/1996)

DIREITO PROCESSUAL PENAL

COMPETÊNCIA

Súmula 164 - O prefeito municipal, após a extinção do mandato, continua sujeito a processo por crime previsto no art. 1. do Decreto-lei n. 201, de 27/02/67. (Súmula 164, TERCEIRA SEÇÃO, julgado em 14/08/1996, DJ 23/08/1996)

ANOTAÇÕES

Súmula 165 - Compete à justiça federal processar e julgar crime de falso testemunho cometido no processo trabalhista. (Súmula 165, TERCEIRA SEÇÃO, julgado em 14/08/1996, DJ 23/08/1996 p. 29382)

DIREITO TRIBUTÁRIO

IMPOSTO SOBRE CIRCULAÇÃO DE MERCADORIAS E SERVIÇOS

Súmula 166 - Não constitui fato gerador do ICMS o simples deslocamento de mercadoria de um para outro estabelecimento do mesmo contribuinte. (Súmula 166, PRIMEIRA SEÇÃO, julgado em 14/08/1996, DJ 23/08/1996)

IMPOSTO SOBRE SERVIÇOS

Súmula 167 - O fornecimento de concreto, por empreitada, para construção civil, preparado no trajeto até a obra em betoneiras acopladas a caminhões, e prestação de serviço, sujeitando-se apenas a incidência do ISS. (Súmula 167, PRIMEIRA SEÇÃO, julgado em 11/09/1996, DJ 19/09/1996)

DIREITO PROCESSUAL CIVIL

DOS RECURSOS

Súmula 168 - Não cabem embargos de divergência, quando a jurisprudência do Tribunal se firmou no mesmo sentido do acórdão embargado. (Súmula 168, CORTE ESPECIAL, julgado em 16/10/1996, DJ 22/10/1996)

Súmula 169 - São inadmissíveis embargos infringentes no processo de mandado de segurança. (Súmula 169, CORTE ESPECIAL , julgado em 16/10/1996, DJ 22/10/1996)

COMPETÊNCIA

Súmula 170 - Compete ao juízo onde primeiro for intentada a ação envolvendo acumulação de pedidos, trabalhista e estatutário, decidi-la nos limites da sua jurisdição, sem prejuízo do ajuizamento de nova causa, com o pedido remanescente, no juízo próprio. (Súmula 170, TERCEIRA SEÇÃO, julgado em 23/10/1996, DJ 31/10/1996)

DIREITO PENAL

DAS PENAS

Súmula 171 - Cominadas cumulativamente, em lei especial, penas privativa de liberdade e pecuniária, é defeso a substituição da prisão por multa. (Súmula 171, TERCEIRA SEÇÃO, julgado em 23/10/1996, DJ 31/10/1996)

DIREITO PROCESSUAL PENAL

COMPETÊNCIA

Súmula 172 - Compete a Justiça Comum processar e julgar militar por crime de abuso de autoridade, ainda que praticado em serviço. (Súmula 172, TERCEIRA SEÇÃO, julgado em 23/10/1996, DJ 31/10/1996)

DIREITO PROCESSUAL CIVIL

Súmula 173 - Compete a Justiça Federal processar e julgar o pedido de reintegração em cargo público federal, ainda que o servidor tenha sido dispensado antes da instituição do Regime Jurídico Único. (Súmula 173, TERCEIRA SEÇÃO, julgado em 23/10/1996, DJ 31/10/1996)

DIREITO PENAL

DAS PENAS

Súmula 174 - No crime de roubo, a intimidação feita com arma de brinquedo autoriza o aumento da pena. (Súmula 174, TERCEIRA SEÇÃO, julgado em 23/10/1996, DJ 31/10/1996, p. 42124)SÚMULA CANCELADA:A Terceira Seção, na sessão de 24/10/2002, ao julgar o REsp 213.054/SP, determinou o CANCELAMENTO da Súmula 174 do STJ (DJ 11/11/2002, p. 148).

DIREITO ADMINISTRATIVO

AÇÕES PREVIDENCIÁRIAS

Súmula 175 - Descabe o depósito prévio nas ações rescisórias propostas pelo INSS. (Súmula 175, TERCEIRA SEÇÃO, julgado em 23/10/1996, DJ 31/10/1996)

ANOTAÇÕES

ANOTAÇÕES

DIREITO CONSTITUCIONAL

SISTEMA FINANCEIRO NACIONAL

Súmula 176 - É nula a cláusula contratual que sujeita o devedor a taxa de juros divulgada pela ANBID/CETIP. (Súmula 176, SEGUNDA SEÇÃO, julgado em 23/10/1996, DJ 06/11/1996)

DIREITO PROCESSUAL CIVIL

COMPETÊNCIA

Súmula 177 - O Superior Tribunal de Justiça é incompetente para processar e julgar, originariamente, mandado de segurança contra ato de órgão colegiado presidido por Ministro de Estado. (Súmula 177, PRIMEIRA SEÇÃO, julgado em 27/11/1996, DJ 11/12/1996)

DIREITO PREVIDENCIÁRIO

AÇÕES PREVIDENCIÁRIAS

Súmula 178 - O INSS não goza de isenção do pagamento de custas e emolumentos, nas ações acidentárias e de benefícios, propostas na Justiça Estadual. (Súmula 178, CORTE ESPECIAL, julgado em 23/05/2002, DJ 03/06/2002).

DIREITO CONSTITUCIONAL

SISTEMA FINANCEIRO NACIONAL

Súmula 179 - O estabelecimento de crédito que recebe dinheiro, em depósito judicial, responde pelo pagamento da correção monetária relativa aos valores recolhidos. (Súmula 179, CORTE ESPECIAL, julgado em 05/02/1997, DJ 17/02/1997)

DIREITO PROCESSUAL CIVIL

COMPETÊNCIA

Súmula 180 - Na lide trabalhista, compete ao Tribunal Regional do Trabalho dirimir conflito de competência verificado, na respectiva região, entre juiz estadual e junta de conciliação e julgamento. (Súmula 180, CORTE ESPECIAL, julgado em 05/02/1997, DJ 17/02/1997)

AÇÃO DECLARATÓRIA

Súmula 181 - É admissível ação declaratória, visando a obter certeza quanto à exata interpretação de cláusula contratual. (Súmula 181, CORTE ESPECIAL, julgado em 05/02/1997, DJ 17/02/1997)

DOS RECURSOS

Súmula 182 - É inviável o agravo do art. 545 do CPC que deixa de atacar especificamente os fundamentos da decisão agravada. (Súmula 182, CORTE ESPECIAL, julgado em 05/02/1997, DJ 17/02/1997)

DIREITO CONSTITUCIONAL

AÇÃO CIVIL PÚBLICA

Súmula 183 - Compete ao juiz estadual, nas comarcas que não sejam sede de vara da Justiça Federal, processar e julgar ação civil pública, ainda que a União figure no processo. (Súmula 183, PRIMEIRA SEÇÃO, julgado em 12/03/1997, DJ 31/03/1997, p. 9667) SÚMULA CANCELADA:A Primeira Seção, na sessão de 08/11/2000, ao julgar os EDcl no CC 27.676/BA, determinou o CANCELAMENTO da Súmula 183 do STJ (DJ 24/11/2000, p. 265).

DIREITO TRIBUTÁRIO

IMPOSTO DE RENDA

Súmula 184 - A microempresa de representação comercial é isenta do Imposto de Renda. (Súmula 184, PRIMEIRA SEÇÃO, julgado em 12/03/1997, DJ 31/03/1997)

IMPOSTO SOBRE OPERAÇÕES FINANCEIRAS

Súmula 185 - Nos depósitos judiciais, não incide o Imposto sobre Operações Financeiras. (Súmula 185, PRIMEIRA SEÇÃO, julgado em 12/03/1997, DJ 31/03/1997)

DIREITO CIVIL

RESPONSABILIDADE CIVIL

Súmula 186 - NAS INDENIZAÇÕES POR ATO ILICITO, OS JUROS COMPOSTOS SOMENTE SÃO DEVIDOS POR AQUELE QUE PRATICOU O CRIME. (Súmula 186, CORTE ESPECIAL, julgado em 02/04/1997, DJ 24/04/1997)

ANOTAÇÕES

DIREITO PROCESSUAL CIVIL

DOS RECURSOS

Súmula 187 - É deserto o recurso interposto para o Superior Tribunal de Justiça, quando o recorrente não recolhe, na origem, a importância das despesas de remessa e retorno dos autos. (Súmula 187, CORTE ESPECIAL, julgado em 21/05/1997, DJ 30/05/1997)

DIREITO TRIBUTÁRIO

REPETIÇÃO DE INDÉBITO

Súmula 188 - Os juros moratórios, na repetição do indébito tributário, são devidos a partir do trânsito em julgado da sentença. (Súmula 188, PRIMEIRA SEÇÃO, julgado em 11/06/1997, DJ 21/11/1997)

DIREITO PROCESSUAL CIVIL

EXECUÇÃO FISCAL

Súmula 189 - É desnecessária a intervenção do Ministério Público nas execuções fiscais. (Súmula 189, PRIMEIRA SEÇÃO, julgado em 11/06/1997, DJ 23/06/1997)

Súmula 190 - Na execução fiscal, processada perante a Justiça Estadual, cumpre a Fazenda Pública antecipar o numerário destinado ao custeio das despesas com o transporte dos oficiais de justiça. (Súmula 190, PRIMEIRA SEÇÃO, julgado em 11/06/1997, DJ 23/06/1997)

DIREITO PENAL

PRESCRIÇÃO

Súmula 191 - A pronúncia é causa interruptiva da prescrição, ainda que o Tribunal do Júri venha a desclassificar o crime. (Súmula 191, TERCEIRA SEÇÃO, julgado em 25/06/1997, DJ 01/08/1997)

EXECUÇÃO PENAL

Súmula 192 - Compete ao Juízo das Execuções Penais do Estado a execução das penas impostas a sentenciados pela Justiça Federal, Militar ou Eleitoral, quando recolhidos a estabelecimentos sujeitos a Administração Estadual. (Súmula 192, TERCEIRA SEÇÃO, julgado em 25/06/1997, DJ 01/08/1997)

DIREITO CIVIL

USUCAPIÃO

Súmula 193 - O direito de uso de linha telefônica pode ser adquirido por usucapião. (Súmula 193, SEGUNDA SEÇÃO, julgado em 25/06/1997, DJ 06/08/1997)

PRESCRIÇÃO

Súmula 194 - Prescreve em vinte anos a ação para obter, do construtor, indenização por defeitos da obra. (Súmula 194, SEGUNDA SEÇÃO, julgado em 24/09/1997, DJ 03/10/1997)

DIREITO PROCESSUAL CIVIL

EXECUÇÃO

Súmula 195 - Em embargos de terceiro não se anula ato jurídico, por fraude contra credores. (Súmula 195, CORTE ESPECIAL, julgado em 01/10/1997, DJ 09/10/1997)

Súmula 196 - Ao executado que, citado por edital ou por hora certa, permanecer revel, será nomeado curador especial, com legitimidade para apresentação de embargos. (Súmula 196, CORTE ESPECIAL, julgado em 01/10/1997, DJ 09/10/1997)

DIREITO CIVIL

DIVÓRCIO

Súmula 197 - O divórcio direto pode ser concedido sem que haja prévia partilha dos bens. (Súmula 197, SEGUNDA SEÇÃO, julgado em 08/10/1997, DJ 22/10/1997)

DIREITO TRIBUTÁRIO

IMPOSTO SOBRE CIRCULAÇÃO DE MERCADORIAS E SERVIÇOS

Súmula 198 - Na importação de veículo por pessoa física, destinado a uso próprio, incide o ICMS. (Súmula 198, PRIMEIRA SEÇÃO, julgado em 08/10/1997, DJ 21/10/1997)

DIREITO PROCESSUAL CIVIL

EXECUÇÃO

Súmula 199 - Na execução hipotecária de crédito vinculado ao Sistema Financeiro da Habitação, nos termos da Lei n. 5.741/71, a petição inicial deve ser instruída com, pelo menos, dois avisos de cobrança. (Súmula 199, PRIMEIRA SEÇÃO, julgado em 08/10/1997, DJ 21/10/1997)

DIREITO PROCESSUAL PENAL

COMPETÊNCIA

Súmula 200 - O juízo federal competente para processar e julgar acusado de crime de uso de passaporte falso é o do lugar onde o delito se consumou. (Súmula 200, TERCEIRA SEÇÃO, julgado em 22/10/1997, DJ 29/10/1997)

DIREITO PROCESSUAL CIVIL

HONORÁRIOS ADVOCATÍCIOS

Súmula 201 - Os honorários advocatícios não podem ser fixados em salários-mínimos. (Súmula 201, CORTE ESPECIAL, julgado em 17/12/1997, DJ 02/02/1998)

DIREITO CONSTITUCIONAL

MANDADO DE SEGURANÇA

Súmula 202 - A impetração de segurança por terceiro, contra ato judicial, não se condiciona a interposição de recurso. (Súmula 202, CORTE ESPECIAL, julgado em 17/12/1997, DJ 02/02/1998)

DIREITO PROCESSUAL CIVIL

DOS RECURSOS

Súmula 203 - Não cabe recurso especial contra decisão proferida por órgão de segundo grau dos Juizados Especiais.(*) (*) A Corte Especial, na sessão extraordinária de 23 de maio de 2002, julgando o AgRg no Ag 400.076-BA, deliberou pela ALTERAÇÃO do enunciado da Súmula n. 203. REDAÇÃO ANTERIOR (decisão de 04/02/1998, DJ 12/02/1998, PG: 35): NÃO CABE RECURSO ESPECIAL CONTRA DECISÃO PROFERIDA, NOS LIMITES DE SUA COMPETÊNCIA, POR ÓRGÃO DE SEGUNDO GRAU DOS JUIZADOS ESPECIAIS. (Súmula 203, CORTE ESPECIAL, julgado em 23/05/2002, DJ 03/06/2002)

DIREITO PREVIDENCIÁRIO

DOS BENEFÍCIOS PREVIDENCIÁRIOS

Súmula 204 - Os juros de mora nas ações relativas a benefícios previdenciários incidem a partir da citação válida. (Súmula 204, TERCEIRA SEÇÃO, julgado em 11/03/1998, DJ 18/03/1998)

DIREITO PROCESSUAL CIVIL

EXECUÇÃO

Súmula 205 - A Lei 8.009/90 aplica-se a penhora realizada antes de sua vigência. (Súmula 205, CORTE ESPECIAL, julgado em 01/04/1998, DJ 16/04/1998)

COMPETÊNCIA

Súmula 206 - A existência de vara privativa, instituída por lei estadual, não altera a competência territorial resultante das leis de processo. (Súmula 206, CORTE ESPECIAL, julgado em 01/04/1998, DJ 16/04/1998)

DOS RECURSOS

Súmula 207 - É inadmissível recurso especial quando cabíveis embargos infringentes contra o acordão proferido no tribunal de origem. (Súmula 207, CORTE ESPECIAL, julgado em 01/04/1998, DJ 16/04/1998)

DIREITO PROCESSUAL PENAL

COMPETÊNCIA

Súmula 208 - Compete a Justiça Federal processar e julgar prefeito municipal por desvio de verba sujeita a prestação de contas perante órgão federal. (Súmula 208, TERCEIRA SEÇÃO, julgado em 27/05/1998, DJ 03/06/1998)

ANOTAÇÕES

Súmula 209 - Compete a Justiça Estadual processar e julgar prefeito por desvio de verba transferida e incorporada ao patrimônio municipal. (Súmula 209, TERCEIRA SEÇÃO, julgado em 27/05/1998, DJ 03/06/1998)

DIREITO DO TRABALHO

FUNDO DE GARANTIA POR TEMPO DE SERVIÇO

Súmula 210 - A ação de cobrança das contribuições para o FGTS prescreve em trinta (30) anos. (Súmula 210, PRIMEIRA SEÇÃO, julgado em 27/05/1998, DJ 05/06/1998)

DIREITO PROCESSUAL CIVIL

DOS RECURSOS

Súmula 211 - Inadmissível recurso especial quanto à questão que, a despeito da oposição de embargos declaratórios, não foi apreciada pelo Tribunal a quo. (Súmula 211, CORTE ESPECIAL, julgado em 01/07/1998, DJ 03/08/1998)

DIREITO TRIBUTÁRIO

COMPENSAÇÃO

Súmula 212 - A compensação de créditos tributários não pode ser deferida em ação cautelar ou por medida liminar cautelar ou antecipatória.(*) (*) A Primeira Seção, na sessão ordinária de 11 de maio de 2005, deliberou pela ALTERAÇÃO do enunciado da Súmula n. 212. REDAÇÃO ANTERIOR (decisão de 23/09/1998, DJ 02/10/1998, PG. 250): A COMPENSAÇÃO DE CRÉDITOS TRIBUTÁRIOS NÃO PODE SER DEFERIDA POR MEDIDA LIMINAR. (Súmula 212, PRIMEIRA SEÇÃO, julgado em 11/05/2005, DJ 23/05/2005)

Súmula 213 - O mandado de segurança constitui ação adequada para a declaração do direito à compensação tributária. (Súmula 213, PRIMEIRA SEÇÃO, julgado em 23/09/1998, DJ 02/10/1998)

DIREITO CIVIL

LOCAÇÃO

Súmula 214 - O fiador na locação não responde por obrigações resultantes de aditamento ao qual não anuiu. (Súmula 214, TERCEIRA SEÇÃO, julgado em 23/09/1998, DJ 02/10/1998)

DIREITO TRIBUTÁRIO

IMPOSTO DE RENDA

Súmula 215 - A indenização recebida pela adesão a programa de incentivo à demissão voluntária não está sujeita à incidência do imposto de renda. (Súmula 215, PRIMEIRA SEÇÃO, julgado em 24/11/1998, DJ 24/12/1998)

DIREITO PROCESSUAL CIVIL

DOS RECURSOS

Súmula 216 - A tempestividade de recurso interposto no Superior Tribunal de Justiça é aferida pelo registro no protocolo da secretaria e não pela data da entrega na agência do correio. (Súmula 216, CORTE ESPECIAL, julgado em 03/02/1999, DJ 01/03/1999)

Súmula 217 - Não cabe agravo de decisão que indefere o pedido de suspensão da execução da liminar, ou da sentença em mandado de segurança. (Súmula 217, CORTE ESPECIAL, julgado em 03/02/1999, DJ 15/03/1999, p. 326, DJ 25/02/1999, p. 77)SÚMULA CANCELADA:A Corte Especial, na sessão de 23/10/2003, ao julgar a QO no AgRg na SS 1.204/AM, determinou o CANCELAMENTO da Súmula 217 do STJ (DJ 10/11/2003, p. 225).

COMPETÊNCIA

Súmula 218 - Compete à Justiça dos Estados processar e julgar ação de servidor estadual decorrente de direitos e vantagens estatutárias no exercício de cargo em comissão. (Súmula 218, TERCEIRA SEÇÃO, julgado em 10/02/1999, DJ 24/02/1999)

DIREITO EMPRESARIAL

FALÊNCIA, CONCORDATA E RECUPERAÇÃO JUCICIAL

Súmula 219 - Os créditos decorrentes de serviços prestados à massa falida, inclusive a remuneração do síndico, gozam dos privilégios próprios dos trabalhistas. (Súmula 219, SEGUNDA SEÇÃO, julgado em 10/03/1999, DJ 25/03/1999)

ANOTAÇÕES

ANOTAÇÕES

DIREITO PENAL

PRESCRIÇÃO

Súmula 220 - A reincidência não influi no prazo da prescrição da pretensão punitiva. (Súmula 220, TERCEIRA SEÇÃO, julgado em 12/05/1999, DJ 19/05/1999)

DIREITO CIVIL

RESPONSABILIDADE CIVIL

Súmula 221 - São civilmente responsáveis pelo ressarcimento de dano, decorrente de publicação pela imprensa, tanto o autor do escrito quanto o proprietário do veículo de divulgação. (Súmula 221, SEGUNDA SEÇÃO, julgado em 12/05/1999, DJ 26/05/1999)

DIREITO PROCESSUAL CIVIL

COMPETÊNCIA

Súmula 222 - Compete à Justiça Comum processar e julgar as ações relativas à contribuição sindical prevista no art. 578 da CLT. (Súmula 222, SEGUNDA SEÇÃO, julgado em 23/06/1999, DJ 02/08/1999)

DOS RECURSOS

Súmula 223 - A certidão de intimação do acórdão recorrido constitui peça obrigatória do instrumento de agravo. (Súmula 223, CORTE ESPECIAL, julgado em 02/08/1999, DJ 25/08/1999)

COMPETÊNCIA

Súmula 224 - Excluído do feito o ente federal, cuja presença levara o Juiz Estadual a declinar da competência, deve o Juiz Federal restituir os autos e não suscitar conflito. (Súmula 224, CORTE ESPECIAL, julgado em 02/08/1999, DJ 25/08/1999)

Súmula 225 - Compete ao Tribunal Regional do Trabalho apreciar recurso contra sentença proferida por órgão de primeiro grau da Justiça Trabalhista, ainda que para declarar-lhe a nulidade em virtude de incompetência. (Súmula 225, CORTE ESPECIAL, julgado em 02/08/1999, DJ 25/08/1999)

AÇÃO ACIDENTÁRIA

Súmula 226 - O Ministério Público tem legitimidade para recorrer na ação de acidente do trabalho, ainda que o segurado esteja assistido por advogado. (Súmula 226, CORTE ESPECIAL, julgado em 02/08/1999, DJ 01/10/1999)

DIREITO CIVIL

DANO MORAL

Súmula 227 - A pessoa jurídica pode sofrer dano moral. (Súmula 227, SEGUNDA SEÇÃO, julgado em 08/09/1999, DJ 08/10/1999 p. 126)

DIREITO PROCESSUAL CIVIL

INTERDITO PROIBITÓRIO

Súmula 228 - É inadmissível o interdito proibitório para a proteção do direito autoral. (Súmula 228, SEGUNDA SEÇÃO, julgado em 08/09/1999, DJ 08/10/1999)

DIREITO CIVIL

PRESCRIÇÃO

Súmula 229 - O pedido do pagamento de indenização à seguradora suspende o prazo de prescrição até que o segurado tenha ciência da decisão. (Súmula 229, SEGUNDA SEÇÃO, julgado em 08/09/1999, DJ 08/10/1999)

DIREITO PROCESSUAL CIVIL

COMPETÊNCIA

Súmula 230 - Compete à Justiça Estadual processar e julgar ação movida por trabalhador avulso portuário, em que se impugna ato do órgão gestor de mão-de-obra de que resulte óbice ao exercício de sua profissão. (Súmula 230, SEGUNDA SEÇÃO, julgado em 08/09/1999, DJ 08/10/1999, p. 126)SÚMULA CANCELADA:A Segunda Seção, na sessão de 11/10/2000, ao julgar a Questão de Ordem no CC 30.513/SP, determinou o CANCELAMENTO da Súmula 230 do STJ (DJ 09/11/2000, p. 69).

ANOTAÇÕES

DIREITO PENAL

DAS PENAS

Súmula 231 - A incidência da circunstância atenuante não pode conduzir à redução da pena abaixo do mínimo legal. (Súmula 231, TERCEIRA SEÇÃO, julgado em 22/09/1999, DJ 15/10/1999)

DIREITO PROCESSUAL CIVIL

HONORÁRIOS PERICIAIS

Súmula 232 - A Fazenda Pública, quando parte no processo, fica sujeita à exigência do depósito prévio dos honorários do perito. (Súmula 232, CORTE ESPECIAL, julgado em 01/12/1999, DJ 07/12/1999)

EXECUÇÃO

Súmula 233 - O contrato de abertura de crédito, ainda que acompanhado de extrato da conta-corrente, não é título executivo. (Súmula 233, TERCEIRA SEÇÃO, julgado em 13/12/1999, DJ 08/02/2000)

DIREITO PROCESSUAL PENAL

INVESTIGAÇÃO CRIMINAL

Súmula 234 - A participação de membro do Ministério Público na fase investigatória criminal não acarreta o seu impedimento ou suspeição para o oferecimento da denúncia. (Súmula 234, TERCEIRA SEÇÃO, julgado em 13/12/1999, DJ 07/02/2000)

DIREITO PROCESSUAL CIVIL

COMPETÊNCIA

Súmula 235 - A conexão não determina a reunião dos processos, se um deles já foi julgado. (Súmula 235, CORTE ESPECIAL, julgado em 01/02/2000, DJ 10/02/2000)

Súmula 236 - Não compete ao Superior Tribunal de Justiça dirimir conflitos de competência entre juízes trabalhistas vinculados a Tribunais Regionais do Trabalho diversos. (Súmula 236, SEGUNDA SEÇÃO, julgado em 22/03/2000, DJ 14/04/2000)

DIREITO TRIBUTÁRIO

IMPOSTO SOBRE CIRCULAÇÃO DE MERCADORIAS E SERVIÇOS

Súmula 237 - Nas operações com cartão de crédito, os encargos relativos ao financiamento não são considerados no cálculo do ICMS. (Súmula 237, PRIMEIRA SEÇÃO, julgado em 10/04/2000, DJ 25/04/2000)

DIREITO PROCESSUAL CIVIL

COMPETÊNCIA

Súmula 238 - A avaliação da indenização devida ao proprietário do solo, em razão de alvará de pesquisa mineral, é processada no Juízo Estadual da situação do imóvel. (Súmula 238, PRIMEIRA SEÇÃO, julgado em 10/04/2000, DJe 25/04/2000)

EXECUÇÃO

Súmula 239 - O direito à adjudicação compulsória não se condiciona ao registro do compromisso de compra e venda no cartório de imóveis. (Súmula 239, SEGUNDA SEÇÃO, julgado em 28/06/2000, DJe 30/08/2000)

EXTINÇÃO DO PROCESSO

Súmula 240 - A extinção do processo, por abandono da causa pelo autor, depende de requerimento do réu. (Súmula 240, CORTE ESPECIAL, julgado em 02/08/2000, DJe 06/09/2000)

DIREITO PENAL

DAS PENAS

Súmula 241 - A reincidência penal não pode ser considerada como circunstância agravante e, simultaneamente, como circunstância judicial. (Súmula 241, TERCEIRA SEÇÃO, julgado em 23/08/2000, DJe 15/09/2000)

DIREITO PREVIDENCIÁRIO

AÇÕES PREVIDENCIÁRIAS

Súmula 242 - Cabe ação declaratória para reconhecimento de tempo de serviço para fins previdenciários. (Súmula 242, TERCEIRA SEÇÃO, julgado em 22/11/2000, DJe 27/11/2000)

DIREITO PROCESSUAL PENAL

SUSPENSÃO CONDICIONAL DO PROCESSO

Súmula 243 - O benefício da suspensão do processo não é aplicável em relação às infrações penais cometidas em concurso material, concurso formal ou continuidade delitiva, quando a pena mínima cominada, seja pelo somatório, seja pela incidência da majorante, ultrapassar o limite de um (01) ano. (Súmula 243, CORTE ESPECIAL, julgado em 11/12/2000, DJ 05/02/2001 p. 157)

COMPETÊNCIA

Súmula 244 - Compete ao foro do local da recusa processar e julgar o crime de estelionato mediante cheque sem provisão de fundos. (Súmula 244, TERCEIRA SEÇÃO, julgado em 13/12/2000, DJ 01/02/2001 p. 302)

DIREITO CONSTITUCIONAL

SISTEMA FINANCEIRO NACIONAL

Súmula 245 - A notificação destinada a comprovar a mora nas dívidas garantidas por alienação fiduciária dispensa a indicação do valor do débito. (Súmula 245, SEGUNDA SEÇÃO, julgado em 28/03/2001, DJ 17/04/2001 p. 149)

DIREITO DE TRÂNSITO

SEGURO OBRIGATÓRIO

Súmula 246 - O valor do seguro obrigatório deve ser deduzido da indenização judicialmente fixada. (Súmula 246, SEGUNDA SEÇÃO, julgado em 28/03/2001, DJ 17/04/2001 p. 149)

DIREITO PROCESSUAL CIVIL

AÇÃO MONITÓRIA

Súmula 247 - O contrato de abertura de crédito em conta-corrente, acompanhado do demonstrativo de débito, constitui documento hábil para o ajuizamento da ação monitória. (Súmula 247, SEGUNDA SEÇÃO, julgado em 23/05/2001, DJ 05/06/2001 p. 132)

DIREITO EMPRESARIAL

FALÊNCIA, CONCORDATA E RECUPERAÇÃO JUCICIAL

Súmula 248 - Comprovada a prestação dos serviços, a duplicata não aceita, mas protestada, é título hábil para instruir pedido de falência. (Súmula 248, SEGUNDA SEÇÃO, julgado em 23/05/2001, DJ 05/06/2001 p. 132)

DIREITO DO TRABALHO

FUNDO DE GARANTIA POR TEMPO DE SERVIÇO

Súmula 249 - A Caixa Econômica Federal tem legitimidade passiva para integrar processo em que se discute correção monetária do FGTS. (Súmula 249, PRIMEIRA SEÇÃO, julgado em 24/05/2001, DJ 22/06/2001 p. 163)

DIREITO TRIBUTÁRIO

MULTAS

Súmula 250 - É legítima a cobrança de multa fiscal de empresa em regime de concordata. (Súmula 250, PRIMEIRA SEÇÃO, julgado em 24/05/2001, REPDJ 19/09/2001 p. 343, DJ 22/06/2001 p. 163)

DIREITO PROCESSUAL CIVIL

EXECUÇÃO FISCAL

Súmula 251 - A meação só responde pelo ato ilícito quando o credor, na execução fiscal, provar que o enriquecimento dele resultante aproveitou ao casal. (Súmula 251, PRIMEIRA SEÇÃO, julgado em 13/06/2001, DJ 13/08/2001 p. 333)

DIREITO DO TRABALHO

FUNDO DE GARANTIA POR TEMPO DE SERVIÇO

Súmula 252 - Os saldos das contas do FGTS, pela legislação infraconstitucional, são corrigidos em 42,72% (IPC) quanto às perdas de janeiro de 1989 e 44,80% (IPC) quanto às de abril de 1990, acolhidos pelo STJ os índices de 18, 02% (LBC) quanto as perdas de junho de 1987, de 5,38% (BTN) para maio de 1990 e 7,00%(TR) para fevereiro de 1991, de acordo com o entendimento do STF (RE 226.855-7-RS). (Súmula 252, PRIMEIRA SEÇÃO, julgado em 13/06/2001, DJ 13/08/2001 p. 333)

ANOTAÇÕES

DIREITO PROCESSUAL CIVIL

REEXAME NECESSÁRIO

Súmula 253 - O art. 557 do CPC, que autoriza o relator a decidir o recurso, alcança o reexame necessário. (Súmula 253, CORTE ESPECIAL, julgado em 20/06/2001, DJ 15/08/2001 p. 264)

COMPETÊNCIA

Súmula 254 - A decisão do Juízo Federal que exclui da relação processual ente federal não pode ser reexaminada no Juízo Estadual. (Súmula 254, CORTE ESPECIAL, julgado em 01/08/2001, DJ 22/08/2001)

DOS RECURSOS

Súmula 255 - Cabem embargos infringentes contra acórdão, proferido por maioria, em agravo retido, quando se tratar de matéria de mérito. (Súmula 255, CORTE ESPECIAL, julgado em 01/08/2001, DJ 22/08/2001 p. 338)

Súmula 256 - O sistema de "protocolo integrado" não se aplica aos recursos dirigidos ao Superior Tribunal de Justiça. (Súmula 256, CORTE ESPECIAL, julgado em 01/08/2001, DJ 22/08/2001, p. 338) SÚMULA CANCELADA:A Corte Especial, na sessão de 21/05/2008, ao julgar o AgRg no Ag 792.846/SP, determinou o CANCELAMENTO da Súmula 256 do STJ (DJe 09/06/2008).

DIREITO DE TRÂNSITO

SEGURO OBRIGATÓRIO

Súmula 257 - A falta de pagamento do prêmio do seguro obrigatório de Danos Pessoais Causados por Veículos Automotores de Vias Terrestres (DPVAT) não é motivo para a recusa do pagamento da indenização. (Súmula 257, SEGUNDA SEÇÃO, julgado em 08/08/2001, DJ 29/08/2001 p. 100)

DIREITO EMPRESARIAL

TÍTULOS DE CRÉDITO

Súmula 258 - A nota promissória vinculada a contrato de abertura de crédito não goza de autonomia em razão da iliquidez do título que a originou. (Súmula 258, SEGUNDA SEÇÃO, julgado em 12/09/2001, DJ 24/09/2001 p. 363, REPDJ 23/10/2001 p. 215)

DIREITO PROCESSUAL CIVIL

AÇÃO DE PRESTAÇÃO DE CONTAS

Súmula 259 - A ação de prestação de contas pode ser proposta pelo titular de conta-corrente bancária. (Súmula 259, SEGUNDA SEÇÃO, julgado em 28/11/2001, DJ 06/02/2002 p. 189)

DIREITO CIVIL

CONVENÇÃO DE CONDOMÍNIO

Súmula 260 - A convenção de condomínio aprovada, ainda que sem registro, é eficaz para regular as relações entre os condôminos. (Súmula 260, SEGUNDA SEÇÃO, julgado em 28/11/2001, DJ 06/02/2002 p. 189)

DIREITO AUTORAL

Súmula 261 - A cobrança de direitos autorais pela retransmissão radiofônica de músicas, em estabelecimentos hoteleiros, deve ser feita conforme a taxa média de utilização do equipamento, apurada em liquidação. (Súmula 261, SEGUNDA SEÇÃO, julgado em 13/03/2002, DJ 19/03/2002 p. 189)

DIREITO TRIBUTÁRIO

IMPOSTO DE RENDA

Súmula 262 - Incide o imposto de renda sobre o resultado das aplicações financeiras realizadas pelas cooperativas. (Súmula 262, PRIMEIRA SEÇÃO, julgado em 24/04/2002, DJ 07/05/2002 p. 204)

DIREITO EMPRESARIAL

ARRENDAMENTO MERCANTIL

Súmula 263 - A cobrança antecipada do valor residual (VRG) descaracteriza o contrato de arrendamento mercantil, transformando-o em compra e venda a prestação. (Súmula 263, SEGUNDA SEÇÃO, julgado em 08/05/2002, DJ 20/05/2002, p. 188)SÚMULA CANCELADA:A Segunda Seção, na sessão de 10/09/2003, ao julgar o REsp 443.143/GO, determinou o CANCELAMENTO da Súmula 263 do STJ (DJ 24/09/2003, p. 216).

ANOTAÇÕES

ANOTAÇÕES

FALÊNCIA, CONCORDATA E RECUPERAÇÃO JUCICIAL

Súmula 264 - É irrecorrível o ato judicial que apenas manda processar a concordata preventiva. (Súmula 264, SEGUNDA SEÇÃO, julgado em 08/05/2002, DJ 20/05/2002 p. 188)

DIREITO PROCESSUAL PENAL

ESTATUTO DA CRIANÇA E DO ADOLESCENTE

Súmula 265 - É necessária a oitiva do menor infrator antes de decretar-se a regressão da medida sócio-educativa. (Súmula 265, TERCEIRA SEÇÃO, julgado em 22/05/2002, DJ 29/05/2002 p. 135)

DIREITO ADMINISTRATIVO

CONCURSO PÚBLICO

Súmula 266 - O diploma ou habilitação legal para o exercício do cargo deve ser exigido na posse e não na inscrição para o concurso público. (Súmula 266, TERCEIRA SEÇÃO, julgado em 22/05/2002, DJ 29/05/2002 p. 135)

DIREITO PROCESSUAL PENAL

RECURSOS

Súmula 267 - A interposição de recurso, sem efeito suspensivo, contra decisão condenatória não obsta a expedição de mandado de prisão. (Súmula 267, TERCEIRA SEÇÃO, julgado em 22/05/2002, DJ 29/05/2002 p. 135)

DIREITO PROCESSUAL CIVIL

EXECUÇÃO

Súmula 268 - O fiador que não integrou a relação processual na ação de despejo não responde pela execução do julgado. (Súmula 268, TERCEIRA SEÇÃO, julgado em 22/05/2002, DJ 29/05/2002 p. 135)

DIREITO PENAL

DAS PENAS

Súmula 269 - É admissível a adoção do regime prisional semi-aberto aos reincidentes condenados a pena igual ou inferior a quatro anos se favoráveis as circunstâncias judiciais. (Súmula 269, TERCEIRA SEÇÃO, julgado em 22/05/2002, DJ 29/05/2002 p. 135)

DIREITO PROCESSUAL CIVIL

COMPETÊNCIA

Súmula 270 - O protesto pela preferência de crédito, apresentado por ente federal em execução que tramita na Justiça Estadual, não desloca a competência para a Justiça Federal. (Súmula 270, CORTE ESPECIAL, julgado em 01/08/2002, DJ 21/08/2002 p. 136)

DIREITO CONSTITUCIONAL

SISTEMA FINANCEIRO NACIONAL

Súmula 271 - A correção monetária dos depósitos judiciais independe de ação específica contra o banco depositário. (Súmula 271, CORTE ESPECIAL, julgado em 01/08/2002, DJ 21/08/2002 p. 136)

DIREITO PREVIDENCIÁRIO

TRABALHO RURAL

Súmula 272 - O trabalhador rural, na condição de segurado especial, sujeito à contribuição obrigatória sobre a produção rural comercializada, somente faz jus à aposentadoria por tempo de serviço, se recolher contribuições facultativas. (Súmula 272, TERCEIRA SEÇÃO, julgado em 11/09/2002, DJ 19/09/2002 p. 191)

DIREITO PROCESSUAL PENAL

INTIMAÇÃO

Súmula 273 - Intimada a defesa da expedição da carta precatória, torna-se desnecessária intimação da data da audiência no juízo deprecado. (Súmula 273, TERCEIRA SEÇÃO, julgado em 11/09/2002, DJ 19/09/2002 p. 191)

ANOTAÇÕES

DIREITO TRIBUTÁRIO

IMPOSTO SOBRE SERVIÇOS

Súmula 274 - O ISS incide sobre o valor dos serviços de assistência médica, incluindo-se neles as refeições, os medicamentos e as diárias hospitalares. (Súmula 274, PRIMEIRA SEÇÃO, julgado em 12/02/2003, DJ 20/02/2003 p. 153)

DIREITO ADMINISTRATIVO

CONSELHOS PROFISSIONAIS

Súmula 275 - O auxiliar de farmácia não pode ser responsável técnico por farmácia ou drogaria. (Súmula 275, PRIMEIRA SEÇÃO, julgado em 12/03/2003, DJ 19/03/2003 p. 141)

DIREITO TRIBUTÁRIO

CONTRIBUIÇÃO PARA FINANCIAMENTO DA SEGURIDADE SOCIAL

Súmula 276 - As sociedades civis de prestação de serviços profissionais são isentas da Cofins, irrelevante o regime tributário adotado. (Súmula 276, PRIMEIRA SEÇÃO, julgado em 14/05/2003, DJ 02/06/2003, p. 365)SÚMULA CANCELADA:A Primeira Seção, na sessão de 12/11/2008, ao julgar a AR 3.761/PR, determinou o CANCELAMENTO da Súmula 276 do STJ (DJe 20/11/2008).

DIREITO CIVIL

INVESTIGAÇÃO DE PATERNIDADE

Súmula 277 - Julgada procedente a investigação de paternidade, os alimentos são devidos a partir da citação. (Súmula 277, SEGUNDA SEÇÃO, julgado em 14/05/2003, DJ 16/06/2003 p. 416)

PRESCRIÇÃO

Súmula 278 - O termo inicial do prazo prescricional, na ação de indenização, é a data em que o segurado teve ciência inequívoca da incapacidade laboral. (Súmula 278, SEGUNDA SEÇÃO, julgado em 14/05/2003, DJ 16/06/2003 p. 416)

DIREITO PROCESSUAL CIVIL

EXECUÇÃO

Súmula 279 - É cabível execução por título extrajudicial contra a Fazenda Pública. (Súmula 279, CORTE ESPECIAL, julgado em 21/05/2003, DJ 16/06/2003 p. 415)

DIREITO CONSTITUCIONAL

DIREITOS FUNDAMENTAIS

Súmula 280 - O art. 35 do Decreto-Lei nº 7.661, de 1945, que estabelece a prisão administrativa, foi revogado pelos incisos LXI e LXVII do art. 5º da Constituição Federal de 1988. (Súmula 280, SEGUNDA SEÇÃO, julgado em 10/12/2003, DJ 17/12/2003 p. 210)

DIREITO CIVIL

DANO MORAL

Súmula 281 - A indenização por dano moral não está sujeita à tarifação prevista na Lei de Imprensa. (Súmula 281, SEGUNDA SEÇÃO, julgado em 28/04/2004, DJ 13/05/2004 p. 200)

DIREITO PROCESSUAL CIVIL

AÇÃO MONITÓRIA

Súmula 282 - Cabe a citação por edital em ação monitória. (Súmula 282, SEGUNDA SEÇÃO, julgado em 28/04/2004, DJ 13/05/2004 p. 201)

DIREITO CONSTITUCIONAL

SISTEMA FINANCEIRO NACIONAL

Súmula 283 - As empresas administradoras de cartão de crédito são instituições financeiras e, por isso, os juros remuneratórios por elas cobrados não sofrem as limitações da Lei de Usura. (Súmula 283, SEGUNDA SEÇÃO, julgado em 28/04/2004, DJ 13/05/2004 p. 201)

Súmula 284 - A purga da mora, nos contratos de alienação fiduciária, só é permitida quando já pagos pelo menos 40% (quarenta por cento) do valor financiado. (Súmula 284, SEGUNDA SEÇÃO, julgado em 28/04/2004, DJ 13/05/2004 p. 201)

DIREITO DO CONSUMIDOR

INSTITUIÇÕES FINANCEIRAS

Súmula 285 - Nos contratos bancários posteriores ao Código de Defesa do Consumidor incide a multa moratória nele prevista. (Súmula 285, SEGUNDA SEÇÃO, julgado em 28/04/2004, DJ 13/05/2004 p. 201)

DIREITO CONSTITUCIONAL

SISTEMA FINANCEIRO NACIONAL

Súmula 286 - A renegociação de contrato bancário ou a confissão da dívida não impede a possibilidade de discussão sobre eventuais ilegalidades dos contratos anteriores. (Súmula 286, SEGUNDA SEÇÃO, julgado em 28/04/2004, DJ 13/05/2004 p. 201)

Súmula 287 - A Taxa Básica Financeira (TBF) não pode ser utilizada como indexador de correção monetária nos contratos bancários. (Súmula 287, SEGUNDA SEÇÃO, julgado em 28/04/2004, DJ 13/05/2004 p. 201)

Súmula 288 - A Taxa de Juros de Longo Prazo (TJLP) pode ser utilizada como indexador de correção monetária nos contratos bancários. (Súmula 288, SEGUNDA SEÇÃO, julgado em 28/04/2004, DJ 13/05/2004 p. 201)

DIREITO PREVIDENCIÁRIO

PREVIDÊNCIA PRIVADA

Súmula 289 - A restituição das parcelas pagas a plano de previdência privada deve ser objeto de correção plena, por índice que recomponha a efetiva desvalorização da moeda. (Súmula 289, SEGUNDA SEÇÃO, julgado em 28/04/2004, DJ 13/05/2004 p. 201)

Súmula 290 - Nos planos de previdência privada, não cabe ao beneficiário a devolução da contribuição efetuada pelo patrocinador. (Súmula 290, SEGUNDA SEÇÃO, julgado em 28/04/2004, DJ 13/05/2004 p. 201)

Súmula 291 - A ação de cobrança de parcelas de complementação de aposentadoria pela previdência privada prescreve em cinco anos. (Súmula 291, SEGUNDA SEÇÃO, julgado em 28/04/2004, DJ 13/05/2004 p. 201)

DIREITO PROCESSUAL CIVIL

AÇÃO MONITÓRIA

Súmula 292 - A reconvenção é cabível na ação monitória, após a conversão do procedimento em ordinário. (Súmula 292, CORTE ESPECIAL, julgado em 05/05/2004, DJ 13/05/2004 p. 183)

DIREITO EMPRESARIAL

ARRENDAMENTO MERCANTIL

Súmula 293 - A cobrança antecipada do valor residual garantido (VRG) não descaracteriza o contrato de arrendamento mercantil. (Súmula 293, CORTE ESPECIAL, julgado em 05/05/2004, DJ 13/05/2004 p. 183)

DIREITO CONSTITUCIONAL

SISTEMA FINANCEIRO NACIONAL

Súmula 294 - Não é potestativa a cláusula contratual que prevê a comissão de permanência, calculada pela taxa média de mercado apurada pelo Banco Central do Brasil, limitada à taxa do contrato. (Súmula 294, SEGUNDA SEÇÃO, julgado em 12/05/2004, DJ 09/09/2004 p. 148)

Súmula 295 - A Taxa Referencial (TR) é indexador válido para contratos posteriores à Lei n. 8.177/91, desde que pactuada. (Súmula 295, SEGUNDA SEÇÃO, julgado em 12/05/2004, DJ 09/09/2004 p. 149)

Súmula 296 - Os juros remuneratórios, não cumuláveis com a comissão de permanência, são devidos no período de inadimplência, à taxa média de mercado estipulada pelo Banco Central do Brasil, limitada ao percentual contratado. (Súmula 296, SEGUNDA SEÇÃO, julgado em 12/05/2004, DJ 09/09/2004 p. 149)

DIREITO DO CONSUMIDOR

INSTITUIÇÕES FINANCEIRAS

Súmula 297 - O Código de Defesa do Consumidor é aplicável às instituições financeiras. (Súmula 297, SEGUNDA SEÇÃO, julgado em 12/05/2004, DJ 09/09/2004 p. 149)

ANOTAÇÕES

DIREITO CONSTITUCIONAL

SISTEMA FINANCEIRO NACIONAL

Súmula 298 - O alongamento de dívida originada de crédito rural não constitui faculdade da instituição financeira, mas, direito do devedor nos termos da lei. (Súmula 298, SEGUNDA SEÇÃO, julgado em 18/10/2004, DJ 22/11/2004 p. 425)

DIREITO PROCESSUAL CIVIL

AÇÃO MONITÓRIA

Súmula 299 - É admissível a ação monitória fundada em cheque prescrito. (Súmula 299, SEGUNDA SEÇÃO, julgado em 18/10/2004, DJ 22/11/2004 p. 425)

EXECUÇÃO

Súmula 300 - O instrumento de confissão de dívida, ainda que originário de contrato de abertura de crédito, constitui título executivo extrajudicial. (Súmula 300, SEGUNDA SEÇÃO, julgado em 18/10/2004, DJ 22/11/2004 p. 425)

DIREITO CIVIL

INVESTIGAÇÃO DE PATERNIDADE

Súmula 301 - Em ação investigatória, a recusa do suposto pai a submeter-se ao exame de DNA induz presunção juris tantum de paternidade. (Súmula 301, SEGUNDA SEÇÃO, julgado em 18/10/2004, DJ 22/11/2004 p. 425)

DIREITO DO CONSUMIDOR

PLANO DE SAÚDE

Súmula 302 - É abusiva a cláusula contratual de plano de saúde que limita no tempo a internação hospitalar do segurado. (Súmula 302, SEGUNDA SEÇÃO, julgado em 18/10/2004, DJ 22/11/2004 p. 425)

DIREITO PROCESSUAL CIVIL

HONORÁRIOS ADVOCATÍCIOS

Súmula 303 - Em embargos de terceiro, quem deu causa à constrição indevida deve arcar com os honorários advocatícios. (Súmula 303, CORTE ESPECIAL, julgado em 03/11/2004, DJ 22/11/2004 p. 411)

EXECUÇÃO

Súmula 304 - É ilegal a decretação da prisão civil daquele que não assume expressamente o encargo de depositário judicial. (Súmula 304, CORTE ESPECIAL, julgado em 03/11/2004, DJ 22/11/2004 p. 411)

DIREITO EMPRESARIAL

FALÊNCIA, CONCORDATA E RECUPERAÇÃO JUCICIAL

Súmula 305 - É descabida a prisão civil do depositário quando, decretada a falência da empresa, sobrevém a arrecadação do bem pelo síndico. (Súmula 305, CORTE ESPECIAL, julgado em 03/11/2004, DJ 22/11/2004 p. 411)

DIREITO PROCESSUAL CIVIL

SUCUMBÊNCIA

Súmula 306 - Os honorários advocatícios devem ser compensados quando houver sucumbência recíproca, assegurado o direito autônomo do advogado à execução do saldo sem excluir a legitimidade da própria parte. (Súmula 306, CORTE ESPECIAL, julgado em 03/11/2004, DJ 22/11/2004 p. 411)

DIREITO EMPRESARIAL

FALÊNCIA, CONCORDATA E RECUPERAÇÃO JUCICIAL

Súmula 307 - A restituição de adiantamento de contrato de câmbio, na falência, deve ser atendida antes de qualquer crédito. (Súmula 307, SEGUNDA SEÇÃO, julgado em 06/12/2004, DJ 15/12/2004 p. 193)

ANOTAÇÕES

ANOTAÇÕES

DIREITO CIVIL

HIPOTECA

Súmula 308 - A hipoteca firmada entre a construtora e o agente financeiro, anterior ou posterior à celebração da promessa de compra e venda, não tem eficácia perante os adquirentes do imóvel. (Súmula 308, SEGUNDA SEÇÃO, julgado em 30/03/2005, DJ 25/04/2005 p. 384)

DIREITO PROCESSUAL CIVIL

EXECUÇÃO

Súmula 309 - O débito alimentar que autoriza a prisão civil do alimentante é o que compreende as três prestações anteriores ao ajuizamento da execução e as que se vencerem no curso do processo.(*) (*) julgando o HC 53.068-MS, na sessão de 22/03/2006, a Segunda Seção deliberou pela ALTERAÇÃO da súmula n. 309. REDAÇÃO ANTERIOR (decisão de 27/04/2005, DJ 04/05/2005): O débito alimentar que autoriza a prisão civil do alimentante é o que compreende as três prestações anteriores à citação e as que vencerem no curso do processo. (Súmula 309, SEGUNDA SEÇÃO, julgado em 22/03/2006, DJ 19/04/2006 p. 153)

DIREITO PREVIDENCIÁRIO

BENEFÍCIOS PREVIDENCIÁRIOS

Súmula 310 - O Auxílio-creche não integra o salário-de-contribuição. (Súmula 310, PRIMEIRA SEÇÃO, julgado em 11/05/2005, DJ 23/05/2005 p. 371)

DIREITO CONSTITUCIONAL

PRECATÓRIOS

Súmula 311 - Os atos do presidente do tribunal que disponham sobre processamento e pagamento de precatório não têm caráter jurisdicional. (Súmula 311, PRIMEIRA SEÇÃO, julgado em 11/05/2005, DJ 23/05/2005 p. 371)

DIREITO DE TRÂNSITO

MULTAS DE TRÂNSITO

Súmula 312 - No processo administrativo para imposição de multa de trânsito, são necessárias as notificações da autuação e da aplicação da pena decorrente da infração. (Súmula 312, PRIMEIRA SEÇÃO, julgado em 11/05/2005, DJ 23/05/2005 p. 371)

DIREITO PROCESSUAL CIVIL

LIQUIDAÇÃO DE SENTENÇA

Súmula 313 - Em ação de indenização, procedente o pedido, é necessária a constituição de capital ou caução fidejussória para a garantia de pagamento da pensão, independentemente da situação financeira do demandado. (Súmula 313, SEGUNDA SEÇÃO, julgado em 25/05/2005, DJ 06/06/2005 p. 397)

EXECUÇÃO FISCAL

Súmula 314 - Em execução fiscal, não localizados bens penhoráveis, suspende-se o processo por um ano, findo o qual se inicia o prazo da prescrição quinquenal intercorrente. (Súmula 314, PRIMEIRA SEÇÃO, julgado em 12/12/2005, DJ 08/02/2006 p. 258)

DOS RECURSOS

Súmula 315 - Não cabem embargos de divergência no âmbito do agravo de instrumento que não admite recurso especial. (Súmula 315, CORTE ESPECIAL, julgado em 05/10/2005, DJ 18/10/2005 p. 102)

Súmula 316 - Cabem embargos de divergência contra acórdão que, em agravo regimental, decide recurso especial. (Súmula 316, CORTE ESPECIAL, julgado em 05/10/2005, DJ 18/10/2005 p. 103)

EXECUÇÃO

Súmula 317 - É definitiva a execução de título extrajudicial, ainda que pendente apelação contra sentença que julgue improcedentes os embargos. (Súmula 317, CORTE ESPECIAL, julgado em 05/10/2005, DJ 18/10/2005 p. 103)

DOS RECURSOS

Súmula 318 - Formulado pedido certo e determinado, somente o autor tem interesse recursal em arguir o vício da sentença ilíquida. (Súmula 318, CORTE ESPECIAL, julgado em 05/10/2005, DJ 18/10/2005 p. 103)

ANOTAÇÕES

EXECUÇÃO

Súmula 319 - O encargo de depositário de bens penhorados pode ser expressamente recusado. (Súmula 319, CORTE ESPECIAL, julgado em 05/10/2005, DJ 18/10/2005 p. 103)

DOS RECURSOS

Súmula 320 - A questão federal somente ventilada no voto vencido não atende ao requisito do prequestionamento. (Súmula 320, CORTE ESPECIAL, julgado em 05/10/2005, DJ 18/10/2005 p. 103)

DIREITO DO CONSUMIDOR

INSTITUIÇÕES FINANCEIRAS

Súmula 321 - O Código de Defesa do Consumidor é aplicável à relação jurídica entre a entidade de previdência privada e seus participantes. (Súmula 321, SEGUNDA SEÇÃO, julgado em 23/11/2005, DJ 05/12/2005 p. 410)SÚMULA CANCELADA:A Segunda Seção, na sessão de 24/02/2016, ao apreciar o Projeto de Súmula nº 627 e o julgado no REsp 1.536.736/MG, determinou o CANCELAMENTO da Súmula 321 do STJ (DJe 29/02/2016).

DIREITO CIVIL

CONTRATOS

Súmula 322 - Para a repetição de indébito, nos contratos de abertura de crédito em conta-corrente, não se exige a prova do erro. (Súmula 322, SEGUNDA SEÇÃO, julgado em 23/11/2005, DJ 05/12/2005 p. 410)

DIREITO DO CONSUMIDOR

SERVIÇO DE PROTEÇÃO AO CRÉDITO

Súmula 323 - A inscrição do nome do devedor pode ser mantida nos serviços de proteção ao crédito até o prazo máximo de cinco anos, independentemente da prescrição da execução. (Súmula 323, SEGUNDA SEÇÃO, julgado em 25/11/2009, DJ 05/12/2005 p. 410, REPDJe 16/12/2009)

DIREITO PROCESSUAL CIVIL

COMPETÊNCIA

Súmula 324 - Compete à Justiça Federal processar e julgar ações de que participa a Fundação Habitacional do Exército, equiparada à entidade autárquica federal, supervisionada pelo Ministério do Exército. (Súmula 324, CORTE ESPECIAL, julgado em 03/05/2006, DJ 16/05/2006 p. 214)

REEXAME NECESSÁRIO

Súmula 325 - A remessa oficial devolve ao Tribunal o reexame de todas as parcelas da condenação suportadas pela Fazenda Pública, inclusive dos honorários de advogado. (Súmula 325, CORTE ESPECIAL, julgado em 03/05/2006, DJ 16/05/2006 p. 214)

SUCUMBÊNCIA

Súmula 326 - Na ação de indenização por dano moral, a condenação em montante inferior ao postulado na inicial não implica sucumbência recíproca. (Súmula 326, CORTE ESPECIAL, julgado em 22/05/2006, DJ 07/06/2006 p. 240)

DIREITO CONSTITUCIONAL

SISTEMA FINANCEIRO DA HABITAÇÃO

Súmula 327 - Nas ações referentes ao Sistema Financeiro da Habitação, a Caixa Econômica Federal tem legitimidade como sucessora do Banco Nacional da Habitação. (Súmula 327, CORTE ESPECIAL, julgado em 22/05/2006, DJ 07/06/2006 p. 240)

DIREITO PROCESSUAL CIVIL

EXECUÇÃO

Súmula 328 - Na execução contra instituição financeira, é penhorável o numerário disponível, excluídas as reservas bancárias mantidas no Banco Central. (Súmula 328, CORTE ESPECIAL, julgado em 02/08/2006, DJ 10/08/2006 p. 254)

DIREITO CONSTITUCIONAL

AÇÃO CIVIL PÚBLICA

Súmula 329 - O Ministério Público tem legitimidade para propor ação civil pública em defesa do patrimônio público. (Súmula 329, CORTE ESPECIAL, julgado em 02/08/2006, DJ 10/08/2006 p. 254)

DIREITO PROCESSUAL PENAL

RESPOSTA PRELIMINAR

Súmula 330 - É desnecessária a resposta preliminar de que trata o artigo 514 do Código de Processo Penal, na ação penal instruída por inquérito policial. (Súmula 330, TERCEIRA SEÇÃO, julgado em 13/09/2006, DJ 20/09/2006 p. 232)

DIREITO PROCESSUAL CIVIL

DOS RECURSOS

Súmula 331 - A apelação interposta contra sentença que julga embargos à arrematação tem efeito meramente devolutivo. (Súmula 331, CORTE ESPECIAL, julgado em 04/10/2006, DJ 10/10/2006 p. 314)

DIREITO CIVIL

CONTRATOS

Súmula 332 - A fiança prestada sem autorização de um dos cônjuges implica a ineficácia total da garantia. (Súmula 332, CORTE ESPECIAL, julgado em 05/03/2008, DJe 13/03/2008)

DIREITO CONSTITUCIONAL

MANDADO DE SEGURANÇA

Súmula 333 - Cabe mandado de segurança contra ato praticado em licitação promovida por sociedade de economia mista ou empresa pública. (Súmula 333, PRIMEIRA SEÇÃO, julgado em 13/12/2006, DJ 14/02/2007 p. 246)

DIREITO TRIBUTÁRIO

IMPOSTO SOBRE CIRCULAÇÃO DE MERCADORIAS E SERVIÇOS

Súmula 334 - O ICMS não incide no serviço dos provedores de acesso à Internet. (Súmula 334, PRIMEIRA SEÇÃO, julgado em 13/12/2006, DJ 14/02/2007 p. 246)

DIREITO CIVIL

LOCAÇÃO

Súmula 335 - Nos contratos de locação, é válida a cláusula de renúncia à indenização das benfeitorias e ao direito de retenção. (Súmula 335, TERCEIRA SEÇÃO, julgado em 25/04/2007, DJ 07/05/2007 p. 456)

DIREITO PREVIDENCIÁRIO

DOS BENEFÍCIOS PREVIDENCIÁRIOS

Súmula 336 - A mulher que renunciou aos alimentos na separação judicial tem direito à pensão previdenciária por morte do ex-marido, comprovada a necessidade econômica superveniente. (Súmula 336, TERCEIRA SEÇÃO, julgado em 25/04/2007, DJ 07/05/2007 p. 456)

DIREITO PROCESSUAL PENAL

SUSPENSÃO CONDICIONAL DO PROCESSO

Súmula 337 - É cabível a suspensão condicional do processo na desclassificação do crime e na procedência parcial da pretensão punitiva. (Súmula 337, TERCEIRA SEÇÃO, julgado em 09/05/2007, DJ 16/05/2007 p. 201)

DIREITO PENAL

ESTATUTO DA CRIANÇA E DO ADOLESCENTE

Súmula 338 - A prescrição penal é aplicável nas medidas sócio-educativas. (Súmula 338, TERCEIRA SEÇÃO, julgado em 09/05/2007, DJ 16/05/2007 p. 201)

DIREITO PROCESSUAL CIVIL

AÇÃO MONITÓRIA

Súmula 339 - É cabível ação monitória contra a Fazenda Pública. (Súmula 339, CORTE ESPECIAL, julgado em 16/05/2007, DJ 30/05/2007 p. 293)

ANOTAÇÕES

DIREITO PREVIDENCIÁRIO

DOS BENEFÍCIOS PREVIDENCIÁRIOS

Súmula 340 - A lei aplicável à concessão de pensão previdenciária por morte é aquela vigente na data do óbito do segurado. (Súmula 340, TERCEIRA SEÇÃO, julgado em 27/06/2007, DJ 13/08/2007 p. 581)

DIREITO PENAL

EXECUÇÃO PENAL

Súmula 341 - A frequência a curso de ensino formal é causa de remição de parte do tempo de execução de pena sob regime fechado ou semi-aberto. (Súmula 341, TERCEIRA SEÇÃO, julgado em 27/06/2007, DJ 13/08/2007 p. 581)

ESTATUTO DA CRIANÇA E DO ADOLESCENTE

Súmula 342 - No procedimento para aplicação de medida sócio-educativa, é nula a desistência de outras provas em face da confissão do adolescente. (Súmula 342, TERCEIRA SEÇÃO, julgado em 27/06/2007, DJ 13/08/2007 p. 581)

DIREITO ADMINISTRATIVO

PROCESSO ADMINISTRATIVO DISCIPLINAR

Súmula 343 - É obrigatória a presença de advogado em todas as fases do processo administrativo disciplinar. (Súmula 343, TERCEIRA SEÇÃO, julgado em 12/09/2007, DJ 21/09/2007 p. 334)

DIREITO PROCESSUAL CIVIL

LIQUIDAÇÃO DE SENTENÇA

Súmula 344 - A liquidação por forma diversa da estabelecida na sentença não ofende a coisa julgada. (Súmula 344, CORTE ESPECIAL, julgado em 07/11/2007, DJ 28/11/2007 p. 225)

HONORÁRIOS ADVOCATÍCIOS

Súmula 345 - São devidos honorários advocatícios pela Fazenda Pública nas execuções individuais de sentença proferida em ações coletivas, ainda que não embargadas. (Súmula 345, CORTE ESPECIAL, julgado em 07/11/2007, DJ 28/11/2007 p. 225)

DIREITO ADMINISTRATIVO

SERVIDORES PÚBLICOS

Súmula 346 - É vedada aos militares temporários, para aquisição de estabilidade, a contagem em dobro de férias e licenças não-gozadas. (Súmula 346, TERCEIRA SEÇÃO, julgado em 13/02/2008, DJe 03/03/2008)

DIREITO PROCESSUAL PENAL

RECURSOS

Súmula 347 - O conhecimento de recurso de apelação do réu independe de sua prisão. (Súmula 347, TERCEIRA SEÇÃO, julgado em 23/04/2008, DJe 29/04/2008)

DIREITO PROCESSUAL CIVIL

COMPETÊNCIA

Súmula 348 - Compete ao Superior Tribunal de Justiça decidir os conflitos de competência entre juizado especial federal e juízo federal, ainda que da mesma seção judiciária. (Súmula 348, CORTE ESPECIAL, julgado em 04/06/2008, DJe 09/06/2008)SÚMULA CANCELADA:A Corte Especial, na sessão de 17/03/2010, ao julgar o CC 107.635/PR, determinou o CANCELAMENTO da Súmula 348 do STJ (DJe 23/03/2010).

Súmula 349 - Compete à Justiça Federal ou aos juízes com competência delegada o julgamento das execuções fiscais de contribuições devidas pelo empregador ao FGTS. (Súmula 349, PRIMEIRA SEÇÃO, julgado em 11/06/2008, DJe 19/06/2008)

DIREITO TRIBUTÁRIO

IMPOSTO SOBRE CIRCULAÇÃO DE MERCADORIAS E SERVIÇOS

Súmula 350 - O ICMS não incide sobre o serviço de habilitação de telefone celular. (Súmula 350, PRIMEIRA SEÇÃO, julgado em 11/06/2008, DJe 19/06/2008)

ANOTAÇÕES

ANOTAÇÕES

DIREITO PREVIDENCIÁRIO

SEGURO DE ACIDENTE DO TRABALHO

Súmula 351 - A alíquota de contribuição para o Seguro de Acidente do Trabalho (SAT) é aferida pelo grau de risco desenvolvido em cada empresa, individualizada pelo seu CNPJ, ou pelo grau de risco da atividade preponderante quando houver apenas um registro. (Súmula 351, PRIMEIRA SEÇÃO, julgado em 11/06/2008, DJe 19/06/2008)

CERTIFICADO DE ENTIDADE BENEFICENTE DE ASSITÊNCIA SOCIAL

Súmula 352 - A obtenção ou a renovação do Certificado de Entidade Beneficente de Assistência Social (Cebas) não exime a entidade do cumprimento dos requisitos legais supervenientes. (Súmula 352, PRIMEIRA SEÇÃO, julgado em 11/06/2008, DJe 19/06/2008)

DIREITO DO TRABALHO

FUNDO DE GARANTIA POR TEMPO DE SERVIÇO

Súmula 353 - As disposições do Código Tributário Nacional não se aplicam às contribuições para o FGTS. (Súmula 353, PRIMEIRA SEÇÃO, julgado em 11/06/2008, DJe 19/06/2008)

DIREITO ADMINISTRATIVO

DESAPROPRIAÇÃO

Súmula 354 - A invasão do imóvel é causa de suspensão do processo expropriatório para fins de reforma agrária. (Súmula 354, PRIMEIRA SEÇÃO, julgado em 25/06/2008, DJe 08/09/2008)

DIREITO TRIBUTÁRIO

PROGRAMA DE RECUPERAÇÃO FISCAL

Súmula 355 - É válida a notificação do ato de exclusão do programa de recuperação fiscal do REFIS pelo Diário Oficial ou pela Internet. (Súmula 355, PRIMEIRA SEÇÃO, julgado em 25/06/2008, DJe 08/09/2008)

DIREITO DO CONSUMIDOR

SERVIÇOS PÚBLICOS

Súmula 356 - É legítima a cobrança da tarifa básica pelo uso dos serviços de telefonia fixa. (Súmula 356, PRIMEIRA SEÇÃO, julgado em 25/06/2008, DJe 08/09/2008)

Súmula 357 - A pedido do assinante, que responderá pelos custos, é obrigatória, a partir de 1º de janeiro de 2006, a discriminação de pulsos excedentes e ligações de telefone fixo para celular. (Súmula 357, PRIMEIRA SEÇÃO, julgado em 25/06/2008, DJe 08/09/2008)REVOGAÇÃO DA SÚMULA:A Primeira Seção, na sessão de 27/05/2009, ao julgar o REsp 1.074.799/MG, determinou a REVOGAÇÃO da Súmula 357 do STJ (DJe 22/06/2009).

DIREITO CIVIL

ALIMENTOS

Súmula 358 - O cancelamento de pensão alimentícia de filho que atingiu a maioridade está sujeito à decisão judicial, mediante contraditório, ainda que nos próprios autos. (Súmula 358, SEGUNDA SEÇÃO, julgado em 13/08/2008, DJe 08/09/2008, REPDJe 24/09/2008)

DIREITO DO CONSUMIDOR

SERVIÇO DE PROTEÇÃO AO CRÉDITO

Súmula 359 - Cabe ao órgão mantenedor do Cadastro de Proteção ao Crédito a notificação do devedor antes de proceder à inscrição. (Súmula 359, SEGUNDA SEÇÃO, julgado em 13/08/2008, DJe 08/09/2008)

DIREITO TRIBUTÁRIO

DENÚNCIA ESPONTÂNEA

Súmula 360 - O benefício da denúncia espontânea não se aplica aos tributos sujeitos a lançamento por homologação regularmente declarados, mas pagos a destempo. (Súmula 360, PRIMEIRA SEÇÃO, julgado em 27/08/2008, DJe 08/09/2008)

ANOTAÇÕES

DIREITO EMPRESARIAL

FALÊNCIA, CONCORDATA E RECUPERAÇÃO JUCICIAL

Súmula 361 - A notificação do protesto, para requerimento de falência da empresa devedora, exige a identificação da pessoa que a recebeu. (Súmula 361, SEGUNDA SEÇÃO, julgado em 10/09/2008, DJe 22/09/2008)

DIREITO CIVIL

RESPONSABILIDADE CIVIL

Súmula 362 - A correção monetária do valor da indenização do dano moral incide desde a data do arbitramento. (Súmula 362, CORTE ESPECIAL, julgado em 15/10/2008, DJe 03/11/2008)

DIREITO PROCESSUAL CIVIL

COMPETÊNCIA

Súmula 363 - Compete à Justiça estadual processar e julgar a ação de cobrança ajuizada por profissional liberal contra cliente. (Súmula 363, CORTE ESPECIAL, julgado em 15/10/2008, DJe 03/11/2008)

EXECUÇÃO

Súmula 364 - O conceito de impenhorabilidade de bem de família abrange também o imóvel pertencente a pessoas solteiras, separadas e viúvas. (Súmula 364, CORTE ESPECIAL, julgado em 15/10/2008, DJe 03/11/2008)

COMPETÊNCIA

Súmula 365 - A intervenção da União como sucessora da Rede Ferroviária Federal S/A (RFFSA) desloca a competência para a Justiça Federal ainda que a sentença tenha sido proferida por Juízo estadual. (Súmula 365, CORTE ESPECIAL, julgado em 19/11/2008, DJe 26/11/2008)

Súmula 366 - Compete à Justiça Estadual processar e julgar ação indenizatória proposta por viúva e filhos de empregado falecido em acidente de trabalho. (Súmula 366, CORTE ESPECIAL, julgado em 19/11/2008, DJe 26/11/2008)SÚMULA CANCELADA:A Corte Especial, na sessão de 16/09/2009, ao julgar o CC 101.977/SP, determinou o CANCELAMENTO da Súmula 366 do STJ (DJe 22/09/2009).

Súmula 367 - A competência estabelecida pela EC n. 45/2004 não alcança os processos já sentenciados. (Súmula 367, CORTE ESPECIAL, julgado em 19/11/2008, DJe 26/11/2008)

Súmula 368 - Compete à Justiça comum estadual processar e julgar os pedidos de retificação de dados cadastrais da Justiça Eleitoral. (Súmula 368, PRIMEIRA SEÇÃO, julgado em 26/11/2008, DJe 03/12/2008)

DIREITO EMPRESARIAL

ARRENDAMENTO MERCANTIL

Súmula 369 - No contrato de arrendamento mercantil (leasing), ainda que haja cláusula resolutiva expressa, é necessária a notificação prévia do arrendatário para constituí-lo em mora. (Súmula 369, SEGUNDA SEÇÃO, julgado em 16/02/2009, DJe 25/02/2009)

DIREITO CIVIL

DANO MORAL

Súmula 370 - Caracteriza dano moral a apresentação antecipada de cheque pré-datado. (Súmula 370, SEGUNDA SEÇÃO, julgado em 16/02/2009, DJe 25/02/2009)

DIREITO EMPRESARIAL

CONTRATO DE PARTICIPAÇÃO FINANCEIRA

Súmula 371 - Nos contratos de participação financeira para a aquisição de linha telefônica, o Valor Patrimonial da Ação (VPA) é apurado com base no balancete do mês da integralização. (Súmula 371, SEGUNDA SEÇÃO, julgado em 11/03/2009, DJe 30/03/2009)

DIREITO PROCESSUAL CIVIL

AÇÃO DE EXIBIÇÃO DE DOCUMENTOS

Súmula 372 - Na ação de exibição de documentos, não cabe a aplicação de multa cominatória. (Súmula 372, SEGUNDA SEÇÃO, julgado em 11/03/2009, DJe 30/03/2009)

DIREITO ADMINISTRATIVO

PROCESSO ADMINISTRATIVO

Súmula 373 - É ilegítima a exigência de depósito prévio para admissibilidade de recurso administrativo. (Súmula 373, PRIMEIRA SEÇÃO, julgado em 11/03/2009, DJe 30/03/2009)

DIREITO PROCESSUAL CIVIL

COMPETÊNCIA

Súmula 374 - Compete à Justiça Eleitoral processar e julgar a ação para anular débito decorrente de multa eleitoral. (Súmula 374, PRIMEIRA SEÇÃO, julgado em 11/03/2009, DJe 30/03/2009)

EXECUÇÃO

Súmula 375 - O reconhecimento da fraude à execução depende do registro da penhora do bem alienado ou da prova de má-fé do terceiro adquirente. (Súmula 375, CORTE ESPECIAL, julgado em 18/03/2009, DJe 30/03/2009)

DIREITO CONSTITUCIONAL

MANDADO DE SEGURANÇA

Súmula 376 - Compete a turma recursal processar e julgar o mandado de segurança contra ato de juizado especial. (Súmula 376, CORTE ESPECIAL, julgado em 18/03/2009, DJe 30/03/2009)

DIREITO ADMINISTRATIVO

CONCURSO PÚBLICO

Súmula 377 - O portador de visão monocular tem direito de concorrer, em concurso público, às vagas reservadas aos deficientes. (Súmula 377, TERCEIRA SEÇÃO, julgado em 22/04/2009, DJe 05/05/2009)

SERVIDORES PÚBLICOS

Súmula 378 - Reconhecido o desvio de função, o servidor faz jus às diferenças salariais decorrentes. (Súmula 378, TERCEIRA SEÇÃO, julgado em 22/04/2009, DJe 05/05/2009)

DIREITO CONSTITUCIONAL

SISTEMA FINANCEIRO NACIONAL

Súmula 379 - Nos contratos bancários não regidos por legislação específica, os juros moratórios poderão ser convencionados até o limite de 1% ao mês. (Súmula 379, SEGUNDA SEÇÃO, julgado em 22/04/2009, DJe 05/05/2009)

DIREITO CIVIL

CONTRATOS

Súmula 380 - A simples propositura da ação de revisão de contrato não inibe a caracterização da mora do autor. (Súmula 380, SEGUNDA SEÇÃO, julgado em22/04/2009, DJe 05/05/2009)

DIREITO CONSTITUCIONAL

SISTEMA FINANCEIRO NACIONAL

Súmula 381 - Nos contratos bancários, é vedado ao julgador conhecer, de ofício, da abusividade das cláusulas. (Súmula 381, SEGUNDA SEÇÃO, julgado em 22/04/2009, DJe 05/05/2009)

Súmula 382 - A estipulação de juros remuneratórios superiores a 12% ao ano, por si só, não indica abusividade. (Súmula 382, SEGUNDA SEÇÃO, julgado em 27/05/2009, DJe 08/06/2009)

DIREITO PROCESSUAL CIVIL

COMPETÊNCIA

Súmula 383 - A competência para processar e julgar as ações conexas de interesse de menor é, em princípio, do foro do domicílio do detentor de sua guarda. (Súmula 383, SEGUNDA SEÇÃO, julgado em 27/05/2009, DJe 08/06/2009)

ANOTAÇÕES

AÇÃO MONITÓRIA

Súmula 384 - Cabe ação monitória para haver saldo remanescente oriundo de venda extrajudicial de bem alienado fiduciariamente em garantia. (Súmula 384, SEGUNDA SEÇÃO, julgado em 27/05/2009, DJe 08/06/2009)

DIREITO DO CONSUMIDOR

SERVIÇO DE PROTEÇÃO AO CRÉDITO

Súmula 385 - Da anotação irregular em cadastro de proteção ao crédito, não cabe indenização por dano moral, quando preexistente legítima inscrição, ressalvado o direito ao cancelamento. (Súmula 385, SEGUNDA SEÇÃO, julgado em 27/05/2009, DJe 08/06/2009)

DIREITO TRIBUTÁRIO

IMPOSTO DE RENDA

Súmula 386 - São isentas de imposto de renda as indenizações de férias proporcionais e o respectivo adicional. (Súmula 386, PRIMEIRA SEÇÃO, julgado em 26/08/2009, DJe 01/09/2009)

DIREITO CIVIL

DANO MORAL

Súmula 387 - É lícita a cumulação das indenizações de dano estético e dano moral. (Súmula 387, SEGUNDA SEÇÃO, julgado em 26/08/2009, DJe 01/09/2009)

Súmula 388 - A simples devolução indevida de cheque caracteriza dano moral. (Súmula 388, SEGUNDA SEÇÃO, julgado em 26/08/2009, DJe 01/09/2009)

DIREITO PROCESSUAL CIVIL

AÇÃO DE EXIBIÇÃO DE DOCUMENTOS

Súmula 389 - A comprovação do pagamento do "custo do serviço" referente ao fornecimento de certidão de assentamentos constantes dos livros da companhia é requisito de procedibilidade da ação de exibição de documentos ajuizada em face da sociedade anônima. (Súmula 389, SEGUNDA SEÇÃO, julgado em 26/08/2009, DJe 01/09/2009)

DOS RECURSOS

Súmula 390 - Nas decisões por maioria, em reexame necessário, não se admitem embargos infringentes. (Súmula 390, CORTE ESPECIAL, julgado em 02/09/2009, DJe 09/09/2009)

DIREITO TRIBUTÁRIO

IMPOSTO SOBRE CIRCULAÇÃO DE MERCADORIAS E SERVIÇOS

Súmula 391 - O ICMS incide sobre o valor da tarifa de energia elétrica correspondente à demanda de potência efetivamente utilizada. (Súmula 391, PRIMEIRA SEÇÃO, julgado em 23/09/2009, DJe 07/10/2009)

DIREITO PROCESSUAL CIVIL

EXECUÇÃO FISCAL

Súmula 392 - A Fazenda Pública pode substituir a certidão de dívida ativa (CDA) até a prolação da sentença de embargos, quando se tratar de correção de erro material ou formal, vedada a modificação do sujeito passivo da execução. (Súmula 392, PRIMEIRA SEÇÃO, julgado em 23/09/2009, DJe 07/10/2009)

Súmula 393 - A exceção de pré-executividade é admissível na execução fiscal relativamente às matérias conhecíveis de ofício que não demandem dilação probatória. (Súmula 393, PRIMEIRA SEÇÃO, julgado em 23/09/2009, DJe 07/10/2009)

Súmula 394 - É admissível, em embargos à execução, compensar os valores de imposto de renda retidos indevidamente na fonte com os valores restituídos apurados na declaração anual. (Súmula 394, PRIMEIRA SEÇÃO, julgado em 23/09/2009, DJe 07/10/2009, REPDJe 21/10/2009)

ANOTAÇÕES

ANOTAÇÕES

DIREITO TRIBUTÁRIO

IMPOSTO SOBRE CIRCULAÇÃO DE MERCADORIAS E SERVIÇOS

Súmula 395 - O ICMS incide sobre o valor da venda a prazo constante da nota fiscal. (Súmula 395, PRIMEIRA SEÇÃO, julgado em 23/09/2009, DJe 07/10/2009)

DIREITO DO TRABALHO

CONTRIBUIÇÃO SINDICAL

Súmula 396 - A Confederação Nacional da Agricultura tem legitimidade ativa para a cobrança da contribuição sindical rural. (Súmula 396, PRIMEIRA SEÇÃO, julgado em 23/09/2009, DJe 07/10/2009)

DIREITO TRIBUTÁRIO

IMPOSTO SOBRE A PROPRIEDADE PREDIAL E TERRITORIAL URBANA

Súmula 397 - O contribuinte do IPTU é notificado do lançamento pelo envio do carnê ao seu endereço. (Súmula 397, PRIMEIRA SEÇÃO, julgado em 23/09/2009, DJe 07/10/2009)

DIREITO DO TRABALHO

FUNDO DE GARANTIA POR TEMPO DE SERVIÇO

Súmula 398 - A prescrição da ação para pleitear os juros progressivos sobre os saldos de conta vinculada do FGTS não atinge o fundo de direito, limitando-se às parcelas vencidas. (Súmula 398, PRIMEIRA SEÇÃO, julgado em 23/09/2009, DJe 07/10/2009)

DIREITO TRIBUTÁRIO

IMPOSTO SOBRE A PROPRIEDADE PREDIAL E TERRITORIAL URBANA

Súmula 399 - Cabe à legislação municipal estabelecer o sujeito passivo do IPTU. (Súmula 399, PRIMEIRA SEÇÃO, julgado em 23/09/2009, DJe 07/10/2009)

DIREITO PROCESSUAL CIVIL

EXECUÇÃO FISCAL

Súmula 400 - O encargo de 20% previsto no DL n. 1.025/1969 é exigível na execução fiscal proposta contra a massa falida. (Súmula 400, PRIMEIRA SEÇÃO, julgado em 23/09/2009, DJe 07/10/2009)

DIREITO PROCESSUAL CIVIL

AÇÃO RESCISÓRIA

Súmula 401 - O prazo decadencial da ação rescisória só se inicia quando não for cabível qualquer recurso do último pronunciamento judicial. (Súmula 401, CORTE ESPECIAL, julgado em 07/10/2009, DJe 13/10/2009)

DIREITO CIVIL

RESPONSABILIDADE CIVIL

Súmula 402 - O contrato de seguro por danos pessoais compreende os danos morais, salvo cláusula expressa de exclusão. (Súmula 402, SEGUNDA SEÇÃO, julgado em 28/10/2009, DJe 24/11/2009)

DANO MORAL

Súmula 403 - Independe de prova do prejuízo a indenização pela publicação não autorizada de imagem de pessoa com fins econômicos ou comerciais. (Súmula 403, SEGUNDA SEÇÃO, julgado em 28/10/2009, DJe 24/11/2009)

DIREITO DO CONSUMIDOR

SERVIÇO DE PROTEÇÃO AO CRÉDITO

Súmula 404 - É dispensável o aviso de recebimento (AR) na carta de comunicação ao consumidor sobre a negativação de seu nome em bancos de dados e cadastros. (Súmula 404, SEGUNDA SEÇÃO, julgado em 28/10/2009, DJe 24/11/2009)

ANOTAÇÕES

DIREITO DE TRÂNSITO

SEGURO OBRIGATÓRIO

Súmula 405 - A ação de cobrança do seguro obrigatório (DPVAT) prescreve em três anos. (Súmula 405, SEGUNDA SEÇÃO, julgado em 28/10/2009, DJe 24/11/2009)

DIREITO PROCESSUAL CIVIL

EXECUÇÃO FISCAL

Súmula 406 - A Fazenda Pública pode recusar a substituição do bem penhorado por precatório. (Súmula 406, PRIMEIRA SEÇÃO, julgado em 28/10/2009, DJe 24/11/2009, REPDJe 25/11/2009)

DIREITO DO CONSUMIDOR

SERVIÇOS PÚBLICOS

Súmula 407 - É legítima a cobrança da tarifa de água fixada de acordo com as categorias de usuários e as faixas de consumo. (Súmula 407, PRIMEIRA SEÇÃO, julgado em 28/10/2009, DJe 24/11/2009, REPDJe 25/11/2009)

DIREITO ADMINISTRATIVO

DESAPROPRIAÇÃO

Súmula 408 - Nas ações de desapropriação, os juros compensatórios incidentes após a Medida Provisória n. 1.577, de 11/06/1997, devem ser fixados em 6% ao ano até 13/09/2001 e, a partir de então, em 12% ao ano, na forma da Súmula n. 618 do Supremo Tribunal Federal. (Súmula 408, PRIMEIRA SEÇÃO, julgado em 28/10/2009, DJe 24/11/2009, REPDJe 25/11/2009)

DIREITO PROCESSUAL CIVIL

EXECUÇÃO FISCAL

Súmula 409 - Em execução fiscal, a prescrição ocorrida antes da propositura da ação pode ser decretada de ofício (art. 219, § 5º, do CPC). (Súmula 409, PRIMEIRA SEÇÃO, julgado em 28/10/2009, DJe 24/11/2009, REPDJe 25/11/2009)

EXECUÇÃO

Súmula 410 - A prévia intimação pessoal do devedor constitui condição necessária para a cobrança de multa pelo descumprimento de obrigação de fazer ou não fazer. (Súmula 410, SEGUNDA SEÇÃO, julgado em 25/11/2009, DJe 16/12/2009, REPDJe 03/02/2010)

DIREITO TRIBUTÁRIO

IMPOSTO SOBRE PRODUTOS INDUSTRIALIZADOS

Súmula 411 - É devida a correção monetária ao creditamento do IPI quando há oposição ao seu aproveitamento decorrente de resistência ilegítima do Fisco. (Súmula 411, PRIMEIRA SEÇÃO, julgado em 25/11/2009, DJe 16/12/2009)

DIREITO DO CONSUMIDOR

SERVIÇOS PÚBLICOS

Súmula 412 - A ação de repetição de indébito de tarifas de água e esgoto sujeita-se ao prazo prescricional estabelecido no Código Civil. (Súmula 412, PRIMEIRA SEÇÃO, julgado em 25/11/2009, DJe 16/12/2009)

DIREITO ADMINISTRATIVO

CONSELHOS PROFISSIONAIS

Súmula 413 - O farmacêutico pode acumular a responsabilidade técnica por uma farmácia e uma drogaria ou por duas drogarias. (Súmula 413, PRIMEIRA SEÇÃO, julgado em 25/11/2009, DJe 16/12/2009)

DIREITO PROCESSUAL CIVIL

EXECUÇÃO FISCAL

Súmula 414 - A citação por edital na execução fiscal é cabível quando frustradas as demais modalidades. (Súmula 414, PRIMEIRA SEÇÃO, julgado em 25/11/2009, DJe 16/12/2009)

DIREITO PENAL

PRESCRIÇÃO

Súmula 415 - O período de suspensão do prazo prescricional é regulado pelo máximo da pena cominada. (Súmula 415, TERCEIRA SEÇÃO, julgado em 09/12/2009, DJe 16/12/2009)

DIREITO PREVIDENCIÁRIO

DOS BENEFÍCIOS PREVIDENCIÁRIOS

Súmula 416 - É devida a pensão por morte aos dependentes do segurado que, apesar de ter perdido essa qualidade, preencheu os requisitos legais para a obtenção de aposentadoria até a data do seu óbito. (Súmula 416, TERCEIRA SEÇÃO, julgado em 09/12/2009, DJe 16/12/2009)

DIREITO PROCESSUAL CIVIL

EXECUÇÃO

Súmula 417 - Na execução civil, a penhora de dinheiro na ordem de nomeação de bens não tem caráter absoluto. (Súmula 417, CORTE ESPECIAL, julgado em 03/03/2010, DJe 11/03/2010)

DOS RECURSOS

Súmula 418 - É inadmissível o recurso especial interposto antes da publicação do acórdão dos embargos de declaração, sem posterior ratificação. (Súmula 418, CORTE ESPECIAL, julgado em 03/03/2010, DJe 11/03/2010)QUESTÃO DE ORDEM:A Corte Especial, na sessão de 16/09/2015, ao julgar a Questão de Ordem no REsp 1.129.215/DF, entendeu que "a única interpretação cabível para o enunciado da Súmula 418 do STJ é aquela que prevê o ônus da ratificação do recurso interposto na pendência de embargos declaratórios apenas quando houver alteração na conclusão do julgamento anterior". (DJe 03/11/2015).SÚMULA CANCELADA:A Corte Especial, na sessão de 01/07/2016, determinou o CANCELAMENTO da Súmula 418 do STJ (DJe 03/08/2016).

DIREITO CONSTITUCIONAL

DIREITOS FUNDAMENTAIS

Súmula 419 - Descabe a prisão civil do depositário judicial infiel. (Súmula 419, CORTE ESPECIAL, julgado em 03/03/2010, DJe 11/03/2010)

DIREITO PROCESSUAL CIVIL

DOS RECURSOS

Súmula 420 - Incabível, em embargos de divergência, discutir o valor de indenização por danos morais. (Súmula 420, CORTE ESPECIAL, julgado em 03/03/2010, DJe 11/03/2010)

HONORÁRIOS ADVOCATÍCIOS

Súmula 421 - Os honorários advocatícios não são devidos à Defensoria Pública quando ela atua contra a pessoa jurídica de direito público à qual pertença. (Súmula 421, CORTE ESPECIAL, julgado em 03/03/2010, DJe 11/03/2010)

DIREITO CONSTITUCIONAL

SISTEMA FINANCEIRO DA HABITAÇÃO

Súmula 422 - O art. 6º, e, da Lei n. 4.380/1964 não estabelece limitação aos juros remuneratórios nos contratos vinculados ao SFH. (Súmula 422, CORTE ESPECIAL, julgado em 03/03/2010, DJe 24/05/2010, REPDJe 27/05/2010)

DIREITO TRIBUTÁRIO

CONTRIBUIÇÃO PARA FINANCIAMENTO DA SEGURIDADE SOCIAL

Súmula 423 - A Contribuição para Financiamento da Seguridade Social - Cofins incide sobre as receitas provenientes das operações de locação de bens móveis. (Súmula 423, PRIMEIRA SEÇÃO, julgado em 10/03/2010, DJe 13/05/2010)

IMPOSTO SOBRE SERVIÇOS

Súmula 424 - É legítima a incidência de ISS sobre os serviços bancários congêneres da lista anexa ao DL n. 406/1968 e à LC n. 56/1987. (Súmula 424, PRIMEIRA SEÇÃO, julgado em 10/03/2010, DJe 13/05/2010)

ANOTAÇÕES

SISTEMA INTEGRADO DE PAGAMENTO DE IMPOSTOS E CONTRIBUIÇÕES DAS

Súmula 425 - A retenção da contribuição para a seguridade social pelo tomador do serviço não se aplica às empresas optantes pelo Simples. (Súmula 425, PRIMEIRA SEÇÃO, julgado em 10/03/2010, DJe 13/05/2010)

DIREITO DE TRÂNSITO

SEGURO OBRIGATÓRIO

Súmula 426 - Os juros de mora na indenização do seguro DPVAT fluem a partir da citação. (Súmula 426, SEGUNDA SEÇÃO, julgado em 10/03/2010, DJe 13/05/2010)

DIREITO PREVIDENCIÁRIO

PREVIDÊNCIA PRIVADA

Súmula 427 - A ação de cobrança de diferenças de valores de complementação de aposentadoria prescreve em cinco anos contados da data do pagamento. (Súmula 427, SEGUNDA SEÇÃO, julgado em 10/03/2010, DJe 13/05/2010)

DIREITO PROCESSUAL CIVIL

COMPETÊNCIA

Súmula 428 - Compete ao Tribunal Regional Federal decidir os conflitos de competência entre juizado especial federal e juízo federal da mesma seção judiciária. (Súmula 428, CORTE ESPECIAL, julgado em 17/03/2010, DJe 13/05/2010)

CITAÇÃO

Súmula 429 - A citação postal, quando autorizada por lei, exige o aviso de recebimento. (Súmula 429, CORTE ESPECIAL, julgado em 17/03/2010, DJe 13/05/2010)

EXECUÇÃO FISCAL

Súmula 430 - O inadimplemento da obrigação tributária pela sociedade não gera, por si só, a responsabilidade solidária do sócio-gerente. (Súmula 430, PRIMEIRA SEÇÃO, julgado em 24/03/2010, DJe 13/05/2010, REPDJe 20/05/2010)

DIREITO TRIBUTÁRIO

IMPOSTO SOBRE CIRCULAÇÃO DE MERCADORIAS E SERVIÇOS

Súmula 431 - É ilegal a cobrança de ICMS com base no valor da mercadoria submetido ao regime de pauta fiscal. (Súmula 431, PRIMEIRA SEÇÃO, julgado em 24/03/2010, DJe 13/05/2010)

Súmula 432 - As empresas de construção civil não estão obrigadas a pagar ICMS sobre mercadorias adquiridas como insumos em operações interestaduais. (Súmula 432, PRIMEIRA SEÇÃO, julgado em 24/03/2010, DJe 13/05/2010)

Súmula 433 - O produto semi-elaborado, para fins de incidência de ICMS, é aquele que preenche cumulativamente os três requisitos do art. 1º da Lei Complementar n. 65/1991. (Súmula 433, PRIMEIRA SEÇÃO, julgado em 24/03/2010, DJe 13/05/2010)

DIREITO DE TRÂNSITO

MULTAS DE TRÂNSITO

Súmula 434 - O pagamento da multa por infração de trânsito não inibe a discussão judicial do débito. (Súmula 434, PRIMEIRA SEÇÃO, julgado em 24/03/2010, DJe 13/05/2010)

DIREITO PROCESSUAL CIVIL

EXECUÇÃO FISCAL

Súmula 435 - Presume-se dissolvida irregularmente a empresa que deixar de funcionar no seu domicílio fiscal, sem comunicação aos órgãos competentes, legitimando o redirecionamento da execução fiscal para o sócio-gerente. (Súmula 435, PRIMEIRA SEÇÃO, julgado em 14/04/2010, DJe 13/05/2010)

DIREITO TRIBUTÁRIO

CRÉDITO TRIBUTÁRIO

Súmula 436 - A entrega de declaração pelo contribuinte reconhecendo débito fiscal constitui o crédito tributário, dispensada qualquer outra providência por parte do fisco. (Súmula 436, PRIMEIRA SEÇÃO, julgado em 14/04/2010, DJe 13/05/2010)

ANOTAÇÕES

ANOTAÇÕES

PROGRAMA DE RECUPERAÇÃO FISCAL

Súmula 437 - A suspensão da exigibilidade do crédito tributário superior a quinhentos mil reais para opção pelo Refis pressupõe a homologação expressa do comitê gestor e a constituição de garantia por meio do arrolamento de bens. (Súmula 437, PRIMEIRA SEÇÃO, julgado em 14/04/2010, DJe 13/05/2010)

DIREITO PENAL

EXTINÇÃO DA PUNIBILIDADE

Súmula 438 - É inadmissível a extinção da punibilidade pela prescrição da pretensão punitiva com fundamento em pena hipotética, independentemente da existência ou sorte do processo penal. (Súmula 438, TERCEIRA SEÇÃO, julgado em 28/04/2010, DJe 13/05/2010)

EXECUÇÃO PENAL

Súmula 439 - Admite-se o exame criminológico pelas peculiaridades do caso, desde que em decisão motivada. (Súmula 439, TERCEIRA SEÇÃO, julgado em 28/04/2010, DJe 13/05/2010)

DAS PENAS

Súmula 440 - Fixada a pena-base no mínimo legal, é vedado o estabelecimento de regime prisional mais gravoso do que o cabível em razão da sanção imposta, com base apenas na gravidade abstrata do delito. (Súmula 440, TERCEIRA SEÇÃO, julgado em 28/04/2010, DJe 13/05/2010)

EXECUÇÃO PENAL

Súmula 441 - A falta grave não interrompe o prazo para obtenção de livramento condicional. (Súmula 441, TERCEIRA SEÇÃO, julgado em 28/04/2010, DJe 13/05/2010)

DAS PENAS

Súmula 442 - É inadmissível aplicar, no furto qualificado, pelo concurso de agentes, a majorante do roubo. (Súmula 442, TERCEIRA SEÇÃO, julgado em 28/04/2010, DJe 13/05/2010)

Súmula 443 - O aumento na terceira fase de aplicação da pena no crime de roubo circunstanciado exige fundamentação concreta, não sendo suficiente para a sua exasperação a mera indicação do número de majorantes. (Súmula 443, TERCEIRA SEÇÃO, julgado em 28/04/2010, DJe 13/05/2010)

Súmula 444 - É vedada a utilização de inquéritos policiais e ações penais em curso para agravar a pena-base. (Súmula 444, TERCEIRA SEÇÃO, julgado em 28/04/2010, DJe 13/05/2010)

DIREITO DO TRABALHO

FUNDO DE GARANTIA POR TEMPO DE SERVIÇO

Súmula 445 - As diferenças de correção monetária resultantes de expurgos inflacionários sobre os saldos de FGTS têm como termo inicial a data em que deveriam ter sido creditadas. (Súmula 445, PRIMEIRA SEÇÃO, julgado em 28/04/2010, DJe 13/05/2010)

DIREITO TRIBUTÁRIO

CRÉDITO TRIBUTÁRIO

Súmula 446 - Declarado e não pago o débito tributário pelo contribuinte, é legítima a recusa de expedição de certidão negativa ou positiva com efeito de negativa. (Súmula 446, PRIMEIRA SEÇÃO, julgado em 28/04/2010, DJe 13/05/2010)

IMPOSTO DE RENDA

Súmula 447 - Os Estados e o Distrito Federal são partes legítimas na ação de restituição de imposto de renda retido na fonte proposta por seus servidores. (Súmula 447, PRIMEIRA SEÇÃO, julgado em 28/04/2010, DJe 13/05/2010)

SISTEMA INTEGRADO DE PAGAMENTO DE IMPOSTOS E CONTRIBUIÇÕES DAS

Súmula 448 - A opção pelo Simples de estabelecimentos dedicados às atividades de creche, pré-escola e ensino fundamental é admitida somente a partir de 24/10/2000, data de vigência da Lei n. 10.034/2000. (Súmula 448, PRIMEIRA SEÇÃO, julgado em 28/04/2010, DJe 13/05/2010)

ANOTAÇÕES

DIREITO CIVIL

BEM DE FAMÍLIA

Súmula 449 - A vaga de garagem que possui matrícula própria no registro de imóveis não constitui bem de família para efeito de penhora. (Súmula 449, CORTE ESPECIAL, julgado em 02/06/2010, DJe 21/06/2010)

DIREITO CONSTITUCIONAL

SISTEMA FINANCEIRO DA HABITAÇÃO

Súmula 450 - Nos contratos vinculados ao SFH, a atualização do saldo devedor antecede sua amortização pelo pagamento da prestação. (Súmula 450, CORTE ESPECIAL, julgado em 02/06/2010, DJe 21/06/2010)

DIREITO PROCESSUAL CIVIL

EXECUÇÃO FISCAL

Súmula 451 - É legítima a penhora da sede do estabelecimento comercial. (Súmula 451, CORTE ESPECIAL, julgado em 02/06/2010, DJe 21/06/2010)

EXECUÇÃO

Súmula 452 - A extinção das ações de pequeno valor é faculdade da Administração Federal, vedada a atuação judicial de ofício. (Súmula 452, CORTE ESPECIAL, julgado em 02/06/2010, DJe 21/06/2010)

HONORÁRIOS ADVOCATÍCIOS

Súmula 453 - Os honorários sucumbenciais, quando omitidos em decisão transitada em julgado, não podem ser cobrados em execução ou em ação própria. (Súmula 453, CORTE ESPECIAL, julgado em 18/08/2010, DJe 24/08/2010)

DIREITO CONSTITUCIONAL

SISTEMA FINANCEIRO DA HABITAÇÃO

Súmula 454 - Pactuada a correção monetária nos contratos do SFH pelo mesmo índice aplicável à caderneta de poupança, incide a taxa referencial (TR) a partir da vigência da Lei n. 8.177/1991. (Súmula 454, CORTE ESPECIAL, julgado em 18/08/2010, DJe 24/08/2010)

DIREITO PROCESSUAL PENAL

PROVAS

Súmula 455 - A decisão que determina a produção antecipada de provas com base no art. 366 do CPP deve ser concretamente fundamentada, não a justificando unicamente o mero decurso do tempo. (Súmula 455, TERCEIRA SEÇÃO, julgado em 25/08/2010, DJe 08/09/2010)

DIREITO PREVIDENCIÁRIO

DOS BENEFÍCIOS PREVIDENCIÁRIOS

Súmula 456 - É incabível a correção monetária dos salários de contribuição considerados no cálculo do salário de benefício de auxílio-doença, aposentadoria por invalidez, pensão ou auxílio-reclusão concedidos antes da vigência da CF/1988. (Súmula 456, TERCEIRA SEÇÃO, julgado em 25/08/2010, DJe 08/09/2010)

DIREITO TRIBUTÁRIO

IMPOSTO SOBRE CIRCULAÇÃO DE MERCADORIAS E SERVIÇOS

Súmula 457 - Os descontos incondicionais nas operações mercantis não se incluem na base de cálculo do ICMS. (Súmula 457, PRIMEIRA SEÇÃO, julgado em 25/08/2010, DJe 08/09/2010)

DIREITO PREVIDENCIÁRIO

CONTRIBUIÇÕES PREVIDENCIÁRIAS

Súmula 458 - A contribuição previdenciária incide sobre a comissão paga ao corretor de seguros. (Súmula 458, PRIMEIRA SEÇÃO, julgado em 25/08/2010, DJe 08/09/2010)

DIREITO DO TRABALHO

FUNDO DE GARANTIA POR TEMPO DE SERVIÇO

Súmula 459 - A Taxa Referencial (TR) é o índice aplicável, a título de correção monetária, aos débitos com o FGTS recolhidos pelo empregador mas não repassados ao fundo. (Súmula 459, PRIMEIRA SEÇÃO, julgado em 25/08/2010, DJe 08/09/2010)

DIREITO TRIBUTÁRIO

COMPENSAÇÃO

Súmula 460 - É incabível o mandado de segurança para convalidar a compensação tributária realizada pelo contribuinte. (Súmula 460, PRIMEIRA SEÇÃO, julgado em 25/08/2010, DJe 08/09/2010)

Súmula 461 - O contribuinte pode optar por receber, por meio de precatório ou por compensação, o indébito tributário certificado por sentença declaratória transitada em julgado. (Súmula 461, PRIMEIRA SEÇÃO, julgado em 25/08/2010, DJe 08/09/2010)

DIREITO PROCESSUAL CIVIL

SUCUMBÊNCIA

Súmula 462 - Nas ações em que representa o FGTS, a CEF, quando sucumbente, não está isenta de reembolsar as custas antecipadas pela parte vencedora. (Súmula 462, PRIMEIRA SEÇÃO, julgado em 25/08/2010, DJe 08/09/2010)

DIREITO TRIBUTÁRIO

IMPOSTO DE RENDA

Súmula 463 - Incide imposto de renda sobre os valores percebidos a título de indenização por horas extraordinárias trabalhadas, ainda que decorrentes de acordo coletivo. (Súmula 463, PRIMEIRA SEÇÃO, julgado em 25/08/2010, DJe 08/09/2010)

COMPENSAÇÃO

Súmula 464 - A regra de imputação de pagamentos estabelecida no art. 354 do Código Civil não se aplica às hipóteses de compensação tributária. (Súmula 464, PRIMEIRA SEÇÃO, julgado em 25/08/2010, DJe 08/09/2010)

DIREITO CIVIL

RESPONSABILIDADE CIVIL

Súmula 465 - Ressalvada a hipótese de efetivo agravamento do risco, a seguradora não se exime do dever de indenizar em razão da transferência do veículo sem a sua prévia comunicação. (Súmula 465, SEGUNDA SEÇÃO, julgado em 13/10/2010, DJe 25/10/2010)

DIREITO DO TRABALHO

FUNDO DE GARANTIA POR TEMPO DE SERVIÇO

Súmula 466 - O titular da conta vinculada ao FGTS tem o direito de sacar o saldo respectivo quando declarado nulo seu contrato de trabalho por ausência de prévia aprovação em concurso público. (Súmula 466, PRIMEIRA SEÇÃO, julgado em 13/10/2010, DJe 25/10/2010)

DIREITO ADMINISTRATIVO

PROCESSO ADMINISTRATIVO

Súmula 467 - Prescreve em cinco anos, contados do término do processo administrativo, a pretensão da Administração Pública de promover a execução da multa por infração ambiental. (Súmula 467, PRIMEIRA SEÇÃO, julgado em 13/10/2010, DJe 25/10/2010)

DIREITO PREVIDENCIÁRIO

CONTRIBUIÇÕES PREVIDENCIÁRIAS

Súmula 468 - A base de cálculo do PIS, até a edição da MP n. 1.212/1995, era o faturamento ocorrido no sexto mês anterior ao do fato gerador. (Súmula 468, PRIMEIRA SEÇÃO, julgado em 13/10/2010, DJe 25/10/2010)

DIREITO DO CONSUMIDOR

PLANO DE SAÚDE

Súmula 469 - Aplica-se o Código de Defesa do Consumidor aos contratos de plano de saúde. (Súmula 469, SEGUNDA SEÇÃO, julgado em 24/11/2010, DJe 06/12/2010)

ANOTAÇÕES

DIREITO DE TRÂNSITO

SEGURO OBRIGATÓRIO

Súmula 470 - O Ministério Público não tem legitimidade para pleitear, em ação civil pública, a indenização decorrente do DPVAT em benefício do segurado. (Súmula 470, SEGUNDA SEÇÃO, julgado em 24/11/2010, DJe 06/12/2010)SÚMULA CANCELADA:A Segunda Seção, na sessão de 27/05/2015, ao julgar o REsp 858.056/GO, determinou o CANCELAMENTO da Súmula 470 do STJ (DJe 15/06/2015).

DIREITO PENAL

EXECUÇÃO PENAL

Súmula 471 - Os condenados por crimes hediondos ou assemelhados cometidos antes da vigência da Lei n. 11.464/2007 sujeitam-se ao disposto no art. 112 da Lei n. 7.210/1984 (Lei de Execução Penal) para a progressão de regime prisional. (Súmula 471, TERCEIRA SEÇÃO, julgado em 23/02/2011, DJe 28/02/2011)

DIREITO CONSTITUCIONAL

SISTEMA FINANCEIRO NACIONAL

Súmula 472 - A cobrança de comissão de permanência - cujo valor não pode ultrapassar a soma dos encargos remuneratórios e moratórios previstos no contrato - exclui a exigibilidade dos juros remuneratórios, moratórios e da multa contratual. (Súmula 472, SEGUNDA SEÇÃO, julgado em 13/06/2012, DJe 19/06/2012)

SISTEMA FINANCEIRO DA HABITAÇÃO

Súmula 473 - O mutuário do SFH não pode ser compelido a contratar o seguro habitacional obrigatório com a instituição financeira mutuante ou com a seguradora por ela indicada. (Súmula 473, SEGUNDA SEÇÃO, julgado em 13/06/2012, DJe 19/06/2012)

DIREITO DE TRÂNSITO

SEGURO OBRIGATÓRIO

Súmula 474 - A indenização do seguro DPVAT, em caso de invalidez parcial do beneficiário, será paga de forma proporcional ao grau da invalidez. (Súmula 474, SEGUNDA SEÇÃO, julgado em 13/06/2012, DJe 19/06/2012)

DIREITO EMPRESARIAL

TÍTULOS DE CRÉDITO

Súmula 475 - Responde pelos danos decorrentes de protesto indevido o endossatário que recebe por endosso translativo título de crédito contendo vício formal extrínseco ou intrínseco, ficando ressalvado seu direito de regresso contra os endossantes e avalistas. (Súmula 475, SEGUNDA SEÇÃO, julgado em 13/06/2012, DJe 19/06/2012)

Súmula 476 - O endossatário de título de crédito por endosso-mandato só responde por danos decorrentes de protesto indevido se extrapolar os poderes de mandatário. (Súmula 476, SEGUNDA SEÇÃO, julgado em 13/06/2012, DJe 19/06/2012)

DIREITO PROCESSUAL CIVIL

AÇÃO DE PRESTAÇÃO DE CONTAS

Súmula 477 - A decadência do art. 26 do CDC não é aplicável à prestação de contas para obter esclarecimentos sobre cobrança de taxas, tarifas e encargos bancários. (Súmula 477, SEGUNDA SEÇÃO, julgado em 13/06/2012, DJe 19/06/2012)

EXECUÇÃO

Súmula 478 - Na execução de crédito relativo a cotas condominiais, este tem preferência sobre o hipotecário. (Súmula 478, SEGUNDA SEÇÃO, julgado em 13/06/2012, DJe 19/06/2012)

DIREITO CIVIL

RESPONSABILIDADE CIVIL

Súmula 479 - As instituições financeiras respondem objetivamente pelos danos gerados por fortuito interno relativo a fraudes e delitos praticados por terceiros no âmbito de operações bancárias. (Súmula 479, SEGUNDA SEÇÃO, julgado em 27/06/2012, DJe 01/08/2012)

ANOTAÇÕES

ANOTAÇÕES

DIREITO PROCESSUAL CIVIL

COMPETÊNCIA

Súmula 480 - O juízo da recuperação judicial não é competente para decidir sobre a constrição de bens não abrangidos pelo plano de recuperação da empresa. (Súmula 480, SEGUNDA SEÇÃO, julgado em 27/06/2012, DJe 01/08/2012)

ASSISTÊNCIA JUDICIÁRIA

Súmula 481 - Faz jus ao benefício da justiça gratuita a pessoa jurídica com ou sem fins lucrativos que demonstrar sua impossibilidade de arcar com os encargos processuais. (Súmula 481, CORTE ESPECIAL, julgado em 28/06/2012, DJe 01/08/2012)

PROCESSO CAUTELAR

Súmula 482 - A falta de ajuizamento da ação principal no prazo do art. 806 do CPC acarreta a perda da eficácia da liminar deferida e a extinção do processo cautelar. (Súmula 482, CORTE ESPECIAL, julgado em 28/06/2012, DJe 01/08/2012)

DOS RECURSOS

Súmula 483 - O INSS não está obrigado a efetuar depósito prévio do preparo por gozar das prerrogativas e privilégios da Fazenda Pública. (Súmula 483, CORTE ESPECIAL, julgado em 28/06/2012, DJe 01/08/2012)

Súmula 484 - Admite-se que o preparo seja efetuado no primeiro dia útil subsequente, quando a interposição do recurso ocorrer após o encerramento do expediente bancário. (Súmula 484, CORTE ESPECIAL, julgado em 28/06/2012, DJe 01/08/2012)

ARBITRAGEM

Súmula 485 - A Lei de Arbitragem aplica-se aos contratos que contenham cláusula arbitral, ainda que celebrados antes da sua edição. (Súmula 485, CORTE ESPECIAL, julgado em 28/06/2012, DJe 01/08/2012)

EXECUÇÃO

Súmula 486 - É impenhorável o único imóvel residencial do devedor que esteja locado a terceiros, desde que a renda obtida com a locação seja revertida para a subsistência ou a moradia da sua família. (Súmula 486, CORTE ESPECIAL, julgado em 28/06/2012, DJe 01/08/2012)

Súmula 487 - O parágrafo único do art. 741 do CPC não se aplica às sentenças transitadas em julgado em data anterior à da sua vigência. (Súmula 487, CORTE ESPECIAL, julgado em 28/06/2012, DJe 01/08/2012)

HONORÁRIOS ADVOCATÍCIOS

Súmula 488 - O § 2º do art. 6º da Lei n. 9.469/1997, que obriga à repartição dos honorários advocatícios, é inaplicável a acordos ou transações celebrados em data anterior à sua vigência. (Súmula 488, CORTE ESPECIAL, julgado em 28/06/2012, DJe 01/08/2012)

CONTINÊNCIA

Súmula 489 - Reconhecida a continência, devem ser reunidas na Justiça Federal as ações civis públicas propostas nesta e na Justiça estadual. (Súmula 489, CORTE ESPECIAL, julgado em 28/06/2012, DJe 01/08/2012)

REEXAME NECESSÁRIO

Súmula 490 - A dispensa de reexame necessário, quando o valor da condenação ou do direito controvertido for inferior a sessenta salários mínimos, não se aplica a sentenças ilíquidas. (Súmula 490, CORTE ESPECIAL, julgado em 28/06/2012, DJe 01/08/2012)

DIREITO PENAL

PROGRESSÃO DE REGIME PRISIONAL

Súmula 491 - É inadmissível a chamada progressão per saltum de regime prisional. (Súmula 491, TERCEIRA SEÇÃO, julgado em 08/08/2012, DJe 13/08/2012)

ESTATUTO DA CRIANÇA E DO ADOLESCENTE

Súmula 492 - O ato infracional análogo ao tráfico de drogas, por si só, não conduz obrigatoriamente à imposição de medida socioeducativa de internação do adolescente. (Súmula 492, TERCEIRA SEÇÃO, julgado em 08/08/2012, DJe 13/08/2012)

ANOTAÇÕES

DAS PENAS

Súmula 493 - É inadmissível a fixação de pena substitutiva (art. 44 do CP) como condição especial ao regime aberto. (Súmula 493, TERCEIRA SEÇÃO, julgado em 08/08/2012, DJe 13/08/2012)

DIREITO TRIBUTÁRIO

IMPOSTO SOBRE PRODUTOS INDUSTRIALIZADOS

Súmula 494 - O benefício fiscal do ressarcimento do crédito presumido do IPI relativo às exportações incide mesmo quando as matérias-primas ou os insumos sejam adquiridos de pessoa física ou jurídica não contribuinte do PIS/PASEP. (Súmula 494, PRIMEIRA SEÇÃO, julgado em 08/08/2012, DJe 13/08/2012)

Súmula 495 - A aquisição de bens integrantes do ativo permanente da empresa não gera direito a creditamento de IPI. (Súmula 495, PRIMEIRA SEÇÃO, julgado em 08/08/2012, DJe 13/08/2012)

Súmula 495 -

DIREITO ADMINISTRATIVO

TERRENOS DE MARINHA

Súmula 496 - Os registros de propriedade particular de imóveis situados em terrenos de marinha não são oponíveis à União. (Súmula 496, PRIMEIRA SEÇÃO, julgado em 08/08/2012, DJe 13/08/2012)

DIREITO PROCESSUAL CIVIL

EXECUÇÃO FISCAL

Súmula 497 - Os créditos das autarquias federais preferem aos créditos da Fazenda estadual desde que coexistam penhoras sobre o mesmo bem. (Súmula 497, PRIMEIRA SEÇÃO, julgado em 08/08/2012, DJe 13/08/2012)

DIREITO TRIBUTÁRIO

IMPOSTO DE RENDA

Súmula 498 - Não incide imposto de renda sobre a indenização por danos morais. (Súmula 498, PRIMEIRA SEÇÃO, julgado em 08/08/2012, DJe 13/08/2012)

CONTRIBUIÇÕES SOCIAIS

Súmula 499 - As empresas prestadoras de serviços estão sujeitas às contribuições ao Sesc e Senac, salvo se integradas noutro serviço social. (Súmula 499, PRIMEIRA SEÇÃO, julgado em 13/03/2013, DJe 18/03/2013)

DIREITO PENAL

CORRUPÇÃO DE MENORES

Súmula 500 - A configuração do crime do art. 244-B do ECA independe da prova da efetiva corrupção do menor, por se tratar de delito formal. (Súmula 500, TERCEIRA SEÇÃO, julgado em 23/10/2013, DJ 28/10/2013)

DIREITO PENAL

APLICAÇÃO DA LEI PENAL

Súmula 501 - É cabível a aplicação retroativa da Lei n. 11.343/2006, desde que o resultado da incidência das suas disposições, na íntegra, seja mais favorável ao réu do que o advindo da aplicação da Lei n. 6.368/1976, sendo vedada a combinação de leis. (Súmula 501, TERCEIRA SEÇÃO, julgado em 23/10/2013, DJe 28/10/2013)

VIOLAÇÃO DE DIREITO AUTORAL

Súmula 502 - Presentes a materialidade e a autoria, afigura-se típica, em relação ao crime previsto no art. 184, § 2º, do CP, a conduta de expor à venda CDs e DVDs piratas. (Súmula 502, TERCEIRA SEÇÃO, julgado em 23/10/2013, DJe 28/10/2013)

DIREITO PROCESSUAL CIVIL

AÇÃO MONITÓRIA

Súmula 503 - O prazo para ajuizamento de ação monitória em face do emitente de cheque sem força executiva é quinquenal, a contar do dia seguinte à data de emissão estampada na cártula. (Súmula 503, SEGUNDA SEÇÃO, julgada em 11/12/2013, DJe 10/02/2014)

Súmula 504 - O prazo para ajuizamento de ação monitória em face do emitente de nota promissória sem força executiva é quinquenal, a contar do dia seguinte ao vencimento do título. (Súmula 504, SEGUNDA SEÇÃO, julgada em 11/12/2013, DJe 10/02/2014)

COMPETÊNCIA

Súmula 505 - A competência para processar e julgar as demandas que têm por objeto obrigações decorrentes dos contratos de planos de previdência privada firmados com a Fundação Rede Ferroviária de Seguridade Social - REFER é da Justiça estadual. (Súmula 505, SEGUNDA SEÇÃO, Julgada em 11/12/2013, DJe 10/02/2014)

PARTES E PROCURADORES

Súmula 506 - A Anatel não é parte legítima nas demandas entre a concessionária e o usuário de telefonia decorrentes de relação contratual. (Súmula 506, PRIMEIRA SEÇÃO, julgado em 26/03/2014, DJe 31/03/2014)

DIREITO PREVIDENCIÁRIO

BENEFÍCIOS PREVIDENCIÁRIOS

Súmula 507 - A acumulação de auxílio-acidente com aposentadoria pressupõe que a lesão incapacitante e a aposentadoria sejam anteriores a 11/11/1997, observado o critério do art. 23 da Lei n. 8.213/1991 para definição do momento da lesão nos casos de doença profissional ou do trabalho.(Súmula 507, PRIMEIRA SEÇÃO, julgado em 26/03/2014, DJe 31/03/2014)

DIREITO TRIBUTÁRIO

ISENÇÃO

Súmula 508 - A isenção da Cofins concedida pelo art. 6º, II, da LC n. 70/1991 às sociedades civis de prestação de serviços profissionais foi revogada pelo art. 56 da Lei n. 9.430/1996.(Súmula 508, PRIMEIRA SEÇÃO, julgada em 26/03/2014, DJe 31/03/2014)

CRÉDITO TRIBUTÁRIO

Súmula 509 - É lícito ao comerciante de boa-fé aproveitar os créditos de ICMS decorrentes de nota fiscal posteriormente declarada inidônea, quando demonstrada a veracidade da compra e venda.(Súmula 509, PRIMEIRA SEÇÃO, julgado em 26/03/2014, De 31/03/2014)

DIREITO ADMINISTRATIVO

INFRAÇÃO DE TRÂNSITO

Súmula 510 - A liberação de veículo retido apenas por transporte irregular de passageiros não está condicionada ao pagamento de multas e despesas.(Súmula 510, PRIMEIRA SEÇÃO, julgada em 26/03/2014, DJe 31/03/2014)

DIREITO PENAL

DAS PENAS

Súmula 511 - É possível o reconhecimento do privilégio previsto no § 2º do art. 155 do CP nos casos de crime de furto qualificado, se estiverem presentes a primariedade do agente, o pequeno valor da coisa e a qualificadora for de ordem objetiva.(Súmula 511, TERCEIRA SEÇÃO, julgado em 11/06/2014, DJe 16/06/2014)

Súmula 512 - A aplicação da causa de diminuição de pena prevista no art. 33, § 4º, da Lei n. 11.343/2006 não afasta a hediondez do crime de tráfico de drogas. (Súmula 512, TERCEIRA SEÇÃO, julgado em 11/06/2014, DJe 16/06/2014)SÚMULA CANCELADA:A Terceira Seção, na sessão de 23/11/2016, ao julgar a QO na Pet 11.796-DF, determinou o CANCELAMENTO da Súmula 512 do STJ (DJ 28/11/2016).

APLICAÇÃO DA LEI PENAL

Súmula 513 - A 'abolitio criminis' temporária prevista na Lei n. 10.826/2003 aplica-se ao crime de posse de arma de fogo de uso permitido com numeração, marca ou qualquer outro sinal de identificação raspado, suprimido ou adulterado, praticado somente até 23/10/2005.(Súmula 513, TERCEIRA SEÇÃO, julgado em 11/06/2014, DJe 16/06/2014)

ANOTAÇÕES

DIREITO ADMINISTRATIVO

FUNDO DE GARANTIA POR TEMPO DE SERVIÇO

Súmula 514 - A CEF é responsável pelo fornecimento dos extratos das contas individualizadas vinculadas ao FGTS dos Trabalhadores participantes do Fundo de Garantia do Tempo de Serviço, inclusive para fins de exibição em juízo, independentemente do período em discussão. (Súmula 514, PRIMEIRA SEÇÃO, julgado em 14/08/2014, DJe 18/08/2014)

DIREITO PROCESSUAL CIVIL

EXECUÇÃO FISCAL

Súmula 515 - A reunião de execuções fiscais contra o mesmo devedor constitui faculdade do Juiz. (Súmula 515, PRIMEIRA SEÇÃO, julgado em 14/08/2014, DJe 18/08/2014)

DIREITO TRIBUTÁRIO

CONTRIBUIÇÃO DE INTERVENÇÃO NO DOMÍNIO ECONÔMICO PARA O INCRA

Súmula 516 - A contribuição de intervenção no domínio econômico para o Incra (Decreto-Lei n. 1.110/1970), devida por empregadores rurais e urbanos, não foi extinta pelas Leis ns. 7.787/1989, 8.212/1991 e 8.213/1991, não podendo ser compensada com a contribuição ao INSS. (Súmula 516, PRIMEIRA SEÇÃO, julgado em 25/02/2015, DJe 02/03/2015)

DIREITO PROCESSUAL CIVIL

HONORÁRIOS ADVOCATÍCIOS

Súmula 517 - São devidos honorários advocatícios no cumprimento de sentença, haja ou não impugnação, depois de escoado o prazo para pagamento voluntário, que se inicia após a intimação do advogado da parte executada. (Súmula 517, CORTE ESPECIAL, julgado em 26/02/2015, DJe 02/03/2015)

CABIMENTO DO RECURSO ESPECIAL

Súmula 518 - Para fins do art. 105, III, a, da Constituição Federal, não é cabível recurso especial fundado em alegada violação de enunciado de súmula. (Súmula 518, CORTE ESPECIAL, julgado em 26/02/2015, DJe 02/03/2015)

HONORÁRIOS ADVOCATÍCIOS

Súmula 519 - Na hipótese de rejeição da impugnação ao cumprimento de sentença, não são cabíveis honorários advocatícios. (Súmula 519, CORTE ESPECIAL, julgado em 26/02/2015, DJe 02/03/2015)

DIREITO PENAL

EXECUÇÃO PENAL

Súmula 520 - O benefício de saída temporária no âmbito da execução penal é ato jurisdicional insuscetível de delegação à autoridade administrativa do estabelecimento prisional. (Súmula 520, TERCEIRA SEÇÃO, julgado em 25/03/2015, DJe 06/04/2015)

DIREITO PROCESSUAL PENAL

LEGITIMIDADE

Súmula 521 - A legitimidade para a execução fiscal de multa pendente de pagamento imposta em sentença condenatória é exclusiva da Procuradoria da Fazenda Pública. (Súmula 521, TERCEIRA SEÇÃO, julgado em 25/03/2015, DJe 06/04/2015)

DIREITO PENAL

TIPIFICAÇÃO PENAL

Súmula 522 - A conduta de atribuir-se falsa identidade perante autoridade policial é típica, ainda que em situação de alegada autodefesa. (Súmula 522, TERCEIRA SEÇÃO, julgado em 25/03/2015, DJe 06/04/2015)

DIREITO TRIBUTÁRIO

REPETIÇÃO DE INDÉBITO

Súmula 523 - A taxa de juros de mora incidente na repetição de indébito de tributos estaduais deve corresponder à utilizada para cobrança do tributo pago em atraso, sendo legítima a inci-

ANOTAÇÕES

ANOTAÇÕES

dência da taxa Selic, em ambas as hipóteses, quando prevista na legislação local, vedada sua cumulação com quaisquer outros índices. (Súmula 523, PRIMEIRA SEÇÃO, julgado em 27/4/03/2015, DJe 06/04/2015)

IMPOSTO SOBRE SERVIÇOS

Súmula 524 - No tocante à base de cálculo, o ISSQN incide apenas sobre a taxa de agenciamento quando o serviço prestado por sociedade empresária de trabalho temporário for de intermediação, devendo, entretanto, englobar também os valores dos salários e encargos sociais dos trabalhadores por ela contratados nas hipóteses de fornecimento de mão de obra. (Súmula 524, PRIMEIRA SEÇÃO, julgado em 22/04/2015, DJe 27/04/2015)

DIREITO PROCESSUAL CIVIL

LEGITIMIDADE

Súmula 525 - A Câmara de Vereadores não possui personalidade jurídica, apenas personalidade judiciária, somente podendo demandar em juízo para defender os seus direitos institucionais. (Súmula 525, PRIMEIRA SEÇÃO, julgado em 22/04/2015, DJe 27/04/2015)

DIREITO PENAL

EXECUÇÃO PENAL

Súmula 526 - O reconhecimento de falta grave decorrente do cometimento de fato definido como crime doloso no cumprimento da pena prescinde do trânsito em julgado de sentença penal condenatória no processo penal instaurado para apuração do fato. (Súmula 526, TERCEIRA SEÇÃO, julgado em 13/05/2015, DJe 18/05/2015)

MEDIDA DE SEGURANÇA

Súmula 527 - O tempo de duração da medida de segurança não deve ultrapassar o limite máximo da pena abstratamente cominada ao delito praticado. (Súmula 527, TERCEIRA SEÇÃO, julgado em 13/05/2015, DJe 18/05/2015)

DIREITO PROCESSUAL PENAL

COMPETÊNCIA

Súmula 528 - Compete ao juiz federal do local da apreensão da droga remetida do exterior pela via postal processar e julgar o crime de tráfico internacional. (Súmula 528, TERCEIRA SEÇÃO, julgado em 13/05/2015, DJe 18/05/2015)

DIREITO CIVIL

RESPONSABILIDADE CIVIL

Súmula 529 - No seguro de responsabilidade civil facultativo, não cabe o ajuizamento de ação pelo terceiro prejudicado direta e exclusivamente em face da seguradora do apontado causador do dano. (Súmula 529, SEGUNDA SEÇÃO, julgado em 13/05/2015, DJe 18/05/2015)

DIREITO CONSTITUCIONAL

SISTEMA FINANCEIRO NACIONAL

Súmula 530 - Nos contratos bancários, na impossibilidade de comprovar a taxa de juros efetivamente contratada - por ausência de pactuação ou pela falta de juntada do instrumento aos autos -, aplica-se a taxa média de mercado, divulgada pelo Bacen, praticada nas operações da mesma espécie, salvo se a taxa cobrada for mais vantajosa para o devedor. (Súmula 530, SEGUNDA SEÇÃO, julgado em 13/05/2015, DJe 18/05/2015)

DIREITO PROCESSUAL CIVIL

AÇÃO MONITÓRIA

Súmula 531 - Em ação monitória fundada em cheque prescrito ajuizada contra o emitente, é dispensável a menção ao negócio jurídico subjacente à emissão da cártula. (Súmula 531, SEGUNDA SEÇÃO, julgado em 13/05/2015, DJe 18/05/2015)

ANOTAÇÕES

DIREITO CIVIL

RESPONSABILIDADE CIVIL

Súmula 532 - Constitui prática comercial abusiva o envio de cartão de crédito sem prévia e expressa solicitação do consumidor, configurando-se ato ilícito indenizável e sujeito à aplicação de multa administrativa. (Súmula 532, CORTE ESPECIAL, julgado em 03/06/2015, DJe 08/06/2015)

DIREITO PENAL

EXECUÇÃO PENAL

Súmula 533 - Para o reconhecimento da prática de falta disciplinar no âmbito da execução penal, é imprescindível a instauração de procedimento administrativo pelo diretor do estabelecimento prisional, assegurado o direito de defesa, a ser realizado por advogado constituído ou defensor público nomeado. (Súmula 533, TERCEIRA SEÇÃO, julgado em 10/06/2015, DJe 15/06/2015).

Súmula 534 - A prática de falta grave interrompe a contagem do prazo para a progressão de regime de cumprimento de pena, o qual se reinicia a partir do cometimento dessa infração. (Súmula 534, TERCEIRA SEÇÃO, julgado em 10/06/2015, DJe 15/06/2015)

Súmula 535 - A prática de falta grave não interrompe o prazo para fim de comutação de pena ou indulto. (Súmula 535, TERCEIRA SEÇÃO, julgado em 10/06/2015, DJe 15/06/2015)

LEI MARIA DA PENHA

Súmula 536 - A suspensão condicional do processo e a transação penal não se aplicam na hipótese de delitos sujeitos ao rito da Lei Maria da Penha. (Súmula 536, TERCEIRA SEÇÃO, julgado em 10/06/2015, DJe 15/06/2015)

DIREITO CIVIL

RESPONSABILIDADE CIVIL

Súmula 537 - Em ação de reparação de danos, a seguradora denunciada, se aceitar a denunciação ou contestar o pedido do autor, pode ser condenada, direta e solidariamente junto com o segurado, ao pagamento da indenização devida à vítima, nos limites contratados na apólice. (Súmula 537, SEGUNDA SEÇÃO, julgado em 10/06/2015, DJe 15/06/2015)

CONTRATOS

Súmula 538 - As administradoras de consórcio têm liberdade para estabelecer a respectiva taxa de administração, ainda que fixada em percentual superior a dez por cento. (Súmula 538, SEGUNDA SEÇÃO, julgado em 10/06/2015, DJe 15/06/2015)

DIREITO CONSTITUCIONAL

SISTEMA FINANCEIRO NACIONAL

Súmula 539 - É permitida a capitalização de juros com periodicidade inferior à anual em contratos celebrados com instituições integrantes do Sistema Financeiro Nacional a partir de 31/3/2000 (MP n. 1.963-17/2000, reeditada como MP n. 2.170-36/2001), desde que expressamente pactuada. (Súmula 539, SEGUNDA SEÇÃO, julgado em 10/06/2015, DJe 15/06/2015)

DIREITO DE TRÂNSITO

SEGURO OBRIGATÓRIO

Súmula 540 - Na ação de cobrança do seguro DPVAT, constitui faculdade do autor escolher entre os foros do seu domicílio, do local do acidente ou ainda do domicílio do réu. (Súmula 540, SEGUNDA SEÇÃO, julgado em 10/06/2015, DJe 15/06/2015)

DIREITO CONSTITUCIONAL

SISTEMA FINANCEIRO NACIONAL

Súmula 541 - A previsão no contrato bancário de taxa de juros anual superior ao duodécuplo da mensal é suficiente para permitir a cobrança da taxa efetiva anual contratada. (Súmula 541, SEGUNDA SEÇÃO, julgado em 10/06/2015, DJe 15/06/2015)

DIREITO PROCESSUAL PENAL

LEI MARIA DA PENHA

Súmula 542 - A ação penal relativa ao crime de lesão corporal resultante de violência doméstica contra a mulher é pública incondicionada. (Súmula 542, TERCEIRA SEÇÃO, julgado em 26/08/2015, DJe 31/08/2015)

DIREITO DO CONSUMIDOR

PROMESSA DE COMPRA E VENDA DE IMÓVEL

Súmula 543 - Na hipótese de resolução de contrato de promessa de compra e venda de imóvel submetido ao Código de Defesa do Consumidor, deve ocorrer a imediata restituição das parcelas pagas pelo promitente comprador - integralmente, em caso de culpa exclusiva do promitente vendedor/construtor, ou parcialmente, caso tenha sido o comprador quem deu causa ao desfazimento. (Súmula 543, SEGUNDA SEÇÃO, julgado em 26/08/2015, DJe 31/08/2015)

DIREITO CIVIL

SEGURO DE DANOS PESSOAIS CAUSADOS POR VEÍCULOS AUTOMOTORES DE VIA TERRESTRE

Súmula 544 - É válida a utilização de tabela do Conselho Nacional de Seguros Privados para estabelecer a proporcionalidade da indenização do seguro DPVAT ao grau de invalidez também na hipótese de sinistro anterior a 16/12/2008, data da entrada em vigor da Medida Provisória n. 451/2008. (Súmula 544, SEGUNDA SEÇÃO, julgado em 26/08/2015, DJe 31/08/2015)

DIREITO PENAL

DAS PENAS

Súmula 545 - Quando a confissão for utilizada para a formação do convencimento do julgador, o réu fará jus à atenuante prevista no art. 65, III, d, do Código Penal. (Súmula 545, TERCEIRA SEÇÃO, julgado em 14/10/2015, DJe 19/10/2015)

DIREITO PROCESSUAL PENAL

COMPETÊNCIA

Súmula 546 - A competência para processar e julgar o crime de uso de documento falso é firmada em razão da entidade ou órgão ao qual foi apresentado o documento público, não importando a qualificação do órgão expedidor. (Súmula 546, TERCEIRA SEÇÃO, julgado em 14/10/2015, DJe 19/10/2015)

DIREITO CIVIL

PRESCRIÇÃO

Súmula 547 - Nas ações em que se pleiteia o ressarcimento dos valores pagos a título de participação financeira do consumidor no custeio de construção de rede elétrica, o prazo prescricional é de vinte anos na vigência do Código Civil de 1916. Na vigência do Código Civil de 2002, o prazo é de cinco anos se houver revisão contratual de ressarcimento e de três anos na ausência de cláusula nesse sentido, observada a regra de transição disciplinada em seu art. 2.028.(Súmula 547, SEGUNDA SEÇÃO, julgado em 14/10/2015, DJe 19/10/2015)

DIREITO DO CONSUMIDOR

SERVIÇO DE PROTEÇÃO AO CRÉDITO

Súmula 548 - Incumbe ao credor a exclusão do registro da dívida em nome do devedor no cadastro de inadimplentes no prazo de cinco dias úteis, a partir do integral e efetivo pagamento do débito. (Súmula 548, SEGUNDA SEÇÃO, julgado em 14/10/2015, DJe 19/10/2015)

DIREITO CIVIL

BEM DE FAMÍLIA

Súmula 549 - É válida a penhora de bem de família pertencente a fiador de contrato de locação.(Súmula 549, SEGUNDA SEÇÃO, julgado em 14/10/2015, DJe 19/10/2015)

DIREITO DO CONSUMIDOR

SERVIÇO DE PROTEÇÃO AO CRÉDITO

Súmula 550 - A utilização de escore de crédito, método estatístico de avaliação de risco que não constitui banco de dados, dispensa o consentimento do consumidor, que terá o direito de solicitar esclarecimentos sobre as informações pessoais valoradas e as fontes dos dados considerados no respectivo cálculo. (Súmula 550, SEGUNDA SEÇÃO, julgado em 14/10/2015, DJe 19/10/2015)

ANOTAÇÕES

DIREITO PROCESSUAL CIVIL

AÇÃO POR COMPLEMENTAÇÃO DE AÇÕES DE EMPRESAS DE TELEFONIA

Súmula 551 - Nas demandas por complementação de ações de empresas de telefonia, admite-se a condenação ao pagamento de dividendos e juros sobre capital próprio independentemente de pedido expresso. No entanto, somente quando previstos no título executivo, poderão ser objeto de cumprimento de sentença. (Súmula 551, SEGUNDA SEÇÃO, julgado em 14/10/2015, DJe 19/10/2015)

DIREITO ADMINISTRATIVO

CONCURSO PÚBLICO

Súmula 552 - "O portador de surdez unilateral não se qualifica como pessoa com deficiência para o fim de disputar as vagas reservadas em concursos públicos." (Súmula 552, CORTE ESPECIAL, julgado em 04/11/2015, DJe 09/11/2015)

DIREITO PROCESSUAL CIVIL

COMPETÊNCIA

Súmula 553 - Nos casos de empréstimo compulsório sobre o consumo de energia elétrica, é competente a Justiça estadual para o julgamento de demanda proposta exclusivamente contra a Eletrobrás. Requerida a intervenção da União no feito após a prolação de sentença pelo juízo estadual, os autos devem ser remetidos ao Tribunal Regional Federal competente para o julgamento da apelação se deferida a intervenção. " (Súmula 553, CORTE ESPECIAL, julgado em 09/12/2015, DJe 15/12/2015)

DIREITO EMPRESARIAL

SOCIEDADES EMPRESARIAIS

Súmula 554 - Na hipótese de sucessão empresarial, a responsabilidade da sucessora abrange não apenas os tributos devidos pela sucedida, mas também as multas moratórias ou punitivas referentes a fatos geradores ocorridos até a data da sucessão. (Súmula 554, PRIMEIRA SEÇÃO, julgado em 09/12/2015, DJ 15/12/2015)

DIREITO TRIBUTÁRIO

CRÉDITO TRIBUTÁRIO

Súmula 555 - Quando não houver declaração do débito, o prazo decadencial quinquenal para o Fisco constituir o crédito tributário conta-se exclusivamente na forma do art. 173, I, do CTN, nos casos em que a legislação atribui ao sujeito passivo o dever de antecipar o pagamento sem prévio exame da autoridade administrativa. (Súmula 555, PRIMEIRA SEÇÃO, julgado em 09/12/2015, DJe 15/12/2015)

IMPOSTO DE RENDA

Súmula 556 - "É indevida a incidência de imposto de renda sobre o valor da complementação de aposentadoria pago por entidade de previdência privada e em relação ao resgate de contribuições recolhidas para referidas entidades patrocinadoras no período de 1º/1/1989 a 31/12/1995, em razão da isenção concedida pelo art. 6º, VII, b, da Lei n. 7.713/1988, na redação anterior à que lhe foi dada pela Lei n. 9.250/1995." (Súmula 556, PRIMEIRA SEÇÃO, julgado em 09/12//2015, DJe 15/12/2015)

DIREITO PREVIDENCIÁRIO

APOSENTADORIA POR INVALIDEZ

Súmula 557 - A renda mensal inicial (RMI) alusiva ao benefício de aposentadoria por invalidez precedido de auxílio-doença será apurada na forma do art. 36, § 7º, do Decreto n. 3.048/1999, observando-se, porém, os critérios previstos no art. 29, § 5º, da Lei n. 8.213/1991, quando intercalados períodos de afastamento e de atividade laboral. (Súmula 557, PRIMEIRA SEÇÃO, julgado em 09/12/2015, DJ 15/12/2015)

DIREITO PROCESSUAL CIVIL

EXECUÇÃO FISCAL

Súmula 558 - Em ações de execução fiscal, a petição inicial não pode ser indeferida sob o argumento da falta de indicação do CPF e/ou RG ou CNPJ da parte executada. (Súmula 558, CORTE ESPECIAL, julgado em 09/12/2015, DJe 15/12/2015)

ANOTAÇÕES

ANOTAÇÕES

EXECUÇÃO

Súmula 559 - Em ações de execução fiscal, é desnecessária a instrução da petição inicial com o demonstrativo de cálculo do débito, por tratar-se de requisito não previsto no art. 6º da Lei n. 6.830/1980. (Súmula 559, PRIMEIRA SEÇÃO, julgado em 09/12/2015, DJe 15/12/2015)

DIREITO TRIBUTÁRIO

EXECUÇÃO FISCAL

Súmula 560 - A decretação da indisponibilidade de bens e direitos, na forma do art. 185-A do CTN, pressupõe o exaurimento das diligências na busca por bens penhoráveis, o qual fica caracterizado quando infrutíferos o pedido de constrição sobre ativos financeiros e a expedição de ofícios aos registros públicos do domicílio do executado, ao Denatran ou Detran. (Súmula 560, PRIMEIRA SEÇÃO, julgado em 09/12/2015, DJ 15/12/2015)

DIREITO PROCESSUAL CIVIL

COMPETÊNCIA

Súmula 561 - Os Conselhos Regionais de Farmácia possuem atribuição para fiscalizar e autuar as farmácias e drogarias quanto ao cumprimento da exigência de manter profissional legalmente habilitado (farmacêutico) durante todo o período de funcionamento dos respectivos estabelecimentos. (Súmula 561, PRIMEIRA SEÇÃO, julgado em 09/12/2015, DJe 15/12/2015)

DIREITO PENAL

EXECUÇÃO PENAL

Súmula 562 - É possível a remição de parte do tempo de execução da pena quando o condenado, em regime fechado ou semiaberto, desempenha atividade laborativa, ainda que extramuros. (Súmula 562, TERCEIRA SEÇÃO, julgado em 24/02/2016, DJe 29/02/2016)

DIREITO DO CONSUMIDOR

INSTITUIÇÕES FINANCEIRAS

Súmula 563 - O Código de Defesa do Consumidor é aplicável às entidades abertas de previdência complementar, não incidindo nos contratos previdenciários celebrados com entidades fechadas. (Súmula 563, SEGUNDA SEÇÃO, julgado em 24/02/2016, DJe 29/02/2016)

DIREITO EMPRESARIAL

ARRENDAMENTO MERCANTIL

Súmula 564 - No caso de reintegração de posse em arrendamento mercantil financeiro, quando a soma da importância antecipada a título de valor residual garantido (VRG) com o valor da venda do bem ultrapassar o total do VRG previsto contratualmente, o arrendatário terá direito de receber a respectiva diferença, cabendo, porém, se estipulado no contrato, o prévio desconto de outras despesas ou encargos pactuados. (Súmula 564, SEGUNDA SEÇÃO, julgado em 24/02/2016, DJe 29/02/2016)

DIREITO CONSTITUCIONAL

SISTEMA FINANCEIRO NACIONAL

Súmula 565 - A pactuação das tarifas de abertura de crédito (TAC) e de emissão de carnê (TEC), ou outra denominação para o mesmo fato gerador, é válida apenas nos contratos bancários anteriores ao início da vigência da Resolução-CMN n. 3.518/2007, em 30/4/2008. (Súmula 565, SEGUNDA SEÇÃO, julgado em 24/02/2016, DJe 29/02/2016)

Súmula 566 - Nos contratos bancários posteriores ao início da vigência da Resolução-CMN n. 3.518/2007, em 30/4/2008, pode ser cobrada a tarifa de cadastro no início do relacionamento entre o consumidor e a instituição financeira. (Súmula 566, SEGUNDA SEÇÃO, julgado em 24/02/2016, DJe 29/02/2016)

DIREITO PENAL

CRIME IMPOSSÍVEL

Súmula 567 - Sistema de vigilância realizado por monitoramento eletrônico ou por existência de segurança no interior de estabelecimento comercial, por si só, não torna impossível a configuração do crime de furto. (Súmula 567, TERCEIRA SEÇÃO, julgado em 24/02/2016, DJe 29/02/2016)

ANOTAÇÕES

DIREITO PROCESSUAL CIVIL

DECISÃO MONOCRÁTICA DO RELATOR

Súmula 568 - O relator, monocraticamente e no Superior Tribunal de Justiça, poderá dar ou negar provimento ao recurso quando houver entendimento dominante acerca do tema. (Súmula 568, CORTE ESPECIAL, julgado em 16/03/2016, DJe 17/03/2016)

DIREITO TRIBUTÁRIO

CERTIDÃO NEGATIVA DE DÉBITO NA OPERAÇÃO DE DRAWBACK

Súmula 569 - Na importação, é indevida a exigência de nova certidão negativa de débito no desembaraço aduaneiro, se já apresentada a comprovação da quitação de tributos federais quando da concessão do benefício relativo ao regime de drawback. (Súmula 569, PRIMEIRA SEÇÃO, julgado em 27/04/2016, DJe 02/05/2016)

DIREITO PROCESSUAL CIVIL

COMPETÊNCIA

Súmula 570 - Compete à Justiça Federal o processo e julgamento de demanda em que se discute a ausência de ou o obstáculo ao credenciamento de instituição particular de ensino superior no Ministério da Educação como condição de expedição de diploma de ensino a distância aos estudantes. (Súmula 570, PRIMEIRA SEÇÃO, julgado em 27/04/2016, DJe 02/05/2016)

DIREITO ADMINISTRATIVO

FUNDO DE GARANTIA POR TEMPO DE SERVIÇO

Súmula 571 - A taxa progressiva de juros não se aplica às contas vinculadas ao FGTS de trabalhadores qualificados como avulsos. (Súmula 571, PRIMEIRA SEÇÃO, julgado em 27/04/2016, DJe 02/05/2016)

DIREITO CIVIL

RESPONSABILIDADE CIVIL

Súmula 572 - O Banco do Brasil, na condição de gestor do Cadastro de Emitentes de Cheques sem Fundos (CCF), não tem a responsabilidade de notificar previamente o devedor acerca da sua inscrição no aludido cadastro, tampouco legitimidade passiva para as ações de reparação de danos fundadas na ausência de prévia comunicação. (Súmula 572, SEGUNDA SEÇÃO, julgado em 11/05/2016, DJe 16/05/2016)

PRESCRIÇÃO

Súmula 573 - Nas ações de indenização decorrente de seguro DPVAT, a ciência inequívoca do caráter permanente da invalidez, para fins de contagem do prazo prescricional, depende de laudo médico, exceto nos casos de invalidez permanente notória ou naqueles em que o conhecimento anterior resulte comprovado na fase de instrução. (Súmula 573, SEGUNDA SEÇÃO, julgado em 22/06/2016, DJe 27/06/2016)

DIREITO PENAL

VIOLAÇÃO DE DIREITO AUTORAL

Súmula 574 - Para a configuração do delito de violação de direito autoral e a comprovação de sua materialidade, é suficiente a perícia realizada por amostragem do produto apreendido, nos aspectos externos do material, e é desnecessária a identificação dos titulares dos direitos autorais violados ou daqueles que os representem. (Súmula 574 TERCEIRA SEÇÃO, julgado em 22/06/2016, DJe 27/06/2016)

TIPIFICAÇÃO PENAL

Súmula 575 - Constitui crime a conduta de permitir, confiar ou entregar a direção de veículo automotor a pessoa que não seja habilitada, ou que se encontre em qualquer das situações previstas no art. 310 do CTB, independentemente da ocorrência de lesão ou de perigo de dano concreto na condução do veículo. (Súmula 575, TERCEIRA SEÇÃO, julgado em 22/06/2016, DJe 27/06/2016)

DIREITO PREVIDENCIÁRIO

APOSENTADORIA POR INVALIDEZ

Súmula 576 - Ausente requerimento administrativo no INSS, o termo inicial para a implantação da aposentadoria por invalidez concedida judicialmente será a data da citação válida. (Súmula 576, PRIMEIRA SEÇÃO, julgado em 22/06/2016, DJe 27/06/2016)

TRABALHO RURAL

Súmula 577 - É possível reconhecer o tempo de serviço rural anterior ao documento mais antigo apresentado, desde que amparado em convincente prova testemunhal colhida sob o contraditório. (Súmula 577, PRIMEIRA SEÇÃO, julgado em 22/06/2016, DJe 27/06/2016)

DIREITO ADMINISTRATIVO

FUNDO DE GARANTIA POR TEMPO DE SERVIÇO

Súmula 578 - Os empregados que laboram no cultivo da cana-de-açúcar para empresa agroindustrial ligada ao setor sucroalcooleiro detêm a qualidade de rurícola, ensejando a isenção do FGTS desde a edição da Lei Complementar n. 11/1971 até a promulgação da Constituição Federal de 1988. (Súmula 578, PRIMEIRA SEÇÃO, julgado em 22/06/2016, DJe 27/06/2016)

DIREITO PROCESSUAL CIVIL

DOS RECURSOS

Súmula 579 - Não é necessário ratificar o recurso especial interposto na pendência do julgamento dos embargos de declaração, quando inalterado o resultado anterior. (Súmula 579, CORTE ESPECIAL, julgado em 01/07/2016, DJe 01/08/2016)

DIREITO DE TRÂNSITO

SEGURO OBRIGATÓRIO

Súmula 580 - A correção monetária nas indenizações do seguro DPVAT por morte ou invalidez, prevista no § 7º do art. 5º da Lei n. 6.194/1974, redação dada pela Lei n. 11.482/2007, incide desde a data do evento danoso. (Súmula 580, SEGUNDA SEÇÃO, julgado em 14/09/2016, DJe 19/09/2016)

DIREITO EMPRESARIAL

FALÊNCIA, CONCORDATA E RECUPERAÇÃO JUCICIAL

Súmula 581 - A recuperação judicial do devedor principal não impede o prosseguimento das ações e execuções ajuizadas contra terceiros devedores solidários ou coobrigados em geral, por garantia cambial, real ou fidejussória. (Súmula 581, SEGUNDA SEÇÃO, julgado em 14/09/2016, DJe 19/09/2016)

DIREITO PENAL

TIPIFICAÇÃO PENAL

Súmula 582 - Consuma-se o crime de roubo com a inversão da posse do bem mediante emprego de violência ou grave ameaça, ainda que por breve tempo e em seguida à perseguição imediata ao agente e recuperação da coisa roubada, sendo prescindível a posse mansa e pacífica ou desvigiada. (Súmula 582, TERCEIRA SEÇÃO, julgado em 14/09/2016, DJe 19/09/2016)

DIREITO TRIBUTÁRIO

PRINCÍPIO DA INSIGNIFICÂNCIA

Súmula 583 - O arquivamento provisório previsto no art. 20 da Lei n. 10.522/2002, dirigido aos débitos inscritos como dívida ativa da União pela Procuradoria-Geral da Fazenda Nacional ou por ela cobrados, não se aplica às execuções fiscais movidas pelos conselhos de fiscalização profissional ou pelas autarquias federais. (Súmula 583, PRIMEIRA SEÇÃO, julgado em 14/12/2016, DJe 01/02/2017)

CONTRIBUIÇÃO PARA FINANCIAMENTO DA SEGURIDADE SOCIAL

Súmula 584 - As sociedades corretoras de seguros, que não se confundem com as sociedades de valores mobiliários ou com os agentes autônomos de seguro privado, estão fora do rol de entidades constantes do art. 22, § 1º, da Lei n. 8.212/1991, não se sujeitando à majoração da alíquota da Cofins prevista no art. 18 da Lei n. 10.684/2003. (Súmula 584, PRIMEIRA SEÇÃO, julgado em 14/12/2016, DJe 01/02/2017)

IMPOSTO SOBRE A PROPRIEDADE DE VEÍCULOS AUTOMOTORES

Súmula 585 - A responsabilidade solidária do ex-proprietário, prevista no art. 134 do Código de Trânsito Brasileiro CTB, não abrange o IPVA incidente sobre o veículo automotor, no que se refere ao período posterior à sua alienação. (Súmula 585, PRIMEIRA SEÇÃO, julgado em 14/12/2016, DJe 01/02/2017)

DIREITO CONSTITUCIONAL

SISTEMA FINANCEIRO DA HABITAÇÃO

Súmula 586 - A exigência de acordo entre o credor e o devedor na escolha do agente fiduciário aplica-se, exclusivamente, aos contratos não vinculados ao Sistema Financeiro da Habitação SFH. (Súmula 586, CORTE ESPECIAL, julgado em 19/12/2016, DJe 01/02/2017)

DIREITO PENAL

DAS PENAS

SÚMULA 587 - Para a incidência da majorante prevista no art. 40, V, da Lei n. 11.343/2006, é desnecessária a efetiva transposição de fronteiras entre estados da Federação, sendo suficiente a demonstração inequívoca da intenção de realizar o tráfico interestadual. (Súmula 587, TERCEIRA SEÇÃO, julgado em 13/09/2017, DJe 18/09/2017)

LEI MARIA DA PENHA

Súmula 588 - A prática de crime ou contravenção penal contra a mulher com violência ou grave ameaça no ambiente doméstico impossibilita a substituição da pena privativa de liberdade por restritiva de direitos. (Súmula 588, TERCEIRA SEÇÃO, julgado em 13/09/2017, DJe 18/09/2017)

Súmula 589 - É inaplicável o princípio da insignificância nos crimes ou contravenções penais praticados contra a mulher no âmbito das relações domésticas. (Súmula 589, TERCEIRA SEÇÃO, julgado em 13/09/2017, DJe 18/09/2017)

DIREITO TRIBUTÁRIO

IMPOSTO DE RENDA

Súmula 590 - Constitui acréscimo patrimonial a atrair a incidência do imposto de renda, em caso de liquidação de entidade de previdência privada, a quantia que couber a cada participante, por rateio do patrimônio, superior ao valor das respectivas contribuições à entidade em liquidação, devidamente atualizadas e corrigidas. (Súmula 590, PRIMEIRA SEÇÃO, julgado em 13/09/2017, DJe 18/09/2017)

DIREITO ADMINISTRATIVO

PROCESSO ADMINISTRATIVO DISCIPLINAR

Súmula 591 - É permitida a prova emprestada no processo administrativo disciplinar, desde que devidamente autorizada pelo juízo competente e respeitados o contraditório e a ampla defesa. (Súmula 591, PRIMEIRA SEÇÃO, julgado em 13/09/2017, DJe 18/09/2017)

Súmula 592 - O excesso de prazo para a conclusão do processo administrativo disciplinar só causa nulidade se houver demonstração de prejuízo à defesa. (Súmula 592, PRIMEIRA SEÇÃO, julgado em 13/09/2017, DJe 18/09/2017)

DIREITO PENAL

ESTUPRO DE VULNERÁVEL

Súmula 593 - O crime de estupro de vulnerável se configura com a conjunção carnal ou prática de ato libidinoso com menor de 14 anos, sendo irrelevante eventual consentimento da vítima para a prática do ato, sua experiência sexual anterior ou existência de relacionamento amoroso com o agente. (Súmula 593, TERCEIRA SEÇÃO, julgado em 25/10/2017, DJe 06/11/2017)

ANOTAÇÕES

ANOTAÇÕES

ANOTAÇÕES

DIREITO PROCESSUAL CIVIL

LEGITIMIDADE

Súmula 594 - O Ministério Público tem legitimidade ativa para ajuizar ação de alimentos em proveito de criança ou adolescente independentemente do exercício do poder familiar dos pais, ou do fato de o menor se encontrar nas situações de risco descritas no art. 98 do Estatuto da Criança e do Adolescente, ou de quaisquer outros questionamentos acerca da existência ou eficiência da Defensoria Pública na comarca. (Súmula 594, SEGUNDA SEÇÃO, julgado em 25/10/2017, DJe 06/11/2017)

DIREITO DO CONSUMIDOR

RESPONSABILIDADE OBJETIVA

Súmula 595 - As instituições de ensino superior respondem objetivamente pelos danos suportados pelo aluno/consumidor pela realização de curso não reconhecido pelo Ministério da Educação, sobre o qual não lhe tenha sido dada prévia e adequada informação. (Súmula 595, SEGUNDA SEÇÃO, julgado em 25/10/2017, DJe 06/11/2017)

DIREITO CIVIL

ALIMENTOS

Súmula 596 - A obrigação alimentar dos avós tem natureza complementar e subsidiária, somente se configurando no caso de impossibilidade total ou parcial de seu cumprimento pelos pais. (Súmula 596, SEGUNDA SEÇÃO, julgado em 08/11/2017, DJe 20/11/2017)

DIREITO DO CONSUMIDOR

PLANO DE SAÚDE

Súmula 597 - A cláusula contratual de plano de saúde que prevê carência para utilização dos serviços de assistência médica nas situações de emergência ou de urgência é considerada abusiva se ultrapassado o prazo máximo de 24 horas contado da data da contratação. (Súmula 597, SEGUNDA SEÇÃO, julgado em 08/11/2017, DJe 20/11/2017)

DIREITO TRIBUTÁRIO

IMPOSTO DE RENDA

Súmula 598 - É desnecessária a apresentação de laudo médico oficial para o reconhecimento judicial da isenção do imposto de renda, desde que o magistrado entenda suficientemente demonstrada a doença grave por outros meios de prova. (Súmula 598, PRIMEIRA SEÇÃO, julgado em 08/11/2017, DJe 20/11/2017)

DIREITO PENAL

CRIMES CONTRA A ADMINISTRAÇÃO PÚBLICA

Súmula 599 - O princípio da insignificância é inaplicável aos crimes contra a administração pública. (Súmula 599, CORTE ESPECIAL, julgado em 20/11/2017, DJe 27/11/2017)

LEI MARIA DA PENHA

Súmula 600 - Para a configuração da violência doméstica e familiar prevista no artigo 5º da Lei n. 11.340/2006 (Lei Maria da Penha) não se exige a coabitação entre autor e vítima.

DIREITO DO CONSUMIDOR

LEGITIMIDADE DO MINISTÉRIO PÚBLICO

SÚMULA 601 - O Ministério Público tem legitimidade ativa para atuar na defesa de direitos difusos, coletivos e individuais homogêneos dos consumidores, ainda que decorrentes da prestação de serviço público. (A Corte Especial, na sessão ordinária de 7 de fevereiro de 2018, DJE 25/02/2018.)

APLICABILIDADE DO CÓDIGO DE DEFESA DO CONSUMIDOR

Súmula 602 - O Código de Defesa do Consumidor é aplicável aos empreendimentos habitacionais promovidos pelas sociedades cooperativas. (Súmula 602, SEGUNDA SEÇÃO, julgado em 22/02/2018, DJe 26/02/2018)

ANOTAÇÕES

DIREITO BANCÁRIO

CONTRATO DE MÚTUO

Súmula 603 - É vedado ao banco mutuante reter, em qualquer extensão, os salários, vencimentos e/ou proventos de correntista para adimplir o mútuo (comum) contraído, ainda que haja cláusula contratual autorizativa, excluído o empréstimo garantido por margem salarial consignável, com desconto em folha de pagamento, que possui regramento legal específico e admite a retenção de percentual.

DIREITO CONSTITUCIONAL e PENAL

Súmula 604. O mandado de segurança não se presta para atribuir efeito suspensivo a recurso criminal interposto pelo Ministério Público.

DIREITO PENAL

Súmula 605. A superveniência da maioridade penal não interfere na apuração de ato infracional nem na aplicabilidade de medida socioeducativa em curso, inclusive na liberdade assistida, enquanto não atingida a idade de 21 anos.

PRINCÍPIO DA INSIGNIFICÂNCIA

Súmula 606 - Não se aplica o princípio da insignificância a casos de transmissão clandestina de sinal de internet via radiofrequência, que caracteriza o fato típico previsto no art. 183 da Lei n. 9.472/1997. (Súmula 606, TERCEIRA SEÇÃO, julgado em 11/04/2018, DJe 17/04/2018)

DAS PENAS

Súmula 607 - A majorante do tráfico transnacional de drogas (art. 40, I, da Lei n. 11.343/2006) configura-se com a prova da destinação internacional das drogas, ainda que não consumada a transposição de fronteiras. (Súmula 607, TERCEIRA SEÇÃO, julgado em 11/04/2018, DJe 17/04/2018)

DIREITO DO CONSUMIDOR

PLANO DE SAÚDE

Súmula 608 - Aplica-se o Código de Defesa do Consumidor aos contratos de plano de saúde, salvo os administrados por entidades de autogestão. (Súmula 608, SEGUNDA SEÇÃO, julgado em 11/04/2018, DJe 17/04/2018)

Súmula 609 - A recusa de cobertura securitária, sob a alegação de doença preexistente, é ilícita se não houve a exigência de exames médicos prévios à contratação ou a demonstração de má-fé do segurado. (Súmula 609, SEGUNDA SEÇÃO, julgado em 11/04/2018, DJe 17/04/2018)

DIREITO CIVIL

CONTRATOS

Súmula 610 - O suicídio não é coberto nos dois primeiros anos de vigência do contrato de seguro de vida, ressalvado o direito do beneficiário à devolução do montante da reserva técnica formada. (Súmula 610, SEGUNDA SEÇÃO, julgado em 25/04/2018, DJe 07/05/2018)

DIREITO ADMINISTRATIVO

PROCESSO ADMINISTRATIVO DISCIPLINAR

Súmula 611 - Desde que devidamente motivada e com amparo em investigação ou sindicância, é permitida a instauração de processo administrativo disciplinar com base em denúncia anônima, em face do poder-dever de autotutela imposto à Administração. (Súmula 611, PRIMEIRA SEÇÃO, julgado em 09/05/2018, DJe 14/05/2018)

DIREITO TRIBUTÁRIO

IMUNIDADE TRIBUTÁRIA

Súmula 612 - O certificado de entidade beneficente de assistência social (CEBAS), no prazo de sua validade, possui natureza declaratória para fins tributários, retroagindo seus efeitos à data em que demonstrado o cumprimento dos requisitos estabelecidos por lei complementar para a fruição da imunidade. (Súmula 612, PRIMEIRA SEÇÃO, julgado em 09/05/2018, DJe 14/05/2018)

DIREITO AMBIENTAL

DANO AMBIENTAL

Súmula 613 - Não se admite a aplicação da teoria do fato consumado em tema de Direito Ambiental. (Súmula 613, PRIMEIRA SEÇÃO, julgado em 09/05/2018, DJe 14/05/2018)

DIREITO TRIBUTÁRIO

IMPOSTO SOBRE A PROPRIEDADE PREDIAL E TERRITORIAL URBANA

Súmula 614 - O locatário não possui legitimidade ativa para discutir a relação jurídico-tributária de IPTU e de taxas referentes ao imóvel alugado nem para repetir indébito desses tributos. (Súmula 614, PRIMEIRA SEÇÃO, julgado em 09/05/2018, DJe 14/05/2018)

DIREITO ADMINISTRATIVO

INSCRIÇÃO EM CADASTROS RESTRITIVOS

Súmula 615 - Não pode ocorrer ou permanecer a inscrição do município em cadastros restritivos fundada em irregularidades na gestão anterior quando, na gestão sucessora, são tomadas as providências cabíveis à reparação dos danos eventualmente cometidos. (Súmula 615, PRIMEIRA SEÇÃO, julgado em 09/05/2018, DJe 14/05/2018)

DIREITO CIVIL

CONTRATOS

Súmula 616 - A indenização securitária é devida quando ausente a comunicação prévia do segurado acerca do atraso no pagamento do prêmio, por constituir requisito essencial para a suspensão ou resolução do contrato de seguro. (Súmula 616, SEGUNDA SEÇÃO, julgado em 23/05/2018, DJe 28/05/2018)

DIREITO PENAL

EXECUÇÃO PENAL

Súmula 617 - A ausência de suspensão ou revogação do livramento condicional antes do término do período de prova enseja a extinção da punibilidade pelo integral cumprimento da pena. (Súmula 617, TERCEIRA SEÇÃO, julgado em 26/09/2018, DJe 01/10/2018)

DIREITO AMBIENTAL

DANO AMBIENTAL

Súmula 618 - A inversão do ônus da prova aplica-se às ações de degradação ambiental. (Súmula 618, CORTE ESPECIAL, julgado em 24/10/2018, DJe 30/10/2018)

DIREITO ADMINISTRATIVO

BENS PÚBLICOS

Súmula 619 - A ocupação indevida de bem público configura mera detenção, de natureza precária, insuscetível de retenção ou indenização por acessões e benfeitorias. (Súmula 619, CORTE ESPECIAL, julgado em 24/10/2018, DJe 30/10/2018)

DIREITO CIVIL

CONTRATOS

Súmula 620 - A embriaguez do segurado não exime a seguradora do pagamento da indenização prevista em contrato de seguro de vida. (Súmula 620, SEGUNDA SEÇÃO, julgado em 12/12/2018, DJe 17/12/2018)

ALIMENTOS

Súmula 621 - Os efeitos da sentença que reduz, majora ou exonera o alimentante do pagamento retroagem à data da citação, vedadas a compensação e a repetibilidade. (Súmula 621, SEGUNDA SEÇÃO, julgado em 12/12/2018, DJe 17/12/2018)

DIREITO TRIBUTÁRIO

CRÉDITO TRIBUTÁRIO

Súmula 622 - A notificação do auto de infração faz cessar a contagem da decadência para a constituição do crédito tributário; exaurida a instância administrativa com o decurso do prazo para a impugnação ou com a notificação de seu julgamento definitivo e esgotado o prazo concedido pela Administração para o pagamento voluntário, inicia-se o prazo prescricional para a cobrança judicial. (Súmula 622, PRIMEIRA SEÇÃO, julgado em 12/12/2018, DJe 17/12/2018)

ANOTAÇÕES

DIREITO AMBIENTAL

DANO AMBIENTAL

Súmula 623 - As obrigações ambientais possuem natureza propter rem, sendo admissível cobrá-las do proprietário ou possuidor atual e/ou dos anteriores, à escolha do credor. (Súmula 623, PRIMEIRA SEÇÃO, julgado em 12/12/2018, DJe 17/12/2018)

DIREITO ADMINISTRATIVO

ANISTIA POLÍTICA

Súmula 624 - É possível cumular a indenização do dano moral com a reparação econômica da Lei n. 10.559/2002 (Lei da Anistia Política). (Súmula 624, PRIMEIRA SEÇÃO, julgado em 12/12/2018, DJe 17/12/2018)

DIREITO TRIBUTÁRIO

REPETIÇÃO DE INDÉBITO

Súmula 625 - O pedido administrativo de compensação ou de restituição não interrompe o prazo prescricional para a ação de repetição de indébito tributário de que trata o art. 168 do CTN nem o da execução de título judicial contra a Fazenda Pública. (Súmula 625, PRIMEIRA SEÇÃO, julgado em 12/12/2018, DJe 17/12/2018)

IMPOSTO SOBRE A PROPRIEDADE PREDIAL E TERRITORIAL URBANA

Súmula 626 - A incidência do IPTU sobre imóvel situado em área considerada pela lei local como urbanizável ou de expansão urbana não está condicionada à existência dos melhoramentos elencados no art. 32, § 1º, do CTN. (Súmula 626, PRIMEIRA SEÇÃO, julgado em 12/12/2018, DJe 17/12/2018)

IMPOSTO DE RENDA

Súmula 627 - O contribuinte faz jus à concessão ou à manutenção da isenção do imposto de renda, não se lhe exigindo a demonstração da contemporaneidade dos sintomas da doença nem da recidiva da enfermidade. (Súmula 627, PRIMEIRA SEÇÃO, julgado em 12/12/2018, DJe 17/12/2018)

DIREITO PROCESSUAL CIVIL

TEORIA DA ENCAMPAÇÃO

Súmula 628 - A teoria da encampação é aplicada no mandado de segurança quando presentes, cumulativamente, os seguintes requisitos: a) existência de vínculo hierárquico entre a autoridade que prestou informações e a que ordenou a prática do ato impugnado; b) manifestação a respeito do mérito nas informações prestadas; e c) ausência de modificação de competência estabelecida na Constituição Federal. (Súmula 628, PRIMEIRA SEÇÃO, julgado em 12/12/2018, DJe 17/12/2018)

DIREITO AMBIENTAL

DANO AMBIENTAL

Súmula 629 - Quanto ao dano ambiental, é admitida a condenação do réu à obrigação de fazer ou à de não fazer cumulada com a de indenizar. (Súmula 629, PRIMEIRA SEÇÃO, julgado em 12/12/2018, DJe 17/12/2018)

DIREITO PENAL

DAS PENAS

Súmula 630 - A incidência da atenuante da confissão espontânea no crime de tráfico ilícito de entorpecentes exige o reconhecimento da traficância pelo acusado, não bastando a mera admissão da posse ou propriedade para uso próprio. (Súmula 630, TERCEIRA SEÇÃO, julgado em 24/04/2019, DJe 29/04/2019)

EXECUÇÃO PENAL

Súmula 631 - O indulto extingue os efeitos primários da condenação (pretensão executória), mas não atinge os efeitos secundários, penais ou extrapenais. (Súmula 631, TERCEIRA SEÇÃO, julgado em 24/04/2019, DJe 29/04/2019)

ANOTAÇÕES

ANOTAÇÕES

DIREITO CIVIL

CONTRATOS

Sumula 632 - Nos contratos de seguro regidos pelo Código Civil, a correção monetária sobre a indenização securitária incide a partir da contratação até o efetivo pagamento (Súmula 632, SEGUNDA SEÇÃO, julgado em 08/05/19, DJe 13/05/19)

DIREITO ADMINISTRATIVO

PROCESSO ADMINISTRATIVO

Súmula 633 - A Lei n. 9.784/1999, especialmente no que diz respeito ao prazo decadencial para a revisão de atos administrativos no âmbito da Administração Pública federal, pode ser aplicada, de forma subsidiária, aos estados e municípios, se inexistente norma local e específica que regule a matéria. (Súmula 633, PRIMEIRA SEÇÃO, julgado em 12/06/2019, DJe 18/06/2019, DJe 17/06/2019)

IMPROBIDADE ADMINISTRATIVA

Súmula 634 - Ao particular aplica-se o mesmo regime prescricional previsto na Lei de Improbidade Administrativa para o agente público. (Súmula 634, PRIMEIRA SEÇÃO, julgado em 12/06/2019, DJe 18/06/2019, DJe 17/06/2019)

PROCESSO ADMNISTRATIVO DISCIPLINAR

Súmula 635 - Os prazos prescricionais previstos no art. 142 da Lei n. 8.112/1990 iniciam-se na data em que a autoridade competente para a abertura do procedimento administrativo toma conhecimento do fato, interrompem-se com o primeiro ato de instauração válido sindicância de caráter punitivo ou processo disciplinar e voltam a fluir por inteiro, após decorridos 140 dias desde a interrupção. (Súmula 635, PRIMEIRA SEÇÃO, julgado em 12/06/2019, DJe 18/06/2019, DJe 17/06/2019)

DIREITO PENAL

DAS PENAS

Súmula 636 - A folha de antecedentes criminais é documento suficiente a comprovar os maus antecedentes e a reincidência. (Súmula 636, TERCEIRA SEÇÃO, julgado em 26/06/2019, DJe 27/06/2019)

Súmula 637 - O ente público detém legitimidade e interesse para intervir, incidentalmente, na ação possessória entre particulares, podendo deduzir qualquer matéria defensiva, inclusive, se for o caso, o domínio.

Súmula 638 - É abusiva a cláusula contratual que restringe a responsabilidade de instituição financeira pelos danos decorrentes de roubo, furto ou extravio de bem entregue em garantia no âmbito de contrato de penhor civil.

Súmula 639 - Não fere o contraditório e o devido processo decisão que, sem ouvida prévia da defesa, determine transferência ou permanência de custodiado em estabelecimento penitenciário federal.

DIREITO PROCESSUAL PENAL

EXECUÇÃO PENAL

Súmula 639 - Não fere o contraditório e o devido processo decisão que, sem ouvida prévia da defesa, determine transferência ou permanência de custodiado em estabelecimento penitenciário federal. (Súmula 639, TERCEIRA SEÇÃO, julgado em 27/11/2019, DJe 02/12/2019)

DIREITO TRIBUTÁRIO

BENEFÍCIOS FISCAIS

Súmula 640 - O benefício fiscal que trata do Regime Especial de Reintegração de Valores Tributários para as Empresas Exportadoras (REINTEGRA) alcança as operações de venda de mercadorias de origem nacional para a Zona Franca de Manaus, para consumo, industrialização ou reexportação para o estrangeiro. (Súmula 640, PRIMEIRA SEÇÃO, julgado em 18/02/2020, DJe 19/02/2020)

DIREITO ADMINISTRATIVO

PROCESSO ADMINISTRATIVO DISCIPLINAR

Súmula 641 - A portaria de instauração do processo administrativo disciplinar prescinde da exposição detalhada dos fatos a serem apurados. (Súmula 641, PRIMEIRA SEÇÃO, julgado em 18/02/2020, DJe 19/02/2020)

COMO MELHORAR O SEU PLANEJAMENTO!

PLANO DE ESTUDOS

AlfaCon
Concursos Públicos

Com a profissionalização das formas de preparar-se para um concurso público, não basta simplesmente estudar o conteúdo. É preciso que sejam usadas ferramentas, como o plano de estudo, que ajudem o concurseiro na organização e manutenção do que foi visto. Por isso, organizamos esta seção, que traz indicações de como estudar para concursos. Vale destacar que as informações aqui disponibilizadas são o produto de muitos anos de experiência nessa area. Além disso, estudar de forma direcionada traz ótimos resultados para o aluno.

ORGANIZAÇÃO

A organização é fundamental e começa pelo conhecimento do edital que regrará o concurso público. Geralmente, os concursos seguem uma tendência e as matérias são previsíveis. Por isso, conhecer o conteúdo programático é essencial para um estudo eficiente. Usar o edital anterior como base é uma boa maneira de nortear os estudos; afinal, há um núcleo de matérias comuns que englobam 85% dos editais. Dessa maneira, quem estuda com base em um núcleo comum precisa somente ajustar os estudos quando os editais são publicados. Eis o segredo de uma preparação eficiente e, sobretudo, eficaz.

O PLANO DE ESTUDO

Organizar um plano de estudo é fundamental para que se estude corretamente e se tenha um aprendizado uniforme, seguindo o conteúdo programático do edital.

Depois de conhecer as disciplinas, as regras determinadas para seu concurso e as características das bancas examinadoras, é preciso construir uma tabela de horários, em que todas as matérias e atividades desenvolvidas na fase preparatória estejam dispostas.

PASSO A PASSO
ABAIXO, VOCÊ CONFERE OS PASSOS FUNDAMENTAIS PARA SUA ORGANIZAÇÃO

PASSO 1	PASSO 2	PASSO 3	PASSO 4	PASSO 5
Selecionar as disciplinas que serão estudadas.	Organizar sua rotina diária: marcar pontualmente tudo o que é feito durante 24 horas, inclusive o tempo que é destinado para dormir, por exemplo.	Organizar a tabela semanal: dividir o horário para que você estude duas matérias por dia e também destine um tempo para a resolução de exercícios e/ou revisão de conteúdos.	Seguir rigorosamente o que está na tabela. Ou seja, destinar o mesmo tempo de estudo para cada matéria. Por exemplo: 2 horas diárias para cada disciplina.	Reservar um dia por semana para fazer exercícios, redação e também simulados.

Esta tabela é uma sugestão de como você pode organizar seu plano de estudo. Para cada dia, você deve reservar um tempo para duas disciplinas e também para a resolução de exercícios e/ou revisão de conteúdos. Fique atento ao fato de que o horário precisa ser determinado por você. Ou seja, a duração e o momento do dia em que será feito o estudo é você quem escolhe.

TABELA SEMANAL

	SEGUNDA	TERÇA	QUARTA	QUINTA	SEXTA	SÁBADO	DOMINGO
DISCIPLINA 1							
DISCIPLINA 2							
EXERCÍCIOS 1							
EXERCÍCIOS 2							

TABELA SEMANAL

	SEGUNDA	TERÇA	QUARTA	QUINTA	SEXTA	SÁBADO	DOMINGO
DISCIPLINA 1							
DISCIPLINA 2							
EXERCÍCIOS 1							
EXERCÍCIOS 2							

TABELA SEMANAL

	SEGUNDA	TERÇA	QUARTA	QUINTA	SEXTA	SÁBADO	DOMINGO
DISCIPLINA 1							
DISCIPLINA 2							
EXERCÍCIOS 1							
EXERCÍCIOS 2							

TABELA SEMANAL

	SEGUNDA	TERÇA	QUARTA	QUINTA	SEXTA	SÁBADO	DOMINGO
DISCIPLINA 1							
DISCIPLINA 2							
EXERCÍCIOS 1							
EXERCÍCIOS 2							

ANOTAÇÕES

ANOTAÇÕES

Utilize seu código de acesso e descubra mais sobre o seu material didático!

CÓDIGO DE ACESSO

CACP | CIABCACA | RESGATAR

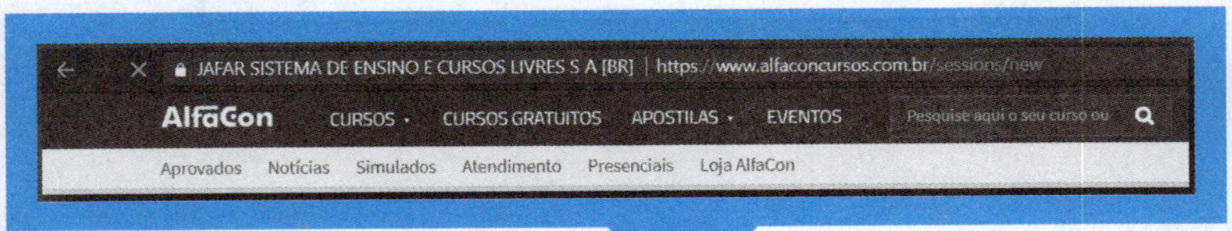

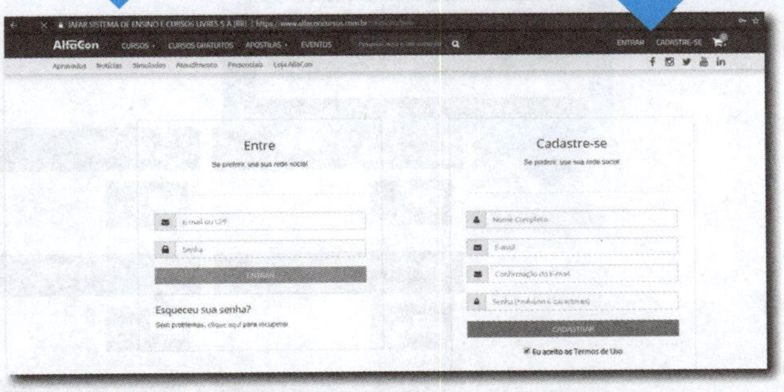

1

ACESSE O SITE:

www.alfaconcursos.com.br

CLIQUE **ENTRAR** PARA EFETUAR SEU **LOGIN**

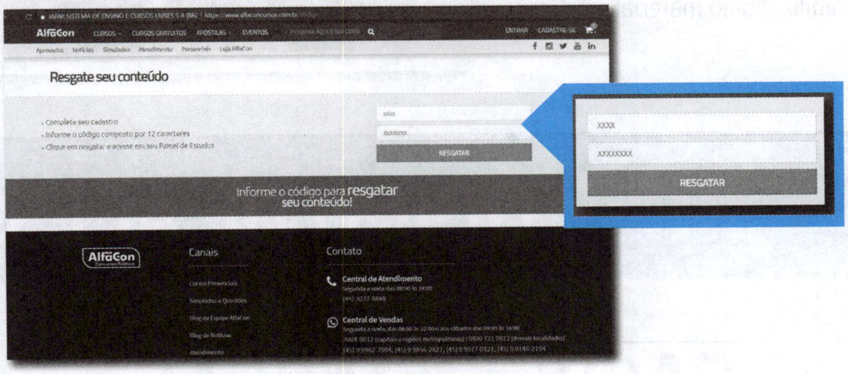

2

DIGITE O CÓDIGO:

Insira o **código** que se encontra Na **última página** do material.

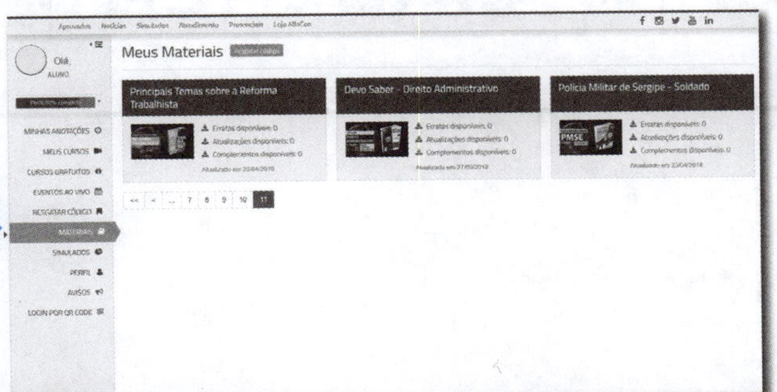

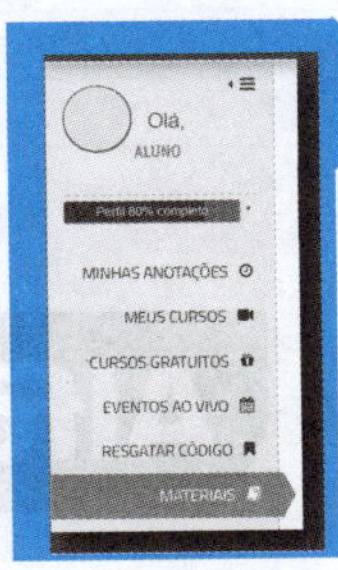

3

VISUALIZE SEUS MATERIAIS:

Você será redirecionado para a página onde constam os seus **materiais**

4

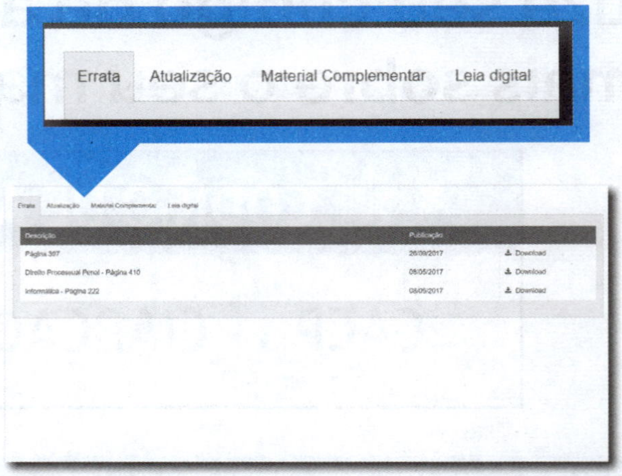

CLIQUE:

Nessa tela você terá acesso as erratas, atualizações, material complementar e o leia digital.

5

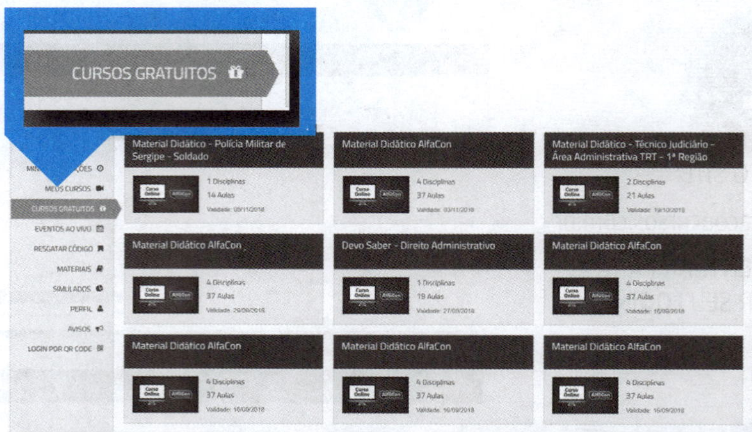

Navegue:

Nessa tela você também terá aesso ao conteúdo gratuito disponibilizado no material.

CÓDIGO DE ACESSO

CACP CIABCACA RESGATAR

Pronto!

Agora é só aproveitar todo o conteúdo impresso e digital que SÓ o AlfaCon proporciona para você!